INCLUS : Profitez dès maintenant des versions numériques de votre Mémento

Sur tablette ou smartphone :
Téléchargez l'application «iMemento» sur l'Apple Store (iPhone & iPad) ou sur Google Play (Androïd)

Sur votre ordinateur :
RDV sur abonnes.efl.fr

Les avantages des versions numériques :

> Un contenu actualisé en permanence à chaque connexion.

> Des fonctionnalités pratiques : moteur de recherche, copier-coller, marque-page, notes, favoris...

?

COMMENT ÇA MARCHE

Vous disposez déjà de votre login et mot de passe ?

Votre login et votre mot de passe restent identiques.

Si vous avez perdu vos codes d'accès, vous pouvez contacter notre Service Relation Clients au **01 83 10 10 10** (du lundi au vendredi, de 9h à 18h).

Vous n'avez pas d'identifiant ?

Rendez-vous sur :
www.efl.fr/activation

Et utilisez le code personnel d'activation ci-dessous :

1567973NJ6Q

MSUC

Cet ouvrage a été réalisé
par la **Rédaction des Éditions Francis Lefebvre**
en collaboration avec :

Bernard VAREILLE
Professeur émérite de l'Université de Limoges
Doyen honoraire de la Faculté de droit
et des sciences économiques de Limoges
Président honoraire de l'Université
Membre du Creop (UR 15561)
**pour les libéralités avec charges,
les donations-partages, les dévolutions légale
et particulière, la réserve héréditaire
et la quotité disponible, le rapport
et la réduction des libéralités,
les cas pratiques 77000 à 77100**

et la direction scientifique de l'ouvrage

Annie CHAMOULAUD-TRAPIERS
Professeur à la Faculté de droit
et des sciences économiques de Limoges
Membre du Creop (UR 15561)
Responsable du master mention droit notarial
de l'Université de Limoges
**pour les conditions de validité des libéralités,
les libéralités avec charges, les clauses
particulières dans les donations,
les dévolutions légale et particulière,
la réserve héréditaire et la quotité disponible,
l'indivision légale et conventionnelle,
la partie juridique du partage,
les cas pratiques 77000 à 77100**

Gulsen YILDIRIM
Professeur des universités à la Faculté
de droit et des sciences économiques
de Limoges
Directrice exécutive du Creop (UR 15561)
Responsable du master mention droit
du patrimoine de l'Université de Limoges
**pour les conditions de validité des libéralités,
les clauses particulières dans les donations,
la dévolution particulière de certains biens,
les successions vacantes et en déshérence,
l'option successorale et le recel,
la contestation du partage**

et la coordination de l'ouvrage

Stéphane BERRE
Professeur associé à la Faculté de droit
de l'Université Jean Moulin Lyon III
Notaire salarié
DSN
pour les cas pratiques 77220 et 77225

Cécile BIGUENET-MAUREL
Avocat associé MB JUSTITIA
Docteur en droit
**pour le rôle et les devoirs du notaire
en matière de succession et de libéralité**

Gilles BONNET
Notaire associé à Paris
Docteur en droit
Rapporteur général du 116e Congrès
des notaires de France
pour l'inventaire

Karine COMORASSAMY
Juriste consultant auprès du Cridon Sud-Ouest
DSN
**pour les cas pratiques 77230, 77240
et 77250**

Michaël DADOIT
Notaire, membre du Groupe Monassier
pour le cas pratique 77260

Dorothée DAVID
Notaire à Orléans
pour le cas pratique 77320

Angélique DEVAUX
Notaire, Cheuvreux Paris,
Département Droit International
LLM American Law IUPUI Robert
McKinney School of Law
Rapporteur du 50e Congrès du MJN,
L'international : Le Guide Pratique
**pour les cas pratiques 77280, 77285,
77300 et 77310**

ÉDITIONS FRANCIS LEFEBVRE
Tour Lefebvre Dalloz, 10 place des Vosges CS 80357, 92072 Paris La Défense Cedex

ISBN 978-2-36893-658-0

Antoine DJIKPA
Associé gérant de ADD & Associés
Président honoraire de Généalogistes de France
pour les règles professionnelles des généalogistes

Lisiane FRICOTTÉ
Juriste en protection sociale
pour la récupération des aides sociales en cas de décès

François FRULEUX
Docteur en droit
DSN
Maître de conférences associé à l'Université Paris-Dauphine PSL
Co-Directeur de l'Exécutive Master Patrimoine Professionnel & Gestion Privée
Membre du CR2D (EA 367)
Directeur scientifique du Juris-Classeur Enregistrement Traité
Consultant auprès du Cridon Nord-Est
pour les cas pratiques 77110 et 77120 à 77210

Sara GODECHOT-PATRIS
Professeur à l'Université Paris-Est Créteil
pour le cas pratique 77300

Bruno GOUTHIÈRE
Avocat associé CMS Francis Lefebvre Avocats
Ancien élève de l'ENA
pour la fiscalité internationale et les trusts

Yoan GUILLARD
Avocat au barreau de Paris, Aquila Avocats
pour le cas pratique 77285

Karl LAFAURIE
Professeur à la Faculté de droit et des sciences économiques de Limoges
Membre du Creop (UR 15561)
pour les libéralités au profit des associations, congrégations et fondations, les donations indirectes dans un cadre sociétaire et les incidences des procédures collectives sur les successions

David LAMBERT
Avocat à Paris
pour les développements en droit international privé

Louis-Guillaume LEFÈVRE
Notaire associé
Chargé d'enseignements à l'Université Paris Dauphine
pour le cas pratique 77115

Thierry LÉOBON
Maître de conférences à la Faculté de droit et des sciences économiques de Limoges
Membre du Creop (UR 15561)
pour les donations indirectes dans un cadre sociétaire, la dévolution particulière de certains biens, la saisine et les mandats d'administrer la succession, l'exonération de certains biens aux droits de succession

François LETELLIER
Docteur en droit
Notaire à Clermont-Ferrand
Chargé d'enseignement à l'Université Clermont-Auvergne
pour le rôle du notaire commis dans un partage judiciaire et la relecture du testament et du legs

Hervé MANCIET
Centre d'Études et de Recherche du Groupe Monassier
pour le cas pratique 77260

Daniel MARTI
Ancien directeur de la rédaction fiscale des Éditions Francis Lefebvre
pour toute la fiscalité à l'exception des aspects de fiscalité internationale

Hélène MAZERON-GABRIEL
Diplômée notaire
Chargée d'enseignement
pour les donations à caractère matrimonial, le cantonnement des libéralités et le cas pratique 77068

Nadège MOULIGNER-BAUD
Maître de conférences à la Faculté de droit et des sciences économiques de Limoges
Membre du Creop (UR 15561)
pour les dons manuels, les donations déguisées et indirectes, la prohibition des pactes sur succession future

Nicole PÉTRONI-MAUDIÈRE
Maître de conférences à la Faculté de droit et des sciences économiques de Limoges
DSN
Membre du Creop (UR 15561)
pour les règles communes à toutes les donations, les clauses particulières dans les donations, la dévolution légale, le testament, les legs et le testament-partage

Didier PIERSON
Généalogiste
Gérant du Cabinet Pierson
pour la recherche des héritiers

Mariel REVILLARD
Docteure en droit
pour les cas pratiques de droit international privé dans la loi applicable

Paul-André SOREAU
Conseiller en gestion de patrimoine
Associé fondateur d'Altride Family Office
Notaire honoraire de la Compagnie des notaires de Paris
Juge au tribunal de commerce de Paris
pour le cas pratique 77270

Guillaume SOUDEY
Notaire à Gardanne (Groupe EXCEN)
Responsable du diplôme « Gestion du Patrimoine à l'International » de l'AUREP
Rapporteur du 50e Congrès du MJN (L'international : le Guide Pratique)
pour le cas pratique 77290

Vivien STREIFF
Notaire associé Auteuil notaires Paris
Membre de l'Institut d'études juridiques (IEJ) du Conseil supérieur du notariat
Membre du comité scientifique de Solution notaire hebdo
pour les développements fiscaux relatifs à la réversion d'usufruit temporaire et à la première cession d'un usufruit temporaire et le cas pratique 77050

Muriel SUQUET-COZIC
Diplômée notaire
Chargée d'enseignement
pour les développements sur la publicité foncière

Orianne VERGARA
Maître de conférences en droit privé
Université de Franche-Comté
pour le cas pratique 77075

ont participé aux premières éditions

Yves CHAUMETTE
Notaire honoraire
Membre du Creop (UR 15561)
pour des cas pratiques

Frédéric COLASSON
Avocat au Barreau de Libourne
Docteur en droit
Membre du Creop (UR 15561)
pour les donations-partages et la fiscalité des donations

Frédéric NERVÉ
Docteur en droit
pour la fiscalité des libéralités avec charges

Pierre SAUTJEAU
Notaire
Membre du Creop (UR 15561)
pour des cas pratiques

Camille SERREAU
Master 2 Gestion de patrimoine
pour des cas pratiques

MÉMENTO PRATIQUE

SUCCESSIONS LIBÉRALITÉS

24

À jour au 15 octobre 2023

EDITIONS
FRANCIS LEFEBVRE

LA RÉDACTION DES ÉDITIONS FRANCIS LEFEBVRE

Responsabilité éditoriale

Dominique Chaminade et Emmanuel de Loth

Rédacteurs

Caroline Cros

Caroline Dancoisne

Sophie Didier

Astrid Étienne

Rémy Fosset

Florence Gall-Kiesmann

Audrey Gauvin-Fournis

Julie Labasse

Violaine Magnier

Avant-propos

Le droit des successions et des libéralités est rebelle aux programmes académiques et aux cloisonnements disciplinaires. Les praticiens le savent, qui mesurent au quotidien la dimension psychologique et affective de cette matière, mais aussi toute sa complexité conceptuelle et technique. C'est qu'en ce domaine il faut respecter des règles fondamentales et un ordre public fort, ce qui exige une vision d'ensemble ; mais il faut aussi aboutir à une liquidation civile et fiscale, c'est-à-dire à des chiffres précis.

Or les praticiens se plaignent volontiers qu'il leur manque un vade-mecum efficace. Certes, il existe d'excellents ouvrages, les uns théoriques, les autres pratiques, qui s'attachent à traiter des successions et des libéralités du point de vue du droit civil, ou sous les aspects internationaux, ou encore sous l'angle fiscal, ou enfin au regard de la liquidation civile. Cependant, il manquait aux professionnels, notaires, avocats, conseils en patrimoine, comme aux chercheurs épris de savoir pluridisciplinaire, un ouvrage qui s'efforçât de combiner entre elles toutes ces questions.

Tel est le propos de ce Mémento : donner de la matière une vision aussi ample et pratique que possible en croisant les regards de spécialistes, universitaires et praticiens, venus d'horizons divers mais habitués à travailler ensemble. Les notions fondamentales y sont approfondies. Le point est fait sur les questions juridiques, même non encore résolues : les réformes, les traités internationaux et les dernières jurisprudences y sont relatés, dans le souci d'une mise à jour rigoureuse.

De tout cela, il est tiré des conclusions pratiques, des conseils documentés. L'objectif est de venir en aide au professionnel pressé grâce à des tableaux récapitulatifs, des schémas simplificateurs, des méthodologies raisonnées, des formules adaptées. On mesurera au passage l'importance primordiale des éléments d'extranéité dans un siècle de mobilité.

Partout où ils paraissent utiles sont insérés des exemples illustratifs, de brèves recommandations pratiques, mais aussi des solutions commentées de liquidations complexes chiffrées. Le lecteur percevra que le droit civil et le droit fiscal, parfois si proches, sont des sources permanentes de confusion. Or préfigurer une liquidation civile et fiscale réaliste est un préalable à toute anticipation patrimoniale lucide. Une vision globale est donc désormais indispensable à un conseil raisonné.

Rendons hommage à Sylvie Rideau d'avoir initié ce Mémento.

Puisse-t-il contribuer à simplifier le travail des professionnels !

Bernard Vareille

Présentation et mode d'emploi

Organiser au mieux la transmission du patrimoine via des libéralités et en prenant en compte les assurances-vie ; rechercher les héritiers, les conseiller dans le choix de l'option successorale et liquider la succession ; maîtriser les règles de l'indivision et les aménager le cas échéant ; réaliser les opérations de partage ; le tout dans un contexte national ou international.

Le Mémento donne tous les éléments nécessaires pour réaliser ces opérations en sécurité ou faire face à un conflit. Il **s'adresse principalement** aux praticiens du droit de la famille et de la transmission patrimoniale, notaires, avocats et conseils en patrimoine notamment.

Exhaustif, l'ouvrage détaille l'ensemble des **règles juridiques, fiscales, sociales et internationales** qui gouvernent la matière. Il fait une large place à la jurisprudence.

Très **opérationnel,** il propose des solutions concrètes et comporte de nombreux modèles, conseils et exemples chiffrés. Il présente aussi des cas pratiques liquidatifs.

Comme dans tous les Mémentos Francis Lefebvre, l'**accès à l'information** est **facilité** par :

– des sommaires placés en tête de chaque chapitre, une table analytique propre aux cas pratiques en tête de la partie qui leur est dédiée ainsi qu'un plan général très détaillé et une table alphabétique figurant respectivement en début et en fin d'ouvrage. En fin d'ouvrage figure aussi la liste des modèles qui sont une aide à la rédaction et doivent, bien évidemment, être adaptés à la situation particulière de chacun ;

– l'emploi de paragraphes numérotés en marge, auxquels sont faits tous les renvois (notamment ceux de la table alphabétique). Le lecteur notera que cette numérotation est discontinue afin de permettre, d'une édition à l'autre, l'intégration des mesures nouvelles ou la création de nouveaux développements ;

– un système de mots-repères en caractères gras ;

– une différenciation typographique, certains passages (notamment ceux qui présentent des solutions particulières) étant imprimés en petits caractères.

À jour au 15 octobre 2023, le Mémento Successions et libéralités est assorti d'une **version numérique** (pour web, tablette et mobile). Muni de votre code d'accès (directement transmis par courriel ou après l'activation de ce code sur le site www.efl.fr), il vous suffit de télécharger l'application « iMémento » sur votre tablette/mobile ou de vous rendre sur mémento.efl.fr.

Principales nouveautés
depuis la dernière édition

Nos

LES LIBÉRALITÉS

Règles communes aux libéralités

785 s. Nouveaux développements sur les règles d'acceptation des dons et legs par des personnes publiques.

790 s. Approfondissements relatifs aux libéralités faites aux associations, congrégations et fondations.

Donations

2210 Efficacité de la clause d'inaliénabilité en cas de changement de régime matrimonial.

4390 Incidence de la réforme de l'adoption de 2022 sur la révocation pour survenance d'enfant.

13360 Présentation des spécificités de l'action en déclaration de simulation.

13850 s. Nouveaux développements sur les donations indirectes dans un cadre sociétaire.

Donations-partages

10335 Conséquences de la renonciation à succession d'un donataire copartagé.

10680 Réaffirmation du rôle du donateur en cas de donation et de partage par actes séparés.

Testament et legs

14795 Nouveaux développements sur les conditions de validité de la désignation du bénéficiaire d'un contrat d'assurance-vie.

16985 Illustration de la nécessité pour le légataire mis en possession du bien légué du vivant du testateur de demander la délivrance de son legs.

16997 s. Précisions sur la prescription de l'action en délivrance de legs et sur les effets de la délivrance.

LES SUCCESSIONS

Succession ab intestat

25770 s. Incidence de la réforme de l'exercice en société des professions libérales sur les transmissions par décès des titres de société.

26050 Nouveaux développements sur la dévolution du droit de divulgation des œuvres posthumes.

26335 Sort des cendres.

Dispositions d'ordre public

28060 Illustration d'un pacte d'actionnaire tombant sous le coup de la prohibition des pactes sur succession future.

Successions vacantes et successions en déshérence

26800 Nouveaux développements sur les successions sans maître.

Rapport et réduction des libéralités

31947 Pas de réévaluation de la charge affectant une donation pour le calcul du montant du rapport.

32730 Transaction après le décès sur la liquidation de la communauté : incidence sur la masse de calcul de la QD.

Option successorale

37090 Caractère non personnel à l'acceptant pur et simple de la dette de recel successoral : conséquences sur son recouvrement.

Droits de succession

45060 s. Absence d'obligation pour l'assureur d'informer le notaire de l'existence de contrats d'assurance-vie relevant de l'article 757 B du CGI.

45390 Exonération Dutreil-transmission : précisions jurisprudentielles et perspectives d'évolution relatives à l'éligibilité de l'activité de location meublée ou équipée.

45415 Exonération Dutreil-transmission : nouvelles illustrations jurisprudentielles relatives aux sociétés holdings animatrices.

46330 s. et 46405 s. Exonération des biens ruraux loués à long terme et des parts de GFA : renforcement de l'exonération partielle.

46572 Exonération des monuments historiques : assouplissement des conditions d'ouverture au public.

Indivision successorale

54995 Indemnité d'occupation d'un bien indivis : elle n'est due qu'en cas d'indivision en jouissance.

57530 Nouveaux développements sur la clause compromissoire en cas de conflit entre indivisaires.

62505 Limitation de l'effet déclaratif du partage aux seuls actes ou droits existants et valablement constitués au jour du partage.

SUCCESSIONS ET LIBÉRALITÉS PRÉSENTANT UN ÉLÉMENT D'EXTRANÉITÉ

68785 Possibilité pour un héritier autre que le déclarant de notifier une déclaration de renonciation à succession.

69920 Recours aux services d'un interprète pour un testament international : la cour d'appel de renvoi résiste à la Cour de cassation.

72450 Légitimité du refus d'inscrire un bien immobilier au registre foncier lorsque le document présenté est un CSE qui n'identifie pas ce bien.

CAS PRATIQUES

77310 Succession franco-tunisienne : règlement civil et fiscal de la succession.

77320 Planification successorale franco-belge.

DOSSIERS

79120 Modalités d'octroi d'une pension d'invalidité de veuf ou veuve au conjoint survivant invalide d'un non-salarié agricole.

79135 s. Création d'une pension d'orphelin dans le régime général.

79910 Hausse du seuil de récupération de l'Aspa sur les successions.

82105 Nouvelles précisions jurisprudentielles sur la levée du secret professionnel.

Plan général

Les chiffres renvoient aux paragraphes.

Principales abréviations utilisées

AJ fam. Actualité juridique famille.
AN Assemblée nationale (Journal officiel).
Bofip (BOI) Bulletin officiel des finances publiques – Impôts.
BPAT Bulletin du patrimoine et des sociétés civiles, Francis Lefebvre.
BPIM Bulletin pratique immobilier, Francis Lefebvre.
BRDA Bulletin rapide de droit des affaires, Francis Lefebvre.
Bull. civ. Bulletin des arrêts de la Cour de cassation (chambres civiles).
Bull. Cridon Bulletin du Cridon.
Bull. crim. Bulletin des arrêts de la Cour de cassation (chambre criminelle).
Bull. inf. C. cass Bulletin d'information de la Cour de cassation.
Cada Commission d'accès aux documents administratifs.
CASF Code de l'action sociale et des familles.
C. ass. Code des assurances.
C. civ. Code civil.
C. com. Code de commerce.
C. exécution Code des procédures civiles d'exécution.
CCRCS Comité de coordination du registre du commerce et des sociétés.
CGCT Code général des collectivités territoriales.
CGI Code général des impôts.
Circ. Circulaire.
CJUE Cour de justice de l'Union européenne.
C. mon. fin. Code monétaire et financier.
Cons. const. Conseil constitutionnel.
C. org. jud. Code de l'organisation judiciaire.
C. patr. Code du patrimoine.
CPC Code de procédure civile.
C. pén. Code pénal.
CPI Code de la propriété intellectuelle.
CPP Code de procédure pénale.
Cridon Centre de recherches, d'information et de documentation notariale.
CRPA Code des relations entre le public et l'administration.
C. rur. Code rural et de la pêche maritime.
CSP Code de la santé publique.
CSS Code de la sécurité sociale.
C. trav. Code du travail.
C. urb. Code de l'urbanisme.
D. (DA, DC, DH ou DP) Recueil Dalloz (analytique, critique, hebdomadaire ou périodique).
DACS Direction des affaires civiles et du Sceau.
Déb. Débats parlementaires.
Defrénois Répertoire du Notariat Defrénois.
Dr. et patrimoine Droit et patrimoine.
Dr. famille Revue de droit de la famille.
Dr. fisc. Droit fiscal.
Dr. sociétés Droit des sociétés.
Gaz. Pal. Gazette du Palais.
Inst. Instruction.
J.-Cl. Juris-Classeur (civil, notarial, sociétés).
JCP Juris-Classeur périodique ou Semaine juridique.
J. not. Journal des notaires.
JO Journal officiel.
JOUE Journal officiel de l'Union européenne.
Lebon Recueil du Conseil d'État (T. : tables).
LEFP L'Essentiel Droit de la famille et des personnes.
LPF Livre des procédures fiscales.
Ord. Ordonnance.
RDC Revue des contrats.
Règl. Règlement.
Règl. UE Règlement de l'Union européenne.

Rép. Réponse ministérielle.

Rép. civ. Dalloz Répertoire de droit civil Dalloz.

Rép. sociétés Dalloz Répertoire de droit des sociétés Dalloz.

Rev. crit. DIP Revue critique de droit international privé.

RJDA Revue de jurisprudence de droit des affaires, Francis Lefebvre.

RJF Revue de jurisprudence fiscale, Francis Lefebvre.

RJPF Revue juridique Personnes et famille.

RRJ Revue de recherche juridique : droit prospectif.

RTD civ. Revue trimestrielle de droit civil.

S. Recueil Sirey.

Sén. Sénat (Journal officiel).

SNH Solution Notaire Hebdo, Francis Lefebvre Notaires.

Sol. Not. Solution Notaires, Francis Lefebvre Notaires.

PARTIE 1

Les libéralités

TITRE I

Règles communes aux libéralités

DÉFINITION DES LIBÉRALITÉS

Le titre 2 du livre troisième du Code civil s'intitule « Des libéralités » et les développements débutent par une définition de la notion de libéralité : elle est « l'acte par lequel une personne dispose à titre gratuit de tout ou partie de ses biens ou de ses droits au profit d'une autre personne » (C. civ. art. 893, al. 1). **100**

Ce qui distingue une libéralité, c'est son **caractère gratuit.** En ce sens, elle suppose un double critère :

– un **critère subjectif** : une intention libérale du disposant envers le bénéficiaire ou « animus donandi ». Ont par exemple été jugées frauduleuses car dépourvues d'intention libérale les « donations » de terres agricoles à des tiers dès lors que le propriétaire avait pour seul objectif de contourner le droit de préemption de son preneur à bail, avec qui il entretenait des relations exécrables (Cass. 3e civ. 15-4-2021 nos 20-15.332, 20-15.334 à 20-15.340, 20-15.342 F-D : BPAT 3/21 inf. 122). De la nécessité de l'intention libérale pour caractériser une donation, il résulte qu'une libéralité consentie en récompense de services rendus est dite « rémunératoire » et n'a de libéralité que son nom. Une donation rémunératoire n'est par exemple ni réductible (voir Cass. 1e civ. 21-11-2012 no 11-21.325 F-D, pour une aide et une assistance apportée à un grand-père), ni taxable aux droits de mutation (pour une illustration, TGI Versailles 18-1-2006 no 05/579 : RJF 11/06 no 1472). Une qualification mixte peut être retenue lorsqu'une donation ou un legs n'est que partiellement rémunératoire ; il constitue alors un acte à titre onéreux à concurrence de la valeur du service rendu et un acte à titre gratuit pour le surplus qui seul sera soumis au paiement de droits de mutation (en ce sens, à propos d'un legs, Cass. 1e civ. 8-7-2010 no 09-67.135 F-PBI : Bull. civ. I no 169 BPAT 5/10 inf. 286) ;

– un **critère objectif** : un appauvrissement du disposant avec un enrichissement corrélatif du bénéficiaire. En effet, la gratuité requiert que l'un se dépouille d'un bien ou d'un droit au profit d'un autre, sans recevoir de celui-ci de contrepartie. Tel n'est pas le cas d'une cession de parts sociales à une veuve par une société dont l'époux décédé était associé : non propriétaire de ces parts, il n'avait pu en disposer, fût-ce de manière déguisée (Cass. 1e civ. 7-7-2021 nº 19-23.580 F-D : SNH 28/21 inf. 3). Il y a donc incompatibilité entre la notion de libéralité et celle de contrat commutatif. Dans ce dernier cas, chaque partie s'engage à fournir une prestation regardée comme l'équivalent de celle qu'elle reçoit (C. civ. art. 1108). C'est ce critère objectif qui justifie que, par exemple, une donation grevée de charges constitue en réalité un acte à titre onéreux si la valeur des charges est supérieure à celle des biens donnés (nº 2065). Il en va ainsi même si la volonté du disposant a été autre.

PREUVE DES LIBÉRALITÉS

105 C'est en principe à **celui qui se prévaut d'une libéralité** d'en démontrer l'existence. Il doit rapporter la preuve du transfert patrimonial sans contrepartie ainsi que de l'intention libérale. Cette preuve est libre et peut se faire par tous **moyens.** Il existe toutefois des cas où la loi présume l'existence d'une libéralité (voir, par exemple, C. civ. art. 918 ; nº 32760).

CATÉGORIES DE LIBÉRALITÉS

110 Le Code civil consacre deux catégories de libéralités : les **donations** et les **legs** (C. civ. art. 893, al. 2). Ayant en commun leur nature d'acte à titre gratuit, elles sont soumises à des règles générales qui concernent :
– leurs conditions de validité (nºs 200 s.) ;
– et les charges susceptibles de les affecter (nºs 2000 s.).

CHAPITRE 1

CONDITIONS DE VALIDITÉ DES LIBÉRALITÉS

SOMMAIRE

RÈGLES COMMUNES ET RÈGLES SPÉCIALES

200 Les libéralités sont soumises à un corps commun de règles. Ces dernières sont celles du **droit commun des obligations** (consentement, capacité, objet et cause/contenu du contrat) avec cependant des particularités qui se justifient notamment par le souci de protéger le disposant.

Les donations et les legs obéissent néanmoins à des **conditions de validité spécifiques,** en particulier quant à la forme qu'ils doivent emprunter. Elles seront étudiées plus loin, avec l'étude respective des donations (nos 4000 s.) et des legs (nos 16500 s.).

SECTION 1

CONSENTEMENT

DOUBLE CONSENTEMENT

210 Eu égard à sa **gravité,** toute libéralité nécessite un consentement à la fois du disposant et du gratifié. Toutefois, la **protection** du disposant est plus développée dans la mesure où il va se défaire d'un bien sans recevoir de contrepartie.

A. Consentement du disposant

1. INSANITÉ D'ESPRIT

ABSENCE D'INSANITÉ D'ESPRIT

215 Le rappel de l'exigence d'un consentement pour conclure une libéralité ne suffit pas car la volonté de gratifier suppose une **décision réfléchie,** un acte de liberté et un choix conscient. C'est pourquoi, pour faire une donation entre vifs ou un testament, « il faut être sain d'esprit » (C. civ. art. 901).

Bien que cette condition figure dans le chapitre relatif à la capacité de disposer et de recevoir, elle touche la question du consentement du disposant puisqu'à défaut, l'acte est nul, de nullité relative pour défaut de consentement. C'est ce qu'a confirmé l'ordonnance 2016-131 du 10 février 2016 portant réforme du **droit des contrats** puisqu'il est rappelé, de manière générale, qu'il faut être sain d'esprit pour consentir valablement à un contrat (C. civ. art. 1129, qui fait partie du paragraphe sur l'existence du consentement).

NOTION D'INSANITÉ D'ESPRIT

220 En l'absence de définition légale, l'insanité d'esprit comprend toutes les variétés d'**affections mentales** par l'effet desquelles l'intelligence du disposant a été « obnubilée ou sa faculté de discernement déréglée » (voir notamment CA Paris 7-3-2012 n° 11/06602 : Gaz. Pal. 13/14-4-2012 p. 37).

Elle suppose donc un trouble psychique tel qu'il affecte la volonté de l'auteur dans son aptitude à comprendre, à réfléchir et dans celle à se décider. Ce trouble peut avoir pour origine une altération durable des facultés intellectuelles ou un accident temporaire et sa cause importe peu (maladie, effets de la prise d'alcool ou de drogue). L'essentiel est que cette altération existe au moment de l'acte et qu'elle soit de nature à exclure une volonté consciente, éclairée et libre.

225 **Autonomie de la notion** L'insanité d'esprit n'est ni l'état d'**incapacité,** ni celui du **consentement vicié.** En effet, il s'agit d'une notion autonome et les juges l'apprécient souverainement sans être liés par le choix d'une mesure de protection décidée. Dans une affaire dont il ressortait que l'intéressé tenait des propos confus et incohérents lors de ses auditions à l'époque de la rédaction du testament, la Cour de cassation a approuvé la cour d'appel qui en a souverainement déduit qu'il ne disposait pas de la faculté de discernement requise pour l'établissement d'un testament valable ; elle a ainsi légalement justifié sa décision ayant prononcé l'annulation de ce testament, sans être liée par le choix de la mesure de protection décidée dans le cadre d'une instance distincte (Cass. 1e civ. 28-1-2003 n° 00-17.712 : Dr. famille 2003 comm. 64 obs. B. Beignier). En revanche, a été rejetée la demande d'annulation d'une donation, les juges du fond ayant souverainement estimé que l'état d'altération mentale de l'intéressée à l'origine de l'ouverture de la tutelle n'était pas notoire au moment de l'acte (Cass. 1e civ. 6-7-2016 n° 15-16.323 F-D). À l'inverse, le défaut de mise sous protection judiciaire de l'auteur d'une donation ne signifie pas qu'il serait nécessairement en possession de toutes ses facultés physiques et mentales (CA Pau 1-12-2009 n° 08/03571).

Toutefois, l'existence d'une mesure de protection est souvent un **indice de l'insanité d'esprit** puisque l'ouverture d'une telle mesure intervient fréquemment à l'occasion d'une altération des facultés mentales. La nullité pour insanité d'esprit peut faire double emploi avec celle prévue en faveur des majeurs protégés. Cependant, malgré la mesure de protection, la loi autorise parfois à accomplir une libéralité sous certaines conditions. Par exemple, le majeur sous curatelle peut tester. Par conséquent, le respect des règles relatives à la capacité n'interdit pas la nullité de la libéralité pour insanité d'esprit (voir Cass. 2e civ. 8-6-2017 n° 15-12.544 F-PB : BPAT 4/17 inf. 159). Il est rappelé dans cette affaire qu'une personne en curatelle peut librement tester sous réserve des dispositions de l'article 901 du Code civil.

PREUVE DE L'INSANITÉ D'ESPRIT

230 **Charge et objet de la preuve** La charge de la preuve de l'insanité d'esprit incombe aux **personnes** qui l'invoquent et qui réclament la nullité de la donation ou du legs. Elles doivent prouver que l'acte est passé sous l'empire de l'insanité d'esprit car on part du principe que le disposant était présumé sain d'esprit.

L'objet de la preuve à fournir est l'insanité d'esprit au **moment** exact de la libéralité attaquée. Toutefois, la jurisprudence a apporté des atténuations à cette exigence. Les juges acceptent la preuve que le disposant se trouvait dans un état habituel ou permanent d'insanité d'esprit, avant ou après la date de la libéralité litigieuse ou bien à une époque rapprochée. Cette démonstration dans une période proche de l'acte fait présumer que, lors de son établissement, le disposant était en état de trouble mental. Il appartient à celui qui se prévaut de la validité de la donation ou du testament de démontrer que l'acte a été passé dans un intervalle de lucidité (pour une illustration, Cass. 1e civ. 30-11-2004 nº 02-18.363 F-D) : dans cette affaire, le disposant était atteint de troubles schizophréniques, stabilisés au cours des vingt dernières années, sans atteinte de ses facultés intellectuelles, hormis durant les phases aiguës de la maladie.

Moyens de preuve L'insanité d'esprit, notion de fait, relève de la **liberté de la preuve** et, par conséquent, peut être établie par tous moyens. Tous les modes de preuves sont recevables : témoignages, expertises, mais aussi éléments intrinsèques à l'acte. S'agissant en particulier des testaments olographes qui sont le plus souvent en cause, la preuve de l'insanité d'esprit résulte généralement d'un ensemble d'éléments : testateur affaibli par l'âge et/ou la maladie, incohérence des dispositions adoptées, style inhabituel à l'auteur, écriture désordonnée, etc. 235

La **condamnation pénale** du légataire pour abus de faiblesse sur le testateur durant une période couvrant la date de rédaction du testament peut également être un moyen d'établir l'insanité d'esprit. Ainsi, viole le principe de l'autorité de la chose jugée au pénal sur le civil, le juge qui refuse d'annuler pour insanité d'esprit le testament rédigé au profit d'une femme étrangère à la famille et condamnée pénalement avec son époux pour abus de faiblesse sur la testatrice qui l'avait instituée légataire universelle, alors que les époux savaient l'intéressée particulièrement vulnérable (Cass. 1e civ. 24-10-2012 nº 11-20.442 F-PBI : BPAT 6/12 inf. 302).

Les **certificats médicaux** sont librement produits à l'appui de la preuve de l'insanité d'esprit. La disposition de l'article 901 du Code civil vaut autorisation de révélation du secret médical au sens de l'article 226-14 du Code pénal. Par l'effet de ce texte, le médecin traitant est déchargé de son obligation au secret relativement aux faits dont il a eu connaissance dans l'exercice de sa profession. La finalité du secret professionnel étant la protection du non-professionnel qui les a confiés, leur révélation peut être faite non seulement à ce dernier mais également aux personnes ayant un intérêt légitime à faire valoir cette protection (Cass. 1e civ. 22-5-2002 nº 00-16.305 FS-PB).

Les **constatations du notaire** dans un testament authentique ou un acte de donation selon lesquelles le disposant était sain d'esprit n'interdisent pas la preuve de l'insanité d'esprit car ce professionnel n'a pas de compétence particulière pour apprécier l'état mental d'une personne (Cass. 1e civ. 14-11-2000 nº 99-11.910 D, sur la responsabilité du notaire). Rappelons toutefois qu'il appartient au notaire, tenu de s'assurer de la validité et de l'efficacité des actes reçus par lui, de vérifier la capacité de son client lorsque des circonstances particulières lui permettent de mettre en doute ses facultés mentales (Cass. 1e civ. 8-7-2020 nº 19-17.097 F-D).

Appréciation souveraine des juges du fond Le caractère sain d'esprit ou non du disposant est une question de fait. Les juges du fond disposent à cet égard d'un pouvoir souverain d'appréciation. La **Cour de cassation** se refuse à exercer un contrôle, non seulement de se prononcer s'il y a lieu ou non à une enquête ou à une expertise médicale, mais encore de retenir ou non la pertinence des arguments invoqués (en ce sens, par exemple, Cass. 1e civ. 6-3-2013 nº 12-17.360 F-PB). La Cour de cassation reste toutefois attentive à la motivation adoptée. A ainsi été cassé un arrêt dans lequel les juges avaient prononcé la nullité du testament au motif que celui-ci avait été rédigé 14 mois après un examen médical justifiant un placement sous curatelle du testateur et que « la capacité de ce dernier n'a pu que se dégrader pendant cette période » (Cass. 1e civ. 14-3-2018 nº 17-15.406 F-D : AJ fam. 2018 p. 307 obs. N. Levillain). La formulation était assurément maladroite. Le majeur en curatelle peut librement tester (C. civ. art. 470, al. 1 ; nº 710), sous réserve d'une volonté lucide, mais son absence de lucidité ne saurait être déduite du certificat médical qui a permis l'ouverture du régime de protection (J.-J. Lemouland, D. Noguéro, Droit des majeurs protégés : Dalloz 2018 p. 1458). 240

En pratique, les juges du fond sont relativement réticents à admettre l'insanité d'esprit, trop facilement invoquée par des héritiers mécontents. S'ils ne sont pas corroborés par d'autres éléments, le grand âge, la maladie, l'intempérance, le suicide ou la mise ultérieure du disposant sous tutelle ne suffisent pas à prononcer la nullité du testament. Les juges exigent, sinon une altération durable et complète des facultés du disposant, du moins un trouble mental suffisamment important pour exclure une volonté consciente et éclairée au moment de l'acte.

ILLUSTRATIONS

Ont été **annulés pour insanité d'esprit** du testateur :
– le testament fait par une femme dont les fonctions cognitives et affectivo-émotionnelles étaient largement perturbées par un cancer et une profonde dépression, qui subissait de violentes douleurs et souffrait d'une perte d'autonomie dans sa vie quotidienne et de la grave dégradation de son état physique (CA Paris 17-4-2008 n° 07/7129) ;
– le testament établi par une femme de 89 ans, sous curatelle, qui présentait des facteurs de suggestibilité et d'influençabilité manifestes dus en partie à son grand âge et qui s'était notamment laissée abuser par des tiers, auxquels elle avait remis des sommes très importantes (CA Paris 26-9-2007 n° 07/1230) ;
– le testament fait par une femme atteinte de graves troubles du comportement se traduisant par un manque d'hygiène, des insultes et des gestes obscènes à son entourage, des dépenses excessives et la destruction de billets de banque (CA Nîmes 21-9-2000 n° 99/967 : BPAT 1/01 inf. 18) ;
– le testament authentique établi trois mois avant son décès par un homme âgé et très malade, différents témoignages établissant qu'il présentait un état d'asthénie important et des périodes de confusion mentale et que, le jour même de l'établissement de son testament, il ne jouissait pas de ses pleines capacités intellectuelles et d'expression (CA Aix-en-Provence 9-5-2012 n° 11/0789) ;
– le testament fait par une femme atteinte d'une démence sévère avec perte d'autonomie, de troubles cognitifs et sous emprise exercée par le légataire condamné pour abus de faiblesse (CA Montpellier 6-7-2023 n° 19/03353 : BPAT 5/23 inf. 227).

Ont en revanche été **jugés valables** :
– le testament authentique établi au profit de la femme qui s'occupait de lui par un homme atteint de la maladie d'Alzheimer, l'insanité d'esprit (non perçue par le notaire) n'étant pas caractérisée : des proches témoignaient du comportement normal du testateur à l'époque de l'établissement du testament, le médecin n'avait pas recommandé de mesure de protection judiciaire ou d'hospitalisation dans une structure spécialisée ni déconseillé la conduite automobile à l'intéressé (CA Bastia 1-2-2002 n° 10/00066 ; mais comparer Cass. 1e civ. 6-1-2010 n° 08-20.646 F-D) ;
– le testament fait par un homme atteint de la maladie de Parkinson et placé sous curatelle, les pièces médicales versées au débat établissant que les facultés intellectuelles du testateur étaient peu altérées, ce dernier souffrant surtout de difficultés de mémorisation et d'évocation des informations récentes (CA Paris 7-3-2012 n° 11/06602 : Gaz. Pal. 13/14-4-2012 p. 37) ;
– le testament fait par une femme soignée pour une psychose maniacodépressive et qui avait fait plusieurs testaments différents au cours des neuf mois précédant son décès. La cour d'appel a estimé que si la maladie affectait l'humeur de la testatrice, elle n'était pas de nature à altérer son discernement, la rédaction de plusieurs testaments successifs dans un court intervalle de temps révélant simplement des hésitations sur la dévolution de ses biens (CA Toulouse 26-10-2010 n° 08/58 : BPAT 1/11 inf. 40) ;
– le testament fait par une femme soignée pour un cancer : les documents attestant de la maladie grave dont était atteinte la testatrice et du traitement qu'elle prenait, ainsi que l'aggravation de son état, n'ont pas permis de conclure avec toute la certitude requise à l'insanité d'esprit de la testatrice à l'époque où celle-ci a fait son testament authentique (CA Bastia 9-3-2016 n° 14/00503).

2. VICES DU CONSENTEMENT

RÈGLES GÉNÉRALES

270 Une **libéralité** est nulle si le consentement du disposant a été vicié par l'erreur, le dol ou la violence (C. civ. art. 901).

En application du **droit commun des obligations,** c'est le cas lorsque ces vices sont de telle nature que, sans eux, l'une des parties n'aurait pas contracté ou aurait contracté à des conditions substantiellement différentes (C. civ. art. 1130). Leur caractère déterminant s'apprécie eu égard aux personnes et aux circonstances dans lesquelles le consentement a été donné.

ERREUR

275 L'erreur est parfois retenue en matière de libéralités. Elle peut porter sur la **qualité substantielle de la chose donnée ou léguée,** le disposant devant démontrer que l'erreur a été la cause déterminante de son consentement. Dans la plupart des cas, il s'agit d'une erreur du disposant sur sa propre prestation.

En matière de libéralités, la notion d'erreur est entendue de manière plus large que pour les contrats à titre onéreux. En effet, l'erreur sur le **motif d'une libéralité** en l'absence duquel son auteur n'aurait pas disposé, est une cause de nullité (C. civ. art. 1135, al. 2). Or, en principe, une telle erreur, étrangère aux qualités essentielles de la prestation due ou du cocontractant, est exclue à moins que les parties n'en aient fait expressément un élément déterminant de leur consentement (C. civ. art. 1135, al. 1). Cette consécration d'une solution jurisprudentielle par l'ordonnance 2016-131 du 10 février 2016, dont est issu l'article 1135, est justifiée par la protection du disposant. Ainsi, l'erreur du donateur sur l'économie fiscale recherchée peut justifier la nullité de l'opération de transmission de patrimoine à titre gratuit (Cass. 1e civ. 11-2-1986 n° 84-15.513 : Bull. civ. I n° 25, à propos de la suppression rétroactive du régime fiscal de faveur des donations-partages par la loi de finances rectificative du 3 août 1981). Comme tout vice, cette erreur sur les motifs doit avoir été déterminante de son consentement.

L'erreur peut également porter sur la **personne du bénéficiaire ou** sur **une de ses qualités.** Elle emporte toujours nullité puisque les dispositions à titre gratuit sont faites intuitu personae, c'est-à-dire en considération de la personne (C. civ. art. 1134).

DOL

Le vice du consentement le plus fréquemment invoqué en matière de libéralités est le dol, **280**
qui nécessite un ensemble de **manœuvres ou** de **mensonges** ayant eu pour objet de tromper le disposant et d'obtenir son consentement (C. civ. art. 1137). Le Code civil ne comporte pas de règles spéciales alors que les libéralités ont besoin d'une protection accrue. Pour que la nullité pour dol soit prononcée, il faut néanmoins adapter le droit commun à la nature particulière des donations et testaments.

Le dol suppose des manœuvres de suggestion et de captation qui ont été la cause déterminante de la libéralité. Par conséquent, la flatterie systématique ou les manifestations intéressées d'affection ne suffisent pas à établir un dol.

Constituent par **exemple** des manœuvres dolosives justifiant l'annulation d'un testament :
– le fait de provoquer une rupture brutale et injustifiée entre la testatrice et sa fille unique dont les rapports avaient toujours été excellents, et de prendre diverses mesures pour isoler la testatrice de son milieu familial habituel (Cass. 1e civ. 30-10-1985 n° 84-15.922 : Bull. civ. I n° 282) ;
– le conditionnement progressif d'une personne âgée et affaiblie ayant mené à la captation d'héritage (CA Besançon 4-11-2004 n° 03/881).

Peut aussi constituer un dol la **dissimulation intentionnelle par le gratifié** d'une informa- **285**
tion dont il sait le caractère déterminant pour le disposant (C. civ. art. 1137, al. 2).

Le dol est également constitué « lorsqu'il émane d'un **tiers de connivence** » (C. civ. art. 1138, **290**
al. 2). Si la règle date de l'ordonnance 2016-131 du 10 février 2016 en matière contractuelle, la jurisprudence l'avait déjà reconnue pour les libéralités. En effet, l'auteur des manœuvres était plus largement admis. Il n'était pas exigé que le bénéficiaire de la libéralité soit au moins complice de l'auteur du dol et l'ignorance des manœuvres pratiquées était indifférente (Cass. req. 17-7-1871 : DP 1872 I p. 37).

Reste à déterminer s'il s'agit d'une codification pure et simple d'une solution jurisprudentielle ancienne. En effet, l'article 1138, alinéa 2 fait référence à « un tiers de connivence », ce qui semble désormais exiger la démonstration d'une connivence entre le gratifié et le tiers ou d'une entente secrète. La simple connaissance des agissements du tiers suffira-t-elle à la « connivence » désormais nécessaire ? A ainsi été donné l'exemple où « un testateur peut être victime des manœuvres dolosives d'un voisin qui entend que son fils soit couché sur le testament, sans nécessaire complicité entre le légataire et son père » (F. Sauvage, Principales incidences de l'ordonnance du 10 février 2016 portant réforme du droit des contrats, du régime général et de la preuve de l'obligation sur le droit des libéralités : AJ fam. 2016 p. 475).

La notion de dol est **autonome** ; elle est donc indépendante de toute mesure de protection **292**
juridique susceptible d'être mise en place au profit de l'auteur de la libéralité, ainsi que de la mise en œuvre des incapacités de recevoir à titre gratuit (voir nos 930 s.). Pour valider un testament, si le dol est allégué, les juges du fond doivent vérifier s'il est caractérisé ou non ; constater que l'auxiliaire de vie, légataire, ne relevait pas de l'incapacité de recevoir et que le disposant n'était pas soumis à un régime de protection est insuffisant (Cass. 1e civ. 31-3-2021 n° 19-21.267 F-D : BPAT 3/21 inf. 123).

VIOLENCE

La violence **physique ou morale** est parfois invoquée pour annuler une libéralité. Jugé ainsi à **295**
propos d'un testament olographe établi par une femme de 87 ans à la santé chancelante au profit de son neveu qui lui faisait peur et allait jusqu'à la gifler (CA Bordeaux 27-10-2003 n° 02/2270).

La violence pour **abus de dépendance** a été consacrée par l'ordonnance 2016-131 du **300**
10 février 2016 réformant le droit des obligations. Il en va ainsi « lorsqu'une partie, abusant de l'état de dépendance dans lequel se trouve son cocontractant à son égard, obtient de lui

un engagement qu'il n'aurait pas souscrit en l'absence d'une telle contrainte et en tire un avantage manifestement excessif » (C. civ. art. 1143 dans sa rédaction issue de la loi 2018-287 du 20-4-2018). Ce cas ne vise pas uniquement le cas d'une dépendance économique comme l'admettait la jurisprudence. Appliquée aux legs et donations, cette nouveauté pourrait permettre la protection des personnes qui sont les plus vulnérables telles que les personnes âgées, malades ou crédules. Ainsi, une libéralité adressée par la victime d'une secte à son gourou pourrait être annulée sur ce fondement (en ce sens, F. Sauvage, Principales incidences de l'ordonnance du 10 février 2016 portant réforme du droit des contrats, du régime général et de la preuve de l'obligation sur le droit des libéralités : AJ fam. 2016 p. 475).

L'exigence d'un **avantage manifestement excessif que doit en avoir tiré l'auteur** et dont l'objectif est d'encadrer cette nouveauté ne suscite pas de difficultés pour les actes à titre gratuit (sauf à l'interpréter comme réduisant le domaine de cette nouveauté aux contrats synallagmatiques). Toutefois, l'abus de dépendance consacré ne peut être élargi à tout abus de faiblesse car la condition est que l'un des cocontractants soit dans un état de dépendance à l'égard de l'autre. Par conséquent, une simple vulnérabilité liée à l'âge ou la maladie de l'auteur de la libéralité ne suffira pas. De même, ce n'est pas parce qu'une personne âgée a besoin d'une assistance dans la vie de tous les jours qu'elle est dépendante d'autrui. Tout dépendra donc dans l'avenir de la conception de l'abus de dépendance retenue par la jurisprudence.

3. SANCTIONS

NULLITÉ

330 L'insanité d'esprit et les vices du consentement sont sanctionnés par la nullité **relative** de l'acte. Celle-ci ne pouvant être demandée que par la partie que la loi entend protéger (C. civ. art. 1181, al. 1), seul l'auteur de la libéralité peut l'invoquer. Dans l'hypothèse où la personne serait soumise à un régime de protection notamment en raison de l'insanité d'esprit, elle devra agir avec le concours de son curateur en cas de curatelle et, si elle relève de la tutelle, l'action appartiendra à son tuteur.

Après son décès, seuls ont la possibilité d'agir ses successeurs universels légaux ou testamentaires (en ce sens, notamment, Cass. 1e civ. 4-11-2010 nº 09-68.276 F-PBI : BPAT 6/10 inf. 353).

DÉLAI POUR AGIR EN NULLITÉ

335 Le délai de prescription de l'action en nullité est, en application du **droit commun,** de cinq ans, que ce soit pour les donations ou pour les testaments (C. civ. art. 2224 ; Cass. 1e civ. 11-1-2005 nº 01-13.133 F-PBR : Dalloz 2005 p. 1207 note A.-L. Thomas-Raynaud).

340 **Point de départ du délai** Le point de départ du délai de prescription est en principe le jour où le titulaire d'un droit a connu ou aurait dû connaître les faits lui permettant de l'exercer (C. civ. art. 2224). Ainsi, en cas de demande de nullité pour **dol ou erreur,** il est retardé au jour où les vices ont été découverts (C. civ. art. 1144). Cassation de l'arrêt qui déclare irrecevable une action en nullité pour dol intentée en 2003 au motif que le décès du testateur remonte à 1989, alors que l'héritière demandeuse n'avait eu connaissance du dol qu'en 2001 (Cass. 1e civ. 6-10-2010 nº 09-67.215 F-D : BPAT 6/10 inf. 354). Cassation aussi de l'arrêt qui déclare prescrite une action en nullité pour dol d'une donation-partage en se basant sur la date de l'acte litigieux et non sur celle à laquelle le copartageant fait réaliser une expertise immobilière, découvrant l'erreur provoquée par le dol qu'il allègue (Cass. 1e civ. 4-11-2020 nº 19-14.769 F-D : BPAT 1/21 inf. 28). Cependant, en matière de **violence,** le délai court à compter du jour où elle a cessé (C. civ. art. 1144).

345 Le point de départ du délai de prescription de l'action en nullité pour **insanité d'esprit** court, à l'égard des héritiers, à compter du décès du disposant, les héritiers ne pouvant agir avant le décès (Cass. 1e civ. 20-03-2013 nº 11-28.318 FS-PBI : Sol. Not. 5/13 inf. 125, à propos d'un testament ; Cass. 1e civ. 8-3-2017 nº 16-12.607 FS-PB : Sol. Not. 5/17 inf. 117, à propos d'une donation).

En matière de libéralités, l'exercice de l'action en nullité pour insanité d'esprit n'est pas soumis aux conditions restrictives de l'article 414-2 du Code civil puisque le texte vise les actes faits par la personne, « autres que la donation entre vifs et le testament ».

CONFIRMATION DE L'ACTE NUL

350 La confirmation par le disposant ou ses héritiers peut couvrir la nullité des libéralités pour vices du consentement (C. civ. art. 1181). Elle est l'**acte par lequel celui qui pourrait se prévaloir de la nullité** y renonce ; cet acte mentionne l'objet de l'obligation et le vice affectant le contrat (C. civ. art. 1182, al. 1).

Toutefois, cette confirmation peut être tacite puisque l'**exécution volontaire** du contrat, en connaissance de la cause de la nullité, vaut confirmation (C. civ. art. 1182, al. 3). D'ailleurs, l'article 931-1 du Code civil précise qu'après le décès du donateur, la confirmation ou exécution volontaire d'une donation par les héritiers ou ayants cause du donateur emporte leur renonciation à opposer les vices de forme ou toute autre cause de nullité. Néanmoins, en matière testamentaire, le fait, pour le disposant, de laisser subsister le legs après la découverte ou la cessation du vice ne peut être retenu pour une confirmation tacite interdisant à ses héritiers d'agir, mais seulement pour un indice que le vice invoqué par les héritiers n'était peut-être pas déterminant du consentement.

SOMMATION DE PRENDRE POSITION SUR L'ACTION EN NULLITÉ

Une partie à la libéralité peut **demander par écrit** à celle qui pourrait se prévaloir de la nullité soit de confirmer l'acte, soit d'agir en nullité dans un délai de six mois à peine de forclusion (C. civ. art. 1183). L'écrit adressé mentionne expressément qu'à défaut d'action en nullité exercée avant l'expiration du délai de six mois, le contrat sera réputé confirmé. **355**

> **Précisions** Cette action interrogatoire qui permet de réduire les incertitudes et le contentieux est issue de l'ordonnance 2016-131 du 10 février 2016 portant réforme du droit des contrats, du régime général et de la preuve des obligations. Elle est d'application immédiate aux libéralités conclues **après comme avant le 1er octobre 2016,** date d'entrée en vigueur de l'ordonnance. L'action suppose au moment où elle est exercée que la cause de la nullité ait cessé, ce qui peut rendre complexe son usage.

B. Consentement du gratifié

DONATAIRE

Dans la **donation** qui est un **contrat,** le consentement des deux parties et notamment du donataire est nécessaire. À ce titre, il doit être protégé comme le donateur. **405**

LÉGATAIRE

En revanche, dans le **testament** qui est un **acte unilatéral,** le consentement du légataire n'est pas exigé au jour du testament pour sa validité. D'ailleurs, le testateur a la possibilité de revenir sur sa volonté jusqu'à son décès puisque le testament est librement révocable. Ce n'est qu'au décès de l'auteur que le droit s'intéresse à la volonté du légataire qui n'est pas obligé d'accepter le legs. Il peut y renoncer tout comme l'héritier peut renoncer à la succession (voir nos 35100 s. sur l'option successorale). Toutefois, si le consentement du légataire n'est pas nécessaire à la validité du legs, il conditionne son efficacité : la renonciation par le légataire entraîne la caducité du legs. **410**

SECTION 2 EXISTENCE ET DÉTERMINATION DU BÉNÉFICIAIRE

A. Existence du bénéficiaire

PRINCIPE

L'existence du bénéficiaire est une condition expresse de validité des libéralités (C. civ. art. 906, al. 1) : elle suppose un **sujet de droit** et que l'on soit en présence d'une personne juridique. Ainsi, ce qui est par nature **objet de droit** ne peut être ni l'auteur d'une libéralité ni le gratifié. Bien que le Code civil reconnaisse désormais que les animaux sont des êtres vivants doués de sensibilité, ils ne peuvent recevoir à titre gratuit car sous réserve des lois qui les protègent, ils sont soumis au régime des biens (C. civ. art. 515-14 ; Cass. 1e civ. 16-9-2010 no 09-68.221 F-D : Dr. famille 2010 comm. 167 par B. Beignier, pour un legs adressé à une association de défense des animaux). **510**

515 **Personne physique** Il arrive qu'une libéralité soit adressée à une personne physique **à naître.** Pour qu'elle puisse recevoir une libéralité, il suffit qu'elle soit conçue au jour de la donation ou à l'époque du décès du testateur. Si la conception est postérieure, la libéralité n'est pas valable. Cette **condition** est la traduction du principe selon lequel il ne peut exister de droit sans sujet de droit. Toutefois, la validité de la donation ou du testament fait à des enfants simplement conçus est assortie d'une **autre condition** suspensive à savoir qu'ils soient nés viables (C. civ. art. 906, al. 3).

Par **exemple,** le testateur peut désigner ses neveux nés et à naître. S'il laisse cinq neveux à son décès alors qu'il n'en avait que trois lors de la rédaction de son testament, ce sont ses cinq neveux qui bénéficieront du legs. Mais si trois autres neveux naissent après son décès, ces neveux ne recevront rien, faute d'exister lors de l'ouverture de la succession.

ATTENTION

La date de conception d'un enfant est présumée se situer au cours de la période qui s'étend du 300e au 180e jour (inclusivement) avant la date de sa naissance, au moment qui correspond à l'intérêt de l'enfant (C. civ. art. 311). Il s'agit d'une présomption simple, la preuve contraire étant par conséquent recevable.

520 **Personne morale** Les personnes morales relèvent du même **principe.** Par conséquent, un groupement sans personnalité morale ne peut pas recevoir de libéralité.

Pour les **sociétés civiles et commerciales,** la date d'apparition de la personnalité résulte de leur immatriculation au registre du commerce et des sociétés (C. com. art. L 210-6). Toutefois, « la société régulièrement immatriculée peut reprendre les engagements souscrits [par les personnes ayant agi au nom de la société alors en formation], qui sont alors réputés avoir été dès l'origine souscrits par celle-ci » (C. civ. art. 1843). Or ces actes peuvent être des libéralités.

Pour les **associations,** la libéralité doit intervenir après leur déclaration auprès de la préfecture et de la publication de cette déclaration au Journal officiel (Loi du 1-7-1901 art. 5 ; Décret du 16-8-1901 art. 1, al. 2 ; Cass. civ. 10-2-1942 : D. 1942 somm. p. 5).

Pour les **congrégations,** elle doit avoir lieu après leur autorisation par décret pris par le Premier ministre sur avis conforme du Conseil d'État (Loi du 1-8-1901 art. 13 ; Cass. civ. 16-12-1912 : Gaz. Pal. 1913 I 192).

Enfin pour les **fondations,** la libéralité doit être faite après la parution au Journal officiel du décret en Conseil d'État leur accordant la reconnaissance d'utilité publique (Loi du 87-571 du 23-7-1987 art. 18, al. 2), sous réserve cependant d'importants assouplissements (voir n° 525).

Tout dépend en réalité de la nature de la libéralité (en ce sens, Cass. 1e civ. 22-7-1987 n° 85-13.907 : Bull. civ. I n° 258, pour une fondation n'existant pas encore au jour du décès du disposant). Lorsqu'il s'agit d'une donation, l'auteur de la libéralité a la possibilité d'attendre la reconnaissance qui confère au groupement la personnalité juridique. Aussi, une association peut reprendre à son compte les droits nés d'une donation conclue avant les formalités de déclaration par une personne ayant agi en tant que représentant (Cass. 1e civ. 4-7-1994 n° 93-18.432 : BAF 1/95 inf. 2). En revanche, en présence d'un testament, le décès du disposant avant une telle reconnaissance entraîne la nullité du legs.

525 L'application de cette règle aux personnes morales soulève cependant de sérieuses objections en matière de **fondations testamentaires.** Un testateur lègue tout ou partie de sa fortune à un établissement qui reste encore à créer lors de son décès. Mais faute d'avoir à cette date obtenu la reconnaissance d'utilité publique nécessaire à son existence légale, cet établissement ne pourra recevoir le legs. C'est pourquoi la législation s'oriente très clairement vers une reconnaissance plus large de l'aptitude des groupements à recevoir des libéralités. Ainsi, depuis une loi du 4 juillet 1990, la loi du 23 juillet 1987 sur le développement du mécénat admet la possibilité d'instituer légataire une fondation non existante au jour du décès du testateur : la reconnaissance ultérieure de cette fondation par décret en Conseil d'État rétroagira au jour de l'ouverture de la succession (Loi 87-571 du 23-7-1987 art. 18-2 modifié par loi 90-559 du 4-7-1990 art. 3).

La demande en reconnaissance d'utilité publique doit, à peine de nullité du legs, être déposée auprès de l'autorité administrative compétente dans l'année suivant l'ouverture de la succession.

Par ailleurs, le testament peut charger une personne de constituer la fondation. Mais « à défaut de désignation par le testateur des personnes chargées de constituer la fondation et d'en demander la reconnaissance d'utilité publique, il est procédé à ces formalités par une fondation reconnue d'utilité publique désignée par le représentant de l'État dans la région du lieu d'ouverture de la succession » (art. 18-2 précité, al. 4). Enfin, le procédé de la libéralité avec charge est envisageable pour la création d'une fondation. Le testament peut ainsi comporter la désignation d'un légataire universel qui aura pour charge de réaliser la fondation. Ce faisant, les biens affectés à l'œuvre transitent par le patrimoine du légataire durant le temps nécessaire à la création de la fondation.

Le même régime que celui de la fondation est applicable aux **fonds de dotation** créés par l'article 140, IV de la loi 2008-776 du 4 août 2008 sur la modernisation de l'économie.

EXCEPTIONS

Des substitutions permises sont désormais réglementées dans la partie relative aux **libéralités graduelles et résiduelles** qui peuvent profiter, par le biais d'un gratifié de premier rang, à des personnes non encore conçues au moment de l'acte constitutif, mais venues à l'existence au décès du gratifié de premier rang (nos 2410 s.). **535**

Les **donations de biens à venir par contrat de mariage** peuvent être faites non seulement au profit de l'un des futurs époux, mais aussi à celui des enfants à naître du mariage (C. civ. art. 1082).

L'**assurance sur la vie** peut être souscrite au profit des enfants à naître de l'assuré (C. ass. art. L 132-8).

B. Détermination du bénéficiaire

PRINCIPE

Les personnes dont l'existence est incertaine ne peuvent pas recevoir à titre gratuit. Ainsi la **désignation** doit être précise, afin de permettre leur identification et sous peine de nullité. **585**

CAS D'INCERTITUDE

En pratique, les cas d'incertitude quant à la personne du gratifié concernent peu les **donations** dont la validité est subordonnée à l'acceptation du donataire. **590**

Le contentieux est en revanche plus important en matière de **legs** parce qu'il est fréquent que le testateur ait insuffisamment ou maladroitement désigné le légataire. Sur cette question, voir nos 16515 s.

SECTION 3 CAPACITÉ ET POUVOIR

RÈGLES GÉNÉRALES

En matière de libéralités, la capacité obéit, pour l'essentiel, aux **principes de droit commun** : la capacité est la règle, l'incapacité l'exception : « Toutes personnes peuvent disposer et recevoir, soit par donation entre vifs, soit par testament, excepté celles que la loi en déclare incapables » (C. civ. art. 902). **690**

Toutefois, la défiance du législateur à l'égard des dispositions à titre gratuit se traduit par l'existence d'**incapacités spécifiques aux libéralités,** tant en ce qui concerne la capacité du disposant à consentir des libéralités que la capacité du gratifié à recevoir des libéralités.

A. Capacité de disposer à titre gratuit

MINEURS

Mineur émancipé Le mineur émancipé a pleine capacité (C. civ. art. 413-6, al. 1), sauf à l'égard des donations par contrat de mariage, qui nécessitent la même capacité que pour se marier (C. civ. art. 1095). **695**

700 **Mineur non émancipé** Une distinction est établie suivant qu'il s'agit de donations ou de testaments.

S'agissant de **donations,** le mineur non émancipé est frappé d'une incapacité totale de consentir une donation. Il s'agit d'une incapacité de jouissance, et non seulement d'exercice, ce qui implique qu'aucun représentant ne peut relever le mineur et consentir une donation à sa place. Par exception, un mineur peut faire une donation à son futur époux par contrat de mariage, avec le consentement et l'assistance de ceux qui doivent donner leur consentement au mariage (C. civ. art. 1095). Cette exception relève aujourd'hui de l'hypothèse d'école puisque, sauf dispense accordée pour motifs graves par le procureur de la République, les mineurs ne peuvent pas se marier (C. civ. art. 144 et 145).

Toujours à titre d'exception, il est admis que le mineur puisse effectuer des **présents d'usage** portant sur ses biens (en ce sens, F. Terré, Y. Lequette et S. Gaudemet, Droit civil. Les successions. Les libéralités, Dalloz, 4e éd. 2014 no 290). Il appartient aux juges du fond d'apprécier si l'on se trouve face à un acte qualifié de présent d'usage ou de donation (no 4015).

En matière de **testament,** l'incapacité du mineur est moins radicale. Le principe est que le mineur non émancipé ne peut pas faire de legs et le testament, acte personnel, ne peut être dressé à sa place par quiconque. La loi accorde toutefois une capacité partielle de tester au mineur de plus de 16 ans, qui peut disposer par testament de la moitié de ce dont il pourrait disposer s'il était majeur (C. civ. art. 904, al. 1). Il lui est toutefois interdit de disposer au profit de son tuteur (C. civ. art. 907, voir no 935).

En outre, une dérogation à l'incapacité de tester a été adoptée en 1916 en faveur du mineur combattant sous les drapeaux pour une campagne de guerre (C. civ. art. 904, al. 2 et 3). Elle est toujours en vigueur.

TABLEAU RÉCAPITULATIF

703

Situation du mineur	Donation	Testament
Mineur émancipé	Pleine capacité Exception pour les donations par contrat de mariage qui nécessitent l'assistance et le consentement des parents, si l'un est décédé, du survivant, à défaut, des ascendants dans chaque lignée, sinon du conseil de famille Exception pour les présents d'usage	Pleine capacité
Mineur non émancipé	Incapacité totale	Moins de 16 ans : incapacité totale Plus de 16 ans : capacité de disposer par testament de la moitié de ce dont il pourrait disposer s'il était majeur

MAJEURS PROTÉGÉS

705 **Majeur sous tutelle** Une **donation** ne peut être consentie par un majeur sous tutelle qu'avec l'autorisation du juge des tutelles (ou du conseil de famille s'il en a été constitué un) ; le majeur doit alors être assisté ou au besoin représenté par son tuteur, selon son degré de discernement (C. civ. art. 476, al. 1).

Le **testament** fait par un majeur sous tutelle est nul, sauf si le majeur a été autorisé par le juge des tutelles (ou le conseil de famille s'il en a été constitué un). Dans ce cas, le majeur sous tutelle fait son testament seul : son tuteur ne peut ni le représenter ni l'assister (C. civ. art. 476, al. 2). Le juge saisi d'une demande d'autorisation n'a pas à apprécier le contenu du testament. Il doit s'assurer que le majeur est en capacité d'exprimer clairement sa volonté quant à ses dispositions testamentaires (Cass. 1e civ. 8-3-2017 no 16-10.340 F-PB : BPAT 3/17 inf. 114). Rien ne paraît s'opposer, en revanche, à ce que le juge subordonne son autorisation à la condition que la personne ait recours à un testament notarié ; cela permet de sécuriser le testament sans pour autant le rendre inattaquable (en ce sens, N. Peterka, La protection des personnes vulnérables en droit patrimonial de la famille : morceaux choisis : SNH 34/23 inf. 11).

Le testament fait avant l'ouverture de la tutelle reste valable, sauf s'il est établi que, depuis l'ouverture de la tutelle, la cause qui avait déterminé le majeur à tester a disparu (C. civ. art. 476, al. 4).

Un majeur sous tutelle peut toujours révoquer seul son testament, que ce dernier soit antérieur ou postérieur à l'ouverture de la tutelle (C. civ. art. 476, al. 3).

ATTENTION

Le fait que le majeur sous tutelle ait été autorisé par le juge (ou par le conseil de famille) à établir son testament n'empêche pas que celui-ci puisse être **annulé pour insanité d'esprit** sur le fondement de l'article 901 du Code civil (n°s 215 s.).

Majeur sous curatelle Un majeur sous curatelle peut librement disposer par **testament** (C. civ. art. 470, al. 1). L'existence de la curatelle peut faciliter la preuve de l'insanité d'esprit, cause de nullité de l'acte (n° 225). 710

S'agissant des **donations,** le majeur en curatelle est frappé d'une simple incapacité d'exercice. Il peut donc valablement consentir une donation avec l'assistance de son curateur (C. civ. art. 470, al. 2). Si ce dernier est bénéficiaire de la donation, il est réputé en opposition d'intérêts avec le majeur (C. civ. art. 470, al. 3). L'assistance du subrogé curateur ou, à défaut, d'un curateur ad hoc désigné par le juge est alors nécessaire (C. civ. art. 454, al. 5 et 455, al. 1).

Majeur sous sauvegarde de justice Le majeur placé sous sauvegarde de justice n'est frappé d'aucune incapacité et conserve le plein exercice de ses droits (C. civ. art. 435). Il peut par conséquent librement tester ou donner entre vifs. 715

Majeur sous habilitation familiale L'habilitation familiale peut avoir pour objet de (C. civ. art. 494-1 modifié par loi 2019-222 du 23-3-2019) : 720

– **représenter** une personne dans l'impossibilité de pourvoir seule à ses intérêts en raison d'une altération, médicalement constatée, soit de ses facultés mentales, soit de ses facultés corporelles de nature à empêcher l'expression de sa volonté ;
– mais aussi, depuis le 25 mars 2019, de l'**assister** dans les conditions de la curatelle.

En cas d'habilitation-représentation, le majeur protégé conserve l'exercice de ses droits autres que ceux dont l'exercice a été confié à la personne habilitée à le représenter (C. civ. art. 494-8, al. 1). Il peut donc librement donner entre vifs si la mesure de protection ne porte pas sur le bien concerné par la **donation.** Dans le cas contraire, la personne habilitée ne peut accomplir en représentation un acte de disposition à titre gratuit au nom du majeur qu'avec l'autorisation du juge des tutelles (C. civ. art. 494-6, al. 2). Le juge doit alors s'assurer, en l'absence de caractérisation d'une intention libérale de l'intéressé, que la donation correspond, dans son objet comme dans sa destination, à ce que ce dernier aurait voulu s'il avait pu y consentir lui-même. Le juge doit aussi veiller à ce que l'acte soit conforme aux intérêts personnels et patrimoniaux du majeur, en particulier que sont préservés les moyens lui permettant de maintenir son niveau de vie et de faire face aux conséquences de sa vulnérabilité (Cass. 1e civ. avis 15-12-2021 n° 21-70.022 F-B : SNH 1/22 inf. 1 par N. Peterka).

En cas d'habilitation-assistance, la personne habilitée peut assister la personne protégée pour faire un acte de disposition à titre gratuit sans autorisation judiciaire, dans les conditions prévues pour la curatelle. Sur cette dernière, voir n° 710.

Le majeur sous habilitation familiale devrait pouvoir faire seul un **testament** dans la mesure où il s'agit d'un acte strictement personnel (G. Raoul-Cormeil, L'habilitation familiale : une tutelle adoucie, en la forme et au fond : D. 2015 p. 2335). La solution donnée pour l'habilitation aux fins de représentation vaut a fortiori dans le cadre de l'habilitation familiale aux seules fins d'assistance. Le majeur doit toutefois être capable d'exprimer librement sa volonté au moment de la confection du testament (N. Peterka, Habilitation familiale et donation : une représentation du majeur protégé possible, sous conditions : SNH 1/22 inf. 1).

Majeur sous mandat de protection future ayant pris effet Lorsqu'un mandat de protection future a pris effet, le **mandant** conserve la capacité d'agir, ses actes étant susceptibles d'être rescindés pour cause de lésion, réduits pour excès (C. civ. art. 488) ou annulés pour cause d'insanité d'esprit dans les conditions de droit commun (C. civ. art. 488 renvoyant à art. 414-1). 725

S'agissant des pouvoirs du **mandataire,** lorsque le **mandat** est **sous signature privée,** le mandat est alors limité aux actes qu'un tuteur peut faire sans autorisation (C. civ. art. 493, al. 1) ; sur autorisation du juge des tutelles, le mandataire pourrait exceptionnellement accomplir un acte soumis à autorisation dans la tutelle lorsqu'un tel acte s'avère nécessaire dans l'intérêt du mandant (C. civ. art. 493, al. 2). Lorsque le **mandat** est **notarié,** il couvre également les actes que le tuteur a le pouvoir d'accomplir seul ou avec une autorisation, mais le mandataire ne peut accomplir les actes de disposition à titre gratuit qu'avec l'autorisation du juge des tutelles (C. civ. art. 490). En toute hypothèse, un testament ne peut donc en aucun cas être rédigé par le mandataire au nom de la personne placée sous mandat, ni même être rédigé avec l'assistance du mandataire (C. civ. art. 476, al. 2). Une donation ne pourra être consentie par le mandataire qu'avec l'autorisation du juge des tutelles, que le mandat soit sous seing privé (C. civ. art. 493, al. 2) ou qu'il soit notarié (C. civ. art. 490, al. 2).

TABLEAU RÉCAPITULATIF

728

Régime de protection du majeur	Donation	Testament
Tutelle	Autorisation du juge des tutelles (ou du conseil de famille) Assistance (ou au besoin représentation) par le tuteur	Autorisation du juge des tutelles (ou du conseil de famille) Pas d'assistance ni de représentation par le tuteur
Curatelle	Assistance du curateur	Pleine capacité
Sauvegarde de justice	Pleine capacité	Pleine capacité
Habilitation familiale « assistance »	Assistance de la personne habilitée	Pleine capacité a priori en raison du caractère personnel de l'acte (question toutefois non tranchée)
Habilitation familiale « représentation »	Pleine capacité si la mesure de protection ne porte pas sur le bien concerné par la donation. Dans le cas contraire, personne habilitée avec l'autorisation du juge des tutelles	Pleine capacité a priori en raison du caractère personnel de l'acte (question toutefois non tranchée)
Mandat de protection future sous signature privée	Mandataire avec l'autorisation du juge des tutelles quand l'acte s'avère nécessaire et dans l'intérêt du mandant, dont l'état de santé ne lui permettrait pas de consentir la donation En principe, le mandant conserve néanmoins sa capacité d'agir	Pleine capacité
Mandat de protection future notarié	Mandataire avec l'autorisation du juge des tutelles quand l'acte s'avère nécessaire et dans l'intérêt du mandant, dont l'état de santé ne lui permettrait pas de consentir la donation En principe, le mandant conserve néanmoins sa capacité d'agir	Pleine capacité

730 **Logement de la personne protégée** Le logement de la personne protégée et les meubles dont il est garni, qu'il s'agisse d'une **résidence principale ou secondaire,** sont conservés à la disposition de celle-ci aussi longtemps qu'il est possible (C. civ. art. 426, al. 1).

Ce dispositif, qui s'applique quelle que soit la mesure de protection mise en place, impose l'**autorisation du juge des tutelles** (ou du conseil de famille s'il a été constitué) pour tout acte d'aliénation qui porterait sur de tels biens (C. civ. art. 426, al. 3). Ainsi ces règles conduisent-elles, par exemple, à soumettre la donation de la nue-propriété de la résidence principale ou secondaire du curatélaire à l'assistance du curateur et à l'autorisation du juge des tutelles alors que la donation d'un immeuble de rapport ne nécessite que la seule assistance du curateur.

B. Incapacités de recevoir à titre gratuit

INCAPACITÉS ABSOLUES OU RELATIVES

Certaines de ces incapacités ne sont que relatives : elles tiennent à l'existence d'un **lien entre le disposant et le bénéficiaire.** 775

D'autres incapacités sont absolues : lorsqu'elles s'appliquent, **aucune libéralité** ne peut être consentie.

1. INCAPACITÉS ABSOLUES DE RECEVOIR À TITRE GRATUIT

Certaines personnes ne peuvent recevoir **aucune libéralité sans y être préalablement autorisées** parce qu'elles ont besoin d'être protégées contre des actes qui pourraient leur préjudicier. 780

Toutefois, dans certains cas c'est le **droit de recevoir une libéralité** qui **n'existe même pas** : il y a alors une véritable incapacité de jouissance du droit. Sont concernées soit certaines personnes morales, soit, dans certaines circonstances, des personnes physiques.

a. Personnes morales

RÈGLES GÉNÉRALES

Les personnes morales doivent être dotées de la **personnalité juridique et** sont soumises au **principe de spécialité** (conformité de la libéralité à leur objet). 785

Les libéralités consenties aux personnes publiques relèvent du droit commun des libéralités prévu au Code civil, mais les modalités de leur acceptation, notamment, répondent à des règles spécifiques, propres aux institutions locales (P. Bon, J.-B. Auby et P. Terneyre, Droit administratif des biens, Précis Dalloz 8e éd. 2020 no 15).

Les libéralités consenties aux associations ayant la capacité d'en recevoir, aux congrégations et aux fondations d'utilité publique peuvent aujourd'hui être librement acceptées par leurs bénéficiaires (C. civ. art. 910-II, al. 1). Néanmoins, ces libéralités doivent faire l'objet d'une déclaration à la préfecture.

LIBÉRALITÉS À DES PERSONNES PUBLIQUES

Règles générales L'acceptation d'une libéralité est une procédure qui connaît certains aménagements en droit public, en ce qui concerne notamment la compétence des autorités bénéficiaires. Les dons et legs faits à **l'État** doivent être acceptés par arrêté du ministre compétent (CGPPP art. L 1121-1). Les **établissements publics** peuvent les accepter librement si les libéralités en question ne sont pas assorties de charges et conditions. Dans le cas contraire, un arrêté de leur ministre de tutelle est requis (CGPPP art. L 1121-2). Au niveau local, les **collectivités territoriales** acceptent les libéralités par une délibération de l'autorité délibérante qui peut déléguer ce pouvoir à son organe exécutif. L'autorité délibérante est le conseil municipal pour les communes (CGCT art. L 2242-1), le conseil départemental pour les départements (CGCT art. L 3213-6) et le conseil régional pour les régions (CGCT art. L 4221-6). Quand le bénéficiaire est un **établissement public de santé,** l'acceptation relève de son directeur (CSP art. L 6145-10). 786

Excepté certaines réserves, la libéralité faite à un gratifié public peut être assortie de **charges et conditions** (voir nos 2010 s.). Si la condition posée par le disposant lui paraît inopportune ou trop onéreuse, ou bien encore si elle est incompatible avec son champ de compétence, la personne publique peut refuser la libéralité. Par exemple, si un immeuble était légué à une commune afin d'être utilisé comme un lycée, ce legs ne pourrait pas être accepté dès lors que ce sont les régions qui ont la compétence relative à ces établissements du secondaire (F. Tarlet, Droit administratif des biens, Hypercours Dalloz éd. 2022 no 58). La personne publique gratifiée peut également engager une procédure de révision des charges. Sur ce point, voir no 2305.

Libéralité faite à une commune Lorsque le bénéficiaire est une commune, l'acceptation des dons et legs repose sur une délibération prise par le conseil municipal (CGCT art. L 2242-1). Prudence toutefois, car le maire peut avoir été chargé, en tout ou partie et pour la durée de son mandat, d'accepter les libéralités qui ne sont grevées ni de conditions ni de charges, par délégation du conseil municipal (CGCT art. L 2122-22, 9o). 787

Des règles particulières s'appliquent lorsque le don ou le legs bénéficie à un hameau ou à un quartier qui ne constitue pas une section de commune (CGCT art. L 2242-2).

Par ailleurs, rappelons que le maire peut toujours accepter, à titre conservatoire, les dons et legs et former, avant l'autorisation, toute demande en délivrance. La délibération du conseil municipal qui intervient ultérieurement a effet du jour de cette acceptation (CGCT art. L 2242-4, al. 1 et 3).

En cas de **réclamation des héritiers légaux** auprès du ministre de l'intérieur, dans les six mois à compter de l'ouverture du testament, l'acceptation de la libéralité par la commune est subordonnée à l'autorisation à cet effet délivrée par décret en Conseil d'État (CGCT art. R 2242-2 ; Loi du 4-2-1901 art. 7).

788 **Rôle du notaire en présence d'un legs fait au profit d'une commune**

Lors du règlement de la succession, et ce, dès l'ouverture du testament, le notaire dépositaire doit adresser une copie intégrale des dispositions testamentaires **au maire** (CGCT art. R 2242-1, al. 1). La copie est écrite sur papier libre, et il est délivré récépissé des pièces transmises (CGCT art. R 2242-1, al. 2). Le notaire doit également en donner avis au comptable de la commune dans le même délai – qu'il s'agisse d'un legs ou d'un don (CGCT art. R 2242-3, al. 1, à propos des legs).

Par ailleurs, le notaire chargé de l'administration ou de la liquidation des biens légués à la commune doit **adresser au receveur** un relevé des opérations de recettes ou de dépenses de l'année affectant les biens légués, appuyé des pièces justificatives, à la fin de chaque année civile et au plus tard le 31 janvier suivant. Les relevés annuels et les pièces à l'appui, ainsi que le compte final de liquidation, sont soumis à l'approbation de l'ordonnateur et transmis à la chambre régionale des comptes territorialement compétente. Les notaires sont dispensés de l'envoi des pièces originales, mais, sur demande de l'ordonnateur ou du comptable, ils sont tenus d'en fournir des copies certifiées (CGCT art. R 2242-6).

Quant aux **charges et conditions** adjointes aux legs consentis à une commune, leur nature ne doit pas contrevenir au principe de spécialité auquel sont tenues les collectivités locales. Autrement dit, la commune ne peut pas accepter un legs conditionné à l'exécution d'une charge l'obligeant à outrepasser son domaine d'activité.

LIBÉRALITÉS À DES ASSOCIATIONS

790 Toutes les associations peuvent recevoir des **dons manuels.** Il peut s'agir de donation par tradition d'un bien meuble corporel, comme des espèces, ou encore par chèque ou virement de sommes d'argent (sur la nécessité d'une provision avant le décès, voir n° 12745). Sont assimilés à des dons manuels les sommes provenant de collectes ou de quêtes. Cette faculté de recevoir des dons manuels est restreinte pour les associations agréées de financement d'un parti ou groupement politique et les associations de financement électorales (Loi 88-227 du 11-3-1988 art. 11-4 ; C. élect. art. L 52-8). Aussi, les associations tutélaires ne peuvent recevoir des libéralités qu'il s'agisse de dons manuels, donations authentiques ou legs, de la part des personnes dont elles assurent la protection (C. civ. art. 909, al. 2).

792 En revanche, les **legs et** les **donations par acte authentique** ne sont ouverts qu'à certaines associations :

– les associations reconnues d'utilité publique (Loi du 1-7-1901 art. 11, al. 3) ;

– les associations cultuelles (Loi du 9-12-1905 art. 19, al. 8) ayant pour objet exclusif et activité effective l'exercice public d'un culte, sans que cette activité porte atteinte à l'ordre public (CE avis ass. 24-10-1997 n° 187122 : Lebon p. 372) ;

– les unions agréées d'associations familiales (CASF art. L 211-7, al. 4) ;

– les associations d'intérêt général déclarées depuis au moins trois ans et dont l'ensemble des activités est mentionné au b du 1 de l'article 200 du CGI : associations d'intérêt général ayant un caractère philanthropique, éducatif, scientifique, social, humanitaire, sportif, familial, culturel, ou concourant à la mise en valeur du patrimoine artistique, à la défense de l'environnement naturel ou à la diffusion de la culture, de la langue et des connaissances scientifiques françaises (Loi du 1-7-1901 art. 6, al. 5 et 6). Toutefois, cette présomption de capacité à recevoir des libéralités est sans incidence sur l'appréciation que doit porter le préfet sur son aptitude à faire usage du legs, conformément à ses statuts et aux conditions imposées par le testateur ; si l'association est inapte à l'utiliser conformément à son objet, le préfet doit s'opposer au legs (CAA Lyon 22-12-2022 n° 21LY00303 : SNH 9/23 inf. 3) ;

– sans condition d'ancienneté, les associations ayant pour but exclusif l'assistance, la bienfaisance ou la recherche scientifique ou médicale qui ont, avant le 31 juillet 2014, accepté une libéralité ou obtenu du préfet une réponse favorable à leur demande de rescrit administratif (Loi du 1-7-1901 art. 6, al. 8) ;

– les associations soumises au droit local d'Alsace-Moselle.

CONSEIL

Signalons toutefois que toute association peut, sans aucune autorisation spéciale, recevoir un don provenant d'un établissement d'utilité publique (Loi du 1-7-1901 art. 6, al. 1). En conséquence, l'**appartenance à une union ou fédération reconnue d'utilité publique** permet aux associations membres de bénéficier de dons ou de legs lorsqu'ils transitent par cette union ou cette fédération. Bien mieux, pour la Cour de cassation, lorsqu'un legs est fait à une association incapable de le recevoir, la fédération d'utilité publique dont elle est membre peut le revendiquer à condition d'en affecter le montant à une activité de cette association (Cass. 1e civ. 23-3-2011 n° 09-70.186 : BAF 3/11 inf. 97). Mais attention, un établissement d'utilité publique ne peut pas être autorisé à revendiquer un legs pour le compte d'une association dès lors que celle-ci s'est affiliée postérieurement au décès du testateur (Cass. 1e civ. 14-4-2021 n° 19-19.306 FS-P : BPAT 3/21 inf. 127).

S'agissant de l'**objet du legs,** il peut s'agir de tout bien meuble ou immeuble. À cet égard, les associations d'intérêt général déclarées depuis au moins trois ans et dont l'ensemble des activités est mentionné au b du 1 de l'article 200 du CGI ainsi que les associations ayant pour but exclusif l'assistance, la bienfaisance ou la recherche scientifique ou médicale visées ci-dessus peuvent aujourd'hui, comme les associations reconnues d'utilité publique et les unions agréées d'associations familiales, « posséder et administrer tous immeubles acquis à titre gratuit » (Loi du 1-7-2001 art. 6, b) : elles n'ont plus l'obligation de vendre les immeubles reçus à titre gratuit qui ne seraient pas strictement nécessaires à l'accomplissement du but qu'elles proposent. **793**

ATTENTION

Les restrictions exposées nos 792 s. ne concernent pas l'**assurance-vie,** qui ne répond pas à la qualification de legs, de sorte que toute association peut être désignée bénéficiaire d'un contrat d'assurance-vie (Avis CE sect. Intérieur, Rapport public 2006 : EDCE n° 57 p. 60 ; CA Limoges 19-5-2016 n° 15/00435).

Il existe une procédure de **rescrit administratif** afin d'éviter toute discussion ultérieure pour savoir si une association peut être qualifiée d'association d'intérêt général ou d'association cultuelle pouvant recevoir des dons et legs. Il est ainsi possible d'interroger au préalable les services de la préfecture pour déterminer a priori la capacité de telle ou telle association à recevoir des libéralités (Loi 2009-526 du 12-05-2009 art. 111, V). **795**

L'association demanderesse doit fournir à la préfecture un dossier comprenant (Décret 2007-807 du 11-5-2007) :
- les statuts de l'association ;
- l'identité, la profession, le domicile et la nationalité de ses administrateurs ;
- le budget prévisionnel de l'exercice en cours et les comptes des trois derniers exercices clos ;
- toute justification de ce que l'association réunit les conditions requises.

Le préfet accuse réception de la demande. Si le dossier est complet, le préfet dispose d'un délai de quatre mois pour statuer. L'absence de réponse une fois ce délai écoulé vaudra reconnaissance de la capacité de l'association à recevoir des libéralités.

Une décision favorable a une durée de validité de cinq ans.

La procédure de rescrit ne dispense pas l'association de déclarer à la préfecture les libéralités dont elle serait gratifiée au cours de cette période.

LIBÉRALITÉS À DES CONGRÉGATIONS

Les congrégations sont définies par le Conseil d'État comme des communautés de personnes physiques vivant en commun et qui se soumettent à des vœux, selon une règle approuvée par une autorité confessionnelle (Avis CE sect. intérieur 14-11-1998 n° 36040). **800**

Seules les **congrégations reconnues,** jouissant de la personnalité juridique, peuvent recevoir des libéralités. Elles peuvent recevoir tous types de libéralités, sauf les donations avec réserve d'usufruit pour le donateur (Ord. du 14-1-1831 art. 4).

LIBÉRALITÉS À DES FONDATIONS

Les **fondations reconnues d'utilité publique** (Loi 87-571 du 23-7-1987 art. 18) peuvent recevoir des libéralités. **805**

S'agissant des legs, ils peuvent bénéficier à une **fondation qui n'existe pas au jour de l'ouverture de la succession** (Loi 87-571 du 23-7-1987 art. 18-2) : voir n° 525.

Les libéralités qui permettent de constituer la dotation initiale d'une fondation doivent être déclarées à l'autorité administrative. Le décret reconnaissant une fondation comme établissement d'utilité publique ou approuvant la délibération relative à la dissolution d'un établissement d'utilité publique vaut absence d'opposition à l'acceptation des libéralités mentionnées dans le décret (Décret 2007-807 du 11-5-2007 art. 3). Les biens constituant la dotation doivent produire des revenus suffisants pour assurer le fonctionnement régulier de la fondation et garantir sa pérennité (avis CE sect. Intérieur 3-2-1981 n° 328404). La dotation peut être versée de manière fractionnée sur une période maximale de dix ans à compter de la date de publication du décret accordant la reconnaissance (Loi 87-571 du 23-7-1987 art. 18-1).

PROCÉDURE COMMUNE DE DÉCLARATION ADMINISTRATIVE

810 Si ces différents organismes reconnus capables de recevoir des libéralités peuvent les accepter seuls (C. civ. art. 910, II), ils doivent, pour chaque libéralité, procéder à une déclaration auprès de la préfecture.

Pour les **donations,** la déclaration doit être adressée par le groupement bénéficiaire au préfet du département de son siège par lettre recommandée avec demande d'avis de réception.

Cette déclaration doit être accompagnée (Décret 2007-807 du 11-5-2007 art. 1, 2° à 5°) :
– d'une copie de la donation ou à défaut d'une justification de la libéralité ;
– des statuts de l'organisme bénéficiaire et des documents attestant qu'ils ont été régulièrement déclarés ou approuvés ;
– de la délibération de l'organe statutairement compétent se prononçant sur l'acceptation de la libéralité ;
– le cas échéant, de la justification de l'aptitude de l'établissement bénéficiaire à en exécuter les charges ou les conditions.

Lorsque l'organise bénéficiaire est une association simplement déclarée, le dossier doit également comporter :
– le budget prévisionnel de l'exercice en cours et les comptes des trois derniers exercices ou, si l'association a moins de trois ans d'existence, les comptes clos depuis sa création ;
– tous les justificatifs de sa qualité d'association ayant la capacité de recevoir des libéralités.

Pour les **legs,** la déclaration est effectuée par le notaire en charge de la succession. Le dossier est constitué des mêmes pièces que pour une donation ainsi que d'une copie ou d'un extrait des dispositions testamentaires, et d'une copie de l'acte de décès.

815 Après réception de la déclaration, la préfecture adresse au groupement bénéficiaire un accusé de réception du dossier. Pour statuer, l'autorité préfectorale dispose d'un délai de quatre mois à compter de la date de l'accusé de réception du dossier complet.

Le **préfet peut former opposition** à la libéralité, sauf pour les associations et fondations reconnues d'utilité publique (C. civ. art. 910, II) :
– soit si le groupement bénéficiaire ne satisfait pas aux conditions légales imposées pour bénéficier de la capacité à recevoir des libéralités ;
– soit si les charges et conditions grevant la libéralité sont contraires à son objet.

Si le préfet envisage de faire opposition, il doit en informer l'organisme gratifié et, le cas échéant, pour les legs, le notaire en charge du règlement de la succession, par lettre recommandée avec accusé de réception. Le bénéficiaire pourra alors faire valoir toutes observations qu'il jugerait utiles.

La décision d'opposition doit être motivée « en droit et en fait ». Elle est notifiée à l'organisme bénéficiaire par lettre recommandée avec avis de réception.

Si le **préfet ne s'oppose pas** à la libéralité, il adressera à l'organisme, et le cas échéant au notaire, un certificat de non-opposition.

Le **silence** gardé par l'autorité préfectorale au-delà du délai de quatre mois vaut non-opposition.

Une fois la non-opposition obtenue, il y aura lieu de procéder, suivant le droit commun des libéralités, à l'envoi en possession éventuel ou à la délivrance du legs (voir n°s 16975 s.).

Il existe par ailleurs un **contrôle du ministère de l'intérieur** pour les libéralités consenties directement ou indirectement à des associations cultuelles au sens des articles 18 et 19 de la loi du 9 décembre 1905 concernant la séparation des Églises et de l'État et à des congrégations par des États étrangers, des personnes morales étrangères ou des personnes physiques non-résidentes (Décret 2022-619 du 22-4-2022 art. 4 et s.). Lorsque les agissements de l'association bénéficiaire ou de l'un de ses dirigeants ou administrateurs établissent l'existence d'une menace réelle, actuelle et suffisamment grave affectant un intérêt fondamental de la société, l'autorité administrative peut s'opposer, après mise en œuvre d'une procédure contradictoire, au bénéfice des libéralités (Loi 9-12-1905 art. 19-3, III).

b. Personnes physiques

MINEURS

Mineur émancipé Le mineur émancipé ayant la pleine capacité juridique ne subit aucune restriction concernant sa capacité à recevoir des libéralités à titre gratuit. 835

Mineur non émancipé sous administration légale Pour le mineur non émancipé, il faut distinguer selon que l'acceptation ou la renonciation à une libéralité constitue : 840
– un acte de disposition soumis à autorisation du juge des tutelles ;
– un acte de disposition non soumis à autorisation du juge des tutelles ;
– ou encore un acte d'administration.

Pour certains actes de disposition particulièrement graves visés par l'article 387-1 du Code civil, l'autorisation du juge des tutelles s'impose, tant en présence d'un administrateur légal unique que pour l'administration légale exercée conjointement par les deux parents.

L'article 387-1 ne vise directement aucun acte afférent à une libéralité. Néanmoins, doivent certainement, par analogie, être considérées comme des **actes de disposition soumis à autorisation** du juge des tutelles :
– l'acceptation pure et simple d'un legs universel ou à titre universel : l'article 387-1 ne vise que l'acceptation d'une succession, mais ne distingue pas suivant qu'il s'agit d'une succession légale ou testamentaire (voir le formulaire Cerfa n° 15813*01, Requête en acceptation de la succession au nom d'un enfant mineur, prévoyant le cas où le mineur est héritier testamentaire) ; l'acceptation d'un legs universel ou à titre universel paraît bien être soumise à autorisation préalable du juge des tutelles ;
– la renonciation à un legs : l'article 387-1, reprenant ici une hypothèse visée par l'ancien article 389-5, vise le fait de « renoncer pour le mineur à un droit » ; sous l'empire de l'ancien article 389-5, la jurisprudence a entendu de manière assez extensive la notion de renonciation à un droit. Il a ainsi été admis que la renonciation à la réduction d'une libéralité doit être autorisée par le juge des tutelles (Cass. 1e civ. 6-7-1982 : Bull. civ. I n° 52).

La liste de l'article 387-1 du Code civil est-elle exhaustive ? Certains commentateurs de la réforme de l'administration légale penchent pour cette interprétation (en ce sens, J. Combret et N. Baillon-Wirtz, Quand modernisation rime avec confusion : l'administration légale selon l'ordonnance du 15 octobre 2015 : JCP N 2015 n° 1238 § 4 et 17 ; plus dubitatifs, A. Batteur et T. Douville, Présentation critique de la réforme de l'administration légale : D. 2015 p. 2330 n° 10). Si l'on retient cette interprétation restrictive du texte, cela signifie que tous les actes qualifiés d'**actes de disposition** en matière de tutelle (Décret 2008-1484 du 22-12-2008, ann. 1, col. 2, V) mais non visés par l'article 387-1 peuvent être réalisés **sans autorisation préalable** du juge des tutelles en matière d'administration légale. 845

Il en irait ainsi de :
– la révocation de la renonciation à un legs ;
– l'acceptation d'un legs à titre particulier grevé de charges. Il semble toutefois que l'exigence d'un actif manifestement supérieur au passif posée en matière d'acceptation pure et simple de la succession sous le régime de la tutelle (C. civ. art. 507-1) subordonnerait l'acceptation d'un tel legs à autorisation (sur cette difficulté, voir n° 870) ; à défaut, seule l'acceptation à concurrence de l'actif net serait envisageable ;
– l'acceptation d'une donation grevée de charges.

Pour les actes de disposition ne relevant pas de l'autorisation du juge des tutelles, une nouvelle distinction s'impose.

Lorsque l'administration légale est exercée en commun, ce qui est la situation la plus fréquente, il faudra l'accord des deux parents pour réaliser valablement de tels actes (C. civ. art. 382-1 a contrario). En cas de désaccord, le juge des tutelles devra être saisi aux fins d'autorisation de l'acte (C. civ. art. 387).

En revanche, en présence d'un administrateur légal unique, de tels actes pourraient valablement être réalisés par le seul administrateur, sans autorisation préalable du juge des tutelles (certains auteurs paraissent pourtant s'en tenir à la seule distinction entre actes de disposition requérant toujours l'autorisation du juge des tutelles et actes d'administration : voir Dalloz Action Droit patrimonial de la famille 2018/2019, dir. M. Grimaldi, voir Règles de fond des donations : parties au contrat par Y. Flour et C. Donzel-Taboucou, n° 312-222). Un administrateur légal unique dispose désormais de plus de pouvoir qu'un administrateur légal dans le cadre de l'administration légale conjointe.

CONSEIL

Face à de tels **actes qui peuvent obérer l'avenir patrimonial du mineur,** le professionnel avisé devrait faire application de l'article 387-3, alinéa 2 du Code civil qui permet aux parents ou à l'un d'eux, ou au ministère public, ou à tout tiers de saisir le juge des tutelles lorsqu'ils ont connaissance « d'actes ou omissions qui compromettent manifestement et substantiellement les intérêts patrimoniaux du mineur ou d'une situation de nature à porter un préjudice grave à ceux-ci ». Le juge saisi sur ce fondement pourra décider de soumettre un acte ou une série d'actes de disposition à son autorisation préalable, quelle que soit la composition ou la valeur du patrimoine du mineur (Cass. 1e civ. 13-5-2020 nº 19-15.380 F-PB : BPAT 4/20 inf. 120).

850 S'agissant des **actes d'administration,** ils peuvent être réalisés soit par l'administrateur légal unique, soit par un seul des deux parents lorsque l'administration légale est exercée en commun, sans autre autorisation (C. civ. art. 382-1). L'article 382-1 renvoie à l'article 496 du Code civil pour la définition des actes d'administration, c'est donc le décret pris pour l'application de ce dernier texte qui joue.

Sont regardées comme de simples actes d'administration (Décret 2008-1484 du 22-12-2008 ann. 1, col. 1, V) pouvant être accomplis par un seul administrateur légal du mineur, même sous l'administration conjointe :

– l'acceptation d'un legs universel ou à titre universel à concurrence de l'actif net ;
– l'acceptation d'un legs particulier non grevé de charges ;
– l'acceptation d'une donation non grevée de charges.

855 Enfin, un **cas** est **douteux** : l'acceptation d'une **donation-partage,** ordinaire, cumulative ou transgénérationnelle (la donation-partage conjonctive n'est par hypothèse envisageable qu'en présence des deux parents, tous les deux administrateurs légaux de l'enfant mineur).

La donation-partage n'est pas explicitement envisagée par le décret de 2008 en tant qu'acte de disposition ; le partage amiable, en revanche, est visé en tant qu'acte de disposition (Décret 2008-1484 du 22-12-2008 ann. 1, col. 2, V). Or la donation-partage, acte mixte, comporte certes des donations, mais également, nécessairement un partage (voir la jurisprudence de 2013 sur la notion de donation-partage, nº 10680) ; dès lors, en dépit du silence du décret sur l'acte de donation-partage, celle-ci doit être regardée comme un acte de disposition, même si elle ne comporte pas de charge dans le lot du mineur sous administration légale. On observera au surplus qu'en matière de donation-partage, à la différence des donations simples, le rapport n'est pas dû, celle-ci n'étant exposée qu'à la réduction.

La donation-partage paraît donc bien devoir être qualifiée d'acte de disposition, mais, s'agissant du mineur sous administration légale, s'agit-il d'un acte de disposition se rattachant à la liste des actes soumis à autorisation de l'article 387-1 (voir nos 840 s.) ?

Ce serait le cas si la donation-partage comporte « renonciation à un droit ». Il y a certainement renonciation à l'égalité successorale lorsque la distribution réalisée désavantage visiblement le mineur (en ce sens, voir P. Malaurie et C. Brenner, Droit des successions et des libéralités, LGDJ, 7e éd., 2016, nº 1067).

En revanche, l'acceptation d'une donation-partage parfaitement égalitaire non grevée de charges constitue un acte de disposition pour lequel l'autorisation du juge des tutelles ne paraît pas requise, dans la mesure où elle ne comporte aucune renonciation à un droit.

CONSEIL

Le **notaire** peut-il toujours apprécier seul une éventuelle renonciation à un droit dans une donation-partage incluant un mineur sous administration légale ? N'est-il pas à craindre que le mineur parvenu à la majorité prenne appui sur l'article 387-1 du Code civil pour tenter de remettre la donation-partage en question ? Le **représentant légal** qui sera souvent donateur copartageant est-il en mesure d'occuper seul, sans le contrôle du juge, la position de celui qui répartit et la position de celui qui négocie la composition de son lot ?

La **prudence** commanderait de requérir l'autorisation du juge des tutelles.

857 En cas de mise en place d'une opération de **donation-cession** (nos 5525 s.), le notaire doit être vigilant en présence d'enfants mineurs non émancipés. En effet, selon la nature des titres donnés, l'autorisation du juge des tutelles pourra s'avérer nécessaire, retardant alors sensiblement le calendrier envisagé avec le cessionnaire (G. Lefevre, Donation-cession : de quelques difficultés pratiques : BPAT 3/23 inf. 110). Ainsi, la cession d'actions par le mineur nécessitera l'accord du juge des tutelles (C. civ. art. 387-1, 8º renvoyant à C. mon. fin. art. L 211-1). A contrario, la cession de parts sociales pourra être réalisée avec l'accord des deux parents si ces derniers sont tous deux administrateurs légaux, ou par le seul administrateur légal dans le cas contraire. Afin de pallier le frein que pourrait constituer l'intervention du juge des tutelles dans la mise en place d'une donation-cession portant sur des actions, le praticien conseillera utilement au donateur de désigner dans l'acte de donation un tiers administrateur qui aura pour effet d'exclure l'administration légale des parents sur les biens donnés (C. civ. art. 384). L'administrateur pourra être investi de pouvoirs plus larges que les parents sur les titres transmis au mineur, notamment celui de les céder sans saisine préalable du juge permettant ainsi d'assurer la sauvegarde de ses intérêts (G. Lefevre, précité).

Mineur non émancipé sous tutelle Le mineur placé sous tutelle est dans la même situation juridique que le majeur sous tutelle. L'ensemble des règles applicables au gratifié majeur sous tutelle (nos 870 s.) est donc transposable au mineur sous tutelle. **860**

Pouvoirs des ascendants Pour les **donations** faites à un mineur, une **particularité** est aménagée au profit des ascendants : même s'ils ne sont pas ses tuteurs ou administrateurs légaux, tous les ascendants du mineur peuvent accepter en son nom une donation (C. civ. art. 935, al. 2). Cette règle doit être entendue comme autorisant les ascendants du mineur à accepter en son nom les donations (faites par eux ou par un tiers) sans charge. **865**

Pour les libéralités avec charge, l'ascendant devra obtenir l'autorisation du juge des tutelles (administration légale) ou du conseil de famille (tutelle) (en ce sens, M. Grimaldi, Droit civil, Libéralités. Partages d'ascendants, Litec 2000 n° 1073 ; F. Terré et Y. Lequette, Droit civil. Les successions. Les libéralités : Précis Dalloz, 4e éd. 2014 n° 460).

> **Précisions** L'article 935, alinéa 2 du Code civil permet d'éviter la désignation d'un administrateur ad hoc par le juge lorsque seul l'un des parents est en conflit d'intérêts avec le mineur. Il en est ainsi, par exemple, si le mineur bénéficie d'un legs particulier alors que l'un des parents est successeur universel du testateur. Le legs peut alors être accepté au nom du mineur par l'autre parent sans avoir à saisir le juge (N. Peterka, La protection des personnes vulnérables en droit patrimonial de la famille : morceaux choisis : SNH 34/23 inf. 11).

MAJEURS

Majeur sous tutelle Pour le majeur sous tutelle, les **actes de disposition** doivent être autorisés par le conseil de famille ou le juge des tutelles (C. civ. art. 505). **870**

Sont présumées constituer des actes de disposition quelles que soient les circonstances d'espèce (Décret 2008-1484 du 22-12-2008 ann. 1, col. 2, V) devant être autorisés par le conseil de famille ou le juge des tutelles (C. civ. art. 505) :

– la renonciation à un legs universel grevé de charges ;
– la renonciation à un legs ;
– la révocation de la renonciation à un legs ;
– l'acceptation d'un legs à titre particulier ou d'une donation grevés de charges. Toutefois, si la charge a seulement pour effet de diminuer l'émolument du gratifié (et non de l'absorber entièrement), l'acceptation d'une telle libéralité serait dispensée d'autorisation (en ce sens, N. Peterka, précité). Il en serait ainsi de l'obligation de rapporter une libéralité antérieurement reçue ou de la réserve d'usufruit.

Quant à l'acceptation pure et simple d'un legs universel ou à titre universel, elle est, depuis le 25 mars 2019, au pouvoir du tuteur agissant seul dès lors que l'actif dépasse manifestement le passif, après recueil d'une attestation en ce sens du notaire chargé du règlement de la succession ; à défaut, l'autorisation du conseil de famille ou du juge reste requise (C. civ. art. 507-1 modifié par loi 2019-222 du 23-3-2019 art. 9 ; en ce sens, voir J.-Cl. Liquidations – Partages, V° Acceptation successorale fasc. 10 par D. Montoux n° 79). Certes, l'article 507-1 du Code civil est un texte d'exception qui n'évoque que l'acceptation pure et simple d'une « succession ». Quant au décret du 22 décembre 2008 qui vise l'acceptation pure et simple des legs universels ou à titre universel dans la liste des actes constituant des actes de disposition, il ne renvoie explicitement qu'à l'article 724-1 du Code civil et non à l'article 507-1. Mais l'article 724-1 prévoyant que les dispositions du Code civil en matière de successions « s'appliquent en tant que de raison aux légataires universels ou à titre universel », on ne voit pas ce qui justifierait une règle de capacité différente pour l'acceptation pure et simple d'un legs universel ou à titre universel.

Constituent de simples **actes d'administration** (Décret 2008-1484 du 22-12-2008 ann. 1, col. 1, V) pouvant être réalisés par le tuteur seul, sans autre autorisation (C. civ. art. 504) : **875**

– l'acceptation d'un legs universel ou à titre universel à concurrence de l'actif net ;
– l'acceptation d'un legs particulier non grevé de charges ;
– l'acceptation d'une donation non grevée de charges.

880 Un **cas** est **douteux** : l'acceptation d'une **donation-partage** ordinaire, conjonctive, cumulative ou transgénérationnelle. On l'a vu (n° 855), la donation-partage n'est pas explicitement envisagée par le décret de 2008 en tant qu'acte de disposition, mais le partage amiable, lui, est visé. Or la donation-partage, acte mixte, comporte un partage et paraît donc devoir être traitée, s'agissant d'un majeur sous tutelle, comme un partage amiable lequel, depuis le 25 mars 2019, ne nécessite une autorisation préalable du conseil de famille ou, à défaut, du juge, qu'en cas d'opposition d'intérêts avec la personne chargée de la mesure de protection (C. civ. art. 507 modifié par loi 2019-222 du 23-3-2019 art. 9).

> **Précisions** **Avant la loi de réforme pour la justice** du 23 mars 2019, lorsque le partage auquel participait un majeur sous tutelle était soumis à autorisation, la doctrine semblait privilégier la qualification d'acte d'administration non soumis à autorisation du juge des tutelles pour la **donation-partage ne comportant pas de charges** (en ce sens, J.-Cl. Notarial Formulaire, V° Donation-partage fasc. 125 par M. Mathieu et D. Montoux n° 3 ; voir également, P. Malaurie et C. Brenner, Droit des successions et des libéralités, LGDJ, 7e éd., 2016, n° 1067, retenant que s'agissant de la capacité, la donation-partage n'obéit qu'aux règles des donations, et non à celles du partage ; dans le même sens, Dalloz Action Droit patrimonial de la famille 2018/2019, dir. M. Grimaldi, voir Conditions de la libéralité-partage par M. Grimaldi, n° 411-71, estimant que la capacité de partager n'est pas requise du donataire copartagé car le partage ne procède pas de sa volonté).

885 **Majeur sous curatelle** Pour le majeur sous curatelle, l'assistance du curateur sera nécessaire pour les actes qui, en tutelle, nécessitent l'autorisation du juge ou du conseil de famille, autrement dit pour les actes de disposition (C. civ. art. 467).

Les règles sont donc les suivantes (voir Décret 2008-1484 du 22-12-2008) :

– le majeur sous curatelle peut accepter seul, à concurrence de l'actif net, un **legs universel ou à titre universel** ; il ne peut, en revanche, y renoncer ou révoquer sa renonciation qu'avec l'assistance de son curateur. Suite à la modification opérée par la loi de réforme pour la justice quant à l'acceptation pure et simple d'une succession sous le régime de la tutelle (voir n° 870), le majeur sous curatelle peut accepter seul purement et simplement un legs universel ou à titre universel dont l'actif dépasse manifestement le passif, après recueil d'une attestation en ce sens du notaire chargé du règlement de la succession. L'assistance du curateur reste requise à défaut d'une telle attestation. Néanmoins, faisant valoir l'impératif de protection de la personne protégée, on signalera qu'un auteur s'éloigne d'une lecture stricte des textes et invite à solliciter dans tous les cas l'assistance du curateur (D. Noguéro, Assistance en habilitation familiale : principe et étendue : Defrénois 2-7-2020 n° 160u3 p. 26) ;

– il peut accepter seul les **legs particuliers** qui lui sont consentis, s'ils ne sont pas grevés de charges. S'ils le sont, l'assistance de son curateur est nécessaire.

890 **Majeur sous sauvegarde de justice** La sauvegarde de justice est sans incidence directe, mais les engagements inconsidérés pourraient être réduits ou rescindés.

895 **Majeur sous habilitation familiale** En cas d'habilitation familiale aux fins de **représentation,** le majeur protégé conserve l'exercice de ses droits autres que ceux dont l'exercice a été confié à la personne habilitée à le représenter (C. civ. art. 494-8, al. 1). L'habilitation peut être générale ou spéciale. Une habilitation familiale spéciale pourrait, par exemple, être sollicitée pour accepter une libéralité avec charges. À défaut, le majeur protégé pourrait accepter seul une libéralité qui lui aurait été consentie. Dans l'hypothèse d'une habilitation familiale générale, la personne habilitée ne pourrait accomplir un acte de disposition à titre gratuit qu'avec l'autorisation du juge des tutelles (C. civ. art. 494-6 ; sur les actes de disposition à titre gratuit, voir Décret 2008-1484 du 22-12-2008 ann. 1).

Depuis le 25 mars 2019 peut être instaurée une mesure d'habilitation familiale aux seules fins d'**assistance** du majeur, dans les conditions prévues pour la curatelle. Sur cette dernière, voir n° 885.

900 **Majeur sous mandat de protection future ayant pris effet** Lorsque le mandat de protection future a pris effet, le mandant conserve la capacité d'agir, ses actes étant susceptibles d'être rescindés pour cause de lésion, réduits pour excès (C. civ. art. 488) ou annulés pour cause d'insanité d'esprit dans les conditions de droit commun (C. civ. art. 488 renvoyant à art. 414-1).

905 S'agissant des pouvoirs du **mandataire,** le **mandat sous seing privé** est limité aux actes qu'un tuteur peut faire sans autorisation (C. civ. art. 493, al. 1 ; sur les actes concernés, voir n° 875).

Sur autorisation du juge des tutelles, le mandataire peut exceptionnellement accomplir un acte soumis à autorisation dans la tutelle (C. civ. art. 493, al. 2), à savoir, en matière de libéralités (C. civ. art. 505 ; Décret 2008-1484 du 22-12-2008 ann. 1, col. 2, V) :

– la renonciation à un legs universel grevé de charges ;

– la renonciation à un legs ;
– la révocation de la renonciation à un legs ;
– l'acceptation d'un legs à titre particulier ou d'une donation grevés de charges (sur la nature de la charge, voir toutefois n° 870 obs. N. Peterka).

En revanche, par référence aux règles applicables en matière de tutelle (voir n° 870), l'acceptation pure et simple d'un legs universel ou à titre universel serait depuis le 25 mars 2019 au pouvoir du mandataire dès lors que l'actif dépasse manifestement le passif, après recueil d'une attestation en ce sens du notaire chargé du règlement de la succession ; à défaut seulement, l'autorisation du juge resterait requise.

Le **mandat** de protection future établi **en la forme notariée** couvre les actes patrimoniaux que le tuteur peut accomplir seul ou avec une autorisation (C. civ. art. 490, al. 1). Toutefois, le mandataire ne peut accomplir un acte de disposition à titre gratuit qu'avec l'autorisation du juge (C. civ. art. 490, al. 2). L'imprécision de l'article 490, alinéa 2 quant aux actes de disposition à titre gratuit concernés par l'autorisation du juge des tutelles, faute de renvoi exprès au décret du 22 décembre 2008, invite le praticien à la prudence. On préconisera que le mandataire obtienne une autorisation judiciaire pour les acceptations ou renonciations regardées par le décret comme étant des actes de disposition à titre gratuit. A priori, cela vaut aussi pour l'acceptation pure et simple d'un legs universel ou à titre universel, lorsque l'actif dépasse manifestement le passif, même s'il serait souhaitable de retenir l'inverse pour garder une cohérence entre le mandat sous seing privé et le mandat notarié (en ce sens, notamment, J.-M. Plazy, La gestion du patrimoine des majeurs protégés : BPAT 3/19 inf. 83 n° 7 ; E. Pecqueur, Sort des majeurs protégés dans la réforme : AJ fam. 2019 p. 266). 910

› Précisions Avant même la loi de réforme pour la justice du 23 mars 2019 modifiant de manière substantielle la gestion du patrimoine des majeurs protégés, une **partie de la doctrine** retenait que le mandataire désigné par un mandat notarié pouvait exercer **toutes les branches de l'option successorale** ; ce mandataire pourrait donc également accepter purement et simplement tout legs, comme le ferait le légataire sous mandat, sans autorisation spéciale du juge des tutelles (en ce sens, M. Grimaldi, Droit des successions, LexisNexis, 7e éd., 2017, n° 475 ; J. Massip, Quelques réflexions sur les formules de mandat de protection future, Defrénois, 2010, p. 441 ; N. Levillain et M.-C. Forgeard, Mandat de protection future et pratique notariale. Cas pratique, Defrénois, 2008, p. 529 n° 64 ; en sens contraire, D. Boulanger, Majeurs protégés et actes à titre gratuit : JCP N 2009 n° 1240 § 11).

TABLEAU RÉCAPITULATIF

920

Régime de protection du majeur	Acte soumis à autorisation	Acte non soumis à autorisation
Tutelle	Tuteur sur autorisation du conseil de famille ou du juge des tutelles en cas de : – renonciation à un legs universel grevé de charges ; – renonciation à un legs ; – révocation de la renonciation à un legs ; – acceptation d'un legs particulier grevé de charges ; – acceptation d'une donation grevée de charges	Tuteur seul dans les cas suivants : – acceptation pure et simple d'un legs universel ou à titre universel dès lors que l'actif dépasse manifestement le passif, sur attestation du notaire (à défaut, autorisation requise) ; – acceptation d'un legs universel ou à titre universel à concurrence de l'actif net ; – acceptation d'un legs particulier non grevé de charges ; – acceptation d'une donation non grevée de charges
Curatelle	Assistance du curateur requise pour les actes qui requièrent en tutelle l'autorisation du juge ou du conseil de famille	Le majeur sous curatelle peut accomplir seul les actes qu'un tuteur peut faire sans autorisation
Sauvegarde de justice	Pas d'incidence	Pas d'incidence
Habilitation familiale	Varie selon que l'habilitation est aux fins de représentation ou d'assistance, générale ou spéciale (voir n° 895)	Varie selon que l'habilitation est aux fins de représentation ou d'assistance, générale ou spéciale (voir n° 895)

Régime de protection du majeur	Acte soumis à autorisation	Acte non soumis à autorisation
Mandat de protection future sous seing privé	Mandataire sur autorisation du juge des tutelles en cas de : – renonciation à un legs universel grevé de charges ; – renonciation à un legs ; – révocation d'une renonciation à un legs ; – acceptation d'un legs à titre particulier ou d'une donation grevés de charges. Étant toutefois précisé que le mandant conserve la capacité d'agir (voir nº 900).	Le mandataire peut accomplir seul les actes qu'un tuteur peut faire sans autorisation (dont l'acceptation pure et simple d'un legs universel ou à titre universel dès lors que l'actif dépasse manifestement le passif, sur attestation du notaire). Étant précisé que le mandant conserve néanmoins la capacité d'agir (voir nº 900).
Mandat de protection future en la forme notariée	Imprécision des textes. La prudence commande que le mandataire obtienne une autorisation judiciaire pour les acceptations ou renonciations regardées par le décret 2008-1484 du 22 décembre 2008 (ann. 1, col. 2, V) comme étant des actes de disposition à titre gratuit. Rappelons que le mandant conserve néanmoins la capacité d'agir (voir nº 900).	

2. INCAPACITÉS RELATIVES DE RECEVOIR À TITRE GRATUIT

SUSPICION LÉGALE DE CAPTATION

930 Désormais, les incapacités de recevoir à titre gratuit reposent toutes sur une suspicion légale de suggestion et de captation : le législateur a voulu éviter que certaines libéralités ne soient en quelque sorte imposées par le **bénéficiaire en raison de sa situation** à l'égard du disposant ; le bénéficiaire aurait pu abuser de son influence sur le disposant.

La capacité étant la règle et l'incapacité l'exception, les incapacités prévues par les textes ne peuvent être étendues à d'autres **professions non explicitement visées** pour lesquelles le risque de captation pourrait être analogue : pas d'extension aux avocats (Cass. req. 12-5-1931 : DH 1931 p. 348), ni aux notaires (CA Paris 3-5-1872 : S. 1873 II p. 51).

La **présomption** de captation est irréfragable (Cass. req. 7-4-1863 : DP 1863 I p. 231).

a. Personnes concernées par une incapacité de recevoir

TUTEUR

935 Même devenu majeur, le **pupille** ne peut pas disposer en faveur de son tuteur tant que le compte de tutelle n'a pas été rendu et apuré. Cette incapacité ne joue pas lorsque le tuteur est un ascendant du pupille (C. civ. art. 907).

MÉDECINS, PHARMACIENS ET AUXILIAIRES MÉDICAUX

940 L'incapacité traditionnelle des médecins et des pharmaciens à recevoir des libéralités faites en leur faveur **pendant le cours de la dernière maladie** a été étendue à l'ensemble des « membres des professions médicales et de la pharmacie et les auxiliaires médicaux » qui auront prodigué des soins à cette personne pendant la maladie dont celle-ci est décédée (C. civ. art. 909, al. 1). Ce texte a été jugé conforme à la Constitution car l'atteinte au droit de propriété est justifiée par un objectif d'intérêt général et proportionnée à cet objectif. Le patient qui est soigné de la maladie dont il va mourir est à l'égard de son soignant dans une situation de particulière vulnérabilité vis-à-vis du risque de captation d'une partie de ses biens, ce qui ne l'empêche pas de disposer pour autrui. Non seulement l'interdiction ne vaut que pour les libéralités consenties pendant le cours de la maladie dont le disposant est décédé mais elle ne s'applique qu'aux seuls membres des professions médicales et de la

pharmacie lui ayant prodigué des soins en lien avec la maladie dont il est décédé (Cons. const. 29-7-2022 n° 2022-1005 QPC : JO 30 texte 134, BPAT 5/22 inf. 238 obs. G. Raoul-Cormeil).

L'incapacité prévue par l'article 909, alinéa 2 du Code civil ne concerne pas le cas du legs par lequel un professionnel de santé est désigné comme simple exécuteur testamentaire (Cass. 1e civ. 5-11-2020 n° 20-16.879 FS-D : BPAT 1/21 Inf. 30).

La **notion de « dernière maladie »** est difficile à apprécier lorsqu'il s'agit de maladie chronique ou du développement d'une maladie ancienne : la jurisprudence recherche alors le début de la période d'aggravation finale. En cas de contestation judiciaire, les juges du fond doivent s'attacher à vérifier que la libéralité a bien été consentie au cours de la maladie qui a été fatale au disposant (voir Cass. 1e civ. 1-7-2003 n° 00-15.786). Peu importe, en revanche, la date du diagnostic de la maladie, qui peut être postérieure à l'établissement de la libéralité (Cass. 1e civ. 16-9-2020 n° 19-15.818 FS-PB : SNH 31/20 inf. 1, à propos d'un testament).

Dérogations Ces règles ne s'appliquent pas **entre parents jusqu'au 4e degré,** à condition pour les collatéraux que le défunt n'ait pas laissé d'héritiers en ligne directe (C. civ. art. 909, al. 3-2°). Bien que le texte ne vise que les « dispositions universelles », il autorise a fortiori les dispositions à titre universel ou à titre particulier (Cass. req. 21-7-1806 : Dalloz jurispr. gén. V° Dispositions entre vifs et testamentaires, n° 370). Jugé que l'exception bénéficie au conjoint (Cass. req. 30-8-1808 : Dalloz jurispr. gén. V° Dispositions entre vifs et testamentaires, n° 378). 945

Elles ne s'appliquent pas non plus aux **donations et legs rémunératoires** par lesquels le disposant, sans excès par rapport à ses ressources et dans la mesure des services rendus, gratifie le bénéficiaire pour ses soins et diligences particuliers (C. civ. art. 909, al. 3-1°) : attentions particulières du médecin qui aura rempli un certain nombre de démarches pour le compte du patient (auprès de la sécurité sociale, des mutuelles, de la direction de l'hôpital ou de la maison de retraite, etc.), contacts avec la famille, assistance matérielle (courses, correspondance, etc.).

PERSONNES VISÉES PAR LE CODE DE L'ACTION SOCIALE ET DES FAMILLES

Établissements du secteur médico-social Sont frappées d'une incapacité relative de recevoir les **personnes physiques** propriétaires, gestionnaires, administrateurs ou employés des établissements de santé, des établissements sociaux et médico-sociaux hébergeant certaines personnes en situation de faiblesse (mineurs, personnes âgées, handicapés, etc.), de même que les bénévoles qui y interviennent et les associations auxquelles ces derniers adhèrent. Elles ne peuvent donc pas profiter des dispositions entre vifs ou testamentaires faites en leur faveur par les personnes prises en charge par l'établissement ou le service pendant la durée de cette prise en charge (CASF art. L 116-4, I-al. 1). 950

Comme le texte l'énonce, seules les personnes physiques sont concernées. Les **personnes morales** du secteur médico-social, qui avaient été soumises à cette mesure d'incapacité par la loi 2007-308 du 5 mars 2007, y échappent depuis le 30 décembre 2015 (Loi 2015-1776 du 28-12-2015 art. 28, I).

Par ailleurs, sont toutefois autorisées les **libéralités à caractère rémunératoire et** celles faites à des **parents jusqu'au 4e degré** (C. civ. art. 909, 1° et 2° sur renvoi du CASF art. L 116-4, I-al. 1). Sur ces deux dérogations, voir n° 945.

ILLUSTRATIONS

Sont nuls les deux legs établis par la **pensionnaire d'une résidence pour personnes âgées** au profit d'une employée de cet établissement et de la compagne – personne interposée – du gérant (CA Bordeaux 29-2-2000 n° 97-1869 : Dr. famille 2000 comm. 120 par B. Beignier).

En revanche, l'incapacité ne s'étend pas aux **anciens pensionnaires** qui ont regagné leur domicile au moment où ils établissent leur testament (Cass. 1e civ. 24-10-2000 n° 98-17.341 FS-PB).

Elle ne s'applique pas non plus aux **résidences avec services en copropriété,** dont la structure juridique et l'organisation ne permettent pas de considérer qu'elles assurent l'hébergement des personnes qui y vivent (à propos d'une résidence Les Hespérides, CA Rennes 15-2-2005 n° 03-4778).

Autres personnes Ne peuvent pas non plus recevoir des donations ou legs des personnes qu'ils accueillent ou assistent, durant la période de prise en charge, les **accueillants familiaux,** leur conjoint, concubin ou partenaire pacsé, leurs ascendants ou descendants, (CASF art. L 116-4, I-al. 2). 955

L'alinéa 2 de l'article L 116-4, I ne mentionne pas – contrairement à l'alinéa premier (n° 950) – les exceptions prévues par l'article 909 du Code civil en faveur des **libéralités rémunératoires ou entre parents jusqu'au 4e degré** (n° 945). A priori, ces deux dérogations ne devraient donc pas pouvoir s'appliquer ici. Les incapacités de recevoir à titre gratuit sont d'interprétation stricte et ne peuvent être étendues ou levées sans une référence textuelle. Néanmoins, bon nombre d'auteurs sont moins catégoriques. Certains estiment que ces deux exceptions restent applicables sans distinguer entre les dispositions de l'alinéa 1 et de l'alinéa 2 de l'article L 116-4 du CASF (Dalloz Action Droit patrimonial de la famille 2018/2019, dir. M. Grimaldi, voir Règles de fond des donations : parties au contrat par Y. Flour et C. Donzel-Taboucou n° 312.292 ; voir également J.-Cl. Civil Code, voir Art. 909 par J. B. de Saint-Affrique et V. Legrand n° 126). D'autres considèrent que seul le cas des dispositions rémunératoires s'appliquerait ici, en raison de leur caractère principalement commutatif (en ce sens, M. Nicod, Liberté de disposer de la personne âgée et lutte contre les captations d'héritage : Dr. famille 2016 dossier 36 n° 20).

> **Précisions** Jusqu'au 12 mars 2021, l'interdiction de recevoir des libéralités concernait aussi les **employés de maison** assistant les personnes âgées, les personnes handicapées ou les autres personnes qui ont besoin d'une aide personnelle à leur domicile ou d'une aide à la mobilité dans l'environnement de proximité favorisant leur maintien à domicile (CASF art. L 116-4 ancien). Depuis le 13 mars 2021, les employés de maison susvisés ne sont plus concernés par cette interdiction. Le Conseil constitutionnel a en effet censuré, pour atteinte disproportionnée au droit de propriété, cette incapacité de bénéficier des libéralités faites en leur faveur par les personnes qu'elles assistent à leur domicile (Cons. const. 12-3-2021 n° 2020-888 QPC : JO 13 texte n° 66 : BPAT 3/21 inf. 124 ; G. Raoul-Cormeil, Levée des incapacités de recevoir à titre gratuit des auxiliaires de vie, et après ? : SNH 14/21 inf. 12 ; M. Nicod, Les aides à domicile peuvent de nouveau recevoir des libéralités ! : Dr. famille 2021 n° 5 comm. 75).

MANDATAIRES JUDICIAIRES

960 Les mandataires judiciaires à la protection des majeurs et les personnes morales au nom desquelles ils exercent leurs fonctions ne peuvent pas recevoir à titre gratuit des **personnes dont ils assurent la protection,** quelle que soit la date de la libéralité (C. civ. art. 909, al. 2).

Cette interdiction ne s'applique pas aux membres de la famille du disposant lorsqu'ils exercent les fonctions de tuteur, curateur, mandataire spécial désigné lors d'une mesure de sauvegarde de justice, personne habilitée ou mandataire exécutant un mandat de protection future (Cass. 1e civ. 17-10-2018 n° 16-24.331 FS-PB : SNH 35/18 inf. 3).

Autrement dit, l'incapacité relative est sous-tendue par le fait que les mandataires judiciaires sont des professionnels. Le texte prévoit toutefois deux exceptions à leur égard (C. civ. art. 909, al. 3) : sont autorisées les libéralités à caractère rémunératoire et celles faites à des parents jusqu'au 4e degré (n° 945).

MINISTRES DU CULTE

965 La loi assimile purement et simplement les ministres du culte aux médecins (C. civ. art. 909, al. 4) : les **conditions de leur incapacité** sont donc identiques, si ce n'est que les « soins » correspondent ici au fait que le bénéficiaire a apporté une assistance morale régulière au malade. Ici également, un acte isolé ne suffit pas. Trouvent aussi à s'appliquer les deux exceptions prévues en faveur des libéralités rémunératoires ou entre parents jusqu'au 4e degré (n° 945).

La principale difficulté concerne la détermination de la **qualité de « ministre » du « culte ».** La jurisprudence est rare sur la question ; on rencontre des exemples pour des prêtres catholiques, des pasteurs protestants ou encore des rabbins.

b. Libéralités déguisées ou par personne interposée

SIMULATION EN VUE DE FRAUDER

985 Une libéralité déguisée sous la forme d'un **contrat à titre onéreux** au profit d'une personne incapable de recevoir à titre gratuit est nulle (C. civ. art. 911, al. 1).

De même est nulle la libéralité consentie par personne interposée (C. civ. art. 911, al. 1).

Sont **présumés personnes interposées** (C. civ. art. 911, al. 2) :

- le père de la personne frappée d'une incapacité de recevoir à titre gratuit ;
- sa mère ;
- ses enfants et descendants ;
- son conjoint.

Ces présomptions d'interposition de personne sont des présomptions simples : le gratifié peut démontrer que le disposant était animé d'une réelle intention libérale à son égard.

> **Précisions** Avant la réforme des successions et des libéralités de 2006 (Loi 2006-728 du 23-6-2006), la jurisprudence tenait les présomptions d'interposition de personnes prévues par l'article 911 du Code civil pour irréfragables (Cass. civ. 30-1-1883 : S. 1883 I p. 193 note J.-E. Labbé).

C. Sanction des incapacités

ÉPOQUE D'APPRÉCIATION DE LA CAPACITÉ

La **donation** étant un contrat, c'est au moment de sa conclusion que doit être appréciée la capacité des parties. Lorsque la donation est acceptée par acte séparé, l'exigence de capacité du donateur doit être satisfaite tant au moment où il consent la donation qu'à celui où l'acceptation lui est notifiée ; seule la date de l'acceptation déterminera en revanche la capacité du donataire (F. Terré, Y. Lequette et S. Gaudemet, Droit civil. Les successions. Les libéralités, Dalloz, 4e éd., 2014, no 327). Concernant les cas d'incapacité de jouissance fondés sur une présomption de captation (nos 930 s.), la capacité des deux parties, donateur et donataire, devra en revanche être vérifiée de l'offre de donation jusqu'à la notification de son acceptation (F. Terré, Y. Lequette et S. Gaudemet, précité). 1035

Le **testament** est un acte unilatéral qui ne produit d'effet qu'au décès du testateur, ce qui explique les règles suivantes : 1040
– la capacité du testateur est requise lors de la rédaction du testament. Si le testateur est incapable à cette date, le testament est irrégulier ; peu importe que le testateur décède en état de capacité (CA Amiens 2-6-1919 : DP 1920 II p. 31). Inversement, le fait que le testateur décède en état d'incapacité ne remet pas en cause la validité du testament rédigé alors qu'il était capable (en ce sens, C. civ. art. 476, al. 4) ;
– la capacité du légataire est requise au jour du décès du testateur. Par exception, le légataire doit être aussi capable au moment où le testament a été établi lorsque l'incapacité en cause est, comme cela vient d'être évoqué pour les donations, une incapacité relative fondée sur une présomption de captation. Jugé ainsi que le legs fait par le pupille, devenu majeur, à son tuteur, avant la reddition du compte de tutelle, est nul, bien que le compte ait été ultérieurement rendu avant le décès du pupille (Cass. req. 27-11-1848 : S. 1848 I p. 11). Le testament fait par un particulier employeur à son auxiliaire de vie est valable dès lors qu'au jour de son établissement, l'(ancienne) interdiction légale de l'article L 116-4 du CASF n'était pas en vigueur (Cass. 1e civ. 23-3-2022 no 20-17.663 F-B : BPAT 3/22 ; voir no 955).

TYPES DE SANCTIONS

Les incapacités de disposer ou de recevoir à titre gratuit sont généralement sanctionnées par la **nullité relative** : 1045
– le droit d'agir appartient à la personne protégée, son représentant ou ses ayants cause universels ou à titre universel ;
– cette nullité est susceptible d'être confirmée : l'incapable qui ne l'est plus, ou ses successeurs universels peuvent confirmer la libéralité ;
– l'action en nullité doit être exercée dans un délai de cinq ans à partir du jour où l'incapacité a pris fin.

Il y a seulement **réduction,** et non nullité totale, lorsque la personne est frappée d'une incapacité partielle de disposer à titre gratuit. Par exemple, lorsqu'un mineur de plus de 16 ans a disposé par testament d'une quotité supérieure à celle autorisée par la loi, la libéralité est réduite à proportion de l'excédent, la réduction pouvant être demandée par tout héritier. 1050

S'agissant d'une forme de nullité relative partielle, la réduction est soumise au délai de prescription de cinq ans. Le délai court à compter du décès du disposant, « seul jour où l'on peut savoir si la limite quantitative bornant l'incapacité a été franchie » (Rép. civ. Dalloz, voir Libéralités 1° Détermination et capacité des parties par I. Najjar et V. Brémond, no 443).

Sont toutefois frappées de **nullité absolue** : 1055
– les libéralités faites à des personnes futures ou incertaines ;
– les libéralités soumises à une autorisation administrative d'ordre public, lorsque cette autorisation n'a pas été obtenue ;
– les libéralités déguisées ou par personnes interposées faites à une personne incapable. Il s'agit en effet de sanctionner une fraude consistant à contourner une incapacité de recevoir (Cass. req. 5-5-1879 : DP 1880 I p. 145 note Ch. Beudant ; Cass. 1e civ. 3-4-1963 : D. 1964 p. 306).

Le délai de prescription – cinq ans – de l'action en nullité absolue et son point de départ – le jour où l'incapacité a pris fin – sont identiques à ceux de l'action en nullité relative.

D. Règles spécifiques aux personnes mariées

POUVOIR DE CONSENTIR UNE LIBÉRALITÉ

1105 Le mariage ne crée pas d'incapacité ni à recevoir à titre gratuit, ni à consentir une libéralité. Néanmoins, suivant le **régime matrimonial** adopté **et** la **nature du bien,** le pouvoir de consentir seul une libéralité peut se trouver altéré. La combinaison de règles applicables à tous les époux quel que soit le régime matrimonial adopté (le « statut impératif » des époux) et de règles spécifiques aux époux communs en biens invite à distinguer suivant la nature du bien objet de la libéralité et suivant qu'il s'agit d'une donation ou d'un testament.
Les incidences des **donations de biens communs** en matière de **rapport ou** de **récompense** sont étudiées n°s 7460 s.

1. LIBÉRALITÉ PORTANT SUR LE LOGEMENT DE LA FAMILLE

RÈGLE APPLICABLE

1108 Une personne mariée ne peut disposer seule, sans le consentement de son conjoint, des droits par lesquels est assuré le logement de la famille et des meubles meublants garnissant ce logement (C. civ. art. 215, al. 3). La règle est d'application générale, elle vaut pour **tous les actes de disposition** entre vifs, à titre onéreux ou à titre gratuit, quel que soit le régime matrimonial des époux.

DONATION DU LOGEMENT DE LA FAMILLE

1110 La règle de cogestion de l'article 215, alinéa 3 du Code civil n'est toutefois pas applicable pour une donation ne portant que sur la nue-propriété du logement. La solution vaut aussi bien lorsque l'usufruit est réservé :
– au profit du donateur et de son conjoint (en ce sens, mais s'agissant d'une vente et non d'une donation, TGI Paris 16-12-1970 : Gaz. Pal. 1971 I p. 115 ; comparer, Cass. 1e civ. 16-6-1992 n° 89-17.305 : Bull. civ. I n° 185, dans cette espèce, l'usufruit était seulement réservé sur le chef du vendeur et la vente était animée d'une intention frauduleuse) ;
– au profit du seul donateur dès lors qu'il n'était pas porté atteinte à l'usage et à la jouissance du logement familial par l'épouse pendant le mariage (Cass. 1e civ. 22-5-2019 n° 18-16.666 FS-PB : BPAT 4/19 inf. 135 ; Cass. 1e civ. 22-6-2022 n° 20-20.387 F-D : BPAT 5/22 inf. 234). La solution est sévère pour le conjoint survivant, qui se voit privé de tout droit sur le logement familial au décès de son époux, l'usufruit réservé par ce dernier à son seul profit disparaissant avec lui. Une sévérité d'autant plus grande que, le logement ne faisant plus partie de la succession du donateur, son conjoint survivant ne peut pas se voir accorder de droit au logement, que ce soit à titre temporaire (C. civ. art. 763) ou viager (C. civ. art. 764). La seule chose qui compte pour la Cour de cassation est que la jouissance du logement familial ait été assurée pendant toute la durée du mariage, celui-ci ayant pris fin avec le décès de l'époux donateur. Le donateur qui souhaite que son conjoint continue à bénéficier de son cadre de vie après son décès prendra soin de stipuler l'usufruit réversible sur la tête du survivant. Sur ce point, le dernier Congrès des notaires a proposé d'étendre le droit temporaire du conjoint survivant au logement ayant fait l'objet d'une vente ou donation de la nue-propriété sans réversion d'usufruit. Cela lui donnerait « un temps minimum pour se retourner » (119e Congrès des notaires de France, Deauville 2023, Le logement, commission 3).
Hormis ces cas particuliers, une donation portant sur le logement de la famille ou les meubles le garnissant consentie sans le consentement du conjoint serait nulle. Il s'agit d'une **nullité relative** :
– seul le conjoint dont le consentement a été omis peut l'invoquer ;
– la nullité doit être invoquée dans le délai d'un an à compter du jour où le conjoint victime a eu connaissance de la donation, sans que l'action puisse jamais être intentée plus d'un an après la dissolution du régime matrimonial. Sous le régime de communauté, le délai d'un an est toutefois évincé par celui de deux ans prévu par l'article 1427 du Code civil lorsque le logement est un bien commun.
Le consentement du conjoint à la donation ne confère pas, à lui seul, la **qualité de codonateur.** Les époux peuvent être codonateurs si le bien donné est un bien commun.

LEGS DU LOGEMENT DE LA FAMILLE

1115 Le legs de l'immeuble qui sert de logement aux époux ou des meubles le garnissant est parfaitement valide si l'époux testateur a la **propriété exclusive du bien légué** : bien personnel sous un régime séparatiste ou bien propre sous un régime de communauté (Cass. 1e civ. 22-10-1974 n° 73-12.402 : Bull. civ. I n° 274).

Le **legs d'un bien commun** est suspendu au résultat du partage : si le bien légué tombe dans le lot des héritiers du testateur, le légataire peut le réclamer en nature (C. civ. art. 1423, al. 2). Si le bien légué ne tombe pas dans le lot des héritiers du testateur, le legs ne pourra être exécuté qu'en valeur sur la part de communauté reçue par les héritiers du testateur et sur les biens personnels du testateur (C. civ. art. 1423, al. 2 in fine).

2. LIBÉRALITÉ PORTANT SUR DES SOMMES D'ARGENT

DONATION DE REVENUS

Tous les époux, quel que soit leur régime matrimonial, ont la libre disposition de leurs revenus. Le **principe de libre disposition** résulte du régime primaire et est applicable à tous les époux. Il joue tout à la fois pour les revenus professionnels des époux (C. civ. art. 223) et pour les revenus de leurs biens propres ou personnels (C. civ. art. 225 et 1425 pour les époux communs en biens). Ce pouvoir de libre disposition permet certainement à un époux de réaliser des donations de revenus (pour une donation de gains et salaires par un époux commun en biens : Cass. 1e civ. 29-2-1984 n° 82-16.769 : Bull. civ. I n° 82 ; Cass. 1e civ. 14-11-2007 n° 06-21.691 FS-D : BPAT 1/08 inf. 7), écartant la règle de cogestion édictée en matière de communauté pour les actes de disposition entre vifs, à titre gratuit, de biens de la communauté (C. civ. art. 1422). 1145

Reste la question de la **qualification de certains deniers sous le régime de la communauté** : sont-ils encore des revenus soumis au principe de libre disposition, ou bien sont-ils devenus de simples deniers de communauté dont chacun des époux ne peut disposer qu'avec le consentement du conjoint ? Il est certain que lorsqu'il y a acquisition d'un bien, il s'agit alors d'un véritable « acquêt » soumis à cogestion (pour une donation de bons de caisse acquis à l'aide de gains et salaires : Cass. 1e civ. 22-10-1980 n° 79-14.138 : Bull. civ. I n° 267). Lorsque les revenus sont économisés, ils perdent leur statut particulier de « revenus » et, partant, la libre disposition qui leur est attachée (Cass. 1e civ. 20-11-2019 n° 16-15.867 FS-PBI : BPAT 1/20 inf. 26 ; RJPF 2020 1/17 obs. J. Dubarry, E. Fragu).

ASSURANCE-VIE AU PROFIT D'UN TIERS

Lorsqu'un **époux commun en biens** souscrit un contrat d'assurance-vie au profit d'un tiers au moyen de **deniers communs,** il consent une donation indirecte de deniers communs qui échappe au principe de cogestion de l'article 1422 du Code civil (en ce sens, Cass. ass. plén. 12-12-1986 n° 84-17.867 : Bull. ass. plén. n° 14). Il n'y a pas, en pareille hypothèse, disposition de deniers communs, à raison du mécanisme de la stipulation pour autrui : les sommes versées au bénéficiaire désigné proviennent directement de l'assureur et non de la communauté. 1150

3. LIBÉRALITÉ PORTANT SUR D'AUTRES BIENS MEUBLES

PRÉSOMPTION DE POUVOIR

Lorsque la donation porte sur un bien meuble détenu individuellement par l'un des époux, la présomption de pouvoir à l'égard des tiers édictée par le Code civil (C. civ. art. 222) neutralise l'exigence du consentement du conjoint pour tous les **actes de disposition dans le régime de communauté** (C. civ. art. 1422). Les tiers ne peuvent subir les conséquences de la nullité entre époux d'un acte réalisé sans le consentement du conjoint. L'époux donateur devra seulement indemniser la communauté. 1180

4. LIBÉRALITÉ PORTANT SUR DES IMMEUBLES

DONATION D'UN IMMEUBLE COMMUN

La donation d'un immeuble commun ne sera valide que si l'**époux non donateur** a donné son **consentement.** À défaut, l'acte peut être annulé à la demande de l'époux dont le consentement était requis (C. civ. art. 1422). L'acte annulable peut toutefois être ratifié par ce conjoint (C. civ. art. 1427, al. 1). 1210

La **nullité** peut être invoquée pendant un délai de deux ans à compter du jour où le conjoint du donateur a eu connaissance de l'acte et au plus tard dans les deux ans suivant la dissolution de la communauté (C. civ. art. 1427, al. 2).

LEGS D'UN IMMEUBLE COMMUN

Le legs d'un immeuble commun par un seul des époux est subordonné au **résultat du partage de la communauté,** comme cela a déjà été exposé pour le legs du logement de la famille (n° 1115). 1215

SECTION 4

CONTENU DE LA LIBÉRALITÉ

RÈGLES GÉNÉRALES

1320 En application du droit commun des obligations, la libéralité doit répondre à des conditions d'objet et de cause. Toutefois, depuis la **réforme du droit des contrats** opérée par l'ordonnance 2016-131 du 10 février 2016, le contenu du contrat inclut désormais ce qui relève de l'objet et de la cause (C. civ. art. 1162 s.). Les textes reprennent donc, en les modernisant, les dispositions qui relevaient dans le Code civil de l'objet du contrat, et codifient certaines solutions jurisprudentielles rattachées à la notion de cause.

Il convient de distinguer entre les libéralités conclues avant le 1er octobre 2016, qui relèvent du **droit antérieur,** et celles qui sont postérieures et dont les questions d'objet et de cause sont englobées par celle de contenu du contrat.

A. Libéralités conclues depuis le 1er octobre 2016

CONTENU LICITE ET CERTAIN

1325 De manière générale, pour qu'un contrat soit valable, il doit avoir un « contenu licite et certain » (C. civ. art. 1128).

Il ne peut déroger à l'**ordre public** par ses stipulations (C. civ. art. 1162). Par conséquent, le contenu de la libéralité doit être licite, notamment porter sur une chose dans le commerce juridique, même si l'expression ne figure plus dans le Code civil (voir C. civ. art. 1128 dans sa rédaction antérieure à ord. 2016-131 du 10-2-2016). Cependant, bien que hors du commerce, une concession funéraire peut être transmise à titre gratuit par donation ou testament.

La suppression du principe de prohibition des pactes sur succession future que l'ancien article 1130 du Code civil comportait est symbolique. Ce principe fait partie de l'ordre public au sens large et les conventions qui ont pour objet de créer des droits ou de renoncer à des droits sur tout ou partie d'une succession non encore ouverte ou d'un bien en dépendant ne produisent effet que dans les cas où elles sont autorisées par la loi (C. civ. art. 722).

1330 L'obligation a pour objet une **prestation présente ou future.** Celle-ci doit être possible et déterminée ou déterminable (C. civ. art. 1163). En somme, le contenu de la libéralité doit toujours :

– exister. C'est ainsi que la donation entre vifs ne pourra comprendre que les biens présents du donateur ; si elle comprend des biens à venir, elle sera nulle à cet égard (C. civ. art. 943). Ce principe comporte des exceptions, notamment les institutions contractuelles (voir nos 8200 s.) ou le legs de chose future qui est possible à condition que la chose existe au jour du décès du disposant (voir no 16580) ;

– et être déterminé ou déterminable. Pour les donations, cette condition doit être remplie au moment de la conclusion du contrat alors que pour les legs, il suffit que l'objet soit déterminé ou déterminable au moment de l'exécution de la libéralité.

MAINTIEN DES FONCTIONS DE LA CAUSE

1335 Le contenu du contrat consacré par la réforme du droit des contrats inclut en partie ce qui relève de la cause (C. civ. art. 1162 s.). L'apport de la réforme consiste dans la suppression de la **notion de cause** tout en conservant dans la loi les fonctions que la jurisprudence lui avait assignées (voir no 1405). Par conséquent, en matière de libéralités, la cause demeurera essentielle sous sa double facette.

1340 S'agissant de l'**absence de cause,** elle est recherchée sur le terrain de la cause objective. Or, cette dernière réside dans l'intention libérale, élément constitutif de toute libéralité. De plus, l'exigence d'une « contrepartie convenue » au contrat est limitée expressément aux contrats à titre onéreux (C. civ. art. 1169) puisque précisément la libéralité se caractérise par un appauvrissement sans contrepartie (en ce sens, F. Sauvage, Principales incidences de l'ordonnance du 10 février 2016 portant réforme du droit des contrats, du régime général et de la preuve de l'obligation sur le droit des libéralités : AJ fam. 2016 p. 475).

S'agissant de l'**illicéité de la cause,** elle correspond au mobile déterminant qui a incité le disposant à consentir une libéralité, en d'autres termes à la cause subjective puisque le mobile n'est rien d'autre que le but poursuivi par l'auteur de l'acte. Or, le nouvel article 1162 du Code civil précise que le contrat ne peut déroger à l'ordre public ni par ses stipulations, ni par son but, que ce dernier ait été connu ou non par toutes les parties. La notion de « but » s'interprétera probablement comme étant le motif déterminant. L'annulation de la libéralité est donc possible si le motif est illicite, la référence à l'ordre public étant suffisamment large pour englober la notion de bonnes mœurs, dont la portée a de toute manière été considérablement réduite par la jurisprudence. **1345**

La connaissance du but par toutes les parties ou son ignorance par l'une d'entre elles n'interdit pas l'annulation, le texte reprenant sur ce point la jurisprudence (Cass. 1e civ. 7-10-1998 n° 96-14.359 PBR : RJDA 11/98 n° 1181). Et la libéralité semble toujours frappée de nullité absolue même si le texte ne le précise pas puisque la règle violée a pour objet la sauvegarde de l'intérêt général (C. civ. art. 1179).

En revanche, la **fausse cause** sera désormais sanctionnée sur le terrain de l'erreur (voir n° 275). En effet, l'erreur sur le motif d'une libéralité, en l'absence duquel son auteur n'aurait pas disposé, est une cause de nullité (C. civ. art. 1135, al. 2). Ce texte consacre une fonction qui était jusqu'à présent dévolue à la cause. Aucune condition n'est mise à cette nullité. En particulier, il n'est pas exigé que le gratifié en ait eu connaissance. **1350**

B. Libéralités conclues avant le 1er octobre 2016

OBJET DE LA LIBÉRALITÉ

Soumis aux conditions du droit commun des obligations (C. civ. art. 1126 s. dans leur rédaction antérieure à ord. 2016-131 du 10-2-2016), l'objet de la libéralité doit **exister,** être **déterminé** (**ou déterminable**) **et** être **licite.** **1400**

La réforme du droit des contrats n'a pas modifié ces questions (n° 1320).

CAUSE DE LA LIBÉRALITÉ

Conformément au droit commun, la cause d'une libéralité doit exister et être licite (C. civ. art. 1131 s. dans leur rédaction antérieure à ord. 2016-131 du 10-2-2016). Le plus souvent, cette cause se confond avec l'**intention libérale** du disposant et ne pose pas de problème, ni d'existence ni de licéité. **1405**

Cependant, le **motif impulsif et déterminant** qui a conduit le disposant à donner ou à léguer ses biens peut être en tout ou partie étranger à l'intention libérale. S'en tenir à l'intention libérale revient à faire un contrôle purement formel. C'est pourquoi le motif peut être érigé en cause lorsqu'il porte sur une qualité du gratifié ou un comportement de celui-ci et qu'il revêt un caractère déterminant. Le mobile devient alors la cause impulsive et déterminante. Dans ces situations, la jurisprudence a parfois l'occasion d'annuler la libéralité pour absence de cause ou pour cause illicite.

ILLUSTRATIONS

La suppression rétroactive des avantages fiscaux en vue desquels une donation-partage a été réalisée peut justifier son annulation pour **absence de cause** lorsqu'elle inclut un bien appartenant déjà au donataire (Cass. 1e civ. 29-9-2004 n° 03-10.766 FS-PB).

En revanche, n'est pas nul le testament par lequel une mère a entendu déshériter son fils unique en léguant la quotité disponible de ses biens à une association, car la volonté de priver un héritier réservataire de la quotité disponible n'exclut pas l'intention libérale du testateur au profit de l'association légataire (Cass. 1e civ. 30-9-2009 n° 08-17.919 FS-PB : BPAT 6/09 inf. 244).

La (prétendue) disparition de la cause d'un testament ne peut pas non plus justifier son annulation pour absence de cause, car seul le testateur, capable, peut tirer les conséquences de cette disparition en modifiant ses dispositions (en ce sens, notamment, Cass. 1e civ. 15-2-2012 n° 10-23.026 FS-PBI : BPAT 2/12 inf. 110).

L'annulation de la libéralité est possible si le **motif** est **illicite ou immoral** (voir n° 2160 pour une libéralité avec une charge ou condition impossible, illicite ou immorale). Ainsi en va-t-il lorsque le disposant cherche, au moyen d'une libéralité, à obtenir une faveur ou des services que la loi ou la morale réprouve. Est nul pour cette raison le legs de quotité disponible fait par un père à ses neveux et nièces dans le but de se venger de ses deux filles qui ne lui avaient pas pardonné ses pratiques incestueuses à l'époque de leur minorité (TGI La Roche-sur-Yon 2-5-1995 nº 93-442 : D. 1997 p. 13).

A en revanche une cause licite la libéralité faite à la Ligue nationale contre le cancer après la mort de l'épouse décédée d'un cancer dès lors qu'il n'est pas démontré que le disposant ait entendu déshériter sa fille en raison de son choix d'épouser un homme noir (Cass. 2e civ. 28-6-2012 nº 11-14.662 FS-D : Resp. civ. et assur. 2012 comm. nº 359).

Une donation faite à une concubine a longtemps été considérée comme nulle si elle avait pour cause, dans l'esprit des contractants, l'établissement ou le maintien de rapports immoraux. Elle ne l'était pas si elle avait un but légitime comme celui de réparer le préjudice causé à la maîtresse par la rupture de la relation ou celui de lui permettre d'éduquer les enfants communs. La Cour de cassation a abandonné cette jurisprudence en considérant que n'est pas contraire aux bonnes mœurs la cause de la libéralité dont l'auteur entend maintenir la relation adultère qu'il entretient avec le bénéficiaire (Cass. 1e civ. 3-2-1999 PBR : GAJC t. 1 nº 28 ; Cass. ass. plén. 29-10-2004 nº 03-11.238 P : D. 2004 p. 3175 note D. Vigneau).

1410 La **preuve** de l'absence de cause, de l'erreur sur la cause ou de l'illicéité ou de l'immoralité de la cause incombe à celui qui l'invoque. Elle est libre et peut donc être apportée par tous moyens, par exemple par des présomptions de fait graves, précises et concordantes.

1415 La **nullité** encourue pour absence de cause (ou pour erreur de cause) est seulement une nullité relative (en ce sens, notamment, Cass. 1e civ. 29-9-2004 nº 03-10.766 FS-PB). Celle encourue pour cause illicite et immorale est en revanche une nullité absolue.

CHAPITRE 2

LIBÉRALITÉS AVEC CHARGES

SOMMAIRE

DOMAINE DES LIBÉRALITÉS AVEC CHARGES

Les libéralités peuvent être assorties de charges **imposées par le disposant au gratifié.** Si certaines charges sont tenues pour parfaitement licites, d'autres en revanche pourront soit être annulées pour illicéité, soit encore emporter disqualification de l'acte à titre gratuit en acte à titre onéreux. **2000**

Seront d'abord envisagées les **règles générales** régissant la stipulation de charges.

Sera ensuite détaillé le régime très **particulier** de deux catégories de libéralités avec charges auxquelles la loi accorde de longs développements : les **libéralités graduelles** et les **libéralités résiduelles.**

› Précisions En ce qui concerne la **révocation** des libéralités **pour inexécution des charges,** voir n°s 4255 s. pour les donations et n° 16665 pour les legs.

Quant aux **incidences liquidatives** des libéralités avec charges, on se reportera aux développements spécifiques qui leur sont consacrés lors de l'étude du rapport des libéralités (n°s 31445 s.), de la réunion fictive (n° 32785) et de la réduction des libéralités (n°s 33315 s.).

SECTION 1

RÈGLES GÉNÉRALES

CHARGES ET CONDITIONS

Toute libéralité peut comporter la stipulation de charges ou de conditions. **2010**

La **distinction** entre charge et condition paraît relativement ténue. Le Code civil emploie d'ailleurs indifféremment les deux termes. Pour l'essentiel, la libéralité avec charges et la libéralité conditionnelle sont soumises aux mêmes règles.

On peut cependant indiquer, pour distinguer l'une de l'autre, que :

– la charge **impose une obligation** au bénéficiaire de la libéralité ; elle a un caractère patrimonial ;

– la condition a pour objet de faire dépendre l'existence même de la libéralité d'un évènement futur dont la réalisation est incertaine ; elle ne crée **pas d'obligation** à la charge du gratifié. Si la condition prévue dans une donation est potestative, c'est-à-dire si sa réalisation dépend de la seule volonté du disposant, la donation elle-même est nulle car contraire au principe d'irrévocabilité spéciale des donations (C. civ. art. 944). Jugé par exemple qu'est nul le don manuel sous condition de la persistance de la liaison entre la donatrice et le donataire (Cass. 1e civ. 25-11-1986 n° 84-12.796 : Bull. civ. I n° 280).

> Précisions **a.** En théorie, leur différence de nature influe grandement sur leurs **sanctions respectives.** La défaillance de la condition est censée suspendre ou anéantir la libéralité de façon automatique (selon qu'elle est suspensive ou résolutoire : C. civ. art. 1304). Au contraire, concernant les donations avec charges, « la révocation pour cause d'inexécution des conditions [...] n'aura jamais lieu de plein droit » (C. civ. art. 956) ; il faut donc saisir le juge : ce n'est jamais qu'une application du droit commun des contrats qui prescrit plus généralement que « la résolution résulte soit de l'application d'une clause résolutoire soit, en cas d'inexécution suffisamment grave, d'une notification du créancier au débiteur ou d'une décision de justice » (C. civ. art. 1224) et que « la résolution peut, en toute hypothèse, être demandée en justice » (C. civ. art. 1227). Est valide et de pratique courante la clause prévoyant que la libéralité sera révoquée de plein droit, sans recours au juge, en cas d'inexécution de la charge (C. civ. art. 1225).

b. En pratique, la **détermination des charges et conditions** d'une donation notariée doit toujours être opérée elle-même en la forme authentique. En effet, que les charges et conditions d'une donation notariée soient imposées au donataire par acte sous signature privée entraîne la nullité de ces charges, qui déclenche celle de la donation elle-même (Cass. 1e civ. 17-10-2007 n° 05-14.818 FS-PB : Petites affiches 9-5-2008 n° PA200809306 p. 18 obs. P. Malaurie). À l'inverse, la **renonciation du donateur** à une condition ou à une charge de la donation peut prendre la forme d'un acte sous signature privée, sous réserve que cette renonciation soit postérieure à l'acte de donation (Cass. 1e civ. 14-5-1996 n° 94-15.826) et qu'elle n'ait pas pour effet de réduire à néant l'émolument de la libéralité (Cass. 1e civ. 7-6-2006 n° 04-15.652 FS-PB). Même si cette solution doit être considérée avec prudence (voir, en ce sens, P. Malaurie, Petites affiches 9-5-2008, précité), elle sera approuvée si l'on analyse l'opération comme une donation indirecte en retour, qui échappe aux exigences de l'authenticité.

SITUATIONS VARIÉES

2015 La charge peut être stipulée :
- dans l'**intérêt du disposant** lui-même, par exemple régler le solde de l'emprunt grevant le bien donné ;
- dans l'**intérêt d'un tiers,** par exemple verser une rente viagère à une personne désignée ou conserver le bien légué pour qu'il soit transmis aux enfants du légataire à son décès ;
- ou dans l'**intérêt du bénéficiaire,** par exemple poursuivre des études.

> Précisions On accorde une attention nouvelle à la donation avec charge stipulée en faveur du donateur, qui apparaît comme un moyen assez moderne d'**anticiper sa propre dépendance** (voir rapport du 116e Congrès des notaires de France : Protéger, Paris 2020, nos 1324, 1325 et 1326). En effet, un disposant assez fortuné, mais dénué de ressources suffisantes pour envisager sereinement l'hypothèse de sa vulnérabilité, peut avoir recours à deux modèles de donations avec charge (qu'il faut distinguer soigneusement de la très dangereuse vente à charge de rente viagère ou avec réserve d'usufruit ou à fonds perdus à un descendant successible de l'article 918 du Code civil, sur laquelle voir nos 32760 s.) : soit il consent cette donation à charge d'une rente viagère propre à compléter ses revenus ; soit encore il donne à charge de l'entretenir ou de lui prodiguer des soins (voir un exemple d'une telle convention entre grands-parents donateurs et petite-fille donataire : Cass. 1e civ. 11-10-2017 n° 16-21.692 FS-PB : Defrénois 26-4-2018 n° 136a4 p. 40 obs. S. Gaudemet).

Les praticiens attirent l'**attention** sur le risque que l'allongement de la durée de vie ne fasse de ce type de charge un fardeau très lourd. De plus, ils suggèrent notamment de veiller à ce que le montant de la rente ne vienne pas en déduction des aides sociales (Rapport du 116e Congrès des notaires de France, précité, n° 1325). Ils conseillent également, lorsque la stipulation porte sur une obligation de soins, d'en détailler le contenu, voire de prévoir la faculté de substituer à cette charge en nature le service d'une rente viagère par avance strictement encadrée ; il s'agit d'anticiper en particulier sur une aggravation de la condition du donateur ou son admission dans un établissement spécialisé (Rapport du 116e Congrès des notaires de France, précité, n° 1326).

A. Détermination de charges ou de conditions dans les libéralités

1. QUALIFICATION DE LIBÉRALITÉ

ACTE À TITRE GRATUIT OU ACTE À TITRE ONÉREUX

Lorsque la charge est stipulée dans l'intérêt du disposant ou d'un tiers, se pose parfois un problème de qualification de l'acte : si la **charge absorbe la valeur du bien** donné ou légué, il n'y a plus libéralité, faute de l'appauvrissement et de l'enrichissement corrélatif qui caractérisent l'élément matériel, mais par conséquent acte à titre onéreux. Le bien objet de la prétendue donation ne sera donc pas pris en compte dans la liquidation civile. D'un point de vue fiscal, si le caractère onéreux est constaté d'emblée, c'est évidemment le droit de vente qui est exigible. 2065

Inversement, si la **charge** est **inférieure à la valeur du bien** donné ou légué, l'acte conserve pour le tout son caractère d'acte à titre gratuit (voir un cas extrême où la charge n'appelle aucune déduction, car elle correspond à des secours ponctuels de la donataire, déjà salariée à cette fin par les donateurs : Cass. 1e civ. 11-10-2017 n° 16-21.692 FS-PB : Defrénois 26-4-2018 n° 136a4 p. 40 obs. S. Gaudemet). À l'heure de la liquidation civile, la charge est déductible de la valeur du bien reçu pour l'application des règles relatives au rapport, à la réunion fictive, à l'imputation et à la réduction : en effet, seul l'émolument net est à prendre en considération (s'agissant du montant du rapport des libéralités avec charge, en particulier la charge de verser au donateur lui-même une somme d'argent, voir n° 31947 ; concernant la réunion fictive, n° 32785 ; en matière d'imputation et de réduction des libéralités, n° 32930). Au regard du droit fiscal, le principe est que les charges ne sont pas déductibles de l'assiette des droits (CGI art. 758 et 761). Ce principe est toutefois assorti d'exceptions : ainsi, l'article 776 bis du CGI prévoit la déduction, pour le calcul des droits de donation, des dettes contractées par le donateur pour l'acquisition ou dans l'intérêt des biens donnés lorsque ces dettes sont mises à la charge du donataire dans l'acte de donation (voir nos 5240 s.).

2. CHARGES OU CONDITIONS IMPOSSIBLES, ILLICITES OU IMMORALES

OBJET

Les **clauses illicites les plus fréquentes** sont celles imposant des interdictions à caractère personnel au gratifié ou le menaçant de perdre le bénéfice d'une libéralité s'il n'exécute pas une disposition prévue par le disposant. 2095

Il peut s'agir soit de clauses relatives au statut personnel du gratifié (liberté du mariage, liberté de religion, etc.), soit de clauses d'ordre patrimonial (clauses imposant le maintien dans l'indivision, clauses pénales, etc.).

a. Clauses relatives au statut personnel

CLAUSES LIMITANT LA LIBERTÉ DU MARIAGE

Sont **en principe** illicites les clauses de viduité (interdiction de remariage) ou de célibat, ou encore, à l'inverse, l'obligation de se marier avec telle ou telle personne. 2100

De telles clauses ne sont pourtant pas systématiquement annulées **en pratique.** La clause sera tenue pour licite s'il apparaît que le disposant a été animé par des motifs non répréhensibles.

ILLUSTRATIONS

Il a été jugé qu'il n'y avait pas d'atteinte à la liberté du mariage et que la clause imposée était donc licite dans les hypothèses suivantes :

– un père qui déteste sa future belle-fille prévoit que si, à son décès, son fils est marié, il n'héritera de la quotité disponible qu'en usufruit, la nue-propriété allant à une œuvre. Le bénéfice du testament n'est pas subordonné à la condition que le fils reste célibataire après la mort de son père (condition illicite), il prévoit seulement des **droits différents selon que le fils est ou non marié le jour du décès de son père** (modalité licite) (CA Poitiers 17-2-1998 n° 95/1603 : BPAT 3/99 inf. 97) ;

– un père institue son fils marié légataire universel sous la condition résolutoire suivante : **en cas de séparation ou de divorce,** son **fils** sera **déchu du legs qui profitera automatiquement à son épouse.** Ce legs est jugé valable, parce que motivé non par le désir d'empêcher le fils de

divorcer, mais par le souci d'assurer à la belle-fille la jouissance des biens indépendamment du devenir du mariage (CA Rennes 14-2-1972 : D. 1976 p. 185 note R. Vouin) ;
– une **clause de non-divorce** insérée dans une **donation de biens à venir entre époux** (donation librement révocable). Les juges du fond estiment souverainement que cette clause n'est pas inspirée par le désir de l'époux d'empêcher sa femme de divorcer. Pour la Cour de cassation la clause de non-divorce insérée dans une donation de biens à venir ne porte pas atteinte au principe de libre révocabilité des donations au dernier vivant et n'est pas en soi illicite, sauf intention de nuire, dans la mesure où elle est justifiée par la nature même de la donation de biens à venir (Cass. 1e civ. 13-12-2005 n° 02-14.135 FS-PB : BPAT 1/06 inf. 6, Defrénois 30-5-2006 n° JP2006DEF0836N1 p. 836 note N. Peterka). En revanche, une clause de non-divorce insérée dans une donation de biens présents est nulle comme portant atteinte au nouveau principe d'irrévocabilité des **donations de biens présents entre époux** prenant effet au cours du mariage (Cass. 1e civ. 14-3-2012 n° 11-13.791 FS-PBRI : BPAT 2/12 inf. 116, JCP G 2012 n° 607 note C. Brenner).

CLAUSES PORTANT ATTEINTE À LA LIBERTÉ RELIGIEUSE

2105 Sont illicites les clauses imposant d'adopter telle ou telle religion.

Doit par **exemple** être cassé l'arrêt d'appel qui n'a pas recherché si un testament, imposant à la femme et aux enfants d'un héritier d'être convertis à une religion donnée, ne portait pas atteinte à l'ordre public interne, notamment au regard des articles 8 et 9 de la convention européenne des droits de l'Homme (Cass. 1e civ. 21-11-2012 n° 10-17.365 FS-PBI : BPAT 1/13 inf. 15, D. 2013 p. 880 obs. M.-C. Meyzeaud-Garaud).

CLAUSES DE RÉSIDENCE

2110 Une clause de la libéralité peut imposer au donataire ou au légataire de résider en un lieu déterminé par le disposant.

La validité d'une telle clause dépend des motifs qui l'ont inspirée :
– si la clause est **temporaire et justifiée par un motif légitime,** tel « l'attachement à la terre » (Cass. req. 17-3-1925 : DP 1928 I p. 176), elle sera tenue pour valable ;
– en revanche, si elle apparaît **purement arbitraire** elle sera considérée comme illicite.

b. Clauses d'ordre patrimonial

CLAUSES IMPOSANT LE MAINTIEN DANS L'INDIVISION

2130 Sont traditionnellement considérées comme illicites les clauses imposant l'obligation de maintenir les biens légués dans l'indivision. Elles sont contraires au **principe** suivant lequel nul n'est tenu de demeurer dans l'indivision (C. civ. art. 815).

Toutefois, la **jurisprudence la plus récente** de la Cour de cassation applique ici le principe de proportionnalité : doit être réputée non écrite la clause qui a pour effet de porter une atteinte excessive au droit absolu, reconnu à tout indivisaire, de demander le partage (Cass. 1e civ. 13-4-2016 n° 15-13.312 FS-PB : BPAT 3/16 inf. 118, JCP N 2016 act. 578 obs. M. Nicod).

ILLUSTRATIONS

Legs instituant cinq légataires **à titre universel** et **assorti de la charge suivante** : « conserver indivisément pendant 30 ans à compter de mon décès la propriété indivise des biens [...] dépendant de la propriété sise à [...]. En cas de prédécès de l'un quelconque des légataires ci-dessus désignés, la part du légataire prédécédé accroîtra celle des autres. Si l'un quelconque des légataires désignés ne désirait pas demeurer dans l'indivision, il aurait la faculté de céder sa part aux autres ou, à défaut par ceux-ci de vouloir ou de pouvoir se porter acquéreurs, de la céder à un tiers à condition que ce tiers acquéreur soit agréé par les autres légataires. Les légataires devront conserver cette propriété dans l'état où elle se trouve. »

Les juges annulent l'ensemble du legs, et pas seulement la charge le grevant, parce que ce sont ces **clauses – nulles** – qui constituent la cause impulsive et déterminante du legs, et non l'intention libérale de la testatrice à l'égard des légataires (CA Paris 22-2-2001 n° 99/16127 : BPAT 3/01 inf. 54) :
– compte tenu de l'âge des légataires au jour de l'ouverture de la succession (de 49 ans à 68 ans), la clause d'inaliénabilité de la propriété pendant 30 ans s'apparente à une clause d'**inaliénabilité perpétuelle.** Or, seules sont valables les clauses d'inaliénabilité temporaires et justifiées par un intérêt sérieux (nos 2200 s.) ;
– la **sortie de l'indivision** d'un légataire est **subordonnée au bon vouloir des autres,** ce qui est contraire à la règle selon laquelle nul ne peut être contraint de demeurer dans l'indivision ;
– la clause d'accroissement « En cas de prédécès... » constitue en réalité une **clause de substitution** puisqu'elle oblige les légataires, premiers gratifiés, à conserver le bien leur vie durant et à le rendre à leur décès au(x) survivant(s) d'entre eux. Or, selon le droit positif en vigueur au moment de la décision, les clauses de substitution étaient prohibées, sauf exceptions légales (régime antérieur à la loi 2006-728 du 23-6-2006).

CLAUSES PÉNALES

Le disposant s'efforce parfois d'affermir ses projets en insérant dans la libéralité qu'il consent à un de ses héritiers une clause pénale dissuasive : celle-ci prévoit que l'héritier bénéficiaire, s'il venait à contester tout ou partie des autres dispositions libérales, serait privé du bénéfice de sa propre libéralité ; la clause va même parfois jusqu'à exclure l'héritier indocile de tout droit dans la quotité disponible. **2135**

Portée par une **donation,** une telle clause est nulle par principe, comme contraire à la prohibition des pactes sur succession future, qui demeure édictée par l'article 722 du Code civil.

Pareille objection ne vaut pas en matière de **testament** ; c'est pourquoi il n'est pas rare que le testateur stipule que le légataire sera privé de tout ou partie du legs s'il ne se plie pas à ses dernières volontés. Cette clause est également courante dans une **donation-partage,** qui déroge à la prohibition des pactes sur succession future. Sur le régime juridique et les limites pratiques de cette clause en matière de donation-partage et de testament, voir respectivement nos 11255 et 14735 s.

c. Effets de l'illicéité des charges ou conditions

APPRÉCIATION DE L'ILLICÉITÉ

La **preuve** du caractère impossible, illicite ou immoral de la charge ou de la condition doit être apportée par celui qui l'invoque. S'agissant d'un fait juridique, la preuve est libre et peut donc être apportée par tous moyens ; elle peut résulter d'éléments intrinsèques ou extrinsèques. **2155**

Les juges du fond doivent rechercher, dans chaque espèce, quelles ont été la motivation et l'intention du disposant.

Pour apprécier le caractère impossible, immoral ou illicite, il convient de se placer à la **date** de la libéralité, c'est-à-dire au jour de l'acte pour les donations et au jour du décès du disposant pour les legs.

SANCTION

En **principe,** la stipulation dans une libéralité d'une charge ou d'une condition impossible, illicite ou immorale n'est pas sanctionnée par la nullité de l'acte. La clause est seulement réputée non écrite (C. civ. art. 900), ce qui permet au gratifié d'obtenir l'annulation de la charge ou de la condition tout en conservant le bénéfice de la libéralité. **2160**

Cependant, la **jurisprudence** a toujours prononcé la nullité de l'ensemble de la libéralité lorsqu'il apparaissait que la charge illicite ou immorale avait été sa cause impulsive et déterminante (pour une illustration, Cass. 1e civ. 17-10-2007 no 05-14.818 : Bull. civ. I no 322) ; il était admis au surplus que les parties pouvaient prévenir tout contentieux par une stipulation expresse de l'acte exprimant que l'ensemble était à leurs yeux indivisible (Cass. com. 27-03-1990 no 88-15.092 : Bull. civ. IV no 93, D. 1991 p. 289 note F. X. Testu ; RTD civ. 1991 p. 112 obs. J. Mestre).

Ces solutions sont-elles transposables sous l'empire de l'article 1184 actuel du Code civil, issu de l'**ordonnance 2016-131 du 10 février 2016** ? L'alinéa premier du texte, quant à lui, ne fait que transcrire la jurisprudence ancienne en posant tout à la fois le principe que le contrat survit à la nullité de la clause, puis l'exception de la clause ayant été déterminante, dont la nullité contamine l'acte juridique tout entier. En revanche, l'alinéa 2 de l'article 1184 introduit une disposition nouvelle : il maintient le contrat lorsque c'est la loi qui répute la clause litigieuse non écrite ; or précisément l'article 900 du Code civil répute non écrites les clauses contraires aux lois ou aux mœurs ainsi que les conditions impossibles. Faut-il en conclure que seule une telle clause encourt en pareil cas la nullité, sans que jamais la libéralité elle-même puisse s'en trouver affectée dans sa validité ? La jurisprudence le dira. Si la réponse est positive, il en résultera des conséquences très rigoureuses pour le disposant.

FISCALITÉ

L'administration fiscale n'étant pas juge de la validité des conventions soumises à l'enregistrement, la libéralité assortie d'une charge ou d'une condition impossible, illicite ou immorale est soumise aux **droits de mutation à titre gratuit** (ou au droit fixe des actes innomés s'il s'agit d'une donation sous condition suspensive). **2165**

Si la **nullité** est **ultérieurement prononcée par une décision judiciaire** passée en force de chose jugée, les droits de donation ou de succession acquittés sont restituables (CGI art. 1961, al. 2).

Toutefois, la restitution est prohibée lorsque la résolution de la libéralité ne procède pas d'un vice entachant sa validité mais d'un événement postérieur à l'acte ou dépendant de la volonté d'une des parties (cas, par exemple, des **donations résolues pour inexécution des conditions ou** pour **ingratitude**) (BOI-ENR-DG-70-20 n° 50).

3. CLAUSES D'INALIÉNABILITÉ

NOTION

2195 Les clauses d'inaliénabilité ont pour **objet** d'interdire au donataire ou légataire d'aliéner le bien qui lui a été transmis, cette interdiction étant en pratique assortie, en fonction de la nature du bien, d'une interdiction d'hypothéquer ou de nantir.

CONDITIONS DE VALIDITÉ

2200 **Caractère temporaire** Pour être valable dans une **libéralité consentie à une personne physique,** la clause doit être temporaire (C. civ. art. 900-1, al. 1). La clause d'inaliénabilité est nulle si elle est stipulée pour la durée de vie du gratifié car elle le priverait de l'abusus sur le bien donné ou légué. En revanche, la clause d'inaliénabilité est valide si elle est stipulée pour la durée de vie du donateur (Cass. 1e civ. 8-1-1975 n° 73-11.648 : Bull. civ. I n° 8).

Il est toutefois légitime de défendre qu'une clause d'inaliénabilité pour toute la durée de la vie du premier donataire grevé doit être tenue pour valide lorsqu'elle est insérée dans une **libéralité graduelle,** laquelle fait obligation, par définition, de conserver le bien donné sa vie durant afin de le transmettre à son décès (voir nos 2410 s.). En effet, c'est la loi qui prévoit qu'« il appartient au disposant de prescrire des garanties et des sûretés pour la bonne exécution de la charge » (C. civ. art. 1052).

L'exigence d'un caractère temporaire ne s'applique pas, en revanche, aux **libéralités consenties à des personnes morales** ou à des personnes physiques à charge de constituer des personnes morales (C. civ. art. 900-1, al. 2). Dans un tel cas, une inaliénabilité perpétuelle doit être admise (F. Terré, Y. Lequette et S. Gaudemet : Droit civil. Les successions. Les libéralités, Dalloz 4e éd. 2014, n° 357 ; Dalloz Action Droit patrimonial de la famille 2021/2022, dir. M. Grimaldi, v. Règles de fond des donations : contenu du contrat par J. Boisson, n° 313.221 ; J.-Cl. Civil Art. 900-1 par A. Sériaux, n° 9). Certaines juridictions du fond la tiennent toutefois pour illicite (notamment, CA Aix-en-Provence 21-1-1999 n° 95/6423 : Dr. famille 2000 comm. 122 obs. A. Fouquet), ce qui est critiqué (A. Sériaux, précité).

2205 **Intérêt sérieux et légitime** La clause doit être justifiée par un intérêt sérieux et légitime (C. civ. art. 900-1, al. 1). Cet intérêt s'apprécie au jour où la clause a été stipulée (en ce sens, notamment, Cass. 1e civ. 6-3-2013 n° 12-13.340 F-D : BPAT 3/13 inf. 102).

ILLUSTRATIONS

Très fréquente dans les **donations de parents à enfants,** la clause d'inaliénabilité est par exemple valable si elle est justifiée :
– par le souci du donateur d'assurer la pleine efficacité du droit de retour conventionnel (Cass. 1e civ. 15-6-1994 n° 92-12.139 : Bull. civ. I n° 211 ; Cass. 1e civ. 6-3-2013 n° 12-13.340 précité) ;
– par la réserve d'un droit d'usufruit ou d'un droit d'usage et d'habitation pour le disposant qui souhaite avoir, sa vie durant, comme seul interlocuteur, l'enfant donataire (Cass. 1e civ. 15-6-1994 n° 92-12.139 précité).

2207 **Sanction des conditions de validité** L'action en nullité de la clause peut être exercée par toute personne qui y a intérêt (par exemple, un créancier du bénéficiaire de la libéralité qui entend faire saisir le bien pour recouvrer sa créance). La charge de la preuve incombe à celui qui se prévaut de la validité de la clause (Cass. 1e civ. 15-6-1994 n° 92-12.139 : Bull. civ. I n° 211).

SANCTION DU NON-RESPECT DE LA CLAUSE

2210 Si le donataire ou légataire aliène le bien au mépris de l'interdiction qui lui est faite, celui dans l'intérêt duquel la clause a été stipulée (selon le cas, le bénéficiaire de la libéralité ou un tiers) peut demander la nullité de l'**aliénation.** Le juge peut néanmoins écarter la nullité si l'intérêt qui justifiait la clause avait disparu à la date de l'aliénation (Cass. 3e civ. 5-6-2012 n° 11-19.294 F-D : Sol. Not. 8-9/12 inf. 223).

La clause d'inaliénabilité n'interdit pas aux créanciers du donataire ou légataire de faire inscrire sur le bien transmis une **hypothèque judiciaire** (Cass. 1e civ. 9-10-1985 n° 84-13.306 : Bull. civ. I n° 252) ou une **hypothèque légale** (Cass. 1e civ. 25-6-1980 n° 79-12.704 : Bull. civ. I n° 200). Tant que la clause est en vigueur, le bien ne peut pas en revanche faire l'objet d'une **saisie** (en ce sens, notamment, Cass. 1e civ. 8-2-2000 n° 97-20.727 : Bull. civ. I n° 43).

Une clause d'inaliénabilité apposée à une donation n'empêche pas le bien donné de tomber dans la communauté existant entre le donataire et son conjoint, sauf à ce que cette clause soit doublée d'une clause d'exclusion de communauté. Une telle clause ne fait pas obstacle à l'entrée des biens donnés dans la communauté universelle à l'occasion d'un **changement de régime matrimonial** (Cass. 1e civ. 28-5-2015 no 14-15.115 FS-PB : RTD civ. 2015 p. 674 obs. M. Grimaldi). Toutefois, elle ferait probablement obstacle à l'attribution du bien au conjoint du donataire ou à ses héritiers lors du partage de la communauté (M. Grimaldi, obs. sous Cass. 1e civ. 28-5-2015 précité).

RENONCIATION À L'INTERDICTION D'ALIÉNER

Le donateur peut renoncer à l'interdiction d'aliéner (et d'hypothéquer ou de nantir, le cas échéant). Une telle renonciation n'a pas à emprunter la **forme** authentique (Cass. 1e civ. 14-5-1996 no 94-15.826 : Defrénois 15-11-1997 no JP1997DEF1257N1 p. 1257 obs. B. Gelot). Elle peut même être tacite et résulter du consentement des donateurs à la constitution d'hypothèque sur l'immeuble qui a fait l'objet d'une donation-partage, acceptant nécessairement le principe de son aliénation à la demande du créancier hypothécaire en l'absence de remboursement des prêts (Cass. 1e civ. 5-12-2018 no 17-28.130 F-D : Defrénois 14-3-2019 no 146u5 p. 29 note C. Gijsbers). Dans cette dernière hypothèse, la renonciation à l'interdiction d'aliéner relève de l'appréciation souveraine des juges du fond. Pour s'en assurer en toutes circonstances, on ne saurait que trop recommander d'obtenir l'accord exprès du donateur en prenant soin de préciser la portée de son accord à l'acte de disposition (C. Gijsbers, précité). 2212

CONSEIL

Le donateur est le plus souvent sollicité à l'occasion de la **vente du bien donné** par le donataire pour renoncer à l'interdiction d'aliéner (voire pour les besoins d'une hypothèque ou d'un nantissement). Une telle renonciation est à rechercher systématiquement dès l'avant-contrat. Si elle ne peut être recueillie à ce stade, l'avant-contrat est complété d'une condition suspensive d'obtention du consentement du donateur à renoncer à l'interdiction. Il a même été jugé qu'un bien reçu par donation avec interdiction d'aliéner pouvait faire l'objet d'un compromis de vente sans intervention des donateurs pour renoncer à l'interdiction, ni condition suspensive à ce sujet, dès lors que la vente intervenait après leur décès (Cass. 3e civ. 30-1-2020 no 18-25.381 FS-PBI : BPAT 2/20 inf. 65).

AUTORISATION JUDICIAIRE D'ALIÉNER

Même lorsque la clause d'inaliénabilité est valable, le donataire ou le légataire peut être autorisé en justice à disposer du bien si l'**intérêt qui avait justifié la clause** a disparu ou s'il advient qu'un intérêt plus important l'exige (C. civ. art. 900-1, al. 1). 2215

L'action en levée judiciaire d'une clause d'inaliénabilité ne concerne que les **libéralités consenties aux personnes physiques** (Cass. 1e civ. 23-1-2008 no 06-16.120 F-PB : RJDA 7/08 no 782).

Cette action est personnelle au donataire et ne peut être exercée ni par le représentant de ses **créanciers** (Cass. com. 9-11-2004 no 02-18.617 FS-PB : RJDA 3/05 no 304), ni par ses créanciers agissant en son nom par la voie de l'action oblique (C. civ. art. 1341-1 ; Cass. 1e civ. 8-3-2005 no 03-20.968 F-PB : RJDA 10/05 no 1146), ni par son liquidateur (Cass. 1e civ. 4-7-2006 no 04-12.350 FS-PB : RJDA 12/06 no 1249). En revanche, le liquidateur du donataire peut valablement demander au donateur de renoncer à l'inaliénabilité (Cass. 1e civ. 19-12-2018 no 17-17.551 F-D : RJDA 4/19 no 254).

Le disposant ne peut pas priver le bénéficiaire (donataire ou légataire) de sa libéralité (donation ou legs) au cas où il mettrait en cause la validité de la clause d'inaliénabilité ou demanderait l'autorisation d'aliéner. Une telle **clause pénale** serait réputée non écrite (C. civ. art. 900-8).

RÉGIME FISCAL

La Cour de cassation estime qu'une clause d'inaliénabilité qui grève les biens donnés n'affecte pas leur valeur vénale réelle et n'autorise aucune décote sur l'assiette des **droits de mutation à titre gratuit** (Cass. com. 6-2-2007 no 05-12.939 F-PB : RJF 6/07 no 759, à propos de titres non cotés donnés avec interdiction d'aliéner et de nantir ; Cass. com. 11-9-2012 no 11-21.234 F-D : RJF 12/12 no 1168, BPAT 6/12 inf. 303, pour un immeuble donné avec interdiction d'aliéner et d'hypothéquer pendant la vie de l'usufruitière, âgée de 82 ans au moment de la donation). 2220

Cette position est à notre avis critiquable, car un bien frappé d'une interdiction d'aliéner est incessible et insaisissable, de sorte que sa valeur vénale en est à tout le moins affectée…

> **Précisions** La solution est identique en matière d'**impôt sur la fortune** (Cass. com. 27-10-2009 no 08-11.362 F-PB : RJF 2/10 no 175, à propos d'une donation avec réserve d'usufruit d'un immeuble assortie d'une interdiction d'aliéner et d'hypothéquer ; sur renvoi, CA Grenoble 3-1-2012 no 01/00621 ; la solution, rendue en matière d'ISF, est transposable à l'IFI).

PUBLICITÉ FONCIÈRE

2225 L'acte qui constate une clause d'inaliénabilité sur un immeuble doit obligatoirement être publié (Décret 55-22 du 4-1-1955 art. 28, 2°). Cette publicité repose sur une **disposition particulière,** ce qui emporte deux conséquences :

– **en premier lieu,** l'acte qui aurait pour seul objet d'ajouter une telle clause à une convention antérieure doit être publié ;

– **en second lieu,** la publicité de la clause se distingue de celle de l'acte qui la contient. Par suite, l'interdiction d'aliéner est mentionnée au fichier immobilier distinctement de la mutation, en qualité de charge sur l'immeuble.

La publicité de la clause d'inaliénabilité est prescrite à peine d'**inopposabilité aux tiers** (Décret 55-22 du 4-1-1955 art. 30, 1-al. 3). Mais les tiers s'entendent ici de façon plus large qu'en droit commun de la publicité foncière : sont visés tous les ayants cause à titre particulier du propriétaire ayant publié leur droit après la publication de la clause. La règle de l'inopposabilité ne se limite donc pas dans ce cas à résoudre les conflits entre ayants cause d'un même auteur. Elle autorise un acquéreur de l'immeuble à opposer son droit à toute personne entendant se prévaloir de la clause non publiée, y compris son propre auteur.

B. Révision judiciaire des charges et conditions

CHANGEMENT DE CIRCONSTANCES

2275 Les règles sont communes aux charges et aux conditions susceptibles de grever une libéralité.

Tout gratifié peut demander en justice que soient révisées les conditions et charges grevant les libéralités qu'il a reçues lorsque, par suite d'un changement de circonstances, l'**exécution** en est devenue pour lui **extrêmement difficile ou sérieusement dommageable** (C. civ. art. 900-2).

La révision judiciaire peut jouer, que le gratifié soit une **personne physique ou** une **personne morale** de droit privé. Elle peut également jouer pour les conditions ou charges grevant les dons ou legs consentis à une personne morale de droit public. Toutefois, pour les dons et legs consentis à l'État ou à ses établissements publics, la révision judiciaire est subsidiaire par rapport à la révision administrative (voir n° 2305) : la révision judiciaire ne peut jouer qu'à défaut d'accord entre l'État ou l'établissement public de l'État gratifié et l'auteur de la libéralité ou ses ayants droit (CGPPP art. L 2222-13 pour l'État et L 2222-17 pour les établissements publics de l'État ; CSP art. L 6145-10 pour les établissements publics de santé).

En pratique, la révision judiciaire des charges et conditions concerne essentiellement les libéralités au profit des associations, fondations et congrégations religieuses.

Pour le cas particulier des clauses d'inaliénabilité, voir n° 2215.

ILLUSTRATIONS

Une université a été gratifiée en 1890 du terrain et du volume de pierres nécessaires à la construction d'un bâtiment, à charge de le destiner à un laboratoire maritime annexé à sa chaire de physiologie. La **demande (reconventionnelle) en révision des conditions et charges de la donation** a été jugée **recevable.** Deux éléments rendaient impossible la poursuite de l'exécution des conditions et charges grevant la donation : la disparition, après plus d'un siècle d'existence, de la chaire de physiologie à l'université, dont le caractère inévitable n'était pas contesté, et celle, subséquente, du poste de professeur titulaire de cette chaire (Cass. 1e civ. 28-2-2018 n° 17-13.630 F-D : Defrénois 15-3-2018 n° 134p8 p. 9).

2277 **Caractère impératif du dispositif** La révision judiciaire des charges et conditions peut-elle être écartée par une **clause contraire** de la libéralité, sur simple volonté du disposant ? L'on sait que l'article 900-8 du Code civil prive de toute efficacité la clause pénale sanctionnant le bénéficiaire de la libéralité désireux d'obtenir la levée de la clause d'inaliénabilité dont il est débiteur (n° 2215).

Doit-on faire une application littérale de ce texte et le réserver à la seule clause d'inaliénabilité ?

Au contraire, peut-on considérer, de manière plus libérale, que tous les bénéficiaires de libéralités avec charges méritent de bénéficier de cette protection importante que représente le pouvoir d'en demander la révision ?

La question reste ouverte à défaut de jurisprudence. Une partie de la doctrine se montre favorable à l'extension du caractère d'ordre public à la procédure de révision des charges et conditions, par analogie avec le régime applicable aux clauses d'inaliénabilité (M. Grimaldi : Libéralités. Partages d'ascendants, Litec 2000, n°s 1413 s. ; F. Terré, Y. Lequette et S. Gaudemet : Droit civil. Les successions. Les libéralités, Dalloz 4e éd. 2014, n° 371 ; pour un avis beaucoup plus nuancé, Dalloz Action Droit patrimonial de la famille 2021/2022, dir. M. Grimaldi, v. Règles de fond des donations : contenu du contrat, n° 313.334 par J. Boisson).

Objet et charge de la preuve Celui qui demande la révision doit apporter la preuve de ce que l'exécution de la charge est devenue extrêmement difficile ou sérieusement dommageable. Le gratifié doit également justifier des diligences accomplies pour exécuter les obligations qui lui incombaient (C. civ. art. 900-5, al. 2). À défaut, la demande de révision de la charge de la donation ne peut pas prospérer devant les juges du fond. Il en va ainsi pour une commune qui a laissé le local dont elle a été gratifiée en 1885 vacant depuis la fermeture de l'école en 1977 et qui ne justifie d'**aucune diligence** pour exécuter la charge d'affectation à une école d'enseignement primaire pendant les dix années ayant précédé l'assignation en révocation de la donation pour inexécution de la charge introduite par l'héritier du donateur (Cass. 1e civ. 6-4-1994 n° 92-12.844 : Bull. civ. I n° 140). De la même façon, dans une autre espèce, l'association amicale des anciens élèves du prytanée national militaire a reçu en 1973 le legs d'un capital à charge d'en attribuer les revenus aux élèves de condition modeste ayant passé au moins quatre années au prytanée et préparant un concours d'entrée aux grandes écoles. Cette association ne peut pas valablement intenter une action en révision des conditions et charges du legs au motif que les revenus du capital légué sont supérieurs aux aides allouées aux élèves compte tenu de la rareté des demandes. En effet, les juges du fond relèvent que l'association s'est contentée d'**attendre les candidatures** au lieu de choisir elle-même les élèves répondant aux conditions fixées et d'obtenir leur accord ; elle n'a donc pas démontré en quoi il lui était devenu extrêmement difficile d'exécuter la charge du legs (Cass. 1e civ. 25-1-2005 n° 02-20.973 F-PB : BPAT 2/05 inf. 51). 2280

L'impossibilité d'exécution de la charge ou des conditions entre également dans le champ d'application de la révision judiciaire (Cass. 1e civ. 7-3-2000 n° 97-20.038 : Bull. civ. I n° 84, BPAT 5/00 inf. 144).

DÉLAI DE DIX ANS

Pour assurer un minimum d'efficacité aux clauses des libéralités et garantir un certain **respect des prévisions du disposant,** la demande n'est recevable que dix ans après la mort de celui-ci. En outre, après une révision judiciaire, une nouvelle demande de modification n'est possible que dix ans après la précédente révision (C. civ. art. 900-5, al. 1). 2285

PROCÉDURE

La demande en révision est formée par **voie principale** ; elle peut l'être aussi par **voie reconventionnelle,** en réponse à l'action en exécution ou en révocation que les héritiers du disposant ont introduite. Elle est formée **contre les héritiers** ; elle l'est en même temps contre le ministère public s'il y a un doute sur l'existence ou l'identité de certains d'entre eux. S'il n'y a **pas d'héritier connu,** elle est formée contre le ministère public. Celui-ci doit, dans tous les cas, avoir communication de l'affaire (C. civ. art. 900-3). 2290

La demande en révision doit faire l'objet d'une **publicité** sous forme d'avis dans un support habilité à recevoir les annonces légales dans le département du dernier domicile ou de la dernière résidence connue en France du disposant. Cette publication est effectuée six mois au plus et trois mois au moins avant la date de l'assignation, à peine de nullité de celle-ci (Décret 84-943 du 19-10-1984 art. 1 ; Loi 2019-486 du 22-5-2022 art. 3). D'autres mesures de publicité peuvent être judiciairement ordonnées (Décret 84-943 du 19-10-1984 art. 3). En revanche, dès lors qu'elle est formée par voie reconventionnelle en réponse à l'action en exécution ou en révocation que les héritiers du disposant ont introduite, la demande en révision n'est pas soumise à publicité préalable (Cass. 1e civ. 28-1-2015 n° 13-27.125 FS-PB : BPAT 2/15 inf. 56, RTD civ. 2015 p. 450 obs. M. Grimaldi).

MODALITÉS DE LA MODIFICATION

Le **tribunal** apprécie **souverainement** la modification des charges qu'il décide. Il peut (C. civ. art. 900-4) : 2295

– réduire en quantité ou en périodicité les prestations grevant la libéralité ;
– modifier l'objet des prestations en s'inspirant de l'intention du disposant ;
– regrouper les prestations avec d'autres ;
– autoriser l'aliénation des biens donnés ou légués, avec remploi du prix à des fins en rapport avec la volonté du disposant.

ILLUSTRATIONS

Le juge peut autoriser une **association diocésaine** à vendre l'immeuble qui lui avait été donné plusieurs dizaines d'années auparavant sous condition d'en faire un presbytère et à affecter la somme perçue à l'entretien d'autres presbytères ou d'autres biens immobiliers du culte catholique, lorsque la paroisse n'existe plus et que le bâtiment est inoccupé depuis plusieurs années (CA Grenoble 28-10-2013 n° 11/02702 : BPAT 1/14 inf. 21). De même, une **association de parents d'enfants handicapés** peut être autorisée à vendre les bâtiments donnés pour y créer un centre d'aide par le travail lorsque le coût de la remise en état de ces biens et de leur mise aux normes pour accueillir des adultes handicapés est exorbitant par rapport aux ressources de l'association (CA Reims 15-11-2013 n° 12/02633 : BPAT 1/14 inf. 21).

2300 **Effet dans le temps de la modification** Si les **circonstances évoluent** de telle façon que l'exécution des charges, telle qu'elle était prévue à l'origine, redevient possible, les héritiers du disposant peuvent demander au tribunal d'en ordonner l'exécution (C. civ. art. 900-7).

RÉVISION ADMINISTRATIVE DES CONDITIONS OU CHARGES

2305 Une révision administrative des conditions ou des charges grevant des dons ou legs est organisée par le droit administratif pour les libéralités consenties :
– à l'**État** ;
– aux **établissements publics de l'État** ;
– aux **établissements publics de santé.**

Aucune condition de **délai** n'est imposée pour cette révision administrative.

La révision des conditions et charges grevant les dons et legs est autorisée par l'autorité administrative compétente si l'**auteur de la libéralité ou ses ayants droit acceptent** les mesures (celles de l'article 900-4 du Code civil) envisagées par cette autorité (CGPPP art. L 2222-13 pour l'État et L 2222-17 pour les établissements publics de l'État ; CSP art. L 6145-10 pour les établissements publics de santé).

En l'**absence d'accord,** seule la révision judiciaire sera possible (mêmes textes).

Cette procédure de révision administrative n'est pas applicable aux dons et legs consentis aux **collectivités territoriales.** Ainsi, pour obtenir la révision des conditions et charges grevant les libéralités dont elles ont bénéficié, les communes ne peuvent recourir qu'à la seule procédure judiciaire de révision des charges et conditions exposée n°s 2275 s. (Rép. Chaize : Sénat 17-1-2019 n° 04437 : BPAT 2/19 inf. 58).

RÉVISION DE LA CHARGE POUR IMPRÉVISION

2310 Le **droit commun des contrats** autorise la **révision** du contrat pour **imprévision** en ces termes : « Si un changement de circonstances imprévisible lors de la conclusion du contrat rend l'exécution excessivement onéreuse pour une partie qui n'avait pas accepté d'en assumer le risque, celle-ci peut demander une renégociation du contrat à son cocontractant » (C. civ. art. 1195, al. 1). Cette disposition peut-elle venir concurrencer la procédure spéciale de révision des libéralités ? Rien n'est moins sûr (en ce sens, Dalloz Action Droit patrimonial de la famille 2021/2022, dir. M. Grimaldi, v. Règles de fond des donations : contenu du contrat par J. Boisson n° 313.322) : « specialia generalibus derogant ». Néanmoins, pour une proposition de formule de renonciation à l'exercice de la révision de la charge pour imprévision à insérer dans l'acte de donation, voir Guide Defrénois de la rédaction des actes, Donation entre vifs – Exclusion de la révision de la charge pour imprévision, n° 122b6.

SECTION 2 LIBÉRALITÉS GRADUELLES

DÉFINITION DES LIBÉRALITÉS GRADUELLES

2410 La libéralité graduelle est une disposition à titre gratuit par laquelle le disposant impose à un premier gratifié la double charge de conserver sa vie durant les biens qu'il lui a donnés ou légués et de les transmettre, à son décès, à une seconde personne désignée par le disposant lui-même. Il y a donc dans cette libéralité spécifique **deux gratifiés** : le premier gratifié **grevé,** et le second gratifié **appelé.**

Par **exemple** : « Je donne mon château de Tournai à Childéric, à charge pour celui-ci de le conserver et, à son décès, de le transmettre à Odoacre ».

> **Précisions** Nous exposons ci-après le régime applicable aux **libéralités graduelles consenties depuis le 1er janvier 2007.** Jusqu'au 31 décembre 2006, les libéralités graduelles, alors dénommées substitutions fidéicommissaires, étaient par principe prohibées. Elles n'étaient autorisées que dans un cercle familial étroit : le disposant devait être le père ou la mère du premier gratifié (grevé) ou, s'il n'avait pas d'enfant, son frère ou sa sœur, et la substitution ne pouvait être faite qu'au profit des propres enfants du grevé (appelés).

CARACTÉRISTIQUES DES LIBÉRALITÉS GRADUELLES

L'existence d'une libéralité graduelle suppose la réunion de **trois éléments** (C. civ. art. 1048) : 2415
– une double libéralité successive ;
– une double charge, pour le premier gratifié, de conserver et de rendre les biens ;
– un ordre successif assurant la transmission au second gratifié (au décès du premier).

Si l'**un des éléments fait défaut,** la libéralité n'entre pas dans la qualification de libéralité graduelle.

Premier élément : double libéralité successive La libéralité graduelle se caractérise par une double libéralité successive portant sur les mêmes biens, la première au profit du premier gratifié grevé et la seconde au profit du second gratifié appelé, les deux bénéficiaires venant successivement et non pas conjointement, ni l'un à défaut de l'autre. 2420

C'est ce qui différencie la libéralité graduelle de la **substitution vulgaire,** laquelle est autorisée sans condition particulière (C. civ. art. 898) : il y a substitution vulgaire lorsqu'un tiers est appelé à recueillir un don, un legs, ou une succession, dans le cas où le donataire, le légataire ou l'héritier en premier ne pourrait pas ou ne voudrait pas en bénéficier. Il n'y a alors jamais qu'une seule libéralité au profit du gratifié en second, en raison de l'inefficacité de la première libéralité. La substitution vulgaire peut se rencontrer dans un legs, mais aussi dans une donation lorsque celle-ci est assortie d'une condition. Par **exemple** : « Je donne par la présente mon vélocipède à Théophile, sous la condition qu'il obtienne son baccalauréat avant l'âge de 25 ans ; mais dans le cas où cette condition ne serait pas remplie, je le donne en indivision à ses frères Théophraste et Théodule ». En revanche, il ne peut jamais y avoir de substitution vulgaire dans une donation entre vifs pure et simple, puisque le contrat est immédiatement formé.

De même, n'est pas une libéralité graduelle la **donation par personne interposée** : en effet, le gratifié apparent, qui a la charge de redonner, ne sert que d'intermédiaire du disposant à l'égard du véritable donataire ; il s'agit donc d'une libéralité unique. 2425

Enfin, il n'y a pas non plus libéralité graduelle en présence de **deux libéralités distinctes qui produisent leurs effets de façon simultanée** : ainsi, notamment, lorsqu'il a été donné l'usufruit d'un bien à une personne et, de façon concomitante, la nue-propriété de ce même bien à une autre, ce qui réalise bien deux libéralités ayant des objets différents. 2430

Deuxième élément : double charge pour le premier gratifié grevé La caractéristique essentielle de la libéralité graduelle est la double charge de **conservation et** de **transmission** des biens imposée par le disposant au premier gratifié grevé. Qu'il s'agisse d'une charge résulte explicitement des termes de l'article 1048 du Code civil. Cela conduit à écarter certaines autres analyses, en particulier celles qui tendaient jadis à admettre que les rares substitutions fidéicommissaires autorisées obéissaient au mécanisme de la condition (voir sur les différentes explications proposées C. Brenner et P. Malaurie : Droit des successions et des libéralités, LGDJ 10e éd. 2022 nos 489). 2435

ILLUSTRATIONS

A été jugé **constitutif d'un legs graduel** (et non d'un legs résiduel) celui reposant sur la formule suivante : « Je soussignée Mme X veux que ce tableau ainsi que tout ce que je possède (rue... – maison et son contenu) ... rue... à... et son contenu aillent en direct lègue à mon époux bien-aimé M. Y le jour de ma mort. À la mort de celui-ci tout reviendra à mon fils M. Z mais pas du vivant de son père. Aucun autre héritier ne pourra justifier de quoi que ce soit » (Cass. 1e civ. 14-4-2021 no 19-21.290 F-D : Defrénois 7-4-2022 no DEF207c0 p. 23 note B. Vareille, Dr. famille 2021 comm. 98 obs. M. Nicod).

Si l'**une de ces** deux **obligations fait défaut,** il n'y a pas libéralité graduelle. On a affaire à d'autres qualifications. 2440

D'une part, la libéralité qui n'oblige pas le premier gratifié à conserver le bien donné, mais seulement à le transmettre à une personne déterminée si le bien existe encore à son décès, n'est pas une libéralité graduelle mais une libéralité résiduelle (sur laquelle voir nos 2790 s.).

D'autre part, s'il y a obligation de conservation sans obligation de transmission, il s'agit alors d'une simple clause d'inaliénabilité (nos 2195 s.).

2445 Si l'**exécution de la charge** est **purement facultative,** il n'y a pas non plus libéralité graduelle. C'est ainsi que le legs graduel doit être distingué du legs précatif, par lequel le testateur lègue ses biens à une personne en exprimant le vœu que le légataire les conserve et les laisse, à son décès, à une personne désignée : contrairement au legs graduel, le legs précatif est dépourvu de force obligatoire, son exécution dépendant du bon vouloir des héritiers.

2450 **Troisième élément : ordre successif** Les deux libéralités doivent prendre effet successivement, la seconde transmission intervenant au **décès du premier gratifié.**

Tout d'abord, l'exigence du « décès » du gratifié grevé paraît exclure formellement qu'il puisse s'agir d'une **personne morale** (en ce sens, M. Grimaldi, Les libéralités graduelles et les libéralités résiduelles : JCP N 2006 nº 1387 spéc. § 3). En effet, ce serait solliciter exagérément les termes de la loi que d'assimiler à un décès la dissolution de la personne morale. Surtout, quant au fond, autant l'espérance de vie d'une personne physique peut faire l'objet d'un pronostic raisonnable, autant échappe à toute prévisibilité la durée de la personne morale ; par conséquent, lui imposer une obligation de conserver pour transmettre risquerait de dénaturer profondément la libéralité graduelle.

Ensuite, il n'y a pas substitution lorsque le premier gratifié se voit imposer la charge de conserver les biens donnés (ou légués) et de les transmettre au second gratifié à **terme** (dans cinq ans, par exemple) ou si telle **condition** se réalise (par exemple, sous la condition que le second gratifié obtienne son permis de conduire avant l'âge de 33 ans).

A. Régime juridique des libéralités graduelles

CHAMP D'APPLICATION

2500 Les libéralités graduelles sont désormais permises sans égard pour les **liens de parenté** existant entre disposant, premier et second gratifiés, et même en l'absence de lien de parenté entre eux (C. civ. art. 1048).

Par conséquent, toutes les possibilités sont désormais offertes. Simplement, à la différence du second gratifié bénéficiaire de la substitution, le premier gratifié grevé ne peut pas être une personne morale (nº 2450). Par ailleurs, on verra que lorsqu'une donation graduelle pèse, avec l'accord du premier gratifié, sur la réserve de ce dernier, le disposant n'a plus le libre choix du second gratifié (nº 2535).

EXEMPLES

1. Une mère peut donner ou léguer des biens ou droits à l'un de ses enfants premier gratifié grevé (pourvu que cette libéralité n'empiète pas sur sa réserve individuelle), à charge pour ce dernier de les transmettre à son décès à ses frères et sœurs ou à leurs descendants (seconds gratifiés appelés).

2. Un mari peut donner ou léguer des biens à valeur familiale à son épouse en secondes noces, mais à charge pour elle de les conserver pour les transmettre à son décès aux enfants que le disposant a eus d'un premier lit.

3. Une personne peut donner ou léguer divers biens à sa sœur, à charge pour cette dernière de les conserver pour les transmettre à son décès à la Fondation de France.

2505 Le **second gratifié** appelé doit être « désigné dans l'acte » (C. civ. art. 1048), ce qui n'interdit pas la stipulation d'une libéralité graduelle au profit d'enfants à naître.

La seule limite édictée par la loi est que le second gratifié appelé ne peut pas être lui-même soumis à l'obligation de conserver et de transmettre. La charge ne peut donc être stipulée que dans la limite d'**un seul degré** de transmission, ce qui interdit les substitutions en cascade. À défaut, la charge n'est pas nulle, mais elle ne vaut que pour le premier degré (C. civ. art. 1053).

2510 **Biens susceptibles de faire l'objet d'une libéralité graduelle** Il doit s'agir de **biens identifiables** à la date de la transmission (C. civ. art. 1049, al. 1). Une libéralité graduelle ne peut donc pas porter sur une quote-part des biens du disposant (un legs du tiers de ses biens, par exemple).

Les biens doivent **subsister encore en nature** au décès du premier gratifié (C. civ. art. 1049, al. 1). Le premier gratifié ayant l'obligation de conserver les biens en nature, cette règle signifie seulement que les droits du second gratifié seront caducs en cas de perte du bien : il n'y a pas de **subrogation** sur l'indemnité susceptible d'être perçue.

Toutefois, selon la majorité de la doctrine, l'obligation de conservation en nature est supplétive ; l'acte de donation ou le testament pourrait par conséquent autoriser le premier gratifié à vendre les biens sous condition de remploi, le nouveau bien étant grevé de la charge de substitution par subrogation conventionnelle (en ce sens, notamment, M. Nicod, Libéralités graduelles et résiduelles, quelques difficultés d'application : JCP N 2008 n° 1249 ; F. Collard et B. Travely, L'obligation de conservation en valeur au secours de la libéralité graduelle : JCP N 2012 n° 1177, avec des formules ; J.-M. Mathieu, Focus sur quelques difficultés et pistes pour une meilleure utilisation des libéralités substitutives : JCP N 2012 n° 1201, avec une formule).

En raison de l'exigence ayant trait à l'objet de la libéralité substitutive, qui doit porter sur des biens identifiables, on est fondé à se demander s'il est possible de transmettre une **somme d'argent** par une telle libéralité. **2512**

Au temps des anciennes substitutions fidéicommissaires, les articles 1065 et 1066 anciens du Code civil prévoyaient en pareil cas l'emploi des deniers reçus par le grevé, dans des délais fixés, afin de protéger les droits de l'appelé. L'emploi devait être effectué conformément aux dispositions prévues à cet effet par le disposant ou, à défaut, en immeubles ou créances hypothécaires (C. civ. art. 1067 ancien). En conséquence, la libéralité substitutive portait non pas sur des sommes d'argent mais sur les biens acquis en emploi.

L'obligation d'emploi n'a pas été reprise par le législateur de 2006 mais l'exigence que biens ou droits soient identifiables conduit à penser que les libéralités substitutives ne pourraient porter que sur des corps certains, sauf l'exception légale expresse, relative aux valeurs mobilières (n° 2514). Cette restriction résulte de l'opposition, réelle ou non, entre l'effectivité de la transmission successive et le caractère fongible des sommes d'argent.

Pour contourner la difficulté, il paraît néanmoins possible au disposant de prévoir une clause d'emploi des sommes dans des biens identifiables dont il peut préciser la nature, tout comme cela était auparavant imposé. La charge substitutive aura alors pour objet non pas les sommes données, mais les biens acquis en emploi (M. Nicod, Libéralité graduelles et résiduelles : quelques difficultés d'application : JCP N 2008 n° 1249).

Si une libéralité graduelle porte sur un **portefeuille de valeurs mobilières,** elle produit effet, en cas d'aliénation de certains titres, sur les nouvelles valeurs qui sont subrogées aux titres vendus (C. civ. art. 1049, al. 2). Cette exception peut s'expliquer par la particularité que la charge pèse sur le portefeuille, non sur les valeurs qui le composent. Les arbitrages effectués constituent de simples actes d'administration, et non des actes de disposition, car le portefeuille est une universalité de fait (Cass. 1e civ. 12-11-1998 n° 96-18.041 : Bull. civ. I n° 315, D. 1999 p. 167 note L. Aynès). **2514**

FORMES

Par hypothèse, la libéralité graduelle peut prendre la forme d'une libéralité entre vifs ou à cause de mort. **2515**

Il peut s'agir tout d'abord d'une **donation ou donation-partage.** La clause graduelle s'analysant désormais clairement en une charge et non en une condition (n° 2435), rien ne s'oppose à ce qu'elle intéresse le lot d'une donation-partage aussi bien qu'une donation. Dans tous les cas, la forme notariée s'impose en pratique (C. civ. art. 931 et 1075). Sinon, la clause graduelle trahirait nécessairement l'existence d'une donation déguisée ou indirecte, qu'elle exposerait partant à la nullité de l'article 931 du Code civil (en ce sens, C. Vernières et G. Bonnet, Réflexions pratiques sur les libéralités graduelles et résiduelles : Defrénois 15-1-2017 n° 125f8 p. 59). Pour ce qui est du **don manuel,** c'est l'exigence que le second gratifié soit « désigné dans l'acte », émise par l'article 1048, qui paraît bien exclure formellement pareille désignation dans un pacte adjoint, d'ailleurs inapte à porter cette seconde libéralité, qui succomberait elle aussi à l'article 931 (en ce sens, C. Vernières et G. Bonnet, précité).

Si l'**acceptation du second gratifié** appelé intervient de manière **différée** (voir n° 2555, Attention), elle doit être notifiée au donateur dans les formes requises en matière de donation (voir n° 4555).

La clause graduelle peut également être portée par un legs, dans les formes habituelles du **testament** (voir n°s 15050 s.). Dans ce cas, l'acceptation du legs vaudra acceptation de la charge. **2520**

En revanche, une **donation au dernier vivant** ne peut bénéficier qu'au seul conjoint survivant : elle ne saurait donc comporter une clause graduelle sans succomber à la prohibition des donations à cause de mort (C. civ. art. 893, al. 2).

FORMALITÉS

Lorsqu'elle concerne un **immeuble,** la charge grevant la libéralité doit être publiée auprès du service chargé de la publicité foncière (C. civ. art. 1049, al. 3). À défaut, la charge serait inopposable **2525** par le second gratifié bénéficiaire aux tiers ayant acquis des droits réels sur l'immeuble du chef du premier gratifié. Cette publicité dissuadera en pratique tout acquéreur de contracter avec le premier gratifié en l'exposant à voir son titre rétroactivement anéanti. Il est tout de même prudent de stipuler en outre une clause d'inaliénabilité du vivant du premier gratifié. Cette clause dont la validité devrait être acquise (voir nº 2200) présente l'avantage supplémentaire de rendre le bien objet de la substitution non seulement incessible, mais encore immédiatement insaisissable (voir nº 2210).

Aucune formalité ne s'impose concernant les **meubles,** quelles qu'en soient la nature et la valeur. Cette règle très peu protectrice des tiers, et qui rompt avec le régime applicable aux anciennes substitutions fidéicommissaires, est largement critiquée par la doctrine (voir notamment M. Grimaldi, Réforme des successions et des libéralités, les libéralités graduelles et résiduelles : JCP N 2006 nº 1387 ; P. Catala, La loi du 23 juin 2006 et les colonnes du temple : Dr. famille 2006 repère 10). En effet, si le premier gratifié vend les biens en violation de son obligation de conservation en nature, les droits des tiers acquéreurs seront résolus au décès du premier gratifié, alors même que ces tiers n'auront nullement été informés de la substitution.

La loi prévoit seulement : « il appartient au disposant de prescrire des **garanties et** des **sûretés** pour la bonne exécution de la charge » (C. civ. art. 1052). Aussi faut-il avoir soin d'insérer, selon les cas, outre une clause frappant d'inaliénabilité les biens objet de la substitution, différentes stipulations adaptées : clause d'entretien des biens en question en personne raisonnable ; obligation faite au premier gratifié d'un legs universel ou à titre universel de dresser un inventaire contenant l'énumération des biens mobiliers qu'il doit conserver et transmettre, ainsi que leur estimation, et de fournir des sûretés suffisantes ; désignation d'un tuteur à l'exécution de la charge, ayant mission de procéder à toutes diligences nécessaires pour la conduire à bonne fin (nº 2545).

PROTECTION DE LA RÉSERVE DU PREMIER GRATIFIÉ

2530 La libéralité graduelle est en principe limitée par la réserve du premier gratifié : la charge de conserver et de transmettre ne peut porter que sur la quotité disponible (C. civ. art. 1054, al. 1). L'héritier réservataire peut donc agir en **suppression de la charge** qui pèse sur sa réserve **ou** en **cantonnement** de son assiette.

Si le ou les biens donnés sont indivisibles, la réduction en nature de l'assiette de la charge peut se révéler impossible, ce qui conduit à sa nullité (en ce sens, notamment, J.-M. Mathieu, Focus sur quelques difficultés et pistes pour une meilleure utilisation des libéralités substitutives : JCP N 2012 nº 1201).

EXEMPLE

M. Dupond gratifie sa fille Alix, au titre d'une **donation graduelle consentie en avancement de part successorale,** d'un immeuble unique, le second gratifié appelé étant un tiers.

Première hypothèse : L'immeuble est évalué au jour de la donation 100 000 € (valeur constante) Au décès du disposant viennent à sa succession Alix et son autre enfant, Aymeric. Ce sont ses deux seuls héritiers. La valeur des biens existants nets que M. Dupond laisse à son décès s'élève à 200 000 €. La charge graduelle s'exécutera-t-elle ?

Pour le vérifier, il faut procéder aux opérations de réunion fictive et d'imputation des libéralités. En présence de deux enfants, la réserve individuelle est d'un tiers, tout comme la quotité disponible.

La masse de calcul de la quotité disponible et de la réserve héréditaire est composée de la manière suivante :

Biens existants nets	200 000 €
Réunion fictive de la donation consentie à Alix	100 000 €
Total de la masse de calcul de la quotité disponible	300 000 €
Dont le tiers représentant la réserve individuelle de chacun des enfants	1/3
est de	100 000 €
Et le tiers représentant la quotité disponible	1/3
est de	100 000 €

La donation consentie en avancement de part successorale à Alix s'impute sur sa réserve, qu'elle absorbe en totalité. Par conséquent, il n'appartient qu'à Alix de libérer sa réserve de la charge de conserver pour transmettre, la réserve ayant vocation à être servie libre de charges (C. civ. art. 912). Si tel est le choix d'Alix, la donation à l'origine graduelle dégénère donc en donation simple, ce qui déjoue la volonté du disposant.

Seconde hypothèse : L'immeuble objet de la donation graduelle consentie en avancement de part successorale est valorisé à 150 000 € et les biens existants nets laissés par M. Dupond à son décès à 150 000 €. Quel sort ménager à la charge graduelle ? On ne saurait conserver pour les transmettre les 2/3 d'un immeuble unique... C'est en pareil cas que, considérant qu'il est impossible d'ouvrir une indivision, certains préconisent l'annulation de cette charge impossible. D'où le risque qui pèse sur toute libéralité graduelle d'une certaine importance.

Donation graduelle Cependant, de façon extraordinaire, le **premier gratifié grevé peut consentir** d'avance à ce que la charge porte sur tout ou partie de sa réserve à l'occasion d'une donation graduelle ; mais en ce cas, la loi prévoit que cette « charge [...] bénéficie [sic] de plein droit, dans cette mesure, à l'ensemble de ses enfants nés et à naître » (C. civ. art. 1054, al. 4). 2535

Entendons par là que le premier gratifié grevé peut abdiquer de façon anticipée son droit à exiger que sa réserve individuelle lui soit servie parfaitement libre de toute charge, comme elle devrait l'être. Mais encore faut-il, tout d'abord, que ce soit à la faveur d'une donation graduelle, et, ensuite, que la substitution joue en faveur de ses propres enfants, seconds gratifiés appelés. C'est là une variante supplémentaire du schéma transgénérationnel de transmission des fortunes que le législateur a souhaité promouvoir avec la représentation du renonçant et la donation-partage transgénérationnelle.

Une telle renonciation anticipée par le premier gratifié à une partie de ses droits de réservataire est susceptible d'emprunter deux formes distinctes (C. civ. art. 1054, al. 2) :

– ou bien elle est exprimée **dans la donation** graduelle elle-même (stipulation indispensable si la donation lui est consentie en avancement de part successorale), et elle n'appelle aucune exigence supplémentaire, c'est-à-dire qu'en pratique la forme notariée y suffit ;

– ou bien la renonciation anticipée intervient **postérieurement à la donation,** et la loi exige que soient respectées les formes spécifiques de la renonciation anticipée à l'action en réduction (voir n° 33835).

Legs graduel S'agissant d'un legs graduel, par hypothèse, il n'est pas question pour le réservataire qui en bénéficie d'y intervenir pour stipuler qu'il consent à la charge. C'est pourquoi le légataire dispose d'un **délai** d'un an à compter du jour où il a eu connaissance du testament pour demander que sa part de réserve soit libérée de la charge, en tout ou partie. Passé ce délai, il doit assumer l'exécution de la charge (C. civ. art. 1054, al. 3). 2540

Il n'est donc pas possible pour le disposant de s'assurer de son vivant qu'un legs graduel susceptible d'empiéter sur la part de réserve du premier gratifié sortira tous ses effets.

SITUATION DU PREMIER GRATIFIÉ GREVÉ

De son vivant, le premier gratifié grevé est pleinement propriétaire des biens donnés ou légués. Il peut donc accomplir sur eux tous les **actes d'administration** et même, en théorie, **de disposition.** D'où l'intérêt de doubler l'obligation de conserver d'une clause d'inaliénabilité (voir n°s 2195 s.). S'agissant d'un immeuble, il paraîtra parfois opportun de stipuler également une obligation d'entretien en personne raisonnable (ainsi dans la famille recomposée). Enfin, la désignation d'un tuteur à l'exécution de la charge complétera utilement l'ensemble (en ce sens, C. Vernières et G. Bonnet, Réflexions pratiques sur les libéralités graduelles et résiduelles : Defrénois 15-1-2017 n° 125f8 p. 59). 2545

Si le **premier gratifié décède avant le second** gratifié appelé, la substitution joue, et ses actes de disposition sont rétroactivement anéantis. Il y aura lieu éventuellement à indemnisation du second gratifié : ainsi si le bien donné a été dégradé ou a disparu par la faute du premier gratifié grevé.

– cela ne fait aucun doute pour la **donation graduelle** ;

– en revanche, la question est plus délicate pour ce qui concerne le **legs graduel,** lorsque le décès du premier gratifié grevé survient avant l'ouverture de la succession. On a lieu d'hésiter : la charge est-elle anéantie par la caducité du legs (C. civ. art. 1039), ou bien le second gratifié appelé accédera-t-il au contraire à l'objet de la libéralité par le jeu maintenu de la substitution, faute de l'intuitus personae qui fonde l'article 1039 du Code civil ? Le caractère exceptionnel de la charge, conserver pour transmettre, milite en faveur de cette seconde solution ; mais la loi ne règle pas la question de façon explicite.

Une difficulté analogue se présente, une fois la succession ouverte, en cas de **renonciation au legs graduel** par le premier gratifié grevé.

ATTENTION

Il est donc indispensable de stipuler dans le **legs graduel** ce qu'il adviendrait de la substitution en cas de **décès** du premier légataire avant le disposant ainsi qu'en cas de **renonciation** du premier légataire grevé au legs postérieurement à l'ouverture de la succession.

2547 Si, au contraire, le **second gratifié appelé vient à mourir avant le grevé** ou renonce au bénéfice de la libéralité graduelle (C. civ. art. 1056) :

– en principe, l'obligation de conserver pour transmettre est caduque. Les actes du premier gratifié sont définitivement validés, et les biens objets de la substitution dépendent définitivement de sa propre succession ;

– toutefois, le disposant peut avoir prévu qu'en cas de prédécès du second bénéficiaire (ou de renonciation de sa part), les biens ou droits faisant l'objet de la libéralité graduelle seront recueillis soit par les propres héritiers du premier gratifié, soit par telle autre personne de son choix.

2550 Le premier gratifié grevé peut s'il le souhaite **abandonner de son vivant** au second gratifié bénéficiaire la **jouissance des biens** objets de la libéralité graduelle (C. civ. art. 1050, al. 2). Ce seront souvent des considérations économiques, comme la lourdeur des dépenses d'entretien du bien, qui inciteront à cette décision.

La **nature de cet abandon** reste à préciser : lorsque les conditions en sont réunies, s'agit-il d'un acte juridique unilatéral ou d'une convention ? Cela n'est pas spécifié par la loi (voir pour la même interrogation, Rép. civ. Dalloz, v. Libéralités graduelles et résiduelles par F. Sauvage, n° 64). Il est donc prudent, en l'attente d'une jurisprudence concluante, de recueillir le consentement du second gratifié bénéficiaire (pour un modèle d'acte d'abandon anticipé de la jouissance des biens donnés par le premier gratifié, voir n° 2690).

Quoi qu'il en soit, l'abandon de jouissance n'ouvre pas la **substitution** : en cas de prédécès du second gratifié, le premier gratifié grevé consolide la propriété en recouvrant donc, a fortiori, la jouissance du bien.

Cet abandon anticipé ne peut pas préjudicier aux **créanciers** du premier gratifié antérieurs à l'abandon, ni aux **tiers** ayant acquis du premier gratifié un droit sur le bien abandonné au second bénéficiaire (C. civ. art. 1050, al. 3).

SITUATION DU SECOND GRATIFIÉ APPELÉ

2555 **Du vivant du premier gratifié grevé,** parce que celui-ci est pleinement propriétaire jusqu'à son décès, le second gratifié bénéficiaire n'a qu'un droit purement éventuel sur les biens objets de la libéralité graduelle. Ce n'est donc qu'au jour du **prédécès du premier gratifié** qu'il devient propriétaire, sans rétroactivité.

Pour autant, le second bénéficiaire n'est pas l'ayant droit du premier : il **tient ses droits directement du disposant** lui-même, qui a consenti, en somme, deux libéralités distinctes (C. civ. art. 1051). Par conséquent, la seconde libéralité, celle bénéficiant au second gratifié appelé, ne viendra pas s'imputer sur la succession du premier gratifié grevé : la donation ou le legs au profit du second gratifié n'est pas à réunir fictivement à la succession du premier, et ne saurait être réductible pour atteinte à la réserve des héritiers de ce dernier.

La limite de la réserve ne se conçoit que dans la succession du disposant.

ATTENTION

Dans le cas d'une **donation graduelle,** seuls les consentements du donateur et du donataire premier gratifié grevé sont indispensables à la validité de l'opération. Le **consentement** du second gratifié appelé peut être **différé,** et même au-delà du décès du disposant, au lieu qu'il doive être exprimé au moment de l'acte, ce qui déroge notablement aux règles ordinaires des donations (C. civ. art. 1055). Cela permet notamment à la substitution de produire effet à l'égard des enfants du premier gratifié qui viendraient à naître après le décès du disposant.

La loi ne prévoyant aucun **délai** pour que le second gratifié accepte le bénéfice de la donation, il est sage que la donation graduelle en détermine un : par exemple, peut être stipulée l'obligation pour les seconds gratifiés bénéficiaires vivants de se prononcer dans les trois mois de l'ouverture de la succession.

Il est ainsi permis à l'auteur de la libéralité graduelle de ne pas faire connaître à l'appelé que ce dernier en est bénéficiaire en second. En toute hypothèse, tant que le second gratifié appelé n'a pas eu connaissance de la libéralité graduelle et, s'il en a connaissance, qu'il n'a pas notifié son acceptation, le **donateur** est **libre de révoquer l'offre** qu'il lui a faite. Il pourra alors soit lui substituer toute personne de son choix, soit même lever la charge imposée au premier gratifié, qui devient dès lors un donataire ordinaire.

UTILITÉ PRATIQUE DE LA LIBÉRALITÉ GRADUELLE

2560 **Entre liberté et contraintes** La libéralité graduelle peut être consentie en faveur de n'importe quel premier gratifié appelé, et de n'importe quel second gratifié bénéficiaire, sans qu'il y ait d'exigence de **lien de parenté** entre le disposant et eux, ni entre les gratifiés eux-mêmes (n° 2500). Cela laisse beaucoup de liberté au disposant.

Toutefois, en pratique, ce sont des **considérations fiscales** (nos 2620 s.) qui en limitent la plasticité. De plus, on a vu que la désignation des appelés est contrainte lorsque le premier gratifié grevé reçoit une libéralité qui pèse sur sa **réserve héréditaire** (nos 2530 s.).

Personnes handicapées Pour affecter des **biens productifs de revenus** à la personne handicapée sa vie durant, tout en prévoyant ce qu'il adviendra de ces biens à sa mort, on l'instituera premier gratifié grevé, tout en désignant un second gratifié appelé. **2565**

Familles recomposées En présence d'enfants d'un premier lit et d'un conjoint en secondes noces, le de cujus soucieux à la fois de maintenir ce dernier dans son mode de vie et de conserver ses biens dans la famille par le sang aura à hésiter entre deux solutions. **2570**

1° Soit il consentira à son conjoint une **libéralité en usufruit,** les enfants du premier lit recueillant la nue-propriété et caressant l'espoir de reconstituer la pleine propriété, ainsi celle de la maison de famille, au décès de leur beau-parent. Toutefois, en pareil cas, on installe un démembrement de propriété qui peut être ressenti dans la famille recomposée comme un sujet de conflit permanent. On connaît la difficulté qu'éveille la répartition des travaux et des charges.

2° Soit encore il pourra choisir de faire une **libéralité graduelle,** son conjoint étant premier gratifié grevé et les enfants du premier lit seconds gratifiés bénéficiaires. Certes, la situation sera contraignante pour le conjoint survivant après le décès du disposant : il aura l'obligation de conserver pour transmettre, et on peut imaginer que soit insérée pour cela une interdiction d'aliéner (voir no 2545). Pour autant, les positions respectives seront claires : un conjoint plein propriétaire sa vie durant, des enfants en attente de la libéralité réputée leur advenir directement de leur défunt auteur. Le conjoint pourra mettre en location pour son compte un bien immobilier qui ne sera pas saisissable. Aucun doute ne naîtra sur la charge des travaux de toutes sortes. Il sera recommandé en pareil cas d'imposer au grevé une obligation d'entretien en personne raisonnable, et de confier à un tuteur à l'exécution de la charge mission de procéder à la vérification périodique qu'il est satisfait convenablement à cette exigence. Certes, toutes les situations financières ne s'y prêteront pas. En particulier, une telle obligation d'entretenir les lieux suppose en la personne du survivant des ressources adaptées, par exemple une pension de réversion confortable.

Sous cette restriction, la libéralité graduelle trouve sa place dans l'arsenal des mesures utiles à la solution des conflits familiaux, en ce qu'elle concilie des préoccupations contradictoires tout en évitant les contacts permanents entre des personnes qui ne sont pas nécessairement dans des rapports chaleureux. Cela dit, l'administration fiscale semble peu encline à favoriser ainsi la paix des familles recomposées, dans la mesure où le **coût fiscal** de la libéralité graduelle excède généralement celui de la libéralité en usufruit.

EXEMPLES

M. Durand souhaite transmettre la propriété familiale héritée de ses parents, évaluée à 400 000 €, à son fils Frédéric, issu d'un premier lit, tout en maintenant dans les murs, de façon viagère, son épouse en secondes noces.

1. Si M. Durand consent un **legs de l'usufruit** de cette propriété à son épouse et de la nue-propriété à son fils, celui-ci supportera, au décès de son auteur, des droits de succession de 18 194 €, calculés comme suit :

Valeur de la nue-propriété (Mme Durand étant âgée de 55 ans au décès de son mari) :	
400 000 € × 50 % (CGI art. 669, I)	= 200 000 €
Base imposable après déduction de l'abattement en ligne directe :	
200 000 € – 100 000 €	= 100 000 €
Droits de succession	
(100 000 € × 20 %) – 1806 €	= 18 194 €

Mme Durand bénéficie de l'exonération prévue en faveur du conjoint survivant (CGI art. 796-0 bis). Au décès de Mme Durand, la réunion de l'usufruit à la nue-propriété ne donnera ouverture à aucun droit supplémentaire à la charge de Frédéric. Bien entendu, il lui appartiendra de s'acquitter des droits sur la nue-propriété s'il a obtenu de différer le paiement de ces droits dans les conditions exposées nos 52535 s.

2. Si M. Durand décide de consentir un **legs graduel** de la propriété à son épouse et désigne son fils comme bénéficiaire en second, cette libéralité sera soumise aux droits suivants.

Au décès de M. Durand, son épouse n'aura aucun droit à payer (exonération du conjoint).

Au décès de Mme Durand, Frédéric sera taxé sur la valeur actuelle totale de la propriété (par exemple 500 000 €), sous déduction de l'abattement en ligne directe.

Droits de succession : [(500 000 – 100 000) × 20 %] – 1806 = 78 194 € (au lieu de 18 194 € dans la première hypothèse).

Comme le montre cet exemple, naturellement simplifié en ce qu'il ne tient pas compte de l'ensemble de la succession, la fiscalité peut peser sur la stratégie patrimoniale des familles, parfois à rebours de leurs préoccupations juridiques et des conforts qu'offre la loi civile.

En pratique, cette remarque doit toutefois être tempérée par l'obligation faite à Frédéric, s'il est légataire en nue-propriété, d'assumer du vivant de sa belle-mère les travaux correspondant à des **grosses réparations** (C. civ. art. 605, al. 2). Ainsi, si la couverture de la maison doit être rénovée en entier, ce sera à ses frais (C. civ., art. 606, al. 1) ; l'avantage fiscal escompté sera diminué d'autant.

B. Régime fiscal des libéralités graduelles

TAXATION EN DEUX TEMPS

2620 Au **moment de la donation ou,** s'agissant d'un legs, au **décès du testateur,** seul le premier bénéficiaire est redevable des droits de donation ou de succession, selon qu'il s'agit d'une donation ou d'un legs. Ces droits sont calculés sur la valeur des biens transmis, dans les conditions de droit commun (CGI art. 784 C, al. 1). Le second bénéficiaire n'a rien à payer à ce moment-là puisqu'il ne reçoit rien.

Il convient de souligner que les charges qui grèvent les biens transmis ne peuvent pas donner lieu à une **décote.** En effet, seules les réserves faites par le donateur peuvent éventuellement diminuer l'objet de la donation. Les droits de mutation à titre gratuit ne seront alors dus que sur la valeur et la fraction du bien transmis. Au contraire, les charges imposées par le donateur au donataire n'empêchent pas la transmission de l'intégralité du bien et par conséquent la perception de la totalité des droits de mutation à titre gratuit.

2625 **Au décès du premier donataire ou légataire,** le second bénéficiaire doit acquitter des droits de mutation à titre gratuit. Ces droits sont calculés sur la valeur des biens au jour du décès du grevé (CGI art. 784 C, al. 2). Ils sont déterminés en fonction du lien de parenté existant entre le second bénéficiaire appelé et le donateur ou testateur, et non pas en fonction du lien de parenté existant entre le premier et le second bénéficiaires.

Les droits payés par le premier bénéficiaire sont imputés sur les droits dus par le second (CGI art. 784 C, al. 3), et ce même si le donateur les avait acquittés. Si les droits dus par le second gratifié sont inférieurs à ceux payés par le premier, le trop-perçu ne fera pas l'objet d'un remboursement. Cette hypothèse peut, par exemple, se retrouver dans le cas d'un portefeuille de valeurs mobilières ayant perdu de sa valeur ou encore lorsqu'un bien immobilier fait les frais des fluctuations du marché. Si une partie a été perdue, les droits réglés par le second bénéficiaire ne porteront que sur ce qui lui est effectivement transmis.

Bien que la loi fiscale n'envisage pas cette situation, les mêmes règles d'imposition et d'imputation sont à notre avis applicables en cas de **prédécès ou** de **renonciation du second bénéficiaire** lorsque l'acte a expressément prévu que les héritiers du premier gratifié recueilleraient la libéralité ou qu'a été désigné un appelé de second rang (C. civ. art. 1056). Car même dans ce cas, le bénéficiaire est réputé tenir ses droits directement du disposant (C. civ. art. 1051).

NATURE DES DROITS DUS PAR LE SECOND GRATIFIÉ

2630 En présence d'une donation graduelle, les droits dus par le second gratifié sont-ils des **droits de donation ou de succession** ? La question n'est pas purement théorique : entre grands-parents et petits-enfants notamment, les abattements sont significativement plus élevés sur les donations que sur les legs.

Il nous semble implicitement résulter des commentaires de l'administration (BOI-ENR-DMTG-10-20-50-10 n° 130) :

– que, si le donateur survit au premier gratifié, les droits dus par le second bénéficiaire sont des droits de donation ;

– et que, dans le cas inverse où le donateur décède avant le premier gratifié, les droits dus sont des droits de succession. Mais dans ce cas, l'administration admet expressément l'application des abattements prévus en faveur des mutations entre vifs (mais pas l'application des réductions de droits spécifiques aux donations, sachant que ces réductions ont pratiquement disparu). Par exemple, si le second gratifié est un petit-fils du donateur, il bénéficiera au décès du premier gratifié de l'abattement prévu en faveur des donations aux petits-enfants, et non de celui, minime, applicable aux successions dévolues aux petits-enfants.

CAS PARTICULIER DE L'ABANDON DE JOUISSANCE DES BIENS PAR LE PREMIER GRATIFIÉ

L'acte par lequel le premier gratifié abandonne la jouissance des biens au second bénéficiaire (C. civ. art. 1050, al. 2) n'est à notre avis pas taxable en lui-même aux **droits de mutation à titre gratuit** : comme toute renonciation à un droit, il s'agit d'un acte neutre. **2635**

Cependant, si cet abandon est inspiré par une intention libérale, il s'agit d'une donation indirecte imposable aux droits de donation d'après le degré de parenté du second bénéficiaire avec le premier. Pour déterminer l'assiette des droits dus sur cet abandon de jouissance, les parties ne sont à notre avis pas tenues d'appliquer le barème de l'article 669, I du CGI, qui ne concerne que l'usufruit. Elles peuvent donc procéder à une évaluation économique. Reste à savoir si, au décès du premier gratifié, le second bénéficiaire pourra n'acquitter de droits que sur une base réduite (pleine propriété moins la jouissance qui a déjà été taxée), ce qui n'a rien d'évident puisqu'il est censé tenir directement ses droits du disposant (pour une étude d'ensemble de cette question, voir F. Douet, L'abandon anticipé de la jouissance d'un bien objet d'une libéralité graduelle : Defrénois 15-6-2007 n° AD2007DEF0857N1 p. 857).

On peut enfin se demander qui, du premier gratifié ayant abandonné la jouissance des biens ou du second bénéficiaire, est redevable de l'impôt sur la fortune immobilière (**IFI**) sur les biens ou droits immobiliers transmis, et sur quelle assiette. Dans la mesure où le droit de jouissance n'est pas un droit d'usage ni un usufruit, les règles prévues à l'article 968 du CGI (imposition de l'usufruitier sur la valeur de la pleine propriété, sans possibilité de décote à raison du démembrement) ne semblent pas applicables.

C. Modèles de clauses

MODÈLE

Donation graduelle hors part successorale portant sur un immeuble – acceptation du second gratifié dans l'acte – nomination d'un garant à l'exécution de la charge **2685**

L'an deux mil ...,
Le ...,
À ...,
Maître ..., notaire à ..., soussigné, a reçu personnellement le présent acte authentique à la requête des parties ci-après désignées :
Identification du donateur :
(comparution donateur)
Ci-après dénommé « LE DONATEUR »
Identification du premier gratifié :
(comparution donataire, 1er gratifié)
Ci-après dénommé « LE PREMIER GRATIFIÉ »
Identification du second bénéficiaire
(comparution du 2d gratifié)
Ci-après dénommé « LE SECOND GRATIFIÉ »

Donation

Le DONATEUR fait donation entre vifs, hors part successorale mais sous la condition de conserver et de transmettre ci-après stipulée,
Au PREMIER GRATIFIÉ,
Ici présent et qui accepte expressément,
De la pleine propriété des biens immobiliers dont la désignation suit :
(désignation des biens donnés)

Charges et conditions particulières

Charge de conserver et de transmettre les biens donnés

La présente donation est faite sous la charge pour le PREMIER GRATIFIÉ de conserver les biens donnés sa vie durant et de les transmettre à son décès au SECOND GRATIFIÉ ; dans le cas où le

2685 (suite) SECOND GRATIFIÉ viendrait à décéder avant le PREMIER GRATIFIÉ, ses propres descendants nés ou à naître bénéficieraient de plein droit de la substitution.
En conséquence, le PREMIER GRATIFIÉ ne pourra en aucun cas disposer des biens donnés, ni entre vifs, que ce soit à titre onéreux ou à titre gratuit, ni à cause de mort.
Il devra en outre entretenir les biens donnés de façon raisonnable.

Réserve de l'action révocatoire

À défaut pour le PREMIER GRATIFIÉ d'exécuter les charges de la présente donation, notamment la charge de conserver les biens donnés sa vie durant et de les entretenir de façon raisonnable afin de les transmettre à son décès, ci-dessus stipulée, le DONATEUR pourra en faire prononcer la révocation conformément à la loi.
Il est formellement convenu que si la révocation est effectivement prononcée ou a lieu de plein droit, le DONATEUR reprendra les biens donnés selon les modalités prévues à l'article 954 du Code civil.

Droit de retour

Le DONATEUR fait réserve expresse à son profit du droit de retour prévu par l'article 951 du Code civil sur les biens présentement donnés, ou sur ce qui en serait la représentation, pour le cas où le SECOND GRATIFIÉ viendrait à décéder sans postérité avant lui et après le PREMIER GRATIFIÉ, et pour le cas encore où les propres descendants du SECOND GRATIFIÉ viendraient eux-mêmes à décéder sans postérité avant le DONATEUR et après le PREMIER GRATIFIÉ.

Nomination d'un garant à l'exécution

Le DONATEUR nomme comme garant à l'exécution de la charge de conserver et transmettre stipulée dans la présente donation graduelle M. ... *(nom du garant)*, demeurant à ... *(ville)*, lequel intervient à l'instant au présent acte et, après avoir pris connaissance de ce qui précède par la lecture qui lui a été faite par le notaire soussigné, a déclaré accepter les fonctions dont il vient d'être investi. Il s'oblige à en remplir les charges et notamment celle de veiller à la formalité de publicité foncière du présent acte. Il s'engage plus particulièrement à veiller au respect de la charge de conserver les biens donnés, de les entretenir de façon raisonnable, et de les transmettre. À cet effet, le DONATEUR lui donne pouvoir de demander en justice, après son décès, la nullité de toute vente, hypothèque ou aliénation, qu'elle soit à titre onéreux ou à titre gratuit, qui viendrait à être consentie par le PREMIER GRATIFIÉ en violation de la clause contenant ladite charge.

Information du premier gratifié

En raison de la charge de conserver et de transmettre ci-dessus stipulée, le notaire soussigné informe le PREMIER GRATIFIÉ qu'il lui est formellement interdit d'aliéner, de vendre ou d'hypothéquer les biens présentement donnés, pendant sa vie, à peine de nullité des ventes, aliénations ou hypothèques, et de révocation de la donation. Il lui est interdit de léguer les biens objets de la présente donation. Il lui est également fait obligation d'entretenir les biens donnés de façon raisonnable.
Après le décès du donateur, le garant ci-dessus nommé sera chargé de veiller au respect des obligations attachées à la présente clause.

Acceptation du second gratifié

Au présent acte, intervient :
M. ... *(nom du 2^d gratifié)*
Lequel, après avoir pris connaissance de ce qui précède, par la lecture que lui en a faite le notaire soussigné,
Accepte expressément la donation graduelle qui lui est consentie par ... *(nom du donateur)*, avec les charges et conditions qui y sont stipulées.

Déclarations

Déclarations relatives aux biens donnés

(Description des déclarations relatives aux biens donnés)

Déclarations fiscales

Pour la perception des droits de mutation à titre gratuit, les parties font les déclarations suivantes :
Le DONATEUR :
M. ..., DONATEUR, déclare qu'il n'a consenti antérieurement à la présente donation, aucune donation au PREMIER GRATIFIÉ ni au SECOND GRATIFIÉ, sous quelque forme et à quelque titre que ce soit à l'exception de : ... *(donations antérieures du donateur au premier gratifié ou au second gratifié)*
Les biens objets de la présente donation sont évalués à ... €.

Le PREMIER GRATIFIÉ :
M. ..., PREMIER GRATIFIÉ, requiert le bénéfice du ou des abattements lui profitant en fonction de son lien de parenté avec le DONATEUR.
Les droits de mutation éventuellement dus par le SECOND GRATIFIÉ ne seront exigibles qu'au décès du PREMIER GRATIFIÉ, sur la valeur qu'auront alors les biens transmis, mais en fonction du lien de parenté entre le DONATEUR et le SECOND GRATIFIÉ, et dans les conditions prévues par la loi.
Le SECOND GRATIFIÉ :
M. ..., SECOND GRATIFIÉ, déclare dès à présent vouloir bénéficier du ou des abattements lui profitant en fonction de son lien de parenté avec le DONATEUR pour le calcul des droits de mutation éventuellement dus par lui.

Publicité foncière

L'acte sera publié au service de la publicité foncière de ... (*ville*) avec mention spéciale de la charge de conserver et de transmettre. Il en sera rendu compte immédiatement à M. ..., garant à l'exécution de la charge de conserver et transmettre stipulée dans la présente donation, et il sera justifié au DONATEUR de l'accomplissement de cette formalité, dans le délai d'un mois de ce jour.
Si, lors de l'accomplissement de la première de ces formalités, il est révélé des inscriptions grevant l'immeuble présentement donné, le DONATEUR sera tenu d'en rapporter les certificats de radiation, à ses frais, dans le mois de la dénonciation amiable qui lui en sera faite au domicile ci-après élu.

Frais et droits

Tous les frais et droits du présent acte et de ses suites seront à la charge de ... *(nom de la personne à qui revient la charge des frais et droits)*, qui s'y oblige expressément.

Domicile

Pour l'exécution du présent acte, les parties élisent domicile en leurs demeures respectives.

MODÈLE

Abandon anticipé de la jouissance des biens donnés par le premier gratifié – donation graduelle 2690

L'an deux mil ...,
Le ...,
À ...,
Maître ..., notaire à ..., soussigné, a reçu personnellement le présent acte authentique à la requête des parties ci-après désignées :
Identification du premier gratifié :
(comparution donataire, 1er gratifié)
Identification du second gratifié :
(comparution du 2d gratifié)
Lesquels exposent d'abord ce qui suit :

Exposé

Donation graduelle

Aux termes d'un acte reçu par Me ..., notaire à ..., M. ..., DONATEUR, a donné à M. ..., PREMIER GRATIFIÉ ci-dessus nommé et qualifié, les biens immobiliers ci-après désignés, à charge pour lui de les conserver sa vie durant et de les transmettre à son décès à M. ..., SECOND GRATIFIÉ, ci-dessus nommé et qualifié.
Audit acte, M. ..., SECOND GRATIFIÉ, est intervenu et a déclaré accepter expressément la donation graduelle qui lui a été consentie par ... (*nom du donateur*).
En outre, le DONATEUR a nommé comme garant à l'exécution de la charge de conserver et transmettre, M. ... *(nom du garant)*, ci-après intervenant.
Une copie authentique de cet acte a été publiée au fichier immobilier de ..., le ..., volume ..., n° ...

Motifs de l'abandon de jouissance

En raison de son âge, M. ..., PREMIER GRATIFIÉ, qui doit être hébergé dans un établissement spécialisé et dont les revenus sont suffisants, ne souhaite pas conserver la jouissance des biens immobiliers qu'il a reçus dans la donation graduelle ci-dessus exposée. Ne pouvant en disposer en raison de la charge de conserver et transmettre stipulée dans la donation, il souhaite en abandonner la jouissance au second gratifié ainsi que la loi l'y autorise.

Désignation

(désignation des biens donnés)

Cela exposé, les requérants conviennent ce qui suit.

Abandon de jouissance

M. ... *(nom du 1er gratifié)* abandonne, conformément au deuxième alinéa de l'article 1050 du Code civil, et sous la condition de reprise des engagements ci-après stipulés,
à M. ... *(nom du second gratifié)*, qui l'accepte (voir toutefois no 2550),
la jouissance de tous les biens ci-dessus désignés, et grevés de la charge de les conserver et de les transmettre, aux termes de la donation graduelle ci-dessus rappelée.

Reprise des engagements

Par suite de cet abandon de jouissance, M. ... *(nom du second gratifié)*, bénéficiaire de l'abandon, s'engage à reprendre tous les engagements souscrits par M. ... (*nom du premier gratifié*), au titre des biens abandonnés et plus particulièrement à :
– acquitter les impôts locaux et fonciers relatifs aux biens sur lesquels porte l'abandon de jouissance ;
– payer toutes les charges auxquelles est assujetti l'immeuble sur lequel porte l'abandon ;
– effectuer à ses frais tous les travaux d'entretien exigés par les biens ;
– continuer tous abonnements et contrats passés par M. ... *(nom du premier gratifié)* pour le service des eaux, du gaz et de l'électricité. Il supportera par ailleurs le coût des consommations à compter de l'entrée en jouissance ;
– continuer le contrat d'assurance-incendie souscrit par M. ... *(nom du premier gratifié)* et qui lui a été remis.
Le présent abandon ne peut préjudicier aux créanciers du grevé dont le titre est antérieur à l'abandon, ni aux tiers ayant acquis, de ce dernier, un droit sur le bien ou le droit abandonné.

Propriété – Jouissance

M. ... (*nom du second gratifié*) aura la jouissance des biens sur lesquels porte l'abandon de jouissance à compter de ce jour. Il pourra en jouir personnellement ou en percevoir les loyers.

Énonciation des baux et locations

(énonciation des baux et locations grevant le bien)

SECTION 3 LIBÉRALITÉS RÉSIDUELLES

DÉFINITION DES LIBÉRALITÉS RÉSIDUELLES

2790 La libéralité résiduelle est une disposition à titre gratuit par laquelle le disposant impose à un premier gratifié la **charge de transmettre,** à son décès, ce qui subsistera éventuellement du don ou legs qui lui a été consenti, s'il n'en a pas disposé de son vivant, à une seconde personne désignée par le disposant lui-même (C. civ. art. 1057).

Il y a donc encore dans cette libéralité spécifique **deux gratifiés** : le premier gratifié grevé, et le second gratifié appelé. Simplement, à la différence de la libéralité graduelle (sur laquelle voir nos 2410 s.), la libéralité résiduelle impose ainsi à son bénéficiaire la seule charge de **transmettre** le bien, mais **non de le conserver.**

Par **exemple,** un père peut léguer un immeuble à son fils et désigner son petit-fils comme légataire résiduel ; si l'immeuble demeure la propriété du fils au jour de son décès, le petit-fils en deviendra à son tour propriétaire, sans rétroactivité.

> **Précisions** Nous exposons ci-après le régime applicable aux **libéralités résiduelles consenties depuis le 1er janvier 2007.** Auparavant, ces libéralités appelées « de residuo » ne faisaient l'objet d'aucune disposition légale. La pratique notariale, guidée par la jurisprudence, avait organisé le legs de residuo. Quant aux donations de residuo, elles étaient reléguées dans un certain flou juridique : la doctrine estimait depuis longtemps qu'à l'évidence rien ne les interdisait ; mais leur validité n'avait jamais été expressément consacrée par la jurisprudence, et la pratique en faisait un usage parcimonieux.

A. Régime juridique des libéralités résiduelles

MÉCANISME

La libéralité résiduelle comporte une **double libéralité** : 2795
– l'une s'exécute soit immédiatement (dans le cas d'une donation ou d'une donation-partage), soit au décès du testateur (dans le cas d'un legs) ;
– l'autre a pour objet ce qui restera éventuellement des biens, et ne s'exécutera au profit du second gratifié qu'au décès du premier.

Contrairement à la libéralité graduelle, la libéralité résiduelle n'oblige donc pas le premier gratifié à conserver le bien ; la **seule obligation qui pèse sur le premier gratifié** est de transmettre l'objet de la libéralité pour **ce qu'il en reste** à son décès (C. civ. art. 1058, al. 1). La seconde transmission ne porte donc que sur un « residuum », d'où l'appellation de libéralité « résiduelle » ou, avant la loi du 23 juin 2006, de libéralité « de residuo ». S'il ne reste rien, rien ne sera transmis. Toute clause qui viendrait à supprimer la faculté de disposer de l'objet de la libéralité reviendrait en réalité à organiser une libéralité graduelle.

L'appelé second bénéficiaire peut-il être soumis à l'obligation de transmettre à son tour le residuum, tel qu'il figurera éventuellement dans son patrimoine, à un appelé de second rang, **troisième bénéficiaire** ? 2800

La solution ne va pas de soi. Alors que la loi dispose expressément que la charge est limitée à un seul degré dans une libéralité graduelle (C. civ. art. 1053, al. 2), rien de tel n'est spécifié concernant les libéralités résiduelles : l'article 1061 du Code civil, qui renvoie à de nombreux articles régissant les libéralités graduelles, ne vise pas l'article 1053.

C'est pourquoi la doctrine est partagée. Certains auteurs répondent par la négative (en ce sens, M. Nicod, Libéralités graduelles et résiduelles, quelques difficultés d'application : JCP N 2008 n° 1249). D'autres admettent au contraire que la clause résiduelle n'est pas circonscrite au premier degré (notamment, G. Wicker, Le nouveau droit des libéralités entre évolution, révolution et contre-révolution : Dr. et patrimoine mars 2007 p. 74).

BIENS SUSCEPTIBLES DE FAIRE L'OBJET D'UNE LIBÉRALITÉ RÉSIDUELLE

Une libéralité résiduelle ne peut porter que sur des **biens identifiables** à la date de la transmission (C. civ. art. 1049, al. 1 sur renvoi de l'art. 1061). 2805

Encore faut-il que les biens donnés **subsistent en nature** au décès du premier gratifié. Il en résulte en particulier que la libéralité au profit du second gratifié ne peut pas s'exécuter si les **biens** ont été **perdus ou aliénés par le premier gratifié** : la loi précise expressément que le second gratifié ne peut pas prétendre au prix de vente des biens et qu'il n'y a pas non plus subrogation sur les biens acquis en remploi (C. civ. art. 1058, al. 2 ; pour une illustration à propos d'un legs de residuo portant sur un immeuble, Cass. 1e civ. 20-2-2008 n° 06-14.704 FS-PB : BPAT 2/08 inf. 59).

La plupart des auteurs estiment cependant que cette règle n'est pas impérative et qu'elle peut être écartée par une clause de la libéralité (en ce sens, notamment, P. Malaurie, Le legs de residuo et l'exclusion de la subrogation réelle : Defrénois 30-4-2008 n° JP2008DEF0873N1 p. 873 ; voir aussi les articles cités n° 2510).

Sous les mêmes réserves que celles faites s'agissant des libéralités graduelles (n° 2512), la libéralité résiduelle sur **somme d'argent** doit pouvoir être admise. Une décision de la Cour de cassation rendue à propos d'un legs de residuo semble bien avoir implicitement admis qu'il portait sur des deniers (Cass. 1e civ. 20-2-2008 n° 06-14.704 FS-PB : RTD civ. 2008 p. 345, Defrénois 30-4-2008 n° JP2008DEF0873N1 p. 873 obs. P. Malaurie). 2807

Toutefois, si la libéralité porte sur un **portefeuille de titres,** les arbitrages effectués par le premier gratifié ne font pas obstacle à la libéralité résiduelle, les valeurs mobilières acquises en remploi étant subrogées à celles qui ont été vendues (C. civ. art. 1049 sur renvoi de l'art. 1061). 2810

Cette exception s'explique par la particularité que le portefeuille est analysé en une universalité de fait (voir n° 2514). Dès lors, si le portefeuille existe toujours au décès du premier gratifié, la libéralité au profit du second pourra s'exercer sur lui en dépit des aliénations effectuées (déjà en ce sens, à propos d'un legs de residuo, Cass. 1e civ. 2-6-1993 n° 91-16.370 : Bull. civ. I n° 204), à la condition toutefois que les valeurs sur lesquelles porte la libéralité résiduelle puissent être identifiées (Cass. 1e civ. 20-2-2008 n° 06-14.704 FS-PB : BPAT 2/08 inf. 59, décision rendue à propos d'un legs de residuo).

En revanche, si le portefeuille a été intégralement aliéné, le second gratifié bénéficiaire ne saurait exercer un quelconque droit sur le prix (C. civ. art. 1058, al. 2).

> **Précisions** Dans une espèce, la Cour de cassation avait admis jadis que produise effet un **legs de residuo** portant sur un portefeuille de titres n'existant plus au décès de la légataire, bien que cette dernière eût vendu le portefeuille sans en remployer le prix : le legs de residuo s'est exécuté sur le prix de cession placé sur un compte chez le notaire, les fonds n'ayant fait l'objet d'aucun transfert de propriété à la date du décès de la légataire (Cass. 1e civ. 7-6-2006 no 04-10.616 F-PB). Une telle solution est désormais clairement écartée par l'article 1058, alinéa 2.

FORMALITÉS

2815 Les règles de forme sont les mêmes que celles applicables aux libéralités graduelles (C. civ. art. 1049, al. 3 et 1052 sur renvoi de l'art. 1061) : si la libéralité résiduelle a pour objet un immeuble, la charge grevant la libéralité doit être publiée au service chargé de la publicité foncière sous peine d'inopposabilité aux tiers ; sinon, c'est au disposant qu'il appartient de prendre des garanties et sûretés pour sa bonne exécution.

SITUATION DU PREMIER GRATIFIÉ

2820 Le premier gratifié n'a aucune obligation de conserver.

Il garde donc le pouvoir de **disposer des biens par acte entre vifs,** aussi bien à titre onéreux (ainsi par vente ou échange) qu'à titre gratuit (ainsi par une donation : mais, en vertu de l'article 1059, alinéa 2 du Code civil, il peut être stipulé dans la libéralité entre vifs une clause contraire, interdisant de donner).

En revanche, le gratifié perd le droit de disposer par **testament** des biens qui lui ont été donnés ou légués à titre résiduel (C. civ. art. 1059, al. 1). Il ne paraît même pas concevable que soit stipulée une clause contraire : cela contredirait la clause résiduelle, en la transformant subrepticement en une simple disposition précative. Bien que la loi ne le prévoie pas de façon explicite, le gratifié ne devrait pas davantage pouvoir disposer par une **donation au dernier vivant,** qui détermine des effets comparables à ceux du legs universel.

Par exception, si les biens objets de la libéralité résiduelle ont été donnés en avance de part successorale à un réservataire, ce dernier conserve dans tous les cas le pouvoir d'en disposer entre vifs ou à cause de mort (C. civ. art. 1059, al. 3). Et la règle mérite sans doute d'être étendue, par identité de motifs, au legs résiduel en avance de part, bien que la loi ne l'ait pas prévu (en ce sens, Rép. civ. Dalloz, v. Libéralités graduelles et résiduelles par F. Sauvage, no 94). Il y va en effet pour le grevé de la **protection de sa réserve,** qui doit lui revenir libre de charge. C'est d'ailleurs la raison pour laquelle l'article 1061 du Code civil s'abstient de renvoyer à l'article 1054 (voir cependant, sur les ambiguïtés des articles 1059 et 1054, M. Grimaldi, Les libéralités graduelles et les libéralités résiduelles : JCP N 2006 nos 51-52, spéc. § 9 ; D. Epailly, Les liquidations successorales après la loi du 23 juin 2006, Cridon, Bordeaux-Toulouse, nos 233 et 234).

> **Précisions** La qualification de la libéralité en donation ou legs résiduel n'est pas toujours évidente, de sorte que les juges du fond sont parfois amenés à **interpréter les dispositions de dernières volontés** du défunt (voir nos 15260 s.). A ainsi été jugé que la clause testamentaire prévoyant que : « Tous mes biens : immeubles, titres et argent ainsi que mon mobilier seront pour ma sœur X... Je voudrais que l'immeuble du... ainsi que l'appartement que j'habite... reviennent plus tard à mon petit-neveu Y » répond à la qualification de legs de residuo (et non de legs précatif comme les premiers juges l'avaient jugé), retenant la volonté du testateur d'assurer la transmission à son petit-neveu des immeubles qui subsisteraient au décès de sa sœur (Cass. 1e civ. 13-11-2003 no 02-19.653).

2825 Le premier gratifié n'a aucune **obligation à l'égard du disposant.** Il est pleinement propriétaire des biens qui lui ont été donnés ou légués à titre résiduel et n'est pas tenu de rendre compte de sa gestion au disposant ou à ses héritiers (C. civ. art. 1060).

2830 En cas de **prédécès ou** de **renonciation du second gratifié,** les règles sont les mêmes qu'en matière de libéralité graduelle : voir no 2545 (C. civ. art. 1056 sur renvoi de l'art. 1061).

SITUATION DU SECOND GRATIFIÉ

2835 Au décès du premier bénéficiaire, le second gratifié devient propriétaire du **residuum,** sans rétroactivité.

Pour ce qui est de l'**acceptation** du second gratifié appelé, les dispositions relatives aux libéralités graduelles s'appliquent également aux libéralités résiduelles (C. civ. art. 1055 sur renvoi de l'art. 1061) : voir no 2555, Attention.

Le second gratifié appelé **tient ses droits du disposant,** et non du premier gratifié (C. civ. art. 1051 sur renvoi de l'art. 1061). Le residuum ne fait donc pas partie de la succession du premier gratifié. Par conséquent, la libéralité au profit du second gratifié n'est ni rapportable à la succession du premier gratifié grevé, ni réductible pour atteinte à la réserve de ses propres héritiers. Dans la même logique, c'est le second gratifié, dès lors qu'il a recueilli tous les biens restants, qui sera tenu des dettes et charges de la succession du testateur ; pas les successeurs du premier gratifié (en ce sens, à propos d'un legs de residuo, Cass. 1e civ. 8-2-2005 nº 02-12.103 FS-PB).

B. Régime fiscal des libéralités résiduelles

RÈGLES D'IMPOSITION

Les libéralités résiduelles bénéficient du même **régime** que les **libéralités graduelles** (CGI art. 784 C) : taxation dans les conditions de droit commun de la première libéralité ; taxation de la seconde libéralité au tarif prévu en fonction du lien de parenté entre le second gratifié et le disposant, avec imputation des droits acquittés lors de la première libéralité. Pour plus de précisions, voir nos 2620 à 2630. **2885**

IMPORTANCE DU RESIDUUM

Si le **premier gratifié a donné ou vendu une partie des biens,** les droits dus à son décès par le second bénéficiaire ne portent évidemment que sur le residuum effectivement transmis. Corrélativement, ces droits ne sont imputables que sur ceux initialement acquittés sur les mêmes biens ; ils ne peuvent pas s'imputer sur les droits dus à raison des biens qui ont été perdus, donnés ou vendus. Pour déterminer le montant imputable, l'administration effectue une nouvelle liquidation des droits dus lors de la première libéralité, en fonction du reliquat existant au jour de la seconde (BOI-ENR-DMTG-10-20-50-10 nº 110). À cette fin, elle retranche du montant total des droits acquittés sur le legs ou la donation ceux qui auraient été dus si seulement ce qui a été aliéné avait été transmis. Cette méthode est favorable aux contribuables puisque l'abattement et les plus basses tranches du barème sont utilisés par les biens aliénés, ce qui majore les droits dus sur les biens conservés et par conséquent le montant imputable. **2890**

EXEMPLE

Le 2 janvier 2009, M. Martin donne en pleine propriété à son fils Paul trois appartements A, B et C d'une valeur respective de 180 000, 200 000 et 220 000 €. L'acte de donation stipule qu'au décès de Paul, ces biens, s'ils se trouvent encore dans sa succession, reviendront à sa sœur Marie.

1. Taxation de la donation consentie à Paul

Part taxable = 600 000 €

Abattement applicable à l'époque = 156 359 €

Reste taxable = 443 641 €

Droits dus = 86 956 €

Reste dû après application de la réduction de droits de 50 % applicable à l'époque, M. Martin étant âgé de moins de 70 ans = 43 478 €

2. Taxation de la transmission à Marie au décès de Paul le 1er août 2023

Paul a vendu l'appartement A ; la valeur vénale des deux autres appartements a augmenté : B = 250 000 € et C = 270 000 €.

Pour déterminer le montant des droits payés lors de la première donation et imputable lors de la seconde transmission, il y a lieu de liquider à nouveau les droits dus initialement sur une base réduite du reliquat transmis lors de la seconde mutation.

A. Nouvelle liquidation des droits dus sur la première transmission

Part taxable = 180 000 €

Abattement applicable à l'époque = 156 359 €

Reste taxable = 23 641 €

Droits dus = 3 006 €

Reste dû après application de la réduction de droits de 50 % en fonction de l'âge du donateur applicable à l'époque = 1 503 €

Le montant des droits payés en 2009 s'élevait à 43 478 €. Le montant de droits pouvant être imputé en 2023 est donc de 43 478 € – 1 503 €, soit 41 975 €.

B. Liquidation de la seconde transmission

Part taxable = 520 000 €

Abattement applicable = 100 000 €

Reste taxable = 420 000 €

Droits dus = 82 194 €.

Imputation des droits payés lors de la première transmission à titre gratuit : 82 194 € – 41 975 € = 40 219 €.

Montant des droits dus sur la seconde transmission = 40 219 €

C. Modèles de clauses

2940 MODÈLE

Donation résiduelle hors part successorale – acceptation du second gratifié dans l'acte

L'an deux mil ...,
Le ...,
À ...,
Maître ..., notaire à ..., soussigné, a reçu personnellement le présent acte authentique à la requête des parties ci-après désignées :
Identification du donateur :
(comparution donateur)
Ci-après dénommé « LE DONATEUR »
Identification du premier gratifié :
(comparution donataire, 1er gratifié)
Ci-après dénommé « LE PREMIER GRATIFIÉ »
Identification du second bénéficiaire
(comparution du 2d gratifié)
Ci-après dénommé « LE SECOND GRATIFIÉ »

Donation

Le DONATEUR fait donation entre vifs, hors part successorale mais sous la condition de transmettre ci-après stipulée,
Au PREMIER GRATIFIÉ,
Ici présent et qui accepte expressément,
De la pleine propriété des biens immobiliers dont la désignation suit :
(Désignation des biens donnés)

Charges et conditions particulières

Charge de transmettre le reliquat des biens donnés

Le DONATEUR fait la présente donation à ..., PREMIER GRATIFIÉ, à charge de transmettre à ..., SECOND GRATIFIÉ, ce qui restera à son décès des biens et droits immobiliers objets de la présente donation.

Cette condition ne fait pas obstacle à toute aliénation à titre onéreux par le PREMIER GRATIFIÉ.

En cas d'aliénation des biens donnés, les droits du SECOND GRATIFIÉ ne se reportent ni sur le prix, ni sur les nouveaux biens acquis.

En application de l'article 1059, alinéa 1 du Code civil le PREMIER GRATIFIÉ ne peut léguer les biens objets de la donation résiduelle.

Interdiction de donner entre vifs

Le DONATEUR interdit formellement au PREMIER GRATIFIÉ de consentir toute donation entre vifs portant sur les biens présentement donnés, à peine de nullité de ces donations et de révocation de la présente donation.

À défaut par le PREMIER GRATIFIÉ d'exécuter les charges de la présente donation, et notamment l'interdiction de donner ci-dessus stipulée, le DONATEUR pourra en faire prononcer la révocation conformément à la loi.

Il est formellement convenu que si la révocation est effectivement prononcée ou a lieu de plein droit, le DONATEUR reprendra les biens donnés selon les modalités prévues à l'article 954 du Code civil.

2940 (suite)

Droit de retour

Le DONATEUR fait réserve expresse à son profit du droit de retour prévu par l'article 951 du Code civil sur les biens présentement donnés, ou sur ce qui en serait la représentation pour le cas où le SECOND GRATIFIÉ viendrait à décéder sans postérité avant lui et après le PREMIER GRATIFIÉ, et pour le cas encore où les enfants et descendants du SECOND GRATIFIÉ viendraient eux-mêmes à décéder sans postérité avant le DONATEUR et après le PREMIER GRATIFIÉ.

Acceptation du second gratifié

Au présent acte, intervient :
M. ... *(nom du second gratifié)*
Lequel, après avoir pris connaissance de ce qui précède, par la lecture que lui en a faite le notaire soussigné,
Accepte expressément la donation résiduelle qui lui est consentie par .... *(nom du donateur)*, avec les charges et conditions qui y sont stipulées.

Déclarations

Déclarations relatives aux biens donnés

(description des déclarations relatives aux biens donnés)

Situation hypothécaire

(description des déclarations relatives à la situation hypothécaire)

Déclarations d'état civil

(description des déclarations d'état civil)

Déclarations fiscales

Pour la perception des droits de mutation à titre gratuit, les parties font les déclarations suivantes.
Le DONATEUR :
M. ..., DONATEUR, déclare qu'il n'a consenti antérieurement à la présente donation, aucune donation au PREMIER GRATIFIÉ ni au SECOND GRATIFIÉ, sous quelque forme et à quelque titre que ce soit à l'exception de : ... *(donations antérieures du donateur au premier gratifié ou second bénéficiaire)*.
Les biens objets de la présente donation sont évalués à ... €.
Le PREMIER GRATIFIÉ :
M. ..., PREMIER GRATIFIÉ, requiert le bénéfice du ou des abattements lui profitant en fonction de son lien de parenté avec le DONATEUR.
Les droits de mutation éventuellement dus par le SECOND GRATIFIÉ ne seront exigibles qu'au décès du PREMIER GRATIFIÉ, sur la valeur des biens alors transmis, mais en fonction du lien de parenté entre le DONATEUR et le SECOND GRATIFIÉ.
M. ..., SECOND GRATIFIÉ, déclare dès à présent vouloir bénéficier du ou des abattements lui profitant en fonction de son lien de parenté avec le DONATEUR pour le calcul des droits de mutation éventuellement dus par lui.

Publicité foncière

L'acte sera publié au service de la publicité foncière de ... (*ville*) et la charge de restituer ainsi que l'interdiction de donner entre vifs et le droit de retour conventionnel seront mentionnés spécialement.

Frais et droits

Tous les frais et droits du présent acte et de ses suites seront à la charge de ... *(nom de la personne à qui revient la charge des frais et droits)*, qui s'y oblige expressément.

Domicile

Pour l'exécution du présent acte, les parties élisent domicile en leurs demeures respectives.

2945 MODÈLE

Acceptation de la libéralité résiduelle par le gratifié en second par acte séparé

L'an deux mil ...,
Le ...,
À ...,
Maître ..., notaire à ..., soussigné, a reçu personnellement le présent acte authentique à la requête de la personne ci-après désignée :
(comparution du 2^d gratifié)
Dénommé ci-après le « SECOND GRATIFIÉ »

Exposé

Préalablement à l'acceptation de la donation résiduelle objet du présent acte, le requérant expose ce qui suit :
Aux termes d'un acte reçu par M^e ..., notaire à ..., le ..., dont une copie authentique a été publiée au fichier immobilier de ..., volume ..., numéro ..., M. ... *(nom du donateur)* a fait donation à ... *(nom du 1er gratifié)* des biens et droits immobiliers ci-après désignés :
(*désignation des biens donnés*)
À charge pour le PREMIER GRATIFIÉ de transmettre à ... *(nom du requérant)*, requérant et second bénéficiaire de la donation résiduelle, ce qui restera de ces biens à son décès.
M. ..., PREMIER GRATIFIÉ, a accepté cette donation résiduelle et la charge qui y était stipulée, dans l'acte ci-dessus relaté.
Le DONATEUR a expressément privé le PREMIER GRATIFIÉ du droit de disposer à titre gratuit entre vifs des biens donnés.

Acceptation

Le SECOND GRATIFIÉ, après avoir pris connaissance de la donation ci-dessus relatée par la lecture qui lui en a été faite par M^e ..., notaire soussigné,
Déclare accepter cette donation résiduelle en qualité de SECOND BÉNÉFICIAIRE et s'obliger à l'entière exécution des charges et conditions sous lesquelles elle a eu lieu.

1e variante : intervention du donateur à l'acte

Intervention du donateur

Au présent acte, intervient :
M. ... *(nom du donateur)*
Ci-dessus prénommé, qualifié et domicilié.
Lequel a déclaré se tenir pour bien et dûment notifiée l'acceptation ci-dessus faite par ... *(nom du second gratifié)*, et en conséquence dispenser ce dernier de lui en faire la notification par huissier.

2e variante : non-intervention du donateur à l'acte

Notification au donateur

Pour faire notifier le présent acte à qui il appartiendra, tous pouvoirs sont donnés au porteur d'une copie authentique du présent acte.

3e variante : acceptation après le décès du donateur

Décès du donateur

La présente acceptation de la libéralité résiduelle étant intervenue après le décès de ... *(nom du donateur)*, DONATEUR, ainsi que l'autorise le deuxième alinéa de l'article 1055 du Code civil auquel renvoie l'article 1061 dudit Code, aucune notification n'est requise.

TITRE II

Donations

CHAPITRE 1

RÈGLES COMMUNES À TOUTES LES DONATIONS

SOMMAIRE

QUALIFICATION DE LA DONATION ENTRE VIFS

Définition légale La donation entre vifs est un acte par lequel le donateur se dépouille actuellement et irrévocablement de la chose donnée en faveur du donataire qui l'accepte (C. civ. art. 894). De cette définition résultent les principaux caractères de la donation. **4000**

Parce que le donataire doit l'accepter, la donation résulte d'un accord de volontés entre celui qui dispose et celui qui reçoit. Elle est ainsi constitutive d'un **contrat.** Mais c'est un contrat unilatéral dans la mesure où seul le donateur s'oblige (sauf si la donation est avec charges).

C'est de surcroît un contrat dont les **effets** sont immédiats, le disposant perdant sans délai la propriété de la chose donnée.

Enfin, la donation est un contrat **irrévocable.** Cette irrévocabilité est renforcée en ce sens que, contrairement au droit commun des contrats, le donateur ne peut se réserver dans l'acte la possibilité de rétracter son consentement et de reprendre ainsi ce qu'il a donné, même avec l'accord du gratifié.

Il existe un autre caractère majeur de la donation : sa **solennité.** Tous actes portant donation entre vifs doivent être passés en la forme authentique, à peine de nullité de l'acte (C. civ. art. 931). **4005**

Mais en réalité, bon nombre de donations ne revêtent pas ce caractère en ce sens qu'elles ne sont pas contractuelles et ne sont donc pas soumises au formalisme légal. Tel est le cas du don manuel, de la donation indirecte, ou encore de la donation déguisée.

Face à une telle diversité se pose un problème de qualification qui impose de dégager des critères.

4007 **Autres critères** En plus des éléments de la définition légale de la donation (C. civ. art. 894 et 931), deux critères ont été retenus par la jurisprudence pour qualifier l'acte de donation et, d'une manière générale, les libéralités.

4008 **Élément matériel** Le **premier critère,** objectif, est l'élément matériel. Il se rapporte à l'objet de la donation, qui consiste dans l'appauvrissement actuel et irrévocable du disposant et l'enrichissement corrélatif du donataire. L'absence voulue de contrepartie, c'est-à-dire d'équivalent économique à l'opération, caractérise la gratuité.

L'objet, patrimonial, de ce transfert peut être soit un droit réel tel un droit de propriété, d'usufruit, d'usage et d'habitation ou une servitude comme un droit de passage, soit un droit personnel telle une créance.

ILLUSTRATIONS

Dans le cas de **démembrement de la propriété,** l'administration fiscale a échoué à faire reconnaître l'existence d'une libéralité faute de transfert patrimonial actuel s'agissant de la construction d'immeubles de rapport par un usufruitier sur les terrains grevés de l'usufruit. Pour la Cour de cassation, le nu-propriétaire ne s'est pas enrichi car l'accession n'a pas opéré directement à son profit (Cass. 3e civ. 19-9-2012 n° 11-15.460 FS-PB : BPAT 1/13 inf. 27). Dans une autre espèce, il a été jugé que la modification de la répartition des bénéfices votée par les associés usufruitiers au profit des associés nus-propriétaires ne constitue pas davantage une donation indirecte, faute de tout appauvrissement des prétendus donateurs (Cass. com. 18-12-2012 n° 11-27.745 F-PB).

4009 **Applications pratiques** L'élément matériel implique une absence d'équivalence qui distingue l'acte de donation d'un acte à titre onéreux. Ainsi, la **donation avec charges** (payer des dettes du disposant, lui procurer des soins, etc.) n'est véritablement une donation que si le coût de la charge ne dépasse pas la valeur de l'émolument reçu par le gratifié. Dans le cas contraire, l'existence d'une contrepartie fait de l'opération un contrat commutatif, donc nécessairement à titre onéreux, même si l'intention du disposant est libérale (Cass. req. 25-2-1913 : S 1920 1 p. 220 ; Cass. civ. 28-11-1938 : DH 1939 p. 17). Traditionnellement, il en va de même pour le **contrat aléatoire.** Aussi, la jurisprudence a-t-elle affirmé, à propos de l'acquisition d'un bien avec clause d'accroissement (pacte tontinier), qu'elle « constitue un contrat aléatoire et non une libéralité » (Cass. 1e civ. 14-12-2004 n° 02-11.088 F-PB). Toutefois, le caractère aléatoire de l'opération fait défaut si l'acquisition n'a pas été financée par tous les acquéreurs et que l'ordre des décès ne fait aucun doute. Dans ce cas, les juges peuvent décider que l'opération est constitutive d'une libéralité (Cass. 1e civ. 10-5-2007 n° 05-21.011 FS-PB). Autre illustration : l'acquisition financée par un prêt consenti par son futur époux assorti d'une **reconnaissance de dette** et dont le remboursement du prix a été effectué, pour partie, sur fonds propres, le surplus, par donation de droits indivis sur l'immeuble acquis. Elle ne constitue pas une donation, faute de dépouillement irrévocable du prêteur envers sa future épouse (Cass. com. 14-4-2021 n° 18-15.623 F-D : RJF 7/21 n° 762).

4010 La nécessité d'appauvrissement du disposant et l'absence voulue d'équivalent économique au transfert opéré permettent d'écarter les **donations rémunératoires** de la qualification de donation, dès lors que la contrepartie émanant du gratifié excède sa contribution aux charges du mariage lorsqu'il est le conjoint du disposant (pour une illustration, de principe, en matière d'achat pour autrui entre époux : Cass. 1e civ. 24-10-1978 n° 76-12.557 : Bull. civ. I n° 316). Il en va de même de la **dation en paiement** et de la **transaction.**

4011 La faible importance de la valeur économique de l'objet ou du revenu donné exclut la qualification de donation, faute d'appauvrissement du disposant. Apparaît ainsi comme critère de la donation, tiré de l'élément matériel, « ce qui entame le capital du disposant » : un tel critère permet d'exclure de la qualification de donation les **présents d'usage** (nos 4015 s.), l'aumône, les allocations, les dons modiques, les pourboires, malgré leur gratuité manifeste (Cass. req. 27-11-1876 : DP 1877 1 p. 152 ; Cass. req. 26-7-1910 : DP 1911 1 p. 202).

4012 **Élément moral** Cependant, à lui seul, le critère objectif est insuffisant à qualifier une libéralité. Non seulement le déséquilibre du contrat doit résulter de la volonté du disposant, mais encore cette volonté doit avoir été guidée par une intention libérale, aussi appelée « animus donandi » en présence d'une donation, ou « animus testandi » en présence d'un testament. L'élément intentionnel ou élément moral est le **second critère,** subjectif, qui caractérise la donation. La nécessité de cet élément intentionnel a été affirmée clairement par la jurisprudence (pour la donation : Cass. 1e civ. 1-6-1977 n° 74-11.994 : Bull. civ. I n° 259 ; pour le testament : Cass. 1e civ. 28-3-1977 : Gaz. Pal. 1977, 2, somm. 227 ; Cass. 1e civ. 18-1-2012 nos 10-25.685 FS-PBI,

10-27.325 FS-PBI, 11-12.863 FS-PBI et 09-72.542 FS-PBI : JCP G 2012 n° 17, 513 obs. F. Sauvage). En l'absence de définition légale, deux conceptions peuvent être retenues :
– une **première conception** abstraite, objective, de l'intention libérale, repose sur la conscience et la volonté du disposant de s'appauvrir, quelles que soient ses motivations ;
– une **seconde conception** affective, concrète, qui est plus restrictive de l'intention libérale, s'attache aux motivations du disposant. Celui-ci doit avoir agi par altruisme, de manière totalement désintéressée.

Entre ces deux analyses, la **jurisprudence** est fluctuante, la matière ayant été abandonnée par la Cour de cassation au pouvoir souverain d'appréciation des juges du fond (Cass. req. 9-12-1913 : D. 1919 I p. 29 ; Cass. 1e civ. 24-4-1976 : Bull. civ. n° 80). On relèvera que si la qualification de l'opération litigieuse doit s'effectuer à partir des intentions initiales, les juges du fond peuvent prendre en considération des comportements ultérieurs révélateurs (Cass. 1e civ. 9-11-1993 n° 91-22.059 : Bull. civ. I n° 317).

Sur les deux conceptions de l'intention libérale, leurs applications par la jurisprudence et une critique de la conception concrète de l'intention libérale, voir M. Grimaldi : Droit civil. Libéralités. Partages d'ascendants, Litec 2000, nos 1006 s. ; ainsi que F. Terré, Y. Lequette et S. Gaudemet : Droit civil. Les successions. Les libéralités, Dalloz 4e éd. 2014, n° 258.

ILLUSTRATIONS

Dans une espèce où des propriétaires ont donné une parcelle de terre à un tiers après l'avoir préalablement mise en vente puis retirée de la vente à la suite de l'exercice du **droit de préemption de la Safer,** les juges du fond ont admis l'existence de l'intention libérale ; ils ont, en effet, validé la donation bien qu'elle ait pour effet secondaire de faire obstacle au droit de préemption de la Safer (Cass. 3e civ. 9-6-2016 n° 15-17.562 F-D : AJDI 2016 p. 699, étant précisé qu'en l'état du droit en vigueur alors, toutes les mutations à titre gratuit entre vifs échappaient au droit de préemption de la Safer). À l'inverse, les juges du fond ont exclu l'existence de toute intention libérale de propriétaires bailleurs qui ont consenti une donation au profit d'un tiers d'une parcelle de vigne louée, la donation ayant pour seul objectif de contourner le **droit de préemption de leurs preneurs à bail,** avec qui ils entretenaient des relations exécrables (Cass. 3e civ. 15-4-2021 nos 20-15.332, 20-15.334, 20-15.335, 20-15.336, 20-15.337, 20-15.339, 20-15.340, 20-15.342 F-D : BPAT 3/21 inf. 122).

Intérêt des critères jurisprudentiels La confrontation de ces éléments, matériel et moral, n'est pas toujours évidente ou suffisante pour déterminer si l'acte est constitutif d'une donation ou non. Si certains actes peuvent être facilement exclus de la qualification de donation, d'autres suscitent plus de difficultés. 4013

OPÉRATIONS EXCLUES DE LA QUALIFICATION DE DONATION

Présent d'usage Les présents d'usage échappent à la qualification de donation pour deux raisons. D'une part, parce qu'ils ne portent que sur des sommes modiques, plus exactement en rapport avec la fortune du disposant ; d'autre part, parce qu'ils sont effectués à une occasion bien précise consacrée par les usages. Il s'agit d'une **question de fait** dont l'appréciation résulte, au plan civil comme au plan fiscal, d'un examen des circonstances concrètes de chaque espèce, incompatible avec l'application de critères normatifs préétablis. Le caractère de présent d'usage s'apprécie à la date à laquelle il est consenti – et non lors du partage de la succession –, compte tenu de la fortune du disposant (C. civ. art. 852, al. 2). 4015

N'étant pas constitutifs d'une donation, ces présents ne sont pas soumis aux **régimes juridique et fiscal des libéralités.** Sur le terrain du droit civil, ils ne sont par conséquent ni rapportables à la succession ni réductibles, sauf volonté contraire du disposant (C. civ. art. 852, al. 1). Ils ne sont pas non plus révocables pour cause d'ingratitude du gratifié. Sur le terrain du droit fiscal, ils ne sont pas taxables aux droits de mutation à titre gratuit (BOI-ENR-DMTG-20-10-20-10 n° 250).

Usage social ou familial Tout d'abord, un présent d'usage répond à un usage social ou familial, qui justifie qu'un cadeau soit offert. Il peut s'agir, par **exemple,** d'un mariage, d'une naissance, d'un baptême et premiers sacrements religieux, d'une fête ou de l'anniversaire du gratifié, d'un anniversaire de mariage ou de retrouvailles familiales régulières, de la fête de Noël, d'une réussite à un examen ou à un concours, etc. D'ailleurs, il est impératif pour les juges du fond souhaitant retenir la qualification de présent d'usage de préciser à l'occasion de quel événement le cadeau a été offert et conformément à quel usage (Cass. 1e civ. 25-9-2013 n° 12-17.556 FS-PBI ; Cass. 1e civ. 11-5-2023 n° 21-18 616 F-D). 4020

En **pratique,** il peut être utilement conseillé d'établir une carte de vœux ou d'écrire un petit mot et de les dater, afin de se ménager un commencement de preuve de l'usage (Rapport du 116e Congrès des notaires de France : Protéger. Les vulnérables. Les proches. Le logement. Les droits, Paris 2020, n° 2311).

ILLUSTRATIONS

Par exemple, la remise de la somme de 20 000 € par un mari à son épouse pour financer l'acquisition à son profit d'une voiture à l'occasion de ses 30 ans **constitue un présent d'usage** (irrévocable) et non un don manuel (à l'époque librement révocable entre époux) (Cass. 1e civ. 15-5-2008 nº 07-13.947 F-D : BPAT 4/08 inf. 133). De même, la remise d'une somme de 750 € effectuée pendant deux années consécutives par une mère à sa fille, respectivement les 16 et 20 décembre constitue, compte tenu du montant et de la date très proche de Noël, des présents d'usage (non rapportables à la succession) et non des dons manuels (rapportables) (Cass. 1e civ. 23-5-2012 nº 11-15.302 F-D : Sol. Not. 8-9/12 inf. 222).

En revanche, une femme qui remet seize chèques à son fils et à sa belle-fille au cours des 16 mois précédant son décès **ne leur consent pas des présents d'usage** (non imposables aux droits de mutation) mais des dons manuels (taxables par voie de rappel fiscal à sa succession), la remise d'un chèque par mois étant incompatible avec le caractère occasionnel du présent d'usage (TGI Strasbourg 22-10-2009 nº 08-3878 : BPAT 4/10 inf. 229). De même, le juge ne peut pas qualifier la remise de deux chèques de 20 000 € et 10 000 € émis par un père au profit de l'un de ses fils de présents d'usage (non rapportables à la succession) sans préciser à l'occasion de quel événement et en vertu de quel usage ces cadeaux ont été faits (Cass. 1e civ. 25-9-2013 nº 12-17.556 FS-PB).

4025 **Valeur modique** Au regard du droit civil, le présent d'usage doit n'avoir qu'une valeur modique, critère relatif car apprécié uniquement au regard de la fortune du disposant à l'époque où il est effectué (C. civ. art. 852, al. 2).

ILLUSTRATIONS

Il y a présent d'usage (ni rapportable, ni réductible et non taxable) et non pas don manuel (rapportable, réductible et taxable par voie de rappel fiscal à la succession) lorsqu'une mère dont le patrimoine s'élève à 1 250 000 € remet la somme de 15 000 € à chacun de ses deux enfants pour Noël (CA Paris 1e ch. B 11-4-2002 nº 01/3791 : RJF 11/02 nº 1327, BGFE 6/02 p. 17). Il en est de même du cadeau fait par un père à sa fille pour son mariage d'un ensemble d'aquarelles d'une valeur globale estimée à 10 700 €, montant en rapport avec la fortune du disposant ; le fait que ces aquarelles aient été revendues dix ans plus tard près de 860 000 € n'est pas de nature à remettre en cause la qualification de présent d'usage (Cass. 1e civ. 10-5-1995 nº 93-15.187 : Bull. civ. I nº 197).

4027 **Traitement fiscal** L'administration fiscale ne fixe aucune règle de proportionnalité du présent d'usage par rapport à la fortune ou aux revenus du donateur : elle apprécie au **cas par cas** la nature du don, en fonction de l'ensemble des circonstances de fait et sous le contrôle souverain des juges du fond (BOI-ENR-DMTG-20-10-20-10 nº 260 ; Sol. Not. 7/13 inf. 181). D'une façon générale, elle admet que les sommes que les parents versent sur un plan d'épargne-logement ouvert au nom de leurs enfants mineurs constituent des présents d'usage, et non des dons manuels (BOI précité nº 250) : aucune taxation n'est donc encourue à raison des sommes placées sur ces plans, pourtant potentiellement élevées (jusqu'à 61 200 € hors intérêts). À notre avis, la solution vaut à plus forte raison pour les autres plans et livrets d'épargne dont le montant maximal des dépôts est moins élevé (comptes épargne-logement, livrets jeunes, etc.).

ILLUSTRATIONS

Constituent des **présents d'usage** deux chèques de 7 500 € compte tenu des circonstances de leur remise, le jour de Noël, et de l'état de fortune du donateur, qui ne permet pas de qualifier les sommes versées d'excessives (CA Orléans 11-10-2007 nº 06-3246).

4030 **Autres opérations** Ne sont pas constitutives de donations parce qu'elles relèvent des obligations d'entraide et de solidarité sociale ou familiale :
– l'**aumône** en ce qu'elle ressortit à une obligation naturelle ou un devoir moral ;
– l'**aide apportée par un enfant à ses parents** dès lors qu'elle n'excède pas les exigences de la piété filiale ;
– les dépenses relatives à l'**éducation et** à l'**entretien des enfants,** dès lors qu'elles ne sortent pas du cadre de la normalité (dépenses faites pendant la minorité des enfants et au cours de leurs études).

Comme les présents d'usage, ces opérations échappent aux régimes juridique et fiscal des libéralités. Elles ne sont par conséquent ni rapportables à la succession du disposant ni réductibles, sauf volonté contraire de celui-ci. Elles ne sont pas davantage révocables pour cause d'ingratitude du gratifié et ne sont pas taxables aux droits de mutation à titre gratuit.

4035 Le **contrat de service gratuit** n'est pas non plus considéré comme une donation dans la mesure où cette dernière a pour objet une « chose » (C. civ. art. 894), c'est-à-dire un bien ou encore un droit patrimonial. Celui qui rend service ne s'appauvrit pas : le manque à gagner ne suffit pas à caractériser l'appauvrissement. Pour mesurer concrètement la différence entre la donation et les contrats de service gratuit, la doctrine propose de mettre l'accent sur le patrimoine du disposant. Le donateur se dépouille et abandonne gratuitement un droit de nature patrimoniale, tandis que celui qui rend gratuitement un service ne se dépouille d'aucun droit de cette nature (en ce sens, R. Libchaber, Pour une redéfinition de la donation indirecte : Defrénois 30-12-2000 n° AD2000DEF1409N1 p. 1409).

OPÉRATIONS SUSCITANT DES DIFFICULTÉS DE QUALIFICATION RÉCURRENTES

Bien qu'il soit essentiellement gratuit, le **prêt à usage** (ou commodat) ne transfère pas la propriété de la chose au bénéficiaire mais lui permet seulement de s'en servir : il n'est donc pas considéré comme une donation (pour une illustration, Cass. 1e civ. 11-10-2017 n° 16-21.419 FS-PB : BPAT 6/17 inf. 238). Sur ce sujet, voir notamment J. Flour et H. Souleau : Les libéralités, Armand Colin 4e éd. 1982, n° 31 et M. Grimaldi, La concession de l'usage gratuit d'un immeuble à un héritier ne constitue pas nécessairement une donation : RTD civ. 2012 p. 353. **4040**

Toutefois, une difficulté se présente lorsque la **chose prêtée** est **frugifère** car l'opération peut alors être analysée en une donation de fruits et revenus, consacrée par la loi 2006-728 du 23 juin 2006 et pour laquelle le rapport est dû (C. civ. art. 851, al. 2 ; voir déjà Cass. 1e civ. 14-1-1997 n° 94-16.813 : Bull. civ. I n° 22).

La **mise à disposition gratuite d'un logement** soulève également des difficultés de qualification. **4045**

Elle peut constituer une donation indirecte de fruits rapportables à condition que l'élément matériel et l'élément intentionnel, constitutifs de toute libéralité, soient réunis. Sur la donation indirecte en général et sur ce cas en particulier, voir respectivement nos 13610 s. et 13800 s.

Le financement par un époux d'un bien acquis par son conjoint, autrement dénommé **achat pour autrui entre époux,** peut être qualifié d'acte à titre gratuit ou d'acte à titre onéreux, selon les circonstances. La cause de l'achat pour autrui entre époux peut résider dans la volonté de celui qui a financé tout ou partie de l'acquisition au nom de son conjoint de rétribuer l'activité de celui-ci ayant collaboré à sa propre activité professionnelle au-delà de son obligation de contribuer aux charges du mariage (**donation rémunératoire**). Le financement par un époux séparé de biens de la part indivise de son conjoint dans l'acquisition d'une résidence secondaire peut, à raison de l'importance des revenus de l'époux financeur, participer « de l'exécution de son obligation de contribuer aux charges du mariage » (Cass. 1e civ. 18-12-2013 n° 12-17.420 F-PB : BPAT 2/14 inf. 54). La contrepartie peut aussi consister dans la gestion du ménage et la direction du foyer excédant la contribution aux charges du mariage par le conjoint et source d'économies pour le couple (Cass. 1e civ. 16-12-2020 n° 19-13.701 FS-P : BPAT 2/21 inf. 56). Elle peut également consister dans la compensation des sacrifices financiers du conjoint, à savoir sa renonciation à une carrière professionnelle prometteuse dans la publicité avec une perte de revenus conséquents et des droits à la retraite, et dans la rémunération de son intense activité au foyer outrepassant la simple exécution de son obligation aux charges du ménage (Cass. 1e civ. 9-2-2022 n° 20-14.272 F-D : BPAT 3/22 inf. 172-9). Si la qualification d'acte à titre gratuit est retenue, la détermination du montant de la donation est soumise à des règles particulières (nos 8605 s.). **4047**

OFFICE DU JUGE

Le juge n'est pas lié par la qualification de donation retenue par les parties. En la matière, il appartient à celui qui invoque une libéralité d'en apporter la **preuve.** C'est une double preuve qu'il doit établir : preuve du transfert patrimonial sans contrepartie au profit du gratifié et preuve de l'intention libérale du disposant. Les juges ne sauraient déduire l'existence de l'intention libérale du seul déséquilibre des prestations (Cass.1e civ. 14-2-1989 n° 87-14.205 : Bull. civ. I n° 79). **4050**

CONSEIL

Devant les difficultés parfois insurmontables liées à la preuve de l'intention libérale du disposant, notamment concernant une mise à disposition à titre gratuit de logement, il est conseillé au disposant qui souhaiterait que l'**avantage** en résultant soit **pris en compte dans sa succession** au titre des opérations de rapport et/ou de réduction d'indiquer, dans un testament par exemple, que l'opération en question a été effectuée dans une intention libérale. La qualification libérale qui en résulte est alors définitive, quel que soit le sort du testament (Cass. 1e civ. 19-3-2014 n° 13-14.139 F-PB : BPAT 3/14 inf. 129). Le disposant pourrait également utilement incorporer cette donation indirecte dans une donation-partage. Dans les deux cas, il sera très difficile au gratifié d'établir une autre cause.

SECTION 1

CONDITIONS DE VALIDITÉ DES DONATIONS

CONDITIONS DE FOND ET DE FORME

4150 Outre les conditions de validité **communes aux donations et aux legs** (consentement, capacité, etc.), constitutives d'un droit commun des libéralités déjà exposé n°s 200 s., il existe des conditions de validité **spécifiques aux donations.** Celles-ci obéissent tout d'abord à des règles de fond : il s'agit principalement de la règle de l'irrévocabilité spéciale (n°s 4155 s.). Des conditions de forme sont ensuite requises : par dérogation au droit commun des actes juridiques, les donations sont des actes formalistes qui requièrent en principe la forme authentique (n°s 4460 s.). Enfin, relevant aussi bien de la forme que du fond, les aspects spécifiques de l'acceptation du donataire seront abordés (n°s 4535 s.).

A. Irrévocabilité spéciale

1. PRINCIPE D'IRRÉVOCABILITÉ SPÉCIALE

COMBINAISON DE L'IRRÉVOCABILITÉ GÉNÉRALE DES CONTRATS AVEC CELLE SPÉCIALE DES DONATIONS

4155 Tous les contrats sont en principe irrévocables sauf accord de volonté des parties. Autrement dit, ils sont irrévocables unilatéralement. Cela résulte du principe général de la force obligatoire du contrat (C. civ. art. 1103). Outre cette irrévocabilité générale des contrats, les donations sont soumises à une irrévocabilité spéciale, condition spécifique de leur validité (C. civ. art. 894), qui se traduit par la prohibition d'un certain nombre de clauses (C. civ. art. 943 à 952).

DÉFINITION DE L'IRRÉVOCABILITÉ SPÉCIALE

4160 La règle de l'irrévocabilité spéciale est souvent exprimée par la maxime « donner et retenir ne vaut ». Elle **interdit de stipuler** dans la donation toute clause par laquelle le donateur se réserverait un moyen, direct ou indirect, de reprendre ce qu'il a donné. Ainsi, contrairement au droit commun des contrats (C. civ. art. 1193), le donateur ne peut pas se désengager, notamment en stipulant une clause de dédit. En principe, le désengagement est impossible, même avec l'accord du donataire (voir toutefois n°s 4175 s.).

Cette règle a pour **finalité** de protéger à la fois le donateur, en lui faisant prendre conscience de la portée de son acte, et le donataire contre les pressions ou influences que pourrait exercer sur lui le donateur.

4165 Une partie de la **doctrine** milite en faveur de la suppression du principe d'irrévocabilité spéciale des donations, qu'elle juge globalement inutile car ne répondant pas aux objectifs poursuivis (en ce sens, notamment, W. Dross, L'irrévocabilité spéciale des donations existe-t-elle ? : RTD civ. 2011 p. 25, faisant valoir que la sanction retenue, qui est la nullité du contrat dans son entier, est l'objectif poursuivi par le donateur et est donc contraire aux intérêts du donataire). D'autres auteurs plaident pour son maintien (notamment, X. Boucher et X. Guédé, L'irrévocabilité spéciale des donations : plaidoyer pour un maintien par une interprétation renouvelée de ce principe : BPAT 3/12 inf. 150 ; H. Lécuyer, L'irrévocabilité spéciale des donations : Mélanges P. Catala, 2001, p. 405 ; Rép. civ. Dalloz, v. Donation par I. Najjar, n°s 444 s.).

Pour leur part, les **notaires** sont favorables au maintien de la règle tout en permettant certains aménagements de la donation, dès lors que l'émolument du gratifié est définitif (108e Congrès des notaires de France : Montpellier 2012, La transmission, 2e proposition de la 1e commission).

CHAMP D'APPLICATION DU PRINCIPE

4170 Le principe de l'irrévocabilité spéciale des donations a une **portée générale** ; il concerne toutes les donations, quelle que soit leur forme (y compris les dons manuels, donations indirectes ou donations déguisées), qu'il s'agisse de donations ordinaires ou de donations-partages.

Toutefois, il ne s'applique que très marginalement aux **donations matrimoniales** (voir n°s 8665 s.).

Révocation de la donation par consentement mutuel Le principe d'irrévocabilité spéciale des donations ne fait pas obstacle à la révocation de la donation par consentement mutuel du donateur et du donataire (F. Terré, P. Simler, Y. Lequette et F. Chénedé : Droit civil. Les obligations, Dalloz 13e éd. 2022, nº 651 ; R. Vatinet, Le mutuus dissensus : RTD civ. 1986 p. 252). Le Conseil d'État a admis la révocation amiable (CE 19-11-2004 nº 249358 : JCP G 2005 II nº 10018, décision rendue en matière de récupération des aides sociales) ; quelques arrêts très anciens de la Cour de cassation vont dans le même sens (notamment, Cass. req. 14-6-1843 : D. 1844 I p. 35). Dans un arrêt plus récent, la validité de la révocation amiable était expressément relevée par un des moyens du pourvoi, mais la Haute Juridiction ne l'a pas examiné (Cass. 1e civ. 18-2-2009 nº 07-21.228 F-D, cité par le rapport du 108e Congrès des notaires de France, Montpellier 2012, La transmission, p. 219 note 729). 4175

La révocation amiable d'une donation a un **effet** rétroactif, remettant les parties dans l'état où elles se trouvaient auparavant. Lorsque les biens donnés sont revenus dans le patrimoine du donateur par l'effet de la révocation amiable, la donation initiale n'a pas à être prise en compte pour la **liquidation de la succession.** Les biens en question figurent dans la succession au titre des biens existants et il n'y a pas lieu de les comptabiliser une seconde fois au titre de la donation pour le rapport et/ou la réunion fictive des donations.

Comme tout contrat, la convention révocatoire est soumise aux **conditions de validité du droit commun,** notamment l'absence de vice du consentement (Cass. 3e civ. 11-5-2005 nº 03-17.682 : RTD civ. 2005 p. 590 obs. J. Mestre et B. Fages). De même, l'acte révocatoire ne doit pas être contraire à l'ordre public ni par ses stipulations ni par le but poursuivi (C. civ. art. 1162). Autrement dit, la cause de l'acte révocatoire doit être licite (C. civ. art. 1133 dans sa rédaction antérieure à ord. 2016-131 du 10-2-2016). Ainsi, les motifs ayant déterminé les parties à contracter ne pourraient pas résider dans leur volonté de contourner les dispositions d'ordre public sur la réserve héréditaire (Cass. 1e civ. 30-11-2022 nº 21-11.507 FS-B : BPAT 1/23 inf. 32).

La révocation de la donation par consentement mutuel doit prendre la **forme** notariée (Cass. 1e civ. 2-6-1970 : Bull. civ. I nº 187, JCP 1970 II nº 17095 note M. Dagot ; Cass. 1e civ. 3-1-2006 nº 02-17.656 F-PB : RTD civ. 2007 p. 613 obs. M. Grimaldi).

Si la donation portait sur un **immeuble,** l'acte de révocation amiable de la donation doit être publié au service de la publicité foncière (Décret 55-22 du 4-1-1955 art. 28, 4º-c).

D'un **point de vue fiscal,** la révocation par consentement mutuel est déconseillée. La révocation amiable, qui n'a pas d'**effet** rétroactif, opère rétrocession des biens donnés, et donc une nouvelle mutation entre les intéressés. Cette mutation est passible des **droits de mutation** à titre onéreux sauf dans le cas où l'existence de l'animus donandi justifierait la perception des droits de mutation à titre gratuit (BOI-ENR-DG-20-20-50 nos 170 à 190 ; pour l'analyse juridique et fiscale de la révocation amiable de la donation et les difficultés qu'elle suscite, voir D. Epailly, À propos de la « révocation » amiable de donation : Nota-Bene 10/2012 nº 711). 4178

C'est la supériorité de l'incorporation d'une donation ancienne dans une donation-partage ultérieure que de permettre l'attribution du bien qui en fait l'objet à un donataire copartagé autre que le donataire d'origine, tout en échappant à un double droit de mutation. Un tel changement d'attributaire est seulement soumis au droit de partage (voir nº 10630).

Il est également admis que le droit de mutation n'est pas exigible quand la résolution dérive directement de la loi (réduction d'une donation à la quotité disponible, résolution d'une donation pour cause de survenance d'enfant, etc.) ou, exceptionnellement, lorsque la fraude est impossible, des prévisions du contrat (clauses de dédit, de retour conventionnel, de retrait de réméré) (BOI-ENR-DG-20-20-50 nº 180).

Le droit de mutation n'est pas dû, non plus, sur « l'annulation, la révocation, la résolution ou la rescision » des contrats translatifs « prononcée pour quelque cause que ce soit par jugement ou arrêt », à moins qu'il ne s'agisse d'une décision d'expédient rendue sur le consentement des parties (CGI art. 1961). Ainsi, la révocation judiciaire d'une donation ne donne ouverture à aucun droit de mutation (BOI précité nº 190).

CLAUSES CONTRAIRES À L'IRRÉVOCABILITÉ SPÉCIALE

Sont étudiées dans le chapitre consacré aux libéralités avec charges : les **clauses limitant la liberté personnelle du gratifié** (nos 2100 s.) et les **clauses d'inaliénabilité** (nos 2195 s.). Les **clauses pénales** sont étudiées dans le chapitre sur la donation-partage (nº 11255) et celui sur le testament (nos 14735 s.). 4180

Clauses dépendant de la volonté du donateur Une donation ne peut pas être affectée d'une **condition potestative,** c'est-à-dire d'une condition dont la réalisation dépend de la seule volonté de celui qui s'oblige, à savoir du donateur. Cette impossibilité 4185 résulte tant du droit commun des contrats que des règles propres aux donations (C. civ. art. 1304-2 et 944). Ce principe s'applique aux conditions dépendant de la seule volonté du donateur, anciennement appelées « purement potestatives ». Il s'étend aussi, comme avant la réforme du droit des contrats, aux conditions qui dépendent à la fois de la volonté du donateur et d'un événement extérieur, anciennement appelées « simplement potestatives » (en ce sens, notamment, C. Blanchard, Les incidences de la réforme du droit des contrats sur les libéralités : Bull. Cridon Paris 15-10-2016 n°s 19-20 p. 13 s.).

4187 Sont également contraires au principe d'irrévocabilité spéciale :
– les donations assorties de la **réserve du droit de disposer de la chose donnée** (C. civ. art. 946). En effet, le donateur ne peut pas se réserver le droit de vendre ou de léguer le bien qu'il donne. Cette interdiction ne prive pas d'effet les donations consenties avec une réserve de quasi-usufruit, lesquelles subordonnent le droit de disposer du donateur de la chose donnée à l'obligation de restitution qui lui en est faite à l'expiration du quasi-usufruit (réserve expressément prévue à l'article 949 du Code civil ; sur ce sujet, voir n°s 6150 s.) ;
– les clauses qui obligent le donataire à **payer les dettes du donateur,** (C. civ. art. 945). Le texte opère une distinction entre les dettes présentes et les dettes futures du donateur. Le donataire peut parfaitement s'engager à payer les **dettes présentes** du donateur sans qu'il soit d'ailleurs requis de respecter un formalisme particulier. S'agissant des **dettes futures** du donateur, sauf si celles-ci sont précisées dans l'acte de donation ou dans un état annexé, et ont ainsi un caractère déterminé ou déterminable, elles ne peuvent pas être mises à la charge du donataire à peine de nullité de la donation. À défaut, le donateur pourrait retirer au donataire le bénéfice de la donation en contractant de nouvelles dettes (pour une analyse critique de la portée de l'exception de l'article 945 du Code civil, voir M. Grimaldi : Droit civil. Libéralités. Partages d'ascendants, Litec 2000, n° 1213).

4190 **Clauses relatives à l'existence du bien donné** Une donation ne peut porter que sur des **biens présents** (C. civ. art. 943). Sont concernés :
– les biens dont le donateur est propriétaire au jour où il consent la libéralité ;
– les biens sur lesquels il a un droit à terme ou conditionnel. Au jour où il en dispose, le donateur est titulaire du droit concerné. Peu importe que ce dernier ne se traduise concrètement qu'ultérieurement ou sous condition. Ainsi, la donation de dividendes sur un exercice à venir est valable. Il faut seulement que l'existence de la chose future ne dépende pas de la volonté du donateur (n° 4185).

4195 Hormis entre époux, les donations de **biens à venir** sont nulles (C. civ. art. 943). Les biens à venir sont ceux sur lesquels le donateur n'a actuellement aucun droit ou seulement une expectative. Par exemple, le donateur ne peut pas valablement donner :
– les biens dont il pense hériter un jour ;
– les biens qui composeront sa succession. Il importe peu que ces biens appartiennent déjà au donateur. La donation ainsi subordonnée à la condition que les biens donnés se trouveront dans la succession du donateur à son décès est nulle. Ces **donations à cause de mort** (donations « mortis causa ») heurtent en effet la règle de l'irrévocabilité et, au passage, le principe de prohibition des pactes sur succession future (n°s 27900 s.).
Sont en revanche valables les **donations à terme.** Il s'agit de donations de biens présents dont seule l'exécution est reportée, généralement au décès du donateur (donations « post mortem »). Ces libéralités confèrent au donataire, dès leur conclusion, un droit actuel et irrévocable. Sur la stipulation d'une « réversion » d'usufruit dans une donation avec réserve d'usufruit : voir n°s 6195 s.
Sur les difficultés posées par la **distinction** entre donation à terme de biens présents, donation de biens à venir et donation à cause de mort, voir n°s 6795 s.

SANCTIONS DU PRINCIPE D'IRRÉVOCABILITÉ SPÉCIALE

4205 **Nullité absolue** Bien que l'irrévocabilité spéciale des donations soit justifiée par le souci de protéger les parties au contrat, la sanction attachée au non-respect de la règle est la nullité absolue. Elle peut donc être **invoquée par** tout intéressé (C. civ. art. 1180).
Le **délai** pour s'en prévaloir est de cinq ans à compter de la donation (C. civ. art. 2224).
Toute **confirmation** de la donation irrégulière est exclue du vivant du donateur. Elle est toutefois admise après son décès par ses héritiers ou ayants cause (C. civ. art. 931-1, al. 2).

Portée de la nullité Le **droit général des contrats** distingue (C. civ. art. 1184) : 4210
– une ou plusieurs clauses illicites n'emportent la nullité de l'acte tout entier que si cette ou ces clauses ont constitué un élément déterminant de l'engagement des parties ou de l'une d'elles (al. 1) ;
– l'acte est maintenu lorsque la loi répute la clause non écrite ou lorsque la finalité de la règle méconnue exige son maintien (al. 2).

S'agissant des **libéralités,** il est prévu que les conditions impossibles ou contraires aux lois et aux mœurs sont réputées non écrites (C. civ. art. 900). Traditionnellement, la jurisprudence considérait que ces conditions pouvaient entraîner la nullité de l'acte, dès lors qu'elles avaient été la cause impulsive et déterminante de la libéralité (Cass. req. 3-6-1863 : DP 1863 I p. 429 ; Cass. civ. 19-10-1910 : DP 1911 I p. 463 ; C. civ. art. 1184). La lecture combinée des articles 900 et 1184, alinéa 2 du Code civil interroge la permanence de ces solutions à la suite de la réforme du droit des contrats et des obligations (Ord. 2016-131 du 10-2-2016). Pour plus de précisions, voir n° 2160.

À noter qu'en présence d'une donation affectée d'une **condition potestative** (n° 4185), l'intégralité de l'acte de donation encourt la nullité (C. civ. art. 944).

Les **effets** de la nullité sont **expressément limités** dans les cas suivants : 4215
– lorsqu'une donation porte à la fois sur des biens présents et sur des biens à venir. Seuls ces derniers sont affectés par la nullité (C. civ. art. 943) ;
– de même, en cas de donation à charge de payer des dettes futures déterminées du donateur constatées « soit dans l'acte de donation, soit dans un état qui lui est annexé », la donation n'est remise en cause qu'à hauteur des dettes futures qui n'auraient pas été inventoriées (C. civ. art. 945). À noter que la donation par laquelle le donataire s'engagerait à acquitter les dettes futures indéterminées du donateur est nulle pour le tout ;
– s'agissant de la donation avec réserve du droit de disposer de certains biens donnés, ce n'est que dans la limite de cette réserve que la donation est entachée de nullité (C. civ. art. 946). On peut toutefois avoir des doutes sur l'opportunité de la sanction frappant la donation elle-même, car, en reprenant les biens donnés, le donateur obtient au final ce qu'il souhaitait.

CLAUSES LICITES

Les donations conditionnelles sont permises dès lors que la condition stipulée n'est pas potestative (n° 4185). 4220

Ainsi, sont valables les donations assorties d'une condition dépendant :
– du hasard et/ou de la volonté d'un tiers (« **condition casuelle** »). C'est le cas de la donation consentie à la condition que le donataire ait un enfant vivant au décès du donateur ;
– à la fois de la volonté du donateur et de celle d'un tiers (« **condition mixte** »). Il s'agit par exemple de la donation consentie sous la condition que le donateur se marie avec telle personne.

Enfin, le Code civil prévoit expressément la validité de deux types de clauses :
– la clause de **réserve d'usufruit** : voir n°s 6110 s. ;
– la clause de **retour conventionnel** : voir n°s 6550 s.

> **Précisions** La **classification des obligations conditionnelles,** jugée « dénuée de portée pratique », n'a pas été reprise dans le Code civil à la suite de la réforme du droit des contrats (Rapport relatif à l'ord. 2016-131 du 10-2-2016). Ne figure plus la définition de la condition casuelle comme étant celle qui dépend du hasard, et qui n'est nullement au pouvoir du créancier, ni du débiteur (C. civ. art. 1169 ancien). De la même façon, a été supprimée la définition de la condition mixte comme étant celle qui dépend tout à la fois de la volonté d'une des parties contractantes et de la volonté d'un tiers (C. civ. art. 1171 ancien). Pour autant, la stipulation de telles conditions demeure autorisée comme n'étant pas contraire à l'irrévocabilité spéciale des donations.

2. CAUSES LÉGALES DE RÉVOCATION DES DONATIONS

PRÉSENTATION ET JUSTIFICATION

La loi prévoit **trois causes** de révocation des donations (C. civ. art. 953 s.) : 4250
– l'inexécution des charges imposées au donataire (C. civ. art. 954) ;
– l'ingratitude du donataire (C. civ. art. 955) ;
– et la survenance d'enfant au donateur (C. civ. art. 960).

Ces causes de révocation sont présentées dans le Code civil comme des exceptions au principe d'irrévocabilité des donations : elles figurent en effet dans une section intitulée

« Des exceptions à la règle de l'irrévocabilité des donations entre vifs ». En réalité, le principe d'irrévocabilité spéciale a été instauré pour prévenir toute velléité de remise en cause de la donation par le disposant, soit qu'il ait manifesté dès le jour de la donation une volonté hésitante, soit qu'il ait par la suite changé d'avis. La révocation que la loi met en place ne doit rien aux méandres de la volonté du donateur. Elle est justifiée par des situations qui lui sont extérieures et ne constitue ainsi nullement une dérogation au principe.

Sur la révocation des donations graduelles avant acceptation du second gratifié, voir n° 2555, Attention.

a. Révocation pour inexécution des charges

PRINCIPE

4255 Lorsque la donation a été assortie de charges, le donataire doit les exécuter. À défaut, comme tout créancier d'une obligation trouvant sa source dans un contrat synallagmatique, le donateur peut invoquer l'exception d'inexécution pour suspendre la délivrance de la chose. Le plus souvent, le bien ayant déjà été délivré, l'inexécution par le donataire de son obligation va donner lieu à la résolution du contrat (C. civ. art. 954).

En ce qui concerne les charges susceptibles d'affecter une donation, voir n°s 2000 s.

RÉVOCATION JUDICIAIRE

4260 **Conditions de l'action judiciaire** En principe, sauf cas visés n°s 4295 s., la révocation pour inexécution des charges n'opère pas de plein droit (C. civ. art. 956). Elle doit être demandée en justice et faire l'objet d'une décision judiciaire.

Si la **donation avait pour objet un immeuble,** la demande de révocation doit être publiée au service de la publicité foncière, sous peine d'irrecevabilité (Décret 55-22 du 4-1-1955 art. 28, 4°-c et 30, 5). Cette formalité constitue une fin de non-recevoir et non un vice de forme (Cass. 1e civ. 7-11-2012 n° 11-22.275 F-D). Le défaut de publication ne peut être invoqué que par les parties à l'acte (Cass. 2e civ. 19-10-2017 n° 16-50.031 F-D). Il peut être régularisé jusqu'en appel (Cass. 3e civ. 18-11-2009 n° 08-11.893 FS-PB : RJDA 4/10 n° 444). La preuve de la publication de la demande doit être rapportée par un certificat du service de la publicité foncière ou par une copie de la demande revêtue de la mention de publicité, à l'exclusion de tout autre mode de preuve (Décret 55-22 du 4-1-1955 art. 30, 5 ; pour des illustrations, Cass. 3e civ. 10-2-2010 n° 07-19.228 FS-PB : RJDA 7/10 n° 790 ; CA Paris 5-7-2012 n° 11/12240 ; CA Paris 16-6-2017 n° 16/02431).

4261 L'**action** peut être **exercée par** le donateur lui-même ou, après son décès, par ses héritiers. Peu importe que la charge n'ait pas été stipulée dans leur intérêt. L'action en inexécution des charges d'une **œuvre d'art** peut être exercée par l'héritier non titulaire du droit moral, cette action tendant à la restitution de biens corporels (Cass. 1e civ. 16-1-2019 n° 18-10.603 FS-PB : BPAT 2/19 inf. 59, AJ contrat 2019 p. 198 obs. C.-E. Bucher).

L'action n'est pas ouverte aux **tiers,** faute d'intérêt à agir. Est par exemple irrecevable l'action de l'héritier qui a renoncé à la succession (en ce sens, par exemple, CA Toulouse 15-4-2008 n° 07/1490). Il en est ainsi même pour le tiers bénéficiaire de la charge : celui-ci ne peut agir qu'en exécution forcée. Mais l'action peut être exercée par les créanciers du donateur, au moyen de l'action oblique (C. civ. art. 1341-1).

4262 L'action est **intentée contre** le donataire et, après son décès, ses héritiers.

Le donateur peut y **renoncer,** y compris dans l'acte de donation, c'est-à-dire avant toute inexécution.

L'action est soumise à la **prescription** quinquennale de droit commun. Le délai court à compter de la cessation de l'exécution.

ATTENTION

La révocation pour inexécution des charges s'applique aux **donations matrimoniales** (Cass. 1e civ. 13-12-2005 n° 02-14.135 FS-PB : BPAT 1/06 inf. 6, Defrénois 30-5-2006 n° JP2006DEF0836N1 p. 836 note N. Peterka). Du vivant du donateur, cette cause de révocation n'a de réel intérêt que lorsque ces donations présentent un caractère irrévocable : donations de biens présents entre époux (voir n° 8670) et donations entre futurs époux par contrat de mariage.

Les autres donations matrimoniales, spécialement celles qui sont consenties au dernier vivant, sont en effet toujours librement révocables. Mais la révocation pour inexécution des charges conserve son intérêt à l'égard de ces dernières donations lorsque le donateur meurt sans avoir révoqué la libéralité et que ses héritiers entendent s'en prévaloir (Rép. civ. Dalloz, v. Donation entre époux par V. Brémond, n° 257).

Conditions de fond Deux conditions doivent en principe être réunies pour que l'inexécution des charges entraîne la révocation de la donation. 4265

Première condition, la charge doit être la cause impulsive et déterminante de la libéralité (jurisprudence constante depuis Cass. 1e civ. 28-5-2015 no 14-13.479 F-PB : BPAT 4/15 inf. 142).

Seconde condition, l'inexécution doit présenter un caractère de gravité suffisant et ne pas être imputable au donateur. 4270

En revanche, peu importe que l'**inexécution** soit **fautive** ou non. Ainsi, un legs (mais la solution est transposable aux donations) assorti de l'obligation de s'occuper des animaux du testateur a été révoqué alors même que ces animaux étaient déjà morts ou disparus quand le légataire a eu connaissance de son legs (CA Orléans 9-10-2006 no 05/02967).

Peu importe aussi que l'inexécution ne soit pas **imputable au donataire,** mais soit due à un cas fortuit ou à un événement de force majeure. Par exemple, une donation assortie de charges confessionnelles a été révoquée alors même que la personne publique, donataire, ne pouvait exécuter ces charges, la loi civile en vigueur ne le permettant plus (Cass. 1e civ. 19-10-1896 : DP 1897 I p. 604).

Un **tiers** qui y a intérêt peut se substituer au donataire pour l'exécution de la charge, aux fins d'éviter la révocation de la donation et préserver ainsi ses droits acquis sur le bien donné (Cass. 1e civ. 17-12-1996 no 94-17.120 : Bull. civ. I no 459, à propos d'un créancier hypothécaire) ou, à défaut, son droit de gage général.

Office du juge Les juges du fond disposent d'un large **pouvoir d'appréciation.** Ils peuvent accorder un délai au donataire afin qu'il exécute les charges lui incombant (C. civ. art. 1228 ; pour une illustration, Cass. 1e civ. 13-10-1993 no 91-17.899 : Bull. civ. I no 277). Ce délai peut être suspendu en cas de force majeure mais ne peut pas être renouvelé (Cass. 1e civ. 19-12-1984 no 83-14.083 : Bull. civ. I no 343, solution rendue au visa de l'article 1184, alinéa 3 du Code civil avant la réforme du droit des contrats, mais semble-t-il transposable). Les juges peuvent aussi refuser la révocation ou ne prononcer qu'une révocation partielle. À l'inverse, une inexécution partielle des charges peut entraîner la résolution totale de la donation, si cette inexécution est suffisamment importante au regard de la volonté des parties et, spécialement, de celle du donateur. 4275

ILLUSTRATIONS

Révocation de la donation d'un immeuble assortie d'une obligation de soins au profit de la donatrice, cette obligation n'ayant plus été exécutée par l'héritière de la donataire après le décès de cette dernière (CA Pau 17-6-1997 : Dr. famille 1998 comm. 107 note B. Beignier).

Rejet de la demande de révocation de la donation d'un immeuble au profit d'une congrégation religieuse, assortie de l'obligation de faire assurer un service de soins aux malades de la ville par au moins quatre sœurs logées dans l'immeuble : les sœurs avaient pendant 60 ans exécuté fidèlement les charges de la donation par une activité conforme à la volonté de la donatrice et quatre d'entre elles, infirmières diplômées d'État, ont continué à assurer un service de soins à domicile (CA Amiens 8-1-1999 no 97/2367 : BPAT 3/99 inf. 98).

Pour d'autres illustrations en matière de legs, voir no 17430.

Conséquences de la révocation La révocation pour inexécution des charges a un effet rétroactif tant entre les parties qu'à l'égard des tiers (C. civ. art. 954). 4280

Dans les rapports **entre les parties,** le donataire restitue au donateur ou à ses héritiers les biens donnés libres de toutes charges et hypothèques de son chef (C. civ. art. 954). Il doit aussi, le cas échéant, les fruits qui sont perçus à compter de la demande en justice (sur les difficultés particulières posées par cette restitution dans les donations-partages conjonctives et cumulatives : voir respectivement nos 11890 s. et 12065). 4285

Le bien doit être restitué dans l'état où il se trouvait au jour de la donation. Si le donataire a laissé le bien se dégrader, il doit rembourser les dépenses de remise en état engagées par son auteur ou ses héritiers (Cass. 1e civ. 6-4-1994 no 92-12.844 : Bull. civ. I no 140).

En revanche, s'il a effectué des **dépenses de conservation ou d'amélioration,** il a droit à leur remboursement. Le donataire est remboursé intégralement des sommes qu'il a déboursées si les dépenses étaient nécessaires (Cass. 1e civ. 1-5-1894 : DP 1896 I p. 69). En ce qui concerne les **dépenses simplement utiles,** il n'est indemnisé qu'à concurrence de la plus-value apportée au bien (Cass. 1e civ. 1-5-1894 précité).

La restitution est effectuée en valeur si la chose a péri par la faute du donataire. Si le bien a péri par cas fortuit, le donataire est libéré et le donateur en supporte la perte, selon l'adage « res perit domino ».

> **Précisions** **a.** Sauf clause d'indivisibilité, la **révocation d'une donation-partage** prononcée contre l'un des copartageants pour cause d'inexécution des charges, bien que rompant l'égalité du partage en opérant le retour dans le patrimoine du donateur des biens donnés et entrés dans le lot de ce copartageant, n'a pas pour conséquence l'anéantissement de ce partage pour le tout et laisse subsister à l'égard des autres copartageants l'effet de la transmission de propriété qui en est résulté à leur profit, y compris lorsque celle-ci consiste en une soulte versée par le donataire évincé (Cass. 1e civ. 4-7-2006 no 04-16.272 F-PB ; RTD civ. 2007 p. 614).
> **b.** En cas de **donation conjonctive** par deux époux, le donateur survivant, qui agit en révocation, ne peut reprendre que les biens qu'il a personnellement donnés, à l'exclusion des biens appartenant à son conjoint. On parle du système dit « de la restitution en nature des biens donnés » (C. Brenner et P. Malaurie : Droit des successions et des libéralités, LGDJ 10e éd. 2022, no 851 ; pour une illustration, Cass. 1e civ. 22-6-1983 no 82-13.811 : Bull. civ. I no 183). À noter qu'une partie de la doctrine considère que le donateur récupère les biens composant le lot du donataire à proportion de la quote-part de ceux qu'il a donnés à la masse globale à partager (M. Grimaldi : Droit civil. Libéralités. Partages d'ascendants, Litec 2000, no 1811 ; C. Brenner et P. Malaurie, précité ; voir également F. Bicheron, Contester une donation-partage du vivant des parties : dans quels cas ? pour quel effet ? : AJ fam. 2022 p. 14). Selon cette seconde analyse, on ne tient pas compte de l'origine des biens. Il s'agit du système dit « de la restitution proportionnelle » (C. Brenner et P. Malaurie, précité ; pour une illustration, Cass. 1e civ. 4-10-1988 no 86-15.243 : Bull. civ. I no 266). En présence d'une **donation cumulative,** la question des effets de la restitution se pose de la même façon avec, en réponse, les mêmes incertitudes du fait d'une jurisprudence fluctuante et d'une doctrine divisée (M. Grimaldi, précité ; voir également F. Bicheron, précité).

4290 **Conséquences à l'égard des tiers** À l'égard des tiers, les **actes de disposition** accomplis sur le bien par le donataire sont rétroactivement anéantis (C. civ. art. 954). Toutefois, lorsque la donation portait sur un meuble corporel, les tiers de bonne foi sont protégés par la présomption : « en fait de meubles, la possession vaut titre » (C. civ. art. 2276, al. 1).

Par ailleurs, conformément au droit commun, les **actes de conservation et d'administration** (par exemple, un contrat de bail d'habitation) sont maintenus.

Si la donation avait pour objet un **immeuble**, la décision judiciaire prononçant la révocation doit être publiée pour l'information des tiers (Décret 55-22 du 4-1-1955 art. 28, 4o-c). À défaut, les tiers ayant publié leur propre droit, et prouvant qu'ils ont subi un préjudice du fait du défaut de publication de la décision, peuvent demander des dommages et intérêts (Décret 55-22 du 4-1-1955 art. 30, 4) mais la révocation leur demeure en tout état de cause opposable.

ATTENTION

Les **droits de donation** initialement acquittés ne sont pas restituables en cas de révocation d'une donation pour inexécution des charges (CGI art. 1961, al. 1). Il en est de même pour la **contribution de sécurité immobilière** lorsque celle-ci a été acquittée. La restitution de ces perceptions est prohibée même si la résolution de la donation est prononcée par un jugement ou un arrêt passé en force de chose jugée (BOI-ENR-DG-70-20 no 50).

En revanche, contrairement à la révocation amiable, qui n'a pas d'effet rétroactif, la révocation judiciaire de la donation ne donne ouverture à aucun droit de mutation (CGI art. 1961, al. 3 ; BOI-ENR-DG-20-20-50 no 190).

CLAUSE RÉSOLUTOIRE

4295 Si en principe, la révocation n'a jamais lieu de plein droit (C. civ. art. 956), la **validité** des clauses résolutoires de plein droit en cas d'inexécution des charges est admise (C. civ. art. 1224 issu de ord. 2016-131 du 10-2-2016 consacrant la jurisprudence antérieure ; Cass. 1e civ. 14-2-1956 : Bull. civ. I no 56, JCP 1956 II p. 9343 ; Cass. 1e civ. 20-6-1960 no 58-12.366 : Bull. civ. I no 335 ; Cass. 1e civ. 25-9-2013 no 12-13.747 F-PB : BPAT 6/13 inf. 232). La clause doit indiquer clairement la volonté des parties de rendre inutile l'intervention du juge (Cass. 1e civ. 20-6-1960 : Bull. civ. I no 335). Cela se justifie par le fait que la résolution pour inexécution des contrats et la révocation pour inexécution des charges sont de même nature, la seconde n'étant qu'une illustration particulière de la première (M. Grimaldi : Droit civil. Libéralités. Partages d'ascendants, Litec 2000, no 1420 p. 325 ; pour des illustrations, Cass. 1e civ. 25-9-2013 no 12-13.747 F-PB : RTD civ. 2013 p. 880 note M. Grimaldi, Cass. 1e civ. 13-1-2021 no 19-15.450 F-D : BPAT 2/21 inf. 102-10). La permanence de cette dernière justification est défendue à la suite de la réforme du droit des contrats, au moins lorsqu'il est fait référence à la résolution judiciaire ou conventionnelle des contrats, à l'exclusion de celle par notification (Dalloz Action Droit patrimonial de la famille 2018/2019, dir. M. Grimaldi, v. Règles de fond des donations : suites de la donation, no 315.50 par Y. Flour et C. Donzel-Taboucou).

Dans cette hypothèse, les **conditions** de la révocation judiciaire énoncées nos 4265 s. ne s'appliquent pas : si l'inexécution des charges est établie, quelle qu'en soit la gravité, et même si la charge n'était pas la cause impulsive et déterminante de la donation, la donation sera résolue (Cass. 1e civ. 25-9-2013 précité).

La résolution prendra **effet** dans les conditions prévues par la clause résolutoire (C. civ. art. 1229, al. 2).

RÉSOLUTION UNILATÉRALE SUR NOTIFICATION

Pour les donations conclues depuis le 1er octobre 2016, selon le **droit commun des contrats,** le créancier peut, à ses risques et périls, résoudre le contrat par voie de notification. Sauf urgence, il doit préalablement mettre en demeure le débiteur défaillant de satisfaire à son engagement dans un délai raisonnable (C. civ. art. 1226, al. 1). La jurisprudence antérieure avait déjà admis la possibilité d'une telle résolution en cas d'inexécution du contrat particulièrement grave, en cas d'urgence et « aux risques et périls du créancier » (pour des illustrations concernant des contrats à titre onéreux, Cass. 1e civ. 13-10-1998 no 96-21.485 : Bull. civ. I no 300, RJDA 1/99 no 12 ; Cass. 1e civ. 28-10-2003 no 01-03.662 F-P : RJDA 6/04 inf. 666). 4300

Ainsi, **en appliquant la règle au contrat de donation,** il en résulte que le donateur créancier de la charge inexécutée, qu'il l'ait stipulée pour lui ou pour un tiers, peut obtenir la résolution du contrat, en l'absence de clause résolutoire, sans avoir à engager la procédure judiciaire longue, coûteuse et à l'issue aléatoire de la révocation pour inexécution des charges de droit commun (en ce sens également, C. Blanchard, Les incidences de la réforme du droit des contrats sur les libéralités : Bull. Cridon Paris 15-10-2016 nos 19-20 p. 10). Sauf urgence, il doit mettre en demeure le donataire débiteur de la charge d'y satisfaire (pour un modèle de clause de révocation unilatérale par le donateur à insérer dans l'acte de donation, voir Guide Defrénois de la rédaction des actes, vo Donation entre vifs – Clause révocatoire pour inexécution des charges, par M. Grimaldi, C. Vernières, G. Bonnet, J.-F. Sagaut, S. Guillaud-Bataille et A. Giroud no 122b5).

De son côté, le débiteur pourra, à tout moment, saisir le juge pour contester la résolution unilatéralement mise en œuvre par le créancier, lequel devra alors prouver la gravité de l'inexécution (C. civ. art. 1226, al. 4).

La résolution prendra effet, soit à la date de la réception par le débiteur de la notification faite par le créancier, soit à la date fixée par le juge ou, à défaut, au jour de l'assignation en justice (C. civ. art. 1229, al. 2).

ATTENTION

Comme le soulignent certains auteurs, l'on peut s'interroger sur l'**applicabilité** ou non de la résolution unilatérale sur notification **au contrat de donation.** Cette question n'est pas tranchée et la prudence s'impose (Dalloz Action Droit patrimonial de la famille 2018/2019, dir. M. Grimaldi, v. Règles de fond des donations : suites de la donation, no 315.50 par Y. Flour et C. Donzel-Taboucou).

b. Révocation pour cause d'ingratitude

NOTION D'INGRATITUDE

Les **cas d'ingratitude** justifiant la révocation sont limitativement énumérés par le Code civil (C. civ. art. 955). Ils rappellent les cas d'indignité successorale même si, contrairement à ceux-ci, ils n'ont pas été remaniés. On en dénombre trois : l'attentat à la vie du donateur ; les sévices, délits et injures graves ; le refus d'aliments au donateur. 4320

Les **faits** justifiant la demande de révocation pour cause d'ingratitude doivent avoir été commis directement **à l'encontre du donateur.** N'est pas constitutif d'une ingratitude au sens de l'article 955 du Code civil le fait, pour le donataire, de se rendre coupable de complicité d'escroquerie au préjudice de la société dans laquelle le donateur est associé (Cass. 1e civ. 19-10-2016 no 15-25.879 FS-PBI). Il en va de même pour le donataire condamné pour abus de biens sociaux et de confiance au préjudice de sociétés dont il a reçu les titres par donation de son auteur, fondateur desdites sociétés (Cass. 1e civ. 30-1-2019 no 18-10.091 F-PB : BRDA 5/19 inf. 9).

Seuls des actes à **caractère intentionnel** peuvent justifier la révocation. Ainsi, des coups et blessures commis sur sa mère par un fils en état de démence (l'intéressé ayant été placé d'office en hôpital psychiatrique) ne peuvent pas justifier la révocation de la donation antérieurement consentie par la victime (CA Montpellier 1-3-2012 no 10/08307).

> **Précisions** Classiquement on rapproche les cas d'**indignité successorale** (nos 21570 s.) des causes de révocation pour ingratitude des libéralités, les premières s'entendant toutefois de manière plus étroite que les secondes. À la suite de l'élargissement des cas d'indignité successorale facultative à l'ensemble des violences familiales (C. civ. art. 727, 2o bis créé par loi 2020-936 du 30-7-2020), la sanction de l'indignité n'étant plus limitée aux faits ayant entraîné la mort du défunt ou ayant visé à l'entraîner, l'héritier indigne est désormais plus sévèrement puni que le gratifié ingrat (S. Gaudemet, Nouveaux cas d'indignité successorale : Defrénois 3-6-2021 no 200w6 p. 15, regrettant l'absence de vision d'ensemble du législateur sur cette question).

4325 L'**attentat à la vie du donateur** implique la volonté de tuer, ce qui n'est pas le cas si la mort du donateur a été causée par un acte d'imprudence ou si le gratifié n'avait pas toute sa lucidité au moment de l'acte. La simple tentative d'homicide suffit : la révocation sera prononcée même si le donateur n'a été ni tué ni blessé.

Par ailleurs, à la différence de l'indignité successorale (voir n°s 21570 s.), il n'est pas nécessaire que le donataire ait été condamné en justice.

4330 Par **sévices, délits et injures graves,** on entend les mauvais traitements physiques ou psychologiques administrés au disposant. Les délits, qui comprennent les sévices, sont des infractions pénalement répressibles. Les injures recouvrent les offenses et blessures constitutives d'atteintes à l'honneur et à la réputation du donateur. On trouve une application fréquente de la notion d'injure grave dans les rapports entre époux avec l'adultère (pour deux illustrations, Cass. 1e civ. 19-3-1985 n° 84-10.237 : Bull. civ. I n° 99 ; Cass. 1e civ. 25-10-2017 n° 16-21.136 F-PB : BPAT 6/17 inf. 243).

Les faits reprochés doivent avoir été commis volontairement. Ainsi, les coups et blessures par imprudence n'entraînent pas révocation.

Les sévices, délits ou injures invoqués doivent aussi être graves pour emporter la révocation de la donation. Les juges du fond apprécient souverainement ce caractère de gravité (en ce sens, par exemple, Cass. 1e civ. 31-1-1966 : Bull. civ. I n° 69 ; Cass. 1e civ. 20-11-1984 n° 83-13.236 : Bull. civ. I n° 313 ; Cass. 1e civ. 4-10-2005 n° 03-19.297 F-D). Ce sont en particulier les injures qui donnent matière à une grande liberté d'appréciation de la part des juges. Ces derniers font preuve d'une grande tolérance à l'égard du donataire ingrat en contextualisant les comportements litigieux : attitudes du disposant, comportements familiaux habituels, etc.

ILLUSTRATIONS

Ne justifient pas la révocation pour ingratitude de la donation :
– les vols commis par un fils gratifié dans un contexte relationnel conflictuel avec sa mère donatrice (Cass. 1e civ. 14-1-2003 n° 00-20.467 FS-P : BPAT 2/03 inf. 42) ;
– le fait de parler à un tiers de son père en le présentant comme un vieillard diabolique et manipulateur, qualificatifs pour le moins offensants et blessants, sans être pour autant révélateur de l'ingratitude du fils (Cass. 1e civ. 13-2-2013 n° 11-14.294 F-D) ;
– l'attitude injurieuse d'une fille à l'égard de sa mère, résultant notamment du manque d'affection de la mère donatrice pour sa fille (Cass. 1e civ. 4-3-2015 n° 14-13.329 F-D) ;
– le fait pour une ex-compagne de ne pas répondre aux nombreux textos de son amant éconduit dans lesquels il faisait état de ses problèmes de santé qui se sont aggravés et à qui il demandait de l'aide, sans succès (CA Paris 9-2-2023 n° 20/03039).

Justifie la révocation de la donation pour injure grave le fait pour une fille de dénier la qualité de père au donateur en invoquant l'absence de lien véritable par le sang, le traitant au passage de « lâche » et d'« idiot », et ne faisant par la suite aucune offre de réconciliation ou d'excuses à son père (Cass. 1e civ. 21-2-2006 n° 02-14.407 FS-PB : BPAT 2/06 inf. 60).

4335 La donation ne crée pas, à la charge du donataire, d'obligation alimentaire envers le disposant. Toutefois, la révocation de la donation pour **refus d'aliments au donateur** est encourue lorsque le donataire laisse le disposant dans un état de besoin.

Trois conditions doivent être réunies. Le donateur doit avoir au préalable réclamé des aliments au donataire qui les lui a refusés. Il doit ensuite établir son état de besoin et sa demande doit correspondre aux facultés du donataire. Enfin, il faut tenir compte de l'importance de la donation : le gratifié ne peut se voir reprocher de ne pas avoir fourni des aliments qui lui auraient fait perdre en pratique le bénéfice de la donation.

NATURE DE L'ACTION EN RÉVOCATION

4337 L'action en révocation est de nature à la fois patrimoniale et personnelle. Elle est **patrimoniale** par son objet dans la mesure où elle a pour effet le retour des biens donnés dans le patrimoine du donateur (pour une illustration de l'affirmation de sa nature patrimoniale, Cass. 1e civ. 8-3-1988 n° 86-16.153 : Bull. civ. I n° 63). Mais elle est **personnelle** par sa finalité : elle vise à sanctionner le donataire en raison de son inconduite.

CONDITIONS D'EXERCICE DE L'ACTION

4340 La révocation pour cause d'ingratitude n'opère jamais de plein droit (C. civ. art. 956) ; elle nécessite une décision judiciaire.

L'action étant d'ordre public, le donateur ne peut pas y **renoncer** par avance (Cass. 1e civ. 22-11-1977 n° 76-10.821 : Bull. civ. I n° 431, Defrénois 1979 art. 31950 note R. Ponsard, à propos d'un acte de donation contenant une clause par laquelle « le donateur déclare renoncer purement et simplement à l'action révocatoire »).

Seul le donateur peut exercer l'**action,** celle-ci lui étant **personnelle** (pour une illustration, Cass. 1e civ. 8-3-1988 no 86-11.144 : Bull. civ. I no 67). Ses héritiers ne peuvent pas solliciter la révocation, à moins que le donateur n'ait lui-même engagé l'action ou qu'il ne soit décédé dans l'année du délit (C. civ. art. 957, al. 2 ; Cass. 1e civ. 8-1-1991 no 89-12.384 : Bull. civ. I no 10, à propos de la poursuite par un seul des héritiers de l'action engagée par le donateur décédé), c'est-à-dire dans le délai pour agir. Interprétant de manière extensive cette dernière exception, la jurisprudence reconnaît également ce droit quand le donateur est décédé dans l'ignorance des faits répréhensibles, au motif que le délai n'a alors pu courir à son encontre. S'agissant de la **notion d'héritier** ouvrant droit à l'action, de même que l'héritier légal, le légataire universel, en sa qualité de continuateur de la personne du défunt, a vocation à recevoir l'universalité héréditaire. Il a donc vocation à recevoir les droits patrimoniaux et extrapatrimoniaux à caractère personnel, transmissibles à cause de mort (voir concernant le droit moral de l'auteur, Cass. 1e civ. 17-12-1996 no 94-18.985, Picabia : RTD civ. 1998 p. 446 obs. J. Patarin). Le légataire universel n'est autre que l'héritier testamentaire du de cujus. Il importe peu en la matière que, se trouvant en concours avec un héritier réservataire, il ne dispose pas de la saisine. Dès lors, le légataire universel, en sa qualité d'héritier, peut exercer l'action en révocation pour ingratitude d'une donation consentie par le testateur en raison des violences commises à son encontre par le donataire et pour lesquelles ce dernier a été pénalement condamné (Cass. 1e civ. 27-1-2021 no 19-18.278 FS-P : BPAT 2/21 inf. 81).

Les **créanciers du disposant** ne peuvent pas exercer cette action par la voie oblique.

La demande doit être **dirigée contre** le donataire. Son décès emporte extinction de l'action, qui ne peut donc pas être conduite contre ses héritiers.

La révocation pour ingratitude est susceptible de concerner **toute donation.** Mais, s'agissant des donations matrimoniales, elle s'applique dans les mêmes conditions que la révocation pour inexécution des charges : voir nos 4260 s. **4345**

Seuls des **faits postérieurs** à la donation peuvent autoriser la révocation. L'action est donc irrecevable si l'enfant donataire a détourné des fonds de ses parents avant d'avoir été gratifié par sa mère d'une donation-partage (Cass. 1e civ. 9-1-2008 no 06-20.108 F-PB : BPAT 2/08 inf. 60). Mais il n'est pas interdit au juge de fonder sa décision de révocation d'une donation pour ingratitude sur le comportement des donataires postérieur à l'assignation en révocation dès lors que, n'étant que la suite de leur comportement antérieur, il confirme les faits énoncés dans l'acte introductif d'instance et l'attitude injurieuse des donataires (Cass. 1e civ. 9-2-1994 no 92-12.601 : Bull. civ. I no 52).

L'action doit être intentée dans le **délai** d'un an à compter du jour du délit ou de celui de sa connaissance par le donateur (C. civ. art. 957, al. 1 ; pour une illustration, Cass. 1e civ. 20-5-2009 no 08-14.761 F-PB : RJDA 1/10 no 23, BPAT 4/09 inf. 158). Si le fait a un caractère continu, le délai court du jour de sa cessation et si l'ingratitude résulte de faits successifs, le délai court à compter du dernier d'entre eux. Si les faits reprochés constituent une infraction pénale, et à la condition que le donateur ait mis en mouvement l'action publique dans le délai d'un an, le point de départ du délai est reporté au jour où l'existence de cette infraction aura été reconnue par une condamnation pénale émanant d'une juridiction répressive (Cass. 1e civ. 20-10-2010 no 09-16.451 FS-PBI : BPAT 6/10 inf. 356). Le point de départ est retardé jusqu'au jour où la condamnation pénale établit la réalité de ces faits, c'est-à-dire au jour où elle devient définitive (Cass. 1e civ. 19-3-2014 no 13-15.662 FS-PB : BPAT 3/14 inf. 134). Une cour d'appel a admis un tel report alors que l'action publique avait été mise en mouvement par le procureur de la République et non par le donateur (CA Grenoble 8-11-2017) ; le pourvoi contre cet arrêt a été rejeté sur ce point, mais sans que les Hauts Magistrats ne se prononcent expressément sur la question (Cass. 1e civ. 30-1-2019 no 18-10.091 F-PB : BPAT 2/19 inf. 60, D. 2019 p. 2216 chron. S. Godechot-Patris et C. Grare-Didier, estimant que l'on ne peut donc en déduire quoi que ce soit). **4350**

Le délai pour agir est un délai préfix, qui n'est donc susceptible ni de suspension ni d'interruption (Cass. 1e civ. 1-2-2012 no 10-27.276 F-PBI : BPAT 2/12 inf. 111 ; Cass. 1e civ. 18-12-2013 no 12-26.571 F-PB : BPAT 1/14 inf. 22).

Le **pardon du donateur** éteint l'action et est opposable à ses héritiers.

Si la **donation portait sur un immeuble,** la demande de révocation doit être publiée au service de la publicité foncière, sous peine d'irrecevabilité (no 4260). La décision emportant révocation doit également être publiée pour l'information des tiers (Décret 55-22 du 4-1-1955 art. 28, 4o-c). À défaut, les tiers ayant publié leur propre droit, et prouvant qu'ils ont subi un préjudice du fait du défaut de publication de la décision, peuvent demander des dommages et intérêts (Décret 55-22 du 4-1-1955 art. 30, 4). **4355**

EFFETS

4360 **Entre les parties** La révocation pour cause d'ingratitude a un effet rétroactif entre les parties : elle oblige le donataire à restituer le bien en nature s'il existe encore, en valeur s'il a été aliéné dans l'intervalle. Si le gratifié a hypothéqué l'immeuble donné ou l'a grevé de charges, il devra indemniser le donateur pour la perte de valeur qui en résulte.

Conformément au droit commun, les **actes d'administration** accomplis sur le bien donné ne sont pas remis en cause.

Le gratifié ne doit restituer les **fruits** qu'à compter du jour de la demande (C. civ. art. 958, al. 2). Il a droit au remboursement des impenses qu'il a faites sur le bien donné.

S'agissant des effets de la révocation d'une donation-partage, voire d'une donation-partage conjonctive ou cumulative, voir nº 4285, Précisions.

4365 **À l'égard des tiers** Contrairement à la révocation pour inexécution des charges, la révocation pour ingratitude ne produit pas d'effets rétroactifs à l'égard des tiers. Elle ne porte ainsi pas atteinte aux droits qu'ils ont pu acquérir sur le bien donné. Il s'agit en effet de sanctionner uniquement le donataire ingrat. Par conséquent, tous les actes accomplis par le gratifié sont maintenus, notamment les aliénations et les constitutions de droits réels. Le donateur n'a alors qu'un recours en indemnité contre le donataire, la valeur du bien étant estimée au jour de la demande.

Toutefois, si la donation portait sur un **immeuble,** les aliénations et constitutions de droits réels ne sont maintenues que si elles étaient antérieures à la publication de la demande en révocation (C. civ. art. 958, al. 1). À cet égard, c'est la date des actes de disposition qu'il y a lieu de prendre en compte, et non la date de leur publication. En conséquence, tous les actes de disposition accomplis postérieurement à la publicité de la demande en révocation sont résolus s'il est fait droit à cette demande.

Si la donation avait pour objet des **meubles corporels,** le tiers est protégé par la présomption « en fait de meubles, la possession vaut titre » (C. civ. art. 2276, al. 1).

4370 **Traitement fiscal** En cas de révocation d'une donation pour ingratitude, les **droits de donation** (ainsi que la **contribution de sécurité immobilière,** le cas échéant) initialement acquittés ne sont pas restitués (CGI art. 1961, al. 1). Il importe peu, à cet égard, que la résolution de la donation soit prononcée par le juge (BOI-ENR-DG-70-20 nº 50).

c. Révocation pour survenance d'enfant

CONDITIONS

4390 À l'exception des donations entre époux (ou entre futurs époux par contrat de mariage), toutes les donations sont susceptibles d'être révoquées pour survenance d'enfant (C. civ. art. 960).

La **situation visée** est celle où le donateur n'a pas d'enfant vivant à la date de la donation et où il a ensuite un enfant.

La nature du lien de filiation importe peu sous réserve de la situation de l'**enfant adopté.** Pour les donations consenties depuis le 1er janvier 2007, son adoption plénière emporte incontestablement révocation de la donation (l'article 960 dans sa rédaction issue de la loi 2006-728 du 23-6-2006 renvoie au chapitre Ier du titre VIII du livre Ier relatif à l'adoption plénière). L'adoption simple ne produit pas cet effet révocatoire. Qu'en est-il depuis l'entrée en vigueur de l'ordonnance 2022-1292 du 5 octobre 2022 prise en application de l'article 18 de la loi 2022-219 du 21 février 2022 visant à réformer l'adoption au 1er janvier 2023 ? Elle procède à une refonte, purement formelle et à droit constant du titre VIII du Code civil « De la filiation » (Rapport relatif à l'ord. 2022-1292 du 5-10-2022). Toutefois, à la suite de la modification de l'organisation formelle de ce titre, le chapitre Ier auquel il est renvoyé, anciennement « De l'adoption plénière » traite désormais « Des conditions requises pour l'adoption ». Faut-il y voir un « simple » oubli malencontreux de mise à jour du renvoi opéré par l'article 960 de la part des rédacteurs de l'ordonnance ? Un auteur argue de la revalorisation souhaitée de l'adoption simple par la réforme de l'adoption de 2022 pour en déduire que la restriction formulée à l'article 960 du Code civil précité a, semble-t-il, perdu sa raison d'être. Selon lui, sous réserve d'une interprétation judiciaire contraire, il est permis de penser que l'adoption simple opérée après une donation entre vifs pourra constituer une survenance d'enfant, au même titre que l'adoption plénière (J.-Cl. Notarial Formulaire vº Donation entre vifs, fasc. 50 : Donation entre vifs – Révocation – Résolution, nº 80 par D. Montoux). Toutefois, il nous semble que les effets substantiels de l'adoption simple n'ont pas été modifiés par la loi 2022-219 du 21 février 2022 visant à réformer l'adoption. Dès lors, tout prête à penser que la règle demeure malgré un renvoi désormais incorrect.

L'existence d'un **enfant simplement conçu** à la date de la donation ne fait pas obstacle à la révocation (C. civ. art. 961). La règle selon laquelle l'enfant conçu est considéré comme né (« l'infans conceptus ») ne joue qu'en faveur de l'enfant. Or, l'intérêt de l'enfant à naître est ici précisément la révocation.

Enfin, la naissance d'un **enfant posthume** opère révocation (C. civ. art. 960).

> Précisions **Pour les donations consenties avant le 1er janvier 2007,** la jurisprudence ancienne et la doctrine classique considéraient que l'**adoption** par le donateur ne pouvait révoquer la donation au motif qu'il s'agissait alors d'une révocation volontaire du disposant, contrevenant au principe de l'irrévocabilité spéciale des donations (sur ce sujet, J. Hauser, Révocation des donations pour survenance d'enfants : quelles donations et quels enfants ? : Defrénois 15-12-2001 no AD2001DEF1379N1 p. 1379). Certains auteurs distinguaient l'adoption plénière de l'adoption simple : si l'adoption plénière devait emporter révocation de la donation, l'adoption simple ne pouvait pas produire cet effet révocatoire (L. Leveneur et S. Mazeaud-Leveneur : Leçons de droit civil, T. IV, 2e volume, successions, libéralités, Montchrestien Paris 1999, no 1517 p. 698). Mais l'enfant adopté simple ayant dans la succession de son parent adoptif les mêmes droits successoraux que les autres enfants, il nous semble que l'effet révocatoire doit jouer de manière identique (en ce sens, M. Grimaldi : Droit civil. Libéralités. Partages d'ascendants, Litec 2000, no 1442).

MISE EN ŒUVRE DE LA RÉVOCATION

La loi du 23 juin 2006 a modifié profondément le régime de la révocation pour survenance d'enfant. Les règles diffèrent selon que la donation a été consentie avant ou après le 1er janvier 2007, date d'entrée en vigueur de la loi. 4395

Donations consenties depuis le 1er janvier 2007 La révocation pour survenance d'enfant n'est possible que si l'acte de donation la prévoit (C. civ. art. 960) et à condition d'être demandée en justice (en sens contraire, L. Mauger-Vielpeau, La révocation pour cause de survenance d'enfant après la loi 2006-728 du 23 juin 2006 portant réforme des successions et des libéralités : JCP N 2007 no 1146 p. 23, qui estime que la révocation résulte d'une simple manifestation de volonté du donateur). 4400

Le donateur peut à tout moment **renoncer** à exercer l'action en révocation (C. civ. art. 965).

L'action en révocation, qui ne peut être **exercée** que **par** le donateur, à l'exclusion de ses héritiers et de ses créanciers, doit être intentée dans un **délai** de cinq ans à compter de la naissance ou de l'adoption plénière de son dernier enfant (C. civ. art. 966). Dans le cas particulier de la survenance d'un **enfant posthume,** la révocation de la donation suppose que le donateur ait engagé l'action en révocation peu après sa conception (en ce sens, Rapport Sén. no 343, p. 249 relatif au projet de loi portant réforme du droit des successions et des libéralités).

Si la donation portait sur un immeuble, la demande doit être publiée au service de la **publicité foncière,** sous peine d'irrecevabilité (no 4260). La décision prononçant la révocation doit aussi être publiée mais pour l'information des tiers sous peine de dommages-intérêts (Décret 55-22 du 4-1-1955 art. 30, 4). 4403

Donations consenties avant le 1er janvier 2007 La révocation pour survenance d'enfant opère de **plein droit** (C. civ. art. 960 ancien dans sa rédaction antérieure à la loi 2006-728 du 23-6-2006). Autrement dit, elle intervient automatiquement, sans qu'une décision judiciaire soit nécessaire pour prononcer la résolution de la donation. Si le juge est saisi, son rôle consistera seulement à constater une révocation déjà opérée, dès lors que les conditions légales sont réunies (pour une illustration, Cass. 1e civ. 16-5-2000 no 98-14.183 FS-D). 4405

Le donateur ne peut pas **confirmer** la donation après la survenance de l'enfant. Il n'a d'autre choix que d'en consentir une nouvelle si telle est sa volonté.

La révocation étant d'**ordre public,** le donateur ne peut y renoncer avant la naissance ou l'adoption de l'enfant.

Si la donation portait sur un immeuble, la décision de justice ou l'acte amiable constatant la révocation doit être publié au service de la **publicité foncière** pour l'information des tiers (Décret 55-22 du 4-1-1955 art. 28, 4o-c). À défaut, les tiers ayant publié leur propre droit, et prouvant qu'ils ont subi un préjudice du fait du défaut de publication de la révocation, peuvent demander des dommages-intérêts (Décret 55-22 du 4-1-1955 art. 30, 4) mais la révocation leur demeure en tout état de cause opposable. 4406

Dans l'hypothèse où la donation a été consentie avant le 1er janvier 2007 et où le **donateur a son premier enfant après cette date,** l'application des principes de droit transitoire conduit à la mise en œuvre d'une solution radicale. En effet, la révocation est impossible : elle échappe à la révocation de plein droit compte tenu de l'application immédiate des règles 4407 issues de la loi du 23 juin 2006 ; la révocation facultative ne peut pas être exercée puisque l'acte de donation ne peut l'avoir prévue pour la raison que la révocation était alors de plein droit (T. Le Bars, 1e Commission : Le nouveau régime de la révocation des donations pour survenance d'enfant : Petites affiches 12-9-2012 no PA201218305 p. 16).

EFFETS

4410 La révocation pour survenance d'enfant a un effet **rétroactif,** tant dans les rapports entre les parties qu'à l'égard des tiers et s'applique même si la donation a été faite en faveur du mariage du donataire et insérée dans le contrat de mariage (C. civ. art. 963). La situation est celle exposée nos 4280 s.

La révocation pour survenance d'enfant a un effet **définitif.** La mort de l'enfant du donateur est sans incidence sur la révocation de la donation (C. civ. art. 964).

Des règles particulières s'appliquent toutefois à la restitution des **fruits** : le donataire conserve les fruits qu'il a perçus jusqu'au jour où la naissance ou l'adoption de l'enfant lui est notifiée, car il est alors considéré comme un possesseur de bonne foi ; à compter de la notification, il doit les restituer, car il devient un possesseur de mauvaise foi (C. civ. art. 962).

4415 **Traitement fiscal** Par exception au principe posé par l'article 1961 du Code général des impôts, les **droits de mutation à titre gratuit** perçus à l'occasion d'une donation ultérieurement révoquée pour survenance d'enfant sont restitués sans qu'il soit nécessaire que cette résolution fasse l'objet d'une décision judiciaire (CGI art. 1961, al. 1 a contrario ; BOI-ENR-DG-70-20 no 70).

B. Forme des donations

PRINCIPE ET DOMAINE DE L'AUTHENTICITÉ

4460 La donation fait partie des exceptions au consensualisme qui domine le droit des contrats : elle est soumise au **principe** d'authenticité qui impose trois règles de forme (C. civ. art. 931, 932 et 948) : un acte notarié passé en minute, une acceptation authentique et, le cas échéant, un état mobilier.

Pour être plus précis, l'article 931 du Code civil n'interdit pas la réalisation de donations non notariées. Il signifie seulement que **si un acte de donation est établi,** cet acte doit respecter les règles de forme précitées. Les développements ci-dessous s'appliquent donc seulement aux donations directes et apparentes.

Dans la pratique, ces donations sont minoritaires en raison précisément de leur formalisme et surtout de leur fiscalité. La majorité des donations sont consenties sans acte authentique. Sous la pression des nécessités pratiques, la validité des dons manuels, donations indirectes et donations déguisées a été admise. Ces trois types de donations échappent aux exigences de forme des donations entre vifs et obéissent à des règles qui leur sont propres, à la fois sur le terrain juridique (notamment quant à leurs conditions de validité) et sur le terrain fiscal : voir nos 12600 s.

ACTE NOTARIÉ

4465 Tout acte portant donation doit être notarié (C. civ. art. 931 ; pour deux illustrations, Cass. 1e civ. 15-2-2012 no 11-11.636 F-D : BPAT 2/12 inf. 112 ; Cass. 1e civ. 22-2-2017 no 16-14.351 F-PB : BPAT 2/17 inf. 63). Cette règle impérative se justifie par le souci de protéger le donateur contre lui-même ou contre des pressions extérieures.

Elle s'applique aussi bien aux **donations ordinaires** qu'aux **donations-partages.**

Comme la libéralité elle-même, l'engagement de signer un acte de donation est soumis à l'exigence de la forme authentique ; il en résulte, par exemple, que le jugement qui donne acte à une partie de son intention de donner ne lui crée aucune obligation (Cass. 1e civ. 17-10-2018 no 17-22.021 F-D : BPAT 6/18 inf. 243). La règle s'applique aussi à l'acceptation de la donation, lorsque celle-ci est l'objet d'un acte distinct.

Les **clauses et conditions** dont la donation est assortie sont également soumises à l'exigence de forme authentique. Ainsi, une donation grevée de charges est nulle si les charges imposées au donataire sont énoncées dans un acte sous signature privée séparé auquel l'acte notarié fait référence (Cass. 1e civ. 17-10-2007 no 05-14.818 FS-PB : BPAT 6/07 inf. 176 ; sur renvoi, CA Paris 1-7-2009 no 07/20515 : BPAT 6/09 inf. 245).

Bien que l'article 931 du Code civil emploie le pluriel (« devant notaires »), un seul **notaire** suffit à la validité de la donation depuis la loi 66-1012 du 28 décembre 1966. L'utilisation du pluriel remonte à l'époque où, en vertu de l'ancien article 9 de la loi du 25 ventôse an XI, la donation devait être reçue par deux notaires ou par un notaire assisté de deux témoins. Ce cas de figure peut néanmoins encore se rencontrer lorsque les parties ou l'une d'elles ne savent ou ne peuvent signer (Loi du 25 ventôse an XI art. 9, 3°).

L'acte doit être dressé en **minute** (C. civ. art. 931). L'original doit donc être conservé « au rang des minutes » du notaire rédacteur, ce qui permet d'en assurer la conservation de manière particulièrement sûre.

> **Précisions** Contrairement aux actes courants, la donation ne pouvait pas être reçue par un **clerc assermenté, habilité** par le notaire (en tout état de cause l'habilitation a été supprimée par la loi 2015-990 du 6 août 2015, et celles conférées avant le 1er janvier 2015 ont cessé de produire effet depuis le 31 décembre 2020) : le notaire doit recevoir personnellement l'acte de donation.

PRÉSENCE OU REPRÉSENTATION DES PARTIES À L'ACTE

Les parties doivent **signer l'acte de donation** mais elles n'ont pas l'obligation d'être présentes chez le notaire le jour où celui-ci reçoit la libéralité. Elles peuvent très bien se faire représenter au moyen d'une **procuration.** Celle-ci doit être suffisamment précise et explicite quant à la volonté des parties ; on parle à ce titre de mandat spécial (pour une illustration, Cass. 1e civ. 29-6-1983 n° 82-13.058 : Bull. civ. I n° 192). Elle doit respecter le même formalisme que la donation elle-même et doit donc être donnée sous forme notariée. Il semble en revanche qu'elle puisse être établie en brevet, le notaire remettant alors l'original à son client ; le brevet sera ensuite annexé à l'acte de donation. Notons toutefois qu'en pratique, par mesure de prudence, les notaires la reçoivent traditionnellement en minute et en délivrent une copie authentique, laquelle est annexée à l'acte de donation (C. civ. art. 933, al. 2). Elle peut être établie sur support papier mais également sur support électronique lorsque l'une ou les parties à l'acte de procuration ne peuvent pas être présentes devant le notaire instrumentaire (Décret 71-941 du 26-11-1971 art. 20-1). 4470

Si la procuration a été donnée avec **faculté de substitution du mandataire,** seul le mandataire désigné dans la procuration peut faire usage de la faculté de substitution. La donation acceptée par un mandataire substitutif désigné par le notaire est nulle (Cass. 1e civ. 23-1-2008 n° 06-17.489 FS-PB : Defrénois 30-3-2008 n° CJ2008DEF0712N1 p. 712 § 8 note R. Libchaber, Gaz. Pal. 22-11-2008 jur. p. 39, décision rendue à propos d'une donation-partage mais d'application générale).

> **Précisions** L'acte authentique par **comparution à distance** est admis mais limité aux seules procurations (Décret 2020-1422 du 20-11-2020). Le 117e Congrès des notaires a proposé son extension à tous les actes authentiques (3e proposition de la 3e Commission « Moderniser et encadrer le contrat dans le monde numérique »). La comparution à distance est en effet jugée compatible avec le fondement de l'authenticité tenant aux contrôles effectués par l'officier public visant à fournir la plus parfaite des informations afin de s'assurer de l'expression d'un consentement réel, libre et parfaitement éclairé (Rapport 117e Congrès des notaires de France, Le numérique, l'homme et le droit, accompagner la révolution digitale, Nice 2021, nos 3583 s.).

ÉTAT ESTIMATIF

Lorsque la donation notariée porte sur des **biens meubles,** un état estimatif des biens donnés doit être dressé, signé par le donateur et par le donataire et annexé à la minute de la donation (C. civ. art. 948). Il s'agit d'un document qui énumère et décrit les biens donnés, avec une évaluation distincte de chacun. 4475

Aucun texte ne dispense la **donation-partage** de l'obligation de respecter l'établissement d'un état estimatif (Cass. 1e civ. 10-6-1970 n° 69-10.950 : Bull. civ. I n° 198).

La règle tend principalement à garantir l'irrévocabilité du dépouillement du donateur et à prévenir les contestations sur l'étendue de la restitution en cas de nullité, révocation permise, rapport ou réduction.

Cet état n'est cependant **pas nécessaire** lorsque les biens donnés font l'objet d'une énumération et d'une estimation détaillées dans le corps même de l'acte de donation (en ce sens, par exemple, Rép. Lellouche : AN 9-8-2005 p. 7725 n° 65206).

En la **forme,** l'acte notarié n'est pas exigé : l'état peut être dressé, en double exemplaire, par acte sous signature privée ou encore au moyen d'un inventaire annexé à l'acte de donation (Cass. req. 11-4-1854 : DP 1854 I p. 246, S. 1855 I p. 297).

AUTRES FORMALITÉS

4480 Selon la nature des biens, des formalités particulières peuvent être requises **pour l'opposabilité aux tiers** de la donation : voir nos 4715 s.

Par ailleurs, sous les mêmes réserves et conditions qu'en cas d'aliénation à titre onéreux, les donations de biens immobiliers (ou d'ensemble de droits sociaux donnant vocation à l'attribution en propriété ou en jouissance d'un immeuble) entrent dans le champ du **droit de préemption urbain** (et celui des ZAD et périmètres provisoires) sauf lorsqu'elles sont effectuées entre les personnes suivantes (C. urb. art. L 213-1-1) :
– ascendants et descendants ;
– collatéraux jusqu'au 6e degré ;
– époux ou partenaires d'un Pacs ;
– une personne et les descendants de son conjoint ou de son partenaire de Pacs, ou entre ces descendants.

Il résulte de ce droit de préemption que la donation doit être précédée d'une déclaration d'intention d'aliéner. À défaut, le titulaire du droit de préemption dispose d'une action en annulation de la donation qui se prescrit par cinq ans à compter de la publication de l'acte portant transfert de propriété (C. urb. art. L 213-2).

Les donations de biens ruraux (biens immobiliers, bâtis ou non, à usage agricole et biens mobiliers qui leur sont attachés, terrains nus à vocation agricole, parts ou actions d'une société ayant pour objet principal l'exploitation ou la propriété agricole) entrent également dans le champ du **droit de préemption des Safer,** avec les mêmes exclusions inhérentes au cercle familial que celles évoquées à propos du droit de préemption urbain (C. rur. art. L 143-16). En l'absence d'information préalable de la Safer par le notaire ou le donateur, la donation encourt la nullité pendant un délai de six mois à compter de sa publication (ou de sa connaissance par la Safer à défaut de publication) (C. rur. art. L 141-1-1, II). Depuis le 1er janvier 2023, les informations liées à l'obligation déclarative doivent être impérativement transmises à la Safer par le notaire sous forme électronique. Il en va de même des opérations sociétaires : la transmission des informations est réalisée uniquement par voie de télédéclaration, sur le site internet de la Safer (C. rur. art. L 141-1-1, IV créé par loi 2021-1756 du 23-12-2021).

4482 Depuis le **25 août 2021,** deux nouveaux **droits de préemption** sont susceptibles d'être mis en jeu lors d'une transmission par donation. Il s'agit :
– du droit de préemption pour l'adaptation des territoires au recul du trait de côte **dans les communes littorales** lorsque la donation porte sur des biens immobiliers ou des ensembles de droits sociaux donnant vocation à l'attribution en propriété ou en jouissance d'un immeuble, d'une partie d'immeuble, bâti ou non bâti (C. urb. art. L 219-3 ; G. Éveillard, Le droit de préemption pour l'adaptation au recul du trait de côte : RFDA 2022 p. 466). Les conditions d'application doivent encore être déterminées par décret (C. urb. art. L 219-13) ;
– et du droit de préemption pour protéger les écosystèmes **dans les espaces naturels sensibles** (ENS) lorsque la donation porte sur des immeubles ou ensemble de droits sociaux (C. urb. art. L 215-13-1).

Par **exception,** ne sont pas visées les donations réalisées entre ascendants et descendants, entre collatéraux jusqu'au 6e degré, entre époux ou partenaires liés par un pacte civil de solidarité ou entre une personne et les descendants de son conjoint ou de son partenaire de Pacs, ou entre ces descendants (C. urb. art. L 219-3 concernant le droit de préemption pour l'adaptation des territoires au recul du trait de côte et L 215-13-1 pour le droit de préemption dans les espaces naturels sensibles).

SANCTIONS DES CONDITIONS DE FORME

4485 L'acte de donation dressé sans respect des règles de forme sus-énoncées encourt la **nullité** (C. civ. art. 931 et 948). Il s'agit d'une nullité absolue. En conséquence, l'action en nullité est en principe ouverte à toute personne intéressée : donateur et à son décès ses héritiers, donataire, créanciers (pour une illustration, Cass. 1e civ. 11-9-2013 no 12-15.618 F-PB : BPAT 6/13 inf. 233).

Cette action est soumise, comme toute action personnelle, à la **prescription** de droit commun de cinq ans (C. civ. art. 2224). Le délai court du jour où l'acte irrégulier a été passé, avec glissement possible du point de départ au jour où la donation irrégulière a été connue. Elle est assortie du délai butoir de 20 ans (C. civ. art. 2232).

Nonobstant le caractère absolu de la nullité qui frappe la donation irrégulière, les héritiers ou ayants cause du donateur (légataire universel ou à titre universel) peuvent ratifier ou **confirmer** la donation en connaissance de cause après son décès, notamment en l'exécutant (C. civ. art. 931-1, al. 2).

Si l'action en nullité se prescrit, l'**exception de nullité** est en revanche perpétuelle. Dès lors, si une donation n'a pas été exécutée, même après cinq ans, le donateur peut refuser de délivrer le bien irrégulièrement donné.

C. Acceptation du donataire

PRINCIPE

Pour qu'il y ait donation, il faut une acceptation du donataire (C. civ. art. 894). La règle vaut quelle que soit la **forme de la donation.** **4535**

EXIGENCE AD VALIDITATEM

L'acceptation doit **émaner du donataire** lui-même, en raison du caractère intuitu personæ de la donation. Notamment, ni ses héritiers ni ses créanciers ne peuvent accepter à sa place. **4540**

MOMENT DE L'ACCEPTATION

La donation étant un contrat entre vifs, l'acceptation du donataire doit, en **principe,** intervenir du vivant du donateur. **4545**

Mais il existe des **exceptions.** C'est le cas des donations graduelles et des donations résiduelles, s'agissant de l'acceptation du second gratifié (voir n°s 2555, Attention et 2835).

En matière d'assurance-vie (susceptible de constituer une donation indirecte du souscripteur au profit du tiers bénéficiaire), l'acceptation du bénéficiaire peut n'intervenir qu'après le décès du souscripteur. C'est d'ailleurs la situation la plus courante. Il en a ainsi été jugé d'abord par le Conseil d'État en matière de récupération des aides sociales (CE 19-11-2004 n° 254797 : BPAT 2/05 inf. 55 ; CE 6-2-2006 n° 259385), puis par la Cour de cassation en matière fiscale : voir n° 45310.

On notera également une décision de cour d'appel rendue en matière de droits de succession, qui a jugé qu'un **trust** chargeant irrévocablement les fiduciaires de remettre après la mort du constituant le capital objet du trust aux bénéficiaires désignés par lui constitue une donation indirecte prenant effet au décès du constituant (CA Rennes 4-5-2005 n° 03/4727 : RJF 4/06 n° 471). La Cour de cassation a validé cette décision en substituant à la qualification de donation indirecte retenue par la cour d'appel celle de « mutation à titre gratuit ayant pris effet au décès du constituant » (Cass. com. 15-5-2007 n° 05-18.268 FS-PBRI : BPAT 4/07 inf. 116, RJF 10/07 n° 1170).

FORMES DE L'ACCEPTATION

L'acceptation des **donations notariées** est solennelle. Elle doit être authentique, contenue dans un écrit rédigé en minute, et donnée en termes exprès (C. civ. art. 931 et 932, al. 1). Ainsi, faute d'acceptation expresse de la donation par le donataire, l'acte est nul (en ce sens, par exemple, Cass. 1e civ. 3-3-1998 n° 95-12.053 : Bull. civ. I n° 89). **4550**

Le plus souvent, l'**acceptation** figure **dans l'acte de donation.** Il n'y a pas de formule sacramentelle à respecter. Il faut et il suffit que le notaire y mentionne l'acceptation du donataire. En revanche, la seule signature de l'acte par le donataire ne vaut pas acceptation expresse (Cass. 1e civ. 2-3-1999 n° 97-11.430 : Bull. civ. I n° 74, BPAT 1/99 inf. 40).

Si le donataire est représenté, il doit l'être au moyen d'une **procuration** authentique (voir n° 4470) : l'acceptation d'une donation en vertu d'un mandat donné par acte sous signature privée rend la donation nulle, de nullité absolue (Cass. 1e civ. 11-9-2013 n° 12-15.618 F-PB : BPAT 6/13 inf. 233).

L'**acceptation** peut aussi être donnée postérieurement à l'acte de donation, **par acte séparé.** Celui-ci prendra alors les mêmes formes que la donation : il devra être notarié et rédigé en minute (C. civ. art. 932, al. 2). En outre, si la donation porte sur un **immeuble,** l'acceptation devra faire l'objet de sa propre publication au service de la publicité foncière, avec la notification au donateur de cette acceptation (C. civ. art. 939). **4555**

Toutefois, **en pratique,** ce procédé est à déconseiller car il est source d'insécurité juridique. En effet, pour le donateur, la donation ne produit effet qu'à compter du jour où l'acceptation lui est notifiée (C. civ. art. 932, al. 2), tandis qu'à l'égard du donataire, la donation est parfaite dès son acceptation (Cass. Req. 4-3-1902 : DP 1902, I 214). Ainsi peut-on admettre que le donateur est en mesure de rétracter son offre de donation tant que la notification de l'acceptation du donataire ne lui a pas été faite. Par hypothèse, le décès du donataire ou une incapacité d'exercice survenant entre l'acceptation et la notification n'empêcherait pas la formation de la donation : ses héritiers ou son représentant légal pourraient procéder à la notification requise. Par ailleurs, la formation du contrat permettrait au donataire de consentir des droits réels sur le bien donné, tandis que de son côté le donateur pourrait être tenté de faire de même, révoquant ainsi tacitement son offre de donation.

ATTENTION

En application du principe du parallélisme des formes, la **renonciation à une donation notariée** doit revêtir la même forme authentique que l'acceptation qu'elle entend rétracter (Cass. 1e civ. 7-6-2006 n° 04-14.652 FS-PB : D. 2007 p. 2134 note critique V. Brémont, M. Nicod et J. Revel, décision rendue à propos d'une donation-partage mais dont la solution est d'application générale). En revanche, la renonciation du donateur à une clause de la donation échappe à l'exigence de l'authenticité (Cass. 1e civ. 14-5-1996 n° 94-15.826 ; jurisprudence constante depuis). Voir également n° 2010, Précisions, b.

EFFETS DE L'ACCEPTATION

4560 Sur le **plan civil,** l'acceptation scelle l'engagement du donateur. La donation entre vifs n'engage le donateur que du jour où elle est acceptée en termes exprès par le donataire (C. civ. art. 932).

4562 Sur le **plan fiscal,** l'acceptation constitue le fait générateur des droits de mutation à titre gratuit (nos 4900 s.). À défaut d'acceptation, il y a seulement offre de donation assujettie au droit fixe des actes innomés (125 €), dès lors qu'elle est enregistrée.

Si l'acceptation est constatée dans un **acte séparé,** les droits de mutation à titre gratuit sont perçus au tarif en vigueur au jour de l'acceptation et sur la valeur des biens donnés à cette date (BOI-ENR-DMTG-20-10-10 n° 230).

SECTION 2

EFFETS JURIDIQUES DES DONATIONS

PRÉSENTATION GÉNÉRALE

4660 Une fois acceptée, la donation opère un transfert de propriété du bien donné, opposable aux tiers.

La donation acceptée **fait naître** des obligations pour le donateur et parfois, des charges et conditions particulières pour le donataire.

En ce qui concerne la prise en compte des donations pour le règlement de la succession du donateur au travers du mécanisme du **rapport et** de celui de la **réduction,** voir respectivement nos 31435 s. et 32710 s.

A. Effet translatif

PRINCIPE

4665 Entre les parties, la donation obéit aux règles du droit commun. Comme la vente, la donation opère transfert de propriété du bien donné par le seul effet des consentements (C. civ. art. 938). Lorsque la donation a été acceptée, il y a transfert de la **propriété du bien donné** au profit du donataire sans aucune formalité et sans que soit nécessaire la tradition immédiate du bien donné (hormis pour le don manuel : nos 12695 s.).

Le transfert porte sur tous les **accessoires du bien donné** : le donataire se trouve dans la même situation juridique qu'un acquéreur à titre onéreux. Il en résulte notamment que si le bien est loué, il doit poursuivre le bail (C. civ. art. 1743) ; de même, si le bien donné est un fonds de commerce, il doit poursuivre l'exécution des contrats de travail (C. trav. art. L 1224-1). Par ailleurs, les créances attachées au bien, telles que les actions en garantie, sont transmises au donataire.

Le donataire devient immédiatement propriétaire de la chose donnée et, à ce titre, supporte seul les **risques** (par exemple, de destruction ou de détérioration). Si le bien ne lui est pas immédiatement délivré, le donataire peut prendre des garanties ou mesures conservatoires aux fins de garantir son droit sur le bien objet de la donation.

> **Précisions** Conformément aux règles de droit commun, le transfert immédiat de la propriété et des risques ne concerne que les **corps certains,** c'est-à-dire les biens individualisés qui sont insusceptibles d'être remplacés par un autre lors du paiement (par exemple, un tableau). Pour les **choses de genre** (biens interchangeables, par exemple, des lingots d'or), le donataire n'en devient propriétaire qu'à compter de leur individualisation.

B. Opposabilité aux tiers

FORMALITÉS

4715 À l'égard des tiers, le **transfert de propriété** du bien donné est généralement subordonné à des formalités.

Comme pour les actes à titre onéreux, ces formalités varient selon la **nature des biens** donnés.

IMMEUBLES

4720 Les donations portant sur des immeubles ou des droits réels immobiliers (nue-propriété d'un immeuble, par exemple) ne sont opposables aux tiers qu'à compter de l'accomplissement des formalités de **publicité foncière** (C. civ. art. 939 ; Décret 55-22 du 4-1-1955 art. 28, 1°-a).

À la différence du régime des autres mutations de biens immobiliers, le **défaut de publication** des donations peut être opposé par toutes personnes ayant intérêt, excepté toutefois celles qui sont chargées de faire la publication, ou leurs ayants cause, et le donateur (C. civ. art. 941), alors qu'en droit commun, seuls les tiers titulaires de droits soumis à publication et publiés peuvent se prévaloir d'un défaut de publication d'un droit concurrent (Décret 55-22 du 4-1-1955 art. 30, 1). La jurisprudence atténue toutefois cette différence de régime en réservant le droit d'invoquer l'inopposabilité de la donation aux ayants cause du donateur (Cass. 3e civ. 5-3-1971 n° 69-13.968 : Bull. civ. III n° 165), à condition qu'il ne s'agisse pas d'ayants cause universels ou à titre universel (Cass. 1e civ. 21-7-1958 : Bull. civ. I n° 398). Par ailleurs, elle exige du tiers qui entend se prévaloir de l'inopposabilité de la donation non publiée qu'il soit titulaire d'un droit réel (Cass. soc. 10-11-1965 : Bull. civ. IV n° 778 ; Cass. 3e civ. 17-6-1980 n° 79-11.505 : Bull. civ. III n° 118, JCP N 1981 II p. 209 note M. Dagot ; Cass. 3e civ. 23-3-2011 n° 10-12.162 FS-PB).

MEUBLES

4725 **Meuble corporel** Lorsque la donation porte sur un meuble corporel, en cas de **conflit entre** des **donataires successifs** du même bien, la primauté est accordée au donataire possesseur de bonne foi du bien en application de la règle « en fait de meubles, la possession vaut titre » (C. civ. art. 2276, al. 1).

4730 **Fonds de commerce** Toute vente ou cession de fonds de commerce doivent être soumises à la publicité légale (C. com. art. L 141-12). Le terme « cession » doit être considéré comme englobant les donations. La loi a organisé en la matière une **double publication** :

– **locale,** par la publication d'un extrait de l'acte sur un support habilité à recevoir des annonces légales dans le département dans lequel le fonds est exploité ;

– et **nationale,** par l'insertion par le greffier du tribunal de commerce à la demande du donataire d'un avis au Bodacc.

Ces publicités doivent intervenir concomitamment dans les quinze jours de l'acte.

En plus de ces insertions, le donateur doit se faire radier du **registre du commerce et des sociétés** et le donataire se faire immatriculer. Cette formalité est essentielle pour l'opposabilité aux tiers de la perte de la qualité de commerçant par le donateur et de l'acquisition de celle-ci par le donataire. Depuis le 1er janvier 2023, s'ajoute à ces formalités l'obligation d'immatriculation au registre national des entreprises (RNE) (C. com. art. L 123-36 s. créé par ord. 2021-1189 du 15-9-2021).

4735 **Créance** L'opposabilité d'une donation de créance civile relève du même régime que celui applicable à la cession de créance. L'**opposabilité aux tiers** de la cession de créance, présente ou future – et donc aussi de la donation de créance – est immédiate, elle opère à la date de l'acte (C. civ. art. 1323). Les régimes de la cession de créance de droit commun, de la cession de créance professionnelle, de la cession de créance réalisée dans le cadre d'une fiducie sont désormais alignés.

Quant à l'**opposabilité au débiteur cédé** de la cession de créance – et donc de la donation de créance –, elle est subordonnée à une simple notification de la cession à moins qu'il n'en ait pris acte ou y ait déjà consenti (C. civ. art. 1324).

> **Précisions** **Avant la réforme du droit des contrats,** pour être opposable aux tiers, une donation portant sur une créance civile devait être signifiée au débiteur cédé ou acceptée par lui dans un acte authentique (C. civ. art. 1690). Cette formalité a été jugée coûteuse et inutile lors de la réforme du droit des contrats, et elle a été supprimée au profit des dispositions propres aux cessions de créances sus-évoquées (C. civ. art. 1321 s.).

4740 **Droits sociaux** Lorsque la donation porte sur des droits sociaux, la désignation, l'énumération et l'évaluation de ces biens dans l'acte lui-même remplacent l'**état estimatif** (nº 4475).

La donation des droits sociaux ne pourra devenir effective que si le donataire est agréé par les associés dans les sociétés où un tel **agrément** préalable est prévu. La loi impose ainsi l'agrément préalable des associés tant dans les SARL (pour les tiers) que dans les SNC et les SCS (pour toute personne) et les statuts l'imposent dans la plupart des SAS et dans certaines SA. Pour éviter d'établir l'acte de donation sous la condition suspensive de l'agrément du donataire par la société, la pratique préfère demander l'agrément préalablement à l'établissement de l'acte.

Dans les sociétés dont les droits sociaux ne sont pas négociables (SARL, SNC, SCS), la donation doit en outre faire l'objet de formalités de **publicité** destinées à la rendre opposable à la société et aux tiers. Sur ces formalités, voir Mémento Transmission d'entreprise nº 22531.

Dans les sociétés par actions, le transfert de droits sociaux résulte de l'inscription de la cession sur le registre des mouvements de la société et de l'inscription par la société des actions au compte du donataire.

En pratique, afin de permettre ces inscriptions, il convient de notifier à la société émettrice, ou à l'intermédiaire financier habilité, un ordre de mouvement signé par le donateur. La notification sera datée et effectuée au jour de la donation (108e Congrès des notaires de France, La transmission, Montpellier 2012, nos 3644 s. avec des modèles de clauses sur la propriété-jouissance à insérer dans l'acte de donation). Attention, à défaut des formalités postérieures réalisées par la société, ce seul ordre de mouvement ne suffit pas à faire la preuve du transfert des titres (CA Paris 11-1-2018 nº 16/10056 : BRDA 5/18 inf. 1).

C. Obligations des parties

OBLIGATIONS DU DONATEUR

4790 Sauf cas de force majeure, le donateur est tenu d'une obligation de **délivrance de la chose** donnée (les dons manuels ont ici une place à part car c'est leur validité même qui est subordonnée à la tradition réelle du bien).

Si le bien donné n'est pas immédiatement délivré (par exemple, donation assortie d'un terme), le donataire est créancier d'une obligation de délivrance. L'obligation porte sur le bien objet de la donation et, le cas échéant, sur les fruits et revenus échus après la donation.

La délivrance peut être demandée non seulement par le donataire lui-même mais aussi par ses héritiers, ses ayants droit ou ses créanciers (agissant par la voie oblique), au donateur lui-même ou à ses héritiers.

4795 Parce que la donation est motivée par l'intention libérale, le principe est que le donateur ne doit au donataire ni la **garantie** d'éviction du fait des tiers ni la garantie des vices cachés. Il doit seulement la garantie de son fait personnel (dol ou mauvaise foi).

Cependant, ce principe de non-garantie du donateur n'est pas d'ordre public ; les parties peuvent y déroger conventionnellement.

OBLIGATIONS DU DONATAIRE

4800 Étant un contrat unilatéral, la donation ne fait naître d'obligations qu'à la charge du donateur : elle n'emporte aucune obligation pour son bénéficiaire. Mais son ingratitude peut entraîner la révocation de la donation (nos 4320 s.).

Toutefois, des clauses de l'acte peuvent stipuler des **conditions ou** des **charges** pesant sur le donataire. Celui-ci est alors tenu de les exécuter, sauf à en demander la révision judiciaire (nos 2275 s.).

D. Contestation de la donation

FRAUDE PAULIENNE

Dans certaines circonstances, la donation va être déclarée inopposable au créancier du donateur, comme consentie au mépris de ses droits dans le cadre de la procédure judiciaire de droit commun : l'action paulienne (C. civ. art. 1341-2). En matière de donation, la fraude paulienne suppose que deux éléments soient caractérisés : un élément matériel et un élément moral. 4850

Élément matériel L'élément matériel réside dans l'atteinte au droit du créancier. Deux conditions doivent être réunies. D'une part, à la date de la donation, la **créance** doit être **certaine** en son principe, c'est-à-dire apparente (Cass. 1e civ. 15-1-2015 no 13-21.174 F-PB : RJDA 11/15 no 779). L'appel du jugement n'empêche pas l'existence de la créance (Cass. 1e civ. 9-9-2020 no 19-15.084 F-D : BPAT 6/20 inf. 223-1). En outre, lorsque l'absence de certitude de la créance est imputable aux agissements frauduleux du débiteur, l'action paulienne reste ouverte au créancier (Cass. com. 24-3-2021 no 19-20.033 FS-P : RDT civ. 2021 p. 410 note H. Barbier, à propos d'un cautionnement disproportionné eu égard aux biens et revenus de la caution). 4852

La jurisprudence admet même la fraude paulienne par anticipation, c'est-à-dire lorsqu'elle a été organisée en vue de porter préjudice à un créancier futur. A ainsi été jugée inopposable au créancier futur la donation consentie par une personne qui a volontairement organisé son insolvabilité avant de commettre un crime et de se suicider (Cass. 1e civ. 7-1-1982 no 80-15.960 : Bull. civ. I no 4).

D'autre part, le **donateur** doit s'être **appauvri,** de sorte que le paiement de son créancier est compromis. L'insuffisance du patrimoine du donateur caractérisant la fraude doit être constatée, à la date de la donation, pour permettre à son créancier le recouvrement de sa créance (Rép. civ. Dalloz, v. Action paulienne – Existence d'une fraude paulienne par L. Sautonie-Laguionie no 54).

> **Précisions** L'appréciation de l'**intérêt à agir du créancier** s'apprécie compte tenu de l'insolvabilité du débiteur au moment de l'exercice de l'action paulienne. Autrement dit, la recevabilité de l'action paulienne doit être appréciée à la date de l'introduction de la demande et non à la date à laquelle la donation a été consentie (Cass. 1e civ. 13-6-2018 no 17-18.667 F-D : RJDA 10/18 no 767).

Élément moral Le second élément constitutif de la fraude paulienne est l'élément moral, à savoir l'intention du donateur de nuire au créancier. Le donateur doit être conscient du préjudice causé à son créancier. 4855

La **connaissance de la fraude** par le tiers, qui est, en principe, le troisième élément de la fraude paulienne, n'est pas exigée pour les actes consentis à titre gratuit. Le créancier n'a donc pas à prouver la complicité du donataire (Cass. 1e civ. 15-5-2015 no 14-16.652 F-D : RJDA 8-9/15 no 601).

Dans le cas d'une donation incorporée dans une **donation-partage** ultérieure consentie en fraude des droits d'un créancier, la fraude doit être appréciée, au regard des biens incorporés, à la date de la donation initiale, date à laquelle le donateur s'est dépouillé, et non à celle de la donation-partage (Cass. 1e civ. 2-5-1989 no 87-16.484 : Bull. civ. I no 172).

La donation consentie en fraude des droits du créancier n'est pas **sanctionnée par** la nullité mais par l'inopposabilité au créancier de l'acte frauduleux. Le créancier peut ainsi saisir le bien comme s'il n'avait jamais quitté le patrimoine de son débiteur (Cass. com. 9-4-2013 no 12-17.963 F-D).

> **Précisions** L'action paulienne est une action de nature personnelle soumise à la **prescription** quinquennale de droit commun, courant en principe à compter du jour où le titulaire du droit a connu ou aurait dû connaître les faits lui permettant de l'exercer (C. civ. art. 2224 ; pour une illustration, Cass. 3e civ. 12-11-2020 no 19-17.156 FS-PBI). Lorsque l'acte litigieux a été régulièrement porté à la connaissance des tiers par sa publication au service de la publicité foncière, le délai de prescription court à compter de sa date de publication (pour une illustration s'agissant d'une cession de droits indivis effectuée en violation du droit de préemption des coïndivisaires, Cass. 1e civ. 5-3-2014 no 12-28.348 FS-PBI : BPAT 2/14 inf. 81 ; pour une illustration en présence d'une donation-partage, Cass. 3e civ. 8-12-2021 no 20-18.432 FS-B : BPAT 1/22 inf. 32, transposable au cas d'une donation ordinaire).

Illustrations Une donation consentie par des époux à leurs enfants, moins de trois mois après la condamnation de l'époux donateur pour des faits d'abus de biens sociaux a été jugée **inopposable à la société victime de l'abus de biens sociaux** (Cass. 1e civ. 9-9-2020 no 19-15.084 F-D : BPAT 6/20 inf. 223-1). Dans cette affaire, pour caractériser la fraude paulienne, les juges ont retenu l'absence d'autres éléments d'actif composant le patrimoine du 4860 donateur-débiteur qui auraient pu faire l'objet de poursuites (éléments matériels de la fraude). L'absence d'utilité de cette donation en termes d'anticipation successorale déterminait l'intention frauduleuse du donateur (élément moral de la fraude). En effet, la donation portant sur la nue-propriété d'un bien immobilier dont les époux s'étaient réservé l'usufruit, les donataires nus-propriétaires se trouvaient en indivision. Par conséquent, l'acte était sans incidence sur le partage à venir de la succession des donateurs.

De la même façon, une donation consentie par un père à sa fille de la nue-propriété d'un immeuble a été jugée **inopposable à l'administration fiscale** (Cass. com. 1-7-2020 nº 18-12.683 F-D : BRDA 15-16/20 inf. 14). Pour caractériser la fraude paulienne, les juges ont relevé qu'à la date de la donation, le donateur avait reçu des propositions de rectifications de l'administration fiscale mettant à sa charge des impositions supplémentaires, pour un montant total de 129 265 €. En outre, le seul autre élément de son patrimoine, dont il était fait état, était grevé de diverses inscriptions d'un montant supérieur à sa valeur (éléments matériels de la fraude). Enfin, à la date de la donation, le donateur se trouvait dans un état d'insolvabilité apparente et s'était appauvri en connaissance du préjudice causé au Trésor public (élément moral de la fraude).

Est **inopposable au créancier professionnel** de la donatrice la donation en nue-propriété de biens immobiliers à sa fille consentie dans les circonstances suivantes (Cass. 1e civ. 6-9-2017 nº 16-17.670 F-D : BPAT 5/17 inf. 197) :

– à la date de la donation, l'assignation en paiement avait été signifiée à la donatrice par son créancier. La créance existant en son principe était en voie de devenir une créance certaine. De plus, l'appauvrissement de la donatrice était notable compte tenu de la valeur des biens donnés (éléments matériels de la fraude) ;

– l'intention de frauder du donateur était caractérisée, résultant de la circonstance que la donation avait porté sur la quasi-totalité de son patrimoine immobilier, la donatrice s'étant volontairement appauvrie en connaissance du préjudice qu'elle causait à son créancier (élément moral de la fraude).

De la même façon, la donation de la résidence principale du débiteur avec réserve d'un droit d'habitation au profit de ses enfants âgés de 4 et 8 ans ne présentant aucun intérêt patrimonial et constituant un acte d'appauvrissement volontaire au préjudice de son créancier est inopposable à celui-ci. En l'espèce, le surplus du patrimoine du donateur était composé d'actifs donnés en garantie (hypothèque sur un immeuble), difficilement saisissables (capitaux placés sur des assurances-vie) ou facilement dissimulables (liquidités, or) et, à la date de la donation, il faisait déjà l'objet d'un redressement fiscal. De ces constatations et appréciations, les juges du fond ont pu considérer qu'à cette même date l'insolvabilité au moins apparente du donateur et, par conséquent, l'atteinte aux droits du créancier étaient caractérisées (Cass. 1e civ. 24-3-2021 nº 19-19.051 F-D : BPAT 3/21 inf. 161-5).

SECTION 3 DROITS DE DONATION

PARTICULARITÉS DES DROITS DE DONATION

4900 Les donations relèvent en principe du même régime fiscal que les **successions,** mais présentent toutefois quelques particularités.

Les règles exposées ci-après constituent les règles fiscales de **droit commun** applicables à l'ensemble des donations simples.

Les **donations-partages** font l'objet d'une étude complète nos 11360 s.

Certaines **clauses particulières** peuvent être insérées dans les donations : donation avec réserve d'usufruit, prise en charge des droits par le donateur, clause de mise en communauté, etc. Le régime fiscal de ces clauses est traité avec leur régime juridique : voir nos 6100 s.

Les **donations non notariées** font également l'objet d'exposés particuliers : voir nos 12600 s. pour les dons manuels, 13320 s. pour les donations déguisées et 13610 s. pour les donations indirectes.

Les conséquences de la **révocation** d'une donation sont examinées respectivement nos 4255 s. (révocation pour inexécution des charges), 4320 s. (révocation pour ingratitude) et 4390 s. (révocation pour survenance d'enfant).

DONATIONS PORTANT SUR DES IMMEUBLES

Les donations portant sur des **immeubles ou** des **droits immobiliers** consenties depuis le 1er juillet 2014 donnent lieu à la formalité fusionnée de l'enregistrement et de la publicité foncière auprès du service de publicité foncière du lieu de situation de l'immeuble (BOI-ENR-DMTG-20-40 n° 1). 4905

La formalité fusionnée s'applique également aux **actes de donation mixtes,** portant à la fois sur des meubles et des immeubles.

La fusion de la formalité n'entraîne pas la fusion des droits d'enregistrement et de la taxe départementale de publicité foncière en raison du caractère progressif des droits de mutation à titre gratuit. Cela implique que lors du dépôt de l'acte, le service de publicité foncière est chargé de percevoir séparément les droits de mutation à titre gratuit et la taxe départementale de publicité foncière (BOI-ENR-DMTG-20-40 n° 20). En sus de ces deux prélèvements, le service est également chargé de recouvrer la contribution de sécurité immobilière (CGI art. 878 et 879).

La **taxe départementale de publicité foncière** a pour assiette la valeur vénale de l'immeuble, sans distraction des charges imposées par le donateur au donataire (BOI-ENR-DMTG-20-40 n° 50). Ces charges peuvent en revanche être déduites de l'assiette des droits de donation dès lors qu'elles satisfont les conditions de l'article 776 bis du CGI (nos 5240 s.). 4910

La **contribution de sécurité immobilière** est liquidée sur la valeur estimée par les requérants de l'immeuble ou du droit objet de la publication : cette valeur ne peut pas être inférieure à celle servant de base définitive à la perception des droits d'enregistrement et de la taxe de publicité foncière, ou en ce qui concerne les actes non assujettis à une imposition proportionnelle, à la valeur réelle du bien ou du droit immobilier faisant l'objet de la publication (CGI art. 881 K).

Quelle que soit la forme de la donation, la taxe départementale de publicité foncière est en principe collectée au **tarif** proportionnel réduit de 0,60 % prévu pour les mutations entre vifs à titre gratuit (CGI art. 791), soit un taux global d'imposition de 0,61422 % compte tenu du prélèvement de 2,37 % pour frais d'assiette et de recouvrement (CGI art. 1647, V-a). 4915

La contribution de sécurité immobilière est, en principe, liquidée au **taux** de 0,10 % sur la valeur des immeubles ou droits immobiliers objets de la publication (CGI art. 881 K). Cette valeur doit être appréciée à la date du jour du dépôt de l'acte à la formalité (Rép. Richomme : AN 31-12-1977 n° 22897 ; cette solution n'a pas été reprise au Bofip mais conserve, à notre avis, sa pertinence). L'administration admet, par mesure de simplification, une évaluation à la date de l'acte (Bull. AMC 1967 art. 690).

TERRITORIALITÉ DES DROITS DE DONATION

Les règles de territorialité applicables en matière de droits de mutation à titre gratuit font l'objet d'une étude d'ensemble nos 74310 s. Nous rappellerons toutefois pour mémoire que les droits de donation sont exigibles dans les hypothèses suivantes (CGI art. 750 ter) : 4920

– le **donateur** est **domicilié en France,** quelle que soit la localisation (en France ou hors de France) des biens (meubles ou immeubles) donnés (n° 74315) ;

– le donateur est domicilié **hors de France** mais le **donataire** est domicilié **en France.** Dans ce cas, tous les biens transmis sont imposables si le donataire a établi son domicile fiscal en France pendant au moins six ans au cours des dix dernières années précédant celle de la donation (CGI art. 750 ter, 3°) ; dans le cas contraire, seuls les biens transmis situés en France sont imposables (n° 74320) ;

– le **donateur** et le **donataire** sont **domiciliés hors de France** mais la transmission porte, en tout ou partie, sur des biens situés en France. La taxation n'est due que sur la transmission des biens situés en France (CGI art. 750 ter, 2°).

En cas de **taxation à l'étranger** ou dans un territoire français d'outre-mer alors que le donateur ou le donataire est domicilié en France, le montant des droits de mutation à titre gratuit versé est imputable sur l'impôt exigible en France (CGI art. 784 A) : l'imputation est limitée à l'impôt acquitté sur les biens meubles et immeubles situés hors de France (BOI-ENR-DMTG-10-50-60 n° 1).

Enfin, la France a signé des **conventions fiscales internationales** permettant d'éviter toute double imposition en matière de donations mais elles sont peu nombreuses.

ATTENTION

Certaines conventions fiscales ne sont applicables qu'aux droits de succession. Il est dès lors recommandé d'être attentif au **libellé de la convention** qui, lorsqu'il se réfère « aux impôts perçus à cause de mort » ou « aux droits de mutation par décès », limite l'application de ladite convention aux seules successions (n° 74360).

A. Biens exonérés

TYPOLOGIE DES EXONÉRATIONS

4970 La plupart des exonérations prévues en matière de droits de succession s'appliquent aux droits de donation, étant précisé que les **conditions** tenant au défunt sont ici requises du donateur et celles tenant aux héritiers ou légataires, du donataire. Les actes de donation doivent comporter les mêmes mentions et être accompagnés des mêmes documents que les déclarations de succession.

Les exonérations de droits de succession prévues en faveur du conjoint ou partenaire survivant (n°s 49210 s.) ainsi que, sous certaines conditions, des frères et sœurs du défunt (n°s 49390 s.) ne s'appliquent toutefois pas aux droits de donation.

1. EXONÉRATIONS COMMUNES AUX SUCCESSIONS ET AUX DONATIONS

4975 Nous présentons ci-dessous la liste des **principales exonérations** de droits de mutation à titre gratuit communes aux successions et aux donations, en renvoyant, lorsqu'il y a lieu, aux commentaires consacrés à ces exonérations en matière de droits de succession.

EXONÉRATIONS TOTALES

4980 Sont exonérés de droits de mutation à titre gratuit (liste non exhaustive) :
– les dons consentis à l'**État,** aux **collectivités territoriales,** aux **établissements publics** de recherche, d'enseignement, d'assistance et de bienfaisance ainsi qu'aux établissements publics fonciers de l'État (CGI art. 1040, I ; BOI-ENR-DMTOI-10-80-10 n°s 1 à 35) ;
– les dons consentis aux **organismes reconnus d'utilité publique,** dont les ressources sont affectées à des œuvres d'assistance et de bienfaisance, à la défense de l'environnement naturel ou à la protection des animaux, ainsi que ceux consentis aux associations simplement déclarées qui poursuivent un but exclusif d'assistance et de bienfaisance (CGI art. 795, 4° ; BOI-ENR-DMTG-10-20-20 n°s 40 s.) ;
– les dons consentis aux établissements publics ou d'utilité publique répondant aux conditions d'octroi de la réduction d'impôt sur le revenu prévue en faveur des donateurs (CGI art. 795, 2°) ainsi qu'aux fonds de dotation répondant aux mêmes conditions (CGI art. 795, 14°). Cette mesure concerne tous les établissements exerçant une **activité d'intérêt général** à caractère philanthropique, éducatif, scientifique, social, humanitaire, sportif, familial, culturel ou concourant à la mise en valeur du patrimoine artistique, à la défense de l'environnement naturel ou à la diffusion de la culture, de la langue et des connaissances scientifiques françaises ou menant des actions en faveur du pluralisme de la presse (BOI-ENR-DMTG-10-20-20 n° 20) ;
– les dons aux associations déclarées dont les ressources sont exclusivement affectées à la **recherche** médicale ou scientifique à caractère désintéressé (BOI-ENR-DMTG-10-20-20 n° 30) ;
– les dons faits aux **fondations** universitaires, aux fondations partenariales et établissements d'enseignement supérieur reconnus d'utilité publique (CGI art. 795, 5°) ;
– les dons d'**œuvres d'art,** livres, objets de collection ou documents de haute valeur artistique ou historique consentis à l'État avec son agrément (CGI art. 1131) ;
– les dons d'immeubles et de droits immobiliers situés à **Mayotte** et dont les titres de propriété sont reconstitués entre le 1-1-2018 et le 31-12-2025 (CGI art. 1135 ter) ;
– les dons consentis aux **organismes HLM** ou à leurs unions (CGI art. 795, 7°) ;
– les dons consentis à l'Office national des **combattants** et des victimes de guerre (CGI art. 795, 9° modifié par loi 2022-297 du 22-3-2022) ;
– les dons aux **associations cultuelles,** aux unions d'associations cultuelles et aux congrégations autorisées (CGI art. 795, 10°) ;
– les dons d'immeubles faits au profit du **Conservatoire de l'espace littoral** et des rivages lacustres (CGI art. 795, 12°) ;
– les dons consentis pour le financement d'activités non lucratives, aux **régions, départements, communes,** à leurs établissements publics et aux établissements publics hospitaliers (CGI art. 794, I) ;
– les dons de biens immeubles par nature ou par destination qui sont, pour l'essentiel, classés au titre des **monuments historiques,** ainsi que les biens meubles qui en constituent le complément historique ou artistique et pour lesquels est intervenue entre le donataire et le préfet, après avis conforme du ministre chargé du budget, une convention à durée indéterminée sur le maintien du mobilier, sur les modalités d'accès au public et sur les conditions d'entretien (CGI art. 795 A ; voir n°s 46545 s.).

> **Précisions** Le legs reçu par une association gérant un **Ehpad** ne bénéficie pas de l'exonération prévue au profit des organismes poursuivant un but exclusif d'assistance et de bienveillance si une partie des pensionnaires accueillis au sein de l'établissement ne relève pas de l'aide sociale, le but exclusif de bienveillance requis par l'article 795, 4° du CGI n'étant pas rempli (CA Rennes 14-9-2021 n° 19/00735 ; BPAT 6/21 inf. 267).

EXONÉRATIONS PARTIELLES

Donations d'entreprises Les donations d'entreprises exploitées sous forme sociétaire ou d'entreprises individuelles faisant l'objet d'un **engagement de conservation** bénéficient, sous certaines conditions, d'une exonération à concurrence des trois quarts de leur valeur (CGI art. 787 B et 787 C). Ce régime d'exonération fait l'objet d'une étude détaillée nos 45375 s. (donations de titres sociaux) et 45985 s. (biens affectés à l'exploitation d'une entreprise individuelle). **4985**

Nous nous bornerons donc à rappeler certains aspects du régime des engagements Dutreil spécifiques aux donations de titres d'une société exerçant une activité opérationnelle (et non de gestion de son propre patrimoine) :

– en cas de **donation** consentie **avec réserve d'usufruit,** l'application du régime d'exonération partielle est subordonnée à la condition que les droits de vote de l'usufruitier soient limités dans les statuts sociaux aux décisions relatives à l'affectation des bénéfices (n° 45420). Les statuts peuvent prévoir cette limitation pour une partie des titres de la société ainsi démembrés, si cette partie inclut l'ensemble des titres dont la nue-propriété est transmise sous le bénéfice de l'exonération partielle. Dans ce cas, la transmission doit porter sur les seuls titres démembrés pour lesquels les droits de vote de l'usufruitier sont statutairement limités aux décisions concernant l'affectation des bénéfices (BOI-ENR-DMTG-10-20-40-10 n° 300).

– dans l'hypothèse d'une donation de titres d'une **société interposée,** signataire de l'engagement collectif, la limitation des droits de vote doit figurer dans les statuts de cette société interposée et non dans ceux de la société dont les titres font l'objet de l'engagement collectif ou unilatéral (BOI précité n° 300). Selon l'administration, la limitation statutaire des droits de vote s'applique également dans l'hypothèse où il a été consenti une donation de la nue-propriété de titres dont l'usufruit a été transmis temporairement avant la conclusion d'un engagement collectif ou unilatéral de conservation à un tiers à la donation : cette limitation s'explique simplement par le fait que le donateur récupère l'usufruit des titres à l'extinction de l'usufruit temporaire (BOI précité n° 300).

En cas de **donation de la pleine propriété de titres ou** d'actifs mobiliers et immobiliers affectés à l'exploitation **d'une entreprise individuelle,** les droits de donation peuvent, après application de l'exonération d'assiette de 75 %, être réduits de 50 % dès lors que le donateur est âgé de moins de 70 ans au jour de l'acte (CGI art. 790 ; voir n° 45735). Lorsqu'elle concerne une entreprise individuelle, la donation doit porter sur la pleine propriété de la totalité (ou d'une quote-part indivise de l'ensemble) des biens meubles et immeubles affectés à l'exploitation. Pour le Conseil d'État, l'inscription d'un bien au bilan n'implique qu'une présomption simple de son caractère professionnel de sorte que le vérificateur peut démontrer que cet actif n'est pas nécessairement et effectivement affecté à l'exploitation et n'entre donc pas dans le champ de l'exonération de 75 % (Cass. com. 9-2-2022 n° 20-10.753 F-D : RJF 5/22 n° 504).

Autres donations exonérées Bénéficient d'une **exonération partielle** des droits de mutation à titre gratuit : **4990**

– les **dons d'entreprises** faisant l'objet d'un engagement de conservation (voir nos 45375 s.) ;

– les dons de **bois et forêts** (CGI art. 793, 2-2° ; voir nos 46210 s.) et de **parts de groupements forestiers** (CGI art. 793, 1-3° ; voir nos 46285 s.) ;

– les dons de **biens ruraux donnés à bail à long terme** ou à bail cessible et les dons de **parts de groupements fonciers agricoles** (GFA) (CGI art. 793, 2-3° et 1-4° et 793 bis ; voir nos 46330 s.) ;

– les dons de parts de **groupements fonciers ruraux** (CGI art. 848 bis ; voir n° 46495) ;

– les dons de sommes déposées sur un compte d'investissement forestier et d'assurance (**Cifa**) (CGI art. 793, 3° ; voir n° 46255) ;

– les dons de propriétés non bâties incluses dans certains **espaces naturels protégés** (CGI art. 793, 2-7° ; voir nos 47095 s.) ;

– les **dons d'immeubles** acquis neufs entre le 1-6-1993 et le 31-12-1994 (CGI art. 793, 2-4° et 793 ter ; voir nos 46755 s.) ; d'immeubles acquis neufs entre le 1-8-1995 et le 31-12-1995 (CGI art. 793, 2-5° et 793 ter ; voir nos 46810 s.) et d'immeubles locatifs acquis entre le 1-8-1995 et le 31-12-1996 (CGI art. 793, 2-6° et 793 ter ; voir nos 46860 s.) ;

– les dons d'immeubles et de droits immobiliers dont les **titres de propriété** sont **reconstitués** entre le 1-10-2014 et le 31-12-2027 (CGI art. 793, 2-8° ; voir nos 46915 s.).

2. EXONÉRATIONS SPÉCIFIQUES AUX DONATIONS

a. Exonération des dons familiaux de sommes d'argent

DONS CONCERNÉS

5020 Les donations de sommes d'argent consenties en pleine propriété au profit de descendants (enfants et petits-enfants, voire arrière-petits-enfants) ou, pour les personnes sans descendance, au profit des neveux ou nièces (au profit des petits-neveux et petites-nièces en cas de prédécès de leur auteur) sont exonérées de droits de donation à deux **conditions** (CGI art. 790 G) :

- le donateur doit avoir moins de 80 ans ;
- le bénéficiaire de la donation doit être majeur ou mineur émancipé.

L'**exonération** est **plafonnée à** 31 865 € par donation consentie par un même donateur à un même donataire (CGI art. 790 G).

OBJET ET FORME DES DONS

5025 L'exonération s'applique aux seuls **dons de sommes d'argent** consentis **en pleine propriété** ; sont concernés les dons effectués par chèque, par virement, par mandat ou remise d'espèces (BOI-ENR-DMTG-20-20-20 n°s 130 et 140) : les titres de sociétés n'entrent pas dans le champ d'application du régime des dons familiaux.

N'étant pas juge de la validité civile des actes, l'administration applique l'exonération à l'ensemble des donations, quels qu'en soient le support et la forme (acte notarié ou sous seing privé, don manuel) ; au préalable, soit l'acte mentionnant la libéralité devra être enregistré, soit, à défaut d'acte, la donation devra être déclarée auprès du service des impôts compétent selon les modalités exposées n° 5045.

BÉNÉFICIAIRES DES DONS

5030 Le dispositif est réservé aux dons de sommes d'argent effectués au profit d'un enfant, d'un petit-enfant ou d'un arrière-petit-enfant.

Il s'applique également, lorsque le donateur n'a pas d'enfant, de petit-enfant ou d'arrière-petit-enfant, aux dons consentis au profit d'un neveu ou d'une nièce ou, par représentation, d'un petit-neveu ou d'une petite-nièce. Seules les **personnes sans descendance** peuvent consentir des dons exonérés à leurs neveux et nièces (CGI art. 790 G, I-al. 1).

Les petits-neveux et petites-nièces ne peuvent bénéficier de l'exonération qu'en cas de prédécès de leur auteur, neveu ou nièce du donateur. L'article 790 G du CGI visant les dons consentis aux petits-neveux et petites-nièces « par représentation », l'administration fiscale estime que l'exonération n'est applicable qu'en cas de pluralité de souches (BOI-ENR-DMTG-20-30-20-10 n° 40). En d'autres termes, si le neveu (ou la nièce) décédé était enfant unique, l'exonération ne s'applique pas. Cette position, qui se veut fondée sur l'analyse juridique de la représentation, est critiquable : s'il est exact que la représentation suppose une pluralité de souches, le donataire ne reçoit pas la donation par « représentation » de son auteur décédé, puisque la représentation n'existe pas en matière de donation.

En cas de pluralité de petits-neveux ou de petites-nièces venant par « représentation » de leur auteur, le plafond de l'exonération se divise entre eux (BOI-ENR-DMTG-20-20-20 n° 210).

> **Précisions** **a.** Par **neveu** et **nièce,** il convient d'entendre les enfants des frères et sœurs du donateur, à l'exclusion des enfants des frères et sœurs du conjoint du donateur. Ainsi, sous réserve de cette condition, chaque oncle et tante peut donner à chacun de ses neveux et nièces le montant maximum en franchise de droits (BOI-ENR-DMTG-20-20-20 n° 160 ; CA Aix-en-Provence 1e ch. B 3-3-2008 n° 07-15882 : RJF 10/08 n° 1128, décision rendue pour l'application du régime transitoire applicable en 2004-2005 mais transposable).
> **b.** Si un **époux donne des fonds communs à l'un de ses neveux** ou nièces, le don est considéré comme fait pour le tout par lui seul à condition que son conjoint ne se porte pas co-donateur (BOI-ENR-DMTG-20-20-20 n° 180). Cette solution, qui permet de faire jouer pleinement l'exonération, s'applique également à notre avis en cas de donation de fonds communs à un enfant.

PORTÉE DE L'EXONÉRATION

5035 L'exonération, plafonnée à 31 865 € pour l'ensemble des dons familiaux consentis en numéraire par un même donateur à un même donataire, est **renouvelable** tous les 15 ans (CGI art. 790 G, I-al. 1).

Sous réserve de leur déclaration ou de leur enregistrement, les dons en cause sont exclus du mécanisme du **rappel fiscal des donations** consenties depuis moins de 15 ans par le donateur au donataire (sur la règle du rappel fiscal des donations antérieures, voir nos 50105 s.), ce qui assure leur exonération définitive (CGI art. 790 G, III).

Par exemple, un oncle, sans descendance, ayant consenti un don familial d'argent à son neveu le 20 septembre 2022 pourra le gratifier d'un nouveau don en numéraire, sous ce même dispositif et en franchise de droits, à compter du 20 septembre 2037.

Réciproquement, les **donations antérieures** consenties hors activation du régime prévu par l'article 790 G du CGI ne sont pas prises en compte pour le calcul du délai de 15 ans propre au régime des dons familiaux de sommes d'argent. Par exemple, un donataire ayant déjà reçu du même donateur une première donation dans la limite de son abattement personnel peut bénéficier du dispositif d'exonération des dons familiaux, quelle que soit la date de la donation initiale (BOI-ENR-DMTG-20-20-20 no 230). Le délai de 15 ans prévu pour les dons familiaux en argent est donc un délai autonome par rapport au délai de rappel fiscal établi par l'article 784 du CGI : ces dons n'ont pas à faire l'objet d'un rappel lors d'une donation ou d'une succession entre les mêmes personnes.

Si le **don** familial **excède le plafond** de l'exonération, il est tout à fait possible d'imputer l'excédent sur le solde d'abattement personnel du donataire (BOI-ENR-DMTG-20-20-20 no 220).

L'exonération est **cumulable** avec les abattements dont bénéficient les dons aux descendants ou aux neveux et nièces (nos 50265 s.), de même avec l'abattement spécial réservé aux handicapés (no 50365). Par exemple, un ascendant peut donner à son enfant en franchise d'impôt des avoirs pour un montant total de 131 865 €, comprenant des liquidités pour 31 865 € et des biens divers (espèces, meubles ou immeubles) pour 100 000 €. **5040**

DÉLAI ET LIEU D'ENREGISTREMENT

Les **notaires** doivent faire enregistrer leurs actes au service des impôts dans le ressort duquel ils ont leur résidence dans un délai d'un mois à compter de leur date (CGI art. 635, 1-1° et 650, 1 ; BOI-ENR-DMTG-20-20-20 no 260). **5045**

Les **actes sous seing privé** constatant une transmission à titre gratuit de sommes d'argent ne sont pas obligatoirement soumis à la formalité de l'enregistrement. Toutefois, afin de bénéficier de l'exonération en faveur des dons de sommes d'argent, ces actes doivent faire l'objet d'un enregistrement au service des impôts (pôle enregistrement) du domicile du donataire dans un délai d'un mois à compter de la date du don (BOI-ENR-DMTG-20-20-20 no 270).

En l'**absence d'acte,** le don de sommes d'argent doit faire l'objet d'une déclaration auprès de l'administration fiscale par la souscription en double exemplaire de l'**imprimé no 2735-SD** « Déclaration de dons manuels et de sommes d'argent » (Cerfa no 11278*17). Cet imprimé est mis à la disposition des usagers uniquement en version dématérialisée, sur le site internet impots.gouv.fr.

Un service d'enregistrement en ligne permet la **déclaration dématérialisée** des dons manuels de somme d'argent, d'actions, de titres de société, de biens meubles ou d'objets d'arts sur le site impots.gouv.fr > Votre espace particulier > Déclarer > Déclarer un don ou une cession de droits sociaux. Il permet de télédéclarer notamment des dons manuels reçus d'un proche ou d'un tiers. La télédéclaration des dons manuels n'étant pas encore obligatoire, le donataire peut continuer à souscrire l'imprimé no 2735-SD en double exemplaire et le déposer auprès du service des impôts (pôle enregistrement) de son domicile. À l'occasion de la déclaration en ligne d'un nouveau don, il y a lieu de rappeler les précédents dons manuels et dons familiaux de sommes d'argent effectués depuis moins de 15 ans. Les donations effectuées par acte notarié depuis moins de 15 ans (donation d'immeuble et de droits immobiliers, donation entre époux et donation-partage, par exemple) doivent également être rappelées. **5047**

À l'issue de la déclaration en ligne, si des droits sont dus (hypothèse d'un don d'un montant supérieur au montant exonéré), le **paiement en ligne** des droits est possible (paiement par carte bancaire ou par autorisation de prélèvement).

Pour davantage de précisions, voir no 13105.

ATTENTION

Si le **don** manuel est **déclaré plus d'un mois après sa réalisation,** la déclaration demeure possible mais le bénéfice de l'exonération de l'article 790 G du CGI est perdu, le délai de dépôt d'un mois étant une condition de son application.

b. Donations de sommes d'argent ou de titres à certains organismes

5065 Sous conditions, les **dons en numéraire et** les dons de la pleine propriété **de titres de sociétés cotées** consentis à certains organismes (notamment les établissements de recherche, d'enseignement supérieur ou d'enseignement artistique publics ou privés, les fondations reconnues d'utilité publique, les fondations universitaires, les entreprises d'insertion et les associations intermédiaires, les associations reconnues d'utilité publique ayant pour objet le financement et l'accompagnement de la création et de la reprise d'entreprises, etc.) peuvent s'imputer, à hauteur de 75 % de leur montant et dans la limite de 50 000 €, sur le montant de l'impôt sur la fortune immobilière (IFI) dû par le donateur (CGI art. 978).

Les dons pris en compte pour cette **réduction d'IFI** sont exonérés de droits de mutation à titre gratuit (CGI art. 757 C).

ATTENTION

Les dons portant sur la pleine propriété de titres de sociétés cotées déclenchent corrélativement une **taxation de la plus-value** générée par l'opération, cette plus-value correspondant à la différence entre la valeur des titres retenue en tant que base de calcul de la réduction d'IFI et leur prix ou valeur d'acquisition ; cette plus-value est imposable selon le régime de droit commun des plus-values sur titres et valeurs mobilières (CGI art. 150 duodecies).

c. Dons en numéraire aux victimes d'actes de terrorisme

PORTÉE DE L'EXONÉRATION

5115 Les dons en numéraire reçus par les victimes d'actes de terrorisme sont exonérés de droits de mutation à titre gratuit (CGI art. 796 bis). En cas de **décès de la victime,** l'exonération bénéficie aux dons reçus par son conjoint, partenaire lié par un Pacs ou concubin notoire, ses descendants et ascendants et les personnes considérées comme à sa charge au sens de l'impôt sur le revenu (CGI art. 196 et 196 A bis).

Cette exonération s'applique dans les mêmes conditions aux dons en numéraire reçus par les militaires, policiers, gendarmes, sapeurs-pompiers ou agents des douanes blessés en opérations ou dans le cadre de leur mission ou, s'ils sont décédés, aux dons reçus par leurs proches tels que définis ci-dessus (CGI art. 796 bis).

› Précisions Les **opérations concernées** par l'exonération de l'article 796 bis, II (qui renvoie notamment à l'article 796, I-2° bis) sont :
– celles mentionnées au 2° de l'article L 4138-3-1 du Code de la défense, c'est-à-dire les opérations extérieures ;
– celles mentionnées au 3° de l'article L 4138-3-1 du Code de la défense. Il s'agit des opérations mobilisant des capacités militaires, se déroulant sur le territoire national ou hors de celui-ci, visant à la défense de la souveraineté et des intérêts de la France, à la préservation de l'intégrité de son territoire ou à la protection de ressortissants, d'une intensité et d'une dangerosité particulières assimilables à celles d'une opération extérieure.

CONDITIONS DE L'EXONÉRATION

5120 L'exonération de droits de mutation s'applique sans **limite** de montant (BOI-ENR-DMTG-20-20-20 n° 329). Elle concerne les dons de **sommes d'argent** effectués par chèque, par virement, par mandat ou par remise d'espèces. L'utilisation de site internet de collecte de dons en ligne ne fait pas obstacle au bénéfice de l'exonération (BOI-ENR-DMTG-20-20-20 n° 326).

L'exonération est applicable aux dons reçus dans les **12 mois** suivant l'acte de terrorisme ou, dans les autres situations, la blessure ou le décès. Aucun délai n'est toutefois prévu lorsque les dons sont versés par une fondation, une association reconnue d'utilité publique, une œuvre ou un organisme d'intérêt général (BOI précité n° 327).

OBLIGATIONS DÉCLARATIVES

5125 L'exonération est susceptible de s'appliquer quel que soit le support qui constate le don : acte notarié, acte sous seing privé, ou déclaration de don manuel.

En cas de **don manuel** de sommes d'argent, le donataire doit souscrire l'imprimé n° 2735-SD « Déclaration de dons manuels et de sommes d'argent ». Cet imprimé peut être souscrit **en ligne** sur le site internet impots.gouv.fr : voir n° 5047.

En cas de **donation consentie par acte authentique,** l'acte doit être enregistré par le notaire dans le délai d'un mois (BOI-ENR-DMTG-20-20-20 n° 328).

Dans tous les cas, le contribuable qui revendique le bénéfice de l'exonération devra être en mesure de justifier auprès de l'administration fiscale, par tout mode de preuve compatible avec la procédure écrite, que les conditions de l'exonération sont remplies.

B. Calcul des droits de donation

1. ASSIETTE DES DROITS

RÈGLES D'ÉVALUATION DES BIENS DONNÉS

Les règles générales d'évaluation de l'assiette de calcul des droits de donation sont en principe les mêmes que celles définies pour le calcul des droits de succession (voir n°s 47800 s.), à une grande différence près : alors que l'article 768 du CGI permet, pour les droits de succession, de déduire de l'assiette les **dettes** qui sont à la charge du défunt au jour de l'ouverture de sa succession, aucune distraction de charges n'est normalement admise pour la fixation de l'assiette des droits de mutation à titre gratuit entre vifs (CGI art. 758 pour les meubles et 761 pour les immeubles). Bien évidemment cette règle, établie pour les droits de donation, souffre d'exceptions : voir n°s 5235 s. 5175

Quelques divergences existent également entre les deux régimes quant aux règles de fixation par le législateur des bases d'évaluation fiscales de certains biens objets d'une donation.

IMMEUBLES

L'**abattement de 20 %** sur la valeur vénale réelle de l'immeuble constituant la **résidence principale** ne trouve pas à s'appliquer aux droits de mutation à titre gratuit entre vifs (BOI-ENR-DMTG-20-30-10 n° 80). 5180

S'il est **occupé par le donateur,** l'immeuble transmis par donation doit être évalué selon sa valeur vénale réelle, réputée égale à la valeur libre de toute occupation (CGI art. 761, al. 2). L'administration refuse de décoter le bien immobilier occupé par le donateur, que ce dernier détienne l'immeuble en pleine propriété ou en usufruit. La jurisprudence confirme cette doctrine en refusant d'accorder un abattement pour une donation d'immeuble assortie d'une clause de réserve d'usufruit et d'une interdiction pour les nus-propriétaires d'aliéner et d'hypothéquer le bien le temps de la durée de l'usufruit (Cass. com. 27-10-2009 n° 08-11.362 F-PB : RJF 2/10 n° 175 ; Cass. com. 11-9-2012 n° 11-21.234 F-D : RJF 12/12 n° 1168).

La seule circonstance permettant d'appliquer une décote est celle de la donation d'un **immeuble occupé par un locataire** (BOI-ENR-DMTG-20-30-10 n° 90). En effet, la contrainte liée au contrat de location autorise une **décote** dont le montant varie en fonction de la durée du bail restant à courir au jour de la transmission (Rép. Estrosi : AN 10-8-2004 n° 40964 non reprise au Bofip). L'administration refuse en revanche d'accorder une décote pour prendre en compte les contraintes spécifiques liées aux régimes d'investissements locatifs (ex. : régime Robien, Borloo, Scellier, Duflot-Pinel ou Cosse, investissements dans les zones de revitalisation rurale ou dans les DOM-TOM) prévoyant des engagements de location sur des durées supérieures à celles prévues par le droit commun des baux d'habitation. L'application d'une véritable décote sur l'immeuble donné est admise s'agissant des biens loués sous le régime de la loi du 1er septembre 1948 interdisant aux propriétaires de résilier le contrat de location attaché à l'immeuble (Rép. Le Fur : AN 28-10-2008 n° 25327 non reprise au Bofip).

L'état d'**indivision** de l'immeuble avant sa donation peut justifier l'application d'une décote sur la valeur de la pleine propriété du bien si celle-ci s'en trouve affectée (n° 47880). La valeur des droits indivis ne correspond pas à la fraction de la valeur totale du bien correspondant aux droits indivis : par exemple, si un immeuble estimé 400 000 € est détenu à parts égales par quatre coïndivisaires, il est évident que chaque quote-part d'indivision ne peut être évaluée à 100 000 €. Une décote de 20 à 30 % de la valeur théorique des droits indivis est communément admise, l'administration étant allée jusqu'à pratiquer un abattement de 40 % sur les droits indivis portant sur la nue-propriété d'un immeuble (Cass. com. 27-10-2009 n° 08-11.362 F-PB : RJF 2/10 n° 175). Toutefois, si l'indivision résulte de la donation elle-même, aucune décote ne doit être retenue (BOI-ENR-DMTG-20-30-10 n° 90 ; Cass. com. 28-1-2003 n° 01-12.373 F-D : RJF 5/03 n° 646 ; Cass. com. 3-6-2014 n°s 13-18.180 et 13-18.192 F-D : RJF 10/14 n° 949). 5185

ATTENTION

Pour être prise en compte, encore faut-il que l'indivision affecte la valeur vénale de l'immeuble. Jugé que tel n'est pas le cas lorsqu'une mère donne à son fils déjà propriétaire de la moitié de l'immeuble la nue-propriété de l'autre moitié dès lors qu'il s'agit d'une **indivision simple entre une mère et son fils unique** et **ne présentant aucune difficulté de gestion** (Cass. com. 30-9-2020 n° 18-15.748 F-D : RJF 1/21 n° 93).

BIENS MEUBLES

5190 Comme pour les mutations par décès, la valeur des **meubles corporels** faisant l'objet d'une donation est en principe déterminée par la déclaration détaillée et estimative des parties (CGI art. 758 ; voir nos 48085 s.). Toutefois, **en cas de vente publique** postérieure de moins de deux ans à l'acte de donation, le prix net de la vente se substitue à l'évaluation estimative des parties (CGI art. 776 et 764, I-1° ; BOI-ENR-DMTG-20-30-10 nos 10 et 20).

À défaut de vente publique, les bijoux, pierreries et objets d'art ou de collection doivent faire l'objet d'une déclaration estimative qui ne peut être inférieure à 60 % de l'évaluation faite dans les contrats ou conventions d'assurances contre le vol ou l'incendie en cours à la date de la donation et conclus par le donateur, son conjoint ou ses auteurs depuis moins de dix ans (alors que la base d'évaluation est de 100 % pour la liquidation des droits de succession) ; s'il existe plusieurs polices susceptibles d'être retenues pour l'application du forfait, celui-ci est calculé sur la moyenne des évaluations figurant dans ces polices (CGI art. 776).

Les parties ont l'obligation de faire connaître dans l'acte de donation si les bijoux, pierreries, objets d'art ou de collection compris dans la transmission étaient garantis par un **contrat d'assurances contre le vol ou l'incendie** en cours au jour de l'acte et, dans l'affirmative, d'indiquer la date du contrat, le nom ou la raison sociale et le domicile de l'assureur, ainsi que le montant des risques (CGI art. 798).

5195 Les **méthodes d'évaluation** présentées no 5190 ne sont pas impératives : les parties comme l'administration peuvent proposer une toute autre évaluation dès lors qu'elle est justifiée (BOI-ENR-DMTG-20-30-10 no 40).

Toutefois, en matière de donation, les **inventaires** et autres **actes estimatifs** ne peuvent pas constituer une base légale d'évaluation.

De même, le **forfait mobilier de 5 %** prévu pour les meubles meublants transmis par décès (nos 48090 s.) n'est pas applicable. Les dispositions de l'article 764, I-2° et 3° du CGI, prévues en matière de successions, ne sont en effet pas étendues aux donations (BOI-ENR-DMTG-20-30-10 no 50).

VALEURS MOBILIÈRES

5200 **Titres cotés** L'article 759 du CGI dispose que les **valeurs mobilières françaises et étrangères** cotées sont soumises aux droits de donation pour leur cours moyen au jour de la transmission, soit la moyenne du cours le plus haut et du cours le plus bas de la séance au jour de la transmission à titre gratuit (et non selon la moyenne des trente derniers cours précédant la transmission comme le prévoit le même article pour la liquidation des droits de succession : voir no 48155). Toutefois, l'administration admet que soit retenu, pour la liquidation des droits de donation, le **dernier cours connu** du titre en bourse, c'est-à-dire le cours de clôture de la veille du jour du fait générateur de l'impôt (BOI-ENR-DMTG-20-30-10 no 60).

5205 **Titres non cotés** Les valeurs mobilières non cotées doivent faire l'objet d'une **déclaration estimative** des parties conformément aux dispositions de l'article 758 du CGI ; il s'agit pour les parties de réaliser la donation sur des valeurs reflétant autant que possible le jeu normal de l'offre et de la demande (BOI-ENR-DMTG-10-40-10-10 no 160). La principale **méthode d'évaluation** opposable à l'administration fiscale repose sur la comparaison avec d'autres transactions portant sur les titres de la même société dans des conditions équivalentes à condition que ces transactions aient été effectuées dans un délai raisonnable (CE 14-6-1978 no 9403 : RJF 7-8/78 no 316). La méthode comparative, dès lors qu'elle repose sur des critères pertinents et objectifs, prime les autres méthodes de calcul proposées par l'administration (Cass. com. 7-7-2009 no 08-14.855 F-D : RJF 12/09 no 1173 ; CE 21-10-2016 no 390421 : RJF 1/17 no 8). Cette méthode ne peut pas être combinée avec d'autres méthodes alternatives ou subsidiaires (CE 21-10-2016 précité). En l'absence d'éléments de comparaison, l'évaluation devra être faite selon une combinaison de plusieurs méthodes (valeur mathématique, de productivité, de rendement, goodwill, cash flow actualisés ; valorisation par application d'un coefficient multiplicateur sur le résultat d'exploitation, sur l'excédent brut d'exploitation ou sur la marge brute d'autofinancement) telles que proposées par l'administration dans son guide de l'évaluation des entreprises et des sociétés (lequel est consultable sur le site impots.gouv.fr depuis la rubrique « documentation fiscale »). La jurisprudence refuse l'application d'une dépréciation sur la valeur des titres non cotés objets d'une donation avec **clause d'inaliénabilité et d'interdiction de nantissement** à la charge du donataire (Cass. com. 6-2-2007 no 05-12.939 F-PB : RJF 6/07 no 759). Enfin, l'article 764 A du CGI prévoyant la possibilité de retenir, dans le cadre d'une transmission pour cause de **décès du dirigeant,** une décote sur les titres transmis (no 47950) ne trouve pas application pour les mutations à titre gratuit entre vifs.

BIENS DONT LA PROPRIÉTÉ EST DÉMEMBRÉE

Pour les donations avec **réserve d'usufruit viager,** les règles d'évaluation sont celles exposées nos 48230 s. en matière de droits de succession. Le barème de l'article 669, I du CGI s'applique strictement à la valeur de la pleine propriété du bien sans qu'il soit fait application d'un quelconque abattement lié à la nature du droit réel transmis : ainsi on évalue la nue-propriété donnée d'un bien indivis en appliquant le barème sur la valeur de la pleine propriété du bien. **5210**

Dans l'hypothèse de la donation avec **réserve d'usufruits conjoints sans stipulation de parts,** il y a lieu de partager les biens en autant de parts qu'il y a d'usufruitiers donateurs et d'appliquer le barème de l'article 669, I à chacune des parts (BOI-ENR-DMTG-10-40-10-50 no 50). **5215**

EXEMPLE

M. L, 80 ans, et son épouse, Mme O, 68 ans, font donation à leur fils de la nue-propriété d'un bien dépendant de la communauté de biens existant entre eux, d'une valeur en pleine propriété de 600 000 €. Les parents se réservent, dans l'acte de donation, à leur profit et au profit du survivant d'eux, sans diminution au décès du prémourant, l'usufruit viager du bien donné.

La pleine propriété est fractionnée fictivement en deux parts (M. L et Mme O), puis la valeur en nue-propriété et en usufruit de chacune des deux fractions est fixée comme s'il s'agissait de deux usufruits divis. Le calcul est le suivant compte tenu de l'âge des usufruitiers :

– pour M. L : valorisation de la moitié de la pleine propriété : 300 000 €, soit une valorisation fiscale de la nue-propriété donnée de 210 000 € en fonction de l'âge de M. L, par application du barème (300 000 × 70 %) ;

– pour Mme O : valorisation de la moitié de la pleine propriété : 300 000 €, soit une valorisation fiscale de la nue-propriété donnée de 180 000 € en fonction de l'âge de Mme O, par application du barème (300 000 × 60 %).

En cas de donation **avec réserve d'usufruit** consentie à un enfant **et stipulation d'un usufruit successif,** le plus souvent au profit du conjoint pour le cas où ce dernier survivrait à l'époux donateur, la nue-propriété transmise est évaluée, au jour de l'acte, en fonction de l'âge de l'époux donateur, en faisant abstraction de l'âge du conjoint éventuel bénéficiaire de l'usufruit successif ; il ne doit être tenu compte, pour la détermination de la valeur de la nue-propriété transmise, que des usufruits ouverts au jour de la transmission (CGI art. 669, I-al.-2). Au décès de l'époux donateur premier usufruitier s'ouvre l'usufruit successif du conjoint survivant, ce qui peut avoir pour effet de conférer au nu-propriétaire un droit à restitution partielle des droits de donation acquittés initialement : en effet, le nu-propriétaire a droit à la restitution d'une somme égale à ce qu'il aurait payé en moins si le droit acquitté par lui avait été calculé lors de la donation initiale d'après l'âge de l'usufruitier éventuel (CGI art. 1965 B ; BOI-ENR-DMTG-10-40-10-50 no 50). Bien entendu, ce droit à restitution n'est possible que si la donation réserve un usufruit successif à un bénéficiaire plus jeune que le donateur au jour de l'acte. **5220**

La demande en remboursement du trop payé de droits du fait de la première donation devra être adressée à l'administration par voie de réclamation contentieuse jusqu'au 31 décembre de la deuxième année suivant celle de l'ouverture de la réversion d'usufruit (LPF art. R 196-1).

EXEMPLE

On reprend les données de l'exemple présenté au no 5215. Si Mme O survit à son mari et si, de ce fait, la réversion s'opère à son profit, son fils aura droit à la restitution d'une somme égale à ce qu'il aurait payé en moins si le droit acquitté par lui avait été calculé lors de la donation initiale d'après l'âge de sa mère au jour de cette donation. Le montant de la restitution au profit du fils sera donc égal à la différence entre le montant des droits de donation calculés initialement et le montant des droits qui auraient été dus en cas de transmission de la nue-propriété valorisée à 360 000 € (600 000 × 60 %).

Parallèlement, la réversion au profit de Mme O ne donnera lieu à aucune taxation car la réversion d'usufruit relevant du régime des droits de succession et non des droits de donation (CGI art. 796-0 quater), il n'y a pas de droits de succession sur les transmissions par décès entre conjoints (CGI art. 796-0 bis).

En cas de donation de la nue-propriété avec **réserve de quasi-usufruit,** le barème de l'article 669, I du CGI s'applique comme s'il s'agissait de la transmission à titre gratuit d'un usufruit (Rép. Douay : AN 30-7-2001 no 54977 non reprise au Bofip). **5225**

Pour les **donations temporaires d'usufruit** (ou donations d'usufruit à durée fixe), l'article 669, II fixe la valeur de l'usufruit à 23 % de la valeur de la propriété entière pour chaque période de dix ans de la durée de l'usufruit, sans fraction et sans égard à l'âge de l'usufruitier. Toutefois, cette règle ne doit pas avoir pour effet de donner à l'usufruit constitué pour une durée fixe une valeur supérieure à celle de l'usufruit viager (BOI-ENR-DG-30 no 80) ; ainsi, la transmission d'un usufruit pour une durée de 30 ans au profit d'une personne de 52 ans ne saurait avoir une valeur supérieure à 50 % de la valeur en toute propriété, tel que prévu par l'article 669, I du CGI pour les transmissions d'usufruits viagers (BOI précité).

5230 L'actualisation du **barème** d'évaluation forfaitaire des valeurs respectives de l'usufruit et de la nue-propriété opérée par la loi de finances pour 2004 (CGI art. 669, I) a réévalué nettement la valeur de l'usufruit viager (40 % par exemple pour un usufruitier de 62 ans, contre seulement 20 % jusqu'en 2003). Dans certains cas, l'addition, d'une part, de la quotité ayant servi d'assiette à la **donation de la nue-propriété** consentie **avant** le 1er janvier **2004,** et, d'autre part, de la quotité servant d'assiette à la **renonciation à l'usufruit** ou à sa transmission au conjoint survivant **après cette date,** pourrait conduire à retenir une quotité excédant 100 % de la quotité de pleine propriété. Afin d'éviter cette conséquence, l'administration fiscale admet, dans ces hypothèses, de **plafonner la valeur de l'usufruit** déterminée en application du barème de l'article 669, I du CGI de telle sorte que la quote-part de la pleine propriété taxée lors de cette seconde transmission, augmentée de celle ayant servi d'assiette aux droits dus lors de la donation de la nue-propriété, n'excède pas 100 % (BOI-ENR-DMTG-10-40-10-50 n° 20).

> **Précisions** Cette tolérance administrative ne s'applique pas lorsque la **veuve** du donateur **renonce à son usufruit** successif car, dans une telle hypothèse, il n'y a pas identité de donateur pour la donation de la nue-propriété (effectuée par le mari décédé) et pour celle de l'usufruit (consentie par sa veuve) (CA Rouen 1e ch. 6-10-2010 n° 09-4999 : RJF 2/11 n° 243).

DONATIONS AVEC CHARGES

5235 **Principes** Alors que les droits de succession se calculent sur une assiette réduite du passif successoral (n° 48350), les droits de donation sont en principe assis sur la **valeur brute des biens donnés,** sans déduction des dettes grevant ces mêmes biens (CGI art. 758 pour les biens mobiliers et 761 pour les biens immobiliers).

Par exception, le passif grevant les biens donnés est déductible si les **conditions** énumérées nos 5240 à 5265 sont réunies (CGI art. 776 bis).

5240 **Nature de la dette** Les dettes doivent s'analyser en une **obligation de payer** et non en une obligation de faire ; elles doivent nécessairement impliquer le déboursement d'une somme d'argent (BOI-ENR-DMTG-20-30-10 n° 140). Elles doivent être **certaines** au jour de la donation, ce qui exclut du dispositif les dettes sous condition suspensive et les dettes litigieuses. Elles doivent en outre résulter d'un **contrat** conclu par le donateur pour l'acquisition ou dans l'intérêt des biens objets de la donation (BOI-ENR-DMTG-20-30-10 nos 150 à 170).

5245 **Identité du créancier** Quand la donation porte sur la totalité ou sur une quote-part indivise des actifs affectés à l'exploitation d'une **entreprise individuelle** n'exerçant pas une activité patrimoniale, la déduction des dettes grevant ces actifs (par exemple, dettes contractées auprès d'un établissement de crédit ou auprès de tiers) est subordonnée à la condition qu'elles n'aient pas été contractées auprès du cercle familial (CGI art. 776 bis). Pour l'application de cette disposition, le **cercle familial** comprend le donataire et son conjoint, ainsi que le conjoint du donateur, ses descendants, ses parents et autres ascendants, ses frères et sœurs, ses oncles et tantes, et les frères et sœurs de ses autres ascendants, ses beaux-parents et les autres ascendants de son conjoint (BOI-ENR-DMTG-20-30-10 n° 180).

Lorsque la donation porte sur des **biens autres qu'une entreprise individuelle,** la dette est déductible uniquement si le créancier est un établissement de crédit. En conséquence, les dettes contractées auprès des personnes physiques, en particulier auprès du cercle familial, ne sont pas déductibles (BOI-ENR-DMTG-20-30-10 n° 190).

5250 **Montant de la dette** Le montant de la dette prise en charge doit demeurer d'une **valeur inférieure à la valeur du bien donné** ; si le montant de la dette est équivalent à la valeur vénale du bien donné, la transmission est requalifiée de mutation à titre onéreux (BOI-ENR-DMTG-20-30-10 n° 200). Dans l'hypothèse d'un passif grevant l'intégralité d'un bien alors que la donation ne porte que sur une quote-part indivise ou sur des **droits démembrés** du bien, ne peut être déduite que la fraction de passif correspondant à la fraction transmise du bien ; cette fraction est déterminée par application du barème fiscal de l'usufruit de l'article 669 du CGI (BOI précité).

5255 **Mention de la dette dans l'acte de donation** La dette doit être stipulée à la charge du donataire dans l'acte, avec mention de l'**identité du créancier** (conditions interdisant toute déduction pour les **dons manuels** qui sont, par hypothèse, effectués sans acte de donation) ; en cas de **donation-partage,** seul le bénéficiaire du bien grevé de la dette peut retenir celle-ci pour le calcul de l'assiette de ses droits de donation (BOI-ENR-DMTG-20-30-10 n° 220). À notre avis, il est obligatoire que l'acte indique la date d'échéance de la dette.

Information du créancier cédé Selon l'administration, la **prise en charge de la dette** par le donataire doit être simplement **notifiée au créancier** ; elle n'exige pas que ce dernier ait, au préalable, donné son accord ou accepté la donation avec transfert du passif. Elle précise aussi qu'il n'est nullement besoin que la notification soit accompagnée d'une délégation parfaite avec décharge de la dette du donateur à l'égard du créancier (BOI-ENR-DMTG-20-30-10 n° 230). Les commentaires administratifs, à jour au 6 avril 2021, sont ainsi en contradiction avec les dispositions de l'ordonnance 2016-131 du 10 février 2016 portant réforme du droit des contrats, du régime général et de la preuve des obligations qui introduisent dans le Code civil la notion de cession de dette (C. civ. art. 1327 s.). Selon ces dispositions, l'opération de cession de dette est possible et effective dès lors que le débiteur a obtenu le consentement du créancier cédé. L'**accord préalable du créancier** semble donc être une condition indispensable à la réalisation du transfert de la dette à un nouveau débiteur. 5260

Preuve du paiement de la dette par le donataire Sur demande de l'administration fiscale, le donataire doit être en mesure d'établir qu'il a supporté le **paiement effectif** de la dette, conformément aux stipulations de l'acte de donation (BOI-ENR-DMTG-20-30-10 n° 240). La **demande de justification** ne peut être effectuée par le fisc au-delà de l'expiration d'un délai de trois ans suivant la date d'échéance de la dette (BOI précité n° 250). En l'absence de réponse ou en cas de réponse insuffisante, l'administration peut rectifier les droits de donation selon la procédure de rectification contradictoire (BOI précité n° 260). 5265

ATTENTION

Que ce soit au regard de la **taxe de publicité foncière** ou du **calcul des plus-values** en cas de vente ultérieure du bien donné (meuble ou immeuble) par le donataire, la prise en charge par ce dernier de la dette grevant le bien transmis n'a aucune incidence : l'assiette de la taxe de publicité foncière comme le prix de revient servant au calcul de la plus ou moins-value sont déterminés selon la valeur vénale du bien appréciée au jour de la donation (BOI-ENR-DMTG-20-30-10 n°s 270 à 290).

PROCÉDURE DE RESCRIT VALEUR

Les **dirigeants d'entreprises** individuelles ou de sociétés autres que de gestion patrimoniale qui envisagent de donner tout ou partie de leur entreprise ou de leurs titres peuvent recourir à une procédure dite « de rescrit valeur » (LPF art. L 18 et R 18-1 ; BOI-SJ-RES-10-20-20-90 n°s 1 s.). Cette procédure leur permet de consulter par écrit l'administration sur la valeur vénale des biens qu'ils entendent donner. À réception de la demande accompagnée du projet d'acte de donation et d'une proposition détaillée d'évaluation, l'administration a six mois pour se prononcer (le défaut de réponse ne valant pas accord). En cas d'accord exprès sur la valeur vénale proposée, et à condition que la donation intervienne dans les trois mois de la décision d'acceptation, l'évaluation retenue ne pourra plus être remise en cause par l'administration. 5270

2. MODALITÉS DE CALCUL DES DROITS DE DONATION

MÉTHODE DE CALCUL

Les droits de donation sont calculés sur la **part d'actif transmise** par le donateur à un donataire spécifique, après réintégration le cas échéant des donations consenties depuis moins de 15 ans à ce même donataire (règle du **rappel fiscal** des donations antérieures, qui s'applique comme pour le calcul des droits de succession et avec les mêmes exceptions : voir n°s 50105 s.). 5300

Les droits de donation doivent être liquidés sur la fraction d'actif transmise à chaque ayant droit : ainsi, lorsque dans un même acte il est prévu la gratification de plusieurs donataires, les droits de mutation sont liquidés sur la quote-part revenant à chacun d'eux ; si, dans un même acte, plusieurs donateurs consentent des donations, les droits de mutation sont liquidés distinctement sur les biens transmis par chacun d'eux (BOI-ENR-DMTG-20-30-20-10 n° 10).

Cette dernière règle trouve essentiellement à s'appliquer aux **libéralités consenties conjointement par des époux,** pour lesquelles les droits de mutation doivent être spécifiquement calculés sur la part transmise par chacun des époux : lorsque la donation comprend des biens de communauté, ceux-ci sont réputés donnés par parts égales par chaque époux (BOI précité).

Le calcul des droits de donation comporte l'application d'abattements, d'un tarif et de réductions de droits.

Pour les abattements, tarifs et réductions de droits antérieurs, voir nos 99000 s.

a. Abattements

TYPOLOGIE DES ABATTEMENTS

5305 Les donations bénéficient de la plupart des abattements (lesquels sont personnels à la personne gratifiée) applicables aux droits de succession. C'est le cas pour les abattements :

– en **ligne directe** : abattement de 100 000 € pour les donations consenties aux ascendants et aux enfants (nos 50265 s.) ; cet abattement s'applique, par le jeu de la **représentation,** aux donations consenties aux descendants des enfants ou des petits-enfants, décédés, du donateur (CGI art. 779 et 790 B). Toutefois le bénéfice de l'abattement est réparti, selon les règles de la dévolution successorale légale, entre chacun des donataires de la même souche (BOI-ENR-DMTG-20-30-20-10 n° 40). En ce qui concerne l'application de l'abattement personnel pour les **donations-partages conjonctives** en présence d'enfants de lits différents, voir Précisions ci-après ;

– en ligne **collatérale** : abattement de 15 932 € entre frères et sœurs et de 7 967 € au profit des neveux et nièces (nos 50320 s.) ;

– en faveur des **handicapés** : abattement de 159 325 €, quel que soit le lien de parenté (nos 50365 s.).

Les **autres abattements** prévus en matière de droits de succession (notamment l'abattement applicable à défaut d'autre abattement : n° 50400) ne s'appliquent pas aux droits de donation.

Pour les montants des abattements antérieurs, voir nos 99000 s.

Les **abattements spécifiques** aux donations sont étudiés ci-après.

> Précisions a. En cas de **donations successives,** il n'est pas possible de renoncer au bénéfice d'un abattement lors d'une première donation pour le reporter sur une donation ultérieure consentie avant l'expiration du délai de rappel fiscal des donations. En effet, les abattements prévus par l'article 779 du CGI constituent un élément du tarif des mutations à titre gratuit dont l'application s'impose quand les conditions édictées par la loi sont réunies (BOI-ENR-DMTG-20-30-20-20 n° 10).

b. En cas de **donation de biens communs** par un époux avec le consentement de l'autre **à un enfant non issu du lit commun,** il ne peut être effectué qu'un seul abattement de 100 000 € ; en effet, la loi considère l'époux géniteur comme seul donateur et donc comme unique générateur de l'abattement sur la part transmise (CGI art. 778 bis ; voir n° 11865).

c. Lorsque deux **donations notariées** sont **dressées et présentées à l'enregistrement le même jour,** l'abattement en ligne directe s'applique au premier acte dressé peu importe que celui-ci soit enregistré à une date postérieure en raison d'une demande de paiement différé des droits (CA Rennes 10-5-2022 n° 20/01018 : BPAT 5/22 inf. 243).

DONATIONS ENTRE ÉPOUX OU ENTRE PARTENAIRES D'UN PACS

5310 Les donations entre époux ouvrent droit à un abattement de 80 724 € (CGI art. 790 E). Il en va de même des donations entre partenaires de Pacs, mais l'abattement est remis en cause si le Pacs est rompu dès l'année de sa conclusion ou l'année suivante pour un motif autre que le mariage entre les partenaires ou le décès de l'un d'eux (CGI art. 790 F).

L'abattement est **cumulable,** le cas échéant, avec celui prévu en faveur des handicapés (nos 50365 s.).

La règle du **rappel fiscal** des donations antérieures (nos 50105 s.) est applicable, l'abattement ne pouvant jouer qu'une fois tous les 15 ans.

Les personnes liées par un **partenariat civil conclu à l'étranger** et non contraire à l'ordre public bénéficient des mêmes règles que les partenaires de Pacs au regard des droits de mutation à titre gratuit. L'abattement de 80 724 € leur est donc applicable (BOI-ENR-DMTG-20-30-20-20 n° 30). Les **justificatifs** à fournir et la liste des partenariats étrangers sur lesquels l'administration s'est déjà prononcée sont disponibles dans la base Bofip (BOI-IR-CHAMP-20-10 nos 140 à 200).

DONATIONS CONSENTIES AUX PETITS-ENFANTS

5315 Les donations consenties par des grands-parents à leurs petits-enfants (quel que soit l'âge des uns et des autres) ouvrent droit à un abattement spécifique de 31 865 € par part (CGI art. 790 B).

Cet abattement est personnel et global. Il s'applique pour **chaque petit-enfant** bénéficiaire à raison de l'ensemble des donations qui lui sont respectivement consenties par chacun de ses grands-parents. Lorsque deux grands-parents consentent à l'un de leurs petits-enfants une donation de **biens communs,** ce dernier bénéficie d'un double abattement. Ce dispositif s'applique sans condition liée à l'âge du donateur (BOI-ENR-DMTG-20-30-20-20 nos 60 et 70).

L'abattement s'applique quelle que soit la **forme** de la donation : acte authentique ou sous seing privé, révélation de dons manuels (BOI précité n° 100).

La règle du **rappel fiscal** des donations antérieures est applicable, l'abattement ne pouvant jouer qu'une fois tous les 15 ans.

L'abattement est **cumulable,** le cas échéant :
– avec l'exonération des dons familiaux de sommes d'argent (nos 5020 s.) ;
– avec l'abattement prévu en faveur des handicapés (nos 50365 s.) ;
– avec l'abattement entre parent et enfant dont peuvent bénéficier les petits-enfants qui viennent en « représentation » de leur auteur prédécédé (BOI-ENR-DMTG-20-30-20-20 n° 110).

CONSEIL

Si la **donation n'absorbe pas l'intégralité des abattements** disponibles, le notaire pourra proposer d'insérer dans l'acte de donation une clause spécifique prévoyant que la donation consentie s'impute en priorité sur l'abattement en faveur des petits-enfants prévu à l'article 790 B du CGI, puis subsidiairement sur celui prévu en faveur des enfants à l'article 779, I du CGI dont les petits-enfants bénéficient en tant que représentants de leur auteur prédécédé. Cette clause permettra, en cas de **décès du donateur dans les 15 ans** de la donation, de conserver le bénéfice (total ou partiel) de l'abattement prévu entre parents et enfants et de faire jouer pleinement l'abattement en faveur des petits-enfants (F. Fruleux, Régime fiscal de la représentation, synthèse et mise en œuvre : JCP N 2012 n° 1180, avec une formule de donation prévoyant l'ordre d'imputation des abattements). À défaut, l'administration calcule les droits en imputant d'abord l'abattement parent/enfant (BOI-ENR-DMTG-20-30-20-20 n° 110) ; en cas de décès du donateur dans les 15 ans de la donation, l'application de la règle du rappel fiscal pour le calcul des droits de succession interdira d'utiliser l'abattement au bénéfice des petits-enfants qui, par définition, n'est utilisable que pour les mutations à titre gratuit entre vifs.

DONATIONS CONSENTIES AUX ARRIÈRE-PETITS-ENFANTS

Les donations consenties par des arrière-grands-parents à leurs arrière-petits-enfants (quel que soit l'âge des uns et des autres) donnent droit à un abattement spécifique de 5 310 € par part (CGI art. 790 D). **5320**

La règle du **rappel fiscal** des donations antérieures est applicable, l'abattement ne pouvant jouer qu'une fois tous les 15 ans.

Cet abattement est **cumulable,** le cas échéant, avec l'exonération des dons familiaux de sommes d'argent (nos 5020 s.), avec l'abattement dont peuvent bénéficier les arrière-petits-enfants qui viennent en « représentation » de leur auteur (abattement entre grands-parents et petits-enfants : n° 50270), ainsi qu'avec celui prévu en faveur des handicapés (nos 50365 s.).

DONATIONS D'ENTREPRISES AUX SALARIÉS

Régime de faveur Les donations de la **pleine propriété** de fonds de commerce, de fonds artisanaux, de fonds agricoles, de clientèles d'une entreprise individuelle, de parts ou actions d'une société ayant une activité opérationnelle (c'est-à-dire autre que la gestion de son propre patrimoine) ouvrent droit, pour le calcul des droits de donation, à un **abattement** de 300 000 € sur la valeur du fonds ou de la clientèle, ou sur la fraction de la valeur des titres représentative du fonds ou de la clientèle (CGI art. 790 A). **5325**

L'abattement est optionnel (CGI art. 790 A, al. 1). L'**option** doit être exercée par le donataire dans l'acte de donation (ou dans la déclaration de don manuel) (BOI-ENR-DMTG-20-30-20-20 n° 220).

> **Précisions** Le **projet de loi de finances pour 2024** prévoit de relever le montant de l'abattement de 300 000 à 500 000 €.
> Cette disposition pourrait s'appliquer aux donations consenties à compter du 1er janvier 2024 (Projet de loi de finances pour 2024 sur lequel le Gouvernement a engagé sa responsabilité le 17-10-2023 art. 3 novodecies).

Conditions du régime de faveur L'entreprise ou la société dont le fonds ou les titres sont donnés doit exercer une **activité industrielle, commerciale, artisanale, agricole ou libérale** (CGI art. 790 A, I-a). Il n'est cependant pas nécessaire que cette activité soit exercée à titre exclusif. Une activité civile (autre qu'agricole ou libérale) accessoire n'empêche pas l'application de l'abattement sur la valeur du fonds ou de la clientèle (BOI-ENR-DMTG-20-30-20-20 n° 230). **5330**

Si la donation porte sur des parts ou actions, le régime fiscal de la société est indifférent.

5335 Les donataires doivent être titulaires d'un **contrat de travail à durée indéterminée** depuis au moins deux ans et exercer leurs fonctions à temps plein (ou être titulaires d'un contrat d'apprentissage) ; le contrat, en cours au jour de la donation, doit avoir été conclu avec l'entreprise individuelle dont le fonds ou la clientèle est transmis ou avec la société dont les parts ou actions sont transmises (CGI art. 790 A, I-b).

Ne font pas obstacle à l'abattement (BOI-ENR-DMTG-20-30-20-20 n° 250) :
– la double qualité de mandataire social et de salarié du donataire ;
– l'existence de liens de parenté entre le donateur et le salarié donataire.

5340 Pendant **cinq ans** à compter de la donation (CGI art. 790 A, I-f) :
– **tous les donataires** doivent poursuivre, à titre d'**activité professionnelle unique** et de manière continue et effective, l'exploitation du fonds ou de la clientèle transmis ou l'activité de la société dont les parts ou actions sont transmises ;
– l'**un des donataires** doit assurer la **direction effective de l'entreprise.** S'il y a plusieurs donataires, la direction de la société n'a pas à être exercée par la même personne pendant les cinq ans (BOI-ENR-DMTG-20-30-20-20 n° 260).

5345 Lorsque le **fonds ou** les **titres** objets de la donation ont été **acquis à titre onéreux,** l'abattement ne s'applique que sous réserve d'une condition de **durée de détention** (CGI art. 790 A, I-d et e) :
– si la donation porte sur une entreprise individuelle, le fonds ou la clientèle doit être détenu depuis plus de deux ans par le donateur ;
– si la donation porte sur des parts ou actions, les titres doivent être détenus depuis plus de deux ans par le donateur et la société doit elle-même détenir le fonds ou la clientèle depuis plus de deux ans.

Le donataire doit justifier de la date d'acquisition du fonds ou de la clientèle et/ou des titres par tous les moyens compatibles avec la procédure écrite.

Aucun délai de détention n'est exigé lorsque le donateur ou la société a **créé** le fonds ou la clientèle **ou** a **acquis à titre gratuit** le fonds, la clientèle ou les titres (BOI-ENR-DMTG-20-30-20-20 n° 240).

5350 **Portée de l'avantage fiscal** L'avantage prend la forme d'un **abattement** de 300 000 € sur la valeur du fonds ou de la clientèle ou sur la fraction de la valeur des titres représentative du fonds ou de la clientèle (CGI art. 790 A, I-al. 1).

En cas de **pluralité de donataires,** l'abattement de 300 000 € s'applique sur la part de chacun d'eux (BOI-ENR-DMTG-20-30-20-20 n° 140).

L'abattement ne peut s'appliquer qu'**une seule fois** entre un même donateur et un même donataire (CGI art. 790 A, III). L'administration en déduit que, si une donation de parts ou actions n'a pas épuisé l'abattement, le solde ne pourra pas être utilisé à l'occasion d'une nouvelle donation de titres au profit du même bénéficiaire (BOI-ENR-DMTG-20-30-20-20 n° 150).

Si la donation porte sur une **entreprise individuelle,** l'abattement ne s'applique que sur la valeur du fonds ou de la clientèle. Les autres actifs transmis en même temps sont soumis aux droits de donation dans les conditions de droit commun.

De la même façon, s'agissant des titres d'une société, seule la fraction de la valeur des parts ou actions représentative du fonds ou de la clientèle ouvre droit à l'abattement (CGI art. 790 A, I-al. 1).

5355 L'abattement de 300 000 € est **cumulable** :
– avec les **abattements de droit commun** applicables en raison du lien de parenté existant, le cas échéant, entre le donateur et le donataire ou de la qualité de handicapé du bénéficiaire (nos 50265 s.) ;
– avec la **réduction de 50 %** des droits prévue pour les donations en pleine propriété par un donateur de moins de 70 ans de titres de société à activité opérationnelle ou d'entreprises individuelles compris dans un pacte « Dutreil » (CGI art. 790 ; voir nos 45735 s.) ;
– avec l'**exonération de 75 %** prévue en faveur des transmissions à titre gratuit de titres de sociétés à activité opérationnelle ou d'entreprises individuelles ayant fait l'objet d'un engagement de conservation (étude d'ensemble nos 45375 s.). L'exonération de 75 % s'applique avant l'abattement fixe (BOI-ENR-DMTG-20-30-20-20 n° 350). Il faut toutefois noter que l'option pour l'abattement a pour effet d'empêcher l'application de l'exonération partielle de 75 % à la fraction de la valeur des parts ou actions représentative des biens autres que le fonds ou la clientèle (CGI art. 790 A, II).

EXEMPLE

M. X possède 20 % des titres de la société Y pour lesquels un engagement collectif de conservation a été conclu. En septembre N, M. X donne ses titres à son plus proche salarié afin d'assurer la pérennité de son entreprise. La donation est évaluée à 1 M€, étant précisé que la fraction de la valeur des titres représentative du fonds de commerce s'élève à 80 %, soit 800 000 €.

Le donataire souhaite bénéficier des dispositions de l'article 787 B du CGI et opter pour l'abattement prévu à l'article 790 A du CGI :
– valeur des parts représentative du fonds de commerce : 1 M€ × 80 % = 800 000 € ;
– application de l'exonération partielle prévue à l'article 787 B du CGI : 800 000 € × 75 % = 600 000 € ;
– valeur représentative du fonds de commerce non exonérée : 200 000 € (800 000 € – 600 000 €).

L'abattement de 300 000 € de l'article 790 A du CGI s'applique sur la valeur représentative du fonds de commerce non exonérée (200 000 €) : après application de l'abattement, aucun droit n'est dû sur la fraction de la valeur des titres représentative du fonds de commerce.

Les seuls droits dus seront donc ceux calculés sur les 200 000 € qui représentent la valeur des autres biens transmis (1 M€ – 800 000 €) (BOI-ENR-DMTG-20-30-20-20 n° 350).

Remise en cause de l'exonération L'abattement est remis en cause si les conditions requises pour en bénéficier ne sont pas ou plus remplies. Selon l'administration, la **cession** même partielle **des biens donnés** avant l'expiration du délai de cinq ans emporte en principe remise en cause du régime de faveur (BOI-ENR-DMTG-20-30-20-20 n° 270). 5360

Le non-respect de la condition de **direction effective** de l'entreprise entraîne la déchéance pour tous les donataires. Toutefois, en cas de pluralité de donataires, il est admis qu'en cas de changement de direction provoquant une vacance qui n'excède pas trois mois, l'application de l'exonération ne soit pas remise en cause (BOI précité n°s 290 et 300).

Par ailleurs, en cas de cession par l'un seulement des donataires de ses droits dans le fonds ou la société, le régime de faveur n'est remis en cause que pour le cédant (BOI précité n° 270).

La remise en cause de l'abattement entraîne l'exigibilité du complément de droits de donation, assorti de l'intérêt de retard au taux de 0,20 % et, le cas échéant, de la majoration de 40 % pour manquement délibéré, c'est-à-dire pour mauvaise foi.

Aucune **sanction** n'est encourue lorsque la condition tenant à la poursuite de l'activité pendant cinq ans cesse d'être respectée à raison de la **liquidation judiciaire** de l'entreprise (CGI art. 790 A, I-f). 5365

L'administration admet également que la **mise en société de l'entreprise individuelle** au cours des cinq années qui suivent la donation n'entraîne pas remise en cause de l'abattement lorsque les conditions suivantes sont satisfaites (BOI-ENR-DMTG-20-30-20-20 n° 300) :
– les biens transmis doivent être apportés à une société créée à cette occasion et détenue en totalité par les bénéficiaires du régime de l'article 790 A du CGI ;
– les parts ou actions reçues en contrepartie de cet apport doivent être conservées jusqu'au terme de la période de cinq ans initialement prévue.

b. Tarifs des droits

DONATIONS ENTRE ÉPOUX ET ENTRE PARTENAIRES D'UN PACS

Le tarif des droits est fixé par l'article 777 du CGI, tableau II (voir ci-dessous pour le tarif applicable aux donations consenties depuis le 31 juillet 2011). 5385

Il s'applique y compris aux personnes liées par un **partenariat** civil conclu à l'**étranger** et non contraire à l'ordre public (BOI-ENR-DMTG-20-30-20-40 n° 1 ; BOI-ENR-DMTG-20-30-20-20 n° 30). Les **justificatifs** à fournir et la liste des partenariats étrangers sur lesquels l'administration s'est déjà prononcée sont disponibles dans la base Bofip (BOI-IR-CHAMP-20-10 n°s 140 à 200).

Fraction de part nette taxable	Tarif applicable	Formule de calcul des droits P = part nette taxable
N'excédant pas 8 072 €	5 %	P × 0,05
Comprise entre 8 072 € et 15 932 €	10 %	(P × 0,1) – 404 €
Comprise entre 15 932 € et 31 865 €	15 %	(P × 0,15) – 1 200 €
Comprise entre 31 865 € et 552 324 €	20 %	(P × 0,2) – 2 793 €
Comprise entre 552 324 € et 902 838 €	30 %	(P × 0,3) – 58 026 €
Comprise entre 902 838 € et 1 805 677 €	40 %	(P × 0,4) – 148 310 €
Au-delà de 1 805 677 €	45 %	(P × 0,45) – 238 594 €

Pour les tarifs applicables **avant le 31 juillet 2011,** voir n°s 99035 s.

AUTRES DONATIONS

5390 Pour les tarifs applicables en **ligne directe,** voir n° 50565.

Pour les tarifs **en ligne collatérale** et **entre non-parents,** voir n°s 50570 et 50575.

c. Réductions de droits

RÉDUCTIONS APPLICABLES

5410 Comme les successions, les donations bénéficient de la réduction prévue en faveur des **mutilés de guerre** (n° 50680).

Il existe en outre une réduction de droits spécifique aux **donations d'entreprises** (n°s 45735 s.).

Pour les réductions de droit applicables antérieurement, voir n°s 99000 s.

RÉDUCTION EN CAS DE DONATION D'ENTREPRISE

5415 Les donations en **pleine propriété** d'entreprises individuelles ou de parts ou actions de sociétés qui réunissent les conditions de l'exonération de 75 % prévue en faveur des transmissions d'entreprises ayant une activité opérationnelle (c'est-à-dire autre que la gestion de leur propre patrimoine) (n°s 45375 s.) bénéficient d'une **réduction de droits de 50 %** si le donateur a moins de 70 ans (CGI art. 790). Lorsqu'elle porte sur une entreprise individuelle, donation doit être consentie de la pleine propriété de la totalité (ou d'une quote-part indivise de l'ensemble) des biens meubles et immeubles affectés à l'exploitation.

Cette réduction, qui vient en complément de la réduction de 75 % applicable dans le cadre du **dispositif Dutreil,** est examinée en détail n°s 45735 s.

La réduction de 50 % s'applique, le cas échéant, après la réduction de droits pour mutilés de guerre (CGI art. 782).

C. Paiement des droits

5465 Les droits de donation sont en principe **supportés par** le donataire. Cela étant, le donateur a la faculté de se substituer à celui-ci pour le paiement des droits. À cet égard, il est précisé que la **prise en charge par le donateur** des frais et droits de donation, même par un acte séparé postérieur, ne constitue pas une libéralité supplémentaire et, de ce fait, n'entraîne aucune perception complémentaire et distincte (Cass. com. 28-2-2006 n° 03-12.310 FS-PBRI : RJF 5/06 n° 611). Le montant de ces frais et droits n'est pas ajouté à la valeur des biens donnés pour calculer l'impôt exigible (BOI-ENR-DG-50-10-20 n° 150). La règle fiscale s'éloigne ici du droit civil, qui y voit une libéralité supplémentaire (n° 6320).

Toutes les parties à l'acte de donation sont **solidaires** pour le paiement des droits (CGI art. 1705). L'administration peut donc notifier une proposition de rectification et poursuivre le recouvrement de la totalité des droits qu'elle estime dus à l'une quelconque des parties à l'acte, dans les conditions exposées n°s 52210 s. pour les droits de succession (Cass. com. 7-6-2006 n° 03-20.228 F-D : RJF 12/06 n° 1633 ; Cass. com. 21-6-2011 n° 10-20.461 F-PB : RJF 11/11 n° 1240).

Si l'administration peut notifier une proposition de rectification à l'un quelconque des redevables solidaires de la dette fiscale, la **procédure** ensuite suivie doit être **contradictoire** et la loyauté des débats oblige l'administration à notifier les actes de celle-ci à tous ces redevables, y compris pendant la phase contentieuse (Cass. com. 12-6-2012 n° 11-30.397 F-PB ; Cass. com. 12-12-2018 n° 17-11.861 FS-PB : RJF 6/19 n° 592).

5470 Les droits de donation doivent en principe être payés comptant lors de l'enregistrement de l'acte (donation portant sur des biens meubles) ou de son dépôt au service chargé de la publicité foncière (donation portant sur des biens immobiliers ou mixtes). Les régimes de **paiement fractionné ou différé** prévus en matière de successions ne s'appliquent pas aux donations, sauf en cas de **transmission d'entreprise** (n°s 52330 s.) ; dans ce dernier cas, le régime de paiement fractionné et différé est limité aux droits de donation à l'exclusion de la taxe de publicité foncière exigible lorsque la donation d'entreprise porte en tout ou partie sur des immeubles.

Les **modes de paiement** sont ceux prévus en matière de droits de succession, le paiement des droits de donation pouvant être effectué en numéraire, par remise d'œuvres d'art ou de certains immeubles, etc. : voir n°s 52215 s.

Pour les dons faisant l'objet d'une déclaration en ligne (n° 5047), les droits éventuellement dus peuvent être **payés en ligne** par carte bancaire ou autorisation de prélèvement.

D. Donations abusives

ENJEUX LIÉS AUX STRATÉGIES D'OPTIMISATION

Le poids de la fiscalité sur les opérations patrimoniales (cessions, apports, donations, etc.) conduit les contribuables et leurs conseils à favoriser les opérations les moins onéreuses pour la réalisation de leurs objectifs. Ces stratégies d'optimisation peuvent paraître suspectes aux yeux de l'administration fiscale, gardienne attentive de la frontière ténue qui sépare l'optimisation fiscale de l'abus de droit. **5520**

Les **donations déguisées,** sous le masque d'un contrat à titre onéreux (vente, apport, etc.), donnent ouverture à des droits moins élevés (nos 13445 s.).

À l'inverse, certains schémas d'optimisation peuvent servir à dissimuler une vente sous l'apparence d'une libéralité, épargnant ainsi au pseudo-donateur l'impôt sur la plus-value réalisée.

Sans prétendre à l'exhaustivité, nous présentons ci-après deux exemples de ces stratégies largement usitées mais pouvant susciter la défiance de l'administration fiscale : la **donation avant cession** (n° 5525) et l'**apport-donation** de la nue-propriété d'immeubles en SCI (n° 5620).

En ce qui concerne la **présomption fiscale de fictivité** du démembrement de propriété des biens appartenant en usufruit au défunt et en nue-propriété à ses héritiers (CGI art. 751), voir nos 44255 s.

OUTILS DE L'ADMINISTRATION FISCALE DANS LA LUTTE CONTRE LES DONATIONS ABUSIVES

La répression de l'**abus de droit** fiscal se présente sous **deux formes** : **5522**

a. la procédure d'abus de droit fiscal « historique » (LPF art. L 64) ; pour rappel, cette procédure permet à l'administration d'écarter comme lui étant inopposables, soit les actes ayant un caractère fictif (abus de droit par simulation sanctionnant les actes fictifs tels une donation déguisée sous l'apparence d'une vente), soit les actes qui, bien que passés selon une application littérale des textes ou de décisions, l'ont été en méconnaissance des objectifs poursuivis par leurs auteurs (abus de droit par fraude à la loi). Dans cette dernière hypothèse, le vérificateur doit établir que l'acte incriminé a été conclu dans un **objectif exclusivement fiscal** et qu'il n'a été inspiré par aucun motif autre que celui d'éluder ou d'atténuer l'impôt ;
b. la procédure d'abus de droit prévue à l'article L 64 A du LPF applicable aux actes passés ou réalisés depuis le 1er janvier 2020 ; cet outil permet à l'administration fiscale de considérer comme lui étant inopposables les actes qui, bien que recherchant le bénéfice d'une application littérale des textes ou de décisions, ont été passés à l'encontre des objectifs poursuivis par leurs auteurs, car ayant un **objectif principalement fiscal.** La démonstration de cet abus de droit requiert la mise en avant des deux éléments suivants (BOI-CF-IOR-30-20 n° 10) :
– un élément objectif (l'utilisation d'un texte – loi, convention fiscale internationale, textes réglementaires – ou d'une décision – notamment les décisions administratives de portée générale – à l'encontre des intentions de son auteur) ;
– et un élément subjectif (la volonté principale de l'initiateur de l'acte d'éluder ou d'atténuer l'impôt qu'il aurait normalement supporté si l'acte en question n'avait pas été passé).

La doctrine administrative, tout en relevant le caractère plus large de la notion de motif principal, par rapport à la notion de but exclusivement fiscal de l'abus de droit traditionnel, précise que l'article L 64 A du LPF ne vise « que les actes ou montages dépourvus de substance économique » (BOI précité n° 110). Il s'ensuit, à notre avis, que cette procédure ne devrait pas être initiée dans la plupart des schémas de facilitation de la transmission de patrimoine entre vifs.

Tout d'abord, avant même la publication de ses commentaires définitifs sur cette nouvelle procédure au Bulletin officiel des finances publiques (Bofip), Bercy a voulu se montrer rassurant en indiquant que les **donations avec réserve d'usufruit** ne sont pas concernées par ce dispositif (Communiqué du 19-1-2019).

Au vu des indices fournis par l'administration dans ses commentaires, la procédure de l'article L 64 A du LPF ne saurait être enclenchée dès lors que l'acte (par exemple une donation d'usufruit temporaire au profit d'un enfant majeur) se traduit par un transfert effectif et définitif de substance patrimoniale, sans reprise par le donateur, et alors même que l'opération se traduirait par une économie d'impôt substantielle (d'IFI dans l'exemple envisagé). Sur les **donations d'usufruit temporaire,** voir n° 6295.

En outre, le schéma des opérations de « **donation-cession** » par lesquelles des parents consentent à donner à leurs enfants divers actifs mobiliers ou immobiliers (droits sociaux, immeubles, etc.) qui, par la suite, sont cédés à un tiers en purge d'impôt sur la plus-value de cession, ne semble pas pouvoir être sanctionné selon la procédure de l'article L 64 A du LPF. En effet, il résulte de la jurisprudence Motte-Sauvaige (CE 30-12-2011 n° 330940 : RJF 3/12 n° 278) que les donations-cessions ne peuvent être contestées au titre de l'abus de droit que sur le terrain de la fictivité de l'acte de donation et non sur celui de la fraude à la loi. Or l'administration rappelle dans ses commentaires que « la procédure visée par l'article L 64 A du LPF ne permet pas d'écarter un acte au seul motif qu'il est fictif, c'est-à-dire que son apparence juridique est sans rapport avec la réalité, en particulier économique, sous-jacente à cet acte » (BOI précité n° 80). Les opérations de donation-cession qui ne peuvent être remises en question que sous l'angle de la fictivité de la donation n'entrent donc pas dans le champ d'application de la procédure de l'article L 64 A du LPF.

1. DONATION AVANT CESSION

OBJECTIFS POURSUIVIS

5525 La donation des titres suivie de leur cession est une opération patrimoniale particulièrement intéressante pour le chef d'entreprise qui souhaite vendre sa participation à un tiers tout en organisant sa succession. En effet, ce schéma lui permet de transmettre la pleine propriété ou la nue-propriété de ses titres à ses enfants, à charge pour eux de les vendre à un repreneur avec qui il aura préalablement négocié les conditions de rachat desdits titres.

Cette opération, si elle est bien maîtrisée, présente également un **intérêt fiscal** car elle peut conduire à de substantielles économies d'impôt. Par hypothèse, l'associé qui envisage de vendre ses titres sociaux détient une plus-value potentielle importante égale à la différence entre le prix de vente négocié avec l'acheteur et la valeur à laquelle il a souscrit ou acquis les titres. En donnant ses titres à sa descendance, il évite la **taxation des plus-values** à l'impôt sur le revenu et aux contributions sociales, même si la transmission supporte les droits de donation. En revanche, lorsqu'ils vendront les titres reçus, les enfants donataires relèveront du régime des plus-values mobilières. Mais compte tenu de la toute récente donation dont ils auront bénéficié, la plus-value réalisée sera calculée à partir d'un prix d'acquisition correspondant à la valeur des titres au jour de la donation, soit une valeur proche du prix de cession lorsque les opérations sont réalisées à bref délai. Au terme de l'opération, la plus-value potentielle d'origine aura été complètement ou sensiblement « écrasée ».

Pour une étude complète de ce mécanisme : L-G Lefèvre, Donation-cession : de quelques difficultés pratiques : BPAT 3/23 inf. 110.

REMISE EN CAUSE PAR L'ADMINISTRATION FISCALE

5530 L'administration fiscale est extrêmement réservée à l'égard de ce type d'opération qu'elle n'hésite pas à contester sous deux angles :

– dans le cadre d'une procédure de **rectification** de droit commun : le fisc cherche à démontrer que la cession, et par conséquent la date du fait générateur de la plus-value, est intervenue avant la donation ;

– selon la procédure de répression de l'**abus de droit** classique régie par l'article L 64 du LPF : l'administration conteste la réalité de la donation en cherchant à établir que les fonds provenant de la vente ont été, in fine, captés par le donateur.

Afin d'éviter tout contentieux, la donation puis la cession des titres doivent respecter certaines conditions.

CHRONOLOGIE DES OPÉRATIONS

5535 La **donation doit précéder la cession.** Il est évident que le traitement fiscal n'est pas le même si le contribuable cède lui-même l'actif puis donne le fruit de la vente ou s'il donne le bien et que le donataire vend le bien transmis.

Dans le premier cas, l'enchaînement des opérations entraîne un frottement fiscal : au titre de la vente, le donateur s'acquitte de l'impôt sur la plus-value (prélèvement forfaitaire unique augmenté des prélèvements sociaux ainsi que, le cas échéant, contribution sur les hauts revenus) ; puis il donne le reliquat du prix, opération taxée aux droits de mutation à titre gratuit (les droits de donation sont en principe à la charge du donataire sauf clause dérogatoire prévue dans la donation).

Dans le second cas, le donataire (ou le donateur) s'acquitte uniquement des droits de mutation à titre gratuit sur la valeur nette du bien donné sans qu'il n'y ait d'impôt sur la plus-value à régler lors de la vente dudit bien.

La première précaution à prendre est de s'assurer que la **donation** soit **effective avant** que **la vente** des biens donnés ne devienne parfaite. Autrement dit, il s'agit de vérifier que le fait générateur de la taxation aux droits de donation précède bien celui de la taxation de la plus-value de cession. Il convient par conséquent de rédiger avec attention les **avant-contrats de cession** (protocoles d'accord, compromis de vente) afin que le transfert de propriété à titre gratuit lié à la donation soit antérieur au transfert de propriété à titre onéreux. Par exemple, en cas de conclusion d'un compromis de vente sous conditions suspensives, il est impératif que la donation soit consentie avant la réalisation de l'ensemble des conditions. **5540**

La **jurisprudence** a ainsi pu valider : **5545**
– la **donation** en pleine propriété d'un immeuble réalisée **deux jours avant** sa **vente** (TA Orléans 24-9-2002 n° 99-2109 : RJF 4/03 n° 472) ;
– la **donation-partage de la nue-propriété** d'actions réalisée **dix jours avant la levée de l'option** des bénéficiaires de la promesse de vente consentie par le donateur (TA Nice 26-11-2002 n°s 98-4015, 99-4771 et 99-4772 : RJF 4/03 n° 473) ;
– la **transmission des actions** d'un contribuable à ses enfants devenue **opposable aux tiers** à la date du virement dans les comptes de la société émettrice constaté le 19 juin, alors même que l'acte de donation-partage n'a été enregistré que le 7 juillet et que la vente de ces mêmes actions à des tiers était parfaite le 4 juillet, date à laquelle le conseil d'administration a autorisé la cession (TA Rennes 3-2-2005 n°s 01-3827 et 02-1100 : RJF 10/05 n° 1033) ;
– la **donation** à leurs enfants, en date du **20 décembre,** d'actions détenues par des parents ayant conclu le 12 décembre un protocole d'accord en vue de la cession des actions à un tiers, dès lors que le protocole exprimant l'intention de l'acheteur de se porter acquéreur d'un nombre déterminé d'actions ne contenait aucun engagement de réaliser l'opération faisant l'objet de la promesse de vente et que la **cession** des actions n'est intervenue que le **28 décembre,** date proposée par l'acheteur dans sa lettre de levée de l'option du 18 décembre (TA Strasbourg 2-7-2009 n° 06-2093 : RJF 4/10 n° 355) ;
– la donation réalisée par des contribuables qui avaient, à quelques jours d'intervalle, conclu une **promesse de cession d'actions sous condition suspensive** de réalisation d'un audit des comptes de la société, puis enregistré à la recette des impôts l'acte de donation des titres à leurs enfants, le **paiement du prix** des titres étant intervenu **une semaine après l'enregistrement** de la donation. Le Conseil d'État a confirmé que la donation, dont la date devait être fixée au plus tard lors de son enregistrement, était antérieure à la cession dès lors que le transfert de propriété des titres n'avait pu intervenir avant la levée de la condition suspensive prévue au contrat ; seul le paiement du prix des titres pouvait révéler l'existence d'un accord du cessionnaire et valait levée de cette condition, à défaut de toute manifestation expresse antérieure (CE 28-5-2014 n° 359911 : RJF 8-9/14 n° 802).

Précisant cette jurisprudence, le Conseil d'État a jugé que lorsqu'une **donation** de titres a été faite **par acte authentique antérieurement à la cession** des titres par les donataires, l'administration ne peut pas se fonder sur un simple faisceau d'indices pour considérer que la cession, et donc la date du fait générateur de l'imposition de la plus-value, est en réalité antérieure à la donation (CE 19-11-2014 n° 370564 : RJF 2/15 n° 113). En l'espèce, les contribuables avaient procédé à une **donation-partage d'actions** à leurs enfants, **avant leur vente** le lendemain à des tiers. La cession n'avait pas fait l'objet d'un acte authentique, mais elle avait donné lieu au paiement des titres, ainsi qu'à une inscription sur le registre de la société émettrice. L'administration n'ayant pas pu prendre connaissance de la convention de cession, elle avait cru pouvoir déduire des stipulations du contrat de prêt souscrit par l'acquéreur (et notamment de la caution accordée plusieurs jours avant la donation) une commune intention des parties de procéder à la vente avant la donation. Le Conseil d'État a cassé l'arrêt de la cour administrative d'appel qui avait, au vu de ces circonstances, cru pouvoir donner raison à l'administration (CAA Douai 28-5-2013 n° 12DA00129 : RJF 11/13 n° 1026). **5550**

Afin de bien marquer l'antériorité du transfert de propriété à titre gratuit, il est impératif de ne pas soumettre la donation à la **condition suspensive de la vente des actions** car cela conduit à subordonner la donation à la cession préalable des titres. C'est ainsi qu'il a été jugé, dans le cas d'une donation de la nue-propriété d'actions assortie de la condition suspensive de la vente de ces titres à une société tierce, que la donation doit être regardée, sur le fondement de l'article L 64 du LPF réprimant l'abus de droit, comme ayant porté sur le produit de la cession des titres et non sur les titres eux-mêmes : la **plus-value de cession** de **5555** ces titres est donc **taxable entre les mains du donateur** en retenant comme prix de cession leur valeur en pleine propriété et comme prix de revient leur valeur d'acquisition par le donateur (CAA Paris 29-4-2011 nº 09PA04168 : RJF 6/12 nº 634). En l'espèce, la condition suspensive dont était assortie la donation a empêché celle-ci de produire effet avant la réalisation de la cession. On peut néanmoins s'interroger sur la méthode retenue par les juges qui, dans cette affaire, se sont placés sur le terrain de la répression de l'abus de droit alors qu'il eût été plus juste de faire usage de la procédure contentieuse contradictoire de droit commun pour imposer la plus-value de cession entre les mains du donateur : il ne s'agissait pas de remettre en question des actes en raison de leur nature fictive, mais d'interpréter des actes non fictifs auxquels le contribuable avait donné une qualification impropre (en ce sens, avis du Comité consultatif de répression de l'abus de droit nºs 2003-14, 2003-39 et 2004-57).

5557 Dans une même affaire (TA Paris 15-5-2019 nºs 1709435, 1709436 et 1709437 : BPAT 1/20 inf. 34 ; confirmé par CAA Paris 3-12-2020 nº 19PA02280 et CE (na) 22-12-2021 nº 449365 : BPAT 3/22 inf. 155), le juge administratif a été amené à se prononcer sur la date effective du transfert de propriété d'actions objet d'une donation-partage à terme puis cédées : dans le but d'organiser la **transmission** d'actions au profit de leurs enfants, tout en se réservant le contrôle pour une période déterminée de ces titres et des revenus y afférents, les requérants ont procédé à des donations-partages sous la forme de **donations à termes facultatives.** Suivant les conclusions du rapporteur public, les juges du premier degré n'ont pas retenu l'effectivité de la mutation des titres avant réalisation de leur cession en raison du **caractère facultatif** de la donation, permettant aux donateurs de substituer aux actions données tout bien de même valeur avant l'échéance du terme et au vu de la conservation par les donateurs de leurs prérogatives de propriétaire sur les titres transmis, dont celle de les vendre pendant toute cette période. Le tribunal a ainsi donné raison à l'administration fiscale, qui a considéré que **les donateurs ne s'étaient nullement dépouillés de leurs titres au jour de la vente.** En conséquence, il a été jugé que l'administration avait à bon droit taxé, entre les mains des requérants, la vente des titres à l'impôt sur le revenu selon le régime des plus-values de cessions de valeurs mobilières et non selon le régime des droits de mutation à titre gratuit. Il est à noter qu'il a été interjeté appel de ces jugements.

> **Précisions** **a.** L'article L 228-1 du Code de commerce complété par l'article R 228-10 du même Code, prévoit que le **transfert de propriété des valeurs mobilières** s'opère à la date de leur inscription au compte du cessionnaire ou dans un dispositif d'enregistrement électronique partagé (technologie de la « blockchain ») à la date fixée par l'accord des parties et notifiée à la société émettrice. Cette règle, tout à fait transposable aux mutations à titre gratuit et dont l'application est peu sujette à interprétation, devrait tarir progressivement le contentieux lié à la contestation de la chronologie des opérations de donation-cession d'actions. Les parties doivent ainsi veiller au mouvement du registre des titres dès la signature de l'acte de donation.
> **b.** Les opérations concernant des immeubles ou des parts sociales restent, elles, régies par l'article 1583 du Code civil aux termes duquel la vente est parfaite entre les parties, et la propriété est acquise à l'acheteur à l'égard du vendeur dès lors qu'ils sont convenus de la chose et du prix. Ainsi, il conviendra de s'assurer qu'aucun accord définitif n'est intervenu avant la donation.

EFFECTIVITÉ DE LA DONATION

5560 La **donation** doit être **réelle.** Le donateur doit être animé d'une **intention libérale** envers le donataire et se **dessaisir irrévocablement** des biens donnés, conformément à la règle de l'irrévocabilité spéciale des donations énoncée à l'article 894 du Code civil. À défaut de dépouillement immédiat et irrévocable du donateur, la donation n'a pas d'objet réel et par conséquent constitue un acte fictif puisque le donateur n'a, au bout du compte, transmis aucune valeur (voir F. Deboissy, note sous CE 14-11-2014 nº 361482 : RJF 2/15 nº 140 et nº 369908 : RJF 2/15 nº 140 ; Donation avant cession : la réappropriation du prix de cession signe l'abus de droit, Dr. fisc. 2015, 11, comm. 210) : sous l'apparence d'une donation, le donateur s'est réapproprié le prix de vente, soit en l'encaissant directement, soit en en obtenant le reversement du donataire.

5565 La jurisprudence s'est notamment prononcée en ce sens :
– dans une espèce où les **documents bancaires** relatifs au placement du produit de la vente **ne permettaient pas d'individualiser les droits attachés à la nue-propriété** et d'établir leur mise à disposition des donataires (CE 27-7-2012 nº 327295 : RJF 11/12 nº 1042) ;
– dans une espèce où la conclusion d'une **convention de quasi-usufruit** postérieurement à la cession des titres a eu pour conséquence d'anéantir la clause de remploi initialement prévue lors de leur donation en nue-propriété et de permettre à la donatrice de disposer librement, sous couvert du quasi-usufruit, de la totalité du prix de cession (CAA Lyon 7-11-2013 nº 12LY02321 : RJF 5/14 nº 480 confirmé par CE 14-10-2015 nº 374440 : RJF 1/16 nº 62 : voir également nº 5585) ;

– lorsque le donateur procède au **transfert du produit de la vente** des titres donnés sur des comptes dont il avait, directement ou indirectement, seul le contrôle, excédant ainsi les droits conférés par ses qualités d'usufruitier d'une partie des titres et d'administrateur légal des biens de son fils mineur, donataire (CE 14-11-2014 nº 361482 : RJF 2/15 nº 140 ; dans le même sens, CE 5-2-2018 nº 409718 : RJF 4/18 nº 413 ; pour une illustration caricaturale, voir également TA Châlons-en-Champagne 10-2-2022 nº 1902869 : RJF 2/23 nº 130) ;

– dans une affaire où un père fit **donation à son enfant mineur,** âgé de deux ans, d'une partie de ses titres sociaux, lesquels titres furent vendus moins d'un mois plus tard ; le prix de vente desdits titres fut, dans un premier temps, versé sur un compte ouvert au nom de l'enfant donataire auquel le donateur, en sa qualité d'administrateur légal, avait librement accès ; dans un second temps, plus de 82 % du produit de la vente fut viré sur plusieurs comptes rémunérés et non bloqués, ouverts au nom des parents du donataire (CE 5-2-2018, nº 409718 : RJF 4/18 nº 413, commenté par C. Vernières, Donation avant cession : quid en cas de minorité du donataire ? Defrénois 20-9-2018 nº 140g2 p. 29).

L'administration fiscale est alors fondée à écarter la donation et à ne voir dans l'opération qu'une simple vente sur laquelle elle procède au rappel de l'impôt éludé, soit la **taxation de la plus-value** à l'impôt sur le revenu et aux contributions sociales (dans ce cas précis, la plus-value sera calculée par différence entre le prix de vente et la valeur d'acquisition ou de souscription des biens par le donateur, la valeur retenue pour le calcul des droits de donation étant inopérante). Plus précisément, l'administration sanctionnera le contribuable au titre de l'**abus de droit par simulation** au vu du caractère fictif de la donation.

L'administration fiscale comme le juge s'attachent à mesurer la **réalité de l'intention libérale** du donateur par tous moyens. Il est notamment vérifié que les clauses stipulées dans la donation ne sont pas trop restrictives vis-à-vis du donataire (obligation de remploi des fonds issus de la vente, clause d'apport obligatoire des titres en société civile avec report du démembrement sur les parts, etc.). La cour administrative d'appel de Douai avait ainsi conclu à l'abus de droit dans le cas d'une **donation-partage d'actions** suivie de leur **cession à une société contrôlée par les donateurs,** en retenant, outre le bref délai (cinq semaines) entre la donation et la revente des titres par les donataires, que l'intention libérale des donateurs n'était pas établie au vu des clauses restrictives suivantes stipulées dans l'acte de donation (CAA Douai 16-6-2009 nº 08DA00548 : RJF 11/09 nº 971) : **5570**

– **interdiction** pour les donataires **de céder** ou disposer d'une façon quelconque **des actions *pendant la vie des donateurs,*** à peine de nullité de la donation, seule la mutation à titre gratuit par les donataires à leurs descendants en ligne directe étant autorisée ;

– **obligation** faite aux donataires **d'apporter** à la première demande des donateurs **les actions à une société de famille** dont ils ne peuvent demander la dissolution qu'un an après le décès des donateurs ;

– en cas de vente des titres autorisée par les donateurs, **obligation de déposer le produit de la vente dans un établissement financier** choisi par les donateurs jusqu'à ce que les donataires aient atteint l'âge de 25 ans, aucun retrait en capital ne pouvant être effectué sans l'accord des donateurs jusqu'au décès de ces derniers, les donataires pouvant seulement disposer librement des revenus, coupons ou intérêts à compter de leurs 25 ans.

Le Conseil d'État a retenu une approche plus réaliste en reconnaissant l'intention libérale du donateur alors que la donation comportait certaines **clauses prévoyant la possibilité pour le donateur de contrôler la cession des biens transmis** ainsi que le remploi du prix de vente par le donataire. Il résulte ainsi d'un arrêt du Conseil d'État que (CE 30-12-2011 nº 330940 : RJF 3/12 nº 278) : **5575**

– les **clauses d'inaliénabilité** et d'interdiction de tous nantissements la vie durant du donateur prévues dans l'acte de donation ne lui ôtent pas son caractère de donation au sens des articles 894 et 900-1 du Code civil ;

– les clauses prévoyant qu'en cas de vente des titres, autorisée par les donateurs, le **produit de la vente** serait **versé sur des comptes bancaires bloqués** en capital **jusqu'au décès des donateurs** sont autorisées en leur principe par le Code civil et justifiées par l'intérêt légitime des donateurs d'organiser leur succession au profit de leurs enfants tout en préservant l'unité et la pérennité du patrimoine familial ;

– la clause faisant **obligation** aux donataires à la première demande des donateurs **d'apporter les actions à toute société civile familiale** constituée entre les donateurs et leurs enfants est justifiée par la volonté des donateurs de préserver le contrôle de la famille sur leur entreprise.

Le Conseil d'État précise également que la rapidité avec laquelle est intervenue la revente des titres par les donataires est sans incidence par elle-même quant au caractère de cette donation.

5580 Le Conseil d'État a réaffirmé ces principes dans une espèce où des **parents avaient donné** à leurs enfants **des titres de sociétés,** pour certains avec réserve d'usufruit, **avant** que ces titres ne fassent l'objet d'un **apport** à neuf sociétés civiles avec report du démembrement sur les parts reçues en échange **puis,** quelques jours plus tard, d'une **cession à un tiers,** le produit de la cession étant réinvesti en valeurs mobilières et bons de capitalisation au sein des sociétés civiles. Les juges ont estimé (CE 9-4-2014 n° 353822 : RJF 7/14 n° 708) :

– que la **rapidité de la revente** des titres apportés aux sociétés civiles par les donataires en exécution de l'acte de donation est sans incidence, par elle-même, sur la réalité de cette donation ;

– que la circonstance qu'un acte de disposition soit assorti d'une **clause d'inaliénabilité** durant la vie du donateur ne lui ôte pas son caractère de donation au sens des dispositions de l'article 894 du Code civil ;

– que **l'octroi aux donateurs usufruitiers de pouvoirs étendus de gestion** et de décision au sein des sociétés civiles n'est pas de nature, par lui-même, à remettre en cause le constat de leur dépouillement immédiat et irrévocable dès la signature des actes de donation ;

– que, s'agissant des **excédents de distribution versés aux usufruitiers,** il ressort des pièces du dossier que ceux-ci résultaient d'une erreur du mandataire auquel la gestion du portefeuille avait été confiée : surestimant les revenus à venir au cours de l'exercice, le mandataire avait versé aux usufruitiers des acomptes sur distributions trop importants. L'excédent de distribution avait été retracé au débit des comptes courants des intéressés, qui avaient remboursé leur dette aux sociétés deux ans plus tard.

En conclusion, aucune des circonstances de l'espèce n'étant de nature à remettre en cause le constat d'un **dépouillement immédiat et irrévocable des donateurs** en faveur de leurs enfants, l'abus de droit n'est pas caractérisé.

5585 Le Conseil d'État a encore assoupli son analyse des opérations de donation-cession en validant la donation de titres suivie de leur cession et du remploi du prix de cession dans des contrats de capitalisation, même lorsque l'opération permet aux donateurs de disposer d'un **quasi-usufruit non assorti d'une caution.**

Dans une première affaire, le contribuable avait donné à ses enfants la nue-propriété de titres avec réserve d'usufruit, donation suivie quelques jours plus tard de la cession concomitante des droits démembrés sur les titres à un tiers. Conformément aux clauses figurant dans l'acte de donation, le prix de cession avait fait l'objet pour partie d'un **remploi en l'acquisition de titres eux-mêmes démembrés,** le surplus étant versé au donateur en qualité de quasi-usufruitier. Le Conseil d'État a écarté l'abus de droit en se fondant sur l'intention libérale du donateur, étayée par la licéité des clauses de quasi-usufruit et de dispense de caution stipulées dans l'acte de donation au regard du Code civil (CE 10-2-2017 n° 387960 : RJF 5/17 n° 489).

Cette jurisprudence favorable a été confirmée par une décision du Conseil d'État, statuant sur des faits analogues (CE 31-3-2017 n° 395550 : RJF 6/17 n° 597). Par acte de donation, des parents ont donné la nue-propriété de titres de sociétés à leurs enfants, et s'en sont réservé l'usufruit. Cette donation était assortie d'une clause de remploi prévoyant qu'en cas de cession simultanée de l'usufruit et de la nue-propriété des titres, le démembrement de propriété serait reporté sur le prix de cession puis sur les biens acquis en remploi. Quelques jours après la donation, les titres ont été vendus en pleine propriété à un tiers et les sommes issues de la vente ont été employées dans la souscription de contrats de capitalisation.

Si la convention de remploi accordait aux donateurs un **quasi-usufruit sur le prix de cession,** ils restaient redevables à l'égard des donataires d'une **créance de restitution** d'un montant équivalent. Ainsi, alors même que cette créance n'était pas assortie d'une sûreté, les contribuables devaient être regardés comme s'étant effectivement et irrévocablement dessaisis des biens ayant fait l'objet de la donation.

On relèvera que ces deux décisions ont pour caractéristique commune que le quasi-usufruit sur le prix de vente des titres a été stipulé dès l'origine dans l'acte de donation. Si le **quasi-usufruit** est **organisé** par convention conclue **postérieurement à la cession** et porte ainsi atteinte à la clause de remploi prévue dans la donation, cette dernière est considérée fictive car l'enchaînement des opérations a permis au donateur de se réapproprier le prix de cession sous couvert du quasi-usufruit (en ce sens, CAA Lyon 7-11-2013 n° 12LY02321 et CE 14-10-2015 n° 374440 : voir n° 5565).

CONSEIL

Si les juges valident désormais sans trop de réticence les donations-cessions avec convention de quasi-usufruit insérée dans la donation, nous préconisons néanmoins certaines **précautions** destinées à marquer l'intention libérale du quasi-usufruitier. En effet, même lorsqu'il est dispensé de donner caution, l'usufruitier n'en est pas moins tenu de conserver la substance de l'objet de l'usufruit (Cass. civ. 12-11-1998 n° 96-18.041). Il est donc nécessaire qu'il puisse donner au nu-propriétaire tous les éléments d'information lui permettant de s'assurer que cette obligation est bien respectée (Cass. civ. 3-12-2002 n° 00-17.870). Dans l'affaire jugée le 10 février 2017, l'acte de donation avait créé à la charge du donateur une **obligation d'information régulière des donataires** sur les conditions de gestion du remploi et du quasi-usufruit, ainsi que de **constitution de comptes dédiés** à ces opérations (CE 10-2-2017 n° 387960 précité). Autant d'éléments, mêmes s'ils ne sont pas expressément cités par l'arrêt, qui sont de nature à renforcer le caractère non abusif de l'opération et dont les contribuables intéressés peuvent utilement s'inspirer.

À la lecture de cette jurisprudence favorable au contribuable, il apparaît que le **caractère temporaire des clauses imposant diverses contraintes** à la charge du donataire a emporté la conviction des magistrats quant à la réalité de l'intention libérale du donateur. Les clauses validées par le Conseil d'État (clauses d'inaliénabilité, d'interdiction de nantissement, de versement du prix de vente sur un compte bloqué, d'apport des titres à première demande des donateurs, de quasi-usufruit sur le prix de cession) n'étaient applicables que du vivant des donateurs. Si la mise en œuvre de ces mêmes clauses avait été prévue sur la durée de vie des donataires, l'intention libérale des donateurs n'eût sans doute pas été retenue, et la donation aurait été qualifiée de fictive. **5590**

Par sa jurisprudence, le Conseil d'État pose clairement le principe selon lequel l'administration ne peut mettre en œuvre la procédure de l'abus de droit que sur le terrain de la fictivité de la donation (**abus de droit par simulation**), et non sur celui du but exclusivement fiscal de l'opération (abus de droit par **fraude à la loi**) : dès lors qu'une donation n'est pas fictive, parce qu'elle se traduit effectivement par un dépouillement immédiat et irrévocable de son auteur, elle ne peut être considérée comme n'ayant pu être inspirée par aucun motif autre que fiscal.

Cette jurisprudence devrait continuer à s'appliquer, à notre avis, même avec la procédure de l'article L 64 A du LPF applicable aux actes passés ou réalisés depuis le 1er janvier 2020 (n° 5522). Que la recherche d'une économie fiscale soit leur motif exclusif (LPF art. L 64) ou principal (LPF art. L 64 A), les **opérations de donation-cession** ou les **donations avec contraintes** à la charge du ou des donataire(s) ne peuvent être sanctionnées par l'administration que sur le terrain de l'abus de droit par fraude à la loi et non sur celui de l'abus de droit par simulation. Or la doctrine administrative a bien pris le soin de préciser que l'article L 64 A du LPF ne sanctionne que les actes constitutifs de fraude à la loi, c'est-à-dire réprime les actes qui, bien que faisant une application littérale de textes ou de décisions, ont été conclus en méconnaissance des objectifs poursuivis par leur auteur. Par conséquent, l'article L 64 A du LPF ne dote pas l'administration d'une nouvelle arme lui permettant de contourner les garde-fous établis par le juge fiscal dans ses derniers développements.

CONSEIL

Bien évidemment, on ne saurait trop recommander que, dans les différents schémas proposés, les donations soient effectives, c'est-à-dire se traduisent à la fois par un **dépouillement** immédiat et irrévocable du ou des donateur(s) et par un **transfert de « substance économique »** ou de « substance patrimoniale » au profit du ou des gratifié(s).

2. APPORT-DONATION DE LA NUE-PROPRIÉTÉ D'IMMEUBLES EN SCI

OBJECTIFS POURSUIVIS

Parmi les schémas d'optimisation patrimoniale, figure en bonne place l'**apport de la nue-propriété d'immeubles** en SCI **suivi de la donation de la pleine propriété des parts sociales,** qui permet de réaliser une transmission en profitant, d'une part, des avantages offerts en termes d'organisation patrimoniale par la société civile et, d'autre part, de la minoration des droits de donation résultant de l'écart encore significatif entre la valeur économique et la valeur fiscale de la nue-propriété. **5620**

En effet, si un immeuble est donné directement en nue-propriété, les droits doivent être calculés en appliquant le **barème** fiscal de l'article 669 du CGI qui a tendance à surévaluer la nue-propriété et donc la base de calcul des droits ; si ce sont les parts de la SCI nue-propriétaire qui sont données en pleine propriété, les droits sont calculés sur la base de la valeur des parts, qui correspond approximativement à la **valeur économique** de la nue-propriété de l'immeuble.

Alors que l'**actualisation du barème** de l'usufruit avait réduit l'intérêt de ce schéma, celui-ci s'est trouvé renforcé par la suppression des réductions de droits en fonction de l'âge du donateur, ainsi que par la réduction du montant des abattements et la suppression de la revalorisation des tranches du barème fiscal applicable aux mutations à titre gratuit, l'alourdissement des droits rendant la minoration de l'assiette taxable encore plus opportune.

EXEMPLE

Soit un local commercial d'une valeur de 2 500 000 € en pleine propriété détenu par Isabelle, 62 ans. Ce bien génère un loyer annuel net de charges de 170 000 € par an, soit un rendement de 6,8 %. Compte tenu de l'espérance de vie « statistique » d'Isabelle (25,46 ans), la valeur économique de la nue-propriété, calculée par actualisation des loyers futurs, s'élève à 2 500 000/ $(1 + 6,8\ \%)^{25,46}$ = 468 000 €. Isabelle souhaite donner la nue-propriété de l'immeuble à ses deux enfants Alexandra et Clément. Le recours à une société civile l'intéresse pour organiser une meilleure gestion de l'actif et éviter l'indivision entre ses enfants.

La **donation** directe **de la nue-propriété** conduirait à une base imposable de 60 % (valeur fiscale de la nue-propriété en application de l'article 669 du CGI) × 2 500 000 = 1 500 000 €, générant 137 962 € de droits de donation pour chaque enfant [(750 000 – 100 000) × 30 %] – 58 026, soit un montant global de droits de 275 924 €.

L'**apport de la nue-propriété** en société civile pour une valeur de 468 000 €, suivi de la donation de la pleine propriété des parts (évaluée également à 468 000 €), limite le montant global des droits de donation à 49 988 €, soit une économie de droits de 225 936 €.

REMISE EN CAUSE PAR L'ADMINISTRATION FISCALE

5625 L'administration a fait de ces schémas d'apport-donation une de ses cibles privilégiées, invoquant régulièrement l'**abus de droit.** En 2007, un arrêt très critiqué de la Cour de cassation lui avait donné raison, retenant à la fois la fictivité de la société et le but exclusivement fiscal de l'opération (Cass. com. 15-5-2007 nº 06-14.262 F-PB : RJF 8-9/07 nº 994 ; note B. Hatoux L'insécurité juridique érigée en principe ? Ou l'abus d'abus est dangereux, RJF 8-9/07 p. 710). Des décisions postérieures avaient apaisé les craintes suscitées par cet arrêt, la Cour admettant dans des opérations similaires l'existence de **motivations autres que fiscales** de nature à écarter l'abus de droit (Cass. com. 26-3-2008 nº 06-21.944 FS-D : RJF 7/08 nº 904 ; Cass. com. 20-5-2008 nº 07-18.397 F-D : RJF 10/08 nº 1136 ; Cass. com. 23-9-2008 nº 07-15.210 F-D : RJF 1/09 nº 89 ; Cass. com. 21-10-2008 nº 07-18.770 F-D : RJF 2/09 nº 173 ; Cass. com. 4-11-2008 nº 07-19.870 F-D : RJF 3/09 nº 297). Mais dans un arrêt du 13 janvier 2009, la Cour de cassation retient qu'une SCI qui ne détient que la nue-propriété d'immeubles n'a pas les moyens de remplir son objet social, faute de réaliser des profits et de disposer de fonds propres suffisants ; en conséquence, elle estime établie la fictivité de la société et requalifie la donation des parts en donation directe des immeubles dont la nue-propriété a été apportée (Cass. com. 13-1-2009 nº 07-20.097 F-D : RJF 5/09 nº 518). On ne peut que regretter cette solution, qui fait fi de ce que les sociétés de patrimoine « passives » ont nécessairement pour vocation de détenir à terme (au décès de l'usufruitier) la pleine propriété des biens dont elles possèdent la nue-propriété et qu'elles peuvent remplir leur objet en recourant au crédit. Au demeurant, on ne retrouve pas en l'espèce les **critères habituels de fictivité** retenus par les tribunaux : inexistence des apports, défaut de tenue des assemblées générales, absence de comptabilité, etc.

CONSEIL

Afin d'éviter tout risque de remise en cause de l'opération, il sera prudent de veiller au **fonctionnement effectif** de la société (tenue annuelle des assemblées générales avec délibération sur les grosses réparations à engager au titre de l'article 606 du Code civil, communication des comptes aux associés, etc.). Il faudra porter un soin particulier à la **rédaction des statuts** en ne définissant pas un objet social trop large non conforme à l'activité. Enfin, pour davantage de prudence, il sera judicieux d'apporter à la société quelques actifs en pleine propriété (des titres, par exemple).

À noter que, pour sanctionner ce type d'opération, l'administration s'est placée uniquement sur le terrain de l'abus de droit par simulation en retenant la fictivité de la SCI. Par conséquent, la procédure de l'article L 64 A du LPF ne semble pas être utilisable par le vérificateur dans ce type de contrôle. Néanmoins, dans le prolongement de ce que nous avons dit dans le cadre de la procédure d'abus de droit classique, nous ne saurions trop conseiller de s'appliquer à doter la SCI, réceptacle de la nue-propriété apportée, d'une véritable « **substance** économique » ou « d'une substance patrimoniale effective » (BOI-CF-IOR-30-20 nºs 110 et 120).

CHAPITRE 2

CLAUSES PARTICULIÈRES DANS LES DONATIONS

SOMMAIRE

DOMAINE

6100 Les donations simples, comme les donations-partages, peuvent être aménagées au moyen de clauses particulières. Sera étudié le régime juridique et fiscal des **clauses les plus courantes,** étant précisé que les **libéralités graduelles et** les libéralités **résiduelles** ont été traitées n°s 2410 s.

Pour la **clause d'exclusion de l'administration légale** sur les biens donnés, voir n° 14820.

Pour les **clauses aménageant les règles du rapport,** voir n° 31070 concernant l'extension de l'obligation au rapport, n°s 31110 s. s'agissant de la stipulation particulière de rapport en cas de renonciation, n°s 32015 s. pour les modifications conventionnelles des règles légales d'évaluation et n° 32110 pour la stipulation de rapport en nature.

SECTION 1

CLAUSES DE RÉSERVE D'USUFRUIT, DE RÉVERSION D'USUFRUIT ET DONATION D'USUFRUIT TEMPORAIRE

A. Clause de réserve d'usufruit

1. RÈGLES GÉNÉRALES

RÉGIME JURIDIQUE DE LA CLAUSE DE RÉSERVE D'USUFRUIT

6110 La clause de réserve d'usufruit est celle par laquelle le donateur se réserve l'usufruit du bien donné (C. civ. art. 949). En principe, l'usufruit est conservé durant la vie du donateur : on parle alors d'**usufruit viager.** Parfois, l'usufruit est conservé pour un temps donné : on parle d'usufruit **temporaire.**

La donation avec réserve d'usufruit porte sur la seule nue-propriété du bien donné. Tous les **biens** meubles ou immeubles sont susceptibles de faire l'objet d'une donation avec réserve d'usufruit (immeuble, fonds de commerce, parts sociales, etc.). Une réserve d'usufruit peut même être prévue dans une donation de sommes d'argent (on parle alors de quasi-usufruit). Toutefois, il sera prudent de l'éviter dans une donation-partage aux descendants car la réserve d'usufruit sur une somme d'argent exclut l'évaluation dérogatoire des lots à la date de la donation-partage (voir n° 11010).

6115 Les clauses de réserve d'usufruit sont très fréquentes en pratique. Elles présentent un double **intérêt** :

– elles favorisent l'anticipation successorale en permettant au donateur de transmettre de son vivant certains biens tout en en conservant la jouissance et les revenus (soit pour une durée temporaire, soit le plus souvent sa vie durant) ;

– la donation avec réserve d'usufruit bénéficie d'un régime fiscal très favorable : voir n°s 6120 s. pour les donations avec réserve d'usufruit viager et n°s 6140 s. pour celles avec réserve d'usufruit temporaire.

Lorsque le donateur est marié, ou plus généralement en couple, la réserve d'usufruit s'accompagne très souvent d'une **clause de réversion** au profit du conjoint survivant, ou du concubin ou partenaire (voir n°s 6195 s.).

> **› Précisions** Lorsque la donation avec réserve d'usufruit porte sur un immeuble, la réserve fait l'objet d'une mention particulière au fichier immobilier en qualité de charge sur l'immeuble. Au décès de l'usufruitier, aucune **publicité foncière** n'est nécessaire. L'aliénation suivante peut être publiée du chef du nu-propriétaire devenu plein propriétaire en mentionnant simplement, pour les besoins de l'effet relatif, le décès de l'usufruitier (Décret 55-1350 du 14-10-1955 art. 35, 1-1° et art. 36, 2).

RÉGIME FISCAL DE LA DONATION AVEC RÉSERVE D'USUFRUIT

6120 **Réserve d'usufruit viager** Dans la mesure où seule la nue-propriété des biens est transmise, les droits ne sont calculés que sur la valeur de la nue-propriété. Celle-ci est obligatoirement déterminée par application du barème fiscal de l'article 669, I du CGI.

Cette **réduction de l'assiette des droits** permet de réaliser une économie de droits de donation qui est définitive puisque, sauf exception (n°s 44255 s.), la réunion de l'usufruit à la nue-propriété qui s'opère au décès de l'usufruitier s'effectue en franchise d'impôt (CGI art. 1133 ; BOI-ENR-DMTG-10-10-10-20 n° 10). En effet, le nu-propriétaire ne recouvre pas la plénitude de la propriété en qualité d'héritier de l'usufruitier.

Le **tarif des droits** est déterminé en fonction des liens de parenté entre le donateur et le donataire, selon les règles de droit commun.

> Compte tenu du **barème fiscal,** une donation avec réserve d'usufruit viager est taxée sur (CGI art. 669, I) :
> – 90 % de la valeur de la pleine propriété du bien donné si le donateur a 91 ans ou plus ;
> – 80 % de la valeur de la pleine propriété du bien donné si le donateur a de 81 ans à 90 ans ;
> – 70 % de la valeur de la pleine propriété du bien donné si le donateur a de 71 ans à 80 ans ;
> – 60 % de la valeur de la pleine propriété du bien donné si le donateur a de 61 ans à 70 ans ;
> – 50 % de la valeur de la pleine propriété du bien donné si le donateur a de 51 ans à 60 ans ;
> – 40 % de la valeur de la pleine propriété du bien donné si le donateur a de 41 ans à 50 ans ;
> – 30 % de la valeur de la pleine propriété du bien donné si le donateur a de 31 ans à 40 ans ;
> – 20 % de la valeur de la pleine propriété du bien donné si le donateur a de 21 ans à 30 ans ;
> – 10 % de la valeur de la pleine propriété du bien donné si le donateur a 20 ans au plus.

À titre d'exemple, M. Lebon, veuf, âgé de 75 ans, fait donation à son fils unique, Olivier, d'un appartement estimé 150 000 €. 6125

Si la **donation** est consentie **en pleine propriété,** Olivier (ou M. Lebon si ce dernier prend les droits à sa charge) supportera des droits de mutation calculés sur :

150 000 € – 100 000 € (abattement en ligne directe) = 50 000 €

Droits de donation (voir tarif nº 50565)

(50 000 € × 20 %) – 1806 = 8 194 €

Si la **donation** est consentie **avec réserve de l'usufruit viager,** les droits de donation seront calculés seulement sur la valeur de la nue-propriété, soit, compte tenu de l'âge de M. Lebon :

150 000 € × 70 % = 105 000 €

Assiette imposable après déduction de l'abattement en ligne directe :

105 000 € – 100 000 € = 5 000 €

Droit de donation

(5 000 × 5 %) = 250 €

La transmission de la seule nue-propriété se traduit dans cet exemple par une réduction de droits de 7 944 €. Cette économie est définitive dans la mesure où l'extinction naturelle de l'usufruit au décès du donateur n'est pas soumise aux droits de succession.

En revanche, M. Lebon demeurera imposable à l'**IFI** (si son patrimoine immobilier taxable atteint 1 300 000 €) sur la valeur totale (en pleine propriété) de l'appartement dont il conserve l'usufruit (CGI art. 968).

Si la donation avec réserve d'usufruit au profit du donateur a pour objet un **immeuble mis en location,** ce dernier fait d'abord l'objet d'une évaluation qui tient compte de son état d'occupation. La valeur de la nue-propriété est ensuite déterminée en fonction de l'âge de l'usufruitier, conformément au barème figurant à l'article 669, I du CGI appliqué à la valeur en pleine propriété du bien loué (BOI-ENR-DMTG-20-30-10 nº 110). Ces principes s'appliquent également lorsque la nue-propriété est transmise au locataire occupant (BOI précité). 6130

Au décès de l'usufruitier, l'extinction naturelle de l'usufruit exclut en principe tout droit de mutation à raison de la réunion, entre les mains des nus-propriétaires, de la pleine propriété du bien donné (CGI art. 1133). Par exception, l'article 751 du CGI établit une présomption de propriété de l'usufruitier lorsque la nue-propriété est détenue par ses présomptifs héritiers. Cette présomption est écartée dans les cas suivants (BOI-ENR-DMTG-10-10-40-10 nº 70) : 6135

– donation régulière de la nue-propriété consentie plus de trois mois avant le décès, qu'il s'agisse d'une donation ordinaire ou d'une donation-partage ;
– donation constatée dans un contrat de mariage sans condition de délai ;
– succession dévolue de son vivant au défunt et à ses présomptifs héritiers et dans laquelle le premier aurait recueilli l'usufruit viager et les seconds la nue-propriété ;
– dispositions testamentaires selon lesquelles l'usufruit aurait été légué à une personne et la nue-propriété à ses présomptifs héritiers.

Pour davantage de précisions, voir nos 44255 s.

Réserve d'usufruit temporaire En cas de donation avec réserve d'un usufruit à durée fixe au profit du donateur, la valeur de la nue-propriété transmise est obtenue en déduisant de la valeur de la pleine propriété celle de l'usufruit temporaire estimé à 23 % de 6140

la valeur de la propriété entière pour **chaque période de dix ans** de la durée de l'usufruit, sans fraction et sans égard à l'âge de l'usufruitier (CGI art. 669, II).
Toutefois, la valeur ainsi déterminée ne peut excéder celle de l'usufruit viager, qui constitue une **évaluation maximale** (BOI-ENR-DMTG-10-40-10-50 n° 70).
Sur l'intérêt fiscal comparé de la donation avec réserve d'usufruit et de la donation à terme, voir n° 6810.

EXEMPLES

6145 On suppose que M. Lebon, cité dans l'exemple n° 6125, décide de se réserver l'usufruit de l'appartement destiné à son fils pendant une durée fixe de huit ans. Cet usufruit sera évalué à 23 % de la pleine propriété, ramenant ainsi la valeur de la nue-propriété transmise à :

150 000 € × (100 % – 23 %) = 115 500 €

Assiette des droits de donation après déduction de l'abattement fixe :

115 500 – 100 000 = 15 500 €

Droits de donation

(15 500 × 20 %) – 1 806 = 1 294 €

La limitation de la durée de l'usufruit réservé par M. Lebon se traduit, au cas particulier, par un surcoût fiscal de 1 044 € (1294 – 250) par rapport à la réserve d'un usufruit viager. L'économie demeure néanmoins importante (8 194 – 1 294 = 6 900 €) en comparaison du coût fiscal d'une donation en pleine propriété. En revanche, au regard de l'impôt sur la fortune immobilière, la réserve d'usufruit temporaire est neutre, dans la mesure où l'usufruitier temporaire, comme l'usufruitier viager, demeure normalement redevable de l'IFI sur la valeur totale du bien (CGI art. 968).

6146 Supposons maintenant la donation réalisée par une personne âgée de 82 ans de la nue-propriété avec réserve d'un usufruit d'une durée de cinq ans d'un bien évalué à 500 000 € dont le rendement net est de 3 %. L'opération permet au donateur de conserver les revenus du bien sur cette durée et garantit l'échéance à laquelle le donataire entrera à son tour en jouissance (à sa majorité par exemple). Dans cet exemple, l'application du barème de l'article 669, II du CGI conduirait à attribuer à l'usufruit réservé une valeur de 115 000 € (23 % de 500 000 €). Cette valeur est toutefois limitée à 100 000 € (20 % de 500 000 €) en application de la règle de plafonnement de l'estimation de l'usufruit à durée fixe compte tenu de l'âge de l'usufruitier. L'opération n'est pas nécessairement désavantageuse sur le plan fiscal. Elle pourrait même s'avérer avantageuse pour le cas où le donateur viendrait à décéder bien après l'âge de 87 ans. La valeur de la nue-propriété donnée aura en effet été déterminée sur la base d'un usufruit viager ayant pourtant pris fin bien avant le décès du donateur.
Imaginons à présent que le donateur soit âgé de 72 ans au moment de la donation : le plafond d'estimation tenant compte de l'âge de l'usufruitier (ici 30 %) ne s'appliquant pas, la valeur de l'usufruit à durée fixe réservé par celui-ci est de 23 % de la pleine propriété du bien, soit 115 000 €. Dans la mesure où elle s'applique sans fraction pour chaque décennie, cette valorisation est de loin supérieure à la valeur économique (moins de 70 000 €) de cet usufruit sur cinq ans. Il va de soi qu'une telle stratégie devra présenter d'autres avantages que celui consistant uniquement à réaliser une économie de droits d'enregistrement.

2. CLAUSE DE RÉSERVE DE QUASI-USUFRUIT

INTÉRÊT DE LA CLAUSE DE RÉSERVE DE QUASI-USUFRUIT

6150 Depuis quelques décennies, avec la transformation des patrimoines, comprenant des actifs professionnels et de rapport plus souvent mobiliers et liquides que par le passé, on observe un regain d'intérêt pour une forme dérivée de l'usufruit : le quasi-usufruit. Les **raisons** avancées sont les suivantes : d'une part, la liberté de gestion, d'administration et de disposition que cette institution confère à son titulaire et, d'autre part, les avantages fiscaux qu'elle offre dans une perspective de transmission patrimoniale. Ainsi, le quasi-usufruit, démembrement atypique, permet d'optimiser la détention et la transmission en particulier des actifs monétaires et financiers, spécialement par sa création au moyen d'une réserve faite au profit du disposant.

NOTION DE QUASI-USUFRUIT

6155 Le quasi-usufruit est une notion très ancienne, qui remonte au droit romain. Le terme de quasi-usufruit ne figure pas dans le **Code civil** mais celui-ci en donne indirectement une définition. Il s'agit d'un usufruit portant sur une chose consomptible, c'est-à-dire dont on ne peut pas faire usage sans la consommer, comme de l'argent (C. civ. art. 587). Le texte ajoute que « l'usufruitier a le droit de s'en servir, mais à la charge de rendre, à la fin de l'usufruit, soit des choses de même quantité et qualité soit leur valeur estimée à la date de la restitution ». C'est donc un usufruit particulier qui confère à son titulaire le droit de disposer de la chose à charge d'en restituer une semblable ou sa contre-valeur.

6157 **Modalités de constitution du quasi-usufruit**

Les modalités de constitution du quasi-usufruit sont diverses. Il peut tout d'abord être créé en cours d'usufruit, entre un nu-propriétaire et un usufruitier, selon l'**utilisation du bien grevé d'usufruit.** Ainsi en est-il en cas de vente du bien grevé et de la volonté commune du nu-propriétaire et de l'usufruitier de reporter l'usufruit grevant le bien sur son prix de vente. Une convention spéciale est alors nécessaire. Il en est de même en cas de **destruction matérielle** ou de **disparition juridique du bien** (hypothèse de l'expropriation pour cause d'utilité publique). L'usufruit est alors reporté dans le premier cas sur l'indemnité d'assurance et, dans le second cas, sur l'indemnité versée à l'exproprié. Dans ces cas de figure, aucune convention de quasi-usufruit n'est requise. La subrogation se rencontre également dans le cas de l'usufruit portant sur une **créance à terme,** lorsque celle-ci, devenue exigible, est recouvrée par l'usufruitier. L'usufruit se mue alors en un quasi-usufruit portant sur les sommes remises en paiement (en ce sens, F. Terré et P. Simler : Droit civil. Les biens, Dalloz 10e éd. 2018, no 789 ; M. Grimaldi, L'emploi des deniers grevés d'usufruit : Defrénois 28-2-1999 no AD1999DEF193N1 p.193). Il en va de même en présence de **produits émanant du bien grevé d'usufruit.** Lorsque l'assemblée générale extraordinaire d'une société dont les titres sont démembrés décide la distribution de bénéfices mis en réserve, ces derniers reviennent à l'usufruitier des droits sociaux au titre de son quasi-usufruit parce que ce ne sont pas des fruits mais des produits (Cass. com. 27-5-2015 no 14-16.246 FS-PBRI ; voir toutefois Cass. 1e civ. 22-6-2016 no 15-19.471 F-PB, qui pose comme principe que les bénéfices mis en réserve « constituent un accroissement de l'actif social et reviennent en tant que tel au nu-propriétaire » et considère que les fonds provenant de la distribution des réserves bénéficient aux seuls nus-propriétaires et doivent figurer à l'actif de l'indivision successorale).

Un quasi-usufruit peut également résulter de l'**usufruit successoral du conjoint survivant** (C. civ. art. 757) en présence de biens consomptibles, à l'exception de l'usufruit portant sur la réserve des descendants, en raison de l'obligation d'emploi par le conjoint des actifs monétaires de la succession (C. civ. art. 1094-3). Toutefois, là encore, une convention de quasi-usufruit successoral peut être conclue pour conférer au conjoint survivant tous pouvoirs de gestion, d'administration et de disposition sur les actifs mobiliers de la succession.

Le **quasi-usufruit** peut aussi être **créé ab initio** par le démembrement de la clause bénéficiaire d'un contrat d'assurance-vie ou bien encore par libéralité – institution contractuelle au profit du conjoint survivant portant sur la quotité disponible spéciale entre époux en usufruit (C. civ. art. 1094-1), donation de bien présent ou encore legs. Dans ces deux cas, il est valablement créé sur la tête d'un tiers. En revanche, la possibilité de constituer un quasi-usufruit au moyen d'une réserve faite à son profit par le donateur de la nue-propriété d'un bien consomptible suscite des interrogations.

NATURE JURIDIQUE DES DROITS DÉMEMBRÉS

6160 En raison des prérogatives exorbitantes du droit commun de l'usufruit, inhérentes à la spécificité de l'objet grevé, autorisant le quasi-usufruitier à disposer de la chose à charge de restitution, se pose la question de la nature juridique des droits respectifs du quasi-usufruitier et du nu-propriétaire. Ce droit fait-il du quasi-usufruitier un quasi-propriétaire, à l'opposé de l'usufruitier ?

Le donateur quasi-usufruitier est titulaire d'un « **usufruit spécial** » qui lui confère des pouvoirs étendus puisqu'il peut disposer du bien démembré comme s'il était propriétaire, reléguant par là même le nu-propriétaire au rang de créancier de la restitution à l'extinction de l'usufruit (P. Delmas Saint-Hilaire, Réflexions sur les mécanismes de rétention dans les donations : JCP N 2011 no 1207). Les pouvoirs du quasi-usufruitier – l'usus, le fructus et l'abusus – qui sont les attributs de la propriété, ne font pas pour autant du quasi-usufruitier un propriétaire, ni même un « **quasi-propriétaire** ». Une telle appellation, qui n'emporte pas application d'un régime juridique spécifique, ne fait qu'ajouter à la confusion. S'opère en réalité une dissociation entre la propriété et les pouvoirs qui y sont attachés, à l'image du mécanisme de la propriété fiduciaire (en ce sens, M. Grimaldi, L'emploi des deniers grevés d'usufruit, précité) ; selon les termes de

MM. Grimaldi et Roux, sont seulement transférés au quasi-usufruitier les pouvoirs attachés à la propriété mais non « la richesse que celle-ci peut représenter » (M. Grimaldi et J.-F. Roux, La donation de valeurs mobilières avec réserve de quasi-usufruit : Defrénois 15-1-1994 n° AD1994DEF3N1 p. 3).

La propriété a un caractère essentiellement perpétuel tandis que le quasi-usufruitier a une obligation de **restitution** du bien grevé en nature s'il l'a conservé, ou du bien subrogé ou, à défaut, de sa valeur. Cette obligation de restitution qui lui incombe le cantonne à un statut d'usufruitier, sans que la restitution par équivalent induite par son droit de disposer du bien y déroge de quelque manière que ce soit. En définitive, le donateur quasi-usufruitier demeure essentiellement un usufruitier dont les pouvoirs sont seulement renforcés.

RESPECT DE L'IRRÉVOCABILITÉ SPÉCIALE DES DONATIONS

6163 Comme la donation avec réserve d'usufruit (n°s 6110 s.), la donation avec réserve de quasi-usufruit portant sur la nue-propriété emporte dépouillement actuel et définitif du disposant. Le droit du donateur quasi-usufruitier de disposer du bien donné, parce qu'il implique l'**obligation de restitution** à la fin du quasi-usufruit, ne porte pas atteinte au principe d'irrévocabilité de la donation (C. civ. art. 894). La réserve du droit de disposer du bien n'emporte pas faculté de révocation de la donation consentie.

La **validité** de ces donations est **défendue par un certain nombre d'auteurs** (M. Grimaldi et B. Savouré, L'usufruit et le quasi-usufruit : question de droit civil : Dr. et patrimoine novembre 1999 p. 55 ; F. Sauvage, Les nouvelles frontières du quasi-usufruit : JCP N 2000 p. 69). Elle a été admise par la **jurisprudence** (Cass. 1e civ. 25-2-1997 : Bull. civ. I n° 70). Par ailleurs, le **législateur** valide indirectement une telle modalité de constitution du quasi-usufruit en prévoyant, pour la donation-partage, la réserve d'usufruit portant sur une somme d'argent (C. civ. art. 1078), ou encore en permettant au donateur de se réserver l'usufruit sans distinguer suivant la nature des biens qui y sont soumis (C. civ. art. 949).

FORME NOTARIÉE

6165 La réserve de quasi-usufruit empêchant la **tradition du bien** donné, la donation qui en est assortie ne pourrait pas valablement emprunter la forme du don manuel ou de la donation indirecte. Elle doit donc être reçue par acte authentique.

DOMAINE DU QUASI-USUFRUIT

6167 **Domaine du quasi-usufruit légal** Le quasi-usufruit légal est le quasi-usufruit par nature évoqué à l'article 587 du Code civil, portant sur des **choses consomptibles** : sommes d'argent déposées sur un compte de dépôt à vue, un livret d'épargne, etc. ; créances de sommes d'argent dont les créances à terme qui seront échues en cours d'usufruit, objets de quasi-usufruits ultérieurs : obligations, bons de caisse, bons du Trésor, etc. Seuls les biens consomptibles peuvent faire l'objet d'un quasi-usufruit légal. En sont exclus les **biens fongibles,** c'est-à-dire les choses de genre ayant la même valeur libératoire, telles que les valeurs mobilières (Cass. 1e civ. 4-4-1991 n° 89-17.351 : Bull. civ. I n° 129, à propos des titres au porteur qui ne sont pas consomptibles par le premier usage).

> **Précisions** De manière générale, la **convention de quasi-usufruit,** quand bien même le quasi-usufruit serait légal et non pas conventionnel (n°s 6170 s.), est à conseiller comme moyen de preuve permettant, notamment, de s'assurer de la déductibilité de la dette de restitution au passif de la succession de l'usufruitier et, inversement, le cas échéant, de son ajout à l'actif de la succession du nu-propriétaire (n° 6190). Elle offre aussi la possibilité d'aménager la protection du nu-propriétaire et les modalités de la restitution (n°s 6175 s.) (en ce sens, J.-C. Brault, Une convention de quasi-usufruit généralisée après le décès ? : Defrénois 15-1-1997 n° AD1997DEF3N1 p. 3).

6170 **Domaine du quasi-usufruit conventionnel** La doctrine et la jurisprudence admettent dans une certaine mesure l'extension du quasi-usufruit par la volonté du constituant. Les parties peuvent convenir de rendre consomptible un bien qui ne l'est pas par nature sur le fondement de la **liberté contractuelle.** Elles peuvent ainsi étendre les prérogatives du quasi-usufruitier à des biens non consomptibles par nature.

Le quasi-usufruit conventionnel peut certainement porter sur des biens fongibles, tels que des **titres de capitalisation** qui sont destinés à dégager des plus-values de cession. Les valeurs mobilières démembrées pourront être arbitrées par le quasi-usufruitier sans l'accord du nu-propriétaire. La gestion dynamique des titres financiers en sera facilitée.

Cependant, l'usufruitier a la libre gestion du contenu du **portefeuille de valeurs mobilières** depuis l'arrêt Baylet affirmant l'universalité de fait de celui-ci (Cass. 1e civ. 12-11-1998 n° 96-18.041 : Bull. civ. I n° 315). Le quasi-usufruit ayant pour objet les valeurs mobilières incluses dans un portefeuille ne présente donc plus aucun intérêt. En revanche, le quasi-usufruit sur le portefeuille de valeurs mobilières présente une utilité, comme permettant à son titulaire, donateur de la nue-propriété, de conserver une liberté de manœuvre sur le portefeuille lui-même, l'autorisant à l'aliéner, en raison par exemple des circonstances économiques et financières, et à disposer librement du prix de cession (placement dans de l'immobilier détenu en direct, par exemple).

Afin de renforcer la sécurité juridique de telles opérations, il est prudent de **justifier l'utilisation du quasi-usufruit** par les défauts d'un démembrement classique des actifs concernés (difficultés de gestion, principe de répartition du prix de vente en cas de cession, etc.) (voir en ce sens, F. Lucet et S. Theux, Donation-partage en démembrement avec obligation de consentir un quasi-usufruit ultérieur : JCP N 1996 doctr. p. 667).

En dehors des choses fongibles, l'**extension** du quasi-usufruit n'est **pas souhaitable** pour trois raisons. D'abord, parce que le mécanisme de restitution à caractère alternatif (en nature ou par équivalent) ne paraît pas adapté à un bien ni consomptible ni fongible en raison de son caractère unique, non échangeable. En outre, à la fin de l'usufruit, s'il y a restitution en argent, le nu-propriétaire doit pouvoir reconstituer son patrimoine en nature en rachetant s'il le souhaite un bien équivalent au bien grevé, ce qui n'est pas possible s'agissant d'un corps certain, tel un immeuble. Ensuite, parce que ce démembrement spécial octroyant des pouvoirs exorbitants à l'usufruitier ne paraît pas justifié sur un corps certain non consomptible (en ce sens, M. Grimaldi, La donation de valeurs mobilières avec réserve de quasi-usufruit : Defrénois 15-1-1994 n° AD1994DEF3N1 p. 3). Enfin, parce que c'est l'objet même de la donation qui s'en trouverait modifié de sorte que l'on serait en présence d'une donation alternative (P. Delmas Saint-Hilaire, Réflexions sur les mécanismes de rétention dans les donations : JCP N 2011 n° 1207). **6173**

PRÉROGATIVES ET OBLIGATIONS DU QUASI-USUFRUITIER

En cours de démembrement Parce que l'usufruit sur un bien qui se consomme par le premier usage ne se conçoit pas sans le **pouvoir d'en disposer,** l'article 587 du Code civil qui permet à l'usufruitier de se servir des biens grevés doit être compris comme autorisant celui-ci à disposer librement des biens compris dans l'assiette de son usufruit, **à charge** pour lui de les restituer à l'extinction de son droit. **6175**

Comme l'usufruitier, il est dispensé par la loi de fournir **caution** lorsque son droit est constitué par rétention (C. civ. art. 601). Mais parce que les choses consomptibles ne peuvent être utilisées sans disparaître, il a les pouvoirs d'un propriétaire et est donc dispensé d'**emploi,** contrairement à l'usufruitier. Il peut disposer librement du prix de cession des biens grevés de son quasi-usufruit. Dans le cas notamment où le quasi-usufruit (conventionnel) retenu porte sur des parts sociales, le donateur conserve tous les pouvoirs attachés à ce droit, dont le droit exclusif de voter dans les assemblées.

Face à de tels pouvoirs, il est prudent d'assortir la donation de **stipulations accessoires** destinées à préciser l'étendue des prérogatives que se réserve le donateur, ainsi que les obligations qui lui incombent. Et parce que le donataire nu-propriétaire se trouve relégué au rang de créancier à terme de la dette de restitution, il convient de prévoir des clauses garantissant l'intangibilité de son droit. Par **exemple,** s'agissant en particulier du quasi-usufruit réservé sur un portefeuille de valeurs mobilières ou sur un titre financier, il est conseillé d'organiser l'information du gratifié sur toutes opérations que le donateur effectuerait sur le portefeuille ou le titre donné ou encore d'interdire certains actes sans le consentement du donataire (par exemple, le nantissement). **6176**

Les manquements à ces obligations, de même que la fragilisation de la valeur de la dette de restitution par une **mauvaise gestion** du quasi-usufruit, sont susceptibles d'être sanctionnés par l'obligation de fournir caution ou d'employer ordonnée par le tribunal ou encore par la déchéance du droit du quasi-usufruitier pour abus de jouissance, comme en matière d'usufruit (C. civ. art. 618) (toutefois, pour un avis réservé sur l'application de la sanction de la déchéance de l'usufruit pour abus de jouissance au quasi-usufruitier, voir F. Terré et P. Simler : Droit civil. Les biens, Dalloz 10e éd. 2018, n° 790). **6177**

En fin de quasi-usufruit Le donateur a l'obligation de restituer, à l'expiration de l'usufruit, soit les biens donnés, soit ceux qui leur seraient subrogés, soit leur contre-valeur (C. civ. art. 950). Lorsque l'usufruit porte sur des choses consomptibles, le quasi-usufruitier doit restituer à la fin de l'usufruit soit des choses de même quantité et qualité, soit leur valeur (C. civ. art. 587). La restitution au titre du quasi-usufruit est donc en général une simple **restitution en valeur,** dès lors que le quasi-usufruitier a fait usage du bien grevé. **6180**

Il est vivement recommandé d'**organiser cette restitution** en valeur en prévoyant ses modalités dans l'acte constitutif du quasi-usufruit. Par **exemple,** en cas d'aliénation du bien grevé au cours du quasi-usufruit, il convient de déterminer si la créance de restitution est égale à la valeur du bien au jour de la donation ou au jour de l'aliénation, ou bien encore à sa valeur au jour du décès du donateur, compte tenu de son état au jour de son aliénation, comme le suggère l'article 587 du Code civil. En outre, afin de protéger le donataire contre les effets de l'érosion monétaire, une clause d'indexation conforme aux prescriptions de l'article L 112-2 du Code monétaire et financier ou la stipulation d'intérêts peuvent être prévues (quasi-usufruit portant sur une somme d'argent ou sur un autre actif qui aurait été aliéné sans remploi). En cas de quasi-usufruit conventionnel, ayant par exemple pour objet un portefeuille de valeurs mobilières ou des parts sociales, la convention peut prévoir une restitution sous forme de titres de même nature. Il conviendrait toutefois de préciser les critères pour l'appréciation de cette notion.

En outre, des **garanties de paiement** de la créance de restitution au profit du nu-propriétaire peuvent utilement être prévues (cautionnement, constitution d'hypothèque ou de nantissement).

ATTENTION

En présence d'un quasi-usufruit, la **naissance de la créance de restitution** dans le patrimoine du nu-propriétaire n'est pas remise en cause par le fait que ce dernier décède avant l'usufruitier ; seule l'exigibilité de la créance dépend de l'arrivée du terme de l'usufruit (Cass. 1e civ. 4-11-2020 nº 19-14.421 F-PB : BPAT 1/21 inf. 31).

TRAITEMENT LIQUIDATIF

6183 Pour les opérations de **rapport et** de **réduction** de la donation, le bien est évalué en toute propriété (Cass. 1e civ. 5-2-1975 nº 72-12.624 : Bull. civ. I nº 52, à propos d'une donation de droits immobiliers avec réserve d'usufruit), y compris en cas de donation-partage.

Par ailleurs, en cas de **donation-partage avec réserve d'usufruit portant sur une somme d'argent,** la dérogation prévue à l'article 1078 du Code civil ne s'applique pas : retour au droit commun avec une évaluation au jour du décès pour la réunion fictive (Cass. 1e civ. 18-5-1978 nº 76-15.168 : Bull. civ. I nº 196 ; nºs 10990 s.). On doit admettre qu'il en va de même d'une **réserve de quasi-usufruit conventionnel,** portant par exemple sur un portefeuille de valeurs mobilières (nº 6170). En effet, si les règles dérogatoires d'évaluation ne s'appliquent pas en présence d'une réserve de quasi-usufruit portant sur une somme d'argent, c'est parce que le donataire ne participe pas aux plus-values face à un donateur omnipotent. Il en résulte pour le donataire de somme d'argent une situation d'infériorité par rapport aux autres donataires qui eux vont profiter des plus-values acquises par leurs lots. C'est la raison pour laquelle la loi prévoit une revalorisation des biens au décès.

RÉGIME FISCAL DE LA DONATION AVEC CLAUSE DE RÉSERVE DE QUASI-USUFRUIT

6185 **Pendant le démembrement** La donation avec réserve de quasi-usufruit n'est soumise aux **droits de mutation à titre gratuit** que sur la valeur de la nue-propriété transmise. Les **revenus,** fruits du bien, sont imposables au nom du quasi-usufruitier.

S'agissant des **plus-values,** l'administration fiscale a par le passé eu l'occasion de se prononcer sur le redevable de l'impôt en cas de cession de droits sociaux ayant préalablement fait l'objet d'une donation avec réserve de quasi-usufruit, estimant que la plus-value réalisée est imposable au nom du quasi-usufruitier (Rép. Dubernard : AN 25-3-1996 nº 29549 ; Rép. Valleix : AN 26-6-2000 nº 39839). La doctrine administrative actuelle n'a pas repris ces réponses ministérielles. Elle n'évoque le quasi-usufruit que pour régler le cas du redevable de l'impôt en cas de cession en pleine propriété de titres dont la propriété est démembrée lorsque le prix de vente est attribué en totalité à l'usufruitier dans le cadre d'un quasi-usufruit : elle précise que, dans cette situation, la plus-value est imposable au nom de l'usufruitier (BOI-RPPM-PVBMI-20-10-20-60 nº 100). En dehors de cette hypothèse et en l'absence de certitude, les parties auront intérêt à assortir leur déclaration d'une mention expresse.

Enfin, au regard de l'**IFI,** le principe est celui de l'imposition de l'usufruitier (et donc du quasi-usufruitier) pour la valeur en pleine propriété des biens qui entreraient dans le champ d'application de cet impôt (CGI art. 968).

6190 **En fin de démembrement** L'extinction du quasi-usufruit par le décès de son titulaire emporte les **conséquences suivantes** :

– la reconstitution de la pleine propriété s'opère sans fiscalité (CGI art. 1133) ;

– la dette de restitution dont était tenu le quasi-usufruitier au titre de son quasi-usufruit légal est déduite de l'actif successoral. Dans le cas d'un quasi-usufruit conventionnel (portant sur des choses par nature non consomptibles mais rendues consomptibles par la volonté des parties), le principe est que la dette n'est déductible de l'actif successoral du quasi-usufruitier que si elle a été consentie par acte authentique ou par acte sous signature privée ayant date certaine avant le décès, les héritiers devant prouver la sincérité de cette dette et son existence au jour de l'ouverture de la succession (présomption de fictivité de la dette consentie par le défunt à ses héritiers posée par l'article 773, 2° du CGI ; voir nos 48555 s.).

Ainsi qu'il a été dit, la donation avec réserve de quasi-usufruit doit revêtir la forme d'un acte notarié, permettant dès lors la déductibilité de la dette de restitution de l'actif successoral du quasi-usufruitier.

ATTENTION

L'administration fiscale a refusé l'**inscription au passif successoral de la dette de restitution** dont était tenue une mère à la suite de la donation-partage de somme d'argent consentie à ses deux enfants avec réserve de quasi-usufruit cinq années plus tôt, au motif que la **libéralité** était **fictive,** faute de dessaisissement de la donatrice (et, par suite, d'intention libérale) et qu'elle n'était destinée qu'à réduire la base taxable lors de la succession. Le comité de l'abus de droit fiscal invalide partiellement l'analyse de l'administration fiscale. Selon le Comité, l'absence de mention des références bancaires des sommes données dans l'acte de donation-partage de même que l'absence d'obligation d'information des nus-propriétaires à la charge de la donatrice ne révéleraient pas la fictivité de la donation. Le Comité relève toutefois que la donatrice ne disposait pas, à la date de la donation, de l'intégralité de la somme d'argent prétendument donnée en quasi-usufruit. Il en résulte selon lui que l'administration n'était fondée à voir un abus de droit fiscal qu'à hauteur du surplus de donation par rapport aux sommes d'argent dont disposait la donatrice sur son compte au jour de la donation (Avis CADF 11-5-2023 n° 2022-15 ; voir Vivien Streiff, La donation de la nue-propriété d'une somme d'argent avec réserve de quasi-usufruit est fictive pour la part dont le donateur ne dispose pas au jour de l'acte : SNH 28/23 inf. 15).

Qualification de la dette de restitution : origine légale ou conventionnelle ? 6192

La dette de restitution tire-t-elle son origine légale de la nature légale du quasi-usufruit ? Auquel cas, il suffirait que le quasi-usufruit **porte sur une chose consomptible** pour que la dette de restitution soit inscrite de plein droit au passif successoral du quasi-usufruitier ou, autrement dit, qu'il le soit par nature (C. civ. art. 587). Inversement, la dette serait d'origine conventionnelle en présence d'un quasi-usufruit **créé par la volonté de l'homme,** c'est-à-dire portant sur un bien par nature non consomptible mais qualifié ainsi par les parties au contrat de constitution du quasi-usufruit. Or, l'article 587 du Code civil n'a pas trait à l'existence du quasi-usufruit mais détermine seulement son régime juridique.

Pour déterminer le domaine d'application de la présomption fiscale de fictivité de la dette, induisant la production d'un acte authentique ou sous signature privée enregistré permettant de l'écarter, un auteur propose de se référer à l'existence d'un **échange de consentement** entre le quasi-usufruitier défunt, débiteur de la dette de restitution, et son héritier nu-propriétaire, créancier de la dette, seul cas où peut être suspectée une collusion entre les titulaires de la propriété démembrée (R. Gentilhomme, Quasi-usufruit et distribution de réserves sociales : Defrénois 15-7-2014 n° 116s4 p. 770 § 13 et 14). En conséquence, seuls les quasi-usufruits réservés par le défunt seraient soumis au formalisme exigé par l'article 773, 2° du CGI lorsque le nu-propriétaire créancier est son héritier, donataire ou légataire. En revanche, lorsque la dette de restitution n'a pas été consentie par le défunt quasi-usufruitier au profit de ses héritiers, parce qu'elle émane de la volonté d'un tiers, la dette de restitution, parce qu'elle ne peut être présumée fictive, ne serait pas soumise au formalisme fiscal. Ainsi en serait-il de la dette de restitution résultant du quasi-usufruit sur le capital décès d'un contrat d'assurance-vie ou bien encore du quasi-usufruit du conjoint survivant tenant son droit d'un testament ou d'une donation de biens à venir.

En attendant que la jurisprudence prenne position sur les critères de l'origine légale du quasi-usufruit excluant le formalisme fiscal, il semble prudent, **en pratique,** de considérer que le sort de la dette de restitution dépend de l'absence (origine légale) ou de l'existence (origine conventionnelle) d'un contrat ayant donné naissance au quasi-usufruit.

Ainsi, seuls bénéficieraient de la **déductibilité de plein droit** de l'actif successoral du défunt quasi-usufruitier les quasi-usufruits constitués en dehors de la volonté de l'homme, soit :

– le quasi-usufruit successoral du conjoint survivant conformément aux règles de la dévolution légale (C. civ. art. 757) ;

– le quasi-usufruit créé par mutation d'un usufruit résultant d'une donation de biens à venir ou d'un testament en présence de biens consomptibles dans la succession ;

– le quasi-usufruit sur dividendes de réserves dans les sociétés alors même qu'une convention aurait été établie entre les associés intéressés (Cass. com. 27-5-2015 n° 14-16.246 FS-PBRI, selon laquelle « l'usufruitier se trouve tenu, en application de l'article 587 du Code civil, d'une dette de restitution exigible au terme de l'usufruit et qui, prenant sa source dans la loi, est déductible de l'actif successoral lorsque l'usufruit s'éteint par la mort de l'usufruitier [...] ») ;

– le quasi-usufruit sur l'indemnité d'assurance ou d'expropriation subrogée au bien démembré en cas de perte matérielle ou juridique de celui-ci ;
– le quasi-usufruit portant sur une créance échue en cours d'usufruit (quasi-usufruit issu d'un usufruit sur la créance à terme, tels des obligations, bons de caisse, bons du Trésor) ;
– le quasi-usufruit exercé au titre du droit de jouissance légale des parents sur les biens consomptibles donnés ou légués à un enfant mineur (C. civ. art. 382 s.).
En revanche, **seraient qualifiés de conventionnels,** nécessitant pour bénéficier de la déductibilité fiscale d'un acte notarié ou sous signature privée enregistré avant le décès du quasi-usufruitier, les quasi-usufruits volontairement constitués, soit :
– le quasi-usufruit créé ab initio par une convention sans résulter d'un droit d'usufruit préexistant. Il en irait ainsi du quasi-usufruit réservé (par donation ou vente) portant sur un bien consomptible (C. civ. art. 587) ou non consomptible par nature mais qualifié comme tel par les parties (par exemple, un portefeuille de valeurs mobilières). La forme authentique s'impose même lorsqu'elle a pour objet une somme d'argent (n° 6165). Même solution pour le quasi-usufruit constitué ab initio sur la tête d'un tiers, grevant un bien consomptible (C. civ. art. 587) ou non consomptible par nature mais qualifié comme tel par le disposant ;
– le quasi-usufruit sur le capital décès d'un contrat d'assurance-vie (par exemple, clause bénéficiaire démembrée entre le conjoint quasi-usufruitier et les enfants nus-propriétaires). Lors de la mise en œuvre du quasi-usufruit, c'est-à-dire au décès du souscripteur, il conviendrait d'établir une convention entre le quasi-usufruitier et son successible nu-propriétaire, soit notariée, soit sous signature privée enregistrée ;
– le quasi-usufruit constitué par convention aménageant un usufruit préexistant, notamment sur un portefeuille de valeurs mobilières dans le cadre du règlement d'une succession ;
– le quasi-usufruit constitué sur le prix de vente d'un bien démembré (C. civ. art. 621).
Le **conseil du notaire** est déterminant notamment lorsque le quasi-usufruit est constitué dans le cadre du règlement d'une succession entre les héritiers ou légataires, ainsi qu'en présence d'une assurance-vie démembrée au profit des héritiers. Dès lors que la constitution ou l'exercice du quasi-usufruit n'est pas relaté dans un acte authentique, il reviendra au notaire de conseiller aux parties de rédiger un acte sous signature privée et de le faire enregistrer. Par ailleurs, au décès du quasi-usufruitier, le devoir de conseil du notaire est déterminant car il est probable que le successeur universel de ce dernier ignore qu'il recueille dans sa succession la dette de restitution envers le nu-propriétaire pouvant faire du legs un cadeau empoisonné (Cass. 1e civ. 15-5-2019 n° 18-16.846 F-D, à propos d'un quasi-usufruit du conjoint survivant portant sur des pièces d'or disparues au jour de son décès).

B. Clause de réversion d'usufruit

RÉGIME JURIDIQUE DE LA RÉVERSION D'USUFRUIT

6195 **Mécanisme** Dans les donations ou donations-partages consenties aux enfants avec réserve d'usufruit au profit du donateur, une clause dite « de réversion de l'usufruit » est très fréquemment stipulée.

Elle est insérée dans l'acte constitutif d'un **premier usufruit** et prévoit qu'au décès de cet usufruitier (dit « de premier rang »), une deuxième personne deviendra usufruitière du même bien. Le bénéficiaire de cet **usufruit de second rang** est très souvent le conjoint survivant du donateur. Mais il peut s'agir de toute autre personne : partenaire ou concubin survivant, descendant… Ce sont donc deux usufruits distincts et successifs qui sont ainsi créés, et non pas un seul et même usufruit qui est transmis (voir notamment Cass. 1e civ. 4-4-1991 n° 89-18.361 : Bull. civ. I n° 128). Cette succession d'usufruits est appelée communément « réversion d'usufruit ».

Les deux usufruits sont ici constitués par la même personne, le donateur, sur le même bien. Le deuxième usufruit ne s'exercera que si son titulaire est toujours en vie au **décès de l'usufruitier de premier rang.** Ainsi, lorsque le bénéficiaire de la réversion est, comme dans la plupart des cas, le conjoint, il bénéficiera au décès du donateur d'un droit de jouissance viager sur le bien donné, qui s'éteindra naturellement à son propre décès pour consolider la pleine propriété sur la tête des enfants.

Notons que si la réversion d'usufruit est généralement viagère, elle peut aussi être temporaire (voir sur ce sujet, P. Delmas Saint-Hilaire, Réflexions sur les mécanismes de rétention dans les donations : JCP N 2011 p. 1207).

Au **décès de l'usufruitier de second rang,** tout usufruit étant alors éteint, la pleine propriété sera consolidée sur la tête de ses enfants nus-propriétaires.

> **Précisions** L'expression d'**usufruit éventuel** est parfois utilisée pour désigner un usufruit successif ; elle l'est à tort. Cet usufruit n'a rien d'éventuel puisqu'il naît dans l'acte constitutif ; seul son exercice est éventuel car subordonné à la survie de l'usufruitier de second rang par rapport à l'usufruitier de premier rang, à savoir le donateur.

Constitution postérieure au démembrement de propriété Un usufruit successif peut parfaitement être constitué postérieurement au démembrement de la propriété par le **nu-propriétaire** (Cass. 1e civ. 25-10-1978 n° 76-13.775 : Bull. civ. I n° 324 ; voir également Cass. 1e civ. 4-4-1991 n° 89-18.361 : Bull. civ. I n° 128 ; pour une constitution par testament du nu-propriétaire, voir Cass. com. 30-5-1995 n° 93-16.978 : Bull. civ. IV n° 161, JCP N 1996 II p. 235 note D. F. ; par donation-partage, voir Cass. 1e civ. 3-10-2000 n° 98-21.969 F-D). En revanche, un **usufruitier** ne peut pas à son tour constituer un usufruit successif sur le bien, qu'il soit temporaire ou viager. Il s'agit là d'une application de la règle selon laquelle nul ne peut transférer à autrui plus de droit qu'il n'en a lui-même (« nemo plus juris »). Il ne peut que céder son droit. La cession ne modifie donc pas la durée de l'usufruit, qui reste celle qu'il avait lors de sa constitution, soit le plus souvent celle de la vie du premier titulaire (F. Terré et P. Simler : Droit civil. Les biens, Précis Dalloz, 10e éd. 2018, n° 819 ; voir également M. Grimaldi : Libéralités. Partages d'ascendants, Litec 2000, n° 1166). Ainsi en cas de **donation d'un usufruit déjà constitué à titre viager,** l'usufruit s'éteint au décès du donateur, et non à celui du donataire (Cass. 1e civ. 5-1-2023 n° 21-13.966 FS-B : BPAT 1/23 inf. 31). Lorsqu'il y a eu seulement **cession temporaire de son usufruit viager par l'usufruitier,** le droit ainsi transféré est tout à la fois limité dans le temps et subordonné : il s'éteint nécessairement au décès de l'usufruitier qui l'a consenti, même si la durée fixée dans la convention constitutive n'est pas écoulée. Si c'est le **cessionnaire** qui **décède avant le terme convenu,** l'usufruit ne s'éteint pas puisque l'usufruitier au profit duquel il a été constitué est toujours vivant. L'usufruit est maintenu et est exercé par lui, peu importe que le cessionnaire de l'usufruit soit décédé. 6197

Qualification La **nature juridique** de la réversion d'usufruit, qui a longtemps fait débat, est désormais tranchée : il s'agit d'une donation à terme de biens présents et non d'une donation de biens à venir (Cass. mixte 8-6-2007 n° 05-10.727 PBRI : RJF 10/07 n° 1172, RTD civ. 2007 p. 605 obs. M. Grimaldi). Le droit d'usufruit du bénéficiaire de la réversion lui étant définitivement acquis dès le jour de la donation, seul l'exercice de ce droit se trouve différé au décès du donateur, et seulement si le bénéficiaire lui survit. 6200

Il faut souligner qu'en tant que donation directe, la réversion **doit être acceptée,** en principe dans l'acte.

La qualification de donation à terme de biens présents emporte les **conséquences civiles** suivantes : 6205

– c'est au jour de la donation que le bénéficiaire de l'usufruit successif doit être désigné, et c'est, en principe, à cette même date qu'il doit l'accepter (C. civ. art. 894) ;

– il est possible de prévoir une réversion d'usufruit au profit d'un bénéficiaire autre que le conjoint (concubin ou partenaire de Pacs, par exemple) sans encourir la nullité des pactes sur succession future ;

– l'exercice du droit à l'usufruit successif ne constitue pas une acceptation tacite de la succession du défunt (Cass. mixte 8-6-2007 n° 05-10.727 PBRI : RJF 10/07 n° 1172, décision rendue en application des dispositions antérieures à la loi du 23-6-2006 mais transposable) ;

– lorsque la donation porte sur un immeuble, et à condition que l'identité de l'usufruitier en second ait bien été annotée au fichier immobilier dès la publication de la donation, il n'y a pas à publier d'attestation notariée au moment où la réversion s'opère (Cass. 3e civ. 6-11-2002 n° 01-00.681 : Bull. civ. III n° 220, RJDA 10/03 n° 1028 ; BOI 10-D-3-05 non encore reprise dans Bofip mais qui devrait conserver sa valeur) ;

– lorsqu'on vend d'un commun accord un bien grevé d'un usufruit réversible, sont parties à la vente non seulement le nu-propriétaire et le donateur qui s'est réservé l'usufruit, mais encore l'usufruitier de second rang bénéficiaire de la clause de réversibilité ; en effet, le droit de ce dernier n'est pas éventuel, mais bien actuel, puisqu'il s'agit d'une donation de bien présent à terme. C'est pourquoi l'usufruitier de second rang doit nécessairement recevoir partie du prix (B. Vareille, Usufruit et liquidations successorales : « L'usufruit », Journées nationales de l'Association H. Capitant, t. XXII, Bordeaux, Dalloz 2020, p. 79 s., spécialement n° 26). La répartition du prix de vente est déterminée comme suit : d'abord, on chiffre la valeur de la nue-propriété, en soustrayant du prix la valeur de l'usufruit du plus jeune des usufruitiers (le plus souvent, ce sera l'usufruitier de second rang) ; ensuite, on ventile la valeur globale de l'usufruit entre l'usufruitier de premier rang et l'usufruitier de second rang en fonction de leurs espérances de vie respectives. Si l'usufruit de second rang vaut 60 % du prix et l'usufruit réservé par le donateur

35 %, le prix est réparti comme suit : 40 % pour le nu-propriétaire, 35 % pour le donateur qui s'est réservé l'usufruit, 25 % pour l'usufruitier de second rang. Sur l'évaluation civile de l'usufruit, voir nº 29393.

6210 La qualification de donation à terme de biens présents a un effet neutre, en revanche, sur la **révocabilité de la donation** lorsque le bénéficiaire de la réversion d'usufruit est le conjoint : comme les donations de biens à venir, les donations à terme qui ne prennent pas effet pendant le mariage sont librement révocables : voir nºs 8680 s. et 8715 s.

Sur les conséquences du **divorce,** voir nºs 8690 et 8720 s.

TRAITEMENT LIQUIDATIF

6212 En présence d'une donation de la nue-propriété d'un bien avec réserve d'usufruit au profit du donateur et constitution d'usufruit successif au profit d'un tiers, il doit en être tenu compte lors des opérations de liquidation et de partage de la succession du donateur. Les incidences liquidatives varient en fonction de l'identité du **bénéficiaire de la réversion d'usufruit** : s'agit-il ou non du conjoint survivant ? (P. Delmas Saint-Hilaire, Du bon usage de la réversion d'usufruit : Defrénois 19-4-2018 nº 135m6 p. 15). Cela présuppose bien évidemment que l'usufruitier successif ait survécu au donateur.

L'enjeu, lorsque la réversibilité a été consentie à un **tiers,** tient à la protection de la réserve héréditaire. Au décès du donateur, l'usufruit successif s'exécute et sa valeur au jour du décès doit être réunie fictivement à la masse de calcul de la quotité disponible et de la réserve héréditaire. Dans un second temps, pour déterminer l'atteinte éventuelle à la réserve, il faut imputer la libéralité en usufruit sur la quotité disponible selon la méthode de l'imputation en assiette consacrée par la jurisprudence (nºs 33300 s.).

L'usufruit successif constitué au profit du **conjoint survivant** pose la question de son imputation sur les droits légaux de ce dernier (C. civ. art. 758-6 ; nºs 9350 s.).

RÉGIME FISCAL DE LA RÉVERSION D'USUFRUIT

6215 Bien qu'elle constitue juridiquement une donation à terme de biens présents (nº 6200), la stipulation d'une réversion d'usufruit dans une donation avec réserve d'usufruit relève des **droits de mutation par décès** (CGI art. 796-0 quater). La réversion s'opère par conséquent en franchise d'impôt chaque fois que son **bénéficiaire** est **exonéré de droits de succession,** cas notamment du conjoint survivant.

Lorsque le **bénéficiaire** de la réversion n'est **pas exonéré** (simple concubin, par exemple), les droits de succession sont calculés lors de l'ouverture de la réversion en se plaçant à la date du décès de l'usufruitier précédent, tant en ce qui concerne la valeur des biens que pour la détermination de l'âge de l'usufruitier et le tarif des droits applicables (BOI-ENR-DMTG-10-20-50-40 nº 10 ; BOI-ENR-DMTG-10-40-10-50 nº 60). Pour déterminer le lien de parenté, il est tenu compte du lien entre le constituant de l'usufruit et le nouvel usufruitier (BOI-ENR-DMTG-10-20-50-40 nº 1 ; BOI-ENR-DMTG-10-40-10-50 nº 60), solution qui s'explique par le fait que c'est du constituant que l'usufruitier successif tient son droit.

Pour un exemple de liquidation, voir nº 77115.

Dès lors que les réversions d'usufruit relèvent des droits de succession, la réversion d'usufruit au décès du disposant portant sur un immeuble est exclusive de toute perception de taxe de publicité foncière.

6220 Pour la détermination des droits afférents à la transmission de la nue-propriété, il n'est tenu compte que des usufruits ouverts au jour de cette transmission (CGI art. 669, I-al. 2). Il en résulte que les droits de donation dus sur la nue-propriété donnée sont calculés en fonction de l'âge du donateur, usufruitier de rang un, sans tenir compte de l'âge du bénéficiaire de l'usufruit successif, usufruitier de second rang.

À l'ouverture de l'usufruit successif, si le **nouvel usufruitier** est **plus jeune** que le premier (c'est-à-dire s'il est dans une tranche de dix ans inférieure : voir barème fiscal nº 6120), le nu-propriétaire a **droit à** la **restitution** d'une somme égale à ce qu'il aurait payé en moins si le droit acquitté par lui avait été calculé lors de la donation initiale d'après l'âge de l'usufruitier éventuel (CGI art. 1965 B). Ce droit à restitution n'est toutefois accordé que si le nu-propriétaire a acquitté les droits de mutation à titre gratuit. La restitution n'est en effet justifiée que si le nu-propriétaire a subi une « surtaxation », ce qui n'est pas le cas lorsque les droits de mutation ont été pris en charge par le donateur. La succession du donateur décédé ne peut pas non plus bénéficier de la restitution : seul le nu-propriétaire a droit à la restitution d'après l'article 1965 B du CGI

(Rép. Duby-Muller : AN 2-6-2020 n° 26892 ; pour une analyse critique, voir : G. Dumont, Pas de restitution des droits payés par le donateur en cas d'ouverture d'un usufruit successif : SNH 21/20 inf. 1).

On observera que le droit à restitution doit jouer sans qu'il y ait lieu de distinguer suivant que l'usufruitier successif a été institué par le donateur d'origine (cas notamment de la donation avec réserve d'usufruit et réversion au profit du conjoint survivant) ou par le donataire nu-propriétaire (en ce sens, et pour un exemple, Sol. Not. 7/13 inf. 187).

Dans le cas inverse où l'usufruitier de second rang est **plus âgé** que l'usufruitier initial, aucun versement complémentaire n'est demandé au nu-propriétaire.

EXEMPLE

En avril 2013, Paul, âgé de 75 ans, fait donation de la nue-propriété d'un immeuble d'une valeur de 200 000 € à Pierre (25 ans), une clause de réversion d'usufruit étant prévue au profit de Nicole (64 ans).

Au décès de Paul, en mai 2023, les droits auxquels donne l'ouverture de l'usufruit successif de Nicole sont calculés d'après son âge à cette date (74 ans), soit sur 30 % de la pleine propriété. Mais si l'usufruit s'était ouvert initialement au profit de Nicole, le nu-propriétaire Pierre n'aurait acquitté l'impôt à sa charge que sur 60 % de la pleine propriété (Nicole étant alors âgée de 64 ans).

Ayant acquitté les droits en 2012, compte tenu de l'âge de Paul, sur 70 % de la pleine propriété, soit sur 140 000 €, Pierre n'en est plus débiteur, en vertu de l'article 1965 B du CGI, que sur 60 %, soit sur 120 000 €. Il a droit à la restitution de la différence entre les deux liquidations.

Usufruit successif temporaire Les mêmes règles s'appliquent en cas de réversion d'usufruit temporaire. Imaginons par exemple le cas d'une personne âgée de 82 ans souhaitant transmettre la nue-propriété d'un bien à son petit-fils tout en se réservant un usufruit viager stipulé réversible pour une durée de 15 ans au profit de son fils âgé de 55 ans. 6222

Au moment de la donation, la nue-propriété transmise est évaluée à 80 % de la valeur en pleine propriété du bien donné en application du barème de l'article 669, I du CGI dans la mesure où il n'est tenu compte que des usufruits qui sont ouverts au jour de la transmission.

Au décès du donateur, sept ans plus tard, son fils est alors âgé de 62 ans. L'usufruit successif de celui-ci s'ouvre.

S'agissant de l'**enfant du donateur** : les droits auxquels donne lieu l'ouverture de cet usufruit sont déterminés par référence au barème applicable à la durée de celui-ci (46 % pour 15 ans) sur la valeur du bien au jour de l'ouverture de ce droit sans que la prise en compte de ce barème ne puisse avoir pour effet d'aboutir à une valeur supérieure à celle de l'usufruit viager, soit 40 % en l'espèce.

S'agissant du **petit-enfant** : si l'usufruit s'était ouvert à l'origine au profit de son père, enfant du donateur, le nu-propriétaire n'aurait eu à acquitter les droits de donation que sur 54 % de la valeur du bien donné (nue-propriété évaluée à la valeur de la pleine propriété moins la valeur de l'usufruit temporaire valorisé à 46 %). Le petit-enfant est donc fondé à réclamer la restitution de la différence entre ce qu'il a payé sur la base d'une nue-propriété évaluée à 80 % de la valeur du bien et ce qu'il doit effectivement payer sur la base d'une nue-propriété évaluée à 54 % de la valeur du bien à l'époque de la donation.

C. Donation d'usufruit temporaire

INTÉRÊT

Sans vouloir donner immédiatement son patrimoine, un donateur peut souhaiter transmettre pour une période donnée l'usufruit d'un bien (immeuble locatif, parts sociales, etc.) en vue d'aider un proche pendant une période limitée. Cette **motivation** explique le succès de la donation d'usufruit temporaire, souvent utilisée pour permettre à un enfant étudiant de financer ses études. 6270

MÉCANISME

La donation d'usufruit temporaire implique la **constitution** (et non la cession) d'un usufruit temporaire au profit du donataire (R. Libchaber, Une cession temporaire d'usufruit : Defrénois 15-9-2008 n° AD2008DEF1656N1 p. 1656). 6275

L'usufruit peut être constitué **sur la tête** du donateur comme sur celle du donataire – ou d'un tiers (G. Bonnet, De quelques conséquences pratiques des donations temporaires d'usufruit entre parents et enfants : AJ fam. 2004 p. 179).

La **durée** est, en principe, librement déterminée par le donateur dans l'acte constitutif mais elle ne peut pas être supérieure à 30 ans lorsque l'usufruitier est une personne morale (C. civ. art. 619).

L'usufruit donné **expire** au terme fixé à l'acte de donation, ou au décès de celui sur la tête duquel l'usufruit a été constitué en cas de prédécès (Cass. ch. réunies 16-6-1933 : DH 1933 p. 393, solution rendue à propos de la valeur imposable de la nue-propriété et de l'usufruit). La pleine propriété se reconstitue alors au profit du titulaire de la nue-propriété. On utilise parfois, de manière impropre, l'expression « donation temporaire d'usufruit », mais la donation n'a rien de temporaire, elle est irrévocable. Seul le démembrement de propriété est à terme (C. civ. art. 617).

6276 La donation d'usufruit temporaire ne doit pas être confondue avec l'hypothèse dans laquelle le titulaire d'un **usufruit viager** (par exemple, le donateur de la nue-propriété d'un bien qui s'est réservé l'usufruit sa vie durant) renonce pendant un temps donné à l'exercice de son usufruit en transférant temporairement son droit. En effet, l'usufruitier peut constituer un droit réel sur son propre droit d'usufruit (W. Dross : Droit des biens, LGDJ 2e éd. 2014, no 91). En pratique, cette constitution se fera par une **renonciation temporaire et gratuite** à l'exercice de son propre usufruit au profit de quelqu'un d'autre. Si elle est animée par une intention libérale, il s'agit alors d'une donation.

Cette cession peut intervenir **au profit** du nu-propriétaire ou d'un tiers. Il en est ainsi lorsque l'usufruitier souhaite aider ponctuellement le cessionnaire soit en lui permettant de recueillir les fruits générés par le bien, soit en lui permettant d'y être hébergé sans avoir à verser de loyer.

Sur la **distinction** entre la cession temporaire de son usufruit par un usufruitier et la **constitution d'un usufruit successif** par le nu-propriétaire, voir no 6197.

RÉGIME JURIDIQUE DE LA CESSION D'UN BIEN GREVÉ D'USUFRUIT TEMPORAIRE

6277 L'usufruit temporaire constitue un droit réel. Il peut donc être cédé, comme tout usufruit, à titre gratuit ou à titre onéreux. En cas de vente du bien grevé d'un usufruit temporaire, l'**accord de l'usufruitier temporaire** est requis. À défaut, la vente n'est pas nulle mais elle lui est inopposable (Cass. 3e civ. 28-3-1990 no 88-16.418 : Bull. civ. III no 92, solution transposable à l'usufruit temporaire). La vente d'un bien grevé d'un usufruit temporaire ne sera pleinement efficace à l'égard de l'acquéreur que si nu-propriétaire et usufruitier temporaire sont parties à l'acte.

> **Précisions** Dans le cas particulier où l'**usufruitier viager** d'un bien aurait lui-même cédé temporairement son droit à un tiers (ou au nu-propriétaire), tous devront être parties à l'acte pour céder leurs droits respectifs : l'usufruitier « en titre », le cessionnaire temporaire de l'usufruit et le nu-propriétaire. On ne saurait se contenter de ne faire intervenir à l'acte que le cessionnaire de l'usufruit. À l'arrivée du terme convenu pour la temporaire cession (en pratique, ce devrait être une donation), l'usufruit sera de nouveau exercé par l'usufruitier qui n'a cédé son droit que temporairement.

6278 **Répartition du prix de vente** Reste la question de la répartition du prix de vente entre les intéressés. L'usufruit temporaire cédé a une valeur financière. Une fois celle-ci déterminée, par soustraction, on connaîtra la valeur de la pleine propriété. Les textes prévoient qu'en **principe,** sauf autre accord des parties, en cas de cession conjointe de la nue-propriété et de l'usufruit, le prix entre la nue-propriété et l'usufruit doit se répartir « selon la valeur respective de chacun de ces droits » (C. civ. art. 621). Toute autre répartition est exposée à être requalifiée en donation indirecte s'il est établi qu'elle résulte d'une intention libérale.

Dans le **cas particulier** envisagé d'un usufruit temporairement donné par l'usufruitier, la répartition entre usufruit et nue-propriété devrait logiquement être calculée d'après la valeur de l'usufruit « pesant le plus » sur la nue-propriété. Un calcul analogue s'impose en cas d'usufruits successifs : les deux usufruitiers ont qualité pour être parties au contrat et percevoir une fraction du prix de vente (sur cette question, voir B. Vareille, Usufruit et liquidations successorales : « L'usufruit », Journées nationales de l'Association H. Capitant, t. XXII, Bordeaux, Dalloz 2020, p. 79 s., spécialement no 26). L'usufruit exercé temporairement par le cessionnaire ne peut pas valoir davantage que l'usufruit viager « d'origine » puisqu'il ne survivra pas au décès de l'usufruitier d'origine : on peut donc, en bonne logique, proposer de fixer la valeur de la nue-propriété d'après la valeur économique de l'usufruit viager ; le restant du prix sera réparti entre le titulaire de l'usufruit viager et le cessionnaire de l'usufruit temporaire en tenant compte d'abord de la valeur de l'usufruit temporaire à la date de la vente conjointe.

EXEMPLE

Si l'usufruit viager est estimé à 40 % de la valeur du bien en pleine propriété et l'usufruit temporaire est estimé à 23 % de cette même valeur, la valeur de la nue-propriété doit être chiffrée à 60 % ; le cessionnaire de l'usufruit devrait recevoir 23 % du prix de vente et l'usufruitier viager 40 % – 23 %, soit 17 % du prix de vente.

TRAITEMENT LIQUIDATIF

Une donation d'usufruit temporaire est en principe soumise au **rapport** successoral (C. civ. art. 843, al. 1). Reste à déterminer pour quel montant (C. civ. art. 860). Tout dépend si l'usufruit s'est éteint ou non au jour du partage de la succession du donateur (voir nº 31955). 6280

S'agissant des opérations de **réduction** des libéralités, il faut également distinguer selon que le démembrement de propriété est en cours ou non au jour de l'ouverture de la succession. Si l'usufruit temporaire a expiré du vivant du donateur, le bien figure à nouveau en pleine propriété parmi ses biens existants. L'usufruit du bien donné toujours en cours doit être réuni aux biens existants pour sa valeur au jour du décès (C. civ. art. 922). Sur la technique d'imputation des libéralités en démembrement de propriété, voir nos 33300 s.

AVANTAGES FISCAUX

L'intérêt de la donation d'usufruit temporaire (nº 6270) peut cacher le souci moins louable, aux yeux du fisc, d'éluder le montant de l'impôt sur la fortune immobilière (**IFI**) grevant le bien transmis. En effet, sauf abus de droit, un immeuble faisant l'objet d'une donation d'usufruit temporaire est compris, pendant la période de dessaisissement, non dans le patrimoine immobilier du donateur mais, le cas échéant, dans celui de l'usufruitier (Rép. Beaulieu : AN 14-07-2003 nº 13961 non reprise au Bofip mais qui conserve sa portée). Or, le plus souvent, l'usufruitier donataire ne dispose pas d'un patrimoine (incluant la valeur en pleine propriété du bien donné) suffisant pour être assujetti à l'IFI. 6290

Autre avantage pouvant être non négligeable, les **revenus** de l'immeuble transmis en usufruit seront assujettis à l'impôt sur le revenu entre les mains de l'usufruitier possiblement soumis à un taux marginal d'imposition inférieur à celui du donateur.

RISQUES ET PRÉCAUTIONS AU REGARD DE L'ABUS DE DROIT

Schémas remis en cause On ne sera donc pas surpris que l'administration se réserve le droit de rechercher le caractère abusif de l'opération selon les modalités prévues à l'article L 64 du LPF (BOI-PAT-IFI-20-20-30-10 nº 280 ; sur la procédure de répression des abus de droit et ses deux formes prévues aux articles L 64 et L 64 A du LPF, voir nº 5522). Ont par exemple été qualifiés d'abusifs, car inspirés par le **seul motif fiscal** de réduire l'impôt sur la fortune : 6295

– l'apport de l'usufruit d'un immeuble à une EURL dans une espèce où le caractère professionnel de l'activité de location de cet immeuble par l'EURL n'était pas démontré (Cass. com. 7-12-2010 nº 10-10.054 : RJF 4/11 nº 526, BPAT 2/11 inf. 145) ;

– la donation, pendant dix ans, de parts d'une société civile consentie, ce qui en faisait l'originalité, par un enfant à ses parents, les circonstances de l'affaire ayant conduit le Comité de l'abus de droit à conclure à l'absence d'intention libérale (Avis nº 2004-42) ;

– la donation pendant cinq ans de l'usufruit de parts de SARL consentie par des parents à leurs cinq enfants alors que la société avait été constamment déficitaire avant la donation et n'offrait aucune perspective de bénéfices pendant la période d'exercice de l'usufruit temporaire (Avis nº 2012-27 du Comité de l'abus de droit et CA Reims 4-10-2016 nº 15/01792).

Ces décisions, rendues en matière d'ISF, sont naturellement transposables à l'IFI en cas de donation d'usufruit temporaire portant sur les immeubles ou des droits immobiliers.

En revanche, lorsqu'il y a réellement donation (**intention libérale** résultant de la transmission d'un bien productif de fruits et **dessaisissement irrévocable** du donateur qui ne doit en aucune façon se réapproprier ces fruits), l'opération ne peut pas être considérée comme fictive ni comme exclusivement motivée par le souci d'éluder l'impôt. Dans ces hypothèses, le risque de remise en cause sur le fondement de l'abus de droit au sens de l'article L 64 du LPF nous semble devoir être écarté.

L'opération ne devrait pas davantage pouvoir être remise en cause sur le terrain de l'article L 64 A du LPF, qui permet à l'administration d'écarter les actes passés par un contribuable lorsque, recherchant le bénéfice d'une application littérale des textes ou de décisions à l'encontre des objectifs poursuivis par leurs auteurs, ils ont pour **motif principal** d'éluder ou d'atténuer les charges fiscales de l'intéressé. En effet, la volonté des parents donateurs d'assurer à leurs enfants donataires une source autonome de revenus susceptible d'assurer leur logement et/ou leur entretien courant pendant une période donnée restera la motivation essentielle de l'opération. Cette approche est d'ailleurs confirmée par la doctrine de l'administration fiscale : « la donation d'usufruit temporaire au profit d'un enfant majeur qui ne fait pas partie du foyer fiscal du donateur procure certes une économie d'impôt sur la fortune immobilière, qui peut être substantielle, mais qui n'est pas abusive si elle est justifiée par la volonté d'aider l'enfant majeur à financer ses études en lui permettant d'occuper le logement ou de percevoir les revenus locatifs du bien transmis. Le caractère temporaire d'une transmission de l'usufruit n'est pas en soi abusif dès lors qu'il est doté d'une substance patrimoniale effective et ne prévoit pas de clauses manifestement abusives (telle une donation librement révocable par le donateur) » (BOI-CF-IOR-30-20 n° 120).

6300 **Conseils** L'administration a précisé qu'une opération de **transmission** d'usufruit temporaire n'est pas susceptible de donner lieu à la mise en œuvre de la procédure de l'abus de droit lorsqu'elle est opérée **au profit d'un organisme d'intérêt général** (associations reconnues d'utilité publique notamment) et satisfait à certaines conditions cumulatives (BOI-PAT-IFI-20-20-30-10 n° 280). Par précaution, il peut être utile pour réaliser une donation d'usufruit temporaire à un enfant de suivre les « **recommandations** » exprimées par cette doctrine (ne sont retenues ici que celles qui sont transposables aux donations d'usufruit temporaires de parents à enfants) :

– la donation doit être réalisée par **acte notarié** (forme qui s'impose en tout état de cause si la donation porte sur l'usufruit d'un immeuble, et qui est fortement recommandée dans les autres cas) ;

– la transmission doit être effectuée pour une **durée** au moins égale à trois ans et porter sur un bien productif de revenus (en espèces ou en nature, usufruit sur un appartement par exemple) ;

– la transmission doit préserver les **droits de l'usufruitier,** ce qui exclut que les biens concernés fassent l'objet d'une réserve générale d'administration. L'administration fiscale admet cependant que le bénéficiaire de la donation n'exerce pas toutes les prérogatives liées à son usufruit (participation aux assemblées générales des actionnaires, liberté de gestion d'un portefeuille de valeurs mobilières, signature des baux…). Il doit alors donner pouvoir spécial à un mandataire (qui peut être le donateur nu-propriétaire) pour les exercer en son nom. Ce mandataire doit lui rendre compte chaque année en lui communiquant toutes les informations utiles aux biens concernés et à l'usufruit (informations sur la situation de la société dont les titres ont été donnés et comptes rendus des assemblées ; nature et justifications des arbitrages auxquels a donné lieu le portefeuille de valeurs mobilières considéré ; évolution des loyers…). En tout état de cause, les **fruits** (dividendes, loyers, etc.) doivent revenir à l'usufruitier. À titre d'exemple, l'administration indique qu'aucune disposition ne doit fixer un montant maximal de revenus à percevoir par l'usufruitier ou prévoir la possibilité d'un prélèvement du nu-propriétaire sur les fruits.

DROITS DE MUTATION

6305 La donation d'usufruit temporaire peut être réalisée, dans de nombreux cas, en **franchise de droits de donation.** On rappelle en effet que l'usufruit temporaire est estimé à 23 % de la valeur de la propriété entière pour chaque période de dix ans, sans que cette valeur puisse excéder celle de l'usufruit viager (CGI art. 669, II ; voir n° 48235).

Si l'usufruit est consenti pour dix ans au plus, chaque parent peut ainsi donner en franchise d'impôt à chacun de ses enfants l'usufruit de biens d'une valeur en pleine propriété pouvant aller jusqu'à 434 782 € ; en effet, dans ce cas, la valeur de l'usufruit transmis n'excède pas 100 000 € (434 782 € × 23 % = 99 999,86 €) et se trouve ainsi effacée par l'abattement en ligne directe, pour autant bien sûr que cet abattement n'ait pas déjà été utilisé au cours des 15 années précédentes.

Si l'usufruit porte sur un immeuble, la taxe de **publicité foncière** sera due sur la valeur de l'usufruit transféré, ainsi que la contribution de sécurité immobilière, en complément de l'émolument du notaire.

RÉGIME FISCAL DE LA PREMIÈRE CESSION D'UN USUFRUIT TEMPORAIRE

6310 Une attention particulière doit être portée au cas où l'usufruit temporaire transmis ferait l'objet d'une cession ultérieure à titre onéreux.

L'article 13, 5 du CGI, applicable aux opérations intervenues depuis le 14 novembre 2012, prévoit que le produit résultant de la première cession à titre onéreux d'un usufruit temporaire est imposable au nom du cédant, personne physique ou société ou groupement qui relève des articles 8 à 8 ter, dans la catégorie de revenus à laquelle se rattache, au jour de la cession, le bénéfice ou revenu procuré (ou susceptible d'être procuré par le bien sur lequel porte l'usufruit temporaire cédé). En d'autres termes le **prix de cession** d'un usufruit temporaire – expression visant en réalité l'usufruit à durée fixe – se trouve soumis à **l'impôt sur le revenu** ainsi qu'aux prélèvements sociaux aux taux et selon les modalités de taxation des revenus catégoriels, sans qu'il soit en conséquence tenu compte des dispositifs d'exonération, de sursis ou report d'imposition, ou encore d'abattements, propres à la taxation des plus-values. Le dépôt d'une déclaration de revenus fonciers sera ainsi requis en cas de rattachement à la catégorie des revenus fonciers (ce qui sera généralement le cas lorsque l'usufruit porte sur un bien immobilier, qu'il soit donné en location nue ou qu'il s'agisse d'une résidence principale ou secondaire).

> **Précisions** **a.** Ce principe de **taxation de substitution** que l'on doit à l'article 15 de la troisième loi de finances rectificative pour 2012 (Loi 2012-1510 du 29-12-2012) visait, dans l'esprit qui a présidé à son adoption, notamment à « rétablir la réalité économique de l'opération et permettre l'imposition du revenu cédé sous forme d'usufruit temporaire, en tant que revenu et non plus comme une plus-value » (Rép. Lambert : AN 2-7-2013 n° 15540). Il reste que si l'objectif affiché de ce dispositif paraît clairement délimité, il n'en va pas nécessairement de son **champ d'application** qui se révèle **très large.**
> **b.** Lorsque l'usufruit temporaire cédé porte sur des droits immobiliers, les **revenus fonciers** sont taxés au barème progressif de l'impôt sur le revenu. Dans le cas où l'usufruit temporaire porte sur les valeurs mobilières ou assimilées, les **revenus mobiliers** sont taxés au prélèvement forfaitaire (sauf option pour une taxation au barème progressif).

Champ d'application du dispositif S'agissant des **personnes imposables,** l'article 6312
13, 5 du CGI s'applique aux cédants personnes physiques, sociétés ou groupements, relevant de l'impôt sur le revenu. Il en résulte que la cession d'un usufruit à durée fixe par un cédant passible de l'impôt sur les sociétés est en dehors du champ d'application de ce texte. La qualité du cessionnaire, la nature et l'affectation du bien sur lequel porte l'usufruit temporaire cédé sont en revanche sans incidence sur l'application de ce régime d'imposition (H. Hovasse : Cession d'usufruit temporaire : une bonne question, une mauvaise réponse, RFP n° 9, Sept. 2013, étude 25).

S'agissant des **opérations concernées,** il doit s'agir de la première cession à titre onéreux d'un même usufruit temporaire intervenue depuis le 14 novembre 2012. Outre les ventes, entrent dans le champ d'application de l'article 13, 5 du CGI les échanges et les apports en société, indépendamment du régime fiscal de la société bénéficiaire de l'apport. En sont en revanche exclues les mutations à titre gratuit. Il en résulte que si la donation d'un usufruit temporaire ne relève pas de ce texte, tel n'est pas le cas de la première cession à titre onéreux d'un usufruit à durée fixe reçu par donation.

Dans l'hypothèse de **cessions successives** d'un **même usufruit temporaire,** seule la première cession entre dans le champ d'application du dispositif. En revanche, la cession d'un **nouvel usufruit** à durée fixe à l'expiration du terme d'un précédent usufruit à durée fixe lui-même cédé à titre onéreux s'analyse, selon l'administration fiscale, comme une première cession d'un usufruit temporaire (BOI-IR-BASE-10-10-30 n° 70).

Détermination du revenu imposable L'article 13, 5 du CGI prévoit que le revenu 6313
brut imposable s'entend du **produit de la cession** de l'usufruit temporaire ou, si elle est supérieure, de sa **valeur vénale.** Les parties auront le plus souvent intérêt à recourir à une évaluation économique de l'usufruit cédé déterminée à partir de la valeur actualisée du flux de revenus futurs perçus pendant la durée du démembrement. L'administration fiscale leur offre toutefois également la possibilité d'appréhender la valeur vénale de ce droit à partir du barème figurant à l'article 669, II du CGI (BOI-IR-BASE-10-10-30 n° 190). La méthode suppose d'appliquer ce barème à la valeur vénale de la pleine propriété du bien dont l'usufruit est cédé. S'agissant d'un usufruit à durée fixe, il convient de l'estimer à 23 % de la valeur de la propriété entière pour chaque période de dix ans, sans fraction et sans égard à l'âge de l'usufruitier.

EXEMPLE

Supposons la cession d'un usufruit d'une durée fixe de 12 ans d'un immeuble évalué en pleine propriété à la somme de 500 000 €, dont le taux de rendement net est de 4 %. La valeur économique de ce droit serait de 25 à 30 % de la valeur en pleine propriété. L'application du barème fiscal porterait la valeur de ce droit à 46 % de la valeur en pleine propriété dans la mesure où l'application du barème de l'article 669, II du CGI est de 23 % pour chaque période de dix ans et sans fraction. La valeur de l'usufruit est donc, en application de ce barème, la même que ce droit soit constitué pour une durée de 11 ans ou qu'il le soit pour une durée de 19 ans.

SECTION 2

PRISE EN CHARGE DES DROITS PAR LE DONATEUR

A. Régime juridique de la prise en charge des droits par le donateur

QUALIFICATION DE DONATION

6320 En principe, c'est le bénéficiaire de la donation qui paye les droits, mais la règle n'est pas impérative (CGI art. 1712). En pratique, les frais et droits sont souvent mis à la charge du donateur en raison de l'avantage fiscal qui en résulte (nos 6380 s.).

D'un point de vue juridique, la prise en charge des frais et droits par le donateur **constitue une donation indirecte** si elle est animée par une intention libérale (Cass. 1e civ. 18-1-2012 no 11-12.863 FS-PBI : BPAT 2/12 inf. 106, AJ fam. 2012 p. 235 obs. E. Buat-Ménard, RTD civ. 2012 p. 353 obs. M. Grimaldi). La preuve de l'intention libérale sera d'autant plus aisée s'il y a mention expresse de cette prise en charge dans l'acte de donation.

À défaut d'intention libérale, la prise en charge des frais et droits par le donateur **ne constitue pas une donation indirecte** : le donateur qui aura réglé les droits sera titulaire d'une créance sur le donataire. Si elle n'a pas été remboursée de son vivant, la créance se trouvera dans sa succession.

RAPPORT DE LA DONATION

6325 À supposer l'intention libérale établie (no 6320), la donation indirecte représentée par le paiement des **frais et droits de donation** par le donateur est, sauf dispense expresse, soumise au rapport (Cass. 1e civ. 18-1-2012 no 11-12.863 FS-PBI).

La solution vaut aussi pour la prise en charge des **frais et droits des donations-partages** (Cass. 1e civ. 25-2-2009 no 07-20.010 F-PB : Defrénois 15-9-2009 no CJ2009DEF1598N1 p. 1598 obs. B. Vareille).

Le fait que les donations-partages ne sont jamais rapportables à la succession du donateur (no 31585) n'a pas d'incidence. Toutefois, il est possible de stipuler que la prise en charge des frais et droits est un supplément de lot de la donation-partage : dans ce cas, les frais et droits seront exclus du rapport, comme l'ensemble des attributions de la donation-partage (en ce sens, B. Vareille, précité).

6330 Dès lors que la prise en charge des frais et droits de donation est considérée comme une donation indirecte rapportable, se pose la question du **montant du rapport** : est-ce le nominal de la somme ou une fraction de la valeur actuelle du bien donné ? La solution qui paraît s'imposer est de prendre en compte le nominal. En d'autres termes, ce paiement est considéré comme une donation de somme d'argent non réinvestie dans l'acquisition d'un bien. En effet, si l'on considère que tout donataire soumis au rapport doit rapporter tout ce qui a été donné (ou la valeur du bien subrogé à ce qui a été donné), ici, seule une somme d'argent supplémentaire lui a été donnée, sans subrogation réelle. La donation du bien lui-même a déjà, par définition, été réalisée ; il n'y a donc pas eu d'acquisition supplémentaire par le gratifié (en ce sens, B. Vareille, obs. sous Cass. 1e civ. 25-2-2009 no 07-20.010 F-PB : Defrénois 15-9-2009 no CJ2009DEF1598N1 p. 1598). Notons enfin qu'admettre la revalorisation de ces sommes reviendrait à mettre à la charge du donataire une dette sans contrepartie dans son patrimoine (en ce sens, Y. Lequette : Du paiement des droits de mutation par le donateur, Le droit privé français à la fin du XXe s., Études offertes à P. Catala, LexisNexis 2001, p. 437 nos 15 s.).

B. Régime fiscal de la prise en charge des droits par le donateur

FISCALITÉ FAVORABLE

Les droits de mutation sont dus par les héritiers, donataires ou légataires (CGI art. 1705, 6°). Toutefois, lorsque le donateur prend à sa charge les frais de donation normalement à la charge du donataire, il n'y a pas lieu d'ajouter le montant de ces frais à la valeur des biens donnés (en ce sens, BOI-ENR-DG-50-10-20 n° 150 ; Rép. du Luart : Sén. 10-12-1987 n° 8078). La solution se justifie en considérant que les droits de donation ont pour seule **assiette** la valeur des biens transmis. Cette prise en charge par le donateur des droits de mutation ne saurait donc constituer une libéralité additionnelle, même lorsque cette charge ne résulte pas de la donation, mais d'un acte postérieur (Cass. com. 28-2-2006 n° 03-12.310 FS-P : RJF 5/06 n° 611). 6380

Il en va ainsi même lorsque la prise en charge des droits constitue une **donation indirecte.** Dans cette situation, qui suppose que la prise en charge des droits ait été effectuée dans une intention libérale (voir n° 6320), certains auteurs se sont demandé si les sommes en cause ne devraient pas être soumises à la règle du **rappel fiscal** des donations antérieures (voir, par exemple, F. Douet, Proposition d'analyse du paiement des droits de donation par le donateur : JCP N 2012 n° 1396). Outre qu'il pourrait paraître paradoxal de « rappeler » fiscalement, c'est-à-dire d'imposer, une opération jugée non taxable par la Cour de cassation, on observera que l'administration fiscale, habituellement encline à limiter strictement la portée de ses décisions favorables, n'évoque nullement cette possibilité dans sa doctrine publiée au Bofip (pour une étude qui conclut à l'absence de rappel fiscal, M. Iwanesko, Le paiement des droits de donation par le donateur : une option fiscale sans incidence civile ? Sol. Not. 4/13 inf. 109).

APPLICATION PRATIQUE

La règle selon laquelle la prise en charge des droits par le donateur n'entraîne aucun impôt supplémentaire a une portée générale ; elle s'applique à toutes les donations quels qu'en soient la forme et l'objet. En pratique, deux situations doivent toutefois être distinguées. 6385

Frais et droits en sus de la donation Si le donateur accepte de payer les frais et droits en sus de la donation proprement dite, la situation ne soulève pas de difficulté : les droits sont calculés sur la **valeur des biens effectivement transmis** au donataire, sans qu'il y ait lieu d'ajouter à cette valeur le montant des frais et droits pris en charge par le donateur. 6390

EXEMPLE

Jean donne une maison valant 300 000 € à son fils Pierre. C'est la première donation consentie à Pierre qui pourra donc bénéficier de l'abattement en ligne directe de 100 000 € (CGI art. 779, I).

Si Jean prend en charge les droits de donation, il devra s'acquitter de [(300 000 – 100 000) × 0,2] – 1806 = 38 194 €. Le paiement des droits n'étant pas considéré comme une libéralité supplémentaire, il réalise une « économie » de 38 194 × 20 % = 7 638 €.

Donation « frais et droits inclus » Il s'agit ici du cas où le donateur a arrêté le montant global (droits et frais inclus) dont il accepte de se dessaisir et il ne peut (ou ne veut) pas se dépouiller en sus d'une somme égale au montant des droits. 6395

Dans cette situation, le patrimoine net transmis au donataire est plus élevé si le montant de la donation est diminué du montant des droits qui seront supportés par le donateur. En d'autres termes, donner moins (dans l'acte) permet de transmettre plus.

Cette méthode suppose, bien entendu, qu'une **somme en numéraire** suffisante figure parmi les biens ou valeurs dont le donateur accepte de se dessaisir et puisse être prélevée pour acquitter les droits. Elle n'est pas utilisable en cas de donation portant uniquement sur un bien corporel meuble ou immeuble.

Cette condition étant supposée remplie, il reste à fixer le montant net de la donation qui doit figurer dans l'acte de donation (ou sur le formulaire n° 2735 de déclaration des dons manuels).

Si la **donation** est **soumise à un taux unique** (donation entre parents éloignés ou entre personnes non parentes), la valeur nette à porter dans l'acte s'obtient en appliquant à la valeur des biens que le donateur se proposait originellement de transmettre le rapport 100 / (100 + t) dans lequel t représente le taux de l'impôt. 6400

EXEMPLE

Charles souhaite gratifier une personne non parente de 320 000 €. Les droits sont calculés au taux unique de 60 % (CGI art. 777, tableau III).

S'il prend les droits de donation à sa charge, Charles devra inscrire dans l'acte de donation le montant net de 320 000 × (100 / 160) = 200 000 € et verser 120 000 € (200 000 × 60 %) de droits.

Si les droits avaient été payés par le donataire, celui-ci aurait dû s'acquitter de 320 000 € × 60 % = 192 000 € de droits, ce qui aurait réduit son émolument net à 128 000 € (320 000 – 192 000) au lieu de 200 000 €.

La prise en charge des droits par le donateur se traduit au cas particulier par un **avantage supplémentaire** de 72 000 € (200 000 – 128 000) pour le donataire pour un dessaisissement égal du donateur (320 000 €).

6405 Si la **donation** est **soumise à un taux progressif par tranche** (donation en ligne directe, donation entre époux ou partenaires de Pacs, donation entre frères et sœurs), la détermination de la valeur nette à porter dans l'acte est plus complexe car elle doit s'effectuer successivement pour chaque tranche. Il est toutefois possible de simplifier ces calculs en utilisant les **formules mathématiques** proposées dans les tableaux ci-après qui donnent directement la valeur nette du patrimoine à transmettre en fonction du tarif des droits de mutation applicable.

Les abréviations utilisées dans ces tableaux sont les suivantes :

PB : Patrimoine brut dont se dessaisit le donateur ;

T : Taux effectif correspondant à la tranche la plus élevée ;

PN : Valeur nette du patrimoine transmis à inscrire dans l'acte.

On précise que les valeurs PB et PN s'entendent de valeurs taxables, c'est-à-dire après application des abattements éventuellement déductibles.

Tableau 1. Donations en ligne directe (y compris les donations-partages)

PB	T	PN
Jusqu'à 8 476 €	5 %	PB × 100/105
De 8 476 € à 12 916 €	10 %	(PB + 404) × 100/110
De 12 916 € à 17 313 €	15 %	(PB + 1 009) × 100/115
De 17 313 € à 660 983 €	20 %	(PB + 1 806) × 100/120
De 660 983 € à 1 116 651 €	30 %	(PB + 57 038) × 100/130
De 1 116 651 € à 2 380 626 €	40 %	(PB + 147 322) × 100/140
Au-delà de 2 380 626 €	45 %	(PB + 237 606 €) × 100/145

Tableau 2. Donations entre époux

PB	T	PN
Jusqu'à 8 476 €	5 %	PB × 100/105
De 8 476 € à 17 122 €	10 %	(PB + 404) × 100/110
De 17 122 € à 35 445 €	15 %	(PB + 1 200) × 100/115
De 35 445 € à 659 996 €	20 %	(PB + 2 793) × 100/120
De 659 996 € à 1 115 664 €	30 %	(PB + 58 026) × 100/130
De 1 115 664 € à 2 379 639 €	40 %	(PB + 148 310) × 100/140
Au-delà de 2 379 639 €	45 %	(PB + 238 594) × 100/145

Tableau 3. Donations entre frères et sœurs

PB	T	PN
Jusqu'à 32 981 €	35 %	PB × 100/135
Au-delà de 32 981 €	45 %	(PB + 2 443) × 100/145

EXEMPLE

Sophie accepte de se dessaisir de 500 000 € (frais et droits inclus) au profit de son fils André. André bénéficie de l'abattement en ligne directe de 100 000 € (pas de rappel fiscal).

La valeur nette à inscrire dans l'acte de donation s'obtient en appliquant la formule figurant à la 4e ligne du tableau 1 (Donation en ligne directe). Cette valeur s'élève à :

(400 000 + 1 806) × 100 / 120 = 334 838 €, soit 434 838 € avant application de l'abattement de 100 000 €.

Sophie, qui a accepté de supporter les droits, devra s'acquitter de :
(334 838 € × 20 %) – 1 806 = 65 162 €

L'émolument net d'André sera ainsi de 500 000 – 65 162 = 434 838 €

Par comparaison, si les droits avaient été pris en charge par André, celui-ci aurait dû régler :

(400 000 × 0,2) – 1 806 = 78 194 €, ce qui aurait ramené son émolument net à :

500 000 – 78 194 = 421 806 €

La prise en charge des droits par le donateur se traduit dans cet exemple par un avantage supplémentaire de 13 032 € (434 838 – 421 806) pour le donataire pour un dessaisissement égal du donateur (500 000 €).

QUESTIONS DE PREUVE

Il n'est pas indispensable que l'acte de donation comporte une **stipulation relative au paiement des droits** et frais par le donateur ; il suffit que le donateur crédite des sommes correspondantes son compte à l'étude du notaire rédacteur. **6410**

Cependant, lorsque le donateur entend payer les droits, il est **conseillé en pratique** que l'acte de donation l'indique expressément et prévoie les conséquences d'un éventuel redressement. En effet, en cas de redressement postérieur au décès du donateur, les droits acquittés par les donataires ne seraient pas déductibles de l'actif successoral s'il n'est pas prouvé que le défunt ait eu, lors de la rédaction de l'acte de donation, l'intention d'acquitter non seulement les droits dus tels qu'ils résultaient de l'acte lui-même, mais aussi les éventuels compléments de droits. L'administration fiscale considère qu'il résulte des dispositions de l'article 1712 du CGI que cette preuve ne peut ressortir que des stipulations de l'acte lui-même. Elle n'est pas établie par le simple fait que les droits initiaux aient été acquittés par le donateur en lieu et place des donataires (BOI-ENR-DMTG-10-40-20-10 n° 230 ; Cass. com. 12-11-1996 n° 94-20.095 P : RJF 2/97 n° 179). Au contraire, si le donateur s'est engagé à payer le complément de droits en cas de redressement, il y aura dette du défunt déductible de l'actif successoral en application de l'article 768 du CGI.

Si la clause de prise en charge des droits ne figure pas dans l'acte de donation, elle peut être prévue dans un acte rectificatif postérieur ; il n'y aura pas libéralité additionnelle soumise aux droits de mutation (Cass. com. 28-2-2006 n° 03-12.310 FS-P : RJF 5/06 n° 611).

Il faut évidemment **éviter de** stipuler dans l'acte que les droits seront à la charge des donataires. Car le donateur qui aura réglé les droits sera titulaire d'une créance contre les donataires : si à son décès cette créance n'a pas été remboursée, elle devra figurer à l'actif de sa succession et être taxée aux droits de succession (Cass. com. 3-6-2003 n° 01-12.711 F-D : RJF 10/03 n° 1181 ; CA Poitiers 12-10-2021 n° 21/00171 : SNH 35/21 inf. 1).

MODÈLE

Prise en charge des droits et frais par le donateur

La clause de l'acte peut être rédigée ainsi (formule inspirée de J. Lafond et J.-P. Sénéchal, La rédaction d'un acte de donation : brochure Inafon Cridon Bordeaux Toulouse 12/1980, p. 58) : « Comme condition essentielle et déterminante sans laquelle la présente donation n'aurait pas été acceptée par le donataire, les frais, droits et émoluments du présent acte, et ceux qui en seront la suite ou la conséquence, seront supportés intégralement par le donateur qui s'y oblige expressément ».

SECTION 3

DONATION SOUS CONDITION

DÉFINITION DE LA DONATION SOUS CONDITION

6510 La condition est un **événement futur et incertain** dont dépend l'existence même de l'obligation (C. civ. art. 1304, al. 1). La stipulation d'une condition introduit donc dans le contrat un élément aléatoire.

La stipulation d'une condition dans une donation n'affecte pas la **validité** de celle-ci, sous la double réserve que la condition choisie ne soit ni illicite (nos 2095 s.), ni contraire au principe d'irrévocabilité spéciale des donations (nos 4155 s.).

La condition prévue peut être **suspensive** : la naissance de l'obligation est subordonnée à la réalisation de la condition, c'est-à-dire à la survenance de l'événement prévu (C. civ. art. 1304, al. 2). Elle peut être **résolutoire** : c'est l'effacement, la résolution de l'obligation qui est subordonnée à la survenance de l'événement prévu (C. civ. art. 1304, al. 3).

Dans une donation, la condition est en pratique le plus souvent résolutoire.

A. Donation sous condition résolutoire

1. RÈGLES GÉNÉRALES

RÉGIME JURIDIQUE DE LA DONATION SOUS CONDITION RÉSOLUTOIRE

6515 Lorsqu'une condition résolutoire est stipulée, le **transfert de propriété** s'effectue immédiatement. Toutefois, si la condition se réalise, elle sera, sauf convention contraire des parties, rétroactivement anéantie, le donataire devant alors restituer ce qu'il a perçu (C. civ. art. 1304-7).

En raison de son importance pratique, on étudiera plus particulièrement le **droit de retour conventionnel.** Celui-ci est en effet stipulé dans la très grande majorité des donations notariées.

Sur la validité de la **condition résolutoire en cas de divorce** ou de séparation de corps dans une donation de biens présents entre époux, voir no 8675 ; dans une donation de biens à venir, voir nos 8965 s.

RÉGIME FISCAL DE LA DONATION SOUS CONDITION RÉSOLUTOIRE

6520 Les donations sous condition résolutoire rendent les **droits de donation** immédiatement exigibles. En cas de réalisation de la condition, les droits perçus sur l'acte résolu ne sont **pas restitués** (CGI art. 1961), **sauf** :

– dans le cas où la résolution dérive de la loi exclusivement (résolution d'une donation pour cause de survenance d'enfant : no 4410) (BOI-ENR-DG-20-20-70 no 190) ;

– ou, sur réclamation, en cas de mise en œuvre du droit de retour conventionnel (CGI art. 791 ter ; no 6615).

2. DROIT DE RETOUR CONVENTIONNEL

RÉGIME JURIDIQUE DU DROIT DE RETOUR CONVENTIONNEL

6550 **Définition** Le droit de retour conventionnel consiste à prévoir que la donation sera résolue si le donataire décède avant le donateur : les biens donnés retournent alors dans le patrimoine de ce dernier. Cette clause constitue une **condition résolutoire purement casuelle** (c'est-à-dire qu'elle dépend du hasard). Elle ne porte donc pas atteinte au principe d'irrévocabilité spéciale des donations (nos 4155 s.).

6555 L'**objectif** du droit de retour conventionnel est, en règle générale, d'assurer la conservation des biens donnés dans la famille. Dans ce cas, le plus souvent, la clause de retour conventionnel est doublée d'une clause d'inaliénabilité et d'une interdiction d'hypothéquer (ou de nantir) (voir nos 2195 s.).

La clause peut également répondre au souci du donateur d'assurer « ses vieux jours » en cas de prédécès du donataire. Dans ce cas, sera stipulé un retour en valeur qui permettra au donateur de récupérer la valeur du bien donné par lui et aliéné par le donataire prédécédé.

Dans la pratique, il est fréquent de rencontrer une clause indiquant que le droit de retour conventionnel portera « sur les biens donnés ou ceux qui en seraient la représentation ». Cette stipulation permet l'extension du droit de retour notamment au **bien subrogé** (pour une illustration, Cass. 1e civ. 14-3-2018 no 17-15.589 F-D). Se pose toutefois la question de savoir si cette clause n'est pas en contradiction avec les termes mêmes de l'article 951 du Code civil visant les « objets donnés ». Par ailleurs, peut-on y procéder à défaut de clause en ce sens ? Sans dénaturer le droit de retour, on peut sans doute admettre la subrogation en cas de donation de deniers s'il existe un lien d'indivisibilité entre la donation de la somme d'argent et l'acquisition du bien (en ce sens, M. Nicod, Objet du droit de retour conventionnel en cas d'incorporation d'une donation de deniers : Dr. famille 2018 comm. 154).

Le droit de retour conventionnel ne doit pas être confondu avec le **droit de retour légal** dont disposent les père et mère sur les biens donnés à leur enfant prédécédé sans postérité (nos 25170 s.). 6560

Ces deux mécanismes diffèrent non seulement par leurs sources, mais aussi par leurs domaines respectifs, leurs conditions et leurs effets. La stipulation d'un droit de retour conventionnel dans les donations de parent à enfant demeure utile :

– d'une part, pour aménager les modalités du droit de retour. Ainsi l'adjonction d'une clause d'interdiction d'aliéner permettra de faire obstacle à un retour (légal) en valeur ;

– d'autre part, parce que le droit de retour légal n'est que de quotité (il est donc plus restrictif) ;

– enfin, en raison de l'incertitude qui pèse sur l'assiette même du droit de retour légal.

Du vivant du donataire, les père et mère peuvent ainsi substituer à leur droit de retour légal un droit de retour conventionnel qui protégera mieux leurs intérêts.

Forme Lorsque la **donation** est **notariée,** la clause est en général stipulée dans l'acte même. Elle peut aussi être contenue dans un acte séparé, lequel doit également être publié au service de la publicité foncière si le bien donné est un immeuble, sous peine d'inopposabilité aux tiers qui auraient acquis des droits sur celui-ci (Décret 55-22 du 4-1-1955 art. 28, 2o et art. 30, 1). 6565

Dans le cas du **don manuel,** elle peut être stipulée dans un pacte adjoint (voir nos 12940 s.). Il n'est pas nécessaire que le retour conventionnel soit formulé expressément, mais la volonté des parties doit être claire. Notamment, l'existence d'un droit de retour conventionnel ne résulte pas du seul fait que la donation est consentie en avancement de part successorale, ni de l'insertion dans la donation d'une clause d'inaliénabilité.

L'interprétation de la clause relève de l'appréciation souveraine des tribunaux.

Cas d'ouverture La condition résolutoire peut être celle du **seul prédécès du donataire** : la donation sera alors résolue par le seul fait que le donataire décède avant le donateur, même s'il laisse des enfants. 6570

Plus souvent, ce droit est stipulé pour le cas du **prédécès du donataire sans postérité** (C. civ. art. 951, al. 1). Dans cette hypothèse, le droit de retour conventionnel joue également **en cas de renonciation** de tous les descendants du donataire prédécédé à la succession de ce dernier : du fait de cette renonciation, tout se passe en pratique comme si le donataire était décédé sans postérité. Dès lors, un descendant renonçant, censé n'avoir jamais hérité, ne peut pas faire obstacle au retour des biens donnés dans le patrimoine de l'ascendant donateur (Cass. 1e civ. 23-5-2012 no 11-14.104 FS-PBI : Sol. Not. 7/12 inf. 183).

La validité de la clause prévoyant un droit de retour conventionnel n'est pas soumise à l'existence d'un intérêt sérieux et légitime contrairement à la clause d'inaliénabilité (Cass. 1e civ. 6-3-2013 no 12-13.340 F-D : Sol. Not. 5/13 inf. 126).

Bénéficiaires du droit de retour Le droit de retour ne peut être stipulé qu'au profit du **donateur** (C. civ. art. 951, al. 2). Il ne peut pas profiter à ses **héritiers** (pour une illustration dans une donation-partage, Cass. 1e civ. 8-7-2010 no 09-11.301 F-D) ou à des **tiers.** 6575

Cette règle peut susciter des difficultés lorsque la **donation** a été **consentie par plusieurs personnes,** si le donataire décède avant l'un des donateurs mais après l'autre. Dans le cas des donations-partages conjonctives, notamment, le prédécès de l'enfant par rapport à l'un seulement de ses parents donateurs pose le problème de la détermination de ce qui doit être restitué au survivant : voir n°s 11890 s. Le prédécès de l'enfant a également pour effet de rendre le bien indivis entre sa succession et son parent survivant, ce qui a des conséquences pour les créanciers de l'enfant : voir n° 54665.

6580 **Effets du droit de retour** Ce sont ceux qui résultent du mécanisme de la condition résolutoire : tant que la condition n'est pas réalisée, tout se passe pour le donataire comme si la donation était pure et simple. **En théorie,** il peut donc exercer pleinement son droit de propriété sur les biens donnés : il peut librement les administrer et en disposer, par exemple les donner ou les vendre (Cass. 1e civ. 6-2-1996 n° 92-19.895 : Bull. civ. I n° 62).

En réalité, sa liberté est doublement limitée :
– elle l'est d'abord juridiquement, parce que l'acte de donation prévoit souvent une clause d'interdiction d'aliéner aussi longtemps que la condition est pendante, c'est-à-dire pendant toute la vie du donateur ; cette clause d'inaliénabilité vient renforcer le droit de retour et en constitue l'accessoire ;
– elle l'est ensuite économiquement, par la menace que constitue la condition résolutoire : même en l'absence d'une clause d'inaliénabilité, le donataire aura bien du mal à trouver un acquéreur pour des biens grevés d'un droit de retour en raison du danger que représente la rétroactivité attachée à la condition résolutoire.

6585 **Condition résolutoire pendante** Tant que la condition résolutoire est pendante, le donateur peut **renoncer au droit de retour** conventionnel : en pratique, il interviendra à l'acte de disposition envisagé par le donataire et renoncera expressément à la clause de retour ainsi qu'à l'interdiction d'aliéner et d'hypothéquer (ou de nantir) qui l'accompagne.

En revanche, la renonciation ne peut intervenir après le décès du donataire car la condition est alors réalisée, emportant résolution de plein droit avec effet rétroactif de la donation. Ainsi jugé que la renonciation du donateur à la succession du donataire n'emporte pas renonciation de sa part au droit de retour conventionnel (Cass. 1e civ. 18-2-1975 n° 72-14.587 : Bull. civ. I n° 67). En effet, contrairement au droit de retour légal, le droit de retour conventionnel n'est pas un droit de nature successorale.

Si le donateur a renoncé au droit de retour conventionnel et que les biens donnés ont été aliénés, le droit de retour légal retrouvera son application au décès du donataire, mais il s'appliquera en valeur.

> **Précisions** Si l'on souhaite laisser au donateur la possibilité de renoncer au droit de retour conventionnel même **après le décès du donataire,** il faut prévoir expressément que le retour ne produira pas effet de plein droit mais seulement si le donateur le souhaite (S. Berre, Droits de retour légaux et conventionnel : conditions de mise en œuvre (1e partie) : SNH 25/20 inf. 9).

6590 **Réalisation de la condition résolutoire** Si la condition se réalise, c'est-à-dire si le **bénéficiaire de la donation décède avant le donateur,** et sauf stipulation d'un droit de retour en valeur, la donation est automatiquement et rétroactivement anéantie et les choses sont remises dans le même état que si la donation n'avait pas existé (C. civ. art. 1304-7). Cela signifie que les biens donnés doivent lui être restitués. Jugé par exemple, suite au prédécès d'un donataire marié sous le régime de la communauté universelle, que le bien donné est réputé n'avoir jamais fait partie de la communauté ayant existé entre les époux : il réintègre le patrimoine du donateur (Cass. 1e civ. 23-9-2015 n° 14-18.131 FS-PB : BPAT 6/15 inf. 231). Lorsque la donation portait sur un immeuble, le retour du bien doit être constaté dans un acte soumis à **publicité foncière** pour l'information des tiers (Décret 55-22 du 4-1-1955 art. 28, 4°-c). À défaut de restitution, le donateur dispose d'une action personnelle fondée sur le contrat ainsi que d'une action en revendication. Naturellement, il ne peut reprendre que ce qu'il a donné. La détermination des biens faisant l'objet du droit de retour pose des difficultés particulières dans l'hypothèse d'une **donation-partage conjonctive ou cumulative,** en raison de la confusion des biens donnés dans une même masse. Sur ces difficultés, voir respectivement n°s 11890 s. et 12065.

6595 En cas de réalisation de la condition résolutoire, le **sort** des **actes passés par le donataire** sur le bien est le suivant :
– les **actes de disposition** sont rétroactivement résolus, comme la donation elle-même : le bien retourne à l'ascendant donateur libre de toutes charges et hypothèques (C. civ. art. 952). Ce qui est une différence importante avec le droit de retour légal qui ne porte que sur les biens qui sont dans le patrimoine du donataire à son décès, parce qu'il consiste en une transmission successorale. La rétroactivité peut toutefois être limitée. En pratique, il est parfois stipulé que le droit de retour conventionnel ne fera pas obstacle aux libéralités d'usufruit que le donataire pourrait accorder à son conjoint (sur l'efficacité de cette clause, voir n° 7255).

En outre, il faut signaler que lorsque la donation portait sur un meuble corporel, le tiers acquéreur de bonne foi est protégé d'une action en revendication exercée par le titulaire du droit de retour par la présomption de propriété mobilière : « En fait de meubles, la possession vaut titre » (C. civ. art. 2276, al. 1) ;

– les **actes conservatoires** (par exemple, la souscription d'une police d'assurance) **et** les actes **d'administration** (par exemple, un contrat de bail d'habitation) sont maintenus, tempéraments habituels à la rétroactivité issus du droit commun (C. civ. art. 1304-7, al. 1).

Les **fruits de la chose donnée** ne sont pas restituables au donateur car le donataire était un possesseur de bonne foi (Cass. 1e civ. 18-2-1975 no 72-14.587 : Bull. civ. I no 67), exception faite de ceux courus depuis l'ouverture du droit de retour conventionnel. Si le bien donné est réclamé à un tiers possesseur de bonne foi, ce dernier ne sera tenu de restituer les fruits qu'à compter de la demande de restitution qui lui aura été faite. 6600

Inversement, si la **donation** était **assortie d'une charge** consistant dans le versement de sommes d'argent et qu'elle a été exécutée, les sommes versées doivent être remboursées par le donateur (Cass. 1e civ. 7-6-1995 no 93-14.620 : Bull. civ. I no 236).

Si, par son effort personnel, le donataire a apporté une **plus-value** au bien, on appliquera la théorie des impenses : les impenses nécessaires et, dans la mesure de la plus-value, les impenses utiles, donneront lieu à indemnisation ; sa succession percevra, en valeur, l'équivalent de l'amélioration au jour de l'exercice du droit de retour. En revanche, aucune indemnisation ne sera allouée pour les dépenses ordinaires d'entretien et les dépenses somptuaires (pour une affirmation de l'application de la théorie des impenses, Cass. 1e civ. 23-9-2015 no 14-18.131 FS-PB : BPAT 6/15 inf. 231). 6605

Si le **bien** a été **détruit ou détérioré** par la faute du donataire, une partie de la doctrine considère qu'une indemnité est due au donateur, hormis l'hypothèse d'une destruction ou d'une détérioration résultant d'un cas fortuit (M. Grimaldi : Libéralités. Partages d'ascendants, Litec 2000, no 1233).

RÉGIME FISCAL DU DROIT DE RETOUR CONVENTIONNEL

Au moment de la **conclusion de l'acte,** la donation suit le régime des donations sous condition résolutoire : elle est immédiatement soumise aux droits de donation. 6610

En ce qui concerne l'**assiette** des droits, aucune décote ne peut à notre avis être pratiquée, puisque la Cour de cassation estime que les limites contractuellement apportées à la liberté du donataire de disposer des biens n'affectent pas leur valeur vénale réelle (Cass. com. 6-2-2007 no 05-12.939 F-PB : RJF 6/07 no 759, à propos d'une donation de titres non cotés avec interdiction d'aliéner et de nantir ; Cass. com. 11-9-2012 no 11-21.234 F-D : RJF 12/12 no 1168, BPAT 6/12 inf. 303, à propos de la donation d'une maison avec réserve d'usufruit avec interdiction d'aliéner et d'hypothéquer).

Si le **droit de retour s'exerce,** le donateur redevient propriétaire sans avoir à acquitter de droits de succession (BOI-ENR-DMTG-20-30-20-60 no 1). Les droits de donation initialement acquittés sont restituables, sur réclamation (CGI art. 791 ter, al. 2) ou imputables sur ceux dus à raison d'une nouvelle donation des mêmes biens à un autre descendant du donateur dans les cinq ans du retour (CGI art. 791 ter, al. 1). Sur ces deux mécanismes de restitution et d'imputation, qui sont communs au droit de retour conventionnel et au droit de retour légal des père et mère, voir nos 25270 s. 6615

L'acte constatant le jeu d'une condition résolutoire sur un immeuble devrait être publié au service de la publicité foncière, moyennant une taxe fixe de 125 €, assortie de la contribution de sécurité immobilière de 0,10 % sur la valeur de l'immeuble (en ce sens, M. Suquet-Cozic, Comment constater un droit de retour conventionnel à la suite du décès du donataire ? : SNH 23/23 inf. 8). On notera toutefois que l'administration fiscale considère qu'il s'agit d'un acte déclaratif soumis à la taxe de publicité foncière de 0,70 % sur le fondement de l'article 678 du CGI (BOI-ENR-DMTG-10-10-10-20 no 1).

B. Donation sous condition suspensive

RÉGIME JURIDIQUE DE LA DONATION SOUS CONDITION SUSPENSIVE

La condition suspensive a pour **effet** de suspendre l'engagement du donateur à la réalisation de l'événement érigé en condition. 6665

La réforme du droit des contrats ayant écarté le principe de la rétroactivité jusque-là attaché à la condition suspensive, il est désormais prévu que si la **condition se réalise,** l'obligation devient pure et simple à compter de l'accomplissement de la condition (C. civ. art. 1304-6, al. 1). Toutefois, la règle a un caractère supplétif : les parties peuvent prévoir que l'accomplissement de la condition rétroagira au jour de l'acte (C. civ. art. 1304-6, al. 2).

Dans tous les cas, la donation sous condition suspensive portant sur un immeuble ou droit immobilier est soumise à **publicité foncière** immédiate sous peine d'inopposabilité aux tiers (Décret 55-22 du 4-1-1955 art. 28, 1°). La réalisation de la condition donnera également lieu à la publication de l'acte qui la constate, mais cette fois pour information des tiers sous peine de dommages-intérêts et non sous peine d'inopposabilité (Décret 55-22 du 4-1-1955 art. 28, 4°-b et art. 30, 4 ; Cass. 3e civ. 13-7-2011 n° 10-19.461 FS-PB : RJDA 12/11 inf. 1084).

En cas de **défaillance de la condition suspensive,** l'obligation est réputée n'avoir jamais existé (C. civ. art. 1304-6, al. 3).

EXEMPLE

Constitue une donation sous condition suspensive la donation suivante : « Je donne mon officine de pharmacie à mon fils sous la condition suspensive qu'il obtienne l'enregistrement de la déclaration d'exploitation auprès du conseil territorialement compétent de l'ordre des pharmaciens, conformément à l'article L 5125-9 du Code de la santé publique. »

RÉGIME FISCAL DE LA DONATION SOUS CONDITION SUSPENSIVE

6670 Aucun droit n'est dû au jour de la **conclusion de l'acte** (si la donation est enregistrée, seul est perçu le droit fixe des actes innomés de 125 €).

À la date de la **réalisation de la condition,** les droits de mutation deviennent exigibles. Le régime fiscal applicable et les valeurs imposables sont déterminés en se plaçant à la date de réalisation de la condition (CGI art. 676, al. 1) même si la rétroactivité a été stipulée. Le droit fixe éventuellement perçu à l'origine n'est pas imputable sur les droits de donation.

Si le contrat est exécuté avant la réalisation de la condition, le droit devient exigible de la même manière qu'en cas de réalisation (BOI-ENR-DG-20-20-70 n° 160).

> **Précisions** **a.** Un régime particulier s'applique aux **donations** effectuées **par contrat de mariage** (aujourd'hui très rares) : les droits sont immédiatement perçus mais sont restitués si le mariage n'est pas célébré (BOI-ENR-DG-20-20-70 n° 80).
b. La loi a également prévu une exception en ce qui concerne les **cessions d'offices ministériels** qui, bien que soumises à la condition suspensive de l'agrément du cessionnaire par le Gouvernement, donnent immédiatement ouverture à l'impôt (CGI art. 724). Celui-ci est restituable si la nomination du cessionnaire n'intervient pas (BOI précité n° 90).

SECTION 4 DONATION À TERME

INTÉRÊT

6770 La donation à terme était déjà connue au XIXe siècle comme une technique contractuelle de transmission familiale d'une somme d'argent par des paiements à un enfant (Cass. civ. 15-3-1825 : S. 1825 I p. 77 ; Cass. civ. 17-4-1826 : S. 1826 I p. 230). Elle suscite aujourd'hui un intérêt nouveau comme outil de gestion et de transmission patrimoniale.

A. Règles générales

RÉGIME JURIDIQUE DE LA DONATION À TERME

6775 Comme la condition, le terme est une modalité affectant une obligation dans le temps. Le terme peut être défini comme un **événement futur et certain** dont dépend l'exigibilité ou l'extinction de l'obligation (Cass. 1e civ. 13-7-2004 n° 01-01.429 FS-PB : RJDA 11/04 inf. 1186).

On distingue ainsi traditionnellement le terme suspensif et le terme extinctif. Lorsque le terme est suspensif, l'exigibilité de l'obligation est différée jusqu'à la survenance de l'événement considéré. C'est la seule modalité envisagée par le Code civil (C. civ. art. 1305 et 1185 ancien). Lorsque le terme est extinctif, sa survenance éteint une obligation qui était immédiatement exigible.

Mécanisme de la donation à terme Une donation, comme tout contrat, peut être assortie d'un terme. La donation n'étant pas en principe un contrat à exécution successive, l'éventualité d'un **terme extinctif** est rare. On peut toutefois citer l'hypothèse d'un usufruit temporaire, consenti pour une durée déterminée au contrat (nos 6275 s.). La donation à terme extinctif ne porte pas atteinte à la règle de l'irrévocabilité des donations, car l'éventualité d'une extinction est ab initio définie comme telle (en ce sens, F. Terré, Y. Lequette et S. Gaudemet : Droit civil. Les successions. Les libéralités, Dalloz 4e éd. 2014, no 512). 6780

Les donations à **terme suspensif** peuvent se rencontrer plus souvent. Appliquée au contrat de donation, la stipulation d'un terme suspensif implique que la double obligation pesant sur le donateur, celle de transférer la propriété et de livrer la chose, soit différée, soit à une date convenue, soit à la réalisation d'un événement futur et certain. Le donateur peut ainsi consentir immédiatement une donation qui ne sera exécutée qu'ultérieurement, notamment à son décès. Pour **certains auteurs,** rien ne s'oppose au report du transfert de propriété, dès lors que le donataire acquiert immédiatement un droit sur le bien donné et que le donateur perd par là même celui d'en disposer (voir notamment M. Grimaldi : Les donations à terme, Le droit privé français à la fin du XXe s., Études offertes à P. Catala, LexisNexis 2001, p. 421). La **jurisprudence** confirme cette théorie en des termes sans équivoque : la nécessité d'un dépouillement actuel et irrévocable de la chose donnée, qui marque le transfert définitif de la propriété, n'a pas pour corollaire obligatoire le paiement immédiat de la somme donnée, lequel ne constitue qu'une modalité, librement arrêtée entre les parties, du transfert de sa jouissance (Cass. 1e civ. 22-2-2005 no 03-14.111 F-PB : RTD civ. 2005 p. 442 obs. M. Grimaldi). 6785

EXEMPLE

La donation de sommes d'argent destinées à financer la **construction d'un logement** peut prévoir que les sommes ne seront versées au donataire qu'au fur et à mesure des appels de fonds du constructeur. L'objet de la donation consiste en une créance actuelle et irrévocable du donataire contre le donateur, lui conférant les droits d'un créancier à terme.

Applications et difficultés pratiques Une donation à terme peut juridiquement se concevoir pour tous types de **droits et biens meubles ou immeubles,** le donataire étant propriétaire à terme et, à ce titre, créancier de l'obligation de délivrance qui pèse sur le donateur. A même été admise la validité de la donation par un père à son fils des récompenses auxquelles il aurait droit en cas de prédécès de son épouse (Cass. 1e civ. 6-2-2007 no 04-13.282 FS-PB : JCP N 2007 no 1147 note G. Rivière). 6790

En pratique, toutefois, en dehors de la clause de réversion d'usufruit stipulée dans une donation avec réserve d'usufruit (nos 6195 s.), les donations à terme sont rares, en raison des inconvénients qu'elles présentent, dont on signalera les principaux.

Lorsque le terme stipulé est le décès du donateur, la **distinction avec la donation de biens à venir** – laquelle est nulle (prohibition des pactes sur succession future) hormis entre époux – est délicate. Il y a donation de biens à venir, et non donation à terme de biens présents, lorsque le donateur a conféré au gratifié un droit éventuel subordonné à la condition que le bien donné se trouve dans sa succession à son décès, et non un droit actuel dont seule l'exécution est différée. 6795

En pratique, il est souvent difficile de faire la distinction, en particulier lorsqu'il s'agit de **sommes d'argent.** Il peut arriver que la clause soit explicite : par exemple, « je donne telle somme d'argent à telle personne, payable après ma mort » (donation à terme valable) ou « je donne telle somme d'argent à telle personne, à prendre après ma mort sur mon compte en banque si le solde le permet » (donation nulle car portant sur un bien à venir). Mais bien souvent, la clause ne permet pas par elle-même de qualifier la donation (par exemple, donation de somme d'argent « payable sur les biens de la succession »). La volonté du donateur est alors souverainement appréciée par les juges du fond.

La **distinction** entre les **donations à terme** – donations « post mortem » – dont seule l'exécution est différée, et les **donations à cause de mort** – donations « mortis causa » – portant sur les biens qui composeront la succession du donateur, est critiquée en doctrine non seulement en raison des difficultés d'interprétation qu'elle soulève quant à l'intention du donateur, mais aussi en raison de son caractère artificiel (H. Flour et J. Souleau : Les libéralités, Armand Colin 4e éd. 1982, no 69 ; C. Brenner et P. Malaurie : Droit des successions et des libéralités, LGDJ 10e éd. 2022, no 346). En effet, il suffit au donateur dans la donation post mortem de se rendre insolvable pour révoquer de fait la donation. La seule réserve serait alors l'existence de garanties prises par le donataire sur le bien (Cass. 1e civ. 30-11-1937 : DH 1938 p. 19, S. 1938 I p. 241 note R. Morel). 6798

Notons enfin que les juges ne sont pas tenus par la qualification adoptée par les parties : ils peuvent tout à fait procéder à une requalification de l'acte conduisant, selon les cas, à l'anéantissement de la donation ou à sa validation.

6800 Il peut arriver que le **donateur décède avant l'échéance** du terme stipulé à l'acte ou, même, que le terme ait été fixé au jour du décès du donateur. Le donataire, étant un créancier de la succession, vient alors en concours avec les créanciers du défunt, même si le titre de ces derniers est postérieur à la donation (sous réserve, le cas échéant, des sûretés garantissant telle ou telle créance, voire la donation). Or, cette situation s'accorde mal avec la règle de l'irrévocabilité spéciale des donations qui devrait conduire à faire prévaloir la donation sur les créances postérieures (en ce sens, F. Terré, Y. Lequette et S. Gaudemet : Droit civil. Les successions. Les libéralités, Dalloz 4e éd. 2014, no 513).

6805 **Intérêt nouveau** Malgré les inconvénients qu'elle peut présenter (nos 6795 s.), y compris sur le plan fiscal (no 6810), la donation à terme suscite aujourd'hui un intérêt nouveau dans une perspective de gestion et de transmission patrimoniale (voir notamment B. Jadaud, La donation à terme : JCP N 2006 p. 1024). Elle permet d'**organiser la transmission d'un bien** quel qu'il soit : somme d'argent, immeuble, bien meuble corporel ou incorporel (portefeuille de valeurs mobilières, entreprise individuelle, titres de sociétés) au profit d'un donataire, la donation s'exécutant par le transfert de la propriété à une date prédéterminée dans le contrat – que le donateur considère comme opportune – ou au décès du donateur.

Avant que la donation ne soit exécutée, le **donateur conserve la maîtrise du bien** dont il assure la gestion à sa convenance, là où, dans le cadre d'une donation avec réserve d'usufruit, sa liberté serait sensiblement réduite. Dans ce même schéma, le donateur peut aller plus loin encore : l'étalement dans le temps de l'opération peut lui permettre d'aménager la libéralité, en adaptant son objet aux circonstances incertaines qui pourraient se présenter, par l'utilisation à bon escient des techniques de réversibilité inhérentes aux donations alternatives et facultatives (voir nos 6910 s.).

RÉGIME FISCAL DE LA DONATION À TERME

6810 Le dessaisissement du donateur étant actuel et irrévocable, le terme ne fait pas obstacle à la **perception immédiate** des droits de mutation à titre gratuit (sauf exception pour la réversion d'usufruit, qui relève des droits de succession : voir no 6215).

Les droits de donation sont définitivement calculés sur la **valeur actuelle du bien donné,** sans qu'il y ait lieu à régularisation (restitution ou complément de droits) si, lors de la survenance du terme, la valeur de celui-ci a diminué ou augmenté. En donnant immédiatement, le disposant peut anticiper une valorisation future qui rendrait la cession plus onéreuse. Par ailleurs, la donation à terme permet au donateur de « prendre date » fiscalement : l'intérêt est à rechercher dans la règle de non-rappel des donations de plus de 15 ans et dans le renouvellement des abattements et des tranches basses du barème des droits de mutation à titre gratuit. Enfin, en raison de l'instabilité fiscale, le donateur se prémunit contre un risque d'aggravation de la fiscalité. Ce sont là des avantages par rapport à une donation différée.

CONSEIL

Il est généralement préférable, sur le plan fiscal, de stipuler une **réserve d'usufruit** temporaire ou viagère au profit du donateur, qui place celui-ci dans une situation très proche mais qui permet de déduire l'usufruit réservé de l'assiette des droits, usufruit dont la valeur diminue au fur et à mesure que le donateur usufruitier avance en âge.

B. Stipulation d'une réversion d'usufruit dans une donation avec réserve d'usufruit

DONATION À TERME DE BIENS PRÉSENTS

6860 La réversion d'usufruit stipulée **dans une donation** (ou donation-partage) avec réserve d'usufruit est une donation à terme de biens présents. Sur le régime et les effets de la réversion d'usufruit, voir nos 6195 s.

Pour le cas particulier des réversions d'usufruit stipulées **dans une donation-partage transgénérationnelle,** voir no 11610 s.

C. Donations alternatives et donations facultatives

PRÉSENTATION GÉNÉRALE

Ce sont des donations à **objet** plural. Comme le terme et la condition, les clauses insérées dans l'acte constituent des modalités de l'obligation. Depuis le 1er octobre 2016, l'obligation facultative est légalement organisée et le régime de l'obligation alternative est simplifié (C. civ. art. 1307 s.). 6910

L'**obligation** est **alternative** quand elle a pour objet plusieurs prestations, l'accomplissement de l'une d'elles suffisant à libérer le débiteur (C. civ. art. 1307). Elle est **facultative** lorsqu'elle a pour objet une certaine prestation mais qu'est offerte au débiteur la faculté de se libérer en en fournissant une autre (C. civ. art. 1308, al. 1).

Ayant modernisé l'obligation alternative et organisé l'obligation facultative, l'ordonnance du 10 février 2016 pourrait donner un **regain d'intérêt aux donations optionnelles** dont les différentes modalités autorisent une relative réversibilité de la libéralité. Cette « réversibilité » est recherchée en ce qu'elle ménage au donateur un temps de réflexion sur l'objet de la donation, de nature à lui permettre d'organiser une anticipation successorale d'une partie de son patrimoine, modulable en fonction de circonstances personnelles, professionnelles ou économiques, tandis que pendant ce laps de temps, le disposant conserve la maîtrise du ou des biens objets de la libéralité et qu'il fera fructifier au profit du donataire (voir notamment X. Bouché et X. Guédé, Les donations optionnelles englobent les donations alternatives et facultatives : JCP N 2012 p. 1229). 6915

Pour l'heure, la pratique se montre hésitante car la licéité de ces mécanismes suppose la reconnaissance d'une conception en valeur de l'irrévocabilité renforcée des donations. 6920

Cette adaptation à notre temps de la règle de l'irrévocabilité spéciale rendant compatibles les donations optionnelles avec le droit des libéralités, permettra leur déploiement notamment dans le **domaine de la transmission d'entreprise,** où elles présentent un intérêt pratique particulier : ainsi un chef d'entreprise pourrait transmettre celle-ci à l'un de ses enfants alors même qu'il n'est pas encore bien sûr de la motivation ou des aptitudes de celui-ci ; le terme suspensif assortissant la donation donnerait alors naissance à une sorte de période probatoire. La technique de la donation alternative lui permet de lui donner l'entreprise ou une somme d'argent équivalente ; le mécanisme de la donation facultative lui permet de se réserver la faculté de se libérer moyennant le paiement d'une somme équivalente, ce choix devant intervenir à une certaine date, par exemple à un âge déterminé du donataire. Lorsque la donation porte sur des titres de société, les dividendes versés pendant le délai d'option reviennent au donateur et celui-ci paie l'impôt afférent (É. Fouché et S. Roland, Transmission d'entreprise : sort des dividendes en cas de donation alternative ou facultative : BPAT 3/22 inf. 123 ; voir nos 6952 et 7012).

1. DONATION ALTERNATIVE

RÉGIME JURIDIQUE DE LA DONATION ALTERNATIVE

Dans la donation alternative, le donateur indique que la donation a pour **objet** deux ou plusieurs biens différents – ceux-ci existant dans son patrimoine au moment de la donation – mais qu'il se réserve la possibilité de se libérer de son obligation en fournissant au donataire l'un de ces biens. Le choix du bien appartient en principe au donateur (C. civ. art. 1307-1, al. 1) mais il peut conventionnellement être transféré au donataire (C. civ. art. 1102). 6950

Il pourra être stipulé, à la charge du donateur, une **clause d'inaliénabilité** sur l'un des deux biens dans le but de garantir l'exécution de l'obligation de délivrance.

S'agissant du **moment du transfert de propriété** au cas d'obligation alternative, il était admis, selon la doctrine classique dominante, que ce transfert avait lieu par l'exercice de l'option et rétroagissait au jour du contrat. Appliquée à la donation alternative, cette analyse conduisait à considérer que le donataire, une fois l'option exercée, acquérait rétroactivement la propriété du bien, dès le jour de la donation (se faisant l'écho de cette doctrine, M. Grimaldi et R. Gentilhomme, La donation de titres sociaux assortie d'une faculté conventionnelle de modification unilatérale de l'objet donné : Defrénois 15-2-1999 no AD1999DEF129N1 p. 129). La doctrine moderne confirme le principe du transfert de propriété au moment de l'exercice de l'option (M. Grimaldi et R. Gentilhomme, précité ; 6952

R. Gentilhomme, les donations complexes : JCP N 2006 nº 1353 ; pour une illustration, TA Paris 15-5-2019 nos 1709435, 1709436 et 1709437 : Defrénois 9-7-2020 nº 161r0 p. 32 obs. C. Vernières). Cependant, elle abandonne l'analyse tendant à y attacher un effet rétroactif (M.-J. Gebler, Les obligations alternatives : RTD civ. 1969 p. 3 ; R. Gentilhomme, précité).

Par souci d'efficacité, le notaire veillera à écarter explicitement la rétroactivité dans son acte (X. Bouché et X. Guédé, Les donations optionnelles englobent les donations alternatives et facultatives : JCP N 2012 p. 1229 ; É. Fouché et S. Roland, Transmission d'entreprise : sort des dividendes en cas de donation alternative ou facultative : BPAT 3/22 inf. 123).

Sur cette question, voir également J.-Cl. Notarial Formulaire, v° Donation entre vifs, fasc. 32 : donation entre vifs – Donation alternative ou facultative par J. Houssier et H. Lecuyer nos 39 et 47.

6955 La **validité** de la donation alternative est subordonnée au respect de **deux conditions** :
– s'agissant d'une donation à terme, le choix de la prestation à fournir doit être effectué dans le délai fixé ou, à défaut, dans un délai raisonnable. Si le titulaire de l'option (en principe, le donateur) ne fait pas connaître son choix dans le délai fixé ou dans un délai raisonnable, l'autre partie (en principe, le donataire) peut, après mise en demeure, exercer ce choix ou résoudre le contrat (C. civ. art. 1307-1, al. 2). Le choix exercé est définitif et fait perdre à l'obligation son caractère alternatif (C. civ. art. 1307-1, al. 3) ;
– d'autre part, il faut que les deux biens soient de valeur équivalente. Le choix de la prestation à fournir appartenant en principe au donateur, il ne faudrait pas qu'il soit tenté de transmettre le bien dont la valeur serait moindre, en totale contravention avec le principe de l'irrévocabilité des donations. La plupart des auteurs considèrent que cette équivalence doit s'apprécier au jour de l'exercice de l'option (M. Grimaldi : Les donations à terme, Le droit privé français à la fin du XXe s., Études P. Catala, LexisNexis 2001, p. 421 s. ; H. Lécuyer, Réversibilité et irrévocabilité des donations : l'impossible conciliation ? : Dr. et patrimoine 2008 nº 174 p. 52 ; C. Salinière, La réversibilité des donations : RTD civ. 2004 p. 21).

6960 En cas d'**impossibilité d'exécution d'une prestation,** il est prévu que lorsqu'elle est due à la force majeure, elle libère le débiteur dès lors que la prestation en question avait été choisie (C. civ. art. 1307-2), tandis que lorsque le choix de la prestation n'avait pas encore été effectué, il appartient au débiteur d'exécuter l'une des autres, le créancier devant pour sa part s'en contenter (lorsque le choix de la prestation appartenait au débiteur : C. civ. art. 1307-3 ; lorsque le choix de la prestation appartenait au créancier : C. civ. art. 1307-4).

Si la prestation choisie est impossible pour une raison autre (aliénation du bien par exemple), le débiteur ne devrait pas être libéré (C. civ. art. 1307-2 a contrario). Ainsi, le débiteur devra des dommages-intérêts lorsque l'impossibilité résulte d'un évènement ne présentant pas les caractères de la force majeure ou bien du fait du débiteur lui-même (O. Deshayes, T. Genicon et Y.-M. Laithier : Réforme du droit des contrats, du régime général et de la preuve des obligations, LexisNexis 2016, p. 602).

6965 Il faut aussi envisager l'hypothèse du **décès du titulaire de l'option** avant son exercice. Cette situation n'étant pas envisagée par la loi, il paraît souhaitable de la prévoir dans l'acte de donation. Divers **aménagements conventionnels** sont possibles, compte tenu des objectifs des parties.

Dans le cas où l'option appartient au donateur, il peut être stipulé que l'option et la délivrance du bien devront avoir lieu à telle échéance et au plus tard dans tel délai après le décès du donateur et que, au décès du donateur et à défaut d'exercice par lui de son droit d'option (par acte ou testament), l'option sera transmise à ses ayants droit. Il peut également être prévu que la donation portera alors sur tel bien, sans choix possible, pour éviter de laisser cette option aux ayants droit du débiteur (V. Darmé-Longuet et A. Boisseau, Aspects civils des donations alternatives et facultatives : Defrénois 1-10-2020 nº 163q6 p. 21).

Si l'option appartient au donataire, il est possible de prévoir que, s'il décède sans avoir opté, l'option appartiendra à ses ayants droit à l'échéance initialement convenue dans l'acte de donation.

RÉGIME FISCAL DE LA DONATION ALTERNATIVE

6970 Le terme suspensif dont est assortie la donation, conjugué à son caractère optionnel, conduit à distinguer **deux périodes.**

6975 **Au jour de la donation** La donation alternative étant une variété de donation à terme, elle donne lieu à **exigibilité immédiate** des droits de mutation à titre gratuit. Les droits de mutation sont liquidés sur la valeur de la chose dont la transmission donne lieu au droit le moins élevé (BOI-ENR-DG-20-20-70 n° 270). Ce n'est pas sur la valeur du bien donné que portera la différence puisqu'ainsi qu'on l'a vu, la validité de la donation alternative est soumise à la condition d'une équivalence de valeur des prestations. La différence pourra en revanche émaner de l'assiette de calcul. Il se peut en effet que l'un des biens soumis à option bénéficie d'une exonération partielle ou totale de droits de mutation : par exemple, les bois et forêts (CGI art. 793, 2-2°), les monuments historiques (CGI art. 795 A) ou encore les parts ou actions de sociétés ayant fait l'objet d'un engagement collectif de conservation (CGI art. 787 B). Dans cette hypothèse, les droits sont calculés sur la base du bien exonéré.

Au jour de l'exercice de l'option Au terme du délai fixé dans l'acte de donation, lors de l'exécution de la donation par la remise d'un bien au donataire, la situation fiscale peut varier par rapport au jour de l'acte où les droits de mutation ont été acquittés. De deux choses l'une : soit le donateur délivre le bien sur lequel les droits avaient été liquidés initialement, soit il délivre l'autre bien. **6980**

Dans le **premier cas,** la déclaration d'option donne seulement lieu au **droit fixe** des actes innomés ; la variation de valeur du bien entre la date de la donation et celle de l'exercice de l'option est sans incidence.

Dans le **second cas,** les **droits** sont **recalculés** sur la valeur du bien effectivement transmis, au tarif en vigueur au jour de l'exercice de l'option. La valeur des deux biens étant par hypothèse équivalente au jour de l'exécution de la donation, celle-ci ne devrait donner lieu qu'au paiement d'un droit fixe. Toutefois, si la transmission alternative donne ouverture à des droits supérieurs à ceux initialement perçus (par exemple si, contrairement au bien initialement taxé, le bien effectivement transmis ne bénéficie d'aucune exonération), un complément de droits sera exigible (BOI-ENR-DG-20-20-70 n° 270).

2. DONATION FACULTATIVE

RÉGIME JURIDIQUE DE LA DONATION FACULTATIVE

Dans la donation facultative, la donation a un **objet** unique mais le donateur peut se libérer en fournissant une autre chose déterminée à l'avance, laquelle ne constitue en réalité qu'une modalité de paiement (M. Grimaldi : Les donations à terme, Le droit privé français à la fin du XXe s., Études P. Catala, LexisNexis 2001, p. 421 s.). **7010**

Par **exemple,** le donateur se réserverait la faculté de substituer à tout moment une somme d'argent au bien ayant fait l'objet de la donation. La clause peut aussi lui permettre de substituer un bien acquis au bien donné, le donateur se réservant le droit d'aliéner le bien donné à charge d'en réinvestir le prix dans un autre bien : le bien se trouvant dans le patrimoine du donateur à l'échéance du terme fixé étant alors substitué au bien initialement donné pour être remis au donataire.

Il faut que la **chose donnée en substitution** ait une valeur équivalente ou supérieure à la prestation de premier rang (sur l'idée que la valeur de la prestation subsidiaire pourrait être supérieure à celle de la prestation principale, dès lors qu'elle ne constitue qu'une facilité de paiement, voir H. Lécuyer, Réversibilité et irrévocabilité des donations : l'impossible conciliation ? : Dr. et patrimoine 2008 n° 174 p. 52) : la conformité de l'opération à la règle de l'irrévocabilité spéciale des donations l'exige.

Contrairement à l'option prévue pour la donation alternative, le **titulaire de la faculté de choix** ne peut être, ici, que le débiteur (donateur).

Il pourra être stipulé une **clause d'inaliénabilité** de l'objet principal à la charge du donateur dans le but de garantir l'exécution de l'obligation de délivrance.

S'agissant du **moment du transfert de propriété** au cas d'obligation facultative, les rares opinions doctrinales émises sur ce sujet se prononçaient classiquement en faveur d'une prise d'effet immédiat du transfert de propriété de la chose « in obligatione » (s'en faisant l'écho, 87e Congrès des notaires de France : Patrimoine privé : stratégie fiscale, Montpellier 1991, p. 64 et 96e Congrès des notaires de France : Le patrimoine au XXIe siècle, Lille 2000, p. 618). Cette analyse est critiquable pour la doctrine moderne, laquelle retient le transfert de propriété à la date d'exercice de l'option (M. Grimaldi et R. Gentilhomme, La donation de titres sociaux assortie d'une faculté conventionnelle de modification unilatérale de l'objet donné : Defrénois 15-2-1999 n° AD1999DEF129N1 p. 129). **7012**

Sur le caractère rétroactif ou non de l'option, voir n° 6952.

L'obligation facultative est éteinte si l'exécution de la prestation initialement convenue devient impossible pour cause de **force majeure** (C. civ. art. 1308, al. 2). Et ce, sans que le débiteur ne soit tenu de fournir la prestation subsidiaire. **7015**

De même que pour la donation alternative, il est conseillé de prévoir dans l'acte de donation l'hypothèse du **décès du donateur** entre la date de la donation et celle de la délivrance. Il est par exemple possible de stipuler que la faculté de délivrer un autre bien devient caduque au décès du donateur. La donation devient alors pure et simple et porte exclusivement sur l'objet de la prestation principale.

RÉGIME FISCAL DE LA DONATION FACULTATIVE

7020 Au **jour de la donation,** les droits de mutation sont exigibles lors de l'enregistrement de la donation et liquidés sur la valeur de l'objet principal.

Au **terme du délai fixé** dans l'acte de donation, lors de l'exécution de la donation par la remise d'un bien au donataire, la situation fiscale peut varier par rapport au jour de l'acte où les droits de mutation ont été acquittés.

Si le donateur n'exerce pas sa faculté de substitution, l'objet principal est transmis, et l'acte constatant la délivrance est soumis au droit fixe. S'il exerce sa faculté de substitution, les droits sont liquidés sur la valeur de la prestation subsidiaire au jour de l'exercice de l'option et s'imputent sur ceux acquittés lors de la donation. Mais, si la prestation subsidiaire donne lieu à des droits supérieurs à ceux initialement perçus, l'excédent est réclamé par l'administration (BOI-ENR-DG-20-20-70 nº 290). Si les droits sont identiques, l'acte constatant la délivrance est soumis uniquement au droit fixe.

SECTION 5

DONATION SOUS CONDITION D'ENTRÉE DU BIEN EN COMMUNAUTÉ

RÈGLES DU RÉGIME MATRIMONIAL

7120 Dans le régime de la communauté légale, les **biens donnés** restent en principe **propres à l'époux gratifié,** au même titre que ceux qu'il recueille par succession (C. civ. art. 1405, al. 1). Toutefois, la règle n'est pas impérative et ne s'impose pas aux tiers, auteurs de libéralité. Ainsi, les parties peuvent souhaiter que le **bien donné entre dans la communauté** conjugale du donataire et de son conjoint (C. civ. art. 1405, al. 2). Cette faculté obéit à un régime juridique et fiscal particulier.

A. Régime juridique de la donation sous condition d'entrée du bien en communauté

1. TECHNIQUES JURIDIQUES ENVISAGEABLES

PRÉSENTATION GÉNÉRALE

7125 **Théoriquement,** l'auteur d'une donation peut utiliser deux techniques juridiques pour gratifier un couple marié sous le régime de la communauté légale :

– soit la donation est faite conjointement aux deux époux sans stipulation particulière ;

– soit la donation est faite à l'un des époux avec stipulation que le bien donné appartiendra à la communauté.

En pratique, cette dernière technique s'impose en raison du régime fiscal applicable (nº 7350).

> Précisions À l'inverse de l'entrée en communauté, le donateur peut décider d'**exclure le bien donné de la communauté** existant entre le donataire et son conjoint et ne gratifier que l'un des époux. Une telle clause est tout à fait valable puisque le donateur est libre d'assortir la libéralité consentie d'une charge ou d'une condition, et ce même si le régime matrimonial des époux est une communauté universelle (C. civ. art. 1526).
La clause d'exclusion de communauté peut également être stipulée lorsque le donataire est encore célibataire, pour empêcher que le bien donné puisse être mis en communauté lors d'une future convention matrimoniale. Le principe de la liberté des conventions matrimoniales ayant pour limites nécessaires les restrictions étrangères à la volonté des époux, ces derniers ne peuvent faire disparaître ou modifier les charges dont leurs biens se trouvent grevés (Cass. 1e civ. 27-6-1972 n° 71-11.271 : Defrénois 1972 art. 30168 p. 1093 note G. Morin).

DONATION FAITE CONJOINTEMENT AUX DEUX ÉPOUX

Dans cette hypothèse, la loi présume, chez le disposant, l'intention de **gratifier la communauté.** Les droits de chacun des époux ne sont donc pas propres à chacun d'eux, mais dépendent de leur communauté. En conséquence, les époux sont tous deux donataires par moitié. **7130**
Toutefois, une disposition expresse peut prévoir le contraire. Dans ce cas, la prudence s'impose car le bien, objet de la libéralité, **échappe à la communauté** (C. civ. art. 1405, al. 2). En effet, conjointement donné aux époux, il reste propre à l'un et à l'autre sous le régime de l'indivision. Si l'existence d'une telle indivision n'est pas inconcevable, elle est à éviter en raison des complications liquidatives qu'elle entraîne. De surcroît, la donation conjointe ne présente pas d'intérêt fiscal pour l'époux non parent qui risque de supporter des droits de mutation plus élevés (voir n° 7345).

ATTENTION

Lorsque la donation a pris la forme d'un **don manuel** sans écrit, le doute peut naître sur l'intention du donateur de gratifier les deux époux ou un seul d'entre eux. Ainsi, les dons manuels effectués par virement sur un compte joint ont été réputés faits aux deux époux et tombent en communauté, sans qu'une attestation du donateur postérieure au divorce soit de nature à valoir preuve contraire (CA Bastia 8-4-2009 n° 07/00377 : JCP G 2009 p. 391 note P. Simler).

DONATION FAITE À L'UN DES ÉPOUX

La donation faite à l'un des époux avec **stipulation que le bien donné appartiendra à la communauté** peut concerner une donation simple ou une donation-partage (Cass. 1e civ. 3-12-2008 n° 07-19.348 FS-PB : RDC 2009 p. 1169, note C. Grare-Didier). Elle peut aussi concerner une donation préciputaire ou en avancement de part successorale (Cass. 1e civ. 2-11-1994 n° 92-19.036 : Bull. civ. I n° 310, RTD civ. 1995 p. 426 obs. B. Vareille, Defrénois 30-3-1995 n° CJ1995DEF436N1 p. 436 obs. G. Champenois). **7135**
En pratique, cette technique de la donation à l'un des époux est privilégiée en raison du régime fiscal applicable (voir n° 7350).

La rédaction de la clause de mise en communauté doit éviter deux **écueils.** **7140**
Tout d'abord, l'intervention du conjoint du donataire à l'acte de donation est déconseillée. En effet, le conjoint n'a aucun consentement à donner et son intervention à l'acte risquerait de fournir à l'administration fiscale un argument pour prétendre que la donation a été faite aux deux époux conjointement, ce qui entraînerait des droits plus élevés (voir n° 7345).
Ensuite, la clause ne doit pas comporter la charge pour le seul gratifié d'en « faire apport » à la communauté qui existe entre lui et son conjoint. Cette formulation équivoque peut entretenir une confusion avec l'apport en communauté.

Dans le régime de la **communauté universelle,** le principe d'entrée en communauté de tous les biens appartenant à l'un ou à l'autre des époux implique que tous les biens donnés au cours de la communauté sont communs. D'ailleurs, les clauses de droit de retour et d'inaliénabilité d'un bien donné ne font pas obstacle à l'entrée de ceux-ci dans la communauté universelle (Cass. 1e civ. 18-3-2015 n° 13-16.567 FS-PB : BPAT 3/15 inf. 100, JCP N 2015 p. 1182 note R. Le Guidec, JCP N 2016 p. 1002 note P. Simler). **7145**

Pour les besoins de la **publicité foncière,** l'identité de l'époux non donataire doit être indiquée à l'acte conformément aux prescriptions de l'article 5 du décret 55-22 du 4 janvier 1955 afin que le fichier immobilier soit annoté à son nom dès la publication de la donation. À défaut, la situation devra être régularisée par un exposé préalable lors de la mutation ultérieure afin d'éviter un rejet des formalités subséquentes pour défaut d'effet relatif du chef du conjoint non donataire. **7150**

2. INTÉRÊTS DE LA CLAUSE D'ENTRÉE EN COMMUNAUTÉ

PROTECTION DU CONJOINT DU DONATAIRE

7180 La clause de mise en communauté permet d'assurer une certaine protection du conjoint du donataire. Elle a pour effet de rendre le conjoint également bénéficiaire de la donation. L'insertion d'une telle clause engendre ainsi une **distinction entre donataire et bénéficiaire.** Juridiquement, un seul des époux, le gratifié, a la qualité de donataire. Par conséquent, les causes de révocation (ingratitude, inexécution de charges, etc.) vont s'apprécier au regard de ce seul donataire. Mais le réel bénéficiaire sera la communauté. Or, celle-ci n'a pas de personnalité juridique. Elle est une masse existante entre deux époux ayant adopté le régime de communauté d'acquêts. À travers elle, le conjoint n'est plus un simple tiers : il devient bénéficiaire sans être donataire.

QUALIFICATION DE L'AVANTAGE PROCURÉ AU CONJOINT

7185 La qualification de l'avantage procuré au conjoint bénéficiaire est incertaine pour deux raisons.

Tout d'abord, l'avantage n'est pas une **libéralité.** Classiquement, une libéralité se caractérise par l'existence d'un élément matériel, une réelle dépossession, et un élément subjectif, l'intention libérale. Ainsi, lorsque le terrain est donné par les parents, il est affecté immédiatement à la communauté sans transiter par le patrimoine propre de l'enfant. En conséquence, l'enfant donataire ne peut pas être l'auteur d'une donation au profit de son conjoint. Par ailleurs, le conjoint ne peut pas renoncer à la qualification imposée par la clause car il porterait atteinte au principe de l'immutabilité des conventions matrimoniales.

Ensuite, l'avantage procuré au conjoint du donataire n'est pas un **avantage matrimonial.** C'est le régime matrimonial choisi qui est de nature à faire naître un tel avantage. Plus précisément, ce sont les profits que l'un ou l'autre époux retire du fonctionnement d'une communauté conventionnelle. La jurisprudence s'est positionnée clairement : la clause d'entrée en communauté ne constitue pas un avantage qui résulte directement du régime matrimonial (Cass. 1e civ. 3-12-2008 n° 07-19.348 FS-PB : BPAT 1/09 inf. 5, Defrénois 15-9-2009 n° CJ2009DEF1605N1 p. 1605 note B. Vareille, décision rendue à propos d'une donation-partage mais qui vaut tout autant pour une donation simple). La solution est logique car le bénéfice indirect procuré au conjoint par le biais de l'entrée en communauté du bien résulte de la volonté des donateurs, et non du régime matrimonial des époux. L'**enjeu de cette qualification** a perdu de son intérêt en matière de divorce puisque les avantages matrimoniaux qui prennent effet au cours du mariage et les donations de biens présents quelle que soit leur forme ne sont plus révocables (C. civ. art. 265). En cas de décès, en revanche, elle permet de faire jouer l'action en retranchement en présence d'enfants non issus des deux époux.

UTILISATION PRATIQUE

7190 En pratique, la clause de mise en communauté est souvent utilisée lorsque des parents souhaitent donner à leur enfant marié un terrain sur lequel sera construit le **logement du couple,** financé par celui-ci. À défaut de stipulation particulière, le terrain donné appartient en propre à l'époux donataire. Or, en vertu de la règle de l'accession (C. civ. art. 555 et 1406), l'immeuble est propre en son entier (terrain et construction), quelle que soit l'origine des fonds ayant servi au financement de la construction. Si la communauté a financé tout ou partie des travaux, elle est seulement créancière d'une récompense. En revanche, si le terrain donné entre dans la communauté existant entre les époux, l'immeuble (terrain et construction) constitue un bien commun.

Entre ces deux situations, la **préoccupation** n'est donc pas économique mais d'ordre psychologique car « il n'est évidemment pas équivalent, sur le plan moral d'abord, d'être copropriétaire d'un bien, reflet de l'« histoire » d'un couple et d'une famille, ou d'être titulaire d'une créance de récompense » (V. Brémond, chron. Droit patrimonial de la famille : D. 2009 p. 2508 n° 2).

3. LIMITES DE LA CLAUSE D'ENTRÉE EN COMMUNAUTÉ

DIVERSITÉ DES ENJEUX

7220 La donation sous condition d'entrée en communauté ne présente pas les mêmes enjeux selon que la communauté est dissoute par **divorce ou** par **décès.**

De plus, une telle donation peut avoir des conséquences au jour du décès des donateurs.

La **responsabilité du notaire** est d'alerter les parties sur les difficultés posées par l'insertion d'une clause d'entrée en communauté dans une donation pour que des précautions rédactionnelles puissent éventuellement être prises.

DIVORCE

En cas de divorce, le bien entré en communauté fait partie de la masse à partager entre les époux et il n'y a aucune certitude qu'il soit attribué à l'époux donataire. Il y a donc un **risque** de voir le bien sortir de la famille d'origine. 7225

L'époux donataire ne pourra pas réclamer de **récompense** au titre de l'enrichissement de la communauté au moyen d'un bien propre. En effet, si la communauté reçoit un avantage, ce n'est pas grâce à un bien propre mais grâce à un bien donné par les parents (qui certes aurait pu être qualifié de propre mais qui, compte tenu des modalités de la donation, n'a jamais transité par son patrimoine propre). De plus, il n'est pas concevable qu'un engagement contractuel prévoie une récompense à la charge du conjoint sur ce motif car il serait contraire au principe de l'immutabilité des conventions matrimoniales.

On peut se demander si le donateur lui-même a la possibilité de fixer dans la donation une **charge d'indemnisation** en cas de divorce. En tant que tiers au régime, il n'est pas soumis aux mêmes interdictions. Toutefois, une telle charge ne heurte-t-elle pas l'adage « donner et retenir ne vaut » ? En gratifiant la communauté, le donateur a souhaité en faire profiter indirectement le conjoint. 7230

La **solution** est plutôt de prévoir une clause dans la donation pour garantir à l'époux donataire l'attribution du bien en cas de divorce. Il peut être stipulé comme condition de la donation que si la communauté vient à être dissoute par divorce ou séparation de corps, l'époux aura la faculté de se faire attribuer le bien donné dans le partage, le conjoint recevant une soulte en conséquence. Mais là encore, il faudra faire preuve de prudence car si le bien donné est un terrain à bâtir avec construction ultérieure à l'aide de deniers communs, une telle clause peut avoir des conséquences financières relativement lourdes pour l'époux attributaire. 7235

De plus, un tel aménagement conventionnel est-il conforme à l'immutabilité du régime matrimonial dès lors que, sans clause dans le contrat de mariage, le sort du bien est placé entre les mains du disposant ?

Notons enfin qu'en cas de divorce, si le **contrat de mariage** le prévoit, les époux pourront toujours reprendre les biens qu'ils auront apportés à la communauté (C. civ. art. 265, al. 3). 7240

DÉCÈS DE L'UN DES ÉPOUX

En cas de décès de l'un des époux, le bien entré en communauté appartient aussi à la masse à partager mais la situation ne présente pas les mêmes **enjeux liquidatifs** selon qu'il s'agit du décès de l'époux donataire ou du conjoint. 7245

Décès du conjoint bénéficiaire En cas de décès du conjoint bénéficiaire, l'époux donataire a la qualité de conjoint successible. 7250

En l'**absence d'enfants communs,** il peut être en concurrence avec les père et mère de son conjoint si ceux-ci sont encore en vie au jour de l'ouverture de la succession. Le conseil est dans ce cas de prévoir un testament par lequel le défunt gratifie son conjoint de ses droits sur le bien entré en communauté.

La **présence d'un enfant non commun** du défunt peut aussi avoir des conséquences sur les droits du conjoint survivant donataire sur le bien entré en communauté. En effet, cet enfant sera en concurrence avec le conjoint survivant en raison de son droit réservataire dans la succession.

Décès de l'époux donataire En cas de décès de l'époux donataire **sans descendance,** le droit de retour légal au profit des père et mère limite l'efficacité de la clause d'entrée en communauté : le prédécès du donataire aura pour effet le retour du bien donné. Les parents peuvent certes renoncer à exercer leur droit, mais ils ne peuvent le faire qu'après l'ouverture de la succession, ce qui laisse le conjoint dans l'incertitude. 7255

Pour reprendre l'**exemple** classique du terrain donné avec clause d'entrée en communauté, le prédécès du donataire sans postérité aura pour effet le retour du terrain et des constructions dans le patrimoine du parent donateur, libres de toute charge, moyennant l'indemnité prévue à l'article 555 du Code civil (au choix du donateur, soit le montant dont le fonds a augmenté de valeur, soit le coût des matériaux et le prix de la main-d'œuvre estimés à la date du remboursement compte tenu de l'état dans lequel se trouvent les constructions). Si la valeur du terrain et des constructions excède les droits successoraux des donateurs (un quart pour chacun des père et mère), la question de savoir si le retour s'exerce en nature ou en valeur n'est pas tranchée (nº 25220).

À noter que, avant la loi du 23 juin 2006 qui a institué le droit de retour légal au profit des père et mère, l'acte de donation stipulait généralement, lorsqu'un **droit de retour conventionnel** était prévu, que ce droit de retour n'empêcherait pas l'enfant donataire de disposer au profit de son conjoint de l'usufruit du bien donné. Compte tenu de la rédaction de l'article 738-2 du Code civil, il nous paraît douteux qu'une telle clause soit efficace, le donateur restant à notre avis en droit de revendiquer son droit de retour légal (dans le même sens, B. Savouré, La protection du conjoint : nouvelles perspectives : Dr. et patrimoine avril 2007 p. 60 ; D. Epailly, Quelques suggestions de l'atelier DPF à propos de la clause de retour conventionnel : Nota-Bene Cridon Sud-Ouest nº 2/2011 p. 647).

7260 La **présence d'enfants** de l'époux donataire évite ces difficultés. Le conjoint survivant recevrait sa moitié de communauté et bénéficierait d'une option légale sur la succession augmentée en présence d'une donation entre époux. À son propre décès, ses droits sur le bien reviendraient à ses enfants.

Le seul **risque** serait un remariage du conjoint survivant et l'existence d'enfants d'un autre lit. Pour cela, la seule **solution** serait un droit de retour conventionnel en cas de prédécès de l'époux donataire uniquement et non avec la condition cumulative de l'absence de postérité. Toutefois, une telle clause fait perdre tout intérêt à l'entrée du bien en communauté. Pour reprendre l'**exemple** du terrain, en durcissant les conditions de la donation pour le conjoint, celui-ci aurait tout intérêt à refuser d'envisager leur installation sur ce terrain. Il est important que l'acte de donation soit de nature à ménager les intérêts de chacun.

DÉCÈS DES DONATEURS

7265 Lors de la rédaction de la clause d'entrée d'un bien en communauté, l'hypothèse du décès des donateurs doit être envisagée. En effet, étant une libéralité, elle peut être prise en compte au titre du **rapport et** de la **réduction.**

7270 S'agissant de l'**imputation en vue de la réduction,** la donation est présumée faite en avancement de part successorale de sorte qu'elle est en principe rapportable et doit être imputée principalement sur la part de réserve du donataire.

Pour assurer une **meilleure protection du conjoint,** mieux vaut donc que la donation avec mise en communauté soit consentie hors part successorale, pour autant que la donation paraisse pouvoir s'imputer sur la quotité disponible. La donation en avancement de part successorale peut en effet être dommageable au conjoint du donataire, parce que les effets de la clause de communauté sont limités par le jeu de la réserve, qui est instituée dans l'intérêt du seul gratifié (Cass. 1e civ. 2-11-1994 nº 92-19.036 : Bull. civ. I nº 310, RTD civ. 1995 p. 426 obs. B. Vareille ; Cass. 1e civ. 11-9-2013 nº 12-11.694 FS-PBI : BPAT 5/13 inf. 182, JCP N 2013 p. 1256 note F. Sauvage, s'agissant d'un legs universel sous condition d'entrée en communauté). Reste à savoir si et comment peut être sanctionnée l'atteinte à la réserve résultant d'une clause d'entrée en communauté.

7275 En outre, la clause d'entrée en communauté dans une donation en avancement de part successorale pose de sérieuses difficultés liquidatives, notamment celle du **rapport de la donation** à la succession du donateur. Pour certains auteurs, le rapport est dû seulement à hauteur de la moitié de la libéralité (en ce sens, B. Vareille, obs. sous Cass. 1e civ. 2-11-1994 nº 92-19.036 : Bull. civ. I nº 310, RTD civ. 1995 p. 426 ; P. Simler, Point de vue sur deux questions soulevées par la donation à un enfant marié : JCP N 1996 p. 1049). D'autres estiment que la donation est rapportable pour le tout (M. Grimaldi, note sous Cass. 1e civ. 2-11-1994 nº 92-19.036 précité : D. 1995 p. 337 ; B. Gelot, Consultation : Defrénois 15-7-1998 nº QP1998DEF0880N1 p. 880 ; Dalloz Action Droit patrimonial de la famille 2021/2022, dir. M. Grimaldi, v. L'actif : bien acquis au cours du mariage par F. Bicheron, nº 132.15) car la donation est consentie non à la communauté mais au gratifié et ce dernier est obligé au rapport « pour tout ce qu'il a reçu du défunt » (C. civ. 843, al. 1).

7280 Entre le donataire et son conjoint, il a été suggéré que la dette de rapport soit inscrite au **passif définitif de la communauté.** Dès lors que le bien donné est commun, la dette de rapport figure au passif définitif commun en application du principe de corrélation entre la répartition de l'actif et la répartition du passif. Dès lors, si « l'époux donataire a exécuté son obligation de rapport au moyen de biens propres – ce qui est nécessairement le cas s'il l'a exécutée en moins prenant, puisque les biens qu'il n'a point pris dans la succession lui eussent été propres s'il les avait reçus [...] –, la communauté lui en doit la récompense » (M. Grimaldi, note sous Cass. 1e civ. 2-11-1994 no 92-19.036 : Bull. civ. I no 310, D. 1995 p. 337 ; dans le même sens, G. Champenois, obs. sur l'arrêt du 2-11-1994 précité : Defrénois 30-3-1995 no CJ1995DEF436N1 p. 436). Mais la proposition est contestée, la seule solution permettant de sauvegarder les intérêts du donataire étant alors d'assortir la clause d'entrée en communauté d'une « **charge d'indemnisation** » du patrimoine propre de l'enfant au moment de la dissolution de la communauté (P. Simler, Point de vue sur deux questions soulevées par la donation à un enfant marié : JCP N 1996 p. 1049).

Au regard du rapport, la situation se complique encore lorsque la **communauté** est **dissoute** (décès, divorce) **alors que le donateur est encore en vie** puisqu'au moment de la liquidation des intérêts patrimoniaux des époux, le montant de l'indemnité de rapport, voire son principe même (le donataire peut par exemple renoncer à la succession), sont incertains (C. Grare-Didier, obs. sous Cass. 1e civ. 3-12-2008 no 07-19.348 FS-PB : RDC 2009 no 3 p. 1169, BPAT 1/09 inf. 5). L'héritier n'est que présomptif et le caractère excessif n'est pas encore établi. Dans ce cas, la liquidation du régime matrimonial ne pourrait être effectuée qu'à titre provisoire. Certains auteurs estiment toutefois qu'aucune récompense n'est due à défaut d'un mouvement de valeur entre patrimoine propre et patrimoine commun intervenu en cours de régime (en ce sens, F. Sauvage : La libéralité avec clause de mise en communauté soumise à rude épreuve ! : JCP G 2013 p. 1070). **7285**

Les époux peuvent aussi décider d'aménager les modalités de **partage,** possibilité reconnue par l'article 1490 du Code civil. Ainsi l'époux donataire supporte définitivement ce passif pour l'avenir en contrepartie d'une part d'actif plus importante. Cependant, cette faculté nécessite l'accord des deux époux.

Exemple liquidatif Barnabé et Ségolène sont mariés sous le régime de la communauté légale. Ségolène reçoit par donation avec clause d'entrée dans la communauté un terrain d'une valeur de 40 000 €. Pour ne raisonner qu'à partir de ce bien, les époux auront des droits théoriques à hauteur de 20 000 € chacun. Ségolène a une sœur, Clotilde. **7290**

En cas de décès des donateurs, une **incertitude** demeure :

– si Ségolène effectue le **rapport à hauteur de 40 000 €,** la masse à partager sera reconstituée de façon complète, à l'avantage de Clotilde, mais Ségolène rapportera davantage que ce qu'elle n'a reçu. En effet, la donation étant mise en communauté profite pour moitié de sa valeur à Barnabé qui est un étranger à la succession ;

– si Ségolène effectue le rapport pour son seul compte, c'est-à-dire **à hauteur de 20 000 €,** soit la moitié de la valeur du terrain, sa sœur Clotilde ne bénéficiera pas du rapport à hauteur de l'autre moitié : la seconde moitié sera considérée comme une donation préciputaire consentie à Barnabé, qui sera imputée sur la quotité disponible de la succession et non sur la réserve de Ségolène. L'excédent éventuel sera soumis à réduction. Cette solution paraît préférable.

Pour **éviter cette difficulté,** il est possible de stipuler que la donation est préciputaire ; mais c'est évidemment un autre projet. Pour clarifier la situation, il est encore envisageable de prévoir explicitement que « la donation sera rapportable par Ségolène, pour moitié de sa valeur, à la succession des donateurs ; elle sera qualifiée préciputaire à l'égard de Barnabé pour l'autre moitié ».

SOLUTION ALTERNATIVE

C'est aux parties qu'il appartient d'apprécier l'opportunité de telles donations avec mise en communauté et il est possible de rechercher, afin de contourner toutes ces problématiques, un **montage juridique différent.** En effet, le but ici est que le bien soit commun. Or il est tout à fait envisageable de transmettre le bien au patrimoine propre de l'enfant par donation, legs ou libéralité-partage, libre à l'époux de le faire entrer dans la communauté par un changement de régime ayant pour objet uniquement ledit bien (en ce sens, Cass. 1e civ. 21-1-1992 no 90-14.459 : Bull. civ. I no 24). Cette solution est plus contraignante mais elle a l'**avantage** d'être plus sûre quant à ses effets, sous réserve de la qualification d'avantage matrimonial qui peut avoir son importance en cas de décès en présence d'un enfant non commun (voir nos 29675 s.). **7295**

B. Régime fiscal de la donation sous condition d'entrée du bien en communauté

7345 Si la **donation** est faite **aux deux époux conjointement,** elle s'analyse fiscalement comme une donation faite pour moitié à chacun des époux (BOI-ENR-DMTG-20-30-20-10 nº 10). Les droits de mutation à titre gratuit sont liquidés suivant le degré de parenté de chacun des donataires avec le donateur. Pour l'époux donataire qui n'a pas de lien de parenté avec le donateur, les droits sont calculés au taux de 60 % (sans abattement).

7350 Si la donation n'est faite qu'**à l'un des époux** avec stipulation que le bien donné appartiendra à la communauté, elle est fiscalement considérée comme faite en totalité au donataire unique désigné au contrat. Si le donataire est un enfant du donateur, les droits sont dus sur la valeur totale du bien donné au tarif en ligne directe et avec le bénéfice de l'abattement entre parent et enfant.

7355 La mise en communauté d'un bien présente également un **intérêt fiscal à long terme.** Elle permet de réduire le coût de la transmission ultérieure du bien aux enfants du donataire, puisque cette transmission bénéficiera des abattements et du tarif en ligne directe dans les deux lignes paternelle et maternelle.

SECTION 6 DONATION DE BIENS COMMUNS À UN ENFANT

CONSENTEMENT DES ÉPOUX

7460 La donation de biens communs à un enfant suppose pour sa **validité** le consentement des deux époux puisque, de manière générale, ils ne peuvent, l'un sans l'autre, disposer entre vifs à titre gratuit des biens de la communauté (C. civ. art. 1422, al. 1). Cependant, celle portant sur les **gains et salaires** échappe au domaine de la cogestion en raison de la libre disposition posée par le régime primaire impératif (C. civ. art. 223 ; Cass. 1e civ. 29-2-1984 : Bull. civ. I nº 81, Defrénois 1984 p. 1074 obs. G. Champenois). Signalons toutefois que les gains et salaires cessent de bénéficier des dispositions du régime primaire dès lors qu'ayant été économisés, placés ou investis, ils se sont transformés en acquêts ordinaires. Sur cette dernière question, voir Mémento Droit de la famille nos 1585 s.

7465 En présence d'une donation régulière portant sur les biens communs, faite avec l'**accord des deux époux,** l'interprétation de la volonté des parties est nécessaire puisque la présence du conjoint peut avoir une double **signification** :
– soit les époux ont accompli ensemble, sur un pied de stricte égalité, l'acte de donation. Ils sont dans ce cas codonateurs ;
– soit l'un des époux n'est intervenu que pour assurer la validité de l'acte. Dans ce second cas, un seul des époux a la qualité de donateur et il a entendu prendre personnellement la libéralité à sa charge.

Ces deux solutions ne comportent pas les mêmes conséquences, ni sur le plan civil ni sur le plan fiscal (V. Godron et N. Randoux, La donation de biens communs, questions pratiques : JCP N 2017 p. 31).

S'agissant enfin de donations faites au profit d'enfants, il convient de distinguer selon que ces derniers sont communs ou non.

> **Précisions** Chaque époux est, en principe, libre de donner à ses enfants ses **biens propres ou personnels** sans que le consentement de son conjoint soit requis pour assurer la validité d'une telle transmission (C. civ. art. 1428). Lorsque la donation porte sur le **logement de famille,** le consentement du conjoint n'est pas requis sur le fondement de l'article 215, alinéa 3 du Code civil dans la mesure où la transmission porte sur la nue-propriété du bien, l'époux donateur faisant réserve à son profit de l'usufruit sa vie durant. Dans ce cas de figure, la donation ne porte pas atteinte à l'usage et à la jouissance du logement familial par le conjoint pendant le mariage (Cass. 1e civ. 22-5-2019 nº 18-16.666 FS-PB : BPAT 4/19 inf. 135, RTD civ. 2019

p. 641 note B. Vareille ; Cass. 1e civ. 22-6-2022 nº 20-20.387 F-D). Lorsque la donation porte sur la toute propriété du logement de famille, le consentement du conjoint est requis à peine de nullité quand bien même il constitue la propriété propre ou personnelle de l'époux donateur et a fortiori s'il s'agit d'un bien commun (C. civ. art. 215, al. 3).

A. Donation à un enfant commun des époux

CONSTITUTION DE DOT

Outre le consentement du conjoint à la donation de biens communs, il existe des **textes spéciaux** pour les donations au profit d'enfants communs des époux, qui traitent de la constitution de dot (C. civ. art. 1438 et 1439). La **jurisprudence** retient une conception extensive de ce mécanisme. En effet, la constitution de dot est destinée à permettre l'établissement autonome du donataire sans que cette indépendance soit nécessairement liée à son mariage (en ce sens Cass. com. 24-4-1990 nº 88-14.365 : Bull. civ. IV nº 120, Defrénois 15-10-1990 nº JP1990DEF1081N1 p. 1081, JCP N 1991 II p. 100 note J. Lafond). Dès lors, le régime de la dot peut intervenir à des **occasions particulières** de la vie du donataire à la condition qu'elle ne contribue pas seulement à améliorer sa situation matérielle mais qu'elle lui procure une réelle existence personnelle indépendante. 7515

Ce critère de l'établissement du gratifié pourrait s'appliquer à la majorité des donations faites à un enfant commun par les deux époux, qu'ils soient codonateurs ou que la donation soit réalisée par un seul avec le consentement de l'autre.

› Précisions **a.** La **portée** des articles 1438 et 1439 est **discutée en doctrine,** notamment celle de l'article 1439, alinéa 1 selon lequel « la dot constituée à l'enfant commun, en biens de la communauté, est à la charge de celle-ci ». Pour certains auteurs, cette disposition s'applique à toute donation consentie soit conjointement par les deux époux, soit par un époux seul avec le consentement de l'autre, à un enfant commun, alors que pour d'autres, la constitution de dot ne peut être que la donation faite pour l'établissement de l'enfant, constitutive de l'exécution d'une obligation naturelle (F. Terré et P. Simler : Droit civil. Les régimes matrimoniaux, Dalloz 7e éd. 2015, nº 662 note 2).

b. La constitution de dot au profit de l'enfant commun par des époux communs en biens peut l'être en **biens personnels** à l'un des deux époux (C. civ. art. 1438, al. 1 in fine). Dans ce cas de figure, l'époux dont le bien personnel a été constitué en dot, a, sur les biens de l'autre, une action en indemnité pour la moitié de ladite dot, eu égard à la valeur du bien donné au temps de la dotation (C. civ. art. 1438, al. 2).

1. ÉPOUX CODONATEURS

RÈGLES GÉNÉRALES

Si les deux époux se portent codonateurs, la donation est faite conjointement, chacun des époux étant réputé donateur pour moitié. 7520

Sur le **plan civil,** à la dissolution de la communauté et sauf clause d'imputation sur la succession du prémourant :

– aucune **récompense** ne sera due, la donation à un enfant commun étant à la charge de la communauté (C. civ. art. 1439, al. 1 ; Cass. 1e civ. 22-6-2004 nº 01-18.030 : Bull. civ. I nº 173, Dr. famille 2004 comm. 205 par B. Beignier, RTD civ. 2005 p. 171 obs. B. Vareille). Une partie de la doctrine considère toutefois qu'une récompense égale à la moitié de la donation serait due par chacun des époux (en ce sens, C. Brenner, La donation de biens communs : Mélanges en l'honneur du Professeur G. Champenois, Defrénois 2012 p. 110 ; F. Terré et P. Simler : Droit civil. Les régimes matrimoniaux, Dalloz 7e éd. 2015, nº 662). Cette dernière solution n'est généralement pas appliquée par la **pratique notariale,** ce pour deux raisons. D'une part, elle est inopportune fiscalement car elle aboutit à accroître la masse commune. D'autre part, l'intérêt qu'il y aurait à liquider des récompenses symétriques est mince, dans la mesure où ces deux récompenses, d'un montant égal, se neutralisent ;

– si la donation est rapportable, le donataire devra en faire le **rapport** pour moitié à la succession de chacun de ses parents, et non en totalité à la succession du prédécédé (en ce sens, notamment, Cass. 1e civ. 18-1-2012 nº 11-12.863 FS-PBI : BPAT 2/12 inf. 106). Le changement de régime matrimonial des époux donateurs au profit de la communauté universelle avec clause d'attribution intégrale au dernier survivant, après avoir consenti une donation de biens communs à leur enfant, est sans incidence sur le rapport de la donation, qui doit s'effectuer par moitié à la succession de chacun des époux codonateurs (Cass. 1e civ. 17-4-2019 nº 18-16.577 F-PB : BPAT 4/19 inf. 152).

Sur le **plan fiscal,** le bien commun donné conjointement par les deux époux est de la même façon considéré comme donné pour moitié par chacun (BOI-ENR-DMTG-20-30-20-10 n° 10). Si le donataire est un enfant commun, il bénéficie deux fois (une fois dans chaque ligne) de l'abattement en ligne directe et de la progressivité du barème.

7525 Toutefois, cette répartition égalitaire n'a aucun caractère impératif. Elle n'a qu'une **valeur interprétative** susceptible d'être contrariée par des stipulations dérogatoires prises par les époux. C'est pourquoi ces donations peuvent être assorties de clauses particulières d'imputation pour adapter la répartition, par exemple, à l'état de leurs fortunes ou ressources respectives.

CLAUSE D'IMPUTATION SUR LA SUCCESSION DU PRÉMOURANT

7530 La donation de biens communs faite conjointement par deux époux peut être stipulée imputable sur la succession du prémourant. Cette clause d'imputation impose au donataire de rapporter la totalité de la donation à la succession du prémourant, quelle que soit la part qu'il y prenne. Il est également possible de limiter le **rapport** à la part prise par le donataire dans la première succession, le surplus étant rapportable à la succession du survivant des époux. Pour des raisons fiscales, ce second procédé est le plus fréquent.

7535 Clause d'imputation totale sur la succession de l'époux prédécédé

Si l'acte contient une clause d'imputation totale de la donation sur la succession de l'époux qui décède le premier, cet époux est alors réputé seul donateur.

Sur le plan civil, la succession de cet époux prédécédé doit une **récompense** à la communauté à hauteur de la valeur totale du bien donné. À prendre l'article 1469 in fine du Code civil au pied de la lettre, cette récompense serait figée à la valeur du bien au jour où celui-ci a quitté la communauté, soit au jour de la donation : il ne se retrouve pas en nature, au jour de la liquidation, dans le patrimoine emprunteur. Toutefois, le donataire devra effectuer le **rapport** à la succession du prémourant pour la valeur totale du bien donné à l'époque du partage, de sorte que le bien se retrouve dans la succession par équivalent. Il est donc soutenu en **doctrine** que dans ce cas précis, le montant de la récompense doit être aligné sur celui du rapport, afin que la plus-value prise par le bien donné entre le jour de la donation et celui du partage ne vienne pas enrichir inexplicablement la succession du prémourant (en ce sens, J. Patarin et G. Morin : La réforme des régimes matrimoniaux, t. 1, Defrénois 4e éd. 1977, nos 288 et 293 ; P. Catala : La réforme des liquidations successorales, Defrénois 3e éd. 1982, formule 24 note 119, ajoutant que « pour éviter toute difficulté à cet égard, il est de bonne pratique de prévoir ce problème dans l'acte de donation »).

Si ce rapport excède sa part dans la succession, l'enfant donataire peut demander au donateur survivant le paiement de l'excédent de son rapport sur sa part ; la succession du second mourant aura droit au rapport du montant de cet excédent.

7540 Sur le **plan fiscal,** la liquidation des droits opérée au moment de la donation est révisée au décès du premier des époux (lors de la donation, les biens ont été considérés comme donnés pour moitié par chaque époux, faute de savoir lequel des deux décéderait le premier et serait réputé seul donateur). La nouvelle liquidation des droits, qui est effectuée en se plaçant à l'époque de la donation tant au point de vue des tarifs que de la situation de famille du donataire, se traduit par un supplément de droits pour ce dernier. En effet, le donataire ne bénéficie plus que d'un seul abattement et d'un seul barème progressif, au lieu de deux.

Les cohéritiers du donataire voient en revanche leur part taxable diminuée de l'excédent du rapport, proportionnellement aux droits de chacun d'eux, si le rapport de l'héritier donataire est supérieur à sa part dans la succession du prémourant.

7545 **Clause d'imputation successive** L'acte de donation peut prévoir une clause d'imputation sur la succession du prémourant et subsidiairement sur celle du survivant.

Sur le plan civil, la **récompense** due à la communauté par la succession de l'époux prédécédé sera égale à la part prise par le donataire dans cette succession, le surplus de la récompense étant dû par le conjoint survivant. Le donataire devra faire le **rapport** d'une fraction de la donation, égale à sa part dans la succession du prémourant, le surplus étant rapportable à la succession du second mourant.

La récompense, due dans cette hypothèse, devrait se trouver figée, au prorata, d'après la valeur du bien au jour où celui-ci a quitté la communauté, soit le jour de la donation (C. civ. art. 1469, al. 3), faute que la libéralité se retrouve, au jour de la liquidation, dans le patrimoine emprunteur. Toutefois, lorsque la donation est rapportable, ce qui est dit n° 7535 est transposable. En effet, sur le terrain successoral, c'est au jour du décès (pour la réunion fictive) et à celui du partage (pour le rapport), qu'il faudra se placer pour procéder aux évaluations. Le montant de la récompense mérite sans doute encore d'être aligné sur celui du rapport, pour les mêmes raisons que précédemment.

Sur le **plan fiscal,** comme dans l'hypothèse de la clause d'imputation totale sur la succession du prémourant, le décès du premier des époux entraîne une nouvelle liquidation des droits dus sur la donation. Toutefois, cette nouvelle liquidation entraîne un supplément d'impôt plus faible pour le donataire. **7550**
En revanche, les cohéritiers du donataire supporteront les droits de succession sur la totalité de leur part.

CLAUSE D'IMPUTATION SUR LA SUCCESSION DE L'ÉPOUX SURVIVANT

L'acte de donation peut prévoir une clause d'imputation sur la succession du dernier mourant. À défaut d'une telle clause, le seul changement de régime matrimonial des époux donateurs au profit de la communauté universelle avec attribution intégrale au dernier survivant n'a pas pour effet de modifier le rapport de la donation d'un bien commun par deux époux codonateurs à leur enfant, qui est de moitié à la succession de chacun des codonateurs (Cass. 1e civ. 17-4-2019 no 18-16.577 F-PB : BPAT 4/19 inf. 152). **7555**

Sur le plan civil, la **récompense** à la communauté sera due par le conjoint survivant à l'occasion de la liquidation de la communauté. Elle sera égale à la valeur du bien au jour où celui-ci a quitté la communauté, soit le jour de la donation (C. civ. art. 1469, al. 3) : en ce cas, aucune autre solution ne paraît envisageable, nul rapport n'étant dû à la succession du prémourant.

La libéralité sera rapportable à la succession du second mourant et c'est au jour du second décès (pour la **réunion fictive**) et du partage (pour le **rapport**), qu'il faudra procéder aux évaluations.

EXEMPLE LIQUIDATIF

Des époux mariés sous le régime de la communauté légale ont deux enfants communs, Anatole et Bérénice. Ils font conjointement donation en avance de part à Anatole d'un bien commun d'une valeur de 100 000 € au jour de la donation. L'époux décède en 2021 peu avant son épouse, qui décède en 2023. Le bien vaut 120 000 € au jour du décès du mari et 140 000 € au décès de la femme. **7560**

En l'**absence de toute clause,** aucune récompense ne sera due à la communauté puisque la donation est à sa charge définitive et ce bien sera rapporté et réuni fictivement :
– pour 60 000 € lors du règlement de la succession de l'époux ;
– pour 70 000 € lors du règlement de la succession de l'épouse.
En revanche, si dans l'acte de donation, le **mari a pris l'engagement de supporter 80 % de la donation,** sa succession est redevable envers la communauté d'une récompense de 80 000 € (si l'on en tient pour l'application littérale de l'article 1469, alinéa 3), ou alignée sur le montant du rapport (si l'on s'en remet à l'opinion majoritaire en doctrine). La donation est rapportée et réunie fictivement pour :
– 96 000 € lors du règlement de la succession de l'époux ;
– 28 000 € lors du règlement de la succession de l'épouse.
Si l'acte de donation comporte une **clause d'imputation sur la succession du prémourant,** la succession du mari va se trouver redevable d'une récompense envers la communauté pour une valeur de 100 000 € ou 120 000 € (selon l'opinion à laquelle on se rallie) et la donation sera rapportée et réunie fictivement pour 120 000 €. Aucun rapport ne sera dû en revanche à la seconde succession, la donation étant réputée faite, à tout point de vue, par le seul mari.
À l'inverse, s'il a été stipulé une **clause d'imputation sur la succession du dernier mourant,** l'épouse sera redevable d'une récompense envers la communauté pour une valeur de 100 000 € et la donation sera rapportée et réunie fictivement pour 140 000 € lors du règlement de la succession de Madame. Aucun rapport ne sera dû en revanche à la succession du mari.

2. DONATION PAR L'UN SEULEMENT DES ÉPOUX

RÈGLES GÉNÉRALES

Si une donation de biens communs est consentie par un seul des époux, son conjoint se contentant d'intervenir à l'acte pour donner son autorisation afin de valider la donation, la **7590** donation reste à la charge définitive de la communauté (C. civ. art. 1439, al. 1), sauf clause particulière stipulant que l'un des époux se charge personnellement de la libéralité pour le tout ou, à tout le moins, pour une portion supérieure à la moitié. Dans ce dernier cas de figure, il sera débiteur, dans cette mesure, d'une récompense à la communauté et le rapport de la donation à sa succession s'effectuera dans la même proportion.

La **simple présence du conjoint** lors de la rédaction de l'acte notarié suffit à caractériser son consentement dès lors qu'il ne s'y oppose pas (en ce sens, Cass. 1e civ. 1-2-2017 n° 16-11.599 FS-PB : BPAT 2/17 inf. 50).

En conséquence :

– aucune **récompense** ne sera due par l'époux donateur à la communauté à sa liquidation (en ce sens, Cass. 1e civ. 1-2-2017 n° 16-11.599 précité) ;

– le donataire devra effectuer le **rapport** de la donation à la succession de chacun de ses parents donateurs, dans la proportion pour laquelle chacun d'eux viendra au partage de la communauté, c'est-à-dire en principe pour moitié (en ce sens, Cass. 1e civ. 22-6-2004 n° 01-18.030 : Bull. civ. I n° 173).

La solution identique à l'**hypothèse d'époux codonateurs** (n° 7520) s'explique par le fait que la donation de biens communs est faite à un enfant commun. Dans ce cas, la Cour de cassation applique les articles 1438 et 1439 du Code civil, qui sont relatifs à la répartition de la charge de la dot entre les père et mère, sans même qu'elle s'interroge sur l'exactitude de cette qualification eu égard aux faits de l'espèce. Et, de ces textes, elle déduit que le rapport de la donation est dû par moitié à chacune des successions non seulement lorsque la donation a été faite conjointement par les deux époux, mais aussi lorsqu'elle l'a été par l'un avec le simple consentement de l'autre (Cass. 1e civ. 22-6-2004 précité : RTD civ. 2005 p. 171 obs. B. Vareille ; Cass. 1e civ. 1-2-2017 n° 15-26.078 F-D : AJ fam. 2017 p. 209 obs. N. Levillain, RTD civ. 2017 p. 460 obs. M. Grimaldi). Selon certains auteurs, cette solution doit être tenue pour abandonnée par la Cour de cassation, laquelle se réfère désormais au principe général selon lequel « le rapport des dons et legs ne se fait qu'à la succession du donateur » (C. civ. art. 850 ; Cass. 1e civ. 17-4-2019 n° 18-16.577 F-PB) et non plus aux dispositions régissant la constitution de dot (C. civ. art. 1438 et 1439) pour déterminer les modalités d'imputation à succession d'une donation de bien commun. En effet, l'imputation à succession d'une donation de bien commun est déterminée par la qualité de donateur résultant de l'acte et non par la vocation qui appartient à l'époux de recueillir tout ou partie de la communauté au décès de son conjoint (C. Brenner et F. Fruleux, Les libéralités à la descendance et la protection du conjoint survivant : Actes pratiques et stratégie patrimoniale LexisNexis 2020, n° 4 dossier n° 27 ; pour une analyse moins tranchée : J. Boisson, Donation de bien commun et rapport : d'utiles précisions, d'inutiles imprécisions : Dalloz actualité 7-5-2019). Par conséquent, en présence d'une donation de bien commun consenti par un seul des époux avec l'autorisation de son conjoint, l'époux donateur devrait une récompense à la communauté à sa liquidation et le rapport de la donation s'effectuerait pour la totalité de la valeur du bien donné au jour du partage de la succession du seul époux donateur. Toutefois la prudence recommande de s'en tenir à la jurisprudence de 2004 qui pose clairement la méthode à suivre lorsque la donation est consentie à un enfant commun par l'un des époux avec le consentement de son conjoint, l'arrêt de 2019 ne visant pas expressément cette hypothèse (S. Torricelli-Chrifi, La donation de bien commun : quelles conséquences liquidatives : SNH 5/22 inf. 9 n° 12).

CONSEIL

Eu égard aux conséquences du simple consentement du conjoint du donateur, le **notaire** doit attirer l'attention de celui-ci sur la signification de son consentement tant sur le plan de la validité de l'opération que sur celui de son incidence liquidative.

7595 **Traitement fiscal** Sur le plan fiscal, le bien est considéré comme donné par le seul époux donateur. Si le donataire est un enfant commun des époux, il ne bénéficie de l'abattement en ligne directe et de la progressivité du barème des droits que du chef de son auteur donateur (BOI-ENR-DMTG-20-30-20-10 n° 10).

CLAUSE D'IMPUTATION

7600 La répartition de la charge de la donation pour moitié à chacun des époux (n° 7590) n'est pas impérative et, comme pour la donation faite par les deux époux, une clause d'imputation peut prévoir une **répartition différente.** Ainsi l'époux donateur peut déclarer expressément qu'il se charge de la donation pour le tout ou pour une portion supérieure à la moitié. Cet époux ou sa succession est alors redevable d'une récompense à la communauté, correspondant à l'emprunt de biens communs ainsi effectué pour réaliser une donation personnelle. Quant à l'enfant donataire, il devra rapporter à la succession du donateur la totalité (ou une part supérieure à la moitié) de la donation.

EXEMPLES LIQUIDATIFS

Présence d'enfants communs uniquement Des époux mariés sous le régime de la communauté légale ont deux enfants communs, Aristide et Barnabé. L'époux dote Aristide d'un immeuble commun d'une valeur de 100 000 € au jour de la donation, avec le consentement de son conjoint. Il décède en 2021 peu avant son épouse, qui décède en 2023. L'immeuble donné vaut 250 000 € au jour du décès du mari et 260 000 € au décès de l'épouse. **7605**

En l'**absence de toute clause,** aucune récompense ne sera due à la communauté puisque la donation est à sa charge définitive. Aristide devra à la succession de son père un rapport en moins prenant de 125 000 € (valeur de la moitié de la donation au jour du partage) et 130 000 € à la succession de sa mère.

Si l'époux avait pris l'**engagement d'une prise en charge de la totalité de la donation,** sa succession se trouverait redevable d'une récompense envers la communauté pour une valeur de 100 000 € ou 250 000 € (selon l'opinion à laquelle on se rallie). Aucun rapport ne serait dû à la seconde succession, la donation étant réputée faite, à tout point de vue, par le seul époux. L'enfant Aristide devrait donc à la succession de son père un rapport de 250 000 €.

Si dans l'acte de donation, le mari a pris l'**engagement d'une prise en charge de 80 % de la donation,** sa succession sera redevable d'une récompense envers la communauté de 80 000 € ou 200 000 € (selon l'opinion à laquelle on se rallie), et le bien sera rapporté pour :
– 200 000 € lors du règlement de la succession de l'époux ;
– 52 000 € lors du règlement de la succession de l'épouse.

Présence d'enfants communs et non communs La prudence s'impose lorsqu'une donation de bien commun est faite à un enfant commun alors que l'un des époux a un enfant d'une autre union. **7610**

Par hypothèse, des époux mariés sous le régime de la communauté légale sont les parents de deux enfants, Aristide et Barnabé. L'épouse est par ailleurs la mère d'un enfant issu d'une autre union, Célestin. Le mari fait donation à Aristide de l'immeuble commun d'une valeur de 100 000 € avec le consentement de son conjoint. Il décède peu de temps avant son épouse. L'immeuble donné vaut 250 000 € à l'époque du premier décès et 260 000 € à l'époque du second. La succession de la veuve comporte deux autres immeubles propres d'une valeur de 125 000 € chacun.

En l'**absence de toute clause,** aucune récompense ne sera due à la communauté puisque la donation est à sa charge définitive.

En revanche, l'enfant Aristide devra :
– à la succession de son père au profit de Barnabé un rapport en moins prenant de 125 000 € ;
– à celle de sa mère, au profit de Barnabé et Célestin, un rapport en moins prenant de 130 000 €, qui va s'ajouter aux 250 000 € de biens existants. Les droits de Célestin dans la succession de sa mère seront donc de 126 666 €.

Si l'époux prend dans la donation l'**engagement de prendre à sa charge la totalité de la donation,** sa succession va se trouver redevable d'une récompense envers la communauté pour une valeur de 100 000 € ou 250 000 € (selon l'opinion à laquelle on se rallie). Aristide devra à la succession de son père au profit de Barnabé un rapport en moins prenant de 250 000 €.

Aucun rapport ne sera dû en revanche à la seconde succession, la donation étant réputée faite, à tout point de vue, par le seul époux. Les trois enfants devront alors se partager les immeubles propres (250 000 €), montant éventuellement augmenté de l'incidence de la récompense due par la succession. Les droits de Célestin dans la succession de sa mère seront donc inférieurs à ceux du cas précédent.

B. Donation à un enfant non commun

RÈGLES APPLICABLES

7660 Les règles en matière de constitution de dot (nos 7515 s.) ne concernent que l'enfant commun aux deux époux. Par conséquent, la donation faite à l'enfant non commun ne sera pas supportée définitivement par la communauté. Tout dépendra selon que les époux ont la qualité de codonateurs ou que la donation a été réalisée par un seul avec le consentement de l'autre.

ÉPOUX CODONATEURS

7665 Les époux peuvent conjointement donner un bien commun à l'enfant d'un autre lit de l'un d'entre eux (sauf cas particulier des donations-partages conjonctives : voir nos 11865 s.).

Sur le **plan civil,** à la liquidation de la communauté, chacun des époux devra récompense de la moitié de la valeur du bien donné. La récompense sera calculée selon la valeur du bien au jour de la donation.

Si la donation est rapportable, l'enfant devra le rapport à la succession de son auteur pour la part donnée par ce dernier, soit la moitié.

Sur le **plan fiscal,** les droits de mutation sont perçus pour moitié au tarif des droits en ligne directe, pour moitié au tarif de 60 % applicable entre non-parents.

EXEMPLE

Des époux donnent en septembre 2023 un appartement commun d'une valeur de 600 000 € à l'enfant d'un premier lit du mari.

Les **droits de donation** sont calculés comme suit :

1. Droits dus sur la quote-part donnée par le mari (300 000 €)

Assiette des droits (pas de donation antérieure) : 300 000 € – 100 000 € = 200 000 €

Droits dus : 38 194 €

2. Droits dus sur la quote-part donnée par l'épouse (300 000 €)

Assiette des droits : 300 000 €

Droits dus : 180 000 €

Total des droits : 38 194 € + 180 000 € = 218 194 €

Au décès du mari, le bien donné vaut 620 000 €. Sur le plan civil, la communauté a droit à **récompense** pour moitié à hauteur de 300 000 € par la succession et pour l'autre moitié à hauteur de 300 000 € par l'épouse. Si la donation est rapportable, l'enfant devra le **rapport** à la succession de son père pour la part donnée par ce dernier, soit 310 000 €.

DONATION PAR UN SEUL DES ÉPOUX

7670 Il est également possible, et fiscalement plus avantageux, de faire consentir la donation du bien commun par le seul époux parent de l'enfant donataire, l'autre époux intervenant à l'acte seulement pour valider la donation (C. civ. art. 1422, al. 1).

Sur le **plan civil,** cette donation donnera lieu à récompense à la charge de l'époux donateur. Si la donation est rapportable, elle le sera en totalité à la succession du donateur.

Sur le **plan fiscal**, la donation est considérée comme faite pour le tout par l'époux auteur de l'enfant donataire. Elle est donc intégralement taxée au tarif applicable en ligne directe, après un seul abattement.

EXEMPLE

Mêmes données que précédemment (no 7665), la donation étant effectuée par le mari seul.

Assiette des droits : 600 000 € – 100 000 € = 500 000 €

Droits dus : 98 194 € (au lieu de 218 194 €)

Au décès du mari, le bien donné vaut 620 000 €. Sur le plan civil, la communauté a droit à **récompense** due par la succession pour l'intégralité de la valeur du bien au jour de la donation à hauteur de 600 000 €. Si la donation est rapportable, l'enfant devra le **rapport** à la succession de son père pour la part donnée par ce dernier, soit 620 000 €.

C. Schéma synthétique des conséquences liquidatives de la donation de bien commun

7700

Donation de bien commun	**Consentie par les deux époux (sur un pied de stricte égalité)**	**Consentie par un époux avec l'intervention du conjoint**	**Consentie par un seul époux**
À un enfant commun	**Récompense**		
	Jurisprudence : absence de récompense **Doctrine divisée** : récompense à hauteur de la moitié ou absence de récompense **Pratique notariale majoritaire** : absence de récompense	**Jurisprudence** : absence de récompense **Partie de la doctrine** : récompense pour le tout due par l'époux donateur ou sa succession **Pratique notariale majoritaire** : absence de récompense **Attention** à l'hypothèse où l'époux donateur entend assumer seul la donation au plan de la contribution à la dette : récompense pour le tout due	Récompense pour le tout due par l'époux donateur ou sa succession
	Rapport successoral		
	Rapport pour moitié à la succession de chacun des époux	**Jurisprudence** : rapport pour moitié à la succession de chacun des époux **Partie de la doctrine** : rapport pour la totalité à la succession du donateur **Attention** à l'hypothèse où l'époux donateur entend assumer seul la donation au plan de la contribution à la dette : rapport pour le tout à la succession du donateur	Rapport pour le tout à la succession du donateur
À un enfant non commun	**Récompense**		
	Récompense à hauteur de la moitié due par chacun des époux	Récompense pour le tout due par l'époux donateur ou sa succession	Récompense pour le tout due par l'époux donateur ou sa succession
	Rapport successoral		
	Rapport à la succession en fonction de sa qualité d'héritier à hauteur de la moitié	Rapport pour le tout en fonction de sa qualité d'héritier à la succession du donateur	Rapport pour le tout à la succession du donateur en fonction de sa qualité d'héritier

7700

Donation de bien commun	Consentie par les deux époux (sur un pied de stricte égalité)	Consentie par un époux avec l'intervention du conjoint	Consentie par un seul époux
À un enfant commun	**Récompense**		
	Jurisprudence : absence de récompense **Doctrine divisée** : récompense à hauteur de la moitié ou absence de récompense **Pratique notariale majoritaire** : absence de récompense	**Jurisprudence** : absence de récompense **Partie de la doctrine** : récompense pour le tout due par l'époux donateur ou sa succession **Pratique notariale majoritaire** : absence de récompense **Attention** à l'hypothèse où l'époux donateur entend assumer seul la donation au plan de la contribution à la dette : récompense pour le tout due	Récompense pour le tout due par l'époux donateur ou sa succession
	Rapport successoral		
	Rapport pour moitié à la succession de chacun des époux	**Jurisprudence** : rapport pour moitié à la succession de chacun des époux **Partie de la doctrine** : rapport pour la totalité à la succession du donateur **Attention** à l'hypothèse où l'époux donateur entend assumer seul la donation au plan de la contribution à la dette : rapport pour le tout à la succession du donateur	Rapport pour le tout à la succession du donateur
À un enfant non commun	**Récompense**		
	Récompense à hauteur de la moitié due par chacun des époux	Récompense pour le tout due par l'époux donateur ou sa succession	Récompense pour le tout due par l'époux donateur ou sa succession
	Rapport successoral		
	Rapport à la succession en fonction de sa qualité d'héritier à hauteur de la moitié	Rapport pour le tout en fonction de sa qualité d'héritier à la succession du donateur	Rapport pour le tout à la succession du donateur en fonction de sa qualité d'héritier

CHAPITRE 3

DONATIONS À CARACTÈRE MATRIMONIAL

SOMMAIRE

PRÉSENTATION GÉNÉRALE

La célébration d'un mariage entre deux personnes, évènement social autant que juridique, imprime aux **libéralités consenties par contrat de mariage** (qu'elles soient consenties par des tiers aux futurs époux, ou qu'elles soient consenties entre époux) une coloration particulière, car elles favorisent l'union et répondent à un objectif matrimonial. 8200

Celles qui sont consenties **en dehors du contrat de mariage ou pendant le mariage** restent elles-mêmes marquées de cette empreinte.

Longtemps, notre législation a conservé à l'égard de certaines d'entre elles une méfiance venue du droit romain, qui prohibait les donations entre époux, en raison du risque d'abus d'influence de l'un des époux sur l'autre et de la menace d'un divorce. D'un autre côté, elles sont l'expression des solidarités familiales, ce qui peut les rendre plus solides que d'autres, notamment lorsqu'elles sont consenties par contrat de mariage.

Si les donations par contrat de mariage se raréfient, les autres se sont progressivement banalisées, avec la **disparition de certaines prohibitions** : la prohibition des donations conjonctives ou mutuelles et réciproques entre époux (C. civ. art. 1097 ancien abrogé par loi 63-1092 du 8205

6-11-1963), la nullité des donations déguisées ou par personne interposée entre époux (C. civ. art. 1099, al. 2 ancien abrogé par loi 2004-439 du 26-5-2004). Sur ces prohibitions et leurs conséquences, voir Dalloz Action Droit patrimonial de la famille 2021/2022, dir. M. Grimaldi, v. Donations de biens présents entre époux hors contrat de mariage : formalisme et capacité par N. Peterka, n°s 353.40 s.

Un grand pas a été franchi avec la loi du 26 mai 2004, qui a mis fin à la révocation ad nutum des donations de biens présents consenties en cours de mariage (C. civ. art. 1096, al. 2 ancien dans sa rédaction issue de la loi 2004-439 du 26-5-2004). La rédaction de ce même texte a ensuite été modifiée par la loi du 23 juin 2006 pour permettre la révocation des donations de biens présents qui n'ont pas produit effet pendant le mariage (C. civ. art. 1096, al. 2 dans sa rédaction issue de la loi 2006-728 du 23-6-2006). Des règles de droit transitoire ont également été mises en place (Loi 2006-728 du 23-6-2006 art. 46 et 47, III).

Pour évoquer le régime juridique de ces libéralités, il faut distinguer celles qui sont consenties par contrat de mariage, aujourd'hui peu utilisées, et celles qui sont consenties en cours de mariage, beaucoup plus fréquentes. Signalons que la faculté offerte au conjoint survivant de **cantonner son émolument** sur une partie des biens dont il a été disposé à cause de mort en sa faveur est étudiée avec les règles communes de l'option successorale aux n°s 35800 s.

> **Précisions** Les **donations antérieures au mariage** restent soumises, en principe, au régime des donations ordinaires (CA Limoges 24-2-1992 : Juris-Data n° 1992-041 078). Néanmoins ces donations, si elles sont suivies du mariage ou faites en vue du mariage, sont exposées au risque de se voir imposer les règles spéciales applicables soit aux donations entre futurs conjoints faites par contrat de mariage, soit aux donations entre époux.

SECTION 1 DONATIONS PAR CONTRAT DE MARIAGE

TYPES DE DONATIONS

8310 Le contrat de mariage peut contenir plusieurs types de donations.

Ces donations peuvent tout d'abord être, bien que leur pratique soit aujourd'hui très rare, le fait de **tiers qui souhaitent gratifier les futurs époux** et les enfants à naître du mariage (C. civ. art. 1081 à 1090).

Elles peuvent être aussi des donations consenties **entre les futurs époux** (C. civ. art. 1091 à 1093).

A. Objet des donations par contrat de mariage

DONATIONS DE BIENS PRÉSENTS PAR DES TIERS AUX FUTURS ÉPOUX

8315 Le contrat de mariage peut contenir des donations de biens présents consenties par les tiers aux futurs époux (C. civ. art. 1081). Pour la doctrine classique, ces constitutions de dot auraient un caractère onéreux, car elles seraient une contrepartie des charges que le mariage implique pour les époux. Cette analyse, fondée sur l'article 1440 du Code civil, est aujourd'hui discutée, mais elle n'en produit pas moins certaines conséquences : ainsi la jurisprudence a-t-elle admis que le constituant doit, comme en matière d'**acte à titre onéreux,** une garantie d'éviction du fait des tiers et une garantie des vices cachés (CA Dijon 11-2-1887 : DP 1888 II p. 42). De même, les intérêts de la dot courent du jour du mariage, encore qu'il y ait terme pour le paiement, s'il n'y a stipulation contraire (C. civ. art. 1440). Au regard de l'action paulienne, la constitution de dot est également traitée comme un acte à titre onéreux (C. civ. art. 1341-2). L'action n'est recevable que si la preuve de la complicité de fraude du donateur avec l'époux doté et son conjoint est démontrée.

8320 Au regard de la succession, la constitution de dot n'en est pas moins traitée comme un **acte à titre gratuit,** et donc susceptible d'être soumis aux règles du rapport (C. civ. art. 851, al. 1) ou à celles de la réduction (C. civ. art. 924) dans la succession du constituant.

D'un **point de vue fiscal,** les donations de biens présents par des tiers aux futurs époux par contrat de mariage obéissent aux mêmes règles (tarif, abattements, etc.) que les donations ordinaires (BOI-ENR-DMTG-20-20-10 n° 280) : voir n°s 4900 s. Lorsqu'une dot est constituée par des personnes mariées, les biens donnés par chaque époux sont taxés distinctement (BOI précité n° 290). 8325

DONATIONS DE BIENS À VENIR PAR DES TIERS AUX FUTURS ÉPOUX

Les père et mère, les autres ascendants, les parents collatéraux des époux et même les étrangers, pourront, par contrat de mariage, disposer de tout ou partie des biens qu'ils laisseront au jour de leur décès, tant au profit desdits époux, qu'au profit des enfants à naître de leur mariage, dans le cas où le donateur survivrait à l'époux donataire (C. civ. art. 1082, al. 1). On parle alors d'**institution contractuelle par contrat de mariage.** 8330

Ces donations, quoique faites au profit seulement des époux ou de l'un d'eux, sont toujours, **en cas de survie du donateur,** présumées faites au profit des enfants et descendants à naître du mariage (C. civ. art. 1082, al. 2).

Jusqu'au décès de l'auteur de l'institution contractuelle, irrévocable (voir n° 8420), ce dernier conserve la propriété de tous les biens composant son patrimoine et peut en disposer à titre onéreux, mais il ne peut plus, en principe, en disposer à titre gratuit, si ce n'est pour sommes modiques, à titre de récompense ou autrement (C. civ. art. 1083). Par suite, l'institué contractuel dispose d'une action en restitution contre les donataires postérieurs (Cass. 1e civ. 24-2-1969 n° 67-12.923 : Bull. civ. I n° 85). 8335

La jurisprudence valide toutefois la clause par laquelle le constituant se réserve le droit de révoquer l'institution en disposant à titre gratuit des biens sur lesquels elle porte (Cass. req. 15-5-1876 : DP 1876 I p. 433). Il s'agit d'une condition simplement potestative admise par l'article 1086 du Code civil (voir n° 8420).

Au décès du constituant, le gratifié ou ses enfants issus du mariage vont se trouver dans la même situation qu'un légataire, selon le cas, universel, à titre universel ou particulier. Ils disposeront des mêmes options successorales (voir n° 35105).

ATTENTION

La donation de biens à venir est une convention par l'effet de laquelle le donataire se trouve saisi de son droit. Il n'a donc pas à demander la **délivrance** imposée au légataire. Ainsi on ne saurait reprocher aux juges du fond d'avoir admis qu'un donataire de biens à venir pouvait réclamer, plus de 30 ans après le décès du donateur, les objets compris dans la donation (Cass. 1e civ. 13-2-1968 n° 66-12.334 : Bull. civ. I n° 60). Voir également n° 9010.

D'un **point de vue fiscal,** les libéralités, dites « institutions contractuelles », consenties par des tiers aux futurs époux par contrat de mariage, qui ne peuvent se réaliser qu'au décès du donateur, sont dispensées de droit. Le contrat de mariage est enregistré gratuitement lorsqu'il ne comporte pas d'autres dispositions donnant lieu à la perception d'une imposition progressive ou proportionnelle (CGI art. 847, 1°). Les droits de mutation à titre gratuit ne deviennent exigibles qu'au décès du donateur, d'après le tarif en vigueur et la valeur des biens au jour du décès (BOI-ENR-DMTG-20-10-10 n° 220) : voir n°s 50560 s. 8340

› Précisions Le contrat de mariage renfermant une donation éventuelle, établi **avant le 1er janvier 2020,** rendait exigible le droit fixe de 125 € (CGI art. 672 et 847, 1° dans sa rédaction antérieure à la loi 2019-1479 et ancien art. 848, 5° abrogé par loi 2019-1479 du 28-12-2019 art. 21).

DONATIONS CUMULATIVES DE BIENS PRÉSENTS ET À VENIR PAR LES TIERS

Une variété d'**institution contractuelle par contrat de mariage alternative** permet au donataire d'être traité à son choix soit comme un institué contractuel, soit comme un donataire des biens présents qui figuraient dans le patrimoine du constituant au moment de l'institution (C. civ. art. 1084 et 1085). Cette option lui est ouverte au décès du disposant. 8345

Pour pouvoir apprécier la consistance de ce patrimoine au jour de la donation, un **état estimatif des meubles** est nécessaire, comme en matière de donation ordinaire (C. civ. art. 948). Au surplus, un **état des charges et dettes** du donateur, existantes au jour de la donation, doit obligatoirement être annexé à l'acte ; auquel cas, il sera libre au donataire, lors du décès du donateur, de s'en tenir aux biens présents, en renonçant au surplus de biens du donateur (C. civ. art. 1084). La déclaration à l'acte de donation par le donateur qu'il n'a pas de dettes satisfait aux prescriptions légales (Cass. 1e civ. 22-2-2000 n° 97-21.917 : Bull. civ. I n° 56). **À défaut** d'état des charges et dettes annexé, le donataire est obligé d'accepter ou de répudier la donation pour le tout (C. civ. art. 1085). S'il accepte, il ne peut réclamer que les biens existants au jour du décès du donateur, à charge de payer toutes les dettes et charges grevant la succession.

8350 Tant que le **constituant** est **en vie,** la donation produit les mêmes effets que l'institution contractuelle par contrat de mariage : le constituant reste propriétaire de ses biens (voir nº 8335). Mais le **droit de disposer à titre onéreux** est très théorique, car les tiers acquéreurs seront exposés à l'anéantissement de leur titre si l'institué opte au jour du décès pour la donation de biens présents. Cette dernière permet au gratifié d'être propriétaire rétroactivement au jour de la donation des biens qui dépendaient du patrimoine du constituant. Par cette option, l'institué se prive des biens que le donateur a pu acquérir depuis la donation.

DONATIONS ENTRE FUTURS ÉPOUX

8355 De la même manière, les donations entre les futurs époux par contrat de mariage peuvent avoir pour **objet** des biens présents, des biens à venir ou des biens présents et des biens à venir (C. civ. art. 1092 et 1093). Ces donations peuvent être **réciproques ou non** (C. civ. art. 1091). Lorsqu'elles portent sur des **biens présents,** elles ne sont pas censées faites sous condition de survie du donataire, si cette condition n'est pas formellement exprimée (C. civ. art. 1092). Elles ne sont pas transmissibles aux **enfants issus du mariage,** en cas de décès de l'époux donataire avant l'époux donateur (C. civ. art. 1093).

8360 Sur le **plan fiscal,** les donations de biens présents que les futurs époux se consentent l'un à l'autre sont soumises au barème des droits de mutation à titre gratuit prévu à l'article 777, tableau II du CGI (voir nº 5385). Comme celles consenties par les tiers, les institutions contractuelles entre époux sont enregistrées gratuitement (BOI-ENR-DMTG-20-20-10 nºs 300 et 310) : voir nº 8340.

B. Règles communes à toute donation par contrat de mariage

FORMALISME D'EMPRUNT

8410 Ces donations obéissent au formalisme du **contrat de mariage** qui les contient (C. civ. art. 1394). Contrairement aux donations de droit commun, qui doivent être acceptées « en termes exprès » (C. civ. art. 932), cette exigence est écartée pour les donations faites par contrat de mariage (C. civ. art. 1087 auquel renvoie l'art. 1092). Si l'**acceptation** reste nécessaire, elle n'est ici soumise à aucun formalisme particulier. Il s'ensuit que la simple signature du contrat de mariage vaut acceptation de la donation.

RÉGIME JURIDIQUE ADAPTÉ

8415 Ces donations, qu'elles soient consenties **par des tiers ou entre époux,** sont soumises à un régime juridique identique : celui des donations faites aux futurs époux par des tiers dans un contrat de mariage (C. civ. art. 1081 à 1090 auxquels renvoient les art. 1092 et 1093).

8420 **Irrévocabilité des donations par contrat de mariage** Les donations de biens à venir, ou de biens présents et à venir, sont irrévocables (C. civ. art. 1083 sur renvoi de l'art. 1093). Mais la prohibition des donations de biens à venir (C. civ. art. 943), des donations sous condition potestative (C. civ. art. 944), des donations faites avec obligation pour le donataire de payer les dettes futures du donateur (C. civ. art. 945) et celle des donations avec réserve du droit de disposer (C. civ. art. 946), qui donnent leur force à l'**irrévocabilité spéciale des donations,** ne s'appliquent pas aux donations par contrat de mariage (C. civ. art. 947).

Ainsi, par **exemple,** des conditions simplement potestatives peuvent être stipulées, comme la stipulation d'une charge de payer toutes les dettes du donateur, ou une clause de réserve du droit de disposer (sur la distinction entre condition purement potestative ou simplement potestative, voir nº 4185). Cette faculté est expressément reconnue pour les donations consenties par des tiers (C. civ. art. 1086) et, à défaut de texte spécial, unanimement admise par la doctrine pour les donations entre futurs époux. Autre exemple, les libéralités de biens à venir sont autorisées, qu'il s'agisse des donations faites par des tiers (C. civ. art. 1082 à 1085) ou entre futurs époux (C. civ. art. 1093).

Il ne faudrait pas croire pour autant que ces donations par contrat de mariage soient librement révocables. Elles restent assujetties à la règle de l'**irrévocabilité ordinaire des contrats** (C. civ. art. 1103 et 1193). Il en résulte, par **exemple,** l'impossibilité de stipuler un droit de révocation unilatéral et l'interdiction des conditions purement potestatives (nº 8420). 8425

Domaine de la révocation pour cause d'ingratitude La révocation pour cause d'ingratitude ne s'applique pas aux donations en faveur du mariage (C. civ. art. 959). Bien que le texte ne fasse pas de distinction, la jurisprudence a eu l'occasion de préciser que cette règle ne s'applique qu'aux **donations faites par les tiers** (Cass. civ. 26-2-1856 : DP 1856 I p. 49). Les **donations entre futurs époux** peuvent donc être révoquées pour ingratitude (Cass. civ. 26-2-1856 : DP 1856 I p. 49 ; Cass. 1e civ. 1-3-1977 nº 75-12.563 : Bull. civ. I nº 109) ; sur cette question, voir nº 4345. 8430

Cas de prédécès du donataire et de sa postérité En cas de prédécès du donataire et de sa postérité ou en cas de prédécès du donataire sans postérité, les **donations consenties par des tiers** visées aux articles 1082, 1084 et 1086 sont caduques (C. civ. art. 1089 ; Dalloz Action Droit patrimonial de la famille 2021/2022, dir. M. Grimaldi, v. Règles caractéristiques de toute donation par contrat de mariage consentie par les tiers autres que les ascendants par N. Peterka, nº 342.22). Encore faut-il, pour que cette caducité soit encourue, que ces donations soient de celles qui n'aient pu être consenties « que » par contrat de mariage. Mais cette solution est critiquée lorsqu'elle porte sur des biens présents (N. Peterka, précité). 8435

Causes de révocation de droit commun Certaines causes de révocation de droit commun sont applicables aux donations par contrat de mariage. C'est le cas : 8440
– de la révocation pour **inexécution des charges et conditions** (nºs 4255 s.) ;
– ou encore de la révocation pour **survenance d'enfant,** mais à condition, depuis le 1er janvier 2007, que cette cause de révocation ait bien été prévue à l'acte de donation (C. civ. art. 960). Cette dernière cause de révocation est toutefois exclue pour les donations par contrat de mariage entre futurs époux (C. civ. art. 1096, al. 3) ; voir également nºs 4390 s.

ARTICULATION AVEC LE STATUT MATRIMONIAL

Parce qu'elles figurent dans le contrat de mariage, ces donations sont intimement liées au statut d'époux ainsi qu'au régime matrimonial lui-même. Cette situation explique les **règles particulières** qui suivent. 8445

Caducité en cas de non-célébration du mariage Il est prévu que toute donation en faveur du mariage devient caduque en cas de non-célébration du mariage (C. civ. art. 1088). La doctrine y voit une **condition suspensive** « si nuptiae sequantur », c'est-à-dire « si le mariage s'ensuit ». Le donataire pourrait toutefois conserver sa donation en prouvant qu'elle n'a pas été consentie en considération du mariage, car la **présomption** ne semble pas irréfragable. 8450

Les conséquences de l'annulation du mariage après qu'il a été célébré sont plus discutées (voir Dalloz Action Droit patrimonial de la famille 2021/2022, dir. M. Grimaldi, v. Règles caractéristiques de toute donation par contrat de mariage par N. Peterka, nº 341.34).

Conséquences de l'annulation du contrat de mariage Lorsque le contrat de mariage est annulé : 8455
– les **donations qui ne satisfaisaient pas aux exigences de l'irrévocabilité spéciale** des donations **ou qui n'ont pas été acceptées en termes exprès** sont également annulées ;
– les **donations** qui étaient **conformes aux règles de forme et de fond de droit commun** subsistent, sauf à prouver qu'elles avaient un lien d'indivisibilité avec le régime matrimonial ;
– les **constitutions de dot** par les père et mère sont maintenues après annulation du contrat de mariage, même lorsqu'elles n'ont pas été expressément acceptées (voir Dalloz Action Droit patrimonial de la famille 2021/2022, dir. M. Grimaldi, v. Donations faites par les ascendants par N. Peterka, nº 346.21).

Lien avec le régime matrimonial et le principe d'immutabilité La loi 65-570 du 13 juillet 1965 a abandonné la règle de l'immutabilité des conventions matrimoniales, pour y substituer un principe de mutabilité relative du régime matrimonial. La loi 2007-728 du 23 juin 2006 autorise, depuis le 1er janvier 2007, un **changement de régime matrimonial** qui peut, dans certaines circonstances, échapper à l'homologation judiciaire, sauf opposition dans les trois mois, notamment des « personnes qui avaient été parties dans le contrat » (C. civ. art. 1397, al. 2). 8460

Ce changement de régime matrimonial autorise-t-il une **révocation des donations** consenties par contrat de mariage ?

La question est délicate. Certains auteurs estiment que la mutabilité relative du régime matrimonial ne concerne que le régime lui-même et non les donations contenues dans le contrat de mariage. D'autres considèrent que l'immutabilité relative ne vaut que pour le régime matrimonial et non pour les donations par contrat de mariage, ces dernières relevant du principe de mutabilité du droit commun des contrats. Une thèse intermédiaire soutient que le nouveau régime d'immutabilité relative organisé par l'article 1397 vaut à la fois pour le régime matrimonial et pour les conventions matrimoniales. La question n'est pas clairement résolue, même dans cette dernière thèse, de savoir si la donation peut être révoquée indépendamment du régime matrimonial lui-même (sur cette controverse doctrinale, voir M. Grimaldi : Libéralités. Partages d'ascendants, Litec 2000, n° 1557).

8465 À l'inverse, un changement de régime matrimonial entraîne-t-il **caducité de la donation** si le sort de cette dernière n'a pas été évoqué ? La réponse est négative. L'adoption d'un nouveau régime matrimonial n'entraîne pas ipso facto la caducité des donations que les époux se sont consenties dans un premier contrat de mariage (Cass. 1e civ. 29-10-1974 n° 72-12.823 : Bull. civ. I n° 288 ; dans le même sens, Cass. 1e civ. 14-5-1975 n° 74-10.879 : Bull. civ. I n° 163).

> **Précisions** Si le changement n'entraîne pas automatiquement la caducité de la donation, il le peut parce que la donation contient une **clause** qui la subordonne au maintien du régime initial **ou** parce qu'il y a **incompatibilité** entre la donation et le nouveau régime (M. Grimaldi : Libéralités. Partages d'ascendants, Litec 2000, n° 1559).

8470 **Révocation en dehors de tout changement de régime matrimonial**

Une autre question, celle de la validité de la révocation et de la possibilité d'une telle révocation en dehors de tout changement de régime matrimonial, reste discutée (voir Dalloz Action Droit patrimonial de la famille 2021/2022, dir. M. Grimaldi, v. Règles caractéristiques de toute donation par contrat de mariage par N. Peterka, nos 341.52 s.). En visant l'absence d'opposition des personnes qui avaient été parties au contrat de mariage, l'article 1397 du Code civil semble tolérer, au moins implicitement, que le changement de régime puisse affecter les donations faites par les tiers aux futurs époux, et il serait assez surprenant que la solution ne s'applique pas également entre époux.

INCIDENCES DU DIVORCE

8475 **Donations consenties par un tiers** Le divorce est sans incidence sur les droits que l'un ou l'autre des époux tient de la loi ou des conventions passées avec des tiers (C. civ. art. 265-1 dans sa rédaction issue de la loi 2004-439 du 26-5-2004). Il s'ensuit que le divorce est sans incidence sur les donations consenties par contrat de mariage par les tiers aux futurs époux. La **clause contraire** pourrait-elle être prévue ? La question concerne aussi les donations par contrat de mariage entre futurs époux et sera abordée ci-dessous (n° 8485).

8480 **Donations entre futurs époux** Le divorce est désormais sans incidence sur les donations entre époux de **biens présents** quelle que soit leur forme (C. civ. art. 265, al. 1). Ce texte concerne aussi bien les donations entre époux par contrat de mariage que celles consenties en cours d'union.

En revanche, le divorce emporte révocation de plein droit des **dispositions à cause de mort** accordées par un époux envers son conjoint, par contrat de mariage ou pendant l'union, sauf volonté contraire de l'époux qui les a consenties. Cette volonté est constatée dans la convention signée par un époux et contresignée par avocats ou par le juge au moment du prononcé du divorce. Seul le maintien de la donation par une manifestation de volonté lors des opérations de divorce rend irrévocable la disposition maintenue (C. civ. art. 265, al. 2).

8485 **Clause de non-divorce** La Cour de cassation a jugé qu'une clause de non-divorce insérée dans une **institution contractuelle** consentie entre époux pendant le mariage « n'est pas en soi illicite et est justifiée, sauf intention de nuire, par la nature même de cette libéralité » (Cass. 1e civ. 13-12-2005 n° 02-14.135 : Bull. civ. I n° 491). Toutefois, par un autre arrêt (concernant cette fois une **donation de biens présents** entre époux prenant effet pendant le mariage), elle a considéré que les dispositions de l'article 265, alinéa 1 du Code civil font obstacle à l'insertion d'une clause résolutoire liée au prononcé du divorce ou à une demande en divorce (Cass. 1e civ. 14-3-2012 n° 11-13.791 FS-PBRI : BPAT 2/12 inf. 116). Ce second arrêt, parce qu'il se fonde sur le caractère impératif des règles concernant les effets du divorce, pourrait invalider également ce type de clause pour les donations contenues dans un contrat de mariage ayant produit effet pendant le mariage (en ce sens, Rép. civ. Dalloz, v. Donation entre époux – Donations entre futurs époux en faveur du mariage par V. Brémond, n° 127).

RENONCIATION AU BÉNÉFICE DE L'INSTITUTION CONTRACTUELLE PAR CONTRAT DE MARIAGE

Le bénéficiaire d'une institution contractuelle par contrat de mariage, titulaire sur la succession du disposant d'un droit seulement éventuel quant à son objet, n'acquiert l'entier bénéfice de la libéralité qu'au **décès de l'instituant** et ne peut donc pas y renoncer **avant** cette date (Cass. 1e civ. 16-7-1981 no 80-11.285 : Bull. civ. I no 261). Une fois le bénéfice de l'institution contractuelle acquis **à la suite** du décès de son conjoint constituant par l'époux donataire, ce dernier peut valablement y renoncer. A ainsi été jugée valable la mention qu'un époux survivant avait portée, postérieurement au décès de son conjoint, sur un testament établi par celui-ci au profit d'un tiers, pour accepter les volontés du défunt malgré la donation réciproque contenue dans leur contrat de mariage. Cette mention est, de la part de son auteur, une renonciation au bénéfice alors acquis par lui de l'institution contractuelle et constitue un acte de disposition d'un bien entré dans son patrimoine. La règle de l'immutabilité des conventions matrimoniales et l'interdiction faite au donateur au cas d'institution contractuelle de disposer à titre gratuit des biens compris dans la donation ne sauraient entraîner la nullité de cette renonciation (Cass. 1e civ. 10-7-1962 : Bull. civ. I no 357). 8490

SECTION 2

DONATIONS ENTRE ÉPOUX EN COURS DE MARIAGE

PRÉSENTATION GÉNÉRALE

En cours de mariage, les époux peuvent être amenés à se consentir de **nombreuses donations entre vifs** : dons manuels, donations indirectes dont la qualification est souvent invoquée a posteriori, plus rarement des donations déguisées, ainsi que des donations authentiques (réversibilité d'usufruit, donation de biens présents, donation de sommes d'argent, le conjoint pourrait aujourd'hui recevoir également un lot dans une donation-partage, etc.). 8590

Si les donations de **biens présents** entre époux ont vocation à obéir aux règles de droit commun des donations entre vifs, certaines d'entre elles relèvent encore d'une règle spécifique concernant leur révocation (C. civ. art. 1096, al. 2).

Quant à la donation de **biens à venir,** dite « donation au dernier vivant », son succès ne faiblit pas. Elle sort même renouvelée des réformes du droit des successions opérées par la loi 2001-1135 du 3 décembre 2001 et par la loi 2006-728 du 23 juin 2006. Mais elle se trouve aujourd'hui en concurrence avec le testament qui est plus souple, puisqu'il peut tout à la fois instituer et exhéréder (même du droit viager au logement pourvu qu'il soit passé en forme authentique : voir no 9105), alors que l'institution contractuelle entre époux ne peut que conférer des droits dans la succession.

A. Donations de biens présents

1. DIFFÉRENTES HYPOTHÈSES

QUALIFICATION

La donation de bien présent entre époux obéit aux mêmes règles que celles du **droit commun des donations** (nos 4000 s.). Elle exige une dépossession immédiate du donateur et un enrichissement corrélatif du donataire, et la preuve d'une intention libérale doit être rapportée par celui qui invoque la donation. 8595

Mais elle peut se présenter sous divers visages, et l'existence d'un **lien matrimonial** peut en compliquer la preuve (nos 8630 s.).

EXCLUSION DES PRÉSENTS D'USAGE

On sait que le présent d'usage n'est pas considéré comme une donation. Pour relever de cette **définition** le cadeau doit avoir été effectué à l'occasion d'un évènement familial et doit être en rapport avec la fortune du donateur (voir nos 4015 s.). 8600

ILLUSTRATIONS

La jurisprudence a souvent retenu la qualification de **présent d'usage entre époux** : don par le mari à son épouse d'une automobile à l'occasion d'un anniversaire de naissance (Cass. 1e civ. 15-10-1963 : Bull. civ. I no 433), bague de fiançailles (Cass. 1e civ. 19-12-1979 no 78-13.346 : D. 1981 p. 449 note Foulon-Piganiol), financement par le mari du véhicule de l'épouse, donation d'une toile, paiement du mobilier d'un appartement (Cass. 1e civ. 26-1-1988 no 86-11.866).

DONATION DE DENIERS

8605 L'opération par laquelle un époux donne à l'autre une somme d'argent **en vue de l'acquisition d'un bien** à son nom est autrement qualifiée d'achat pour autrui entre époux, consenti à titre onéreux ou à titre gratuit (no 4047). Dans cette dernière hypothèse, la donation n'est que des deniers et non du bien auquel ils sont employés (C. civ. art. 1099-1). Il s'ensuit que le bien acquis reste la propriété de l'acquéreur et que seuls les deniers sont l'objet de la donation.

Les frais d'acquisition du bien doivent être pris en compte pour la détermination du montant de la donation (Cass. 1e civ. 27-1-1993 no 91-13.986 : Bull. civ. I no 35). Mais aucune indemnité d'occupation ne peut être due par un époux à raison de l'occupation d'un bien qu'il a acquis au moyen de deniers remis par son conjoint (Cass. 1e civ. 20-5-2009 no 08-13.907 F-D : RTD civ. 2009 p. 563).

S'il y a lieu à **restitution,** « les droits du donateur ou de ses héritiers n'ont pour objet qu'une somme d'argent suivant la valeur du bien. Si le bien a été aliéné, on considère la valeur qu'il avait au jour de l'aliénation, et si un nouveau bien a été subrogé au bien aliéné, la valeur de ce nouveau bien » (C. civ. art. 1099-1, al. 2). Pour l'appréciation de la valeur du bien, il ne faut pas tenir compte des améliorations que le donataire a apportées au bien acquis (Cass. 1e civ. 18-10-1994 no 91-22.330 : Bull. civ. I no 295, JCP N 1996 II no 179 note J.-F. Pillebout).

8610 Lorsque la participation de l'époux donateur ne porte que sur une **partie du prix d'acquisition,** il a été jugé que l'article 1099-1 du Code civil ne peut recevoir application que dans la mesure où l'époux donateur a participé à l'achat du bien au nom de son conjoint (Cass. 1e civ. 4-11-1976 no 75-11.707 : Bull. civ. I no 329).

L'application de ce texte a été écartée en présence d'une **clause d'accroissement** (Cass. 1e civ. 14-12-2004 no 02-11.088 F-PB).

DONATION INDIRECTE

8615 De nombreuses donations de biens présents entre époux se présentent sous la forme d'un **acte neutre** n'indiquant pas sa cause. Les hypothèses sont nombreuses (acte onéreux volontairement déséquilibré, stipulation pour autrui, renonciation à un droit, paiement ou achat pour autrui, sauf à contester l'intention libérale). Sur les donations indirectes, voir nos 13610 s.

DONATION DÉGUISÉE

8620 La donation déguisée se dissimule sous l'**apparence d'un autre acte.** C'est une hypothèse de simulation. Sur les donations déguisées, voir nos 13320 s.

Depuis que l'ancien article 1099, alinéa 2, qui les déclarait nulles, a été abrogé par la loi 2004-439 du 26 mai 2004, elles ne posent plus de problème de validité.

> **Précisions** Les donations déguisées entre époux étaient condamnées par l'ancien article 1099, alinéa 2 du Code civil. Cette disposition a été supprimée par la loi 2004-439 du 26 mai 2004. Non tranchée par le législateur, la question de la validité des **donations déguisées entre époux consenties avant le 1er janvier 2005** a été résolue par la Cour de cassation (Cass. 1e civ. 9-12-2009 no 08-20.570 FS-PB) : privilégiant une analyse contractuelle – la date de l'acte détermine la loi applicable –, elle considère qu'à défaut de disposition transitoire spécifique, les dispositions de la loi nouvelle ne s'appliquent pas à ces donations, qui sont donc frappées de nullité (sur ce sujet, voir Rép. civ. Dalloz, v. Donation entre époux par V. Brémond, nos 74 à 87).

DONATION D'USUFRUIT SUCCESSIF

8625 Beaucoup de donations entre vifs sont effectuées avec **réserve d'usufruit.** L'acte de donation comporte, le plus souvent, une clause improprement dite « de **réversion d'usufruit** » qui réalise une constitution d'usufruit successif sur la tête du conjoint s'il survit au donateur.

Après y avoir vu une donation de biens à venir, la Cour de cassation s'est ravisée et a retenu la qualification de donation de biens présents à terme : voir no 6200.

DIFFICULTÉS PROBATOIRES

La preuve d'une **intention libérale** entre époux n'est jamais aisée à rapporter. **8630**

Les échanges monétaires intervenant en cours de communauté de vie peuvent trouver leur cause dans un **contrat** (prêt, dépôt, quasi-contrat), dont l'existence devra être rapportée par celui qui l'invoque, ou découler de l'exécution des devoirs du mariage. En se mariant les époux contractent en effet une obligation de **communauté de vie** (C. civ. art. 212) et l'**obligation de contribuer aux charges du mariage** (C. civ. art. 214). Malgré les vives critiques de la doctrine, la jurisprudence a une conception large des dépenses relevant de ce dernier texte. Elle y inclut les dépenses engagées pour l'acquisition et l'amélioration du logement familial et refuse, partant, d'y voir une donation ou le fondement d'une créance source de compensation. Jugé ainsi pour le remboursement de l'emprunt ayant servi au financement de l'acquisition d'un logement indivis (Cass. 1e civ. 15-5-2013 no 11-26.933 FS-PBI : BPAT 4/13 inf. 136, D. 2013 p. 2242 obs. V. Brémond ; Cass. 1e civ. 24-9-2014 no 13-21.005 F-PB), pour le remboursement des échéances d'emprunt pour la construction du logement sur un terrain (Cass. 1e civ. 12-6-2013 no 11-26.748 F-PB : BPAT 4/13 inf. 136), pour le financement des dépenses d'agrément et notamment l'acquisition d'une résidence secondaire (Cass. 1e civ. 20-5-1981 no 79-17.171 : Bull. civ. I no 176). Un investissement immobilier n'en fait toutefois pas partie (Cass. 1e civ. 5-10-2016 no 15-25.944 F-PB : BPAT 6/16 inf. 217). De la même manière, tout apport en capital de fonds personnels pour financer la part indivise du conjoint lors de l'achat d'un bien à usage familial ne relève pas de la contribution aux charges du mariage (Cass. 1e civ. 3-10-2019 no 18-20.828 FS-PBI : BPAT 6/19 inf. 229, note A. Chamoulaud-Trapiers), sauf convention contraire (Cass. 1e civ. 17-3-2021 no 19-21.463 FS-P : BPAT 3/21 inf. 105 ; Cass. 1e civ. 9-6-2022 no 20-21.277 F-B : BPAT 4/22 inf. 176). La solution est la même lorsque le logement familial est un bien personnel du conjoint (Cass. 1e civ. 5-4-2023 no 21-22.296 FS-B : BPAT 3/23 inf. 111).

Par ailleurs, l'époux gratifié peut tenter de prouver le **caractère rémunératoire de la donation.** Une telle « donation » a vocation à dédommager un époux (souvent une femme, en l'état actuel de la jurisprudence) des sacrifices qu'il a consentis en outrepassant ses obligations de contribution aux charges du mariage, par son activité au foyer (dans l'intérêt du ménage ou pour l'éducation des enfants, qui va souvent de pair avec l'abandon d'une activité professionnelle) ou sa collaboration bénévole à l'activité professionnelle de l'autre époux (Rép. civ. Dalloz, v. Donation entre époux par V. Brémond, nos 27 à 46). Pour une illustration, la remise par le mari à son épouse séparée de biens de la somme de 457 000 € pour l'indemniser de ses sacrifices et de son activité intense au foyer qui ont outrepassé sa contribution aux charges du ménage constitue une « donation rémunératoire » entre époux. En effet, malgré ses qualification et expérience professionnelle lui permettant de faire carrière dans la publicité et de créer son propre cabinet, elle a cessé toute activité professionnelle pour se consacrer à son mari et leurs enfants, autorisant celui-là à gérer ses affaires. Elle a ainsi perdu des revenus conséquents et des droits à la retraite (Cass. 1e civ. 9-2-2022 no 20-14.272 F-D : BPAT 3/22 inf. 172-9). **8635**

Les donations rémunératoires n'entrent pas dans la catégorie des libéralités (no 100).

2. RÉVOCABILITÉ OU IRRÉVOCABILITÉ DES DONATIONS DE BIENS PRÉSENTS

DUALITÉ DE RÉGIMES

Il faut distinguer les donations consenties depuis le 1er janvier 2005, qui sont soumises aux lois 2004-439 du 26 mai 2004 et 2006-728 du 23 juin 2006, de celles consenties avant cette date, dont la révocabilité demeure régie par le droit antérieur. **8665**

a. Donations consenties depuis le 1er janvier 2005

DONATIONS DE BIENS PRÉSENTS PRENANT EFFET AU COURS DU MARIAGE

Irrévocabilité Deux **règles** sont **à combiner** : **8670**

– la donation de biens présents n'est révocable que dans les conditions prévues aux articles 953 à 958 du Code civil (C. civ. art. 1096, al. 2) ;

– le divorce est sans incidence sur les donations de biens présents quelle que soit leur forme (C. civ. art. 265, al. 1).

Ces règles rendent donc les donations consenties en cours de mariage irrévocables, sauf **causes légales de révocation** (inexécution des charges, ingratitude, etc.) **et** le **divorce** ne met pas en échec cette irrévocabilité. Le but de ces dispositions est notamment d'éviter l'insécurité qu'une libre révocabilité pourrait générer. Au moment du divorce, les époux peuvent néanmoins, par « mutuus dissensus », s'accorder pour révoquer la donation.

Rappelons que, comme il est logique, les donations de biens présents entre époux ne sont pas révoquées par la **survenance d'enfants** (C. civ. art. 1096, al. 3).

> **Précisions** Une incertitude demeure quant à la **nature de l'irrévocabilité** des donations de biens présents entre époux qui prennent effet pendant le mariage : cette irrévocabilité est-elle celle, « ordinaire », des contrats ou celle, dite « spéciale », des donations ? Littéralement, toutes les donations entre époux sont exclues du champ d'application du principe d'irrévocabilité spéciale par l'article 947, alinéa 1 du Code civil. Cependant, la non-modification du texte de l'article 947 lors de la réforme du divorce opérée par la loi du 26 mai 2004 qui a entendu aligner le régime des donations de biens entre époux sur le droit commun, contraire à l'esprit de la réforme, est vraisemblablement due à un oubli. Une seule décision a pris, à notre connaissance, position sur la question, en jugeant que l'article 947 du Code civil exclut les donations de biens présents entre époux du champ d'application du principe d'irrévocabilité spéciale (CA Versailles 4-11-2010 n° 09/06167, décision cassée par la Cour de cassation mais sans que ce point eût été évoqué dans le pourvoi).

8675 **Clause de non-divorce** La **question de la validité** d'une clause de non-divorce, qui aurait été introduite dans les donations de biens présents irrévocables, a été tranchée négativement par la **Cour de cassation** (Cass. 1e civ. 14-3-2012 n° 11-13.791 FS-PBRI : BPAT 2/12 inf. 116, RTD civ. 2012 p. 357 note M. Grimaldi). La Haute Juridiction a condamné ce type de clauses en s'appuyant sur le caractère impératif de l'article 265 du Code civil qui fait « obstacle à l'insertion dans une donation de biens présents prenant effet au cours du mariage, d'une clause résolutoire liée au prononcé du divorce ou à une demande en divorce ».

> **Précisions** L'impossibilité de stipuler une clause de non-divorce confère aux donations de biens présents entre époux une **irrévocabilité encore plus forte** que l'irrévocabilité spéciale des donations (voir n° 8670). En effet, l'irrévocabilité spéciale permet la stipulation d'une clause résolutoire sauf si elle laisse la possibilité au donateur d'exercer la révocation de par sa seule volonté. Une clause de non-divorce ne va donc pas à l'encontre de l'irrévocabilité spéciale dans la mesure où le divorce est prononcé par un juge et ne peut donc pas uniquement dépendre de la volonté de celui qui le demande. Même dans le cas où le divorce est prononcé sans juge, les époux devant se mettre d'accord sur la convention de divorce, il ne peut pas dépendre de la volonté d'un seul des époux. Ce rejet de la clause de non-divorce est regrettable car c'est peut-être la survie des donations de biens présents entre époux qui est en jeu : sans clause de révocation en cas de divorce, elles pourraient devenir une espèce en voie de disparition en considération du taux de divorce actuel. La liberté d'organisation des conséquences patrimoniales du divorce était l'un des buts de la réforme du divorce ; ne pas permettre la clause de non-divorce va contre l'esprit de la loi.

DONATIONS DE BIENS PRÉSENTS À TERME

8680 Autre type de donation : celle consentie par les époux en cours de mariage portant sur des biens présents, mais dont l'exécution est reportée au décès du donateur. Ce sont notamment les réversions d'usufruit, nombreuses **en pratique,** qui alimentent cette catégorie de donations (Cass. 1e civ. 21-10-1997 n° 95-19.759 : Bull. civ. I n° 291 ; Cass. 1e civ. 6-11-2002 n° 01-00.681 FS-PB).

8685 **Révocabilité** La loi du 26 mai 2004 les avait rendues irrévocables, comme les autres donations de biens présents, sans égard à leur spécificité (C. civ. art. 1096, al. 2 dans sa rédaction issue de la loi 2004-439 du 26-5-2004). La loi de 2006 a modifié l'alinéa 2 de l'article 1096, qui indique désormais que seules les donations de biens présents prenant effet au cours du mariage sont irrévocables (C. civ. art. 1096, al. 2 dans sa rédaction issue de la loi 2006-728 du 23-6-2006). A contrario, les donations de biens présents à terme, qui ne prennent pas effet au cours du mariage, sont **révocables ad nutum.** La finalité successorale des donations de biens présents à terme est donc désormais prise en compte.

Comme les donations de biens présents prenant effet pendant le mariage, celles de biens présents à terme échappent à la révocation pour **survenance d'enfant** (C. civ. art. 1096, al. 3).

8690 **Conséquences du divorce** En matière de divorce, ces donations restent soumises au même régime que les donations de biens présents prenant effet au cours du mariage (C. civ. art. 265, al. 1) : le divorce n'a aucune incidence. Les **donations de biens présents à terme non expressément révoquées** sont donc maintenues, la révocation automatique réservée aux donations de biens à venir ne jouant pas. Les donations pour lesquelles rien n'a été envisagé demeurent, mais avec leur caractère révocable. Or, la révocation pourra s'exercer à tout moment après le divorce, à condition d'être faite par le disposant avant son décès (car le droit de révoquer est personnel au donateur). La révocation est discrétionnaire, elle n'a pas à être motivée.

Le législateur avait voulu bannir cette situation d'insécurité avec la loi du 26 mai 2004 mais il l'a réintroduite en 2006. Afin d'y obvier, il est suggéré par certains de transposer à ces donations la solution dégagée par la Cour de cassation sous l'empire du droit antérieur à la loi de 2004 (Cass. 1e civ. 28-2-2006 nº 03-10.245 : Bull. civ. I nº 115) selon laquelle les donations de biens présents, faute d'être révoquées dans la convention de divorce homologuée, deviennent irrévocables (Dalloz Action Droit patrimonial de la famille 2021/2022, dir. M. Grimaldi, v. Donations de biens présents entre époux hors contrat de mariage : révocabilité et irrévocabilité par N. Peterka, nº 354.133 ; voir toutefois, en sens contraire, S. Gaudemet, Révocation ou maintien de la réversion d'usufruit et des avantages matrimoniaux lors d'un divorce, la mise en ordre proposée par le Congrès des notaires : RDC 2010 p. 1363, qui estime que le raisonnement de la Cour de cassation ne saurait être transposé, s'agissant ici de donations de biens présents dont les effets sont différés au prédécès du donateur).

En toute hypothèse, ces **donations** peuvent être **maintenues expressément** lors d'un divorce, ce qui leur confère un caractère irrévocable.

CONSEIL

Il faut penser, lors d'un divorce, à évoquer de façon systématique le sort des donations de biens présents qui prennent effet au décès de l'un des époux, ainsi que celui des donations de biens présents antérieures au 1er janvier 2005 (voir nos 8715 s.), afin notamment de les prendre en compte dans l'**équilibre général des conséquences patrimoniales du divorce.** Il conviendra soit de les révoquer, soit de les maintenir expressément (tout en ayant conscience des conséquences de ce maintien irrévocable). À défaut, certaines donations révocables demeureraient, ce qui pourrait conduire un jour à déjouer l'équilibre patrimonial du divorce.

Formalisme de la révocation Il faut prendre garde au formalisme de la révocation lorsqu'elle est **expresse.** Il est généralement admis qu'elle doit prendre la forme d'un acte solennel : acte notarié ou testament (Cass. civ. 1-7-1947 : D. 1947 p. 501 note Ripert ; Rép. civ. Dalloz, v. Donation entre époux par V. Brémond, nº 272 ; en sens contraire, J.-Cl. Civil Code, Art. 1091 à 1100 fasc. 20 par A. Sériaux, nº 80). 8695

Mais la révocation peut aussi être **tacite** et résulter de l'intention non équivoque du donateur de révoquer, laquelle est appréciée souverainement par les juges du fond (comportement du donateur, circonstances de la cause).

b. Donations consenties avant le 1er janvier 2005

SURVIE DE LA LOI ANCIENNE

Les donations de biens présents entre époux consenties avant le 1er janvier 2005 étaient toujours, par **principe,** révocables ad nutum, dérogeant ainsi à l'irrévocabilité spéciale et ordinaire des contrats (C. civ. art. 1096 dans sa rédaction antérieure à la loi 2004-439 du 26-5-2004). La règle était donc la révocabilité libre et discrétionnaire, que la prise d'effet de ces donations soit immédiate ou à terme. 8715

> Précisions Les « **donations rémunératoires** » (nº 8635) échappent à la règle de la libre révocabilité des donations entre époux faites avant le 1er janvier 2005. Lorsqu'il s'est agi de paiement effectué par l'un des époux au profit de son conjoint, c'est à celui qui se prévaut de son intention libérale de la prouver (Cass. 1e civ. 16-12.2020 nº 19-13.701 FS-P : BPAT 2/21 inf. 56). En pratique, il lui appartient d'établir que son conjoint n'a, en aucune façon, surcontribué aux charges du mariage par une activité gracieuse. En effet, dans ce dernier cas, les juges considèrent que la « donation » présente un caractère rémunératoire et demeure ainsi irrévocable. Ainsi en est-il en cas de :

– participation sans contrepartie à l'activité professionnelle du conjoint, la rétribution étant d'une valeur équivalente aux services rendus (Cass. 1e civ. 16-6-1981 nº 80-11.923 : Bull. civ. I nº 217) ;

– part prise dans le travail domestique en sacrifiant une carrière professionnelle (C. civ. art. 214 ; Cass. 1e civ. 20-5-1981 nº 80-11.544 : Bull. civ. I nº 175).

En pratique Ces donations, qui subsistent aujourd'hui, gardent ce caractère révocable qui existait dès leur naissance puisqu'elles restent soumises à la loi ancienne (Loi 2006-728 du 23-6-2006 art. 47, III). **Jusqu'au décès du donateur,** elles restent donc susceptibles de révocation. Une telle révocation pourra notamment s'exercer au moment d'un divorce. 8717

Ces donations échappent en revanche à la révocation pour cause de survenance d'enfant (C. civ. art. 1096, al. 2 dans sa rédaction antérieure à la loi 2004-439 du 26-5-2004).

Les donations consenties avant le 1er janvier 2005 se rencontrent bien sûr fréquemment en pratique. La survie de la loi ancienne aura donc un impact important, pour de nombreuses années encore.

Cette survie de la loi ancienne, si elle permet de respecter ce qui a été prévu par les parties lors de la donation, peut poser des problèmes pratiques lorsqu'il ne s'agit pas de donations authentiques présentant une **date certaine.** En effet, les donations antérieures au 1er janvier 2005 mais dont il sera difficile de prouver la date (dons manuels par exemple) seront de facto soumises à la loi nouvelle.

CONSÉQUENCES DU DIVORCE

8720 Le divorce est sans incidence sur les donations de biens présents consenties avant le 1er janvier 2005 (C. civ. art. 265, al. 1 ; Cass. 1e civ. 10-6-2015 no 14-15.615 F-D). En conséquence, elles restent en **principe** librement révocables (C. civ. art. 1096 dans sa rédaction antérieure aux lois 2004-439 du 26-5-2004 et 2006-728 du 23-6-2006 art. 47, III).

Cependant, dans le cas d'un **divorce par consentement mutuel,** elles deviennent irrévocables si :

– elles sont maintenues de façon expresse dans la convention des époux contresignée par avocats ou homologuée par le juge (Cass. 1e civ. 6-2-2008 no 05-18.745 : Bull. civ. I no 40, à propos d'une donation au dernier vivant) ;

– elles ne sont pas expressément révoquées par la convention car, alors, elles ont été nécessairement prises en compte et participent du règlement global des effets du divorce (Cass. 1e civ. 28-2-2006 no 03-10.245 : Bull. civ. I no 115, à propos de dons manuels).

Dans les **autres cas de divorce,** les donations de biens présents cessent d'être révocables si le donateur a renoncé de façon non équivoque à exercer sa faculté de révocation, notamment lorsque celui-ci met en avant le patrimoine de son conjoint résultant de ces libéralités afin de minorer le montant de la prestation compensatoire qu'il doit (Cass. 1e civ. 4-7-2006 no 04-14.968 : Bull. civ. I no 343 ; Cass. 1e civ. 26-10-2011 no 10-25.078 F-PBI : BPAT 6/11 inf. 338 ; Cass. 1e civ. 10-6-2015 no 14-15.615 F-D : BPAT 4/15 inf. 157-a).

Rendues en application des dispositions sur le divorce antérieures à la loi du 26 mai 2004, ces solutions nous paraissent en effet transposables aux divorces prononcés après le 1er janvier 2005 (dans le même sens, J.-Cl. Civil Code, Art. 1091 à 1100 fasc. 20 par A. Sériaux, no 96). Pour un auteur, la solution retenue lorsque les époux restent silencieux sur le sort des libéralités (Cass. 1e civ. 28-2-2006 no 03-10.245 précité) ne devrait toutefois être transposable qu'au cas des donations de biens présents qui prennent effet pendant le mariage. Son argument : les donations de biens présents à terme, dont l'exécution est soumise à l'aléa du prédécès du donateur, ne peuvent pas jouer un véritable rôle dans le règlement des effets du divorce (D. Epailly, Le notaire et les donations entre ex-époux : Dr. famille 2008 étude 27 nos 10 et 12).

CAS DES DONATIONS MAINTENUES LORS DES ANCIENS DIVORCES

8725 La loi 75-617 du 11 juillet 1975 prévoyait le sort des donations en cas de divorce, sort étroitement lié à la cause de la séparation. Ces donations consenties sous l'empire de l'ancien article 1096 du Code civil étaient révocables (qu'il s'agisse de donations de biens présents ou à venir). Par hypothèse, ces donations maintenues par le divorce subsistent aujourd'hui, d'où l'**importance pratique** de la question.

8730 Lors d'un divorce pour **faute aux torts exclusifs** (C. civ. art. 267 dans sa rédaction antérieure à la loi 2004-439 du 26-5-2004) ou pour **rupture de la vie commune** (C. civ. art. 269 dans sa rédaction antérieure à la loi 2004-439 du 26-5-2004), l'époux fautif dans le premier cas, ou demandeur dans le second, perdait automatiquement le bénéfice des donations faites à son profit, tandis qu'elles étaient maintenues pour l'autre époux (C. civ. art. 267, al. 2 ancien). Les donations gardaient cependant leur caractère révocable (Cass. 1e civ. 4-2-1992 no 90-10.695 FS-PB) ; elles ont donc en pratique toutes été révoquées. Si, par extraordinaire, elles ne l'avaient pas été, elles resteraient aujourd'hui révocables.

8735 En cas de divorce pour **faute aux torts partagés** ou sur **demande acceptée,** les époux pouvaient choisir de révoquer les donations au moment du divorce (C. civ. art. 267-1 et 268-1 dans leur rédaction antérieure à la loi 2004-439 du 26-5-2004), ce qui constituait l'application des règles générales. En l'absence de révocation automatique, le silence des époux impliquait le maintien des donations. Ce maintien implicite laissait aux donations leur caractère révocable. Celles subsistant actuellement sont donc toujours révocables. Au contraire, si la donation était maintenue volontairement, elle devenait irrévocable, la volonté de maintenir devant être comprise comme emportant renonciation à la faculté de révocation.

Concernant le divorce **sur requête conjointe,** l'ancien article 268 du Code civil permettait aux époux de décider eux-mêmes de révoquer ou non les donations. Les solutions sont semblables à celles du divorce pour faute aux torts partagés ou sur demande acceptée. Le silence sur le sort de la donation implique son maintien, avec son caractère révocable. Cette révocation pourrait donc encore s'exercer aujourd'hui. La volonté de maintenir la donation exprimée par le donateur, que cette volonté soit tacite (Cass. 1e civ. 28-2-2006 no 03-10.245 FS-PB, à propos de dons manuels ; voir toutefois D. Epailly, Le notaire et les donations entre ex-époux : Dr. famille 2008 étude 27 no 10, estimant que la solution est limitée aux donations de biens présents prenant effet pendant le mariage) ou expresse (Cass. 1e civ. 6-2-2008 no 05-18.745 FS-PB, à propos d'une donation au dernier vivant), rend au contraire la donation irrévocable. **8740**

En définitive, dans plusieurs hypothèses, les donations maintenues restent révocables aujourd'hui. Cette révocabilité toujours susceptible de s'exercer provoque une **insécurité** malvenue : les conséquences patrimoniales du divorce auront été réglées (s'agissant notamment de la prestation compensatoire), il y a parfois longtemps, en fonction de la donation maintenue. Or, la révocation de la donation a posteriori viendrait bouleverser l'équilibre patrimonial qui avait été établi. **8745**

B. Donations de biens à venir

RÉDACTION DE L'ACTE

Très pratiquées, les donations de biens à venir entre époux, dites communément « donations au dernier vivant », présentent des particularités certaines et répondent à un souci de sécurité juridique grâce à une rédaction maîtrisée par le notaire instrumentaire. Elles n'ont jamais relevé d'une rédaction unique. Elles peuvent varier d'un rédacteur à un autre et selon les demandes et attentes du disposant. La **variété des situations familiales et patrimoniales** est grande et nécessite de la part du notaire rédacteur une écoute vigilante et une formulation appropriée. **8795**

La **généralisation de cet outil** de protection du conjoint survivant a, par la force des choses, parfois standardisé sa rédaction.

Mais la réforme du droit des successions par la loi 2006-728 du 23 juin 2006 et plus particulièrement la généralisation de la réduction en valeur (C. civ. art. 924) conduisent les notaires à en repenser la formulation.

1. PRÉSENTATION DES DONATIONS DE BIENS À VENIR

DÉFINITION

L'**institution contractuelle** est une libéralité par laquelle l'instituant dispose à titre gratuit au bénéfice d'une autre personne, l'institué, qui accepte, de tout ou partie des biens qui composeront sa succession, soit de tel ou tel bien déterminé qui pourra en dépendre. **8800**

Le constituant institue contractuellement le gratifié son successeur (voir particulièrement, M. Grimaldi, La nature juridique de l'institution contractuelle, thèse, Paris, 1977).

La définition même de l'institution contractuelle en montre les **limites.** L'institution contractuelle institue un héritier et ne peut, au contraire, priver un héritier de ses droits dans la succession. Une clause d'exhérédation, ainsi que toutes dispositions qui auraient pour effet de limiter les droits et pouvoirs d'un héritier, ne peut être mise en place que dans un testament.

PACTE SUR SUCCESSION FUTURE

La donation entre époux de biens à venir en cours de mariage ou institution contractuelle entre époux, si elle est consentie entre vifs, n'a vocation à produire effets qu'au décès du donateur. En ce sens, elle constitue une exception à l'**interdiction des donations de biens à venir** consacrée par l'article 943 du Code civil et un pacte sur succession future qui échappe ici à sa prohibition de principe en raison de sa libre révocabilité (C. civ. art. 1096, al. 1), qui en limite le danger (no 28195). **8805**

Admise depuis longtemps en jurisprudence, elle s'est développée en dehors de tout cadre légal avant d'être indirectement consacrée par l'article 1096, alinéa 1 du Code civil, dans sa rédaction issue de la loi 2004-439 du 26 mai 2004.

Elle ne peut, toutefois, contenir de dispositions qu'**au profit du conjoint** et non d'un tiers. Une telle libéralité ne pourrait ainsi pas contenir une libéralité secondaire, graduelle ou résiduelle, au profit d'un autre gratifié.

NATURE JURIDIQUE

8810 Parce qu'elle porte sur des biens à venir et se trouve librement révocable, la donation entre époux de biens à venir est assimilée quant à ses effets, à un **legs.** Elle n'emprunte à la **donation** que son caractère contractuel.

FORMALISME

8815 La donation entre époux de biens à venir doit respecter les règles de forme des **donations ordinaires** : avoir été passée devant notaire et reçue en minute (C. civ. art. 931). Elle doit aussi avoir été expressément acceptée par son bénéficiaire (C. civ. art. 932). Pour plus de précisions, voir n°s 4460 s.

CAPACITÉ DU DISPOSANT

8820 Parce que la donation entre époux de biens à venir est assimilée, quant à ses effets, à un **legs,** il suffit que le disposant ait la capacité de léguer.

Sur la capacité de disposer à titre gratuit, voir n°s 695 s.

CAPACITÉ DU GRATIFIÉ

8825 Le gratifié doit avoir, au **jour de l'institution contractuelle,** la capacité d'accepter une libéralité non grevée de charge et, au **jour de l'ouverture de la succession,** celle d'accepter selon le cas soit un legs sans charge, soit un legs avec charge.

Sur la capacité de recevoir à titre gratuit, voir n°s 835 s.

2. MISE EN PLACE DE LA DONATION DE BIENS À VENIR

8855 Pour le **notaire rédacteur,** la libéralité de biens à venir entre époux doit définir le plus clairement possible :

- son objet ;
- les modalités de son imputation sur la quotité disponible spéciale entre époux ;
- les modalités de sa réduction.

La donation peut aussi être assortie de conditions.

a. Objet de la libéralité

TITRE UNIQUE OU TITRES ALTERNATIFS

8860 La libéralité de biens à venir va d'abord conférer au gratifié un titre de donataire. Selon le cas, ce titre peut être universel, à titre universel ou à titre particulier.

La donation peut conférer au gratifié **un seul titre** : par exemple, l'universalité des biens qui composeront la succession, ou l'usufruit de la totalité des biens dépendant de la succession, ou la pleine propriété d'un ou de plusieurs biens déterminés, etc.

Elle peut aussi offrir au gratifié un **choix entre plusieurs titres** alternatifs : par exemple, elle peut porter, au choix exclusif du gratifié, sur l'une ou l'autre des quotités disponibles entre époux que la loi autorisera au jour du décès du disposant.

Elle peut de même porter, au choix du gratifié, sur un bien en propriété ou sur l'usufruit du même bien.

Pour des **exemples de formules,** voir n°s 9250 s.

EN PRÉSENCE DE DESCENDANTS

8865 **Avant l'entrée en application de la loi 2006-728 du 23 juin 2006,** les donations entre époux de biens à venir étaient rédigées de telle façon que l'objet de la libéralité, sans être véritablement alternatif, dépendait de la présence ou non de descendants et de l'exercice par ces derniers ou non de l'action en réduction.

Bien entendu, les formules pouvaient varier. Cependant ces donations contenaient souvent d'abord une libéralité universelle au profit du conjoint, suivie de la précision suivante : « En présence de descendants du disposant au jour de l'ouverture de la succession et si la réduction en est demandée, la donation sera réduite, au choix exclusif du donataire, à l'une ou l'autre des quotités disponibles qui seront permises entre époux au jour du décès. »

La réduction, lorsqu'elle était demandée, entraînait ainsi une caducité partielle de la libéralité universelle (C. civ. art. 925 ancien) et le conjoint se retrouvait gratifié seulement de droits en nature que bornait la quotité disponible spéciale entre époux (C. civ. art. 1094-1).

On peut dire ainsi que l'objet de la libéralité et sa réduction se confondaient.

CONSEIL

Une telle **rédaction** ne saurait être **aujourd'hui** maintenue. La raison en est, essentiellement, qu'une libéralité qui excède la quotité disponible entre époux n'est plus privée d'efficacité mais encourt seulement la réduction en valeur depuis l'entrée en application de la loi 2006-728 du 23 juin 2006 (C. civ. art. 924). Or tel n'est peut-être pas la volonté du disposant.

La **généralisation de la réduction en valeur** confère au disposant une grande liberté dans l'organisation de la transmission de ses biens puisque le gratifié est seulement exposé au versement d'une indemnité de réduction, si la générosité du disposant excède les limites autorisées par la loi en présence d'héritiers à réserve, à moins que le gratifié n'opte lui-même pour la réduction en nature (C. civ. art. 924-1). **8870**

Toutefois cette liberté est aussi une **difficulté nouvelle** dans la mise en place des volontés du disposant qui peut être attaché à une transmission de ses biens en nature au profit de ses descendants.

Le disposant doit donc être invité à réfléchir à ce qu'il veut transmettre (biens ou valeur) et à déterminer clairement le ou les destinataires de cette transmission (pour des formules, voir n°s 9250 s.).

Le disposant peut souhaiter faire porter sa libéralité directement sur l'une des **quotités disponibles spéciales entre époux** de l'article 1094-1 du Code civil, lequel dispose : « Pour le cas où l'époux laisserait des enfants ou descendants, issus ou non du mariage, il pourra disposer en faveur de l'autre époux, soit de la propriété de ce dont il pourrait disposer en faveur d'un étranger, soit d'un quart de ses biens en propriété et des trois autres quarts en usufruit, soit encore de la totalité des biens en usufruit seulement ». **8875**

Rappelons que le choix entre ces quotités appartient au disposant, sachant que ce dernier peut le déléguer au conjoint. Pour plus de précisions sur cette question et les précautions rédactionnelles à prendre, voir n°s 28965 s.

Signalons enfin la possibilité pour chaque enfant non commun du défunt d'exiger, en ce qui le concerne, que la libéralité qui aurait été faite en pleine propriété au conjoint survivant soit convertie en une libéralité en usufruit, moyennant l'abandon au conjoint de la part d'usufruit qu'il aurait recueillie en son absence (C. civ. art. 1098). Cet usufruit forcé trouve toutefois rarement à s'appliquer : n°s 29020 s.

EN L'ABSENCE DE DESCENDANTS

Si le défunt ne laisse aucune postérité, la libéralité au profit du conjoint survivant peut être déterminée en toute **liberté,** puisqu'aucune réserve ne viendra plus entraver ou limiter la volonté exprimée. On sait, en effet, que la loi 2006-728 du 23 juin 2006 a abrogé la réserve des ascendants. **8880**

Restera toutefois à interroger le disposant pour savoir si, parmi les biens objets de la transmission au profit du conjoint, ne figurent pas des biens provenant par donation des père et mère ou de l'un d'eux. Ces derniers peuvent, on le sait, s'ils survivent à leur enfant décédé sans postérité, disposer d'un **droit de retour légal** sur les biens qu'ils avaient (ou que l'un d'eux avait) donné au défunt (C. civ. art. 738-2). Sur cette question, voir n°s 25170 s.

Si un **droit de retour conventionnel** grève certains des biens dépendant de la succession, la libéralité ne pourra pas porter sur ce bien, grevé d'une condition résolutoire, à moins que ce retour conventionnel ne soit que partiel (n°s 6550 s.).

b. Imputation de la donation sur la quotité disponible spéciale entre époux

UTILITÉ DE CETTE PROPOSITION

Lorsqu'elle n'est pas directement l'**objet de la libéralité,** la quotité disponible spéciale entre époux (C. civ. art. 1094-1, al. 1) exprime une limite – désormais économique puisqu'elle n'implique plus l'inefficacité de la transmission (C. civ. art. 924) – à ce que le conjoint peut recevoir à titre gratuit. **8900**

Si la donation de biens à venir a porté sur l'universalité, ou des biens particuliers, cette réduction permettra alors, non pas de priver le conjoint des biens transmis, mais de chiffrer l'indemnité de réduction revenant aux enfants ou descendants.

La quotité disponible, ou plus exactement l'une de ces quotités disponibles, va alors servir de **secteur d'imputation de la libéralité** reçue et permettra de la soumettre à réduction pour l'excédent.

La donation doit ainsi, soit préciser sur quelle branche de l'option l'imputation devra s'effectuer pour la liquidation successorale (l'usufruit de la totalité, un quart en propriété et trois quarts en usufruit, ou encore la quotité disponible ordinaire), soit **déléguer ce choix au gratifié.** Sur cette question, voir également n°s 28975 s. Cette précision dans la libéralité elle-même facilitera les opérations de liquidation le moment venu, et assurera une meilleure prévisibilité des conséquences d'une éventuelle action en réduction (voir formules n°s 9250 s.).

› Précisions On rappellera que :
– l'imputation des **donations de biens à venir en usufruit** doit se faire en assiette (pas de conversion avant imputation) : voir n°s 33300 s. ;
– la **réduction** n'est pas automatique et doit être **demandée** par chacun des héritiers réservataires pour sa propre part : voir n°s 33440 s. ;
– l'**action en réduction** est enfermée dans un triple **délai** : en principe cinq ans à compter du décès, par exception deux ans à compter de la connaissance de l'atteinte à la réserve, sans jamais pouvoir excéder dix ans après l'ouverture de la succession (C. civ. art. 921, al. 2) ;
– la quotité disponible spéciale comme la quotité disponible ordinaire se calculent sur une **masse de calcul** comprenant les biens existants dont on déduit les dettes et auxquels on réunit fictivement toutes les donations entre vifs (C. civ. art. 922).

La coexistence de libéralités adressées au conjoint et de libéralités adressées à un tiers peut conduire à un **concours de quotité disponible spéciale et ordinaire** et à une articulation de l'imputation de chaque libéralité dominée par une logique de spécialité (n°s 33235 s.).

DONATIONS AYANT POUR OBJET L'UNE DES QUOTITÉS DISPONIBLES SPÉCIALES

8905 Lorsque la donation porte directement sur l'une des quotités disponibles spéciales, qu'elle soit choisie par le disposant ou par le gratifié, le **secteur d'imputation** de la donation est déterminé avec certitude par son objet même : la donation de l'usufruit de la totalité de la succession s'imputera sur l'usufruit de tous les biens, la donation du quart en propriété et des trois quarts en usufruit s'imputera sur le quart en propriété et les trois-quarts en usufruit, la donation de la quotité disponible s'imputera sur la quotité disponible ordinaire.

Ainsi limitée, la donation de biens à venir ne peut pas être sujette à **réduction,** à moins que des libéralités entre vifs n'aient entamé la quotité disponible ordinaire, ou que la donation de biens à venir n'entre en concurrence avec des legs. Si le conjoint dispose de plusieurs titres (un legs universel non révoqué par une donation entre époux), l'acceptation de la donation entre époux et le choix de l'une des quotités disponibles entre époux n'exclut pas la réduction du legs universel (Cass. 1e civ. 13-7-2022 n° 21-10.226 F-D : BPAT 5/22 inf. 218 par D. Epailly).

PLURALITÉS DE DISPOSITIONS DE DERNIÈRES VOLONTÉS

8910 Si la donation de biens à venir entre époux n'est pas la seule disposition de dernières volontés prise par le défunt, il faudra **prendre garde** à ce que l'une des dispositions n'ait pas été révoquée, expressément ou implicitement par l'autre.

Mais surtout, il faut rappeler que la donation de biens à venir que se font les époux au cours du mariage est en principe **imputable concurremment** avec les legs, le disposant pouvant toutefois indiquer un ordre de priorité (voir n° 32950).

CONSEIL

Lorsqu'un **testament** est **rédigé après une donation entre époux** de biens à venir, il ne suffit pas de confirmer la donation entre époux. Il faut aussi penser à prévoir un **ordre de priorité** dans l'exécution, ordre qui conditionnera lui-même l'ordre de réduction et simplifiera la liquidation. À défaut, les deux dispositions seront soumises à une réduction proportionnelle sur le secteur de la succession où elles se trouveront en concurrence.

c. Modalités de la réduction

RÉDUCTION EN VALEUR

8930 Depuis l'**entrée en application de la loi 2006-728 du 23 juin 2006** la réduction en valeur s'applique à toutes libéralités, qu'elle soit entre vifs ou à cause de mort, et quelle que soit la qualité du gratifié, qu'il soit successible ou non successible (C. civ. art. 924) : voir n°s 33545 s.

Ce principe assure la sécurité du gratifié dont le droit sur le bien donné ou légué ne peut être remis en cause.

Dans le silence de la donation entre époux de biens à venir, la réduction sera donc bien encourue en valeur, même si la libéralité est universelle ou porte sur une part très importante de la succession du disposant.

Ce principe s'appliquera également à toutes les **donations rédigées avant l'entrée en vigueur de la loi du 23 juin 2006** pour les successions ouvertes depuis le 1er janvier 2007, sous réserve que soit bien appréciée la portée des dispositions prises.

RÉDUCTION EN NATURE

La réduction en nature peut toutefois trouver à s'appliquer dans certains cas (nos 33635 s.), notamment lorsque le disposant l'aura lui-même expressément prévue dans la disposition prise ou, sous certaines conditions, lorsque le gratifié en fait le choix. **8935**

L'**intérêt** de prévoir la réduction en nature dans la disposition réside dans la certitude, pour le disposant, de laisser aux enfants ou descendants des droits en nature sur les biens dépendant de la succession, et non seulement une somme d'argent, sans avoir besoin que ce choix vienne du gratifié.

De telles clauses ont pu être proposées pour éviter que des donations entre époux rédigées avant l'entrée en vigueur de la loi du 23 juin 2006 n'aient une portée que n'aurait pas imaginée leur auteur, notamment celles qui comportent des dispositions universelles (N. Duchange, Les formules traditionnelles de donation entre époux sont-elles pertinentes en présence d'une réserve en valeur ? : Defrénois 18-1-2018 no 131p7 p. 17 § 3).

La réduction en nature peut également être proposée aux familles recomposées pour concilier volonté de protéger le conjoint et souhait de ne pas déposséder définitivement ses descendants de biens auxquels ils peuvent être attachés (voir formule no 9255).

Cette clause présente l'**inconvénient** de faire naître éventuellement une indivision entre le conjoint gratifié et les enfants (comme c'était le cas avant le 1er janvier 2007), inconvénient qui peut être atténué en conférant au conjoint le choix des biens qui composeront sa part.

Choix des biens qui composeront la part du conjoint La clause offrant à l'un des enfants, légataire de la quotité disponible, la faculté de choisir les biens devant composer la quotité disponible et sa part de réserve est valable (Cass. 1e civ. 18-7-1983 no 82-13.943 : Bull. civ. I no 210, Defrénois 1984 art. 33195). Cette faculté de choix peut être offerte au conjoint pour lui permettre de prélever sur l'actif existant les biens devant composer sa part. Elle sera également de nature à faciliter le cantonnement de son émolument pour peu qu'il souhaite y recourir (nos 35800 s.). **8940**

d. Conditions susceptibles d'être stipulées

CONDITION DE SURVIE

La donation entre époux de biens à venir est toujours consentie pour le cas où le conjoint gratifié survivrait au disposant. À cette condition de survie (qui va de soi dans toutes dispositions de dernières volontés) peut s'en ajouter d'autres. **8960**

CONDITION DE NON-DIVORCE

Il est fréquent que la donation soit assortie d'une condition qu'aucune instance en divorce ou séparation de corps ou aucun processus de divorce (le nouveau divorce par consentement mutuel par acte contresigné d'avocats) ne soit engagé au jour du décès, ou plus généralement à la condition qu'au jour du décès du disposant le lien matrimonial subsiste. **8965**

Ces clauses de non-divorce ont été validées dans les donations de biens à venir par un important arrêt de la **Cour de cassation** (Cass. 1e civ. 13-12-2005 no 02-14.135 FS-PB : BPAT 1/06 inf. 6) : « La clause par laquelle un époux subordonne la donation faite à son conjoint durant le mariage au cas où celui-ci lui survivrait, à la persistance du lien matrimonial ou à l'absence de toute action entreprise pour y mettre fin, n'est pas en soi illicite et est justifiée, sauf **intention de nuire,** par la nature même de cette libéralité. » Seule la preuve d'une intention de nuire, autrement dit une volonté d'empêcher le divorce ou la séparation de corps, pourrait invalider cette condition.

Depuis le 1er janvier 2005, date d'entrée en application de la loi 2004-439 du 26 mai 2004, le divorce (et la séparation de corps par renvoi de l'article 304 du Code civil au chapitre III traitant des conséquences du divorce) emporte révocation de plein droit des dispositions à cause de mort accordées par un époux envers son conjoint par contrat de mariage ou pendant l'union, sauf volonté contraire de l'époux qui les a consenties (C. civ. art. 265, al. 2). Cependant, ces clauses conservent un **intérêt,** car le décès peut intervenir en cours d'instance, ou **8970**

avant que la décision qui prononce le divorce ou la séparation de corps ne prenne force de chose jugée. Il est ainsi possible de prévoir que la clause jouera en cas « d'action entreprise pour mettre fin au lien matrimonial ».

3. EFFETS DE LA DONATION DE BIENS À VENIR

EFFETS D'UN TESTAMENT

9000 La donation entre époux de biens à venir, si elle revêt le formalisme d'une donation, ne produit ses effets qu'au **décès du disposant,** et ne le dessaisit pas avant cet évènement. De ce fait, elle produit les mêmes effets qu'un testament.

La disposition ne prive pas l'instituant de la propriété des biens et conserve intacte sa **liberté de disposer** de tout ou partie des objets de la donation. Les raisons en sont qu'une telle donation ne produit ses effets qu'au décès et qu'elle peut être librement révoquée (n° 9040).

OPTIONS DU DONATAIRE

9005 Le donataire est un « **héritier contractuel** » qui dispose comme tout héritier et, selon l'étendue de son titre de gratifié, du droit d'accepter purement et simplement la donation, de l'accepter à concurrence de l'actif net (vocation universelle ou à titre universel) ou d'y renoncer (voir nos 35000 s.).

Comme le prévoit l'article 724-1 du Code civil, les dispositions du titre premier « des successions », « notamment celles qui concernent l'**option,** l'indivision et le partage, s'appliquent en tant que de raison aux légataires et donataires universels ou à titre universel quand il n'y est pas dérogé par une règle particulière ».

Ainsi l'option exercée par l'épouse survivante remonte-t-elle au **jour du décès** (Cass. 1e civ. 20-10-1992 n° 90-20.676 : Bull. civ. I n° 256, D. 1993 p. 223 note M. Grimaldi). C'est la raison pour laquelle le donataire a droit aux fruits et revenus des biens donnés dès le décès.

> **Précisions** Au jour de l'ouverture de la succession, s'agissant du bénéfice d'une donation entre époux, la **capacité requise du donataire** dépend de la rédaction de l'acte de donation. S'il s'agit du **legs d'un objet défini,** le donataire doit avoir la capacité pour accepter le legs sans charge ou encore celle pour accepter le legs avec charge ou, le cas échéant, pour y renoncer. Mais s'il s'agit du **legs d'un objet à définir par le conjoint,** la capacité requise du donataire sera celle pour renoncer (pour une illustration, Cass. 1e civ. 1-6-1994 n° 92-16.823 : Bull. civ. I n° 194, le choix entre l'une des trois quotités disponibles impliquant la renonciation aux deux autres, le tuteur d'un incapable majeur ne peut, en sa qualité d'administrateur légal sous contrôle judiciaire, exercer l'option dont dispose l'incapable sans l'autorisation du juge des tutelles).

FORMALITÉS

9010 Lorsque le conjoint est donataire universel, il n'a pas besoin des formalités d'**envoi en possession** ni de **délivrance** (Cass. req. 5-4-1836 : Journal des notaires 1837 art. 9457 p. 119 ; Cass. 1e civ. 13-2-1968 n° 66-12.334 : D. 1968 somm. p. 77). Et ce, d'autant plus que, en l'absence de descendants, il est devenu, depuis le 1er janvier 2007, lui-même un héritier réservataire (C. civ. art. 914-1).

4. RÉVOCATION DE LA DONATION DE BIENS À VENIR

RÉVOCABILITÉ AD NUTUM

9040 Les donations de biens à venir demeurent, comme sous l'empire du droit antérieur à la loi du 26 mai 2004, révocables ad nutum (C. civ. art. 1096, al. 1), caractère qui est emprunté au legs. Autrement dit, le donateur peut révoquer la donation à tout moment, sans motif légitime. Il ne peut pas **renoncer à son droit de révocation,** qui est d'ordre public.

La **révocation** peut être **expresse** (acte notarié ou testament), mais elle peut aussi être **tacite,** par exemple en donnant de son vivant à un tiers les biens compris dans la donation entre époux.

RÉVOCATION AUTOMATIQUE PAR LE DIVORCE

9045 Les donations de biens à venir, « dispositions à cause de mort », sont révoquées **de plein droit** par le divorce (C. civ. art. 265, al. 2 dans sa rédaction issue de la loi 2004-439 du 26-5-2004). Le législateur a voulu mettre fin aux situations d'insécurité rencontrées sous l'empire de l'ancienne législation lorsque les époux restaient silencieux et que les donations demeuraient, mais avec une révocabilité pouvant être mise en jeu à tout instant après le divorce.

Certaines gardent donc encore aujourd'hui ce caractère révocable, lorsque le divorce a été prononcé **avant le 1er janvier 2005.** Si les époux avaient déclaré maintenir expressément ces donations, elles ont aujourd'hui un caractère irrévocable (Cass. 1e civ. 6-2-2008 no 05-18.745 FS-PB : RTD civ. 2008 p. 282 obs. J. Hauser).

La **clause de non-divorce,** contrairement au cas de la donation de biens présents, a été validée par la jurisprudence concernant les donations de biens à venir et reste utile (nos 8965 s.).

MAINTIEN EXCEPTIONNEL À L'OCCASION DU DIVORCE

La loi réserve la possibilité pour le donateur de maintenir la donation de biens à venir lors du divorce (C. civ. art. 265, al. 2). Cette volonté est constatée par le juge qui prononce le divorce ou dans la convention signée par les époux et contresignée par les avocats ; elle ne peut donc être qu'expresse. Ce maintien confère à la donation un **caractère irrévocable,** ce qui témoigne de la volonté du législateur de figer les relations patrimoniales entre époux au moment du divorce, écartant ainsi toute incertitude pour le futur. **9050**

S'il maintient la donation, le donateur doit avoir compris que cela pourra avoir une influence sur les legs qu'il pourra consentir (voir no 8910).

> **Précisions** Le maintien d'une donation de biens à venir lors d'un divorce pose des difficultés, particulièrement celle de l'**étendue de la donation.** Doit-elle porter sur la quotité disponible ordinaire ou sur la quotité disponible spéciale entre époux de l'article 1094-1 du Code civil ? Pour une partie de la doctrine, le disponible spécial est réservé à celui qui a la qualité d'époux au jour du décès et non au jour de la libéralité. La libéralité maintenue ne peut donc s'imputer que sur la quotité disponible ordinaire (en ce sens, J.-Cl. Notarial Formulaire, vo Quotité disponible et réserve anc. fasc. B1 par M. Mathieu, nos 160 et 247 ; D. Epailly : Les liquidations successorales après la loi du 23 juin 2006 [nouveaux principes, illustrations chiffrées], Cridon Bordeaux-Toulouse 2010, no 98). Par ailleurs, admettre que la donation porte sur la quotité disponible spéciale pourrait, par exemple, priver le nouveau conjoint de droits... À l'inverse, il faut bien garder à l'esprit que l'époux en divorce qui a maintenu la donation l'a fait en connaissance des difficultés que cela peut générer dans le futur. La donation de biens à venir a été consentie au cours du mariage, sa validité doit être appréciée au moment de sa formation (rappelons que la donation de biens à venir n'est possible qu'entre époux – sauf si elle est contenue dans un contrat de mariage). Or, au moment de sa formation, la donation portait sur la quotité disponible spéciale entre époux, et non sur la quotité disponible ordinaire. Si sa validité est maintenue en dépit du divorce, on peut penser qu'il en est de même de son étendue (en ce sens, M. Planiol et G. Ripert : Traité pratique de droit civil français, t. V, no 165 ; Aubry et Rau : Droit civil français, t. VII, § 480 texte et note 3 ; N. Levillain, Trois mariages et un enterrement, le sort et le traitement liquidatif des libéralités consenties aux conjoints successifs : Defrénois 30-6-2009 no QP2009DEF1237N1 p. 1237 ; F. Sauvage, Conséquences du divorce sur les libéralités entre époux et avantages matrimoniaux : Defrénois 15-11-2004 no AD2004DEF1425N1 p. 1425). Cette question n'est pas tranchée par les juges.

ABSENCE DE RÉVOCATION POUR SURVENANCE D'ENFANT

Les donations entre époux ne sont pas révocables pour survenance d'enfant, qu'elles portent sur des biens présents ou des biens à venir (C. civ. art. 1096, al. 3). Les donations de biens à venir étant révocables ad nutum, cette interdiction est jugée comme ne présentant guère d'utilité (J.-Cl. Civil Code, Art. 1091 à 1100 fasc. 20 par A. Sériaux, no 88). **9055**

5. RECOURS AU TESTAMENT

PRÉSENTATION GÉNÉRALE

Le recours à la forme d'un testament plutôt qu'à celle d'une donation entre époux de biens à venir s'impose dans certains cas, que nous allons envisager. Dans d'autres cas, ce recours, sans être impératif, est simplement possible. Les époux auront ici le choix de la forme de la disposition. **9085**

a. Nécessaire recours au testament

EXHÉRÉDATION

Si une donation entre époux institue un héritier, un testament peut à la fois **instituer et exhéréder.** **9090**

Ce cas est très fréquent en **famille recomposée.** Alors que la vocation légale du conjoint, en présence d'enfants non issus exclusivement des deux époux, porte nécessairement sur un quart en pleine propriété des biens (C. civ. art. 757), le disposant peut souhaiter lui transmettre l'usufruit de tout ou partie des biens qu'il laissera à son décès. Pour une parfaite efficacité de ce choix, et afin qu'une vocation résiduelle du droit en propriété ne puisse subsister (voir nos 9350 s.), il faudra d'abord supprimer les droits successoraux légaux du conjoint, et donc recourir au testament.

CONSEIL

La **clause d'exhérédation** doit être **conditionnelle.** Il ne s'agit pas de priver le conjoint de ses droits successoraux légaux dans tous les cas, mais seulement pour le cas où il serait appelé à la succession en concours avec des descendants. La clause d'exhérédation doit donc ne pas avoir une portée trop générale, mais être bien circonstanciée.

9095 Le recours au testament sera également nécessaire toutes les fois que, sans l'exhéréder, le disposant entendra **limiter** soit les **droits que la loi accorde au conjoint successible,** soit les prérogatives qu'elle attache à sa qualité d'héritier. Dès lors que les droits successoraux légaux du conjoint sont restreints, ou même aménagés, le testament s'impose.

9100 On peut se demander s'il faut également respecter cette règle lorsqu'au contraire le disposant souhaite **étendre la vocation légale du conjoint,** par exemple en neutralisant le mécanisme de l'imputation de ses libéralités sur ses droits successoraux légaux (voir no 9380). On peut ici hésiter, car il s'agit bien d'écarter une disposition de la loi, même si le but est de consolider la vocation légale et non de l'affaiblir.

EXCLUSION DES DROITS VIAGERS AU LOGEMENT

9105 La loi a mis en place au profit du conjoint successible un système de protection de son cadre de vie (logement effectivement occupé à titre d'habitation principale). Cette protection prend d'abord la forme d'un droit temporaire (un an) impératif, qui constitue un effet du mariage (C. civ. art. 763). Le conjoint peut aussi, lorsque les conditions exigées sont réunies, bénéficier toute sa vie de droits viagers au logement (C. civ. art. 764) : droit d'habitation et droit d'usage du mobilier garnissant le logement et compris dans la succession (voir nos 23770 s.).

Le conjoint successible peut toutefois être privé des droits viagers au logement, à condition que la volonté du défunt s'exprime dans un **testament authentique** (C. civ. art. 764, al. 1). Il s'agit de s'assurer, par la présence d'un notaire et de deux témoins ou de deux notaires, que le testateur a bien conscience de la gravité de son geste et ne l'exécute qu'en pleine connaissance de cause. Ce testament doit, en outre, viser expressément et spécialement les droits viagers au logement. Une formule générale d'exhérédation n'aurait pas pour effet de faire disparaître ces derniers.

Parce que le formalisme du testament authentique est impératif, le **legs par testament olographe du logement** concerné à un tiers n'aura donc pas pour effet de priver le conjoint de la possibilité de revendiquer ses droits viagers au logement sur le bien légué.

La privation de ces droits d'habitation et d'usage exprimée par le défunt dans les conditions mentionnées ci-dessus est sans incidence sur les **droits d'usufruit** que le conjoint recueille en vertu de la loi ou d'une libéralité, qui continuent d'obéir à leurs règles propres (C. civ. art. 764, al. 2).

RÉVOCATION EXPRESSE D'UN PRÉCÉDENT TESTAMENT

9110 Il est possible que la disposition prise au profit du conjoint ait pour objet de révoquer expressément des dispositions testamentaires antérieures. Or il a été jugé au visa des articles 1035 du Code civil et 9-2 de la loi du 25 ventôse an XI modifiée par la loi du 28 décembre 1966 que « les testaments ne peuvent être révoqués, en tout ou partie, que par un **testament postérieur ou** par un **acte devant notaires** » et que l'acte de donation entre époux qui contenait une révocation expresse du testament antérieur « ne répondait pas aux exigences de forme de l'article 9-2 de la loi du 25 ventôse an XI modifiée » (Cass. 1e civ. 22-6-2004 no 02-20.398 : Bull. civ. I no 179, BPAT 6/04 inf. 136).

La clause de **révocation expresse** du testament antérieur **contenue dans la donation entre époux** de biens à venir est donc nulle. Il s'ensuit que les dispositions à cause de mort demeurent valables dans la mesure où elles ne sont pas incompatibles avec celles de la donation (C. civ. art. 1036). Car cette dernière peut tacitement révoquer un testament si elle contient des dispositions incompatibles avec lui.

Toutefois, si la donation entre époux était reçue en présence de deux notaires, ou d'un notaire et de deux témoins, elle répondrait aux exigences formelles de l'article 9-2 de la loi du 25 ventôse an XI. Ce formalisme contraignant est aujourd'hui critiqué (voir F. Bianchi, Une donation entre époux peut-elle révoquer un testament antérieur ? : Defrénois 15-6-1995 no AD1995DEF714N1 p. 714).

CONTEXTE INTERNATIONAL

Lorsqu'une succession est susceptible de présenter des éléments d'extranéité, il faut éviter de recourir à la **donation entre époux de biens à venir.** Outre que ce pacte sur succession future spécifique est inconnu d'un grand nombre de législations, la question de savoir quelle est la **loi applicable** à ce pacte en droit international privé est complexe et incertaine (nº 70220). 9115

Depuis l'entrée en application du règlement UE 650/2012 du 4 juillet 2012 relatif aux successions internationales, la question s'est améliorée (nºs 70025 s.), mais il reste des cas où la donation entre époux ne sera pas validée. Le **bon réflexe** est encore d'éviter la donation entre époux dans un contexte international (voir M. Revillard : Droit international privé et européen : pratique notariale, Defrénois 9e éd., nºs 990 à 994).

DISPOSITION AU PROFIT DU CONJOINT ET D'UN TIERS

On a rappelé que la donation entre époux de biens à venir est un pacte sur succession future qui n'est validé qu'entre époux (nº 8805). Lorsque la disposition prise intéresse le conjoint et un tiers, la donation entre époux n'est pas appropriée. Tel est le cas si, après avoir gratifié en premier le conjoint, le disposant souhaite prévoir une **donation secondaire** (résiduelle ou graduelle) au profit d'une autre personne. Là encore, la forme testamentaire s'impose. 9120

b. Possible recours au testament

AUTRES CAS

Dans les autres cas, le recours au testament reste possible et le **choix** s'offre aux intéressés **entre la donation entre époux de biens à venir et le testament.** 9140

La donation entre époux de biens à venir offre l'avantage d'être rédigée par le notaire, et comme tout acte notarié, d'être conservée par lui en minute. Le testament présente un formalisme plus varié et, dans sa forme olographe, plus accessible. Toutefois, les conseils d'un notaire s'avèrent indispensables pour que la rédaction du testament soit sécurisée et parfaitement fidèle aux volontés exprimées.

On a vu que la donation entre époux de biens à venir, une fois la succession ouverte, peut être mise à exécution sans formalité d'envoi en possession ni de délivrance. Si les volontés sont contenues dans un testament, ces formalités sont également inutiles lorsqu'elle concerne un conjoint. En effet, la délivrance de legs (en présence de descendants) n'est pas nécessaire pour un héritier saisi, ce qu'est le conjoint. Et d'autre part, en l'absence de descendants, le conjoint est devenu un héritier réservataire, ce qui le dispense du contrôle notarial et de l'envoi en possession éventuel prévus par l'article 1007 du Code civil.

Le testament olographe, mystique ou international peut avoir un coût supplémentaire au jour de l'ouverture de la succession, puisqu'il faut le déposer à fin de conservation au rang des minutes du notaire (C. civ. art. 1007). Ces formalités sont évitées pour la donation entre époux de biens à venir et pour le testament authentique.

6. AVANTAGES DES LIBÉRALITÉS DE BIENS À VENIR

PRÉSENTATION GÉNÉRALE

Quelle que soit sa forme, **donation** entre époux de biens à venir **ou testament,** la libéralité de biens à venir entre époux présente de nombreux avantages. La vocation conférée par la libéralité est, tout d'abord, souvent plus étendue que la vocation légale. Elle est ensuite toujours plus solide. Elle est enfin également plus souple, et permet d'aménager conventionnellement les relations entre le conjoint et les héritiers légaux. 9170

ÉTENDUE DE LA VOCATION CONVENTIONNELLE

Dans la majorité des cas, la vocation du conjoint est plus étendue si elle lui est conférée par une **libéralité** que si elle résulte de sa **qualité d'héritier.** 9175

Vocation du conjoint en pleine propriété Lorsque le conjoint est appelé à la succession **en concours avec des descendants** et opte pour, ou se voit imposer, la vocation à un quart en pleine propriété des biens (C. civ. art. 757), sa vocation est liquidée conformément aux dispositions de l'article 758-5 du Code civil, sur une masse de calcul n'incluant que les libéralités rapportables et non les libéralités hors part, alors que la vocation conventionnelle se liquide conformément aux règles de l'article 922 du Code civil sur l'ensemble 9180 des biens existants moins le passif, auxquels sont réunies fictivement toutes les libéralités. Même si les libéralités entre vifs s'imputent avant les legs (ce qui peut réduire l'assiette effective des droits conventionnels), la vocation du conjoint sera donc plus large si elle porte sur la quotité disponible ordinaire (C. civ. art. 913), qui peut selon le cas être de moitié, d'un tiers ou d'un quart, que sur sa vocation légale d'un quart.

À cela s'ajoute le fait que, lorsque le conjoint se trouve en présence d'enfants non exclusivement issus des deux époux, seule une libéralité à cause de mort peut lui conférer une vocation usufructuaire que la loi lui refuse lorsqu'il est héritier (C. civ. art. 757).

9185 Lorsque le conjoint est appelé à la succession **en concours avec les père et mère du défunt,** sa vocation légale est, dans ce cas, de moitié ou des trois quarts, déterminés conformément aux règles de l'article 758-5 du Code civil, alors que sa vocation conventionnelle peut être universelle puisque les père et mère ne sont plus héritiers réservataires, sauf à tenir compte de leurs éventuels droits de retour légaux dans la succession (C. civ. art. 738-2).

9190 En l'**absence de descendant et** en cas de **prédécès des père et mère,** alors même que la vocation légale du conjoint porte sur l'ensemble de la succession (C. civ. art. 757-2), cette vocation peut être perturbée par la présence de biens « reçus par donation ou succession des ascendants » si ces biens se retrouvent en nature dans la succession, car ils ont vocation à revenir pour moitié aux frères et sœurs ou descendants d'eux, eux-mêmes issus de l'ascendant à l'origine de la transmission » (C. civ. art. 757-3). Cette situation peut être très pénible pour le conjoint, surtout lorsque ces biens ont été financés ou améliorés en cours de vie commune (voir Cass. 1e civ. 28-2-2018 no 17-12.040 FS-PBI : BPAT 2/18 inf. 75, JCP G 2018 no 693 note F. Sauvage, Defrénois 25-10-2018 no 141kO p. 43 note B. Vareille). La libéralité de biens à venir, si elle est universelle, aura pour effet d'évincer le droit de retour légal des frères et sœurs et descendants d'eux, soit implicitement (dans tous les cas), soit expressément (si elle prend la forme d'un testament) (en ce sens, Rectificatif à la Rép. Poignant : AN 13-2-2007 no 85443).

9195 **Vocation du conjoint en usufruit** La vocation du conjoint en usufruit porte, lorsqu'elle est légale, sur les biens existants non légués (pour les legs d'attribution, voir no 23385). Lorsqu'elle est conventionnelle, la libéralité a vocation à porter sur les biens dépendant de la succession et non légués à d'autres qu'au conjoint. L'**assiette de cet usufruit** peut donc être identique ou très proche. Mais la différence essentielle tient au fait que l'usufruit légal peut subir l'imputation des libéralités reçues (voir nos 9350 s.), ce qui peut restreindre ou anéantir son assiette, alors que le legs d'usufruit aura bien, lui, pour assiette effective les biens dépendant de la succession.

9200 La vocation conventionnelle **en présence de descendants communs ou non** permet aussi au conjoint de cumuler un quart en propriété et trois quarts en usufruit (C. civ. art. 1094-1), là où la vocation légale ne porte, même lorsqu'il y a choix, que sur l'une des deux branches de l'option (C. civ. art. 757).

9205 En dernier lieu, la vocation conventionnelle peut être universelle, ce qui permet au conjoint d'**être l'unique propriétaire des biens héréditaires,** sauf à indemniser les héritiers en valeur (C. civ. art. 924). La Cour de cassation ayant jugé qu'il n'existe pas d'indivision entre le légataire de tous les biens et les héritiers réservataires (no 53715), cette situation évite toutes les difficultés que peut susciter un partage.

SOLIDITÉ DE LA VOCATION CONVENTIONNELLE

9210 Parce que la vocation légale subit l'**imputation des libéralités** reçues par le conjoint du défunt (C. civ. art. 758-6), elle peut être restreinte ou inexistante (voir les exemples chiffrés nos 9370, 9470, 9515 et 9520). C'est la raison pour laquelle la vocation du conjoint doit absolument être consolidée par une vocation conventionnelle qui subsistera sur le reliquat de quotité disponible non épuisé par les donations entre vifs.

SOUPLESSE DE LA VOCATION CONVENTIONNELLE

9215 On a largement montré (nos 35800 s.) que la libéralité de biens à venir (donation ou testament) bénéficie d'un atout incomparable avec la **faculté de cantonnement** qu'offrent désormais au gratifié les articles 1094-1, alinéa 2 et 1002-1 du Code civil.

Par les buts familiaux, patrimoniaux et fiscaux que le cantonnement permet d'atteindre, il serait bien dommage de se priver d'une telle liberté qu'offre seulement une vocation conventionnelle et non une vocation légale.

AMÉNAGEMENT DE LA VOCATION CONVENTIONNELLE

En dernier lieu, la donation entre époux ou le testament peuvent contenir des dispositions permettant de faciliter les **relations entre usufruitier et nus-propriétaires** dans la mesure où le droit du démembrement de propriété le permet. Par exemple, en exonérant le conjoint de son obligation de fournir caution (C. civ. art. 601), en aménageant l'obligation de faire inventaire (C. civ. art. 600 et 1094-3), en prévoyant les modalités d'emploi des capitaux liquides lorsque cet emploi peut être imposé (C. civ. art. 1094-3), en autorisant les descendants à prélever sur les liquidités les sommes nécessaires au paiement de leurs droits de mutation à titre gratuit, le disposant peut trouver un équilibre entre les intérêts légitimes des uns et des autres, alors que la vocation légale en usufruit sera assujettie aux règles légales du démembrement de propriété. **9220**

On rappellera ici que l'article 1094-3 du Code civil met en place des **règles particulières lorsque le conjoint gratifié en usufruit se trouve en présence de descendants.** Les enfants ou descendants peuvent, nonobstant toute stipulation contraire du disposant, exiger, quant aux biens soumis à l'usufruit, qu'il soit dressé inventaire des meubles (Cass. 1e civ. 6-3-2019 nº 18-11.640 F-PB : SNH 10/19 inf. 1, D. 2019 p. 1265 note F. Julienne, consacrant le droit pour les filles du défunt nues-propriétaires d'exiger qu'un inventaire des œuvres formant collection soit dressé en leur présence ou elles dûment appelées), ainsi qu'état des immeubles, et qu'il soit fait emploi des sommes (voir M. Grimaldi, L'emploi des deniers grevés d'usufruit : Defrénois 28-2-1999 nº AD1999DEF193N1 p. 193 ; Cass. 1e civ. 6-3-2019 nº 18-11.640 F-PB : BPAT 3/19 inf. 103). À noter que les juges du fond qui imposent l'emploi des deniers sur le fondement de l'article 602 du Code civil et non sur celui de l'article 1094-3 sans rechercher si l'acte constitutif de l'usufruit ne dispense pas le donataire de l'obligation de fournir caution se prêtent à la censure de la Haute Juridiction (Cass. 1e civ. 29-9-2021 nº 20-19.243 F-D : RTD civ. 2021 p. 932 obs. M. Grimaldi).

CONSEIL

Le **conjoint survivant** doit être **parfaitement protégé.** Il ne faut plus croire que sa qualité d'héritier rend les libéralités à cause de mort inutiles, bien au contraire.

Mais à l'inverse, il ne faut pas toujours penser qu'en présence d'une libéralité à cause de mort, la vocation légale est superflue.

Ces vocations ne s'évincent pas les unes les autres mais se complètent. C'est donc par une bonne **articulation de ses différentes vocations,** légale et testamentaire, que la protection du conjoint est optimale.

À cela s'ajoute la nécessité de conseiller le conjoint sur tous les **choix qui s'offrent à lui,** en sa triple qualité d'héritier, de titulaire des droits viagers au logement et de donataire ou légataire, tant au regard de l'option successorale qu'en ce qui concerne le droit de cantonner sa libéralité.

7. FORMULES

MODÈLE

Donation entre époux de biens à venir – donation universelle en présence d'enfants communs – modalités d'imputation de la donation – modalités de la réduction – cantonnement **9250**

L'an deux mille vingt-quatre
Le
En l'office notarial ci-après dénommé
Maître ..., notaire associé ... soussigné,
A reçu le présent acte authentique contenant donation entre époux
À la requête de :
Monsieur ..., demeurant à ..., époux de Madame ...
Né à ..., le ...
De nationalité ...
Ci-après dénommé le donateur
Et de :
Madame ..., demeurant à ..., épouse de Monsieur ...
Née à ..., le ...
De nationalité ...
Ci-après dénommée la donataire

9250 (suite) Les époux déclarent :

– qu'ils sont mariés sous le régime légal de la communauté réduite aux acquêts à défaut de contrat de mariage préalable à leur union célébrée à la mairie de ... le ... Lequel régime n'a fait l'objet à ce jour d'aucune modification conventionnelle ou judiciaire ;

– qu'ils ont deux enfants communs ;

– que Madame n'a pas d'enfant non commun ;

– que Monsieur n'a pas d'enfant non commun.

Donation entre époux de biens à venir

Monsieur ... consent par les présentes à son épouse, ici présente et qui accepte expressément, une donation entre époux de biens à venir dans les termes suivants, si elle lui survit et si au jour du décès du disposant aucune requête en divorce ou séparation de corps n'a été déposée ou aucune convention de divorce par consentement mutuel n'a été signée.

Objet de la donation de biens à venir

La donation de biens à venir aura pour objet l'universalité des biens qui composeront la succession du disposant sans aucune exception.

Modalités d'imputation de la donation sur la quotité disponible spéciale entre époux

En présence de descendants acceptant la succession du disposant, afin de permettre la liquidation de la succession, la donation s'imputera, au choix exclusif de la donataire, sur l'une ou l'autre des quotités disponibles entre époux en vigueur au jour du décès du disposant.

La donataire devra exercer ce choix au plus tard trois mois [*délai à adapter*] après avoir été informée de la demande de liquidation de la succession, laquelle ne pourra elle-même être effectuée qu'après expiration du délai de quatre mois prévu à l'article 771, alinéa 1 du Code civil.

En cas de décès de la donataire avant d'avoir choisi le secteur d'imputation de sa libéralité, celui-ci sera réputé être l'usufruit de la totalité de la succession [*à adapter* : ou un quart en propriété et trois quarts en usufruit, ou la quotité disponible ordinaire].

Modalités de la réduction

En présence de descendants acceptant la succession du disposant, et si la réduction de la présente donation est demandée, elle aura lieu en valeur, conformément aux dispositions de l'article 924 du Code civil. Elle pourra avoir lieu en nature, si le gratifié en fait le choix, dans les délais et conditions prévues à l'article 924-1 du Code civil.

Faculté de cantonnement

Conformément aux dispositions de l'article 1094-1, alinéa 2 du Code civil, la donataire pourra cantonner son émolument à une partie seulement de ce dont il aura été disposé en sa faveur.

Exclusion de l'article 1098 du Code civil

Pour le cas où l'article 1098 du Code civil trouverait à s'appliquer, en présence d'enfants ou descendants non exclusivement issus des deux époux, le disposant déclare sans équivoque vouloir priver ces enfants de la faculté qui leur est offerte de substituer à l'exercice de la donation en propriété l'abandon de l'usufruit de la part de succession qu'ils auraient pu recevoir en l'absence de conjoint, entendant au contraire que la donataire puisse recueillir pleinement cette propriété *[bien que les conditions de l'article 1098 ne soient pas remplies en présence d'une libéralité universelle, elles pourraient l'être si le conjoint venait à cantonner son émolument en pleine propriété en deçà de la quotité disponible : voir n° 35875]*.

Information

Pour la parfaite information du donateur et de la donataire, le notaire soussigné précise que :

– l'article 758-6 du Code civil impose lors du règlement de la succession du donateur l'imputation des libéralités reçues par le conjoint successible sur les droits qu'il recueille en qualité d'héritier dans la succession ;

– une clause contraire peut être insérée dans l'acte de donation, mais sa validité à ce jour n'a pas été confirmée par la jurisprudence.

Les parties déclarent ne pas souhaiter insérer une clause de dispense d'imputation aux présentes.

MODÈLE

Donation entre époux de biens à venir – donation à titre particulier – présence d'enfants non communs – modalités d'imputation de la donation – modalités de la réduction – cantonnement 9255

L'an deux mille vingt-quatre
Le
En l'office notarial ci-après dénommé
Maître ..., notaire associé ... soussigné,
A reçu le présent acte authentique contenant donation entre époux
À la requête de :
Madame ..., demeurant à ..., épouse de Monsieur ...
Née à ..., le ...
De nationalité ...
Ci-après dénommée la donatrice
Et de :
Monsieur ..., demeurant à ..., époux de Madame ...
Né à ..., le ...
De nationalité ...
Ci-après dénommé le donataire
Les époux déclarent :
– qu'ils sont mariés sous le régime de la séparation de biens pure et simple aux termes de leur contrat de mariage reçu par M^{e} .... notaire à ... le ... préalable à leur union célébrée à la mairie de ... le ... Lequel régime n'a fait l'objet à ce jour d'aucune modification conventionnelle ou judiciaire ;
– que Madame a deux enfants non communs ;
– que Monsieur n'a pas d'enfant non commun ;
– qu'ils n'ont pas d'enfant commun.

Donation entre époux de biens à venir

Madame ... consent par les présentes à son époux, ici présent et qui accepte expressément, une donation entre époux de biens à venir dans les termes suivants, s'il lui survit et si au jour du décès de la disposante aucune requête en divorce ou séparation de corps n'a été déposée ou aucune convention de divorce par consentement mutuel n'a été signée.

Objet de la donation de biens à venir

La donation de biens à venir aura pour objet la pleine propriété des biens suivants :
– une maison appartenant à la donatrice située à ... figurant au cadastre de la commune de ... section ... n° ... pour une surface de ... comprenant ...
Ainsi que le mobilier qui la garnira au jour du décès de la donatrice.
Elle portera également sur les sommes qui pourront figurer au jour du décès de la donatrice sur tous comptes bancaires joints au nom de la donatrice et du donataire.

Modalités d'imputation de la donation sur la quotité disponible spéciale entre époux

En présence de descendants acceptant la succession du disposant, afin de permettre la liquidation de la succession, la donation s'imputera impérativement et exclusivement sur la quotité disponible ordinaire de la succession de la donataire. L'excédent sera sujet à réduction.

Faculté de cantonnement – droit d'option

Contrairement à ce que prévoit l'article 1094-1, alinéa 2 du Code civil, la donatrice n'entend conférer au donataire aucune faculté de cantonnement de la présente donation.
Toutefois, la présente donation portant sur plusieurs biens, et contenant une série de dispositions à titre particulier, conférera au donataire un droit d'option distinct sur chaque bien donné.

Modalités de la réduction

En présence de descendants acceptant la succession du disposant, et si la réduction de la présente donation est demandée, elle aura lieu en valeur, conformément aux dispositions de l'article 924 du Code civil.
[*Variante* : En présence de descendants acceptant la succession du disposant, et si la réduction de la présente donation est demandée, elle aura lieu en nature, par dérogation aux dispositions de l'article 924 du Code civil, la donatrice entendant que la réserve de ses descendants soit servie en biens héréditaires.]

Information

Pour la parfaite information du donateur et de la donataire, le notaire soussigné précise que :
– l'article 758-6 du Code civil impose lors du règlement de la succession du donateur l'imputation des libéralités reçues par le conjoint successible sur les droits qu'il recueille en qualité d'héritier dans la succession ;
– une clause contraire peut être insérée dans l'acte de donation, mais sa validité à ce jour n'a pas été confirmée par la jurisprudence.
Les parties déclarent vouloir insérer une clause de dispense d'imputation aux présentes.

Dispense d'imputation de la donation sur les droits légaux du donataire

La donatrice entend consentir la présente donation en supplément des droits successoraux légaux que la loi accorde à son conjoint d'un quart en pleine propriété en présence d'enfants non communs (C. civ. art. 757). Elle le dispense expressément d'imputer la présente libéralité de biens à venir sur ses droits légaux, mais souhaite au contraire que ces deux vocations puissent coexister [*ajouter éventuellement* : dans la limite de la quotité disponible spéciale entre époux] [*il est sans doute souhaitable que la présente clause figure dans un testament : voir n° 9100*].

Exclusion de l'article 1098 du Code civil

Pour le cas où l'article 1098 du Code civil trouverait à s'appliquer, en présence d'enfants ou descendants non exclusivement issus des deux époux, le disposant déclare sans équivoque vouloir priver ces enfants de la faculté qui leur est offerte de substituer à l'exercice de la donation en propriété l'abandon de l'usufruit de la part de succession qu'ils auraient pu recevoir en l'absence de conjoint, entendant au contraire que la donataire puisse recueillir pleinement cette propriété.

9260 MODÈLE

Donation entre époux de biens à venir – donation alternative – présence d'enfants communs et non communs – modalités d'imputation de la donation – modalités de la réduction – cantonnement

L'an deux mille vingt-quatre
Le
En l'office notarial ci-après dénommé
Maître ..., notaire associé ... soussigné,
A reçu le présent acte authentique contenant donation entre époux
À la requête de :
Monsieur..., demeurant à ..., époux de Madame ...
Né à ..., le ...
De nationalité ...
Ci-après dénommé le donateur
Et de :
Madame ..., demeurant à ..., épouse de Monsieur ...
Née à ..., le ...
De nationalité ...
Ci-après dénommée la donataire
Les époux déclarent :
– qu'ils sont mariés sous le régime légal de la communauté réduite aux acquêts à défaut de contrat de mariage préalable à leur union célébrée à la mairie de ... le ... Lequel régime n'a fait l'objet à ce jour d'aucune modification conventionnelle ou judiciaire ;
– que Monsieur a un enfant non commun ;
– que Madame n'a pas d'enfant non commun ;
– et qu'ils ont en commun deux enfants.

Donation entre époux de biens à venir

Monsieur ... consent par les présentes à son épouse, ici présente et qui accepte expressément, une donation entre époux de biens à venir dans les termes suivants, si elle lui survit et si au jour du décès du disposant aucune requête en divorce ou séparation de corps n'a été déposée ou aucune convention de divorce par consentement mutuel n'a été signée.

9260 (suite)

Objet de la donation de biens à venir

1° Si le donateur décède en laissant des descendants acceptant sa succession, la donation de biens à venir aura pour objet, au choix exclusif de la donataire :
– soit l'universalité des biens qui composeront la succession du donateur, sans aucune exception ;
– soit l'une ou l'autre des quotités disponibles spéciales entre époux que la loi autorisera au jour du décès du donateur, soit en toute propriété seulement, soit en toute propriété et usufruit, soit en usufruit seulement. Il est bien précisé ici qu'en ce cas, la donation sera à titre universel et non universelle, l'intention du disposant étant de limiter les droits du conjoint en nature à la quotité disponible choisie.
2° Si le donateur décède sans laisser de descendants acceptant sa succession, la donation de biens à venir aura pour objet l'universalité des biens qui composeront la succession du donateur, sans aucune exception.

Délais d'exercice de ce choix

Le choix entre les titres alternatifs que la présente donation confère à la donataire devra être exercé par elle par écrit, au plus tard dans les six mois de l'ouverture de la succession.
À défaut, les enfants ou descendants ou héritiers de l'époux donateur pourront mettre la donataire en demeure d'exercer ce choix, par lettre recommandée avec accusé de réception. Si cette dernière reste silencieuse dans les deux mois de cette mise en demeure, elle sera réputée avoir opté pour l'usufruit de la totalité des biens composant la succession.

Sort du choix en cas de décès de la donataire

En présence de descendants, si la donataire venait à décéder avant d'avoir exercé le choix entre les titres alternatifs que lui confère la présente donation, elle serait réputée avoir opté pour l'usufruit de la totalité de la succession.
[*Variante* : En présence de descendants, si la donataire venait à décéder avant d'avoir exercé le choix entre les titres alternatifs que lui confère la présente donation, l'option serait transmise à ses héritiers qui devraient l'exercer d'un commun accord. À défaut d'un tel accord, les héritiers ne pourraient opter que pour l'usufruit de la totalité de la succession.]

Option pour l'usufruit

Si l'option exercée par la donataire porte sur l'usufruit, quelle qu'en soit l'assiette, pour jouir de son usufruit la donataire sera dispensée de fournir caution.
L'usufruit recueilli portera sur les biens dépendant de la succession en nue-propriété seulement et s'exercera alors au décès du précédent usufruitier.
La donataire devra toutefois, conformément aux dispositions de l'article 600 du Code civil, procéder à ses frais à l'inventaire des meubles et à l'état des immeubles sujets à l'usufruit, afin de préserver les droits à restitution du ou des nus-propriétaires.
[*Variante* : Elle sera également dispensée de procéder à l'inventaire prévu à l'article 600 du Code civil, sans toutefois que cette dispense fasse obstacle à ce que les enfants ou descendants du donateur puissent faire procéder eux-mêmes à leurs frais à cet inventaire comme le leur permet l'article 1094-3 du Code civil.]
Il est toutefois ici précisé que l'entrée en jouissance de la donataire ne sera en aucun cas subordonnée à l'établissement préalable de l'inventaire.
Les enfants ou descendants pourront exiger, conformément aux dispositions de l'article 1094-3 du Code civil qu'il soit fait emploi des sommes. La donataire et les enfants ou descendants du donateur pourront, par convention notariée de quasi-usufruit, organiser les modalités de l'emploi, ou en dispenser expressément la donataire.
[*Il est ici possible d'aménager les relations entre usufruitier et nu-propriétaire selon la nature des actifs transmis.*]
La présente donation, quels que soient les choix effectués par la donataire, ne fera pas obstacle à ce que les enfants ou descendants puissent prélever sur les liquidités successorales les sommes nécessaires au paiement des droits de mutation par décès exigibles. Sur le reliquat de ces sommes le conjoint exercera les droits et pouvoirs que lui conférera sa qualité de donataire.

Modalités d'imputation de la donation sur la quotité disponible spéciale entre époux

En présence de descendants acceptant la succession du disposant, afin de permettre la liquidation de la succession, la donation s'imputera, au choix exclusif de la donataire, sur l'une ou l'autre des quotités disponibles entre époux en vigueur au jour du décès du disposant.
La donataire devra exercer ce choix au plus tard trois mois [*délai à adapter*] après avoir été informée de la demande de liquidation de la succession, laquelle ne pourra elle-même être effectuée qu'après expiration du délai de quatre mois prévu à l'article 771, alinéa 1 du Code civil.

En cas de décès de la donataire avant d'avoir choisi le secteur d'imputation de sa libéralité celui-ci sera réputé être l'usufruit de la totalité de la succession [*à adapter* : ou un quart en propriété et trois quarts en usufruit, ou la quotité disponible ordinaire].

Modalités de la réduction

En présence de descendants acceptant la succession du disposant, et si la réduction de la présente donation est demandée, elle aura lieu en valeur, conformément aux dispositions de l'article 924 du Code civil. Elle pourra avoir lieu en nature, si le gratifié en fait le choix, dans les délais et conditions prévues à l'article 924-1 du Code civil.

Faculté de cantonnement

Conformément aux dispositions de l'article 1094-1, alinéa 2 du Code civil, la donataire pourra cantonner son émolument à une partie seulement de ce dont il aura été disposé en sa faveur.

Choix des biens qui composeront la part de la donataire

S'il arrive, en raison des choix exercés par la donataire, qu'une indivision existe entre elle et les enfants ou descendants ou héritiers du donateur, la donataire aura le choix des biens qui composeront sa part, que cette indivision porte sur la pleine propriété, l'usufruit ou la nue-propriété.

Exclusion de l'article 1098 du Code civil

Pour le cas où l'article 1098 du Code civil trouverait à s'appliquer, en présence d'enfants ou descendants non exclusivement issus des deux époux, le disposant déclare sans équivoque vouloir priver ces enfants de la faculté qui leur est offerte de substituer à l'exercice de la donation en propriété l'abandon de l'usufruit de la part de succession qu'ils auraient pu recevoir en l'absence de conjoint, entendant au contraire que la donataire puisse recueillir pleinement cette propriété [*bien que les conditions de l'article 1098 ne soient pas remplies en présence d'une libéralité universelle, ou limitée à la quotité disponible spéciale entre époux, elles pourraient l'être si le conjoint venait à cantonner son émolument en pleine propriété en deçà de la quotité disponible : voir n° 35875*].

Information

Pour la parfaite information du donateur et de la donataire, le notaire soussigné précise que :
– l'article 758-6 du Code civil impose, lors du règlement de la succession du donateur, l'imputation des libéralités reçues par le conjoint successible sur les droits qu'il recueille en qualité d'héritier dans la succession ;
– une clause contraire peut être insérée dans l'acte de donation, mais sa validité à ce jour n'a pas été confirmée par la jurisprudence.
Les parties déclarent ne pas souhaiter insérer une clause de dispense d'imputation aux présentes.

SECTION 3

IMPUTATION DES LIBÉRALITÉS SUR LES DROITS LÉGAUX DU CONJOINT SUCCESSIBLE

A. Règles générales de l'imputation

PRINCIPE DE L'IMPUTATION

9350 La **loi 2006-728 du 23 juin 2006** a adopté un article 758-6, dont la teneur est la suivante : « Les libéralités reçues du défunt s'imputent sur les droits de celui-ci dans la succession. Lorsque les libéralités ainsi reçues sont inférieures aux droits définis aux articles 757 et 757-1, le conjoint peut en réclamer le complément, sans jamais recevoir une portion des biens supérieure à la quotité définie à l'article 1094-1. »

C'est la chancellerie qui est à l'origine de cette disposition, mais, dans la version proposée au Parlement, le texte comportait in limine la mention « sauf disposition contraire du disposant », qui a été retirée en première lecture par l'Assemblée nationale et que le Sénat n'a pas jugé bon de rétablir (voir J.-Cl. Notarial Répertoire, v° Conjoint survivant fasc. 10 par P. Catala et L. Leveneur, n° 84).

Ce texte, entré en application au 1er janvier 2007, règle donc clairement la question de l'**articulation des libéralités reçues par le conjoint et de ses droits successoraux** : elles n'ont plus vocation à s'ajouter à ses droits successoraux, comme le prévoyait le droit antérieur issu de la loi 2001-1135 du 3 décembre 2001, mais à s'y soustraire.

Mais il pose un sérieux problème de politique législative : est-il conforme à l'esprit de la loi du 3 décembre 2001 de revenir en 2006, par la petite porte de la technique liquidative, sur l'un des enjeux majeurs de la réforme : assurer au conjoint, par sa simple vocation légale, une protection suffisante ?

› Précisions L'adoption de la loi 2001-1135 du 3 décembre 2001 s'est faite après de longs débats sur ce que devait être la vocation successorale du conjoint, et des arbitrages dont l'article 757 du Code civil se fait l'écho, selon que, en présence d'enfants, ces derniers sont ou non issus exclusivement des deux époux (voir C. Pérès et C. Vernières : Droit des successions, PUF 2018, nos 274 s.).

La singularité de la place du conjoint s'est également manifestée par des règles liquidatives particulières lorsqu'il est appelé à la succession avec une vocation partielle en pleine propriété (C. civ. art. 758-5).

Mais une question a opposé la doctrine **après l'entrée en application de la loi du 3 décembre 2001.** Comment devaient être traitées les libéralités adressées au conjoint lui-même ? Pouvaient-elles se cumuler avec ses droits successoraux légaux, puisque cette loi n'avait pas reconduit la règle figurant auparavant à l'ancien article 767, alinéa 6 du Code civil (issue de la loi de 1891) qui prévoyait leur imputation sur ses droits successoraux ? (voir S. Ferré-André, Des droits supplétifs et impératifs du conjoint survivant dans la loi du 3 décembre 2001 : Defrénois 15-7-2002 n° AD2002DEF0863N1 p. 863 § 13 ; P. Delmas Saint-Hilaire et J. Hauser, Les quotités disponibles et la loi du 3 décembre 2001 : Defrénois 15-6-2003 n° AD2003DEF0739N1 p. 739 § 11 et Vive les libéralités entre époux ! : Defrénois 15-1-2003 n° AD2003DEF0003N1 p. 3 § 1). Si tous les auteurs admettaient la possibilité d'un cumul que la loi n'interdisait plus, certains prétendaient que ce cumul ne rencontrait aucune limite, tandis que d'autres estimaient que ce cumul ne pouvait en aucun cas permettre au conjoint de recevoir plus que la quotité disponible entre époux.

Sollicitée pour **avis** sur cette question, la **Cour de cassation** a pris le parti suivant : « S'agissant des successions ouvertes depuis le 1er juillet 2002, la loi n° 2001-1135 du 3 décembre 2001 ayant abrogé la règle de l'imputation prescrite par l'article 767, alinéa 6, ancien du Code civil, le conjoint survivant peut cumuler les droits successoraux prévus aux articles 757, 757-1 et 757-2 du Code civil avec une ou des libéralités consenties en application de l'article 1094 ou de l'article 1094-1 du même Code, sans toutefois porter atteinte à la nue-propriété de la réserve héréditaire ni dépasser l'une des quotités disponibles spéciales permises entre époux » (Cass. avis 25-9-2006 n° 06-000.09 : Bull. Avis n° 8).

Successions ouvertes entre le 1er juillet 2002 et le 31 décembre 2006 9355

Pour les successions ouvertes entre les deux réformes du droit des successions, la Cour de cassation a admis la possibilité d'un **cumul des vocations légale et libérale** dans la limite de la quotité disponible spéciale entre époux (Cass. 1e civ. 4-6-2009 n° 08-15.799 F-PB : RTD civ. 2010 p. 141 obs. M. Grimaldi). Elle a jugé qu'en présence de descendants, le conjoint pouvait cumuler son quart légal en propriété avec l'usufruit de toute la succession et engager la responsabilité civile du notaire qui lui a fait perdre une option plus favorable en ne l'informant pas de cette possibilité (Cass. 1e civ. 22-11-2017 n° 16-26.169 F-D).

Encore était-il nécessaire de vérifier que ce cumul n'avait pas été exclu par la volonté du disposant, ce qui relève d'une appréciation souveraine des juges du fond (écartant le cumul, voir Cass. 1e civ. 11-5-2012 n° 11-12.306 F-D ; Cass. 1e civ. 23-5-2012 n° 10-21.510 F-D).

NATURE DE L'IMPUTATION

Nul mieux que **Pierre Catala** n'a expliqué la nature de cette imputation (J.-Cl. Notarial Répertoire, 9360
v° Conjoint survivant fasc. 10 par P. Catala et L. Leveneur, n° 84) : « Il reste vrai que l'imputation n'est pas un rapport puisqu'elle n'oblige pas le conjoint à remettre à la masse l'excédent de l'émolument reçu à titre gratuit sur ses droits successoraux. Mais, à concurrence de ces droits, l'imputation opère bel et bien comme un rapport en moins prenant puisque celui-ci se réalise, précisément, par imputation sur les droits du gratifié ». « Une autre différence opposant le rapport et l'imputation tient au fait que celle-ci embrasse toutes les libéralités faites au survivant, qu'elles soient ou non rapportables. Ce point était expressément énoncé dans l'article 767 ancien du Code civil. Le nouvel article 758-6 est moins explicite, mais quand il dispose que « les libéralités reçues du défunt » sont imputables sur les droits du conjoint, la généralité du propos recouvre certainement toutes les dispositions entre vifs et à cause de mort, rapportables ou hors part. C'est ainsi que l'on entendra l'emprunt fait à la loi de 1891 et la suppression par le Parlement de la mention « sauf volonté contraire du disposant ».

Les **commentaires de ce nouveau dispositif** ont été nombreux (V. Zalewski, L'imputation des libéralités faites au conjoint survivant sur ses droits légaux : un retour au droit antérieur à la loi du 3 décembre 2001 : Defrénois 15-9-2007 n° AD2007DEF1184N1 p. 1184 ; M. Jussaume, Analyse de la nouvelle règle d'imputation de l'article 758-6 au regard des règles du rapport : Petites affiches 21-2-2008 p. 4 ; B. Vareille, Réflexions sur l'imputation en droit des successions : RTD civ. 2009 p. 1 ; S. Gaudemet et D. Vincent, La dévolution successorale : Defrénois 15-1-2017 n° 125f6 p. 8 ; M. Nicod : Le traitement liquidatif d'un don manuel entre époux : retour sur l'arrêt Veuve Barrat, Mélanges J. Combret, Defrénois 2017, p. 157).

La **Cour de cassation** a récemment eu l'occasion, dans deux affaires, de statuer à propos de l'article 758-6 du Code civil pour, d'une part, confirmer que la présomption de dispense de rapport des legs prévue à l'article 843 du Code civil est inapplicable au conjoint survivant (Cass. 1e civ. 12-1-2022 n° 19-25.158 FS-BR : BPAT 2/22 inf. 94,) et, d'autre part, soumettre à l'imputation la donation déguisée dont le conjoint survivant a été gratifié par son époux prédécédé (Cass. 1e civ. 12-1-2022 n° 20-12.232 FS-BR : BPAT 2/22 inf. 94, Defrénois 10-3-2022 n° DEF206p3 p. 34 note B. Vareille). Ces confirmations jurisprudentielles bienvenues, la Haute Juridiction a, enfin, affirmé que « de la combinaison de ces textes [C. civ. art. 757 et 758-6] le conjoint survivant est tenu à un rapport spécial en moins prenant des libéralités reçues par lui du défunt dans les conditions définies à l'article 758-6 » (Cass. 1e civ. 12-1-2022 nos 19-25.158 FS-BR et 20-12.232 FS-BR précités). L'on peut regretter une telle dénomination en référence au rapport, qui est susceptible d'induire en erreur les praticiens (B. Vareille, obs. sous Cass. 1e civ. 12-1-2022 nos 19-25.158 FS-BR et 20-12.232 FS-BR précités). Pour mémoire, trois différences distinguent le mécanisme du rapport de celui de l'imputation. Premièrement, l'imputation n'a pas pour finalité une quelconque restitution. Ensuite, le conjoint survivant et les héritiers ne se doivent pas mutuellement le rapport des libéralités dont ils ont été respectivement gratifiés au moment du partage. Enfin, l'imputation doit être effectuée par le conjoint quand bien même la libéralité dont il a été gratifié l'a été hors part successorale (sauf à admettre la validité des clauses testamentaires de dispense d'imputation, ce qui reste discuté, voir n° 9380).

ÉVALUATION DE LA DONATION À IMPUTER

9365 Bien que la loi soit silencieuse à ce sujet, un auteur a fort bien expliqué que « l'opération s'effectue non pas compte tenu des estimations au partage, mais bien en fonction des valeurs des biens déterminées au **jour de l'ouverture de la succession.** En effet, la quotité disponible spéciale ne peut être chiffrée qu'en considération des valeurs au décès ; par conséquent, une mise en œuvre rationnelle de l'article 758-6 ne se conçoit pas autrement qu'en considération de valeurs estimées à cette date-là » (B. Vareille, Réflexions sur l'imputation en droit des successions : RTD civ. 2009 p. 1 n° 21 ; dans le même sens, M. Grimaldi : Droit des successions, LexisNexis 8e éd. 2020, n° 195, qui précise que s'agissant de déterminer la dévolution de la succession, les valeurs à retenir restent celles au jour du décès).

C'est d'ailleurs à cette même date que se chiffrent les droits successoraux légaux du conjoint (C. civ. art. 758-5).

SENS DE L'IMPUTATION

9370 Ce sont clairement les **libéralités** qui doivent être **imputées sur les droits légaux,** ces derniers étant susceptibles de disparaître en tout ou partie lorsque les libéralités les excèdent.

Ce ne sont pas les **libéralités** qui doivent être **diminuées** (sauf réduction, ce qui est une autre question). Dans un arrêt rendu par la Cour de cassation, la libéralité (donation de la plus forte quotité disponible spéciale entre époux) était supérieure à la valeur des droits légaux du conjoint (1/4 en propriété) (Cass. 1e civ. 25-10-2017 n° 17-10.644 F-PB : BPAT 6/17 inf. 237, RTD civ. 2018 p. 188 note M. Grimaldi). Les juges du fond avaient, au nom d'un non-cumul mal assimilé, réduit les droits du conjoint à ses droits légaux. La Cour de cassation rectifie l'erreur mais pour en commettre une nouvelle, jugeant que « le conjoint pouvait bénéficier de sa vocation légale augmentée de la portion de la libéralité excédant la vocation légale ».

EXEMPLES

1° En présence de deux enfants non communs, le **conjoint** est **donataire à cause de mort** d'un quart en pleine propriété et trois quarts en usufruit alors que l'actif net successoral est de 1 000 000 €. Le défunt n'a consenti aucune donation entre vifs et aucune autre libéralité à cause de mort. En qualité d'héritier, le conjoint a vocation à recueillir un quart en pleine propriété des biens (C. civ. art. 757).

Les droits successoraux légaux représentent ici un quart de 1 000 000 € soit 250 000 €.

En sa qualité de donataire à cause de mort, le conjoint a vocation à recueillir 250 000 € en pleine propriété et 750 000 € en usufruit.

L'imputation de la libéralité sur les droits légaux fait complètement disparaître la vocation légale, car cette libéralité l'épuise totalement en propriété (250 000 € – 250 000 € = 0) et l'excède en usufruit de 750 000 €. **9370** (suite)

Ce qui disparaît, c'est donc bien la vocation légale.

Ce qui subsiste, ce n'est pas « la portion de libéralité excédant la vocation légale », mais bien toute la libéralité (en ce sens, M. Nicod, obs. sous Cass. 1e civ. 25-10-2017 précité : Dr. famille 2018 comm. 15).

Conséquences : les droits légaux sont inexistants. Ils ont été totalement absorbés par l'imputation de la libéralité. Mais la donation ne s'en trouve pas moins totalement efficace sur un quart en propriété et trois quarts en usufruit.

Ce que perd finalement le conjoint, ce n'est pas sa qualité d'héritier (que nul ne lui a retiré) mais bien l'émolument qui devait lui revenir en cette qualité.

Cela ne l'empêche nullement d'accepter sa qualité de donataire et de bénéficier d'une donation intacte portant sur un quart en propriété et trois quarts en usufruit, qui s'est, en quelque sorte, substituée à sa vocation légale.

Attention : ce qui est dangereux pour le conjoint, c'est surtout d'avoir été gratifié entre vifs sans l'être à cause de mort. L'exemple suivant le montrera.

2° Soit un **conjoint** qui a été **gratifié entre vifs** par son époux en pleine propriété par donation notariée. Le couple est marié sous le régime conventionnel de la séparation de biens. L'époux décède, laissant son conjoint survivant et un enfant issu d'un premier mariage. Le bien ayant fait l'objet de la donation entre époux a une valeur au décès de 150 000 €.

Il dépend de la succession la moitié indivise de la résidence principale, 150 000 € (l'autre moitié appartenant au conjoint survivant) et un immeuble de rapport de 300 000 €. Le défunt n'a pris aucune disposition de dernières volontés.

Les droits légaux du conjoint portent sur un quart en pleine propriété (C. civ. art. 757).

La masse de calcul de la quotité disponible et de la réserve (C. civ. art. 922) se présente comme suit :

Valeur des biens existants	450 000 €
Moins passif	Mémoire
Réunion fictive de la donation	150 000 €
Total	600 000 €
Dont moitié forme la quotité disponible ordinaire	300 000 €
Et la réserve de l'enfant	300 000 €
La donation adressée au conjoint s'impute sur la quotité disponible sans l'excéder	150 000 €
Reste après cette imputation sur la QDO	150 000 €
La vocation légale du conjoint se calcule comme suit (C. civ. art. 758-5, al. 1)	
Valeur des biens existants non légués	450 000 €
Moins passif	Mémoire
Réunion fictive de la donation	150 000 €
Total	600 000 €
Dont le quart représente les droits théoriques du conjoint	150 000 €
La masse d'exercice est formée de la masse de calcul (C. civ. art. 758-5)	600 000 €
Moins :	
– la réserve globale	– 300 000 €
– et la donation dans la mesure où elle s'est imputée sur la QDO (ce point étant au demeurant discuté en doctrine : voir n° 9495)	– 150 000 €
Total masse d'exercice	150 000 €

La masse d'exercice et les droits théoriques étant de même montant, les droits du conjoint peuvent porter sur 150 000 €.

Il reste toutefois à appliquer l'article 758-6 du Code civil imposant l'imputation de la donation reçue du défunt sur les droits légaux du conjoint :

C'est donc sur les droits successoraux légaux	150 000 €
que la donation doit être imputée (ou si l'on préfère soustraite)	– 150 000 €
Reste sur vocation légale	0 €

Ce n'est pas la donation qui disparaît (elle a pu pleinement s'imputer sur la quotité disponible qu'elle n'a pas dépassée et n'est donc pas sujette à réduction) mais bien l'émolument de vocation légale.

Résultat : parce qu'il a été gratifié entre vifs, le conjoint est privé de son émolument successoral. Il ne pourra pas récupérer la moitié de la résidence principale qu'il aurait sans doute souhaité se voir attribuer. Sa seule planche de salut consistera à réserver ses droits viagers au logement après avoir accepté sa qualité d'héritier.

LIBÉRALITÉS CONCERNÉES PAR L'IMPUTATION

9375 Le **texte** est très **général** et vise « les libéralités », ce qui peut s'entendre de toutes libéralités, qu'elles soient entre vifs ou à cause de mort, quels qu'en soient l'objet et les modalités : en avancement de part ou hors part (voir nº 9360).

Seules les libéralités sont visées, ce qui paraît exclure les **autres avantages que le conjoint peut recevoir du défunt** (bénéfice d'une assurance-vie, avantage matrimonial, pension de réversion). À ce sujet, l'avantage matrimonial dont le retranchement est demandé, s'il est traité, sur le plan liquidatif, comme une libéralité, n'est nullement qualifié à tous égards de libéralité (voir M. Grimaldi : Droits des successions, LexisNexis 8e éd. 2020, nº 193).

Toutefois, une requalification de certains de ces avantages en libéralité indirecte (sur la notion, voir nos 13610 s.) pourrait sans doute les faire retomber dans le champ d'application du texte.

CARACTÈRE IMPÉRATIF OU FACULTATIF DE L'IMPUTATION

9380 On s'est posé immédiatement la question de savoir si ce texte est impératif ou facultatif.

On a rappelé que lorsque le texte a été présenté à l'Assemblée nationale, il commençait par les mots « sauf disposition contraire » qui ont ensuite été supprimés au cours du travail parlementaire (voir nº 9350). Si l'on recherche du côté de l'**intention du législateur,** elle semble clairement donner au texte un caractère impératif.

Mais **certains auteurs** ont résisté à cette analyse, en rappelant qu'avant l'entrée en application de la loi du 3 décembre 2001, la jurisprudence admettait la validité des dispenses d'imputation (Cass. 1e civ. 10-5-1960 : Bull. civ. I nº 250, D. 1963 p. 38 note J. Vidal) et que l'ancien texte visait l'imputation des libéralités « même préciputaires », précision qui ne se retrouve pas dans l'actuel article 758-6 du Code civil (en ce sens, M. Grimaldi : Droit des successions, LexisNexis 8e éd. 2020, nº 194 note 233 ; voir cependant J.-Cl. Notarial Répertoire, vº Conjoint survivant fasc. 10 par P. Catala et L. Leveneur, nº 84).

Un **arrêt** est cité comme **admettant la validité d'une dispense d'imputation** (Cass. 1e civ. 17-12-2014 nº 13-25.610 F-D) par plusieurs auteurs (M. Grimaldi, précité ; S. Ferré-André, Le rapport à succession et le conjoint survivant : JCP N 2018 nº 1322 § 19 note 2), tandis qu'un autre lui dénie une telle portée, estimant que l'arrêt s'explique davantage par l'interprétation de l'étendue de la seule vocation testamentaire (C. Goldie-Génicon, Les droits légaux du conjoint survivant : JCP N 2018 nº 1317).

DROITS SUBISSANT CETTE IMPUTATION

9385 Sur quels droits légaux cette imputation a-t-elle vocation à s'exercer ? Si la **question** se pose, c'est parce que, comme on le sait, le conjoint se voit accorder et des **droits généraux** (sa vocation légale stricto sensu) et des **droits particuliers,** comme la protection de son habitation principale effective par le droit viager au logement (C. civ. art. 764 s.) ou une éventuelle pension s'il est dans le besoin (C. civ. art. 767).

Sur laquelle de ces vocations les libéralités s'imputent-elles ?

Selon nous, seulement sur ses droits généraux et non sur ses droits particuliers. D'une part, ces derniers ont une finalité spécifique : assurer la protection du cadre de vie pour les droits viagers, d'autant plus que ceux-ci subsistent même s'ils sont supérieurs aux droits légaux (C. civ. art. 765, al. 3), ou la subsistance du conjoint s'il s'agit d'une pension alimentaire. Ce sont donc des droits supérieurs en raison de leurs objectifs, qui ne sauraient en aucun cas, sauf à trahir définitivement la loi du 3 décembre 2001, disparaître sous une quelconque imputation, les droits alimentaires ayant par ailleurs un caractère impératif.

On nous objectera que les droits viagers sont seulement supplétifs de volonté puisque le défunt peut les retirer au conjoint par un testament authentique (C. civ. art. 764, al. 1). Mais c'est bien parce que la loi n'a pas voulu qu'ils puissent être retirés autrement qu'avec une pleine conscience de la gravité du geste, qu'il ne peut être prétendu que gratifier le conjoint peut conduire à ce résultat (d'autant qu'on entend trop ici l'erreur psychologique de ce raisonnement).

Un **auteur prend clairement position** en ce sens (B. Vareille, Réflexions sur l'imputation en droit des successions : RTD civ. 2009 p. 1 n° 28) : « Il est permis de penser, tout d'abord, dans l'ordre des principes, que les libéralités ne sont à mettre ici en relation qu'avec la dévolution ordinaire, et non avec une succession anomale. Du reste, la lettre de l'article 765 nous encourage à cette analyse en prévoyant que la valeur des droits d'habitation et d'usage s'impute sur « la valeur des droits successoraux recueillis par le conjoint". Et cela invite partant à admettre que le droit viager au logement n'est pas visé par l'article 758-6… Ensuite, en toute logique, le droit au logement est d'une essence supérieure, alors même qu'il est pris en compte pour une faible valeur. Par conséquent, admettre que toute libéralité consentie au conjoint s'y imputerait derechef, une fois opérée l'imputation propre du droit au logement sur la vocation normale, serait contradictoire et dévastateur. » 9390

B. Hypothèses de mise en œuvre de l'imputation

DUALITÉ DE SITUATIONS

L'imputation prévue par l'article 758-6 du Code civil a vocation à s'appliquer en présence de descendants ou, à défaut, des père et mère du défunt ou de l'un d'eux, puisque l'alinéa 2 du texte précise : « Lorsque les libéralités ainsi reçues sont inférieures aux droits définis aux articles 757 et 757-1… » 9440

1. EN PRÉSENCE DE DESCENDANTS

DROITS LÉGAUX DU CONJOINT SURVIVANT

En présence de descendants, les droits du conjoint peuvent porter soit sur l'usufruit des biens existants si les **descendants** sont **issus exclusivement des deux époux,** soit sur un quart en pleine propriété des biens si le conjoint opte pour ce quart ou se trouve en présence d'un ou de plusieurs **descendants non issus exclusivement des deux époux** (C. civ. art. 757). 9445

a. Imputation et usufruit légal du conjoint

QUESTION DE L'IMPUTATION

L'imputation s'applique-t-elle lorsque les droits légaux du conjoint portent sur l'usufruit des biens existants en présence d'enfants issus exclusivement des deux époux ? 9450

Certains auteurs répondent à cette question par la négative. C'est le cas de **Bernard Vareille** qui estime que l'imputation, « succédané de rapport », ne se conçoit « que pour déduire une valeur d'une masse où elle a été prise en compte, et dans l'esprit qu'un même avantage ne profite pas deux fois au conjoint bénéficiaire ». Or l'usufruit portant seulement sur les biens existants et non sur les biens existants et les libéralités, « il n'y a donc pas à diminuer l'usufruit légal de **libéralités à jamais extérieures à son assiette** » (B. Vareille, Réflexions sur l'imputation en droit des successions : RTD civ. 2009 p. 1 n° 21 ; dans le même sens, C. Goldie-Genicon, Les droits légaux du conjoint survivant : JCP N 2018 n° 1317).

Pour **Michel Grimaldi,** le conjoint ne saurait recevoir moins quand il a été gratifié que lorsqu'il ne l'a pas été (M. Grimaldi : Droits des successions, LexisNexis 8e éd. 2020, n° 198). Si le conjoint n'avait pas été gratifié, il aurait, en tant qu'héritier, bénéficié d'un usufruit sur les biens successoraux. Lorsqu'il aura reçu par libéralité un ou certains de ces biens, il serait absurde qu'il reçoive moins. C'est la raison pour laquelle, pour lui, ne devrait s'imputer que la **libéralité qui ajoute à la vocation légale.** Dans cette logique, une libéralité en usufruit ne doit pas s'imputer sur l'usufruit légal, et une libéralité en pleine propriété ne doit s'imputer que pour ce qu'elle ajoute à l'usufruit légal, c'est-à-dire pour la nue-propriété seulement. 9455

9460 D'**autres auteurs** font jouer l'**imputation dans tous les cas,** dans la mesure où le texte ne distingue pas, lorsqu'il vise l'article 757, l'hypothèse d'une vocation légale en usufruit ou d'une vocation légale d'un quart en propriété (voir S. Ferré-André et S. Berre : Successions et libéralités, Dalloz 3e éd. 2016, nos 166 et 456 ; F. Sauvage : Successions, Encyclopédie Delmas 23e éd. 2016, nos 530 s.).

9465 Il faut bien avouer que l'imputation ne se comprend guère lorsque les droits du conjoint en usufruit ne portent que sur les biens existants. Puisque, dans ce cas, ses droits ne portent pas sur les libéralités rapportables (adressées aux autres héritiers), pourquoi faudrait-il qu'il « rapporte » en moins prenant celles qu'il a lui-même reçues du défunt ? Ne doit-il pas y avoir toujours **réciprocité entre ceux qui doivent le rapport et ceux à qui le rapport est dû** ? (voir H. Mazeron-Gabriel, Le conjoint successible, un héritier comme les autres ? : JCP N 2003 no 1215 ; S. Ferré-André, Le rapport à succession et le conjoint survivant : JCP N 2018 no 1322 ; M. Nicod, Le traitement liquidatif d'un don manuel entre époux : retour sur l'arrêt Veuve Barrat : Mélanges J. Combret, Defrénois 2017 no 12).

D'où la tentation aujourd'hui de soutenir que les clauses de dispense d'imputation sont possibles (no 9380).

MÉTHODE D'IMPUTATION

9470 Lorsque la jurisprudence a eu l'occasion de mettre en œuvre, avant le 1er juillet 2002, l'imputation des libéralités en pleine propriété sur des droits légaux en usufruit, qui étaient du quart à l'époque (C. civ. art. 767 ancien), elle a refusé de les **imputer sur l'assiette** de l'usufruit (méthode qui aurait eu l'avantage d'éviter une opération de conversion) (Cass. 1e civ. 6-2-2001 no 99-10.845 : Bull. civ. I no 28, D. 2001 p. 3566 note C. Aubert de Vincelles, JCP G 2001 I 366 no 4 obs. R. Le Guidec, RTD civ. 2001 p. 637 obs. J. Patarin ; J.-R. Binet, L'imputation des libéralités consenties au conjoint survivant. Une nouvelle donne dans l'application de l'article 767 alinéa 6 du Code civil par la Cour de cassation : Dr. famille 2001 étude 11). De ce fait, les droits légaux doivent d'abord être exprimés en une valeur de capital (ou si l'on préfère, doivent être convertis en une telle valeur), ce qui impose de passer par une **conversion.**

EXEMPLE

Le défunt, séparé de biens, laisse une veuve en uniques noces et un enfant issu exclusivement des deux époux. Le défunt n'a pas pris de disposition de dernières volontés.

L'épouse a opté, au titre de sa vocation légale, pour l'usufruit des biens existants (C. civ. art. 757). Elle est âgée de 41 ans au jour du décès.

Les biens existants ont une valeur au jour du décès de	800 000 €
Elle avait reçu en pleine propriété par donation notariée un bien valant au décès	200 000 €
L'usufruit légal porte sur les biens existants, soit	800 000 €

Solution :

1° Selon **Bernard Vareille,** il ne faut pas imputer la donation, car elle ne s'est pas ajoutée à l'assiette des biens existants pour la détermination des droits légaux du conjoint.

Le conjoint conservera donc sa donation (qui ne dépasse pas la quotité disponible calculée sur 1 000 000 / 2 = 500 000 €) et pourra exercer son usufruit sur la totalité de l'actif existant.

2° Selon **Michel Grimaldi,** il faut imputer la donation pour ce qu'elle ajoute à la vocation du conjoint, c'est-à-dire pour la nue-propriété de 200 000 €. Si l'on calcule cette nue-propriété en utilisant (avec l'accord des intéressés) le barème fiscal, la valeur de la nue-propriété est de 40 % soit 200 000 × 40 % = 80 000 €.

Cette valeur doit être soustraite de la valeur de l'usufruit portant sur 800 000 € convertie en pleine propriété, soit 800 000 € × 60 % =	480 000 €
Moins la nue-propriété de la donation	80 000 €
Reste	400 000 €

qui exprime la valeur résiduelle des droits légaux exprimée en pleine propriété et qu'il faut donc reconvertir en valeur d'assiette de l'usufruit soit 400 000 × 100 / 60 = 666 666,66 € valeur d'assiette de l'usufruit résiduel de la veuve.

La veuve conserve sa donation (qui ne dépasse toujours pas la quotité disponible ordinaire) et y ajoute un usufruit partiel de 666 666,66 €.

La donation l'a donc privée d'une partie de ses droits légaux en usufruit.

3° Enfin, selon d'**autres auteurs,** c'est bien la totalité de la valeur du bien donné qui s'impute sur la vocation successorale du conjoint en usufruit. La méthode est alors la même.

Valeur de l'usufruit (convertie en pleine propriété), soit 800 000 € × 60 % =	480 000 €
Sur laquelle s'impute la valeur totale de la donation	200 000 €
Reste	280 000 €

qui exprime la valeur résiduelle des droits légaux exprimée en pleine propriété et qu'il faut donc reconvertir en valeur d'assiette de l'usufruit soit 280 000 × 100/60 = 466 666,66 € valeur d'assiette de l'usufruit résiduel de la veuve.

La veuve conserve sa donation (qui ne dépasse toujours pas la quotité disponible ordinaire) et y ajoute un usufruit légal partiel de 466 666,66 €.

La donation l'a donc privée d'une plus grande partie de ses droits légaux en usufruit que dans l'exemple précédent.

b. Imputation et vocation légale du conjoint en propriété

PRINCIPE DE L'IMPUTATION

Lorsque le conjoint opte pour le quart en pleine propriété des biens ou se trouve en présence d'un ou de plusieurs enfants non exclusivement issus des deux époux (C. civ. art. 757), l'article 758-6 a vocation à s'appliquer, et ce, que la donation porte sur de la pleine propriété ou qu'elle porte sur de l'usufruit, ou plus rarement sur de la nue-propriété. Il faut bien comprendre que le **calcul des droits du conjoint en pleine propriété** s'effectue sur une masse incluant les libéralités rapportables adressées aux autres héritiers et toutes celles adressées au conjoint lui-même (nos 23475 s.). Par souci de réciprocité, le conjoint doit donc lui-même « rapporter », en moins prenant, les libéralités dont il a bénéficié. Ainsi est-il expliqué que l'imputation « place les enfants et le conjoint sur un pied d'égalité quant à la portée des libéralités qu'ils ont reçues : celles que les enfants ont reçues sont de nature à augmenter les droits du conjoint sur les biens existants (conséquence de leur inclusion dans la masse de calcul) mais elles ne peuvent donner lieu à une restitution à son profit (conséquence de leur exclusion de la masse d'exercice) ; celles que le conjoint a reçues sont de nature à diminuer ses droits sur les biens existants mais ne peuvent donner lieu à une restitution aux enfants (conséquence de leur imputation) » (M. Grimaldi : Droit des successions, LexisNexis 8e éd. 2020, no 192). Voir cependant les précisions apportées no 9360 in fine. 9490

Mais sur le **plan liquidatif,** cette imputation est moins cohérente qu'il y paraît. En effet, on sait que le conjoint, en présence d'héritiers à réserve, ne peut exercer ses droits que sur la **quotité disponible après imputation des libéralités entre vifs** (no 23490). Or, lorsque le conjoint a été gratifié entre vifs, sa ou ses libéralités s'imputent à leur date sur la quotité disponible (ordinaire ou spéciale selon le cas). Ce qui fait que concrètement, ses droits légaux sont déjà diminués de ces libéralités (C. civ. art. 758-5, al. 2). Les **imputer une seconde fois** est donc redondant. C'est la raison pour laquelle certains auteurs proposent de maintenir les libéralités adressées au conjoint dans la masse d'exercice bien qu'elles s'imputent sur la quotité disponible (M. Grimaldi : Droit des successions, LexisNexis 8e éd. 2020, no 189 ; F. Terré, Y. Lequette et S. Gaudemet : Droit civil. Les successions. Les libéralités, Dalloz 4e éd. 2014, no 178 ; C. Pérès et C. Vernières : Droit des successions, PUF 2018, nos 260 s. ; C. Goldie-Genicon, Les droits légaux du conjoint survivant : JCP N 2018 no 1317 § 11 ; S. Ferré-André, Le rapport à succession et le conjoint survivant : JCP N 2018 no 1322). Mais cette **proposition** est **discutable.** Elle ne respecte pas, un instant de raison, la lettre de l'article 758-5, alinéa 2 du Code civil, qui dispose que « le conjoint ne pourra exercer son droit que sur les biens dont le prédécédé n'aura disposé ni par acte entre vifs, ni par acte testamentaire et sans préjudicier aux droits de réserve ». En outre, elle ne gomme pas complètement l'inconvénient de l'imputation (comme on le montrera dans l'exemple chiffré no 9515). Enfin, elle cache mal l'anachronisme qu'il y a à faire application d'un mécanisme de droit commun (le rapport en moins prenant) à une situation d'exception (la vocation légale du conjoint elle-même déterminée selon des règles dérogatoires au droit commun (C. civ. art. 758-5)). 9495

CONSÉQUENCES DE L'IMPUTATION

À l'issue de l'imputation, **deux situations** peuvent se présenter. Soit les libéralités ont excédé les droits légaux, soit elles ne les ont pas excédés. 9500

9505 **Libéralité excédant les droits successoraux légaux** L'article 758-6 du Code civil n'évoque pas directement cette hypothèse mais l'on comprend bien que, dans ce cas, les droits successoraux légaux disparaissent par l'effet de cette imputation. Le conjoint conserve sa **qualité d'héritier** (ce qui lui permet certainement de manifester sa volonté de se prévaloir de ses droits viagers ou de solliciter de la succession une pension alimentaire) mais son **émolument strictement successoral** est réduit à néant (voir exemple nº 9370).

9510 **Libéralité n'excédant pas les droits successoraux légaux** Dans ce cas, la solution est clairement énoncée par l'article 758-6 : « Le conjoint peut en réclamer le **complément,** sans jamais recevoir une portion des biens supérieure à la quotité définie à l'article 1094-1. »

Le conjoint n'a donc pas perdu tout son émolument mais seulement une partie de cet émolument (voir exemple nº 9520).

MISE EN ŒUVRE DE L'IMPUTATION

9515 **Imputation des libéralités en pleine propriété** L'imputation ne pose pas de problème particulier quand elle porte sur des **droits de même nature** : elle se présente comme une soustraction des libéralités sur les droits légaux du conjoint.

EXEMPLE

Le défunt, séparé de biens, laisse une veuve en secondes noces et trois enfants dont deux d'un précédent mariage. Le défunt n'a pas pris de disposition de dernières volontés. La vocation du conjoint porte sur un quart des biens en pleine propriété (C. civ. art. 757).

Les biens existants (valeur nette au décès) représentent 800 000 €

Si le conjoint n'avait pas été gratifié il aurait dû recevoir 1/4 × 800 000 € = 200 000 €

1° Présence d'une donation entre vifs

Le conjoint a été gratifié en pleine propriété d'un bien qui vaut au décès dans son état au jour de la donation 200 000 €.

Masse de calcul de la quotité disponible et de la réserve (C. civ. art. 922)

Biens existants (y compris les legs)	800 000 €
Réunion fictive de toutes libéralités (dans notre cas la seule donation adressée au conjoint)	200 000 €
Ensemble	1 000 000 €

Dont le 1/4 représente la quotité disponible ordinaire et la réserve individuelle de chaque enfant, soit 250 000 €, la réserve globale étant de 750 000 €.

Imputation de la donation

La donation adressée au conjoint s'impute sur la quotité disponible ordinaire pour 200 000 € sans l'excéder.

Reste sur la quotité disponible après cette imputation 50 000 € (= 250 000 – 200 000).

Calcul des droits légaux du conjoint

Masse de calcul (C. civ. art. 758-5, al. 1) :

Biens existants non légués	800 000 €
Moins passif	Mémoire
Réunion fictive de la donation au conjoint (traitée par l'article 758-6 comme une avance de part)	200 000 €
Total	1 000 000 €

Dont le 1/4, soit 250 000 €, représente les droits théoriques du conjoint.

Masse d'exercice :

Elle devrait se présenter comme suit :

Masse de calcul des droits légaux du conjoint	1 000 000 €
Moins réserve globale	– 750 000 €
Moins libéralité rapportable imputée sur la QDO	– 200 000 €
Reste	50 000 €

Ce résultat est cohérent car les droits du conjoint ne peuvent porter sur la réserve, ce qui ne laisse que 50 000 € pour l'exercice des droits légaux du conjoint successible.

Les droits légaux du conjoint sont alors ramenés à la plus faible des deux sommes que représentent ses droits théoriques (250 000 €) et la masse d'exercice (50 000 €). Les droits successoraux légaux du conjoint sont donc de 50 000 €.

Faut-il ensuite appliquer l'article 758-6 du Code civil, au risque de déduire une seconde fois la libéralité, ce qui ramènerait fatalement la vocation du conjoint à zéro (étant entendu que son excédent de libéralité, égal ici à 150 000 €, n'est pas restituable : voir n° 9490) ?

Si l'on ne retire pas de la masse d'exercice la donation qui a été consentie au conjoint, celle-ci s'élèvera à 250 000 €, ce qui laisserait entendre que le conjoint pourrait, un instant de raison avant l'imputation, avoir des droits portant sur la réserve des enfants (ici à concurrence de 200 000 €), ce que l'article 758-5, alinéa 2 interdit. L'équilibre sera toutefois rétabli par l'imputation de la donation qui ramènera ces droits de 250 000 € à 50 000 € (250 000 – 200 000 = 50 000).

Dans l'exemple donné plus haut (n° 9370), si l'on n'avait pas retiré de la masse d'exercice la donation, la masse d'exercice aurait été de 300 000 € ; mais excédant les droits théoriques (150 000 €), c'est bien ce dernier chiffre qui aurait fixé les droits du conjoint. L'imputation aurait donc ramené les droits successoraux du conjoint à 0 comme dans notre calcul (150 000 – 150 000 = 0).

On le voit, l'article 758-6 est dans notre cas tout à fait inutile. La réponse eût été la même sans ce texte surabondant.

2° Présence d'une libéralité de biens à venir

Reprenons notre hypothèse mais cette fois le conjoint, sans avoir été gratifié entre vifs, l'a été au titre d'une donation de biens à venir portant sur un quart en propriété et trois quarts en usufruit.

La valeur nette de l'actif existant est toujours de 800 000 € au décès.

Le défunt n'a consenti aucune donation entre vifs.

La masse de calcul de la quotité disponible et de la réserve ne contient que la valeur des biens existants moins le passif soit 800 000 €.

La quotité disponible spéciale entre époux (C. civ. art. 1094-1, al. 1) permet au conjoint de recevoir 1/4 en pleine propriété soit ici 200 000 € et 3/4 en usufruit, soit ici 600 000 € en usufruit. La réserve des enfants s'exprime sous forme d'un droit de nue-propriété de 200 000 € pour chacun d'eux.

La vocation légale du conjoint qui était elle-même de 200 000 € et qui ne pouvait se prendre que sur la quotité disponible (C. civ. art. 758-5, al. 2) disparaît de facto (puisque la donation entre époux de biens à venir s'impute déjà sur cette fraction en pleine propriété de la quotité disponible spéciale).

L'imputation supplémentaire qu'impose l'article 758-6 n'a donc ici plus aucune utilité.

Imputation des libéralités en usufruit Comment imputer une donation en usufruit sur des droits légaux en pleine propriété ? 9520

Les **droits** à imputer n'étant **pas de même nature,** force est de passer par une conversion de la donation d'usufruit en pleine propriété, afin de pouvoir la soustraire d'une vocation en pleine propriété (dans la situation inverse, voir n° 9470). On prendra garde de ne pas confondre cette imputation avec celle qui se fait au titre des articles 919-1 et 919-2 du Code civil en vue de vérifier si les libéralités encourent la réduction. Les auteurs expliquent que l'imputation après valorisation exclut l'imputation en assiette (D. Epailly, L'imputation en assiette des libéralités : réaffirmation de la règle et mise en œuvre pratique : SNH 32/22 inf. 9 § 17 ; F. Sauvage, Les limites à l'imputation en assiette des libéralités en usufruit : BPAT 1/23 inf. 2 § 15 s.).

La première difficulté consiste à retenir une **méthode d'évaluation** pour procéder à cette conversion. On sait que la règle fiscale édictée par l'article 669, I du CGI n'a pas vocation à s'imposer dans les rapports civils. Il n'est toutefois pas interdit d'y recourir si cette méthode d'évaluation recueille le consentement des différents intéressés (ce que nous ferons, par commodité, dans nos exemples chiffrés ci-après). S'il n'en est rien, une méthode économique d'évaluation de l'usufruit peut être proposée, qui prendra en considération l'espérance de vie de l'usufruitier et le taux de rendement du bien grevé de l'usufruit (J. Aulagnier : Usufruit et nue-propriété dans la gestion de patrimoine, Maxima 1994, p. 63 s.).

EXEMPLE

Le défunt, séparé de biens, laisse une veuve en secondes noces et un enfant issu d'une précédente union.

Il a consenti à son enfant, en avancement de part, une donation en nue-propriété portant sur un bien valant au décès en pleine propriété 130 000 €, avec clause de réversion de l'usufruit au profit du conjoint

Il n'a pas pris de disposition de dernières volontés ni consenti d'autre donation entre vifs.

La valeur des biens existants est de 300 000 €. Au décès, la veuve a 51 ans.

1° Calcul de la quotité disponible et de la réserve (C. civ. art. 922)

Biens existants non légués	300 000 €
Moins passif	Mémoire
Réunion fictive de la donation consentie à l'enfant : 130 000 € en nue-propriété	
Réunion fictive de la donation consentie au conjoint : 130 000 € en usufruit	
Ensemble réunion fictive pleine propriété de	130 000 €
Total	430 000 €
Dont moitié représente la quotité disponible ordinaire, soit	215 000 €

2° Imputation de la donation consentie à l'enfant

La donation consentie à l'enfant s'impute sur sa réserve.	
Cette partie de sa réserve est donc grevée de l'usufruit du conjoint :	
215 000 – 130 000 (cette imputation se fait en assiette) =	85 000 €
Ne la dépassant pas, il n'y a pas lieu à imputation subsidiaire sur la quotité disponible.	
La quotité disponible après cette imputation est intacte =	215 000 €

3° Calcul des droits successoraux légaux du conjoint

Masse de calcul des droits successoraux du conjoint (C. civ. art. 758-5, al. 1)	
Les biens existants non légués représentent	300 000 €
Moins passif	Mémoire
Réunion fictive de la donation consentie	
À l'enfant 130 000 € en nue-propriété	
Au conjoint 130 000 € en usufruit	
Ensemble réunion fictive pleine propriété	130 000 €
Total masse de calcul	430 000 €
Dont un quart représente	107 500 €
Masse d'exercice des droits successoraux du conjoint (C. civ. art. 758-5, al. 2)	
Masse de calcul des droits légaux du conjoint	430 000 €
Moins réserve	– 215 000 €
(pas d'autre déduction : aucune des libéralités ne s'est imputée sur la quotité disponible)	
Total masse d'exercice	215 000 €

Les droits successoraux du conjoint sont de la plus faible des deux sommes que représentent les droits théoriques (107 500 €) et la masse d'exercice (215 000 €). Les droits légaux du conjoint sont donc de 107 500 €.

4° Imputation de la donation d'usufruit sur les droits successoraux légaux du conjoint (C. civ. art. 758-6)

Sur les droits successoraux du conjoint	107 500 €
La libéralité reçue doit s'imputer ; l'usufruitière ayant 51 ans au jour du décès, les intéressés conviendront d'évaluer cet usufruit à 50 % de la pleine propriété (CGI art. 669, I), soit 130 000 × 50 % = 65 000 €	– 65 000 €
La vocation résiduelle du conjoint en pleine propriété ne sera plus que de	42 500 €

PLAFONNEMENT DU CUMUL

9525 On ne peut comprendre la dernière phrase de l'article 758-6 (« sans jamais recevoir une portion des biens supérieure à la quotité définie à l'article 1094-1 ») si on la ramène à la vocation successorale résiduelle du conjoint. Elle ne peut bien entendu, à elle seule, dépasser la quotité disponible spéciale, ni dans sa composante en usufruit, ni dans sa composante en pleine propriété.

Le cumul que le texte tend à contenir est, assez paradoxalement, celui que dans un premier temps il empêche (par le mécanisme de l'imputation). C'est le **cumul de la libéralité** (ou des libéralités) **avec la vocation successorale,** mais cette fois dans son montant résiduel (ce qu'il reste de vocation légale après imputation). On a l'impression que le texte résout une difficulté qu'en même temps il fait, en grande partie, disparaître. Comme une réponse qui arriverait trop tard.

Si la **libéralité** est **trop importante,** elle va totalement absorber la vocation légale. La ques- **9530**
tion du cumul ne se posera donc plus, seule la question de la réduction de la libéralité peut alors subsister.

Si la **libéralité** est **peu importante,** elle va laisser subsister un reliquat de vocation légale, mais les deux vocations cumulées ont peu de chance de dépasser la quotité disponible spéciale entre époux, puisque le quart légal est toujours inférieur ou égal à la quotité disponible ordinaire la plus faible en propriété et que l'usufruit qui s'y ajouterait ne peut être réduit.

Ce principe de cumul plafonné paraît donc plus théorique qu'effectif.

CONSEIL PRATIQUE

Les **effets de l'imputation** sont désastreux pour le conjoint successible, d'autant plus qu'il **9535**
n'est pas évident pour le donateur de comprendre que gratifier son conjoint (entre vifs ou à cause de mort), c'est diminuer à due concurrence sa future vocation successorale légale.

Mais on peut en prémunir le survivant en lui conférant systématiquement la qualité de donataire de biens à venir ou de légataire.

C'est la **vocation légale** qui est fragilisée par ce système d'imputation. Et la vocation testamentaire, une fois acceptée, sera toujours plus solide que la vocation successorale légale.

Une **vocation conventionnelle** ne fait donc pas double emploi avec une vocation légale qui peut être très faible ou inexistante. À cela s'ajoute l'avantage de pouvoir cantonner, comme on l'a montré (n°s 35955 s.).

2. EN PRÉSENCE DES PÈRE ET MÈRE DU DÉFUNT OU DE L'UN D'EUX

VOCATION LÉGALE DU CONJOINT EN PLEINE PROPRIÉTÉ

Lorsque le défunt laisse, à défaut de postérité, outre son conjoint successible, ses père et **9565**
mère ou l'un d'eux, la vocation légale du conjoint porte soit sur la **moitié** en pleine propriété, soit sur les **trois quarts** en pleine propriété (C. civ. art. 757-1, al. 1 et 2).

Cette vocation en pleine propriété est déterminée conformément aux règles de l'article 758-5 du Code civil (voir n° 23545).

La loi prévoit dans cette hypothèse que les **libéralités reçues par le conjoint** du défunt s'imputent sur les droits de celui-ci dans la succession (C. civ. art. 758-6). Le mécanisme est donc le même qu'en présence de descendants, à la différence près que nulle atteinte à la réserve ne saurait venir ici limiter la vocation du conjoint successible, en tant qu'héritier et en tant que donataire. En effet, on le sait, les père et mère ont perdu leur droit de réserve avec la loi 2006-728 du 23 juin 2006.

CHAPITRE 4

DONATIONS-PARTAGES

SOMMAIRE

FONCTIONS DE LA DONATION-PARTAGE

La donation-partage est un **acte juridique collectif** par lequel le de cujus opère de son vivant tout à la fois une disposition à titre gratuit et une répartition de certains biens et droits entre deux ou plusieurs bénéficiaires qui sont en principe ses héritiers présomptifs (mais on verra que ce principe comporte deux exceptions : voir nos 10360 s. et 10400 s.). 10100

Jusqu'à l'entrée en vigueur de la loi 2006-728 du 23 juin 2006, la donation-partage, apanage de l'ascendant, était un **acte de magistrature domestique.**

Désormais, toute personne peut faire entre ses héritiers présomptifs la distribution et le partage de ses biens et droits (C. civ. art. 1075). La donation-partage est donc devenue un **acte de gestion patrimoniale** qui réalise à la fois une libéralité entre vifs et un partage anticipé de succession.

Il s'agit, avec le testament-partage (nos 65400 s.), de l'une des libéralités-partages autorisées par la loi.

10105 Ainsi rattachée à la famille juridique des libéralités-partages, la donation-partage a pour double fonction :
– d'assurer la **transmission à titre gratuit** de biens : c'est la fonction dévolutive de l'acte ;
– d'assurer la **distribution** et la **répartition** entre gratifiés des biens donnés afin de prévenir l'indivision successorale : il s'agit de la fonction répartitrice de l'acte permettant au donateur d'anticiper le partage de sa succession.

Ces deux fonctions sont indissociables ; toutefois, la doctrine s'accorde à mettre en exergue le caractère répartiteur de la donation-partage qui la différencie des donations ordinaires. La fonction translative de l'acte n'est qu'au service de sa fonction distributive : la donation-partage, en sa qualité de libéralité, assure une transmission patrimoniale aux fins de procéder à une première répartition de la succession du vivant du donateur copartageant (voir M. Nicod, La fonction de partage de la libéralité-partage : Defrénois 15-4-2014 nº 115s6 p. 348).

AVANTAGES DE LA DONATION-PARTAGE

10110 **Sur le plan civil** Une donation-partage présente la double qualité d'offrir au disposant souplesse et sécurité dans la transmission de son patrimoine.

La vertu de **souplesse** tient à :
– une certaine liberté dans la composition des lots et dans leur répartition entre les donataires ;
– la possibilité pour le donateur d'incorporer dans une donation-partage des donations ou donations-partages faites antérieurement et de reconsidérer ainsi la distribution de ses biens ;
– la possibilité extraordinaire de gratifier des descendants de générations différentes grâce aux donations-partages transgénérationnelles.

10115 La **sécurité** apportée par la donation-partage se manifeste par :
– une attribution du lot définitive au profit du gratifié, puisque les biens composant son lot ne seront jamais rapportables à la succession du donateur (pour un rappel du principe, Cass. 1e civ. 16-7-1997 nº 95-13.316 : Bull. civ. I nº 252 ; Cass. 1e civ. 20-3-2013 nº 11-21.368 F-D ; pour son application aux avances de part incorporées à titre de lot, quand bien même elles auraient été initialement consenties en avancement de part successorale : Cass. 1e civ. 4-7-2018 nº 16-15.915 F-PB : SNH 25/18 inf. 4, Defrénois 3-5-2019 nº 148p1 p. 31 obs. B. Vareille) : en conséquence, seul le gratifié peut bénéficier de la plus-value prise par le bien à compter de la libéralité, comme il est le seul à en subir la moins-value (cela n'exclut pas, ce qui est une autre question, l'hypothèse d'un partage inégal des biens existants, voire d'une réduction de ce lot en valeur en cas d'atteinte à la réserve d'autrui). Attention, l'insertion d'une clause de rapport étant incompatible avec la qualification de donation-partage, si les lots de cet acte venaient à être par erreur stipulés rapportables, il y aurait lieu d'interpréter la volonté du disposant : ou bien il s'agit de donations en avance de part mal nommées (Cass. civ. 7-3-1876 : DP 1876 I p. 310), ou bien c'est la qualification de l'acte qui est la bonne, mais il faut tenir pour non écrite la clause de rapport. En cas de désaccord, la solution résulte de l'appréciation souveraine des juges du fond ;
– la possibilité pour le de cujus d'allotir ses héritiers réservataires (descendants ou, dans l'hypothèse où le de cujus ne laisse aucune descendance à son décès, conjoint survivant non divorcé venant en concours avec des collatéraux privilégiés sur des biens d'origine familiale ascendante en vertu de l'article 757-3 du Code civil) de leurs parts de réserve, par attribution de lots non rapportables ;
– la faculté pour le disposant de fixer la valeur des biens donnés au jour de l'acte, et non au jour de l'ouverture de la succession, pour le calcul de la réserve héréditaire et de la quotité disponible, si les conditions légales sont réunies (C. civ. art. 1078) ; sur ce point, voir nos 10990 s. Cette règle intéresse au premier chef les donations-partages consenties aux descendants, voire aux descendants et au conjoint survivant. Elle s'applique également, selon nous, lorsque le donateur n'a pas d'enfant, dans l'hypothèse d'une donation-partage associant le conjoint (qui a alors la qualité d'héritier réservataire) et, soit au moins un ascendant privilégié, soit, à défaut, au moins un collatéral privilégié entrant dans le cas de l'article 757-3 du Code civil (bien qu'il soit manifeste que l'article 1078 n'envisage nullement ces deux situations) ;
– l'opportunité pour le de cujus de prévenir une indivision successorale, situation pouvant conduire à un blocage dans la gestion de la succession en cas de mésentente entre cohéritiers ;

– la garantie du partage tel que décidé et arrêté par le disposant : l'action en complément de part (c'est-à-dire l'ancienne action en rescision pour lésion de plus du quart) ne peut pas être initiée aux fins de contester, pour cause de lésion, le partage issu d'une donation-partage (C. civ. art. 1075-3).

CONSEIL

Les **actifs numériques** en général et les **cryptomonnaies** en particulier étant des valeurs extrêmement volatiles, la donation-partage est certainement un mode de transmission à privilégier pour de tels biens : dispensés de rapport, ces actifs ne seront pas réévalués au jour du décès du donateur pour le calcul de la réserve et de la quotité disponible, dès lors que les conditions de l'article 1078 auront été respectées (O. Boudeville et C. Vernières, La transmission des crypto-actifs : SNH 12/23 inf. 4 nº 13).

Sur le plan fiscal Les donations-partages, dès lors qu'elles ne peuvent porter que sur des biens présents (C. civ. art. 1076), sont soumises aux droits de donation dans les conditions de droit commun et, partant, échappent au **droit de partage.** En effet, on considère que le partage, à condition qu'il soit effectué dans l'acte, n'est que l'accessoire de la donation (BOI-ENR-DMTG-20-20-10 nº 10). 10120

Il faut également réserver le cas de l'incorporation d'une libéralité entre vifs antérieure dans la donation-partage (voir nº 10620).

ATTENTION

Si la donation et le partage sont effectués, sous l'autorité du donateur copartageant, par **deux actes séparés,** comme l'autorise l'article 1076, alinéa 2 du Code civil, le droit de partage est dû sur l'acte ultérieur constatant le partage (BOI-ENR-DMTG-20-20-10 nº 250).

TARIF DES NOTAIRES

En ce qui concerne le tarif des notaires, la donation-partage (consentie par une seule personne ou conjonctive) donne lieu au paiement d'un émolument proportionnel selon le **barème** suivant (C. com. art. A 444-68) : 10125

De 0 à 6 500 €	4,837 %
De 6 500 € à 17 000 €	1,995 %
De 17 000 € à 60 000 €	1,330 %
Plus de 60 000 €	0,998 %

Ce tarif s'applique à la **valeur en pleine propriété** (y compris en cas de réserve d'usufruit) des biens partagés (donation par une seule personne) ou donnés par chaque donateur (donation-partage conjonctive).

SECTION 1

CONDITIONS DE VALIDITÉ DE LA DONATION-PARTAGE

ACTE MIXTE

La donation-partage constituant un acte mixte, elle est en principe soumise à la fois aux conditions de **droit commun** requises pour la validité des donations entre vifs, déjà exposées nºs 4150 s., et aux conditions de validité du partage. Elle obéit en outre à des **conditions spécifiques,** que nous exposerons ici. 10230

A. Forme de la donation-partage

NÉCESSITÉ D'UN ACTE NOTARIÉ

La donation-partage constituant une donation entre vifs est soumise aux mêmes conditions de forme que les **donations ordinaires** (C. civ. art. 1075, al. 2). En principe, elle est passée en la forme authentique. 10235

10240 **Discussion** La nécessité d'un acte authentique est débattue en **doctrine.**
Certains auteurs estiment que, comme pour une donation ordinaire, une donation-partage doit pouvoir être consentie non seulement sous forme ostensible, c'est-à-dire par acte authentique, mais encore sous forme non ostensible : par don manuel, par donation indirecte ou déguisée (J.-Cl. Civil, Art. 1075 à 1080 fasc. 20 par M. Grimaldi, n°s 65 s. ; Dalloz Action Droit patrimonial de la famille 2021/2022, dir. M. Grimaldi, v. Conditions de la libéralité-partage par M. Grimaldi, n° 411.282 ; M. Nicod : Le formalisme en droit des libéralités, thèse, La Mouette, 2000/2001, n° 256 ; N. Peterka : Les dons manuels, thèse, LGDJ, 2001, n°s 207 s.). Consentie sous forme ostensible, la donation-partage est directement matérialisée dans l'acte authentique. Consentie sous forme non ostensible, elle est simplement révélée dans un pacte adjoint recognitif ou déclaratif du don manuel ou de la donation indirecte. Dès lors, le pacte adjoint peut être conclu sous signature privée, car il ne porte pas en lui-même donation (sinon, il serait frappé de nullité absolue pour violation des articles 931 et 932 du Code civil). Le pacte adjoint, qui doit être souscrit après la tradition matérielle de la chose donnée, est un acte permettant aux donateur et donataire de confirmer la remise du bien (de la main à la main ou sous forme de virement) et la nature de partage anticipé qu'ils ont souhaité conférer à la donation (J.-F. Desbuquois et C. Brenner, L'adaptation du don manuel aux objectifs poursuivis : Actes pratiques et stratégies patrimoniales, oct.-nov.-déc. 2012, n° 35).
Une seconde partie de la doctrine réfute la possibilité de procéder à une donation-partage par acte sous signature privée (implicitement, F. Terré, Y. Lequette et S. Gaudemet, Droit civil. Les successions. Les libéralités, Dalloz, 4e éd., 2014, n° 1256).

10245 La **jurisprudence** a varié. Elle a paru admettre parfois la possibilité d'une donation-partage déguisée (Cass. 1e civ. 9-11-1976 : Bull. civ. I n° 341, Defrénois 1977 art. 31467 n° 70 obs. G. Champenois) ou par dons manuels (Cass. 1e civ. 10-6-1970 : D. 1970 jur. p. 772, JCP G 1971 II n° 16656 note M. D.). Plus récemment, elle a au contraire semblé énoncer que la donation-partage doit être passée devant notaire, à peine de nullité (Cass. 1e civ. 1-12-1999 n° 97-21.953 P : D. 2000 IR p. 5, JCP G 2000 I n° 278 § 8 obs. R. Le Guidec, JCP N 2000 n° 1844 note M. Dagot, Dr. famille 2000 comm. 44 par B. Beignier, RTD civ. 2000 p. 884 obs. J. Patarin ; Cass. 1e civ. 3-1-2006 n° 02-17.656 P : D. 2006 pan. 2073 obs. M. Nicod, JCP G 2008 I n° 108 § 9 obs. R. Le Guidec, Dr. famille 2006 comm. 38 par B. Beignier, RTD civ. 2007 p. 610 obs. M. Grimaldi ; voir également, semblant exiger l'authenticité par un attendu très général : Cass. 1e civ. 6-2-2007 n° 04-20.029 FS-PB : Defrénois 30-9-2007 n° JP2007DEF1294N1 p. 1294 note B. Gelot, RTD civ. 2007 p. 611 obs. M. Grimaldi).

10250 En **pratique,** même les tenants de la validité de la donation-partage sans forme **déconseillent** d'y recourir, car ils reconnaissent qu'il est très délicat de savoir concilier la dissimulation de la donation et la reconnaissance d'un partage anticipé. On s'expose en effet à **deux dangers** à la fois : le risque d'une annulation pour violation de l'article 931 ; celui que ne soit pas reconnue la qualification de donation-partage (M. Nicod, obs. sur Cass. 1e civ. 3-1-2006 n° 02-17.656 P : D. 2006 pan. 2073).

10255 **Publicité foncière** En toute hypothèse, la forme authentique est obligatoire si la **donation-partage porte sur au moins un immeuble** ou droit immobilier, pour pouvoir en opérer la publicité foncière (C. civ. art. 710-1). En effet, en sa qualité de donation réalisant une mutation de droit réel immobilier entre vifs, la donation-partage appartient aux actes soumis à publication obligatoire sous peine d'inopposabilité aux tiers (Décret 55-22 du 4-1-1955 art. 28, 1-1°). Comme la donation, la donation-partage relève de la formalité fusionnée (CGI art. 647).

ACTES SUCCESSIFS DISTINCTS

10260 Une donation-partage peut également être réalisée en deux actes successifs distincts, le premier opérant **donation,** le second réalisant le **partage,** mais à condition que le donateur intervienne aux deux actes (n°s 10680 s.).
Cette méthode de transmission puis d'allotissement, ainsi dissociés en deux temps, n'est pas sans **danger** : si le donateur vient à décéder avant d'avoir pu procéder au partage, l'opération ne peut être qualifiée que de donation ordinaire, à évaluer au jour du décès en vue de la réunion fictive et des imputations (C. civ. art. 922), et soumise aux règles classiques du rapport pour sa valeur au partage (C. civ. art. 860 s.).

ILLUSTRATIONS

Constitue un **pacte sur succession future prohibé,** et non une donation-partage, l'acte sous seing privé auquel l'ascendant donateur n'est pas partie et par lequel trois sœurs reconnaissent avoir reçu différents versements et avances de leur père, ce dernier devant ensuite faire donation d'un immeuble à leur demi-frère pour rétablir l'égalité entre tous ses enfants, et déclarent qu'elles sont remplies de leurs droits et n'auront aucune réclamation ni recours quelconque à exercer contre leur demi-frère au décès de leur père (Cass. 1e civ. 10-10-2012 n° 11-18.494 F-D).

Attention : pour constituer une donation-partage, ces actes doivent conduire à un **partage effectif** des biens préalablement transmis sous l'autorité du de cujus. Sans répartition matérielle sous l'autorité du disposant, point de donation-partage. En effet, une jurisprudence primordiale disqualifie, faute de partage, l'acte intitulé « donation-partage » qui ne compose pas des lots divis (sur cette question, voir nos 10680 s.). **10265**

La **donation,** dans une donation-partage doit prendre en compte la totalité des biens donnés ; elle ne peut pas être réalisée par plusieurs actes de donation distincts (Cass. 1e civ. 6-2-2007 no 04-20.029 FS-PB : Defrénois 30-9-2007 no JP2007DEF1294N1 p. 1294 note B. Gelot, RTD civ. 2007 p. 611 obs. M. Grimaldi).

Une condition supplémentaire s'impose aux donations-partages transgénérationnelles : l'enfant doit consentir dans l'acte authentique à ce que ses propres enfants soient allotis en ses lieu et place (C. civ. art. 1078-4, al. 1).

CONSEIL

Pour souligner l'exigence fondamentale qu'il soit procédé dans la donation-partage à un partage effectif, le notaire rédacteur veillera à rectifier les **formules** habituelles, souvent très maladroites et de nature à induire en erreur : il désignera les parties à l'acte non comme donateur et donataires, mais comme donateur copartageant et donataires copartagés.

B. Bénéficiaires de la donation-partage

RÈGLES GÉNÉRALES

En **principe,** la donation-partage est consentie par le disposant au profit de ses seuls héritiers présomptifs. C'est au bénéfice des enfants que la donation-partage prend tout son sens en allotissant les héritiers réservataires à l'aide de lots non rapportables (Dalloz Action Droit patrimonial de la famille 2021/2022, dir. M. Grimaldi, v. Conditions de la libéralité-partage par M. Grimaldi, no 411.54). **10315**

Par **exception,** elle peut toutefois bénéficier à certaines personnes qui n'ont pas la qualité d'héritier présomptif :

– une donation-partage peut être réalisée au profit de descendants de degrés différents, ce qui permet d'effectuer des donations-partages dites « transgénérationnelles », depuis la loi 2006-728 du 23 juin 2006 portant réforme des successions et des libéralités : voir nos 10360 s. ;

– des tiers ou des héritiers non appelés peuvent, sous certaines conditions, être allotis d'une entreprise, qu'elle soit exploitée sous forme individuelle ou sociétaire : voir nos 10400 s. ;

– dans les familles recomposées, une donation-partage conjonctive peut associer des enfants issus de lits différents : voir nos 11865 s.

1. PRINCIPE : LES HÉRITIERS PRÉSOMPTIFS DU DONATEUR

BÉNÉFICIAIRES POTENTIELS

Depuis la loi du 23 juin 2006, le champ d'application de la donation-partage s'est considérablement élargi. Avant le vote de la loi, les donations-partages se limitaient aux transmissions parents-enfants. **10320**

Désormais, la donation-partage est devenue un véritable outil de partage anticipé de la succession, conférant au disposant une grande liberté de choix de ses gratifiés.

En premier lieu, la donation-partage peut être consentie par le donateur au profit de ses **héritiers présomptifs** (C. civ. art. 1075, al. 1). Par héritiers présomptifs, il convient d'entendre les personnes qui ont vocation à venir, de leur chef ou par représentation de leur auteur prédécédé, à la succession du donateur s'il venait à décéder. C'est ainsi que le disposant peut gratifier :

– ses **descendants,** en la personne de ses enfants et de ses petits-enfants venant par représentation de leur auteur prédécédé, ce qui était déjà possible avant la loi de 2006, mais désormais aussi, avec eux, son conjoint ;

– en l'**absence de descendants** : ses ascendants privilégiés, ses collatéraux privilégiés, collatéraux ordinaires, ascendants ordinaires ; mais aussi, toutes les fois qu'il est appelé en concours avec certains d'entre eux, son conjoint. Toutefois, l'intérêt civil de procéder à une donation-partage est limité en l'absence d'héritiers réservataires.

ATTENTION

On peut se demander quelle supériorité – autre que symbolique – présente une donation-partage aux **frères et sœurs** (ou neveux et nièces en cas de prédécès de leur auteur) par rapport à un ensemble de donations simples qui, consenties hors part successorale, ne sont pas rapportables. En réalité, l'intérêt majeur tient à la faculté d'**incorporer une donation ancienne** pour opérer une redistribution à moindres frais (voir n°s 10570 s.)

Les donations-partages associant le **conjoint** ne présentent d'intérêt que par l'évaluation dérogatoire qui est susceptible d'en être faite au jour de l'acte lorsque sont réunies les conditions de l'article 1078 du Code civil. Portant par hypothèse sur des biens présents, elles sont immédiates et irrévocables, ce qui est à l'avantage du conjoint gratifié, mais **irréversibles,** inconvénient pour le donateur copartageant. Sans compter que des droits de donation seront dus, alors qu'un avantage matrimonial ou une donation au dernier vivant sont délivrés en franchise d'impôt : il est vrai que c'est la rançon d'une attribution immédiate et irrévocable.

DONATION-PARTAGE AU PROFIT DES ENFANTS

10325 En réalité, cela demeure la situation la plus courante : la donation-partage est réalisée au profit des **enfants** du donateur **ou,** le cas échéant, de ses **petits-enfants par représentation d'un enfant prédécédé** (à ne pas confondre avec la donation-partage transgénérationnelle, qui lui permet, par exception, d'allotir ses petits-enfants du vivant de leurs parents).

Une telle donation-partage peut être réalisée à la fois au profit des enfants et, le cas échéant, des bénéficiaires suivants :
- le conjoint du donateur copartageant, en sa qualité d'héritier présomptif au sens de l'article 1075, alinéa 1 du Code civil ;
- un tiers, qui ne peut alors être alloti que d'une entreprise.

Les **conjoints des enfants** donataires copartagés ne peuvent pas être allotis au titre de la donation-partage. Toutefois, la jurisprudence admet la validité dans une donation-partage de la clause d'entrée en communauté, qui rend les conjoints également bénéficiaires du lot (Cass. 1e civ. 21-9-2005 n° 02-21.503 F-PB ; Cass. 1e civ. 3-12-2008 n° 07-19.348 FS-PB : BPAT 1/09 inf. 5, Defrénois 15-9-2009 n° CJ2009DEF1605N1 p. 1605 note B. Vareille, décisions rendues pour l'application du dispositif antérieur à la loi du 23-6-2006 mais transposables sous le régime actuel).

10330 **Donation-partage au profit de certains enfants seulement** En **pratique,** il n'est pas toujours possible de réaliser une donation-partage à laquelle concourent tous les enfants du donateur, soit que l'un d'eux refuse le lot qui lui était destiné, soit encore que le donateur veuille délibérément exclure tel ou tel de ses enfants, soit enfin parce que la donation-partage a été réalisée à une époque où un enfant du donateur n'était pas encore conçu.

La participation de tous les enfants (entendus au sens de descendants réservataires du donateur) n'étant pas une condition de **validité** de la donation-partage, l'omission d'un ou plusieurs enfants du donateur n'entraîne pas la nullité de la donation-partage, et l'allotissement opéré est parfaitement opposable aux cohéritiers des allotis (en ce sens, notamment, Cass. 1e civ. 16-7-1997 n° 95-13.316 : Bull. civ. I n° 252).

La Cour de cassation est même allée jusqu'à relever que « le partage d'ascendant se forme dès que l'un des enfants a accepté son lot » (Cass. 1e civ. 13-2-2019 n° 18-11.642 F-PB, concernant une donation-partage réalisée en deux temps, où deux enfants sur quatre avaient toutefois accepté le partage : BPAT 2/19 inf. 61, SNH 25/19 inf. 12 éclairage V. Zalewski-Sicard, RTD civ. 2019 p. 386 obs. M. Grimaldi, Defrénois 3-5-2019 n° 148p7 obs. B. Vareille, JCP G 2019 n° 479 note C. Brenner, JCP N 2019 n° 1291 note F. Sauvage, Dr. famille 2019 comm. 108 par M. Nicod). Pareille affirmation prend le contre-pied d'une partie importante de la doctrine, qui enseigne traditionnellement que la donation-partage nécessite le consentement d'**au moins deux gratifiés copartagés,** sans quoi l'opération ne serait qu'une donation ordinaire (P. Malaurie et C. Brenner, Droit des successions et des libéralités, LGDJ, 10e éd., 2022, n°s 823 et 836 ; F. Terré, Y. Lequette et S. Gaudemet, Droit civil. Les successions. Les libéralités, Précis Dalloz, 4e éd., 2014, n° 1260 ; Rép. civ. Dalloz, v. Libéralités-partages par F. Sauvage, n° 42 ; en sens contraire, G. Morin, L'ouverture de la donation-partage à des personnes n'ayant pas la qualité d'enfants ou de descendants du disposant : Defrénois 1988 art. 34152 p. 145 ; M. Grimaldi, Les conditions de validité du partage d'ascendant : Defrénois 1992 n° AD1992DEF929N1 § 11 et 68). Le principe ainsi énoncé par les Hauts Magistrats a de quoi désorienter au regard de leur précédente jurisprudence (n°s 10680 s.) ayant fermement rappelé la nécessité d'un véritable partage pour la qualification de donation-partage (B. Vareille, obs. précitées ; voir également F. Sauvage, note précitée ; comparer V. Zalewski-Sicard, éclairage précité). Il paraît en outre d'une opportunité pratique douteuse car même si une telle donation-partage ne pourra pas bénéficier de l'évaluation dérogatoire au jour de l'acte, faute d'unanimité, le lot accepté ne sera pas rapportable, ce qui laissera pour seule consolation aux enfants récalcitrants l'action en réduction spécifique de l'article 1077-1 du Code civil en cas d'atteinte à leur réserve (B. Vareille, obs. précitées ; C. Brenner, note précitée). De plus, on est fondé à se demander jusqu'où va la qualification de donation-partage : serait-il loisible d'incorporer une donation antérieure consentie à l'intéressé, ainsi un préciput requalifié en avance de part, pour composer son lot unique au prétendu « copartagé » (voir n°s 10555 s.) ?

Ajoutons qu'il est dangereux de laisser le dernier enfant dont le consentement est en suspens maître de sceller l'unanimité : c'est lui, en pratique, qui décidera de l'évaluation de la donation-partage tout entière en vue de la réunion fictive (selon le droit commun ou au contraire en application de l'article 1078 du Code civil) ; de sorte qu'il sera en position d'arbitrer, jusqu'au dernier moment, au mieux de ses intérêts. Il devra prendre soin de formaliser son acceptation par acte authentique avant de la notifier au donateur copartageant (P. Catala : La réforme des liquidations successorales, Defrénois 3e éd. 1982, n° 116).

Enfin, les conséquences fiscales pourraient être redoutables : le ou les lots non acceptés, déjà soumis aux droits de donation (voir n° 11365), restent la propriété du donateur et, s'ils se retrouvent dans sa succession, seront à ce titre taxables aux droits de succession. Or aucun texte ne prévoit l'imputation des premiers droits sur les seconds et le succès d'une demande de restitution gracieuse fondée sur la règle selon laquelle une même mutation ne saurait subir deux fois le même impôt (règle « non bis in idem ») paraît incertain (F. Sauvage, La donation-partage avec « lot réservé » non accepté… mais deux fois taxé ! : Bull. Cridon Paris 1-6-2013 n° 11 p. 6 s. ; G. Bonnet, Enregistrement et donation-partage : Defrénois 15-4-2014 n° 115s2 p. 392).

De façon générale, le défaut de participation à l'acte de l'ensemble des enfants du donateur aura des **effets** importants lors du règlement de la succession du donateur : voir n°s 10990 s.

ATTENTION

La **pratique de la donation-partage avec lot(s) réservé(s),** c'est-à-dire celle dont certains allotissements sont destinés à être acceptés ultérieurement, ne doit être proposée qu'avec la plus grande circonspection. Certes, dans l'absolu, une telle pratique semble pouvoir être envisagée depuis l'arrêt précité de la première chambre civile du 13 février 2019, même en présence d'un seul donataire acceptant au jour de l'acte ; toutefois, les conséquences civiles et fiscales dans le cas où l'un des lots ne serait finalement pas accepté du vivant du donateur, exposées ci-dessus, peuvent être très lourdes (pour une présentation d'ensemble de la question, voir C. Goldie-Genicon, Donation-partage avec allotissements non acceptés par tous les gratifiés : JCP N 2021 n° 1202).

Donation-partage et renonciation d'un donataire copartagé à la succession 10335

Une difficulté est susceptible de se présenter après le décès du donateur copartageant, dans le cas où l'un des deux enfants bénéficiaires d'une donation-partage vient à renoncer à la succession de l'auteur donateur copartageant.

En pareille hypothèse, il est permis de se demander si la **qualification de donation-partage** ne s'en trouve pas affectée : le renonçant étant censé n'avoir jamais été héritier, il serait tentant de prétendre que, rétrospectivement, un seul enfant a été alloti, de sorte qu'on ne satisfait pas à l'exigence jurisprudentielle d'un partage.

Pourtant, trois objections viennent à l'esprit. Tout d'abord, la donation-partage est restée formée par l'acceptation du premier lot (Cass. 1e civ. 13-2-2019 n° 18-11.642 F-PB précité). Ensuite, la qualification d'un acte juridique est appréciée au jour où il est souscrit. Enfin, ce serait donner trop de pouvoir à l'un des donataires copartagés que de l'autoriser à gouverner unilatéralement et a posteriori la qualification de l'acte unanime, avec les conséquences qui en résultent.

C'est pourquoi le **lot du renonçant** devra lui rester acquis, mais à titre de préciput (C. civ. art. 845, al. 1). À moins que le renonçant ne soit représenté, ce lot s'imputera sur la quotité disponible calculée abstraction faite de sa personne (C. civ. art. 913, al. 2). Et si l'on est dans le cas de l'article 1078 du Code civil (voir n°s 10990 et 32800), rien ne permet de penser que les évaluations des lots fixées une fois pour toutes au jour de l'acte libéral en vue de leur imputation devraient être reconsidérées au préjudice des prévisions du disposant.

En l'absence de jurisprudence, cette analyse mérite toutefois d'être proposée avec prudence.

2. PREMIÈRE EXCEPTION : DONATIONS-PARTAGES TRANSGÉNÉRATIONNELLES

DOMAINE GÉNÉRAL

Une donation-partage peut être consentie au profit de descendants de générations différentes en associant **enfants et petits-enfants, du vivant même des enfants** (C. civ. 10360 art. 1075-1). Il s'agit là souvent de l'expression d'une solidarité intergénérationnelle permettant aux grands-parents d'aider financièrement leurs petits-enfants à s'installer dans la vie, avec le bienveillant assentiment des parents.

De façon générale, il n'est nullement besoin de passer par une donation-partage transgénérationnelle pour gratifier un petit-enfant : un ascendant peut disposer au profit de son petit-enfant selon les mêmes conditions que pour gratifier un tiers, c'est-à-dire en puisant dans la quotité disponible. Simplement, les biens ainsi donnés seront évalués à la date du décès pour le calcul de la réserve et de la quotité disponible, et cette donation s'imputera sur la quotité disponible.

Le véritable **intérêt et** la vraie **supériorité** de la donation-partage transgénérationnelle est la faculté de gratifier ses petits-enfants au lieu et place de son enfant ou en compagnie de ce dernier : au décès de l'ascendant donateur copartageant, si les conditions légales sont réunies, tous les lots seront estimés, pour le calcul de la réserve et de la quotité disponible, au jour de l'acte de partage anticipé. Ils seront imputés sur la réserve individuelle que la génération intermédiaire trouvera dans la succession du grand-père, c'est-à-dire la réserve de la souche dont sont issus les petits-enfants (voir Dalloz Action Droit patrimonial de la famille 2021/2022, dir. M. Grimaldi, v. Conditions de la libéralité-partage par M. Grimaldi, n° 411.63). Autrement dit, pour le règlement de la succession de l'ascendant donateur, tous les calculs s'effectueront **par souche** : voir n° 11690.

ATTENTION

Seule **condition** requise pour ces donations-partages dites « transgénérationnelles » : les enfants, **génération intermédiaire,** doivent **consentir** dans l'acte de donation-partage à ce que leurs propres descendants soient allotis en leur lieu et place, que ce soit pour le tout ou pour partie seulement (C. civ. art. 1078-4, al. 1).

MODALITÉS

10365 Une grande liberté est laissée aux parties :

– la donation-partage peut être consentie à des descendants de **degrés différents dans toutes les souches, ou** seulement dans **certaines** d'entre elles, **ou** encore **directement aux petits-enfants dans toutes les souches** (C. civ. art. 1078-6, al. 2). Par exemple, un ascendant peut effectuer une donation-partage au profit de ses deux filles et des enfants de son fils (avec le consentement de ce dernier) ;

– l'ascendant qui souhaite gratifier ses petits-enfants **dans une souche donnée** n'est pas obligé de les gratifier tous. Par exemple, l'ascendant qui fait une donation-partage entre sa fille et les enfants de son fils peut gratifier tous les enfants de son fils, ou seulement certains d'entre eux. À noter cependant que le fait que tous les descendants issus d'une même souche n'aient pas été allotis aura des conséquences complexes sur la liquidation de la succession de leur auteur : voir n°s 11705 s. ;

– en théorie, l'ascendant donateur copartageant n'est pas obligé de faire concourir tous ses **enfants** à la donation-partage transgénérationnelle. Par exemple, un ascendant qui a trois fils, A, B et C, peut se borner à allotir son fils B ainsi que les enfants de C (avec le consentement de ce dernier), A demeurant étranger à la donation-partage ; mais la non-participation de tous les enfants du donateur copartageant aura des conséquences défavorables pour la stabilité de l'opération au règlement de sa succession (n° 11695).

10370 **Cas où l'ascendant donateur a un enfant unique** Toute donation-partage nécessite, par essence, l'existence d'au moins deux donataires copartagés (voir toutefois n° 10330). Par conséquent, un tel acte ne peut pas être réalisé au profit d'un enfant unique ou d'un seul des enfants.

Cependant, il faut réserver le cas de la donation-partage transgénérationnelle. La loi prévoit expressément que l'ascendant qui a un **enfant unique** peut effectuer une donation-partage transgénérationnelle, dès lors que ce dernier **a lui-même un enfant,** qui reçoit un lot (C. civ. art. 1078-5, al. 1).

C'est ainsi que le disposant est en mesure de gratifier par une vraie donation-partage son **enfant unique et** son **petit-enfant** issu de l'enfant en question. De même, il peut gratifier à la faveur d'un acte de ce type, mais avec le consentement de son enfant unique qui ne reçoit rien, au moins **deux de ses petits-enfants** donataires copartagés. Dans les deux cas, on le voit, l'aïeul ne peut pas se passer du consentement de l'enfant à la donation-partage au profit de ses propres descendants ; la loi précise expressément que la libéralité est nulle si son consentement a été vicié par l'erreur, le dol ou la violence (C. civ. art. 1078-5, al. 2).

3. SECONDE EXCEPTION : ALLOTISSEMENT D'UN TIERS DONATAIRE

TRANSMISSION D'UNE ENTREPRISE

Un tiers peut être admis à une donation-partage pour y recevoir une **entreprise à caractère industriel, commercial, artisanal, agricole ou libéral.** 10400

Il peut s'agir d'une entreprise exploitée en **nom propre ou** exploitée en **forme sociale.** Dans l'hypothèse d'une transmission de société, le donateur des parts ou actions doit exercer une fonction de dirigeant. Bien entendu, l'attribution des titres ne pourra s'effectuer que selon les règles applicables à la forme sociale concernée et conformément aux clauses prévues par les statuts sociaux, telles les clauses d'agrément notamment (C. civ. art. 1075-2).

L'**allotissement du tiers** ne peut être fourni que par les droits sociaux ou, s'agissant d'une entreprise individuelle, des biens corporels ou incorporels affectés à l'exploitation. Le tiers ne peut recevoir aucun autre bien, ni être alloti d'une soulte à la charge des autres gratifiés. L'attribution peut se faire en propriété ou en jouissance.

À première lecture, l'article 1075-2 du Code civil semblerait permettre qu'une donation-partage soit consentie au profit d'un **tiers et** d'**un seul des héritiers présomptifs** du donateur. Il est toutefois très douteux qu'une telle opération constitue bien une donation-partage (voir cependant n° 10330).

CONSEIL

Pour **donner une entreprise à un petit-enfant** à la faveur d'une donation-partage, deux possibilités sont ouvertes :

– effectuer une **donation-partage « classique »** au profit de ses enfants, le petit-enfant étant considéré comme un tiers exclusivement alloti de l'entreprise ;

– recourir à une **donation-partage transgénérationnelle.**

Toutefois, il faut prendre conscience que les effets civils de chacune de ces solutions diffèrent : en cas de donation-partage ordinaire, le petit-enfant, n'étant pas héritier présomptif, est gratifié de l'entreprise en qualité de tiers, et par conséquent sur la quotité disponible de la succession du grand-parent donateur copartageant ; alors que, dans l'hypothèse d'une donation-partage transgénérationnelle, le petit-enfant est gratifié au titre de la souche à laquelle il appartient, et prend sur la part de réserve que son propre auteur trouvera dans la succession du grand-parent (J.-Cl. Civil Code, Art. 1075 à 1080 fasc. 20 par M. Grimaldi, n° 19).

RARETÉ DE L'OPÉRATION

En pratique, les donations-partages d'entreprises à des tiers (autres que les petits-enfants) sont rares : 10405

– la libéralité d'entreprise à une personne étrangère à la cohérie est rare, dès lors qu'une **cession onéreuse** est envisageable ;

– le chef d'entreprise hésitera à appeler le **repreneur étranger** à un acte qui expose au grand jour sa situation patrimoniale et familiale ;

– la transmission à titre gratuit à un tiers présente le plus souvent un **coût fiscal** très significatif (taxation au taux de 60 % entre non-parents ou entre parents au-delà du 4e degré). Sous certaines conditions, ce coût peut toutefois être très sensiblement réduit : abattement de 75 % sur l'assiette des droits au titre d'un engagement de conservation Dutreil (voir nos 45375 s.), abattement de 300 000 € sur les 25 % restants en cas de donation d'entreprise aux salariés (voir nos 5350 s.) puis réduction des droits de 50 % dans l'hypothèse d'une donation de la pleine propriété par un donateur âgé de moins de 70 ans (voir nos 45735 s.).

INTÉRÊT DE L'OPÉRATION

En dépit de sa rareté, l'allotissement d'un tiers par donation-partage peut présenter un double intérêt. 10410

Sur le **plan civil,** si le donateur a des descendants, et sous réserve du respect des conditions légales exposées n° 10990, l'entreprise peut être définitivement évaluée au jour de la donation-partage pour le calcul de la réserve. Autrement dit, il sera fait abstraction des fluctuations de valeur entre la date de l'acte de donation-partage et celle du décès du donateur, ce qui présente non seulement un effet fixateur protecteur de l'attribution (n° 10995), mais encore un intérêt liquidatif majeur, l'état d'une entreprise donnée étant toujours d'une appréciation très délicate.

Sur le **plan fiscal,** il peut être intéressant d'attribuer l'entreprise à un tiers lorsque l'acte de donation-partage stipule à la charge de ce dernier le règlement de soultes au profit des autres gratifiés copartagés. Pour le tiers attributaire de l'entreprise, les soultes ne sont pas taxables aux droits de mutation à titre onéreux (nos 11470 s.). Quant aux autres bénéficiaires (membres de la famille du donateur), ils supporteront les droits de mutation à titre gratuit sur la soulte reçue.

C. Objet de la donation-partage

1. BIENS SUSCEPTIBLES D'ÊTRE DONNÉS

RÈGLES GÉNÉRALES

10460 Une donation-partage ne peut porter que sur des **biens présents** appartenant au donateur au jour de l'acte (C. civ. art. 1076, al. 1) : l'article 1076, dans son premier alinéa, ne fait que réitérer le principe posé par l'article 943 du Code civil concernant l'ensemble des donations.

En raison du principe de prohibition des pactes sur succession future, les **biens à venir** sont exclus : le disposant ne peut gratifier ses enfants à l'aide de droits incertains car susceptibles de ne jamais exister, ou d'avoir disparu, à son décès (seul un testament-partage, acte toujours librement révocable, permet de distribuer des biens à venir).

10465 Il n'est évidemment pas nécessaire que la donation-partage porte sur tous les biens du donateur. La **donation-partage** peut donc n'être que **partielle.** Les biens ou droits qui n'auront pas fait l'objet de la donation-partage et que le disposant laissera à son décès seront partagés entre ses héritiers au titre de sa succession légale, conformément aux règles de la dévolution successorale (C. civ. art. 1075-5), sauf dispositions de dernière volonté.

10470 Le **choix du volume patrimonial de la donation-partage** dépend des circonstances et des objectifs des parties.

Il est bien sûr déconseillé d'effectuer une donation-partage portant sur la totalité des biens actuels de son patrimoine, au risque de se démunir prématurément (sauf à stipuler une réserve d'usufruit, ou à prévoir une rente viagère comme charge de la donation).

Toutefois, le de cujus doit garder en tête que cet instrument précieux se prête à une double anticipation sous son contrôle :
– répartition actuelle d'une partie de ses biens de son vivant et sous son autorité ;
– anticipation du règlement de sa succession future, par la fixation si possible de la valeur des biens donnés à la date de l'acte en vue du calcul de la réserve.

En pratique, les seuils au-delà desquels cesse l'exonération de droits de mutation à titre gratuit pèsent sur le volume des lots. Tous les 15 ans, un enfant peut en effet recevoir en franchise d'impôt, d'un même donateur, jusqu'à 100 000 € (CGI art. 779, I), voire davantage si la donation-partage comprend des sommes d'argent exonérées : exonération sous certaines conditions des dons de sommes d'argent en pleine propriété consentis jusqu'à 31 865 € à un enfant, petit-enfant ou arrière-petit-enfant (CGI art. 790 G).

BIENS PROPRES OU PERSONNELS AU DONATEUR COPARTAGEANT

10475 Il est permis à un époux de donner et partager ses biens propres ou personnels (à l'exclusion de ceux de son conjoint).

BIENS COMMUNS AU DONATEUR COPARTAGEANT ET À SON ÉPOUX

10480 La **validité** de la donation-partage de biens communs a été sujette à débats.

L'article 1076-1 du Code civil autorise parfaitement ce type d'opération à condition que le **conjoint du donateur** intervienne à l'acte pour donner son consentement, sans pour autant se porter codonateur (dans le même sens, Dalloz Action Droit patrimonial de la famille 2021/2022, dir. M. Grimaldi, v. Conditions de la libéralité-partage par M. Grimaldi, no 411.142 ; P. Malaurie et C. Brenner, Droit des successions et des libéralités, LGDJ, 10e éd., 2022, no 832) ; le consentement du conjoint satisfait au principe de cogestion applicable aux biens de la communauté (C. civ. art. 1422).

Il convient toutefois d'anticiper les conséquences d'une telle opération lors de la liquidation du régime matrimonial. S'agissant de la donation d'un bien commun aux époux, une **récompense** est due à la communauté sur le patrimoine propre de l'époux ayant la qualité de donateur copartageant (C. civ. art. 1437). Néanmoins, il est possible de déroger à cette règle en intégrant dans l'acte des clauses précisant les contributions respectives des époux donateurs (G. Champenois et M. Klaa, Les donations-partages conjonctives et cumulatives : Defrénois 15-4-2014 no 115t9 p. 374).

ATTENTION

Pour l'administration fiscale, sous réserve de l'appréciation des tribunaux sur la validité d'une donation-partage de biens communs consentie par un seul époux, les biens communs sont considérés comme donnés par le seul époux donateur. Il en résulte notamment que, pour les donations-partages au profit d'un enfant, les **droits de donation** sont calculés après application d'un seul abattement (BOI-ENR-DMTG-20-20-10 n°s 140 s.). La solution est conforme aux règles applicables en cas de donation simple de biens communs par un époux : voir n° 7590.

En raison d'arguments historiquement liés à l'ancienne possibilité pour la femme mariée de renoncer à la communauté et au principe d'immutabilité du régime matrimonial, la **doctrine antérieure** estimait que seule une donation-partage conjonctive consentie par les deux époux permettait de distribuer des biens communs (Rép. civ. Dalloz, v. Libéralités-partages par F. Sauvage, n° 59). Sur la donation-partage conjonctive, voir n°s 11820 s. 10485

DROITS DU DONATEUR COPARTAGEANT DANS UNE INDIVISION

Le donateur copartageant peut valablement inclure dans la donation-partage ses droits dans une masse indivise. Dans ce cas, la **situation du donataire copartagé** sera identique à celle du disposant : il aura acquis le droit d'être partie au partage de l'indivision. En raison du caractère aléatoire du partage, les attributions effectives revenant à l'enfant alloti seront subordonnées au résultat du partage qui mettra fin à l'indivision. 10490

Le donateur copartageant devra veiller à ce que l'acte attribue personnellement à chaque donataire copartagé déterminé des **droits exclusifs** sur une indivision, afin que la **nature répartitrice de l'opération** ne soit pas remise en question. En effet, cela ne doit pas aboutir indirectement à ouvrir une indivision entre gratifiés, sous peine de disqualification de l'acte en donation simple. Ainsi, la qualification de donation-partage n'est pas contestable dans l'hypothèse où le disposant distribue respectivement à chacun de ses trois enfants ses propres droits indivis sur trois biens distincts : il attribue au premier enfant les droits indivis qu'il détenait sur le bien n° 1, au deuxième les droits indivis détenus sur le bien n° 2, et au troisième les droits indivis sur le bien n° 3 (en ce sens, K. Marquez et J.-F. Bidault, Constat de la situation depuis les arrêts de 2013 : Dr. et patrimoine 2016 n° 254 p. 37).

Sur le cas de l'attribution aux donataires de **quotes-parts indivises d'un bien dont la propriété appartient intégralement au donateur,** et l'exclusion en pareil cas de la qualification de donation-partage : voir n°s 10690 s.

BIENS DONNÉS AVEC RÉSERVE D'USUFRUIT

Une réserve d'usufruit au profit du donateur peut être valablement stipulée dans une donation-partage, comme dans une donation simple. 10495

Son **utilité** fait qu'elle est répandue : elle permet au donateur-copartageant de continuer de jouir des biens donnés pour le restant de ses jours, tout en allégeant l'assiette de calcul des droits de mutation à titre gratuit dus au titre de la donation-partage.

De plus, la réserve d'usufruit est souvent assortie de la donation d'un **usufruit de second rang,** mal nommée clause de « réversibilité » de l'usufruit : la jurisprudence l'analyse comme une donation de bien présent à terme, car le droit est né et seul son exercice est différé (Cass. ch. mixte 8-6-2007 n° 05-10.727 PBRI : Defrénois 2007 art. 38692 note A. Chappert, RDC 2007 p. 1166 obs. I. Dauriac, JCP 2007 II n° 10130 note G. Goubeaux, RTD civ. 2007 p. 588 obs. T. Revet et p. 605 obs. M. Grimaldi, Petites affiches 18-3-2008 n° 56 p. 6 obs. A. Chamoulaud-Trapiers). Quoi qu'il en soit, c'est un encouragement supplémentaire, en pratique, à introduire une réserve d'usufruit.

Pour autant, il faut considérer la réserve d'usufruit avec beaucoup de **circonspection,** pour des raisons d'opportunité (P. Sautjeau et B. Vareille, Mérites et maléfices de l'article 1078 du Code civil : Defrénois 15-4-2014 n° 115t8 p. 356).

Réserve d'usufruit sur une somme d'argent Si elle porte sur une somme d'argent, une telle clause **exclut** que la donation-partage bénéficie de l'**évaluation dérogatoire au jour de l'acte** en vue de la réunion fictive, prévue par l'article 1078 du Code civil. En effet, tout se passe comme si le donataire copartagé n'avait rien reçu. Il est donc renvoyé à réclamer sa réserve calculée selon le droit commun (C. civ. art. 1078). Sur cette question, voir également n°s 11010, 11695 et 11715. 10496

Réserve d'usufruit sur certains lots Si la réserve d'usufruit grève le lot de certains donataires copartagés seulement, ainsi l'immeuble dont un enfant est alloti, elle peut produire à terme des effets redoutables. 10497

Le souci d'égalité conduit le plus souvent à ce que le bien attribué en nue-propriété soit par hypothèse d'une valeur bien supérieure. Or, en pareil cas, les conditions sont alors d'avance réunies pour que, à l'ouverture de la succession, le lot libéré de l'usufruit du de cujus étant artificiellement surestimé, la donation-partage unanime soit considérée de façon mécanique et paradoxale comme inégalitaire. En effet, **à l'heure de la liquidation,** surtout si l'on s'en tient avec la doctrine dominante à une évaluation des lots en vue de la réunion fictive en pleine propriété au jour de l'acte (voir n° 11000), cela aboutira parfois à ce que la réserve des autres enfants soit entamée (voir n°s 11080 s.).

Par ailleurs, **avant même la liquidation,** l'attributaire d'une simple nue-propriété est voué à une double incertitude : son sort dépend non seulement de la survie du donateur copartageant usufruitier, mais encore des variations de la valeur économique du bien, sur lesquelles il n'a aucune prise. Il est spectateur. Les autres donataires copartagés qui ont reçu de la pleine propriété, eux, peuvent arbitrer en vendant.

C'est pourquoi la donation-partage dans laquelle le lot de certains seulement est avec réserve d'usufruit, si commode soit-elle parfois, est à éviter autant que faire se peut.

10498 **Réserve d'usufruit sur tous les lots** Au demeurant, quand bien même la réserve d'usufruit grèverait tous les lots, d'une façon en théorie égalitaire, elle peut n'en aboutir pas moins, dans certains cas, à des **résultats très capricieux.**

Dès lors que les biens grevés sont de natures ou de localisations différentes, personne ne peut prévoir ce qu'ils vaudront respectivement au décès du donateur copartageant : en 20 ans, par exemple, le modeste studio parisien se sera valorisé bien davantage que la confortable maison de province. Une telle situation est en général très mal ressentie par le donataire copartagé malchanceux, auquel l'usufruit réservé a interdit d'aliéner, et qui s'est trouvé condamné à voir impuissant le bien se déprécier lentement.

De cruelles disparités risquent de se faire jour. Le disposant ne saurait y remédier que par deux **expédients** : soit en ayant écarté l'évaluation au jour de l'acte, comme le permet l'article 1078 du Code civil, pour stipuler que le calcul de la réserve et de la quotité disponible s'effectuera d'après la valeur des lots au jour de l'ouverture de la succession ; soit en conservant par-devers lui de quoi consentir des préciputs pacificateurs, propres à rétablir in extremis l'égalité, s'il advient que les valeurs respectives des lots de la libéralité-partage ont évolué de façon contraire.

10499 **Réserve d'usufruit dans une donation-partage transgénérationnelle** Des considérations humaines et fiscales peuvent conduire à ne transmettre au donataire copartagé de la troisième génération que de la nue-propriété.

Un usufruit de second rang accordé par le grand-père au bénéfice de son propre conjoint (et improprement baptisé « réversible », puisqu'il est forcément distinct de l'usufruit viager de premier rang que s'est réservé le grand-père) grèvera donc souvent le **lot reçu par les petits-enfants** dans la donation-partage transgénérationnelle.

De plus, l'**enfant du donateur copartageant** qui consent à ce que ses propres descendants soient allotis en nue-propriété à sa place peut néanmoins recevoir un usufruit successif, qui prenne effet après l'extinction de l'usufruit de premier rang réservé (ainsi que, le cas échéant, de l'éventuel usufruit de deuxième rang mal nommé « réversible »). De la sorte, le petit-enfant subira l'usufruit non seulement du disposant (voire du conjoint de celui-ci), mais encore, par la suite, de son propre auteur, lequel ne se sera donc que partiellement effacé à son profit. Simplement, cette cascade d'usufruits successifs, en allongeant la durée du démembrement, accentue les risques précédemment évoqués.

BIENS DONNÉS EN USUFRUIT

10500 On l'a vu, il est toujours hasardeux, parmi des allotissements en propriété, de composer un lot de la donation-partage grevé d'un usufruit réservé par le donateur copartageant : le décès de ce dernier entraînant l'extinction de l'usufruit, le lot sera d'une évaluation paradoxale (voir n° 32795).

Il en va toutefois autrement dans le cas où l'objet de la donation-partage consiste dans un **usufruit,** la **nue-propriété** des biens **appartenant déjà aux donataires copartagés.** Par exemple, l'ascendant qui a attribué à ses enfants, par une première donation-partage, la nue-propriété de différents immeubles, peut leur distribuer ultérieurement, à la faveur d'une seconde donation-partage, l'usufruit qu'il s'était réservé.

BIENS DONNÉS AVEC INTERDICTION D'ALIÉNER

La clause interdisant d'aliéner le bien dont le gratifié est alloti est **valide,** conformément à l'article 900-1 du Code civil, à la **double condition** qu'elle soit fondée sur un motif sérieux et légitime, et revête une durée purement temporaire. Pour l'étude d'ensemble de cette question, voir n°s 2195 s. 10503

Intérêt sérieux et légitime A toujours été tenue pour exprimant un intérêt sérieux et légitime la stipulation que le bien donné à titre de lot serait inaliénable du vivant du donateur copartageant qui s'en est réservé l'usufruit. Une pareille clause fait obstacle à toute aliénation de la nue-propriété du vivant du donateur, à titre gratuit ou onéreux, ainsi qu'à toute promesse ayant cet objet (voir D. Epailly : 70 questions de donations-partages, Cridon Sud-Ouest, 2017 (contrib. I. Cap et C. Durassier), n°s 277 s.). Elle entend éviter que l'intéressé ne se trouve inopinément avec pour interlocuteur, en qualité de nu-propriétaire, un tiers acquéreur parfait inconnu (Cass. 1e civ. 8-1-1975 n° 73-11.648 ; Bull. civ. I n° 8, Defrénois 1975 art. 30907 p. 524 note A. Ponsard, JCP 1976 II n° 1840 note H. Thuillier ; voir M. Grimaldi, Libéralités et partages d'ascendants, Litec, 2000, n° 1221 ; J. Flour et H. Souleau, Les libéralités, Armand Colin, 1982, n° 342). Elle ménage donc l'**intérêt du disposant.** 10505

Il est loisible aussi de stipuler une telle clause dans l'**intérêt d'un tiers** : ainsi l'interdiction de céder le bien pendant la vie du bénéficiaire d'un usufruit de second rang, afin de stabiliser l'assiette de cette « réversion » d'usufruit.

Est également valide une interdiction d'aliéner, par exemple, jusqu'aux 25 ans du donataire copartagé, afin de le protéger de son inexpérience (D. Epailly, précité, n° 559). Elle est alors de l'**intérêt du donataire copartagé** lui-même.

Durée temporaire de l'interdiction La jurisprudence prohibe en **principe** la stipulation pour la durée de vie du donataire lui-même, car une telle clause est jugée perpétuelle (Cass. civ. 24-1-1899 : DP 1900 I p. 533). 10507

Elle a cependant admis une **exception** lorsque c'est dans l'intérêt d'un autre donataire (voir, en ce sens, F. Terré, Y. Lequette et S. Gaudemet, Droit civil. Les successions. Les libéralités, Dalloz, 4e éd., 2014, n° 357, et la jurisprudence citée). Dans une espèce, une donation a été consentie en tontine à deux filles du donataire, assortie de l'interdiction faite à chacune d'aliéner sa vie durant. L'arrêt d'appel qui a cru y discerner une clause d'inaliénabilité perpétuelle est cassé. La Cour de cassation objecte que la clause de tontine prenait nécessairement fin au décès de la donataire prémourante, et que l'interdiction d'aliéner qui s'y attachait cesse alors nécessairement, de sorte que l'inaliénabilité présentait donc bien un caractère temporaire : « la clause de tontine, prenant fin au décès du prémourant, a, par là même, un caractère temporaire » (Cass. 1e civ. 8-1-2002 n° 99-15.547 F-P : RTD civ. 2002 p. 343 obs. J. Patarin).

C'est pourquoi l'interdiction d'aliéner durant la vie du donataire copartagé se conçoit sans aucun doute, dans le même esprit, pour consolider l'obligation de conserver née d'une clause graduelle (n° 10525).

Combinaisons Peut-on songer à combiner ces deux exigences, à la faveur d'une **donation-partage transgénérationnelle,** en introduisant par exemple une clause interdisant d'aliéner non seulement avant le décès du grand-père, mais encore avant les 25 ans du petit-fils alloti ? On ne voit pas ce qui s'y opposerait, dès lors que la clause répond à un intérêt sérieux et légitime, clairement caractérisé : la sécurité du grand-père ici redoublée du même souci que le petit-enfant ait atteint un degré suffisant de maturité pour ne pas céder à des impulsions irréfléchies. 10509

Portée de l'interdiction Une interdiction d'aliéner, dès l'instant qu'elle est licite, s'impose sous peine de résolution de la libéralité qui la porte. 10511

Une telle contrainte apparaîtra parfois par la suite paralysante. Il va de soi que l'interdiction peut alors être soit levée par la **renonciation ultérieure du donateur copartageant,** expresse ou tacite (équivaut à une renonciation tacite l'accord donné à la constitution d'une hypothèque par le gratifié sur le bien stipulé inaliénable : Cass. 1e civ. 5-12-2018 n° 17-28.130 F-D), soit édulcorée à l'initiative du donataire copartagé, qui insère dans l'acte d'aliénation une condition suspensive du décès de son auteur.

En outre, le bien reçu par donation-partage avec interdiction d'aliéner du vivant du donateur copartageant peut valablement faire l'objet d'un **compromis de vente sans intervention de ce dernier** pour renoncer à l'interdiction, ni condition suspensive à ce sujet, dès lors qu'il est convenu que la **vente** n'interviendra qu'**après son décès** (Cass. 3e civ. 30-1-2020 n° 18-25.381 FS-PBI : BPAT 2/20 inf. 65).

BIENS DONNÉS AVEC STIPULATION D'UN RETOUR CONVENTIONNEL

10515 Usuelle, une telle clause prévoit qu'en cas de **prédécès du donataire copartagé,** ou bien encore dans le cas de son prédécès sans postérité, le donateur copartageant recouvrera les biens donnés. Pour l'étude d'ensemble de cette clause, voir nos 6550 s.

Elle doit être rédigée avec un soin particulier lorsqu'elle figure dans une **donation-partage conjonctive** (nos 11890 s.) **ou cumulative** (no 12065).

De même, dans les **donations-partages transgénérationnelles,** la clause de retour doit n'être utilisée que de façon très lucide. En effet, elle permet au grand-père donateur copartageant de recouvrer ce qu'il a donné à son petit-fils, par l'effet résolutoire qui conduit la réalisation de la condition à anéantir la libéralité. En revanche, il est exclu qu'une telle clause parvienne à redistribuer automatiquement l'objet de la donation-partage à la génération intermédiaire. Il faut pour cela recourir à un tout autre mécanisme : la clause résiduelle, qui seule peut déclencher un effet comparable. Elle répondra souvent aux intentions du grand-père.

BIENS DONNÉS AVEC CLAUSE GRADUELLE OU RÉSIDUELLE

10520 **Doutes** La possibilité d'insérer une clause résiduelle ou graduelle dans une donation-partage a été débattue en **doctrine.** En vérité, ces inquiétudes procèdent de l'**analyse ancienne** qui voyait dans le legs de residuo un double legs conditionnel, le premier légataire étant réputé recevoir les biens sous la condition résolutoire de son décès et le second sous la double condition suspensive de sa propre survie et de leur persistance dans le patrimoine du grevé (voir, par exemple, sur la question M. Nicod et X. Bouché, La mise en œuvre des donations résiduelles : JCP N 2016 no 1146 § 40 ; dans le même sens, F. Terré, Y. Lequette et S. Gaudemet, Droit civil. Les successions. Les libéralités, Dalloz, 4e éd., 2014, no 615). Certains élèvent sur ce fondement-là **trois objections** (sur cette analyse, Rép. civ. Dalloz, v. Libéralités-partages, Donations-partages par F. Sauvage, no 49).

Tout d'abord, la donation-partage est censée allotir définitivement. Or le lot grevé d'une clause graduelle ou résiduelle est destiné à être transmis en tout ou en partie, ce qui serait incompatible avec la notion même de donation-partage.

Ensuite, du fait que le second gratifié est réputé tenir ses droits directement du disposant, cela aboutirait, selon cette doctrine, à considérer que le premier gratifié fût censé n'avoir rien reçu en partage.

Enfin, la donation-partage s'imputant en principe sur la réserve du donataire copartagé, cela exigerait de la part de ce dernier, à en croire ces auteurs, une renonciation à demander le cantonnement de la charge (C. civ. art. 1054, al. 2).

10522 **Réponses** Il est possible de lever les **deux premières objections.** Depuis la réforme de 2006, les libéralités substitutives sont **analysées** en doctrine **comme des libéralités avec charge** (voir par exemple en ce sens, M. Nicod et X. Bouché, précité ; F. Terré, Y. Lequette et S. Gaudemet, précité, no 615 ; C. Vernières et G. Bonnet, Réflexions pratiques sur les libéralités graduelles et résiduelles : Defrénois 15-1-2017, no 125f8 p. 59 ; M. Grimaldi, Droit des successions, LexisNexis, 8e éd., 2020, no 366) : la charge graduelle impose au grevé de conserver et transmettre les biens donnés ou légués (C. civ. art. 1048) ; la charge résiduelle l'oblige seulement à transmettre ce qui en subsistera à son décès (C. civ. art. 1058).

C'est pourquoi, même dans la libéralité graduelle, la propriété du grevé ne disparaît jamais de façon rétroactive (M. Nicod et X. Bouché, précité). Dès lors que l'on retient, avec la majorité de la doctrine, la qualification de charge, on peut conclure qu'une clause substitutive peut valablement grever un lot, sans qu'il y ait lieu de distinguer à cet égard entre résiduelle et graduelle (Comparer D. Epailly : 70 questions de donations-partages, Cridon Sud-Ouest, 2017 (contrib. I. Cap et C. Durassier), no 673). En effet, dans les deux cas, il est admis que l'enfant alloti est et demeurera partie à la donation-partage, quel que soit le sort de son lot après son trépas.

Il est heureux en pratique qu'une telle extension soit possible, car les **avantages civils et fiscaux** des clauses substitutives bénéficient ainsi aux libéralités-partages. Et les raisons d'être de l'ouverture des substitutions – ainsi la présence d'un enfant handicapé (no 2565) – invitent à s'en emparer à la faveur d'une donation-partage, pacte de famille par excellence.

10525 **Clause substitutive affectant un lot** Seule subsiste la **troisième objection** : la charge que comporte une libéralité substitutive, dès lors qu'elle intéresse le lot d'une donation-partage en avancement de part, pèse sur la réserve. Or la **réserve** doit être servie **libre de charges** (C. civ. art. 912).

1. Si la **charge** est simplement **résiduelle,** cela interdit seulement de disposer du bien donné par voie testamentaire (C. civ. art. 1059, al. 1). Il sera donc indispensable d'obtenir du donataire copartagé qu'il accepte par acte séparé, en la forme de la renonciation anticipée à l'action en réduction (C. civ. art. 929), de renoncer à faire tomber la charge qui grève ainsi en tout ou en partie sa réserve.

2. Si la **charge** est **graduelle,** elle impose immédiatement au donataire copartagé de conserver son lot, ou certains des biens qui le composent, afin de les transmettre à un second bénéficiaire appelé. Sa réserve en pâtit. Pour garantir la bonne fin d'une telle stipulation, il sera prudent d'emprunter l'une ou l'autre des deux solutions suivantes.

Soit, si les objectifs sont partagés, on régularisera une **donation-partage transgénérationnelle** en appelant d'emblée au partage d'ascendant les propres descendants du donataire copartagé grevé, en leur qualité de seconds bénéficiaires. En ce cas, le consentement du premier gratifié à cet acte vaudra acceptation que la charge pèse sur sa réserve individuelle (C. civ. art. 1054, al. 2). Les éventuels petits-enfants conçus postérieurement à la donation-partage transgénérationnelle bénéficieront de plein droit de la substitution, comme le prévoit le dernier alinéa de l'article 1054, ce qui désamorcera le jeu de l'article 1078-9 du Code civil sans en trahir l'esprit.

Soit encore on se contentera de recueillir l'accord du premier gratifié grevé, conformément à l'article 1054, alinéa 2 du Code civil, dans une **donation-partage ordinaire.** Cela le dispensera d'une renonciation anticipée distincte. Il n'y aura pas à convoquer les éventuels propres enfants du gratifié, lesquels bénéficieront tous de plein droit de la charge au décès du grevé, en vertu de l'article 1054.

Ces deux techniques seront les mieux adaptées au cas de l'enfant handicapé qui n'a aucune descendance et a peu de chances d'en avoir : on aura soin de désigner de façon explicite ses collatéraux donataires copartagés comme bénéficiaires de second rang, à défaut de descendants. Dans tous les cas, il sera prudent d'insérer une clause d'interdiction d'aliéner, propre à rendre en outre insaisissables les biens donnés et partagés (voir n° 10507).

2. BIENS SUSCEPTIBLES D'ÊTRE INCLUS DANS LA DONATION-PARTAGE

EN PLUS DES BIENS DONNÉS

En sus des biens donnés, deux autres natures de biens peuvent être incluses dans la **masse à partager** de la donation-partage. Il s'agit, d'une part, des biens dépendant de la succession de l'époux prédécédé, d'autre part, de certaines donations ou donations-partages antérieures, qui peuvent être incorporées à la donation-partage. 10530

a. Biens dépendant de la succession de l'époux prédécédé

DONATION-PARTAGE CUMULATIVE

Le **conjoint survivant** peut, **avec l'accord de tous les enfants,** ajouter aux biens donnés et partagés par lui ceux provenant de la succession de son époux prédécédé, afin de les réunir dans une seule masse. La donation-partage est alors dite « cumulative », en ce qu'elle permet de procéder globalement, dans le même acte et sous l'autorité du parent survivant, au partage de la succession de l'époux prédécédé et au partage anticipé de biens de celle du survivant. 10535

La donation-partage cumulative fait l'objet de développements particuliers n°s 12020 s.

b. Donations ou donations-partages antérieures incorporées

RÈGLES GÉNÉRALES

Une donation-partage peut porter, en tout ou partie, sur des biens qui ont déjà été donnés, le plus souvent en ordre dispersé, par le donateur copartageant (C. civ. art. 1078-1, al. 1). L'opération, vivement conseillée par les praticiens, consiste à inclure ces libéralités entre vifs antérieures dans une **donation-partage récapitulative,** avec le consentement des bénéficiaires primitifs des donations initiales. 10555

Une telle donation-partage peut fort bien ne comporter **aucun bien nouveau,** et se borner à incorporer, avec ou sans redistribution, des donations anciennes.

La donation-partage peut tout à la fois incorporer une ou plusieurs donations ou donations-partages antérieures et être complétée par l'**attribution de biens nouveaux** (C. civ. art. 1078-3).

Peuvent être incorporées dans une donation-partage :
– toutes les donations antérieures, quels que soient leur forme (donation déguisée, donation indirecte, don manuel), leur objet (donation de biens, donation de revenus) ou leur nature (donation en avance de part successorale ou donation hors part successorale) ; en revanche, l'article 1076, alinéa 1 du Code civil, par l'exigence que la donation-partage porte sur des biens « présents », interdit d'y incorporer, au bénéfice du conjoint donataire copartagé, une donation au dernier vivant à lui précédemment consentie, en ce qu'elle ne porte que sur des biens à venir ;
– toutes les donations-partages antérieures, ce qui peut être le moyen d'incorporer dans une donation-partage unanime une donation-partage précédente à laquelle certains héritiers présomptifs seulement avaient concouru pour y recevoir un lot, quitte d'ailleurs à en redistribuer le contenu.

10560 L'**incorporation** se fait pour la **valeur** actuelle du bien initialement donné, déterminée au jour de la nouvelle donation-partage, et non pour sa valeur retenue lors de la donation d'origine ; l'objectif est en effet d'aligner toutes les évaluations (C. civ. art. 1078-1, al. 2). Cette règle fermement posée par l'article 1078-1 du Code civil s'applique quelle que soit la nature de la libéralité d'origine, que celle-ci soit consentie sous la forme d'une donation ordinaire ou d'une donation-partage. Même si la valeur du bien incorporé s'est accrue par rapport à sa valeur retenue dans la libéralité initiale, il ne s'agit pas d'une nouvelle donation mais d'un partage fait par le disposant (C. civ. art. 1078-3). Conséquence fiscale : voir n° 10620.

Si la donation-partage « incorporante » remplit les conditions d'unanimité et d'absence de réserve d'usufruit sur une somme d'argent (C. civ. art. 1078) et sous réserve de respecter l'exigence d'unicité de date, les parties peuvent toutefois convenir, pour le calcul de la réserve, d'une date d'évaluation postérieure ou antérieure à celle de la donation-partage (voir n° 11025).

10565 **Publicité foncière** La donation-partage à laquelle il a été incorporé une ou plusieurs donations ou donations-partages antérieures doit faire l'objet de publicité foncière dans les cas suivants :
– lorsque, parallèlement à l'incorporation, elle réalise une **donation d'immeuble supplémentaire** par le donateur copartageant à l'un au moins des donataires copartagés ;
– lorsque s'y trouve incorporée une **ancienne donation d'immeuble** assortie d'une **réattribution du bien donné,** qui vient composer alors tout ou partie du lot d'un autre donataire copartagé que le donataire initial ;
– lorsqu'on y incorpore une **ancienne donation d'immeuble** dont le donataire initial est alloti, mais moyennant **stipulation d'un droit réel nouveau ou d'une charge nouvelle** tous deux soumis à publicité foncière autonome (en raison d'une clause qui le nécessite : réserve d'usufruit, interdiction d'aliéner, droit de retour conventionnel, entrée du bien en communauté, constitution de servitude, clause graduelle ou résiduelle, etc.) ;
– lorsque, à l'inverse, l'**incorporation fait disparaître une clause publiée** : ainsi en raison de ce que la donation d'un immeuble était assortie d'une stipulation de rapport en nature que l'incorporation, par hypothèse, fait disparaître avec le rapport (Cass. 1e civ. 4-7-2018 n° 16-15.915 F-PB : SNH 25/18 inf. 4, Defrénois 3-5-2019 n° 148p1 p. 31 obs. B. Vareille) ; ou encore quand le disposant renonce à la clause d'inaliénabilité ou au droit de retour conventionnel.

Dans le cas où l'immeuble est attribué au **donataire d'origine** au prix de modifications portant exclusivement sur des points liquidatifs, comme l'évaluation de l'immeuble en vue de la réunion fictive, par exemple, un **doute** existe sur la nécessité de publier la donation-partage avec incorporation. En principe, ces clauses ne sont pas soumises à publicité obligatoire ; mais on peut aussi soutenir que le titre complet du donataire est constitué par l'ensemble formé par la donation initiale et la donation-partage à laquelle celle-ci est incorporée. La prudence conseille de publier ; encore faut-il que le coût de l'opération n'apparaisse pas prohibitif.

OPPORTUNITÉ DE L'INCORPORATION DE DONATIONS ANTÉRIEURES

10570 Comme l'ont souligné les auteurs, l'intérêt de l'incorporation est considérable pour le disposant, qui trouvera à cette technique plusieurs vertus (voir notamment S. Gaudemet et T. Semere, L'incorporation des donations antérieures : Defrénois 15-4-2014 n° 115t7 p. 366).

10575 **Reconsidérer son œuvre libérale** La technique de l'incorporation permet au de cujus de revenir sur les premières attributions consenties à ses descendants par diverses libéralités, et de réorganiser les modalités de transmission anticipée de son patrimoine en rebattant les cartes. Bien entendu, ces modifications ne pourront se faire qu'avec le **consentement du bénéficiaire** des libéralités incorporées.

Tout d'abord, en raison de la nature même de la donation-partage, l'incorporation d'une **donation rapportable** dispense de rapport la donation incorporée, sans pour autant lui faire perdre sa qualité d'avance de part (voir Cass. 1e civ. 4-7-2018 no 16-15.915 F-PB : SNH 25/18 inf. 4, Defrénois 3-5-2019 no 148p1 p. 31 obs. B. Vareille) ; à cette occasion, le simple donataire prend le statut nouveau de donataire copartagé, et, dispensé qu'il est du rapport, fait siennes, à compter de l'acte, les variations de valeur du bien transmis. De plus, si les conditions de l'article 1078 du Code civil sont réunies, la réunion fictive se fera en principe d'après la valeur du bien au jour de la libéralité-partage (voir no 10590).

Ensuite, le disposant peut décider, avec l'accord du gratifié, de transformer, lors de l'incorporation, une **donation antérieure** consentie initialement **hors part successorale** en un lot en **avancement de part successorale.** La loi prévoit expressément cette possibilité (C. civ. art. 1078-2). Il s'agit d'une dérogation notable à la prohibition des pactes sur succession future. Il est toujours aisé de transformer une avance de part en préciput, ce qui représente un supplément de libéralité. En revanche, requalifier un préciput en avance de part en dehors de son incorporation dans une donation-partage conduirait le donataire à renoncer par avance à l'imputation de sa donation sur la quotité disponible de la succession, c'est-à-dire à abdiquer des droits dans une succession qui n'est pas encore ouverte, entorse évidente à la prohibition des pactes sur succession future. C'est pourquoi seules permettraient d'obtenir un pareil résultat une révocation suivie d'une seconde libéralité (avec le coût fiscal qui en résulterait).

Pour autant, la transformation du caractère de la libéralité qui, de préciputaire, devient une avance sur part successorale, n'aura pas pour effet de la rendre rapportable : en raison de son incorporation dans le partage anticipé, elle sera dispensée de rapport. Toutefois, le secteur d'imputation change : au lieu de s'imputer sur la quotité disponible, la donation s'imputera prioritairement sur la part de réserve du gratifié (ou sur la part de réserve de la souche, s'agissant d'une donation-partage transgénérationnelle) et subsidiairement sur la quotité disponible pour l'éventuel excédent.

Enfin, rien n'empêche de prévoir un **changement d'attributaire,** ce qui permet de redistribuer les biens donnés en fonction de l'évolution des situations respectives des donataires. La validité de cette opération est implicitement admise par la loi de finances rectificative pour 2010, qui est venue préciser le régime fiscal du changement d'attributaire dans une donation-partage transgénérationnelle : voir nos 11615 s.

ATTENTION

Il reste certes possible d'incorporer, sans prendre soin de la transformer en avance de part, une **donation antérieure hors part dans une donation-partage elle-même en avance de part** quant au reste des autres lots. Toutefois, même si elle est licite, une telle solution, qui a pour mérite d'aligner les évaluations en vue de liquider la masse de calcul, n'en aboutit pas moins à un résultat funeste : le bénéficiaire du préciput incorporé sera systématiquement privé, dans cette mesure, de sa part de réserve ; de sorte qu'il ne manquera pas d'invoquer à l'ouverture de la succession les dispositions de l'article 1077-1 du Code civil, et que la vertu stabilisatrice de la donation-partage sera d'avance ruinée. Pour cette raison décisive, l'incorporation d'un préciput sans dénaturation dans une donation-partage en avance de part doit être fermement déconseillée (dans le même sens, Dalloz Action Droit patrimonial de la famille 2021/2022, dir. M. Grimaldi, v. Conditions de la libéralité-partage par M. Grimaldi, no 411.185 ; comparer P. Catala, La réforme des liquidations successorales, Defrénois, 3e éd., 1982, no 125, p. 300 s.).

Il en irait différemment si l'incorporation d'une donation hors part se faisait **dans une donation-partage elle-même tout entière hors part.** Les bénéficiaires se trouvent alors remis parfaitement sur un pied d'égalité. Cependant, l'inconvénient serait autre : un tel acte risque d'épuiser la quotité disponible, au préjudice des dispositions à cause de mort dont le donateur-copartageant aimerait se ménager la faculté de gratifier autrui ; de sorte que cela ne peut répondre qu'à des situations très particulières (ainsi lorsqu'un disposant se repent d'avoir trop avantagé l'un de ses enfants à la faveur de donations hors part, et que, s'étant réconcilié avec l'autre, il souhaite rétablir sur le tard l'égalité : en consentant une donation-partage tout entière hors part, et quitte à rajouter des lots, il peut persuader le premier qu'y soit incorporé son préciput ancien sans disqualification).

En réalité, l'incorporation d'une donation antérieure est surtout utilisée pour **équilibrer ou** **10580**
rééquilibrer les lots des héritiers, grâce aux biens nouvellement donnés dans la donation-partage. En effet, même si l'égalité des lots attribués aux descendants du donateur copartageant n'est nullement obligatoire, elle a le mérite de désamorcer les principales rancœurs et, si chacun est alloti, de prévenir tout risque de réduction ultérieure.

EXEMPLE

Soit trois enfants A, B et C.

A a déjà reçu de son père par donation un studio qui valait 30 à l'époque de la donation et qui vaut aujourd'hui 50. Le père consent une donation-partage à ses trois enfants. Les biens nouvellement donnés consistent en deux appartements d'une valeur de 100 chacun et en des valeurs mobilières de 50. La donation antérieurement consentie à A est incorporée, avec son accord, à la donation-partage. Total de la masse à partager 50 + 100 + 100 + 50 = 300. Donation-partage égalitaire revenant pour un tiers à chacun des donataires copartagés, soit 100.

Lot de A :

– par confusion sur lui-même, sa donation antérieure incorporée (studio) : 50

– valeurs mobilières : 50

Total : 100

Lot de B : un appartement : 100

Lot de C : un appartement : 100

10585 De même, ce peut être l'occasion d'introduire des modifications aux **charges affectant la libéralité antérieure incorporée** (par exemple, renonciation par le donateur à une clause d'inaliénabilité), ainsi qu'aux modalités et délais de **paiement des soultes.** Ainsi, la technique de l'incorporation peut être utilisée pour supprimer une soulte payable au décès du donateur, initialement mise à la charge d'un des donataires copartagés, si de nouveaux biens sont donnés pour équilibrer les lots.

EXEMPLE

Une première donation-partage a été effectuée au profit des enfants Adrien et Victor.

Lot d'Adrien : un immeuble de 150, à charge d'une soulte de 25 à Victor stipulée payable au décès du donateur. Total lot d'Adrien : 150 – 25 = 125.

Lot de Victor : un immeuble de 100, plus une soulte de 25 à recevoir d'Adrien. Total lot de Victor : 100 + 25 = 125.

Une nouvelle donation-partage est effectuée, avec incorporation de la donation-partage antérieure (on suppose que la valeur des immeubles entre les deux donations-partages est restée inchangée).

Incorporation de la donation-partage antérieure (150 + 100) : 250.

Biens nouvellement donnés (valeurs mobilières) pour 50.

Total de la masse à partager dans la nouvelle donation-partage : 300.

Donation-partage égalitaire revenant pour moitié à chacun des enfants, soit 300 × 1/2 pour chaque enfant :

– lot d'Adrien : la donation incorporée de l'immeuble de 150 ;

– lot de Victor : la donation incorporée de l'immeuble de 100, plus les valeurs mobilières de 50 = 150.

La soulte n'est plus due.

10590 **Sécuriser les attributions** ▪ L'incorporation d'une donation antérieure dans une donation-partage unanime limite les **risques de réduction.** En effet, au décès du donateur, les donations simples antérieures non incorporées seront prises en compte, pour le calcul de la réserve et de la quotité disponible, pour leur valeur au jour du décès (C. civ. art. 922). En revanche, les biens donnés par donation-partage seront en principe évalués au jour de l'acte si tous les réservataires ont reçu un lot et qu'il n'ait pas été stipulé de réserve d'usufruit sur une somme d'argent (C. civ. art. 1078).

10595 Par conséquent, en l'absence d'incorporation, les donations **hors part** antérieures risquent d'être surévaluées en comparaison des biens compris dans la donation-partage unanime, ce qui les expose à la réduction.

À l'inverse, si ces donations antérieures ont été incorporées (avec le consentement des donataires concernés), elles seront évaluées à la même date que la donation-partage pour le calcul de la réserve (C. civ. art. 1078-1, al. 2). Le risque de réduction de ces donations sera diminué de façon automatique si elles ont été requalifiées au passage en avance de part et que, tous les enfants ayant accepté leur lot en l'absence de réserve d'usufruit sur une somme d'argent, l'ensemble des biens donnés et partagés se trouvent évalués au jour de l'acte de donation-partage en vue de la réunion fictive (n° 10990).

EXEMPLE

Soit trois enfants A, B et C. Les libéralités suivantes ont été consenties par le défunt :
– premièrement, une donation hors part successorale à A, estimée à 50 au jour du partage anticipé et à 150 au décès ;
– par la suite, une donation-partage entre les trois enfants, chacun recevant un lot estimé à 50 au jour de l'acte.

Il n'y a pas de biens existants au décès de l'ascendant, par l'effet de son régime matrimonial.

Si la donation n'a pas été incorporée, la masse de calcul est de 300 [150 + (50 × 3)] et les parts individuelles de réserve de 1/4, soit 75. La donation-partage n'ayant rempli aucun des enfants de sa réserve individuelle (il manque 25 à chacun), la donation faite à A est réductible.

Si la donation hors part successorale a été incorporée en avance de part dans la donation-partage, la masse de calcul de la réserve est égale à 200 [50 + (50 × 3)] et les parts individuelles de réserve à 1/4, soit 50. Chaque enfant ayant reçu sa réserve individuelle dans le partage anticipé, il n'y a pas lieu à réduction (M. Grimaldi, Droit civil. Libéralités. Partages d'ascendants, Litec, 2000, n° 1772).

Et même en présence d'une donation en **avance de part** antérieure consentie à un enfant, l'évaluation de cette dernière est progressivement surestimée, de façon artificielle, pour les mêmes raisons, au regard de la donation-partage unanime dont les valeurs sont fixées une fois pour toutes. Si le bien donné jadis connaît une plus-value importante, cela risque de pousser à être réduit le lot même reçu par le donataire dans la donation-partage, qui reflue sur la quotité disponible de façon mécanique, au point peut-être de l'excéder artificiellement. C'est donc en ce cas la donation-partage que l'incorporation protège de la réduction, en unifiant les dates d'évaluation. 10600

EXEMPLE

Soit trois enfants A, B et C. Les libéralités suivantes ont été consenties par le défunt :
– premièrement, une donation en avance de part successorale à A, estimée à 50 au jour du partage anticipé et à 150 au décès ;
– par la suite, une donation-partage entre les trois enfants, chacun recevant un lot estimé à 50 au jour de l'acte.

Il n'y a pas de biens existants au décès de l'ascendant, par l'effet de son régime matrimonial.

Si la donation n'a pas été incorporée, la masse de calcul est de 300 [150 + (50 × 3)] et les parts individuelles de réserve de 1/4, soit 75. La donation-partage n'ayant pas rempli B et C de leur réserve individuelle (il manque 25 à chacun), le lot fait à A est réductible (avant la donation, qui est antérieure).

Si la donation en avance de part successorale a été incorporée dans la donation-partage, la masse de calcul de la réserve est égale à 200 [50 + (50 × 3)] et les parts individuelles de réserve à 1/4, soit 50. Chaque enfant ayant reçu sa réserve individuelle dans le partage anticipé, il n'y a pas lieu à réduction.

Cette mise en sécurité des allotissements a sa **rançon,** et pour le donataire, et pour le donateur. 10605

Pour le **donataire** qui accepte que sa donation hors part soit incorporée et disqualifiée en avance de part, la donation antérieure incorporée perd non seulement son antériorité dans l'ordre d'imputation, du fait qu'elle prend rang désormais à la date de la donation-partage (C. civ. art. 923), mais encore son secteur d'imputation, puisqu'elle viendra en déduction de la réserve individuelle de l'intéressé (C. civ. art. 1077-1).

Pour le **donateur,** dès l'instant que l'évaluation des donations incorporées est figée au jour de la donation-partage unanime, les biens qui en font l'objet seront le plus souvent sous-estimés en comparaison des biens existants ainsi que des autres libéralités, qui seront évalués au décès. La contrepartie de la sécurité apportée par l'intégration d'une donation ordinaire dans une donation-partage est la diminution artificielle de la masse de calcul de la quotité disponible, et donc de la quotité disponible elle-même : cela restreint mécaniquement la faculté du donateur de librement disposer par la suite (en ce sens, P. Sautjeau et B. Vareille, Mérites et maléfices de l'article 1078 du Code civil : Defrénois 15-4-2014 n° 115t8 p. 356).

L'**incorporation d'une donation-partage antérieure** peut être particulièrement utile si cette dernière ne remplissait pas l'ensemble des conditions prévues pour l'application de l'article 1078 du Code civil, par exemple parce que l'un des enfants avait été exclu à l'époque par le donateur (n°s 10990 s.). 10610

Sur l'intérêt particulier de l'incorporation des lots d'une donation-partage transgénérationnelle dans une nouvelle donation-partage, voir n° 11720.

10613 **Quid d'une clause d'incorporation à première demande ?**

Certains préconisent d'insérer une clause dans une libéralité entre vifs obligeant par avance le donataire à l'incorporer à première demande dans une éventuelle donation-partage ultérieure.

Opportunité

Pareille clause serait fort utile dans certaines circonstances.

Ainsi dans le cas suivant : un **donateur ne dispose pas des disponibilités** qui lui permettraient aujourd'hui de consentir entre ses présomptifs héritiers la donation-partage égalitaire idéale ; cependant, l'un d'entre eux s'installant, il entend lui fournir un apport immédiat, quitte à rééquilibrer les choses par la suite.

Pour préparer cette **dynamique égalitaire,** quoi de mieux que d'anticiper en contraignant le donataire à ce que la donation, pour ainsi dire provisoire sous cette qualification-là, soit vouée à être incorporée dans une donation-partage à venir ?

Contrariété à la loi impérative

Convenir que le bénéficiaire d'une donation ordinaire s'oblige d'avance, selon le bon vouloir du donateur, à incorporer cette donation dans une possible donation-partage, c'est-à-dire qu'il renonce par anticipation à son rang d'imputation (n° 10605) dans une succession qui n'est pas encore ouverte, est de toute évidence particulièrement périlleux.

C'est là un **aménagement conventionnel prématuré des imputations,** dans une succession non ouverte, autrement dit un pacte sur succession future, et qui ne se recommande d'aucune autorisation légale.

De plus, si la validité en était admise, le donateur pourrait consentir à sa guise une donation-partage très tardive, à seule fin que tous les lots, en ce comprise la donation incorporée à sa demande, s'imputant en dernier juste avant les legs, soient poussés à la réduction. Il faudrait donc admettre qu'il sache se ménager par avance la **faculté unilatérale de révoquer indirectement la donation** comportant la stipulation.

Voilà en quoi une telle clause de la donation semble bien doublement contrevenir aux règles impératives, prohibition des pactes sur succession future et irrévocabilité des donations. Elle est à déconseiller.

INCIDENCE DES EMPLOIS ET REMPLOIS EFFECTUÉS PAR LES GRATIFIÉS

10615 L'incorporation des donations antérieures dans la donation-partage, qui nécessite le consentement du ou des donataires auxquels ces donations ont été consenties, doit être effectuée « eu égard éventuellement aux emplois et remplois qu'ils auront pu faire dans l'intervalle », c'est-à-dire **entre la donation initiale et la donation-partage** (C. civ. art. 1078-1, al. 1). Par conséquent, si un bien a été acquis soit à la faveur d'une donation de somme d'argent, soit grâce au prix de vente de l'objet primitif de la donation, ce nouveau bien pourra être incorporé d'un commun accord.

En toute hypothèse, lors de l'incorporation, le bien incorporé devra être estimé pour sa valeur au jour de la donation-partage mais compte tenu de son **état à l'époque de la donation.** Cela implique que seules soient prises en considération les **variations de valeur indépendantes de l'action du donataire** dans l'intervalle. Autrement dit, le bien sera incorporé pour une valeur qui fera abstraction des plus ou moins-values résultant du fait du donataire. La règle vaut pour l'évaluation, en vue de son incorporation, du bien acquis en remploi du prix de vente du bien donné : la valeur pour laquelle ce nouveau bien sera incorporé à la donation-partage devra être tributaire de son état au jour de l'acquisition. Dans ces cas, on sera attentif à expliciter dans l'acte les clés de cette évaluation délicate, et à recueillir l'approbation des donataires copartagés sur la détermination de l'état primitif du bien donné ainsi que de celui, le cas échéant, du bien acquis en remploi au moment de son acquisition.

Si le **bien donné a été aliéné** à titre onéreux sans remploi du prix de vente, le donataire incorporera la valeur du bien donné au jour de l'aliénation, c'est-à-dire, en pratique, le prix perçu, qui lui est partant subrogé, sauf à essuyer un refus si celui-ci était sous-estimé. En revanche, si le bien a été aliéné à titre gratuit par son donataire, sa valeur ne saurait représenter le lot attribué à ce dernier par incorporation dans une donation-partage : l'article 1076, alinéa 1 du Code civil exige que la donation-partage porte sur des biens « présents », ce qui n'est pas le cas d'une valeur disparue à jamais du patrimoine de l'intéressé.

TRAITEMENT FISCAL DE L'INCORPORATION DES DONATIONS ANTÉRIEURES

10620 Le régime fiscal de l'incorporation est la conséquence de son analyse civile : l'incorporation, dans une donation-partage, de biens ayant déjà fait l'objet d'une donation, ne constitue pas

une libéralité entre les héritiers présomptifs, mais procède d'un partage du disposant (C. civ. art. 1078-3). Dès lors, **en l'absence de donation nouvelle** (et sauf exception : voir n°s 11615 s.) :
– les droits de donation ne sont pas dus, ce que confirme expressément la loi fiscale (CGI art. 776 A, al. 1) ;
– le droit de partage de 2,5 % est exigible sur la valeur actuelle des donations incorporées à la donation-partage, en fonction de l'état du bien à l'époque de la donation initiale. On suit en cela les règles civiles du rapport et de la réunion fictive (voir Y. Delecraz, Points sensibles de la fiscalité des donations-partages : JCP N 2014 n° 18 p. 105).

Il en va ainsi que la donation incorporée à la donation-partage soit une donation simple ou une donation-partage (BOI-ENR-DMTG-20-20-10 n° 180 ; dans le même sens, Rép. Delpon : AN 16-7-2019 n° 11062. Pour une analyse critique, voir G. Bonnet, Fiscalité de la réincorporation de donations à une donation-partage nouvelle : Defrénois 29-8-2019 n° 151h5 p. 11). La taxation au droit de partage exige néanmoins que la donation incorporée ait été préalablement enregistrée.

Si la donation-partage réalisée prévoit non seulement l'incorporation de donations antérieures, mais également la **donation de nouveaux biens** par le donateur, l'incorporation des donations antérieures donne lieu au droit de partage de 2,5 % et les biens nouvellement donnés sont taxables aux droits de donation (BOI-ENR-DMTG-20-20-10 n° 250). Sur les difficultés soulevées par la liquidation des droits de mutation en cas d'incorporation de donations antérieures, voir les précisions et l'exemple figurant au n° 11415.

Incorporation d'un don manuel Les mêmes règles s'appliquent lorsque la donation incorporée à la donation-partage est un don manuel (Rép. Le Pensec : Sén. 3-5-2001 p. 1516 n° 29980, doctrine non reprise au Bofip mais qui nous semble toujours pertinente) : **10625**
– si le **don manuel** a déjà été **soumis aux droits de mutation** à titre gratuit, seul est dû le droit de partage sur la valeur actuelle du don ; le gain de valeur du bien, entre la donation originaire et son incorporation, n'est taxé ni aux droits de donation, ni au titre des plus-values si le bien est attribué à une personne autre que le donataire initial ;
– si le **don manuel** n'a **pas** été **enregistré,** son incorporation provoque sa révélation à l'administration fiscale et rend, par conséquent, les droits de donation exigibles sur la valeur des biens donnés estimée au jour de la donation-partage (corrélativement aucun droit de partage n'est dû).

ATTENTION

L'incorporation à une donation-partage de **dons manuels qui n'ont pas été imposés** pose une difficulté particulière quand ces dons ont porté à la fois sur des **sommes d'argent et** sur des **biens autres** que des sommes d'argent (des actions, par exemple). Celui qui a reçu une somme d'argent ne sera taxable que sur le nominal donné, même en cas de remploi de la somme (n° 13205), tandis que les autres donataires seront imposables sur la valeur actuelle des biens donnés. Si le donateur veut corriger cette anomalie pour rétablir l'égalité entre ses héritiers, il est possible d'incorporer le don manuel de somme d'argent pour la valeur des biens acquis en remploi. Mais cette réévaluation risque d'entraîner une augmentation importante des droits de donation. Il peut donc être préférable, pour éviter ce surcoût, de révéler le don manuel – et d'acquitter les droits sur le nominal donné – avant de réaliser la donation-partage (D. Faucher, Incorporation dans une donation-partage du bien acquis en emploi d'un don manuel d'argent non révélé : BPAT 4/10 inf. 207), sachant toutefois que le droit de partage de 2,5 % sera alors dû lors de la donation-partage.

Incorporation avec changement d'attributaire Le principe de taxation au seul droit de partage des donations incorporées prévaut, en principe, que l'incorporation ait lieu en valeur ou en nature. Deux règles spécifiques s'appliquent toutefois lorsque l'incorporation s'accompagne d'un changement d'attributaire. **10630**

La première concerne le cas où l'incorporation porte sur des **immeubles** : la donation-partage doit être publiée au service chargé de la publicité foncière (voir n° 10565) et donne lieu au paiement de la contribution de sécurité immobilière, calculée sur la valeur d'incorporation des immeubles.

La seconde concerne les **donations-partages transgénérationnelles** : voir n°s 11615 s.

D. Partage des biens donnés

1. NÉCESSITÉ D'UN PARTAGE

EXIGENCE LÉGALE

10680 Le partage des biens entre les donataires sous le contrôle du donateur est un critère de la donation-partage. À la faveur de deux arrêts abondamment commentés, la Cour de cassation a réaffirmé haut et fort la **nature répartitrice** de la donation-partage, qui la distingue des autres libéralités entre vifs (Cass. 1e civ. 6-3-2013 no 11-21.892 FS-PBI : JCP N 2013 no 1162 note J.-P. Garçon, Dr. famille 2013 comm. 91 par B. Beignier, Defrénois 15-4-2013 no 112d6 p. 345 obs. B. Reynis et 15-5-2013 no 112m1 p. 463 note F. Sauvage, RTD civ. 2013 p. 424 obs. M. Grimaldi ; Cass. 1e civ. 20-11-2013 no 12-25.681 FS-PBI : JCP N 2013 no 1296 § 3 obs F. Fruleux et F. Sauvage, Defrénois 30-12-2013 no 114n8 p. 1259 note M. Grimaldi, JCP G 2014 no 288 § 10 obs. R. Le Guidec, D. 2014 p. 1905 obs. M. Nicod, Defrénois 15-7-2014 no 116v2 p. 767 obs. B. Vareille). Dans ces deux décisions, la Haute Cour rappelle, par un attendu de principe : « il n'y a de donation-partage que dans la mesure où l'ascendant effectue une répartition matérielle des biens donnés entre ses descendants » (jurisprudence constante : Cass. Req. 20-1-1947 : S. 1947 I p. 69).

Le partage est de l'essence même de la donation-partage. C'est bien par sa fonction répartitrice qu'elle se distingue d'une donation ordinaire. Le défaut de répartition matérielle des biens donnés, comme l'absence d'attribution privative de lots aux gratifiés, interdisent de considérer l'acte comme une libéralité-partage. D'où le trouble qui peut résulter de l'arrêt rendu par la première chambre civile le 13 février 2019 selon lequel une donation-partage serait parfaite par l'acceptation d'un seul lot (voir no 10330).

Le partage des biens doit être **opéré par le donateur** lui-même, présent à l'acte. Même lorsque la donation et le partage sont effectués par actes séparés, le disposant doit intervenir aux deux actes (C. civ. art. 1076, al. 2 ; Cass. 1e civ. 13-2-2019 no 18-11.642 F-PB : BPAT 2/19 inf. 61). La répartition des biens doit être effectuée par lui-même ou, tout au moins, sous sa direction et avec son concours : il ne suffit pas, par exemple, qu'il se borne à consentir à la vente intervenue entre ses fils codonataires, en renonçant à l'action révocatoire ainsi qu'à l'exercice du droit de retour, pour que cette condition essentielle soit remplie (Cass. 1e civ. 12-7-2023 no 21-20.361 FS-B : BPAT 5/23 Inf. 228). Au regard du droit fiscal, le droit de partage sera dû à raison du second acte : voir no 11475.

10685 Si le **partage** n'est **pas réalisé du vivant et sous l'autorité du donateur,** la libéralité dégénère en un ensemble de donations ordinaires en indivision.

Le partage ultérieur de l'indivision, à la seule initiative des donataires, ne sera qu'un partage selon le droit commun (C. civ. art. 815 s.). Surtout, il résultera d'une telle disqualification les graves conséquences civiles suivantes :

– les donations consenties seront rapportables à la succession du donateur conformément aux dispositions de l'article 843 du Code civil ;

– les biens donnés seront réunis fictivement pour leur valeur au jour du décès en vue de composer la masse de calcul de la réserve (C. civ. art. 922), qui risque de s'en trouver augmentée de façon automatique par l'éviction de l'article 1078 du Code civil dans tous les cas où, l'unanimité étant réunie, l'évaluation des lots aurait eu vocation à être fixée au jour de l'acte ;

– l'action en réduction ne sera pas prescrite par l'écoulement du délai de cinq ans à compter de l'ouverture de la succession, comme il en va par faveur pour les libéralités-partages, mais par le délai de droit commun, qui peut dans certains cas se prolonger sur dix années (C. civ. art. 921, al. 2 et 1077-2, al. 2) ;

– la masse de calcul de la vocation ab intestat en pleine propriété du conjoint survivant sur la succession du de cujus comprendra de façon indiscutable les attributions requalifiées en donations ordinaires, et ainsi « sans dispense de rapport » au regard du premier alinéa de l'article 758-5 du Code civil. Sur cette discussion, voir no 23475 ;

– le partage de l'indivision qui en résultera pourra faire l'objet d'une action en complément de part en cas de lésion de plus du quart (C. civ. art. 889), alors qu'une telle action est expressément écartée par l'article 1075-3 du Code civil en ce qui concerne les libéralités-partages ;

– l'attribution préférentielle pourra être demandée (C. civ. art. 831), alors qu'elle est sans objet en matière de donation-partage.

D'un point de vue fiscal, le partage des biens transmis par donations simples sans organisation préalable de leur répartition matérielle par le disposant entraîne paiement du droit de partage : voir nº 11475.

CONSEIL

Il faut donc veiller à ce que l'acte répartiteur respecte bien **tous les critères** de la donation-partage : sans cela, le notaire est contraint de procéder à la liquidation et au partage de la succession du disposant au mépris des volontés de partage que ce dernier a pu exprimer dans l'acte (voir M. Chetaille, La pratique notariale et la nouvelle position de la Cour de cassation en matière de donation-partage : JCP N 2014 nº 1182).

FAUSSES « DONATIONS-PARTAGES » DE QUOTES-PARTS INDIVISES

Il a été naguère de **pratique** très **courante,** encore que critiquable, d'utiliser l'instrumentum de la donation-partage pour des donations portant en réalité, en tout ou en partie, sur des quotes-parts indivises. L'objectif était à l'origine de bénéficier du régime fiscal avantageux des libéralités-partages et, surtout, des particularités civiles simplificatrices de ces dernières : dispense de rapport, cristallisation des valeurs des biens au jour de l'acte pour le calcul de la réserve héréditaire (sous les conditions légales) et alignement des imputations (C. Brenner et A. Bouquemont, Disposer en indivision par voie de donation-partage. D'un mal doit sortir un bien : JCP N 2015 nº 1140). **10690**

Ont ainsi pu être présentées comme libéralités-partages des donations n'allotissant les donataires que de droits indivis, ou attribuant à tel gratifié un lot privatif et à ses cogratifiés des lots en indivision.

Au demeurant, dans une décision isolée des juges du fond, les magistrats ont pu qualifier de donation-partage un acte correspondant à un cas sensiblement différent, où avaient été composés des **lots mixtes** : chacun avait reçu, d'une part, un **biens divis, et** d'autre part, pour le surplus, une **quote-part d'un bien** demeuré **en indivision** (CA Limoges 20-3-2008 nº 07/15 : Defrénois 15-9-2009 nº CJ2009DEF1602N1 p. 1602 obs. A. Chamoulaud-Trapiers). C'est le seul cas où la qualification reste discutée, car aucun des deux arrêts de principe de la Cour de cassation rendus en 2013 (nº 10680) ne traite explicitement de cette configuration. **10695**

Selon un auteur, au regard des deux arrêts de principe précités, il paraît impossible d'appliquer le régime des donations-partages à de telles libéralités, dans lesquelles le disposant gratifie ses héritiers présomptifs de droits qu'il inclut volontairement dans une indivision créée ad hoc ; cette analyse repose sur la définition du partage telle que proposée par le Code civil dans son article 838 : « le partage amiable peut être total ou partiel. Il est partiel lorsqu'il laisse subsister l'indivision à l'égard de certains biens ou de certaines personnes » (voir M. Grimaldi, Pas de donation-partage sans partage. À propos de Cass. 1e civ. 20-11-2013 : Defrénois 30-12-2013 nº 114n8).

Il est à noter que certains auteurs ne partagent pas cette interprétation intransigeante de la jurisprudence de la Cour de cassation : ils admettent qu'une attribution partielle de quotités indivises, chacun recevant un lot mixte, contenant un bien principal divis et, en outre, une quote-part d'un bien indivis de moindre importance, n'est ni plus ni moins qu'un moyen pour le de cujus de réaliser un pré-partage de sa succession (voir F. Sauvage, La donation-partage avec attribution partielle de quotités indivises, entre ordre apparent et désordre latent : JCP G 2014 nº 92 ; dans le même sens, B. Vareille, La notion de donation-partage et l'exigence d'un partage : Defrénois 15-7-2014 nº 116v2 p. 767). Il conviendrait simplement de prendre garde à l'importance respective des attributions divises et indivises à l'intérieur de chaque lot, en veillant à ce que ces dernières ne soient pas prédominantes (B. Vareille, précité ; M. Arrault, J. Lafond et J.-P. Sénéchal, La rédaction d'un acte de donation-partage, Inafon, 1982, nº 147 ; voir toutefois J.-P. Garçon, Une donation-partage est-elle concevable sans attribution de droits divis à chaque donataire ? : JCP N 2014 nº 1002, craignant une requalification même si cette précaution est prise).

Il existe par ailleurs, dans les dispositions définissant le régime spécifique des **donations-partages transgénérationnelles,** une exception au principe de la répartition divise des biens donnés : la loi prévoit expressément que les petits-enfants puissent être allotis « conjointement entre eux » (C. civ. art. 1078-4, al. 2). Cette solution s'explique techniquement par le fait que l'ascendant procède au partage par souche, et non par tête. Dès lors, il lui est loisible de composer des lots pour chaque souche de ses enfants, sans division entre ses petits-enfants (voir J.-Cl. Civil Code, Art. 1075 à 1080 fasc. 20 par M. Grimaldi, nº 63). **10700**

Pour sa part, de façon paradoxale au regard du droit civil, l'**administration fiscale** a une approche très souple de la libéralité-partage puisqu'elle considère qu'il y a bien donation-partage même si « l'acte se borne à une simple attribution de quotité à chaque donataire, **10705**

sans division matérielle des biens entre les descendants ». Bien entendu, le droit de partage sera ultérieurement exigible sur l'acte par lequel les donataires procéderont au « lotissement » (BOI-ENR-DMTG-20-20-10 n° 80). On rappelle à cet égard que, selon l'article 1076 du Code civil, la libéralité ne peut conserver le caractère de donation-partage que si le partage intervient du vivant du donateur et sous sa médiation (voir n° 10260).
Aussi conciliante soit-elle, la doctrine administrative ne saurait faire oublier les très graves inconvénients des fausses donations-partages au regard de la liquidation civile (n°s 10710 s.).

SORT DES FAUSSES « DONATIONS-PARTAGES » DE QUOTES-PARTS INDIVISES

10710 Les deux arrêts rendus en 2013 par la Cour de cassation (n° 10680) doivent inciter à la plus grande prudence vis-à-vis des donations consenties sous la forme inappropriée de libéralités-partages et portant sur des quotes-parts indivises.

Le **devoir de conseil** impose au notaire de signaler que **la qualification imprimée à l'acte est inappropriée,** ce qui ne laisse d'ailleurs pas d'être embarrassant si c'est lui-même qui a régularisé un tel acte authentique.

10715 **Du vivant du disposant** Il est toujours envisageable de régulariser la situation.

Pour cela, la solution la plus simple est bien évidemment qu'il soit procédé, dans un second temps, au **partage** des biens indivis, **sous l'autorité du de cujus** et avec l'accord des bénéficiaires, à la faveur d'un second acte ultérieur bien distinct (C. civ. art. 1076, al. 2 ; voir n° 10680).

Attention : un partage réalisé **entre les seuls donataires,** hors la présence du disposant, cristalliserait la qualification de **donation simple,** avec toutes ses conséquences (voir n° 10685).

10720 Une autre solution consiste à **incorporer** les biens indivis donnés dans une **nouvelle et véritable donation-partage.** Une fois la masse indivise incorporée dans une nouvelle donation-partage avec l'accord des codonataires, le donateur procède à la répartition matérielle des biens.

La Cour de cassation a admis la possibilité pour le disposant, dans un même mouvement, de procéder à l'incorporation d'une donation antérieure, avec l'accord des donataires, et d'en faire le lot de l'un des gratifiés, à charge pour lui de verser une soulte à ses frère et sœur (Cass. 1e civ. 15-01-2014 n° 11-18.693 FS-D : JCP N 2014 n° 1230 note R. Le Guidec et J.-P. Garçon). Les faits de cette affaire sont les suivants : des parents consentent la donation de la nue-propriété d'une maison à leurs trois enfants, sous un acte intitulé « donation-partage ». Il ne s'agissait donc, en droit, que de la donation de droits indivis, les trois enfants recevant indivisément la nue-propriété. Il est alors consenti une donation-partage qui, successivement, incorpore la donation initiale, puis attribue l'usufruit de la maison à l'un des trois enfants, lequel est par ailleurs alloti de la totalité de la maison en nue-propriété, à charge pour lui de verser une soulte à ses frère et sœur. Ce second acte, en procédant à une redistribution, opère le partage.

10725 Il a également été proposé de **dispenser de rapport** la donation en indivision, qui devient alors hors part successorale. Cette solution trouve ses limites : le risque est accru d'épuiser la quotité disponible, qui supporte alors l'imputation de la libéralité entre vifs, privant le disposant de toute faculté de gratifier ultérieurement un tiers.

10730 Une dernière solution consisterait en un recours à la **technique sociétaire** : apport est effectué des biens indivis à une société, le partage se matérialisant par la rémunération de l'apport au moyen de l'attribution de parts divises aux gratifiés. Cette technique est notamment préconisée en cas de transmission en indivision d'un bien immobilier ou d'un portefeuille de valeurs mobilières (voir en ce sens, J.-P. Garçon, note sous Cass. 1e civ. 20-11-2013 : JCP N 2014 n° 1002 ; L. Taudin, La vraie donation-partage selon la Cour de cassation : JCP N 2014 n° 1122).

Afin de confirmer sa volonté répartitrice, le disposant prendrait le soin d'exprimer son consentement dans l'acte d'apport (voir L. Taudin, précité). Toutefois, l'apport en société d'un bien indivis a forcément un coût fiscal qui peut se révéler dissuasif pour l'apporteur, puisqu'il entraîne notamment la taxation des plus-values latentes afférentes aux éléments apportés (voir X. Boutiron, La mise en société : une fausse bonne idée ? Dr. et patrimoine, 2016, n° 254, p. 52).

10735 **Après le décès du disposant** Il devient au contraire impossible de régulariser la situation.

Faute de répartition par le disposant, la libéralité n'est pas une donation-partage mais une simple donation de biens indivis. Par conséquent, si un donataire souhaite appréhender de façon immédiate des droits divis, il est en mesure d'exiger à tout moment le **partage,** selon les règles classiques, **de la masse indivise objet de la prétendue donation-partage,** indépendamment du règlement de la succession. Cela écarte aussitôt la qualification de donation-partage, puisque le donateur défunt ne peut plus présider à l'opération (voir M. Grimaldi, Que faire au lendemain des arrêts de mars et novembre 2013 ? Defrénois 15-4-2014 n° 115t5 p. 353). 10735 (suite)

Au surplus, même si personne ne provoque le partage de l'objet de la donation indivise, la requalification de l'acte en donation ordinaire est susceptible d'intervenir à tout moment devant le juge. C'est pourquoi, une fois les héritiers dûment informés de ce risque en exécution du devoir de conseil, il paraîtrait **dangereux** pour le notaire en charge de la succession de procéder à la **liquidation et** au **partage de la succession** comme si de rien n'était.

Tout d'abord, la succession étant par hypothèse ouverte, s'agissant d'une donation consentie à des héritiers présomptifs, dès l'instant qu'il n'a pas été prévu de stipulation contraire, le **rapport** sera dû par les donataires. En effet, en vertu de l'article 843 du Code civil, le rapport des donations est **de droit** (voir n° 30920).

De deux choses l'une :

– soit le bien donné est demeuré en indivision entre tous les présomptifs héritiers, et le rapport sera pour chacun de la valeur de sa quote-part, selon l'état du bien au jour de la donation indivise, estimée à l'époque du partage de la succession tout entière ; c'est dire que les rapports seront exactement égaux ;

– soit le partage de la donation indivise est advenu dans l'intervalle, ainsi, par exemple, entre décès et partage de la succession. En ce cas, les rapports peuvent être inégaux : l'attributaire d'une soulte devra le rapport de celle-ci au nominal à défaut de remploi ; au contraire, s'il l'a employée à une acquisition, le rapport sera de la valeur du bien nouveau ainsi acquis, compte tenu de son état au jour de l'acquisition.

Ensuite, pour ce qui est de la masse de **calcul de la réserve et de la quotité disponible,** du fait de la disqualification de l'acte qui n'a que l'apparence trompeuse de la donation-partage, ce ne sont plus les règles d'évaluation de l'article 1078 du Code civil qui s'appliquent mais celles prévues par les articles 860 et 922 du même Code, avec toutes les conséquences civiles qui en résultent (voir n° 10685). Cette situation ne présente aucun inconvénient majeur pour les donataires copartagés si tous ont reçu la même quotité indivise sur un même bien. Néanmoins, un grave déséquilibre peut surgir si certains ont reçu des quotes-parts d'un bien indivis et d'autres un lot divis, ou si les différents donataires ont reçu des quotités indivises de divers biens de natures différentes (voir J.-Cl. Liquidations – Partages, v° Indivision fasc. 10 par F. Collard, n° 82).

Surtout, la qualification sincère peut être rétablie à la demande de toute personne – héritier, légataire – qui trouve **intérêt** à ce que la quotité disponible soit à son maximum. Or il appartient au notaire d'informer les intéressés de l'état du droit positif, et notamment de décrire précisément à chaque réservataire l'atteinte potentielle à ses droits réservataires (C. civ. art. 921, al. 2).

ATTENTION

Certes, les prétendus donataires copartagés peuvent décider, en toute connaissance de cause et d'un commun accord, de passer outre, en **sauvegardant entre eux la qualification de donation-partage.** Une telle convention licite trouve cependant deux **limites** :

– tout tiers intéressé pourra faire rétablir la qualification pertinente et les évaluations correspondantes (ainsi le **conjoint survivant** désireux que soit rétablie la masse de calcul de son 1/4 en propriété calculé selon l'article 758-5 du Code civil, ou le **légataire,** en particulier le légataire universel soucieux que soit rétablie la masse de calcul de la quotité disponible conformément à l'article 922 du Code civil) ;

– les avantages objectifs que cela peut procurer à certains héritiers par la dispense de rapport de leur prétendu lot, s'ils sont consentis dans une intention libérale, seront susceptibles d'être qualifiés ultérieurement de **donations indirectes** émanant de leurs copartageants (avec les conséquences civiles et fiscales qui en découlent).

Il est donc fortement déconseillé de persister dans l'erreur qui consiste à instrumenter sous le nom de donation-partage des donations indivises, serait-ce au prétexte de considérations fiscales. En particulier, le notaire, qui doit un égal conseil à tous, ne saurait s'y prêter de façon irréfléchie : il promeut consciemment dans un acte authentique une qualification insincère ; il engage sa responsabilité, en cas de requalification, pour manquement au devoir de conseil.

2. LIBERTÉ DE COMPOSITION DES LOTS

PRINCIPE

10765 Le disposant est libre de composer à sa guise les lots d'une donation-partage.

Les biens donnés et partagés peuvent être de **natures différentes** (immeuble à A, portefeuille de valeurs mobilières à B et somme d'argent à C, par exemple).

Les biens donnés et partagés peuvent être de **valeurs inégales.** En ce cas, deux solutions s'offrent à lui :
– tantôt l'équilibre sera rétabli par la stipulation dans l'acte d'une soulte à la charge du copartagé mieux doté (sur le régime spécifique de révision des soultes de la donation-partage, voir n°s 10775 s.). Il est d'ailleurs possible d'attribuer privativement, par une donation-partage irréprochable, un ou plusieurs biens en nature à un seul donataire copartagé, à charge pour ce dernier d'indemniser les autres par des soultes (pour une illustration, Cass. 1e civ. 30-1-2001 n° 98-14.930 : JCP N 2002 n° 1194 chron. R. Le Guidec). Un tel acte opère bien une distribution et un partage justifiant la qualification de donation-partage ;
– tantôt le disposant laissera subsister délibérément un déséquilibre dans la valeur des lots (voir n° 10815).

La seule **limite** à la liberté de composition des lots par le donateur tient à ce qu'un tiers gratifié à la faveur de la donation-partage ne peut être alloti que d'une entreprise, conformément aux dispositions de l'article 1075-2 du Code civil (voir n° 10400).

Fiscalement, le régime des donations-partages demeure applicable même si les charges imposées aux donataires excèdent la valeur des biens donnés. Cependant, si cette valeur est très sensiblement inférieure aux charges, le contrat peut constituer une donation consentie par les prétendus donataires à leur ascendant (BOI-ENR-DMTG-20-20-10 n° 70).

a. Différence de nature des lots et maintien de l'égalité en valeur

ALLOTISSEMENT PAR UNE SOULTE PAYABLE À TERME

10770 Lorsque le donateur copartageant s'est réservé l'usufruit du bien donné et qu'une soulte est stipulée à la charge du donataire de ce bien, il est le plus souvent prévu pour des raisons d'équité que cette soulte sera payable à terme au **décès du donateur** copartageant, c'est-à-dire au moment où s'éteindra l'usufruit qu'il s'est réservé.

Cette stipulation constitue pour le bénéficiaire de la soulte un mode d'allotissement licite et n'enlève pas à la libéralité son caractère de donation-partage (en ce sens, par exemple, dans une espèce où le donateur s'était réservé l'usufruit du bien donné attribué à un seul des copartagés : Cass. 1e civ. 10-10-1979 n° 78-11.444 : Bull. civ. I n° 244, JCP N 1980 II p. 193 note Mathieu).

La soulte attribuée à l'un des donataires copartagés lui procure un avantage immédiat sous la forme d'une créance certaine en numéraire, dont seule l'exigibilité est reportée à la date du décès du donateur (Cass. 1e civ. 30-11-1982 n° 81-15.519 : Bull. civ. I n° 344). Pour la **garantie du paiement de la soulte** payable à terme, le donataire copartagé créancier pourra faire inscrire une hypothèque légale spéciale sur les biens mis dans le lot du débiteur (C. civ. art. 2402, 4°).

10775 **Revalorisation des soultes payables à terme** Afin de limiter les risques de dépréciation monétaire, il existe un système impératif de revalorisation des soultes payables à terme.

Lorsque la **valeur des biens** mis dans le lot du débiteur de la soulte **a augmenté ou diminué de plus du quart** par suite des circonstances économiques, la soulte due augmente ou diminue dans les mêmes proportions (C. civ. art. 1075-4 et 828).

C'est à la date du paiement de la soulte qu'il convient de se placer pour apprécier si la valeur des biens a augmenté ou diminué de plus du quart depuis la donation-partage (Cass. 1e civ. 30-1-2001 n° 98-14.930 : JCP N 2002 n° 1194 chron. R. Le Guidec).

10780 Seules sont prises en compte les **variations** de valeur **dues aux circonstances économiques.** Tel est le cas, par exemple, de l'augmentation de valeur résultant de la vocation de terrain à bâtir advenue au bien attribué à l'origine comme bien rural, sans l'intervention du donataire copartagé (CA Douai 6-3-1973 : D. 1974 p. 356 note R. Vouin). On y assimilera les variations tenant à la nature des choses ou aux évènements indépendants de la volonté du gratifié : croissance d'une forêt ou, à l'inverse, dégâts d'une tempête.

Les **variations** de valeur **imputables au débiteur de la soulte** ne sont pas retenues.

Le point de savoir si la plus-value ou moins-value prise par le bien est résultée de circonstances économiques ou du fait du débiteur de la soulte relève de l'**appréciation souveraine des juges du fond** (en ce sens, notamment, Cass. 1e civ. 30-1-2013 n° 11-25.386 F-D).

ILLUSTRATIONS

Une cour d'appel a pu décider que l'**augmentation de la valeur des actions attribuées au débiteur de la soulte** ne provenait pas des circonstances économiques, mais était le résultat de la mise en vente en bloc de la totalité des actions qui a permis au cessionnaire de prendre le contrôle de la société, et des aléas des transactions commerciales qui peuvent aboutir à distinguer la valeur d'un bien de son prix. Le mécanisme de revalorisation de la soulte n'était donc pas applicable (Cass. 1e civ. 11-9-2013 no 12-14.843 F-PB : BPAT 6/13 inf. 246).

Alors qu'elle peut être écartée dans un partage ordinaire, la règle de revalorisation des soultes payables à terme est d'**ordre public** en matière de donation-partage (C. civ. art. 1075-4). Il est donc interdit soit de stipuler dans une donation-partage une clause d'invariabilité des soultes, soit même de convenir d'une variabilité, tant à la hausse qu'à la baisse, susceptible d'être moins favorable au créancier de la soulte que celle prévue par la loi. **10785**

ILLUSTRATIONS

Est réputée non écrite la clause qui prévoit que le **montant de la soulte** à payer au décès du donateur sera **indexé sur le coût de la construction diminué de 3 % par an** pour tenir compte de la vétusté des immeubles donnés. Cette clause peut en effet conduire à une diminution de la soulte tandis que la variabilité légale peut aboutir à une augmentation de celle-ci (Cass. 1e civ. 6-7-2011 no 10-21.134 F-PBI : BPAT 5/11 inf. 296, Defrénois 28-2-2012 no DEF40366 p. 191 note B. Vareille, décision rendue pour l'application des anciens articles 833-1 et 1075-2 du Code civil mais transposable).

Le caractère impératif de la revalorisation étant uniquement destiné à protéger le créancier de la soulte, les parties peuvent à notre avis déroger à la loi pour convenir de **modalités de révision plus avantageuses** pour ce dernier (en ce sens, par exemple, F. Terré, Y. Lequette et S. Gaudemet, Droit civil. Les successions. Les libéralités, Dalloz, 4e éd., 2014, no 1261 ; M. Grimaldi, Le partage, état des lieux : Defrénois 30-11-2012 no 110x5 § 12 ; en sens contraire, G. Morin, note sous Cass. 1e civ. 30-11-1982 no 81-15.519 : Defrénois 1983 art. 33060). Ainsi, les parties pourraient convenir d'un seuil de revalorisation à la hausse inférieur à 25 % ou d'un seuil de révision à la baisse supérieur à 25 %. Il est même possible de prévoir une indexation conventionnelle (l'indice devant avoir un rapport direct avec l'objet du contrat ou l'activité d'une des parties), à condition qu'elle conduise à porter le montant de la soulte à une somme supérieure à celle à laquelle aurait abouti le mécanisme légal. **10790**

En pratique, l'acte de donation-partage stipule souvent une double variabilité, l'une sur un indice conventionnel et l'autre conforme aux dispositions légales ; en ce cas, seule la plus favorable au créancier de la soulte devra être retenue lors du paiement.

Après le décès de l'ascendant donateur copartageant, les donataires peuvent conventionnellement déroger à la révision des soultes (Cass. 1e civ. 19-1-1982 no 81-10.608 : Bull. civ. I no 31).

ALLOTISSEMENT PAR UNE SOULTE PAYABLE COMPTANT

La soulte destinée à maintenir l'égalité en valeur peut bien sûr être payable comptant ; l'**avantage** est que l'attributaire de la soulte peut alors jouir immédiatement de la somme. **10795**

En cas de **recours à l'emprunt** pour financer le paiement comptant de la soulte, le prêteur peut bénéficier, le cas échéant, de la subrogation dans le bénéfice de l'hypothèque légale du copartageant (C. civ. art. 1346-2 et 2402, 4°).

b. Différence de nature des lots et inégalité en valeur

VALIDITÉ DE LA DONATION-PARTAGE INÉGALITAIRE

Libre au donateur de rompre l'égalité entre les gratifiés : la donation-partage n'en est pas moins valide. Il doit simplement **préciser dans la donation-partage,** de façon sincère, la valeur dont il gratifie respectivement chacun des donataires copartagés. **10815**

Le partage résultant de la donation-partage a été soustrait à toute action pour cause de **lésion,** que ce fût en rescision pour les donations-partages antérieures à la date d'entrée en vigueur de la loi 2006-728 du 23 juin 2006, ou en complément de part pour les donations-partages postérieures à cette même date (C. civ. art. 1075-3).

ÉTENDUE DE L'INÉGALITÉ

Absence d'héritiers réservataires Lorsque le disposant n'a pas d'héritier réservataire, sa liberté est totale. **10820**

C'est notamment le cas lorsque le disposant qui n'a ni descendant, ni conjoint, consent une donation-partage entre deux au moins de ses collatéraux privilégiés appelés. Sur l'intérêt limité de procéder à une donation-partage en l'absence d'héritiers réservataires, voir no 10320.

10825 **Présence d'héritiers réservataires** En présence de réservataires, l'unique restriction à la liberté de procéder à des allotissements inégaux réside dans la protection de la réserve héréditaire.

La situation visée est celle où la **donation-partage** est effectuée **au profit des enfants, ou** de **certains petits-enfants allotis par représentation** de leur auteur prédécédé. En ce cas, le donateur copartageant est **libre de rompre l'égalité** entre ses enfants, tout en prenant garde à respecter la part de réserve de chacun. Il peut donc avantager l'un des gratifiés dans les limites de la quotité disponible.

Par conséquent, en l'absence d'atteinte à la réserve, tout excédent d'un lot par rapport à un autre pourra être conservé par son bénéficiaire et ne fera l'objet d'aucune correction. En effet, une donation-partage au profit des enfants du donateur (ou de certains de ses petits-enfants venant par représentation de leur auteur prédécédé) n'est jamais rapportable, qu'elle soit consentie en avancement de part successorale ou, à plus forte raison, hors part successorale. En l'absence de réduction, la donation-partage sera donc définitive ; et il ne restera à partager que les biens existants.

L'enfant du donateur copartageant qui n'aurait pas été alloti de sa part de réserve, s'il n'existe pas dans la succession du donateur des biens existants suffisants pour l'en remplir, pourra exercer l'action en réduction, laquelle obéit ici à une méthodologie très particulière (n°s 11080 s.).

On réservera le cas où la **donation-partage associe des descendants de degrés différents.** Sur cette donation-partage transgénérationnelle, voir n°s 11685 s.

SECTION 2 EFFETS DE LA DONATION-PARTAGE

A. Avant l'ouverture de la succession du donateur

ENTRE LE DISPOSANT ET LES DONATAIRES

10930 Dans les rapports entre le disposant et les donataires copartagés, la donation-partage détermine, comme toute donation, le **transfert** immédiat et irrévocable de la **propriété** des biens transmis et attribués.

Quant aux obligations respectives des parties à une libéralité-partage, ce sont celles prévues pour une **donation ordinaire** telles qu'exposées n°s 4790 s.

ENTRE LES DONATAIRES

10935 Dans leurs rapports entre eux, les donataires copartagés sont tenus aux règles du **partage.**

Ils sont garants les uns envers les autres des troubles ou évictions procédant d'une cause antérieure au partage (par exemple, reprise par son véritable propriétaire d'un bien inclus à tort dans la donation-partage), sauf stipulation contraire de non-garantie. Pour plus de précisions, voir n°s 62600 s.

De même, les codonataires peuvent immédiatement réclamer les soultes qui leur sont dues, si aucune modalité de paiement n'a été prévue. Le paiement des soultes est garanti par leur hypothèque légale spéciale (C. civ. art. 2402, 4°).

B. Après l'ouverture de la succession du donateur

DOMAINE

10985 Il s'agit d'aborder ici les conséquences de la **donation-partage consentie à ses enfants** par leur auteur sur le règlement de sa succession.

Le cas des donations-partages au profit de descendants de degrés différents est étudié n°s 11685 s.

Clause réglant le sort de la donation-partage au regard de la vocation ab intestat en propriété du conjoint survivant 10987

Objet de la discussion

La **doctrine** est **divisée** sur le point de savoir comment sont traitées les donations-partages au regard de la masse de calcul de la vocation en propriété du conjoint survivant : certains les excluent de cette masse de calcul ; d'autres, au contraire, préconisent de les y inclure (sur cette discussion, voir n° 23485).

Solution préconisée et objections

Afin de désamorcer la difficulté en attendant que la Cour de cassation se prononce, il a pu être proposé d'introduire **dans la donation-partage** une stipulation réglant, dans un sens ou dans l'autre, la question d'une éventuelle réunion fictive de la donation-partage pour les besoins de l'article 758-5, alinéa 1 (voir la proposition de M. Grimaldi et C. Vernières, De quelques clauses des donations-partages : Defrénois 15-4-2014 n° 115t6 p. 386 : « Le donateur déclare que les biens, objets de la présente donation-partage, seront réunis fictivement aux biens existants aux fins d'établissement de la masse de calcul des droits en propriété du conjoint survivant prévue par l'article 758-5, alinéa 1er du Code civil »).

Les promoteurs de cette stipulation en mentionnent la fragilité au regard de la **prohibition des pactes sur succession future** (M. Grimaldi et C. Vernières, précité).

On ne peut que partager ces inquiétudes. L'efficacité de cette clause est plus que douteuse. Elle ne saurait s'abriter sous la dérogation à la prohibition dont bénéficie la donation-partage elle-même : il ne s'agit pas par là simplement de régler le sort des lots ni celui des donataires copartagés. Une telle stipulation prétend organiser d'avance tout autre chose : la dévolution légale, au mépris de la prohibition de tels pactes successoraux. En définitive, ou bien cette réunion fictive convenue est conforme à la loi, et une pareille clause est superflue, ou bien elle sera démentie quelque jour par une jurisprudence contraire, et il devrait n'en résulter aucun effet. Il est donc permis de douter de l'utilité de la clause.

1. SEULE LIMITE : SAUVEGARDE DE LA RÉSERVE

a. Cas où tous les enfants ont concouru à la donation-partage

ÉVALUATION DÉROGATOIRE AU JOUR DE L'ACTE

Lorsque tous les enfants vivants ou représentés ont reçu et accepté un lot dans la donation-partage, les biens donnés ou incorporés sont, sauf stipulation contraire, évalués au jour de l'acte de donation-partage pour le **calcul de la réserve,** s'il n'a pas été prévu de réserve d'usufruit sur une somme future d'argent (C. civ. art. 1078 ; pour une illustration, Cass. 1e civ. 4-6-2007 n° 06-11.651 F-D). 10990

Il est à noter que cette règle légale s'entend de la **valeur sincère du lot,** et non pas seulement de celle affichée dans l'acte. La Cour de cassation a rappelé la portée des dispositions de l'article 1078 du Code civil ; si cet article prévoit, sauf accord contraire des parties, l'évaluation des biens au jour de la donation-partage, il n'impose pas de retenir la valeur inscrite dans l'acte : la valeur véritable peut être rétablie (Cass. 1e civ. 4-11-2015 n° 14-23.662 F-PB : BPAT 1/16 inf. 26, Dr. famille 2016 comm. 184 par M. Nicod, JCP G 2017 n° 127 § 8 chron. R. Le Guidec ; Cass. 1e civ. 25-5-2016 n° 15-16.160 F-PB : BPAT 4/16 inf. 161, JCP N 2016 n° 1277 note M. Nicod).

CONSEIL

Tout donataire copartagé, ou, de façon plus générale, toute personne y ayant intérêt, peut **contester la valeur figurant dans l'acte** en demandant qu'il soit procédé à la réunion fictive des biens selon leur véritable valeur au jour de la donation-partage. Aussi faut-il se défier des évaluations invraisemblables, seulement destinées à satisfaire à une égalité de façade : elles risquent de susciter un contentieux tardif à base d'expertises rétrospectives coûteuses, qui pourraient aboutir à engager la responsabilité du rédacteur de l'acte. Il est fortement conseillé, au contraire, de se ménager la preuve qu'une évaluation correcte, conforme à la loi du marché, a été retenue dans l'acte. On n'hésitera pas, si un conflit ultérieur est à redouter, à produire des expertises ou avis de valeur.

La règle d'évaluation au jour de l'acte est spécifique à la donation-partage, et hautement dérogatoire à la règle d'évaluation des donations ordinaires au jour du décès (C. civ. art. 922). 10995

Cela signifie que chaque donataire copartagé fait siennes les **variations de valeur du lot** qui lui a été attribué, qu'elles soient positives ou négatives. Au moment du règlement de la succession du donateur, par hypothèse, il ne devra rien à ses cohéritiers au titre du rapport ; le plus souvent, la réduction spécifique applicable en pareil cas n'aura pas lieu d'intervenir (voir en ce sens, P. Sautjeau et B. Vareille, Mérites et maléfices de l'article 1078 du Code civil : Defrénois 15-4-2014 n° 115t8 p. 356).

À condition que tous les héritiers réservataires vivants ou représentés aient été allotis sans réserve d'usufruit sur une somme d'argent, la donation-partage unanime bénéficie ainsi d'une très grande stabilité.

Par ailleurs, la liquidation de la succession du donateur copartageant s'en trouve simplifiée.

11000 Il faut toutefois réserver le cas des **donations-partages unanimes avec réserve d'usufruit.** Certains préconisent que l'évaluation en **nue-propriété** retenue au jour de la donation-partage soit tenue pour définitive (voir N. Randoux et P. Caignault, Les fruits et revenus à l'épreuve du rapport, JCP N 2012 n° 1241 § 10, qui évoquent en faveur de cette solution « l'adhésion quasi unanime des Cridon »). D'autres prennent en compte le bien donné pour sa valeur au jour de la donation-partage, mais évaluée en **pleine propriété** (en ce sens, notamment, P. Catala, La réforme des liquidations successorales, Defrénois, 3e éd., 1982, p. 294 note 457). La question n'a pas encore été tranchée en jurisprudence : voir n° 32800.

11005 Cette évaluation dérogatoire ne vaut évidemment que pour le calcul de la réserve ainsi que pour les opérations destinées à vérifier s'il y a lieu à réduction. Dans le cas où la donation-partage se révèle réductible, il faut ensuite liquider l'**indemnité de réduction,** qui se monte à la portion excessive de la libéralité réductible. Le calcul de l'indemnité elle-même se fait alors, selon le droit commun, d'après la valeur des biens donnés au jour du partage compte tenu de leur état au jour où la libéralité a pris effet (Cass. 1e civ. 17-12-1996 n° 94-17.911 P : D. 1997 somm. p. 367 obs. B. Vareille, JCP G 1998 I n° 133 § 13 obs. R. Le Guidec).

Sur la **mise en œuvre** très **spécifique de la réduction** dès l'instant qu'on est en présence d'une donation-partage, voir nos 11080 s.

EXCEPTIONS À L'ÉVALUATION DÉROGATOIRE

11010 L'évaluation au jour de l'acte de donation-partage pour le calcul de la réserve et l'imputation est écartée dès lors qu'il a été mis au lot d'un donataire copartagé une **somme d'argent affectée d'une réserve d'usufruit** au profit du donateur copartageant.

Cette restriction est rationnelle : la réserve d'usufruit sur une somme d'argent transforme le donateur copartageant en quasi-usufruitier, avec obligation pour ce dernier de restituer le principal de l'argent à l'extinction de son droit (C. civ. art. 587) ; de son côté, le donataire copartagé est alloti à l'aide d'une créance de restitution évaluée et fixée au jour de la donation. Maintenir l'évaluation au jour de l'acte serait particulièrement pénalisant pour son titulaire car, loin de s'apprécier, cette créance perd immanquablement de sa valeur, compte tenu de la dépréciation monétaire. L'intéressé serait désavantagé de façon mécanique par rapport aux autres donataires copartagés.

Il en va de même en cas de donation avec réserve d'usufruit d'une somme d'argent qui a fait l'objet d'un emploi, si le donateur copartageant usufruitier a toujours gardé le contrôle du placement, le donataire n'ayant corrélativement pas eu la libre disposition de la somme donnée (Cass. 1e civ. 14-10-2009 n° 08-17.994 FS-D : BPAT 6/09 inf. 246).

11015 La jurisprudence écarte l'évaluation dérogatoire au jour de l'acte non seulement en cas de réserve d'usufruit sur une somme d'argent, mais également en cas de **réserve d'usufruit sur une créance de somme d'argent,** qui place le donataire dans la même situation (Cass. 1e civ. 18-5-1978 n° 76-12.709 : Bull. civ. I n° 196).

11020 Tout donne à penser que l'attribution d'une **somme d'argent dont l'exigibilité serait différée au décès du donateur** ferait de la même façon obstacle à une évaluation des lots au jour de la donation-partage.

11025 Enfin, l'évaluation au jour de l'acte ne vaut qu'à défaut de **stipulation contraire.**

Les parties à la donation-partage peuvent tout d'abord convenir qu'en dépit de l'unanimité, la donation-partage sera évaluée selon le droit commun, pour sa valeur à l'ouverture de la succession, en vue du calcul de la réserve et des opérations liquidatives qui y ont trait.

Rien ne paraît s'opposer à ce qu'une autre date d'évaluation soit retenue d'un commun accord, du moment qu'elle est unique : ainsi, dans le cas d'une donation-partage seulement composée par l'incorporation de donations antérieures, il pourrait être judicieux de tout évaluer à la date de la dernière donation incorporée. D'abord, cela suppose que la donation-partage ne comporte aucune attribution de bien nouveau. Ensuite, il faut veiller à ce que l'évaluation conventionnelle des biens ainsi incorporés ne remonte pas à une date plus ancienne que celle de la dernière donation incorporée : l'estimation en vue du calcul de la réserve ne saurait être fixée à une date antérieure au jour où cette donation a été consentie (en ce sens, F. Sauvage : obs. sous Rép. Le Roch, AN 7-6-2016 n° 53590 : RJPF 2016-9/36).

b. Cas où tous les enfants n'ont pas concouru à la donation-partage

ENFANT OMIS

Il peut advenir que tel ou tel héritier réservataire n'ait pas été gratifié à l'occasion de la libéralité-partage, soit parce qu'il a refusé l'allotissement qui lui était proposé, soit parce que son auteur l'a délibérément privé de tout lot ; dans ce cas, l'héritier omis peut exercer l'action en réduction aux fins de reconstituer sa **part de réserve** (C. civ. art. 1077-1). S'il se trouve ainsi limité à sa part de réserve, c'est parce que l'on considère que telle était l'intention implicite du donateur copartageant, qui connaissait son existence et l'a tenu à l'écart, ou encore la volonté de l'héritier lui-même, si c'est lui qui a refusé de prendre part à la donation-partage. 11045

La réserve est calculée sur une masse composée des biens existants nets augmentés de l'ensemble des biens donnés, y compris ceux qui ont fait l'objet de la donation-partage. Par hypothèse, ces derniers sont évalués d'après leur état à l'époque de l'acte et leur **valeur au jour de l'ouverture de la succession.** On revient aux règles liquidatives ordinaires telles que prévues par l'article 922 du Code civil, par renvoi de l'article 1077-2, alinéa 1 : la dérogation posée par l'article 1078 du Code civil, prévoyant la fixation de la valeur au jour de l'acte pour le calcul de la réserve, n'est pas applicable, faute que tous les enfants eussent été allotis (pour une illustration dans une donation-partage conjonctive, Cass. 1e civ. 16-6-2011 n° 10-17.499 FS-PBI : BPAT 4/11 inf. 245, Defrénois 28-2-2012 n° DEF40365 p. 191 note B. Vareille). En somme, la donation-partage est traitée lors de la liquidation de la succession comme une donation ordinaire.

ENFANT NON ENCORE CONÇU

Dès l'instant qu'on a affaire à un héritier qui n'était **pas conçu au moment du partage anticipé,** par hypothèse, le donateur copartageant n'a pas pu vouloir l'évincer délibérément en le cantonnant à sa part de réserve. Il faut donc présumer que, s'il avait prévu l'existence de ce nouveau-né, il aurait eu à son endroit une intention égalitaire. C'est pourquoi, dans ce cas précis, l'héritier non alloti peut contester le partage en exerçant l'action en **réduction aux fins de constituer sa part dans la succession** et non pas simplement sa réserve (C. civ. art. 1077-2, al. 3). Pour plus de précision, voir n°s 11135 s. 11050

2. MÉTHODE LIQUIDATIVE DÉROGATOIRE

a. Éviction des règles liquidatives classiques

Dès l'instant qu'il y a une donation-partage dans une succession, l'**enfant qui n'a pas participé à la donation-partage ou y a reçu un lot insuffisant** peut exercer l'action en réduction s'il n'existe pas au jour du décès des biens suffisants pour composer ou compléter sa réserve, eu égard aux libéralités dont il a bénéficié (C. civ. art. 1077-1). Cette exigence légale reste parfois méconnue. Elle est une cause d'erreur répandue car elle conduit à reconsidérer complètement la méthode liquidative : la réduction y reçoit un caractère subsidiaire. 11080

Il est primordial de garder à l'esprit que la **donation-partage** est **présumée consentie en avancement de part successorale** comme l'énonce l'article 1077 du Code civil : « les biens reçus à titre de partage anticipé par un héritier réservataire présomptif s'imputent sur sa part de réserve, à moins qu'ils n'aient été donnés expressément hors part ».

Toutefois, instrument d'un partage anticipé de la succession du de cujus, la donation-partage n'est, par nature, **pas rapportable** : les lots déjà attribués ne seront jamais remis dans la masse des biens à partager, où le rapport assurerait l'égalité des descendants tout en les remplissant de leur réserve individuelle.

En raison de ces deux caractéristiques, la donation-partage ne saurait relever des règles liquidatives **classiques** qui permettent de **détecter une éventuelle atteinte à la réserve** grâce à l'imputation des libéralités (voir J.-Cl. Civil Code, Art. 1075 à 1080 fasc. 40 par M. Grimaldi, n° 9 ; P. Caignault, La donation-partage inégalitaire : mythe ou réalité ? JCP N 2014 n° 1185). 11085

Comme le souligne M. Grimaldi, la liquidation selon les règles ordinaires dans l'objectif de procurer à chaque héritier sa quote-part de réserve ne peut pas être efficacement suivie dès lors que la succession a fait l'objet d'un partage anticipé (voir M. Grimaldi, précité).

Cette incompatibilité de la donation-partage avec la méthode liquidative classique est particulièrement criante lorsque le **partage anticipé** a été **inégalitaire.** Le recours aux règles traditionnelles d'imputation des libéralités sur la réserve (C. civ. art. 919-1) aurait paradoxalement un effet inverse à celui recherché, à savoir vérifier que chacun des héritiers soit rempli de ses droits à réserve, puisqu'aucun rapport ne vient rétablir l'équilibre entre les allotissements.

L'exemple ci-après suffit à nous faire comprendre que la simple présence d'une donation-partage dans une succession à liquider doit éveiller le réflexe de changer totalement de démarche liquidative (C. civ. art. 1077-1).

EXEMPLE

Jean a consenti une **donation-partage à ses deux enfants** Florian et Clément qui l'ont acceptée.

Le lot de Florian : une maison valant 10 au jour de la donation-partage.

Le lot de Clément : la propriété agricole familiale valant 110 au jour de la donation-partage.

Par testament, Jean lègue à Isabelle un terrain valorisé 30 dans la succession.

Biens existants, affectés de leur passif, au décès de Jean : 180

Masse de calcul de la réserve et de la quotité disponible :

– biens existants nets :	180
– réunion fictive des donations :	120 (= 10 + 110)
Total :	300
Réserve individuelle :	100 (= 300 × 1/3)
Quotité disponible :	100 (= 300 × 1/3)

Si l'on croit pouvoir appliquer la **méthode liquidative traditionnelle** :

– le lot de la donation-partage attribué à Florian s'imputerait sur sa part de réserve à hauteur de 10 ;

– le lot de la donation-partage attribué à Clément s'imputerait sur l'intégralité de sa réserve (100) et, subsidiairement, sur la quotité disponible pour 10. Le reliquat de quotité disponible, après imputation, est de 90 (= 100 – 10) ;

– le legs particulier consenti à Isabelle trouverait à s'imputer sur la quotité disponible ; le reliquat de quotité disponible après imputation s'élevant à 60 (= 90 – 30), il n'est pas réductible.

Conclusion :

Clément a été rempli de sa réserve.

En revanche, c'est très loin d'être le cas de Florian, auquel il manque 90. Et pourtant, si l'on s'en remettait à la méthode traditionnelle, on conclurait qu'il ne dispose d'aucune action pour compléter sa part de réserve, puisqu'aucune libéralité n'est réductible.

Or il ne sera procédé à aucun rapport dans la succession, puisque les libéralités en avance de part ont été consenties par donation-partage.

Et il ne saurait trouver dans sa part des biens existants non légués (150/2 = 75) de quoi compléter sa réserve à hauteur des 90 qui lui manquent.

Si aucune **logique liquidative adaptée** n'était mise en œuvre, Florian serait donc voué à ne pas recevoir sa réserve individuelle impérative.

b. Logique différente : composer ou compléter la part de réserve de l'enfant omis

COMPARAISON ENTRE PARTS DE RÉSERVE ET LIBÉRALITÉS EN AVANCE DE PART

11090 En vertu de l'article 1077-1 du Code civil, dans toute succession comportant une donation-partage, il faut avant tout se demander si **chaque héritier présomptif** a été **alloti de sa réserve par les différentes libéralités** qui lui ont été consenties en avance de part successorale par le de cujus, que celles-ci aient été réalisées sous la forme de donations ordinaires ou de donations-partages.

Cette **comparaison** doit être opérée dans l'**ordre** suivant.

1e On se demande tout d'abord si le **lot de la donation-partage** (**ou** les **lots additionnés des différentes donations-partages** s'il s'en trouve plusieurs) procure sa part de réserve à l'intéressé. En effet, les lots de la donation-partage s'imputent sur la réserve sans être rapportables (nº 11080). S'ils y suffisent, inutile d'aller plus loin concernant cet héritier.

2e Ensuite seulement, on tient compte des **autres avances de part,** celles qui sont rapportables, fussent-elles antérieures à la donation-partage. En effet, elles s'imputent sur la réserve du gratifié, mais, contrairement aux lots de la donation-partage, elles ont été conçues comme rapportables. Par conséquent, de trois choses l'une.

Soit la donation en avance de part complète **exactement la réserve** de l'intéressé, et elle ne sera plus jamais à rapporter (s'il en était autrement, par le jeu ultérieur du rapport aux cohéritiers, on viderait étourdiment la réserve de valeurs indispensables à sa perfection). Il n'y a pas lieu à réduction, et la masse à partager sera répartie par têtes.

Soit encore cette avance de part remplit le réservataire de sa réserve, et **au-delà.** En somme, dans cette libéralité, une partie est nécessaire pour parfaire la réserve ; l'excédent est superflu pour cette fin. Le rapport reste donc dû dans la proportion de cet excédent.

EXEMPLE

La réserve de Léonard est de 120. Il a trouvé dans la donation-partage unanime émanant du défunt, compte tenu des valeurs au jour de l'acte (C. civ. art. 1078) un lot estimé à 100. Par ailleurs, Léonard avait reçu jadis une donation en avance de part portant sur un bien qui vaut à l'ouverture de la succession, dans son état d'origine, 60. Par conséquent, à hauteur de 20, cette donation complète la part de réserve de Léonard. Elle cesse donc d'être rapportable dans cette mesure, et il n'y aura pas lieu à réduction, du fait que le gratifié a reçu sa réserve grâce au 1/3 de sa donation. Quant au reste, la donation n'est pas pour autant dénaturée. Elle demeure donc rapportable pour les 2/3 ; et si le bien vaut 90 à l'époque du partage, Léonard devra rapporter 2/3 de 90, soit 60.

Soit enfin cette avance de part **ne suffit pas** à remplir le réservataire de sa réserve. Elle ne sera donc pas rapportée et, puisqu'il convient de continuer à compléter la réserve non encore garantie à son titulaire, on passe à l'étape suivante.

LORSQUE L'UN DES HÉRITIERS N'A PAS REÇU SA PART DE RÉSERVE

S'il est ainsi constaté à l'issue de ces opérations que l'un des héritiers n'a toujours pas été **11092**
gratifié de sa réserve, le notaire devra vérifier qu'il existe suffisamment de biens existants non légués pour composer ou compléter la part de réserve de cet héritier.

Cela débouche par conséquent sur une **alternative.**

Premier cas : biens existants non légués insuffisants Si les biens existants **11095**
non légués ne suffisent pas à remplir l'enfant de sa part de réserve, ce dernier sera en mesure d'exercer l'**action en réduction** des libéralités qui empiètent sur sa part de réserve (C. civ. art. 1077-1).

Il le fera obligatoirement en commençant par les legs (qui seront réduits au marc-le-franc, sauf stipulation contraire) ; puis il continuera, si nécessaire, par les libéralités entre vifs, en remontant de la plus récente à la plus ancienne (la donation-partage étant prise en compte à cet égard à la date où elle a été consentie).

Sur la liquidation de l'indemnité de réduction, voir n° 11125.

Second cas : biens existants non légués suffisants Si les biens existants non **11100**
légués suffisent à remplir l'enfant de sa part de réserve, il n'y aura **pas lieu à réduction.** Seule se présentera la question de déterminer selon quelle méthode répartir les biens en question en vue de leur partage.

Toutefois, la difficulté non résolue à ce jour, rien n'étant prévu sur ce point dans la loi, tient à la méthode à retenir pour déterminer les droits de chacun dans le partage.

Deux méthodes sont alors envisageables.

1e méthode de partage : une première méthode a été retenue par le **tribunal de grande** **11105**
instance de Carpentras (TGI Carpentras 4-5-1999 n° 97-2525 : JCP G 1999 II n° 10380 note F. Sauvage, RTD civ. 2001 p. 182 obs. J. Patarin). Elle vise à ce que l'héritier sous-alloti soit d'abord rempli de sa réserve par **prélèvement** sur les biens existants non légués ; puis que le solde fasse l'objet d'une **répartition** entre ses cohéritiers et lui-même. Cela détermine les droits respectifs dans le partage proprement dit des biens existants.

Cette méthode aboutit en réalité à tempérer quelque peu le traitement inégalitaire que le de cujus avait voulu introduire entre les donataires copartagés à la faveur de la donation-partage : on utilise les biens de la succession pour un rééquilibrage partiel entre les héritiers.

EXEMPLE

Nous reprenons les données de l'exemple précédent (n° 11085) :
– Florian a été alloti par donation-partage de 10 alors que sa réserve individuelle s'élève à 100 ;
– Clément a été alloti de 110, soit au-delà de sa réserve individuelle ;

– Isabelle a reçu par legs particulier un lot de 30 qui trouve à s'imputer sur la quotité disponible ;
– masse des biens existants nets : 180.

Le legs une fois délivré, il reste 150 de biens existants.

Dans un premier temps, Florian prélève 90 sur les biens existants pour parfaire sa réserve.

Dans un second temps, le solde s'élevant à 60 est réparti par moitié entre Florian et Clément.

Au total, en faisant masse de son lot et de ses droits dans le partage, Florian aura reçu 130 (= 10 + 90 + 30) ; Clément 140 (= 110 + 30).

En conclusion, les droits de chacun dans le partage de la succession seront : pour Florian 120 ; pour Clément 30.

11110 **2e méthode de partage** : une seconde méthode a été développée par le **tribunal de grande instance de Paris** (TGI Paris 13-2-2008 no 05/00598). Elle consiste à procéder d'abord à une **répartition** des biens existants non légués de façon égalitaire entre les héritiers réservataires. Ensuite, de deux choses l'une :
– soit la part des biens existants mise ainsi un temps de raison au lot des héritiers suffit à remplir le réservataire de sa réserve, et on en reste là ; le partage proprement dit se fera par têtes ;
– soit la part des biens existants ainsi affectée provisoirement à chacun ne suffit pas à parfaire la réserve de l'intéressé ; en ce cas, un **prélèvement** est opéré à due concurrence, de façon égalitaire, sur la part de biens existants de ses cohéritiers.

En définitive, le partage successoral proprement dit combine ces exigences.

Dans cette seconde démarche liquidative, ce que le de cujus a organisé de son vivant entre ses héritiers, et notamment la donation-partage inégalitaire d'une partie de ses biens par l'attribution de lots de valeurs différentes, est davantage pris en considération.

EXEMPLE

Nous reprenons les mêmes données que précédemment :
– Florian a été alloti par donation-partage de 10 alors que sa réserve individuelle s'élève à 100 ;
– Clément a été alloti de 110, soit au-delà de sa réserve individuelle ;
– Isabelle a reçu par legs particulier un lot de 30 qui trouve à s'imputer sur la quotité disponible ;
– masse des biens existants nets : 180.

Le legs une fois délivré, il reste 150 de biens existants.

Florian et Clément se répartissent d'abord la masse des biens existants par têtes et par parts égales, soit 75 chacun.

Florian n'est toujours pas rempli de sa réserve (10 + 75 = 85 < 100). Il lui manque 15. Il prélève donc 15 sur les biens existants. Clément n'y prend que 75 – 15 = 60.

En faisant masse de son lot et de ses droits dans le partage, Florian aura reçu au total juste sa réserve de 100 (10 + 75 + 15).

Clément aura reçu au total 170 (110 + 60).

En conclusion, les droits de chacun dans le partage de la succession seront : pour Florian 90 ; pour Clément 60 (comparer avec le résultat de la première méthode).

11115 **Pour conclure,** chaque méthode de partage procède d'une philosophie différente : celle adoptée par le tribunal de grande instance de Carpentras aboutit à procurer à l'héritier désavantagé dans la donation-partage plus que sa réserve ; celle proposée par le tribunal de grande instance de Paris confine l'héritier à sa réserve lorsque les biens existants ne sont pas d'une ampleur qui aille au-delà (si ce n'est qu'il bénéficie comme les autres du rapport des éventuelles avances de part, en tant qu'elles ne sont pas nécessaires pour composer ou compléter la part de réserve d'un des héritiers).

Il n'est pas certain que l'on doive opter par principe pour une méthode plutôt que pour l'autre ; le **choix entre les deux méthodes** passera peut-être par une analyse de la **volonté** du donateur copartageant défunt.

Si c'est la nécessité qui a imposé une inégalité des lots de la donation-partage (par exemple, l'impossibilité de trouver dans son patrimoine des biens d'égale valeur à donner et partager, ou encore le souci commun de sauvegarder l'entreprise familiale reprise par un enfant), il peut sembler judicieux de rééquilibrer un peu les choses lorsque les biens existants, à l'ouverture de la succession, le permettent.

Si, en revanche, la disparité des lots est l'expression d'une préférence, le liquidateur sera enclin à proposer la seconde méthode, propre à servir un tel dessein.

Résumé : liquidation dérogatoire en présence d'une donation-partage (C. civ. art. 1077-1) 11120

I. – Calcul de la part de réserve de chaque réservataire

A. Masse de calcul de la quotité disponible (C. civ. art. 922 – texte impératif)

Biens existants (comprenant les legs) évalués au décès

Déduction des dettes

Réunion fictive des libéralités entre vifs évaluées (d'après leur état au jour de la donation) :

– au jour du décès pour les donations (C. civ. art. 922),

– éventuellement au jour de l'acte pour les donations-partages unanimes (C. civ. art. 1078).

B. Taux de la quotité disponible ordinaire (C. civ. art. 913)

C. Montant de la quotité disponible ordinaire et des parts individuelles de réserve

II. – Composition de la part de réserve de chaque donataire copartagé

A. Si la réserve individuelle est fournie par le lot de la donation-partage

Il n'y a pas lieu à réduction. Les legs éventuels sont délivrés et les biens existants sont partagés par égales parts et par têtes.

B. Si la réserve individuelle n'est pas fournie par le lot de la donation-partage

On complète avec les avances de part reçues par le donataire copartagé.

1e hypothèse : la **réserve individuelle** est **complétée par les avances de part.** Il n'y a pas lieu à réduction (mais l'avance de part ne sera rapportée qu'en proportion de ce qui n'est pas nécessaire pour compléter la réserve du gratifié).

2e hypothèse : la **réserve individuelle** n'est **pas fournie par les avances de part.** On vérifie si les biens existants non légués suffisent à remplir chacun de sa réserve.

Si les **biens existants non légués** y **suffisent,** il n'y a pas lieu à réduction, et l'on se borne à les répartir ; mais deux méthodes sont envisageables, la Cour de cassation n'ayant pas tranché :

– prélèvement, puis répartition du reliquat par tête (méthode dite « de Carpentras ») ;

– répartition par tête, puis prélèvement, si nécessaire pour compléter la part de réserve (méthode dite « de Paris »).

Si les **biens existants non légués** ne sont **pas suffisants,** on procède à la réduction des libéralités qui empiètent sur la réserve :

– en commençant par les libéralités à cause de mort (réduction éventuelle au marc-le franc, y compris des legs universel et particuliers) ;

– en poursuivant si nécessaire par les libéralités entre vifs (en ce comprise la donation-partage) en remontant de la plus récente à la plus ancienne.

ACTION EN RÉDUCTION ÉVENTUELLE

Principe : retour au droit commun Si les **biens existants** non légués sont **insuffisants** pour permettre à l'enfant qui n'a pas participé à la donation-partage ou y a reçu un lot insuffisant de compléter sa réserve, l'action en réduction peut être exercée. 11125

Elle opère dans les conditions de droit commun s'agissant de l'**ordre de réduction** (C. civ. art. 923) : l'héritier doit demander la réduction d'abord des legs, puis des donations (de la plus récente à la plus ancienne).

De même qu'en droit commun, le **coefficient de réduction** calculé d'après la valeur des biens donnés ou légués au jour de l'ouverture de la succession, en fonction de leur état au jour de la libéralité, est transporté sur la valeur des mêmes biens appréciée à l'époque du partage successoral en fonction de leur état au jour de la libéralité (C. civ. art. 924).

Il en résulte que, même si tous les enfants ont reçu et accepté un lot dans la donation-partage, si c'est la donation-partage qui est réductible, le calcul de l'**indemnité de réduction** est effectué selon les règles ordinaires applicables aux donations entre vifs, c'est-à-dire selon la valeur de la portion excessive de la libéralité réductible appréciée **au jour du partage successoral,** et non pas compte tenu de sa valeur à la date du partage anticipé (pour une illustration, Cass. 1e civ. 17-12-1996 no 94-17.911 P : Bull. civ. I no 462, D. 1997 somm. p. 367 obs. B. Vareille, JCP G 1998 I no 133 § 13 obs. R. Le Guidec).

EXEMPLE

Les trois enfants du de cujus, Pierre, Paul et Jacques ont bénéficié d'une donation-partage aux termes de laquelle Pierre a reçu une propriété agricole valant 220 au jour de l'acte (330 à l'ouverture de la succession, 440 à l'époque du partage), Paul un appartement valant 90, Jacques une maison valant 90. Les biens existants nets se montent à zéro, les dettes du défunt au titre des aides sociales absorbant ses actifs.

La masse de calcul de la réserve est de 400 : biens existants nets (zéro) + réunion fictive de la donation-partage unanime (dans les conditions de l'article 1078 du Code civil : 220 + 90 + 90 = 400).

La réserve individuelle, égale au 1/4 de la masse de calcul en présence de trois enfants (C. civ. art. 913), est donc de 100.

Paul et Jacques ont reçu un lot inférieur en valeur à leur réserve individuelle : il leur manque 10 chacun, qu'ils ne peuvent songer à recueillir dans le partage des biens existants, ces derniers étant égaux à zéro.

Le lot de Pierre, excessif à hauteur de 10 + 10 = 20, est réductible à raison d'un coefficient de réduction de 20/220, ou 1/11e. Simplement, l'indemnité de réduction est réévaluée d'après la valeur de la propriété agricole au moment du partage, soit 1/11e de 440 = 40. Paul et Jacques recevront une indemnité de 20 chacun.

11130 **Exception : prescription dérogatoire de l'action** Bien que la donation-partage fasse figure de partage anticipé, l'action ne peut évidemment pas être intentée avant l'ouverture de la succession.

Il est notable que, par dérogation aux **règles de droit commun de la réduction** posées par l'article 921 du Code civil (n° 33490), l'action en réduction de la donation-partage elle-même se prescrit par cinq ans à compter du décès de l'ascendant donateur (C. civ. art. 1077-2, al. 2), sans possibilité de renaître pour deux ans dans les dix années du décès en cas de découverte d'une atteinte méconnue à la réserve (comparer C. civ. art. 921, al. 2). Il s'agit en revanche, aux termes de la loi, d'un véritable délai de prescription, susceptible, partant, d'être suspendu dans les conditions du droit commun de la prescription (C. civ. art. 2233 s.), soit en principe dans la seule limite de vingt ans (C. civ. art. 2232), sans autre délai butoir : ainsi en présence d'un mineur non émancipé ou d'un majeur sous tutelle (C. civ. art. 2235).

En cas de **donation-partage conjonctive,** l'action en réduction ne peut être introduite qu'après le décès du survivant des donateurs (C. civ. art. 1077-2, al. 2), des règles particulières étant toutefois prévues lorsque la donation-partage associe des enfants non communs : voir sur cette question n° 11885.

c. Logique différente : composer ou compléter la part héréditaire de l'héritier présomptif non conçu au moment de la donation-partage

11135 Tout héritier non encore conçu à la date du partage anticipé doit retrouver une part successorale complète dans la succession (C. civ. art. 1077-2, al. 3). En effet, nul ne peut supposer que le donateur copartageant, qui ignorait forcément son existence, eût fait le choix lucide de l'écarter de sa succession.

La question est surtout sensible dans le cas de l'**enfant réservataire** conçu sur le tard. En effet, il n'a pas pu être borné délibérément à sa part de réserve par le donateur copartageant : celui-ci ne pouvait pas deviner au moment de l'acte que cet enfant existerait un jour. C'est pourquoi il est ménagé à cet enfant en vertu l'article 1077-2, alinéa 3 du Code civil une part héréditaire complète, c'est-à-dire un traitement plus favorable que celui prévu pour le réservataire volontairement évincé.

Par identité de raison, la doctrine assimile à l'enfant non conçu celui **ignoré du disposant** au moment de la donation-partage et qui, par la suite, soit a été adopté par lui, soit a obtenu que sa filiation fût établie à son égard. Au contraire, s'il est démontré que le donateur copartageant se savait un enfant dont la filiation n'avait pas été établie, cette constatation révèle la volonté consciente de l'exclure de la libéralité-partage (voir M. Grimaldi : Droit civil, Libéralités, Partages d'ascendants, Litec, 2000, n° 1844, spéc. note 77).

ATTENTION

Tout cela vaut également pour l'**héritier non réservataire.** Toutefois, pour qu'il y ait donation-partage, encore faut-il que les donataires copartagés soient appelés, ce qui suppose le plus souvent que leurs propres auteurs soient prédécédés (sauf dans le cas des collatéraux privilégiés venant en concours avec au moins un ascendant dans le deuxième ordre d'héritiers). Voilà qui limite singulièrement les apparitions ultérieures d'héritiers non conçus au moment de l'acte. Il s'agira donc plutôt d'héritiers collatéraux méconnus du donateur copartageant au moment de la donation-partage.

L'enfant non encore conçu à la date de la donation-partage a vocation à recevoir non pas uniquement sa part de réserve, mais bien sa **part héréditaire complète,** laquelle se calcule sur une masse qui comprend non seulement la réserve, mais encore le reliquat de quotité disponible dont le de cujus n'a pas disposé (voir J.-Cl. Liquidations – Partages, v° Quotité disponible et réserve fasc. 250 par M. Mathieu, n° 40). 11137

Il convient donc, dans un premier temps, de **chiffrer sa part** héréditaire. Pour cela, on réunira les éléments suivants, sur lesquels sont calculées les parts héréditaires des copartageants : biens existants nets non légués, donations ordinaires et donations-partages consenties en avancement de part, legs stipulés par exception rapportables, indemnités de réduction dues par les bénéficiaires de libéralités excédant la quotité disponible.

A contrario, sont exclus de la masse de calcul de la part héréditaire les legs n'ayant pas été stipulés rapportables, ainsi que les libéralités entre vifs consenties hors part successorale. En définitive, si la quotité disponible a été totalement distribuée, l'enfant non conçu au moment de la donation-partage ne pourra prétendre qu'à sa réserve individuelle (voir M. Mathieu, précité).

On calcule la valeur de la part héréditaire en fonction du nombre d'héritiers vivants et représentés ayant vocation à venir au partage.

ATTENTION

La masse des biens servant au **calcul de la réserve héréditaire et de la quotité disponible** doit être déterminée selon les seules règles de l'article 922 du Code civil disposant que la réunion fictive des donations s'effectue selon leur **valeur au jour du** décès.

L'évaluation dérogatoire des biens au jour de l'acte applicable aux donations-partages unanimes est forcément écartée ; l'enfant non conçu n'ayant pas reçu de lot, le disposant n'a pas gratifié l'ensemble de ses héritiers réservataires, ce qui, par hypothèse, exclut la qualité de donation-partage unanime.

Cette réserve calculée selon le droit commun sert à déterminer un éventuel coefficient de réduction de libéralités excessives.

Ensuite, l'intéressé doit, une fois chiffré le montant de sa part héréditaire, **composer son lot.** 11140

Il le fait d'abord au moyen des éventuelles donations en avance de part dont il a été gratifié par le de cujus (par hypothèse après la donation-partage, puisqu'il n'a été conçu que postérieurement).

Si cela n'y suffit pas, il peut compléter à l'aide des biens existants.

Enfin, en l'absence ou **en cas d'insuffisance des actifs** reçus en avance de part et des biens existants non légués, il peut exercer une action dite « en réduction » pour composer ou compléter sa part héréditaire (C. civ. art. 1077-2, al. 3). Observons au passage que cette prétendument « semblable » action « en réduction » est en réalité d'un modèle tout à fait inusité, puisqu'elle est susceptible de procurer à son titulaire, outre sa part de réserve, une fraction de la quotité disponible. C'est donc une action en réduction aux fins d'égalité entre les enfants, qui n'est cependant pas un rapport, puisque les tiers peuvent y être exposés.

EXEMPLE

Le défunt laisse trois enfants. Les deux premiers, Jules et Jim, ont bénéficié d'une donation-partage qui pouvait en son temps paraître unanime : Jules a reçu un lot valant 100 le jour de l'acte, 320 au décès et 640 au partage ; de son côté, Jim a reçu un lot valant 95 le jour de l'acte, 280 au décès et 560 au partage. Toutefois, Catherine, le troisième enfant, a été conçue dix ans après la donation-partage.

Le défunt a consenti un legs universel à sa concubine. Il laisse des biens existants nets valant 80 à son décès et 120 au partage.

Tous les enfants n'ont pas été gratifiés à la donation-partage (puisque Catherine ne pouvait y prendre part). Par conséquent, l'évaluation des lots en vue du calcul de la réserve est à effectuer selon le droit commun, c'est-à-dire pour l'ensemble des valeurs à l'ouverture de la succession (C. civ. art. 922), et non pas en application de l'article 1078 du Code civil.

La masse de calcul est donc de 680, composée comme suit : biens existants nets (80) + réunion fictive de la donation-partage (320 + 280 = 600). La réserve individuelle est du 1/4, soit 170, la quotité disponible de 170 également. Les lots de la donation-partage, valant 600 au total, s'imputent simultanément d'abord sur les deux réserves individuelles des gratifiés, 340 au total, qu'elles absorbent ; après quoi le reliquat (600 – 340 = 260) épuise la quotité disponible (170).

Le legs à la concubine est donc intégralement réductible : la légataire universelle devra une indemnité d'un montant de 120 au partage.

La part héréditaire à laquelle peut prétendre Catherine est appréciée compte tenu des valeurs au partage. La masse de calcul de cette part se compose des lots de la donation-partage évalués à cette date (640 + 560 = 1200) et de l'indemnité de réduction (120), soit au total 1320. Catherine a vocation au 1/3, soit 440. Cette somme lui sera servie au moyen de la réduction spéciale : à hauteur de 120 grâce à l'indemnité due par la concubine du défunt ; et pour le reliquat (440 – 120 = 320) au moyen d'une indemnité de réduction que ses frères se répartiront entre eux au marc le franc. Pour Jules, (640/1200) × 320 = 170,67. Pour Jim, (560/1200) x 320 = 149,33.

Le total des indemnités de réduction versées à Catherine (120 + 170,67 + 149,33) est bien égal à sa part héréditaire (440).

SECTION 3

SANCTIONS DES RÈGLES RELATIVES À LA DONATION-PARTAGE

NULLITÉS DE DROIT COMMUN

11240 Parce qu'elle opère donation entre vifs, la donation-partage est d'abord soumise aux sanctions de droit commun applicables aux donations.

Les **causes de nullité** qui affectent les donations sont donc applicables aux donations-partages (défaut de capacité, vice du consentement, violation du principe d'irrévocabilité spéciale, etc.). Sur ces questions, voir nos 4150 s.

Par **exemple,** est nulle pour absence de cause une donation-partage dans laquelle a été inclus un fonds de commerce appartenant déjà à l'un des donataires copartagés (Cass. 1e civ. 29-9-2004 no 03-10.766 FS-PB).

En revanche, la situation locative réelle de l'immeuble donné seulement en nue-propriété ne permet pas d'annuler la donation-partage pour erreur sur la substance, même si le locataire en place bénéficie d'un droit au maintien dans les lieux après le décès des parents donateurs usufruitiers (Cass. 1e civ. 10-7-2013 no 12-12.342 F-D : BPAT 5/13 inf. 181).

Le silence gardé par une donatrice sur un contrat d'assurance-vie souscrit au profit de l'un des donataires copartagés et sur des retraits d'argent consentis au profit de son petit-fils non bénéficiaire du partage anticipé n'est pas de nature à faire annuler la donation-partage pour cause de dol (Cass. 1e civ. 16-12-2015 no 14-29.285 FS-PBI, rectifié sur un point par Cass. 1e civ. 24-2-2016 no 14-29.285 F-D).

RÉSOLUTION

11245 Comme toutes les libéralités entre vifs, une donation-partage peut être résolue par le jeu d'une clause de **retour conventionnel** ou révoquée pour **inexécution des charges, ingratitude ou** (pour les donations-partages réalisées par des personnes sans descendance) **survenance d'enfant.** La révocation pour inexécution des charges ou pour ingratitude ne concerne que le bénéficiaire défaillant, la donation-partage étant maintenue à l'égard des autres donataires copartagés (en ce sens, à propos de la révocation pour inexécution des charges, Cass. 1e civ. 4-7-2006 no 04-16.272 F-PB). Ces derniers n'ont d'ailleurs pas qualité à demander la révocation pour inexécution des charges contre le donataire défaillant (Cass. 1e civ. 28-5-2015 no 14-13.479 F-PB : BPAT 4/15 inf. 142, RTD civ. 2015 p. 677 obs. M. Grimaldi, retenant que la solution, affirmée pour une donation-partage cumulative, vaut également pour une donation-partage ordinaire).

Sur les difficultés particulières posées par la détermination de l'objet de la restitution en cas de résolution ou de révocation d'une **donation-partage conjonctive ou cumulative,** voir respectivement nos 11890 s. et 12065.

EXCLUSION DE LA LÉSION

11250 En revanche, en dépit de sa nature mixte, une donation-partage n'est pas soumise aux sanctions applicables aux partages. Notamment, elle ne peut pas faire l'objet d'une **action en complément de part** pour lésion de plus du quart (C. civ. art. 1075-3).

CLAUSE INTERDISANT D'ATTAQUER LA DONATION-PARTAGE

Cette stipulation est une forme de **clause pénale** : elle permet de priver de ses droits dans la quotité disponible le descendant qui conteste une disposition de la donation-partage. 11255

Une telle clause n'est valide que dans la mesure où elle n'est pas contraire à l'**ordre public,** ce qui implique, en particulier, qu'elle ne doit pas porter effectivement atteinte à la réserve héréditaire (Cass. 1e civ. 10-3-1970 : D. 1970 p. 584).

Selon la jurisprudence récente, pareille clause peut également être remise en cause si elle porte une atteinte excessive à un **droit ou** à une **liberté fondamentale,** tels le droit d'agir en justice (Cass. 1e civ. 16-12-2015 nº 14-29.285 FS-PBI : BPAT 1/16 inf. 24 ; Cass. 1e civ. 31-3-2021 nº 19-24.407 F-D : BPAT 3/21 inf. 125) ou celui de demander le partage (Cass. 1e civ. 13-4-2016 nº 15-13.312 FS-PB : BPAT 3/16 inf. 118). Désormais, l'efficacité de la clause pénale est donc soumise à l'exercice d'un contrôle de **proportionnalité** (en ce sens, M. Grimaldi, obs. sur les arrêts précités de 2015 et 2016 : RTD civ. 2016 p. 424 ; voir également H. Leyrat, Clauses pénales et libéralités : la Cour de cassation persiste dans le contrôle de proportionnalité : SNH 25/21 inf. 12).

Sous réserve des tempéraments exposés ci-dessus, la validité de cette clause dans une donation-partage ne semble pas contestée.

CONSEIL

Afin d'éviter que la clause pénale ne soit contestée sur le fondement de la **prohibition des pactes sur succession future** (C. civ. art. 722), certains conseillent d'adapter sa rédaction afin de « restreindre la pénalité à la privation [...] de toute part dans les biens donnés s'imputant sur la quotité disponible » (M. Grimaldi et C. Vernières, De quelques clauses des donations-partages : Defrénois 15-4-2014 nº 115t6 p. 386).

SECTION 4

RÉGIME FISCAL DE LA DONATION-PARTAGE

DOMAINE

Seront examinés, d'une part, les droits de donation, d'autre part, le droit de partage et le droit de soulte, étant précisé que les règles fiscales spécifiques aux donations-partages conjonctives ou cumulatives sont respectivement traitées nos 11855 s. et 12055, avec l'étude d'ensemble de ces opérations. 11360

A. Droits de donation

APPLICATION À LA DONATION-PARTAGE DE LA FISCALITÉ DE DROIT COMMUN DES DONATIONS

Les donations-partages obéissent au régime fiscal de droit commun des donations (nos 4900 s.), tant en ce qui concerne l'**assiette** (évaluation des biens donnés avec prise en compte des différentes exonérations, distraction des charges), les modes de **liquidation** (droits perçus sur la part reçue du donateur par chaque donataire, abattements, réduction, rappel des donations antérieures), et le **tarif** (BOI-ENR-DMTG-20-20-10 nos 100 et 110). Les règles sont également identiques quant au **paiement** des droits. De la même façon, si la donation-partage porte sur un immeuble, la taxe de publicité foncière s'ajoute aux droits de donation. 11365

L'**acceptation** du partage anticipé par un seul des bénéficiaires suffit à entraîner l'exigibilité des droits de donation sur l'ensemble des biens donnés (BOI-ENR-DMTG-20-20-10 nº 90). Cette règle est sujette à bien des critiques car elle autorise l'administration fiscale à réclamer le paiement de droits d'enregistrement à des donataires qui, ayant refusé la donation-partage, ne sont devenus propriétaires d'aucun bien (G. Bonnet, Enregistrement et donation-partage : Defrénois 15-4-2014 nº 115s2 p. 392). Si, par la suite, le donataire récalcitrant accepte la donation-partage, l'acte constatant cet accord sera enregistré au droit fixe des « actes innomés » (125 €), la donation ayant déjà été taxée du fait de l'acceptation d'un copartagé (voir G. Bonnet, précité, précisant que l'augmentation de valeur du lot entre les deux acceptations respectives ne remet pas en question le montant des droits acquittés dans un premier temps).

11370 En cas de **donation-partage consentie à des descendants de degré différent,** les droits sont liquidés en fonction du lien de parenté entre l'ascendant donateur et les descendants allotis (CGI art. 784 B). Une donation-partage réalisée par des grands-parents au profit de leurs petits-enfants dont les parents ont consenti à l'allotissement en leur lieu et place relève des droits de mutation à titre gratuit selon les règles applicables aux transmissions entre le grand-parent et les descendants gratifiés. Toutefois, la doctrine fiscale admet la représentation fiscale pour les donations consenties en ligne directe aux descendants des enfants prédécédés : dans une telle situation, et conformément au droit commun (n° 5315), les petits-enfants représentant leur auteur bénéficient à la fois de l'abattement applicable aux transmissions entre parents et enfants (divisé entre eux) et de l'abattement spécifique aux donations consenties aux petits-enfants (BOI-ENR-DMTG-20-30-20-20 n° 110). Cet avantage fiscal est bien entendu cumulable, le cas échéant, avec l'abattement spécifique en faveur des personnes handicapées (CGI art. 779, II).

De la même manière, en cas de donation-partage incluant des arrière-petits-enfants du donateur (n° 5320), l'abattement applicable sur la part de chacun des arrière-petits-enfants (CGI art. 790 D) se cumule avec l'abattement (ou part ou reliquat d'abattement) dont aurait bénéficié son auteur (CGI art. 790 B) si l'arrière-petit-enfant vient par représentation d'un parent prédécédé, ainsi, le cas échéant, qu'avec l'abattement en faveur des personnes handicapées (BOI-ENR-DMTG-20-30-20-20 n°s 110 et 120).

11375 En cas d'**incorporation d'une donation antérieure** dans une donation-partage, la donation incorporée est en principe soumise au droit de partage et échappe, corrélativement, aux droits de donation : voir n°s 10620 s.

11380 La règle du **rappel fiscal** des donations de moins de 15 ans (n°s 50105 s.) s'applique aux donations-partages dans les conditions de droit commun (CGI art. 784).

Pour les donations-partages transgénérationnelles, les donations consenties moins de 15 ans auparavant aux petits-enfants (allotis au lieu et place de leur père ou mère avec le consentement de ce(s) dernier(s)) ne sont pas soumises au rappel fiscal dans la succession de leur père ou mère (CGI art. 776 ter). En d'autres termes, les petits-enfants n'ont pas à faire le rappel fiscal, dans la succession de leur parent décédé, du lot reçu par donation-partage de leur aïeul moins de 15 ans avant le décès.

INCIDENCE DE LA FORME DE LA DONATION-PARTAGE

11385 Sur le plan civil, la validité d'une donation-partage est conditionnée au respect de certaines règles formelles (n°s 10235 s.). Il est possible que l'administration fiscale perçoive des droits de mutation à la suite de l'enregistrement d'un acte ne répondant pas aux conditions de forme des donations-partages.

Si l'**acte vicié** est ultérieurement annulé, les droits perçus ne sont restituables que si l'annulation a été prononcée par une décision passée en force de chose jugée (CGI art. 1961, al. 2).

LIQUIDATION DES PARTS TAXABLES D'UNE DONATION-PARTAGE

11390 Dans le cas d'une donation ordinaire, les droits se calculent sur la valeur des biens transmis. La liquidation des droits de mutation est plus complexe pour une donation-partage car il n'y a pas forcément adéquation entre la valeur du lot attribué au donataire copartagé et les droits que ce dernier détient dans la masse des biens distribués. Les règles applicables diffèrent selon que chaque **donataire** copartagé est **rempli ou non de ses droits.**

11395 **Partage pur et simple** La situation envisagée est celle où **chaque donataire copartagé reçoit un lot dont la valeur correspond à ses droits** dans la masse des biens distribués. Les biens sont attribués à chaque donataire copartagé dans la proportion de ses droits, sans stipulation de soulte. On parle alors de partage pur et simple et les droits de donation sont liquidés sur la base de ces attributions (méthode retenue par diverses réponses ministérielles qui n'ont pas été reprises au Bofip mais qui nous semblent toujours d'actualité : Rép. Collette : AN 22-10-1965 n° 15600 ; Rép. Forens : AN 31-3-1977 p. 1365 ; Rép. Lepeltier : AN 4-5-1979 p. 3441).

EXEMPLE

Donation-partage égalitaire consentie par un époux séparé de biens au profit de ses deux enfants Nathalie et Christophe. Les biens donnés sont les suivants :
– une entreprise individuelle évaluée à 400 000 €, dont la donation peut bénéficier du régime d'exonération partielle des droits de mutation à titre gratuit sur 75 % de la valeur transmise (engagement de conservation souscrit dans les conditions définies par l'article 787 C du CGI) ;
– un portefeuille de valeurs mobilières évalué à 400 000 €.

Total de la masse des biens distribués :	800 000 €
Droits de chaque enfant dans la masse :	400 000 €

Attributions :
Nathalie se voit attribuer l'entreprise de son père, Christophe recevant le portefeuille de valeurs mobilières. Ainsi, chaque gratifié est alloti à hauteur de ses droits.

Liquidation des droits de donation		
Droits dus par Nathalie		
Valeur du bien transmis	400 000 €	
Assiette des droits	100 000 €	[= 400 000 – (75 % × 400 000)]
Abattement	100 000 €	
Base taxable après abattement	0 €	
Droits dus	0 €	
Droits dus par Christophe		
Valeur du bien transmis	400 000 €	
Abattement	100 000 €	
Base taxable après abattement	300 000 €	
Droits dus	58 194 €	

Ainsi une **donation-partage égalitaire** peut donner lieu à une liquidation inégalitaire des droits de mutation à titre gratuit. Afin de rétablir in fine l'équilibre entre les donataires copartagés, le donateur peut décider de s'acquitter lui-même des droits de donation sans que cela constitue une libéralité supplémentaire au regard du droit fiscal (BOI-ENR-DG-50-10-20 nº 150). 11400

Même **inégalitaire,** une **donation-partage** peut également, à notre avis, relever du régime fiscal des partages purs et simples dès lors que chaque bénéficiaire se voit attribuer un lot correspondant aux droits théoriques qui lui ont été accordés par l'acte : nous suivons en cela l'avis rendu le 17 février 2012 par le comité de consultation du Cridon de Paris (voir F. Sauvage, De quelques difficultés à déterminer la base taxable aux droits de mutation à titre gratuit des donations-partages : Bull. Cridon Paris nº 2 du 15-1-2013). Et cela même s'il peut être constaté que nombre de recettes des impôts refusent d'enregistrer une donation-partage inégalitaire avec liquidation des droits selon la méthode du partage pur et simple. En refusant la liquidation des droits sur des lots inégaux, l'administration fiscale va à l'encontre de la volonté du disposant qui a sciemment organisé cette inégalité.

Partage avec soulte Si les donataires copartagés reçoivent des **lots ne correspondant pas à leurs droits théoriques** dans l'ensemble des biens et droits distribués par le disposant, le versement d'une soulte peut être stipulé à la charge de l'un des donataires copartagés à l'effet d'égaliser les lots. Les droits de donation ne sont plus assis directement sur la valeur des biens attribués à chaque donataire copartagé, mais sont calculés selon la part de chaque donataire dans l'ensemble des biens partagés : l'assiette des droits de mutation correspond, pour chaque donation, à l'émolument théorique du donataire (voir C. Guillot, Donation-partage et succession, répartition de l'assiette de l'impôt : BIM 8-9/03 p. 197). L'administration fiscale semble avoir entériné cette méthode en intégrant dans sa base doctrinale la réponse ministérielle Vachet nº 81926 du 28 mars 2006 (BOI-ENR-DMTG-10-20-40-10 nº 340), laquelle préconise de recourir à la liquidation des droits selon les attributions théoriques pour la donation-partage avec soulte de titres partiellement exonérés en application des dispositions de l'article 787 B du CGI. 11405

EXEMPLE

Donation-partage égalitaire consentie par un époux séparé de biens au profit de ses deux enfants Nathalie et Christophe. Les biens donnés sont les suivants :
– une entreprise individuelle évaluée à 400 000 €, dont la donation peut bénéficier du régime d'exonération partielle des droits de mutation à titre gratuit sur 75 % de la valeur transmise (engagement de conservation souscrit selon les conditions définies par l'article 787 C du CGI) ;
– un portefeuille de valeurs mobilières évalué à 200 000 €.

Total des biens distribués :	600 000 €
Droits de chaque enfant :	300 000 €

Attributions :

Nathalie se voit attribuer l'entreprise de son père pour 400 000 €, à charge de verser une soulte de 100 000 € à Christophe, le donateur souhaitant égaliser les lots. Christophe reçoit le portefeuille de valeurs mobilières évalué à 200 000 € ainsi que la soulte de 100 000 € versée par sa sœur.

Liquidation des droits de donation :

La donation-partage avec soulte permet aux copartagés de bénéficier de l'exonération d'assiette de 75 % dans la même proportion.

Total de la masse des biens distribués	600 000 €	
Fraction exonérée	– 300 000 €	(= 400 000 × 75 %)
Base taxable globale	300 000 €	
Assiette théorique taxable par enfant	150 000 €	
Assiette brute	150 000 €	
Abattement	100 000 €	
Assiette taxable	50 000 €	
Droits dus par Nathalie	8 194 €	
Droits dus par Christophe	8 194 €	

Les deux enfants bénéficient de l'exonération Dutreil alors que seule Nathalie est tenue par l'engagement individuel de conservation des biens affectés à l'entreprise pendant quatre ans qu'elle a souscrit dans l'acte de donation-partage.

11410 La méthode de liquidation des droits de mutation à titre gratuit présentée ci-dessus permet de maintenir l'égalité des lots après application des droits lorsque la donation-partage consentie à charge de soulte pour l'un des codonataires comprend des **biens totalement ou partiellement exonérés** : régime d'exonération totale des transmissions de monuments historiques (CGI art. 795 A), régime d'exonération partielle des transmissions de bois et forêts (CGI art. 793, 2-2°), de parts de groupements forestiers (CGI art. 793, 1-3°) et de biens ruraux donnés à bail à long terme (CGI art. 793, 2-3°), régime des engagements Dutreil d'exonération partielle des transmissions d'entreprises individuelles (CGI art. 787 C) ou de titres de sociétés (CGI art. 787 B), etc.

11415 **Donation-partage de biens nouveaux avec incorporation** Une question non résolue par la jurisprudence ni abordée par l'administration fiscale est celle de savoir comment **apprécier le caractère pur et simple du partage** lorsque la donation-partage comporte à la fois incorporation d'une donation antérieure et donation de biens nouveaux. Selon une pratique notariale, seuls les biens nouvellement donnés, à l'exception des biens incorporés soumis au seul droit de partage, doivent être pris en compte pour vérifier si les donataires copartagés sont allotis en fonction de leurs droits (en ce sens notamment, D. Faucher, Donation-partage avec incorporation de biens dont l'un n'a pas encore été imposé : Sol. Not. 6/13 inf. 164). En revanche, pour certains auteurs, la nature juridique de l'incorporation (novation par changement de cause ou mutuum dissensus) devrait conduire à assimiler les biens incorporés aux biens donnés pour effectuer cette vérification (F. Sauvage, De quelques difficultés à déterminer la base taxable aux droits de mutation à titre gratuit des donations-partages : Bull. Cridon Paris n° 2 du 15-1-2013).

EXEMPLE

En 2015, un père consent à deux de ses enfants les donations suivantes :
– donation à Jean d'un appartement d'une valeur de 200 000 € ;
– donation à Cécile d'un immeuble d'une valeur de 300 000 €.

En 2023, le père souhaite incorporer ces deux donations dans une donation-partage, dans laquelle il procède également à l'attribution à son troisième enfant, Marc, d'une propriété forestière.

La valeur incorporée de l'appartement donné à Jean s'élève à 400 000 €.

La valeur incorporée de l'immeuble donné à Cécile s'élève à 400 000 €.

La valeur de la propriété forestière transmise à Marc s'élève à 400 000 €.

La valeur totale des biens ainsi répartis s'élève à 1 200 000 €. Les droits de chaque donataire sont de 400 000 €.

Les attributions sont :
– à Jean, l'appartement qui lui avait été initialement donné ;
– à Cécile, l'immeuble qui lui avait été initialement donné ;
– à Marc, la propriété forestière nouvellement transmise.

Première méthode Si l'on suit la pratique notariale évoquée, la méthode de détermination de l'assiette de calcul des droits de donation est celle de l'**émolument théorique** de chacun des donataires. La méthode du partage pur et simple ne peut pas s'appliquer car seul Marc est alloti à hauteur de ses droits dans la nouvelle donation de 2023.

Jean, Cécile et Marc seront imposés aux droits de donation sur la valeur de transmission de la propriété forestière, après application d'un abattement de 75 % sous condition de poursuite de l'engagement d'une gestion durable des bois (CGI art. 793, 2-2°) : 100 000 € (= 400 000 × 25 %).

La base taxable pour chaque enfant s'élève à : 33 333 € (= 100 000 / 3).

Les droits dus par Jean sont de : 6 667 € (aucun abattement applicable car l'abattement en ligne directe a été entièrement utilisé pour la donation de 2015 et taxation directement dans la tranche à 20 %, les tranches aux taux de 5, 10 et 15 % ayant été intégralement épuisées en 2015).

Les droits dus par Cécile sont de : 6 667 € (aucun abattement applicable car l'abattement en ligne directe a été entièrement utilisé pour la donation de 2015 et taxation directement dans la tranche à 20 %, les tranches aux taux de 5, 10 et 15 % ayant été intégralement épuisées en 2015).

Marc n'est redevable d'aucun droit car il bénéficie de l'abattement en ligne directe.

Le droit de partage est calculé sur une base comprenant les valeurs de réincorporation de l'appartement de Jean (400 000 €) et de l'immeuble de Cécile (400 000 €) : 800 000 €.

Le droit de partage s'élève ainsi à 20 000 € (= 800 000 × 2,5 %).

Seconde méthode Si l'on retient la solution proposée par le professeur Sauvage, le **partage** envisagé dans l'exemple sera considéré comme **pur et simple** (chaque enfant recevant 400 000 €). La propriété forestière attribuée à Marc sera donc imposable en totalité au nom de ce dernier, celui-ci restant toutefois dispensé de droit de donation dans la mesure où la base imposable après application de l'abattement de 75 % (soit 100 000 €) est effacée par l'abattement en ligne directe. Contrairement à la solution précédente, Jean et Cécile n'auront aucun droit à acquitter sur la transmission de la propriété forestière qui bénéficie exclusivement à Marc.

Le droit de partage dû sur la valeur des biens incorporés serait bien entendu inchangé.

Approche globale de l'administration fiscale Contrairement à l'évolution récente du droit civil, l'administration fiscale tend à davantage retenir de la **donation-partage** sa **fonction dévolutive** que sa **fonction répartitrice.** C'est ainsi que dans certaines hypothèses, la doctrine administrative refuse que la répartition des lots telle que décidée dans l'acte puisse servir d'assiette à la liquidation des droits. C'est le cas lorsqu'on est en présence : 11420
– d'une donation-partage conjonctive : voir nos 11855 s. ;
– d'une donation-partage cumulative : voir n° 12055.

En ce qui concerne les règles applicables en cas de donation-partage inégalitaire, voir n° 11400.

B. Droit de partage et droit de soulte

DONATION ET PARTAGE DANS LE MÊME ACTE

Pour l'administration fiscale, la fonction dévolutive de la donation-partage prend le pas sur sa fonction répartitrice : ainsi, lorsque la donation et le partage interviennent dans le même acte, seuls les **droits de donation** sont dus lors de l'enregistrement. Le droit de partage n'est pas appelé. De même, les **soultes** stipulées dans les donations-partages ne sont pas considérées comme translatives de propriété et ne donnent ouverture à aucun droit, même si la soulte est à la charge d'un tiers attributaire d'une entreprise (BOI-ENR-DMTG-20-20-10 n° 260). 11470

DONATION ET PARTAGE PAR ACTES SÉPARÉS

11475 Si la donation et le partage sont faits par actes séparés, outre les droits de mutation à titre gratuit perçus lors de la donation, le **droit de partage** de 2,5 % est exigible sur l'acte ultérieur constatant le partage (BOI-ENR-DMTG-20-20-10 nº 250). Il est assis sur l'actif net partagé, sans déduction des soultes ; si des **soultes** sont prévues, elles ne sont pas taxées aux droits de mutation à titre onéreux (CGI art. 748). La soulte perçue par certains des donataires copartagés pour compenser leur sous-attribution eu égard à leurs droits dans la masse distribuée ne donne pas lieu à taxation selon le régime des plus-values (BOI-ENR-PTG-10-20 nº 40).

INCORPORATION DE DONATIONS ANTÉRIEURES

11480 Pour le cas où il est procédé, à la faveur de la donation-partage, à l'incorporation de donations antérieures, voir nºs 10620 s.

SECTION 5 DONATION-PARTAGE TRANSGÉNÉRATIONNELLE

A. Modalités de la donation-partage transgénérationnelle

PARTICULARISME

11580 La loi 2006-728 du 23 juin 2006 a innové en créant cette **catégorie** particulière de donations-partages au bénéfice de donataires copartagés qui sont des descendants de générations différentes : sont gratifiés ensemble des enfants et petits-enfants, du vivant même des enfants (C. civ. art. 1075-1).

Il est remarquable que soient appelés à la donation-partage des **gratifiés** qui ne sont **pas héritiers présomptifs** : voir nºs 10360 s. L'objectif avoué est d'accélérer la transmission aux jeunes générations par-dessus la tête de la génération intermédiaire.
La seule limite à l'efficacité du dispositif tient à des considérations fiscales (voir toutefois les mérites de l'incorporation dans une donation-partage transgénérationnelle au profit des petits-enfants, nºs 11615 s.).

L'ascendant peut ainsi allotir des descendants de degrés différents. Toutefois, l'**attribution des différents lots** doit être **appréciée par souche,** et non par bénéficiaire (C. civ. art. 1078-6).
Au moment du règlement de la succession du donateur copartageant, il conviendra de vérifier si la souche a bien été remplie de sa réserve, en additionnant les biens reçus à titre de partage anticipé par les enfants et, s'il y a lieu, leurs propres descendants (C. civ. art. 1078-8, al. 1). En fin de compte, la liquidation de la succession de l'ascendant se dénouera comme si ce dernier avait alloti ses seuls enfants (voir M. Grimaldi, Que sont les partages d'ascendants devenus ? : Defrénois 15-4-2014 nº 115t3 p. 343). Pour plus de précisions, voir nºs 11690 s.

EXEMPLE

Soit un ascendant ayant deux enfants Anatole et Barnabé. Il effectue une donation-partage au profit d'Anatole et des enfants de Barnabé, Bruno et Brieux.

Lot d'Anatole : un appartement d'une valeur de 400 000 €.

Lot de Bruno : un studio d'une valeur de 230 000 €.

Lot de Brieux : un autre studio d'une valeur de 170 000 €.

Le partage s'effectuant par souche, la donation-partage est strictement égalitaire (400 000 € à chaque souche).

11585 Si l'on excepte les limites dues au respect de la réserve des héritiers, la donation-partage transgénérationnelle est un **outil fluide** pour l'ascendant donateur. Comme le souligne le professeur Grimaldi, les dispositions de l'article 1078-6 du Code civil précisant que « lorsque des descendants de degrés différents concourent à la même donation-partage, le partage s'opère par souche » n'obligent nullement à procéder à un partage égalitaire entre souches, ni à une répartition préalable par souches avant d'allotir les représentants de chaque souche ; l'ascendant est libre de composer des lots inégaux entre les différentes souches et de procéder à des attributions directes aux donataires de degrés différents (voir J.-Cl. Civil Code, Art. 1075 à 1080 fasc. 20 par M. Grimaldi, n° 63).

L'insertion dans une donation-partage transgénérationnelle de certaines **clauses usuelles** des libéralités a été étudiée avec l'exposé du régime de la donation-partage ordinaire : réserve d'usufruit (n° 10499), interdiction d'aliéner (n° 10509), retour conventionnel (n° 10515) ou encore clause substitutive (n° 10525). 11587

INCORPORATION DANS UNE DONATION-PARTAGE TRANSGÉNÉRATIONNELLE

L'incorporation de **biens donnés antérieurement par une libéralité entre vifs** peut être pratiquée à la faveur d'une donation-partage transgénérationnelle, sur l'initiative de l'aïeul, dans un objectif particulier : allotir ainsi ses petits-enfants à l'aide de biens primitivement attribués à ses enfants, avec le consentement de ces derniers (C. civ. art. 1078-9). 11590

Conditions de l'incorporation Les conditions de cette incorporation prêtent à discussion. 11595

Pour **certains auteurs,** lorsqu'il s'agit d'incorporer une **donation-partage plus ancienne,** le consentement de l'ensemble des donataires copartagés de cette donation-partage initiale est requis dans le nouveau partage (voir notamment F. Sauvage, La donation-partage dans tous ses états : Bull. Cridon Paris n° 23 du 1 au 15-12-2011). Ils se fondent sur les dispositions de l'article 1078-8 qui, dans son troisième alinéa, exige le consentement de tous les enfants de l'ascendant donateur pour que s'applique la règle dérogatoire de gel des valeurs au jour de la libéralité pour la réunion fictive.

De plus, le changement d'attributaires à la faveur de la nouvelle donation-partage serait à leurs yeux susceptible de provoquer des effets redoutables en cas d'incorporation partielle, en particulier à l'égard des lots non réincorporés. En effet, la donation originaire serait amputée du lot ainsi incorporé puis redistribué ; elle ne contiendrait plus que les lots non réaffectés, tels qu'ils ont été originellement constitués. Par suite, les conditions posées par l'article 1078 du Code civil pour fixer les valeurs au jour de la donation-partage en vue de la réunion fictive ne seraient plus réunies, faute d'allotissement de tous les héritiers réservataires. En conséquence, la donation-partage originaire serait transformée en une donation ordinaire, rapportable, évaluée au jour du décès pour le calcul de la réserve et l'imputation. La seule solution, pour que la donation-partage initiale ne perde pas toutes ses qualités, serait donc d'incorporer dans la nouvelle donation-partage l'ensemble des biens originellement distribués : ainsi ces éléments demeureraient-ils soustraits au rapport ; et il est admis que la date unique d'évaluation, qui s'impose, doit être celle de la donation-partage primitive (F. Sauvage, précité).

Une **autre doctrine** fait sienne une conception plus souple. 11600

Elle estime que l'incorporation partielle ne serait qu'une opération « intercalaire et civilement transparente » sans effet sur le partage initial (voir A. Bouquemont, De l'utilité des réincorporations transgénérationnelles : JCP N 2014 n° 1214).

Cela se vérifierait mieux encore pour les incorporations prélude à une réaffectation des biens dans la même souche. L'incorporation partielle permet ainsi au disposant de récupérer les biens distribués au donataire afin de les réattribuer aux enfants de ce dernier, ce nouveau partage étant réalisé à l'intérieur de la même souche (C. civ. art. 1078-6). La réaffectation des biens entre membres d'une même souche ne concerne pas les autres souches alloties dans la donation-partage initiale. Il n'est donc pas nécessaire d'incorporer, dans la nouvelle donation-partage, l'ensemble des lots objets de la précédente donation-partage (en ce sens, M. Grimaldi et R. Gentilhomme, Rendre transgénérationnelle une donation-partage antérieure : Defrénois 30-9-2011 n° DEF40094 p. 1344). Cette analyse est-elle accréditée par l'arrêt de la première chambre civile en date du 13 février 2019 (voir n° 10330), comme le pense M. Zalewski-Sicard (note sous cet arrêt : SNH 25/19 inf. 12 § 11), en ce que la donation-partage d'origine demeurerait valide, même lorsqu'il ne subsisterait, par élimination, qu'un seul et unique dernier alloti ?

Ce même courant doctrinal, convaincu que la première donation-partage n'est pas affectée par l'incorporation dans un nouveau partage d'une simple fraction des biens donnés, plaide pour que l'évaluation retenue lors de la première donation-partage soit maintenue lors de la seconde. En effet, dans une telle situation, le changement d'attributaire ne modifie pas le partage initial par souches (M. Grimaldi et R. Gentilhomme, précité).

Certes, l'article 1078-1, dans son deuxième alinéa, dispose, sans ambiguïté possible, que la date applicable aux donations ou donations-partages incorporées est celle de la nouvelle donation-partage ; mais cette dernière n'est pas forcément évaluée au jour de l'acte, puisqu'elle peut l'être à une autre date, à condition que ce soit par une convention expresse et que la date choisie soit unique pour l'ensemble des lots (voir nº 11025).

11605 En toute hypothèse, l'administration fiscale considère que l'assiette de taxation au **droit de partage** correspond à la valeur des biens incorporés à la date de l'acte (BOI-ENR-DMTG-20-20-10 nº 250).

11610 **Incorporation en démembrement de propriété** Un grand-père qui a donné, dans un premier temps, la nue-propriété d'un bien à son fils peut décider par la suite, avec le consentement de ce dernier, d'incorporer cette **nue-propriété dans une nouvelle donation-partage,** celle-ci transgénérationnelle, **afin d'allotir son petit-fils** de ce même droit réel démembré. Pareille opération peut répondre à deux projets différents.

Le **premier projet** est que la génération intermédiaire renonce définitivement à la nue-propriété qui lui avait été initialement donnée, le grand-père demeurant usufruitier et le petit-fils devenant le nouveau nu-propriétaire.

Le **second projet** envisageable est que le fils accepte l'incorporation de la nue-propriété du bien pour qu'en soit alloti le petit-fils, mais moyennant un usufruit de second rang à son profit, après le décès du grand-père. Cette incorporation de la nue-propriété avec réserve d'usufruit semble pouvoir être pratiquée selon plusieurs modes (voir E. Naudin et M. Iwanesko, La donation transgénérationnelle, une alternative à la donation par le nu-propriétaire de la nue-propriété ? : JCP N 2012 nº 1390 ; A. Thurel, Réserve, rétention d'usufruit et donation-partage transgénérationnelle : Defrénois 18-6-2020 nº 160g1 p. 15) :

– soit le grand-père stipule un usufruit de second rang (mal nommé « successif ») en faveur de son fils : au décès du grand-père, le fils accédera à cet usufruit. Cette solution est expressément admise par l'administration fiscale : voir nº 11635 ;

– soit les petits-enfants donataires se voient imposer, à titre de charge de l'acte, de consentir à la constitution d'un usufruit de second rang (dit « successif ») sur la tête de leur auteur. Il s'agit alors d'une donation à terme par le petit-enfant nu-propriétaire de son propre usufruit. Si la validité juridique de cette solution ne semble pas faire de doute, elle ne présente aucun avantage sur le plan fiscal : comme dans l'hypothèse précédente, les droits de succession seront dus, au décès du donateur, sur la valeur de l'usufruit constitué au profit de son fils (CGI art. 796-0 quater) ;

– soit le fils consent à l'incorporation de son droit de nue-propriété tout en retenant un droit d'usufruit de second rang (dit « successif ») sur sa tête. Cette solution prend appui sur la possibilité, reconnue par l'administration fiscale, de n'incorporer à la donation-partage qu'une partie des biens compris dans la donation initiale (BOI-ENR-DMTG-20-20-10 nº 190) et donc, logiquement, un tel bien grevé d'une charge (ici d'un droit réel, l'usufruit). Cette solution est fiscalement avantageuse car l'usufruit que se réserve le fils ne subit aucune mutation et ne peut donc être soumis au droit de donation : sa valeur a été déjà taxée lors de la donation initialement consentie par le donateur (en ce sens, A. Thurel, étude précitée ; M. Iwanesko, Traitement civil et fiscal des réincorporations transgénérationnelles en démembrement : Sol. Not. 6/12 inf. 159). Une prise de position expresse de l'administration confirmant cette analyse serait naturellement bienvenue.

11615 **Traitement fiscal de l'incorporation avec changement d'attributaire** Les donations-partages transgénérationnelles bénéficient d'un avantage fiscal dans l'hypothèse de la **réattribution du bien** initialement donné **à un descendant du premier donataire,** le cas le plus fréquent étant que le disposant décide d'attribuer à ses petits-enfants des biens initialement donnés à ses enfants (sur cette question, voir R. Gentilhomme, Vive la réincorporation à la masse d'une donation-partage transgénérationnelle : BIM 2/11 p. 61).

Conformément au droit commun, cette réattribution relève en principe du seul droit de partage de 2,5 % (CGI art. 776 A, al. 2), assis sur la valeur actuelle des biens (les donations incorporées ayant déjà été taxées aux droits de mutation à titre gratuit). En d'autres termes, le changement d'attributaire n'est, **en principe,** pas considéré comme une nouvelle libéralité, de sorte que les droits de mutation ne sont pas dus. Sur l'incidence de cette disposition sur le coût fiscal de la réincorporation d'un bien dans une donation-partage transgénérationnelle, voir l'exemple figurant au nº 11625 (voir également, Y. Delecraz, Points sensibles de la fiscalité des donations-partages : JCP N 2014 nº 1184).

Par **exception,** si la donation initiale à l'enfant a été effectuée moins de 15 ans avant la donation-partage, la réattribution du bien à un descendant du premier donataire est taxée aux droits de donation au tarif applicable entre grands-parents et petits-enfants, les droits payés lors de la première donation étant imputables sur ceux dus lors de la donation-partage (CGI art. 776 A, al. 3) ; le donataire échappe corrélativement au droit de partage. Ce dispositif est destiné à prévenir l'optimisation fiscale consistant à donner un bien à un enfant pour, dans la foulée, le réattribuer à un petit-enfant en bénéficiant des abattements prévus pour les transmissions parents/enfants, bien plus intéressants que ceux applicables aux transmissions entre grands-parents et petits-enfants (A. Bouquemont, De l'utilité des réincorporations transgénérationnelles : JCP N 2014 nº 1214). Attention, voir l'exemple nº 11625 illustrant le fait que l'application des droits de donation se révèle en réalité plus avantageuse que la taxation au seul droit de partage dans le cas où la donation-partage transgénérationnelle intervient plus de 15 ans après la donation initiale.

Le délai de 15 ans entre la donation d'origine et la donation-partage s'applique aux donations-partages réalisées depuis le 17 août 2012 ; ce délai de 15 années coïncide avec celui du rappel fiscal des donations.

Ce dispositif s'applique dans les mêmes conditions en cas d'incorporation d'un bien acquis en emploi ou remploi du bien initialement donné, hypothèse expressément envisagée par le Code civil (C. civ. art. 1078-1, al. 1). Il appartient alors au donateur et au donataire initial d'apporter la preuve de l'emploi ou du remploi de la précédente libéralité ainsi que sa réattribution à un descendant du donataire initial, c'est-à-dire au sein d'une même souche (BOI-ENR-DMTG-20-20-10 nº 180).

La loi est muette sur les conséquences fiscales de la **réattribution** des biens **au profit d'une souche autre que celle qui a bénéficié de la donation initiale** (c'est-à-dire en pratique à un neveu ou une nièce de l'enfant initialement alloti). En l'absence de texte spécifique, les droits de donation sont exigibles (au tarif entre grands-parents et petits-enfants), au lieu et place du droit de partage. En effet, le principe selon lequel l'incorporation d'une donation-partage ne constitue pas une libéralité mais un partage ne concerne littéralement que « les héritiers présomptifs » du donateur (C. civ. art. 1078-3, auquel renvoie l'art. 776 A du CGI). Les petits-enfants du donateur n'étant pas héritiers présomptifs de ce dernier, l'administration semble s'estimer en droit d'exiger les droits de donation lors de l'incorporation (en ce sens, Inst. 20-2-2012 : BOI 7G-1-12, toutefois non reprise au Bofip). **11620**

Lorsque le donataire d'origine conserve une partie des biens qui lui ont été donnés, l'**incorporation en nature** n'étant que **partielle,** l'imputation des droits de donation initialement acquittés sur ceux dus à raison des biens réattribués lors de la donation-partage s'effectue en considérant que les biens incorporés ont été taxés dans les tranches les plus élevées applicables lors de la donation initiale (BOI-ENR-DMTG-20-20-10 nº 190). Cette méthode de calcul est très favorable au contribuable, ainsi que le montre l'exemple ci-après. **11625**

Si les droits payés lors de la première donation excèdent ceux dus sur les biens incorporés à la donation-partage transgénérationnelle, aucun remboursement de droits n'est toutefois possible (BOI-ENR-DMTG-20-20-10 nº 190).

EXEMPLE

Donation simple réalisée le 1er septembre 2014 par un père âgé de 82 ans au profit de son fils de deux biens valant respectivement 200 000 € et 300 000 €.

Liquidation des droits

Part taxable	500 000 €
Abattement	– 100 000 €
Taxable	400 000 €

Droits dus = 78 194 €.

Le bien d'une valeur de 300 000 € est ensuite réattribué à un descendant du donataire initial à l'occasion d'une donation-partage transgénérationnelle du 1er juillet 2023. Le bien vaut alors 350 000 €.

Liquidation des droits

Part taxable	350 000 €
Abattement	– 31 865 €
Taxable	318 135 €

Droits dus = 61 821 €.

Imputation des droits payés lors de la donation intervenue depuis moins de 15 ans = 60 000 €, soit 300 000 € × 20 % (tranche la plus élevée du tarif appliqué lors de la première donation).

Droits effectivement dus = 1 821 €.

On observera que, compte tenu de l'augmentation de 1,1 % à 2,5 % du droit de partage depuis le 1er janvier 2012, l'application des droits de donation est, dans ce cas, plus avantageuse que la taxation au seul droit de partage. En supposant que la donation-partage transgénérationnelle intervienne au-delà du délai de 15 ans, le droit de partage serait en effet de 8 750 € (350 000 × 2,5 %).

11630 Jusqu'ici, l'administration fiscale ne s'est pas clairement prononcée sur la **situation du donataire initial consentant à incorporer.** Compte tenu de la disparition de la donation-partage originelle induite par son incorporation et la réaffectation de ses lots dans un nouveau partage (la doctrine civiliste s'accordant à parler de révocation conventionnelle de la donation-partage initiale), l'enfant concerné ne devrait plus être tenu au rappel fiscal de la donation incorporée dans la succession de son auteur. Il devrait donc récupérer la fraction de ses droits à abattement personnel ainsi que la partie des tranches du barème progressif des droits d'enregistrement utilisées lors de la première libéralité (F. Fruleux, Les « réincorporations transgénérationnelles » : un mode de transmission à privilégier : JCP N 2011 nº 1056 ; voir aussi A. Bouquemont, De l'utilité des réincorporations transgénérationnelles : JCP N 2014 nº 1214) ; mais aucune position en ce sens n'a pour l'instant été prise (G. Bonnet, Enregistrement et donation-partage : Defrénois 15-4-2014 nº 115s2 p. 392). Simplement, la doctrine administrative considère la donation incorporée comme ayant été directement consentie au petit-enfant attributaire (BOI-ENR-DMTG-20-20-10 nº 200). Afin d'effacer toute trace entre le disposant et le premier donataire de la donation incorporée puis réaffectée, la loi prévoit que les donations de moins de 15 ans consenties aux petits-enfants en application de l'article 1078-4 du Code civil ne font pas l'objet de rappel fiscal dans la succession de leurs parents (CGI art. 776 ter). Bien que l'administration ne le précise pas, à notre avis, le petit-enfant attributaire devrait être soumis au rappel fiscal si, dans les 15 ans de la donation-partage, il reçoit une libéralité ou une part de la succession de son grand-père ou de sa grand-mère (par représentation de son père ou de sa mère), donateur copartageant d'origine.

11635 Selon l'administration, si les **biens incorporés** dans une donation-partage transgénérationnelle **correspondent à des biens donnés en nue-propriété** et si les enfants premiers donataires ont vocation à être titulaires de l'usufruit (leurs propres enfants recevant la nue-propriété) entre le décès du donateur et le leur, la réversion d'usufruit sera taxable aux droits de succession lors du décès du stipulant (BOI-ENR-DMTG-20-20-10 nº 210). Autrement dit, l'administration fiscale considère que l'usufruit successif consenti par l'ascendant donateur au donataire incorporant relève du régime des réversions d'usufruit et donc, en tant que tel, du régime des droits de mutation par décès (CGI art. 796-0 quater). Cette prise de position est largement critiquée par la doctrine. En tout état de cause, pour la majorité des auteurs, il ne saurait y avoir de réversion d'usufruit taxable lorsque le premier donataire a réincorporé la nue-propriété à la donation-partage tout en se réservant un usufruit successif à son profit. Dans ce cas, en effet, l'usufruit réservé ne résulte pas d'une libéralité consentie par le donateur (voir nº 11610).

B. Liquidation en présence d'une donation-partage transgénérationnelle

RÈGLES GÉNÉRALES

11685 L'originalité et l'utilité de la donation-partage transgénérationnelle est d'organiser la **succession de deux générations** à la fois : celle de l'aïeul et celle de ses enfants héritiers réservataires.

Chaque enfant réservataire représente une souche.

Les règles de liquidation en présence d'une donation-partage transgénérationnelle sont les mêmes que celles appliquées en présence d'une donation-partage ordinaire. Toutefois, au lieu de raisonner par tête, on raisonne par souche.

Dans un **premier temps,** pour la liquidation de la succession de l'aïeul, il y aura nécessité de vérifier si chaque souche a bien été remplie de sa réserve par les diverses libéralités en avance de part consenties aux enfants et aux petits-enfants.

Dans un **second temps,** il conviendra de s'intéresser au sort des donations consenties directement par le grand-père à ses petits-enfants, au moment de liquider la succession de leur auteur qui a accepté que ses propres enfants soient allotis en ses lieu et place : on verra qu'un traitement particulier leur est ménagé au regard de cette seconde succession.

AU DÉCÈS DE L'AÏEUL DONATEUR COPARTAGEANT

Dans la succession de l'ascendant donateur copartageant, les **biens reçus par les enfants ou leurs descendants** à titre de partage anticipé s'imputent sur la part de réserve revenant à leur souche et subsidiairement sur la quotité disponible (C. civ. art. 1078-8, al. 1). Toutes les donations faites aux membres d'une même souche sont imputées ensemble, quel que soit le degré de parenté avec le défunt (C. civ. art. 1078-8, al. 1). 11690

De ces dispositions résultent deux grands principes :

– les **petits-enfants** ne peuvent être allotis dans une donation-partage transgénérationnelle qu'**en avance de part successorale,** puisque les lots qui leur sont attribués s'imputent exclusivement sur la part de réserve de leur auteur ;

– il doit être procédé à la **liquidation et** au **partage** de la succession du donateur **par souche** et non par tête : considéré par le jeu d'une fiction comme incarnant sa souche, l'enfant réservataire est réputé attributaire, en sus des biens reçus par son auteur, des biens transmis à ses propres enfants par leur aïeul.

Il y a donc lieu de récapituler, pour chaque souche, tous les biens reçus à la faveur de la donation-partage transgénérationnelle, par l'enfant du donateur copartageant et sa descendance, ou par sa descendance seulement si l'enfant n'a rien reçu lui-même.

On procède ensuite, pour les besoins de la liquidation, comme si la souche avait bénéficié des lots que l'aïeul a ainsi attribués. La réserve de la souche se confond donc avec celle de chaque enfant du donataire, lequel cumule, pour ainsi dire, la double qualité d'incarnation de la souche et d'héritier.

CONSEIL

La **supériorité de la donation-partage transgénérationnelle** a été illustrée par une espèce : un père désireux de gratifier ses trois enfants à l'aide de dons manuels égaux avait accepté imprudemment que l'un d'entre eux se substituât ses propres enfants ; une fois ouverte la succession du donateur, les deux petits-enfants ainsi que leur père ont échappé au rapport, en dépit des intentions manifestement égalitaires du défunt (Cass. 1e civ. 6-3-2019 no 18-13.236 F-PB : BPAT 3/19 inf. 106, D. 2019 p. 2216 obs. S. Godechot-Patris et C. Grare-Didier, RTD civ. 2020 p. 442 obs. M. Grimaldi).

Pour le **calcul de la réserve** et les opérations liquidatives, tous les biens donnés et répartis (aux enfants comme aux petits-enfants) sont, sauf clause contraire, évalués **au jour de la donation-partage transgénérationnelle,** dès l'instant que se trouvent réunies les deux conditions suivantes (C. civ. art. 1078-8, al. 3) : 11695

– tous les enfants de l'ascendant donateur ont donné leur consentement au partage anticipé, chaque souche ayant reçu un lot, peu important que ce lot eût été attribué à l'enfant ou à sa descendance. Un auteur souligne à cet égard la rédaction incomplète et maladroite de l'article 1078-8 du Code civil, qui omet la condition de l'allotissement de chaque souche pour qu'il soit fait application de l'évaluation dérogatoire de l'article 1078 (Dalloz Action Droit patrimonial de la famille 2021/2022, dir. M. Grimaldi, v. Liquidation de la succession en présence d'une libéralité-partage par M. Grimaldi, no 413.142) ;

– l'absence de réserve d'usufruit sur une somme d'argent.

A contrario, les biens distribués par donation-partage transgénérationnelle aux enfants et petits-enfants sont évalués **au jour du décès de l'ascendant** :

– si l'un des enfants n'a pas consenti à la donation-partage, ou si l'un des enfants et sa descendance n'ont pas reçu le moindre lot ;

– si, aux termes de l'acte, il est stipulé une réserve d'usufruit sur une somme d'argent ;

– par l'effet d'une stipulation explicite de l'acte de donation-partage en ce sens.

La liquidation consiste à vérifier, selon la **démarche dérogatoire caractéristique de toute liquidation successorale en présence d'une donation-partage** (voir no 11080), si chacune des souches a été remplie de sa part de réserve dans la succession de l'ascendant donateur. 11700

Une fois effectué le cumul des valeurs de toutes les avances de part réalisées au profit de chaque souche, la question est donc de savoir si chaque souche a reçu sa réserve.

Dans la négative, les réservataires pourront demander, s'il y a lieu, le complément de la réserve sur les biens existants non légués figurant dans la succession de l'aïeul défunt.

11700 (suite) Si la masse des biens existants est insuffisante, il sera possible de demander la réduction des libéralités à cause de mort, puis si nécessaire celle des libéralités entre vifs dans l'ordre chronologique inverse (voir C. civ. art. 1078-8, al. 4, lequel renvoie aux art. 1077-1 et 1077-2 du même Code).

EXEMPLES

1. Soit un aïeul ayant deux enfants A et B. Chacun des enfants a lui-même deux enfants. L'ascendant effectue une donation-partage au profit de A et des deux enfants de B (PEB 1 et PEB 2), avec le consentement de ce dernier.

Lot de A : un appartement d'une valeur de 400 000 €.

Lot des enfants de B : chacun un studio d'une valeur de 200 000 €.

À son décès, l'aïeul laisse un patrimoine évalué à 400 000 €, déduction faite du passif.

Chaque enfant ayant donné son consentement à la donation-partage et en l'absence de stipulation de réserve d'usufruit sur une somme d'argent, les biens donnés sont évalués au jour de l'acte.

Masse de calcul de la réserve :

– biens existants (nets) : 400 000 €

– réunion fictive : 800 000 € [= 400 000 € (lot de A) + 200 000 € (lot de PEB 1) + 200 000 € (lot de PEB 2)]

Masse de calcul : 1 200 000 €

Réserve individuelle : 400 000 € (= 1 200 000 × 2/3 × 1/2)

Quotité disponible : 400 000 € (= 1 200 000 × 1/3)

En recevant un lot de 400 000 €, A est entièrement rempli de sa réserve.

Le cumul des lots attribués à PEB 1 et PEB 2 (soit 200 000 × 2 = 400 000 €) suffit à remplir de sa réserve la souche de B.

Ainsi, il n'y a pas lieu à réduction de la donation-partage.

Les biens existants (valant 400 000 €) sont partagés par moitié entre les deux enfants A et B.

A aura reçu au total : 600 000 €

B aura reçu seulement : 200 000 €

PEB 1 et PEB 2 auront reçu chacun : 200 000 €

2. Reprise de l'exemple précédent : l'aïeul qui a consenti la donation-partage selon les conditions précitées avait un troisième enfant, C, qui n'a pas participé à la donation-partage.

On suppose que les biens immobiliers donnés se sont valorisés de 30 % depuis l'époque de la donation-partage. Les valeurs au jour du partage sont les mêmes que celles retenues au décès.

Tableau de synthèse des valeurs :

	Valeur au jour de l'acte	Valeur au jour du décès et du partage
Lot de A	400 000	520 000
Lot de PEB 1	200 000	260 000
Lot de PEB 2	200 000	260 000

L'enfant C, héritier réservataire, n'a pas été alloti. La règle de l'évaluation dérogatoire au jour de l'acte prévue par l'article 1078 du Code civil ne peut s'appliquer. Il doit être procédé à la réunion fictive des libéralités à la succession selon les dispositions de l'article 922 du Code civil : évaluation des biens transmis au jour du décès selon leur état au jour de la donation.

Masse de calcul de la réserve :

– biens existants (nets) : 400 000 €

– réunion fictive des donations : 1 040 000 € (= 520 000 + 260 000 + 260 000)

Masse de calcul : 1 440 000 €

Réserve individuelle : 360 000 € (= 1 440 000 × 3/4 × 1/3)

Quotité disponible : 360 000 € (= 1 440 000 × 1/4)

Le bien donné à A (520 000 €) lui fournit sa part de réserve (360 000 €) et davantage.

De la même façon, les biens donnés à PEB 1 et PEB 2 (520 000 €) fournissent sa part de réserve à la souche de B (360 000 €) et davantage.

Les lots de la donation-partage ne sont pas rapportables.

Les biens existants non légués (400 000 €) suffisent à composer la réserve de C (360 000 €). Il n'y a donc pas lieu à réduction.

Toute la question est donc de savoir comment sont partagés les biens existants, ce que la loi ne précise pas (voir nos 11100 s.).

Méthode dite de Carpentras :
– C ayant prélevé 360 000 ;
– les 40 000 restants sont à répartir en trois, soit 13 333 chacun ;
– ce qui aboutit à 360 000 + 13 333 = 373 333 pour C et 13 333 pour A et B.

Au partage, les droits des héritiers sur les biens existants seront :
– pour A : 13 333 €
– pour B : 13 333 €
– pour C : 373 333 €

Méthode dite de Paris :
– on répartit les biens existants en trois, soit 133 333 chacun ;
– il manque encore à C pour parfaire sa réserve : 360 000 – 133 333 = 226 667 ;
– il lui faut donc prélever 113 333 sur les parts de A et B, qui ne recevront chacun que 133 333 – 113 333 = 20 000. En définitive, C recevra 133 333 + 226 667, soit sa part de réserve de 360 000.

Au partage, les droits des héritiers sur les biens existants seront :
– pour A : 20 000 €
– pour B : 20 000 €
– pour C : 360 000 €

3. Même exemple mais les biens donnés se sont revalorisés de 60 %.

Tableau de synthèse des valeurs :

	Valeur au jour de l'acte	Valeur au jour du décès et du partage
Lot de A	400 000	640 000
Lot de PEB 1	200 000	320 000
Lot de PEB 2	200 000	320 000

Masse de calcul de la réserve :
– biens existants : 400 000 €
– réunion fictive des donations : 1 280 000 € [= 640 000 + 320 000 + 320 000]
Masse de calcul : 1 680 000 €
Réserve individuelle : 420 000 € (= 1 680 000 × 1/4)
Quotité disponible : 420 000 € (= 1 680 000 × 1/4)

Le bien donné à A (640 000 €) lui fournit sa part de réserve (420 000 €) et davantage.

Les biens donnés à PEB 1 et PEB 2 (640 000 €) fournissent sa part de réserve à la souche de B (420 000 €) et davantage.

Les biens existants (400 000 €) ne suffisent pas à composer la part de réserve de C (420 000 €) : il y aura donc lieu à réduction.

Pour composer sa réserve (420 000 €), C reçoit tous les biens existants (400 000 €) ; puis il peut demander la réduction de la donation-partage à hauteur de 20 000 €.

A est redevable de l'indemnité de réduction à hauteur de 10 000 €, PEB 1 et PEB 2 à hauteur de 5 000 € chacun.

AU DÉCÈS DE L'ENFANT QUI S'EST EFFACÉ

Principe : lots traités comme ayant été donnés par l'enfant À l'ouverture de la succession de l'enfant qui a consenti à ce que ses propres enfants soient allotis en ses lieu et place, les biens reçus par ces derniers dans la donation-partage consentie par l'aïeul sont traités comme s'ils leur avaient été donnés par leur auteur direct à la faveur d'une **donation en avance de part.** 11705

Il en résulte les conséquences suivantes (C. civ. art. 1078-9, al. 1 et 2) :
– le lot reçu dans la donation-partage grand-paternelle est **rapportable à la succession** de l'enfant qui s'était effacé. Par exemple, le petit-fils devra rapporter à la succession de son père le bien qu'il a reçu de son grand-père paternel par donation-partage ;

– pour le **calcul de la réserve,** pour l'**imputation et** pour la **réduction,** les biens sont soumis aux règles de droit commun des donations ordinaires et doivent donc être évalués en principe au jour du décès (nos 32785 s.).

11710 Cette **extension des règles liquidatives ordinaires** au décès de l'enfant qui s'est effacé s'explique pour deux **raisons** (voir J.-Cl. Civil Code, Art. 1075 à 1080 fasc. 40 par M. Grimaldi, n° 53 ; J.-Cl. Notarial Formulaire, v° Donation-partage fasc. 90 par N. Levillain, n° 60).

Il s'agit d'abord de la préoccupation principale de rétablir, à l'intérieur de la souche, l'**égalité entre les petits-enfants allotis et ceux qui ne l'ont pas été.** On obtient ce résultat en traitant les libéralités de l'aïeul comme des donations rapportables au moment du règlement de la succession de leur auteur qui s'est effacé.

Il y va ensuite du souci secondaire de **permettre à l'enfant qui s'est effacé de disposer** malgré tout le plus librement possible de son patrimoine. Cela conduit dans le règlement de sa succession à deux solutions techniques concordantes :
– d'une part, il faut comprendre dans la masse de calcul de la réserve héréditaire et de la quotité disponible de sa propre succession les biens dont l'aïeul a gratifié la troisième génération ;
– d'autre part, pour que la quotité disponible de celui qui s'est effacé ne soit pas grevée par ces valeurs, les lots reçus dans la succession du grand-père sont traités dans celle du père comme des avances de part, qui s'imputent sur la réserve, laissant le plus possible la quotité disponible vacante.

EXEMPLE

Soit un aïeul ayant deux enfants A et B.

B a lui-même trois enfants PEB 1, PEB 2 et PEB 3.

L'aïeul a consenti une donation-partage au profit de A et de deux des enfants de B (PEB 1 et PEB 2), avec le consentement de ce dernier.

Lot de A : un appartement d'une valeur de 400 000 €.

Lot des enfants de B : chacun un studio d'une valeur de 200 000 €.

B décède par la suite en laissant un patrimoine évalué à 80 000 €.

La valeur de chacun des lots faits par A à PEB 1 et PEB 2 est de 260 000 € au jour du décès de B.

Cette valeur est la même au jour du partage de la succession de B.

PEB 3 n'ayant rien reçu, les attributions faites dans la donation-partage grand-paternelle sont intégralement rapportables à la succession de B ; on ne procédera pas, par simplification, au calcul d'une éventuelle réduction, les gratifiés étant déjà tenus par l'effet du rapport à la restitution totale en valeur de ce qu'ils ont reçu (voir n° 33075).

Masse des biens à partager :		
– biens existants :	80 000 €	
– rapport de PEB 1 :	260 000 €	
– rapport de PEB 2 :	260 000 €	
Ensemble	600 000 €	
Droits des enfants :	200 000 €	(= 600 000 / 3)
Attributions de PEB 1 :		
– son rapport (260 000), par confusion sur lui-même, (moyennant une indemnité de 60 000 €) :	200 000 €	
Attributions de PEB 2 :		
– son rapport (260 000), par confusion sur lui-même, (moyennant une indemnité de 60 000 €) :	200 000 €	
Attributions de PEB 3 :		
– les biens existants :	80 000 €	
– l'indemnité due par PEB 1 :	60 000 €	
– l'indemnité due par PEB 2 :	60 000 €	
Total	200 000 €	

11715 **Exception : lots traités comme ayant été donnés et partagés par l'enfant** Si **tous les petits-enfants** (**dans la souche** en question) **ont reçu et accepté un lot** dans le partage anticipé et s'il n'a pas été prévu de réserve d'usufruit portant sur une somme d'argent, les gratifiés sont traités comme s'ils avaient bénéficié d'une **donation-partage de la part de leur propre auteur.**

Dès lors, le **rapport** n'est pas dû.

De plus, du fait que tous les réservataires (descendants de la génération intermédiaire) y ont consenti, qu'ils se soient ou non effacés, l'évaluation des lots de la donation-partage grand-paternelle se fait une fois pour toutes, dans le règlement de la succession de celui qui s'est effacé, au jour de la donation-partage, pour le **calcul de la réserve** (C. civ. art. 1078-9, al. 3). Par conséquent, cela aboutit à minorer grandement la masse de calcul de la quotité disponible dans la succession de l'enfant qui s'est effacé, puisque, lorsque sa succession se réglera, deux générations auront disparu, et l'érosion monétaire aura eu le temps de faire son œuvre. Il faut donc qu'il en prenne conscience, et qu'il y remédie, s'il le souhaite, en subordonnant son consentement au choix d'une autre date d'évaluation (ainsi la date d'ouverture de sa propre succession). Au demeurant, même s'il ne le fait pas, l'inconvénient reste moins grave que si les biens donnés et répartis par l'aïeul étaient considérés à son égard, à lui qui choisit de s'effacer, comme à tout jamais étrangers à la masse de calcul de la quotité disponible de sa propre succession.

Incorporation des lots dans une donation-partage par l'enfant La loi offre à l'enfant qui s'est effacé une possibilité de **remédier aux inconvénients** de la donation-partage transgénérationnelle à laquelle tous ses propres enfants n'auraient pas participé, mais à condition de recueillir le consentement de tous. **11720**

Il lui suffit de **consentir lui-même, entre tous ses propres enfants,** une donation-partage, en incorporant les biens reçus par certains d'entre eux seulement de leur aïeul, lors de la donation-partage grand-paternelle.

Cette nouvelle donation-partage obéira en effet aux règles de droit commun (C. civ. art. 1078-10). Il en résulte que, si tous les enfants y reçoivent un lot qu'ils acceptent et s'il n'est pas prévu de réserve d'usufruit sur une somme d'argent, les biens seront, sauf convention contraire, évalués au jour de la nouvelle donation-partage pour le **calcul de la réserve et** les **opérations liquidatives.**

Voici donc une tout **autre finalité à l'incorporation** (sur laquelle voir nos 10570 s.), dans ce cas très particulier, car elle porte sur des biens donnés par autrui : l'enfant du donateur copartageant qui a accepté que certains seulement de ses enfants soient allotis en ses lieu et place dans la donation transgénérationnelle peut, pour rétablir l'égalité entre ces derniers, incorporer dans une donation-partage consentie par lui à tous ses propres enfants, les biens qui leur ont été initialement attribués par leur grand-père donateur copartageant, en y rajoutant des biens qu'il leur transmet personnellement.

SECTION 6 DONATION-PARTAGE CONJONCTIVE

DÉFINITION

La donation-partage conjonctive est un acte juridique par lequel deux **époux donateurs copartageants** opèrent **ensemble** la donation et la répartition de biens, tant communs entre eux que propres à l'un ou l'autre, entre leurs enfants, que ces derniers leur soient tous communs ou que certains soient issus de lits différents (C. civ. art. 1076-1 et 1077-2). **11820**

La donation-partage conjonctive comporte **deux séries de donations** (les unes par le père et les autres par la mère) confondues dans **un partage unique** ; mais les règles applicables diffèrent selon que la donation-partage associe ou non des enfants de lits différents.

VARIÉTÉS DE DONATIONS-PARTAGES CONJONCTIVES

Le Code civil ne vise expressément que la donation-partage conjonctive effectuée par deux époux au profit de leurs enfants, communs ou non. Au demeurant, rien ne s'oppose à la réalisation d'une donation-partage conjonctive : **11825**

– **par un couple marié** se faisant à cette occasion une attribution **l'un à l'autre,** y compris de biens de communauté, l'accord du bénéficiaire de la donation lui permettant de consentir à la donation d'un bien de communauté, serait-ce à son profit, sans entorse à l'immutabilité des régimes matrimoniaux (en ce sens, implicitement, G. Champenois et M. Klaa, Les donations-partages conjonctives et cumulatives : Defrénois 15-4-2014 n° 115t9 p. 374) ;

– **par un couple non marié** au profit de ses **enfants** (en ce sens, notamment, Dalloz Action Droit patrimonial de la famille 2021/2022, dir. M. Grimaldi, v. Conditions de la libéralité-partage par M. Grimaldi, n° 411.152 ; O. Roy, La mise en œuvre des nouvelles donations-partages au service de la transmission d'entreprise : Dr. et patrimoine 9/2007 p. 48 ; G. Champenois et M. Klaa, précité) ;

– dans les mêmes conditions, **au bénéfice de descendants de degrés différents** par une donation-partage conjonctive **transgénérationnelle** (en ce sens, M. Grimaldi, précité, n° 411.155) ;

– ou même par un couple, marié ou non, **en l'absence de descendance,** au profit de leurs héritiers communs ou respectifs (en ce sens, M. Grimaldi, précité) ;

– voire **par un frère et une sœur célibataires,** au bénéfice de leurs héritiers communs, par exemple à leurs neveux et nièces (en ce sens, G. Champenois et M. Klaa, précité).

> **Précisions** En cas de donation-partage conjonctive de **parts sociales dépendant de la communauté,** avec **réserve d'usufruit mais sans clause de réversion,** le conjoint survivant jouit au décès du donateur prémourant d'un usufruit de moitié sur chacune des parts concernées et non d'un usufruit grevant en totalité la moitié de l'ensemble des parts (Cass. 1e civ. 11-5-2016 n° 14-28.321 FS-PB : BPAT 4/16 inf. 160, RTD civ. 2016 p. 675 obs. M. Grimaldi).

DONATION-PARTAGE CONJONCTIVE AU PROFIT DES ENFANTS COMMUNS

11830 Effectuée au profit des enfants communs des époux, la donation-partage conjonctive comporte deux libéralités constituant une seule **masse confondue des biens des parents** et un **partage unique.**

Il n'est **pas** tenu compte de l'**origine des biens,** paternelle, maternelle ou commune aux parents donateurs : chaque enfant est censé avoir reçu une quote-part des biens donnés par son père et une quote-part des biens donnés par sa mère.

En outre, chaque lot est composé librement, sans que ne soit imposée une quelconque proportion entre les biens d'origine paternelle et ceux d'origine maternelle.

Tous les enfants sont donc ayants cause à la fois de leur père et de leur mère, chaque ascendant donateur étant regardé, par-delà la composition des lots, comme contribuant à l'allotissement de chacun des donataires à proportion de sa contribution dans la totalité des biens compris dans la donation-partage (en ce sens, Dalloz Action Droit patrimonial de la famille 2021/2022, dir. M. Grimaldi, v. Conditions de la libéralité-partage par M. Grimaldi, n° 411.151).

EXEMPLE

Soit une **donation-partage conjonctive égalitaire** consentie par des parents communs en biens au profit de leurs deux enfants Laure et Philippe, portant sur la pleine propriété des biens suivants :

– biens de communauté :	320 000 €	attribués à Laure ;
– biens propres du père :	200 000 €	attribués à Philippe ;
– biens propres de la mère :	160 000 €	attribués à Laure pour 20 000 € et à Philippe pour 140 000 € ;
Total de la masse :	680 000 €.	
Total des biens donnés par le père :	160 000	(la moitié des biens de communauté).
	+ 200 000	(biens propres)
	360 000	
Total des biens donnés par la mère :	160 000	(la moitié des biens de communauté)
	+ 160 000	(biens propres)
	320 000	

Chaque enfant est l'ayant cause de son père à hauteur des 9/17e (= 360 000 / 680 000), et l'ayant cause de sa mère à hauteur des 8/17e (= 320 000 / 680 000).

11835 **Intérêt pratique** L'intérêt pratique de la donation-partage conjonctive est la grande souplesse qu'elle autorise dans la **répartition des biens donnés.**

Par exemple, un enfant peut recevoir dans son lot uniquement des biens communs, tandis qu'un deuxième est alloti seulement de biens propres de son père et que le lot du troisième est panaché, composé à la fois de biens communs et de biens propres de sa mère.

Date d'acceptation par acte séparé Il a été précédemment indiqué qu'une donation-partage est valide même si elle n'a pas été acceptée par tous les enfants (voir nº 10330) ; si un **lot** a été **ménagé au profit d'un enfant non acceptant,** ce dernier pourra ultérieurement accepter par acte authentique séparé, notifié au donateur de son vivant. 11840

S'agissant d'une donation-partage conjonctive, l'acceptation de l'enfant hésitant doit nécessairement intervenir **avant le premier décès** de l'un ou l'autre des donateurs copartageants, puisqu'il est juridiquement gratifié par les deux.

Exercice de l'action en réduction En général, l'action en réduction d'une donation-partage ne peut être introduite qu'au décès du donateur copartageant. 11845

C'est pourquoi, dans le cas particulier d'une donation-partage conjonctive entre des enfants tous communs, le donataire copartagé ne peut introduire une action en réduction qu'au **décès du survivant des époux donateurs** (C. civ. art. 1077-2, al. 2). En effet, pour apprécier si chaque donataire copartagé a bien été rempli de sa réserve, on devra considérer les successions confondues des deux donateurs copartageants, car un enfant non alloti de sa réserve dans la succession du prémourant pourra l'être néanmoins globalement, compte tenu de la seconde succession, grâce aux attributions que le survivant lui avait faites.

S'agissant du cas de l'enfant non commun donataire copartagé dans la donation-partage conjonctive, voir nº 11885.

Par suite, la **succession du prémourant des donateurs** copartageants ne pourra être liquidée qu'à titre provisoire. 11850

Dans certains cas, cette **liquidation provisoire** ne sera jamais remise en cause par la liquidation définitive des successions confondues après le décès du survivant des donateurs copartageants. Il en sera ainsi à coup sûr, par exemple, dans l'hypothèse d'une donation-partage conjonctive égalitaire à laquelle tous les enfants ont concouru, et portant sur des biens communs donnés pour moitié par chacun des parents, alors que ces derniers n'ont pas consenti d'autres libéralités.

Dans d'autres situations, en revanche, il y a un **risque de remise en cause de la liquidation provisoire** de la première succession. Tel sera notamment le cas lorsque certains enfants n'ont pas concouru à la donation-partage : les règles dérogatoires d'évaluation des biens donnés compte tenu de leur valeur au jour de la donation-partage conjonctive n'étant alors pas applicables, tous les biens seront réévalués au second décès pour le calcul de la réserve (Cass. 1e civ. 16-6-2011 nº 10-17.499 FS-PBI, décision rendue en application des règles antérieures à la loi du 23-6-2006 mais transposable : BPAT 4/11 inf. 245, Defrénois 28-2-2012 nº DEF40365 p. 191 note B. Vareille). Cela ne manquera pas d'occasionner des bouleversements inattendus si ce second décès survient longtemps après la donation-partage.

Droits de donation L'administration fiscale évoque dans une réponse ministérielle non reprise au Bofip mais que l'on s'accorde à reconnaître comme étant toujours d'actualité les règles de détermination de l'assiette de calcul des droits de donation (Rép. Huguet : AN 17-1-1983 nº 14053). 11855

Les modalités de calcul des droits d'enregistrement varient selon deux hypothèses :

– soit chacun des donataires reçoit, à l'occasion du partage, un lot pour une valeur conforme à ses droits dans la masse des biens distribués, sans versement de soulte, ni de plus-value de lot. L'assiette de calcul des droits de donation est déterminée, pour chaque bénéficiaire, selon l'allotissement réel organisé par les époux disposants. Ainsi, le **partage** qui est pris pour base de la liquidation des droits de donation est considéré comme **pur et simple.** Cette méthode de calcul n'est pas la plus usitée puisqu'elle ne peut fonctionner, selon l'administration, qu'à la condition que les attributions réelles des gratifiés soient conformes aux droits de chaque donataire dans chaque masse de biens donnés (une telle hypothèse se rencontre par exemple en cas de répartition égalitaire de biens communs aux disposants) ;

– soit les donataires ne sont pas gratifiés selon leurs droits dans la masse des biens distribués. Le partage ne peut plus servir d'assiette à la liquidation des droits de donation, laquelle devra être réalisée selon les **droits théoriques** de chaque donataire dans chaque masse. Les droits de mutation ne sont plus calculés sur l'allotissement réel du gratifié mais selon les droits théoriques dont ce dernier dispose dans la masse des biens transmis par son père et dans celle transmise par sa mère. Selon cette méthode, les droits sont calculés (abattements et tarifs) distinctement sur la part théorique transmise (et non sur le lot attribué) à chaque donataire par chacun de ses ascendants donateurs. Si des biens communs sont compris dans la donation-partage, chacun des parents est réputé en transmettre la moitié. Par ailleurs, même si un donataire n'est alloti que de biens paternels, cela n'empêche pas, au regard des règles fiscales, de le considérer comme gratifié par ses deux parents et ainsi comme pouvant prétendre deux fois au bénéfice de l'abattement entre parent et enfant (CGI art. 779, I).

Si la donation-partage conjonctive comprend des **sommes d'argent exonérées** de droits de donation à hauteur de 31 865 € (CGI art. 790 G), cet avantage ne s'applique qu'aux seuls enfants attributaires de ces sommes (Rép. Fromion : AN 19-12-2006 nº 107473 ; BOI-ENR-DMTG-20-20-20 nº 215).

11860 EXEMPLE

Soit une **donation-partage égalitaire** consentie le 15 juillet 2023 par des parents communs en biens au profit de leurs deux enfants Laure et Philippe, portant en pleine propriété sur les biens suivants (pas de donation antérieure de moins de 15 ans) :
– biens de communauté : 320 000 € attribués à Laure
– biens propres du père : 200 000 € attribués à Philippe
– biens propres de la mère : 160 000 € attribués à Laure pour 20 000 € et à Philippe pour 140 000 €

Total donné : 680 000 €, soit 340 000 € à chaque enfant.

Calcul des droits

Biens donnés par le père
– biens communs (la moitié) : 160 000 €
– biens propres : 200 000 €

Total : 360 000 €, soit 180 000 € à chaque enfant.

Biens donnés par la mère
– biens communs (la moitié) : 160 000 €
– biens propres : 160 000 €

Total : 320 000 €, soit 160 000 € à chaque enfant.

Droits dus par Laure

Biens donnés par le père : 180 000 €

Abattement : 100 000 €

Part taxable : 80 000 €

Droits dus : 14 194 €

Biens donnés par la mère : 160 000 €

Abattement : 100 000 €

Part taxable : 60 000 €

Droits dus : 10 194 €

Total des droits dus par Laure : 14 194 € + 10 194 € = 24 388 €.

Droits dus par Philippe

Biens donnés par le père : 180 000 €

Même liquidation des droits que ci-dessus pour Laure, soit des droits de 14 194 €

Biens donnés par la mère : 160 000 €

Même liquidation des droits que ci-dessus pour Laure, soit des droits de 10 194 €

Total dû par Philippe : 14 194 € + 10 194 € = 24 388 €.

Total des droits de donation dus par les deux enfants : 24 388 € + 24 388 € = 48 776 €.

DONATION-PARTAGE CONJONCTIVE EN PRÉSENCE D'ENFANTS DE LITS DIFFÉRENTS

11865 Les époux qui ont des enfants de lits différents peuvent effectuer une donation-partage conjonctive à laquelle participent non seulement leurs enfants communs, mais encore leurs enfants respectifs. En effet, le **Code civil** prévoit de façon explicite qu'un enfant non commun aux époux donataires copartageants puisse être alloti à la faveur d'une donation-partage conjonctive (C. civ. art. 1076-1).

11870 **Conditions** Tout d'abord, il faut qu'au moins deux **enfants communs** soient aussi effectivement allotis (Rép. Cuq : AN 11-3-2008 nº 12920). En effet, dans la mesure où l'enfant non commun ne peut être alloti que du seul chef de son auteur, il y a en réalité deux donations-partages dans la donation-partage conjonctive en présence d'enfants de lits différents : une donation-partage conjonctive consentie par les époux aux enfants communs, et une donation-partage ordinaire consentie par chaque géniteur entre ses enfants à lui (en ce sens, M. Grimaldi, Droit civil. Libéralités, partages d'ascendants, Litec, 2000, n° 1766 note 59).

Voilà pourquoi en présence de seulement deux enfants, chacun étant exclusif à chaque époux, il ne saurait être envisagé de donation-partage, faute qu'un partage successoral soit possible entre eux : il y aurait simple juxtaposition de deux donations ordinaires, l'une par le père à son propre enfant, l'autre par la mère au sien. Il est permis de s'interroger sur la portée pratique, à cet égard, de la décision de la première chambre civile en date du 13 février 2019 (voir n° 10330), qui admet que la donation-partage serait valide en présence d'un seul et unique alloti. Le praticien s'attachera plutôt à ce qu'au moins deux enfants communs soient allotis par la donation-partage conjonctive.

Ensuite, l'**enfant non issu des deux disposants** ne peut recevoir de son ascendant donateur copartageant que deux sortes de biens : 11875

– des biens propres à son auteur ;

– des biens communs, mais dont le conjoint de son auteur consent à ce qu'ils soient donnés par ce dernier. Ce consentement est indispensable à la validité de l'allotissement, en vertu du principe de cogestion exigé pour les donations de biens de communauté par l'article 1422 du Code civil. Surtout, l'époux qui se borne à consentir à la libéralité n'est pas pour autant codonateur : la donation est consentie par l'ascendant du bénéficiaire, qui prend seul la qualité de donateur, mais à charge d'une récompense due à la communauté (C. civ. art. 1437).

La loi fiscale tire toutes les conséquences des dispositions de l'article 1076-1 du Code civil. L'enfant non commun est redevable des **droits de donation** sur la valeur totale des biens mis dans son lot, qu'ils soient propres ou communs à son auteur (CGI art. 778 bis). Il ne bénéficie que d'un seul abattement, car seul son géniteur a la qualité de donateur : voir n° 7670. 11880

EXEMPLE

M. et Mme B sont mariés sous le régime de la communauté. Ils ont deux enfants communs, Marie et Jean, et M. B a un enfant d'un premier mariage, Paul.

Ils donnent à chacun en pleine propriété un portefeuille de valeurs mobilières d'une valeur de 200 000 €, en 2023.

Taxation de la donation consentie par M. et Mme B à leurs enfants, Marie et Jean

Marie reçoit le portefeuille de ses deux parents, chacun le donnant à hauteur de 100 000 €.

Pour la liquidation des droits, Marie bénéficie de deux abattements personnels de 100 000 €. Il en résulte que la donation consentie à Marie par ses parents ne donne lieu au paiement d'aucun droit.

Même chose pour Jean.

Taxation de la donation réalisée en faveur de Paul, enfant non commun

En application des dispositions de l'article 1076-1 du Code civil, Paul reçoit le portefeuille de son père avec le consentement de l'épouse de ce dernier, qui n'est pas codonatrice.

Part taxable = 200 000 €

Abattement applicable = 100 000 €

Reste taxable = 100 000 €

Droits dus = 18 194 €

Action en réduction La seconde particularité notable des donations-partages conjonctives au bénéfice d'enfants de lits différents concerne la **date à laquelle l'action** en réduction **peut être exercée.** L'action peut en effet être introduite **par tout enfant non commun** non pas au décès du survivant, selon les règles particulières à la donation-partage conjonctive ordinaire, mais bien dès le décès de son auteur donateur copartageant (C. civ. art. 1077-2, al. 2). C'est logique : contrairement aux enfants communs, il n'attend aucun droit dans la succession du conjoint de son auteur ; il ne peut donc espérer compléter sa réserve héréditaire dans la succession qui s'ouvrira en second, et n'a donc pas à attendre pour faire valoir ses droits impératifs. 11885

DIFFICULTÉS PARTICULIÈRES POSÉES PAR LA RÉVOCATION OU LE DROIT DE RETOUR

La donation-partage conjonctive opère transmission et partage d'une **masse indistincte de biens.** Le lot attribué à chaque enfant peut donc comporter indifféremment des biens donnés par le père, par la mère, ou par les deux. D'un lot à l'autre, ces proportions peuvent se révéler tout 11890 à fait variables. En cas de révocation de la donation-partage pour une cause ou une autre (sur la révocation des donations, voir nos 4250 s.), toute la difficulté est de **savoir sur quoi doit porter la restitution** ; de même, en cas de prédécès du donataire sans postérité, il est à se demander **sur quels biens s'exerce le droit de retour** conventionnel dans le patrimoine du donateur.

11895 **Clause spécifique dans l'acte de donation-partage** Dans l'idéal, c'est au rédacteur de l'acte de songer à prévoir, par une clause ad hoc, les conséquences de la révocation et du droit de retour.

Un **premier type** de clause s'attache à l'**origine des biens.** Ainsi, il peut être précisé, de façon très explicite, concernant les biens composant le lot de chacun objet d'un retour, lesquels reviendront en nature dans le patrimoine de la mère codonatrice copartageante, et lesquels dans celui du père.

À l'inverse, dans un **second type** de clause, il est loisible de prévoir que le retour s'effectuera non pas en considération de l'origine des biens donnés et partagés, mais **en proportion** de ceux respectivement apportés par chacun des deux donateurs copartageants dans la composition de la masse à partager (voir les formules proposées en ce sens par G. Champenois et M. Klaa, Les donations-partages conjonctives et cumulatives : Defrénois 15-4-2014 n° 115t9 p. 374). Ces auteurs préconisent de convenir en outre que malgré cette réserve de droit de retour, les donataires pourront, librement et sans le concours des donateurs, aliéner les biens immobiliers et utiliser les sommes d'argent données, comme bon leur semble, les donateurs exerçant alors leur droit de retour, s'il y a lieu, sur ce qui en serait la représentation, sous réserve du droit des tiers.

Dans le cas où la restitution ne jouerait qu'en valeur, au prorata de ce que la contribution du patrimoine du donateur copartageant représente dans la donation-partage conjonctive, s'agira-t-il encore d'un droit de retour digne de ce nom ? Dans l'absolu, cela est fort discutable, car un véritable droit de retour ne devrait aboutir qu'à une résolution. Pourtant, l'article 738-2 du Code civil, introduit par la loi du 23 juin 2006, a inauguré un modèle de retour légal qualifié comme tel par la jurisprudence (Cass. 1e civ. 21-10-2015 n° 14-21.337 FS-PBI) qui opère tantôt en nature, tantôt en valeur. Sans doute peut-on prendre appui, mutatis mutandis, sur cette innovation pour stipuler une clause de droit de retour qui s'en inspire. En cas de prédécès du gratifié, le donateur copartageant recouvrera simplement dans la succession du défunt gratifié une valeur tenant compte de la quote-part que représentaient les biens qu'il a donnés dans la masse globale des biens partagés (voir, admettant la validité d'une telle clause, mais sans passer par ce raisonnement, D. Epailly : 70 questions de donations-partages, Cridon Sud-Ouest, 2017 (contrib. I. Cap et C. Durassier), nos 528 s.).

11900 **En l'absence de clause spécifique dans l'acte** Il est plus délicat de régler la difficulté. Dans l'absolu, deux solutions sont concevables.

1e solution : on peut songer tout d'abord à ce que soient restitués à l'ascendant donateur les **biens** mêmes que ce dernier a **effectivement donnés.** La restitution serait réalisée suivant l'origine des biens dont l'enfant a été alloti (biens propres de la mère, biens propres du père, biens communs). Cette première solution aboutira forcément à des résultats capricieux et imprévisibles. Ainsi, si celui convaincu d'ingratitude envers sa mère donatrice copartageante n'a reçu de biens que provenant des biens propres de son père, il ne devra rien restituer de son lot ; cela paraîtra choquant.

2e solution : on peut proposer encore que soit restituée à l'ascendant donateur une **quote-part des biens composant le lot du donataire,** au prorata de la contribution de l'auteur concerné à la masse totale des biens donnés. Cette seconde solution a le mérite que tous les donataires copartagés y sont logés à la même enseigne, sans égard pour la provenance des biens qui composent leur lot : chaque enfant peut être appelé en restitution de partie des biens qu'il a reçus, et dans une proportion prévisible et identique pour tous. De plus, ce procédé paraît mieux compatible avec la nature conjonctive de la donation-partage, que les donateurs ont voulue indivisible, en choisissant de rassembler leurs biens en une masse unique, afin de les répartir sans égard pour leur origine.

Supposons que le père a contribué à hauteur de 9/17e et la mère 8/17e de la masse des biens distribués (voir l'exemple n° 11830) : selon cette méthode, en cas de révocation de la donation pour ingratitude d'un enfant envers sa mère, ou de jeu du droit de retour à son profit, la restitution pourrait être invoquée par la mère sur 8/17e du lot (voir G. Champenois et M. Klaa, Les donations-partages conjonctives et cumulatives : Defrénois 15-4-2014 n° 115t9 p. 374). Encore faut-il déterminer en ce cas les modalités de la restitution : restitution en nature ou en valeur ?

La **jurisprudence** a d'abord paru privilégier la première solution, en s'attachant à la nature des biens donnés (en ce sens, Cass. 1e civ. 22-6-1983 no 82-13.811 : Bull. civ. I no 183 ; Cass. 1e civ. 3-10-2006 no 04-11.192 F-D, à propos d'une donation simple effectuée conjointement par deux époux et dont le survivant demandait la révocation pour inexécution des charges). 11905

Cependant, d'autres arrêts ont retenu la seconde (Cass. 1e civ. 4-10-1988 no 86-15.243 : Bull. civ. I no 266), de sorte que rien n'est acquis qui soit concluant.

Une distinction a été proposée par la **doctrine** selon que la restitution a pour fondement l'exercice du droit de retour conventionnel ou la révocation pour inexécution des charges (Y. Flour et M. Grimaldi, note sous Cass. 1e civ. 29-5-1980 no 79-12.762 : Defrénois 1981 art. 32648, à propos d'une donation-partage cumulative ; Dalloz Action Droit patrimonial de la famille 2021/2022, dir. M. Grimaldi, v. Effets de la libéralité-partage par M. Grimaldi, no 412.74) : 11910

– le **droit de retour conventionnel,** qui a vocation à conserver les biens dans la famille d'origine, s'exercerait en nature sur tous les biens personnellement donnés par l'ascendant, mais seulement sur ceux-ci, suivant le principe de l'origine des biens ;

– la **révocation pour inexécution des charges,** une sanction aux manquements du donataire défaillant, devrait entraîner la restitution de l'enrichissement du donataire copartagé. La restitution devrait donc s'exercer sur la quote-part correspondant à la valeur que représentent les biens qui lui ont été donnés par rapport à la valeur des biens compris dans la donation-partage.

Cette analyse peut fournir aux donateurs, en fonction de leurs objectifs, des critères de choix entre les deux systèmes de restitution des biens donnés, l'acte de donation-partage étant à rédiger en conséquence.

DONATION-PARTAGE CONJONCTIVE TRANSGÉNÉRATIONNELLE

Validité de l'opération Il est tout à fait loisible aux ascendants, avec l'accord de leurs enfants, de faire ensemble une donation-partage conjonctive au profit de descendants de degrés différents. La validité de l'opération ne fait pas de doute (Dalloz Action Droit patrimonial de la famille 2021/2022, dir. M. Grimaldi, v. Conditions de la libéralité-partage par M. Grimaldi, no 411.155). 11915

Droits de donation Dans le silence de la doctrine administrative, l'**incertitude** demeure sur les modalités de détermination de l'assiette de calcul des droits de donation. En effet, la donation-partage transgénérationnelle opère un double partage : partage entre les souches et partage à l'intérieur de chaque souche (F. Sauvage, De quelques difficultés à déterminer la base taxable aux droits de mutation à titre gratuit des donations-partages : Bull. Cridon Paris no 2 du 15-1-2013 ; G. Bonnet, Enregistrement et donation-partage : Defrénois 15-4-2014 no 115s2 p. 392). 11920

En pratique, on s'accorde à retenir la même **méthodologie** que celle suivie pour les donations-partages conjonctives consenties aux enfants communs. La seule différence est que le partage s'apprécie par souche conformément aux dispositions de l'article 1078-6 du Code civil. Ainsi, si chaque souche a reçu un lot conforme à ses droits dans la masse des biens à partager, le partage est pur et simple et les lots attribués servent d'assiette de calcul des droits de mutation à titre gratuit ; si la répartition des biens a été consentie avec soulte ou plus-value de lot, la donation-partage est taxée selon les droits théoriques de chacune des souches (voir F. Sauvage et G. Bonnet, précité).

Compte tenu de l'effacement de la génération intermédiaire qui consent à la donation-partage au profit de sa descendance, la transmission entre l'aïeul et son petit-enfant n'ouvre droit qu'à l'**abattement** de 31 865 € (CGI art. 784 B).

SECTION 7

DONATION-PARTAGE CUMULATIVE

RÈGLES GÉNÉRALES

La donation-partage cumulative est l'acte par lequel l'**ascendant survivant** consent une donation sous condition que les bénéficiaires recueillent les biens donnés pour les réunir, dans une masse unique, aux biens qu'ils ont reçus dans la succession de l'**ascendant prédécédé,** 12020 pour les partager ensemble. Cette masse, ainsi constituée indifféremment des biens donnés par l'ascendant survivant et des biens provenant de la succession de l'ascendant prédécédé, fait l'objet d'un partage global entre les héritiers présomptifs communs, sans que leur origine soit prise en considération dans la composition des lots (Dalloz Action Droit patrimonial de la famille 2021/2022, dir. M. Grimaldi, v. Conditions de la libéralité-partage par M. Grimaldi, n° 411-161).

Comme la donation-partage conjonctive, la donation-partage cumulative, portant sur un ensemble confondu de biens, autorise par conséquent une grande souplesse dans la **composition des lots** : chaque lot individuel pourra être constitué, à proportions différentes, de biens provenant les uns de l'ascendant survivant et les autres de l'ascendant prédécédé.

Très utilisée en pratique, la donation-partage cumulative n'est pas envisagée par le Code civil. Mais sa validité a depuis longtemps été confirmée par la Cour de cassation (en ce sens, par exemple, Cass. 1e civ. 20-6-1955 : JCP G 1955 II n° 8781 note Blin ; Cass. 1e civ. 29-5-1980 n° 79-12.762 : Bull. civ. I n° 165).

12025 La donation-partage cumulative, tout en ayant pour finalité le partage unique et global d'une masse confondue, n'en demeure pas moins la résultante de **deux conventions différentes** : un partage de la succession du parent prédécédé et une donation-partage des biens transmis par le parent survivant. Le caractère indivisible de ces deux conventions formant la donation-partage cumulative a été réaffirmé à plusieurs reprises tant par la jurisprudence que par la doctrine (G. Champenois et M. Klaa, Les donations-partages conjonctives et cumulatives : Defrénois 15-4-2014 n° 115t9 p. 374).

Ce double visage de la donation-partage cumulative détermine des conséquences particulières.

12030 **Consentements requis** La donation-partage cumulative nécessite qu'il soit au préalable procédé au **partage amiable de** la **succession** de l'ascendant prédécédé. Par conséquent, elle requiert le consentement de tous les descendants qui agissent, en premier chef, en leur qualité de copartageants des biens de la succession de leur auteur prédécédé.

En présence d'un **mineur ou** d'un **majeur protégé,** la donation-partage cumulative doit donc être acceptée dans les conditions exposées nos 61570 s. Sur la question de la capacité, voir également nos 855 et 880.

12035 **Donations antérieures** S'il existe des donations antérieures, elles doivent être traitées de façon cohérente.

Celles consenties **par l'ascendant survivant** pourront, d'un commun accord, faire l'objet d'une incorporation dans la masse des biens qu'il donne et partage (sur l'incorporation, voir nos 10555 s.).

Celles antérieurement consenties **par le parent prédécédé** devront être rapportées à la masse des biens à partager provenant de sa succession (sur le rapport des donations, voir nos 30900 s.).

Si une donation antérieure a porté sur un **bien commun des époux,** à défaut de stipulation particulière, la moitié considérée comme donnée par le conjoint survivant pourra être incorporée ; l'autre moitié, considérée comme donnée par le prédécédé, sera rapportée à sa succession. À moins qu'il n'ait été prévu que l'un des deux conjoints, avec le simple consentement de l'autre, a donné pour son seul compte et à charge de récompense : en ce cas, la donation ne dépendra que du patrimoine ou de la succession du donateur.

12040 **Sanctions** En dépit de son objet composite et de sa nature ambivalente, la donation-partage cumulative est traitée de façon unitaire à raison de sa finalité, qui est de fondre dans une masse commune en vue d'un partage unique, pour les répartir sans considération d'origine, les biens issus de la succession de l'ascendant prédécédé et les biens transmis par l'ascendant survivant. C'est pourquoi elle obéit pour l'essentiel au régime de la donation-partage plutôt qu'à celui du partage.

Elle ne peut pas faire l'objet de l'**action en complément de part** de l'article 889 du Code civil, qui serait en pratique diabolique à mettre en œuvre, en raison de l'hétérogénéité des lots (Cass. 1e civ. 22-11-2005 n° 02-17.708 FS-PBI : RTD civ. 2006 p. 802 obs. M. Grimaldi, JCP G 2006 II n° 10026 note F. Sauvage, AJ fam. 2006 p. 36 obs. F. Bicheron ; Cass. 1e civ. 11-3-2009 n° 08-10.326 F-D). Ces décisions ont été rendues à propos de l'ancienne action en rescision pour lésion mais sont transposables sous le régime actuel de l'action en complément de part.

12045 Elle ne peut donc être contestée que par la seule **action en réduction** émanant du copartageant et copartagé ayant reçu un lot inférieur à sa part de réserve. À cet égard, les choses sont plus simples : les droits réservataires des enfants doivent être appréciés globalement, au regard de l'ensemble des deux successions des ascendants ; cela tient à ce qu'une attribution insuffisante de biens dans la succession paternelle pourra se trouver contrebalancée par une attribution excédentaire dans l'hérédité maternelle.

Conformément aux règles particulières aux donations-partages, l'action en réduction de la donation-partage cumulative ne pourra être intentée que dans les cinq années suivant le décès du parent survivant donateur (C. civ. art. 1077-2, al. 2).

Enfin, les calculs s'effectueront en retenant la valeur au jour de l'acte de tous les lots, qu'il s'agisse de biens provenant de la succession de l'ascendant prédécédé ou de biens donnés par le survivant, à la condition classique que tous les enfants vivants ou représentés aient reçu un lot sans réserve d'usufruit sur une somme d'argent (voir nº 10990). Si cette condition fait défaut, tous les lots seront évalués au jour du décès de l'ascendant donateur (Cass. civ. 15-5-1876 : DP 1876 I p. 322).

DONATION-PARTAGE CUMULATIVE TRANSGÉNÉRATIONNELLE

12050 Rien ne paraît s'opposer à ce que des descendants de degrés différents soient allotis à la faveur d'une donation-partage cumulative transgénérationnelle, mais sous certaines **conditions** :

– soit les biens provenant de la succession de l'ascendant prédécédé sont attribués aux seuls enfants de ce dernier (et non aux petits-enfants), le **survivant concentrant le saut de génération sur ses propres biens** donnés et partagés ;

– soit les enfants en question, ou certains d'entre eux, renoncent à la succession du défunt (ce qui appelle leurs propres descendants par le jeu de la représentation), en même temps qu'ils laissent leur place dans le partage anticipé réalisé par le survivant : c'est alors un **modèle plus complet de saut de génération.**

RÉGIME FISCAL DE LA DONATION-PARTAGE CUMULATIVE

12055 Fiscalement, la donation-partage cumulative, comprenant à la fois des biens donnés par l'ascendant et des biens issus du partage d'une indivision successorale, donne lieu :

– pour les biens donnés par l'ascendant, aux **droits de donation** selon les règles de droit commun (nos 11365 s.) ;

– pour l'actif net successoral partagé, au **droit de partage** de 2,5 %.

On a vu nos 11390 s. que la méthode de liquidation des droits de donation varie selon que l'attribution des lots sert ou non de base au calcul des droits de donation (méthode de calcul selon les parts théoriques ou selon le partage pur et simple). Il est certain que si les biens distribués ne sont pas répartis entre les copartageants en proportion de leurs droits dans la masse des biens donnés par le parent survivant, de sorte que l'équilibre dans l'allotissement de chacun des donataires a été rétabli au moyen de biens d'origine successorale, la liquidation des droits de donation ne pourra être effectuée que sur la base des parts théoriques. Les droits de donation seront alors calculés non pas d'après la valeur des biens donnés effectivement compris dans chaque lot, mais selon les droits théoriques de chaque donataire dans la masse globale des biens transmis par les parents survivant et prédécédé (Rép. Cressard : AN 12-7-1975 nº 17573, solution non reprise au Bofip mais qui nous semble toujours pertinente).

DONATION-PARTAGE CUMULATIVE EN PRÉSENCE D'ENFANTS DE LITS DIFFÉRENTS

12060 La validité en est admise sinon par la loi, du moins en doctrine. Si l'on transpose les règles applicables aux donations-partages conjonctives (nº 11875), l'**enfant non commun** ne peut être **gratifié** que **du chef de son propre auteur.**

Corrélativement, ce même enfant **ne saurait être alloti** en **biens personnels de son beau-père ou de sa belle-mère.** Toutefois, en concours avec les descendants du défunt, le conjoint survivant qui n'a pas été exhérédé a une vocation successorale au quart en pleine propriété calculé selon les termes de l'article 758-5 du Code civil. Il peut donc toujours, au terme d'un partage partiel réalisé un instant de raison avant la donation-partage cumulative, se faire attribuer tel bien personnel du prédécédé, puis en gratifier aussitôt son propre enfant non issu de ce dernier, mais dès lors au titre de la donation-partage. Il en va évidemment de même s'il est légataire ou bénéficiaire d'une donation au dernier vivant.

DIFFICULTÉS PARTICULIÈRES SUSCITÉES PAR LA RÉVOCATION OU LE DROIT DE RETOUR

12065 Comme dans une donation-partage conjonctive (nos 11890 s.), la question est de **savoir sur quoi porte la restitution** lorsque la donation-partage cumulative est anéantie pour une cause qui ne concerne que l'un des époux, c'est-à-dire ici le survivant qui est seul donateur.

12065 (suite) Si l'un des donataires décède avant le donateur ou encourt la révocation de la donation pour inexécution des charges ou ingratitude, doit-il restituer les biens mêmes qu'il a reçus de cet époux ou au contraire une quote-part des biens qu'il a reçus dans la donation-partage cumulative, déterminée au prorata de la contribution du donateur dans la masse totale des biens donnés et partagés ?

En matière de révocation pour inexécution des charges, la **jurisprudence** a considéré que le donateur ne peut reprendre que les biens dont il était antérieurement propriétaire et qu'il a personnellement donnés, à l'exclusion de ceux qui appartenaient à son conjoint (en ce sens, notamment, Cass. 1e civ. 29-5-1980 no 79-12.762 : Bull. civ. I no 165 ; Cass. 1e civ. 13-4-1999 no 97-11.877).

Sur la distinction proposée par la **doctrine** entre droit de retour conventionnel et révocation pour inexécution des charges : voir no 11910.

ATTENTION

Dans une donation-partage cumulative, seul l'ascendant survivant a la qualité de donateur copartageant ; il s'ensuit que, pour apprécier les **conditions d'ouverture de l'action en révocation pour inexécution des charges** assortissant cette donation, les juges du fond n'ont pas à rechercher si celles-ci avaient été déterminantes du consentement à l'acte des enfants, copartagés du donataire défaillant (Cass. 1e civ. 28-5-2015 no 14-13.479 F-PB : BPAT 4/15 inf. 142, RTD civ. 2015 p. 677 obs. M. Grimaldi). Cette solution vaut également pour une donation-partage ordinaire (M. Grimaldi, précité).

CHAPITRE 5

DONS MANUELS, DONATIONS DÉGUISÉES ET DONATIONS INDIRECTES

SOMMAIRE

PRÉSENTATION GÉNÉRALE

Les dons manuels, donations déguisées et donations indirectes sont de véritables libéralités, autrement désignées sous l'appellation « donations tacites » (Dalloz Action Droit patrimonial de la famille 2021/2022, dir. M. Grimaldi, v° Formalisme des donations n° 311.05 par M. Nicod). Elles sont globalement soumises au régime de **droit commun des donations.** Elles peuvent, par exemple, être assujetties aux règles du rapport et à celles de la réduction des libéralités dès lors qu'elles en remplissent les conditions (voir respectivement n°s 30900 s. et 32700 s.). **12600**

Ces libéralités dérogent toutefois au **formalisme** prévu pour les donations. Elles échappent en effet à la forme notariée imposée par l'article 931 du Code civil, sans pour autant encourir la nullité (sur les fondements de cette validité, voir F. Terré, Y. Lequette, S. Gaudemet : Droit civil. Les successions. Les libéralités, Dalloz 4e éd. 2014, n° 537 ; C. Jubault : Droit civil Les successions. Les libéralités, Montchrestien 2010, n° 794 ; C. Brenner et P. Malaurie : Droit des successions et des libéralités, LGDJ 10e éd. 2022, n° 306). À cette spécificité répond une **pratique ancienne** et très répandue, dépassant sans doute celle des donations notariées. Les raisons de leur succès tiennent à une volonté de discrétion, au souhait d'échapper au paiement de droits de mutation jugés trop importants et parfois à celui de tenter de contourner des règles impératives, telle la réserve successorale.

Leur originalité et leur usage fréquent justifient que l'on s'attarde sur leurs régimes juridiques et fiscaux.

SECTION 1
DONS MANUELS

ÉLÉMENTS CONSTITUTIFS

12610 Le don manuel consiste en la **remise à un tiers** d'une chose dont la valeur dépasse celle d'un simple présent d'usage (en ce sens, M. Dagot, Des donations non solennelles : JCP N 2000 p. 1392 ; G. Bonnet, Réflexions notariales sur la pratique du don manuel : JCP N 2018 act. 450). Sur la distinction entre le don manuel et le présent d'usage, voir n°s 4015 s.

Cette transmission doit être animée par une **intention libérale,** élément indispensable à la qualification de don manuel. L'intention libérale du donateur doit donc être établie sans ambiguïté. La remise de la chose peut en effet être réalisée à un autre titre : prêt, bail ou dépôt par exemple. Il n'y a pas don manuel si le don trouve une autre origine que la volonté de gratifier le bénéficiaire. Jugé par exemple que les sommes versées par une grand-mère à ses petits-enfants ne constituent pas un don manuel dès lors qu'elles l'ont été pour compenser une mauvaise gestion de sa part dans une succession dont elle était l'usufruitière et qui devait leur revenir (Cass. com. 11-2-1992 nº 88-18.708 : Bull. civ. IV nº 67, JCP G 1993 I nº 3676 obs. F.-X. Testu).

AVANTAGES ET INCONVÉNIENTS

12615 L'originalité du don manuel tient au fait qu'il résulte de la simple remise matérielle de la chose donnée, sans répondre au formalisme requis pour les donations entre vifs (C. civ. art. 931).

Cette forme de donation a remporté de tout temps un franc succès en raison de sa **simplicité** (pas de formalisme) et de son **faible coût** (pas de frais). Elle est sans doute même davantage utilisée que la donation notariée.

Ses atours séduisants cachent toutefois de redoutables **dangers,** largement méjugés par ses utilisateurs. Les adeptes du don manuel oublient souvent en effet qu'il s'agit d'une véritable libéralité, soumise à ce titre au régime civil des donations (rapport et réduction des libéralités, en particulier, sur lesquels aucun notaire n'a pu alerter les parties), et qui peut, de surcroît, susciter de nombreuses difficultés d'ordre fiscal. Afin d'éviter bien des désillusions, il est indispensable de mieux connaître cet acte, plus complexe qu'il n'y paraît.

A. Conditions de validité

1. CONDITIONS DE FOND

DROIT COMMUN DES DONATIONS

12665 Le don manuel doit obéir aux différentes conditions de fond applicables à toute **donation entre vifs** : dessaisissement irrévocable du donateur, acceptation du donataire, intention libérale, etc. (voir, pour les conditions de validité des libéralités, n°s 200 s. et, plus précisément, pour les conditions de validité des donations, n°s 4150 s.).

2. CONDITIONS DE FORME

EXIGENCE D'UNE TRADITION

12695 La **spécificité du don manuel** tient à l'exigence d'une tradition de l'objet du don, condition de validité essentielle du don manuel (Cass. 1e civ. 11-7-1960 nº 58-11.232 : Bull. civ. I nº 382, D. 1960 p. 702 note P. Voirin).

Si cette tradition peut aujourd'hui prendre plusieurs formes, elle doit néanmoins strictement emprunter certains caractères.

a. Forme de la tradition

TRADITION RÉELLE

12700 **Biens concernés** Traditionnellement, le don manuel suppose que le donateur remette matériellement l'objet du don au donataire, c'est-à-dire de la main à la main. Cette exigence explique que le don manuel ne puisse en principe porter que sur des biens **meubles corporels.**

Tout meuble corporel, quelle que soit sa nature ou sa valeur, est donc susceptible de faire l'objet d'un don manuel, tel que :
– de la monnaie ou des billets de banque, des lingots ou des pièces d'or, des bijoux (Cass. 1e civ. 20-6-1961 n° 57-11.316 : Bull. civ. I n° 326, D. 1961 p. 641 note R. Savatier, JCP G 1961 II n° 12352 note A. Ponsard) ;
– des vêtements, bibelots, œuvres d'art (Cass. 1e civ. 3-2-2010 n° 08-19.293 FS-PBI : RJDA 5/10 n° 589, s'agissant de tableaux de maître), livres (Cass. 1e civ. 31-10-2007 n° 05-15.758 FS-D) ;
– des véhicules automobiles (Cass. 1e civ. 15-10-1963 n° 59-11.950 : Bull. civ. I n° 433) ;
– des animaux (Cass. 1e civ. 17-2-2016 n° 15-14.121 F-D : BPAT 3/16 inf. 117, Dr. famille 2016 comm. 88 note M. Nicod, à propos d'une jument).

Toutefois, le don manuel ne peut pas porter sur certains biens meubles corporels pour lesquels le transfert de propriété est assujetti à **immatriculation,** tels les navires ou les aéronefs (en ce sens, Cass. 18-1-1870 : DP 1870 I p. 127).

La détention directe de **cryptomonnaie** (Bitcoin, Ether, Ripple, etc.) sous la forme d'un portefeuille papier ou d'un portefeuille électronique permet le don manuel de ces actifs numériques. Il aurait pour objet le document papier sur lequel figurent les unités de monnaie électronique et les clés privée et publique permettant d'accéder à son portefeuille (coffre-fort papier du portefeuille papier) ou la clé USB sur laquelle sont enregistrées ces informations (coffre-fort virtuel du portefeuille papier). Il pourrait également avoir pour objet une espèce de clé USB encryptée (portefeuille électronique). La donation d'actifs numériques par la remise de ces supports matériels est à proscrire, le disposant révélant au donataire la clé privée, code d'accès confidentiel, nécessaire à la consultation et à la gestion de son portefeuille de cryptomonnaie (sur ce thème, Bull. Cridon Paris, numéro spécial Bitcoins et autres cryptomonnaies : ce que le notaire doit savoir, 2018 n° 8-9 ; R. Dupuis-Bernard et C. Pommier, La transmission des actifs numériques : JCP N 2021 n° 1360). **12702**

Sur le plan fiscal, la taxation du don manuel révélé ou déclaré dans un acte ultérieur présente le risque d'augmenter l'assiette taxable aux droits de mutation à titre gratuit en raison de la forte volatilité des cours de cryptomonnaie (P.-A. Conil et R. Vabres, La transmission à titre gratuit de cryptomonnaies : aspects fiscaux : SNH 3/20 inf. 15 n° 2).

> **Précisions** Les actifs numériques que sont les cryptomonnaies peuvent **se définir comme** : « toute représentation numérique d'une valeur qui n'est pas émise ou garantie par une banque centrale ou par une autorité publique, qui n'est pas nécessairement attachée à une monnaie ayant cours légal et qui ne possède pas le statut juridique d'une monnaie, mais qui est acceptée par des personnes physiques ou morales comme un moyen d'échange et qui peut être transférée, stockée ou échangée électroniquement » (C. mon. fin. art. 54-10-1, 2°, à propos des prestataires de services sur actifs numériques). A contrario, les cryptomonnaies **ne peuvent être qualifiées** de monnaie ayant cours légal (qualification réservée à l'euro en France : C. mon. fin. art. L 111-1) ni de monnaie électronique. Elles ne constituent pas un moyen de paiement reconnu par la loi mais un moyen d'échange admis par la loi. La Banque de France et l'Autorité des marchés financiers (AMF) alertent régulièrement sur les risques liés à de tels investissements en l'absence de statut légal et de cours officiel de ces monnaies.

Biens exclus Sont exclus du champ des dons manuels les **immeubles,** ainsi que les **droits incorporels,** comme le droit de reproduction ou de diffusion en matière de propriété littéraire et artistique (Cass. 26-2-1919 : D. 1923 p. 215). Jugé par exemple que le don manuel d'un manteau à un musée n'investit pas le donataire du droit de diffusion de son image (Cass. 1e civ. 25-1-2005 n° 02-10.370 F-PB : RJDA 7/05 n° 906, D. 2005 p. 956 note P. Allaeys). **12705**

Biens démembrés Un don manuel peut valablement avoir pour objet l'usufruit ou la nue-propriété d'un bien dans la mesure où il peut se réaliser par la remise matérielle de ce bien et où le disposant se dessaisit de manière irrévocable (Civ. 11-8-1880 : DP 1880 I p. 461 ; Req. 28-10-1935 : DP 1936 I p. 29). Voir également n° 12955. **12707**

FORMES MODERNES DE TRADITION

Afin de s'adapter aux évolutions des procédés de transfert de valeurs, la jurisprudence a admis de nouvelles **formes dématérialisées** de don manuel, prenant au passage quelques distances avec l'exigence traditionnelle de remise matérielle. Ces nouvelles formes de transmission se substituent alors à la tradition réelle (voir notamment J. Debeaurain, Les formes modernes de don manuel : JCP N 1979 I p. 276 ; N. Peterka : Les dons manuels, LGDJ 2001, p. 343 s. ; A. Boujeka, Des libéralités par chèque : D. 2003 p. 2712). **12710**

12715 Le don manuel par remise d'un **chèque** est reconnu (Cass. 1e civ. 24-5-1976 no 75-10.678 : Bull. civ. I no 188, RTD civ. 1977 p. 173 obs. R. Savatier, Defrénois 1977 p. 462 obs. G. Champenois, JCP G 1978 II no 18806 note C. Gavalda). La remise du chèque bancaire réalise la tradition par le dessaisissement irrévocable du tireur au profit du bénéficiaire (Cass. 1e civ. 4-11-1981 no 80-12.926 : Bull. civ. I no 327, RTD civ. 1982 p. 781 obs. J. Patarin, Defrénois 1982 p. 1378 obs. G. Champenois). L'on considère que le don porte alors sur une somme d'argent de la valeur du chèque.

12720 Le don manuel par **virement** bancaire est admis.

D'une part, la jurisprudence a validé assez rapidement la possibilité de réaliser des dons manuels de **sommes d'argent** au moyen de virements bancaires de compte à compte (par exemple, Cass. 1e civ. 12-7-1966 no 64-12.464 : Bull. civ. I no 424, D. 1966 note J. Mazeaud, RTD civ. 1967 p. 198 obs. R. Savatier ; Cass. 1e civ. 30-3-1999 no 97-11.948 : Bull. civ. I no 112, RTD civ. 1999 p. 677 obs. J. Patarin, JCP G 2000 I no 278 obs. R. Le Guidec).

D'autre part, la jurisprudence reconnaît également le don manuel de **valeurs mobilières** dématérialisées inscrites en compte (par exemple, Cass. 1e civ. 27-10-1993 no 91-13.946 : Bull. civ. I no 299, concernant des parts de Sicav ; Cass. com. 19-5-1998 no 96-16.252 : Bull. civ IV. no 161, D. 1998 p. 551 note D. Martin, D. 1999 som. p. 308 obs. M. Nicod, RTD civ. 1999 p. 677 obs. J. Patarin, concernant des titres au porteur).

> **Précisions** **a. Avant la dématérialisation des valeurs mobilières** (Loi 81-1160 du 30-12-1981), les juges admettaient le don manuel de titres au porteur qui pouvaient aisément faire l'objet d'une transmission de la main à la main. La jurisprudence a donc choisi d'étendre cette solution aux valeurs mobilières dématérialisées.
> **b.** Les **parts sociales non négociables** ne peuvent pas être l'objet d'un don manuel (SNC, SARL, société civile, etc.). La propriété des parts sociales résulte des statuts et non pas d'une inscription en compte (pour une illustration, CA Versailles 1-12-2016 no 14/08829 : Lexbase Le Quotidien du 25-1-2017 obs. V. Téchené).
> **c.** Le don manuel par virement de **cryptomonnaie** comme le bitcoin devrait être admis (en ce sens, L. Broyer, Legs et donation de bitcoins : pour le notaire conseiller et innover : Bull. Cridon Paris 2018 no 8-9). Voir également no 12702.

b. Caractères de la tradition

RÉALITÉ DE LA TRADITION

12740 **Transmission** Le donateur doit opérer un **dessaisissement réel** de la chose donnée. Ainsi jugé que le don manuel ne peut être établi si les biens donnés restent à la disposition des donateurs dans l'attente d'un futur partage entre les donataires (Cass. 1e civ. 10-10-2012 no 10-28.363 F-PBI : BPAT 6/12 inf. 304, RDC 2013 p. 202 note C. Goldie-Genicon, AJ fam. 2013 p. 61 obs. N. Levillain).

12745 La tradition ne doit pas être **fictive ou** purement **symbolique.** Par exemple, dans le cas du don manuel d'un véhicule automobile, l'établissement de la facture d'achat et de la carte grise au nom du donataire ne suffit pas à assurer l'effectivité de la tradition (Cass. 1e civ. 11-7-1960 no 58-11.232 : D. 1960 p. 702 note P. Voirin). En outre, dans le cas d'un don manuel réalisé par remise d'un chèque ou par virement bancaire, la tradition réelle implique nécessairement l'existence d'une provision bancaire correspondant au montant total du don (Cass. 1e civ. 5-2-2002 no 99-18.578 F-PB : D. 2002 som. p. 2447 obs. M. Nicod, RTD civ. 2002 p. 551 obs. J. Patarin, Defrénois 13-1-2003 no CJ2003DEF0043N1 p. 43 obs. G. Champenois, D. 2003 p. 344 obs. D. Martin, concernant un don manuel par remise d'un chèque ; Cass. 1e civ. 23-1-2001 no 97-20.618 FS-P : Defrénois 30-5-2001 no JP2001DEF626N1 p. 626 note R. Crône, JCP G 2001 II no 10620 note G. Légier, concernant un don manuel par virement bancaire).

12750 L'exigence de tradition effective explique qu'une **promesse de don manuel,** même acceptée par le donataire, demeure sans effet (Cass. 1e civ. 23-1-2001 no 97-20.618 FS-P : Defrénois 30-5-2001 no JP2001DEF626N1 p. 626 note R. Crône).

12755 La qualité de l'**auteur de la tradition** semble indifférente. En effet, il est unanimement admis que l'objet du don peut être remis au donataire par l'intermédiaire d'un tiers agissant en tant que mandataire du donateur (en ce sens, P. Voirin et G. Goubeaux : Droit civil. Régimes matrimoniaux, successions, libéralités, LGDJ 2018, no 771 ; pour une illustration, voir Cass. 1e civ. 9-7-1977 no 75-13.992 : Bull. civ. I no 75). Le tiers peut également être le mandataire du donataire, ce dernier lui ayant donné mandat de recevoir le bien du donateur.

Sur l'incidence du décès du donateur sur la validité d'un don manuel réalisé par l'intermédiaire d'un tiers, voir no 12775.

Entrée en possession Le **donataire** doit avoir été en mesure d'entrer en possession effective de la chose donnée. 12760

ILLUSTRATIONS

Concernant le don manuel d'**objets déposés dans un coffre bancaire,** le donataire doit :
– avoir été informé du don. Tel n'est pas le cas lorsque la prétendue donataire ignorait du vivant du donateur l'existence du don déposé dans un coffre pourtant ouvert à son nom (Cass. 1e civ. 22-12-1971 n° 70-13.425 : Bull. civ. I n° 326) ;
– et avoir accès au coffre-fort (Cass. 1e civ. 3-4-2002 n° 99-20.527 F-P : RJDA 1/03 n° 20, RTD civ. 2002 p. 554 obs. J. Patarin, Defrénois 15-1-2003 n° CJ2003DEF0046N1 p. 46 obs. G. Champenois). Il s'agissait ici d'un chèque non remis au prétendu donataire, mais déposé dans un coffre auquel ce dernier n'avait pas eu accès avant le décès du donateur.

IRRÉVOCABILITÉ DE LA TRADITION

Le **dessaisissement du donateur** doit être irrévocable par application de la règle traditionnelle « donner et retenir ne vaut » (sur cette règle, voir nos 4155 s.). Cette exigence suscite un important contentieux. 12765

ILLUSTRATIONS

Ne remplit pas cette condition :
– la personne qui entend faire don du contenu d'un **coffre de banque,** même si elle donne accès au coffre au donataire, dès lors qu'elle conserve un jeu de clés du coffre (Cass. 1e civ. 19-11-1996 n° 95-10.242 F-D : D. 1997 som. p. 365 obs. M. Nicod) ;
– le donateur qui verse les fonds donnés sur un **compte joint** ouvert à son nom et à celui du donataire, puisqu'il conserve la possibilité de retirer seul à tout moment les sommes versées (Cass. 1e civ. 17-4-1985 n° 83-16.939 : Bull. civ. I n° 117, D. 1986 p. 21 note M. Muller, RTD civ. 1986 p. 400 obs. J. Patarin, RTD civ. 1986 IR p. 316 obs. M. Vasseur). Il en va de même si le donateur a **procuration sur le compte** sur lequel ont été versées les sommes données (Cass. 1e civ. 14-12-2004 n° 03-18.413 F-PB : BPAT 2/05 n° 52, Dr. famille 2005 comm. 27 note V. Larribeau-Terneyre, JCP G 2005 I n° 187 obs. R. Le Guidec).

MOMENT DE LA TRADITION

Le don manuel doit être réalisé **du vivant du donateur.** Cette solution se justifie par la règle de la prohibition des donations post mortem (C. civ. art. 893). 12770

Si la chose objet du don est transmise au donataire par l'intermédiaire d'un **mandataire du donateur** (un banquier par exemple) après le décès du donateur, le don manuel ne sera pas valable (Cass. 1e civ. 8-3-1978 n° 76-11.901 : Bull. civ. I n° 98, Defrénois 1978 p. 1144 obs. G. Champenois ; Cass. 1e civ. 23-1-1980 n° 78-14.378 : Bull. civ. I n° 36, D. 1980 IR p. 398 obs. D. Martin, RTD civ. 1982 p. 190 obs. J. Patarin, le tiers ayant remis des titres au donataire quelques jours seulement après le décès du donateur). Lorsque le bien est remis par l'intermédiaire d'un **mandataire du donataire,** le décès du donateur avant la remise au donataire est sans incidence sur la validité du don manuel. La dépossession du donateur au profit du donataire se réalise dès la remise du bien au mandataire de ce dernier. 12775

En cas de **don manuel par chèque,** la jurisprudence considère que le donataire acquiert la propriété de la provision dès la remise du chèque. Si le chèque est remis au bénéficiaire avant le décès du donateur, le don manuel sera valable même s'il n'est encaissé qu'après la mort de ce dernier. Il en a été jugé ainsi dans deux affaires : l'une à propos d'un chèque transmis du vivant de la donatrice mais présenté en banque un an après son décès (Cass. 1e civ. 4-11-1981 n° 80-12.926 : Bull. civ. I n° 327, Defrénois 1982 p. 1378 obs. G. Champenois, RTD civ. 1982 p. 781 obs. J. Patarin) ; l'autre concernant un légataire universel qui demandait le remboursement de deux chèques encaissés par leurs bénéficiaires après le décès du donateur (Cass. 1e civ. 14-1-1997 n° 95-10.493 : Dr. famille 1997 comm. 53 note B. Beignier). Sur l'exigence d'une provision, voir n° 12745. 12780

B. Preuve du don manuel

DIFFICULTÉS PRATIQUES

La preuve du don manuel est une question essentielle qui fait souvent difficulté en pratique. Il ne faut en effet pas oublier que ce type de donation se veut en général la plus discrète possible, si bien que le contentieux ne tarit pas en la matière. 12830

En réalité, l'**objet de la preuve** se dédouble puisqu'il convient de démontrer non seulement la tradition de la chose objet du don, mais aussi, et surtout, l'intention libérale qui animait le prétendu donateur. Sur ce dernier point, la jurisprudence se montre particulièrement vigilante. Jugé par exemple que la procuration sur un compte bancaire, n'entraînant pas la renonciation du mandant à la propriété des fonds retirés à l'aide de celle-ci, n'opère pas de ce fait tradition ; il appartient à celui qui a obtenu dans ces conditions les sommes provenant du compte et entend les conserver d'établir l'intention libérale qui aurait animé le mandant (Cass. 1e civ. 3-5-2006 no 04-20.423 F-PB : RJDA 10/06 no 1064, D. 2006 AJ p. 1526 obs. V. Avena-Robardet, Dr. famille 2006 comm. 196 note B. Beignier). Récemment, une cour d'appel a été censurée pour avoir qualifié de don manuel la remise d'une somme d'argent par chèque – signé par le tireur mais libellé sans indication de montant (chèque en blanc) – sans avoir recherché l'intention libérale du défunt (Cass. 1e civ. 4-7-2018 no 17-16.515 FS-PB : D. 2018 p. 1490, Dr. famille 2018 comm. 242 note M. Nicod, JCP N 2019 no 1216 obs. R. Le Guidec).

L'**administration de la preuve** diffère selon la qualité de la personne qui invoque l'existence du don manuel.

> **Précisions** Il est possible pour les parties de se ménager la preuve du don manuel par un écrit constitutif d'un **acte récognitif** de don manuel qui se distingue, le cas échéant, du pacte adjoint au don manuel (nos 12940 s.). L'acte récognitif a pour objet premier la constatation d'un don manuel antérieurement fait. Les parties ont la possibilité d'y consigner également les pactes adjoints (voir, en ce sens, Dalloz Action Droit patrimonial de la famille 2021/2022, dir. M. Grimaldi, vo Formalisme des donations no 311.133 par M. Nicod). Le pacte adjoint qui emporte reconnaissance du don manuel complète la libéralité de clauses particulières. Pour éviter la **requalification de l'acte** récognitif de don manuel en donation, sanctionnée par la nullité pour défaut de formalisme de la donation notariée (C. civ. art. 931), il faut prendre soin de sa rédaction avec pour point d'attention notamment la conjugaison au passé (voir M. Grimaldi : Libéralités. Partages d'ascendants, Litec 2000, no 1306) et le recours à un titre non équivoque comme, par exemple, « reconnaissance de don manuel effectué le ... » ou, le cas échéant, « reconnaissance de don manuel effectué le ... avec pacte adjoint ».

1. PREUVE PAR LE DONATAIRE

PRÉSOMPTION DE PROPRIÉTÉ

12835 Dans de nombreux cas, c'est le donataire qui aura intérêt à établir l'existence du don manuel, par exemple contre le donateur ou ses héritiers qui contestent la qualification de don, invoquant un prêt ou encore un dépôt.

En général, le donataire dispose d'un atout probatoire décisif : il est en **possession de la chose donnée.** Il peut donc invoquer la règle « en fait de meubles, la possession vaut titre » (C. civ. art. 2276, al. 1), ce qui le dispense de prouver le don manuel lui-même (Cass. req. 5-12-1893 : DP 1894 I p. 48 ; Cass. 1e civ. 9-2-1977 no 75-13.992 : Bull. civ. I no 75 ; Cass. 1e civ. 30-3-1999 no 97-11.948 : Bull. civ. I no 112, RTD civ. 1999 p. 677 obs. J. Patarin, JCP G 2000 I no 278 obs. R. Le Guidec, D. 2000 som. p. 457 obs. D. Martin). Jugé ainsi que l'ex-épouse bénéficie d'une présomption de don manuel des bijoux donnés par son ex-mari, que lui-même tenait de sa mère, dès lors qu'il ne s'agit pas de bijoux de famille (CA Toulouse 24-6-2014 no 13/03349). Jugé également que l'ex-épouse bénéficie d'une présomption de don manuel de cinq bons de capitalisation donnés par son ex-mari, ce dernier les ayant souscrits avant son mariage (Cass. 1e civ. 7-7-2021 no 19-23.030 F-D).

12840 **Contester le titre accordé par la possession** Le donateur, ses héritiers, et tout autre tiers intéressé peuvent démentir l'existence du don en démontrant que la possession est viciée (pour une illustration, Cass. 1e civ. 4-11-2020 no 19-13.202 F-D : BPAT 1/21 inf. 52-11).

En particulier, il est possible de faire valoir que :

– la **possession** n'est pas **paisible** (qu'elle résulte d'un vol par exemple) ;

– la possession n'est pas **publique.** Constitue par exemple un cas de possession clandestine le fait pour un donataire d'avoir dissimulé un don manuel de bons anonymes et de n'en avoir révélé l'existence qu'après une perquisition à son domicile par les services de police (Cass. 1e civ. 8-3-2005 no 03-14.610 F-PB : JCP G 2005 IV no 1877). À l'inverse, le dépôt d'une gouache de Picasso dans la chambre forte d'une banque par une galerie d'art qui se l'était vu confier par un collectionneur ne caractérise pas une possession clandestine, à défaut d'une volonté de dissimulation à l'égard des tiers. En effet, le reçu remis par la galerie mentionnait l'identité du dépositaire ainsi que le lieu où était entreposée cette œuvre. Malgré l'absence d'information de l'héritière de la seconde épouse du peintre, les juges du fond ont souverainement apprécié que la possession fût exempte du vice de clandestinité (Cass. 1e civ. 26-10-2022 no 21-18.667 F-D : BPAT 1/23 inf. 35).

Les contradicteurs du donataire peuvent encore faire valoir que la possession est exercée par le possesseur non pas en tant que donataire, mais au titre d'un **autre contrat** : prêt, location, dépôt (pour une illustration, Cass. 1e civ. 16-10-1956 : Bull. civ. I no 351).

C'est en pratique le **caractère équivoque de la possession** qui génère le plus de contentieux, même si les actions aboutissent rarement. Les juges ont ainsi refusé de considérer comme équivoque la possession par un restaurateur de plusieurs tableaux de maître confiés par l'artiste, plusieurs années avant sa mort, afin d'orner la salle de restaurant du donataire (Cass. 1e civ. 3-2-2010 nº 08-19.293 FS-PBI : RJDA 5/10 nº 589, JCP N 2010 nº 1207 note H. Périnet-Marquet, Defrénois 15-4-2011 nº CJ2011DEF0709N1 p. 709 obs. A. Chamoulaud-Trapiers). 12845

La possession peut parfois être rendue équivoque par la cohabitation du prétendu donataire avec le donateur, son époux, son concubin, son employeur… Il est toutefois classiquement établi que la seule cohabitation ne suffit pas à rendre équivoque la possession (en ce sens, Cass. req. 18-12-1894 : DP 1895 I p. 364).

PREUVE SELON LE DROIT COMMUN

Si celui qui conteste un don manuel parvient à démontrer que la possession est viciée (nos 12840 s.), la **présomption de propriété mobilière** n'est pas applicable (C. civ. art. 2276). 12850

Tout n'est pas pour autant perdu, puisqu'il est toujours loisible au donataire de démontrer l'existence du don manuel, c'est-à-dire à la fois la **tradition et** l'**intention libérale** du donateur, selon les modalités du droit commun, comme le feraient le donateur ou ses héritiers. Selon certains auteurs, il semble qu'il faille faire une distinction entre la preuve de la tradition, fait matériel, qui peut se faire par tous moyens, de celle de l'intention libérale, qui doit se faire par écrit (M. Grimaldi : Libéralités. Partages d'ascendants, Litec 2000, nº 1299).

ATTENTION

Il est important de signaler que la présomption de propriété posée par l'article 2276 du Code civil ne peut pas être invoquée par un **époux séparé de biens** qui prétend avoir reçu un **don manuel de son conjoint.** En effet, les règles particulières d'attribution de la propriété entre époux séparés de biens excluent alors l'application de la présomption (C. civ. art. 1538). Dans ce cas, l'époux possesseur devra donc toujours rapporter la preuve du don manuel qu'il invoque (Cass. 1e civ. 8-10-2014 nº 13-22.938 F-PB : Dr. famille 2014 comm. 184 note B. Beignier, JCP N 2015 nº 1001 obs. M. Storck).

2. PREUVE PAR LE DONATEUR OU SES HÉRITIERS

DONATEUR OU AYANTS CAUSE

Le donateur, tout comme ses héritiers agissant en tant qu'ayants cause de ce dernier (par exemple dans le cadre d'une action en révocation de la donation), doivent, en règle générale, rapporter la preuve du don manuel **par écrit** (Cass. 9-8-1887 : DP 1888 I p. 133, rejetant la preuve du don manuel par présomptions, en l'absence de tout commencement de preuve par écrit). 12880

Le droit commun de la preuve exige en principe une preuve écrite (acte notarié ou sous signature privée) si la valeur de l'objet du don dépasse 1 500 € (C. civ. art. 1359 ; Décret 80-533 du 15-7-1980).

Sur la distinction entre la preuve de la tradition et celle de l'intention libérale, voir nº 12850.

Toutefois, si le demandeur peut se prévaloir d'un **commencement de preuve par écrit** (C. civ. art. 1361) **ou** d'une **impossibilité morale de se procurer un écrit** (C. civ. art. 1360), par exemple en raison des relations affectives l'unissant au donataire, la preuve du don manuel est libre, ce qui permet en particulier le recours aux témoignages, très usités en la matière. 12885

HÉRITIERS NON CONTRACTANTS

Si les héritiers agissent sur le fondement d'un droit propre, personnel sur la succession, par exemple pour demander le rapport ou la réduction de la libéralité, leur statut de **tiers** face au don manuel leur en facilite la preuve. 12890

En effet, ne s'agissant plus de relations entre cocontractants, la preuve est possible par **tous moyens.** La solution est constante en jurisprudence (Cass. req. 18-3-1872 : DP 1872 I p. 309 ; Cass. 1e civ. 31-3-1992 nº 90-17.714 : Bull. civ. I nº 98, JCP G 1993 I nº 3676 § 3 obs. F.-X. Testu ; Cass. 1e civ. 16-6-1998 nº 96-13.920 F-D).

C. Pactes adjoints

INTÉRÊT ET VALIDITÉ

Il est possible, et souvent utile, d'accompagner le don manuel de **stipulations particulières** appelées pactes adjoints. L'intérêt de ces conventions est non seulement de préciser les modalités du don manuel, mais également d'en faciliter la preuve. 12940

La validité des pactes adjoints a rapidement été reconnue par la jurisprudence (en ce sens, voir Cass. civ. 11-8-1880 : DP 1880 I p. 461).

Toutefois, le pacte doit se borner à préciser les modalités du don manuel. Sur le plan de la **forme,** le pacte adjoint peut être dressé par acte authentique. Mais il est plus généralement établi sous signature privée. Il faut alors absolument veiller à ce que le pacte n'opère pas lui-même la donation (en particulier, il ne doit pas comporter l'acceptation du donataire) : effectuée sous signature privée, la donation serait nulle sur le fondement de l'article 931 du Code civil.

Pour éviter le risque de nullité, il est **conseillé** d'établir le pacte postérieurement à la tradition de l'objet du don, de lui donner un titre non équivoque (par exemple, « pacte adjoint au don manuel effectué le… » ou encore, lorsque le pacte adjoint s'insère dans l'acte récognitif de don manuel, « reconnaissance de don manuel effectué le… avec pacte adjoint ») et de le rédiger au passé (en faisant référence à un don déjà réalisé).

Notons enfin que le pacte adjoint ne peut pas prévoir une condition suspensive qui serait contraire à l'exigence de tradition effective du bien donné.

Sur la distinction du pacte adjoint avec l'**acte récognitif** de don manuel, voir nº 12830, Précisions.

ILLUSTRATIONS

12945 Il est envisageable de prévoir une dispense de **rapport de la libéralité** ainsi consentie (Cass. req. 12-3-1873 : DP 1873 I p. NP.194 ; Cass. 1e civ. 13-3-1973 nº 71-14.497 : Bull. civ. I nº 95) ou d'aménager les modalités d'évaluation du rapport, en prévoyant par exemple que les dons manuels reçus seront rapportés à la succession, affectés d'un indice à déterminer lors du partage (Cass. 1e civ. 18-5-1994 nº 92-11.829 : Bull. civ. I nº 178, RTD civ. 1994 p. 649 obs. J. Patarin, Defrénois 15-2-1995 nº JP1995DEF175N1 p. 175 note M.-C. Forgeard, D. 1995 som. p. 48 note M. Grimaldi).

12950 Il est possible d'**imposer une charge** au bénéficiaire du don manuel. Il en va ainsi du don manuel de bijoux fait par des parents à leur fils à charge de prêt à l'épouse de ce dernier (Cass. 1e civ. 20-6-1961 nº 57-11.316 : Bull. civ. I nº 326, JCP G 1961 II nº 12352 note A. Ponsard, D. 1961 p. 641 note R. Savatier). Toutes les charges connues en droit commun des donations sont envisageables comme une clause d'interdiction temporaire d'aliéner ou encore l'obligation de verser une rente viagère au donateur (Cass. req. 17-5-1855 : DP 1855 I p. 247).

12955 Il est aussi envisageable de **limiter la donation à l'usufruit** du bien objet du don (Cass. 1e civ. 25-2-1997 nº 94-22.022 : Bull. civ. I nº 70, Defrénois 15-12-1997 nº CJ1997DEF1448N1 p. 1448 obs. G. Champenois, RTD civ. 1998 p. 439 obs. J. Patarin, D. 1999 som. p. 309 note M. Nicod, à propos d'un don manuel de l'usufruit d'une somme d'argent).

PREUVE

12960 Les pactes adjoints sont soumis au droit commun de la preuve (C. civ. art. 1358 s.). S'agissant d'actes juridiques, le principe est donc celui de la **preuve écrite** si l'objet du don manuel a une valeur supérieure à 1 500 € (C. civ. art. 1359 ; Décret 80-533 du 15-7-1980).

La jurisprudence admet toutefois une preuve par **tous moyens** si le pacte adjoint consiste en une dispense de rapport (Cass. req. 28-7-1920 : S. 1921 I p. 174 ; Cass. 1e civ. 13-6-1956 : Bull. civ. I nº 239).

D. Régime fiscal du don manuel

PRINCIPE ET LIMITES D'EXONÉRATION

13010 À l'inverse des donations constatées par un acte, les dons manuels échappent en **principe** aux droits de mutation. La loi fiscale limite toutefois les possibilités d'évasion ouvertes par cette règle en prévoyant **plusieurs cas de taxation.**

Lorsqu'ils sont exigibles, les droits sur les dons manuels sont calculés selon les règles de droit commun applicables aux donations, sous réserve de certaines particularités concernant la détermination de l'assiette imposable.

1. CAS DE TAXATION

13015 Les dons manuels ne sont soumis aux droits de donation que dans quatre situations limitativement énumérées par la loi (CGI art. 757 et 784) :

– en cas de **déclaration volontaire** par le donataire (ou ses représentants) dans un acte soumis à l'enregistrement, quelle que soit sa nature (nos 13020 s.) ;

– lorsqu'ils font l'objet d'une **reconnaissance judiciaire** (nos 13045 s.) ;

– lorsqu'ils sont **révélés par le donataire** à l'administration fiscale (nos 13080 s.) ;
– lorsqu'une **donation postérieure** constatée par un acte intervient entre les mêmes personnes ou lors du décès du donateur si le donataire figure parmi les successibles. C'est la règle du **rappel fiscal** des donations antérieures (nos 13145 s.).

Le **fait générateur** de la taxation est constitué par la reconnaissance judiciaire, la révélation du don, le décès du donateur ou la nouvelle donation ou encore l'acte renfermant la déclaration.

Plusieurs catégories de dons bénéficient toutefois d'**exonérations** expresses. Sont concernés :
– les dons manuels ayant le caractère de **présents d'usage** au sens de l'article 852 du Code civil (nos 4015 s.) ;
– les dons de sommes d'argent ou de titres consentis aux **organismes d'intérêt général** (no 47255) ;
– sous certaines conditions, les **dons familiaux de sommes d'argent** (nos 5020 s.).

a. Acte renfermant la déclaration par le donataire du don manuel

Les droits de mutation à titre gratuit sont exigibles sur tout acte, quelle que soit sa nature ou sa validité, soumis à l'enregistrement et qui constate la déclaration du don manuel faite **par le donataire ou ses représentants** (CGI art. 757, al. 1). Il en est ainsi, par exemple, d'un acte portant reconnaissance de la donation indirecte par un père à ses deux enfants de la nue-propriété d'actions nominatives d'une société opérée par simple bordereau de transfert. Si l'acte est exempt de l'enregistrement, le droit n'est pas dû, à moins qu'il ne soit présenté volontairement à la formalité (BOI-ENR-DMTG-20-10-20-10 no 40). 13020

L'exigibilité du droit de mutation à titre gratuit n'est pas fondée sur l'existence d'un contrat renfermant la preuve du consentement du donateur et du donataire. Elle est uniquement subordonnée à l'**aveu du donataire** dans un acte ou à la reconnaissance judiciaire du don. Ainsi, une **déclaration** de don manuel présentée à la formalité de l'enregistrement **par le donateur** relève du seul droit fixe des actes innomés (BOI-ENR-DMTG-20-10-20-10 no 140). Toutefois, le droit de donation devient applicable en cas de déclaration ultérieure ou de révélation du don par le donataire. Ainsi jugé dans le cas d'un donataire ayant révélé le don manuel dans une convention de quasi-usufruit ultérieurement conclue avec le donateur (Cass. com. 4-12-2007 no 06-19.251 F-D : RJF 4/08 no 516). 13025

b. Acte renfermant la reconnaissance judiciaire du don manuel

Les droits de mutation à titre gratuit sont également exigibles sur toute **décision judiciaire** qui constate, même simplement dans les motifs ou les qualités du jugement ou hors la présence du donateur ou du donataire, l'existence d'un don manuel (BOI-ENR-DMTG-20-10-20-10 no 40). 13045

La Cour de cassation a précisé la **notion de « reconnaissance judiciaire »** par deux arrêts des 12 octobre 2010 et 21 février 2012. 13050

1) La Haute Juridiction a indiqué « qu'il suffit que la reconnaissance judiciaire figure dans les motifs ou le dispositif du jugement et qu'elle soit exempte de toute équivoque et qu'il y ait constatation certaine de la transmission de la propriété à titre de libéralité ». Tel est le cas lorsqu'il ressort des motifs d'un jugement que le tribunal :
– en écartant l'existence d'un prêt du défunt à son neveu, a nécessairement considéré que les fonds ont été remis à titre gratuit avec une intention libérale,
– s'est référé à deux reconnaissances de dettes du neveu et à une attestation de l'oncle mentionnant que les prêts d'une durée de 15 ans seraient transformés en donation s'il décédait avant leur expiration pour écarter l'existence de prêts et démontrer l'intention libérale,
– loin d'émettre une simple hypothèse sur la nature de la remise des fonds, a considéré que les pièces du dossier démontraient l'intention libérale (Cass. com. 12-10-2010 no 09-70.337 FS-PB : RJF 3/11 no 383 ; BOI-ENR-DMTG-20-10-20-10 no 40).

2) Par ailleurs, la Cour de cassation a précisé que la reconnaissance judiciaire au sens de l'article 757 du CGI n'implique pas que le juge ait statué explicitement sur l'existence d'un don manuel ou encore qu'il ait statué directement sur l'établissement du lien de droit entre le donateur et le donataire. Il suffit qu'il ait reconnu, à l'occasion de l'instance, l'existence d'une mutation de propriété mobilière réalisée à titre de libéralité (Cass. com. 21-2-2012 no 10-27.914 F-PB : RJF 5/12 no 531 ; BOI-ENR-DMTG-20-10-20-10 no 40).

Les circonstances de ce dernier arrêt conduisent à appeler l'attention sur les **conséquences fiscales d'une décision judiciaire** rendue en matière civile. Le litige portait en effet sur la demande de restitution de sommes : l'une des deux parties soutenait qu'il s'agissait d'un prêt et l'autre d'un don. Pour rejeter la demande de remboursement, la décision a retenu que la réalité des opérations de prêt n'était pas établie mais n'a pas statué explicitement sur l'existence des dons manuels. Il suffit donc que la décision ait implicitement mais nécessairement retenu la thèse du don manuel pour que celui-ci soit considéré comme reconnu judiciairement, ce qui donne à l'administration le droit de taxer les sommes en cause aux droits de donation.

Le champ d'application de l'article 757 du CGI n'est pas limité aux jugements de l'ordre judiciaire de sorte que la reconnaissance d'un don manuel peut émaner d'une **juridiction administrative** dès lors qu'elle est exempte de toute équivoque et emporte constatation certaine de la transmission à titre de libéralité (Cass. com. 26-9-2018 n° 16-28.410 F-D : RJF 5/19 n° 495).

13055 Les reconnaissances par **jugements de tribunaux étrangers** ou par actes passés à l'étranger de dons manuels portant sur des biens français donnent ouverture à l'impôt en France.

Il en est de même de ceux portant sur des **biens étrangers,** lorsque le donateur est domicilié en France (CGI art. 750 ter ; BOI-ENR-DMTG-20-10-20-10 n° 50) ainsi que des reconnaissances à l'étranger de dons manuels portant sur des biens étrangers, lorsque le donateur est domicilié à l'étranger mais que le donataire est domicilié en France (CGI art. 750 ter, 3).

c. Dons manuels révélés à l'administration

13075 Les dons manuels sont soumis aux droits de mutation à titre gratuit lorsqu'ils sont révélés par le donataire à l'administration fiscale (CGI art. 757, al. 2). Ces dons doivent être enregistrés ou déclarés par le donataire ou par ses représentants.

NOTION DE RÉVÉLATION

13080 **Révélation spontanée ou subie** Les droits de mutation à titre gratuit sont dus, sans hésitation possible, lorsque les **dons** manuels sont **révélés spontanément,** par le donataire, à l'administration fiscale.

Il en est de même, selon une décision de principe de la Cour de cassation, pour les **dons supérieurs à 15 000 €** qui sont **révélés en réponse à une demande de l'administration ou** qui sont découverts **au cours d'un contrôle** (vérification de comptabilité ou examen de situation fiscale personnelle) (Cass. com. 4-3-2020 n° 18-11.120 F-PB : RJF 6/20 n° 563). On peut penser, a contrario, que les dons inférieurs à 15 000 € échappent aux droits de mutation lorsque leur révélation est involontaire (voir n° 13085).

Pour sa part, l'administration persiste à ériger en principe la taxation des dons manuels révélés, sans opérer de distinction selon que la révélation est spontanée ou subie ou selon le montant du don (BOI-ENR-DMTG-20-10-20-10 n° 60).

13085 **Évolution jurisprudentielle** La décision de la Cour de cassation du 4 mars 2020 (n° 13080) clôt, au moins provisoirement, un long débat juridique dont il convient de retracer la genèse.

Avant 2013, le juge considérait, comme l'administration, qu'un don manuel pouvait être révélé par les documents produits au cours d'un contrôle fiscal (notamment Cass. com. 5-10-2004 n° 03-15.709 FS-PB : RJF 2/05 n° 190 ; Cass. com. 15-5-2007 n°s 06-11.845 F-D et 06-11.844 F-D : RJF 11/07 n° 1341). Cette jurisprudence, largement contestée par les praticiens (voir, par exemple, M. de Guillenchmidt, La révélation des dons manuels ou l'apocalypse fiscale : RJF 12/00) a été condamnée par la Cour européenne des droits de l'Homme. Selon la CEDH, en effet, la taxation des dons révélés de manière contrainte constitue une violation de l'article 9 de la convention européenne des droits de l'Homme (CEDH 30-6-2011 n° 8916/05 : RJF 10/11 n° 1115 ; décision suivie de plusieurs autres dans le même sens : CEDH 31-1-2013 n°s 50471/07, 50615/07 et 25502/07).

La Cour de cassation s'était alignée en 2013 sur la décision de la CEDH en jugeant que les **dons manuels découverts lors de la vérification de comptabilité** d'une association ne sont pas « révélés » par le donataire et ne sont donc pas soumis aux droits de mutation. Seule une **révélation volontaire** peut justifier la taxation (Cass. com. 15-1-2013 n° 12-11.642 FS-PB : RJF 4/13 n° 438 ; Cass. com. 16-4-2013 n° 12-17.414 F-PB : RJF 8-9/13 n° 878).

L'affaire semblait entendue mais c'était compter sans la modification apportée à l'article 635 A du CGI par la loi 2011-900 du 29 juillet 2011. Dans sa **nouvelle rédaction,** l'article 635 A prévoit en effet que les dons manuels supérieurs à 15 000 € doivent être déclarés dans le mois suivant leur révélation lorsque cette révélation est la conséquence d'une réponse du donataire à une demande de l'administration ou d'une procédure de contrôle fiscal. Pour la plupart des commentateurs, ce texte se bornait à fixer des délais de déclaration et ne pouvait donc pas servir d'argument en faveur de la taxation des dons manuels qui ne peut viser que les révélations spontanées.

Par sa décision précitée du 4 mars 2020 (nº 13080), la Cour de cassation contredit cette analyse en considérant que la loi du 29 juillet 2011 a créé un **nouveau cas de révélation** de dons manuels permettant d'assujettir aux droits de mutation les **dons de plus de 15 000 €** révélés à l'administration dans le cadre d'un contrôle fiscal.

On observera que les dons **inférieurs à 15 000 €** « révélés » dans les mêmes conditions ne sont pas visés par la loi de 2011 ni par l'arrêt du 4 mars 2020 : à notre avis, ils devraient logiquement échapper aux droits de mutation conformément à la jurisprudence antérieure de la Cour de cassation. Encore faudrait-il que cette solution soit confirmée par le juge car on voit mal l'administration renoncer « spontanément » à sa doctrine visant à taxer l'ensemble des dons révélés, fût-ce de manière contrainte, et quel que soit leur montant (BOI-ENR-DMTG-20-10-20-10 nº 60).

Le débat n'est donc pas véritablement clos. Mais le dernier mot pourrait venir de la CEDH si, comme il semble probable, la question de la taxation des dons découverts lors d'un contrôle fiscal lui est à nouveau soumise.

ENREGISTREMENT OU DÉCLARATION DES DONS MANUELS

Les dons manuels révélés à l'administration doivent être enregistrés ou déclarés dans les conditions prévues par l'article 635 A du CGI. Ces conditions diffèrent selon que la révélation du don est spontanée ou subie par le donataire. 13090

Révélation spontanée du don manuel Les dons manuels révélés spontanément doivent en principe être **déclarés** ou **enregistrés** par le donataire ou ses représentants dans le délai d'un mois qui suit la date à laquelle le donataire a révélé ce don à l'administration fiscale (CGI art. 635 A, al. 1). Cependant, lorsque la valeur du **don excède 15 000 €,** la déclaration du don assortie du paiement des droits correspondants peut être effectuée, au choix du donataire, soit dans le mois de la révélation, soit dans le mois du décès du donateur (CGI art. 635 A, al. 2). 13095

Déclaration dans le mois de la révélation L'option pour la déclaration et le paiement des droits dans un délai d'un mois à compter de la date de la révélation présente plusieurs **avantages** : 13100

– la base imposable est définitivement arrêtée au jour de la déclaration, ce qui évite tout risque de surcoût fiscal si la valeur du bien donné augmente par la suite ;

– la déclaration fait courir le délai de 15 ans de la dispense de rappel fiscal des donations antérieures ;

– si le don porte sur des sommes d'argent exonérées, il ne sera pas soumis à la règle du rappel fiscal en cas de nouvelle mutation à titre gratuit dans le délai de 15 ans : la déclaration permet l'exonération définitive des sommes données (CGI art. 790 G, III).

L'enregistrement volontaire du don manuel peut également présenter un intérêt lorsque le don porte sur un bien dont la vente est susceptible de dégager une **plus-value taxable.** C'est ainsi que, faute d'avoir déclaré le don manuel d'actions dont il avait bénéficié, un contribuable s'est vu notifier un important redressement d'impôt sur le revenu lors de la revente de ses actions. La valeur vénale des titres au moment du don manuel n'ayant pas pu être justifiée, leur valeur d'acquisition a été considérée comme nulle, et la plus-value taxable égale par conséquent au prix de vente total des titres (CE 7-4-2006 nº 270444 : RJF 7/06 nº 853).

Support de la déclaration Un service d'enregistrement **en ligne** des dons manuels de somme d'argent, d'actions, de titres de société, de biens meubles ou d'objets d'arts est accessible depuis le 30 juin 2021 sur le site impots.gouv.fr. Il permet de déclarer des dons manuels reçus d'un proche ou d'un tiers. La télédéclaration des dons manuels n'étant pas obligatoire, le donataire peut continuer à souscrire l'imprimé nº 2735-SD en **format papier** (disponible sur le site impots.gouv.fr) et le déposer auprès du service des impôts (pôle enregistrement) de son domicile (CGI ann. III art. 281 E). 13105

Si aucun droit n'est dû en raison des abattements ou exonérations applicables, l'enregistrement est gratuit.

Lorsque le donataire est mineur, seul son représentant légal peut effectuer la télédéclaration, à condition d'être la personne qui a réalisé ce don.

> **Précisions** **a.** Le service de déclaration en ligne permet de signaler s'il s'agit d'un don reçu par une personne **handicapée,** ce qui permet de tenir compte de l'abattement spécifique de 159 325 €.
> **b.** Le service n'est pas accessible aux contribuables ayant **déjà reçu un autre don** qui a donné lieu au paiement de droits de la même personne au cours des 15 années précédentes. Les contribuables concernés doivent continuer à souscrire l'imprimé n° 2735-SD papier.
> **c.** Le **paiement en ligne** des droits éventuels est possible par carte bancaire ou autorisation de prélèvement.

13110 **Option pour la déclaration dans le mois du décès du donateur** Le donataire peut opter pour la déclaration et le paiement des droits dans un délai d'un mois à compter du décès du donateur, à condition que le don ait une **valeur supérieure à 15 000 €** (CGI art. 635 A, al. 2). Le seuil de 15 000 € s'apprécie au jour de la révélation, et distinctement pour chaque don. Pour bénéficier de cette option, la révélation doit être spontanée et non la conséquence d'une réponse du donataire à une demande de l'administration ou d'une procédure de contrôle fiscal (Cass. com. 25-1-2023 n° 20-16.700 F-B : BPAT 2/23 inf. 88 ; BOI-ENR-DMTG-20-10-20-10 n° 80).

L'option pour la déclaration et le paiement des droits après le décès du donateur se fait en déposant en double exemplaire au service des impôts des entreprises (pôle enregistrement) du domicile du donataire (ou, pour les résidents monégasques, au service départemental de l'enregistrement de Nice) un **imprimé n° 2734** (imprimé disponible sur le site impots.gouv.fr). Aucun droit n'est dû lors du dépôt de ce formulaire (BOI-ENR-DMTG-20-10-20-10 n° 90). L'option pour la déclaration après décès du donateur permet ainsi au donataire de différer le paiement des droits de mutation qui pourront être réglés, le cas échéant (donataire successible), par prélèvement sur sa part d'héritage. Ce choix suppose cependant une réflexion préalable car il prive le donataire des avantages attachés à la déclaration immédiate du don (voir n° 13100).

13115 Si le donataire opte pour le report de la déclaration et du paiement des droits après le décès du donateur, le **délai de reprise** de l'administration est prolongé jusqu'à l'expiration de la sixième année qui suit ce décès (LPF art. L 181 A). La **prescription** abrégée de trois ans reste toutefois applicable lorsque la déclaration de don manuel enregistrée après le décès du donateur révèle suffisamment l'exigibilité des droits, sans qu'il soit nécessaire de procéder à des recherches ultérieures (Inst. 7 G-2-12 n° 37 non repris au Bofip ; CA Nîmes 28-11-2019 n° 17/02888).

13120 Deux **questions** restent en **suspens,** qui n'ont pour l'instant pas été abordées par l'administration :
– la première est celle de la **nature des droits** qui deviennent **exigibles au décès.** À notre avis, il s'agit toujours de droits de donation, et non de droits de succession, même si le donataire vient à la succession du donateur. Il en résulte que les exonérations et abattements spécifiques aux donations en vigueur le jour de la déclaration et du paiement des droits sont applicables ;
– la seconde est celle de l'hypothèse du **décès du donataire avant le donateur.** Le report de taxation est à notre avis maintenu, et les héritiers acceptants devraient être tenus de procéder à la déclaration que leur auteur s'était engagé à déposer. On veut toutefois espérer que l'administration n'assortira d'aucune sanction l'absence de déclaration (les héritiers risquent fort d'ignorer l'existence de la révélation du don manuel reçu par leur auteur).

13125 **Révélation subie du don manuel** Lorsque la révélation du don manuel est la conséquence d'une réponse du donataire à une demande de l'administration ou d'une procédure de contrôle fiscal, le donataire ne dispose d'aucune option. Il doit **déclarer** le don **dans un délai d'un mois** à compter de la date de la révélation (CGI art. 635 A, dans sa rédaction issue de la loi 2011-900 du 29-7-2011 art. 9).

Selon l'administration, cette déclaration doit s'accompagner du paiement des droits de mutation éventuellement dus, quelle que soit la valeur du don (BOI-ENR-DMTG-20-10-20-10 n° 90). Cette position nous paraît contestable, pour les raisons déjà indiquées (nos 13080 et 13085), en ce qui concerne les dons de moins de 15 000 € qui ne sont pas visés par le texte ni par la jurisprudence de la Cour de cassation du 4 mars 2020 (n° 13080).

d. Nouvelle donation ou décès du donateur

13145 La règle du **rappel fiscal** des donations antérieures, qui fait l'objet d'une étude d'ensemble nos 50105 s., oblige à faire connaître dans toute déclaration de succession ou dans tout acte de donation s'il existe ou non des donations antérieures consenties par le défunt ou le donateur à ses héritiers, légataires ou donataires (CGI art. 784). Sur la dispense de rappel des **dons familiaux de sommes d'argent** visés à l'article 790 G du CGI, voir n°s 5035 s. ; sur la dispense de rappel des **présents d'usage,** voir n°s 4015 s.

Le rappel fiscal s'applique notamment aux **donations non constatées par écrit,** qu'il s'agisse de dons manuels proprement dits ou de donations portant sur des biens non susceptibles de faire l'objet d'un don manuel. Dans le cas où un don manuel a été consenti par le défunt ou donateur au même bénéficiaire :

– soit le **don manuel n'a pas encore été taxé,** et il est imposé à l'occasion de la nouvelle mutation (taxation aux droits de succession en cas de rappel fiscal à la succession du donateur). Sur l'assiette de l'impôt, voir n°s 50120 s. ;

– soit le don manuel a **déjà été taxé.** Dans cette situation, il n'est pas taxé une deuxième fois mais la perception des droits de mutation à titre gratuit sur la nouvelle mutation est, sauf exceptions, effectuée en ajoutant à la valeur des biens compris dans la déclaration de succession ou dans la nouvelle donation la valeur des biens qui ont fait l'objet du don manuel.

Bien entendu, la dispense de rappel des donations antérieures de plus de 15 ans s'applique dans les mêmes conditions que pour les autres donations (BOI-ENR-DMTG-20-10-20-10 n° 160).

Les **dons manuels faits à des personnes ne venant pas à la succession** du donateur et ne bénéficiant ultérieurement à la donation d'aucune autre mutation à titre gratuit de la part du même donateur n'ont pas à être déclarés en application de l'article 784 du CGI (Rép. Kroepflé : AN 8-10-1966 n° 18617, non reprise au Bofip mais qui conserve sa pertinence). Il s'ensuit que l'exonération des dons manuels peut présenter un caractère définitif lorsque le bénéficiaire est un non-successible, alors que la règle du rappel fiscal lui confère un caractère temporaire lorsque le donataire vient à la succession du donateur ou bénéficie d'une nouvelle donation taxable postérieurement au don manuel. **13150**

Il incombe aux héritiers ou légataires qui contestent la réintégration d'un don manuel dans l'actif successoral taxable d'apporter la **preuve** contraire à celle faite par l'administration à l'appui du redressement. L'examen de la jurisprudence montre que cette preuve est difficile à apporter. **13155**

ILLUSTRATIONS

La réalité des dons manuels réintégrés fiscalement par l'administration a été confirmée par le juge dans les situations suivantes :

– pendant les 13 mois de fonctionnement des trois **comptes indivis ouverts par la défunte et son légataire,** jusqu'au décès de celle-ci, cette dernière avait versé la plus grande partie des fonds (230 186 F sur 280 615 F) sans utiliser ces dépôts, tandis que le cotitulaire effectuait la majorité des retraits (à concurrence de 124 900 F) et avait viré une somme importante sur son compte personnel (Cass. com. 12-3-1996 n° 94-11.164 D : RJF 6/96 n° 831) ;

– dans le cas de **retraits effectués par un légataire universel sur le compte joint qu'il avait avec le défunt,** le juge a pu considérer que la preuve de l'existence d'une donation était rapportée en relevant que le compte joint était fictif, comme alimenté par le défunt, que le légataire et son épouse avaient retiré d'autres fonds pour leur usage personnel et qu'aucune explication sur la destination des fonds considérables (plus d'un million de francs) retirés par un homme de 91 ans aux besoins par nature modestes n'avait pu être donnée (Cass. com. 6-5-1996 n° 94-14.207 D : RJF 8-9/96 n° 1087) ;

– dans une troisième espèce, la **défunte, accueillie par son neveu, légataire universel,** de septembre 1996 jusqu'à son décès le 30 mai 1997, avait prélevé sur ses comptes une somme globale estimée à 213 500 F par l'administration, en sus des retraits destinés à la satisfaction de ses propres besoins. Le légataire n'ayant apporté aucun élément de preuve à l'appui de ses affirmations selon lesquelles cette somme de 213 500 F aurait été employée au bien-être de la défunte, l'intention libérale de cette dernière a été jugée établie (CA Reims 26-1-2006 n° 04-2478 : RJF 7/06 n° 951). Le fondement juridique de cette dernière décision paraît contestable dès lors que la cour se borne à retenir comme établi que des sommes tirées des comptes de la défunte ont été remises au légataire universel ou à son épouse avec intention libérale. Mais le dépouillement irrévocable du donateur et l'acceptation expresse du bénéficiaire ne sont pas établis.

L'application, sous certaines conditions, des droits de mutation à titre gratuit aux **biens situés hors de France,** lorsque le donateur, l'héritier, le donataire ou le légataire est domicilié en France (n°s 74310 s.), a pour conséquence d'étendre aux mêmes biens l'obligation de rappel fiscal prévue à l'article 784 du CGI. **13160**

2. CALCUL DES DROITS

ASSIETTE DES DROITS

13190 **Règles générales** Pour les **dons manuels déclarés** dans un acte enregistré, **reconnus** dans une décision de justice **ou révélés** par leur bénéficiaire, il convient de distinguer selon la date du don manuel.

Les **dons manuels consentis depuis le 31 juillet 2011** sont imposables sur la valeur du don à la date de sa déclaration ou de son enregistrement ou, si elle est supérieure, sur sa valeur à la date de la donation (CGI art. 757, al. 1, dans sa rédaction issue de la loi 2011-900 du 29-7-2011 art. 9). En d'autres termes, c'est la plus élevée des deux valeurs (jour de la taxation ou jour de la donation) qui sert d'assiette au calcul des droits.

Cette règle s'applique également lorsque le donataire révèle un don manuel à l'administration fiscale (CGI art. 757, al. 2). Dans ce cas, le **fait générateur** de l'imposition se situe au jour, non de sa réalisation, mais de sa révélation. En soumettant les dons révélés aux mêmes règles d'imposition que les dons déclarés, enregistrés ou reconnus en justice, ces dispositions ne créent, par elles-mêmes, aucune différence de traitement entre les donataires (Cons. const. 9-7-2021 n° 2021-923 QPC : RJF 10/21 n° 960).

EXEMPLE

Soit une mère (mariée sous le régime de la séparation de biens) qui a consenti en mai 2017 un don manuel à ses deux enfants Nicolas et Pimprenelle, Nicolas recevant une voiture d'une valeur de 5 000 €, Pimprenelle des actions valant également 5 000 €.

En 2023, les deux dons manuels sont révélés par leurs bénéficiaires. La voiture ne vaut plus que 1 000 €, tandis que les actions valent 10 000 €.

Nicolas sera taxé sur 5 000 €, Pimprenelle sur 10 000 €.

13195 Les dons manuels consentis **avant le 31 juillet 2011** sont imposables sur la valeur du don manuel à la date du fait générateur de la taxation, qu'elle qu'ait été la valeur d'origine des biens donnés. On rappelle à cet égard que le fait générateur des droits est constitué soit par l'acte renfermant la déclaration de ce don par le donataire ou ses représentants, soit par sa reconnaissance judiciaire, soit enfin par sa révélation à l'administration par le donataire (CGI art. 757).

Ainsi, les droits sur les dons manuels consentis antérieurement au 31 juillet 2011 mais révélés postérieurement sont calculés sur la valeur des biens au jour de cette révélation.

EXEMPLE

On reprend les données de l'exemple figurant n° 13190, mais le don manuel a été consenti en juin 2011.

Nicolas sera taxé sur 1 000 €, Pimprenelle sur 10 000 €.

13200 **Dons manuels réintégrés dans une mutation postérieure** Il n'existe pas de règle légale d'assiette spécifique pour les dons manuels taxés par voie de rappel fiscal. Selon l'administration, ces dons sont imposables, en application des dispositions de l'article 784 du CGI (rappel lors d'une succession ou d'une nouvelle donation des donations antérieures : n°s 50105 s.) sur la **valeur des biens au jour de la nouvelle mutation** (donation ou succession) à laquelle ils sont rapportés, d'après leur état à l'époque du don (BOI-ENR-DMTG-20-10-20-10 n° 210).

Sans se prononcer expressément sur cette doctrine, la Cour de cassation a annulé la décision d'une cour d'appel qui avait fixé la valeur de titres transmis par don manuel, et rapportés à une donation ultérieure, en se plaçant sur le terrain des articles 757 et 758 du CGI, spécifiques aux dons manuels, qui prévoient l'évaluation isolée au jour de la révélation (Cass. com. 23-10-2007 n° 06-15.289 F-D : RJF 2/08 n° 234).

13205 **Dons manuels de sommes d'argent** La loi ne prévoit aucune règle spécifique d'assiette pour les dons manuels de sommes d'argent.

Selon l'administration, qui s'appuie sur la jurisprudence de la Cour de cassation, les **droits** sont **assis sur le nominal donné,** quelle que soit l'utilisation ultérieure des fonds par le donataire. Le mécanisme de la dette de valeur prévu pour le rapport civil n'est pas applicable. Si les sommes données ont servi à acquérir un bien, c'est le montant donné, et non la valeur du bien au jour du décès du donateur, qui sera taxé (Cass. com. 20-10-1998 n° 96-20.960 : Bull. civ. IV n° 245, RJF 1/99 n° 107 ; CA Dijon 20-5-2003 n° 02/411 ; BOI-ENR-DMTG-20-10-20-10 n°s 200 et 210).

Ces règles s'appliquent **quelle que soit la date des dons manuels** (BOI-ENR-DMTG-20-10-20-10 n° 200 précité qui ne distingue pas selon que le don a été effectué avant ou après le 31-7-2011).

Don manuel assorti de charges Les charges grevant un don manuel ne sont pas déductibles de l'assiette des droits de donation. Certes, les dettes contractées par le donateur pour l'acquisition des biens donnés (ou dans l'intérêt de ces mêmes biens) sont sous certaines conditions déductibles (CGI art. 776 bis ; voir n°s 5235 s.). Mais la déductibilité est notamment subordonnée à la stipulation dans l'acte de donation de la prise en charge de la dette par le donataire, condition qui ne peut pas être remplie pour un don manuel, qui est par hypothèse effectué sans acte de donation. 13210

Biens cédés avant la déclaration ou l'enregistrement du don manuel 13215
La loi ne précise pas la valeur à retenir pour l'assiette des droits lorsque le bien a été cédé avant la date de la déclaration ou de l'enregistrement du don.

Sous le dispositif applicable aux dons consentis avant le 31 juillet 2011, il a été jugé qu'un **don manuel de titres cotés** qui n'a été révélé qu'après la vente des titres par le donataire doit être taxé sur la valeur qu'avaient les actions au jour de leur vente, et non sur leur cours de Bourse au jour de la révélation (CA Aix-en-Provence 25-11-2010 n° 10-7855 : RJF 3/11 n° 384). Au cas particulier, les titres avaient été donnés le 22 octobre et cédés le 26 octobre tandis que la déclaration du don avait été effectuée auprès de l'administration fiscale le 21 novembre en retenant la valeur des titres à la date de la cession. Selon la Cour, les titres ne pouvaient pas être évalués à la date de la révélation dès lors qu'à ce jour, ils n'étaient plus dans le patrimoine du contribuable. Compte tenu de la rédaction actuelle de l'article 757 du CGI (n° 13190), la taxation des dons manuels consentis depuis le 31 juillet 2011 nous semblerait devoir être assise, dans la même situation, sur la plus élevée des deux valeurs suivantes : prix de vente du bien donné ou valeur du bien au jour du don.

ABATTEMENTS, TARIFS ET RÉDUCTIONS DE DROITS

Les droits sur les dons manuels sont calculés selon les règles de droit commun exposées n°s 5175 s. 13220

Les abattements et les **tarifs** des droits sont ceux **en vigueur au jour de la déclaration ou de l'enregistrement** du don manuel, y compris lorsque le donataire a spontanément révélé le don et a opté pour le report de la taxation au décès du donateur (CGI art. 757, al. 1 in fine, dans sa rédaction issue de la loi 2011-900 du 29-7-2011 art. 9, II). Bien que la loi ne le précise pas, il en va de même des réductions de droits pour charges de famille (réduction supprimée depuis le 1er janvier 2017 : n° 99145) ou en faveur des mutilés de guerre (n° 50680).

Lorsque le **don manuel** est **taxé au décès** du donateur par application de la règle du rappel fiscal des donations antérieures, ce sont des droits de succession qui sont dus, et non des droits de donation (Cass. com. 31-3-2004 n° 02-10.578 FS-PB : RJF 7/04 n° 801 ; BOI-ENR-DMTG-20-10-20-10 n° 180). Il en résulte que les exonérations et abattements spécifiques aux donations ne sont pas applicables. La solution devrait être différente lorsque le donateur a spontanément révélé le don manuel et opté pour un report de déclaration et de taxation au décès (n° 13120).

SECTION 2 DONATIONS DÉGUISÉES

DÉFINITION

La donation déguisée est celle pour laquelle le donataire dissimule son intention libérale sous l'apparence d'un **acte onéreux** (en ce sens, H. Méau-Lautour : Les donations déguisées en droit français, thèse Paris II, LGDJ 1985). L'acte onéreux masque donc en réalité un **acte gratuit,** par exemple une vente dont il est secrètement convenu entre les parties que le prix ne sera jamais payé. 13320

Difficiles à dénombrer en raison de leur **caractère occulte,** les donations déguisées sont souvent motivées par des considérations successorales (avantager ou désavantager un futur héritier, parfois pour contrer des règles impératives, telle la réserve héréditaire) ou fiscales (échapper au paiement de droits de mutation plus importants que ceux auxquels l'acte onéreux apparent est assujetti).

> **Précisions** Le déguisement qui caractérise la donation déguisée ne se confond pas avec l'**interposition de personne.** Dans les deux cas, l'acte juridique repose sur une simulation. Mais cette dernière porte sur la nature ou le contenu de l'acte dans l'hypothèse du déguisement alors qu'elle concerne l'identité d'une des parties s'agissant de l'interposition de personne (sur cette distinction, voir M. Grimaldi : Libéralités. Partages d'ascendants, Litec 2000, nº 1309).

A. Régime juridique de la donation déguisée

CONDITIONS DE VALIDITÉ

13325 Le déguisement n'est pas une cause de nullité de la donation. La **jurisprudence** a consacré la validité des donations déguisées dès 1813 (Cass. 31-5-1813 : GAJC, 13e éd. 2015, t. 1 nº 130). Aussi, il est souvent relevé que leur validité est implicitement reconnue par certains textes du **Code civil** (par exemple C. civ. art. 911 et 1832-1 a contrario). Cette validité est toutefois conditionnée.

13330 **Conditions de fond** La donation déguisée doit respecter les conditions de fond issues du **droit commun des donations** entre vifs (voir, pour les conditions de validité des libéralités, nos 200 s. et, plus précisément, pour les conditions de validité des donations, nos 4150 s.). En particulier, la donation déguisée est nulle si elle est consentie au profit d'une personne frappée d'une **incapacité de recevoir** (C. civ. art. 911). Ainsi jugé à propos d'une donation déguisée consentie par une malade à son ami médecin qui la soignait (Cass. 1e civ. 5-4-1965 nº 63-11.451 : Bull. civ. I nº 244, RTD civ. 1966. p. 330 obs. R. Savatier, JCP G 1966 II 14479 note P. Voirin).

> **Précisions** La nullité sanctionnant la violation d'une incapacité spéciale de recevoir privant la personne visée du droit de bénéficier d'une libéralité, ne s'applique pas à la donation faite à un **mineur non émancipé,** capable de recevoir au sens de l'article 902 du Code civil, et qui n'est atteint que d'une simple incapacité générale d'exercice de ses droits (Cass. 1e civ. 7-1-1982 nº 80-15.294 : Bull. civ. I nº 7).

13335 **Conditions de forme** La donation déguisée doit respecter les conditions de forme propres à l'**acte à titre onéreux** dont la libéralité emprunte l'apparence, tel qu'une vente ou un prêt. Par exemple, la cession d'un terrain à une municipalité pour le prix d'un franc, sous le couvert d'une vente, constitue une donation déguisée valable, dès lors que l'acte qui la constate respecte les conditions de forme requises pour la vente (Cass. 1e civ. 29-5-1980 nº 79-11.378 : Bull. civ. I nº 164, Defrénois 1980 p. 1562 note G. Champenois, D. 1981 p. 273 note I. Najjar, RTD civ. 1981 p. 422 obs. J. Patarin).

EXEMPLE

Si l'acte simulé est un **prêt,** l'article 1376 du Code civil devra être respecté. Ce texte, applicable à tout engagement unilatéral de payer une somme d'argent, conduit à imposer à l'emprunteur l'écriture d'une mention de la somme empruntée en lettres et en chiffres.

13340 **Dissimulation** La jurisprudence exige une véritable dissimulation de la donation : l'acte ne doit pas révéler l'intention libérale du donateur (Cass. req. 7-1-1862 : DP 1862 I p. 188). La qualité de la dissimulation constitue en quelque sorte un **formalisme de substitution.**

Par **exemple,** dans le cas d'une donation dissimulée par une reconnaissance de dette, l'acte ne doit pas révéler que la dette n'existe pas. L'intention libérale peut en revanche être révélée dans un acte distinct de la reconnaissance de dette (Cass. 1e civ. 9-12-1965 nº 64-10.101 : Bull. civ I nº 692).

La jurisprudence a néanmoins reconnu la validité d'une donation déguisée sous forme de vente d'un immeuble à une commune, au prix symbolique d'un franc (Cass. 1e civ. 29-5-1980 nº 79-11.378 précité).

ILLUSTRATIONS

13345 **Vente simulée** C'est l'une des donations déguisées les plus fréquentes. Le principe est simple : les parties stipulent un **prix de vente** réaliste – si le prix est sous-évalué il s'agira alors d'une donation indirecte (nos 13610 s.) et non d'une donation déguisée – mais conviennent en secret qu'il ne sera jamais payé, ou qu'il sera remboursé de manière occulte à l'acheteur par le vendeur (voir, par exemple, Cass. 31-5-1813 : GAJC, 13e éd. 2015, t. 1 nº 130 ; Cass. 1e civ. 4-3-2015 nº 13-27.701 F-D : Dr. famille 2015 comm. 105 obs. S. Torricelli-Chrifi, s'agissant de la vente d'un navire dont le paiement effectif du prix n'a pas été établi).

ATTENTION

La question n'est pas aussi tranchée lorsque la vente est réalisée pour un **prix modique.** La **doctrine majoritaire** reconnaît l'existence d'une donation indirecte à chaque fois que l'acte à titre onéreux est déséquilibré en faveur de l'une des parties, sous réserve de caractériser l'intention libérale. La sincérité de l'acte apparent ne se discute pas. À défaut de simulation, on ne peut y voir une donation déguisée (M. Grimaldi : Libéralités. Partages d'ascendants, Litec 2000, n° 1332 ; pour un avis contraire, Rép. civ. Dalloz, v. Donation par I. Najjar, n° 294). La **jurisprudence** dominante retient la qualification de donation indirecte (Cass. 1e civ. 16-7-1959 : D. 1960 p. 185 note R. Savatier ; à propos d'une rente viagère, Cass. 1e civ. 6-1-1969 : Bull. civ. I n° 8 ; Cass. 3e civ. 7-4-1976 n° 74-12.883 : Bull. civ. III n° 144), sans écarter de manière systématique celle de donation déguisée (Cass. 1e civ. 12-10-1964 : Bull. civ. I n° 438 ; Cass. 1e civ. 11-7-2019 n° 18-19.415 F-D : BPAT 5/19 inf. 194, RTD civ. 2019 p. 634 obs. M. Grimaldi).

Dette fictive Autre donation déguisée très usitée : la fausse **reconnaissance de dette,** par laquelle un individu se reconnaît être débiteur d'une créance qui n'existe pas (pour des illustrations, Cass. 11-7-1888 : DP 1889 I p. 479 ; Cass. 1e civ. 15-3-2017 n° 15-29.273 F-D : AJ fam. 2017 p. 311 obs. N. Levillain). On peut rapprocher de cette donation le **cautionnement** fictif, par lequel le donateur se porte caution du débiteur insolvable du donataire offrant à ce dernier un droit de poursuite à son égard (voir C. Jubault : Droit civil. Les successions. Les libéralités, Montchrestien 2010, n° 792). Il est également possible de générer une créance du donateur par le truchement d'un **litige** imaginaire, qui permettra ainsi l'indemnisation du donataire (Cass. req. 24-12-1900 : DP 1901 I p. 135). 13350

Contrat de société Le recours au contrat de société peut aussi être un prétexte à de nombreuses donations déguisées, en particulier par le biais d'**apports** fictifs **du donataire,** supportés en réalité par le donateur (Cass. 5-1-1886 : DP 1886 I p. 122 ; Cass. 1e civ. 9-2-1955 : Bull. civ. I n° 67 ; Cass. 1e civ. 10-5-2007 n° 05-21.011 FS-PB : RJDA 10/07 n° 963, AJ fam. 2007 p. 316 obs. F. Bicheron, D. 2007 AJ p. 1510 obs. C. Delaporte-Carré, où l'un des associés d'une SCI a financé seul le capital de la société). 13355

PREUVE DE LA DONATION DÉGUISÉE

Lorsque le donateur, le donataire, voire des tiers à la simulation, souhaitent invoquer l'acte secret – ici la donation déguisée – et ainsi faire apparaître la réalité cachée sous l'acte apparent, ils doivent déclarer la simulation. Ils disposent pour cela d'une action en justice spécifique, dite « **action en déclaration de simulation** » (Rép. civ. Dalloz, v. Simulation par C. Ophèle, n° 66). Elle **se prescrit par** cinq ans à compter du jour où le titulaire du droit a connu ou aurait dû connaître les faits lui permettant d'exercer l'action (C. civ. art. 2224). S'agissant de libéralité, la prescription de l'action en déclaration de simulation en vue d'obtenir la réduction de la libéralité commence à courir à compter du jour où le demandeur a eu la faculté d'exercer l'action en réduction, c'est-à-dire au jour du décès du donateur (Cass. 1e civ. 23-3-1994 n° 92-14.370 : Bull. civ. I n° 113, RTD civ. 1994 p. 920 obs. J. Patarin, D. 1995 p. 333 obs. B. Vareille). En présence d'une **donation de biens communs** consentie conjointement par les deux époux à l'un de leurs enfants, il y a deux points de départ du délai de prescription de l'action en déclaration de simulation en vue d'en obtenir la réduction. En effet, à concurrence de la quote-part des biens donnés par l'un des époux, le plus souvent de moitié, la prescription de l'action en déclaration de simulation court à compter du jour de son décès. Le même raisonnement s'applique à la succession du conjoint codonateur (Cass. 1e civ. 5-1-2023 n° 21-13.151 FS-B : BPAT 1/23 inf. 37). 13360

Objet de la preuve La preuve d'une donation déguisée est dédoublée. Il convient en effet de démontrer **deux éléments** : à la fois le déguisement de l'acte et l'intention libérale de l'une des parties. Ni l'un ni l'autre ne se présument sauf le cas particulier de la présomption de gratuité (n° 13395). Ils doivent donc être établis par celui qui les allègue. La jurisprudence demeure invariable sur ce point (voir nos 13365 s.). 13362

Le **déguisement** ne se présume jamais, il faut le prouver (Cass. 1e civ. 17-1-1995 n° 93-11.412 : Bull. civ. I n° 41). Par exemple, n'a pas été jugée suffisante pour établir l'existence d'une donation déguisée la mention dans un acte de vente notarié que le paiement du prix était intervenu « hors la comptabilité du notaire » (Cass. 1e civ. 11-3-2009 n° 07-20.132 FS-PB : RJDA 11/09 n° 1003, AJ fam. 2009 p. 222 obs. A. Tisserand-Martin, Defrénois 15-7-2009 n° JP2009DEF1386N1 p. 1386 note B. Vareille). Il incombe au requérant de démontrer l'absence du paiement effectif (Cass. 1e civ. 26-9-2012 n° 11-10.960 F-PBI : RJPF 2012-11/48 obs. J. Casey ; Cass. 1e civ. 19-2-2014 n° 12-35.311 F-D). 13365

L'**intention libérale** ne se présume pas non plus. La Cour de cassation est intransigeante sur ce point. Par exemple, dans une affaire où des parents ont cédé divers immeubles à des SCI détenues par leurs fils et petit-fils alors que seule une partie du prix a été réglée, une cour 13370 d'appel a été censurée pour en avoir déduit que les ventes étaient des donations déguisées, sans rechercher si les vendeurs avaient agi dans une intention libérale (Cass. 1e civ. 19-3-2014 n° 13-14.795 F-PB : RJDA 7/14 n° 610, JCP N 2014 act. n° 472 obs. D. Faucher, AJ fam. 2014 p. 326 obs. N. Levillain). De la même façon, l'usage du bien pendant 32 ans par une mère, en contrepartie de sa participation financière à l'acquisition dudit bien par son fils, exclut toute intention libérale de sa part à l'égard de son enfant (Cass. 1e civ. 14-10-2020 n° 19-13.770 F-D : BPAT 6/20 inf. 223-2).

13375 **Effets de la preuve** La preuve a ici plus que jamais des conséquences décisives. En effet, tant que la donation déguisée n'est pas prouvée, c'est le **régime juridique de l'acte onéreux** dont la donation emprunte l'apparence qui s'applique (vente, prêt, etc.).

Mais dès lors que la libéralité déguisée est démontrée, c'est le **régime juridique et fiscal des donations** qui s'applique dans son ensemble. En particulier, l'acte sera dès lors soumis au rapport dans la succession du donateur, puisque la jurisprudence a précisé que le déguisement ne constitue pas en lui-même une dispense de rapport (voir sur ce point n° 31485).

13380 **Preuve par le donateur ou le donataire** Même s'ils ont choisi à l'origine la dissimulation, les parties à l'acte peuvent en définitive chercher à en établir la véritable qualification. Par exemple, le donataire peut souhaiter faire valoir une cause de révocation de la donation, ou échapper à l'application du régime juridique de l'acte apparent.

Sur le fondement du **droit commun de la preuve,** les parties doivent démontrer l'existence de la donation par écrit, du moins si cette dernière excède 1 500 € (C. civ. art. 1359 ; Décret 80-533 du 15-7-1980). Un arrêt d'appel a ainsi été censuré pour avoir admis la preuve par présomptions d'une donation déguisée en vente (Cass. 1e civ. 24-10-1977 n° 76-15.061 : Bull. civ. I n° 379, D. 1978 IR p 240 obs. D. Martin, RTD civ. 1978 p. 397 obs. R. Savatier ; voir également Cass. 1e civ. 3-5-1978 n° 76-12.341 : Bull. civ. I n° 186).

13385 La preuve de la simulation devient libre s'il y a eu **fraude** (Cass. req. 12-6-1907 : DP 1908 I p. 235 ; Cass. com. 19-11-2002 n° 00-21.620 : Bull. civ. IV n° 174, dans une affaire de prêts fictifs et frauduleux entre plusieurs sociétés).

De même, si l'une des parties peut se prévaloir d'un **commencement de preuve par écrit,** la preuve de la donation déguisée par tous moyens est alors recevable (C. civ. art. 1358). Cette exception joue d'ailleurs assez souvent en pratique, car l'acte simulé peut précisément constituer ce commencement de preuve.

ILLUSTRATIONS

A été qualifié de commencement de preuve par écrit l'acte authentique de vente d'une exploitation agricole qui rendait vraisemblable l'existence d'une donation déguisée, pour en admettre la **preuve par témoins** (Cass. 1e civ. 9-11-1976 n° 75-11.863 : Bull. civ. I n° 341, Defrénois 1977 p. 841 obs. G. Champenois).

13390 **Preuve par des tiers** Parfois, ce sont des tiers qui cherchent à démontrer l'existence de la donation déguisée, par exemple un héritier réservataire du donateur afin de reconstituer sa réserve, ou encore l'administration fiscale pour recouvrer des droits de mutation à titre gratuit.

Pour eux, la **preuve** de la donation est **libre** et peut donc être rapportée par tous moyens (Cass. 10-5-1905 : DP 1908 I p. 276). A ainsi été admise la preuve par présomptions d'une vente déguisée par les héritiers du donateur (Cass. 1e civ. 5-1-1983 n° 81-16.655 : Bull. civ. I n° 10, RTD civ. 1984 p. 340 obs. J. Patarin ; Cass. 1e civ. 24-11-1987 n° 86-10.635 : Bull. civ. I n° 309).

La preuve de la donation déguisée doit être **établie par** celui qui l'allègue.

ILLUSTRATIONS

Ne suffit donc pas à prouver l'existence d'une donation déguisée :

– le fait qu'une **ferme achetée par un jeune agriculteur** de 22 ans ait manifestement été payée par ses parents, faute pour les frères et sœurs demandant le rapport de prouver que c'est dans une intention libérale que leurs parents avaient financé l'acquisition de la ferme (Cass. 1e civ. 26-9-2012 n° 11-10.960 F-PBI : Bull. civ. I n° 189, Sol. Not. 11/12 inf. 285 ; pour une interprétation critique, J. Casey, La charge de la preuve de l'intention libérale, une preuve diabolique ? : RJPF 2012-11/48) ;

– le **faible prix de vente de vignes** consenti par des parents à leur fils, faible prix justifié dans l'acte par le gel ayant sinistré les vignes. Il appartenait aux héritiers qui demandaient le rapport de démontrer que les énonciations de l'acte sur l'état des biens étaient inexactes, et non à l'acquéreur d'en établir la réalité (Cass. 1e civ. 4-7-2012 n° 11-17.439 F-D).

Présomption de gratuité Lorsque des **biens** sont **vendus** par une personne **à ses successibles en ligne directe** à charge de rente viagère, à fonds perdu ou avec réserve d'usufruit, la loi présume que l'acte dissimule une donation hors part successorale (C. civ. art. 918). 13395

Les héritiers réservataires du donateur bénéficient ainsi d'une présomption de donation déguisée préciputaire pour l'application des règles propres à la réduction des libéralités. Non seulement cette **présomption irréfragable** les dispense de rapporter la preuve de la donation déguisée, mais elle interdit en outre au donataire d'établir la réalité de l'acte onéreux (de vente, de prêt, etc.) présumé fictif.

Pour de plus amples développements sur la présomption de gratuité, voir n°s 32760 s.

B. Régime fiscal de la donation déguisée

ENJEUX

Les libéralités sont soumises aux droits de mutation à titre gratuit indépendamment de la **qualification juridique de la convention.** Dès lors, si elle est en mesure de prouver la nature et la gratuité de l'opération, l'administration peut réclamer l'impôt sur les donations déguisées ou indirectes (sur les spécificités des donations indirectes, voir n° 13610 s.). 13445

Sur le plan fiscal, les donations déguisées relèvent de la **procédure de répression des abus de droit** (LPF art. L 64). Cette procédure permet en effet à l'administration d'écarter, comme ne lui étant pas opposables, les actes constitutifs d'un abus de droit, afin d'en restituer le véritable caractère. Sont visés les actes ayant un caractère fictif (**abus de droit par simulation**) ainsi que les actes qui, recherchant le bénéfice d'une application littérale des textes ou de décisions à l'encontre des objectifs poursuivis par les auteurs, n'ont pu être inspirés par aucun autre motif que celui d'éluder ou d'atténuer les charges fiscales que l'intéressé aurait normalement supportées eu égard à sa situation ou à ses activités réelles (abus de droit par fraude à la loi).

En raison de leur caractère occulte, les donations déguisées relèvent, de manière quasi-exclusive, de l'abus de droit par simulation. Elles ne devraient donc pas être concernées par la nouvelle procédure prévue à l'article L 64 A du LPF, qui étend l'abus de droit fiscal par fraude à la loi aux opérations réalisées dans un **but principalement fiscal** (LPF art. L 64 A, applicable aux rectifications notifiées depuis le 1-1-2021 portant sur des actes passés ou réalisés depuis le 1-1-2020 : voir n° 5522).

Lorsqu'elle est établie, la donation déguisée rend exigibles les **droits de mutation à titre gratuit.** Elle est en outre sanctionnée par une **pénalité** égale à 80 % des droits rappelés (ramenée à 40 % si l'administration n'établit pas que le donataire a été le principal bénéficiaire de la donation ou en a eu l'initiative principale) (CGI art. 1729). Cette pénalité s'ajoute à l'intérêt de retard au taux de 0,20 % par mois (CGI art. 1727).

PREUVE DE LA SIMULATION

La procédure d'abus de droit est mise en œuvre à l'initiative de l'administration qui invoque la fictivité de l'acte. En cas de **désaccord entre l'administration et le contribuable** sur les rectifications notifiées, le litige peut être soumis à l'avis du Comité de l'abus de droit fiscal (CADF). Mais quel que soit l'avis du CADF, et a fortiori s'il n'a pas été consulté, la **charge de la preuve** incombe dans tous les cas à l'administration (LPF art. L 192). 13450

L'administration fiscale peut prouver la simulation par **tous** les **modes de preuve compatibles avec la procédure écrite** et, en particulier, à l'aide de présomptions tirées, soit des clauses de l'acte lui-même, soit des faits et circonstances extrinsèques. Mais, à défaut pour les parties d'accepter le point de vue de l'administration, l'appréciation du caractère des contrats appartient, en définitive, aux tribunaux de l'ordre judiciaire.

ATTENTION

Pour les rectifications opérées sur le terrain de l'abus de droit **avant le 1er janvier 2019,** c'est le contribuable qui supporte la charge de la preuve lorsque l'imposition est établie conformément à l'avis du Comité.

Le plus souvent, l'administration invoque un **faisceau de présomptions** graves, précises et concordantes de nature à emporter la conviction du juge. Il appartient alors au contribuable d'apporter la preuve contraire. 13455

ILLUSTRATIONS

Le juge n'inverse pas la charge de la preuve en relevant des éléments de fait qu'il estime constitutifs de présomptions de **dissimulation d'une donation** et en retenant que le contribuable n'établit aucun fait de nature à contredire lesdites présomptions (Cass. com. 17-10-1995 n° 93-20.080 D : RJF 1/96 n° 137).

Le juge qui **requalifie un prêt en donation** estime à juste titre, après avoir relevé que le contribuable emprunteur n'était pas en mesure de rembourser son père, le prêteur, à l'aide de ses revenus, qu'il lui incombait de faire la preuve des ressources exceptionnelles dont il prétendait avoir disposé (Cass. com. 17-10-1995 n° 94-10.196 : Bull. civ. IV n° 240, RJF 1/96 n° 140).

Lorsque, **pour requalifier,** au titre de l'abus de droit, **une vente en donation,** l'administration invoque le défaut de paiement du prix et que le contribuable reconnaît n'avoir payé aucune somme en espèces, il incombe à ce dernier, qui soutient s'être acquitté de sa dette en effectuant des travaux, d'apporter la preuve de cette prétention (Cass. com. 21-4-1992 n° 90-17.409 D : RJF 7/92 n° 1091).

13460 La Cour de cassation veille cependant à ce que le juge du fond n'inverse pas la charge de la preuve en la faisant peser indûment sur le redevable. Elle a ainsi jugé que **renverse la charge de la preuve** le tribunal qui fait droit à la requête de l'administration, non pas en retenant les faits invoqués par celle-ci en vue de démontrer la fictivité d'une vente moyennant un prix converti en rente viagère, mais en fondant sa décision sur l'incapacité des redevables à administrer la preuve du caractère onéreux de l'opération (Cass. com. 4-3-1986 n° 84-16.099 : Bull. civ. IV n° 38).

De même, le juge qui requalifie une vente d'immeuble en donation, au motif que les acquéreurs n'avaient pas payé le prix stipulé, inverse la charge de la preuve en retenant que, pour la partie du prix acquittée par dation en paiement, les acquéreurs ne peuvent justifier avoir souscrit les bons de caisse remis au notaire à ce titre (Cass. com. 4-7-1995 n° 93-15.991 D : RJF 11/95 n° 1314).

Jugé, dans le même sens, qu'il appartient à l'administration, qui prétend qu'une vente dissimule en fait une donation, d'apporter la preuve que la quittance du prix contenue dans l'acte de vente est fictive. Un tribunal inverse la charge de la preuve en considérant, d'une part, que le paiement de la vente n'était établi ni par la comptabilité du notaire ni par celle des parties et, d'autre part, que la quittance en cause ne faisait foi qu'entre les parties et était donc inopposable à l'administration en vertu de l'effet relatif des contrats (Cass. com. 4-12-1990 n° 88-18.566 D : RJF 4/91 n° 533).

CIRCONSTANCES CARACTÉRISANT (OU NON) LES DONATIONS DÉGUISÉES

13465 Certaines circonstances sont déterminantes pour caractériser la simulation. Tel est le cas lorsque l'intention libérale du « vendeur » est établie, lorsque le prix n'est pas payé ou encore lorsqu'un contrat prétendument aléatoire est en réalité dépourvu d'aléa.

13470 **Absence d'intention libérale** S'agissant de l'intention du vendeur, il incombe à l'administration qui, invoquant l'abus de droit, prétend qu'une vente dissimule en fait une donation, d'établir que le vendeur apparent a voulu gratifier l'attributaire de l'immeuble transmis en lui consentant une cession tout en le dispensant de fournir la totalité des contreparties mises à sa charge dans l'acte de vente.

ILLUSTRATIONS

La Cour de cassation a considéré que l'intention libérale du cédant n'était **pas établie** dans les espèces suivantes :

Pour décider que la **vente litigieuse dissimulait une donation,** le tribunal s'était appuyé sur les faits suivants :

– les parties habitaient ensemble depuis plus de 15 ans ;

– l'attributaire de l'immeuble avait retiré, sur procuration, une partie des sommes versées à titre de prix de vente quelques jours plus tôt et ne fournissait aucune explication sur l'usage qui en avait été fait ;

– l'attributaire avait également repris possession d'une fraction des arrérages de la rente versée avant le décès du vendeur apparent.

Ces faits n'établissant pas que la preuve de la dissimulation a été apportée par l'administration, la décision du tribunal a été censurée pour manque de base légale (Cass. com. 14-1-1992 n° 89-16.046 P : RJF 4/92 n° 577).

Une personne de plus de 80 ans avait **cédé la nue-propriété de ses biens** (évalués à 1 565 840 F) à des tiers – deux époux – **moyennant une obligation de soins** de la part de ces derniers. La contre-valeur de ces soins, assurés au domicile de la vendeuse (les acquéreurs devant loger chez elle), était fixée par la convention à 24 000 F par an. Une rente du même montant devait être versée par les époux à la vendeuse dans le cas où celle-ci, comme la convention en prévoyait la possibilité, décidait de mettre fin à la cohabitation avec les acquéreurs (Cass. 1e civ. 14-2-1989 n° 87-14.205 P : RJF 5/89 n° 643). Il résulte de cette décision que l'intention libérale ne peut pas être déduite du seul déséquilibre constaté entre les engagements respectifs des contractants.

Le **Comité de l'abus de droit fiscal** (CADF), saisi pour avis, a également estimé que l'administration n'apportait pas la preuve de l'intention libérale du vendeur dans les circonstances suivantes : 13475
– M. A, gérant de la SCI X dont son épouse, Mme A, était l'associée unique, avait **vendu** à ladite société X la **pleine propriété d'un ensemble immobilier** sis à Paris ;
– cette vente n'ayant donné lieu à **aucun paiement effectif** de la part de la société X, l'administration entendait requalifier l'opération en donation déguisée dans le cadre de la procédure de l'abus de droit fiscal.

Pour s'opposer aux prétentions de l'administration, le CADF s'est notamment appuyé sur les **constatations** suivantes :
– M. A, gérant de la société X, avait prélevé d'importantes sommes dans la trésorerie de la société pour financer ses dépenses personnelles, de sorte que le **prix** stipulé avait été **réglé par compensation** avec la dette résultant des avances consenties par la société ;
– l'intention libérale ne pouvait résulter au cas d'espèce ni du caractère incomplet de la mention de l'acte authentique indiquant que le prix avait été payé comptant, avant la vente et hors comptabilité du notaire, ni de considérations d'ordre général sur les relations familiales existant entre les époux A (Avis CADF 2-2-2017 n° 2016-16).

En revanche, la **vente** d'une maison **dissimule une donation,** dès lors que l'intention libérale du prétendu cédant se déduit de l'ensemble des présomptions graves, précises et concordantes suivantes : 13480
– les parties vivaient maritalement dans l'immeuble objet de la mutation avec leurs trois enfants ;
– le propriétaire, dont la situation financière était aisée, n'avait aucune raison d'aliéner sa maison ;
– l'absence de paiement d'un prix était prouvée (Cass. com. 2-11-1994 n° 92-20.972 D).

La **fictivité** d'une cession de titres est également établie lorsque : 13482
– les ventes en cause ont été consenties au contribuable par des membres de sa famille pour une somme symbolique ;
– les cessions, intervenues dans le but de restructurer le groupe de sociétés dans un contexte de mésentente familiale, traduisent la volonté manifeste d'avantager l'acquéreur au détriment d'autres membres de sa famille ;
– les cédants étaient conscients de la discordance entre le prix de vente et la valeur vénale des titres et l'acquéreur a consenti à cet avantage, de sorte que l'opération s'est traduite par la dépossession actuelle et irrévocable des vendeurs (Cass. com. 7-7-2021 n° 19-16.446 F-D : RJF 11/21 n° 1075).

Constituent également des donations déguisées les **prêts d'argent** consentis par une femme à son fils dans les **circonstances** suivantes **qui permettent d'établir** son **intention libérale** à l'égard de ce dernier : absence de stipulation d'intérêt, lien de parenté liant les parties, âge avancé du prêteur, succession des prêts (six prêts entre 1989 et 2003), absence de tout remboursement et âge du prêteur (99 ans) lors du terme du premier prêt rendant aléatoire l'obligation de remboursement (Cass. com. 8-2-2017 n° 15-21.366 F-D : RJF 5/17 n° 502). 13485

Absence de versement du prix Le non-versement du prix (ou son non-encaissement par le « vendeur ») concourt à établir la fictivité de la vente. Cette circonstance a été relevée par de nombreuses décisions de la Cour de cassation (ou avis du CADF) dont nous présentons quelques exemples significatifs. 13490

ILLUSTRATIONS

Constituent des donations déguisées et non des ventes :
– une « vente » dont il résultait d'un ensemble de présomptions réunies par l'administration et, notamment, de l'aveu extrajudiciaire du prétendu acquéreur, que le vendeur n'avait pas perçu le prix porté à l'acte. La mention dans l'acte authentique de vente que le prix a été payé « comptant, directement et hors la comptabilité du notaire », ne fait pas foi du paiement jusqu'à inscription de faux et supporte la preuve contraire (Cass. com. 8-12-1975 n° 74-12.503 : RJF 5/76 n° 258 ; BOI-ENR-DG-20-20-50 n° 70) ;
– la vente de sa résidence principale, consentie, deux mois avant sa mort, par une femme de 90 ans à son neveu, qui est également son légataire universel, moyennant un prix intégralement

converti en rente viagère et dont les premiers (et seuls) chèques de versement n'ont été présentés au paiement qu'après sa mort (Cass. com. 21-10-2008 n° 07-19.345 F-D : RJF 2/09 n° 171) ;
– la vente par un homme âgé de 80 ans, décédé sans héritier direct 15 jours après la signature de la promesse de vente (vente signée ensuite par sa veuve), à un parent éloigné auquel le prix de vente (au surplus minoré) a été remboursé par un acte signé le jour de la promesse de vente (Cass. com. 11-9-2012 n° 11-19.592 F-D : Sol. Not. 11/12 inf. 287) ;
– la vente opérée au profit du légataire universel et curateur du vendeur, âgé de 88 ans et en mauvaise santé (il est décédé quelques mois après la vente), le prix (minoré) étant payable pour moitié en rente viagère et pour moitié converti en obligation de soins (CA Orléans 4-3-2013 n° 12/01176 : BPAT 3/13 inf. 105). On notera que la décision indique à tort qu'une vente consentie pour un prix dérisoire constitue une donation déguisée, alors qu'une telle vente ne peut constituer qu'une donation indirecte (voir n°s 13610 s.) ;
– la vente d'un immeuble consentie par des époux à leurs deux enfants, cette vente étant accompagnée, le même jour, de la donation d'un autre bien immobilier dont la vente devait permettre aux enfants de payer le prix du premier immeuble. Ce prix n'avait pas été payé et aucune action n'avait été intentée par les parents pour l'obtenir, les enfants échouant par ailleurs à démontrer qu'ils avaient réglé une fraction du prix en désintéressant un créancier de leurs parents (Cass. com. 8-2-2017 n° 15-23.043 F-D : RJF 5/17 n° 503) ;
– l'apport de biens immobiliers à une association catholique sans contrepartie réelle pour l'apporteur, si ce n'est le droit moral de faire valoir son point de vue dans l'accomplissement des fins de l'association (CADF 2-2-2017 n° 2016-17) ;
– une vente consentie par des cédantes âgées de 87 et 92 ans à un proche qui avait procuration sur leurs comptes et était légataire universel de l'une d'elles, lorsque le prix n'est payé comptant que pour une partie dérisoire et que le solde n'est pas réglé (CA Grenoble 17-10-2017 n° 15/00655 : Sol. Not. 8-9/17 inf. 5).

13495 **Absence d'aléa** Une vente consentie moyennant **rente viagère** ou **obligation de soins** peut dissimuler une donation lorsque le contrat est dépourvu de caractère aléatoire. Tel est le cas, par exemple, en cas de stipulation d'une rente viagère, lorsque le vendeur est âgé ou que son état de santé laisse prévoir une issue fatale et rapide au moment du contrat. Il en va de même, a fortiori, lorsque sont réunies les conditions prévues à l'article 1975 du Code civil en vertu duquel tout contrat de rente viagère par lequel la rente a été créée sur la tête d'une personne atteinte de la maladie dont elle est décédée dans les 20 jours de la date du contrat ne produit aucun effet. L'administration fiscale peut se prévaloir des dispositions de ce texte pour établir le caractère gratuit du contrat. Mais la jurisprudence admet que l'action en annulation pour défaut d'aléa est recevable même lorsque le décès survient plus de 20 jours après la conclusion du contrat (Cass. 1e civ. 31-1-1974 n° 72-13.756 ; Ind. 12581).

Sur la requalification d'une **acquisition en tontine** par des époux séparés de biens en l'absence d'aléa, voir n° 44655, Conseil.

13500 L'absence d'aléa a notamment été **reconnue par la jurisprudence dans les circonstances suivantes** :
– un oncle avait prétendument vendu à son unique neveu la totalité de ses immeubles moyennant un prix consistant pour partie en rente viagère et en charge de soins, alors que le vendeur en très mauvais état de santé est décédé 26 jours après la vente, qu'aucune espèce n'a figuré dans la déclaration de succession et que l'état de fortune du prétendu acquéreur, qui a contracté un emprunt pour acquitter les droits et frais, ne lui permettait pas de faire face aux stipulations des actes (TGI Périgueux 30-5-1967 : Ind. 11335) ;
– un contribuable a vendu la nue-propriété d'une maison moyennant un prix converti en bail à nourriture puis en rente viagère puis a, un an plus tard, versé aux acquéreurs une somme d'argent à charge, pour eux, de lui assurer l'hébergement, la nourriture et les soins. Jugé que l'obligation de soins stipulée dans le second acte était déjà la contrepartie du premier acte, de sorte que le versement corrélatif d'une somme d'argent était dénué de contrepartie (Cass. com. 6-3-1990 n° 88-19.759 P, Riboulet : RJF 5/90 n° 632).

La **Cour de cassation** a également jugé que le caractère gratuit d'un contrat peut résulter du fait que la rente viagère n'excède pas le revenu des immeubles abandonnés (Cass. ch. unique 26-5-1903 I, 3130, § 2). En effet, dans ce cas, le débiteur de la rente acquiert immédiatement un avantage certain qui enlève à la convention tout caractère aléatoire.

Cette jurisprudence irrigue la doctrine du **Comité de l'abus de droit fiscal** qui a notamment approuvé la requalification en donation déguisée de la **vente** de sa **résidence principale,** par une **personne âgée** de 84 ans à son neveu, moyennant un prix intégralement converti en rente viagère. La première **échéance annuelle,** d'un montant de 19 625 €, versée peu de temps avant le décès de la crédirentière, avait été **rétrocédée** en trois versements au

prétendu acquéreur. Ce dernier avait soutenu, sans convaincre le CADF, que ces versements avaient la nature d'un don manuel mais cette affirmation n'était étayée par aucun élément de preuve, la somme en litige n'ayant au surplus pas été mentionnée dans la déclaration de succession (CADF 2-2-2017 n° 2016-49).

La jurisprudence fournit, en sens inverse, de nombreux exemples de contrats dont le **caractère aléatoire,** contesté par l'administration, a cependant été **reconnu par le juge** de l'impôt. 13505

ILLUSTRATIONS

Ne peut être considérée comme constituant une donation entre vifs la **vente d'un immeuble, moyennant un prix converti en une obligation de soins,** consentie à sa nièce par une personne âgée de 72 ans, impotente et décédée moins d'un mois après la vente, alors que la nièce n'était pas nécessairement héritière présomptive et que l'obligation contractée au profit de la venderesse, dont il n'est pas établi qu'au moment de la vente elle était atteinte d'une maladie à évolution rapide ni même que son décès ait été provoqué par ladite maladie, était susceptible d'être fort coûteuse pour l'acquéreur et d'absorber rapidement la valeur des biens (T. civ. Montluçon 7-12-1955 : Ind. n° 9038).

Bien qu'il ait constaté que les circonstances dans lesquelles a été passé l'acte de **vente d'un immeuble** et du mobilier le garnissant sont incontestablement suspectes (vente consentie **moyennant un prix converti en l'obligation de loger, nourrir et entretenir** la venderesse et subsidiairement **susceptible d'être converti en une rente viagère,** hospitalisation de la venderesse trois jours plus tard, décès survenu le lendemain de l'hospitalisation, rédaction le jour même de la vente d'un testament olographe instituant l'épouse du couple acquéreur en qualité de légataire universelle), un tribunal a décidé que cette convention ne peut s'analyser en une donation, dès lors qu'au jour de la vente la venderesse pouvait ignorer son véritable état de santé et qu'il n'est pas établi qu'elle avait l'intention de donner (TGI Châlons-sur-Marne 15-1-1975 : RJF 7/75 n° 388).

Dans le cas d'une **vente d'un appartement** par une tante à son neveu **moyennant rente viagère** et **obligation de loger, chauffer,** blanchir, entretenir, **soigner et nourrir** la venderesse avec réserve par cette dernière de la jouissance d'une partie du logement, il a été jugé que les indices invoqués par l'administration ne démontraient pas l'existence d'une donation déguisée, malgré le décès de la venderesse dans les deux mois de la vente. La preuve n'a pas été faite que l'acheteur avait eu la certitude que la contrepartie en rente et obligations en nature ait eu un caractère essentiellement éphémère (Cass. com. 22-9-1983 n° 82-10.711 : Bull. civ. IV n° 240).

OPÉRATIONS COMPLEXES

La répression des donations déguisées génère une part importante des procédures fiscales pour abus de droit. Les contrôles de l'administration visent non seulement les **ventes fictives** mais également des **montages plus complexes,** telles les donations-apports, qui peuvent, dans certains cas, favoriser une forme d'évasion fiscale. Gestion patrimoniale avisée ou témérité coupable, l'analyse de la jurisprudence montre que la frontière est souvent difficile à tracer entre les opérations justifiées par un intérêt juridique ou financier légitime et celles fondées exclusivement sur des préoccupations fiscales. 13510

Illustrations Nous présentons ci-après, à titre d'illustrations, quelques opérations passées, avec plus ou moins de succès, au crible de l'abus de droit traditionnel (LPF art. L 64). 13515

L'opération consistant en l'**apport** par deux époux de la moitié **de la nue-propriété d'un immeuble à une SCI, suivie,** par acte du même jour, **de la donation** à leur fils de la quasi-totalité **de leurs parts dans la société,** ne constitue pas un abus de droit en raison des circonstances suivantes :

– au regard des principes applicables en cas de démembrement de la propriété d'un immeuble, il existait un intérêt pour le père, au lieu de détenir directement cette nue-propriété, d'en faire apport à une SCI dont il était devenu le gérant, dans la mesure où sa double qualité d'usufruitier et de gérant lui donnait des pouvoirs renforcés de vaincre l'éventuel refus de son fils nu-propriétaire d'assumer ses obligations légales ;

– la création de la SCI permettait aux parents donateurs de conserver un véritable pouvoir de décision sur la gestion du bien transmis.

Il résulte de ces constatations faites par la cour d'appel que l'opération litigieuse présentait des intérêts distincts de la préoccupation fiscale (Cass. com. 20-5-2008 n° 07-18.397 F-D : RJF 10/08 n° 1136). Cette solution se situe dans la ligne de la jurisprudence tendant à considérer que l'apport-donation est justifié par le pouvoir de contrôle que se ménagent les donateurs sur la gestion des actifs de la société transmise (Cass. com. 26-3-2008 n° 06-21.944 FS-D : voir n° 13530).

13520 Des époux constituent une **SCI** à laquelle ils **apportent,** l'un, des **parts de SCPI** et la **nue-propriété d'immeubles,** l'autre, du numéraire. Le même jour, l'époux fait une donation-partage à ses enfants d'une **partie des parts** de cette société.

Le juge ne peut retenir l'abus de droit sans rechercher si la constitution de la SCI n'a pas pour but, d'une part, de partager équitablement le patrimoine entre leurs descendants, en évitant toute indivision entre eux et les difficultés inhérentes à un partage en lots équivalents d'immeubles de nature et de valeur très diverses et, d'autre part, de se mettre à l'abri du besoin leur vie durant en conservant les revenus de ces immeubles (Cass. com. 23-9-2008 nº 07-15.210 F-D : RJF 1/09 nº 89).

13525 Une mère a, avec ses deux enfants, constitué une **société civile** à laquelle elle **a apporté la nue-propriété de valeurs mobilières,** puis a fait, neuf mois plus tard, une donation-partage à ses enfants de la pleine propriété des parts sociales qu'elle détenait. L'administration a requalifié l'opération en **donation directe** aux enfants de la nue-propriété des titres. Le juge fait ressortir le caractère fictif de la société au sens de l'article 1832 du Code civil en retenant les éléments suivants :

– défaut de fonctionnement de la société, aucun acte de gestion relatif à l'achat ou à la vente de valeurs mobilières n'ayant été effectué entre le moment de la constitution de la société et l'acte de donation-partage litigieux ;
– absence d'autonomie financière de celle-ci ;
– absence d'apports réels des enfants, ceux-ci représentant 0,0041 % de la valeur de l'apport de leur mère ;
– défaut d'une véritable volonté de s'associer reconnue par les enfants eux-mêmes, lesquels indiquaient que leur mère entendait garder les revenus des obligations assimilables du Trésor apportés à la société ainsi que la maîtrise de son patrimoine sans avoir à demander leur accord pour d'éventuels arbitrages.

Le juge a légalement justifié l'abus de droit en considérant que cette société n'avait été constituée que pour permettre l'apport en nue-propriété des titres afin d'éviter l'application du barème légal prévu par l'article 762 du CGI, en vigueur au moment des faits (Cass. com. 15-5-2007 nº 06-14.262 F-PB : RJF 8-9/07 nº 994).

13530 L'opération consistant en l'**apport** par un père de famille **de la nue-propriété d'immeubles,** estimée à sa valeur économique, **à des SCI** constituées avec ses enfants, **suivie** peu après **de la donation-partage de la quasi-totalité de ses parts,** ne constitue pas un abus de droit en raison des circonstances suivantes :

– la constitution des sociétés par le père lui a permis d'organiser les statuts de la manière qu'il estimait la plus appropriée, conservant le contrôle des sociétés et celui des immeubles ainsi que la possibilité de les céder ;
– l'opération a permis au père d'assurer après son décès la cohésion du patrimoine familial en mutualisant entre ses enfants les aléas locatifs et les écarts de rentabilité susceptibles d'apparaître entre les différents immeubles et en permettant de mettre en place une procédure d'agrément de nouveaux associés tout en évitant que le créancier d'un indivisaire puisse déclencher le partage judiciaire des biens familiaux et cela dans un cadre juridique présentant une stabilité beaucoup plus grande qu'une indivision.

Il résulte de ces constatations faites par la cour d'appel que l'opération litigieuse ne présentait pas une finalité exclusivement fiscale (Cass. com. 26-3-2008 nº 06-21.944 FS-D : RJF 7/08 nº 904).

SECTION 3 DONATIONS INDIRECTES

DÉFINITION

13610 De toutes les donations qui dérogent au formalisme de l'article 931 du Code civil, la donation indirecte est sans conteste la plus difficile à définir (voir notamment A. Ponsard, Les donations indirectes en droit civil français, thèse Dijon 1946. R. Libchaber, Pour une redéfinition de la donation indirecte : Defrénois 30-12-2000 nº AD2000DEF1409N1 p. 1409).

À la différence d'un don manuel, elle résulte bien d'un **acte juridique.**

Comme une donation déguisée, elle se présente sous la forme d'un **acte autre qu'une donation,** ce qui explique qu'il soit parfois délicat de distinguer les deux notions (voir P. Tauran, La subtile distinction entre les donations indirectes et les donations déguisées : RRJ 2011, 2, p. 609).

Toutefois, à la différence de la donation déguisée (nos 13320 s.) qui résulte d'un acte fictif, la donation indirecte repose sur un **acte sincère** et bien réel.

S'il n'y a ainsi aucune dissimulation, l'acte confère toutefois à l'une des parties un avantage patrimonial, qui est sciemment accordé par l'autre partie dans une intention libérale.

A. Régime juridique de la donation indirecte

CONDITIONS DE VALIDITÉ

Évoquée par certains **textes** (C. civ. art. 843 par exemple), la donation indirecte a été validée en **jurisprudence** (Cass. 1e civ. 27-11-1961 no 59-13.331 : Bull. civ. I no 553, affirmant que les donations indirectes, comme les donations déguisées, échappent aux règles de forme édictées par l'article 931 du Code civil). 13615

Tout **comme la donation déguisée,** la donation indirecte doit respecter à la fois les conditions de validité de l'acte sur lequel elle repose et celles tirées du droit commun des donations entre vifs (voir, pour les conditions de validité des libéralités, nos 200 s. et, plus précisément, pour les conditions de validité des donations nos 4150 s.).

Il est cependant unanimement admis que, **contrairement à la donation déguisée** qui repose sur le mensonge, la donation indirecte, acte sincère, peut valablement être consentie à une personne incapable de recevoir.

ILLUSTRATIONS

La **délimitation de la notion** de donation indirecte donne souvent lieu à controverse (voir C. Jubault : Droit civil. Les successions. Les libéralités, Montchrestien 2010, nos 804 s. ; F. Terré, Y. Lequette, S. Gaudemet : Droit civil. Les successions. Les libéralités, Dalloz 4e éd. 2014, no 570). Rappelons notamment que la qualification de donation déguisée doit être préférée s'il y a dissimulation ou si l'acte est fictif. 13620

La qualification de donation indirecte ne fait généralement pas difficulté dans le cas du **règlement de la dette due à un tiers,** en particulier lorsque le donateur paie les droits de mutation à titre gratuit engendrés par une donation, alors qu'ils incombaient normalement au donataire. Ainsi jugé que la prise en charge par une donatrice des droits, frais et émoluments de la donation-partage consentie à ses enfants constitue une donation indirecte et que cette libéralité est en conséquence rapportable à sa succession (Cass. 1e civ. 25-2-2009 no 07-20.010 F-PB : RJF 6/09 no 601, RTD civ. 2009 p. 559 obs. M. Grimaldi, Defrénois 15-9-2009 no CJ2009DEF1598N1 p. 1598 obs. B. Vareille). Voir également nos 6320 s. 13625

On peut également rapprocher de cette hypothèse le cas du **cautionnement des dettes d'un insolvable,** si la personne qui se porte caution est animée par une intention libérale et entend ne jamais exercer son recours en remboursement de la dette payée contre le débiteur. Ainsi jugé à propos d'un homme ayant cautionné le prêt souscrit par sa maîtresse afin d'acquérir un appartement (Cass. 1e civ. 12-5-1982 no 81-11.446 : Bull. civ. I no 173, JCP G 1983 II no 20060 note Aubertin, D. 1983 p. 320 note J. Mestre).

Il y a donation indirecte si la **sous-évaluation du bien vendu** est réalisée sciemment par le vendeur dans le but d'avantager l'acheteur (Cass. 1e civ. 16-7-1959 : D. 1960 p. 185 note R. Savatier ; Cass. 1e civ. 6-1-1969 no 67-10.401 : Bull. civ. I no 8, qualifiant de donation indirecte la vente à un prix modique d'un garage par un oncle à son neveu). Cette hypothèse suppose toutefois que le prix ait été réellement payé par l'acheteur, faute de quoi c'est la qualification de donation déguisée qui doit être retenue, sous réserve des aléas jurisprudentiels (no 13345). 13630

Les donations indirectes prennent aussi très souvent la forme d'une **renonciation à un droit** dans le but de procurer un avantage à un tiers. 13635

En particulier, la renonciation à **une succession** afin d'accroître la part successorale d'un autre héritier est un exemple de donation indirecte. Il en a été jugé ainsi à propos d'une femme ayant renoncé à la succession de sa sœur afin d'accroître la part successorale de ses neveux et nièces (Cass. 1e civ. 27-5-1961 no 57-11.873 : Bull. civ. I no 268, RTD civ. 1961 p. 715 obs. R. Savatier, D. 1962 p. 657 note J. Boulanger ; voir également Cass. 1e civ. 22-12-1959 no 57-10.739 : Bull. civ. I no 554, dans le cas d'une renonciation à un legs).

13640 Une **remise de dette accordée sans contrepartie** dans une intention libérale peut aussi constituer une donation indirecte (Cass. 2-4-1862 : DP 1863 I p. 454). Jugé par exemple que la renonciation d'une mère à percevoir les arrérages de la rente incombant à deux de ses enfants peut constituer une donation indirecte susceptible de rapport successoral (Cass. 1e civ. 2-3-2004 no 00-15.915 F-D : Dr. famille 2004 comm. 89 obs. B. Beignier).

13645 Dans certaines hypothèses, la mise en œuvre d'un **contrat d'assurance-vie** peut constituer une donation indirecte (en ce sens, voir C. Brenner et P. Malaurie : Droit des successions et des libéralités, LGDJ 10e éd. 2022, no 335 ; F. Terré, Y. Lequette et S. Gaudemet : Droit civil. Les successions. Les libéralités, Dalloz 4e éd. 2014, no 577 ; H. Lecuyer, Assurance vie, libéralités et droit des successions : JCP N 2000 no 15 p. 656). Tel est le cas en particulier du contrat dépourvu d'aléa souscrit par une personne mourante (Cass. mixte 21-12-2007 no 06-12.769 FS-PBRI : D. 2008 p. 1314 note F. Douet, RTD civ. 2008 p. 137 obs. M. Grimaldi, JCP N 2008 no 1174 note R. Riche). Dans cette affaire, une personne en phase terminale d'un cancer avait investi l'essentiel de son patrimoine dans une assurance-vie et désigné comme bénéficiaire sa légataire universelle quelques jours avant sa mort. Un contrat d'assurance-vie peut être requalifié en donation si les circonstances dans lesquelles son bénéficiaire a été désigné révèlent la volonté du souscripteur de se dépouiller de manière irrévocable (Cass. mixte 21-12-2007 précité). Pour les contrats acceptés avant le 19 décembre 2007, la renonciation expresse au **droit de rachat** par le souscripteur semble appuyer la requalification du contrat d'assurance-vie en donation indirecte (lecture a contrario Cass. 1e civ. 20-11-2019 no 16-15.867 FS-PBI : BPAT 1/20 inf. 26, à propos d'un contrat d'assurance-vie mixte accepté par son bénéficiaire avant l'entrée en vigueur de la loi 2007-1775 du 17-12-2007). À noter que pour les contrats dont le bénéfice a été accepté depuis le 19 décembre 2007, le souscripteur qui a donné son accord à l'acceptation du bénéficiaire perd sa faculté d'effectuer des rachats sans son accord (C. ass. art. L 132-9, I-al. 1). La qualification du contrat d'assurance-vie en donation indirecte devrait s'en trouver facilitée (en ce sens, G. Yildirim, Assurance-vie : pas de requalification en donation indirecte dès lors que le rachat reste possible : BPAT 1/20 inf. 26 ; B. Vareille et S. Gaudemet, Donations, revenus professionnels et assurance-vie : curieux ménage à trois : Defrénois 3-9-2020 no 162a0 p. 23).

Pour d'autres illustrations de requalification de contrats d'assurance-vie en donation indirecte, voir nos 45310 s.

13650 La jurisprudence admet également que l'acte constitutif d'un **trust** « intervivos » de droit canadien puisse permettre la réalisation d'une donation indirecte, peu importe que l'identité du constituant ne soit pas révélée (Cass. com. 6-11-2019 no 17-26.985 F-D : RJF 7/20 no 644, Dr. famille 2020 comm. 29 note M. Nicod, Gaz. Pal. 31-3-2020 no 376kO p. 68 obs. S. Lerond). Sur ce sujet, voir également no 80900.

PREUVE

13665 **Objet de la preuve** Comme dans le cas d'une donation déguisée (no 13375), la démonstration de l'existence d'une donation indirecte entraîne l'application du **régime juridique des donations** avec toutes ses conséquences, qu'elles soient civiles (en particulier et le cas échéant, les incidences en matière de rapport des libéralités et celles en matière de réduction des libéralités ; voir respectivement nos 30900 s. et 32700 s.) ou même fiscales.

Pour obtenir cette qualification, il faut prouver **deux éléments** à la fois :
- l'avantage résultant de l'acte pour le donataire ;
- et l'intention libérale du donateur.

13670 L'**avantage** doit être caractérisé. Tel est le cas lorsqu'il résulte par **exemple** de la transmission d'un outil professionnel du défunt via :
- la conclusion entre le défunt et son héritier d'un bail de longue durée à un prix dérisoire, ainsi qu'un bail emphytéotique comprenant un site préhistorique (Cass. 1e civ. 25-1-2005 no 02-10.305 F-D) ;
- la reprise par un héritier du cabinet dentaire du défunt (Cass. 1e civ. 19-11-2002 no 00-18.339 FS-P : RJDA 4/13 no 376) ; dans le même sens, pour un kiosque à journaux (Cass. 1e civ. 10-6-1963 no 61-11.660 : Bull. civ. I no 304) ;
- le transfert par l'exploitant d'un taxi, à un de ses héritiers, d'une autorisation de stationner (Cass. 1e civ. 27-12-1963 no 62-10.648 : Bull. civ. I no 569).

Lorsqu'une personne apporte son concours financier au profit de son héritier par l'intermédiaire de sociétés auprès desquelles elle s'est portée caution, les juges du fond doivent rechercher si la caution n'a pas artificiellement soutenu l'activité professionnelle du débiteur en se substituant à lui dans le paiement de ses dettes, s'appauvrissant ainsi à son tour (Cass. 1e civ. 18-3-2020 no 18-25.309 F-D : Dr. famille 2020 comm. 94 note M. Nicod).

En pratique, la démonstration de **l'intention libérale** est décisive pour faire basculer la qualification de l'acte. En effet, l'acte étant sincère et non fictif, si l'avantage procuré au prétendu donataire est purement fortuit et ne résulte aucunement de la volonté du cocontractant, il ne peut s'agir d'une donation indirecte. Par **exemple,** la renonciation à un droit faite sans intention de gratifier celui qui en bénéficie ne constitue pas une donation (Cass. 1e civ. 16-3-1999 no 97-13.149 : Dr. famille 1999 comm. 71 note B. Beignier). 13675

De la même façon, l'intention libérale n'est pas établie en la personne du propriétaire d'un château l'ayant vendu à un prix certes inférieur à sa valeur réelle, mais qui n'était plus en mesure de faire face à l'entretien de la propriété, en raison tant de son âge que de l'état de ses finances (Cass. 1e civ. 19-11-2002 no 00-13.276 : Bull. civ. I no 276, D. 2003 somm. p. 1873 obs. M. Nicod). Ne suffit pas non plus à établir l'intention libérale l'attitude passive et dès lors équivoque du prétendu donateur, lequel n'a pas réclamé le paiement du prix de la vente, qui lui était normalement dû (Cass. 1e civ. 19-3-2014 no 13-14.795 F-PB : RJDA 7/14 no 610, solution rendue en matière de donation déguisée). L'intention libérale n'est pas plus caractérisée lorsque les juges du fond se bornent à constater l'appauvrissement d'un père, propriétaire d'un fonds de commerce, au profit de son fils à l'occasion de la vente par ce dernier du fonds et de la conservation du prix de vente (Cass. 1e civ. 18-3-2020 no 18-19.650 F-D : Dr. famille 2020 comm. 94 note M. Nicod). Au contraire, il a été jugé que, en s'abstenant de réclamer le paiement de la rente viagère due par leur fils donataire aux termes de la libéralité, les parents donateurs manifestaient leur intention libérale et consentaient une donation indirecte rapportable du montant des arrérages non versés (Cass. 1e civ. 15-5-2019 no 18-17.372 F-D : BPAT 4/19 inf. 151).

De la même manière, même révoqué ultérieurement, le testament qui exige le rapport de l'avantage indirect consenti fait la preuve de l'intention libérale dans laquelle le défunt a consenti cet avantage (Cass. 1e civ. 19-3-2014 no 13-14.139 F-PB : Sol. Not. 5/14 inf. 103).

Charge et mode de la preuve C'est à celui qui invoque que l'avantage résultant de l'acte a été consenti dans une **intention libérale** d'en rapporter la preuve. 13680

Le mode de **preuve** est **libre** (Cass. 2-12-1903 : DP 1903 I p. 608 ; Cass. 1e civ. 16-7-1959 : D. 1960 p. 185 note R. Savatier).

L'existence de l'intention libérale relève d'une **appréciation** souveraine des juges du fond, ce qui donne parfois lieu à des solutions contradictoires (no 13675). S'ils ont acquis la conviction qu'il y a intention libérale, il leur suffit donc de le constater dans l'exercice de leur pouvoir souverain d'appréciation pour mettre leur décision à l'abri de la cassation. Sont censurés de façon systématique les arrêts d'appel qui négligent de faire apparaître l'élément moral de la libéralité. 13685

ILLUSTRATIONS

Le juge doit constater l'intention libérale du disposant pour pouvoir ordonner le rapport à succession de l'avantage résultant :

– de la **mise à disposition gratuite d'un logement** au profit d'un enfant (Cass. 1e civ. 18-1-2012 no 11-12.863 FS-PBI). Sur les difficultés de qualification posées par la mise à disposition gratuite d'un logement, voir nos 13800 s. ;

– de l'**hébergement gratuit** de l'enfant au domicile de ses parents (pendant 40 ans en l'espèce !) (Cass. 1e civ. 18-1-2012 no 09-72.542 FS-PBI : Sol. Not. 3/12 inf. 59) ;

– du **financement** par les parents usufruitiers **de travaux** qui ne leur incombent pas sur l'immeuble dont ils ont donné la nue-propriété à leur enfant (Cass. 1e civ. 18-1-2012 no 11-12.863 FS-PBI précité). Il n'y a évidemment pas de libéralité lorsque les parents se bornent à assumer les travaux auxquels ils sont tenus en leur qualité d'usufruitiers (Cass. 1e civ. 16-3-2016 no 15-10.636 F-D : Sol. Not. 5/16 inf. 104) ;

– de **transferts d'argent** (Cass. 1e civ. 26-6-2019 no 18-17.038 F-D : BPAT 6/19 inf. 274-4).

B. Régime fiscal de la donation indirecte

PRINCIPES

Du fait de leur caractère non ostensible, les donations indirectes échappent le plus souvent à la taxation aux droits de donation **au moment de leur réalisation.** Toutefois, à la différence des dons manuels, ces libéralités sont par nature taxables. Il en résulte que les droits de mutation sont exigibles si l'administration parvient à faire la **preuve de l'existence de la libéralité.** En pratique, la taxation intervient souvent par application de la règle du rappel fiscal, lors d'une nouvelle donation effectuée par le donateur ou lors du décès de ce dernier (sur la règle du rappel fiscal, voir nos 50105 s.). 13735

La circonstance que la **donation indirecte** soit consentie **par une personne morale** ne fait pas échec à l'application des droits de mutation à titre gratuit. La vente consentie moyennant un prix minoré par une personne morale à son dirigeant est taxable au taux applicable entre non-parents (Cass. com. 7-5-2019 n° 17-15.621 F-D : RJF 4/20 n° 403).

13740 À titre d'**exemples** d'actes susceptibles d'être qualifiés **de donation indirecte** par l'administration fiscale, on peut citer :

– les **renonciations à usufruit.** Jugé par exemple que la donation de l'usufruit portant sur des titres est démontrée par les éléments suivants : les enfants qui étaient donataires de la nue-propriété ont vendu les titres et perçu et conservé l'intégralité du prix de vente ; la mère donatrice n'a pas perçu les revenus des titres entre l'acte de donation de la nue-propriété et la revente (Cass. com. 20-11-2007 n°s 06-19.294 et 06-19.295 F-D : RJF 4/08 n° 515). On citera également le cas d'une contribuable ayant renoncé unilatéralement à l'usufruit qu'elle détenait sur des titres de société, la nue-propriété de ces titres étant détenue par ses enfants : la Cour de cassation a jugé que la preuve de la donation est apportée, et notamment l'acceptation tacite des donataires, dès lors que les nus-propriétaires ont fait figurer ces titres en pleine propriété dans leur déclaration d'impôt de solidarité sur la fortune et ont encaissé les revenus produits par ces titres (Cass. com. 21-6-2011 n° 10-20.461 PB : BOI-ENR-DMTG-20-10-10 n° 100).

L'**abandon** par un contribuable **de l'usufruit** de droits sociaux **au profit d'une société** dont ses quatre enfants étaient les principaux associés a également été qualifié de donation indirecte par la Cour de cassation (Cass. com. 10-4-2019 nos 17-19.733 F-D et 17-19.734 F-D : RJF 6/20 n° 566). Cette décision illustre les effets potentiellement dévastateurs des opérations mal préparées : en effet, la société « bénéficiaire » de la donation a dû supporter cumulativement le droit de mutation à titre gratuit de 60 % et l'impôt sur les sociétés de 33,33 % sur l'augmentation d'actif résultant de la réunion de l'usufruit à la nue-propriété des parts (pour une analyse critique, voir l'article de E. Féna-Lagueny, P. Carcelero et G. Dumont au FR 52/19 inf. 4) ;

– les **contrats d'assurance-vie** : voir nos 45310 s. ;

– les **prêts suivis d'une remise de dette.** A ainsi été requalifié, à juste titre, en donation indirecte un prêt que le contribuable emprunteur n'était pas en mesure de rembourser à son père, le prêteur, à l'aide de ses revenus, l'intéressé n'ayant pu apporter la preuve des ressources exceptionnelles dont il prétendait avoir disposé (Cass. com. 17-10-1995 n° 94-10.196 P : RJF 1/96 n° 140). Pour les mêmes motifs, constitue une donation indirecte le **prêt d'argent remboursable in fine** consenti par une femme âgée à son petit-fils dans les circonstances suivantes qui permettent d'établir son intention libérale et l'acceptation du donataire de recueillir les fonds sans les rembourser : lien de parenté liant les parties, âge avancé du prêteur lors du terme (99 ans), absence de remboursement au terme initial, prorogation de dix ans du contrat de prêt peu avant l'échéance du terme initial, absence de remboursement et de paiement d'intérêts (Cass. com. 7-3-2018 n° 16-26.690 F-D : RJF 6/18 n° 692) ;

– les ventes dont le **prix** stipulé dans l'acte est **inférieur à la valeur réelle** des biens cédés. La Cour de cassation a, par exemple, approuvé la requalification en donation indirecte rapportable de la vente d'une propriété agricole et de diverses terres consentie, à des prix systématiquement sous-évalués, par des époux à l'une de leurs deux filles et à son mari. Au décès du père, l'autre fille, s'estimant lésée, avait demandé le rapport à la succession de la donation indirecte correspondant à la différence entre le prix de vente des biens et leur valeur réelle (Cass. 1e civ. 21-10-2015 n° 14-24.926 F-PB) ;

– une **procuration sur compte bancaire.** Tel est le cas lorsque la titulaire du compte ne dispose plus d'aucun moyen de paiement attaché à ce compte, que son fils et sa belle-fille bénéficiaires de la procuration ont cessé d'utiliser leur propre compte bancaire et que les dépenses qu'ils ont effectuées sur le compte de leur mère et belle-mère n'ont pas pu profiter à cette dernière (CA Paris 7-6-2011 n° 10/09161 : BPAT 5/11 inf. 299, Sol. Not. 3/11 inf. 68) ;

– les **acquisitions** de biens **par des époux séparés de biens** : voir ci-après n° 13750.

13745 En revanche **ne peut pas constituer une donation indirecte** aux enfants nus-propriétaires de parts sociales la mise en réserve des bénéfices sociaux par la mère usufruitière, car l'usufruitier n'a de droit sur les bénéfices que lorsqu'ils sont distribués (Cass. com. 10-2-2009 n° 07-21.806 FS-PB : RJF 5/09 n° 514 ; Cass. com. 31-3-2009 n° 08-14.053 F-D : RJF 7/09 n° 698).

Ne peuvent pas non plus constituer une donation indirecte :

– la **modification** pour cinq ans, par l'assemblée générale d'une société composée des parents et de leurs enfants, **de la répartition des dividendes** aboutissant à majorer substantiellement la part reçue par les enfants : la répartition de la part de chaque associé dans les bénéfices de la société résultait d'une décision collective des associés et, en participant à cette décision, émanant d'un organe social, les parents n'ont pas pu consentir à une donation ayant pour objet un élément de leur patrimoine ; les parents ne pouvaient pas donner des dividendes qui ne leur appartenaient pas, puisque les dividendes n'ont pas d'existence juridique avant la constatation de l'existence de sommes distribuables par l'organe social compétent et la détermination de la part attribuée à chaque associé (Cass. com. 18-12-2012 n°s 11-27.745 F-PB, 11-27.741 F-D, 11-27.742 F-D, 11-27.743 F-D et 11-27.744 F-D : Bull. civ. IV n° 230 (pour le premier arrêt), RJF 4/13 n° 437 ; B. Hatoux, Distinction de la société et des associés, confusion interdite : Sol. Not. 3/13 inf. 81 ; R. Mortier, Se départir de droits à résultats n'est pas donner : Revue fiscale du patrimoine 2/2013 n° 4 p. 31 s., qui approuve la solution tout en contestant l'affirmation selon laquelle une décision collective ne peut pas réaliser une donation indirecte) ;

– la **réalisation de constructions par l'usufruitier** sur le terrain dont il a donné la nue-propriété à sa fille, car il n'existe aucun enrichissement pour la nue-propriétaire qui n'entrera en possession des constructions, par voie d'accession, qu'à l'extinction de l'usufruit (Cass. 3e civ. 19-9-2012 n° 11-15.460 FS-PB : RJF 1/13 n° 102) ;

– le **remboursement** par une concubine **de fonds prêtés** pour l'acquisition d'un appartement par son futur conjoint suivant reconnaissance de dette, la moitié par remise de fonds propres, l'intéressée ayant ensuite fait donation au prêteur de la moitié indivise dudit appartement ainsi acquis. Ces constatations font, en effet, ressortir qu'à l'issue de l'opération chacun a payé sa part du bien litigieux, ce dont il résulte que les conditions d'une donation indirecte ne sont pas réunies, faute de dépouillement irrévocable du prêteur au profit de la prétendue donataire (Cass. 1e civ. 14-4-2021 n° 18-15.623 F-D : RJF 7/21 n° 762).

DONATIONS INDIRECTES ENTRE ÉPOUX SÉPARÉS DE BIENS

Les donations de biens présents entre époux sont très souvent consenties sous forme de donation indirecte. Si le bénéficiaire ne peut pas démontrer que la **libéralité** qu'il a reçue **présente** en réalité un **caractère rémunératoire** (sur cette notion, voir n° 8635), l'administration est en droit d'exiger les droits de donation. Les redressements sont d'ailleurs de plus en plus fréquents, sachant qu'ils interviennent désormais du vivant de l'époux donateur, et non plus à son décès, solution qui s'explique par le fait que, depuis la loi Tepa du 21 août 2007, le conjoint survivant est exonéré de droits de succession (alors qu'il ne l'est pas de droits de donation). 13750

ILLUSTRATIONS

Constitue une donation indirecte taxable le **paiement par un époux** séparé de biens **des dettes de son épouse** et l'**acquisition** au nom de cette dernière **de trois immeubles,** lorsque l'épouse ne fournit aucun élément permettant de supposer qu'elle s'est engagée à rembourser les sommes en cause, qu'elle se comporte en propriétaire des immeubles et qu'aucune créance à son encontre ne figure à l'actif successoral de son époux (CA Paris 29-6-2007 n° 05/17124 : RJF 1/08 n° 87).

De même, l'**acquisition indivise d'immeubles par des époux séparés de biens** financée par le seul mari, sans qu'il en soit fait mention dans les actes de vente, constitue une donation indirecte au profit de l'épouse de la moitié des fonds versés dès lors qu'elle ne s'explique que par l'intention libérale de l'époux qui s'est dépossédé de manière irrévocable. Il en va de même pour les **sommes versées à l'épouse,** qui ont été placées à son nom ou données en son nom propre. En l'absence de tout document permettant à l'époux d'agir en restitution de ces financements et remises, et l'épouse n'ayant pas les moyens de rembourser, il ne peut s'agir d'avances de fonds (Cass. com. 15-3-2011 n° 10-14.886 FS-D : RJF 6/11 n° 751).

En revanche, l'acquisition indivise d'immeubles par des époux séparés de biens au moyen de fonds personnels du mari ne constitue pas une donation indirecte à l'épouse, faute d'intention libérale, mais une **donation rémunératoire non taxable,** lorsque les versements effectués par le mari ont eu pour cause les services rendus par sa femme, qui a sacrifié pour lui sa carrière professionnelle et s'est occupée de son enfant issu d'un premier mariage (TGI Versailles 18-1-2006 n° 05/579 : RJF 11/06 n° 1472, solution qui tire les conséquences fiscales de la théorie des donations rémunératoires entre époux exposée n° 8635).

C. Cas particuliers

1. MISE À DISPOSITION GRATUITE D'UN LOGEMENT

PROBLÉMATIQUE DE QUALIFICATION

La mise à disposition gratuite d'un logement soulève une difficulté particulière. 13800

Par le **passé,** elle a longtemps été considérée comme insusceptible de représenter une libéralité. En effet, on admettait par principe que les revenus n'étaient pas une richesse, car ils avaient vocation à être dépensés au fur et à mesure de leur perception, sans que cela représente un appauvrissement, tant que le capital n'était pas entamé. Par conséquent, faire remise de loyers en s'abstenant de percevoir les revenus correspondants était simplement une façon de vivre avec largesse, et ne pouvait jamais s'analyser en une donation indirecte, faute d'élément matériel. Cette conception s'est trouvée progressivement en décalage avec la place grandissante des revenus dans les fortunes contemporaines.

Aussi, un arrêt de la **Cour de cassation** a-t-il proclamé clairement le contraire en érigeant en principe le rapport des donations, même indirectes, de fruits, consacrant au passage leur nature libérale (Cass. 1e civ. 14-1-1997 nº 94-16.813 : Bull. civ. I nº 22, D. 1997 p. 607 note V. Barabé-Bouchard, Defrénois 15-10-1997 nº JP1997DEF1136N1 p. 1136 note P. Malaurie, RTD civ. 1997 p. 480 et 483 obs. J. Patarin, RTD civ. 1998 p. 414 obs. F. Zenati, JCP G 1998 I nº 133 obs. R. Le Guidec, JCP N 1998 I p. 356 chron. D. Barthe, D. 1999 p. 155 chron. I. Najjar). Dans cette affaire, certains enfants d'une famille avaient occupé gratuitement des immeubles durant une période pouvant atteindre une quinzaine d'années du vivant de leur père propriétaire desdits immeubles. Une décision ultérieure est même venue inexplicablement renverser la preuve de l'intention libérale en énonçant que, « même en l'absence d'intention libérale établie, le bénéficiaire d'un avantage indirect en doit compte à ses cohéritiers » (Cass. 1e civ. 8-11-2005 nº 03-13.890 P-B : JCP N 2006 p. 1220 note V. Barabé-Bouchard, prévoyant le rapport en cas d'occupation gratuite d'un logement appartenant aux parents).

L'article 851 du Code civil, dans sa rédaction issue de la **loi du 23 juin 2006**, a renouvelé la question, en précisant que le rapport est dû en cas de donation de fruits ou de revenus, à moins que la libéralité n'eût été faite expressément hors part successorale : c'est dire que l'avantage indirect résultant de la remise de loyers, si du moins il est inspiré par une intention libérale, est susceptible de représenter une libéralité, à l'instar d'une donation directe de revenus. La Cour de cassation admet donc qu'il incombe à une cour d'appel, saisie d'une demande de rapport à la succession de l'avantage indirect résultant de l'occupation gratuite d'un appartement par un héritier, de rechercher si les avantages consentis constituaient des libéralités rapportables (Cass. 1e civ. 18-1-2012 nº 10-27.325 FS-PBI : D. 2012 p. 283, RTD civ. 2012 p. 353 obs. M. Grimaldi, Defrénois 15-7-2014 nº 116u8 p. 762 note A. Chamoulaud-Trapiers). En toute hypothèse, selon le droit commun des donations, l'intention libérale doit être établie. En cas de désaccord, ce point délicat ressortit à l'appréciation souveraine des juges du fond, qui doivent constater l'intention libérale en la personne du disposant (pour une illustration, Cass. 1e civ. 18-1-2012 nº 11-12.863 FS-PBI : BPAT 2/12 inf. 106).

Dès lors que, selon les critères susvisés, la mise à disposition à titre gratuit est qualifiée de donation en avancement de part successorale, s'appliquent les règles du rapport et, si elle excède la quotité disponible, celles de la réduction (pour une illustration, Cass. 1e civ. 19-9-2018 nº 17-20.704 F-D : SNH 31/18 inf. 7).

ILLUSTRATIONS

Ne sont pas constitutives d'un avantage indirect rapportable, à défaut pour les juges d'avoir caractérisé l'intention libérale du disposant :
– l'absence de paiement des loyers pendant dix ans par un enfant en contrepartie de son hébergement à titre gratuit dans la maison de ses parents (Cass. 1e civ. 18-1-2012 nº 11-12.863 FS-PBI précité) ;
– l'occupation gratuite d'un appartement par le donataire-copartageant de la nue-propriété dudit appartement, le disposant s'étant fait réserve expresse de l'usufruit sa vie durant, du jour de la donation-partage à celui de la renonciation à l'usufruit, soit pendant plus de sept ans (Cass. 1e civ. 25-6-2014 nº 13-16.409 F-D) ;
– la renonciation des propriétaires bailleurs aux fermages dus par leur fils bien qu'assimilable à une mise à disposition à titre gratuit de biens agricoles constitutive d'un avantage indirect (Cass. 1e civ. 12-1-2022 nº 20-14.455 F-D : BPAT 2/22 inf. 86).

Constitue un avantage indirect rapportable la mise à disposition pendant 44 ans par une mère au profit de son fils d'une propriété familiale lui servant à la fois de logement et de cabinet de médecin et dont il était, avec son frère, nu-propriétaire (Cass. 1e civ. 2-3-2022 nº 20-21.641 F-B : BPAT 3/22 inf. 172-7).

SITUATION EXCLUSIVE D'UN AVANTAGE INDIRECT RAPPORTABLE

13810 Trois situations d'hébergement gratuit excluent clairement la qualification d'avantage indirect de nature libérale.

Tout d'abord, il n'y a aucune libéralité lorsque l'hébergement correspond à l'exécution d'une **obligation légale** : ainsi l'obligation d'élever et d'entretenir ses enfants (C. civ. art. 203 et 371-2 ; Convention internationale des droits de l'enfant art. 27), qui se prolonge au-delà de la majorité, jusqu'à ce que l'enfant ait accès à une profession stable (en ce sens, Cass. 2e civ. 27-1-2000 nº 96-11.410 : Bull. civ. II nº 17) ; ou encore l'obligation alimentaire imposée aux parents envers un enfant adulte dans le besoin, qui peut être exécutée notamment en recevant, nourrissant et entretenant dans sa demeure le créancier d'aliments (C. civ. art. 211).

Ensuite, la qualification libérale est exclue quand l'hébergement trouve une **contrepartie** qui donne à la situation une coloration **onéreuse,** par exemple lorsque le couple hébergé réglait des frais divers, notamment de nourriture (Cass. 1e civ. 18-1-2012 no 11-12.863 FS-PBI : BPAT 2/12 inf. 106, D. 2012 p. 283, AJ fam. 2012 p. 235 obs. E. Buat-Ménard).

Enfin, la souscription d'un **prêt à usage,** acte à caractère gratuit, est incompatible avec la qualification de donation (Cass. 1e civ. 11-10-2017 no 16-21.419 FS-PB : BPAT 6/17 inf. 238, Defrénois 26-4-2018 no 136a1 p. 36 obs. B. Vareille). Il est parfois délicat de différencier l'un de l'autre, le juge n'étant d'ailleurs nullement tenu par la qualification affichée par les parties. Un critère est décisif : conclu en considération de la personne, le prêt à usage ne peut jamais permettre à l'emprunteur de louer pour son compte. Par ailleurs, l'emprunteur qui viendrait à réaliser des travaux d'amélioration sur le bien n'en retirerait aucune indemnité (Cass. 1e civ. 13-7-2016 no 15-10.474 F-PB), contrairement au bénéficiaire d'une donation indirecte de loyers.

2. DONATION INDIRECTE DANS UN CADRE SOCIÉTAIRE

CONTEXTE

Les parts sociales ou les actions d'une société peuvent faire l'objet de donations indirectes. 13850
Il suffit pour cela que le contrat dont elles sont l'objet procure à l'une de ses parties un avantage patrimonial indirect et que cet avantage soit accordé dans une intention libérale. Il s'agit donc de donations indirectes « classiques » (nos 13610 s.). Toutefois, la technique sociétaire en offre d'**originales déclinaisons** originales (sur ce sujet, J.-P. Garçon, Techniques sociétaires et libéralités indirectes : Mélanges en l'honneur du professeur R. Le Guidec, LexisNexis 2014, p. 429 ; R. Mortier et R. Gentilhomme, La société : technique de gratification : JCP N 2014 no 1334 ; Dossier Interposition d'une société dans un rapport de libéralité : Dr. et patrimoine 11-20 no 307 p. 21 ; Dossier Sociétés et donations indirectes : Dr. et patrimoine 5-21 no 313 p. 23).

ILLUSTRATIONS

Si la **vente de droits sociaux** pour un prix fictif ou dérisoire constitue une donation déguisée (no 13482), il ne fait aucun doute qu'une cession de droits sociaux pour un prix minoré ou majoré peut engendrer une donation indirecte au bénéfice du cessionnaire ou du cédant. Cela dit, un avantage indirect peut apparaître de façon moins flagrante dans certaines opérations. Tel est le cas de la cession par un associé **de son droit de souscription** à l'un de ses deux fils ayant permis à ce dernier de souscrire des parts sociales à un prix très inférieur à leur valeur véritable. Cette donation indirecte a été jugée réductible (Cass. 1e civ. 2-12-1981 no 80-15.972 : Bull. civ. I no 363, Defrénois 1983 art. 33056 note J. Honorat).

A également pu être qualifiée de donation indirecte, pour des raisons fiscales, une **promesse de vente** portant sur 20 000 actions cotées en bourse, celle-ci ne pouvant qu'aboutir à la réalisation d'une plus-value pour son bénéficiaire resté libre de ne pas lever l'option, du fait de la nullité (évidente) de la clause mettant à sa charge une indemnité d'immobilisation (Cass. com. 11-3-2014 no 13-10.376 F-D : RJF 6/14 no 636).

Cette même qualification a encore été retenue à propos de la **renonciation à l'usufruit** d'actions dont la nue-propriété appartenait aux enfants du renonçant. En l'espèce, leur acceptation tacite résultait du fait qu'ils avaient fait figurer dans leurs déclarations fiscales la pleine propriété de ces actions et encaissé les dividendes attachés à ces titres (Cass. com. 21-6-2011 no 10-20.461 F-PB : BPAT 5/11 inf. 297 ; dans le même sens, Cass. com. 20-11-2007 no 06-19.294 F-D : RJF 4/08 no 515).

a. Donation indirecte résultant d'un acte en faveur de la société

IDENTITÉ DES PARTIES À LA DONATION

Une donation indirecte peut résulter d'un acte conclu avec une société ou en faveur de 13860
celle-ci. La question est alors de savoir qui est véritablement partie à la donation : **la société ou ses associés ?** En matière fiscale, la jurisprudence admet qu'une société puisse être partie à une donation. La première chambre civile de la Cour de cassation, compétente en matière de rapport successoral et de réduction pour atteinte à la réserve, admet quant à elle qu'une société puisse n'être que le vecteur d'une donation indirecte à ses associés.

DONATION À LA SOCIÉTÉ OU PAR LA SOCIÉTÉ

Société donataire Le juge fiscal admet que la société puisse prendre la qualité de 13865
donataire. Sur le plan théorique, rien ne s'y oppose (S. Deville, La société donataire : une vue de

l'esprit ? : Dr. et patrimoine 5 n° 313). La **chambre commerciale** fait sienne cette opinion en validant un arrêt ayant admis que l'abandon de l'usufruit d'actions, dont une société holding était nue-propriétaire, constituait une donation indirecte au profit de celle-ci et non des quatre enfants de l'usufruitier qui en étaient pourtant les principaux associés (Cass. com. 10-4-2019 n° 17-19.733 F-D et 17-19.734 F-D : RJF 6/20 n° 566, Revue fiscale du patrimoine 2019 comm. 8 note M. Leroy, Bull. Joly 2019 n° 120b1 p. 26 note R. Mortier, Defrénois 12-10-2019 n° 154u6 p. 32 note C. Vernières). Pour la Cour, l'intention de gratifier la société, c'est-à-dire l'intention libérale du disposant, ressortait de l'élément matériel de la donation et, plus particulièrement, de l'accroissement de la valeur de l'actif de la holding. L'arrêt a néanmoins suscité la critique de la doctrine, un auteur estimant même « que, dans l'affaire tranchée […], l'intention libérale de la donatrice était à destination de ses enfants, et non de cet être moral désincarné qu'est la société holding » (R. Mortier, note précitée ; dans le même sens, M. Leroy et C. Vernières, notes précitées ; en sens contraire, S. Deville, précité, qui s'appuie sur une conception objective ou abstraite de l'intention libérale).

13870 Le **Conseil d'État** considère également qu'une société peut bénéficier d'une donation indirecte. Ainsi, la vente de matériel à un prix minoré entre deux sociétés d'un même groupe familial peut, « eu égard à la communauté d'intérêts unissant les actionnaires de ces deux sociétés », constituer une libéralité occulte en faveur de la société acquéreuse. L'administration fiscale est donc « fondée à corriger la valeur d'origine de l'immobilisation, comptabilisée par l'entreprise acquéreuse pour son prix d'acquisition, pour y substituer sa valeur vénale, augmentant ainsi son actif net dans la mesure de l'acquisition faite à titre gratuit » (CE 5-1-2005 n° 254556 : RJF 3/05 n° 213, Dr. fisc. 13/05 comm. 318 concl. E. Glaser note A. Bricet et M. Gautier). De même, un apport en nature fait à une valeur minorée est susceptible de constituer une libéralité en faveur de la société bénéficiaire de l'apport (CE plén. 9-5-2018 n° 387071, Sté Cérès : RJF 7/18 n° 726, Dr. fisc. 26/18 comm. 317 concl. Y. Bénard note F. Donnedieu de Vabres et Y. Chemama). Cependant, des circonstances particulières peuvent écarter l'intention libérale de l'apporteur. Ne constitue pas une libéralité l'apport de parts à une société holding pour une valeur minorée dès lors que cette société avait été constituée pour mettre fin à un conflit entre associés (CE 21-10-2020 n° 434512, Sté Nouvelle Cap Management : RJF 1/21 n° 11, Revue fiscale du patrimoine 2021 comm. 5).

Sur la position du Conseil d'État pour un **apport à une valeur majorée**, voir n° 13885.

13872 Dans l'arrêt précité du 10 avril 2019, la chambre commerciale de la Cour de cassation s'est prononcée en faveur de la taxation aux droits de mutation à titre gratuit de la renonciation à un usufruit portant sur des actions détenues en nue-propriété par une société holding (voir n° 13865). Quelques mois plus tard, le Conseil d'État a été appelé à statuer sur les conséquences de cette même renonciation en matière d'impôt sur les sociétés. S'il considère que « la renonciation de l'usufruitier à son droit de jouissance ne constitue pas nécessairement une donation », il retient que « la reconstitution de la pleine propriété […] entre les mains du nu-propriétaire avant le terme normal de l'usufruit, […], se traduit par l'acquisition de droits nouveaux par le nu-propriétaire et donc par un accroissement de l'actif de l'entreprise » ; ce qui aboutit, pour la société, à un surcroît d'impôt (CE 14-10-2019 n° 417095, Sté Techmeta Participations : RJF 1/20 n° 4 obs. C.-H. Hardy Revue fiscale du patrimoine 2019 comm. 14 obs. N. Jullian, JCP E 2019 n° 48 comm. 1537 obs. A. Thobie).

13875 Sur le **plan fiscal,** le fait que la donation intervienne au profit de la société et non de ses associés n'est évidemment pas neutre. Non seulement la société donataire supporte des droits de mutation à titre gratuit applicable entre personnes non parentes (60 %), sans pouvoir bénéficier d'aucun abattement (Cass. com. 10-4-2019 n° 17-19.733 et 17-19.734 F-D précité), mais elle supporte également l'impôt sur les sociétés à hauteur de l'augmentation de son actif net (CE 14-10-2019 n° 417095, Sté Techmeta Participations précité).

13880 **Société donatrice** L'hypothèse se conçoit plus difficilement car il n'est pas dans la logique d'une société de s'appauvrir au moyen de donations. Pourtant, la vente d'un actif par une société à l'un de ses dirigeants à prix minoré a pu être qualifiée de donation indirecte par la **chambre commerciale** de la Cour de cassation. Il s'agissait en l'espèce de la vente par une société anonyme au président de son conseil d'administration d'une parcelle, sur laquelle avait été édifié un bâtiment, à un prix très inférieur à la valeur réelle de l'ensemble immobilier. Si l'on peut douter de l'intention libérale de la société donatrice dans cette hypothèse, la donation ainsi consentie n'en a pas moins été soumise aux droits de mutation à titre gratuit au taux applicable entre personnes non parentes (Cass. com. 7-5-2019 n° 17-15.621 F-D : RJF 4/20 n° 403, Defrénois 12-12-2019 n° 154u5 p. 30 obs. C. Vernières, Dr. et patrimoine 4-20 n° 301, LPA 9-8-2019 n° 146w7 p. 7 obs. A. Pando).

Le **Conseil d'État** admet également qu'une société puisse consentir une libéralité, notamment en acquérant ou en cédant un actif pour un prix supérieur ou inférieur à sa véritable valeur, dès lors que cet écart de prix ne comporte pas de contrepartie. Le profit tiré de l'opération est alors constitutif d'un avantage occulte, imposable sur la base de l'article 111, c du CGI (CE 28-2-2001 n° 199295, Thérond : RJF 5/01 n° 620, Dr. fisc. 26/01 comm. 592 concl. G. Bachelier). Lorsqu'existe un « lien de parenté » entre le bénéficiaire de l'avantage et les associés de la société cocontractante, l'intention libérale (de la société) est d'ailleurs présumée (CE 23-7-2010 n° 308019 : RJF 11/10 n° 1024). **13885**

On soulignera cependant que la position du Conseil d'État est différente lorsqu'il s'agit d'un **apport en nature à une valeur majorée.** Il considère, dans cette hypothèse, que « la seule circonstance qu'une société bénéficie d'un apport pour une valeur que les parties ont délibérément majorée par rapport à la valeur vénale de l'objet de la convention ne saurait par elle-même traduire l'existence d'un appauvrissement de la société bénéficiaire de l'apport au profit de l'apporteur ». Un tel apport ne constitue donc pas pour l'apporteur un avantage occulte, taxable en application de l'article 111, c du CGI (CE 20-10-2021 n° 445685 : RJF 1/22 n° 4 concl. R. Victor, Dr. fisc. 11/22 comm. 145, RJPF 2021 n° 12 obs. G. Drouot, Les Nouvelles Fiscales 15-5-2022 n° 1310 note L. Ladoux). L'explication tiendrait au fait que l'apport réalisé dans ces conditions n'appauvrirait pas la société, en l'absence de flux sortant de son patrimoine ; tout au plus s'appauvriraient les associés dont les droits pourraient être dilués par l'opération. À notre avis, cette justification est discutable car l'apport en nature est un acte à titre onéreux, rétribué non par une somme d'argent, comme dans une vente, mais par l'attribution de parts ou actions représentatives d'un droit de créance sur la société ; ce qui suffit à caractériser un appauvrissement. De surcroît, lorsque la société (sur)rémunère un apport en versant des dividendes à l'apporteur, elle s'appauvrit et il importe peu que cet appauvrissement soit supporté ou plutôt compensé par la dilution des droits des autres associés.

Le fait pour une société de consentir une donation est a priori contraire à l'intérêt de l'entreprise et peut donc en cela constituer un acte anormal de gestion, sanctionné notamment, sur le **plan fiscal,** par le rehaussement de son résultat imposable (pour une illustration, CE 22-6-2011 n° 320746 : RJF 10/11 n° 1029). **13890**

Du point de vue du donataire, l'avantage obtenu devrait constituer soit un revenu imposable dans la catégorie des revenus des capitaux mobiliers, majoré de 25 % (CGI art. 109 s. et 158, 7-2°), soit une donation soumise aux droits de mutation à titre gratuit (Cass. com. 7-5-2019 n° 17-15.621 F-D précité).

DONATION AUX ASSOCIÉS PAR INTERPOSITION DE SOCIÉTÉ

Forme particulière d'interposition Dans un **schéma classique** de donation par personne interposée, le bien donné rejoint le patrimoine du véritable donataire en transitant par le patrimoine de la personne interposée. L'hypothèse envisagée **ici** est différente car le patrimoine de la société s'enrichit ou s'appauvrit définitivement. L'éventualité d'une donation indirecte tient alors au fait que lorsque l'on enrichit ou l'on appauvrit une personne, l'on enrichit ou l'on appauvrit également, et du même coup, ses créanciers. Ainsi, l'enrichissement ou l'appauvrissement d'une société serait aussi celui de ses associés qui verraient la valeur de leurs parts ou actions augmenter ou diminuer. **13900**

La reconnaissance d'une donation indirecte dans de telles conditions se concilie néanmoins difficilement avec la **définition** même **de la donation** qui, rappelons-le, « est un acte par lequel le donateur se dépouille actuellement et irrévocablement de la chose donnée en faveur du donataire qui l'accepte » (C. civ. art. 894 ; sur cette question, voir C. Pourlier-Cucherat, L'inadéquation de l'interposition « classique » à la gratification des associés par enrichissement d'une société : Dr. et patrimoine 11-20 n° 307 p. 26 ; Q. Guiguet-Schielé, Réflexions sur une approche « moderne » de l'interposition de personnes : Dr. et patrimoine 1-11-2020 n° 307 p. 33). **13905**

Cette difficulté fait écho à celle de l'**objet de la donation** indirecte. On peut en effet considérer que dans une donation indirecte, la « chose donnée » n'est pas le bien lui-même ou une quote-part de celui-ci, mais l'avantage indirect procuré par la libéralité. Autrement dit, la somme représentant l'écart entre la valeur réelle et la valeur convenue du bien transmis. (F. Terré, Y. Lequette et S. Gaudemet : Les successions. Les libéralités, Dalloz 4e éd. 2014, n° 573).

Si l'on retient cette analyse, la **cession d'un actif à une société à un prix minoré** appauvrirait le vendeur et enrichirait simultanément la société et ses associés par un avantage patrimonial. Dès lors, si l'intention du disposant est de gratifier les associés d'une société en enrichissant celle-ci, il devient possible de déceler l'existence d'une donation indirecte. **13910**

Sur la question de l'**appauvrissement des associés** d'une société par la cession d'un actif social à un prix minoré, voir nos 13880 s.

13915 L'interposition d'une société ne fait pas obstacle à la reconnaissance de donations indirectes à ses associés, selon la **première chambre civile** de la Cour de cassation. En cas de donation faite par le défunt à l'héritier par interposition d'une société dont celui-ci est associé, le rapport est dû à la succession en proportion du capital qu'il détient. (Cass. 1e civ. 24-1-2018 nº 17-13.017 FS-PB : BPAT 2/18 inf. 76, Dr. Famille 2018 comm. 102 note. M. Nicod, JCP N 2018 nº 1125 note V. Zalewski-Sicard, Gaz. Pal. 27-3-2018 p. 66 obs. S. Lerond, Gaz. Pal. 26-6-2018 p. 63 obs. K. Rodriguez, Defrénois 25-10-2018 nº 141k2 p. 44 obs A. Chamoulaud-Trapiers). Dans cette affaire, la donation indirecte résultait de la non-restitution d'un fonds de commerce donné en location-gérance à une société, dans laquelle le fils du défunt était associé, alors que la convention de location-gérance avait été résiliée.

> **Précisions** En principe, un contrat à titre gratuit ne constitue pas pour autant une libéralité (voir nº 4035). Pour cette raison, une **avance en compte courant d'associé** – qui n'est juridiquement qu'un contrat de prêt – non rémunérée ne devrait pas être qualifiée de libéralité.

ILLUSTRATIONS

13920 **Cession d'actif à une société** La **vente à un prix minoré** d'un bien immobilier à une société dans laquelle le fils du vendeur est associé et gérant constitue une « donation déguisée » rapportable à la succession (Cass. 1e civ. 11-7-2019 nº 18-19.415 F-D : BPAT 5/19 inf. 194). Toutefois, l'application de la **présomption de gratuité** de l'article 918 du Code civil est exclue car la vente immobilière intervient au profit de la société et non de l'héritier associé (Cass. 1e civ. 30-9-2009 nº 08-17.411 F-PB : BPAT 6/09 inf. 242, RJPF 2009-11/46).

13925 **Paiement de dettes sociales** Des virements, chèques et **paiements de factures** effectués par un défunt pour le compte d'une société dans laquelle trois de ses cinq enfants étaient associés constituent une donation indirecte à leur profit rapportable à la succession (Cass. 1e civ. 4-7-2007 nº 05-20.096 F-D (3e moyen)).

Dans une décision du 18 mars 2020, la Cour de cassation a censuré, pour manque de base légale, un arrêt ayant refusé de voir une donation indirecte rapportable dans le paiement de dettes sociales par la mère du fils du gérant d'une société dont elle s'était portée caution. Pour elle, les juges d'appel auraient dû rechercher si la mère, caution, « n'avait pas artificiellement soutenu l'activité professionnelle de son fils [...], en se substituant à lui dans le paiement de ses dettes, s'appauvrissant ainsi à son profit ». Dans cette affaire, l'élément intentionnel de la donation ne semblait guère douteux dans la mesure où la mère avait reconnu, par testament, avoir effectué de la sorte une donation à son fils (Cass. 1e civ. 18-3-2020 nº 18-25.309 F-D : Gaz. Pal. 28-7-2020 nº 383g9 p. 72 note S. Lerond, RJPF 1-6-2020 nº 6 obs. C.-M Péglion-Zika, Dr. famille 2020 comm. 94 note M. Nicod).

13930 **Remise de dette** La renonciation au remboursement d'un prêt consenti à une société dont le fils du prêteur était « gérant et actionnaire majoritaire » a pu être qualifiée de donation indirecte (Cass. 1e civ. 10-5-2006 nº 03-21.139 F-D). Cependant, un abandon de créance pourra très souvent se justifier autrement que par la volonté de procurer un avantage indirect aux associés d'une société. En effet, un abandon de compte courant d'associé se justifie par le besoin de trésorerie de la société. Lorsqu'un abandon de compte courant d'associé est assorti d'une clause de retour à meilleure fortune, l'intention libérale du renonçant paraît particulièrement douteuse.

13935 **Renonciation à restitution** La renonciation à la restitution d'un fonds de commerce donné en location-gérance à une société dans laquelle le fils du renonçant était associé constitue une donation indirecte rapportable à la succession (Cass. 1e civ. 24-1-2018 nº 17-13.017 FS-PB précité).

13940 **Renonciation à usufruit** L'abandon d'usufruit sur un actif dont une société est nue-propriétaire et dans laquelle les descendants de l'usufruitier renonçants sont associés peut, selon la chambre commerciale de la Cour de cassation, constituer une donation indirecte en faveur de **la société** et non de ses associés (Cass. com. 10-4-2019 nº 17-19.733 F-D et 17-19.734 F-D, Sté Techmeta Participations ; voir nº 13865). La première chambre civile de la Cour de cassation ne s'est pas prononcée sur cette hypothèse, mais rappelons qu'en l'absence d'interposition de société, elle considère que la renonciation à l'usufruit d'actions dont la nue-propriété appartient aux enfants du renonçant peut constituer une donation indirecte, voir nº 13850.

DONATIONS CONSENTIES PAR LES ASSOCIÉS

13950 **Cession d'actifs par une société** Dans une affaire où deux fils avaient assigné la seconde épouse de leur père en vue d'obtenir le rapport à la succession de ce dernier de diverses donations déguisées portant sur des parts sociales, il a été jugé que violait l'article 893 du Code civil l'arrêt ayant ordonné une expertise destinée à déterminer la valeur de parts cédées non par le défunt à son épouse, mais par une société dans laquelle il était associé. N'en étant « pas propriétaire », le défunt « n'avait pu en disposer, fût-ce de façon déguisée » (Cass. 1e civ. 7-7-2021 no 19-23.580 F-D : SNH 28 : 21 inf. 3, Gaz. Pal. 30-11-2021 no 429n3 p. 61 note L. Firdion).

La **question** est alors de savoir pourquoi, en cas d'interposition de société, les associés d'une société peuvent être donataires mais ne peuvent pas être donateurs, alors que la cession d'un actif social à un prix minoré va nécessairement les appauvrir.

L'explication tient sans doute à l'**élément matériel de la donation.** Dans le premier cas, le bien et l'avantage attachés à sa sous-estimation proviennent indiscutablement du patrimoine du donateur, alors que dans le second cas, ils proviennent du patrimoine social et non de celui des associés qui ne peuvent, dès lors, être considérés comme donateurs, à moins, bien sûr, que la société ne soit fictive.

> **Précisions** Si la première chambre civile de la Cour de cassation admet la possibilité de donation indirecte par personne interposée, elle refuse dans cette hypothèse la **révocation d'une donation pour ingratitude** lorsque les faits reprochés ont été commis à l'encontre de la société et non du donateur (Cass. 1e civ. 19-10-2016 no 15-25.879 FS-PBI : BPAT 6/16 inf. 220). Sur les **autres conséquences** civiles d'une donation indirecte aux associés par interposition de société, voir nos 14010 s.

CONDITIONS POUR UNE DONATION INDIRECTE PAR INTERPOSITION D'UNE SOCIÉTÉ

Une donation indirecte par l'interposition d'une société ne se conçoit qu'à certaines conditions : bien sûr, la qualité d'associé du donataire mais aussi son acceptation de la donation et l'intention du donateur de gratifier celui-ci. 13955

Qualité d'associé du donataire Une donation par interposition de société ne se conçoit évidemment que si le donataire est associé. Son enrichissement qui procède mécaniquement de l'augmentation de la valeur de ses parts ou actions sera alors proportionnel à la part de capital détenue. 13960

Lorsque donateur et donataire sont tous deux associés, l'acte produira simultanément un appauvrissement et un enrichissement du donateur (sur ce point, M. Leroy, Les associés donataires de la valorisation des titres : appréciation critique : Dr. et patrimoine 5-21 no 313).

Il se peut aussi que plusieurs associés bénéficient de l'enrichissement social sans pour autant que chacun bénéficie d'une libéralité ; tout dépendra ici de l'intention du donateur et de l'acceptation de la donation.

Acceptation de la donation Comme toute donation, une donation indirecte doit être acceptée par le donataire et donc ici par l'associé et non la société. En matière de donation indirecte, il est admis que l'acceptation puisse être tacite et même résulter du silence gardé par le donataire. 13965

Lorsque l'acte duquel procède la libéralité est un **contrat,** le consentement à l'acte n'est formellement exprimé que par la société. Il nous paraît cependant possible de considérer qu'un associé puisse accepter la libéralité en consentant à l'acte sous couvert du contrôle de la société ; lequel pouvant notamment résulter d'un mandat social, d'une participation importante dans le capital de la société ou même de conventions de vote conclues avec d'autres associés. À cet égard seulement, la société ne serait pour ainsi dire qu'un prête-nom (sur la position de la chambre commerciale de la Cour de cassation, voir no 13865, et sur le caractère équivoque du consentement de la société, voir S. Deville, La société donataire : une vue de l'esprit ? : Dr. et patrimoine 5-21 no 313).

Lorsque l'acte duquel procède la libéralité est un **acte unilatéral** et, plus particulièrement, une renonciation translative, la société n'a évidemment pas à consentir à l'acte. L'acceptation de la donation n'en demeure pas moins équivoque quant à son auteur : est-elle le fait de la société ou de l'associé ? La question est délicate car en matière de donation indirecte par renonciation translative, l'acceptation du gratifié ne peut se déduire que de son comportement et des circonstances de l'affaire (en ce sens, J.-Cl. Enregistrement Traité, vo donation fasc. 40 par G. Laval no 25).

En toute hypothèse, la question de l'acceptation de la libéralité est, à notre avis, tributaire de l'intention du donateur.

Intention du donateur Que l'on retienne une conception subjective/affective ou une conception abstraite/objective de l'intention libérale, il n'en demeure pas moins que l'intention du donateur doit être tournée vers une personne (physique ou morale) identifiée, ne 13970 serait-ce que parce que la donation est un acte en « faveur du donataire » et que celui-ci doit l'accepter. Ainsi, l'acceptation de la donation ne peut être le fait que de la personne que le donateur entend gratifier.

Il est certain que retenir la **conception subjective** de l'intention libérale qui prend en compte les raisons particulières du donateur pour s'assurer qu'il agit bien dans « une pensée altruiste, exempte de tout motif égoïste », ou qu'il a bien voulu « préférer autrui à lui-même », permettrait l'identification du donataire. Certains auteurs s'appuient d'ailleurs sur cette conception pour douter qu'une société puisse bénéficier d'une donation (Rép. civ. Dalloz v° Donation par I. Najjar et Q. Guiguet-Schielé, n° 389 ; Q. Guiguet-Schielé, Donation à l'associé ou à la société ? Des présomptions en guise de solution : Dr. et patrimoine 5-21 n° 313 p. 37 ; voir n° 13865). La **conception objective** de l'intention libérale, qui se résume à la conscience et à la volonté du donateur de ne pas obtenir de contrepartie du donataire, ne permet pas, quant à elle, d'identifier le donataire, lorsque la donation indirecte intervient par interposition de société. Est-ce à dire que, dans cette hypothèse, il conviendrait de revenir à une conception plus subjective de l'intention libérale ?

Quoi qu'il en soit, comme pour toutes les autres donations indirectes, l'intention libérale **se prouve** librement et ne devrait pouvoir se déduire du seul déséquilibre économique opéré par l'acte. L'appréciation de son existence relève en tout état de cause du pouvoir des juges du fond.

b. Donation indirecte résultant d'une décision collective

SITUATION VISÉE

13980 Une décision collective peut procurer un avantage dépourvu de contrepartie à un associé ou à un mandataire social. La question est alors de savoir si une telle décision peut engendrer une donation indirecte. La chambre commerciale de la Cour de cassation semble défavorable à cette éventualité.

13985 **Droits sociaux démembrés et affectation des bénéfices en réserves**
Lorsque des droits sociaux sont démembrés, l'affectation de bénéfices en réserves profite automatiquement au nu-propriétaire. La **première chambre civile** de la Cour de cassation considère en effet que, dans ce cas, « l'usufruitier n'a aucun droit sur les bénéfices qui ont été mis en réserve, lesquels constituent l'accroissement de l'actif social et reviennent en tant que tel au nu-propriétaire » (Cass. 1e civ. 22-6-2016 n° 15-19.471 F-PB : BPAT 5/16 inf. 200).

Pourtant, la **chambre commerciale** de la Cour de cassation refuse de voir dans une telle affectation un acte de renonciation en faveur de l'associé nu-propriétaire. Elle considère en effet qu'en participant à l'assemblée générale qui décide d'affecter les bénéfices à un compte de réserve, l'usufruitier « ne consent aucune donation au nu-propriétaire » et qu'il ne peut transmettre des bénéfices sur lesquels il n'a « aucun droit » puisque ceux-ci « ne participent de la nature des fruits que lors de leur attribution sous forme de dividendes » (Cass. com. 10-2-2009 n° 07-21.806 FS-PB : BPAT 2/09 inf. 65, RTD civ. 2009 p. 348 obs. T. Revêt, RTD com. 2009 p. 394 obs. M.-H. Monsèrié-Bon, JCP E 2009 n° 1287 note H. Hovasse, D. 2009 AJ. p. 560 obs. A. Lienhard et p. 1512 note V. Barabé-Bouchart).

Pour les mêmes raisons, une distribution de dividendes prélevés sur les **réserves,** lorsqu'elles reviennent au nu-propriétaire de parts ou actions, ne constitue pas davantage une donation indirecte (Cass. com. 31-3-2009 n° 08-14.053 F-D : RJF 7/09 n° 698).

ATTENTION

On ne peut exclure que l'administration fiscale cherche à sanctionner la pratique consistant à affecter systématiquement des bénéfices en réserves et à distribuer ensuite celles-ci à l'associé nu-propriétaire, en se plaçant sur le terrain de l'**abus de droit** (en ce sens, J.-P. Garçon, Techniques sociétaires et libéralités indirectes : Mélanges en l'honneur du professeur R. Le Guidec, LexisNexis 2014, p. 440 ; P. Emy, Retour sur la nature juridique des dividendes : l'usufruitier qui vote une mise en réserve des bénéfices ne consent aucune donation au nu-propriétaire : La lettre juridique n° 344 du 2-4-2009 ; N. Kiglus, Démembrement de parts sociales et abus de droit fiscal : une angoisse, une réponse et quelques remarques : Revue Lamy Droit civil 1-4-2019 n° 169).

13990 **Modification de la répartition des dividendes** Une décision collective qui modifie la répartition des dividendes entre associés ne peut constituer une donation ; le fait qu'existe entre eux un **lien de parenté** est à cet égard indifférent. En effet, on ne peut consentir une donation en participant à une décision « émanant d'un organe social » et s'appauvrir à cette occasion car, une fois encore, les dividendes « n'ont pas d'existence juridique avant la constatation de l'existence de sommes distribuables par l'organe social compétent et la détermination de la part attribuée à chaque associé » (Cass. com. 18-12-2012 n°s 11-27.745 F-PB, 11-27.741 F-D, 11-27.742 F-D, 11-27.743 F-D et 11-27.744 F-D : RJF 4/13 n° 437, Sol. Not. 3/13 inf. 81 obs. B. Hatoux, Revue fiscale du patrimoine 2/2013 n° 4 p. 31 s. note R. Mortier ; dans le même sens, CA Paris 9-1-2023 n° 21/04503, à propos d'une résolution réservant une distribution de dividendes à un seul des deux associés d'une société).

Toutefois, l'administration considère que « de telles opérations pourront, le cas échéant, et selon les circonstances propres à chaque affaire, faire l'objet d'une procédure de rectification contradictoire ou d'abus de droit fiscal » (BOI-ENR-DMTG-20-10-10 n° 100).

Modification de la contribution aux pertes Dans une affaire où un associé avait fait un apport en numéraire de 14 145 000 francs, avant que le capital de la société ne soit réduit d'un même montant par imputation de pertes, un jugement a pu retenir qu'en supportant les pertes de la société, au-delà de ce qui lui incombait, l'associé avait réalisé une donation indirecte au profit des autres associés de la société. 13995

Ce jugement étant devenu définitif, la Cour de cassation, amenée à intervenir dans cette même affaire, n'a pas pu se prononcer sur la qualification de l'opération et n'a statué que sur l'assiette des droits de mutation à titre gratuit dus par les associés gratifiés. Sans surprise, elle retient, comme la cour d'appel avant elle, que les droits de mutation devaient être calculés sur la part dans les pertes que chaque associé aurait dû supporter (Cass. com. 3-3-2009 n° 08-13.278 F-D).

Augmentation et réduction de capital social Les conditions dans lesquelles se réalise une augmentation ou une réduction de capital social peuvent caractériser l'existence d'une donation indirecte. Par **exemple,** une augmentation de capital sans prime d'émission ou d'apport ou avec une prime minorée peut procurer un avantage indirect au souscripteur. De même, le rachat de parts sociales ou d'actions par une société en vue de leur annulation à leur valeur nominale ou à une valeur inférieure à leur valeur vénale peut procurer un avantage indirect à la société et indirectement à ses associés (CA Paris 9-6-1986 : Bull. Joly 11-1986 p. 1031 note G. Lesguillier). 14000

c. Suites successorales de la donation indirecte dans un cadre sociétaire

PRINCIPE DE DROIT COMMUN

Comme pour toute libéralité, le bénéficiaire d'une donation indirecte intervenue dans un contexte sociétaire doit déclarer au notaire ce qu'il a reçu afin que la libéralité soit éventuellement rapportée (C. civ. art. 843 s. ; sur le rapport des libéralités, voir n°s 30900 s.) et éventuellement réunie à la masse de calcul pour les vérifications relatives à la protection de la réserve héréditaire (C. civ. art. 921 s. ; sur la réduction des libéralités, voir n°s 32700 s.). 14010

En se soustrayant au rapport, l'héritier donataire accroît sa part successorale, ce qui l'expose à la sanction du **recel successoral** (C. civ. art. 792 ; voir également n°s 39810 s.). Une telle condamnation a été prononcée par la cour d'appel de Paris, dans une affaire où la fille du défunt avait acquis de ce dernier des titres sociaux à leur montant nominal alors que leur valeur réelle, à la date de la cession, avait été estimée à un montant 22 fois supérieur. Cette donation indirecte ayant été dissimulée par la fille à ses cohéritiers, celle-ci fut condamnée à rapporter à la succession les titres reçus sans avoir aucun droit sur le partage de ceux-ci (CA Paris 9-6-1986 : Bull. Joly 11-1986 p. 1031 note G. Lesguillier).

CONTRAT DE SOCIÉTÉ DISPENSÉ DE RAPPORT SUCCESSORAL

Il n'est pas dû de rapport pour les associations faites sans fraude entre le défunt et l'un de ses héritiers, lorsque les conditions en ont été réglées par un acte authentique (C. civ. art. 854). Cette règle ainsi posée peut paraître assez énigmatique. 14020

Pour les **actes authentiques** ainsi visés, la règle semble évidente : en l'absence de fraude, un contrat de société unissant le défunt et l'un de ses héritiers n'est pas censé procurer d'avantages à ces derniers, de sorte qu'il n'y a ni donation indirecte ni rapport.

Est-ce à dire, a contrario, que lorsque les conditions de l'association ont été réglées par **acte sous signature privée,** une libéralité doit être présumée ? Bien que la jurisprudence ne soit pas très riche, la doctrine considère que la distinction entre acte authentique et acte sous signature privée est aujourd'hui malvenue et peu suivie par les juges. Le rapport a ainsi été exclu lorsqu'il était constaté que les produits d'une association formée entre le successible et le de cujus, pourtant non constatée par acte authentique, constituent pour le successible non une libéralité, mais une juste indemnité soit de son concours aux affaires sociales, soit des risques courus par ses capitaux (Cass. req. 17-8-1864 : DP 1865. 1. 304 ; Douai 21-6-1906 : DP 1908. 2. 225, note M. Planiol).

La Cour de cassation laisse les juges du fond mener une appréciation qui est souveraine (Cass. 1e civ. 29-10-1979 no 78-11.889 : Bull. civ. I no 266, Defrénois 1980 art. 326 note A. Ponsard).

Sur cette question, voir également no 31555.

ÉVALUATION DES TITRES

14030 Lorsque la libéralité est considérée comme rapportable ou lorsqu'elle doit être réunie fictivement à la masse de calcul pour la détermination de la réserve héréditaire, la difficulté réside dans l'évaluation de la valeur à prendre en compte. Qu'il s'agisse du rapport ou de la réduction, le bien doit être évalué d'après son état à l'époque de la donation, mais le rapport s'effectue selon la valeur au jour du partage et la réunion fictive selon la valeur au jour du décès du de cujus (C. civ. art. 860 et 922). La **détermination du moment auquel la valeur doit être évaluée** n'est donc pas censée poser de problème, même si la Cour de cassation a dû censurer une cour d'appel qui avait intégré dans la masse de calcul le prix de cession de parts sociales dépendant de la succession et non la valeur de ces parts à l'ouverture de la succession (Cass. 1e civ. 5-4-2005 no 01-12.810 FS-P : AJ fam. 2005 p. 281 obs. F. Bicheron, RTD civ. 2005 p. 441 obs. M. Grimaldi).

Il est plus délicat d'apprécier la valeur d'après **« l'état » des titres sociaux au moment de la donation.** En effet, la valeur des titres peut être très fluctuante et varier notamment grâce à l'activité déployée par les associés. C'est pour cette raison qu'il convient d'apprécier l'incidence de l'investissement personnel du donataire dans les affaires sociales sur la valeur des titres sociaux. En ce sens, la Cour de cassation a considéré que si « la transformation de la société anonyme X… en société en nom collectif était sans incidence sur l'état des droits sociaux donnés, et que ceux-ci devaient être évalués au jour de l'ouverture de la succession pour le cas où à cette date le passif grevant la société X… à l'époque des donations avait disparu pour une cause étrangère aux gratifiés », il convient en revanche de rechercher « si les donataires n'avaient pas exercé une activité au sein de la société Faugier seulement parce que, devenus actionnaires majoritaires de cette société en raison de la donation des actions de la société X…, ils représentaient cette dernière au sein des organes sociaux de la société Faugier, dans le but d'accroître la valeur des droits sociaux de la société X…, de sorte que la disparition du passif grevant cette société et la plus-value prise par les biens donnés résultaient indirectement du travail qu'ils avaient fourni au sein de la société Faugier » (Cass. 1e civ. 8-7-2009 no 07-18.041 FS-PB : BPAT 5/09 inf. 200, AJ fam. 2009 p. 407 obs. F. Bicheron, RTD civ. 2009 p. 762 obs. M. Grimaldi ; voir aussi Cass. 1e civ. 14-4-2010 no 09-11.633 F-D). De ce point de vue, on comprend bien que l'état du bien s'apprécie au niveau non pas des titres sociaux, mais du **patrimoine social,** pour apprécier le rôle de chacun des associés dans l'évolution du patrimoine de la société (P. Catala, L'état d'un bien donné exploité sous forme sociale : Mélanges en l'honneur du professeur R. Rodière, Dalloz 1981, p. 55). Pour cette raison, il ne peut être considéré que la plus-value prise par les titres est retenue de la même manière pour tous les associés, si l'un d'eux a joué un rôle décisif dans la création, le sauvetage de la faillite ou le développement de la société (Cass. 1e civ. 24-10-2012 no 11-21.839 F-PBI : BPAT 6/12 inf. 300, AJ fam. 2013 p. 64 obs. N Levillain, Rev. sociétés 2013 p. 235 note E. Naudin).

Sur cette question de l'évaluation des biens fictivement réunis et ceux à rapporter, voir respectivement nos 32785 s. et 31940 s.

EXEMPLE

Le de cujus, veuf, sans enfant et ayant laissé à sa succession deux frères, avait vendu à l'un d'eux des titres d'une société pour 10 000 € alors qu'ils en valaient 100 000. Par la suite, le frère, devenu gérant de la société, a transformé l'activité de celle-ci, qui est devenue très florissante. Grâce à cela, les titres valent au jour de la liquidation 200 000 €. Au moment de l'acte de vente, la donation indirecte correspondante s'élève à 90 000 € (100 000 € – 10 000 €). Pour déterminer le rapport que doit effectuer le frère à la succession, il faut évaluer les titres au jour de la liquidation, mais selon leur « état » au moment de la donation. Or, il semble que l'on ne puisse pas retenir, comme donation rapportable, une valeur de plus de 90 000 € car l'évolution de la valeur, par la suite, est due à l'**activité de l'associé.**

Si tel n'avait pas été le cas (**plus-value fortuite**), il aurait fallu prendre en compte la plus-value et le rapport aurait donc été de : 200 000 € – (10 000 € / 100 000 € × 200 000 €) = 180 000 €.

TITRE III

Testament et legs

CHAPITRE 1 TESTAMENT

SOMMAIRE

DÉFINITION ET CARACTÉRISTIQUES DU TESTAMENT

Le testament est l'acte par lequel le testateur exprime ses dernières volontés et « dispose, pour le temps où il n'existera plus, de tout ou partie de ses biens ou de ses droits et qu'il peut révoquer » (C. civ. art. 895). 14700

Le testament présente plusieurs caractéristiques.

C'est un **acte juridique unilatéral,** manifestation de la volonté de son seul auteur, laquelle est nécessaire et suffisante pour sa validité. L'acceptation des bénéficiaires du legs n'est pas une condition de validité de ses dispositions ; au décès du testateur, le refus du légataire emporte seulement caducité du legs qui lui a été consenti.

C'est un **acte à cause de mort** : il manifeste la volonté de son auteur au jour de son décès. Pour cette raison, il est toujours **révocable** et ne produit d'effet qu'au décès du testateur.

Enfin, le testament est un **acte solennel.** La solennité tend à garantir l'expression libre des dernières volontés, leur conservation jusqu'au décès et leur protection contre les éventuelles contestations : la validité du testament est soumise à des règles de fond et de forme particulières.

SECTION 1 RÈGLES DE FOND DU TESTAMENT

CONDITIONS DE VALIDITÉ DE DROIT COMMUN DU TESTAMENT

Les conditions relatives au consentement, à la capacité et au contenu du testament sont exposées dans l'étude des règles communes aux libéralités (n°s 200 s.). 14710

A. Contenu du testament

DISPOSITIONS PATRIMONIALES DU TESTAMENT

14715 D'ordinaire, les dispositions patrimoniales constituent le contenu principal du testament. L'objet essentiel d'un testament est de régler le sort des **biens du testateur** après son décès. Le testateur peut ainsi déroger aux règles de la dévolution légale et/ou procéder à des attributions de biens.

14720 **Legs** Le plus souvent, le testateur procède de **manière positive** en désignant les personnes qui recueilleront ses biens. Il leur consent ainsi des legs.

Il peut même emprunter la forme du testament pour organiser un partage de sa succession à venir (sur le testament-partage, voir n°s 65400 s.).

14725 **Reconnaissance de dette** Une reconnaissance de dette par le testateur est tout à fait valable, à condition que son bénéficiaire puisse justifier d'un droit de **créance à l'encontre du testateur.** Si la reconnaissance de dette ne correspond pas à la réalité, les juges peuvent requalifier la disposition en legs (Cass. req. 27-5-1889 : S. 1889 I p. 426).

14730 **Exhérédation d'héritiers** Le testateur peut préférer procéder de **manière négative,** par voie d'exhérédation, en privant les héritiers ab intestat de leurs droits (si ce n'est que les héritiers réservataires, s'il en existe, pourront toujours exiger leur part de réserve).

L'exhérédation est **expresse** (directe) lorsque le testateur écarte certains de ses héritiers, ce qui a pour effet d'instituer les autres. Si le testateur exclut tous ses héritiers, sa succession sera acquise à l'État souverain (C. civ. art. 724, al. 3).

L'exhérédation expresse est toujours efficace puisque même en cas de prédécès ou de renonciation par l'ensemble des autres héritiers ou légataires, l'héritier expressément exhérédé ne recevra rien dans la succession (ou, le cas échéant, seulement sa part réservataire).

L'exhérédation est **implicite** (indirecte) lorsque le testateur désigne un légataire universel ou multiplie les legs à titre universel ou à titre particulier, épuisant ainsi son patrimoine. L'exclusion des héritiers est alors implicite, les légataires recueillant la succession à leur place.

En cas d'exhérédation indirecte, le prédécès ou la renonciation du légataire peut profiter à l'héritier : voir n°s 17450 s.

14735 Qu'elle soit expresse ou implicite, l'**exhérédation** peut être **conditionnelle** à titre de sanction. L'exhérédation conditionnelle sanctionne l'héritier qui n'exécute pas le testament ou qui conteste soit sa validité, soit l'étendue de ses dispositions devant les tribunaux. L'exhérédation est alors une menace exercée au moyen d'une **clause pénale.**

Parce que le testament permet d'extérioriser toutes sortes de dispositions de dernières volontés, l'exhérédation conditionnelle à titre de clause pénale est en principe valable. Cette validité de principe trouve cependant une limite en cas d'**atteinte à l'ordre public.** Il a ainsi été jugé qu'une clause pénale privant de ses droits dans une succession un héritier qui conteste les dispositions testamentaires est réputée non écrite lorsqu'elle tend à assurer l'exécution de celles portant atteinte à l'ordre public (Cass. 1e civ. 20-2-2007 n° 04-16.461 FS-PB : Bull. civ. I n° 74, BPAT 2/07 inf. 59). Ainsi, le testateur ne peut pas prévoir que le légataire d'un bien frappé d'inaliénabilité sera privé du legs s'il met en cause la validité de la clause d'inaliénabilité ou demande en justice l'autorisation d'aliéner le bien ; une telle clause est réputée non écrite (C. civ. art. 900-8). On relèvera, toutefois, que la Cour de cassation admet rarement la contravention à l'ordre public.

ILLUSTRATIONS

A été jugée **licite la clause pénale** privant de la quotité disponible :

– l'héritier qui conteste le testament, à condition toutefois que les dispositions testamentaires ne portent pas effectivement atteinte à sa réserve et à son droit d'ordre public d'héritier réservataire (Cass. 1e civ. 25-6-2002 n° 00-11.574 FS-P : BPAT 6/02 inf. 218) ;

– l'héritier qui conteste un testament (en l'espèce un testament-partage) dont il n'est pas établi qu'il porte atteinte à la part de réserve des héritiers (Cass. 1e civ. 9-12-2009 n° 08-18.677 FS-PB : Bull. civ. I n° 248, BPAT 1/10 inf. 35) ;

– les héritiers qui ont été déboutés de leur action en révocation pour ingratitude du légataire, car l'action en révocation n'intéresse pas l'ordre public (Cass. 1e civ. 20-2-2007 n° 04-16.461 FS-PB : Bull. civ. I n° 74, BPAT 2/07 inf. 59).

14740 La Cour de cassation subordonne également l'efficacité de la clause pénale à un **contrôle de proportionnalité** : les juges du fond doivent rechercher si l'application de la clause litigieuse « n'avait pas pour effet de porter une atteinte excessive au droit d'agir en justice » des héritiers

(Cass. 1e civ. 16-12-2015 no 14-29.285 FS-PBI : BPAT 1/16 inf. 24 ; Cass. 1e civ. 31-3-2021 no 19-24.407 F-D : SNH 14/21 inf. 4). En d'autres termes, il appartient aux juges du fond de déterminer concrètement si, dans l'espèce considérée, l'atteinte portée par la clause au droit des demandeurs d'agir en justice est proportionnée ou disproportionnée, eu égard au droit du disposant de garantir le respect de ses volontés. Si elle est proportionnée, l'atteinte portée au droit d'agir des demandeurs n'est pas excessive et la clause pénale doit s'appliquer. Sinon, la clause doit être écartée. De même, il a été jugé qu'est réputée non écrite la clause insérée dans un testament prévoyant la réduction de la part du demandeur au partage judiciaire à sa seule part de réserve. Une telle clause a pour effet de porter une atteinte excessive au droit absolu, reconnu à tout indivisaire, de demander le partage (Cass. 1e civ. 13-4-2016 no 15-13.312 FS-PB : BPAT 3/16 inf. 118).

Lorsqu'une **clause pénale** est **réputée non écrite,** elle seule serait privée d'effet, les autres dispositions du testament étant maintenues (voir no 2160).

DISPOSITIONS EXTRAPATRIMONIALES DU TESTAMENT

Bien que cela ne soit pas expressément prévu par le Code civil, un testament peut comporter, **partiellement ou** même **exclusivement,** des dispositions ne concernant pas les biens du testateur (Cass. req. 20-7-1943 : JCP G 1943 II no 2450 obs. P. Voirin). **14745**

Signalons par ailleurs que toute personne peut, pour le cas où elle serait un jour hors d'état d'exprimer sa volonté, rédiger des directives anticipées relatives à sa fin de vie en ce qui concerne les conditions de la poursuite, de la limitation, de l'arrêt ou du refus de traitement ou d'actes médicaux (CSP art. L 1111-11, al. 1). Ces directives sont parfois désignées sous le terme impropre de « **testament de fin de vie** ». En effet, elles ne constituent pas un testament au sens de l'article 895 du Code civil dans la mesure où elles produisent leurs effets du vivant de leur auteur et non après son décès. Pour une étude d'ensemble de ce dispositif, voir Mémento Droit de la famille nos 77900 s.

Dispositions sur les funérailles La **loi du 15 novembre 1887 sur la liberté des funérailles** énonce que la « volonté (du défunt), exprimée dans un testament ou dans une déclaration faite en forme testamentaire, soit par devant notaire, soit sous signature privée, a la même force qu'une disposition testamentaire relative aux biens » (Loi du 15-11-1887 art. 3). **14750**

La **jurisprudence** considère cependant qu'une telle volonté peut être exprimée autrement que par testament (Cass. 1e civ. 26-4-1984 no 83-11.117 : Bull. civ. I no 142). Selon cet arrêt, « les modalités des obsèques d'une personne doivent être déterminées conformément à la volonté du défunt, même si celle-ci n'a pas été exprimée en la forme prévue par l'article 3 de la loi du 15 novembre 1887 ». Toutefois, dès lors que le défunt a défini les modalités de ses funérailles dans un testament – quelle qu'en soit la forme –, celui-ci doit être établi conformément aux règles légales qui y sont attachées (par exemple, sur un cas de nullité pour absence de date : Cass. 1e civ. 8-4-2009 no 08-12.217 F-D).

Le testateur peut ainsi organiser ses funérailles, décider de leur **caractère civil ou religieux,** déterminer son **mode de sépulture** (Loi du 15-11-1887 art. 3, al. 3). **14755**

En outre, il peut « charger une ou deux personnes de veiller à l'exécution de ses dispositions » (Loi du 15-11-1887 art. 3, al. 2), ce qui n'est autre qu'une variété d'**exécuteur testamentaire à la dépouille du testateur.**

Règlement du sort d'une sépulture Le **droit d'être inhumé** dans une sépulture – sur une propriété privée ou dans le cadre d'une concession municipale – peut être légué (Cass. 1e civ. 2-3-1999 no 97-13.910) ou retiré. Cependant, les **descendants du fondateur** d'une sépulture ne peuvent pas disposer des places disponibles au profit de tiers étrangers au fondateur. **14760**

Prélèvement d'organes Les prélèvements sur personnes décédées sont légalement autorisés depuis que la loi 76-1181 du 22 décembre 1976 les a rendus licites sur toutes les personnes majeures et capables n'ayant pas exprimé de volonté contraire (CSP art. L 1232-1). Toute personne peut **s'opposer au prélèvement** de ses organes, notamment par testament. Est par ailleurs autorisé le **« legs » de son corps** à un établissement de santé, de formation ou de recherche à des fins d'enseignement médical et de recherche (CSP art. L 1261-1 et R 1261-1). **14765**

Règlement du sort des papiers domestiques Les registres et papiers domestiques valant au moins comme éléments de présomption, que ce soit en matière patrimoniale ou en matière de filiation, il peut être utile de prévoir **qui en assurera la conservation.** Il en est de même du journal intime du testateur. **14770**

14775 **Souhaits du testateur** Les souhaits et vœux émis par le testateur sont laissés à la conscience des héritiers et ne revêtent pas un caractère obligatoire (CA Orléans 15-2-2010 n° 08/03679, sur le vœu d'affectation d'un bien légué, non constitutif d'une charge pour le légataire ; Cass. 1e civ. 25-9-2013 n° 12-17.752 F-D). Cependant, si un héritier exécute volontairement un vœu du testateur, les tribunaux y voient l'existence d'une **obligation naturelle** de l'héritier, qui se transforme en obligation civile du seul fait de l'engagement de l'héritier d'exécuter cette obligation naturelle (pour une illustration, Cass. 3e civ. 26-1-2022 n° 20-23.436 F-D : BPAT 2/22 inf. 95). Les juges du fond apprécient souverainement l'existence d'une obligation naturelle au vu des circonstances de fait.

14780 **Reconnaissance d'enfant** Elle peut résulter d'une clause insérée dans un **testament authentique,** conformément à l'article 316 du Code civil. Elle ne nécessite aucune formule sacramentelle ni même aucune stipulation expresse. Il suffit (mais il est nécessaire) que l'**intention de reconnaître** ressorte clairement du testament (Cass. req. 24-1-1888 : DP 1888 I p. 302). Tel sera le cas, par exemple, si le légataire institué par le testament est indiqué comme étant l'enfant du testateur (Cass. req. 2-1-1895 : DP 1895 I p. 367).

La reconnaissance demeure valable, même si le **testament** est **ensuite révoqué** (dès lors qu'il était valable en la forme : Cass. req. 24-10-1939 : JCP G 1940 II n° 1416). Cette règle est conforme au principe suivant lequel une reconnaissance valablement faite est irrévocable.

ATTENTION

La reconnaissance d'un enfant effectuée dans un **testament olographe** ne peut produire aucun effet (Cass. req. 18-3-1862 : S. 1862 I p. 622 ; Cass. 1e civ. 2-2-1977 n° 75-14.101 : Bull. civ. I n° 63, JCP N 1977 prat. 6720). Il en serait de même, en présence d'un **testament mystique,** à moins que la reconnaissance ne soit reproduite dans l'acte de suscription dressé par le notaire.

14785 **Déclaration de paternité d'une œuvre pseudonyme ou anonyme** Les auteurs d'œuvres pseudonymes ou anonymes peuvent faire connaître leur identité par testament (CPI art. L 113-6).

14790 **Dévolution du droit moral et du droit de divulgation** Elle est soumise à des règles spécifiques auxquelles l'auteur peut **déroger par testament.** Notamment, « l'exercice (du droit moral) peut être conféré à un tiers en vertu de dispositions testamentaires » (CPI art. L 121-1). Quant au droit de divulgation, il est exercé par le ou les exécuteurs testamentaires désignés par l'auteur (CPI art. L 121-2).

La jurisprudence décide que le **testament olographe** relatif à la dévolution du droit moral et du droit de divulgation est soumis aux **conditions de forme** édictées par l'article 970 du Code civil, bien qu'il n'ait pas pour objet la transmission de biens ou de droits (Cass. 1e civ. 28-5-2015 n° 14-14.506 FS-PB : BPAT 4/15 inf. 143). Là encore, les règles de forme édictées par l'article 970 du Code civil pour le testament olographe sont indépendantes du contenu du testament.

La question de la **transmission du droit moral par le légataire** est discutée en doctrine (sur la question, voir par exemple H.-J. Lucas : Traité de la propriété littéraire et artistique, Litec 1994, n° 474 p. 381).

CONSEIL

Face à ces incertitudes, la solution est le legs du droit moral à une **association régie par la loi de 1901** regroupant les personnes les plus attachées à l'œuvre de l'auteur. L'association devra avoir été créée du vivant de l'auteur (contrairement à la fondation qui peut être créée après son décès sous réserve que soit reconnu son caractère d'utilité publique).

14795 **Désignation du bénéficiaire d'une assurance-vie** La désignation ou la substitution du bénéficiaire peut se faire soit par voie d'avenant au contrat, soit par notification adressée à l'assureur, soit par voie testamentaire (C. ass. art. L 132-8). Il n'y a pas de **forme** imposée. Cet acte est soumis aux conditions générales de validité des actes juridiques (C. civ. art. 1100 et 1128). Il suppose donc un consentement sain émanant d'une personne capable. En outre, la **volonté du stipulant** doit être exprimée de manière certaine et non équivoque (Cass. 1e civ. 25-9-2013 n° 12-23.197 F-PB). Ainsi, indépendamment de l'insanité d'esprit et du consentement vicié, l'absence de volonté certaine et non équivoque du souscripteur est de nature à invalider la modification de la désignation bénéficiaire. En cas de contestation par les héritiers du souscripteur, l'**appréciation du caractère certain et non équivoque** de sa volonté résulte de l'examen de l'ensemble des éléments, intrinsèques et extrinsèques à l'acte, contrairement à l'appréciation de l'insanité d'esprit qui est limitée à l'examen des seuls éléments intrinsèques à l'acte (sur ce point, Cass. 1e civ. 5-4-2023 n° 21-12.875 F-D : BPAT 3/23 inf. 144).

La désignation du bénéficiaire est une disposition extrapatrimoniale et donc non constitutive d'un legs, lequel aurait pour effet d'intégrer le capital assuré dans la succession (voir toutefois une décision contraire très critiquable : CA Aix-en-Provence 18-4-2018 n° 2018/84). Dans cette affaire, le contrat stipulait qu'en cas de décès de l'assuré avant le terme, le capital serait versé selon « dispositions testamentaires » ; la cour d'appel a requalifié la désignation bénéficiaire faite par testament en legs.

Il n'y a pas de **parallélisme des formes** à respecter entre la modalité choisie pour la désignation initiale du bénéficiaire et celle adoptée pour sa modification (Cass. 1e civ. 3-4-2019 n° 18-14.640 FS-PBI : BPAT 3/19 inf. 110). Dans cette affaire, le souscripteur de contrats d'assurance-vie avait, dans un testament authentique, désigné comme bénéficiaires son épouse et ses enfants, puis avait modifié par avenants les clauses bénéficiaires en désignant son épouse et, à défaut, trois de ses filles. La Cour de cassation a validé la modification. Le testament n'étant alors qu'un « instrumentum », ce sont les règles du droit des assurances en matière de modification, voire de révocation de la désignation bénéficiaire, qui sont appliquées.

Un arrêt exige que la **modification** du bénéficiaire soit **connue de l'assureur** du vivant de l'assuré. Il juge que le fils du souscripteur du contrat ne peut pas se prévaloir d'un écrit le désignant comme bénéficiaire dès lors que l'assureur n'en a eu connaissance qu'après le décès de l'assuré, sauf à établir que cet écrit constitue un testament olographe (Cass. 2e civ. 13-6-2019 n° 18-14.954 F-PBI : BPAT 5/19 inf. 198). Dans un deuxième arrêt rendu dans la même affaire, la Cour de cassation constate que l'écrit litigieux constitue bien un testament olographe et en déduit qu'il n'avait donc pas à être porté à la connaissance de l'assureur (Cass. 2e civ. 10-3-2022 n° 20-19.655 F-B : BPAT 3/22 inf. 152). Ces deux arrêts semblent marquer un durcissement de la position de la Cour de cassation, laquelle admettait auparavant que l'assureur prenne connaissance de la modification par lettre de la clause bénéficiaire après le décès de l'assuré « dès lors qu'elle exprime de façon certaine et non équivoque la volonté du stipulant et que [...] la compagnie d'assurances en a eu connaissance avant de procéder au versement du capital » (Cass. 1e civ. 13-5-1980 n° 79-10.053 ; Cass. 2e civ. 13-9-2007 n° 06-18.199 FS-PB : BPAT 6/07 inf. 178).

La **désignation par testament** du bénéficiaire du contrat d'assurance-vie présente les **avantages** suivants : **14797**
- elle assure la confidentialité jusqu'au décès ;
- elle évite toute demande d'acceptation par le bénéficiaire du vivant du souscripteur ainsi que les pressions sur ce dernier pour qu'il valide l'acceptation ;
- lorsque le choix se porte sur le testament authentique, on limite les risques de remise en cause de la désignation bénéficiaire pour insanité d'esprit ;
- elle permet de bénéficier des conseils du notaire afin d'adapter la clause bénéficiaire aux attentes du souscripteur et de limiter les risques de litige au décès.

En revanche, la désignation du bénéficiaire par testament n'est **pas adaptée** aux contrats souscrits conjointement par des époux communs en biens. En pareil cas, la désignation et la modification du bénéficiaire nécessitent l'accord de l'assuré (C. ass. art. L 132-8), donc des deux époux. Or, les testaments conjonctifs, c'est-à-dire faits par deux personnes dans un même acte, sont interdits (C. civ. art. 968). Chaque époux doit donc rédiger un testament, mais il ne peut pas y désigner le bénéficiaire des contrats souscrits conjointement faute de pouvoir démontrer que la clause testamentaire procède d'une volonté commune (en ce sens, C. Jamain : La désignation du bénéficiaire par testament n'est pas adaptée aux contrats à souscription conjointe : SNH 8/20 inf. 11).

CONSEIL

La **rédaction de la clause bénéficiaire** doit être faite avec le plus grand soin. Deux points doivent particulièrement retenir l'attention du rédacteur.

1° Tout d'abord, le **libellé de la personne bénéficiaire** : s'il s'agit du conjoint et que celui-ci est désigné de manière générique comme « mon conjoint » sans indication de son nom, le bénéficiaire du contrat d'assurance-vie sera le conjoint du souscripteur au jour de son décès (C. ass. art. L 132-8), qui peut ne pas être le même qu'au jour de la souscription du contrat et/ou de la confection du testament. S'il s'agit des héritiers du souscripteur, il est conseillé de préciser s'il s'agit des héritiers légaux et/ou des héritiers testamentaires (Cass. 2e civ. 12-5-2010 n° 09-11.256 F-D : BPAT 4/10 inf. 232). Dans cette affaire, la Cour de cassation a considéré que le terme « héritiers » ne vise pas que le légataire universel, mais désigne l'ensemble des héritiers. Toutefois, elle a récemment rappelé que, pour identifier le bénéficiaire sous le terme d'héritier, « il convient de ne s'attacher exclusivement ni à l'acception du terme d'héritier dans le langage courant ni à la définition de ce terme en droit des successions mais de rechercher et d'analyser la volonté du souscripteur » (Cass. 2e civ. 14-12-2017 n° 16-27.206 F-D). C'est donc la volonté du souscripteur qui est déterminante de la qualité ouvrant droit au bénéfice du contrat (C. ass. art. L 132-8) et de la répartition de celui-ci entre les différents bénéficiaires (en ce sens, Cass. 1e civ. 19-9-2018 n° 17-23.568 FS-PB : BPAT 6/18 inf. 245). En l'espèce, la Cour de cassation a reproché aux juges du fond de ne pas avoir recherché la volonté de la souscriptrice quant à la répartition du capital garanti entre, d'une part, ses « héritiers » désignés dans le contrat d'assurance comme bénéficiaires et, d'autre part, son fils aîné, légataire de la quotité disponible de sa succession.

2° Ensuite, il est vivement conseillé de prévoir des **bénéficiaires subsidiaires** (au cas de prédécès du bénéficiaire principal, de refus de sa part ou de nullité de la désignation) en les désignant de manière précise et complète. Sur l'articulation entre les dispositions prises par voie testamentaire et la clause désignant « les héritiers » à titre de bénéficiaires subséquents, nécessitant la recherche de volonté du testateur, voir Cass. 1e civ. 10-2-2016 n° 14-27.057 FS-PBI.

14800 **Données numériques** La loi 2016-1321 du 7 octobre 2016 « pour une République numérique » encadre la transmission des données à caractère personnel en cas de décès et consacre un droit à l'oubli, notamment pour les mineurs. Ainsi, toute personne peut adopter des directives relatives à la **conservation,** à l'**effacement et** à la **communication de ses données personnelles après son décès.** Ces directives, qui peuvent être générales ou particulières, définissent la manière dont la personne entend que ses droits soient exercés après son décès. Ces directives peuvent être modifiées ou révoquées à tout moment (Loi 78-17 du 6-1-1978 art. 85, I). De telles directives devraient être admises en la forme testamentaire. Sur cette question, voir nos 26505 s.

14805 **Désignation d'un tuteur** S'il a conservé l'exercice de l'autorité parentale sur son enfant jusqu'à son décès, le **survivant des père et mère** peut désigner par testament (ou par déclaration spéciale devant notaire) un tuteur pour le cas où il décèderait **avant la majorité de son enfant** (C. civ. art. 403, al. 1 et 2). On parle de « tutelle testamentaire ». Cette désignation peut être faite du vivant de l'autre parent, mais elle ne prendra effet qu'après son décès. Le tuteur choisi peut être parent ou non parent du mineur.

Sur la mise en place d'une tutelle testamentaire dans un **contexte international,** voir n° 77300.

14810 Toutes les **formes de testament** sont possibles : olographe, authentique, mystique, etc.

Le testament peut être antérieur à la **naissance** de l'enfant : il suffit que l'enfant ait été conçu lors de son établissement (Cass. 1e civ. 9-2-1988 n° 86-17.727 : Bull. civ. I n° 37, à propos d'une future mère atteinte d'une maladie incurable).

Sauf cas particuliers (refus de la personne choisie, impossibilité d'exercer sa mission ou choix contraire à l'intérêt du mineur), la désignation du tuteur par le testateur s'imposera au **conseil de famille** (C. civ. art. 403, al. 3 et 4).

Le testament peut aussi contenir la nomination d'un tuteur pour un **enfant majeur,** dès lors que le testateur est le survivant de ses père et mère et en assume la charge matérielle et affective (C. civ. art. 448, al. 2).

14815 La tutelle testamentaire ne permet pas de moduler les **pouvoirs du tuteur** désigné, en les augmentant ou en les diminuant. La loi offre au dernier mourant des père et mère la faculté « de choisir un tuteur, non d'instituer une tutelle d'une nature spéciale » (J. Massip, Tutelle des mineurs et protection juridique des majeurs, Defrénois, 2009, n° 111). En revanche, rien ne semble s'opposer à la possibilité de diviser les attributs de la tutelle entre plusieurs personnes, en désignant par exemple un tuteur à la personne et un autre aux biens (J. Massip, précité, n° 110).

En pratique, il est par ailleurs **conseillé** de désigner un, voire plusieurs autres tuteurs à titre subsidiaire pour pallier le risque de prédécès, de refus ou d'incapacité du premier tuteur.

MODÈLE

Désignation d'un tuteur par testament

Je soussignée, ... (*prénom, nom, adresse, date et lieu de naissance*), au cas où je décèderais après le père de mes enfants, comme au cas où nous décèderions dans un même événement,
Nomme pour tuteur à mes enfants mineurs (*prénoms, nom, date et lieu de naissance*),
Monsieur .... (*prénom, nom, adresse, date et lieu de naissance du tuteur désigné*),
Et à défaut, Monsieur .... (*prénom, nom, adresse, date et lieu de naissance du tuteur subsidiaire*).
Je précise au surplus que si ce testament était contesté, je ne souhaite pas que Monsieur .... (*prénom, nom, date et lieu de naissance*) puisse exercer la tutelle.
Fait à
Le

(*signature*)

Si le tuteur testamentaire ne peut pas être désigné par le premier mourant des père et mère – l'autorité parentale étant en principe exercée à son décès par le survivant –, le prémourant peut en revanche donner ou léguer ses biens à l'enfant mineur, sous condition qu'ils soient administrés par un tiers (C. civ. art. 384) et que le titulaire de l'autorité parentale n'en ait pas la jouissance légale (C. civ. art. 386-4, 2°).

Exclusion de l'administration légale Le testateur peut léguer des biens à un mineur sous la condition qu'ils soient administrés par un **tiers** (C. civ. art. 384). Le testament peut conférer à ce tiers des **pouvoirs** plus larges que ceux des administrateurs légaux, par exemple celui de vendre l'immeuble ou d'apporter en société le fonds de commerce légué. À cet égard, certains auteurs ont relevé l'intérêt qu'il peut y avoir à combiner la désignation testamentaire d'un tiers administrateur avec un mandat à effet posthume, notamment lorsque le testateur laisse une entreprise dont il veut assurer la pérennité (J. Combret, Mandat à effet posthume : d'utiles précisions ou confirmations : Sol. Not. 10/15 inf. 193 ; voir n° 42320). 14820

Si le testament ne précise pas les pouvoirs du tiers administrateur, le tiers désigné a les pouvoirs d'un administrateur légal (C. civ. art. 384).

Le testateur peut exclure tous les biens légués de l'administration légale, c'est-à-dire non seulement la **quotité disponible,** mais également la **réserve** héréditaire (Cass. 1e civ. 6-3-2013 n° 11-26.728 FS-PBI : Bull. civ. I n° 36, BPAT 2/13 inf. 50).

Pour valider la clause d'exclusion stipulée dans un testament par lequel le disposant gratifiait sa sœur et la dotait des pouvoirs d'administration sur les biens revenant à ses enfants en lieu et place de son ex-épouse, la Cour de cassation a considéré que ladite clause « qui emportait privation de la jouissance légale de la mère, avait nécessairement pour effet d'augmenter les droits des mineurs sur leur émolument dans la succession de leur père, de sorte qu'une telle clause stipulée par le testateur [...] caractérisait un legs » (Cass. 1e civ. 11-2-2015 n° 13-27.586 FS-PB : BPAT 4/15 inf. 125). Même si on peut légitimement douter qu'une telle disposition produise un tel effet – la jouissance légale n'ayant pas la nature d'un usufruit –, la solution est opportune car il n'y a aucune raison de circonscrire le **domaine d'application de la clause** d'exclusion d'administration légale aux seules libéralités consenties par le défunt.

La clause d'exclusion de l'administration légale s'impose au juge, qui ne peut pas la réputer non écrite au motif qu'elle serait contraire à l'**intérêt de l'enfant** (Cass. 1e civ. 26-6-2013 n° 11-25.946 FS-PBI : Bull. civ. I n° 137). Pareille disposition ne porte pas non plus atteinte au **droit de mener une vie familiale normale** (Cass. 1e civ. QPC 15-6-2017 n° 17-40.035 FS-PB).

Privation du droit de jouissance légale La jouissance légale étant attachée à l'administration légale (C. civ. art. 386-1), le **parent survivant** est privé du droit de jouissance sur les **biens dont il s'est vu retirer l'administration légale** (C. civ. art. 386-2). Mais, comme toujours en matière de testament, il est préférable que le testateur précise expressément la portée des dispositions qu'il adopte. 14825

Le parent survivant peut également être **privé** par testament **de son seul droit de jouissance légale.** Tel est le cas lorsque le legs est consenti au mineur à la condition expresse que l'autre parent n'en jouira pas (C. civ. art. 386-4, 2°). Celui-ci ne peut alors pas percevoir les revenus des biens de l'enfant pour son compte. Il doit les encaisser sur un compte ouvert au nom du mineur et sous le contrôle du juge des tutelles. Dans une telle hypothèse, il faudra tout de même avoir anticipé les conséquences d'une telle privation sur le train de vie de l'enfant mineur. La privation de jouissance peut ainsi être limitée à certains biens ou demeurer totale, mais à charge pour la personne chargée d'administrer les biens d'établir un budget annuel des besoins de l'enfant et de gérer les capitaux afin d'y faire face.

DÉSIGNATION D'UN EXÉCUTEUR TESTAMENTAIRE

L'exécuteur testamentaire est la personne que le testateur charge de « veiller ou procéder à l'**exécution de ses [dernières] volontés** » (C. civ. art. 1025) patrimoniales et extrapatrimoniales, après sa mort. 14830

Même si par ailleurs le législateur a institué des **mandataires successoraux** (mandataire choisi par le testateur lui-même dans un mandat à effet posthume, mandataire choisi par les héritiers d'un commun accord, mandataire successoral imposé par le juge), l'exécuteur testamentaire demeure le seul à pouvoir être chargé de la surveillance du respect des dispositions patrimoniales ou extrapatrimoniales prises par le testateur : les différents mandataires successoraux ne peuvent qu'administrer ou gérer tout ou partie de la succession. En cas de conflit de pouvoirs, l'exécuteur testamentaire prime le mandataire désigné par mandat à effet posthume et le mandataire successoral désigné par le juge.

La désignation d'un exécuteur testamentaire présente un **intérêt,** notamment lorsque le testament prévoit des legs particuliers assortis éventuellement de charges. L'exécuteur testamentaire veillera, le cas échéant par la contrainte, à ce que les héritiers ou légataires qui doivent exécuter ces legs et charges s'acquittent de leur obligation.

14835 **Choix de l'exécuteur testamentaire** Toute personne jouissant de la pleine capacité civile **peut être exécuteur testamentaire,** qu'elle ait ou non la qualité d'héritier ou de légataire du défunt ; il peut y avoir **un ou plusieurs** exécuteurs testamentaires (C. civ. art. 1025, al. 1).

Un notaire peut être désigné exécuteur testamentaire, mais il ne peut pas alors a priori être chargé du règlement de la succession du testateur. Il est en effet interdit aux notaires, en tant qu'officiers publics, « de s'intéresser dans aucune affaire pour laquelle ils prêtent leur ministère » (Décret 45-0117 du 19-12-1945 art. 13, 4°). En outre, étant chargé du règlement de la succession par les héritiers, il ne pourrait concilier cette mission avec celle d'exécuteur testamentaire en cas de conflit entre les héritiers et les légataires. La jurisprudence admettant que le notaire exécuteur testamentaire pourrait établir les actes concernant le règlement de la succession pour lesquels il n'intervient pas en qualité d'exécuteur testamentaire, telle la déclaration de succession, est antérieure au décret du 19 décembre 1945.

Il a été jugé que l'incapacité du médecin de recevoir, directement ou par personne interposée, des libéralités de l'amie qu'il soigne, même gracieusement, les dernières années de sa vie, ne l'empêche pas d'être valablement désigné exécuteur testamentaire par celle-ci (Cass. 1e civ. 5-11-2020 no 20-16.879 FS-D : BPAT 1/21 inf. 30, rendu sur le fondement de l'ancien art. 909 du C. civ. dans sa rédaction antérieure à la loi 2007-308 du 5-3-2007).

L'exécuteur est libre d'**accepter ou de refuser** sa mission. S'il a également la qualité d'héritier ou de légataire, son refus n'entraîne pas par lui-même déchéance de ses droits dans la succession.

S'il accepte sa mission, il est tenu de l'accomplir (C. civ. art. 1025, al. 2). Les héritiers du défunt peuvent par conséquent demander des dommages et intérêts à l'exécuteur testamentaire qui, ayant manqué à sa fonction, leur aurait causé un préjudice.

> **› Précisions** La possibilité pour une **personne morale** d'être exécuteur testamentaire fait débat. Tel qu'il est rédigé, l'article 1025 du Code civil ne semble viser que les personnes physiques, mais il n'exclut pas expressément les personnes morales. Un auteur estime que la nomination d'une personne morale, pourvu qu'elle ne soit pas rémunérée, ne serait pas contraire à la lettre de la loi (S. Mazeaud-Leveneur, L'exécuteur testamentaire : Droit et patrimoine septembre 2007 p. 58).

14840 **Rémunération de l'exécuteur testamentaire** Le principe est la gratuité de l'exécution testamentaire (C. civ. art. 1033-1 ; pour une illustration, CA Paris 14-1-2011 no 09/00454 : BPAT 3/11 inf. 192). Il en résulte que l'exécuteur testamentaire ne peut réclamer aucune rémunération une fois sa mission accomplie. Le testateur peut cependant prévoir une contrepartie au profit de l'exécuteur testamentaire, que la pratique nomme « **diamant** ». Le diamant ne doit pas être excessif au regard des facultés du disposant et des services rendus par l'exécuteur testamentaire (C. civ. art. 1033-1).

Trois qualifications sont possibles :
– présent d'usage. Autrefois, le diamant consistait en un bijou – d'où son appellation – ou un objet de valeur modique en reconnaissance du service rendu traditionnellement par un ami. Conformément au régime juridique du présent d'usage, il n'est pas réductible. Il n'est pas soumis au régime fiscal des libéralités (voir nos 4015 s.) ;
– legs rémunératoire. Ce legs visant à rétribuer l'exécuteur testamentaire pour l'accomplissement de sa mission doit être conforme aux conditions des libéralités rémunératoires, et notamment au principe de proportionnalité au service rendu. Le plus souvent, il est fixé à 1 ou 2 % de l'actif successoral ou de l'actif réalisé par l'exécuteur testamentaire. Comme toute libéralité rémunératoire, il revêt un caractère onéreux le faisant déroger au régime juridique des libéralités et n'est donc pas réductible. Le régime fiscal des legs rémunératoires est exposé no 17300 ;
– legs. Lorsque la valeur léguée est disproportionnée au service rendu, il s'agit d'un véritable legs soumis aux règles des libéralités, dont notamment la réduction. Le régime fiscal des legs est étudié nos 17270 s.

L'exécuteur testamentaire peut également recevoir une rémunération pour les **diligences indépendantes de sa fonction d'exécuteur** (CA Paris 14-1-2011 précité).

Il a enfin droit au remboursement de ses **frais,** lesquels sont à la charge de la succession (C. civ. art. 1034).

14845 **Pouvoirs de l'exécuteur testamentaire** La **mission de base** de l'exécuteur testamentaire consiste à défendre la validité du testament ou exiger l'exécution des dispositions testamentaires. Il est au demeurant mis en cause dans tout litige concernant la validité ou l'exécution du testament (C. civ. art. 1028).

Le Code de la propriété intellectuelle attribue à l'exécuteur testamentaire désigné par l'auteur l'exercice du **droit de divulgation** posthume de ses œuvres (CPI art. L 121-2, al. 2). Cette survie de la volonté du défunt à travers l'exécuteur testamentaire trouve sa source dans la confiance que le défunt a mise en lui. L'exercice de ce droit n'est pas discrétionnaire, il est susceptible d'abus dont l'appréciation relève du pouvoir des juges du fond.

L'exécuteur testamentaire doit prendre les **mesures conservatoires** utiles à la bonne exécution du testament : il peut faire procéder à l'apposition des scellés, à l'inventaire de la succession selon les formes prévues à l'article 789 du Code civil (nº 37895) ; il peut provoquer la vente du mobilier à défaut de liquidités suffisantes pour acquitter les dettes urgentes de la succession (C. civ. art. 1029).

ATTENTION

Depuis la réforme de 2006, l'**établissement d'un inventaire** à la requête de l'exécuteur testamentaire est facultatif. Néanmoins, il est vivement recommandé à l'exécuteur testamentaire, quelle que soit l'étendue de sa mission, de requérir cet inventaire le plus rapidement possible après le décès afin de se mettre à l'abri des critiques et des suspicions.

L'exécuteur testamentaire peut aussi se voir confier des **missions particulières.** Le testateur **14850**
peut ainsi élargir ses pouvoirs en le chargeant, non pas seulement de « veiller » à l'exécution du testament, mais d'y « procéder » lui-même (C. civ. art. 1025). À cette fin, il peut l'habiliter à faire un certain nombre d'actes nécessaires à cette exécution, telle la vente de biens successoraux. Mais son pouvoir varie selon qu'il existe ou non des héritiers réservataires acceptants :

– en **présence d'héritiers réservataires** (descendants ou conjoint), le testateur peut seulement charger l'exécuteur de payer les legs particuliers de nature mobilière, notamment les legs de sommes d'argent, dans la limite de la quotité disponible. Il peut, à cette fin, l'habiliter à « prendre possession » de tout ou partie du mobilier de la succession, ce qui lui permettra d'appréhender les biens mobiliers et, si nécessaire, de les vendre (C. civ. art. 1030). Il s'agit de l'exécution des legs par leur paiement. En aucun cas, l'exécuteur testamentaire ne procède à la délivrance desdits legs, qui est la reconnaissance juridique du droit du légataire, laquelle est une prérogative accordée aux seuls successeurs saisis (héritiers ou légataire universel) ;

– s'il n'y a **pas d'héritier réservataire** acceptant, les pouvoirs de l'exécuteur peuvent être étendus : le testateur peut « habiliter l'exécuteur testamentaire à disposer en tout ou en partie des immeubles de la succession, recevoir et placer les capitaux, payer les dettes et les charges et procéder à l'attribution ou au partage des biens subsistants entre les héritiers et les légataires » (C. civ. art. 1030-1, al. 1). La vente des immeubles successoraux ne peut intervenir qu'après que l'exécuteur testamentaire en a informé les héritiers, à peine d'inopposabilité à leur égard (C. civ. art. 1030-1, al. 2). Cela laisse supposer que les héritiers peuvent s'y opposer, notamment si une telle vente n'est pas nécessaire ou si le prix demandé est inférieur à la valeur des biens.

L'exécuteur testamentaire apparaît ici comme un véritable liquidateur de la succession du disposant, écartant les héritiers légaux dans le règlement de la succession de leur auteur.

Une double **protection des héritiers contre l'exécution renforcée** existe toutefois. D'une **14852**
part, excepté le cas où le testament a été rédigé en la forme authentique, l'exécuteur testamentaire doit solliciter du tribunal judiciaire l'envoi en possession (C. civ. art. 1030-2, qui concerne les pouvoirs mentionnés aux articles 1030 et 1030-1). Cet envoi en possession devrait être celui auquel était systématiquement soumis le légataire universel saisi par testament olographe ou mystique en l'absence d'héritier réservataire avant l'entrée en vigueur de la loi 2016-1547 du 18 novembre 2016 (Dalloz Action Droit patrimonial de la famille 2021/2022, dir. M. Grimaldi, v. Règles de fond des testaments : contenu du testament par M. Grimaldi, nº 323.183 note 3 ; comparer F. Letellier, La réforme de l'envoi en possession du légataire universel et de l'exécuteur testamentaire : JCP N 2016 nº 1337 § 11 s., qui s'interroge sur la procédure à retenir). Ainsi, l'exercice des pouvoirs élargis de l'exécuteur est subordonné à un contrôle judiciaire de la régularité apparente du testament.

D'autre part, la durée de la mission de l'exécuteur testamentaire, dans le cas d'exécution renforcée, est limitée à deux ans à compter de l'ouverture du testament, prorogeable dans la limite d'une année (C. civ. art. 1031), alors qu'aucune limitation n'est prévue en cas de prorogation de la fonction ordinaire de surveillance de l'exécuteur (C. civ. art. 1032).

MODÈLE **Désignation d'un exécuteur testamentaire**

Ceci est mon testament.
Je soussigné Jacques Dubois, né à Paris 15e, le 3 décembre 1946, demeurant à Levallois-Perret (92300), 42 rue de Villiers, prends en cas de décès les dispositions suivantes :
Afin de veiller à la bonne exécution de mes dernières volontés, je désigne pour exécuteur testamentaire de ma succession mon très cher ami Paul Fleurus, né à Paris 17e, le 20 décembre 1950, demeurant à Boulogne (92100), 4 place Marcel Sembat.
Je le charge d'acquitter les trois legs de sommes d'argent que j'ai consentis à mes trois neveux aux termes de mon testament en date du 15 mars 2013. Pour réunir les liquidités nécessaires à la réalisation de ces legs, je l'habilite à vendre la maison de Biarritz ainsi que le mobilier qui s'y trouve. Je le charge également de régler les dettes et charges qui pourraient grever ma succession puis de procéder à l'attribution des biens qui subsisteront entre mes deux frères qui sont mes uniques héritiers.
Afin de lui permettre d'accomplir cette mission, je lui confère les pouvoirs les plus étendus prévus par le Code civil.
À titre de rémunération pour l'accomplissement de cette mission, je lui lègue 1 % de l'actif réalisé.
Fait à Levallois, le 10 octobre 2023.
(signature)

14855 S'il y a **plusieurs exécuteurs testamentaires,** l'un d'eux peut agir à défaut des autres, sauf clause contraire du testament, lequel peut par exemple avoir prévu une gestion divisée (C. civ. art. 1027).

14860 **Responsabilité de l'exécuteur testamentaire** Conséquence du caractère gratuit de sa mission, la responsabilité de l'exécuteur testamentaire est celle d'un **mandataire à titre gratuit** (C. civ. art. 1033, al. 3). L'exécuteur testamentaire doit satisfaire à une simple obligation de moyens et non à une obligation de résultat dans l'accomplissement de la mission qui lui a été confiée par le testateur. Si une rémunération est prévue, la responsabilité de l'exécuteur testamentaire sera appréciée avec davantage d'exigence.

Sur le plan **pénal,** l'exécuteur testamentaire indélicat (qui aurait commis des détournements de biens successoraux) encourt les sanctions d'abus de confiance.

Si **plusieurs exécuteurs testamentaires** ont été désignés, chacun d'eux ne peut voir sa responsabilité engagée que pour ses fautes personnelles, sauf mise en jeu d'une responsabilité conjointe si le tribunal estime que les différents exécuteurs ont causé ensemble le préjudice.

14865 **Extinction de l'exécution testamentaire** L'exécution testamentaire prend fin dans les **cas suivants** :
– par la réalisation de la mission confiée ;
– par l'expiration du délai pendant lequel l'exécuteur testamentaire peut accomplir sa mission : délai de deux ans à compter de l'ouverture du testament, prorogeable par le juge (C. civ. art. 1032) ;
– par le décès de l'exécuteur testamentaire, dont les pouvoirs ne sont pas transmissibles à cause de mort (C. civ. art. 1025, al. 3) ;
– par le relèvement des fonctions de l'exécuteur testamentaire prononcé par le tribunal, pour motifs graves (C. civ. art. 1026), tel son état de santé.

Dans les six mois suivant la fin de sa mission, l'exécuteur testamentaire doit **rendre compte de sa mission** aux héritiers (C. civ. art. 1033, al. 1). En cas de décès de l'exécuteur testamentaire, cette obligation passe à ses héritiers (C. civ. art. 1033, al. 2).

B. Révocabilité du testament

RÈGLES GÉNÉRALES SUR LA RÉVOCABILITÉ

14915 Le testament est un acte fragile puisque, librement révocable, il n'est définitif qu'au jour du décès. La révocabilité est d'**ordre public** ; le testateur ne peut donc pas y renoncer. Il s'agit en outre d'un **droit discrétionnaire,** insusceptible d'abus (Cass. 1e civ. 30-11-2004 n° 02-20.883 F-PB : BPAT 1/05 inf. 12, RTD civ. 2005 p. 443 obs. M. Grimaldi).

La révocation, qui peut être expresse ou tacite, est toutefois soumise à des **conditions de forme** particulières.

Concernant la **révocation judiciaire** des legs, voir nos 17425 s.

Concernant la **caducité des legs,** voir nos 17450 s.

RÉVOCATION EXPRESSE DU TESTAMENT

La révocation expresse est celle qui est manifestée explicitement par un acte juridique du testateur. Elle peut être faite (C. civ. art. 1035) : 14920

– soit par une disposition expresse d'un **nouveau testament,** par exemple : « Ceci est mon testament, lequel révoque tout testament antérieur ». Le nouveau testament peut être olographe, authentique ou mystique, sans qu'il y ait lieu de respecter un quelconque parallélisme des formes (un testament olographe peut donc valablement révoquer un testament authentique antérieur) ;

– soit par un **acte notarié** portant déclaration de changement de volonté. L'acte doit alors être reçu par deux notaires ou par un notaire assisté de deux témoins. Il en résulte qu'une donation entre époux (reçue par un seul notaire) ne peut pas révoquer expressément un testament antérieur (Cass. 1e civ. 22-6-2004 no 02-20.398 F-P : Bull. civ. I no 179, BPAT 6/04 inf. 136). Contrairement au testament révocatoire, la déclaration révocatoire faite par acte notarié ne peut pas comporter de nouveaux legs car les règles de dictée, lecture et mentions prescrites en matière de testament ne sont pas exigées ici.

RÉVOCATION TACITE DU TESTAMENT

La révocation tacite d'un testament ne peut résulter que de **trois causes** : la rédaction d'un nouveau testament incompatible, l'aliénation de la chose léguée, la destruction ou l'altération volontaire du testament (Cass. 1e civ. 4-7-2007 no 05-16.023 FS-PB : Bull. civ. I no 260). 14925

Ces **causes** sont **limitatives,** de sorte que la révocation tacite d'un testament ne peut pas résulter de l'incompatibilité de ce dernier avec une donation postérieure (Cass. 1e civ. 8-7-2015 no 14-18.875 F-PB : BPAT 5/15 inf. 185).

Nouveau testament incompatible La confection d'un nouveau testament n'entraîne pas automatiquement, sauf clause de révocation expresse, la révocation du ou des testaments antérieurs. Le principe est que les testaments successifs s'appliquent cumulativement. 14930

La révocation tacite d'un testament ne peut résulter que de la rédaction d'un nouveau testament dont les dispositions sont incompatibles avec celles du **testament précédent** (par exemple, un bien initialement légué à X est légué à Y aux termes du nouveau testament). La révocation porte alors sur les seules dispositions incompatibles, et non sur l'ensemble du testament (C. civ. art. 1036 ; pour illustration, CA Lyon 9-10-2012 no 10/085941 : BPAT 1/13 inf. 22 ; CA Versailles 11-4-2023 no 21/03587 : BPAT 4/23 inf. 181). Par extension jurisprudentielle, une donation entre époux peut emporter révocation tacite des dispositions d'un testament antérieur avec lesquelles elle est incompatible, les autres dispositions demeurant valables (Cass. 1e civ. 22-6-2004 no 02-20.398 F-P : Bull. civ. I no 179, BPAT 6/04 inf. 136).

Le point de savoir s'il y a ou non incompatibilité entre les dispositions de deux testaments successifs relève de l'**appréciation souveraine des juges du fond,** lesquels doivent rechercher quelle a été l'intention du testateur (pour une illustration, Cass. 1e civ. 3-7-2013 no 12-20.467 F-D). Selon les cas, par exemple, il peut être jugé qu'un legs particulier est révoqué par un legs universel postérieur (CA Rouen 31-1-1984 no 82/2655) ou au contraire qu'il est compatible avec lui, le légataire universel devant le délivrer (Cass. req. 7-11-1939 : JCP G 1940 II p. 1370).

ATTENTION

Il a été jugé qu'un **testament qui indique expressément révoquer « toute disposition antérieure au présent testament »** n'a pas pour effet la révocation tacite de la clause bénéficiaire d'un **contrat d'assurance-vie** en cours. En l'espèce, il s'agissait d'un contrat de groupe souscrit par l'employeur et dans lequel le salarié avait nommément désigné en 1991 comme bénéficiaire en cas de décès sa compagne devenue son épouse en 1998. Leur divorce était intervenu en 2000 et, après son remariage, l'homme avait rédigé un testament en faveur des enfants de son premier mariage et de sa seconde épouse ; à son décès en 2008, la veuve s'est vainement opposée à la délivrance du capital décès au profit de la première épouse, soutenant que la formule de révocation utilisée par son mari ne visait pas que les dispositions testamentaires antérieures, mais constituait une révocation tacite de la clause bénéficiaire du contrat d'assurance-vie. La cour d'appel avait conclu que le testateur n'avait pas manifesté, avant son décès, une volonté claire et non équivoque de révoquer l'attribution à la première épouse du capital décès prévu au contrat. La Cour de cassation a rejeté le pourvoi (Cass. 1e civ. 7-11-2012 no 11-22.634 F-D).

Aliénation de la chose léguée L'aliénation du bien légué emporte **présomption simple** de révocation du legs (C. civ. art. 1038). En cas de vente par le testateur du bien légué, par exemple, le légataire peut renverser la présomption en prouvant l'intention formelle du 14935 testateur de maintenir le legs sur le prix du bien vendu ou sur le bien acquis en remploi de ce prix.

La jurisprudence enferme la présomption de révocation posée par l'article 1038 du Code civil dans un **domaine** restreint :

– la présomption de révocation ne concerne que les legs particuliers, et encore seulement ceux qui portent sur un ou plusieurs corps certains ; elle ne s'applique pas aux legs particuliers qui portent sur une catégorie de biens (Cass. 1e civ. 11-7-2006 no 04-14.947 FS-PB : Bull. civ. I no 391, BPAT 5/06 inf. 127, legs portant sur la part de communauté du testateur) ;

– il doit s'agir d'une aliénation consommée (un simple projet ne suffit pas) ;

– l'aliénation doit être volontaire (ce qui exclut la vente forcée consécutive notamment à une saisie ou à une expropriation).

14940 **Destruction du testament** La **destruction volontaire** du testament par son auteur (hypothèse qui ne concerne que les testaments privés, en pratique surtout le testament olographe) emporte sa révocation tacite.

Plus complexe est l'hypothèse de l'**altération volontaire** du testament olographe par lacération, incinération, etc. Une telle altération, qui n'est qu'une destruction partielle du testament, n'emporte pas présomption de révocation. Tout dépend cependant de l'état du testament après son altération et de l'interprétation souveraine de la volonté du testateur par les juges du fond. Les quelques décisions rendues en la matière attestent que cette recherche de la volonté du testateur est souvent hasardeuse, compte tenu de comportements parfois pour le moins étranges.

ILLUSTRATIONS

Il a été jugé qu'il n'y a **pas révocation tacite** lorsque le testateur :

– a froissé et déchiré en dix-neuf morceaux son testament avant de le reconstituer et de le recoller sur une feuille qu'il a déposée chez le notaire (Cass. 1e civ. 28-4-1969 no 67-13.520 : Bull. civ. I no 152) ;

– a déchiré son testament en deux et l'a en partie brûlé, l'ensemble étant facilement reconstituable et lisible en dépit des marques de brûlures (Cass. 1e civ. 12-1-1965 no 62-11.510 : Bull. civ. I no 29).

Jugé en revanche qu'il y a **révocation tacite** du testament qui a été établi en double original dont l'un a été conservé et l'autre déchiré et jeté à la corbeille par la testatrice, le testament conservé ne pouvant produire effet parce que daté du lendemain du décès (Cass. 1e civ. 2-2-1971 no 69-14.253 : Bull. civ. I no 40).

RÉTRACTATION DE LA RÉVOCATION DU TESTAMENT

14945 Le testateur peut revenir sur la révocation de son testament, soit de manière expresse, en respectant strictement les **règles de forme** de l'article 1035 du Code civil, soit indirectement, en détruisant par exemple le testament révocatoire. Cependant, un testament révoqué par un autre ne revit pas par la seule révocation de ce dernier. Seule la volonté clairement exprimée du testateur le pourrait (Cass. 1e civ. 17-5-2017 no 16-17.123 F-PB : BPAT 4/17 inf. 157).

SECTION 2 FORME DES TESTAMENTS

A. Règles de forme communes à tous les testaments

ACTE ÉCRIT

15050 La validité d'un testament est subordonnée à la condition qu'il soit rédigé par écrit (C. civ. art. 969). Un **testament verbal** (ou nuncupatif), même établi devant témoins ou à l'aide d'un magnétophone ou d'un procédé audiovisuel est nul et de nul effet (sur la nullité du testament vidéo, Rép. Toubon : AN 1-12-1986 no 11866).

Les héritiers peuvent toutefois exécuter en connaissance de cause le **legs verbal** : la jurisprudence y voit souvent une obligation naturelle pouvant servir de cause à une obligation civile valable (Cass. 1e civ. 22-6-2004 no 01-14.031 FS-P : BPAT 5/04 inf. 110, D. 2004 p. 2953 note M. Nicod ;

Cass. 1e civ. 4-1-2005 no 02-18.904 F-PB : RTD civ. 2005 p. 397 obs. J. Mestre et B. Fages). Une telle exécution vaut renonciation de leur part au droit d'en critiquer la forme.

Le bénéficiaire du legs verbal tient ses droits du testateur et non de l'héritier ou du légataire universel qui le lui a délivré : la délivrance d'un legs verbal n'est pas considérée comme une donation entre vifs.

> **Précisions** Une **doctrine** éminente a **proposé** d'introduire un nouvel article 967 dans le Code civil, aux termes duquel : « si l'héritier exécute volontairement un legs verbal ou un désir exprimé par le défunt à titre de vœu, son acte d'exécution vaut comme acquittement d'une obligation naturelle sans emporter libéralité de sa part à l'égard du bénéficiaire » (J. Carbonnier, P. Catala, J. Bernard de Saint-Affrique et G. Morin, Des libéralités. Une offre de loi, Defrénois, 2003, p. 62).

INTERDICTION DES TESTAMENTS CONJONCTIFS

Le testament est un acte unilatéral qui doit être personnel à son auteur. Le testament conjonctif, qui est le **testament rédigé par plusieurs personnes** (deux époux, par exemple) dans un même acte – au profit d'un tiers ou à titre de disposition mutuelle – est nul (C. civ. art. 968). L'interdiction des testaments conjonctifs ne porte atteinte ni au droit au respect à la vie privée et familiale ni au droit de propriété garantis par la convention européenne des droits de l'Homme (Cass. 1e civ. 4-7-2018 no 17-22.934 F-PB : SNH 25/18 inf. 1, Dr. famille 2018 comm. 244 par M. Nicod). **15055**

La **qualification de testament conjonctif** suppose :

– un élément matériel : les dispositions doivent avoir été rédigées sur le même document avec une double signature ;

– un élément intellectuel : les dispositions contenues doivent exprimer la volonté commune des testateurs et former un tout indissociable.

Si les deux éléments matériel et intellectuel ne sont pas réunis, les juges considèrent qu'il n'y a pas testament conjonctif. Sont ainsi valables deux testaments identiques rédigés en contemplation l'un de l'autre, s'ils sont établis sur des documents distincts (CA Pau 30-3-2000 no 98/1945 : BPAT 6/00 inf. 167). Sont également valables le testament qui énonce : « Nous léguons nos biens à... », mais qui n'est signé que par un des époux (TGI Paris 30-4-1981 : Defrénois 1982 art. 32915 obs. G. Champenois) ainsi que l'acte comportant deux signatures mais qui ne concerne les biens que d'une personne (CA Paris 27-4-1984 : Defrénois 1985 art. 33488 obs. D. Talon).

Sur le **testament conjonctif établi à l'étranger,** voir nos 69900 et 69910.

SANCTION DE L'INOBSERVATION DES RÈGLES DE FORME DES TESTAMENTS

L'inobservation des conditions de forme est sanctionnée par la **nullité absolue** du testament (C. civ. art. 1001). Cette sanction concerne non seulement les manquements aux règles de forme communes à tous les testaments, mais également l'inobservation des règles de forme spécifiques à chaque catégorie de testament. **15060**

Le testament ne produisant effet que par le décès de son auteur, il ne peut être judiciairement contesté qu'à partir de cette date. L'**action** en nullité est alors **ouverte à** toute personne intéressée, notamment aux héritiers évincés et aux légataires.

Le juge peut, en outre, relever d'office l'irrégularité (Cass. 1e civ. 24-2-1998 no 95-18.936 : Bull. civ. I no 79, concernant un testament olographe).

Le **délai de prescription** de l'action est de cinq ans à compter du décès ou à compter du jour où l'intéressé a connu l'existence du testament vicié (C. civ. art. 2224).

L'**action en restitution** consécutive à l'annulation d'un testament **se prescrit** par cinq ans à compter du jour où l'héritier ou le légataire rétabli dans ses droits a connu ou aurait dû connaître l'appréhension, par le bénéficiaire du testament annulé, des biens revendiqués (Cass. 1e civ. 13-7-2022 no 20-20.738 FS-B : BPAT 5/22 inf. 235).

De son vivant, le **testateur** ne peut pas **confirmer un testament irrégulier** en la forme. S'il souhaite maintenir ses dernières volontés, il doit refaire un nouveau testament, en respectant, cette fois, le formalisme prescrit. Les dispositions du testament irrégulier qui ne seront pas renouvelées dans un nouveau testament ne pourront pas produire d'effet (Cass. 1e civ. 31-3-2016 no 15-17.039 F-PB : BPAT 3/16 inf. 119). **15065**

Toutefois, **après le décès du testateur,** la jurisprudence antérieure à la réforme du droit des contrats de 2016 admettait que le legs irrégulier pouvait être confirmé par les héritiers, par application de l'ancien article 1340 du Code civil (dans sa rédaction antérieure à ord. 2016-131 du 10-2-2016). La confirmation ou l'exécution volontaire d'un testament par les héritiers du testateur emportait leur renonciation à opposer les vices de forme au légataire (Cass. req. 9-7-1873 : DP 1874 I p. 229). Pour un auteur, la modification des dispositions qui figuraient à l'ancien article 1340 par le nouvel article 931-1 du Code civil issu de l'ordonnance 2016-131 du 10 février 2016 ne permet plus de conserver le même fondement textuel ; il faudrait plutôt y voir l'exécution ou la transformation d'une obligation naturelle en obligation civile (Dalloz Action Droit patrimonial de la famille 2021/2022, dir. M. Grimaldi, v. Formalisme des testaments par M. Nicod, n° 321.41). La jurisprudence a d'ailleurs déjà considéré que des héritiers qui se sont engagés à exécuter un legs verbal doivent honorer leur engagement, leur obligation naturelle s'étant novée en obligation civile (pour une illustration, Cass. 1e civ. 22-6-2004 n° 01-14.031 FS-PB : Bull. civ. I n° 180).

B. Règles de formes spécifiques au testament olographe

RÈGLES GÉNÉRALES

15115 Le testament olographe doit être **écrit en entier, daté et signé** de la main du testateur. Aucune autre condition de forme n'est requise (C. civ. art. 970). En particulier, en dépit de son caractère solennel, aucun terme sacramentel n'est exigé. Ni le mot « testament » ni le verbe « tester » ne sont requis (Cass. 1e civ. 11-1-2005 n° 02-16.985 F-PB : Bull. civ. I n° 24, D. 2005 p. 1064 note M. Nicod).

MODÈLE

Testament olographe

(À rédiger à la main)

Ceci est mon testament, lequel révoque tous les testaments antérieurs.

Je soussigné (*prénom, nom, domicile*),

Institue comme mes légataires universels mes deux cousins, Monsieur (*prénom, nom, date et lieu de naissance, domicile*) et Monsieur (*prénom, nom, date et lieu de naissance, domicile*).

En conséquence, ils deviendront propriétaires de tous les biens et droits qui composeront ma succession sans aucune exception ni réserve.

Fait à ..., le ...

(signature)

15120 La forme olographe est la forme testamentaire la plus usitée, en raison de ses nombreux **avantages** : simplicité, gratuité, secret et facilité de révocation.

Cependant, elle présente corrélativement des **inconvénients,** notamment un risque important de perte, falsification, destruction à l'insu de son auteur, par accident ou volontairement, de son vivant ou après son décès. Le testament olographe a corrélativement une force probante fragile. Il faut également souligner le fait que, par maladresse ou ignorance, le testateur peut rédiger un testament nul en la forme ou ambigu quant à son contenu.

CONSEIL

Pour **limiter ces inconvénients,** il est recommandé au testateur :

– de s'entourer, pour la rédaction de l'acte, des conseils d'un notaire qui peut, éventuellement, lui fournir un modèle (sur les risques encourus par le notaire, voir B. Beignier et A. Tani : Le notaire et le testament olographe. Modèle fourni et conservation assurée. Possible responsabilité ? Prudence… : JCP N 2018 n° 1264) ;

– et de confier le testament une fois rédigé à l'officier public, afin qu'il en assure la conservation. La nature de l'acte est inchangée : il demeure un testament olographe ; mais son existence sera portée au fichier central des dispositions de dernières volontés.

1. CONDITIONS DE FORME DU TESTAMENT OLOGRAPHE

ÉCRITURE DU TESTAMENT OLOGRAPHE

15150 **Écriture à la main** Le testament olographe (« olographe » signifie « écrit en entier ») doit être « écrit en entier [...] de la main du testateur » (C. civ. art. 970). Cette exigence de forme, destinée à éviter les falsifications, est strictement appliquée par la jurisprudence. Celle-ci annule systématiquement les testaments rédigés par des **procédés mécaniques d'écriture,** même si une mention manuscrite signée du testateur atteste qu'il est bien l'auteur du document (pour une illustration de la prohibition du testament dactylographié, Cass. 1e civ. 24-2-1998 n° 95-18.936 : Bull. civ. I n° 79). Ont également été écartées des dispositions testamentaires adressées par SMS, peu de temps avant le suicide du testateur (TGI Metz 17-8-2018 n° 17/01794).

Ne peut avoir valeur de testament, faute d'avoir été entièrement rédigé de la main du testateur (et d'avoir été daté), le testament composé de **photocopies** d'un testament antérieur et de feuillets manuscrits intercalés (Cass. 1e civ. 29-5-2013 n° 12-17.870 F-D).

La jurisprudence est en revanche libérale quant à la **présentation matérielle de l'écriture.** Pourvu que l'intention de tester soit certaine, le testament est valable quels que soient :

– le support choisi pour faire le testament (est valable une lettre missive même non expédiée : Cass. 1e civ. 10-3-1993 n° 91-15.925), le support de l'écriture (papier, bois, voire un mur ou la peau), le type de document (papier à lettres, bloc-notes, enveloppe, etc.), l'instrument utilisé (stylo, crayon, charbon, couteau, etc.), le type d'écriture choisi (caractères d'imprimerie, voire hiéroglyphes, idéogrammes, etc., dès l'instant que le testateur en a la maîtrise) ;

– la langue utilisée, à condition que le testateur la comprenne. Ainsi, le testament rédigé dans une langue étrangère est valable dès lors que le testateur en a une parfaite connaissance (CA Douai 20-1-1992 n° 91/2492, testament rédigé en hébreu ; CA Paris 16-9-1994 n° 93/006722, testament rédigé en anglais). Inversement, le testament rédigé dans une langue que le testateur ne connaît pas encourt la nullité (Cass. 1e civ. 9-6-2021 n° 19-21.770 FS-P : SNH 21/21 inf. 5).

Écriture de la main du testateur Le testament olographe doit être rédigé par le testateur lui-même. Est donc nul le **testament écrit par un tiers,** même en partie seulement (Cass. 1e civ. 20-9-2006 n° 04-20.614 FS-PB : Bull. civ. I n° 415, testament dont seules 3 lignes sur 45 étaient de la main de la testatrice). Mais si le testament a été entièrement rédigé par le testateur, l'apposition par un tiers de mentions sur le testament n'en affecte pas la validité ; est ainsi valable le testament dans lequel l'adresse et la date de naissance de la testatrice ont été écrites par un tiers (Cass. 1e civ. 30-9-2009 n° 08-15.007 F-D : BPAT 6/09 inf. 248). 15155

Bien que le testateur doive écrire lui-même, il ne lui est toutefois pas interdit de se faire matériellement assister par un tiers, notamment lorsqu'il n'est pas en mesure de former seul des lettres lisibles. Le testament dit « **à main guidée** » est valable pourvu que deux conditions soient réunies : 15160

– matériellement, l'écriture du testateur doit rester reconnaissable. En effet, si le tiers peut tenir la main du testateur, il ne peut en aucun cas écrire à sa place ; dans une telle situation, le testament serait nul (pour une illustration, Cass. 1e civ. 25-5-2004 n° 01-00.889 D) ;

– intellectuellement, le testament doit exprimer la volonté du testateur et non celle, plus ou moins bien intentionnée, de celui qui lui tient la main.

Un testament à main guidée a ainsi été validé dans une espèce où le testateur était aveugle (Cass. 1e civ. 11-1-2000 n° 98-10.700 D : BPAT 3/00 inf. 94).

CONSEIL

Même si la jurisprudence est libérale à l'égard des testaments à main guidée, cette pratique n'est pas à recommander. En cas de difficulté importante d'écriture, il est fortement conseillé de recourir au testament en la **forme authentique (ou internationale)** afin d'éviter tout risque de contentieux sur la validité du testament au décès du testateur.

Modèle Le **testament** olographe **recopié** d'après un modèle est valable, pourvu que son auteur le fasse librement et comprenne ce qu'il écrit (pour une illustration, Cass. 1e civ. 25-1-2005 n° 03-12.312 F-D). Aussi les tribunaux prononcent-ils la nullité des testaments émanant de personnes totalement illettrées (Cass. 1e civ. 5-11-1956 : Bull. civ. I n° 387) ou vulnérables (Cass. 1e civ. 9-1-2008 n° 07-10.599 F-PB : Bull. civ. I n° 11, BPAT 2/08 inf. 61). Dans cette dernière affaire, le testament avait été rédigé par surlignage au stylo par la testatrice, débile moyenne de naissance et fortement influençable, d'un texte pré-écrit au crayon à papier par son père. 15165

DATE DU TESTAMENT OLOGRAPHE

La date, obligatoirement écrite de la main du testateur (C. civ. art. 970), doit comprendre trois éléments : l'**année,** le **mois** et le **jour.** Peu importe en revanche sa place dans le testament. 15170

Il s'agit d'une condition de validité du testament, en principe sanctionnée par la nullité absolue (C. civ. art. 1001). Toute inexactitude dans la date est une cause de nullité du testament olographe, la jurisprudence l'assimilant à une absence de date (Cass. 1e civ. 11-2-2003 n° 99-12.626 FS-PB : Bull. civ. I n° 46). Le testament antidaté ou postdaté est nul.

L'**exigence de la date** permet d'une part de vérifier la capacité du testateur au jour du testament et d'autre part, en cas de pluralité de testaments, de déterminer leur ordre afin de vérifier si les testaments ultérieurs complètent ou révoquent les testaments antérieurs. Dans certaines situations particulières, la date peut également aider à interpréter le testament ou encore être utilisée pour obtenir la nullité d'un testament rédigé sous l'influence d'un tiers.

Cependant, la **jurisprudence** a assoupli cette exigence tout d'abord en procédant à la reconstitution de la date et ensuite en admettant que la date peut être indifférente.

15175 **Reconstitution de date du testament** Afin de limiter l'invalidation de testaments, la jurisprudence a, dans un premier temps, procédé à une reconstitution de la date incomplète du testament à partir d'**éléments intrinsèques** à l'acte, corroborés par des **éléments extrinsèques** (Cass. req. 8-5-1855 : DP 1855 I p. 163). Il a ainsi été jugé que des éléments extrinsèques peuvent, « dans la mesure où ils corroborent les éléments intrinsèques dans lesquels doit avoir son principe et sa racine la preuve de la date d'un testament olographe, servir à établir cette date et à la compléter » (Cass. civ. 24-6-1952 : Bull. civ. I n° 209, D. 1952 p. 613 ; voir également Cass. 1e civ. 24-9-2002 n° 00-21.761 FS-P : Bull. civ. I n° 221).

Les éléments intrinsèques sont des éléments factuels, tels l'indication par le testament de l'année de son établissement, la référence à un événement datable ou l'indication d'un lieu de rédaction où le testateur se trouvait à une période donnée, l'identité des légataires, la désignation des biens légués, le graphisme de l'écriture ou de la signature, etc. Quant aux éléments extrinsèques, ils permettent une détermination plus pertinente de la période considérée.

ATTENTION

S'il n'existe **aucun élément intrinsèque de datation** du testament, les juges ne peuvent pas reconstituer sa période de rédaction en se référant à des éléments extrinsèques. L'acte est alors nul. C'est la solution retenue à propos d'un testament comportant une erreur sur le millésime – la date indiquée était le 4 décembre 2001 alors que la testatrice était décédée le 17 mai 2001 – tandis qu'aucun élément du testament lui-même ne permettait de décider que le millésime exact était « 2000 » (Cass. 1e civ. 7-6-2006 n° 04-10.602 FS-PB : Bull. civ. I n° 301, BPAT 5/06 inf. 128).

15180 **Date du testament indifférente** Dans un second temps, la jurisprudence a fait référence à la **période de rédaction du testament** afin de sauver les dispositions de dernières volontés irrégulièrement datées (Rép. civ. Dalloz, v. Testament par M. Nicod, n° 73), ce second tempérament au formalisme légal étant susceptible de se combiner avec le premier (P. Malaurie et C. Brenner, Droit des successions et des libéralités, LGDJ, 7e éd., 2016, n° 516). Dans cette hypothèse, la date est indifférente car le testateur n'a pas été privé de sa **capacité de tester** pendant la période de rédaction du testament et ne laisse aucun autre **testament révocatoire ou incompatible.**

La date indifférente n'a tout d'abord été admise que dans l'hypothèse où manquait le quantième, la jurisprudence refusant d'étendre ce tempérament dans le cas d'un testament pourvu d'un simple millésime ou sans aucune date (Cass. 1e civ. 9-3-1983 n° 82-11.259 : Bull. civ. I n° 95, Defrénois 1983 art. 33172 note H. Souleau, où le testament était simplement daté « janvier 1975 » ; Cass. 1e civ. 8-3-1988 n° 86-14944 : Bull. civ. I n° 71 ; Cass. 1e civ. 19-4-1988 n° 86-16160 : Bull. civ. I n° 114).

La jurisprudence a, par la suite, étendu cette solution en validant un testament non daté ayant pu être rédigé à un **moment quelconque au cours d'une période** de dix mois pendant laquelle le testateur avait fixé sa résidence au lieu indiqué dans l'acte. L'élément intrinsèque retenu était la mention manuscrite de l'adresse du testateur sur le testament, tandis que les éléments extrinsèques corroborant cet élément intrinsèque étaient la date de son emménagement en ce lieu et la date de son admission à l'hôpital (Cass. 1e civ. 10-5-2007 n° 05-14.366 FS-PB : BPAT 4/07 inf. 112, Defrénois 2007 art. 38666 p. 1432 note M. Beaubrun).

En dernier lieu, c'est une période de rédaction de quasiment sept années qui a été retenue (Cass. 1e civ. 5-3-2014 n° 13-14.093 F-PB : Bull. civ. I n° 31). Dans cette affaire, la période a pu être reconstituée grâce à des éléments intrinsèques à l'acte (la désignation de l'aide-ménagère comme légataire de la testatrice suffisait à établir que le testament avait été rédigé après l'embauche de celle-ci et après un autre testament rédigé par la testatrice), corroborés par des éléments extrinsèques (la production du contrat de travail de l'aide-ménagère ainsi que des attestations établissant que la testatrice ne la connaissait pas avant la date de son embauche).

ATTENTION

Le **testament non daté** est **sauvé à deux conditions** :
– si sa rédaction est intervenue au cours d'une période qui aura été déterminée ;
– s'il n'est pas nécessaire de connaître la date exacte au cours de cette période, soit que la capacité du testateur n'est pas en cause, soit qu'il n'existe aucun autre testament révocatoire ou incompatible.

L'**évolution de la jurisprudence** exposée n°s 15175 et 15180 montre que la Cour de cassation refuse de s'en tenir à la lettre de l'article 970 du Code civil, qui exige formellement la datation du testament olographe, préférant s'attacher à sa finalité : la protection de la volonté du testateur. 15185

Il n'en résulte pas pour autant que le testament n'ait plus à être daté ; il suffit simplement que sa date soit déterminable. Ce caractère déterminable de la date de rédaction du testament suffit, toujours dans le but de protéger la volonté du disposant, pour vérifier la capacité du testateur et l'absence de testament incompatible au moment de la rédaction de l'acte.

Charge de la preuve de l'inexactitude de la date Pour que le testament non daté, ou dont la date est inexacte, soit valable, il faut, condition négative, qu'il ne soit pas démontré qu'au cours de la période reconstituée – au moyen, comme on l'a vu, d'éléments intrinsèques –, le disposant était frappé d'une incapacité de tester ou qu'un testament révocatoire a été rédigé. 15190

Autrement dit, il n'est pas exigé du **légataire** qu'il apporte la preuve positive de la capacité du testateur et de l'absence de testament incompatible au cours de la période reconstituée, pour revendiquer le bénéfice du legs. C'est à **celui qui invoque la nullité** du testament non daté, partiellement daté ou inexactement daté, d'établir positivement qu'au cours de la période de rédaction du testament le testateur était frappé d'une incapacité de tester ou a rédigé un testament révocatoire. La charge de la preuve pèse donc sur le demandeur en nullité et non sur le légataire.

SIGNATURE DU TESTAMENT OLOGRAPHE

Le testament olographe doit être « signé de la main du testateur » (C. civ. art. 970), à peine de **nullité.** Est nul, par exemple, le testament non signé remis au notaire sous pli cacheté par son auteur (Cass. 1e civ. 22-3-2005 n° 03-19.907 F-PB : Bull. civ. I n° 154). Ne valent pas non plus en qualité de testament les lettres non signées retrouvées près du corps de la défunte, dans lesquelles elle avait indiqué ses dernières volontés avant de se suicider (Cass. 1e civ. 16-3-2004 n° 02-13.387 D). 15195

Rôle de la signature La signature est ici moins un signe d'**identification de l'auteur** du testament – la rédaction manuscrite exigée par la loi y pourvoit à elle seule – que l'attestation du caractère définitif de la **volonté exprimée.** Sa présence permet de différencier le testament d'un simple projet. Comme l'exigence manuscrite, la signature permet une meilleure prise de conscience des dispositions exprimées dans l'acte et, partant, l'existence d'une volonté libre et éclairée. 15200

Forme de la signature La signature requise par l'article 970 du Code civil doit être **manuscrite.** Le testateur ne peut donc pas utiliser un **cachet,** une **griffe ou** un **tampon.** 15205

Est valable la signature conforme à celle que le testateur avait l'habitude d'apposer dans ses actes. A été ainsi admis l'usage du nom de religion, du nom marital, d'un pseudonyme, d'un prénom. La jurisprudence a même abandonné ce critère de la **signature habituelle** en admettant la validité d'une **signature insolite,** dès lors qu'elle ne laisse aucun doute ni sur l'identité de l'auteur du testament, ni sur sa volonté d'en approuver les dispositions (Cass. 1e civ. 5-10-1959 : Bull. civ. I n° 380).

Enfin, est admise la simple **mention manuscrite des nom et prénom** du testateur (Cass. 1e civ. 22-6-2004 n° 01-14.031 FS-P : Bull. civ. I n° 180, BPAT 5/04 inf. 110). Mais il faut, dans ce cas, que la mention soit suffisamment détachée du corps du texte pour en attester l'approbation (Cass. civ. 11-7-1935 : DH 1935 p. 425).

Emplacement de la signature Étant « le signe de l'approbation personnelle et définitive du contenu de l'acte » par le testateur et de sa « volonté de s'en approprier les termes » (Cass. 1e civ. 14-2-1968 : Bull. civ. I n° 68), la signature doit être apposée à la **suite du texte** et non au **début** (Cass. 1e civ. 14-1-2003 n° 00-18.526 F-P : Bull. civ. I n° 14, BPAT 2/03 inf. 45 ; Cass. 1e civ. 17-2-2004 n° 01-15.223 F-PB : Bull. civ. I n° 55 ; Cass. 1e civ. 23-5-2006 n° 04-16.386 D) **ou** dans le **corps du document** (Cass. 1e civ. 17-6-2009 n° 08-12.896 : Bull. civ. I n° 137, BPAT 5/09 inf. 202). À défaut, le testament est nul. 15210

Par exception, a été admise la signature figurant sur l'**enveloppe** contenant le testament, pourvu qu'existe un lien certain entre ces pièces (Cass. 1e civ. 3-11-1976 n° 75-12.967 : Bull. civ. I n° 325).

MODIFICATIONS POSTÉRIEURES AU TESTAMENT

15215 Une fois le testament établi, son auteur peut vouloir en modifier le contenu. Quand les modifications apposées sur le **document initial** font suite à la rédaction de l'écrit (surcharges, ajouts, ratures, etc.) – ce qui est présumé –, la jurisprudence estime qu'elles font corps avec lui et qu'elles n'ont pas à être datées et signées séparément. Toutefois, le post-scriptum qui ne forme pas un tout indivisible avec le reste de la lettre doit contenir une signature pour être valable (Cass. 1e civ. 17-6-2009 n° 08-12.896 F-PB : Bull. civ. I n° 137).

Lorsque les modifications interviennent ultérieurement, le testateur peut procéder par voie de codicille, c'est-à-dire au moyen d'un **document séparé.** Ce nouveau document doit alors respecter les conditions de forme du testament olographe : écriture manuscrite, date et signature propres. À défaut, le testament est exécuté sans tenir compte des modifications que l'on aura ainsi tenté de lui apporter (CA Paris 27-9-1996 n° 95/25970 : Dr. famille 1997 comm. 169 note B. Beignier, à propos d'une rature et d'un ajout non approuvés). Seuls les ajouts simplement interprétatifs échappent à l'obligation de datation et de signature propres (Cass. 1e civ. 26-5-1982 n° 81-12.696 : Bull. civ. I n° 202).

CONSEIL

Lorsque les **modifications à apporter au testament sont importantes,** mieux vaut révoquer le testament selon les modalités indiquées nos 14915 s. et en rédiger un nouveau. La multiplication des modifications est en effet source de contentieux (Cass. 1e civ. 25-1-2005 n° 02-16.918 FS-D : BPAT 4/05 inf. 106, testament ayant fait l'objet d'une dizaine de codicilles successifs).

2. CONTESTATION DU TESTAMENT OLOGRAPHE

CAUSES DE CONTENTIEUX

15245 Étant rédigé par son seul auteur, souvent sans les conseils d'un professionnel, le testament olographe fait l'objet d'un abondant contentieux, dont les causes sont **multiples.**

Le non-respect des conditions de forme ayant déjà été abordé (nos 15150 s.), on s'intéressera ici aux difficultés suscitées par une mauvaise rédaction du testament olographe et aux problèmes liés à la force probante et à la perte de l'acte.

Le **notaire** qui reçoit le testament olographe en dépôt après le décès du testateur ne peut pas de lui-même constater la nullité du testament, laquelle ne peut être prononcée que par une décision de justice. Il peut seulement, après avoir exercé son obligation de conseil en signalant la difficulté constatée, négocier et rédiger l'acte (transaction, renonciation, etc.) qui permettra de régler la succession en éteignant la cause de contestation.

QUALIFICATION DE TESTAMENT OLOGRAPHE

15250 La validité du testament olographe n'étant pas subordonnée à l'emploi de formules sacramentelles (du type : « Ceci est mon testament », « Je lègue... », etc.), il est parfois difficile de déterminer si un acte constitue véritablement un testament. Si l'acte est contesté par les héritiers, les juges doivent rechercher si son auteur avait réellement la **volonté de tester.** Cette recherche relève de l'**interprétation** souveraine des juges du fond.

ILLUSTRATIONS

Les juges du fond ont pu décider :

– que constitue l'expression de la tendresse du défunt pour son épouse, mais non un testament, la lettre ainsi rédigée : « combien je fus heureux ce 19 décembre 1964, ma Céline adorée, c'est notre première année de mariage, pour cet anniversaire, je t'offre une médaille, ce n'est pas grand-chose, mais lorsque j'aurai acquis les biens qui me reviennent de mon grand-père, tout ce qui sera à moi, je te les donne avec tout mon amour. Ton mari qui t'aime. René » (Cass. 1e civ. 24-10-2012 n° 11-22.615 F-D) ;

– que l'acte qui institue un légataire universel mais sur lequel figure la mention « brouillon » ne constitue pas un testament (Cass. 1e civ. 7-6-2006 n° 05-10.508 F-D ; CA Douai 14-5-2007 n° 06/02344).

En revanche, a été censuré l'arrêt qui décide que constituerait seulement un projet de testament le document dont l'auteur indique « vouloir commencer à faire son testament » et faire don d'une propriété « en dehors de la distribution de l'héritage », au motif que la suite du document devient, au fil des lignes, une simple énumération du patrimoine de sa rédactrice, que l'écrit comporte un grand nombre de ratures, de mots ou de membres de phrases rajoutés, que certaines des indications qui y sont portées sont erronées, que l'intention de son auteur est imprécise quant à la destination de certains biens et que les dispositions adoptées portent atteinte à la réserve des descendants : tous ces motifs ne sont pas de nature à écarter la qualification de testament (Cass. 1e civ. 5-11-1996 n° 94-21.089 : Bull. civ. I n° 384, D. 1997 p. 366 note M. Nicod).

Il est également parfois malaisé de déterminer si l'acte contesté constitue un **testament olographe** (valable) **ou** une **donation** (nulle puisque consentie par acte sous signature privée). 15255

Il a été jugé par exemple que constitue un testament olographe (valable) le document intitulé « certificat de donation », par quoi l'auteur indique « faire donation » de sa maison et de son véhicule à un couple d'amis et ajoute : « Pour ce qui reste, le pourcentage aux ayants droit. C'est tout » (Cass. 1e civ. 6-6-2012 nº 10-23.352 F-D : BPAT 4/12 inf. 227).

En revanche, a été qualifié de donation (nulle) l'acte sous signature privée établi par un ex-concubin, ayant pour objet la transmission de ses droits sur une maison achetée en indivision avec sa compagne et ainsi rédigé : « Je renonce et lègue mes droits concernant la maison et les biens à Mademoiselle [...] » (Cass. 1e civ. 15-2-2012 nº 11-11.636 F-D : BPAT 2/12 inf. 112).

INTERPRÉTATION DU TESTAMENT OLOGRAPHE

Principes d'interprétation La rédaction défectueuse de certains testaments olographes nourrit un abondant contentieux dû au fait que le testateur n'a pas clairement exprimé ses volontés (légataire insuffisamment désigné, nature du legs incertaine, etc.) ou a pris dans un même acte des dispositions contradictoires. 15260

Chaque fois que les clauses d'un testament sont obscures, il appartient aux **juges du fond** de rechercher quelle a été l'intention du testateur. Faute de dispositions spécifiques aux libéralités, cette recherche est effectuée conformément aux règles de droit commun d'interprétation des conventions (C. civ. art. 1188). Il en résulte notamment que le juge doit :

– rechercher la **véritable intention du testateur,** plutôt que de s'en tenir au sens littéral des termes ;

– privilégier l'interprétation qui valide la disposition dans le **cas où une disposition est susceptible de plusieurs sens** (C. civ. art. 1191).

ILLUSTRATIONS

Il a été jugé que constituent un **vœu moral** et non un legs :

– la disposition du testament par laquelle le testateur invitait ses fils à trouver pour sa compagne « une solution d'existence et de résidence », sans indiquer ni les modalités ni la durée de celle-ci, alors que la maison d'habitation du couple appartenait à une SCI dont le défunt possédait à l'origine la moitié des parts, tombées dans sa succession (Cass. 1e civ. 29-5-2013 nº 11-27.339 F-D) ;

– la phrase du testament par laquelle le disposant s'adressait à son épouse et ainsi rédigée « J'ai écrit à mes filles que je t'affectais le tableau d'Agostini que tu préférais ainsi que le grand tapis de la salle à manger. Pour le reste, avec mes filles, je pense que tu pourras récupérer des meubles, tapis, tableaux, bibelots qui t'intéresseraient », tandis qu'un testament rédigé la veille à l'intention des filles du testateur indiquait « Vous vous partagerez comme vous le désirez les meubles, tableaux, tapis, etc. sauf que je donne à Colette le tableau d'Agostini qui représente la jeune femme dans le sous-bois et le tapis de la salle à manger. Vous lui ajouterez ce que vous voudrez » (Cass. 1e civ. 25-9-2013 nº 12-17.752 F-D).

Il a été jugé qu'une personne qui lègue son « **argent** » à cinq associations ne leur laisse pas seulement les 2 400 € en **liquide** retrouvés dans son coffre, placés dans une enveloppe sur laquelle était inscrit « à joindre à mon testament », mais l'intégralité de ses avoirs financiers, soit plus de 700 000 € provenant de comptes courants et de titres de placement, aux motifs suivants (CA Pau 31-5-2011 nº 09/02444 : BPAT 5/11 inf. 100) :

– dans le langage courant, la formule « mon argent » recouvre toutes les liquidités que l'on a dans son patrimoine ;

– restreindre l'objet du legs aux espèces trouvées dans le coffre conduirait à faire perdre tout son sens au testament puisque, dans cette hypothèse, les associations ne percevraient chacune que 480 €, somme en inadéquation avec leur objectif caritatif auquel le testament montre que la testatrice voulait contribuer ;

– la mention figurant sur l'enveloppe « à joindre à mon testament » montre simplement que la testatrice voulait compléter ses dispositions testamentaires, prises antérieurement, en ajoutant aux avoirs bancaires les espèces figurant dans l'enveloppe.

Il a été jugé que le legs au profit de la concubine du testateur et ainsi rédigé : « Je soussigné... lègue, en cas d'**accident mortel,** à Mademoiselle..., demeurant avec moi, la propriété et la jouissance de la propriété que nous habitons ensemble, de même pour le mobilier garnissant l'habitation », doit être délivré à sa bénéficiaire alors même que le concubin est mort de mort naturelle (CA Paris 13-12-2001 nº 00/9778 : BPAT 3/02 inf. 166), aux motifs que :

– l'expression « en cas d'accident mortel » est ambiguë, le terme d'« accident » étant défini selon les dictionnaires soit comme un événement fortuit et imprévisible, soit comme un événement malheureux ou dommageable ;

– la concubine avait, le même jour, rédigé un testament ainsi formulé : « Je soussignée... lègue à... la moitié indivise avec lui de la maison sise... » ; le fait que les deux concubins aient rédigé leurs testaments le même jour démontre que leur volonté était de se léguer l'un à l'autre la moitié indivise de la maison qu'ils avaient achetée ensemble, de façon à ce que, en cas de décès de l'un, le survivant en devienne entièrement propriétaire.

Il a été jugé que la clause par laquelle le testateur a institué sa compagne légataire universelle et, **en cas de prédécès de la légataire universelle,** son frère, est claire et précise. Dès lors, elle n'a pas à être interprétée (comme faisant du frère le légataire universel des biens dont la première légataire n'avait pas disposé avant son propre décès) et doit s'appliquer (Cass. 1e civ. 26-9-2012 nº 11-17.454 F-D : JCP N 2012 act. nº 901).

15265 **Contrôle de la Cour de cassation** L'interprétation des testaments est une question de fait laissée à l'**appréciation souveraine des juges du fond** (en ce sens, par exemple, Cass. 1e civ. 5-12-2012 nº 11-16.351 F-D). Ainsi, c'est par une interprétation souveraine rendue nécessaire par l'ambiguïté et l'imprécision de la disposition testamentaire qu'une cour d'appel a, dans l'exercice de son pouvoir souverain d'appréciation, estimé que le legs d'une maison portait sur l'unité foncière plus vaste de quatre parcelles cadastrales dont elle faisait partie (Cass. 1e civ. 26-1-2022 nº 20-19.465 F-D : BPAT 2/22 inf. 91).

Mais la Cour de cassation vérifie que, sous couvert d'interprétation, les juges n'ont pas dénaturé la volonté du testateur. Il y a dénaturation lorsque le juge a modifié le sens d'une **clause claire et précise.** Une disposition dépourvue d'ambiguïté n'a pas à être interprétée, quand bien même elle semblerait absurde (pour une illustration, Cass. 1e civ. 20-11-2013 nº 12-19.516 F-D).

Une **clause claire au moment où elle a été rédigée peut devenir ambiguë** du fait du changement de situation du testateur. Tel est le cas, par exemple, de la clause par laquelle la testatrice, décédée après son divorce, laisse un testament rédigé juste après son mariage et désignant comme légataire universel son conjoint à la fois par son nom et en sa qualité d'époux (Cass. 1e civ. 4-12-2013 nº 12-27.421 F-D : Sol. Not. 2/14 inf. 38).

Bien qu'elle n'ait pas pour rôle d'interpréter les dispositions testamentaires, la Cour de cassation peut relever l'**ambiguïté d'une clause et** en tirer les **conséquences juridiques.** Elle a par exemple censuré une cour d'appel ayant condamné des héritiers réservataires au paiement de dommages et intérêts pour résistance abusive alors que les clauses litigieuses, par lesquelles le de cujus informait ses enfants de sa décision d'attribuer des versements mensuels à sa compagne, étaient ambiguës et ne permettaient pas de caractériser un abus des héritiers dans l'exercice de leur droit de se défendre en justice (Cass. 1e civ. 12-7-2023 nº 21-24.292 F-D : BPAT 5/23 inf. 229, au sujet d'une clause contenue dans un testament authentique).

ILLUSTRATIONS

La Cour de cassation considère qu'il y a **dénaturation de la volonté du testateur** lorsque les juges du fond :

– décident que les termes « Très important. En toute connaissance de cause, je ne lègue rigoureusement rien à ma nièce R et à mon petit neveu H, que je déshérite totalement... » ne visent que les biens français de la testatrice, à l'exclusion de ses avoirs en Suisse (Cass. 1e civ. 23-1-2001 nº 97-20.618 FS-P : Bull. civ. I nº 8, Defrénois 2001 art. 37357 p. 626 note R. Crône, BPAT 3/01 inf. 56) ;

– tiennent pour légataire universelle du défunt, décédé deux ans après son épouse, la personne qui a été désignée « pour le cas seulement où mon épouse disparaîtrait dans le même événement que moi » (Cass. 1e civ. 18-1-2007 nº 05-14.613 F-D : BPAT 3/07 inf. 85 ; dans le même sens, sur renvoi après cassation, Cass. 1e civ. 10-10-2012 nº 11-11.418 F-D) ;

– incluent un compte-titres dans un legs portant sur de « l'argent liquide » (Cass. 1e civ. 24-9-2008 nº 07-15.520 F-PB : BPAT 6/08 inf. 214) ;

– décident que la clause, « en conséquence, après mon décès, je lui léguerai mes biens mobiliers et immobiliers qui composeront ma succession », vise tous les biens de la testatrice et en déduisent à tort la révocation pour incompatibilité d'un testament antérieur (Cass. 1e civ. 13-1-2021 nº 19-16.392 F-D : BPAT 2/21 inf. 76).

FORCE PROBANTE DU TESTAMENT OLOGRAPHE

15270 Le testament olographe est un **acte sous signature privée.** Les héritiers sont en droit de déclarer qu'ils ne reconnaissent pas l'écriture ou la signature de l'auteur du testament (C. civ. art. 1373). Excepté s'il peut statuer sans tenir compte de la contestation, le juge doit recourir à la procédure de **vérification d'écriture** (C. civ. art. 1373 ; CPC art. 287 s.) : il appartient alors au légataire d'en prouver la sincérité (la charge de la preuve pèse en principe sur le gratifié). Le juge doit procéder lui-même à l'examen du testament ; si nécessaire, il doit enjoindre aux parties de produire tous documents utiles à comparer à l'acte litigieux ou ordonner une expertise (Cass. 1e civ. 28-3-2008 nº 06-18.226 F-PB : Bull. civ. I nº 93 ; Cass. 1e civ. 29-2-2012 nº 10-27.332 F-PBI : Bull. civ. I nº 45). Si cette vérification ne permet pas de conclure à la sincérité de l'acte, la partie qui fonde ses prétentions sur le testament est déboutée (Cass. 1e civ. 2-3-1999 no 97-13.765 F-PB : Bull. civ. I no 77, BPAT 1/99 inf. 42).

Par exception, en présence d'un légataire universel ayant obtenu l'ordonnance d'envoi en possession conformément à l'ancien article 1008 du Code civil et en l'absence de circonstances rendant le testament suspect, la **charge de la preuve** de la fausseté des écrits d'un testament olographe est **renversée** et incombe à l'héritier non réservataire qui conteste le testament (en ce sens notamment, Cass. 1e civ. 29-2-2012 précité). La jurisprudence considérait que le contrôle sommaire effectué alors par le président du tribunal de grande instance du lieu d'ouverture de la succession justifiait un renversement de la charge de la preuve (Cass. 1e civ. 6-6-1990 no 88-19.686 : Bull. civ. I no 150, Defrénois 1990 p. 1162 obs. X. Savatier). On peut supposer que les tribunaux feront produire les mêmes effets au contrôle désormais effectué par le notaire et qu'ils rendront des solutions identiques dans les successions ouvertes depuis le 1er novembre 2017, date d'entrée en vigueur de la réforme de l'envoi en possession (nos 15395 s.).

3. CONSERVATION DU TESTAMENT OLOGRAPHE

Le testament rédigé par le testateur doit être conservé jusqu'à son décès pour pouvoir être exécuté. Pour prévenir les **risques de perte ou de destruction,** il est souhaitable que le testament soit déposé chez un notaire à charge pour celui-ci de le conserver jusqu'au décès de son auteur ou de le lui restituer à première demande. **15300**

ATTENTION

Le **dépôt dans un coffre** du testament olographe est possible mais n'est pas conseillé. Si le testament contient des dispositions à prendre rapidement après le décès (organisation des funérailles, par exemple), il risque d'être trop tard au moment où la banque autorisera l'accès au coffre bloqué du fait du décès. En outre, pour accéder au coffre après le décès, il faudra au préalable produire un acte de notoriété. Cet acte, qui précise quels sont les héritiers, risque de devoir être modifié après l'ouverture du coffre et la découverte du testament.

DÉPÔT DU TESTAMENT CHEZ UN NOTAIRE

Ce dépôt facultatif appelé « **dépôt de confiance** », dont le coût est de 26,41 € hors taxe, n'entraîne aucune rédaction d'acte notarié. Il peut être l'occasion pour l'auteur du testament de **demander conseil** au notaire sur la régularité formelle de son testament et sur son adéquation aux objectifs recherchés. En effet, il faut savoir que lorsqu'un testament olographe est remis au notaire sous pli fermé à des fins de conservation, il ne peut être reproché à l'officier public de ne pas en avoir contrôlé la régularité formelle (Cass. 1e civ. 22-3-2005 no 03-19.907 F-PB : Bull. civ. I no 154, BPAT 6/08 inf. 214). **15305**

Il est toutefois conseillé au notaire de **refuser le dépôt** d'un testament olographe si le testateur y met des conditions incompatibles avec une saine pratique de la profession, telles l'instruction d'annexer le testament à une procuration générale signée au profit de son épouse ou celle, plus générale, de ne le révéler que sous certaines conditions (M. Dagot, obs. sous Cass. 1e civ. 23-11-1977 : JCP N 1980 II p. 25).

Si le testament olographe est remis au notaire à des fins de conservation, le notaire n'est pas tenu d'en faire le **dépôt au rang de ses minutes** (CGI art. 854, al. 2). Il n'y a par ailleurs aucune **formalité fiscale.** **15310**

Si le notaire dépose immédiatement le testament au rang de ses minutes, ce qui devrait être exceptionnel, l'acte de dépôt (et non le testament) est enregistré sur état au droit fixe de 125 € (CGI art. 680), avec dispense de présentation de la copie au bureau de l'enregistrement (CGI ann. III art. 245 et ann. IV art. 60). Le testament étant dépourvu d'effet en raison de son caractère librement révocable, son contenu n'intéresse pas l'administration fiscale.

En ce qui concerne l'enregistrement du testament lui-même, voir no 15415.

À l'ère du numérique, on peut s'interroger sur la possibilité pour le notaire d'utiliser la **forme électronique** pour procéder au dépôt du testament olographe qui lui est confié. Tout acte authentique pouvant être dressé sous cette forme, il ne fait aucun doute que l'acte de dépôt, qui est un acte notarié, peut valablement l'être. La question est celle de la possible **numérisation du testament** qui doit y être annexé, à la suite de quoi l'original papier pourrait être détruit. Le testament n'étant pas une pièce annexe de l'acte de dépôt, mais l'objet même de celui-ci, on ne saurait lui appliquer le régime des pièces annexes pour lesquelles la loi admet l'utilisation de tout procédé en garantissant la reproduction à **15313** l'identique leur permettant d'être « indissociablement liées » à l'acte (Décret 71-941 du 26-11-1971 art. 22, al. 2), et partant, la numérisation (en ce sens, M. Grimaldi, Études en l'honneur du Pr J. Huet, LGDJ, Lextenso, 2017, p. 215).

Pour résoudre la question, le professeur Grimaldi suggère de partir de la **finalité du dépôt,** lequel « vise à conserver le testament en vue de prévenir ou de résoudre le contentieux qui pourrait naître sur son existence, sur sa validité ou sur son contenu : en cas de besoin, le notaire délivre une copie du testament conservé en dépôt » (Décret 71-941 du 26-11-1971 art. 32, al. 1). A priori, la numérisation étant un procédé de retranscription fiable, la copie du testament numérisé que délivrerait le notaire, que ce soit sur support papier ou sur support électronique, serait tout aussi fidèle à l'original que la photocopie du testament papier. À ce stade, aucune différence n'est à noter entre les deux procédés quant à l'objectif poursuivi. Une difficulté pourrait néanmoins se présenter en cas de **contestation du testament.** Dans cette occurrence, ainsi que le fait observer l'auteur, l'analyse du testament original peut être déterminante (par exemple, pour la datation du testament au moyen du filigrane et surtout par l'expertise graphologique). La solution avancée par l'auteur pourrait être de ne détruire le testament olographe original qu'au terme d'un certain nombre d'années ; sur cette question, voir l'analyse de M. Grimaldi pour qui cette solution audacieuse serait le moyen de « concilier la tradition et la modernité aux stades de la confection et de l'exécution du testament » (M. Grimaldi, Études en l'honneur du Pr J. Huet, LGDJ, Lextenso, 2017 p. 217).

INSCRIPTION DU TESTAMENT AU FCDDV

15315 Le notaire qui se voit confier un testament olographe procédera, avec l'**autorisation du testateur,** à son inscription au fichier central des dispositions de dernières volontés (FCDDV). En cas d'opposition du testateur, le notaire prendra soin de lui faire signer une décharge (F. Ferran : Le notaire et le règlement de la succession, Litec 2003, n° 239).

Le FCDDV a été créé par le notariat en 1975, anticipant l'entrée en vigueur en France le 20 mars 1976 de la **convention de Bâle du 16 mai 1972** relative à l'établissement d'un système d'inscription des testaments. Il mentionne l'existence des testaments reçus ou déposés dans tous les offices notariaux du territoire national, auprès des agents diplomatiques ou consulaires à l'étranger, ainsi que les institutions contractuelles.

Son fonctionnement a fait l'objet de **recommandations professionnelles** mettant certaines diligences à la charge du notaire (Inst. CSN du 1-12-1975). Si ces instructions, en tant que telles, n'ont pas de caractère coercitif, le notaire qui ne les respecterait pas n'en serait pas moins susceptible d'engager sa responsabilité civile professionnelle dans les conditions habituelles.

Jugé que l'**absence d'inscription** n'entache d'aucune manière la validité de l'acte testamentaire, l'inobservation de cette formalité étant seulement de nature à engager la responsabilité du notaire (CA Douai 17-3-1994 n° 9146/92 : Juris-Data n° 049 901).

Lors du règlement d'une succession, le notaire a l'**obligation d'interroger le fichier,** ce qui lui permet de savoir s'il existe un testament ou une donation entre époux au dernier vivant au nom du défunt et, dans l'affirmative, de connaître le nom du notaire (ou agent diplomatique ou consulaire) qui en est dépositaire.

Si le testateur demande au notaire dépositaire de lui **restituer le testament** inscrit au fichier, celui-ci mentionne le retrait.

› Précisions **a.** Le FCDDV est géré par l'**Association pour le développement du service notarial** (ADSN), 95 avenue des Logissons (13107) Venelles Cedex (groupeadsn.fr).
b. Outre les testaments olographes, sont **également inscrits au FCDDV** les testaments mystiques, les testaments authentiques et les institutions contractuelles (notamment les donations entre époux à cause de mort).
c. Si la convention de Bâle n'évoque l'**opposition à inscription** que dans le cas du testament olographe (art. 4, 1-b), le Conseil supérieur du notariat recommande aux notaires d'obtenir la même autorisation ou opposition d'inscrire pour les dispositions de dernières volontés résultant d'un acte authentique (Inst. CSN du 1-12-1975).

15320 **Délai d'inscription au FCDDV** Le notaire procède aux inscriptions et radiations au fichier dans les cinq jours francs de l'événement qui y donne lieu : réception de l'acte, dépôt ou retrait du testament (Inst. CSN du 1-12-1975).

15325 **Réquisition d'inscription au FCDDV** La demande d'inscription doit contenir les **indications** suivantes (Convention de Bâle du 16-5-1972 art. 7) :
– nom de famille et prénoms du testateur ou disposant (y compris, s'il y a lieu, le nom de jeune fille) ;
– date et lieu (ou si le lieu n'est pas connu, le pays) de naissance ;

– adresse ou domicile déclaré ;
– dénomination et date de l'acte dont l'inscription est requise ;
– nom et adresse du notaire, de l'autorité publique ou de la personne qui a reçu l'acte ou le détient en dépôt.

4. PERTE DU TESTAMENT OLOGRAPHE

Production d'une copie du testament Si le **testament** olographe a été **perdu ou détruit,** le légataire qui en détient une « **copie fiable** » peut en théorie en invoquer le bénéfice. Une copie fiable a la même force probante que l'original (C. civ. art. 1379, al. 1 issu de ord. 2016-131 du 10-2-2016). 15355

Il est difficile, à ce jour, de déterminer avec précision comment ce nouveau régime de la « copie fiable » se distinguera de celui de la « **copie fidèle et durable** » (C. civ. art. 1348, al. 2 ancien, applicable avant l'entrée en vigueur de l'ord. 2016-131 du 10-2-2016 portant réforme du droit des contrats, du régime général et de la preuve des obligations).

Sous l'empire du droit antérieur, pour voir ses droits reconnus, le légataire devait en effet prouver :
– que la copie qu'il détenait était la reproduction fidèle et durable de l'original et que le testament avait existé jusqu'au décès du testateur et qu'il n'avait pas été volontairement détruit par lui (il s'agirait alors d'une révocation tacite), de sorte que la copie produite était bien la manifestation de ses dernières volontés (en ce sens, par exemple, Cass. 1e civ. 22-10-2008 no 07-18.732 F-D) ;
– qu'il était dépositaire de l'acte, car seuls les dépositaires étaient en droit de pallier l'absence du titre original par une copie (C. civ. art. 1348, al. 2 ancien ; Cass. 1e civ. 19-4-2005 no 02-16.447 F-PB : BPAT 5/05 inf. 154).

Si cette dernière condition, absente du texte de l'article 1379 du Code civil, ne devrait pas être exigée pour la production d'une copie fiable, la précédente, liée au fait que la perte soit indépendante de la volonté du testateur, sera sans aucun doute maintenue (M. Nicod, Restrictions à l'usage de la photocopie du testament disparu : Dr. famille 2018 comm. 103).

> **Précisions** Lorsque la **copie** du testament produite est **contestée et** que la **perte ou la destruction** de l'original n'est **pas soutenue,** la Cour de cassation considère que seul l'original du testament est de nature à établir l'existence du testament au jour du décès du testateur (Cass. 3e civ. 3-6-2021 no 19-25.219 F-D : SNH 21/21 inf. 9). Cette solution nous semble conforme au principe de droit commun en matière de copie selon lequel « si l'original subsiste, sa présentation peut toujours être exigée » (C. civ. art. 1379, al. 3 dans sa rédaction issue de ord. 2016-131 du 10-2-2016).

Perte du testament résultant d'un cas de force majeure Lorsque la perte du testament résulte d'un cas de force majeure, la **preuve du testament** peut être rapportée par tous moyens (C. civ. art. 1360 issu de ord. 2016-131 du 10-2-2016, art. 1348, al. 1 ancien). Trois éléments doivent alors être établis (F. Terré, Y. Lequette et S. Gaudemet, Droit civil. Les successions. Les libéralités, Dalloz, 4e éd., 2014, no 409) : 15360
– l'existence d'un testament régulier en la forme. La preuve par photocopie a été admise (Cass. 1e civ. 14-5-1991 no 90-13.135 : Bull. civ. I no 159) ;
– le contenu de ce testament ;
– le fait que la perte ou la destruction du testament est indépendante de la volonté du testateur (Cass. 1e civ. 13-12-2005 no 04-10.064 F-PB, preuve de la destruction fortuite non rapportée en l'espèce).

ILLUSTRATIONS

Il a été jugé que ne constitue **pas un cas de force majeure** la perte du testament par l'avocat du testateur qui en était le dépositaire (Cass. 1e civ. 12-11-2009 no 08-17.791 FS-PBI : BPAT 6/09 inf. 247).

La force majeure a **en revanche** été admise dans un cas où de nombreuses recherches avaient été entreprises et que tout avait été tenté pour retrouver l'original, perdu par l'expert judiciaire chargé d'examiner le testament (Cass. 1e civ. 31-3-2016 no 15-12.773 F-PB : BPAT 3/16 inf. 120).

5. FORMALITÉS APRÈS DÉCÈS

PROCÈS-VERBAL DE L'OUVERTURE ET DE L'ÉTAT DU TESTAMENT

Le testament olographe (de même que le testament mystique) doit être déposé chez un notaire avant de pouvoir être exécuté. 15390

Après avoir ouvert le testament s'il est clos, le notaire dresse « **sur-le-champ** » un procès-verbal de l'ouverture et de l'état du testament dans lequel il décrit le testament (format, couleur de l'encre, nombre de lignes, emplacement de la date et de la signature, etc.) et précise les circonstances du dépôt (C. civ. art. 1007, al. 1). Ce procès-verbal donne lieu à la perception d'un émolument de 26,41 € hors taxe (C. com. art. A 444-60).

Le testament et un acte de décès du testateur sont **annexés au procès-verbal,** le tout étant conservé au rang des minutes du notaire.

Dans le mois qui suit l'établissement du procès-verbal, le notaire en adresse une copie authentique au **greffe du tribunal judiciaire** du lieu d'ouverture de la succession. Il y joint une photocopie du testament. Le greffe accuse réception de ces documents et en assure la conservation (C. civ. art. 1007, al. 2).

LÉGATAIRE UNIVERSEL EN L'ABSENCE DE RÉSERVATAIRES

15395 Toutes les fois qu'un légataire universel a été institué par un testament olographe, en l'absence d'héritier réservataire, le notaire chargé de dresser le procès-verbal de l'ouverture et de l'état du testament doit **vérifier les conditions de la saisine** du légataire au regard du caractère universel de sa vocation et de l'absence d'héritier réservataire. Il porte ensuite mention de ces vérifications sur le procès-verbal d'ouverture et de description du testament (C. civ. art. 1007, al. 1).

Dans les 15 jours qui suivent la date de l'établissement du procès-verbal, le notaire doit procéder, aux frais du légataire universel, éventuellement par voie électronique (CPC art. 1378-1, al. 2) à une **insertion au Bodacc et dans un journal d'annonces légales** diffusé dans le ressort du tribunal compétent, d'un avis mentionnant le nom du défunt, le nom et les coordonnées du notaire chargé de la succession, ainsi que l'existence d'un legs universel, sans révéler l'identité du légataire (CPC art. 1378-1, al. 1 et 3).

15400 Dans le mois suivant la réception de la copie authentique du procès-verbal et de la photocopie du testament par le greffe du tribunal judiciaire du lieu d'ouverture de la succession (n° 15390), tout intéressé peut **s'opposer à l'exercice de ses droits par le légataire universel** (C. civ. art. 1007, al. 3). Les oppositions doivent être adressées au notaire chargé du règlement de la succession (CPC art. 1378-2, al. 1), lequel peut très bien ne pas être le notaire ayant procédé au dépôt du testament. Bien que les textes, silencieux sur ce point, n'imposent aucune forme, il est conseillé de faire opposition par lettre recommandée avec demande d'avis de réception ou par exploit d'huissier (I. Cap et D. Epailly, La réforme de l'envoi en possession : Nota-Bene Cridon Sud-Ouest octobre 2017 n° 222). En pratique, le notaire chargé de la succession constatera dans un certificat l'absence ou l'existence d'oppositions. Seules les oppositions émises dans le délai d'un mois prévu par la loi pouvant être prises en compte, il est essentiel, en présence de deux notaires, que le notaire déposant adresse immédiatement à celui chargé du règlement de la succession une copie du récépissé du greffe.

En cas d'opposition, le légataire universel doit **se faire envoyer en possession** pour pouvoir appréhender les biens, droits et actions du défunt. La demande d'envoi en possession est alors présentée par voie de requête au président du tribunal judiciaire du lieu d'ouverture de la succession. La requête déposée par avocat doit être accompagnée de la copie du ou des actes d'opposition (CPC art. 1378-2, al. 2). Il est préconisé d'y annexer également une copie authentique du procès-verbal de dépôt du testament et de l'acte de notoriété (S. Pierre-Maurice et N. Pierre, L'envoi en possession par ordonnance sur requête : 1804-2017 : retour vers le futur procédural ? : AJ fam. 2017 p. 639) ; on y joindra utilement une copie du récépissé du greffe. L'envoi en possession s'effectue par ordonnance du président du tribunal judiciaire mise au bas de la requête (CPC art. 1378-2, al. 2).

La procédure est identique à celle qui existait avant la loi 2016-1545 du 18 novembre 2016 de modernisation de la justice du 21e siècle (laquelle continue à s'appliquer aux successions ouvertes avant le 1er novembre 2017).

> **Précisions** Pour les **successions ouvertes avant le 1er novembre 2017,** la procédure d'envoi en possession par le juge s'imposait systématiquement au légataire universel institué par testament olographe ou mystique en l'absence d'héritiers réservataires (C. civ. art. 1008 ancien abrogé par la loi 2016-1547 du 18-11-2016). Quant au notaire, il n'avait à effectuer ni les vérifications ni les mesures de publicité au Bodacc et dans un JAL qui lui sont désormais imposées par les textes.

15405 **Difficultés pratiques** La principale difficulté pour le notaire est l'**obligation de dresser « sur-le-champ » le procès-verbal d'ouverture et de description du testament,** comme le prescrit l'article 1007, alinéa 1 du Code civil, c'est-à-dire dès qu'il prend connaissance du testament, alors qu'il doit, d'une part, vérifier l'existence d'un legs universel et, d'autre part, constater l'absence d'héritiers réservataires. Une application littérale du texte conduirait à la rédaction d'un acte unique incluant le procès-verbal, la notoriété (celle-ci pouvant être établie par acte séparé) et la constatation de la saisine du légataire universel. Or, le notaire doit se livrer à un minimum d'investigations pour procéder aux vérifications requises. Par ailleurs, le notaire chargé de la succession peut ne pas être le détenteur du testament.

Face à ces contraintes, le **Cridon de Paris** propose de scinder les opérations (L. Broyer, La procédure d'envoi en possession a été réformée : quelques conseils aux notaires pour une pratique renouvelée : Bull. Cridon Paris n° 20 du 15-10-2017) :

– 1e phase : établissement du procès-verbal d'ouverture et d'état du testament « sur-le-champ » (acte dressé par le notaire dépositaire du testament) ;
– 2e phase : rédaction de l'acte de notoriété faisant état de la dévolution successorale et révélant l'existence d'un légataire universel (acte dressé par le notaire chargé de la succession) ;
– 3e phase : acte complémentaire au premier acte afin de respecter la lettre du texte : rappel de la qualité de légataire universel en visant la notoriété et reconnaissance par le notaire de l'existence d'une saisine bénéficiant au légataire universel.

Le notaire adresse ensuite les deux actes (acte de dépôt du testament et acte complémentaire) ensemble au greffe du tribunal judiciaire.

Cette solution permet d'une part, d'assurer immédiatement la conservation du testament au rang des minutes du notaire et de respecter la condition de simultanéité imposée par le législateur, d'autre part, d'intégrer l'acte de notoriété dans ce nouveau processus (et donc d'accorder au notaire la possibilité de procéder à des investigations). En outre, elle permet de tenir compte de la présence éventuelle de deux notaires : celui dépositaire du testament et celui chargé du règlement de la succession.

On peut toutefois reprocher à cette solution de ne pas respecter la lettre de la loi qui prescrit la confection d'un seul et unique acte à transmettre au greffe du tribunal judiciaire. En ce sens, les **chambres des notaires de Paris et des Hauts-de-Seine** conseillent aux notaires de retenir le dépôt du testament jusqu'à ce qu'ils soient en mesure de constater la vocation du légataire et d'établir alors un acte unique de dépôt et de procès-verbal de constatation à adresser au greffe du tribunal (Circ. du 23-11-2017). Cette solution présente pour sa part l'inconvénient de ne pas permettre un dépôt immédiat du testament en contravention avec la lettre de la loi. Elle réunit cependant en sa faveur la simplicité et, semble-t-il, la conformité à l'esprit de la loi (S. Gaudemet, Réforme de l'envoi en possession et procès-verbal de dépôt « sur-le-champ » : SNH 1/18 inf. 19).

Quoi qu'il en soit, une uniformisation de la pratique notariale devra s'imposer.

Une autre difficulté tient à l'**information des tiers du point de départ du délai d'opposition** d'un mois à l'exercice de la saisine du légataire universel. Ce point de départ (date de **15410**
réception du procès-verbal par le greffe) est, en effet, différent de celui dont dispose le notaire pour effectuer la publicité aux fins d'information des tiers (voir n° 15390, établissement du procès-verbal). Dans ces conditions, l'efficacité de l'information des tiers pour former opposition n'est donc pas assurée (S. Pierre-Maurice et N. Pierre, L'envoi en possession par ordonnance sur requête : 1804-2017 : retour vers le futur procédural ? : AJ fam. 2017 p. 639).

Pour pallier cette difficulté, certains auteurs et praticiens proposent d'adapter le contenu de l'avis à publier au Bodacc et dans un journal d'annonces légales (CPC art. 1378-1) en y ajoutant la date de réception par le greffe (Centre d'études et de recherche du Groupe Monassier, Le notaire doit acquérir de nouveaux réflexes face à l'envoi en possession notarial : SNH 2/18 inf. 11). Compte tenu des délais imposés, pareille option implique d'adresser les documents au greffe le plus rapidement possible afin d'obtenir dans les 15 jours prescrits par l'article 1378-1 du CPC la date de l'accusé de réception du greffe.

CONSEIL

Le notaire doit s'attacher à bien **préparer le dépôt futur d'un testament** lorsque celui-ci lui est remis par le testateur :
– en vérifiant sa validité formelle dès sa remise ;
– en ne laissant pas s'accumuler les testaments sans interroger le testateur sur le sort qu'il entend réserver aux précédents ;
– en recueillant auprès du testateur la preuve d'une absence d'héritiers réservataires.

ENREGISTREMENT DU TESTAMENT OLOGRAPHE

Les testaments olographes déposés chez les notaires ne sont **plus soumis à la formalité** de **15415**
l'enregistrement obligatoire dans les trois mois du décès du testateur, ni au paiement du droit fixe depuis le 1er janvier 2020. Seule la rédaction d'un acte de dépôt notarié du testament donne lieu au droit fixe de 125 € (CGI art. 680). **En pratique,** le dépôt d'un testament

au rang des minutes du notaire du vivant du testateur est exceptionnel. Il est en effet plus courant de réaliser le seul procès-verbal d'ouverture qui vaut également dépôt de ce testament au moment du décès du testateur. La rédaction d'un acte de dépôt du testament au moment de sa remise ne dispensant pas, selon nous, le notaire de la rédaction d'un procès-verbal d'ouverture au moment du décès, il y aurait alors deux taxations au droit fixe de 125 €, soit une pour chacun de ces actes.

L'administration rappelle que seuls les testaments olographes sont concernés par la dispense d'enregistrement et non les **actes subséquents,** tels que le procès-verbal d'ouverture qui entraîne l'exigibilité du droit fixe de 125 €, payé sur état dans les vingt jours suivant la rédaction dudit acte (BOI-ENR-DG-20-40 n° 295).

La suppression de l'obligation d'enregistrement des testaments olographes par la loi 2019-1479 du 28 décembre 2019 s'applique aux « actes établis depuis le 1er janvier 2020 ». À notre avis, elle concerne les testaments olographes déposés depuis le 1er janvier 2020, peu importe la date à laquelle ils ont été rédigés.

Sur le délai spécifique d'enregistrement des **testaments-partages,** voir n° 65685.

ATTENTION

Les **testaments faits à l'étranger** et non déposés chez un notaire en France ne sont pas soumis à l'enregistrement dans un délai déterminé. Cependant, ils ne peuvent être exécutés sur des biens situés en France qu'après avoir été enregistrés (CGI art. 655 ; C. civ. art. 1000). Il a été jugé que le certificat successoral européen (**CSE**) attestant de la qualité et des droits d'héritier n'a pas pour effet d'anéantir les formalités nationales à mettre en œuvre pour obtenir l'exécution de ces droits, tel l'enregistrement en France du testament étranger devant être exécuté sur les biens situés en France (Cass. 1e civ. 13-4-2022 n° 20-23.530 FS-B : BPAT 3/22 inf. 172-12).

PUBLICITÉ FONCIÈRE

15420 Si le testament prévoit la **mutation ou** la **constitution de droit réel sur un immeuble,** il n'a pas à être publié par lui-même. La mutation ou constitution de droit, une fois acceptée par le légataire, doit être constatée dans une **attestation de propriété** immobilière après décès, elle-même soumise à publication (nos 22150 s.).

C. Règles de forme spécifiques au testament authentique

DÉFINITION ET CARACTÉRISTIQUES DU TESTAMENT AUTHENTIQUE

15470 Le testament authentique, également appelé **testament par acte public,** est soumis à un **formalisme** complexe énoncé aux articles 971 à 975 du Code civil. Ces règles spécifiques au testament authentique se combinent avec celles, générales, issues de la loi du 25 ventôse an XI et du décret 71-941 du 26 novembre 1971, qui régissent la rédaction des actes notariés (Cass. 1e civ. 10-10-2012 n° 11-20.702 FS-PBI : Bull. civ. I n° 201, Sol. Not. 12/12 inf. 320).

Le testament notarié est reçu par deux notaires ou par un notaire assisté de deux témoins. Il est dicté par le testateur au notaire qui l'écrit ou le dactylographie puis en fait la lecture au testateur ; après lecture, le testament est signé par le testateur, le ou les notaires et les témoins. L'acte porte mention expresse de l'accomplissement de l'ensemble des formalités requises.

15475 Le **non-respect des conditions de forme** détaillées nos 15510 s. est sanctionné par la nullité absolue du testament.

Le testament authentique déclaré nul pour vice de forme ne peut valoir comme testament olographe, puisqu'il n'est pas écrit de la main du testateur.

Il peut en revanche valoir comme testament international, s'il en respecte les conditions de forme énoncées n° 69920. Ont été sauvés à ce titre un testament authentique dont les témoins n'étaient pas de nationalité française – condition supprimée par la loi 2006-728 du 23 juin 2006 – (CA Bordeaux 16-6-2011 n° 09/04369 : JCP G 2011 n° 1234 note F. Hébert) ou encore celui n'ayant pas respecté la règle de dictée (Cass. 1e civ. 12-6-2014 n° 13-18.383 FS-PBI : BPAT 4/14 inf. 171 ; Cass. 1e civ. 5-9-2018 n° 17-26.010 FS-PBI : SNH 29/18 inf. 5). Cependant, si le vice qui affecte le testament authentique en tant que tel est aussi une cause de nullité de l'acte en tant que testament international, la tentative de sauvetage du testament est vouée à l'échec. Il en va ainsi en cas de non-respect de l'exigence du paraphe à apposer par tous les signataires de l'acte sur chaque feuillet (Cass. 1e civ. 10-10-2012 n° 11-20.702 FS-PBI : Bull. civ. I n° 201, Sol. Not. 12/12 inf. 320), d'insanité d'esprit du testateur (Cass. 1e civ. 12-6-2014 n° 13-20.582 F-PBI : Bull. civ. I n° 109) ou lorsque le testament international est rédigé dans une langue inconnue du testateur, même avec l'aide d'un interprète (Cass. 1e civ. 2-3-2022 n° 20-21.068 FS-B : BPAT 3/22 inf. 136).

L'un des principaux **avantages** du testament authentique sur le testament olographe tient à sa validité, laquelle est rarement remise en cause. En pratique, seuls deux points donnent lieu à contentieux : le respect des exigences de forme du testament authentique et l'appréciation de la santé mentale du testateur. 15480

De plus, il n'y a pas besoin d'envoi en possession de l'exécuteur testamentaire institué par testament authentique (C. civ. art. 1030-2). De même, en l'absence d'héritier réservataire, le légataire universel institué par testament authentique n'a pas à se faire envoyer en possession alors que celui institué par testament olographe peut y être soumis en cas d'opposition (n° 15400).

Le **coût du testament authentique** est composé d'un honoraire forfaitaire de 113,19 € hors taxe (C. com. art. A 444-60), auquel s'ajoutent des émoluments de formalités.

Malgré les avantages attachés à l'authenticité, le testament notarié est peu pratiqué. Le formalisme lourd qui y est attaché a un effet dissuasif, tant pour les officiers publics, qui craignent de voir leur responsabilité civile engagée, que pour les testateurs, qui préfèrent la discrétion du testament olographe (même si dans le testament par acte public les témoins peuvent être remplacés par un second notaire).

ATTENTION

Le recours au **testament authentique** est **obligatoire** lorsque le testateur :
– veut reconnaître un enfant naturel par voie testamentaire ;
– veut retirer à son conjoint les droits d'habitation et d'usage dont ce dernier dispose, jusqu'à sa mort, sur le logement familial et son mobilier (C. civ. art. 764) ;
– ne peut pas ou plus écrire ou signer lui-même (un testament international est cependant possible si le testateur est capable de signer, l'écriture pouvant être le fait d'un tiers).

1. CONDITIONS DE FORME DU TESTAMENT AUTHENTIQUE

CONDITIONS RELATIVES AUX NOTAIRES

Les notaires ne peuvent pas recevoir un **testament dont l'auteur serait leur parent ou allié** : 15510
– en ligne directe, sans limite de degré ;
– en ligne collatérale, jusqu'au 3e degré inclus (d'oncle ou tante à neveu ou nièce).

Ils ne peuvent pas non plus recevoir un testament qui contiendrait une **disposition en faveur** de leurs parents ou alliés ainsi définis ou, bien sûr, d'eux-mêmes. Cette double interdiction s'étend aux parents et alliés de tous les notaires associés ou salariés exerçant dans l'office notarial (Décret 71-941 du 26-11-1971 art. 2 et 3 ; Décret 93-82 du 15-1-1993 art. 2). Dans le cas où le testament est reçu par deux notaires, ceux-ci ne peuvent pas exercer dans le même office notarial.

En revanche, le notaire pourrait parfaitement être nommé exécuteur testamentaire dans le testament qu'il reçoit, mais à la condition qu'aucun legs, qu'aucune rémunération (diamant) ne soit stipulée à son bénéfice (en ce sens, Req. 4-6-1883 : D. 1884 1 51 ; S 1884 1 233).

La mission d'exécuteur testamentaire n'empêche pas le notaire de recevoir certains actes relatifs à la succession. Il lui est simplement interdit de recevoir les actes dans lesquels il intervient en sa qualité d'exécuteur testamentaire (en ce sens, Cass. civ. 3-7-1919 : DP 1924 1 29).

> **Précisions** Le ou les notaire(s) doivent recevoir en personne les dispositions de dernières volontés du testateur. Ils ne peuvent pas déléguer cette tâche à un **clerc,** même assermenté (Loi du 25 ventôse an XI art. 10, al. 3).

CONDITIONS RELATIVES AUX TÉMOINS

Lorsque le testament authentique est reçu par un seul notaire, la présence de **deux témoins** est obligatoire (C. civ. art. 971). La capacité des témoins instrumentaires est strictement réglementée (C. civ. art. 980). Tout d'abord, ils doivent être majeurs et avoir la jouissance de leurs droits civils. Ensuite, ils doivent être capables d'entendre, de voir et de signer. Enfin, ils doivent « comprendre la langue française » (avant la loi 2006-728 du 23-6-2006, ils devaient être de nationalité française). 15515

Le **choix des témoins** est libre (Cass. 1e civ. 18-9-2002 no 00-10.577 FS-P : Bull. civ. I no 212 : Defrénois 2003 art. 37712 obs. G. Champenois) ; il peut être effectué par le testateur ou par le notaire. Toutefois, ne peuvent pas être témoins instrumentaires :

– les légataires et leurs parents ou alliés jusqu'au 4e degré inclusivement (C. civ. art. 975). Le fait que le témoin choisi soit conseiller municipal et adjoint au maire de la commune gratifiée ne vicie pas le testament, dès lors que seule la commune est gratifiée (Cass. 1e civ. 14-11-2007 no 06-20.074 F-PB : BPAT 1/08 inf. 18). Par ailleurs, l'alliance étant établie par le seul effet du mariage, le partenaire pacsé du légataire peut être témoin (Cass. 1e civ. 28-2-2018 no 17-10.876 FS-PBI : BPAT 2/18 inf. 79) ;

– les clercs des notaires par lesquels les actes sont reçus (C. civ. art. 975). L'interdiction faite au clerc d'être témoin ne s'applique pas à une étudiante effectuant un stage dans l'office notarial pendant les vacances : le testament authentique fait en sa présence en qualité de témoin est valable (Cass. 1e civ. 3-2-2010 no 09-10.205 F-PB : Bull. civ. I no 34) ;

– deux époux ensemble, pour le même testament (C. civ. art. 980).

CONDITIONS RELATIVES À LA RÉCEPTION ET À LA RÉDACTION DU TESTAMENT

15520 **Dictée des volontés** Le testament doit être dicté au(x) notaire(s) par le testateur (C. civ. art. 972). Cette **exigence concerne** la seule partie du testament relative aux dernières volontés du testateur ; le préambule du testament (date et lieu d'établissement, nom et résidence du notaire, etc.) et la mention obligatoire du respect des formalités peuvent donc avoir été dactylographiés à l'avance par le notaire (Cass. 1e civ. 1-2-2012 no 10-31.129 F-PBI : Bull. civ. I no 24, Sol. Not. 4/12 inf. 94, Defrénois 2012 art. 40488 obs. A. Chamoulaud-Trapiers ; Cass. 1e civ. 19-12-2012 no 11-26.340 F-D ; Cass. 1e civ. 4-3-2015 no 14-12.165 F-D).

Sous cette réserve, la jurisprudence interprète strictement la condition de dictée : le **testateur** doit énoncer **lui-même et de manière orale** ses volontés au notaire (Cass. 1e civ. 18-5-2011 no 09-15.231 F-D : Sol. Not. 2/11 inf. 37).

Pour mieux comprendre les intentions du disposant, le notaire est en droit de lui poser des questions, dès lors qu'une telle intervention n'est pas susceptible d'être perçue comme une pression sur la volonté de son client.

15525 La nécessité d'une dictée n'interdit pas au testateur de **s'aider de notes** écrites **ou même d'un projet de testament** établi à l'avance par lui-même ou par un tiers (Cass. 1e civ. 6-6-1990 no 88-19.440 : Bull. civ. I no 149). Jugé qu'est valable le testament authentique dicté par la testatrice à l'aide du brouillon rédigé par le notaire en sa présence (Cass. 1e civ. 22-5-1973 no 72-11.236 : Bull. civ. I no 175).

Cependant, le testament ne doit pas avoir été pré-rédigé par le notaire. Ainsi, a été annulé pour violation de la condition de dictée un **testament dactylographié** et donc rédigé à l'avance d'après les intentions de la testatrice, alors même que cette dernière avait elle-même demandé au notaire de préparer l'acte et qu'elle avait réitéré ses volontés devant les témoins avant la lecture du testament (Cass. 1e civ. 26-9-2007 no 05-19.909 FS-PB : Bull. civ. I no 310, JCP N 2007 no 1304 note critique R. Mortier). A été également annulé le testament dont le notaire avait lu, le jour de son établissement, chaque phrase du projet qu'il avait préparé, la testatrice acquiesçant et expliquant ses motivations ; le notaire avait ensuite présenté l'acte à la testatrice pour qu'elle le lise à haute voix puis le signe, le tout en présence de deux témoins (Cass. 1e civ. 29-6-2011 no 10-17.168 FS-PBI : Bull. civ. I no 139, BPAT 5/11 inf. 301).

La **dictée** ne doit en effet **pas** être **confondue avec la lecture** : le testament doit être rédigé par le notaire sous la dictée du testateur (C. civ. art. 972). Par là même, le législateur a voulu s'assurer que le testateur exprime bien sa propre volonté. Et quand bien même il ressort des faits que le contenu du testament reflète la volonté apparente du testateur, le testament préparé par le notaire et lu par celui-ci au testateur est nul pour n'avoir pas été rédigé par le notaire sous la dictée du testateur. Aucun décalage temporel n'est permis : c'est juste avant la signature du testament que le testateur doit exprimer ses volontés en les dictant au notaire, parce que ce sont précisément ses dernières volontés que ce dernier doit transcrire (pour une appréciation critique de cette jurisprudence, M. Iwanesko, La mort annoncée du testament authentique ? BPAT 3/08 inf. 87 ; pour une opinion au contraire favorable, G. Rivière, La dictée du testament authentique : au commencement était le verbe ou… vive le testament authentique : Defrénois 2013 art. 1118).

15530 Bien que l'article 972 du Code civil ne le prévoie pas expressément, la Cour de cassation exige la présence des **témoins** tout au long des opérations d'élaboration du testament. Ainsi, le testament est nul si les témoins assistent à sa lecture par le notaire, mais pas à sa dictée par le testateur (Cass. 1e civ. 18-12-1973 no 72-13.590 : Bull. civ. I no 356).

En revanche, il n'est pas nécessaire que les témoins aient été attentifs ; il suffit qu'ils aient été en mesure d'entendre la dictée du testament au notaire (Cass. 1e civ. 19-12-1978 no 77-15.542 : Bull. civ. I no 397).

Écriture du testament authentique Le notaire (ou l'un des notaires si le testament est reçu par deux notaires) écrit ou fait écrire par un tiers (en pratique, un de ses salariés) les volontés du disposant, au fur et à mesure de leur dictée ; l'écriture peut être manuscrite ou mécanique (C. civ. art. 972, al. 1 et 2). Le notaire n'a pas à reproduire littéralement les mots du testateur. Il faut seulement que la « rédaction du testament corresponde exactement à la volonté exprimée oralement par le testateur » (Cass. 1e civ. 28-6-1961 : Bull. civ. I no 353). Le notaire peut donc transcrire en **termes juridiques inconnus du testateur** les mots utilisés par ce dernier sans que cette traduction n'invalide le testament (Cass. 1e civ. 8-7-2010 no 09-15.291 F-D). Il doit même les transposer en termes juridiques afin d'en favoriser la compréhension, à condition d'en conserver le sens et la substance (Cass. 1e civ. 19-3-1991 no 89-19.960 : Bull. civ. I no 96). 15535

Lecture du testament authentique Une fois le testament rédigé, le notaire doit en donner lecture au testateur (C. civ. art. 972, al. 3), qui peut ainsi vérifier que ses volontés ont été fidèlement transcrites. C'est au notaire qu'il revient en principe de lire l'acte en présence des témoins (Cass. 1e civ. 5-2-2002 no 00-15.740 : Bull. civ. I no 45). 15540

Adaptations pour certaines catégories de personnes Lorsque le **testateur ne peut pas s'exprimer en langue française,** la dictée et la lecture peuvent être faites par un interprète assermenté que le testateur choisit sur une liste nationale des experts judiciaires dressée par la Cour de cassation ou sur la liste des experts judiciaires dressée par chaque cour d'appel. Le notaire n'est pas tenu de recourir à un interprète lorsque lui-même ou, selon le cas, les témoins ou le second notaire comprennent la langue du testateur (C. civ. art. 972, al. 4). 15545

Lorsque le **testateur, muet,** peut écrire en langue française, la formalité de la dictée est remplacée par la rédaction de notes par le testateur devant le notaire. Ainsi, ce dernier écrit lui-même le testament ou le fait écrire à la main ou mécaniquement d'après ces notes, puis en donne lecture au testateur. Si le **testateur** est **sourd,** il prend connaissance du testament en le lisant lui-même, après la lecture du notaire (C. civ. art. 972, al. 5). Autrement dit, ces dispositions concernent le testateur muet sachant écrire, le testateur sourd sachant lire ou le **testateur sourd-muet** sachant lire et écrire (M. Grimaldi et C. Vernières, Les modifications du droit des successions par la loi du 16 février 2015 : Defrénois 2015 p. 250 no 5).

Enfin, si le **testateur, sourd ou muet, ne peut pas lire ou écrire,** les règles applicables au testateur ne parlant pas français sont transposables. Un interprète assermenté en langue des signes assurera la dictée ou la lecture du testament (C. civ. art. 972, al. 6). Compte tenu de la situation de handicap particulièrement lourd ici visée, il est conseillé au notaire de « vérifier, certificat médical en mains, que le testateur est en possession des facultés intellectuelles nécessaires à l'expression de volontés libres et éclairées » (M. Grimaldi et C. Vernières, précité).

> **Précisions** Avant le **18 février 2015,** date d'entrée en vigueur de la loi 2015-177 du 16 février 2015 ayant adapté les règles d'établissement du testament authentique dans les cas évoqués ci-dessus, la condition de dictée fermait la voie du testament authentique aux personnes dans l'incapacité de parler (Cass. 1e civ. 4-6-2007 no 05-21.189 : Bull. civ. I no 227, BPAT 4/07 inf. 113, annulant le testament « dicté » par une personne qui ne pouvait s'exprimer que par quelques mots et des mimiques à la suite d'un accident vasculaire cérébral). Dès lors, seules les formes olographe et mystique du testament étaient ouvertes aux sourds-muets. Elle excluait également les personnes qui ne pouvaient s'exprimer que dans une langue étrangère, si le notaire et les témoins ne comprenaient pas cette langue. Le recours à un interprète était en effet interdit, sous peine de nullité du testament (Cass. 1e civ. 18-12-1956 : Bull. civ. I no 469 ; CA Paris 29-5-2001 no 98/4632 : Defrénois 2002 art. 37475 note M. Revillard ; voir également Cass. 1e civ. 12-6-2018 no 17-14.461 F-D, refusant d'appliquer les dispositions issues de la loi de 2015 à un testament reçu avant son entrée en vigueur). Quant aux personnes sourdes, seules celles capables de lire le testament à haute voix devant le notaire et les témoins pouvaient tester en la forme authentique, la condition de lecture du testament par le notaire étant alors considérée comme remplie (Cass. civ. 14-2-1872 : DP 1872 I p. 457).

Mention des formalités dans le testament Pour que le testament soit valable, le notaire doit expressément mentionner dans l'acte que les formalités de dictée par le testateur, d'écriture par le notaire et de lecture au testateur ont bien été respectées (C. civ. art. 972, dernier al.). Même chose pour les formalités spécifiques exposées no 15545 lorsque le testateur relève de l'une des catégories de personnes concernées. 15550

Ces mentions n'exigent pas l'emploi de **formules sacramentelles.** Ainsi, la formule finale « Il est fait du tout mention » n'est-elle pas nécessaire (CA Douai 28-1-2002 nº 99/4169).

S'agissant du respect de la formalité de lecture du testament au testateur, il n'est pas nécessaire que la mention précise que la lecture a été donnée par le notaire lui-même (Cass. 1e civ. 5-2-2002 nº 00-15.740 F-P : Bull. civ. I nº 45).

15555 **Signature du testament** Après lecture, le testament est signé d'abord par le testateur, puis par les témoins et enfin par le notaire ou les deux notaires (C. civ. art. 973 et 974). Si le **testateur ne peut pas signer,** pour quelque motif que ce soit, il doit en faire la **déclaration.** Le notaire doit mentionner expressément dans le testament la déclaration d'empêchement du testateur et indiquer la cause de l'empêchement (C. civ. art. 973).

15560 La **déclaration d'empêchement doit émaner** du testateur lui-même. C'est pourquoi le notaire ne peut pas se contenter d'indiquer que « le testateur n'a pu signer en raison de sa faiblesse » (Cass. 1e civ. 4-6-2007 nº 06-12.765 F-PB : Bull. civ. I nº 228, D. 2007 act. p. 1791 note A. Lienhard, BPAT 4/07 inf. 113). Au contraire, est valable le testament authentique qui comporte la déclaration suivante : « La testatrice requise de signer par le notaire a déclaré savoir le faire mais ne le pouvoir actuellement en raison de son état de faiblesse » (Cass. 1e civ. 28-2-2006 nº 03-19.075 F-PB : Bull. civ. I nº 131).

Le notaire n'a pas à rechercher si l'impossibilité de signer du testateur masque en réalité un refus de signer (même arrêt). Seule la sincérité de cette déclaration pourrait être, le cas échéant, contestée, ce défaut de sincérité pouvant alors être interprété comme un refus de signer et, par suite, de donner son approbation à l'acte (Cass. 1e civ. 23-5-1995 nº 93-14.911 : Bull. civ. I nº 215).

15565 La **cause de l'empêchement** de signer du testateur peut être une maladie, l'état de faiblesse, l'analphabétisme, etc. Elle n'a pas besoin d'être détaillée. Il suffit, pour se conformer à la double exigence de l'article 973 du Code civil, qu'après avoir fait mention de la déclaration du testateur sur l'impossibilité de signer son testament, le notaire rédacteur indique la cause apparente empêchant le disposant de signer. Ainsi, par exemple, la mention que le testateur se déclare dans l'impossibilité de signer « en raison de sa maladie » suffit. La déclaration d'empêchement n'a pas à préciser la nature de la maladie (Cass. 1e civ. 12-9-2012 nº 11-18.542 F-D).

15570 **Règles de rédaction communes aux actes notariés** Ces règles résultent de la loi du 25 ventôse an XI contenant organisation du notariat et du décret 71-941 du 26 novembre 1971 relatif aux actes établis par les notaires.

Il résulte de ces textes un certain nombre d'**énonciations obligatoires** telles que le nom et le lieu d'établissement du notaire (ou des notaires), les nom et domicile des témoins et des parties (en l'occurrence le testateur) et éventuellement des autres signataires, le lieu où l'acte est passé et la date à laquelle chaque signature est apposée (Décret 71-941 du 26-11-1971 art. 6). S'agissant du testament authentique, est admise la formulation relative aux lieu et date du testament renvoyant au lieu de résidence du notaire instrumentaire et à la date indiquée en tête de l'acte (« aux lieu et date indiqués en tête des présentes ») car la localisation de l'acte est certaine (Cass. 1e civ. 1-2-2012 nº 10-31.129 F-PBI : Bull. civ. I nº 24, Sol. Not. 4/12 inf. 94).

La date se compose du jour, du mois et de l'année ; l'heure n'est mentionnée dans les actes notariés que lorsqu'un intérêt particulier s'y attache. La date à laquelle le testament est signé par le notaire est énoncée en lettres (Décret 71-941 du 26-11-1971 art. 8) et constitue la date définitive de l'acte, que le notaire porte à son répertoire. En pratique, le testateur, les témoins et le ou les notaires signent l'acte immédiatement et dans cet ordre, de sorte que le testament ne comporte qu'une seule date.

Concernant la signature du testateur, des témoins et du ou des notaires, il en est fait mention en fin d'acte (Décret 71-941 du 26-11-1971 art. 10).

Faute de précision contraire, le testament authentique est nécessairement reçu **en minute** (Décret 71-941 du 26-11-1971 art. 26), c'est-à-dire que le seul original du testament est conservé par le notaire et porté immédiatement à son répertoire.

15572 La question se pose de savoir si le testament authentique reçu par deux notaires peut être établi et conservé sous **forme électronique** (C. civ. art. 1369 ; Décret 71-941 du 26-11-1971 art. 16 à 20), sous réserve que le notaire utilise un système de traitement et de transmission agréé par le Conseil supérieur du notariat. La question fait débat et n'est pas tranchée.

Depuis la loi 2004-575 du 21 juin 2004, les actes authentiques requis pour la validité même de l'acte juridique pouvant être dressés sur un support électronique (C. civ. art. 1174), le testament authentique peut être réalisé sur un tel support avec une signature elle aussi électronique. C'est même la seule forme testamentaire qui peut ainsi être réalisée, les autres types de testaments nécessitant un support matériel. Toutefois, il ne semble pas que la pratique des testaments notariés électroniques ait encore vu le jour en raison de difficultés tenant à la signature électronique. Le principal obstacle, d'ordre technologique, tient au fait qu'un acte électronique ne peut pas être reçu par deux notaires utilisant chacun leur **signature Real.** En effet, actuellement, deux notaires ne peuvent pas apposer leurs signatures respectives sur un même document car la clé informatique, dite « clé Real » (clé cryptée attestant de l'identité et de la signature du notaire), ne le permet pas. Seul un des deux notaires pourrait ainsi signer l'acte au moyen de sa « clé Real ». Or, seule la signature du notaire utilisant sa clé est certifiée. La signature sur une tablette ou un écran tactile n'étant pas aussi sécurisée, l'autre notaire ne pourrait pas signer l'acte électroniquement car les deux notaires doivent être sur un pied d'égalité (en faveur toutefois de cette solution : rapport du 116e congrès des notaires de France n° 2506).

Reste la possibilité pour le notaire requis de recevoir un testament, de recourir à deux **témoins,** à la condition toutefois que ceux-ci disposent d'une **signature sécurisée,** présumée fiable au sens de l'article 1367 du Code civil et du décret 2001-272 du 30 mars 2001, ou d'une signature qualifiée au sens du règlement européen eIDAS du 23 juillet 2014, c'est-à-dire d'une signature certifiée. Des services en ligne proposent de tels procédés de signature électronique.

S'agissant de la **signature du testateur,** on rappellera qu'elle est purement secondaire dans un testament authentique, et qu'il n'est donc pas nécessaire qu'elle soit apposée au moyen d'un procédé électronique fiable au sens de l'article 1367 du Code civil.

> **Précisions** Le testament authentique **reçu dans une brasserie** est valable (CA Paris 22-1-2019 n° 17/07881 : BPAT 3/19 inf. 107). S'il est interdit au notaire de recevoir « à titre habituel » ses actes en dehors de l'étude (Décret 71-942 du 26-11-1971 art. 10), la cour d'appel de Paris a jugé que le fait qu'il ait accepté de recueillir le testament dans une brasserie est susceptible d'être accepté à titre exceptionnel par l'article 12.1 du règlement national de la profession.

2. FORCE PROBANTE DU TESTAMENT AUTHENTIQUE

Comme tous les actes notariés, le testament authentique fait foi jusqu'à inscription de faux **15600**
pour toutes les **mentions que le notaire a pu vérifier par lui-même.** Par exemple, la contestation de la mention du testament selon laquelle le défunt a dicté ses dernières volontés au notaire n'est possible que par recours à la procédure d'inscription de faux (Cass. 1e civ. 18-12-2013 n° 12-12.210 F-D). Il en est de même de la contestation de l'identité du testateur ou de la date du testament.

Ne valent que jusqu'à preuve contraire, en revanche, les **affirmations dont le notaire n'a pu apprécier personnellement l'exactitude.** Tel est le cas, notamment, de la mention selon laquelle le testateur est sain d'esprit, qu'il est possible de contester sans recourir à l'inscription de faux en rapportant par tous moyens la preuve contraire (CA Aix-en-Provence 9-5-2012 n° 11/07904, prononçant la nullité du testament authentique pour insanité d'esprit). En effet, le notaire ne fait sur ce point que relater les énonciations du testateur (Cass. 1e civ. 25-5-1987 n° 85-18.684 : Bull. civ. I n° 171, Defrénois 1988 art. 34167 note A. Breton).

On rappellera que l'appréciation du caractère sain d'esprit du disposant est une question de fait qui relève de l'appréciation souveraine des juges du fond (en ce sens, notamment, Cass. 1e civ. 18-12-2013 n° 12-26.366 F-D).

3. CONSERVATION DU TESTAMENT AUTHENTIQUE

Le testament authentique est établi en **minute** et conservé par le notaire pendant 75 ans ; **15630**
au-delà, il est conservé par le service des archives (C. patr. art. L 213-2, I-4°). L'ancien délai de conservation, de 100 ans, est maintenu pour les actes se rapportant à une personne mineure (C. patr. art. L 213-2, I-5°). Le testateur peut s'en faire délivrer une copie authentique. Si le testateur veut révoquer son testament, il ne peut pas se le faire restituer pour le détruire.

Le testament est inscrit au **fichier central des dispositions de dernières volontés** (nos 15315 s.)

4. FORMALITÉS APRÈS DÉCÈS

15660 Le testament authentique n'est pas soumis à la formalité de **dépôt,** puisqu'il est déjà au rang des minutes d'un notaire. Les testaments reçus par les notaires doivent être **enregistrés** au droit fixe de 125 € dans les trois mois du décès du testateur (CGI art. 636, al. 1).

Sur le délai d'enregistrement spécifique du testament-partage : voir n° 65685.

Sur la **publicité foncière** : voir n° 15420.

D. Règles de forme spécifiques au testament mystique

DÉFINITION ET CARACTÉRISTIQUES DU TESTAMENT MYSTIQUE

15710 Le testament mystique, c'est-à-dire secret, est une forme **hybride** qui combine certains caractères des testaments olographe (en ce qu'il est un écrit privé) et authentique (dans la mesure où il exige pour son efficacité la rédaction d'un acte authentique de suscription en présence de deux témoins).

15712 **Testament mystique peu pratiqué** Le testament mystique est en pratique très peu usité en raison de la **complexité** des règles imposées pour sa validité et du caractère désuet des formalités qui y sont attachées. Les conditions de clôture, de cachet et de scellement paraissent aujourd'hui surannées, en particulier depuis l'assouplissement des règles solennelles du testament notarié par la loi 2015-177 du 16 février 2015 et l'introduction dans notre droit du testament international (n° 15780). Ce dernier apparaît comme une forme moderne et simplifiée du testament mystique (selon les termes de M. Nicod : Le formalisme des libéralités, thèse, La Mouette, 2000/1, n° 131) et est ainsi susceptible de le remplacer avantageusement.

L'**appellation** du testament mystique, qui renvoie aux choses cachées, plus largement aux mythes, à la spiritualité, et donc à l'irrationnel, n'est certainement pas étrangère non plus à son délaissement (voir sur ce point, P. Malaurie, La mythologie et le droit : Defrénois 15-8-2003 p. 951 § 3 : « Le droit a horreur des mythes et de ce qu'ils remuent : l'irrationnel, la tyrannie du mystère et le chaos »).

La rareté du testament mystique pourrait également s'expliquer par l'**inefficacité de son formalisme** à le mettre à l'abri du risque de fraude. Ainsi, lorsque le testateur confie à un tiers la rédaction de l'acte privé contenant ses dernières volontés, les solennités entourant, dans un second temps, l'intervention du notaire (C. civ. art. 976, al. 2 et 3) n'éviteraient pas le risque de substitution de testament par le tiers avant la clôture et le scellement ; ce sera particulièrement le cas si le testateur ne sait pas ou ne peut pas signer.

15714 **Avantages du testament mystique** Le testament mystique présente néanmoins un certain nombre d'avantages :

– sa **discrétion.** Comme le testament olographe et contrairement au testament authentique, il est secret. Il convient donc aux personnes qui ne souhaitent pas confier le secret de leurs dispositions de dernières volontés. Il est même plus secret que le testament olographe en raison des solennités de fermeture requises (cachet et scellement), lesquelles protègent le testateur contre le risque de découverte prématurée de ses dernières volontés ;

– sa libre **rédaction.** Les exigences formelles du testament olographe relativement à l'écriture et à la datation sont écartées. Contrairement au testament olographe, le testament mystique peut être rédigé par un tiers et dactylographié ;

– ses garanties d'**authenticité** (partielle). Comme le testament authentique, le testament mystique bénéficie de l'authenticité s'agissant de l'acte de suscription, qui vise à identifier avec certitude le pli contenant les dernières volontés du testateur, son origine et sa nature ;

– sa **pérennité.** Contrairement au testament olographe, le testament mystique n'est pas sujet au risque de falsification (modification de la date, notamment) et est moins soumis au risque de nullité pour non-respect des conditions relatives aux témoins que le testament authentique (les incapacités à être témoin de l'article 975 du Code civil, frappant notamment les légataires et leurs parents ou alliés jusqu'au 4e degré, ne s'appliquent pas à l'acte de suscription du testament mystique) ;

– il est **utile** en présence d'un testateur partiellement illettré – il doit au moins savoir lire (C. civ. art. 978) – ou atteint de paralysie ou de mutisme, situations dans lesquelles les formes classiques de testament ne peuvent pas être retenues. Mais le testament international (nº 15780) pourrait le remplacer avantageusement dans ces situations, du fait de sa simplicité.

Le **coût** du testament mystique est identique à celui du testament authentique : honoraire forfaitaire de 113,19 € hors taxe (C. com. art. A 444-60), auquel s'ajoutent des émoluments de formalités.

CONDITIONS DE FORME DU TESTAMENT MYSTIQUE

Élaboration du testament mystique La confection du testament mystique se déroule en deux étapes. 15715

Dans un **premier temps,** le testateur rédige lui-même son **testament** ou le fait écrire ou dactylographier par un tiers et le signe (C. civ. art. 976, al. 2). Le tiers peut être n'importe quelle personne, même le notaire qui dressera ensuite l'acte de suscription, ou un des témoins de l'acte de suscription, ou bien encore un légataire. S'il ne sait pas ou ne peut pas signer, le testateur doit le déclarer au notaire qui le mentionnera dans l'acte de suscription qui sera établi dans un second temps (C. civ. art. 977). Il n'y a aucune exigence de date pour le testament lui-même. Le testament mystique ne prend date que du jour où est dressé l'acte notarié de suscription attestant l'origine et la sincérité des dispositions finales.

Dans un **second temps,** le testateur **présente son testament** clos, cacheté et scellé à un notaire en présence de deux témoins. Il peut aussi le faire clore, cacheter et sceller par le notaire en présence des témoins. Le testateur déclare que le document qu'il présente au notaire et aux témoins contient son testament signé de lui, écrit par lui ou par toute autre personne, en affirmant dans ce dernier cas qu'il en a personnellement vérifié la teneur. Il doit indiquer le mode d'écriture employé : manuelle ou mécanique (C. civ. art. 976, al. 2).

Le notaire dresse alors en brevet un **acte** dit « **de suscription** », soit sur la feuille exprimant les dernières volontés du testateur, soit sur l'enveloppe qui la contient. Il doit y énoncer diverses mentions, telles que la date et le lieu de la présentation, la description du pli, les déclarations du testateur. Cet acte est ensuite signé par le testateur, les témoins et le notaire. Si le testateur est dans l'impossibilité de signer, le notaire fait mention dans l'acte de sa déclaration et du motif qu'il en a donné (C. civ. art. 976). Les témoins doivent remplir les conditions prévues à l'article 980 du Code civil (exposées nº 15515), mais les exclusions visées à l'article 975 du même Code (ne pas être légataires ni parents ou alliés jusqu'au 4e degré inclusivement avec le testateur) ne s'appliquent pas ici, car les dispositions testamentaires ne sont pas portées à la connaissance des témoins.

Personnes ne pouvant pas recourir au testament mystique Il résulte des exigences de forme requises que certaines personnes ne peuvent pas, en raison de leur état, avoir recours au testament mystique, tel le testateur totalement **illettré,** qui ne sait ni lire ni écrire. S'agissant du testateur atteint de **cécité,** certains auteurs estiment qu'il peut utiliser le testament mystique s'il connaît l'écriture en braille et que le testament est écrit dans ce langage, car il est alors en mesure de vérifier par lui-même les dispositions présentées au notaire comme constituant son testament. En revanche, est nul le testament mystique remis au notaire par une personne malvoyante et donc incapable de lire elle-même le document dactylographié présenté comme son testament (Cass. 1e civ. 12-10-2022 nº 21-11.408 FS-B : BPAT 6/22 inf. 286 note A. Chamoulaud-Trapiers, RTD civ. 2022 p. 949 obs. M. Grimaldi, Dr. famille 2022 comm. 177 par M. Nicod). 15718

Le testateur atteint de **mutité** peut tester en la forme mystique dès lors qu'il sait écrire. Il doit substituer à la déclaration orale une déclaration écrite en tête de l'acte de suscription par laquelle il indique que le document qu'il présente est son testament (C. civ. art. 979, al. 1). Cette déclaration doit être rédigée.

Sanction des conditions de forme En cas de non-respect des conditions de forme, le testament est nul en tant que testament mystique (C. civ. art. 1001). Mais il peut, en application de la méthode de **conversion par réduction,** valoir comme testament olographe si les conditions de validité de la forme olographe sont réunies (C. civ. art. 979, al. 2). 15719

FORCE PROBANTE DU TESTAMENT MYSTIQUE

La force probante du testament mystique est celle qui correspond à chacune des exigences formelles. 15720

Les **dispositions de dernières volontés,** qui sont rédigées par le testateur ou par un tiers ont la force probante d'un acte sous signature privée, donc d'un testament olographe.

La sincérité de l'écriture (lorsqu'elle émane du testateur lui-même) et de la signature y figurant peut être contestée par les moyens du droit commun. Toutefois, la charge de la preuve pèse sur l'héritier qui conteste le testament, car la déclaration faite au notaire par le testateur et authentifiée dans l'acte de suscription confère à l'acte une présomption de sincérité. Celle-ci sera contestée selon la procédure de la vérification d'écriture.

L'**acte de suscription,** qui est établi par le notaire, possède la force probante d'un acte authentique (comme le testament authentique) : il fait foi jusqu'à inscription de faux.

CONSERVATION DU TESTAMENT MYSTIQUE

15725 Le notaire n'est pas tenu de conserver le testament, à moins que le testateur ne lui en fasse dépôt (aux fins notamment d'inscription au fichier central des dispositions de dernières volontés). Les règles applicables sont celles indiquées nos 15305 s. à propos du testament olographe.

FORMALITÉS APRÈS DÉCÈS

15730 Le testament mystique est soumis aux mêmes formalités de dépôt et d'enregistrement que le testament olographe (nos 15390 s.).

Sur la publicité foncière : voir no 15420.

ADAPTATION DU TESTAMENT MYSTIQUE AU NUMÉRIQUE

15740 **Importance des clés de déchiffrement** Une réflexion a été menée par le notariat sur les difficultés liées au **legs d'actifs numériques** (notamment de crypto-monnaies), spécialement au regard de la problématique de la transmission des clés de déchiffrement, qui sont une composante intrinsèque de l'actif numérique légué (117e Congrès des notaires de France : Le numérique, l'Homme et le Droit. Accompagner et sécuriser la révolution digitale, Nice 2021, nos 2856 s.). En effet, la particularité des actifs numériques tient au fait qu'ils ne sont pas détenus via un intermédiaire, telle une banque, qui pourrait les remettre physiquement au légataire désigné. Il ne suffit pas de léguer les actifs numériques eux-mêmes. Il est fondamental de laisser au légataire des instructions liées aux clés de déchiffrement associées à la détention des actifs lui permettant d'avoir accès aux unités numériques après le décès. Or, faire figurer sur le testament à la fois la clé publique et la clé privée est de nature à faire courir un risque élevé de détournement ou de vol. Aussi, les modalités permettant d'assurer la confidentialité du legs sont à privilégier (R. Vabres, La donation de crypto-monnaies : JCP N 2019 no 1313). En la matière, la discrétion qui entoure la confection du testament mystique en fait un instrument privilégié par rapport aux autres formes testamentaires. En outre, parce que la rédaction du testament mystique est libre, le support papier des actifs numériques, sur lequel sont inscrites les clés de déchiffrement, voire les codes d'accès à la plateforme de gestion, peut servir de base pour la rédaction des dispositions du testateur. Le risque d'erreur en recopiant les différentes clés est donc écarté et le testateur n'a plus qu'à mentionner sur ce support papier l'identité du légataire des actifs (117e Congrès des notaires de France : Le numérique, l'Homme et le Droit. Accompagner et sécuriser la révolution digitale, Nice 2021, no 2861 ; voir aussi, sur cette question, N. Laurent-Bonne et C. Pommier, Le formalisme des testaments à l'épreuve de la révolution numérique : SNH 12/23 inf. 2 § 25 ; O. Boudeville et C. Vernières, La transmission des crypto-actifs : SNH 12/23 inf. 4 § 16).

15750 **Établissement de l'acte de suscription par voie électronique** Il semblerait que le procédé soit de nature à être validé par analogie avec les solutions admises pour le testament authentique établi en présence de deux témoins : le seul obstacle à son utilisation pour le testament authentique est l'hypothèse de la présence de deux notaires pour des raisons techniques (sur cette question, M. Grimaldi, Le testament et le cybernotaire : Études en l'honneur du Pr J. Huet, LGDJ, Lextenso, 2017, p. 211 à 218).

Restent les **difficultés** liées aux exigences d'un testament clos, cacheté et scellé lors de sa présentation au notaire et aux témoins ou cacheté et scellé par le notaire lui-même. Cela pourrait être l'élément déclencheur d'une rénovation a minima du formalisme entourant le testament mystique.

E. Règles de forme spécifiques au testament international

CONTEXTE INTERNE OU INTERNATIONAL

Le testament international répond au besoin, né de la mobilité croissante des personnes et des biens, de création d'une forme testamentaire reconnue par le **droit interne de tous les pays.** Il a été institué par la convention de Washington du 26 octobre 1973 et introduit en France le 1er décembre 1994 (Décret 94-990 du 8-11-1994 : JO 16 p. 16219). 15780

Sa dénomination est trompeuse car il peut très bien être utilisé en l'absence de tout élément d'extranéité du testateur. Ainsi, un Français domicilié en France qui voudrait rédiger son testament sur le territoire français peut tout à fait recourir au testament international.

Un **testament authentique nul** pour vice de forme peut valoir en qualité de testament international (voir no 15475).

Pour l'étude d'ensemble du testament international, voir nos 69915 s.

F. Règles de forme spécifiques aux testaments privilégiés

FORME AUTHENTIQUE SIMPLIFIÉE DES TESTAMENTS PRIVILÉGIÉS

Il existe également des testaments dits « privilégiés », pour lesquels le recours à une forme authentique simplifiée est autorisé par la loi en raison de certaines **circonstances exceptionnelles.** 15830

Il en existe **trois sortes** : le testament fait par un militaire en temps de guerre (C. civ. art. 981 à 984), le testament fait dans un lieu où toute communication est impossible à cause d'une maladie contagieuse ou de l'insularité (C. civ. art. 985 à 987) et le testament fait à l'occasion d'un voyage maritime (C. civ. art. 988 à 995), certaines dispositions leur étant communes (C. civ. art. 996 à 998).

Ces différentes catégories de disposants sont autorisées à formuler leurs dernières volontés devant une autorité supérieure (officier, médecin chef, juge du tribunal judiciaire, officier municipal, capitaine de navire, etc.), en présence de deux témoins. De tels testaments dérogatoires, établis en principe en double original, sont considérés comme des actes authentiques faisant foi jusqu'à inscription de faux. Ils ont une durée de validité limitée à six mois après la fin des circonstances ayant justifié leur recours. Ils sont en pratique très peu usités : il est en effet plus simple de recourir à la forme olographe, si les conditions prescrites sont réunies.

SECTION 3 COMMUNICATION DU TESTAMENT PAR LE NOTAIRE

COMMUNICATION DU TESTAMENT AVANT LE DÉCÈS DU TESTATEUR

Aussi longtemps qu'il est vivant, seul le testateur peut obtenir la copie ou la restitution du **testament olographe** qu'il a confié en dépôt au notaire, le cas échéant afin de le modifier ou le supprimer. 15930

Le notaire est en effet tenu au secret professionnel absolu (Règl. CSN national art. 3.4). Au-delà du contenu même du testament, il ne saurait faire savoir à d'autres personnes que le testateur s'il existe ou non un testament. À défaut, il engage sa responsabilité civile professionnelle et encourt des sanctions pénales et disciplinaires.

La même solution s'impose pour le **testament authentique** reçu au rang des minutes. Et ce d'autant qu'il est fait en outre interdiction au notaire, sans l'ordonnance du président du tribunal judiciaire, de délivrer expédition ou donner connaissance des actes à d'autres qu'aux personnes intéressées en nom direct, héritiers ou ayants droit (Loi du 25 Ventôse an XI art. 23). Or, de son vivant, il va de soi que seul le testateur a la qualité de « personne intéressée » (F. Ferran : Le notaire et le règlement de la succession, Litec 2003, n° 278).

COMMUNICATION DU TESTAMENT AU DÉCÈS DU TESTATEUR

15935 Après le décès du testateur, le notaire est dans l'obligation de délivrer expédition et donner connaissance des actes aux **personnes intéressées** en nom direct, héritiers ou ayants droit (Loi du 25 Ventôse an XI art. 23). La règle s'applique aussi bien au testament authentique qu'à l'acte de dépôt du testament olographe ou mystique, auquel le notaire procède dès que le testament lui est remis ou, a fortiori, lorsqu'il en est déjà dépositaire (C. civ. art. 1007).

En cas de refus de l'officier public, les personnes concernées sont en droit de saisir le président du tribunal judiciaire afin qu'il soit fait droit à leur demande (CPC art. 1435 et 1436). Et ce, à peine des sanctions prévues par le texte, nonobstant les éventuelles sanctions disciplinaires encourues.

Le notaire pourra informer les parties de la teneur du testament par tous **moyens de communication** : simple lecture, présentation verbale des dispositions, photocopie, voire, compte tenu des moyens modernes actuels, photographie ou transmission par voie électronique.

S'agissant du **moment de la communication,** le notaire ne saurait délivrer de copie ou d'expédition qu'après avoir enregistré le testament authentique ou l'acte de dépôt du testament olographe ou mystique, lorsque ces formalités présentent un caractère obligatoire (CGI art. 862). Sur la dispense d'enregistrement des testaments en vigueur à compter du 1er janvier 2020, voir nos 15415 s.

Sur la communication d'un testament fait au profit d'une commune, voir n° 788.

15940 **Héritiers concernés par la communication du testament** C'est la notion de **saisine héréditaire** qui fonde traditionnellement les solutions retenues (R. Crône, Pour une approche renouvelée de la communication du testament par le notaire : BPAT 6/16 inf. 213 ; C. Brenner et F. Collard, La communication du testament par le notaire : JCP N 2012 n° 1330). Une réponse ministérielle est ainsi venue préciser que, « dès lors que des héritiers appelés à une succession ont fait valoir leur qualité, ils peuvent avoir communication de l'état du patrimoine laissé par le défunt et des dispositions successorales prises par celui-ci. Il en est toujours ainsi pour les héritiers réservataires. En revanche, s'agissant des héritiers non réservataires, ce principe ne s'applique que dans l'hypothèse où le défunt n'a pas institué de légataire universel. En ce cas en effet, les membres de la famille sont écartés de la succession et n'ont pas accès aux dispositions successorales qui les évincent, le légataire universel ayant seul le pouvoir d'appréhender les biens successoraux » (Rép. Dolez : AN 30-12-2002 n° 5072). Cette position est reprise dans une consultation du Cridon de Paris qui conclut, dans l'hypothèse où il n'y a pas d'héritier réservataire : « Lorsque le testateur a institué un légataire universel, le notaire ne saurait, sans enfreindre son obligation au secret professionnel, délivrer une copie du testament aux héritiers non réservataires sans une autorisation du tribunal » (Cridon Paris consultation n° 764290 du 1-2-2011).

Dans ces conditions, **peuvent obtenir communication** du testament :
– tout héritier réservataire ;
– en l'absence d'héritier réservataire, les héritiers légaux non privés de la saisine (collatéraux et ascendants en présence d'un testament instituant un légataire à titre universel ou des légataires à titre particulier) ;
– le légataire universel ou à titre universel ;
– le légataire particulier, mais seulement pour la partie du testament qui le concerne.

La **communication** doit être en revanche **refusée** :
– aux héritiers non réservataires lorsqu'ils sont évincés par un testament instituant un légataire universel auquel la loi attribue le bénéfice exclusif de la saisine ;
– en l'absence d'une renonciation avérée et formalisée de l'héritier de premier rang, à l'héritier appelé par la loi à son défaut.

> **Précisions** Des auteurs critiquent à juste titre le **fondement traditionnel** de la saisine pour justifier la communication du testament, estimant que la saisine héréditaire est étrangère à question de la communication du testament. Selon eux, la communication du testament « est

duc à tous ceux qui ont un droit, ne serait-ce qu'éventuel, à la succession, parce qu'elle est la condition même de la conservation de ce droit ». Ils ont ainsi suggéré d'inscrire cette problématique dans la perspective éventuelle d'un conflit de droits sur la succession (C. Brenner et F. Collard, La communication du testament par le notaire : JCP N 2012 nº 1330). La communication du testament devrait permettre à celui dont les droits sont écartés de prendre connaissance des dispositions qui y sont contenues et d'étudier les moyens éventuels à faire valoir pour, le cas échéant, en obtenir l'annulation. Ainsi envisagé, le droit exercé s'inscrirait dans le cadre plus large des actes conservatoires en matière de succession, comme le sont l'inventaire, l'opposition à partage ou l'apposition des scellés. En pratique, ce **changement de fondement** permettrait enfin à l'héritier non réservataire évincé par un légataire universel d'obtenir communication du testament sans passer par la voie judiciaire.

Initiative de la communication du testament Le **notaire** doit, **de sa propre initiative,** communiquer le testament aux héritiers réservataires ou, en l'absence de réservataire, aux héritiers légaux qui ne sont pas exhérédés. Même chose pour les légataires désignés, sous la réserve formulée concernant le légataire particulier (nº 15940). **15945**

Pour les héritiers non réservataires évincés, il n'y a en revanche aucune obligation de porter à leur connaissance les dispositions du testament. Le notaire répondra toutefois aux demandes qui lui seront faites ponctuellement et cas par cas, en fonction des intérêts des uns et des autres.

CONSEIL

Il apparaît de bonne pratique que le **notaire, saisi d'une demande** de communication du testament, reçoive personnellement l'intéressé. Si ce dernier a droit à la communication, elle pourra se faire immédiatement (sur les procédés envisageables, voir nº 15935). Mais aussi et surtout, s'il doit être opposé un refus au demandeur, il sera possible de lui en expliquer les raisons. Dans bien des cas, cela aura pour immense mérite de désamorcer les situations conflictuelles et d'éviter le risque de suspicion. Le plus souvent, l'intéressé comprendra les raisons du refus et les admettra. Il nous semble que le notaire se montrera prudent en confirmant par écrit les raisons de son refus et, pour la bonne règle, mentionnera que ce refus peut être contesté devant le président du tribunal judiciaire.

Communication du testament révoqué De la même façon que le testament exprimant les dernières volontés du testateur, le testament révoqué qui est toujours en dépôt chez un notaire devrait être communiqué à **toute personne intéressée,** en particulier aux légataires institués par ce testament. La justification de la conservation des droits évoquée au profit des héritiers évincés par un testament (nº 15940) se retrouve ici : la communication du testament révoqué à ses bénéficiaires leur permet, le cas échéant, de contester le testament révocatoire par une action en annulation afin de recouvrer leurs droits. **15947**

Communication du testament à l'occasion d'une procédure pénale **15950**
Lorsque les autorités judiciaires demandent communication d'un testament au notaire à l'occasion d'une procédure pénale pour **abus de faiblesse sur le testateur,** la distinction suivante est proposée (C. Blanchard, Le notaire et le risque pénal : JCP N 2018 nº 1269 § 19 et 20) :

– le notaire pourrait la refuser en se retranchant derrière le secret professionnel lorsque la demande résulte d'une commission rogatoire du juge d'instruction ;

– le notaire devrait en revanche y accéder lorsque la demande émane du juge d'instruction au cours d'une perquisition réalisée à l'étude.

Il semblerait que la règle s'applique aussi avant le décès du testateur.

Il convient de noter qu'en cas de mesure d'**instruction diligentée à l'étude** du notaire, le président de la chambre des notaires doit être présent pour veiller au respect du secret professionnel (CPP art. 56-3) et les investigations doivent être limitées à la mesure d'instruction.

CHAPITRE 2

LEGS

SOMMAIRE

DÉFINITION ET CARACTÉRISTIQUES DU LEGS

Le legs est « une **disposition testamentaire** par laquelle le testateur désigne la ou les personnes qui, à son décès, seront gratifiées soit de la totalité ou d'une fraction de son patrimoine, soit de certains biens déterminés » (H.-L. et J. Mazeaud : Leçons de droit civil, Successions. Libéralités, t. 4, 2e vol. par M. de Juglart, Montchrestien, 2e éd., 1971, no 1000 p. 273). 16500

C'est une **disposition translative** d'un droit. Cet acte de disposition constitue la principale disposition testamentaire.

SECTION 1

CONDITIONS DE VALIDITÉ DES LEGS

DOMAINE

En la **forme,** le legs n'est valable que s'il est contenu dans un testament, ce qui renvoie aux conditions de forme du testament, déjà étudiées nos 15050 s. 16510

Sur le **fond,** les conditions générales de validité du legs ont été exposées avec les règles communes aux libéralités : consentement, capacité, contenu licite et certain, etc. (voir nos 200 s.). On insistera ici sur quelques points qui présentent des difficultés en pratique, tenant à la désignation du bénéficiaire, à l'objet du legs et à ses modalités.

A. Bénéficiaire du legs

DÉSIGNATION DU BÉNÉFICIAIRE DU LEGS

Il est impératif que le legs ait un bénéficiaire ; celui-ci doit être **vivant au décès** du testateur, 16515
ou conçu à ce jour puis naître viable (C. civ. art. 906, al. 2 et 3), sous peine de nullité du legs.

La désignation du légataire doit être précise, afin de permettre son **identification** : le legs consenti à une personne dont l'identité ne peut être déterminée est nul. Sur la nullité du legs avec faculté d'élire, voir no 16520.

En pratique, les litiges portent principalement sur les legs faits par testament olographe au profit d'**associations ou** de **fondations** dont le testateur ignorait la dénomination exacte. Les juges doivent alors, en s'appuyant tant sur la lettre du testament que sur des éléments extrinsèques, interpréter la volonté du testateur pour déterminer l'organisme gratifié (Cass. 1e civ. 8-12-1998 n° 96-19.645). S'ils y parviennent, le legs est validé. Dans le cas contraire, il est annulé.

ILLUSTRATIONS

Il a été jugé que **sont valables** :
– le legs consenti à l'« association des orphelins du Crédit lyonnais, rue de Provence à Paris 9e » (qui n'existe pas), ce legs devant être attribué à l'association « Orphelinat des employés de banque et de bourse, 5, rue de Provence à Paris 9e » (Cass. 1e civ. 27-11-2001 n° 00-11.324) ;
– le legs consenti à la « Fondation pour la recherche contre le Sida » (qui n'existe pas), ce legs devant être attribué à la « Fondation mondiale recherche et prévention du Sida » (CA Rouen 6-4-2011 n° 09/03938 : BPAT 5/11 inf. 302) ;
– le legs consenti à « la recherche médicale », qui doit être attribué à la Fondation pour la Recherche Médicale, seul organisme en France à promouvoir la recherche médicale sous toutes ses formes (CA Lyon 9-10-2012 n° 10/08594).
Mais **est nul** le legs consenti à « une association de bienfaisance pour des enfants sans famille et malheureux », le bénéficiaire n'étant pas déterminable (CA Paris 29-6-1990 n° 89/9028). En sens inverse, les juges cherchent à donner l'efficacité aux legs consentis aux associations œuvrant pour « la recherche contre le cancer », avec des résultats aléatoires, des décisions retenant comme légataire l'Institut Curie, à l'exclusion de la Ligue du cancer et de la fondation ARC pour la recherche sur le cancer (CA Versailles 6-3-2014 n° 11/07496), d'autres retenant ces deux derniers groupements comme légataires (CA Grenoble 24-2-2014 n° 11/03729).

Jugé également que, lorsqu'un testament désigne le « Vatican » comme légataire, l'association française des œuvres pontificales missionnaires **ne peut être regardée comme bénéficiaire** du legs, quels que soient ses liens avec le Saint-Siège (CE 5-5-2021 n° 440167 : BPAT 5/21 inf. 226).

Il faut enfin mentionner le **cas particulier** de la Fondation de France, qui, malgré sa vocation à intervenir dans tous les domaines d'intérêt général, ne saurait recevoir de libéralité lorsque le testament n'exprime pas de manière précise la volonté de son auteur. Il reste que cette fondation peut recueillir des legs dès lors que le testament désigne les œuvres qu'il veut doter (CA Nancy 28-4-1976 : Defrénois 1977 art. 31396 p. 690).

LEGS AVEC FACULTÉ D'ÉLIRE

16520 Pour qu'un legs soit valable, il faut que le **testateur désigne lui-même** le légataire : c'est le testateur qui s'exprime personnellement dans son testament (C. civ. art. 895). Il en résulte l'interdiction du legs avec faculté d'élire, c'est-à-dire celui où la **désignation** du légataire serait **confiée à un tiers.**

ILLUSTRATIONS

A été **annulée** la disposition contenue dans un testament par laquelle le défunt confiait à son notaire le soin de faire don à qui il voudrait de ses biens et ainsi rédigée « Je ne veux pas que ma famille hérite de ce que j'ai. À vous d'en faire don à qui vous voudrez » (Cass. 1e civ. 8-11-2005 n° 02-21.177 FS-PB : Bull. civ. I n° 411, BPAT 6/05 inf. 195).

A été **validée,** en revanche, la clause affectant comme suit les biens de la testatrice : « un quart ira à Monsieur et Madame C. et le reste pour la recherche médicale au bon gré de Maître P. » (CA Lyon 9-10-2012 n° 10/08594). Les juges ont estimé que l'expression « au bon gré de Maître P. » devait s'entendre dans son acception étymologique (du latin « gratus ») de reconnaissance ou gratitude de la testatrice envers son notaire.

16525 Toutefois, la jurisprudence admet qu'un **legs** soit **assorti de la charge de transmettre** son bénéfice à une personne qui sera désignée par le légataire (Cass. req. 21-6-1870 : DP 1871 I p. 97 ; Cass. 1e civ. 18-2-1986 n° 84-15.593 : Bull. civ. I n° 28). Ce type de legs est admis parce que l'un des arguments justifiant la prohibition du legs avec faculté d'élire est ici manquant : contrairement à l'effet produit par le legs avec faculté d'élire, le bien légué n'est pas sans maître entre le décès du testateur et l'élection du légataire : le légataire à charge de transmettre, désigné par le testateur, en est alors le propriétaire. Le bénéficiaire recevra les biens non du testateur mais du légataire. Par ailleurs, ce fidéicommis est licite car il ne s'agit ni d'une substitution non autorisée par la loi (C. civ. art. 896), puisque le légataire doit retransmettre les biens de son vivant, ni d'une interposition de personnes ou d'un simple mandat post mortem, puisque le légataire est, un temps, le véritable propriétaire du bien légué. En outre, la charge de transmettre ne se conçoit qu'au bénéfice de personnes appartenant à une catégorie définie par le testateur, de sorte que le bénéficiaire de la charge est, pour une grande part, déterminé par celui-ci.

ILLUSTRATIONS

Est ainsi valable le legs avec charge de transmettre tout ou partie du bénéfice de la disposition à des personnes à déterminer (Cass. civ. 4-11-1952 : JCP G 1953 II n° 7554 note A. Ponsard, concernant un legs universel à charge de transmettre la moitié de la succession à une association à choisir).

Le legs avec charge de transmettre est également une solution lorsque le testateur veut adresser une libéralité à une personne future ou incertaine, telle une association à créer ou une fondation qui n'existe pas au jour de l'ouverture de la succession du testateur et qui ne bénéficierait pas lors de sa création de la reconnaissance d'utilité publique, notamment parce que le testateur ne la souhaiterait pas. Il faut signaler en effet que les fondations d'utilité publique (Loi 90-559 du 4-7-1990) et les fonds de dotation (Loi 2008-776 du 4-8-2008) constituent deux régimes dérogatoires au principe de la prohibition des libéralités adressées à des personnes non encore conçues (reconnues) au moment de la libéralité, posé par l'article 906 du Code civil.

LEGS AU PROFIT DES « ENFANTS »

Le legs fait au profit des « enfants » du légataire en cas de prédécès de ce dernier s'entend comme bénéficiant non seulement aux **descendants au premier degré,** mais également à leurs propres descendants, à **quelque degré que ce soit,** sauf volonté contraire du disposant. Si le légataire meurt avant le testateur, ainsi que l'un de ses enfants désignés dans le testament, le legs profitera ainsi, pour la part de l'enfant prédécédé, aux enfants de ce dernier (CA Poitiers 10-8-1858 : DP 1859 II p. 108). Pareille solution revient à admettre une sorte de représentation en matière de dévolution volontaire… (F. Terré, Y. Lequette et S. Gaudemet, Droit civil. Les successions. Les libéralités, Dalloz, 4e éd., 2014, n° 397 note 8). **16530**

B. Objet du legs

DÉTERMINATION DE L'OBJET DU LEGS

L'objet du legs doit être **déterminé ou déterminable** au jour du décès du testateur (Cass. 1e civ. 16-3-1999 n° 97-14.505 : Dr. famille 1999 comm. 47 obs. B. Beignier). Il a été jugé que le legs consenti en rémunération de soins fournis bénévolement était déterminable par équivalence avec le coût de l'assistance d'une tierce personne (Cass. 1e civ. 20-1-2004 n° 01-03.799 D). En revanche, l'objet du legs n'est pas déterminable lorsque le testateur a seulement indiqué vouloir constituer une « dot très honorable » à ses petites-filles (Cass. 1e civ. 16-3-1999 précité). **16580**

Les juges du fond déterminent souverainement l'objet du legs au moyen d'**éléments extrinsèques au testament** en recherchant la véritable intention du testateur. Ainsi, dans une espèce où le testateur avait manifesté le souci, dans la constitution de lots, de maintenir l'égalité entre les légataires, alors que celle-ci avait été rompue, la Cour de cassation a admis que l'équilibre devait être rétabli au moyen de soultes (Cass. 1e civ. 21-5-1997 n° 95-13.456).

Le **bien légué à titre particulier** est délivré avec tous ses accessoires nécessaires et dans l'état où il se trouve au jour du décès du testateur (C. civ. art. 1018). S'il s'agit d'un **immeuble** que le testateur a ensuite augmenté par des acquisitions, ces acquisitions, même contiguës, ne sont pas censées faire partie du legs (sauf disposition nouvelle du testateur). En revanche, font partie du legs les embellissements ou les constructions nouvelles faites sur le fonds légué (C. civ. art. 1019).

Il est admis que le legs de **meubles et** d'**effets mobiliers** exclut l'argent, les créances et autres droits mobiliers incorporels (Cass. req. 10-2-1873 : DP 1873 I p. 248). Il a été jugé que le legs d'une « chambre complète » ne comprend pas les livrets de caisse d'épargne contenus dans la chambre (CA Paris 1-6-1977 : JCP N 1978 II n° 264). Cependant, en présence d'un legs de « tout ce que possède ma petite maison, linge, meubles, etc. », les juges du fond ont pu décider que ce legs comprenait les valeurs mobilières, bijoux et pièces d'or trouvés dans la maison en question, cette dernière faisant elle-même l'objet d'un autre legs (Cass. 1e civ. 22-6-1964 : D. 1965 somm. p. 14).

LEGS ALTERNATIF

Un legs est alternatif lorsque le légataire dispose d'une **option** entre plusieurs choses, par exemple un capital ou une rente, une rente ou un usufruit. Le choix peut aussi revenir à l'héritier ou au légataire universel du testateur. Les termes de l'alternative devant être précisés par le testateur, un tel legs est valable car son objet est déterminable. **16585**

L'option a un caractère irrévocable ; lorsqu'elle bénéficie au légataire et que celui-ci décède avant d'avoir pu l'exercer, elle se transmet à ses héritiers.

LEGS PARTICULIER DE LA CHOSE D'AUTRUI

16590 Un legs ne peut pas avoir pour objet la chose d'autrui, sous peine de **nullité** (C. civ. art. 1021). Est ainsi frappé de nullité, en tant que legs de la chose d'autrui, le legs consenti par un associé, fût-il majoritaire, d'un immeuble de la société (Cass. 1e civ. 15-5-2018 n° 14-11.123 FS-PB : BPAT 4/18 inf. 165, Defrénois 2018 n° 14-11123 obs. A. Chamoulaud-Trapiers, Dr. famille 2018 comm. 216 par M. Nicod).

Toutefois, la nullité ne frappe que le legs d'un **corps certain.** Elle ne s'applique pas au legs de **chose de genre** car celui-ci ne rend pas le légataire propriétaire du bien mais seulement créancier. On y voit alors soit un legs des deniers nécessaires à l'acquisition de la chose, soit la charge imposée à l'héritier de procurer au légataire la propriété entière de cette chose. La jurisprudence a même parfois étendu cette interprétation au legs d'un corps certain dont le testateur n'est pas propriétaire (Cass. 1e civ. 20-2-1957 : Bull. civ. I n° 91).

16595 En pratique, la portée de la prohibition du legs particulier de la chose d'autrui est relativement limitée : d'une part, la jurisprudence considère qu'il n'y a legs de la chose d'autrui que si le disposant n'a aucun droit, même éventuel, sur la chose léguée ; d'autre part, en toute hypothèse, la nullité qui frappe le legs de la chose d'autrui est une nullité relative.

Ainsi, l'interdiction ne s'étend pas au legs de **biens communs.** Sauf par testament-partage (nos 65460 s.), un époux peut consentir des legs de biens communs dans la limite de sa part dans la communauté (C. civ. art. 1423, al. 1). Les modalités d'exécution du legs dépendront du résultat du partage de la communauté : si le bien tombe dans le lot des héritiers du testateur, le legs sera exécuté en nature ; s'il tombe dans le lot du conjoint du testateur, le légataire ne pourra obtenir l'exécution de son legs qu'en valeur (C. civ. art. 1423, al. 2). L'exécution du legs par équivalent se fera sur la part, dans la communauté, des héritiers de l'époux testateur ou sur les biens propres de ce dernier, autrement dit sur l'ensemble des biens de la succession. Un époux peut aussi léguer une fraction de la communauté. Le legs qui porterait sur une quotité excédant la part du testateur dans la communauté serait réduit à celle-ci.

L'interdiction ne s'applique pas non plus au legs de **biens faisant partie d'une masse indivise,** en ce compris les biens dépendant d'une indivision postcommunautaire (cas particulier des testaments-partages : voir nos 65460 s.). L'efficacité d'un tel legs dépend en principe du résultat du partage : le legs sera exécuté si le bien est mis dans le lot des héritiers du testateur ; il sera caduc si le bien est attribué à un autre copartageant. Il convient de noter que la jurisprudence n'admet pas l'exécution du legs par équivalent (sauf disposition testamentaire en ce sens), contrairement à la solution retenue en cas de legs de bien commun, et cela même s'il s'agit d'un bien dépendant d'une indivision postcommunautaire (Cass. 1e civ. 16-5-2000 n° 98-11.977 PBR : Bull. civ. I n° 148). Le testateur peut toutefois imposer à ses héritiers ou légataires la charge de procurer au légataire du bien indivis la propriété entière du bien (cas où le disposant est en indivision avec eux) sans toutefois qu'il puisse en résulter une atteinte à la réserve des héritiers. Cette volonté n'a pas à être expressément formulée par le testateur ; les juges peuvent la déduire de l'ensemble des dispositions testamentaires (en ce sens, notamment, Cass. 1e civ. 28-3-2006 n° 04-10.596 F-PB : Bull. civ. I n° 186).

La situation est plus simple lorsque le testateur lègue ses **droits dans une chose indivise** : le légataire prend la place du testateur et a le droit d'être partie au partage (F. Terré, Y. Lequette et S. Gaudemet, Droit civil. Les successions. Les libéralités, Dalloz, 4e éd., 2014, n° 392).

Enfin, s'agissant d'un **bien dont la propriété est démembrée,** le testateur qui en est seulement nu-propriétaire peut en léguer l'usufruit (CA Pau 20-5-1957 : D 1957 somm. 133) ; cet usufruit de second rang prendra effet à l'extinction de l'usufruit en cours.

16600 La **charge dont est grevé un legs universel** n'est pas un legs. Ainsi, le testateur qui a institué ses enfants légataires universels « à charge pour eux de délivrer » à sa seconde épouse le capital décès d'un contrat d'assurance-vie les désignant comme bénéficiaires n'a pas consenti un legs de la chose d'autrui (le capital décès), nul en tant que tel, au profit de son épouse, mais a assorti les legs universels qu'il a consentis d'une charge, valable (Cass. 1e civ. 20-5-2009 n° 08-11.355 FS-PB : Bull. civ. I n° 105, BPAT 4/09 inf. 157).

C. Modalités du legs

LEGS PUR ET SIMPLE

16650 En présence d'un legs pur et simple, la transmission de la propriété de la chose léguée s'opère de plein droit au **jour du décès** du disposant (C. civ. art. 1014, al. 1, visant les legs particuliers mais applicable aux autres legs). Il en résulte notamment que c'est au jour du décès du testateur, et non au jour de la délivrance du legs, que la validité de celui-ci doit être appréciée (en ce sens, par exemple, Cass. 1e civ. 1-7-2009 no 08-15.130 F-D : BPAT 5/09 inf. 203, à propos du legs d'un bien assorti d'une clause d'inaliénabilité encore en cours au décès du testateur).

Lorsque le legs porte sur une **quote-part de la succession,** le légataire se trouve en indivision avec les héritiers ou les autres légataires jusqu'au partage.

Le **legs de somme d'argent** a nécessairement pour effet de rendre le légataire créancier de la succession. Dès lors, une cour d'appel ne peut pas débouter le légataire de sa demande de délivrance du legs portant sur le « prix de vente » d'un appartement au motif que la testatrice a réinvesti ce prix de vente dans la souscription d'un contrat d'assurance-vie au profit de ce même légataire (Cass. 1e civ. 26-9-2012 no 11-16.244 FS-PBI : Bull. civ. I no 190, Sol. Not. 11/12 inf. 286).

LEGS AVEC CHARGE

La charge est une **obligation imposée par le testateur** au légataire. Elle se distingue du **simple vœu,** qui n'est qu'un souhait émis par le testateur, n'entraînant aucune obligation pour le légataire (sauf engagement personnel de celui-ci à le réaliser). **16655**

L'acceptation du legs avec charge par le légataire entraîne l'obligation pour lui d'en exécuter la charge.

EXEMPLE

Peuvent constituer une charge :
- l'obligation de transférer la propriété de tout ou partie du legs consenti ou même d'un bien appartenant au légataire ;
- l'obligation d'effectuer une prestation telle que le service d'une rente viagère ;
- l'obligation d'habiter pendant une certaine durée le bien légué sans pouvoir en disposer pendant cette période ;
- l'interdiction d'aliéner le bien légué. Dans ce dernier cas, l'interdiction n'est valable que si elle est temporaire et justifiée par un intérêt sérieux et légitime. Même dans ce cas, le légataire peut être judiciairement autorisé à disposer du bien si l'intérêt qui avait justifié la clause a disparu ou si un intérêt supérieur est invoqué.

La charge peut absorber tout le legs et ne laisser ainsi **aucun émolument** au légataire. **16660**
Contrairement au légataire, le **bénéficiaire de la charge** peut très bien ne pas exister au décès du testateur ou être indéterminable à cette même date. Le recours à la notion de charge permet ainsi aux tribunaux de sauver de la nullité des dispositions devant profiter à des personnes n'existant pas ou incertaines.

Les charges sont susceptibles de **révision** (C. civ. art. 900-2), en particulier lorsque l'exécution de l'obligation est devenue difficile pour le légataire ou lui cause un préjudice. Sur cette question, voir nos 2275 s. **16665**

L'**inexécution** de la charge ouvre droit à deux actions : l'une en exécution, l'autre en révocation du legs. L'action en exécution du legs assorti d'une charge peut être exercée par les héritiers, les légataires ou le bénéficiaire de la charge. L'action en révocation pour inexécution peut être exercée par les héritiers, les légataires, ainsi que leurs créanciers.

Le testateur peut assortir le legs avec charge d'une **clause pénale,** laquelle pourra être mise en œuvre en cas d'inexécution de la charge. Sur cette question, voir nos 14735 s.

LEGS CONDITIONNEL

La condition est un événement futur et incertain (voir sur cette notion no 6510). Elle peut être suspensive ou résolutoire. **16670**

Le legs affecté d'une **condition résolutoire** (par exemple, le legs consenti sous la condition résolutoire du décès du légataire sans postérité) est traité comme un legs pur et simple, mais il sera rétroactivement anéanti si la condition se réalise : le légataire sera censé n'avoir jamais eu aucun droit sur les biens légués et les droits qu'il aura pu consentir sur ceux-ci seront également rétroactivement anéantis, à l'exception des actes d'administration et des fruits perçus par le légataire, qui lui demeureront acquis.

Si la **condition** est **suspensive** (par exemple, le legs est consenti sous la condition que le légataire se marie, qu'il ait des descendants, etc.), tant qu'elle est pendante, le légataire n'a aucun droit sur le legs, dont l'objet reste dans la succession du testateur et est dévolu provisoirement aux héritiers ou aux légataires universels. Si la condition se réalise, le legs reçoit exécution. Sauf clause contraire, le legs est acquis au légataire à compter de l'accomplissement de la condition suspensive (C. civ. art. 1304-6). La réalisation de la condition n'a donc pas d'effet rétroactif. Pour rappel, avant l'ordonnance 2016-131 du 10 février 2016 portant réforme du droit des contrats, du régime général et de la preuve des obligations, le legs assorti d'une condition suspensive s'exécutait rétroactivement à la date de l'ouverture de la succession (C. civ. art. 1179 ancien).

Si la condition suspensive se réalise du vivant du testateur, le legs, qui ne s'exécutera qu'au décès de celui-ci, devient pur et simple. Si le légataire décède avant l'accomplissement de la condition, le legs est caduc (C. civ. art. 1040) : le droit conditionnel n'est pas transmis aux héritiers du légataire, sauf volonté contraire du testateur.

La **condition** doit être **possible, licite et morale** (C. civ. art. 900). Les clauses de célibat, de mariage et de non-divorce ont soulevé de nombreux litiges par le passé. Sur l'ensemble de la question, voir n°s 2095 s.

LEGS GRADUEL OU RÉSIDUEL

16675 Le legs graduel est la disposition testamentaire par laquelle le disposant lègue des biens ou des droits, à charge pour le légataire de **conserver** les biens ou droits **et** de les **transmettre** à son décès à un second légataire désigné par le testateur (C. civ. art. 1048).

Le legs résiduel est la disposition testamentaire suivant laquelle le testateur prévoit qu'un second gratifié recevra **ce qui subsistera** d'un legs consenti à un premier gratifié, au décès de celui-ci (C. civ. art. 1057).

Sur l'étude d'ensemble des libéralités graduelles et résiduelles, voir n°s 2410 s.

LEGS À TERME

16680 Le terme est un événement futur et certain, qui a pour effet de retarder l'exécution d'une obligation, lorsqu'il est **suspensif.** Lorsque le legs est assorti d'un terme (voir sur cette notion n° 6775), le droit du légataire existe dès le jour de l'ouverture de la succession, mais l'exercice de ce droit est retardé à la date prévue par le testateur (C. civ. art. 1305). Par exemple, « je lègue tel appartement à mon petit-fils, toutefois le legs ne devra lui être délivré qu'après sa majorité ».

En conséquence, si le légataire décède avant l'échéance du terme, ses droits sont transmis à ses héritiers.

Le legs peut être affecté d'un terme **extinctif.** L'arrivée de celui-ci met alors fin à l'exécution du legs. Par exemple, le legs d'une rente consenti pour une durée déterminée.

SECTION 2 CLASSIFICATION DES LEGS

CATÉGORIES DE LEGS ET QUALIFICATION

16780 La loi distingue **trois catégories** de legs : le legs universel, le legs à titre universel et le legs à titre particulier (C. civ. art. 1002, al. 1).

Cette classification a une grande **portée pratique,** car les droits et obligations des légataires varient selon qu'ils ont vocation à recevoir une universalité (legs universel ou à titre universel) ou un ou plusieurs biens déterminés (legs particuliers).

16785 La **qualification** donnée au legs par le testateur ne s'impose pas au juge, lequel peut toujours lui restituer sa véritable qualification. Cette qualification présente parfois des **difficultés.** Ainsi, la disposition testamentaire par laquelle une testatrice avait exprimé la volonté que son neveu institué légataire universel se charge « le moment venu, de faire une dot très honorable à ses filles Laure et Françoise » alors mineures et que ces dernières « aient une grande partie » de son patrimoine, a fait l'objet de quatre arrêts successifs de la Cour de cassation. Il a finalement été jugé que les dispositions prises au profit des petites-nièces constituaient bien des legs, lesquels n'étaient constitutifs ni de legs à titre universel (Cass. 1e civ. 28-3-1995 n° 93-11.672), ni de legs particuliers (Cass. 1e civ. 16-3-1999 n° 96-22.140), mais de legs universels conjoints sans assignation de parts (Cass. 1e civ. 12-5-2004 n° 01-01.871 : Bull. civ. I n° 138 et, sur pourvoi contre l'arrêt de renvoi après cassation, Cass. 1e civ. 9-1-2007 n° 06-12.872 FS-PB : Bull. civ. I n° 14).

LEGS UNIVERSEL

16790 Le legs universel est celui par lequel le testateur dispose de l'ensemble de ses biens au profit du légataire. Le légataire universel a **vocation à recueillir** l'universalité des biens que le testateur laissera à son décès (C. civ. art. 1003).

Le legs universel résulte soit de la désignation explicite d'un ou plusieurs légataires universels, soit des legs suivants :
– legs de l'**intégralité du patrimoine** (le legs de « tous les meubles et de tous les immeubles » étant un legs universel, puisqu'il n'existe pas d'autre catégorie de biens) ;
– legs de la **quotité disponible** ordinaire ou spéciale (car il donne vocation à la totalité des biens laissés par le testateur au cas de prédécès ou de renonciation des héritiers réservataires), à moins qu'il ne soit rédigé de telle façon qu'il apparaisse clairement que la quotité disponible constitue l'objet même du legs ;
– legs de la **nue-propriété de l'intégralité du patrimoine** ou de la **nue-propriété de la quotité disponible** (car l'usufruit des biens se réunira à la nue-propriété au décès de l'usufruitier). En revanche, le legs de l'usufruit de tous les biens est un legs à titre universel ;
– legs des **biens restant après imputation de legs particulier ou à titre universel.** Il a été jugé par exemple que constitue un legs universel au profit de la Fondation pour la Recherche Médicale la clause par laquelle la testatrice affecte comme suit ses biens après avoir consenti différents legs particuliers et à titre universel : « [...] le reste (ira) pour la recherche médicale » (CA Lyon 9-10-2012 n° 10/085941).

En revanche, en présence d'un legs portant sur « ma maison et mon argent au jour de mon décès », une cour d'appel ne peut pas conclure à l'existence d'un legs universel du seul fait que le notaire a écrit aux héritiers qu'au vu du testament ils ne conservaient aucun droit dans la succession (Cass. 1e civ. 15-5-2013 n° 11-20.026 F-D).

Le testateur peut désigner **plusieurs légataires universels** (pour un exposé des problèmes théoriques et pratiques suscités par une telle désignation, F. Dieng, La pluralité de légataires universels : Petites affiches 8-11-2012 p. 6 s.). Il s'agit généralement de legs **conjoints** (n° 17465) : les colégataires ont des droits égaux. **16795**

Il peut aussi s'agir de legs avec **assignation de parts** (ou de biens) : si le disposant a indiqué une simple répartition du legs, le legs demeure universel ; au contraire, s'il a affecté à chacun une part et a délimité cette part, le legs est à titre universel car il ne donne pas vocation à l'intégralité de la succession (sur les conséquences de la caducité ou de la révocation de l'un des legs : voir nos 17455 s.). Le fait que les légataires se voient assigner des parts inégales (deux tiers à l'un et un tiers à l'autre, par exemple) est sans incidence sur la qualification de legs universels (Cass. 1e civ. 1-6-2011 n° 10-16.285 F-D : BPAT 4/11 inf. 248). Les légataires universels sont alors titulaires de droits indivis dans la succession, jusqu'au partage successoral.

La jurisprudence admet que le testateur laisse à son légataire universel la faculté de composer lui-même son lot : il consent alors un **legs avec faculté de choix** (Cass. 1e civ. 11-7-1979 n° 78-11.456 : Bull. civ. I n° 211, JCP 1981 II n° 19556 note M. Dagot).

La **caractéristique du legs universel** ne réside pas dans ce que le légataire reçoit effectivement, mais dans la vocation que le testament lui confère à recueillir toute la succession, spécialement en cas de renonciation des héritiers et/ou des légataires particuliers (en ce sens, par exemple, Cass. 1e civ. 1-6-2011 n° 10-16.285 F-D : BPAT 4/11 inf. 248). Même s'il ne recueille rien dans la succession en raison de multiples legs particuliers consentis par ailleurs, le légataire universel conserve cette qualité. **16800**

Le **légataire universel** peut être **également désigné légataire particulier** de tel ou tel bien, sans pour autant perdre sa qualité de légataire universel (Cass. 1e civ. 25-3-1981 n° 79-16.986 : Bull. civ. I n° 106).

LEGS À TITRE UNIVERSEL

Le legs à titre universel donne vocation à une **quote-part de la succession.** **16810**

Constituent des legs à titre universel (C. civ. art. 1010) :
– le legs d'une fraction arithmétique (telle que la moitié ou le tiers) de tous les biens ;
– le legs de tous les immeubles ou de tous les meubles ;
– le legs d'une fraction arithmétique de tous les immeubles ou de tous les meubles.

À cette liste, présentée comme limitative par l'article 1010, alinéa 2 du Code civil, il faut ajouter le legs de l'usufruit de tous les biens (ou d'une fraction des biens, ou de tous les meubles ou de tous les immeubles) du testateur (Cass. 1e civ. 10-2-2016 n° 14-27.057 FS-PBI : Sol. Not. 4/16 inf. 80). Les autres legs de quotités de biens ne constituent **pas des legs à titre universel,** mais des legs particuliers. Tel est le cas, par exemple, du legs des « biens situés en France » (Cass. 1e civ. 13-2-1973 n° 71-13.861 : Bull. civ. I n° 54) ou de celui portant sur la part de communauté du testateur (Cass. 1e civ. 11-7-2006 n° 04-14.947 FS-PB : Bull. civ. I n° 391, BPAT 5/06 inf. 127).

Comme le legs universel, le legs à titre universel peut être assorti d'une **assignation de parts** ou d'une **faculté de choix.** La distinction entre le legs à titre universel avec assignation de parts et le legs universel assorti de la même modalité est parfois délicate. Ainsi qu'il a été dit ci-dessus, instituer pour légataires A et B en précisant qu'ils se répartiront le legs par moitié n'est pas la même chose que léguer la moitié de ses biens à A et l'autre moitié à B : la première disposition est un legs universel tandis que la seconde est un legs à titre universel.

LEGS À TITRE PARTICULIER

16815 Il a un caractère résiduel (C. civ. art. 1010, al. 2) : tout legs qui n'est pas universel ou à titre universel constitue un legs à titre particulier (ou legs particulier).

Constituent par conséquent des legs particuliers :

– le legs qui porte sur **un ou plusieurs biens déterminés** (tel objet, telle somme d'argent) ou déterminables ; la Cour de cassation a ainsi admis que la rémunération pour des soins donnés au testateur jusqu'à son décès pouvait faire l'objet d'un legs, équivalent à la rémunération due à une tierce personne pour assistance quotidienne (Cass. 1e civ. 20-1-2004 nº 01-03.799) ;

– le legs portant sur un ensemble de biens, tel le legs de tous les **biens situés en France** ;

– le legs qui porte sur une **quotité de biens** autre que celles-citées nº 16810 (quote-part de valeurs mobilières).

ILLUSTRATIONS

Est un legs particulier le legs qui énumère tous les biens du testateur au moment de la rédaction du testament. Faute d'être désigné attributaire de tous les biens meubles et immeubles du défunt au jour de son décès, le bénéficiaire est légataire à titre particulier des biens énumérés, et non légataire universel (CA Aix-en-Provence 11-4-2013 nº 12/07143, 1e ch. B).

16820 La jurisprudence opère une **distinction** entre **legs à titre particulier** et la **charge dont peut être assorti un legs** (universel, à titre universel ou à titre particulier) dans l'intérêt d'un tiers. Comme le légataire à titre particulier, le bénéficiaire de la charge est gratifié par le testateur. Toutefois, alors que le legs à titre particulier est en principe indépendant de toute autre disposition, la charge dépend du legs auquel elle est apposée et suit le même sort que celui-ci (Cass. 1e civ. 1-7-2003 nº 01-00.373 FS-PB : BPAT 5/03 inf. 106 ; Cass. 1e civ. 19-9-2007 nº 06-18.082 F-D).

SECTION 3 SITUATION DU LÉGATAIRE

DÉCÈS DU TESTATEUR

16920 Les **legs** ne produisent **effet** qu'au décès du testateur, s'ils ne sont pas devenus caducs et si les légataires les acceptent.

On exposera succinctement les règles relatives aux **droits et obligations des légataires,** en distinguant entre les légataires universels, à titre universel et particuliers.

A. Option successorale du légataire

16925 Les règles générales étant exposées nºs 35100 s., on rappellera seulement que les **légataires universels** et les légataires **à titre universel** ont, comme les héritiers, le choix entre acceptation pure et simple, acceptation à concurrence de l'actif net et renonciation à la succession. Quant aux **légataires particuliers,** non tenus en principe du passif successoral (nº 17170), ils peuvent seulement accepter purement et simplement leur legs ou y renoncer. Le bénéficiaire de plusieurs legs particuliers peut en accepter certains et répudier les autres, sauf indivisibilité entre les libéralités tenant à leur objet ou à la volonté du testateur (Cass. 1e civ. 18-12-2013 nº 12-21.875 F-PB : Bull. civ. I nº 252, Sol. Not. 2/14 inf. 39). De même, et sous la même réserve, le bénéficiaire d'un legs universel ou à titre universel et d'un legs particulier peut renoncer au premier et accepter le second, ce qui lui permet d'échapper en principe à l'obligation au passif. Il en va ainsi enfin pour l'héritier, qui peut renoncer à son legs particulier et s'en tenir à sa vocation légale (C. civ. art. 769, al. 3).

L'acceptation du legs particulier ne peut pas être assortie de réserves : ainsi, le légataire ne saurait accepter le legs et répudier la charge dont il est assorti. Corrélativement, la renonciation par le légataire particulier à son legs emporte caducité de celui-ci (C. civ. art. 1043) et de la charge qui pouvait le grever.

Le légataire particulier qui a obtenu la délivrance de son legs l'a irrévocablement accepté et ne peut plus y renoncer (Cass. 1e civ. 26-9-2007 nº 06-15.191 FS-P : Bull. civ. I nº 309).

Par ailleurs, il convient de noter qu'à la différence des héritiers ab intestat, les légataires ont la faculté de **cantonner leur émolument** : voir nos 35800 s.

B. Mise en possession du légataire

FONDEMENT DES FORMALITÉS

En règle générale, des formalités doivent être accomplies **avant la mise en possession** du légataire pour permettre la vérification de la régularité de son titre. La finalité de ces formalités est de protéger les héritiers dont les droits ont été restreints (voire supprimés) par l'institution de légataires. **16975**

Les règles applicables dépendent de la nature des legs et, pour les legs universels, du point de savoir si le légataire a ou non la saisine.

ENVOI EN POSSESSION

L'envoi en possession est une **procédure de contrôle** de la validité apparente du testament olographe ou mystique instituant un légataire universel, en l'absence d'héritiers réservataires. Pour les successions ouvertes depuis le 1er novembre 2017, la procédure judiciaire d'envoi en possession n'est plus automatique (voir nos 15395 s.). **16980**

L'envoi en possession n'a pas pour effet de conférer la **saisine** au légataire, laquelle lui est acquise dès le jour de l'ouverture de la succession (sur la saisine, voir nº 41185). Simplement, les effets de la saisine doivent être suspendus pendant le délai d'opposition et, le cas échéant, jusqu'à l'envoi en possession (M. Grimaldi, Droit des successions, LexisNexis, 7e éd., 2017, nº 419, p. 326). La formalité d'envoi en possession est destinée à donner au titre du légataire la force exécutoire qui lui faisait défaut. Toutefois, la question de savoir si la demande d'envoi en possession emporte acceptation pure et simple de la succession est controversée (dans le sens de l'affirmative : Cass. com. 2-12-1986 nº 85-11.823 : Bull. civ. I nº 230).

DÉLIVRANCE DE LEGS

La délivrance de legs est la **reconnaissance du titre** du légataire par l'héritier saisi. C'est une formalité qui a pour effet de faire acquérir au légataire la qualité de successeur saisi, qui lui vaut reconnaissance de ses droits : cette reconnaissance des droits du légataire en conditionne l'exercice (Cass. 1e civ. 28-1-1997 nº 95-13.835 : Bull. civ. I nº 37). Elle se distingue de l'exécution du legs, qui est la remise de la chose au légataire. La Cour de cassation l'a affirmé clairement : « la délivrance d'un legs particulier a pour seul objet la reconnaissance des droits du légataire, permettant l'entrée en possession de l'objet du legs et l'acquisition des fruits, et se distingue du paiement du legs » (Cass. 1e civ. 21-9-2022 nº 19-22.693 FS-B). **16985**

Il arrive néanmoins que délivrance et exécution du legs se produisent en même temps soit dans un même acte qui constate la remise de la chose au légataire et la quittance de cette remise par ce dernier, soit par la simple remise spontanée de la chose elle-même par l'héritier au légataire, ce paiement valant délivrance implicite.

Légataires concernés Tout légataire non saisi doit y procéder (C. civ. art. 1011 et 1014). **16987**
La demande de délivrance du **legs universel** doit être adressée aux héritiers réservataires s'il y en a (C. civ. art. 1004).

La demande de délivrance des **legs à titre universel et particulier** doit être adressée aux héritiers réservataires, à défaut aux légataires universels, et à défaut aux héritiers légaux (C. civ. art. 1011). En présence d'héritiers réservataires et d'un légataire universel, tant que le legs universel n'a pas été délivré, le légataire à titre universel et le légataire particulier doivent demander la délivrance de leurs legs aux héritiers. Après la délivrance du legs universel, c'est au légataire universel qu'ils adresseront leur demande, car leurs legs s'exécuteront sur la quotité disponible et réduiront d'autant le legs universel. En présence d'héritiers réservataires et d'héritiers non réservataires, la demande de délivrance faite avant le partage doit être adressée à chacun d'eux, pour la part dont ils sont respectivement saisis ; après le partage, elle doit être adressée aux héritiers non réservataires. En présence uniquement d'héritiers non réservataires, c'est auprès d'eux que le légataire à titre universel et le légataire particulier doivent solliciter la délivrance de leurs legs. Le fait que le légataire ait été mis en possession du bien légué par le testateur de son vivant, par exemple parce qu'il occupait l'appartement légué depuis plusieurs années au décès du testateur, est sans incidence sur la nécessité de procéder à la demande de délivrance (Cass. 1e civ. 21-6-2023 nº 21-20.396 FS-B : BPAT 4/23 inf. 183). Il en va différemment si le légataire est entré en possession du bien légué après le décès du testateur au vu et au su des héritiers et sans opposition de leur part. En effet, aucune forme n'étant imposée pour demander la délivrance, il est admis par la jurisprudence qu'elle puisse être tacite (pour un cas de mise en possession du légataire sans opposition des héritiers, Cass. 1e civ. 18-11-1968 : Bull. civ. I nº 282, D. 1969 p. 112).

En cas de **legs conjoint,** chaque colégataire doit en demander la délivrance.

Lorsque le **légataire est héritier,** il n'a pas à demander la délivrance de son legs, car sa qualité d'héritier lui confère ipso facto la saisine (C. civ. art. 724).

16990 **Situation des héritiers** La délivrance est valablement consentie par **une partie seulement des héritiers,** dès lors que ceux-ci étaient les seuls à être connus du légataire.

Le légataire peut obtenir la délivrance de son legs alors même qu'une **action en réduction** est **en cours,** car la délivrance du legs constitue une mesure essentiellement provisoire qui n'enlève aux héritiers aucun moyen pour faire établir leurs droits dans la succession (Cass. 1e civ. 19-3-2008 nº 06-19.103 F-PB : BPAT 4/08 inf. 135). Pour la même raison, la délivrance du legs par les héritiers réservataires ne vaut pas renonciation tacite à leur action en réduction.

L'héritier ou le légataire qui reçoit la demande de délivrance peut y **faire opposition** en contestant l'existence ou le contenu du legs. À défaut de délivrance amiable, le légataire peut saisir le tribunal judiciaire du lieu d'ouverture de la succession afin de demander une délivrance judiciaire de son legs. On notera que la décision judiciaire accordant la délivrance d'un legs de somme d'argent ne constitue pas un titre exécutoire autorisant le légataire à procéder à des mesures d'exécution forcée en vue du paiement de son legs (Cass. 1e civ. 21-9-2022 nº 19-22.693 FS-B). Le légataire de somme d'argent dispose d'une action personnelle en paiement contre le ou les débiteurs du legs (voir notamment M. Grimaldi, Droit des successions, LexisNexis, 8e éd., 2020, nº 437).

16995 **Forme de la délivrance de legs** La **demande de délivrance** de legs n'est soumise à aucune condition de forme.

Il en est de même de la **délivrance par les héritiers,** qui peut être expresse (par acte authentique ou sous signature privée) ou tacite (exécution volontaire du legs, mise en possession du légataire au vu et au su des héritiers et sans opposition de leur part). Si le legs porte sur un immeuble, il est toutefois nécessaire d'établir un acte notarié pour les besoins de la publicité foncière (C. civ. art. 710-1). On pourra publier soit la délivrance de legs elle-même, soit une attestation de propriété immobilière séparée (nos 22150 s.).

16997 **Prescription de l'action en délivrance** **Avant la réforme des successions et des libéralités** opérée par la loi 2006-728 du 23 juin 2006, la Cour de cassation considérait que, faute de texte particulier précisant le délai d'exercice de l'action en délivrance de legs, celle-ci était soumise à la prescription trentenaire (Cass. 1e civ. 22-10-1975 nº 74-11.694 : Bull. civ. I nº 293, à propos d'un legs particulier ; Cass. 1e civ. 28-1-1997 nº 95-13.835 : Bull. civ. I nº 37, à propos d'un legs à titre universel).

Depuis cette réforme et celle de la prescription civile par la loi 2008-561 du 17 juin 2008, la question du délai de prescription de l'action en délivrance fait débat. Certains auteurs penchent pour l'application du délai de cinq ans de l'article 2224 du Code civil, devenu le délai du droit commun de la prescription des actions personnelles ou mobilières (en ce sens, M. Grimaldi, Droit des successions, LexisNexis, 7e éd., 2017, nº 436 ; P. Malaurie et C. Brenner, Droit des successions et des libéralités, Lextenso, 9e éd., 2020, nº 419), d'autres pour celui de dix ans de l'article 780 du Code civil, dans lequel est désormais enfermé l'exercice de l'option successorale (en ce sens, Dalloz Action Droit patrimonial de la famille 2021/2022, dir. M. Grimaldi, nº 246.26 par C. Vernières), d'autres encore pour celui de trente ans de l'article 2227 du Code civil, chaque fois que le legs porterait sur un immeuble (voir Rép. proc. civ. Dalloz, v. Recueil de la succession par V. Egéa, nº 134 citant C. Jubault).

Dans une affaire où le décès était intervenu avant l'entrée en vigueur de la réforme de 2006, mais l'action en délivrance de legs introduite après la réforme de 2008, la Cour de cassation s'est bornée à affirmer que le délai de prescription de l'action en délivrance de legs, qui avait commencé à courir le jour du décès du défunt, n'avait pas été suspendu par l'action en nullité des testaments engagée par l'héritière réservataire (Cass. 1e civ. 30-9-2020 nº 19-11.543 FS-PB : SNH 10/20 inf. 4, RTD civ. 2020 p. 436 obs. M. Grimaldi). Dans une décision récente, la Cour de cassation a semblé trancher implicitement le débat en faveur de l'application du délai de droit commun de l'article 2224 du Code civil (Cass. 1e civ. 21-6-2023 nº 21-20.396 FS-B : BPAT 4/23 inf. 183), dont le point de départ est le décès du testateur.

Il est à noter que la prescription de la demande de délivrance de legs court pendant la contestation de la validité du testament par les héritiers légaux devant les tribunaux : l'action en nullité du testament exercée par l'héritier légal n'a pas d'effet suspensif de la prescription de la demande en délivrance (Cass. 1e civ. 30-9-2020 nº 19-11.543 FS-PB : BPAT 6/20 inf. 199).

En cas de prescription de l'action en délivrance, le legs ne peut plus sortir aucun effet. Le légataire subit ainsi une véritable déchéance de son droit de propriété : il ne peut plus se prévaloir de son legs, ni percevoir les fruits de la chose léguée.

Finalité et effets de la délivrance de legs La délivrance du legs n'a pas pour effet de rendre le légataire propriétaire : il l'est depuis le décès. Elle n'est pas non plus le paiement du legs. Dès lors, la décision accueillant une demande de délivrance d'un legs de somme d'argent ne constitue pas un titre exécutoire autorisant le légataire à procéder à des mesures d'exécution forcée (Cass. 1e civ. 21-9-2022 nº 19-22.693 FS-B : BPAT 6/22 inf. 287, RTD civ. 2022 p. 950 obs. M. Grimaldi, Dr. famille 2023 comm. 8 par M. Nicod). Aussi est-il conseillé au légataire qui n'a pas obtenu la délivrance amiable de son legs « d'assigner les successeurs qui la lui ont refusée *et* en délivrance *et* en paiement » (M. Grimaldi, précité). 17000

La délivrance du legs a pour effet de faire acquérir au légataire la **qualité de successeur saisi,** qui lui vaut reconnaissance de ses droits : entrée en possession, acquisition des fruits des biens légués, droit d'exercer les actions relatives aux biens légués. Avant la loi du 23 juin 2006, elle avait pour effet de placer le **légataire universel** en situation d'**indivision avec les héritiers réservataires** jusqu'au partage (Cass. 1e civ. 5-3-2002 nº 99-18.984 FS-P : Bull. civ. I nº 81, solution rendue à propos d'un legs à titre universel). La réforme des successions de 2006 ayant posé le principe de la réduction en valeur (nos 33545 s.), le légataire universel ne sera en indivision avec les héritiers réservataires que s'il opte pour la réduction en nature, aux conditions de l'article 924-1 du Code civil. Il recevra donc tous les biens en nature, sauf pour lui à verser une indemnité de réduction.

Si elle est consentie volontairement, la délivrance emporte renonciation des héritiers à se prévaloir des **causes d'inefficacité du legs** (Cass. 1e civ. 15-5-2008 nº 06-19.535 FS-PBI : Bull. civ. I nº 140, BPAT 3/08 inf. 100-1, solution rendue à propos d'un legs à titre universel mais valable quelle que soit la nature du legs).

Coût de la délivrance de legs Les frais de demande de délivrance de legs sont à la **charge** de la succession, sans toutefois qu'il puisse en résulter une atteinte à la réserve héréditaire (C. civ. art. 1016, al. 1). 17005

C. Droits aux fruits des biens légués

LÉGATAIRE UNIVERSEL

Le légataire universel fait siens les fruits des biens légués dans les conditions suivantes. 17055

S'il n'est en concours avec **aucun héritier réservataire,** il a droit aux fruits à compter de l'ouverture de la succession.

S'il est en concours avec **un ou plusieurs héritiers réservataires,** il n'a pas la saisine. Il aura la jouissance des biens légués tantôt à compter du jour de l'ouverture de la succession, s'il a demandé la délivrance de son legs dans l'année qui suit le décès, tantôt du jour où la délivrance lui a été volontairement consentie ou du jour de la demande formée en justice (C. civ. art. 1005).

LÉGATAIRE À TITRE UNIVERSEL

Dans le silence de la loi, la doctrine et la jurisprudence **assimilent** le légataire à titre universel **au légataire universel** (M. Grimaldi, Droit des successions, LexisNexis, 7e éd., 2017, nº 438 ; pour une illustration, Cass. 1e civ. 28-1-1997 nº 95-13.835 P : Bull. civ. I nº 37). Il a donc droit aux fruits dès le décès s'il demande la délivrance dans l'année du décès ; à défaut, il n'a droit aux fruits qu'à compter du jour de la délivrance amiable ou de la demande en justice. 17060

17065 La question du point de départ du droit aux fruits du **légataire à titre universel d'usufruit** est controversée en doctrine et en jurisprudence. Il en va de même pour le legs particulier d'usufruit.

Selon une première opinion, il convient d'appliquer les règles propres à l'usufruit (C. civ. art. 604), de sorte que le légataire à titre universel de l'usufruit aurait droit aux fruits, en toute hypothèse, dès le décès du testateur.

Pour d'autres, l'article 1005 du Code civil (n° 17055), applicable aux legs à titre universel en propriété, doit l'être tout autant aux legs en usufruit.

La solution nous semble s'inférer des principes qui gouvernent la saisine : pour bénéficier de plein droit de la jouissance du bien légué à compter du jour du décès, il faut être saisi ; or, le légataire d'un usufruit n'a jamais la saisine. Dès lors, il semble logique d'admettre que le légataire à titre universel d'usufruit (ou particulier d'usufruit) n'acquiert la jouissance du bien à compter du décès du testateur que s'il fait la demande de délivrance de son legs dans l'année (conformément à l'article 1005 du Code civil).

LÉGATAIRE À TITRE PARTICULIER

17070 En **principe,** le légataire particulier n'a droit aux fruits et intérêts du bien légué qu'à compter du jour de la demande en délivrance ou du jour où la délivrance lui a été volontairement consentie (C. civ. art. 1014, al. 2 ; pour une illustration, Cass. 1e civ. 14-11-2006 n° 04-16.561 : Bull. civ. I n° 493).

Par **exception,** les fruits et intérêts courent à son profit dès le jour du décès dans trois cas :

– lorsque le testateur l'a expressément prévu par une clause testamentaire qui peut être rédigée ainsi : « Le légataire aura droit aux fruits et revenus des biens légués à partir du jour de mon décès » (C. civ. art. 1015) ;

– lorsque le legs porte sur une pension ou une rente viagère à caractère alimentaire (C. civ. art. 1015) ;

– en cas de retard dans la délivrance par la seule faute des héritiers (Cass. req. 15-6-1895 : DP 1895 I p. 487), qui auront par exemple recelé le testament (F. Terré, Y. Lequette et S. Gaudemet, Droit civil. Les successions. Les libéralités, Dalloz, 4e éd., 2014, n° 815 note 7).

Sur le cas du legs particulier d'usufruit, voir n° 17065.

> **Précisions** Une difficulté peut résulter de la **confrontation** des règles du **droit aux fruits** propres aux legs particuliers avec celles spéciales du droit des sociétés relatives au **droit aux dividendes** de l'héritier d'un associé en présence d'un légataire particulier de parts sociales. Si le droit aux fruits du légataire particulier s'ouvre à compter de la demande en délivrance du legs ou du jour où elle lui est consentie (C. civ. art. 1014, al. 2), le droit aux dividendes est conditionné à la qualité d'associé de l'héritier (C. civ. art. 1870, al. 1 et 1870-1). Il en résulte que l'héritier qui n'a pas été agréé comme associé n'a pas qualité pour percevoir les dividendes versés après le décès, même avant la délivrance du legs au légataire (Cass. 1e civ. 2-9-2020 n° 19-14.604 FS-PB : BPAT 6/20 inf. 200).

LÉGATAIRE HÉRITIER

17075 Le légataire qui est également héritier en vertu de la loi est investi, en cette dernière qualité, de la **saisine,** ce qui lui donne droit aux fruits et intérêts dès le jour du décès (Cass. civ. 29-4-1897 : DP 1897 I p. 409, concernant un légataire universel ; Cass. 1e civ. 24-11-1969 : Bull. civ. I n° 361, D. 1970 p. 164 note J. Dedieu, concernant un légataire à titre particulier ; Cass. 1e civ. 29-10-1979 n° 78-11.889 : Bull. civ. I n° 266, RTD civ. 1980 p. 590 note R. Savatier, concernant un légataire à titre universel). Peu importe que le légataire soit héritier réservataire en concours avec d'autres réservataires (mêmes arrêts) ou héritier non réservataire (conjoint survivant) en concours avec des réservataires (Cass. 1e civ. 20-3-1984 n° 83-11.143 : Bull. civ. I n° 108 ; Cass. 1e civ. 20-11-2001 n° 99-17.212 : Bull. civ. I n° 288).

17080 Lorsque l'**héritier non réservataire** a été **exhérédé** par le défunt, mais est bénéficiaire d'un ou de plusieurs legs particuliers, la question du droit aux fruits du ou des biens légués dès le décès dépend de celle de savoir s'il est investi de la saisine. Il faut alors **distinguer** suivant que l'exhérédation est faite à titre principal, c'est-à-dire par une clause expresse du testament, ou de manière implicite, par exemple, en raison de legs multiples consentis par le défunt (en ce sens, M. Grimaldi, Les successions, LexisNexis, 7e éd., 2017, n° 423).

Lorsque la privation de la saisine résulte d'une **exhérédation à titre principal** qui exclut définitivement l'héritier de la succession, l'héritier exhérédé mais légataire particulier par ailleurs, n'a alors pas droit aux fruits des biens légués à compter du décès (M. Grimaldi, précité ; voir toutefois, A. Chamoulaud-Trapiers, Le droit aux fruits et revenus de l'héritier exhérédé légataire : SNH 21/19 inf. 11, pour qui le doute est permis).

En revanche, lorsque l'exhérédation est **implicite,** l'héritier conserve la saisine et a donc droit aux fruits des biens qui lui ont été légués à titre particulier à compter du décès, excepté si le ou les légataires institués par le testateur ont la saisine (légataires universels). Dans ce dernier cas, l'héritier exhérédé n'a pas droit aux fruits des biens légués à compter du décès car il n'a pas la saisine, même s'il conserve certaines prérogatives que la loi attribue au successeur saisi, comme le droit de prendre des mesures conservatoires (Cass. civ. 8-11-1932 : DH 1932, 585 ; Cass. 1e civ. 4-12-2013 nº 12-13.401 F-D ; en ce sens, M. Grimaldi, précité). Mais ce dernier point est discuté en doctrine (voir A. Chamoulaud-Trapiers, Le droit aux fruits et revenus de l'héritier exhérédé légataire : SNH 21/19 inf. 11).

D. Obligations des légataires aux dettes et charges de la succession

COMPOSITION DU PASSIF SUCCESSORAL À LA CHARGE DES LÉGATAIRES

Le légataire universel et le légataire à titre universel sont tenus des **dettes** et des charges de la succession, lesquelles se divisent entre eux et les héritiers réservataires en cas de concours. **17125**
En revanche, les **legs** incombent aux seuls légataires universel (C. civ. art. 1009) et à titre universel (C. civ. art. 1013). Le légataire universel a la charge d'acquitter tous les legs (legs à titre universel et legs particuliers) alors que légataire à titre universel ne doit acquitter que les legs particuliers consentis par le testateur.

OBLIGATION AU PASSIF DES LÉGATAIRES UNIVERSEL ET À TITRE UNIVERSEL

Étant assimilé à un héritier, le **légataire universel** qui accepte purement et simplement la succession est tenu indéfiniment du passif successoral selon les règles exposées nos 37025 s. (C. civ. art. 785, al. 1). Il en est ainsi même lorsqu'il doit se faire envoyer en possession (Cass. 1e civ. 16-7-1997 : Bull. civ. I nº 253). L'obligation indéfinie au passif est indépendante de la saisine (depuis Cass. civ. 13-8-1851 : DP 1851 I p. 282). **17130**

La même solution s'applique au **légataire à titre universel** (C. civ. art. 785, al. 1).

Montant de l'obligation et contribution aux dettes S'il vient seul à la succession, le **légataire universel** est tenu à la totalité du passif et doit en supporter la charge définitive. S'il est en concours avec d'autres successeurs, s'applique le principe de division des dettes entre successeurs universels (C. civ. art. 1309 pour l'obligation à la dette et 870 pour la contribution à la dette) : le légataire universel n'est alors tenu que pour sa part et portion (C. civ. art. 1009), c'est-à-dire le disponible résiduel. **17135**

Les poursuites à son encontre sont cependant différées jusqu'à la délivrance de son legs (CA Paris 23-6-1920 : DP 1922 II p. 182).

S'il y a plusieurs légataires universels, ils sont tenus proportionnellement à la part qu'ils reçoivent dans le disponible résiduel.

Le testateur peut prévoir une répartition différente, à condition toutefois de ne pas porter atteinte à la réserve héréditaire.

Les mêmes règles s'appliquent au **légataire à titre universel,** lequel est tenu proportionnellement à sa quote-part successorale (C. civ. art. 1012 « pour sa part et portion » et 871). La contribution du légataire à titre universel au paiement des dettes et charges de la succession est calculée au prorata de la valeur de son legs par rapport à la valeur totale de la succession.

Pour calculer la **quote-part dans la dette,** la part héréditaire s'entend non de la part que chaque successeur reçoit effectivement dans la succession (l'**émolument effectif**), mais de la **vocation théorique** qui est la sienne (Cass. civ. 11-2-1889 : DP 1889 I p. 316 ; Cass. 1e civ. 13-12-1988 nº 87-10.269 : Bull. civ. I nº 362 ; Cass. 1e civ. 16-7-1992 nº 90-17.972 : Bull. civ. I nº 236 ; Cass. 1e civ. 1-7-2003 nº 01-00.563 FS-PB : RJDA 11/03 nº 1086, JCP N 2004 doctr. 155 obs. R. Le Guidec). La différence est parfois d'importance, notamment lorsque le défunt laisse pour lui succéder un héritier réservataire et un légataire universel, tandis qu'il a consenti un legs particulier. C'est au légataire universel qu'incombe la charge du legs particulier : alors qu'il devrait recueillir, en l'absence du légataire particulier, la moitié de la succession, il recevra effectivement moins, mais supportera le passif successoral à concurrence de la moitié (Cass. req. 30-4-1884 : DP 1885 I p. 373). **17140**

EXEMPLE

Le défunt laisse des biens existants d'une valeur de 200. Il a un héritier réservataire unique, qui accepte la succession. Il a consenti un legs universel et un legs particulier portant sur un bien d'une valeur de 70 (dont il a stipulé qu'il s'imputera sur la quotité disponible par priorité sur le legs universel). Les deux légataires acceptent leurs legs respectifs. Si un passif successoral de 60 vient à apparaître tardivement, il devra être réparti en fonction des seuls titres universels, soit moitié/moitié, c'est-à-dire 30 chacun, en sorte que l'émolument du légataire universel sera égal à zéro. Toute autre répartition ne pourra être opérée que par la convention des parties.

17145 **Obligation aux legs** Le **légataire universel,** seul ou en concours avec des héritiers réservataires, est tenu d'acquitter tous les legs consentis par le testateur même s'ils épuisent son émolument. Il en va de même du **légataire à titre universel** en ce qui concerne les legs particuliers.

17150 L'obligation indéfinie aux **legs particuliers de sommes d'argent** était contestée en doctrine car elle avait pour effet de permettre au testateur de léguer les biens de ses héritiers (F. Terré, Y. Lequette et S. Gaudemet, Droit civil. Les successions. Les libéralités, Dalloz, 4e éd., 2014, no 917). Elle a été supprimée par la loi du 23 juin 2006. Comme l'héritier, le légataire universel ou à titre universel « n'est tenu des legs de sommes d'argent qu'à concurrence de l'actif successoral net des dettes » (C. civ. art. 785, al. 2).

17155 En cas de **concours du légataire universel avec un héritier réservataire,** les legs excédant la quotité disponible sont réduits proportionnellement (C. civ. art. 926), en l'absence de préférence accordée à l'un d'eux par le testateur. Le légataire universel doit acquitter tous les legs ainsi réduits, lesquels demeurent à sa charge.

En cas de **concours du légataire à titre universel avec un héritier réservataire,** en présence de legs excédant la quotité disponible, il y a lieu de procéder également à la réduction proportionnelle des différents legs (C. civ. art. 926), à défaut de préférence indiquée par le testateur. Le principe est alors celui d'une répartition proportionnelle de la charge des legs particuliers entre le légataire à titre universel et l'héritier réservataire dès lors que ce dernier reçoit, outre sa réserve, une partie du disponible (C. civ. art. 1013). En revanche, dans le cas où le légataire à titre universel recueille toute la quotité disponible, il supporte seul les legs particuliers. La solution se justifie par la protection de la réserve héréditaire.

17160 **Légataire en usufruit** Le légataire de l'usufruit est tenu des intérêts ou arrérages de la dette proportionnellement à ses droits en usufruit, le **nu-propriétaire** étant corrélativement tenu du passif en capital (C. civ. art. 609, al. 1).

Le **legs d'une rente viagère ou d'une pension alimentaire** doit être acquitté en totalité par le légataire universel en usufruit, et à proportion de ses droits en usufruit par le légataire à titre universel en usufruit (C. civ. art. 610). Cette obligation ne concerne que les rentes et pensions nées de la volonté testamentaire du défunt, à l'exclusion de celles qui sont constituées judiciairement (en ce sens, notamment, Cass. 1e civ. 28-3-2006 no 04-10.406 F-PB : Bull. civ. I no 187, à propos de la prestation compensatoire sous forme de rente due à la première épouse, solution rendue sous l'empire de la législation antérieure à la loi 2004-439 du 26-5-2004).

17165 **Incidences du cantonnement du legs** La loi est muette sur la question des conséquences du cantonnement de l'émolument du légataire sur son obligation au passif successoral.

Le principe de l'obligation indéfinie au passif des légataires universel et à titre universel, qui justifie qu'en présence d'héritiers réservataires, leur « part et portion » dans le passif s'entende de leur vocation héréditaire (à recueillir la totalité ou une fraction de la succession), a pour effet l'absence d'incidence du cantonnement sur l'étendue de leur **obligation au passif** : celle-ci demeure inchangée. Pour le dire plus simplement, le cantonnement porte sur l'émolument et non le titre : dès lors, tout en réduisant ses droits effectifs dans l'actif successoral par le cantonnement, le légataire conserve intacte sa vocation successorale. Or, c'est la vocation à l'universalité de la succession ou à une fraction de celle-ci qui donne la mesure de l'obligation des héritiers au passif successoral, et non l'émolument effectif qu'ils reçoivent. Ainsi, s'il cantonne son émolument à un bien particulier, le légataire universel demeure tenu du passif successoral « ultra vires successionis » (au-delà des forces de la succession), s'il a accepté purement et simplement (et « intra vires successionis », c'est-à-dire dans les limites des forces de la succession, s'il a accepté à concurrence de l'actif net). Il n'est pas assimilé à un légataire à titre particulier libéré de l'obligation au passif successoral.

En revanche, la **contribution au passif** devrait être modifiée par le cantonnement de l'émolument. En effet, les cohéritiers et les légataires universel et à titre universel en concours ne contribuent entre eux au paiement des dettes et charges de la succession que dans la proportion de ce que chacun y prend (C. civ. art. 870 et 871). Dès lors, il semble bien que le légataire obligé au paiement du passif au-delà de son émolument dispose d'un recours contributif contre les autres successeurs (en ce sens, F. Sauvage, Le cantonnement des libéralités : Defrénois 2010 art. 39110 nº 35 ; F. Terré, Y. Lequette et S. Gaudemet, Droit civil. Les successions. Les libéralités, Dalloz, 4e éd., 2014, nº 483).

Au demeurant, le cantonnement profitant aux héritiers, la solution semble naturelle. En outre, toute autre solution aurait pour effet de dissuader les légataires d'exercer leur faculté de cantonnement.

OBLIGATION AU PASSIF DU LÉGATAIRE PARTICULIER

Sauf volonté contraire du testateur, le légataire particulier n'est pas tenu des dettes et charges de la succession (C. civ. art. 871 et 1024). Il n'est qu'un simple créancier de la délivrance de son legs et tout au plus débiteur des dettes et charges qui grèvent spécialement le bien qui lui a été légué. **17170**

Par exemple, le légataire particulier des sommes figurant sur un compte bancaire n'est pas tenu des sommes indûment perçues de son vivant par le titulaire du compte, lesquelles constituent un passif de la succession, qui ne peut être déduit du legs particulier (Cass. 1e civ. 19-9-2007 nº 05-18.386 F-PB : Bull. civ. I nº 299, BPAT 6/07 inf. 177). De même, le légataire particulier n'est pas tenu des dettes contractées en vue d'acquérir, conserver ou améliorer les biens légués.

Par **exception** :

– le légataire d'un immeuble donné à bail sous le régime des baux d'habitation de la loi du 6 juillet 1989 est tenu de restituer le dépôt de garantie au locataire (Loi 89-462 du 6-7-1989 art. 22, dernier al.) ;

– si le legs porte sur un immeuble hypothéqué, le légataire peut être poursuivi par le créancier (C. civ. art. 1024 ; Cass. 1e civ. 22-6-2004 nº 01-13.160 F-D). Il dispose toutefois d'un recours subrogatoire contre les héritiers s'il acquitte la dette (il se trouve subrogé dans les droits du créancier contre les héritiers) (C. civ. art. 874) ;

– si la succession du testateur doit une pension alimentaire au conjoint survivant qui se trouve dans le besoin, cette pension est supportée par tous les héritiers et, en cas d'insuffisance de l'actif successoral, par tous les légataires particuliers, proportionnellement à leur émolument (C. civ. art. 767, al. 2). Des dispositions similaires sont prévues en matière de prestation compensatoire (C. civ. art. 280, al. 1) ou de pension alimentaire des ascendants (C. civ. art. 758, al. 3).

Il convient d'ajouter que le légataire de sommes d'argent peut voir ses droits diminués voire supprimés du fait des dettes du défunt, à raison de l'obligation limitée au paiement des successeurs universels et à titre universel : voir nº 37155.

ATTENTION

Le légataire particulier qui a été contraint de demander en justice la délivrance de son legs n'est pas tenu des **charges** afférentes au bien légué **antérieures à la délivrance** dans la mesure où, n'ayant pas été mis en possession du bien légué, il n'a pas pu en percevoir les fruits. Ces charges (charges de copropriété, impôts et taxes) antérieures à la délivrance incombent à la succession (Cass. 1e civ. 19-3-2008 nº 06-19.103 F-PB : Bull. civ. I nº 79, BPAT 4/08 inf. 135).

SECTION 4 FISCALITÉ DU LEGS

APPLICATION DES DROITS DE MUTATION PAR DÉCÈS

Les successions testamentaires, pour lesquelles la dévolution des biens résulte des legs consentis par le défunt, sont soumises aux droits de mutation par décès selon les règles générales exposées nos 44100 s. En raison de leurs modalités ou de leur nature particulière, certaines formes de legs appellent néanmoins des précisions sur le plan fiscal. **17270**

DISTINCTION DES LEGS ET DES SIMPLES CHARGES

Pour qu'une disposition présente le caractère d'un legs, il faut notamment que le **bénéficiaire** de la libéralité soit **désigné** ou que son identification soit certaine et ne fasse naître aucune contestation. Tel est le cas, par exemple, du testament en faveur du « curé de telle paroisse ou de son successeur » ou de « M. l'abbé Dupont, curé de Saint-Martin ou de son successeur ». De même, la disposition faite au profit des pauvres d'une commune est un **17275** legs, car le maire a qualité pour accepter les libéralités faites aux pauvres de sa commune (BOI-ENR-DMTG-10-10-10-10 nos 80 et 90). Voir, pour d'autres exemples, nos 16515 s.

En revanche, lorsque le **bénéficiaire** du legs est **indéterminé,** il s'agit d'une simple charge imposée à l'héritier ou au légataire principal, charge dont l'exécution dépend de sa conscience ou de son appréciation des circonstances. Dans cette situation, aucun droit de mutation ne peut être réclamé. C'est l'héritier ou le légataire principal qui doit acquitter les droits de mutation par décès sur l'actif total de la succession. Dès lors, la circonstance que le montant d'un legs soit utilisé en totalité pour payer des honoraires de messes que le testateur a imposé au légataire de célébrer ou de faire célébrer reste sans influence sur l'exigibilité du droit de mutation à titre gratuit (BOI précité).

LEGS SOUS CONDITION OU À TERME

17278 En ce qui concerne les **droits de succession,** les principes exposés en matière de donation nos 6520 (donation sous condition résolutoire), 6670 (donation sous condition suspensive) et 6810 (donation affectée d'un terme) sont applicables aux legs :
- si le legs est affecté d'un **terme** ou d'une **condition résolutoire,** les droits sont immédiatement exigibles (BOI-ENR-DMTG-10-10-10-10 nos 120 et 130) ;
- si le legs est consenti sous **condition suspensive,** son montant n'est pas déduit de l'actif recueilli par les héritiers ou légataires universels. Si la condition se réalise, le légataire acquitte les droits de mutation à titre gratuit d'après la valeur du legs et au tarif en vigueur au jour de la réalisation de la condition. En contrepartie, les droits versés en excédent par les héritiers ou légataires universels leur sont restitués sur réclamation (BOI-ENR-DMTG-10-10-10-10 no 110).

LEGS GRADUELS ET RÉSIDUELS

17280 Le régime fiscal de ces legs est exposé avec l'étude des libéralités graduelles et résiduelles : voir nos 2620 s. et 2885 s.

LEGS NETS DE DROITS

17282 Les droits de succession qui ne prennent naissance qu'après le décès ne sont pas déductibles de l'actif taxable (CGI art. 768). Cette règle s'applique notamment aux droits grevant les legs particuliers exempts de tous frais et droits dont la charge doit être supportée par l'héritier ou le légataire universel. La clause d'un testament prévoyant, en application des dispositions de l'article 1016 du Code civil, que le legs sera payé net de frais et droits n'a d'effet qu'entre les parties et ne peut pas être opposée à l'administration (BOI-ENR-DMTG-10-40-20-10 no 240).

AUTRES LEGS DE NATURE PARTICULIÈRE

17285 **Legs de biens ne figurant pas dans la succession** Le **legs particulier d'une somme d'argent** qui ne se trouve pas dans la succession donne ouverture au droit de mutation par décès calculé d'après le degré de parenté du légataire particulier. Cette somme doit être déduite, en conséquence, de l'actif successoral revenant aux héritiers ou aux légataires universels (BOI-ENR-DMTG-10-10-10-10 no 140).

Si le testateur impose à ses héritiers ou légataires universels l'obligation de remettre à un tiers désigné des **biens meubles ou immeubles** qui n'existent pas dans sa succession, il en résulte deux transmissions (BOI-ENR-DMTG-10-10-10-10 no 150) :
- l'une qui s'opère au profit de l'héritier ou du légataire principal et qui porte sur la totalité des biens successoraux. Les droits de mutation par décès sont alors calculés sur l'actif total de la succession et d'après le degré de parenté des héritiers ou légataires universels ;
- l'autre qui s'effectue entre l'héritier ou le légataire principal et le légataire particulier et ne revêt pas un caractère gratuit. Cette transmission donne ouverture au droit de mutation à titre onéreux.

17290 **Legs secondaire** Le legs par lequel le testateur charge le légataire principal de remettre à un tiers, soit une partie du bien légué, soit une somme, est soumis au droit de mutation par décès d'après le degré de parenté du légataire secondaire. Il est déduit de la part revenant au légataire principal (BOI-ENR-DMTG-10-10-10-10 no 160).

17295 **Legs en paiement d'une dette** Le droit de mutation par décès est dû si la disposition ne s'analyse pas en une reconnaissance de dette pure et simple.

Le legs d'un immeuble en paiement d'une dette donne ouverture aux droits de succession et ne s'analyse pas en une dation en paiement, mais la dette est déductible si les conditions prévues pour cette déduction (voir nos 48350 s.) sont réunies (BOI-ENR-DMTG-10-10-10-10 no 170).

Legs rémunératoire Le droit de mutation par décès est dû sur le legs fait pour rémunérer la personne qui a rendu des **services au testateur,** sans qu'il y ait lieu de rechercher si ces services sont réels ou non. 17300

Le **caractère de legs** est incontestable lorsque les services rendus par le légataire ne sont pas appréciables en argent.

La disposition peut aussi, compte tenu des circonstances, constituer une reconnaissance de dette (BOI-ENR-DMTG-10-10-10-10 n° 180).

Legs verbal exécuté Le legs verbal (voir n° 15050), **en principe nul** de plein droit, est susceptible d'être reconnu **valable dans certains cas** exceptionnels. C'est ainsi que le versement de sommes à un tiers par un légataire universel, en exécution des dernières intentions manifestées verbalement par le défunt, constitue un legs particulier assujetti aux droits (BOI-ENR-DMTG-10-10-10-10 n° 190). 17305

LEGS EXCÉDANT L'ACTIF SUCCESSORAL OU LA QUOTITÉ DISPONIBLE

Les legs particuliers d'une valeur totale supérieure à celle des biens composant l'actif successoral doivent être réduits à cette valeur pour la perception de l'impôt. Dans ce cas, il est procédé à une **répartition de l'actif au marc le franc** entre les différents legs (BOI-ENR-DMTG-10-10-10-10 n° 210). 17310

EXEMPLE

Si le défunt, n'ayant pas d'héritier réservataire, a consenti un legs de 200 000 € et un de 300 000 € alors que l'actif successoral s'élève à 400 000 €, le premier legs sera réduit à 160 000 € (400 000 × 200 000/500 000) et le second à 240 000 € (400 000 × 300 000/500 000).

Si le **legs excède la quotité disponible,** les héritiers réservataires peuvent ne pas exercer l'action en réduction. Il n'appartient pas à l'administration de se substituer à eux en opérant une réduction d'office ; le service de la DGFiP doit se conformer à la volonté exprimée par les parties dans la déclaration (BOI-ENR-DMTG-10-10-10-10 n° 220). 17315

EXEMPLE

Un mineur de plus de 16 ans a légué la totalité de ses biens à ses père et mère. Il est décédé à l'âge de 30 ans, sans avoir confirmé, par ignorance, au cours de sa majorité, les dispositions testamentaires prises au cours de sa minorité. Les héritiers sont ses père et mère et deux frères germains. Ces collatéraux privilégiés ont renoncé à se prévaloir de l'article 904 du Code civil disposant que le mineur de 16 ans non émancipé ne peut disposer par testament que jusqu'à concurrence de la moitié des biens dont la loi permet au majeur de disposer. L'administration doit respecter la volonté des parties quant à l'exécution du testament.

SECTION 5 DISPARITION DU LEGS

CAUSES DE DISPARITION DES LEGS

Il existe plusieurs causes de disparition des legs. 17420

Certaines d'entre elles ont **déjà** été **exposées** dans le chapitre sur les testaments : la nullité du legs ou du testament en cas de non-respect de règles de fond et de forme et la possibilité de révocation expresse ou tacite du testament (n°s 14700 s.).

La **réduction des legs** est traitée n°s 33440 s.

Seront étudiées ici la révocation judiciaire et la caducité des legs.

RÉVOCATION JUDICIAIRE DES LEGS

À l'instar des donations (n°s 4250 s.), les legs peuvent faire l'objet d'une révocation judiciaire. Toutefois, parmi les **causes légales de révocation** des donations, seules l'ingratitude et l'inexécution des charges peuvent justifier une demande judiciaire de révocation d'un legs (C. civ. art. 1046). La survenance d'enfant n'est pas une cause de révocation d'un legs. 17425

Révocation du legs pour inexécution des charges Lorsque le légataire n'exécute pas les charges stipulées, les ayants droit du défunt peuvent demander la révocation du legs (C. civ. art. 954, sur renvoi de l'art. 1046). Les règles sont celles applicables à la révocation 17430 des **donations** pour inexécution des charges (nos 4260 s.). La remise en question du legs suppose en conséquence la réunion de **deux conditions** soumises à l'appréciation des tribunaux : d'une part, la charge doit avoir été la cause impulsive et déterminante de la libéralité ; d'autre part, l'inexécution doit être grave.

ILLUSTRATIONS

A été prononcée la révocation pour inexécution des charges :
– du legs de la maison familiale consenti par une mère à sa fille, à charge pour celle-ci de s'occuper d'elle jusqu'à sa mort et d'organiser tous les ans une réunion de famille, au motif que cette dernière obligation, qui n'avait pas été exécutée, était la cause impulsive et déterminante du legs (CA Agen 12-11-2007 n° 06/01178 : BPAT 5/08 inf. 170) ;
– du legs d'une propriété à charge pour la commune légataire d'en faire « une maison de retraite (...) ou même une colonie de vacances », au motif que les locaux avaient été utilisés pour y organiser des manifestations artistiques (CA Toulouse 21-3-2006 n° 04/01811).

17435 Sur la **condition de** la **gravité** de l'inexécution des charges, la jurisprudence se montre libérale. Elle considère notamment que la volonté du testateur n'est pas méconnue quand ce sont des circonstances nouvelles qui imposent une adaptation des charges de la libéralité.

ILLUSTRATIONS

A été rejetée la demande de révocation pour inexécution des charges du legs d'un portefeuille de titres consenti à un département, assorti de l'obligation de verser 1 000 francs aux pupilles du département qui se marieraient et de leur ouvrir pour leurs dix ans de mariage un livret de caisse d'épargne avec un crédit de 250 francs : devant l'impossibilité d'exécuter cette obligation, due à la diminution du nombre de pupilles, le département avait proposé aux héritiers d'augmenter le montant unitaire des dons et d'affecter le reste des fonds à la création d'une pouponnière et d'une structure destinée aux adolescents, projets qui étaient en cohérence parfaite avec la cause impulsive et déterminante du legs (Cass. 1e civ. 19-11-2008 n° 07-19.329 F-D : BPAT 1/09 inf. 32).

17440 **Révocation pour ingratitude du légataire** Comme les **donations** (nos 4320 s.), les legs sont susceptibles de révocation pour ingratitude (C. civ. art. 1046), avec cependant quelques particularités :
– le **refus d'aliments** n'est pas un cas d'ingratitude du légataire ;
– l'**injure grave à la mémoire du testateur** constitue une cause particulière d'ingratitude (C. civ. art. 1047), soumise à l'appréciation souveraine des juges du fond. Il a été jugé par exemple que ne peut être assimilé à une injure grave à la mémoire du testateur le fait pour le notaire exécuteur testamentaire et légataire du défunt de modifier l'un des termes du testament (« aussi » substitué à « ainsi ») dès lors que cette modification n'entraînait aucun changement dans les droits et les fonctions qui lui étaient dévolus (CA Rennes 20-1-1982 n° 80/3362).

17445 L'**action en révocation** doit être exercée dans un **délai** d'un an à compter du délit en cas d'injure grave à la mémoire du testateur (C. civ. art. 1047).

Dans les autres cas de révocation pour ingratitude, les règles prévues en matière de donation s'appliquent : l'action doit être intentée dans l'année du délit ou dans un délai d'un an à compter du jour où le testateur a eu connaissance du délit. Cette règle aboutit en pratique à paralyser l'action des héritiers du testateur (pour une illustration, Cass. 1e civ. 22-5-1970 n° 69-10.623 : Bull. civ. I n° 168). Pour en limiter la portée, la jurisprudence décide que lorsque le testateur s'est trouvé dans l'incapacité d'agir avant son décès, ses héritiers peuvent exercer l'action révocatoire dans l'année du jour où ils ont eu eux-mêmes connaissance à la fois du délit imputé au légataire et du testament fait en faveur de celui-ci (Cass. 1e civ. 14-2-1990 n° 88-12.486 : Bull. civ. I n° 45, décision rendue à propos d'une testatrice placée sous tutelle au moment des faits d'ingratitude, et qui l'était restée jusqu'à son décès survenu plusieurs années plus tard).

Sous ces restrictions, l'action révocatoire obéit au même régime et produit les mêmes **effets** qu'en matière de donation : voir nos 4340 s.

CADUCITÉ DES LEGS

17450 Un legs est caduc lorsqu'il ne peut pas être exécuté et se trouve donc privé d'effet, alors même que sa validité n'est pas remise en cause. La loi prévoit **quatre cas** de caducité :
– le prédécès du légataire (C. civ. art. 1039) : le mécanisme de la représentation ne joue pas en matière testamentaire, sauf volonté contraire du testateur ;
– la perte de la chose léguée entre la rédaction du testament et le décès du testateur (C. civ. art. 1042). La perte s'entend non seulement de la destruction matérielle de la chose, mais également de sa disparition du patrimoine du testateur par suite d'une aliénation indépendante de sa volonté (à propos de la vente d'un bien légué par le tuteur du testateur mis en tutelle après la

rédaction du testament : Cass. 1e civ. 7-6-2006 no 04-10.612 FS-PB : Bull. civ. I no 299 ; Cass. 1e civ. 19-12-2012 no 11-22.309 F-D) ; une aliénation volontaire du bien entraînerait, elle, la révocation du legs. Il est à noter que le mécanisme de la subrogation réelle est écarté : ainsi, sauf volonté contraire du testateur, le legs consenti ne se reporte ni sur le prix du bien, ni sur l'indemnité (d'expropriation ou d'assurance) versée au testateur ;

– la renonciation au legs par le légataire (C. civ. art. 1043). Ainsi, le légataire universel qui n'a pas pu, de bonne foi, délivrer le legs d'un immeuble, celui-ci ayant été refusé par tous les groupements d'utilité publique contactés en raison d'une clause d'inaliénabilité du bien et des dépenses à exposer pour respecter la destination voulue par la défunte, se trouve régulièrement saisi du bien (CA Aix-en-Provence 1-9-2021 no 18/00706 : BPAT 1/22 inf. 34). La renonciation au legs peut être tacite si elle résulte d'actes du légataire manifestant sans équivoque son intention de ne pas se prévaloir du legs (Cass. 1e civ. 19-11-1991 no 90-11.999 : Bull. civ. I no 324) ; mais une inaction prolongée du légataire ne suffit pas à caractériser la renonciation tacite (Cass. 1e civ. 17-10-1984 no 83-12.372 : Bull. civ. I no 270) ;

– l'incapacité de recevoir du légataire survenue après l'établissement du testament (C. civ. art. 1043), la capacité de recevoir s'appréciant au jour du décès du testateur.

Les cas de caducité des dispositions testamentaires étant limitativement énumérés par les articles 1039 à 1043 du Code civil, la **disparition de la cause du legs** n'entraîne pas sa caducité : « il appartient exclusivement au testateur, capable, de tirer les conséquences de la disparition prétendue de la cause qui l'a déterminé à disposer » (Cass. 1e civ. 15-12-2010 no 09-70.834 FS-PBI : Bull. civ. I no 270, BPAT 1/11 inf. 43, RTD civ. 2011 p. 165, note M. Grimaldi ; Cass. 1e civ. 15-2-2012 no 10-23.026 FS-PBI : Bull. civ. I no 34, Sol. Not. 4/12 inf. 95). Il lui revient donc, le cas échéant, de révoquer son testament.

> **Précisions** Une **jurisprudence ancienne** a parfois prononcé la caducité du legs lorsque le **motif déterminant** qui avait conduit le disposant à tester avait **disparu** après la rédaction du testament :
> – par exemple, lorsque le testateur avait institué un légataire universel parce qu'il n'avait pas d'enfant au jour de la confection du testament, alors qu'il lui en était advenu un depuis (CA Douai 30-1-1843 : S. 1843 II p. 69 ; CA Rennes 11-4-1905 : S. 1905 II p. 241) ;
> – en invoquant une condition résolutoire tacite ou la révocation tacite (Cass. civ. 31-7-1861 : DP 1861 I p. 390). Depuis son arrêt précité du 15 décembre 2010, la Cour de cassation semble vouloir mettre un coup d'arrêt à cette extension jurisprudentielle des causes légales de caducité du testament.

EFFETS DE LA RÉVOCATION JUDICIAIRE ET DE LA CADUCITÉ DES LEGS

Sort du bien légué La révocation judiciaire et la caducité d'un legs ont pour effet commun de faire retomber l'objet du legs dans la succession. Le legs inefficace profite en **principe** au débiteur du legs, c'est-à-dire à celui qui devait l'exécuter : l'héritier ab intestat ou le légataire universel ou à titre universel. Ainsi, l'inefficacité d'un legs particulier profite au légataire universel s'il y en a un, sinon aux héritiers. 17455

Cette règle n'est cependant pas sans exceptions.

Une **première exception** résulte de ce que le testateur a pu lui-même désigner un légataire de second rang pour recueillir le legs à défaut du premier. Il s'agit d'une **substitution vulgaire** autorisée (C. civ. art. 898 ; pour une illustration originale, Cass. 1e civ. 26-9-2012 no 11-17.454 F-D). 17460

> EXEMPLE
> Le testateur institue son conjoint légataire universel, en précisant qu'en cas de prédécès de celui-ci ou de renonciation à la succession, son frère sera légataire universel. Le testateur peut également prévoir que le legs sera transmis aux héritiers du légataire, en écrivant par exemple : « Je désigne mon neveu X légataire universel. S'il décède avant moi, ses descendants seront mes légataires universels selon les règles de la représentation. »

La **seconde exception** concerne les **legs conjoints,** via le mécanisme d'accroissement (C. civ. art. 1044, al. 1) : en cas de renonciation ou de prédécès d'un légataire, la caducité du legs profite à ses colégataires, et non à l'héritier (ou au légataire universel) débiteur du legs. 17465

Un **legs** est **présumé conjoint** dans deux cas :

– lorsqu'une même disposition attribue un bien ou une quotité de biens à plusieurs personnes ensemble, sans que le testateur ait précisé la part de chacun (C. civ. art. 1044, al. 2). Il s'agit d'un legs conjoint sans assignation de parts. Par exemple, le testateur a désigné plusieurs légataires d'une universalité (« j'institue mes deux nièces légataires universelles »), d'une même quote-part de la succession (« je lègue à mes deux nièces la quotité disponible de ma succession ») ou d'un même bien (« je lègue ma propriété de ... à mes deux nièces »). Sauf preuve de la volonté contraire du testateur, la renonciation ou le prédécès de l'un

des légataires profite à son ou ses colégataires (pour une illustration, Cass. 1e civ. 26-1-2011 nº 10-11.915 F-D, à propos du legs particulier de droits indivis sur un immeuble consenti conjointement à deux frères) ;
– lorsqu'un bien qui n'est pas susceptible de division sans détérioration est légué par des dispositions distinctes à plusieurs légataires, chacun pour la totalité (C. civ. art. 1045). En pratique, cette situation ne se rencontre guère, puisqu'elle suppose que le testateur ait, dans le même acte, légué successivement un même bien à deux personnes différentes (« je lègue tel immeuble à ma nièce Claire. Je lègue le même immeuble à ma nièce Pauline »).

ATTENTION

Un **legs** consenti à plusieurs personnes **avec assignation de parts** n'est pas un legs conjoint et ne donne pas lieu à accroissement. Par exemple, si le testateur a légué la quotité disponible de ses biens à ses deux petits-enfants, chacun pour moitié, le prédécès ou la renonciation de l'un des petits-enfants aura pour effet la réintégration dans la succession de la moitié de la quotité disponible, qui sera partagée entre les enfants.

17470 **Sort des charges grevant le legs caduc ou révoqué** Lorsque la caducité ou la révocation du legs profite à l'héritier ab intestat du testateur, celui-ci « recueille la succession en son entier en vertu de la **dévolution légale,** de sorte qu'il ne peut être tenu d'exécuter la charge dont était assortie la disposition testamentaire devenue caduque (ou qui a été révoquée) » (Cass. 1e civ. 1-7-2003 nº 01-00.373 FS-PB : Bull. civ. I nº 156, BPAT 5/03 inf. 106, à propos de la renonciation des légataires universels à un legs assorti de la charge de verser une somme d'argent à une personne).
Lorsque s'applique le **mécanisme de l'accroissement,** il est admis en doctrine que celui qui profite de l'accroissement est tenu des charges, à moins que celles-ci n'aient un caractère strictement personnel (F. Terré, Y. Lequette et S. Gaudemet, Droit civil. Les successions. Les libéralités, Dalloz, 4e éd., 2014, nº 463).

PARTIE 2

Les successions

TITRE I

Ouverture de la succession

CHAPITRE 1

CAUSES D'OUVERTURE DE LA SUCCESSION

SOMMAIRE

Les successions s'ouvrent par la mort (C. civ. art. 720). Celle-ci emporte la disparition de la personnalité juridique qui, seule, autorise la dévolution des biens. 19000

La mort est soit matériellement constatée, soit judiciairement déclarée.

A. Décès

Le décès est la première cause d'ouverture de la succession. Son **origine** est indifférente : naturelle ou accidentelle. 19005

La mort est constatée dans un **certificat médical** de décès. Ce document, rédigé sur un modèle réglementaire, précise notamment la ou les causes du décès, ses date et heure ainsi que la commune où il est survenu (CGCT art. L 2223-42 et R 2213-1-1 s.). Le certificat peut être établi notamment par tout médecin, peu important que ce dernier intervienne à la demande de la famille, des autorités de police, etc.

La mort qui autorise le prélèvement d'organe est médicalement définie (CSP art. R 1232-1 s.). Mais ces modalités ne s'imposent pas en dehors de ce cas : leur non-respect ne permet donc pas de contester la validité de la constatation d'un décès (Cass. 1e civ. 19-10-1999 no 97-19.845 : Bull. civ. I no 283). Les juges se déterminent au cas par cas, sur la base des constatations médicales relatives notamment à un état d'arrêt respiratoire, d'arrêt cardiaque ou de lésions cérébrales irrémédiables (pour un exemple Cass. 1e civ. 7-1-1997 no 94-20.135).

Un **état végétatif** n'est pas assimilé à la mort. Celui qui est dans une telle situation conserve sa personnalité juridique (Cass. 2e civ. 22-2-1995 nos 92-18.731 et 93-12.644 : Bull. civ. II no 61 à propos du droit à être indemnisé de l'ensemble des préjudices) ; dans le même sens refusant au conjoint de la personne en état végétatif le droit de demander l'exécution d'un contrat d'assurance-vie (Cass. 1e civ. 7-1-1997 no 94-20.135 : JCP 1997. II. 22830, note B. Beignier). 19010

B. Absence

L'absent est **défini** comme celui qui a cessé de paraître à son domicile ou à sa résidence et dont on n'a plus de nouvelles (C. civ. art. 112). 19060

Dans un **premier temps,** tout intéressé ou le ministère public peut saisir le juge des tutelles pour faire constater la présomption d'absence (C. civ. art. 112 s.). Cette étape qui n'est nullement obligatoire permet d'organiser la représentation du présumé absent pour l'exercice de ses droits et l'administration de ses biens. Cette représentation est soumise, pour l'essentiel, aux règles applicables à la tutelle des majeurs sans conseil de famille. À titre exceptionnel, et sur décision expresse du juge, elle peut se faire selon les règles de l'habilitation familiale lorsque le représentant désigné est un ascendant, descendant, frère, sœur ou, s'il n'était pas séparé, le conjoint, partenaire pacsé ou concubin.

Dans un **deuxième temps,** l'absence peut être déclarée par le tribunal judiciaire. Une telle décision intervient soit dix ans après la constatation judiciaire de la présomption d'absence, soit vingt ans après que la personne a disparu sans que l'on ait plus de nouvelles d'elle (C. civ. art. 122 s.).

CAUSE D'OUVERTURE DE LA SUCCESSION

19065 Un **jugement déclaratif d'absence** emporte tous les effets d'un décès (C. civ. art. 128, al. 1) ; il emporte donc l'ouverture de la succession. Sur la date d'ouverture, voir nos 19740 s.

Sous peine d'être réputé non avenu, le jugement doit être publié sous forme d'extraits dans deux journaux (C. civ. art. 127 et 123).

Son dispositif est transcrit sur les registres des décès du lieu du domicile de l'absent ou de sa dernière résidence. Mention en est faite notamment en marge de l'acte de naissance de la personne déclarée absente (C. civ. art. 127).

19070 Tant que l'absence n'est pas judiciairement déclarée, la succession n'est pas ouverte. En particulier, la personne qui est **présumée absente** par le juge des tutelles doit être tenue pour vivante (Cass. 2e civ. 20-9-2005 no 04-15.998 : Bull. civ. II no 228 qui décide la présomption d'absence d'un conjoint survivant n'exonère pas la caisse de retraite du versement de la pension de réversion).

> Précisions La Cour de cassation considère que le conjoint survivant a droit au versement d'une **pension de réversion** même s'il est présumé absent puisqu'il reste alors considéré comme vivant (Cass. 2e civ. 20-9-2005 précité).

À l'inverse, le Conseil d'État a jugé que la présomption d'absence du conjoint survivant faisait obstacle au versement de la pension de réversion. Mais il se fonde non sur le fait que la présomption d'absence équivaut à un décès, mais sur le fait que la pension ayant un caractère alimentaire, son bénéficiaire ne peut prétendre à son maintien que s'il est en mesure d'en réclamer les arrérages ; or tel n'est pas le cas de celui qui a disparu de son domicile (CE 16-12-1998 no 161115 : Lebon p. 482).

RÉAPPARITION DE L'ABSENT

19075 Si l'absent reparaît ou si son existence est prouvée postérieurement au jugement déclaratif d'absence, ce jugement peut être judiciairement annulé (C. civ. art. 129).

L'intéressé **recouvre** alors (C. civ. art. 130) :
- ses biens ;
- ceux qu'il aurait dû recueillir pendant son absence dans l'état où ils se trouvent ;
- le prix de ceux qui auraient été aliénés ;
- les biens acquis en emploi des capitaux ou des revenus échus à son profit.

Ses héritiers ne doivent restituer que les biens en capital, à l'exclusion des revenus qu'ils ont dépensés, c'est-à-dire qu'ils n'ont pas employés dans l'acquisition d'un bien.

19080 Les **droits de succession** sont restitués, sur réclamation, à l'exception en principe de ceux correspondant au droit de jouissance dont les héritiers ont bénéficié (CGI art. 1965). La **réclamation** doit être présentée au plus tard le 31 décembre de la deuxième année suivant celle du retour de l'absent. Par tolérance, l'administration considère recevables les demandes présentées au plus tard le 31 décembre de la deuxième année suivant celle au cours de laquelle l'absent a repris possession de ses biens après son retour (BOI-ENR-DG-70-30 no 20).

Cette jouissance est assimilée à un usufruit à durée fixe dont la valeur fiscale est estimée par application de l'article 669, II du CGI (voir no 6140).

19085 Si la déclaration a été provoquée par **fraude,** l'auteur de celle-ci est tenu de restituer les revenus des biens dont il a eu la jouissance, majorés des intérêts légaux à compter du jour de la perception ; il peut, le cas échéant, devoir des dommages et intérêts complémentaires (C. civ. art. 131). Lorsque l'auteur de la fraude est le conjoint, l'absent est recevable à attaquer la liquidation du régime matrimonial qui a eu lieu (C. civ. art. 131).

C. Disparition

JUGEMENT DÉCLARATIF

19135 Le décès peut être judiciairement déclaré dans **deux cas** (C. civ. art. 88) :
- une personne a disparu dans des circonstances de nature à mettre sa vie en danger et son corps n'a pu être retrouvé ;
- le décès est certain mais le corps n'a pu être retrouvé.

La **requête** est présentée à l'initiative du procureur de la République ou de tout intéressé, mais par l'intermédiaire du premier (C. civ. art. 88 et 90).

Elle est portée devant le tribunal judiciaire du lieu de la mort ou de la disparition si celle-ci s'est produite sur un territoire relevant de l'autorité de la France, sinon au tribunal du domicile ou de la dernière résidence du défunt ou du disparu ou, à défaut, au tribunal du lieu du port d'attache de l'aéronef ou du bâtiment qui le transportait. À défaut de tout autre, le tribunal judiciaire de Paris est compétent (C. civ. art. 89).

La compétence est celle du juge français lorsque la personne est française, qu'elle ait disparu en France ou à l'étranger, ainsi que lorsque la personne est étrangère ou apatride mais qu'elle a disparu sur un territoire relevant de l'autorité de la France, ou à bord d'un navire ou d'un avion français, ou encore à l'étranger si elle avait son domicile ou sa résidence habituelle en France (C. civ. art. 88).

RÉAPPARITION DU DISPARU

Si celui dont le décès a été judiciairement déclaré reparaît, le procureur de la République ou tout intéressé peut poursuivre l'annulation du jugement (C. civ. art. 92). **19140**

Le disparu qui renaît, comme l'absent qui reparaît, retrouve ses biens, ceux qu'il aurait dû recueillir durant sa disparition, et en cas de fraude, les revenus des biens dont le fraudeur a eu la jouissance (C. civ. art. 92 qui renvoie aux art. 130, 131 et 132).

CHAPITRE 2

DATE D'OUVERTURE DE LA SUCCESSION

SOMMAIRE

A. Enjeux

La mort qui ouvre la succession doit être datée car elle est le **point de référence** essentiel notamment **pour** déterminer : 19700
– les successibles. C'est à cette date que s'apprécient les qualités requises pour succéder et spécialement l'existence des successibles ;
– la naissance de l'indivision successorale s'il existe plusieurs successeurs à titre universel, héritiers ou légataires. Le décès emportant dissolution du mariage, il ouvre aussi, le cas échéant, l'indivision postcommunautaire ;
– la composition du patrimoine successoral ;
– la date de transmission des biens aux héritiers puisque c'est à cette date que rétroagit l'effet déclaratif du partage ;
– les droits de succession puisque ceux-ci sont calculés, sauf cas d'exonération, sur les biens qui composent le patrimoine du défunt au jour du décès, selon leur valeur vénale estimée à la même date ;
– le départ de nombreux délais tels que ceux relatifs à la déclaration de succession, à une demande d'indignité, etc. ;
– la validité de la renonciation à certains droits tels le droit de retour légal des père et mère ou le droit à une créance de salaire différé ;
– la loi applicable à la succession en cas de conflit de lois dans le temps.

Nous ne reviendrons, ici, que sur deux problématiques particulières, les autres étant envisagées dans des développements qui leur sont propres.

1. DÉTERMINATION DES SUCCESSIBLES

CAS GÉNÉRAL

La succession s'ouvre au jour et à l'heure du décès. La **date du décès** est, selon le cas : 19705
– la date retenue par le médecin qui constate matériellement le décès ;
– la date de transcription du jugement déclaratif d'absence d'une personne qui a cessé de paraître ou à sa résidence et dont on n'a plus de nouvelle ;
– la date retenue, dans le jugement déclaratif de décès, comme étant celle de la mort d'une personne disparue.

Le décès d'une personne, constaté ou judiciairement déclaré, donne lieu à l'établissement d'un **acte de décès.**

CAS DES COMOURANTS

Si deux personnes, dont l'une avait vocation à succéder à l'autre, périssent dans un même évènement, il est important de déterminer l'ordre des décès puisque cet **ordre conditionne** la désignation des héritiers et, accessoirement, le montant des droits de succession. Des règles particulières régissent donc la dévolution successorale dans une telle situation (C. civ. art. 725-1). 19710

EXEMPLE

Soit un couple marié sans enfant, dont la famille se limite au cousin germain du mari et à la tante de la femme. Les deux époux qui n'ont pris aucune disposition à cause de mort, décèdent dans un accident de voiture. Si l'un survit à l'autre, ne serait-ce que quelques instants, il hérite de son conjoint avant que sa propre succession ne soit à son tour liquidée. Il en résulte que si le mari meurt le premier, le bénéficiaire final de sa succession sera la tante de sa femme (le cousin du mari n'aura rien). Si c'est l'épouse qui meurt la première, ses biens iront au cousin de son mari après avoir transité par le patrimoine de celui-ci (la tante de la femme n'aura rien).

19715 **Preuve de l'ordre des décès** L'ordre des décès est établi par tous **moyens** (C. civ. art. 725-1, al. 1). Le principe est donc l'application du droit commun de la preuve, qui admet notamment les témoignages, les rapports des pompiers, les expertises médicales. Les probabilités résultant des circonstances de fait sont aussi prises en compte. Par exemple dans un accident de voiture, une personne assise à l'avant et dont le corps est broyé a pu être considérée comme décédée avant son enfant qui était assis à l'arrière et pour lequel une réanimation a été tentée (CA Lyon, 1e ch. 10-11-1981 : JurisData no 1981-042691, JCP N 1983, II, p. 304). Dans un naufrage, celui qui ne savait pas nager a été réputé mort avant celui qui savait nager (CA Rouen 8-2-1949 : D. 1949, jurispr. p. 189), etc.

19720 La **charge de la preuve** incombe à celui qui invoque la survie de son auteur.

Le juge du fond dispose d'un **pouvoir souverain** pour trancher la question en fonction des circonstances des décès (Cass. 1e civ. 19-10-1999 no 97-19.845 : Bull. civ. I no 28).

19725 **Impossibilité d'établir l'ordre des décès** Si l'ordre des décès ne peut pas être déterminé, la succession de chacun des défunts est dévolue sans que l'autre y soit appelé (C. civ. art. 725-1, al. 2). Les vocations successorales des défunts sont **ignorées,** chaque succession étant réglée en considérant que le comourant n'y a aucun droit.

19730 L'exclusion du défunt de la succession de son comourant connaît toutefois une **exception** : si l'un des codécédés laisse des descendants, ceux-ci peuvent représenter leur auteur dans la succession de l'autre lorsque la représentation est admise (C. civ. art. 725-1, al. 3). Sont visées ici la représentation dans la ligne directe descendante et celle pour les collatéraux privilégiés (C. civ. art. 751 s.).

Ainsi, l'ancienne présomption de survie est, en quelque sorte, maintenue au bénéfice du représenté pour permettre, notamment à ses descendants d'hériter. Par exemple, un petit-fils peut hériter de son grand-père décédé dans le même évènement que son père car il est autorisé à venir à la succession de son aïeul par représentation de son père.

EXEMPLE

Maurice a trois enfants : Pierre qui a lui-même un enfant, Paul ; Jean qui n'a pas d'enfant et Lisette, prédécédée et qui laisse deux enfants Louise et Léonie.

Maurice et Pierre décèdent dans un même évènement. La règle qui consiste à régler les deux successions indépendamment l'une de l'autre devrait conduire à la dévolution de la totalité de la succession de Maurice à son fils survivant, Jean, et à ses petites-filles, Louise et Léonie, par représentation de leur mère. Paul, lui, hérite de son père mais pas de son grand-père. La règle de la représentation corrige cette anomalie : Paul héritera de son grand-père au même rang que son oncle Jean et ses cousines.

Pierre et Jean décèdent dans le même évènement. Avec le règlement indépendant des deux successions, Paul hérite de son père mais pas de son oncle. Dans la succession de ce dernier, les droits personnels de Paul sont d'un rang inférieur à ceux de ses cousines qui, elles, viennent par représentation de leur mère. Avec la représentation, Paul se trouve au même rang que ses cousines et hérite de son oncle.

19735 **Questions résiduelles** Jusqu'à la réforme du 3 décembre 2001, le cas des comourants était réglé par le jeu de présomptions légales de survie (C. civ. art. 720 s. anciens). Celles-ci étaient appliquées de façon restrictive car elles étaient considérées comme arbitraires et peu satisfaisantes. Ainsi, elles ont été écartées pour régler les successions :

– d'une famille déportée dans un même convoi, cette circonstance n'ayant pas été considérée comme l'évènement unique, nécessaire à l'application de la théorie des comourants ;
– testamentaires ou la détermination du bénéficiaire d'une assurance-vie, les présomptions ne s'appliquant qu'à la dévolution légale ;
– de deux personnes dont les vocations successorales n'étaient pas réciproques, l'une seulement ayant vocation à succéder à l'autre.

Depuis la réforme de 2001, certains auteurs militent pour une application plus large de l'article 725-1 du Code civil (en ce sens, J.B. Donnier : J.-Cl. Civil art. 725 à 729-1 fasc. 10 Qualité pour succéder n° 113 s. ; contra G. Raoul Cormeil : J.-Cl. Civil art. 720 Ouverture de la succession n° 38). Ils militent notamment pour son application aux successions testamentaires ou aux donations réciproques au conjoint survivant ou encore au cas de deux personnes « dont l'une avait vocation à succéder à l'autre » (C. civ. art. 725-1, al. 1). Cette dernière formule semble admettre le cas d'une vocation successorale unilatérale (en ce sens, voir M.-C. Forgeard, R. Crône et B. Gelot, La réforme des successions. Loi du 3 décembre 2001, n° 75 ; G. Raoul Cormeil : J.-Cl. précité n° 39). Toutefois, elle est contredite par le deuxième alinéa qui précise que si l'ordre des décès ne peut pas être déterminé « la succession de chacune d'elles est dévolue... ». Pour certains, rien ne justifierait que le champ d'application de cette disposition soit plus limité que celui du premier alinéa. Mais, pour la majorité des auteurs, l'exigence de vocations successorales réciproques reste de mise (voir notamment R. Le Guidec et G. Chabot, Rép. civ. Dalloz Succession : Dévolution n°s 73 s.).

En réalité, l'enjeu des débats est moindre puisque le principe est l'application du droit commun de la preuve.

HÉRITIER ABSENT

La succession est ouverte **à partir de** la transcription du jugement déclaratif d'absence (C. civ. art. 128, al. 1). **19740**

Les mesures prises, le cas échéant, pour l'administration des biens de la personne présumée absente prennent fin, sauf décision contraire du juge (C. civ. art. 128). L'indivision successorale s'ouvre ainsi que, si l'absent était marié en régime de communauté, l'indivision postcommunautaire.

Si la **date du décès** est **connue** avant le prononcé du jugement déclaratif d'absence, la procédure est considérée comme non avenue (C. civ. art. 126). La succession s'ouvre donc à la date connue du décès. **19745**

Lorsque la date du décès est connue postérieurement à la transcription de la déclaration d'absence, la solution est moins évidente. Faut-il faire prévaloir le décès réel sur le décès déclaré ? La loi ne donne pas de solution. Il semble possible de faire reconnaître en justice le décès au jour où il est survenu et annuler les effets de la déclaration d'absence.

HÉRITIER DISPARU

La date du décès est **fixée par** le juge en tenant compte des présomptions tirées des circonstances de la cause et, à défaut au jour de la disparition. Cette date ne doit jamais être indéterminée (C. civ. art. 90). **19750**

Le dispositif du jugement déclaratif de décès est **transcrit** sur les registres de l'état civil et le jugement tient lieu d'acte de décès (C. civ. art. 91).

Comme en cas d'absence, la loi n'envisage pas le cas où la date de la mort vient à être connue postérieurement au jugement déclaratif de décès. Ce jugement peut-il être remis en cause ? C'est soutenu. Mais la jurisprudence n'a pas eu à se prononcer. **19755**

> **Précisions** Des dispositions spécifiques existent.
> Ainsi, s'agissant des **victimes de déportation,** il est prévu qu'une personne qui a fait partie d'un convoi de déportation sans qu'aucune nouvelle n'ait été reçue d'elle postérieurement à la date du départ de ce convoi, est présumée décédée le cinquième jour suivant cette date, au lieu de destination du convoi (Loi 85-528 du 15-5-1985 art. 3).
> Quant aux **passagers d'un avion** qui disparaît, l'avion est réputé perdu trois mois après la date de l'envoi des dernières nouvelles et le décès des passagers peut être déclaré, après expiration de ce délai, par jugement en application des articles 87 à 89 du Code civil (C. aviation civile art. L 142-3).

2. LOI APPLICABLE (CONFLIT DE LOIS DANS LE TEMPS)

La loi applicable à la succession est, en **principe,** celle en vigueur au moment du décès (Cass. 1e civ. 14-12-1971 n° 70-13.267 : Bull. civ. I n° 319). **19785**

En présence d'une loi nouvelle, les dispositions transitoires du texte organisent les conditions de son entrée en vigueur.

Ainsi, la **réforme de 2001** portant principalement sur les droits du conjoint survivant et des enfants adultérins s'est appliquée aux successions ouvertes à compter du 1er juillet 2002, avec trois principales exceptions (Loi 2001-1135 du 3-12-2001, art. 25 : JO 4 p. 19279) :

– les dispositions relatives aux droits au logement temporaire et viager du conjoint survivant se sont appliquées aux successions ouvertes à compter du 4 décembre 2001 ;

– la suppression de la discrimination des enfants adultérins a été avancée plus encore, puisqu'elle a concerné les successions qui étaient ouvertes au 4 décembre 2001 et n'avaient pas donné lieu à un partage, sous réserve des accords amiables déjà intervenus ou des décisions de justice irrévocables ;
– les causes de l'indignité successorale sont déterminées par la loi en vigueur au jour où les faits ont été commis. Les règles relatives à l'indignité ont été complétées par une loi de 2020, sans disposition transitoire particulière, voir n° 21570.

19790 Sous réserve de quelques exceptions, la **réforme de 2006** des successions et libéralités est entrée en vigueur le 1er janvier 2007, étant précisé que (Loi 2006-728 du 23-6-2006 art. 47 : JO 24 p. 9513) :
– les dispositions relatives à l'indivision et au partage se sont appliquées dès le 1er janvier 2007 aux indivisions existantes et aux successions ouvertes non encore partagées à cette date. Les instances introduites avant le 1er janvier 2007 se sont poursuivies et jugées conformément à la loi ancienne, laquelle s'est appliquée également en appel et en cassation ;
– les autres dispositions de la loi se sont appliquées aux successions ouvertes à compter du 1er janvier 2007, y compris si des libéralités ont été consenties par le défunt avant cette date.

B. Preuve de la date du décès

ACTE DE DÉCÈS

19840 Le décès est officiellement constaté par un acte de décès **dressé par** l'officier d'état civil de la commune où le décès a eu lieu. Cet acte est établi sur la déclaration d'un parent du défunt ou d'une personne disposant de renseignements précis sur ce dernier (C. civ. art. 78 s.).
L'officier d'état civil se fonde également et principalement sur le certificat de décès, préalable indispensable. Il peut demander la vérification des données à caractère personnel du défunt directement à l'autorité dépositaire de l'acte de naissance ou, à défaut d'acte de naissance en France, de l'acte de mariage, grâce au dispositif Comedec.
Il **indique** notamment l'état civil complet du défunt, de ses parents, de son conjoint (vivant, décédé ou divorcé) et/ou de son partenaire de Pacs ainsi que le jour, l'heure et le lieu du décès (C. civ. art. 79).
Il est **transcrit** en marge de l'acte de naissance de la personne décédée.

19845 L'acte de décès **fait foi** de la date et de l'heure du décès jusqu'à preuve contraire et non jusqu'à inscription de faux puisqu'il ne s'agit pas d'informations que l'officier d'état civil a personnellement constatées.
Il appartient à l'auteur de la contestation de rapporter la preuve de ses dires (Cass. 1e civ. 19-10-1999 n° 97-19.845 : Bull. civ. I n° 283 ; Cass. 1e civ. 3-2-2004 n° 00-17.126 : Bull. civ. I n° 35). Les juges disposent d'un pouvoir souverain pour l'apprécier en fonction des circonstances de fait (notamment Cass. 1e civ. 7-1-1997 n° 94-20.135 inédit ; voir aussi Cass. 1e civ. 19-10-1999 n° 97-19.845 précité à propos de comourants).

> Précisions Tout intéressé peut faire rectifier un acte de décès via la procédure de rectification des actes d'état civil ou, pour la rectification d'une erreur purement matérielle, via le procureur de la République.

JUGEMENT DÉCLARATIF D'ABSENCE OU DE DÉCÈS

19850 Un jugement déclaratif d'**absence** peut être remis en cause, notamment si l'absent reparaît (nos 19075 s.).
De même, le jugement déclaratif de décès d'une **personne disparue** peut être remis en cause si la personne reparaît (n° 19140).

CHAPITRE 3

LIEU D'OUVERTURE DE LA SUCCESSION

SOMMAIRE

DERNIER DOMICILE DU DÉFUNT

« Les successions s'ouvrent par la mort, au dernier domicile du défunt » (C. civ. art. 720). Le lieu de décès est indifférent. 20400

Le domicile est défini comme le lieu où la personne a son principal établissement (C. civ. art. 102, al. 1). Il se détermine à partir de **deux critères** :
– l'un matériel, le lieu où l'intéressé a choisi d'habiter ;
– l'autre intentionnel, le lieu où il a décidé d'y concentrer ses principaux intérêts. Cet élément intentionnel permet de distinguer le domicile de la résidence.

La **preuve** de cette intention résulte d'une déclaration expresse (changement de domicile) ou des circonstances (C. civ. art. 104 et 105). Les juges disposent d'un pouvoir souverain d'appréciation (notamment Cass. 1e civ. 3-6-1998 n° 96-11.206 : Bull. civ. I n° 189). Par exemple, il a été jugé que : 20405
– une résidence prolongée chez un de ses enfants ne suffit pas à établir le changement de domicile du défunt (Cass. 1e civ. 17-11-1981 n° 80-14.728 : Bull. civ. I n° 341) ;
– le lieu de rédaction du testament est révélateur de l'intention de son auteur d'y fixer son domicile (TGI Paris 29-2-1984 : Defrénois 1985 art. 33465, note M. Revillard).

Le domicile de l'**absent** ou de la **personne disparue** est entendu selon le droit commun. Leur succession s'ouvre donc au lieu de leur dernier domicile connu, peu important le tribunal qui a déclaré l'absence ou le décès. 20410

> **› Précisions** Les personnes mortes en **déportation** sont présumées décédées au lieu de destination du convoi (Loi 85-528 du 15-5-1985 art. 3). Mais cette présomption n'emporte aucune conséquence quant au lieu d'ouverture de leur succession.

Le domicile du **mineur** non émancipé est celui de ses père et mère ou, en cas de séparation, celui chez qui il réside (C. civ. art. 108-2). 20415

Le domicile d'un **majeur sous tutelle** est celui du tuteur (C. civ. art. 108-3).

INCIDENCES DANS L'ORDRE INTERNE

En l'absence d'élément d'extranéité, le lieu d'ouverture de la succession détermine le **tribunal territorialement compétent** pour régler la succession. 20420

Ainsi, le tribunal du dernier domicile du défunt, plus précisément son greffe, reçoit certaines formalités successorales notamment les déclarations, via un notaire ou non, d'acceptation à concurrence de l'actif ou de renonciation à la succession (C. civ. art. 788, al. 1 et 804, al 2), les expéditions de procès-verbal de dépôt de testament et de copie figurée de celui-ci (C. civ. art. 1007, al. 2), etc.

Ce tribunal est aussi compétent pour connaître du contentieux successoral, dont :
– les demandes entre héritiers, celles des créanciers du défunt et celles relatives à l'exécution des dispositions à cause de mort (CPC art. 45) ; ainsi par exemple l'action en décharge d'une dette successorale (Cass. 1e civ. 4-7-2018 n° 17-20.570 FS-PBI : BPAT 5/18 inf. 205). Les « héritiers » s'entendent au sens large, héritiers ab intestat, légataires universels ou à titre universel, donataire ou légataire de biens à venir ou encore personne revendiquant la qualité d'héritier ;

– l'action en partage, les contestations qui s'élèvent soit à l'occasion du maintien de l'indivision soit au cours des opérations de partage, les demandes de licitation, celles relatives à la garantie des lots entre les copartageants et celles en nullité de partage ou en complément de part (C. civ. art. 841). Autrement dit, ce tribunal connaît de tout le contentieux de l'indivision et du partage, jusqu'à ce que ce dernier soit définitif ;
– les demandes de mesures conservatoires de la succession (CPC art. 1306).

La compétence du tribunal du dernier domicile du défunt ne vaut que pour la matière strictement successorale. Elle ne s'applique notamment pas aux actions des héritiers contre des tiers telles que l'action en recouvrement d'une créance du défunt ou celle en revendication de la propriété d'un immeuble du défunt.

20425 Le lieu d'ouverture de la succession, c'est-à-dire le domicile du défunt, détermine aussi le **centre des finances publiques** auprès duquel doit être déposée la déclaration de succession (CGI art. 656). Pour plus de détails sur le lieu de dépôt de la déclaration de succession, voir n° 75500. Sur la dématérialisation de la déclaration, voir n° 51257.

INCIDENCES DANS L'ORDRE INTERNATIONAL

20430 En présence d'un élément d'extranéité, les règles applicables pour déterminer le tribunal compétent et la loi applicable dépendent de la date d'ouverture de la succession.

Pour celles ouvertes **depuis le 17 août 2015,** le règlement Successions attribue la compétence aux tribunaux de l'État membre dans lequel la résidence habituelle du défunt était située au moment du décès, sous réserve dans certains cas, du choix d'un autre État (n°s 68660 s.).

Pour les successions ouvertes **avant le 17 août 2015,** la nature mobilière ou immobilière des biens successoraux est le critère premier (n°s 68880 s.).

TITRE II

Succession ab intestat

CHAPITRE 1

QUALITÉS REQUISES POUR SUCCÉDER

SOMMAIRE

SECTION 1

EXISTENCE DU SUCCESSIBLE

EN BREF

Pour succéder, il faut exister à l'instant de l'ouverture de la succession ou, ayant déjà été conçu, naître viable (C. civ. art. 725, al. 1). Autrement dit, il faut, au moment du décès du de cujus, être soit vivant, soit simplement conçu mais à condition de naître viable. 21400

Le conjoint survivant, qui n'est successible que par alliance, doit, lui, répondre à une condition particulière tenant à l'existence du lien du mariage au jour du décès.

PERSONNE PHYSIQUE VIVANTE

Un successible ne peut être qu'une **personne physique.** L'État qui recueille les successions en déshérence ne le fait pas en qualité d'héritier, l'envoi en possession qu'il est tenu de demander lui conférant la saisine mais non cette qualité (Cass. 1e civ. 6-4-1994 no 92-13.462 : Bull. civ. I no 146). 21405

Une personne physique existe dès sa **naissance** pourvu qu'elle naisse **vivante.** C'est le cas lorsque le bébé a une existence propre, séparée de celle de sa mère et marquée par une respiration complète. 21410

Le décès de l'enfant, qui survient avant la déclaration de sa naissance à l'état civil ne le prive pas de son existence. Dans ce cas, il est établi un acte de naissance et un acte de décès sur production d'un certificat médical indiquant que l'enfant est né vivant et viable (C. civ. art. 79-1).

Dès lors qu'elle est vivante, une personne peut succéder, quelle que soit : 21415

– sa **capacité** juridique. Un mineur ou un majeur protégé a la qualité d'héritier, leur incapacité n'ayant de conséquence, le cas échéant, que sur les modalités de règlement de la succession ;

– sa **nationalité** (Loi 14-7-1819, art. 1). Le droit de prélèvement institué au profit des Français sur les biens situés en France a été déclaré contraire à la Constitution (Cons. const. no 2011-159 QPC du 5-8-2011).

Le décès matériellement constaté ou juridiquement déclaré met fin à la personnalité juridique. 21420

Un **défunt** perd donc toute vocation successorale dans les successions qui s'ouvrent postérieurement à son décès (no 19700). Le mécanisme de la représentation atténue néanmoins la rigueur de cette règle puisque les ayants droit du défunt pourront faire valoir ses droits pour leur compte.

L'**absent** perd la qualité de successible dans les successions qui s'ouvrent après la transcription du jugement déclaratif d'absence tandis qu'une personne simplement présumée absente est héritière (C. civ. art. 725, al. 2). Elle est alors représentée par la personne désignée à cet effet dans le jugement constatant la présomption d'absence (C. civ. art. 113) ou, en l'absence d'un tel jugement, par une personne désignée par le juge des tutelles.

Quant au **disparu,** il cesse d'exister et donc de pouvoir hériter à compter de la date retenue comme étant celle du décès dans le jugement déclaratif de décès (n° 19135).

ENFANT CONÇU ET NÉ VIABLE

21425 Les descendants héritent de leurs père et mère ou autres ascendants sans distinction de primogéniture (C. civ. art. 735). Pour assurer cette égalité, l'enfant est pris en considération, en qualité de successible, dès sa conception (C. civ. art. 725, al. 1). Il peut ainsi venir au même rang que ses frères et sœurs déjà nés.

Ainsi, la qualité de successible s'acquiert dès la conception, mais n'est confirmée que par la naissance de l'enfant vivant et viable.

21430 **Conception** La **date** de la conception est établie, soit par des éléments de fait tels qu'un certificat médical, soit par le jeu des présomptions prévues en matière de filiation et de portée générale. L'enfant est réputé conçu, au jour le plus favorable pour lui, entre le 300e et le 180e jour inclusivement, avant la date de la naissance. Ces présomptions peuvent être combattues par la preuve contraire (C. civ. art. 311).

Quelle date de conception faut-il retenir en cas de **fécondation in vitro** lorsque l'embryon est congelé et implanté plus tardivement ? Que se passe-t-il si le père décède entre la fécondation et l'implantation ? En principe, cette hypothèse ne peut pas exister en France puisque le décès d'un des membres du couple fait obstacle à l'insémination ou au transfert des embryons (CSP art. L 2141-2, al. 2). Si elle se produisait néanmoins, faut-il considérer que l'enfant né dans ces conditions est héritier de son père ? Les auteurs sont très divisés. Il nous semble que retenir la date d'implantation de l'embryon est plus conforme à l'esprit de la loi.

Signalons qu'en cas d'**insémination** (ou de fécondation in vitro) **après le décès du père,** situation également proscrite par la loi, la difficulté n'est pas la même. L'enfant n'est pas héritier puisqu'il n'existait pas au moment du décès de son père, sa conception étant intervenue postérieurement.

Dans le cas d'un couple qui n'est pas marié, si le père décède sans avoir reconnu son enfant avant la naissance, la difficulté pour succéder tiendra à celle d'établir sa filiation.

21435 **Viabilité de l'enfant** La viabilité n'est pas légalement **définie.** Elle s'entend de l'aptitude à vivre, le bébé devant avoir une possibilité de vie autonome. La viabilité s'apprécie notamment selon la conformation des organes vitaux, le temps de gestation et le poids du bébé. Mais il n'y a pas de seuils minimaux requis. Ainsi, subordonner l'établissement d'un acte d'enfant sans vie à la constatation des seuils de viabilité fixés par l'Organisation mondiale de la santé est ajouter au texte (Cass. 1e civ. 6-2-2008 nos 06-16.498, 06-16.499 et 06-16.500 : Bull. civ. I n° 41).

Signalons toutefois que le seuil de 14 semaines d'aménorrhée est, dans la pratique médicale, retenu pour distinguer la fausse couche de l'accouchement. Cette pratique peut évoluer. Le seuil antérieurement retenu était celui de 22 semaines d'aménorrhée ou un poids de 500 grammes qui était le seuil de viabilité retenu par l'Organisation mondiale de la santé.

21440 L'enfant né vivant est présumé viable. Il incombe donc à celui qui le conteste de rapporter la **preuve** de l'absence de viabilité. La question se pose principalement lorsque l'enfant décède très rapidement après la naissance. Mais la brièveté de la vie ne suffit pas à prouver la non-viabilité. Cette dernière peut être établie par tous moyens, témoignages, expertises médicales, etc.

21445 La viabilité de l'**enfant mort-né** ne se pose pas. Il n'a pu acquérir ni personnalité juridique, ni vocation à succéder.

Signalons qu'un enfant qui n'est pas né vivant et viable n'a pas d'acte de naissance ni de décès. Il est dressé un acte d'enfant sans vie sur production d'un certificat médical d'accouchement (C. civ. art. 79-1 ; Décrets 2008-798 et 2008-800 du 20-8-2008 : JO 22 pp. 13144 et 13145 ; Arrêtés du 20-8-2008 : JO 22 p. 13145 ; Circ. 19-6-2009).

Le **temps de la gestation,** les droits de l'enfant seulement conçu peuvent donner lieu à des mesures conservatoires. De même, les héritiers susceptibles de venir à la succession si l'enfant ne devait pas naître viable sont recevables à solliciter en justice des mesures conservatoires. 21450

CAS PARTICULIER DU CONJOINT

Le conjoint survivant a la qualité de successible à condition qu'il ne soit pas **divorcé** (C. civ. art. 732). Une instance en divorce en cours à la date du décès ne le prive donc pas de sa vocation successorale. A fortiori en va-t-il de même d'une simple séparation de fait. 21455

Pour que le conjoint perde sa qualité de successible, il faut que, à l'ouverture de la succession, le divorce résulte d'un jugement ayant acquis force de chose jugée ou d'une convention contresignée par avocats et déposée au rang des minutes d'un notaire.

L'époux **séparé de corps** conserve sa qualité d'héritier. En cas de séparation par consentement mutuel, les époux peuvent valablement renoncer, dans leur convention, à toute vocation légale. Toutefois, il leur est impossible de renoncer par avance au droit de jouissance temporaire sur le logement et au droit à pension en cas de besoin, qui sont d'ordre public (C. civ. art. 301). 21460

L'**annulation du mariage** fait perdre aux ex-époux leur vocation successorale réciproque. 21465

Dans le cas où l'annulation est prononcée alors que la succession d'un des époux est déjà ouverte, il faut distinguer.

Si le survivant était de bonne foi, c'est-à-dire s'il a cru se marier valablement, le mariage est dit « putatif ». Il n'est annulé que pour l'avenir, les effets qui se sont déjà produits étant maintenus (C. civ. art. 201). Le conjoint conserve donc son droit à hériter du défunt.

Si le survivant était de mauvaise foi, le mariage et tous ses effets disparaissent rétroactivement. Le conjoint survivant perd sa vocation successorale et doit, le cas échéant, restituer ce dont il a été alloti.

Quant au **mariage posthume,** il n'entraîne aucun droit de succession ab intestat au profit de l'époux survivant (C. civ. art. 171).

SECTION 2 ABSENCE D'INDIGNITÉ

A. Causes d'indignité

Les causes d'indignité sont limitativement énumérées. L'indignité interdit à celui qui en est frappé de succéder. Selon les cas, cette déchéance s'applique automatiquement ou sur décision de justice. 21570

› Précisions Les règles relatives à l'indignité successorale ont été largement réformées par la **loi de 2001.** S'agissant du **droit transitoire,** il a été dérogé à la règle de droit commun selon laquelle les dispositions nouvelles s'appliquent aux successions ouvertes à compter de l'entrée en vigueur de la loi. Pour éviter l'application de la loi à des faits commis avant son entrée en vigueur tout en permettant à l'indigne de bénéficier des dispositions plus favorables, il a été prévu que les causes d'indignité s'appliquent aux faits commis à compter du 1er juillet 2002, alors que les dispositions qui ont rendu facultative la déclaration de l'indignité s'appliquent aux faits antérieurs (Loi 2001-1135 du 3-12-2001 art. 25, II-3e al.).

L'indignité facultative en cas de condamnation, notamment pour violences volontaires et viol, a été créée par la **loi 2020-936** du 30 juillet 2020 (JO 31 texte no 2). Faute de **disposition transitoire** particulière, elle est applicable aux successions ouvertes à compter du 1er août 2020. Elle peut, dès lors, sanctionner des faits commis antérieurement, mais sous le contrôle du juge.

1. INDIGNITÉ DE PLEIN DROIT

CONDITIONS

Sont indignes de succéder ceux qui ont volontairement **attenté à la vie du défunt,** c'est-à-dire ceux qui, comme auteur ou complice, ont (C. civ. art. 726) : 21575

– donné ou tenté de donner la mort au défunt ;

– porté des coups ou commis des violences ou voies de fait ayant entraîné la mort du défunt sans intention de la donner. Cette hypothèse a été introduite en 2001 (Loi 2001-1135 du 3-12-2001). Auparavant, l'intention homicide était exigée (Cass. 1e civ. 3-10-2006 no 04-11.910 : Bull. civ. I no 429).

21580 Il faut que les auteurs des faits précités aient été **condamnés à une peine criminelle.** En conséquence, l'indignité automatique est exclue si :
– la juridiction pénale n'a pas encore statué. L'auteur présumé des faits reste héritier, en vertu de la présomption d'innocence (Rép. Debré : AN 2-6-2009 p. 5384 no 12375) ;
– l'action publique est éteinte, soit que l'auteur ou le complice du crime est lui-même décédé avant d'avoir été poursuivi ou condamné (mais dans ce cas, l'indignité peut être judiciairement prononcée, voir no 21615), soit que le crime est prescrit ;
– l'héritier a été amnistié puisque la condamnation est alors effacée (CP art. 133-9). Ceci dit, l'amnistie ne préjudicie pas aux tiers (CP art. 133-10). Elle ne permet donc pas de remettre en cause le partage successoral qui est, le cas échéant, déjà intervenu ;
– l'indigne a été réhabilité (CP art. 133-16) ;
– la peine prononcée est correctionnelle. L'indignité peut néanmoins être judiciairement prononcée (no 21615).

MISE EN ŒUVRE

21585 L'indignité est automatique. Elle résulte de la condamnation pénale, sans qu'il soit nécessaire de la faire reconnaître par jugement. Si le juge civil a en connaître, il n'a aucun pouvoir d'appréciation : il doit prendre en compte cette indignité.

2. INDIGNITÉ JUDICIAIREMENT PRONONCÉE

CAS D'INDIGNITÉ

21615 Il existe six cas d'indignité facultative, qui sanctionnent le fait d'avoir gravement attenté à la vie, à l'intégrité physique ou à l'honneur du défunt.

Peut être déclaré indigne de succéder l'héritier qui est condamné à une **peine correctionnelle** pour avoir, comme auteur ou complice (C. civ. art. 727, 1o et 2o) ;
– volontairement donné ou tenté de donner la mort au défunt ;
– volontairement commis des violences ayant entraîné la mort du défunt sans intention de la donner.

Ces hypothèses sont les pendants correctionnels des cas d'indignité automatique. Elles permettent notamment d'appréhender les crimes disqualifiés en délit.

Compte tenu de la gravité de ces fautes, la nécessité d'une condamnation pénale est écartée dans un cas : l'indignité peut être prononcée lorsque l'action publique n'a pas pu être exercée ou s'est éteinte en raison du décès de l'héritier (C. civ. art. 727, al. 7). Cette exception est d'interprétation stricte, les autres causes d'extinction de l'action publique interdisant le prononcé de l'indignité.

Peut aussi être déclaré indigne l'héritier condamné, comme auteur ou complice, à une **peine criminelle ou correctionnelle** pour avoir commis des tortures et actes de barbarie, des violences volontaires, un viol ou une agression sexuelle envers le défunt (C. civ. art. 727 2o bis créé par loi 2020-936 du 30-7-2020 art. 8). Contrairement aux cas où l'héritier a attenté à la vie du défunt, l'indignité pour cause de violences reste facultative, que l'auteur soit condamné à une peine criminelle ou délictuelle.

21620 Peuvent encore être déclarés indignes de succéder ceux qui sont **condamnés pour** :
– s'être volontairement abstenu d'empêcher un crime ou un délit contre l'intégrité corporelle du défunt d'où il est résulté la mort, alors qu'il pouvait le faire sans risque pour lui ou pour les tiers (C. civ. art. 727, 4o). Est ainsi prise en compte la non-assistance à personne en danger, au moins pour les situations les plus graves ;
– avoir fait un témoignage mensonger contre le défunt dans une procédure criminelle (C. civ. art. 727, 3o) ;
– avoir commis une dénonciation calomnieuse contre le défunt pour des faits faisant encourir une peine criminelle (C. civ. art. 727, 5o).

Dans ces cas (qui relèvent tous d'une qualification pénale), une condamnation est requise, mais sans autre précision. Il semble donc que ces fautes puissent être reconnues par un **juge civil,** statuant, par exemple, à l'occasion d'une action en responsabilité civile. Ce juge peut-il être celui qui est saisi de la demande d'indignité ? C'est discutable car l'admettre priverait d'effet le délai applicable aux demandes d'indignité, qui court, dans certains cas, à compter de la décision de condamnation (n° 21630). Mais en sens contraire (Dalloz Action Droit patrimonial de la famille 2018-2019, dir. M. Grimaldi, n°s 222.103 par F. Bicheron).

MISE EN ŒUVRE

Lorsque l'indignité est facultative, elle n'est effective que si elle est judiciairement prononcée (C. civ. art. 727-1). 21625

La demande est **portée devant** le tribunal judiciaire. Le juge pénal saisi de faits justifiant une indignité n'est pas compétent pour la prononcer.
Le tribunal territorialement compétent est celui du lieu d'ouverture de la succession, qui est désigné pour les demandes entre héritiers (CPC art. 45).

Elle doit être formée dans un **délai** de six mois, qui court à compter : 21630
– du décès si la décision de condamnation ou de déclaration de culpabilité lui est antérieure ;
– de la décision si elle est postérieure au décès.

La demande doit **émaner** d'un héritier. Sont à l'évidence visés les héritiers ab intestat, mais aussi les légataires universels ou à titre universel dès lors qu'ils ont intérêt à exclure l'indigne de la succession. Le donataire ou légataire à titre particulier semble pouvoir également agir s'il y a intérêt, par exemple si l'exclusion de l'indigne lui permet d'échapper à la réduction de la libéralité dont il est le bénéficiaire. Quant aux créanciers des successeurs, peuvent-ils agir par la voie de leur action oblique ? Rien ne paraît l'exclure. 21635
Si les cohéritiers restent passifs, l'indigne conserve sa vocation successorale. Le ministère public ne peut suppléer leur inaction car il n'a vocation à agir qu'en l'absence d'héritier (C. civ. art. 727-1).

Bien qu'elle ait toute légitimité à saisir le tribunal, la **victime** n'est pas autorisée à solliciter l'indignité de son successible qui a tenté de la tuer ou de l'impliquer dans une procédure criminelle. En effet, l'action n'est permise qu'aux héritiers et uniquement après l'ouverture de la succession. 21640

Le **juge** se prononce en examinant les circonstances de chaque espèce. Il dispose d'un pouvoir souverain d'appréciation. 21645

B. Relevé d'indignité

Le **défunt** a pu pardonner à son successible et le relever de l'indignité qui le frappe, quelle que soit la cause de celle-ci (C. civ. art. 728). L'héritier retrouve alors sa place dans la succession. 21695
Pour être efficace, le pardon doit, bien évidemment, être **postérieur** aux faits criminels ou délictuels et à la connaissance que la victime en a eue. Aucun relèvement n'est donc possible lorsque cette dernière est décédée immédiatement.
Le pardon peut être **exprès,** via une déclaration de volonté, en la forme testamentaire, de maintenir le successible dans ses droits héréditaires. Il importe peu que le testament soit authentique, mystique ou olographe.
Un pardon **tacite** est également admis : il se déduit d'une libéralité universelle ou à titre universel consentie par la victime au profit de l'indigne. La forme testamentaire n'est pas requise, la libéralité pouvant résulter d'une institution contractuelle.

C. Conséquences de l'indignité

L'indignité constitue une « peine civile, de nature personnelle et d'interprétation stricte » (Cass. 1e civ. 18-12-1984 n° 83-16.028 : Bull. civ. I n° 340). Elle ne s'applique qu'au coupable, sans s'étendre à ses descendants ou ascendants. Ainsi, le père de celui qui tue sa femme et ses deux enfants est en droit de succéder à sa petite fille, présumée décédée en dernier (même arrêt de 1984). 21745

CONSÉQUENCES POUR L'INDIGNE

Exclusion de la succession de la victime L'héritier est exclu de la succession que l'indignité soit automatique ou judiciairement ordonnée (C. civ. art. 726). 21750

Cette exclusion **prend effet** dès l'ouverture de la succession. Il en va ainsi même si la cause de l'indignité ou le jugement la prononçant est connue ou rendu postérieurement. L'indigne perd alors rétroactivement tout droit sur la succession. Il est considéré comme n'ayant jamais été successible (notamment Rép. Debré : AN 2-6-2009 p. 5384 n° 12375).

21755 L'héritier indigne est considéré comme un possesseur de mauvaise foi, ce qui découle notamment de l'article 729 du Code civil. Il **doit restituer** :
– les biens successoraux qui sont en sa possession ainsi que leurs accroissements ;
– la valeur au jour du partage (et non leur prix) de ceux qu'il a vendus. En effet, les actes de disposition à titre onéreux restent valables s'ils ont été conclus avec des tiers de bonne foi qui peuvent se prévaloir de la théorie de l'apparence ;
– une indemnité pour les biens qui auraient disparu par cas fortuit ;
– tous les fruits et revenus dont il a eu la jouissance depuis l'ouverture de la succession (C. civ. art. 729).

Sa dette porte **intérêt** de plein droit, les intérêts moratoires courant dès la perception des fruits et revenus, sans qu'une sommation soit nécessaire (C. civ. art. 1231-6 et 1231-7).

21760 Il **conserve** en revanche les biens qu'il a acquis avec les fonds recueillis dans la succession. Il a droit au **remboursement** des dépenses engagées pour le compte de la succession : paiement des dettes du défunt, entretien d'un bien indivis, etc. Il peut prétendre aux intérêts lorsque les dettes qu'il a réglées portaient elles-mêmes intérêt ou que leur acquittement a évité des poursuites.

Enfin, les créances qu'il avait contre le défunt sont censées n'avoir jamais cessé d'exister. La solution vaut aussi pour les droits réels ayant existé, le cas échéant, entre l'indigne et le défunt (Aubry et Rau t. 9 § 594).

21765 **Exclusion limitée à la succession de la victime** Les indignités ne s'appliquent qu'aux successions ab intestat.

Elles n'affectent pas les **libéralités** que le défunt a pu consentir à l'indigne. Mais celles-ci peuvent être remises en cause par un autre mécanisme dont la philosophie est proche : la révocation pour cause d'ingratitude.

Les indignités successorales ne permettent pas de remettre en question un **avantage matrimonial** (Cass. 1e civ. 7-4-1998 n° 96-14.508 : Bull. civ. I n° 146 à propos d'une communauté universelle avec attribution intégrale au survivant).

21770 L'indigne ne perd ses droits que dans la succession de sa victime. Il reste héritier dans les **autres successions** auxquelles il vient, soit en vertu de la dévolution légale, soit même par représentation de sa victime.

Par exemple, le fils déclaré indigne envers son père reste héritier de sa mère. Il recevra alors de façon indirecte, des biens ayant appartenu à sa victime puisqu'il recueillera dans la succession de sa mère les biens qu'elle-même a hérités de son mari.

Par ailleurs, le fils indigne n'étant pas privé du droit de venir en représentation de son père, il peut faire valoir les droits de ce dernier dans la succession de son grand-père.

CONSÉQUENCE POUR LES ENFANTS DE L'INDIGNE

21775 Les enfants de l'indigne ne sont pas exclus par la faute de leur auteur, soit qu'ils viennent à la succession de leur chef, soit qu'ils y viennent par l'effet de la représentation (C. civ. art. 729-1).

Les enfants du coupable peuvent donc **hériter de la victime en vertu de leur droit propre.** C'est le cas lorsque l'indigne est le seul héritier au degré le plus proche de la victime, ou lorsque tous les héritiers du degré le plus proche sont indignes ou encore lorsque les cohéritiers du même degré que l'indigne ont renoncé à la succession. Ainsi, le fils unique déclaré indigne à l'égard de son père étant écarté de la succession de ce dernier, ses enfants sont appelés de leur chef à cette succession, celle de leur grand-père (puisqu'il n'y a pas représentation du fils unique, voir n° 22797).

21780 Les enfants du coupable peuvent aussi hériter de la victime **en vertu des droits de l'indigne** qu'ils sont autorisés à faire valoir par représentation (C. civ. art. 729-1). En effet, la représentation est admise en faveur des enfants et descendants de l'indigne, celui-ci fût-il vivant à l'ouverture de la succession (C. civ. art. 755). Ainsi, lorsque l'indigne a des frères et sœurs, ses enfants viennent à la succession de leur grand-père, par représentation de leur auteur, au côté de leurs oncles et tantes.

Dans le cas où l'indigne a eu des enfants avant et après l'ouverture de la succession de sa victime, les premiers ayant hérité par représentation et pas les seconds, un dispositif permet de rétablir l'égalité entre eux : ceux qui ont hérité de la victime par représentation de leur auteur doivent rapporter à la succession de ce dernier les biens qu'ils ont reçus, s'ils viennent en concours avec d'autres frères et sœurs conçus après l'ouverture de la succession de la victime (C. civ. art. 754, al. 2 et 755 ; voir n° 31825).

> **Précisions** Jusqu'à la réforme de 2001, les enfants ne pouvaient pas représenter leur parent indigne. Ils perdaient en conséquence tout droit sur la succession de leurs grands-parents si l'indigne avait des frères et sœurs.

Dans tous les cas, pour que l'indigne soit effectivement exclu de la succession de sa victime alors même que ses enfants peuvent hériter, il est prévu qu'il ne peut, en aucun cas, réclamer, sur les biens de cette succession, la **jouissance légale** accordée aux père et mère sur les biens de leurs enfants (C. civ. art. 729-1). **21785**

CONSÉQUENCES POUR LES ASCENDANTS

L'indignité étant d'interprétation stricte, elle ne s'étend pas aux ascendants du coupable. Ainsi, le père du meurtrier de sa femme et de ses deux enfants est en droit de succéder à sa petite fille, présumée décédée en dernier (Cass. 1e civ. 18-12-1984 n° 83-16.028 : Bull. civ. I n° 340). **21790**

CONSÉQUENCES POUR LES TIERS

L'indigne étant privé, le cas échéant rétroactivement, de tout droit sur la succession, les actes qu'il a pu conclure sur les biens successoraux sont, en **principe,** nuls. **21795**

Toutefois en présence d'un tiers de bonne foi, les actes accomplis par l'indigne sont valables car ils sont traités comme ceux conclus par un héritier apparent.

SECTION 3

PREUVE DE LA QUALITÉ D'HÉRITIER

A. Preuves non contentieuses

La qualité d'héritier est, dès le décès, acquise aux parents du défunt, mais il leur faut en justifier auprès des tiers pour entrer en possession des biens. Cette preuve s'établit par **tous moyens** (C. civ. art. 730, al. 1). Cela vaut pour les héritiers légaux mais aussi pour les légataires ou ceux qui bénéficient d'une institution contractuelle. **21900**

Si l'acte de notoriété est le mode le plus répandu, il n'exclut pas les autres moyens de preuve (C. civ. art. 730, al. 2). Sont donc recevables l'intitulé d'inventaire, le certificat d'hérédité ou l'attestation signée de tous les héritiers. Mais la plupart sont de portée plus limitée notamment parce que moins fiables ou pour des usages déterminés. Sur le certificat successoral européen, voir nos 72400 s.

ACTE DE NOTORIÉTÉ

Seul un **notaire** est habilité à dresser un acte de notoriété (C. civ. art. 730-1, al. 1). Celui qui est choisi n'est pas nécessairement chargé de la succession. En revanche, il lui est interdit d'établir l'acte de notoriété s'il n'est pas requis en même temps d'établir l'attestation immobilière de propriété (nos 22150 s.), à moins qu'il ne lui soit justifié que cette attestation a déjà été publiée (Décret 55-1350 du 14-10-1955 art. 69, 4). **21905**

Le notaire **recherche** la parentèle du défunt ainsi que les actes juridiques relatifs à la dévolution successorale. Il se fonde sur les déclarations des héritiers qui le saisissent et celles des témoins ou sachants éventuels. Mais surtout, il procède lui-même à des recherches et s'appuie sur divers documents au premier chef desquels figure le livret de famille du défunt ou ses différents livrets s'il a eu des enfants de différentes unions, voire les livrets de famille des collatéraux pour établir le lien de famille. Sont aussi étudiés les actes de naissance qui sont la principale preuve des filiations ; les éventuels jugements d'adoption ou acte de notoriété établissant une filiation ; les actes de mariage du défunt et de ses ayants droit ; le contrat de mariage, la donation au dernier vivant ou le testament conclus le cas échéant ; etc. Le notaire interroge le fichier central des dispositions de dernières volontés.

21910 **Interviennent à l'acte** le ou les **héritiers** qui en ont demandé l'établissement (C. civ. art. 730-1, al. 3). Il peut s'agir, selon le cas, du conjoint survivant, des descendants, ascendants ou collatéraux du défunt, mais aussi du légataire universel ou à titre universel ou encore d'un légataire à titre particulier.

Il n'est pas nécessaire que tous les héritiers comparaissent. Mais en pratique, pour sécuriser la succession, le notaire veille à ce que tous participent à l'acte, fût-ce par le biais d'une procuration, notariée de préférence.

Interviennent également à l'acte toute personne dont les dires paraissent utiles (C. civ. art. 730-1, al. 4), soit :

– le **généalogiste** en qualité de « sachant » s'il a retrouvé des héritiers. Il relate le résultat de ses recherches qui sont résumées en un tableau généalogique annexé à l'acte ;

– des **témoins ou « sachants »**, voisins ou amis, qui peuvent être appelés à l'acte pour attester de leur connaissance personnelle ou de la notoriété publique de l'existence, de la qualité et de la vocation successorale des héritiers. Leur intervention est facultative ; elle n'est pas nécessaire à la validité de l'acte. En pratique, il sera prudent de faire intervenir des témoins toutes les fois qu'un doute se fait jour, par exemple sur l'existence d'enfants d'un autre lit.

21915 Le **contenu essentiel** de l'acte de notoriété est la déclaration des ayants droit : l'affirmation, par les héritiers qui ont demandé son établissement, qu'ils ont vocation à recueillir tout ou partie de la succession, affirmation qu'ils doivent signer (C. civ. art. 730-1, al. 3).

L'acte précise aussi l'identité précise et complète de chacun des ayants droit avec leur lien de parenté avec le défunt.

En présence d'un contrat de mariage, d'une institution contractuelle ou d'un testament, il reproduit les principales dispositions à cause de mort qui impactent la dévolution successorale.

Il **doit viser** l'acte de décès du défunt et mentionner les pièces justificatives produites pour son établissement tels les actes de l'état civil ou la libéralité à cause de mort existante (C. civ. art. 730-1, al. 2).

En pratique, sont systématiquement annexés l'acte de décès, la réponse du fichier central des dispositions de dernières volontés et, le cas échéant, le tableau généalogique.

21920 L'acte **ne précise pas** nécessairement la proportion des droits de chacun des héritiers mentionnés. En effet, celle-ci dépend de l'option successorale qu'il est généralement prématuré d'exprimer à ce stade. Les options seront mieux formées dans un acte dressé à cet effet. L'acte de notoriété peut en revanche rappeler utilement notamment les droits et options du conjoint ainsi que les délais dans lesquels il doit se prononcer.

21925 Il fait l'objet d'une **mesure de publicité** puisque son existence est mentionnée en marge de l'acte de décès (C. civ. art. 730-1, al. 5). À cet effet, le notaire doit adresser un avis aux fins de mention à l'officier d'état civil du lieu du décès. Si le décès est intervenu dans une commune autre que celle du dernier domicile du défunt, le notaire doit également adresser un avis aux fins de mention à l'officier d'état civil de cette commune (Circ. NOR : JUSC 1204252C du 6-4-2012 n° 7-3 : BO 21012-04 du 30-4-2012, pour plus de précision J. Massip, Les mentions en marge des actes de l'état civil faites à la requête des notaires : JCP N 2012 art. 1318, spéc. n° 20).

21930 L'acte de notoriété **fait foi** des vocations successorales mentionnées jusqu'à preuve contraire (C. civ. art. 730-3 ; Cass. 1e civ. 24-10-1984 nos 83-12.096, 83-12.558 et 83-10.933 : Bull. civ. I n° 279, 280 et 281). En cas de contestation, les juges apprécient souverainement sa valeur probante (voir Cass. 1e civ. 24-10-1984 n° 83-12.558), étant rappelé que la qualité d'héritier se fait par tous moyens.

Les **héritiers** désignés sont présumés avoir des droits successoraux dans les proportions indiquées par l'acte de notoriété (C. civ. art. 730-3). Rappelons que cette indication n'est pas systématique (voir n° 21920). La déclaration de leur vocation successorale ne vaut pas par elle-même acceptation de la succession (C. civ. art. 730-2). L'acte de notoriété contient d'ailleurs généralement une réserve sur cette acceptation.

À l'égard des tiers, les héritiers désignés dans l'acte de notoriété ou leur mandataire commun sont réputés avoir la libre disposition des biens de la succession et, s'il s'agit de fonds, la libre disposition de ceux-ci dans la proportion indiquée à l'acte (C. civ. art. 730-4). Cette règle s'impose notamment au banquier, en dépit des réticences que rencontre parfois la pratique.

Ainsi, outre la validation, par la jurisprudence, des actes passés par un tiers de bonne foi avec un héritier apparent, la sécurisation des opérations portant sur des biens successoraux est renforcée par cette présomption.

Mais attention, c'est ensemble ou via un mandataire commun que les héritiers peuvent valablement agir. Au cas particulier de fonds, aisément divisibles donc, l'un d'eux, agissant seul, ne peut en disposer qu'à proportion des droits qui lui sont reconnus dans l'acte… ce qui n'exclut pas qu'il doive rendre compte à ses cohéritiers lors de la liquidation-partage de la succession.

L'implication des héritiers pour l'établissement de la preuve de leur propre qualité leur fait encourir d'importantes sanctions en cas de fausses déclarations. 21935

Les peines du **recel** successoral sont applicables si (C. civ. art. 730-5) :

– ils utilisent un acte de notoriété inexact. Notamment la dissimulation d'un héritier dans l'acte de notoriété constitue un recel (Cass. 1e civ. 20-9-1984 n° 04-20.614 : Bull. civ. I n° 415 rendu en application des dispositions antérieures à la réforme de 2001 mais transposable) ;

– cette utilisation est consciente et de mauvaise foi. Autrement dit, la preuve d'un élément intentionnel doit être rapportée pour que le recel soit constitué.

L'héritier qui se prévaut d'un acte de notoriété inexact peut aussi être condamné à des **dommages et intérêts** si les héritiers lésés justifient d'un préjudicie distinct qui n'est pas réparé par les peines du recel.

INTITULÉ D'INVENTAIRE

L'intitulé d'inventaire est le préambule de l'inventaire dans lequel le notaire **indique** l'identité des successeurs qui l'ont requis de dresser l'acte et y précise leur lien de parenté avec le défunt ainsi que l'étendue de leurs droits. Les énonciations sur la dévolution de la succession sont le fait du notaire lui-même ; elles ne sont pas la transcription des déclarations des ayants droit. Elles ne sont pas corroborées par l'intervention et l'attestation de tiers. 21940

Ce document **fait foi** jusqu'à preuve contraire.

L'intitulé d'inventaire est devenu rare en raison notamment de la reconnaissance législative de l'acte de notoriété par la loi de 2001. **En pratique,** ces deux actes ne s'excluent pas : ils peuvent être établis à l'occasion du règlement d'une même succession, l'inventaire conservant toute son utilité pour la description qu'il contient de tout ce qui peut dépendre activement et passivement de la succession, notamment en cas d'existence d'un héritier incapable ou d'acceptation de la succession à concurrence de l'actif net. 21945

CERTIFICAT D'HÉRÉDITÉ OU CERTIFICAT D'HÉRITIER

Le certificat d'hérédité résulte de la pratique administrative et non de la loi (Rép. François : Sén. 28-5-1987 p.845 n° 04231 min. du budget). Sa **validité** a été confirmée en 2001 puisqu'il est précisé qu'il n'est pas dérogé aux dispositions ni aux usages concernant la délivrance de certificat d'hérédité par des autorités administratives (C. civ. art. 730, al. 2). 21950

Un tel document est **délivré** gratuitement par le maire de la commune de résidence du défunt ou de l'un de ses héritiers. 21955

Il doit indiquer la date du décès du défunt, sauf à joindre un acte de décès, ainsi que le nom et la qualité des héritiers. Il est établi sur la base du livret de famille.

Le maire apprécie souverainement s'il dispose d'informations suffisantes et reste libre de refuser de dresser le certificat sollicité (Rép. Micaux AN 7-10-1991 p. 4122 n° 40479 min. intérieur), ce qu'il fait dans 60 % des cas.

Un certificat d'hérédité **permet** aux héritiers d'un créancier de l'État ou d'une collectivité publique d'obtenir le remboursement des sommes dues si elles sont inférieures ou égales à 5 335 €. 21960

Certains établissements bancaires acceptent de libérer les fonds déposés sur un compte ouvert au nom du défunt au vu d'un tel certificat dans une limite qu'ils se fixent. Cette pratique devrait cesser avec la création de l'attestation des héritiers (nos 21970 s.).

En pratique, ce mode de preuve est d'un usage limité car il manque de fiabilité : 21965

– à la différence du notaire, l'officier d'état civil ne dispose d'aucun moyen de connaître l'existence de dispositions testamentaires ou contractuelles susceptibles de modifier la dévolution légale de la succession ;

– le certificat d'hérédité n'implique pas les héritiers, contrairement à l'acte de notoriété ou à l'intitulé d'inventaire ;

– le livret de famille sur la base duquel le certificat est établi n'est pas nécessairement à jour.

ATTESTATION DES HÉRITIERS

21970 La preuve de la qualité d'héritier peut être établie par une attestation **signée** par l'ensemble des héritiers, **indiquant** que (C. mon. fin. art. L 312-1-4) :
– il n'existe pas de testament ni d'autres héritiers ;
– il n'existe pas de contrat de mariage ;
– ils autorisent le porteur du document à percevoir pour leur compte les sommes figurant sur les comptes du défunt ou à clôturer ces derniers ;
– il n'y a ni procès, ni contestation en cours concernant la qualité d'héritier ou la composition de la succession.

Lorsqu'elle doit servir à clôturer les comptes du défunt, l'attestation doit en outre préciser que la succession ne comporte aucun immeuble.

21975 L'héritier qui entend utiliser une telle attestation doit remettre à la banque les **documents** suivants :
– son extrait d'acte de naissance ;
– un extrait d'acte de naissance du défunt et une copie intégrale de son acte de décès ;
– le cas échéant, un extrait d'acte de mariage du défunt ;
– les extraits d'actes de naissance de chaque ayant droit désigné dans l'attestation ;
– un certificat d'absence d'inscription de dispositions de dernières volontés.

21980 L'attestation des héritiers a une **portée** limitée.

D'une part, elle ne peut être utilisée que par les successibles en ligne directe. Le conjoint survivant ne semble donc pas pouvoir être le porteur de l'attestation.

D'autre part, l'attestation est utilisable uniquement auprès des établissements de crédit, pour deux types d'opération, d'un montant limité :
– le débit, sur les comptes de paiement du défunt, des sommes nécessaires au paiement de tout ou partie des actes conservatoires dont le paiement des frais funéraires et de dernière maladie, des impôts dus par le défunt et des loyers (C. civ. art. 784 auquel il est renvoyé). Le montant pouvant être débité est triplement limité, au montant exact des dépenses (la présentation des factures, bon de commande ou avis d'imposition est requise), au solde créditeur du compte bien sûr et surtout à un montant fixé par arrêté de 2015 à 5 000 € revalorisés chaque année en fonction de l'indice Insee des prix à la consommation hors tabac (Arrêté du 7-5-2015 : JO 14 p. 8238) ;
– la clôture des comptes du défunt et le versement des sommes y figurant dès lors que le montant des sommes détenues par l'établissement est inférieur à 5 000 € revalorisé comme indiqué ci-dessus (Arrêté du 7-5-2015 : JO 14 p. 8238). Observons que ce montant est fixé par établissement bancaire alors que le défunt pouvait détenir des comptes dans plusieurs établissements (Rapport AN n° 2200 déposé le 17-9-2014). La clôture des comptes du défunt suppose que la succession soit exclusivement mobilière, ce que l'attestation doit spécifier (n° 21970). Il serait en effet contradictoire d'autoriser une telle clôture qui s'apparente à un règlement informel de la succession, alors qu'un notaire devra être saisi pour procéder au règlement de cette succession, en présence d'un immeuble (Rapport Sénat n° 215 déposé le 14-1-2015).

Les plafonds prévus pour les deux types d'opération sont susceptibles de se cumuler (Rapport AN n° 2200 déposé le 17-9-2014).

L'**avantage majeur** de cette procédure est évidemment son faible coût pour les héritiers, seule l'obtention du certificat d'absence de dispositions de dernières volontés étant payante.

CAS PARTICULIER DE L'ALSACE-MOSELLE

21985 Dans les départements d'Alsace-Moselle (Haut-Rhin, Bas-Rhin et Moselle), la preuve de la qualité d'héritier résulte d'un certificat d'héritier délivré par le **juge** (art. 2353 s.).

Mais ces dispositions locales ne font pas obstacle à ce qu'un héritier fasse la preuve de sa qualité selon le **droit commun** de l'article 730 du Code civil, c'est-à-dire par tous moyens (Cass. 1e civ. 10-5-2007 n° 05-12.140 : Bull. civ. I n° 181).

B. Action en pétition d'hérédité

22035 L'action en pétition d'hérédité est celle par laquelle un héritier omis revendique la qualité de successeur à l'encontre d'autres qui revendiquent la même qualité et détiennent à ce titre des biens successoraux.

L'action d'un héritier ab intestat aux fins d'annulation d'un testament instituant un légataire universel opère également pétition d'hérédité (Cass. 1e civ. 23-5-2012 n° 11-15.143).

PROCÉDURE

L'action est introduite, selon le droit commun, devant le **tribunal** judiciaire du lieu d'ouverture de la succession. 22040

Le **demandeur** est toute personne qui revendique un droit successif universel ou à titre universel : héritier ab intestat, légataire universel ou à titre universel ou encore bénéficiaire d'une institution contractuelle. Il doit disposer de la saisine, qu'elle soit automatique (C. civ. art. 724 et 1006) ou acquise après une demande de délivrance (C. civ. art. 1004 et 1011) ou d'envoi en possession (C. civ. art. 1008) ; voir nos 41110 s. Il en va autrement du légataire particulier car il ne dispose pas de la saisine. 22045

En raison de l'indivisibilité de la saisine, un demandeur peut agir seul pour le tout et pas seulement pour sa part, même si d'autres de même rang restent passifs.

Avant la réforme de 2006, la saisine dite virtuelle autorisait un successeur de rang éloigné à agir en pétition d'hérédité si ceux qui étaient de rang utile restaient passifs. Il n'est pas certain que cette possibilité subsiste, la saisine virtuelle ayant, selon la majorité des auteurs, disparu (no 41115 ; pour le maintien de cette possibilité, voir M. Grimaldi, Litec, 7e éd., no 570).

L'action est **dirigée contre** celui ou ceux qui détiennent des biens de la succession, en revendiquant la qualité d'héritier ab intestat ou de légataire universel ou à titre universel. 22050

En présence de plusieurs défendeurs, la renonciation de l'un à contester la qualité d'héritier du demandeur n'est pas opposable aux autres.

Le demandeur devra faire la **preuve de sa qualité d'héritier** en établissant son lien de parenté (par filiation ou alliance) ou l'existence d'un testament ou d'une institution contractuelle. 22055

La jurisprudence considère que l'action en pétition d'hérédité ne porte pas sur une question d'état proprement dit mais sur une question de généalogie. Elle admet en conséquence que le lien de parenté soit prouvé par tous moyens et pas seulement par les modes de preuve de la filiation à deux conditions : la relation de parenté revendiquée remonte à des temps éloignés qui rendent les preuves impossibles à réunir ; seul le degré de parenté avec le défunt est en jeu mais pas l'état du successible (Cass. civ. 9-3-1926 : DP 1926, 1,225, S. 1926, 1, 337).

PRESCRIPTION DE L'ACTION

La prescription applicable est discutée. 22060

L'action qui vise à revendiquer la qualité d'héritier s'analyse comme une **action personnelle.** Selon le droit commun actuellement en vigueur, elle se prescrit donc par cinq ans à compter du jour où le demandeur a connu ou aurait dû connaître l'existence de ses droits successoraux, et au plus tard vingt ans après le décès (C. civ. art. 2224 et 2232).

Mais cette prescription est plus courte que le **délai d'option.** En effet, l'héritier dispose de dix ans à compter du décès pour prendre parti sur la succession (C. civ. art. 780). Cette discordance est incohérente. C'est pourquoi une partie de la doctrine considère que tant que le délai de l'option court, un successible conserve sa possibilité d'agir en pétition d'hérédité (En ce sens voir C. Pérès, La prescription de la pétition d'hérédité : pour une intervention législative : D 13-10-2011 p. 2416). La Cour de cassation ne s'est, à ce jour, pas prononcée.

Ajoutons que certains auteurs considèrent que la pétition d'hérédité constitue une **action réelle** ou mixte en ce qu'elle permet, si elle aboutit, de revendiquer la propriété d'un ou plusieurs biens. Selon la nature mobilière ou immobilière de la succession, elle se prescrirait alors par cinq ou trente ans.

Avant la réforme de la prescription en 2008, l'action en pétition d'hérédité se prescrivait par trente ans (Cass. 1e civ. 28-1-2009 no 07-19.573 : Bull. civ. I no 19).

EFFETS

Si le demandeur se voit **refuser la qualité d'héritier,** la décision n'est opposable qu'aux parties au litige. Les tiers ne peuvent ni s'en prévaloir, ni se la voir opposer. 22065

En présence de plusieurs défendeurs, l'appel formé par l'un n'interrompt pas le délai pour les autres.

Entre les parties Le demandeur qui se voit reconnaître la qualité d'héritier entre dans l'**indivision successorale.** Il est en droit de revendiquer, le cas échéant, la nullité du **partage** successoral avec la restitution des biens héréditaires détenus par le ou les défendeurs. 22070

22075 Les défendeurs sont tenus de **restituer** les biens héréditaires qui sont en leur possession, avec les améliorations qu'ils ont pu y apporter.

S'ils sont de bonne foi c'est-à-dire s'ils ignoraient l'existence du défendeur, ils sont tenus des **détériorations** des biens successoraux seulement si elles résultent de leur faute tandis que ceux de mauvaise foi répondent de toutes les dégradations qui ont diminué la valeur des biens (C. civ. art. 1352-1).

En cas de **vente d'un bien** successoral, l'opération consentie à un tiers de bonne foi reste valable. Si les défendeurs sont de bonne foi, ils ne doivent restituer que le prix, fût-il inférieur à la valeur du bien ; dans le cas contraire, ils doivent la valeur actuelle du bien ou le prix s'il est supérieur (C. civ. art. 1352-2).

Les successeurs évincés de bonne foi restituent seulement les **fruits** perçus à compter de la demande tandis que ceux de mauvaise foi doivent rendre tous ceux qu'ils ont perçus ou s'ils les ont consommés, leur valeur estimée à la date du remboursement (C. civ. art. 1352-7 et 549).

22080 Enfin, qu'ils soient de bonne ou mauvaise foi, il est tenu compte à ceux qui doivent restituer des **dépenses** qu'ils ont **faites** si elles étaient nécessaires à la conservation des biens ou si elles en ont augmenté la valeur. Le montant considéré est celui de la valeur nominale des dépenses, dans la limite de la plus-value estimée au jour de la restitution. (C. civ. art. 1352-5).

22085 **À l'égard des tiers contractants** Les **actes d'administration** sont maintenus.

Il en va de même des actes de **disposition à titre onéreux** passés par un héritier apparent avec un tiers de bonne foi, c'est-à-dire un tiers qui a cru contracter avec le véritable propriétaire. Rappelons à cet égard que les héritiers désignés dans l'acte de notoriété sont réputés avoir la libre disposition de ces biens (C. civ. art. 730-4).

En revanche, les actes de disposition **à titre gratuit** sont nuls et de nul effet, même en présence d'un gratifié de bonne foi.

C. Qualité d'héritier et propriété des biens successoraux

22135 Outre la qualité d'héritier qui s'établit selon les modalités présentées, les successeurs du défunt sont parfois tenus de justifier de leurs droits successoraux sur certains actifs : c'est l'objet du certificat de propriété ou de mutation et de l'attestation immobilière de propriété.

CERTIFICAT DE PROPRIÉTÉ

22140 Un certificat de propriété établit, comme son nom l'indique, la propriété d'un bien. Il est **délivré par** le notaire détenteur de la minute des actes translatifs de propriété ou par le greffier d'un tribunal lorsque les droits des parties sont établis judiciairement.

L'héritier dont la propriété est reconnue peut se prévaloir d'un tel document pour justifier de sa qualité.

Toutefois, la délivrance d'un certificat de propriété exige des délais longs et impose des dépenses non négligeables.

> **Précisions** Conformément au droit commun, la **possession exempte de vices** par un tiers d'un bien meuble successoral peut tenir en échec la revendication du bien par l'héritier. Ainsi jugé à propos d'une gouache de Picasso confié par un collectionneur à une galerie d'art qui l'a déposée dans la chambre forte d'une banque. Trente-cinq ans après, les héritiers de ce collectionneur se sont opposés avec succès à la revendication du tableau, qui figurait dans l'inventaire de la succession du peintre comme attribué à l'épouse de celui-ci (Cass. 1e civ. 26-10-2022 no 21-18.667 F-D : BPAT 1/23 inf. 35).

22145 **Certificat de mutation** Le certificat de mutation permet d'établir la mutation à cause de mort de certains **titres ou valeurs mobilières** : l'établissement émetteur ou teneur de compte des valeurs concernées connaît ainsi le ou les nouveaux titulaires. Un tel document est devenu rare depuis la dématérialisation des valeurs mobilières et leur transformation en éléments de comptes.

Établi par un notaire, l'acte constate le décès, vise les faits et actes fondant la dévolution de la succession (contrat de mariage, donation entre époux, testament…) et indique la dévolution telle qu'elle résulte d'un acte de notoriété ou d'un intitulé d'inventaire. Le notaire y certifie la nature et l'étendue des droits des héritiers sur les biens concernés.

ATTESTATION IMMOBILIÈRE DE PROPRIÉTÉ

Une attestation immobilière de propriété doit être **établie lorsque** le décès opère transmission d'un immeuble ou d'un droit réel immobilier ou constitution d'un tel droit (Décret 55-22 du 4-1-1955 art. 29). 22150

Elle est impérativement dressée par un **notaire,** la forme authentique étant obligatoire pour tout acte soumis à la formalité de publicité foncière (Décret 55-22 du 4-1-1955 art. 29 ; C. civ. art. 710-1). L'intervention des successibles n'est pas requise. Mais en pratique, le notaire les sollicite pour leur faire préciser l'évaluation des biens dont la mutation est constatée et surtout les modalités de leur option successorale.

En effet, l'attestation **mentionne** la désignation et l'origine de propriété des biens immobiliers transmis ainsi que l'identité et l'étendue des droits des héritiers. Elle doit indiquer obligatoirement si les successibles ou légataires ont accepté la succession, et préciser éventuellement les modalités de cette acceptation. Si certains d'entre eux ont renoncé, leur identité doit y être détaillée également (M. Suquet-Cozic, Faut-il indiquer l'état civil complet du renonçant dans l'attestation de propriété immobilière ? : SNH 36/20 inf. 7). Le cas échéant, l'attestation peut être partielle, c'est-à-dire ne porter que sur certains immeubles de la succession. Toutefois, elle ne peut pas porter sur des parties de parcelles cadastrales (M. Suquet-Cozic, Peut-on désigner une parcelle par un document d'arpentage dans une attestation de propriété immobilière ? : SNH 19/21 inf. 10).

L'attestation immobilière de propriété doit être **publiée** au service de la publicité foncière de la situation de l'immeuble. Sa publication permet la mise à jour du fichier immobilier. 22155

Une **attestation rectificative** doit, le cas échéant, être établie, notamment lorsque la dévolution est modifiée, ou que les successibles exercent ou modifient leur option postérieurement à la publicité de l'attestation notariée (Décrets 55-22 du 4-1-1955 art. 29 et 55-1350 du 14-10-1955 art. 69).

Les successibles disposent d'un **délai** de six mois à compter du décès pour requérir un notaire d'établir une attestation notariée (Décret 55-22 du 4-1-1955 art. 33, A). Le notaire, lui, a quatre mois, à dater du jour où il a été requis par les successibles, pour établir et faire publier l'attestation notariée (Décret 55-22 du 4-1-1955 art. 33, A). 22160

La régularisation et la publication au service de la publicité foncière d'un acte de partage portant sur la totalité des immeubles successoraux dans les dix mois du décès dispensent les successeurs de faire établir une attestation notariée (Décret 55-22 du 4-1-1955 art. 29, al. 4).

Au cas de décès d'un époux commun en biens ou propriétaire indivis avec son conjoint, il n'est pas possible d'attendre le décès du second conjoint pour constater la mutation intervenue au premier décès ; il convient d'établir une attestation immobilière de propriété après chaque décès, même si le conjoint survivant est usufruitier total. 22165

À l'égard des tiers, l'attestation notariée fait foi de la qualité d'héritier jusqu'à preuve contraire. 22170

CHAPITRE 2 DÉVOLUTION LÉGALE

SOMMAIRE

DES RÈGLES DIFFÉRENTES SELON LA COMPOSITION DES FAMILLES

22700 Lorsque le défunt n'a établi ni testament ni donation entre époux (succession dite « ab intestat »), c'est la loi qui détermine les personnes appelées à hériter de lui : elle en dresse la liste en les classant par ordre de préférence. On parle ainsi de « dévolution légale ».

La dévolution légale s'effectue de façon différente selon que le défunt laisse ou non un conjoint survivant ; il convient donc de distinguer les deux situations.

Un certain nombre de cas particuliers sont susceptibles d'infléchir les règles normales de la dévolution. Cela peut tenir soit aux personnes, notamment en cas d'adoption (nos 25450 s.), de recel (nos 39960 s.), d'indignité (nos 21570 s.), etc., soit aux biens tels les souvenirs de famille (nos 26170 s.), la propriété littéraire et artistique (nos 26035 s.), etc. Sur la situation particulière des comourants, voir no 19710.

SECTION 1

DÉVOLUTION EN L'ABSENCE D'UN CONJOINT SURVIVANT

PRINCIPES DIRECTEURS

22710 Les principes directeurs en matière de dévolution successorale sont l'ordre et le degré. Ils permettent de déterminer l'**ordre de priorité** entre les parents du défunt susceptibles d'hériter. Cependant, dans certains cas, deux **mécanismes correcteurs** interviennent : la représentation et la fente.

22715 **Ordres** Les héritiers sont répartis par la loi en **quatre** ordres censés traduire les affections présumées du défunt (C. civ. art. 734) : le premier ordre est celui des descendants ; le deuxième ordre, ou ordre mixte, regroupe ascendants privilégiés et collatéraux privilégiés ; le troisième ordre réunit les ascendants ordinaires ; enfin, le quatrième ordre se compose des collatéraux ordinaires.

En principe, les héritiers d'un ordre déterminé priment ceux des ordres subséquents, ce qui conduit en premier à classer les proches parents en fonction de l'ordre auquel ils appartiennent.

22720 **Degrés** **À l'intérieur de** chaque ordre, les héritiers sont classés selon leur degré de proximité avec le défunt, les plus proches excluant les plus éloignés, toujours au nom d'une préférence supposée (C. civ. art. 744 al. 1). Le degré s'établit par le nombre de générations existant entre l'intéressé et le défunt (C. civ. art. 741). En cas d'égalité de degré, les héritiers succèdent par têtes à parts égales (C. civ. art. 744 al. 2).

On appelle **ligne directe** la suite des degrés entre personnes qui descendent l'une de l'autre, tandis que la ligne **collatérale** est la suite des degrés entre personnes qui ne descendent pas les unes des autres, mais qui descendent d'un auteur commun (C. civ. art. 742).

22725 **Représentation** La représentation est un **mécanisme correcteur** du principe du degré. Un héritier de degré plus éloigné (le représentant) est appelé à la succession pour y exercer les droits d'un héritier de degré plus proche (le représenté) (C. civ. art. 751) : il s'agit d'une fiction de la loi destinée à assurer l'égalité entre les souches.

La représentation est admise dans le **premier et le deuxième ordre** seulement :
– en ligne directe descendante (C. civ. art. 752 al. 1 ; n°s 22795 s.) ;
– en ligne collatérale, mais exclusivement en faveur des enfants et descendants des frères ou sœurs du défunt (C. civ. art. 752-2 ; n° 22880).

Elle est donc exclue en ligne ascendante (C. civ. art. 752-1) ainsi qu'en ligne collatérale à l'égard des collatéraux ordinaires (C. civ. art. 752-2 a contrario).

La représentation a vocation à être **mise en œuvre lorsque** le représenté ne vient pas à la succession parce qu'il est :
– prédécédé au jour de l'ouverture de la succession (C. civ. art. 754) ;
– vivant, mais renonçant (C. civ. art. 754) ;
– vivant, mais indigne (C. civ. art. 729-1 et 755).

En revanche, la représentation est impossible lorsqu'un héritier ne vient pas à une succession parce qu'il a été exhérédé par testament (Cass. 1e civ. 17-4-2019 nos 17-11.508 FS-PB, 17-11.510 FS-D, 17-11.511 FS-D et 17-11.512 FS-D : D. 2019 chron. p. 2216, obs. S. Godechot-Patris et C. Grare-Didier, rendu à propos d'une succession en ligne collatérale). Les cas dans lesquels la représentation successorale est admise sont en effet limitativement énumérés par la loi.

Au plan civil, la représentation exige toujours l'existence de **plusieurs souches** (voir n° 22797), tandis qu'au plan fiscal, la solution varie.

22730 **Fente** La fente successorale, c'est-à-dire la division de la parenté en **deux branches,** paternelle et maternelle, conduit à répartir au préalable la succession moitié-moitié entre ces deux branches, avant d'appliquer, dans chacune de ces branches et de façon indépendante, les règles de priorité (C. civ. art. 746 s.). Elle déroge au classement par degré, mais aussi, dans un cas, au classement par ordre.

Ce mécanisme est toujours **exclu** lorsqu'il y a des descendants, car ceux-ci appartiennent aux deux branches, paternelle et maternelle.

Il **joue seulement** en présence de deux catégories d'héritiers appelés :
– des ascendants dans chaque branche ;
– à défaut, des collatéraux ordinaires dans chaque branche.

La fente permet, par exemple, à un ascendant ordinaire d'être appelé bien qu'il existe, dans l'autre branche, un ascendant privilégié (par une dérogation au classement par ordre) ; ou encore à une cousine de la branche maternelle du défunt de venir en concurrence, bien que d'un degré plus éloigné, avec l'oncle paternel du défunt (simple dérogation au classement par degré).

La fente n'est applicable qu'**une seule fois** dans chaque succession : on ne doit jamais, à l'intérieur d'une même branche, procéder à une refente. Ce principe se déduit a contrario de l'article 748 du Code civil, qui prévoit qu'à l'intérieur de chaque branche, c'est le classement par degré qui prévaut. Il est également rappelé de façon explicite à l'article 750, alinéa 1 du Code civil dans le cas particulier des collatéraux ordinaires.

Pour tenir compte du phénomène contemporain des recompositions familiales, étrangères à la nomenclature précise des parentés mais qui créent entre demi-frères et demi-sœurs des liens affectifs, la loi du 3 décembre 2001 a supprimé l'ancienne fente entre les collatéraux privilégiés du défunt selon qu'ils étaient germains, consanguins ou utérins (C. civ. art. 752 ancien).

Ce cas ne survit que pour les successions ouvertes avant la date d'entrée en vigueur de cette loi, soit avant le 1er juillet 2002.

CONSEIL

Pour une dévolution correcte, on aura soin de **procéder rapidement** comme suit :
– rattacher chaque parent à l'ordre auquel il appartient ;
– classer les successibles par ordres ;
– à l'intérieur de chaque ordre, les classer ensuite entre eux par degrés ;
– vérifier enfin que l'on n'est pas dans l'un des cas de représentation ou de fente.

A. Premier ordre : les descendants

RÈGLES GÉNÉRALES

Composition L'ordre des descendants est composé de tous les parents en **ligne directe** descendante : enfants, petits-enfants, arrière-petits-enfants, etc. 22780

Peu importe que le lien de filiation avec le défunt résulte des effets du mariage, d'une reconnaissance, d'une possession d'état constatée par acte notarié ou encore d'une adoption plénière ou simple. Le lien de filiation peut aussi être établi, lorsqu'un couple de femmes recourt à la procréation médicale assistée avec donneur, par une reconnaissance conjointe notariée (C. civ. art. 310-1 modifié et 342-11 créé par loi 2021-1017 du 2-8-2021). À la suite de l'ouverture de la PMA aux couples de femmes et aux femmes non mariées, l'égalité des modes de filiation a été érigée en principe de portée générale, sous réserve des dispositions spécifiques à l'adoption simple (C. civ. art. 6-2 créé par loi 2021-1017 du 2-8-2021 et abrogation subséquente de C. civ. art. 310). Cet ajout conforte l'égalité de traitement successoral déjà énoncée par l'article 733 du Code civil.

De même, aucune distinction n'est établie selon le sexe, la primogéniture ou l'existence d'unions différentes (C. civ. art. 735).

Toutefois, les **enfants de l'adultère** ne peuvent pas se prévaloir de l'égalité successorale s'ils se trouvent dans l'un des cas visés par les dispositions transitoires de la loi de 2001 (Loi 2001-1135 du 3-12-2001 art. 25 II 2°) : partage réalisé, accord amiable intervenu ou décision judiciaire irrévocable. Selon la Cour de cassation, ces dispositions transitoires ne constituent pas une atteinte excessive aux principes d'égalité et de non-discrimination prévus par la convention européenne des droits de l'Homme (Cass. 1e civ. 22-3-2017 n° 16-13.946 FS-PBI : BPAT 3/17 inf. 107) ; dans le même sens, en présence de partages valablement réalisés (Cass. 1e civ. 11-4-2018 n° 17-19.313 FS-PB : BPAT 3/18 inf. 123 ; Cass. 1e civ. 30-1-2019 n° 18-10.164 FS-PB : BPAT 2/19 inf. 55). Mais la Cour européenne des droits de l'Homme fait une appréciation plus nuancée. Dans un cas où deux actes de partage, établis respectivement en 1992 puis 2005, avaient alloué une demi-part à un enfant adultérin, elle a jugé que la différence de traitement de l'enfant adultérin résultant du partage de 2005 était disproportionnée bien qu'un premier acte de partage mentionnant ces droits fût signé en 1992 ; selon elle, les enfants légitimes savaient ou se doutaient que leur vocation successorale, telle qu'elle avait été fixée dans l'acte de 1992, pourrait être partiellement remise en cause du fait de ces éléments (CEDH 14-3-2019 n° 38299/15, Quilichini c/ France : BPAT 3/19 inf. 104 ; voir aussi CEDH gde ch. 7-2-2013 n° 16574/08 : RTD civ. 2013 p. 333, obs. J.-P. Marguénaud).

22785 **Primauté** L'existence de membres de cet ordre exclut les parents des **autres ordres.**

À l'intérieur de l'ordre des descendants, tous ne sont pas héritiers : un classement s'opère suivant la proximité de **degré,** selon deux règles :

– l'héritier au degré le plus proche dans l'ordre exclut l'héritier de degré plus éloigné (C. civ. art. 744, al. 1). En présence d'un ou de plusieurs enfants du défunt, les petits-enfants de celui-ci n'ont pas vocation à hériter, sauf application du mécanisme de la représentation en cas de prédécès, renonciation ou indignité de leur auteur (respectivement n°s 22795, 22800 s. et 22810) ;

– en cas de pluralité d'héritiers appelés dans le premier ordre à égalité de degré, ces héritiers se partagent la succession par têtes et par parts égales (C. civ. art. 744, al. 2).

22790 **En ligne directe,** c'est-à-dire entre deux parents descendant l'un de l'autre, le **degré** se détermine en comptant le nombre de générations séparant le défunt de son parent héritier : un père et son fils sont donc parents au premier degré, un grand-père et son petit-fils le sont au deuxième degré, etc. (C. civ. art. 743, al. 1).

PRÉDÉCÈS D'UN DESCENDANT ET REPRÉSENTATION

22795 Poussé jusqu'à l'absurde, le classement selon le degré le plus proche devrait conduire à exclure de la succession le petit-fils (parent au 2e degré) dont le père est prédécédé et qui se trouve en concours avec un fils du défunt (parent au 1er degré). Cette solution choquante est évitée grâce au mécanisme de la représentation (C. civ. art. 751).

La représentation joue **à l'infini** en ligne directe descendante (C. civ. art. 752, al. 1) : elle s'applique non seulement à un petit-enfant (descendant au 2e degré), mais également, en cas de prédécès en cascade, à un arrière-petit-enfant (descendant au 3e degré) ou encore à un arrière-arrière-petit-enfant (descendant au 4e degré), etc.

Elle est admise dans tous les cas (C. civ. art. 752, al. 2). Elle permet donc que :

– les enfants du défunt bien vivants concourent avec les descendants d'un enfant prédécédé ;

– tous les enfants du défunt étant morts avant lui, les descendants desdits enfants, qui se trouvent entre eux en degrés égaux ou inégaux, succèdent à égalité de souches, puis de divisions de souches.

Qu'en est-il du **représentant déclaré indigne ou renonçant** ? L'héritier qui vient par représentation à une succession tient ses droits directement de la loi, et non pas de celui qu'il représente. C'est pourquoi :

– le représentant peut représenter celui auquel il a été déclaré indigne de succéder ou celui à la succession duquel il a renoncé ;

– en revanche, s'il a été déclaré indigne à l'égard du de cujus, il ne peut pas venir à la succession de ce dernier, même par représentation.

EXEMPLE

Le défunt célibataire a eu deux fils, A et B.

1e hypothèse. B est prédécédé, laissant deux enfants, B1 et B2.

Par l'effet de la représentation, B1 et B2 recueillent la part de succession qui aurait été dévolue à leur père s'il avait survécu, c'est-à-dire la moitié.

A hérite de la moitié de la succession, soit deux quarts, B1 et B2 ensemble de l'autre moitié, soit d'un quart chacun.

2e hypothèse. Même situation, à ceci près que B2 est lui-même décédé en laissant deux enfants, B2-1 et B2-2.

Par l'effet de la représentation, B2-1 et B2-2 recueillent ensemble la part de succession à laquelle B2, leur auteur, aurait pu prétendre s'il avait survécu, soit le quart.

A hérite de la moitié de la succession, soit quatre huitièmes, B1 en recueille un quart, soit deux huitièmes, et B2-1 et B2-2 l'autre quart, soit un huitième chacun.

3e hypothèse. B est prédécédé, laissant deux enfants, B1 et B2. A est également prédécédé et laisse quatre enfants, A1, A2, A3 et A4.

Les enfants de A hériteront ensemble de la moitié de la succession (à raison d'un huitième chacun) et ceux de B ensemble de l'autre moitié (à raison d'un quart, soit deux huitièmes chacun).

La représentation ne joue qu'en présence de **plusieurs souches,** c'est-à-dire si le défunt a eu plusieurs enfants. 22797

Elle est au contraire exclue si le défunt a un **enfant unique,** lui-même prédécédé. Les petits-enfants viennent alors à la succession de leur grand-père de leur propre chef et non par représentation de leur père. La solution peut paraître à première analyse parfaitement cohérente : la représentation ayant vocation à assurer l'égalité entre les souches, elle n'a pas à jouer en l'absence de plusieurs souches. Les conséquences concrètes portent notamment sur la détermination des donations rapportables (nº 31185). Toutefois, on observera qu'une logique différente préside en ce cas à la détermination du montant de la réserve, ce qui peut sembler paradoxal dès lors que la réserve n'est qu'une fraction de la succession (voir nº 28930).

EXEMPLE

Le défunt célibataire a eu une fille unique, A, prédécédée, qui laisse elle-même deux fils, B1 et B2. B1 et B2 viennent à la succession grand-paternelle de leur chef, et non pas par représentation. Ils ne seront donc pas tenus de rapporter les donations consenties par le de cujus à leur mère (qui s'imputent par ailleurs sur la quotité disponible).

Toutefois, en vertu de l'article 913 du Code civil, la quotité disponible demeure de 1/2 (et non pas de 1/3, comme on pourrait s'y attendre) ; de sorte que tout se passe à cet égard comme si la représentation jouait.

Lorsque les conditions de la représentation sont réunies, dans le **partage judiciaire,** il doit être composé autant de lots égaux que de souches copartageantes, sans égard pour le nombre de successibles venant aux droits de la souche représentée (nº 60230).

RENONCIATION D'UN DESCENDANT ET REPRÉSENTATION

L'héritier renonçant est censé n'avoir jamais été héritier (C. civ. art. 805). Toutefois, cette règle est à nuancer. **Trois situations** sont à distinguer : 22800

– Si l'enfant renonçant n'a pas de descendance mais a des cohéritiers, sa part augmente celle de ses cohéritiers acceptants.

– Si le renonçant est enfant unique et qu'il a lui-même des descendants, par hypothèse de degré subséquent, elle est dévolue à ces derniers, qui succèdent de leur chef (C. civ. art. 805, al. 2). En effet, il n'y a pas de représentation de l'enfant unique (nº 22797).

– Si l'enfant renonçant a à la fois des cohéritiers et des descendants, ces derniers viennent désormais à ses droits par représentation, au prix d'une dérogation notable à l'article 805 du Code civil (dans les successions ouvertes après le 1-1-2007 : C. civ. art. 754, al. 1 issu de loi 2006-728 du 23-6-2006).

Les conditions et les effets de la **représentation** sont exactement les mêmes que celles applicables dans le cas du prédécès d'un descendant (nº 22795). Cette innovation de la loi du 23 juin 2006 présente l'avantage de favoriser les transmissions de patrimoine transgénérationnelles : les petits-enfants peuvent ainsi, grâce à la renonciation de leur auteur qui souhaite s'effacer en leur faveur, hériter directement de leur grand-père ou grand-mère. Elle comporte toutefois des inconvénients : dès l'instant que les petits-enfants sont mineurs, la renonciation de l'enfant, si elle n'est inspirée que par des considérations extra-patrimoniales, se trouve en pratique paralysée.

De plus, si aucun correctif n'était envisagé, les enfants conçus postérieurement à la mise en œuvre de la représentation se verraient désavantagés en comparaison de ceux qui ont hérité de l'aïeul. C'est pourquoi, afin d'assurer a posteriori l'égalité entre les enfants du renonçant, un mécanisme de **rapport particulier** est prévu : les enfants conçus avant l'ouverture de la succession dont le renonçant s'est privé doivent rapporter à la succession de ce dernier les biens dont ils ont hérité en ses lieu et place, s'ils viennent en concours avec d'autres enfants conçus après l'ouverture de cette même succession (C. civ. art. 754, al. 2 ; nº 31825). 22805

INDIGNITÉ D'UN DESCENDANT ET REPRÉSENTATION

La **représentation** de l'héritier déclaré indigne est également permise en faveur de ses enfants et de ses descendants (C. civ. art. 729-1 et 755). Elle opère aux mêmes conditions qu'en cas de prédécès d'un descendant. Avant la réforme de 2001 (Loi 2001-1135 du 3-12-2001, entrée en vigueur le 1-7-2002), on ne pouvait représenter que des personnes prédécédées. 22810

Le **rapport particulier** prévu pour assurer l'égalité entre les enfants d'un renonçant (nº 31825) est aussi applicable au bénéfice de ceux d'un héritier indigne conçus postérieurement à la mise en œuvre de la représentation.

B. Deuxième ordre : les ascendants privilégiés et collatéraux privilégiés

COMPOSITION

22860 Il s'agit d'un **ordre mixte** car il regroupe des parents dans la ligne directe ascendante et dans la ligne collatérale appelés à succéder en concours. Il est composé (C. civ. art. 734, al. 1) :
– des ascendants au premier degré : père, mère ou survivant d'eux ;
– et des collatéraux les plus proches, c'est-à-dire les frères et sœurs (ou demi-frères et demi-sœurs) ou leurs propres descendants venant par représentation (neveux et nièces, petits-neveux et petites-nièces, etc.).

Au regard de la terminologie, aucun des articles du Code civil relatif aux droits successoraux des **ascendants** n'a été modifié par la loi qui a autorisé le mariage entre personnes **de même sexe** (Loi 2013-404 du 17-5-2013). Ainsi, l'article 734 continue à viser « les père et mère ». Cette absence d'harmonisation est à n'en pas douter dénuée de portée (voir n° 23540).

PREMIER CAS : CONCOURS ENTRE ASCENDANTS PRIVILÉGIÉS ET COLLATÉRAUX PRIVILÉGIÉS

22865 En présence d'ascendants privilégiés et de collatéraux privilégiés, la loi procède à une **répartition forfaitaire** (C. civ. art. 738) :
– si père et mère survivent, chaque ascendant privilégié reçoit un quart de la succession et les collatéraux privilégiés le reste, c'est-à-dire la moitié ;
– s'il n'y a qu'un seul ascendant privilégié vivant (le père ou la mère), celui-ci reçoit un quart de la succession et les collatéraux privilégiés reçoivent les trois-quarts restants.

Observons qu'à l'intérieur de l'ordre mixte, par exception, la règle du **degré** ne joue jamais pour départager entre eux ascendants privilégiés et collatéraux privilégiés : sinon, les père et mère, qui sont au premier degré, primeraient de façon systématique les collatéraux privilégiés, lesquels viennent toujours au deuxième degré. La mixité de l'ordre ne laisse subsister la règle du degré préférable que pour répartir la fraction dévolue aux collatéraux privilégiés.

22870 **Répartition entre les collatéraux privilégiés** Tous les collatéraux privilégiés ne sont pas forcément appelés à la succession : un classement s'opère en principe par la proximité de **degré,** selon les mêmes règles que dans l'ordre des descendants. En présence de collatéraux privilégiés au même degré dans l'ordre mixte, la répartition de la succession s'effectue entre eux par parts égales (C. civ. art. 744, al. 2).

22875 La **computation** des degrés en ligne collatérale se fait en remontant à l'auteur commun du défunt et du parent : le degré de parenté est égal à la somme des générations qui séparent chacun des parents de leur ascendant commun (C. civ. art. 743, al. 2).

EXEMPLE

Le défunt et ses **frères et sœurs** sont parents au 2e degré : une génération pour remonter du défunt à l'auteur commun (le père, la mère ou les deux), une génération pour descendre jusqu'à l'héritier.

L'oncle défunt et son neveu sont parents au 3e degré (une génération pour remonter jusqu'aux auteurs communs [ses parents, pour l'oncle ; ses grands-parents, pour le neveu], puis deux générations pour descendre jusqu'à l'héritier).

22880 **Représentation** Comme dans l'ordre des descendants, le mécanisme de la représentation vient corriger la règle de la proximité de degré. Si, en principe, la présence des frères et sœurs du défunt exclut de la succession ses neveux et nièces, il en va autrement en cas :
– de **prédécès** d'un frère ou d'une sœur du défunt (C. civ. art. 752-2). Le neveu peut concourir avec son oncle (ou sa tante), frère (ou sœur) de son père (ou de sa mère) prédécédé et du défunt ; de même, si tous les frères et sœurs du défunt sont prédécédés, leurs descendants, en degrés égaux ou inégaux, bénéficient du mécanisme de la représentation et le partage s'opère par souche ;
– de **renonciation** d'un frère ou d'une sœur du défunt, pour les successions ouvertes depuis le 1er janvier 2007 (C. civ. art. 754, al. 1). Les neveux du défunt peuvent par exemple représenter leur père renonçant dans la succession de leur oncle, selon les mêmes règles que dans l'ordre des descendants (nos 22800 s.) ;
– d'**indignité** d'un frère ou d'une sœur du défunt (n° 22810).

Comme dans le premier ordre, la représentation joue **à l'infini** et permet donc à un neveu (collatéral privilégié au 3e degré), un petit-neveu (collatéral privilégié au 4e degré) ou un arrière-petit-neveu (collatéral privilégié au 5e degré) etc., de concourir avec un frère ou une sœur du de cujus lorsque l'une des conditions ci-dessus est remplie.

La représentation est impossible si le **représentant** a été **déclaré indigne** à l'égard du de cujus, mais il importe peu qu'il ait été déclaré indigne de succéder à celui qu'il représente ou qu'il ait renoncé à sa succession.

Concernant les collatéraux privilégiés (de même que dans l'ordre des descendants : voir no 22797), la représentation est exclue en présence d'**une seule souche** (Cass. 1e civ. 14-3-2018 no 17-14.583 FS-PB : BPAT 3/18 inf. 119 ; Cass. 1e civ. 3-10-2019 nos 18-18.736 F-D, 18-18.737 F-D et 18-18.738 F-D : BPAT 6/19 inf. 251).

DEUXIÈME CAS : COLLATÉRAUX PRIVILÉGIÉS EN L'ABSENCE D'ASCENDANTS PRIVILÉGIÉS

S'il existe uniquement des collatéraux privilégiés du défunt (en l'absence de descendants, et les père et mère du défunt étant prédécédés), ces collatéraux, frères et sœurs du défunt ou leurs descendants sont appelés à toute la succession, à l'exclusion des autres parents, ascendants ou collatéraux ; ils ont vocation à partager entre eux comme il est dit ci-dessus (C. civ. art. 737). **22885**

TROISIÈME CAS : ASCENDANTS PRIVILÉGIÉS EN L'ABSENCE DE COLLATÉRAUX PRIVILÉGIÉS

Si ne viennent à la succession **que des ascendants privilégiés,** le défunt ne laissant ni descendants, ni frères et sœurs, ni descendants de ceux-ci (C. civ. art. 736) : **22890**

– soit les deux parents sont encore en vie, et ils se partagent la succession par tête par moitié chacun ;

– soit un seul des parents est encore en vie, et il reçoit l'intégralité de la succession, du moment qu'il n'existe aucun ascendant ordinaire dans l'autre ligne.

Il en va autrement lorsque tombent en concours un **ascendant privilégié** dans **une branche et** un **ascendant ordinaire** dans **l'autre branche** (C. civ. art. 738-1). Le classement des héritiers selon la règle de l'ordre devrait conduire à écarter les ascendants ordinaires, héritiers du 3e ordre, pour attribuer la totalité de la succession au père ou à la mère, héritiers du 2e ordre. La **fente** est pourtant applicable dans cette situation, et la succession est par conséquent dévolue pour moitié au père ou à la mère survivant et pour l'autre moitié aux ascendants ordinaires de l'autre branche (C. civ. art. 738-1). Par exception, le mécanisme de la fente vient donc ici corriger également la règle de l'ordre.

EXEMPLE

Le défunt célibataire laisse pour seuls héritiers sa mère et ses grands-parents paternels : la succession est partagée en une moitié (soit deux quarts) pour la mère, l'autre moitié pour la branche paternelle (soit un quart pour le grand-père paternel et l'autre quart pour la grand-mère paternelle).

Les observations émises concernant la transposition nécessaire des textes définissant les ascendants privilégiés au cas du mariage homosexuel, en attendant leur inévitable adaptation (no 22860) sont ici en tout point valables.

C. Troisième ordre : les ascendants ordinaires

Cet ordre regroupe tous les parents en ligne directe ascendante **autres que les père et mère,** c'est-à-dire les grands-parents, arrière-grands-parents, etc. **22940**

La succession est dévolue aux ascendants ordinaires lorsqu'il n'y a ni descendants, ni ascendants privilégiés, ni collatéraux privilégiés (C. civ. art. 739).

Dans ce cas, elle est en principe divisée en deux branches selon le mécanisme de la **fente successorale.** La succession échoit pour moitié aux parents de la branche paternelle et pour l'autre moitié aux parents de la branche maternelle (C. civ. art. 747). Là encore, le texte n'a pas été modifié par la loi 2013-404 du 17 mai 2013 relative au mariage homosexuel : sans une transposition audacieuse mais nécessaire, il serait littéralement inapplicable en présence d'ascendants de même sexe (nos 22860 et 22890).

Ce mécanisme, ici correcteur de la règle du degré, a pour finalité d'éviter, grâce à une répartition préalable du contenu de la succession en deux masses d'égale valeur, qu'une branche ne soit défavorisée par rapport à l'autre.

EXEMPLE

Le défunt célibataire laisse pour héritiers ses **grands-parents paternels** et son **arrière-grand-mère maternelle** (en l'absence de successibles du 1er et du 2e ordre).

Les grands-parents paternels, ascendants ordinaires au 2e degré, se partagent par moitié la fraction de la succession dévolue à la branche paternelle et recueillent chacun un quart de la succession. L'arrière-grand-mère maternelle recueille l'autre moitié de la succession dévolue à la branche maternelle (soit deux quarts).

Dans chaque branche, le classement des héritiers se fait selon la règle du **degré** : le ou les ascendants les plus proches en degré recueillent la moitié de succession dévolue à la branche à laquelle ils appartiennent (C. civ. art. 748, al. 1). La présence dans une branche d'un ascendant de degré plus proche exclut, dans cette branche, un ascendant de degré plus éloigné.

EXEMPLE

Le défunt célibataire laisse sa **grand-mère paternelle,** son **arrière-grand-mère paternelle et** son **arrière-grand-mère maternelle** (en l'absence de successibles du 1er et du 2e ordre). La grand-mère paternelle, primant sa propre mère (qui ne vient qu'au 3e degré), recueille la moitié dévolue à la branche paternelle, et l'arrière grand-mère maternelle, la moitié dévolue à la branche maternelle.

En présence de parents de même degré, le partage se fait entre eux par tête (C. civ. art. 748, al. 2).

À défaut d'ascendant dans une branche (on parle de vacance d'une branche), ce sont ceux de l'autre branche qui recueillent toute la succession (C. civ. art. 748, al. 3).

Enfin, rappelons que par exception, les ascendants ordinaires d'une branche peuvent tomber en concours avec les ascendants privilégiés de l'autre, par le jeu de la fente (voir n° 22890).

D. Quatrième ordre : les collatéraux ordinaires

22990 Le quatrième ordre est composé des parents en ligne collatérale **autres que les frères et sœurs et leurs descendants** (C. civ. art. 734) ; autrement dit, des parents autres que ceux des trois ordres précédents. Il comprend les oncles et tantes, grands-oncles et grands-tantes, cousins et cousines.

Les collatéraux ordinaires succèdent uniquement à défaut d'héritier des trois premiers ordres (C. civ. art. 740). Encore ne succèdent-ils que **jusqu'au 6e degré** (C. civ. art. 745 tel qu'issu de la loi du 3-12-2001). Ainsi vont pouvoir hériter les oncles et tantes, qui sont parents du de cujus au 3e degré, les cousins germains, parents au 4e degré, les cousins issus de germains, parents entre eux au 6e degré (sur la computation des degrés en ligne collatérale, voir n° 22875).

22995 Lorsque la succession est dévolue aux collatéraux ordinaires (ce qui suppose qu'il n'y ait aucun représentant des trois premiers ordres), le mécanisme de la **fente successorale** s'applique. La succession est divisée en deux parts égales, l'une pour les parents de la branche paternelle, l'autre pour les parents de la branche maternelle (C. civ. art. 749, dont le texte n'a pas été modifié par la loi 2013-404 du 17-5-2013 relative au mariage homosexuel et qui est littéralement inapplicable en présence d'ascendants de même sexe).

Dans chaque branche, l'héritier le plus proche en **degré** recueille la moitié de la succession (C. civ. art. 750, al. 1).

La **représentation** ne joue pas dans cet ordre (C. civ. art. 752-2, a contrario). En cas de pluralité d'héritiers au même degré dans chaque ligne, ces héritiers se partagent la succession entre eux, par tête (C. civ. art. 750, al. 2).

En l'**absence de parent** au degré **successible dans une branche,** les parents de l'autre branche recueillent toute la succession (C. civ. art. 750, al. 3).

EXEMPLE

Le défunt célibataire laisse (en l'absence de successibles des 1er, 2e et 3e ordres) : dans la branche paternelle, deux cousins germains, C1 et C2 et un cousin issu de germain, C3 ; ainsi que, dans la ligne maternelle, un oncle et une grand-tante.

Dans la branche paternelle, C1 et C2 (4e degré) excluent C3 (5e degré) et recueillent chacun un quart de la succession.

Dans la branche maternelle, l'oncle (3e degré) exclut la grand-tante (4e degré) et reçoit la moitié de la succession.

SECTION 2

DÉVOLUTION EN PRÉSENCE D'UN CONJOINT SURVIVANT

RÈGLES GÉNÉRALES

23100 Le conjoint survivant bénéficie d'un **régime** successoral **de faveur,** civil comme fiscal :
– il est appelé dans toutes les configurations familiales, avec une vocation légale en propriété ;
– il dispose de droits spécifiques sur son logement, dont l'objet est de lui permettre de rester dans les lieux pour conserver son cadre de vie ;
– en l'absence de descendants, il prend la place des collatéraux privilégiés dans la dévolution et accède même à une réserve héréditaire (nº 29080) ;
– il est titulaire d'une créance alimentaire contre la succession s'il vient à être dans le besoin (C. civ. art. 767) ;
– il est totalement exonéré de droits de succession (voir nºs 49210 s.). Mais il demeure soumis aux droits de donation.

23105 Ce régime de faveur connaît une limite : en présence de descendants, le conjoint survivant peut être **exhérédé** en tout ou en partie. En principe, son exhérédation est valablement réalisée par un simple testament olographe (Cass. 1e civ. 25-6-2008 nº 07-13.438 F-PB : Bull. civ. I nº 186) :
– soit le testament le prive de ses droits sans legs au bénéfice d'autrui et la dévolution légale s'applique ;
– soit l'exhérédation tacite résulte d'un legs universel ou de legs particuliers.
Par exception, la privation du droit viager au logement requiert un testament authentique (nº 23785).

En revanche, en l'absence de descendants du défunt, le conjoint survivant ne saurait être totalement exhérédé : il peut faire valoir sa **réserve** pour demander la réduction des libéralités qui y porteraient atteinte.

De plus, en toute hypothèse, le droit temporaire au **logement** et le droit à **pension** pour le conjoint survivant dans le besoin, qui sont d'ordre public, lui sont toujours garantis.

Dans tous les cas, les droits légaux du conjoint survivant peuvent être **augmentés** par un legs ou une donation au dernier vivant (nºs 8795 s.).

Sur le cas du conjoint survivant en concours avec l'enfant adoptif, voir nº 25475.

23110 Pour bénéficier de cette vocation successorale, encore faut-il que le conjoint survivant ait la **qualité de successible** (voir nºs 21455 s.).

A. Liquidation préalable du régime matrimonial

ENJEUX

23160 Le mariage se dissout notamment par la mort de l'un des deux époux (C. civ. art. 227).

La liquidation de la succession d'une personne mariée exige donc de façon systématique que soient déterminés au préalable ses **droits dans le régime matrimonial dissous.** La moindre erreur sur cette première étape se répercute inéluctablement sur la liquidation de la succession.

La **question** est alors de savoir s'il convient de liquider au préalable le régime matrimonial ayant existé entre l'époux survivant et le défunt, ou encore liquider une quelconque indivision existant entre eux soit parallèlement au régime matrimonial, soit même par l'effet de la dissolution de ce dernier. Cela dépend à la fois de la nature de leur régime matrimonial et de l'économie de leur organisation patrimoniale.

1. RÉGIMES QUI NE NÉCESSITENT PAS, EN PRINCIPE, DE LIQUIDATION

SÉPARATION DE BIENS

23165 Il se peut que les conjoints aient été mariés sous l'un des régimes conventionnels d'esprit suffisamment séparatiste pour que la dissolution de ce régime n'ait ouvert aucune indivision entre la succession du de cujus et le survivant.

C'est le cas d'une séparation de biens **strictement respectée** (C. civ. art. 1536 s.), c'est-à-dire celle où les époux ont cloisonné de manière irréprochable leurs intérêts patrimoniaux. Tout se résume alors à une affaire de preuve de la propriété exclusive des biens. Cette preuve se fait par tout moyen, entre époux comme à l'égard des tiers (C. civ. art. 1538). Une fois identifiés les biens personnels respectifs de l'un et de l'autre, il y a simplement lieu pour chacun de les conserver. Par conséquent, ceux du défunt, qui composent sa succession, seront répartis entre ses éventuels héritiers et légataires, sans qu'il y ait lieu à la moindre liquidation de régime matrimonial digne de ce nom.

Il est vrai que cette situation, en théorie très simplificatrice, reste fort rare. **Dans la pratique,** même les époux séparés de biens n'ont que trop souvent propension à acquérir spontanément **en indivision** ; en pareil cas, c'est cette indivision qu'il conviendra de liquider, sans négliger les interférences éventuelles du régime primaire. Au surplus, il naît le plus souvent une indivision résiduelle limitée, moitié-moitié, sur les biens dont aucun des deux époux (ou l'héritier du prédécédé) ne peut démontrer qu'il est le seul propriétaire (C. civ. art. 1538, al. 3).

Par ailleurs, il arrive parfois que naissent durant la vie conjugale des **créances entre époux** séparés de biens ; elles doivent alors être liquidées selon les modalités prévues par la loi (C. civ. art. 1543 et 1479).

Enfin, il arrive que la séparation de biens soit assortie d'une **société d'acquêts,** dont la liquidation sera alors traitée comme celle d'une petite communauté, restreinte aux biens apportés à la société (voir n°s 23205 s.).

COMMUNAUTÉ UNIVERSELLE AVEC ATTRIBUTION INTÉGRALE AU SURVIVANT ET INTERDICTION DE REPRISE DES APPORTS

23170 Si les époux avaient adopté une communauté universelle assortie d'une clause d'attribution intégrale au dernier vivant et d'une interdiction de reprise des apports, la succession du prémourant est vidée de l'intégralité de son contenu : actifs et dettes sont transférés au survivant. Là encore, il n'y a, en **principe,** lieu à aucune liquidation de communauté après la reprise des biens propres par nature, s'ils ne sont pas compris dans la communauté universelle.

Il en va différemment, cependant, lorsqu'il existe ne serait-ce qu'un **enfant non issu des deux époux** : on doit vérifier de façon systématique, à la faveur d'une double liquidation, si cette communauté conventionnelle a procuré au conjoint survivant un avantage matrimonial au sens de l'article 1527, alinéa 2 du Code civil, qui soit exposé à l'action en retranchement (n°s 29470 s.).

En présence d'**enfants tous communs aux époux,** dès lors que des libéralités entre vifs ont été consenties par le prédécédé, il faut également avoir le réflexe de songer aux conséquences liquidatives que ce régime déclenche sur leur rapport et leur éventuelle réduction, par l'attribution de la quasi-totalité des biens au seul conjoint survivant ; pour une illustration dans un cas où la demande de partage judiciaire formée par un des enfants du défunt a été admise, alors que le conjoint survivant avait droit à l'intégralité de la communauté universelle, au motif que le requérant pouvait prétendre au rapport de la donation consentie par le défunt à sa sœur (Cass. 1e civ. 3-4-2019 n° 18-13.890 F-PB : BPAT 3/19 inf. 108).

Quoi qu'il en soit, aucune indivision n'est susceptible d'en résulter.

CLAUSE D'ATTRIBUTION INTÉGRALE D'UNE COMMUNAUTÉ ORDINAIRE

23175 Moins radicale, la simple clause d'attribution intégrale d'une communauté de droit commun, conformément à l'article 1524 du Code civil, est propre à éviter la naissance d'une quelconque indivision entre la succession et le survivant, en attribuant à ce dernier l'intégralité des acquêts. Mais la liquidation du régime lui-même reste nécessaire pour identifier les propres respectifs et, par élimination, les acquêts attribués au survivant.

2. RÉGIMES REQUÉRANT TOUJOURS UNE LIQUIDATION

RÉGIMES DE COMMUNAUTÉ : OPÉRATIONS LIQUIDATIVES

Sous tous les régimes communautaires autres que la communauté universelle avec attribution intégrale au survivant et interdiction de reprise des apports, et en particulier sous le régime légal de la communauté d'acquêts, il y a lieu à une liquidation préalable : celle de la communauté (sur l'ensemble de la question : Rép. civ. Dalloz, V^is Communauté légale, 5° Liquidation et partage par B. Vareille ; Mémento Droit de la famille 2022-2023 n°s 3000 s. par N. Péterka ; S. David et A. Jault, Liquidation des régimes matrimoniaux, Dalloz, 5e éd., 2022/2023). 23205

On doit donc appliquer, pour composer la succession du défunt, les règles prévues aux articles 1467 et suivants du Code civil. Cela suppose de procéder à un certain nombre d'opérations :
– la **reprise des biens propres** respectifs, d'un côté, par le conjoint survivant, de l'autre par la succession, la preuve de la propriété étant apportée en pratique par tout moyen, par suite de l'impossibilité morale de se procurer un écrit ;
– l'identification d'éventuels **chefs de récompenses,** résultant de ce qu'une masse de biens s'est enrichie pendant la durée du régime au détriment de l'autre qui s'est appauvrie. La communauté a tiré profit des propres d'un époux ou l'inverse (C. civ. art. 1433 et 1437) ;
– la détermination, s'il y a lieu, du **montant des récompenses** en fonction de la nature de la dépense engagée par la masse créancière : dépense nécessaire (C. civ. art. 1469 al. 2), dépense de simple acquisition ou amélioration (C. civ. art. 1469 al. 3), dépense mixte – c'est-à-dire à la fois d'acquisition ou d'amélioration et nécessaire – ou encore dépense conservatoire (C. civ. art. 1469 al. 2 et 3 combinés) ;
– l'établissement, au nom de chaque conjoint ou de sa succession, d'un **compte de récompenses,** récapitulant au débit les récompenses dues à la communauté, et au crédit celles dues par cette dernière (C. civ. art. 1468). Seul le solde de chaque compte est exigible. Si la succession reste débitrice d'une récompense, cette dernière sera à inscrire à son passif. Les récompenses produisent de plein droit intérêt au taux légal dès lors qu'elles sont liquides et exigibles, c'est-à-dire soit à compter de la dissolution du régime si elles sont d'un montant déterminé, soit, lorsqu'il y a lieu de les liquider, depuis le jour de leur liquidation (C. civ. art. 1473) ;
– l'évaluation en fonction de ces différents éléments de l'actif net à partager, ou **boni de communauté,** les soldes des comptes de récompenses figurant tantôt à l'actif, si la communauté en est créancière, tantôt au passif, si elle en est débitrice ;
– l'identification d'éventuelles **créances entre époux.** Sur ces créances, voir n° 23240 ;
– la **détermination des droits respectifs** du survivant et de la succession dans cette masse à partager, soit chacun un demi-boni de communauté (si aucune clause particulière n'est stipulée) augmenté ou diminué, selon les cas, du solde de son compte de récompenses et, le cas échéant, des créances et dettes entre les deux époux, après compensation.

Par ailleurs, **l'indivision post-communautaire consécutive au décès,** surtout si elle a duré, peut avoir donné lieu à des créances de l'un des indivisaires, conjoint survivant ou autre héritier, sur l'indivision ou de l'indivision sur tel ou tel indivisaire, conjoint survivant ou autre héritier. Ces créances, si elles n'ont pas été acquittées, seront récapitulées dans un compte individuel dressé pour chaque indivisaire, et dont le solde figurera à l'actif ou au passif de l'indivision post-communautaire et successorale selon que le solde du compte est débiteur ou créditeur (voir n°s 23225 s.).

SCHÉMA LIQUIDATIF

Reprises et récompenses de la succession de Claude Exemple : Claude décède à la survivance de Dominique, ils étaient communs en biens. 23210

– **Reprises par la succession de Claude**

Détermination des biens propres de Claude c'est-à-dire de la succession de Claude

– **Compte de récompenses de la succession de Claude**

Montant des récompenses (s'il y a lieu)	
Récompenses dues à la communauté	
À raison de (telle opération)	… €
À raison de (telle opération)	… €
Ensemble	= … €
À raison de (telle opération)	… €

Montant des récompenses (s'il y a lieu)	
Récompenses dues à la communauté	
À raison de (telle opération)	… €
Ensemble	= … €
	Balance … €
Intérêts des récompenses (s'il y a lieu)	
Intérêts des récompenses dues à la communauté	
À raison de (telle opération)	… €
À raison de (telle opération)	… €
Ensemble	= … €
Intérêts des récompenses dues par la communauté	
À raison de (telle opération)	… €
À raison de (telle opération)	… €
Ensemble	= … €
	Balance … €
SOLDE du compte de récompenses (dû soit par la communauté, soit à la communauté)	… €

23215 **Reprise et récompense de Dominique**

– **Reprises par Dominique**

Détermination des biens propres de Dominique

– **Compte de récompenses de Dominique**

Montant des récompenses (s'il y a lieu)	
Récompenses dues à la communauté	
À raison de (telle opération)	… €
À raison de (telle opération)	… €
Ensemble	= … €
Récompenses dues par la communauté	
À raison de (telle opération)	… €
À raison de (telle opération)	… €
Ensemble	= … €
	Balance … €
Intérêts des récompenses (s'il y a lieu)	
Intérêts des récompenses dues à la communauté	
À raison de (telle opération)	… €
À raison de (telle opération)	… €
Ensemble	= … €
Intérêts des récompenses dues par la communauté	
À raison de (telle opération)	… €
À raison de (telle opération)	… €
Ensemble	= … €
	Balance … €
SOLDE du compte de récompenses (dû soit par la communauté, soit à la communauté)	… €

Liquidation et partage de la communauté 23220

Actif	
Biens communs	… €
Solde(s) des comptes de récompenses dû(s) à la communauté	… €
ACTIF BRUT DE COMMUNAUTÉ	= … €
Passif	
Dettes communes quant à la contribution	… €
Solde(s) des comptes de récompenses dû(s) par la communauté	… €
Frais de liquidation et de partage de la communauté	… €
TOTAL PASSIF	= … €
ACTIF NET DE COMMUNAUTÉ (actif brut – passif)	= … €
Dont la moitié pour chacun des époux (ou sa succession) est de	… €
Droits des parties dans la communauté et passif restant à acquitter	
Droits de la succession de Claude	
Moitié du boni de communauté	… €
Plus ou moins le solde de son compte de récompenses	… €
Plus ou moins les éventuelles créances entre époux (après compensation)	… €
TOTAL (égal à ses droits)	= … €
Droits de Dominique	
Moitié du boni de communauté	… €
Plus ou moins le solde de son compte de récompenses	… €
Plus ou moins les éventuelles créances entre époux (après compensation)	… €
TOTAL (égal à ses droits)	= … €
Passif restant à acquitter	
Passif non encore réglé au partage (Droits des parties + passif restant à acquitter = Actif brut de communauté)	… €
Propositions d'attributions et affectation à l'acquit du passif	
Succession de Claude [Il y a lieu de composer son lot.]	
Dominique [Il y a lieu de composer son lot.]	
Affectation à l'acquit du passif	
On détermine les sommes avec lesquelles les créanciers de la communauté seront payés.	

INDIVISION POST-COMMUNAUTAIRE ET SUCCESSORALE

La liquidation de la communauté ne suffit pas toujours : il se peut que des opérations soient survenues dans la période d'indivision post-communautaire et successorale consécutive au décès. En effet, le décès de l'époux commun en biens ouvre aussitôt sur les biens naguère 23225 communs une indivision complexe entre le conjoint survivant et les autres héritiers du défunt (C. civ. art. 1441 et 1442, al. 1), qu'il conviendra de traiter selon le droit commun de l'indivision.

Cette indivision naît en principe **à compter du** jour de l'ouverture de la succession, sans qu'il y ait l'exigence d'une quelconque formalité ou publicité (notamment Cass. 1e civ. 11-5-2012 n° 11-17.497 F-PBI : BPAT 4/12 inf. 231, AJ fam. 2012 p. 414 obs. P. Hilt ; Cass. 1e civ. 26-1-2011 n° 08-10.015 F-D : RTD civ. 2012 p. 564 obs. B. Vareille).

23226 Lorsque les **époux vivaient séparés de façon effective,** une rétroactivité des effets de la dissolution dans l'ordre patrimonial peut être demandée en justice sous certaines conditions (C. civ. art. 1442). La demande est formée par le survivant ou par les héritiers du défunt (Cass. 2e civ. 25-6-1998 n° 96-19.375 : Bull. civ. II n° 234, Defrénois 1999 p. 430 obs. G. Champenois, RTD civ. 1999 p. 175 obs. B. Vareille ; Cass. 1e civ. 14-5-2014 n° 13-14.095 F-D : BPAT 4/14 inf. 160).

Le juge fait alors remonter les effets patrimoniaux de la dissolution à la date de cessation de toute cohabitation et collaboration entre les époux. La fin de la cohabitation repose sur des éléments à la fois objectifs et subjectifs. Si elle est établie, elle fait, de jurisprudence constante, présumer celle de la collaboration (en dernier lieu, Cass. 1e civ. 14-3-2012 n° 11-13.954 FS-PBI : RTD civ. 2012 p. 298 obs. J. Hauser). Il s'agit là d'une présomption simple : le survivant ou un héritier peut faire obstacle au report en démontrant que la collaboration a persisté ou repris postérieurement à la cessation de la cohabitation ; par exemple en cas d'acquisition en commun par les époux, après leur séparation, de nouveaux biens immobiliers, à la faveur de nouveaux emprunts (Cass. 1e civ. 24-10-2012 n° 11-30.522 F-PB : BPAT 6/12 inf. 288, RTD civ. 2013 p. 99 obs. J. Hauser ; sur la cessation de la collaboration, voir Mémento Droit de la famille 2022-23 nos 10306 s. ; V. Brémond, La notion de collaboration conjugale au sens des articles 262-1 et 1442 du Code civil : D. 2013 p. 2408).

En pratique, si le report à la date de la séparation est accordé, la naissance de l'indivision pourra remonter à une date considérablement antérieure au décès.

23230 La **préexistence d'une indivision volontaire** entre les époux avant l'ouverture de la succession (ainsi dans le cas des partenaires de Pacs titulaires de droits indivis qui se sont mariés ou des époux séparés de biens qui ont acquis en indivision) aboutit, par la force des choses, à créer une indivision complexe entre, d'une part, le conjoint survivant, et, d'autre part, les héritiers légaux et les légataires (en ce compris le conjoint), sur tout ou partie de biens de la succession.

Dès lors, il y a lieu, successivement :

– de déterminer d'abord les droits respectifs du survivant et du défunt dans l'indivision volontaire ;

– de composer ensuite la succession du défunt, en y comprenant notamment ses droits dans l'indivision volontaire ;

– de déterminer enfin, sur l'ensemble de la succession, les droits des héritiers ab intestat et testamentaires, en tenant compte de ceux dévolus au conjoint survivant, ainsi que de ceux qui lui ont été attribués le cas échéant par des libéralités à cause de mort.

PARTICIPATION AUX ACQUÊTS

23235 Dans l'hypothèse, bien différente, d'une participation aux acquêts, toute communauté d'acquêts en nature est exclue, chacun des époux (le survivant et la succession du défunt) conservant ses biens personnels en nature. La liquidation du régime se traduit par le chiffrage d'une **créance de participation,** acquittée en principe en argent et destinée à rétablir en valeur la participation des époux aux acquêts de façon égalitaire, sauf clause contraire (C. civ. art. 1576 et 1575, al. 2). L'alternative est alors simple : ou bien la succession sort créancière et la créance en question est à inscrire à son actif ; ou bien au contraire elle se révèle débitrice, et la dette figure au passif successoral. La liquidation d'un tel régime ne déclenche donc aucune indivision.

Néanmoins, comme dans une séparation de biens, des **biens indivis** peuvent exister, soit qu'ils aient été volontairement acquis ainsi, soit que la propriété personnelle d'un époux ne puisse pas être prouvée. Il conviendra alors de liquider cette indivision.

CRÉANCES ENTRE ÉPOUX

23240 Quel que soit le régime matrimonial, il est possible que des créances soient nées, pendant la durée de l'union, entre les époux. Elles doivent être liquidées conformément à la loi (C. civ. art. 1479 et 1543). Lorsque l'avance de fonds a permis l'acquisition, la conservation ou l'amélioration d'un bien, la créance est égale à la plus élevée des deux sommes, du nominal emprunté et du profit qu'il a procuré au conjoint emprunteur (Cass. 1e civ. 24-9-2008 n° 07-19 710 FS-PB : BPAT 6/08 inf. 194, D. 2008 p. 3050 note V. Barabé-Bouchard, AJ fam. 2008 p. 437 obs. P. Hilt RTD civ. 2009 p. 162 obs. B. Vareille ; dans le même sens : Cass. 1e civ. 22-6-2022 n° 20-20.202 F-B : SNH 25/22 inf. 1).

DOUBLE CALCUL

Il est primordial de garder en tête que la simple présence du conjoint impose en général de procéder à tous ces calculs en considération de **deux dates distinctes** : compte tenu des valeurs de l'ensemble des biens à l'ouverture de la succession ; puis en fonction des valeurs au partage. 23245

Concours entre le conjoint survivant et les descendants Ce double calcul s'impose, tout d'abord, lorsque le conjoint héritier vient en concours avec le premier ordre d'héritiers, les descendants du défunt. 23250

Dans un premier temps, l'ensemble des biens de la succession, en ce compris les droits du défunt dans l'indivision, seront évalués une première fois, et la liquidation dressée, compte tenu des valeurs au jour de l'**ouverture de la succession,** afin de calculer le montant de la réserve et de la quotité disponible. Chaque bien personnel ou propre (selon les régimes), chaque récompense en régime communautaire, chaque créance entre époux, tout sera ainsi évalué une première fois pour sa valeur au premier décès.

Cette liquidation est indispensable lorsque le conjoint, n'ayant reçu aucune libéralité, se prévaut seulement de sa vocation ab intestat. En effet, sa vocation en propriété au quart de la masse de calcul prévue à l'article 758-5, alinéa 1 du Code civil est tributaire de ce sur quoi il peut exercer ses droits en vertu de l'alinéa 2 du même texte (C. civ. art. 758-5). Or, en présence d'enfants, il ne peut jamais exercer les droits légaux sur la réserve, qui doit être déduite de la masse de calcul, ce qui exige évidemment qu'on l'ait chiffrée (sur ces calculs, nos 23470 s.).

Cette liquidation n'est pas moins nécessaire lorsque le conjoint survivant a bénéficié de libéralités entre vifs ou à cause de mort : ces dernières sont à imputer sur sa vocation ab intestat (C. civ. art. 758-6). De surcroît, le conjoint ne peut recevoir au total davantage que la quotité disponible spéciale entre époux de l'article 1094-1 du même Code, laquelle se calcule, c'est une évidence de le rappeler, sur la masse de calcul de la quotité disponible (sur ces questions, voir nos 32720 s.).

Dans un second temps, il convient de réitérer les mêmes calculs compte tenu des valeurs au **moment du partage,** pour déterminer les droits respectifs du survivant et des héritiers dans la masse à partager.

Absence de descendant mais libéralités à d'autres que le conjoint survivant 23255
Le double calcul (selon les valeurs au décès puis selon les valeurs au partage) est aussi nécessaire, à défaut de descendant, lorsque le de cujus a consenti des libéralités à d'autres que le conjoint survivant. Ce dernier peut alors lui-même se prévaloir, dans la succession de son époux défunt, de la réserve d'un quart prévue par l'article 914-1 du Code civil.

Une première liquidation du régime matrimonial et des indivisions intervient compte tenu impérativement des valeurs au **décès,** pour les besoins du calcul de cette réserve et de l'imputation des libéralités. Cette opération permet de déterminer si un éventuel coefficient de réduction est applicable à ces dernières.

Après quoi l'établissement de la masse à partager nécessite une seconde évaluation, cette fois-ci en fonction des valeurs de l'ensemble des biens héréditaires au moment du **partage.**

Dispense de tout calcul On n'est dispensé de ces calculs que lorsque le de cujus mort sans postérité n'a consenti aucune libéralité à d'autres que son conjoint. 23260

B. Vocation légale ordinaire du conjoint survivant

VOCATION SUCCESSORALE TRIBUTAIRE DE CELLE DES AUTRES HÉRITIERS

Le conjoint survivant a une vocation légale qui est fonction de la catégorie d'héritiers avec lesquels il vient en concours. Il a toujours vocation à une fraction de la succession en pleine propriété (selon les cas de figure, un quart calculé selon certaines modalités, la moitié, les trois quarts ou la totalité) ; de plus, en présence de descendants tous communs, il peut opter pour l'usufruit des biens existants non légués. 23310

Successible, le conjoint dispose de l'**option successorale** : il peut soit accepter purement et simplement la succession, soit l'accepter à concurrence de l'actif net, soit encore y renoncer.

Successible ab intestat, il n'a **pas la faculté de cantonner** ses droits légaux. Ce n'est que s'il est bénéficiaire d'un legs ou d'une donation au dernier vivant que le conjoint peut cantonner son émolument, pourvu qu'il soit en présence d'au moins un héritier du défunt ayant accepté la succession (n°s 35800 s.).

On distingue selon que le conjoint survivant succède en présence ou en l'absence de descendants du défunt.

1. VOCATION LÉGALE DU CONJOINT SURVIVANT EN PRÉSENCE DE DESCENDANTS

a. Quotité de droits

23315 Il convient de distinguer deux situations (C. civ. art. 757) :

– si **tous les enfants** du défunt sont **issus du couple,** le conjoint dispose d'une option entre, d'un côté, la pleine propriété du quart (calculé selon l'article 758-5 du Code civil) et, de l'autre côté, l'usufruit des biens existants, à l'exception de ceux légués, puisqu'en pareil cas le conjoint n'est pas réservataire. En fonction de son choix, les enfants du défunt auront vocation soit au restant en pleine propriété, soit à la nue-propriété correspondante ;

– si le défunt laisse pour lui succéder un ou plusieurs **enfants non issus du conjoint survivant,** ce dernier a seulement vocation au quart en propriété des biens existants (calculé selon l'article 758-5 du Code civil). Le législateur a préféré éviter d'installer un démembrement de propriété entre le conjoint survivant et ses beaux-enfants. D'une part, cela crée une situation objectivement conflictuelle, les enfants d'un autre lit n'ayant pas nécessairement des liens affectifs très forts avec le conjoint en secondes noces. D'autre part, la situation risque de se prolonger toutes les fois que le conjoint en secondes noces est sensiblement plus jeune que le défunt, ce qui n'est pas rare.

La présence d'enfants non communs (ou de leurs propres descendants) s'entend, bien sûr, des héritiers du défunt. Que le conjoint survivant ait lui-même des enfants d'un autre lit ne le prive évidemment pas de l'option de l'article 757 du Code civil, pourvu que tous les enfants du défunt soient bien des enfants communs.

23320 En présence d'enfants communs qui acceptent la succession et d'**enfants non communs** qui **renoncent** tous **à la succession** (sans être représentés par leurs propres descendants), le conjoint a l'option entre la pleine propriété du quart et l'usufruit de la totalité de la succession, en application de la règle selon laquelle un renonçant est censé n'avoir jamais hérité (n° 39065).

De même, si tous les enfants à l'origine non communs ont été **adoptés** par le conjoint survivant, l'option est ouverte.

b. Option du conjoint entre usufruit et propriété

TITULAIRE DE L'OPTION

23340 Lorsque le défunt ne laisse aucun enfant d'un autre lit, son conjoint a le choix entre l'usufruit du tout et la pleine propriété du quart de la succession.

L'unique titulaire de l'option est le **conjoint survivant** : ce droit d'opter lui est strictement personnel, ce qui interdit par exemple à ses créanciers d'exercer ce droit en ses lieu et place par l'action oblique.

Toutefois, le **de cujus** a la faculté de priver le conjoint survivant de l'option par testament, en lui imposant une vocation ab intestat soit en propriété, soit en usufruit : puisqu'il pourrait l'exhéréder, a fortiori est-il en mesure de lui fermer l'option.

ÉLÉMENTS DE DÉCISION

23345 Les éléments de décision sont variés : étendue et composition du patrimoine laissé par le défunt, ressources et besoins du conjoint, âges respectifs du conjoint et des enfants, état des relations du conjoint avec ses enfants, plus généralement souci de maintenance du survivant ou au contraire volonté de transmission à la ligne descendante, etc.

Quelques observations générales peuvent cependant être faites :

– **pour le conjoint survivant,** l'option pour la totalité de la succession en usufruit est la seule qui lui permette de conserver la jouissance de l'ensemble des biens de la succession et donc de maintenir son niveau de vie. Toutefois, il faut avoir conscience que le droit viager au logement (nos 23770 s.), très faiblement valorisé si son titulaire est âgé, même s'il s'impute sur la vocation légale ordinaire du conjoint, procure sur le logement grevé un service comparable à celui de l'usufruit, qui peut se combiner utilement avec la vocation en pleine propriété ;

– **pour les enfants du défunt,** l'option du conjoint survivant en faveur de l'usufruit est le plus souvent économiquement désavantageuse, puisqu'ils vont être privés de la jouissance de leur part d'héritage – tout en devant assumer les charges du nu-propriétaire – jusqu'au décès du second de leurs parents. Bien sûr, le conjoint pourra abandonner ultérieurement aux enfants l'usufruit de tel ou tel bien de la succession ; mais cette donation sera taxable aux droits de donation. L'option pour l'usufruit présente cependant un intérêt pour les enfants du défunt lorsque le conjoint survivant a (ou vient à avoir par la suite…) des enfants d'un autre lit : ils sont alors assurés de recueillir l'intégralité des biens du défunt au décès de leur second parent, sans risque d'en voir une partie dévolue à leurs demi-frères et sœurs.

Au regard des **droits de succession,** le choix est neutre pour le conjoint, qui est totalement exonéré (CGI art. 796-0 bis). Or c'est à lui et à lui seul que l'option appartient, et c'est à lui que le professionnel doit prodiguer conseil, loin de toute influence. **23350**

Pour les enfants, l'option du conjoint survivant pour l'usufruit est fiscalement la plus avantageuse. Certes, les droits qu'ils doivent acquitter sur la valeur de la nue-propriété peuvent être sur l'instant supérieurs à ceux qui auraient été dus sur les trois quarts en pleine propriété (dans le cas où le conjoint a au moins 81 ans) ; mais ils reconstitueront au décès du conjoint la pleine propriété des biens de la première succession en franchise de droits de succession (CGI art. 1133). Ils pourront en outre différer le paiement des droits dus sur la nue-propriété jusqu'à l'expiration d'un délai de six mois à compter de la réunion de l'usufruit à la nue-propriété consécutive au décès du conjoint survivant (CGI ann. III art. 397 et 404 B ; voir nos 52330 s.).

EXERCICE DE L'OPTION

Aucun **délai** pour opter n'est imposé au conjoint survivant ; il peut donc encore prendre parti tant que le partage n'est pas achevé. Cependant, si un héritier l'invite par écrit à exercer son option (par lettre recommandée avec demande d'avis de réception : CPC art. 1341), le conjoint dispose de trois mois seulement pour opter, également par écrit (mais pas nécessairement en recommandé). **23355**

Il est **réputé avoir choisi** l'usufruit dans les cas suivants :
– il ne répond pas dans le délai de trois mois précité (C. civ. art. 758-3) ;
– il décède avant d'avoir exercé son option (C. civ. art. 758-4).

L'administration fiscale avait ajouté une troisième présomption : en l'absence de dépôt de la déclaration de succession et dans la mise en œuvre de la procédure de taxation d'office, le conjoint survivant était présumé, sauf preuve contraire, avoir opté pour l'usufruit (Inst. 7 G-1-03, 7-4-2003). Cette solution n'est pas reprise dans la base Bofip ; il s'agit à notre avis d'une simple omission de la part de l'administration.

La loi prévoit l'**incessibilité** des droits du conjoint en l'attente de l'option entre l'usufruit et la pleine propriété (C. civ. art. 758-1). **23360**

La **preuve** que l'option a été exercée est administrée par tout moyen (C. civ. art. 758-2) : ce peut être un simple écrit adressé à un héritier ou au notaire (par exemple en réponse à l'invitation d'opter adressée au conjoint en application de l'article 758-3 du Code civil), ou encore un choix exprimé par le conjoint dans un acte notarié à l'occasion du règlement de la succession. **23365**

Il a été jugé, par exemple, que la signature par le conjoint de l'acte de notoriété dont les termes étaient clairs et précis quant aux droits que la veuve se reconnaissait (un quart en pleine propriété) valait de sa part option successorale et renonciation à une autre quotité (Cass. 1e civ. 11-5-2012 no 11-12.306 F-D : BPAT 4/12 inf. 221, décision rendue à propos de l'option entre les vocations légale et libérale du conjoint, mais transposable).

CONSEIL

L'**acte de notoriété** n'est pas le lieu le mieux approprié pour l'exercice des options du conjoint survivant : il intervient trop tôt après le décès pour un choix lucide ; il se prête mal au libre exercice unilatéral du droit d'option, en raison de la présence intempestive des enfants ; sa diffusion risque de divulguer de façon inappropriée les décisions du conjoint aux yeux des tiers, qui n'ont pas encore à en connaître ; surtout, fondamentalement, tel n'est pas son objet, car, à la différence de la nomenclature des successibles, l'option du conjoint n'a rien de notoire.

Dans tous les cas où l'option est ouverte, le **devoir de conseil** impose en effet au professionnel de présenter au conjoint, de façon précise, les deux termes de l'option, en chiffrant notamment la vocation en propriété, et en les articulant avec le droit viager au logement, voire avec la donation au dernier vivant. Il y va de la responsabilité du notaire (Cass. 1e civ. 22-11-2017 nº 16-26.169 F-D). C'est la rédaction d'un **acte d'option** synthétique qui s'y prête le mieux.

c. Premier cas : le conjoint a pu opter pour l'usufruit

ASSIETTE DE L'USUFRUIT

23385 L'usufruit universel du conjoint survivant a pour assiette « la totalité des **biens existants** » (C. civ. art. 757), c'est-à-dire les biens dont le défunt était propriétaire au jour de son décès.

Sont par conséquent **exclus** :

– les droits éteints du fait du décès (par exemple, un usufruit viager ou une créance portant sur une rente viagère) ;

– les biens légués.

Il en va ainsi sans conteste du **legs préciputaire non réductible** (le caractère non rapportable des legs étant présumé). En consentant un tel legs qui n'excède pas la quotité disponible, le disposant a entendu priver le conjoint de sa vocation ab intestat dans cette mesure.

Paraît également exclu de l'assiette de l'usufruit du conjoint, très vraisemblablement, le **legs préciputaire réductible** (que ce soit en valeur, sous la forme d'une indemnité de réduction, ou bien encore en nature). En effet, la réduction ne doit bénéficier qu'aux héritiers réservataires, seuls aptes à la demander ; or le conjoint survivant n'a pas cette qualité en présence de descendants (en ce sens, notamment, F. Terré, Y. Lequette et S. Gaudemet, précité, nº 162 ; P. Catala, J.-Cl. civ. Code art. 756-757 fasc. 10 nº 47 ; M. Grimaldi, Les nouveaux droits du conjoint survivant : AJ fam. 2/2002 p. 48 ; C. Pérès et C. Vernières, Droit des successions, coll. Thémis, PUF, 2018, nº 290 in fine ; en sens contraire, M. Julienne, L'assiette de l'usufruit légal du conjoint survivant : D. 2013 p. 2283 s.).

Dans l'hypothèse très rare où le disposant aurait consenti à l'un de ses héritiers un **legs rapportable** (legs dit « d'attribution »), la chose est discutée : une partie de la doctrine estime que le legs pourrait être considéré comme faisant encore partie des « biens existants » et entrer dans l'assiette de l'usufruit du conjoint (en ce sens, notamment, F. Terré, Y. Lequette et S. Gaudemet, précité, nº 162 ; F. Gemignani et G. Bonnet, Usufruit légal du conjoint survivant, de quelques difficultés liquidatives : Defrénois 6/2010 art. 39088 p. 673 s. ; M. Grimaldi, Droit des successions, LexisNexis, 8e éd., 2020, nº 198 ; en sens contraire, R. Le Guidec et G. Chabot, Rép. civ. Vº Succession (dévolution) nº 330 ; C. Pérès et C. Vernières, Droit des successions, coll. Thémis, PUF, 2018, nº 290 ; M. Julienne, précité). Observons tout de même que le legs rapportable n'en est pas moins une libéralité à part entière prise sur les biens existants, et que le conjoint survivant n'est nullement créancier du rapport.

CONSEIL

Pour lever d'avance toute ambiguïté, le notaire invitera le testateur marié à rédiger son testament de telle façon que l'assiette de l'usufruit légal du conjoint en soit clarifiée. En particulier, s'il veut ménager de façon certaine l'usufruit légal de son conjoint pour le cas où ce dernier lui survivrait, il est plus sûr de ne consentir de legs à autrui qu'en nue-propriété.

DROITS DU CONJOINT USUFRUITIER

23390 Comme tout usufruitier, le conjoint survivant est investi d'un **droit d'usage et de jouissance** des biens dont il a l'usufruit : il peut en user et en percevoir les revenus.

Il ne peut pas disposer des biens.

En particulier, sur les **liquidités de la succession,** l'usufruitier qui a fourni caution dispose d'un **quasi-usufruit** : il peut utiliser librement les fonds, à charge de restitution à l'extinction de l'usufruit (sur la notion de quasi-usufruit, voir nos 6155 s.). Si le nu-propriétaire vient à décéder avant le conjoint survivant, la dette de restitution de ce dernier subsiste au bénéfice de la succession du nu-propriétaire (Cass. 1e civ. 4-11-2020 nº 19-14.421 F-PB : BPAT 1/21 inf. 31).

Le conjoint usufruitier ne bénéficie pas de l'**attribution préférentielle,** faute d'avoir des droits indivis en propriété (C. civ. art. 834 a contrario).

CONSEIL

Même en présence d'un quasi-usufruit légal, il est recommandé de conclure une **convention** pour des raisons de preuve : ainsi s'assurera-t-on de l'inscription de la dette de restitution au passif de la succession de l'usufruitier et, inversement, le cas échéant, de son ajout à l'actif de la succession du nu-propriétaire. La convention de quasi-usufruit offre aussi la possibilité d'aménager la protection du nu-propriétaire et les modalités de la restitution.

OBLIGATIONS DU CONJOINT USUFRUITIER

Le conjoint héritier a les obligations habituelles d'un usufruitier : il doit conserver la substance du bien soumis à son usufruit (C. civ. art. 578). 23395

S'agissant d'un **immeuble,** il est tenu à son entretien (C. civ. art. 605, al. 1). Les grosses réparations demeurent à la charge du nu-propriétaire, sans que celui-ci puisse être contraint par l'usufruitier de les réaliser (en ce sens, par exemple, Cass. 3e civ. 28-11-2006 no 05-15.750 F-D).

S'agissant d'un **portefeuille de valeurs mobilières,** l'usufruitier peut procéder à des arbitrages, du moment qu'il remploie le prix de vente de façon à conserver la substance du portefeuille (en ce sens, Cass. 1e civ. 12-11-1998 no 96-18.041 : Bull. civ. I no 315).

Successeur à titre universel, le conjoint survivant usufruitier est tenu aux **dettes** de la succession, mais seulement à hauteur des intérêts échus pendant la durée de l'usufruit (C. civ. art. 612).

Le conjoint survivant usufruitier ne peut entrer en jouissance qu'après avoir fait un **inventaire** des meubles et un **état** des immeubles objets de l'usufruit (C. civ. art. 600). 23400

Il est en outre tenu de donner **caution** de jouir raisonnablement (C. civ. art. 601). À défaut de fournir caution, l'emploi des liquidités peut lui être ordonné afin de garantir aux enfants nus-propriétaires la restitution à laquelle ils auront droit à l'extinction de l'usufruit (C. civ. art. 602 et 603).

ATTENTION

La question de **savoir si le de cujus peut** valablement **dispenser** par avance son conjoint survivant des obligations d'inventaire, d'état et de caution n'est pas tranchée, dans la mesure où les règles prévues par la loi (possibilité de dispense pour l'obligation de fournir caution, inefficacité de la dispense pour l'obligation de faire inventaire) concernent l'usufruit conventionnel, et non l'usufruit légal du conjoint survivant.

EXTINCTION DE L'USUFRUIT

L'usufruit s'éteint le plus souvent à la mort du conjoint survivant. Il peut également prendre fin par sa conversion en rente viagère ou en capital (voir ci-après), par la perte totale de la chose sur laquelle il est établi, par la réunion sur la tête du conjoint des deux qualités d'usufruitier et de nu-propriétaire (C. civ. art. 617), par l'abus de jouissance sanctionné par le juge (C. civ. art. 618) ou par la renonciation de l'usufruitier à son droit. 23405

En revanche, le décès du nu-propriétaire avant celui du conjoint survivant n'influe pas sur le terme de l'usufruit (pour le cas d'un quasi-usufruit, voir no 23390).

ATTENTION

Le conjoint survivant usufruitier de la totalité de la succession qui commet un **abus de jouissance,** par exemple en effectuant des prélèvements sur un portefeuille de valeurs mobilières dépendant de la succession, pourra être déchu de son droit d'usufruit. La sanction est sévère : le conjoint doit rapporter à la succession une somme correspondant à la valeur qu'aurait eue le portefeuille en l'absence de prélèvements, et non pas seulement le montant des dissipations qu'il a commises (Cass. 1e civ. 16-6-2011 no 10-17.898 F-D : RJDA 10/11 no 814).

CONVERSION DE L'USUFRUIT EN RENTE VIAGÈRE

Demande de conversion La demande de conversion du droit d'usufruit (qu'il s'agisse de l'usufruit légal ou d'un usufruit résultant d'un testament ou d'une donation au dernier vivant) **peut émaner** du conjoint ou des enfants nus-propriétaires (C. civ. art. 759). 23410

Elle peut être présentée **tant que** le partage définitif de la succession n'est pas intervenu.

La faculté de conversion est notamment **utile** lorsque le conjoint usufruitier d'un bien frugifère souhaite continuer à percevoir des revenus équivalents à ceux que lui procurait ce bien, tout en étant déchargé de sa gestion (en ce sens, J. Aulagnier, La conversion d'usufruit en rente : un dispositif avantageux à découvrir : BPAT 6/12 inf. 280). 23415

La faculté de demander la conversion est d'**ordre public.** Elle n'est donc pas susceptible de renonciation avant l'ouverture de la succession ; et les héritiers ne peuvent pas non plus en avoir été privés par la volonté unilatérale du prédécédé (C. civ. art. 759-1). 23420

Reste à savoir si le conjoint lui-même fait partie des « cohéritiers » visés par la loi ; cette question n'a pas été tranchée par la jurisprudence et fait débat en doctrine. Pourtant, qui peut le plus peut le moins : dans la mesure où le conjoint peut être totalement exhérédé de son usufruit légal, on ne voit pas pourquoi il ne pourrait pas se voir privé du droit d'en obtenir la conversion en rente viagère (en ce sens, notamment, M. Grimaldi, Les nouveaux droits du conjoint survivant : AJ fam. 2/2002 p. 51 note 30 ; contra F. Terré, Y. Lequette et S. Gaudemet, précité, no 167 note 1, qui considèrent que la faculté de conversion est un tempérament intrinsèquement impératif car « utile économiquement et donc bon pour la collectivité »).

23425 **Accord ou désaccord** La conversion peut, bien sûr, être convenue à l'amiable entre le conjoint et les autres héritiers.

En cas de désaccord entre, d'un côté, **le conjoint et,** de l'autre, **les enfants héritiers,** la demande de conversion est soumise au juge, qui tranche en fonction des circonstances et des intérêts en cause. S'il choisit d'accorder la conversion, le juge (C. civ. art. 760, al. 2) :
– fixe le montant de la rente, qui doit équivaloir à la valeur de l'usufruit. Ce montant doit donc être calculé de façon à fournir au conjoint survivant un revenu équivalent aux revenus nets que lui auraient procuré les biens dégrevés de l'usufruit ;
– choisit un indice de nature à assurer au conjoint le maintien de l'équivalence initiale de la rente à l'usufruit. Rien ne s'oppose à une indexation sur le niveau général des prix, s'agissant d'une dette de nature alimentaire ;
– et détermine les garanties de paiement que devront offrir les enfants (cautionnement, hypothèque sur l'immeuble libéré de l'usufruit, etc.).

Une question reste en suspens : en cas de **désaccord entre** les seuls **enfants** nus-propriétaires sur la conversion, la décision du juge qui accorderait celle-ci à certains doit-elle porter sur l'ensemble de la succession, ou seulement sur la part du ou des demandeurs ?

Il est à noter que le conjoint survivant ne peut pas se voir imposer par le juge la conversion en rente viagère de l'usufruit du logement qu'il occupe à titre de **résidence principale** et du mobilier le garnissant (C. civ. art. 760, al. 3).

23430 **Conséquences fiscales** La conversion de l'usufruit en rente viagère est fiscalement peu avantageuse pour les nus-propriétaires, qui ne peuvent pas déduire de leurs **revenus imposables** la rente qu'ils versent au conjoint. Celui-ci est de son côté imposable selon le régime des rentes viagères constituées à titre onéreux (BOI-RSA-PENS-10-40 n° 30). L'imposition porte sur une fraction des sommes perçues, qui est tributaire de l'âge du conjoint au moment de l'entrée en jouissance de la rente : 70 % s'il a moins de 50 ans, 50 % s'il a de 50 à 59 ans, 40 % s'il a de 60 à 69 ans et 30 % s'il a plus de 69 ans (CGI art. 158, 6).

Sur le terrain des **droits de succession,** l'administration tient compte de la conversion lorsque les parties sont convenues que cette dernière rétroagit à la date du décès (BOI-ENR-DMTG-10-50-10 n° 130).

Si la conversion avec effet rétroactif est opérée avant le dépôt de la déclaration de succession, les droits dus par les enfants sont calculés en déduisant de l'actif successoral recueilli en pleine propriété par les héritiers la valeur de capitalisation de la rente viagère.

Si la conversion intervient après le dépôt de la déclaration de succession, elle entraîne une révision des droits : une déclaration complémentaire doit être déposée dans les six mois à compter de la conversion ; la différence est, selon le cas, versée par les contribuables ou restituée sur réclamation.

L'opération de conversion elle-même est soumise au **droit fixe** de 125 € (BOI-ENR-DMTG-10-50-10 n° 140).

CONVERSION DE L'USUFRUIT EN CAPITAL

23435 La conversion en capital (qu'il s'agisse de l'usufruit légal du conjoint ou d'un usufruit résultant d'un testament ou d'une donation au dernier vivant) **est possible** aussi longtemps que le partage définitif de la succession n'est pas intervenu. Toutefois, un accord unanime du conjoint survivant et des enfants nus-propriétaires est nécessaire (C. civ. art. 761).

Cette faculté peut être **intéressante** pour les enfants, puisqu'elle élimine l'aléa résultant du caractère viager de l'usufruit.

23440 Le **montant du capital** est à déterminer d'un commun accord. Le barème fiscal édicté par l'article 669, I du CGI est évidemment trop rudimentaire. On conseillera donc a minima de le graduer à l'intérieur des tranches de dix ans, pour tenir compte plus finement de l'âge de l'usufruitier, et de l'adapter ensuite pour tenir compte du degré de productivité du bien libéré de l'usufruit (comp. également F. Terré, Y. Lequette et S. Gaudemet, précité, n° 170 note 5, qui conseillent de se référer à la somme qui, placée auprès d'une compagnie d'assurances, procurerait un produit équivalent à l'usufruit), ou de se référer au barème des compagnies d'assurance.

La simple évaluation de l'usufruit, même judiciaire, ne vaut pas conversion en capital (Cass. 1e civ. 19-9-2018 n° 17-17.604 F-D : BPAT 6/18 inf. 241, rendu en application des dispositions anciennes mais transposable). Il faut un accord des intéressés sur la convention elle-même.

Au regard des **droits de succession,** le régime de la conversion de l'usufruit en capital est identique à celui de la conversion de l'usufruit en rente viagère examiné nº 23430, les droits de succession dus par les enfants étant calculés déduction faite de la valeur du capital, et non de la valeur de capitalisation de la rente (BOI-ENR-DMTG-10-50-10 nº 130). 23445

La conversion de l'usufruit en capital est taxable au **droit fixe** de 125 € (BOI-ENR-DMTG-10-50-10 nº 140).

NATURE ET PORTÉE DE LA CONVERSION EN RENTE VIAGÈRE OU EN CAPITAL

La loi confère à la conversion la qualification d'opération de partage (C. civ. art. 762). 23450

La **capacité** exigée est donc celle nécessaire pour consentir au partage (sur ce point, voir nºs 61570 s.).

L'**action en complément de part** est recevable en cas de lésion, c'est-à-dire lorsque le montant de la rente ou du capital est inférieur de plus d'un quart à la valeur de l'usufruit (Sur l'action en complément de part, voir nºs 63275 s.).

Renversant le principe applicable en la matière, l'article 762 du Code civil in fine prévoit que la conversion ne produit effet que pour l'**avenir,** sauf stipulation contraire.

d. Second cas : le conjoint accède au quart en pleine propriété

SITUATIONS CONCERNÉES

Le conjoint a vocation au quart en pleine propriété dans **deux cas** (C. civ. art. 757) : 23470

– soit parce que tel est son choix, en présence d'enfants appelés tous communs ;
– soit par force, si le défunt laisse ne serait-ce qu'un enfant d'un autre lit.

Pour calculer ses droits, de deux choses l'une.

Ou bien le défunt n'a consenti aucune libéralité. Il est alors inutile de distinguer la masse de calcul de la masse d'exercice : le conjoint survivant a vocation à un quart des biens existants.

Ou bien le défunt a consenti ne serait-ce qu'une libéralité. En ce cas, le calcul de la vocation ab intestat du conjoint survivant nécessite de déterminer une masse de calcul, puis une masse d'exercice : la **vocation effective** du conjoint est égale au montant le plus faible entre le quart de la masse de calcul et la masse d'exercice.

Les biens faisant l'objet d'un droit de **retour conventionnel** ne figurent ni dans la masse de calcul, ni dans la masse d'exercice : ils disparaissent des biens existants par l'effet résolutoire de la clause.

On sera moins péremptoire concernant ceux objet du droit de **retour légal** : le seul cas où la question peut se présenter est lorsque le conjoint tombe en concours avec des ascendants privilégiés selon l'article 738-2 du Code civil, situation à laquelle l'article 758-5, alinéa 1 du même Code renvoie par le truchement de l'article 757-1. Or, dans cette hypothèse, la réponse dépend du point de savoir si ce droit de retour très spécifique organise ou non une succession distincte de la succession de droit commun, ce qui est débattu (voir en faveur d'une exclusion de la masse de calcul F. Terré, Y. Lequette et S. Gaudemet, Droit civil, Les successions et les libéralités, Dalloz, 4e éd., nº 175 ; voir sur cette discussion nº 25255).

MASSE DE CALCUL

La masse de calcul constitue l'assiette théorique des droits du conjoint survivant, sur laquelle sera calculée la quotité d'un quart correspondant à ses droits en pleine propriété. 23475

La masse de calcul **comprend** « tous les biens existant au décès de son époux auxquels seront réunis fictivement ceux dont il aurait disposé, soit par acte entre vifs, soit par acte testamentaire, au profit de successibles, sans dispense de rapport » (C. civ. art. 758-5, al. 1).

Il ne faut pas se méprendre : les **biens existants** visés, à la différence de ceux pris en compte pour déterminer la réduction (C. civ. art. 922), s'entendent **soustraction faite de** l'ensemble des legs. Cette exigence se déduit a contrario de ce que, comme on va le voir, certains legs sont à réunir fictivement à raison de leur caractère rapportable : il n'est donc pas concevable qu'ils puissent figurer deux fois dans la masse de calcul, qui serait privée de toute rationalité.

Après quoi il convient de **réunir fictivement** les biens dont le défunt aurait disposé, soit par acte entre vifs, soit par acte testamentaire, au profit de successibles, sans dispense de rapport :

– les legs par exception rapportables, par conséquent bénéficiant à des successibles (legs d'attribution) ;
– et les donations rapportables consenties à un successible acceptant.

La prise en compte des libéralités dont a bénéficié le conjoint survivant et celle des donations-partages constituent, à cet égard, deux points inégalement douteux.

23480 On s'accorde à penser que les **libéralités reçues du défunt par le conjoint survivant** lui-même doivent figurer dans la masse de calcul, en dépit du silence de la loi sur ce point :
– d'une part, on ne concevrait pas qu'en voulant surenchérir sur la vocation légale du conjoint, le de cujus eût diminué la masse de calcul de cette dernière par ricochet ;
– d'autre part, ces libéralités venant désormais s'imputer sur les droits légaux du conjoint (C. civ. art. 758-6 ; voir n°s 9350 s.), elles représentent toujours une sorte d'avance sur sa vocation légale, sans être pour autant rapportables.

23485 Enfin, bien que les **donations-partages** ne soient par essence jamais rapportables, il convient à notre avis de les réunir fictivement à la masse de calcul, hormis le cas très rare où elles auraient été stipulées hors part successorale (en ce sens, B. Vareille, La loi du 23-6-2006, dix ans après : propos cursifs sur quelques questions liquidatives choisies : Gaz. Pal. 31-5-2016 p. 49 n° 20 et la doctrine presque unanime citée note 29 ; voir cependant contra P. Catala : J.-Cl. civil Code Art. 756 à 767, fasc. 10, n° 77 ; M. Grimaldi : J.-Cl. civil Code Art.1075 à 1080, fasc. n°s 40 et 5).

En réalité, cette discussion est fort ancienne : au temps de l'ancien article 767 du Code civil, elle opposait déjà René Savatier, tenant d'une intégration des donations-partages à la masse de calcul de la vocation ab intestat en usufruit du conjoint survivant, à Robert Le Balle, qui voulait qu'elles en fussent exclues (comparer R. Savatier, RTD civ. 1931 p. 931 et R. Le Balle, Les partages d'ascendant, Cours de droit civil approfondi, 1946-1947 p. 43). La nouveauté est que le contexte a changé : la loi du 9 mars 1891 faisait figure d'exception, là où la législation récente repose sur le principe d'une promotion du conjoint survivant. Il ne faut donc pas s'attacher à cet égard à la lettre du texte, reprise mot à mot de la loi du 8 mars 1891, qui évoque les libéralités « sans dispense de rapport » : en présence d'un fils unique, la donation qu'il a reçue en avance de part ne sera jamais rapportable, et pourtant nul ne conteste qu'elle sera à réunir fictivement pour composer la masse de calcul. Et il n'y a rien à inférer des interprétations que la jurisprudence donnait de l'ancien article 767 du Code civil, en un temps où le conjoint était le mal-aimé de la succession, pour élucider l'article 758-5, alinéa 1 actuel du même Code, instrument de promotion du conjoint survivant.

De plus, en pratique, de toute évidence, le choix d'une donation-partage plutôt que d'une série de donations ne comporte pas de décision lucide du donateur copartageant concernant la vocation ab intestat du conjoint survivant.

Enfin, si la masse de calcul est entendue comme tout ce qui suit, à coup sûr, le cours de la dévolution légale, biens existants non légués et avances de part augmentées des libéralités au conjoint, il est logique que les donations-partages, qui anticipent la dévolution légale, puisqu'elles bénéficient à des héritiers présomptifs, y figurent (en ce sens, B. Vareille, précité). Rien ne justifierait que la donation-partage consentie à deux de ses quatre enfants par le défunt diminue la masse de calcul de la vocation de son conjoint, alors que les donations en avance de part dont les deux autres enfants ont bénéficié sont fictivement réunies en vertu de l'article 758-5, alinéa 1. Ce serait d'ailleurs une dangereuse incitation pour le conjoint survivant à faire requalifier en donation toute **donation-partage douteuse,** ainsi la prétendue donation-partage indivise, au risque d'une flambée du contentieux.

La question n'a pas été tranchée en jurisprudence. Certains auteurs suggèrent donc de stipuler sur l'inclusion ou l'exclusion de la donation-partage pour les besoins de la composition de la masse de calcul de la vocation légale en propriété du conjoint survivant (voir M. Grimaldi et C. Vernières, De quelques clauses des donations-partages, Defrénois, 2014, n° 386). Une telle stipulation, qui ne peut trouver place que dans la donation-partage elle-même, paraît vulnérable à la prohibition des pactes sur succession future (voir n° 10987).

La vocation ab intestat du conjoint survivant est plafonnée une première fois au quart de la masse de calcul.

MASSE D'EXERCICE

23490 La masse d'exercice, assiette effective de la vocation du conjoint, est beaucoup plus restreinte que la masse de calcul. Elle est **définie comme** « les biens dont le prédécédé n'aura disposé ni par acte entre vifs, ni par acte testamentaire, et sans préjudicier aux droits de réserve ni aux droits de retour » (C. civ. art. 758-5, al. 2).

Le conjoint ne pourra donc exercer sa vocation légale théorique ni sur les libéralités, quelles qu'elles soient (entre vifs ou à cause de mort, en avancement de part successorale ou hors part successorale), ni sur la réserve des descendants.

En d'autres termes, la masse d'exercice est **obtenue** en **déduisant de la masse de calcul** : tout d'abord, le montant de la réserve globale ; ensuite, la fraction des libéralités en avance de part imputable subsidiairement sur la quotité disponible (étant observé que les préciputs sont d'ores et déjà absents de la masse de calcul et que les avances de part imputables à titre principal sur la réserve sont ipso facto déduites lorsqu'on a soustrait la réserve globale).

À la vérité, cela **correspond** exactement au **restant libre de la quotité disponible** une fois effectuées toutes les imputations : le conjoint successible en concours avec les descendants du défunt, n'étant pas un héritier ordinaire et pas davantage un réservataire, n'est créancier ni du rapport, ni de la réduction. Voilà ce qui circonscrit l'assiette d'exercice de sa vocation.

Cette remarque doit cependant être tempérée en fonction du sort que l'on ménage dans la masse d'exercice aux **libéralités consenties par le défunt au conjoint survivant** lui-même. Certains admettent qu'elles y figurent. D'autres ne conçoivent pas que le conjoint puisse exercer une vocation légale sur des donations reçues quelques années auparavant et qui ne sont pas proprement rapportables, même si elles s'imputent sur sa vocation légale. La question n'est pas tranchée en jurisprudence.

Seule une **comparaison** entre le quart de la masse de calcul et la masse d'exercice permet de déterminer la vocation effective du conjoint : la vocation du conjoint est de la valeur la plus faible, du quart de la masse de calcul, et de la masse d'exercice. 23495

Deux hypothèses peuvent se présenter :
- si la masse d'exercice est supérieure ou égale au quart de la masse de calcul, les droits théoriques du conjoint peuvent s'exercer intégralement ;
- si la masse d'exercice est inférieure au quart de la masse de calcul, les droits du conjoint sont plafonnés à la masse d'exercice, sans que le conjoint puisse bénéficier ni du rapport des avances de part, ni de la réduction des libéralités hors part qui excèdent la quotité disponible.

Si l'on veut bien s'en remettre à l'explication proposée plus haut, le **conjoint a vocation, en somme** : 23500
- au quart de tout ce qui suit à coup sûr le cours de la dévolution légale ;
- sans pouvoir exercer cette vocation au-delà de ce qu'il reste de la quotité disponible ordinaire, une fois effectuées toutes les imputations.

En pratique, en présence d'un conjoint survivant venant en concours avec les descendants du défunt, le liquidateur expérimenté **commencera** donc **par calculer** la réserve ainsi que la quotité disponible restante, pour deux bonnes raisons (voir méthode liquidative et cas pratiques n°s 24090 s. et 77068) : 23505
- on aura toujours besoin de la réserve globale pour la détermination de la masse d'exercice ;
- surtout, si la quotité disponible se révèle épuisée, par hypothèse, il est inutile de s'aventurer dans les calculs de l'article 758-5 du Code civil. Or le de cujus peut avoir exhérédé son conjoint, même par inadvertance, en consentant des avances de part importantes, qui s'imputent subsidiairement sur la quotité disponible ordinaire, ainsi que des préciputs, qui achèvent de l'épuiser (voir toutefois les cas particuliers des droits temporaire et viager au logement, prévus respectivement par les articles 763 et 764 s. du Code civil).

2. VOCATION LÉGALE DU CONJOINT SURVIVANT EN L'ABSENCE DE DESCENDANTS

En l'absence de descendants, le conjoint survivant **prend la place des collatéraux privilégiés** dans la dévolution légale : 23535
- soit qu'il tombe en concours avec les père et mère du défunt ou l'un d'entre eux seulement ;
- soit que ces derniers soient tous deux prédécédés.

a. Si les père et mère du défunt, ou l'un d'entre eux, viennent à la succession

La succession se répartit entre le conjoint du défunt et ses père et mère ou le survivant d'entre eux ; les autres parents par le sang (notamment les frères et sœurs) sont totalement évincés : 23540
- si le défunt laisse ses **père et mère,** le conjoint survivant recueille la moitié de la succession en pleine propriété, l'autre moitié étant dévolue aux parents à raison d'un quart chacun (C. civ. art. 757-1, dont le texte n'a pas été modifié par la loi 2013-404 du 17-5-2013 relative au mariage homosexuel et qui est littéralement inapplicable en présence d'ascendants de même sexe, mais doit être de toute évidence adapté) ;

– si **un seul des parents** du défunt est encore en vie, le conjoint survivant a vocation aux trois quarts de la succession en pleine propriété, le quart restant étant dévolu au survivant des parents (C. civ. art. 757-1, al. 2).

Cependant, les grands-parents du défunt (ou ses arrière-grands-parents) qui seraient dans le besoin disposent dans cette situation d'une créance d'aliments contre la succession : voir n°s 23575 s.

23545 Pour le **calcul de la vocation** du conjoint (moitié ou trois quarts selon les cas), il faut ajouter aux biens existants au décès ceux qui ont pu être donnés ou légués par le défunt en avance de part à ses ascendants privilégiés (C. civ. art. 758-5 et 757-1 combinés) ; si ce n'est qu'en réalité, les libéralités à la fois rapportables et bénéficiant aux ascendants sont rarissimes.

Toutefois, la vocation légale effective du conjoint ne **s'exerce** pas sur les biens donnés ou légués, mais seulement sur les biens existants non légués.

Dans les successions ouvertes depuis le 1er janvier 2007, les ascendants ne sont plus héritiers réservataires. Par conséquent, aucune réserve ne vient limiter la vocation ab intestat du conjoint. C'est au contraire le conjoint survivant qui bénéficie en ce cas d'une **réserve** du quart (n° 29080).

Par ailleurs, les père et mère disposent, en ce cas, du **droit de retour** de l'article 738-2 du Code civil (n°s 25170 s.). Certes, la position de ce texte au chapitre III sous la section première, intitulée « Des droits des parents en l'absence de conjoint successible » pourrait donner à penser le contraire. Cependant, la doctrine s'accorde à penser qu'il s'agit d'une inadvertance du législateur : le caractère impératif du texte, qui résulte de la formule « dans tous les cas », ainsi que sa généralité, conduisent à l'appliquer même en présence du conjoint survivant (n° 25200).

b. Si les père et mère du défunt sont prédécédés

PRINCIPE

23565 Lorsque le défunt ne laisse ni descendant, ni père, ni mère, son conjoint survivant recueille en principe l'intégralité de la succession en pleine propriété (C. civ. art. 757-2).

Le conjoint **prime** par conséquent non seulement les collatéraux privilégiés du défunt, mais également les ascendants ordinaires et les collatéraux ordinaires.

Les droits du conjoint survivant à l'intégralité de la succession connaissent néanmoins **deux limites** : la dévolution aux collatéraux privilégiés de la moitié des biens d'origine ascendante familiale et la créance d'aliments des ascendants ordinaires dans le besoin.

DROIT DE RETOUR DES COLLATÉRAUX PRIVILÉGIÉS SUR LES BIENS D'ORIGINE ASCENDANTE

23570 En cas de prédécès des père et mère, il existe une dérogation spécifique à la règle selon laquelle le conjoint prime les frères et sœurs du défunt : **certains biens** sont, en l'absence de descendants, dévolus pour moitié aux frères et sœurs du défunt ou à leurs descendants (C. civ. art. 757-3 ; voir n°s 25325 s.). Dans ce cas, l'autre moitié revient, par conséquent, au conjoint, qui a par ailleurs seul vocation aux autres biens dépendant de la succession.

Signalons seulement que, selon une réponse de la Chancellerie, l'application du droit de retour sur le **logement** donné ou légué au défunt par ses ascendants ne fait pas obstacle à l'exercice par le conjoint survivant de ses droits viagers d'usage et d'habitation (Rép. Brunel : AN 14-11-2006 p. 11972 n° 104803). Sur les conséquences de cette solution sur le calcul de la réserve du conjoint survivant (n° 25395).

CRÉANCE D'ALIMENTS DES ASCENDANTS ORDINAIRES DANS LE BESOIN

23575 Les ascendants ordinaires du défunt sont titulaires, pour le cas où ils se trouveraient dans le besoin, d'une créance alimentaire contre la succession, dès lors que le conjoint survivant recueille la totalité ou les trois quarts de la succession : c'est le cas où le défunt, décédé sans postérité, ne laisse, au plus, qu'un seul de ses père et mère (C. civ. art. 758).

Ce droit de créance est d'**ordre public** : il ne peut donc pas être écarté par un testament du défunt.

23580 La loi ne précise pas quels sont les **ascendants** qui peuvent prétendre à des aliments.

Cette créance alimentaire vient contrebalancer la perte de leur rang et de leur réserve par les ascendants ordinaires, désormais primés par le conjoint survivant. Paradoxalement, les ascendants privilégiés, qui ont perdu eux aussi leur réserve, ne bénéficient pas du même traitement : ils doivent se contenter du droit de retour de l'article 738-2 du Code civil, du moins lorsque les conditions en sont réunies.

Si l'on prend l'article 758 du Code civil au pied de la lettre, tout ascendant ordinaire (grands-parents ou arrière-grands-parents) du défunt est titulaire de cette créance d'aliment. En bonne logique, pourtant, ce devraient être uniquement ceux de la branche évincée de la succession par la présence du conjoint : la créance alimentaire paraît en effet justifiée par la circonstance que le décès de leur petit-enfant a privé les ascendants ordinaires d'un débiteur d'aliments.

EXEMPLE

Si le conjoint recueille les trois quarts de la succession parce que le père du défunt est prédécédé à la survivance de sa mère recueillant le dernier quart, les grands-parents maternels dans le besoin peuvent toujours réclamer des aliments sur le fondement de l'article 205 du Code civil à la mère du défunt, leur propre fille. Seuls les grands-parents paternels du défunt paraissent donc pouvoir prétendre à des aliments.

La **créance** alimentaire sur la succession doit être **réclamée** par les ascendants **dans un délai** d'un an qui court à compter : **23585**
- soit de la date du décès ;
- soit du moment où les héritiers (en l'occurrence le conjoint et éventuellement le père ou la mère survivant) cessent d'acquitter les prestations qu'ils fournissaient auparavant au créancier.

En cas d'indivision, le délai se prolonge jusqu'à l'achèvement du partage (C. civ. art. 758, al. 2).

La pension est **prélevée sur la succession,** ce qui signifie qu'elle est plafonnée à l'actif net successoral, et supportée par les héritiers (par hypothèse, le conjoint et, éventuellement, le père ou la mère survivant) voire, en cas d'insuffisance, par les légataires particuliers proportionnellement à ce qu'ils recueillent (C. civ. art. 758, al. 3), le de cujus ayant la possibilité de modifier par testament cette répartition en exprimant la volonté qu'un legs soit acquitté de préférence aux autres (C. civ. art. 758, al. 4). **23590**

Le **montant** des aliments est fixé soit d'un commun accord, soit, à défaut, par le juge, qu'il appartient à l'ascendant ordinaire créancier de saisir.

C. Droits spécifiques du conjoint survivant sur son logement

LES DIFFÉRENTS DROITS

Le conjoint survivant successible dispose de deux droits distincts destinés à lui assurer le maintien dans son habitation principale effective au moment du décès : **23640**
- il a d'abord le **droit de jouir** gratuitement des lieux pendant un an et, pendant la même durée, du mobilier ;
- il peut ensuite bénéficier jusqu'à sa mort d'un **droit réel d'habitation** assorti d'un droit d'usage sur le mobilier du logement.

Ces deux droits distincts portent sur un logement défini de façon similaire : l'habitation principale effective du conjoint survivant appartenant aux époux ou dépendant de la succession.

Le conjoint survivant a également priorité dans l'**accès à la propriété** du logement indivis ainsi que de son mobilier au moment du partage de la succession.

> **Précisions** Le **groupe de travail sur la réserve héréditaire** préconise de renforcer de lege ferenda les droits du conjoint survivant sur son logement. Il propose (Rapport remis le 13-12-2019, sous la direction de C. Pérès et P. Potentier, p. 132) de prévoir que :
> – toute disposition avec réserve d'usufruit ou d'usage et d'habitation au profit exclusif du disposant, si elle est valable sans le consentement du conjoint, ne fasse pas obstacle au droit temporaire du conjoint survivant (proposition n° 12) ;
> – le défunt ne puisse pas priver le conjoint survivant de son droit viager lorsque le bien assurant le logement appartenait aux deux époux (proposition n° 13).

1. DROIT TEMPORAIRE AU LOGEMENT

CARACTÉRISTIQUES DU DROIT TEMPORAIRE

23645 Le droit temporaire confère au conjoint successible la **jouissance gratuite** de son logement et du mobilier de ce logement pendant les 12 mois qui suivent son veuvage (C. civ. art. 763).

Il emprunte des modalités différentes selon la nature des droits par lesquels le logement était assuré ; mais il s'agit en réalité d'un prolongement post mortem du régime primaire, dont il présente les caractéristiques.

D'une part, c'est un droit d'**ordre public** (C. civ. art. 763, al. 4). Par conséquent, le défunt ne saurait en priver le conjoint survivant. Ce dernier n'a même pas besoin de demander à bénéficier du droit temporaire, qui joue de plein droit (C. civ. art. 763, al. 1).

Ce droit constitue un **droit personnel** du conjoint survivant, et non un droit réel. En conséquence, il n'a pas à être publié au service chargé de la publicité foncière.

D'autre part, c'est un **effet direct du mariage,** et non pas un droit de nature successorale (C. civ. art. 763), ce qui emporte les conséquences suivantes :

– le droit temporaire s'applique même au conjoint qui renonce à la succession ;

– le fait pour le survivant de s'en prévaloir n'emporte pas acceptation tacite de la succession ;

– la valeur du droit temporaire au logement ne s'impute pas sur celle des droits successoraux du conjoint.

a. Logement protégé

HABITATION PRINCIPALE EFFECTIVE

23650 Le logement protégé est celui qui constituait l'habitation principale effective du conjoint à l'époque à laquelle il est devenu veuf.

Trois observations :

– le droit n'est pas subordonné à une condition de **vie commune** des époux. En cas de séparation de fait, le droit à la jouissance porte sur la propre résidence principale du conjoint survivant, y compris s'il y vivait en concubinage avec un tiers à l'époque du décès ;

– le conjoint ne perd pas ce droit, même s'il **se remarie** dans les 12 mois du décès (en ce sens, Rép. Jeanjean : AN 2-3-2004 p. 1643 n° 29660) ;

– aucune **autre résidence** n'est protégée, même pas à titre subsidiaire. Le conjoint ne peut en aucun cas prétendre à la jouissance gratuite de sa résidence secondaire en remplacement de ses droits sur son habitation principale effective.

23655 Si les époux résidaient **alternativement dans deux logements,** selon les périodes de l'année, il faut rechercher celui dans lequel les époux passaient effectivement le plus de temps, ce qui peut éveiller un contentieux entre le conjoint survivant et les autres héritiers du défunt.

En présence par exemple d'une succession comportant plusieurs immeubles de valeurs sensiblement différentes, les cohéritiers du conjoint peuvent être tentés de faire porter les droits de ce dernier sur le logement dont la valeur économique est la plus faible.

De même, si les époux partageaient leur temps entre un logement pris à bail et un autre dépendant de la succession, les héritiers seront enclins à prétendre que c'est l'immeuble loué qui constituait la résidence principale effective du conjoint survivant pour n'en devoir que les loyers durant une année (n° 23695) et faire échapper l'immeuble successoral au droit viager d'habitation (n° 23770).

Le contentieux peut également porter sur l'étendue du bien soumis au droit du conjoint, notamment lorsque le défunt était propriétaire de **lots distincts dans une copropriété.** Dans une espèce où le défunt était propriétaire d'un lot au rez-de-chaussée, qui constituait le logement conjugal, et d'un lot au premier étage occupé par la fille de l'épouse, les enfants du premier lit du mari ont obtenu que les droits de leur belle-mère soient limités au lot du rez-de-chaussée (Cass. 1e civ. 25-9-2013 n° 12-21.569 F-PB : BPAT 6/13 inf. 238, solution rendue à propos du droit viager d'habitation, mais transposable par analogie pour le droit temporaire de jouissance).

23660 La contestation portant sur la détermination de la résidence principale du conjoint survivant relève de la **compétence** exclusive du tribunal judiciaire ; elle ne peut pas être tranchée par le président de ce tribunal statuant, selon la procédure accélérée au fond, sur les modalités d'exercice des droits indivis des différents cohéritiers sur l'immeuble litigieux (Cass. 1e civ.

24-10-2012 n° 11-17.094 FS-PBI : BPAT 6/12 inf. 309, décision rendue à propos du droit viager d'habitation, mais qui semble transposable au droit de jouissance temporaire ; décision rendue à propos de la procédure en la forme des référés mais transposable à la procédure accélérée au fond qui l'a remplacée depuis le 1-1-2020).

PREMIER CAS : LOGEMENT PROPRIÉTÉ DES DEUX ÉPOUX, OU DÉPENDANT TOTALEMENT DE LA SUCCESSION

Lorsque le logement est la propriété des deux époux ou dépend totalement de la succession, 23665 le conjoint survivant a de plein droit, durant **un an,** la **jouissance gratuite** du logement qu'il occupait effectivement à titre d'habitation principale à l'époque du décès de son conjoint, ainsi que du mobilier de ce logement dépendant de la succession, qui le garnit (C. civ. art. 763, al. 1).

Il ne semble pas envisageable que cette gratuité aille jusqu'au remboursement par la succession des charges de copropriété et de la taxe d'habitation. En effet, dans l'hypothèse où les époux étaient locataires, la loi indique que seuls les loyers seront remboursés, à l'exclusion de toute autre somme (C. civ. art. 763, al. 2 ; n° 23695) ; or il n'y a pas de raison de mieux traiter à cet égard l'occupant d'un bien dépendant de la succession. De plus, de façon générale, l'interprétation de la notion de charge de la succession doit être strictement entendue. C'est pourquoi la jouissance gratuite du logement paraît bien se limiter à l'occupation gratuite (N. Levillain, Le droit au logement temporaire du conjoint survivant, JCP N 2002, n° 1440, n° 14 ; voir cependant pour la proposition de remboursement des charges locatives lorsque le logement est sous le régime de la copropriété : F. Terré, Y. Lequette et S. Gaudemet, op. cit., note 2 p. 197 sous n° 189).

Le **legs du logement à un tiers** par le défunt ne prive pas le conjoint de son droit : le léga- 23670 taire, même saisi, est tenu de laisser le conjoint survivant en possession des lieux pendant un an, car le bien n'est transmis que grevé de la charge légale impérative.

Il en va de même dans le cas où l'ouverture de la succession fait tomber le logement dans une indivision entre le conjoint survivant et les héritiers du défunt.

Le **mobilier** sur lequel le conjoint exerce son droit temporaire s'entend par un renvoi implicite à l'article 534 du Code civil, en ce compris tableaux et statues : il s'agit de conserver au conjoint survivant son cadre de vie durant l'année de l'ouverture de la succession.

Au demeurant, le conjoint peut exercer de manière divisible le droit temporaire sur le logement et sur le mobilier : cela peut être, à son choix, l'un ou l'autre ou les deux.

La **condition de propriété,** qui implique que le logement soit un bien commun ou indivis 23675 aux époux ou appartienne exclusivement au défunt, a pour effet d'**exclure** du champ d'application du droit temporaire de jouissance gratuite :

– le logement appartenant à une **personne morale** (société civile immobilière, notamment), y compris semble-t-il si les époux en étaient les seuls associés (en ce sens, par exemple, Rép. Jeanjean : AN 25-1-2005 p. 816 n° 39324 ; comp. en ce sens, pour l'application de l'article 215, alinéa 3 du Code civil mais probablement transposable, Cass. 1e civ. 14-3-2018 n° 17-16.482 P : D. 2018 p. 1104, obs. J.-J. Lemouland et D. Vigneau, AJ fam. 2018 p. 300, obs. J. Casey, RTD civ. 2018 p. 469, obs. B. Vareille). Dans une telle situation, le conjoint a seulement droit au remboursement des loyers pendant un an si les époux étaient locataires de la société. Certains auteurs expriment toutefois l'opinion contraire, qui estiment que le droit temporaire s'applique dans le cas où la totalité des parts de la société appartenait en pleine propriété au défunt ou aux deux époux (en ce sens, notamment, S. Ferré-André, Des droits supplétifs et impératifs du conjoint survivant dans la loi du 3-12-2001 : Defrénois 2002 n° 13 p. 863 art. 37572 p. 86) ;

– le logement dont le défunt était seulement **usufruitier** : l'usufruit s'éteignant au décès de son titulaire, l'immeuble ne se retrouve pas dans sa succession (en ce sens, Rép. Jeanjean précitée) ;

– le logement détenu en **indivision** par le défunt avec toute **autre personne** que son conjoint. Ce sont alors les règles exposées ci-après qui s'appliquent.

A contrario, le **conjoint survivant seul propriétaire,** à titre de bien propre ou de bien per- 23680 sonnel, de son habitation principale effective au décès du de cujus, ne bénéficie sur la succession d'aucune créance de maintenance dans ce logement.

DEUXIÈME CAS : LOGEMENT INDIVIS ENTRE LE DÉFUNT ET UN OU PLUSIEURS TIERS

Dans les successions ouvertes depuis le 1er janvier 2007, le droit temporaire s'applique éga- 23685 lement par le remboursement de l'indemnité de jouissance privative lorsque l'habitation principale effective du conjoint survivant était **indivise entre le défunt et un tiers** (par hypothèse autre que le conjoint survivant) : par exemple, un cohéritier du défunt ou un enfant du couple (pour une illustration de la non-application du droit temporaire aux successions ouvertes avant le 1-1-2007, l'article 763 du Code civil ne prévoyant à l'époque que le remboursement des loyers, Cass. 1e civ. 26-10-2011 no 09-72.693 F-D).

Dans ce cas, l'**indemnité d'occupation** due par le conjoint survivant dans les 12 mois du décès lui est remboursée par la succession dans son intégralité, au fur et à mesure de son paiement (C. civ. art. 763, al. 2).

23690 Le conjoint a, à notre avis, également droit à la jouissance gratuite du **mobilier** pendant un an. Bien que ce droit ne soit expressément prévu par la loi que lorsque le logement appartenait aux époux ou dépend totalement de la succession, il doit s'appliquer chaque fois que le conjoint bénéficie du droit temporaire, y compris par conséquent en cas d'occupation par le conjoint survivant d'un bien indivis entre le de cujus et un tiers.

TROISIÈME CAS : LOGEMENT PRIS À BAIL PAR LES ÉPOUX

23695 Lorsque le logement faisait l'objet d'un bail, les **loyers** acquittés par le conjoint survivant lui sont remboursés par la succession pendant un an, au fur et à mesure de leur règlement (C. civ. art. 763, al. 2). En pratique, le notaire provisionne au passif de la succession une somme équivalant à 12 mois de loyers, augmentée s'il y a lieu d'un supplément de provision anticipant sur le jeu éventuel de la clause d'échelle mobile ; après quoi, il rembourse le veuf sur présentation des quittances. Si le conjoint survivant délivre congé et quitte les lieux en cours d'année, le reliquat de la somme provisionnée fait l'objet d'un partage complémentaire (sur l'incidence fiscale, voir no 23740).

Par analogie avec le cas où le logement repose sur un droit de propriété, il faut admettre que le conjoint survivant ne peut prétendre qu'au remboursement des loyers, à l'**exclusion** de toutes **autres sommes** : c'est ce que le texte prévoit de façon explicite. En particulier, les charges locatives et la taxe d'habitation ne sont donc pas à rembourser, personnelles qu'elles sont à l'occupant (en ce sens, notamment, Rép. Morange : AN 11-1-2005 p. 373 no 42589). Ce point n'a pas encore été tranché en jurisprudence, mais les termes de la loi étant très clairs (« loyers »), il n'y a pas lieu à interprétation ; en outre, quant au fond, rien ne justifierait qu'on avantageât le conjoint survivant locataire par rapport au veuf du propriétaire, dont les charges ne seront jamais remboursées.

23700 Le conjoint locataire a également droit, à notre avis, à la jouissance gratuite du **mobilier** pendant un an, par identité de raisons (no 23690).

b. Traitement du droit temporaire au logement dans la liquidation civile et fiscale

AU PLAN CIVIL

23720 Civilement, le droit temporaire au logement est une charge de la succession.

Lorsqu'il consiste en un **droit de jouissance,** si le partage intervient rapidement, pour composer les lots, on doit tenir compte à l'attributaire du logement grevé, qui sera temporairement privé de la jouissance du bien, de la moins-value que cela représente.

Lorsque le droit temporaire au logement prend la forme du **remboursement d'un loyer ou d'une indemnité d'occupation,** la somme est à inscrire au passif de la succession.

AU PLAN FISCAL

23725 **Situation fiscale du conjoint survivant** Le conjoint n'est pas imposable sur la valeur de son droit temporaire. Il en va ainsi :

– en matière de **droits de succession,** dont le conjoint survivant est totalement exonéré (CGI art. 796-0 bis). En tout état de cause, le droit temporaire n'est pas un droit de nature successorale ;

– et en matière d'**impôt sur la fortune immobilière** (IFI), faute d'assiette. Le droit temporaire est dépourvu de valeur patrimoniale en raison de son caractère incessible et intransmissible (BOI-PAT-IFI-20-30-20 no 40). Il n'a pas à être déclaré.

23730 **Incidence du droit temporaire sur l'évaluation fiscale du logement** Au regard des **droits de succession,** lorsque le logement dépend en tout ou partie de la succession, l'abattement légal de 20 % prévu par l'article 764 bis du CGI (nos 48015 s.) s'applique de plein droit si les époux vivaient ensemble. Si les deux époux vivaient séparément, il n'existe aucun abattement légal. Il est cependant possible à notre avis de pratiquer une décote, puisque les héritiers recueillent un immeuble occupé dont la valeur vénale est nécessairement moindre que celle d'un immeuble libre.

En matière d'**IFI,** lorsque le logement appartenait au défunt et que ses héritiers sont imposables sur la valeur du logement occupé par le conjoint, l'administration leur accorde l'abattement de 30 % prévu à l'article 973 du CGI en faveur de la résidence principale occupée par son propriétaire (BOI-PAT-IFI-20-30-20 n° 40).

Incidence fiscale du droit temporaire au logement sur le passif successoral 23735

L'administration distingue selon que le droit temporaire est exercé en nature (occupation par le conjoint de l'immeuble appartenant aux époux ou dépendant en totalité de la succession du prédécédé) ou en espèces (remboursement au conjoint des loyers ou de l'indemnité d'occupation).

Lorsque le droit temporaire est exercé **en nature** sur un immeuble qui n'était pas détenu par le défunt en indivision avec un tiers, l'administration s'oppose à ce que sa valeur soit portée au passif de la succession (BOI-ENR-DMTG-10-40-20-10 n° 140). Cette position est selon nous contraire à la règle légale selon laquelle le droit temporaire est un effet du mariage, et non un droit de nature successorale.

Lorsque le droit temporaire s'exerce par le **versement d'une somme,** le montant des loyers ou de l'indemnité d'occupation effectivement remboursé par la succession au conjoint survivant est déductible de l'actif successoral (CGI art. 775 quater). Aucune autre somme (charges locatives, notamment) ne peut être déduite (BOI-ENR-DMTG-10-40-20-10 n° 140). 23740

CONSEIL

La **déclaration de succession** devant être déposée en principe dans les six mois du décès, seule devrait pouvoir être déduite de l'actif la somme des loyers ou indemnités d'occupation effectivement acquittés au jour du dépôt, quitte à effectuer une déclaration complémentaire à l'issue des 12 mois.

En pratique, les notaires peuvent porter au passif une **provision.** Une **déclaration rectificative** est déposée par la suite si les sommes effectivement remboursées au conjoint diffèrent de celles provisionnées (par exemple parce que le conjoint survivant quitte le logement avant la fin du délai d'un an).

2. DROIT VIAGER AU LOGEMENT

a. Caractéristiques du droit viager

DROIT RÉEL SUR L'HABITATION PRINCIPALE EFFECTIVE

Le conjoint peut se prévaloir dans l'année de l'ouverture de la succession d'un second droit au logement, celui-ci **viager.** 23770

Comme pour le droit temporaire, il en bénéficie sous la même condition qu'il occupe effectivement le logement à titre de **résidence principale** au moment de l'ouverture de la succession (n°s 23650 s.).

Le conjoint survivant peut prétendre à des droits différents selon que le logement est détenu **en propriété ou loué** :

– si le logement constituant sa résidence principale effective appartenait aux époux ou dépend totalement de la succession, il bénéficie d'un droit d'habitation sur le bien immobilier ainsi que d'un droit d'usage sur le mobilier le garnissant (C. civ. art. 764) ;

– si le logement était pris à bail par les époux, le veuf se contente uniquement d'un droit d'usage viager sur le mobilier du logement (C. civ. art. 765-2). Cela dit, la législation des baux d'habitation prévoit de son côté deux mesures importantes : quel que soit le régime matrimonial, et même si le bail a été conclu avant le mariage, le droit au bail du local qui sert effectivement à l'habitation de deux époux est réputé appartenir à l'un et à l'autre des époux de leur vivant (C. civ. art. 1751) ; et si le conjoint survivant ne peut se prévaloir des dispositions précédentes, le contrat de bail d'habitation souscrit par le conjoint prédécédé lui est transféré (Loi 89-462 du 6-7-1989 art. 14).

Ce droit viager est un **droit réel,** qui doit donc être publié (n°s 23855 s.). Il s'exerce à compter de la demande qui en est faite, concurremment avec le droit temporaire, lequel est un simple droit personnel de jouissance de source matrimoniale (voir B. Vareille, Variations futiles sur les droits au logement du conjoint survivant, Mélanges M. Prieur, Dalloz, 2007, p. 1721).

23775 Lorsque le logement était détenu par le défunt **en indivision avec un tiers,** le conjoint ne bénéficie pas du droit viager ; pour une illustration, dans une espèce où le logement était en indivision entre le défunt et sa fille (Cass. 1e civ. 26-10-2011 n° 09-72.693 F-D, décision rendue à propos d'une succession ouverte en 2003, mais toujours valable sur ce point sous le dispositif issu de la loi du 23-6-2006). Dans une telle situation, le conjoint bénéficie seulement du droit temporaire (sous la forme du remboursement de l'indemnité d'occupation). Il ne peut donc pas prétendre au maintien dans les lieux passé le délai d'un an.

Dans ce dernier cas, il bénéficie néanmoins d'un droit d'usage sur le mobilier du logement, si ce dernier ne dépend pas de l'indivision (n° 23845).

DROIT SUCCESSORAL

23780 Le droit viager est un droit réel de nature successorale, non un effet direct du mariage.

Il en résulte les **conséquences** suivantes :
– le conjoint qui veut bénéficier du droit viager doit en réclamer le bénéfice dans le délai annal (nos 23795 s.) ;
– la valeur du droit viager s'impute sur les droits successoraux du conjoint survivant, mais aucune soulte n'est due si cette valeur excède celle de la vocation ab intestat (nos 23875 s.).

ATTENTION

Il n'est pas précisé si le conjoint survivant doit, pour bénéficier du droit viager, avoir **accepté la succession** ab intestat.

Deux conceptions sont défendables (voir sur l'exposé de cette discussion F. Terré, Y. Lequette et S. Gaudemet, op. cit., n° 191 et les auteurs cités) :
– soit l'on y voit un simple **appendice de la vocation légale** du conjoint, en vertu de ce que la valeur s'en impute sur les droits successoraux de ce dernier ; il faut alors répondre par l'affirmative, et considérer que les deux options sont indissociables (la demande d'exercer son droit viager emportant donc toujours acceptation tacite de la succession, en raison de la demande spécifique que nécessite le droit viager, même si l'inverse n'est pas vrai) ;
– soit au contraire on estime que le **droit** viager est d'une essence **supérieure,** motif pris qu'il se rattache à un mouvement contemporain beaucoup plus ample de promotion du droit au logement, à telle enseigne que rien n'est dû lorsque sa valeur excède celle de la vocation légale ; en ce cas, il est permis d'y voir plutôt une succession anomale faisant l'objet d'une option indépendante (voir en ce sens, F. Vauvillé, Les droits au logement du conjoint survivant, Defrénois 30-10-2002, n° 20 p. 1277 et 1291 ; B. Vareille, Variations futiles sur les droits au logement du conjoint survivant, Mélanges M. Prieur, Dalloz, 2007, p. 1728 ; M. Grimaldi, Les options du conjoint survivant, Defrénois, 2017, n° 439). Cette seconde analyse peut sembler préférable, comme mieux conforme à la ratio legis.

La jurisprudence n'a pas tranché.

DROIT SUPPLÉTIF RENFORCÉ

23785 Le droit viager n'est pas d'ordre public et le conjoint peut **en être privé** par le défunt, mais seulement par une disposition testamentaire prise en la forme notariée, c'est-à-dire par testament authentique (C. civ. art. 764).

La Cour de cassation veille au respect de ce **formalisme** protecteur. Elle l'exige même en présence de dispositions à cause de mort conçues avant la loi du 3 décembre 2001 qui a institué les droits temporaire et viager du conjoint sur son logement. Ainsi, n'a pu priver le conjoint de son droit viager un acte notarié dressé en 2001 pour confirmer une donation au dernier vivant portant sur l'usufruit d'une résidence secondaire, et déclarant priver l'épouse de la jouissance légale prévue par l'article 767 du Code civil (à l'époque usufruit légal du conjoint survivant) ; en effet, « le conjoint survivant ne peut être privé du droit d'habitation du logement servant d'habitation principale et d'usage du mobilier le garnissant que par la volonté du défunt exprimée dans un testament authentique reçu par deux notaires ou par un notaire assisté de deux témoins » (Cass. 1e civ. 15-12-2010 n° 09-68.076 FS-PBI : BPAT 1/11 inf. 38 et 47).

23790 La question est discutée de savoir si le **legs du logement à un tiers** en la forme authentique suffit à évincer le conjoint survivant de son droit viager au logement.

Selon certains auteurs, cette exhérédation implicite est efficace dès lors que le testament a bien été rédigé en la forme authentique.

Toutefois, la solution ne va pas de soi : si le testateur voulait vraiment priver son conjoint de son droit viager, que ne l'a-t-il fait expressément, alors surtout qu'il était conseillé et assisté par un notaire ? De surcroît, le legs du logement n'est pas incompatible avec l'exercice par le conjoint du droit d'habitation et d'usage : le tiers gratifié devra seulement attendre le décès du conjoint pour que le logement soit libéré du droit d'habitation.

Dans le doute, il est donc conseillé de recourir à une disposition explicite, qui préviendra tout conflit sur l'interprétation de la volonté réelle du disposant.

Sur l'effet du droit de retour des frères et sœurs sur le droit viager du conjoint, voir n° 25350.

DEMANDE DU CONJOINT SURVIVANT

Le droit viager ne naît pas de plein droit : le conjoint survivant doit manifester sa volonté d'en bénéficier. **23795**

Il dispose pour cela d'un **délai** d'un an à compter du décès (C. civ. art. 765-1), durée pendant laquelle il bénéficie par ailleurs de plein droit de la jouissance gratuite de son logement au titre de l'article 763 du Code civil (n° 23645).

Les héritiers ne peuvent pas imposer au conjoint de prendre parti. Le conjoint choisit le moment où il exprime sa volonté, pourvu que ce soit sous le délai d'un an.

Cette manifestation de volonté n'est soumise à aucun **formalisme.** **23800**

Toutefois, le simple maintien dans les lieux à l'expiration du délai d'un an ne saurait valoir demande tacite de la part du conjoint (Cass. 1e civ. 2-3-2022 n° 20-16.674 FS-B : SNH 11/22 inf. 5). C'est logique : l'article 763 suffit à justifier sa présence dans l'intervalle, et la loi exige précisément une manifestation de volonté sous ce délai.

La demande ne peut donc être **tacite** que si elle résulte d'un faisceau d'éléments. Tel est le cas lorsque le survivant se maintient dans les lieux et exprime son souhait de conserver le logement dans l'assignation qu'il fait délivrer trois mois après le décès et dans le projet d'acte de notoriété contesté par le cohéritier (Cass. 1e civ. 13-2-2019 n° 18-10.171 FS-PB : BPAT 2/19 inf. 47, RTD civ. 2020 p. 164, obs. M. Grimaldi, Pet. aff. 06/08/2019 n° 156, obs. B. Vareille).

En réalité, la sécurité commande que le conjoint forme sa demande de façon **expresse,** par écrit auprès des héritiers ou du notaire chargé du règlement de la succession, de préférence par lettre recommandée avec avis de réception ou par exploit d'huissier. La manifestation de volonté du conjoint peut également figurer dans un acte notarié, par exemple dans un acte d'option ou dans l'attestation immobilière après décès : le mérite de cette solution est de conférer date certaine à la demande.

b. Portée du droit viager

DROIT D'USAGE ET D'HABITATION

Le droit viager est une variante spécifique du droit d'habitation et d'usage, dont il emprunte l'essentiel du régime par renvoi aux articles 627, 631, 634 et 635 du Code civil. **23820**

En application de ces textes, le conjoint **doit** :
- exercer ses droits raisonnablement (C. civ. art. 627) ;
- assumer les réparations d'entretien et le paiement des contributions comme un usufruitier, tout en ne contribuant qu'au prorata s'il n'occupe qu'une partie du logement (C. civ. art. 635).

Il ne lui est **pas permis de** :
- céder son droit viager (C. civ. art. 631 et 634), ce qui pose problème si le conjoint et ses cohéritiers veulent vendre le logement. Il faudra d'abord en dégrever l'immeuble, soit par une renonciation gratuite ou onéreuse du conjoint, soit par la conversion du droit viager en une rente viagère ou en un capital (n° 23865) ;
- donner à bail le logement grevé du droit d'habitation (C. civ. art. 631 et 634) ; mais cette interdiction comporte une exception remarquable qu'il convient de développer ci-dessous.

Droit dérogatoire de donner à bail sous certaines conditions précises **23825**

Ce droit d'habitation sui generis du conjoint survivant est **bonifié** (voir M. Grimaldi, Les nouveaux droits du conjoint survivant : AJ fam. 2002, n° 2 p. 51) : son bénéficiaire est en effet dans une position plus favorable qu'un usager de droit commun, en ce qu'il pourra par la suite **donner à bail** (à usage autre que commercial ou rural) l'immeuble qui « n'est plus adapté à ses besoins » afin de « dégager les ressources nécessaires à de nouvelles conditions d'hébergement » (C. civ. art. 764, al. 5). Cette latitude laissée au conjoint fait dire à un certain nombre d'auteurs que les prérogatives résultant du droit viager au logement confinent à celles nées de l'usufruit.

Notons que le de cujus, qui pourrait exhéréder son conjoint survivant du droit viager, peut a fortiori ne le priver que de la faculté de donner à bail, à la condition que ce soit par testament authentique (n° 23785). Cela ramènera le droit viager à un droit d'habitation de droit commun.

23830 Pour que le conjoint survivant puisse donner à bail le logement, **trois conditions** doivent être réunies :

– le constat d'une inadaptation du logement actuel ;
– la définition abstraite d'un nouvel hébergement adapté ;
– l'insuffisance des ressources du conjoint pour y pourvoir.

Les deux premières conditions sont empreintes d'une considérable subjectivité. Il n'y aura naturellement guère de controverse possible lorsque l'état de santé du conjoint le contraint à se faire admettre dans un établissement spécialisé. Mais hors ce cas, le conjoint paraît seul maître d'apprécier si son logement est ou non encore adapté à ses besoins et de rechercher un logement qui lui convienne, sans que cette décision prête beaucoup à contestation.

C'est donc sans doute seulement sur l'insuffisance de ses ressources pour financer l'opération, élément objectif, que se concentreront les éventuels conflits avec les autres héritiers.

Il sera prudent de recueillir l'**approbation des cohéritiers** à la faveur d'une **intervention** au contrat de bail : le conjoint titulaire du droit viager sera seul bailleur, les héritiers se bornant à y intervenir pour constater que les conditions de l'article 764 in fine du Code civil se trouvent réunies.

En **cas de désaccord,** le conjoint en sera réduit à saisir le tribunal pour trancher sur le point de savoir si ces mêmes conditions sont réunies.

EXEMPLE

Le conjoint survivant habite une maison qu'il estime, en vieillissant, trop vaste, ou exagérément isolée, ou bien encore simplement malcommode. Il souhaite prendre en location un **appartement plus petit et de plain-pied.** Que ses ressources soient insuffisantes pour couvrir les loyers, et il pourra mettre en location pour son compte la maison qu'il quitte. Si le loyer perçu de cette dernière est plus important que celui dû au titre de son nouveau logement, on ne voit pas sur quel fondement l'obliger à en tenir compte à la succession : la différence devrait normalement lui rester acquise.

À l'inverse, imaginons qu'un conjoint survivant soit conduit à rechercher un nouvel **hébergement plus spacieux, parce qu'il se remarie** et souhaite prendre un nouvel appartement à bail en compagnie de son nouveau conjoint. Là encore, si ses revenus n'y suffisent pas, rien ne paraît s'opposer à ce qu'il mette le logement trop exigu en location afin d'en percevoir les loyers.

23835 **Bon usage du droit viager en présence de descendants** Le conjoint survivant qui a opté pour la **totalité de la succession en usufruit** sur le fondement de l'article 757 du Code civil a toujours intérêt à se prévaloir de surcroît du droit viager d'habitation. En effet, s'il a choisi l'usufruit, c'est bien, d'une part, qu'il a pu le faire, étant en concours avec des descendants tous issus des deux époux (voir n° 23315), et, d'autre part, qu'il recherche jusqu'à la fin de ses jours une forme de statu quo. Certes, à première analyse, le conjoint n'a donc nul besoin du droit d'habitation pour conserver la jouissance de son logement, puisque l'usufruit légal lui assure sur l'ensemble des biens héréditaires des prérogatives plus étendues. Pourtant, s'être prévalu en temps utile du droit viager au logement est le seul moyen pour lui de se prémunir contre le risque de découverte tardive soit d'un enfant d'un autre lit du défunt, soit d'un testament olographe méconnu l'exhérédant totalement au profit d'autrui. Et il n'y a quant au reste aucun inconvénient pour lui à disposer de deux titres légaux distincts et non incompatibles pour exercer sur un même bien des prérogatives qui se superposent sans se contrarier. Tout conseille donc de l'inviter en ce cas à se prévaloir systématiquement du droit viager dans le délai annal.

Lorsque le conjoint survivant, en concours avec les descendants du défunt, hérite, par choix ou par force, d'**un quart en pleine propriété** calculé selon l'article 758-5 du Code civil (n° 23315), le point de savoir s'il a intérêt à se prévaloir du droit viager est affaire de circonstances. Plus il est âgé, moins son droit viager, qui s'impute sur sa vocation légale, est valorisé (n° 23885) ; si son quart légal ne suffit pas à lui procurer la pleine propriété de son logement, il est donc en mesure de se garantir à peu de frais un maintien dans les lieux en invoquant en temps utile le droit viager.

CONSEIL

Le droit viager est un **élément non négligeable de l'option** de l'article 757 du Code civil, lorsqu'elle est ouverte : pour le conjoint très âgé en concours avec des enfants tous communs, mieux vaudra parfois choisir, plutôt qu'un usufruit universel, le droit en propriété du quart diminué de la faible valeur du droit viager, plutôt qu'un usufruit universel qui ne lui permettrait pas forcément de disposer à sa guise de liquidités à prélever sur la succession.

Bon usage du droit viager en l'absence de descendants Le même raisonnement vaut lorsque le conjoint survivant hérite en pleine propriété en l'absence de descendant, mais dans une moindre mesure, du fait que le conjoint bénéficie en pareil cas de droits en propriété plus étendus, garantis par une réserve héréditaire du quart (nº 29080). 23840

DROIT SUR LE MOBILIER

Dans tous les cas, le conjoint survivant bénéficie d'un droit d'usage viager sur le mobilier garnissant son habitation principale effective au décès. L'assiette du droit viager recouvre à cet égard celle du droit temporaire (voir nº 23670). 23845

Lorsque le logement en question était pris à bail, le droit viager du conjoint se résume seulement à cela (C. civ. art. 765-2).

GARANTIE

En toute hypothèse, le conjoint survivant n'a pas à fournir caution. 23850

Il n'est tenu de dresser état de l'immeuble et inventaire des meubles soumis au droit viager que si les autres héritiers l'exigent (C. civ. art. 764, al. 4).

PUBLICATION DU DROIT VIAGER

Comme tous les **droits réels immobiliers** transmis ou constitués par décès, le droit d'habitation du logement doit être publié au service chargé de la publicité foncière du lieu de situation de l'immeuble (Décret 55-22 du 4-1-1955, art. 28, 3º). 23855

Il appartient donc au notaire de constater dans un acte la demande faite par le conjoint survivant de bénéficier de son droit viager, puis de faire publier cet acte. Il s'agira tantôt de l'attestation immobilière après décès, tantôt d'un acte spécifique si le conjoint a exprimé sa demande postérieurement à l'établissement de l'attestation.

La publication du droit viager du conjoint survivant ne conditionne pas son opposabilité aux tiers. Le **défaut de publication** peut seulement être sanctionné par des dommages-intérêts à la demande de toute personne qui, ayant publié son propre droit, prouve qu'elle a subi un préjudice en raison du défaut de publication (Décret du 4-1-1955, art. 30, 4). 23860

CONVERSION EN RENTE VIAGÈRE OU EN CAPITAL

Le conjoint et ses cohéritiers peuvent, par **convention,** convertir le droit d'usage et d'habitation en rente viagère ou en capital (C. civ. art. 766). La conversion ne peut pas être imposée au conjoint : elle suppose un accord entre les parties. 23865

S'il y a parmi les héritiers un mineur non émancipé ou un majeur protégé, l'**autorisation** du juge des tutelles est nécessaire.

Pour mettre en œuvre la conversion, il est nécessaire d'**évaluer le droit** d'usage et d'habitation. Il est loisible de retenir une valorisation graduée ou économique (nº 23885), l'évaluation fiscale des droits d'usage et d'habitation fixée par l'article 762 bis du CGI (nº 23915) ne s'imposant que pour la liquidation des droits de succession.

DROIT PRÉVALANT SUR L'ATTRIBUTION PRÉFÉRENTIELLE

Les droits résultant de l'attribution préférentielle du logement ne préjudicient pas au droit viager d'habitation qu'exerce le conjoint (C. civ. art. 831-3). Par conséquent, même si un héritier autre que le conjoint se voit attribuer le logement à ce titre, le conjoint qui aura demandé à bénéficier de ses droits viagers pourra rester dans les lieux. 23870

IMPUTATION DE LA VALEUR DU DROIT VIAGER DU CONJOINT

La valeur du droit d'habitation et d'usage s'impute sur celle des droits successoraux recueillis par le conjoint (C. civ. art. 765, al. 1). 23875

Ce principe est facile à appliquer lorsque, en présence uniquement d'enfants communs, le conjoint a **opté en faveur de l'usufruit universel.** Dans cette hypothèse, les droits viagers font sur le logement pour ainsi dire double emploi avec l'usufruit ; il n'y a donc pas lieu proprement de les imputer.

La combinaison par imputation sur une **quote-part en toute propriété** (1/4, 1/2 ou 3/4) est plus délicate. 23880

Les textes ouvrent une alternative :

– si la valeur des droits d'habitation et d'usage est inférieure à celle de la vocation successorale en pleine propriété, le conjoint survivant peut – simple faculté – réclamer le complément sur les biens existants (C. civ. art. 765, al. 1) ;

– si, au contraire, la valeur des droits d'habitation et d'usage excède celle de la quote-part en propriété, l'intéressé ne doit aucune soulte à la succession, les droits viagers lui restant acquis (C. civ. art. 765, al. 2).

Selon quelle clé comparer ainsi ces deux droits de nature différente ? Comment imputer l'un sur l'autre ?

23885 **Évaluation du droit d'habitation** La première difficulté tient à l'évaluation comparative du droit d'habitation et d'usage et des droits en pleine propriété résultant de la vocation légale. La loi ne livre pas la solution.

Par esprit de simplicité et faute de meilleur élément de comparaison entre ces deux droits réels bien distincts, on peut s'en remettre au barème fiscal qui veut que le **droit d'habitation** et d'usage équivaille à 60 % de la valeur de l'usufruit (CGI art. 762 bis).

Reste à évaluer l'**usufruit** lui-même, base du calcul. Il est recommandé d'utiliser, pour évaluer l'usufruit, la méthode dite « d'actualisation des flux futurs ». Cette méthode économique prend notamment en considération non seulement l'espérance de vie de l'usufruitier, mais encore le rendement du bien dont la propriété est démembrée.

À tout le moins, on peut aussi être tenté de transposer le barème fiscal de l'usufruit (CGI art. 669), mais il faut le faire avec beaucoup de prudence, car cette évaluation purement fiscale est sommaire et n'a pas autorité dans les partages civils, qui reposent sur le principe de l'égalité du partage, c'est-à-dire de la sincérité de l'évaluation des lots. Il est donc conseillé a minima de moduler le barème fiscal, en le graduant d'année en année à l'intérieur de chaque tranche de dix ans, pour rendre compte plus subtilement de l'âge de l'usufruitier, et ici du bénéficiaire du droit d'habitation. Tout cela ne se passera pas d'une information préalable ainsi que de l'accord des copartageants.

EXEMPLE

Voici un actif successoral évalué au décès 400 000 €, en ce compris l'habitation principale effective du conjoint survivant, bien personnel au défunt, estimée à 200 000 €.

En concours avec un enfant du premier lit du défunt, le conjoint survivant a **vocation au quart de la succession** en propriété calculé selon l'article 758-5 du Code civil, soit ici, en l'absence de toute libéralité, 100 000 €.

Il se prévaut de son droit viager au logement.

Le conjoint survivant est âgé de 50 ans. En affinant le barème fiscal par une graduation d'année en année, son **usufruit** peut parfaitement être **évalué** pour les besoins du seul partage civil, à 51 % (et non pas à 60 %, comme le prévoit de façon trop caricaturale le barème fiscal), pour tenir compte de ce que le conjoint est à un an du saut de tranche, soit 102 000 € (200 000 × 51 %).

Forfaitisée à 60 % de l'usufruit, la **valeur du droit d'usage et d'habitation** s'élève alors à 61 200 € (102 000 × 60 %).

Le conjoint trouve sur les biens existants des **droits** égaux à la différence entre son quart en propriété (100 000 €) et la valeur de son droit viager (61 200 €), soit 38 800 €.

23890 Il est à noter que dans le partage civil, à l'heure des **allotissements,** le bien immobilier ainsi que les meubles grevés du droit d'habitation sont évidemment mis au lot de l'enfant attributaire pour une valeur minorée de la valeur du droit d'habitation et d'usage, afin que l'égalité soit respectée entre les copartageants.

23895 **Rang d'imputation du droit d'habitation** Une seconde difficulté se présente dans le cas où le **conjoint survivant a bénéficié d'une libéralité** de la part du défunt : la détermination de l'ordre des imputations. En effet, cette libéralité est vouée à s'imputer elle aussi sur les droits légaux du conjoint (C. civ. art. 758-6 ; n°s 9350 s.). Il est donc à se demander ce qui, de la libéralité ou du droit viager du conjoint, doit être imputé en premier.

Certains auteurs estiment que la libéralité, qui repose sur la volonté, prend le pas sur le droit viager légal, par application des règles classiques d'imputation.

D'autres se fondent sur l'importance que la loi accorde aux droits viagers et sur la rédaction comparée des articles 758-6 et 765 du Code civil pour conclure à l'imputation prioritaire du droit viager (B. Vareille, Réflexions sur l'imputation en droit des successions : RTD civ. 2009 p. 15 n° 28 ; F. Gémignani et G. Bonnet, Les conséquences de l'imputation des libéralités sur le quart légal en propriété du conjoint survivant : JCP N 2010 n° 1147 ; S. Gaudemet et D. Vincent, La dévolution, Defrénois 2017 p. 8, spéc. n° 10 ; C. Pérès et C. Vernières, Droit des successions, coll. Thémis, PUF, 2018, n° 294).

c. Traitement fiscal du droit viager

DROITS DE SUCCESSION

La **valeur fiscale** du droit viager est forfaitairement fixée à 60 % de celle de l'usufruit viager, elle-même déterminée par application du barème de l'article 669 du CGI (CGI art. 762 bis). Sur le barème de l'usufruit viager fixé par l'article 669 du Code civil, voir nº 48230. 23915

Le conjoint survivant étant exonéré de droits de succession (CGI art. 796-0 bis), l'évaluation fiscale des droits viagers n'a d'**incidence** que lorsque leur valeur excède celle des droits successoraux du conjoint.

En effet, les droits de succession dus par les autres héritiers sont alors calculés sur la part qu'ils recueillent effectivement, c'est-à-dire déduction faite de la valeur du droit viager. Pour l'application du barème, l'administration retient l'âge du conjoint survivant au terme de l'exercice du droit temporaire au logement, soit un an après le décès (BOI-ENR-DMTG-10-40-10-50 nº 90). Cette règle, adoptée en 2003 pour favoriser le conjoint – alors imposable aux droits de succession – s'il changeait de tranche d'âge dans l'année suivant son veuvage, peut aujourd'hui pénaliser les cohéritiers du conjoint.

EXEMPLE

M. A. décède le 10 août 2023 en laissant son épouse, âgée de 50 ans, et un enfant d'un premier mariage.

La succession est exclusivement composée du logement familial, qui appartenait en propre au défunt et estimé à 400 000 €. Mme A. demande à exercer ses droits viagers sur le logement.

Ses droits viagers sont fiscalement évalués, compte tenu de son âge au 10 août 2024 (51 ans révolus), à 400 000 € × 50 % × 60 % = 120 000 € (soit 20 000 € de plus que ses droits légaux, fixés au quart de la succession, soit à 100 000 €).

Mme A. n'est pas taxable aux droits de succession.

L'enfant est taxable sur 280 000 €, qui correspondent à la part successorale qu'il recueille effectivement dans la succession. Compte tenu de l'abattement personnel de 100 000 € (sauf donation antérieure de moins de 15 ans), il est imposable sur 180 000 €.

Si la valeur du droit viager avait été évaluée au jour du décès, soit le 10 août 2023, elle aurait été fixée à 400 000 € × 60 % × 60 % = 144 000 €, ce qui aurait réduit la part successorale de l'enfant à 256 000 €, soit 156 000 € après application de l'abattement personnel de 100 000 €.

La déclaration de succession – à déposer en principe dans les six mois du décès – peut être souscrite avant que le conjoint (qui dispose d'un an à compter du décès pour faire connaître son intention de demander ou non le bénéfice de ses droits viagers) n'ait exercé son option. 23920

Si le conjoint a exercé son **option avant le dépôt de la déclaration de succession,** la liquidation des droits en tient naturellement compte.

Dans le **cas contraire,** les droits de succession sont calculés comme si le conjoint avait renoncé à son droit viager (en reprenant l'exemple précédent, l'enfant serait taxable sur 300 000 €, et non sur 280 000 €). Si par la suite (et en tout état de cause avant l'expiration du délai légal d'un an à compter du décès) le conjoint manifeste sa volonté d'en bénéficier, les héritiers qui veulent obtenir remboursement du trop-payé doivent souscrire une déclaration de succession complémentaire dans les six mois de cette décision. La différence de droits ainsi déterminée est restituée sur réclamation à effectuer au plus tard le 31 décembre de la deuxième année qui suit celle au cours de laquelle le conjoint s'est prononcé en faveur du droit viager (Inst. 7 G-1-03, nº 15, dont les dispositions n'ont pas été reprises au Bofip mais qui nous semblent toujours pertinentes dès lors que l'option du conjoint peut s'analyser comme l'évènement motivant la réclamation au sens de l'article R 196-1 du LPF).

Les héritiers qui recueillent l'immeuble grevé du droit viager d'habitation du conjoint peuvent bénéficier sur option du **paiement différé des droits de succession,** à hauteur de la fraction des droits correspondant à la valeur imposable de l'immeuble, dans les mêmes conditions que les nus-propriétaires (BOI-ENR-DG-50-20-20 nº 135 ; voir nº 52540). 23925

En cas de **conversion du droit viager en rente ou en capital,** l'administration ne remet pas en question le calcul des droits de succession (BOI-ENR-DMTG-10-50-10 nº 180). Si la conversion est opérée après le dépôt de la déclaration de succession, aucune déclaration complémentaire n'est donc à effectuer. 23930

L'acte de conversion est soumis au droit fixe des actes innomés de 125 €.

S'ils obtiennent le paiement différé, les héritiers disposent alors de six mois à compter de la conversion pour s'acquitter des droits encore en suspens (BOI-ENR-DG-50-20-20 nº 135).

IMPÔT SUR LA FORTUNE IMMOBILIÈRE (IFI)

23935 Pour l'application de l'IFI, le droit viager est purement et simplement assimilé à un usufruit par l'administration fiscale (BOI-PAT-IFI-20-20-30-10 n° 240). Le conjoint bénéficiaire est en conséquence imposé sur la pleine propriété du logement sans tenir compte de la valeur du mobilier le garnissant.

3. ATTRIBUTION PRÉFÉRENTIELLE DE DROIT DU LOGEMENT

23965 La loi prévoit au profit du conjoint survivant, sous certaines conditions, des attributions préférentielles. Parmi elles figure celle de la **propriété ou** du **droit au bail** du logement (C. civ. art. 831-2, 1° ; n° 60855).

Ces attributions ne sont pas spécifiques au conjoint survivant, puisqu'elles sont également susceptibles de bénéficier à tous les héritiers copropriétaires (C. civ. art. 831-2).

Toutefois, pour le conjoint survivant, l'attribution préférentielle est ici **de droit** (C. civ. art. 831-3, al. 1). En présence de demandes multiples portant sur le même bien, c'est par conséquent en faveur du conjoint que le juge est tenu de prononcer l'attribution.

23970 Le conjoint survivant peut demander à ce titre l'attribution préférentielle de la propriété ou du droit au bail du local qui lui sert effectivement d'habitation et du mobilier le garnissant s'il remplit les **conditions** suivantes :

– il est copropriétaire du logement, soit dès avant le décès, soit par dévolution successorale (C. civ. art. 833, al. 1). Dans ce dernier cas, il doit hériter d'une quote-part de la succession en pleine propriété ou en nue-propriété. Le conjoint qui succède en usufruit seulement est exclu du bénéfice de l'attribution préférentielle ;

– il y avait sa résidence à l'époque du décès.

Les dimensions du local servant à l'habitation sont indifférentes, l'attribution préférentielle n'étant pas subordonnée à la condition que le local corresponde aux besoins d'habitation normaux du conjoint survivant demandeur (Cass. 1e civ. 9-7-1980 n° 79-12.135, décision prise pour l'application de l'ancien article 832 du Code civil, mais toujours valable).

23975 Dans tous les cas, le conjoint peut exiger de ses copartageants des **délais de paiement** à concurrence de la moitié de la soulte et dans la limite de dix ans, les sommes restant dues portant, sauf convention contraire, intérêt au taux légal (C. civ. art. 832-4, al. 2).

En cas de vente du logement ou de son mobilier, la soulte devient immédiatement exigible ; en cas de vente partielle, le produit de la vente est versé aux copartageants et décompté de la fraction de la soulte restant due (C. civ. art. 832-4, al. 3).

D. Créance d'aliments du conjoint survivant

RÉGIME CIVIL

24025 Le conjoint successible dispose d'une créance alimentaire contre la succession (C. civ. art. 767), prolongement post mortem du devoir de secours entre époux.

Cela suppose que le conjoint survivant soit **dans le besoin,** soit qu'il ait été exhérédé, soit qu'il ait reçu des droits insuffisants.

Ce droit de créance est **impératif.** Une disposition testamentaire du défunt serait impuissante à en affranchir la succession et à en priver le conjoint.

À défaut d'accord entre le conjoint et le ou les débiteurs d'aliments, le **montant** des aliments est fixé par le juge, qu'il appartient au conjoint de saisir.

24030 La créance doit être réclamée dans un **délai** d'un an à compter du décès ou à partir du moment où les héritiers ont cessé d'acquitter les prestations qu'ils fournissaient auparavant au conjoint (C. civ. art. 767, al. 1).

Le délai d'un an se prolonge, en cas d'indivision, jusqu'à l'achèvement du partage (C. civ. art. 767, al. 1 in fine). Cette règle ne s'applique par hypothèse que si le conjoint successible a lui-même des droits dans l'indivision ; s'il n'en a aucun, il doit agir dans l'année du décès ou de la date à laquelle les héritiers ont cessé de lui verser une pension (Cass. 1e civ. 26-1-2011 n° 09-71.840 FS PBI : BPAT 2/11 inf. 110 ; Bull. civ. I n° 18, solution rendue à propos d'un époux séparé de biens qui avait été totalement exhérédé par testament).

Il s'agit d'un délai de rigueur : faute d'obtenir la reconnaissance amiable de sa créance, le conjoint doit agir en justice dans ce délai à peine de déchéance (Cass. 1e civ. 27-5-2010 nº 09-67.864 F-D, solution rendue pour l'application de l'ancien article 207-1 du Code civil, mais transposable sous le régime actuel de l'article 767 du même Code).

La **pension** est **prélevée** sur la succession, ce qui signifie que sa masse d'exercice est limitée à l'actif net successoral, une fois les autres créanciers successoraux désintéressés. Toutefois, dès l'instant que la succession est bénéficiaire, le conjoint peut revendiquer une pension ; peu importe que l'actif soit liquide ou non ; ainsi jugé à propos d'une succession constituée de droits indivis dans un immeuble (Cass. 1e civ. 30-1-2019 nº 18-13.526 FS-PB : BPAT 2/19 inf. 48). Si la succession est déficitaire, le conjoint n'a droit à rien. 24035

Étant prélevée sur la succession, la pension est définitivement **évaluée au moment** où elle est demandée ; elle ne pourra en aucun cas être augmentée par la suite (sauf en exécution d'une clause d'indexation), même si l'état de besoin du conjoint survivant empire. La diminution ou la suppression de la pension en cas de retour à meilleure fortune du conjoint ne sont pas envisagées par la loi ; mais elle devrait pouvoir être demandée par les héritiers (en ce sens, B. Vareille, Successions, les limites de la volonté unilatérale pour les qualifications et les règlements… : Defrénois 30-3-2012 art. 40419).

La pension est **supportée par** les héritiers et, en cas d'insuffisance, par les légataires particuliers, proportionnellement à leur émolument (C. civ. art. 767, al. 2). Cette règle étant supplétive, un testament peut valablement prévoir qu'en pareil cas tel legs particulier sera acquitté de préférence aux autres (C. civ. art. 767, al. 3).

RÉGIME FISCAL

Bien que la pension soit prélevée sur la succession, elle n'est pas déductible pour le calcul des **droits de succession,** car il s'agit d'une dette des héritiers. 24040

En revanche, les héritiers ou légataires qui l'acquittent peuvent déduire les sommes versées de leurs **revenus imposables** (CGI art. 156, II-2º), le conjoint bénéficiaire étant corrélativement imposable selon le régime des pensions. La déduction n'est possible que si l'héritier (ou légataire) accepte la succession : s'il y renonce, les sommes versées ne sont pas déductibles et elles ne sont pas imposables pour le conjoint survivant bénéficiaire (CE 27-1-1986 nº 46063 : RJF 3/86 nº 252, solution rendue pour l'application de l'ancien article 207-1 du Code civil mais à notre avis transposable).

E. Méthode liquidative systématique

CONJOINT SURVIVANT EN PRÉSENCE DE DESCENDANTS ET EXERÇANT SON DROIT VIAGER AU LOGEMENT

Calcul de la réserve et de la quotité disponible (C. civ. art. 922, texte d'ordre public et 913) 24090

Masse de calcul de la quotité disponible (valeur au décès, sauf pour les donations-partages) : – Biens existants (comprenant les legs) ; – Déduction des dettes ; – Réunion fictive des libéralités entre vifs (donations selon l'art. 922 ; donations-partages éventuellement selon l'art. 1078).	M
Taux de la quotité disponible (C. civ. art. 913)	T
Montant de la quotité disponible et des parts individuelles de réserve	M × T = Qd
Réserve individuelle = Réserve globale / nombre de réservataires présents ou représentés	

Imputation (tableau) Ex. : deux enfants A et B 24095

Libéralités	Réserve individuelle de A	Réserve individuelle de B	Quotité disponible
Donation nº 1			
Donation nº 2			
Legs (ensemble)			

Ordre : Imputation chronologique des libéralités, de la donation la plus ancienne à la plus récente (les dons manuels sans date certaine s'imputant en dernier), en terminant par les legs. Imputation simultanée des libéralités de même date, notamment des legs (réductibles sauf stipulation contraire de façon proportionnelle).

Secteur : les avancements de part s'imputent d'abord sur la réserve individuelle (Ri), ensuite sur la quotité disponible (Qd) ; les hors part uniquement sur la Qd, l'excédent étant sujet à réduction.

24100 **Calcul de la vocation ab intestat du conjoint survivant** **Mise en œuvre de l'article 757 du Code civil**

– Soit tous les enfants sont issus des deux époux (option entre vocation en propriété et vocation en usufruit).

– Soit ne serait-ce qu'un enfant n'est pas issu du conjoint survivant (vocation en propriété seulement).

Détermination de la vocation en propriété du conjoint survivant (C. civ. art. 758-5)

Masse de calcul (valeur décès)	
Biens existants (soustraction faite des legs)	
– Déduction des dettes	
– Réunion fictive des avancements de part (donations non dispensées de rapport et legs stipulés par exception rapportables [NB : doutes sur le sort des donations-partages ainsi que des préciputs au conjoint survivant])	
	M Cal
Masse d'exercice (valeur décès)	
– Application littérale du texte :	
Masse de calcul	M Cal
Déduction :	
– de la réserve globale	
– de l'excédent d'imputation éventuel des avancements de part sur la quotité disponible	
	M Ex
– Solution simplifiée :	
le restant libre du disponible	M Ex
Vocation en propriété du conjoint survivant (valeur décès)	
La plus faible des deux valeurs d'un côté M Ex et de l'autre de M Cal/4.	
Résultat :	Voc Pp

Détermination de la vocation en usufruit du conjoint survivant (C. civ. art. 757)

Biens existants soustraction faite des legs :	
Résultat	Voc Us

24105 **Droit d'habitation viager sur le logement** Logement que le conjoint successible occupait effectivement à l'époque du décès à titre d'habitation principale et droit d'usage corrélatif sur les meubles meublants le garnissant (C. civ. art. 764 ; à distinguer du droit temporaire de l'art. 763).

Éviction possible, mais au moyen d'un testament authentique (C. civ. art. 764, al.1 et 971).

Évaluation

Valeur de l'usufruit du logement	Us
Coefficient introduit pour estimer le droit d'habitation à l'art. 762 bis CGI	60 %
Valeur du droit d'habitation viager (sauf convention contraire des parties, toujours licite)	Us × 60 % = Hab

Imputation (C. civ. art. 765)

On compare la vocation ab intestat du conjoint survivant avec la valeur du droit d'habitation (Hab).

Si le conjoint survivant a pu opter pour l'**usufruit des biens existants non légués,** ce droit absorbera le droit d'habitation viager :
– en quantité. Les biens existants contiendront généralement, outre le testament visé par l'article 764, d'autres biens. Exception : lorsque le testament n'emprunte pas la forme notariée, le conjoint survivant sera privé de l'usufruit légal et non du droit d'habitation ;
– en qualité. L'usufruit confère des prérogatives supérieures ou égales à celles du droit d'habitation.
Si le conjoint survivant est titulaire de **droits en propriété,** soit parce qu'il est en présence d'enfants non issus des deux époux, soit parce que tel a été son choix, il y a lieu d'opérer une comparaison entre :
– d'un côté la valeur du droit d'habitation Hab ;
– de l'autre, la vocation du conjoint en propriété (la plus faible des deux valeurs de M Ex ou de M Cal/4 : Voc Pp).

Si Voc Pp est supérieure en valeur à Hab, le conjoint survivant peut bénéficier de son droit d'habitation viager et d'un complément en biens existants d'une valeur égale à Voc Pp – Hab.

Si Hab est supérieur en valeur à Voc Pp, le conjoint survivant peut opter pour Hab sans verser de soulte (C. civ. art. 765, al. 3).

Réévaluation éventuelle des vocations au partage si les biens existants ont augmenté ou diminué de valeur.

EXEMPLE DE CALCUL DE LA VOCATION AB INTESTAT DU CONJOINT SURVIVANT

Faits À son décès Jacques laisse pour lui succéder sa femme Anne et deux enfants nés d'un précédent mariage, Charles et Antoine. **24110**

En 1996, Jacques a consenti à son fils Charles la donation entre vifs d'un studio évalué 1 500 au jour du décès. Par un testament régulier, il lègue à la Ligue contre le cancer un portefeuille de valeurs mobilières évalué à 1 200 au décès.

Les biens existants (parmi lesquels figurent l'habitation principale effective d'Anne et le portefeuille) sont évalués à 5 200.

Le passif successoral s'élève à 700.

Solution **1. Calcul de la réserve et de la Qd** (C. civ. art. 922, d'ordre public, et 913). **24115**

Masse de calcul (valeur décès)	
Biens existants (y compris les legs)	5 200
Déduction faite des dettes	– 700
Réunion fictive des libéralités entre vifs de toutes sortes	+ 1 500
Total	6 000
Taux de la Qd	
Qd	1/3
R	2/3 à partager entre Charles et Antoine
Montant des réserves individuelles (Ri) et de la Qd	
1/3 formant la quotité disponible	2 000
2/3 formant la réserve globale	4 000
Soit une réserve individuelle pour Charles et Antoine de moitié chacun	2 000

2. Imputations des libéralités

R / Charles	R / Antoine	QDO
2 000	2 000	2 000

24115 (suite) La donation en avance de part de 1 500
s'impute sur la réserve de Charles de 2 000
Reste 500

Le legs (préciputaire) de 1 200
s'impute sur la quotité disponible de 2 000
Reste 800

Tableau résumant les imputations :

	Ri[1] de Charles 2 000	Ri[1] d'Antoine 2 000	QDO[2] 2 000
1996 : Donation APS à Charles Assiette 1 500	Reste : 500		
Legs TP à la Ligue Assiette 1 200			Reste : 800

1. Ri = réserve individuelle
2. QdO = quotité disponible ordinaire

Le restant libre de la Qd est donc de 800.

Conclusion :

– le legs n'est pas réductible ;
– Anne peut espérer accéder à des droits légaux en propriété.

3. Calcul de la vocation ab intestat du conjoint en propriété (C. civ. art. 758-5)

Masse de calcul des droits du conjoint survivant	
Biens existants, cette fois-ci soustraction faite des legs	5 200 – 1 200 = 4 000
Déduction faite des dettes	– 700
Réunion fictive des avances de part (donations non dispensées de rapport et legs stipulés par exception rapportables) – Avancement de part à Charles	+ 1 500
TOTAL masse de calcul	4 800
Vocation théorique du conjoint	1/4, soit 1 200
Masse d'exercice des droits du conjoint survivant	
Application littérale du texte : masse de calcul, déduction faite de la réserve et des avancements d'hoirie (mais ils font ici double emploi : l'avancement d'hoirie ne s'impute pas subsidiairement sur le disponible : on se borne donc à déduire de la masse de calcul la réserve globale).	4 800 – 4 000 = 800
Solution simplifiée : ce qui reste du disponible après imputation des libéralités	800
Vocation ab intestat du conjoint survivant	
La moindre de 1 200 et 800	800

4. Droits d'habitation du conjoint survivant (C. civ. art. 764).

L'habitation principale effective vaut 1 600

Son usufruit supposé ici estimé à moitié vaut 800

Son droit d'habitation vaut : 60 % de 800 = ... 480

5. Liquidation des droits du conjoint survivant

24115 (suite)

Droits du conjoint survivant	
– 1e hypothèse : Anne ne se prévaut pas du droit d'habitation et prélève	800
– 2e hypothèse : elle fait valoir son droit d'habitation valorisé à	480
par conséquent :	
elle exerce son droit viager sur son habitation	800 – 480 = 320
et reçoit en sus à prendre sur les biens existants	
Partage	
1e hypothèse	
a. Le portefeuille de valeurs mobilières légué est délivré au légataire particulier sans qu'il y ait lieu à réduction ; il est d'une valeur de.....	1 200
b. Reste à partager :	
biens existants non légués :	5 200 – 1 200 = 4 000
à déduire le passif dû par les héritiers :	– 700
Total net	3 300
c. Anne reçoit	800
d. Charles et Antoine se partagent :	
le restant des biens existants nets :	3 300 – 800 = 2 500
ainsi que le rapport de Charles :	+ 1 500
Total	4 000
Dont moitié revenant à chacun	2 000
Attributions :	
Charles = 500 à prendre sur les biens existants + son rapport par confusion sur lui-même ;	
Antoine = 2 000 à prendre sur les biens existants	
2e hypothèse	
a. Le portefeuille de valeurs mobilières légué est délivré au légataire particulier sans qu'il y ait lieu à réduction ; il est d'une valeur de	1 200
b. Reste à partager :	
biens existants non légués :	5 200 – 1 200 = 4 000
à déduire le passif dû par les héritiers :	– 700
Total net	3 300
c. Anne prend sur les biens existants 800 – 480 = 320 et exerce son droit viager valorisé à 480.	
Par conséquent, la maison sur laquelle pèse son droit est valorisée à	1 600 – 480 = 1 120
les biens existants restant à partager étant corrélativement valorisés à	3 300 – (320 + 480) = 2 500
d. Charles et Antoine se partagent :	
le restant des biens existants nets :	3 300 – (320 + 480) = 2 500
ainsi que le rapport de Charles :	+ 1 500
Total	4 000
Dont moitié revenant à chacun	2 000
Attributions :	
Charles = 500 à prendre sur les biens existants + son rapport par confusion sur lui-même ;	
Antoine = 2 000 à prendre sur les biens existants, l'habitation principale effective d'Anne valant 1600, mais étant mise au lot d'Antoine pour une valeur de 1 220, afin de tenir compte de la charge du droit viager qui pèse sur elle.	

SECTION 3

PACTE CIVIL DE SOLIDARITÉ

APERÇU DES DROITS DES PARTENAIRES

24220 Le pacte civil de solidarité ne crée aucun lien d'alliance entre les partenaires, mais donne à la vie commune un cadre juridique.

C'est pourquoi les partenaires ne sont **pas héritiers** l'un de l'autre au regard du **droit civil,** pas plus que de simples concubins.

Ils ont tout de même la faveur de la **loi fiscale** puisque, si l'un vient à bénéficier d'un **legs** de l'autre, il est alors, à l'instar du conjoint survivant, totalement exonéré de droits de succession (CGI art. 796-0 bis ; voir nos 49210 s.).

En outre, le survivant jouit de certains droits sur son **logement** : droit temporaire, attribution préférentielle (voir ci-après) ; et du transfert du bail d'habitation sous certaines conditions (sur ce point, voir no 25610).

Il bénéficie d'**autres** possibilités d'attribution préférentielle (nos 60785 et 60895).

24225 Par ailleurs, le **droit de retour au profit des collatéraux privilégiés** sur les biens que le défunt marié mort sans postérité tenait de ses ascendants n'est pas applicable dans le cas du Pacs (no 25375).

DROIT TEMPORAIRE AU LOGEMENT

24230 Au décès de son partenaire, le survivant bénéficie pendant un an d'un **droit de jouissance gratuite** sur le logement qu'il occupait à titre de résidence principale effective à l'époque du décès, ainsi que sur le mobilier qui s'y trouve (C. civ. art. 515-6, al. 3 qui renvoie à l'art. 763).

Ce droit s'exerce au profit du partenaire dans les **mêmes conditions** que concernant le conjoint (voir nos 23645 s.), mais sous une importante restriction : il n'est **pas d'ordre public** pour les partenaires au Pacs. Un testament peut par conséquent priver le partenaire survivant de ce droit de jouissance temporaire gratuite. Aucune forme particulière de testament n'étant requise par la loi, la privation du droit temporaire au logement peut valablement résulter d'un testament olographe. Pour être efficace, elle doit cependant être explicite ; il n'est pas certain que le legs du logement à un tiers emporterait par lui-même privation du droit de jouissance.

ATTENTION

Contrairement au conjoint, le partenaire au Pacs survivant ne bénéficie pas, à l'issue de son droit temporaire, de **droits viagers** d'habitation sur son logement et d'usage sur le mobilier le garnissant.

24235 En ce qui concerne le **régime fiscal** du droit temporaire du partenaire survivant :

– le partenaire lui-même n'est pas imposable sur la valeur de son droit de jouissance, que ce soit aux droits de succession (dont il est totalement exonéré : CGI art. 796-0 bis) ou à l'IFI (pour les raisons énoncées no 23725) ;

– pour les héritiers du défunt, les règles sont celles exposées nos 23730 s. à propos du droit temporaire du conjoint survivant. Une interrogation subsiste toutefois en matière d'IFI quant à la possibilité pour les héritiers du défunt de pratiquer un abattement de 30 % sur la valeur du logement. Bien que l'administration ne prévoie expressément cette mesure qu'au profit des héritiers d'un époux (BOI-PAT-IFI-20-30-20 no 40), la solution vaut également à notre avis pour les héritiers du partenaire de Pacs prédécédé.

DROIT À L'ATTRIBUTION PRÉFÉRENTIELLE DU LOGEMENT

24240 Le partenaire survivant peut demander l'attribution préférentielle du logement qu'il occupait à l'époque du décès, ainsi que du mobilier qui le meuble et du véhicule du défunt si celui-ci lui est nécessaire pour les besoins de la vie courante (C. civ. art. 515-6 qui renvoie à l'art. 831-2 ; sur la procédure d'attribution préférentielle, voir nos 60945 s.).

Par hypothèse, cette attribution préférentielle, opération de partage, suppose la détention de **droits indivis** en propriété sur le logement (pleine propriété ou nue-propriété), condition qui n'est pas toujours remplie par le survivant. En dehors du cas où il existait une indivision préalable, cela suppose en pratique un legs du défunt au profit de son partenaire.

24245 Le partenaire survivant bénéficie d'un **régime moins favorable** que le conjoint.

D'une part, l'attribution préférentielle n'est pas de droit, contrairement à ce qu'il en est du conjoint survivant : l'article 515-6 du Code civil ne renvoie pas d'emblée à l'article 831-3.

C'est seulement si le défunt l'a « expressément prévu par testament » (C. civ. art. 515-6, al. 3) que l'attribution préférentielle devient de droit pour le partenaire survivant. Si le défunt ne l'a pas fait, et qu'un ou plusieurs des héritiers du partenaire décédé demandent également l'attribution préférentielle pour son compte, le juge devra trancher en fonction des intérêts en présence, dans les conditions de l'article 832-3, alinéa 3 du Code civil.

D'autre part, le partenaire ne peut pas exiger de délais pour le paiement de la soulte. À la différence du conjoint survivant, il ne relève pas des articles 831-3 et 832 du Code civil, ce qui lui impose d'acquitter la soulte au comptant, sauf accord amiable (C. civ. art. 832-4, al. 2).

SECTION 4 CRÉANCE DE SALAIRE DIFFÉRÉ

CARACTÉRISTIQUES GÉNÉRALES

La créance de salaire différé vise à prendre en compte l'aide familiale gratuite apportée à un exploitant agricole (C. rur. art. L 321-13 s.). Elle est prévue au bénéfice de ses descendants (et de leur conjoint) ou de son conjoint. Elle se traduit par une **créance sur la succession** de l'exploitant ou ex-exploitant agricole. 24350

Contrairement à ce que la terminologie employée pourrait laisser croire, la **législation sociale** n'a pas vocation à s'appliquer (C. rur. art. L 321-20). La créance n'a donc pas à supporter de charges sociales.

1. CRÉANCE DE SALAIRE DIFFÉRÉ DES DESCENDANTS DE L'EXPLOITANT ET DE LEURS CONJOINTS

Les descendants d'un exploitant agricole qui ont participé directement et effectivement à l'exploitation, sans être associés aux bénéfices ni aux pertes et qui ne reçoivent pas de salaire en argent en contrepartie de leur collaboration, sont réputés légalement bénéficiaires d'un contrat de travail à salaire différé (C. rur. art. L 321-13 s.). 24355

a. Débiteur du salaire différé

ASCENDANT EXPLOITANT

Appréciation de la qualité d'exploitant Le salaire différé est une dette de l'exploitant et non du propriétaire du fonds rural. La première question est donc de déterminer qui peut prétendre à cette qualité. Cette appréciation relève du **pouvoir souverain** des juges du fond, le critère étant la **participation effective** à l'activité. 24360

Le **conjoint** d'un exploitant n'est pas nécessairement coexploitant. Toutefois, une épouse a cette qualité dès lors qu'elle a vécu sur l'exploitation et y a participé, même si les tâches respectives des époux étaient distinctes et respectivement conformes à leurs aptitudes, et si seul le mari était inscrit à la mutualité agricole (Cass. 1e civ. 18-12-1990 nº 89-18.419 F-D).

En présence d'un seul ascendant exploitant Lorsque, dans un couple, un seul des époux était exploitant, seule la succession de ce dernier est débitrice du salaire différé. Le descendant qui a participé à l'exploitation de son père ne peut pas faire valoir sa créance contre la succession de sa mère qui n'a apporté qu'une aide occasionnelle sans participer de manière effective à l'activité professionnelle de son époux (notamment, Cass. 1e civ. 6-11-2013 nº 12-25.239 FS-PBI : Bull. civ. I nº 218, Sol. Not. 1/14 inf. 12). 24365

En conséquence, le descendant qui a participé à l'exploitation, par son père, d'un **bien propre** de sa mère ne peut faire valoir sa créance de salaire différé qu'à l'encontre de la succession de son père (Cass. 1e civ. 11-6-1980 nº 78-16.552 : Bull. civ. I nº 183).

Si l'exploitation constitue un **bien commun,** la créance qui constitue une dette personnelle de l'exploitant née après la dissolution de la communauté, est à la charge de la succession de ce dernier et non de la communauté (Cass. 1e civ. 19-2-1985 nº 84-11.463 : Bull. civ. I nº 70).

Lorsque l'exploitant agricole était marié sous le régime de la **communauté universelle,** sa dette constitue une dette future, au sens de l'article 1526, alinéa 2 du Code civil. La communauté supporte donc définitivement la dette de salaire différé (Cass. 1e civ. 18-1-2012 no 10-24.892 FS-PBI : Bull. civ. I no 10, Sol. Not. 3/12 inf. 63).

24370 **En présence de plusieurs ascendants exploitants** Le descendant est réputé bénéficiaire d'un seul contrat de travail (Cass. 1e civ. 23-1-2008 no 06-21.301 F-PB : Bull. civ. I no 29).

En conséquence, lorsque l'exploitation agricole faisait l'objet d'une **coexploitation** par deux époux, le descendant peut exercer son droit de créance sur l'une ou l'autre des successions (Cass. 1e civ. 21-9-2005 no 04-13.793 : Bull. civ. I no 343 ; Cass. 1e civ. 23-1-2008 précité).

En présence d'**exploitants successifs** (cas de l'époux qui reprend l'exploitation de son conjoint prédécédé), le descendant qui a maintenu sa participation ne peut, là encore, faire valoir ses droits que sur une seule succession (Cass. 1e civ. 28-1-1997 no 94-20.040 : Bull. civ. I no 36 ; Cass. 1e civ. 23-1-2008 précité). Il peut choisir l'une ou l'autre à la double condition suivante :

– le contrat doit avoir reçu exécution au cours de l'une et de l'autre des deux périodes d'exploitation (Cass. 1e civ. 27-2-2013 no 11-28.359 FS-PBI : Sol. Not. 4/13 inf. 99 ; Cass. 1e civ. 17-10-2018 no 17-26.725 F-PB). Le descendant qui n'a travaillé qu'avec son premier ascendant décédé ne peut agir que contre sa succession ;

– le descendant ne doit pas être déjà arrivé à la durée maximale prise en compte (no 24440).

EXPLOITANT AGRICOLE

24375 Le salaire différé ne vaut qu'en présence d'une exploitation exerçant une **activité agricole** telle que définie par la loi : une activité impliquant la maîtrise et l'exploitation d'un cycle biologique de caractère végétal ou animal (C. rur. art. L 311-1).

En revanche, peu importe que l'exploitation soit rentable ou non. Peu importe également que l'activité ait cessé ou non, la créance née avant l'abandon de l'activité n'étant pas éteinte (C. rur. art. L 321-18).

EXEMPLE

Peut prétendre à un salaire différé le descendant qui participe à une exploitation où se pratiquent la culture de légumes et de fleurs, l'élevage de volaille et la récolte de miel, avec vente de ces produits sur place et sur les marchés (Cass. 1e civ. 20-10-2010 no 09-16.583 F-D).

À l'inverse, **ne peut pas revendiquer** un salaire différé le descendant qui a participé à :

– l'exploitation d'une scierie (Cass. 1e civ. 11-9-2013 no 12-16.856 F-D) ;

– l'activité d'un charron, qui est un artisan rural (Cass. 1e civ. 20-12-1993 no 92-10.134 : Bull. civ. I no 383).

b. Bénéficiaires du salaire différé

DESCENDANT

24395 Bénéficient d'une créance de salaire différé les descendants de l'exploitant (C. rur. art. L 321-13). Il s'agit des descendants en **ligne directe,** enfants, petits-enfants, etc.

La créance constitue un **bien propre ou personnel** du descendant quel que soit le régime matrimonial adopté (C. rur. art. L 321-14).

24400 **Dévolution de la créance** Il y a lieu d'introduire une distinction selon que le décès du créancier est intervenu avant ou après la reconnaissance et la liquidation de sa créance de salaire différé.

Si le **descendant décède avant d'avoir fait reconnaître** et liquider sa créance de salaire différé, à l'amiable ou en justice, celle-ci est transmise aux seuls héritiers désignés par la loi en vertu d'une succession anomale. En effet, la dévolution en est exclusivement réservée aux enfants vivants ou représentés du descendant décédé (C. rur. art. L 321-14). Le bénéfice de cette créance ne revient donc, en aucun cas, à ses autres héritiers tels que frères, sœurs ou légataire universel (Cass. 1e civ. 15-5-2008 no 07-13.179 F-PB : Bull. civ. I no 133). Cette dévolution au profit des enfants (ou petits-enfants) du descendant n'est assortie d'aucune autre condition ; celles visées par l'article L 321-18 tenant à l'âge de ces enfants ou à leur activité sur l'exploitation ne sont pas applicables (voir Précisions ci-dessous) car ce texte se rapporte à une situation particulière, celle de l'abandon de l'activité agricole par l'ascendant (Cass. 1e civ. 19-11-2002 no 00-15.923 FS-P : Bull. civ. I no 281 ; sur C. rur. art. L 321-18, voir Précisions ci-dessous). De même, il est indifférent que le décès du descendant intervienne avant ou après celui de l'exploitant (Cass. 1e civ. 28-5-1968 no 66-10.751 : Bull. civ. I no 156).

En revanche, si le **descendant décède après avoir fait reconnaître** et fixer sa créance, mais avant que celle-ci n'ait été réglée, la créance sera alors dévolue suivant les règles normales de dévolution de sa succession : le salaire différé est entré dans son patrimoine et son conjoint peut s'en prévaloir (Cass. 1e civ. 20-6-2012 no 11-12.850 F-PBI : Bull. civ. I no 141).

> **Précisions** En cas d'**abandon de l'activité agricole par l'ascendant exploitant,** une règle particulière s'applique (C. rur. art. L 321-18). Dans ce cas, les enfants et petits-enfants du descendant qui a participé à l'exploitation sont privés du droit de leur auteur s'ils ont moins de 18 ans et s'ils n'ont jamais travaillé sur un fonds rural. Toutefois, ils peuvent revendiquer le droit de leur auteur si, lors du règlement de la créance, de la donation-partage ou du décès de l'exploitant, ils se trouvent encore soumis à l'obligation scolaire ou poursuivent leurs études dans un établissement d'enseignement agricole, c'est-à-dire s'ils ont moins de 16 ans ou s'ils sont en lycée agricole.

CONJOINT DU DESCENDANT

Sont aussi bénéficiaires d'une créance de salaire différé les conjoints de descendants qui ont eux-mêmes participé à l'exploitation (C. rur. art. L 321-15 al. 1). **24405**

Leur **droit** est toutefois **subordonné à** une participation concomitante, directe et effective du descendant lui-même : le conjoint d'un descendant qui remplirait les conditions de manière autonome, sans que le descendant lui-même puisse bénéficier du salaire différé pour la même période, ne pourrait faire valoir aucune créance contre la succession de l'exploitant (Cass. 1e civ. 29-5-2019 no 18-18.376 F-PB : BPAT 4/19 inf. 155). En revanche, il bénéficie d'un droit propre. Les périodes durant lesquelles il participe à l'exploitation sont donc prises en compte alors même que ces mêmes périodes ne pourraient pas l'être pour le calcul de la créance du descendant qui aurait déjà atteint le maximum de dix ans (Cass. 1e civ. 3-5-2000 no 98-10.966 F-D ; sur le plafonnement de la durée prise en compte, no 24440).

En cas de **divorce ou** de **séparation de corps,** prononcé aux torts exclusifs de ce conjoint, ce dernier perd le bénéfice de sa créance (C. rur. art. L 321-15, al. 2).

Si le **descendant décède,** son conjoint qui remplit les conditions bénéficie d'un droit à créance jusqu'à ce que le dernier des enfants du couple ait atteint l'âge de 18 ans ou achevé les études poursuivies dans un établissement d'enseignement agricole (C. rur. art. L 321-16). Il n'est pas nécessaire que l'époux survivant ait participé à l'exploitation du vivant de son conjoint (en faveur de cette solution, la jurisprudence ayant admis que le conjoint du descendant peut revendiquer son droit propre à salaire différé pour une période où le descendant ne pouvait plus prétendre à un tel salaire, car il avait lui-même dépassé la limite des dix ans : Cass. 1e civ. 3-5-2000 no 98-10.966 F-D précité). Cette hypothèse devrait être rarissime en pratique.

Si le **conjoint décède,** ses droits à créance ne semblent pas se transmettre car la transmissibilité n'est légalement envisagée que pour les droits du descendant de l'exploitant (C. rur. art. L 321-14 ; voir ci-dessus).

> **Précisions** Celui qui a travaillé sur l'exploitation de ses beaux-parents sans pouvoir prétendre à une créance de salaire différé parce que son conjoint n'y a pas travaillé concomitamment peut agir sur le fondement de l'**enrichissement injustifié** (Cass. 1e civ. 14-3-1995 no 93-13.410 P : D. 1996, 137, note V. Barabé-Bouchard ; RTD civ. 1996 p. 215 obs. J. Patarin). Attention : cette action mobilière autonome est soumise à la **prescription de droit commun** (Cass. 1e civ. 29-5-2019 no 18-18.376 F-PB : BPAT 4/19 inf. 155) : la prescription quinquennale n'est pas suspendue jusqu'au décès de l'exploitant ; elle court « à compter du jour où le titulaire d'un droit a connu ou aurait dû connaître les faits lui permettant de l'exercer » (C. civ. art. 2224). Le gendre (ou la bru) peut alors être conduit à agir du vivant de ses beaux-parents pour interrompre la prescription, de tels liens familiaux d'alliance ne figurant pas au nombre des impossibilités d'agir qui justifient la suspension de la prescription.

Concubin et partenaire de Pacs Le concubin ou le partenaire de Pacs du descendant **ne bénéficie pas** d'une créance de salaire différé, même s'il participe à l'exploitation du fonds car « ils ne remplissent pas, par leur statut, les conditions légales strictement définies » (Rép. Lajoinie : AN 22-5-2000 no 44056 p. 3107). **24410**

c. Conditions du salaire différé

PARTICIPATION À L'EXPLOITATION APRÈS 18 ANS

Le descendant qui revendique une créance de salaire différé doit établir qu'il a participé à l'exploitation après l'âge de 18 ans (voir notamment Cass. 1e civ. 13-4-2016 no 15-17.316 F-PB : Sol. Not. 6/16 inf. 134). Peu importe si, pour les périodes considérées, la majorité était à 21 ans : le descendant peut prétendre à une créance à partir de ses 18 ans (Cass. 1e civ. 2-4-2008 no 07-10.217 F-D ; Cass. 1e civ. 26-6-2019 no 18-19.561 F-D : BPAT 6/19 inf. 254). **24430**

En revanche, sa collaboration avant ses 18 ans révolus ne peut pas être prise en compte (Cass. 1e civ. 3-7-1996 no 93-20.394 : Bull. civ. I no 397).

PARTICIPATION DIRECTE ET EFFECTIVE

24435 Le texte exige une participation directe et effective. Tel n'est **pas le cas pour** :
– l'accomplissement de seules tâches ménagères par l'un des descendants, même si cette activité a permis aux autres membres de la famille de consacrer toute leur activité à l'exploitation (Cass. 1e civ. 22-10-2002 no 11-20.217 : Bull. civ. I no 241) ;
– un travail épisodique ou une aide occasionnelle (Cass. 1e civ. 20-6-2012 no 11-20.217 FS-PBI : Bull. civ. I no 142, Sol. Not. 8-9/12 inf. 224). Dans le même sens, à propos d'un fils qui, s'il travaillait à la ferme de ses parents, était employé à plein temps dans un garage (CA Grenoble 8-11-2011 no 09/03555) ;
– une activité de jardinage durant ses loisirs, le descendant occupant les fonctions de chauffeur à plein temps jointes à celle d'agent d'assurance (Cass. 1e civ. 10-6-1980 no 79-12.117 : Bull. civ. I no 180).

En revanche, n'exclut pas la créance de salaire différé le fait que :
– le descendant soit handicapé ;
– le descendant travaille à temps partiel sur l'exploitation, cette circonstance en diminuant seulement le montant (Cass. 1e civ. 8-7-2009 no 08-13.972 F-PB : Bull. civ. I no 169).

24440 **Aucune durée minimale** n'est exigée, à la différence des exigences légales pour le salaire différé du conjoint de l'exploitant (voir no 24550). Même les périodes inférieures à un an doivent être prises en compte (Cass. 1e civ. 6-4-1994 no 92-11.800 : Bull. civ. I no 148).

La **durée maximale** qui sera prise en compte est de dix ans. La période d'activité sur l'exploitation est indifférente ; peu importe qu'elle ne soit pas contemporaine à la date du décès.

PARTICIPATION GRATUITE

24445 Le descendant ne doit pas avoir été associé aux bénéfices ni aux pertes ; il ne doit pas avoir reçu de salaire en argent ou d'avantages en nature en contrepartie de son travail (C. rur. art. L 321-13). Le juge doit constater cette **absence de contrepartie** avant de reconnaître une créance de salaires différés (Cass. 1e civ. 12-12-2006 no 05-17.292 F-D ; Cass. 1e civ. 18-11-2020 no 19-16.132 F-D).

La contrepartie peut prendre des formes diverses, tels :
– un abattement sur le prix de vente de l'exploitation (Cass. 1e civ. 26-1-2011 no 09-72.883 F-D) ;
– la mise à disposition gratuite pendant plus de 25 ans d'une maison d'habitation appartenant aux parents-exploitants agricoles (CA Nîmes 10-11-2022 no 21/03367).

En revanche, le fait d'être propriétaire indivis de l'exploitation ne suffit pas à prouver l'existence d'une contrepartie (Cass. 1e civ. 3-12-1996 no 94-19.401 F-D).

En toute hypothèse, il faut caractériser la contrepartie pour, au besoin, la distinguer des éventuels dons manuels ou de l'argent de poche reçus par le descendant (Cass. 1e civ. 16-7-1985 no 83-13.929 : Bull. civ. I no 225).

Cela dit, toute contrepartie **ne prive pas** le descendant **de sa créance.** Elle la minore et ne l'épuise que si elle atteint le montant du salaire différé dû (no 24475). En outre, la contrepartie perçue sur une période ne lui fait pas perdre son droit aux salaires différés pour les périodes non rémunérées (Cass. 1e civ. 11-7-1988 no 86-15.358 : Bull. civ. I no 240 dans un cas où une fille avait travaillé gratuitement depuis 1935 et participé aux bénéfices à compter de 1975).

PREUVE DES CONDITIONS

24450 Il **incombe à** celui qui revendique un salaire différé de prouver sa participation directe, effective et gratuite à l'exploitation.

La preuve peut être rapportée par **tous moyens** (C. rur. art. L 321-19, al. 1). En vue d'en faciliter l'administration, les parties peuvent effectuer chaque année une déclaration à la mairie, laquelle doit être visée par le maire, qui en donne récépissé (C. rur. art. L 321-19, al. 2).

Elles peuvent aussi prendre appui sur des écrits, des témoignages ou des présomptions, à condition que les éléments soient suffisamment précis et concordants (pour une illustration d'attestations circonstanciées, Cass. 1e civ. 6-7-2011 no 10-15.927 F-D ; à l'inverse, pour une illustration d'attestations insuffisantes, CA Dijon 23-6-2022 no 21/00458 : BPAT 5/22 inf. 239).

Le statut d'aide familial est sans incidence sur le droit à créance de salaire différé. Celui qui prouve remplir les conditions pour bénéficier d'une telle créance ne peut pas en être privé au motif qu'il a travaillé avec ce statut (Cass. 1e civ. 11-2-1997 no 95-13.304 F-D ; Cass. 1e civ. 15-9-2021 no 19-24.814 F-D). Réciproquement, ce statut ne permet pas de revendiquer d'emblée un salaire différé. En effet, la simple affiliation à la Mutualité sociale agricole en qualité d'aide familiale n'apporte pas la preuve d'une participation directe, effective et gratuite (Cass. 1e civ.

25-11-2003 n° 02-17.164 : JCP N 2004, n° 25, 1290, note D.-G. Brelet ; Cass. 1e civ. 13-4-2016 n° 15-17.316 F-PB : Sol. Not. 6/19 inf. 134). Elle ne constitue qu'un indice parmi d'autres.

En revanche, celui qui a été immatriculé, en qualité de salarié, aux assurances sociales agricoles, perd son droit à créance.

Les juges sont **souverains** dans leur appréciation (en ce sens, notamment, Cass. 1e civ. 7-11-2012 n° 10-27.471 F-D).

d. Régime de la créance de salaire différé

CRÉANCE INDEMNITAIRE D'ORDRE PUBLIC

La créance de salaire différé est d'ordre public. Son bénéficiaire ne peut donc **pas,** avant l'ouverture de la succession de l'exploitant, **renoncer à son droit,** qu'il tient de la loi et qu'il ne pourra exercer qu'après le décès de l'exploitant (Cass. 1e civ. 29-5-1996 n° 94-13.990 : Bull. civ. I n° 223). **24470**

Par ailleurs, la créance n'est pas liée à la dévolution successorale (le conjoint du descendant n'est pas héritier de son beau-père ou de sa belle-mère). C'est un élément du **passif de la succession.** Aussi, le descendant titulaire de la créance peut-il faire valoir son droit, même s'il a renoncé à la succession de son auteur (voir en ce sens, Rép. civil Dalloz, Partage-4° modes d'attribution spécifique- C. Brenner n° 306).

MONTANT DE LA CRÉANCE DE SALAIRE DIFFÉRÉ

Pour les descendants (et, le cas échéant, leur conjoint), le montant annuel du salaire différé est **égal,** pour chacune des années de participation à partir de 18 ans, aux 2/3 de 2 080 fois le montant horaire du Smic en vigueur soit au jour du partage en cas de règlement après le décès de l'exploitant, soit à la date du règlement de la créance si ce règlement intervient du vivant de l'exploitant (C. rur. art. L 321-13, al. 2 et L 321-15, al. 1). **24475**

Les années de participation prises en compte sont **plafonnées** à dix ans (C. rur. art. L 321-17, al. 3), y compris lorsque les parents ont été successivement exploitants.

Le salaire ainsi calculé est **minoré** des sommes éventuellement déjà perçues, hors argent de poche, par le bénéficiaire (Cass. 1e civ. 16-7-1985 n° 83-13.929 : Bull. civ. I n° 225). Il l'est aussi si le descendant n'a travaillé que partiellement sur l'exploitation (Cass. 1e civ. 8-7-2009 n° 08-13.972 F-PB : Bull. civ. I n° 169 ; Cass. 1e civ. 12-10-2022 n° 21-12.644 F-D : BPAT 6/22 inf. 291).

Les modalités de calcul du salaire différé sont fixées selon la **loi applicable** au jour de l'ouverture de la succession qui y a donné naissance (pour une illustration, Cass. 1e civ. 16-3-2004 n° 02-10.940 F-D : JCP N 2004 n° 1467 note B. Grimonprez). En cas de coexploitaton et d'exploitations successives par les ascendants, il faut distinguer selon que le salaire différé a atteint le plafond ou non.

– Si la créance de salaire differée était née en son entier à l'ouverture de la succession du premier parent, le descendant peut faire valoir sa créance sur l'une ou l'autre des successions (n° 24370), mais selon la loi en vigueur au décès du premier parent ; autrement dit, même s'il revendique sa créance contre la succession de son second parent, ses droits sont calculés selon les règles applicables à la date du premier décès (Cass. 1e civ. 13-6-2019 n° 18-19.155 F-PB : AJ fam. 2019 p. 419) ;

– À l'inverse, lorsque la créance de salaire différé n'était pas encore acquise en totalité au premier décès et que le descendant a poursuivi son activité sur l'exploitation reprise par le conjoint survivant, les modalités de calcul de la créance sont celles fixées par les dispositions légales en vigueur lors de l'ouverture de la succession du conjoint survivant second exploitant (en ce sens, Cass. 1e civ. 29-6-2011 n° 10-16.919 F-D ; Cass. 1e civ. 17-5-2017 n° 16-15.847 F-PB : Sol. Not. 7/17 inf. 176).

EXIGIBILITÉ DE LA CRÉANCE

La créance de salaire différé **naît** du vivant de l'ascendant exploitant mais elle n'est exigible qu'à son décès (Cass. 1e civ. 18-1-2012 n° 10-24.892 FS-PBI : Sol. Not. 3/12 inf. 63). **24480**

Son bénéficiaire **exerce** donc normalement **son droit** après le décès de l'exploitant (C. rur. art. L 321-17). Il le fait au cours du règlement de la succession et selon la loi en vigueur à ce moment-là. Dans une instance en partage, il peut présenter sa demande pour la première fois en appel, car elle en est un complément (Cass. 1e civ. 20-3-1989 n° 87-10.798 F-PB : Bull. civ. I n° 119).

Il **ne peut plus** demander le bénéfice de la créance une fois la succession définitivement réglée (pour une application à une demande présentée 18 mois après la clôture des opérations de liquidation de la succession : Cass. 1e civ. 14-6-2000 n° 98-18.303 F-D). L'irrecevabilité est opposable même si la prescription n'est pas encore écoulée (sur cette dernière, voir n° 24515).

Dans l'hypothèse où les parents étaient **coexploitants,** le descendant peut exercer son droit de créance contre l'une ou l'autre des deux successions (n° 24370). Toutefois, s'il n'a pas demandé le paiement de sa créance lors du règlement de la succession du prémourant, il ne peut pas agir contre le parent encore vivant et doit attendre l'ouverture de la succession de ce dernier (en ce sens, notamment, Cass. 1e civ. 30-10-2006 n° 04-20.652 FS-PB : Bull. civ. I n° 455).

MODALITÉS DU RÈGLEMENT

24485 **Règlement sur la succession** La créance est réglée en **argent ou** en **nature.** Elle peut notamment l'être, si son bénéficiaire est héritier, par prélèvement sur la succession, ou encore par compensation avec la soulte dont ce bénéficiaire est débiteur, le cas échéant, s'il reçoit le fonds rural au titre de l'attribution préférentielle. Le prélèvement s'effectue avant tout partage. Les biens concernés étant reçus par l'héritier-créancier en règlement de ses salaires différés et non au titre du partage successoral, ils n'entrent pas dans l'assiette du droit de retour des collatéraux privilégiés (n° 25355).

Lorsque le tribunal accorde des **délais de paiement,** ceux-ci ne peuvent excéder dix ans (C. rur. art. L 321-17, al. 4 qui renvoie à C. civ. art. 924-3).

24490 La créance de salaire différé n'est **payable que sur** l'actif successoral, sans « donner lieu au paiement d'une soulte à la charge des cohéritiers » (C. rur. art. L 321-13, al. 1). Autrement dit, si cet actif ne suffit pas, les cohéritiers ne sont pas tenus à titre personnel de la dette. En présence de plusieurs salaires différés, le règlement en est alors opéré au prorata de leurs montants respectifs.

Il en va différemment lorsque l'ascendant a consenti une donation-partage de son vivant. Si le créancier du salaire différé n'est pas ou pas entièrement désintéressé à cette occasion, et si les biens non distribués ne sont plus suffisants pour le remplir de ses droits, il peut lors du partage exiger des donataires copartagés le paiement de son salaire (C. rur. art. L 321-17, al. 2). Il semble logique de considérer que les donataires copartagés ne peuvent alors être recherchés que dans la limite de l'émolument qui a été le leur au titre de la donation-partage.

24495 **Règlement anticipé de la créance** Bien que la créance de salaire différé, qui est une créance contre la succession, ne soit pas exigible du vivant de l'exploitant, elle peut faire l'objet d'un règlement par anticipation.

L'exploitant est libre d'y procéder ou non, sans pouvoir y être contraint par son descendant ou les créanciers de ce dernier (voir notamment Cass. 1e civ. 21-9-2005 n° 04-13.793 : Bull. civ. I n° 343).

Un tel règlement peut se faire par **différents moyens.** La loi envisage spécialement le cas où il intervient par donation-partage (C. rur. art. L 321-17, al. 1 in fine). Mais il peut s'agir d'une autre convention, notamment une donation simple dispensée de rapport (Cass. 1e civ. 22-3-2005 n° 02-21.332 F-PB : Bull. civ. I n° 153 ; Cass. 1e civ. 31-5-2005 n° 02-17.541 F-PB : Bull. civ. I n° 239).

Dans tous les cas, il faut que soit caractérisée la **commune intention** des parties de procéder à un tel paiement (Cass. 1e civ. 11-2-2015 n° 13-27.923 F-PB : Sol. Not. 4/15 inf. 73). Le contrat conclu entre l'ascendant et le bénéficiaire du salaire différé doit donc exprimer, d'une part, la volonté non équivoque de l'ascendant de régler ainsi sa dette de salaire différé et, d'autre part, l'accord du descendant créancier. Compte tenu de ces conditions, une vente à prix minoré consentie par l'exploitant à son descendant (ou tout autre avantage indirect) est insusceptible d'opérer règlement par anticipation de la créance de salaire différé, puisque l'acte n'indiquera pas explicitement la commune intention des parties de procéder à ce règlement. Cet avantage pourrait toutefois être pris en considération comme constituant une forme de contrepartie financière à la participation à l'exploitation, venant exclure tout ou partie de la créance de salaire différé (voir n° 24475). La solution vaut a fortiori pour le testament, acte unilatéral ne pouvant constater l'accord des parties de procéder au paiement (Cass. 1e civ. 29-6-2011 n° 10-11.275 : Bull. civ. I n° 124, Defrénois 2012 art. 40424 note A. Chamoulaud-Trapiers).

Le descendant qui accepte un paiement anticipé de sa créance peut revendiquer un **complément** lors du règlement de la succession de son auteur à condition de prouver que ce qu'il a reçu ne l'a pas rempli de ses droits (Cass. 1e civ. 14-4-2010 n° 09-12.209 F-D : RD rur. 2010 n° 89 obs. F. Roussel).

GARANTIES DE PAIEMENT

24500 Le droit de créance du conjoint survivant ou des descendants est garanti par le **privilège** général sur les meubles (C. civ. art. 2331, 3°) et sur les immeubles (C. civ. art. 2377, 2°) et par une **hypothèque** légale sur les immeubles (C. rur. art. L 321-21).

ACTION EN RECONNAISSANCE D'UN SALAIRE DIFFÉRÉ

Modalités L'action **appartient aux** bénéficiaires du salaire différé. Si l'intéressé fait l'objet d'une procédure collective, il en est dessaisi car il s'agit de l'exercice d'un droit patrimonial et non d'un droit propre du débiteur en liquidation judiciaire (Cass. com. 11-6-2014 nº 12-28.769 F-PB : RJDA 10/14 nº 789). 24505

Une demande en fixation d'un salaire différé relève de la **compétence** du tribunal judiciaire, qu'elle soit présentée ou non à l'occasion d'une action en liquidation partage de la succession. 24510

Prescription Depuis la réforme de la prescription, l'action en reconnaissance et en paiement de la créance de salaire différé se prescrit par cinq ans **à compter de** l'ouverture de la succession de l'ascendant exploitant agricole (C. civ. art. 2224 issu de loi 2008-561 du 17-6-2008 ; C. rur. art. L 321-14). 24515

Toutes les causes d'**interruption** de la prescription jouent, en particulier « la demande en justice, même en référé » (C. civ. art. 2241). En revanche, l'action en partage n'interrompt pas la prescription de la demande de salaire différé car ces deux actions n'ont pas la même finalité, la seconde ne tendant ni à la liquidation de l'indivision successorale ni à l'allotissement de son auteur (Cass. 1e civ. 7-7-2021 nº 19-11.638 F-B : SNH 25/21 inf. 2). Dans le même sens, le fait que le règlement de la succession soit toujours en cours cinq ans après le décès n'autorise pas une demande au-delà de ce délai (Cass. 1e civ. 16-7-1998 nº 96-18.079 F-PB : Bull. civ. I nº 264).

Lorsque les deux parents étaient **coexploitants,** on peut se demander si ce délai de cinq ans court à compter du premier décès ou seulement du second. La question fait débat en doctrine. Le droit de demander le paiement de la créance étant différé au second décès si le paiement n'a pas été demandé lors du règlement de la première succession (voir nº 24370), il semble cohérent de considérer que le délai de prescription ne peut commencer à courir qu'à compter du second décès.

Si les deux parents ont été **successivement exploitants,** le descendant doit agir dans les cinq ans du décès de son premier parent s'il n'a participé à l'exploitation que sur cette période. À défaut, sa créance est prescrite. Il peut attendre et agir au décès du second exploitant s'il a travaillé au cours des deux périodes successives d'exploitation. En effet, un descendant ne peut se prévaloir d'un unique contrat de travail à salaire différé pour exercer son droit de créance sur l'une ou l'autre des successions qu'à la condition que ce contrat ait reçu exécution au cours de l'une et de l'autre des deux périodes successives d'exploitation (nº 24370).

RÉGIME FISCAL DE LA CRÉANCE DE SALAIRE DIFFÉRÉ

La créance de salaire différé bénéficie d'un **régime fiscal** de faveur : 24520

– la dette de l'exploitant est déductible de l'assiette des **droits de succession** dans des conditions largement dérogatoires au droit commun : voir nº 48575 ;

– son bénéficiaire n'est pas imposable aux droits de succession (C. rur. art. L 321-14, al. 2, exonération qui vise les descendants vivants ou représentés, étant rappelé que le conjoint survivant est totalement exonéré de droits de succession).

Les sommes perçues au titre du contrat de travail à salaire différé sont en revanche soumises à l'**impôt sur le revenu,** dans la catégorie des traitements et salaires, pour les sommes attribuées aux héritiers depuis le 1er juillet 2014 (Loi 2013-1278 du 29-12-2013 art. 26, qui a supprimé l'exonération antérieure) même si l'héritier est retraité au moment de sa perception (BOI-RSA-CHAMP-10-30-20 nº 287). Elles bénéficient, sur demande du contribuable, du système du quotient applicable aux revenus différés, le quotient applicable étant plafonné à onze (CGI art. 163-0 A, II).

2. CRÉANCE DE SALAIRE DIFFÉRÉ DU CONJOINT DE L'EXPLOITANT

CONDITIONS DU DROIT À CRÉANCE

Un époux qui a participé à l'exploitation de son conjoint peut prétendre à une créance sous certaines conditions. 24550

Peu importe la nature de l'**activité de l'exploitation.** Est donc concerné le conjoint :

– du chef d'une exploitation agricole ou de l'associé exploitant une société dont l'objet est l'exploitation agricole (C. rur. art. L 321-21-1) ;

– du chef d'entreprise artisanale, commerciale ou libérale (Loi 89-1008 du 31-12-1989 art. 14). Ici, le bénéfice de la créance n'est pas ouvert au conjoint de l'associé d'une société.

Le conjoint doit :
– être marié à l'exploitant et **non divorcé** au jour du décès. Ni le concubin survivant ni le partenaire d'un Pacs ne peuvent y prétendre (Rép. Lajoinie : AN 22-5-2000 n° 44056 p. 3107, à propos du conjoint d'un exploitant agricole) ;
– avoir, comme les descendants, **participé à l'exploitation** directement, effectivement et sans recevoir de salaire, ni être associé aux bénéfices et aux pertes de celle-ci (n° 24445). Seuls les conjoints séparés de biens peuvent donc en bénéficier, la communauté impliquant une forme d'association aux bénéfices et aux pertes ; si le conjoint avait été rémunéré au temps de la collaboration professionnelle, les gains attribués seraient venus accroître à la communauté (voir cependant, en sens contraire pour les conjoints du chef d'une entreprise commerciale ou artisanale : Rép. Fève : AN 1992 n° 51775) ;
– justifier d'une participation d'**au moins dix ans,** en une ou plusieurs périodes. Alors que pour les descendants et leurs conjoints cette durée de dix ans correspond à la période maximum ouvrant un droit à rémunération, cette même période de dix ans représente pour le conjoint survivant le minimum de temps de participation en deçà duquel aucune créance ne pourra être admise.

MONTANT DE LA CRÉANCE

24555 Le droit de créance du conjoint survivant est **égal à** trois fois le Smic annuel en vigueur au jour du décès, dans la limite de 25 % de l'actif successoral (C. rur. art. L 321-21-1 ; Loi 89-1008 du 31-12-1989 art. 14). Bien que le texte ne le précise pas, il s'agit certainement de l'actif net successoral, déduction préalablement faite des dettes et charges de la succession.

Cette créance **vient en déduction** des droits du conjoint survivant : elle diminue d'autant l'émolument de celui-ci dans le partage successoral ; en présence d'une exploitation commerciale, artisanale ou libérale, elle diminue aussi les droits du conjoint dans la liquidation du régime matrimonial. La prise en compte de la créance du conjoint survivant présente ainsi dans la liquidation de la succession de l'exploitant une certaine analogie avec celle du droit viager au logement de l'article 764 du Code civil, qui, lui aussi, vient s'imputer sur les droits ab intestat du conjoint survivant.

Le caractère rémunératoire de cette créance est très fortement atténué au regard de celle reconnue par la loi au descendant de l'exploitant.

PAIEMENT DE LA CRÉANCE

24560 Le salaire différé est prélevé sur l'actif successoral. Si le conjoint ne vient pas à la succession, il sera seulement créancier de la succession.

Son droit est garanti par un privilège sur l'ensemble des meubles et immeubles de la succession (C. civ. art. 2331, 3° et 2377, 2°) et par l'hypothèque légale sur les immeubles (C. rur. art. L 321-21-1 ; Loi 89-1008 du 31-12-1989 art. 14).

TRAITEMENT FISCAL DE LA CRÉANCE

24565 Le traitement fiscal de la créance de salaire différé du conjoint dépend de la nature de l'activité exercée. S'agissant du **conjoint de l'exploitant agricole,** le régime fiscal de la créance de salaire différé des descendants de l'exploitant et de leurs conjoints (n° 24520) s'applique mutatis mutandis :
– la dette de l'exploitant est déductible de l'actif successoral dans les conditions exposées n° 48575 ;
– le conjoint survivant bénéficie de l'exonération totale des droits de succession prévue à l'article 796-0 bis du CGI (n°s 49210 s.).

En revanche, le **conjoint survivant d'un artisan, d'un commerçant ou d'une personne ayant exercé une profession libérale** ne bénéficie pas du même régime de faveur en matière de droits de succession que le conjoint de l'exploitant agricole :
– sa créance s'ajoute à sa part dans l'actif successoral (BOI-ENR-DMTG-10-10-20-30 n° 10) ; ce qui ne présente pas d'incidence eu égard à l'exonération de droits de succession du conjoint survivant ;
– la dette de l'exploitant n'est pas déductible de l'actif successoral.

Les sommes perçues par le conjoint de l'exploitant agricole au titre du contrat de travail à salaire différé sont soumises à l'**impôt sur le revenu** selon les règles des traitements et salaires pour les sommes attribuées depuis le 1er juillet 2014 (Loi 2013-1278 du 29-12-2013 art. 26). Elles bénéficient, sur demande du contribuable, du système du quotient applicable aux revenus différés, le quotient applicable étant plafonné à onze (CGI art. 163-0 A, II).

CHAPITRE 3

DROITS ET BIENS FAISANT L'OBJET D'UNE DÉVOLUTION PARTICULIÈRE

SOMMAIRE

RAISONS D'ÊTRE DES SUCCESSIONS ANOMALES

25100 Certains droits et biens particuliers font l'objet d'une dévolution dérogatoire au droit commun. Les uns sont, en tout ou partie, dévolus en fonction de leur **origine** : ils font l'objet d'un droit de retour légal. Les autres sont tributaires de leur **nature** particulière : la loi ou la jurisprudence les a dotés de règles spécifiques de dévolution.

La succession est alors dite « anomale » ou « particulière », contrevenant au principe général de l'unité de la succession (nos 35760 s.) ; mais les lois 2001-1135 du 3 décembre 2001 et 2006-728 du 23 juin 2006 ont introduit de nouveaux modèles dont la portée est à cet égard plus incertaine (nos 25170 s. et 25325 s.).

SECTION 1

DROITS DE RETOUR LÉGAUX

PRÉSENTATION GÉNÉRALE

25110 Certains biens sont dévolus compte tenu de leur origine, partant du postulat qu'ils doivent être conservés dans la famille dont ils sont issus, en l'absence de descendance.

Ces biens font l'objet de ce que l'on appelle un droit de retour, qui présente, en principe, les **caractéristiques suivantes.**

Il s'agit d'un « droit en vertu duquel une chose échappe aux règles successorales ordinaires pour revenir à la personne de qui le de cujus le tenait, ou parfois aux descendants de cette personne » (G. Cornu : Vocabulaire juridique, PUF 7e éd., p. 812-813).

Dans son acception classique, le droit de retour légal implique, par définition, un retour en nature du bien donné dans le patrimoine du disposant, dans un esprit de conservation des « biens de famille ». Il implique aussi que l'objet de la donation fasse retour dans son intégralité.

Toutefois, les lois 2001-1135 du 3 décembre 2001 et 2006-728 du 23 juin 2006 sont venues tempérer ces exigences en tout ou en partie dans les deux nouveaux cas qu'elles ont introduits (nos 25170 s. et 25325 s.). Il s'agit à coup sûr de successions anomales ; il est permis de douter qu'ils répondent encore à la définition stricte du droit de retour tel que le Code civil le conçoit.

25115 Quoi qu'il en soit, cette dévolution particulière est rattachée à la catégorie des droits de retour légaux dans **trois cas** :
– le droit de retour des père et mère, ou du survivant d'entre eux, dont l'enfant donataire meurt sans postérité (C. civ. art. 738-2) ;
– le droit de retour qui bénéficie aux collatéraux privilégiés du défunt sur les biens d'origine ascendante en présence du conjoint survivant, lorsque le défunt ne laisse aucune descendance et que ses parents sont prédécédés (C. civ. art. 757-3) ;
– le droit de retour applicable dans la succession d'une personne ayant fait l'objet d'une adoption simple qui décède sans postérité (C. civ. art. 366 dans sa rédaction issue de ord. 2022-1292 du 5-10-2022 et art. 368-1 ancien). Le retour joue alors, selon la provenance des biens, au profit, respectivement, de la famille adoptive et de la famille biologique du défunt.

IMPÉRATIFS COMMUNS

25120 Les droits de retour des père et mère (C. civ. art. 738-2), des frères et sœurs (C. civ. art. 757-3) et en cas d'adoption simple (C. civ. art. 366 dans sa rédaction issue de ord. 2022-1292 du 5-10-2022 et art. 368-1 ancien) ont en commun deux exigences préalables :
– les biens ou droits qui en font l'objet doivent avoir été **reçus à titre gratuit** ;
– le gratifié doit être **prédécédé sans postérité,** c'est-à-dire sans laisser de descendance. Cette condition s'entend du défaut de descendant venant effectivement à la succession. Elle est remplie en présence de descendants qui ont tous renoncé à la succession de leur auteur donataire, sans être représentés par leurs propres descendants. Ils sont censés n'avoir jamais été héritiers (C. civ. art. 805, al. 1). Leur existence ne fait donc pas obstacle au retour des biens donnés dans le patrimoine familial (solution rendue à propos du retour conventionnel, transposable à notre avis, par identité de raison, au retour légal, Cass. 1e civ. 23-5-2012 no 11-14.104 FS-PBI : BPAT 4/12 inf. 222, D. Autem, La renonciation successorale des descendants ne déjoue pas le droit de retour des ascendants donateurs : D. 2012 p. 2776 no 41 ; Cass. 1e civ. 16-9-2014 no 13-16.164 F-PB : BPAT 6/14 inf. 265-i).

Il n'y a pas de distinction à opérer selon la **nature du lien de filiation** (filiation par le sang ou filiation adoptive). L'adoption d'un enfant exclut le jeu du droit de retour légal, sous réserve qu'il accepte la succession.

A. Droit de retour des père et mère

CARACTÉRISTIQUES DU DROIT DE RETOUR

25170 Les père et mère du défunt bénéficient d'un droit de retour légal sur les biens qu'ils ont donnés à leur enfant prédécédé sans postérité (C. civ. art. 738-2).

Le droit de retour des ascendants privilégiés a un caractère **successoral.** C'est pourquoi :
– il n'est pas possible pour les père et mère de renoncer par anticipation à exercer le droit de retour légal, qui est de nature successorale, sans enfreindre le principe de la prohibition des pactes sur succession future (Cass. 1e civ. 21-10-2015 no 14-21.337 FS-PBI : RTD civ. 2015 p. 918 obs. M. Grimaldi) ;
– ce droit oblige celui qui en bénéficie à sa part du passif successoral ;
– le droit légal des ascendants privilégiés est dépourvu d'effet rétroactif : tous les actes d'administration ou de disposition effectués depuis la donation par le de cujus sont donc maintenus ; si le bien a été vendu ou donné, le droit s'exercera malgré tout, mais simplement en valeur. C'est cette particularité qui éloigne la dévolution anomale prévue par l'article 738-2 du Code civil des règles classiques du droit de retour.

La doctrine considère que le droit de retour légal des père et mère est **d'ordre public** (M. Grimaldi : Droit des successions, LexisNexis 8e éd. 2020, no 270 ; C. Brenner et P. Malaurie : Droit des successions et des libéralités, LGDJ 10e éd. 2022, no 100, 2o-4 ; F. Terré, Y. Lequette et S. Gaudemet : Les successions, Les libéralités, Dalloz 4e éd. 2014, no 237 ; B. Vareille, La loi du 23 juin 2006 dix ans après : propos cursifs sur quelques questions liquidatives choisies : Gaz. Pal. 31-5-2016 no 266m1 p. 49 § 20 ; J.-Cl. Liquidations – Partages, vo Succession fasc. 240 par N. Levillain, no 13). Quant au fond, cela procède de ce que le droit de retour légal des ascendants privilégiés a été institué comme un substitut de leur réserve héréditaire supprimée (Loi 2006-728 du 23-6-2006 art. 12). En simple exégèse, cela prend appui sur la formule « dans tous les cas » qui figure au texte. Les travaux préparatoires de la loi 2006-728 du 23 juin 2006 sont à cet égard explicites : « ce droit de retour s'exerce dans tous les cas, les legs ne pouvant y faire obstacle » (Commentaire sur l'amendement no 33 rectifié déposé par M. Huygue devant l'AN). 25175

Par conséquent, le droit de retour légal des père et mère ne peut pas **être évincé par** :
– le legs des biens objets du droit de retour ;
– une donation au dernier vivant ;
– un testament exhérédant les ascendants privilégiés ;
– une aliénation entre vifs des biens en question.

Toutefois, ces modes de transmission gouvernent les modalités d'exercice du droit de retour, en nature ou en valeur (nos 25210 s.).

ARTICULATION AVEC LE DROIT DE RETOUR CONVENTIONNEL

De pratique très courante, le droit de retour conventionnel désamorce, par son **effet résolutoire,** le jeu du droit de retour légal (sur le droit de retour conventionnel, voir nos 6550 s.). Cela a fait dire à un éminent auteur que le droit de retour légal n'est qu'un « organisme génétiquement modifié (…) avatar du droit de retour conventionnel dont l'utilité apparaît plus grande que jamais » (P. Catala, Prospective et perspectives en droit successoral : JCP N 2007 no 1206 p. 55). 25180

Il ne faut pas les confondre.

Ainsi, les parents ne peuvent pas **renoncer** à exercer le droit de retour légal avant que ne soit ouverte la succession de leur enfant (Cass. 1e civ. 21-10-2015 no 14-21.337 FS-PBI : RTD civ. 2015 p. 918 obs. M. Grimaldi). Au contraire, libre à eux de renoncer au droit de retour conventionnel qu'ils ont imposé dans la libéralité entre vifs (no 6585).

Les **actes d'administration** ou **de disposition** effectués depuis la donation par le défunt sont maintenus en dépit du droit de retour légal (no 25170), pas en cas de retour conventionnel.

> **Précisions** En pratique, la stipulation d'un droit de retour conventionnel est le plus souvent assortie d'une **interdiction temporaire d'aliéner** jusqu'au décès du donateur, voire d'une interdiction d'hypothéquer ou de nantir, en fonction de la nature des biens. Cela permet d'assurer, quoi qu'il arrive, le retour en nature du bien dans le patrimoine du donateur, ce qui devance le retour légal.

CHAMP D'APPLICATION DU DROIT DE RETOUR LÉGAL

Bénéficiaires du droit de retour Le droit de retour de l'article 738-2 du Code civil s'exerce uniquement au profit des **père et mère** ou du survivant d'entre eux. 25185

Les **ascendants ordinaires** sont exclus du bénéfice de ce droit de retour légal. En cas de prédécès des parents, il ne bénéficie pas non plus aux **collatéraux privilégiés** du défunt, sachant que, sauf disposition contraire :
– soit le défunt n'était pas marié, et ses frères et sœurs héritent alors de toute la succession ;
– soit le défunt était marié, et ses frères et sœurs bénéficient du droit de retour de moitié prévu à l'article 757-3 du Code civil sur les biens de famille (nos 25325 s.).

Par **exemple,** même si les grands-parents donateurs sont encore en vie au décès de leur petit-fils, prédécédé sans postérité, le bien qu'ils lui ont donné ne leur fait pas retour (sous réserve d'un droit de retour conventionnel stipulé à l'acte de donation). Ce sont les frères et sœurs du défunt ou, à défaut, ses neveux et nièces, qui sont appelés à bénéficier de la vocation légale, limitée à une moitié indivise du bien de famille (C. civ. art. 757-3).

Objet du droit de retour L'objet du droit de retour légal des père et mère est **doublement circonscrit.** Il est limité aux seuls biens reçus par le défunt au titre d'une donation consentie par son père ou sa mère. 25190

Les biens donnés par ses ascendants ordinaires sont exclus de tout retour légal (contrairement à ce qui est prévu par la loi dans le cas du droit de retour des collatéraux privilégiés : no 25330).

Le droit de retour ne peut évidemment pas s'appliquer à des biens que le défunt aurait reçus par legs de son père ou de sa mère, puisque, pour que joue l'article 738-2, il faut que l'ascendant disposant, par hypothèse, lui ait survécu.

25195 **Assiette du droit de retour** Le droit de retour s'exerce, aux termes de la loi, à concurrence des quotes-parts fixées au titre des droits légaux des père et mère en présence des frères et sœurs du défunt, soit un quart chacun (C. civ. art. 738-2, al. 1). Cette expression ambiguë a paru aux yeux de certains susceptible de deux **interprétations** : fallait-il comprendre que le retour porte sur le quart du bien donné, ou sur l'intégralité du bien donné dans la limite du quart de la succession (voir le premier exposé de cette discussion par A. Delfosse et J.-F. Peniguel : La réforme des successions et des libéralités, Litec 2006, n° 329) ?

Les premiers commentateurs ont cru pouvoir en déduire que le droit de retour s'exercerait sur le **quart des biens,** faisant une lecture cursive de l'article 738-2, alinéa 2 du Code civil, qui vise « la portion des biens soumise au droit de retour » (N. Levillain, Les nouveaux droits successoraux des ascendants. Droit de retour légal de l'article 738-2 : JCP N 2007 n° 1135 ; N. Peterka, Les retouches à la dévolution successorale : Dr. famille 2006 étude 52 n° 6).

Cette interprétation n'a pas convaincu la très grande majorité de la doctrine. Les biens ainsi désignés sont plutôt les biens de la succession. En effet, en politique législative, le quart de la succession évoque le taux de la réserve des ascendants, dont la suppression a été précisément contrebalancée par l'institution de l'article 738-2 du Code civil ; alors que le quart d'un bien donné est vide de toute signification. De plus, comment pourrait-on comprendre un droit de retour en nature qui ne porterait systématiquement que sur une quote-part de ce qui a été donné ? Il faudrait que le parent donateur se retrouvât toujours en indivision avec les autres héritiers du défunt ; cela aurait dû être spécifié (comme à l'article 757-3 du Code civil). C'est pourquoi, selon l'opinion actuellement retenue par les auteurs, le droit de retour s'exerce sur la **totalité** du bien donné, tout en étant **plafonné en valeur au quart de la succession** de chacun des parents, pour des raisons aussi bien de respect de la volonté du législateur que de cohérence technique de la loi (en ce sens, M. Grimaldi : Droit des successions, LexisNexis 8e éd. 2020, n° 264 ; Dalloz Action Droit patrimonial de la famille 2021/2022, dir. M. Grimaldi, n° 235-151 par C. Vernières ; F. Terré, Y. Lequette et S. Gaudemet : Droit civil. Les successions. Les libéralités, Dalloz 4e éd. 2014, n° 231 ; C. Brenner et P. Malaurie : Droit des successions et des libéralités, LGDJ 10e éd. 2022, n° 100, 2°-5 ; C. Pérès et C. Vernières : Droit des successions, PUF 2018, n° 346 ; B. Vareille, La loi du 23 juin 2006 dix ans après : propos cursifs sur quelques questions liquidatives choisies : Gaz. Pal. 31-5-2016 n° 266m1 p. 49 § 20).

Les circulaires du ministère de la justice n'abordent pas la question (Circ. JUSC0754177C du 29-5-2007 p. 58).

Toutefois, si l'on se réfère aux travaux préparatoires de la loi du 23 juin 2006 qui a institué ce droit de retour légal, la finalité du texte est de créer « un droit de retour systématique du bien au décès du donataire » (Rapport AN n° 2850 du 8-2-2006 p. 39). Dans l'esprit du législateur, « si le droit de retour ne pouvait s'exercer en nature – soit que les biens aient été aliénés, soit que leur valeur excède la part de la succession revenant aux parents – il s'exécuterait en valeur » (Rapport Sén. n° 343 du 10-5-2006 p. 328). C'est d'ailleurs ce qui ressort expressément du second rapport de l'Assemblée nationale : « Par coordination avec les dispositions de l'article 738 du Code civil, relatives aux règles de dévolution légale applicables en cas de prédécès d'un enfant sans descendance, ce droit de retour est limité, pour chaque parent vivant, au quart de la succession » (Rapport AN n° 3122 du 6-6-2006 p. 69).

Une décision d'appel a validé cette seconde interprétation, considérant que le droit de retour légal des père et mère doit s'exercer sur la totalité des biens donnés en nature ou en valeur lorsque les biens ne sont plus dans le patrimoine de la succession, et cela dans la limite du quart de ladite succession (CA Limoges 16-9-2021 n° 20/00034 : Defrénois 28-4-2022 n° DEF206u5 p. 20 note S. Gaudemet).

EXEMPLE

Emmanuel, fils de François, est mort sans postérité à la survivance de son épouse Brigitte. François lui avait fait donation d'une résidence dans le VIIIe arrondissement de Paris, qui vaut 1 000 000 €. Emmanuel laisse d'autres biens de toutes natures d'une valeur au total de 3 000 000 €. Le droit de retour s'exercera en nature sur la résidence (dans l'autre interprétation, à vrai dire injustifiable, il aurait fallu admettre que le droit de retour consistât en une quote-part de 1/4 sur le bien en question, ce qui ne concorderait pas avec l'objectif de la loi).

EN PRÉSENCE D'UN CONJOINT SURVIVANT

25200 Bien qu'inséré dans une section du Code civil intitulée « Des droits des parents en l'absence de conjoint », le droit de retour des père et mère s'applique, selon l'opinion de la doctrine, y compris – et même surtout – en présence d'un conjoint survivant. Le contraire serait illogique, puisque ce droit a été institué pour compenser la suppression de la réserve des ascendants, et que c'est précisément le conjoint survivant qui bénéficie de cette suppression.

Une question est alors susceptible de se présenter : la nécessité de combiner le droit de retour des père et mère avec le **droit viager au logement** du conjoint survivant (C. civ. art. 764).

Lorsque le veuf se prévaut de son droit viager sur un bien qui a été donné au défunt par ses père et mère ou l'un d'eux, il y a **conflit de** deux **successions anomales** reposant respectivement l'une sur la nature, l'autre sur l'origine du bien (M. Grimaldi : Droit des successions, LexisNexis 8e éd. 2020, n° 265). De ce que, en présence de descendants, le droit viager grève la réserve de ces derniers, les auteurs déduisent qu'il pèse a fortiori sur le succédané de réserve que l'article 738-2 ménage aux parents sur les biens qu'ils ont donnés (en ce sens, M. Grimaldi, précité, n° 265 ; Dalloz Action Droit patrimonial de la famille 2021/2022, dir. M. Grimaldi, n° 235.173 par C. Vernières). Il y aurait donc une primauté du droit viager. Simplement, l'espérance de vie, à la différence de ce qui a de quoi rassurer les enfants dans le premier cas, est ici nettement en faveur du conjoint survivant, de sorte que les parents du défunt n'auront en fait aucune chance de recouvrer de leur vivant la pleine propriété du bien donné. C'est ce qui rend la solution très rigoureuse et moins opportune.

ARTICULATION AVEC LA VOCATION AB INTESTAT DE L'ASCENDANT PRIVILÉGIÉ

La valeur de la portion des biens soumise au droit de retour s'impute en priorité sur les droits successoraux des père et mère (C. civ. art. 738-2, al. 2). Elle vient en déduction de leurs droits héréditaires. Ce droit de retour étant d'ordre public, les dispositions de dernière volonté ne peuvent pas y faire obstacle (n° 25175). Il résiste au legs universel consenti à autrui. Pour autant, le restant de la vocation légale des père et mère, imputation faite du droit de retour, ne représente pas une réserve. Ils peuvent être exhérédés de ce complément. 25205

EXEMPLE

Nicolas décède avec pour seuls héritiers sa mère Bernadette et son conjoint survivant. Il laisse un actif net de 1 000 000 €, en ce compris un bien d'une valeur de 100 000 € que lui avait donné sa mère Bernadette, et qui figure en nature dans les actifs héréditaires.

1e hypothèse : le défunt n'a pris aucune disposition à cause de mort. Bernadette a vocation au quart de la succession, soit 250 000 €. Elle recouvre le bien pour 100 000 € ; puis elle complète ses droits successoraux à hauteur de 150 000 € sur l'actif successoral. Le conjoint survivant hérite du restant, valant 750 000 €.

2e hypothèse : le défunt a laissé tous ses biens à son conjoint à la faveur d'un legs universel ou d'une donation. Bernadette reprend seulement le bien donné ; le conjoint survivant se voit attribuer tout le restant, valant 900 000 €, en vertu de la libéralité universelle dont il bénéficie.

MODE D'EXERCICE DU RETOUR

Pour les autres droits de retour légaux, ceux prévus par les articles 366 et 757-3 du Code civil (nos 25450 s. et 25325 s.), la loi exige que les biens qui en font l'objet figurent encore en nature dans la succession du de cujus prédécédé sans postérité. 25210

Cette condition n'est pas émise concernant le droit de retour des ascendants privilégiés. Le droit de retour est ici susceptible de deux modes d'exercice :

– à titre principal, **en nature** ;

– à titre subsidiaire, toutes les fois que le bien ne se retrouve pas en nature dans le patrimoine du défunt, **en valeur,** mais dans la limite de l'actif successoral (C. civ. art. 738-2, dernier al.). C'est le cas, par exemple, lorsque la donation était d'un bien déterminé mais que ce bien a été aliéné à titre gratuit ou onéreux ou qu'il a disparu.

RETOUR EN NATURE

Dans le cas où le droit de retour s'exécute en nature, le bien qui en est l'objet **disparaît de la masse indivise** dès le jour de l'ouverture de la succession. 25215

Il doit être évalué à cette date-là. En effet, le quart qui plafonne ce droit de retour paraît devoir être apprécié selon les valeurs au décès.

Lorsque la valeur du bien donné objet du droit de retour est inférieure au quart de la succession, l'ascendant reçoit, outre le bien donné, le **complément de sa part héréditaire.**

EXEMPLE

Maurice avait donné à son fils Arsène un appartement valant 600 au jour de l'ouverture de la succession. Arsène décède sans postérité à la survivance de son conjoint, Dorothée, et de son père donateur, en l'état d'une succession d'une valeur globale de 4000. L'appartement figure en nature dans les biens existants.

Maurice exerce son droit de retour sur l'appartement. Après quoi, il complète sa part héréditaire de 1000 (1/4) par des droits de 400, en valeur, sur les biens existants. L'appartement fait partie de ses « droits successoraux », puisqu'il s'impute sur eux (C. civ. art. 738-2, al. 2). Le conjoint survivant a vocation à 3000 sur les biens existants.

25220 Lorsque la valeur du bien objet du droit de retour **excède** celle de la vocation ab intestat de l'ascendant donateur, une question reste en suspens. Faut-il ouvrir une indivision sur le bien (voir en ce sens, M. Grimaldi : Droit des successions, LexisNexis 8e éd. 2020, n° 264), ou considérer qu'on est dans le cas, prévu par la loi, où le retour ne peut s'exercer en nature et se fait en valeur ? La question reste à trancher. Il n'est pas certain qu'il soit dans l'esprit de ce droit de retour, simplifié en ce qu'il peut prendre la forme d'une créance, de déboucher en pareil cas sur une indivision.

EXEMPLE

Dans l'exemple ci-dessus, l'appartement donné par Maurice à son fils Arsène vaut 1200, et les biens existants demeurent évalués à 4000. La valeur du bien objet du droit de retour (1200) excède celle du quart ab intestat de l'ascendant, soit 1000.

Si l'on admet que le retour peut encore se faire en nature, une indivision s'ouvre sur l'appartement, suivant les quotes-parts suivantes : 1000/1200, soit 5/6e pour Maurice, et 200/1200, soit 1/6e pour Dorothée. Le reste des biens existants est attribué à Dorothée.

Si l'on retient que le retour en nature n'est pas admissible, il y a lieu de liquider une créance de 1000 en faveur de Maurice.

RETOUR EN VALEUR

25225 En cas de retour en valeur, une **première question** se pose : **à quelle date se placer pour l'évaluer ?** À défaut de précisions légales, on peut hésiter entre la date de l'ouverture de la succession et celle du partage. Il semble que c'est en tenant compte des valeurs au décès que doit se liquider le montant du retour en valeur (en ce sens, M. Grimaldi : Droit des successions, LexisNexis 8e éd. 2020, n° 264 ; B. Vareille, La loi du 23 juin 2006 dix ans après : propos cursifs sur quelques questions liquidatives choisies : Gaz. Pal. 31-5-2016 n° 266m1 p. 49 § 4). La solution s'impose par analogie avec le droit de retour exercé en nature, en partant du postulat que la mise en jeu du droit de retour doit aboutir à des résultats équivalents, quelle que soit la forme qu'il prend. Simplement, si le bien donné a été aliéné avant l'ouverture de la succession, il convient de prendre en compte, selon les cas, soit le prix de vente non remployé (sur la question d'une éventuelle subrogation, n° 25230), soit la valeur du bien au jour de la donation qui l'a fait sortir du patrimoine du de cujus (en ce sens, C. Pérès et C. Vernières : Droit des successions, PUF 2018, n° 347).

25230 L'exécution du retour en valeur éveille une **seconde question** : si le bien a été vendu, mais qu'un **nouveau bien** a été **subrogé au bien donné,** faut-il admettre que le montant du droit de retour soit fixé une fois pour toutes au prix du bien donné au jour de l'aliénation, ou au contraire qu'il puisse être tributaire de la valeur du nouveau bien acquis ? Une éminente doctrine opte résolument en faveur de la première solution (M. Grimaldi : Droit des successions, LexisNexis 8e éd. 2020, n° 264). Il est cependant permis d'hésiter : la dette de valeur ne prospère que par une dérogation légale au principe du nominalisme édicté par l'article 1895 du Code civil ; or aucune disposition légale explicite n'autorise ici à tenir compte de la subrogation pour liquider le montant du retour en valeur.

EXEMPLE

Alain avait donné à son fils Édouard un appartement à Bordeaux, que ce dernier a vendu au prix de 1 000 000 € (Alain ayant renoncé pour cela au retour conventionnel qu'il avait primitivement stipulé).

Édouard a investi le prix de vente dans l'acquisition d'une maison au Havre.

Édouard décède sans postérité, laissant à sa survivance son conjoint institué légataire universel et son père Alain.

La maison du Havre est évaluée 1 600 000 € à son décès. En outre, il laisse des biens de toutes natures pour une valeur globale de 8 000 000 €.

Deux solutions sont envisageables :
– **1e solution** : le retour en valeur égale le prix de vente, en application du principe du nominalisme monétaire. Il s'élève à 1 000 000 € ;
– **2e solution** : on tient compte de la subrogation. Le montant du droit de retour exercé en valeur est de 1 600 000 €.

Le restant est attribué au conjoint survivant.

25235 **Mise en œuvre du retour en valeur** Tout d'abord, le donataire a pu vendre le **bien reçu** et soit conserver le prix de vente, soit le réinvestir dans l'acquisition d'un nouveau bien. Le bien donné à l'origine est alors **représenté par des liquidités ou un nouveau bien.** Dans ce cas, le droit de retour s'exerce en valeur à concurrence du montant des liquidités ou de la valeur du bien subrogé (suivant l'opinion retenue : voir n° 25230), sans pouvoir procurer à chaque ascendant plus du quart de la masse à partager. Le reliquat est dévolu selon la loi. Chaque ascendant privilégié recueille le complément éventuel de son quart légal, après imputation du droit de retour. Les autres héritiers légaux se partagent le reste.

EXEMPLE

Alain a donné à son fils Édouard un appartement à Bordeaux, que ce dernier a vendu au prix de 900 000 € (Alain ayant renoncé pour cela au retour conventionnel qu'il avait primitivement stipulé).

Édouard a conservé le prix de vente.

Il décède célibataire, sans postérité, laissant à sa survivance Alain, son père, et Nicole, sa sœur. Il n'a pas pris de dispositions de dernière volonté.

À son décès, son patrimoine est valorisé à 4 000 000 €, en ce compris le prix de vente représentatif de l'appartement.

Au titre de sa vocation légale ordinaire, Alain peut prétendre au quart de la succession de son fils, soit 1 000 000 €.

Au titre de son droit de retour légal, Alain a droit à la restitution de la valeur du bien donné, soit 900 000 €, dans la limite du quart de l'actif successoral, s'élevant à 1 000 000 €.

Alain exerce son droit de retour légal, valorisé à 900 000 € et a droit à un complément, au titre de ses droits légaux, de : 1 000 000 – 900 000 = 100 000 €.

Nicole recueille le reliquat, s'élevant à 3 000 000 €.

Toutefois, il se peut aussi que **plus rien ne représente le bien donné dans l'actif successoral.** Tel est le cas, par exemple, lorsque le prix ou l'indemnité a été dissipé, ou encore que le bien a été donné dans l'intervalle par le de cujus. Pour que ce retour en valeur équivaille au retour en nature, il faut opérer le calcul sur une masse augmentée de la valeur soustraite : c'est pourquoi il en est préconisé la réunion fictive (voir en ce sens, M. Grimaldi : Droit des successions, LexisNexis 8e éd. 2020, n° 264 ; B. Vareille, La loi du 23 juin 2006 dix ans après : propos cursifs sur quelques questions liquidatives choisies : Gaz. Pal. 31-5-2016 n° 266m1 p. 49 § 4). Dans cette hypothèse, l'exercice du droit de retour permet aux père et mère d'accéder à davantage qu'au quart des biens existants. **25240**

EXEMPLE

Alain a donné à son fils Édouard un appartement à Bordeaux. À son tour, ce dernier fait donation de cet appartement à son neveu, Jean-Michel (Alain ayant renoncé pour cela au retour conventionnel qu'il avait primitivement stipulé).

Édouard décède célibataire, sans postérité, laissant à sa survivance Alain, son père, et Nicole, sa sœur. Il n'a pas pris de dispositions de dernière volonté.

À son décès, son patrimoine s'élève à 3 100 000 € et l'appartement donné à Jean-Michel est estimé à 900 000 €.

La donation est indifférente à l'exercice du droit de retour, qui est d'ordre public. Elle doit être neutralisée à l'égard d'Alain.

Pour obtenir ce résultat, il convient de réunir fictivement le bien donné pour sa valeur à l'ouverture de la succession, soit 900 000. Le droit de retour en valeur se chiffre donc sur une masse ainsi composée : 3 100 000 + 900 000 = 4 000 000.

Alain exerce son droit de retour légal en valeur, à hauteur de 900 000 € dans la limite du quart de l'actif successoral augmenté, soit : 4 000 000 / 4 = 1 000 000.

En définitive, il peut prétendre au retour en valeur de 900 000 €, qui représente plus du quart des biens existants, de 3 100 000 €. Cependant, il ne recueille aucun complément au titre de sa vocation héréditaire. Nicole se voit attribuer le reliquat, soit 2 200 000 €.

Il se peut enfin que le **montant du droit de retour en valeur excède celui de l'actif existant.** L'ascendant privilégié dispose alors d'une créance à due concurrence. Aux termes de la loi, cette créance ne peut s'exercer que dans les forces de l'actif successoral. Aucun reliquat ne saurait figurer au passif de la succession. A contrario, cela signifie que la créance absorbe intégralement l'actif successoral. Elle représente encore, en pareil cas, plus du quart des biens existants. **25245**

EXEMPLE

Alain a donné à son fils Édouard un appartement à Bordeaux. À son tour, ce dernier fait donation de cet appartement à son neveu, Gérard (Alain ayant renoncé pour cela au retour conventionnel qu'il avait primitivement stipulé).

Édouard décède célibataire, sans postérité, laissant à sa survivance Alain, son père, et Nicole, sa sœur. Il n'a pas pris de dispositions de dernière volonté.

À son décès, son patrimoine s'élève à 100 000 € et l'appartement donné à Gérard est estimé à 700 000 €.

On réunit fictivement la valeur de cet appartement à celle des biens existants, soit : 700 000 + 100 000 = 800 000 €.

Les droits théoriques d'Alain au titre de sa vocation légale représentent : 800 000 / 4 = 200 000 €.

Alain exerce son droit de retour légal en valeur, de 700 000 €, dans la limite de 200 000 €.

Cependant, l'actif successoral borne ses droits à 100 000 €, sans pouvoir lui procurer l'intégralité de son droit de retour, ni lui ouvrir une créance de 100 000 € sur la succession.

Nicole, qui n'est pas réservataire, ne reçoit rien.

DROIT DE RETOUR SUR UNE SOMME D'ARGENT

25250 Lorsque c'est une somme d'argent qui a été donnée, le droit de retour paraît bien jouer pareillement en faveur des ascendants privilégiés. En effet, une somme d'argent est un bien comme un autre. De surcroît, le fait que le droit de retour des père et mère puisse s'exercer, même subsidiairement, en valeur, plaide pour son application systématique, sans égard pour la nature précise de ce qui est donné. Enfin, la logique du texte, substitut de la réserve des ascendants supprimée, milite clairement en ce sens.

Ce qui est dit ci-dessus de la subrogation – doutes inclus – est à transposer.

DROIT DE RETOUR SUR UNE SOMME D'ARGENT ET INTÉRÊT LÉGAL

25251 La somme qui exprime le retour en valeur a vocation à produire intérêt légal au profit de l'ascendant privilégié depuis le jour de sa liquidation, puisque la créance légale est certaine et exigible dès cette date (B. Vareille, La loi du 23 juin 2006 dix ans après : propos cursifs sur quelques questions liquidatives choisies : Gaz. Pal. 31-5-2016 n° 266m1 p. 49 § 5) ; en cas d'aliénation du vivant du de cujus sans remploi, l'intérêt légal court à compter de l'ouverture de la succession.

NATURE JURIDIQUE

25255 Tout bien considéré, l'ensemble des particularités du droit de retour légal des père et mère **fait douter** que l'article 738-2 du Code civil ait créé un véritable droit de retour, voire une véritable succession anomale, qui serait investie d'une réelle **autonomie** par rapport à la succession ordinaire (M. Grimaldi : Droit des successions, LexisNexis 8e éd. 2020, n° 270 ; Dalloz Action Droit patrimonial de la famille 2018/2019, dir. M. Grimaldi, n° 235-133 par C. Vernières ; F. Terré, Y. Lequette et S. Gaudemet : Droit civil. Les successions. Les libéralités, Dalloz 4e éd. 2014, n° 1171 ; C. Pérès et C. Vernières : Droit des successions, PUF 2018, n° 355). En particulier, l'ascendant privilégié ne peut jamais cumuler ce droit avec sa vocation légale. Autrement dit, il ne paraît pas y avoir deux successions, l'une normale et l'autre anomale.

La détermination de la nature juridique de ce droit de retour importe à deux titres.

Pour ce qui est de l'**option successorale,** il ne semble pas que l'ascendant privilégié puisse renoncer à sa vocation légale au quart des biens existants tout en conservant le bénéfice du droit de retour (contrairement aux règles de droit commun gouvernant les successions anomales, voir n° 35770). En effet, d'une part, le droit de retour est à déduire de sa vocation légale (n° 25205) et, d'autre part, le texte de loi ne permet pas à l'ascendant donateur d'accéder à davantage que les biens existants (C. civ. art. 738-2) : on perçoit clairement la différence sur ce point avec ce qui est prévu par la loi concernant le droit viager au logement (n° 23780).

Dans les opérations de liquidation successorale, pour le calcul de la **réserve héréditaire** du conjoint survivant, si l'on admet que le droit de retour n'a pas de véritable autonomie, les biens ou valeurs qui le représentent doivent figurer dans la masse de calcul de la réserve du conjoint survivant. Elle est par conséquent chiffrée sur une masse unitaire (M. Grimaldi, précité, n° 270 ; F. Terré, Y. Lequette et S. Gaudemet, précité, n° 1171).

DROIT DE RETOUR ET PUBLICITÉ FONCIÈRE

25260 Lorsque le droit de retour s'exerce en nature sur un immeuble ou un droit réel immobilier, le retour entraîne résolution de la donation publiée et nouvelle mutation au profit du donateur. Par suite, le retour **doit être constaté** dans un acte soumis à la publicité foncière pour l'information des tiers (Décret 55-22 du 4-1-1955 art. 28, 4°, c et 30, 4).

En pratique, la constatation de cette mutation peut opportunément prendre place dans une attestation de propriété notariée dressée lors du règlement de la succession du donataire prédécédé.

RÉGIME FISCAL DU DROIT DE RETOUR DES PÈRE ET MÈRE

Le droit de retour légal institué en faveur des père et mère ne donne pas lieu à la perception des droits de mutation à titre gratuit (n° 25265). Mais les droits de donation perçus sur les biens repris peuvent, sous certaines conditions, être restitués (n° 25270). 25262

Exonération de droits de succession Le droit de retour légal des père et mère est exonéré de droits de succession (CGI art. 763 bis). Le texte fiscal ne distingue pas selon que le droit de retour s'exerce en nature (le bien est repris par le donateur) ou en valeur (cas par exemple où l'enfant a vendu le bien). L'exonération s'applique dans tous les cas, ce que l'administration a expressément confirmé (BOI-ENR-DMTG-10-10-10-10 n° 20 ; BOI-ENR-DMTG-20-30-20-60 n° 20). 25265

EXEMPLE

Reprenons les données de l'exemple figurant au n° 25205.

Si on se place dans l'**hypothèse 1** (Nicolas n'a pas pris de disposition à cause de mort ; sa mère, Bernadette, exerce son droit de retour en nature), les droits de succession à la charge de Bernadette seront calculés sur 150 000 €, avant application de l'abattement en ligne directe.

Dans l'**hypothèse 2** (la veuve de Nicolas bénéficie d'un legs universel), Bernadette reprendra le bien initialement donné en franchise de droits de succession. Il en serait de même de la valeur du bien s'il avait été aliéné.

Dégrèvement des droits de donation Sur réclamation à formuler au plus tard le 31 décembre de la deuxième année qui suit le décès de l'enfant donataire, les **droits de donation initialement acquittés** sont remboursés (CGI art. 791 ter, al. 2). Bien que le texte légal ne vise que le « retour des biens », la restitution des droits de donation est à notre avis possible même lorsque le droit de retour légal s'effectue en valeur. 25270

Si les **droits** de donation ont été **pris en charge par le donateur,** lui seul peut en demander le remboursement. Son décès avant toute demande de restitution ne prive pas ses héritiers ou légataires d'effectuer la demande. Elle doit être effectuée dans le délai légal de réclamation ouvert à compter du décès du donataire. Dans ce cas, le montant des droits de donation réglé par le donateur et restitué après son décès constitue une créance de la succession et doit à ce titre être inclus dans le montant de l'actif taxable.

Si les **droits** ont été **payés par le donataire** décédé, la demande de restitution peut être faite par ses héritiers ou légataires. Dans ce cas, le montant des droits doit figurer en tant que créance à l'actif de sa succession (BOI-ENR-DMTG-20-30-20-60 n° 40).

EXEMPLE

Léon a fait le 23 décembre 2019 donation d'un appartement à son fils Henri. Les droits de donation ont été acquittés par Léon.

Henri décède sans postérité le 15 janvier 2022. Dès lors, l'exercice du droit de retour légal est possible. Léon a jusqu'au 31 décembre 2024 pour demander la restitution des droits de mutation à titre gratuit acquittés au titre de la donation du 23 décembre 2019.

Si Léon décède avant le 31 décembre 2024 sans avoir demandé la restitution des droits de mutation acquittés au titre de la donation du 23 décembre 2019 ni renoncé à son droit de retour, ses héritiers ou légataires pourront exercer la demande en restitution des droits acquittés par le défunt avant le 31 décembre 2024. Une créance au moins égale au montant des droits réclamés devra être inscrite à l'actif brut de la succession de Léon.

En cas de **nouvelle donation des mêmes biens** à un autre descendant dans les cinq ans du retour, les droits de donation acquittés sur la première donation et non remboursés sont imputés sur ceux dus à raison de la seconde (CGI art. 791 ter, al. 1). Il importe peu, à cet égard, que les droits aient été acquittés par le donateur ou le donataire lors de la première donation. L'administration admet que les droits acquittés lors de la première donation soient intégralement imputés lors de la seconde donation, même si celle-ci ne porte que sur une partie des biens ayant fait retour dans le patrimoine du donateur (BOI-ENR-DMTG-20-30-20-60 n° 30). 25275

Lorsque les droits dus sur cette seconde donation sont inférieurs à ceux acquittés sur la première, il est possible d'obtenir le remboursement de l'excédent sur réclamation, mais seulement si le délai de restitution des droits n'est pas expiré (BOI-ENR-DMTG-20-30-20-60 n° 50) ; la nouvelle donation doit donc intervenir avant le 31 décembre de la deuxième année qui suit le décès du donataire.

B. Droit de retour des collatéraux privilégiés

PRÉDÉCÈS DES DESCENDANTS ET ASCENDANTS PRIVILÉGIÉS DU DÉFUNT

25325 En principe, le **conjoint survivant** supplante les collatéraux privilégiés de son époux décédé sans descendants ni père et mère, quand il tombe en concours avec le deuxième ordre (n° 23535). C'est une modernisation délibérée de la dévolution légale en fonction des véritables affections présumées du défunt dans la société contemporaine : en ce cas, le conjoint survivant prime les héritiers par le sang.

Par exception, si des **biens d'origine ascendante familiale** se retrouvent en nature dans la succession, ils échappent pour partie à ce même conjoint survivant : ils sont ainsi dévolus pour une **moitié indivise** aux collatéraux privilégiés du défunt ressortissant de la branche dont proviennent ces biens (C. civ. art. 757-3). Il s'agit des biens que le défunt avait reçus de ses ascendants par succession ou par donation et qui figurent en nature dans sa succession. C'est un tempérament à l'éviction des collatéraux privilégiés par le conjoint survivant, introduit par la loi du 3 décembre 2001, puis augmenté par la loi du 23 juin 2006. Par conséquent, sont exclus les biens reçus de l'ascendant par le défunt en règlement d'une créance de salaire différé (Cass. 1e civ. 1-12-2021 n° 20-12.315 FS-B : BPAT 1/22 inf. 35 obs. N. Pétroni-Maudière, Defrénois 10-3-2022 n° DEF206p2 p. 33 obs. S. Gaudemet). En effet, une telle créance s'exerce contre la succession et ne constitue pas un droit héréditaire dans la succession (M. Grimaldi : Droit des successions, LexisNexis 8e éd. 2020, n° 587).

Cette disposition légale traduit en réalité une transaction empirique et maladroite entre deux préoccupations contraires : la promotion du conjoint survivant et la conservation des biens dans les familles par le sang. Elle risque de ne parvenir ni à l'un ni à l'autre des deux objectifs. En effet, elle ouvre une indivision complexe entre des alliés dont les relations affectives peuvent être depuis l'origine très diverses, et vont évoluer de façon encore plus imprévisible après la disparition de celui qui faisait l'alliance. Il y a donc là un germe de conflit. Cela risque de déboucher sur une licitation à l'issue incertaine.

La nature même du droit ouvert à l'article 757-3 du Code civil est placée sous le signe de cette ambiguïté.

Rappelons qu'il existe un autre tempérament à la prééminence du conjoint survivant sur les collatéraux privilégiés ainsi que les troisième et quatrième ordres d'héritiers : la créance d'aliments que les ascendants ordinaires dans le besoin ont contre la succession (nos 23575 s.).

> **Précisions** L'acte de donation prévoit le plus souvent au profit du disposant un **droit de retour conventionnel,** dont l'effet résolutoire fait disparaître le bien de la masse successorale, et désamorce le dispositif édicté par l'article 757-3 du Code civil. Sur le droit de retour conventionnel, voir nos 6550 s.

PROVENANCE DU BIEN OBJET DU DROIT DE RETOUR

25330 Institué par la loi 2001-1135 du 3 décembre 2001, le droit de retour des collatéraux privilégiés n'était **initialement** prévu que pour les biens que le défunt avait reçus par succession ou donation des père et mère.

Pour les successions ouvertes **depuis le 1er janvier 2007,** la loi 2006-728 du 23 juin 2006 en a étendu l'application aux biens reçus dans les mêmes conditions de tous les autres ascendants.

CARACTÈRE SUCCESSORAL DU DROIT DE RETOUR

25335 Si le bien objet du droit de retour a été amélioré durant la propriété intérimaire du de cujus, les **améliorations** apportées aux biens par le défunt n'ouvrent droit à aucune indemnisation au bénéfice de la succession ordinaire (Cass. 1e civ. 28-2-2018 n° 17-12.040 FS-PBI : D. 2018 p. 939 note E. Rousseau, JCP G 2018 n° 693 note F. Sauvage, JCP N 2018 n° 1142 note D. Boulanger et C. Peuble, Petites affiches 24-5-2018 n° 136g5 p. 13 note C. Rieubernet, Dr. famille 2018 n° 134 note M. Nicod) ; c'est une conséquence du caractère successoral du droit de retour. De façon symétrique, les éventuelles **dégradations** ne feront l'objet d'aucun dédommagement.

Pour les mêmes raisons, l'article 757-3 du Code civil ne subordonne pas non plus l'exercice du droit de retour des collatéraux privilégiés au versement d'une indemnité à la succession ordinaire dans le cas où les biens reçus par succession l'ont été moyennant le paiement d'une **soulte,** au moment du partage, par le défunt (Cass. 1e civ. 28-2-2018 précité).

Les collatéraux privilégiés qui bénéficient de ce droit y accèdent donc en qualité d'héritiers. 25340
En conséquence :
– ils supportent le **passif** à concurrence de la fraction de succession qu'ils recueillent ;
– d'un point de vue fiscal, ils sont soumis aux **droits de succession** dans les conditions de droit commun, selon le tarif applicable entre frères et sœurs (voir n° 25400).

Droit supplétif Contrairement au droit de retour des ascendants privilégiés, celui des collatéraux privilégiés n'est **pas d'ordre public** (en ce sens, notamment, Rectificatif à la Rép. Poignant : AN 13-2-2007 p. 1636). Libre au de cujus d'extraire le bien de la succession légale afin de priver ses frères et sœurs du droit de retour : 25345
– en consentant une donation de bien présent à l'époux (ou à un tiers) ;
– à la faveur d'une disposition de dernière volonté, soit par une exhérédation explicite des collatéraux privilégiés, soit implicitement en léguant ce bien à son conjoint ou en consentant à ce dernier une donation entre époux de biens à venir (Dalloz Action Droit patrimonial de la famille 2021/2022, dir. M. Grimaldi, n° 235-51 par C. Vernières) ;
– en l'attribuant au titre d'un avantage matrimonial au conjoint survivant (ainsi par l'effet d'un apport à une communauté conventionnelle assortie d'une attribution intégrale au dernier vivant, avec exclusion de la faculté de reprise par les héritiers des biens tombés en communauté du chef de leur auteur : C. civ. art. 1525, al. 2) ;
– en le vendant avant l'ouverture de la succession, la loi précisant que le bien doit se retrouver « en nature » dans cette dernière.

ARTICULATION AVEC LE DROIT VIAGER AU LOGEMENT DU CONJOINT

Selon le ministère de la justice, l'application du droit de retour sur le logement donné ou légué au défunt ne fait **pas obstacle** à l'exercice par le conjoint survivant de ses droits viagers d'habitation et d'usage, ce qui diffère l'exercice effectif du droit de retour jusqu'au décès du survivant (Rép. Brunel : AN 14-11-2006 n° 104803). On invoque l'objectif de la loi, qui est de protéger le veuf dans son cadre de vie, préoccupation primordiale (C. Pérès et C. Vernières : Droit des successions, PUF 2018, n° 362). 25350

Une telle solution **déroge** toutefois au principe qui voudrait que l'objet d'un droit de retour légal (succession fortement anomale) échappe aux règles de la dévolution successorale (O. Penin, L'évolution des droits de retour dans le Code civil depuis les lois de 2001 et 2006 : RTD civ. 2016 p. 49) ; si elle vient à être consacrée en jurisprudence, cela contribuera à faire douter qu'on ait affaire, avec l'article 757-3 du Code civil, à un véritable droit de retour (n°s 25380 s.).

BIENS EXISTANTS EN NATURE

La mise en œuvre du droit de retour légal des frères et sœurs implique que le bien concerné se trouve en nature dans la succession (par exemple, un immeuble dont le défunt a hérité de sa mère et dont il est toujours propriétaire à son décès). Il n'y a pas lieu de distinguer pour l'application du texte selon que les biens en question ont été **reçus** par le défunt **à charge de soulte ou non** (Cass. 1e civ. 28-2-2018 n° 17-12.040 FS-PBI : BPAT 2/18 inf. 75, D. 2018 p. 939 note E. Rousseau, JCP N 2018 n° 1142 note D. Boulanger et C. Peuble). Encore faut-il qu'ils aient été reçus à titre gratuit et non en règlement d'une créance de salaire différé (Cass. 1e civ. 1-12-2021 n° 20-12.315 FS-B : BPAT 1/22 inf. 35 obs. N. Pétroni-Maudière, Defrénois 10-3-2022 n° DEF206p2 p. 33 obs. S. Gaudemet). 25355

Si le **bien** a été **vendu ou perdu** avant l'ouverture de la succession, le droit ne peut pas s'exercer, et le conjoint survivant prime les collatéraux privilégiés. Il n'y a évidemment pas lieu de prendre en compte une éventuelle subrogation réelle, la loi spécifiant que le bien lui-même doit se retrouver « en nature » dans la succession.

Portefeuille de valeurs mobilières Si la transmission à titre gratuit dont avait bénéficié le défunt portait sur un portefeuille de valeurs mobilières, on doit considérer que, dès lors qu'il n'y a pas eu de nouvel **apport financier,** le portefeuille existe toujours en nature ; le droit des collatéraux privilégiés peut par conséquent s'exercer. Rappelons en effet que la jurisprudence qualifie d'universalités de fait les portefeuilles de titres, ce qui conduit à requalifier en actes d'administration les arbitrages successifs effectués à budget constant (Cass. 1e civ. 12-11-1998 n° 96-18.041 : Bull. civ. I n° 315, JCP G 1999 II, n° 10027 note S. Piedelièvre, D. 1999 jur. p. 167 note L. Aynès et p. 633 note D. Fiorina, JCP N 1999 p. 351 note H. Hovasse, RTD com. 1999 p. 459 obs. M. Storck, JCP E 1999 II, p. 429 note S. Rouxel, RTD civ. 1999 p. 422 obs. F. Zenati). 25360

Sommes d'argent Le droit de retour s'applique-t-il aux sommes d'argent données ou laissées à leur décès par les ascendants ? La réponse est incertaine (Dalloz Action Droit patrimonial de la famille 2021/2022, dir. M. Grimaldi, n° 235-44 par C. Vernières). Les sommes d'argent sont considérées comme des biens ; mais c'est leur **fongibilité** qui fait ici douter de la conduite à tenir (C. Pérès et C. Vernières : Droit des successions, PUF 2018, n° 358). 25365

En réalité, leur sort au regard de l'article 757-3 du Code civil dépend de la finalité que l'on prête à ce texte : si c'est la sauvegarde d'un bien de famille qui prédomine, toutes les sommes en sont exclues ; si c'est au contraire l'attribution d'une valeur patrimoniale qui est la priorité, l'argent entre dans les visées du texte. Or la raison d'être du texte mélange ces deux considérations, puisqu'il s'attache à l'origine ascendante du bien, mais débouche sur l'attribution d'une simple quote-part indivise.

Si l'on admet que la loi donne le pas à la seconde préoccupation, purement économique, le retour portera sur une somme de même montant, pourvu qu'il existe des deniers en quantité suffisante dans la succession. Cette solution paraît plutôt la meilleure (pour un avis contraire, C. Pérès et C. Vernières : Droit des successions, PUF 2018, n° 358), car rien, dans le mécanisme de l'article 757-3, ne garantit la conservation du bien en nature (n° 25355) ; or c'est le résultat de l'application du texte, davantage que les intentions contradictoires du législateur, qui livre la vraie qualification (nos 25380 s.).

CONDITIONS TENANT AUX COLLATÉRAUX APPELÉS

25370 Il faut que, par hypothèse en l'absence de descendants, viennent à la succession **certains** collatéraux privilégiés.

L'absence de descendance du de cujus s'entend, comme il est habituel, de l'absence de tout descendant venant effectivement à la succession. S'il existe un descendant mais que ce dernier renonce à la succession sans être représenté, le droit de retour s'applique (n° 25120 ; en ce sens, D. Autem, La renonciation successorale des descendants ne déjoue pas le droit de retour des ascendants donateurs : D. 2012 p. 2776 n° 41). À l'inverse, l'adoption d'un enfant par le de cujus écarte évidemment cette condition (n° 25120).

Seuls ont vocation à une quote-part de la moitié indivise des biens d'origine familiale les collatéraux privilégiés descendant du ou des ascendants à l'**origine de la transmission** des biens en question. Par suite, les collatéraux privilégiés du défunt utérins ou consanguins ne sont appelés que si les biens proviennent de leur auteur commun. C'est pourquoi, si le bien donné relevait de la communauté ayant existé entre les défunts parents du de cujus, les germains prennent dans les deux branches et les demi-frères et demi-sœurs chacun seulement dans la branche dont il descend. La vigilance s'impose au liquidateur pour penser à ressusciter, dans ce cas particulier, la logique de la fente, qui a été en principe abandonnée dans la dévolution normale (n° 22730).

Le conjoint ne peut prétendre qu'à la seconde moitié indivise des biens d'origine familiale, ainsi qu'aux autres biens dépendant de la succession.

EXEMPLE

Dominique décède sans postérité à la survivance de son épouse Anne. Il laisse un frère germain, Jean-Christophe, et un frère utérin, Pierre. Dominique laisse dans sa succession : une maison d'une valeur de 800 000 €, qui lui venait d'une donation conjointe de ses défunts parents, eux-mêmes communs en biens ; ainsi que divers biens de toutes provenances d'une valeur globale de 1 600 000 €.

La maison étant un bien d'origine ascendante, le conjoint survivant Anne en reçoit seulement la moitié indivise. L'autre moitié est dévolue aux collatéraux privilégiés. Elle se divise entre la branche paternelle et la branche maternelle, 1/4 pour chaque. Dans la branche paternelle, seul Jean-Christophe reçoit ce 1/4 ; le 1/4 dévolu à la branche maternelle est réparti entre Jean-Christophe et Pierre, soit 1/8e chacun. Si l'on chiffre en valeur, pour mémoire, les droits de chacun dans l'indivision, Jean-Christophe reçoit l'équivalent de 300 000 € ; Pierre l'équivalent de 100 000 € ; Anne l'équivalent de 400 000 €.

Seule Anne peut prétendre en outre aux biens de toutes provenances pour une valeur de 1 600 000 €, sur lesquels elle prime les collatéraux privilégiés.

NÉCESSITÉ D'UN CONCOURS AVEC LE CONJOINT SURVIVANT

25375 Le principe d'égalité n'est pas méconnu, de toute évidence, si l'on refuse aux collatéraux privilégiés d'invoquer le droit de retour de l'article 757-3 du Code civil en présence d'un **partenaire survivant** gratifié d'un legs universel : leur situation n'est pas identique à celle des collatéraux privilégiés en présence d'un conjoint survivant qui n'a pas été gratifié d'un legs universel (Cass. 1e civ. 28-1-2015 n° 14-20.587 F-D : AJ fam. 2015 p. 178 obs. N. Levillain, RTD civ. 2015 p. 363 obs. J. Hauser ; RTD civ. 2015 p. 446 obs. M. Grimaldi, Dr. famille 2015 comm. 76 note M. Nicod : non-lieu à QPC).

NATURE DU DROIT DE RETOUR LÉGAL DES COLLATÉRAUX PRIVILÉGIÉS

25380 Comme on l'a vu, le droit légal crée une indivision sur les biens en question entre le conjoint survivant et ses beaux-frères et belles-sœurs (ou ses neveux et nièces) jusqu'au partage de la succession. Ce droit légal n'est pas qualifié par la loi. En dépit de son économie singulière, il est couramment dénommé « droit de retour » (Cass. 1e civ. 28-2-2018 no 17-12.040 FS-PBI : D. 2018 p. 939 note E. Rousseau, JCP G 2018 no 603 note F. Sauvage, JCP N 2018 no 1142 note D. Boulanger et C. Peuble, Petites affiches 24-5-2018 no 136g5 p. 13 note C. Rieubernet, Dr. famille 2018 comm. 134 note M. Nicod).

Toutefois, même si les **grands-parents donateurs** sont encore en vie, le bien qu'ils ont donné à leur petit-fils prédécédé sans postérité ne leur fera **jamais retour** par l'effet de la loi. Seul le jeu d'une clause de retour conventionnel déclencherait cet effet. Ce sont les frères et sœurs (ou, à défaut, les neveux et nièces) du défunt qui bénéficient de la vocation légale à une moitié indivise.

EXEMPLE

Charles a deux fils, Georges et Valéry. Charles a donné à son petit-fils Jacques, issu de Georges, une maison de famille en Haute-Marne. Georges est prédécédé. Jacques décède à son tour sans postérité, à la survivance de son épouse et de son jeune frère Nicolas. Le bien reçu de Charles ne reviendra pas à Charles lui-même : il sera dévolu en indivision moitié-moitié entre Nicolas et la veuve de Jacques. Le second fils de Charles, Valéry, ne pourra pas davantage y prétendre.

Le reste de la succession adviendra au conjoint du défunt et à lui seul.

Ce **système** est très **ambigu** : la conservation d'un bien d'origine ascendante familiale se dénoue ainsi d'emblée nécessairement par une indivision entre conjoint et ligne collatérale, au bénéfice des seuls collatéraux privilégiés, à l'exclusion de l'ascendant ordinaire donateur lui-même ainsi que des collatéraux ordinaires de la même branche (voir J. Leprovaux, L'évolution des droits de retour légaux dans la législation contemporaine du droit des successions : Petites affiches 2-7-2007 no PA200713102 p. 6). **25385**

C'est en cela que le résultat auquel le texte aboutit est assez éloigné de la logique d'un droit de retour, puisqu'il se borne à ouvrir une indivision de laquelle on ne sortira guère que par une licitation aux suites imprévisibles. De sorte qu'en pratique le dispositif garantit aux collatéraux privilégiés l'attribution non pas d'un bien en nature, mais d'une simple **valeur.** La conservation des biens dans la famille est reléguée au second plan (Dalloz Action Droit patrimonial de la famille 2021/2022, dir. M. Grimaldi, no 235-61 par C. Vernières).

L'ensemble de ces particularités peut faire douter, comme dans le cas de l'article 738-2 du Code civil, et pour les mêmes raisons (no 25255), que l'on ait affaire à un véritable droit de retour, voire à une succession anomale (Dalloz Action Droit patrimonial de la famille 2021/2022, dir. M. Grimaldi, no 235-30 par C. Vernières ; C. Pérès et C. Vernières : Droit des successions, PUF 2018, no 355).

PORTÉE CONCERNANT L'OPTION SUCCESSORALE

L'article 757-3 se présente comme une dérogation à l'article précédent, qui organise une dévolution sui generis de certains biens ; mais rien ne dit clairement que le conjoint puisse envisager d'accepter la succession ordinaire tout en répudiant ses droits indivis sur les biens d'origine ascendante. Les avis sont donc partagés. **25390**

Certains y voient une vraie succession anomale, distincte de la succession ordinaire, et objet d'une option spécifique.

D'autres admettent que la succession reste en toute hypothèse unique. C'est le sens de la réponse du ministère de la justice qui admet que l'application du droit de retour sur le logement donné ou légué au défunt par ses ascendants ne fait pas obstacle au droit viager (Rép. Brunel : AN 14-11-2006 no 104803). Il en résulterait alors que le conjoint n'a qu'un seul droit d'option, incluant les biens d'origine ascendante familiale.

La **jurisprudence** n'a pas tranché.

PORTÉE DU DROIT DE RETOUR LÉGAL SUR LA RÉSERVE DU CONJOINT

Le parti que l'on prend influe sur le calcul de la réserve du conjoint survivant (voir B. Vareille, La loi du 23 juin 2006 dix ans après : propos cursifs sur quelques questions liquidatives choisies : Gaz. Pal. 31-5-2016 no 266m1 p. 49 § 9 s.). La question de l'**étendue des biens existants** à prendre en compte sur le fondement de l'article 922 du Code civil reste en suspens : faut-il la borner aux biens autres que d'origine familiale, ou plutôt y inclure la moitié indivise dévolue au conjoint, ou bien encore faire masse de tous les biens sans distinction aucune ? Cela dépend de la dualité ou de l'unité de la succession. La jurisprudence ne s'est pas encore prononcée sur cette solution (nos 29090 s.). **25395**

TRAITEMENT FISCAL DU DROIT DE RETOUR DES FRÈRES ET SŒURS

L'exercice du droit de retour légal des frères et sœurs du défunt génère une imposition aux **droits de succession** au tarif applicable entre frères et sœurs. En effet, ce droit de retour légal s'exerce sur les biens donnés par ses ascendants au défunt. Or, dans cette hypothèse, les frères et sœurs qui recueillent le bien étaient tiers à l'acte de donation (BOI-ENR-DMTG-20-30-20-60 no 70). **25400**

CAS DÉROGATOIRE DE DROIT DE RETOUR LÉGAL DES FRÈRES ET SŒURS

25410 L'article 2 de la loi 2019-786 du 26 juillet 2019 a institué un cas dérogatoire de droit de retour des frères et sœurs, pour les successions ouvertes depuis le 28 juillet 2019, concernant les **biens immobiliers situés en Polynésie française.** Il s'agit de tenir compte des indivisions persistantes sur ce territoire.

Pour l'application en Polynésie française de l'article 757-3 du Code civil, lorsque des biens immobiliers sont en indivision avec les collatéraux ou ascendants du défunt, ils sont dévolus en totalité à ses frères et sœurs ou à leurs descendants, eux-mêmes descendants du ou des parents prédécédés à l'origine de la transmission.

Le conjoint survivant qui occupait effectivement le bien à l'époque du décès à titre d'habitation principale bénéficie toutefois d'un droit d'usufruit viager sur la quote-part indivise du bien incluse dans la succession.

C. Droit de retour des familles de l'adopté par voie d'adoption simple décédé sans postérité

RAPPEL DES PRINCIPES DÉVOLUTIFS EN MATIÈRE D'ADOPTION

25450 Aucune distinction n'étant faite selon la nature de la filiation, les enfants adoptifs ont en principe les mêmes droits que les enfants par le sang et leur succession est dévolue dans les mêmes conditions. Quelques particularités existent néanmoins, à la fois en matière civile et en matière fiscale (sur ce dernier point, voir n°s 50280 s.).

> **Précisions** À la suite de la **réforme de l'adoption,** le titre VIII du livre Ier du Code civil relatif à la filiation adoptive a été refondu par ordonnance (Loi 2022-219 du 21-2-2022 : JO 22 texte n° 5 ; Ord. 2022-1292 du 5-10-2022 : JO 6 texte n° 10). Par cette refonte, purement formelle et à droit constant, entrée en vigueur le 1er janvier 2023, il s'agit principalement de tirer les conséquences, sur l'organisation formelle du titre VIII précité, des modifications issues de la loi du 21 février 2022, à savoir, la revalorisation de l'adoption simple et la spécificité de l'adoption de l'enfant de l'autre membre du couple (Rapport relatif à l'ord. 2022-1292 du 5-10-2022 : JO 6 texte n° 9).

25455 **Enfant adoptif successible** L'enfant qui a fait l'objet d'une **adoption plénière** est totalement assimilé à un enfant par le sang. Il hérite de ses parents adoptifs et perd corrélativement toute vocation successorale dans sa famille d'origine (C. civ. art. 356 modifié par ord. 2022-1292 du 5-10-2022 et 6-2). Par exception, en cas d'adoption de l'enfant du conjoint, du partenaire lié par un Pacs ou du concubin, la filiation d'origine à l'égard de cette personne et de sa famille subsiste (C. civ. art. 370-1-4 dans sa rédaction issue de ord. 2022-1292 du 5-10-2022 et art. 356, al. 2 ancien).

Sans rompre les liens qui le rattachent à sa famille par le sang, l'enfant qui a fait l'objet d'une **adoption simple** entre dans la famille adoptive ; c'est pourquoi :

– il conserve ses droits successoraux à l'égard de sa famille d'origine (C. civ. art. 360 dans sa rédaction issue de ord. 2022-1292 précitée et art. 364, al. 1 ancien) ;

– et il hérite de ses parents adoptifs dans les conditions du droit commun (C. civ. art. 365, al. 1 dans sa rédaction issue de ord. 2022-1292 précitée et art. 368, al. 1 ancien). Cependant, il n'acquiert pas la qualité d'héritier réservataire à l'égard des ascendants de ses parents adoptifs (C. civ. art. 365, al. 2 dans sa rédaction issue de ord. 2022-1292 précitée et art. 368, al. 2 ancien).

> ATTENTION
>
> Dans tous les cas, plénière ou simple, l'adoption produit ses **effets à compter** du dépôt de la requête en adoption (C. civ. art. 355, al. 2 modifié par ord. 2022-1292 précitée). Cela signifie que l'enfant adoptif est appelé à la succession de celui qui est décédé après avoir déposé une telle requête si elle est couronnée de succès, mais pas de celui qui est décédé auparavant, quelles qu'eussent été ses intentions. Simplement, dans ce second cas, si le défunt avait recueilli l'enfant en vue de son adoption, le conjoint survivant, le partenaire lié par un pacte civil de solidarité ou le concubin survivant, ou tout autre héritier est maître de présenter la requête au nom du défunt (C. civ. art. 353-1 al. 4 dans sa rédaction issue de ord. 2022-1292 précitée et art. 353, al. 4 ancien).

SUCCESSION DE L'ENFANT ADOPTIF

25460 La succession d'un enfant adopté par voie d'**adoption plénière** est réglée dans les conditions de droit commun.

Celle de l'enfant ayant fait l'objet d'une **adoption simple** obéit à des règles dérogatoires car elle reste marquée par l'idée qu'il est entré dans la famille adoptive sans rompre pour autant les liens qui le rattachent à sa famille par le sang. C'est pourquoi, si l'enfant adopté par voie d'adoption simple décède en ne laissant ni descendant ni conjoint survivant, la loi organise une succession anomale (C. civ. art. 366 dans sa rédaction issue de ord. 2022-1292 du 5-10-2022 et art. 368-1 ancien) : certains biens sont l'objet d'un droit de retour ; le reliquat des biens de l'adopté se répartit par moitié entre sa famille d'origine et celle de l'adoptant, selon le mécanisme de la fente successorale (exposé n° 22940).

Conditions du droit de retour en cas d'adoption simple Sont concernés par le droit de retour les **biens** que l'adopté a reçus par donation ou succession testamentaire ou légale, d'un côté, de ses père et mère adoptifs, de l'autre, de ses père et mère biologiques. Il faut encore que ces biens se retrouvent **en nature** dans sa succession. 25465

Le droit de retour n'existe qu'en l'**absence de descendant** de l'adopté. Cette condition doit être interprétée comme visant l'absence de descendant acceptant la succession (n° 25120). 25470

Enfin, la condition qui a trait à l'**absence de conjoint survivant,** rajoutée par la loi du 23 juin 2006, traduit la priorité désormais accordée à la maintenance du conjoint survivant sur la conservation des biens dans la famille dont ils proviennent. 25475

En présence d'un conjoint survivant, il semble bien que sa vocation ab intestat doive être liquidée après le jeu de la fente prévue par l'article 366 du Code civil dans sa rédaction issue de l'ordonnance 2022-1292 du 5 octobre 2022 (C. civ. art. 368-1 ancien), c'est-à-dire de façon distributive dans chacune des deux parentés, adoptive et biologique (en ce sens, voir notamment F. Terré, Y. Lequette et S. Gaudemet : Droit civil. Les successions. Les libéralités, Dalloz 4e éd. 2014, n° 197). En effet, toute autre solution aboutirait à un résultat paradoxal en minorant artificiellement la vocation du conjoint.

Par **exemple,** si le de cujus décède à la survivance de sa mère par le sang et de sa mère adoptive en concours avec son conjoint survivant, sans laisser de biens objets du droit de retour légal, deux solutions sont dans l'absolu envisageables :
– ou bien on considère que les ascendants viennent pour 1/4 chacun, et le conjoint pour 1/2 ;
– ou bien l'on pratique d'abord la fente, et chacun des ascendants vient, l'un dans la famille par le sang, l'autre dans la famille adoptive, pour 1/4 soit 1/8e de la succession et donc 1/4 au total ; et le conjoint a vocation aux 3/4 restants.

C'est cette seconde solution qui semble préférable, pour deux raisons : l'esprit de la loi, qui est de promouvoir le conjoint, ce qui explique que l'article 368-1, devenu l'article 366 à la suite de la réforme de l'adoption de 2022, ait été reconsidéré ; la logique intrinsèque de la fente, qui organise une dévolution reposant sur une division préalable de la succession en deux fractions égales.

Exécution du droit de retour Les biens qui sont l'objet du droit de retour sont **dévolus en fonction** de leur origine : ils font l'objet d'un droit de retour au profit des ascendants privilégiés (ou, à défaut, de leurs propres descendants) de la famille, soit adoptive, soit par le sang, dont ils proviennent. 25480

Ce retour intervient **sous réserve** des droits acquis dans l'intervalle par les tiers ; compte tenu de ce qu'il présente un caractère successoral, il emporte la charge de contribuer aux dettes dans la proportion des actifs recueillis (C. civ. art. 366 dans sa rédaction issue de ord. 2022-1292 du 5-10-2022 et art. 368-1 ancien).

ATTENTION

Il peut advenir que se trouvent réunies de façon **cumulative** les conditions d'application de l'article 366 du Code civil (C. civ. art. 368-1 ancien) et de l'article 738-2 du même Code (nos 25170 s.) : ainsi, par exemple, lorsque l'enfant adopté par voie d'adoption simple décède en laissant pour seuls héritiers son père par le sang donateur et sa mère adoptive. En ce cas, l'application de l'article 366 du Code civil (C. civ. art. 368-1 ancien) est plus favorable au donateur, qui bénéficie du retour en nature de ce qu'il a donné, sans imputation sur sa vocation ordinaire. De plus, ce texte règle une situation spéciale à celui dont on règle la succession. C'est pourquoi l'on peut admettre que c'est l'article 366 du Code civil (C. civ. art. 368-1 ancien) qui prévaut (C. Pérès et C. Vernières : Droit des successions, PUF 2018, n° 361). Toutefois, si le retour prévu par le même article (C. civ. art. 368-1 ancien) est impossible, par exemple parce que le bien a été vendu, donné ou légué, voire détruit, il paraît logique d'admettre que le droit de **retour légal de droit commun** prévu en faveur des père et mère du défunt par l'article 738-2 du Code civil (nos 25170 s.) prend alors le relais, mais en valeur, dans les conditions de droit commun (C. Pérès et C. Vernières : Droit des successions, PUF 2018, n° 361). La question n'est pas tranchée en jurisprudence : tout dépend de la façon dont on considère que s'articulent les deux droits de retour.

SECTION 2

AUTRES BIENS ET DROITS DONT LA DÉVOLUTION OBÉIT À DES RÈGLES PARTICULIÈRES

A. Droits résultant d'un bail

PRINCIPE DE CONTINUATION DU BAIL

25580 Le décès du locataire (comme celui du bailleur) n'entraîne pas la fin du bail (C. civ. art. 1742). Le droit au bail passe en principe aux successeurs légaux, contractuels ou testamentaires du défunt.

Sauf dispositions législatives contraires, les conditions du bail initial sont maintenues sans que les juges puissent les modifier (Cass. 3e civ. 18-3-2009 no 07-21.260 FS-PB : RJDA 6/09 no 513, D. 2009 p. 950 obs. Y. Rouquet).

Le bail n'a donc pas le caractère de contrat conclu **intuitu personae.** Les parties ont néanmoins la possibilité d'en décider autrement en insérant dans le contrat une clause de résiliation en cas de décès du preneur ou du bailleur (V. Brémond, Réflexions autour du transfert à cause de mort du contrat de bail d'habitation : JCP N 2002 no 1234).

1. BAIL D'HABITATION

PRINCIPES DIRECTEURS

25585 Le bail d'habitation est transmis selon des règles particulières de dévolution (baux soumis à la loi 89-462 du 6-7-1989). L'**objectif** est d'assurer la protection de « l'occupant survivant », celui qui demeure dans les lieux au décès du locataire.

Le **conjoint survivant** est particulièrement protégé (voir aussi nos 23640 s. pour les droits du conjoint survivant sur son logement et 23965 s. pour l'attribution préférentielle du droit au bail). S'il le souhaite, il peut se maintenir dans les lieux et continuer le bail à son profit (nos 25605 s.). Il bénéficie d'une protection supplémentaire s'il est cotitulaire du droit au bail (nos 25590 s.).

COTITULARITÉ DU BAIL

25590 Quels que soient la date de conclusion du bail et le régime matrimonial des **époux,** le conjoint survivant est réputé cotitulaire du bail du local, sans caractère professionnel ou commercial, qui sert effectivement à l'habitation des deux époux (C. civ. art. 1751). Par conséquent, par l'effet de la loi et du mariage, chacun des époux est automatiquement titulaire d'un droit locatif personnel et distinct.

Les **partenaires de Pacs** bénéficient aussi de la cotitularité du droit au bail dans les mêmes conditions à une nuance près (C. civ. art. 1751) : ils doivent en faire la demande conjointement. Ils peuvent présenter leur demande lors de la conclusion du bail ou en cours de bail. Aucun formalisme n'est requis par la loi.

> **Précisions** Les **concubins** ne peuvent pas se prévaloir de cette cotitularité (TI Privas 7-9-1993 : Bull. inf. C. cass. 1993 no 1271). L'occupation du logement par le concubin pendant plusieurs années après le départ de sa concubine, seule titulaire du bail, et l'acceptation sans réserve par le bailleur du paiement par lui des loyers depuis ce départ ne permettent pas de le considérer comme titulaire d'un contrat de bail, faute de rapporter la preuve de la volonté non équivoque du bailleur de nover le bail à son profit (Cass. 3e civ. 28-4-2009 no 08-12.424 F-D : Administrer mai 2010 p. 31).

25595 **Conditions** La cotitularité ne vaut que pour un **bail à usage exclusif d'habitation.** Il importe peu que ce bail ait été consenti en considération de la fonction de l'un des conjoints (Cass. 3e civ. 10-1-2007 no 05-19.914 FS-D : Loyers et copr. 2007 comm. no 67 ; Cass. 3e civ. 6-4-2023 no 21-17.888 F-D). En revanche, la cotitularité est exclue pour un bail à usage mixte (CA Paris 16-12-1999 : Loyers et copr. 2000 comm. no 82) ou pour un bail commercial. L'acquisition d'un fonds de commerce par des époux mariés sous le régime de la communauté légale n'implique pas que l'époux, qui n'a pas signé le bail commercial, en soit cotitulaire (Cass. 3e civ. 28-5-2008 no 07-12.277 FS-PB : RJDA 8-9/08 no 890). La cotitularité ne s'applique pas non plus à une convention d'occupation gratuite d'un local (Cass. 3e civ. 13-3-2002 no 00-17.707 FS-PB : RJDA 6/02 no 597).

Reste à savoir quelle est la portée de la cotitularité. Elle ne devrait pas avoir pour effet de consentir à son bénéficiaire plus de droits que ceux initialement consentis du fait de l'occupation d'une fonction ou d'un emploi.

La cotitularité suppose une période d'**habitation effective** des lieux loués du vivant des époux ou partenaires de Pacs. Cet impératif relève de l'appréciation souveraine des juges du fond. Elle n'implique pas une occupation continue du logement (en ce sens, notamment, Cass. 3e civ. 1-4-2009 no 08-15.929 FS-PB : RJDA 7/09 no 599, BPAT 4/09 inf. 150, solution rendue à propos d'époux en instance de divorce mais transposable au cas de décès d'un conjoint). Il suffit que le local ait servi pendant au moins un temps à l'habitation commune du couple (par exemple, des époux qui ne vivaient pas ensemble en semaine en raison de l'affectation professionnelle du mari, CA Paris 18-1-2007 no 05/21268 : Loyers et copr. 2007, comm. 68). Pour autant, un bref passage ne suffit pas. 25600

De même, cette disposition n'est pas applicable aux couples qui n'ont pas résidé ensemble dans le logement. Il s'agit, par exemple, d'un couple en instance de divorce au moment de la signature du bail par l'un des deux époux (Cass. 2e civ. 24-11-1999 no 97-19.079 PB : JCP G 2000 II, 10284 obs. J. Casey) ou encore d'un époux qui, après avoir abandonné le domicile conjugal, a conclu un contrat de location sans son épouse (CA Aix-en-Provence 21-1-2016 no 14/22220).

Lorsqu'il est cotitulaire du bail, le conjoint ou partenaire de Pacs survivant dispose d'un **droit exclusif** sur celui-ci. Il n'est donc pas en concours avec un autre successible.

Il peut y **renoncer** expressément (C. civ. art. 1751, al. 3). Toutefois, cette renonciation ne peut pas avoir lieu avant l'ouverture de la succession, sous peine de tomber sous le coup de la prohibition des pactes sur succession future (Cass. 3e civ. 18-5-2011 no 10-13.853 FS-PB : BPAT 4/11 inf. 232, RJPF 2011-11/43 obs. J. Casey).

Par conséquent, les héritiers qui vivent dans les lieux au moment du décès du preneur sont privés de tout droit locatif en présence d'un conjoint survivant, sauf pour ce dernier à y renoncer expressément (Cass. 3e civ. 28-6-2018 no 17-20.409 FS-PBI : SNH 24/18 inf. 2).

TRANSFERT DU BAIL

À défaut de cotitularité du bail (par exemple parce qu'il s'agit d'un bail mixte professionnel et d'habitation, ou parce qu'il n'y a pas eu de vie commune dans le logement), le **conjoint survivant** bénéficie du transfert à son profit du droit au bail du défunt (Loi 89-462 du 6-7-1989 art. 14). Encore faut-il qu'il en fasse la demande expresse auprès du bailleur ou du notaire chargé du règlement de la succession (Cass. 3e civ. 10-4-2013 no 12-13.225 FS-PB : RJDA 6/13 no 484, Sol. Not. 6/13 inf. 149). À défaut de précision, le conjoint survivant doit en faire la demande dans un délai raisonnable. Ce transfert peut bénéficier au conjoint survivant marié à l'étranger même si le mariage n'a été transcrit sur les registres de l'état civil français qu'après le décès du conjoint titulaire du bail (Cass. 1e civ. 7-12-2016 no 15-22.996 FS-PBI : BPIM 1/17 inf. 63). 25605

Le transfert du bail au profit du conjoint (ou du partenaire de Pacs) n'est pas subordonné à une vie commune entre eux dans le local loué au moment du décès.

D'**autres proches du défunt** peuvent bénéficier du transfert du bail d'habitation. Il s'agit (Loi 89-462 du 6-7-1989 art. 14) : 25610

- du partenaire lié au locataire par un Pacs ;
- du concubin notoire remplissant la condition de vie dans le local loué au moment du décès (voir no 25615) ;
- des ascendants et descendants, sous réserve d'une cohabitation d'une durée suffisante (voir no 25615) ;
- des personnes à charge, c'est-à-dire toutes personnes qui justifient que leurs ressources étaient insuffisantes pour leur permettre de subvenir personnellement à leurs besoins essentiels. Elles doivent avoir bénéficié à ce titre de l'aide effective et nécessaire du locataire. Cette condition de ressources se double d'une condition de cohabitation d'une durée minimale avec le défunt dans le local (voir no 25615).

Cette liste est limitative. Par conséquent, le légataire universel ne peut pas bénéficier du transfert du bail au décès du locataire (Cass. 3e civ. 10-12-2008 no 07-19.320 FS-PB : RJDA 3/09 no 186).

À l'exclusion du conjoint et du partenaire de Pacs, la loi exige une **communauté de vie** avec le locataire qui doit être d'au moins une année avant son décès. Celle-ci doit avoir un caractère de stabilité et de continuité. Il ne doit pas s'agir de séjours périodiques. L'état de minorité des descendants du défunt est sans incidence. Il n'est pas non plus tenu compte du degré de parenté des ascendants et descendants avec le défunt. 25615

Cette communauté de vie s'apprécie par rapport aux lieux loués (Cass. 3e civ. 13-7-1999 no 97-21.720 : Bull. civ. III no 170, RJDA 10/99 no 1056).

Le descendant d'un locataire ne peut pas bénéficier du transfert de bail lorsqu'il se contente de démontrer sa présence quotidienne auprès du locataire pour lui dispenser des soins (CA Grenoble 24-3-1998 : Loyers et copr. 1999 comm. n° 91) ou qu'il n'a cohabité avec ce dernier que huit mois seulement à la date du décès (Cass. 3e civ. 12-6-2001 n° 98-21.451 : Loyers et copr. 2001 comm. n° 225).

25620 L'article 14 de la loi relevant d'un **ordre public** de direction, aucune stipulation contractuelle, même plus favorable aux ayants droit du locataire décédé, ne peut y déroger (Cass. 3e civ. 1-10-2008 n° 07-13.008 FS-PB : RJDA 1/09 n° 14).

25625 En cas de **demandes multiples** de transfert du bail, le juge n'est pas obligé d'accorder une priorité au conjoint qui entre en concurrence avec les autres bénéficiaires, en l'absence d'une hiérarchie légale (sous réserve des droits légaux au logement du conjoint survivant, voir nos 23640 s.). Le juge tranche en fonction des intérêts en présence (Loi 89-462 du 6-7-1989 art. 14, al. 3).

Le transfert du bail au profit du conjoint survivant et même du partenaire n'est pas conditionné à une habitation effective du local pendant au minimum un an à la date du décès, à la différence de ce qu'il en est des autres bénéficiaires. Par conséquent, il nous semble qu'en pratique le transfert doit se faire en priorité au bénéfice du conjoint ou du partenaire.

25630 Le transfert de bail a pour **effet** de substituer le bénéficiaire au défunt locataire, de plein droit, dans ses droits et obligations. Il devient personnellement titulaire du contrat de location.

La transmission du contrat ne s'opère pas à titre successoral mais en vertu de la loi. Par conséquent, son bénéficiaire conserve ce droit même s'il renonce à la succession du locataire. S'il souhaite mettre fin au bail, il délivre un congé, sous réserve de respecter un préavis (Loi 89-462 du 6-7-1989 art. 15).

Les bénéficiaires du transfert de bail ne sont pas tenus de régler les arriérés de loyers et, en tant qu'héritiers, ils ne peuvent pas être condamnés solidairement (Cass. 3e civ. 16-2-2000 n° 97-22.156 : Bull. civ. III n° 32, RJDA 4/00 n° 391).

25635 À **défaut de transfert,** c'est-à-dire si personne ne remplit les conditions légales pour en bénéficier ou s'il n'y a pas eu de demande, le contrat de location est résilié de plein droit par le décès du locataire (Loi 89-462 du 6-7-1989 art. 14, al. 4). Nul ne peut être tenu, fût-ce un légataire universel, au paiement de loyers ou d'une indemnité d'occupation pour la période postérieure au décès (Cass. 3e civ. 10-12-2008 n° 07-19.320 FS-PB : RJDA 3/09 n° 186).

LOGEMENT HLM

25645 Le **transfert de bail** est applicable aux logements appartenant à des organismes d'habitations à loyer modéré et ne faisant pas l'objet d'une convention passée au titre de l'aide personnalisée au logement (Loi 89-462 du 6-7-1989 art. 40, I).

Les conditions de transfert de bail de droit commun s'appliquent (Loi 89-462 du 6-7-1989 art. 14). S'y ajoutent deux **conditions particulières** (Loi 89-462 du 6-7-1989 art. 40, I) : le bénéficiaire du transfert du contrat de bail remplit les conditions d'attribution d'un logement HLM et le logement est adapté à la taille du ménage.

Ne sont **pas soumis au respect de ces conditions** de ressources et d'adaptation du logement à la taille du ménage :

– le conjoint, le partenaire de Pacs ou le concubin notoire ;

– les ascendants, les personnes présentant un handicap au sens de l'article L 114 du Code de l'action sociale et des familles, et les personnes de plus de 65 ans, sous réserve d'avoir vécu de manière effective avec le locataire depuis plus d'un an. Le travailleur handicapé au sens de l'article L 5213-1 du Code du travail bénéficie de l'exception prévue par la loi en faveur des personnes présentant un handicap au sens de l'article L 114 du Code de l'action sociale et des familles (Cass. 3e civ. 12-12-2019 n° 18-13.476 FS-PBI : RJDA 3/20 n° 137).

Lorsque le bénéficiaire du transfert est un descendant remplissant les conditions de ressources mais pour lequel le **logement** est **inadapté** à la taille du ménage, l'organisme bailleur peut proposer un relogement dans un logement plus petit pour lequel l'intéressé est prioritaire (Loi 89-462 du 6-7-1989 art. 40, I).

2. BAIL RURAL

DÉCÈS DU PRENEUR

25665 Le bail rural ne prend pas fin avec le décès du preneur. Son transfert se réalise dans les conditions d'une succession anomale : l'ordre de la dévolution de droit commun est écarté. Sa transmission est ouverte dans un **cercle familial restreint** avec pour objectif de permettre la stabilité de l'exploitation. Le lien de parenté est primé par la qualité d'exploitant du fonds.

BÉNÉFICIAIRES

Le bail rural continue **au profit** du conjoint du preneur, de son partenaire de Pacs, de ses ascendants et de ses descendants qui remplissent la condition de participation à l'exploitation (C. rur. art. L 411-34). Les autres héritiers sont évincés. 25670

Le statut du fermage est d'**ordre public.** Il n'est pas possible d'y déroger, par exemple en insérant une clause d'attribution du bail dans le contrat de mariage du preneur (Cass. 3e civ. 28-6-2006 nº 05-20.860 FS-PB : RTD civ. 2006 p. 819 obs. B. Vareille). Et commet une faute ouvrant droit à des dommages et intérêts, le bailleur qui reprend possession des terres en évinçant le conjoint du preneur décédé dévolutaire du bail, en dehors de toute résiliation régulièrement obtenue (Cass. 3e civ. 13-4-2022 nº 20-21.997 F-D).

CONDITION DE PARTICIPATION À L'EXPLOITATION

Les ayants droit ci-dessus visés doivent participer ou avoir participé à l'exploitation au cours des **cinq années** ayant précédé le décès du preneur (C. rur. art. L 411-34). 25675

Cette participation doit être ou avoir été **effective** (Cass. 3e civ. 18-5-1976 nº 75-10.446 : Bull. civ. III nº 206). Elle doit être **réelle et suivie** pendant un temps suffisant sans être nécessairement continue durant cinq ans. Tel n'est pas le cas du fils qui n'a participé à la mise en valeur des biens loués que durant trois semaines environ sur cinq ans pour les gros travaux saisonniers (Cass. 3e civ. 20-3-1996 nº 94-12.953 : Bull. civ. III nº 77, JCP N 1997 II, nº 28 obs. J.-P. Moreau). En revanche, l'épouse qui quitte son emploi de vendeuse en 1997 pour rejoindre sur l'exploitation son époux, lequel décède en septembre 1999, remplit la condition de participation à l'exploitation (Cass. 3e civ. 24-11-2004 nº 03-14.570 F-PB : Defrénois 30-9-2005 nº CJ2005DEF1440N1 p. 1440 note B. Gelot). De la même manière, il a été jugé qu'un contrat de travail signé plus d'un an avant le décès, un salaire réel et la poursuite d'une formation professionnelle agricole suffisent pour remplir la condition de participation à l'exploitation et bénéficier de la continuation du bail après le décès du preneur (Cass. 3e civ. 6-5-2021 nº 20-14.785 F-D : BPAT 4/21 inf. 178). Par ailleurs, pour peu que l'épouse du preneur ait participé de manière régulière et effective aux travaux de l'exploitation depuis plus de cinq ans avant le décès, elle bénéficie du statut de preneur à bail dont son mari prédécédé était titulaire ; peu importe qu'elle ait acquis la qualité de conjoint quelques semaines seulement avant le décès (Cass. 3e civ. 16-11-2022 nº 21-18.527 FS-B : BPAT 1/23 inf. 6).

Les juges du fond apprécient souverainement la preuve de cette participation, qui doit être rapportée par le successeur.

POURSUITE INDIVIDUELLE OU PLURIELLE DU BAIL

Le bail se transmet sans difficulté si **un seul bénéficiaire** remplit les conditions requises. 25680

Lorsque **plusieurs personnes** sont susceptibles de le revendiquer, elles peuvent décider de poursuivre ensemble le bail. Elles deviennent alors copreneurs.

Si chacune revendique le bail pour son seul profit, le tribunal paritaire des baux ruraux se prononce en considération des intérêts en présence et de l'aptitude des différents demandeurs à gérer l'exploitation et à s'y maintenir (C. rur. art. L 411-34, al. 1).

EFFETS

Le bénéficiaire du bail dispose d'un **droit personnel.** Il se voit consentir un bail même si le défunt était privé de son droit au renouvellement par l'effet de son âge. De même, l'ayant droit n'a pas l'obligation de continuer le bail et peut en demander la résiliation dans les six mois à compter du décès de son auteur (C. rur. art. L 411-34, al. 2). Cette faculté de résiliation n'est pas ouverte au bailleur en présence de bénéficiaires privilégiés. 25685

Le transfert du droit au bail est **automatique,** sous réserve que les conditions en soient réunies. Bien qu'aucun texte ne le précise, le bailleur doit en être informé le plus rapidement possible. Cette information peut utilement prendre la forme d'une lettre recommandée avec demande d'avis de réception.

La **dévolution** successorale du bail n'est pas celle d'un bien. Celui qui le reçoit ne doit aucune soulte puisqu'il n'a pas reçu un élément de l'actif successoral. Seul le droit au bail relève d'une dévolution soumise à des règles particulières. Font partie de la succession ordinaire l'indemnité en raison d'améliorations due au preneur défunt ainsi que les éléments mobiliers de l'exploitation. Le continuateur du bail bénéficie de l'attribution préférentielle des éléments mobiliers nécessaires à l'exploitation du bien s'il remplit les conditions (voir nº 60800).

ABSENCE DE BÉNÉFICIAIRES PRIVILÉGIÉS

25690 En l'**absence d'ayants droit** remplissant les conditions légales nécessaires à la transmission automatique, le bail rural est dévolu conformément aux règles de droit commun des successions (Cass. 3e civ. 24-2-1988 nº 86-15.863 : Bull. civ. III nº 45, JCP N 1988 II, nº 271 obs. Moreau)

Dans cette hypothèse, le **bailleur** peut demander la **résiliation** du bail dans les six mois du jour où le décès du preneur a été porté à sa connaissance (C. rur. art. L 411-34, al. 3). Il peut être opportun pour les héritiers de faire courir ce délai le plus rapidement possible en informant le bailleur du décès du preneur par lettre recommandée avec demande d'avis de réception (R. Le Guidec et H. Bosse-Platière, Le décès du bailleur ou du preneur : Defrénois 15-11-2015 nº 121h7 p. 1128).

Les **héritiers** peuvent également demander la **résiliation** du bail dans les six mois du décès du preneur, dans les mêmes conditions que les ayants droit prioritaires (nº 25685).

Si la fin de **l'année culturale** est postérieure au décès de neuf mois au moins, la résiliation peut, au choix des ayants droit, prendre effet soit à la fin de l'année culturale en cours, soit à la fin de l'année culturale suivante. Dans le cas contraire, la résiliation ne prendra effet qu'à la fin de l'année culturale suivante (C. rur. art. L 411-34, al. 4).

B. Titres de sociétés

25740 La gestion des titres de sociétés peut avoir été organisée par le défunt à l'aide d'un mandat à effet posthume (nºs 42100 s.). Le mandat par lequel un associé confie à un mandataire le soin de gérer ses parts ou actions pour le compte et dans l'intérêt de ses héritiers est sans effet sur leur transmission.

Sur l'attribution préférentielle des droits sociaux, voir nº 60770.

1. PARTS DE SOCIÉTÉS CIVILES

PRINCIPE DE CONTINUATION DE LA SOCIÉTÉ

25745 **Continuation de la société avec tous les héritiers et légataires de l'associé décédé** Dans les sociétés civiles, le décès d'un associé n'entraîne pas, en principe, la dissolution de la société. Celle-ci continue avec les associés survivants et les héritiers ou légataires du défunt (C. civ. art. 1870, al. 1), sous réserve pour ces derniers, si les statuts le prévoient, de leur **agrément** par les associés (nº 25760).

On entend par « héritier » toute personne venant à la succession du défunt, soit de son chef (ce qui est le cas, notamment, du conjoint survivant), soit par représentation (cas, par exemple, des petits-enfants dont le père, héritier du défunt, serait lui-même décédé ou renonçant). Le conjoint de l'associé décédé qui recueille les parts sociales en vertu d'une donation au dernier vivant est assimilé au légataire au regard de l'article 1870 du Code civil : il n'a pas à être agréé (Cass. 1e civ. 24-3-1998 nº 96-11.538 D : Dr. sociétés 1998 comm. nº 103 note Th. Bonneau). C'est donc à la fois en qualité d'héritier et d'institué contractuel que l'époux survivant peut prétendre aux parts de son conjoint décédé.

Dès le décès de l'associé, ses ayants droit deviennent **copropriétaires des droits sociaux** et acquièrent ainsi la qualité d'associé (Cass. crim. 4-11-2009 nº 09-80.818 FS-D : RJDA 3/10 nº 245 ; Cass. com. 21-1-2014 nº 13-10.151 F-PB : RJDA 5/14 nº 443). Cette qualité ne peut plus être remise en cause dès l'instant où les héritiers ont accepté la succession. Il s'en infère également que le partage des parts sociales indivises ne peut pas être exigé des héritiers pour conditionner la reconnaissance de leur qualité d'associé et, partant, leur droit de participer aux assemblées générales (Cass. com. 30-8-2023 nº 22-10.018 F-D : BPAT 5/23 inf. 232, à propos d'un GFA, mais transposable).

Sur les difficultés liées à une acceptation de la succession à concurrence de l'actif net au regard de la responsabilité indéfinie des associés de sociétés civiles, voir nº 25765.

> **Précisions** La **charge de la preuve** de la **qualité d'associés** des ayants droit en cas de décès d'un associé de société civile incombe à celui qui dénie la qualité d'associé à un héritier. Il doit donc établir l'existence d'une stipulation contraire des statuts (Cass. 3e civ. 9-3-2023 nº 21-21.698 FS-B : BPAT 3/23 inf. 152).

25750 **Continuation de la société avec certains héritiers, tiers ou légataires** Les statuts peuvent prévoir que la société continue soit avec le **conjoint survivant,** soit avec **un ou plusieurs** des **héritiers,** soit avec **toute autre personne désignée** par les statuts ou, si ceux-ci l'autorisent, par disposition testamentaire (C. civ. art. 1870, al. 3).

Lorsque la succession est dévolue à une **personne morale,** celle-ci ne peut devenir associée qu'avec l'agrément des autres associés donné selon les conditions statutaires ou, à défaut, par l'accord unanime des associés (C. civ. art. 1870, al. 4). Cette règle n'est pas impérative. Elle peut donc être écartée par une clause contraire des statuts.

Clause d'option Il est parfois prévu dans les statuts la faculté **pour les associés** d'opter, au moment du décès, pour la continuation de la société entre eux (à l'exclusion des héritiers du prédécédé), la continuation de la société avec les héritiers ou la dissolution immédiate ; cette clause d'option a été reconnue valable (Cass. req. 20-6-1887 : S. 1890 I p. 515). 25751

L'option est parfois reconnue **aux héritiers** eux-mêmes (Cass. com. 14-12-2004 nº 03-12.878 F-D : RJDA 4/05 inf. 396, solution rendue à propos d'une SNC ; T. civ. Seine 24-12-1928 : DP 1929 II p. 105) ; les statuts doivent alors préciser le délai accordé aux héritiers pour prendre parti, les modalités d'exercice de l'option, ainsi que les conséquences pour les héritiers de l'expiration du délai sans qu'ils se soient prononcés (retrait de la société ou maintien dans celle-ci).

Continuation de la société en présence d'héritier mineur La **responsabilité** des héritiers mineurs de parts de société civile demeure indéfinie et n'est pas limitée « aux forces de la succession de leur auteur » comme c'est le cas pour les mineurs qui héritent de parts de SNC (nº 25860). 25752

En dépit d'une telle responsabilité, l'**acceptation** pour le compte d'un mineur d'une succession comprenant des parts de société civile ne présente pas de spécificité et obéit aux règles de droit commun (nºs 35245 s.) (F. Julienne, Le mineur associé : quelle protection ? : Defrénois 23-1-2020 nº 155v8 p. 17 ; V. Prado, Le mineur et la société civile : Petites affiches 29-9-2020 nº 156k6 p. 9). En pratique, l'option successorale doit s'effectuer avec prudence, en considération notamment de l'actif et du passif de la société comme de la stabilité des ressources dont celle-ci dispose pour faire face à son endettement (en ce sens, S. Lacroix-De Sousa et M. Robineau, La société civile immobilière et ses associés vulnérables : Rev. sociétés 2017 p. 395, nºs 38 s.).

Durant l'indivision successorale, les droits du mineur sur sa quote-part sont exercés par ses représentants légaux. Ces derniers prendront part à la désignation du **mandataire unique** qui exercera le droit de vote des coïndivisaires (C. civ. art. 1844) (Sur la nécessité d'un accord unanime des coïndivisaires, voir J.-Cl. com. fasc.1090 nº 64 par C. Coupet).

Les conditions dans lesquelles le ou les représentants du mineur coïndivisaire doivent prendre part à la **désignation** du mandataire unique dépendent de l'ordre du jour. Une décision collective peut être assimilée, du point de vue du mineur associé, à un acte d'administration, un acte de disposition ou encore un acte de disposition nécessitant l'accord préalable du juge des tutelles (Décret 2008-1484 du 22-12-2008 ann. 2, II).

Pour rappel, la décision autorisant la vente d'un actif immobilisé, comme un immeuble, devrait, sauf circonstances particulières, être assimilée à un acte de disposition non soumis à l'autorisation du juge des tutelles (Décret 2008-1484 22-12-2008 ann. 2 ; en ce sens, J. Combret et A. Houis, Focus sur mineur et droit des sociétés : JCP N 2018 nº 1361 § 17 ; A. Bautrait-Lotellier, Société civile et associés mineurs : Gaz. Pal. 3-10-2017 nº 304e7 p. 78 ; G. Raoul-Cormeil, Incapacité et SCI : le dernier râle avant trépas de la protection du mineur associé ! : AJ fam. 2017 p. 406 ; J. Combret, Mineur et société civile : soyons vigilants ! : Defrénois 30-6-2017 nº 126y6 p. 757 § 15 ; M. Storck, Vente d'un bien immobilier appartenant à une SCI : JCP N 2017 nº 1235 ; en sens contraire, J. Hauser, Feue l'administration légale sous contrôle judiciaire et la suite... : RTD civ. 2017 p. 610).

Sur la clause statutaire tendant à limiter la responsabilité du mineur associé, voir nº 25765.

ATTENTION

Il se peut que de telles circonstances fassent apparaître une **opposition d'intérêts** entre le mineur associé et son ou ses représentants rendant nécessaire la désignation d'un administrateur ad hoc (C. civ. art. 383). L'hypothèse se présente notamment lorsque le ou les représentants du mineur sont eux-mêmes associés (en ce sens, J. Combret, Mineur et société civile : soyons vigilants ! : Defrénois 30-6-2017 nº 126y6 p. 757 § 9).

Cas du conjoint survivant Lorsque le conjoint de l'associé décédé peut acquérir ou se faire attribuer les parts sociales de ce dernier en vertu d'une clause de son **contrat de mariage** (C. civ. art. 1390), un conflit peut surgir s'il tarde à exercer cette faculté de prélèvement, car les héritiers « évincés » doivent être indemnisés. L'article 1870-1, alinéa 2 du Code civil impose une évaluation des parts au jour du décès alors que l'article 1390 du même Code prévoit une évaluation au jour où la faculté de prélèvement est exercée. Or ces deux textes sont d'ordre public : l'article 1870-1, alinéa 2 paraît manifestement exclure toute clause contraire (voir rapport M. Dailly au Sénat nº 30 p. 19) et, selon la Cour de cassation, la date 25753 d'évaluation prévue par l'article 1390 est impérative (Cass. 1e civ. 24-6-1969 : D. 1969 p. 705). Dans ces conditions, il est difficile de déterminer quel est celui de ces deux textes qui l'emporte sur l'autre.

DISSOLUTION DE LA SOCIÉTÉ OU CONTINUATION AVEC SES SEULS ASSOCIÉS SURVIVANTS

25755 Les statuts d'une société civile peuvent également prévoir que le décès de l'un de ses associés entraînera purement et simplement la dissolution de la société ou que celle-ci ne continuera qu'avec ses associés survivants (C. civ. art. 1870, al. 2).

Dans ces deux hypothèses, les héritiers de l'associé décédé n'acquièrent à aucun moment la **qualité d'associé.** Ils ont cependant droit à la **valeur des parts** sociales de leur auteur (C. civ. art. 1870-1, al. 1). Cette indemnisation est déterminée dans les mêmes conditions qu'en cas de refus d'agrément (voir n° 25763).

Quand il est prévu que la société ne continuera qu'avec ses associés survivants, les parts sociales du défunt se trouvent transmises de plein droit à ces derniers. Si un seul associé survit, la situation doit être régularisée dans l'année afin de faire obstacle à toute demande de dissolution de la société (C. civ. art. 1844-5, al.1).

AGRÉMENT DES HÉRITIERS OU LÉGATAIRES

25760 Les statuts d'une société civile peuvent subordonner l'entrée des héritiers ou légataires à un agrément (C. civ. art. 1870, al. 1). Ils précisent pour cela les **conditions** dans lesquelles l'agrément est donné (procédure, délais, majorité, etc.). La procédure d'agrément prévue par les statuts doit être scrupuleusement respectée par les héritiers qui ne pourront justifier une demande d'agrément tardive par le délai d'option du conjoint survivant ou invoquer un agrément « réputé acquis », s'ils n'ont pas formulé de demande d'agrément en temps utile (B. Dondero, Délai imposé par les statuts de société civile aux héritiers d'un associé pour solliciter leur agrément, note sous CA Chambéry ch. civ. sect. 1 20-9-2022 n° 20/00579 : Bull. Joly 1-12-2022 n° BJS201n3 p. 24). En l'absence de précision statutaire, la transmission doit être agréée dans les mêmes conditions que les cessions entre vifs et donc, en principe, par décision unanime des associés survivants (C. civ. art. 1861, al. 1).

> **Précisions** Une **attention particulière** doit être portée à la **rédaction de la clause d'agrément.**
> Une clause prévoyant que les héritiers « en ligne directe » d'un associé décédé devaient être agréés avant de devenir associés a été jugée applicable également au **conjoint survivant** du défunt. Les juges ont estimé qu'il ne pouvait pas être déduit du silence des statuts sur l'agrément des autres héritiers que ces derniers n'étaient soumis à aucun agrément, une telle déduction conduisant à soumettre à l'agrément les seuls héritiers en ligne directe et à en dispenser les autres (conjoint survivant et légataires), qui peuvent être extérieurs à la famille alors que la société présentait un caractère exclusivement familial (CA Paris 29-6-2011 n° 10/12355 : RJDA 1/12 n° 60 ; sur pourvoi, Cass. com. 6-11-2012 n° 11-25.058 : RJDA 2/13 n° 130).
> La clause d'agrément prévoyant qu'en cas de décès d'un associé, la société continue entre les associés survivants et les héritiers et ayants droit de l'associé décédé sans qu'ils aient à être agréés par les associés survivants, dispense d'agrément le **légataire particulier** d'un associé décédé (Cass. com. 5-4-2018 n° 16-18.097 F-D : RJDA 6/18 n° 505).
> La chambre commerciale de la Cour de cassation a pu considérer comme valable la demande d'agrément adressée à l'**associé unique d'une EARL** dont le gérant était décédé, alors qu'il était prévu dans les statuts que la demande d'agrément devait être notifiée à « la société ». (Cass. com. 3-5-2018 n° 16-24.381 F-D : RJDA 8-9/18 inf. 648, Rev. sociétés 2019 p. 316 note R.-J. Aubin-Brouté, Dr. sociétés 2018 comm. n° 141 note H. Hovasse).

25761 **Agrément global** À notre avis, l'agrément n'est **pas nécessairement** global : il peut être accordé à certains héritiers ou légataires et refusé à d'autres. L'article 1870, alinéa 1er du Code civil admettant que les statuts réservent la faculté d'agréer les héritiers ou légataires, cette faculté suppose en elle-même une totale liberté de choix.

CONSEIL

Par ailleurs, lorsque les parts sont susceptibles de tomber en **indivision** entre plusieurs héritiers, l'agrément de certains d'entre eux seulement pose difficultés car les procédures « d'indemnisation » prévues par l'article 1870-1 du Code civil semblent alors inadaptées, voire inopérantes (impossibilité de procéder à une réduction de capital). Il est donc conseillé de prévoir et d'encadrer statutairement la possibilité d'un « agrément partiel », par exemple en conditionnant l'agrément de certains coïndivisaires seulement au paiement par ceux-ci de la valeur des quotes-parts des coïndivisaires non agréés. La valeur de ces quotes-parts étant alors déterminée, au jour du décès, dans les conditions prévues à l'article 1843-4 du Code civil.

Entre le décès de l'associé et l'agrément des héritiers ou légataires 25762

Jusqu'à l'agrément, l'héritier ou le légataire n'est pas associé. Dès lors, il convient de préciser dans les statuts le sort des parts sociales pour la période comprise entre le décès et la décision sur l'agrément. Il peut être prévu, par exemple, que les parts resteront indivises (avec représentation par un mandataire commun choisi par et parmi les associés survivants), ou qu'elles seront momentanément « neutralisées » et ne participeront pas aux votes.

N'ayant pas la qualité d'associé, les héritiers non agréés ne peuvent prendre part à la **décision** d'agrément et les parts de leur auteur ne sont pas prises en compte dans le calcul de la majorité requise (Cass. com. 29-9-2015 n° 14-16.142 F-D : Rev. sociétés 2016 p. 46 note J.-F. Barbièri). De manière générale, la décision collective à laquelle ont participé et voté des héritiers non agréés est nulle (Cass. 3e civ. 8-7-2015 n° 13-27.248 : RJDA 4/16 n° 291). On notera toutefois une particularité en ce qui concerne les **héritiers d'un associé de GAEC.** En effet, les héritiers d'un associé décédé qui ne sont pas admis de plein droit dans le groupement participent, jusqu'à la décision concernant cette admission, aux délibérations de l'assemblée générale par l'intermédiaire de l'un d'entre eux qui les y représente ou, s'il y a lieu, par l'intermédiaire de leur représentant légal, avec les voix dont disposait leur auteur, en raison de sa qualité d'associé et, le cas échéant, des parts de capital qu'il détenait (C. rur. art. R 323-41). Ce droit de voter aux décisions collectives ne confère cependant pas aux héritiers non encore agréés de droit aux dividendes (Cass. com. 14-12-2004 n° 01-10.893 F-PB : Defrénois 30-5-2005 p. 902 obs. H. Hovasse).

De façon générale, les héritiers non encore agréés (et donc non encore associés) ne peuvent prétendre aux **dividendes** de la société (voir n° 25763, Précisions).

Pour être efficace, le **refus d'agrément** doit être décidé et notifié dans le strict respect des règles statutaires. Ainsi, la décision de refus qui n'est pas notifiée par la société à l'héritier dans les délais prévus par les statuts est inopérante, ce dernier étant alors réputé agréé (Cass. 3e civ. 16-1-2020 n° 18-26.010 F-D : Rev. sociétés 2020 p. 299 note J.-F. Barbièri). 25763

En cas de refus d'agrément, les héritiers ou légataires exclus ont droit à une **indemnisation** correspondant à la valeur des parts au jour du décès de leur auteur. Cette valeur doit leur être payée par les nouveaux titulaires des parts ou par la société elle-même si celle-ci les a rachetées en vue de leur annulation. (C. civ. art. 1870-1, al. 1). La procédure de rachat prévue par l'article 1870-1 du Code civil est déclenchée automatiquement par le refus d'agrément. Ce texte étant d'ordre public, les statuts d'une société ne peuvent avoir pour effet d'obliger les ayants droit de l'héritier décédé à présenter un projet de cession portant sur des parts qui, en l'absence d'agrément, ne leur ont pas été transmises (Cass. com. 29-9-2009 n° 08-16.368 F-PB : RTD com. 2010 p. 161 obs. M.-H. Monsèrié-Bon).

En cas de **contestation sur la valeur des parts,** celle-ci est fixée par un expert désigné soit par les parties, soit, à défaut d'accord entre elles, par jugement du président du tribunal judiciaire statuant selon la procédure accélérée au fond et sans recours possible (C. civ. art. 1870-1, al. 2 et, sur renvoi, 1843-4 ; Décret 78-704 du 3-7-1978). Toute clause contraire est réputée non écrite (Cass. 1e civ. 2-6-1987 n° 85-17.561 : Bull. civ. I n° 180).

En l'**absence de contestation,** certains auteurs estiment que la désignation d'un expert chargé de déterminer la valeur des parts de l'associé n'en est pas moins nécessaire, car le renvoi opéré par le second alinéa de l'article 1870 à l'article 1843-4 ne concernait en fait que « la méthode » ou « le procédé d'évaluation », c'est-à-dire l'expertise (Rép. sociétés Dalloz, v. parts sociales par G. Goffaux-Callebaut, nos 99 et 59 ; en sens contraire, Mémento Sociétés civiles n° 21240).

Quoi qu'il en soit, ne pouvant s'analyser en une cession de participation, l'opération consistant à désintéresser les héritiers de l'associé décédé ne donne pas lieu au paiement des **droits d'enregistrement** afférent aux cessions de parts sociales (en ce sens, Cass. com. 22-10-2013 n° 12-23.737 FS-PB : RJF 2/14 n° 191, JCP E 2014 p. 1117 note J.-P. Maublanc ; v. cependant antérieurement, Cass. com. 5-10-2004 n° 01-17.236 F-D : RJF 2/05 n° 192).

> **Précisions a.** Le **défaut d'agrément** de l'héritier de l'associé le prive de son **droit aux dividendes** versés après le décès, peu importe la date à laquelle s'ouvre le droit aux fruits des légataires des parts sociales (Cass. 1e civ. 2-9-2020 n° 19-14.604 FS-PB : BPAT 6/20 inf. 200, Defrénois 22-4-2021 n° 200f2 p. 19, note A. Chamoulaud-Trapiers ; en ce sens, également Cass. com. 14-12-2004 n° 01-10.893 précité).

Les associés qui n'ont pas été agréés n'ont droit « qu'à » la valeur des parts sociales de leur auteur, laquelle est déterminée au jour du décès. La **valorisation des parts** ne pourra, par conséquent, pas tenir compte des bénéfices réalisés postérieurement au décès et affectés en réserves. Pour le cas particulier des héritiers de **parts de SCP,** voir n° 25770.

b. Le « droit effectif au juge », garanti par l'article 6, 1 de la convention européenne des droits de l'Homme, autorise l'héritier de parts de société (en l'espèce, des parts de GFA) à former **tierce opposition** contre la décision de justice ayant annulé son agrément (Cass. com. 11-5-2023 n° 21-17.899 FS-B : BPAT 5/23 inf. 247).

DETTES SOCIALES

25765 Les héritiers devenus associés sont tenus des **dettes de la société** dans la double proportion de leur part dans le capital social et de leurs droits respectifs dans la succession (Cass. 1e civ. 1-7-2003 no 01-00.563 FS-PB : RJDA 11/03 no 1086). Ils sont tenus indéfiniment de ces dettes lorsqu'ils ont accepté purement et simplement la succession, même si les dettes sont nées avant qu'ils n'héritent des parts. Toutefois, en cas de découverte tardive d'un passif important, un héritier peut demander en justice à être déchargé en tout ou partie de son obligation si, au moment où il a accepté la succession, il avait des motifs légitimes d'ignorer la dette et si le paiement de cette dette aurait pour effet d'obérer gravement son patrimoine personnel (nos 37160 s.). En cas d'**acceptation de la succession à concurrence de l'actif net,** les héritiers ne répondent des dettes sociales existant au jour du décès qu'à concurrence de la valeur des biens recueillis dans la succession. À noter que les clauses statutaires tendant à limiter la responsabilité des **associés mineurs** n'ont qu'une portée interne, celles-ci étant inopposables aux tiers (sur ce point, voir J. Combret et A. Houis, Focus sur mineur et droit des sociétés : JCP N 2018 no 1361 § 13 ; F. Julienne, Le mineur associé : quelle protection ? : Defrénois 23-1-2020 no 155v8 p. 17).

PARTS DE SOCIÉTÉS CIVILES PROFESSIONNELLES

25770 La **réforme** de l'exercice en société des professions libéralités portée par une ordonnance en date du 8 février 2023 entrera en vigueur le **1er septembre 2024** (Ord. 2023-77 du 8-2-2023 : JO 9 texte no 3, Rev. sociétés 2023 p. 271 obs. B. Dondero). L'entrée en vigueur de ce texte s'accompagnera de l'abrogation notamment de la loi de 1966 relative aux sociétés civiles professionnelles (Loi 66-879 du 29-11-1966) et de la loi de 1990 qui régit les sociétés d'exercice libéral, les sociétés pluridisciplinaires d'exercice, les sociétés de participations financières de professions libérales (SPFPL) et les sociétés en participation des professions libérales (Loi 90-1258 du 31-12-1990).

L'économie générale de la transmission des parts d'une société civile professionnelle (SCP) à la suite du décès d'un de ses associés n'a toutefois pas été bouleversée par cette ordonnance.

Sauf dispositions contraires du décret particulier à chaque profession ou, à défaut, des statuts, la société civile professionnelle possédant plusieurs associés n'est pas dissoute par le décès (Ord. 2023-77 précitée art. 27, al. 1).

Lorsque l'associé d'une société civile professionnelle (SCP) décède, ses héritiers n'acquièrent pas la qualité d'associé mais seulement la **faculté de céder** les parts sociales qui leur sont dévolues (Ord. 2023-77 précitée art. 27, al. 2 et 3 ; Loi 66-879 précitée art. 24, al. 1 et 2).

25771 Cette cession doit intervenir :
– dans un **délai** fixé par décret particulier à chaque profession (Ord. 2023-77 précitée art. 27, al. 3 ; Loi 66-879 précitée art. 24, al. 2). Ce délai est de six mois à compter du décès de l'associé dans les SCP d'avocats (Décret 692-80 du 20-7-92 art. 31), d'un an à compter du décès de l'associé dans les SCP de notaires (Décret 67-868 du 2-10-67 art. 34) comme dans les SCP de médecins ou de chirurgiens-dentistes (CSP art. R 4113-56) ;
– avec le **consentement des associés** représentant au moins les trois quarts des voix, à moins que les statuts n'exigent une majorité plus forte ou l'unanimité des associés (Ord. 2023-77 précitée art. 23 sur renvoi de l'art. 27, al. 3 ; Loi 66-879 précitée art. 19 sur renvoi de l'art. 24, al. 2).

On pourrait penser que lorsqu'un héritier entend céder les parts reçues à un associé déjà en place, la cession ne devrait pas être soumise à agrément. Toutefois, la lettre des articles 24 et 27 de l'ordonnance de 2023 (Loi 66-879 précitée art. 20 et 24) conduit à une solution inverse. En effet, le premier de ces textes ne dispense d'agrément que les cessions entre associés (or, l'héritier n'a pas la qualité d'associé) et le second ne prévoit aucune exception pour les cessions à un associé.

La **valeur des parts** sociales pourra être déterminée selon les principes et modalités éventuellement contenus dans les statuts. L'ordonnance de 2023 (Ord. 2023-77 précitée art. 14), comme la loi de 1966 (Loi 66-879 art. 10), précisent en outre et plus généralement que « sauf dispositions contraires du décret particulier à chaque profession, la valeur des parts sociales prend en considération une valeur représentative de la clientèle civile », à moins que les statuts ne l'excluent.

25772 Un héritier apte professionnellement à exercer son activité dans la SCP peut en devenir associé s'il est agréé selon la même procédure et dans les mêmes conditions de majorité que pour les cessions entre vifs.

Une fois agréé, l'héritier peut solliciter l'**attribution préférentielle** des parts de son auteur, à charge de soulte s'il y a lieu (Ord. 2023-77 précitée art. 27, al. 3 ; Loi 66-879 précitée art. 24, al. 2).

En cas de **refus d'agrément,** le délai réglementaire accordé aux héritiers pour céder les parts de leur auteur est prolongé du temps écoulé entre la demande d'agrément et le refus de celui-ci. Si aucune cession n'est intervenue à l'expiration de ce délai supplémentaire, la société ou les associés remboursent la valeur des parts sociales aux héritiers de l'associé décédé dans les conditions prévues par le décret applicable à la profession exercée (Ord. 2023-77 précitée art. 25 sur renvoi de l'art. 27 ; Loi 66-879 précitée art. 21 sur renvoi de l'art. 24). 25773

Si l'héritier est **déjà associé de la SCP,** il n'a pas, à notre avis, à recueillir le consentement des associés dans la mesure où les « cessions » entre associés interviennent librement, sauf si les statuts prévoient l'inverse (Ord. 2023-77 précitée art. 24 ; Loi 66-879 précitée art. 21 sur renvoi de l'art. 20). 25774

Lorsqu'un associé décède, ses héritiers ne peuvent exercer aucun droit dans la société, mais conservent leur vocation à la répartition des **bénéfices** dans les conditions prévues aux statuts (Ord. 2023-77 précitée art. 27, dernier al. ; Loi 66-879 précitée art. 24, al. 4), jusqu'à la cession ou au rachat des parts du défunt (Cass. 1e civ. 12-7-2012 n° 11-18.453 FS-PBI : RJDA 11/12 n° 982 ; Cass. 1e civ. QPC 9-12-2015 n° 15-18.771 F-PB : RJDA 6/16 inf. 456, à propos de loi 66-879 du 29-11-1966 art. 24, al. 4 mais transposable). Ce droit aux bénéfices ne cesse que lors du remboursement effectif de la valeur des parts sociales (Cass. 1e civ. 25-1-2017 n° 15-28.980 F-PB : RJDA 5/17 n° 346, à propos de loi 66-879 du 29-11-1966 art. 24, al. 4 mais transposable). Encore faut-il, pour qu'ils puissent prétendre au versement d'une part des bénéfices, qu'ait été régulièrement prise une décision de distribution de dividendes au titre de l'exercice concerné (Cass. 1e civ. 10-9-2015 n° 14-15.572 F-D : RJDA 12/15 n° 841, à propos de loi 66-879 du 29-11-1966 art. 24, al. 4 mais transposable). 25775

Les parts d'industrie, fréquentes dans les SCP, ne sont pas transmissibles. Il convient donc, le cas échéant, d'en créer pour les cessionnaires ou héritiers agréés.

FORMALITÉS DE PUBLICITÉ

Par suite du décès d'un associé, des formalités de publicité devront être effectuées (insertion dans un support habilité à recevoir les annonces légales, dépôt au greffe, inscription modificative au RCS). Notamment, la mention de l'associé décédé doit être supprimée du **RCS** (Avis CCRCS 2015-023 du 27-11-2015). 25776

Ces formalités ne peuvent être faites qu'au vu soit d'une décision des associés constatant, dans les statuts, la nouvelle répartition des parts sociales, soit d'un jugement en tenant lieu (Cass. com. 16-1-1990 n° 88-13.003 : Bull. Joly 1990 p. 291 note P. Le Cannu ; dans la même affaire, Cass. com. 4-4-1995 n° 93-18.394 : RJDA 10/95 n° 1108).

Par ailleurs, le décès d'un associé rendra souvent nécessaire une mise à jour de la déclaration des **bénéficiaires effectifs** (Mémento Sociétés civiles nos 2720 s.).

> **Précisions** Le **Comité de coordination du registre du commerce et des sociétés** (CCRCS) a publié un avis relatif aux formalités qui s'imposent au RCS en cas de décès d'un associé titulaire de parts sociales. Sont requis (Avis CCRCS n° 2019-002 des 1-7 et 15-10-2019) :
> – en toute hypothèse, le **dépôt d'acte** en annexe au RCS via le centre des formalités des entreprises (CFE) compétent. Un exemplaire certifié conforme des statuts mis à jour, assorti de la délibération ou autre acte constatant la poursuite de la société avec les seuls associés survivants ou, selon le cas, avec les ayants droit du défunt devenus associés en ses lieu et place doit être déposé en annexe au RCS. L'identité des nouveaux associés doit être précisée. Il n'est pas nécessaire de joindre à ces documents un acte de notoriété, une attestation ou un certificat notarié de propriété ;
> – lorsque le défunt avait la qualité d'associé indéfiniment ou indéfiniment et solidairement tenu des dettes sociales, une **demande d'inscription modificative** tendant à la mention dans l'immatriculation, d'une part, du **décès** de l'associé (dans le mois de sa survenance et sur justification d'un acte de décès ou autre pièce l'attestant) et, d'autre part, du **changement dans la désignation des associés** indéfiniment ou indéfiniment et solidairement tenus aux dettes sociales (dans le mois de la délibération ou d'un autre acte de la société constatant le changement). Les pièces justificatives pour ces changements sont les suivantes : copie d'une pièce d'identité des nouveaux associés, copie de l'insertion ou attestation d'insertion du changement dans un journal d'annonces légales, dépôt d'actes en annexe au RCS constatant ou prononçant le changement affectant les associés ou, si la formalité a déjà été effectuée, récépissé de ce dépôt.

Dématérialisation des formalités de publicité Les formalités de publicité se dématérialisent (Loi 2019-486 du 22-5-2019). Le recours au « guichet unique électronique de formalités des entreprises » est obligatoire **depuis le 1er janvier 2023** (Décret 2021-300 du 18-3-2021 art. 48, al. 1), date à laquelle les CFE ont disparu. Par conséquent, toute inscription au RCS concernant le début ou la cessation d'activité, les changements de situation ou la radiation 25777 d'une société doit être réalisée par le greffier du tribunal de commerce sur déclaration reçue par l'intermédiaire de ce guichet (C. com. art. R 123-83), qui est géré par l'Inpi. Depuis 2023, toute demande d'inscription au RCS doit donc être effectuée par la voie électronique (C. com. art. R 123-77). Il n'est en principe plus possible de déposer directement auprès du greffe du tribunal une demande d'immatriculation, d'inscription modificative ou de radiation du RCS, contrairement au régime précédent (C. com. art. R 123-5).

En outre, les inscriptions au RCS se doublent, depuis le 1er janvier 2023 également, d'une inscription au registre national des entreprises (**RNE**) créé par l'ordonnance 2021-1189 du 15 septembre 2021 (C. com. art. L 123-36 s.).

> **Précisions** Une **procédure dérogatoire, dite « de secours »,** a été instaurée afin d'assurer la continuité du service en cas de difficulté grave de fonctionnement du guichet unique (C. com. art. R 123-15). Jusqu'au 31 décembre 2023, les formalités de modification ou de radiation peuvent donc continuer à être effectuées via le site Infogreffe ou sous format papier (Arrêté PRMX2316677A du 27-6-2023 : JO 29 texte n° 1).

2. PARTS OU ACTIONS DE SOCIÉTÉS COMMERCIALES

a. Parts de société en nom collectif

DISSOLUTION DE LA SOCIÉTÉ

25800 Il existe un fort **intuitus personae** entre les associés d'une société en nom collectif (SNC) dont la particularité est d'être des commerçants et de répondre indéfiniment et solidairement des dettes sociales (C. com. art. L 221-1, al. 1). Il en résulte que la SNC est, en principe, dissoute par le décès de l'un de ses associés (C. com. art. L 221-15, al. 1).

Les statuts peuvent **déroger** à ce principe en prévoyant la continuation de la société :
– soit entre les seuls associés survivants ;
– soit avec les héritiers, le conjoint, certains héritiers ou des tiers.

À notre avis, les associés peuvent, si les statuts les y autorisent, ne se prononcer pour l'une de ces solutions qu'au moment du décès de l'un d'entre eux.

Sur la **clause d'option,** voir n° 25751.

CONTINUATION DE LA SOCIÉTÉ ENTRE LES SEULS ASSOCIÉS SURVIVANTS

25805 Les statuts peuvent d'abord prévoir que la société continuera entre les seuls associés survivants de la SNC (C. com. art. L 221-15, al. 2). Dans ce cas, les parts de l'associé décédé ne sont pas transmises à ses héritiers qui, à aucun moment, n'acquièrent la **qualité d'associé.** Celles-ci seront annulées à l'occasion d'une réduction de capital.

Les héritiers sont seulement « créanciers de la société » de la **valeur des parts** de l'associé décédé (C. com. art. L 221-15, al. 4). Nous ne pensons pas que cette formule doive être prise à la lettre en n'autorisant le rachat des parts que par la société elle-même, en vue d'une réduction du capital social. Les débats parlementaires sur l'ancien article 21 de la loi du 24 juillet 1966, devenu l'article L 221-15 du Code de commerce, laissent supposer que le législateur n'a pas voulu interdire le rachat **par les associés survivants,** qui devra être décidé à l'unanimité de ceux-ci (JO déb. AN 11-6-1966 p.1984). À défaut d'unanimité, le rachat doit être fait par la société.

25810 **Détermination de la valeur des parts** La valeur des droits sociaux est déterminée au **jour** du décès, d'un commun accord entre les parties.

En cas de contestation, elle est fixée par un **expert** (C. civ. art. 1843-4 sur renvoi de C. com. art. L 221-15, al. 6). Toute clause contraire est réputée non écrite (Cass. 1e civ. 2-6-1987 n° 85-17.561 : Bull. civ. I n° 180). Pour certains auteurs, ce renvoi à l'article 1843-4 du Code civil ne concernerait que « la méthode (l'expertise) et non la condition de contestation exigée par ce texte » (Rép. Sociétés Dalloz, v. parts sociales par G. Goffaux-Callebaut, n° 99).

> **Précisions** **a.** La présence d'une **clause de détermination du prix de rachat des droits sociaux,** qu'elle soit statutaire ou extrastatutaire, ne fait pas obstacle à une demande d'expertise mais, depuis le 3 août 2014, l'expert doit respecter la méthode de valorisation prévue par cette clause (C. civ. art. 1843-4, I), alors qu'il en était dispensé auparavant (Cass. com. 5-5-2009 n° 08-17.465 FS-PBRI : RJDA 8-9/09 n° 751).
>
> **b.** La créance des héritiers naît le jour du décès, même si son montant n'est pas encore fixé. Par suite, la société doit des **intérêts** au taux légal (C. civ. art. 1231-6) à compter du jour de la sommation de payer faite par les héritiers, sans qu'il soit nécessaire d'attendre le résultat de la procédure d'expertise (Cass. com. 21-10-1997 n° 95-16.231 : RJDA 3/98 n° 300).
>
> **c.** Si un **majeur protégé** est **appelé à la**

succession, il faut, pour conclure l'accord, que les conditions requises pour disposer de ses biens soient réunies (pour le majeur sous tutelle : autorisation donnée au tuteur par le conseil de famille ou, à défaut par le juge, à moins qu'en raison des circonstances, cet accord n'ait que de faibles conséquences sur le contenu ou la valeur du patrimoine du majeur protégé). L'opération revient, en effet, à fixer le prix d'une cession de droits sociaux (C. civ. art. 505).

Conditions de paiement En principe, faute d'une disposition particulière de l'article L 221-15 du Code de commerce, le prix est payable **comptant.** Mais rien n'interdit, à notre avis, aux associés et aux héritiers de convenir de délais de paiement. 25815

Associé survivant unique Si un seul associé survit, la situation doit en principe être régularisée dans le délai d'**un an** (C. civ. art. 1844-5, al. 1). Si la société est **dissoute** à l'expiration de ce délai, il recueille tout l'actif social. 25820

Cependant, les **droits des héritiers** exclus sont nés avant la dissolution ; ils se déterminent donc par application de l'article L 221-15. En effet, la dissolution étant postérieure, les héritiers ne sont pas parties à la liquidation : ils sont seulement des créanciers s'ils n'ont pas encore été désintéressés.

Sur les **conséquences fiscales** du désintéressement des héritiers non agréés, voir nº 25763.

CONTINUATION DE LA SOCIÉTÉ AVEC LES HÉRITIERS, LE CONJOINT, CERTAINS HÉRITIERS OU DES TIERS

Les **statuts** peuvent prévoir qu'en cas de décès d'un associé la société continuera (C. com. art. L 221-15, al. 2 et 3) : 25825

– soit avec le ou les héritiers de l'associé décédé, les statuts pouvant prévoir leur agrément préalable ;
– soit avec le conjoint survivant ;
– soit avec un ou plusieurs des héritiers ;
– soit avec toute autre personne désignée dans l'acte de société ou, si les statuts l'autorisent, par disposition testamentaire.

Les statuts peuvent laisser aux héritiers de l'associé décédé la faculté d'entrer ou non dans la société ; l'exercice de cette faculté entraînant alors la continuation de la société entre eux et les associés survivants (Cass. com. 14-12-2004 nº 03-12.878 F-D : Bull. Joly 1-4-2005 nº JBS-2005-110 p. 528 note B. Saintourens).

Lorsque les statuts indiquent, sans plus de précision, que la société ne sera pas dissoute par le décès de l'un de ses associés, celle-ci continuera avec les héritiers de l'associé décédé (Cass. com. 28-6-1988 nº 87-10.004).

> **Précisions** Donnant, à notre avis, une **interprétation** un peu **extensive** des textes, la Cour de cassation a validé la clause figurant dans les statuts d'une SARL (mais la solution est transposable aux SNC) selon laquelle les associés survivants ont la faculté de racheter les parts de l'associé décédé, soit pour leur compte personnel, soit pour des personnes agréées par eux à condition de faire connaître leur intention dans un délai déterminé (Cass. com. 2-4-1973 nº 72-10.237 : Bull. civ. com. nº 147, Rev. sociétés 1974 p. 81 note Nocquet, en application de C. civ. art. 1868, al. 2 ancien devenu C. com. art. L 221-15, al. 3).
La Cour de cassation assimile ainsi la clause prévoyant la façon dont devront être désignés les bénéficiaires (non associés) du droit de rachat des parts de l'associé décédé à la désignation nominative du bénéficiaire, seule prévue par l'alinéa 3 de l'article L 221-15 du Code de commerce (C. civ. art. 1868, al. 2).
Cette solution, libérale par rapport à la lettre du texte, se justifie en pratique car, si les associés survivants ont le droit de racheter les parts du défunt, rien ne leur interdit de céder ensuite ces parts à des tiers agréés par eux. En validant la clause précitée, la Cour de cassation permet d'éviter l'étape intermédiaire du rachat par les associés et les frais qu'elle occasionne.

Continuation avec les héritiers Par « **héritiers** » il faut entendre les héritiers « ab intestat ». En conséquence, si les statuts n'ont prévu la continuation de la société qu'avec les héritiers, un légataire – qui n'aurait pas la qualité d'héritier « ab intestat » – ne peut pas prétendre devenir associé. L'article L 221-15, alinéa 3 distingue en effet la continuation avec les héritiers et celle avec « la personne désignée par disposition testamentaire », donc le légataire. 25850

La continuation de la société s'impose aux héritiers dès l'instant où ils ont **accepté la succession** de leur auteur. Les héritiers deviennent associés en nom collectif même s'ils ont accepté la succession à concurrence de l'actif net (Cass. req. 2-3-1885 : D. 1885 I p. 441, rendu à propos de l'acceptation sous bénéfice d'inventaire et transposable à l'acceptation à concurrence de l'actif net) : dans ce cas toutefois, l'héritier ne répondra, à notre avis, des dettes sociales nées avant le décès que dans la limite de l'actif net recueilli ; mais il est tout de même associé en nom (pour un avis contraire, Lamy sociétés commerciales n° 3006). La **renonciation à la succession** exclut bien entendu l'entrée des héritiers dans la société.

Les héritiers d'un associé **gérant** ne deviennent pas eux-mêmes automatiquement gérants ; il faut désigner un nouveau gérant (CA Douai 2-3-1933 : Gaz. Pal. 1933 I p. 961 ; Rép. sociétés Dalloz, v. Société en nom collectif par D. Gibirila, n° 346). Une telle solution nous paraît néanmoins difficilement admissible lorsque la qualité de gérant est reconnue de plein droit à tous les associés en application de l'article L 221-3 du Code de commerce.

La clause de continuation au profit des héritiers vaut à l'égard des **héritiers de ces héritiers,** sauf clause contraire. Cette solution nous paraît justifiée par la règle de la représentation successorale selon laquelle est « héritier » toute personne venant à la succession du défunt soit de son chef, soit par représentation (cas, par exemple, des petits-enfants lorsque leur père, héritier du défunt, est lui-même décédé ou a renoncé à la succession).

Les statuts peuvent prévoir la **continuation de la société** sous la **forme** de société en commandite (T. civ. Seine 24-1-1961 : JCP G 1962 II, n° 12914 note Bischoff). Si un héritier ne peut devenir commerçant pour incapacité, incompatibilité ou interdiction d'exercer le commerce, il y a lieu, par analogie avec ce qui est prévu pour le mineur non émancipé et le mineur émancipé qui n'a pas été autorisé à être commerçant, de transformer la société en commandite (n° 25860).

> **Précisions** Pour les **successions ouvertes depuis le 1er janvier 2007,** l'héritier qui découvrirait un passif important une fois devenu associé peut demander en justice à être déchargé en tout ou partie de son obligation si les conditions sont remplies (n°s 37160 s.).

25855 **Continuation avec le conjoint** Une difficulté particulière peut apparaître lorsque le droit du conjoint à recueillir les parts sociales du défunt est en outre prévu par une **clause du contrat de mariage** (C. civ. art. 1390 s.). Sur cette question, voir n° 25753.

25857 **Continuation avec des héritiers majeurs protégés** Il serait difficile d'admettre qu'une personne placée sous **tutelle** puisse être associée d'une SNC, celle-ci ne pouvant « jamais être représentée par son tuteur pour exercer le commerce » (Cass. 1e civ. avis 6-12-2018 n° 18-70.011 PBI). Il serait donc assez logique selon nous d'appliquer à ces personnes les dispositions de l'article L 221-15, alinéa 7 (notamment l'obligation de transformer la SNC en commandite), même si elles ne visent expressément que le cas des mineurs (n°s 25860 s.).

S'agissant des héritiers en **curatelle,** aucune disposition ne leur interdit d'exercer le commerce (Cass. 1e civ. avis 6-12-2018 n° 18-70.011 précité). Ils pourront donc devenir associés de SNC et exercer les droits qui découlent de cette qualité avec l'assistance de leur curateur lorsqu'il s'agira pour eux de prendre des décisions assimilables à des actes de disposition.

25860 **Continuation avec des héritiers mineurs** Si l'un ou plusieurs des héritiers de l'associé décédé sont **mineurs non émancipés,** ceux-ci ne répondent des dettes sociales qu'à concurrence des forces de la succession de leur auteur (C. com. art. L 221-15, al. 7).

Par ailleurs, la société doit, dans un délai d'un an à compter du décès, être transformée en une société en commandite dont le mineur devient commanditaire ; à défaut, elle est dissoute (C. com. art. L 221-15, al. 7).

L'obligation de transformation sociale doit être étendue aux **mineurs émancipés** appelés à entrer dans une société en nom collectif par suite de succession, lorsque ceux-ci n'ont pas été autorisés par le juge des tutelles au moment de l'émancipation ou par le président du tribunal judiciaire après l'émancipation à exercer le commerce. En effet, sans cette autorisation, il leur est interdit d'être commerçants (C. com. art. L 121-2 ; C. civ. art. 413-8) et ils se trouvent alors dans la même situation que les mineurs non émancipés.

25870 L'administrateur légal ou le tuteur peut, à notre avis, décider seul d'opter **pour la continuation de la société** avec les mineurs (sous réserve de la transformation de celle-ci en société en commandite, protégeant le mineur pour l'avenir). En effet, l'administrateur légal ou le tuteur peut accepter seul une succession à concurrence de l'actif net (C. civ. art. 382-1 et 507-1 pour la tutelle ; Décret 2008-1484 art. 1, al. 2 et ann. 1, col. 1-V concernant l'administration légale). En optant pour la continuation de la société avec le mineur, l'administrateur légal ou le tuteur ne fait rien de plus pratiquement que d'accepter, à concurrence de l'actif, les parts sociales figurant dans la succession puisque le mineur associé est seulement tenu dans la limite de l'actif net qu'il recueille (C. com. art. L 221-15, al. 7).

À l'inverse, l'**option pour le remboursement des droits sociaux** équivaut à l'aliénation de ces droits. En conséquence, lorsque l'héritier mineur est sous administration légale, l'option peut être exercée d'un commun accord par les deux parents s'ils sont tous les deux administrateurs légaux (ou par un seul d'entre eux si l'acte a de faibles conséquences sur le contenu ou la valeur du patrimoine du mineur) ou par le seul parent désigné administrateur légal (C. civ. art. 382, 382-1 et 387-1 ; Décret 2008-1484 du 22-12-2008 art. 2, al. 3 et ann. II, I-3). Sauf désaccord entre les administrateurs légaux (C. civ. art. 387), l'autorisation du juge des tutelles n'est pas requise car cet acte ne figure pas au nombre de ceux pour lesquels elle est exigée (C. civ. art. 387-1).

Si l'héritier est un mineur **sous tutelle,** le tuteur ne peut pas exercer l'option sans l'accord préalable du conseil de famille ou, à défaut, du juge, à moins qu'en raison des circonstances, cet acte n'ait que de faibles conséquences sur le contenu ou la valeur du patrimoine du mineur (C. civ. art. 505, al. 1 ; Décret 2008-1484 du 22-12-2008 art. 2, al. 3 et ann. II, I-3).

Sur les **formalités de publicité consécutives au décès** d'un associé, voir nos 25776 s.

Agrément Dans tous les cas de continuation, l'agrément peut, à notre avis, être **statutairement prévu.** La question est résolue par l'alinéa 2 de l'article L 221-15 lorsque tous les héritiers sont appelés à entrer dans la société ; elle l'est aussi par hypothèse lorsque les héritiers devant entrer dans la société sont nommément désignés et lorsqu'il y a désignation d'une personne non héritière dans les statuts. En revanche, lorsque le droit d'entrée est reconnu à un légataire, la loi ne prévoit pas expressément la possibilité de l'agrément. Cependant, les mots « il en est de même » figurant au début de l'alinéa 3 de l'article L 221-15 conduisent à penser que la réserve de l'agrément s'impose aussi pour eux. 25875

Les modalités de cet agrément ne sont pas précisées par la loi. 25880

S'agissant de la **majorité requise,** nous estimons que, compte tenu de l'intuitus personae qui caractérise la société en nom collectif, cet agrément doit, comme en cas de cession entre vifs, résulter d'une décision unanime des associés survivants (C. com. art. L 221-13, al. 2).

Quant à savoir si l'agrément des héritiers est **global ou divisible,** il nous semble qu'il doit être ici global, à défaut de texte prévoyant la possibilité, pour les associés survivants, de n'admettre dans la société que certains héritiers. En effet, les alinéas 2 et 4 de l'article L 221-15 visent « l'héritier » et l'on a coutume d'admettre que ce terme englobe les héritiers en général. Certes, l'alinéa 5 du même article prévoit une indemnisation d'un héritier à ses cohéritiers, mais cette disposition n'est applicable que lorsqu'il a été stipulé la continuation de la société, soit avec le conjoint survivant, soit avec un ou plusieurs des héritiers, soit avec toute autre personne désignée par les statuts ou par disposition testamentaire. D'autres auteurs défendent l'idée d'un agrément divisible, comme c'est le cas dans les sociétés civiles (no 25760). Il serait possible à la société d'agréer certains héritiers et pas d'autres. Cette solution repose sur la logique interne de l'article L 221-15 du Code de commerce, puisque ce texte permet au moyen de stipulations statutaires de sélectionner les héritiers auxquels sont transmises les parts (Lamy sociétés commerciales no 3006).

Entre la date du décès et celle de l'agrément ou du refus d'agrément, les droits attachés aux parts sociales du défunt ne peuvent pas être exercés par les héritiers puisque l'agrément a précisément pour objet de permettre aux associés survivants de décider si ces héritiers deviendront ou non associés. Si les héritiers pouvaient intervenir dans la vie sociale dès le décès de leur auteur, l'agrément perdrait alors l'essentiel de sa signification. Ainsi, la personne chargée d'administrer les parts d'un associé décédé ne peut pas, alors qu'aucun héritier n'a été agréé, demander à la société la communication de documents sociaux (CA Agen 23-2-1993 : Defrénois 30-4-1994 no CJ1994DEF561N1 p. 561 som. obs. P. Le Cannu, décision rendue à propos d'un associé de SARL mais transposable). De même, peut être annulée la décision collective adoptée par une assemblée à laquelle ont participé et voté des héritiers non agréés (Cass. 3e civ. 8-7-2015 no 13-27.248 FS-PB : RJDA 4/16 no 291, décision rendue en matière de société civile mais transposable). 25885

Les parts sociales se trouvent donc momentanément « gelées ». Cette situation peut créer des difficultés pour le fonctionnement de la société et la validité des décisions collectives lorsque les parts de la succession représentent une fraction importante du capital social. En pareil cas, si une décision urgente devait être prise avant l'achèvement de la procédure d'agrément, il serait possible de demander au juge des référés de désigner un mandataire chargé d'émettre un vote pour le compte de ces parts (CPC art. 834 et 872). La situation est, en effet, analogue à celle résultant de la mise sous séquestre de droits sociaux.

Si les héritiers tardent à réaliser le partage de la succession, la société peut, en usant de l'action oblique (C. civ. art. 1341-1), obtenir en justice qu'il soit procédé à ce partage et, préalablement, à la vente aux enchères publiques des parts du défunt (TGI Pontoise 6-6-1972 : Rev. sociétés 1973 p. 497 note Sarradin).

25890 **Droit des héritiers exclus** En cas de refus d'agrément, les héritiers exclus ont droit à une indemnité correspondant à la **valeur des droits sociaux** de leur auteur. Cette valeur est, à défaut d'accord entre les parties, déterminée par un expert (C. com. art. L 221-15, al. 5 et 6) ; voir nº 25763.

De même, lorsque, en vertu d'une disposition statutaire, la société continue, soit avec le conjoint survivant, soit avec un ou plusieurs héritiers, soit avec une personne désignée dans les statuts ou par disposition testamentaire, les bénéficiaires de cette stipulation sont redevables envers la succession de la valeur au jour du décès (fixée par expert à défaut d'accord entre les parties) des droits sociaux qui leur sont attribués (C. com. art. L 221-15, al. 5 et 6).

b. Parts de société en commandite simple

PARTS DE COMMANDITÉS

25895 Les commandités ont le statut des associés d'une SNC. En **principe,** le décès d'un associé commandité met fin à la société.

Toutefois, les **statuts** d'une commandite simple peuvent prévoir que la société continue en dépit d'un tel événement. Dans ce cas, la société se poursuit avec les héritiers de l'associé décédé et, lorsque ceux-ci sont mineurs non émancipés, ils deviennent commanditaires (C. com. art. L 222-10, al. 2). Si tous les héritiers mineurs sont émancipés, sous réserve que le juge les ait autorisés à être commerçants (C. com. art. L 121-2), ils prennent la qualité de commandité.

Dans l'hypothèse où l'associé décédé était le **seul commandité et** si ses **héritiers ne peuvent exercer une activité commerciale** (l'article L 222-10 n'envisage que le cas du « mineur non émancipé »), il doit être procédé au remplacement du commandité par une personne apte à lui succéder en cette qualité ou à la transformation de la société, dans le délai d'un an à compter du décès. À défaut, la société est dissoute de plein droit à l'expiration de ce délai (C. com. art. L 222-10, al. 2).

L'article L 222-10 ne le précise pas mais il paraît logique de considérer qu'une société en commandite simple puisse continuer avec ses seuls associés commandités survivants (en ce sens, Rép. sociétés Dalloz, v. Société en commandite simple par D. Gibirila, nº 106).

PARTS DE COMMANDITAIRES

25900 Le décès d'un commanditaire ne met pas fin à la société (C. com. art. L 222-10, al. 1). La transmission de ses parts peut être encadrée par les statuts de la même manière que pour la transmission des parts de SNC (nºs 25800 s.).

ATTENTION

Les **aménagements statutaires** relatifs à la transmission par décès des parts de société en commandite, comme l'insertion de clause d'agrément, doivent être conçus avec précaution, notamment lorsque la société ne comporte que peu d'associés. L'absence d'associé commandité ou commanditaire étant de nature à entraîner la dissolution du groupement (J.-Cl. Sociétés Traité fasc. 62-10 par A. Bougnoux, nº 18).

c. Parts de société à responsabilité limitée

PRINCIPE DE LIBRE TRANSMISSIBILITÉ DES PARTS

25920 Au **décès** d'un associé, ses parts sont librement transmissibles « par voie de succession » (C. com. art. L 223-13, al. 1). Cette expression qui vise toute transmission à cause de mort englobe, à notre avis, les héritiers et les légataires (en ce sens, Lamy sociétés commerciales nº 3335 ; J.-Cl. Sociétés Traité fasc. 73-20 par M. Storck nº 137).

Ce principe de libre transmissibilité des parts sociales de l'associé décédé à ses héritiers et/ou légataires s'applique également aux parts de sociétés d'exercice libéral à responsabilité limitée (**Selarl**) (Rép. sociétés Dalloz, v. Sociétés d'exercice libéral par B. Saintourens, nº 47, à propos de loi 90-1258 du 31-12-1990). Il est vrai que les ayants droit de l'associé ne peuvent se maintenir au capital d'une Selarl que pendant cinq ans à compter de son décès, tout au moins s'ils n'exercent pas la profession constituant l'objet social de la société (Ord. 2023-77 du 8-2-2023 art. 47).

Sur l'éventualité d'une **clause d'agrément** dans les statuts d'une Selarl, voir nº 25930.

Les parts sociales représentatives d'apports **en industrie** sont intransmissibles car elles sont liées à l'exercice de son activité par l'apporteur. En cas de décès de ce dernier, elles doivent être annulées.

› Précisions La **répartition du capital social** des **Selarl** est strictement encadrée. En principe, « plus de la moitié du capital social et des droits de vote doit être détenue, soit directement, soit par l'intermédiaire d'une société de participations financières de professions libérales, par des professionnels exerçant au sein de la société » (Ord. 2023-77 du 8-2-2023 art. 46 ; Loi 90-1258 du 31-12-1990 art. 5, I-A ancien) mais, selon l'activité exercée en Selarl, des règles particulières s'appliquent (Ord. 2023-77 du 8-2-2023 art. 69, pour les « professions de santé » ; Ord. 2023-77 précitée art. 81, pour les « professions juridiques et judiciaires » ; Ord. 2023-77 précitée art. 86, pour les « professions techniques et du cadre de vie »). La transmission des parts de l'associé décédé ne doit donc pas avoir pour effet de contrevenir à ces règles de détention du capital.

Si un tel cas advenait, la société devrait régulariser sa situation dans le délai **d'un an.** À défaut, tout intéressé pourrait en demander la dissolution en justice ; le tribunal pouvant néanmoins accorder à la société un délai supplémentaire de six mois pour se conformer aux dispositions légales. Par ailleurs, la dissolution ne pourra pas être prononcée si, au jour où il est statué sur le fond, cette régularisation a eu lieu (Ord. 2023-77 du 8-2-2023 art. 53 ; Loi 90-1258 du 31-12-1990 art. 5, II ancien).

Au demeurant, et sous réserve du respect des seuils de détention des associés en exercice dans la société, les **ayants droit de l'associé décédé** peuvent recueillir tout ou partie de ses parts et se maintenir dans la société pendant un délai **de cinq ans** suivant le décès (Ord. 2023-77 du 8-2-2023 art. 47, 3° ; Loi 90-1258 du 31-12-1990 art. 5, I-B-3° ancien). Lorsque, à l'expiration de ce délai, les ayants droit n'ont pas cédé les parts recueillies, la société peut, nonobstant leur opposition, décider de réduire son capital du montant de la valeur nominale de leurs parts et de les racheter à un prix fixé dans les conditions prévues à l'article 1843-4 du Code civil, c'est-à-dire par expert (Ord. 2023-77 du 8-2-2023 art. 51 ; Loi 90-1258 du 31-12-1990 art. 5, III ancien).

CONTINUATION DE LA SOCIÉTÉ AVEC LES HÉRITIERS OU DES TIERS

Afin d'organiser la transmission des entreprises, les statuts peuvent stipuler qu'en cas de décès de l'un des associés, la SARL continuera avec les personnes suivantes (C. com. art. L 223-13, al. 4) : **25925**

– le conjoint survivant ;
– un ou plusieurs des héritiers ;
– ou toute autre personne désignée par les statuts ou, si ceux-ci l'autorisent, par dispositions testamentaires.

Cette faculté s'apparente au dispositif prévu pour les sociétés en nom collectif (C. com. art. L 221-15) et suscite des interrogations communes (n°s 25825 s.).

Si, du fait d'une clause statutaire, un **héritier** se trouve **évincé,** il a droit à la valeur des droits sociaux du défunt. Cette valeur est déterminée au jour du décès dans les conditions de l'article 1843-4 du Code civil (C. com. art. L 223-13, al. 5), c'est-à-dire par un expert, tenu de respecter, si elles existent, les règles et modalités de valorisation prévues par les statuts « ou par toute convention liant les parties », comme un pacte d'associés.

AGRÉMENT DES HÉRITIERS

Les **statuts** d'une SARL (ou d'une Selarl) peuvent conditionner la dévolution successorale des parts sociales de l'associé décédé à l'agrément de ses héritiers. **25930**

Les conditions dans lesquelles cet agrément doit être donné sont celles prévues pour agréer les cessions de parts sociales « aux tiers étrangers à la société » (C. com. art. L 223-13, al. 2). Il s'agit donc de la double majorité – en nombre d'associés et en nombre de parts – prévue par l'article L 223-14 du Code de commerce.

Dès lors, les parts de l'associé décédé ne peuvent être transmises à ses héritiers « qu'avec le consentement de la **majorité des associés** représentant au moins la moitié des parts sociales, à moins que les statuts prévoient une majorité plus forte ». La majorité prévue par les statuts pour agréer la transmission des parts aux héritiers de l'associé décédé ne peut en aucun cas être plus forte que celle prévue par les statuts pour agréer les cessions de parts sociales aux tiers. Les délais accordés à la société pour statuer sur l'agrément ne peuvent être plus longs que ceux prévus à l'article L 223-14 pour agréer les tiers (C. com. art. L 223-13, al. 2).

Les héritiers non encore agréés ne peuvent pas prendre part à la décision d'agrément puisqu'ils n'ont pas encore la qualité d'associé. Ils ne peuvent pas agir en nullité d'une assemblée générale dont seuls les associés sont recevables à contester la régularité (Cass. com. 27-3-2019 n° 17-23.886 F-D : J.-M. Moulin, La nullité de l'AG d'agrément des héritiers d'un associé ne peut être demandée par ces derniers, Bull. Joly juillet 2019 n° 119y1 p. 38).

Dès lors, pour éviter tout risque de blocage, en cas de décès d'un associé majoritaire, les statuts devront prévoir que les parts de l'associé décédé ne seront pas prises en compte dans le calcul de la majorité requise pour agréer leur transmission.

> **Précisions** La réforme relative à l'exercice en société des professions libérales réglementées ne précise pas si les statuts d'une **Selarl** peuvent soumettre à agrément la **transmission par succession** de ses parts sociales (Ord. 2023-77 du 8-2-2023 : JO 9 texte n° 3). La Cour de cassation l'a implicitement admis sous l'empire de la loi du 31 décembre 1990 à propos du conjoint d'un associé de Selarl n'ayant pas sollicité l'agrément prévu par les statuts (Cass. com. 27-3-2019 n° 17-23.886 F-D : Gaz. Pal. 25-6-2019 n° 354u3 p. 67 obs. B. Brignon). À notre avis, lorsque les ayants droit de l'associé décédé remplissent les conditions pour exercer au sein de la société et/ou détenir durablement une part de son capital, rien ne s'oppose à ce que les statuts prévoient leur agrément.
La question est alors de savoir dans quelles **conditions** agréer ces héritiers. Faut-il se référer à celles du Code de commerce (C. com. art. L 223-14 sur renvoi de l'art. L 223-13 : en principe la majorité des associés représentant au moins la moitié des parts sociales) ou à celles, plus strictes, de l'ordonnance 2023-77 du 8 février 2023 (Ord. 2023-77 art. 75 pour les « professions de santé » et art. 91 pour « les professions techniques et du cadre de vie » : en principe la majorité des associés représentant, au moins, les trois quarts des porteurs de parts exerçant la profession au sein de la société ») ? L'hésitation est permise et il nous paraîtrait logique de transposer ici les conditions d'agrément spécifiques aux Selarl (Ord. 2023-77 du 8-2-2023 art. 75 et 91) mais « à défaut d'une disposition spéciale [...] sur ce point, il semble bien qu'il faille en rester aux prévisions de majorité telles que figurant dans le texte de l'article L. 223-14 C. com. » (Rép. sociétés Dalloz, v. Sociétés d'exercice libéral par B. Saintourens, n° 47, à propos de la loi 90-1258 du 31-12-1990, mais transposable). Pour les Selarl de « professions juridiques et judiciaires », les règles d'agrément sont fixées par décret. Ainsi, les textes relatifs aux professions d'avocat (Décret 93-492 du 25-3-1993 art. 11, al. 2) et de notaire (Décret 93-78 du 13-1-1993 art. 22, al. 4) renvoient aux conditions d'agrément prévues par l'article L 223-14 du Code de commerce et l'article 10 de la loi du 31 décembre 1990 (alors même que le dernier al. de ce texte conduit à en exclure l'application aux SEL de professions juridiques ou judiciaires – B. Dondero, Ordonnance relative à l'exercice en société des professions libérales réglementées : Rev. sociétés 2023 p. 271 n° 83).
Lorsque les ayants droit de l'associé décédé ne remplissent pas les conditions pour en être membres et/ou qu'ils ne peuvent rester au capital de la Selarl que pendant les cinq années qui suivent le décès de l'associé (Ord. 2023-77 art. 47, 3°), il ne semble pas possible, à notre avis, de soumettre à agrément ou même de prévoir l'**exclusion** de ces ayants droit. En effet, leur cas n'est envisagé par l'ordonnance de 2023 qu'au travers de leur maintien temporaire au capital, et seuls des décrets en Conseil d'État peuvent leur interdire la détention de parts « lorsque cette détention serait de nature à mettre en péril l'exercice des professions concernées dans le respect de l'indépendance de leurs membres et de leurs règles déontologiques propres » (Ord. 2023-77 du 8-2-2023 art. 48).

25935 **Délai pour agréer** La société dispose en principe d'un délai de trois mois pour agréer la transmission des parts aux héritiers. Ce délai court à compter du jour où la société a été mise en situation de connaître les héritiers et ayants cause de l'associé décédé, c'est-à-dire à compter de la date de la justification par eux de leur qualité, « par la production d'un acte de notoriété ou d'un extrait de l'intitulé de l'inventaire » (J.-Cl. Sociétés Traité, fasc. 73-20 par M. Storck n° 141).

Sur la possibilité pour un héritier agréé de former **tierce opposition** contre la décision ayant annulé son agrément, voir n° 25763, Précisions, b.

25940 **Refus d'agrément** En cas de refus d'agrément, les associés en place sont tenus, dans le **délai** de trois mois à compter de ce refus, d'acquérir ou de faire acquérir les parts dont la transmission n'a pas été agréée à un prix fixé dans les conditions prévues à l'article 1843-4 du Code civil (pour une illustration, CA Nîmes 17-05-2023 n° 21/02058). Dans ce même délai, la société peut décider d'acquérir ces parts et ainsi de réduire son capital social (C. com. art. L 223-13, al. 2).

Ce délai peut néanmoins être **prolongé** par décision de justice pour au plus six mois (C. com. art. L 223-13, al. 2 et L 223-14, al. 3 et 4). Si les parts dévolues n'ont pas été achetées dans le délai imparti, l'agrément du conjoint ou des héritiers est réputé acquis.

L'héritier de l'associé décédé ne devient pas **rétroactivement associé**, que ce soit à compter du jour du décès ou du jour de la décision refusant son agrément et non suivie d'effet. La qualité d'associé lui est reconnue à l'expiration du délai accordé aux associés ou à la société pour l'achat des parts du défunt (Cass. com. 3-5-2018 n° 15-20.851 F-PB : BRDA 11/18 inf. 1).

25945 **Héritiers ayant déjà la qualité d'associé** Quelles que soient les dispositions statutaires, la clause d'agrément ne saurait s'appliquer aux parts dévolues à des héritiers ayant déjà la qualité d'associé au moment du décès de leur auteur (Cass. com. 28-10-1974 n° 73-12.368 : D. 1975 p. 209 note Y. Guyon). Il s'ensuit que, s'il existe parmi les héritiers des personnes déjà associées, les associés survivants ne peuvent exercer leur droit d'agrément et, éventuellement, leur droit de rachat que sur la fraction des parts du défunt qui serait attribuée, dans le cadre du partage de la succession, aux héritiers non encore associés.

Lorsque la succession comprend **deux héritiers dont l'un** seulement est associé et que l'héritier non associé **renonce à la succession** au profit de son cohéritier, ce dernier peut se faire attribuer la totalité des parts du défunt, les autres associés ne pouvant prétendre exercer leur droit d'agrément sur les parts qui auraient dû revenir à l'héritier renonçant (CA Montpellier 8-6-1976 : JCP G 1977 II, n° 18604 note Bernard).

Exclusion des héritiers Pour renforcer le caractère fermé de la société, les **statuts,** peuvent prévoir que, en cas de décès d'un associé, la société continuera avec les seuls associés survivants et évincer ainsi par avance les héritiers (C. com. art. L 223-13, al. 3) s'ils ne sont pas déjà associés. 25950

Dans ce cas, l'**héritier évincé** a **droit** à la valeur des droits sociaux du défunt, qui est déterminée au jour du décès dans les conditions de l'article 1843-4 du Code civil, c'est-à-dire par un expert désigné par les parties ou, à défaut d'accord entre elles, par jugement du président du tribunal de commerce statuant selon la procédure accélérée au fond et sans recours possible (C. com. art. L 223-13, al. 5).

Sur la possibilité d'exclure les héritiers de parts de **Selarl,** voir n° 25930, Précisions.

d. Actions

LIBRE TRANSMISSIBILITÉ DES ACTIONS

Lorsque les actions d'une société anonyme sont admises aux négociations sur un marché réglementé, leur dévolution successorale ne peut aucunement être entravée par une clause d'agrément (C. com. art. L 228-23, al. 1 a contrario). 25970

Lorsque les actions d'une société anonyme ne sont pas admises sur un marché réglementé, elles sont librement transmissibles par voie de succession (et de liquidation du régime matrimonial) **à un conjoint, à un ascendant ou à un descendant.** (C. com. art. L 228-23, al. 3). Ainsi, seules les transmissions successorales d'actions aux autres héritiers pourraient être soumises à agrément par les statuts, pour peu que ces actions soient nominatives.

Il n'est qu'une hypothèse où les transmissions successorales d'actions non admises aux négociations sur un marché réglementé à un conjoint, à un ascendant ou à un descendant peuvent être soumises à agrément : lorsque la société réserve des actions à ses salariés et si la clause d'agrément a précisément pour objet d'éviter que les actions ne soient dévolues à des personnes n'ayant pas la qualité de salarié de la société (C. com. art. L 228-23, al. 4).

L'interdiction des clauses d'agrément ne paraît cependant pas s'appliquer aux transmissions par voie **testamentaire** d'actions non admises aux négociations sur un marché réglementé, dès lors que le légataire n'a pas la qualité de conjoint, d'ascendant ou de descendant. Le fait que l'article L 228-23 du Code de commerce ne vise que certains héritiers conduit en effet à une interprétation stricte de ce texte.

EXCEPTIONS

Actions de société d'exercice libéral à forme anonyme (Selafa) Les cessions d'actions de Selafa de « professions de santé » et de professions « techniques et du cadre de vie », y compris entre actionnaires, « sont soumises à un agrément préalable donné, dans les conditions prévues par les statuts (Ord. 2023-77 du 8-2-2023 art. 76 et 92) : 25975

1° soit par les deux tiers des actionnaires ayant la qualité de professionnel exerçant au sein de la société ;

2° soit par les deux tiers des membres du conseil de surveillance ayant la qualité de professionnel exerçant au sein de la société s'il s'agit d'une société anonyme avec directoire et conseil de surveillance, ou par les deux tiers des membres du conseil d'administration ayant la qualité de professionnel exerçant au sein de la société s'il s'agit d'une société anonyme avec conseil d'administration ».

Ces règles semblent transposables à la transmission d'actions de Selafa à titre gratuit, tout au moins lorsque l'héritier remplit les conditions pour exercer au sein de la société et/ou détenir durablement une part de son capital (Rép. sociétés Dalloz, v. Sociétés d'exercice libéral par B. Saintourens, n° 48, à propos de loi 90-1258 du 31-12-1990 art. 10, al. 4, mais transposable au visa du nouveau texte issu de ord. 2023-77 du 8-2-2023 portant réforme de l'exercice en société des professions réglementées ; voir également n° 25930, Précisions).

> **Précisions** Pour les **Selafa de « professions juridiques et judiciaires »,** les règles d'agrément sont fixées par décret. Ainsi, les textes relatifs aux professions d'avocat (Décret 93-492 du 25-3-1993 art. 11, al. 2) et de notaire (Décret 93-78 du 13-1-1993 art. 22, al. 4) renvoient aux conditions d'agrément prévues par l'article L 228-24 du Code de commerce et l'article 10 de la loi du 31 décembre 1990 (alors même que le dernier al. de ce texte conduit à en exclure l'application aux SEL de professions juridiques ou judiciaires ; B. Dondero, Ordonnance relative à l'exercice en société des professions libérales réglementées : Rev. sociétés 2023 p. 271 n° 83).

25980 **Actions de société par actions simplifiée (SAS)** Par dérogation au principe de libre transmissibilité des actions, les statuts de SAS peuvent comporter des clauses d'agrément applicables aux transmissions à titre gratuit d'actions (C. com. art. L 227-14).

Les conditions d'agrément doivent alors être précisées dans les statuts (organe compétent, procédure, majorité, etc.). À défaut de précision, il convient de suivre les règles prévues par l'article L 228-24 du Code de commerce.

Sur la possibilité de prévoir, dans les statuts d'une SAS, l'exclusion des héritiers d'un associé décédé, voir A. Rabreau, L'éviction des héritiers d'actions de SAS : quels aménagements statutaires ? : Bull. Joly septembre 2011 n° JBS-2011-0337 p. 740.

Dans les **sociétés d'exercice libéral par actions simplifiées (Selas)** de « professions de santé » et de professions « techniques et du cadre de vie »**,** l'agrément de **« nouveaux associés »** est impératif. Il doit être « donné par les associés exerçant leur activité au sein de la société à la majorité des deux tiers » (Ord. 2023-77 du 8-2-2023 art. 77 et 93 ; Loi 90-1258 du 31-12-1990 art. 10, al. 5 ancien). Le texte qui ne fait aucune référence au mode d'acquisition des actions (cession ou transmission à titre gratuit) est donc applicable aux transmissions successorales d'actions.

> **Précisions** Pour les **Selas de « professions juridiques et judiciaires »,** les règles d'agrément relèvent de décrets. Ainsi les textes relatifs aux professions d'avocat (Décret 93-492 du 25-3-1993 art. 11, al. 2) et de notaire (Décret 93-78 du 13-1-1993 art. 22, al. 4) renvoient aux conditions d'agrément prévues par l'article L 228-24 du Code de commerce et l'article 10 de la loi du 31 décembre 1990. Or, aucun de ces textes ne fixe les conditions d'agrément pour les cessions d'actions de Selas. En effet, le premier d'entre eux a trait à la seule procédure d'agrément applicable aux cessions d'actions, et le second semble inapplicable aux SEL de professions juridiques ou judiciaires (en ce sens, B. Dondero, Ordonnance relative à l'exercice en société des professions libérales réglementées : Rev. sociétés 2023 p. 271 n° 83).
> **Attention,** en cas de refus d'agrément – ou d'exclusion pure et simple –, des héritiers se pose la question de la validité des **conventions relatives à la valorisation des titres non transmis.** Rappelons à ce propos qu'il a été récemment admis que le rachat d'actions d'associés exclus d'une Selas d'avocats puisse se faire, en application du règlement intérieur de cette société, à la valeur nominale des titres (Cass. 1e civ. 22-9-2021 n° 20-15.817 FS-B : BRDA 20/21 inf. 1, Dalloz Actualité 12-10-2021 obs. Ph. Touzet, Bull. Joly 11-2021 n° 200m8 p. 23 note J.-F. Barbièri, RTD com. 2021 p. 856 obs. J. Moury, Rev. sociétés 2022 p. 28 note J.-M. Garinot et R. Vabres, JCP E 2022 n° 1053 note B. Brignon). Mais, en l'absence de textes encadrant véritablement la transmission à titre gratuit d'actions de SAS, les aménagements conventionnels relatifs à la transmission par succession des actions de SAS ou de Selas doivent être rédigés avec prudence afin de ne pas contrevenir aux règles impératives du droit des successions, telle que celle de la prohibition des pactes sur succession future, ou d'entraîner une atteinte à la réserve héréditaire (sur ce point, voir A. Rabreau, L'éviction des héritiers d'actions de SAS : quels aménagements statutaires ? : Bull. Joly 09-2011 n° JBS-2011-0337 p. 740).

25985 **Actions de société en commandite par actions (SCA)** Les associés **commandités** d'une société en commandite par actions sont assimilés aux associés commandités de société en commandite simple (C. com. art. L 226-1, al. 2). La transmission de leurs droits obéit donc aux règles exposées pour la transmission des parts de commandités de société en commandite simple (n° 25895).

Les associés **commanditaires** d'une société en commandite par actions sont quant à eux assimilés aux actionnaires de société anonyme. La transmission de leurs actions obéit donc aux règles exposées pour la transmission d'actions (n° 25970).

On note pour en terminer que dans les **sociétés d'exercice libéral en commandite par actions (Selca),** « l'agrément de nouveaux actionnaires est donné par les associés commandités à la majorité des deux tiers » (Ord. 2023-77 du 8-2-2023 art. 79 pour les « professions de santé » et 95 pour les « professions techniques et du cadre de vie » ; Loi 90-1258 du 31-12-1990 art. 10, al. 4 ancien) ; ce qui revient à dire que l'agrément est nécessairement donné par les associés exerçants.

Les mêmes incertitudes que pour les **Selafa et Selas de « professions juridiques et judiciaires »** demeurent en l'état des décrets applicables à ces sociétés (voir n°s 25975 et 25980).

C. Propriété littéraire et artistique

DUALITÉ DE DROITS ISSUS DE LA PROPRIÉTÉ LITTÉRAIRE ET ARTISTIQUE

L'auteur d'une œuvre littéraire ou artistique (œuvres littéraires, œuvres chorégraphiques, compositions musicales, œuvres cinématographiques, illustrations, dessins, logiciels, créations des industries saisonnières de l'habillement, etc.) dispose sur celle-ci de **prérogatives** de deux natures : des droits moraux et des droits patrimoniaux. **26035**

1. DROITS MORAUX

ÉLÉMENTS CONSTITUTIFS

Les droits moraux recouvrent **quatre attributs,** qui sont reconnus à l'auteur d'une œuvre **de son vivant** : **26040**

– le droit de divulgation de l'œuvre, c'est-à-dire le droit de déterminer le procédé de divulgation et d'en fixer les conditions (CPI art. L 121-2) ;
– le droit à la paternité, qui consiste à faire connaître le nom de l'auteur ;
– le droit à l'intégrité, c'est-à-dire le droit au respect de l'œuvre ;
– le droit de retrait ou repentir, qui permet à l'auteur de revenir sur les conditions d'exploitation de son œuvre, même postérieurement à sa publication. L'auteur ne peut exercer ce droit qu'à charge d'indemniser préalablement le cessionnaire du préjudice que ce repentir ou ce retrait peut lui causer (CPI art. L 121-4). C'est un droit strictement personnel. Les héritiers de l'auteur n'en bénéficient pas.

Le droit au respect du nom, de la qualité et de l'œuvre de l'auteur a les **caractéristiques** suivantes : il est perpétuel, inaliénable et imprescriptible (CPI art. L 121-1, al. 3). L'auteur ne saurait y renoncer, notamment en abandonnant au cessionnaire de son œuvre, de façon préalable et générale, l'appréciation exclusive des utilisation, diffusion, adaptation, retrait, adjonction et changement auxquels il plairait à ce dernier de procéder (Cass. 1e civ. 2-4-2009 nº 08-10.194 F-D : RJDA 11/09 nº 1015).

DÉVOLUTION DU DROIT AU RESPECT DU NOM, DE LA QUALITÉ ET DE L'ŒUVRE DE L'AUTEUR

Le droit de l'auteur au respect de son nom, de sa qualité et de son œuvre lui survit. Il est, en **principe,** dévolu à ses **héritiers légaux** (CPI art. L 121-1, al. 4). **26045**

Toutefois, l'auteur peut en confier l'exercice à un tiers en vertu de **dispositions testamentaires** (CPI art. L 121-1, al. 5). La simple désignation d'un légataire universel y suffit, puisque « le légataire universel a vocation à recevoir l'universalité héréditaire et, en particulier, à devenir titulaire, même en présence d'héritiers réservataires, du droit moral de l'auteur » (Cass. 1e civ. 17-12-1996 nº 94-18.985 P : Dr. famille 1997 comm. 77 note B. Beignier). Bien sûr, le formalisme des testaments doit être respecté : le testament olographe irrégulier est nul et ne peut avoir pour effet de transmettre le droit moral de l'auteur (Cass. 1e civ. 28-5-2015 nº 14-14.506 FS-PB : BPAT 4/15 inf. 143).

DÉVOLUTION DU DROIT DE DIVULGATION DES ŒUVRES POSTHUMES

Seul le droit de divulgation des œuvres posthumes fait l'objet d'une **succession anomale** (CPI art. L 121-2) : sa transmission déroge aux règles de la succession ordinaire. Il a été jugé que le texte spécial de l'article L 121-2 du Code de la propriété intellectuelle ne s'appliquait pas aux autres attributs du droit moral (Cass. 1e civ. 11-1-1989 nº 87-11.976 : Bull. civ. I nº 9) **26050**

En priorité, le droit de divulgation appartient aux exécuteurs testamentaires désignés par l'auteur (CPI art. L 121-2, al. 2).

À défaut, ou après leur décès, et sauf volonté contraire de l'auteur, ce droit est dévolu à ses héritiers dans l'ordre suivant :

– descendants ;
– veuf non remarié et contre lequel n'existe pas de jugement de séparation de corps passé en force de chose jugée ;
– héritiers autres que les descendants qui recueillent tout ou partie de la succession ;
– légataire universel ou conjoint bénéficiaire d'une donation de biens à venir (CPI art. L 121-2, al. 2).

Il ne suffit pas au conjoint survivant d'être institué légataire universel pour primer les descendants : encore faut-il qu'il démontre suffisamment la volonté clairement exprimée du de cujus de déroger à l'ordre légal de dévolution du droit de divulgation de son œuvre posthume en lui confiant cet exercice (Cass. 1e civ. 20-2-2019 nº 17-18.415 F-D : Propr. intell. 2019 nº 72 p. 35, obs. A. Lucas.). L'épouse qui entend faire sanctionner au titre du droit moral la publication d'œuvres musicales posthumes de son mari ne peut exercer seule le droit de divulgation en présence de descendants (CA Paris 20-4-2022 nº 21/11689 : Propr. intell. 2022 nº 84, p. 46 s.).

Le droit de divulgation se transmet-il par suite du **décès du premier héritier** ? Rien ne semble devoir s'y opposer. Pourtant, se pose alors une seconde question, qui est de savoir s'il faut à nouveau appliquer l'ordre légal de dévolution propre au droit de divulgation ou bien revenir au droit commun de la dévolution légale. La jurisprudence ne s'est pas prononcée pour le moment (F. Pollaud-Dulian, Validité d'un procès-verbal de saisie-contrefaçon : la Cour de cassation fait sauter tous les mauvais obstacles : RTD. com. 2022 p. 273, à propos de Cass. 1e civ. 6-4-2022 nº 20-19.034 F-D, affaire dans laquelle le petit-fils de l'auteur qui agissait en contrefaçon n'avait pas à prouver qu'il avait reçu dans son patrimoine les droits d'auteur afférents aux œuvres en cause dès lors qu'il était devenu titulaire du droit de divulgation en application des règles spécifiques de dévolution énoncées par l'article L 121-2, al. 2 du CPI ; voir également Propr. Intell. 2022 nº 84 p. 44 obs. A. Lucas).

> **Précisions** **a.** La personne désignée par le défunt comme **titulaire exclusif** du droit de divulgation est seule habilitée à décider de la communication des œuvres posthumes au public, du choix de l'éditeur et des conditions de cette édition (Cass. 1e civ. 25-3-2010 nº 09-67.515 FS-PBRI : JCP G 2010 nº 439 obs. C. Caron).
> **b.** Une personne morale ayant pour objet de promouvoir et protéger l'œuvre de l'artiste défunt a **intérêt à agir** en justice sur le fondement de l'article 31 du Code de procédure civile pour faire respecter ce droit moral, sans avoir à démontrer au préalable le bien-fondé de son action (Cass. 1e civ. 27-11-2019 nº 18-21.532 F-PBI : Defrénois 2-7-2020 nº 161g3 p. 29 obs. B. Vareille).

2. DROITS PATRIMONIAUX

MONOPOLE D'EXPLOITATION

26080 Le monopole d'exploitation est l'une des deux **prérogatives** des droits patrimoniaux. Il recouvre en termes généraux tous les modes d'utilisation d'une œuvre (CPI art. L 122-1). Il **comprend** :
– le droit de représentation (CPI art. L 122-2), c'est-à-dire la faculté de communiquer l'œuvre au public par un procédé quelconque, de façon directe ou indirecte (exposition, interprétation sur scène ou par retransmission à distance, diffusion sur un support quelconque, etc.) ;
– le droit de reproduction (CPI art. L 122-3), qui consiste dans la fixation matérielle de l'œuvre par tous procédés permettant de la communiquer au public de manière indirecte (imprimerie, photographie, moulage, enregistrement, etc.).

DROIT DE SUITE

26085 Le droit de suite particulier aux productions graphiques ou plastiques originales tient compte de ce qu'une œuvre de ce type présente la particularité d'être étroitement liée à son support (CPI art. L 122-8 et R 122-3). Le droit de suite permet, en **principe,** à l'auteur de conserver le droit inaliénable de participer au produit de toute **revente** (réalisée, par hypothèse, après la première cession) lorsqu'un professionnel du marché de l'art intervient en tant que vendeur, acheteur ou intermédiaire. Il peut s'agir d'un commissaire-priseur, d'un galeriste, d'un antiquaire ou encore d'un marchand en ligne.

Par **dérogation,** ce droit ne s'applique pas lorsque le vendeur a acquis l'œuvre directement de l'auteur moins de trois ans avant cette vente et que le prix de vente ne dépasse pas 10 000 € (CPI art. L 122-8, al. 1). De la même manière, le droit de suite n'est pas exigible pour les ventes dont le prix ne dépasse pas 750 € (CPI art. R 122-5, al. 2).

Pour bénéficier du droit de suite, il est nécessaire d'avoir fait une **déclaration d'intention** publiée au Journal officiel.

Lorsqu'une revente intervient, le **prélèvement,** une fois opéré par le vendeur, est collecté par un organisme de gestion collective (Agadap, par exemple), qui répartit les droits au profit des auteurs qu'il représente. Ce prélèvement obéit à un taux fixe de 4 % pour le prix de revente ou la fraction de ce prix allant jusqu'à 50 000 € inclus, puis est dégressif par tranches pour ce qui excède ce seuil (CPI art. R 122-6).

DURÉE DE LA PROTECTION

26090 Les droits patrimoniaux de l'auteur sont protégés sa vie durant (CPI art. L 123-1, al. 1).

À sa mort, cette protection subsiste au profit de ses ayants droit durant l'année civile en cours et les 70 années qui suivent (CPI art. L 123-1, al. 2 et L 123-7, I-al. 1).

Ce principe connaît des **aménagements** :
– pour les œuvres de collaboration, l'année civile prise en considération est celle de la mort du dernier vivant des collaborateurs (CPI art. L 123-2, al. 1) ;
– pour les œuvres audiovisuelles, l'année civile prise en considération est celle de la mort du dernier vivant des collaborateurs suivants : l'auteur du scénario, l'auteur du texte parlé, l'auteur des compositions musicales avec ou sans paroles spécialement réalisées pour l'œuvre, le réalisateur principal (CPI art. L 123-2, al. 2) ;
– pour les œuvres pseudonymes, anonymes ou collectives, la durée du droit exclusif est de soixante-dix années à compter du 1er janvier de l'année civile suivant celle où l'œuvre a été publiée (CPI art. L 123-3, al. 1).

Cette durée de principe a été également prorogée d'un délai correspondant aux deux conflits mondiaux pour les œuvres antérieures (CPI art. L 123-8 et L 123-9), et de 30 ans si l'auteur ou l'artiste a été déclaré « mort pour la France » (CPI art. L 123-10).

USUFRUIT SPÉCIAL DU CONJOINT SURVIVANT

Pendant la période de protection légale ainsi délimitée, le conjoint survivant contre lequel **26095**
n'existe aucun jugement de séparation de corps passé en force de chose jugée bénéficie de l'**usufruit** du droit d'exploitation de l'auteur (CPI art. L 123-6) ainsi que du droit de suite pour les œuvres graphiques et plastiques (CPI art. L 123-7), à défaut de disposition de volonté contraire.

Cet usufruit est **acquis** au conjoint quel que soit son régime matrimonial, et indépendamment de ses droits successoraux sur les autres biens de la succession. Une dévolution aussi spécifique s'explique : le conjoint survivant est titulaire d'un **droit réel direct** qui prolonge celui de l'auteur post mortem. En effet, dans l'esprit même de la loi, il est réputé avoir été l'**inspirateur,** celui sans la présence de qui l'œuvre n'aurait jamais vu le jour (B. Vareille, La muse oubliée : l'usufruit légal du conjoint survivant sur les droits patrimoniaux résultant de la propriété littéraire et artistique : Mélanges P. Simler, Litec/Dalloz, p. 230 s.). Par conséquent, le veuf qui se remarie **perd** aussitôt le bénéfice de ses droits (CPI art. L 123-6, al. 2).

La nue-propriété suit les règles de la dévolution ordinaire.

> **Précisions** Les **tirages en bronze numérotés** ne relèvent pas du droit de reproduction (CPI art. L 123-6 dans sa rédaction antérieure à celle issue de loi 2006-728 du 23-6-2006), de sorte qu'ils n'entrent pas dans le champ d'application de l'usufruit du droit d'exploitation dont bénéficie le conjoint survivant (Cass. 1e civ. 22-5-2019 no 17-28.314 FS-PBI : BPAT 4/19 inf. 154). En fait de sculpture, la distinction entre reproduction et original, qui gouverne les droits du conjoint survivant, peut se résumer comme suit.
>
> Soit l'on a affaire à des **moulages** fondus d'après une matrice en plâtre ou en terre cuite réalisée par l'artiste lui-même et tirés en nombre restreint. En ce cas, chacune des statues est considérée comme de la main de l'artiste, quand bien même la fonte aurait été opérée après sa mort : ce sont en effet autant de véritables originaux (Cass. 1e civ. 18-3-1986 no 84-13.749 : Bull. civ. I no 71 ; Cass. 1e civ. 5-11-1991 no 90-13.528 : Bull. civ. I no 303). Désormais, pour ce qui est des bronzes, ces exemplaires ne sauraient excéder le nombre de douze, y compris les épreuves dites « d'artiste » (CPI art. R 122-3, al. 2-b). On était plus indulgent jadis : les amateurs se souviendront de « La petite danseuse de quatorze ans » de Degas, en cire, grand scandale à l'époque, dont le fondeur Hébrard tira une trentaine d'exemplaires posthumes disséminés par le monde comme autant d'originaux.
>
> Soit il s'agit d'un **surmoulage,** retirage d'après l'œuvre achevée, et il n'a valeur que de simple reproduction. Ainsi dans l'affaire de « La vague » de Camille Claudel, où des bronzes avaient été réalisés a posteriori d'après une sculpture alliant marbre, onyx et bronze (Cass. 1e civ. 4-5-2012 no 11-10.763 FS-PBI : JCP G 2012 no 27, 790, p. 1315 note A. Lucas-Schloetter, JCP G 2012 no 37, 978 p. 1650 obs. C. Caron).

En présence de descendants Il existe une particularité notable en présence de des- **26100**
cendants. L'**usufruit** est « **réduit** » à la quotité disponible ordinaire (CPI art. L 123-6, al. 1 in fine).

Il faut sans aucun doute entendre par là qu'il est **plafonné** à hauteur de cette dernière, dans la mesure où ce droit n'est pas, comme on l'a vu, une libéralité, même pas par détermination de la loi, mais bien un **droit direct,** procédant du rôle déterminant que la loi prête au conjoint survivant dans la naissance de l'œuvre, qui en fait une sorte de copropriétaire en jouissance (no 26095). Le texte d'origine visait d'ailleurs simplement une réduction de la « jouissance » (B. Vareille, La muse oubliée : l'usufruit légal du conjoint survivant sur les droits patrimoniaux résultant de la propriété littéraire et artistique : Mélanges P. Simler, Litec/ Dalloz, p. 230 s.). Étranger à tout animus donandi, ce **droit réel** ne saurait, par conséquent, être réductible au sens de l'article 921 du Code civil (B. Vareille, La muse oubliée : l'usufruit légal du conjoint survivant sur les droits patrimoniaux résultant de la propriété littéraire et artistique : Mélanges P. Simler, Litec/Dalloz, p. 230 s., no 9 ; dans le même sens, S. Ferré-André, obs. AJ fam. 2015. p. 503 sous Cass. 1e civ. 8-7-2015 no 14-18.850 FS-PB ; implicitement [à raison de l'exemple d'application développé], M. Grimaldi, obs. RTD civ. 2015. p. 920 sous le même arrêt). Au surplus, s'il s'agissait vraiment d'une réduction au sens technique du terme, elle devrait ne se déclencher qu'au-delà de la quotité disponible spéciale entre époux de l'article 1094-1 du Code civil.

EXEMPLE

Le défunt, auteur à succès insouciant, décède à la survivance de sa veuve et de son fils unique, en laissant pour toute succession ses droits d'auteur. Il semble bien que le texte doive être lu tout simplement comme ceci pour la **répartition des droits d'auteur** : la **veuve** reçoit l'usufruit de moitié des droits d'auteur (ainsi plafonnés à la quotité disponible), quelle qu'en soit la valeur, et le **fils du défunt** le restant, moitié en pleine propriété, moitié en nue-propriété. En pratique, ils se partagent donc les droits patrimoniaux par moitié.

26105 Une **question** reste entière : lorsqu'il existe également dans la succession des biens de toute autre nature, comme il est le plus fréquent, comment doit-on composer la **masse de calcul de la quotité disponible** en question ?

Il est admis que le conjoint de l'auteur dispose de **deux droits d'option distincts.** Cela conduit-il nécessairement à admettre que la succession se dédouble, succession littéraire ou artistique d'un côté et succession ordinaire de l'autre, pour les besoins de la liquidation ? La loi ne le précise pas.

Dans une première analyse, on peut considérer qu'il y a **deux successions distinctes,** l'une anomale et l'autre ordinaire, cloisonnées et indépendantes. Par conséquent, cela déterminerait deux réserves héréditaires. La quotité disponible ouverte à l'usufruit du conjoint de l'auteur serait calculée et plafonnée uniquement sur le monopole d'exploitation.

Selon une seconde interprétation, au contraire, il est permis de soutenir que l'on doit composer **une seule masse indistincte,** récapitulant tous les biens et droits du défunt, pour calculer une quotité disponible unique, qui permette de déterminer les vocations à toutes choses. Et que c'est seulement pour les besoins de la dévolution que succession anomale et succession ordinaire reprendront leurs droits.

Si l'on suit cette analyse, il faut composer une masse de calcul unique qui regroupe non seulement les biens successoraux de toutes natures, mais encore les libéralités entre vifs fictivement réunies, sur quoi est liquidée la quotité disponible ordinaire dont le montant est offert à l'usufruit spécial du conjoint (voir en ce sens, B. Vareille, La muse oubliée : l'usufruit légal du conjoint survivant sur les droits patrimoniaux résultant de la propriété littéraire et artistique : Mélanges P. Simler, Litec/Dalloz, 2006 p. 229, spéc. n°s 17 s. ; P. Y. Gautier, Propriété littéraire et artistique, PUF 10e éd., n° 405 ; M. Grimaldi : Droit des successions, LexisNexis 8e éd. 2020, n° 272 note 104 ; pour un avis ultérieur plus nuancé, M. Grimaldi, obs. précitées, RTD civ. 2015 p. 920). Du reste, l'article L 123-6 du Code de la propriété intellectuelle, pour viser l'étendue de la vocation normale, évoque les « autres biens de la succession ». Le texte semble donc considérer de façon implicite la succession de l'auteur comme un tout unitaire et indissociable. La différence est sensible, par exemple, avec le dernier alinéa de l'article 765 du Code civil, qui impose d'imputer la valeur du droit viager d'habitation sur celle des « droits successoraux » du conjoint et non de ses « autres » droits successoraux.

Or, comme on l'a vu, l'usufruit du conjoint survivant sur les droits d'auteur, à raison du postulat qu'il est réputé l'inspirateur de l'œuvre, n'est rien d'autre qu'un **droit direct de jouissance,** dont la succession n'est que le véhicule (n° 26095). Ne bénéficie-t-il donc pas d'une **priorité,** en raison de ce qu'il est d'une tout autre nature, un droit réel direct ? Il a donc été proposé d'admettre que le conjoint survivant se voit reconnaître la faculté d'exercer l'option successorale distributivement dans l'une ou l'autre des deux successions ; mais que, s'il accepte les deux successions à la fois, la succession spéciale par les biens auxquels elle s'applique puisse recevoir son expression la plus haute, dès lors que ses droits globaux dans la succession ne s'en trouvent pas augmentés (B. Vareille, précité, n°s 29 s.). Cela serait logique : l'usufruit sur l'œuvre, usufruit direct, n'est que viager, et sa durée peut outrepasser largement l'espérance de vie du conjoint survivant moyen.

La question reste à trancher en jurisprudence, et peut fournir, si elle se présente, matière à transaction.

EXEMPLE

Jean-Philippe, auteur à succès de romans philosophiques, décède à la survivance de sa veuve et de ses deux enfants, David et Laura. Sa succession se compose, suivant leurs valeurs appréciées au jour de l'ouverture de la succession, de droits d'auteur estimés à 600 et de biens de toutes natures valant 900 ; il a consenti à ses enfants des libéralités entre vifs en avance de part évaluées à la même date 1 200.

Dans la **première analyse,** la veuve ne reçoit l'usufruit des droits d'auteur qu'au prorata du taux de la quotité disponible ordinaire appliqué à ces derniers, soit 1/3 en présence de deux enfants.

En l'espèce, elle peut prétendre exercer l'usufruit spécial à concurrence du tiers des droits d'auteur (eux-mêmes estimés 600).

Dans la **seconde analyse,** la veuve peut prétendre à son usufruit spécial à concurrence du tiers de l'ensemble de la masse de calcul (2 700), soit 900. Autrement dit, elle est en mesure de recevoir sa vie durant l'entier monopole en jouissance de tous les droits d'auteur, avant de prendre ensuite sa place, pour le complément de sa vocation ab intestat (ainsi l'usufruit légal prévu par l'article 757 du Code civil et le droit viager d'habitation de l'article 764 du même Code), dans la dévolution du restant.

Certes, ce schéma est perturbé si le de cujus a consenti des préciputs qui épuisent la quotité disponible ainsi calculée (M. Grimaldi, obs. précitées, RTD civ. 2015 p. 920) ; mais cela tient à ce que le conjoint n'est pas non plus réservataire en usufruit sur les droits d'auteur (n° 26100), et qu'il peut donc être privé de tout droit par le défunt.

LIBÉRALITÉ À CAUSE DE MORT PORTANT SUR LE DROIT D'EXPLOITATION

Une libéralité universelle consentie au profit du conjoint survivant emporte transmission du **monopole d'exploitation** de l'œuvre à son profit. L'usufruit universel que procure l'article 1094-1 du Code civil s'exerce même sur les droits relevant de la succession anomale, sans qu'il soit besoin d'une quelconque autre disposition particulière (Cass. 1e civ. 8-7-2015 n° 14-18.850 FS-PB : AJ fam. 2015 p. 503 obs. S. Ferré-André, RTD com. 2015 p. 503 obs. F. Pollaud-Dulian, RTD civ. 2015 p. 920 obs. M. Grimaldi ; B. Vareille, La donation de biens à venir au conjoint survivant de l'écrivain : JCP N 2015 art. 1165). De ce même arrêt, il semble résulter en outre que l'unité fondamentale de la succession est admise de façon implicite (les juges énonçant que le conjoint survivant est donataire de l'usufruit de la totalité des biens de « la » succession) ; voir nos 26095 s. 26110

À l'inverse, l'auteur d'une œuvre conserve la faculté de priver son conjoint de l'usufruit spécial exercé sur le monopole d'exploitation. Autrement dit, le droit d'usufruit du conjoint survivant, pour direct qu'il soit, ne constitue en aucun cas une réserve instituée en sa faveur. Le défunt peut **exhéréder son conjoint survivant** du monopole d'exploitation au profit d'autrui.

DÉVOLUTION DU DROIT DE SUITE

Après le décès de l'auteur, le droit de suite est dévolu **en principe** à ses héritiers ordinaires pour la nue-propriété et à son conjoint pour l'usufruit prévu à l'article L 123-6 du CPI. Cette dévolution légale était impérative depuis l'entrée en vigueur de la loi 57-298 du 11 mars 1957 sur la propriété littéraire et artistique. Et il avait été jugé que cette impérativité n'était en rien contraire à la Constitution (W. Hannecart-Weyth, Nouvel épisode dans le feuilleton du droit de suite, la dévolution anomale aux seuls héritiers légaux et non testamentaires est conforme à la Constitution : RJPF 11/2012 p. 9 s.). 26115

Saisi d'une question prioritaire de constitutionnalité (Cass. 1e civ. QPC 11-7-2012 n° 12-40.039 FS-D), le Conseil constitutionnel a décidé que, bien que réservant le droit de suite aux héritiers à l'exclusion expresse des légataires, les dispositions de l'article L 123-7 ancien du Code de la propriété littéraire et artistique ne contrevenaient pas au principe d'égalité consacré par la Déclaration des droits de l'Homme et du citoyen (Cons. const. 28-9-2012 n° 2012-276 QPC : RTD civ. 2012 p. 759 obs. M. Grimaldi, AJ fam. 2012 p. 628 obs. N. Levillain, W. Hannecart-Weyth précité).

Cette interdiction n'en suscitait pas moins des **critiques** récurrentes. On lui reprochait notamment de faire obstacle à tout legs à la concubine de l'artiste, à une fondation artistique, voire à un musée. De plus, un tel dispositif demeurait très singulier en droit comparé. Plusieurs voix en appelaient donc à une réforme.

La dévolution légale a cessé d'être impérative depuis l'entrée en vigueur de la loi 2016-925 du 7 juillet 2016 : désormais, l'auteur peut transmettre le droit de suite par un **legs** à la personne de son choix (CPI art. L 123-7, I-al. 2 modifié par loi 2016-925 du 7-7-2016 : T. Azzi et S. Auger, Les nouvelles règles de dévolution successorale du droit de suite [ou comment transformer une bonne idée en un mauvais texte] : D. 2016 p. 2416). 26116

La loi précise toutefois de façon assez énigmatique qu'un tel legs ne vaut que « **sous réserve des droits des descendants et du conjoint survivant non divorcé** ». Cela paraît bien vouloir renvoyer assez maladroitement à la **réserve héréditaire** des articles 913 et 914-1 du Code civil, laquelle borne ainsi le legs du droit de suite dans des conditions liquidatives qui restent à préciser.

Par ailleurs, la loi ne distinguant pas, il n'y a pas lieu de distinguer, pour caractériser la transmission volontaire du droit de suite, entre **legs particulier** et **legs à titre universel** ; en revanche, le legs universel fait l'objet d'un traitement particulier comme il est dit ci-dessous (CPI art. L 123-7, I-al. 3).

En effet, ce n'est qu'en l'**absence d'héritier et faute de legs** du droit de suite que ce dernier revient au **légataire universel** ou, à défaut, au détenteur du droit moral (CPI art. L 123-7, I-al. 3). Cela donne à entendre qu'en présence de n'importe quel héritier, serait-il non-réservataire, le légataire universel n'accède pas au droit de suite, de sorte qu'un cousin éloigné méconnu venant au degré utile primerait sur le droit de suite de la concubine du défunt, si du moins celle-ci est légataire universelle plutôt que légataire à titre particulier du droit de suite (T. Azzi et S. Auger, précité, n° 13). Tant que la jurisprudence n'a pas précisé ces solutions paradoxales, le praticien attentif aux volontés de l'artiste veillera à doubler le legs universel d'un legs particulier du droit de suite.

Enfin, en l'**absence d'ayant droit connu, ou** en cas de **vacance ou** de **déshérence,** le tribunal judiciaire peut confier le bénéfice du droit de suite à un organisme de gestion collective agréé par arrêté du ministre chargé de la culture (CPI art. L 123-7, II).
Les dispositions nouvelles s'appliquent aux successions ouvertes depuis le 8 juillet 2016 ; elles sont également applicables aux successions ouvertes avant cette date, y compris celles qui auraient été réglées à cette date, lorsqu'il n'existe aucun héritier régulièrement investi du droit de suite en application des règles de transmission en vigueur au jour du décès (Loi 2016-925 du 7-7-2016 art. 31, II ; Rép. Leleux : Sén. 16-11-2017 n° 548 : BPAT 1/18 inf. 33)

ÉVALUATION DES ŒUVRES DE L'ESPRIT

26120 L'évaluation des œuvres de l'esprit, que ce soit pour les besoins de la liquidation (détermination de la quotité disponible) ou en vue du partage (allotissements) est **particulièrement délicate.** En effet, elle suppose de prendre un parti catégorique sur le dynamisme de l'œuvre pour les 70 ans à venir. Or il est à peu près impossible de préfigurer le succès qu'une œuvre connaîtra dans l'avenir.
La valeur du capital représentatif des droits d'auteur ne peut être appréciée qu'à partir de l'évaluation de ses produits, c'est-à-dire des fruits qu'il a procurés par le passé et de ceux qu'il est susceptible d'engendrer pour l'avenir. C'est donc le montant estimé des revenus globaux des droits d'auteur qui doit permettre de déterminer la valeur du capital correspondant.

Sur le plan **fiscal,** deux méthodes peuvent être retenues : la première empirique, la seconde mathématique.

La méthode **empirique** est celle préconisée par l'administration fiscale pour l'évaluation du patrimoine (F. Sauvage, L'évaluation des droits d'auteur dans la déclaration de succession : JCP N 1990 n° 1492 ; M. de los Santos et P.-A. Guilbert, Succession et droits d'auteur : particularités civiles et fiscales, JCP N 2014 n° 1204). Elle consiste à appliquer un coefficient (K) à la moyenne des droits perçus par l'auteur au cours des trois années précédant le décès.
Valeur à retenir = [(Somme des revenus année N – 1, N – 2, N – 3)/3] × K
Une variante de cette méthode consiste à retenir une moyenne annuelle pondérée des revenus des trois dernières années civiles, en favorisant l'année précédant le décès.
Moyenne pondérée = [(revenus année N – 1 × 3) + (revenus année N – 2 × 2) + (revenus année N – 3 × 1)]/6
Valeur à retenir : Moyenne pondérée × K
Les revenus à prendre en compte s'entendent, selon l'administration (Guide de l'évaluation des biens, édité en 1989 par la Direction générale des impôts, page 158), de l'ensemble des droits perçus au cours de la période de référence, quelle que soit leur origine, quelle que soit la façon dont ces droits ont été déclarés et imposés.
La fixation du coefficient à appliquer à la moyenne pondérée des droits d'auteur pour estimer la valeur vénale de la propriété littéraire et artistique s'avère délicate. Les éléments pouvant influer sur la valeur vénale sont aussi divers que difficiles à apprécier : nature et qualité intrinsèque de l'œuvre, notoriété de l'écrivain ou de l'artiste, goûts du public, phénomènes de mode, durée prévisible d'exploitation de l'œuvre, etc.
Dans son guide de l'évaluation publié en 1989, la Direction générale des impôts indique que le coefficient K peut varier de 1 à 5, selon la nature des droits (propriété littéraire ou artistique) et la notoriété de l'artiste.
La méthode **mathématique** est fondée sur le fait que le droit d'auteur, dont la valeur patrimoniale est recherchée, est représentatif d'un capital payable par fractions annuelles, pendant la période de protection. La valeur de ce capital correspond à la somme actualisée des rentes annuelles de droit d'auteur.

Cette méthode peut être recoupée ou combinée avec la méthode empirique.

Toutefois, les estimations fiscales ne s'imposent pas en matière de **liquidation et** de **partage civils.** À cet égard, la question reste névralgique. L'appréciation du dynamisme d'une œuvre à si longue échéance est en réalité quasi impossible. Celui qui reçoit les droits d'auteur en partage assume dans des proportions imprévisibles un risque de perte ou une chance de gain.

Qui aurait su prédire en 1944, à l'ouverture de la succession d'Antoine de Saint-Exupéry, mort pour la France, que le conte « Le Petit Prince » serait aujourd'hui l'un des cinq ouvrages les plus vendus par le monde ? Ou que l'admirable Jules Romains serait quasiment oublié de nos contemporains ?

L'évaluation des droits d'auteur pourrait donc faire l'objet d'une transaction civile, lors de la composition des lots, pour tenir compte à l'attributaire des droits patrimoniaux des incertitudes auxquelles il s'expose.

D. Souvenirs de famille

NOTION DE SOUVENIRS DE FAMILLE

Le Code civil ne donne pas de définition des souvenirs de famille, pas plus qu'il ne règle la question de leur dévolution. Cette notion est d'origine prétorienne. **26170**

Entendue au **sens juridique,** cette locution désigne des biens meubles chargés d'une importante valeur morale et symbolique pour la famille. Ces biens sont étroitement rattachés à celle-ci et témoignent de son histoire, quelle qu'en puisse être la valeur patrimoniale. Le plus souvent, ils sont « en rapport direct » avec la mémoire d'un personnage marquant pour l'histoire de la famille (Cass. 2e civ. 29-3-1995 no 93-18.769 : Bull. civ. II no 115, D. 1995 somm. p. 330 note M. Grimaldi).

Il s'agit, par **exemple,** de médailles, diplômes, portraits de famille ou d'ancêtres, archives familiales, correspondances, titres de noblesse, armes de guerre ou d'honneur, albums de photos, biens ou données numériques (voir no 26500), etc.

S'agissant d'une dérogation aux règles légales, la **jurisprudence** est très restrictive : elle exige qu'il s'agisse de biens dont la valeur familiale, morale et affective est suffisamment profonde pour évoquer directement le passé familial et surpasser leur valeur vénale. Les juges du fond apprécient souverainement si les conditions sont réunies de la qualification de souvenirs de famille. Toutefois, ils ne peuvent pas l'accorder à des documents et lettres qui ne concernent pas la famille, n'émanent pas de ses membres et ne lui sont pas adressés (Cass. 1e civ. 21-2-1978 no 76-10.561 : Bull. civ. I no 71, Defrénois 1978 art. 31764). **26175**

De façon générale, la qualification de souvenir de famille est difficilement admise.

ILLUSTRATIONS

Le seul fait qu'un bien eût été possédé par la famille depuis plusieurs générations, qu'il représente un ancêtre ou qu'il ait un caractère historique, **ne suffit pas** à caractériser la relation étroite devant exister entre le bien et la famille **pour recevoir la qualification de souvenir de famille** (CA Agen 13-1-2009 no 08/00810).

De même, le caractère historique des biens, la perpétuation de leur possession par la famille et l'apposition sur ces biens des armes de la famille ne suffisent pas à leur conférer une valeur morale telle qu'ils puissent être qualifiés de souvenirs de famille (Cass. 1e civ. 12-11-1998 no 96-20.236 : Bull. civ. I no 311).

INDIVISION FAMILIALE PERPÉTUELLE

Les biens qualifiés de souvenirs de famille demeurent en indivision, sauf convention contraire (dispositions de dernière volonté ou accord amiable entre les membres de la famille). Cette **protection particulière** a pour objet d'éviter leur dispersion. La doctrine avance tantôt l'idée d'une « propriété collective » (F. Zenati, La propriété collective existe-t-elle ? : Mélanges G. Goubeaux, Dalloz-LGDJ, 2009, 589), tantôt celle d'une « copropriété indivise familiale », pour surmonter l'objection que la famille n'a pas la personnalité morale (J.-Cl. Notarial Formulaire, vo Indivision fasc. 10 par F. Collard no 141 ; F. Terré, Y. Lequette et S. Gaudemet : Droit civil. Les successions. Les libéralités, Dalloz 4e éd. 2014, no 242). Concernant le plus fréquemment les familles détentrices d'un titre nobiliaire, le régime juridique des souvenirs de famille a pu être présenté comme **26180**

« le volet ou le complément patrimonial » des règles nobiliaires (C. Pérès et C. Vernières : Droit des successions, PUF 2018, nº 380).

Quoi qu'il en soit, ceux qui retiennent la qualification indivise admettent que l'indivision spécifique qui s'applique aux souvenirs de famille **échappe** aux **règles de droit commun de l'indivision** (M. Grimaldi : Droit des successions, LexisNexis 8e éd. 2020, nº 275 ; Dalloz Action Droit patrimonial de la famille 2021/2022, dir. M. Grimaldi, v. Successions anomales, nº 235-222 par C. Vernières ; F. Terré, Y. Lequette et S. Gaudemet, précité). En particulier, nul ne peut provoquer le partage des biens de famille, ni disposer au profit d'un tiers de son droit sur eux. Il est d'ailleurs à se demander si ce caractère perpétuel de l'indisponibilité des souvenirs de famille résisterait à une confrontation avec le principe de proportionnalité qui progresse constamment dans notre droit positif (C. Pérès et C. Vernières : Droit des successions, PUF 2018, nº 380).

C'est l'existence de cette indivision sui generis perpétuelle qui justifie que les souvenirs de famille **échappent** également aux **règles ordinaires de la dévolution successorale et du partage** (Cass. 1e civ. 21-2-1978 nº 76-10.561 : Bull. civ. I nº 71 ; Cass. 1e civ. 29-11-1994 nº 92-21.993 : Bull. civ. I nº 354, RTD civ. 1995 p. 663 obs. J. Patarin).

RÉGIME SPÉCIFIQUE

26185 Les principes applicables aux souvenirs de famille ont été dégagés par la **jurisprudence.**

La qualification de souvenirs de famille emporte la mise en œuvre d'un régime dérogatoire de transmission. Si ces biens sont confiés à un membre de la famille, c'est seulement à titre de **dépôt.** Il ne saurait invoquer la règle « en fait de meubles, la possession vaut titre » (C. civ. art. 2276, al. 1) pour prétendre en avoir acquis la propriété.

La dévolution des souvenirs de famille s'analyse donc en un **changement de dépositaire** : il ne s'agit ni d'une succession anomale, puisqu'il n'y a pas transfert de la propriété du bien, ni d'une attribution préférentielle, faute de partage de l'indivision familiale perpétuelle. Il ne s'agit donc pas à proprement parler d'une transmission successorale.

26190 **Désignation du nouveau dépositaire** Est désigné celui des membres de la famille qui est **le mieux qualifié** pour les détenir. C'est pourquoi le dépositaire n'est pas nécessairement l'héritier ayant le lien de parenté le plus proche avec le défunt. Sa désignation résulte d'un accord amiable entre les héritiers ou, à défaut, d'une décision de justice (Cass. 1e civ. 21-2-1978 nº 76-10.561 : Bull. civ. I nº 71 ; Cass. 1e civ. 29-11-1994 nº 92-21.993 : Bull. civ. I nº 354, RTD civ. 1995 p. 663 obs. J. Patarin). Nul ne peut donc être désigné comme futur dépositaire des souvenirs de famille avant le décès de l'actuel (Cass. 1e civ. 30-10-2007 nº 05-14.258 F-D).

26195 **Pouvoirs du dépositaire** Le dépositaire doit présenter les souvenirs de famille aux autres membres de la famille qui en font la demande, en leur fournissant le libre **accès** à ces biens.

Les souvenirs de famille sont **indisponibles** entre ses mains.

C'est pourquoi les membres de la famille peuvent s'opposer au projet de vente du dépositaire par une saisie-revendication (Cass. 2e civ. 29-3-1995 nº 93-18.769 : Bull. civ. II nº 115, D. 1995 somm. p. 330 note M. Grimaldi).

De même, aucune **libéralité** ne peut avoir pour objet un souvenir de famille (pour une illustration, Cass. 1e civ. 30-10-2007 nº 05-14.258 F-D : Petites affiches 7-4-2008 nº PA200807003 p. 18 note J.-F. Barbièri). Dans la liquidation de la succession du dépositaire précédent, la question du rapport à la succession d'une donation portant sur un souvenir de famille ne saurait donc se poser. De la même manière, les biens meubles constituant des souvenirs de famille ne sont pas pris en compte au titre de la réunion fictive des donations en vue de leur imputation (C. civ. art. 922), ni pour la détermination de la masse à partager (C. civ. art. 825).

E. Concessions dans les cimetières

CARACTÉRISTIQUES DES CONCESSIONS

26245 Une concession funéraire **se définit** comme un emplacement de terrain nu situé à l'intérieur d'un cimetière que la commune attribue à un particulier, moyennant le versement d'une somme d'argent (CGCT art. L 2223-15, al. 1), afin qu'il puisse s'y faire inhumer, ainsi le cas échéant que d'autres personnes, le plus souvent les membres de sa famille (CGCT art. L 2223-13).

La concession **désigne aussi** le contrat de mise à disposition d'une parcelle de terrain aux fins d'inhumation qui lie le titulaire initial, désigné comme le « fondateur », à la commune.

On parle de sépulture une fois qu'une première personne a été inhumée dans la concession.

La sépulture dans le cimetière communal est **due par la commune** à quatre catégories de personnes (CGCT art. L 2223-3) :
– les personnes décédées sur son territoire, quel que soit leur domicile ;
– les personnes domiciliées sur son territoire, alors même qu'elles seraient décédées dans une autre commune ;
– les personnes non domiciliées dans la commune mais qui y ont droit à une sépulture de famille ;
– les Français établis hors de France n'ayant pas une sépulture de famille dans la commune et qui sont inscrits ou remplissent les conditions pour être inscrits sur la liste électorale de celle-ci en application des articles L 12 et L 14 du Code électoral.

En dehors de ces cas, c'est au maire de la commune qu'incombe la décision.

Toute personne peut également se faire inhumer dans une **propriété privée** à la double condition que (CGCT art. L 2223-9 et R 2213-32) : 26247
– la propriété soit située à une distance minimale de toute agglomération ;
– une autorisation du préfet du département où la propriété est située ait été obtenue (autorisation donnée après avis d'un hydrogéologue agréé).

Ce type d'autorisation est purement individuel : si un proche de la personne inhumée souhaite être enterré à ses côtés, il faudra demander, après son décès, une nouvelle autorisation.

ATTENTION

Les **personnes morales,** et notamment les associations, ne peuvent pas être titulaires d'une concession funéraire (Rép. Dussopt : AN 6-5-2014 n° 1158). De la même manière, une personne morale ne peut pas assurer le renouvellement d'une concession arrivée à terme.

DROIT RÉEL DE JOUISSANCE ET D'USAGE

Le cimetière appartient au **domaine public** de la commune (CE 28-6-1935 : DP 1936 III p. 20). Le contrat de concession funéraire qui a pour objet l'occupation du domaine public, est un contrat administratif (CE ass. 21-10-1955 : Lebon p. 491). 26250

Il n'entraîne pas de transfert de **propriété** de la parcelle de terrain. Le concessionnaire est titulaire d'un droit réel immobilier de jouissance et d'usage avec affectation spéciale (l'inhumation d'une ou plusieurs personnes) et nominative (Cass. 1e civ. 23-3-1977 n° 75-14.445 : Bull. civ. I n° 150, JCP G 1977 n° 18658).

Les concessions funéraires sont **hors du commerce** et par suite incessibles selon les modes ordinaires de transmission des biens (Cass. 1e civ. 25-3-1958 : D. 1958 p. 352). Elles ne peuvent pas faire l'objet d'une mutation à titre onéreux mais elles peuvent être transmises à titre gratuit (nos 26275 s. et 26310 s.).

Le droit réel immobilier du concessionnaire s'étend, par accession, au **monument funéraire** édifié sur la concession ; peu importe qu'il l'ait été par un tiers (Cass. 1e civ. 13-5-1980 n° 78-15.405 : Bull. civ. I n° 147). Il s'agit là du principe classique d'accession. La doctrine retient parfois que le droit de propriété du concessionnaire sur les monuments et caveaux funéraires serait, suivant une jurisprudence ancienne, une pleine propriété au sens du Code civil, à la différence du droit réel sur le terrain, droit réel d'usage seulement (en ce sens, D. Georges Lavroff, Encyclopédie des collectivités locales, Domaine des collectivités locales : biens du domaine public affecté à l'usage du public, Chap. 1 (Folio n° 5110) n° 83, citant un arrêt, Cass. 12-02-1901. 1. 233). Cette qualification paraît pourtant contraire au principe classique d'accession par incorporation (C. civ. art. 551) qui confère au bien incorporé la même nature juridique que le bien support : le monument funéraire doit avoir la même qualification que le sol auquel il est incorporé. La qualification de droit réel d'usage doit donc être préférée. Le droit réel d'usage sur le monument, ainsi incorporé au droit du concessionnaire, est, comme ce droit, hors du commerce en ce qu'il résulte de la concession, et ne peut donc être acquis par prescription (Cass. 1e civ. 13-5-1980 n° 78-15.405 précité).

› Précisions Malgré sa nature de droit réel immobilier, le contrat de concession funéraire ne relève pas des opérations soumises à **publicité foncière** par le décret 55-22 du 4 janvier 1955. D'ailleurs, en pratique, sa publication ne pourrait être opérée, faute d'individualisation au cadastre de chacun des emplacements du cimetière, lesquels se trouvent de surcroît sur le domaine public. Par ailleurs, le contrat de concession perpétuelle bénéficie d'une dispense d'**enregistrement** pour les actes établis depuis le 1er janvier 2020 (CGI art. 637 bis).

CONCESSION INDIVIDUELLE, COLLECTIVE OU FAMILIALE

26255 La concession **individuelle** ne peut accueillir qu'une seule personne, celle au profit de laquelle elle a été acquise. Personne d'autre ne peut y trouver place, même si l'intéressé a finalement été inhumé ailleurs. La seule possibilité qu'auront les héritiers sera de rétrocéder la concession à la commune.

Une concession est **collective** lorsque l'acte de concession, c'est-à-dire le contrat conclu avec la commune, contient une liste nominative de plusieurs personnes pouvant y être inhumées. Par exemple, la concession achetée par un couple afin de reposer côte à côte est une concession collective. Mais l'acte de concession peut aussi mentionner des personnes sans lien de famille avec le titulaire de la concession.

En principe, une concession **familiale** a vocation à accueillir, outre le fondateur lui-même :
- son conjoint ;
- ses ascendants (parents et grands-parents) ;
- ses descendants (enfants, petits-enfants et ainsi de suite), ainsi que leurs conjoints ;
- ses alliés.

Ces règles s'appliquent sauf volonté contraire du défunt (n° 26275), lequel peut exclure certains membres de sa famille du droit de reposer dans la sépulture familiale pour quelque raison que ce soit, par exemple pour mésentente familiale ou manque de place dans la sépulture.

DIFFÉRENTES DURÉES DES CONCESSIONS

26260 Les concessions funéraires peuvent être accordées pour une durée illimitée – on parle alors de concessions **perpétuelles** – ou pour une période de temps déterminée : elles sont alors **temporaires, trentenaires ou cinquantenaires** (CGCT art. L 2223-14).

Variable selon les communes, la durée des concessions temporaires est nécessairement supérieure à 5 ans et au plus égale à 15 ans. En pratique, elles sont souvent de 10 ou 15 ans. Comme leur nom l'indique, les concessions trentenaires et cinquantenaires sont accordées respectivement pour 30 et 50 ans.

Les communes ne peuvent plus créer de concessions **centenaires** depuis 1959 (Ord. 59-33 du 5-1-1959), mais celles instituées avant cette date subsistent encore dans certains cimetières.

En règle générale, les cimetières ne proposent pas les quatre types de concessions. En outre, la commune peut décider à tout moment de supprimer une catégorie de concession. Dans ce cas, la décision prise ne vaut que pour l'avenir ; les concessions perpétuelles subsistent ; les concessions temporaires, trentenaires ou cinquantenaires restent renouvelables.

26265 **Renouvellement des concessions à durée limitée** Les concessions temporaires, trentenaires et cinquantenaires peuvent être renouvelées, c'est-à-dire reconduites pour une durée identique à leur durée initiale (CGCT art. L 2223-15, al. 2). Les communes ont également la faculté de proposer le renouvellement pour une durée plus courte (Rép. Masson : Sén. 20-8-2009 n° 9563).

Le renouvellement est un **droit** (par exemple, CE 9-5-2005 n° 262977 : Lebon p. 186), c'est-à-dire qu'il est nécessairement accordé, à une seule condition : la demande doit avoir été faite dans les deux ans de la date d'expiration de la concession (CGCT art. L 2223-15, al. 3 et 4). Les communes sont tenues d'informer par tout moyen les concessionnaires et leurs ayants cause de l'existence de ce droit de renouvellement (CGCT art. L 2223-15, al. 4 modifié par loi 2022-217 du 21-2-2022). Attention à l'expiration du **délai** : la commune n'est tenue ni de la notifier à la famille, même si elle sait où joindre celle-ci, ni de publier ou d'afficher un avis à ce sujet (CE 26-7-1985 n° 36749 : Lebon T. p. 524).

Le **tarif** du renouvellement est celui applicable à la date d'expiration de la concession (CE 21-5-2007 n° 281615).

> **Précisions a.** Le renouvellement de la concession ne peut pas porter atteinte au droit des héritiers du fondateur (ou des éventuels autres bénéficiaires désignés par le fondateur) d'y être inhumés. Il s'ensuit que le bénéfice de la concession renouvelée ne peut pas être réservé à **l'héritier qui a effectué le renouvellement** (CAA Nancy 2-3-2006 n° 03NC00739 ; Rép. Masson : Sén. 9-2-2017 n° 24746).
> **b.** Même si le **renouvellement** a été **obtenu par une personne sans qualité pour le demander,** la concession reste indivise entre les héritiers, qui peuvent en demander le renouvellement ultérieur (CE 9-5-2005 n° 262977 : Lebon p. 186).
> **c.** Lorsque la concession cesse d'être entretenue pendant 30 ans, les terrains affectés à cette concession peuvent être repris par la commune. Cette reprise suppose l'établissement d'un premier procès-verbal constatant l'**état d'abandon** qui doit être porté à la connaissance du public et des familles. Passé un délai d'un an à compter de cette publicité, le conseil municipal se prononce sur la **reprise** ou non de la concession sur saisine du maire, dans la mesure où la concession est toujours en état d'abandon (CGCT art. L 2223-17 modifié par loi 2022-217 du 21-2-2022 art. 237).

Conversion des concessions à durée limitée Les concessions à durée limitée peuvent parfois faire l'objet d'une conversion, c'est-à-dire être transformées en concessions de plus longue durée (CGCT art. L 2223-16) : une concession temporaire peut être convertie en concession trentenaire, cinquantenaire ou perpétuelle, une concession trentenaire en concession cinquantenaire ou perpétuelle et une concession cinquantenaire en concession perpétuelle. La transformation d'une concession peut impliquer un déplacement de la sépulture. 26270

Le maire ne peut refuser la conversion, sauf si la durée demandée ne correspond pas à une catégorie de concessions proposée par la commune (TA Strasbourg 19-10-2011 n° 1001127).

DÉVOLUTION LÉGALE DE LA CONCESSION FUNÉRAIRE

La concession funéraire est transmise selon les règles de **droit commun** de la dévolution successorale, à défaut pour le défunt d'avoir pris des dispositions particulières à ce sujet par donation ou testament et sous réserve du contenu du contrat de concession. Elle revient aux héritiers du concessionnaire (CGCT art. L 2223-13). En présence de plusieurs héritiers, la concession devient un bien de famille. Il s'agit d'une concession dite « familiale » (n° 26255). Chaque héritier a le droit d'y être inhumé, sauf disposition contraire. Le **contrat de concession** peut contenir une clause par laquelle le fondateur désigne les personnes qui peuvent être inhumées. De la même manière, il peut exclure tout ou partie des membres de sa famille en les privant du droit d'être inhumés. 26275

Cette transmission n'est toutefois pas liée au règlement de la succession. Elle se fait « **hors succession** » (P. Viudès et C. Albouy, L'intervention de l'administration dans le règlement des successions : Cridon Sud-Ouest, Coll. Brochures n° 5, 09-2012, n° 54). En découlent les conséquences suivantes :
– l'exercice de l'option successorale par l'héritier est sans incidence sur la transmission de la concession funéraire ;
– la concession n'entre ni dans la masse de calcul de la quotité disponible ni dans celle des droits du conjoint survivant ;
– la transmission de la concession n'est susceptible ni de licitation, ni de partage ;
– la concession funéraire ne peut pas être attribuée de manière exclusive à l'un des indivisaires, sauf accord unanime de tous.

Au demeurant, un **monument funéraire** constitue un édifice auquel s'appliquent les articles 516 et suivants du Code civil ; de sorte qu'un groupe sculpté qui surmonte une tombe a perdu son individualité lorsqu'il a été incorporé au monument funéraire : l'arrêté inscrivant une sépulture parmi les monuments historiques s'applique donc à l'intégralité de ce bien immobilier (voir dans l'affaire du Baiser de Brancusi CE 2-7-2021 n° 447967 : BPAT 5/21 inf. 247 ; et pour une critique de l'arrêt de la cour administrative d'appel de Paris du 11-12-2020 n° 18PA02011, B. Vareille, Sépulture ou sculpture, saccage ou héritage, baiser sacré ou baiser volé, Propos iconoclastes sur une décision qui ne l'est pas moins : Mélanges en l'honneur de la professeure Annick Batteur, LGDJ 2021).

DROITS DU CONJOINT SURVIVANT DU FONDATEUR

Lorsque la concession a été **acquise par les deux époux,** ils sont cofondateurs et ont les mêmes prérogatives. Il s'agit d'un « droit de copropriété indivise » (M. Perrier-Cussac, Les droits du titulaire d'une concession funéraire : JCP N 1990 n° 101171). Le conjoint survivant peut faire inhumer dans le tombeau tous ses enfants, même issus d'une autre union, ainsi que ses conjoints successifs, sous réserve de respecter les droits des héritiers du cofondateur de la concession funéraire (Rép. Deseyne : Sén. 1-10-2015 n° 15759). 26280

En cas de **divorce,** la concession ne peut pas être partagée et reste en indivision entre les ex-époux. Tout au plus l'un des deux époux peut-il renoncer à ses droits en faveur de l'autre.

Sauf si le fondateur a exprimé une volonté contraire, son conjoint qui n'est **pas cotitulaire** de la concession, dispose d'un droit à être inhumé dans la concession au même titre que les descendants du fondateur (Rép. Laffineur : AN 21-5-1990 n° 25888). Mais, contrairement à ces derniers, il bénéficie à cet égard d'un droit purement individuel : il n'hérite pas de la concession (sauf donation au dernier vivant ou legs par son conjoint). Par conséquent, il ne peut pas imposer l'inhumation de ses propres enfants issus d'un autre lit.

Droits du second conjoint La Cour de cassation reconnaît l'existence d'un droit propre du second conjoint à être inhumé dans la concession fondée ou cofondée par son époux (Cass. 1e civ. 10-11-1970 n° 68-14.447 : Bull. civ. I n° 298), sauf s'il en a été privé par celui-ci (CA Paris 12-1-1939 : RTD civ. 1939 p. 507). 26285

Le régime de l'indivision s'applique entre les enfants du premier mariage et la seconde épouse aux décisions relatives au renouvellement de la concession (Rép. Masson : Sén. 9-2-2017 n° 23822).

DROITS DES AUTRES HÉRITIERS DU FONDATEUR

26290 **Droit concurrent d'inhumation** Tous les héritiers par le sang du fondateur ont un droit à être inhumé dans la sépulture fondée par leur auteur commun. La concession se transmet à l'ensemble des enfants ou successeurs du propriétaire de la concession sous la forme d'une indivision perpétuelle, à laquelle ne s'appliquent pas les dispositions de l'article 815 du Code civil (Cada 16-7-2009 avis n° 20092364 ; CA Paris 15-4-2000). Les places disponibles sont attribuées au fur et à mesure des décès des descendants du fondateur de la sépulture.

Chaque cohéritier a également le droit d'y faire inhumer son conjoint et ses descendants. L'autorisation des coïndivisaires n'est en principe pas requise. Si le nombre de places disponibles n'est plus suffisant pour assurer l'inhumation des descendants du fondateur encore vivants, il semble que l'autorisation des coïndivisaires soit nécessaire. Ces derniers pourraient alors s'opposer à l'inhumation du conjoint de l'un des indivisaires (CA Paris 5-7-1948 : RTD civ. 1948 p. 489).

26295 **Dernière place** L'attribution de la dernière place de la sépulture ne fait l'objet d'aucune disposition législative ou réglementaire. Il semble admis qu'elle requiert le consentement de l'unanimité des coïndivisaires (en ce sens, M. Perrier-Cussac, Les droits du titulaire d'une concession funéraire : JCP N 1990 n° 101171).

RENONCIATION AU DROIT D'INHUMATION

26300 Tout héritier peut renoncer à ses droits sur la concession. Il a pu être indiqué que l'authenticité était requise dans un but de publicité foncière s'agissant d'un acte portant mutation de droits réels immobiliers (Rép. Sueur : Sén. 25-4-2013 n° 588). Mais l'argument ne convainc pas, le contrat de concession échappant lui-même à la publication (n° 26250, Précisions).

La renonciation au droit à sépulture dans un cimetière privé peut résulter d'une donation-partage. L'attribution en pleine propriété d'une parcelle de terre affectée aux sépultures des membres d'une famille à l'un des donataires-copartageants vaut renonciation par les autres parties à l'acte au droit d'aménager pour eux-mêmes et leurs descendants une sépulture sur cette parcelle (Cass. 1e civ. 17-5-1993 n° 91-15.780 : Bull. civ. I n° 183).

DROIT D'OPPOSITION À L'INHUMATION D'UNE PERSONNE ÉTRANGÈRE À LA FAMILLE

26305 Une personne étrangère à la famille du fondateur ne peut être inhumée qu'avec le consentement de tous les ayants droit du fondateur en raison de l'**affectation familiale** de la sépulture (Cass. 1e civ. 15-5-2001 n° 99-12.363 : Bull. civ. I n° 138 ; Rép. Dell'Agnola : AN 15-2-2005 n° 51365). Le refus de l'un des coïndivisaires ne doit cependant pas être dicté par des motifs « malicieux ». Une demande d'exhumation pourrait être formée par tout cotitulaire n'ayant pas donné son assentiment, sous réserve de ne pas être trop tardive.

LIBÉRALITÉ PORTANT SUR UNE CONCESSION FUNÉRAIRE

26310 Étant hors du commerce, la concession funéraire ne saurait faire l'objet d'une cession à titre onéreux. En revanche, dans certains cas, le titulaire d'une concession funéraire est libre de la transmettre à titre gratuit à qui il le souhaite. Il est le régulateur du droit à l'inhumation dans la concession. Cette liberté doit être relativisée. Elle est totale tant qu'aucun corps n'a été inhumé dans la concession funéraire au jour de la transmission. Elle est limitée dès qu'il s'agit d'une sépulture, c'est-à-dire dès qu'une personne y a été inhumée (voir D. Dutrieux, Peut-on céder une concession funéraire de famille à un tiers ? : Dr. famille n° 2, février 2014, dossier 3).

26315 **En l'absence d'inhumation** Dès lors qu'aucune inhumation n'est encore intervenue, le fondateur n'est soumis à **aucune contrainte** pour désigner le ou les **bénéficiaires** de la concession funéraire. Il peut :

– réserver la concession à une branche de la famille ou à certains membres de celle-ci (en ce sens, par exemple, Cass. 1e civ. 17-12-2008 n° 07-17.596 F-D) ;

– la transmettre à son conjoint (Cass. 1e civ. 2-3-1999 n° 97-13.910) ;

– charger un héritier de choisir les membres de la famille qui pourront y être inhumés.

26316 Toujours à condition qu'elle n'ait **pas été utilisée,** la concession peut faire l'objet d'une **libéralité** à un tiers (Rép. Rodet : AN 26-10-1992 n° 47007).

La **donation** d'une concession funéraire est admise par les juridictions judiciaires (Cass. 1e civ. 23-10-1968 : Bull. civ. I n° 245 ; Cass. 1e civ. 6-3-1973 n° 71-11.419 : Bull. civ. I n° 85). Une décision ancienne du Conseil d'État, au demeurant peu explicite sur cette question, avait pu sembler s'opposer à toute transmission volontaire d'une sépulture (CE 11-10-1957, Lebon 1957 p. 513) ;

mais il est admis que la reconnaissance d'un droit réel singulier sur les concessions funéraires par la jurisprudence ultérieure, émanant en particulier du Tribunal des Conflits, est venue démentir cette très ancienne prohibition (D. Dutrieux, Peut-on céder une concession funéraire de famille à un tiers ? : Dr. famille n° 2, février 2014, dossier 3, et les auteurs cités).

En pratique, on recourt le plus souvent à un acte de substitution de concession passé entre le maire, le donateur et le donataire, nouveau concessionnaire (Rép. Cartelet : AN 7-2-1983 n° 27413). Il faut s'assurer, au préalable, de l'absence d'opposition du maire, en obtenant de sa part un accord écrit, voire en le faisant directement intervenir à l'acte (J.-Cl. Notarial Formulaire, v° Sépulture fasc. 15, formule 3 ; Rép. Demange : AN 5-8-1991 n° 28641). Les conditions et charges stipulées à l'acte de donation ne doivent pas risquer d'emporter sa requalification en acte à titre onéreux, sous peine de contrevenir au principe selon lequel la concession est hors commerce.

Une concession funéraire non utilisée peut aussi être transmise par **testament.** Elle doit faire l'objet d'une disposition testamentaire expresse, qui ne saurait en outre être contraire à la morale ou à l'ordre public.

La personne gratifiée d'une concession funéraire en devient plein titulaire et, à ce titre, peut refuser que les membres de la famille du fondateur y soient inhumés.

À la suite d'une inhumation Il s'agit alors d'une sépulture, que le fondateur peut encore transmettre ; mais cette transmission ne peut se faire qu'au profit de certains bénéficiaires. En effet, une concession ayant déjà reçu une première inhumation se trouve, de ce seul fait, grevée du droit d'**affectation à la famille de son titulaire.** 26320

C'est pourquoi la donation ou le legs de la concession ne peut bénéficier en principe qu'à un membre de la famille (Cass. req. 16-7-1928 : D. 1929 I p. 157 ; Cass. 1e civ. 6-3-1973 n° 71-11.419 : JCP G 1973 n° 17420 ; Rép. Remiller : AN 20-3-2007 n° 70602).

Une partie de la doctrine exclut donc de façon catégorique toute mutation à titre gratuit au profit d'un étranger à la famille (J.-P. Borel, Le point sur les concessions funéraires : Defrénois 17-5-2018 n° 135u5 p. 19 ; Rép. Demange : AN 5-8-1991 n° 28641). Un avis plus nuancé autorise une telle transmission, mais sous réserve d'obtenir le consentement de tous les intéressés ; cela est admissible, car conforme au régime de l'indivision, applicable aux concessions funéraires (J.-Cl. Notarial Formulaire, v° Sépulture fasc. 10 n° 133).

RÉGIME FISCAL

La transmission d'une concession funéraire ne paraît pas taxable aux **droits de succession** : étant hors commerce, une concession n'a pas de valeur vénale. Certes, une réponse ministérielle de 2009 imposait les legs de concessions dans les conditions de droit commun, avec pour assiette le prix au jour du décès d'une concession d'une durée égale à celle de la concession transmise, retenu au prorata de la durée restant à courir à cette date (Rép. Lachaud : AN 30-6-2009 n° 35508). Mais cette réponse n'est pas reprise au Bofip et elle est contredite, selon nous, par la doctrine administrative publiée en matière d'IFI selon laquelle « une concession dans un cimetière, qui constitue un droit d'usage avec affectation spéciale et n'est pas dans le commerce, n'a pas à être incluse dans le patrimoine du redevable » (BOI-PAT-IFI-20-20-10 n° 50). On rappelle en effet que l'assiette de l'IFI est déterminée, sauf exception expresse, « suivant les règles en vigueur en matière de droits de mutation par décès » (CGI art. 973). 26325

La seule hypothèse envisagée au Bofip qui puisse encore faire douter de la position de l'administration fiscale est celle de la renonciation par le concessionnaire au bénéfice de la concession suivie d'une nouvelle concession par la commune au profit d'un tiers. Selon l'administration, s'il résulte des circonstances que l'opération s'analyse en une libéralité (donation ou legs) consentie par le concessionnaire à une personne déterminée qui l'accepte, l'administration est fondée à percevoir le droit de mutation à titre gratuit sur la valeur de la concession, selon le régime fiscal applicable compte tenu du lien de parenté existant entre les parties (BOI-ENR-JOMI-30 n° 390).

FUNÉRAILLES, INHUMATION OU CRÉMATION

Le mode de transport des personnes décédées puis leur inhumation ou leur crémation (lorsque cette possibilité existe) sont soumis au pouvoir de police du **maire,** sans qu'il lui soit permis, en raison du principe de neutralité de l'État, d'établir des distinctions ou prescriptions particulières à raison soit des convictions du défunt soit des circonstances de sa mort (CGCT art. L 2213-9). Toutefois, il est procédé aux cérémonies conformément aux coutumes et suivant les différents cultes, à charge pour les familles d'en régler la dépense selon leurs moyens et facultés (CGCT art. L 2213-11). 26330

Une circulaire du ministère de l'intérieur (BOMI 2008/02 du 19-2-2008 p. 147) invite les maires à concilier le principe de neutralité avec celui de la liberté des croyances individuelles de la façon suivante : la décision d'aménager des **espaces confessionnels** (parfois mal dénommés « carrés ») n'appartient qu'au maire ; un tel espace « ne doit pas être isolé des autres parties du cimetière par une séparation matérielle de quelque nature qu'elle soit » ; dans la mesure où il existe un espace confessionnel, c'est à la famille ou, à défaut, à un proche, qu'il incombe de demander que le défunt soit inhumé dans cet espace.

Ce sont les communes et établissements publics de coopération intercommunale qui sont seuls compétents pour créer et gérer, directement ou sur délégation de la gestion, les **crématoriums** et sites destinés au dépôt ou à la dispersion des cendres (CGCT art. L 2223-40).

Selon la jurisprudence, la liberté d'organiser ses funérailles ne relève pas de l'état des personnes mais des **libertés individuelles,** et l'article 3 de la loi du 15 novembre 1887, qui garantit l'exercice de cette liberté, est une loi de police applicable aux funérailles de toute personne qui décède sur le territoire français ; par conséquent, faute d'écrit explicite émanant du défunt, il convient de rechercher par tous moyens quelles ont été ses intentions en ce qui concerne l'organisation de ses funérailles et, à défaut, de désigner la personne la mieux qualifiée pour décider de leurs modalités (Cass. 1e civ. 19-9-2018 no 18-20.693 F-PBI : BPAT 6/18 inf. 265).

En cas de **contestation ou mésentente sur les conditions des funérailles,** c'est le tribunal judiciaire dans le ressort duquel le décès est survenu qui tranche sous 24 heures de sa saisine par la partie la plus diligente, en recherchant les vœux du défunt et, dans le doute, en désignant la personne la plus qualifiée pour l'organisation des funérailles (CPC art. 1061-1 ; C. org. jud. art R 211-3-3 et R 211-14) ; la décision est susceptible d'appel sous 24 heures devant le premier président de la cour d'appel, qui doit lui-même statuer immédiatement. Les parties ne sont pas tenues de constituer avocat en appel (CPC art. 1061-1, al. 3). Le juge saisi doit tenir compte de l'ensemble des attestations en justice ayant trait à la volonté de la personne décédée et produites par les parties : celles du compagnon de la défunte tout autant que celles de ses parents, bien que ces dernières soient en la forme irrégulières. Il lui appartient d'en apprécier la valeur probante et la portée (Cass. 1e civ. 14-2-2023 no 23-11.641 F-D : BPAT 3/23 inf. 164).

L'**écrit** exprimant les souhaits du défunt peut consister soit en une déclaration figurant dans un testament ou faite en la forme testamentaire, soit même, suivant la jurisprudence, en tout autre manuscrit exprimant les volontés du défunt à cet égard (voir no 14750).

Pour ce qui est des **personnes qualifiées** auxquelles le tribunal fait appel à défaut d'autre élément, en pratique, il ne s'agira pas nécessairement de ses héritiers : pourra être désigné un ami proche, un voisin, etc.

Les intentions du défunt doivent être respectées à l'encontre même des souhaits de son entourage : toute personne qui donnerait aux funérailles, en toute connaissance, un caractère contraire à la volonté du défunt, encourt une peine de six mois d'emprisonnement et de 7 500 € d'amende (C. pén. art. 433-21-1).

SORT DES CENDRES

26335 La personne ayant qualité pour pourvoir aux funérailles dispose d'un **délai** d'un an pour décider du sort des cendres. Dans ce délai, elles sont conservées dans l'urne cinéraire au crématorium. Passé ce délai et en l'absence de décision de la personne ayant qualité pour pourvoir aux funérailles, les cendres sont dispersées dans l'espace aménagé à cet effet du cimetière de la commune du lieu de décès, ou dans un cimetière ou site cinéraire le plus proche (CGCT art. L 2223-18-1).

À la demande de la personne ayant qualité pour pourvoir aux funérailles, les cendres sont en leur totalité (CGCT art. L 2223-18-2) :

– soit **conservées** dans l'urne cinéraire, qui peut être inhumée dans une sépulture ou déposée dans une case de columbarium ou scellée sur un monument funéraire à l'intérieur d'un cimetière ou d'un site cinéraire visé à l'article L 2223-40 ;

– soit **dispersées dans un espace aménagé** à cet effet d'un cimetière ou d'un site cinéraire visé à l'article L 2223-40 ;

– soit **dispersées en pleine nature,** sauf sur les voies publiques.

Dans cette dernière hypothèse, la personne ayant qualité pour pourvoir aux funérailles en fait la **déclaration** à la mairie de la commune du lieu de naissance du défunt. L'identité du défunt ainsi que la date et le lieu de dispersion de ses cendres sont inscrits sur un registre créé à cet effet. (CGCT art. L 2223-18-3).

F. Données numériques

MAINTIEN DES DROITS DU DÉFUNT À CERTAINES CONDITIONS

Les droits ouverts à une personne physique sur les données à caractère personnel la concernant (droit à l'**information,** droit d'**opposition,** droit d'**accès,** droit de **rectification,** droit à l'**effacement,** etc.) s'éteignent au décès de celle-ci. Toutefois, ils peuvent être provisoirement maintenus dans les conditions exposées ci-après (Loi 78-17 du 6-1-1978 art. 84). **26500**

Le règlement européen relatif à la protection des personnes physiques à l'égard des données à caractère personnel et à la libre circulation de ces données (Règl. UE 2016/679 du 27-4-2016), encore dénommé « règlement général sur la protection des données » (**RGPD**), spécifie que ses propres dispositions ne s'appliquent pas aux données personnelles des personnes décédées. Il autorise les États à prévoir des règles relatives au traitement de ces données (RGPD considérant 27). On peut, semble-t-il, en déduire que les règles contenues dans la **loi de 1978 modifiée** demeurent en vigueur. Ces règles reposent sur la possibilité, pour toute personne, de définir, ou non, des « directives » relatives à la conservation, à l'effacement et à la communication de ses données à caractère personnel après son décès (Loi 78-17 du 6-1-1978 art. 85).

› Précisions a. Les **données à caractère personnel concernées** sont celles qui font l'objet d'un traitement automatisé (en tout ou partie) ou non (dès lors que les données sont contenues ou appelées à figurer dans des fichiers). Elles sont définies comme étant toutes informations se rapportant à une personne physique identifiée ou identifiable (Loi 78-17 du 6-1-1978 art. 2 qui renvoie aux définitions de l'art. 4 du RGPD). En pratique, il s'agit notamment des données numériques sur internet : services de messagerie électronique, comptes sur les réseaux sociaux, espaces de stockage en ligne, etc. Certaines **données à caractère personnel** sont **exclues** des règles exposées, telles celles qui font l'objet de traitements par les autorités compétentes à des fins de prévention et de détection des infractions pénales, d'enquêtes et de poursuites en la matière (Loi 78-17 du 6-1-1978 art. 42, I).

b. La question de la **nature juridique des données personnelles** est discutée (C. Pérès et C. Vernières : Droit des successions, PUF 2018, n° 35 ; C. Pérès, Les données à caractère personnel et la mort. Observations relatives au projet de loi pour une République numérique : D. 2016 p. 90 s. n°s 10 à 12). Rattachant la protection des données à celles de la vie privée, les droits français et européen privilégient une approche personnaliste. Dès lors, les données personnelles seraient des droits extrapatrimoniaux de la personnalité, intransmissibles à cause de mort. Le notariat préconise une autre approche en proposant que soient reconnues juridiquement, outre les données à caractère personnel qu'il faut protéger en raison de leur spécificité, des données à caractère patrimonial faisant l'objet d'un droit de propriété (113e Congrès des notaires de France, #Familles #Solidarités #Numérique, Lille 2017, 2e proposition de la commission numérique).

c. Le plus souvent, les conditions générales de vente et d'utilisation des plates-formes payantes prévoient que les droits accordés sur les **livres, films ou morceaux de musique achetés en ligne sous forme dématérialisée** sont de simples licences d'utilisation qui disparaissent avec la mort de leur titulaire (J. Groffe, La mort numérique : D. 2015 p. 1609 n°s 15 s. ; voir également N. Guerrero, Le consommateur face aux restrictions imposées par les conditions générales de vente et d'utilisation des produits numériques : Gaz. Pal. 1-8-2013 n° 139x8). Pour certains auteurs, le contrat conclu entre l'utilisateur et la plate-forme devrait être qualifié de contrat de louage de chose (L. Marino, Vendre des objets numériques d'occasion : un business-model en construction : Le Monde 22-4-2013 ; P.-Y. Gautier : Propriété littéraire et artistique, PUF 2015, n° 560). Faute de transfert de propriété, les droits ne pourraient être transmis aux héritiers au décès de leur titulaire.

Existence de directives Toute personne peut définir des « directives » relatives à la conservation, à l'effacement et à la communication de ses données personnelles après son décès. Ces directives sont générales ou particulières (Loi 78-17 du 6-1-1978 art. 85, I). **26505**

Les **directives générales** portent sur l'ensemble des données personnelles se rapportant à la personne concernée. Elles peuvent être enregistrées auprès d'un tiers de confiance numérique certifié par la Cnil. Les références des directives générales et du tiers de confiance sont inscrites dans un registre unique dont les modalités et l'accès seront fixés par un décret en Conseil d'État (non paru à ce jour). Si la forme des directives générales paraît libre dans le silence du texte, le notariat préconise le recours au testament à l'effet de les recueillir et propose que le notaire soit reconnu en qualité de tiers de confiance numérique (113e Congrès des notaires de France, #Familles #Solidarités #Numérique, Lille 2017, 1e proposition de la commission numérique).

Les **directives particulières** portent uniquement sur le traitement des données personnelles mentionnées par ces directives. Elles sont enregistrées auprès des responsables de traitement en cause. Elles doivent faire l'objet du consentement spécifique de la personne concernée et ne peuvent résulter de la seule approbation par celle-ci des conditions générales d'utilisation.

Les directives générales et particulières définissent la manière dont la personne concernée entend que ses droits soient exercés après son décès. Celle-ci peut les modifier ou les révoquer à tout moment.

Lorsque les directives prévoient la communication de données qui comportent également des données personnelles relatives à des tiers, cette communication doit s'effectuer dans le respect de la loi de 1978.

ATTENTION

La faculté de prendre de telles directives est ouverte au **mineur** agissant seul à compter de l'âge de 15 ans. En dessous de cet âge, les directives doivent être prises conjointement par le mineur et le ou les titulaires de l'autorité parentale (Loi 78-17 du 6-1-1978 art. 45).

26510 Les directives peuvent désigner une **personne chargée de leur exécution.** Celle-ci a alors qualité, lorsque l'intéressé est décédé, pour prendre connaissance des directives et demander leur mise en œuvre aux responsables de traitement. À défaut de désignation ou, sauf directive contraire, en cas de décès de la personne désignée, les héritiers de celle-ci ont qualité pour prendre connaissance des directives au décès du de cujus et demander leur mise en œuvre aux responsables de traitement (Loi 78-17 du 6-1-1978 art. 85, I). Sur les difficultés susceptibles de se poser quant au sens du mot « héritiers », voir n° 26520, Précisions.

26515 Est réputée non écrite toute clause contractuelle des **conditions générales d'utilisation d'un traitement** portant sur des données personnelles qui limite les prérogatives reconnues à la personne concernée en vertu de ce dispositif (Loi 78-17 du 6-1-1978 art. 85, I).

26520 **Absence de directives** En l'absence de directives ou de mention contraire dans les directives, les **héritiers** de la personne concernée peuvent exercer ses droits dans la mesure nécessaire (Loi 78-17 du 6-1-1978 art. 85, II-al. 1 à 3) :

– à l'organisation et au règlement de la succession du défunt. À ce titre, les héritiers peuvent accéder aux traitements de données à caractère personnel qui le concernent afin d'identifier et d'obtenir communication des informations utiles à la liquidation et au partage de la succession. Ils peuvent aussi recevoir communication des biens numériques ou des données s'apparentant à des souvenirs de famille, transmissibles aux héritiers. Il s'agit de la première consécration législative de la notion de « souvenirs de famille » (n°s 26170 s.), sans que le texte ne précise pour autant si ces biens ou données doivent être soumis à leur régime dérogatoire (N. Baillon-Wirtz, Le statut juridique du renonçant : Renonciations et successions, dir. C. Pérès, Lextenso 2017, n° 279) ;

– à la prise en compte, par les responsables de traitement, de son décès. À ce titre, les héritiers peuvent faire procéder à la clôture des comptes utilisateurs du défunt, s'opposer à la poursuite des traitements de données personnelles le concernant ou faire procéder à leur mise à jour.

Lorsque les héritiers en font la demande, le responsable du traitement doit justifier, sans frais pour le demandeur, qu'il a procédé à ces opérations (Loi 78-17 du 6-1-1978 art. 85, II-al. 4).

Les **désaccords entre héritiers** sont portés devant le tribunal judiciaire compétent (Loi 78-17 du 6-1-1978 art. 85, II-al. 5), sans que l'on sache très bien comment ils seront départagés faute de précision en ce sens.

> **Précisions** En utilisant l'**expression** « **les héritiers** de la personne concernée » sans autre précision, l'article 85, II de la loi du 6 janvier 1978 ne permet pas de répondre à la question de savoir si les héritiers légaux sont seuls visés (C. Pérès et C. Vernières, précité). Dans sa version initiale, le projet de loi pour une République numérique dont est issu ce texte reprenait l'ordre de dévolution du droit de divulgation (CPI art. L 121-2), ce qui était critiqué (C. Pérès, Les données à caractère personnel et la mort. Observations relatives au projet de loi pour une République numérique : D. 2016 p. 90 s. n°s 13 et 14).

26525 **Pièces justificatives** Outre la justification de son **identité,** l'héritier d'une personne décédée qui souhaite exercer les droits ouverts à celle-ci doit, lors de sa demande, apporter la preuve de sa **qualité d'héritier** par la production d'un acte de notoriété ou d'un livret de famille (Décret 2019-536 du 29-5-2019 art. 124).

26527 **Rapports avec la succession ordinaire** Ce dispositif constituerait, aux yeux de certains, « une espèce d'équivalent, dans l'univers numérique, de la **succession anomale** de l'univers physique » (C. Pérès et C. Vernières : Droit des successions, PUF 2018, n° 35). L'originalité de cette transmission dérogatoire de l'exercice de certains droits résulterait en outre de son caractère provisoire, comme le précisent les termes de l'article 84 de la loi de 1978 (F. Bicheron,

La transmission à cause de mort des données personnelles ou la mort numérique : Mélanges en l'honneur du professeur Michel Grimaldi, Defrénois 2020, p. 81 s., n°s 11 et 12).

Établissant un parallèle avec les directives anticipées de fin de vie et la désignation d'une personne de confiance en matière médicale, la profession notariale y voit quant à elle un **mécanisme sui generis** (Rapport du 117e Congrès des notaires de France : Le numérique, l'Homme et le droit. Accompagner et sécuriser la révolution digitale, Nice 2021, n° 1-483).

De nombreuses questions se posent par ailleurs concernant l'exercice de ces droits personnels par les héritiers au regard de l'**option successorale** (F. Bicheron, précité, n° 22). À notre avis, l'héritier qui a renoncé à la succession ne devrait pas être privé de la possibilité d'accéder aux données personnelles du défunt (en ce sens, semble-t-il, C. Pérès, Les données à caractère personnel et la mort. Observations relatives au projet de loi pour une République numérique : D. 2016 p. 90 s. n° 14 ; en sens contraire, F. Bicheron, précité). On relèvera d'ailleurs que les pièces justificatives à produire (n° 26525) ne préjugent pas de l'option successorale. Dans la même logique, pour l'héritier qui n'a pas encore opté, l'exercice de simples droits personnels du défunt ne devrait pas emporter acceptation tacite de sa succession (F. Bicheron, précité ; Rapport du 117e Congrès des notaires de France, précité, n° 1-478).

En raison des difficultés soulevées par le régime applicable aux données à caractère personnel en cas de décès de la personne concernée tant dans sa mise en œuvre que dans son objet, une évolution de celui-ci apparaît souhaitable et certains auteurs n'hésitent pas à proposer des **pistes d'amélioration** (T. Douville, Hérédité et données à caractère personnel : SNH12/23 inf. 6).

OBLIGATION D'INFORMATION

Tout **prestataire d'un service de communication au public en ligne** doit informer l'utilisateur du sort des données qui le concernent à son décès et lui permettre de choisir de communiquer ou non ses données à un tiers qu'il désigne (Loi 78-17 du 6-1-1978 art. 85, III). **26530**

CHAPITRE 4

SUCCESSIONS VACANTES ET SUCCESSIONS EN DÉSHÉRENCE

SOMMAIRE

DÉFINITION

Une succession est dite « **vacante** » lorsque personne, pas même l'État en sa qualité de successeur irrégulier, ne la réclame. Cette situation provisoire résulte soit du défaut d'héritiers connus, soit du désintérêt de ces derniers. 26800

La vacance se distingue de la **déshérence,** hypothèse d'une succession sur laquelle l'État entend exercer, à défaut de successeurs, son droit de souveraineté. Pour cela, l'État demande l'envoi en possession. Cette attribution de la succession est définitive sous réserve d'une éventuelle revendication d'un successible qualifié.

Alors que la vacance est un mode d'administration des biens successoraux confié à l'État, la déshérence est un mode d'appropriation de la succession au profit de l'État (C. Pérès et C. Vernières : Droit des successions, PUF, 2018, n° 319 ; M. Grimaldi : Droit des successions, LexisNexis, 8e éd., 2020, n° 232).

Ces deux situations ne sont pas nécessairement liées. La revendication de l'État peut s'exercer alors même que les formalités nécessaires à la déclaration de vacance n'auraient pas été accomplies (Cass. 1e civ. 14-11-2006 n° 03-13.473 F-B). En pratique, il est rare que la déshérence intervienne avant une phase de vacance, l'État préférant s'assurer de l'existence d'un actif (D. Dutrieux, Le point sur le régime des biens vacants et sans maître : JCP N 2010 n° 1120, spéc. § 7).

Dans l'ensemble de ces situations, toute la question est de régler le sort des biens et des droits délaissés.

ATTENTION

Lorsque personne ne réclame la succession, pas même l'État, la succession vacante devient, au bout d'un certain temps, une « succession **sans maître** » (M. Grimaldi : Droit des successions, LexisNexis, 8e éd. 2020, n° 232 ; voir également Rép. Herzog : Sén. 9-3-2023 n° 03173 : BPAT 3/23 inf. 139). Les biens qui dépendent d'une telle succession deviennent la propriété de la commune du lieu de leur situation à l'issue d'un délai de trente ans à compter de l'ouverture de la succession, délai ramené à dix ans par la loi 2022-217 du 21 février 2022 lorsque les biens se situent dans le périmètre d'une grande opération d'urbanisme, d'une opération de revitalisation de territoire, dans une zone de revitalisation rurale ou dans un quartier prioritaire de la politique de la ville (CGPPP art. L 1123-1). La commune peut toutefois renoncer à exercer ses droits au profit de l'établissement public de coopération intercommunale à fiscalité propre dont elle est membre (C. civ. art. 713). En cas de refus des deux, la propriété est transférée de plein droit à l'État sauf disposition particulière.

S'agissant de l'appropriation d'un immeuble sans maître par la commune, le conseil municipal prend une délibération autorisant l'acquisition du bien par le maire. La prise de possession est constatée par un procès-verbal, publié selon les modalités de l'article L 2131-1 du Code général des collectivités territoriales (Circ. MCTB0600026C du 8-3-2006). À rebours de la circulaire, la doctrine préconise également la publication du procès-verbal au fichier immobilier, le cas échéant en le déposant au rang des minutes d'un notaire (S. Lamiaux, Les biens sans maître et présumés sans maître : JCP N 2015 n° 1184, spéc. § 5 s.).

A. Successions vacantes

DÉCLARATION DE VACANCE

26805 La déclaration de vacance est prononcée par ordonnance du président du tribunal judiciaire du lieu d'ouverture de la succession, qui confie la gestion de la succession à l'administration des domaines (CPC art. 45 et 1379).

Il s'agit de situations rares (quelques milliers de successions par an) et qui concernent **en pratique** surtout des successions déficitaires, dans lesquelles le rôle de l'administration consiste essentiellement à liquider les actifs pour désintéresser les créanciers.

> **Précisions** Un **service en ligne** destiné à la recherche des successions vacantes a été lancé sur le **site impots.gouv.fr.** (recherche successionsvacantes.impots.gouv.fr). En l'état, le moteur de recherche mis en place informe sur l'ouverture d'une succession vacante pour les décès intervenus depuis le 1er janvier 2007 et sur le degré d'avancement du dossier. Le site répond également aux principales questions que les créanciers, les héritiers, etc., peuvent se poser en la matière.
> Un bouquet de services intitulé « portail des successions vacantes » offrira par ailleurs aux usagers professionnels les huit fonctionnalités suivantes : recherche de successions vacantes, transmission des ordonnances de nomination des services du Domaine, déclaration de créances, revendication de successions vacantes, suivi des démarches réalisées sur le portail, envoi de justificatifs complémentaires à une précédente démarche, notification d'alertes et échange avec les services du Domaine via une messagerie sécurisée. Les cinq premiers services seront accessibles au 1er trimestre 2024, les trois derniers services devant l'être à partir de la fin de l'année 2024. L'accès se fera depuis la rubrique « mes services » de l'espace professionnel de l'usager sur le site impots.gouv.fr (Fiche AIU 28 « Portail des successions vacantes – Parcours usager » : impots.gouv.fr/node/26399).

OUVERTURE DE LA VACANCE

26810 **Cas de vacance** Une succession est vacante lorsque l'on se trouve dans l'un des cas suivants (C. civ. art. 809) :
– il ne se présente **personne pour réclamer la succession et** il n'y a **pas d'héritier connu** ; par conséquent, dès lors qu'une succession a été acceptée, même à concurrence de l'actif net, il n'y a pas lieu à vacance ;
– tous les **héritiers connus ont renoncé** à la succession ;
– à l'expiration d'un délai de six mois après l'ouverture de la succession, les **héritiers connus n'ont pas opté,** de manière expresse ou tacite.

En cas de **sommation de prendre parti** et à l'expiration du délai de deux mois ou, le cas échéant, du délai supplémentaire éventuellement accordé par le juge, si l'héritier n'a toujours pas pris parti, il est réputé avoir accepté la succession purement et simplement (C. civ. art. 772, al. 2). En conséquence, dans le cas où l'héritier sommé de prendre parti est resté taisant, la succession ne peut pas être déclarée vacante.

26815 **Procédure** Tout intéressé peut saisir le **président du tribunal judiciaire** du lieu d'ouverture de la succession. Par tout intéressé il faut comprendre un créancier, une personne qui assure, pour le compte de la personne décédée, l'administration de tout ou partie de son patrimoine, le ministère public, des débiteurs du de cujus souhaitant éteindre leur dette, les légataires à titre particulier désireux d'obtenir la délivrance de leur legs, certains associés ou copropriétaires pour assurer une continuité dans la gestion des biens, etc. (voir également Rép. Herzog : Sén. 25-6-2020 no 14473).

Depuis le 20 novembre 2016, le notaire peut également saisir le juge en cas de vacance d'une succession (C. civ. art. 809-1, al. 1). Auparavant, il devait en principe solliciter le ministère public aux fins de saisine du président du tribunal.

Si la vacance est déclarée, le juge confie la **curatelle de la succession vacante** à l'autorité administrative chargée des domaines (C. civ. art. 809-1, al. 1).

> **Précisions** En Île-de-France, l'**administration chargée des successions vacantes** est la Direction nationale d'interventions domaniales (DNID) et en province, un regroupement à un niveau supradépartemental existe autour de pôles de gestion des patrimoines privés (PGPP) implantés dans les centres de finances publiques en Métropole. Ces services dépendent de la Direction de l'immobilier de l'État qui dépend elle-même de la DGFiP.

26820 **Incidence d'une procédure collective** Le monopole de l'administration est écarté par le droit des procédures collectives. En effet, les **pouvoirs du curateur** s'exercent sous réserve des dispositions applicables à la succession d'une personne faisant l'objet d'une procédure de sauvegarde, de redressement ou de liquidation judiciaire (C. civ. art. 810-6).

Publicité L'ordonnance de curatelle fait l'objet d'une mesure de publicité (C. civ. art. 809-1, al. 2), qui consiste en l'insertion d'un **avis** dans un support habilité à recevoir des annonces légales dans le ressort du tribunal compétent (CPC art. 1342 ; Loi 55-4 du 4-1-1955 art. 1). 26825

Régime fiscal À défaut de ressources disponibles, les **droits d'enregistrement** exigibles sur les actes et procédures nécessaires à l'obtention de la décision déclarant la vacance ainsi qu'à la gestion de la succession vacante sont **liquidés en débet** : l'enregistrement s'effectue dans les conditions de droit commun mais les droits ne sont pas recouvrés immédiatement (CGI art. 1112 ter). 26830

Bien entendu, les droits dus pourront être **recouvrés ultérieurement,** par exemple en cas de restitution de la succession aux héritiers dont les droits viendraient à être reconnus.

GESTION DE LA SUCCESSION

La **mission générale du curateur** est d'administrer et de liquider la succession vacante. Cette mission est fixée de manière précise par l'ordonnance de curatelle (CPC art. 1343). 26835

Dès sa désignation, le curateur doit faire établir un **inventaire estimatif,** article par article, de l'actif et du passif de la succession ; cet inventaire est effectué par un notaire, un commissaire de justice (profession réunissant, depuis le 1er juillet 2022, les huissiers de justice et les commissaires-priseurs judiciaires) ou un fonctionnaire assermenté du domaine.

Aucun délai n'est prévu pour son établissement mais le curateur a tout intérêt à le réaliser le plus rapidement possible pour des questions de responsabilité.

Aux fins d'information, l'inventaire est publié : insertion d'un avis dans un support habilité à recevoir des annonces légales dans le ressort du tribunal compétent (CPC art. 1342 ; Loi 55-4 du 4-1-1955 art. 1).

Les créanciers et légataires de sommes d'argent peuvent consulter l'inventaire et en obtenir une copie délivrée par l'autorité qui l'a établi (C. civ. art. 809-2). Les frais de délivrance de copie sont à la charge des demandeurs (CPC art. 1345).

> Précisions **a.** Daté et signé de son auteur, l'**inventaire comprend** (CPC art. 1344) :
- la mention de l'ordonnance de curatelle ;
- l'indication des lieux où il est fait ;
- la description et l'estimation des biens et la désignation des espèces ;
- la consistance active et passive de la succession, telle qu'elle résulte de tous documents, titres et papiers.

b. Depuis février 2021, les services de l'administration chargés des successions vacantes sont équipés d'**assistants digitaux** pour gérer ces successions, plus particulièrement afin de recenser les actifs de la succession (Communiqué de presse DGFiP du 20-4-2021).

Déclaration des créances Dès l'ouverture de la curatelle, les créanciers doivent déclarer leur créance auprès du curateur (C. civ. art. 809-3). Sur la **forme,** la déclaration est faite par lettre recommandée avec demande d'avis de réception ou par remise contre récépissé (CPC art. 1347). Les textes ne mentionnent aucun délai et aucune sanction de la non-déclaration de créances. Par conséquent, il n'y a pas d'extinction des **créances non déclarées,** comme il en va en cas d'acceptation à concurrence de l'actif net (voir n° 38000). 26840

Si le défunt faisait l'objet d'une procédure collective, les créanciers de l'entreprise sont **dispensés de l'obligation de déclarer** auprès du curateur, si cette déclaration a déjà été effectuée auprès du mandataire judiciaire.

Pouvoirs du curateur **Dès sa désignation,** le curateur (C. civ. art. 810) : 26845
- prend possession des valeurs et autres biens détenus par des tiers ;
- poursuit le recouvrement des sommes dues à la succession ;
- consigne après prélèvement des frais d'administration, de gestion et de vente anciennement dénommés « frais de régie », les sommes composant l'actif successoral ainsi que les revenus des biens et les produits de leur vente.

Le curateur peut poursuivre l'exploitation de l'entreprise individuelle dépendant de la succession, qu'elle soit commerciale, industrielle, agricole ou artisanale. Dans ce cas, seules les recettes excédant le fonds de roulement nécessaire à l'exploitation sont consignées.

Pendant les six mois qui suivent l'ouverture de la succession, le curateur ne peut procéder qu'aux actes purement conservatoires ou de surveillance, aux actes d'administration provisoire et à la vente des biens périssables (C. civ. art. 810-1). 26850

26855 **À l'issue des six mois** :

– le curateur exerce l'ensemble des actes conservatoires et d'administration (C. civ. art. 810-2). Il peut délivrer les legs particuliers ou à titre universel consentis par défunt lorsqu'ils ne font l'objet d'aucune opposition (CPC art. 1343, al. 2) ;

– il procède ou fait procéder à la vente des biens jusqu'à l'apurement du passif. Si le produit prévisible de la vente des meubles est insuffisant, il peut céder les immeubles (C. civ. art. 810-2) ;

– il peut réaliser ou faire réaliser la vente des biens dont la conservation est difficile ou coûteuse, même si cette vente n'est pas nécessaire à l'acquittement du passif.

La vente des biens donne lieu à publicité (C. civ. art. 810-3, al. 2). Elle a lieu par notaire, commissaire de justice (profession réunissant, depuis le 1er juillet 2022, les huissiers de justice et les commissaires-priseurs judiciaires) ou par vente à la barre du tribunal ou dans les formes prévues par le Code général de la propriété des personnes publiques pour les ventes de biens appartenant à l'État (C. civ. art. 810-3, al. 1). Si une vente amiable est envisagée, le curateur doit en informer par lettre recommandée avec demande d'avis de réception les créanciers de la succession qui se sont déclarés (C. civ. art. 810-3, al. 3 ; CPC art. 1349, al. 1). En pratique, la vente amiable est le plus souvent celle d'un bien immobilier que l'administration des domaines se propose de céder à un prix déterminé, après publicité et mise en concurrence. Les créanciers peuvent s'opposer à la vente amiable et exiger une vente par adjudication (C. civ. art. 810-3, al. 3), en signifiant leur demande au curateur dans un délai d'un mois à compter de la réception de l'information (CPC art. 1349, al. 2). Mais si la vente par adjudication a lieu pour un prix inférieur à celui convenu dans le projet de vente amiable, le créancier qui a demandé la vente par adjudication doit indemniser les autres créanciers (C. civ. art. 810-3, al. 3).

ATTENTION

Pour les besoins de la **publicité foncière,** la **vente d'un immeuble** de la succession vacante ne nécessite pas d'attestation de propriété immobilière préalable car celle-ci est, au cas d'espèce, dépourvue d'utilité faute de pouvoir désigner les ayants droit (Bull. AMC art. 1098). Par suite, la vente par l'administration des Domaines doit être présentée, s'agissant de l'identification du disposant et de l'effet relatif, comme une vente réalisée par le défunt lui-même (S. Lamiaux, Les immeubles vacants successoraux : JCP N 2015 n° 1179, spécialement § 8).

26860 Le **paiement des dettes** est effectué par le curateur, seul habilité à payer les créanciers de la succession. Il n'est tenu d'acquitter les dettes de la succession que jusqu'à concurrence de l'actif (C. civ. art. 810-4, al. 1).

En conséquence, le curateur a le pouvoir de demander la mainlevée des inscriptions hypothécaires prises sur les immeubles successoraux. Il en va ainsi notamment lorsque l'inscription a été prise postérieurement au décès malgré l'arrêt du cours des inscriptions, et alors que la succession avait déjà été déclarée vacante (Cass. 3e civ. 5-1-2022 n° 20-21.359 : BPAT 1/22 inf. 36).

Le curateur établit un **projet de règlement du passif,** les créanciers devant être payés selon le rang de la sûreté assortissant leur créance ou, pour les créanciers non munis de sûretés, dans l'ordre de la déclaration de leurs créances, autrement dit au prix de la course. Les frais d'administration, de gestion et de vente bénéficient du privilège de premier rang des frais de justice institué sur les meubles (C. civ. art. 2331, 1°) et sur les immeubles (C. civ. art. 2377, 1°). Le projet de règlement est publié via l'insertion d'un avis dans un support habilité à recevoir des annonces légales dans le ressort du tribunal compétent (CPC art. 1342 ; Loi 55-4 du 4-1-1955 art. 1). Les créanciers qui ne sont pas intégralement désintéressés peuvent, dans le mois de la publicité, saisir le juge afin de contester le projet de règlement (C. civ. art. 810-5). La demande est portée devant le président du tribunal judiciaire qui statue selon la procédure accélérée au fond (CPC art. 1380).

Certains frais peuvent être réglés **sans attendre le projet de règlement du passif** (C. civ. art. 810-4, al. 2) : les frais funéraires et de dernière maladie, les impôts dus par le défunt, les loyers et autres dettes successorales dont le règlement est urgent et les frais nécessaires à la conservation du patrimoine du défunt.

26865 Les pouvoirs du curateur s'exercent sous réserve des dispositions applicables à la succession d'une personne faisant l'objet d'une procédure de **sauvegarde,** de **redressement ou** de **liquidation judiciaires** (C. civ. art. 810-6). Il en résulte notamment que, si le défunt était placé en redressement judiciaire, ses biens ne pourront être vendus par le curateur que dans le respect des règles des procédures collectives.

Reddition des comptes Le curateur doit rendre compte au juge des opérations qu'il a effectuées. Le dépôt du compte fait l'objet d'une **publicité** via l'insertion d'un avis dans un support habilité à recevoir des annonces légales dans le ressort du tribunal compétent (CPC art. 1342 ; Loi 55-4 du 4-1-1955 art. 1) et tout créancier ou héritier qui en fait la demande y a accès (C. civ. art. 810-7). La demande de présentation du compte formée par un créancier ou un héritier est adressée au curateur, par lettre recommandée avec demande d'avis de réception (CPC art. 1350). 26870

Après réception du compte, le juge autorise le curateur à procéder à la réalisation de l'actif subsistant (C. civ. art. 810-8, al. 1). Le **projet de réalisation de l'actif** est notifié aux héritiers connus ; s'ils sont encore dans le délai pour accepter la succession, les héritiers peuvent s'opposer au projet dans les trois mois en réclamant la succession (C. civ. art. 810-8, al. 2). La demande est portée devant le président du tribunal judiciaire, qui statue par ordonnance sur requête (CPC art. 1379). La réalisation de l'actif ne peut avoir lieu qu'à l'expiration du délai de trois mois ; la vente des actifs s'opère alors dans les conditions prévues à l'article 810-3 du Code civil (C. civ. art. 810-8, al. 2). Sur ces dernières, voir nº 26855.

Les créanciers qui déclarent leur créance après la remise du compte ne peuvent prétendre qu'à l'actif subsistant. En cas d'insuffisance, ils n'ont de recours que contre les légataires qui ont été remplis de leurs droits (C. civ. art. 810-9).

Le cas échéant, le **produit net de la réalisation de l'actif** subsistant est consigné. Les héritiers, s'il s'en présente dans le délai pour réclamer la succession, peuvent exercer leurs droits sur ce produit (C. civ. art. 810-10).

À défaut d'héritier connu, la réalisation de l'actif peut être entreprise sans autorisation deux ans après l'établissement de l'inventaire (CPC art. 1352).

CESSATION DE LA CURATELLE

La curatelle prend fin (C. civ. art. 810-12) : 26875

– par l'affectation intégrale de l'actif au paiement des dettes et des legs ;
– par la réalisation de la totalité de l'actif et la consignation du produit net ;
– par la restitution de la succession aux héritiers dont les droits sont reconnus ;
– par l'envoi en possession de l'État au titre de la déshérence.

B. Successions en déshérence

CAS DE DÉSHÉRENCE

Constituent des successions en déshérence : 26925

– celles des **personnes décédées sans héritier** au degré successible ni légataire ou donataire universel (C. civ. art. 724, al. 3) ;
– et les **successions abandonnées** (C. civ. art. 539).

Ces successions sont acquises à l'État, qui est tenu de se faire envoyer en possession (C. civ. art. 724, al. 3).

En réalité, comme antérieurement, l'**État** bénéficie d'une **option** : il a la faculté, en l'absence d'héritier connu, soit de faire déclarer la vacance, de liquider la succession en réglant le passif à concurrence de l'actif et de se faire envoyer en possession ensuite uniquement de l'actif résiduel, soit de faire déclarer immédiatement la déshérence par un envoi en possession direct, qui lui transférera a contrario la totalité de l'hérédité.

Compte tenu de l'extrême rareté des successions en déshérence (à peine plus d'un millier par an), nous ne leur consacrons que de très brefs développements.

> **Précisions** Le législateur peut désigner un bénéficiaire autre que l'État pour certaines successions en déshérence. Ainsi, c'est le **département** qui recueille les biens des pupilles de l'État décédés lorsqu'aucun héritier ne se présente, ces biens étant utilisés pour l'attribution de dons ou de prêts à des pupilles ou anciens pupilles (CASF art. L 224-9).

ENVOI EN POSSESSION

L'attribution à l'État d'une succession sans héritier ou abandonnée n'est possible qu'après l'envoi en possession. Cette procédure consiste à vérifier la qualité de l'État à appréhender une succession en déshérence. Elle est effectuée devant le **tribunal judiciaire** du lieu d'ouverture de la succession (C. civ. art. 811 ; CPC art. 45 et 1381). L'administration des domaines n'a pas besoin d'un avocat (CPC art. 1354, al. 1). 26930

La demande d'envoi en possession fait l'objet d'une **publicité** : insertion dans un support habilité à recevoir des annonces légales dans le ressort du tribunal compétent (CPC art. 1354, al. 2 ; Loi 55-4 du 4-1-1955 art. 1) pour permettre aux héritiers potentiels de se manifester. Le tribunal statue quatre mois après la réalisation de cette publicité (CPC art. 1354, al. 3).

DROITS ET OBLIGATIONS DE L'ÉTAT

26935 Après son envoi en possession, l'État doit faire procéder à l'**inventaire** prévu pour les successions vacantes (nº 26835 ; C. civ. art. 811-1).

Il peut exercer ses **droits sur les biens** dépendant de la succession. Il est alors dans la même situation qu'un héritier ordinaire, sous la réserve importante qu'il n'est pas tenu au paiement du **passif** au-delà des forces de la succession.

S'il n'a pas accompli les formalités qui lui incombent, l'État peut être condamné à des **dommages et intérêts** envers les héritiers qui se présentent (C. civ. art. 811-3).

Si l'État recueille des **biens immobiliers,** la transmission de ceux-ci sera constatée par une attestation de propriété immobilière établie dans les conditions habituelles par un notaire.

FIN DE LA DÉSHÉRENCE

26940 Le plus souvent, la déshérence prendra fin par l'**accomplissement de son objet** (Dalloz Action Droit patrimonial de la famille 2021/2022, dir. M. Grimaldi, v. Administration des successions vacantes et en déshérence par C. Vernières, nº 248.63).

Mais elle prend également fin si un **héritier accepte la succession** (C. civ. art. 811-2). Cette dernière peut être revendiquée pendant le délai de dix ans fixé pour la prescription de l'option successorale. L'éviction de l'État nécessite une acceptation pure et simple par l'héritier, ce qui exclut l'acceptation à concurrence de l'actif net. En revanche, l'envoi en possession de l'État empêche la révocation de la renonciation à succession (C. civ. art. 807).

RÉGIME FISCAL

26945 À défaut de ressources disponibles, les **droits d'enregistrement** exigibles sur les actes et procédures nécessaires à la gestion des successions en déshérence sont **liquidés en débet** : l'enregistrement s'effectue dans les conditions de droit commun mais les droits restent dus (CGI art. 1112 ter).

Le recouvrement peut être poursuivi ultérieurement **en cas d'acceptation de la succession** par un héritier.

TITRE III

Dispositions d'ordre public

CHAPITRE 1

PROHIBITION DES PACTES SUR SUCCESSION FUTURE

SOMMAIRE

PRÉSENTATION GÉNÉRALE

Parmi les **dispositions impératives de notre droit successoral** auxquelles nul ne peut en principe déroger figure, aux côtés de la réserve héréditaire, la prohibition des pactes sur succession future. **27900**

Cette règle classique interdit à quiconque d'organiser conventionnellement la transmission d'une succession non encore ouverte, c'est-à-dire du vivant du de cujus.

Bien ancré en **France,** ce principe n'est pas instauré avec autant de force dans tous les **autres pays.** En effet, certaines législations admettent largement les pactes successoraux. C'est le cas, par exemple, en Allemagne, en Suisse ou plus récemment en Belgique (voir, pour la Belgique, J. Gasté, Et si la nation de Tintin influençait l'anticipation successorale française ! : JCP N 2017 act. 821 ; pour la Suisse, R.-P. Fontanet, Transmission pour cause de mort en Suisse : une grande souplesse grâce aux pactes successoraux : SNH 31/19 inf. 9 s.).

D'apparente simplicité, l'**application pratique** de cette prohibition est source, pour le notaire, d'importantes hésitations et difficultés. C'est la raison pour laquelle le notariat en prône depuis longtemps l'abrogation au profit d'un principe de validité accompagné d'une énumération claire et exhaustive des conventions exceptionnellement prohibées (C. Brenner et P. Malaurie : Droit des successions et des libéralités, LGDJ 10e éd. 2022, no 516 ; F. Terré, Y. Lequette et S. Gaudemet : Droit civil. Les successions. Les libéralités, Dalloz 4e éd. 2014, no 687). **27905**

Malgré tout, le principe traditionnel de prohibition a été maintenu au fil des réformes successives, même si de nombreuses exceptions ont été autorisées.

La rigueur du principe est également à nuancer en présence d'une succession présentant un **élément d'extranéité,** soumise au droit de l'Union européenne (voir no 69555).

A. Principe de prohibition des pactes sur succession future

MAINTIEN DU PRINCIPE

Le principe de prohibition des pactes sur succession future est ancien puisqu'il existait déjà en **droit romain.** Il fut maintenu et même généralisé par le **Code civil de 1804,** qui énonçait : « on ne peut cependant renoncer à une succession non ouverte, ni faire aucune stipulation sur une pareille succession, même avec le consentement de celui de la succession duquel il s'agit » (C. civ. art. 1130, al. 2 ancien). **27955**

La règle fut également confortée par la **jurisprudence** qui l'interpréta rigoureusement (sur l'évolution historique de la prohibition, voir M. Grimaldi : Droit des successions, LexisNexis 8e éd. 2020, no 371 ; F. Terré, Y. Lequette et S. Gaudemet : Droit civil. Les successions. Les libéralités, Dalloz 4e éd. 2014, nos 684 s.).

Les **réformes successorales du 3 décembre 2001 et du 23 juin 2006** ont conservé ce principe d'interdiction (Lois 2001-1135 du 3-12-2001 et 2006-728 du 23-6-2006). Elles ont toutefois modifié la formulation des textes l'énonçant, en particulier celle de l'article 722 du Code civil, pour mettre en avant les exceptions désormais admises.

> **Précisions** La **réforme du droit des contrats et des obligations** a abrogé l'article 1130 du Code civil (Ord. 2016-131 du 10-2-2016). Cette abrogation a été rapidement considérée sans conséquence pratique, l'article 722 du même Code, qui énonce également le principe de prohibition des pactes sur succession future, n'ayant pas été modifié par cette réforme (O. Deshayes, T. Genicon et Y.-M. Laithier : Réforme du droit des contrats, du régime général et de la preuve des obligations. Commentaire article par article, LexisNexis 2016, p. 268).

FONDEMENT DU PRINCIPE

27960 On justifie **traditionnellement** le principe de prohibition des pactes sur succession future par des considérations morales, en particulier la crainte du « votum mortis » (C. Jubault : Droit civil. Les successions. Les libéralités, Montchrestien 2e éd. 2010, nos 617 s.). En effet, le ou les bénéficiaires du pacte ne risquent-ils pas d'être incités à vouloir, voire à provoquer, la mort du de cujus pour obtenir l'application de la convention ?

La **doctrine moderne** considère que le principal fondement de l'interdiction est la préservation de la liberté testamentaire (M. Grimaldi : Droit des successions, LexisNexis 8e éd. 2020, no 372 ; F. Terré, Y. Lequette et S. Gaudemet : Droit civil. Les successions. Les libéralités, Dalloz 4e éd. 2014, no 686).

1. DÉFINITION DU PACTE PROHIBÉ

CONDITIONS REQUISES

27990 Principal **fondement textuel** du principe de prohibition, l'article 722 du Code civil énonce d'une manière générale : « les conventions qui ont pour objet de créer des droits ou de renoncer à des droits sur tout ou partie d'une succession non encore ouverte ou d'un bien en dépendant ne produisent effet que dans les cas où elles sont autorisées par la loi. » À la lumière de ce texte et des **interprétations jurisprudentielles,** il apparaît que trois conditions doivent être réunies pour conduire à la qualification de pacte sur succession future prohibé.

27995 **Nécessité d'un pacte** Tout d'abord, l'acte prohibé suppose un pacte. Malgré la lettre du texte de loi qui vise une **convention,** la jurisprudence retient une conception large de cette première condition. Ainsi, l'acte prohibé peut être indifféremment une convention ou un **acte unilatéral** (en ce sens, Cass. 1e civ. 17-3-1987 no 85-16.484 : Bull. civ. I no 97, RTD civ. 1987 p. 784 obs. J. Patarin, JCP N 1988 p. 12 note P. Salvage).

Il peut s'agir aussi bien d'un acte **à titre gratuit ou** d'un acte **à titre onéreux,** donation ou vente, par exemple.

28000 **Succession non encore ouverte** Ensuite, l'acte doit porter sur une succession non ouverte, c'est-à-dire sur le patrimoine d'une personne vivante, qu'elle soit ou non partie au pacte. La loi ne distinguant pas, la prohibition s'appliquera pareillement, que la **succession** soit **légale** (ordinaire ou anomale) **ou testamentaire** (en ce sens, M. Grimaldi : Droit des successions, LexisNexis 8e éd. 2020, no 376).

En outre, le pacte prohibé peut concerner l'**ensemble de la succession,** mais aussi un ou plusieurs **biens déterminés.** Peu importe d'ailleurs la valeur du ou des biens qui sont l'objet du pacte. Ainsi, ce dernier sera prohibé même dans l'hypothèse où il ne porterait aucune atteinte à la réserve héréditaire (en ce sens, Cass. 1e civ. 17-3-1987 no 85-16.484 : Bull. civ I no 97 précité).

En cas de doute sur la vie ou la mort d'une personne, notamment dans l'hypothèse d'une **absence** (C. civ. art. 112 s.), on s'accorde à penser qu'il convient de se référer aux présomptions établies par la loi (en ce sens, M. Grimaldi : Droit des successions, LexisNexis 8e éd. 2020, no 374 ; F. Terré, Y. Lequette et S. Gaudemet : Droit civil. Les successions. Les libéralités, Dalloz 4e éd. 2014, no 692). Ainsi, postérieurement à la déclaration d'absence, la qualification de pacte sur succession future est exclue, la loi présumant alors le décès de l'absent. En revanche, le principe de prohibition est pleinement applicable durant la phase de présomption d'absence, la loi présumant la vie de l'absent.

28005 **Engagement juridique portant sur un droit éventuel** Enfin, l'acte doit générer un engagement juridique portant sur un droit éventuel. Cet engagement peut consister en la constitution de droits (**pacte constitutif**) ou, au contraire, en la renonciation à des droits (**pacte abdicatif**).

Cette exigence d'engagement juridique explique que les actes dotés d'un **caractère révocable** comme, par exemple, un testament, échappent à la prohibition (en ce sens, Cass. 1e civ. 28-5-2008 no 07-14.066 F-PB : RTD civ. 2008 p. 711 obs. M. Grimaldi).

C'est sur cette dernière condition que se concentrent les difficultés pratiques de qualification, spécialement lorsque le pacte porte non pas sur la totalité du patrimoine du de cujus, mais sur un ou plusieurs biens déterminés.

DIFFICULTÉS DE QUALIFICATION

Promesses post mortem La jurisprudence oppose aux pactes sur succession future interdits les promesses post mortem. Ces dernières sont jugées valables car elles génèrent un **engagement né et actuel** dont seule l'exécution est suspendue jusqu'au décès. Le promettant est tenu dès la signature de l'acte et ne peut dès lors plus disposer du bien entre vifs. 28010

À l'inverse, les pactes sur succession future portent sur un **droit simplement éventuel** pouvant être remis en cause par le propriétaire jusqu'à son décès. Or, la distinction entre ces deux qualifications est loin d'être aisée en pratique.

ILLUSTRATIONS

Ont, par exemple, été **qualifiés de promesses post mortem** échappant à la prohibition :
– la promesse de vente dont le bénéficiaire ne peut lever l'option qu'au décès du promettant (Cass. 1e civ. 13-10-1964 : Bull. civ. I no 444, JCP G 1965 II no 14170 note R. Savatier ; Cass. 1e civ. 30-5-1985 no 84-11.795 : Bull. civ. I no 173, D. 1986 p. 65 note I. Najjar, RTD civ. 1986 p. 391 obs. J. Patarin ; Cass. 1e civ. 5-5-1986 no 84-14.235 : Bull. civ. I no 114, JCP G 1987 II no 20851 note Barret) ;
– le prêt stipulé remboursable au décès de l'emprunteur (Cass. 1e civ. 3-4-2002 no 00-10.301 FS-PB : RJDA 7/02 no 724, Dr. famille 2002 no 94 note B. Beignier, D. 2002 p. 2753 note I. Najjar, Defrénois 15-10-2002 no CJ2002DEF1244N1 p. 1244 obs. R. Libchaber, RTD civ. 2003 p. 131 obs. J. Patarin ; Cass. 1e civ. 11-3-2009 no 07-16.087 F-D : RTD civ. 2009 p. 557 obs. M. Grimaldi ; Cass. 1e civ. 22-10-2014 no 13-23.657 F-PB : BPAT 6/14 inf. 244) ;
– la clause de réversibilité d'usufruit par laquelle une personne se réserve l'usufruit d'un bien tout en faisant donation à un tiers d'un second usufruit, qui ne prendra effet qu'au terme du décès du donateur (Cass. 1e civ. 21-10-1997 no 95-19.759 : Bull. civ. I no 291, JCP G 1997 II no 22969 note I. Harel-Dutirou ; Cass. mixte 8-6-2007 no 05-10.727 PBRI : RJDA 10/07 no 964, RTD civ. 2007 p. 605 obs. M. Grimaldi).

Engagements conditionnels De même, la jurisprudence invite à distinguer les engagements éventuels prohibés des engagements conditionnels valables. Ces derniers confèrent un droit à l'un des signataires sous la **condition suspensive du prédécès de son cocontractant.** 28015

La validité de ces pactes s'explique par le fait que, contrairement aux pactes successoraux prohibés, l'application des engagements conditionnels ne dépend pas d'un élément purement potestatif mais d'un **évènement extérieur aux parties** : l'ordre des décès.

ILLUSTRATIONS

La jurisprudence a validé la clause d'accroissement, dite « **clause de tontine** », stipulée par deux époux séparés de biens (Cass. mixte 27-11-1970 no 68-10.452 : Bull. civ. mixte no 3, JCP G 1971 II no 16821 note Blin, D. 1971 p. 81 concl. Lindon, Defrénois 1971 p. 794 obs. G. Morin, RTD civ. 1971 p. 400 obs. R. Savatier). Cette clause est choisie par des couples de concubins, des partenaires pacsés ou des époux séparés de biens à l'occasion d'une acquisition immobilière en commun. Elle prévoit que le bien acquis ne sera réputé l'avoir été que par le survivant des deux (sur la qualification de cette clause, M. Grimaldi : Droit des successions, LexisNexis 8e éd. 2020, no 384 ; C. Brenner et P. Malaurie : Droit des successions et des libéralités, LGDJ 10e éd. 2022, no 529 ; F. Terré, Y. Lequette et S. Gaudemet : Droit civil. Les successions. Les libéralités, Dalloz 4e éd. 2014, no 695).

2. SANCTION DU PACTE PROHIBÉ

NULLITÉ

L'article 722 du Code civil ne se prononce pas expressément sur la sanction du non-respect du principe de prohibition. Il est toutefois **unanimement admis** qu'il s'agit d'une nullité absolue (en ce sens, C. Brenner et P. Malaurie : Droit des successions et des libéralités, LGDJ 10e éd. 2022, no 532 ; F. Terré, Y. Lequette et S. Gaudemet : Droit civil. Les successions. Les libéralités, Dalloz 4e éd. 2014, no 686). 28045

Ainsi, les pactes sur succession future sont annulables à la demande de tout intéressé dans un **délai** de cinq ans à compter du jour où il a eu ou aurait dû avoir connaissance du pacte (C. civ. art. 2224).

Lorsqu'une telle prohibition n'affecte qu'une ou plusieurs clauses de l'acte, elle n'emporte sa nullité en son entier que si cette ou ces clauses en constituent une condition essentielle et déterminante (Cass. 1e civ. 25-1-2023 no 19-25.478 FS-B, à propos d'un pacte d'actionnaires : Rev. sociétés 2023 p. 292 obs. B. Fages, Dr. Sociétés 2023 com. 30 obs R. Mortier, Contrats conc. consom. 2023 no 56 p. 9 obs. L. Leveneur).

Bien entendu, en cas de nullité, rien n'interdit aux parties de **réitérer l'acte** postérieurement au décès à condition qu'elles soient toujours d'accord et… vivantes. Si le de cujus était partie au pacte ce dernier ne peut bien évidemment pas être refait.

PRINCIPAUX PACTES SANCTIONNÉS

28050 La louable volonté d'anticiper les effets patrimoniaux d'un décès peut facilement dégénérer en pacte sur succession future. C'est sans doute ce qui explique que l'application du principe ait suscité beaucoup de **contentieux.** Au fil du temps d'innombrables contrats ont ainsi été annulés, parfois à la grande surprise du notariat qui les pratiquait. Aujourd'hui, les exceptions légales au principe de prohibition sont nombreuses, et la jurisprudence semble moins stricte (en ce sens, C. Brenner et P. Malaurie : Droit des successions et des libéralités, LGDJ 10e éd. 2022, no 521). Les annulations se font donc beaucoup plus rares. Le risque de nullité n'est toutefois pas totalement exclu et sa prévisibilité est altérée par les difficultés de qualification précédemment évoquées. On peut livrer ici quelques exemples de clauses interdites.

28055 **Renonciation à succession** La renonciation à une **succession non encore ouverte** est une des clauses illicites les plus évidentes. La prohibition est ici confortée par le principe général en vertu duquel l'option ne peut être exercée avant l'ouverture de la succession (C. civ. art. 770).

Parfois, de telles renonciations constituent la **condition d'une donation ou d'un legs,** elles n'en sont pas moins nulles (pour une illustration, Cass. 1e civ. 30-4-1968 : Bull. civ. no 127, D. 1969 p. 110 note P. Simler).

La renonciation anticipée à un **droit de retour légal** est également jugée illicite (Cass. 1e civ. 21-10-2015 no 14-21.337 FS-PBI : BPAT 6/15 inf. 227, AJ fam. 2015 p. 687 obs. J. Casey, RTD civ. 2015 p. 918 obs. M. Grimaldi).

28060 **Contrat de prêt** L'on rencontre parfois une clause **dispensant l'emprunteur du règlement du solde** de l'emprunt au décès du créancier. En vertu d'une telle stipulation, si le décès du prêteur d'argent intervient alors que l'emprunt n'est pas totalement remboursé par l'emprunteur, ce dernier conservera le solde restant dû, lequel ne pourra donc pas être réclamé par les héritiers du prêteur. Une telle clause encourt la nullité par application de la prohibition des pactes sur succession future (Cass. 1e civ. 7-12-1983 no 82-13.790 : Bull. civ. no 290, D. 1984 p. 563 obs. L. Mayaux, Defrénois 1984 p. 1227 obs. J.-M. Olivier, RTD civ. 1985 p. 184 obs. J. Patarin).

Autre illustration en **droit des sociétés** : la clause d'un pacte d'actionnaire qui fixe les modalités de remboursement du compte courant d'actionnaire du père fondateur lors de l'ouverture de sa succession tombe sous le coup de la prohibition des pactes sur succession future (Cass. 1e civ. 25-1-2023 no 19-25.478 FS-B précité).

28065 **Reconnaissance de dette** En pratique, les reconnaissances de dettes sont souvent l'occasion de stipulations illicites. Par **exemple,** est constitutif d'un pacte sur succession future prohibé l'acte par lequel un emprunteur stipule que les sommes dues seront prélevées à son décès sur la part successorale revenant à certains de ses héritiers (Cass. 1e civ. 4-10-2005 no 02-13.395 FS-PB : RJDA 2/06 inf. 93, AJ fam. 2006 p. 77 obs. F. Bicheron, D. 2006 p. 993 obs. I. Najjar).

De même, il a été jugé que la clause qui prévoit qu'en cas de décès de l'emprunteur la reconnaissance de dette correspondra à un pourcentage des biens de la succession est annulable (Cass. 1e civ. 6-2-1996 no 94-13.072 : Bull. civ. I no 67, RTD civ. 1996 p. 679 obs. J. Patarin, D. 1997 p. 368 obs. M. Grimaldi, D. 1997 p. 369 note I. Najjar).

28070 **Cautionnement** Pour les cautionnements **souscrits depuis le 1er janvier 2022,** les héritiers de la caution sont tenus des seules dettes nées avant le décès. Toute clause contraire est réputée non écrite (C. civ. art. 2317). La réforme du droit des sûretés consacre ainsi la solution prétorienne, applicable aux cautionnements **souscrits jusqu'au 31 décembre 2021,** distinguant l'obligation de couverture de la caution de celle de règlement (C. civ. art. 2294 ancien). En vertu de cette jurisprudence désormais codifiée, la mort de la caution met fin à l'obligation de couverture née du cautionnement. Les héritiers de la caution ne garantissent en conséquence que les dettes nées antérieurement au décès (Cass. com. 29-6-1982 no 80-14.160 : Bull. civ. IV no 258). Si le créancier tentait de proposer aux futurs héritiers une stipulation par laquelle ils s'engagent à garantir les dettes nées postérieurement au décès de leur auteur, il se heurterait à la prohibition des pactes sur succession future (Cass. com. 13-1-1987 n° 84-14.146 : Bull. civ. IV n° 9, D. 1987 p. 453 obs. L. Aynès ; M. Bourassin, La transmission à cause de mort des sûretés : JCP N 2017 n° 1144 ; pour une analyse critique de cette qualification de pacte sur succession future, M. Grimaldi : Droit des successions, LexisNexis 8e éd. 2020, n° 385).

B. Pactes sur succession future autorisés

ÉVOLUTION

La **pratique notariale** a très tôt dénoncé le caractère excessif du principe de prohibition des pactes sur succession future et de l'interprétation jurisprudentielle stricte qui en était faite. En effet, nombre de conventions interdites se révélaient en pratique d'une grande utilité sociale. Cette critique a souvent été entendue par le **législateur** qui n'a pas hésité à valider des contrats qui avaient pourtant été jugés illicites par la jurisprudence. 28120

Au fil du temps les exceptions légales au principe de prohibition se sont multipliées. Si certaines ont été édictées dès 1804, la plupart ont été ajoutées progressivement. En particulier, la loi 2006-728 du 23 juin 2006, tout en maintenant le principe de prohibition, l'a assorti de dérogations.

Les pactes autorisés sont aujourd'hui nombreux et diversifiés. Ils sont **justifiés par** des raisons familiales, les nécessités de la vie des affaires et de la transmission des entreprises ou encore par la volonté de sécuriser les transactions et ainsi garantir la sécurité juridique.

1. PACTES ABDICATIFS AUTORISÉS

DIVERSITÉ DES PACTES ABDICATIFS AUTORISÉS

Dérogeant au principe de prohibition, le **législateur** a progressivement multiplié les pactes abdicatifs valables, c'est-à-dire les renonciations à l'avance à des droits successoraux. Ces conventions vont parfois même jusqu'à heurter l'autre grande règle d'ordre public successoral : la **réserve héréditaire.** 28125

PRINCIPAUX PACTES ABDICATIFS AUTORISÉS

Entre époux séparés de corps Les époux séparés de corps demeurent successibles lors du prédécès de l'un d'eux (C. civ. art 732 a contrario). Cependant, les époux séparés de corps **par consentement mutuel** peuvent renoncer à leurs droits successoraux réciproques dans leur convention de séparation (C. civ. art. 301). En l'absence de descendants, cette disposition permet donc de porter atteinte à la réserve du conjoint. 28130

> **Précisions** Le défaut de mention à l'article 301 du Code civil de l'article 914-1 du même Code fait dire à certains auteurs que les époux séparés de corps par consentement mutuel ne pourraient pas renoncer à leurs **droits réservataires** dans leur convention de séparation (J.-Cl. Civil Art. 296 à 304 fasc. unique n° 120 par C. Watine-Drouin et K. Garcia ; pour un avis contraire, Rép. Civ. Dalloz, v. Réserve héréditaire – Quotité disponible par E. Fongaro et M. Nicod, n° 102). Le groupe de travail sur la réserve héréditaire propose de clarifier le texte et de le compléter d'une référence expresse à l'article 914-1 (Rapport groupe de travail La réserve héréditaire, dir. C. Pérès et P. Potentier, 13-12-2019, proposition n° 11 ter). À noter que ce même groupe de travail va plus loin et propose la suppression de la réserve du conjoint survivant (proposition n° 11) ou, à défaut, la suppression des droits à réserve du conjoint séparé de corps (proposition n° 11 bis).

Renonciation à la présomption de donation déguisée La loi présume de manière irréfragable une donation déguisée en cas de vente avec réserve d'usufruit à des successibles en ligne directe (C. civ. art. 918). Toutefois, ce même texte prévoit que les **cohéritiers réservataires présomptifs** ont la possibilité, **en consentant à l'acte d'aliénation,** de renoncer à agir en réduction de cette libéralité. La jurisprudence semble retenir une interprétation générale de cette dérogation (Cass. 1e civ. 1-7-2009 n° 08-12.868 F-PB : AJ fam. 2009 p. 407 obs. F. Bicheron). Pour une étude détaillée de la présomption de gratuité, voir nos 32760 s. 28135

> **Précisions** Le 119e Congrès des notaires a proposé de transformer la présomption irréfragable de donation en **présomption simple** (1e proposition de la 3e Commission « Pérenniser son logement »). L'acquéreur serait ainsi mis en mesure de rapporter la preuve de la sincérité des paiements. Cette modification s'accompagnerait d'une exclusion de la **vente en nue-propriété** du champ d'application du texte. La consécration légale d'une telle proposition viendrait tarir la pratique des consentements à aliénation chaque fois que la sincérité de tels contrats serait facile à prouver.

28140 **Renonciation à exercer l'action en réduction contre les tiers détenteurs** Lorsque le bénéficiaire d'une donation en aliène l'objet, l'action en réduction ou en revendication peut être exercée contre le tiers détenteur, discussion faite des biens du gratifié ; mais lorsque, au jour de la donation ou postérieurement, le **donateur et** tous les **héritiers réservataires présomptifs ont consenti à l'aliénation du bien donné,** aucun héritier réservataire, même né après que le consentement de tous les héritiers intéressés a été recueilli, ne peut exercer l'action contre les tiers détenteurs (C. civ. art. 924-4, al. 2). Pour une étude détaillée, voir n°s 33670 s.

28145 **Donations graduelles** Par principe, en cas de donation graduelle, si le **premier gratifié** est héritier réservataire du disposant, la charge ne peut être imposée que sur la quotité disponible. Toutefois, le donataire peut accepter, dans l'acte de donation ou postérieurement dans un acte établi dans les conditions prévues à l'article 930 du Code civil, que la **charge grève tout ou partie de sa réserve** (C. civ. art. 1054, al. 2). Pour une étude détaillée, voir n° 2535.

28150 **Renonciation anticipée à l'action en réduction (RAAR)** Autorisée par la loi 2006-728 du 23 juin 2006, la renonciation anticipée à l'action en réduction est sans conteste l'exception la plus spectaculaire à l'ordre public successoral traditionnel (C. civ. art. 929 à 930-5). Elle se confronte à la fois à la prohibition des pactes sur succession future et à la réserve héréditaire. Elle permet à un **héritier réservataire présomptif** de s'engager à l'avance à ne pas former d'action en réduction pour atteinte à la réserve à l'encontre d'un **bénéficiaire déterminé** dans la convention. Cette renonciation s'impose également aux descendants du renonçant. Il s'agit donc d'un acte grave, ce qui explique que la loi l'ait strictement encadré (voir n°s 33830 s.).

28155 **Exercice différé de l'action en retranchement** Lorsqu'un avantage matrimonial résultant d'une communauté conventionnelle porte atteinte à la réserve de **descendants non issus des deux époux,** ces derniers disposent de l'action en retranchement (C. civ. art. 1527, al. 2). Toutefois, ils ont la faculté, en respectant le formalisme de l'action en renonciation anticipée à l'action en réduction (C. civ. art. 929 à 930-1), de renoncer à demander la réduction de l'avantage matrimonial excessif avant le décès de l'époux survivant (C. civ. art. 1527, al. 3). Pour une étude détaillée, voir n° 29835.

2. PACTES ATTRIBUTIFS AUTORISÉS

DONATIONS-PARTAGES

28185 Pourtant généralement qualifiées de pactes sur succession future, les donations-partages étaient déjà autorisées par le Code civil de 1804. Très fréquentes en pratique, elles permettent communément aux parents de transmettre de futurs biens successoraux à leurs enfants.

Elles sont possibles au profit de n'importe quel **héritier présomptif** (C. civ. art. 1075). La loi 2006-728 du 23 juin 2006 a largement étendu la portée de cette exception au principe de prohibition des pactes sur succession future.

En particulier, le législateur, conscient de l'essor des familles recomposées, a validé sous conditions la possibilité d'effectuer des **donations-partages conjonctives** en présence d'enfants non communs (C. civ. art. 1076-1).

La réforme de 2006 a également introduit les **donations-partages transgénérationnelles** (C. civ. art. 1078-4 s.) qui rencontrent un succès grandissant en raison de l'allongement de la durée de vie. Ces conventions permettent aux grands-parents de partager par anticipation leurs biens entre leurs petits-enfants à la condition que leurs enfants y consentent.

> **Précisions** En revanche, constitue un pacte sur succession future prohibé la **clause pénale** adjointe à une donation-partage en vertu de laquelle celui des copartagés qui attaquerait le partage anticipé serait privé de toute portion dans la quotité disponible de la succession du disposant, cette même portion profitant, à titre de préciput, à celui ou à ceux des copartagés contre lesquels l'action serait intentée. En effet, la clause ainsi rédigée consiste pour le donateur à disposer entre vifs de biens à venir, une telle donation étant sanctionnée par la nullité (C. civ. art. 943 et 1075 ; voir M. Grimaldi et C. Vernières, De quelques clauses dans les donations-partages : Defrénois 15-4-2014 n° 115t6 p. 386). Précision faite que ce type de clauses pénales de non-contestation de la libéralité-partage sont également soumises à un contrôle de conventionnalité des juges, ce qui en rend l'usage périlleux. Sur l'ensemble de cette question, voir n° 11255.

PACTES ATTRIBUTIFS ENTRE ÉPOUX

La **qualité d'époux** ne permet pas à elle seule d'échapper au principe de prohibition des pactes sur succession future (C. civ. art. 1389). Toutefois, les personnes mariées bénéficient d'exceptions notables au principe. 28190

Donations de biens à venir entre époux Le Code civil a consacré dès 1804 la possibilité de donation de biens à venir, ou de biens présents et à venir, faite entre époux **par contrat de mariage** (C. civ. art. 1093). Ces donations sont également valables si elles sont consenties par un tiers au profit des époux ou de l'un d'entre eux (C. civ. art. 1082). 28195

Les donations de biens à venir entre époux consenties **au cours du mariage,** communément nommées « donations au dernier vivant », sont fréquentes en pratique. Ces conventions sont également sans conteste des pactes sur succession future. Cependant, leur caractère révocable limite, les concernant, le risque d'atteinte à la liberté testamentaire. Cela explique sans doute que leur validité ne fasse aucun doute, même si elle n'est qu'implicitement reconnue par les textes (C. civ. art. 1096).

Clause commerciale Il s'agit d'une convention matrimoniale qui permet à l'époux survivant d'acquérir ou de se voir attribuer à titre onéreux un bien, par **exemple** un fonds de commerce ou encore un fonds rural que les époux exploitaient ensemble mais dont seul le conjoint était propriétaire. Cette clause est fort répandue **en pratique,** et son utilité n'est plus à démontrer. Elle permet en effet d'assurer le maintien de l'activité professionnelle de l'époux survivant. 28200

Sa validité a été consacrée par la réforme des régimes matrimoniaux du 13 juillet 1965 (C. civ. art. 1390).

Il est admis que ce type de clause **peut porter sur** un bien commun ou un bien propre (époux communs en biens), un bien personnel (époux séparés de biens), être à titre gratuit ou onéreux, sans encourir la nullité en tant que pacte sur succession future. La loi 65-570 du 13 juillet 1965 a en effet brisé une jurisprudence qui annulait la clause commerciale dans certains cas (M. Grimaldi : Droit des successions, LexisNexis 8e éd. 2020, n° 390 ; C. Brenner et P. Malaurie : Droit des successions et des libéralités, LGDJ 10e éd. 2022, n° 535 ; F. Terré, Y. Lequette et S. Gaudemet : Droit civil. Les successions. Les libéralités, Dalloz 4e éd. 2014, n° 698).

La réforme de 2006 complète le dispositif (C. civ. art. 1390, al. 2). Elle codifie la jurisprudence selon laquelle le champ de cette exception est étendu aux clauses prévoyant l'octroi d'un **bail à l'époux survivant** (Cass. 1e civ. 29-4-1985 n° 83-16.803 : Bull. civ. I n° 132, Defrénois 1985 art. 33600 obs. G. Champenois, D. 1986 p. 364 note M. Beaubrun, JCP N 1986 p. 74 note P. Simler).

CLAUSE D'ACQUISITION OU D'ATTRIBUTION DE PART INDIVISE

Les indivisaires peuvent inclure dans leur convention d'indivision une **faculté** d'acquisition par l'un d'entre eux de la part indivise de celui qui viendrait à décéder. Ils peuvent également prévoir une clause d'attribution de la part indivise de l'indivisaire qui viendrait à décéder au profit de son conjoint survivant ou de tout autre héritier désigné (C. civ. art. 1873-13). 28205

PACTES ATTRIBUTIFS EN DROIT DES SOCIÉTÉS

Société de personnes et société à responsabilité limitée (SARL) De nombreuses conventions qualifiables de pacte sur succession future portant sur des sociétés ont été validées par la loi afin de faciliter l'activité économique et la transmission des entreprises. 28210

Par **exemple,** la loi permet de prévoir dans les statuts d'une société de personnes ou d'une SARL qu'après le décès de l'un des associés, le groupement continuera uniquement avec les associés survivants en excluant les héritiers du défunt. Les textes autorisent également les clauses statutaires maintenant la société avec les associés survivants et seulement certains des héritiers de l'associé prédécédé (C. civ. art. 1870 pour la société civile ; C. com. art. L 221-15 pour la société en nom collectif et L 223-13 pour la société à responsabilité limitée).

L'exception est toutefois conditionnée à la **forme du pacte** : insérée hors des statuts, une telle clause encourt la nullité (en ce sens, à propos d'une société anonyme, la nullité ayant été prononcée sur le fait que la clause ait été stipulée hors statut, non sur la forme de la société, Cass. 1e civ. 11-3-1981 n° 79-16.831 : Bull. civ. I n° 87, RTD civ. 1982 p. 448 obs. J. Patarin).

Cette dérogation au principe de prohibition s'inscrit parfaitement dans la **logique de ce type de groupements** dans lesquels la personne des associés est déterminante. Elle permet ainsi d'éviter l'intrusion dans la gestion de l'entreprise d'un tiers indésirable. Le ou les héritiers évincés conservent toutefois la qualité d'associé, les textes leur garantissent en effet le maintien de leurs droits sur la valeur pécuniaire des droits sociaux (voir sur ce point M. Grimaldi : Droit des successions, LexisNexis 8e éd. 2020 no 395).

Sur la dévolution particulière des titres de sociétés, voir nos 25740 s.

28215 **Société anonyme (SA)** Il n'existe toutefois pas de disposition similaire pour les sociétés anonymes.

L'**hésitation** est dès lors permise : les conventions par lesquelles les associés d'une société anonyme organiseraient à l'avance la transmission de leurs actions après leur décès à leurs héritiers constituent-elles des pactes sur succession future susceptibles d'être annulés ?

À défaut de jurisprudence explicite, la **doctrine** est divisée sur la question. Si certains auteurs répondent par l'affirmative (en ce sens, regrettant toutefois cette solution, C. Brenner et P. Malaurie : Droit des successions et des libéralités, LGDJ 10e éd. 2022, no 536), d'autres en revanche considèrent que ces clauses sont valables en arguant du caractère général de la dérogation accordée par les textes antérieurs (C. Jubault : Droit civil. Les successions. Les libéralités, Montchrestien 2e éd. 2010, no 633 ; M. Grimaldi : Droit des successions, LexisNexis 8e éd. 2020, no 397).

Une seule **certitude** : ces aménagements s'expriment valablement à la condition qu'ils figurent dans les statuts de la société, à peine de nullité (Cass. 1e civ. 11-3-1981 no 79-16.831 précité).

Sur la dévolution particulière des actions, voir nos 25970 s.

CHAPITRE 2

RÉSERVE HÉRÉDITAIRE ET QUOTITÉ DISPONIBLE

SOMMAIRE

RÈGLES GÉNÉRALES

La **réserve héréditaire** est la part des biens d'une succession dont la loi assure la dévolution libre de charges à certains héritiers les plus proches du défunt, dits « héritiers réservataires », dès lors qu'ils sont appelés à la succession et qu'ils l'acceptent (C. civ. art. 912, al. 1). 28700

La réserve trouve en pratique deux dimensions, selon l'angle sous lequel on la considère : la réserve **globale,** qui, du point de vue du de cujus, limite par avance l'efficacité de sa volonté de gratifier ; la réserve **individuelle,** fraction de la réserve globale dévolue à chaque héritier réservataire, à laquelle celui-ci accède seulement lorsqu'il vient effectivement à la succession (sur la mise en œuvre de la réduction, voir n°s 33440 s.).

La réserve héréditaire n'embrasse jamais la totalité des biens, de sorte qu'il subsiste toujours une autre fraction de la succession, dont la personne peut librement disposer par des libéralités : cet excédent, exactement complémentaire de la réserve, s'appelle la **quotité disponible** (C. civ. art. 912, al. 2 ; sur l'ensemble du sujet, voir notamment Rép. civ. Dalloz, v. Réserve héréditaire – Quotité disponible par E. Fongaro et M. Nicod). 28705

On verra que lorsque le conjoint survivant est en concours avec les descendants, la quotité disponible est différemment définie suivant que les libéralités bénéficient à ce conjoint ou à toute autre personne (sur cette question, voir n°s 28915 s.).

C'est à l'**ouverture de la succession,** c'est-à-dire au moment du décès, que doit être calculé le montant de la réserve. 28710

Ainsi une donation parfaitement valide, qui aura développé tous ses effets du vivant du disposant, peut-elle être remise en question après l'ouverture de la succession, en tout ou en partie, au motif qu'elle empiète sur la réserve.

De même, une disposition à cause de mort en soi totalement efficace, quand bien même elle aurait été rédigée en un temps où il n'existait aucun héritier réservataire, pourra voir son efficacité restreinte, parce qu'un héritier réservataire existe au moment du décès, et qu'elle excède la quotité disponible.

SECTION 1 TITULAIRES DE LA RÉSERVE

DEUX CATÉGORIES

28810 Il n'existe que deux catégories d'héritiers réservataires : les descendants et, à défaut de descendant, le conjoint.

Les enfants sont les premiers héritiers réservataires (C. civ. art. 913, al. 1). Le terme d'« enfants » s'entend en réalité des **descendants** à quelque degré qu'ils se trouvent, du moment qu'ils viennent effectivement à la succession en rang utile, de leur chef ou par représentation : enfants, petits-enfants, etc.

La nature de la filiation est indifférente : ont la qualité de descendants réservataires non seulement les enfants par le sang, mais encore les enfants adoptifs (sous la restriction notable, pour ceux qui ont fait l'objet d'une adoption simple, de l'exception indiquée n° 25455).

Lorsque le défunt meurt sans postérité, c'est son **conjoint survivant non divorcé** qui accède à la réserve (C. civ. art. 914-1). Ni la séparation de corps, ni une assignation en divorce ou en séparation de corps formée avant le décès, ne privent le conjoint, qui demeure héritier (C. civ. art. 732), de son droit à réserve.

> **Précisions** **a.** Dans son **rapport relatif à la réserve héréditaire,** le groupe de travail dirigé par Cécile Pérès et Philippe Potentier réaffirme fermement la réserve héréditaire des descendants dans son principe tout en préconisant la suppression de celle du conjoint survivant (Rapport relatif à la réserve héréditaire remis à la ministre de la justice le 13-12-2019, propositions n°s 1 et 11).

b. La loi confortant le respect des principes de la République a rétabli un **droit de prélèvement compensatoire** sur les biens situés en France « lorsque la loi étrangère applicable à la succession ne connaît aucun mécanisme réservataire protecteur des **enfants** » (Loi 2021-1109 du 24-8-2021 art. 24). Sur cette disposition, voir n°s 70850 s.

SECTION 2 TAUX DE LA RÉSERVE ET DE LA QUOTITÉ DISPONIBLE

DISTINCTION MAJEURE À FAIRE

28910 Le taux de la réserve et celui, complémentaire, de la quotité disponible, sont tributaires de la **qualité et** du **nombre du ou des héritiers réservataires** : la distinction majeure est de savoir si l'on est en présence de descendants (à quelque degré de parenté qu'ils se trouvent et sans égard pour la nature de cette parenté), ou, à défaut de descendants, du conjoint survivant.

A. En présence de descendants

DUALITÉ DE QUOTITÉS DISPONIBLES

28915 En fonction du **bénéficiaire de la libéralité,** il existe deux quotités disponibles différentes :
– la quotité disponible ordinaire, lorsque le gratifié est toute autre personne que le conjoint ;
– et la quotité disponible spéciale entre époux, apanage du conjoint survivant gratifié.

1. QUOTITÉ DISPONIBLE ORDINAIRE

RÈGLES GÉNÉRALES

La **réserve globale** des descendants est une fraction de la succession qui varie selon le nombre d'enfants (C. civ. art. 913). Les taux respectifs de la réserve globale et de la quotité disponible sont récapitulés dans le tableau ci-après. 28920

Nombre d'enfants	Réserve globale	Quotité disponible
1	1/2	1/2
2	2/3	1/3
3 ou plus	3/4	1/4

La réserve globale se répartissant entre les enfants selon les règles de la dévolution légale, chacun a droit à une **réserve individuelle.** 28925

Par exemple, si le défunt laisse cinq enfants, la réserve globale est des trois quarts de la succession et chaque enfant a droit à une réserve individuelle de 3/20e (chacun 1/5e des 3/4).

CAS OÙ UN ENFANT EST PRÉDÉCÉDÉ

Si un enfant est mort avant le de cujus **sans postérité,** il n'est pas pris en compte pour le calcul de la réserve globale. 28930

En revanche, s'il laisse lui-même des **descendants,** ces derniers comptent pour l'enfant prédécédé :

– soit qu'ils y prennent ses droits **par représentation** (C. civ. art. 913-1) ;

– soit même qu'ils viennent **de leur chef** à la succession, dans l'hypothèse d'un enfant unique prédécédé. Dans ce second cas, il y a une discordance notable et trompeuse entre la prise en compte des descendants pour le calcul de la réserve, qui institue pour le taux de la réserve comme un simulacre de représentation, et la jurisprudence qui admet au contraire, dans la succession ab intestat, l'absence de représentation de l'enfant unique (Cass. 1e civ. 25-9-2013 no 12-17.556 FS-PBI, décision rendue en application du droit antérieur à la loi du 23-6-2006 mais transposable : AJ fam. 2013 p. 652 obs. N. Levillain, RTD civ. 2013 p. 875 obs. M. Grimaldi, JCP N 2013 no 1279 obs. M. Nicod). Sur ce point, voir no 22795.

EXEMPLE

Si Artémise laisse un fils et deux petits-enfants issus d'une fille prédécédée, la réserve globale est des 2/3 ; la réserve individuelle est de 1/3 pour le fils survivant et de 1/6 pour chacun des petits-enfants.

Si Cunégonde décède et que son fils unique soit prédécédé en laissant lui-même deux enfants, bien que ces derniers viennent à la succession de Cunégonde de leur chef, la réserve globale n'en demeure pas moins de 1/2 (et non des 2/3) ; la réserve individuelle est donc de 1/4 pour chacun des deux petits-enfants.

CAS OÙ UN ENFANT RENONCE

En principe, l'enfant qui renonce à la succession n'est **pas pris en compte** pour le calcul de la réserve globale. 28935

Il en va toutefois autrement dans deux cas, où le **calcul** est effectué **par souche** (C. civ. art. 913, al. 2) :

– lorsque le renonçant est **représenté** par ses propres enfants dans la succession à laquelle il renonce : cette exception découle de la règle légale qui veut qu'il y ait désormais représentation du renonçant (sur cette règle, voir no 22800) ;

– lorsque l'enfant est tenu au **rapport en cas de renonciation** : cette exception est alors le corollaire de l'insertion dans une libéralité, par la volonté du disposant, d'une stipulation de rapport en cas de renonciation (sur cette possibilité, voir nos 31110 s.).

EXEMPLE

Le défunt laisse trois enfants Donatien, Alphonse et François. Donatien renonce à la succession ; il a une fille, Justine.

1e hypothèse : Donatien n'est pas représenté par sa fille Justine, qui renonce à son tour sans avoir elle-même d'enfant.

La réserve globale est des 2/3 de la succession, Alphonse et François ayant chacun une réserve individuelle égale au 1/3 de la succession.

2e hypothèse : Donatien est représenté par sa fille Justine.

La réserve globale est des 3/4 de la succession, Alphonse, François et Justine ayant chacun une réserve individuelle du 1/4.

3e hypothèse : Donatien a bénéficié d'une donation stipulée rapportable en cas de renonciation. Il n'est pas représenté par Justine, qui renonce à son tour sans avoir elle-même d'enfant.

La réserve globale est encore des 3/4 de la succession, la part de réserve de Donatien étant fictivement maintenue pour les besoins de la liquidation.

2. QUOTITÉ DISPONIBLE SPÉCIALE ENTRE ÉPOUX

CAS OÙ LA QUOTITÉ DISPONIBLE SPÉCIALE JOUE

28965 Dès l'instant qu'il est le bénéficiaire d'une libéralité en présence de descendants, le conjoint se voit ouvrir une **quotité disponible élargie,** dite « quotité disponible spéciale entre époux ».

Cette quotité élargie n'a de raison d'être que lorsque le conjoint se trouve en **concours avec des descendants.** En effet, si le défunt ne laisse aucune descendance, il peut disposer de la totalité de son patrimoine en pleine propriété au profit de son conjoint (voir toutefois nos 25170 s. le droit de retour légal des père et mère), et ce dernier accède même à une réserve (no 28810).

En revanche, cette quotité disponible étant attachée par l'article 1094-1 du Code civil à la **qualité d'« époux »,** il est indifférent que le conjoint gratifié ait ou non accepté la succession, dès lors qu'il n'est pas divorcé en vertu d'un jugement passé en force de chose jugée.

Un legs ne prenant effet qu'au jour du décès du testateur, la veuve bénéficiaire d'un **testament antérieur au mariage** peut recevoir dans la limite de la quotité disponible spéciale entre époux, et non pas seulement dans la limite de la quotité disponible ordinaire (Cass. 1e civ. 26-10-2011 no 10-20.217 FS-PBI : BPAT 6/11 inf. 339, Defrénois 28-2-2012 no DEF40362 p. 191 note B. Vareille).

ATTENTION

La quotité disponible spéciale doit être combinée avec la quotité disponible ordinaire, lorsque des **libéralités** ont été consenties **par le de cujus à la fois à son conjoint et à tout autre gratifié.** Sur cette question importante, et les calculs qui doivent être effectués, voir nos 33235 s.

MONTANT DE LA QUOTITÉ DISPONIBLE SPÉCIALE ENTRE ÉPOUX

28970 Il existe une **option** entre trois quotités (C. civ. art. 1094-1) :

– soit la pleine propriété de la quotité disponible ordinaire, tributaire du nombre d'enfants (1/2, 1/3 ou 1/4) ;
– soit un quart en pleine propriété et trois quarts en usufruit ;
– soit la totalité de la succession en usufruit.

La réserve globale des enfants varie par conséquent de façon corrélative, suivant le choix du disposant, ou, s'il l'a délégué au conjoint survivant, de ce dernier.

Ces différentes quotités sont résumées dans le tableau suivant.

Nombre d'enfants	Réserve globale des enfants	Quotité disponible spéciale entre époux
1	1/2 en PP	1/2 en PP
	3/4 en NP	1/4 en PP + 3/4 en US
	Toute la NP	Tout l'US
2	2/3 en PP	1/3 en PP
	3/4 en NP	1/4 en PP + 3/4 en US
	Toute la NP	Tout l'US
3 ou plus	3/4 en PP	1/4 en PP
	3/4 en NP	1/4 en PP + 3/4 en US
	Toute la NP	Tout l'US
PP pour pleine propriété, NP pour nue-propriété et US pour usufruit.		

On observera que cette quotité est toujours plus favorable, en ce que le conjoint survivant peut recevoir a minima toujours ce qu'un étranger à la succession serait en mesure de se voir attribuer ; et même, le plus souvent, il recueille mieux (un usufruit universel) ou davantage (ainsi, en présence de trois enfants, trois quarts en usufruit en sus du quart en propriété égal au disponible ordinaire).

Les enfants du défunt non issus des deux époux sont comptabilisés comme les autres pour le calcul de la quotité disponible, sans distinction particulière.

TITULAIRE DE L'OPTION

C'est le **de cujus** qui est seul titulaire de l'option ouverte par l'article 1094-1 du Code civil. Libre à lui, par conséquent, de désigner dans l'acte par lequel il gratifie son conjoint, parmi les trois possibilités, la quotité qu'il lui laisse (par exemple, la quotité disponible en usufruit, à l'exclusion des deux autres). 28975

Au demeurant, il est fréquent que le de cujus délègue au **conjoint survivant** le choix entre les trois quotités prévues par la loi :

– souvent, il le fait par une stipulation expresse de la libéralité. En ce cas, il n'y a place pour aucun doute ;

– à défaut de délégation explicite de l'option, il y a lieu, en bonne logique, de rechercher la volonté implicite du disposant (voir Rép. civ. Dalloz, v. Réserve héréditaire – Quotité disponible par E. Fongaro et M. Nicod, n°s 114 et 115 et les auteurs cités). Or l'exercice est bien hasardeux.

Volonté implicite du disposant La nature de la libéralité entre époux représente-t-elle en soi un indice du choix opéré par le disposant concernant la quotité disponible ? 28980

Lorsqu'il s'agit d'une **libéralité universelle** sans stipulation particulière concernant le choix du disponible (donation au dernier vivant silencieuse sur ce point ou, plus fréquemment, legs universel par testament olographe), il est volontiers postulé en doctrine que cela laisserait présumer la délégation implicite du choix au conjoint (Rép. civ. Dalloz, v. Réserve héréditaire – Quotité disponible par E. Fongaro et M. Nicod, n°s 114 et 115 et les auteurs cités).

Cependant, la généralité de cette présomption ne va pas de soi, car il serait légitime que la Cour de cassation abandonne l'interprétation de la volonté du défunt à l'appréciation souveraine des juges du fond (ces derniers prenant en compte tous les éléments de fait de nature à caractériser les intentions du défunt, y compris l'économie globale de son œuvre libérale) ; cela introduirait évidemment beaucoup d'incertitude.

Dans le cas d'une **libéralité à titre particulier,** la volonté implicite du disposant sur la question de la quotité disponible spéciale est encore plus nébuleuse. On a peine à discerner un critère décisif : une chose est ce que l'on donne (qui est inspiré par la personne du donataire), autre chose est ce par quoi l'on entend voir parfaire la réserve si l'action en réduction vient à être exercée (ce qui est plutôt tributaire de la situation qu'on entend ménager aux réservataires).

Cette objection, qui a été fort justement élevée (voir M. Grimaldi, Droit des successions, LexisNexis, 8e éd., 2020, n° 333), mérite d'être généralisée. Le **risque** est alors que le choix appartenant au défunt, n'ayant décidément pas été exercé par lui, soit considéré comme transmis à ses héritiers, en ce compris le conjoint lui-même, et que le juge doive trancher un conflit d'intérêts entre des prétentions antagonistes sur ce point (comparer M. Grimaldi, précité, qui préfère invoquer une délégation implicite, mais sans en justifier vraiment).

PRÉCAUTIONS DE FORMULATION

Il est donc important de veiller à la formulation de la libéralité en distinguant l'**objet de la donation et** la **quotité disponible sur laquelle elle trouvera à s'imputer** (voir D. Epailly : Les liquidations successorales après la loi du 23 juin 2006, Cridon Bordeaux-Toulouse, janvier 2010, n°s 85 s.). Cela mérite une attention particulière lorsqu'il s'agit d'une donation de biens à venir ou d'un legs. 28985

En principe, un legs de quotité disponible est un legs universel (voir n° 16790).

Toutefois, certaines libéralités à cause de mort au conjoint sont formulées, délibérément ou par inadvertance, de telle façon que leur objet consiste simplement dans la quotité choisie. Elles se présentent comme des libéralités alternatives.

EXEMPLE

Ainsi, par exemple :
– « je lègue l'une des quotités permises entre époux » ;
– « je lègue à mon conjoint la quotité disponible de ma succession, selon son choix » ;
– « mon conjoint sera donataire, à son choix, dans le cas où il existera des enfants, soit d'un quart en propriété et des trois quarts en usufruit, soit de l'usufruit de la totalité, soit de la quotité disponible ordinaire » ;
– « la présente donation, si la réduction en est demandée, sera au seul choix du donataire réduite à la quotité disponible en vigueur au jour du décès, en pleine propriété seulement, ou en pleine propriété et en usufruit, ou en usufruit seulement ».

On est alors fondé à penser que le conjoint prédécédé a voulu plutôt consentir une libéralité portant sur une quotité de la succession, c'est-à-dire une libéralité à cause de mort à titre universel. Or c'est précisément le cas où les intentions du défunt concernant le choix de la quotité disponible sont le plus sujet à controverse.

Cela invite à réfléchir à une formulation univoque de telles libéralités.

28986 Distinguons. La **première question** est de savoir ce que le disposant souhaite faire :
– ou bien, en présence d'un ou plusieurs descendants, il entend limiter les droits du conjoint à une **libéralité à titre universel,** et il faut l'énoncer clairement ;
– ou bien au contraire il veut l'instituer bénéficiaire d'une **libéralité universelle,** et cela doit être précisé de façon explicite.

La désignation de la **qualification adéquate** n'est pas indifférente, notamment :
– dans le cas où un héritier renonce à la succession : sa part ne saurait augmenter les droits d'un légataire à titre universel, alors qu'elle profite au légataire universel ou au conjoint bénéficiaire d'une donation au dernier vivant universelle ;
– en vue d'un possible consentement à exécution par le réservataire : la chose est envisageable si l'on a affaire à une libéralité universelle, mais sans objet en présence d'une libéralité consistant ici, par définition, dans la quotité disponible elle-même.

28987 La **seconde question,** bien distincte de la précédente, tient à l'**exercice de l'option** ouverte par l'article 1094-1 du Code civil entre les trois variantes de la quotité disponible spéciale :
– le de cujus peut l'exercer lui-même, puisqu'il en est le seul titulaire : il lui est permis, par exemple, après avoir consenti à son conjoint un legs de l'usufruit de sa succession, de stipuler que cette libéralité ne s'imputera, comme il est logique, que sur la seule quotité disponible spéciale en usufruit ;
– il peut également préférer déléguer l'option au conjoint survivant, soit en réitérant la quotité disponible telle que définie à l'article 1094-1 du Code civil, soit, plus prudemment, en renvoyant à la quotité disponible spéciale qui sera en vigueur au jour de l'ouverture de la succession.

28988 Cela doit conduire à préférer toujours des formules explicites et raisonnées. Les **meilleures formulations** sont ainsi conçues :
– elles expriment d'abord clairement l'**objet universel de la libéralité** (par exemple, « Je lègue à mon conjoint l'universalité de mes biens. ») ;
– après quoi elles règlent, à la faveur d'un paragraphe distinct, la question du **choix de la quotité disponible sur laquelle la libéralité sera imputée** (par exemple, « Si la réduction est demandée, je lui délègue la faculté de choisir, parmi les quotités disponibles prévues par la loi au jour de mon décès, celle qu'il jugera préférable. »).

Ainsi les doutes sont-ils levés sur les intentions du disposant (voir cependant N. Duchange, Les formules traditionnelles de donations entre époux sont-elles pertinentes en présence d'une réserve en valeur ? : Defrénois 18-1-2018 nº 131p7 p. 17).

28989 CONSEIL

Lorsque l'**objectif** est de **laisser le maximum au conjoint,** mieux vaut lui consentir une libéralité universelle (legs universel ou donation de biens à venir), tout en prévoyant que si la réduction en est demandée par les descendants :
– la libéralité s'imputera sur la quotité disponible spéciale, l'exercice de l'option à trois branches étant en outre délégué par le disposant au survivant ;
– le conjoint devra opter dans un certain délai.

De la sorte :
– si la réduction vient à n'être pas demandée ou à se trouver prescrite, le conjoint recevra tous les biens de la succession ;
– il pourra, sauf clause contraire, cantonner son émolument sans qu'il y ait libéralité de sa part (nºs 35800 s.) ;
– si la réduction est demandée, c'est son option, éclairée par un regard sur la composition de son propre patrimoine et le montant de ses revenus, qui gouvernera indirectement le montant de l'indemnité de réduction due à ses enfants ou beaux-enfants.

En revanche, si l'**intention du disposant n'est pas de transmettre l'universalité,** il faut penser à préciser dans la donation ou le legs portant sur l'une des quotités disponibles spéciales entre époux :
– que le disposant n'a pas l'intention de conférer au gratifié une vocation à l'universalité, mais bien de limiter ses droits en nature à la quotité disponible choisie ;
– voire qu'est ménagée au survivant la faculté de choisir les biens qui composeront sa quotité disponible ainsi désignée par le de cujus (plutôt la quotité disponible en propriété) ; cela sera particulièrement indiqué dans la famille recomposée, pour éviter qu'une libéralité universelle ne prive les enfants d'un premier lit de tous les biens familiaux en nature, moyennant une simple somme d'argent.

Pour des modèles de clauses à insérer dans les donations de biens à venir entre époux, voir les formules nºs 9250 s.

CARACTÈRES DE L'OPTION DÉLÉGUÉE AU CONJOINT

Supposons que l'option, comme il est courant, ait été déléguée au survivant. Elle peut se cumuler avec d'autres : en particulier, elle doit être **soigneusement distinguée** de l'option que l'article 757 du Code civil ouvre au conjoint survivant en présence de descendants tous issus du défunt et de lui-même au titre de sa **vocation ab intestat** (voir nº 23340). Au demeurant, il peut paraître judicieux de regrouper l'ensemble des options qui s'offrent au conjoint dans un acte d'option unique. **28990**

Dès lors qu'elle a été déléguée, l'option présente pour le survivant un **caractère personnel.** De son vivant, elle ne peut être exercée par aucune autre personne que le conjoint lui-même : ni par ses propres successibles, ni même par ses créanciers (auxquels l'action oblique n'est pas ouverte, et qui ne peuvent donc pas agir pour exercer l'option au nom de leur débiteur).

En revanche, les créanciers de l'héritier réservataire peuvent exercer l'action en réduction par voie oblique et, ce faisant, contraindre le donataire à exercer l'option entre les différentes quotités disponibles que lui offrait la donation (Cass. 1e civ. 20-10-1982 nº 81-16.092 : Bull. civ. I nº 299) ; voir toutefois nº 33450 sur la remise en cause possible de cette solution.

Choisir, c'est éliminer : l'option suppose la **capacité** de renoncer (Cass. 1e civ. 1-6-1994 nº 92-16.823 P : Defrénois 30-11-1994 nº CJ1994DEF1452N1 p. 1452 obs. J. Massip, RTD civ. 1994 p. 568 obs. J. Hauser, RTD civ. 1995 p. 416 obs. J. Patarin).

Elle n'est enfermée dans aucun **délai** précis. Toutefois, si le conjoint tergiverse, ce sont les réservataires qui le contraindront à choisir en exerçant l'action en réduction, contraints qu'ils sont de le faire sous le délai prévu par l'article 921, alinéa 2 du Code civil.

L'héritier réservataire du défunt peut administrer par tout moyen la **preuve** de l'exercice par le conjoint survivant de l'option qui lui était ouverte, et, partant, de la quotité disponible que ce dernier a choisie (Cass. 1e civ. 29-10-1979 nº 78-15.221 : Bull. civ. I nº 264, Defrénois 1980 p. 230 note A. Ponsard).

Enfin, dans ses **effets,** l'option rétroagit au jour du décès. Les donations de biens à venir que se font les époux durant le mariage, parce qu'elles sont révocables, sont soumises quant à leurs effets aux règles des legs ; dès lors, une cour d'appel a retenu à juste titre, faisant application de l'article 777 ancien, que l'option exercée par le donataire remontait au jour du décès (Cass. 1e civ. 20-10-1992 nº 90-20.676 : Bull. civ. I nº 256). Jugé également que le conjoint survivant, légataire de la plus forte quotité disponible entre époux qui opte pour que le legs s'exécute pour 1/4 en propriété et 3/4 en usufruit, a, dès l'ouverture de la succession, la jouissance de tous les biens composant celle-ci (Cass. 1e civ. 25-5-1988 nº 86-15.463 : Bull. civ. I nº 157).

L'exercice de l'option par le conjoint survivant auquel elle a été déléguée n'équivaut en rien à une **réduction** de la libéralité universelle (Cass. 1e civ. 13-7-2022 nº 21-10.226 F-D : Defrénois 17-11-2022 nº DEF210u7 p. 42 obs. B. Vareille, Dr. famille 2022 comm. 169 par A. Tani ; voir également D. Epailly, Libéralités entre époux : portée de l'option pour l'une des quotités disponibles spéciales : BPAT 5/22 inf. 218). Le choix de la quotité disponible est un préalable à la réduction, bien distinct de cette dernière. Du reste, le seul qui soit en mesure d'exercer l'action en réduction, action individuelle et divisible, c'est le réservataire. Ni le disposant ni le gratifié ne peuvent donc déclencher la réduction, laquelle ne saurait par conséquent être « automatique » (comparer D. Epailly, précité). **28991**

Cas où le conjoint décède avant d'avoir opté Si le conjoint survivant décède avant d'avoir exercé le choix qui lui avait été délégué, son option est transmise à ses propres **héritiers.** Chacun d'eux peut donc l'exercer pour son compte à hauteur de la quote-part qui lui revient. **28995**

Cela conduit le notaire à opérer, le cas échéant, un calcul distinct de quotité disponible spéciale pour **chaque héritier** du conjoint décédé en second. Par conséquent, de leur côté, les réservataires dans la succession du conjoint décédé le premier sont exposés, si les héritiers du survivant ont opéré des choix différents, à recevoir des réserves individuelles hétérogènes.

EXEMPLE

Le de cujus a pour héritier réservataire un enfant exclusif, Cosette.

Son conjoint survivant, légataire universel, est décédé avant d'exercer l'option de l'article 1094-1 du Code civil, qui lui avait été déléguée. Il laisse lui-même deux enfants exclusifs, Éponine et Azelma, qui deviennent par conséquent titulaires de l'option. Par affection pour Cosette, qui est de son âge et a été élevée avec elle, Éponine choisit pour son compte 1/4 en propriété et 3/4 en usufruit (ce dernier s'étant éteint avec sa titulaire), soit 1/8e de la succession ; Azelma s'en tient à la quotité disponible ordinaire, 1/2 en propriété pour son compte, soit 2/8e de la succession. En ce cas, Cosette aura affaire à une quotité disponible spéciale insolite : 3/8e en propriété ; et ses droits se monteront par conséquent aux 5/8e de la succession du prémourant.

29000 Afin de prévenir cette situation complexe, il est **conseillé d'introduire une stipulation** ad hoc dans l'acte libéral. On peut ainsi prévoir que, faute d'avoir exercé l'option, le conjoint sera réputé avoir opté pour telle ou telle quotité (souvent, c'est l'usufruit qui est retenu par pure commodité, car il s'éteint à son décès). Il est également loisible au disposant de décider que l'option qu'il délègue à son conjoint ne sera pas transmissible, la libéralité étant caduque si ce dernier vient à décéder avant d'avoir opté : tel est le cas lorsque l'acte de donation énonce que le choix appartiendra « au survivant seulement » (Cass. 1e civ. 1-7-2009 nº 08-16.851 FS-PB : Bull. civ. I nº 147, BPAT 5/09 inf. 181) ou, s'agissant de l'épouse, « à elle seule » (Cass. 1e civ. 10-1-1990 nº 88-10.343 : Bull. civ. I nº 7) ; mais il est prudent d'être encore plus explicite.

PROTECTION DES DESCENDANTS

29010 Compte tenu du **caractère** particulièrement **étendu de la quotité disponible spéciale** entre époux, les enfants bénéficient de plusieurs mesures destinées à les protéger des libéralités consenties au conjoint survivant.

29015 **Protection contre les libéralités en usufruit** Ces mesures peuvent être invoquées par **tous les descendants.**

Les descendants peuvent ainsi demander la **conversion de l'usufruit en rente viagère** (voir nºs 23410 s.), cette faculté étant ouverte que l'usufruit du conjoint résulte : de la loi ; d'un testament ; ou d'une donation de biens à venir (C. civ. art. 759).

Si l'usufruit est maintenu, ils bénéficient de **mesures conservatoires de leur nue-propriété** en pouvant exiger du conjoint, nonobstant toute stipulation contraire du disposant, qu'il soit dressé inventaire des meubles ainsi qu'état des immeubles et qu'il soit fait emploi des sommes soumises à l'usufruit (C. civ. art. 1094-3). Les enfants du défunt, nus-propriétaires, sont ainsi en droit d'exiger qu'un inventaire de la collection d'œuvres d'art léguée en usufruit à leur mère, conjoint survivant, soit dressé en leur présence ou eux dûment appelés (Cass. 1e civ. 6-3-2019 nº 18-11.640 F-PB : BPAT 3/19 inf. 103, Defrénois 23-1-2020 nº 156f8 p. 42 obs. A. Chamoulaud-Trapiers).

29020 **Protection contre les libéralités en propriété** Cette mesure ne bénéficie en revanche qu'aux **enfants non communs.**

Ainsi, chaque enfant du défunt non commun peut exiger, en ce qui le concerne, que la libéralité qui aurait été faite en pleine propriété au conjoint survivant soit convertie en une libéralité en usufruit, moyennant l'abandon au conjoint de la part d'usufruit qu'il aurait recueillie en son absence (C. civ. art. 1098). En pratique, cet **usufruit forcé du conjoint survivant** trouve toutefois rarement à s'appliquer en raison des conditions posées (nº 29025).

EXEMPLE

En présence de deux enfants non communs, le conjoint est donataire en pleine propriété d'une maison valant 300 000 € alors que l'actif net successoral (en ce compris la maison) est de 1 000 000 €.

S'il n'y avait pas eu de conjoint, la vocation de chacun des enfants aurait été de 500 000 €.

Chacun d'eux peut substituer à l'exécution de la donation l'abandon d'un usufruit de 500 000 €. Si cette demande émane des deux enfants, le conjoint recevra l'usufruit de 1 000 000 € à la place de la donation de 300 000 € en pleine propriété. Les enfants resteront nus-propriétaires de 500 000 € chacun, et n'auront pas perdu à terme la propriété du bien donné.

Si les enfants ne s'étaient pas prévalus des dispositions de l'article 1098 du Code civil, il ne leur serait revenu que 350 000 € chacun, mais ces droits auraient été immédiatement des droits en pleine propriété.

29025 Plusieurs **conditions** doivent être réunies pour que l'article 1098 du Code civil trouve à s'appliquer :

– tout d'abord, le défunt ne doit pas s'y être opposé, même tacitement, dans l'acte de donation ou le testament : ainsi, une donation au dernier vivant laissant au conjoint survivant le choix entre les trois quotités autorisées exclut la possibilité d'un usufruit forcé, car en ouvrant au conjoint le choix d'une quotité plus large, le disposant ne saurait laisser à autrui le soin de démentir ce choix (Cass. 1e civ. 3-12-1996 nº 94-21.799 : Bull. civ. I nº 437 : D. 1997 som. p. 366 obs. B. Vareille, JCP G 1998, I nº 133 § 12 obs. R. Le Guidec, Defrénois 30-6-1997 nº CJ1997DEF817N1 p. 817 obs. G. Champenois, RTD civ. 1997 p. 981 obs. J. Patarin) ;

– ensuite, les enfants ne doivent pas avoir été privés de l'usufruit de leur part d'héritage par la donation ou le legs : l'usufruit forcé n'est concevable que s'il reste un usufruit à abandonner au conjoint en échange de la libéralité en pleine propriété dont il est privé ; pas d'usufruit forcé, donc, si le conjoint reçoit le disponible spécial du 1/4 en pleine propriété + 3/4 en usufruit (voir en ce sens les commentaires précités sous Cass. 1e civ. 3-12-1996).

CONSEIL

Bien que le texte ait finalement perdu beaucoup de portée, les praticiens n'oublieront pas d'écarter l'article 1098 du Code civil lorsqu'ils voudront **assurer l'efficacité d'une libéralité adressée au conjoint en pleine propriété** en présence d'**enfants non communs** (pour un modèle de clause dans une donation de biens à venir entre époux, voir les formules n°s 9250 s.).

Enfin, **lorsque la mesure trouve à s'appliquer,** les enfants non communs qui l'invoquent peuvent exiger que soient appliquées les dispositions de l'article 1094-3 du Code civil (C. civ. art. 1098, al. 2), qui prévoient certaines garanties pour la conservation des biens soumis à usufruit (n° 29015). La question reste discutée de savoir s'ils peuvent également imposer la conversion de cet usufruit en rente viagère (C. civ. art. 759 s.). **29030**

B. En l'absence de descendants et en présence du conjoint survivant

TAUX DE LA RÉSERVE

Le taux de la réserve du conjoint est fixé **de façon invariable** à un quart de la succession (C. civ. art. 914-1). La quotité disponible est par conséquent égale aux trois quarts de la succession lorsque, en l'absence de descendance, le défunt laisse un conjoint survivant. **29080**

Cela suppose réunies deux **conditions** :
– tout d'abord, encore faut-il qu'il n'existe aucun descendant, de quelque origine que ce soit. Jamais les deux catégories de réserves n'entrent en concours : en cette matière, la loi donne clairement priorité au lignage sur le ménage ;
– la seconde condition est que le conjoint survivant vienne à la succession du de cujus en qualité d'héritier acceptant, car la réserve n'est dévolue qu'aux héritiers venant effectivement à la succession.

INCIDENCE DU DROIT DE RETOUR LÉGAL AU PROFIT DES PÈRE ET MÈRE

La réserve du conjoint survivant n'est nullement incompatible avec le droit de retour légal sui generis des ascendants privilégiés donateurs, ménagé par l'article 738-2 du Code civil sur les **biens** qu'ils ont **donnés au défunt mort sans postérité** (n°s 25170 s.). **29085**

On admet généralement, en effet, qu'en dépit de sa place sous une section intitulée « Des droits des parents en l'absence de conjoint successible », l'article 738-2 reste applicable dans le cas de concours des ascendants privilégiés, ou du survivant d'entre eux, avec le conjoint survivant (n° 25200).

Il reste seulement à préciser si les biens ou les sommes qui font l'objet de ce modèle singulier de retour en nature ou en valeur sont à prendre en compte dans la **masse de calcul de la réserve.** D'un côté, s'il s'agit d'un véritable droit de retour, les principes classiques imposent d'exclure de la masse de calcul les valeurs correspondantes, objet d'un retour légal préalable ; mais, d'un autre côté, les biens qui en font l'objet participent à composer la part de succession de l'ascendant qui l'exerce, ce qui incline à considérer que le bien n'est pas sorti de la masse de calcul de la réserve (en ce sens, M. Grimaldi, Droit des successions, LexisNexis, 8e éd., 2020, n° 799). Si l'on admet que le droit de retour n'a pas de véritable autonomie, les biens ou valeurs qui le représentent doivent figurer dans la masse de calcul de la réserve du conjoint survivant. Celle-ci est par conséquent chiffrée sur une masse unitaire (voir en ce sens, M. Grimaldi, précité, n° 270 ; F. Terré, Y. Lequette et S. Gaudemet, Droit civil. Les successions. Les libéralités, Dalloz, 4e éd., 2014, n° 1171). Cette question bien particulière n'a pas encore été tranchée en jurisprudence.

INCIDENCE DU DROIT DE RETOUR LÉGAL DES COLLATÉRAUX PRIVILÉGIÉS

La réserve du conjoint survivant n'est pas incompatible non plus avec la vocation des collatéraux privilégiés à une **moitié indivise sur les biens d'origine familiale ascendante** instituée en leur faveur, dans la branche dont ils sont issus, par l'article 757-3 du Code civil (n°s 25325 s.). **29090**

Simplement, ce cas éveille une réelle incertitude sur le périmètre exact des biens existants à prendre en compte pour appliquer le taux du quart à la **masse de calcul de la réserve** (voir B. Vareille, La loi du 23 juin 2006, dix ans après : propos cursifs sur quelques questions liquidatives choisies : Gaz. Pal. 31-5-2016 p. 49). Faut-il calculer la réserve du conjoint :
– sur la succession normale, en excluant les biens d'origine ascendante ;

– ou sur cette même succession augmentée de la quote-part indivise de moitié dévolue au conjoint sur les biens d'origine ascendante ;
– ou encore sur l'intégralité des biens de la succession du défunt, sans distinction aucune ?

En présence d'un légataire universel, la réponse ne gouverne que les droits du conjoint survivant. En effet, du fait que les frères et sœurs ne sont pas réservataires, ils sont exclus en toute hypothèse.

EXEMPLE

Le défunt a laissé son conjoint, un frère germain, et un légataire universel ; supposons que la succession comprenne 1/4 de biens d'origine ascendante, et 3/4 de biens de toute autre provenance.

Si la réserve de 1/4 ne se calcule que sur la succession ordinaire, qui vaut 3/4 de la succession, elle se monte à 3/16e soit 6/32e de la masse successorale. Le légataire universel exclut le frère du défunt, qui n'est pas réservataire. Il a donc vocation aux 26/32e restants.

Si la réserve de 1/4 se calcule sur la succession ordinaire augmentée de la quote-part de moitié indivise des biens d'origine familiale ayant vocation à revenir au conjoint survivant (soit au total, 3/4 + 1/8e de la succession, ensemble 7/8e), les droits réservataires de l'époux survivant se monteront aux 7/32e de la masse successorale, et ceux du légataire aux 25/32e restants.

Si la réserve de 1/4 se calcule sur tous les biens de la succession, le conjoint survivant a vocation à une réserve du 1/4 des biens tous confondus en une masse unique, soit 8/32e, le légataire universel se contentant du reliquat, soit 24/32e.

29095 Cette difficulté n'a pas encore été tranchée.

En réalité, la réponse est commandée par l'analyse que l'on fait du mécanisme prévu par l'article 757-3 : faut-il considérer qu'il repose sur une césure en **deux successions distinctes** (une succession normale et une succession anomale) **ou,** au contraire, qu'il s'agit plutôt d'une **unique succession,** mais faisant l'objet d'une dévolution complexe selon l'origine des biens (pour partie au conjoint seul, pour partie en indivision), comme le suggère son régime fiscal ? La première analyse a été présentée sur le mode affirmatif (M. Grimaldi, Droit des successions, LexisNexis, 8e éd., 2020, n° 269) ; mais elle est loin de faire l'unanimité (voir Dalloz Action Droit patrimonial de la famille 2021/2022, dir. M. Grimaldi, v. Successions anomales par C. Vernières, n° 235-63 ; B. Vareille, La loi du 23 juin 2006 : dix ans après : propos cursifs sur quelques questions liquidatives choisies : Gaz. Pal. 31-5-2016 n°s 11 s. ; et, quoique plus prudemment, F. Terré, Y. Lequette et S. Gaudemet, Droit civil. Les successions. Les libéralités, Dalloz, 4e éd., 2014, n° 1171).

On peut incliner à penser qu'il ne s'agit pas d'un droit de retour digne de ce nom, fondé sur une succession à part, mais plutôt d'une dévolution spécifique, qui ne contrevient pas à l'unité de la succession ; et que le conjoint ne dispose que d'une seule option successorale, sur l'ensemble de la succession incluant les biens de toutes origines (n° 25390). Cela conduit à préférer la troisième solution. Dans l'exemple évoqué ci-dessus, si l'on suit ce raisonnement, la réserve sera des 8/32e.

Trois **arguments** militent en ce sens (voir B. Vareille, précité).

Tout d'abord, observons qu'en présence d'un époux prédécédé dont la succession se composerait exclusivement de biens lui venant de ses ascendants, le conjoint survivant serait exposé, si l'on discernait là une vraie succession anomale, à être totalement exhérédé au profit d'un tiers, alors qu'il est censé être réservataire.

Ensuite, la deuxième solution, celle qui retiendrait pour les besoins de la masse de calcul les biens ordinaires augmentés de la moitié indivise des biens d'origine ascendante, aboutirait à liquider la réserve non pas, à proprement parler, sur une masse successorale, mais, en réalité, sur la vocation du conjoint survivant. Cela ne correspond à rien de connu.

Enfin, dans la pratique, si l'on adoptait la première ou la deuxième solution, il suffirait au conjoint de convaincre le frère du défunt, en toute hypothèse définitivement exclu par le légataire universel, de renoncer à la succession, ce qui est irréprochable : le renonçant étant censé n'avoir jamais été héritier, l'article 757-3 ne trouverait pas à s'appliquer. Le frère n'y perdrait rien, et le quart réservataire du conjoint survivant s'en trouverait ipso facto porté à son maximum. De sorte que, en réalité, toute autre solution que la troisième serait vouée à rester lettre morte.

SECTION 3

SANCTION DES ATTEINTES À LA RÉSERVE

DOMAINE DES RÈGLES EXPOSÉES

La **réduction des libéralités** qui, excédant la quotité disponible, portent atteinte à la réserve, est la sanction normale de l'atteinte à la réserve. Elle est étudiée dans son ensemble nos 32700 s. **29200**

Lorsque la libéralité excessive a pour objet un usufruit ou une rente viagère, sa réduction a toutefois lieu à des **conditions particulières,** qui méritent par conséquent d'être étudiées ici (nos 29390 s.).

Par ailleurs, aucune atteinte à la réserve des enfants ne saurait en principe résulter d'un **avantage matrimonial** consenti par le défunt à son conjoint survivant ; par exception, il en va différemment en présence d'enfants non communs, qui peuvent demander le **retranchement** de l'avantage excessif (nos 29470 s.).

I. LIBÉRALITÉS EN USUFRUIT OU EN RENTE VIAGÈRE

IMPUTATION DE LA LIBÉRALITÉ

Les libéralités en usufruit doivent, comme toutes les libéralités, être prises en considération au regard d'une éventuelle réduction. Elles doivent donc être imputées suivant les cas, soit sur l'usufruit de la réserve du gratifié si celui-ci est un héritier réservataire soumis au rapport, soit sur l'usufruit de la quotité disponible dans toutes les autres hypothèses. **29210**

L'**imputation** doit se faire « **en assiette** », c'est-à-dire sans qu'il y ait lieu à conversion de l'usufruit à sa valeur en pleine propriété (Cass. 1e civ. 22-6-2022 no 20-23.215 FS-B) ; sur cette imputation en assiette, voir nos 33300 s.

S'il est constaté que la **libéralité en usufruit excède l'assiette du disponible ordinaire,** deux sortes de sanctions sont susceptibles de s'appliquer : soit la substitution d'objet de la libéralité prévue par l'article 917 du Code civil, soit la réduction de la libéralité en usufruit dans les conditions de droit commun si ce texte ne peut s'appliquer.

A. Abandon du disponible en pleine propriété

1. OPTION OUVERTE AUX HÉRITIERS RÉSERVATAIRES

PRINCIPE

Confrontés à une libéralité en usufruit ou en rente viagère dont il a été préalablement constaté qu'elle est « excédentaire », autrement dit qu'elle vient empiéter sur leur réserve héréditaire, les héritiers réservataires ont le choix : **29215**

– soit **laisser s'exécuter** cette libéralité, alors même qu'elle vient grever des biens nécessaires pour composer ou compléter leur réserve « libre de charges » (C. civ. art. 912) ;

– soit **substituer** à cette libéralité une libéralité en pleine propriété de la quotité disponible ordinaire.

Le Code civil organise ainsi une forme particulière de sanction de l'atteinte à la réserve. Il est généralement admis aujourd'hui en doctrine que le texte repose sur une **considération d'équité** : en l'absence de la substitution prévue par le texte, l'héritier réservataire pourrait obtenir tout à la fois la réduction de la libéralité en usufruit dans la mesure où elle excède l'usufruit de la quotité disponible à l'issue de son imputation en assiette (voir no 29390) et la nue-propriété du disponible si le défunt n'en a pas disposé par ailleurs. Cela peut sembler excessif. L'article 917 assure le respect de l'intégrité de la réserve tout en permettant au gratifié de recevoir le maximum possible : soit ce qui lui a été donné ou légué, soit l'entière quotité disponible en pleine propriété (M. Grimaldi, Réflexions sur la réduction des libéralités en usufruit et l'article 917 du Code civil : Defrénois 1984 art. 33430 p. 1453 ; M. Grimaldi, Les successions, LexisNexis, 2020, no 362).

RESPECT DE LA RÉSERVE HÉRÉDITAIRE

29220 Le dispositif légal ne déroge pas au principe suivant lequel les héritiers réservataires peuvent prétendre à une **réserve libre de charges** (C. civ. art. 912) puisque l'option n'appartient qu'aux seuls héritiers réservataires : le donataire ou le légataire n'ont aucun choix. Ils ne peuvent en aucun cas **contraindre les réservataires** à retenir l'un des termes de l'option plutôt que l'autre (Cass. req. 6-5-1878 : DP 1880 I p. 345). Si le ou les réservataires souhaitent recevoir immédiatement leur réserve libre de toute charge, libre à eux d'opter pour la substitution prévue par l'article 917 du Code civil.

OPTION INDIVIDUELLE

29225 Chacun des réservataires peut exercer l'option dans le sens qu'il souhaite (CA Paris 15-6-1974 : RTD civ. 1975 p. 755 obs. R. Savatier). Cette solution s'impose à raison de la **divisibilité de l'action en réduction** : en présence de plusieurs réservataires dont la réserve a été atteinte, chacun exerce, s'il le souhaite, l'action en réduction **pour son compte,** afin de sauvegarder sa part individuelle de réserve. L'article 917 du Code civil n'organisant qu'une forme particulière de sanction en cas d'atteinte à la réserve par une libéralité en usufruit ou en rente viagère, il va de soi que la substitution ainsi autorisée l'est à chacun des réservataires pour sa propre part de réserve.

On observera que la substitution ne présente véritablement d'intérêt que si **tous les réservataires adoptent le même parti.** Il y a ici une forme d'analogie avec la renonciation anticipée à l'action en réduction (RAAR) qui ne permet, à coup sûr, la consolidation d'une libéralité potentiellement réductible que si tous les réservataires ont consenti une RAAR pour telle ou telle libéralité au profit de tel gratifié (voir nos 33830 s.).

Néanmoins, lorsque l'assiette de l'usufruit légué excède la part non substituée, le résultat obtenu sera nécessairement complexe, avec des quotes-parts en pleine propriété et des quotes-parts en démembrement (voir l'exemple ci-après, 2e hypothèse). En pratique, ce sera fréquemment le cas lorsque l'usufruit porte sur le bien immobilier qui représente l'essentiel de l'actif successoral.

29230 **Exemple** La défunte laisse trois enfants Antonin, Benjamin et Corentin et son concubin âgé de 61 ans qu'elle a institué légataire de l'usufruit de l'appartement et des meubles garnissant cet appartement qu'ils occupaient ensemble à titre de résidence principale.

Cet appartement est évalué à 400 000 €, les meubles meublants à 20 000 €. La succession comporte par ailleurs des liquidités et divers avoirs bancaires, représentant, déduction étant préalablement faite des dettes de la défunte, 180 000 €. Les valeurs sont supposées constantes entre le décès et le partage.

La masse de calcul de la quotité disponible et de la réserve valeur décès (C. civ. art. 922) est de :

Biens existants :	600 000
Soustraction du passif :	mémoire
Réunion fictive des biens donnés :	mémoire
Total =	600 000

La quotité disponible du quart (C. civ. art. 913) représente 150 000 € et la réserve individuelle de chacun représente également 150 000 €.

L'assiette du legs de l'usufruit de l'appartement et des meubles le garnissant (soit ici 420 000 €) excédant l'assiette de la quotité disponible (soit 150 000 €), la libéralité en usufruit est donc réductible.

L'option de l'article 917 du Code civil est ouverte puisqu'il n'existe aucune autre libéralité venant s'imputer sur la quotité disponible en pleine propriété et que l'option n'a pas été exclue par le disposant.

1e hypothèse : tous les enfants adoptent la même position par rapport au legs de l'usufruit.

Les héritiers réservataires ont le choix :

– soit le **legs de l'usufruit s'applique** : les enfants devront se partager la nue-propriété de l'appartement et des meubles et 180 000 € (liquidités et avoirs bancaires) ; chacun des enfants pourrait ainsi recevoir 1/3 de la nue-propriété de l'appartement et des meubles et 60 000 € de liquidités ou avoirs bancaires, sauf autre accord entre les enfants pour composer leurs lots respectifs ;

– soit il y a **réduction du legs avec abandon du disponible** (1/4 en pleine propriété) au gratifié, soit ici 150 000 €, chacun des enfants recevant également 1/4 en pleine propriété, soit 150 000 €. 29230 (suite)

L'abandon de tout le disponible, en pleine propriété, au gratifié permet sans doute à ce dernier de recevoir, s'il le souhaite, la pleine propriété de l'appartement et des meubles objet du legs. Néanmoins, il devra s'acquitter d'une somme représentant la différence entre la valeur de ces biens et la quotité disponible ordinaire, soit 270 000 € (420 000 – 150 000 = 270 000).

Il y a d'ailleurs lieu de s'interroger sur la nature juridique de cette somme. S'agit-il d'une indemnité de réduction ou au contraire d'une soulte de partage ? La question n'a jamais été posée en jurisprudence à l'époque où la réduction opérait en nature. Désormais, toute la question est de savoir si on analyse l'abandon de la quotité disponible comme une modalité de mise en œuvre de la réduction ou plutôt comme une modalité de partage (voir mutatis mutandis le cantonnement). Observons que l'abandon de la quotité disponible ne saurait transformer le legs à titre particulier ou à titre universel de l'usufruit en un legs de quotité disponible ordinaire. On opinera plutôt pour la seconde analyse qui conduit à qualifier la somme due par le légataire de soulte à la suite de l'opinion exprimée par M. Brenner s'agissant des effets de l'article 917 du Code civil : « Il n'y a donc pas dation en paiement, mais, par le vœu de la loi, une opération de partage entre les réservataires et le gratifié qui demeure l'ayant cause du défunt dans cette situation également » (J.-Cl. Civil, Art. 912 à 930-5 fasc. 30 par C. Brenner n° 43).

Les trois enfants, Antonin, Benjamin et Corentin, eux, se verraient attribuer en pleine propriété, 150 000 €, c'est-à-dire leur part réservataire (1/4), soit en liquidités et avoirs bancaires figurant dans la succession, soit au moyen de la somme versée par le légataire qui conserverait la pleine propriété des meubles et de l'appartement.

Propositions d'attributions

À Antonin :

– une partie des liquidités de la succession :	150 000
Total =	150 000

À Benjamin :

– le surplus des liquidités de la succession :	30 000
– une partie de la somme due par le légataire :	120 000
Total =	150 000

À Corentin :

– le surplus de la somme due par le légataire :	150 000
Total =	150 000

Au concubin survivant :

– la pleine propriété de l'appartement et des meubles :	420 000
– il est débiteur d'une somme de 270 000 :	– 270 000
Total =	150 000

2e hypothèse : **deux des trois enfants** (par exemple Antonin et Benjamin) **demandent la réduction** de la libéralité en usufruit en faisant abandon de leur part dans la quotité disponible ordinaire ; le **troisième enfant,** Corentin, **opte pour laisser la libéralité en usufruit s'exécuter.**

Antonin et Benjamin auront alors leur part réservataire (1/4) en pleine propriété, soit 150 000 € chacun.

Corentin ne demandant pas la substitution, il conserve donc les droits qu'il aurait eus si aucun des réservataires n'avait demandé la substitution, soit 1/3 en nue-propriété de l'immeuble et des meubles meublants, soit encore 140 000/420 000 € en nue-propriété, et 60 000 € en pleine propriété.

Le légataire recevra 1/3 en usufruit (correspondant au 1/3 en nue-propriété de Corentin) de l'appartement et des meubles, soit 140 000/420 000 € pour l'assiette de son usufruit et 100 000/420 000 € en pleine propriété au titre de la substitution demandée par Antonin et Benjamin, chacun d'eux abandonnant sa part de quotité disponible en pleine propriété.

Propositions d'attributions

Il paraît assez réaliste d'attribuer au concubin survivant, au titre de la pleine propriété « substituée », la pleine propriété des biens meubles, soit 20 000 € ; l'usufruit existant sur les meubles se « reportant » d'une certaine manière sur la quote-part de l'immeuble en démembrement (voir calcul *).

Au concubin survivant :

– la pleine propriété des meubles :	20 000
– en pleine propriété : quote-part de l'appartement, à hauteur de 80 000/400 000, soit 20/100e :	80 000
Total pleine propriété (2/3 de la QD) =	100 000
– en usufruit (US) : quote-part de l'appartement, à hauteur de (1/3 × 420 000)/400 000)*, soit 140 000/400 000 :	35 % US

À Antonin :

– une partie des liquidités de la succession :	150 000
Total =	150 000

À Benjamin :

– le surplus des liquidités de la succession :	30 000
– en pleine propriété : quote-part de l'appartement, à hauteur de 120 000/400 000, soit 30/100e :	120 000
Total =	150 000

À Corentin :

– en pleine propriété : quote-part de l'appartement, à hauteur de 60 000/400 000, soit 15/100e :	60 000
– en nue-propriété (NP) : quote-part de l'appartement, à hauteur de (1/3 × 420 000)/400 000)*, soit 140 000/400 000 :	35 % NP

Vérification : la répartition de l'immeuble, objet de la libéralité initiale en usufruit seulement, se fera comme suit :

– en pleine propriété (PP) :	
• à Benjamin :	30 %
• à Corentin :	15 %
• au concubin survivant :	20 %
Total =	65 %
– en démembrement entre :	
• le concubin survivant (US) et Corentin (NP), soit 35 % US + 35 % NP = 35 % PP :	35 %
Total =	100 %

On constate aisément que l'exercice de l'option dans des sens différents est une source de **complication,** donc de litiges, certaine.

2. CONDITIONS D'OUVERTURE DE L'OPTION

OBJET DE LA LIBÉRALITÉ

29260 Seules sont visées les libéralités en **usufruit ou** en **rente viagère.**

Aussi, en dépit de l'analogie qu'il pourrait y avoir avec des libéralités instituant une charge autre qu'un usufruit, sur des biens appartenant au défunt, au profit du gratifié, la jurisprudence exclut toute extension du dispositif à d'**autres libéralités que celles visées au texte.** Il suffit de se référer à la formule très générale de la Cour de cassation excluant toute extension : « cette disposition [art. 917] étant inapplicable, hors les cas qu'elle prévoit… » (Cass. 1e civ. 3-3-1992 no 90-16.201 : Bull. civ. I no 74).

Sont ainsi **exclues de l'option** de l'article 917 du Code civil les libéralités ayant pour objet :
– un droit d'usage ou d'usage et d'habitation ;
– la nue-propriété de certains biens (explicitement en ce sens, Cass. civ. 7-7-1857 : DP 1857 I p. 348) ;
– l'usufruit de certains biens et la pleine propriété d'autres biens (Cass. 1e civ. 3-3-1992 no 90-16.201 précité).

IMPORTANCE DE LA LIBÉRALITÉ

La rédaction du texte est susceptible d'induire des erreurs d'interprétation. En effet, le texte prévoit que si la disposition par acte entre vifs ou par testament est d'un usufruit ou d'une rente viagère « **dont la valeur excède la quotité disponible** » (C. civ. art. 917), les héritiers réservataires peuvent, et ils ne peuvent alors que cela, exercer l'option prévue par ledit texte. 29265

La référence à la « valeur » de la libéralité pourrait suggérer qu'il y a lieu à conversion de la **libéralité en usufruit** en une valeur exprimée en pleine propriété avant de l'imputer sur la quotité disponible restante pour vérifier si la libéralité en usufruit excède ou non celle-ci. Pareille conversion de la libéralité en usufruit en une valeur pleine propriété est cependant exclue par la jurisprudence (explicitement en ce sens, Cass. 1e civ. 22-6-2022 no 20-23.215 FS-B). Est tout aussi exclue la comparaison des revenus générés par les biens grevés de l'usufruit et des revenus générés par la quotité disponible (en dépit d'une jurisprudence peu claire, voir Cass. 1e civ. 10-1-1978 no 76-13.366 : Bull. civ. I no 14). Il convient donc de procéder à une imputation en assiette (dans le même sens, J.-Cl. Civil, Art. 912 à 930-5 fasc. 30 par C. Brenner, no 34) : voir nos 33305 s.

S'agissant d'une **libéralité en rente viagère,** ce qui devrait être rare aujourd'hui, la solution retenue dans un arrêt ancien demeure d'actualité : elle excèdera la quotité disponible lorsque la rente sera supérieure aux revenus de celle-ci (Cass. 1e civ. 21-5-1963 : Bull. civ. I no 266).

PERSONNE GRATIFIÉE

L'article 917 du Code civil n'a de raison d'être que pour des libéralités en usufruit (ou en rente viagère) consenties à un **gratifié autre que le conjoint survivant.** En effet, ce dernier bénéficie d'une quotité disponible spéciale (C. civ. art. 1094-1) lui permettant de bénéficier de libéralités en usufruit venant grever des biens nécessaires pour composer ou compléter la réserve des héritiers réservataires. De telles **libéralités,** parce qu'elles sont **consenties au conjoint survivant,** s'imposent aux réservataires qui n'ont d'autre choix que de les laisser s'exécuter dès lors qu'elles n'excèdent pas la quotité disponible spéciale. 29270

ABSENCE DE LIBÉRALITÉ EN PLEINE PROPRIÉTÉ S'IMPUTANT SUR LE DISPONIBLE

L'option n'est ouverte qu'à la condition que la **quotité disponible ordinaire en pleine propriété subsiste dans son intégrité.** La présence d'une libéralité en pleine propriété exclut l'option de l'article 917 du Code civil (en ce sens, Cass. 1e civ. 3-3-1992 no 90-16.201 : Bull. civ. I no 74). 29275

La substitution ouverte par le texte est donc **exclue** dès lors qu'une libéralité en pleine propriété venant s'imputer sur la quotité disponible a été consentie par le défunt :

– soit antérieurement à la libéralité en usufruit, comme par exemple un don manuel consenti à un petit-enfant ;

– soit concomitamment à la libéralité en usufruit, serait-ce au profit du bénéficiaire de la libéralité en question lui-même (Cass. 1e civ. 3-3-1992 no 90-16201 précité).

En revanche, bien que cette question n'ait pas été tranchée en jurisprudence, il semble que le dispositif spécial mis en place par le texte ne soit **pas exclu** en présence de **plusieurs libéralités en usufruit,** consenties au même gratifié ou non. Toutes ne seront pas nécessairement soumises au même régime : le ou les héritiers réservataires pourraient choisir de convertir telle libéralité en usufruit empiétant sur leur réserve en une libéralité en pleine propriété, tout en laissant subsister d'autres libéralités en usufruit excédentaires. Si cette solution était admise en jurisprudence, sans doute conviendrait-il alors de déterminer la part de la quotité disponible ordinaire en pleine propriété « troquée » contre la libéralité en usufruit excédentaire. Une simple conversion en valeur de la libéralité en usufruit ne satisferait pas au dispositif de l'article 917 du Code civil.

ABSENCE D'EXCLUSION VOLONTAIRE DE L'OPTION

L'article 917 du Code civil n'est pas d'ordre public (explicitement en ce sens, Cass. req. 1-1-1873 : DP 1874 I p. 26), le **donateur ou** le **testateur** peut donc en interdire l'application par une disposition expresse. 29280

Si tel est le cas, cela ne signifiera en aucun cas que les **héritiers réservataires** devront laisser s'exécuter la libéralité en usufruit, mais seulement qu'ils auront alors le choix :

– soit de renoncer à demander la réduction de cette libéralité, comme pour n'importe quelle libéralité portant atteinte à leur réserve ;

– soit d'en demander la réduction, chacun pour sa propre part de réserve (voir l'exemple donné no 29230).

Les héritiers réservataires ne peuvent pas **renoncer par avance à la substitution** de l'article 917 du Code civil. Ce serait un pacte sur succession future prohibé. Si l'objectif recherché est d'éviter qu'ils ne demandent la substitution d'une nue-propriété réduite à la quotité disponible à la libéralité prévue en usufruit, la seule solution efficace sera de leur faire consentir une renonciation anticipée à l'action en réduction de cette libéralité en usufruit.

29285 L'**intérêt qu'il peut y avoir à exclure** l'article 917 du Code civil est de garantir au gratifié en usufruit qu'il pourra effectivement exercer cet usufruit de manière exclusive, sans être en indivision avec le ou les réservataires s'il a les moyens de financer l'indemnité de réduction…

MODÈLE

Clause d'exclusion de la faculté de substitution de l'article 917 du Code civil

« Mes enfants ne pourront pas se prévaloir de la faculté offerte par l'article 917 du Code civil aux héritiers réservataires de substituer le legs de la quotité disponible ordinaire au legs en usufruit de l'immeuble constituant la résidence principale de Mme X. »

3. FORME ET DÉLAI DE L'OPTION

29310 Aucune **condition de forme** n'est imposée (Cass. 1e civ. 22-11-1954 : D. 1955 somm. 42).

Aucun **délai** n'est imposé par le texte. La **jurisprudence antérieure à la réforme du 23 juin 2006** avait admis que le juge puisse impartir un délai à l'héritier réservataire pour opter, afin d'éviter que la délivrance du legs de l'usufruit ne soit indéfiniment paralysée (en ce sens, Cass. 1e civ. 7-1-1981 no 79-16.097 : Bull. civ. I no 9).

Le **délai de prescription de l'action en réduction issu de la réforme de 2006** étant désormais en principe de cinq ans, avec un maximum de dix ans (no 33490), l'option de l'article 917 paraît être enfermée dans le même délai, si l'on considère qu'il n'organise qu'une forme particulière de sanction d'une atteinte à la réserve.

4. CONSÉQUENCES DE LA SUBSTITUTION DANS LA LIQUIDATION DE LA SUCCESSION

29340 S'il y a substitution d'une libéralité en pleine propriété à la libéralité en usufruit voulue par le disposant, le titre du **gratifié** demeure inchangé : pour l'**obligation aux dettes,** ce dernier ne sera tenu au passif de la succession qu'en sa qualité d'héritier en usufruit.

S'agissant de la **contribution au passif** successoral (no 37115), il serait cohérent que sa part contributive soit corrélée à l'émolument effectivement reçu en pleine propriété (en ce sens, P. Malaurie et C. Brenner, Droit des successions et des libéralités, LGDJ, 10e éd., 2022, no 592).

B. Réduction de la libéralité en usufruit

RÈGLES GÉNÉRALES

29390 Lorsque l'article 917 du Code civil ne peut s'appliquer, soit parce qu'il a été volontairement écarté par le disposant, soit parce qu'il existe une autre libéralité en pleine propriété, la libéralité en usufruit qui viendrait empiéter sur l'usufruit de la réserve est réductible dans les conditions de **droit commun.**

Dans un premier temps, **l'imputation aura été effectuée en assiette** selon les règles ordinaires (nos 33300 s.). La libéralité en usufruit aura été reconnue réductible au prorata d'un coefficient de réduction (nos 33555 s.). Dans un second temps, il s'agit d'**évaluer l'indemnité de réduction.**

L'article 924 du Code civil n'établissant aucune distinction suivant l'objet de la libéralité, il semble que le principe de la réduction en valeur doit s'appliquer.

Il y aura donc lieu de **valoriser la portion excédentaire de l'usufruit** libéral pour déterminer le montant de l'indemnité de réduction. Afin de déterminer la valeur relative de l'usufruit par rapport à celle de la nue-propriété, l'âge de l'usufruitier à prendre en compte sera celui de la date du partage.

Évaluation des droits démembrés 29393

L'évaluation du droit démembré en **valeur pleine propriété** peut dans l'absolu se faire de deux façons :

– soit l'on applique dans son principe le **barème fiscal** de l'article 669, I du CGI, qui est réaliste dans l'espérance de vie qu'il prend en compte ; mais il serait alors opportun, voire indispensable, de le développer par convention en le graduant, d'un commun accord, pour neutraliser les sauts de tranche de dix ans, lesquels n'ont de valeur que fiscale, et sont parfaitement inopposables à la liquidation civile. L'égalité étant l'âme du partage, rien ne justifie, par exemple, que l'usufruit d'une personne âgée de 51 ans et un mois soit évalué arbitrairement à la même valeur que celui d'une personne âgée de 60 ans et 11 mois pour les besoins de la liquidation et du partage civils. La pratique notariale courante qui consiste à s'en remettre sans la moindre explication à un barème fiscal aussi rudimentaire est totalement infondée car elle ne repose sur aucun texte de droit civil. D'où a minima la **graduation civile du barème fiscal.** Et l'on ne voit pas ce que le fisc pourrait trouver à y redire, du moment que les droits sont acquittés conformément à l'article 669, I du CGI : les exemples sont nombreux de distorsion entre le droit civil et le droit fiscal ;

– soit l'on s'accorde à recourir, comme il serait logique, à une **évaluation économique** : de toute évidence, ce n'est pas la même utilité financière que d'avoir l'usufruit d'un tableau de maître et celui d'un immeuble de rapport. La valeur retenue sera alors tributaire non seulement de l'âge de l'usufruitier, mais encore du rendement du bien. Pour ce qui est de l'usufruit, certains préconisent d'en estimer la valeur d'après la valeur actualisée des revenus attendus pendant la durée prévisible de l'usufruit (voir P. Julien Saint-Amand : Mémento Patrimoine nos 3021 s.) : cette valeur peut être déterminée à partir des flux de revenus espérés R, du taux de rendement du bien i et de la durée de l'usufruit (ou des usufruits en cas d'usufruits successifs) n. En présence d'un usufruit simple : valeur de l'usufruit $US = R1/(1 + i) + R2/(1 + i)^2 + ... + Rn/(1 + i)^n$. Quant à la valeur de la nue-propriété (NP), elle peut être déterminée à partir de la valeur de la pleine propriété (PP), de la durée de l'usufruit ou des usufruits en cas d'usufruits successifs (n) et du taux de rendement du bien (i), par le calcul suivant : $NP = PP/(1 + i)^n$ (voir P. Julien Saint-Amand, précité). Cette solution installe la valeur de l'usufruit sur les utilités qu'il procure. Elle est quelque peu en porte-à-faux en présence d'un bien improductif (ainsi un tableau de maître ou tout autre objet précieux).

La durée prévisible de l'usufruit peut être affinée en fonction des **statistiques sur l'espérance de vie** fournies par l'Insee, qui ont le mérite de distinguer selon le sexe, qui reste une cause de disparités.

Reste qu'aucune méthode ne fait l'unanimité, et qu'il est préférable de **recueillir l'accord des intéressés** avant de procéder aux opérations sur ces bases.

EXEMPLE

Le **défunt laisse** à sa survivance un **unique réservataire** (la quotité disponible sera donc de la moitié), ainsi que sa **partenaire.** 29395

Le défunt laisse un immeuble constituant le logement commun du couple évalué à 360 000 €, des meubles garnissant le logement estimés à 20 000 € et des sommes d'argent représentant 20 000 €. La liquidation étant supposée réalisée peu après le décès, les valeurs au décès et les valeurs au partage sont inchangées.

Le défunt a institué sa **partenaire légataire de l'usufruit de l'immeuble et de la pleine propriété des biens meubles.** Il a été précisé dans le testament que le legs des biens meubles était prioritaire et qu'il s'imputerait par conséquent, pour les besoins de la liquidation, avant tout autre legs consenti par le défunt, en particulier le legs de l'usufruit du logement.

La masse de calcul de l'article 922 du Code civil représente :

– l'immeuble :	360 000
– les meubles :	20 000
– les liquidités :	20 000
Soustraction du passif	mémoire
Total =	400 000

La réserve individuelle de l'unique héritier réservataire (1/2) et la quotité disponible (1/2) sont donc respectivement de 200 000 €.

L'assiette de l'usufruit légué (le logement du couple = 360 000 €) est manifestement supérieure à l'assiette de la quotité disponible qui est de 200 000 € : on constate que la libéralité en usufruit est donc, de toute évidence, avant même d'avoir procédé à son imputation en assiette, réductible.

29395 (suite) L'article 917 ne peut pourtant s'appliquer puisque la partenaire a bénéficié d'un double legs, l'un en usufruit, l'autre en pleine propriété : la présence de ce dernier exclut l'application de la faculté de substitution de l'article 917 du Code civil (n° 29275).

La libéralité en pleine propriété des meubles (20 000 €) n'est pas réductible : elle s'impute sur la quotité disponible (QDO = 200 000) sans l'excéder ; après cette imputation, il reste en pleine propriété dans la QDO 180 000.

La libéralité de l'usufruit de l'immeuble a une assiette de 360 000 (tout l'immeuble…), alors qu'il ne reste que 180 000 d'assiette possible pour un usufruit libéral à un gratifié autre que le conjoint survivant dans la QDO.

Le tableau ci-après résume les imputations :

Tableau d'imputation des libéralités avec libéralité en usufruit à la partenaire			
Libéralités à imputer	**Réserve de l'enfant 200 000 PP**	**Quotité disponible 200 000 PP**	
		US : 200 000	**NP : 200 000**
Legs prioritaire des meubles : 20 000 PP	**Imputation sur la QDO** →	**- 20 000 Reste : 180 000 PP Soit 180 000 US**	**Soit 180 000 NP**
Legs de l'usufruit de l'immeuble à la partenaire ; assiette de ce legs : 360 000 US	**Imputation sur l'usufruit de la QDO** →	**Excédent d'imputation : 180 000 Pour un total à imputer en assiette de 360 000 US**	**Reste en NP : 180 000**
Abréviations : PP : pleine propriété, US : usufruit, NP : nue-propriété			

Il y a donc un excédent d'imputation de la libéralité, en assiette, de (360 000 – 180 000) pour un total d'imputation, en assiette, de 360 000.

Soit un coefficient de réduction de (360 000 – 180 000)/360 000 = 1/2 pour la libéralité en usufruit.

Si la partenaire gratifiée ne demande pas le bénéfice de la réduction en nature (n° 33650), qui conduirait ici à une indivision en jouissance moitié/moitié sur l'immeuble, la réduction devrait s'exécuter en valeur (n°s 33545 s.).

C'est donc à ce stade des opérations de liquidation qu'il y aura lieu de prendre en compte l'âge de l'usufruitière pour valoriser l'usufruit excédentaire.

Valeur de l'usufruit (évalué d'un commun accord, en vue du partage civil, à 20 % de la valeur de la pleine propriété des biens grevés) = 20 % × 360 000 soit 72 000 €, la 1/2 représentant 36 000 €.

La légataire devra donc verser une indemnité de réduction de 36 000 € pour pouvoir bénéficier de l'intégralité de l'usufruit sur l'immeuble.

Attributions

À la partenaire survivante :

– la pleine propriété des biens meubles :	20 000
– l'usufruit de l'immeuble, valeur :	72 000
– elle est débitrice d'une indemnité de	– 36 000
Total =	56 000

À l'unique réservataire :

– la pleine propriété des liquidités :	20 000
– l'indemnité de réduction :	36 000
Total PP =	56 000
– la nue-propriété de l'immeuble servant de logement, valeur en pleine propriété : 360 000, valeur de la nue-propriété :	288 000
Total =	344 000

On constate donc qu'à raison de la valorisation retenue de l'usufruit excédentaire, l'héritier réservataire reçoit dans cet exemple, en valeur, à la date du partage 344 000 € et la partenaire survivante, en valeur, 56 000 € (soustraction faite de l'indemnité de réduction).

ATTENTION

Force est tout de même de constater qu'avec la **réduction en valeur,** l'héritier réservataire ne reçoit, libre de charge, donc non grevé d'un usufruit, que 56 000 € (et non 200 000 €...).

Il s'agit là d'une **conséquence, peut-être demeurée inaperçue** du législateur, de la généralisation de la réduction en valeur.

II. ACTION EN RETRANCHEMENT

RÈGLES GÉNÉRALES

Si la mise en œuvre d'un régime conventionnel aboutissait à transférer des valeurs impor- 29470
tantes au profit du survivant, en amont de la liquidation successorale (sur l'incidence, sur cette dernière, de la liquidation du régime, voir nos 23160 s.), on pourrait redouter qu'il ne fût ainsi porté atteinte à la **réserve des enfants d'un autre lit,** du fait qu'ils n'hériteront jamais du conjoint survivant.

La simple présence d'enfants venant effectivement à la succession du défunt, mais **non issus du conjoint survivant,** en l'état d'un régime matrimonial conventionnel, conduit donc à se poser la question suivante : ce régime procure-t-il au conjoint un avantage excessif, d'une ampleur telle qu'il risque d'entamer la réserve des enfants non issus des deux époux ?

Dans l'affirmative, la loi ouvre à ces derniers une **action en réduction spécifique de l'avantage matrimonial,** que la pratique dénomme dans ce cas particulier l'action en retranchement.

Selon l'article 1527, alinéa 2 du Code civil, « [...] au cas où il y aurait des enfants qui ne seraient pas issus des deux époux, toute convention qui aurait pour conséquence de donner à l'un des époux au-delà de la portion réglée par l'article 1094-1, au titre « Des donations entre vifs et des testaments », sera sans effet pour tout l'excédent ».

L'article 1527 du Code civil ouvre ainsi sur une **alternative** qu'il faut bien comprendre. 29475

Lorsqu'il ne vient à la succession de l'époux prédécédé que des **enfants tous également issus du conjoint survivant,** on admet en réalité que ces enfants communs retrouveront dans la succession du conjoint avantagé ce dont ils ont été privés dans la succession du prémourant, et que leur éviction de tout ou partie de leur réserve est pour ainsi dire provisoire (si théorique que soit ce postulat au regard de la diversité de comportement des veufs). L'avantage reste donc considéré par la loi comme purement matrimonial, et il produit tous ses effets.

En droit civil, n'étant pas traité comme une donation déguisée (Cass. 1e civ. 16-12-1975 no 74-10.254 : Bull. civ. I no 373, Defrénois 1976 p. 1546, 2e esp., note G. Morin), il se cumule avec les droits ab intestat du conjoint bénéficiaire (Cass. req. 3-2-1908 : DP 1908 I p. 93 ; Cass. req. 11-3-1931 : DP 1931 I p. 132 [motifs]). Il n'a pas à être réuni fictivement pour le calcul de la réserve, ni imputé sur la quotité disponible spéciale (Cass. civ. 2-4-1899 : S. 1900 I p. 235 note Ferron), ni exposé à l'action en retranchement (Cass. civ. 2-8-1899 : DP 1901 I p. 433 ; CA Versailles 17-3-1994 : D. 1994 IR p. 145 ; Cass. 1e civ. 14-5-1996 no 93-20.703 : Bull. civ. I no 210, D. 1996 p. 537 rapport J. Thierry, RTD civ. 1997 p. 207 obs. B. Vareille). Il échappe même de façon spectaculaire à la révocation pour cause d'ingratitude, jusque dans le cas extrême d'un assassinat de l'épouse par son mari bénéficiaire de l'avantage matrimonial (Cass. 1e civ. 7-4-1998 no 96-14.508 : Bull. civ. I no 146, Dr. famille 1998 no 102 obs. B. Beignier, RTD civ. 1998 p. 882 obs. J. Hauser, RTD civ. 1998 p. 457 obs. B. Vareille).

D'un point de vue fiscal, les droits de mutation à titre gratuit ne sont pas dus (Cass. ch. réunies 19-12-1890 : DP 1891 I p. 129 note Wahl ; Cass. civ. 1-8-1855 : DP 1855 I p. 355).

Lorsqu'**au moins un enfant du défunt n'est pas issu du conjoint survivant,** si un avantage matrimonial a été créé au bénéfice du conjoint survivant, on entre en revanche dans le champ d'application de l'action en retranchement, à l'effet de protéger la réserve.

A. Champ d'application de l'action en retranchement

1. NOTION D'AVANTAGE MATRIMONIAL

Le **Code civil** énonce le principe suivant : « Les avantages que l'un ou l'autre des époux peut 29525
retirer des clauses d'une communauté conventionnelle, ainsi que ceux qui peuvent résulter de

la confusion du mobilier ou des dettes, ne sont point regardés comme des donations » (C. civ. art. 1527, al. 1). Toutefois, la loi ne livre pas de définition précise de la notion d'avantage matrimonial. La **jurisprudence** a défini les avantages matrimoniaux comme les « profits que l'un ou l'autre des époux peut retirer des clauses d'une communauté conventionnelle… » (Cass. 1e civ. 31-1-2006 nº 02-21.121 FS-PB : D. 2006 p. 2073 obs. M. Nicod, AJ fam. 2006 p. 209 obs. P. Hilt, Dr. famille 2006 nº 60 note B. Beignier ; Cass. 1e civ. 3-12-2008 nº 07-19.348 FS-PB : D. 2009 p. 2513 obs. J. Revel, Defrénois 15-9-2009 nº CJ2009DEF1605N1 p. 1605 obs. B. Vareille, RTD civ. 2009 p. 564 obs. M. Grimaldi). C'est insister sur la dimension économique, objective, de la notion, sans s'attacher à la recherche d'une quelconque intention libérale.

On pourrait s'efforcer, dans une première **approche doctrinale,** de le définir comme « l'enrichissement que le fonctionnement d'un régime conventionnel procure à un conjoint, en comparaison de la situation patrimoniale qui eût été la sienne sous le régime légal » (en ce sens, Rép. civ. Dalloz, v. Avantage matrimonial par B. Vareille, nº 6).

2. RÉGIMES LÉGAUX ET AVANTAGE MATRIMONIAL

RÉGIME LÉGAL ACTUEL

29555 Le régime légal actuel ne saurait comporter un quelconque avantage matrimonial, pour la bonne raison qu'il sert d'**étalon** pour calculer en toute hypothèse le montant de l'avantage matrimonial.

De même, la **convention consécutive au partage** d'une communauté légale ne saurait être considérée comme un avantage matrimonial. Dans une espèce, des époux communs en biens, à la suite d'un changement de régime par lequel ils avaient adopté un régime séparatiste, ont décidé, à l'occasion du partage, d'attribuer sur un immeuble indivis, à valeur égale, la nue-propriété à l'épouse et l'usufruit au mari. Cette convention était manifestement destinée à permettre à l'épouse de tout recueillir à terme, au préjudice des réservataires (Cass. 1e civ. 25-9-2013 nº 12-26.091 F-PB : RTD civ. 2013 p. 886 obs. B. Vareille). En cette affaire, l'avantage ne résultait nullement du fonctionnement du régime, mais d'une clause particulière de la convention dite « de partage », en réalité faisant suite à ce dernier et destinée à frauder la réserve. D'où l'éviction inéluctable de la qualification d'avantage matrimonial.

ANCIEN RÉGIME LÉGAL

29560 Le régime légal antérieur à l'entrée en vigueur de la loi du 13 juillet 1965 fait tomber dans la masse commune les meubles présents et futurs. Il est donc de nature à avantager le survivant toutes les fois que les **meubles apportés par son conjoint** sont **d'une valeur supérieure** à celle des siens.

C'est pourquoi, jadis, l'ancien article 1496, alinéa 2 du Code civil, aujourd'hui abrogé, prévoyait déjà sous l'ancien régime légal que, si la confusion du mobilier et des dettes procurait à un conjoint un avantage excédant la quotité disponible, les enfants du premier lit pussent intenter l'action en retranchement (en ce sens, Cass. req. 3-2-1908 : DP 1908 I p. 93 ; Cass. civ. 12-1-1915 : DP 1919 I p. 85).

Aujourd'hui, le droit transitoire de la loi du 23 décembre 1985 règle ainsi le sort de la communauté légale de meubles et acquêts applicable aux époux mariés avant le 1er février 1965 : « Celle-ci sera entièrement soumise aux règles applicables au régime conventionnel de la communauté de meubles et acquêts prévu par les articles 1498 à 1501 du Code civil » (Loi 85-1372 du 23-12-1985 art. 58). L'ancien régime légal est donc réglementé par un renvoi pur et simple aux règles applicables au régime conventionnel actuel de la communauté de meubles et acquêts. Or ce dernier peut aboutir à créer des avantages matrimoniaux, à l'instar de n'importe quelle communauté conventionnelle (nº 29560). Par conséquent, il semble bien que, même à cet égard, le régime légal ancien doit être traité comme le régime conventionnel actuel : la qualification d'avantage matrimonial peut y être retenue, s'il y a lieu (notamment en ce sens, J.-Cl. Civil Code, Art. 1527 par M. Storck, nº 4).

3. RÉGIMES CONVENTIONNELS SUSCEPTIBLES DE PROCURER UN AVANTAGE MATRIMONIAL

29590 Soulignons en préambule que le **pacte civil de solidarité** n'étant pas un régime matrimonial conventionnel, il est insusceptible d'engendrer un avantage matrimonial au sens de l'article 1527 du Code civil. Cela ne signifie pas que son fonctionnement ne puisse pas procurer un avantage à l'un ou l'autre des deux partenaires ; simplement, aucun texte n'en autorise la réunion fictive et la réduction. Le statut patrimonial des gens mariés n'est nullement transposable sur ce point, serait-ce par analogie, aux partenaires.

COMMUNAUTÉS CONVENTIONNELLES

Il découle directement de l'article 1527, alinéa 2 du Code civil qu'un avantage matrimonial peut naître d'un régime de communauté conventionnelle avantageux pour le survivant par **comparaison avec le régime légal.** 29595

Il convient donc de **chiffrer les droits du conjoint survivant** d'abord sous le régime conventionnel, puis sous le régime légal, afin de mesurer la différence éventuelle, qui exprime l'avantage matrimonial procuré au survivant ; c'est cet avantage qui est exposé à une possible réduction (sur le développement de la méthode liquidative, voir n°s 29735 s.).

Ainsi peut-il en advenir dans un certain nombre de cas.

Clauses touchant à la composition de la masse commune Tout d'abord, aboutit de façon systématique à ce résultat tout régime de communauté conventionnelle qui comporte une ou plusieurs clauses conduisant à augmenter ou diminuer la masse commune dans des conditions favorables au survivant. 29600

Cela sera obtenu par une **définition du contenu de la communauté** donnée **en termes généraux** de façon soit plus large, soit au contraire plus restreinte (par exemple, une communauté universelle, ou une communauté de meubles et acquêts ; ou encore la clause excluant de la masse commune tous les revenus des biens propres).

Cet effet peut également procéder de l'**apport ou** l'**exclusion spécifique de certains biens** précis : ainsi l'apport par un époux ou l'extraction par l'autre, à la faveur d'un changement de régime, d'un bien déterminé, comme un immeuble ou une entreprise (voir l'avantage matrimonial résultant de l'apport d'un bien personnel à la communauté : Cass. 1e civ. 28-5-2014 n° 13-17.618 F-D ; un tel apport ne donne évidemment pas lieu à récompense : Cass. 1e civ. 3-10-2019 n° 18-20.430 FS-PBI : BPAT 6/19 inf. 230, RTD civ. 2019 p. 919 obs. M. Nicod, Defrénois 28-5-2020 n° 160b5 p. 35 obs. N. Couzigou-Suhas).

Ces deux séries de conventions matrimoniales sont fréquemment complétées par la clause dite « alsacienne », de **reprise des apports en cas de divorce.** Pareille clause ne saurait constituer en soi un avantage matrimonial puisqu'elle aboutit en réalité à neutraliser en cas de divorce l'éventuel avantage matrimonial résultant de l'apport de propres à la communauté (Cass. 1e civ. 17-11-2010 n° 09-68.292 FS-PBI : AJ fam. 2011 p. 55 obs. P. Hilt, JCP G 2011 n° 503 obs. A. Tisserand-Martin, Defrénois 30-4-2011 n° CJ2011DEF0828N1 p. 828 obs. J. Massip ; déjà en ce sens, P. Simler, La validité de la clause de liquidation alternative de la communauté menacée par le nouvel article 265 du Code civil : JCP G 2005 I, n° 160 ; B. Vareille, La loi du 23 juin 2006 et les régimes matrimoniaux : JCP N 2007 n° 1200). La validité de cette clause avait été reconnue par la Cour de cassation (Cass. 1e civ. 16-6-1992 n° 91-10.321 : Bull. civ. I n° 181, Defrénois 15-1-1993 n° JP1993DEF34N1 p. 34 note M.-C. Forgeard, D. 1993 somm. 220 obs. M. Grimaldi, RTD civ. 1993 p. 187 obs. F. Lucet et B. Vareille) avant d'être consacrée par la loi du 23 juin 2006 à l'article 265, alinéa 3 du Code civil. Au demeurant, cette analyse n'a d'intérêt que pour le cas de dissolution par divorce : dans l'hypothèse du décès, qui nous occupe ici, les apports subsistent. 29605

Clauses organisant la liquidation et le partage de la communauté Peut créer un avantage matrimonial toute clause organisant la liquidation et le partage des biens communs d'une façon dérogatoire, et qui procure en cela un avantage au conjoint survivant. 29610

La liquidation de la communauté pourrait être modifiée par toute **évaluation des récompenses** s'écartant des prévisions de l'article 1469 du Code civil. Rares en pratique, de telles stipulations risqueraient de produire des effets imprévisibles. Il est plus fréquent qu'accessoirement à l'apport d'un bien à la communauté, la modification du régime comporte une **dispense pure et simple de récompense.** Cela entre alors dans le chiffrage de l'avantage matrimonial.

Les conventions dérogeant aux règles légales de partage de la communauté sont plus répandues. Celui auquel profite la clause en retire un avantage matrimonial. 29615

La clause d'**attribution intégrale** de la communauté à celui des époux qui survit, ou à tel époux s'il survit, est courante (souvent associée à un régime de communauté universelle : voir n° 23170).

À un degré moindre, il peut également être stipulé un **partage inégal** de la communauté (par exemple 2/3, 1/3), soit sous condition de survie, soit encore au profit d'un conjoint désigné.

Enfin, limitée à un **bien déterminé,** la clause de préciput permet de le prélever avant tout partage, sans verser d'indemnité (ainsi un commerce ou le logement des époux). L'avantage se monte alors en pratique à la moitié de la valeur du bien prélevé.

SÉPARATION DE BIENS ASSORTIE D'UNE SOCIÉTÉ D'ACQUÊTS

29620 Une séparation de biens ordinaire est inapte à créer un quelconque avantage matrimonial, chacun conservant personnels ses avoirs et ses dettes.

En revanche, la Cour de cassation a admis que la séparation de biens assortie d'une **société d'acquêts** faisant l'objet d'**apports et** d'un **partage inégal** au profit du survivant crée un avantage matrimonial digne de ce nom (Cass. 1e civ. 29-11-2017 nº 16-29.056 F-D : AJ fam. 2018 p. 55 obs. N. Levillain, RTD civ. 2018 p. 201 et 204 obs. B. Vareille). En vérité, dans cette espèce, il est à se demander si l'importance des apports, dont on croit comprendre qu'ils faisaient tomber dans la société d'acquêts les revenus professionnels du couple, ne faisait pas plutôt basculer le régime vers une communauté mal nommée, en démentant l'esprit séparatiste affiché (voir B. Vareille, précité, p. 201).

Reste à liquider l'avantage matrimonial ainsi caractérisé, ce qui est une autre affaire (voir B. Vareille, précité, p. 204).

D'un côté, le régime de la société d'acquêts est emprunté à celui de la communauté légale, ce qui encouragerait à s'inspirer du traitement de l'avantage matrimonial sur ce groupe de biens. Il y aurait lieu de définir l'avantage matrimonial par **comparaison avec** une composition et un partage égalitaires de la **société d'acquêts considérée isolément.**

D'un autre côté, procéder ainsi revient à trahir le régime choisi, que la volonté des époux a voulu unitaire et insécable. Il serait très artificiel de le traiter comme deux régimes distincts juxtaposés (une séparation étanche, flanquée d'une « petite communauté » autonome). C'est pourquoi il serait beaucoup plus conséquent de considérer que le régime de référence, celui qui permet d'évaluer l'avantage matrimonial, fût une **séparation de biens pure et simple** ; mais rien n'autorise cela en l'état des textes.

En définitive, la portée d'une telle convention matrimoniale demeure incertaine au regard de la mise en application de l'article 1527 du Code civil (sur les détails de cette discussion, Rép. civ. Dalloz, v. Avantage matrimonial par B. Vareille, nos 42 s. et les auteurs cités). Il appartiendra à la Cour de cassation de préciser le mode de calcul de l'avantage matrimonial dont elle vient ainsi de consacrer l'existence en pareil cas.

PARTICIPATION AUX ACQUÊTS

29625 La doctrine a toujours admis de façon unanime (par simple analogie avec le résultat comptable du régime légal) que seraient considérées comme génératrices d'un avantage matrimonial certaines participations aux acquêts assorties de **clauses particulières introduisant une inégalité en faveur du survivant** (voir, notamment, en ce sens, à propos de la stipulation de partage inégal de la créance de participation : J. Flour et G. Champenois, Les régimes matrimoniaux, Armand Colin, 2e éd., 2001, nº 718 ; F. Terré et P. Simler, Droit civil. Les régimes matrimoniaux, Dalloz, 8e éd., 2019, nº 852 ; I. Dauriac, Droit des régimes matrimoniaux et du Pacs, LGDJ, 4e éd., nº 619). Une réponse ministérielle va dans le même sens (Rép. Hage : AN 17-10-1988 nº 601).

La Cour de cassation consacre cette analyse en retenant que les profits que l'un ou l'autre des époux mariés sous le régime de la participation aux acquêts peut retirer des clauses aménageant le dispositif légal de liquidation de la créance de participation constituent des avantages matrimoniaux prenant effet à la dissolution du régime matrimonial. En application de l'article 265 du Code civil, ils sont révoqués de plein droit par le divorce des époux, sauf volonté contraire de celui qui les a consentis exprimée au moment du divorce, et seulement à ce moment-là (Cass. 1e civ. 18-12-2019 nº 18-26.337 FS-PBI, concernant la clause d'exclusion des biens professionnels en cas de divorce : BPAT 2/20 inf. 53, RTD civ. 2020 p. 175 obs. B. Vareille ; voir dans le même sens Rép. Malhuret : Sén. 28-5-2020 nº 14362 ; Cass. 1e civ. 31-3-2021 nº 19-25.903 F-D : BPAT 3/21 inf. 106).

En effet, un tel régime, s'il est adopté conformément au modèle conventionnel proposé par la loi, aboutit à des résultats comptables analogues à ceux de la communauté légale ; or il peut comporter des clauses parfaitement analogues à celles qui ont cours sous les différents régimes de communautés conventionnelles, au bénéfice d'un époux s'il survit (attribution en valeur de tous les acquêts nets ; participation inégale aux acquêts ; extraction d'un bien ou d'une catégorie déterminée de biens des acquêts nets d'un conjoint, avant toute liquidation de la créance de participation).

Il reste à se demander simplement à quel **régime-référence** se rapporter pour liquider l'avantage matrimonial. Il paraît préférable de prendre pour étalon, afin de faire apparaître l'avantage matrimonial éventuel, **le régime ordinaire de la participation aux acquêts** (en ce sens, J. Flour et G. Champenois, précités). Toutefois, la jurisprudence ne s'est pas prononcée sur ce point. Même si l'arrêt précité du 18 décembre 2019 reconnaît pour la première fois que la participation aux acquêts amendée est susceptible d'engendrer un avantage matrimonial, il semble laisser en suspens la question de la détermination du régime de référence (en ce sens, B. Vareille, obs. précitées : RTD civ. 2020 p. 175 ; en sens contraire, T. Le Bars et L. Mauger-Vielpeau, Théorie des avantages matrimoniaux : l'horizon s'assombrit pour le régime de la participation aux acquêts : D. 2020 p. 635 n° 9, estimant qu'il résulte de l'arrêt que le régime de référence serait le régime de base de la participation aux acquêts prévu aux articles 1569 à 1581 du Code civil ; plus prudent, N. Allix, L'identification de l'avantage matrimonial, analyse à partir de la jurisprudence récente : Petites affiches 26-3-2021 n° 159v1 p. 7 n° 14, relevant que l'affaire n'était pas portée sur le terrain de l'article 1527).

B. Protection de la réserve par l'action en retranchement

AVANTAGE MATRIMONIAL TRAITÉ COMME UNE DONATION

Du simple fait de la présence d'**enfants non issus du conjoint survivant,** l'avantage matrimonial doit être traité comme une donation (C. civ. art. 1527, al. 2) afin de garantir la protection de la réserve. On ne doit pas s'y tromper ; cela ne signifie pas pour autant que l'avantage procuré par le régime soit requalifié en une véritable donation, avec toutes les conséquences attachées à cette qualification. Si les réservataires issus d'un autre lit le demandent, il faut donc mettre en œuvre, d'abord, l'action en retranchement, et ensuite, s'il y a lieu, le retranchement de l'avantage lui-même. **29675**

1. MISE EN ŒUVRE DE L'ACTION EN RETRANCHEMENT

ACTION EN RETRANCHEMENT ET ACTION EN RÉDUCTION

L'action en retranchement se présente comme une action en réduction **ordinaire** quant à son régime, mais **particulière** par son objet et par ses titulaires. **29680**

La question se pose de savoir si l'action en retranchement est soumise à l'**obligation d'information renforcée qui pèse sur le notaire** pour l'action en réduction (voir n° 33440). La réponse semble clairement positive, car les raisons qui président à cette obligation d'informer sont plus pertinentes encore, du fait que l'action en retranchement est plus technique et moins connue. Dans l'attente d'une réponse jurisprudentielle, il paraît donc de bonne pratique de la respecter, et de se ménager la preuve qu'on l'a fait (en ce sens, F. Sauvage, Réduction des libéralités excessives : nouvelle obligation d'information individuelle du notaire : SNH 33/21 inf. 13 n° 12 ; A. Tani, Action en réduction et devoir notarial renforcé : la loi doit-elle énoncer des évidences ? Dr famille 2021 comm. 178).

OBJET DE L'ACTION EN RETRANCHEMENT

L'action en retranchement a pour objet l'avantage résultant d'un régime matrimonial conventionnel, qui sera **traité comme une donation** pour les besoins de la réunion fictive, des imputations et de la réduction éventuelle. Cette dérogation tient au fait qu'un enfant au moins, du fait qu'il n'est pas issu du survivant, risquerait sinon d'être spolié de sa réserve individuelle. **29685**

TITULAIRES DE L'ACTION EN RETRANCHEMENT

Seuls sont titulaires de l'action les **enfants du défunt non issus des deux époux,** venant effectivement à la succession, et agissant en leur qualité de réservataire (Cass. 1e civ. 13-4-1976 n° 74-12.192 : Bull. civ. I n° 128, Defrénois 1976 p. 1546, 2e esp., note G. Morin). Le retranchement s'exerçant par voie d'action, à l'instar de la réduction en général (n° 33440), il suppose une initiative du réservataire non issu du conjoint survivant. L'exercice de l'action en réduction étant une faculté individuelle (n° 33445), une fois la succession ouverte, chaque réservataire peut y renoncer et consentir ainsi pour son compte à l'exécution de l'avantage matrimonial excessif sans prétendre à son indemnité de réduction ; si tous le font, l'administration ne peut prétendre percevoir de droits de mutation par décès sur la part attribuée au conjoint survivant au titre de la convention matrimoniale (Cass. 1e civ. 6-5-1997 n° 95-13.804 : Bull. civ. I n° 146, RJF 11/97 n° 1071, Defrénois 30-9-1997 n° CJ1997DEF1086N1 p. 1086 obs. G. Champenois et 30-10-1997 n° JP1997DEF1194N1 p. 1194 note A. Chappert, D. 1998 p. 303 note F. Deboissy, RTD civ. 1998 p. 179 obs. B. Vareille). **29690**

L'action en retranchement n'est **pas ouverte** aux **enfants** qui sont **communs au de cujus et au survivant,** en raison de ce qu'ils succèdent à ce dernier. Les enfants du défunt adoptés par le conjoint survivant sont traités de même, pour des raisons identiques, que l'adoption soit plénière (Cass. 1e civ. 7-6-2006 nº 03-14.884 FS-PB : RTD civ. 2006 p. 749 obs. J. Hauser et p. 810 obs. M. Grimaldi, Defrénois 30-10-2006 nº JP2006DEF1578N1 p. 1578 note B. Vareille et nº CJ2006DEF1614N1 p. 1614 obs. G. Champenois) ou simple (Cass. 1e civ. 11-2-2009 nº 07-21.421 F-PB : JCP G 2009, I nº 140 § 14 obs. A. Tisserand-Martin, AJ fam. 2009 p. 179 obs. F. Bicheron, RTD civ. 2009 p. 519 obs. J. Hauser). Il en va ainsi même si l'adoption simple est révoquée après l'ouverture de la succession (Cass. 1e civ. 9-7-2014 nº 13-19.013 FS-PB : BPAT 5/14 inf. 195, JCP G 2015 nº 101 note R. Le Guidec, Petites affiches 14-5-2015 p. 11 note G. Yildirim).

Toutefois, même s'ils ne sont pas titulaires de l'action en retranchement, les enfants issus des deux époux sont **bénéficiaires,** mais par voie de conséquence, de l'action intentée par les autres enfants, qui ont seuls un titre pour agir (en ce sens, J. Flour et G. Champenois, Les régimes matrimoniaux, Armand Colin, 2e éd., 2001, nº 722). En effet, une fois déclenché le processus de réunion fictive et d'imputation en vue de la réduction (sur lequel voir en général nos 32710 s. et dans le cas particulier du retranchement, nos 32780 et 32955), les enfants communs y sont forcément attraits (CA Bordeaux 16-8-1853 : DP 1854 II p. 22, S. 1855 II p. 753 ; CA Bourges 28-12-1891 : DP 1893 II p. 169) ; et c'est une unique masse de calcul de la quotité disponible et de la réserve qui est chiffrée. Les enfants communs seront donc, s'ils le demandent, de simples bénéficiaires de l'action en retranchement, dont ils ne sont pas titulaires.

DÉLAI DE PRESCRIPTION DE L'ACTION EN RETRANCHEMENT

29695 L'action en retranchement n'étant qu'une **action en réduction** appliquée à l'avantage matrimonial, elle obéit par ailleurs aux mêmes règles de prescription : celles résultant de l'article 921, alinéa 2 du Code civil issu de la loi 2006-728 du 23 juin 2006 (nº 33490).

Rappelons que ces règles prévoient un délai d'action qui est en principe de cinq ans à compter de l'ouverture de la succession ; ce délai est porté à deux ans à compter du jour où les titulaires de l'action ont eu connaissance de l'atteinte portée à leur réserve, sans pouvoir excéder en ce cas les dix ans du décès.

29700 **Droit transitoire** Au regard du principe énoncé (nº 19785), les règles du droit transitoire de la prescription de l'action en réduction se trouvent également applicables, telles que la jurisprudence les a interprétées. Or la première chambre civile retient que l'article 921, alinéa 2 du Code civil dans sa rédaction issue de la loi 2006-728 du 23 juin 2006 n'est applicable qu'aux **successions ouvertes depuis le 1er janvier 2007,** date d'entrée en vigueur de cette même loi (Cass. 1e civ. 22-2-2017 nº 16-11.961 F-PB : Dr. famille 2017 comm. 105 obs. M. Nicod, RJPF 2017-4/42 obs. F. Sauvage, RTD civ. 2017 p. 463 obs. M. Grimaldi ; Cass. 1e civ. 4-5-2017 nº 16-13.961 F-D : Dr. famille 2017 comm. 165 obs. M. Nicod). A contrario, les successions ouvertes avant cette date échappent à l'article 921 nouveau.

29705 La question est d'autant plus sensible dans le cas où deux époux avaient passé une communauté universelle avec attribution intégrale au dernier vivant, et que la **succession** s'est **ouverte avant le 1er janvier 2007.**

Jadis, en pareil cas, dès lors que le défunt ne laissait aucun enfant légitime, le jeu de la communauté universelle avec attribution intégrale et sans reprise des apports avait longtemps conduit à ne se poser aucune question pour la mise en œuvre de l'avantage matrimonial. En effet, à l'époque, l'action en retranchement était fermée par la jurisprudence aux enfants qui n'étaient pas strictement nés d'un mariage précédent (voir l'arrêt fondateur de cette jurisprudence désormais révolue : Cass. 1e civ. 8-6-1982 nº 81-13.877 : Bull. civ. I nº 214, D. 1983 p. 19 note M. Beaubrun, JCP G 1983 II, nº 20018 note X. Henry, Defrénois 1982 p. 1373 obs. G. Champenois).

Il a fallu **naguère** reconsidérer les choses, car la Cour de cassation a opéré en 2002 un revirement radical de jurisprudence : sur le fondement de l'article 1527, alinéa 2 ancien du Code civil « tel qu'il doit être interprété au regard de l'article 1er du Protocole additionnel à la convention européenne de sauvegarde des droits de l'Homme et des libertés fondamentales et de l'article 14 de cette Convention », elle a considéré que « les enfants légitimes nés d'un précédent mariage et les enfants naturels nés d'une précédente liaison se trouvant dans une situation comparable quant à l'atteinte susceptible d'être portée à leurs droits successoraux en cas de remariage de leur auteur sous le régime de la communauté universelle, la finalité de la protection assurée aux premiers commande qu'elle soit étendue aux seconds, au regard du principe de non-discrimination selon la naissance édicté par la convention européenne des droits de l'Homme » (Cass. 1e civ. 29-1-2002 nº 99-21.134 FS-P : JCP 2002 G I, nº 167 § 12 obs. A. Tisserand, Defrénois 30-10-2002 nº CJ2002DEF1330N1 p. 1330 obs. C. Atias, RTD civ. 2002 p. 347 obs. B. Vareille).

Par suite, un enfant naturel méconnu peut désormais survenir inopinément et agir en retranchement de l'avantage matrimonial ainsi procuré au survivant dans une succession ouverte avant l'entrée en vigueur de la loi du 23 juin 2006, serait-ce (discussion faite des biens du conjoint devenu entre-temps insolvable) à l'encontre d'un tiers détenteur des biens successoraux (C. civ. art. 924-4).

Pourtant, on pouvait encore se rassurer en pensant (à tort) que la prescription abrégée de l'article 921 du Code civil courrait, comme il est habituel, à compter de la date d'entrée en vigueur de la loi l'ayant abrégée (en ce sens, Rép. civ. Dalloz, v. Avantage matrimonial par B. Vareille, n° 69), et que, passé le délai de dix années à compter du 1er janvier 2007, tout demandeur était forclos dans les délais pour agir.

Ce n'est pourtant pas l'**analyse retenue par la Cour de cassation aujourd'hui** (Arrêts rendus en 2017, déjà cités n° 29700). Au demeurant, cette jurisprudence, qui renvoie implicitement au droit commun, laisse subsister de ce fait une incertitude.

Certains auteurs considèrent que, la réduction jouant désormais en valeur, la jurisprudence de la Cour de cassation renvoie au droit commun des dettes de sommes d'argent, c'est-à-dire au délai quinquennal (C. civ. art. 2224). Dans cette analyse, l'action a été prescrite (si le délai trentenaire n'a pas expiré auparavant) cinq ans après l'entrée en vigueur de la loi 2008-561 du 17 juin 2008 sur la prescription, soit le 19 juin 2013 (en ce sens, M. Grimaldi, obs. à la RTD civ. 2017 p. 463 ; voir également CA Lyon 27-4-2023 n° 22/05311) : suivant cette interprétation, la prescription de l'action en retranchement est donc désormais acquise. Trois décisions pourraient implicitement accréditer cette thèse, mais leur portée est difficile à apprécier, faute qu'elles tranchent directement la question (Cass. 1e civ. 10-1-2018 n° 16-27.894 F-PB : Defrénois 25-10-2018 n° 141k3 p. 45 obs. B. Vareille ; Cass. 1e civ. 3-10-2019 n° 18-19.783 F-D : Defrénois 23-1-2020 n° 156e8 p. 33 obs. S. Gaudemet, RTD civ. 2020 p. 439 obs. M. Grimaldi ; Cass. 1e civ. 5-1-2023 n° 21-13.151 FS-B : BPAT 1/23 inf. 37, Defrénois 2-6-2023 n° DEF214k1 p. 27 obs. S. Gaudemet). Un quatrième arrêt de la première chambre civile, rendu à propos de la prescription de l'option successorale sur un moyen relevé d'office, peut aussi être interprété dans le même sens, mais avec beaucoup de prudence, n'étant pas publié (Cass. 1e civ. 12-2-2020 n° 19-11.668 F-D : Defrénois 2-7-2020 n° 161g4 p. 31 obs. S. Gaudemet, RTD civ. 2020 p. 436 obs. M. Grimaldi, ce dernier auteur étant plus catégorique).

À l'inverse, d'autres auteurs interprètent les arrêts de 2017 comme assurant le maintien d'un délai de prescription trentenaire fondé sur l'actuel article 2227 du Code civil, relatif aux actions réelles immobilières. Ils défendent qu'avant la réforme, l'action en réduction opérait, en principe, en nature, et exposait déjà les tiers détenteurs d'immeubles à une revendication en vertu de l'ancien article 930 du Code civil, prédécesseur de l'article 924-4 (en ce sens, M. Nicod, Dr. famille 2017 comm. 165). Si cette interprétation était retenue en définitive, la plus grande vigilance s'imposerait aux praticiens durant trente ans à compter du 1er janvier 2007.

Dans cette divergence, on pourrait encore soutenir que le délai ressortit tantôt au premier délai de prescription, tantôt au second, selon l'absence ou la présence d'immeubles dans la succession, qui appellerait soit l'article 2224, soit l'article 2227 du Code civil.

Un autre arrêt de la première chambre civile a par ailleurs précisé que « l'action en réduction exercée par les héritiers réservataires contre le donataire d'un immeuble, qui ne tend pas à la restitution en nature de l'immeuble mais au paiement d'une indemnité de réduction et présente, dès lors, un caractère mobilier, relève de la compétence des tribunaux du pays où le défunt avait son dernier domicile » (Cass. 1e civ. 14-4-2021 n° 19-24.773 FS-P : BPAT 3/21 inf. 113, Dr. famille 2021 comm. 100 par M. Nicod). Cette affaire concerne une question de droit international privé et une succession ouverte en 2013. La transposition de cette solution conduirait à admettre que la réduction, lorsqu'elle a lieu en valeur, est de ce fait, en principe, une action mobilière qui se prescrit par cinq ans. Faut-il en conclure qu'en cas de réduction en nature d'une libéralité portant sur un immeuble, par exception, la prescription serait trentenaire ?

2. MISE EN ŒUVRE DU RETRANCHEMENT

Il convient de liquider, dans un **premier temps,** l'éventuel avantage matrimonial lui-même, et, dans un **second temps,** la succession, compte tenu de l'avantage ainsi chiffré. **29735**

a. Liquidation de l'éventuel avantage matrimonial

Traité comme une donation pour les besoins du calcul de la réserve et de la quotité disponible, en vertu de l'article 1527 du Code civil, l'éventuel avantage matrimonial est d'abord à **évaluer** en vue de sa réunion fictive et de son imputation. **29740**

Il faut se demander au préalable quelles dates sont à retenir en vue de tous ces calculs, dans la logique de la théorie de la dette de valeur.

Réglées ces questions, il s'agit d'opérer un **calcul comparatif** entre les droits que le conjoint survivant trouve effectivement en application du régime conventionnel et ceux qu'il aurait eus en théorie s'il eût été marié sous le régime de référence : la différence, si elle est positive, caractérise l'avantage matrimonial et en chiffre le montant.

DATES À RETENIR

29745 S'agissant, tout d'abord, des dates à prendre en considération en vue de rechercher un éventuel avantage matrimonial, il convient de transposer les **règles ordinaires de la réunion fictive** et, par conséquent, distinguer état et valeur.

29750 Pour ce qui est de l'**état des biens** susceptibles de faire l'objet d'un avantage matrimonial, il est à considérer, en principe, au jour de l'ouverture de la succession, car c'est le décès qui dissout le régime (et c'est à cette date que naît en principe l'avantage).

Par exception, sera retenue :

– la date à laquelle la dissolution du régime a été reportée, lorsque celle-ci remonte à une date antérieure à celle de l'ouverture de la succession, en application de l'article 1442 du Code civil (l'avantage ayant été en pareil cas lui-même reporté à cette date) ;

– ou la date à laquelle l'avantage a pris effet (si cette date est distincte de la date de dissolution du régime : ainsi par exemple dans le cas d'une clause de préciput, qui a pris effet par hypothèse postérieurement à la dissolution).

29755 Pour ce qui est de la **valeur des biens** susceptibles de faire l'objet d'un avantage matrimonial, elle doit systématiquement être appréciée, selon le droit commun, au jour de l'ouverture de la succession. C'est en effet à cette date, et à cette date seulement, que naît la réserve (n° 28710).

ÉTAPES DU CALCUL COMPARATIF

29760 S'agissant ensuite de déterminer un éventuel avantage matrimonial, il faut procéder en trois temps.

Tout d'abord, on liquide en valeur les **droits du conjoint survivant sous le régime conventionnel effectivement applicable.**

Il va de soi que cette liquidation prend en compte toutes les attributions opérées au bénéfice du survivant en application du régime conventionnel.

À l'inverse, sont par hypothèse exclus des droits transférés par le régime conventionnel :

– les biens que le défunt, marié sous un régime communautaire, avait reçus au titre d'une libéralité affectée d'une clause d'exclusion de la communauté (C. civ. art. 1498, al. 1) ;

– ceux reçus par lui aux termes d'une libéralité comportant une clause de retour conventionnel, lorsqu'il est mort sans postérité (Cass. 1e civ. 23-9-2015 n° 14-18.131 FS-PB : BPAT 6/15 inf. 231, Defrénois 28-2-2016 n° 122j1 p. 180 note G. Champenois, Petites affiches 29-5-2017 p. 16 chron. N. Pétroni-Maudière ; comparer durant la vie du donataire : Cass. 1e civ. 18-3-2015 n° 13-16.567 FS-PB : D. 2015 p. 2094 obs. J. Revel, AJ fam. 2015 p. 296 obs. P. Hilt, RTD civ. 2016 p. 172 obs. B. Vareille) ;

– ainsi que, sauf clause contraire, les biens du de cujus affectés d'une tontine (Cass. 1e civ. 15-5-2008 n° 07-16.365 F-D : RJPF 2008-11/22 obs. F. Vauvillé, Gaz. Pal. 22-11-2008 jur. p. 55 obs. J. Casey).

29765 Ensuite, on procède à une seconde liquidation en valeur, pour chiffrer à combien se seraient montés en théorie les **droits du survivant s'il eût été marié sous le régime légal de la communauté d'acquêts.**

Cette liquidation fictive est exclusivement destinée à servir de référence comparative.

On se souvient toutefois que si le régime matrimonial avantageux est une participation aux acquêts modifiée, la doctrine préconise d'en comparer les résultats à ceux d'une participation aux acquêts « ordinaire » (voir n° 29625). Quant à la détermination du régime de référence dans le cas d'une séparation de biens avec société d'acquêts, voir n° 29620.

29770 Enfin, pour mesurer l'éventuel avantage matrimonial, on soustrait les droits théoriques du survivant (calculés d'après le régime référence) de ses droits effectifs sous le régime conventionnel. La différence livre en effet le **montant de l'avantage matrimonial.**

Lorsque l'avantage matrimonial consiste dans un simple préciput, prélèvement d'un bien sans indemnité avant le partage du reste de la communauté, on obtiendra plus promptement le même résultat en constatant que l'avantage est de moitié de la valeur à l'ouverture de la succession du bien ainsi prélevé, compte tenu de son état à la date du prélèvement (voir n° 29615).

b. Liquidation de la succession en présence d'un avantage matrimonial

Une fois l'avantage matrimonial chiffré, il ne reste plus qu'à le **traiter comme une donation** pour les besoins de la réunion fictive, de l'imputation et de la réduction (ici dénommée par la pratique « retranchement »). 29790

RÉUNION FICTIVE DE L'AVANTAGE MATRIMONIAL

En premier, l'avantage matrimonial est réuni fictivement, à l'instar de n'importe quelle donation, à l'**actif net valeur décès,** pour composer de façon réaliste, en en tenant compte, la masse de calcul de la réserve et de la quotité disponible. 29795

C'est l'article 922 que l'on applique, comme en droit commun. Simplement, par l'effet de l'avantage matrimonial, les **biens existants** se trouveront diminués ; ils peuvent même être presque entièrement épuisés (ainsi, par exemple, dans le cas d'une communauté universelle avec attribution intégrale au dernier vivant et sans reprise des apports). Les éventuelles libéralités entre vifs ordinaires sont également réunies fictivement, selon les modalités habituelles, aux biens existants nets.

À cette masse de calcul s'applique par hypothèse le taux de la quotité disponible spéciale entre époux, voire celui de la quotité disponible ordinaire si des libéralités ont été consenties par ailleurs à toute autre personne, ce qui conduit en pareil cas à un concours de quotités disponibles (voir nº 33235).

IMPUTATION DE L'AVANTAGE MATRIMONIAL

Rang d'imputation Après sa réunion fictive, l'avantage matrimonial est imputé à son rang sur la quotité disponible spéciale du conjoint survivant. 29800

Or aucun texte ne vient préciser quel est le rang d'imputation d'un avantage matrimonial.

On a lieu d'hésiter, car ce dernier, créé par le régime matrimonial conventionnel, ne développe de conséquences liquidatives qu'après l'ouverture de la succession. Faut-il l'imputer plutôt à la date à laquelle le régime a pris effet, ou plutôt à la date de l'ouverture de la succession ? La **question** a été **discutée** (Rép. civ. Dalloz, v. Avantage matrimonial par B. Vareille, nºs 80 s.).

En réalité, c'est surtout l'irrévocabilité du régime matrimonial qui est ici en jeu. Si l'avantage matrimonial ne prenait rang pour son imputation qu'à la **date de l'ouverture de la succession du conjoint prémourant,** il serait trop facile de le chasser de la quotité disponible spéciale en consentant, au lendemain de la prise d'effet du régime, de nombreuses donations qui auraient vocation à s'imputer avant lui. Or, même ne prenant effet qu'à la dissolution du régime, aucun avantage matrimonial ne saurait être ainsi en permanence à la merci du conjoint : ce serait une façon subreptice, non seulement de révoquer indirectement l'avantage en le poussant à la réduction, mais encore, partant, de modifier unilatéralement le régime matrimonial conventionnel, au mépris de l'ordre public qui s'attache à la règle de l'immutabilité du régime.

C'est pourquoi, en dépit du silence de la loi, tout invite à imputer l'avantage matrimonial à la **date à laquelle prend effet le régime matrimonial** conventionnel qui le porte : selon les cas, date du mariage ou date à laquelle s'applique le changement de régime (voir en ce sens, B. Vareille, précité, nº 82).

La jurisprudence n'a pas encore eu l'occasion de confirmer cette analyse.

Masse d'imputation Que l'avantage matrimonial soit à imputer à son rang et sur la **quotité disponible spéciale** ne dit pas quelle quotité retenir entre les trois termes de l'option. 29805

Cela renvoie à la question du **titulaire de l'option** déjà examinée (nºs 28975 s.).

Si le de cujus n'a rien spécifié, ce qui est monnaie courante en fait d'avantages matrimoniaux, rien ne va de soi, car il y a lieu en principe de se livrer à une recherche de ses intentions :

– ou bien l'on s'accorde à s'efforcer de déduire de la nature et de l'ampleur de l'avantage matrimonial sur laquelle des trois expressions de la quotité disponible spéciale le de cujus a implicitement entendu que l'avantage s'exerce ; mais cette démarche est contestable ;

– ou bien encore, en cas de désaccord entre les héritiers, il incombera aux juges du fond de se prononcer sur les volontés supposées du défunt, voire de trancher entre les intérêts en présence.

CONSEIL

En pratique, il est conseillé d'insérer à toutes fins utiles, dans un régime conventionnel de nature à procurer un avantage matrimonial, une **clause** déléguant au conjoint, s'il survit, l'option qu'ouvre l'article 1094-1 du Code civil ; ou, à l'inverse, désignant la quotité disponible que chaque de cujus a choisie.

29810 **Résultat de l'imputation** Si l'**avantage matrimonial** que l'on a chiffré est d'un montant qui **n'excède pas la quotité disponible spéciale** entre époux, la réserve des descendants n'est pas entamée. L'avantage n'est donc pas réductible.

Dès lors, le régime matrimonial conventionnel peut produire tous ses effets.

Le conjoint survivant reçoit d'abord ce que la mise en œuvre de ce régime matrimonial lui attribue.

Après quoi, il peut faire valoir : sa vocation ab intestat, s'il n'en a pas été privé ; ainsi que les libéralités qu'il a reçues, s'il en a bénéficié, tout en imputant celles-ci sur celle-là, dans les conditions de droit commun (nos 9350 s.). Lorsque d'autres libéralités ont bénéficié à toute autre personne, il y a combinaison des quotités disponibles ordinaire et spéciale (no 33235).

29815 Si l'**avantage matrimonial excède la quotité disponible spéciale** entre époux, il y a lieu à retranchement.

On procède comme il est habituel (no 33555) : un **coefficient de réduction** est calculé compte tenu des valeurs appréciées à l'ouverture de la succession, auquel on fait produire ses effets en l'appliquant aux valeurs estimées au moment du partage, pour liquider l'indemnité de réduction et procéder à la détermination des droits des copartageants.

La généralisation de la réduction en valeur aboutit à ce que le retranchement des avantages matrimoniaux s'effectue par le versement d'une **indemnité de réduction** aux réservataires, selon le droit commun de la réduction. Un doute aurait pu naître cependant de la formule usitée à l'article 1527 du Code civil, selon laquelle l'avantage matrimonial excessif « sera sans effet pour l'excédent ». Ce texte n'a pas changé au fil des réformes successives ; or il pourrait paraître renvoyer plutôt à une réduction en nature. Un auteur, tenant les avantages matrimoniaux pour des gains de survie, prônait dès avant 2006 que le retranchement se fît en nature (F. Lucet : Des rapports entre régime matrimonial et libéralités entre époux, thèse Paris II, 1988, p. 561).

La Cour de cassation n'a pas suivi cette position : elle admet que les enfants du premier lit ne peuvent revendiquer de droits indivis avec le conjoint survivant sur les biens dépendant de la succession (Cass. 1e civ. 7-12-2016 no 16-12.216 FS-PB : BPAT 1/17 inf. 25, Dr. famille 2017 comm. 45 obs. M. Nicod ; Cass. 1e civ.19-12-2018 no 18-10.244 F-PB : BPAT 1/19 inf. 25, Defrénois 7-3-2019 no 146m1 p. 31 obs. B. Vareille, Dr. famille 2019 comm. 57 par M. Nicod). Il reste malgré tout loisible, si le conjoint survivant préfère la solution du retranchement en nature (par exemple pour cause de solvabilité insuffisante), de faire reposer cette solution sur le choix qu'il effectue en application de l'article 924-1 du Code civil, tout en relevant dans l'acte de partage que les conditions en sont réunies.

En cas de retranchement, les **droits de mutation par décès** sont dus, mais seulement sur la fraction réduite de l'avantage, et par les seuls réservataires bénéficiaires du retranchement (CA Aix-en-Provence 15-1-2002 : Gaz. Pal. 18-6-2002 no 169 p. 41 note D. Guével). Autrement dit, le conjoint survivant n'est jamais imposé sur la part qu'il reçoit à titre définitif (CGI art. 796-0 bis), mais l'excédent restitué pourra être taxé entre les mains des enfants du premier lit auxquels il échoit.

Sur les conséquences éventuelles, au regard du **droit de partage,** du retranchement en valeur de l'avantage matrimonial résultant d'une communauté universelle avec clause d'attribution intégrale au conjoint survivant, dès lors que plus aucun bien n'est à partager, voir no 63960.

AVANTAGE MATRIMONIAL ET FACULTÉ DE CANTONNEMENT

29820 La faculté de cantonnement (nos 35800 s.) paraît clairement inapplicable en matière d'avantages matrimoniaux.

En effet, **texte d'exception,** l'article 1094-1, alinéa 3 du Code civil n'ouvre au conjoint survivant cette faculté que concernant les biens « dont il a été disposé en sa faveur ».

Or, même si l'avantage matrimonial est traité comme une donation pour les besoins de la protection de la réserve, il n'en a pas pour autant la nature. Il semble donc impossible d'étendre le **champ d'application du texte** et, avec lui, celui de l'exclusion extraordinaire de la qualification de libéralité qu'il emporte, en droit civil comme en droit fiscal (no 29475).

AVANTAGE MATRIMONIAL ET SUCCESSION AB INTESTAT

29825 L'articulation de l'avantage matrimonial avec la succession ab intestat n'est nullement précisée par la loi.

Lorsque l'**avantage matrimonial** est **retranchable,** cela signifie qu'il a épuisé la quotité disponible spéciale. Par conséquent, en pareil cas, le conjoint survivant ne saurait prétendre à quoi que ce soit d'autre au titre de sa vocation ab intestat, puisque l'article 758-6 du Code civil plafonne l'émolument qu'il peut recevoir à cette même quotité disponible spéciale (nº 9525).

Lorsque l'**avantage matrimonial** n'est **pas retranchable,** la question reste entière de savoir s'il doit être complètement traité comme une donation pour la suite de la liquidation, et notamment s'il doit être imputé sur les droits légaux du conjoint héritier, en vertu de l'article 758-6 du Code civil, dans la limite de la quotité disponible spéciale ; ou si, au contraire, cette assimilation technique à une libéralité trouve là sa limite, et conduit à n'en tenir à cet égard aucun compte. **29830**

Jadis, la jurisprudence avait admis l'imputation de l'avantage sur les droits légaux du conjoint, à l'époque en usufruit (en ce sens, Cass. req. 25-6-1912 : DP 1913 I p. 173 rapport Birot-Breuilh ; Cass. 1e civ. 18-1-1961 : Bull. civ. I nº 45). Cependant, lorsqu'il n'est pas réductible, l'avantage est censé demeurer de nature purement matrimoniale, à telle enseigne que si les enfants non issus des deux époux s'abstiennent d'agir en retranchement, il n'y a pas lieu à paiement de droits de mutation (en ce sens, Cass. 1e civ. 6-5-1997 nº 95-13.804 : Bull. civ. I nº 146, RJF 11/97 nº 1071 ; Inst. 7 G-1-98 du 8-1-1998 non reprise au Bofip qui conserve selon nous sa pertinence ; Dalloz Action Droit patrimonial de la famille 2022/2023, dir. M. Grimaldi, v. Analyse juridique : la théorie des avantages matrimoniaux par G. Bonnet, nº 152.32).

C'est pourquoi l'on peut défendre que l'avantage non réduit doit cesser d'être traité comme une libéralité, car l'emprunt au régime des donations est circonstancié, et ne vaut que s'il est besoin de protéger la réserve des enfants non issus du conjoint survivant (en ce sens, Q. Guiguet-Schielé : La distinction des avantages matrimoniaux et des donations entre époux. Essai sur une fiction disqualificative, thèse Toulouse 1 Capitole, 2013, nº 516). La jurisprudence ne s'est pas prononcée récemment sur ce point délicat, qui suppose de prendre parti profondément sur la notion même d'avantage matrimonial.

EXERCICE DIFFÉRÉ DE L'ACTION EN RETRANCHEMENT

Il est toujours loisible à tout enfant non issu des deux époux de **renoncer définitivement,** de façon anticipée, à l'exercice de l'action en retranchement (Rép. civ. Dalloz, v. Avantage matrimonial par B. Vareille, nºs 134 s. ; J.-Cl. Civil Code, Art. 912 à 930-5, fasc. 50 par C. Brenner, nº 17 ; Rép. Delpon : AN 1-1-2019 nº 12380 : SNH 4/19 p. 1 édito F. Sauvage, Defrénois 3-5-2019 nº 148p4 p. 32 obs. S. Gaudemet, RTD civ. 2020 p. 444 obs. M. Grimaldi, Petites affiches 6-8-2019 nº 156 obs. B. Vareille). En effet, cette dernière n'est rien d'autre qu'une action en réduction, et les articles 929 et suivants du Code civil ont permis, dans des conditions il est vrai très rigoureuses, la renonciation anticipée à l'action en réduction par les réservataires (nºs 33830 s.). Toutefois, dans le cas de l'action en retranchement, le renonçant risque de perdre gros, puisqu'il n'héritera jamais du conjoint bénéficiaire de l'avantage. La renonciation définitive risquerait donc de n'être jamais usitée dans la famille recomposée. **29835**

C'est pourquoi la loi du 23 juin 2006 a prévu dans cette situation particulière une solution moins radicale et, de ce fait, plus expédiente, en permettant aux enfants qui peuvent se prévaloir du retranchement d'y **renoncer provisoirement** : en vertu de l'article 1527, alinéa 3 du Code civil, le titulaire de l'action en retranchement a la faculté de renoncer par anticipation, dans les formes prévues aux articles 929 à 930-1 du Code civil, à exercer l'action du vivant du conjoint bénéficiaire de l'avantage. Le renonçant bénéficie alors de plein droit de l'hypothèque légale prévue au 4º de l'article 2402 du Code civil et peut demander, nonobstant toute stipulation contraire, qu'il soit dressé un inventaire des meubles et un état des immeubles (C. civ. art. 1527, al. 3).

À terme, le renonçant n'y perdra rien, car sa renonciation est purement provisoire : il exercera l'action en retranchement contre la succession du conjoint survivant. Aux termes de l'article 930-1, alinéa 2 du Code civil, l'opération ne saurait être analysée en une libéralité indirecte à l'égard de ce dernier, qui conserve de son vivant l'avantage ainsi consolidé sans la moindre incidence fiscale. Par ailleurs, il faut évidemment supposer que la prescription de l'action en retranchement est suspendue pendant la vie du conjoint survivant.

ATTENTION

La loi ne fournit pas d'indications précises sur les **conséquences fiscales de la renonciation provisoire** à l'action en retranchement.

S'agissant d'une application particulière, à caractère provisoire, de la renonciation anticipée à l'action en réduction (RAAR : nºs 33830 s.), l'acte constatant cette renonciation ne peut s'analyser comme une libéralité (CGI art. 756 bis) et échappe, par conséquent, aux droits de mutation à titre gratuit.

Qu'en est-il de la fiscalité applicable lorsque l'enfant non commun exerce l'action en retranchement au décès du conjoint survivant (beau-parent), ce qui lui permet d'hériter de la fraction de l'avantage matrimonial réintégrée dans la succession de son auteur ? Selon nous, la valeur de l'avantage matrimonial réintégré reçue par l'enfant doit être soumise aux droits de succession en ligne directe d'après la législation en vigueur au décès de l'ascendant (l'enfant hérite directement de ce parent et non du second conjoint). Conformément aux règles applicables aux biens entrant dans l'hérédité postérieurement au décès, cette réintégration doit faire l'objet d'une déclaration complémentaire dans les six mois de l'exercice de l'action en retranchement (en ce sens, BOI-ENR-DMTG-10-60-50 n° 110).

c. Résumé de la technique liquidative aux fins de retranchement

29855 En présence d'un régime conventionnel et d'au moins un enfant non issu des deux époux, la détection d'un éventuel avantage matrimonial est un préalable à la liquidation de la succession. Le tableau suivant en résume les points clefs, qui sont exposés en détail dans les développements qui précèdent.

Technique liquidative en présence d'un régime conventionnel et d'au moins un enfant non issu des deux époux

1. Recherche d'un éventuel avantage matrimonial

• Détermination des **droits effectifs du conjoint survivant** selon le régime conventionnel applicable.

• Détermination des **droits théoriques du conjoint survivant** s'il eût été marié sous le régime de référence (en principe, le régime légal ; pour ce qui est des cas particuliers de la séparation de biens avec société d'acquêts et de la participation aux acquêts, voir nos 29620 et 29625).

• **Comparaison** :

– si les droits effectifs sont **inférieurs** aux droits théoriques sous le régime de référence : il n'y a pas d'avantage matrimonial ;

– si les droits effectifs sont **supérieurs** aux droits théoriques : la différence chiffre l'avantage matrimonial.

2. Traitement de l'avantage matrimonial

Une fois chiffré, l'avantage matrimonial est traité comme une donation.

• On compose la **masse de calcul de la quotité disponible spéciale** entre époux selon le processus habituel (C. civ. art. 922) :

– évaluation des biens existants pour leur valeur au décès ;

– déduction du passif à la même date ;

– réunion fictive des donations ainsi que de l'avantage matrimonial, le tout valeur décès.

Le résultat donne la masse de calcul de la quotité disponible spéciale.

• On applique à cette masse le **taux de la quotité disponible spéciale** (C. civ. art. 1094-1, al. 1) : l'une des trois quotités (quotité disponible ordinaire ou 1/4 en pleine propriété + 3/4 usufruit ou totalité en usufruit). Sur la mise en œuvre du choix, voir nos 28975 s.

• On procède à l'**imputation** de toutes les libéralités, ainsi que de l'avantage matrimonial qui leur est assimilé à cet égard, chacun à son rang (C. civ. art. 923 et 919-2) :

– l'**avantage matrimonial** est imputé parmi les donations, à la date d'entrée en application du régime matrimonial qui le crée, sur la quotité disponible spéciale ;

– les **libéralités consenties à d'autres que le conjoint** sont imputées sur la quotité disponible ordinaire ; il y a en ce cas concours de quotités disponibles ordinaire et spéciale.

Conclusion : une fois toutes les imputations effectuées, les réservataires ont ou non la faculté d'agir en retranchement, chacun pour son compte, selon que l'avantage excède ou n'excède pas la quotité disponible spéciale.

3. Droits des parties en cas de retranchement

• Les droits du **conjoint survivant** consistent dans ses droits effectifs dans la communauté conventionnelle, déduction faite du montant de l'indemnité de réduction (dans l'hypothèse où le retranchement s'effectue en valeur : sur ce point, voir n° 29815). Le conjoint survivant ne peut prétendre à rien d'autre au titre de sa vocation ab intestat (sa quotité disponible spéciale est épuisée ; or, elle absorbe sa vocation légale).

• La masse à partager entre les **réservataires** consiste dans :

– les éventuels droits qu'ils trouvent en leur qualité d'héritiers légaux du défunt dans la succession de ce dernier, en dépit du régime matrimonial conventionnel ;

– les rapports des éventuelles donations en avance de part ;

– augmentés de l'indemnité de réduction (destinée à parfaire leur réserve).

TITRE IV

Rapport et réduction des libéralités

CHAPITRE 1

RAPPORT DES LIBÉRALITÉS

SOMMAIRE

PRISE EN COMPTE DES LIBÉRALITÉS ANTÉRIEURES

Les libéralités qu'un défunt a consenties de son vivant sont prises en compte au moment du 30900
règlement de sa succession à la faveur de **deux mécanismes différents** présentant une similitude technique, en ce qu'ils se traduisent l'un comme l'autre par une restitution, généralement en valeur, à la masse partageable :

– **le rapport,** dont l'objet est de conforter la dévolution légale, en particulier le principe de l'égalité entre les descendants. Le rapport civil ne doit pas être confondu avec la règle fiscale, parfois improprement appelée rapport, qui exige le rappel, notamment à l'occasion d'une succession, des donations antérieurement consenties (n°s 50105 s.) ;

– **la réduction,** dont la finalité est la protection de la réserve.

DÉFINITION DU RAPPORT

Le rapport à succession est l'**opération par laquelle** un héritier, appelé avec ses cohéritiers 30905
à une succession, comprend dans le partage certains actifs ou valeurs qu'il a déjà reçus à titre gratuit du défunt (C. civ. art. 843 s.).

Son **objet** est, on l'a dit, de conforter la dévolution légale, en garantissant les vocations successorales en dépit des avances libérales dont certains ont bénéficié. En principe, tout héritier qui a reçu une donation du défunt en doit le rapport à ses cohéritiers : cette donation est présumée constituer une avance sur son futur héritage, d'où les termes de « donation en avancement de part successorale » (ou, avant la loi du 23 juin 2006, de « donation en avancement d'hoirie »). Au moment du partage de la succession, l'héritier sera considéré comme ayant déjà reçu sa part d'héritage à hauteur de la donation dont il a bénéficié. Il n'en va autrement que si le donateur a expressément dispensé le donataire du rapport. La règle inverse s'applique aux legs : l'héritier gratifié par legs n'est pas tenu au rapport, sauf si le testateur l'y a expressément assujetti.

30910 **Dans le premier ordre d'héritiers,** le rapport assure toujours l'égalité entre les descendants qui succèdent à égalité par tête ou par souche (voir nº 22785), en vertu du postulat que cela est réputé correspondre à la volonté implicite du défunt.

En revanche, le conjoint survivant en concours avec les descendants n'est ni créancier ni débiteur du rapport (voir nº 31025). L'imputation des libéralités consenties au conjoint, bien que qualifiée de « rapport spécial en moins prenant » par la Cour de cassation, n'a pas la nature d'un rapport (nº 9360).

Dans les autres ordres d'héritiers, son rôle diffère selon les cas :

– la plupart du temps, le rapport des libéralités en avance de part garantit l'égalité du fait que les vocations ab intestat sont égalitaires (ainsi le rapport entre collatéraux privilégiés du défunt) ;

– mais parfois, en présence de vocations légales différentes, il entretient au contraire l'inégalité. Ainsi en cas de concours entre la mère et la sœur du de cujus seules appelées, chacune devra le rapport de tout ce qu'elle a reçu en avance de part, alors qu'elles se partageront en définitive un quart – trois quart la succession ainsi augmentée.

30915 Techniquement, on parle de rapport des donations parce que la **valeur** du bien donné est rapportée, c'est-à-dire **rajoutée,** préalablement au partage, aux biens laissés par le défunt, avant que soient déterminés les droits de chaque héritier ab intestat.

EXEMPLE

Le défunt, divorcé, avait deux enfants, Adrien et Anatole. Il a donné à Adrien des titres de sa société d'une valeur de 100 000 €. Il n'a fait aucune donation à Anatole. À son décès, le défunt laisse des biens pour une valeur nette de 500 000 €. Il n'a pas fait de testament.

Si l'on n'appliquait pas la règle du rapport, le partage de la succession se ferait des seuls biens laissés par le défunt, soit 500 000 €. Chaque enfant en prendrait la moitié, soit 250 000 €. En définitive, Adrien recevrait 350 000 € (les titres + la moitié des biens laissés par le défunt à son décès), tandis qu'Anatole n'hériterait que de 250 000 €.

Parce qu'on rapporte les donations antérieures, la valeur des titres reçus par Adrien est prise en compte pour déterminer ce qui sera à partager entre les deux frères. En supposant toutes les valeurs inchangées, la masse à partager s'élève par l'effet du rapport à 500 000 + 100 000 = 600 000 €, soit 300 000 € chacun.

Adrien, ayant déjà reçu 100 000 €, ne prendra que 200 000 € sur les biens existants ; Anatole prendra 300 000 € sur ces mêmes biens. En définitive, chacun aura bien reçu 300 000 €, l'un en additionnant sa donation à des droits diminués d'autant dans les biens existants, l'autre en biens existants seulement : l'égalité aura été sauvegardée en dépit de la donation, du fait que cette dernière aura été traitée comme une simple avance, à valoir sur les droits du donataire dans la succession.

30920 À la différence de la réduction, qui doit être demandée (voir nº 33440), le rapport est **de droit** : le liquidateur doit demander le rapport de toute donation qui n'en a pas été dispensée (sur l'articulation du rapport et de la réduction, voir B. Vareille, Conseils liquidatifs pour le rapport et la réduction. Domaines respectifs du rapport, de la réunion fictive et de la réduction : Defrénois 2015 p. 630 ; comparer cependant : Cass. 1e civ. 19-9-2018 nº 17-20.704 F-D, sur lequel voir B. Vareille, Rapport, réduction, confusion : Defrénois 2019 p. 22 ; voir nº 33075). C'est logique : le rapport repose sur la volonté présumée du donateur, qui n'en a pas dispensé le donataire comme il aurait pu le faire ; au contraire, en exigeant la réduction, le réservataire contredit la volonté libérale du disposant. Au surplus, le successible sait d'avance, par le titre qui l'a fait donataire, qu'il devra, un jour, le rapport ; en revanche, celui, successible ou non successible, qui a bénéficié d'une libéralité soustraite à tout rapport ignore s'il est exposé à la réduction jusqu'à ce que, liquidation faite, chaque réservataire lui en fasse la demande pour son propre compte.

SECTION 1

PERSONNES CONCERNÉES PAR LE RAPPORT

PLURALITÉ D'HÉRITIERS

Le rapport d'une libéralité suppose qu'il y ait pluralité d'héritiers. En effet, il ne concerne que les héritiers : celui qui en est le **redevable,** d'une part, celui ou ceux qui en sont les **bénéficiaires,** d'autre part. 31020

Si tous les héritiers ont été gratifiés, chacun cumule les qualités de redevable et de bénéficiaire du rapport.

A. Redevables du rapport

PRINCIPE GÉNÉRAL

Tout **héritier** venant effectivement à une succession **en concours** avec au moins un autre héritier est en principe tenu au rapport des donations qu'il a reçues du défunt (C. civ. art. 843 et 857). Sont donc concernés les descendants, les ascendants et les collatéraux, à la seule condition qu'ils viennent à la succession en qualité d'héritiers. La loi ne distingue pas entre eux. 31025

Peu importe notamment qu'ils soient **réservataires ou non** ; voir un rappel de l'exigence du rapport dû par les neveux et nièces du défunt (Cass. 2e civ. 10-9-2015 no 14-20.017 F-PB : BPAT 6/15 inf. 232, AJ fam. 2015 p. 625, obs. J. Casey, RDC 2016 p. 288, note S. Gaudemet).

Il faut réserver le cas du **conjoint survivant** : bien qu'il soit un héritier à part entière, il occupe une position à part dans la dévolution légale, qui le soustrait au rapport (en ce sens, voir F. Terré, Y. Lequette et S. Gaudemet, Les successions, Les libéralités, Dalloz, 4e éd., 2014, no 1051 ; C. Pérès et C. Vernières, Droit des successions, Coll. Thémis, PUF, 2018, no 674). Il n'est ni créancier du rapport d'autrui, ni débiteur du rapport de ce qu'il a reçu. Simplement, les libéralités qu'il reçoit s'imputent sur ses droits ab intestat en vertu de l'article 758-6 du Code civil, ce qui représente un succédané imparfait de rapport sans pour autant en avoir la nature (voir nos 9350 s.).

En pratique, le rapport concerne le plus souvent les descendants, parce que c'est en leur faveur que sont réalisées la grande majorité des donations entre vifs (le conjoint étant fréquemment bénéficiaire d'une donation au dernier vivant). 31030

Ajoutons que le poids de la fiscalité dissuade fortement de consentir des libéralités ostensibles en faveur de collatéraux, même privilégiés (voir nos 50570 s.). Or il n'est pas rare que les donations indirectes, déguisées ou les dons manuels échappent au rapport, en raison même de leur caractère plus ou moins occulte.

Pour autant, il ne faut pas s'y tromper : sont présumées en avance de part, quelle que soit leur forme, toutes les donations entre vifs consenties à un héritier présomptif à la date de la donation, du moment que l'intéressé est acceptant ou astreint au rapport en cas d'acceptation ; et elles doivent être rapportées par le bénéficiaire de la libéralité ou son représentant.

> Précisions a. Il existe **deux cas particuliers de rapport sui generis,** c'est-à-dire des opérations qui obéissent à la technique du rapport, même si elles répondent à des préoccupations très spécifiques :

– le rapport dû par les enfants du renonçant ou de l'indigne qui viennent en concours avec leurs frères et sœurs nés après l'ouverture de la première succession (C. civ. art. 754 ; nos 22805 et 31825) ;

– le rapport dû à la succession de leur auteur par les petits-enfants allotis à la faveur d'une donation-partage transgénérationnelle au profit de leurs frères et sœurs qui n'en ont pas bénéficié (C. civ. art. 1078-9, al. 2 ; nos 11705 s.).

b. En revanche, le mot « rapport » est employé à propos de **trois opérations liquidatives qui en sont fort éloignées,** et pour lesquelles la plus grande vigilance s'impose afin d'éviter toute confusion technique :

– le rapport en cas de renonciation, pseudo-rapport, puisqu'il émane d'une personne devenue, par hypothèse, étrangère à la succession (voir nos 31110 s.) ;

– le rapport de dettes, qui est une simple opération de partage, et non pas un préalable au partage (voir nos 31383 s.) ;

– l'opération prévue par l'article 758-6 du Code civil, qui n'est rien d'autre qu'une imputation : usant d'une expression remarquée mais contestable, la Cour de cassation l'a qualifiée de « rapport spécial », cette dénomination malencontreuse étant heureusement dénuée de portée pratique (voir nos 9350 s.).

31035 Pour que le rapport soit effectivement dû, l'héritier doit remplir les **trois conditions** explicitées ci-après : être héritier présomptif au moment de la donation ; venir effectivement à la succession ; être le bénéficiaire de la libéralité ou son représentant.

1. PREMIÈRE QUALITÉ : HÉRITIER PRÉSOMPTIF À LA DATE DE LA DONATION

PRINCIPE

31065 Dans les successions ouvertes depuis le 1er janvier 2007, le principe est que le rapport n'est dû par le donataire successible que s'il avait déjà la qualité d'héritier présomptif **lors de la donation.** Dans le cas contraire, le rapport n'est pas dû (C. civ. art. 846), sauf à ce que figure dans l'acte la stipulation évoquée n° 31070.

La loi présume en effet que si le gratifié n'était pas héritier présomptif au jour de la donation, le défunt a entendu l'avantager de façon définitive.

Il en résulte notamment que le petit-fils gratifié qui n'était pas successible au moment de la donation et qui vient à la succession de son grand-père, soit de son propre chef (après le décès de son père fils unique, qu'il ne représente par conséquent pas), soit par représentation (par suite du prédécès, de la renonciation ou de l'indignité de son auteur), n'est pas tenu au rapport des donations qu'il a lui-même reçues du grand-père à la succession de ce dernier, sauf volonté contraire du donateur.

EXEMPLE

Soit un grand-père qui a consenti deux dons manuels de sommes d'argent égales à ses deux petits-enfants A et B.

A avait la qualité d'héritier présomptif au moment du don (son auteur étant prédécédé avant la donation).

B n'avait pas cette qualité d'héritier présomptif (son propre auteur est prédécédé, mais postérieurement à la donation).

Seul A doit le rapport à la succession de son grand-père.

Comme l'observe M. Vigneau, à qui est emprunté cet exemple, cela aboutit à un **résultat en apparence paradoxal** : il sera peut-être difficile d'expliquer aux héritiers « que la différence de traitement s'explique par la volonté présumée du donateur » (D. Vigneau, Le règlement de la succession, observations sur le projet de loi portant réforme des successions et des libéralités : JCP N 2006 n° 1144).

C'est pourtant la rançon du mécanisme de la représentation, qui met A d'emblée dans les droits de son défunt père, à la différence de B. Il serait au contraire surprenant que, placés dans des situations différentes, l'un appelé, l'autre pas, ils eussent des droits semblables... C'est donc au **notaire** de veiller à signaler ce point au donateur.

OBLIGATION ÉTENDUE

31070 L'obligation au rapport peut être étendue, notamment pour éviter la situation décrite dans l'exemple ci-dessus. En ce cas, si le donateur l'exige expressément, le donataire successible doit le rapport de la libéralité qu'il a reçue, alors même qu'il n'était pas héritier présomptif au jour où il a été gratifié (C. civ. art. 846).

Ce point doit donc être **systématiquement vérifié** par une lecture attentive de l'acte de donation.

La mention **doit figurer dans** l'acte de donation. En effet, bien que ce ne soit pas précisé par le texte, l'obligation de rapporter doit avoir reçu l'accord du donataire.

MODÈLE **Clause d'extension de l'obligation au rapport**

« Par dérogation expresse au principe énoncé par la première disposition de l'article 846 du Code civil, il est convenu entre le donateur et le donataire, qui y consent, que dans le cas où le gratifié serait appelé à la succession du donateur, de son chef ou par représentation, le rapport de la présente donation serait dû dans les conditions prévues par la loi. »

2. DEUXIÈME QUALITÉ : SITUATION AU REGARD DE L'OPTION SUCCESSORALE

HÉRITIER ACCEPTANT

L'héritier gratifié doit le rapport s'il **vient effectivement à la succession** du disposant. À cet égard, il n'y a aucune différence entre l'héritier acceptant purement et simplement la succession et celui qui l'accepte à concurrence de l'actif net (C. civ. art. 843, al. 1). 31100

HÉRITIER RENONÇANT

Principe : exclusion de l'héritier renonçant L'héritier renonçant est censé n'avoir jamais été héritier (C. civ. art. 805, al. 1). Étant réputé étranger à la succession par l'effet de sa renonciation, il est donc normalement soustrait au rapport (C. civ. art. 845). S'il s'agit d'un descendant appelé, il n'est en principe pas pris en compte non plus pour le calcul de la réserve et de la quotité disponible selon l'article 913 du Code civil. Sur les conséquences de la représentation du renonçant sur le calcul de la réserve, voir toutefois n° 28935. 31105

En pratique, c'est le souci d'échapper au rapport qui conduit certains héritiers à renoncer (pour une illustration particulièrement éclairante, Cass. 1e civ. 15-5-2008 n° 06-19.535 FS-PBI : BPAT 3/08 inf. 100-1, Defrénois 2008 art. 38818 note P. Malaurie) ; cette préoccupation est alors bien distincte de celle de se soustraire au passif d'une succession soit déficitaire, soit dont les actifs sont douteux ou difficilement réalisables.

EXEMPLE

Le défunt laisse ses trois frères A, B et C, A ayant bénéficié d'une donation de 200 (valeur inchangée à l'époque du partage).

Les biens existants étant d'une valeur de 250, A préfère renoncer à la succession, pourtant solvable. Devenu étranger à la succession et de ce fait non tenu au rapport, il conserve pour lui seul le bénéfice de la donation de 200 (en effet, il n'y a pas de réserve héréditaire en ligne collatérale).

S'il acceptait la succession, la masse à partager avec B et C serait formée des biens existants (250) et de son rapport (200), soit un total de 450. A ne pourrait prétendre qu'à un tiers de cette masse, soit 150 ; il devrait donc verser une indemnité de 50 à ses frères au titre du rapport.

Exception : stipulation particulière de rapport en cas de renonciation 31110

Par dérogation à la règle selon laquelle le renonçant n'est pas tenu au rapport, le disposant peut, depuis le 1er janvier 2007, **stipuler dans l'acte** de donation (ou dans son testament) que le gratifié sera tenu au rapport même dans l'hypothèse où il renoncerait à la succession (C. civ. art. 845, al. 1 in fine).

Ce point doit donc être désormais systématiquement vérifié à l'ouverture de la succession par une lecture attentive de l'acte de donation.

La loi n'impose aucune **formule** sacramentelle pour une telle stipulation. Celle-ci peut être rédigée de la façon suivante (voir N. Randoux et P. Caignault, La représentation du renonçant : quand les rapports s'emmêlent... : JCP N 2012 n° 1325) :

MODÈLE **Clause de rapport en cas de renonciation**

Dans le cas où il renoncerait à la succession du donateur, le donataire devrait le rapport de la présente donation, dans les conditions prévues par l'article 845, alinéa 1 du Code civil.

Sur les conséquences de la clause de rapport en cas de renonciation sur le calcul de la réserve, voir n° 28935. Pour un cas pratique liquidatif avec une clause de rapport en cas de renonciation, voir n° 77075.

En réalité, il ne s'agit pas d'un rapport de type classique, puisque, comme on l'a vu, le rapport n'est dû en principe que par l'héritier à son cohéritier, et que le renonçant est censé n'avoir jamais été héritier ; il s'agit d'une restitution conventionnelle, un **pseudo-rapport** qui emprunte seulement à la **technique** du rapport des donations (voir B. Vareille, Nouveau rapport, nouvelle réduction : D. 2006. p. 2565 § 8 et s.). Sa finalité est de stabiliser les prévisions du de cujus. 31115

Pour l'**exécution du rapport,** de deux choses l'une : 31120

– si la valeur du bien donné, appréciée au moment du partage, excède les droits qu'il aurait dû avoir au partage s'il y eût participé, l'héritier renonçant indemnise les héritiers acceptants à concurrence de l'excédent (C. civ. art. 845, al. 2). Le gratifié restitue par conséquent à la masse partageable non pas l'intégralité de la libéralité en valeur, mais simplement l'équivalent de

la portion de l'indemnité de rapport qu'il eût normalement due en numéraire en cas d'acceptation. Ce pseudo-rapport dû par le renonçant s'effectue donc nécessairement en valeur ; il n'est pas prévu qu'il puisse imposer aux héritiers acceptants que s'ouvre une indivision sur le bien ;
– dans le cas contraire, il ne doit rien : il conserve le bien donné sans verser d'indemnité.

EXEMPLE

En reprenant les données de l'exemple précédent, A doit verser une indemnité de pseudo-rapport de 50 à ses cohéritiers ; par conséquent, en dépit de sa renonciation, il se retrouve dans la même situation que s'il avait accepté la succession. Il recueille (200 – 50) = 150. B et C sont allotis de 250 (biens existants) + 50 (indemnité de rapport), soit également de 150 chacun.

31125 **Faut-il insérer systématiquement une clause** de rapport en cas de renonciation de l'héritier à la succession ? Certains le préconisent (voir N. Randoux et P. Caignault, La représentation du renonçant : quand les rapports s'emmêlent… : JCP N 2012 n° 1325).

On doit tout de même mettre en garde le disposant sur le fait que si des donations autres ont été consenties par ailleurs, notamment des dons manuels ou des donations indirectes, leurs bénéficiaires ne seront pas soumis au même régime, ce qui risque de créer des disparités mal ressenties.

SUCCESSIBLE EXCLU DE LA SUCCESSION

31130 **Exclusion en raison de l'ordre ou du degré des héritiers** La personne qui ne vient pas à la succession parce qu'il existe des héritiers d'un **ordre préférable** au sien n'est pas tenue au rapport. Par exemple, en présence du fils du défunt (héritier du 1er ordre), le neveu bénéficiaire d'une donation (héritier du 2e ordre) ne sera pas tenu au rapport.

Ne doit pas non plus le rapport des libéralités qu'il a reçues le successible exclu de la succession par d'autres héritiers du même ordre, mais d'un **degré préférable** au sien. Ainsi, un petit-fils bénéficiaire d'un contrat d'assurance-vie souscrit par sa grand-mère ne doit pas le rapport de la prime manifestement exagérée dès lors que son père est encore en vie et a accepté la succession (Cass. 1e civ. 8-3-2017 n° 16-10.384 F-PB : BPAT 3/17 inf. 108, AJ fam. 2017 p. 306, obs. N. Levillain) ; dans le même sens à propos de dons manuels par chèques faits à des petits-enfants, leur mère venant à la succession de leur grand-mère (Cass. 1e civ. 15-12-2021 n° 20-12.825 F-D : SNH 2/22 inf. 4, rendu en application des dispositions antérieures à 2006 mais transposable sur ce point).

Pour le cas où le gratifié succède au donateur par représentation, voir nos 31190 s.

31135 **Exclusion par testament** De même, un héritier peut être exclu de la succession par un testament du défunt.

S'il s'agit d'un **héritier non réservataire,** son exhérédation est totale ; par suite, ne venant pas à la succession, il échappe au rapport.

S'il s'agit en revanche d'un **héritier réservataire,** il ne peut pas être totalement exhérédé, car il a le droit de réclamer sa part de réserve. C'est pourquoi il reste en principe tenu au rapport des libéralités reçues par lui du défunt sans dispense de rapport, à moins bien sûr qu'il ne renonce à la succession du défunt (étant toutefois rappelé que le disposant aura pu lui imposer le rapport en cas de renonciation : voir nos 31110 s.).

31140 **Exclusion pour cause d'indignité** Est dispensé de rapport parce qu'il ne vient pas à la succession l'héritier indigne, quelle que soit la cause de son indignité. Il conserve donc le bénéfice des libéralités en avance de part qu'il a reçues, sous réserve, bien sûr, qu'elles ne soient pas révoquées pour ingratitude.

SITUATION DES LÉGATAIRES

31145 Lorsqu'ils sont **étrangers à la cohérie,** le légataire universel et le légataire à titre universel, bien qu'ils succèdent au défunt, n'ont évidemment pas la qualité d'héritier ab intestat, et a fortiori n'en étaient pas investis au moment où une donation plus ancienne leur avait été consentie ; c'est pourquoi ils ne sont pas tenus au rapport d'une telle donation (Cass. 1e civ. 20-10-2010 n° 09-16.157 F-PBI : Bull. civ. I n° 211, à propos du légataire à titre universel). A fortiori en va-t-il de même du légataire à titre particulier, qui n'a pas la moindre qualité d'héritier testamentaire.

La question est plus délicate lorsque le légataire universel ou à titre universel **cumule** cette qualité avec celle d'**héritier ab intestat** au moment de la donation. Dans le silence de la loi, la pratique notariale fait primer la vocation testamentaire sur la vocation ab intestat et dispense l'héritier devenu légataire de l'obligation au rapport, tout au moins lorsqu'il s'agit d'un héritier non réservataire. Par exemple, si le défunt laisse deux frères A et B et si A, gratifié d'une donation entre vifs, est institué légataire universel, il ne doit pas le rapport de la donation. Toutefois, une doctrine éminente enseigne que cette solution mériterait d'être nuancée par une recherche de la volonté du de cujus (M. Grimaldi, Droit civil. Successions, LexisNexis, 8e éd., 2020, no 664 note 21). Il n'y a pas, à notre connaissance, de jurisprudence récente sur la question.

3. TROISIÈME QUALITÉ : BÉNÉFICIAIRE DE LA DONATION, OU SON REPRÉSENTANT

EXCLUSION DU RAPPORT POUR AUTRUI

L'héritier doit le rapport des libéralités dont il a été personnellement gratifié. Ainsi, le père, en sa qualité d'héritier du grand-père donateur, n'est pas tenu au rapport des **libéralités** faites **à ses enfants** par le de cujus (C. civ. art. 847 ; Cass. 1e civ. 10-10-1995 no 93-17.610 : Bull. civ. I no 359). **31175**

EXEMPLE

Le défunt a laissé pour recueillir sa succession ses deux fils Arnaud et Bruno. Il a fait une donation à Adrien, fils d'Arnaud. Ce dernier ne sera pas tenu au rapport de ce que son fils a reçu. Arnaud et Bruno se partageront uniquement les biens existants.

Cette règle doit appeler à la vigilance. Si, pour reprendre l'exemple ci-dessus, le défunt a gratifié son petit-fils Adrien et son fils Bruno, le premier ne doit pas le rapport tandis que le second y est tenu. Il en va ainsi même s'il est établi que l'intention du défunt était de donner à ses enfants de façon égale et que c'est à la demande de son fils Arnaud qu'il a remis la gratification aux mains de ses petits-enfants (Cass. 1e civ. 6-3-2019 no 18-13.236 F-PB : D. 2019 chron. p. 2223 note S. Godechot-Patris et C. Grare-Didier, RTD civ. 2020 p. 442, obs. M. Grimaldi, Pet. aff. 06/08/2019 no 156, obs. B. Vareille). Dans ce cas, pour assurer l'égalité voulue, il faut de façon expresse exiger le rapport du petit-fils (no 31070) ou dispenser le fils gratifié du rapport (nos 31600 s.), ou encore, plus logiquement, consentir une donation-partage transgénérationnelle (nos 11580 s.).

De la même façon, le **conjoint** d'un héritier, serait-il commun en biens, ne doit pas le rapport des donations qu'il a lui-même reçues du défunt (C. civ. art. 849, al. 1). Réciproquement, il n'a pas à être mis en cause au titre du rapport des donations consenties à son conjoint (Cass. 1e civ. 4-7-2018, no 17-22.269 F-PB : SNH 26/18 inf. 4). **31180**

L'époux héritier doit rapporter dans son intégralité la donation, qui n'est consentie qu'à lui (C. civ. art. 849, al. 2 ; Cass. 1e civ. 10-10-1995 no 93-17.610 : Bull. civ. I no 359). En revanche, lorsque les deux époux sont gratifiés conjointement mais qu'un seul est successible, ce dernier ne rapporte que la moitié de la donation (C. civ. art. 849, al. 2 ; Cass. 1e civ. 20-2-2001 no 99-15.378 : D. 2001 p. 2939, obs. B. Vareille).

Enfin, l'enfant qui vient **de son propre chef** à la succession du donateur n'est pas tenu de rapporter le don fait à **son père** (**ou** à **sa mère**), même s'il a accepté la succession de ce dernier (C. civ. art. 848). **31185**

Il en va ainsi notamment lorsque les petits-enfants viennent à la succession de leur grand-père par suite du prédécès (Cass. 1e civ. 25-9-2013 no 12-17.556 FS-PBI : Sol. Not. 11/13 inf. 263, AJ fam. 2013. 652, obs. N. Levillain, RTD civ. 2013. 875, obs. M. Grimaldi, JCP N 2013, no 1279, obs. M. Nicod) ou de la renonciation (Cass. 1e civ. 15-5-2008 no 06-19.535 FS-PBI : BPAT 3/08 inf. 100-1, Defrénois 2008 art. 38818 note P. Malaurie) de leur auteur, enfant unique du de cujus.

CAS PARTICULIER DE L'HÉRITIER VENANT PAR REPRÉSENTATION DU GRATIFIÉ

L'enfant est **tenu au rapport** de la donation faite à son père (ou à sa mère) par le défunt s'il vient à la succession du donateur **par représentation** de son auteur, quand bien même il aurait renoncé à la succession du représenté (C. civ. art. 848 in fine). **31190**

EXEMPLE

Le défunt a laissé pour recueillir sa succession Arnaud, son fils, et Clément, son petit-fils, venant à sa succession par représentation de Charles, son autre fils prédécédé. De son vivant, Charles avait reçu un bien par donation en avance de part. Clément sera tenu de rapporter cette donation à la succession de son grand-père. Il en va ainsi même s'il a renoncé à la succession de Charles.

Bien que l'article 848 ne distingue pas entre les différentes **causes de représentation,** une partie de la doctrine estime que l'obligation au rapport ne pèse sur l'enfant représentant qu'en cas de prédécès de son auteur (en ce sens, notamment, M. Grimaldi, Droit des successions, LexisNexis,

8e éd., 2020, n° 732 ; D. Vigneau, Les rapports des articles 845 et 848 du Code civil en cas de représentation d'un donataire renonçant – Un rapport de donation peut-il en cacher un autre ? : JCP N 2008 n° 1193 ; M. Grimaldi, La représentation de l'héritier renonçant : Defrénois 2008 art. 38698 p. 25 ; N. Levillain, Nouvelles règles liquidatives en présence d'un héritier renonçant : JCP N 2007 n° 1187 ; C. Pérès et C. Vernières, Droit des successions, Coll. Thémis, PUF, 2018, n° 673). Trois arguments militent en faveur de cette thèse :

– l'article 848 reprend un texte de 1804, époque à laquelle la représentation des vivants n'existait pas (rappelons que la représentation de l'indigne et du renonçant sont des innovations respectivement de la loi du 3-12-2001 et de celle du 23-6-2006) ;

– en cas de renonciation, soit l'acte de donation a imposé le rapport au renonçant, et c'est alors à lui de l'effectuer, soit l'acte de donation n'a rien prévu, et l'on ne voit pas comment les enfants représentants pourraient être tenus d'un rapport dont le représenté est lui-même dispensé ;

EXEMPLE

Le défunt a laissé pour recueillir sa succession Arnaud, son fils, et Clément, son petit-fils, venant à sa succession par représentation de Charles, son autre fils renonçant. Charles avait reçu un bien par donation en avance de part. Au nom de quoi Clément serait-il tenu de rapporter cette donation à la succession de son grand-père sans être assuré d'en retrouver quoi que ce soit un jour dans la succession paternelle ?

– le représentant du prédécédé peut recourir au rapport en nature du bien donné, à la différence du représentant du renonçant ou de l'indigne, qui subirait le rapport en valeur sans pouvoir se soustraire à un paiement.

31195 L'opinion contraire a été soutenue pour deux raisons (voir S. Gaudemet, La représentation successorale au lendemain de la loi du 23 juin 2006 : Defrénois 2006 art. 38447 ; F. Terré, Y. Lequette et S. Gaudemet, Les successions. Les libéralités, Dalloz, 4e éd., 2014, n° 1053 ; C. Brenner et P. Malaurie, Droit des successions et des libéralités, LGDJ, Lextenso 10e éd., 2022, n° 679) :

– l'une théorique : l'appel fait par la loi à la notion de souche, qui donne force à la fiction de la représentation ;

– l'autre pratique : la part trop belle faite aux représentants du renonçant, qui seraient ainsi d'abord soustraits au rapport, au préjudice des autres héritiers du défunt, ensuite appelés à succéder au renonçant.

La jurisprudence n'a pas tranché. En réalité, aucune des deux solutions n'est satisfaisante.

31200 Si **plusieurs successibles viennent** à la succession du donateur **par représentation** de leur auteur, bénéficiaire prédécédé de cette libéralité, et que certains d'entre eux renoncent à la succession du de cujus, dans quelle proportion les acceptants doivent-ils le rapport ?

EXEMPLE

Par exemple, trois petits-enfants sont appelés à la succession de leur grand-père par représentation de leur père prédécédé, qui avait bénéficié d'une donation en avance de part. Mais l'un d'eux renonce à la succession du grand-père. De quoi les acceptants doivent-ils le rapport ?

La doctrine estime qu'en pareil cas, les acceptants sont débiteurs du rapport pour le compte de leur souche. La renonciation de leur frère accroissant leur part, ils doivent donc le rapport du tout (F. Terré, Y. Lequette et S. Gaudemet, Les successions. Les libéralités, Dalloz, 4e éd., 2014, note 5 sous le 1052 ; Rép. civil Dalloz Vis Rapport des dons et legs, par D. Guével, n° 17).

B. Bénéficiaires du rapport

COHÉRITIERS

31250 **Condition** Le rapport est dû par un héritier à son cohéritier (C. civ. art. 857). À la condition qu'ils viennent à la succession du défunt, tous les cohéritiers bénéficient du rapport, tant ceux qui ont **accepté la succession** purement et simplement que ceux qui l'ont acceptée à concurrence de l'actif net. À l'inverse, en sont privés ceux qui ont renoncé ou qui sont indignes.

Rappelons que le **conjoint survivant** n'est pas créancier du rapport ; toutefois, les libéralités rapportables (voire peut-être en avance de part) entrent dans la composition de la masse de calcul de sa vocation ab intestat (C. civ. art. 758-5, al. 1 : n° 23475).

Action en rapport Le rapport est de droit (nº 30920). Il ne peut se **prescrire** avant la clôture des opérations de partage (Cass. 1e civ. 30-6-1998 nº 96-13.313 : Bull. civ. I nº 234 ; Cass. 1e civ. 22-3-2017 nº 16-16.894 F-PB). **31255**

Si un conflit s'élève, l'action en rapport peut être **intentée par chaque héritier** agissant seul. Elle bénéficie, en cas de succès, à tous les cohéritiers, pourvu qu'ils viennent à la succession du défunt. Le demandeur n'étant pas partie à la libéralité dont il sollicite le rapport, il peut la **prouver** par tous moyens.

L'action ne peut être formée qu'à l'occasion d'une action en **liquidation-partage judiciaire** (Cass. 1e civ. 4-1-2017 nº 15-26.827 F-PB : D. 2017 p. 604 obs. I. Guyon-Renard ; Cass. 1e civ. 6-11-2019 nº 18-24.332 FS-PBI : SNH 39/19 inf. 1 obs. A. Chamoulaud-Trapiers, Defrénois 23 janv. 2020 nº 156f4 p. 36 obs. B. Vareille ; Cass. 1e civ. 2-9-2020 nº 19-15.955 FS-PB : SNH 29/20 inf. 5).

> **Précisions** Lorsqu'un héritier est mis en **liquidation judiciaire** alors que l'instance en liquidation-partage de la succession est pendante, cette dernière n'est pas interrompue ; si cet héritier est reconnu débiteur d'un rapport, ses cohéritiers n'ont pas, à ce stade, à déclarer leur créance selon les règles des procédures collectives car, le rapport s'exécutant en moins prenant, ce n'est que lors du partage, en cas d'insuffisance de la part successorale de l'héritier débiteur, que ses cohéritiers auront une créance (Cass. com. 21-11-2018 nos 17-12.761 et 17-17.559 F-PB : RJDA 2/19 nº 108).

L'action en rapport est-elle encore recevable une fois conclu le **partage amiable** ? La Cour de cassation répond par la négative : « Une demande en rapport [...] ne peut plus être engagée lorsque les parties, ayant déjà procédé au partage amiable de la succession, ne sont plus en indivision » (Cass. 1e civ. 6-11-2019 nº 18-24.332 FS-PBI précité). Une fois le partage amiable clôturé, il reste donc seulement loisible de le contester par une action en nullité pour dol (C. civ. art. 1137) ou en complément de part pour lésion (C. civ. art. 889), voire de former une demande en partage complémentaire de certains biens existants omis. Toutefois, une action en rapport des libéralités en avance de part n'est alors plus recevable (Cass. 1e civ. 30-6-1998 précité : voir B. Vareille, obs. Defrénois 23 janv. 2020 nº 156f4 p. 36). **31257**

D'un autre côté, la dissimulation volontaire d'une libéralité rapportable par l'héritier gratifié l'expose aux sanctions du **recel de succession.** Toutefois, l'action en recel est également irrecevable dès l'instant que le partage est clôturé : l'indivision ayant été partagée, le recel, qui sanctionne une atteinte à l'égalité du partage, n'a plus de raison d'être (Cass. 1e civ. 6-11-2019 nº 18-24.332 FS-PBI précité ; Cass. 1e civ. 2-9-2020 nº 19-15.955 FS-PB).

ATTENTION

Mises bout à bout, ces solutions sont **très rigoureuses** : une fois le partage amiable clôturé, le dol ne sera pas forcément facile à démontrer, les exigences précises de la lésion ne seront pas toujours réunies, et l'action en recel sera par hypothèse irrecevable. Il convient donc, pour le praticien qui fait souscrire un partage amiable, de redoubler de vigilance et de s'entourer de précautions lors de l'élaboration de l'acte de partage, en faisant déclarer par chacun des héritiers qu'il a fait toute lumière sur les libéralités dont il a pu bénéficier.

SITUATION DES LÉGATAIRES

Légataire non héritier En principe, les légataires ne peuvent pas **demander le rapport** (C. civ. art. 857 in fine). D'une part, leur titre est étranger à la dévolution légale, dont le respect fonde l'exigence du rapport. D'autre part, eux-mêmes ne sont pas débiteurs du rapport en cette qualité, ce qui exclut, par symétrie, qu'ils en soient créanciers. **31260**

Cela vaut aussi bien pour les légataires universels que pour les légataires à titre universel, qui recueillent ou ont vocation à recueillir la totalité ou une fraction de la succession (pour des illustrations, à propos de légataires universels, Cass. 1e civ. 1-7-2003 nº 00-19.710 FS-PB : BPAT 5/03 inf. 104 ; Cass. 1e civ. 20-10-2010 nº 09-16.157 : Dalloz actualité 12 nov. 2010, obs. C. Le Douaron, AJ fam. 2010 p. 549, obs. C. Vernières, RTD civ. 2011 p. 161, obs. M. Grimaldi, Defrénois 2011 p. 733, obs. B. Vareille ; Cass. 1e civ. 25-9-2013 nº 12-21.656 F-D).

Les légataires ne peuvent pas non plus **bénéficier,** même indirectement, **du rapport** effectué entre les héritiers : leurs droits ne portent que sur les biens que le défunt a laissés au jour de son décès. C'est pourquoi les legs doivent être servis avant que le rapport ne soit mis en œuvre.

EXEMPLE

Le défunt avait pour seuls héritiers deux frères, A et B. Il a institué sa compagne légataire à titre universel de la moitié de ses biens. Il avait donné à son frère A un bien valant 300 et à son frère B des biens valant 500 (valeurs inchangées à l'époque du partage). Son patrimoine à son décès est composé d'actifs valant 200 à l'époque du partage.

Le rapport n'est pas dû à la légataire, de sorte que cette dernière recevra exclusivement 100, correspondant à la moitié des biens existants.

Le rapport sera dû dans les relations entre les deux frères cohéritiers : la masse partageable sera formée du surplus des biens existants (100) et des deux rapports, celui de A s'élevant à 300 et celui de B s'élevant à 500, de sorte que la masse à partager sera de 900 (100 + 300 + 500), sur quoi chacun des deux frères pourra prétendre à 450.

Tout au plus le légataire trouvera-t-il intérêt à démontrer **l'existence de la donation en avance de part,** afin d'augmenter de façon mécanique la masse de calcul de la quotité disponible et, partant, de minorer le montant de l'indemnité de réduction qu'il doit (voir n° 32720).

31265 **Légataire héritier** Par exception, l'héritier institué légataire, même s'il ne peut pas demander le rapport ès qualités de légataire, peut-il du moins l'exiger en tant qu'héritier ?

S'il conserve des droits légaux, ce cumul de qualités ne le prive pas nécessairement du bénéfice du rapport. Il peut en effet y prétendre en tant qu'**héritier ab intestat,** dans toute la mesure des droits que lui procure cette qualité.

EXEMPLE

Le défunt a laissé deux frères, A et B. Il a institué B légataire à titre universel de la moitié de ses biens. Il avait donné à son frère A un bien valant 300 (valeur inchangée à l'époque du partage). Le patrimoine du défunt est composé d'actifs valant 200 à l'époque du partage. B aura droit comme légataire à la moitié des biens existants, soit 100, et vocation comme héritier à la moitié de la masse à partager formée du surplus des biens existants (100) et du rapport dû par A (300), soit de la moitié de 400, 200. B aura donc au total 300 et A 200 (du moins si A accepte malgré tout la succession : voir n° 31105).

31270 La question est plus délicate dans le cas de l'**héritier réservataire** légataire universel. Si l'on admet que ce dernier est soustrait au rapport des avancements de part qu'il a reçus, sa qualité de successeur testamentaire absorbant et éliminant son titre d'héritier légal (voir n° 31145), il faut en conclure que, symétriquement, il ne bénéficie pas du rapport d'autrui. Si au contraire on choisit de s'en remettre à une recherche de la volonté du de cujus, tout dépend du résultat de cette recherche (voir n° 31145).

SITUATION DES CRÉANCIERS DU DÉFUNT

31275 Le **principe** est que le rapport n'est pas dû aux créanciers de la succession (C. civ. art. 857 in fine). Ceux-ci ne peuvent ni demander le rapport, ni bénéficier de celui effectué entre cohéritiers. Un bien qui est sorti du patrimoine du défunt ne peut pas être le gage des créanciers du défunt.

Cette exclusion des créanciers leur est en fait **indifférente** dans la mesure où, si les héritiers ont accepté purement et simplement la succession, les créanciers du défunt seront devenus créanciers personnels des héritiers. De ce fait, ils profiteront indirectement du rapport effectué entre héritiers. Ils pourront même provoquer le rapport en exerçant l'action oblique au nom et pour le compte de l'héritier négligent (Cass. 1e civ. 12-3-1968 n° 65-14.268 : Bull. civ. I n° 97). Cette action peut présenter un intérêt lorsque l'héritier tenu au rapport a par ailleurs d'autres créanciers personnels.

EXEMPLE

Le défunt laisse deux enfants Anatole et Barnabé, Anatole ayant été gratifié entre vifs d'un bien valant 200. Il existe une dette successorale de 50 alors que les biens existants représentent une valeur brute de 100. Anatole a des créanciers personnels, alors que Barnabé n'en a pas. Les deux frères ont accepté la succession purement et simplement.

Le créancier successoral, devenu créancier personnel des deux enfants, a intérêt à exiger le rapport par Anatole en exerçant les droits de Barnabé par la voie de l'action oblique, pour limiter le concours avec les créanciers personnels d'Anatole et exercer ses poursuites contre Barnabé.

SECTION 2 LIBÉRALITÉS SOUMISES AU RAPPORT

PRÉSOMPTION RÉGISSANT LES DONATIONS ET LEGS

Il faut **distinguer** selon les libéralités, car toutes ne sont pas de plein droit soumises au rapport. Les donations sont présumées consenties en avancement de part successorale, alors que les legs sont présumés faits hors part successorale. **31380**
Il s'agit dans les deux cas d'une présomption simple, qui supporte par conséquent la preuve contraire.

OPÉRATIONS EXCLUES DU RAPPORT

Seules les libéralités sont, à proprement parler, rapportables, à l'exclusion des **dettes de l'héritier envers le défunt.** Ces dernières sont prises en compte dans le partage puisque leur titulaire en est alloti (C. civ. art. 864 s.) ; l'expression « rapport de dettes » souvent employée par la pratique ne doit pas induire en confusion : ce dernier est un simple mode de paiement des dettes considérées pour leur montant nominal. Par exemple, la dette d'un fils, héritier acceptant, envers son défunt père ne donne pas lieu au rapport des libéralités mais au rapport de dette (voir n°s 60520 s.). En somme, c'est toute la distinction entre un prêt et une donation. Le rapport des libéralités, qui relève des articles 843 à 863 du Code civil, intéresse la composition de la masse partageable et constitue une opération préparatoire du partage ; en revanche, le rapport des dettes, prévu aux articles 864 à 867, concerne la composition des lots et constitue une simple opération de partage (n° 60520). **31383**

La question se complique toutefois lorsque le de cujus n'a **pas cherché à recouvrer sa créance** envers l'un de ses héritiers appelés. Il faut alors distinguer selon que la dette est prescrite ou non au jour de l'ouverture de la succession (Cass. 1e civ. 15-5-2013 n° 12-11.577 F-PBI : BPAT 4/13 inf. 143, AJ fam. 8-9/2013 p. 445 note C. Vernières, RJPF 2013-7-8/33 p. 42 s. note F. Sauvage ; Cass. 1e civ. 21-10-2015 n° 14-24.847 F-PB : Sol. Not. 12/15 inf. 230) : **31384**

– si elle n'est **pas encore prescrite** au décès du prêteur, il y a simplement lieu, en principe, à rapport de dette. C'est donc son montant qui doit être rapporté, au nominal (n° 60525). Toutefois, il se peut que l'intention libérale vienne à être établie : en pratique, cela signifie que le de cujus aura fait remise de la dette dans un second temps, au prix d'une donation indirecte. Il convient alors d'effectuer le rapport dans les conditions ordinaires, c'est-à-dire selon les règles de la dette de valeur. La preuve de l'intention libérale est évidemment délicate à administrer, même si elle peut se faire par tout moyen. Elle résultera par exemple d'une lettre missive explicitant les raisons pour lesquelles le prêteur a choisi de dispenser par la suite son débiteur de rembourser, alors même que ce dernier était parfaitement solvable. Pour les besoins de la liquidation, une telle libéralité indirecte s'imputera non pas à la date du prêt, mais à celle où la remise de dette a été consentie.

EXEMPLE

Le défunt laisse deux enfants, Anatole et Barnabé. Quatre ans avant son décès, il a prêté 100 à Anatole, qui a acquis un bien valant aujourd'hui 200. Anatole devra rapporter sa dette au nominal, soit 100. Cependant, si le de cujus a fait remise de la dette un an avant l'ouverture de la succession, c'est là une donation indirecte qui sera rapportée pour 200.

– si, au contraire, **la prescription est acquise** à l'ouverture de la succession, selon la jurisprudence récente, pour caractériser la donation indirecte, il faut démontrer non seulement l'intention libérale (voir ci-dessus), mais encore que la remise de dette est intervenue à une époque où cette dernière n'était pas encore prescrite (Cass. 1e civ. 21-9-2022 n° 20-22.139 FS-B : SNH 33/22 inf. 1 obs. N. Pétroni-Maudière). En effet, suivant cette jurisprudence, une dette prescrite n'existant plus, elle ne peut pas faire l'objet d'une libéralité.

EXEMPLE

Le défunt laisse deux enfants, Anatole et Barnabé. Douze ans avant son décès, il a prêté 100 à Anatole, qui a acquis un bien valant aujourd'hui 200.
– La prescription extinctive quinquennale de droit commun ayant couru depuis six ans, Anatole n'aura pas à rapporter sa dette au nominal en sa qualité de débiteur.
– Quant au reste, de deux choses l'une : soit l'on peut démontrer que le de cujus a fait remise de la dette il y a plus de sept ans, et il a consenti par là une donation indirecte qui sera rapportée pour 200 ; soit l'on n'y parvient pas, et Anatole ne sera pas non plus astreint au rapport des libéralités, de sorte qu'en définitive il ne devra rien, ni à un titre, ni à l'autre.

Cette jurisprudence mérite toutefois d'être considérée avec circonspection : s'il suffisait de prêter puis de laisser délibérément prescrire sa créance par l'écoulement de cinq années pour échapper à toute qualification libérale, la réserve et le fisc seraient trop faciles à contourner. On ne saurait donc parier qu'elle demeurera aussi manichéenne.

31385 Sont également exclus de la question du rapport, parce qu'ils **ne constituent pas des libéralités** :
– le testament-partage, qui n'est qu'un moyen d'organiser la dévolution successorale (nos 65400 s.) ;
– les avantages matrimoniaux, qui ne sont traités comme des donations, dans le cas où il existe au moins un enfant non issu du conjoint survivant, que pour la détermination d'une éventuelle atteinte à la réserve (C. civ. art. 1527) ;
– le bénéfice d'un contrat d'assurance-vie, qui résulte d'un contrat aléatoire et non d'une libéralité (hormis certaines exceptions : voir nos 31750 s.) ;
– le bien acquis à la faveur d'une clause d'accroissement, laquelle constitue un contrat aléatoire et non une libéralité. C'est pourquoi l'héritier qui reçoit à ce titre un bien au décès de l'autre tontinier n'en doit en principe pas le rapport (Cass. 1e civ. 14-12-2004 no 02-11.088 F-PB : Bull. civ. I no 313). Il en va autrement, toutefois, s'il n'existe aucun aléa concernant l'ordre des décès, ce qui conduit à rétablir la qualification libérale (Cass. 1e civ. 10-5-2007 no 05-21.011 : forte différence d'âge et d'état de santé ; voir no 31820).

A. Donations

1. PRINCIPE : DONATIONS PRÉSUMÉES RAPPORTABLES

a. Indifférence de l'objet de la donation

MONTANT ET OBJET DE LA DONATION

31435 Les donations sont présumées rapportables à la succession du donateur (C. civ. art. 843).

Leur **montant** est indifférent : modique ou importante, une donation est rapportable de la même façon, dès lors qu'elle n'entre pas dans la catégorie des présents d'usage (sur cette notion, voir no 31540).

L'obligation au rapport est également indépendante de l'**affectation des biens donnés** ; par exemple à propos de matériels d'exploitation ostréicole, dont la valeur ne tient qu'à leur fonction professionnelle (Cass. 1e civ. 11-7-2006 no 04-20.530 F-PB : Bull. civ. I no 382).

Il importe peu, enfin, que la donation porte sur du **capital ou** sur des **fruits et revenus.** Les donations de fruits et revenus sont désormais elles aussi présumées rapportables, innovation de la loi du 23 juin 2006 (C. civ. art. 851, al. 2). Une opinion ancienne voulait que gratifier autrui à l'aide de revenus ne fût jamais une donation, les revenus ayant vocation à être dilapidés sans appauvrissement, tant que la fortune en capital restait intacte. Cette analyse est révolue : les fruits et revenus, supports primordiaux des fortunes contemporaines, sont désormais un objet ordinaire de libéralité, cette dernière fût-elle indirecte.

EXEMPLE

Ancien footballeur d'un club réputé, le défunt laisse deux filles, Artémise et Bethsabée. À Artémise, fille adulée, il avait versé chaque mois durant les quinze ans de sa gloire la moitié de ses revenus professionnels. Qui oserait sérieusement prétendre qu'il s'agit là d'autre chose que d'une véritable libéralité, et encore d'un montant non négligeable ? Il en irait de même si le défunt avait remboursé mois après mois à Artémise les emprunts qu'elle avait souscrits pour se constituer un patrimoine immobilier. C'est de cela que prend acte l'article 851, alinéa 2 du Code civil.

Pour le cas particulier de l'enfant logé dans un immeuble de ses parents, voir nos 13800 s.

Aucune objection sérieuse ne saurait être induite de ce que, au contraire, le donataire d'un **bien** est **dispensé** de rapporter les **fruits que la chose donnée** en avance de part lui a procurés **avant l'ouverture de la succession** (C. civ. art. 856) : ces fruits ne sont pas l'objet même de la donation rapportable ; et il ne doit les restituer que depuis l'ouverture de la succession, car c'est à compter de ce moment-là seulement qu'ils accroissent à la succession (voir no 31985). Donner un bien n'est pas donner des revenus, et ce qui doit être rapporté est **ce qui a été donné,** rien que ce qui a été donné, mais tout ce qui a été donné : ici des fruits, là un bien.

Les donations d'un **bien commun** sont rapportables, mais par moitié à la succession de chacun des époux codonateurs. En effet, suivant en cela une doctrine autorisée (J. Flour et G. Champenois, Les régimes matrimoniaux, 2e éd., 2001, Armand Colin, no 565, note no 3), la Cour de cassation admet que les articles 1438 et 1439 du Code civil sont applicables non seulement à la constitution de dot stricto sensu, mais encore, par analogie, à toute donation adressée à un enfant commun, dès lors qu'elle a porté sur des biens de communauté (C. civ. art. 1438, 1439 et 850 ; pour la donation ostensible, Cass. 1e civ. 12-7-1989 no 88-13.446 P : Bull. civ. I no 292 ; Cass. 1e civ. 14-12-2004 no 01-01.946 F-PB : JCP G 2005 I no 187 no 12 obs. R. Le Guidec, AJ fam. 2005 p. 151 obs. F. Chénedé ; pour la donation déguisée, Cass. 1e civ. 22-6-2004, no 01-18.030, RTD civ. 2005. 171, obs. B. Vareille et Cass. 1e civ. 14-12-2004, no 01-01.946, AJ fam. 2005. 151, obs. F. Chénedé ; pour la donation indirecte, Cass. 1e civ. 18-1-2012 no 11-12.863 FS-PBI : BPAT 2/12 inf. 106, D. 2012 p. 2482 obs. M. Nicod). Cette solution tient compte de ce que, s'ils n'ont pas exprimé la portion pour laquelle ils entendaient contribuer à la libéralité, les époux sont censés avoir doté – ou gratifié – leur enfant chacun pour moitié (C. civ. art. 1438). 31440

Toutefois une stipulation contraire est possible. Est en effet réservé le cas où l'un des époux déclare expressément qu'il s'en chargera pour le tout, ou encore pour une part supérieure à la moitié (C. civ. art. 1439 al. 2). Cette situation devra conduire, par ailleurs, à liquider au moment de la dissolution de la communauté une récompense à due concurrence.

Par conséquent, dans l'hypothèse où l'un des conjoints s'est porté seul donateur du bien commun, le rapport sera dû en totalité à sa succession, qui devra une récompense. Ainsi lorsqu'un époux commun en biens a donné ses revenus non encore économisés, ce qu'il a le pouvoir de faire seul (Cass. 1e civ. 29-2-1984 : Bull. civ. I no 81, D. 1984 p. 601, note D. Martin ; Cass. 1e civ. 25-1-2005 no 96-19.878 : Bull. civ. I no 35). Les revenus une fois économisés, le consentement de son conjoint est nécessaire à la validité de la donation (Cass. 1e civ. 20-11-2019 no 16-15.867 PBI : SNH 40/19 inf. 1 obs. G. Yildirim, RTD civ. 2020 p. 171 obs. M. Grimaldi et p. 173 obs. M. Nicod, AJ fam. 2020 p. 193 obs. P. Hilt ; B. Vareille et S. Gaudemet, Donation, revenus professionnels et assurance-vie : curieux ménage à trois. À propos de Cass. 1e civ. 20-11-2019 no 16-15.867 : Defrénois 3-9-2020 no 162a0 p. 23). Celle-ci sera rapportable pour le tout ou pour moitié à la succession de l'époux donateur, selon que son conjoint aura simplement donné son accord à la donation ou qu'il se sera porté lui-même codonateur. Il en résultera les conséquences correspondantes pour l'imputation d'une telle donation (sur les donations de biens communs à un enfant, voir nos 7460 s.).

DONATION AVEC CHARGE

Les donations avec charge sont soumises au rapport, **sauf si** l'ampleur de la charge est excessive au point d'aboutir à leur requalification en actes à titre onéreux. Sinon, seul l'émolument net est rapportable (sur le montant du rapport, nos 31940 s.). 31445

DONATION GRADUELLE

Dans le cas particulier d'une donation graduelle, le même raisonnement est transposable. Toutefois, en présence de deux donataires du de cujus, tout dépend de la **chronologie des décès** (voir C. Vernières et G. Bonnet, Réflexions pratiques sur les libéralités graduelles et résiduelles : Defrénois 15-1-2017 no 125f8 p. 59 nos 21 s.) ; sur l'imputation de telles libéralités, voir nos 33315 s. 31450

– Soit **la succession du premier gratifié grevé s'est ouverte** avant celle du disposant, et la substitution a opéré, qui répute le second gratifié bénéficiaire tenir ses droits directement de l'auteur de la libéralité (C. civ. art. 1051). Il y a donc un seul éventuel débiteur du rapport : ce second gratifié bénéficiaire, qui ne doit le rapport du tout que s'il était lui-même héritier présomptif du donateur au moment de la donation graduelle ; sinon, la libéralité est traitée tout entière comme un préciput.

– Soit **la succession du disposant s'ouvre** avant celle du premier gratifié grevé, et, pour déterminer le montant du rapport dû par celui-ci, il faut bien tenir compte au premier gratifié de la charge actuelle que représente pour lui l'obligation de conserver pour transmettre, comme on le ferait pour toute libéralité avec charge (voir ci-dessus), ou pour une double libéralité de l'usufruit d'un bien à un héritier et de la nue-propriété du même bien à l'autre. Il y a donc forcément deux débiteurs potentiels du rapport.

Pour ce qui est de ce **premier gratifié grevé,** s'il était héritier présomptif du donateur au moment de la donation graduelle, et à moins d'une clause de hors part, il doit rapporter son émolument net, compte tenu de l'obligation qui lui est faite de conserver pour transmettre ; il se trouve à cet égard dans une situation voisine de celle de l'usufruitier (si ce n'est qu'il est tenu, sauf stipulation du contraire, de toutes les charges et réparations sur le bien) : le rapport pourra donc se liquider sur cette base-là (une valeur un peu moindre que celle de l'usufruit, à raison de ce qu'il est astreint sur le bien à toutes les charges du propriétaire). Bien sûr, s'il n'était pas héritier présomptif au jour de l'acte, il ne doit pas le rapport, car la donation, de même valeur, est nécessairement préciputaire.

Pour ce qui est du **second gratifié appelé,** il faut poser une alternative.

– Ou bien il a accepté la substitution avant l'ouverture de la succession du disposant. En ce cas, s'il était héritier présomptif et faute de clause de hors part, il doit le rapport du restant (sur la base d'une valeur légèrement supérieure à celle de la nue-propriété, parce qu'il échappe, sauf stipulation contraire, à toute charge : même les gros travaux incombent au grevé) ; s'il était étranger à la succession, il va de soi qu'il est traité comme bénéficiaire d'un préciput de semblable valeur.

– Ou bien le second gratifié n'a pas encore accepté la libéralité substitutive à l'ouverture de la succession du disposant. En ce cas, sans doute est-on condamné à ne tenir compte pour l'heure que de la première libéralité, quitte à procéder à une liquidation complémentaire au jour où s'ouvriront les droits du second gratifié (en ce sens, C. Vernières et G. Bonnet, précité) ; mais, même si le second gratifié accepte le bénéfice après l'ouverture de la succession du disposant, il sera traité comme un donataire entre vifs.

DONATION RÉSIDUELLE

31455 La solution est un peu plus simple pour les donations résiduelles, du fait que le premier gratifié grevé n'ayant aucune obligation de conserver, l'existence même d'un résidu est hypothétique.

Si c'est la **succession du premier gratifié grevé qui s'est ouverte** en premier, à l'avantage du second gratifié bénéficiaire de la substitution, et si ce dernier était héritier présomptif du disposant au moment de la donation résiduelle, il doit en principe le rapport à la succession du disposant du résidu qui lui est ainsi échu. La fraction disparue de la donation d'origine, consommée ou aliénée, voire réinvestie par le premier gratifié grevé prédécédé, sera traitée selon le droit commun : on distingue suivant qu'il était lui-même héritier présomptif au jour de la donation résiduelle, et en ce cas selon qu'il est ou non représenté ; ou qu'il n'était pas héritier présomptif, voire a été dispensé de rapport (auquel cas, aucun rapport n'est dû).

Si c'est au contraire la **succession du disposant qui s'ouvre** avant celle du premier gratifié, ce dernier garde la maîtrise totale des biens donnés. S'il est héritier présomptif du donateur au jour de l'acte, il doit donc en principe rapporter la valeur intégrale de la donation, car la charge qui pèse sur celle-ci est inappréciable, en ce qu'elle ne tient qu'à son bon-vouloir. De son côté, le second gratifié bénéficiaire ne devra rien rapporter : ni à la succession du donateur, sa vocation au résidu étant une pure expectative au moment où s'ouvre la succession du disposant (en ce sens, C. Vernières et G. Bonnet, précité) ; ni, bien sûr, à la succession du premier gratifié quand elle s'ouvrira, puisque le second gratifié y espère un hypothétique résidu réputé provenir directement de la succession de l'auteur de la donation résiduelle (C. civ. art. 1061 qui renvoie à 1051).

b. Indifférence de la forme de la donation

31475 La présomption tenant au caractère rapportable de la libéralité s'applique **en principe** quelle que soit la forme de la donation. Les dons manuels, les donations indirectes et les donations déguisées sont présumés rapportables, au même titre que les donations notariées.

Cela ne signifie pas, **en pratique,** que le rapport des libéralités non ostensibles soit toujours effectué, spécialement pour des questions de preuve (n°s 31480 s.).

Font seulement **exception** les donations-partages, qui sont par nature soustraites au rapport (n° 31585). Il en va de même des donations, même celles à l'origine rapportables, qui ont été incorporées dans une donation-partage : elles épousent totalement à cet égard le régime de l'acte dans lequel elles se trouvent incluses (n° 10575).

DONATION INDIRECTE

31480 La situation des héritiers qui demandent le rapport d'une donation indirecte au titre d'un avantage consenti à un cohéritier est inconfortable.

Ils doivent en effet rapporter une **double preuve** : non seulement celle de la réalité de l'avantage consenti, mais aussi la démonstration que cet avantage a été inspiré par une intention libérale, ce qui ne va pas de soi, puisque cette dernière n'est jamais présumée (n° 13680).

En l'absence d'intention libérale établie, l'avantage indirect ne constitue pas une libéralité et, partant, n'est pas soumis au rapport (en ce sens, notamment, Cass. 1e civ. 30-1-2013 n° 11-27.094 F-D).

En pratique, la question relève de l'appréciation souveraine des juges du fond. Pour des exemples de qualification de donation indirecte, spécialement en cas de mise à disposition gratuite d'un logement au profit d'un enfant, voir n°s 4045 et 13800 s.

Une fois la **donation indirecte démontrée,** rapport en est dû (Cass. 1e civ. 24-1-2018 n° 17-13.017 FS-PB : BPAT 2/18 inf. 76, AJ fam. 2018 p. 188, obs. N. Levillain, JCP N 2018 n° 1125, note V. Zalewski-Sicard ; Cass. 1e civ. 15-5-2019 n° 18-17.372 F-D : BPAT 4/19 inf. 151 ; Cass. 1e civ. 2-3-2022 n° 20-21.641 F-B : SNH 11/22 inf. 1 obs. N Petroni-Maudière). Si le donateur veut en accorder dispense, il doit manifester une intention contraire (solution constante : Cass. civ. 29-1-1877 : DP 1877.1.105 ; Cass. 1e civ. 22-11-2005 n° 03-17.512 PB : Bull. civ. I n° 443).

DONATION DÉGUISÉE

La donation déguisée est soumise au rapport comme n'importe quelle autre donation consentie à un héritier présomptif (solution constante : Cass. 1e civ. 30-5-1973 : Bull. civ. I n° 188 ; Cass. 1e civ. 17-1-1995 n° 93-11.412 : Bull. civ. I n° 41, Defrénois 1996, art. 36358, obs. G. Champenois, D. 1995. Somm. p. 334, obs. B. Vareille ; Cass. 1e civ. 20-2-2001 n° 99-15.378 : D. 2001. Somm. p. 2939, obs. B. Vareille, Dr. famille 2001 n° 42, note B. Beignier ; Cass. 1e civ. 29-1-2002 n° 00-12.967 FS-P : Bull. civ. I n° 29 ; Cass. 1e civ. 11-7-2019 n° 18-19.415 F-D : BPAT 5/19 inf. 194). **31485**

Simplement, les **difficultés de preuve** sont les mêmes que lorsque les héritiers qui demandent le rapport invoquent une donation indirecte (difficulté notamment de prouver l'intention libérale), sachant que les héritiers doivent en outre prouver la simulation (voir n°s 13360 s.).

> **› Précisions** En cas d'**aliénation à charge de rente viagère ou à fonds perdus ou encore avec réserve d'usufruit** à l'un des successibles en ligne directe, il y a présomption irréfragable de donation déguisée. Toutefois, la loi prévoit une imputation sur la quotité disponible (C. civ. art. 918, texte d'ordre public) ; cela aboutit à rendre cet avantage indirect non rapportable, voir n°s 13395 et 32760 s.

DON MANUEL

À l'instar des autres donations non ostensibles, les dons manuels, une fois établis, sont présumés en avancement de part (solution constante : Cass. req. 5-8-1878 : DP 1879. I. 253 ; Cass. 1e civ. 22-11-2005 n° 03-17.512 F-PB : Bull. civ. I n° 443). En conséquence, le donataire désireux de se soustraire au rapport doit démontrer des circonstances particulières ou produire un pacte adjoint de nature à caractériser la dispense de rapporter, résultant d'une volonté nettement établie (Cass. civ. 3-5-1864 : DP 1864 p. 173 ; Cass. 1e civ. 13-6-1956 : Bull. civ. I n° 239 ; Cass. 1e civ. 24-10-1960 : Bull. civ. I n° 454). À moins que la dispense ne soit exprimée dans des dispositions de dernière volonté ; pour un exemple de dons manuels expressément dispensés de rapport par testament, cette dispense ne pouvant pas bénéficier au don manuel consenti après le testament par le même disposant au même bénéficiaire (Cass. 1e civ. 23-3-2022 n° 20-17.633 F-D : SNH 14/22 inf. 10). En ce cas, il conviendra de rédiger avec soin le testament afin qu'il soit pour ainsi dire interprétatif, caractérisant une volonté contemporaine du don manuel ; sinon, le risque pourrait être qu'il semble contenir une dispense tardive de rapport, qui ne prendrait effet, par conséquent, qu'au jour de l'ouverture de la succession. **31490**

c. Cas particuliers d'assujettissement au rapport par la loi

Le rapport est dû de ce qui a été employé pour « établir » un enfant ou pour payer ses dettes (C. civ. art. 851, al. 1). **31510**

L'**établissement d'un enfant** coïncide avec l'accès de celui-ci à une situation sociale stable : il consiste pour les parents à lui faire une « dot », c'est-à-dire une donation en prévision de son mariage, ou encore à financer son installation professionnelle. La portée de ces libéralités pourrait donner lieu à débat : la loi lève toute équivoque en les soumettant à rapport.

La règle va de soi pour ce qui est du **paiement des dettes d'un héritier** par le de cujus.

d. Cas particuliers de dispense légale de rapport

FRAIS D'ENTRETIEN

Sont **concernés** les frais de nourriture, d'entretien, d'éducation, d'apprentissage, frais ordinaires d'équipement, frais de noces. De telles dépenses procèdent davantage de pratiques familiales et sociales habituelles, voire de la manifestation d'un devoir familial, que d'une véritable intention libérale. **31530**

Pour cette raison, elles sont expressément dispensées de rapport, sauf volonté contraire du disposant (C. civ. art. 852, al. 1). Leur exclusion du rapport civil entraîne aussi leur **exclusion du rappel fiscal** (pour une illustration, Cass. com. 29-1-2002 nº 275 F-D : RJF 6/02 nº 721).

La **qualification** de frais d'entretien s'apprécie au regard des revenus du disposant. La Cour de cassation reconnaît, à cet égard, un large pouvoir d'appréciation au juge du fond.

ILLUSTRATIONS

Jugé que **ne constituent pas des frais d'entretien** et de nourriture des sommes de 96 000 F et 100 000 F en raison de leur montant élevé, même au regard des capacités financières du défunt (actif net de la succession : 15 500 000 F) (Cass. com. 29-1-2002 nº 275 F-D : RJF 6/02 nº 721).

À l'inverse ont été **qualifiées de frais d'entretien** diverses sommes versées par un père à son fils à titre de soutien financier, même si leur montant total cumulé représentait 45 % de l'actif successoral (Cass. 1e civ. 1-2-2012 nº 10-25.546 F-PBI : Sol. Not. 3/12 inf. 61 ; N. Peterka, Critères de qualification des frais d'entretien non rapportables : Sol. Not. 5/12 inf. 135).

31532 Ces frais **sont à distinguer** soigneusement, tout d'abord, des frais d'établissement, qui, eux, sont rapportables (voir nº 31510).

Ils sont également à distinguer des avantages relevant d'une libéralité ordinaire. Ainsi, l'avantage dont a bénéficié l'enfant qui a vécu gratuitement chez ses parents à l'âge adulte ne relève pas du régime des frais d'entretien visés par l'article 852 du Code civil, mais du droit commun. Cet avantage est rapportable s'il constitue une libéralité, c'est-à-dire si le disposant s'est appauvri dans une intention libérale : voir nºs 31480 et 13800.

31535 La **volonté** du disposant d'**imposer le rapport** pourra être déduite des circonstances. Mais elle doit être constatée de façon concomitante avec la gratification ; si elle est postérieure, elle sera toujours suspecte. Il est donc primordial pour le notaire de songer en pareil cas à faire stipuler explicitement sur ce sujet en temps opportun, c'est-à-dire de préférence dans l'acte d'origine.

PRÉSENTS D'USAGE

31540 Les présents d'usage sont **dispensés de rapport,** sauf volonté contraire du disposant (C. civ. art. 852, al. 1).

L'appréciation de la nature d'un don manuel et de son caractère rapportable ou non en fonction de son importance est une **question de fait.** La qualification de présent d'usage résulte donc, au civil comme au fiscal, d'un examen des circonstances concrètes de chaque affaire, incompatible avec l'application de critères normatifs préétablis. Sur cette appréciation et la définition d'un présent d'usage, voir nºs 4015 s.

CAPITAL OU RENTE D'ASSURANCE-VIE

31545 Au regard de l'obligation de rapport, un sort particulier est ménagé au capital ou à la rente d'assurance-vie que l'héritier reçoit en exécution du contrat d'assurance souscrit par le de cujus, qui l'en a institué bénéficiaire en cas de décès (C. ass. art. L 132-13) : le capital est perçu par l'héritier sans qu'il doive rapporter le montant des primes, à moins que ces dernières n'eussent été manifestement exagérées au regard des facultés de l'assuré ou que certaines circonstances particulières conduisent à y voir une donation indirecte (sur l'ensemble de la question, voir nºs 31715 s.).

PROFIT TIRÉ DES CONVENTIONS PASSÉES AVEC LE DÉFUNT ET ASSOCIATION FAITE SANS FRAUDE

31550 Ne doivent pas être rapportés les « profits que l'héritier a pu retirer des conventions passées avec le défunt si ces conventions ne présentaient aucun avantage indirect lorsqu'elles ont été faites » (C. civ. art. 853).

Par **exemple,** le fils qui achète à son père une maison et en paie le prix ne doit pas, au décès de son auteur, rapporter les plus-values postérieures de ce bien, qu'elles soient fortuites ou de son fait.

31555 Le rapport est encore écarté pour « les associations faites sans fraude entre le défunt et l'un de ses héritiers, lorsque les conditions en ont été réglées par un acte authentique » (C. civ. art. 854). Cette formulation désuète aboutit à ce que le régime des **bénéfices** tirés d'une **société constituée entre le défunt et un héritier** dépende de la forme de la société.

Si cette société a été constituée **par acte authentique,** les avantages que pourrait en retirer un héritier sont en **principe** soustraits au rapport. Même si la justification de cette disposition est désormais moindre depuis que les sociétés civiles font l'objet d'une immatriculation et d'une publicité, la forme authentique est censée prémunir contre toute tentation de fraude, grâce aux conseils prudents du notaire (voir Rép. civ., v[is] Rapport des dons et legs, par J. Boisson, n° 117). Par **exception,** bien que les statuts de la société soient notariés, si la **fraude** est démontrée, le rapport est dû. Toute la question est de caractériser le bénéfice frauduleux en question : traitement de faveur injustifié, avantages indus… En toute hypothèse, l'existence d'un avantage indirect doit donc être démontrée pour qu'il y ait rapport.

À l'inverse, lorsque la société est constituée **sous seing privé,** le rapport des bénéfices est censé être dû car il y a présomption simple de fraude.

Cependant, en pratique, lorsque la fraude est démontrée ou que l'on a affaire à un acte sous seing privé, une jurisprudence ancienne de la Cour de cassation **écarte le rapport** lorsqu'il est prouvé soit que le défunt voulait en dispenser l'intéressé, soit que les bénéfices retirés correspondent à une réelle implication de l'héritier dans l'entreprise (Cass. Req. 19 nov. 1861, DP 1862.1.139 ; voir Rép. civ., v[is] Rapport des dons et legs, par J. Boisson, n° 118). En outre, le montant du rapport éventuellement dû peut être diminué par l'allocation d'une indemnité rémunérant l'activité de l'héritier.

2. EXCEPTIONS : DONATIONS NON RAPPORTABLES

DONATION-PARTAGE

Même dans le cas le plus fréquent où la donation-partage est consentie, comme le présume la loi, en avance de part successorale, les biens qui en font l'objet sont partagés de façon anticipée. Il est donc de l'**essence de la donation-partage** que les lots des donataires copartagés ne soient jamais rapportables à la succession du donateur copartageant (n°s 10115 s.). 31585

Dans le **cas particulier** de la donation-partage transgénérationnelle, il peut advenir que les lots dont les petits-enfants sont allotis soient rapportés par eux ; mais ce rapport s'effectue à la succession de leur auteur, non à celle de l'ascendant donateur (n°s 11705 s.).

DONATION HORS PART SUCCESSORALE

Échappe au rapport la donation assortie de la stipulation qu'elle est consentie hors part successorale. En effet, la présomption que les donations sont en avance de part peut être librement écartée par le **disposant.** C'est ce dernier qui décide du caractère hors part successorale et qui dispense, en conséquence, le gratifié de tout rapport. 31590

La valeur de la donation n'est alors plus à remettre dans la masse à partager. Le bénéficiaire peut en conserver le bénéfice pour lui (sauf, le cas échéant, à se trouver exposé à la réduction en présence de cohéritiers réservataires).

> **EXEMPLE**
>
> Le défunt laisse deux enfants Anatole et Félix. Anatole a reçu une donation de 100, stipulée hors part successorale. Les biens existants s'élèvent à 500.
>
> Anatole, étant dispensé de rapport, conserve intégralement le bénéfice de sa donation, qui n'est pas comprise dans le partage.
>
> Les deux enfants se partagent donc par moitié les biens existants, soit 250 chacun.
>
> Finalement, Anatole aura reçu 350 et Félix 250, chacun ayant trouvé sa part de réserve (ici de 200). Le défunt aura rompu de propos délibéré l'égalité entre ses deux fils.

Forme de la dispense de rapport C'est en principe « **expressément** » que la donation doit être faite hors part successorale (C. civ. art. 843, al. 1 et 919, al. 1). Mais, pour autant, il n'est pas exigé de formule sacramentelle. La dispense de rapport n'est donc soumise à aucune forme particulière : elle peut même être **tacite,** pourvu qu'elle soit certaine, c'est-à-dire dénuée d'équivoque. 31600

En cas de difficulté, les juges recherchent l'intention du disposant : la dispense de rapport est susceptible de résulter du rapprochement et de la combinaison des différentes clauses, lorsqu'elle n'est proprement formulée dans aucune (Cass. 1e civ. 27-5-1968 n° 65-13.528 : JCP. 1968. II. 15662, note R. Savatier). Les tribunaux peuvent même s'en remettre si nécessaire à un rapprochement de la donation en cause avec des dispositions antérieures ou avec les pourparlers qui l'ont entourée (Cass. Req. 9-12-1856, DP 1857.1. p. 116).

En pratique, la question de la réalité de la dispense de rapport se pose surtout pour les donations n'ayant pas été passées par acte authentique. Que la donation soit en forme de don manuel, de donation indirecte ou de donation déguisée ne vaut pas en soi dispense de rapport, car la présomption légale s'y applique pareillement (voir nº 31475). Il arrive donc qu'il y ait un doute sur les intentions du défunt. En ce cas, ou bien les parties s'accordent sur la dispense de rapport, ou bien seul le juge pourra trancher.

Par exemple, jugé que la veuve qui, dès réception du capital de l'assurance-vie de son époux, le répartit entre ses enfants et, dans le même temps, modifie les bénéficiaires de sa propre assurance-vie a entendu faire donation de ces sommes hors part successorale (Cass. 1e civ. 23-3-2022 nº 20-17.633 F-D : SNH 14/22 inf. 9).

31605 **Moment d'expression de la dispense de rapport** La dispense de rapport peut être accordée :
– soit, évidemment, dans la **donation** elle-même ;
– soit dans un **acte postérieur,** mais qui doit alors emprunter la forme d'une libéralité (C. civ. art. 919, al. 2 ; pour une illustration, Cass. 1e civ. 29-6-2011 nº 10-17.562 F-PBI : BPAT 5/11 inf. 295). Ce formalisme s'explique : dispenser tardivement de rapport une donation à l'origine consentie en avancement de part revient à réaliser un supplément de libéralité. Il en résulte par conséquent que c'est à la date de la dispense de rapport, et non à la date de la donation initiale, que le préciput sera pris en compte pour l'imputation de la libéralité.

B. Legs

PRINCIPE

31655 À l'inverse des donations, les legs sont réputés faits **hors part successorale** (C. civ. art. 843, al. 2). Un legs aussitôt rapportable est d'une utilité limitée. C'est pourquoi la volonté de rompre l'égalité entre les héritiers en faveur du légataire est présumée chez le testateur. La solution vaut quel que soit l'ordre auquel appartient l'héritier légataire.

EXCEPTION

31660 L'article 843 du Code civil réserve tout de même la volonté contraire du testateur : un legs peut être **stipulé rapportable.**

En pratique, la stipulation d'un legs rapportable (souvent appelé « **legs d'attribution** ») est rare. Un tel legs peut cependant présenter un intérêt lorsque le testateur désire que l'un de ses héritiers reçoive un bien déterminé qui lui sera attribué par préférence, à charge de désintéresser ses cohéritiers en valeur (ainsi la demeure familiale, un objet chargé d'émotions, ou encore une collection…).

La multiplicité des legs en avance de part dans un testament peut parfois faire douter qu'il s'agisse encore d'un testament, et conduire à une requalification en testament-partage.

31665 Aucune **forme** particulière n'est requise. L'obligation au rapport peut même être tacite, l'intention du testateur étant souverainement appréciée par les juges du fond.

Par exemple, lorsque le testateur a prévu différents legs dont l'un seulement a été expressément consenti hors part successorale, le juge peut décider que tous les autres legs constituent des legs rapportables (Cass. 1e civ. 26-10-2011 nº 10-24.682 F-D : Sol. Not. 5/11 inf. 140).

La seule indication que le légataire devra tenir compte de son legs « en moins prenant » vis-à-vis de ses cohéritiers n'a pas suffi à caractériser à elle seule la volonté du testateur d'imposer le rapport (Cass. 1e civ. 17-3-2010 nº 09-65.126 F-D : BPAT 3/10 inf. 180).

C. Cas particulier de l'assurance-vie en cas de décès

1. PRINCIPE : EXCLUSION DU RAPPORT

RÉGIME DÉROGATOIRE DE L'ASSURANCE-VIE

31715 Le régime de principe de l'assurance-vie procède de ce qu'elle repose sur le mécanisme de la stipulation pour autrui. La situation au décès de l'assuré est la suivante (C. ass. art. L 132-13) :
– les **capitaux ou** la **rente reçus par le bénéficiaire** ne font pas partie de la succession de l'assuré et n'ont jamais figuré dans son patrimoine ; ils ne sont donc pas soumis au rapport (et ne sont pas davantage réductibles pour atteinte à la réserve) ;

– le régime des **primes versées par le souscripteur** tient à ce qu'elles ont été versées dans une préoccupation non pas de transfert patrimonial, mais bien de simple prévoyance : c'est pourquoi elles échappent également au rapport (et à la réduction). Mais la loi réserve le cas où elles ont été pour le souscripteur « manifestement exagérées eu égard à ses facultés », ce qui en transfigure la nature. Les héritiers ne peuvent donc demander le rapport (si le bénéficiaire du contrat est un cohéritier) ou la réduction en cas d'atteinte à la réserve (s'ils ont eux-mêmes la qualité d'héritier réservataire) qu'en établissant le caractère exagéré des primes.

CHAMP D'APPLICATION DU RÉGIME LÉGAL

Ces règles valent non seulement pour les pures assurances décès mais aussi pour tous les contrats d'assurance dont les effets dépendent de la vie humaine : contrats mixtes vie et décès et contrats vie avec contre-assurance en cas de décès. La jurisprudence applique en effet à tous ces contrats les règles dérogatoires posées par le Code des assurances en matière de rapport (et de réduction), estimant que ces **contrats comportent un aléa** et constituent par conséquent des contrats d'assurance-vie (en ce sens, notamment, Cass. mixte 23-11-2004 n° 02-11.352 P : RJDA 2/05 n° 89, BPAT 6/04 inf. 139). **31720**

Sauf si elles sont excessives, les primes versées sur ces contrats échappent par conséquent aux règles du rapport (et de la réduction).

Par ailleurs, l'article L 132-13 du Code des assurances ne s'applique pas aux primes versées sur un **contrat racheté** par son souscripteur (Cass. 1e civ. 9-2-2022 n° 20-18.544 F-PB : SNH 8/22 inf. 6). Autrement dit, il n'y a pas lieu de rechercher si ces primes étaient ou non manifestement exagérées puisque la somme issue du contrat racheté (primes versées et produits capitalisés) a réintégré le patrimoine du souscripteur de son vivant.

2. EXCEPTION LÉGALE : PRIMES MANIFESTEMENT EXAGÉRÉES

NOTION DE PRIMES MANIFESTEMENT EXAGÉRÉES

Que les primes soient exagérées donne une coloration patrimoniale à leur versement. **31750**

Faute de définition légale, c'est la jurisprudence qui a fixé les **critères** de l'excès. Ils sont au nombre de trois, **appréciés** au regard **du souscripteur** (en ce sens, notamment, Cass. 2e civ. 4-12-2008 n° 07-20.544 F-D ; Cass. 2e civ. 17-9-2009 n° 08-17.040 F-D ; Cass. 1e civ. 29-5-2013 n° 12-11.785 F-D). Selon l'opinion de M. Delmas Saint-Hilaire, « ce n'est pas à l'aune des intérêts du souscripteur [...] » que devrait être apprécié l'excès, mais à « celui des héritiers réservataires du souscripteur, lésés par l'évasion successorale que constitue l'assurance-vie » (Les maux en assurance-vie : JCP N 2012 n° 1200 § 14) ; cependant, il a été jugé que l'intérêt des héritiers ne constitue pas un critère d'appréciation du caractère manifestement exagéré des primes (Cass. 2e civ. 19-5-2016 n° 15-19.458 F-D).

Les critères de l'excès sont donc :

– l'**âge** du souscripteur ;

– ses **situations** patrimoniale et familiale ;

– l'**utilité** du contrat pour lui. Ce critère ne s'entend pas exclusivement du point de vue patrimonial. Cassation, par exemple, de l'arrêt qui qualifie des primes d'excessives sans rechercher si la souscription du contrat n'avait pas permis de rémunérer les services de la bénéficiaire désignée, qui faisait valoir qu'elle avait prodigué ses soins au souscripteur pendant plus de quinze ans (Cass. 1e civ. 5-12-2012 n° 11-24.659 F-D).

Les juges du fond apprécient souverainement l'existence de l'excès. Le plus souvent ils associent ces critères, selon la méthode du **faisceau d'indices** (pour un exemple, Cass. 2e civ. 28-6-2012 n° 11-14.662 FS-D).

En revanche, ils ne peuvent pas fonder leur décision sur d'autres critères. Ils n'ont, par exemple, pas à se référer au montant de la quotité disponible (Cass. 2e civ. 4-7-2007 n° 06-11.659 FS-D) ou à l'intention du souscripteur d'échapper aux règles du droit successoral (Cass. 2e civ. 23-10-2008 n° 07-19.550 F-D).

La **date** à laquelle le caractère exagéré des primes doit être établi est celle de leur **versement,** et non celle du décès de l'assuré (en ce sens, notamment, Cass. mixte 23-11-2004 nos 01-13.592 P et 02-17.507 P : RJDA 2/05 n° 89 ; Cass. 2e civ. 4-12-2008 n° 07-20.544 F-D ; CA Pau ch. 2 sect. 2 30-7-2012 n° 11/02162 : Sol. Not. 10/12 inf. 257 ; CA Metz 1e ch. 4-4-2013 n° 11/03263 : Sol. Not. 10/13 inf. 236 ; pour une critique de cette jurisprudence, qui nierait la dimension successorale de l'assurance-vie, Ph. Delmas Saint-Hilaire, Les maux en assurance-vie : JCP N 2012 n° 1200 § 14). **31755**

Lorsqu'un souscripteur rachète le contrat d'assurance-vie qu'il a souscrit et réinvestit la somme dans un autre contrat d'assurance-vie, seule la prime versée sur le nouveau contrat doit être considérée, et appréciée selon la situation de souscripteur au jour où il la verse (Cass. 1e civ. 9-2-2022 n° 20-18.544 F-PB : SNH 8/22 inf. 6 précité).

31760 La **charge de la preuve** du caractère excessif des primes incombe aux héritiers qui entendent en demander le rapport à succession.
Le caractère manifestement exagéré des primes n'a **pas nécessairement** à être constaté par une **décision de justice** rendue à la demande des héritiers du souscripteur (Cass. com. 10-12-2013 n° 12-22.424 F-D : BPAT 1/14 inf. 25). Si les héritiers et le bénéficiaire du contrat parviennent à se mettre d'accord pour se faire des concessions réciproques, la conclusion d'une **transaction** peut permettre d'éviter un long procès à l'issue incertaine.

31765 **Illustrations jurisprudentielles** La jurisprudence est foisonnante et diverse.
Ont été **jugées excessives** :
– une prime de 46 000 € représentant plus de la moitié du prix de vente d'un immeuble, le solde du prix de vente de cet immeuble et les ressources limitées de la souscriptrice (800 € par mois) ne lui permettant pas de couvrir ses besoins, notamment ses frais de séjour en maison de retraite (Cass. 2e civ. 1-7-2010 n° 09-67.770 F-D) ;
– une prime de 100 000 € provenant de la vente d'un bien propre du souscripteur et représentant 40 % de son patrimoine, le contrat ayant été souscrit le jour où l'assuré, dont les revenus étaient modestes, avait appris l'issue fatale à brève échéance de sa maladie (CA Paris ch. 2/5 22-2-2011 n° 08/07086 : Gaz. Pal. 2011 jur. p. 2382 note J.-G. Moore). On notera que cette décision conclut à l'existence de primes exagérées alors même qu'elle décide que l'absence d'aléa dans les dispositions prises exclut la qualification d'assurance-vie ;
– une prime de 106 000 € versée en 1995 sur un contrat souscrit grâce à l'argent provenant de la vente d'un immeuble pour 176 000 €, le solde du prix ayant été affecté aux dépenses du ménage, les déclarations fiscales du souscripteur pour les années 1995 à 1997 faisant état de revenus annuels de l'ordre de 20 000 € (Cass. 1e civ. 10-10-2012 n° 11-14.018 FS-PB : BPAT 6/12 inf. 308) ;
– une prime de 107 000 € versée par une femme de 87 ans, dont les revenus annuels à l'époque de la souscription du contrat n'excédaient pas 12 000 € (CA Paris ch. 3/1 20-5-2009 n° 08/01365 : BPAT 4/09 inf. 162). À noter que la Fédération française des assureurs recommande aux assureurs d'écarter les demandes de souscription émanant de personnes d'un « âge élevé » et, en tout état de cause, à partir de 85 ans ;
– des primes d'un montant global de 46 000 € provenant de la vente de son logement par une personne sous tutelle percevant une allocation mensuelle de 220 € et bénéficiant de l'allocation de solidarité aux personnes âgées, et cela alors même que les versements ont été autorisés par le juge des tutelles (Cass. 1e civ. 7-2-2018 n° 17-10.818 FS-PBI : SNH 9/18 inf. 10) ;
– des primes d'un total de plus de 2 000 000 € en l'espace de trois ans sur deux contrats, par un veuf âgé de plus de 65 ans et disposant d'une retraite confortable de 55 000 €, ces placements, représentant 61 % de l'actif successoral, ne s'inscrivant pas dans un projet particulier tel que le financement de frais d'hébergement en maison de retraite et ne présentant aucun intérêt personnel ni économique, mais ayant pour seul but de soustraire l'essentiel de l'actif de la succession au profit d'un seul héritier réservataire (Cass. 1e civ. 16-12-2020 n° 19-17.517 F-D).

31770 Ont à l'inverse été jugées **non excessives** :
– une prime de 94 000 € versée par une femme de 78 ans gravement malade sur un contrat souscrit au profit de l'un de ses enfants, qui l'avait prise en charge : l'argent provenait de la vente de la maison de la souscriptrice, laquelle possédait encore 28 000 € d'économies et percevait une retraite mensuelle de 1 750 € couvrant ses besoins. Pour la cour d'appel, il est certain que, par ce versement, la souscriptrice entendait placer et garantir le capital acquis à la suite de la vente de sa maison et pouvoir percevoir, si besoin, des revenus complémentaires ; et que, disposant d'économies disponibles et de revenus très suffisants pour assumer ses besoins quotidiens, elle avait entendu organiser son patrimoine par rapport à la situation concrète de sa famille. La Cour de cassation rejette le pourvoi des cohéritiers du bénéficiaire : par une décision motivée incluant la recherche de l'utilité de l'opération pour la souscriptrice, la cour d'appel a souverainement décidé qu'à la date de son versement sur le contrat d'assurance la prime ne présentait pas un caractère manifestement exagéré (Cass. 2e civ. 13-9-2012 n° 11-20.756 F-D) ;

– une prime de 106 000 € versée par un octogénaire sur un contrat souscrit au profit de sa seconde épouse : l'argent nécessaire au paiement de la prime provenait du partage de la communauté (les deux époux avaient divorcé avant de se remarier ensemble sous le régime de la séparation de biens), la souscription du contrat constituait un placement intéressant, l'épouse avait elle-même souscrit un contrat, pour le même montant, au profit de son mari, les deux époux entendant assurer un revenu confortable à celui d'entre eux qui survivrait (CA Poitiers 3e ch. civ. 19-10-2011 n° 09/03216 : Sol. Not. 5/11 inf. 142) ;
– la prime de 229 000 € versée par un homme de 80 ans, compte tenu de l'importance de son patrimoine à la date du versement : capital de 313 000 € + usufruit de deux maisons (Cass. 2e civ. 4-7-2007 n° 06-14.048 FS-PB) ;
– des primes d'un montant net (déduction faite des rachats) d'environ 1 900 000 € versées de 1994 à 2004, le revenu global du souscripteur sur la période étant de 3 100 000 € et ses déclarations d'ISF mentionnant une base imposable allant de 1 000 000 € à 2 000 000 €. La cour d'appel, qui a relevé que, compte tenu de son âge (78 ans en 2004), de son espérance de vie, de la nature de ses obligations familiales (marié, sans enfant) et de la possibilité de rachat en cas de difficultés de trésorerie, le contrat souscrit présentait pour le souscripteur une utilité certaine tout en lui permettant d'assurer ses obligations à l'égard de son épouse, a souverainement estimé qu'au regard des situations patrimoniale et familiale du souscripteur les primes versées n'étaient pas manifestement exagérées (Cass. 1e civ. 17-6-2009 n° 08-13.620 FS-PB) ;
– une prime d'un montant de 2 300 000 € versée par une femme âgée de 60 ans. La cour d'appel a souverainement estimé que cette prime n'était pas manifestement exagérée au regard des situations familiale et patrimoniale de la souscriptrice : la prime représentait moins de 14 % du patrimoine commun de la souscriptrice et de son conjoint ; la souscriptrice avait un enfant et trois petits-enfants (contrat souscrit au profit du mari et, à titre subsidiaire, des descendants) ; bien que malade, elle avait une réelle espérance de vie (Cass. 1e civ. 8-7-2010 n° 09-15.291 F-D) ;
– des primes d'un montant de 252 222 € versées sur une période de sept ans par un souscripteur âgé et gravement malade, père de trois enfants dont deux handicapés, sur douze contrats d'assurance-vie au bénéfice de sa concubine ; le souscripteur avait l'habitude de souscrire de nombreux contrats d'assurance-vie et autres formules de placements financiers ; le cancer qui a entraîné son décès quatre ans après la souscription du dernier contrat n'était, au moment des souscriptions, nullement tenu pour incurable ; les fonds ainsi investis présentaient toujours un caractère révocable ; la souscription des contrats pouvait se justifier par son souci de pouvoir faire face à tout moment à des dépenses imprévues (Cass. 2e civ. 15-1-2015 n° 13-27.768 F-D) ;
– une prime de 160 000 € versée par une personne de 83 ans, l'utilité du placement n'étant pas contestable, le souscripteur n'ayant pas de charge particulière, pas de frais pour se loger et pas de problèmes financiers et ayant laissé plus de 84 000 € à son décès (Cass. 1e civ. 9-2-2022 n° 20-18.544 F-PB : SNH 8/22 inf. 6).

SANCTION DU CARACTÈRE EXAGÉRÉ DES PRIMES

Montant à rapporter Lorsque la prime est excessive, reste à déterminer le montant à prendre en compte pour le rapport (ou pour la réduction), question qui n'est pas définitivement tranchée par la jurisprudence. 31775

La **première question**, facile à résoudre, est celle de savoir si c'est le montant des sommes versées au bénéficiaire par l'assureur ou celui des primes acquittées par le souscripteur qui doit être retenu. Quelques décisions s'étaient prononcées imprudemment en faveur du rapport des capitaux décès, solution directement contraire à la règle édictée par l'article L 132-13 du Code des assurances (en ce sens, notamment, Cass. 2e civ. 8-3-2006 n° 04-19.177 F-D ; CA Paris ch. 3/1 20-5-2009 n° 08/01365 : BPAT 4/09 inf. 162). D'autres décisions ont au contraire conclu beaucoup plus judicieusement à la prise en compte des primes ; voir notamment un arrêt qui casse pour violation des articles L 132-12 et L 132-13 l'arrêt d'appel qui avait conclu au rapport des capitaux décès (Cass. 1e civ. 19-12-2012 n° 11-25.505 F-D : Sol. Not. 3/13 inf. 77). C'est cette solution qui doit être retenue.

Une **seconde question** est plus vivement débattue. Le rapport doit-il porter sur la seule fraction excessive des primes versées ou sur leur intégralité ? On trouve des arrêts dans les deux sens :
– tantôt rapport de la seule fraction excessive des primes (Cass. 1e civ. 4-7-2007 n° 06-16.382 F-D : mais cet arrêt est non publié) ;
– tantôt rapport de l'intégralité des primes (en ce sens, notamment, Cass. 1e civ. 1-7-1997 n° 95-15.674 P : Bull. civ. I n° 217 ; CA Paris 30-5-2000 n° 1998/05477 ; Cass. 1e civ. 19-12-2012

n° 11-25.505 F-D précité, encore que l'arrêt, non publié, ne soit pas très explicite sur ce point ; Cass. 1e civ. 18-3-2015 n° 14-13.850 F-D, idem). Pour refuser de transmettre une QPC relative aux dispositions des articles L 132-12 et L 132-13 du Code des assurances, la deuxième chambre civile a énoncé pour la première fois de façon très explicite que « les primes manifestement exagérées peuvent être réintégrées par le juge dans la succession » (Cass. 2e civ. QPC 19-10-2011 n° 11-40.063 F-D) ; dans une autre espèce, la Carsat a pu obtenir la réintégration à la succession d'un majeur protégé de toutes les primes manifestement excessives placées sur un contrat d'assurance-vie par son tuteur avec l'autorisation du juge des tutelles (Cass. 1e civ. 7-2-2018 n° 17-10.818 FS-PBI : BPAT 2/18 inf. 78).

Cette seconde solution paraît nettement préférable, car de deux choses l'une : ou bien l'on a affaire à un contrat de pure prévoyance, et aucun rapport n'est dû ; ou bien **l'excès vient dénaturer l'opération,** et les primes semblent appelées à basculer en entier dans le champ patrimonial, ce qui appelle un rapport de leur intégralité (en ce sens, M. Grimaldi, Droit des successions, LexisNexis, 8e éd., 2020, n° 740 et C. Pérès et C. Vernières, Droit des successions, Coll. Thémis, PUF, 2018, n° 697 in fine). C'est bien cette solution qui a été retenue par un arrêt récent de la Cour de cassation (Cass. 1e civ. 16-12-2020 n° 19-17.517 F-D).

EXEMPLE

Des primes de 1 000 ont été versées. Compte tenu des facultés du souscripteur, il eût été raisonnable de verser 200. Certains soutiendraient que le rapport est de 800 ; mais si l'on admet que l'excès exige qu'elles soient tout entières soumises au rapport, le rapport doit être de 1 000.

31777 **Exemple de liquidation** Pour les besoins de la liquidation et du partage, les primes d'assurance-vie seront rapportées exactement comme des libéralités rapportables.

Robert a deux enfants, Leïla et Chabane. À Leïla, il a fait jadis une donation en avance de part restée dans le même état, évaluée à 200 000 € au jour du partage. À Chabane, il a consenti également une donation rapportable, mais qui ne vaut, selon les mêmes critères, que 100 000 €. Par la suite, s'étant disputé avec Chabane, il souscrit à 85 ans, alors qu'il est en parfaite forme physique et intellectuelle, un contrat d'assurance-vie à prime unique pour un montant de 500 000 €, dont la bénéficiaire est Leïla. Il décède à 87 ans en laissant des biens estimés à 100 000 €. Le capital servi à Leïla au titre du contrat d'assurance-vie se monte à 680 000 €.

Au regard des trois critères (voir n° 31750), la **prime** semblera **manifestement excessive** au sens de l'article L 132-13 du Code des assurances : elle a été versée à un âge avancé ; l'opération ne présente aucune utilité pour Robert ; la prime représente, au moment de la souscription du contrat d'assurance, 500 000 € sur un patrimoine qu'on suppose égal à environ 600 000 €, soit les 5/6e de ses avoirs. Leïla devra donc le **rapport de la prime** seulement, soit 500 000 €.

La liquidation-partage se fera selon le mode habituel.

En l'absence de préciput et de conjoint survivant, il n'y a pas lieu de liquider la masse de calcul de la réserve et de la quotité disponible ni de procéder aux imputations.

La **masse à partager** est ainsi composée :

– biens existants	100 000
– rapport de sa donation par Chabane	100 000
– rapports par Leïla : – de sa donation : – de la prime d'assurance-vie :	 200 000 500 000
Ensemble	900 000
À partager par parts égales et par tête – soit des droits de	 450 000 chacun

Attributions :

– à Leïla : son rapport, par confusion sur elle-même (valorisé à 700 000 €), moyennant un rapport en numéraire de 250 000 €

Total égal à ses droits : 450 000 €

– à Chabane, son rapport par confusion sur lui-même (valorisé à 100 000 €) ;
  – les biens existants, d'une valeur de 100 000 € ;
  – l'indemnité de rapport servie par Leïla, de 250 000 €

Total égal à ses droits : 450 000 €

Cas du bénéficiaire non soumis au rapport Lorsque le bénéficiaire n'est pas soumis au rapport, la seule sanction du caractère exagéré des primes est leur **réduction en cas d'atteinte à la réserve.** 31780

Dès lors, l'exagération des primes ne sera aucunement sanctionnée :
– s'il n'y a pas d'héritier réservataire (descendant ou conjoint survivant) ;
– ou encore, en présence d'héritiers réservataires, s'il n'y a pas d'atteinte à la réserve.

A été cassé, par exemple, l'arrêt ordonnant le remboursement à l'héritier de la fraction exagérée des primes versées par son père sur le contrat souscrit au profit de sa compagne, par hypothèse non soumise au rapport, sans qu'eût été recherché s'il y avait atteinte à la réserve (Cass. 2e civ. 3-11-2011 no 10-21.760 F-D : BPAT 1/12 inf. 34).

CONSÉQUENCES FISCALES

Le rapport civil des primes présentant un caractère exagéré ne s'oppose pas à l'application du régime fiscal dérogatoire de l'assurance-vie défini par les articles 757 B et 990 I du CGI (voir nos 44865 s.). Cependant, dans la mesure où l'indemnité de rapport ou de réduction est susceptible d'être soumise aux droits de succession entre les mains de l'héritier qui la reçoit, la question se pose de savoir si le bénéficiaire du contrat d'assurance-vie peut imputer la somme ainsi restituée sur la base taxable du capital décès. 31785

Si le **contrat** est **exonéré,** la question est sans objet.

Pour un contrat donnant ouverture au **prélèvement spécifique** de 20 et de 31,25 % (CGI art. 990 I), l'imposition porte sur le capital décès versé par la compagnie et non sur les primes ayant alimenté ce contrat. La déduction de l'excès de prime ne semble donc pas défendable.

En revanche, lorsque les **droits de succession** sont dus en application de l'article 757 B du CGI, l'imposition porte sur une fraction des primes versées ; il nous semble dès lors que le bénéficiaire du contrat soumis au versement d'une indemnité de rapport ou de réduction à ce titre pourrait déduire tout ou partie (à hauteur de la fraction imposable : indemnité × (total des primes – 30 500 €) / total des primes) de son montant. La jurisprudence semble se prononcer en faveur de la déductibilité. Ainsi la cour d'appel d'Angers a refusé de déduire de l'assiette soumise à l'article 757 B du CGI une dette de quasi-usufruit (s'agissant d'un passif successoral) ; mais elle a jugé que dans l'hypothèse de primes exagérées, la déductibilité serait admise (CA Angers 21-6-2011 no 10/00567 : RJF 3/12 no 320).

ATTENTION

Si le régime fiscal dérogatoire de l'assurance-vie demeure normalement applicable en cas de **primes « manifestement exagérées »** au sens de l'article L 132-13 du Code des assurances, l'administration est fondée à écarter ce régime et à taxer le bénéficiaire aux droits de succession sur l'intégralité des capitaux décès lorsqu'elle établit que la souscription d'un contrat d'assurance dissimule, en réalité, une **donation indirecte** ou une donation **déguisée** (voir, sur cette question, nos 45305 s.).

3. EXCEPTIONS JURISPRUDENTIELLES

RAPPORT IMPOSÉ PAR LA VOLONTÉ DU SOUSCRIPTEUR

Le souscripteur peut écarter volontairement le régime dérogatoire de l'assurance-vie à la faveur d'un testament pour inclure le **capital** dans sa succession (Cass. 1e civ. 8-7-2010 no 09-12.491 F-PBI : RTD civ. 2011 p. 167 note M. Grimaldi, AJ fam. 2010. 445, obs. F. Bicheron, Defrénois 2011. art. 39225, obs. B. Vareille ; Cass. 1e civ. 10-10-2012 no 11-17.891 F-PBI : BPAT 6/12 inf. 301, JCP N 2012 no 1369, note P. Van Steenlandt, D. 2012. 2449 ; AJ fam. 2012. 627, obs. C. Vernières). 31815

Si le testament est ambigu, cette **volonté** est souverainement **appréciée par les juges du fond.** Ainsi, lorsque le testateur déclare léguer le capital du contrat d'assurance-vie à sa fille et aux enfants de celle-ci, les juges du fond peuvent souverainement décider que le souscripteur a entendu inclure ce capital dans sa succession (Cass. 1e civ. 10-10-2012 no 11-17.891 F-PBI précité). Sur les conséquences fiscales : voir nos 44870 s.

Au demeurant, les juges ont pu décider dans un autre arrêt que l'indication dans le testament que la fille de l'assuré, bénéficiaire des contrats, recevrait « dans son lot [...] l'intégralité des contrats d'assurance-vie » ne manifeste pas la volonté du testateur d'inclure la garantie-décès dans sa succession (Cass. 1e civ. 20-3-2013 no 11-27.221 F-D, rendu sur renvoi après Cass. 1e civ. 8-7-2010 précité : Sol. Not. 8-9/13 inf. 208, Defrénois 2013 art. 112go note M. Leroy). Dans ces différentes affaires, le bénéfice du capital a été traité comme un préciput.

On peut envisager aussi le cas où la clause bénéficiaire renvoyant à un testament, le testateur qualifie le capital d'avance de part ; ou encore que l'ensemble des circonstances puissent conduire les juges du fond à interpréter en ce sens la volonté du de cujus.

RAPPORT DÛ EN L'ABSENCE D'ALÉA

31820 Pour que soit retenue la qualification de contrat d'assurance, encore faut-il qu'il existe un véritable aléa : le régime juridique dérogatoire de l'assurance-vie est écarté à défaut d'aléa lorsque, compte tenu des circonstances, il est **acquis** que le contrat se dénouera par le **décès du souscripteur,** et cela **dès la souscription** (ou dès la modification de la clause bénéficiaire).

Par **exemple,** le contrat souscrit par un malade en phase terminale ne constitue pas, faute d'aléa, un contrat d'assurance-vie ; il y a lieu de prévoir un rapport à la succession du souscripteur assuré, peu important que les primes aient été ou non manifestement excessives au regard de ses facultés (Cass. 1e civ. 4-7-2007 nº 05-10.254 F-PB : BPAT 5/07 inf. 143).

A été traité de même le contrat souscrit par une personne qui se savait, depuis 1993, atteinte d'un cancer et avait souscrit en 1994 et 1995 des contrats dont les primes correspondaient à 82 % de son patrimoine, et avait désigné, trois jours avant son décès, comme seule bénéficiaire la personne qui était depuis peu sa légataire universelle (Cass. mixte 21-12-2017 nº 06-12769 FS-PBRI : RJF 3/08 nº 370, obs. étude Hatoux, RTD civ. 2008. 137, obs. M. Grimaldi, D. 2008 p. 1134, note F. Douet, Dr. famille fév. 2008. 35, note B. Beignier).

Même solution pour un contrat souscrit par une femme se sachant condamnée, qui décèdera un an et demi plus tard, au profit d'une association à laquelle elle avait auparavant vendu deux immeubles en viager. Ses enfants ont obtenu la requalification de l'opération en donation (réductible) en raison des circonstances suivantes : leur mère s'était brouillée avec eux ; elle connaissait le caractère inéluctable de sa maladie ; et la prime investie dans le contrat correspondait au montant du bouquet que l'association avait déboursé pour acheter ses immeubles en viager. La cour d'appel en a déduit l'existence chez l'intéressée de la volonté actuelle et irrévocable de se dépouiller et, par là même, admis le caractère illusoire de la faculté de rachat ou de désignation d'un autre bénéficiaire, et l'absence d'aléa ; la Cour de cassation rejette le pourvoi (Cass. 1e civ. 26-10-2011 nº 10-24.608 F-D : Sol. Not. 5/11 inf. 141).

L'absence d'aléa est également retenue, en matière fiscale, pour écarter le régime favorable de l'assurance-vie : voir nºs 45305 s.

ATTENTION

L'opération étant traitée comme une donation indirecte, elle échappe par hypothèse à la qualification d'assurance-vie. Reste à préciser quel est le **montant du rapport** : primes ou capital ? La Cour de cassation ne l'a pas spécifié.

Pour peu que l'on tienne l'opération pour indivisible, ce qui semble logique, il paraît préférable de considérer que c'est le **capital** lui-même qui est à restituer. En effet, c'est sans doute l'ensemble de l'opération qui est à traiter comme une donation indirecte.

31822 **Exemple de liquidation** Les faits sont les mêmes que dans l'exemple précédent (voir nº 31777), si ce n'est que Robert meurt à 87 ans des suites d'une maladie incurable qui a été diagnostiquée la veille du jour où il a souscrit le contrat d'assurance-vie dont Leïla est l'heureuse bénéficiaire. Par conséquent, l'opération censée reposer sur l'aléa de la durée de la vie humaine est en réalité **dénuée de tout aléa.** Elle s'analyse dans son ensemble une donation indirecte, de sorte que le **rapport est du capital** procuré (680 000 €).

La liquidation dans son ensemble s'en trouve différemment traitée (comparer avec nº 31777).

La **masse à partager** est ainsi composée :

biens existants	100 000
rapport de sa donation par Chabane	100 000
rapports par Leïla	
– de sa donation	200 000
– du capital d'assurance-vie	680 000
Ensemble	1 080 000
À partager par parts égales et par tête	
– soit des droits de	540 000 chacun

Attributions :
– à Leïla : son rapport, par confusion sur elle-même (valorisé à 880 000 €), moyennant un rapport en numéraire de 340 000 €
Total égal à ses droits : 540 000 €
– à Chabane, son rapport par confusion sur lui-même (valorisé à 100 000 €) ;
  – les biens existants, d'une valeur de 100 000 € ;
  – l'indemnité de rapport servie par Leïla, de 340 000 €
Total égal à ses droits : 540 000 €

D. Rapports particuliers

La technique du rapport a été transposée par la loi du 23-6-2006 à certains mécanismes destinés à rétablir l'égalité à l'intérieur d'une souche d'héritiers au profit de laquelle a joué une transmission transgénérationnelle : **31825**
– rapport effectué par les bénéficiaires de la **représentation,** au moment du partage de la succession de leur auteur renonçant ou indigne, de ce qu'ils ont reçu par représentation dans la succession grand-paternelle ou grand-maternelle, afin de rétablir l'égalité avec les enfants du renonçant (ou indigne) conçus dans l'intervalle (C. civ. art. 754, al. 2 ; voir n° 22805) ;
– rapport effectué par les bénéficiaires de la **donation-partage transgénérationnelle** grand-paternelle ou grand-maternelle, au moment du partage de la succession de leur auteur qui a consenti à ce que ses propres descendants soient allotis à sa place, afin de rétablir l'égalité avec les enfants de ce dernier dépourvus de tout lot dans la donation-partage transgénérationnelle (C. civ. art. 1078-9 ; voir n°s 11705 s.).
Dans tous ces cas, les biens reçus ne procèdent pas d'une donation consentie en tant que telle par celui à la succession de qui le rapport est dû. C'est donc seulement le mode d'exécution du rapport qui leur est étendu.

SECTION 3 MODES D'EXÉCUTION DU RAPPORT

RÈGLES GÉNÉRALES RÉGISSANT L'EXÉCUTION DU RAPPORT

C'est au **moment** du partage de la succession entre les héritiers que le rapport doit être exécuté. Il consiste, à cette occasion, à comprendre dans la masse des biens à partager ceux dont le défunt a disposé à titre gratuit au profit d'un ou de plusieurs de ses héritiers, que ce soit par donation (libéralité normalement rapportable) ou par testament (libéralité exceptionnellement rapportable). **31930**
Le rapport est en principe effectué **en valeur** : l'héritier gratifié conserve le bien qui lui a été donné ou légué et en impute la valeur sur ses droits dans la succession.
Exceptionnellement, le rapport est effectué **en nature,** le bien donné ou légué étant alors réellement compris dans le partage, en ce qu'il rejoint la masse indivise et devient susceptible d'être attribué à un autre héritier.
Sur l'action en rapport, voir n° 31255.

A. Principe : rapport en valeur ou rapport en moins prenant

Le rapport se fait, en principe, en valeur (C. civ. art. 858 pour les donations et 843 pour les legs). C'est une **valeur représentative du bien** donné ou légué qui sera comprise dans le partage, et non le bien lui-même. **31935**

Cette valeur sera attribuée au copartageant qui en est redevable. Si ses droits dans la succession sont supérieurs à ce dont il est redevable, il recevra seulement le complément : il se bornera, en somme, à prendre moins que les autres dans le partage des biens existants ; d'où l'expression de rapport en moins prenant. Si le gratifié doit davantage au titre du rapport que ce à quoi il peut prétendre au titre de ses droits dans la succession, il devra verser à ses cohéritiers une indemnité de rapport à concurrence de la différence. Il n'échappe pas en ce cas à un rapport en numéraire (n°s 32055 s.).

1. MONTANT DU RAPPORT

PRINCIPES GOUVERNANT LE CALCUL DU RAPPORT

31940 La propriété du bien a été transférée au bénéficiaire au moment de la donation (ou au décès s'agissant d'un bien légué). Le partage peut intervenir de nombreuses années après ce transfert de propriété, alors que l'état et la valeur du bien donné (ou légué) ont pu varier.

Pour tenir compte de ces possibles variations de l'état et de la valeur du bien donné, deux règles d'**évaluation** se combinent de manière cumulative (C. civ. art. 860, al. 1) :
– le rapport est dû de la valeur du bien donné (ou légué) à l'époque du partage ;
– cette valeur s'apprécie en considérant l'état du bien à l'époque de la donation (ou du décès pour le legs rapportable).

Dans la donation ou le testament, le disposant peut avoir prévu des **dérogations** aux règles légales d'évaluation de l'indemnité de rapport, car ces dernières ne sont pas impératives (n°s 32015 s.).

VALEUR DU BIEN À L'ÉPOQUE DU PARTAGE...

31945 **Principe général** Les règles d'évaluation des biens pour le rapport sont les mêmes pour **tous les biens,** meubles ou immeubles, corporels ou incorporels.

La **valeur à réintégrer** à la succession est celle qu'aurait pu avoir le bien s'il se fût trouvé dans la masse partageable, c'est-à-dire si le défunt n'en avait pas disposé.

Il en résulte par exemple que si le terrain donné n'est pas constructible à l'époque de son évaluation par l'expert, sans qu'aucun changement n'ait été constaté par la suite, la cour d'appel ne peut pas évaluer ce terrain comme un terrain constructible au prétexte d'un hypothétique changement de destination à intervenir (Cass. 1e civ. 13-2-2013 n° 11-24.138 F-PBI : Sol. Not. 4/13 inf. 98, RJF 6/13 n° 668).

Il faut dans tous les cas retenir la **valeur vénale** du bien, c'est-à-dire le prix qui pourrait en être obtenu à l'époque du partage par le jeu de l'offre et de la demande, dans un marché réel, compte tenu de l'état du bien avant la donation et des clauses de l'acte la constatant ; en ce sens, à propos d'une ferme (Cass. 1e civ. 4-10-2005 n° 02-16.576 FS-PB : BPAT 6/05 inf. 194).

31947 Le montant du rapport doit être tributaire de l'avantage consenti.

En conséquence, en présence d'une **donation indirecte faite par l'interposition d'une société** dont l'héritier est associé, le rapport n'est dû qu'en proportion du capital que ce dernier détient (Cass. 1e civ. 24-1-2018 n° 17-13.017 FS-PB : BPAT 2/18 inf. 76, AJ fam. 2018 p. 188, obs. N. Levillain, JCP N 2018 n° 1125, note V. Zalewski-Sicard).

De même, en cas de **donation déguisée sous la forme d'une vente à moindre prix,** ce n'est pas tout le prix qui doit être rapporté mais seulement la différence entre la véritable valeur du bien et le prix payé (Cass. 1e civ. 11-7-2019 n° 18-19.415 F-D : BPAT 5/19 inf. 194).

En présence d'une **donation avec charge,** la valeur de cette charge doit être déduite de celle du bien, car le rapport n'est qu'à hauteur du « bénéfice net », c'est-à-dire de l'émolument net.

Ce principe est explicité pour le cas des immeubles classés ou inscrits au titre des monuments historiques qui ont été donnés (ou légués) avec une clause d'inaliénabilité. Il est expressément prévu que l'évaluation de l'immeuble se fait déduction faite des charges, y compris d'entretien, nécessaires à la préservation de l'immeuble durant toute la durée de la clause (C. patr. art. L 621-29-7 dont les dispositions s'appliquent aux successions ouvertes depuis le 1-1-2007).

Le montant de la charge à déduire est déterminé au jour de son exécution ; autrement dit, la charge n'est pas réévaluée au jour du partage (Cass. 1e civ. 23-3-1994 n° 92-15.191 : D. 1995 somm. p. 333 obs. B. Vareille, à propos d'arrérages d'une rente viagère ; Cass. 1e civ. 16-11-2022 n° 21-11.837 FS-B : SNH 39/22 inf. 3, Defrénois 13-7-2023 n° DEF214vs note B. Vareille à propos d'une somme à verser au jour de la donation). La solution est identique en matière de réduction des libéralités (Cass. 1e civ. 17-12-1991 n° 90-12.191 : RTD civ. 1992 p. 622 obs. J. Patarin, D. 1993 somm. p. 228 obs. B. Vareille). Elle s'explique puisqu'aucun texte ne prévoit une telle revalorisation, de sorte qu'il convient d'appliquer le principe du nominalisme monétaire (J. Patarin, obs. précitées : RTD civ. 1992). Elle a néanmoins été critiquée car elle instille un déséquilibre, le bien donné étant réévalué mais pas la charge (sur ce point, voir P. Catala, La réforme des liquidations successorales : Defrénois, 3e éd., 1982, no 44, qui expose les deux thèses en présence mais penche pour une estimation de la charge au jour de son exécution ; A. Ponsard, Liquidations successorales : rapport-réduction, partage d'ascendant : commentaire de la loi du 3 juillet 1971, Sirey, 1977, no 52, qui préconise la revalorisation de la charge ; G. Morin, La loi du 3 juillet 1971 sur les rapports à succession, la réduction des libéralités et les partages d'ascendants : Defrénois, 5e éd., 1984, no 12, qui réserve la revalorisation de la charge de payer la dette d'emprunt du donateur lui ayant permis de financer le bien donné au cas où le donataire la rembourse immédiatement ou peu de temps après la donation). Pour pallier cette immobilisation de la valeur de la charge au jour de son exécution, le praticien pourra utilement conseiller une donation-partage unanime, sans réserve d'usufruit sur une somme d'argent, puisqu'elle ne sera jamais rapportable et qu'elle aura pour avantage de figer la valeur des biens donnés au jour de l'acte en vue du calcul de la réserve et de la quotité disponible (en ce sens, B. Vareille, obs. D. 1993 somm. p. 228).

S'agissant d'une donation à charge de rente viagère, le montant de la charge déductible doit par ailleurs être diminué des fruits perçus par le donataire (Cass. 1e civ. 24-11-1987 no 86-11.682 : Bull. civ. I no 312, D. 1988 p. 260 note G. Morin ; Cass. 1e civ. 23-3-1994 no 92-15.191 précité). La solution est critiquée par certains auteurs (P. Catala, précité ; B. Vareille, note précitée : Defrénois 13-7-2023 no DEF214vs) tandis que d'autres relèvent, tout en le regrettant, que la généralité de la formule employée dans l'arrêt du 24 novembre 1987 pourrait laisser penser que la solution s'applique aussi bien à la charge instantanée qu'à celle périodique (G. Morin, note précitée : D. 1988 p. 260 ; J.-Cl. C. civil art. 912 à 930-5 - fasc. 20 par C. Brenner, no 66).

Cas de la donation avec réserve d'usufruit Lorsque le bien donné l'a été en nue-propriété seulement, le donateur s'en réservant l'usufruit, le donataire doit rapporter à la succession du donateur la valeur de la **pleine propriété** du bien donné, et non pas seulement sa valeur en nue-propriété (en ce sens, notamment, Cass. 1e civ. 5-2-1975 no 72-12.624 : Bull. civ. I no 52, D. 1975. 673, note R. Guimbellot, JCP 1976. II. 18249, note M. Dagot ; Cass. 1e civ. 28-9-2011 no 10-20.354 F-D : Sol. Not. 4/11 inf. 103). 31950

Cette solution est très **inéquitable** car le rapport est du même montant que celui d'un cohéritier gratifié d'un bien similaire en toute propriété, alors même que le nu-propriétaire a été privé de la jouissance du bien durant la vie du donateur (voir pour une critique de cette jurisprudence B. Vareille, Usufruit et liquidations successorales, in L'usufruit, Association Henri Capitant, Journées nationales, tome XXII, Dalloz, 2020, p. 79). Néanmoins, elle s'explique par cette considération technique qu'au décès du donateur usufruitier, le donataire recouvre la pleine propriété (par extinction de l'usufruit) ; elle reçoit en conséquence l'assentiment de la doctrine dominante. Les praticiens l'appliquent à regret.

Cas de la donation d'un usufruit Lorsque le bien a été donné en usufruit, il faut distinguer deux situations. 31955

Première situation, **l'usufruit s'est éteint avant le décès du donateur,** ainsi lorsqu'il s'est agi d'un usufruit dit « temporaire », c'est-à-dire à durée limitée. L'on enseigne classiquement que le rapport dû est égal à zéro puisque l'usufruit a disparu au moment de l'ouverture de la succession et du partage. Toutefois, la loi du 23 juin 2006 ayant institué clairement le rapport des donations, même indirectes, de fruits et revenus (voir no 31435), la solution peut paraître désormais infiniment moins certaine. C'est pourquoi la doctrine est partagée.

Certains auteurs préconisent un rapport égal à zéro (M. Grimaldi, Retour sur les donations de fruits et revenus, à propos de la mise à disposition d'un logement, Mél. Champenois, Defrénois, 2012, p. 437 ; M. Grimaldi, Droit des successions, LexisNexis, 8e éd., 2020 no 766). La solution s'imposerait d'abord par analogie avec celle admise par la Cour de cassation pour la donation avec réserve d'usufruit au profit du donateur : si l'usufruit est éteint à la date d'ouverture de la succession, la valeur à prendre en considération tant pour la réunion fictive de l'article 922 du Code civil que pour le rapport à la succession est celle de la pleine propriété du bien, et non de la seule nue-propriété (Cass. 1e civ. 5-2-1975 no 72-12.624 : Bull. civ. I no 52, D. 1975. 673, note R. Guimbellot, JCP 1976. II. 18249, note M. Dagot ; Cass. 1e civ. 28-9-2011 no 10-20.354 F-D : Sol. Not. 4/11 inf. 103). Elle se justifierait ensuite par le fait qu'imposer le rapport de la libéralité en pleine propriété et le rapport de l'usufruit temporaire sur le même bien conduirait à prendre en compte deux fois la même libéralité.

D'autres, par un raisonnement a fortiori, admettent l'exigence d'un rapport par le donataire d'une valeur correspondant à ce qui lui a été donné, seulement ce qui a été donné, mais tout ce qui a été donné (et qui viendrait, le cas échéant, en déduction de l'émolument de la donation en pleine propriété grevée d'un usufruit temporaire en faveur d'autrui). Or ce qui a été donné, c'est un droit réel qui, au temps où il a été transféré, avait une valeur financière. Pour la liquidation des droits d'enregistrement et de la taxe de publicité foncière, l'usufruit temporaire est évalué à 23 % de la valeur en pleine propriété du bien grevé par tranche de dix ans, sans que cette valeur puisse être supérieure à celle de l'usufruit viager (CGI art. 669, II ; BOI-ENR-DG-30 n° 80). Le rapport à la succession doit être de la valeur financière donnée (S. Ferré-André, « L'usufruit dans les libéralités à l'épreuve du temps » ; Mél. Le Guidec, LexisNexis, 2014, p. 403 ; Rép. Civ. Dalloz V Usufruit par A. Chamoulaud-Trapiers ; M. Chetaille, « L'aide organisée » : JCP N 2013 p. 1113 ; voir également B. Vareille, Usufruit et liquidations successorales : « L'usufruit », Journées nationales de l'Association H. Capitant, tome XXII, Bordeaux, Dalloz, 2020, p. 79 s., spécialement nos 10 et 34). À défaut, l'usufruit temporaire éteint serait « escamoté » (B. Vareille, précité, n° 7). La consécration législative des libéralités de fruits et revenus, par principe rapportables (C. civ. art. 851, al. 2), représente un argument supplémentaire pour justifier le rapport à la succession d'une valeur qui ne soit pas égale à zéro.

Reste que l'on peut hésiter sur la méthode d'évaluation de l'usufruit temporaire. La plus simple consisterait à cumuler le montant des loyers non perçus par le donateur. L'inconvénient de cette méthode est qu'elle ne mesure que l'appauvrissement du donateur, comme s'il s'agissait d'une donation indirecte de fruits et revenus. Or ici, c'est un droit réel qui a été donné et non des fruits et revenus. Il faudrait alors se tourner vers une méthode dite « financière », comme c'est déjà le cas en matière d'évaluation d'usufruit. Cette méthode tient compte non seulement de la valeur en capital du bien grevé et de la durée de l'usufruit, mais également d'un taux de rendement prédéfini affecté d'une décote liée aux aléas de la gestion sur la durée, ainsi que des charges supportées par l'usufruitier (en ce sens, M. Chetaille, précité, § 16).

C'est au point que l'on peut aujourd'hui douter de la pertinence, au regard de l'économie contemporaine, qui fait des revenus une source majeure de richesse, de la solution retenue en matière de donation avec réserve d'usufruit (Cass. 1e civ. 5-2-1975 n° 72-12.624 : Bull. civ. I n° 52 ; Cass. 1e civ. 28-9-2011 n° 10-20.354 F-D : Sol. Not. 4/11 inf. 103 ; voir B. Vareille, Usufruit et liquidations successorales, précité). Elle n'en est pas moins de droit positif.

On conseillera donc éventuellement au donateur de stipuler d'emblée un rapport forfaitaire afin de désamorcer la difficulté.

31957 Deuxième situation, **le donateur décède en cours d'usufruit.** L'héritier est alors tenu au rapport selon la valeur de son usufruit à l'époque du partage. Cette solution est critiquée comme incohérente au regard des règles applicables en matière de donation de fruits : « Ainsi, alors que la donation de fruits déclenche un rapport du montant des fruits perçus [C. civ. art. 851], la donation d'usufruit doit faire l'objet d'un traitement juridique identique » (Y. Delecraz, La donation d'usufruit temporaire : entre certitudes et interrogations : Defrénois 27-6-2019 n° 148u3 p. 52).

31958 Le montant du rapport est aussi de la valeur de l'usufruit à l'époque du partage lorsque le disposant, s'étant ménagé une **réserve d'usufruit** sur un bien donné, a stipulé qu'il serait **« réversible » à son décès au profit d'un de ses présomptifs héritiers** (autre que le conjoint survivant, dont la position est particulière, puisqu'il n'est ni débiteur ni créancier du rapport) : la « réversibilité d'usufruit », qu'il vaudrait mieux dénommer donation d'un usufruit de second rang prenant effet au décès du donateur, s'analyse en une donation à terme de bien présent (n° 6200).

31960 **Date de l'évaluation** Le rapport se fait de la valeur du bien donné ou légué « **à l'époque du partage** » (C. civ. art. 860, al. 1) et non « à la date du partage ».

En effet, il n'est pas possible en pratique d'arrêter les évaluations au jour même du partage, en raison des contraintes matérielles d'arrêt des comptes et des calculs à intégrer dans l'état liquidatif précédant le partage proprement dit.

Il est convenu par ailleurs d'une date de **jouissance divise.** C'est à cette date, en principe la plus proche possible du partage, mais qui peut lui être légèrement antérieure ou postérieure, que les biens sont estimés : voir nos 59705 s.

... COMPTE TENU DE L'ÉTAT DU BIEN À L'ÉPOQUE DE LA DONATION OU DU LEGS

31965 Le bien donné ou légué a pu changer d'état ou de consistance entre le jour du transfert de sa propriété au donataire et l'époque du partage. Il peut y avoir eu amélioration ou dégradation de l'état du bien, qu'il s'agisse de son état matériel ou de sa situation juridique.

Pour calculer le montant du rapport, il est tenu compte des **améliorations ou dégradations fortuites.** Les héritiers doivent profiter de la plus-value dont le disposant aurait lui-même bénéficié s'il eût conservé la propriété du bien ; ils doivent aussi supporter la moins-value qu'il aurait lui-même subie. **31965** (suite)

Le même régime s'applique aux plus ou moins-values qui, sans être fortuites, résultent d'une **cause étrangère à l'industrie du gratifié.** Il arrive parfois que certaines dégradations ou améliorations de l'état du bien ne soient proprement ni fortuites, ni imputables au gratifié, en ce qu'elles tiennent à la nature des choses : ainsi le vieillissement naturel ou l'obsolescence de la chose donnée (vignes ou vergers qui cessent d'être productifs, machines ou procédés progressivement dépassés au regard de la technologie) ; ainsi encore, à l'inverse, l'arrivée à maturité d'un bien que le temps bonifie (plantation qui pousse ou alcools qui vieillissent en fût). En ce cas, il importe toujours de se rappeler que la ratio legis invite à faire comme si le bien fût demeuré aux mains du disposant, et de considérer l'état **normal** qui serait le sien au mains du défunt, à la date du partage (voir B. Vareille, Rapport, réduction et construction : JCP N. 2016 n° 1185, spéc § 12, et s., pour son application à un terrain à bâtir). Par exemple, pour l'évaluation du petit terrain inconstructible donné, lorsque, dans le partage de la succession, la sœur du donataire accepte d'attribuer à ce dernier un grand terrain limitrophe du terrain donné et qui le rend constructible : au moment du partage, pour chiffrer le rapport du terrain, il n'y a pas lieu de retenir une moins-value en raison de la faible superficie du bien donné (Cass. 1e civ. 29-5-2013 n° 12-11.821 F-PB : BPAT 4/13 inf. 144).

Quant à elles, les améliorations ou dégradations **imputables à l'action du seul gratifié** ne sont pas prises en considération pour chiffrer le montant de son rapport : seul le donataire doit profiter (ou pâtir) des plus-values (ou moins-values) qu'il a procurées (ou infligées) de son propre fait au bien.

ILLUSTRATIONS

S'agissant de la donation d'un **immeuble,** le montant du rapport **prendra en compte** la plus-value résultant :
– de la création d'une rue piétonne ;
– du départ spontané d'un locataire dont le loyer était faible ;
– de la modification du plan d'occupation des sols rendant constructible un terrain qui ne l'était pas.

Il sera aussi pris en compte la moins-value résultant :
– de la création d'une route bruyante ;
– d'une servitude d'urbanisme ;
– de dégradations provenant d'une activité industrielle voisine nouvelle ;
– du classement du terrain en zone inconstructible, peu important qu'une construction y ait été érigée à l'époque où il était constructible (Cass. 1e civ. 11-9-2013 n° 12-17.277 F-PB : RTD civ. 2013 p. 879 ob. M. Grimaldi ; Cass. 1e civ. 22-10-2014 n° 13-24.911 F-D ; CA Chambéry 3-10-2023 n° 21/00917 : SNH 34 inf. 3).

Il ne sera **pas tenu compte,** en revanche :
– de la moins-value résultant du changement de destination des parcelles agricoles dû à l'initiative du donataire (Cass. 1e civ. 31-10-1989 n° 87-17.948 : Bull. civ. I n° 338) ;
– de la moins-value due au manque d'entretien ou aux dégradations commises par le donataire ;
– de la plus-value résultant du départ d'un « mauvais » locataire par suite du paiement d'une indemnité d'éviction ;
– de la plus-value résultant de travaux effectués par le donataire. Il en va ainsi, par exemple, de la plus-value résultant des améliorations apportées au bien par l'enfant qui a bénéficié de la mise à disposition gratuite du logement (lorsque le rapport est dû : voir n° 13800) ; le bien doit être évalué à la date du partage d'après son état au jour de l'entrée dans les lieux, c'est-à-dire abstraction faite des améliorations apportées par la suite (Cass. 1e civ. 26-9-2012 n° 11-14.033 F-D : Sol. Not. 12/12 inf. 316). Pour l'évaluation du rapport, le juge doit nécessairement rechercher la valeur que le bien donné aurait eue à l'époque du partage si le donataire n'avait pas réalisé de travaux ; il ne peut pas procéder en déduisant simplement le coût des travaux de la valeur du bien au moment du partage (pour des illustrations, Cass. 1e civ. 11-9-2013 n° 12-19.469 F-D ; Cass. 1e civ. 14-1-2015 n° 13-24.921 F-PB : BPAT 2/15 inf. 53). Dans le même sens à propos de la viabilisation d'un terrain par le donataire, le montant du rapport devant s'apprécier selon la valeur du terrain non viabilisé et non en lui appliquant une décote forfaitaire de 25 % (Cass. 1e civ. 9-2-2022 n° 20-20.587 F-D : SNH 11/22 inf. 6).

Pour des illustrations jurisprudentielles relatives à la prise en compte de la plus-value prise par des **parts sociales,** décisions rendues en matière de réduction mais transposables dans l'ordre des principes à l'évaluation du rapport, voir n° 32790.

31970 **Aliénation du bien entre la donation et le partage** Dans un tel cas, il faut distinguer selon que le prix de vente a été ou non réemployé dans l'acquisition d'un nouveau bien (C. civ. art. 860, al. 2).

À défaut de remploi dans une acquisition, il n'y a pas subrogation, et le rapport est dû de la valeur du bien à l'époque de son aliénation, compte tenu de son état au jour où le gratifié en était devenu propriétaire (Cass. 1e civ. 27-6-2000 nº 98-14.886 FS-P : Bull. civ. I nº 202). Par exemple, le donataire a vendu 500 avant le partage un immeuble qui en valait 400 lors de la donation, et dont l'état n'avait pas varié ; le rapport sera de 500.

Notons que la valeur du bien n'est pas nécessairement son prix, les cohéritiers étant autorisés à administrer la preuve que le prix convenu a été minoré ou qu'une partie a été payée hors la comptabilité du notaire.

ATTENTION

L'**amélioration** doit être distinguée de l'acquisition, car elle ne vaut **pas subrogation.** Ainsi, faire construire sur un terrain personnel à l'aide d'une donation de somme d'argent n'étant pas une acquisition, le rapport se monte au nominal de la somme (Cass. 1e civ. 21-5-1997 nº 95-19.121 : Bull. civ. I nº 167 ; Cass. 1e civ. 14-5-2014 nº 12-25.735 F-PB : BPAT 4/14 inf. 169, AJ fam. 2014 p. 384, obs. N. Levillain, Defrénois 2015 p. 387 obs. B. Vareille ; adde B. Vareille, Rapport, réduction et construction, précité, § 22 et s.). C'est une cause d'erreur répandue.

31975 Si un **nouveau bien** a été **acquis** grâce au prix de vente du bien donné, le rapport est calculé d'après la valeur de ce nouveau bien à l'époque du partage (par l'effet de la **subrogation réelle**) et en tenant compte, d'une part, de la proportion dans laquelle le prix de vente a permis l'acquisition du nouveau bien (en cas de **subrogation partielle**), d'autre part, de son état lors de cette acquisition. La dette de valeur est ainsi transportée sur le nouveau bien subrogé.

En présence de plusieurs subrogations successives, l'indemnité de rapport se calcule sur la valeur du dernier bien acquis et proportionnellement aux sommes remployées pour cette acquisition (pour une illustration Cass. 1e civ. 2-4-2014 nº 13-14.273 F-D : BPAT 3/14 inf. 131).

31976 Un point reste en suspens : lorsque des deniers donnés, ou encore provenant du prix de vente d'un bien donné, ont ainsi permis d'acquérir un nouveau bien à la faveur d'une subrogation partielle, toute la question est de savoir comment on calcule le montant du rapport proportionnellement à la valeur du bien subrogé.

Une éminente doctrine enseigne que, par analogie avec les récompenses (C. civ. art. 1436), il y a lieu, pour calculer le prorata contributif, de prendre en compte le coût global d'acquisition du bien subrogé, en y intégrant les **frais d'acquisition** de ce dernier (voir M. Grimaldi, Les successions, LexisNexis, 8e éd., 2020, nº 765 note 214 ; N. Peterka, J. Cl civil, art. 858 à 863, Fasc. Successions – Rapport des libéralités, Régime, nºs 65 et 79).

Cependant, cette solution est bien loin d'être certaine. L'article 860 du Code civil indique seulement qu'il faut prendre en considération « la valeur » du nouveau bien subrogé d'après « son état » au jour de l'acquisition ; il n'est jamais fait allusion, en cette affaire, au « coût global » de l'acquisition, prix et frais (contrairement à ce que prévoit l'art. 1436). C'est qu'il s'agit uniquement de tenir compte à la succession de la **valeur du bien subrogé.** Si le donataire, après avoir encaissé le prix du bien reçu qu'il a vendu, achète un bien de même valeur en faisant l'appoint des frais sur ses deniers, on voit mal qu'il puisse se soustraire à cette subrogation totale au motif qu'il a assumé des frais par sa seule volonté unilatérale, en faisant le choix de vendre le bien d'origine. Et pourquoi en irait-il différemment en cas de subrogation partielle ?

EXEMPLE

– Lucile a reçu en donation un bien qui vaut 300 000 € au jour de la donation comme au partage. Son rapport sera de 300 000 €.

– Lucien a reçu en donation un bien immobilier qu'il vend 300 000 €. Il réinvestit aussitôt cette somme sur un autre immeuble qu'il achète au prix de 300 000 € assorti de frais à hauteur de 30 000 €. La succession du donateur s'ouvre. Le studio a exactement la même valeur au partage. Au nom de quoi le rapport serait-il seulement de (300 000 / 330 000) × 300 000 = 272 727 ?

– Dans le même temps, Lucienne a reçu un bien de semblable valeur. Elle l'a vendu 300 000 €, investis dans un immeuble de rapport acquis pour 900 000 €, avec 80 000 € de frais. Là encore la valeur de l'immeuble est supposée constante au partage. Pourquoi admettre sans sourciller que le rapport se bornerait à (300 000 / 980 000) × 900 000 = 275 510 ?

Dans les deux derniers cas, il paraît plus logique de préconiser un rapport de 300 000 €, afin que la composition de la masse à partager demeure indifférente aux péripéties résultant de la volonté unilatérale du donataire.

Somme toute, si l'on transposait mécaniquement la méthode appliquée aux récompenses liées à une dépense d'acquisition, le rapport serait artificiellement minoré par des acquisitions successives suivies de reventes. En réalité, cela tiendrait compte au donataire de son appauvrissement, mais **ne reconstituerait pas la masse partageable** de façon sincère comme si le bien donné à l'origine n'en fût pas sorti. Or c'est là toute la finalité du rapport, à la différence de celle des récompenses (qui se rattache à la théorie de l'enrichissement injustifié).

Dans tous les cas, point faible du système, la **preuve de la subrogation** est décisive. Il n'est pas toujours de l'intérêt du donataire, qui en détient les clés mieux que quiconque, d'en administrer la preuve. En particulier, si le bien acquis a connu une plus-value, il sera peut-être tenté de faire silence sur les éléments de nature à démontrer la subrogation. En pratique, ce sont plutôt des considérations tirées du Pacs ou du régime matrimonial qui inciteront le gratifié à ménager spontanément la preuve du caractère personnel d'un bien subrogé à une donation, par une déclaration d'emploi de sommes personnelles dans l'acte d'acquisition du bien en question ; mais cela ne vaut que pour les personnes assujetties à ces régimes juridiques. **31977**

Par exception, dans les successions ouvertes depuis le 1er janvier 2007, la subrogation ne joue pas si la **dépréciation** du bien acquis en remploi était **inéluctable** dès son acquisition, en raison de la nature de ce bien : en pratique, il s'agit d'un bien de consommation, qui se dévalue promptement (automobile, matériel audiovisuel ou informatique, etc.). Dans ce cas, le rapport est fixé au prix de vente du bien initialement donné (si du moins il correspond loyalement à sa valeur), en écartant la subrogation (C. civ. art. 860, al. 2 in fine). Cette éviction légale du mécanisme de la dette de valeur évite qu'un donataire cynique ne se dispense délibérément du rapport en acquérant des biens dont il sait d'avance qu'ils ne vaudront plus rien au moment du partage. **31978**

EXEMPLES

1. Le donataire a vendu 500 l'immeuble donné par son père, qui en valait 400 lors de la donation, et dont l'état n'avait pas varié. Il a acquis une propriété valant 1 000, qu'il a financée pour moitié avec les 500 provenant de la vente de l'immeuble donné. Lors du partage, la propriété vaut 1 400, mais ne vaudrait que 1 200 si le donataire n'avait pas, en outre, réalisé des travaux. Le rapport sera de (500/1 000) × 1 200, soit 600.

Pour un autre exemple, d'origine jurisprudentielle, voir no 32005.

2. Le donataire a vendu 100 le bien qui lui avait été donné (et dont l'état n'avait pas varié). Il a acquis avec le prix de vente une automobile pour un prix également de 100. Lors du partage, la voiture ne vaut plus que 10. Le rapport n'en restera pas moins fixé à 100, car un véhicule est un bien dont la dépréciation est par nature inéluctable.

Perte du bien donné Deux situations doivent être distinguées. **31980**

Si la **perte** est **fortuite,** le donataire n'est tenu d'effectuer aucun rapport (C. civ. art. 855, al. 1). La solution s'explique par le fait que le donateur aurait lui-même subi la perte s'il eût conservé le bien. Ce sera le cas, par exemple, si un sinistre a détruit le bien donné. Mais l'obligation au rapport reprend ses droits si le donataire a reçu une indemnité pour la perte du bien : il devra alors rapporter soit le montant de l'indemnité si elle est restée inemployée, soit la valeur du bien acquis à l'aide de celle-ci, s'il a utilisé l'indemnité à une acquisition, selon le mécanisme de la subrogation exposé no 31975 (C. civ. art. 855, al. 2 et 3).

Si la perte est due à la **faute** ou à la **négligence du donataire,** il devra rapporter la valeur que le bien aurait eue au jour du partage.

FRUITS PROCURÉS PAR LE BIEN DONNÉ

Les fruits de la chose donnée sont **rapportables depuis** le jour de l'ouverture de la succession (C. civ. art. 856, al. 1). Cette restitution prend la forme d'une indemnité d'un montant équivalent à celui des fruits perçus (pour une illustration, Cass. 1e civ. 11-9-2013 no 12-19.469 F-D). Ainsi, par exemple, pour les actions attribuées gratuitement à l'héritier donataire d'actions, que la Cour de cassation assimile à des fruits (Cass. 1e civ. 5-4-2005 no 01-12.810 FS-P : RTD civ. 2005 p. 441 obs. P. Grimaldi). **31985**

Réciproquement, aucune indemnité n'est due pour les fruits perçus avant l'ouverture de la succession (C. civ. art. 856, al. 1). Ceux-ci restent acquis au donataire, qui n'en doit pas le rapport.

À noter qu'il n'y a **pas d'obligation au rapport** des fruits lorsque le bien donné n'était pas, au jour de la donation, dans un état lui permettant de produire un revenu, et que c'est seulement l'activité du donataire qui l'a rendu frugifère ; ainsi un immeuble insusceptible d'être loué en l'état, qui n'a pu l'être qu'à la suite des travaux effectués par les donataires (Cass. 1e civ. 14-3-2006 no 03-21.046 FS-P : BPAT 3/06 inf. 88, AJ fam. 2006 p. 254, obs. F. Bicheron, RTD civ. 2006. 809, obs. M. Grimaldi).

INTÉRÊTS DE L'INDEMNITÉ DE RAPPORT

31990 L'indemnité de rapport n'est productive d'intérêts qu'**à compter du** jour où son montant est déterminé (C. civ. art. 856, al. 2 ; Cass. 1e civ. 27-1-1987 no 85-15.336 : D. 1987 p. 253, note G. Morin ; RTD civ. 1987 p. 578, obs. J. Patarin).

En pratique, ce jour est le plus souvent celui de la liquidation-partage, puisque le rapport est de la valeur du bien donné (ou de celui qui lui a été subrogé) à cette date.

Toutefois, les intérêts courent dès l'ouverture de la succession, c'est-à-dire dès le décès du donateur lorsque :

– l'indemnité de rapport a été fixée forfaitairement dans l'acte de donation lui-même (voir no 32015 ; Cass. 1e civ. 14-5-1992 no 90-12.275 : Bull. civ. I no 142, RTD civ. 1993 p. 175 obs. J. Patarin, D. 1993. Somm. p. 225, obs. M. Grimaldi ; Cass. 1e civ. 6-11-2013 no 12-16.625 FS-PBI : Sol. Not. 1/14 inf. 13 ; Cass. 1e civ. 18-5-2022 no 20-20.117 F-D : SNH 19/22 inf. 5) ;

– le bien donné a été aliéné par le donataire sans remploi avant l'ouverture de la succession, ce qui a pour effet de fixer la dette au prix de vente ;

– le bien a été aliéné par le donataire avant l'ouverture de la succession et son prix de vente investi dans un bien dont la dépréciation était inéluctable, ce qui fixe également le montant de la dette de rapport (voir no 31978).

Les intérêts sont dus **de plein droit,** sans qu'il y ait lieu à mise en demeure.

31995 Selon le principe de l'**anatocisme** auquel ils sont soumis, les intérêts de l'indemnité de rapport peuvent être capitalisés pour produire à leur tour intérêts dès lors qu'une demande en justice a été faite en ce sens par les cohéritiers et qu'il s'agit d'intérêts dus pour au moins une année entière (en ce sens, notamment, Cass. 1e civ. 6-11-2013 no 12-16.625 FS-PBI : Sol. Not. 1/14 inf. 13). Les juges du fond peuvent toutefois refuser d'ordonner la capitalisation des intérêts si c'est par suite du retard apporté par celui qui la demande qu'il n'a pu être procédé à la liquidation de la dette (en ce sens, par exemple, Cass. 1e civ. 14-5-1992 no 90-12.275 précité).

La capitalisation des intérêts pourrait également résulter de la convention des parties ; mais l'« hypothèse est assez invraisemblable dans le contexte de dissentiments entre héritiers » (J. Patarin, Les intérêts des dettes rapportables par un héritier et leur capitalisation : RTD civ. 1994 p. 912).

NON-CUMUL DES FRUITS DU BIEN DONNÉ ET DES INTÉRÊTS DE L'INDEMNITÉ DE RAPPORT

32000 Deux cas sont à distinguer.

Lorsque l'indemnité de rapport n'est productive d'**intérêts** qu'**à compter de sa liquidation,** le gratifié est comptable des fruits perçus entre le jour de l'ouverture de la succession et la date à laquelle sa dette est liquidée (C. civ. art. 856).

En revanche, lorsque l'indemnité de rapport est productive d'intérêts **dès le jour du décès,** le gratifié n'est pas tenu de restituer les fruits que le bien a procurés depuis la date d'ouverture de la succession (Cass. 1e civ. 14-5-1992 no 90-12.275 : Bull. civ. I no 142, RTD civ. 1993 p. 175 obs. J. Patarin ; D. 1993. Somm. 225, obs. M. Grimaldi). Cette solution procède de l'idée que « les intérêts de l'indemnité sont la représentation (théorique) des fruits du bien donné, tout comme l'indemnité l'est du bien lui-même », et que cela ferait par conséquent double emploi (M. Grimaldi, obs. au D. 1993 sous l'arrêt).

CAS PARTICULIER DU RAPPORT D'UNE SOMME D'ARGENT

32005 En **principe,** le rapport d'une somme d'argent est du montant de la somme donnée. En conséquence, dès lors que la somme n'a pas été investie dans l'acquisition d'un bien, les intérêts courent dès l'ouverture de la succession (Cass. 1e civ. 18-5-2022 no 20-20.117 F-D : SNH 19/22 inf. 5).

Par exception, si l'argent reçu **a servi à acquérir un bien** au sens strict (à distinguer d'une amélioration voir no 31970), le montant du rapport est calculé sur la valeur de ce bien. Il est tenu compte de la valeur du bien acquis à l'époque du partage, selon son état à l'époque de l'acquisition : c'est le mécanisme de la dette de valeur exposé nos 31945 s., avec l'effet de la subrogation.

ILLUSTRATIONS

Une jurisprudence illustre parfaitement le mécanisme de la **dette de valeur** (Cass. 1e civ. 20-6-2012 n° 11-15.362 F-D : Sol. Not. 8-9/12 inf. 221, solution rendue en application des anciens articles 860 et 869 du Code civil mais transposable sous le régime actuel des articles 860 et 860-1 issus de la loi 2006-728 du 23-6-2006). Une fille avait reçu de son père un don manuel de 100 000 francs. Cet argent lui avait servi à financer en partie un immeuble, acheté 260 000 francs et revendu 4 200 000 francs 17 ans plus tard, après avoir réalisé pour 211 850 francs de travaux. La fille avait ensuite acheté un second immeuble, au prix de 2 100 000 francs, immeuble évalué 914 694 € à l'époque du partage de la succession de son père.

La cour d'appel avait cru pouvoir fixer le montant du rapport à 667 726 € au terme du raisonnement suivant :

– la somme donnée avait contribué au financement du premier immeuble à hauteur de 38,5 % (100 000 / 260 000) ;

– ce qui représentait aux yeux des juges du fond 1 535 437 francs lors de la vente de cet immeuble, soit 38,5 % (4 200 000 – 211 850) : ils raisonnaient ici (à tort) par simple soustraction du coût des travaux ;

– de sorte qu'en définitive, la donation avait contribué selon l'arrêt d'appel à concurrence de 73 % (1 535 437 / 2 100 000) au financement du second immeuble (73 % × 914 694 = 667 726).

La décision a été cassée : la cour d'appel aurait dû tenir compte de la valeur de l'immeuble vendu d'après son état à l'époque de son acquisition. En d'autres termes, la cour d'appel aurait dû appliquer le ratio de 38,5 % à la valeur qu'aurait eue l'immeuble si la donataire n'avait pas réalisé de travaux, et non pas au prix de vente de l'immeuble diminué du coût de ces travaux.

Pour un autre exemple où la Cour de cassation rappelle que la valeur de l'immeuble ne s'apprécie jamais en retranchant le coût des travaux du prix de vente (Cass. 1e civ. 17-11-2021 n° 19-23.218 F-D : SNH 39/21 inf. 1).

La loi prévoit la même exception lorsque le bien acquis en remploi de la somme donnée est un bien dont la **dépréciation** était par nature **inéluctable** : le rapport est en ce cas de la somme d'argent elle-même, au nominal (C. civ. art. 860-1 qui renvoie à l'art. 860).

C'est à celui qui invoque la subrogation réelle d'en administrer la preuve ; lorsque les sommes d'argent données ont financé le bien acquis dans une **proportion** qui n'a **pas** été **établie,** le rapport est par défaut du nominal de la somme donnée (Cass. 1e civ. 27-5-2010 n° 09-67.864 FD, solution rendue pour l'application de l'ancien article 869 du Code civil, mais transposable sous le régime actuel de l'article 860-1 issu de la loi 2006-728 du 23-6-2006). **32010**

En présence d'un avantage indirect résultant de l'**occupation gratuite d'un logement** appartenant au défunt, le montant du rapport est égal aux loyers qui auraient dû être versés. Au cas où l'occupant à titre gratuit est nu-propriétaire du bien, il a été précisé qu'il devait être déduit de ces loyers le montant des réparations et frais d'entretien incombant normalement à l'usufruitière décédée (Cass. 1e civ. 2-3-2022 n° 20-21.641 F-B : SNH 11/22 inf. 1 obs. N. Petroni-Maudière). **32012**

MODIFICATIONS CONVENTIONNELLES DES RÈGLES LÉGALES D'ÉVALUATION

Il est toujours possible de déroger, même par avance, aux règles légales d'évaluation du rapport, car elles ne sont pas impératives (C. civ. art. 860, al. 3). **32015**

Les modifications **peuvent porter sur** une ou plusieurs de ces règles et notamment sur :

– la date d'évaluation du bien donné, qui peut être le jour de la donation ou celui de l'ouverture de la succession ;

– la prise en compte de l'état du bien ou des fruits perçus ;

– les conséquences de l'aliénation du bien avec ou sans acquisition d'un nouveau bien, par exemple en prévoyant que le rapport sera calculé en fonction de la valeur du bien nouveau, même si la somme ne sert pas à l'acquérir mais à le construire.

Le montant du rapport peut même être fixé à une somme **forfaitaire,** insusceptible d'évoluer, souvent la valeur du bien au jour de la donation.

La **rédaction de la clause** dérogeant aux règles légales d'évaluation doit être précise. Dans une espèce, l'acte de donation d'un immeuble par une mère à sa fille a prévu que « par dérogation aux dispositions de l'article 860 alinéas 1 et 2 du Code civil, le rapport sera dû de la valeur du bien présentement donné au jour du décès du donateur » ; la Cour de cassation a jugé très logiquement que cette clause, qui ne vise que la valeur du bien et non son état, ne déroge pas à la règle d'évaluation des biens donnés selon leur état à l'époque de la donation (Cass. 1e civ. 17-11-2010 n° 09-13.213 F-D : BPAT 1/11 inf. 39, Defrénois 2011 art. 39225 p. 724 obs. B. Vareille, solution rendue pour l'application de l'ancien article 860 du Code civil mais transposable sous le régime actuel issu de la loi 2006-728 du 23-6-2006).

MODÈLE

Clauses dérogeant aux règles légales d'évaluation du rapport

Premier modèle : « Par dérogation expresse aux dispositions de l'article 860, alinéas 1 et 2 du Code civil, le rapport sera dû de la valeur du bien objet de la présente donation estimé à la date de la donation, compte tenu de son état à cette même date. »

Deuxième modèle : « Par dérogation expresse aux dispositions de l'article 860, alinéas 1 et 2 du Code civil, le rapport de la présente donation sera dû d'une somme de xxx €. »

Troisième modèle : « Par dérogation expresse aux dispositions de l'article 860, alinéas 1 et 2 du Code civil, le rapport sera dû de la valeur du bien, objet de la présente donation, estimé à la date du décès du donateur, compte tenu de son état au jour de la donation. »

32020 Les dérogations aux règles du rapport présentent le plus souvent un **avantage indirect** pour le gratifié, qui devra rapporter moins que si les règles légales avaient été appliquées. Son ou ses cohéritiers sont corrélativement désavantagés.

C'est pourquoi la différence, favorable au bénéficiaire de la libéralité, entre la valeur du bien donné appréciée à l'ouverture de la succession et le montant rapportable, est traitée par la loi comme un avantage indirect acquis au bénéficiaire **hors part successorale** (C. civ. art. 860, al. 4). Au demeurant, cet avantage, purement technique, procède directement d'une disposition légale, à telle enseigne qu'il n'y a pas lieu de démontrer qu'il repose sur l'intention libérale du disposant (Cass. 1e civ. 1-10-1986, n° 85-11.611 : Bull. civ. I n° 231, D. 1987. 158, note G. Morin, RTD civ. 1987. 582, obs. J. Patarin). En toute hypothèse, cet avantage indirect s'apprécie au regard de la succession du seul donateur ; de sorte que si la donation est d'un bien commun à deux époux, le rapport dérogatoire doit être pris en compte pour moitié seulement, et uniquement dans la liquidation de la succession du prémourant des donateurs, sauf si une clause contraire a été stipulée (Cass. 1e civ. 9-11-1993 n° 91-14.516).

En présence d'un cohéritier réservataire, cet avantage ne sera toutefois acquis définitivement au donataire que si, n'excédant pas la quotité disponible, il n'est pas sujet à réduction. Une donation rapportable dérogatoire qui procure un avantage au gratifié par suite d'une dérogation à la règle légale d'évaluation du rapport prend donc à cet égard un caractère mixte : rapportable pour partie, hors part successorale pour le surplus.

Par ailleurs, il ne faut pas se méprendre : c'est **à l'ouverture de la succession** qu'est appréciée la différence entre la valeur effective du bien donné et le montant rapportable, autrement dit **l'avantage préciputaire** (C. civ. art. 860, al. 4). Par conséquent, lorsque le rapport est stipulé pour la valeur du bien au jour de la donation, seule est prise en considération la plus-value prise par le bien entre le jour de la donation et celui du décès du disposant : elle seule sera réunie fictivement et imputée comme une donation hors part. La plus-value prise par le bien donné entre l'ouverture de la succession et l'époque du partage échappe à tout rapport et reste acquise au donataire.

EXEMPLE

Donation d'un appartement parisien valant 300 au jour de l'acte ; cette donation contient une clause de rapport forfaitaire pour ce montant. L'immeuble, dont l'état n'a pas varié, vaut 450 à l'ouverture de la succession et 650 lors du partage. Pour les besoins de la masse de calcul de la réserve et des imputations, le donataire sera considéré comme ayant bénéficié d'un avantage hors part successorale de 150. Le rapport sera de 300 au partage ; la plus-value de 350 prise entre le jour de l'acte et l'époque du partage lui reste acquise, sur laquelle 200 échappent à toute imputation et à toute qualification.

Il peut donc être judicieux de stipuler que le rapport s'effectuera pour la valeur du bien à l'ouverture de la succession, compte tenu de son état au jour de la donation (3e modèle n° 32015).

EXEMPLE

Dans le cas précédent, il est permis de stipuler que le rapport sera de la valeur de l'immeuble au jour de l'ouverture de la succession compte tenu de son état au jour de la donation, ici 450. Ainsi, aucun avantage indirect préciputaire n'apparaîtra ; mais le rapport sera de 450 au partage.

32025 La dérogation à la règle légale d'évaluation reste risquée, car elle peut aussi se révéler a posteriori **défavorable à l'héritier gratifié.** Si le bien donné s'est fortement déprécié au point de valoir moins au moment du partage que le rapport convenu, le rapport en sera pourtant dû à hauteur du montant forfaitaire prévu. Dans ce cas, le donataire a tout intérêt à pratiquer le rapport en nature, si du moins les conditions en sont réunies (voir n° 32115) ; mais la question se pose surtout de savoir s'il s'agit encore d'un acte libéral, car l'élément matériel peut être mis en doute (celui qui procède au rapport excessif stipulé ne faisant que s'appauvrir).

EXEMPLE

Donation d'une propriété valant 300 au jour de l'acte ; cette donation contient une clause de rapport forfaitaire pour ce montant. Or la propriété, dont l'état n'a pas varié, ne vaut plus que 250 à l'ouverture de la succession et 200 lors du partage.

Il n'y a aucun avantage indirect à l'ouverture de la succession, faute de plus-value.

Pire : le « donataire », qui n'a en mains qu'un bien valant 200, demeure obligé de droit à effectuer un rapport de 300. En somme, il risque de s'appauvrir.

Aucun inconvénient s'il est en mesure d'effectuer le rapport en nature, le bien n'étant grevé d'aucune charge nouvelle.

Dans le cas inverse, la question de la qualification de cette opération reste entière, puisqu'elle se traduirait par un véritable apport à la masse partageable, c'est-à-dire par un enrichissement injuste de celle-ci au détriment de l'héritier.

La prudence pourrait donc **conseiller** de doubler la clause de rapport forfaitaire d'une stipulation prévoyant la faculté pour le gratifié de rapporter en nature par dérogation à l'article 858 du Code civil (voir sur cette clause n° 32110).

2. RÈGLEMENT DU RAPPORT EN VALEUR

RÈGLEMENT EN MOINS PRENANT

Par hypothèse, le débiteur du rapport en valeur, contrairement à celui d'une indemnité de réduction, est toujours un héritier. Or le rapport est dû à la masse partageable (C. civ. art. 825, al. 2). Par conséquent, sa dette est traitée comme n'importe quelle dette d'un héritier à l'égard de la succession : il se contente de prendre une part moindre dans la masse à partager. **32055**

C'est pourquoi le règlement du rapport en valeur s'effectue **en principe** en moins prenant (C. civ. art. 858, al. 1 pour les donations et 843 pour les legs que le testateur a voulu rapportables).

Un tel mode de paiement simplifie le règlement de la succession :
– pour l'héritier redevable du rapport, cette technique présente l'avantage de lui éviter de devoir se procurer une somme d'argent, le cas échéant, importante ;
– pour ses cohéritiers, elle comporte deux mérites : elle leur permet de ne pas se voir exagérément évincés des biens mêmes de la succession (ce qui serait le cas si le débiteur du rapport y trouvait autant de droits qu'eux) ; elle leur évite de tomber en concours avec les autres créanciers de l'héritier redevable du rapport, dans toute la mesure de la part à laquelle ce dernier peut prétendre dans la succession (ce qui représente pour eux une sorte de privilège).

Par **exception,** le règlement du rapport nécessite le versement effectif d'une somme d'argent dans deux situations : **32057**
– lorsque le rapport (très spécifique) est dû en vertu d'une stipulation ad hoc par un héritier qui a renoncé à la succession : voir n°s 31115 s. ;
– lorsque le montant du rapport excède les droits du gratifié dans la masse à partager. Dans ce cas, le rapport s'exécute pour partie en moins prenant et pour le surplus par le versement d'une somme d'argent aux cohéritiers.

EXEMPLE

Le défunt laisse deux enfants, Zébulon et Babar, qui ont tous deux accepté la succession. Zébulon a bénéficié de la donation d'un immeuble dont l'état n'a pas varié et valant 500 au moment du partage. Les biens existants nets valent 300. Les droits des héritiers dans le partage sont calculés sur 800 (500 de rapport et 300 de biens existants), de sorte que Zébulon et Babar ont chacun des droits se montant à 400.

Zébulon ne peut exécuter son rapport en moins prenant qu'à concurrence de 400 ; il ne recevra rien des biens existants et devra verser à Babar en numéraire une somme d'un montant de 100, représentant l'excédent de son indemnité de rapport. Babar prendra la totalité des biens existants, soit 300, et recevra de Zébulon une indemnité de 100.

MODALITÉS DU MOINS PRENANT

Imputation La première technique au service du moins prenant est l'imputation, qui consiste à placer l'indemnité de rapport dans le lot du donataire, lequel la recueille en la déduisant de sa part. Sa dette s'éteint par **confusion,** c'est-à-dire par la réunion sur son chef des deux qualités de créancier et débiteur (C. civ. art. 864). C'est cette solution qu'utilisent les praticiens. **32060**

Le règlement du rapport s'intègre alors dans le partage.

EXEMPLE

Le défunt laisse deux frères, Anatole et Barnabé. Il a donné à Anatole un immeuble dont l'état n'a pas varié et dont la valeur à l'époque du partage est de 250. Les biens existants nets consistent en un immeuble (valant 200), des meubles (valant 50) et des liquidités et valeurs mobilières (valant 300).

La masse à partager est composée des biens existants (l'immeuble [200], les meubles [50] et les liquidités et valeurs mobilières [300]), soit au total 550, ainsi que du rapport dû par Anatole (250). Cela représente une masse totale de 800, revenant à chacun pour moitié, soit 400.

Anatole trouvera dans son lot son rapport de 250, par confusion sur lui-même, et sera rempli du surplus de ses droits (150) par l'attribution de biens existants (par exemple, 150 pris sur les liquidités et valeurs mobilières) ; Barnabé sera rempli de la totalité de ses droits (400) dans les biens existants (le surplus).

32065 **Prélèvement** Peut également être appliquée la technique du prélèvement. Seule mentionnée à l'origine dans le Code civil, elle a désormais disparu des textes.

L'idée est de placer tous les cohéritiers dans la même situation que celui qui est redevable du rapport, avant de répartir le reliquat. Pour cela, **deux étapes** :

– dans un premier temps, chacun des cohéritiers opère un prélèvement sur des biens de même valeur, et si possible de semblable nature, que l'objet de la donation rapportable (ce qui opère partage partiel : voir en ce sens, M. Grimaldi, Droit civil, Successions, LexisNexis, 8e éd., 2020, no 778) ;

– après quoi, dans un second temps, chacun ayant été ainsi pareillement traité à l'égard de l'hérédité, on partage le reste de la succession par têtes.

Si ce mode de moins prenant est omis par la loi et abandonné par les praticiens, c'est en raison des **inconvénients** qu'il présente :

– le choix des biens prélevés est en lui-même susceptible de faire naître des conflits entre les cohéritiers du donataire ;

– une fois les prélèvements effectués, il sera fréquemment malaisé de partager la masse restante, trop restreinte, ce qui expose à la licitation (M. Grimaldi, Droit civil, Successions, LexisNexis, 8e éd., 2020, no 778).

Les exigences du tirage au sort font que le prélèvement est **de principe** dans le partage judiciaire.

B. Exception : rapport en nature

HYPOTHÈSES DE RAPPORT EN NATURE

32110 Il n'y a que deux cas de rapport en nature.

En **premier lieu,** l'acte de donation peut l'avoir stipulé. Le rapport en valeur n'étant pas impératif, il est permis au donateur, en accord avec le donataire, d'avoir prévu que le rapport du bien donné s'effectuerait en nature (C. civ. art. 858, al. 2). Cet accord peut aussi être consigné dans un acte postérieur en forme de donation.

Dans tous les cas, il sera important de décrire soigneusement l'état du bien, afin que le rapport en nature ne soit pas d'un bien détérioré.

En cas de perte fortuite du bien, les risques sont à la charge de la succession.

MODÈLE

Clause aux fins de rapport en nature

« Par dérogation à l'article 858 du Code civil, l'objet de la présente donation en avance de part sera rapportable en nature à la succession.

Les aliénations et constitutions de droits réels qui viendraient à être consenties par le donataire sur le bien donné postérieurement à la donation s'éteindront de plein droit, à moins que le donateur n'y ait consenti.

Si le donataire a amélioré à ses frais l'état du bien donné, il lui en sera tenu compte selon la plus-value qui en résultera au moment du partage. S'il a engagé des dépenses sur ses deniers personnels pour la conservation du bien donné, il lui en sera pareillement tenu compte, encore qu'elles ne l'aient pas amélioré.

Inversement, le donataire répondra des dégradations de l'état du bien qui en ont diminué la valeur par son fait ou par sa faute ».

Le notaire veillera à échanger un courrier avec les parties à la donation, voire à leur faire signer une reconnaissance de conseil donné, afin d'attirer leur attention, avant la signature de l'acte, sur les effets radicaux du rapport en nature, obligation de restituer le bien lui-même au partage et effet révocatoire sur les droits des tiers.

En **second lieu,** le donataire peut effectuer spontanément son rapport en nature, sans avoir à recueillir l'accord de ses cohéritiers, mais pourvu que deux conditions soient réunies : 32115
– le bien est libre de toute charge ou occupation dont il n'aurait pas déjà été grevé à l'époque de la donation (C. civ. art. 859). Cette condition interdit l'anéantissement au préjudice de tiers des droits et charges créés dans l'intervalle par le donataire : hypothèque inscrite sur l'immeuble donné, bail consenti au profit d'un locataire, etc. Si le bien était grevé d'une charge ou occupation lors de la donation, le donataire peut la remplacer par une autre de même nature sans que cela en constitue une nouvelle lui interdisant un rapport en nature. Par exemple, si le bien donné est loué, le donataire peut conclure d'autres baux avec des locataires successifs et rapporter en nature le bien loué, sous réserve toutefois que la charge n'ait pas été alourdie, par exemple en raison d'un loyer non réévalué ;
– l'acte de donation n'a pas écarté la faculté offerte à l'héritier d'effectuer son rapport en nature (Cass. 1e civ. 12-1-2011 no 09-15.298 FS-PBI, solution rendue en application des dispositions similaires antérieures à la loi 2006-728 du 23-6-2006 mais à notre avis toujours valable : BPAT 2/11 inf. 132, Petites affiches 27 juillet 2011 p. 5 note B. Vareille ; D. Autem, L'exclusion par le donateur de la faculté de rapport en nature du donataire : Defrénois 2011 art. 39226 p. 773).

Dans tous les cas, l'option en faveur du rapport en nature est **indivisible** : l'héritier ne peut pas choisir un rapport en nature partiel (CA Nancy 1e ch. 14-2-1996 no 2423/92). 32120

L'option prise semble **définitive,** à tout le moins dans le cours d'un partage judiciaire. Dans un tel cadre, le donataire ne peut pas, après avoir accepté de faire un rapport en valeur, revenir sur sa décision et opter pour un rapport en nature (Cass. 1e civ. 24-11-1987 no 86-11.682 : Bull. civ. I no 312).

En outre, le rapport en nature n'est possible que si l'héritier **a accepté la succession,** le rapport s'effectuant obligatoirement en valeur lorsque l'héritier renonçant est tenu au rapport (no 31120).

Lorsque le bien donné était depuis l'origine un **bien de consommation sujet à dépréciation inéluctable,** on est fondé à se demander si le rapport en nature reste envisageable, ou si l'on doit étendre à ce cas la règle prévue dans le cas où un tel bien a été acquis grâce à une somme d'argent donnée ou au prix de vente d'un bien donné (C. civ. art. 860, al. 2 in fine et 860-1 ; voir no 31975). Dans ce cas, le rapport serait de la valeur du bien au jour de la donation, sans égard pour la dépréciation inéluctable. 32125

D'un côté, ces deux textes ne visent que la subrogation, par la seule volonté du donataire, d'un bien dont la dépréciation est inéluctable, et non pas la donation d'un tel bien. D'un autre côté, le risque est le même que le donataire rapporte en nature un bien sans valeur aucune, au préjudice de la cohérie ; simplement, ce sera par la volonté du donateur, et l'objet de la donation eût connu le même mauvais sort s'il était resté en nature dans la succession.

La jurisprudence ne s'est pas prononcée (voir toutefois un arrêt contesté rendu sous l'empire de la loi du 3-7-1971 : Cass. 1e civ. 27-6-2000 no 98-14.886 : Bull. civ. I no 202 ; JCP N 2001 p. 1554 note J.-F. Pillebout ; Dr. famille 2000, comm. no 133, note B. Beignier ; D. 2001, Somm. p. 2941, obs. B. Vareille).

CONSÉQUENCES DU RAPPORT EN NATURE

Résolution du droit de propriété du donataire Le droit de propriété du donataire est résolu et le bien rapporté redevient avant le partage la propriété indivise des cohéritiers. 32130

Le rapport en nature à l'initiative du donataire n'a pas d'effet résolutoire, puisqu'il n'est possible que si le bien est libre de toute charge ou occupation nouvelle de son fait (voir no 32115).

Il en va différemment de la **stipulation de rapport en nature.** L'exécution du rapport en nature entraîne l'anéantissement des **aliénations ou constitutions de droits réels** consenties sur le bien par le donataire (C. civ. art. 858, al. 2). Sont par exemple concernés l'acquéreur ou le créancier hypothécaire.

La rigueur de cette résolution est tempérée par trois **protections dont bénéficient les tiers** : 32135
– la clause de rapport en nature portant sur un immeuble doit être publiée au service chargé de la publicité foncière afin que les tiers (acquéreur, créancier hypothécaire, etc.) en soient informés (Décret 55-22 du 4-1-1955 art. 28, 2o) ; par suite, si la clause de rapport en nature n'a pas

été publiée, l'effet révocatoire du rapport en nature est inopposable aux titulaires de droits réels inscrits postérieurement sur le bien (Décret 55-22 du 4-1-1955 art. 30, 1, dernier al.) ;
– en présence d'un meuble, celui qui le détient de bonne foi peut revendiquer le bénéfice de la présomption de l'article 2276 du Code civil ;
– lorsque le rapport en nature a été stipulé dans la donation, les aliénations ou constitutions de droits réels effectuées par le donataire ne sont pas remises en cause s'il a recueilli le consentement du donateur, soit que ce dernier intervienne à l'acte, soit qu'il consente par acte distinct (C. civ. art. 858, al. 2).

Par ailleurs, en dehors de ces protections spécifiques, rappelons que par l'effet déclaratif du partage, les droits réels consentis à des tiers retrouvent leur efficacité si le bien rapporté est, dans le partage, attribué au cohéritier qui l'avait reçu à titre de libéralité.

A contrario, seuls les droits réels étant visés, les droits personnels constitués sur le bien rapporté subsistent, tels les baux d'habitation (même de longue durée), ainsi que les baux commerciaux ou ruraux. En effet, les intéressés, qui n'ont pas eu à consulter les origines de propriété pour passer l'acte, n'ont pas été mis en situation de refuser de contracter.

32140 **Prise en compte des modifications de l'état du bien** Comme pour le rapport en valeur (nº 31965), il doit être tenu compte des modifications de l'état matériel ou juridique du bien, en distinguant selon qu'il s'agit d'améliorations ou de dégradations et selon qu'elles sont **fortuites ou imputables au donataire** (C. civ. art. 861 et 863). Il s'agit pareillement de placer les héritiers dans la situation qui aurait été la leur si le bien fût resté la propriété du donateur : les variations d'état fortuites bénéficient ou préjudicient à la succession ; le donataire seul supporte les dégradations et profite des améliorations dont il est responsable. Simplement, en cas de rapport en valeur, ces correctifs sont intégrés de façon comptable dans la liquidation du montant du rapport.

En cas de rapport en nature, ils donnent lieu, selon les cas, soit à une **créance** (amélioration), soit à une **dette** (dégradation) du donataire à l'encontre ou à l'égard de la succession.

Pour les dépenses nécessaires, la créance est de la plus élevée des deux sommes, du montant de la dépense engagée et de la plus-value qu'elle a procurée au moment du partage (C. civ. art. 861, al. 2 ; cela s'infère de l'adverbe « pareillement » qui renvoie de façon implicite à l'alinéa 1, en ce sens, M. Grimaldi, Droit des successions, LexisNexis, 8e éd., 2020, nº 787 note 302). Pour les dépenses d'amélioration, elle est de la plus-value apportée (C. civ. art. 861, al. 1). En présence d'un bien frugifère, certains considèrent que les dépenses engagées ne sont remboursables que pour leur part excédant les fruits perçus.

32145 L'héritier qui effectue un rapport en nature peut **retenir le bien donné** jusqu'au remboursement effectif des sommes qui lui sont dues pour impenses ou améliorations (C. civ. art. 862) ; il bénéficie donc d'une forme de privilège sur le bien, lui garantissant ce paiement.

EXEMPLE

En application d'une clause de la donation, le donataire effectue le rapport en nature d'un bien valant 600, qu'il a amélioré et qui, à défaut, ne vaudrait que 500. Il est créancier d'une indemnité de 100 (dont il supportera naturellement une fraction en sa qualité de copartageant).

32150 **Restitution des fruits** Les fruits des biens qui font l'objet d'un rapport en nature sont dus **à compter de** l'ouverture de la succession (C. civ. art. 856, al. 1). Ceux perçus avant l'ouverture de la succession sont conservés par le gratifié.

32155 **Publicité foncière** Si le rapport en nature porte sur un bien ou droit immobilier, la mutation résultant de la mise en œuvre du rapport en nature doit être publiée au service chargé de la publicité foncière en sa qualité de résolution d'une convention publiée (Décret 55-22 du 4-1-1955 art. 28, 4º-c). À défaut, le donateur se heurterait à la règle de l'effet relatif lors de la publication de toute formalité subséquente car il ne serait pas en possession d'un titre publié justifiant qu'il a recouvré la propriété de l'immeuble.

Pour cela, un acte notarié peut être régularisé par les parties à l'amiable.

Si le rapport n'est obtenu qu'au terme d'un contentieux, c'est la décision de justice prononçant le rapport qui sera publiée. Mais pour être recevable, la demande en justice tendant à obtenir le rapport doit elle-même être préalablement publiée avant l'audience (Décret 4-1-1955 art. 30, 5). Le cas échéant, la situation peut être régularisée par une publication de la demande effectuée entre le jugement de première instance et l'appel (Cass. 3e civ. 18-11-2009 nº 08-11.893 FS-PB : RJDA 4/10 nº 444).

CHAPITRE 2

RÉDUCTION DES LIBÉRALITÉS

SOMMAIRE

PROTECTION DE LA RÉSERVE HÉRÉDITAIRE

32700 Le droit successoral garantit aux héritiers les plus proches, descendants et conjoint, une fraction du patrimoine du défunt. Il s'agit de la réserve héréditaire, déjà étudiée n°s 28700 s.

Le défunt a pu consentir des libéralités soit par donation entre vifs, soit par testament ou donation au dernier vivant à son conjoint ; mais ces libéralités ne seront efficaces avec certitude que si leur montant n'excède pas la **quotité disponible.**

Ce n'est qu'**après le décès du disposant** qu'il est possible de déterminer si les libéralités faites par lui excèdent la quotité disponible de sa succession et sont par conséquent réductibles. En effet, c'est seulement à cette date que l'on peut :
– connaître la qualité et le nombre d'héritiers réservataires laissés par le défunt ;
– mesurer l'importance du patrimoine du défunt, donc le seuil à partir duquel les libéralités excèdent la quotité disponible et sont réductibles ;
– déterminer parmi les libéralités consenties par le défunt lesquelles excèdent la quotité disponible et pour quelle fraction elles doivent être réduites afin que la réserve soit sauvegardée.

Lorsque la **libéralité excessive a pour objet un usufruit ou une rente viagère,** sa réduction a lieu à des conditions particulières (n°s 29390 s.).

Par ailleurs, si une atteinte à la réserve des enfants ne saurait en principe résulter d'un **avantage matrimonial** consenti par le défunt à son conjoint survivant, il en va différemment en présence d'enfants non communs, qui peuvent demander le retranchement de l'avantage excessif (n°s 29470 s.).

La loi confortant le respect des principes de la République a instauré une **obligation d'information renforcée pesant sur le notaire** à l'égard des héritiers réservataires (voir n° 33440, Attention) **et** un **droit de prélèvement compensatoire** au profit des enfants lorsque la loi étrangère applicable à la succession ne prévoit aucun mécanisme réservataire les protégeant (voir nos 70850 s.).

SECTION 1

DÉTERMINATION DES LIBÉRALITÉS RÉDUCTIBLES

RÈGLES GÉNÉRALES

32710 Une libéralité n'est réductible que pour autant que, excédant la quotité disponible, elle porte atteinte à la réserve ; et ne l'est que dans la seule mesure nécessaire au respect de cette réserve.

Pour savoir si une libéralité est réductible, il convient de comparer ce dont le défunt a disposé par libéralités, entre vifs (donations ou donations-partages), ainsi qu'à cause de mort (legs ou donation entre époux), avec la fraction de ses biens dont il pouvait disposer. La première opération consiste à **chiffrer la réserve et la quotité disponible,** la seconde à **imputer les libéralités** sur ces masses dans un ordre et selon des modalités déterminés par la loi.

ATTENTION

On doit avoir d'emblée en tête, toutefois, trois cas particuliers importants exigeant une **démarche liquidative spécifique** :
– la liquidation dérogatoire en présence d'une **donation-partage** (voir nos 11080 s. et les cas pratiques nos 77010 à 77035) ;
– la question de la **combinaison des quotités disponibles** ordinaire et spéciale, lorsque le disposant a gratifié à la fois son conjoint survivant, bénéficiaire de la quotité disponible élargie prévue par l'article 1094-1 du Code civil, et toute autre personne, bénéficiaire de la quotité disponible ordinaire instituée par l'article 913 du même Code (voir nos 33235 s. et les cas pratiques nos 77040 et 77050) ;
– la liquidation, puis le traitement particulier de l'**avantage matrimonial** né d'un régime matrimonial conventionnel avantageux en présence d'enfants non issus du conjoint survivant, et de l'action dite « en retranchement » susceptible d'en résulter, qui n'est qu'une variété d'action en réduction (voir nos 29470 s. et les cas pratiques nos 77060, 77065 et 77068).

I. ÉVALUATION DE LA RÉSERVE ET DE LA QUOTITÉ DISPONIBLE

MASSE DE CALCUL

32720 La réserve et la quotité disponible sont des **fractions du patrimoine** du défunt exactement complémentaires.

Pour connaître leurs montants respectifs, il faut d'abord déterminer leur **masse de calcul,** en reconstituant comptablement le patrimoine du défunt à son décès comme s'il n'avait procédé à aucune libéralité.

Les montants de la réserve et de la quotité disponible sont ensuite obtenus par l'application à cette masse de calcul des **taux** appropriés (sur ces taux, voir nos 28910 s.).

ATTENTION

Les **règles** de calcul de la réserve et de la quotité disponible sont d'**ordre public,** à la différence des règles du rapport : il n'est pas possible d'y déroger par une stipulation de la donation ou par une manifestation de volonté du défunt (en ce sens, notamment, Cass. 1e civ. 25-6-1974 n° 73-10.226 : Bull. civ. I n° 204).

Pour autant, la réduction des libéralités empiétant sur la réserve n'est pas automatique : à la différence du rapport, qui est de droit (n° 30920), la **réduction doit être demandée** par l'héritier réservataire. Ce dernier peut d'ailleurs y renoncer dès l'instant que la succession est ouverte. En effet, son droit étant alors acquis, il n'y a plus aucune atteinte à l'impérativité de la réserve ni à la prohibition des pactes sur succession future (voir B. Vareille, Conseils liquidatifs pour le rapport et la réduction : Defrénois 15-6-2015 n° 120d0 p. 630). Sur la renonciation à agir en réduction, voir nos 33830 s.

Pour les mêmes raisons, il est toujours loisible d'infléchir les règles de la réunion fictive et de la réduction avec l'accord des réservataires, mais seulement une fois la succession ouverte et à condition que cela n'affecte pas les droits des tiers (voir nos 32730 et 23160 s.).

A. Formation de la masse de calcul

COMPOSITION GÉNÉRALE

La masse de calcul de la réserve et de la quotité disponible **comprend** les biens existants, dont **on déduit** les dettes et auxquels **on réunit** ensuite fictivement les biens dont le défunt a disposé entre vifs (C. civ. art. 922). **32725**

La rédaction actuelle de l'article 922 du Code civil est quelque peu confuse, par suite d'une maladresse de plume du législateur de 2006 ; en cette matière impérative, il faut se conformer **strictement** à ce qui suit.

BIENS EXISTANTS

Ce sont tous les biens que le défunt laisse à son décès, y **compris** ceux dont il a disposé par testament ou par une donation entre époux. **32730**

Sont donc **exclus** de la catégorie des biens existants, par hypothèse, tous les droits viagers dont le défunt était titulaire, car ils s'éteignent avec lui (usufruit, droit d'habitation, droit d'usage), ainsi que les droits résolus par le décès, parce qu'ils ont disparu de son patrimoine (biens acquis en tontine, biens reçus affectés d'un droit de retour conventionnel).

Pour ce qui est des contrats d'assurance, il y a lieu de distinguer. Les capitaux des contrats d'assurance en cas de décès au bénéfice d'un tiers ont toujours été étrangers au patrimoine du souscripteur ; en revanche, ceux qui garantissaient un emprunt augmentent la valeur des biens existants en soldant le passif garanti. Les capitaux d'assurance-vie au bénéfice d'un tiers sont étrangers aux biens existants, mais les primes versées seront éventuellement réunies fictivement et prises en compte au titre du rapport ou de la réduction dans certains cas bien précis ; il peut en aller de même du capital dans certaines hypothèses particulières (voir nos 31545 et 32775).

Les biens existants sont considérés et évalués **au jour de l'ouverture de la succession,** même si les opérations de liquidation ont lieu plusieurs mois, voire plusieurs années, après le décès. La réserve n'existe en effet qu'à cette date précise.

Il en résulte par exemple cette évidence que les intérêts dus à compter de cette date sur l'indemnité de rapport convenue ne peuvent pas être pris en compte dans la masse de calcul de la réserve (Cass. 1e civ. 6-11-2013 n° 12-16.625 FS-PBI : Sol. Not. 1/14 inf. 13), pas davantage que les fruits des biens de la succession advenus postérieurement au décès (ces sommes ne figureront que dans la masse à partager).

De manière générale, lorsque le **défunt était marié,** l'identification des biens existants exige de façon systématique que soient déterminés au préalable ses droits dans le régime matrimonial dissous. Sur cette question primordiale, voir nos 23160 s. Si le défunt était commun en biens, une transaction sur la liquidation de la communauté, postérieure au décès, est sans incidence sur l'étendue de la masse de calcul de la quotité disponible, laquelle se détermine au décès. Il y a lieu d'intégrer à cette masse les droits de la défunte dans la communauté après une liquidation orthodoxe (Cass. 1e civ. 21-9-2022 n° 20-18.546 F-D : BPAT 6/22 inf. 285, Defrénois 2-6-2023 n° DEF214k2 p. 28 obs. B. Vareille).

ATTENTION

Ni les biens visés par l'article 738-2 du Code civil (**droit de retour légal des père et mère**), ni ceux visés par l'article 757-3 du même Code (**droit de retour légal des collatéraux privilégiés**) ne paraissent exclus de la masse de calcul de la **réserve du conjoint** et de la quotité disponible, faute qu'il soit suffisamment porté atteinte à l'unité de la succession par ces deux droits de retour spécifiques (en ce sens, F. Terré, Y. Lequette et S. Gaudemet : Droit civil. Les successions. Les libéralités, Dalloz, 4e éd., 2014, n° 1171 ; Dalloz Action Droit patrimonial de la famille 2021/2022, dir. M. Grimaldi, v. Successions anomales par C. Vernières, nos 235-63 et 235-133 ; concernant l'article 738-2 seulement, voir M. Grimaldi : Droit des successions, LexisNexis, 8e éd., 2020, n° 799). La question n'a toutefois pas encore été tranchée par la jurisprudence.

DÉDUCTION DES DETTES

32735 Des biens existants sont déduites les **dettes du défunt,** ainsi que celles qui naissent à l'occasion **ou du fait de son décès** : frais funéraires, frais de règlement de la succession, frais de liquidation et de partage. Ne sont pas déductibles les **droits de succession** dus le cas échéant par les bénéficiaires de la transmission, ces impositions leur étant personnelles.

Le passif est repris pour son **montant** au jour du décès.

32740 La déduction des dettes opérée sur les biens existants permet d'aboutir à un **actif net,** qui exprime l'importance réelle du patrimoine que le défunt laisse à son décès.

Si le **passif** est **supérieur à l'actif,** l'opération de déduction des dettes dégage un résultat négatif. Ce résultat est repris dans la suite des opérations pour une **valeur nulle** (et non pas pour sa valeur négative). C'est pourquoi violerait l'article 922 la liquidation qui déduirait le passif successoral au décès du total formé par les biens existants et la réunion fictive : le passif ne doit être déduit que des biens existants, donc **avant réunion fictive.** Par conséquent, si le passif excède la valeur des biens existants, la masse de calcul de la réserve se résume à la réunion fictive des libéralités entre vifs, les biens existants nets étant pris en compte pour zéro (Cass 1e civ. 1-12-1964 : Bull. civ. I n° 536, arrêt rendu au visa de l'article 922 dans sa rédaction ancienne, mais en tout point transposable).

32745 Cet **ordre impératif des opérations,** qui exige que les **dettes** soient soustraites **avant** la réunion fictive, marque la limite du réalisme qui voudrait que la succession fût reconstituée comme si aucune libéralité n'avait été consentie : on ne peut pas faire peser artificiellement le passif successoral sur les donations. Cela donne à cette reconstitution du patrimoine un caractère forcément approximatif, et à la masse de calcul de la réserve une coloration nettement sui generis.

RÉUNION FICTIVE DES BIENS DONNÉS

32750 Aux biens existants dont ont été déduites les dettes sont réunis fictivement les **biens donnés entre vifs** par le défunt (C. civ. art. 922, al. 2).

Cette opération vise à une **reconstitution comptable** du patrimoine du défunt, qui permet de liquider la réserve et corrélativement la quotité disponible.

Le donataire n'est tenu à aucune restitution effective à l'occasion de cette opération de vérification préalable, qui n'est que de nature purement abstraite.

32755 Sont réunies fictivement **toutes les donations** entre vifs, quels que soient :
– la qualité du bénéficiaire : peu importe que le donataire soit héritier ou étranger à la succession ;
– la nature de la donation : en avancement de part successorale ou hors part successorale ;
– la forme de la donation : donations manuelles, indirectes ou déguisées sont à réunir au même titre que les donations ostensibles (C. civ. art. 920) ; en pratique, seule la difficulté d'en administrer la preuve peut faire échapper une donation non notariée à la réunion fictive ;
– l'objet de la donation : bien meuble ou immeuble, propriété ou droit réel démembré ;
– les clauses de la libéralité : les donations avec charge, les donations graduelles ou résiduelles sont à réunir fictivement ;
– le montant de la donation, qui est indifférent.

Les **donations-partages** font également l'objet de cette réunion fictive, bien qu'elles réalisent un partage avant l'heure, ce qui démontre qu'elles ne sont pas une véritable succession anticipée (sur l'évaluation dérogatoire de certaines donations-partages en vue de leur réunion fictive, voir nos 32785 et 32800 s.).

32760 **Présomption de gratuité** La valeur en pleine propriété des **biens vendus** par le défunt **à un successible en ligne directe** à charge de rente viagère ou à fonds perdus (par exemple, moyennant un bail à nourriture) ou encore avec réserve d'usufruit doit être réunie fictivement à la masse de calcul (C. civ. art. 918). Cette règle exprime une **double présomption irréfragable** que la vente au successible recouvre une donation déguisée, et que cette dernière est consentie hors part successorale : ce sont la nature de l'opération et la proche parenté du cocontractant qui font présumer de façon définitive et irréparable le déguisement aux yeux du législateur, de sorte que même si l'opération a été sincèrement onéreuse, elle sera traitée comme une donation hors part (Cass. civ. 28-12-1937 : DP 1940 I p. 41 note Holeaux). Ainsi, par exemple, un fils ayant acheté la nue-propriété d'un immeuble appartenant à ses parents ne peut remettre en cause la présomption de gratuité découlant de l'article 918 du Code civil en justifiant de l'existence du remboursement du prêt qu'il a contracté pour financer cette acquisition (Cass. 1e civ. 29-1-2014 n° 12-14.509 F-PB : AJ fam. 2014 p. 199 obs. N. Levillain, RJPF 2014-4/31 note L. Marstal, Dr. famille 2014 comm. 64 obs. M. Nicod).

Toutefois, si certains **héritiers réservataires consentent à la vente,** la présomption sera écartée à leur égard (C. civ. art. 918, in fine) : cela laisse entier le droit de ceux qui n'ont pas consenti, notamment celui des réservataires à naître. Ce consentement peut intervenir au moment de la cession ou postérieurement (Cons. const. 1-8-2013 n° 2013-337 QPC). Il peut être exprès ou tacite, les juges du fond ayant un pouvoir souverain pour interpréter les actes ou faits invoqués (Cass. 1e civ. 28-4-1965 n° 62-11.637 : Bull. civ. I n° 270). Ainsi, la réalisation quasi simultanée de cessions de parts sociales égalitaires par le défunt, avec réserve d'usufruit, à chacun de ses héritiers présomptifs en ligne directe vaut, de leur part, consentement tacite et réciproque à chacune des aliénations, tenant la présomption de gratuité en échec (Cass. 1e civ. 26-1-2022 n° 20-14.155 FS-B : BPAT 2/22 inf. 88, Defrénois 7-4-2022 n° DEF207c2 p. 24 obs. B. Vareille, Dr famille 2022 comm. 54 par M. Nicod).

› Précisions a. Il n'y a pas d'automaticité du jeu de la présomption de gratuité, laquelle doit être **invoquée à l'ouverture de la succession.** Seuls les réservataires peuvent se prévaloir de l'article 918, à l'exclusion des donataires gratifiés antérieurement qui trouveraient intérêt à ce que la donation déguisée fût réduite avant leur propre libéralité (F. Terré, Y. Lequette et S. Gaudemet : Les successions. Les libéralités, précis Dalloz, 4e éd. 2014, n° 1175 p. 1051 note 2 ; M. Grimaldi : Droit des successions, LexisNexis, 8e éd. 2020, n° 805 p. 655).

b. Estimant que la **vente en viager** répond à un besoin croissant, notamment pour compléter une pension de retraite, le 119e Congrès des notaires de France propose, afin de favoriser cette opération dans un cadre familial, de **transformer la présomption** de gratuité en présomption simple (119e Congrès des notaires de France : Le logement, Deauville, 2023, 3e commission, proposition 2, sous-proposition 1). Un enfant pourrait ainsi prouver la réalité de la vente à charge de rente viagère que son ascendant lui a consentie. Une telle proposition, déjà formulée par la profession, rejoint plusieurs suggestions doctrinales (77e Congrès des notaires de France : La vente volontaire d'immeuble, Montpellier, 1981, 3e commission, 1er vœu ; voir également, allant jusqu'à préconiser la suppression pure et simple de l'art. 918, 102e Congrès des notaires de France : Les personnes vulnérables, Strasbourg, 2006, 3e commission, 3e proposition ; notamment, J. Flour et H. Souleau : Les successions, Armand Colin, 3e éd., 1991, n° 511 ; N. Bargue, De quelques difficultés d'application de l'article 918 du Code civil : Defrénois 30-1-2010 p. 165 ; Rapport du groupe de travail sur la réserve héréditaire remis à la ministre de la Justice le 13-12-2019, dir. C. Pérès et P. Potentier, proposition n° 25). Ce même Congrès propose également d'écarter purement et simplement la vente en nue-propriété du champ d'application du texte (119e Congrès des notaires de France, précité).

Compte tenu de son caractère dérogatoire au droit commun, la **présomption** est **de droit** **32765**
étroit.

Elle ne s'applique pas, par exemple (décisions rendues en application de l'ancien article 918 mais transposables sous le régime issu de la loi du 23-6-2006) :

– en cas de vente consentie à une société dont l'héritier est associé, car l'héritier n'est pas devenu propriétaire du bien acquis par la société, la personne morale faisant écran (Cass. 1e civ. 30-9-2009 n° 08-17.411 F-PB : BPAT 6/09 inf. 242) ;

– en cas d'aliénation avec réserve du droit d'usage et d'habitation, car l'énumération de l'article 918 du Code civil est limitative (Cass. 1e civ. 16-6-1982 n° 90-17.886 : Bull. civ. I n° 187) ;

– lorsque le successible en ligne directe qui a acquis le bien moyennant une rente viagère n'avait pas, au jour de l'acte de vente, la qualité d'héritier présomptif du vendeur (Cass. 1e civ. 17-3-1982 n° 81-12.119 : Bull. civ. I n° 117, RTD civ. 1983 p. 175 obs. J. Patarin) ;

– lorsque les parents ont acheté un immeuble en indivision avec leur fils et son épouse, avant d'échanger leur part en nue-propriété contre la part de leurs fils et belle-fille en usufruit, moyennant une soulte convertie en rente viagère. En effet, un échange n'est pas une vente, seule opération visée par l'article 918 (Cass. 1e civ. 25-9-2013 n° 12-20.541 F-PB : BPAT 6/13 inf. 231) ;

– lorsqu'une décision de justice définitive a jugé que la vente à charge de rente viagère consentie aux enfants ne constituait pas une donation déguisée : la présomption irréfragable de vérité attachée à l'autorité de la chose jugée (C. civ. art. 1355, ancien art. 1351) l'emporte sur la présomption également irréfragable de gratuité posée par l'article 918 (Cass. 1e civ. 28-2-2006 n° 03-20.281 F-PB).

Saisi par la Cour de cassation d'une **question prioritaire de constitutionnalité,** le Conseil **32770**
constitutionnel a jugé l'article 918 du Code civil conforme à la Constitution : la présomption irréfragable de gratuité posée par cet article ne porte pas une atteinte disproportionnée à l'exercice du droit de propriété de l'héritier acquéreur et à la liberté contractuelle du vendeur (Cons. const. 1-8-2013 n° 2013-337 QPC : Sol. Not. 10/13 inf. 237, décision rendue à propos de l'art. 918 dans sa rédaction antérieure à la loi du 23-6-2006 mais transposable ; S. Deville, L'article 918 du Code civil face à la question prioritaire de constitutionnalité : histoire d'une occasion manquée : Dr. famille 2014 étude 8).

32775 **Opérations exclues** Par exception, échappent à la réunion fictive (comme elles échappent au rapport) les libéralités entrant dans la catégorie des divers **frais de nourriture, d'entretien... et** les **présents d'usage** visés à l'article 852 du Code civil (Cass. 1e civ. 19-9-2018 n° 17-24.205 F-D, concernant les présents d'usage : Dr. famille 2018 comm. 283 par M. Nicod) : voir nos 31530 s.

Ne font pas non plus l'objet de la réunion fictive les capitaux ou la rente résultant d'un contrat d'**assurance-vie** dont le défunt était l'assuré et dont un tiers est le bénéficiaire désigné en cas de décès, ni les primes versées sauf si elles étaient manifestement exagérées au regard de ses facultés ; il en va différemment encore si l'opération était d'emblée dénuée d'aléa, ou encore si le défunt avait manifesté la volonté d'inclure une telle opération dans sa succession : voir nos 31715 s.

32780 Échappent encore à la réunion fictive à la masse de calcul de la quotité disponible les **fruits et revenus des biens donnés** qui ont été perçus par le donataire depuis le jour de la donation jusqu'à la date du décès (C. civ. art. 856 a contrario).

Il en va de même **en principe** des **avantages matrimoniaux** (car ils ne constituent pas des libéralités). Par **exception,** les avantages matrimoniaux sont traités comme des donations si le défunt laisse des enfants non issus du conjoint survivant. Ces derniers, en raison de ce que l'avantage matrimonial risquerait de les spolier de leur réserve, peuvent en demander la réunion fictive, puis, s'il y a lieu, la réduction par le jeu de l'action dite « en retranchement » prévue par l'article 1527, alinéa 2 du Code civil (sur l'ensemble de la question, voir nos 29470 s.).

32785 **Évaluation des biens fictivement réunis** Il s'agit d'évaluer le patrimoine du défunt à une valeur aussi proche que possible de celle qui aurait été la sienne si le défunt n'avait pas disposé de ses biens de son vivant. À cet effet, et sauf le cas particulier des donations-partages unanimes au sens de l'article 1078 du Code civil (nos 10990 s. et 32800), les biens donnés sont réunis fictivement à la masse de calcul de la quotité disponible pour leur **valeur** au jour du décès selon leur **état** à l'époque de la donation (C. civ. art. 922, al. 2 ; pour une illustration jurisprudentielle du principe d'évaluation au jour du décès, Cass. 1e civ. 4-6-2007 n° 06-14.473 F-D).

Sont déduites de la valeur du bien réunie à la masse les **dettes et charges** le grevant (C. civ. art. 922, al. 2 ; voir un cas extrême où la charge n'appelle aucune déduction, car elle correspond à des secours ponctuels de la donataire, déjà salariée par les donateurs : Cass. 1e civ. 11-10-2017 n° 16-21.692 FS-PB : BPAT 6/17 inf. 239, Defrénois 26-4-2018 n° 136a4 p. 40 obs. S. Gaudemet). Sur l'évaluation du montant de la charge, les règles exposées en matière de rapport (n° 31947) sont transposables.

Toutefois, les donations **graduelles et résiduelles,** analysées aujourd'hui comme des donations avec charge (nos 2410 s. et 2790 s.), et qui contiennent deux donations distinctes, bénéficiant respectivement l'une à un premier gratifié grevé, l'autre à un second gratifié bénéficiaire, sont à réunir fictivement pour leur valeur globale à l'ouverture de la succession compte tenu de leur état au jour de la donation (sur le rapport de ce type de libéralités, voir nos 31450 s. ; sur leur imputation, voir nos 33315 s.).

Comme en matière de rapport, des règles spécifiques sont prévues pour les **monuments historiques** donnés ou légués avec une clause d'inaliénabilité (C. patr. art. L 621-29-7) : voir n° 31947.

32790 À la différence près – primordiale – que l'évaluation des biens est effectuée au jour du décès, et non à l'époque du partage, les règles sont les mêmes qu'en matière de rapport :

– il est tenu compte des **variations d'état** fortuites (améliorations ou détériorations), car le défunt les aurait lui-même connues si le bien était resté en sa possession ; en revanche, il n'est pas tenu compte des variations imputables au gratifié. Ces règles s'appliquent par **exemple** à l'évaluation de **parts ou actions de sociétés.** Ainsi, doit être cassé l'arrêt qui énonce que l'autonomie de la personne morale constitue un « obstacle de principe » à ce que le cogérant d'une SARL, quels que soient ses mérites personnels et le rôle qu'il a joué dans le développement de la société, bénéficie seul de la plus-value prise par les parts qui lui ont été données (Cass. 1e civ. 24-10-2012 n° 11-21.839 F-PBI, solution rendue pour l'application de l'article 922 dans sa rédaction antérieure à celle issue de la loi du 23-6-2006 mais transposable : BPAT 6/12 inf. 300). Cela dit, et en application du droit commun, des parts sociales données sont évaluées pour leur valeur au jour du décès, incluant la plus-value prise depuis la donation, si du moins le donataire ne démontre pas que cette plus-value provient de son activité (Cass. 1e civ. 14-4-2010 n° 09-11.633 F-D, solution rendue pour l'application de l'article 922 dans sa rédaction antérieure à celle issue de la loi du 23-6-2006 mais transposable) ;

– si le **bien donné a été aliéné** et n'est donc plus la propriété du donataire au jour du décès du donateur, c'est sa valeur à l'époque de l'aliénation, compte tenu de son état au jour de la donation, qui est retenue. Si un nouveau bien a été acquis en remploi, c'est la valeur du nouveau bien au jour de l'ouverture de la succession qui est fictivement réunie compte tenu de son état au jour où le gratifié en était devenu propriétaire (C. civ. art. 922, al. 2). La valeur du bien n'est pas nécessairement son prix, les héritiers réservataires étant autorisés à administrer la preuve que le prix convenu a été minoré ou qu'une partie a été payée hors la comptabilité du notaire. Si un **nouveau bien** a été **acquis** grâce au prix de vente du bien donné, il est réuni fictivement d'après la valeur de ce nouveau bien à l'époque du partage (par l'effet de la subrogation réelle) et en tenant compte, d'une part, de la proportion dans laquelle le prix de vente a permis l'acquisition du nouveau bien (en cas de subrogation partielle), d'autre part, de son état lors de cette acquisition. Cela vaut également en cas de donation de somme d'argent employée dans l'acquisition d'un bien ; la réunion fictive doit alors être calculée d'après la valeur de ce bien selon son état au jour de l'acquisition (Cass. 1e civ. 17-10-2019 n° 18-22.810 F-PBI : BPAT 1/20 inf. 25 obs. G. Yildirim, Defrénois 23-1-2020 n° 156f3 p. 35 obs. B. Vareille). Tout ce qui a été dit des **frais d'acquisition** en matière de rapport (n° 31976) est ici parfaitement transposable, si ce n'est que l'exigence est encore plus impérieuse de reconstituer la masse de calcul de la réserve et de la quotité disponible.

Comme en matière de rapport, il existe une exception à ce principe pour les successions ouvertes depuis le 1er janvier 2007 : si la **dépréciation du bien acquis en remploi** était inéluctable dès le jour de son acquisition, la valeur à retenir est celle du bien donné à l'époque où le nouveau bien a été acquis, sans subrogation (C. civ. art. 922, al. 2 in fine) ;

– si le **bien donné a péri** par cas fortuit, il est retenu pour une valeur nulle, sauf si une indemnité a été perçue à ce titre par le donataire ; s'il a péri par la faute de ce dernier, il est pris en compte pour la valeur qu'il aurait s'il existait encore.

Pour plus de précisions sur ces règles, voir nos 31965 à 31980.

Lorsqu'un **bien** dont le défunt avait la pleine propriété a été **donné en nue-propriété ou en usufruit,** la valeur de la pleine propriété du bien doit se retrouver dans la masse de calcul de la réserve et de la quotité disponible. **32795**

En effet :

– soit le donateur s'était réservé l'usufruit du bien donné, de sorte qu'au décès, le donataire de la nue-propriété reconstitue la pleine propriété : c'est alors la valeur de la toute propriété qui doit être réunie fictivement à l'actif net (voir Cass. 1e civ. 17-10-2019 n° 18-22.810 F-PBI, s'agissant d'une donation de somme d'argent employée par le donataire dans l'acquisition de la nue-propriété d'un immeuble, le donateur en achetant l'usufruit : BPAT 1/20 inf. 25 obs. G. Yildirim, Defrénois 23-1-2020 n° 156f3 p. 35 obs. B. Vareille). La solution se justifie pour les mêmes raisons que celles exposées n° 31955 en matière de rapport, mais est exposée aux mêmes critiques ;

– soit le donateur s'était réservé la nue-propriété ; en ce cas, le bien doit figurer dans les biens existants pour sa valeur en nue-propriété, et l'usufruit donné faire l'objet d'une réunion fictive (lui seul étant pris en compte au titre de l'imputation des libéralités, puisque lui seul a été donné) ;

– soit, comme il est courant, le disposant a gratifié de la nue-propriété un premier donataire et de l'usufruit un second, et la valeur des deux droits démembrés sera à réunir fictivement, le total étant forcément égal à la valeur du bien en pleine propriété.

ATTENTION

S'agissant de la donation d'un **usufruit dit « temporaire »,** c'est-à-dire à durée limitée, qui a pris fin avant le décès, si l'on admet que le rapport en est dû à la succession pour une certaine valeur (voir nos 31955 s.), cette même valeur donnera lieu à réunion fictive puis à imputation. Dans le cas où cet usufruit court encore à la date du décès du disposant, c'est la même solution qui devrait s'appliquer : si l'on admet que la valeur d'un tel usufruit est déterminée à la date à laquelle il a été consenti, il faut, en bonne logique, admettre aussi que cette valeur ne fluctuera pas suivant que le disposant est vivant ou décédé (A. Chamoulaud-Trapiers, L'usufruit temporaire : aspects civils : SNH 31/21 inf. 12). Une fois appréciée, la valeur économique de l'usufruit temporaire donne lieu à la réunion fictive, au rapport et, le cas échéant, à la réduction (B. Vareille, Usufruit et liquidations successorales : « L'usufruit », Journées nationales de l'Association Henri Capitant, tome XXII, Dalloz, 2020 p. 79 s., n° 43). Pour l'étude d'ensemble de la donation d'usufruit à durée fixe, voir nos 6270 s.

Il existe à ces principes d'évaluation une **exception majeure** cependant très courante, dans le cas de la **donation-partage dite « unanime »,** celle à laquelle tous les réservataires vivants et représentés au décès du de cujus ont concouru, aucun d'entre eux n'étant alloti d'une somme d'argent assortie d'une réserve d'usufruit : en ce cas, en vertu de l'article 1078 du Code civil, les lots sont évalués une fois pour toutes, en vue de la réunion fictive et des imputations, pour leur valeur au jour de la donation-partage (n° 10990). **32800**

ATTENTION

En cas de **donation-partage unanime avec réserve d'usufruit,** comment évaluer les lots affectés de cette réserve d'usufruit en vue de leur réunion fictive ?

Certains auteurs estiment que, par application des règles dérogatoires de l'article 1078 du Code civil, l'évaluation des lots doit être fixée une fois pour toutes au jour de la donation-partage et, par conséquent, abstraction faite de la valeur de l'usufruit réservé (N. Randoux et P. Caignault, Les fruits et revenus à l'épreuve du rapport : JCP N 2012 n° 1241 § 10, qui évoquent en faveur de cette solution « l'adhésion quasi unanime des Cridon »).

D'autres auteurs paraissent au contraire favorables à l'application du droit commun : ils prennent en compte le bien donné pour sa valeur au jour de la donation-partage, mais évaluée en pleine propriété (en ce sens, notamment, P. Catala : La réforme des liquidations successorales, Defrénois, 3e éd., 1982, p. 294 note 457).

Cette question cependant primordiale n'a pas encore été tranchée (voir B. Vareille, Usufruit et liquidations successorales : « L'usufruit », Journées nationales de l'Association Henri Capitant, tome XXII, Dalloz, 2020, p. 79 s., nos 9 et 42).

B. Calcul de la quotité disponible et de la réserve

RÈGLES GÉNÉRALES

32850 La quotité disponible et la réserve sont calculées en appliquant à la masse de calcul formée dans les conditions indiquées ci-dessus le **taux fixé par la loi** en fonction de la qualité et du nombre des héritiers (sur les taux applicables, voir nos 28910 s.).

Ces chiffres obtenus, quotité disponible et réserve sont délimitées ; il est alors possible de déterminer si le défunt a pris, de son vivant ou par testament, des dispositions qui respectent la fraction de ses biens dont il pouvait disposer, ou s'il a au contraire empiété sur la fraction incompressible ménagée par la loi aux héritiers réservataires, exposant ainsi les libéralités excessives à la réduction.

EXEMPLE

Le défunt laisse trois enfants. Il a donné 200 000 € à l'un de ses frères (pour libérer ce dernier de ses dettes). À son décès, il laisse une succession évaluée à 900 000 €, sur lesquels il a légué par testament un bien valant 100 000 € à sa compagne (toutes évaluations effectuées à l'ouverture de la succession). Il avait contracté un emprunt pour lequel 165 000 € restent à payer.

Biens existants	900 000 €
Dettes à déduire	– 165 000 €
Actif net successoral valeur décès	= 735 000 €
Réunion fictive de la donation	+ 200 000 €
Masse de calcul de la réserve	= 935 000 €
Taux de la réserve en présence de trois enfants :	3/4
Montant de la réserve globale : 935 000 € × 3/4 =	701 250 €
Montant de la réserve individuelle de chaque enfant : 701 250 € / 3 =	233 750 €
Montant de la quotité disponible : 935 000 € – 701 250 € =	233 750 €

Comme on le verra plus bas, la donation et le legs, tous deux préciputaires, doivent s'imputer successivement et dans cet ordre sur la quotité disponible. Après imputation de la donation, il reste seulement 33 750 € dans la quotité disponible, de sorte que le legs est réductible dans la mesure de l'excédent, soit un coefficient de réduction de [100 000 – 33 750] / 100 000 = 66,25 %.

QUOTITÉ DISPONIBLE ENTRE ÉPOUX

32855 Encore faut-il garder en tête le cas de la **quotité disponible spéciale** entre époux en présence de descendants (n° 28970), qui offre au **disposant** le choix, lorsqu'il gratifie son conjoint, entre trois solutions :

– la quotité disponible ordinaire ;
– un quart en propriété et trois quarts en usufruit ;
– la totalité en usufruit.

Il est courant que le disposant, à la faveur d'une clause de la libéralité consentie à son conjoint, délègue à ce dernier la faculté de désigner la quotité disponible.

Sur l'articulation de la quotité disponible spéciale et de la quotité disponible ordinaire, voir n°s 33235 s.

II. IMPUTATION DES LIBÉRALITÉS

MODALITÉS DE L'IMPUTATION

Imputer les libéralités, c'est **soustraire leur montant** soit de la quotité disponible, soit de la réserve, en fonction de leur nature, afin de vérifier si elles sont réductibles. Pour ce qui est des libéralités avec charge, c'est l'émolument net qui est pris en considération : voir n°s 2065 et 32785. **32930**

Si le défunt a consenti **plusieurs libéralités,** il faut en déterminer l'**ordre d'imputation.** Une fois cet ordre déterminé, chaque libéralité sera imputée soit sur la réserve puis éventuellement sur la quotité disponible, soit sur la quotité disponible, en fonction de son caractère (hors part ou en avancement de part successorale) et de la qualité du gratifié (réservataire ou non-réservataire).

Lorsque le **conjoint survivant figure au nombre des gratifiés,** cela introduit un facteur de complication, en raison de la quotité disponible spéciale dont il bénéficie : il convient alors de combiner la quotité disponible ordinaire et la quotité disponible spéciale entre époux.

La détermination du **secteur d'imputation** est évidente pour tout héritier non-réservataire, de même que pour tout étranger à la succession : ils ne peuvent être gratifiés que sur le disponible. L'héritier réservataire gratifié est tributaire de la volonté du de cujus. S'il s'agit d'une avance de part, elle est à déduire de sa part successorale, laquelle se compose ainsi : à coup sûr, de sa réserve individuelle ; éventuellement, d'une part de quotité disponible. C'est pourquoi une avance de part s'impute principalement sur la réserve individuelle du gratifié et subsidiairement sur la quotité disponible. S'il s'agit au contraire d'une libéralité hors part, elle est à décompter de la quotité disponible, seule portion qui permette d'avantager l'héritier.

En pratique, on commencera par déterminer l'ordre d'imputation des libéralités avant de les imputer sur le secteur qui correspond à leur nature.

A. Ordre d'imputation des libéralités

ENJEU

L'ordre d'imputation est important : plus tôt une libéralité est imputée, moins elle est exposée au **risque de réduction.** **32935**

Les donations sont imputées en premier et dans un ordre chronologique ; les legs le sont ensuite et en principe concurremment.

IMPUTATION PRÉALABLE ET CHRONOLOGIQUE DES DONATIONS

Les donations sont imputées avant les legs. **32940**

Si le défunt a consenti plusieurs donations de son vivant, l'imputation commence par **la plus ancienne** et suit l'ordre chronologique jusqu'à **la plus récente** (C. civ. art. 923). Si deux donations ont même date (ainsi dans le cas d'une donation-partage disqualifiée : voir n° 10685), elles s'imputent simultanément à cette date (et seront par conséquent réduites, s'il y a lieu, au marc le franc : voir n° 33485), à moins que le disposant n'ait stipulé un ordre d'imputation précis.

La règle est une application directe du principe impératif de l'**irrévocabilité des donations** : il serait facile au disposant de révoquer indirectement une donation ancienne par une donation postérieure, s'il pouvait chasser la première en date de son rang d'imputation en la poussant sur la quotité disponible, pour la vouer ainsi à être réduite.

La preuve de la **date de la donation** est donc primordiale. Or les donations non solennelles qui n'ont pas été enregistrées, don manuel, donation indirecte ou déguisée sous signature privée, n'ont pas pris date certaine ; si elles n'ont pas été reconnues dans l'intervalle par acte authentique, elles ne prennent **date certaine** que par le décès du disposant (C. civ. art. 1377). C'est pourquoi elles s'imputent en dernier, après toutes les donations ostensibles, mais, bien sûr, avant les éventuels legs, car le disposant s'est forcément dessaisi de son vivant (en ce sens, Cass. 1e civ. 12-11-1998 no 96-19.814 : Bull. civ. I no 314). La rançon de l'absence de forme authentique est que la donation non solennelle est une cible privilégiée pour la réduction.

Dans ces conditions, le don manuel est particulièrement vulnérable, car il ne donne lieu, le plus souvent, à la rédaction d'aucun écrit. La doctrine admet qu'en pareil cas il s'impute toujours en dernier (en ce sens, M. Grimaldi : Droit des successions, LexisNexis, 8e éd., 2020, no 821 ; F. Terré, Y. Lequette et S. Gaudemet : Droit civil. Les successions. Les libéralités, Dalloz, 4e éd., 2014, no 1194 ; C. Pérès et C. Vernières : Droit des successions, PUF, 2018, no 717 ; P. Malaurie et C. Brenner : Droit des successions et des libéralités, LGDJ, 10e éd., 2022, no 595). Une opinion isolée défendait que le même usage qui dispense le don manuel d'écrit le soustrait aux exigences ordinaires de preuve (J. Flour et H. Souleau : Les successions, Armand Colin, 3e éd., 1991, no 530).

EXEMPLE

Le défunt a consenti une **donation notariée** à sa fille Alice le 25 avril 2000, un **don manuel** non enregistré à son amie Ursula le 4 février 2003, et une autre donation notariée à son fils Victor le 15 mars 2004. Il lègue à Alice sa voiture.

Les deux donations notariées à Alice, puis Victor, devront être imputées successivement dans cet ordre ; ensuite, le don manuel à Ursula ; pour finir, le legs.

En faisant état du don manuel dans un acte authentique, il reste toutefois possible de lui conférer date certaine à la date de ce dernier. Par ailleurs, il est toujours permis aux héritiers de s'accorder par convention pour dater une donation sans forme, dont la date, dans l'absolu, n'est pas opposable, mais à condition que cela ne préjudicie en rien aux droits des tiers.

IMPUTATION ULTÉRIEURE ET CONCURRENTE DES LEGS

32945 Une fois imputées toutes les donations, il y a lieu d'imputer les legs.

S'il y a **plusieurs legs,** rien n'autorise en principe à supposer arbitrairement que l'un d'entre eux prend le pas sur les autres : ils sont donc imputés **concurremment, sans distinction** aucune entre les legs particuliers, les legs à titre universel et les legs universels (C. civ. art. 926) : cela aboutit à leur réduction au marc le franc (no 33470).

Toutefois, par exception, il reste possible au testateur d'exprimer la **volonté contraire** en stipulant une clause explicite d'imputation préférentielle de tel ou tel legs déterminé, afin de lui conférer un caractère prioritaire (voir no 33475).

En pratique, on fait masse de la valeur des différents legs avant de les imputer, pour déterminer leur éventuel coefficient de réduction commun.

EXEMPLE

Même situation que dans l'exemple précédent mais le défunt a en outre consenti un legs de 50 à une association de bienfaisance. Le legs à Alice (valeur 100) et le legs à cette association (valeur 50) s'imputeront après les donations. Ces **deux legs particuliers** s'imputeront ensemble concurremment pour 150, et seront ensuite soit non réductibles, soit réductibles, en ce cas dans la même proportion. Imaginons que le restant libre de quotité disponible se monte à 135. L'excédent est de 15 pour des legs valant au total 150. Le coefficient de réduction commun, de 10 %, s'applique à chaque legs. Alice devra une indemnité de 10 ; l'association une indemnité de 5.

Si le défunt a donné priorité au legs d'Alice par une clause ad hoc, celui-ci s'imputera en premier, à hauteur de 100 sur 135. Il échappera donc totalement à la réduction. Restera dans la quotité disponible 135 – 100 = 35. Le legs à l'association, qui s'impute ensuite, excède la quotité disponible de 50 – 35, soit 15 ; partant, il sera réductible dans la proportion de 15/50. Seule l'association devra une indemnité de réduction qui, si les chiffres n'ont pas varié, se monte à 15.

On voit bien que l'absence ou la présence d'une stipulation d'imputation prioritaire ne change rien aux droits des réservataires (ici créanciers de 15 dans tous les cas) : elle fait seulement varier la charge de l'indemnité de réduction (répartie au marc le franc dans le premier cas, assumée par la seule association légataire dans le second).

Par conséquent, en vertu de la même logique, **dès lors qu'il existe un legs universel et un ou plusieurs legs particuliers,** la méthodologie liquidative est encore plus simple. Il n'est pas question d'imputer étourdiment, en vertu d'une imaginaire priorité, les legs particuliers avant le legs universel, de telle sorte que ce dernier subirait en premier la réduction (au mépris du principe d'imputation concurrente des legs édicté par l'article 926 du Code civil) : c'est la valeur à l'ouverture de la succession des biens existants (par hypothèse tous légués à raison du legs universel) qu'il convient d'imputer sur la quotité disponible afin de déterminer l'éventuel coefficient de réduction applicable de façon identique à chaque legs, universel, à titre universel ou à titre particulier.

Attention Bien en amont, c'est-à-dire à l'heure de prodiguer un **conseil** éclairé au testateur, le notaire doit l'inviter à préciser ses intentions en dissipant tout malentendu : 32947
– ou bien l'objectif est que le poids d'une éventuelle réduction soit réparti au marc le franc, et rien de particulier n'est à prévoir, si ce n'est le rappel des termes de l'article 926 du Code civil (ce qui évite tout débat sur l'éventuelle interprétation d'une volonté ambiguë) ;
– ou bien le disposant souhaite qu'un légataire particulier, ou certains d'entre eux, ou encore tous les légataires particuliers, soient autant que possible dispensés d'une éventuelle indemnité de réduction, et il doit faire figurer dans son testament une **clause** du type : « Le soussigné entend que tel [et tels] legs particulier[s] [ou l'ensemble des legs particuliers] soi[en]t imputé[s] prioritairement à tous les autres, par dérogation expresse à l'article 926 du Code civil ».

RANG D'IMPUTATION DES DONATIONS ENTRE ÉPOUX

Le Code civil est muet sur la question de l'imputation des donations entre époux. 32950

La **donation** entre époux **de biens à venir** (dite « donation au dernier vivant »), étant effectuée pendant le mariage, est en principe imputable concurremment avec les legs (Cass. 1e civ. 10-2-1998 n° 96-12.501 : Bull. civ. I n° 52). La solution s'explique par le fait que, à l'instar d'un legs, la donation au dernier vivant est à la fois universelle et librement révocable à tout moment (M. Grimaldi : Droit des successions, LexisNexis, 8e éd., 2020, n° 830).

Cependant, l'ordre légal de réduction des legs n'étant pas impératif, rien n'interdit au disposant de prévoir que la libéralité au profit du conjoint, pour être prioritaire, s'imputera avant les legs (voir nos 32945 s.).

S'agissant des **donations** entre époux **de biens présents,** qui ont désormais vocation à être plus répandues depuis la loi du 26 mai 2004 (n° 8205), il y a toujours lieu de les imputer en toute hypothèse à leur date, sans distinguer selon qu'elles ont pris effet ou n'ont pas pris effet au cours du mariage. Dans le premier cas, la donation, qui est irrévocable, doit sans conteste être imputée comme une donation ordinaire. Dans le second, la donation, quoique librement révocable, dès lors qu'elle ne l'a pas été, doit prendre également rang à sa date : ainsi la « réversion » d'usufruit (mal nommée : il faut bannir cette expression des formules), en réalité donation distincte d'un usufruit de second rang, qui ne s'exercera qu'à l'extinction de l'usufruit réservé (F. Terré, Y. Lequette et S. Gaudemet : Droit civil. Les successions. Les libéralités, Dalloz, 4e éd., 2014, n° 1199 ; en sens contraire, N. Levillain, Le traitement liquidatif des libéralités faites au conjoint survivant en sept questions : JCP N 2009 n° 1315) ; simplement, il est vraisemblable que la libre révocabilité rend la règle supplétive (en ce sens, avec prudence, F. Terré, Y. Lequette et S. Gaudemet, précité ; plus affirmatif, J.-Cl. Civil Code, Art. 912 à 930-5 fasc. 30 par C. Brenner, n° 63).

> **Précisions** La **donation de biens à venir** entre époux **par contrat de mariage** ne se rencontre plus guère en pratique, du fait de son irrévocabilité renforcée par l'immutabilité de principe des conventions matrimoniales. Quoi qu'il en soit, elle est à imputer en fonction de sa date, comme les donations ordinaires et parmi elles, toujours par hypothèse avant les legs.

RANG D'IMPUTATION DES AVANTAGES MATRIMONIAUX

Pour ce qui est des avantages matrimoniaux, lorsqu'ils sont traités, à raison de la **présence d'enfants non issus du conjoint survivant,** comme des donations, et exposés à retranchement en vertu de l'article 1527, alinéa 2 du Code civil, il convient de les imputer à la date de prise d'effet du régime matrimonial qui les crée : selon les cas, date du mariage ou date d'entrée en application du nouveau régime en cas de changement de régime (Rép. civ. Dalloz, vis Avantage matrimonial par B. Vareille, nos 83 s.). 32955

De plus, il semble bien que cette règle soit impérative en raison du principe de l'**immutabilité du régime matrimonial** : si, au lendemain de la prise d'effet du régime, on pouvait consentir des préciputs tardifs qui chasseraient l'avantage matrimonial de la quotité disponible en s'imputant avant lui, il serait en effet trop facile de révoquer indirectement ce dernier en l'exposant a posteriori à être réduit, au prix d'une infraction au principe de l'immutabilité du régime. La seule solution passe donc par le maintien intransigeant d'un ordre d'imputation rigoureux. Seules les donations antérieures peuvent prendre rang avant l'avantage matrimonial, lequel s'impute, quant à lui, à la date de prise d'effet du régime qui le crée.

CONSEIL

En présence d'**époux en recomposition familiale** qui s'interrogent sur le régime à choisir, cela doit conduire le praticien à anticiper. Il convient donc en pratique de dresser d'abord un état complet des donations antérieures, avant de préconiser un modèle d'avantage matrimonial adapté et d'en circonscrire s'il y a lieu l'étendue (B. Vareille, précité).

RANG D'IMPUTATION DES LIBÉRALITÉS RÉSULTANT D'UN TRUST

32960 Les trusts, dans leur grande variété, peuvent servir de support à différents modèles de libéralités, dès lors que le de cujus peut y recourir et choisit de le faire (n° 80890). Il faut examiner au cas par cas le modèle et de trust et de libéralité choisi, avant d'en régler le sort au regard de l'imputation.

La Cour de cassation a jugé que la libéralité à cause de mort réalisée par le support d'un trust entre vifs doit s'imputer à la date de l'ouverture de la succession, immédiatement après les donations et juste avant les legs (Cass. 1e civ. 20-2-1996 n° 93-19.855 : Bull. civ. I n° 93) ; mais cette solution est critiquée (voir notamment Y. Lequette, De l'ordre de réduction des libéralités réalisées au moyen d'un trust entre vifs : D. 1996 p. 231 nos 18 s.).

B. Secteur d'imputation des libéralités

QUALITÉ DU GRATIFIÉ

33010 Une fois dressée la liste des libéralités dans l'ordre de leur imputation, encore faut-il déterminer sur quel secteur (réserve ou quotité disponible [ordinaire ou spéciale, selon les cas]) doit être imputée chaque libéralité.

Lorsque le gratifié n'a aucun droit à réserve, on n'a pas le choix : les libéralités qu'il a reçues, quelles qu'elles soient, ne peuvent qu'être décomptées de la quotité disponible.

Lorsque le gratifié est un réservataire, la solution est évidemment plus ouverte : tout dépend du résultat que le de cujus a entendu obtenir.

1. IMPUTATION DES LIBÉRALITÉS CONSENTIES À UN NON-RÉSERVATAIRE

IMPUTATION SUR LA QUOTITÉ DISPONIBLE

33015 Une libéralité est forcément imputable sur la quotité disponible lorsqu'elle bénéficie à une personne qui n'a aucune part de réserve :

– **gratifié non successible,** par hypothèse étranger à la succession ;

– **successeur non réservataire** : ainsi le conjoint survivant en concours avec les descendants (sur la quotité disponible spéciale entre époux, voir n° 28970 ; sur la combinaison des quotités disponibles ordinaire et spéciale, voir nos 33235 s.), ou encore les héritiers du deuxième ordre dans les différents cas où ils viennent en concours avec le conjoint survivant réservataire (nos 23535 s. et 29080) ;

– **héritier réservataire ayant renoncé** à la succession sans y être représenté (sur le cas du gratifié héritier renonçant, voir n° 28935).

On doit comparer la valeur de la libéralité consentie à un non-réservataire avec celle de la quotité disponible (ou de ce qui en reste une fois imputées les libéralités plus anciennes). De deux choses l'une.

RÉSULTAT DE L'IMPUTATION

33020 Ou bien la **libéralité n'excède pas la quotité disponible,** et elle est à l'abri de la réduction, qu'il s'agisse d'une donation ou d'un legs.

EXEMPLE

Le défunt laisse un fils unique. Tous les calculs étant effectués valeur décès, les biens existants bruts sont estimés à 80 et le passif à 20. Le défunt a consenti à sa compagne une donation évaluée à 40 à l'ouverture de la succession, compte tenu de son état au jour de la donation.

La masse de calcul est de (80 – 20 + 40), soit 100. La réserve, de moitié en présence d'un descendant, est de 50 et la quotité disponible est de même montant.

La donation, d'un montant de 40, s'impute sur la quotité disponible, dont le montant est de 50, sans l'excéder (puisqu'il reste 10) ; elle n'est donc pas réductible.

33025 Ou bien la **libéralité excède la quotité disponible,** et elle est sujette à réduction au prorata de l'excédent. La règle s'applique aux donations hors part successorale (C. civ. art. 919-2) comme aux donations en avancement de part successorale (C. civ. art. 919-1, al. 2).

EXEMPLE

Même situation que ci-dessus, mais la donation est estimée 60 et les biens existants bruts également à 60. La masse de calcul est de (60 – 20 + 60), soit 100. La réserve et la quotité disponible sont inchangées (50).

La donation s'impute sur la quotité disponible à concurrence de 50 et l'excède pour le surplus de 10. Elle est donc réductible dans la proportion de 1/5e.

2. IMPUTATION DES LIBÉRALITÉS CONSENTIES À UN HÉRITIER RÉSERVATAIRE

a. Libéralité en avancement de part à un réservataire acceptant

RÈGLES GÉNÉRALES

Les libéralités en avancement de part successorale adressées à un héritier réservataire acceptant la succession sont destinées à le **remplir avant l'heure** de sa **part de succession** (C. civ. art. 919-1, al. 1) ; c'est pourquoi elles s'imputent, à défaut de stipulation contraire : **33055**

– principalement sur sa part individuelle de réserve (dont il a l'exclusivité) ;

– puis subsidiairement, si nécessaire, sur la quotité disponible (à laquelle il peut également prétendre).

SYSTÈME LÉGAL D'IMPUTATION

Imputation principale sur la part de réserve du gratifié La libéralité s'impute d'abord sur la part de réserve du gratifié (C. civ. art. 919-1, al. 1). **33060**

EXEMPLE

Le défunt laisse à sa survivance deux enfants, Arthur et Victor, Arthur ayant été gratifié d'une donation de 30 en avancement de part successorale. Les biens existants bruts sont d'une valeur à l'ouverture de la succession de 100 ; le passif s'élève à 10. La masse de calcul, valeur décès, est donc de (100 – 10) + 30, soit 120.

En présence de deux enfants, la part de réserve de chaque gratifié est du tiers, soit 40, et la quotité disponible également de 40.

La donation faite à Arthur s'impute sur sa part de réserve sans empiéter sur le disponible. En réalité, l'avance de part qu'il a reçue lui a procuré une partie non seulement de sa part successorale, mais encore, à l'intérieur de cette part, de sa réserve individuelle (30 sur 40).

Imputation subsidiaire sur la quotité disponible Il se peut que la part de réserve du gratifié n'y suffise pas, soit que l'avancement de part ait une importance telle qu'il l'excède, soit que d'autres libéralités rapportables ayant pris date antérieure eussent déjà été consenties au même héritier, et qu'elles s'imputent par conséquent sur la réserve individuelle du bénéficiaire avant la plus récente, en la repoussant sur la quotité disponible. **33065**

Après avoir épuisé la part de réserve du gratifié, la libéralité en avancement de part s'imputera alors subsidiairement sur la quotité disponible (C. civ. art. 919-1, al. 1).

La libéralité rapportable, lorsqu'elle doit ainsi s'imputer subsidiairement sur la quotité disponible, ne change pas pour autant de nature. Elle ne devient pas dans cette mesure hors part successorale : elle demeure intégralement rapportable, même à concurrence de la fraction soumise à imputation subsidiaire ; simplement, elle viendra en déduction des droits de l'héritier donataire dans la succession.

EXEMPLE

Mêmes données que dans l'exemple précédent, si ce n'est qu'Arthur a bénéficié, outre la donation de 30, d'une seconde donation en avancement de part d'un montant de 20, alors que les biens existants sont de 80. La masse de calcul, valeurs décès, est identique : 80 – 10 + (30 + 20) = 120, et la part de réserve d'Arthur reste de 40.

La première donation en avancement de part s'impute en premier sur la réserve d'Arthur, dans laquelle il reste 10.

La seconde libéralité s'impute d'abord sur la réserve d'Arthur à concurrence de 10, correspondant à ce reliquat ; ayant épuisé la réserve individuelle du donataire, elle s'impute ensuite subsidiairement sur la quotité disponible pour l'excédent de 10.

Après cette imputation subsidiaire, la quotité disponible n'est plus intacte : il ne reste plus que 30 pour une libéralité hors part successorale ultérieure (quotité disponible moins montant de l'imputation subsidiaire : 40 – 10 = 30).

Au demeurant, il faut garder en tête que la seconde donation reçue par Arthur sera intégralement rapportable pour sa valeur au moment du partage, compte tenu de son état au jour de la donation. Par conséquent, une telle donation est sans incidence sur l'égalité des enfants entre eux, qui sera rétablie au partage. En revanche, elle limitera la faculté pour le de cujus de consentir des préciputs ultérieurs, la quotité disponible ordinaire étant très entamée.

33070 Si la **libéralité imputée subsidiairement excède le disponible,** elle est réductible dans la mesure de l'excédent (C. civ. art. 919-1, al. 2).

EXEMPLE

Mêmes données que précédemment, si ce n'est qu'Arthur a bénéficié d'une troisième libéralité en avancement de part de 40, et que les biens existants valent seulement 40.

La masse de calcul est d'une valeur identique : (40 – 10) + (30 + 20 + 40) = 120. La réserve d'Arthur reste de 40 et la quotité disponible de 40.

Cette troisième libéralité ne peut s'imputer que sur le disponible, qu'elle absorbe totalement et excède à concurrence de 10.

L'avancement de part, intégralement rapportable, est donc **de surcroît** pour partie réductible, dans la proportion de 10/40, soit 1/4.

33075 Il faut bien voir que la **réduction** est en réalité sans **conséquence pour le gratifié,** qui est déjà tenu au titre du rapport à la restitution en valeur de tout ce qu'il a reçu. La réduction partielle, justifiée par le dépassement de la quotité disponible à la suite de l'imputation subsidiaire, ne peut pas entraîner une restitution complémentaire, qui ferait reverser par le donataire, en définitive, davantage qu'il n'a reçu. Certes, à concurrence de la fraction de libéralité excédant la quotité disponible, le gratifié est tenu de restituer à un double titre : d'abord le rapport, en raison du caractère rapportable de la libéralité ; ensuite la réduction, à proportion de ce qui excède part de réserve du gratifié et quotité disponible cumulées (voir B. Vareille, Conseils liquidatifs pour le rapport et la réduction : Defrénois 15-6-2015 n° 120d0 p. 630). Simplement, une fois effectué le rapport du tout, qui est de droit, la réduction, qui ne s'exerce que par voie d'action, n'a plus lieu d'être demandée, sous peine d'incohérence ; du reste, le réservataire n'a plus d'intérêt à agir (voir B. Vareille, Conseils liquidatifs pour le rapport et la réduction, précité ; comparer toutefois un arrêt à vrai dire inexplicable : Cass. 1e civ. 19-9-2018 n° 17-20.704 F-D : BPAT 6/18 inf. 267-12, Defrénois 18-7-2019 n° 148n1 p. 22 note B. Vareille). Pire : il y perdrait sur le chapitre des fruits de la chose donnée (voir en ce sens, B. Vareille, note précitée sous Cass. 1e civ. 19-9-2018 n° 17-20.704 F-D ; B. Vareille et A. Kroell, La liquidation et le partage de la succession : Defrénois 15-1-2017 n° 125f9 p. 49, spécialement n° 28 ; C. Pérès et C. Vernières : Droit des successions, PUF, 2018, n° 738).

Dans l'**exemple** précédent, la masse à partager est formée de l'actif net existant (40 – 10 = 30) et des rapports (30 + 20 + 40), ce qui aboutit à une masse totale de 120 à partager entre Arthur et Victor pour moitié chacun, soit 60.

Il ne serait pas concevable qu'Arthur, qui a reçu la donation la plus récente valant 40 au partage, restitue d'abord en moins prenant 40 au titre du rapport, avant d'être débiteur ensuite de 10 au titre de la réduction : il restituerait en définitive 50 en ayant en mains 40 seulement, et la masse à partager se trouverait inexplicablement grossie de la différence.

ATTENTION

Il faut mettre à part le **cas des donations-partages aux descendants,** lesquelles ne sont par définition jamais rapportables à la succession du donateur copartageant puisque, en ce qui concerne les biens sur lesquels elles portent, le partage a déjà été effectué. En pareil cas, il n'y a lieu à réduction que lorsqu'il n'existe pas de biens suffisants au décès pour allotir ces derniers de leur part de réserve, compte tenu des avances de parts qu'ils ont reçues par ailleurs (C. civ. art. 1077-1). L'hypothèse n'est pas très fréquente, mais il faut y veiller systématiquement, notamment si les lots de la donation-partage sont très inégaux.

C'est donc **toute la méthode liquidative** qui se trouve bouleversée par la simple présence d'une donation-partage dans une succession à liquider : sur cette exigence impérieuse, sujette à trop d'erreurs, et sur la méthode à suivre, voir nos 11080 s.

33080 Les **conséquences** sont en revanche importantes **pour les libéralités ultérieures** : les libéralités rapportables peuvent ainsi, par le simple jeu de leur imputation subsidiaire, amputer voire épuiser le disponible.

Cet inconvénient doit être anticipé :

– avant de consentir une importante libéralité rapportable, le de cujus doit avoir conscience que l'éventuelle imputation subsidiaire de cette libéralité sur la quotité disponible risque de restreindre sa liberté de consentir par la suite des préciputs, notamment des legs ;

– au moment de consentir une libéralité hors part successorale, il doit apprécier dans quelle mesure la quotité disponible est déjà entamée, notamment par l'imputation subsidiaire des avances de part précédentes.

DÉROGATION CONVENTIONNELLE : CLAUSE D'IMPUTATION SUR LA RÉSERVE GLOBALE

La loi réserve implicitement la possibilité pour le donateur, par une stipulation expresse de la donation, de modifier la règle légale d'**imputation** principale pour la faire porter **sur la réserve globale** (C. civ. art. 919-1, al. 1). Il va de soi que si l'avance de part excède la réserve globale, elle s'impute subsidiairement sur la quotité disponible (en sorte que la clause est en réalité une stipulation d'imputation principale sur la réserve globale et subsidiaire sur la quotité disponible). **33085**

L'effet de cette stipulation conventionnelle est d'imputer la libéralité concernée non seulement, tout d'abord, sur la part de réserve du gratifié mais encore, ensuite, sur celle de ses cohéritiers réservataires, avant d'entamer la **quotité disponible** ; cette dernière pourra ainsi être plus aisément utilisée par le disposant pour consentir par la suite des libéralités hors part successorale. La clause d'imputation sur la réserve globale retarde donc l'imputation subsidiaire de l'avance de part sur le disponible. Elle peut être conseillée au donateur qui souhaite se ménager la liberté la plus grande de disposer à l'avenir de ses biens par préciput. **33090**

EXEMPLE

Le défunt laisse deux enfants, Arthur et Victor, Arthur ayant été gratifié d'une libéralité en avancement de part successorale de 80.

Les biens existants s'élèvent, valeur décès, à 50 et le passif à 10. La masse de calcul est donc de 120 : (50 – 10) + 80 = 120.

Le taux de la quotité disponible est de 1/3, celui de la réserve globale de 2/3.

La réserve globale est donc de 80, la réserve individuelle de 40 et la quotité disponible de 40 également.

À défaut de clause d'imputation sur la réserve globale, la libéralité faite à Arthur serait imputée à concurrence de 40 sur sa réserve personnelle et à concurrence du surplus de 40 sur la quotité disponible, qu'elle absorberait totalement, exposant à la réduction intégrale la moindre libéralité hors part successorale ultérieure.

Grâce à une clause d'imputation sur la réserve globale, la donation est imputée totalement sur la réserve globale (d'une valeur de 80), qu'elle ne dépasse pas. Il n'y a donc pas d'imputation subsidiaire sur la quotité disponible, ce qui permet l'efficacité d'une libéralité hors part successorale ultérieure du disposant.

Simplement, la donation faite à Arthur sera réductible à hauteur de moitié (ce qui dépasse sa part de réserve, soit 40, sur une valeur de 80), en même temps que rapportable pour le tout. Autrement dit, en effectuant le rapport du tout, Arthur remplira au passage Victor de sa réserve.

CAS PARTICULIER DE LA CLAUSE DE RAPPORT FORFAITAIRE

Il n'est pas rare que le rapport soit stipulé, de façon dérogatoire, pour la valeur du bien au jour de la donation, ou encore pour une valeur déterminée : c'est le rapport forfaitaire, prévu par l'article 860, alinéa 4 du Code civil. S'il résulte d'une telle stipulation de l'acte de donation que la valeur sujette à rapport est inférieure à la valeur du bien donné au décès, cette différence forme un **avantage indirect** acquis au donataire hors part successorale (n° 32020). En cas d'avantage avéré, la donation doit alors donner lieu à une **double imputation** : **33095**

– sur la réserve du gratifié à hauteur du montant stipulé rapportable ;

– sur la quotité disponible à hauteur de l'avantage indirect qui résulte de la plus-value prise par le bien à l'ouverture de la succession par rapport au forfait (Cass. 1e civ. 5-12-2018 n° 17-27.982 F-PB : BPAT 1/19 inf. 26, Defrénois 3-5-2019 n° 148p0 p. 30 obs. B. Vareille).

Une **difficulté** surgit lorsque la fraction rapportable de la libéralité, excédant la réserve du gratifié, donne lieu à imputation subsidiaire sur la quotité disponible : dans quel ordre imputer cette fraction par rapport à celle réputée hors part (l'avantage indirect) ?

L'enjeu est d'importance **en cas de dépassement de la quotité disponible.** Comme cela a été exposé, l'intérêt des cohéritiers du donataire réside dans l'imputation prioritaire de la fraction rapportable afin que la réduction atteigne la fraction hors part successorale qui, sinon, leur échapperait. Inversement, le donataire trouve son intérêt dans l'imputation prioritaire de la fraction hors part successorale, la réduction frappant alors la fraction rapportable qu'il doit de toute manière restituer (M. Grimaldi, La portée des clauses diminuant le rapport dû par le donataire : Defrénois 15-1-1990 n° AD1990DEF3N1 p. 3).

Les auteurs sont divisés quant à la solution. Certains penchent pour l'imputation prioritaire de la fraction rapportable, seule libéralité consciente et volontaire, l'avantage préciputaire étant purement éventuel et mécanique (P. Catala : La réforme des liquidations successorales, Defrénois, 3e éd., 1982, n° 78, c ; B. Vareille, Étude critique de l'article 860 alinéa 4 du Code civil : Mélanges Catala, Litec, 2001, p. 397, note 16) ; d'autres imputent d'abord la fraction hors part successorale, le préciput exprimant par principe, à leurs yeux, une préférence (G. Morin : La loi du 3 juillet 1971 sur les rapports à succession, la réduction des libéralités et les partages d'ascendants, Defrénois, 5e éd., 1984 n° 8, 2e exemple ; M. Grimaldi, précité) ; enfin, un auteur a suggéré une imputation proportionnelle, comme en cas de pluralité de legs sans indication de préférence ou de donations portant la même date (position de M. Mathieu exposée au J.-Cl. Notarial Formulaire, vis Quotité disponible et réserve fasc. 160 par D. Epailly, n° 26).
Une stipulation adéquate désamorcera la difficulté.

> **Précisions** Dans le cas où une **clause** de rapport forfaitaire est **stipulée après la donation** (ce qui représente un supplément de libéralité par la dispense de rapport pour la différence), la **date d'imputation** de l'avantage indirect qui en résulte, le cas échéant, pour le gratifié sera la date de l'acte modificatif et non celle de la donation (P. Catala, précité, n° 62).

33100 **Forfait égal à la valeur décès** Lorsque le rapport à forfait est stipulé de la valeur du bien donné au jour de l'ouverture de la succession, aucun avantage indirect ne peut naître, et la **plus-value prise par le bien entre l'ouverture de la succession et le partage** ne sera donc jamais prise en compte : elle échappera par hypothèse à la réduction ; elle ne donnera pas non plus lieu à rapport. Dans ce cas, les cohéritiers de celui qui bénéficie d'une telle stipulation ont intérêt à demander que le partage soit rapidement clos. Sinon, ils devront effectuer le rapport des biens qui leur ont été donnés d'après la valeur de ces derniers au partage ; alors que le bénéficiaire du rapport forfaitaire fera sienne de façon définitive la plus-value advenue à l'objet de sa donation entre décès et partage, pendant toute la durée de l'indivision. D'où un **avantage** qui passe inaperçu, générateur d'une discrète inégalité.

EXEMPLE

Marie et Chantal ont reçu chacune une donation en avance de part de leur père Hubert, portant sur un immeuble locatif. Les biens sont d'égale valeur ; mais la donation de Marie est rapportable forfaitairement pour sa valeur à l'ouverture de la succession. Son immeuble vaut 500 000 € au décès du donateur, exactement comme le lot de Chantal. En l'absence d'autre donation, il n'y a évidemment pas lieu à réduction, puisqu'aucun préciput n'apparaît.

Simplement, l'indivision se prolonge.

Au temps du partage de la succession de Hubert, les immeubles respectifs de Marie et Chantal valent tous deux 550 000 €. Marie rapportera 500 000 ; Chantal 550 000. Le gain invisible pour Marie sera de la plus-value, soit 50 000, dont elle ne devra pas le rapport. Pour éviter cela, Chantal doit demander le partage au lendemain de l'ouverture de la succession de Hubert.

b. Libéralité en avancement de part à un réservataire renonçant

SYSTÈME LÉGAL D'IMPUTATION

33120 Étranger à la succession, et censé l'avoir toujours été (C. civ. art. 805, al. 1), le donataire n'a aucune part de réserve sur quoi imputer la libéralité.

C'est pourquoi les libéralités adressées à un héritier réservataire qui renonce à la succession s'imputent normalement sur la **quotité disponible,** comme celles bénéficiant à un étranger à la succession.

Par ailleurs, pour déterminer la quotité disponible, il faut tenir compte de la renonciation : en principe, l'enfant renonçant n'est pas pris en compte pour déterminer le **taux de la réserve et de la quotité disponible** (C. civ. art. 805, al. 1).

EXCEPTION LÉGALE EN CAS DE REPRÉSENTATION DU RENONÇANT

33125 Si le renonçant est représenté, il est pris en compte pour le calcul du **taux de la réserve et de la quotité disponible** (C. civ. art. 913, al. 2).

La **part de réserve du renonçant** représenté est maintenue comme s'il n'avait pas renoncé (C. civ. art. 754, al. 3, implicitement), car elle échoit à ses représentants, qui sont appelés en ses lieu et place (C. civ. art. 805, al. 2).

À défaut de volonté contraire du disposant, les donations qui ont été faites au renonçant s'imputent d'abord sur cette part de réserve (C. civ. art. 754, al. 3) ; cela signifie notamment que les représentants verront leur réserve diminuée par l'imputation de la donation consentie à leur auteur.

Stipulation d'une clause contraire Pour éviter cela, le donateur peut stipuler que la donation faite en avance de part à l'héritier réservataire s'imputera sur la **quotité disponible** s'il vient à renoncer, même dans le cas où il serait représenté. 33130

Toutefois, une telle **clause** est **dangereuse** :
– tout d'abord, la liberté du de cujus de consentir des préciputs ultérieurs non réductibles risque d'en souffrir, car la donation qu'il avait voulue en avance de part sera à cet égard traitée comme un préciput entamant le disponible ;
– ensuite, le disposant se met à la merci d'une concertation, après sa mort, entre l'enfant renonçant et les propres enfants de ce dernier venant par représentation, le renonçant s'emparant de la quotité disponible et les représentants accédant à la réserve de la souche, ainsi opportunément libérée du poids de l'imputation…

EXCEPTION CONVENTIONNELLE : STIPULATION DE RAPPORT EN CAS DE RENONCIATION

Lorsque l'héritier renonçant est tenu au rapport en cas de renonciation (en réalité à un **« pseudo-rapport »**) en vertu d'une stipulation ad hoc de la donation en avance de part (n°s 31110 s.), l'héritier réservataire renonçant est alors traité comme un héritier acceptant pour la réunion fictive des libéralités, l'imputation et, le cas échéant, la réduction de la libéralité qui lui a été consentie (C. civ. art. 919-1, al. 2). 33135

Le renonçant astreint au « rapport » est pris en compte pour la détermination du **taux de la réserve et de la quotité disponible** (C. civ. art. 913, al. 2 in fine).

Une **part théorique de réserve** lui est artificiellement maintenue, bien qu'il soit parfaitement étranger à la succession, pour les seuls besoins de l'imputation et de la réduction (C. civ. art. 919-1, al. 2).

La libéralité reçue par le renonçant s'impute comme un avancement de part : d'abord sur cette réserve individuelle théorique ; après quoi, s'il y a lieu, subsidiairement sur la quotité disponible (C. civ. art. 919-1, al. 2).

EXEMPLE

Le défunt laisse trois enfants, Arthur, Romain et Victor. Il a consenti deux donations en avancement de part successorale successives : d'abord, une à Arthur pour 10 ; ensuite, une à Victor pour 40.

Les donations comportaient une stipulation de rapport même en cas de renonciation à la succession.

Victor renonce à la succession.

Les biens existants sont d'une valeur de 120 à l'ouverture de la succession ; le passif s'élève à 30. La masse de calcul valeur décès est donc de (120 – 30) + (10 + 40), soit 140.

Victor étant pris en compte pour le calcul du taux de la quotité disponible et de la réserve, la réserve globale est des trois quarts.

La réserve individuelle théorique de Victor est de 1/4, soit 35. La quotité disponible est également de 1/4, soit 35.

La donation faite à Arthur s'impute sur sa part de réserve théorique sans l'excéder (10 étant inférieur à 35) ; le disponible est intact.

La donation à Victor s'impute d'abord sur sa part de réserve (pour 35), puis sur le disponible (pour 5).

Par ailleurs, Victor ne doit aucun « rapport », car la valeur qu'il a reçue (40) n'excède pas les droits qu'il aurait eus dans le partage s'il y avait participé (140 / 3 = 46,67).

c. Libéralité hors part successorale à un réservataire acceptant ou renonçant

IMPUTATION SUR LA QUOTITÉ DISPONIBLE

Les libéralités hors part successorale consenties à un héritier réservataire, que ce dernier soit acceptant ou renonçant, s'imputent sur la quotité disponible. L'**excédent** est **sujet à réduction** (C. civ. art. 919-2). 33155

Il n'y a donc jamais lieu à imputation subsidiaire sur la **réserve du gratifié** d'une libéralité hors part qui excède la quotité disponible.

3. CAS PARTICULIER DES DONATIONS-PARTAGES TRANSGÉNÉRATIONNELLES

APERÇU

33185 Elles obéissent à des règles particulières (C. civ. art. 1078-8, al. 1 et 2 et art. 1078-9) :
– les biens reçus par les **enfants ou** les **descendants** s'imputent sur la part de réserve revenant à leur souche, et subsidiairement sur la quotité disponible ;
– toutes les donations faites aux **membres d'une même souche** sont imputées ensemble, quel que soit le degré de parenté avec le défunt (enfants, petits-enfants, arrière-petits-enfants) ;
– lors du **décès de l'enfant qui a consenti à ce que ses propres descendants soient allotis** en son lieu et place, les biens reçus par eux de l'ascendant sont en principe traités comme s'ils les tenaient de leur auteur direct, et soumis aux règles dont relèvent les donations entre vifs pour la réunion fictive, le rapport et, le cas échéant, la réduction.

Pour plus de précisions sur l'intérêt et la portée de ces dispositions, voir nos 11580 s.

C. Combinaison des quotités disponibles ordinaire et spéciale entre époux

SITUATIONS CONCERNÉES

33235 La question de la combinaison des quotités disponibles ordinaire et spéciale entre époux se pose, en présence de descendants, lorsqu'un époux a consenti des **libéralités** (legs ou donation) **à la fois à son conjoint et à une ou plusieurs personnes autres** que son conjoint.

Il n'est évidemment pas possible d'additionner les deux quotités disponibles, car si chaque catégorie de bénéficiaires (conjoint d'une part, autres personnes d'autre part) pouvait être gratifiée cumulativement à concurrence du maximum autorisé (disponible spécial pour le conjoint, disponible ordinaire pour tout autre), les descendants du défunt ne pourraient pas recevoir leur réserve.

Un **cumul partiel** est toutefois autorisé, qui fait la part des recoupements entre les deux catégories de quotités disponibles (notamment, le legs d'un usufruit universel au conjoint laisse au testateur la faculté de disposer de la nue-propriété de la quotité disponible ordinaire au profit de qui bon lui semble : Cass. 1e civ. 26-4-1984 no 83-11.839, Dreuil : Bull. civ. I no 140, Defrénois 1985 art. 33456 p. 117 obs. G. Morin, RTD civ. 1985 p. 194 obs. J. Patarin ; Cass. 1e civ. 20-2-1996 no 93-17.115 : Bull. civ. I no 99 ; voir sur l'ensemble de la question, M. Grimaldi, La combinaison de la quotité disponible ordinaire et de la quotité disponible entre époux : revirement de jurisprudence [après Cass. 1e civ. 26 avr. 1984] : Defrénois 1985 art. 33565 p. 881).

POUVOIR LIBÉRAL DU DISPOSANT

33240 Il ne lui est permis de consentir des libéralités à son conjoint en même temps qu'à tout autre gratifié que dans la **limite maximale, pour l'ensemble des libéralités,** de la quotité disponible ordinaire augmentée de l'usufruit que la quotité disponible spéciale ouvre sur la réserve des descendants au seul conjoint survivant gratifié.

Il peut ainsi disposer au total, toutes libéralités confondues, suivant les cas :
– **en présence d'un enfant** : de la moitié de la succession en toute propriété et de l'usufruit de l'autre moitié, l'enfant se voyant garantir la moitié de la succession en nue-propriété au titre de sa réserve ;
– en présence de **deux enfants** : du tiers de la succession en toute propriété et de l'usufruit des deux tiers restants, les deux enfants se voyant garantir chacun un tiers en nue-propriété au titre de leur réserve ;
– en présence de **trois enfants ou plus** : du quart en toute propriété et de l'usufruit des trois autres quarts, les enfants se voyant garantir ensemble les trois quarts en nue-propriété au titre de la réserve globale (pour une illustration, dans laquelle le tiers gratifié était la petite-fille de la défunte, Cass. 1e civ. 12-5-2010 no 09-11.133 F-PBI : BPAT 4/10 inf. 228, Defrénois 15-4-2011 no CJ2011DEF0729N1 p. 729 obs. B. Vareille).

SITUATION DES GRATIFIÉS

33245 Deux principes doivent être respectés :

D'abord, aucun gratifié ne peut recevoir davantage que la quotité disponible qui lui est particulière sans que sa libéralité soit réductible : à cet égard, le **conjoint** est limité par sa quotité disponible spéciale (C. civ. art. 1094-1), et **tout autre gratifié** par la quotité disponible ordinaire (C. civ. art. 913).

Ensuite, l'**imputation,** fonction de la date et de la nature des libéralités (nos 32935 s.), s'effectue dans l'ordre normal, mais de façon distributive :
– les libéralités en usufruit consenties au conjoint sont imputées par priorité sur le disponible spécial en usufruit, auquel lui seul peut prétendre, ramenant la réserve des enfants à de la nue-propriété (no 33240) ;
– les libéralités en propriété consenties au conjoint ainsi que celles de toute nature bénéficiant à d'autres que le conjoint s'imputent sur le disponible ordinaire.

Les **modalités de réduction** de ces libéralités en propriété, quand elles entrent en concurrence, en découlent directement. **33250**

Pour le conjoint, s'il bénéficie, comme il est fréquent, de la quotité d'un quart en propriété et trois quarts en usufruit, toute libéralité qui excède son quart en propriété est réductible, le cas échéant, en nue-propriété. S'il bénéficie seulement de l'usufruit global, toute libéralité en propriété sera intégralement réductible en nue-propriété. Et, bien sûr, s'il est titulaire de la quotité disponible ordinaire, les opérations sont fort simples, car son cas ne présente aucune singularité.

Pour les autres gratifiés, la réduction (en valeur) opère nécessairement sur la base de la toute propriété.

Si des libéralités en propriété au conjoint et à des tiers ont même date (ainsi des legs), elles sont réductibles au marc le franc pour la pleine propriété (si ce n'est que le conjoint peut ensuite, pour le reliquat, en poursuivre l'imputation sur l'usufruit spécial qui lui est exclusif, s'il en bénéficie ; en ce cas, il subit, au-delà, la réduction en nue-propriété, plus exactement en valeur de nue-propriété).

D. Cas particuliers

LIBÉRALITÉS EN DÉMEMBREMENT DE PROPRIÉTÉ

Technique d'imputation La technique liquidative de l'imputation se heurte à une difficulté lorsqu'il s'agit de **comparer des droits de nature différente.** Comment soustraire un droit d'usufruit ou de nue-propriété d'une réserve ou d'une quotité disponible qui sont, elles, en pleine propriété ? **33300**

Dans l'absolu, deux **méthodes** pouvaient sembler envisageables (D. Epailly : Les liquidations successorales après la loi du 23 juin 2006, Cridon Bordeaux-Toulouse, 2010, nos 59 s.).

La première, dite « **imputation en assiette** » (ou « imputation en nature de droit »), consiste à imputer la totalité de l'assiette de la libéralité sur la partie démembrée de même nature (usufruit ou nue-propriété) du secteur d'imputation qui lui correspond (réserve ou quotité disponible). Autrement dit, on impute, par exemple, une libéralité hors part en usufruit sur l'usufruit de la quotité disponible. On verra que c'est la **seule méthode valide** (voir nos 33305 s.).

La seconde, dite « **imputation après conversion** », aurait consisté à convertir le droit démembré en valeur pleine propriété (no 29265), avant de l'imputer. Elle est à exclure, car elle porterait atteinte à la réserve en sous-estimant la portée véritable de la libéralité en démembrement, dont la valeur est notamment tributaire de l'âge de l'usufruitier (Cass. 1e civ. 22-6-2022 no 20-23.215). Pour les commentaires de cette décision, voir no 33306.

Application à la libéralité en usufruit S'agissant d'une libéralité en usufruit, une distinction préalable devait être faite selon que l'article 917 du Code civil est ou non susceptible de s'appliquer (M. Grimaldi : Droit des successions, LexisNexis, 8e éd., 2020, no 857). Selon ce texte, « si la disposition par acte entre vifs ou par testament est d'un usufruit ou d'une rente viagère dont la valeur excède la quotité disponible, les héritiers au profit desquels la loi fait une réserve auront l'option ou d'exécuter cette disposition, ou de faire l'abandon de la propriété de la quotité disponible ». **33305**

S'appuyant sur ce texte, la jurisprudence invitait à une distinction (M. Grimaldi, précité).

1o Lorsque les conditions d'**application de l'article 917 du Code civil** sont réunies (nos 29260 s.), c'est-à-dire une libéralité en usufruit et pas de libéralité en pleine propriété qui viendrait s'imputer sur la quotité disponible, il n'y aurait pas alors de véritable imputation à réaliser (M. Grimaldi, précité) :
– si les revenus des biens donnés ou légués sont inférieurs à ceux de la quotité disponible, les réservataires doivent laisser la libéralité s'exécuter ;
– si ces revenus sont supérieurs à ceux de la quotité disponible, l'option de l'article 917 joue : l'héritier réservataire a simplement le choix entre laisser cette libéralité s'exécuter

pleinement et abandonner au gratifié la pleine propriété du disponible (Rép. civ. Dalloz, v. Réserve héréditaire. Réduction des libéralités par S. Deville et M. Nicod, n° 58).

Cette solution, reposant sur la comparaison des revenus, était celle de la jurisprudence dans des arrêts anciens (Cass. 1e civ. 21-5-1963 : Bull. civ. I n° 266 ; Cass. 1e civ. 10-1-1978 n° 76-13.366 : Bull. civ. I n° 14). Elle était critiquée car l'héritier pouvait se trouver privé de la toute propriété de sa réserve (M. Grimaldi, précité, nos 362 et 857).

2° Lorsque l'**article 917 du Code civil** n'est **pas susceptible de s'appliquer** (nos 29260 s.), en particulier lorsqu'une libéralité en pleine propriété entame la quotité disponible, il faut alors procéder à une imputation en assiette et non pas après conversion.

L'imputation en assiette des libéralités en usufruit était défendue par une majorité de la **doctrine** (M. Grimaldi : Droit des successions, LexisNexis, 8e éd., 2020, n° 855 ; F. Terré, Y. Lequette et S. Gaudemet : Droit civil. Les successions. Les libéralités, Dalloz, 4e éd., 2014, n° 1202 ; C. Pérès et C. Vernières : Droit des successions, PUF, 2018, n° 744 ; S. Deville et M. Nicod, précité ; J.-Cl. Civil Code, Art. 912 à 930-5 fasc. 30 par C. Brenner, n° 44 ; A. Chamoulaud-Trapiers, La réserve et les libéralités en usufruit ou en nue-propriété : Defrénois 14-11-2019 n° 153h4 p. 24 ; B. Vareille, Usufruit et liquidations successorales : « L'usufruit », Journées nationales de l'Association Henri Capitant, tome XXII, Dalloz, 2020, p. 79, nos 14 s. ; voir toutefois, en sens contraire, J. Flour et H. Souleau : Les successions, Armand Colin, 3e éd., 1991, n° 519 ; P. Catala : La réforme des liquidations successorales, Defrénois, 3e éd., 1982, n° 72). En effet, il y va de la protection de la réserve impérative : « à celui auquel la loi accorde une réserve en propriété, le [défunt] ne saurait laisser que de la nue-propriété ou de l'usufruit, fût-ce d'une valeur équivalente parce qu'en quantité supérieure » (M. Grimaldi, précité). Autrement dit, on ne saurait priver l'héritier réservataire d'une fraction de l'usufruit de sa réserve au prétexte que l'usufruit donné ou légué, une fois converti à son équivalent en pleine propriété, est d'une valeur inférieure à celle de la quotité disponible.

La jurisprudence paraissait clairement en ce sens, retenant qu'il y avait lieu à réduction d'un legs en usufruit consenti à un tiers en présence d'un réservataire dès lors que le « legs susvisé avait pour effet de priver l'héritier réservataire du droit de jouir et de disposer des biens compris dans sa réserve » (Cass. 1e civ. 19-3-1991 n° 89-17.094 : Bull. civ. I n° 100, D. 1992 p. 229 obs. B. Vareille, RTD civ. 1992 p. 162 obs. J. Patarin).

33306 La **solution retenue récemment en jurisprudence** consacre explicitement la méthode de l'**imputation en assiette** (Cass. 1e civ. 22-6-2022 n° 20-23.215 FS-B : BPAT 5/22 inf. 236, RTD civ. 2022 p. 682 obs. M. Grimaldi, D. 2022 p. 2067 pan. S. Godechot-Patris et C. Grare-Didier, Dr. famille 2022 comm. 146 par M. Nicod et A. Tani, Defrénois 6-4-2023 n° DEF211k1 p. 19 note B. Vareille et F. Fruleux ; voir également F. Sauvage, Les limites à l'imputation en assiette des libéralités en usufruit : BPAT 1/23 inf. 2 ; F. Fruleux et B. Vareille, Régime civil et fiscal de la réduction des legs d'usufruit : JCP N 2023 nos 1062 (1e partie : imputation en assiette et réduction en valeur) et 1066 (2de partie : variations sur l'articulation des liquidations civile et fiscale)). La Cour de cassation affirme en forme de principe que « les libéralités faites en usufruit s'imputent en assiette ». La formule est, en bonne logique, générale. Est cassé l'arrêt d'appel s'appuyant sur une conversion préalable de la libéralité en usufruit pour conclure que sa valeur étant inférieure à celle de la quotité disponible, il n'y avait pas lieu à réduction. Selon la Cour de cassation, « l'atteinte à la réserve devait s'apprécier en imputant le legs en usufruit sur la quotité disponible, non après conversion en valeur pleine propriété, mais en assiette ».

Compte tenu de la généralité de la formule utilisée par la Cour de cassation, et s'agissant d'apprécier si les conditions prévues à l'article 917 du Code civil sont réunies ou non, c'est la même méthode qui s'impose (dans le même sens, J.-Cl. Civil Code, Art. 912 à 930-5 fasc. 30 par C. Brenner, n° 34). On commence donc par imputer la libéralité en usufruit sur l'usufruit du disponible ; ensuite de deux choses l'une (préconisant déjà cette méthode, M. Grimaldi : Droit des successions, LexisNexis, 8e éd., 2020, n° 857) :

1° Soit il n'y a pas d'excès, et alors la libéralité en usufruit s'exécute.

2° Soit on constate un excès et alors deux hypothèses se présentent à leur tour :

– si les autres conditions de l'article 917 sont réunies, le réservataire a le choix ou de laisser s'exécuter cette libéralité, ou d'imposer au gratifié en usufruit de ne recevoir que la quotité disponible en pleine propriété ;

– si ces autres conditions ne sont pas réunies, le réservataire peut obtenir la réduction de la libéralité en usufruit dans les conditions habituelles de la réduction.

33307 C'est pourquoi la **pratique** doit utiliser systématiquement la méthode de l'imputation en assiette (D. Epailly : Les liquidations successorales après la loi du 23 juin 2006, Cridon Bordeaux-Toulouse 2010, nos 59 s. ; D. Epailly, L'imputation en assiette des libéralités : réaffirmation de la règle et mise en œuvre pratique : SNH 32/22 inf. 11 ; A. Faure, Couples non mariés : limites du legs en usufruit : JCP N 2010 n° 1382 § 13 s. ; 108e congrès des notaires de France, La transmission, 2012, nos 2237 et 2238 ; F. Letellier et M. Nicod, La réduction des legs en usufruit : Defrénois 27-6-2019 n° 148t7 p. 21).

EXEMPLE

En présence d'un concubin âgé et d'un fils unique, je lègue l'usufruit universel de ma succession, soit 900 à mon concubin, après une donation préciputaire à autrui de 100 (qui exclut le jeu de l'article 917 du Code civil : voir n° 29275). Son usufruit vaut 20 %, taux non contesté. La réserve est de moitié, soit 500, et la quotité disponible de 500.

On voit bien que si je convertissais le legs à sa valeur avant de l'imputer pour 180 (20 % de 900) sur la quotité disponible restante (500 – 100 = 400), le legs ne serait pas réductible, et trouverait à s'exercer sans la moindre indemnité de réduction ; mais j'aurais inventé au passage une quotité disponible spéciale folle : celle du premier venu...

En réalité, seule la quotité disponible spéciale du conjoint survivant permet à ce dernier, par une faveur légale extraordinaire, de priver les réservataires de tout ou partie de l'usufruit de leur réserve (C. civ. art. 1094-1), laquelle doit être servie, en dehors de ce cas, libre de charges, en vertu de l'article 912 du Code civil.

Le legs s'impute en assiette : 900 en usufruit sur un usufruit restant disponible de 400 (après imputation du préciput). L'excédent en usufruit du legs est de 500. Il est réductible en valeur à hauteur des 5/9e.

En définitive, le réservataire reçoit une indemnité de réduction égale à la valeur de l'excédent d'usufruit, soit 100 (20 % de 500), qui vient s'ajouter à ses droits sur les biens existants, 900 en nue-propriété.

Application à la libéralité en nue-propriété S'agissant d'une libéralité en nue-propriété, la jurisprudence affirme de longue date que celles effectuées **hors part successorale** doivent être imputées en assiette sur le disponible (Cass. civ. 7-7-1857 : DP 1857 I p. 348 ; Cass. req. 6-5-1878 : DP 1880 I p. 345). Ce principe d'une imputation en assiette doit bien entendu être étendu au cas d'une libéralité en nue-propriété consentie **en avancement de part successorale,** son secteur d'imputation (d'abord nue-propriété de la réserve puis, le cas échéant, nue-propriété de la quotité disponible) dépendant, comme il est habituel, de son rang d'imputation et de son ampleur. **33310**

LIBÉRALITÉS GRADUELLES ET RÉSIDUELLES

Les libéralités graduelles et résiduelles (voir nos 2410 s.), à l'instar de toutes les autres libéralités avec charge, doivent être imputées à leur date et pour leur valeur. Simplement, leur particularité est de comporter **en un seul acte deux libéralités** distinctes, celle consentie au premier gratifié grevé et celle consentie au second gratifié bénéficiaire. **33315**

Leur réunion fictive n'éveille aucune difficulté particulière : elle porte sur la valeur globale du bien donné à l'ouverture de la succession, compte tenu de son état au jour de la donation (voir n° 32785).

En revanche, pour ce qui est des imputations, il faut bien **dissocier la première libéralité de la seconde,** étant observé qu'au décès du premier gratifié, même le second gratifié sera réputé tenir ses droits du disposant (C. civ. art. 1051). On raisonnera donc pour leur imputation en transposant à cette question la logique de ce qui a été dit en matière de rapport des libéralités graduelles ou résiduelles (voir nos 31450 s.).

Secteur d'imputation Le secteur d'imputation est tributaire de deux considérations. **33320**

Toute attribution gratuite résultant d'une **donation** graduelle entre vifs est **présumée en avance de part,** selon le droit commun (voir n° 33055), si elle a été consentie à un bénéficiaire héritier présomptif au moment où il a été gratifié, et qu'aucune dispense de rapport n'a été stipulée ; elle s'imputera donc comme n'importe quelle autre, en priorité sur la réserve de l'intéressé, et subsidiairement sur la quotité disponible de la succession (voir n° 33055). À l'inverse, en présence d'un **legs** graduel ou résiduel, c'est la **présomption de préciput** qui prévaut, sauf stipulation contraire, et l'imputation s'effectue sur la quotité disponible.

Au demeurant, on ne peut pas exclure que les **qualifications respectives des deux libéralités successives** soient **différentes** : ainsi, lorsque le premier donataire d'une donation résiduelle était un héritier appelé, gratifié par conséquent en avance de part, mais que le second gratifié bénéficiaire est un étranger à la succession, ou un héritier que le disposant a dispensé de rapport.

Valeur et rang d'imputation De même qu'en matière de rapport, la valeur à imputer dépend de l'**ordre des décès,** respectivement, du disposant et du premier gratifié. **33325**

Cette valeur est par ailleurs celle des biens donnés au jour de l'ouverture de la succession, compte tenu de leur état au moment où la libéralité graduelle ou résiduelle a pris effet. C'est dire qu'il peut y avoir dans certains cas deux **dates d'imputation distinctes,** l'une pour le premier gratifié, et l'autre pour le second.

33330 Comment procéder en pratique à l'imputation des **libéralités graduelles** ? La loi ne le spécifie nulle part. Distinguons à cet égard entre la donation graduelle et le legs graduel.

En présence d'une **donation graduelle,** on se trouve devant l'alternative suivante.

1° Soit la **succession du premier gratifié grevé** s'est **ouverte avant** celle du disposant, et la substitution répute le second gratifié bénéficiaire tenir ses droits directement de l'auteur de la libéralité : lui seul imputera toute la valeur de la libéralité appréciée à l'ouverture de la succession du disposant, et pour son seul compte, pour les besoins de la liquidation de la succession de ce dernier ; en revanche, aucune imputation n'est évidemment à effectuer dans la succession du premier gratifié prédécédé (puisque le bien objet de la substitution ne procède pas de sa succession).

2° Soit, comme il est plus fréquent, la **succession du disposant s'ouvre avant** celle du premier gratifié grevé. En pareil cas, il faut bien tenir compte au premier gratifié de la charge actuelle que représente pour lui l'obligation de conserver pour transmettre, puisque l'évaluation d'une donation avec charge en vue de son imputation doit se faire sur le pied de l'émolument net : c'est pourquoi l'on doit dissocier, et opérer deux imputations distinctes, compte tenu des valeurs respectives des deux émoluments à l'ouverture de la succession du disposant.

Quel principe d'évaluation retenir ? Il paraît logique que ces deux donations soient évaluées respectivement par comparaison avec la situation d'un usufruitier et d'un nu-propriétaire, à ce détail près que les obligations qui s'imposent au grevé sont celles d'un plein propriétaire et non pas celles, plus légères, d'un usufruitier ; en sorte que son droit de propriété affecté de la charge de conserver pour transmettre doit être considéré, pour cette raison-là, comme d'une valeur quelque peu inférieure à celle d'un usufruit qui porterait sur le même bien. Et la donation au second gratifié bénéficiaire est d'une valeur corrélativement supérieure à celle de la nue-propriété du même bien (assuré qu'il est de recevoir la chose donnée au décès du premier gratifié, mais en étant dispensé, durant la vie de ce dernier, des grosses réparations de l'article 606 du Code civil).

Si le second gratifié a accepté dans l'acte, les imputations doivent être effectuées à cette même date, car le droit du second gratifié bénéficiaire est certain dès le jour de la libéralité. Si au contraire le second gratifié bénéficiaire a accepté postérieurement à l'acte, la donation qu'il a reçue est imputée, par la force des choses, à la date où il l'a acceptée ; mais même lorsque son acceptation intervient postérieurement à l'ouverture de la succession, elle n'en conclut pas moins une libéralité entre vifs, qui sera imputée avant les legs.

En présence d'un **legs graduel,** les choses sont plus simples : une fois accepté par les deux gratifiés, il est imputé parmi tous les autres legs (selon les mêmes principes d'évaluation).

33335 Dans la **libéralité résiduelle,** si le premier gratifié grevé survit au disposant, n'ayant aucune obligation de conserver, lui seul impute pour son compte, sur le secteur concerné, toute la valeur du bien : l'existence même d'un résidu est hypothétique au moment où s'ouvre la succession du disposant.

Si le premier gratifié grevé est prédécédé à l'ouverture de la succession du disposant, on ventilera entre ce qui a été consommé et le résidu, en vue d'imputations distinctes, et à des dates successives, selon les conditions ordinaires. Ainsi, les enfants du premier gratifié au titre d'une donation résiduelle, venant par représentation à la succession du grand-père disposant, doivent imputer la valeur des biens que leur défunt père donataire a consommés, et pour leur valeur au jour de l'aliénation (sauf remploi). Cette libéralité prendra rang à la date de la donation résiduelle. De son côté, le second gratifié bénéficiaire imputera la valeur du résidu au jour de l'ouverture de la succession ; mais sa libéralité, étant de second rang, prend date en vue des imputations seulement au décès du premier gratifié grevé (date à laquelle le second gratifié bénéficiaire est réputé avoir reçu le résidu de l'auteur de la donation résiduelle).

SECTION 2

MISE EN ŒUVRE DE LA RÉDUCTION DES LIBÉRALITÉS EXCESSIVES

A. Action en réduction

ABSENCE D'AUTOMATICITÉ

La réduction des libéralités n'est jamais automatique ni de droit : elle doit être **demandée** par les héritiers réservataires après qu'ils ont accepté la succession (voir B. Vareille, Conseils liquidatifs pour le rapport et la réduction : Defrénois 15-6-2015 n° 120d0 p. 630 ; M. Grimaldi, obs. sous Cass. 1e civ. 3-10-2019 n° 18-19.783 F-D : RTD civ. 2020 p. 439 ; voir une illustration avec Cass. 1e civ 20-10-1982 n° 81-16.092 : Bull. civ. I n° 299, RTD civ. 1983 p. 771 obs. J. Patarin, D. 1983 p. 120 note P. Rémy, Defrénois 1983 p. 627 note A. Breton). En effet, elle va à l'encontre de la volonté libérale du disposant défunt. Tant que la réduction n'est pas demandée et que les opérations préalables de formation de la masse de calcul et d'imputation n'ont pas été effectuées, révélant si certaines libéralités consenties par le défunt sont réductibles et, dans l'affirmative, lesquelles, ces libéralités produisent tous leurs effets. Le gratifié n'est pas censé anticiper. **33440**

Il est possible de **renoncer** à l'action en réduction, non seulement une fois la succession ouverte, s'agissant alors d'un droit acquis, mais encore, désormais, par anticipation, au prix d'un pacte sur succession future abdicatif sui generis dérogeant de surcroît à l'impérativité de la réserve : voir nos 33830 s.

ATTENTION

La loi confortant le respect des principes de la République a instauré une **obligation d'information renforcée pesant sur le notaire** à l'égard des héritiers réservataires (Loi 2021-1109 du 24-8-2021 art. 24, I-2° ; voir F. Sauvage, Réduction des libéralités excessives : nouvelle obligation d'information individuelle du notaire : SNH 33/21 inf. 13 ; A. Tani, Action en réduction et devoir notarial renforcé : la loi doit-elle énoncer des évidences ? Dr. famille 2021 comm. 178 ; J.-F. Sagaut et A. Verrecchia, L'alinéa 2 de l'article 921 du Code civil et les contours de l'obligation du notaire : Defrénois 19-5-2022 n° DEF206k1). L'article 921 du Code civil a ainsi été complété par l'alinéa suivant : « Lorsque le notaire constate, lors du règlement de la succession, que les droits réservataires d'un héritier sont susceptibles d'être atteints par les libéralités effectuées par le défunt, il informe chaque héritier concerné et connu, individuellement et, le cas échéant, avant tout partage, de son droit de demander la réduction des libéralités qui excèdent la quotité disponible. » La disposition est applicable aux **successions ouvertes depuis le 1er novembre 2021,** y compris si des libéralités ont été consenties par le défunt avant cette date (Loi 2021-1109 du 24-8-2021 art. 24, II).

En réalité, cette obligation préexistait ; simplement, il est permis de penser que sa formalisation explicite par la loi renverse la **charge de la preuve** et impose au notaire d'opérer une liquidation correcte dont il gardera trace.

ACTION INDIVIDUELLE ET DIVISIBLE

La réduction s'exerce par voie d'action, ce qui signifie que, lorsque les conditions en sont réunies, elle doit être demandée, afin qu'il y soit satisfait soit **à l'amiable,** soit **en justice.** L'action en réduction est individuelle et divisible, ce qui signifie qu'elle est exercée par chaque héritier réservataire pour son seul compte, et que la **décision de demander la réduction** n'appartient qu'à lui. La doctrine classique le relevait ainsi : « L'action en réduction est en effet divisible, chaque héritier peut l'exercer dans la mesure de son droit héréditaire : si l'un d'eux y renonce ou la laisse prescrire, elle subsiste au profit des autres. Quand l'action est intentée par un seul héritier, elle ne peut produire effet que dans la mesure de sa part de réserve » (M. Planiol et G. Ripert : Traité pratique de droit civil français, tome V par A. Trasbot et Y. Loussouarn, LGDJ, 1957, n° 99, ainsi que tous les auteurs cités par eux, unanimes dans le même sens). En pratique, « chacun peut agir comme bon lui semble » (C. Pérès et C. Vernières : Droit des successions, PUF, 2018, n° 726). **33445**

Si les **héritiers réservataires prennent des partis différents,** seules les parts de réserve des demandeurs seront, si besoin est, reconstituées. Celui qui, en consentant pour ce qui le concerne à l'exécution de la libéralité excessive, aura renoncé à sa part d'indemnité de réduction, n'aura évidemment pas abdiqué ses droits dans les biens existants à partager.

Si en revanche **tous en font la demande,** c'est la réserve globale tout entière qui sera restaurée ; mais l'action n'aura en rien pris un caractère collectif : elle sera simplement la somme des demandes individuelles (voir cependant, en sens contraire, F. Terré, Y. Lequette et S. Gaudemet : Droit civil. Les successions. Les libéralités, Dalloz, 4e éd., 2014, n° 1208).

CONSEIL

En pratique, il incombe au **notaire,** une fois le dépassement de la quotité disponible constaté par le jeu des imputations : de proposer une liquidation globale de l'indemnité de réduction ; de demander à chacun des réservataires s'il sollicite la réduction pour son compte ; de récapituler les demandes dans l'acte de liquidation-partage ; et enfin, pour liquider les droits puis composer les lots, d'attribuer son indemnité individuelle à chacun de ceux qui la demandent, tout en faisant remise au gratifié de l'indemnité de réduction individuelle due à chacun des réservataires qui déclarent expressément renoncer à demander la réduction.

TITULAIRES DE L'ACTION

33450 L'action en réduction est d'abord attribuée aux héritiers **réservataires** (C. civ. art. 921, al. 1). Encore faut-il que ces derniers, pour pouvoir agir, aient accepté la succession, purement et simplement ou à concurrence de l'actif net (F. Terré, Y. Lequette et S. Gaudemet : Droit civil. Les successions. Les libéralités, Dalloz, 4e éd., 2014, n° 1207 ; C. Pérès et C. Vernières : Droit des successions, PUF, 2018, n° 726). L'action en réduction est attachée à la personne de l'héritier réservataire ; elle échappe, pour le débiteur soumis à une procédure de liquidation judiciaire, au dessaisissement de l'administration et de la disposition de ses biens (Cass. com. 2-3-2022 n° 20-20.173 FS-B : BPAT 3/22 inf. 146 obs. A. Chamoulaud-Trapiers).

Peuvent également agir en réduction les **héritiers ou ayants cause des réservataires** (C. civ. art. 921, al. 1). Il s'agit tant des héritiers légaux des réservataires que de leurs ayants cause universels ou à titre universel (légataires, institués contractuels) (voir le cas d'une cession de droits successifs : Cass. 1e civ. 25-10-2017 n° 16-20.156 FS-PB : BPAT 6/17 inf. 240, Defrénois 26-4-2018 n° 136a6 p. 41 obs. B. Vareille). En revanche, le conjoint du réservataire, commun en biens, ne saurait exercer l'action, la communauté ne possédant sur les biens compris dans la réserve aucun droit préalable à leur transmission (Cass. 1e civ. 10-7-1975 n° 73-11.265 : Bull. civ. I n° 193, Defrénois 1975 art. 30986 note G. Morin).

Enfin, selon la jurisprudence antérieure, les **créanciers personnels** de l'héritier réservataire pouvaient exercer l'action en réduction par la voie oblique (Cass. 1e civ. 20-10-1982 n° 81-16.092 : Bull. civ. I n° 299, RTD civ. 1983 p. 627 note J. Patarin, D. 1983 p. 120 note P. Rémy, Defrénois 1983 art. 33061 note A. Breton). Cette solution pourrait toutefois être aujourd'hui condamnée. En effet, l'article 1341-1 du Code civil, issu de la réforme du droit des obligations de 2016, ne permet au créancier d'exercer pour le compte de son débiteur que les « droits et actions à caractère patrimonial », « à l'exception de ceux qui sont exclusivement rattachés à la personne ». L'ancien article 1166 ne comportait pas cette précision. Dès lors, l'arrêt précité de la chambre commerciale rendu le 2 mars 2022, qui range l'action en réduction sous la bannière des actions « attachée[s] à sa personne », invite à reconsidérer la solution rendue pour l'exercice par la voie oblique de l'action en réduction sous l'empire de l'ancien article 1166 (A. Chamoulaud-Trapiers, obs. précitées).

33455 **Exclusions légales** Deux catégories de personnes ne peuvent ni demander la réduction ni en profiter (C. civ. art. 921, al. 1).

Il s'agit d'abord des **donataires et légataires.** C'est ainsi qu'un héritier ne peut prétendre, en sa qualité de légataire de la quotité disponible, qu'aux seuls biens laissés par le défunt au jour de l'ouverture de la succession : il ne dispose donc d'aucun droit à faire réintégrer dans les biens existants sur lesquels s'exercent ses droits les donations antérieurement consenties par le défunt (Cass. 1e civ. 7-10-2015 n° 14-24.996 FS-PB : BPAT 6/15 inf. 230, Dr. famille 2015 comm. 223 par M. Nicod). En revanche, les gratifiés peuvent invoquer les dispositions sur l'ordre légal de réduction. Une cour d'appel a ainsi été censurée pour avoir « limité arbitrairement l'exécution [d'une donation] à la moitié des immeubles de la succession et ordonné sur le surplus de la quotité disponible l'exécution des legs faits par les testaments du défunt » (Cass. civ. 19-12-1882 : DP 1883 I p. 343).

Il s'agit ensuite des **créanciers successoraux.** Cette exclusion connaît toutefois un double tempérament (M. Grimaldi : Droit des successions, LexisNexis, 8e éd., 2020, n° 904 ; F. Terré, Y. Lequette et S. Gaudemet : Droit civil. Les successions. Les libéralités, Dalloz, 4e éd., 2014, n° 1207) :

– les créanciers successoraux peuvent toujours saisir les biens existants, parmi lesquels figurent les biens légués ;

– les créanciers du défunt deviennent les créanciers personnels de l'héritier qui a accepté purement et simplement la succession ; dès lors, ils profitent du produit de la réduction entrant dans le patrimoine de l'héritier et peuvent classiquement exercer la réduction par la voie de l'action oblique (sur ce dernier point, désormais en doute, voir toutefois nº 33450).

EXERCICE DE L'ACTION EN RÉDUCTION

L'action en réduction est **dirigée** par le ou les héritiers réservataires contre les bénéficiaires de libéralités excessives, dans l'**ordre inverse de celui de l'imputation** : en commençant par les legs avant de poursuivre par les donations et, s'agissant des donations, en commençant par les plus récentes pour remonter aux plus anciennes (C. civ. art. 923). **33460**

Le Code civil ne soumet la demande en réduction à **aucun formalisme particulier** (Cass. 1e civ. 10-1-2018 nº 16-27.894 F-PB : BPAT 2/18 inf. 77, Defrénois 25-10-2018 nº 141k3 p. 45 obs. B. Vareille, AJ fam. 2018 p. 187 obs. J. Casey, Dr. famille 2018 comm. 71 obs. A. Tani). **33465**

La demande pourra être présentée à l'**amiable** par le réservataire acceptant auprès du notaire chargé du règlement de la succession, voire auprès du gratifié lui-même :
– soit de façon explicite, en sollicitant clairement la réduction de la libéralité ;
– soit même implicitement, par la demande exprimée par cet héritier d'être rempli de ses droits successoraux.

La demande peut également emprunter la **voie judiciaire** : elle résulte alors d'une assignation dirigée contre le gratifié devant le tribunal judiciaire du lieu d'ouverture de la succession.

Cette assignation en réduction peut bien sûr être expresse, c'est-à-dire exprimer devant le juge la demande explicite du réservataire d'être rempli de ses droits à réserve.

La demande peut également être tacite (voir sur l'ensemble de la question M. Grimaldi, obs. sous Cass. 1e civ. 3-10-2019 nº 18-19.783 F-D : RTD civ. 2020 p. 439). C'est ainsi que l'action en réduction est virtuellement comprise dans une action en partage judiciaire circonstanciée : par exemple lorsqu'elle est assortie d'une demande de rapport, en ce que le rapport est lui-même une restitution successorale propre à remplir la réserve et qu'il est pardonnable de confondre avec la réduction (Cass. 1e civ. 10-1-2018 nº 16-27.894 F-PB précité ; Cass. 1e civ 19-9-2018 nº 17-20.704 F-D : RTD civ. 2019 p. 160 obs. M. Grimaldi ; jugé, de même, que lorsqu'une action en rapport a été introduite en première instance, la demande de réduction formée pour la première fois en appel ne constitue pas une demande nouvelle : CA Paris 22-4-1987 : D. 1987 somm. p. 126) ; ou encore si l'assignation en partage comporte la demande de réduction d'une libéralité autre que celle en cause, en ce qu'une telle demande a pour finalité que soit reconstituée la réserve et s'est simplement trompée de cible (Cass. 1e civ. 3-10-2019 nº 18-19.783 F-D : RTD civ. 2020 p. 439 obs. M. Grimaldi, Dr. famille 2019 comm. 244 par M. Nicod). En revanche, du fait qu'en présence d'un legs universel il n'y a pas d'indivision entre légataire et réservataire (voir nº 33550), la demande en partage est irrecevable ; par voie de conséquence, on concevrait mal qu'elle pût être accueillie comme demande tacite de réduction (voir M. Grimaldi, obs. précitées : RTD civ. 2020 p. 439), sauf à admettre une confusion avec la demande en liquidation (voir B. Vareille, obs. précitées : Defrénois 25-10-2018 nº 141k3 p. 45).

Lorsque le bien donné ou légué a été aliéné, l'action sera parfois exercée sous certaines conditions, si nécessaire, à l'encontre du tiers détenteur ; en ce cas, la réduction peut même être – exceptionnellement – encourue par ce dernier en nature (nos 33655 s.).

Pour être utile, toute demande en réduction doit intervenir dans le **délai** prévu par l'article 921, alinéa 2 du Code civil (nº 33490).

Réduction prioritaire et simultanée des legs La réduction est demandée en premier aux légataires, car leurs **libéralités** sont **les plus récentes.** **33470**

La réduction vise concurremment tous les legs de façon simultanée. La réduction se fait donc **au marc le franc,** selon le même coefficient de réduction qui s'applique à chaque legs en fonction de son montant, sans distinguer :
– ni selon la nature du legs (legs universel, à titre universel ou particulier) (C. civ. art. 926) ;
– ni selon la qualité des légataires (peu importe que le légataire soit également héritier, même réservataire : il est exposé à la réduction proportionnelle à raison de la part de réserve des autres réservataires).

Il faut réserver toutefois une hypothèse particulière qui fait **exception** : celle de l'héritier réservataire unique qui est également institué légataire universel. Comme il a vocation à l'intégralité des biens existants et à un double titre, son legs n'est pas exposé à la réduction. Il suffit donc en ce cas d'imputer les autres legs, exactement comme s'il n'avait reçu aucun legs. En définitive, l'héritier légataire universel recevra tout simplement le reliquat de biens existants, si du moins sa réserve n'est pas entamée (voir Cass. civ. 5-2-1952 : D. 1953 p. 129, JCP G 1952 II nº 6909 ; F. Terré, Y. Lequette et S. Gaudemet : Droit civil. Les successions. Les libéralités, Dalloz, 4e éd., 2014, nº 1194 note 1 ; M. Grimaldi : Droit des successions, LexisNexis, 8e éd., 2020, nº 822).

EXEMPLE

Le défunt laisse à sa survivance deux enfants, Amélie et Pauline. L'actif net de sa succession au décès est de 600.

Il a fait à Edmond un legs particulier portant sur un appartement valant 180, et institué Jules légataire universel sans clause particulière. Les legs sont donc réputés préciputaires, et voués à s'imputer concurremment sur le disponible.

En présence de deux enfants, la quotité disponible est du tiers de la masse de calcul de 600, soit de 200.

Il n'y a aucune priorité de principe du legs particulier sur le legs universel, qui s'imputent concurremment (seule une clause du testament aurait pu imposer son imputation en premier). D'où le raisonnement suivant.

En l'absence de réservataire, légataire particulier et légataire universel auraient eu vocation à recevoir ensemble tous les biens existants, d'une valeur de 600.

Ils doivent subir la réduction au marc le franc, c'est-à-dire selon le même coefficient.

Ce coefficient s'obtient en imputant la valeur globale des biens existants sur la quotité disponible (ou sur ce qui resterait de cette dernière une fois imputées les libéralités de rang préférable aux legs en question).

Ici, on impute 600 sur 200. L'excédent est de 400. Le coefficient de réduction est de 400/600, soit des 2/3, pour fournir la réserve d'Amélie et de Pauline.

C'est dans cette même proportion que les legs seront réduits :
– Edmond, en sa qualité de légataire particulier, reçoit l'appartement valant 180, mais doit une indemnité de réduction (en valeur) des 2/3 (soit 120) ;
– Jules, légataire universel, a droit au reste des biens existants, valant 420, moyennant une indemnité de réduction (en valeur) des 2/3 (soit 280) ; à moins qu'il ne préfère conserver par-devers lui certains biens de la succession seulement à hauteur de 140, et abandonner 280 en corps héréditaires (mais c'est à lui d'en décider).

Amélie et Pauline seront remplies de leurs droits réservataires : elles se partageront 400 (120 + 280), soit intégralement sous forme d'indemnités de réduction, soit pour partie en biens de succession et pour partie en indemnité de réduction (selon le choix du légataire universel).

33475 Par exception, le testateur peut prévoir qu'un legs sera acquitté de préférence aux autres ; ce legs ne sera alors réduit que si la réduction des autres legs ne suffit pas à compléter ou composer la réserve (C. civ. art. 927).

Le legs assorti d'une telle **clause de préférence** sera réduit avant les donations mais après tous les autres legs, ce qui augmente ses chances d'échapper à toute réduction.

EXEMPLE

Pour reprendre l'exemple précédent, mais en supposant que le testateur a stipulé que le legs particulier serait acquitté de préférence au legs universel :
– le legs particulier de 180 échappe à la réduction (puisqu'il peut s'imputer sur la quotité disponible de 200 sans l'excéder, y laissant un reliquat disponible de 20) ;
– le legs universel de 420 s'impute ensuite, excédant le disponible de 400 ; il sera donc seul réductible, et fortement (au coefficient de 400/420, soit 20/21e).

33480 On se demande s'il est possible de prévoir qu'un legs sera acquitté par préférence non seulement aux autres legs, mais également aux **donations postérieures** à la date à laquelle le testament a acquis date certaine (pour une synthèse assortie d'exemples, N. Levillain, Aménagement des dispositions testamentaires, modifier l'ordre légal de réduction : JCP N 2013 nº 1100).

Cette question non résolue appelle la plus grande prudence, à raison notamment de l'entorse qu'elle peut comporter au principe de libre révocabilité du testament : en prévoyant qu'un legs s'imputera avant toute autre donation ultérieure, le testateur s'oblige à ne révoquer un tel legs qu'en entier et de façon expresse ; cela paraît contraire à la liberté absolue qui gouverne la matière (voir en ce sens, B. Vareille : Volonté, rapport et réduction, thèse, PUF, 1988, nº 66).

33485 **Réduction successive des donations** Si la **réduction des legs** est **insuffisante** pour permettre aux héritiers d'être remplis de leur réserve compte tenu des biens existants du défunt, la réduction est ensuite dirigée contre les donations en commençant par la plus récente (C. civ. art. 923).

On réduit au marc le franc les **donations ayant même date** (dons manuels non enregistrés, donations-partages disqualifiées en donations, etc.), à moins que le disposant n'ait exprimé la volonté contraire.

EXEMPLE

Même données que précédemment (sans clause particulière), si ce n'est que le défunt avait également consenti deux donations hors part : d'abord une de 200 à une nièce Léa, puis une de 100 à un neveu Léo, et qu'il laisse des biens existants pour une valeur nette de 300 seulement.

La masse de calcul est la même (300 + [200 + 100] = 600) et la quotité disponible est toujours de 200.

Toutes les libéralités préciputaires s'imputent sur la quotité disponible (n°s 33015 et 33155), en commençant par la donation à la nièce, plus ancienne, en poursuivant par la donation au neveu, et en finissant par les legs.

La première donation de 200, consentie à la nièce Léa, épuise la quotité disponible (de 200), mais ne l'excède pas, et échappe, partant, à la réduction.

Toutes les autres libéralités sont intégralement réductibles, à 100 %.

Le neveu Léo doit une indemnité de réduction de 100.

Les legs sont également réduits, soit une indemnité de réduction de 180 pour Edmond et de 120 (montant de son legs universel) pour Jules.

PRESCRIPTION DE L'ACTION EN RÉDUCTION

Le **délai** de prescription est en principe de cinq ans à compter de l'ouverture de la succession (C. civ. art. 921, al. 2). **33490**

Toutefois, si les héritiers viennent à découvrir, au-delà de ces cinq ans, une atteinte portée à leur réserve, leur délai pour agir peut se prolonger pour deux ans à compter du jour où ils ont eu connaissance de l'atteinte, mais avec une durée maximale de dix ans à compter du décès (C. civ. art. 921, al. 2) : ainsi en cas de découverte tardive d'un don manuel excédant la quotité disponible.

Passé ce délai, l'action en réduction ne peut plus être exercée.

Issues de la loi 2006-728 du 23 juin 2006, les dispositions de l'article 921, alinéa 2 du Code civil sont applicables aux **successions ouvertes depuis le 1er janvier 2007.** Pour les successions ouvertes avant cette date, voir n°s 29700 s.

On peut légitimement s'interroger sur la **nature** de ce délai : s'agit-il d'un véritable délai de forclusion ? Est-il soumis à la règle selon laquelle la prescription ne court pas ou est suspendue contre celui qui est dans l'impossibilité d'agir par suite d'un empêchement résultant de la loi, de la convention ou de la force majeure (C. civ. art. 2234). L'application de ce texte autoriserait à exercer l'action en réduction au-delà des délais précités lorsque l'indivisaire a été dans l'impossibilité d'agir à raison d'un évènement insurmontable caractérisant une situation de force majeure, par exemple, un état de « sujétion psychologique » à l'égard d'un légataire. Un tel état, résultant de l'exercice de pressions graves ou réitérées ou de techniques propres à altérer le jugement, a été retenu comme empêchant la prescription dans d'autres matières, notamment pour des dommages et intérêts dans le cadre d'une vente immobilière consentie par des vendeurs sous l'emprise psychologique (Cass. 3e civ. 16-9-2021 n° 20-17.623 S-BC : RJDA 2/22 n° 122). Notons toutefois que la règle suivant laquelle la prescription ne court pas contre celui qui est empêché d'agir ne s'applique pas lorsque le titulaire de l'action disposait encore, à la cessation de l'empêchement, du temps nécessaire pour agir avant l'expiration du délai de prescription (Cass. 1e civ. 13-3-2019 n° 17-50.053 F-PB).

Le **point de départ** du délai de l'action en réduction d'une **donation conjointe de biens communs** faite à un enfant commun se dédouble en fonction des dates d'ouverture des successions des codonateurs : « sauf clause contraire, la donation de biens communs est réputée consentie à concurrence de moitié par chacun des époux, de sorte que sa réduction ne peut être demandée par leurs enfants communs qu'à due proportion, à l'ouverture de chacune des successions des codonateurs » (Cass. 1e civ. 5-1-2023 n° 21-13.151 FS-B : BPAT 1/23 inf. 37, Defrénois 2-6-2023 n° DEF214k1 p. 27 obs. S. Gaudemet, Dr. famille 2023 comm. 47 par M. Nicod). Sur la donation de biens communs à un enfant commun des époux et ses incidences, notamment en matière de rapport, voir n°s 7520 s.

ATTENTION

Il faut garder en tête que la réduction des **donations-partages et testaments-partages** obéit à un délai de cinq ans à compter de l'ouverture de la succession, sans que la loi ait prévu de prorogation biennale, même en cas de découverte tardive d'une atteinte à la réserve (n°s 11130 et 65570). Cela paraît bien exclure clairement que renaisse le délai pour agir, et qu'il puisse être porté à dix ans lorsque les conditions de l'article 921 sont réunies (en ce sens, F. Terré, Y. Lequette et S. Gaudemet : Droit civil. Les successions. Les libéralités, Dalloz, 4e éd., 2014, no 1273 ; Dalloz Action Droit patrimonial de la famille 2021/2022, dir. M. Grimaldi, v. Liquidation de la succession en présence d'une libéralité-partage par M. Grimaldi, no 413-101 ; voir toutefois ce dernier auteur moins affirmatif : Droit des successions, LexisNexis, 8e éd., 2020, no 905).

Ce délai de prescription quinquennale court à partir du décès du survivant des donateurs en cas de donation-partage conjonctive (no 11130).

B. Modalités de la réduction

RÉDUCTION EN NATURE OU EN VALEUR

33540 La réduction peut être opérée suivant deux modalités différentes : en valeur ou en nature.

Dans les **successions ouvertes depuis le 1er janvier 2007,** la réduction en valeur est le principe, la réduction en nature l'exception.

1. PRINCIPE : RÉDUCTION EN VALEUR

GÉNÉRALISATION DE LA RÉDUCTION EN VALEUR

33545 La réduction en valeur est désormais de principe : « Lorsque la libéralité excède la quotité disponible, le **gratifié, successible ou non successible,** doit indemniser les héritiers réservataires à concurrence de la portion excessive de la libéralité, quel que soit cet excédent » (C. civ. art. 924, al. 1, dans sa rédaction applicable aux successions ouvertes depuis le 1-1-2007).

La réduction s'effectue donc en valeur, sans qu'il y ait lieu de distinguer ni selon que la libéralité est une **donation ou** un **legs,** ni selon qu'elle a été consentie ou non à un successible.

Sur le cas particulier de la réduction en présence d'une **libéralité en démembrement** ou d'un **avantage matrimonial,** voir nos 29390 s. et 29790 s.

EFFETS DE LA RÉDUCTION EN VALEUR

33550 Pour ce qui est du **gratifié,** la réduction en valeur peut lui permettre de conserver définitivement en nature le bien donné ou légué, sans risque de se retrouver inopinément en indivision si sa libéralité se révèle réductible. La seule limite de la réduction en valeur tient à cette évidence que pour financer l'indemnité de réduction, le gratifié devra disposer d'une somme ou d'une capacité d'emprunt suffisante.

Du point de vue des tiers qui ont constitué des droits sur les biens entre la libéralité et sa réduction, la réduction en valeur a le mérite de leur éviter le plus souvent les effets révocatoires de la réduction en nature (voir toutefois sur la situation du tiers détenteur poursuivi en réduction ou en revendication, nos 33655 s.).

Concernant les **héritiers réservataires,** ils se trouveront remplis de leur réserve au moyen d'une simple indemnité, qui leur sera versée par le gratifié. Ainsi, en présence d'un legs universel, il n'y a pas d'indivision entre légataire et réservataire (Cass. 1e civ. 7-12-2016 no 16-12.216 FS-PB : BPAT 1/17 inf. 25, Defrénois 1-2-2018 no 132s2 p. 24 obs. G. Champenois, RJPF 2017-2/28 note J. Dubarry, Dr. famille 2017 comm. 45 obs. M. Nicod, JCP G 2017 doctr. 681 obs. A. Tisserand-Martin, AJ fam. 2017 p. 78 obs. J. Casey). Cette modalité de sauvegarde de la réserve n'est pas indifférente à la nature même de cette dernière.

Sur les **délais de paiement** des droits dus par les héritiers créanciers d'une indemnité de réduction, voir no 52225.

MONTANT DE L'INDEMNITÉ DE RÉDUCTION

33555 **Liquidation de l'indemnité** L'indemnité de réduction est liquidée d'après la **valeur** du bien donné ou légué à l'époque du partage, compte tenu de son **état** au jour où la libéralité a pris effet (C. civ. art. 924-2, al. 1), et en fonction de la proportion dans laquelle elle excède la quotité disponible. Le « jour où la libéralité a pris effet » doit se comprendre, pour une donation, comme étant celui de sa conclusion. Pour un legs, il faut distinguer ; il s'agira de :

– la date du décès lorsque le légataire, quelle que soit l'étendue du legs, est également héritier ab intestat. Même chose lorsque le légataire universel, quoique non-héritier, a demandé la délivrance dans l'année du décès (C. civ. art. 1005 ; Cass. 1e civ. 28-5-2015 no 14-15.115 FS-PB : RTD civ. 2015 p. 674 obs. M. Grimaldi, AJ fam. 2015 p. 419 obs. C. Vernières, JCP N 2015 no 1170 note F. Sauvage), solution qui devrait également s'appliquer au cas du légataire à titre universel (Cass. 6-4-1891 : DP 1892 I p. 279) ;

– la date de la délivrance amiable ou de la demande judiciaire en délivrance dans tous les autres cas. Autrement dit, cette date est à retenir lorsque le légataire, non-héritier, est, soit un légataire universel (ou à titre universel) qui n'a pas obtenu ni demandé la délivrance dans l'année du décès, soit un légataire particulier.

Deux évaluations successives du bien objet de la libéralité seront donc nécessaires (Cass. 1e civ. 4-11-2020 nº 19-10.179 F-PB : BPAT 1/21 inf. 32 obs. N. Pétroni-Maudière, Defrénois 29-4-2021 nº 200f7 p. 17 obs. B. Vareille).

– la première au jour de l'ouverture de la succession, pour calculer la quotité disponible, procéder à l'imputation de la libéralité et fixer un coefficient de réduction, si elle excède la quotité disponible (nos 32785 s.) ;

– la seconde à l'époque du partage, afin d'appliquer le coefficient de réduction pour liquider le montant de l'indemnité de réduction. En l'absence d'indivision entre le bénéficiaire de la libéralité et l'héritier réservataire et, par conséquent, en l'absence de partage (nº 33550), le montant de l'indemnité de réduction se calcule d'après la valeur des biens donnés ou légués à l'époque de sa liquidation ou de leur aliénation par le gratifié (Cass. 1e civ. 1-12-2021 nº 20-12.923 FS-B : BPAT 1/22 inf. 38 obs. N. Pétroni-Maudière, Dr. famille 2022 comm. 17 par M. Nicod ; voir également B. Vareille, Quelques précisions utiles en matière de dette de valeur : Defrénois 2022 5-5-2022 nº DEF207f5) et non pas au jour du décès, comme un arrêt d'appel l'avait retenu de façon insolite (CA Versailles 27-10-2020 nº 19/05376, unanimement critiqué par la doctrine : RTD civ. 2020 p. 935 obs. M. Grimaldi, Defrénois 29-4-2021 nº 200f7 p. 17 obs. B. Vareille, Dr. famille 2021 comm. 23 par M. Nicod ; cassé par Cass. 1e civ. 22-6-2022 nº 21-10.570 FS-B : BPAT 5/22 inf. 237, RTD civ. 2022 p. 683 obs. M. Grimaldi, Defrénois 17-11-2022 nº DEF210u4 p. 41 obs. B. Vareille, Dr. famille 2022 comm. 127 par M. Nicod).

Pour plus de précisions en cas d'aliénation du bien donné ou légué, voir nº 33570.

Si les opérations d'imputation révèlent que la libéralité en cause est chassée du disponible par une ou plusieurs libéralités imputées prioritairement et qui l'épuisent, il y a lieu de procéder à sa **réduction totale.** En pareil cas, si l'état du bien n'a pas varié et que le gratifié en est toujours propriétaire, l'indemnité de réduction sera exactement égale à la valeur du bien à l'époque du partage. **33560**

Si la libéralité est **partiellement réductible,** les opérations d'imputation auront permis, en se plaçant au jour du décès, de fixer le coefficient de réduction ; l'indemnité de réduction sera déterminée en appliquant cette fraction à la valeur du bien donné ou légué à l'époque du partage.

EXEMPLES

1. Au jour du décès, le bien objet d'un legs intégralement réductible vaut 200 ; mais à l'époque du partage, intervenant plusieurs années plus tard, le bien, dont l'état n'a pas changé, vaut 360.

L'indemnité de réduction due par le légataire aux héritiers réservataires sera donc de 360.

2. Même schéma, si ce n'est que dans la quotité disponible, une fois imputées les libéralités préférables, reste 150 seulement, alors que le bien, objet du legs qui s'y impute, vaut 200.

L'excédent se monte à 50 ; par conséquent, le coefficient de réduction est égal à 50/200, soit le quart de la donation.

Au jour du règlement, le bien vaut 360. L'indemnité de réduction est du quart de 360, soit 90.

L'**état du bien** donné ou légué a pu être **amélioré ou dégradé** depuis le jour où la libéralité a pris effet (jour de la donation pour un bien donné et jour de l'ouverture de la succession pour un bien légué). **33565**

Pour le calcul de l'indemnité de réduction, il est tenu compte des variations d'état fortuites, mais non de celles qui sont imputables au gratifié. Les principes applicables sont exactement ceux indiqués nos 31965 s. pour le calcul de l'indemnité de rapport (ou nos 32790 s. pour le calcul de la réserve).

ILLUSTRATIONS

Par exemple, constitue une variation d'état fortuite, dont il doit être tenu compte, le fait que le **terrain donné** soit **devenu par la suite inconstructible,** peu important que la donataire y ait régulièrement édifié une maison d'habitation avant la modification du plan d'occupation des sols (Cass. 1e civ. 11-9-2013 nº 12-17.277 F-PB). De façon plus générale, l'appréciation de l'état juridique d'un terrain donné en vue de la liquidation mérite que soit pris en considération le sort qui aurait normalement été le sien s'il était resté aux mains du disposant (sur la question, B. Vareille, Rapport, réduction et construction : JCP N 2016 nº 1185 ; comparer Rép. Matras : AN 29-3-2022 nº 36531).

À l'inverse, les **travaux effectués sur le bien par le donataire** doivent être écartés. Dans cette hypothèse, et comme pour le calcul de l'indemnité de rapport, l'immeuble doit être évalué pour sa valeur à l'époque du partage compte tenu de son état au jour où la libéralité a pris effet, et non pour sa valeur actuelle déduction faite du montant des travaux effectués par le donataire (Cass. 1e civ. 31-5-2005 no 03-11.133 F-PB : RTD civ. 2005 p. 813 obs. M. Grimaldi ; Cass. 1e civ. 6-11-2013 no 12-16.625 FS-PBI : Sol. Not. 1/14 inf. 13).

33570 Si le **bien** a été **aliéné** par le donataire ou légataire, c'est sa valeur à l'époque de l'aliénation compte tenu de son état au jour où la libéralité a pris effet qui est retenue ; mais si un nouveau bien a été acquis en remploi du prix, l'indemnité de réduction est calculée en fonction de la valeur du nouveau bien à l'époque du partage d'après son état à l'époque de son acquisition. Les règles sont les mêmes que pour le rapport (ou pour le calcul de la réserve), avec la même exception au mécanisme de la dette de valeur lorsque la dépréciation du bien acquis en remploi était inéluctable dès son acquisition (C. civ. art. 924-2, al. 1).

Si le **bien a péri,** de deux choses l'une : lorsque la perte est due à un cas fortuit, aucune indemnité de réduction n'est due, sauf si le donataire a perçu une indemnité à raison de la perte du bien ; lorsque le bien a péri par la faute du donataire, l'indemnité de réduction est de la valeur que le bien aurait eue à l'époque du partage.

Pour plus de précisions, voir nos 31970 s.

33571 **Intérêts** Une fois qu'elle est liquidée, l'indemnité de réduction est, sauf convention ou stipulation contraire, productive d'intérêts calculés au **taux** légal (C. civ. art. 924-3, al. 2 ; Cass. 1e civ. 1-12-2021 no 20-12.923 FS-B : BPAT 1/22 inf. 38 obs. N. Pétroni-Maudière, Dr. famille 2022 comm. 17 par M. Nicod ; voir également B. Vareille, Quelques précisions utiles en matière de dette de valeur : Defrénois 5-5-2022 no DEF207f5), soit 6,82 % pour le second semestre 2023. En pratique, liquidation et partage interviendront le plus souvent de façon concomitante.

Ces intérêts de l'indemnité doivent être soigneusement distingués des **fruits** de la chose donnée, qui ne sont dus qu'en cas de réduction en nature et au prorata du coefficient de réduction, mais en ce cas depuis l'ouverture de la succession ou de la demande, si celle-ci est formée un an ou plus après (voir nos 33595 et 33720).

RÈGLEMENT DE L'INDEMNITÉ DE RÉDUCTION

33575 **Dates** L'indemnité de réduction est calculée au moment de la liquidation de la succession. En pratique, la date de la liquidation coïncide le plus souvent avec celle du **partage.** Sinon, elle doit intervenir du moins à une date la plus proche possible de ce dernier en considération de l'égalité des héritiers (en particulier, il faut veiller à ce que le choix d'une date différente n'expose pas le partage à l'action en complément de part de l'article 889 du Code civil).

C'est également en principe au moment du partage que s'effectue le paiement comptant de l'indemnité de réduction, sauf convention contraire entre les cohéritiers (C. civ. art. 924-3, al. 1). Ce peut être lourd pour le gratifié s'il ne dispose pas des liquidités idoines et n'est pas suffisamment solvable pour emprunter.

S'il n'y a **pas lieu à partage ou** lorsque le **gratifié n'a pas vocation à venir au partage,** les réservataires seraient en droit de réclamer le paiement de l'indemnité dès qu'elle est liquidée (à propos de la seconde hypothèse, M. Grimaldi : Droit des successions, LexisNexis, 8e éd., 2020, no 893).

33580 Si le gratifié (par hypothèse, aux termes de l'article 833 du Code civil, le conjoint, un héritier légal ou encore un légataire universel ou à titre universel) a reçu un **bien susceptible d'attribution préférentielle,** un **délai** peut lui être accordé pour le règlement de l'indemnité de réduction : soit l'initiative en revient au disposant, qui le stipule d'emblée dans la libéralité, voire le prévoit par un acte postérieur ; soit, si tel n'a pas été le cas, le juge peut toujours accorder un pareil délai, compte tenu des intérêts en présence (C. civ. art. 924-3, al. 1). Dans les deux cas, ce délai de paiement est limité à dix ans à compter du décès du disposant. L'ouverture du délai de paiement rend applicable à l'indemnité de réduction le mécanisme de révision automatique prévu pour les soultes en cas de variation de plus du quart de la valeur du bien donné ou légué, par suite des circonstances économiques (sur ce mécanisme, voir no 60410).

Les avantages résultant des délais et modalités de paiement accordés ne constituent pas une libéralité (C. civ. art. 924-3, al. 2 in fine) ; cela signifie notamment que, lorsqu'ils sont accordés par le de cujus, les formes de la libéralité n'ont pas à être respectées, et les sommes correspondantes n'ont pas à être rapportées, réunies fictivement ou exposées à la réduction. En cas de vente de la totalité du bien donné ou légué, les sommes restant dues deviennent immédiatement exigibles ; en cas de ventes partielles, le produit des ventes est versé aux cohéritiers et imputé sur les sommes encore dues (C. civ. art. 924-3, al. 3).

Garantie de paiement Lorsqu'un délai de paiement est accordé, les créanciers de l'indemnité de réduction due à raison d'une **libéralité portant sur les immeubles** bénéficient d'une sûreté réelle : l'hypothèque légale spéciale de copartageant (C. civ. art. 2402, 4°). 33585

Fruits du bien objet de la libéralité Lorsque la réduction s'exerce en valeur, le débiteur de l'indemnité de réduction est dispensé de restituer les fruits du bien donné dans la proportion de la fraction réductible (C. civ. art. 928, al. 1, a contrario). 33595

Cette singularité résulte explicitement de la **faveur** manifestée par le législateur, lors de l'élaboration de la loi, pour la réduction en valeur. Elle n'en a pas moins de quoi aiguiser la critique.

Elle introduit tout d'abord une **distorsion** toute nouvelle et fort malencontreuse : désormais, la réduction en nature et la réduction en valeur n'aboutissent plus au même résultat comptable, ce qui peut paraître proprement inconcevable dans l'ordre des principes. C'est pourquoi un auteur appelle de ses vœux, malgré les termes de la loi et les travaux préparatoires, le maintien de la jurisprudence antérieure qui imposait la restitution des fruits quel que fût le mode de réduction, en nature comme en valeur, pour assurer l'équivalence des deux modalités (M. Grimaldi : Droit des successions, LexisNexis, 8e éd., 2020, n° 900).

De plus, elle crée une **iniquité** paradoxale entre le gratifié solvable et celui dont la solvabilité n'est pas suffisante : le second, déjà condamné à subir la réduction en nature, c'est-à-dire exposé à perdre la propriété du bien, est astreint de surcroît à la restitution des fruits. Il n'est pas certain que le moyen utilisé par le législateur soit adapté aux fins qu'il a poursuivies.

Modes de paiement en valeur L'indemnité de réduction peut être acquittée en numéraire ou en moins prenant, selon les cas ; tout dépend de la situation du débiteur. 33600

Lorsque le débiteur de l'indemnité de réduction n'a aucun droit dans le partage, l'indemnité est réglée par lui **en numéraire.**

Lorsque le débiteur de l'indemnité de réduction est un héritier copartageant, il s'en acquitte au moment du partage, **en moins prenant** : c'est-à-dire par voie d'imputation sur ses droits dans la masse à partager, lesquels lui procurent par hypothèse sa part de réserve, la quotité disponible étant forcément épuisée (C. civ. art. 924, al. 2 ; pour une illustration originale, Cass. 1e civ. 10-10-2012 n° 11-17.891 F-PBI : BPAT 6/12 inf. 301). Le gratifié redevable de l'indemnité de réduction se la voit donc attribuer ; et cette attribution entraîne extinction de la dette par confusion sur son chef des deux qualités de créancier et de débiteur.

EXEMPLE

La masse à partager entre trois descendants est de 450 (valeur partage) : 350 de biens existants et 100 d'indemnité de réduction due par A à raison d'une donation hors part successorale excédant la quotité disponible.

A, comme B et C, ses deux frères, vient au partage pour un tiers, soit 150, remplissant chacun de sa réserve individuelle valeur partage (la quotité disponible étant épuisée).

A, attributaire de l'indemnité de réduction, subira la réduction en moins prenant à concurrence de 100 ; il recevra des biens existants à concurrence de 50.

Ses deux cohéritiers se partageront le reste des biens existants (350 – 50 = 300), soit 150 chacun.

Toutefois, le règlement en numéraire s'impose également lorsque le montant de l'indemnité de réduction dépasse les droits du débiteur dans le partage ; dans ce cas, règlements **en numéraire et en moins prenant** peuvent se combiner. 33605

EXEMPLE

Mêmes données que ci-dessus, si ce n'est que la masse à partager est de 300 (valeur partage) : 150 de biens existants et 150 d'indemnité de réduction due par A.

A, comme B et C, vient au partage pour un tiers, soit 100.

A sera attributaire de l'indemnité de réduction et subira la réduction en moins prenant à concurrence de 100, mais devra effectuer un règlement de 50 en numéraire.

Ses deux cohéritiers se partageront les biens existants (150) et le reliquat d'indemnité de réduction (50), soit 100 chacun.

2. EXCEPTION : RÉDUCTION EN NATURE

RÉDUCTION TOTALE OU PARTIELLE

À la différence de la réduction en valeur, la réduction en nature neutralise les libéralités faites par le défunt, dans la mesure de leur atteinte à la réserve. 33635

En cas de réduction partielle, une **indivision** s'ouvre entre le gratifié et les cohéritiers.

En cas de réduction totale, c'est le **bien lui-même** qui figure dans la masse à partager : le legs totalement réductible n'est pas exécuté ; la donation totalement réductible est résolue et restituée à la cohérie.

a. Hypothèses de réduction en nature

RÈGLES GÉNÉRALES

33640 Dans les successions ouvertes depuis le 1er janvier 2007, la réduction en nature est exceptionnelle, puisqu'elle n'existe plus en principe que dans **trois cas** :
- par la volonté du disposant ;
- par le choix du gratifié, si certaines conditions sont réunies ;
- à l'encontre du tiers détenteur du bien donné ou légué.

VOLONTÉ DU DISPOSANT

33645 Il reste toujours loisible au disposant de stipuler que la réduction, si elle a lieu d'intervenir, opérera **en nature.** En effet, loin de contredire l'ordre public réservataire, une telle clause surenchérit sur lui, en permettant de mieux **reconstituer la réserve.**

L'**intérêt** d'une telle stipulation se rencontre principalement dans les libéralités universelles. Ces dernières ont normalement pour inconvénient grave, depuis la généralisation de la réduction en valeur, que tous les biens héréditaires risquent d'advenir à un tiers moyennant une simple indemnité. C'est pourquoi il peut être judicieux, en pareil cas, d'assortir la libéralité d'une clause de réduction en nature, serait-elle complétée par la faculté pour le légataire universel de compléter son lot. Par suite, les héritiers réservataires seront assurés d'un minium de conservation des biens dans la famille, à hauteur de leurs droits réservataires.

CHOIX DU GRATIFIÉ

33650 Si le bien donné ou légué lui appartient encore, le gratifié peut s'il le souhaite exécuter la réduction en nature à la **condition** que le bien soit libre de toute charge ou occupation nouvelle de son fait (C. civ. art. 924-1, al. 1). La règle est la même que pour le rapport volontaire en nature, et vise pareillement à interdire l'anéantissement au préjudice de tiers des droits et charges créés dans l'intervalle par le donataire (nº 32115).

Le gratifié hésitant peut être **mis en demeure** par les héritiers réservataires de choisir entre réduction en valeur et réduction en nature. À compter de cette mise en demeure, il a trois mois pour prendre parti. S'il ne se prononce pas dans ce délai, la réduction est effectuée en valeur (C. civ. art. 924-1, al. 2).

ALIÉNATION DU BIEN PAR UN GRATIFIÉ INSOLVABLE

33655 **Réduction en nature à l'encontre du tiers détenteur** Si le donataire aliène le bien donné, meuble ou immeuble, et qu'il vienne à devenir insolvable, cela risque d'exposer le réservataire à ne jamais pouvoir recouvrer son indemnité de réduction, donc à être spolié de sa réserve. C'est pourquoi l'article 924-4 du Code civil prévoit un dispositif très rigoureux, reprenant et perfectionnant les dispositions édictées par l'ancien article 930 du Code civil. Par exception, c'est alors le tiers détenteur qui est tenu de l'indemnité de réduction, voire, s'il n'est pas en mesure de la verser, de subir la réduction en nature. Cette exception suppose la réunion de **trois conditions** :
- l'aliénation par le gratifié du bien qui lui avait été donné ou légué ;
- l'insolvabilité du gratifié : la revendication de l'héritier réservataire agissant en réduction contre le tiers ne peut s'exercer qu'« après discussion préalable des biens du débiteur de l'indemnité » (C. civ. art. 924-4) ;
- l'impossibilité ou le refus de la part du tiers détenteur de se libérer de l'indemnité en numéraire : il peut en effet opposer le bénéfice de discussion pour échapper à la réduction en nature, et verser lui-même l'indemnité de réduction (en ce sens, pour l'application de l'ancien article 930 du Code civil, Cass. 1e civ. 18-10-1966 : Bull. civ. I. nº 474), c'est-à-dire une somme égale, selon les cas, à tout ou partie de la valeur du bien donné (selon que la réduction est totale ou partielle) ; cette somme est appréciée d'après la valeur du bien à l'époque de l'aliénation (puisque c'est à cette date que l'indemnité de réduction est fixée en cas d'aliénation par l'article 924-2 du Code civil).

Une **quatrième condition éventuelle** fait l'objet d'un **débat** que la jurisprudence n'a pas eu l'occasion de trancher. 33660

Lorsque le gratifié, une fois aliéné l'objet de la donation, en a remployé le prix de vente dans l'acquisition d'un second bien, on est fondé à se demander si la réduction peut encore être recherchée en nature à l'encontre du tiers acquéreur du bien initialement donné, ou si l'on doit tenir compte, une fois pour toutes, du bien subrogé, et exécuter la réduction en valeur (sur cette discussion, voir M. Grimaldi : Droit des successions, LexisNexis, 8e éd., 2020, no 875, et les auteurs cités).

D'un côté, il n'est pas contesté que le montant de l'indemnité de réduction est calculé en fonction du nouveau bien ainsi subrogé ; d'un autre côté, est-il concevable que cette subrogation purement liquidative soit de nature à contrecarrer le droit de suite des réservataires ?

En tout cas, il est certain que si le donataire vend derechef le bien subrogé, la revendication ne saurait être exercée contre son second acquéreur ; admettre la subrogation ferait donc le donataire seul maître de la situation de son premier acquéreur, par l'emploi qu'il choisit de faire du prix (voir M. Grimaldi, précité).

Dès lors que ces **conditions** sont **réunies,** les réservataires pourront poursuivre la **réduction en nature** à l'encontre du **tiers détenteur** du bien donné ou légué, en vertu d'un droit de suite. Par conséquent, ils seront conduits, suivant l'ampleur de l'atteinte à la réserve, donc le coefficient de réduction : 33665

– tantôt à pratiquer la réduction partielle en nature, ce qui ouvre alors une **indivision sur le bien** ;

– tantôt même, si la libéralité est tout entière réductible en nature, à agir en **revendication du bien.**

Tout dépend ensuite de l'objet de la libéralité réductible :

– s'il s'agit d'un **immeuble** détenu par le tiers, l'action est toujours possible ;

– s'il s'agit d'un **meuble,** l'action n'est efficace que si le tiers ne peut pas objecter la présomption de propriété posée par l'article 2276, alinéa 1 du Code civil selon lequel « en fait de meubles, la possession vaut titre » (C. civ. art. 924-4, al. 1). Mais cette objection suppose que les conditions exigées par l'article 2276 en soient réunies : par exemple, les détenteurs de bateaux, navires et aéronefs sont exposés à la réduction en nature du fait que la présomption de l'article 2276 ne les protège pas.

En cas de **pluralité d'aliénations,** l'action est exercée de la même manière que contre les gratifiés eux-mêmes et dans l'ordre inverse des aliénations, en commençant par la plus récente (C. civ. art. 924-4, al. 1).

Prévention de la réduction en nature à l'encontre du tiers détenteur 33670

La réduction en nature est particulièrement préjudiciable à l'acquéreur, dont le droit de propriété se trouve anéanti. C'est pourquoi la loi autorise un **pacte sur succession future** exceptionnel, qui consolide l'aliénation : le consentement à l'aliénation par le donateur et l'ensemble des réservataires présomptifs nés et vivants au jour où ce consentement est donné. Un tel pacte **interdit à tout réservataire** (même né postérieurement) **d'agir en réduction** contre le tiers détenteur, et procure donc ainsi à ce dernier une parfaite sécurité.

Le **consentement** peut être donné (C. civ. art. 924-4, al. 2) :

– soit par avance, dès le jour de la donation ;

– soit postérieurement, serait-ce en dehors de tout projet précis ;

– soit même à la faveur de l'acte d'aliénation lui-même.

Avant la loi du 23 juin 2006, le Code civil (ancien art. 930, al. 2) ne prévoyait pas expressément que le consentement du donateur à l'aliénation pouvait avoir été prévu dès la donation, et la question faisait débat. Reste à savoir aujourd'hui si le consentement qui a été donné dans un acte de donation antérieur au 1er janvier 2007 (date d'entrée en vigueur de la loi du 23-6-2006) est efficace et permet au tiers acquéreur de s'opposer à la revendication des héritiers réservataires ; on incline à répondre par l'affirmative (en ce sens, S. de la Taille et S. Pezard, La menace virtuelle de l'article 924-4 du Code civil, Plaidoyer pour un retour à la raison : JCP N 2009 no 1321).

S'agissant des réservataires, un tel consentement vaut renonciation à l'exercice de la réduction en nature en cas d'aliénation du bien et d'insolvabilité du gratifié. C'est pourquoi, **au regard de la capacité,** deux cas se présentent. 33675

L'aliénation par le légataire d'un **bien légué** intervient par hypothèse postérieurement au décès du disposant. La capacité de renoncer à une succession ouverte suffit donc à consolider l'aliénation.

En revanche, s'agissant d'une **donation,** il y a abdication d'un droit futur de nature successorale. C'est pourquoi il paraît logique d'admettre que le consentement à l'aliénation requiert les mêmes exigences que la RAAR en matière de capacité (comparer C. civ. art. 930-1, al. 1) : il y faut donc assurément la capacité non pas simplement de renoncer à une succession ouverte, mais bien de consentir une donation (inclinant plutôt, semble-t-il, en ce sens, voir F. Terré, Y. Lequette et S. Gaudemet : Droit civil. Les successions. Les libéralités, Dalloz, 4e éd., 2014, no 1214 ; clairement en sens contraire, M. Grimaldi : Droit des Successions, LexisNexis, 8e éd., 2020, no 875 note 284). Pour le praticien, la prudence est donc de mise.

33680 Lorsque les origines de propriété font apparaître qu'un propriétaire tire d'une donation les droits qu'il entend céder, il convient donc de faire preuve de **la plus grande vigilance.** Le premier réflexe doit conduire à s'assurer aussitôt du consentement de tous les présomptifs réservataires. Imaginons qu'un **notaire** fasse souscrire l'acte de cession d'un bien que son propriétaire tient d'une donation, sans que soit recueilli le consentement des présomptifs réservataires nés et vivants au moment de l'acte. Il engagera sa **responsabilité** vis-à-vis de l'acquéreur si ce dernier vient à être évincé : il a manqué à son devoir de conseil.

b. Effets de la réduction en nature

SORT DES LEGS RÉDUCTIBLES EN NATURE

33700 Un **legs totalement réductible en nature** est inefficace : le légataire n'est gratifié d'aucun droit. Le bien légué sera conservé par les héritiers réservataires et inclus dans le partage au même titre que les biens existants (en cas de pluralité d'héritiers) ou conservé purement et simplement par l'héritier réservataire unique. La réduction opérera par voie d'exception.

33705 La **réduction partielle du legs en nature** aboutit à rendre la disposition inefficace dans la seule mesure nécessaire au respect de la réserve. L'exécution partielle du legs ouvre une **indivision** entre les héritiers réservataires et le légataire. Les quotes-parts respectives du légataire et du ou des héritiers réservataires seront déterminées au terme des opérations de liquidation conduites par le notaire : en pratique, c'est le coefficient de réduction qui gouvernera les quotes-parts dévolues aux réservataires pour les remplir de leur réserve.

EXEMPLE

Le défunt, qui laisse un fils, a institué un neveu légataire particulier de sa maison valant 250. Il laisse des biens existants pour une valeur nette de 400 (maison léguée comprise). Sur cette base, la quotité disponible est de 200 (400 × 1/2) et le legs est réductible à hauteur de 50/250 (soit 1/5e).

Supposons que le légataire opte pour la réduction en nature.

En ce cas, le bien dépendant de la succession est indivis entre l'héritier unique (pour 1/5e) et le légataire (pour le surplus de 4/5e).

SORT DES DONATIONS RÉDUCTIBLES EN NATURE

33710 Si la **réduction** est **totale,** le donataire perd tout droit sur le bien donné, qui cesse de lui appartenir : la donation est résolue. Le donataire, qui a pourtant été valablement propriétaire jusqu'au décès du donateur, doit restituer aux héritiers réservataires ce qu'il a reçu.

La **réduction partielle** d'une donation aboutit à sa résolution partielle ; le donataire entre en indivision avec les héritiers réservataires. Les quotes-parts de droits indivis respectives du donataire, d'un côté, et du ou des héritiers réservataires, de l'autre, seront fixées au terme des opérations de liquidation : c'est le coefficient de réduction qui chiffre la quote-part des réservataires.

EXEMPLE

Le défunt, qui laisse un fils, a donné à son neveu une maison valant 250 au jour de son décès. Les biens existants ont une valeur nette de 150. La réserve et la quotité disponible sont de 200 (la moitié de 250 + 150). La donation est réductible à hauteur de 50/250, soit 1/5e.

Supposons que la réduction soit opérée en nature sur option du donataire, les conditions légales étant réunies.

L'immeuble donné se trouve appartenir, par suite de la résolution partielle, à l'héritier pour 1/5e et au gratifié pour 4/5e.

33715 La résolution de la donation peut intervenir des années après sa réalisation, alors que la situation physique ou juridique du bien et sa valeur auront changé.

Il n'est pas tenu compte des **améliorations ou dégradations fortuites.** Il est en revanche tenu compte de la variation de l'état du bien **imputable au gratifié.** Le donataire doit être indemnisé des améliorations qu'il a apportées au bien et il doit, à l'inverse, répondre des dégradations qu'il lui a fait subir. Un compte est établi entre le gratifié et le ou les héritiers, qui aboutira à l'indemnisation de la succession (bien dégradé) ou du gratifié (bien amélioré). Les solutions retenues pour l'évaluation du rapport (nº 32140) sont transposables à l'évaluation de la créance ou de la dette complémentaire résultant de cette variation.

Le donataire, par l'effet de la résolution, perd rétroactivement, et dans la mesure de la réduction, la propriété du bien. Mais il conserve tous les **fruits** échus depuis le jour de la donation jusqu'au décès (loyers, revenus, etc.). **33720**

Les fruits échus à compter du décès sont restitués à la succession, dans la proportion du coefficient de réduction, si la réduction est demandée dans l'année du décès ; dans le cas contraire, ils restent acquis au donataire jusqu'à la demande en réduction (C. civ. art. 928). La restitution des fruits de ce qui excède le disponible suppose que le bien donné soit, au jour de la donation, dans un état lui permettant de produire un revenu. Il y a donc lieu de déduire des fruits la valeur du travail du donataire-exploitant (Cass. 1e civ. 30-9-2020 nº 19-12.296 FS-PB, concernant une succession ouverte avant le 1er janvier 2007 et une réduction opérant en valeur, mais dont la solution paraît toujours valable sous l'empire du droit issu de la réforme de 2006 lorsque la réduction a lieu en nature : BPAT 6/20 inf. 197 obs. A. Chamoulaud-Trapiers).

Si la réduction en nature porte sur un bien ou droit immobilier, elle doit être publiée au service chargé de la **publicité foncière** en sa qualité de résolution d'une convention publiée (Décret 55-22 du 4-1-1955 art. 28, 4º, c). À défaut, les héritiers réservataires se heurteraient à la règle de l'effet relatif lors de la publication de toute formalité subséquente, car ils ne seraient pas en possession d'un titre publié justifiant qu'ils ont recouvré la propriété de l'immeuble. **33725**

Pour cela, les parties peuvent régulariser un acte notarié à l'amiable, par exemple un acte de partage.

Si la réduction n'est obtenue qu'aux termes d'un contentieux, c'est la décision de justice prononçant la réduction qui sera publiée. Mais pour être recevable, la demande en justice tendant à obtenir la réduction doit elle-même être préalablement publiée avant l'audience (Décret 55-22 du 4-1-1955 art. 30, 5). Le cas échéant, la situation peut être régularisée par une publication de la demande effectuée entre le jugement de première instance et l'appel (Cass. 3e civ. 18-11-2009 nº 08-11.893 FS-PB : RJDA 4/10 nº 444).

SECTION 3

RENONCIATION À L'ACTION EN RÉDUCTION

A. Renonciation anticipée à l'action en réduction (RAAR)

PACTE SUR SUCCESSION FUTURE AUTORISÉ

Par dérogation au principe de prohibition des pactes sur succession future (voir nºs 27900 s.), tout héritier réservataire présomptif peut **depuis le 1er janvier 2007** renoncer par avance, c'est-à-dire avant l'ouverture de la succession, à exercer l'action en réduction pour atteinte à sa réserve (C. civ. art. 929 à 930-5). **33830**

Cette faculté peut par **exemple** être utilisée lorsque des donations antérieurement consenties à un enfant risquent de porter atteinte à la réserve d'un autre enfant, si ce dernier est prêt à l'avance à renoncer à contester l'atteinte à sa réserve. Elle peut notamment être utile dans les familles dans lesquelles il y a un enfant handicapé, puisque ses frères et sœurs peuvent renoncer à demander la réduction des libéralités faites à son profit, quand bien même elles empièteraient sur leur part individuelle de réserve.

ATTENTION

Il est à noter que la loi autorise une renonciation anticipée non **pas à la réserve,** mais bien seulement à l'**exercice de l'action en réduction.** L'héritier reste par conséquent pris en compte pour le calcul de la réserve globale et de la quotité disponible, et les imputations s'effectuent normalement.

CONDITIONS DE VALIDITÉ DE LA RAAR

33835 **Acte authentique spécifique** La renonciation doit être établie par un acte authentique spécifique établi par **deux notaires,** signé séparément par chaque renonçant (un même acte pouvant recevoir la renonciation de plusieurs héritiers : C. civ. art. 930, al. 3) en présence des seuls notaires et mentionnant précisément ses conséquences juridiques futures pour chaque renonçant (C. civ. art. 930, al. 1). Sur le contenu de l'obligation d'information qui pèse sur le notaire, et pour un modèle détaillé, voir J. Hérail, L'information dans la renonciation anticipée à l'action en réduction : JCP N 2007 n° 1214.

Pour protéger le renonçant contre les pressions de son entourage et lui garantir un conseil impartial, le second notaire n'est pas désigné par la famille, mais par le président de la chambre départementale des notaires (Loi du 23-6-2006 art. 34). S'agissant d'un acte notarié solennel, sa lecture ne pouvait pas être donnée ni les signatures recueillies par un clerc habilité, professionnel dont le statut a aujourd'hui disparu.

Si ces conditions ne sont pas respectées, ou si le consentement du renonçant a été vicié par l'erreur, le dol ou la violence, la renonciation est nulle (C. civ. art. 930, al. 2).

La RAAR doit être enregistrée au **droit fixe de 125 €** dans le mois de l'acte (CGI art. 680 ; BOI-ENR-DMTG-10-20-50-20 n° 10).

33840 **Capacité** Les règles de capacité sont celles exposées n°s 695 s. pour faire une **donation entre vifs,** mais renforcées :

– non seulement, comme en matière de donations, un **mineur non émancipé** ne peut pas se faire représenter par son administrateur légal (C. civ. art. 387-2, 1°) ou son tuteur (C. civ. art. 509, 1°) ;

– mais encore même un **mineur émancipé** ne peut pas renoncer par anticipation à l'action en réduction (C. civ. art. 930-1) ;

– et aucune RAAR ne peut être effectuée pour le compte d'un **majeur sous tutelle,** car il s'agit d'un acte interdit au tuteur (C. civ. art. 509, 1°).

33845 **Bénéficiaire** La renonciation anticipée à exercer l'action en réduction ne peut être faite qu'au profit d'**une ou plusieurs personnes** déterminées (C. civ. art. 929, al. 1).

Une renonciation **sans désignation de bénéficiaire** ne serait donc pas valable. Le bénéficiaire de la renonciation peut indifféremment être un héritier – réservataire ou non – ou un tiers.

33850 **Absence de contrepartie** Il est interdit de prévoir une contrepartie à la RAAR. Il s'agit d'un **acte gratuit** de la part du renonçant, non d'un marchandage, et aucune obligation ou condition ne peut être imposée à la personne dont le renonçant a vocation à hériter (C. civ. art. 929, al. 3).

Par exemple, la renonciation serait nulle si elle était subordonnée à l'obligation pour le de cujus de verser une somme d'argent au renonçant ou de disposer de ses biens en faveur d'une personne déterminée. Pour autant, il ne lui est pas interdit d'effectuer, par **acte séparé,** une donation au renonçant. Simplement, les deux actes ne sauraient être liés. Par conséquent, la révocation de la donation n'aurait aucun effet sur le pacte et, réciproquement, la caducité du pacte n'affecterait pas la donation.

En réalité, les garanties formelles dont la renonciation est entourée n'excluent pas une certaine forme d'**hypocrisie.** Comme le relevait un auteur, « qui peut imaginer qu'un héritier présomptif se présentera spontanément pour répudier sa réserve s'il n'y a pas été induit par d'amicales pressions ? » (P. Catala, Prospective et perspectives en droit successoral : JCP N 2007 n° 1206). Dans la pratique, la RAAR sera souvent suscitée par des objurgations ou promesses plus ou moins insistantes.

> **Précisions** Parmi les propositions du **rapport relatif à la réserve héréditaire** remis à la ministre de la justice le 13 décembre 2019 figure l'éventualité de faire glisser la RAAR vers un pacte de famille, qui permettrait notamment de ne plus en taire les contreparties libérales, loin d'être exceptionnelles dans les faits (S. Gaudemet, Repenser la RAAR : sur quelques propositions du rapport relatif à « La réserve héréditaire » : SNH 11/20 inf. 8).

CHAMP D'APPLICATION DE LA RAAR

33855 Une grande liberté est laissée au renonçant. La renonciation à l'action en réduction vise, en principe, une **libéralité** préjudiciant indirectement à la réserve individuelle du renonçant, sans limite particulière ; en quoi le renonçant accepte, si les chiffres le veulent, d'être privé de tout droit dans sa réserve. Toutefois, il lui est également permis de plafonner à une fraction de sa réserve seulement (la moitié, le quart, etc.) les effets abdicatifs de la renonciation à son indemnité de réduction.

Par ailleurs, la renonciation portera souvent sur les **libéralités adressées à telle personne** déterminée ; mais elle peut même ne viser que la réduction d'une unique **libéralité portant sur un bien déterminé** (C. civ. art. 929, al. 2).

Bien que la renonciation anticipée ne soit possible que depuis le **1er janvier 2007,** rien n'interdit de la faire porter sur une libéralité consentie avant cette date.

La RAAR peut viser tout bénéficiaire d'une libéralité, ou toute libéralité, entre vifs ou à cause de mort, de quelque nature qu'elle soit. Elle est même applicable à l'**avantage matrimonial** (voir Rép. Delpon : AN 1-1-2019 nº 12380, RTD civ. 2020 p. 444 obs. M. Grimaldi, Petites affiches 6-8-2019 nº 156 p. 20 obs. B. Vareille), indépendamment du différé d'exercice de l'action en retranchement particulier à ce cas, renonciation provisoire résultant de l'article 1527 du Code civil (voir nº 29835). En somme, les enfants non issus du conjoint bénéficiant d'un régime matrimonial avantageux au sens de l'article 1527, alinéa 2 peuvent par avance soit renoncer à exercer l'action en retranchement du vivant du conjoint en question, soit même y renoncer pour toujours.

EFFETS DE LA RAAR

Le renonçant est engagé à partir du jour où sa renonciation a été acceptée par celui dont il a vocation à hériter (C. civ. art. 929, al. 1). Au décès de ce dernier, la renonciation lui interdira d'exercer – en tout ou partie, selon ce qui aura été prévu – une **action en réduction** contre les libéralités consenties par le défunt. **33860**

La renonciation est opposable aux **représentants du renonçant.** En cas de prédécès du renonçant, ou s'il renonce à la succession et est représenté par ses descendants, ses représentants seront tenus par l'acte et ne pourront exercer l'action en réduction (C. civ. art. 930-5). Au demeurant, on se souvient que les propres enfants de l'enfant unique viennent de leur chef (et non par représentation) à la succession de leur aïeul (Cass. 1e civ. 25-9-2013 nº 12-17.556 FS-PBI : RTD civ. 2013 p. 875 obs. M. Grimaldi, JCP N 2014 nº 1279 note M. Nicod, Defrénois 15-4-2015 nº 119h4 p. 387 obs. B. Vareille). Et la loi ne prévoit pas que la RAAR de leur auteur leur soit opposable. Si, comme il est à craindre, la jurisprudence donne de l'article 930-5 une interprétation restrictive, la RAAR de leur auteur leur sera par conséquent inopposable ; or il n'est pas prévu qu'ils puissent eux-mêmes renoncer par anticipation, faute d'entrer dans la qualité d'« héritier réservataire présomptif » (C. civ. art. 929). À moins que les juges ne s'affranchissent d'une interprétation littérale (en faveur d'une telle solution, M. Grimaldi : Droit des successions, LexisNexis, 8e éd., 2020, nº 910 note 415 ; H. Leyrat, Quelques difficultés persistantes autour de la renonciation anticipée à l'action en réduction : Defrénois 3-3-2022 nº DEF204p6).

Aucune dérogation aux **règles d'imputation des libéralités** n'étant prévue par la loi, la ou les libéralités consenties au bénéficiaire de la RAAR s'imputent dans les conditions de droit commun. **33865**

Il en résulte inévitablement la conséquence suivante : en cas de dépassement de la quotité disponible, l'excédent n'a jamais lieu de s'imputer subsidiairement sur la réserve de l'auteur de la renonciation : cet excédent est réductible à concurrence de la portion excessive (C. civ. art. 924). L'indemnité de réduction est d'abord calculée dans les conditions de droit commun ; ensuite, les cohéritiers du renonçant en prennent leur part individuelle, **seul le renonçant** abandonnant la sienne (en ce sens, notamment, I. Dauriac, La renonciation anticipée à l'action en réduction : D. 2006 p. 2574 ; B. Vareille, Portée liquidative de la renonciation anticipée à l'action en réduction : attention, danger ! : Defrénois 30-1-2008 nº AD2008DEF0159N1 p. 159 ; F. Sauvage, Les prolongements liquidatifs de la renonciation anticipée à l'action en réduction, retour sur une « fâcheuse controverse » : JCP N 2008 nº 328 ; Rép. Huygue : JOAN 12-8-2008 nº 22306 ; M. Grimaldi : Droit des successions, LexisNexis, 8e éd., 2020, nº 910 ; F. Terré, Y. Lequette et S. Gaudemet : Droit civil. Les successions. Les libéralités, Dalloz, 4e éd., 2014, nº 1239 ; C. Pérès et C. Vernières : Droit des successions, PUF, 2018, nº 729 ; P. Malaurie et C. Brenner : Droit des successions et des libéralités, LGDJ, 10e éd., 2022, nº 587 ; l'opinion contraire, imprudemment émise, est demeurée très isolée : voir N. Levillain, La renonciation anticipée à l'action en réduction : JCP N 2006 nº 1349 ; V. Zalewski, La renonciation anticipée à l'action en réduction : imputation et/ou réduction ? : Defrénois 30-11-2007 nº AD2007DEF1587N1 p. 1587).

EXEMPLE

Le défunt, qui a trois enfants Arnaud, Clarisse et Tristan, laisse un actif net de 1 200 000 €. Il n'a fait aucune donation. La réserve globale est de 3/4, soit 900 000 €, et la part individuelle de réserve de chaque enfant est de 300 000 €.

Clarisse a renoncé par avance, dans les conditions de la RAAR, à agir en réduction au profit de son cousin, auquel le défunt a légué un immeuble valant 600 000 €. Cette libéralité s'impute à hauteur de 300 000 € sur la quotité disponible, qu'elle absorbe en totalité. Elle est réductible pour l'excédent, soit 300 000 €. L'indemnité de réduction (300 000 €) est répartie entre les trois enfants dans les conditions de droit commun. Clarisse est privée de la part de l'indemnité qui aurait dû lui revenir (100 000 €), mais Arnaud et Tristan en reçoivent leur part (100 000 € chacun). En définitive, le cousin devra 200 000 € d'indemnité de réduction seulement. Par l'effet de la RAAR, Clarisse ne sera pas intégralement remplie de sa réserve, car il lui manquera l'indemnité de réduction de 100 000 € qui eût été nécessaire pour la compléter. En revanche, ses frères recueilleront leur part individuelle de réserve de 300 000 €, composée à hauteur de 200 000 € par les biens existants et pour le surplus par l'indemnité de réduction de 100 000 €.

De toute évidence, il n'est pas question pour Clarisse de faire peser sur sa réserve une libéralité de 300 000 € qui l'absorberait au point de l'en priver ; sinon ce serait une renonciation à la réserve ; or cela n'est nullement prévu par la loi, laquelle a institué une simple renonciation de Clarisse, pour son seul compte, à son action en réduction, qui lui aurait procuré ici une indemnité de réduction de 100 000 €.

33870 La RAAR ne constitue pas une **libéralité** (C. civ. art. 930-1, al. 2). L'avantage que le renonçant consent aux bénéficiaires, qui est purement éventuel tant que la succession n'est pas ouverte, ne constitue pas une donation et n'est par conséquent ni rapportable ni susceptible de réduction. Le fait que la RAAR ne constitue pas une libéralité peut paraître paradoxal, dans la mesure où une **renonciation opérée après l'ouverture de la succession** pourrait constituer une donation indirecte, au regard du droit civil, lorsqu'elle est réalisée dans une intention libérale (en ce sens, B. Vareille et J. Combret, Nouvelles stratégies de transmission du patrimoine : sécuriser la transmission du patrimoine personnel : Dr. et patrimoine 4/2007 p. 72).

N'étant pas constitutive d'une libéralité, la renonciation anticipée à l'action en réduction n'est **pas taxable** aux **droits de mutation à titre gratuit** (CGI art. 756 bis). Les droits dus par les bénéficiaires de la RAAR sont calculés selon les règles applicables en cas de représentation.

33875 **Inefficacité de la RAAR** Au décès du disposant, il se peut que le pacte ne produise **aucun effet.** Ce sera le cas si le défunt n'a consenti aucune libéralité ou si les libéralités qu'il a consenties au bénéficiaire de la renonciation n'empiètent pas sur la part de réserve du renonçant, autrement dit si elles ne sont pas réductibles.

L'**inefficacité** de la RAAR peut également être **partielle,** la renonciation ne produisant d'effet qu'à hauteur de l'atteinte à la réserve du renonçant résultant de la libéralité consentie (C. civ. art. 930-2, al. 1). Voir l'exemple n° 33865, dans lequel Clarisse est remplie des deux tiers de sa réserve par la part qui lui est faite dans le partage des biens existants.

33880 Lorsque la renonciation a eu pour objet une **libéralité portant sur un bien déterminé,** elle sera caduque (C. civ. art. 930-2, al. 2) :

– si la libéralité attentatoire à la réserve ne porte pas sur ce bien ;

– ou si la libéralité n'a pas été consentie au profit de la personne ou des personnes désignées bénéficiaires de la renonciation.

33885 Lorsque l'**atteinte à la réserve** porte **sur une fraction supérieure à celle qui a été autorisée** par la renonciation, l'excédent est réductible dans les conditions de droit commun (C. civ. art. 930-2, al. 1 in fine).

En reprenant l'exemple du n° 33865, mais en supposant que la renonciation de Clarisse à réduire la libéralité consentie à son cousin est par ailleurs plafonnée au quart de sa réserve (soit, à l'ouverture de la succession, 75 000 €), elle aura droit à une indemnité de réduction de 25 000 €.

33890 Enfin, bien que la loi ne le prévoie pas expressément, la RAAR sera caduque si l'**héritier** réservataire qui a renoncé à exercer l'action en réduction **renonce ensuite à la succession** (sans être représenté par ses propres héritiers). Dans une telle situation, la renonciation à l'exercice de l'action en réduction sera frappée de caducité totale.

RÉVOCATION DE LA RAAR

33895 En principe, la RAAR est irrévocable. Le renonçant ne peut demander à révoquer sa renonciation que dans **trois cas** (C. civ. art. 930-3), dont l'application est marginale :

– celui dont il a vocation à hériter ne remplit pas ses obligations alimentaires envers lui ;

– il se retrouve, au jour de l'ouverture de la succession, dans un état de besoin qui disparaîtrait s'il n'avait pas renoncé à ses droits réservataires ;

– le bénéficiaire de la renonciation s'est rendu coupable à son égard d'un crime ou d'un délit (ce qui évoque l'ingratitude du gratifié à l'égard du disposant).

La révocation n'est pas automatique : le renonçant doit en faire la **demande en justice.** Le renonçant dispose d'un an pour agir, ce délai étant décompté (C. civ. art. 930-4) :
– du jour de l'ouverture de la succession lorsque la demande est fondée sur l'état de besoin du renonçant, et, en ce cas, la révocation n'est prononcée qu'à concurrence de ses besoins ;
– dans les autres cas, du jour du fait imputé par le renonçant ou du jour où le fait a pu être connu par ses héritiers.

B. Renonciation à l'action en réduction après l'ouverture de la succession

CONDITIONS

Il va de soi que l'héritier réservataire est toujours libre de renoncer après l'ouverture de la succession à exercer son action en réduction, son **droit à réserve** étant **acquis.** Cette renonciation n'est soumise à aucune condition de **forme.** Elle peut même être tacite (Cass. 1e civ. 4-11-1975 n° 73-14.300 : Bull. civ. I n° 311). Expresse, elle prenait classiquement la forme d'un acte dit « de consentement à exécution ». Désormais, du fait que la réduction joue en valeur, cette formulation est sans doute obsolète : à proprement parler, la réduction ne fait plus obstacle à l'exécution de la libéralité réductible. Il serait donc plus logique de parler de « renonciation à l'action en réduction ». 33945

La renonciation à l'action en réduction est **en pratique** fréquente lorsque le bénéficiaire de la libéralité excessive est le conjoint du défunt, et qu'elle émane d'enfants communs.

EXEMPLE

Laissant son conjoint et un enfant commun, le défunt a institué son conjoint légataire universel en pleine propriété. L'enfant peut renoncer à exercer l'action en réduction de la libéralité. Il ne recevra alors rien dans la première succession ; mais il a la perspective de recueillir dans la seconde succession ce qui restera des biens qui lui auront ainsi échappé lors du premier décès.

MODALITÉS

La renonciation peut être **sélective** et ne concerner que certains des gratifiés dont les libéralités sont réductibles ; elle est **divisible** entre les héritiers réservataires, en ce sens que l'un d'eux peut renoncer à l'action en réduction alors que d'autres l'exerceront. 33950

ATTENTION

Il faut prendre garde à ce que, contrairement à la renonciation anticipée à l'action en réduction, que la loi soustrait à toute qualification libérale (C. civ. art. 930-1, al. 2), la renonciation à la réduction effectuée après l'ouverture de la succession est susceptible de constituer une **libéralité** (une donation indirecte) si elle est effectuée dans une **intention libérale** (Cass. 1e civ. 24-11-1982 n° 81-13.426 : Bull. civ. I n° 340). Aussi est-il conseillé de désigner pour raison d'être à une telle renonciation le souci de **respecter les dernières volontés du défunt,** en hommage à sa mémoire, plutôt que toute autre : ainsi la charge de la preuve est-elle renversée ; or la preuve contraire est toujours particulièrement difficile à administrer en pareille affaire.

TITRE

V

Option successorale

OBJET DE L'OPTION

Les droits et obligations de la personne décédée se transmettent de plein droit à ses héritiers. Toutefois, les **successibles** bénéficient d'une option qui leur permet de décider du sort de la succession. L'option est un acte de volonté unilatérale exprimé séparément par chaque héritier appelé à la succession. 35000

BRANCHES DE L'OPTION

Nul n'est tenu d'accepter une succession et l'héritier a le choix entre : 35005

– l'**acceptation pure et simple,** qui le rend définitivement titulaire du patrimoine du défunt et, à ce titre, propriétaire de l'actif et obligé au passif ;

– l'**acceptation à concurrence de l'actif net,** qui assure la transmission de la succession à l'héritier, mais lui permet de ne répondre des dettes du défunt que jusqu'à concurrence de l'actif ;

– la **renonciation,** qui lui permet de refuser d'hériter et corrélativement de ne rien recueillir, ni actif ni passif.

CHAPITRE 1

RÈGLES COMMUNES DE L'OPTION SUCCESSORALE

SOMMAIRE

SECTION 1

TITULAIRES DE L'OPTION ET ÉTENDUE DU CHOIX

EXERCICE D'UN DROIT ATTACHÉ À LA PERSONNE

L'option est ouverte à **chaque héritier** appelé à la succession. Elle est accordée même s'il n'y a qu'**un seul héritier.** 35100

La faculté d'accepter ou de renoncer est un droit attaché à la personne de l'optant. Un **tiers** ne peut l'exercer à sa place, même s'il y a intérêt (en ce sens, par exemple, à propos d'un héritier en liquidation judiciaire, Cass. com. 3-5-2006 nº 04-10.115 FS-PBRI : RJDA 10/06 nº 1057, décision rendue en application des dispositions antérieures à la loi du 23-6-2006 mais transposable).

L'option est liée au titre successoral. Par conséquent, lorsqu'un héritier cumule sur sa tête **plusieurs vocations successorales** sur les biens du défunt, il a pour chacune d'elles un droit d'option distinct (C. civ. 769, al. 2).

ÉTENDUE DU CHOIX

L'option successorale se transmet automatiquement au décès. L'héritier est libre de sa décision. Son choix est plus ou moins étendu selon les situations (C. civ. art. 768) : 35105

– les **héritiers,** ainsi que les **légataires universels ou à titre universel,** peuvent accepter la succession purement et simplement, ne l'accepter qu'à concurrence de l'actif net ou y renoncer ;

– les **légataires particuliers** peuvent seulement accepter purement et simplement la succession ou y renoncer. L'acceptation à concurrence de l'actif net ne leur est pas ouverte.

ATTENTION

En cas de **pluralité de successibles,** chacun d'eux exerce son choix librement : un héritier peut accepter purement et simplement, un autre à concurrence de l'actif net et un troisième peut renoncer à la succession. L'option est divisible et individuelle entre les héritiers.

Toutefois, l'option a nécessairement des répercussions sur le droit des autres successibles. En effet, le choix de l'un détermine l'étendue des droits et des devoirs des autres vis-à-vis de la succession ainsi que ceux des créanciers.

RÔLE DES HÉRITIERS DE RANG SUBSÉQUENT

35110 En cas de **renonciation ou** d'**indignité,** l'héritier perd rétroactivement cette qualité. Le droit d'opter revient alors à l'héritier de rang subséquent, soit par l'effet de la représentation, soit par l'effet de la vocation successorale ordinaire (voir n°s 22700 s.). L'héritier de rang subséquent l'exerce dans les mêmes conditions ; cela aura simplement un impact sur le délai dont il dispose pour opter (voir n° 35580).

Si un **héritier décède avant d'avoir opté,** ses propres héritiers exercent l'option séparément, chacun pour sa part (C. civ. art. 775, al. 2). En d'autres termes, rien ne s'oppose à ce que les héritiers du décédé prennent des partis différents.

> **› Précisions** En application du **droit antérieur à la loi du 23 juin 2006,** la jurisprudence accordait aux héritiers de rang subséquent la possibilité d'accepter à titre éventuel la succession en cas de renonciation ou d'absence d'exercice de l'option dans les 30 ans par les héritiers de rang précédent. Une telle solution n'a pas été reprise par la loi de 2006, mais cette loi permet désormais à ces successibles de rang subséquent d'exercer l'action interrogatoire et contraindre ainsi l'héritier à prendre position (voir n° 35590).

SITUATION DES CRÉANCIERS DE L'HÉRITIER

35115 Les **créanciers personnels** de l'héritier sont concernés par la succession échue à leur débiteur. Lorsque celle-ci est déficitaire, l'acceptation pure et simple réduit l'étendue de leur gage puisqu'ils seront en concours avec les créanciers successoraux (voir n° 37025). À l'inverse, lorsque l'actif successoral est supérieur au passif, la renonciation de l'héritier les prive d'un gage supplémentaire.

Même s'ils y ont intérêt, ils ne peuvent pas **exercer l'option** à la place de leur débiteur, car il s'agit d'un droit personnel (voir n° 35100).

Ils ne disposent pas non plus de l'**action interrogatoire** et ne peuvent pas sommer le débiteur de prendre parti (voir n° 35590).

En revanche, les créanciers personnels de l'héritier ont la possibilité de se faire autoriser en justice à accepter la succession au lieu et place de l'**héritier qui s'abstient** d'accepter **ou** qui y **a renoncé** au préjudice de leurs droits (C. civ. art. 779, al. 1).

35120 **Autorisation en justice d'accepter la succession** L'**action** est **ouverte** à tous les créanciers personnels de la personne ayant une vocation universelle ou à titre universel ainsi qu'à ceux des légataires. Elle n'est ouverte ni aux cohéritiers, ni aux colégataires. Elle n'est pas non plus reconnue aux créanciers du défunt puisque le successible, n'ayant pas encore accepté, n'est pas leur débiteur. Tout au plus les créanciers successoraux peuvent-ils contraindre l'héritier à opter en le mettant en demeure de prendre parti (C. civ. art. 771, al. 2). Sur ce point, voir n° 35590.

35125 L'autorisation judiciaire peut être mise en œuvre dans **deux hypothèses** (C. civ. art. 779, al. 1) :
– lorsque l'**héritier s'abstient d'accepter,** ses créanciers personnels peuvent se faire autoriser à agir à sa place en ayant recours à l'action oblique pour lutter contre son inaction. Ils acceptent ainsi la succession à la place de l'héritier, mais uniquement à concurrence de leurs créances (C. civ. art. 779, al. 2). La liberté de choix du successible est préservée pour le reste ;
– lorsque l'**héritier renonce** à la succession : la renonciation à une succession bénéficiaire empêche l'accroissement du patrimoine de l'héritier et donc le gage de ses créanciers. Les créanciers personnels peuvent agir pour se voir déclarer inopposable la renonciation. Ainsi, l'action ouverte par l'article 779 du Code civil combine en réalité une action paulienne (en inopposabilité de la renonciation) et une action oblique (aux fins d'acceptation) (M. Grimaldi, Les Successions, LexisNexis, 8e éd., 2020, n° 478 ; F. Terré, Y. Lequette et S. Gaudemet, Droit civil. Les successions. Les libéralités, Dalloz, 4e éd., 2014, n° 753 ; voir également Cass. 1e civ. 12-2-2020 n° 19-10.044 F-D, rendu en application de l'ancien article 788 du Code civil).

L'acceptation ne profite qu'aux créanciers ayant été autorisés et seulement à concurrence de leurs créances. Elle ne produit pas d'autre effet à l'égard de l'héritier (C. civ. art. 779, al. 2). Par exemple, lorsque l'héritier est mis en liquidation judiciaire, le liquidateur peut en cas d'option frauduleuse se faire autoriser en tant que représentant des créanciers à accepter une succession au profit des seuls créanciers (n°s 84620 s.). La renonciation est sans effet à leur égard à concurrence du montant de leurs créances (C. civ. art. 779, al. 2). En revanche, le créancier personnel ne peut se substituer au débiteur dans l'exercice de l'option. L'héritier demeure renonçant par rapport aux autres successibles ou aux créanciers successoraux (voir J. Massip, Conditions d'application de la règle permettant aux créanciers d'un héritier renonçant d'accepter la succession à sa place : JCP N 2013 nº 1261). Il en résulte notamment que, lorsque l'acceptation du créancier intervient après la renonciation de l'héritier, la part de ce dernier accroît celle de ses cohéritiers, qui sont tenus aux dettes au prorata de leur part héréditaire (Cass. 1e civ. 14-11-2006 nº 03-30.230 : Bull. civ. I nº 492, RJPF 2007/1-45 note J. Casey, décision rendue pour l'application de l'ancien art. 788 du Code civil mais transposable).

ATTENTION

Même si l'article 779 du Code civil ne le précise pas, les créanciers personnels peuvent-ils exercer l'**action paulienne** en inopposabilité de l'acceptation pure et simple d'une **succession déficitaire** par leur débiteur ou de la renonciation au bénéfice de l'acceptation à concurrence de l'actif net ? C'est la position défendue par certains auteurs, qui relèvent toutefois que la preuve de l'intention frauduleuse de l'héritier sera difficile à rapporter dans le premier cas (F. Terré, Y. Lequette et S. Gaudemet, Droit civil. Les successions. Les libéralités, Dalloz, 4e éd., 2014, nº 753). Une autre partie de la doctrine estime qu'un tel recours est difficilement concevable aujourd'hui en raison du droit des créanciers personnels de l'héritier de demander à être préféré à tout créancier du défunt sur les biens de l'héritier non recueillis au titre de la succession (M. Grimaldi, Les Successions, LexisNexis, 8e éd., 2020, nº 479). En l'absence de jurisprudence concluante, les chances de succès d'un tel recours paraissent minces (B. Vareille, Actions oblique et paulienne : recours du créancier personnel envers un successible négligent ou malintentionné : Defrénois 2-7-2020 nº 161g7 p. 36).

Preuve Afin d'obtenir l'**inopposabilité de l'option frauduleuse** à son égard, le créancier doit obéir aux **conditions** de droit commun, et notamment établir que la décision de l'héritier a été prise au préjudice de ses droits. Cette action sera essentiellement dirigée contre une renonciation à une succession bénéficiaire. La preuve portera sur l'aggravation de l'insolvabilité de l'héritier qui nuit à ses créanciers. Cette insolvabilité à la date de la renonciation peut n'être qu'apparente (Cass. 1e civ. 19-12-2012 nº 11-25.578 FS-PBI : Sol. Not. 2/13 inf. 42). **35130**

En revanche, le seul fait de prouver que le successible en renonçant y trouve un avantage ne suffit pas car la renonciation est l'exercice d'une faculté légale. Une cour d'appel a ainsi été censurée pour ne pas avoir caractérisé la règle obligatoire que la renonciation à la succession aurait permis à l'héritière d'éluder et pour avoir déduit l'existence d'une fraude des avantages tirés par celle-ci de l'usage de la faculté légale de renoncer à la succession et du préjudice causé aux légataires par la réduction consécutive de la quotité disponible (Cass. 1e civ. 15-5-2008 nº 06-19.535 FS-PBI : BPAT 3/08 inf. 100-1).

SITUATION DES TIERS AUTRES QUE LES CRÉANCIERS

C'est parfois un tiers autre qu'un créancier personnel de l'héritier qui peut se trouver confronté à une **option successorale frauduleuse** lui préjudiciant. Il peut alors demander à ce que l'option lui soit déclarée inopposable par application de l'adage « fraus omnia corrumpit » (Cass. 1e civ. 4-12-1990 nº 88-17.991 : Bull. civ. I nº 278, pour un enfant adultérin contestant la renonciation de son père à la succession paternelle et où la renonciation litigieuse avait pour cause unique et déterminante l'intention de porter frauduleusement atteinte à ses droits ; contra Cass. 1e civ. 15-5-2008 nº 06-19.535 FS-PBI, RTD civ. 2008 p. 522, obs. M. Grimaldi qui considère que la renonciation d'un héritier réservataire visant à priver d'effet les legs consentis par le de cujus ne constitue pas une fraude). **35135**

SECTION 2

CONDITIONS DE VALIDITÉ DE L'OPTION

A. Capacité d'exercer l'option

ACTE D'ADMINISTRATION OU DE DISPOSITION

L'exercice de l'option successorale est un acte juridique important. Il nécessite que la personne titulaire de l'option soit pleinement capable. **35240**

Mais les règles ne seront pas les mêmes pour **chaque branche de l'option,** parce que les risques associés ne sont pas les mêmes. L'acceptation pure et simple d'une succession déficitaire peut engendrer une perte pour le successible ; la renonciation à une succession largement bénéficiaire peut lui causer un manque à gagner. C'est pour cette raison que l'acceptation pure et simple et la renonciation appartiennent à la catégorie des actes de disposition (Décret 2008-1484 du 22-12-2008 ann. 1). Au contraire, l'acceptation à concurrence de l'actif net ne présente aucun danger pour le successible ; elle est donc considérée comme un acte d'administration (même texte).

Sur les règles de capacité applicables à l'acceptation et à la renonciation **en matière de legs,** voir n°s 775 s.

1. SUCCESSIONS ÉCHUES À UN MINEUR NON ÉMANCIPÉ

35245 Le mineur est incapable de prendre une décision à propos d'une succession qui lui est échue, quel que soit son montant. L'option est exercée par son ou ses **administrateurs légaux ou** son **tuteur.** Leurs pouvoirs varient selon la situation du mineur et les termes de l'option adoptée.

ACCEPTATION À CONCURRENCE DE L'ACTIF NET

35250 Le représentant légal du mineur peut accepter seul la succession à concurrence de l'actif net. Il s'agit d'un acte d'administration qui protège les intérêts du mineur et que l'un ou l'autre des parents a le pouvoir d'effectuer seul.

Si les **deux parents exercent l'autorité parentale,** cette acceptation peut émaner d'un seul d'entre eux, légalement réputé représenter l'autre. En cas de désaccord entre les deux, le juge des tutelles peut être saisi aux fins d'autorisation de l'acte (C. civ. art. 387 ; voir toutefois en sens contraire P. Salvage-Gerest, Les mineurs : AJ fam. 2015 p. 601, qui considère que, en raison de l'emplacement de l'article 387, cette faculté est réservée aux actes de disposition).

Lorsqu'**un seul parent est titulaire de l'autorité parentale ou** en cas de **tutelle,** la décision de l'administrateur ou du tuteur suffit.

ACCEPTATION PURE ET SIMPLE

35255 L'acceptation pure et simple de la succession constitue un acte de disposition qui nécessite l'autorisation du juge en cas d'**administration légale** (C. civ. art. 387-1, 5°). Contrairement à ce qui est prévu ci-après pour le mineur placé sous tutelle, le texte n'impose pas que l'actif soit manifestement supérieur au passif mais il est vraisemblable que le juge ne donnera pas son accord si la succession concernée est déficitaire (J.-Cl. Liquidations – Partages, V° Acceptation successorale fasc. 10 par D. Montoux, n° 71).

En cas de **tutelle,** le tuteur peut accepter purement et simplement une succession dont l'actif dépasse manifestement le passif, après avoir recueilli une attestation en ce sens du notaire chargé du règlement de la succession. À défaut, le tuteur doit obtenir l'autorisation du conseil de famille ou du juge (C. civ. art. 507-1, al. 1 ; en ce sens, Rép. civ. Dalloz, voir Tutelle des mineurs par I. Corpart et G. Raymond, n° 104).

Le notaire ainsi que le juge saisi pour autorisation devront vérifier que l'actif dépasse manifestement le passif. La **responsabilité** du notaire ou de l'État pourrait être engagée si le risque pour le mineur de supporter un passif éventuel en qualité de successeur universel n'était pas relevé (en ce sens, J. Combret et D. Noguéro, Personnes vulnérables, déjudiciarisation et contrôle des mesures judiciaires : réforme de la justice et prospective : Defrénois 18-7-2019 n° 149y7 p. 13).

> **Précisions** **Avant le 25 mars 2019,** date d'entrée en vigueur de la loi de réforme pour la justice (Loi 2019-222 du 23-3-2019), l'acceptation pure et simple de la succession par le tuteur nécessitait l'autorisation préalable du conseil de famille ou du juge, sans possibilité d'y échapper en obtenant une attestation du notaire.
>
> Le tuteur se trouve désormais doté de plus de pouvoirs que le ou les administrateurs légaux (situation critiquée : N. Peterka, La protection des personnes vulnérables en droit patrimonial de la famille : morceaux choisis : SNH 34/23 inf. 11).

RENONCIATION

35260 La renonciation à une succession, qui constitue également un acte de disposition, est spécialement encadrée : il faut une autorisation du juge en cas d'**administration légale** (C. civ. art. 387-1, 4°) et une autorisation du conseil de famille et, à défaut, du juge en cas de **tutelle** (C. civ. art. 507-1, al. 2).

Pour **révoquer la renonciation,** dans les cas où une telle révocation est possible (n°s 39245 s.), il faudra une nouvelle décision du juge ou une nouvelle délibération du conseil de famille, sauf si le mineur est entre-temps devenu majeur.

OPPOSITION D'INTÉRÊTS

Administration légale En cas d'opposition d'intérêts entre le ou les administrateurs légaux et le mineur, le juge peut désigner un **administrateur ad hoc** ayant pour mission de représenter l'enfant dans l'exercice de l'option, et plus largement dans les opérations de liquidation et de partage de la succession (C. civ. art. 383). En revanche, en cas d'acceptation valablement exercée par l'administrateur légal, le juge ne peut la remettre en cause en nommant un administrateur ad hoc ayant pour mission de représenter le mineur dans la succession de son père et d'y renoncer (Cass. 1e civ. 16-4-1991 no 89-10.248 : Bull. civ. I no 143, RTD civ. 1991 p. 500 obs. J. Hauser). Lorsqu'un seul des administrateurs légaux est en opposition d'intérêts avec l'enfant, le juge peut autoriser l'autre à représenter l'enfant (C. civ. art. 383, al. 2). 35262

Il n'y a pas automatiquement opposition d'intérêts lorsque le mineur et l'administrateur légal sont tous deux appelés à la même succession. En revanche, il y a opposition lorsque la renonciation au nom du mineur a pour effet d'accroître la part de son représentant légal.

ILLUSTRATIONS

L'opposition d'intérêts à l'occasion d'un règlement successoral peut, par exemple, être caractérisée par les juges du fond lorsque :

– l'administrateur légal et le mineur ont tous deux la **qualité d'héritier** (Cass. 1e civ. 25-3-2009 no 08-11.552 F-D : BPAT 3/09 inf. 107). Dans cette affaire, les juges ont retenu les difficultés causées par la mère qui se trouvait dans l'incapacité financière de régler les sommes qu'elle avait été condamnée à payer à l'indivision dans la succession de son mari (père de l'enfant) et qui, par l'exercice de vains recours, retardait le règlement des successions de ce dernier et de ses parents au risque de voir les biens se dégrader ;

– l'enfant hérite d'une importante **fortune disproportionnée** par rapport à celle de l'administrateur légal qui a été écarté de la succession par le défunt, laissant craindre une gestion contraire aux intérêts de l'enfant (Cass. 1e civ. 5-1-1999 no 96-19.759 : RTD civ. 1999 p. 814 obs. J. Hauser) ;

– le **comportement de l'administrateur légal** est contraire aux intérêts de l'enfant, peu important qu'il n'ait pas de vocation successorale (Cass. 1e civ. 16-12-2020 no 19-19.370 F-D : BPAT 2/21 inf. 62).

Tutelle Le **subrogé tuteur** surveille l'exercice de la mission tutélaire et représente le mineur lorsque les intérêts de celui-ci sont en opposition avec ceux du tuteur (C. civ. art. 410, al. 1). 35263

En cas d'opposition d'intérêts entre le mineur et son tuteur à l'occasion de l'exercice de l'option successorale, le subrogé tuteur devrait donc représenter le mineur à cet effet.

TABLEAU RÉCAPITULATIF

35265

	Acceptation pure et simple	Acceptation à concurrence de l'actif net	Renonciation
Administration légale en présence des deux parents exerçant l'autorité parentale	L'un des parents ou les deux avec l'autorisation du juge des tutelles	L'un des parents	L'un des parents ou les deux avec l'autorisation du juge des tutelles
Administration légale en présence d'un seul parent titulaire de l'autorité parentale	Le parent administrateur légal avec l'autorisation du juge des tutelles	Le parent administrateur légal	Le parent administrateur légal avec l'autorisation du juge des tutelles
Tutelle	Le tuteur sur attestation du notaire ou, à défaut, avec l'autorisation du conseil de famille ou du juge des tutelles	Le tuteur	Le tuteur avec l'autorisation du conseil de famille ou du juge des tutelles

C'est le **juge aux affaires familiales** qui exerce les fonctions de juge des tutelles des mineurs. Il connaît notamment de l'administration légale et de la tutelle des mineurs (C. org. jud. art. L 213-3-1).

2. SUCCESSIONS ÉCHUES À UN MINEUR ÉMANCIPÉ

Sauf exceptions, le mineur émancipé est capable, comme un majeur, de tous les actes de la vie civile (C. civ. art. 413-6). Par conséquent, il peut **accepter une succession ou y renoncer** sans avoir besoin d'autorisation particulière. 35290

La seule limite concerne la **renonciation anticipée à l'exercice de l'action en réduction.** Pour préserver les intérêts patrimoniaux du mineur émancipé et éviter des décisions irréfléchies et graves, le législateur a exclu la possibilité de renoncer à une telle action dans une succession non encore ouverte (C. civ. art. 930-1, al. 1 in fine) : voir n° 33840.

3. SUCCESSIONS ÉCHUES À UN MAJEUR PROTÉGÉ

MAJEUR SOUS TUTELLE

35320 Les règles qui gouvernent la protection du majeur en tutelle sont les mêmes que celles qui concernent le mineur en tutelle (C. civ. art. 474, 507-1 et 507-2 ; Décret 2008-1484 du 22-12-2008) :
– le tuteur peut **accepter** seul la succession **à concurrence de l'actif net,** car il s'agit d'un acte d'administration ;
– le tuteur peut **accepter purement et simplement** la succession échue au majeur dont l'actif dépasse manifestement le passif, sur attestation préalable en ce sens du notaire chargé du règlement de la succession. À défaut d'attestation, le tuteur doit demander l'autorisation au juge des tutelles ou au conseil de famille s'il en a été constitué un pour accepter ;
– le tuteur ne peut pas **renoncer** à la succession : il lui faut une autorisation du juge des tutelles ou du conseil de famille s'il en a été constitué un. Ces règles s'appliquent également à la révocation de la renonciation, dans les cas où elle est possible (C. civ. art. 507-2) : le tuteur aura besoin d'une nouvelle délibération du conseil de famille ou d'une nouvelle décision du juge (sauf à ce que la révocation émane du majeur lui-même, dont l'incapacité aurait cessé).

La représentation par le tuteur ne doit pas donner lieu à une **opposition d'intérêts** avec ceux du majeur protégé, particulièrement lorsque les deux sont appelés à la succession. En cas de risque d'une telle situation, le subrogé tuteur, s'il en a été désigné un, se substituera au tuteur pour la représentation du majeur dans l'exercice de l'option (C. civ. art. 454). En l'absence de subrogé tuteur, un tuteur ad hoc doit être nommé par le conseil de famille ou à défaut par le juge (C. civ. art. 455).

> **Précisions** **Avant le 25 mars 2019,** date d'entrée en vigueur de la loi de réforme pour la justice (Loi 2019-222 du 23-3-2019), l'**acceptation pure et simple** de la succession par le tuteur nécessitait l'autorisation préalable du conseil de famille ou du juge, sans possibilité d'y échapper en obtenant une attestation du notaire.

MAJEUR SOUS CURATELLE

35325 Le majeur sous curatelle « ne peut, sans l'assistance du curateur, faire aucun acte qui, en cas de tutelle, requerrait une autorisation du juge ou du conseil de famille » (C. civ. art. 467).

Ainsi, le majeur sous curatelle peut **accepter** seul, **à concurrence de l'actif net,** une succession ; il ne peut en revanche y **renoncer** ou révoquer sa renonciation qu'avec l'assistance de son curateur (Décret 2008-1484 du 22-12-2008).

S'agissant de l'**acceptation pure et simple,** la référence aux règles de la tutelle, sans précision particulière, renvoie implicitement à la condition que l'acceptation du majeur sous curatelle seul soit donnée sur attestation du notaire en charge du règlement de la succession établissant que l'actif dépasse manifestement le passif (C. civ. art. 467 et 507-1 ; Dalloz Action Protection de la personne vulnérable 2021/2022, voir La protection judiciaire temporaire : dispositions propres à la curatelle par N. Peterka et A. Caron-Déglise, n° 342.41 ; sur les doutes exprimés par certains auteurs quant à la nécessité d'une attestation du notaire : Rép. civ. Dalloz, voir Majeurs protégés par F. Marchadier, n° 241 ; C. Rieubernet : Petites affiches 7-5-2019 n° 143x7 p. 7). À défaut d'attestation du notaire, le renvoi aux règles de la tutelle invite à solliciter l'assistance du curateur pour accepter purement et simplement (C. civ. art. 467 ; J.-M. Plazy, La gestion du patrimoine des majeurs protégés : BPAT 3/19 inf. 83). Faisant valoir l'impératif de protection de la personne protégée, on signalera qu'un auteur s'éloigne d'une lecture stricte des textes et invite à solliciter dans tous les cas l'assistance du curateur (D. Noguéro, Assistance en habilitation familiale : principe et étendue : Defrénois 2-7-2020 n° 160u3 p. 26). En cas de doute sur la consistance du passif successoral, le notaire peut refuser de délivrer l'attestation ce qui implique l'assistance obligatoire du curateur.

S'il y a **opposition d'intérêts** entre le curatélaire et le curateur, ce sont les mêmes dispositions que pour la tutelle qui s'appliquent, voir n° 35320.

> **Précisions** **Avant le 25 mars 2019,** date d'entrée en vigueur de la loi de réforme pour la justice (Loi 2019-222 du 23-3-2019), la personne sous curatelle ne pouvait **accepter purement et simplement** la succession qu'avec l'assistance du curateur, sans possibilité d'agir seul en obtenant une attestation du notaire.

MAJEUR SOUS SAUVEGARDE DE JUSTICE

Dès lors que le majeur placé sous la sauvegarde de justice conserve l'exercice de ses droits, il dispose d'une liberté totale pour les **formes de son option successorale** (C. civ. art. 435). Il faut néanmoins réserver l'exercice d'une action en rescision pour lésion dans l'hypothèse où il aurait accepté purement et simplement une succession qui s'avérerait déficitaire. 35330

Le juge peut aussi désigner un **mandataire spécial** qui aura pour mission d'exercer l'option successorale (C. civ. art. 437).

HABILITATION FAMILIALE

Lorsqu'une personne est dans l'impossibilité de pourvoir seule à ses intérêts en raison d'une altération, médicalement constatée, soit de ses facultés mentales, soit de ses facultés corporelles de nature à empêcher l'expression de sa volonté, le juge des tutelles peut habiliter une ou plusieurs personnes choisies parmi ses proches à la **représenter ou** à l'**assister** ou à passer un ou des actes en son nom, afin d'assurer la sauvegarde de ses intérêts (C. civ. art. 494-1). Les personnes habilitées peuvent être un ascendant, un descendant, un frère ou une sœur et, à moins que la communauté de vie avec la personne empêchée ait cessé, le conjoint, le partenaire pacsé ou le concubin. 35335

L'habilitation peut porter sur **un ou plusieurs actes** que le tuteur a le pouvoir d'accomplir seul ou avec autorisation ; si l'intérêt de la personne à protéger l'exige, le juge peut même délivrer une **habilitation générale** portant sur l'ensemble des actes (C. civ. art. 494-6).

De la combinaison de ces textes, il résulte que, dans le premier cas (habilitation spéciale), le juge pourra confier à la personne habilitée la mission d'exercer l'option successorale (habilitation « représentation ») ou d'assister le majeur à cet effet (habilitation « assistance ») (Rapport 116e Congrès des notaires de France, Protéger – Protéger les vulnérables, Paris, 2020, nº 1522). Dans le second cas (habilitation générale), et selon la nature de l'habilitation (représentation ou assistance), la personne habilitée représente le majeur dans tous les actes de la vie civile ou l'assiste pour les actes qui, en cas de tutelle, requerraient une autorisation du juge ou du conseil de famille (Rép. civ. Dalloz, voir Majeurs protégés par F. Marchadier, nº 140). À ce titre, la personne habilitée pourra être amenée à exercer l'option successorale ou assister le majeur à cet effet.

Aucun texte ne paraît exclure une habilitation familiale combinant une représentation pour certains actes et une assistance pour d'autres (J.-Cl. Civil Code, Art. 494-1 à 494-12 fasc. unique par G. Raoul-Cormeil, nº 40 ; Rapport 116e Congrès des notaires de France, précité, nº 1521 ; pour une opinion contraire voir Dalloz Action Protection de la personne vulnérable 2021/2022, voir Protection par l'habilitation familiale : fonctionnement par N. Peterka et A. Caron-Déglise nº 114.52). Dans cette hypothèse, il faudra vérifier si l'exercice de l'option successorale relève de la représentation ou de l'assistance.

On signalera enfin que la personne à l'égard de qui l'habilitation a été délivrée conserve l'exercice de ses droits autres que ceux dont l'exercice a été confié à la personne habilitée à la représenter (C. civ. art. 494-8).

ATTENTION

La situation ne doit pas faire naître de **conflit d'intérêts** entre la personne protégée et la personne habilitée. La personne habilitée dans le cadre d'une habilitation générale ne peut accomplir un acte pour lequel elle serait en opposition d'intérêts avec la personne protégée (C. civ. art. 494-6). Elle devra demander l'autorisation du juge des tutelles pour l'exercice de l'option successorale qui susciterait un conflit d'intérêts avec ceux du majeur protégé. Or le proche habilité, membre de la famille, sera souvent appelé à la même succession. L'article 494-6, alinéa 6 du Code civil ne distinguant pas selon qu'il s'agit d'une habilitation en représentation ou assistance, il devrait être applicable aux deux régimes (J.-Cl. Civil Code, Art. 494-1 à 494-12 fasc. unique par G. Raoul-Cormeil, nº 51).

L'article 494-6 ne vise cependant pas le cas de l'habilitation spéciale. Néanmoins, dans cette hypothèse, le juge des tutelles est saisi aux fins d'ouvrir une habilitation portant sur un ou plusieurs actes déterminés ; il aura donc pu purger le risque de conflit d'intérêts (D. Noguéro, Le périmètre des pouvoirs de la personne habilitée sur les biens du majeur protégé : Dr. famille 2016 dossier 43 nº 18).

Habilitation familiale « représentation » Que l'habilitation soit spéciale ou générale, la personne habilitée ne peut accomplir en représentation un acte de disposition à titre gratuit qu'avec l'autorisation du juge des tutelles (C. civ. art. 494-6, al. 4 ; en ce sens, Dalloz Action Protection de la personne vulnérable 2021/2022, voir Protection par l'habilitation familiale : fonctionnement par N. Peterka et A. Caron-Déglise, nº 114.33 implicitement ; J.-Cl. Civil Code, Art. 494-1 à 494-12 fasc. unique par G. Raoul-Cormeil, rapprocher nos 44 et 46). Or le décret du 22 décembre 2008 liste explicitement, sous la rubrique « actes de disposition à titre gratuit », l'acceptation pure et simple et la renonciation à une succession (Décret 2008-1484 du 22-12-2008 ann. 1, col. 2, V). Par conséquent, lorsque l'habilitation porte sur l'exercice de l'option, le juge devrait expressément autoriser **l'acceptation pure** 35340

et simple et la **renonciation à succession.** De même, en cas d'habilitation générale, seule **l'acceptation à concurrence de l'actif net** serait permise à la personne habilitée agissant seule, les deux autres branches de l'option nécessitant une autorisation judiciaire.

Cette solution n'est pas partagée par l'ensemble de la doctrine puisque l'article 494-6, alinéa 4 ne renvoie pas directement à la liste des actes de disposition à titre gratuit du décret du 22 décembre 2008 (J.-Cl. Notarial Formulaire, V° Mineurs. Majeurs protégés fasc. 520 par D. Moutoux, n° 70). Pour un auteur, l'option successorale n'étant pas un acte à titre gratuit, la personne habilitée peut l'exercer sans autorisation judiciaire (N. Peterka, La protection des personnes vulnérables en droit patrimonial de la famille : morceaux choisis : SNH 34/23 inf. 11).

L'imprécision du texte doit néanmoins inciter le praticien à la prudence. On conseillera donc que la personne habilitée obtienne une autorisation judiciaire pour accepter purement et simplement une succession ou y renoncer.

ATTENTION

La personne habilitée à représenter la personne protégée n'a pas bénéficié comme le tuteur du pouvoir d'accepter purement et simplement la succession, sans autorisation judiciaire, sur simple **attestation du notaire chargé du règlement de la succession** établissant que l'actif dépasse manifestement le passif (C. civ. art. 507-1 ; J.-M. Plazy, La gestion du patrimoine des majeurs protégés : BPAT 3/19 inf. 83 ; E. Pecqueur, dossier La réforme de la justice. Sort des majeurs protégés dans la réforme : AJ fam. 2019 p. 266).

35345 **Habilitation familiale « assistance »** Dans le cadre d'une habilitation aux fins d'assistance, la personne protégée est assistée dans les conditions prévues pour la curatelle (C. civ. art. 467 sur renvoi de l'art. 494-1) ; sur ces dernières, voir n° 35325. La personne habilitée doit donc assister le majeur protégé qui opte pour une **renonciation à succession.** En revanche, la personne protégée peut opter seule pour l'**acceptation à concurrence de l'actif net.** Quant à l'**acceptation pure et simple,** si l'on retient une lecture littérale des textes, la personne protégée devrait pouvoir agir seule à condition que le notaire en charge de la succession atteste que l'actif successoral est manifestement supérieur au passif ; faute d'attestation, elle devrait être assistée de la personne habilitée (J.-M. Plazy, La gestion du patrimoine des majeurs protégés : BPAT 3/19 inf. 83 ; voir toutefois en sens contraire, estimant que ces actes devraient être soumis à l'assistance de la personne habilitée, G. Raoul-Cormeil, Le mandat de protection future par assistance : SNH 31/20 inf. 11 ; D. Noguéro, Assistance en habilitation familiale : principe et étendue : Defrénois 2-7-2020 n° 160u3 p. 26).

Faute de disposition contraire dans les textes, il nous semble que ces solutions valent tant pour une habilitation générale qu'une habilitation spéciale étant précisé, pour cette dernière, que l'habilitation pourrait toutefois se limiter à l'une des branches de l'option successorale (voir J.-Cl. Notarial Formulaire, V° Acceptation successorale fasc. 10 par D. Montoux, n° 84). En pratique, une habilitation spécialement donnée n'aurait toutefois de sens, semble-t-il, que pour une renonciation, puisque l'acceptation pure et simple et celle à concurrence de l'actif net seraient au pouvoir de la personne protégée agissant seule (Dalloz Action Protection de la personne vulnérable 2021/2022, voir Protection par l'habilitation familiale : fonctionnement par N. Peterka et A. Caron-Déglise n° 114.52, implicitement). Il conviendra dans tous les cas de se reporter au jugement ayant prononcé l'habilitation.

MANDAT DE PROTECTION FUTURE AYANT PRIS EFFET

35350 Toute personne ne faisant pas l'objet d'une mesure de tutelle ou d'une habilitation familiale peut charger une ou plusieurs personnes, par un mandat, de la représenter pour le cas où elle ne pourrait **plus pourvoir seule à ses intérêts** (C. civ. art. 477). Le mandat prend effet lorsque cet évènement est établi (C. civ. art. 481).

L'exercice de l'option pour une succession échue pendant l'application du mandat obéit à des règles particulières qui dépendent de la **forme du mandat.**

ATTENTION

La représentation du mandant dans l'exercice de l'option successorale peut générer un risque de **conflit d'intérêts,** surtout si le mandataire désigné est un proche également appelé à la succession. Or, les textes spécifiques au mandat de protection future ne règlent pas la question du conflit d'intérêts. On sait néanmoins que l'acte passé par le représentant en opposition d'intérêts avec ceux du représenté est nul (C. civ. art. 1161 ; J. Hauser, La réforme du droit des obligations et le droit des personnes et de la famille : AJ fam. 2016, p. 460 ; Dalloz Action Protection de la personne vulnérable 2021/2022, voir L'anticipation de la protection juridique : le mandat de protection future par N. Peterka et A. Caron-Déglise n° 413.45 qui n'évoquent toutefois pas l'article 1161). Afin d'anticiper une telle situation, le mandat peut prévoir la désignation d'un subrogé mandataire ou d'un mandataire ad hoc. À défaut, il est tout de même conseillé de solliciter la désignation d'un mandataire ad hoc (C. civ. art. 485 ; N. Peterka, La protection des personnes vulnérables en droit patrimonial de la famille : morceaux choisis : SNH 34/23 inf. 11).

Mandat de protection future notarié Lorsque le mandat est notarié, le mandataire peut accomplir tous les actes patrimoniaux qu'un tuteur a le pouvoir d'accomplir seul ou avec autorisation, à l'exception des **actes de disposition à titre gratuit** (C. civ. art. 490). Or le décret 2008-1484 du 22 décembre 2008 (ann. I, col. 2, V) liste explicitement, sous la rubrique « acte de disposition à titre gratuit », l'acceptation pure et simple d'une succession et la renonciation. L'imprécision de l'article 490, alinéa 2 quant aux actes de disposition à titre gratuit concernés par l'autorisation du juge des tutelles invite le praticien à la prudence. Il est préférable que le mandataire obtienne une autorisation judiciaire pour **accepter purement et simplement** une succession ou y **renoncer.** En revanche, il doit pouvoir **accepter** seul une succession **à concurrence de l'actif net.** 35355

> **Précisions** **a.** Une **partie de la doctrine** retient cependant que le mandataire désigné par un mandat notarié peut exercer **toutes les branches de l'option** successorale en raison de la « plénitude » des pouvoirs accordés par un tel mandat (en ce sens, M. Grimaldi, Les Successions, LexisNexis, 8e éd., 2020, no 475 ; J. Massip, Quelques réflexions sur les formules de mandat de protection future : Defrénois 28-2-2010 no QP2010DEF0441N1 p. 441 ; N. Levillain et M.-C. Forgeard, Mandat de protection future et pratique notariale, Cas pratique : Defrénois 30-3-2008 no QP2008DEF0640N1 p. 640 § 64 ; voir toutefois, en sens contraire, D. Boulanger, Majeurs protégés et actes à titre gratuit : JCP N 2009 no 1240 § 11).
> **b.** Le manque de **cohérence avec les dispositions du mandat sous signature privée** généré par la loi 2019-222 du 23 mars 2019 (no 35360) a été soulevé (J.-M. Plazy, La gestion du patrimoine des majeurs protégés : BPAT 3/19 inf. 83) ; l'auteur appelle ainsi à retenir, contre le texte de l'article 490 du Code civil, que le titulaire d'un mandat notarié puisse accepter purement et simplement une succession bénéficiaire sur attestation du notaire.

Mandat de protection future sous signature privée Le mandataire ne peut accomplir que les actes qu'un tuteur peut faire sans autorisation. Il peut donc **accepter** la succession **à concurrence de l'actif net.** Il peut également **accepter purement et simplement** la succession dont l'actif dépasse manifestement le passif sur attestation du notaire en ce sens (C. civ. art. 493 et 507-1 ; E. Pecqueur, dossier La réforme de la justice. Sort des majeurs protégés dans la réforme : AJ fam. 2019 p. 266). Le juge des tutelles devra toutefois être saisi à défaut d'attestation ou pour **renoncer** à la succession. 35360

> **Précisions** **Avant le 25 mars 2019,** date d'entrée en vigueur de la loi de réforme pour la justice (Loi 2019-222 du 23-3-2019), le mandataire ne pouvait **accepter purement et simplement** la succession qu'avec l'autorisation du juge, sans possibilité d'agir seul en obtenant une attestation du notaire.

TABLEAU RÉCAPITULATIF 35365

	Acceptation pure et simple	Acceptation à concurrence de l'actif net	Renonciation
Tutelle	Le tuteur sur attestation du notaire ou, à défaut, avec l'autorisation du conseil de famille ou du juge des tutelles	Le tuteur	Le tuteur avec l'autorisation du conseil de famille ou du juge des tutelles
Curatelle	Le majeur sous curatelle sur attestation du notaire ou, à défaut, avec l'assistance de son curateur	Le majeur sous curatelle	Le majeur sous curatelle avec l'assistance de son curateur
Sauvegarde de justice	La personne protégée (sauf désignation d'un mandataire spécial)	La personne protégée (sauf désignation d'un mandataire spécial)	La personne protégée (sauf désignation d'un mandataire spécial)
Habilitation familiale « assistance »	*La personne protégée sur attestation du notaire ou, à défaut, avec l'assistance de la personne habilitée	*La personne protégée	*La personne protégée avec l'assistance de la personne habilitée

	Acceptation pure et simple	Acceptation à concurrence de l'actif net	Renonciation
Habilitation familiale « représentation »	*La personne habilitée avec l'autorisation du juge des tutelles	*La personne habilitée	*La personne habilitée avec l'autorisation du juge des tutelles
Mandat de protection future sous signature privée	*Le mandataire sur attestation du notaire ou, à défaut, avec l'autorisation du juge des tutelles	*Le mandataire	*Le mandataire avec l'autorisation du juge des tutelles
Mandat de protection future notarié	*Le mandataire avec l'autorisation du juge des tutelles	*Le mandataire	*Le mandataire avec l'autorisation du juge des tutelles

*Sous réserve de mesures spéciales prévues dans le jugement ayant prononcé l'habilitation ou dans le mandat de protection future.

C'est le **juge des contentieux de la protection** qui exerce les fonctions de juge des tutelles des majeurs. Il connaît notamment de la sauvegarde de justice, de la curatelle, de la tutelle des majeurs, des actions relatives à l'exercice du mandat de protection future, des demandes de désignation d'une personne habilitée et des actions relatives à l'habilitation familiale (C. org. jud. art. L 213-4-2).

B. Option pure et simple

ABSENCE DE CONDITION ET DE TERME

35395 Les **modalités** de l'option sont préétablies par la loi. Le bénéficiaire est libre de l'exercer, mais il ne peut pas assortir son choix d'une modalité particulière. Un successible ne peut pas accepter ou renoncer sous une condition ou un terme (C. civ. 768, al. 2). Il ne peut pas subordonner son choix à la survenance ou à la non-survenance d'un évènement incertain ou encore subordonner l'effectivité de son choix à l'arrivée d'un évènement certain mais futur.

Par exemple, un héritier ne peut conditionner son acceptation pure et simple à l'acceptation également pure et simple des autres cohéritiers afin d'échapper à l'indivisibilité de l'option dans l'hypothèse où la succession serait déficitaire.

SANCTION

35400 La sanction logique est la **nullité** de l'option conditionnelle ou à terme pour le tout (C. civ. 768, al. 2) : l'héritier retrouve sa liberté d'opter. Ainsi, la renonciation est nulle lorsqu'elle est subordonnée à la condition de la validité d'une libéralité faite par le défunt.

C. Absence de vices du consentement

RÈGLES GÉNÉRALES

35450 L'option est en principe exercée sans contrainte par le successible. Il doit pouvoir choisir en toute liberté la branche de l'option qui lui convient. Cette liberté suppose que la volonté de l'auteur ne soit pas altérée par un vice du consentement. Par conséquent l'**erreur,** le **dol et** la **violence** constituent des causes de nullité de l'option exercée par l'héritier (C. civ. art. 777 ; pour un exemple de nullité d'une renonciation obtenue par dol, CA Paris 14-4-2005 nº 168 : BPAT 4/05 inf. 116).

Il s'agit d'une **nullité relative** qui ne peut être demandée que par la personne dont le consentement a été vicié. Comme en droit commun, l'action se prescrit par cinq ans à compter du jour où l'erreur ou le dol a été découvert, ou du jour où la violence a cessé (C. civ. art. 777, al. 2 ; pour une action en nullité, exercée sur le fondement du dol, d'une renonciation à succession, voir Cass. 1e civ. 24-1-2006 nº 03-11.889 FP-PBRI : BPAT 2/06 inf. 59 ; pour une illustration à propos d'une cession de droits successoraux dont la nullité pour dol était demandée, voir Cass. 1e civ. 11-9-2013 nº 12-20.816 F-PB).

ERREUR

L'erreur est reconnue aussi bien en cas d'acceptation qu'en cas de renonciation, à condition d'avoir été déterminante du consentement de l'optant. Elle doit porter sur les **qualités essentielles** des droits acceptés ou repoussés (M. Grimaldi, Droit des successions, LexisNexis, 8e éd., 2020, no 538). 35455

Il peut s'agir d'une **erreur de droit,** comme la renonciation faite par erreur sur le caractère non rapportable d'un legs. Il peut également s'agir d'une **erreur de fait,** comme la renonciation faite dans la fausse croyance en l'existence d'une contrepartie pécuniaire à la charge du bénéficiaire de la renonciation.

Une simple **erreur sur la valeur des biens successoraux,** dès lors qu'elle ne résulte pas d'une erreur sur les qualités essentielles, ne saurait être invoquée puisque l'héritier a la possibilité de faire dresser un inventaire avant de se prononcer (en ce sens, M. Grimaldi, précité).

ATTENTION

Le **notaire,** appelé à délivrer un certificat d'hérédité, peut voir sa **responsabilité** engagée sur le fondement du défaut d'information et de conseil par l'héritier qui a accepté purement et simplement une succession déficitaire lorsque le professionnel ne l'a pas averti du risque qu'il courait, alors qu'il connaissait la situation du défunt.

DÉCHARGE TOTALE OU PARTIELLE

Un mécanisme proche d'une prise en compte de la **lésion** existe. L'héritier acceptant purement et simplement peut en effet demander à être déchargé en tout ou partie de son obligation à une dette successorale qu'il avait des motifs légitimes d'ignorer au moment de l'acceptation, lorsque l'acquittement de cette dette aurait pour effet d'obérer gravement son patrimoine personnel (C. civ. 786, al. 2). L'héritier doit introduire l'action dans les cinq mois du jour où il a connaissance de l'existence et de l'importance de la dette (C. civ. 786, al. 3). Sur ce mécanisme de décharge, voir nos 37160 s. 35460

DOL

Le dol est pris en compte, peu importe de qui il émane : l'exercice de l'option est un acte unilatéral. Le **dol d'un tiers** est donc envisageable. Peut être considérée comme telle la situation d'un créancier qui fait croire à l'existence de biens importants dans la succession, alors qu'il n'en est rien ; le successible accepte pour cette raison et se retrouve à devoir payer le créancier (CA Angers 2-11-2004 no 03/01894 : Dr. famille 2005 com. 118 par B. Beignier, concernant la concubine du de cujus qui dissimule l'existence d'un testament en sa faveur et un passif important dont elle est créancière). 35465

SECTION 3 DÉLAI D'EXERCICE DE L'OPTION

INTERDICTION D'OPTER AVANT L'OUVERTURE DE LA SUCCESSION

L'option ne peut être exercée avant l'ouverture de la succession. Sont prohibées les **renonciations anticipées** et les **aliénations par un successible de ses droits** dans une succession non encore ouverte (C. civ. art. 770). Cette interdiction se justifie par la protection de l'héritier présomptif qui pourrait accepter une succession alors qu'il ne connaît pas les forces de la succession, et plus largement par la prohibition des pactes sur succession future. 35570

Une **acceptation anticipée** par acte unilatéral est ainsi interdite. De même, une telle option ne pourrait pas valablement être exercée par contrat de mariage (C. civ. art. 770).

Une fois la succession ouverte, l'option s'exerce à tout moment dans la limite du délai de prescription de la faculté d'option.

A. Délai minimal pour opter

DURÉE DU DÉLAI

Le successible doit pouvoir prendre parti en connaissance de cause. C'est pourquoi, après l'ouverture de la succession, l'héritier dispose d'un délai minimal de quatre mois pendant 35575 lequel il ne peut pas être contraint de prendre parti et demeure par conséquent à l'abri des **poursuites des créanciers du défunt** (C. civ. art. 771).

Ce délai est impératif car il participe d'un **ordre public de protection** en faveur du successible. Le défunt ne peut donc pas priver l'héritier des délais de réflexion que la loi lui accorde. Toutefois, ce dernier a la possibilité d'y renoncer implicitement en acceptant rapidement la succession qui lui échoit, sans attendre l'expiration du délai de quatre mois qui lui est offert.

Attention, le délai de quatre mois ne saurait empêcher les créanciers successoraux de continuer les **poursuites entamées contre le défunt,** notamment par une saisie de ses biens.

POINT DE DÉPART DU DÉLAI

35580 Le point de départ du délai de quatre mois est **en principe** le jour de l'ouverture de la succession. Mais il est **reporté** lorsque :

– l'héritier de premier rang renonce à la succession ou est indigne de succéder. Le délai de quatre mois dont disposent les héritiers subséquents court à compter du jour où ils ont eu connaissance de la renonciation ou de l'indignité (C. civ. art. 774) ;

– l'héritier décède avant d'avoir opté. Le délai de quatre mois dont disposent les héritiers de l'héritier décédé court du jour de l'ouverture de la succession de ce dernier (C. civ. art. 775, al. 1).

EXPIRATION DU DÉLAI

35585 À l'expiration du délai minimal, l'héritier n'est pas déchu du **droit d'opter** ; il conserve cette faculté tant que la prescription n'est pas acquise, **sauf dans deux cas** (C. civ. art. 773) :

– s'il est sommé de prendre parti (voir n° 35590) ;

– s'il est considéré comme acceptant pur et simple, soit à raison d'une acceptation tacite (n°s 36685 s.), soit parce qu'il s'est rendu coupable de recel successoral (n° 36850).

ATTENTION

Les héritiers ne peuvent pas invoquer les délais de l'option successorale pour s'affranchir des **délais prévus par un contrat souscrit par le défunt.** En effet, les droits et actions de ce dernier sont transmis de plein droit et par le seul effet du décès aux héritiers désignés par la loi (« le mort saisit le vif »). Jugé par exemple que lorsque le défunt était titulaire d'une option de vente de titres avec stipulation qu'en cas de décès l'option devrait être exercée dans les trois mois, ce délai de trois mois s'impose aux héritiers (Cass. 1e civ. 4-7-2012 n° 11-10.594 FS-PBI : Sol. Not. 10/12 inf. 255).

ACTION INTERROGATOIRE

35590 Nul ne peut contraindre l'héritier à opter dans les quatre mois après le décès. Mais le législateur a pour souci d'empêcher que le règlement de la succession soit bloqué par l'inertie d'un héritier. Ainsi, après le délai minimal d'option de quatre mois, tout **héritier inactif** peut être **sommé de prendre parti** dans les deux mois par acte extrajudiciaire, à l'initiative d'un créancier de la succession, d'un cohéritier, d'un héritier de rang subséquent ou de l'État (C. civ. art. 771, al. 2).

L'héritier sommé doit en principe exercer l'option successorale dans les deux mois. Mais il peut demander au juge un **délai supplémentaire** s'il n'a pas pu clôturer l'inventaire commencé ou s'il justifie d'autres motifs sérieux et légitimes (C. civ. art. 772, al. 1). La **demande de prorogation** est portée devant le président du tribunal judiciaire, qui statue selon la procédure accélérée au fond (CPC art. 1380). Le délai de deux mois est suspendu jusqu'à la décision judiciaire statuant sur cette demande de prorogation (C. civ. art. 772, al. 1). Le juge doit fixer la durée de la prorogation.

À défaut d'avoir pris parti à l'expiration du délai de deux mois (ou du délai supplémentaire accordé par le juge), l'héritier est réputé avoir accepté purement et simplement la succession (C. civ. art. 772, al. 2). À noter que cet effet se produit à l'égard de tous, et non à l'égard du seul auteur de l'action interrogatoire.

> **Précisions** L'action interrogatoire peut être exercée dans les mêmes conditions contre l'**héritier subséquent** appelé à succéder en cas de renonciation ou d'indignité de l'héritier de premier rang (C. civ. art. 774) ou contre les **héritiers de l'héritier décédé avant d'avoir opté** (C. civ. art. 775).

35595 **Successible incapable** Traditionnellement, la succession échue à une personne protégée placée sous un régime de représentation (mineur ou majeur sous tutelle) ne pouvait être acceptée par son représentant légal agissant seul qu'à concurrence de l'actif net (voir n°s 35240 s.). C'est pourquoi en cas de **sommation restée sans réponse** dans le délai de deux mois et à défaut de l'autorisation judiciaire requise, la personne n'était pas considérée comme ayant accepté purement et simplement : le représentant était réputé avoir accepté à concurrence de l'actif net. La déjudiciarisation partielle de l'acceptation pure et simple par la loi 2019-222 du 23 mars 2019 rend incertain le maintien de cette solution (Dalloz Action Protection de la personne vulnérable 2021/2022, voir Sphère de capacité du curatélaire en matière patrimoniale par N. Peterka et A. Caron-Déglise, n° 342.43).

B. Délai maximal pour opter

DURÉE DU DÉLAI

Le **droit d'opter se prescrit** par dix ans (C. civ. art. 780, al. 1). Passé ce délai, celui qui se prévaut 35645
de la qualité d'héritier doit prouver que lui-même ou les personnes dont il tient cette qualité ont accepté la succession dans le délai requis (C. civ. art. 781).

Lorsqu'une personne réclame une **succession ouverte depuis plus de dix ans,** elle est considérée comme n'ayant pas accepté à l'intérieur du délai prévu pour l'exercice du droit d'option et donc comme renonçant à la succession (C. civ. art. 780, al. 2). Les héritiers peuvent opposer ce moyen de défense à celui qui réclame des droits sur une succession ouverte depuis plus de dix ans, sans avoir à prouver son défaut d'acceptation. Il appartient au demandeur de justifier que l'objet de sa demande n'est pas d'exercer son droit d'option mais qu'il l'a déjà exercé.

> **Précisions** Pour les **successions ouvertes avant le 1er janvier 2007,** l'option successorale demeure soumise au délai de prescription de 30 ans (Cass. 1e civ. 12-2-2020 n° 19-11.668 F-D : BPAT 2/20 inf. 80-3). L'option successorale étant considérée comme une action réelle immobilière, la loi 2008-561 du 17 juin 2008 portant réforme de la prescription en matière civile n'a pas modifié la durée du délai pour accepter ou répudier une succession ouverte avant le 1er janvier 2007.

POINT DE DÉPART DU DÉLAI

Le point de départ du délai de dix ans est en principe la **date du décès** (C. civ. art. 780, al. 1). 35650

Comme toute prescription, elle est susceptible de **suspension** ou d'**interruption.** Ainsi, par exemple, la minorité suspend le déroulement de la prescription (C. civ. art. 2235). En revanche, les délais pour faire inventaire ainsi que pour prendre parti dans la procédure de sommation d'opter ne sont pas considérés comme des cas de suspension.

Personnelles à chaque successible, les causes de suspension peuvent donner naissance à autant de délais qu'il y a d'héritiers.

REPORT DU DÉLAI

Le point de départ peut être reporté dans certaines circonstances : 35655

– la prescription ne court pas tant que le successible a des **motifs légitimes d'ignorer ses droits** successoraux. C'est le cas notamment s'il ignore le décès du défunt (C. civ. art. 780, al. 5) ou s'il n'a pas connaissance de la renonciation, de l'indignité ou du décès de l'héritier de rang préférable qui lui permet d'être appelé à la succession ;

– si le **conjoint survivant** a conservé la **jouissance des biens héréditaires,** la prescription ne court qu'à compter du jour du décès du conjoint (C. civ. art. 780, al. 3). Il n'est donc pas possible d'opposer la prescription du droit d'opter aux enfants qui ont attendu le décès du second de leurs parents pour demander leur part de succession ;

– en cas d'**annulation de l'acceptation** d'un héritier, le délai de prescription de l'option ne court contre l'héritier subséquent qu'à compter de la décision définitive constatant la nullité de l'acceptation (C. civ. art. 780, al. 4).

En application des règles de droit commun sur le **délai butoir** de la prescription, le report du point de départ du délai ne peut pas avoir pour effet de porter le délai de la prescription au-delà de 20 ans à compter du jour de la naissance du droit (C. civ. art. 2232). Le droit d'opter devrait donc être prescrit 20 ans après le décès, sous réserve des exceptions prévues à l'article 2232, alinéa 2.

SECTION 4

CARACTÈRES DE L'OPTION

A. Indivisibilité de l'option

1. PRINCIPE DE L'INDIVISIBILITÉ DE L'OPTION

SITUATION DES HÉRITIERS

35760 Pour l'héritier, l'option est indivisible (C. civ. art. 769, al. 1). Celui qui prend parti sur la succession exerce son choix sur la **totalité de la fraction qui lui est acquise,** compte tenu de sa qualité, de son rang et du nombre d'héritiers. Il ne peut limiter son option à tel ou tel bien dépendant de la succession ou l'exercer pour une quotité différente de celle résultant de sa vocation.

Lorsque l'héritier cumule sur sa tête des vocations successorales distinctes sur les biens du de cujus, il a, pour chacune d'elles, un droit d'option distinct. Ainsi l'**héritier** qui est **en même temps légataire** peut opter différemment pour l'une ou l'autre de ses vocations légale et testamentaire (C. civ. art. 769, al. 2) : il peut par exemple renoncer à sa vocation légale en acceptant le bénéfice du legs. Ce tempérament concerne surtout le conjoint survivant qui a une pluralité de vocations successorales. Il en va de même en présence d'une **succession anomale** présentant un fort degré d'indépendance à l'égard de la succession ordinaire (voir n° 35770).

SITUATION DES LÉGATAIRES

35765 La règle de l'indivisibilité de l'option s'applique également aux légataires, encore que de façon très théorique.

D'une part, celui qui cumule **plusieurs vocations successorales** peut exercer des options différentes pour chacune. C'est le cas, comme on l'a vu précédemment, pour celui qui est à la fois légataire et héritier. C'est également le cas pour celui qui est à la fois légataire universel (ou à titre universel) et légataire particulier ; sauf indivisibilité entre les deux legs, il peut par exemple renoncer à son legs universel sans renoncer à son legs particulier (Cass. 1e civ. 18-12-2013 n° 12-21.875 F-PB : BPAT 1/14 inf. 20, qui précise qu'il n'y avait aucune indivisibilité entre les deux libéralités, tant au regard de leur objet que de la volonté de la testatrice).

D'autre part et surtout, le légataire peut, comme le conjoint survivant bénéficiaire d'une donation au dernier vivant, **cantonner son émolument** sur une partie des biens dont il a été disposé en sa faveur. Il s'agit alors d'une véritable dérogation au principe de l'indivisibilité de l'option (en ce sens, M. Grimaldi, Droit des successions, LexisNexis, 8e éd., 2020 n° 527) ; elle est étudiée nos 35800 s.

CAS PARTICULIERS

35770 La règle de l'indivisibilité de l'option est écartée dans l'hypothèse où les biens successoraux relèvent, par application des principes du **droit international privé,** d'ordres juridiques distincts. L'héritier est autorisé à opter différemment pour chaque masse de biens. Sur l'étude d'ensemble des règles de droit international privé, voir nos 67000 s.

De même, en présence d'une **succession ordinaire et** d'une **succession anomale** bénéficiant au même héritier, ce dernier peut opter différemment pour les deux successions. Le bénéficiaire d'un droit de retour peut accepter purement et simplement la succession et renoncer au droit de retour légal (ou l'inverse). Cette hypothèse est surtout vraie pour le cas de l'enfant adopté simple (C. civ. art. 368-1). En effet, dans ce cas, il existe véritablement deux successions distinctes.

Enfin, le **conjoint survivant** appelé à recueillir à la fois la **succession** et les **droits de propriété littéraire et artistique** du défunt peut opter selon ses intérêts dans l'une ou l'autre succession (CPI art. L 123-6).

2. DÉROGATION AU PRINCIPE : LA FACULTÉ DE CANTONNEMENT

PRÉSENTATION GÉNÉRALE

Les légataires et le conjoint survivant gratifié peuvent cantonner leur émolument à une **partie de ce dont il a été disposé** en leur faveur. 35800

Deux textes prévoient cette possibilité. L'article 1094-1, alinéa 2 du Code civil, pour le cas où l'époux laisserait des enfants ou descendants, et l'article 1002-1 du même Code, pour tout légataire lorsqu'un héritier au moins accepte la succession.

L'article 1002-1 dispose que « ce cantonnement ne constitue pas une libéralité faite par le légataire aux autres successibles » et l'article 1094-1, alinéa 2 précise que « cette limitation ne peut être considérée comme une libéralité faite aux autres successibles »

On doit le cantonnement à l'équipe de Jean Carbonnier qui voulait « guider les manifestations de volonté dont la faculté est offerte au conjoint » et lui permettre de « limiter l'effet de son acceptation à une partie seulement des biens et droits dont il a été gratifié » (J. Carbonnier, P. Catala, J. de Saint Affrique et G. Morin, Des libéralités, une offre de loi, Defrénois, 2003, p. 184). Le cantonnement a ensuite été étendu aux autres légataires au cours du travail d'élaboration de la loi 2006-728 du 23 juin 2006.

L'**idée qui domine** ces deux textes est qu'il est très difficile, dans une libéralité de biens à venir, de mesurer, des années à l'avance, quels seront les véritables besoins du gratifié. D'où le souhait de laisser au gratifié lui-même la possibilité d'ajuster l'assiette de son émolument. Le cantonnement est aussi compris comme un outil de paix familiale, le but étant de mieux protéger les enfants des libéralités consenties au conjoint, en particulier dans une famille recomposée (108e Congrès des notaires de France : La transmission, Montpellier 2012, 3e commission). 35805

En cela, les libéralités de biens à venir diffèrent de la **vocation successorale légale du conjoint,** qui n'offre pas cette faculté de cantonnement. En effet, l'option successorale étant indivisible (C. civ. art. 769, al. 1), le conjoint ne peut qu'accepter sa vocation légale, y renoncer, ou l'accepter à concurrence de l'actif net, mais sans pouvoir la moduler.

Le cantonnement n'a pas été mis à l'épreuve du temps ni de la **jurisprudence.** 35810

Il appartient à la **pratique notariale** de s'approprier cet outil sans le dénaturer, pour l'adapter aux diverses situations rencontrées.

Sur le cantonnement, les **analyses doctrinales** sont nombreuses et divergent sur certains points (voir par exemple, M. Giray, Le cantonnement de l'émolument du conjoint survivant par le nouvel article 1094-1 al. 2 : JCP N 2007 no 1067 ; F. Sauvage, Le cantonnement des libéralités : Defrénois 15-5-2010 no AD2010DEF1027N1 p. 1027 ; E. Galhaud, Utiliser les techniques nouvelles, Stratégie de cantonnement : JCP N 2010 no 1061 ; F. Petit, Le cantonnement au profit du conjoint survivant : aspects pratiques et stratégiques : JCP N 2013 no 1107 ; C. Bahurel, Les volontés des morts. Vouloir pour le temps où l'on ne sera plus, Thèse LGDJ 2014, t. 557, nos 760 s. ; B. Vareille, Renonciation et cantonnement : abandonner sans donner : JCP N 2016 no 1201 ; B. Roman, Succéder c'est choisir. La renonciation et le cantonnement : JCP N 2017 no 1200 ; F. Lettelier, JCP N 2023 no 1003).

CONSEIL

Il est important de ne pas confondre le **cantonnement,** qui n'est pas assimilé à une libéralité faite aux autres successibles, avec la **renonciation « in favorem »** consentie à certains héritiers seulement qui implique, elle, une acceptation de la libéralité suivie d'une donation. Les effets fiscaux ne sont pas les mêmes. Le cantonnement ne doit pas non plus être confondu avec l'**option successorale** du gratifié qui le précède nécessairement.

NATURE DU CANTONNEMENT

On peut s'interroger tout d'abord sur la nature du droit de cantonner. 35815

Certains y voient une acceptation partielle de la libéralité, d'autres une renonciation partielle. Aucune de ces deux approches ne rend véritablement compte de l'originalité de son mécanisme. Car s'il est certain que le titre du gratifié a été défini par le disposant quant à la **nature des droits transmis,** c'est bien au gratifié lui-même qu'il revient d'en déterminer le **quantum.** En ce sens, on ne renonce ni n'accepte une libéralité en cantonnant. On en fixe l'objet, ce qui est bien autre chose. C'est bien ce qu'expliquent certains auteurs, qui font observer que le cantonnement « octroie une **compétence partagée au testateur et au légataire** pour déterminer l'objet libéral » (F. Sauvage, Le cantonnement des libéralités : Defrénois 15-5-2010 no AD2010DEF1027N1 p. 1027 § 3) ou que le bénéficiaire de la libéralité s'érige en « coauteur » du legs, acte par lequel le testateur plutôt que de disposer « met ses biens à la disposition du légataire » (C. Bahurel, Les volontés des morts. Vouloir pour le temps où l'on ne sera plus, Thèse

LGDJ 2014, t. 557, n° 761). Le choix offert par le cantonnement est donc d'une autre nature que l'option successorale (F. Petit, Le cantonnement au profit du conjoint survivant : aspects pratiques et stratégiques : JCP N 2013 n° 1107 § 12).

On soulignera d'ailleurs que l'article 1094-1, alinéa 2 in fine parle d'une « limitation » et non d'une renonciation aux droits du gratifié.

POSSIBLE CLAUSE CONTRAIRE

35820 Les articles 1094-1 et 1002-1 du Code civil autorisent l'un et l'autre la clause contraire. Ainsi le **disposant peut s'opposer** à l'exercice de la faculté de cantonnement par son gratifié.

Une telle disposition peut se comprendre, soit parce que la faculté de cantonner porterait atteinte à une libéralité à laquelle on souhaite donner un caractère d'indivisibilité (par exemple, l'usufruit du tout et non seulement des biens frugifères), soit parce que l'on peut craindre les pressions que pourrait subir le gratifié s'il pouvait cantonner, notamment dans les climats familiaux conflictuels.

Quels que soient les mobiles, la clause contraire est donc possible, et devra être exprimée dans la **disposition de dernières volontés, ou** dans une **disposition additionnelle** prise avant le décès du disposant (par exemple, pour les libéralités antérieures à la loi 2006-728 du 23-6-2006).

LIBÉRALITÉS SUSCEPTIBLES DE CANTONNEMENT

35825 Il semble admis que seules les **libéralités à cause de mort** sont susceptibles de cantonnement.

L'article 1002-1 vise expressément le légataire. L'article 1094-1, alinéa 2 est situé dans le chapitre IX du Code civil intitulé « Des dispositions entre époux, soit par contrat de mariage, soit pendant le mariage » et pourrait sembler viser aussi les **donations entre vifs de biens présents,** mais il suit un alinéa 1 qui vise très clairement l'hypothèse d'un décès « pour le cas où l'époux laisserait des enfants et descendants » et évoque par ailleurs « les autres successibles ». D'ailleurs, comment pourrait-on cantonner une donation entre vifs lorsqu'on en a fixé l'objet par son acceptation ? (voir cependant C. Blanchard, L'usufruit réversible peut-il être cantonné ? : Bull. Cridon Paris 1-6-2007, II, 73).

35830 L'institution contractuelle entre époux par **contrat de mariage** permet également le cantonnement (F. Sauvage, Le cantonnement des libéralités : Defrénois 15-5-2010 n° AD2010DEF1027N1 p. 1027 § 10 note 16). Selon un auteur, le cantonnement devrait aussi s'appliquer aux institutions contractuelles **consenties par des tiers** par contrat de mariage aux futurs époux ou à l'un d'eux (M. Grimaldi, Droit des successions, LexisNexis, 8e éd., 2020, n° 527).

35835 Le cantonnement semble autorisé quelle que soit l'**étendue du legs ou de la donation de biens à venir** : il peut s'agir d'une disposition universelle, à titre universel ou à titre particulier (bien que le cantonnement se conçoive plus difficilement pour ce dernier type de libéralité). Concernant l'incidence du cantonnement sur l'obligation au passif du légataire, voir n° 17165.

Le cantonnement n'est pas concevable pour un **testament-partage** car celui-ci allotit des héritiers et ne transmet pas des biens ou droits par voie de legs ou de donation de biens à venir.

Il n'est pas prévu pour les **avantages matrimoniaux,** lesquels ne constituent pas en principe une libéralité (C. civ. art. 1527, al. 1), même s'ils font parfois l'objet d'une action en retranchement (en sens contraire, M. Grimaldi, Droit des successions, LexisNexis, 8e éd., 2020, n° 527).

L'**assurance-vie** ne doit pas, non plus, en relever, faute qu'elle puisse être constitutive d'une libéralité de biens à venir ou d'un legs.

35840 **Libéralités antérieures au 1er janvier 2007** Le droit de cantonner est accordé par la loi à tout gratifié, quelle que soit la date de la libéralité, pour peu que la **succession** en cause se soit **ouverte à compter du 1er janvier 2007,** date d'entrée en application de la loi 2006-728 du 23 juin 2006.

Les libéralités de biens à venir ou testaments rédigés antérieurement au 1er janvier 2007 n'ont pas pu **écarter le droit de cantonnement** qui n'existait pas au moment de leur rédaction (à moins qu'une disposition additionnelle n'ait été mise en place après cette date).

NÉCESSAIRE ACCEPTATION DE LA QUALITÉ DE DONATAIRE OU LÉGATAIRE

35845 Pour pouvoir cantonner il faut, tout d'abord, avoir accepté sa qualité de donataire ou de légataire, car on l'a dit, elle seule autorise l'usage du cantonnement. C'est dans un premier temps cette **qualité seule** qui doit être acceptée et non directement l'objet de la libéralité. Le risque serait alors d'être en présence d'une acceptation de l'objet suivie d'une renonciation, ce qu'il faut absolument éviter.

À l'inverse, il est certain que cantonner une libéralité constitue un acte d'**acceptation implicite de la libéralité.** On ne peut cantonner que parce que l'on s'estime investi de la qualité de donataire ou de légataire.

ATTENTION

Il est important de ne pas accepter directement l'objet de la libéralité, car la **faculté de cantonner** s'en trouverait **compromise.** Il faut avoir seulement accepté sa qualité de gratifié, éventuellement son titre (lorsque la donation est alternative), mais non l'objet de la libéralité, puisque c'est par le cantonnement que cet objet, c'est-à-dire l'assiette effective des droits du gratifié, doit être définitivement fixé.

ACCEPTATION DE LA SUCCESSION PAR UN HÉRITIER AU MOINS

L'article 1002-1 du Code civil impose qu'un héritier au moins accepte la succession pour que le **légataire** puisse cantonner. Cette exigence ne se retrouve pas à l'article 1094-1, alinéa 2 concernant la faculté de cantonnement offerte au **conjoint survivant.** **35850**

Il s'agirait selon les auteurs d'éviter que l'émolument délaissé ne se retrouve en déshérence.

Il ne semble pas indispensable que le gratifié se trouve en **présence d'héritiers réservataires** bien que l'article 1094-1, alinéa 1 évoque la présence d'enfants ou descendants.

La condition semble respectée lorsqu'un **autre légataire ou donataire a accepté la succession** (F. Sauvage, Le cantonnement des libéralités : Defrénois 15-5-2010 n° AD2010DEF1027N1 p. 1027 § 15).

ACTEUR DU CANTONNEMENT

La faculté de cantonnement est d'abord accordée au **gratifié** lui-même. **35855**

Les **créanciers du gratifié** pourraient toutefois contester ce choix par la voie de l'action paulienne (C. civ. art. 1341-2).

Est-elle transmissible à ses **héritiers** ? Un auteur répond à cette question par l'affirmative, mais précise que le legs ou la donation de biens à venir pourrait stipuler que cette faculté appartiendra exclusivement au gratifié et qu'elle s'éteindra à son décès (F. Sauvage, Le cantonnement des libéralités : Defrénois 15-5-2010 n° AD2010DEF1027N1 p. 1027). Pour un autre auteur, la faculté de cantonnement appartient aux héritiers du gratifié décédé avant d'avoir cantonné, et ce, chacun pour sa part (F. Petit, Le cantonnement au profit du conjoint survivant : aspects pratiques et stratégiques : JCP N 2013 n° 1107 § 20).

CAPACITÉ REQUISE POUR CANTONNER

Le cantonnement est assimilé à un **acte de disposition,** bien que le décret 2006-1484 du 22 décembre 2008 ne le vise pas. En effet, en exerçant le cantonnement, le gratifié ne fait qu'accepter la libéralité, avec le droit de cantonner qui lui est attaché ; il s'ensuit que la capacité requise pour cantonner est la même que celle pour accepter la libéralité (voir n°s 835 s.). **35860**

Une remarque simplement : on a déjà expliqué pourquoi le cantonnement ne doit pas être assimilé à une **renonciation à un droit** (n° 35815), ce qui l'interdirait sous le régime de la tutelle (C. civ. art. 509).

DÉLAI

La loi ne fixe aucun délai à l'exercice de cette faculté. Par prudence, et compte tenu de ses effets fiscaux, il est **conseillé de cantonner au moment** de l'acceptation de la libéralité. Mais il ne semble pas que l'acceptation sans réserve de la libéralité emporte nécessairement renonciation au cantonnement, laquelle doit être certaine et non équivoque. **35865**

S'il s'avérait difficile de définir immédiatement les modalités du cantonnement, il faudrait, au moins, manifester sa **volonté de cantonner** au moment de l'acceptation, en réservant pour plus tard de déterminer les **modalités de ce cantonnement.**

Il est souhaitable qu'un **délai à l'exercice du cantonnement** soit **prévu** dans le testament ou la donation entre époux de biens à venir, afin que les héritiers puissent eux-mêmes rapidement apprécier l'étendue de leurs droits (voir n° 35945).

MODALITÉS DU CANTONNEMENT

S'il est clair que cantonner c'est prendre une **partie** seulement **des biens** dont il a été disposé, c'est-à-dire limiter l'assiette de son émolument, de nombreuses questions subsistent sur les modalités concrètes du cantonnement. **35870**

Ce qui est certain, c'est que le cantonnement ne permet pas au gratifié de **dénaturer la libéralité** qui lui a été consentie, la volonté libérale, exprimée par le disposant, devant être respectée.

Peut-on, tout d'abord, étendre la faculté de cantonner à une **partie des droits** dont il a été disposé (et non plus à une partie des biens comme l'indiquent les articles 1002-1 et 1094-1, alinéa 2 du Code civil) ? La doctrine est unanime à l'admettre et il faut rappeler que la formulation proposée par le groupe Carbonnier incluait non seulement les biens mais aussi les droits transmis par la libéralité.

35875 **Cantonnement d'une disposition universelle** Une disposition universelle peut-elle être cantonnée à une **quotité de cette universalité** ? Pour un auteur, « si l'on veut bien admettre que la copropriété d'un bien c'est encore de la propriété », ce cantonnement est possible (F. Sauvage, Le cantonnement des libéralités : Defrénois 15-5-2010 n° AD2010DEF1027N1 p. 1027 § 32).

Une disposition universelle peut-elle être cantonnée à **certains des biens** la composant ? La réponse est également affirmative, ces biens forment une partie des biens dont il a été disposé. Une disposition universelle inclut donc, dans le droit de cantonner, le droit d'individualiser les actifs transmis.

Par suite, un conjoint institué légataire en pleine propriété de toute la succession pourra cantonner son émolument sur certains biens déterminés ou sur une quote-part de ces mêmes biens (1/2, 1/5, par exemple). Il pourra aussi cantonner son émolument sur les **droits transmis** (des droits indivis dépendant de la succession, les droits du disposant dans une masse commune, par exemple).

Plus l'objet libéral est vaste, plus la faculté de cantonnement est libre.

35880 **Cantonnement d'une disposition à titre universel** Pour apprécier la liberté dont dispose le gratifié à titre universel, il faut opérer une distinction.

Lorsque la **libéralité n'a pas fait naître d'indivision** (donation de tout l'usufruit, donation de tous les immeubles, par exemple), le gratifié dispose de la même liberté de cantonner à certains biens et droits ou à une quotité de ces biens et droits. Ainsi un conjoint pourra-t-il décider de n'exercer son usufruit que sur certains biens, ou que sur une certaine quotité des biens dépendant de la succession.

Lorsque la **libéralité a fait naître une indivision** avant cantonnement entre le gratifié et d'autres, qu'ils soient ou non héritiers (par exemple, legs d'une quotité des biens, que cette dernière porte sur l'usufruit, la nue-propriété ou la pleine propriété), le cantonnement n'autorise pas le gratifié à faire porter ses droits sur un bien particulier, car cela lui permettrait d'imposer unilatéralement un partage, qui relève toujours de l'accord unanime des indivisaires (en ce sens, F. Sauvage, Le cantonnement des libéralités : Defrénois 15-5-2010 n° AD2010DEF1027N1 p. 1027 § 29 ; M. Grimaldi, Droit des successions, LexisNexis, 8e éd., 2020, n° 527). Un conjoint ou un légataire gratifié d'une quotité des biens (par exemple la moitié) pourra décider de limiter son émolument au quart des mêmes biens mais non décider des biens sur lesquels ce quart portera. Est toutefois évoquée la possibilité, pour le gratifié, de cantonner son émolument, le partage une fois fait, à certains biens dont il a été alloti, pourvu qu'il s'en soit réservé la faculté lors de l'acceptation de la libéralité (M. Grimaldi, précité, note 123 ; voir également P. Murat, Les choix des héritiers quant à l'objet reçu : l'exemple du cantonnement : Defrénois 15-1-2017 n° 125g0 p. 17).

Par ailleurs, si l'indivision n'existe qu'entre le conjoint ou le légataire et la succession, le disposant peut conférer au gratifié le choix des biens qui composeront sa part (sur la validité de cette faculté, voir M. Grimaldi, Libéralités. Partages d'ascendants, Litec, 2000, n° 1457).

CONSEIL

Plus une libéralité est large, plus la **faculté de cantonnement** est **souple.** Il est donc déconseillé aujourd'hui de donner une quotité faisant naître une indivision. La faculté de cantonnement s'en trouvera affaiblie, à moins que la libéralité ne soit doublée d'une faculté pour le gratifié de choisir les biens qui composeront sa part (pour le cas du conjoint, voir n° 8940). Mais pour que cette clause soit efficace, encore faut-il que l'indivision ne concerne que la succession.

35885 **Indivision née du cantonnement** Si le cantonnement d'une vocation universelle ou particulière se fait à une **quotité des biens** (1/2, 1/4, 1/8), il fait naître une indivision entre le gratifié et les héritiers légaux. Cette solution n'est pas toujours heureuse fiscalement, puisqu'elle va générer un droit de partage le jour où cette indivision cessera. Il est donc préférable que le cantonnement d'une vocation universelle se fasse sur **certains biens identifiés,** qui de ce fait auront toujours été la propriété exclusive du gratifié, ce qui évitera la naissance d'une indivision et la fiscalité du partage. Toutefois, les **biens restitués à la succession** pourront se retrouver en indivision entre les héritiers légaux le cas échéant.

Cantonnement et nature des droits La question la plus délicate est celle de savoir si le donataire ou légataire doit s'en tenir à la nature même des droits qui lui sont conférés, ou s'il peut, dans certains cas, cantonner sur un droit d'une autre nature. 35890

Il n'est pas contesté, par exemple, qu'une **disposition en usufruit** seulement ne pourrait pas être **cantonnée en pleine propriété,** car alors le gratifié prétendrait à autre chose qu'à ce qui lui a été donné ou légué, ce que le cantonnement n'autorise pas.

Mais à l'inverse, le **gratifié** institué **en pleine propriété** peut-il **cantonner en usufruit** seulement ? Autrement dit, l'usufruit est-il une partie de ce qui a été donné ou légué ?

On peut répondre à cette question en considérant que la pleine propriété contient nécessairement l'usufruit (en ce sens, F. Sauvage, Le cantonnement des libéralités : Defrénois 15-5-2010 n° AD2010DEF1027N1 p. 1027 § 31 ; Circ. min. justice JUSC0754177C du 29-5-2007 p. 23-24). Mais d'un autre côté, si l'on envisage l'intention du disposant et la situation des héritiers après cantonnement, est-ce la même chose de léguer une partie d'un bien en pleine propriété et de l'usufruit ? On est en droit d'hésiter, et pour un éminent auteur la réponse est clairement négative (M. Grimaldi, Droit des successions, LexisNexis, 8e éd., 2020, n° 527). Pour cet auteur, « le légataire gratifié en toute propriété ne saurait cantonner son émolument sur l'usufruit ou la nue-propriété : le cantonnement ne peut se traduire par la création d'un usufruit qui est un droit sur la chose d'autrui. Démembrer n'est pas cantonner » (dans le même sens, B. Vareille, La loi du 23 juin 2006, dix ans après : propos cursifs sur quelques questions liquidatives choisies : Gaz. Pal. 31-5-2016 spécialement n° 27). Il est vrai que l'on substituerait à un droit réel un autre droit réel de nature différente. La réponse est sans doute à chercher dans l'**intention du disposant** et pour éviter cette difficulté, il est souhaitable qu'il s'exprime à ce sujet, dans sa libéralité, sur l'étendue de la liberté qu'il entend conférer à son gratifié.

Cantonnement et réduction Le cantonnement ne doit pas être confondu avec la réduction. 35895

Alors que la réduction suppose une initiative de l'héritier à réserve, le cantonnement est une faculté accordée au gratifié lui-même. Et alors que la réduction s'opère, en principe, en valeur (C. civ. art. 924), le cantonnement opère comme une restitution en nature à la succession. Bien que le gratifié poursuivi en réduction puisse parfois opter pour la réduction en nature (C. civ. art. 924-1), la réduction se fera dans l'exacte mesure de la réserve, alors que le cantonnement peut se faire librement en deçà ou au-delà de la réserve héréditaire. Enfin, l'action en réduction est enfermée dans des délais légaux (C. civ. art. 921) alors qu'il n'en est pas de même du cantonnement (à moins qu'un délai n'ait été prévu dans la libéralité elle-même).

Les deux mécanismes n'ont donc, ni la même finalité (la réduction préserve la réserve, le cantonnement la liberté du gratifié de moduler l'objet libéral), ni tout à fait les mêmes effets.

EFFETS DU CANTONNEMENT

En cantonnant, le gratifié limite son **émolument libéral.** Les auteurs estiment que l'émolument non conservé par le gratifié profite aux autres successibles (le terme « autres successibles » est lui-même utilisé par l'article 1094-1, alinéa 2). Il serait plus exact de dire que l'émolument non conservé retombe dans la succession, car il est possible que le gratifié qui cantonne conserve par ailleurs la qualité d'héritier. 35900

C'est l'une des difficultés du cantonnement pour le **gratifié qui est également héritier.** S'il n'entend point retrouver en qualité d'héritier ce qu'il ne voulait pas prendre en qualité de légataire ou de donataire, il lui faudra renoncer à sa qualité d'héritier.

Si le cantonnement diminue l'émolument reçu, les auteurs sont unanimes pour affirmer que le **titre du gratifié** ne s'en trouve pas modifié pour autant. Le gratifié conserve ainsi la qualité et les pouvoirs qui étaient attachés à son titre d'origine. C'est par ce dernier que seront déterminées les règles relatives à la saisine, à l'envoi en possession ou à la délivrance de legs. 35905

À l'égard des tiers, le gratifié répondra des **dettes successorales** à la mesure de son titre. Ce n'est qu'au stade de la contribution, dans ses rapports avec les autres légataires ou héritiers, qu'il disposera d'un recours en contribution (C. civ. art. 870). C'est que, selon un auteur, le cantonnement est une « simple amputation de l'émolument recueilli [qui] n'a aucun effet « novatoire » et, en particulier, ne parvient pas à dénaturer la libéralité ou à ébranler son régime juridique » (F. Sauvage, Le cantonnement des libéralités : Defrénois 15-5-2010 n° AD2010DEF1027N1 p. 1027 § 5).

Ainsi pourrait-il être nécessaire de **conseiller** à un conjoint qui ne conserve, en définitive, qu'un seul des biens objet de la libéralité de n'accepter sa qualité qu'à concurrence de l'actif net.

35910 Bien que les textes ne le précisent pas, il semble que les effets du cantonnement se produisent **rétroactivement,** dès l'ouverture de la succession, et non au moment où il est exercé (F. Sauvage, Le cantonnement des libéralités : Defrénois 15-5-2010 n° AD2010DEF1027N1 p. 1027 § 25 ; M. Giray, Le cantonnement de l'émolument du conjoint survivant par le nouvel article 1094-1 al. 2 : JCP N 2007 n° 1067).

35915 Quant aux opérations de **liquidation de la succession** (formation de la masse de calcul de la quotité disponible et de la réserve, imputation des libéralités), elles ne prendront en considération la libéralité reçue que pour l'émolument effectivement accepté.

ACTE DE CANTONNEMENT

35920 L'acte de cantonnement est un acte unilatéral et irrévocable. Seul le consentement du gratifié est nécessaire. Il ne relève d'aucun **formalisme** particulier mais devra être visé dans les actes établis par le notaire (attestation immobilière, déclaration de succession). Ce dernier l'aura le plus souvent directement établi, dans une déclaration d'option, de préférence (voir n° 35930). En effet, le notaire doit s'assurer que le **consentement du gratifié** au cantonnement aura été exprimé librement, sans pression des héritiers.

Au demeurant, il est certainement de bonne pratique que les **héritiers** aient connaissance des modalités du cantonnement, puisque leurs propres droits en dépendent. Bien entendu, ils n'ont pas à l'accepter, mais peuvent intervenir à l'acte pour s'en reconnaître informés.

35925 **Acte susceptible de contenir le cantonnement** Il ne semble pas souhaitable que le cantonnement se fasse dans l'**acte de notoriété** (C. civ. art. 730-1, al. 1) et cela pour trois raisons :

– l'acte de notoriété est un acte conservatoire de l'option et l'on a dit que le cantonnement est un acte d'acceptation tacite de la libéralité ;

– c'est un acte qui intervient tôt alors que les enjeux du cantonnement doivent être mûrement réfléchis et mesurés ;

– la notoriété a vocation à être divulguée aux tiers.

35930 C'est bien dans un **acte spécifique d'option** regroupant éventuellement l'acceptation de la qualité de donataire ou légataire, le choix du titre du gratifié lorsque ce titre est alternatif, et enfin le cantonnement lui-même, que cette faculté doit être exprimée.

Lorsque le **cantonnement émane du conjoint,** le même acte pourra le cas échéant préciser le secteur d'imputation de la libéralité, lorsque le conjoint disposera d'un choix à ce sujet (n° 8900). Cet acte pourra, concomitamment, concerner la qualité d'héritier du conjoint, l'acceptation de cette qualité (ou sa renonciation), l'option entre les droits légaux qui peuvent lui être offerts, la manifestation de sa volonté de se prévaloir de ses droits viagers au logement s'il y a lieu (C. civ. art. 765).

ATTENTION

Le notaire doit être vigilant et veiller à une bonne articulation entre les **différentes vocations du conjoint,** les **différentes options** qui lui sont ouvertes, y compris la faculté de cantonnement des libéralités à cause de mort. Le **but** est qu'il n'y ait aucune ambiguïté sur la nature et l'étendue des droits du conjoint et de préserver le plus largement et le plus solidement possible ses intérêts. Sans oublier, dans la mesure du possible, une bonne harmonie familiale.

Pour un modèle de **formule,** voir n° 35980.

35935 **Rémunération du notaire** Le tarif des notaires prévoit un émolument proportionnel au profit du notaire chargé du règlement de la succession calculé sur la **somme cantonnée,** c'est-à-dire sur l'émolument effectivement conservé par le gratifié, selon le barème suivant (C. com. art. A 444-62) :

Tranches d'assiette	Taux applicable
De 0 à 6 500 €	2,580 %
De 6 500 € à 17 000 €	1,064 %
De 17 000 € à 30 000 €	0,709 %
Plus de 30 000 €	0,532 %

ENCADREMENT DU CANTONNEMENT PAR LA LIBÉRALITÉ

35940 Il est nécessaire que la disposition à cause de mort évoque le **sort du cantonnement,** soit pour l'interdire lorsque telle est la volonté du disposant, soit pour l'encadrer lorsque cette faculté est confirmée.

La disposition peut prévoir un **délai maximal** pour l'exercice du cantonnement. On a pu suggérer un délai de six mois à compter de l'ouverture de la succession, délai plus long que celui accordé à l'héritier pour prendre connaissance des forces successorales (C. civ. art. 771, al. 1) et correspondant au délai pour déposer la déclaration de succession (CGI art. 641). À l'expiration de ce délai, le gratifié pourra être mis en demeure de cantonner par les autres héritiers (le formalisme de cette mise en demeure devra être précisé, par exemple lettre recommandée avec avis de réception). Si le gratifié ne répond pas à cette mise en demeure, il est possible de prévoir qu'à l'expiration d'un nouveau délai (un, deux ou trois mois) à compter de cette sommation, il sera réputé avoir renoncé au cantonnement ou sera déchu de ce droit (F. Petit, Le cantonnement au profit du conjoint survivant : aspects pratiques et stratégiques : JCP N 2013 n° 1107, avec des formules). 35945

La libéralité peut aussi se prononcer sur le caractère personnel du cantonnement, ce qui entraînera l'extinction de cette faculté en cas de **décès du gratifié,** ou au contraire prévoir que le cantonnement se transmettra aux héritiers du gratifié. Dans cette dernière hypothèse, il sera nécessaire de préciser comment les héritiers pourront mettre en œuvre cette faculté (unanimité, majorité par tête, par exemple). L'éventualité d'un désaccord entre eux devra être envisagée et par avance résolue (par exemple, par la caducité du droit de cantonner, ou sa divisibilité, solution qui conduira cependant à une complexité certaine). 35950

OPPORTUNITÉ DU CANTONNEMENT

Le cantonnement peut être mis en œuvre pour assurer une **harmonie familiale,** par exemple lorsque le conjoint ne veut pas appréhender les biens ayant une origine familiale, notamment en présence d'enfants non issus des deux époux, ou un outil de travail que certains héritiers espèrent se voir attribuer dans le partage (ce qui suppose qu'ils en soient copropriétaires). Le cantonnement peut ainsi être le fruit d'un véritable consensus familial. 35955

Il peut aussi être mis en œuvre à des **fins patrimoniales,** par exemple afin d'éviter les difficultés qu'un partage de communauté pourrait susciter entre le conjoint et les descendants. Un conjoint donataire universel pourra ainsi décider d'exercer ses droits sur l'ensemble des biens communs et des droits du défunt dans la communauté, ce qui mettra fin à toute indivision sur cette masse. Le cantonnement peut aussi avoir pour effet de limiter ou de faire disparaître les indemnités de réduction qui, sans lui, auraient été exigibles. 35960

Il peut aussi être mis en œuvre à des **fins fiscales** afin que les héritiers puissent utiliser dans la succession les abattements qui, sans cette restitution, auraient été inutilisés, et éviter que le conjoint gratifié n'ait lui-même à transmettre une part trop importante aux enfants communs. Il peut également éviter que le gratifié soit assujetti à l'impôt sur la fortune immobilière. Le cantonnement peut donc être mis au service d'une stratégie fiscale. 35965

À l'inverse, le cantonnement peut empêcher l'utilisation de certains mécanismes fiscaux comme le paiement différé accordé au nu-propriétaire seulement. Il n'est pas forcément avantageux si le conjoint, lui-même totalement exonéré, dispose encore d'abattements pour transmettre à son tour à ses propres descendants.

Les **professionnels qui accompagneront ces stratégies** de cantonnement devront donc en maîtriser parfaitement les conséquences tant au décès du disposant qu'au décès du gratifié lui-même. 35970

On n'épuisera sans doute pas ici la richesse de cet outil et les nombreuses opportunités qu'il peut représenter pour le gratifié.

Le cantonnement d'une libéralité est l'œuvre la plus utile et la plus originale que nous ait livrée la loi 2006-728 du 23 juin 2006 et c'est à la pratique qu'il appartient aujourd'hui de la faire vivre.

RÉGIME FISCAL

L'exercice de la faculté de cantonnement ne constitue pas une libéralité faite par le légataire (C. civ. art. 1002-1 in fine) ou par le conjoint survivant (C. civ. art. 1094-1, al. 2) aux autres successibles et n'est par conséquent pas taxable aux **droits de mutation à titre gratuit.** En conséquence, le légataire qui cantonne son émolument n'est imposable que sur la part qu'il prend effectivement dans le legs qui lui est consenti (BOI-ENR-DMTG-10-20-50-30 n° 20). Les biens recueillis par le bénéficiaire indirect du cantonnement (héritier, par exemple) sont réputés lui être transmis à titre gratuit par le défunt (CGI art. 788 bis) et sont donc imposables aux droits de succession au tarif fixé en fonction de son lien de parenté avec ce dernier (BOI-ENR-DMTG-10-20-50-30 n° 30). 35975

ATTENTION

Ce régime fiscal apparemment favorable peut se révéler pénalisant lorsque le **cantonnement** est pratiqué **par le conjoint survivant en présence d'enfants communs** ayant déjà utilisé leur abattement de 100 000 € lors d'une donation consentie par le défunt depuis moins de 15 ans, en raison de l'exonération totale des droits de succession dont le conjoint bénéficie (CGI art. 796-0 bis). Pour réduire le montant des droits de mutation, il vaut mieux, en effet, que le conjoint survivant recueille d'abord les biens en franchise d'impôt et fasse ensuite une donation à son ou ses enfants, avec le bénéfice de l'abattement en ligne directe et des plus basses tranches du barème. La non-taxation du cantonnement en tant que libéralité n'est en réalité avantageuse que si l'enfant qui bénéficie indirectement du cantonnement n'est pas un descendant du conjoint (enfant d'un autre lit du défunt). La neutralité fiscale du cantonnement évite dans ce cas à l'enfant d'acquitter les droits au taux de 60 % applicable entre personnes non parentes.

FORMULE

35980 Il s'agit ici d'une formule de déclaration d'option contenant acceptation de la qualité de gratifié, confirmation du titre et cantonnement d'une **donation entre époux de biens à venir.**

Pour des modèles de clauses sur le cantonnement à insérer dans une donation entre époux de biens à venir, voir les formules n°s 9250 s.

MODÈLE

Acte d'option et de cantonnement

L'an deux mille vingt-trois
Le
En l'office notarial ci-après dénommé
Maître ..., notaire associé ... soussigné,
A reçu le présent acte authentique
À la requête du conjoint survivant et des héritiers ci-après nommés,
Ici présents, lesquels ont préalablement à l'acte d'option et de cantonnement objet des présentes, exposé :

Défunt

Monsieur ..., en son vivant ..., demeurant à ...
Né à ..., le ...
Est décédé à ..., le ...

Régime matrimonial

Le défunt était marié en uniques noces avec Madame ..., ci-après nommée, sous le régime légal de la communauté réduite aux acquêts, à défaut de contrat de mariage préalable à son union, célébrée à la mairie de ..., le ...

Disposition à cause de mort

Le défunt avait consenti à son épouse survivante une donation entre époux de biens à venir suivant acte reçu par M^e ..., notaire à ..., le ..., enregistrée, portant sur la toute-propriété de l'universalité des biens composant la succession du défunt avec stipulation qu'en cas d'existence de descendant du disposant, si la réduction en était demandée, la donation porterait au choix du conjoint survivant sur l'une des quotités suivantes :
– soit de la pleine propriété de la quotité disponible la plus large en faveur d'un étranger ;
– soit de l'usufruit de l'universalité des biens et droits composant la succession ;
– soit d'un quart en pleine propriété et des trois autres quarts en usufruit.

Dévolution successorale

Conjoint

Madame ..., veuve de Monsieur ..., demeurant à ...
Née à ..., le ...
Commune en biens ainsi qu'il a été exposé ci-dessus.
Conjoint successible au sens de l'article 732 du Code civil.
Héritière en présence d'enfants issus exclusivement des deux époux, et conformément aux dispositions de l'article 757 du Code civil, à son choix, de l'usufruit des biens existants ou d'un quart en pleine propriété des biens, déterminé conformément aux règles de l'article 758-5 du même Code, le tout sous réserve de l'imputation des libéralités reçues du défunt comme le prévoit l'article 758-6 du Code précité.
Madame déclare n'avoir reçu du défunt aucune donation de biens présents ou usufruit successif, et aucune disposition de dernières volontés autre que celle-ci-dessus rappelée.

35980 (suite)

Descendants

1° Mademoiselle ..., demeurant à ...
Née à ..., le ...
Partenaire de Pacs de Monsieur ..., suivant acte reçu par Me ..., notaire à ..., le ..., enregistré par les soins du notaire rédacteur.
2° Monsieur ..., demeurant à ...
Né à ..., le ...
Célibataire.
Seuls descendants du défunt, issus de son union avec le conjoint successible.

Notoriété

L'acte de notoriété constatant la dévolution de la succession a été établi par Me ..., notaire à ..., le ...

Options

I. – Le conjoint survivant déclare :
1° En sa qualité de conjoint successible :
– accepter sa qualité d'héritière et la faire porter sur un quart en pleine propriété des biens, déterminé conformément aux dispositions de l'article 758-5 du Code civil ;
– manifester sa volonté de se prévaloir des droits viagers au logement en vertu des articles 764 et suivants du Code civil, sur le bien dépendant de la succession qu'elle occupe effectivement à titre de résidence principale à la date du décès, ainsi que sur le mobilier la garnissant situé à ... [*attention : cette manifestation de volonté doit être effectuée dans l'année de l'ouverture de la succession (C. civ. art. 765-1)*]. Les descendants reconnaissent l'effectivité de cette occupation et déclarent ne pas la contester.
2° En sa qualité de donataire :
– accepter sa qualité de donataire ;
– accepter le titre de donataire universel qui lui a été conféré par sa donation de biens à venir, les descendants déclarant ne pas vouloir en demander la réduction, sauf à mettre en œuvre, ainsi qu'il sera dit ci-dessous, la faculté de cantonnement qui lui est offerte par l'article 1094-1, alinéa 1.
II. – Chacun des enfants déclare accepter personnellement sa qualité d'héritier.

Mise en œuvre de la faculté de cantonnement – détermination de l'objet de la libéralité

Madame Veuve ..., née ..., déclare, en sa qualité de donataire en pleine propriété, vouloir cantonner son émolument à certains biens dépendant de la succession énumérés ci-dessous :
– la résidence secondaire située à ... ;
– les liquidités dépendant de la succession ;
– le véhicule automobile de marque ... immatriculé ...
Les autres biens dépendront de la succession du défunt.
Les descendants prennent acte de ce cantonnement.

Imputation de la libéralité sur les droits légaux du conjoint

Conformément aux dispositions de l'article 758-6 du Code civil, la libéralité reçue du défunt, dans son assiette après cantonnement, sera imputée sur les droits successoraux légaux du conjoint.
Le conjoint successible aura toutefois vocation à en réclamer le complément sans jamais recevoir une portion des biens supérieure à la quotité définie à l'article 1094-1 du Code civil.
[*Pour éviter cette difficulté, on peut aussi faire renoncer le conjoint à sa vocation légale. La question se posera alors de savoir si elle pourra encore, de manière autonome, réserver également ses droits viagers au logement* (n° 23780).]

Passif

L'obligation de contribuer au passif successoral incombera aux héritiers et donataire à proportion de leurs droits dans l'actif successoral recueilli.
Toutefois, Madame Veuve ..., née ..., reconnaît avoir été informée par le notaire soussigné que son titre universel subsiste malgré le cantonnement exercé, et qu'elle est susceptible d'être poursuivie en paiement par les créanciers successoraux, sauf à se retourner contre ses cohéritiers à proportion de leurs parts contributives.

Enregistrement – publicité foncière

Le présent acte sera enregistré au droit fixe prévu à l'article 680 CGI.
Une attestation immobilière sera dressée par les soins du notaire soussigné pour ce qui concerne les droits et biens soumis à publicité foncière.

Frais

Les frais des présentes et de leurs suites seront supportés et acquittés par la succession.

Élection de domicile

Domicile est élu pour chacun des requérants en sa demeure

Dont acte sur ... pages

Au lieu et à la date indiqués en tête des présentes,
Et après lecture faite, les parties ont signé avec le notaire.

B. Irrévocabilité de l'option

PRÉSENTATION

36030 L'irrévocabilité de l'option n'est pas un principe absolu. Elle dépend du parti pris par le successible.

IRRÉVOCABILITÉ DE L'ACCEPTATION PURE ET SIMPLE

36035 L'héritier acceptant purement et simplement ne peut plus **renoncer** à la succession, ni l'**accepter à concurrence de l'actif net** (C. civ. art. 786, al. 1). Dans cette hypothèse, l'option est complètement irrévocable (voir n° 36960).

IRRÉVOCABILITÉ RELATIVE DE L'ACCEPTATION À CONCURRENCE DE L'ACTIF NET

36040 Lorsque le successible a accepté la succession à concurrence de l'actif net, son option est irrévocable mais ce caractère est limité à la **renonciation.**

Il demeure libre de l'**accepter purement et simplement** en renonçant à l'avantage accordé par l'acceptation à concurrence de l'actif net. Il peut même être déchu de sa qualité d'acceptant à concurrence de l'actif net et devenir acceptant pur et simple en cas de non-respect de certaines règles (voir n° 37705).

RÉVOCABILITÉ DE LA RENONCIATION

36045 Lorsque l'héritier a renoncé à la succession, son option n'est pas irrévocable. Il a la possibilité, sous certaines conditions, de révoquer sa renonciation en **acceptant purement et simplement** (voir n°s 39245 s.)

C. Effet rétroactif de l'option

DATE DU DÉCÈS

36095 L'option exercée a un effet rétroactif au **jour de l'ouverture de la succession** (C. civ. art. 776). La décision retenue est censée l'avoir été à la date du décès. En cas d'acceptation, l'héritier devient propriétaire dès le jour du décès.

La rétroactivité vise **chacun des partis pris** par le successible. Il en va ainsi même en cas de rétractation d'une renonciation suivie d'une acceptation ou lorsque l'acceptation émane d'un héritier de rang subséquent après renonciation d'un héritier.

CHAPITRE 2

ACCEPTATION PURE ET SIMPLE DE LA SUCCESSION

SOMMAIRE

DÉFINITION

L'acceptation pure et simple constitue l'une des branches de l'option ouverte par la loi aux successibles. Elle est un **acte unilatéral.** Le successible choisit, pour sa part et portion, de devenir le continuateur plein et entier de la personne du défunt. 36600

SECTION 1

FORME DE L'ACCEPTATION PURE ET SIMPLE

PRINCIPES

L'acceptation pure et simple d'une succession est un acte grave qui suppose une volonté certaine de l'héritier. Elle peut être **expresse ou tacite.** Cependant, aucune forme particulière n'est exigée (C. civ. art. 782). La seule limite est que l'acceptation pure et simple d'une succession ne se présume pas. Il appartient à celui qui allègue cette acceptation, et en particulier au créancier successoral qui entend bénéficier de l'obligation indéfinie de l'héritier au passif de la succession, d'en rapporter la preuve. 36610

Ces principes sont applicables aux **légataires** et aux **donataires** universels ou à titre universel (C. civ. art. 724-1).

A. Acceptation expresse

EXIGENCE D'UN ACTE

Forme de l'acte L'acceptation est expresse quand le successible prend le titre ou la qualité d'héritier acceptant dans un acte **authentique ou sous signature privée** (C. civ. art. 782). Il faut que l'héritier se déclare acceptant dans un acte quelconque pourvu qu'il soit écrit. Une déclaration verbale serait inefficace. Toutefois, il n'y a pas de formule sacramentelle, l'essentiel étant que le successible manifeste son **intention de recueillir la succession.** 36615

La simple mention de la qualité d'héritier ne suffit pas à elle seule à déterminer si le successeur agit ou non en qualité d'héritier acceptant. Elle est équivoque car elle peut renvoyer tant à la personne apte à succéder qu'à celle qui se reconnaît titulaire des biens du défunt. En présence d'une contestation, il appartiendra aux juges du fond d'apprécier souverainement l'intention du successible.

36620 Les termes de l'article 782 du Code civil sont généraux. C'est pourquoi l'acte peut prendre **plusieurs formes.** Il pourra s'agir, par **exemple,** d'un acte judiciaire ou extrajudiciaire ou d'un acte ayant ou non pour objet la prise de la qualité d'héritier pourvu que l'intention d'accepter ne soit pas contestable. Ainsi, une assignation en partage, une opposition à une saisie immobilière ou des conclusions d'intervention dans une instance en partage peuvent comporter une acceptation expresse.

En présence d'un acte sous signature privée, celui-ci n'est opposable aux tiers, conformément au droit commun, que s'il a date certaine. Un acte comme un bail, des échanges de courriers sont aussi des occasions pour le successible d'accepter la succession.

ATTENTION

Si l'acceptation prend la forme d'un acte notarié, celui-ci doit être enregistré au regard des règles de droit commun applicables à l'**enregistrement** de ce type d'actes (CGI art. 635, 1-1°). L'enregistrement se fera sur état (CGI ann. III art. 245 et ann. IV art. 60). Le droit fixe de 125 €, prévu à l'article 680 du CGI, est dû (l'acte d'acceptation pure et simple n'étant plus spécifiquement tarifé depuis l'abrogation de l'article 848, 6° par l'article 21 de la loi 2019-1479 de finances pour 2020 du 28-12-2019, ni exonéré).

36625 **Acte établi à l'occasion de la succession** Aucune règle générale ne peut être énoncée ici et il convient d'examiner au cas par cas si la prise de qualité contenue dans l'acte constitue une acceptation de la succession.

Certains actes résultent d'obligations légales liées à l'ouverture de la succession. Même s'ils sont pris en qualité d'héritier, ils **n'emportent pas** en eux-mêmes **acceptation.** Tel est le cas de l'acte de notoriété (C. civ. art. 730-2). En effet, au moment de sa rédaction, tous les éléments, notamment liés au passif de la succession, ne sont pas obligatoirement disponibles pour que le successible puisse prendre parti en connaissance de cause. Il lui est cependant loisible de le faire dans l'un de ces actes et de déclarer clairement accepter la succession. De même, ne vaut pas en elle-même acceptation de la succession la mention de la qualité d'héritier figurant dans la déclaration fiscale de succession (Cass. civ. 7-7-1846 : D. 1846 I p. 330) ou en tête de l'inventaire (Cass. req. 19-12-1888 : DP 1890 I p. 341).

La volonté de l'héritier ne fait pas de doute pour l'**attestation notariée immobilière,** qui, par définition, suppose la transmission au profit de l'héritier, et donc son acceptation expresse de l'hérédité. Le successible peut néanmoins réserver son option au moyen d'une précision contenue dans l'acte. Le législateur oblige d'ailleurs à indiquer dans cet acte si les successibles et légataires ont accepté et à préciser, le cas échéant, les modalités de cette acceptation. Lors de l'exercice ultérieur de l'option, une attestation rectificative devra être publiée au service de la publicité foncière (Décret 55-22 du 4-1-1955 art. 29).

LETTRE MISSIVE

36630 La qualité d'héritier acceptant pur et simple peut être contenue dans une lettre missive. La personne du **destinataire** est alors généralement prise en compte pour apprécier la portée du contenu de la lettre au regard de l'acceptation. Il en va ainsi de la lettre adressée à un créancier successoral ou à un avocat chargé par l'héritier de régler ses droits dans la succession (Cass. 1e civ. 4-1-1978 n° 76-13.133 : Bull. civ. I n° 5, décision rendue en application des dispositions antérieures à la loi du 23-6-2006 mais transposable). En revanche, les lettres seulement privées, n'ayant pas pour destinataires des personnes concernées d'une manière ou d'une autre par l'option, ne paraissent pas déterminantes.

MODÈLE

Acceptation pure et simple

Suite au décès de (*préciser l'identité du défunt*) le (*date du décès*) à (*lieu du décès*), je suis appelé à sa succession en ma qualité d'héritier (*préciser le lien de filiation, de parenté ou autre lien qui permet la qualité d'héritier*) conformément aux règles de la dévolution légale.

Par la présente lettre, je vous informe de ma volonté d'accepter purement et simplement cette succession en application de l'article 782 du Code civil.

Je reconnais que mon acceptation est définitive et irrévocable. Je ne pourrais plus renoncer à la succession de (*préciser l'identité du défunt*) ni même l'accepter à concurrence de l'actif net.

ACCEPTATION PAR UN MANDATAIRE

L'héritier peut accepter une succession par l'entremise d'un mandataire. En application du principe de **parallélisme des formes,** les règles précédemment énoncées s'appliquent au mandataire qui devra prendre par écrit, pour le compte du mandant, la qualité d'héritier acceptant. 36635

Si elle est conforme aux exigences de l'article 782 du Code civil, l'acceptation expresse ne pourra pas être affectée par une **révocation postérieure du mandat.**

B. Acceptation tacite

DÉFINITION

L'acceptation est tacite lorsque l'héritier accomplit un acte juridique ou matériel qui suppose nécessairement son **intention d'accepter** et qu'il n'aurait le droit d'effectuer qu'en qualité d'héritier acceptant (C. civ. art. 782). Elle n'est pas formellement exprimée mais sous-entendue. Mais il y a lieu de rechercher la volonté réelle du successible afin d'éviter de voir une acceptation tacite dans tout acte accompli par celui-ci. 36685

PREUVE DE L'ACCEPTATION TACITE

L'acceptation ne se présumant pas, c'est à celui qui en invoque l'existence de supporter la **charge** et le risque de la preuve. Par conséquent, un créancier successoral qui entend poursuivre un héritier sur ses biens propres doit prouver l'acceptation tacite de la succession. Cela suppose la réunion de quatre **conditions** : 36690

– un acte doit avoir été accompli par le successible, son immobilisme interdisant toute acceptation tacite ;
– l'héritier n'a le droit d'accomplir cet acte qu'en qualité de successible acceptant. Le doute sera permis s'il peut l'accomplir à un autre titre ;
– l'acte suppose nécessairement l'intention d'accepter la succession ;
– le successible doit être saisi de ses droits dans la succession, ce qui est le cas de l'héritier ab intestat (c'est-à-dire désigné par la loi).

1. ACTES N'EMPORTANT PAS ACCEPTATION TACITE

ACTES CONSERVATOIRES ET D'ADMINISTRATION PROVISOIRE

Les actes purement conservatoires ou de surveillance et les actes d'administration provisoire peuvent être accomplis sans emporter acceptation de la succession si le successible n'y a **pas pris le titre ou la qualité d'héritier** (C. civ. art. 784, al. 1). Utiles à tous, ces actes traduisent non la volonté d'accepter, mais seulement celle d'assurer la conservation du patrimoine successoral en attendant le partage définitif. 36720

Tel est le cas, par **exemple** (décisions rendues pour l'application de l'ancien art. 779 du Code civil, mais transposables sous le régime de l'art. 784 issu de loi du 23-6-2006) :

– de l'action intentée aux fins d'annulation d'un testament instituant un légataire universel, qui ne suppose pas nécessairement l'intention d'accepter la succession (Cass. 1e civ. 20-9-2006 nº 04-18.501 FS-PB) ;
– de l'interruption d'une prescription ;
– de la nomination d'un gérant pour l'administration des biens ;
– du fait de défendre à une action intentée par un créancier de la succession (Cass. 1e civ. 14-11-2000 nº 98-20.684 F-D), à condition de s'abstenir de toute demande reconventionnelle (Cass. 1e civ. 31-1-2006 nº 02-21.666 F-PB) ;
– du fait de défendre à une action en revendication de propriété d'un bien dépendant de la succession et intentée par un tiers (Cass. 1e civ. 16-12-2020 nº 19-16.717 F-D).

Toutefois, une décision de la Cour de cassation semble considérer que des actes purement conservatoires effectués par les héritiers peuvent, par leur multiplicité et leur nature, traduire la volonté claire et non équivoque de leurs auteurs d'accepter la succession (Cass. 1e civ. 24-10-2012 nº 11-22.713 FS-D).

ATTENTION

La clause d'une donation qui stipule la **réserve de l'usufruit au profit des donateurs et du survivant** d'entre eux, avec donation éventuelle réciproque, s'analyse en une donation à terme de biens présents, le droit d'usufruit du bénéficiaire lui étant définitivement acquis dès le jour de l'acte. L'exercice de ce droit, différé au jour du décès du donateur, ne constitue donc pas la manifestation de la volonté de son bénéficiaire d'accepter la succession du défunt (Cass. ch. mixte 8-6-2007 n° 05-10.727 PBRI : RJDA 10/07 n° 964, décision rendue en application des dispositions antérieures à la loi du 23-6-2006 mais transposable). Sur cette question, voir n°s 6200 s.

ACTES RÉPUTÉS PAR LA LOI CONSERVATOIRES OU D'ADMINISTRATION PROVISOIRE

36725 Pour limiter les contentieux liés à l'existence d'une acceptation tacite, la loi énumère un certain nombre d'actes réputés conservatoires ou d'administration provisoire (C. civ. art. 784, al. 3 à 4). Cette liste est à notre avis non limitative.

Sont **réputés être des actes conservatoires** (C. civ. art. 784, al. 3) :

– le paiement des frais funéraires et de dernière maladie, des impôts dus par le défunt, des loyers et autres dettes successorales dont le règlement est urgent. La loi autorise les établissements bancaires à débiter le compte du défunt pour payer ses frais d'obsèques, sur demande de la personne qui a qualité pour pourvoir aux funérailles et présentation de la facture, dans la limite du solde créditeur du compte et d'un plafond de 5 000 € (C. mon. fin. art. L 312-1-4 ; Arrêté FCPT1508536A du 7-5-2015 art. 1 : JO 14 p. 8238) ;

– la vente des biens périssables, à charge de justifier que les fonds ont servi à payer les dettes visées ci-dessus ou ont été déposés chez un notaire ou consignés ;

– le recouvrement des fruits et revenus des biens successoraux ;

– l'acte destiné à éviter l'aggravation du passif successoral, comme le paiement anticipé du capital d'une dette aux fins d'arrêter le cours des intérêts ou la résiliation du bail du logement occupé par le défunt (présence à l'état des lieux de sortie, échange de lettres avec le bailleur) (Cass. 1e civ. 19-9-2018 n° 17-24.632 F-D : Dr. famille 2018 comm. 282 par M. Nicod) ;

– l'acte lié à la rupture du contrat de travail du salarié du particulier employeur décédé, le paiement des salaires et indemnités dus au salarié ainsi que la remise des documents de fin de contrat (C. civ. art. 784, al. 3-4°). L'objectif est que les successibles puissent, sans prendre pour autant la qualité d'héritiers acceptants, solder la situation des employés du défunt. On pense en particulier aux personnels de maison.

Sont **réputées être des actes d'administration provisoire** les opérations courantes nécessaires à la continuation à court terme de l'activité de l'entreprise dépendant de la succession (C. civ. art. 784, al. 4). Elles permettent d'assurer la continuité de l'entreprise malgré le décès du dirigeant. Toutefois, ces actes doivent avoir un objectif économique précis qui n'est autre que la continuation à court terme de l'activité de l'entreprise. A contrario, une procuration conçue en des termes généraux et ne se bornant pas aux actes de gestion provisoire de l'entreprise ne peut être considérée comme une opération courante.

36730 Sont également réputés pouvoir être accomplis sans emporter acceptation tacite de la succession (C. civ. art. 784, dernier al.) :

– le **renouvellement** en tant que bailleur ou locataire **des baux** qui, à défaut, donnerait lieu au paiement d'une indemnité. Sont notamment concernés les baux commerciaux, peu importe la nature de l'entreprise dont ils permettent l'exploitation et les baux ruraux. Limitée au renouvellement, la présomption ne concerne pas la conclusion de nouveaux baux sur les immeubles successoraux ou pour assurer l'exploitation des biens successoraux ;

– la **mise en œuvre de décisions** d'administration ou de dispositions **engagées par le défunt** et nécessaires au bon fonctionnement de l'entreprise.

2. ACTES EMPORTANT ACCEPTATION TACITE

ACTES SUPPOSANT NÉCESSAIREMENT L'INTENTION D'ACCEPTER

36760 D'une manière générale, les **actes d'immixtion dans la succession,** c'est-à-dire les actes de disposition, de jouissance et d'administration définitive, supposent l'intention d'accepter la succession. Autrement dit, tous les actes autres que ceux visés à l'article 784 (n°s 36720 s.) emportent acceptation tacite de la succession lorsqu'ils supposent nécessairement l'intention d'accepter, étant précisé que la faculté d'acceptation tacite ne peut être opposée qu'aux successeurs saisis (sur les titulaires de la saisine, voir n°s 41110 s.). Ces actes portent soit sur la part successorale, soit sur des biens individuellement considérés.

Il y a par **exemple** acceptation tacite de la succession lorsque, en connaissance de cause, les héritiers ou légataires :

– vendent un actif de la succession ou en demandent le partage. Jugé que vaut acceptation tacite le fait, pour une héritière, d'avoir partagé avec ses frères et sœurs les meubles

meublants de la succession et de s'être appropriée une partie de ceux-ci (CA Paris 12-6-2020 n° 16/14560 : AJ Famille 2020 p. 436 obs. N. Levillain) ;
– délivrent à un locataire un congé valant offre de vente (Cass. 1e civ. 17-3-1992 n° 90-14.547 P : Bull. civ. I n° 89, décision rendue en application des dispositions antérieures à la loi du 23-6-2006 mais transposable) ;
– consentent à la délivrance d'un legs (Cass. 1e civ. 15-5-2008 n° 06-19.535 FS-PBI : BPAT 3/08 inf. 100-1 : Bull. civ. I n° 140 ; Cass. 1e civ. 1-6-2011 n° 09-14.851 F-D, décisions rendues en application des dispositions antérieures à la loi du 23-6-2006 mais transposables) ;
– accomplissent des actes de disposition matérielle des biens en procédant, par exemple, à des constructions, des réparations non urgentes ou des démolitions sur des immeubles ;
– prennent la possession de biens héréditaires, sauf s'ils ne font que conserver la possession d'un immeuble après l'ouverture de la succession et en absence d'acte d'immixtion et d'intention ;
– consentent un usufruit, une servitude ou une hypothèque sur un bien de la succession ;
– acceptent une transaction avec l'administration fiscale (Cass. 1e civ. 7-6-1995 n° 93-14.596 : Bull. civ. I n° 245) ;
– s'attribuent depuis le décès la jouissance exclusive de l'immeuble dépendant de la succession dont ils sont copropriétaires.

Il en va de même, selon nous, lorsque le conjoint survivant ou le légataire **cantonne** son émolument (en ce sens, F. Sauvage, Le cantonnement des libéralités : Defrénois 15-5-2010 n° AD2010DEF1027N1 p. 1027). Sur ce point, voir également n° 35845.

Les juges du fond **apprécient souverainement** si l'acte accompli supposait nécessairement l'intention d'accepter la succession, mais ils doivent caractériser cette intention (Cass. 1e civ. 23-10-2013 n° 12-25.784 F-D, à propos d'une demande en délivrance de legs). Par **exemple,** il a été jugé que : **36765**
– la vente d'un immeuble successoral par l'héritier n'emporte pas acceptation tacite si l'héritier ignorait que l'immeuble dépendait de la succession (Cass. 1e civ. 17-5-1977 n° 75-11.673 : Bull. civ. I n° 239) ;
– la cession par les héritiers de leurs droits indivis dans un immeuble successoral ne détermine pas leur intention d'accepter, dès lors que la cour d'appel a relevé que les héritiers auraient renoncé à la succession s'ils avaient connu les conséquences de leur participation à la vente de l'immeuble, ce dont il résultait que la présomption d'acceptation de la succession était détruite (Cass. 1e civ. 5-3-2002 n° 99-15.695 FS-P).

Il importe peu que les actes du successible soient valables ou non, qu'ils aient été ou non effectivement exécutés puisque ce qui est essentiel, c'est l'intention et non le fait lui-même.

> **› Précisions** L'héritier a la possibilité de **se faire autoriser par le juge** à passer un acte autre que conservatoire ou d'administration provisoire requis par l'intérêt de la succession sans prendre la qualité ou le titre d'héritier (C. civ. art. 784, al. 2). Alors qu'un tel acte vaut normalement acceptation tacite de la succession, l'héritier habilité par le juge agit uniquement en qualité d'administrateur provisoire tout en réservant son option. L'autorisation judiciaire prend la forme d'une ordonnance du président du tribunal judiciaire, rendue sur requête (CPC art. 1379).

ACTES DÉSIGNÉS PAR LA LOI COMME EMPORTANT ACCEPTATION TACITE

Pour limiter les contentieux, la loi précise expressément que certains actes emportent acceptation pure et simple de la succession. Il en va ainsi de (C. civ. art. 783) : **36770**
– la **cession** par l'héritier, à titre gratuit ou onéreux, de tout ou partie de ses droits dans la succession (si cette cession est effectuée en connaissance de cause) ;
– la **renonciation à titre onéreux** que consent l'héritier, même indistinctement au profit de tous ses cohéritiers ou héritiers de rang subséquent (pour une illustration en matière fiscale, voir n° 39320). Étant précisé qu'est présumée faite au profit de tous les héritiers indistinctement la renonciation à titre onéreux effectuée sans indication de bénéficiaire (Cass. 1e civ. 8-7-2010 n° 09-65.007 FS-PBI : BPAT 5/10 inf. 287, solution rendue à propos de la renonciation d'un légataire universel mais d'application générale). La renonciation incluse dans une transaction, assortie de contreparties qui en constituent le prix, emporte acceptation de la succession (Cass. com. 26-6-2012 n° 11-21.160 FS-PB : BPAT 5/12 inf. 260) ;
– la **renonciation à titre gratuit** par un héritier au profit d'un ou de plusieurs de ses cohéritiers ou héritiers de rang subséquent. A contrario, n'emporte pas acceptation de la succession la renonciation gratuite qui serait faite indistinctement au profit de tous les cohéritiers ou de tous les cohéritiers de rang subséquent.

Sur les conséquences fiscales de la renonciation translative, voir n° 39315.

3. ACTES ACCOMPLIS PAR UNE PERSONNE PROTÉGÉE OU SON REPRÉSENTANT

36800 En principe, lorsque le représentant d'une personne protégée accomplit seul des **actes valant normalement acceptation tacite** d'une succession, il y a automatiquement acceptation à concurrence de l'actif net. En décider autrement reviendrait à priver la personne protégée de la protection qui justifie les conditions requises pour accepter purement et simplement. Le défaut d'accomplissement des formalités nécessaires pour accepter à concurrence de l'actif net (voir nos 37815 s.) ne prive pas la personne de ce bénéfice (Cass. 1e civ. 30-6-1998 no 96-13.922 : Bull. civ. I no 233, rendu avant la loi du 23-6-2006 mais transposable).

Ce principe reste valable pour la représentation de l'enfant **mineur**.

En revanche, il semble remis en cause s'agissant de la tutelle et de la curatelle par la **déjudiciarisation partielle** de l'acceptation pure et simple résultant de la loi 2019-222 du 23 mars 2019 pour le régime de la tutelle et de la curatelle. En effet, celle-ci est désormais conditionnée à la délivrance d'une attestation préalable d'un notaire qui démontre que l'actif dépasse manifestement le passif. À défaut d'attestation, le tuteur doit demander l'autorisation du juge des tutelles ou du conseil de famille et en matière de curatelle, l'acceptation ne pourra se réaliser qu'avec l'assistance du curateur (Dalloz Action Protection de la personne vulnérable 2021/2022, v. Sphère de capacité du curatélaire en matière patrimoniale par N. Peterka et A. Caron-Déglise, no 342.43) ; sur cette déjudiciarisation, voir nos 35255 et 35320 s.

> **› Précisions** Les **risques** sont néanmoins mesurés car bien souvent les actes emportant acceptation tacite sont des actes de disposition requérant l'assistance du curateur ou l'autorisation du tuteur par le juge des tutelles (N. Peterka, La protection des personnes vulnérables en droit patrimonial de la famille : morceaux choisis : SNH 34/23 inf. 11).

36810 **Actes accomplis par le curatélaire** Depuis 2019, le curatélaire peut accepter seul purement et simplement une succession sur attestation du notaire du caractère excédentaire de la succession (no 35325). Il peut dès lors accomplir des actes emportant acceptation tacite de la succession. En revanche, l'acceptation sera pure et simple qu'en présence d'une attestation du notaire en charge de la succession établissant que l'actif dépasse manifestement le passif (N. Peterka, La protection des personnes vulnérables en droit patrimonial de la famille : morceaux choisis : SNH 34/23 inf. 11). À défaut, la solution antérieure prévaut et l'acceptation sera à concurrence de l'actif net.

Si l'acte a été accompli avec l'assistance du curateur, l'acceptation sera désormais pure et simple.

C. Acceptation « sanction »

RECEL

36850 L'acceptation pure et simple d'une succession peut également être une sanction contre l'héritier. Ainsi, celui qui a recelé des **biens ou des droits** d'une succession ou dissimulé l'existence d'un **cohéritier** (nos 39810 s.) est réputé accepter purement et simplement la succession, nonobstant toute renonciation ou acceptation à concurrence de l'actif net (C. civ. art. 778). Sont donc visés le recel successoral et la dissimulation d'héritier. Dans ces deux hypothèses, l'héritier est censé avoir opté pour l'acceptation pure et simple sans toutefois prétendre à aucune part dans les biens ou les droits divertis ou recelés.

ACTION INTERROGATOIRE

36855 À l'expiration d'un délai de quatre mois, tout héritier inactif peut être sommé de se prononcer quant à son option par acte extrajudiciaire. **À défaut d'avoir pris parti** à l'expiration d'un délai de deux mois (ou du délai supplémentaire accordé par le juge), l'héritier est réputé avoir accepté purement et simplement la succession (C. civ. art. 772, al. 2) ; voir nos 35590 s.

DÉCHÉANCE DE L'ACCEPTATION À CONCURRENCE DE L'ACTIF NET

36856 L'acceptation à concurrence de l'actif net tombe et l'héritier est alors réputé avoir accepté purement et simplement à compter de l'ouverture de la succession dans deux cas :
– inventaire sciemment lacunaire ou non-affectation des biens successoraux au paiement des créanciers de la succession (C. civ. art. 800 ; no 37705) ;
– non-respect des délais pour clôturer et déposer l'inventaire (C. civ. art. 790, al. 4 ; no 37925).

SECTION 2

EFFETS DE L'ACCEPTATION PURE ET SIMPLE

IRRÉVOCABILITÉ DE L'ACCEPTATION

L'héritier acceptant purement et simplement voit sa **qualité** établie **et** la **transmission de la succession** opérée à son profit. Cette acceptation est irrévocable. La transmission opérée par le décès est définitivement et rétroactivement consolidée. L'héritier ne peut plus accepter la succession à concurrence de l'actif net, ni y renoncer (C. civ. art. 786, al. 1). **36960**

L'acceptation rend parfaite la **continuation du patrimoine** de la personne décédée. L'héritier acceptant est non seulement propriétaire de l'actif successoral, mais aussi obligé au passif. Sa situation dépend de la présence ou non d'autres héritiers acceptants.

A. Transmission de l'actif successoral

HÉRITIER SEUL ACCEPTANT

Si le successible acceptant est seul appelé à recueillir la succession, l'acceptation met fin au processus de transmission de la succession. Il devient propriétaire de tous les **biens du défunt.** En présence d'immeubles, l'héritier devra faire publier une attestation immobilière après décès afin d'informer les tiers du transfert de propriété des biens. Les **fruits et revenus** produits par les biens du défunt deviennent siens. **36965**

Les **droits et actions** du défunt appartiennent désormais à l'héritier lui-même qui peut les exercer aux mêmes conditions, sauf s'ils se sont éteints par suite du décès.

PLURALITÉ D'HÉRITIERS ACCEPTANTS

L'existence de plusieurs héritiers acceptants donne naissance à une **indivision** (voir n°s 53600 s.). Cette situation fréquente a pour conséquence que la propriété des biens et des droits qui dépendaient du patrimoine du défunt sera détenue par plusieurs personnes. Avant le partage, sauf si celui-ci est dressé et publié dans un délai de dix mois après le décès, une attestation immobilière devra être publiée au service de la publicité foncière (Décret 55-22 du 4-1-1955 art. 29). L'attestation vise à informer les tiers que les immeubles faisant partie de la succession appartiennent désormais à telles personnes en qualité de successibles et dans les proportions qu'elle indique. **36970**

CAS PARTICULIER DES CRÉANCES

Lorsque des créances figurent parmi les actifs de la succession, le principe de la **division de l'obligation** entre les successeurs s'applique, même si elle est solidaire (C. civ. art. 1309, al. 1). Chacun des héritiers du créancier décédé n'a droit qu'à sa part de la créance commune. Par exemple, en présence de deux successibles ayant chacun vocation à la moitié de la succession, chaque héritier ne peut réclamer au débiteur de la dette que la moitié de la créance. Inversement, le débiteur n'est tenu envers chaque successible que de sa part dans les droits successoraux qu'il lui sera demandé de prouver. **36975**

La règle de la division de l'obligation n'interdit pas que la créance puisse être conservée pour la composition des lots dans un partage ultérieur.

B. Obligation aux dettes

L'héritier universel ou à titre universel qui accepte purement et simplement la succession qui lui échoit répond **indéfiniment** des dettes et charges qui en dépendent (C. civ. art. 785, al. 1). Le passif héréditaire devient en principe un élément du passif personnel de l'héritier. C'est la conséquence du principe selon lequel le successible acceptant continue la personne du défunt dans ses droits comme dans ses devoirs. Ce principe subit des exceptions. **37025**

En cas de pluralité d'héritiers acceptants, chacun d'eux n'est grevé du passif que **pour sa part.**

1. OBLIGATION INDÉFINIE AUX DETTES ET CHARGES DE LA SUCCESSION

a. Dettes et charges de la succession

DETTES DU DÉFUNT

37030 **Font partie de la succession** toutes les dettes dont le de cujus était tenu de son vivant. Ces dettes ne s'éteignent pas, en principe, par le décès du débiteur. Elles sont **transmises** avec l'ensemble de son patrimoine à ses héritiers (voir par exemple Cass. 3e civ. 30-1-2019 no 18-10.941 FS-PBI : BPAT 2/19 inf. 56, pour la transmission d'une dette en réparation d'une inexécution contractuelle).

L'origine de ces dettes peut être contractuelle (obligations de garantie et de délivrance ou de payer le prix dont le défunt était tenu en conséquence d'une vente, obligation de non-concurrence, etc.), quasi contractuelle (indemnité d'« enrichissement injustifié », par exemple lors du règlement successoral d'une créance d'assistance), extracontractuelle (obligation de réparer le préjudice dont le de cujus est responsable) ou légale (notamment, les dettes fiscales auxquelles le défunt était tenu, les majorations de retard et les pénalités fiscales prononcées avant son décès).

37035 Certaines obligations qui liaient le défunt de son vivant **ne se transmettent pas** aux héritiers soit parce qu'elles lui sont personnelles et s'éteignent avec lui (le caractère intuitu personae résultant de la volonté des parties ou de la loi), soit que leur exécution porterait une atteinte intolérable à la liberté individuelle de l'héritier.

Il en va ainsi :
– des dettes alimentaires ; cependant, en raison de son fondement indemnitaire, la prestation compensatoire sous forme de rente ou de capital-rente fait l'objet d'un droit de prélèvement sur l'actif net de la succession, sauf volonté contraire des héritiers (C. civ. art. 280 s.) ;
– des obligations découlant d'un contrat de mandat (C. civ. art. 2003) ou d'un contrat d'entreprise (C. civ. art. 1795) ;
– de l'obligation de couverture de la caution (C. civ. art. 2317 issu de ord. 2021-1192 du 15-9-2021, codifiant la jurisprudence antérieure, sur laquelle voir notamment Cass. com. 29-6-1982 no 80-14.160 : Bull. civ. IV no 258) ;
– et plus largement, des clauses d'un contrat prévoyant expressément l'extinction de l'obligation au décès du débiteur.

CHARGES DE LA SUCCESSION

37040 La pratique appelle « charges de la succession » les obligations dont le défunt n'était pas tenu, mais qui sont **nées du fait du décès** et des nécessités du règlement de la succession. En somme, les charges successorales sont des dettes causées par l'ouverture de la succession d'une personne qui en sont la conséquence directe et nécessaire. Le passif successoral ainsi composé ne coïncide pas avec le passif fiscalement déductible de l'actif héréditaire taxable aux droits de mutation par décès (voir nos 48350 s.).

Font partie, notamment, des charges de la succession :
– les frais funéraires ou frais d'obsèques. Toutefois, lorsque l'actif successoral est insuffisant, l'enfant est tenu d'acquitter les frais d'obsèques de ses parents au titre de ses devoirs alimentaire et de piété filiale (C. civ. art. 205 et 371), quand bien même il aurait renoncé à la succession : voir no 39115 ;
– les frais de scellés, d'inventaire et de compte (C. civ. art. 803). Ces frais sont traditionnellement étendus à l'ensemble des frais nécessités par le règlement de la succession, c'est-à-dire aux frais utiles engagés dans l'intérêt commun des successeurs comme les frais de liquidation et de partage, les frais de séquestre exposés à l'occasion d'un procès engageant exclusivement l'hérédité, les frais de garde-meubles du mobilier successoral ;
– les frais de demande en délivrance des legs (C. civ. art. 1016) ;
– la rémunération du mandataire posthume (C. civ. art. 812-3).

37045 Peuvent **aussi être inclus** dans les charges successorales :
– les aliments dus par la succession au conjoint survivant dans le besoin (C. civ. art. 767), auxquels peuvent être associés les aliments dus aux ascendants dans le besoin (C. civ. art. 758) ;
– les frais de logement dus par la succession pendant les douze mois suivant le décès au conjoint survivant ou au partenaire de Pacs survivant (C. civ. art. 763 et 515-6, dernier al.). Sur l'étendue du droit et des frais pris en charge, voir no 23720 ;
– les dettes résultant de l'exercice des recours sur succession au titre, notamment, de l'aide sociale (CASF art. L 132-8 et R 132-11) et de l'allocation de solidarité aux personnes âgées (CSS art. L 815-13 ; voir nos 79805 s.) ;

– la créance de salaire différé due au décès de l'exploitant agricole par sa succession d'une part, à celui de ses enfants (et à son conjoint) qui a participé à l'exploitation sans recevoir de rémunération et, d'autre part, au conjoint de l'exploitant agricole si sa participation gratuite a duré au moins dix ans (C. rur. art. L 321-13 à L 321-21-1 ; voir n° 24365) ;
– la créance contre la succession du conjoint survivant du chef d'entreprise artisanale, commerciale ou libérale qui a participé gratuitement à l'activité de l'entreprise appartenant au de cujus pendant au moins dix ans (Loi 89-1008 du 31-12-1989 art. 14) ;
– la prestation compensatoire due par le défunt à un conjoint divorcé, mais dans la limite de l'actif successoral sauf engagement des héritiers (C. civ. art. 280).

DROITS DE MUTATION

Le **régime** des droits de mutation est **hybride.** Ils constituent tout à la fois une charge successorale et une dette personnelle de ceux qui recueillent les biens successoraux. Ainsi, pour le règlement des droits de succession, l'administration fiscale bénéficie de prérogatives réservées aux créanciers successoraux (droit de poursuivre les biens indivis ou de demander la séparation des patrimoines), mais l'héritier est tenu au paiement des droits personnellement et même solidairement avec ses cohéritiers (CGI art. 1709). **37050**

DETTES NÉES DE LA CONSERVATION OU DE LA GESTION DES BIENS INDIVIS

En cas de **pluralité de successeurs,** les biens successoraux relèvent du droit de l'indivision légale. Le régime des dettes nées de la conservation ou de la gestion des biens indivis est défini par l'article 815-17, alinéa 1 du Code civil (sur ce point voir n°s 54415 s.). Elles ne peuvent pas être considérées comme étant des charges de la succession puisqu'elles ne sont pas nées du fait du décès. **37055**

b. Obligation indéfinie au passif successoral

PERSONNES TENUES AU PASSIF SUCCESSORAL

Successeur universel ou à titre universel L'obligation aux charges et dettes de la succession incombe aux successeurs universels ou à titre universel c'est-à-dire aux : **37075**
– héritiers ab intestat (C. civ. art. 785, al. 1) ;
– légataires et institués contractuels universels ou à titre universel (C. civ. art. 870 et 871) ;
– successeurs anomaux, dès lors qu'ils recueillent une universalité de biens (voir n°s 25170 et 25340).

> **Précisions** Il importe peu que les héritiers aient ou non la **saisine** (Cass. 1e civ 13-8-1851, Toussaint : DP 1851 I p. 281, S. 1851 I p. 657). En l'absence de saisine, les poursuites des créanciers sont paralysées. En effet, ils ne peuvent se retourner contre le successeur universel ou à titre universel non saisi tant que lui-même ne peut pas agir sur les biens héréditaires. Sur cette question, voir également n° 41525.

Héritier à titre particulier Le légataire à titre particulier ou l'institué contractuel à titre particulier n'est pas tenu, en **principe,** du passif successoral (C. civ. art. 871 et 1024). **37080**
Toutefois, par **exception** :
– le testateur peut imposer au légataire particulier le paiement d'une partie ou de la totalité du passif à titre de charge (C. civ. art. 1024) ;
– le légataire d'un immeuble hypothéqué est exposé au droit de suite du créancier hypothécaire qui peut demander le paiement au légataire (C. civ. art. 871 et 1024), sauf son recours contre la succession.

SORT DU PASSIF EN PRÉSENCE D'UN SEUL SUCCESSEUR

L'héritier (et plus généralement le successeur universel ou à titre universel) acceptant purement et simplement voit ses droits sur l'actif successoral consolidés. Corrélativement et sous réserve des exceptions mentionnées n° 37095, il est **tenu de manière illimitée** aux dettes et charges de la succession (C. civ. art. 785). On dit qu'il est tenu « ultra vires successionis », c'est-à-dire au-delà des forces de la succession. Si l'actif successoral n'est pas suffisant pour désintéresser les créanciers, il devra prélever sur ses biens personnels afin d'acquitter les dettes. **37085**

Cependant, l'obligation indéfinie au passif ne joue pas pour certaines charges de la succession qui ne peuvent être recouvertes que dans la **limite de l'actif successoral.** En cas d'insuffisance de celui-ci, l'héritier ne peut pas en être tenu personnellement. Il en va ainsi pour les charges énumérées n° 37045.

37090 **Confusion des patrimoines** L'acceptation pure et simple de la succession opère une confusion immédiate du **patrimoine du défunt et** du patrimoine personnel **de l'héritier.** Le patrimoine du de cujus est absorbé au décès, actif comme passif, par celui de l'héritier. Le passif successoral est immédiatement appréhendé par le patrimoine de l'héritier composé également de ses propres dettes.

Par conséquent, les **créanciers de la succession** entrent en **concours avec les créanciers personnels de l'héritier.** Ils sont payés au prix de la course et donc au fur et à mesure qu'ils se présentent, dans l'ordre qui convient à l'héritier.

À défaut de paiement, ils peuvent mettre en œuvre les sûretés qui garantissent leurs créances et exercer les voies d'exécution de droit commun, sauf à observer que le titre exécutoire contre le défunt l'est aussi contre l'héritier, mais huit jours après que la signification lui en a été faite (C. civ. art. 877).

Le notaire chargé de régler la succession doit veiller à régler les créanciers successoraux qui se présentent à lui au moyen de l'actif successoral avant de transmettre l'actif net.

> **Précisions** Lorsque l'héritier acceptant est marié sous le régime de la **communauté légale,** les dettes grevant la succession lui demeurent personnelles (C. civ. art. 1410). Les créanciers ne peuvent poursuivre leur paiement que sur ses biens propres ou ses revenus (C. civ. art. 1411). Le droit de gage des créanciers successoraux peut s'étendre au patrimoine commun lorsque le mobilier qui appartient au débiteur est confondu dans le patrimoine commun et ne peut plus être identifié (C. civ. art. 1411, al. 2). Sur le plan de la contribution, la communauté aura droit à récompense toutes les fois que des deniers communs auront servi à régler ces dettes grevant la succession.
Quant à la **dette de recel** successoral, elle ne grève pas la succession ; il ne s'agit donc pas d'une dette exclusivement propre à l'époux receleur (Cass. 2e civ. 8-12-2022 no 20-14.302 F-B : BPAT 1/23, inf. 3). Son paiement peut être poursuivi sur les biens communs à charge de récompense (C. civ. art. 1417, al. 1).

37095 **Exception : la séparation des patrimoines** La confusion de la succession et du patrimoine de l'héritier, qui résulte normalement de la transmission héréditaire, peut être préjudiciable aux créanciers successoraux et aux créanciers personnels de l'héritier.

Pour les **créanciers successoraux,** le risque existe toutes les fois que la succession est solvable et l'héritier insolvable ou que l'héritier est plus insolvable que la succession. Les créanciers successoraux risquent d'être devancés par les créanciers personnels de l'héritier acceptant pur et simple avec lesquels ils sont en concours. Pour les prémunir contre ce risque, la loi leur accorde la possibilité de provoquer ce que l'on appelait, avant la réforme du 23 juin 2006, la « séparation des patrimoines » du défunt et de l'héritier. Il s'agit en réalité, comme l'indique désormais l'article 878 du Code civil, d'un « droit de préférence » permettant aux créanciers successoraux de demander à être préférés à tout créancier personnel de l'héritier sur l'actif successoral (C. civ. art. 878, al. 1).

Pour les **créanciers personnels de l'héritier,** le risque résultant de la confusion des patrimoines existe lorsque l'héritier est solvable, mais que la succession est déficitaire. Ils risquent d'être précédés par les créanciers successoraux. C'est pourquoi, depuis la réforme de 2006, la loi leur donne la possibilité de demander à être préférés à tout créancier du défunt sur les biens personnels de l'héritier non recueillis au titre de la succession (C. civ. art. 878, al. 2).

Sur les conditions et les effets de la séparation des patrimoines, voir nos 54500 s.

ATTENTION

Depuis le 1er janvier 2022, le **droit de préférence des créanciers successoraux et personnels** donne lieu à hypothèque légale spéciale et non plus à un privilège immobilier spécial (C. civ. art. 2402, 5°) ; il est soumis à inscription conformément à l'article 2418 du Code civil (C. civ. art. 878, al. 3). L'inscription est réputée d'un rang antérieur à celui de toute autre formalité requise le même jour (Décret 55-22 du 4-1-1955 art. 31, 5 ; M. Suquet-Cozic, Réforme des sûretés : les aspects de publicité foncière : SNH 32/21 inf. 7). Les privilèges immobiliers spéciaux nés **avant le 1er janvier 2022** sont pour l'avenir assimilés à des hypothèques légales, sans préjudice le cas échéant de la rétroactivité de leur rang ; et ceux qui n'auraient pas fait l'objet des formalités de publicité foncière à cette date seront inscrits au fichier immobilier selon les dispositions applicables avant cette date (Ord. 2021-1192 art. 37, IV).

SORT DU PASSIF EN PRÉSENCE DE PLUSIEURS SUCCESSEURS

37100 Les règles sur le sort du passif pour le cas où il y a un seul successeur, exposées nos 37085 s., s'appliquent en cas de pluralité de successeurs mais doivent être adaptées. D'une part, comme chacun ne recueille qu'une fraction de l'actif, chacun des successeurs ne peut être **poursuivi** que pour une fraction de passif.

D'autre part, cette situation fait naître, avant le partage, une **période d'indivision** entre les successeurs portant sur les biens existants au décès. Néanmoins, le principe de l'obligation indéfinie au passif de chacun demeure applicable et les créanciers successoraux ou personnels conservent leur faculté d'inscrire une hypothèque légale spéciale pour assurer la protection de leurs droits du fait de la confusion qui s'opère entre le patrimoine du défunt et celui des héritiers (voir nos 37090 s.).

Principe de division des dettes Même si leur obligation est indéfinie, les héritiers sont, en principe, tenus des dettes et charges de la succession, personnellement pour leur part successorale (C. civ. art. 873). La **proportion** pour laquelle le **successeur peut être poursuivi** coïncide avec la proportion de passif qu'il est appelé à devoir supporter de façon définitive. Cette règle se traduit par une division de la dette s'imposant au créancier du défunt (no 54500). 37105

Droit de prélèvement ou de saisie des biens indivis La période d'indivision est plus protectrice pour les **créanciers successoraux** puisque les biens n'ont pas encore été partagés. De ce fait, ils sont payés par prélèvement sur l'actif avant le partage et peuvent poursuivre la saisie et la vente des biens indivis (voir nos 54450 s.). Ils sont en outre en droit de poursuivre, s'il y a lieu, chacun des cohéritiers débiteurs pour sa part et portion sur ses biens personnels. Le principe de la division des dettes est en quelque sorte différé au moment du partage. 37110

En revanche, les créanciers successoraux seront en concours avec ceux dont la créance résulte de la conservation ou de la gestion des biens indivis, bien qu'elle soit postérieure à l'ouverture de la succession (C. civ. art. 815-17, al. 1) ; voir nos 54415 s.

Quant aux **créanciers personnels de l'indivisaire,** ils peuvent seulement provoquer le partage (nos 54695 s.).

Recours pour contribution à la dette Les cohéritiers contribuent entre eux au paiement des dettes et charges de la succession, chacun dans la proportion de ce qu'il y prend (C. civ. art. 870). De même, le légataire à titre universel contribue avec les héritiers au prorata de son émolument (C. civ. art. 871). 37115

Lorsque l'un des successeurs a **payé aux créanciers plus que sa part,** il dispose de quatre actions (voir no 60610).

Succession présentant un élément d'extranéité Dans le cas d'une succession présentant un élément d'extranéité, chacun des successibles dans l'une ou l'autre des successions est tenu de l'entier passif successoral. Le **gage des créanciers** de la succession ne doit pas souffrir du morcellement de la succession du fait d'un élément d'extranéité. Dans une hypothèse où il existe une pluralité de masses successorales, les dettes de la succession sont soumises à une loi unique et devront être prélevées sur l'ensemble de la succession. 37120

Mais au plan de la **contribution au passif,** chacune des masses successorales n'aura à supporter qu'une part de passif, proportionnelle à la fraction qu'elle représente par rapport à la valeur totale des diverses masses.

Le règlement UE 650/2012 du 4 juillet 2012 soumet la transmission du passif à une loi successorale unique dès lors que la **succession** s'est **ouverte à compter du 17 août 2015** ; sur l'obligation au passif et la contribution au passif d'une succession présentant un élément d'extranéité, voir nos 71705 s.

2. ATTÉNUATIONS À L'OBLIGATION ILLIMITÉE AUX DETTES ET CHARGES

Plusieurs règles atténuent le caractère irrévocable de l'acceptation et l'obligation illimitée corrélative du successeur universel ou à titre universel. 37150

LEGS DE SOMMES D'ARGENT

L'héritier n'est tenu des legs de sommes d'argent qu'**à concurrence de l'actif successoral net** des dettes (C. civ. art. 785, al. 2). L'héritier acceptant n'est donc pas tenu sur ses deniers personnels des legs de sommes d'argent faits par le défunt à un tiers. En cas de pluralité de legs de sommes d'argent, la limitation est effectuée proportionnellement si le défunt n'a pas prévu de préférence entre les légataires. 37155

DÉCOUVERTE D'UN PASSIF IMPORTANT

37160 **Décharge de l'obligation au passif** L'héritier acceptant est protégé en cas de découverte tardive d'un passif important. Il peut demander en justice à être déchargé **en tout ou partie** de son obligation si les **conditions** suivantes sont réunies (C. civ. art. 786, al. 2) :
– au moment où il a accepté la succession, l'héritier avait des motifs légitimes d'ignorer la dette (par exemple, un engagement de caution resté secret ou un dommage causé par le de cujus dont la victime demanderait réparation après le décès). Cette décharge ne concerne pas, selon nous, les legs de sommes d'argent (voir n° 37155) et les charges nécessairement nées après l'ouverture de la succession puisque l'héritier ne peut pas prétendre qu'il ne connaissait pas leur existence ;
– le paiement de la dette aurait pour effet d'obérer gravement son patrimoine personnel ; c'est l'importance du patrimoine personnel de l'héritier qui est prise en compte et non le montant de la dette.

Cette action en décharge se distingue de la remise en cause de l'acceptation pure et simple pour vice du consentement. Une cour d'appel ne peut donc pas décharger un héritier de son obligation à la dette successorale aux motifs qu'il n'a pas été informé, avant d'accepter la succession, de la créance qui lui est réclamée par une banque au titre d'un cautionnement souscrit par le défunt et que son consentement a été entaché d'une erreur substantielle sans laquelle il n'aurait pas accepté la succession (Cass. 1e civ. 4-1-2017 n° 16-12.293 F-PBI : BPAT 1/17 inf. 26).

Le **juge** dispose d'un très large **pouvoir d'appréciation,** qu'il s'agisse de la pertinence des raisons de l'héritier d'ignorer la dette, de l'effet de celle-ci sur son patrimoine ou du niveau de la décharge à accorder.

> **› Précisions** La décharge de l'obligation au passif prévue par l'article 786, alinéa 2 du Code civil ne s'applique pas à l'**allocation de solidarité aux personnes âgées** qui peut être récupérée après le décès du bénéficiaire sur une fraction de l'actif net de sa succession en vertu de l'article L 815-13 du Code de la sécurité sociale (Cass. 1e civ. 7-2-2018 n° 17-10.818 FS-PBI : BPAT 2/18 inf. 78). Elle constitue une **charge de la succession** née après le décès de l'allocataire et non une dette successorale née avant le décès comme l'exige l'article 786, alinéa 2.

37165 **Action en décharge de la dette** L'action en décharge de la dette doit être exercée dans les cinq mois du jour où l'héritier a eu connaissance de l'existence et de l'importance de la dette (C. civ. art. 786, al. 3). Jusqu'au partage inclusivement, elle est portée devant le juge dans le ressort duquel la succession est ouverte et non devant le juge compétent pour statuer sur la créance elle-même (Cass. 1e civ. 4-7-2018 n° 17-20.570 FS-PBI : BPAT 5/18 inf. 205). Pour mémoire, le ministère de la justice avait affirmé le contraire (Circ. min. justice 73-07/C1/5-2/GS du 29-5-2007 p. 21).

Le prononcé de cette décharge affecte l'obligation « ultra vires hereditatis », mais ne remet pas en cause l'acceptation pure et simple. L'incertitude demeure cependant sur la question de savoir si cette mesure efface tout ou partie de la dette ou si elle décharge uniquement l'héritier de son obligation ultra vires. L'exposé des motifs de la loi du 23 juin 2006 précise que l'héritier n'est tenu « du paiement de la dette que dans la mesure de l'actif subsistant », ce qui semble consacrer la seconde interprétation (Loi 2006-728 du 23-6-2006 exposé des motifs p. 7).

> **› Précisions** La possibilité offerte à l'héritier acceptant pur et simple de demander à être déchargé de son obligation à une dette successorale n'est applicable que pour les successions ouvertes **depuis le 1er janvier 2007** (Loi 2006-728 du 23-6-2006 art. 47 ; Cass. 2e civ. 22-5-2014 n° 13-10.561 FS-PB).

DÉCÈS D'UN ENTREPRENEUR INDIVIDUEL

37170 Au décès de l'entrepreneur individuel, son patrimoine personnel et son patrimoine professionnel sont réunis (C. com. art. L 526-22). Il en résulte un retour à l'unité du **gage des créanciers et** le maintien de l'indivisibilité de l'**option successorale** pour les héritiers (K. Lafaurie, Les conséquences juridiques du décès de l'entrepreneur individuel après la loi du 14 février 2022 : SNH 21/22 inf. 12).
Aucune disposition ne prévoit un traitement successoral spécifique pour le patrimoine professionnel et ne vient limiter le gage des créanciers professionnels au patrimoine professionnel (contrairement à la limitation du gage des créanciers professionnels prévue sous l'ancien statut de l'EIRL). L'ensemble des biens du débiteur se retrouve ainsi dans un seul patrimoine qui constitue alors le gage unique de tous les créanciers, que leurs droits soient nés ou non de l'exercice professionnel. Les créanciers professionnels qui n'auront pas été désintéressés par les biens professionnels pourront saisir les biens personnels du défunt et le patrimoine personnel des héritiers ayant accepté purement et simplement la succession.

Un héritier découvrant un passif professionnel conséquent révélant un état de cessation des paiements a toutefois la possibilité de demander l'ouverture d'un **redressement ou** d'une

liquidation judiciaire post mortem, l'ouverture de ces procédures collectives maintenant la séparation des patrimoines (C. com. art. L 526-22 al. 8 ; K. Lafaurie, Les conséquences juridiques du décès de l'entrepreneur individuel après la loi du 14 février 2022 précité ; G. Drouot, De l'entrepreneur individuel à responsabilité limitée à l'entrepreneur individuel tout court : RJPF 2022-4/31 ; A.-L. Thomas-Raynaud et E. Dubuisson, Le notaire et le nouveau statut de l'entrepreneur individuel en 12 alarmes : Defrénois 9-6-2022 n° DEF208b6) ; sur cette question voir nos 84155 s. L'option successorale demeure, faute de modification à ce sujet, indivisible, de sorte que l'ouverture d'une procédure collective ne permettra pas aux héritiers acceptants d'échapper aux dettes professionnelles du défunt (pour une analyse d'une possible double option : G. Drouot, précité). Néanmoins, le temps de la procédure, les créanciers professionnels n'auront que pour seul gage le patrimoine professionnel. À l'issue de la procédure, ceux qui n'auront pas été désintéressés pourront poursuivre le patrimoine personnel du défunt, et le patrimoine personnel de l'héritier ayant accepté purement et simplement. 37170 (suite)

› Précisions **Depuis le 15 mai 2022,** l'entrepreneur individuel bénéficie d'une séparation de plein droit son patrimoine professionnel de son patrimoine personnel (Loi 2022-172 du 14-2-2022). Ce régime s'applique sans obligation déclarative à toutes les activités professionnelles indépendantes et se substitue à l'ancien statut de l'entrepreneur individuel à responsabilité limité (EIRL). **Depuis le 15 février 2022,** il n'est plus possible d'opter pour le statut de l'EIRL (Loi 2022-172 art. 6, II), **et depuis le 15 août 2022,** les héritiers d'un EIRL décédé n'ont plus la possibilité de poursuivre l'activité professionnelle de ce dernier en reprenant le patrimoine affecté (C. com. art. L 526-16, al. 1 abrogé par loi 2022-172 et R 526-16 modifié par décret 2022-709 du 26-4-2022).

Sous l'ancien statut de l'EIRL, au décès du chef de l'entreprise, la déclaration d'affectation du patrimoine cessait en principe de produire ses effets. Patrimoine affecté à l'activité professionnelle et patrimoine non affecté étaient réunis dans la succession. Toutefois, les créanciers privés et les créanciers professionnels du défunt, postérieurs à la déclaration d'affectation du patrimoine, conservaient pour seul gage général celui qui était le leur au moment du décès. Pour plus de précisions sur ces règles, voir l'édition 2022 du Mémento.

CHAPITRE 3

ACCEPTATION À CONCURRENCE DE L'ACTIF NET

SOMMAIRE

OBJET

L'objet essentiel de l'acceptation à concurrence de l'actif net, qui a remplacé, pour les suc- **37700**
cessions ouvertes depuis le 1er janvier 2007, l'ancienne acceptation sous bénéfice d'inventaire, est de limiter la **responsabilité de l'héritier.** Il n'y a pas de confusion entre les patrimoines personnel et successoral et l'héritier n'est tenu au règlement du passif que dans la limite de l'actif recueilli. Il peut déclarer qu'il n'entend prendre cette qualité qu'à concurrence de l'actif net (C. civ. art. 787).

IRRÉVOCABILITÉ RELATIVE ET DÉCHÉANCE

Cette branche de l'option est avant tout une acceptation qui produit son effet acquisitif de **37705**
la propriété, même si un système de contrôle des pouvoirs du bénéficiaire est instauré pour protéger le gage des créanciers. Par conséquent, l'héritier qui a accepté à concurrence de l'actif net ne peut plus **renoncer à la succession** (en ce sens, Cass. 1e civ. 11-2-2015 nº 14-14.419 F-PB : BPAT 2/15 inf. 54, AJ fam. 2015 p. 235 obs. J. Casey, rendu en application du droit antérieur à la loi du 23-6-2006 mais transposable).

En revanche, tant que la prescription du droit d'accepter n'est pas acquise contre lui, il peut révoquer son acceptation pour **accepter purement et simplement,** ce changement rétroagissant au jour de l'ouverture de la succession (C. civ. art. 801).

L'acceptation à concurrence de l'actif net tombe aussi lorsque l'héritier a omis, sciemment et de mauvaise foi, de comprendre dans l'inventaire des éléments actifs ou passifs de la succession ou qu'il n'a pas affecté au paiement des créanciers de la succession la valeur des biens conservés ou le prix des biens aliénés (C. civ. art. 800). L'héritier est alors **réputé acceptant pur et simple** à compter de l'ouverture de la succession.

En revanche, la simple carence de l'héritier à administrer la succession ne suffit pas à le déchoir de son acceptation à concurrence de l'actif. Tout au plus il engage sa responsabilité dès lors qu'elle est constitutive de faute grave (nº 38350).

SECTION 1

FORMALITÉS DE L'ACCEPTATION À CONCURRENCE DE L'ACTIF NET

PROTECTION DES CRÉANCIERS

37810 Compromis entre l'acceptation pure et simple et la renonciation, l'acceptation à concurrence de l'actif net permet à l'héritier se trouvant face à un passif important de n'être tenu au paiement du passif que dans la limite de l'actif. Eu égard aux effets de ce troisième terme de l'option sur le gage des créanciers, l'efficacité en est subordonnée à des conditions tendant à **informer les créanciers et** à **préserver leurs intérêts.**

A. Déclaration d'acceptation à concurrence de l'actif net

PROCÉDURE

37815 L'acceptation à concurrence de l'actif net est expresse et résulte en principe d'une déclaration faite au **greffe du tribunal judiciaire** du lieu d'ouverture de la succession (C. civ. art. 788, al. 1). Le greffe délivre au déclarant un récépissé de la déclaration (CPC art. 1334).

Pour les successions ouvertes depuis le 1er novembre 2017, la déclaration d'acceptation à concurrence de l'actif net peut également être faite **devant notaire** (C. civ. art. 788, al. 1). Cette mesure devrait permettre d'accélérer le règlement du passif successoral et donc le règlement de la succession.

Le notaire auprès de qui la déclaration est faite informe l'héritier de l'obligation de réaliser une publicité. Dans le mois qui suit, le notaire en adresse copie au tribunal judiciaire dans le ressort duquel la succession s'est ouverte. Le greffe inscrit la déclaration dans le registre tenu à cet effet et en donne récépissé au notaire (CPC art. 1334).

Seule l'une ou l'autre forme spéciale permet l'accès à ce choix. L'**acceptation** même assortie d'une déclaration d'intention mais **qui ne respecte pas la forme exigée** est une acceptation pure et simple.

ATTENTION

Lorsqu'il y a **plusieurs successeurs** ayant accepté la succession, il suffit qu'un seul ait accepté à concurrence de l'actif net pour que les règles applicables à cette dernière option s'imposent à tous les héritiers jusqu'au partage (C. civ. art. 792-2, al. 1).

HÉRITIERS MINEURS OU MAJEURS PROTÉGÉS

37820 L'acceptation à concurrence de l'actif net peut être choisie par toute personne ayant une vocation universelle ou à titre universel dans la succession. Toutefois si l'héritier est placé sous **tutelle, habilitation familiale « représentation »** ou **mandat de protection future,** on rappellera que c'est son représentant qui pourra accepter à concurrence de l'actif net sans autorisation préalable ou attestation du notaire, selon le cas. En revanche, le majeur sous **curatelle** ou **habilitation familiale « assistance »** n'a besoin d'aucune assistance pour accepter la succession à concurrence de l'actif net. Pour un exposé complet des règles de capacité au regard de l'option successorale, voir nos 35240 s.

Les **mineurs et** les **majeurs sous tutelle** sont traditionnellement réputés avoir accepté « sous bénéfice d'inventaire » même si les **formalités** n'ont **pas** été **accomplies** (Cass. 1e civ. 30-6-1998 no 96-13.922 : Bull. civ. I no 233). Cette jurisprudence rendue sous l'empire du droit antérieur est transposable au nouveau dispositif. Il en va ainsi notamment en cas d'accomplissement par leur représentant d'actes d'immixtion dans l'hérédité sans avoir obtenu l'autorisation requise et qui auraient pu être considérés comme des actes emportant acceptation de la succession. C'est pourquoi, comme avant, la formalité de la déclaration au greffe n'est pas obligatoire.

Cette solution traditionnelle pourrait toutefois être remise en cause par la déjudiciarisation partielle de l'acceptation pure et simple (voir n° 36800).

Il est en tout état de cause prudent de procéder à cette formalité car la dispense se justifie par l'état de minorité ou de tutelle du majeur. Elle est donc provisoire et cesse avec la disparition de la minorité ou de la tutelle. Ainsi, à défaut de déclaration effectuée par le représentant légal pendant cette période, le **mineur devenu majeur ou** le **majeur dont la protection a été levée** devra accomplir lui-même les formalités prescrites pour pouvoir accepter à concurrence de l'actif net dans les délais prévus qui repartent à compter de la fin de l'incapacité. À défaut, il sera considéré comme acceptant pur et simple (C. civ. art. 790).

ÉLECTION DE DOMICILE

La déclaration d'acception à concurrence de l'actif net comporte une élection de domicile qui sera le lieu de déclaration des créances successorales (C. civ. art. 792). C'est pourquoi cette formalité est soumise à plusieurs **conditions** (C. civ. art. 788) : 37825

– le domicile élu doit être situé en France. Par conséquent, si l'un des héritiers qui acceptent à concurrence de l'actif net réside à l'étranger, l'élection du domicile ne pourra pas se faire chez lui ;

– le lieu de l'élection de domicile peut être au choix celui de l'un des acceptants à concurrence de l'actif net ou celui de la personne chargée du règlement de la succession (notaire, le plus souvent) ;

– le domicile doit être unique. Les héritiers doivent choisir ensemble où ils souhaitent élire domicile. De même, si plusieurs notaires sont chargés de régler la succession, il faudra en choisir un.

La Cour de cassation a censuré des juges du fond ayant validé une déclaration d'acceptation à concurrence de l'actif net qui ne comportait ni élection de domicile ni mention de la qualité en vertu de laquelle le déclarant était appelé à la succession (Cass. 1e civ. 9-6-2022 n° 20-17.776 F-D).

PUBLICITÉ DE LA DÉCLARATION

La déclaration est enregistrée sur un registre tenu à cet effet au greffe du tribunal et fait l'objet d'une **publicité nationale** au Bodacc (C. civ. art. 788, al. 2 ; CPC art. 1335). Cette publicité est faite aux frais de la succession par le greffe du tribunal ou par le notaire, qui en assure la transmission au Bodacc. Elle peut également être faite par voie électronique sur le site bodacc.fr (Arrêté JUSC0918603A du 9-11-2009). En cas d'erreur matérielle dans l'insertion au Bodacc, il faut procéder à une nouvelle insertion qui fera courir le délai de déclaration des créances (CE 17-4-2019 n° 409430 : RJF 7/19 n° 712). 37830

La déclaration d'acceptation fait également l'objet d'une **publicité locale.** Dans le délai d'un mois suivant la déclaration, l'héritier doit sous sa propre responsabilité faire procéder à l'insertion d'un avis dans un support habilité à recevoir des annonces légales dans le ressort du tribunal compétent (CPC art. 1335, al. 3 ; Loi 55-4 du 4-1-1955 art. 1). La non-réalisation de cette publicité n'entraîne pas la déchéance de l'acceptation de la succession ; elle est seulement susceptible de donner lieu à dommages-intérêts si un créancier subit un préjudice du fait de l'absence de publicité.

MODÈLE

Déclaration d'acceptation à concurrence de l'actif net 37835

L'an deux mil ..., le ...,
À ...,
Me ..., notaire à ..., soussigné, a reçu le présent acte authentique, à la requête de :
... (*identification du requérant*)
Lequel déclare accepter, mais seulement à concurrence de l'actif net, la succession de M. ..., décédé à ..., le ..., duquel il est héritier pour ..., ainsi que ces qualités sont constatées dans un acte de notoriété dressé par le notaire soussigné, le ...

Information de l'héritier

L'héritier acceptant à concurrence de l'actif net reconnaît avoir été informé par le notaire soussigné :

– qu'il ne pourra plus renoncer à la succession ultérieurement, mais qu'il pourra en revanche renoncer au bénéfice de l'acceptation à concurrence de l'actif net pour accepter la succession purement et simplement ;

– qu'il a l'obligation de faire établir un inventaire du patrimoine de la succession dans les deux mois suivant la déclaration de son option au greffe du tribunal judiciaire et de le déposer dans

ce même délai au greffe, afin de ne pas être réputé acceptant pur et simple ; il a toutefois la possibilité d'obtenir un délai supplémentaire auprès du juge s'il justifie de motifs légitimes et sérieux ;
– qu'il a l'obligation d'administrer la succession et de respecter la procédure de règlement du passif successoral édictée par les articles 796 à 798 du Code civil ; s'il ne souhaite pas administrer la succession, l'héritier qui accepte la succession à concurrence de l'actif net peut demander en justice la désignation d'un mandataire dans les conditions prévues par l'article 814-1 du Code civil.

Déclaration de l'héritier

Le requérant déclare, en outre, qu'il n'a fait, directement ou indirectement, aucun acte pouvant entraîner acceptation d'hérédité pure et simple ou le faire déchoir du bénéfice de l'acceptation à concurrence de l'actif net.

Mandat spécial

Le requérant confère tous pouvoirs à M. ... (ou : à tout clerc de l'office notarial du notaire soussigné) à l'effet :
– d'effectuer la publicité de son option dans un support habilité à recevoir des annonces légales dans le délai d'un mois, à compter de la signature de la présente déclaration ;
– de passer et signer tous actes, registres et pièces, effectuer toutes les formalités requises par la loi, substituer et, généralement, faire le nécessaire pour assurer la pleine efficacité de son option.

Élection de domicile

Le requérant fait élection de domicile en l'étude du notaire soussigné.

Frais

Les frais du présent acte font partie des frais de règlement de la succession, et seront supportés par la succession.

Enregistrement

Le présent acte est enregistré en application de l'article 635, 1-1° du CGI et soumis au droit d'enregistrement de 125 euros prévu à l'article 680 du CGI, perçu sur état, conformément aux articles 245 de l'annexe III et 60 de l'annexe IV au CGI.

B. Inventaire de la succession

CLEF DE VOÛTE DU DISPOSITIF

37885 La déclaration d'acceptation à concurrence de l'actif net doit être accompagnée ou suivie de l'inventaire de la succession (C. civ. art. 789, al. 1). Ce document est la clef de voûte de cette branche de l'option car il permet une connaissance précise des **forces actives et passives de la succession** acceptée et de rendre opposable la consistance de la masse active. C'est sur cette masse et seulement sur elle que s'exercera le droit de poursuite des créanciers successoraux à l'égard de l'acceptant à concurrence de l'actif net.

PERSONNES POUVANT DEMANDER L'INVENTAIRE

37890 L'inventaire peut être requis par ceux qui peuvent demander l'apposition des scellés et, le cas échéant, par le curateur à la succession vacante (CPC art. 1328). Ces **mesures conservatoires** peuvent en principe être demandées (CPC art. 1305) par :
– le conjoint ou le partenaire d'un pacte civil de solidarité ;
– tous ceux qui prétendent avoir une vocation successorale ;
– l'exécuteur testamentaire ou le mandataire désigné pour l'administration de la succession ;
– le ministère public ;
– le propriétaire des lieux ;
– tout créancier muni d'un titre exécutoire ou justifiant d'une créance apparaissant fondée en son principe.

En cas d'absence du conjoint ou des héritiers, ou s'il y a parmi les héritiers des mineurs non pourvus d'un représentant légal, de telles mesures peuvent encore être demandées par les personnes qui demeuraient avec le défunt, par le maire, le commissaire de police ou le commandant de la brigade de gendarmerie.

ACTE AUTHENTIQUE

L'inventaire doit être réalisé par acte authentique établi par un **notaire ou** un **commissaire de justice,** chacun en suivant les règles attachées à son statut (C. civ. art. 789, al. 2). Comme sous l'empire de la jurisprudence antérieure, un inventaire sous signature privée serait insuffisant. 37895

En pratique, l'intervention du notaire est indispensable, les commissaires-priseurs n'étant par exemple compétents que pour l'évaluation des biens (en ce sens, M. Dagot, La compétence pour établir un inventaire : JCP N 2007 art. 1327 p. 14). Sur les mentions que doit et peut contenir l'inventaire notarié, voir nº 37905.

PERSONNES APPELÉES À L'INVENTAIRE

Doivent être appelés à l'inventaire (CPC art. 1329) : 37900
- le conjoint survivant ou le partenaire d'un pacte civil de solidarité ;
- tous ceux qui prétendent avoir une vocation successorale ;
- l'exécuteur testamentaire si le testament est connu ;
- le mandataire désigné pour l'administration de la succession.

La présence des créanciers ou du légataire particulier n'est pas nécessaire à l'exception de ceux qui ont fait opposition à la levée des scellés.

Aucun **formalisme** particulier n'est prévu pour cette convocation. Le requérant les appelle à l'inventaire au plus tard 20 jours avant la date prévue pour sa réalisation, à moins qu'ils ne l'aient expressément dispensé de cet appel (CPC art. 1329). Il est conseillé de procéder à cette formalité par lettre recommandée avec accusé de réception ou acte extrajudiciaire.

MENTIONS OBLIGATOIRES

Outre les mentions prescrites, selon le cas, pour les actes dressés par un commissaire de justice ou un notaire, par les lois et règlements applicables à ces professions, l'**inventaire doit contenir** (CPC art. 1330) : 37905
- les nom, prénoms, profession et domicile du ou des requérants, des personnes comparantes ou représentées, le cas échéant des commissaires-priseurs judiciaires et des experts ;
- l'indication des lieux où l'inventaire est fait ;
- la description et l'estimation des biens ainsi que la désignation des espèces en numéraire ;
- la consistance active et passive de la succession telle qu'elle résulte de tous documents, titres et papiers présentés et des déclarations des requérants et comparants. Concernant cette mention, l'inventaire doit indiquer article par article ces éléments ;
- la mention du serment prêté, lors de la clôture de l'inventaire, par ceux qui ont été en possession des biens avant l'inventaire ou qui ont habité l'immeuble dans lequel sont lesdits biens, qu'ils n'en ont détourné, vu détourner, ni su qu'il en ait été détourné aucun ;
- la mention de la remise des objets et documents, s'il y a lieu, entre les mains de la personne dont il aura été convenu ou qui, à défaut, aura été nommée par le président du tribunal judiciaire ou son délégué.

L'**inventaire notarié peut** également **contenir** (CPC art. 1332) :
- les qualités et droits de ceux qui peuvent prétendre à la communauté ou à la succession ;
- le cas échéant, la consistance active et passive de la communauté telle qu'elle résulte de tous documents, titres et papiers présentés au notaire et des déclarations des requérants et comparants.

ATTENTION

L'**héritier qui omet,** sciemment et de mauvaise foi, de comprendre dans l'inventaire des éléments actifs ou passifs de la succession est déchu de l'acceptation à concurrence de l'actif net. Il est réputé acceptant pur et simple à compter de l'ouverture de la succession (C. civ. art. 800, al. 4). Les créanciers successoraux et les légataires de sommes d'argent conservent toutefois l'exclusivité des poursuites sur les biens de la succession autres que ceux qui ont fait l'objet d'une déclaration de conservation ou ont été aliénés dans les conditions exposées nos 38150 s. (C. civ. art. 802).

FRAIS DE L'INVENTAIRE

Les frais d'établissement de l'inventaire sont à la **charge** de la succession (C. civ. art. 803) à l'instar des frais de publicité de l'option et de l'inventaire (CPC art. 1338, al. 2). 37910

DÉLAI POUR DÉPOSER L'INVENTAIRE

Le délai pour déposer l'inventaire au tribunal est de deux mois **à compter de** la déclaration (C. civ. art. 790, al. 1). Un délai **supplémentaire** peut être demandé au juge si l'héritier justifie de motifs sérieux et légitimes qui retardent le dépôt de l'inventaire, le délai de deux mois étant suspendu à compter de la demande de prorogation (C. civ. art. 790, al. 2). 37915

ATTENTION

Compte tenu du délai de quatre mois pendant lequel l'héritier ne peut pas être contraint d'opter (n° 35575), l'héritier dispose **en pratique** d'au moins six mois pour faire inventaire. Mais les créanciers ayant quinze mois pour déclarer leurs créances, l'inventaire risque d'être incomplet, faute de connaissance en temps utile des éléments de passif.

PUBLICITÉ DE L'INVENTAIRE

37920 Le dépôt de l'inventaire au tribunal fait l'objet des mêmes mesures de **publicité nationale** que la déclaration d'acceptation à concurrence de l'actif net (C. civ. art. 790, al. 3) : voir n° 37830. D'ailleurs l'inventaire peut être déposé en même temps que la déclaration, ce qui permet au greffe de faire les formalités de publicité au même moment.

Les créanciers successoraux et les légataires de sommes d'argent peuvent **consulter l'inventaire et en obtenir copie** à leurs frais ; ils peuvent demander à être avisés de toute nouvelle publicité (C. civ. art. 790, al. 5).

DÉCLARATION SANS INVENTAIRE

37925 La déclaration au greffe est d'abord une acceptation. C'est pourquoi elle vaudra comme **acceptation pure et simple** chaque fois que l'inventaire n'aura pas été clôturé et déposé dans le délai légal sauf prorogation accordée par le juge (C. civ. art. 790, al. 4).

> **Précisions** La sanction ne semble pas être applicable à l'héritier en **curatelle** ayant réalisé seul la déclaration d'acceptation et qui n'aurait pas déposé l'inventaire dans les délais (Dalloz Action Protection de la personne vulnérable 2021/2022, v. Sphère de capacité du curatélaire en matière patrimoniale par N. Peterka et A. Caron-Déglise, n° 342.42).

PROCÉDURE ACCÉLÉRÉE AU FOND

37930 S'il survient une **difficulté dans l'établissement de l'inventaire,** le président du tribunal judiciaire, saisi par la partie la plus diligente, statue selon la procédure accélérée au fond (CPC art. 1333).

C. Déclaration des créances

PERSONNES SOUMISES À L'OBLIGATION DE DÉCLARATION

37980 Remplaçant l'ancienne procédure d'opposition, la procédure de déclaration est, pour les **créanciers,** l'élément clé de l'acceptation à concurrence de l'actif net. En effet, les créanciers de la succession doivent déclarer leurs créances, même celles qui sont assorties de sûretés (voir toutefois Cons. const. 5-10-2016 n° 2016-574 QPC : BPAT 6/16 inf. 234, RTD civ. 2016 p. 908 obs. M. Grimaldi), par une notification adressée au domicile élu de la succession. Cette obligation déclarative s'applique également au créancier titulaire d'un titre exécutoire à l'encontre du défunt, obtenu du vivant de ce dernier (Cass. 1e civ. 22-3-2017 n° 15-25.545 F-PB : BPAT 3/17 inf. 111, JCP G 2018 chron. n° 123 note R. Le Guidec). Pour les créances dont le montant n'est pas définitivement fixé, la déclaration est faite à titre provisionnel (C. civ. art. 792, al. 1). Il importe peu que la créance invoquée n'ait pas encore été consacrée par un titre (Cass. 1e civ. 16-1-2019 n° 18-11.916 F-PB : BPAT 2/19 inf. 57, chron. droit patrimonial de la famille interne et international par S. Godechot-Patris et C. Grare-Didier : D. 2019 p. 2221).

Les **légataires de sommes d'argent** ne semblent pas être concernés par l'obligation de déclaration. En effet, ces legs ne peuvent de toute manière être délivrés qu'après paiement de tous les créanciers successoraux déclarants (voir n° 59620). La déclaration présente néanmoins un intérêt car elle permet de classer les légataires entre eux.

> **Précisions** Lorsqu'un **jugement** ayant reconnu une créance est **frappé d'appel,** la créance demeure litigieuse et doit en principe être déclarée, conformément à l'article 792 du Code civil. Néanmoins si le jugement est revêtu de l'exécution provisoire, le paiement intervenu éteint alors valablement la créance. La créance étant éteinte, celui qui était son titulaire n'a plus à la déclarer à la succession (Cass. 1e civ. 12-10-2022 n° 20-21.016 FS-B : BPAT 6/22 inf. 289, obs. K. Lafaurie). Encore faut-il que le paiement soit intervenu avant le décès, le jugement revêtu de l'exécution provisoire mais non exécuté ne suffit pas (Cass. 1e civ. 22-3-2017 n° 15-25.545 F-PB : D. 2022 p. 2023, obs. P. Bouathong). À noter que depuis le 1er janvier 2020, le jugement de première instance est exécutoire de plein droit sauf s'il en dispose autrement (CPC art. 514).
> Dans l'hypothèse où l'arrêt d'appel **infirmerait** le premier jugement, le paiement intervenu deviendrait indu (voir S. Guinchard, F. Ferrand, C. Chainais et L. Mayer, Procédure civile, Dalloz, coll. « Précis », 36e éd., 2022, n° 1488), obligeant le preneur à restituer à la succession la somme qu'il avait perçue au titre

de l'exécution provisoire. Les sommes dues portent alors intérêt légal à compter de la sommation de les restituer et non pas du jour du versement, l'accipiens ayant reçu les sommes de bonne foi (C. civ. art. 1352-7). Dans le cas inverse où le montant obtenu en appel serait supérieur à celui fixé en première instance, la créance, faute d'avoir été déclarée à la succession, serait éteinte (Q. Guiguet-Schielé, Les créances non-définitives et la succession acceptée à concurrence de l'actif net : Dalloz actualités du 10-11-2022). Mieux vaut donc tout de même déclarer à titre provisionnel la créance (J. Casey, Exécution provisoire et déclaration de créances à une succession : prudence ! : AJ fam. 2023 p. 178).

DÉLAI DE DÉCLARATION

Le délai de déclaration des créances est de **15 mois** (C. civ. art. 792, al. 2). **37985**

Le **point de départ du délai** est la publicité nationale de la déclaration d'acceptation au Bodacc (voir n° 37830), ce qui résulte tant de la lettre des textes (C. civ. art. 788 sur renvoi de l'art. 792) que de la jurisprudence (Cass. 1e civ. 31-3-2016 n° 15-10.799 FS-PBI : BPAT 3/16 inf. 115, AJ fam. 2016 p. 346 obs. S. Ferré-André, RTD civ. 2016 p. 423 obs. M. Grimaldi).

Déclaration anticipée Toute déclaration faite **avant la publication au Bodacc,** et pour laquelle aucune notification postérieure n'aura été réitérée, entraîne l'extinction de la créance reconnue comme non déclarée. En effet, ne peut être considérée comme une déclaration de créance au sens de l'article 792 du Code civil la signification d'un jugement de condamnation, faite au notaire chargé de la succession, avant que l'acceptation à concurrence de l'actif net n'ait été régulièrement portée à la connaissance de l'ensemble des créanciers par une mesure de publicité nationale. Les créanciers, tenus de déclarer leurs créances, étant désintéressés dans l'ordre des déclarations, une telle signification, effectuée en méconnaissance de la procédure spécifique instituée en la matière, aurait pour effet de faire bénéficier le créancier qui en a pris l'initiative d'une priorité de paiement illégitime par **rupture d'égalité devant la loi** (Cass. 1e civ. 31-3-2016 n° 15-10.799 FS-PBI : BPAT 3/16 inf. 115, RTD civ. 2016 p. 423 obs. M. Grimaldi, AJ fam. 2016 p. 346 obs. S. Ferré-André). **37990**

FORME DE LA DÉCLARATION

En l'absence de précision dans les textes, la déclaration peut être effectuée par acte d'huissier de justice ou de commissaire de justice, ce qui permet de se ménager la **preuve certaine de la date,** par lettre recommandée avec demande d'accusé de réception ou par remise contre récépissé avec mention de la date. **37995**

Les dispositions de l'article 792 du Code civil prévoient en revanche expressément qu'elle doit être effectuée au **domicile élu** de la succession. Ce dernier figure dans la déclaration d'acceptation (voir n° 37825). Jugé ainsi que n'est pas valable la déclaration de créance adressée directement à l'héritier unique et non au domicile élu de la succession (Cass. 1e civ. 8-3-2017 n° 16-14.360 FS-PB : BPAT 3/17 inf. 112, JCP G 2018 chron. n° 123 note R. Le Guidec, RTD civ. 2017 p. 459 obs. M. Grimaldi). Même chose pour l'assignation en paiement des héritiers (Cass. 1e civ. 16-1-2019 n° 18-11.916 F-PB : BPAT 2/19 inf. 57, chron. droit patrimonial de la famille interne et international par S. Godechot-Patris et C. Grare-Didier : D. 2019 p. 2221), ne serait-ce que parce qu'elle ne respecte pas non plus la condition du domicile élu (S. Godechot-Patris et C. Grare-Didier, chron. précitée).

DÉFAUT DE DÉCLARATION

À défaut de déclaration dans le délai requis, les **créances non assorties de sûretés** sur les biens de la succession sont éteintes à l'égard de celle-ci (C. civ. art. 792), ce qui a été jugé conforme à la Constitution (Cons. const. 5-10-2016 n° 2016-574 QPC : BPAT 6/16 inf. 234, RTD civ. 2016 p. 908 obs. M. Grimaldi). La solution est la même pour les cautions et coobligés, ainsi que pour les personnes qui ont consenti une garantie autonome portant sur la créance éteinte (C. civ. art. 792, al. 2). Tous les successibles profitent de l'extinction. **38000**

La révocation de l'acceptation à concurrence de l'actif net en acceptation pure et simple rétroagit au jour de l'ouverture de la succession (C. civ. art. 801). L'extinction qui frappe les créances non déclarées dans le délai de 15 mois est alors rétroactivement neutralisée.

La non-déclaration des **créances assorties de sûretés réelles** n'est pas sanctionnée par l'extinction. Mais les créanciers privilégiés peuvent avoir intérêt à déclarer leurs créances : ils pourront se faire payer sur les autres biens de la succession si le prix de vente du bien sur lequel porte leur sûreté ne suffit pas à les désintéresser. En effet, le créancier titulaire d'une sûreté réelle ne bénéficie d'un droit de préférence qu'à hauteur du montant de son inscription et dans la limite du prix de l'aliénation du bien. Pour le surplus, il n'est qu'un simple créancier chirographaire et il ne peut être payé que s'il a déclaré sa créance (F. Terré, Y. Lequette et S. Gaudemet, Droit civil. Les successions. Les libéralités, Dalloz, 4e éd., 2014, n° 989). **38005**

ARRÊT DES VOIES D'EXÉCUTION ET DES INSCRIPTIONS

38010 À compter de la publication de l'acceptation à concurrence de l'actif net et pendant le délai de 15 mois durant lequel les créanciers doivent déclarer leurs créances, toutes les **poursuites** sont suspendues. L'acceptation à concurrence de l'actif net interdit sur tous les biens meubles et immeubles de la succession non seulement les voies d'exécution, mais aussi l'inscription de **sûretés nouvelles** (C. civ. art. 792-1).

Cependant, à condition que le créancier saisissant ait signifié son titre exécutoire aux héritiers, les **saisies en cours** sont considérées comme des sûretés sur les biens de la succession (C. civ. art. 792-1, al. 2). Si un bien a été saisi avant la publication de l'acceptation à concurrence de l'actif net, le créancier est considéré comme titulaire d'une sûreté qui a pris rang à la date à laquelle le bien a été saisi. Une fois le délai de 15 mois expiré, si le bien n'a été ni aliéné ni conservé en nature par un héritier dans les conditions de l'article 793 du Code civil, le créancier inscrit peut reprendre ses poursuites.

SECTION 2 EFFETS DE L'ACCEPTATION À CONCURRENCE DE L'ACTIF NET

RÈGLES GÉNÉRALES

38110 L'acceptation à concurrence de l'actif net offre un **triple avantage** à l'héritier (C. civ. art. 791) :

– il évite la confusion de ses biens personnels avec ceux de la succession et limite ainsi le droit de poursuite des créanciers aux seuls biens de la succession : son obligation est « intra vires hereditatis » ;

– il conserve contre la succession tous les droits qu'il avait antérieurement sur les biens du défunt : s'il était débiteur de la succession, l'héritier le demeure et s'il était créancier, il conserve son droit de créance. Ce qui est vrai pour les créances l'est également pour les droits réels ;

– il n'est tenu au paiement des dettes de la succession qu'à concurrence de la valeur des biens qu'il recueille : il est tenu « cum viribus ».

Malgré ces spécificités, l'héritier acceptant à concurrence de l'actif net n'en demeure pas moins propriétaire seul ou indivisément des biens de la succession depuis son ouverture. Il est toutefois un propriétaire particulier puisque les biens sont prioritairement affectés au paiement des dettes successorales.

A. Gestion du patrimoine héréditaire

1. ADMINISTRATION DE LA SUCCESSION

ADMINISTRATION PAR L'HÉRITIER

38115 C'est l'héritier acceptant à concurrence de l'actif net qui administre en principe les biens de la succession (C. civ. art. 800). Il jouit ainsi, de plein droit, de la qualité d'administrateur de la succession qui lui est échue. À ce titre il a non seulement le pouvoir, mais aussi le devoir d'administrer les biens qui composent la succession.

Il peut accomplir tous **types d'actes** d'administration et même des actes de disposition nécessaires à cette gestion, sans avoir besoin d'une autorisation préalable du juge. La question qui se pose n'est pas celle de la validité de ces actes mais celle de savoir s'ils sont compatibles avec l'acceptation à concurrence de l'actif net.

L'héritier tient le **compte de son administration,** des créances qu'il paye et des actes qui engagent les biens recueillis ou qui affectent leur valeur.

ADMINISTRATION PAR UN MANDATAIRE JUDICIAIRE

Cette situation peut d'abord intervenir à l'**initiative de l'héritier.** S'il ne peut pas ou ne veut pas administrer la succession, l'héritier qui a accepté à concurrence de l'actif net peut en effet demander au juge de désigner un mandataire judiciaire qui se substituera à lui pour administrer et liquider la succession (C. civ. art. 814-1). Dès lors qu'elle est demandée, cette désignation est de droit. Sur les pouvoirs du mandataire successoral désigné en justice, voir n°s 42940 s. 38120

La désignation d'un mandataire successoral peut également être **demandée par toute personne intéressée** en vue du dessaisissement de l'héritier en cas d'inertie, de carence ou de faute de sa part (C. civ. art. 813-1). Sur cette possibilité, voir n°s 42840 s.

2. SORT DES BIENS SUCCESSORAUX

CHOIX DE L'HÉRITIER

Pendant les 15 mois qui suivent la publicité de la déclaration d'acceptation, l'héritier a le choix de **conserver** en nature **ou** de **vendre** les biens successoraux. 38150

CONSERVATION D'UN BIEN SUCCESSORAL

Un héritier peut conserver un élément d'actif moyennant le **versement d'une indemnité** (C. civ. art. 793, al. 1). Il peut ainsi faire échapper un bien qui a notamment une valeur affective au droit de poursuite des créanciers. 38155

Titulaire de la faculté de conservation Cette possibilité appartient **exclusivement** à l'héritier acceptant à concurrence de l'actif net. En effet, seul celui-ci est sanctionné en cas de contestation de la valeur du bien conservé. Dans cette hypothèse, il est tenu du complément sur ses biens personnels (C. civ. art. 794, al. 3), ce qui n'est pas le cas pour un héritier acceptant purement et simplement en raison de la confusion entre son patrimoine personnel et les biens successoraux. 38160

La difficulté est de savoir si la conservation d'un bien successoral exercée par un seul héritier est envisageable en **présence de plusieurs héritiers acceptant à concurrence de l'actif net.** L'opération réalisée par l'un d'entre eux pourrait être qualifiée de partage partiel, même avec l'accord de tous. Rien n'interdit qu'ils conservent ensemble le bien, au nom et pour le compte de l'indivision car les sanctions seraient applicables à tous les héritiers (sur ce sujet, voir M. Dagot, Successions : acceptation à concurrence de l'actif net et conservation d'un bien par l'héritier : Defrénois 15-3-2007 n° AD2007DEF0337N1 p. 337).

Biens concernés La faculté de conservation peut être exercée sur tous les biens appartenant à l'**actif successoral.** 38165

Sont cependant exclus les **biens légués à titre particulier** puisqu'ils appartiennent au légataire dès le décès (C. civ. art. 1014).

En présence de **biens indivis,** la faculté de conservation ne peut porter que sur la fraction indivise dépendant de la succession.

Délai La faculté de conservation d'un bien successoral doit être exercée pendant le délai de **15 mois** prévu à l'article 792 du Code civil, c'est-à-dire celui qui est prévu pour la déclaration des créances (C. civ. art. 793). Ce délai court donc **à compter du jour** de l'accomplissement de la publicité nationale de la déclaration d'acceptation à concurrence de l'actif net (voir n° 37830). 38170

Formalités La décision de conserver un bien successoral doit être déclarée dans les 15 jours au **greffe du tribunal judiciaire** (C. civ. art. 794). Ce dernier en assure sa publicité au **Bodacc.** C'est à compter de l'accomplissement de cette formalité que la conservation devient opposable aux créanciers. 38175

À défaut, le **bien** est **réputé appartenir à l'actif successoral** même si le paiement de la valeur du bien conservé a été effectué par l'héritier.

Cette déclaration n'a pas à respecter une **forme** particulière.

Effets Le **bien conservé** échappe au droit de poursuite des créanciers successoraux et des légataires de sommes d'argent. Toutefois, l'opération ne se traduit pas par une nouvelle mutation de la propriété, l'acceptant à concurrence de l'actif net étant propriétaire, seul ou 38180 indivisément, des biens successoraux, par le simple fait de l'acceptation (Circ. JUSC0754177C du 29-5-2007 p. 15). L'héritier doit verser une **indemnité** égale à la valeur d'inventaire du bien conservé (C. civ. art. 793, al. 1). Le paiement de cette indemnité doit intervenir dans les deux mois suivant la déclaration de conserver le bien (C. civ. art. 797). La déclaration de conservation ne peut pas être assortie de condition et notamment de condition suspensive d'obtention de prêt.

La somme versée par l'héritier en contrepartie de la conservation du bien est obligatoirement affectée au paiement des créanciers successoraux selon l'ordre prévu à l'article 796 du Code civil (voir n° 38260). L'héritier qui ne respecte pas cette obligation est déchu du bénéfice de l'acceptation à concurrence de l'actif net et est **réputé acceptant pur et simple** à compter de l'ouverture de la succession (C. civ. art. 800, al. 4).

38185 **Contestation de la valeur du bien conservé** En cas d'**augmentation de la valeur** du bien conservé entre le jour de l'inventaire et la déclaration de conservation, tout créancier successoral a la possibilité de contester devant le juge la valeur du bien. Pour cela, il devra prouver la valeur réelle du bien (C. civ. art. 794, al. 2). L'action doit être exercée dans un délai de trois mois à compter de la publicité de la déclaration de conservation.

Si le juge reconnaît la supériorité de la valeur réelle du bien, l'**héritier** bénéficie d'une **option** :

– soit il décide de conserver le bien : il doit alors verser la différence entre la valeur d'inventaire et la valeur réelle du bien telle que fixée par le juge ;

– soit il décide de ne pas conserver le bien, il devra le restituer dans l'assiette du droit de gage des créanciers.

CONSEIL

Lorsqu'il existe un **risque de contestation,** le notaire doit conseiller à l'héritier acceptant à concurrence de l'actif net de consigner les fonds versés pour la conservation du bien jusqu'à l'expiration du délai de contestation des créanciers successoraux (en ce sens, C. civ. art. 797, al. 2). À défaut, en cas de paiement des créanciers et de succession déficitaire, l'héritier prend le risque de ne pas pouvoir se faire rembourser de l'indemnité versée s'il décide de restituer le bien.

VENTE D'UN BIEN SUCCESSORAL

38190 L'héritier acceptant à concurrence de l'actif net peut vendre les biens qu'il ne veut pas conserver. Il doit naturellement le **prix de vente** aux créanciers successoraux (C. civ. art. 793, al. 2).

La loi 2006-728 du 23 juin 2006 a simplifié les **modalités de la vente.** L'aliénation des biens de la succession peut désormais s'effectuer, au choix de l'héritier, aux enchères publiques ou à l'amiable, qu'il s'agisse de biens mobiliers ou immobiliers.

38195 **Biens concernés** Tous les **biens successoraux** peuvent faire l'objet d'une vente.

En présence de **droits indivis** dans un bien tel qu'un bien de communauté, la cession ne peut porter que sur ces droits et non sur la totalité du bien. Le respect des règles propres à l'indivision sera nécessaire.

Les **biens légués à titre particulier** ne peuvent faire l'objet d'une vente puisqu'ils appartiennent aux légataires dès l'ouverture de la succession. Cependant, en cas d'insuffisance de l'actif non légué pour apurer le passif, les biens légués devront être vendus puisque la délivrance du legs ne peut intervenir qu'après apurement du passif. En somme, la cession porte en premier lieu sur les biens successoraux non légués et en cas d'insuffisance, sur les biens légués.

38200 **Déclaration d'aliénation** Chaque aliénation doit faire l'objet d'une déclaration au **tribunal judiciaire** dans les 15 jours de la signature de l'acte ou de la transaction (C. civ. art. 794, al. 1). Comme pour la conservation d'un bien, le tribunal assure la **publicité** de la vente au Bodacc pour informer les créanciers (C. civ. art. 793). De même, l'héritier a deux mois pour payer les créanciers sauf consignation ; ce délai court non à compter de la déclaration mais à partir du moment où les fonds sont disponibles (C. civ. art. 797, al. 1).

Cette publicité fait courir le délai de trois mois pendant lequel le **prix** d'une vente amiable peut être **contesté** en prouvant que la valeur du bien est supérieure au prix fixé. En revanche, s'il y a eu adjudication, la loi exclut toute possibilité de contestation (C. civ. art. 794, al. 2).

Si la **déclaration** d'aliénation d'un bien n'est **pas effectuée** dans les 15 jours de l'aliénation, l'héritier engage ses biens personnels à hauteur du prix de vente (C. civ. art. 795, al. 2).

B. Règlement du passif

LIMITATION DU DROIT DE POURSUITE

Les créanciers successoraux ne peuvent poursuivre que les biens dépendant de la succession puisque l'héritier acceptant à concurrence de l'actif net n'est tenu au paiement des **dettes de la succession** que jusqu'à concurrence des biens qu'il a recueillis (C. civ. art. 791, 3°). **38250**

L'obligation « intra vires hereditatis » subit cependant une exception. Les **charges de la succession,** parce qu'elles sont considérées comme des dettes personnelles du successible, donnent lieu à un droit de poursuite qui n'est pas limité par l'acceptation à concurrence de l'actif net. En effet, l'article 791, 3° ne vise que les dettes de la succession. Les charges donnent donc lieu à une obligation indéfinie et peuvent être recouvrées sur les biens personnels de l'héritier acceptant à concurrence de l'actif net. Toutefois, les créances pour lesquelles l'obligation ultra vires ne joue pas alors même que la succession a été acceptée purement et simplement ne pourront être poursuivies que sur les biens de la succession en cas d'acceptation à concurrence de l'actif net (pour ces charges, voir n° 37045).

MONOPOLE DES CRÉANCIERS SUCCESSORAUX

En contrepartie de la limitation de l'obligation de l'héritier acceptant à concurrence de l'actif net, dès lors qu'ils ont déclaré leurs créances dans le délai de 15 mois, les créanciers successoraux bénéficient sur ces mêmes biens d'un monopole des poursuites et non d'une simple préférence opposable aux **créanciers personnels du successible** comme en matière d'acceptation pure et simple (voir n° 37095). **38255**

Malgré la **révocation de l'acceptation** à concurrence de l'actif net, les créanciers successoraux et les légataires de sommes d'argent conservent l'exclusivité des poursuites sur les biens de la succession autres que ceux qui ont fait l'objet d'une déclaration de conservation ou ont été aliénés dans les conditions exposées n°s 38150 s. (C. civ. art. 802).

PROCÉDURE DE RÈGLEMENT

Créanciers successoraux La procédure relative au paiement des créanciers est organisée de manière comparable à celle existant en matière de procédures collectives. La déclaration des créances dans le délai prévu permet de recenser les créances et les charges de la succession et de déterminer si elles sont privilégiées ou chirographaires. Une fois le passif établi, l'héritier acceptant à concurrence de l'actif net procède au règlement des créances selon l'**ordre légal.** **38260**

L'héritier règle le passif de la succession selon les modalités suivantes (C. civ. art. 796) :

– les **créanciers privilégiés** sont payés selon le rang de la sûreté assortissant leur créance. Si le prix de vente du bien grevé ne suffit pas à désintéresser certains créanciers inscrits, ces derniers seront payés au moyen du prix de vente des autres biens successoraux mais encore faut-il qu'ils aient pris la précaution de déclarer leur créance. Pour ce complément, ils seront traités comme des créanciers chirographaires. Lorsque le bien faisant l'objet de la sûreté est cédé ou conservé, le droit de préférence se reporte sur le prix de vente dans le premier cas et continue de s'exercer sur le bien dans le second cas en application du droit de suite ;

– les **autres créanciers** sont désintéressés dans l'ordre de la déclaration de leurs créances, autrement dit au prix de la course. Cette règle qui expose les créanciers à ne rien recevoir alors même qu'ils ont déclaré dans le délai légal a été largement critiquée par la doctrine car ce mode de règlement favorise le paiement prioritaire des créanciers proches du défunt (P. Catala, Prospective et perspectives en droit successoral : JCP N 2007 n° 1206 ; S. Piedelièvre, Crédit et successions : la sécurité de l'héritier passe avant les droits des créanciers successoraux : Dr. et patrimoine mars 2007 p. 59) ;

– les **legs de sommes d'argent** sont délivrés après paiement des créanciers (application de la règle selon laquelle les légataires de biens fongibles sont toujours payés après les créanciers).

S'ils ont déclaré leurs créances dans le délai de 15 mois mais après épuisement de l'actif, les créanciers successoraux non intégralement désintéressés ont un **recours contre les légataires** qui auraient été remplis de leurs droits (C. civ. art. 799). **38265**

En aucun cas les créanciers successoraux (sauf s'ils sont munis de sûretés) ou les légataires de sommes d'argent ne peuvent poursuivre le recouvrement de leurs créances sur les **biens qui ont fait l'objet d'une déclaration de conservation** (qui leur est opposable) **ou** ont été **aliénés** par l'héritier (il s'agit de protéger l'acquéreur du bien) dans les conditions déjà exposées n°s 38180 et 38200. **38270**

38275 Le paiement des créanciers successoraux doit intervenir dans un **délai** de deux mois à compter de la déclaration de conservation du bien ou dans les deux mois du jour où le produit de la vente est disponible. Si l'héritier ne peut s'en dessaisir au profit des créanciers dans ce délai, notamment en raison d'une contestation portant sur l'ordre ou la nature des créances, il consigne les sommes disponibles tant que la contestation subsiste (C. civ. art. 797, al. 2).

38280 L'héritier qui, sciemment et de mauvaise foi, n'affecte pas au paiement des créanciers de la succession la valeur des biens conservés ou le prix des biens aliénés est **déchu de l'acceptation à concurrence de l'actif net.** Il est réputé acceptant pur et simple à compter de l'ouverture de la succession (C. civ. art. 800, al. 4). Mais les créanciers successoraux et les légataires de sommes d'argent conservent l'exclusivité des poursuites sur les biens de la succession autres que ceux conservés ou aliénés (C. civ. art. 802).

38285 **Créanciers personnels de l'héritier** Les créanciers personnels de l'héritier ne peuvent poursuivre le recouvrement de leurs créances sur les **biens de la succession** – autres que ceux qui ont fait l'objet d'une déclaration de conservation ou d'aliénation – qu'après le désintéressement intégral des créanciers successoraux et des légataires, et bien sûr seulement après l'expiration du délai de 15 mois de suspension des poursuites (C. civ. art. 798, al. 2).

C. Apurement du compte

OBLIGATION DE RENDRE COMPTE

38335 L'héritier doit rendre compte aux créanciers et légataires. Le **compte d'administration** comporte, à l'**actif,** les biens successoraux, les biens subrogés, les fruits perçus et les indemnités que le successeur peut devoir à raison des fautes commises dans sa gestion et, au **passif,** les dettes et charges de la succession, les frais de scellés et d'inventaire ainsi que ceux d'administration et de liquidation.

Si la balance du compte fait apparaître un **excédent d'actif,** celui-ci fait partie du patrimoine de l'héritier. Si des créanciers du de cujus dont le titre ne serait pas éteint ou des légataires se présentent après l'apurement du compte, ils peuvent contraindre l'héritier sur ses biens à hauteur du reliquat. S'il y a un **excédent de passif,** les créanciers et légataires ne peuvent poursuivre l'héritier sur ses biens personnels.

38340 L'**héritier doit présenter le compte** d'administration à tout créancier successoral qui en fait la demande et doit répondre, dans un délai de deux mois, à la sommation (signifiée par acte extrajudiciaire) d'un créancier de lui révéler où se trouvent les biens et droits recueillis dans la succession et qu'il n'a pas aliénés ou conservés dans les conditions requises. À défaut, il peut être contraint sur ses biens personnels (C. civ. art. 800, al. 3).

Si l'**héritier ne rend pas compte** spontanément **ou** s'il y a un **désaccord sur le compte,** les créanciers peuvent exiger la reddition du compte en justice ; en l'absence de précision, cette action se prescrit par cinq ans à compter de l'expiration du délai de déclaration (F. Terré, Y. Lequette et S. Gaudemet, Droit civil. Les successions. Les libéralités, Dalloz, 4e éd., 2014, no 995).

38345 **Clôture du compte** La clôture du compte d'administration de l'héritier ne peut intervenir avant l'issue du **délai** de 15 mois de la publicité de la déclaration, et après désintéressement de tous les créanciers déclarés ou épuisement de l'actif et affectation des sommes correspondantes au paiement des créanciers.

L'héritier ou le notaire chargé du règlement de la succession dépose le compte définitif de son administration au greffe du tribunal judiciaire, ce **dépôt** faisant l'objet d'une publicité au Bodacc (CPC art. 1337).

RESPONSABILITÉ DE L'HÉRITIER

38350 L'héritier acceptant à concurrence de l'actif net répond des **fautes graves** qu'il commet dans l'administration de la succession (C. civ. art. 800, al. 1 et 2). L'exigence de la faute grave se justifie par la gratuité de sa gestion. Elle suppose la totale imprévoyance de l'héritier et correspond à celle qu'il ne commettrait pas dans la gestion de ses propres affaires. Il en va ainsi lorsqu'il aura payé un légataire au préjudice des créanciers déclarants ou encore lorsque, en raison de sa mauvaise gestion, il aura compromis le bon déroulement des opérations. Sa gravité est appréciée souverainement par le juge.

Le successible répond sur ses **biens personnels** des fautes graves qu'il a pu commettre dans l'administration dont il est chargé (C. civ. art. 800, al. 2).

Lorsque l'héritier acceptant à concurrence de l'actif net est **mineur ou** sous **tutelle,** la responsabilité encourue pour faute dans l'administration incombera, non à lui-même, mais à son représentant légal.

L'héritier acceptant à concurrence de l'actif net peut même être frappé de **déchéance** dans certaines circonstances graves (n° 37705). Il est alors acceptant pur et simple à compter de l'ouverture de la succession.

D. Cas particulier : option mixte

PLURALITÉ D'HÉRITIERS

Si certains héritiers optent pour l'acceptation pure et simple et d'autres pour l'acceptation à concurrence de l'actif net, ce sont les **règles** de cette dernière **qui prévalent** jusqu'au jour du partage (C. civ. art 792-2, al. 1). S'agissant de la gestion, les règles de l'indivision s'ajoutent à celles régissant l'acceptation à concurrence de l'actif net (voir nos 55390 s.). **38400**

Si les créanciers successoraux souhaitent agir avant le partage sur les biens personnels des héritiers, ils se heurtent à la **séparation des patrimoines.** Cette règle vaut non seulement pour l'héritier acceptant à concurrence de l'actif net mais aussi pour ceux acceptants purs et simples. Les effets de l'acceptation à concurrence de l'actif net profitent ainsi à tous les successeurs.

DROIT DE DEMANDER LE PARTAGE

En cas de **difficulté pour recouvrer la part de leur créance** incombant aux héritiers acceptant à concurrence de l'actif net, les créanciers d'une succession acceptée par un ou plusieurs héritiers purement et simplement et par d'autres à concurrence de l'actif net peuvent provoquer le partage (C. civ. art 792-2, al. 2). **38405**

Après le partage, la séparation des patrimoines subsiste à l'égard du ou des héritiers acceptants à concurrence de l'actif net mais elle ne vaut plus pour ceux qui ont accepté purement et simplement.

CHAPITRE 4

RENONCIATION À SUCCESSION

SOMMAIRE

CARACTÈRES DE LA RENONCIATION

Troisième branche de l'option reconnue à un héritier (n° 35005), la renonciation est la plus radicale car elle est un **acte unilatéral** par lequel le successible abdique ses droits dans la succession. **38900**

En raison de la rétroactivité au jour de l'ouverture de la succession, l'héritier renonçant est censé n'avoir jamais eu la **qualité d'héritier** (C. civ. art. 805, al. 1). Il devient ainsi étranger à la succession.

La renonciation peut avoir une incidence non négligeable sur la substance du patrimoine du renonçant. Étant considérée comme un acte grave, elle est assimilée à un **acte de disposition.** Pour renoncer à une succession, le renonçant doit donc en principe avoir la capacité de disposer. Sur les règles spécifiques aux mineurs et aux majeurs protégés, voir n°s 35245 s.

La renonciation à succession ne doit pas être confondue avec la **renonciation anticipée à l'action en réduction** (C. civ. art. 929 à 930-5) ; sur cette dernière, voir n°s 33830 s.

Le droit de renoncer est un droit discrétionnaire pour l'héritier (en ce sens, notamment, Cass. 1e civ. 15-5-2008 n° 06-19.535 FS-PBI : Defrénois 15-9-2008 n° JP2008DEF1685N1 p. 1685 note P. Malaurie, BPAT 3/08 inf. 100-1). Les **motifs de la renonciation** peuvent être de plusieurs ordres : **38905**

- échapper à l'obligation au passif, lorsque la succession est ou risque d'être déficitaire ;
- échapper à l'obligation au rapport des donations antérieurement reçues du défunt (voir notamment Cass. 1e civ. 15-5-2008 n° 06-19.535 précité), si le disposant n'a pas expressément exigé le rapport en cas de renonciation (n°s 31110 s.) ;
- permettre à ses propres enfants d'hériter par représentation, dans les successions en ligne directe ou entre collatéraux privilégiés ;
- afficher une indépendance d'esprit ou un total désintéressement à l'égard de la mémoire du défunt.

La renonciation doit avoir un **objet précis.** Lorsqu'un héritier a été gratifié à cause de mort par le de cujus, sa renonciation à la succession légale n'emporte pas renonciation à la libéralité qui lui a été consentie (voir n° 39155). En effet, celui qui cumule plus d'une vocation successorale à la même succession dispose, pour chacune d'elles, d'un droit d'option distinct (C. civ. art. 769). Par conséquent, il doit renoncer séparément à chacune de ses vocations. Il est donc indispensable qu'il précise au moment de la renonciation à quelle vocation il renonce. **38910**

A. Formalisme de la renonciation

1. EXIGENCE D'UNE DÉCLARATION

DÉCLARATION EXPRESSE

38960 La renonciation n'est pas un acte anodin. Elle présente un **danger** non seulement pour son auteur mais aussi pour les tiers, notamment les créanciers successoraux ou personnels. C'est pourquoi, sauf inaction de l'héritier pendant le délai de dix ans pour opter, la renonciation ne se présume pas (C. civ. art. 780).

HÉRITIERS ET LÉGATAIRES À VOCATION UNIVERSELLE

38965 **Formalités** Pour les **successions ouvertes depuis le 1er novembre 2017,** la renonciation des héritiers et des légataires ayant une vocation universelle peut emprunter deux voies différentes.

Première voie, la renonciation à succession peut être adressée ou déposée au **greffe du tribunal judiciaire** du lieu d'ouverture de la succession ; le greffe en donne récépissé au déclarant (C. civ. art. 804 ; CPC art. 1339). La déclaration doit indiquer les noms, prénoms, profession et domicile du successible, ainsi que la qualité en vertu de laquelle il est appelé à la succession (sur formulaire Cerfa 15828*05, accessible sur Service-Public.fr). Les mêmes règles s'appliquent aux représentants de l'héritier renonçant (Rép. Bianco : AN 1-2-2011 n° 93270).

La renonciation à une succession n'est pas un acte de procédure : c'est la simple constatation de la volonté du renonçant consignée par le greffier sur son registre. Par conséquent, l'intervention d'un officier public ou ministériel ou d'un avocat n'est pas indispensable.

Seconde voie, la déclaration de renonciation peut aussi être faite devant **notaire** (C. civ. art. 804, al. 2). Dans le mois suivant la renonciation, le notaire qui l'a reçue en adresse copie au greffe du tribunal judiciaire dans le ressort duquel la succession s'est ouverte (C. civ. art. 804, al. 3). Ce dernier lui en délivrera un récépissé (CPC art. 1339).

Cette possibilité de renoncer devant notaire présente notamment un intérêt lors de **renonciations en chaîne de tous les représentants d'une souche** en cas de succession déficitaire. Le notaire pourra ainsi recevoir tous les héritiers de la souche pour les faire renoncer dans un même acte et ainsi constater la vacance de la succession.

Dans les deux cas, lorsque la succession comporte des **biens immobiliers,** l'identité détaillée du ou des renonçant(s) doit être mentionnée dans l'attestation immobilière de propriété sous peine de refus (M. Suquet-Cozic, Faut-il indiquer l'état civil complet du renonçant dans l'attestation de propriété immobilière ? : SNH 36/20 inf. 10). Sur l'attestation immobilière de propriété, voir nos 22150 s.

38970 Pour les renonciations aux **successions ouvertes avant le 1er novembre 2017,** la déclaration peut uniquement être adressée ou déposée au greffe du tribunal du lieu d'ouverture de la succession (C. civ. art. 804 ancien).

38975 **Opposabilité aux tiers** À **défaut de déclaration** au greffe du tribunal judiciaire ou devant notaire, la renonciation opérée par l'héritier universel ou à titre universel n'est pas opposable aux tiers. Cette formalité n'est pas une condition de validité mais simplement une condition d'opposabilité, quelle que soit la nature de la **renonciation, unilatérale** ou **conventionnelle.**

La validité des conventions par lesquelles un successible s'oblige à l'égard d'un autre à ne pas venir à la succession est en effet admise. Cette **renonciation conventionnelle** ne suppose aucune forme particulière : elle peut être constatée par acte authentique ou sous signature privée. Ainsi, dès lors que l'héritier a manifesté clairement sa volonté de renoncer, sa renonciation est valable à l'égard de ses cohéritiers. Toutefois, à défaut de déclaration expresse au greffe du tribunal ou devant notaire, elle n'est pas opposable aux tiers, à l'instar de la renonciation unilatérale.

LÉGATAIRE PARTICULIER

38980 Aucun formalisme ne s'impose au légataire particulier puisqu'il n'a aucun droit à titre universel dans la succession. Il peut donc **renoncer tacitement** au bénéfice de sa libéralité sans le déclarer au greffe ou devant notaire. D'ailleurs, l'article 804 du Code civil ne vise expressément que l'héritier universel ou à titre universel et exclut ainsi le légataire particulier de l'accomplissement de cette formalité.

RECOURS AU MANDAT

La renonciation peut se faire par mandataire, mais en exigeant une déclaration expresse, l'article 804 du Code civil impose au successible renonçant, ou à son représentant légal, l'obligation de se faire représenter par un **mandataire spécial.** Un mandat de mettre en œuvre les droits du successible dans une succession ne suffit pas. En revanche, dès lors qu'il est spécial, il peut être donné par écrit sous signature privée. 38985

2. MOMENT DE LA RENONCIATION

DÉLAI D'OPTION

L'option ne peut être exercée **avant l'ouverture de la succession,** même par contrat de mariage (C. civ. art. 770). Un héritier ne peut par conséquent renoncer à une succession non encore ouverte. Cela constituerait en effet un pacte sur succession future, prohibé par la loi. Ce principe s'applique tant à la succession légale qu'à la succession testamentaire ou contractuelle. De même, il n'est pas possible de renoncer au bénéfice d'une institution contractuelle du vivant du donateur (Cass. 1e civ. 16-7-1981 no 80-11.285 : Bull. civ. I no 261). 39015

L'héritier peut en revanche opter, s'il le souhaite, **dès l'ouverture de la succession.** Mais il ne peut y être obligé. La loi lui accorde en effet un délai de réflexion de quatre mois pendant lequel il ne peut être contraint d'opter (C. civ. art. 771). Sur le délai d'exercice de l'option successorale, voir nos 35575 s.

B. Effets de la renonciation

1. RÈGLES GÉNÉRALES

EFFET RÉTROACTIF

L'héritier renonçant est censé n'avoir jamais été héritier (C. civ. art. 805, al. 1). Sa **vocation légale** disparaît rétroactivement. Il ne recueille pas d'actif et ne supporte pas les dettes du défunt. 39065

Étant étranger à la succession, le renonçant n'est, sauf exceptions, pas pris en compte pour le calcul de la **réserve globale** (voir no 28935). Par conséquent, la dévolution s'opérant comme si le renonçant n'avait jamais existé, sa réserve disparaît, ce qui accroît le disponible. En effet, les héritiers réservataires ne peuvent faire valoir leur droit à la réserve que s'ils sont appelés à la succession et s'ils l'acceptent (C. civ. art. 912). Ainsi, si le renonçant est le seul héritier réservataire et qu'il ne laisse aucune postérité, il n'y a plus de réserve.

Sauf exception (nos 31110 s.), l'héritier renonçant n'est pas non plus tenu au **rapport des libéralités** qui lui ont été consenties par le défunt.

De la même façon, la simple présence d'un descendant du donataire prédécédé ne peut pas faire obstacle, dès lors qu'il a renoncé à la succession de ce dernier, au **droit de retour légal** des biens donnés dans le patrimoine de l'ascendant donateur (nos 25170 s.).

> **Précisions** La renonciation à succession par l'héritier ou le légataire par ailleurs bénéficiaire d'un contrat d'**assurance-vie** en cas de décès n'a aucune incidence sur le bénéfice de l'assurance-vie (C. ass. art. L 132-8 ; pour une illustration, CA Dijon 18-12-2007 no 06/329).

RENONÇANT NON REPRÉSENTÉ

Si le renonçant n'est pas représenté, sa renonciation profite à ses cohéritiers ; et, s'il est seul héritier, la succession est dévolue au degré subséquent (C. civ. art. 805, al. 2). Toutefois, malgré la formule utilisée par les textes, la **part du renonçant** n'accroît pas véritablement celles des autres héritiers. En effet, elle n'existe pas puisqu'il perd rétroactivement tout droit dans la succession. 39070

Comme la renonciation rétroagit au jour de l'ouverture de la succession, la **détermination des héritiers** appelés à défaut du renonçant s'opère elle-même à cette date.

Sur les règles de dévolution en présence d'un héritier renonçant non représenté, voir nos 22800 s.

Sort des actes accomplis par le renonçant Si le renonçant a accompli des actes sur des biens successoraux, ces actes sont en principe caducs. Inversement, les actes régulièrement adressés par des tiers à l'héritier ultérieurement renonçant devraient être 39075 considérés comme nuls. Cependant, la jurisprudence hésite à admettre une telle conséquence en raison de la **protection des tiers** ayant acquis des droits du renonçant avant sa renonciation. La Cour de cassation a ainsi admis que les significations et dénonciations auxquelles donnent lieu les mesures d'exécution dirigées contre la succession d'une personne décédée ne peuvent être annulées au seul motif que les héritiers ont renoncé par la suite à la succession (Cass. 2e civ. 11-7-2002 n° 00-22.455 FS-PB). La loi du 23 juin 2006 n'a pas apporté de réponse à cette difficulté. Comme en matière d'indivision, les actes faits par le renonçant ou qui lui ont été adressés par les tiers devraient pouvoir être maintenus, nonobstant la rétroactivité de la renonciation, dès lors qu'ils ont été faits dans l'intérêt de la succession.

RENONÇANT REPRÉSENTÉ

39080 S'il est représenté par ses descendants, la **part du renonçant** va à ses représentants. Par conséquent, la perte de ses droits ne lui est que personnelle ; la souche dont il est le fondateur dans l'ordre des descendants ou dans l'ordre des collatéraux continue au contraire d'en profiter. Les représentants sont pris en considération pour la détermination du montant de la quotité disponible (C. civ. art. 913, al. 2).

Les **représentants du renonçant** ne sont pas eux-mêmes tenus d'accepter la succession ; ils peuvent y renoncer, chacun pour leur part. Mais s'ils acceptent, les droits reconnus par la loi au représenté se trouveront consolidés depuis le jour de l'ouverture de la succession. Dès lors, les actes régulièrement accomplis par le représenté jusqu'à sa propre renonciation seront rétroactivement confortés. Si le renonçant n'était pas le seul appelé, le partage ayant lieu par souches en vertu de la représentation, et si l'un des représentants du renonçant renonce également, sa renonciation profitera aux seuls cohéritiers de sa souche (M. Grimaldi, Droit des successions, LexisNexis, 8e éd., 2020, n° 551).

2. OBLIGATIONS DU RENONÇANT

PRINCIPE : DISPARITION DE L'OBLIGATION AU PASSIF SUCCESSORAL

39110 Le renonçant n'est pas tenu au paiement des **dettes et charges de la succession** (C. civ. art. 806). L'absence d'obligation a un **caractère rétroactif.** Si le renonçant avait, avant sa renonciation, engagé des frais liés à l'ouverture de la succession, à sa conservation ou à son administration provisoire, ces frais sont à la charge de la succession (C. civ. art. 808). S'il en a déjà réglé le montant, il doit en être remboursé. Toutefois, ces frais doivent avoir été « légitimement engagés » : ils ne doivent pas être démesurés, injustifiés par rapport à ce qu'il est normal d'attendre d'un héritier qui n'a pas encore pris parti. Dans le cas contraire, ces frais resteront à sa charge.

EXCEPTIONS : MAINTIEN DE L'OBLIGATION ENVERS CERTAINES DETTES ET CHARGES

39115 Bien que non tenu aux dettes et charges de la succession, l'héritier renonçant doit assumer les dettes qui pèsent sur les héritiers à titre personnel en raison de leur appartenance à la famille du de cujus (F. Terré, Y. Lequette et S. Gaudemet, Droit civil. Les successions. Les libéralités, Dalloz, 4e éd., 2014, n° 777). Ainsi, nonobstant sa renonciation, un héritier peut être tenu, en vertu de son **obligation alimentaire,** de contribuer au remboursement des frais d'hospitalisation du défunt (CA Lyon 13-11-1952 : D 1953 p. 755 note P. Gervésie).

De même, le renonçant doit assumer à proportion de ses moyens la charge des **frais funéraires et d'obsèques** du descendant ou de l'ascendant à la succession duquel il renonce si l'actif successoral ne permet pas d'y faire face (C. civ. art. 806 ; Cass. 1e civ. 14-5-1992 n° 90-18.967 : Bull. civ. I n° 140). Cette obligation pèse même sur l'enfant posthume (Cass. 1e civ. 28-1-2009 n° 07-14.272 FS-PB : Bull. civ. I n° 12, BPAT 2/09 inf. 70, Defrénois 2009 art. 38925 note J. Massip). L'enfant renonçant peut toutefois en être déchargé en tout ou partie lorsque son ascendant a manqué gravement à ses obligations envers lui (Cass. 1e civ. 31-3-2021 n° 20-14.107 FS-P : BPAT 3/21 inf. 160, AJ Famille 2021 p. 299 obs. J. Houssier).

ATTENTION

S'il a payé les frais funéraires pour le compte de la succession, l'héritier renonçant dispose d'une **action en remboursement** contre cette dernière, étant subrogé de plein droit dans les droits du créancier. Il bénéficie à ce titre du privilège sur les meubles, prévu à l'article 2331, 2° du Code civil, ce qui lui permet de se faire rembourser avant certains créanciers (en ce sens, notamment, Rép. Masson : Sén. 18-11-2010 n° 13911).

3. DROITS DU RENONÇANT

S'il n'a aucun droit sur les biens de la succession, l'héritier conserve certains droits de nature extrapatrimoniale. Par exemple : 39145
– il peut conserver les **souvenirs de famille** dans les conditions de droit commun (nos 26170 s.) ;
– il conserve le droit de défendre la **mémoire et** l'**honneur du défunt** et de poursuivre les atteintes qui leur seraient portées ;
– il peut être inhumé dans le **caveau de famille.**

L'héritier renonçant perd les droits patrimoniaux de la **propriété littéraire et artistique** 39150
(nos 26080 s.). Toutefois, la perte du **droit moral** a donné lieu à une jurisprudence fluctuante. Il a été décidé dans un premier temps qu'une renonciation à tous les droits de la succession établit la volonté de l'intéressé de renoncer à être le continuateur de la personne du défunt et à devenir titulaire du droit moral sur son œuvre et ce quels que soient les motifs l'ayant inspiré (Cass. 1e civ. 3-12-2002 no 01-01.256 FS-PB). Puis la Cour de cassation est revenue sur cette position, en détachant la dévolution du droit moral de l'option successorale (Cass. 1e civ. 15-2-2005 no 03-12.159 FS-PB : RTD com. 2005 p. 316 obs. F. Pollaud-Dulian).

LIBÉRALITÉS

L'héritier qui renonce perd le bénéfice des biens du défunt reçus au titre de la dévolution 39155
légale. En revanche, il peut accepter des biens investis, au titre de la dévolution volontaire, d'une **vocation universelle ou à titre universel** par le biais de legs ou de donations à cause de mort.

Le renonçant peut aussi conserver les libéralités reçues du défunt comme si elles avaient été adressées à un étranger. En effet, « l'héritier qui renonce à la succession peut cependant retenir le **don entre vifs** ou réclamer le **legs** à lui fait jusqu'à concurrence de la portion disponible » (C. civ. art. 845). La même solution est reprise pour un héritier réservataire qui se trouve gratifié : « la donation faite en avance de part successorale à un héritier réservataire qui renonce à la succession est traitée comme une donation faite hors part successorale » et se trouve donc réductible à ce titre (C. civ. art. 919-1, al. 2). Dans l'hypothèse où un héritier gratifié reçoit une libéralité dont le montant excède sa part légale dans la succession, la renonciation à celle-ci lui permettra en pratique d'obtenir plus que cette part, alors que, s'il avait accepté la succession, le rapport de la libéralité l'aurait obligé à partager celle-ci, au moins en valeur, avec ses cohéritiers (voir nos 31930 s.).

Le disposant peut maintenir l'exigence du **rapport** en cas de renonciation (nos 31110 s.), dès 39160
lors qu'il le fait expressément dans l'acte de disposition (C. civ. art. 845, al. 1 in fine). Le rapport se fait alors en valeur. En effet, l'héritier qui renonce mais est astreint au rapport doit être traité comme un héritier acceptant pour la réunion fictive, l'imputation et, le cas échéant, la réduction de la libéralité qui lui a été consentie (C. civ. art. 919-1, al. 2) ; sur cette question, voir nos 31120 s.

Par conséquent, le renonçant pourra toujours prétendre conserver les biens qui lui ont été donnés ou légués par le de cujus, soit dans la limite de la quotité disponible si le de cujus n'a pas prescrit le rapport en cas de renonciation, soit dans la limite de la part à laquelle il aurait eu droit dans la succession si le de cujus a prescrit le rapport en cas de renonciation.

Pour une étude d'ensemble, avec des exemples chiffrés, de ces questions, voir S. Gaudemet, D. Vincent et C. Lacotte, De quelques incidences liquidatives de la renonciation d'un enfant à une succession bénéficiaire : SNH 7/22 dossier expert inf. 1 à 7 et cas pratique no 77075.

4. DROITS DES CRÉANCIERS PERSONNELS DE L'HÉRITIER RENONÇANT

AUTORISATION JUDICIAIRE AUX FINS D'ACCEPTER LA SUCCESSION

La renonciation à une succession est en principe opposable aux créanciers personnels de 39190
l'héritier qui renonce. Toutefois, si la **renonciation préjudicie à leurs droits,** ils peuvent se faire autoriser en justice à accepter la succession au lieu et place de l'héritier qui a renoncé (ou qui s'abstient de l'accepter) (C. civ. art. 779, al. 1).

L'acceptation de la succession ne produit d'**effet** qu'à l'égard des créanciers demandeurs et seulement à concurrence de leurs créances ; elle ne produit pas d'autre effet à l'égard de l'héritier (C. civ. art. 779, al. 2).

Pour un exposé détaillé des conditions et des effets de cette action en justice, voir nos 35120 s.

C. Neutralisation de la renonciation

CAS PARTICULIERS

39240 Certaines situations empêchent ou neutralisent la renonciation à succession. Il en est ainsi :
– en cas d'**acceptation pure et simple** d'une succession de manière **tacite,** lorsque l'héritier accomplit un acte qui suppose nécessairement son intention d'accepter et qu'il n'aurait le droit d'effectuer qu'en qualité d'héritier acceptant (C. civ. art. 782). Si elle est reconnue, l'héritier ne peut pas renoncer à la succession puisque l'acceptation tacite produit les mêmes effets que celle qui est expresse (nos 36685 s.) ;
– en cas de **recel successoral,** l'héritier coupable de recel étant réputé accepter purement et simplement la succession, nonobstant toute renonciation (n° 39960) ;
– en cas d'**acceptation par les créanciers personnels du renonçant** (n° 39190).

RÉVOCATION DE LA RENONCIATION

39245 Soucieux d'éviter autant que possible la **vacance des successions,** la loi prévoit la possibilité pour l'héritier de révoquer sa renonciation sous certaines conditions.

39250 **Titulaires de la révocation** La faculté de révoquer est accordée à l'**héritier** qui a renoncé (C. civ. art. 807). Ce terme doit être entendu largement. Avant la réforme du 23 juin 2006, la faculté de se rétracter avait été admise pour tous les **successeurs universels ou à titre universel,** tels des légataires universels, qu'ils fussent saisis ou non (Cass. 1e civ. 1-2-1955 : D. 1955 p. 437 rapport Chavanne). Cette solution est à notre avis applicable à la situation actuelle. La faculté de révoquer sa renonciation à succession ne semble pas être un droit attaché à la personne de l'héritier. Par conséquent, elle pourrait être exercée par les **héritiers du renonçant** ou le **cessionnaire des droits des héritiers** du renonçant, **ou** encore ses **créanciers** usant de la voie oblique (C. civ. art. 1341-1).

ATTENTION

La rétractation de la renonciation peut éventuellement être motivée par la **prescription des créances successorales.** Les actions personnelles ou mobilières se prescrivent par cinq ans à compter du jour où le titulaire d'un droit a connu ou aurait dû connaître les faits lui permettant de l'exercer (C. civ. art. 2224). Or, le point de départ de la prescription de l'action en recouvrement est fixé à la date à laquelle le créancier a connaissance de l'identité des héritiers du débiteur (Cass. 1e civ. 15-3-2017, n° 15-27.574 F-PB ; Cass. 1e civ. 23-1-2019 n° 17-18.219 FS-PBI). Le créancier peut ainsi invoquer qu'il n'a connu leur identité que lors de la transmission de l'acte de notoriété établi par le notaire. Cette solution préserve les droits du créancier mais rend incertain le point de départ de la prescription.

39255 **Conditions de la révocation** La révocation de la renonciation suppose la réunion de plusieurs conditions (C. civ. art. 807, al. 1) :
– l'héritier renonçant peut uniquement révoquer sa renonciation en faveur d'une **acceptation pure et simple** de la succession (C. civ. art. 807). Il ne peut donc pas se rétracter en faveur d'une acceptation à concurrence de l'actif net ;
– la **succession** ne doit pas avoir été entre-temps **acceptée par un autre héritier,** que ce soit purement et simplement ou à concurrence de l'actif net, avant ou après la renonciation, pourvu que ce soit avant la rétractation. Si la succession avait déjà été acceptée, le risque de vacance de la succession n'aurait pas lieu d'être. Peu importe que l'acceptant soit héritier légal, légataire universel ou à titre universel ou bénéficiaire d'une institution contractuelle. L'acceptation de n'importe lequel d'entre eux suffit à faire obstacle à la révocation de la renonciation émanant d'un autre héritier (Cass. 1e civ. 1-2-1955 : D 1955 p. 437 rapport Chavanne) ;
– le **délai d'option** n'est pas expiré car on ne saurait, en révoquant sa renonciation, faire revivre un droit éteint ;
– l'**État** ne doit pas déjà avoir été **envoyé en possession.** Ceci pour éviter que l'héritier ne renonce qu'à l'administration de la succession confiée à l'administration des domaines, sans pour autant renoncer au boni de liquidation (voir nos 26930 s.).
Sur les règles de **capacité** en cas de renonciation par un mineur ou un majeur protégé, voir nos 35240 s.

39260 **Forme de la révocation** La révocation **expresse** de la renonciation donne lieu à une déclaration dans les mêmes formes que la renonciation (CPC art. 1340) : voir nos 38965 s.
La révocation devrait également pouvoir être **tacite** si elle est certaine, et résulter de l'accomplissement par le renonçant d'un acte que seul un héritier acceptant peut faire (vente en connaissance de cause d'un bien de la succession, par exemple).

Effets de la révocation À l'égard des **successibles,** la révocation produit les mêmes effets qu'une acceptation qui n'aurait pas été précédée d'une renonciation. Elle rétroagit au jour de l'ouverture de la succession et l'héritier considéré comme acceptant pur et simple est investi des mêmes droits et obligations. À l'égard des **tiers,** la révocation d'une renonciation ne remet pas en cause les droits qui ont pu être acquis par eux sur les biens de la succession par prescription ou par des actes valablement faits avec le curateur à la succession vacante (C. civ. art. 807, al. 2). 39265

D. Traitement fiscal de la renonciation

RENONCIATION TRANSLATIVE

En matière civile, la renonciation, **même à titre gratuit,** que fait un héritier **au profit d'un ou plusieurs autres héritiers** ou d'un héritier de rang subséquent emporte de sa part acceptation de la succession (C. civ. art. 783). Cette renonciation dite « translative » a des conséquences en matière fiscale : 39315

– l'héritier renonçant doit les droits de succession dans les conditions de droit commun ;

– les bénéficiaires de la renonciation doivent acquitter des droits de donation sur la libéralité qui leur est consentie par le renonçant.

Par **exception,** l'administration admet que la renonciation translative soit **assimilée à une renonciation pure et simple** lorsqu'elle ne modifie pas les règles de la dévolution légale (BOI-ENR-DMTG-10-50-80 n° 300). Tel est le cas, par exemple, quand un descendant renonce au profit de l'ensemble de ses frères et sœurs, seuls héritiers ab intestat.

Toute **renonciation à titre onéreux,** même effectuée indistinctement au profit de tous les héritiers, emporte également acceptation de la succession (C. civ. art. 783). En présence d'une telle renonciation, l'héritier renonçant doit par conséquent les droits de succession dans les conditions de droit commun. Il en est ainsi, par exemple, lorsque la renonciation a été incluse dans une **transaction,** même en l'absence de toute contrepartie au profit du renonçant (Cass. com. 26-6-2012 n° 11-21.160 FS-PB : RJF 10/12 n° 959, BPAT 5/12 inf. 260, décision rendue en application de l'ancien art. 780 du Code civil antérieur à la loi du 23-6-2006 mais transposable). 39320

Dans la mesure où la renonciation s'effectue à titre onéreux, le bénéficiaire de la renonciation ne doit pas de droits de donation ; seuls des droits de vente peuvent être exigibles, au tarif applicable en fonction de la nature des biens.

Il n'y a **pas renonciation à titre onéreux** du légataire particulier lorsque la transaction intervenue avec le légataire universel n'a eu pour objet que de mettre fin au litige les opposant sur le contenu du legs particulier. Dans ce cas, les sommes reçues par le légataire particulier en exécution de la transaction sont imposables aux droits de succession (CA Versailles 19-12-2013 n° 11/08923 : Sol. Not. 2/14 inf. 41, solution rendue dans une espèce où la question de l'imposition du légataire universel ne se posait pas, s'agissant d'une fondation exonérée de droits).

RENONCIATION PURE ET SIMPLE

Celui qui renonce à la succession n'a aucun droit de succession à payer puisqu'il est censé n'avoir jamais été héritier. 39325

ATTENTION

Les actes portant renonciation pure et simple à une succession ou à un legs sont dispensés de la présentation matérielle à la formalité d'**enregistrement** (CGI ann. IV art. 60). Toutefois, si l'acte de renonciation est notarié, il demeure soumis obligatoirement à enregistrement au regard des règles de droit commun applicables à l'enregistrement de ce type d'acte (CGI art. 635, 1-1°). Cet enregistrement donne lieu au versement du droit fixe de 125 € (CGI art. 680).

Quant aux droits dus par les **bénéficiaires indirects de la renonciation,** ils sont en principe calculés dans les conditions de droit commun, au tarif applicable compte tenu de leur lien de parenté avec le défunt. 39328

L'administration estime toutefois pouvoir **remettre en cause la renonciation** sur le terrain de l'abus de droit lorsque l'opération lui semble avoir pour seul but d'éluder les droits de succession normalement dus. Aucune jurisprudence n'existe, à notre connaissance, sur cette question.

ILLUSTRATIONS

Il y a **abus de droit,** selon l'administration :

1e en cas de **renonciation** à leur legs **par les petits-enfants du défunt,** lorsque cette renonciation est **suivie de la donation** par les deux filles du défunt, bénéficiaires indirectes de la renonciation, à leurs propres enfants d'une somme égale à celle des biens légués. Cette renonciation n'a d'autre but que d'échapper aux droits de succession normalement exigibles, en permettant aux petits-enfants légataires de bénéficier de l'abattement parents/enfants au lieu de celui, minime, prévu à défaut d'autre abattement (Décision de rescrit 2009/24 ENR du 14-4-2009 : BPAT 3/09 inf. 125, décision non reprise au Bofip, mais à notre avis par pure omission) ;

2e lorsque la **sœur d'une personne décédée** sans descendance **renonce à la succession** en son nom propre et pour ses enfants mineurs **au profit de sa mère,** seule autre héritière, celle-ci consentant immédiatement après une **donation à ses petits-enfants** d'une somme équivalente à celle qu'ils auraient reçue dans la succession de leur tante si leur mère et eux n'y avaient pas renoncé. Cette renonciation a pour seul but d'échapper aux droits élevés frappant les successions en ligne collatérale pour bénéficier de la fiscalité beaucoup plus favorable des mutations en ligne directe (BOI-ENR-DMTG-10-50-80 no 290).

Ces **deux exemples** illustrent clairement un souci d'**optimisation fiscale.** On observera néanmoins qu'en l'absence de legs, les sommes supplémentaires transmises aux enfants héritiers du défunt (exemple 1) ou à la sœur et à la mère du défunt (exemple 2) auraient pu être ensuite données aux petits-enfants avec le même résultat fiscal et sans risque de remise en cause.

39330 **Conséquences de la représentation du renonçant** Pour le calcul des **abattements** applicables aux droits de succession (ligne directe et collatérale), ainsi que pour la détermination du **tarif** applicable (ligne collatérale), les règles sont les mêmes qu'en cas de représentation d'un héritier prédécédé : voir nos 50270 s. (abattement au profit des enfants), nos 50325 s. (abattement entre frères et sœurs) et no 50570 (tarifs des droits entre frères et sœurs).

Sur l'application de la règle du **rappel** fiscal des donations antérieures en cas de représentation, voir no 50125.

CHAPITRE 5 RECEL SUCCESSORAL

SOMMAIRE

LIEN DU RECEL AVEC L'OPTION SUCCESSORALE

La loi 2006-728 du 23 juin 2006 traite de la question du recel successoral à propos de l'option de l'héritier. C'était déjà le cas précédemment. En effet, au décès d'une personne, ceux qui sont appelés à devenir ses héritiers sont souvent ceux qui ont un **accès privilégié aux biens.** Ils peuvent être tentés de les soustraire au partage à venir. Les dispositions relatives au recel instituent ainsi des peines privées visant à protéger les autres cohéritiers. 39800

SECTION 1 ÉLÉMENTS CONSTITUTIFS DU RECEL SUCCESSORAL

DÉFINITION DU RECEL SUCCESSORAL

Le recel successoral est une **fraude** commise dans le but de rompre l'égalité du partage et qui consiste (C. civ. art. 778) : 39810

– soit à **cacher l'existence d'un cohéritier** ;
– soit, et en pratique bien plus souvent, à **dissimuler ou détourner des biens** ou droits de la succession.

Les peines du recel successoral sont, en revanche, **inapplicables** au conjoint survivant qui prélève des sommes au préjudice de l'indivision postcommunautaire ayant existé entre les époux. Ce sont les règles spécifiques au **recel de communauté** (C. civ. art. 1477) qui s'appliquent dans cette hypothèse (Cass. 1e civ. 19-3-2008 no 07-10.810 F-PB : Bull. civ. I no 88, Defrénois 2008 art. 38854 note G. Champenois ; Cass. 1e civ. 27-9-2017 no 16-22.150 F-PB : BPAT 6/17 inf. 215, Defrénois 2018 no 17 p. 42 note S. Gaudemet, JCP N 2018 no 1098 note B. Vareille ; Dr famille 2017 comm. 229 par M. Nicod ; Cass. 1e civ. 29-1-2020 no 18-25.592 FS-PBI : BPAT 2/20 inf. 64). 39815

Toutefois cette solution n'est pas satisfaisante car la sanction du recel de communauté se trouve atténuée de manière mécanique par les règles du droit successoral. Le conjoint survivant, en sa qualité d'héritier, pourrait reprendre d'une main ce qu'il a perdu en tant que conjoint commun en biens (voir M. Nicod, précité). C'est pourquoi la doctrine préconise de « **prolonger les effets du recel communautaire** sur les biens issus de la communauté dissoute, jusque dans la liquidation de la succession, mais, pour autant, sans que soit mis en œuvre le recel successoral » (B. Vareille, précité, avec plusieurs exemples pratiques).

ACTEURS DU RECEL SUCCESSORAL

Le recel **doit émaner** d'un héritier, c'est-à-dire de toutes les personnes appelées à partager la succession en vertu d'un titre universel (héritiers légaux, même en usufruit ou à titre universel, bénéficiaires d'une institution contractuelle). Ne sont pas concernés les donataires ou légataires à titre particulier ou l'héritier déclaré indigne ou exhérédé. 39820

Le recel **doit léser** des héritiers appelés à la même succession. Par conséquent, seul un héritier appelé à la succession et qui l'a acceptée peut invoquer le recel. Inversement, ne peuvent pas agir en recel les héritiers qui sont exhérédés ou ceux demeurés passifs qui perdent leur qualité d'héritiers par l'effet de la prescription (en ce sens, notamment, Cass. 1e civ. 28-1-2009 no 07-19.573 FS-PB : JCP G 2010 no 203 § 3 obs. R. Le Guidec).

Le recel porte atteinte au droit de gage des créanciers successoraux ; ces derniers peuvent donc s'en prévaloir.

OBJET DU RECEL SUCCESSORAL

39825 Le recel doit porter sur des **droits ou biens qui dépendent de la succession.**

Le **recel de donation** ne peut donc être constitué que si la **donation** est **rapportable ou réductible** (C. civ. art. 778, al. 2 ; Cass. 1e civ. 25-5-2016 no 15-14.863 FS-PBI : BPAT 4/16 inf. 158, AJ fam. 2016 p. 394 obs. C. Vernières, RTD civ. 2016 p. 910 obs. M. Grimaldi).

La loi 2006-728 du 23 juin 2006, dont est issu l'article 778, a ainsi brisé la jurisprudence antérieure qui sanctionnait l'héritier receleur d'une donation quand bien même celle-ci n'était ni rapportable ni réductible (M. Grimaldi, Droit des successions, LexisNexis, 8e éd., 2020, no 515 note 33). À partir de 2010, la jurisprudence rendue en application du droit antérieur avait toutefois tempéré sa position en précisant qu'il ne pouvait pas y avoir de recel en cas de dissimulation par un légataire universel ou à titre universel d'une libéralité qui n'est ni rapportable à la succession ni susceptible de réduction en l'absence d'héritier réservataire (Cass. 1e civ. 20-10-2010 no 09-16.157 F-PBI ; Cass. 1e civ. 26-1-2011 no 09-68.368 F-PBI : Defrénois 2011 no 7 p. 733 obs. critiques B. Vareille). En présence d'héritier réservataire, elle conservait en revanche son acception large du recel. Ainsi, la Cour de cassation a approuvé une cour d'appel pour avoir considéré que la dissimulation d'une donation préciputaire était constitutive de recel, sans avoir à rechercher, en présence d'héritier réservataire, si cette donation était effectivement réductible (Cass. 1e civ. 29-5-2013 no 11-23.613 F-D). La solution était critiquée, la dissimulation d'une telle donation ne nuit pas aux héritiers (en ce sens, Dalloz Action Droit patrimonial de la famille 2021, v. Acceptation forcée résultant du recel, par C. Vernières no 242.112). La loi de 2006 l'abandonne : dans une situation semblable (présence de réservataire), l'arrêt précité du 25 mai 2016 a clairement censuré les juges du fond pour avoir retenu le recel d'une donation consentie par préciput et hors part alors qu'ils n'avaient pas constaté qu'elle était réductible.

> **Précisions** La solution posée par l'article 778 du Code civil (recel de donation constitué si la donation est rapportable ou réductible) laisse une **question en suspens** : ne faudrait-il pas qualifier de recel le fait de dissimuler une donation hors part qui, certes, ne porte pas effectivement atteinte à la réserve (et n'est donc pas réductible), mais dont la révélation aurait permis aux cohéritiers de demander la réduction d'une autre libéralité ? (M. Grimaldi, Droit des successions, précité, note 34, qui répond par l'affirmative dans le cas où l'héritier taisant est aussi le bénéficiaire de cette autre libéralité).

39830 **Illustrations** En application du principe énoncé plus haut, il y a **exclusion du recel** successoral :

– sauf en présence de primes manifestement exagérées, en cas de dissimulation par l'héritier d'un **contrat d'assurance-vie** dont il est bénéficiaire en cas de décès, puisque le capital ou la rente versés ne font pas partie de la succession de l'assuré (en ce sens, notamment, Cass. 1e civ. 4-6-2009 no 08-15.093 F-PB : BPAT 4/09 inf. 156 ; voir aussi pour le versement d'une prime d'épargne d'État : Cass. 1e civ. 19-12-2012 no 11-25.505 F-D) ;

– lorsque l'héritier incriminé n'a de **droits sur la succession** qu'**en usufruit,** car il n'est pas en indivision avec les héritiers en nue-propriété. Tel est le cas du conjoint ayant opté pour l'usufruit de la totalité de la succession qui ne dispose pas de droits de même nature que ceux de l'héritier nu-propriétaire, de sorte qu'il n'y a pas lieu à partage entre les héritiers en l'absence d'indivision et que la dissimulation des fonds ne peut être qualifiée de recel successoral (Cass. 1e civ. 29-6-2011 no 10-13.807 F-PBI : BPAT 5/11 inf. 294 ; Cass. 1e civ. 9-9-2015 no 14-18.906 F-PB : BPAT 6/15 inf. 228) ;

– lorsque l'héritier associé d'un GFA se rend coupable d'abus de confiance en détournant des **actifs sociaux,** puisqu'il n'y a pas eu distraction d'effets de la succession, les parts sociales subsistant dans l'actif successoral (Cass. 1e civ. 18-5-2011 no 10-12.127 FS-PBI : Defrénois 2012 art. 40425 note A. Chamoulaud-Trapiers) ;

– lorsqu'il porte sur des **loyers** d'un immeuble dépendant d'une indivision successorale **perçus après l'ouverture de la succession** et qui n'en constituent pas des effets (Cass. 1e civ. 25-11-2003 no 01-03.877 FS-P : D. 2004 p. 2343 obs. V. Brémond) ;

– lorsque les détournements sont intervenus **après la réalisation du partage** (Cass. 1e civ. 17-6-2003 no 01-13.228 FS-PB) ;

– lorsque la dissimulation porte sur des **biens ou droits sans valeur patrimoniale** comme des papiers de famille n'ayant qu'un intérêt de souvenir et d'affection.

FAITS CONSTITUTIFS DE RECEL SUCCESSORAL

Le recel correspond à un détournement par un héritier au détriment des autres des effets de la succession. Par conséquent, la manière dont la fraude a été réalisée importe peu, l'essentiel étant que l'objectif soit de rompre l'égalité dans le partage. La jurisprudence retient toute fraude **quels que soient les moyens utilisés.** Il a ainsi été jugé que : 39835

– le fait de retenir un dépôt fait par le défunt ou d'enlever un bien appartenant à la succession caractérise sans difficulté l'élément matériel du recel ;

– l'utilisation par un héritier d'une procuration que lui a faite le de cujus pour lui permettre d'avoir accès à son compte bancaire peut être sanctionnée sur le terrain du recel (Cass. 1e civ. 28-6-2005 n° 04-13.776 F-PB : Defrénois 2007 art. 38632 obs. B. Vareille) ;

– s'est rendue coupable de recel la fille qui a exercé une emprise morale sur sa mère en état de vulnérabilité mentale, l'a coupée de toute relation avec son entourage habituel, a bénéficié d'une procuration sur ses comptes bancaires où des mouvements suspects ont été observés et a obtenu un testament la désignant légataire universelle, puis une donation hors part successorale d'un bien immobilier à son seul profit, au préjudice de ses deux nièces venant par représentation de leur père prédécédé (Cass. 1e civ. 2-3-2022 n° 20-20.604 F-D : BPAT 3/22 inf. 172-7).

L'article 730-5 du Code civil punit des peines du recel celui qui, sciemment et de mauvaise foi, se prévaut d'un **acte de notoriété inexact,** soit pour accroître indûment ses droits dans la succession, soit pour disposer plus aisément à son profit, auprès des tiers, de biens compris dans la succession. La situation est comparable à du recel par fabrication d'un faux testament, déjà sanctionnée par la jurisprudence.

Dans le prolongement de cette dernière disposition, l'article 778 du Code civil assimile au recel d'un bien la **dissimulation de l'existence d'un héritier** (F. Terré, Y. Lequette et S. Gaudemet, Droit civil. Les successions. Les libéralités, Dalloz, 4e éd., 2014, n° 1093). Le droit antérieur à la réforme de 2006 ne prévoyait pas ce cas de recel (C. civ. art. 792 ancien ; Cass. 1e civ. 25-5-1987 n° 85-15.478 : Bull. civ. I n° 172, RTD civ. 1988 p. 155 obs. J. Patarin). Mais anticipant la nouvelle solution résultant de la réforme, la jurisprudence rendue en application du droit antérieur applique le recel à l'omission intentionnelle d'héritier (Cass. 1e civ. 20-9-2006 n° 04-20.614 FS-PB : Petites affiches 26-6-2007 p. 14 note B. Vareille).

La loi ne définissant pas les circonstances constitutives du recel et du divertissement, l'appréciation de l'élément matériel relève du **pouvoir souverain des juges du fond.**

ÉLÉMENT INTENTIONNEL DU RECEL SUCCESSORAL

Le recel ourdi contre ses cohéritiers suppose dans tous les cas l'intention frauduleuse de **porter atteinte à l'égalité du partage.** Par exemple, il ne peut pas y avoir recel lorsque les faits reprochés à un héritier (en l'espèce valorisation de parcelles de terre dont l'existence était inconnue de ses cohéritiers) ont été effectués dans l'intérêt de l'indivision successorale (Cass. 1e civ. 24-10-2012 n° 11-20.993 F-D). 39840

L'élément intentionnel du recel ourdi contre les créanciers successoraux résultera quant à lui de la volonté de leur **dissimuler une partie de l'actif successoral.**

CONSEIL

Le rôle du **notaire en charge du règlement de la succession** est décisif : il lui appartient de mettre en garde les héritiers sur la nécessité pour eux de faire toute transparence sur le bénéfice d'éventuelles libéralités ou contrats d'assurance-vie à leur profit. Il leur fera signer à l'occasion de la liquidation-partage des déclarations en ce sens, tout en attirant leur attention par écrit sur les conditions et les conséquences du recel successoral.

Preuve L'intention frauduleuse n'est jamais présumée. Par exemple, il n'y a pas **présomption** de recel du seul fait qu'un enfant n'a pas spontanément révélé à son frère la donation de titres qu'il a reçue de son père (pour une illustration, Cass. 1e civ. 21-11-2012 n° 11-25.439 F-D : Sol. Not. 1/13 inf. 16). Peu importe d'ailleurs qu'il s'agisse d'une donation déguisée : il n'y a recel que si la dissimulation a été faite sciemment, c'est-à-dire dans le seul but qu'il n'en soit pas tenu compte dans les opérations de partage de la succession (Cass. 1e civ. 12-12-2006 n° 05-18.573 F-PB : BPAT 1/07 inf. 22). 39845

L'intention frauduleuse doit donc être prouvée par les héritiers ou créanciers de la succession qui prétendent qu'il y a eu recel (pour rappel de ce principe, Cass. 1e civ. 15-9-2021 n° 20-11.678 F-D : BPAT 6/21 Inf. 285-11). **En pratique,** apporter la preuve du recel n'est pas évident (pour des illustrations, Cass. 1e civ. 4-7-2007 n° 06-17.310 F-PB ; Cass. 1e civ. 14-4-2010 n° 09-65.903 F-D : BPAT 3/10 inf. 179 ; Cass. 1e civ. 19-12-2012 n° 11-22.938 F-D). L'intention frauduleuse est souverainement appréciée par les juges du fond (pour une illustration, Cass. 1e civ. 11-9-2013 n° 12-19.218 F-D). Mais les juges doivent la caractériser et ne pas se contenter, par exemple, de relever que la somme litigieuse a été déposée sur le compte personnel de l'époux transformé en compte joint juste avant le remariage et que l'épouse en a bénéficié personnellement (Cass. 1e civ. 15-9-2021 nº 20-11.678 F-D : SNH 31/21 inf. 7).

ATTENTION

Le recel exige un dol spécial : son auteur doit avoir pour intention de frauder ses cohéritiers ou au moins la conscience d'agir à leur détriment. Ce n'est pas le cas s'il cherche seulement à **frauder le fisc**. Son intention, bien que frauduleuse, n'est pas celle du receleur au sens de l'article 778 du Code civil.

39850 **Cas de l'assurance-vie** L'intention frauduleuse n'étant pas présumée, la dissimulation par son bénéficiaire d'un contrat d'assurance-vie dont les **primes** étaient **manifestement exagérées** n'emporte pas à elle seule recel successoral ; il faut que soit caractérisée l'intention frauduleuse du bénéficiaire de porter atteinte à l'égalité du partage (Cass. 1e civ. 17-3-2010 nº 09-10.168 F-D : Petites affiches 15-12-2010 p. 11 note B. Vareille).

En pratique, l'application des peines du recel successoral au bénéficiaire d'un contrat d'assurance-vie dont les primes ont été rapportées à la succession de l'assuré est exceptionnelle. Il faut à notre avis en effet établir :

– que le bénéficiaire taisant savait que les primes étaient manifestement exagérées au sens indiqué nº 31750 ;

– et que son silence est exclusivement motivé par l'intention d'empêcher la réintégration des primes dans l'actif successoral, ce qui suppose pour le moins la connaissance par le bénéficiaire de cette règle. Sur ce second point, lorsque le bénéficiaire du contrat est un héritier (souvent le conjoint survivant), une solution pour ses cohéritiers peut consister à faire procéder à un inventaire notarié de la succession, auquel doivent être appelés tous ceux qui prétendent avoir une vocation successorale. Si l'héritier bénéficiaire ne révèle pas l'existence du contrat lors de la prestation de serment, son silence sera devenu un mensonge, ce qui caractérisera le recel (M. Iwanesko et F. Jourdain, Contrat non dénoué : comment assurer la sécurité juridique et fiscale des héritiers ? : Sol. Not. 2/12 inf. 40).

› Précisions **a.** On notera toutefois que certaines décisions sont peu exigeantes sur la **preuve** du caractère intentionnel du recel, considérant ce dernier constitué du seul fait que le bénéficiaire des contrats dont les primes étaient exagérées s'est abstenu d'en révéler l'existence à ses cohéritiers malgré leurs demandes (CA Rouen 6-2-2013 nº 12/02593).

b. La jurisprudence admet par ailleurs la **requalification en donation** de l'assurance-vie dans les hypothèses qui ne laissent subsister aucun aléa. Elles correspondent surtout à la volonté actuelle et irrévocable du souscripteur de se dépouiller entre les mains d'un bénéficiaire. Elle admet donc de voir des donations indirectes là où il apparaît, compte tenu des circonstances (notamment tenant à l'état de santé du souscripteur), que le contrat se dénouera par le décès du souscripteur au bénéfice du tiers bénéficiaire (Cass. ch. mixte 21-12-2007 nº 06-12.769 FS-PBRI : RJF 3/08 nº 370, BPAT 1/08 inf. 20, D. 2008 p. 1314 note F. Douet). Sur cette question, voir nº 13645. L'application des peines du recel serait dans cette hypothèse possible.

SECTION 2

SANCTIONS DU RECEL SUCCESSORAL

A. Sanctions de droit commun

SANCTIONS CIVILES DU RECEL SUCCESSORAL

39960 Le recel est un délit civil. Par conséquent, l'héritier coupable de recel encourt les sanctions civiles suivantes, qui ne sont pas exclusives d'éventuels dommages et intérêts (C. civ. art. 778) :

– il encourt la déchéance de plein droit de la **faculté d'option** que la loi reconnaît aux successibles. La conséquence est qu'il est réputé accepter purement et simplement la succession, nonobstant toute renonciation ou acceptation à concurrence de l'actif net. Le receleur devra toujours assumer, si besoin sur son patrimoine personnel, les dettes successorales à proportion des droits théoriques sur la succession (voir nº 37090). D'ailleurs, cette déchéance

peut être demandée par des créanciers successoraux qui disposent ainsi d'un moyen pour étendre leur gage (en ce sens, Cass. 1e civ. 28-1-2009 no 07-19.573 FS-PB : D. 2009 p. 500 obs. V. Égéa et p. 2514 obs. M. Nicod) ;
– il ne peut prétendre à aucune part dans les **biens ou** les **droits détournés ou recelés,** qui sont soustraits de l'actif successoral pour être partagés entre les cohéritiers du receleur (pour une illustration didactique, Cass. 1e civ. 6-6-2012 no 10-27.668 F-D : BPAT 4/12 inf. 225). Il en va ainsi même s'il ne profite pas personnellement des biens ou des droits recelés. Si plusieurs héritiers sont condamnés pour recel, chacun n'est en principe privé que des biens ou droits qu'il a lui-même recelés. Toutefois, si chaque receleur a eu connaissance du recel commis par les autres, la sanction du recel est indivisible : chacun est privé de droits sur la totalité des biens ou droits recelés, et pas seulement sur la part qu'il a lui-même prise dans le recel (Cass. 1e civ. 20-6-2012 no 11-17.383 FS-PBI : BPAT 4/12 inf. 224, D. 2012 p. 2053 obs. B. Vassallo, AJ fam. 2012 p. 470 obs. C. Vernières) ;
– si le recel a porté sur une **donation rapportable ou réductible,** l'héritier « doit le rapport ou la réduction de cette donation sans pouvoir y prétendre à aucune part » (C. civ. art. 778, al. 2). Interprétée littéralement, cette disposition ne sanctionne réellement que l'héritier qui a recelé une donation en avancement de part successorale : le receleur d'une libéralité hors part successorale ne doit pour sa part restituer, sans pouvoir y prétendre, que l'indemnité de réduction (en ce sens, B. Vareille, note sous Cass. 1e civ. 17-3-2010 no 09-10.168 F-D : Petites affiches 15-12-2010 p. 11). Si le recel résulte d'une **donation de somme d'argent employée à l'achat d'un bien,** l'héritier receleur est redevable d'une somme représentant la valeur actuelle du bien (Cass. 1e civ. 4-1-2005 no 02-16.800 F-D ; Cass. 1e civ. 30-9-2009 no 08-16.601 F-D ; Cass. 1e civ. 7-10-2015 no 14-18.124 F-PB). S'agissant d'une dette de valeur, les intérêts ne sont dus qu'à compter du jour où elle est déterminée (Cass. 1e civ. 15-12-2021 no 20-15.345 F-B : BPAT 1/22 inf. 39, rendu sur le fondement de l'ancien art. 792 du C. civ.) ;
– si l'héritier victime du recel n'a de **droits** qu'**en usufruit,** la sanction du recel ne peut porter que sur la jouissance des biens divertis, à l'exclusion de la nue-propriété ;
– l'héritier doit rendre tous les **fruits et revenus** des biens recelés dont il a eu la jouissance depuis l'ouverture de la succession (C. civ. art. 778, al. 3).

Vente du bien recelé Lorsque la restitution en nature du bien recelé n'est pas possible, celui-ci ayant été vendu, le receleur doit restituer à la succession la **valeur actuelle** de ce bien et, s'agissant d'une dette de valeur, les **intérêts** ne sont dus qu'à compter du jour où cette dette est liquidée (Cass. 1e civ. 19-11-2014 no 13-24.644 F-PB : BPAT 1/16 inf. 27, D. 2015 p. 516 note I. Guyon-Renard). 39965

Recel portant sur une somme d'argent En cas de recel portant sur une **somme** d'argent **dépendant de la succession,** le mécanisme de la dette de valeur n'est pas applicable et la sanction doit porter sur la somme elle-même et non sur les biens acquis grâce à cette somme ou leur contre-valeur (Cass. 1e civ. 31-5-2005 no 02-17.162 FS-PB). Autrement dit, le receleur doit le montant nominal de la somme, sans subrogation réelle en cas d'emploi des deniers. Quant aux intérêts de la somme détournée, le receleur les doit à compter de l'appropriation injustifiée (Cass. 1e civ. 18-10-1994 no 91-22.330 : Bull. civ. I no 295, RTD civ. 1995 p. 404 obs. J. Patarin ; Cass. 1e civ. 31-10-2007 no 06-14.399 FS-PB : AJ fam. 2007 p. 484 obs. F. Bicheron), le décès pouvant parfois être considéré comme constituant une telle date (Cass. 1e civ. 20-5-2003 no 01-14.186 D). 39970

En revanche, en cas de dissimulation d'une **donation de somme d'argent** rapportable ou réductible employée dans l'acquisition d'un bien, l'héritier taisant sera privé de sa part dans l'indemnité de rapport ou de réduction (voir no 39960), laquelle sera calculée sur la valeur actuelle du bien acquis compte tenu de la subrogation liquidative (M. Grimaldi, obs. sous Cass. 1e civ. 8-10-2014 no 13-10.074 F-PB : RTD civ. 2014 p. 930). Les cohéritiers du receleur ne sauraient toutefois, là encore, réclamer la restitution en nature des biens acquis au moyen de la somme donnée (Cass. 1e civ. 8-10-2014 no 13-10.074 F-PB précité).

> **Précisions** La dette de restitution des sommes recelées peut faire l'objet d'une **compensation** si le cohéritier est lui-même débiteur d'une dette envers le receleur, telle une indemnité d'occupation pour la jouissance gratuite d'un immeuble (Cass. 1e civ. 11-5-2022 no 21-16.600 FS-B : BPAT 4/22 inf. 200).

Fruits et intérêts Celui qui s'est rendu coupable de recel doit les **intérêts** de la somme détournée (Cass. 1e civ. 18-10-1994 no 91-22.330 : Bull. civ. I no 295) **ou** les **fruits** du bien diverti (Cass. 1e civ. 31-10-2007 no 06-14.399 FS-PB) à compter du décès ou, si le recel est postérieur, de 39975 l'appropriation injustifiée. Le receleur ne saurait en revanche être tenu à la fois aux fruits et à des intérêts pour une même période (Cass. 1e civ. 8-11-2005 no 03-18.236 F-PB).

Sur les intérêts de la dette de valeur dont est tenu le receleur **en cas de vente du bien recelé,** voir no 39965.

39980 **Délai d'exercice de l'action en recel successoral** La question du délai de **prescription** applicable à l'action en recel n'est pas tranchée par la loi du 23 juin 2006 (G. Dumont, Délai de prescription de l'action en recel successoral : évolution de la loi dans le temps : Gaz. Pal. 13-12-2016 p. 66).

Selon certains auteurs, l'action en recel se prescrit par cinq ans (F. Terré, Y. Lequette et S. Gaudemet, Droit civil. Les successions. Les libéralités, Dalloz, 4e éd., 2014, no 1095 ; C. Pérès et C. Vernières, Droit des successions, PUF, 2018, no 493). Il s'agit du délai de prescription de droit commun, qui court à compter du décès ou de la découverte de la fraude (C. civ. art. 2224).

D'autres auteurs estiment que le délai de prescription serait celui de l'option successorale fixé par l'article 780 du Code civil, soit dix ans à compter du décès ou de la connaissance de ses droits par l'héritier (N. Levillain, Règlement successoral : aide-mémoire sur les délais : JCP N 2015 no 1104 ; J. Casey, Les actions au bénéfice des enfants contre le conjoint survivant : AJ fam. 2018 p. 330, qui se fonde sur une interprétation implicite de Cass. 1e civ. 22-6-2016 no 15-12.705 F-D).

Un arrêt de la Cour de cassation a tranché la question pour les **successions ouvertes avant le 1er janvier 2007.** Il affirme que la loi du 17 juin 2008 portant réforme de la prescription civile n'a pas modifié la durée du délai pour accepter ou répudier les successions ouvertes avant cette date et en déduit qu'un successible dispose d'un délai de 30 ans pour exercer l'option héréditaire ou pour agir en recel contre un héritier (Cass. 1e civ. 12-2-2020 no 19-11.668 F-D : droit de la famille avril 2020 no 72 note M. Nicod ; JCP N 2020 no 1135 note F. Sauvage qui estime la décision contestable). L'arrêt confirme le lien entre l'acceptation de la succession et le recel successoral déjà affirmé par la Cour de cassation : seul l'héritier acceptant peut se prévaloir du recel (Cass. 1e civ. 28-1-2009 no 07-19.573 FS-PB : Rev. Lamy Droit civil juillet/août 2009 no 3508 note G. Chauchat-Rozier).

Un commentateur de l'arrêt du 12 février 2020 estime que, par identité de raisonnement, il faudrait appliquer le même délai de prescription à l'option successorale et à l'action en recel dans les successions ouvertes **depuis le 1er janvier 2007** (M. Nicod, droit de la famille avril 2020 no 72 note sous Cass. 1e civ. 12-2-2020 no 19-11.668 F-D précité). La faculté d'option se prescrivant par dix ans depuis le 1er janvier 2007 (C. civ. art. 780), l'action en recel obéirait à la même prescription ; ce délai courrait à compter de l'ouverture de la succession ou la connaissance du recel (C. civ. art. 780, al. 1 et 5). Pour un autre auteur, au contraire, l'action en recel relèverait de la prescription de droit commun de l'article 2224 du Code civil (cinq ans), même si la solution aboutit à sanctionner plus sévèrement l'inaction prolongée de la victime du recel que celle du successeur qui tarde à exercer son option successorale (F. Sauvage, JCP N 2020 no 1135 note sous Cass. 1e civ. 12-2-2020 no 19-11.668 F-D précité).

> **Précisions** **a.** Pour les successions ouvertes avant le 1er janvier 2007 mais pour lesquelles aucune action n'a été engagée avant le 19 juin 2008, date d'entrée en vigueur de la **réforme de la prescription de 2008,** l'action en recel est en tout état de cause prescrite depuis le 20 juin 2013 (C. civ. art. 2222 ; Loi 2008-561 du 17-6-2008 art. 26 ; voir également Cass. 1e civ. 22-6-2016 no 15-12.705 F-D précité). La jurisprudence antérieure soumettait l'action en recel au délai de prescription de droit commun de 30 ans (Cass. civ. 17-4-1867 : DP 1867 I p. 267).
> **b.** La demande en recel du cohéritier peut être formée pour la première fois **en cause d'appel** (Cass. 1e civ. 31-3-2016 no 14-20.193 FS-PB : AJ fam. 2016 p. 274 obs. J. Casey).

39982 **Recevabilité de l'action en recel successoral** Les demandes en rapport d'une donation dont aurait bénéficié un héritier et en application de la sanction du recel successoral ne peuvent être formées qu'à l'occasion d'une **instance en partage** judiciaire (Cass. 1e civ. 30-1-2019 no 18-11.078 F-D, donation déguisée ; Cass. 1e civ. 6-11-2019 no 18-24.332 FS-PBI : BPAT 1/20 inf. 24). Les juges doivent donc rejeter l'action en recel successoral s'ils ne sont saisis d'aucune « demande concomitante » en partage judiciaire (Cass. 1e civ. 2-9-2020 no 19-15.955 FS-PB : SNH 29/20 inf. 5).

Lorsqu'un **partage amiable a été réalisé,** les demandes en rapport d'une libéralité et en application de la sanction du recel sont subordonnées à l'exercice d'une action judiciaire en nullité du partage ou en complément de part ou en partage complémentaire (Cass. 1e civ. 6-11-2019 no 18-24.332 FS-PBI susvisé). Dans son commentaire de la décision, Annie Chamoulaud-Trapiers estime que la formule utilisée par la Cour de cassation ne veut pas dire que la demande en rapport ne peut plus être réalisée une fois un partage amiable intervenu puisqu'il n'y aurait plus d'indivision. Pour elle, une telle solution serait incompatible avec le principe suivant lequel le rapport des libéralités ne peut pas se prescrire avant la clôture des opérations de partage (Cass. 1e civ. 30-6-1998 nº 96-13.313 : Bull. civ. I nº 234 ; Cass. 1e civ. 22-3-2017 nº 16-16.894 F-PB) : si la prescription ne commence à courir qu'à compter de cette clôture, c'est bien que le rapport peut encore être demandé. Selon elle, ce que paraît indiquer l'arrêt, c'est que la demande en vue d'obtenir le rapport d'une libéralité dissimulée par un cohéritier ne peut prospérer que si le partage réalisé est contesté par une action en nullité pour erreur, une action en complément de part pour cause de lésion ou si une demande en partage complémentaire est exercée.

L'action en recel d'une **donation hors part** ne pouvant aboutir que si la donation est réductible, quel sort réserver à la fin de non-recevoir fondée sur la prescription de l'action en réduction ? Sur ce point, la Cour de cassation a cassé un arrêt de cour d'appel qui avait rejeté cette fin de non-recevoir, mais en jugeant que les motifs invoqués par les juges du fond étaient inintelligibles et donc équivalants à un défaut de motifs (Cass. 1e civ. 13-1-2021 nº 19-17.512 FS-D : BPAT 2/21 inf. 82). L'incertitude demeure donc sur cette question. La difficulté provient du fait que la demande en réduction n'est soumise à aucun formalisme légal. Ne pourrait-on pas considérer que la demande en réduction de la donation concernée est « virtuellement » comprise dans l'assignation en partage judiciaire, voire dans l'action en recel, puisque, s'agissant de donations préciputaires et hors part, la sanction du recel suppose que leur caractère réductible soit constaté ? Une clarification de la jurisprudence serait utile.

SANCTIONS PÉNALES DU RECEL SUCCESSORAL

En plus des sanctions civiles, l'héritier receleur peut encourir des sanctions pénales si les faits **39985**
qu'il a commis constituent une **infraction pénale** : abus de faiblesse, vol, etc. (voir Cass. crim. 12-5-2015 nº 13-87.668 F-PB).

La chose jugée au pénal ayant autorité sur le civil, l'**héritier** qui a été **relaxé** en correctionnelle du chef de vol de biens de la succession, au bénéfice du doute quant à l'élément intentionnel, ne peut pas ensuite être condamné au civil pour recel de ces biens (Cass. 1e civ. 28-3-2018 nº 17-15.628 F-D : BPAT 3/18 inf. 120). Il n'en reste pas moins que la notion civile de recel déborde largement les infractions avec lesquelles elle a un domaine commun (Rép. civ. Dalloz, v. Succession : transmission par R. Le Guidec, nº 224). En outre, le principe de l'autorité de la chose jugée au pénal sur le civil connaît une limite : elle ne s'attache qu'aux motifs qui sont le soutien nécessaire de la décision définitive (Cass. 1e civ. 13-12-2017 nº 16-15.463 F-D, décision rendue en matière testamentaire).

INCIDENCES FISCALES DU RECEL SUCCESSORAL

L'héritier receleur n'encourt aucune sanction fiscale : il n'est pas imposable sur la part d'actif **39990**
qu'il a détournée. Pour le calcul des **droits de succession,** les biens ou droits recelés sont compris dans la part des héritiers à qui ils sont restitués. Cela n'interdit pas à l'administration d'exiger du receleur qu'il règle l'ensemble des droits de succession dus par les héritiers, en raison du principe de solidarité posé par l'article 1709 du CGI (Cass. com. 9-3-2010 nº 08-21.080 FS-PB : RJF 6/10 nº 647).

B. Sanction spécifique à la dissimulation d'héritier

SANCTION FINANCIÈRE

Le recel par dissimulation d'héritier emporte une sanction financière particulière : « Les **40040**
droits revenant à l'héritier dissimulé et qui ont ou auraient pu augmenter ceux de l'auteur de la dissimulation sont réputés avoir été recelés par ce dernier » (C. civ. art. 778, al. 1 in fine). Autrement dit, le **calcul des droits du receleur** se fait sur une masse dont est déduite la quote-part des droits devant revenir à l'héritier dissimulé.

Le **ministère de la justice** donne de cette sanction l'exemple suivant (Circ. JUSC0754177C du 29-5-2007 p. 10), avec une succession composée d'un actif de 100 et cinq héritiers A, B, C, D et E. A a recelé l'existence de E. Les droits de A sont de : [100 – (100/5)] / 5 = 16, tandis que la part des autres cohéritiers sera pour chacun de 16 + [(100/5) / 4] = 21.

Dans cet exemple, on voit que la quote-part censée revenir à l'héritier dissimulé, et sur laquelle le receleur est privé de droits, est partagée entre tous les héritiers autres que le receleur.

Un auteur propose une **autre solution** : attribuer cette quote-part à la seule victime du recel, et non aux autres héritiers, car « il serait (…) choquant (…) qu'un délit puisse enrichir celui qui est totalement étranger à la dissimulation » (E. Guilhermont, La dissimulation d'un héritier, un nouveau délit civil ? Dr. famille 2007 étude n° 27). En reprenant le même exemple, l'héritier receleur A recevrait toujours 16, mais les héritiers B, C et D recevraient 20 (leur part « normale »), et la victime E 24.

PRÉJUDICE DU RECELEUR

40045 La sanction du recel successoral ne constitue pas, pour celui qui le commet, un préjudice ouvrant **droit à réparation.** Ainsi, les cohéritiers ayant dissimulé la seconde union de leur père, et par conséquent l'existence d'autres héritiers, ne peuvent pas engager la **responsabilité du notaire** qui n'a pas vérifié l'acte de naissance du défunt, ce qui lui aurait permis de découvrir la seconde union (Cass. 1e civ. 9-4-2014 n° 13-16.348 FS-PB : BPAT 3/14 inf. 128, AJ fam. 2014 p. 325 obs. D. Gilles).

C. Repentir du receleur

RÉVÉLATION SPONTANÉE DU RECELEUR

40095 La jurisprudence admet que le repentir de l'héritier lui permet d'échapper aux sanctions civiles normalement prévues. Pour qu'il y ait repentir, il faut que, spontanément et **avant les poursuites,** l'héritier révèle l'existence du cohéritier qu'il a dissimulé ou restitue ce qu'il a diverti ou recelé.

Le repentir doit émaner du **receleur lui-même,** non de ses héritiers car ils ne peuvent pas se repentir d'une faute à laquelle ils sont étrangers. Les héritiers du receleur devront ainsi subir les conséquences de la fraude de leur auteur.

Après la découverte du recel, la restitution ne vaut pas repentir (en ce sens, notamment, Cass. 1e civ. 17-1-2006 n° 04-17.675 F-PB : Defrénois 2007 art. 38632 obs. B. Vareille).

ILLUSTRATIONS

Ne peuvent pas échapper aux sanctions du recel :

– l'héritier qui a tu à ses cohéritiers avoir reçu un chèque de sa mère quelques jours avant sa mort, a omis de l'indiquer au notaire liquidateur lors de l'inventaire et n'en a enfin parlé qu'après s'être vu délivrer une sommation interpellative par ses cohéritiers (TGI Paris 13-7-1982 n° 474/1982) ;

– les bénéficiaires de procurations sur les comptes de leur père qui n'ont pas révélé spontanément les prélèvements effectués sur ces comptes et n'ont procédé à la reddition de comptes qu'après l'ordonnance du juge ordonnant communication de pièces et expertise (Cass. 1e civ. 26-9-2012 n° 11-18.610 F-D).

TITRE VI

Saisine et mandats d'administrer la succession

CHAPITRE 1

SAISINE

SOMMAIRE

DÉFINITION DE LA SAISINE

Le Code civil ne donne aucune définition de la saisine. Du premier alinéa de l'article 724 du Code civil, l'on peut déduire que la saisine porte sur les « **biens, droits et actions du défunt** ». Si le Code donne ensuite les indications nécessaires pour identifier les successeurs saisis, il reste silencieux sur bien d'autres aspects de cette institution, à commencer par la nature des prérogatives qu'elle confère. 41000

L'idée est de permettre à ceux qui sont censés recueillir la succession de la « prendre en main » dès la survenance du décès, sans avoir à attendre le partage de celle-ci. Permettre aux successeurs d'appréhender immédiatement l'hérédité présente un **double intérêt.** C'est bien sûr la possibilité pour eux de veiller sur la succession en empêchant, par exemple, le détournement de biens. C'est aussi accessoirement une source d'économie, dans la mesure où il ne sera pas nécessaire de recourir à un tiers pour accomplir ne serait-ce qu'un acte conservatoire.

Ce qui caractérise la saisine, c'est donc qu'elle est une autorisation ou une habilitation légale. Elle n'est pas l'appréhension mais la **possibilité** d'appréhender la succession. En somme, elle est un droit et non un fait.

Sans doute pour des raisons étymologiques, on prend couramment appui sur la **notion de possession** pour définir ce qu'autorise la saisine. Ainsi, elle ne serait rien de plus que le pouvoir « de se mettre en possession », de « se comporter comme le possesseur » des biens de la succession ou encore une dispense d'« avoir à se faire envoyer en possession » (Rép. civ. Dalloz, v. Succession, 2° Transmission par R. le Guidec et C. Lesbats, n° 263). 41005

Toutefois et parce que les prérogatives nées de la saisine diffèrent de celles que confère la possession classique (W. Dross, La saisine successorale : Defrénois 2004 art. 37913 n°s 7 s.), on peut préférer à ce terme celui, plus large, « d'emprise » ou « d'appréhension » et du coup définir la saisine comme étant « **l'autorisation légale d'appréhender les biens du défunt et d'exercer sous certaines réserves ses droits et actions** ».

SECTION 1

TITULAIRES DE LA SAISINE

A. Saisine des héritiers légaux

SAISINE DE PLEIN DROIT

C'est parce que leur **vocation successorale** n'est pas contestable (elle procède de la loi elle-même) que la saisine est reconnue de plein droit aux héritiers légaux. 41110

Figurent donc dans la **liste des héritiers** a priori saisis : les descendants, ascendants, collatéraux et conjoint survivant du défunt (Cass. 1e civ. 6-11-2013 no 12-25.364 F-D) ; à noter d'ailleurs que la qualité de réservataire est ici indifférente.

La saisine de l'héritier légal est toutefois conditionnée à ce que celui-ci vienne à la succession en **rang utile.**

Sur la question du dessaisissement des héritiers représentés par un mandataire à effet posthume ou par un mandataire successoral judiciaire, voir respectivement nos 42350 et 42935.

> **Précisions** L'attribution de la saisine est d'**ordre public.** Le défunt ne peut pas la retirer à ceux qui en sont attributaires aux termes de la loi ou la conférer librement à d'autres. S'il veut priver de la saisine l'un de ses héritiers (autre que réservataire), il doit l'exhéréder totalement, c'est-à-dire l'écarter de sa succession en le privant de sa vocation légale. Il doit s'agir d'une exhérédation à titre principal (M. Grimaldi, Droit des successions, LexisNexis, 8e éd., 2020, no 423).

SAISINE VIRTUELLE

41115 L'héritier qui ne vient pas à la succession en rang utile n'aura, tout au plus, qu'une saisine « virtuelle » dont la portée est aujourd'hui très **incertaine.**

Avant la réforme de 2006, et sous certaines conditions (passivité de l'héritier du premier rang et acceptation à titre « conservatoire » de l'héritier de rang subséquent), la jurisprudence permettait au successeur écarté en raison de son rang de remédier à l'inaction de celui qui, bien que saisi, se désintéressait de la succession (Cass. civ. 20-6-1898 : DP 1899 I p. 441 note H. Capitant, S. 1893 I p. 513 note A. Wahl). En d'autres termes, il ne s'agissait que de permettre à l'héritier non saisi de préserver ses droits potentiels ou virtuels au cas d'une éventuelle renonciation.

Depuis l'entrée en vigueur de la **loi 2006-728 du 23 juin 2006,** la plupart des auteurs expriment des doutes au sujet du maintien de la saisine virtuelle ; cela principalement parce que l'article 771, alinéa 2 du Code civil ouvre à l'héritier de rang subséquent la possibilité de contraindre l'héritier de premier rang à opter. La loi offre donc désormais à l'héritier subséquent le moyen de préserver ses droits autrement que par une saisine virtuelle (W. Dross, La saisine successorale : Defrénois 2004 art. 37913 no 27 ; Lamy Droit des régimes matrimoniaux, successions et libéralités, étude 240 par B. Vienne et M. Fourat, no 240-13 ; F. Terré, Y. Lequette et S. Gaudemet, Droit civil. Les successions. Les libéralités, Dalloz, 4e éd., 2013, no 796 ; Dalloz Action Droit patrimonial de la famille 2021/2022, dir. M. Grimaldi, v. Transmission et administration de la succession par C. Vernières, nos 245-22).

SITUATION DE L'HÉRITIER RENONÇANT, INDIGNE OU EXHÉRÉDÉ

41120 **Héritier renonçant ou indigne** Parce qu'elle est successive, la **saisine** passe **de l'héritier de premier rang** à l'héritier suivant dès la renonciation du premier. En effet, il est généralement admis que l'héritier renonçant, de même que l'héritier indigne, ne disposent pas de la saisine.

41125 **Héritier exhérédé** S'agissant de l'héritier exhérédé, la question n'est pas tranchée. Lorsque l'héritier est privé de sa vocation légale **du fait d'une pluralité de legs** (legs à titre particulier portant sur tous les biens ou institution de deux légataires à titre universel, chacun pour moitié de la succession), il semble qu'il conserve la saisine puisque les légataires à titre particulier ou à titre universel ne sont jamais saisis (en ce sens, M. Grimaldi, Les successions, LexisNexis, 8e éd., 2020, no 423). En revanche, si l'héritier est écarté de la succession du fait de la désignation d'un **légataire universel** saisi (ce qui suppose l'absence d'héritier réservataire), la question est discutée : pour certains, l'héritier serait privé de la saisine (en ce sens, M. Grimaldi, précité, no 423 ; voir toutefois M. Grimaldi, obs. sous Cass. 1e civ. 4-12-2013 no 12-13.401 F-D : RTD civ. 2014 p. 419 où l'auteur s'interroge), alors que pour d'autres il la conserverait, n'ayant pas été exclu définitivement de la succession (A. Chamoulaud-Trapiers, Le droit aux fruits et revenus de l'héritier exhérédé légataire : SNH 21/19 inf. 11). À notre avis, et parce que le légataire universel est saisi de plein droit en l'absence de réservataire (C. civ. art. 1006), le caractère successif de la saisine devrait avoir pour conséquence de priver de la saisine l'héritier exhérédé par un legs universel.

Dans le cas d'une exhérédation **par une clause expresse du testament,** les avis sont également partagés : pour les uns, l'héritier (par hypothèse, non réservataire) étant définitivement exclu de la succession, il ne disposerait pas de la saisine (M. Grimaldi, précité, no 423). Pour d'autres, au contraire, le doute est permis (A. Chamoulaud-Trapiers, précité). À notre avis, il serait paradoxal de vouloir laisser « le contrôle » de la succession à l'héritier que le défunt a voulu écarter de celle-ci. En outre, le fait que la clause d'exhérédation puisse être annulée ne suffit pas, selon nous, à justifier la saisine de l'héritier exhérédé (en sens contraire, A. Chamoulaud-Trapiers, précité).

Pour en terminer, on notera que l'héritier exhérédé conserve les **droits attachés à son titre « d'héritier exhérédé ».** Il pourra ainsi « prendre les mesures conservatoires de ses droits pour le cas où le testament qui l'exclut serait annulé » (M. Grimaldi, précité).

B. Situation des légataires qui ne sont pas héritiers

LÉGATAIRE À TITRE PARTICULIER OU À TITRE UNIVERSEL

Le légataire à titre particulier ou à titre universel qui n'est pas héritier ne peut pas se saisir des biens légués sans en avoir demandé au préalable la délivrance. Il ne bénéficie pas de la saisine. 41170

La demande de **délivrance du legs,** qui n'est d'ailleurs soumise à aucun formalisme particulier, doit être formulée auprès de chacun des héritiers saisis. La règle, posée par les articles 1011 et 1014 du Code civil, vise à confier à ceux qui seront certainement les mieux placés et les plus vigilants la mission de vérifier le titre du légataire.

LÉGATAIRE UNIVERSEL

Présence d'au moins un héritier réservataire En présence ne serait-ce que d'un héritier réservataire, le légataire universel n'a pas vocation à la totalité de la succession, puisqu'il faudra évidemment en soustraire la part dévolue au réservataire. Dès lors, afin d'assurer l'effectivité des droits du réservataire (qui est, lui, saisi de plein droit), la loi oblige le légataire à demander au réservataire la **délivrance de son legs** (C. civ. art. 1004). Peu importe à cet égard la nature du testament. 41175

En ce cas, le légataire universel qui n'est pas héritier ne bénéficie donc pas de la saisine.

Absence d'héritier réservataire En l'absence de tout héritier réservataire, la situation du légataire universel qui n'est pas héritier va dépendre de la nature authentique ou non du testament. 41180

Si le **testament** est **authentique** (**ou international**), la vocation du légataire à recueillir l'universalité de la succession résulte d'un titre fiable. Aucune formalité n'est donc imposée par la loi pour qu'il puisse appréhender la succession. Il est alors placé dans une position équivalente à celle de l'héritier saisi (C. civ. art. 1006 et 1007).

Le conjoint bénéficiaire d'une institution contractuelle (qui lui confère une vocation universelle) est toujours investi de la saisine en sa qualité d'héritier (nº 41110). Au surplus, puisque son titre est authentique, il doit être assimilé au légataire universel (C. civ. art. 724, al. 2).

Si le **testament** est **olographe ou mystique,** le titre du légataire universel, qui n'a pas la même fiabilité qu'un acte authentique, va être soumis à un contrôle notarial assorti d'un éventuel contrôle judiciaire. Le notaire dépositaire du testament vérifie, à l'occasion du procès-verbal d'ouverture et de description de celui-ci, « les conditions de la saisine du légataire au regard du caractère universel de sa vocation et de l'absence d'héritier réservataire » (C. civ. art. 1007). Ce n'est qu'en cas de contestation de ses droits que le légataire universel est tenu de se faire « envoyer en possession » par ordonnance du président du tribunal judiciaire. Pour plus de détail sur ces procédures, voir nos 15395 s. 41185

Ce contrôle ne remet pas en cause la **saisine du légataire universel** : il se justifie uniquement parce qu'il est, dans ce cas, impératif de s'assurer de la régularité formelle du testament, ainsi que de la saisine du légataire (absence de réservataire et vocation universelle).

> **Précisions** Pour les **successions ouvertes avant le 1er novembre 2017,** le contrôle du titre du légataire universel était exclusivement judiciaire : le légataire universel était tenu dans tous les cas de se faire envoyer en possession par ordonnance du président du tribunal de grande instance (C. civ. art. 1008 ancien abrogé par loi 2016-1547 du 18-11-2016).

41190 TABLEAU SYNTHÉTIQUE

		Successeur saisi		**Successeur non saisi**
		De plein droit	**Contrôle notarial – envoi en possession en cas d'opposition**	**Délivrance de legs**
Héritier		C. civ. art. 724, al. 1		
Légataire universel en l'absence d'héritier réservataire	**Testament authentique**	C. civ. art. 1006		
	Testament olographe ou mystique		C. civ. art. 1007	
Légataire universel en présence d'héritier réservataire				C. civ. art. 1004
Légataire à titre universel ou à titre particulier				C. civ. art. 1011 et 1014

C. Saisine en présence de situations complexes

1. SITUATIONS DE CONCOURS

CONCOURS ENTRE HÉRITIERS SAISIS

41240 **Pluralité d'héritiers en rang utile** L'hypothèse ne se présente que lorsque plusieurs héritiers viennent en rang utile à la succession.

Souvent, les **héritiers s'accordent** pour « administrer » au mieux de leurs intérêts la succession jusqu'au partage ou pour confier la tâche à l'un d'entre eux, voire plus simplement encore au notaire.

À l'inverse, il se peut que ces **héritiers s'opposent** systématiquement les uns aux autres au sujet de la gestion et de l'usage des biens héréditaires. Le déblocage de la situation nécessitera alors plus que probablement la désignation en justice d'un administrateur provisoire (C. civ. art. 813-1 à 814-1). Sur cette question, voir n° 55875.

Reste enfin l'hypothèse dans laquelle certains **héritiers s'abstiennent** d'exercer les prérogatives de leur saisine. C'est alors le caractère indivisible de celle-ci qui va permettre d'éviter le dépérissement de la succession en autorisant un héritier saisi plus diligent que les autres à exercer seul les prérogatives de la saisine sur l'intégralité de la succession.

41245 **Portée de l'indivisibilité de la saisine** L'indivisibilité de la saisine fait **débat,** car celle-ci paraît se heurter aux règles de gestion de l'indivision et plus encore au principe de divisibilité des créances et des dettes posé par l'article 1309 du Code civil (C. civ. art. 1220 avant la réforme du droit des contrats de 2016), qui s'applique au défunt à l'égard de ses successeurs.

41250 Le recours à la technique du mandat tacite permet à un héritier, en cas d'inaction de ses homologues, d'administrer toute l'hérédité sans pour autant heurter les **règles de l'indivision** (en ce sens, W. Dross, La saisine successorale : Defrénois 2004 art. 37913 n° 25).

41255 Le caractère indivisible de la saisine se heurte au principe de **« divisibilité » des obligations** posé par l'article 1309 du Code civil. Selon ce texte, « l'obligation qui lie plusieurs créanciers ou débiteurs se divise de plein droit entre eux. La division a lieu également entre leurs successeurs, l'obligation fût-elle solidaire ». Le principe de la division de plein droit des dettes du défunt figure également à l'article 873 du Code civil (J.-Cl. Civil Code, art. 870 à 877 fasc. 20 par C. Brenner, n° 63).

Sous l'empire de l'ancien article 1220 du Code civil, certains auteurs considéraient qu'il était possible de déroger au principe de la divisibilité au motif de la « carence des autres héritiers » (F. Terré, Y. Lequette et S. Gaudemet, Droit civil. Les successions Les libéralités, Dalloz, 4e éd., 2013, no 795). Pour d'autres, la dérogation n'était pas permise car la « divisibilité » des dettes et des créances prévue par l'ancien article 1220 constituait déjà une dérogation au principe d'indivisibilité de la saisine (Rép. civ. Dalloz, v. Succession, 2° Transmission par R. le Guidec et C. Lesbats, no 275 ; Lamy Droit des régimes matrimoniaux, successions et libéralités, étude 240 par B. Vienne et M. Fourat, no 240-9), voire de l'indivision (W. Dross, La saisine successorale : Defrénois 2004 art. 37913).

S'agissant des **créances** du défunt, la première chambre civile de la Cour de cassation a pu décider qu'une veuve, investie par la loi de la saisine, avait qualité pour agir en recouvrement d'une créance, « sauf à voir réduire, le cas échéant, le montant de celle-ci, en application de l'article 1220 du Code civil, dans le cas, […] où les filles légitimes (du défunt) auraient fait valoir leurs droits (d'héritiers saisis) » (Cass. 1e civ. 20-3-1984 no 83-11.143 : Bull. civ. I no 108, Defrénois 1984 art. 33432 obs. G. Champenois). Sous l'empire de l'ancien article 1220 du Code civil, l'indivisibilité de la saisine semblait donc jouer en cas de carence des autres héritiers seulement.

Concernant la divisibilité des **dettes** du défunt entre ses héritiers au prorata de leurs droits respectifs, si le principe selon lequel un héritier saisi ne peut être poursuivi par un créancier qu'au prorata de ses droits dans la succession a pu être affirmé par la Cour de cassation (Cass. 1e civ. 10-7-2013 no 11-28.029 F-D ; Cass. 1e civ. 14-3-2018 no 17-14.583 FS-PB : AJ fam. 2018 p. 305 obs. J. Casey), il appartient à l'héritier de démontrer au créancier poursuivant qu'il doit diviser son recours. Ainsi, la première chambre civile de la Cour de cassation a pu juger qu'une veuve, « saisie de plein droit des biens, droits et actions de son époux décédé […] pouvait être poursuivie par les créanciers de la succession, sauf à elle à renoncer à celle-ci ou à **démontrer** qu'elle était primée par des héritiers plus proches ou qu'elle était exclue par un légataire universel ou encore que la dette devait être **divisée entre les héritiers au prorata de leurs droits respectifs** » (Cass. 1e civ. 5-4-2005 no 03-18.371 : Bull. civ. I no 174, D. 2005 p. 2373 note V. Brémond ; dans le même sens Cass. 1e civ. 7-06-2006 no 04-30.863 F-PB). Une décision comparable a récemment été rendue par la Cour de cassation qui a considéré que le frère d'une personne décédée était tenu des dettes de la succession dès lors qu'il ne contestait pas être l'héritier du défunt, ne prétendait pas avoir renoncé à la succession de celui-ci et **n'avait pas démontré l'existence d'autres héritiers** (Cass. 3e civ. 22-11-2022 no 19-17.177 F-D ; dans le même sens, Cass. 1e civ. 19-9-2019 no 18-18.433 F-D : BPAT 6/19 inf. 252, Dr. famille 2019 p. 36-37 note M. Nicod).

Effet équivoque de l'indivisibilité de la saisine Un arrêt de la première chambre 41260
civile de la Cour de cassation a mis en lumière un effet « indésirable » de la saisine quand le **légataire d'un bien a également la qualité d'héritier** (Cass. 1e civ. 25-10-2017 no 16-24.766 F-PB : BPAT 6/17 inf. 242, RTD civ. 2018 p. 192 obs. M. Grimaldi, AJ fam. 2018 p. 53 obs. critiques J. Casey). Dans cette espèce, une personne décédée avait laissé pour lui succéder ses quatre enfants et avait légué à l'un d'entre eux divers immeubles par testament olographe. Deux des héritiers contestaient la validité de ce testament en invoquant l'exception de nullité dont on sait qu'elle est en principe perpétuelle. En réponse à cette demande, l'héritier légataire faisait valoir que l'action en nullité des autres héritiers était prescrite au motif que l'acte dont l'annulation était sollicitée (le testament) avait reçu un commencement d'exécution, puisqu'il avait pris possession des immeubles légués (règle de prescription posée par la jurisprudence et consacrée dans le nouvel article 1185 du Code civil). Pour la Cour de cassation, l'action en nullité des héritiers n'était pas prescrite car « en se bornant à invoquer une occupation notoire » des immeubles, le légataire n'établissait « pas avoir agi en exécution du testament ». En effet, il avait pu occuper ces immeubles en qualité d'héritier saisi.

CONCOURS ENTRE HÉRITIER NON RÉSERVATAIRE ET LÉGATAIRE UNIVERSEL

Si la présence d'au moins un héritier réservataire prive le légataire universel de la saisine, 41265
qu'en est-il lorsque le **légataire universel** (dont le titre est authentique ou dont les conditions de sa saisine ont été vérifiées) se trouve en présence d'héritier(s) non réservataire(s) mais saisi(s) ?

La solution n'est pas formellement posée. Toutefois, il serait assez illogique de **maintenir la saisine des héritiers non réservataires** (avec les pouvoirs qui s'y attachent), alors même que le legs universel les écarte de la succession : c'est là un effet du caractère successif de la saisine. Mais la question n'est pas tranchée (voir no 41125).

2. SAISINE EN CAS DE CUMUL DES QUALITÉS D'HÉRITIER ET DE LÉGATAIRE

HÉRITIER ET LÉGATAIRE À TITRE PARTICULIER OU À TITRE UNIVERSEL

41295 Dans ce cas, en dépit des termes des articles 1011 et 1014 du Code civil, la **délivrance du legs** n'est pas requise, parce que la qualité de légataire est sans effet sur les droits que l'héritier tient de l'article 724 du Code civil (voir par exemple Cass. 1e civ. 20-3-1984 nº 83-11.143 : Bull. civ. I nº 108, Defrénois 1984 p. 1503 obs. G. Champenois, RTD civ. 1985 p. 423 obs. J. Patarin). En effet, la saisine porte sur l'universalité de la succession, en ce compris les biens légués.

HÉRITIER ET LÉGATAIRE UNIVERSEL

41300 Lorsqu'un légataire universel ne bénéficie pas d'un testament authentique mais dispose par ailleurs de la qualité d'héritier, faut-il que le notaire vérifie les conditions de sa saisine ?

En **théorie,** il n'est pas certain que la vérification s'impose car, encore une fois, la saisine de l'héritier porte sur l'universalité de la succession. Un dépôt simple du testament pourrait donc suffire.

Au demeurant, dans la **pratique,** pour permettre à cet héritier de faire également « valoir sa vocation testamentaire » – ce qui lui conférera une liberté d'action beaucoup plus grande s'il n'est pas l'unique héritier du testateur –, il est vivement recommandé au notaire de procéder à la vérification des conditions de la saisine du légataire universel, aux formalités de publicité liées et, en cas d'opposition, d'inviter le légataire à se faire envoyer en possession (en ce sens, au sujet de l'ancien envoi en possession, J.-G. Mahinga, note sous Cass. 1e civ. 3-2-2004 : JCP N 2004 nº 1570 § 21).

SECTION 2 EFFETS DE LA SAISINE

A. Prérogatives de l'héritier saisi

RÈGLES GÉNÉRALES

41400 Les pouvoirs dont dispose le successeur saisi en vertu de son habilitation légale ne sont pas clairement définis par les textes.

Assurément, la saisine ne lui confère pas la **propriété** des biens de la succession. Preuve en est que l'héritier saisi peut agir sur des biens qui auront été légués et dont il n'est par conséquent pas propriétaire.

Ce que l'on sait aussi, c'est que la saisine n'est pas la **possession,** ne serait-ce que parce qu'elle existe « avant toute prise de possession effective » et qu'elle « porte sur une universalité : l'hérédité » (en ce sens, J.-G. Mahinga, note sous Cass. 1e civ. 3-2-2004 : JCP N 2004 nº 1570 § 11).

De l'ouverture jusqu'à l'acceptation de la succession, l'héritier ou le légataire universel saisi va pouvoir **agir seul** dans l'intérêt de la succession, mais aussi dans son intérêt personnel, le tout sous réserve de certaines limites.

1. PRÉROGATIVES RECONNUES DANS L'INTÉRÊT DE LA SUCCESSION

41405 Afin de préserver au mieux la succession, il est possible au successeur saisi :

1º d'accomplir des **actes conservatoires et d'administration** relevant de la gestion ordinaire de l'hérédité.

2º d'**agir en demande ou en défense** pour faire valoir ou respecter les droits dont le défunt était titulaire. C'est ainsi que le successeur saisi pourra par exemple :

– agir en recouvrement d'une créance du défunt (Cass. 1e civ. 20-3-1984 nº 83-11.143 : Bull. civ. I nº 108, Defrénois 1984 art. 33432 obs. G. Champenois ; Cass. 1e civ. 31-1-1989 nº 87-11.829 : Bull. civ. I nº 55) ;

– poursuivre en justice la réintégration d'actifs successoraux (Cass. 1e civ. 21-5-1990 nº 87-14.420 : Bull. civ. I nº 121, RTD civ. 1991 p. 776 obs. J. Patarin 1991 ; Cass. 1e civ. 5-11-2008 nº 07-15.374 : Bull. civ. I nº 251, AJ fam. 2009 p. 38 obs. F. Bicheron) ;

– agir en nullité d'un acte conclu par le défunt, telle une vente immobilière signée par le défunt peu de temps avant son décès (Cass. 1e civ. 20-5-1981 nº 79-16.863 : JCP G 1982 II nº 19795 note Ph. Rémy, RTD civ. 1982 p. 452 obs. J. Patarin), ou une vente d'un tableau pour erreur sur la substance (CA Paris 20-04-2023 nº 20/05076) ;
– demander l'annulation d'une donation consentie par le conjoint commun en biens du défunt sans le consentement de ce dernier (Cass. 1e civ. 6-11-2019 nº 18-23.913 F-PBI : Gaz. Pal. 31 mars 2020 p. 66 note M. Gayet ; Defrénois 2020 nº 160b6j p. 41 note. G. Champenois) ;
– agir en réparation d'un préjudice subi par le défunt, tel un préjudice moral (Cass. 1e civ. 13-3-2007 nº 05-19.020 FS-PB, perte de chance de survie résultant d'une erreur de diagnostic ; en sens contraire, CAA Nancy 8-3-2022 nº 19NC02651, qui considère que la perte de chance de survie n'apparaît qu'au jour du décès et ne fait naître dans le patrimoine de la victime aucun droit avant ce jour), un préjudice résultant des fautes commises par un centre hospitalier (CE 28-10-2022 nº 453605), un préjudice résultant d'une maladie professionnelle (Cass. 1e civ. 25-10-2005 nº 04-06.045 : Bull. civ. I nº 393) ou bien encore celui résultant de la rupture irrégulière de son contrat de travail, peu important qu'il n'ait pas intenté d'action avant son décès (Cass. soc. 26-10-2010 nº 09-41.548 F-D : RJS 1/11 nº 19).

Toutefois, le successeur saisi ne pourra pas engager une action strictement attachée à la personne du défunt. Jugé, par exemple, que les héritiers ne peuvent pas réclamer une pension de vieillesse du régime général de la sécurité sociale si leur auteur ne s'en est pas prévalu (Cass. soc. 18-7-1996 nº 94-16.131 : Bull. civ. V nº 304). Ils ne peuvent pas non plus agir en résolution d'une vente dont le prix a été converti en une obligation personnelle prise par les acquéreurs d'entretenir le vendeur sa vie durant, dès lors que ce dernier n'a jamais contesté la vente alors qu'il était seul à même d'apprécier le respect des obligations souscrites (Cass. 1e civ. 19-9-2007 nº 05-20.771 F-PB : RJDA 2/08 nº 119).

On notera que n'est pas considérée comme personnelle l'action en révocation d'une donation pour cause d'ingratitude, de sorte que celle-ci peut être engagée par le légataire universel du donateur, si ce dernier est décédé dans l'année du délit (Cass. 1e civ. 27-1-2021 nº 19-18.278 FS-P : BPAT 2/21 inf. 81, action engagée par le petit-fils, légataire universel de la défunte, contre la fille de celle-ci, donataire).

Le préjudice subi par le défunt, qui aurait pu être effacé, du vivant de son auteur, par une action en indemnisation exercée par ce dernier ou qui peut l'être, après son décès, par une action exercée au profit de la succession en application de l'article 724 du Code civil, ne doit pas être confondu avec un préjudice personnel subi par l'héritier. Seule l'existence d'un tel préjudice personnel permet à l'héritier d'invoquer sur le fondement de la responsabilité délictuelle un manquement contractuel commis envers son auteur (Cass. com. 15-06-2022 nº 19-25.750 F-B : Gaz. Pal. 6-9-2022 nº GPL439n5 p. 14 note S. Valory).

3º de **poursuivre les procès engagés** par ou contre le défunt. Le successeur peut ainsi poursuivre l'instance en révocation de la donation entre époux introduite par le défunt à l'encontre de son épouse (Cass. 1e civ. 4-11-2015 nº 15-10.774 FS-PB : Bull. civ. I nº 268, Sol. Not. 1/16 inf. 10). En cas de pluralité d'héritiers, chacun d'eux est saisi de plein droit de l'action introduite par le défunt et devrait donc pouvoir l'exercer seul (Cass. 1e civ. 28-3-2012 nº 10-30.713 F-PBI : BPAT 3/12 inf. 177, action en résolution d'une vente ; Cass. 3e civ. 28-5-2020 nº 19-13.150 F-D, action en résiliation d'un bail rural : Q. Guiguet-Schielé, L'autonomie de l'héritier indivisaire pour agir en justice, Gaz. Pal. 28-7-2020 nº 28 p. 86). Sur les aspects procéduraux de la reprise d'instance par les héritiers de l'une des parties (voir Cass. 2e civ. 10-12-2020 nº 19-22.186 F-D ; J.-Cl. Procédure civile, Interruption d'instance fasc. 800-20 par N. Fricero, nºs 62 et 63).

Sur l'impossibilité de transiger ou de se désister d'une action en justice, voir nº 41465.

4º de percevoir (sans les consommer) les **fruits des actifs successoraux.**

5º de contrôler le **titre des successeurs non saisis** à l'occasion de la délivrance de leurs legs.

2. PRÉROGATIVES RECONNUES DANS L'INTÉRÊT PERSONNEL DU SUCCESSEUR SAISI

La loi autorisant le successeur saisi à **appréhender les biens héréditaires,** il peut à ce titre occuper de façon privative un immeuble dépendant de la succession. **41435**

La question qui se pose alors est de savoir si cette occupation privative doit donner lieu à une **indemnité d'occupation.** Ce sera le cas lorsque :
– l'immeuble ne dépend pas entièrement de la succession (hypothèse d'un immeuble indivis entre la veuve du défunt et sa première épouse) ;
– l'occupation ne repose que sur la saisine de l'occupant, et rien d'autre. Dans ce cas, la jouissance exclusive rend l'héritier-occupant redevable d'une indemnité d'occupation à l'égard des autres membres de l'indivision (Cass. 1e civ. 21-11-2012 nº 11-25.276). Il n'en va

autrement que lorsque le successeur saisi est également « investi de droits privatifs excluant toute situation d'indivision ». Le plus souvent, ces droits privatifs proviendront d'un legs englobant ou pouvant englober l'immeuble occupé (Cass. 1e civ. 24-9-2008 no 06-21.445 : Bull. civ. I no 214 ; Cass. 1e civ. 24-9-2014 no 12-26.486 F-PB : AJ fam. 2014 p. 643 obs. C. Vernières, RTD civ. 2014 p. 926 obs. M. Grimaldi, Defrénois 2015 p. 389 obs. A. Chamoulaud-Trapiers ; Cass. 1e civ. 16-3-2016 no 14-28.865 F-D : BPAT 3/16 inf. 124).

3. LIMITES DES EFFETS DE LA SAISINE

RESTRICTIONS D'ORDRE JURIDIQUE

41465 **Interdiction des actes de disposition** De la même manière que l'héritier ne peut pas, au titre de sa seule saisine, consommer les **fruits de l'indivision,** il ne peut pas disposer des **actifs successoraux.** L'exercice de tels pouvoirs suppose un titre de propriété (F. Terré, Y. Lequette et S. Gaudemet, Droit civil. Les successions. Les libéralités, Dalloz, 4e éd., 2013, nos 795 et 798).

Ainsi et sauf si l'héritier saisi dispose également de la **qualité de légataire** (sur l'inutilité de la délivrance du legs quand le légataire à titre particulier ou à titre universel est aussi héritier, voir no 41295), il sera nécessaire de recueillir le consentement unanime des cohéritiers.

Dans le même ordre d'idée, le successeur ne pourra pas **transiger ou se désister** d'une action en justice (F. Terré, Y. Lequette et S. Gaudemet, précité) ; cela équivaut à un acte de disposition.

41470 **Autres restrictions d'ordre juridique** La faculté d'entrer « en possession » de l'héritier saisi peut être contrariée par l'apposition de **scellés** ou d'autres systèmes d'administration prévus par la loi : **mandats successoraux, administration provisoire** principalement.

RESTRICTIONS D'ORDRE FACTUEL

41475 Ces restrictions sont très variées en pratique. On insistera simplement sur la « prudence » des **établissements bancaires** qui, par crainte de voir leur responsabilité recherchée, ont tendance à bloquer les comptes personnels du défunt et par conséquent à limiter les droits des héritiers saisis.

On signalera également que le risque d'accepter tacitement la succession par l'accomplissement d'**actes graves** (C. Jubault, Droit civil Les successions Les libéralités, Montchrestien, 2010, no 123) est en pratique de nature à dissuader le successeur saisi d'agir, tout particulièrement lorsque le passif successoral est important (voir nos 36760 s.).

B. Obligations du successeur saisi

PAIEMENT DES DETTES DU DÉFUNT

41525 En **principe,** l'héritier saisi peut être poursuivi par les créanciers de la succession. Il peut l'être avant même d'avoir accepté ou renoncé à la succession (pour une illustration, Cass. 1e civ. 19-9-2019 no 18-18.433 F-D : BPAT 6/19 inf. 252).

Il peut toutefois **échapper aux poursuites** s'il a renoncé à la succession ou s'il peut démontrer qu'il est primé par des héritiers plus proches ou exclu par un légataire universel, ou encore que la dette doit être divisée entre les héritiers au prorata de leurs droits respectifs (Cass. 1e civ. 15-3-1988 no 86-15.791 : Bull. civ. I no 82, Defrénois 1988 p. 933 obs. G. Champenois, RTD civ. 1988 p. 799 obs. J. Patarin ; Cass. 1e civ. 5-4-2005 no 03-18.371 : Bull. civ. I no 174, D. 2005 p. 2373 note V. Brémond ; Cass. 1e civ. 7-6-2006 no 04-30.863 : Bull. civ. I no 298 ; Cass. 1e civ. 19-9-2019 no 18-18.433 F-D susvisé) ; voir no 41255.

Il a été jugé que l'héritier saisi répond des **conséquences dommageables d'un contrat** d'architecte exécuté par le défunt ; ainsi, il n'échappe pas aux conséquences d'une action en garantie décennale engagée contre le défunt et poursuivie contre lui car, s'il n'est pas tenu de l'exécution du contrat, il l'est des dommages qui en ont résulté (Cass. 3e civ. 30-1-2019 no 18-10.941 FS-PBI : BPAT 2/19 inf. 56).

OBLIGATIONS FISCALES

41530 L'**héritier saisi de plein droit** de la succession a l'obligation de procéder à la **déclaration de succession** dans les délais légaux, sans pouvoir invoquer, pour se soustraire à cette obligation, l'existence d'un litige ayant pour objet de contester la dévolution successorale (Cass. com. 8-3-2005 no 02-12.721 FS-PB : RJF 7/05 no 790 ; Cass. com. 26-3-2008 no 07-11.703 FS-PB : RJF 7/08 no 901,

RJPF 2008-6/41 note F. Léandri ; Cass. com. 20-5-2008 n° 07-13.648 F-D : RJPF 2008 7-8/37 obs. J. Casey). Sa situation diffère, sur ce point, de celle du **légataire universel,** lorsque celui-ci n'est pas héritier ni conjoint survivant du défunt. Il n'est pas tenu par le délai de dépôt de la déclaration de succession tant que ses droits (contestés) dans la succession n'ont pas été définitivement reconnus par une décision de justice (Cass. com. 30-5-1989 n° 88-12.666 P : RJF 8-9/89 n° 1050 ; Cass. com. 5-3-1991 n° 89-18.298 P : RJF 5/91 n° 700 ; Cass. com. 21-6-1994 n° 92-10.323 D : RJF 10/94 n° 1150). Sont considérés comme définitivement reconnus les droits établis par une décision de justice passée en force de chose jugée même si elle fait, ou peut encore faire, l'objet d'un pourvoi en cassation (BOI-ENR-DMTG-10-60-50 n° 60). **41530** (suite)

Sur les délais de paiement des héritiers saisis, voir n° 52225.

ATTENTION

Lorsque le **légataire universel** est **saisi de plein droit,** dans les conditions prévues au n° 41180, il est tenu au dépôt de la déclaration de succession dans les six mois du décès même en cas de contestation de ses droits dans la succession (BOI-ENR-DMTG-10-60-50 n° 60).

CHAPITRE 2

MANDATS D'ADMINISTRER LA SUCCESSION

SOMMAIRE

SECTION 1

MANDAT À EFFET POSTHUME

DÉFINITION DU MANDAT À EFFET POSTHUME

42100 Mécanisme original, dérogeant à la fois au **jeu normal de la saisine et** aux **règles classiques du mandat,** le mandat à effet posthume est censé permettre aux personnes conscientes des difficultés qui surviendront dans l'administration de leur succession de prendre, tant qu'il en est encore temps, les mesures nécessaires pour qu'il en soit autrement (sur la nature juridique du mandat à effet posthume, voir B. Vareille, Le mandat à effet posthume : Petites affiches 28-6-2007 n° 129 p. 16).

Plus précisément, depuis le 1er janvier 2007, date d'entrée en vigueur de la loi 2006-728 du 23 juin 2006, il est possible à une personne de confier à un ou plusieurs mandataires le soin d'administrer ou de gérer, **pour le compte et dans l'intérêt d'héritier(s) identifié(s),** tout ou partie de ce qu'elle laissera à sa succession (C. civ. art. 812 à 812-7).

A. Conditions de validité du mandat à effet posthume

1. CONDITIONS DE FOND DU MANDAT À EFFET POSTHUME

FONDEMENT

42105 Le fait de confier la charge de **gérer ou** d'**administrer** tout ou partie de sa succession aux personnes que l'on estime les plus compétentes et/ou les plus dignes de confiance revient aussi à **priver ou** à **dessaisir de ce droit les héritiers identifiés dans le mandat.** Il est donc naturel que cette démarche soit conditionnée par un intérêt « sérieux et légitime ».

a. Existence d'un intérêt « sérieux et légitime »

42110 Le mandat à effet posthume « n'est valable que s'il est justifié par un intérêt sérieux et légitime au regard de la personne de l'héritier ou du patrimoine successoral, précisément motivé » (C. civ. art. 812-1-1).

À peine de nullité, devront donc figurer **dans l'acte de mandat** les raisons qui ont conduit le mandant à retenir ce mode d'administration totale ou partielle de la succession. Celles-ci résulteront :

– de la **personne même de l'héritier** dont l'incapacité, l'inexpérience, l'oisiveté, la prodigalité ou toute autre faiblesse le rendent inapte à administrer convenablement tout ou partie du patrimoine successoral. Dans le même ordre d'idées, la mésentente entre héritiers peut justifier un tel mandat (M. Grimaldi, Le mandat à effet posthume : Defrénois 15-1-2007 n° AD2007DEF0003N1 p. 3 § 7) ;

– et/ou de la **composition du patrimoine successoral** qui pourra notamment comprendre une entreprise dont la gestion requiert des compétences et/ou une expérience dont ne disposent pas les héritiers ou tout au moins certains d'entre eux.

À noter que cet intérêt légitime et sérieux doit perdurer **tout au long du mandat** ; sans quoi, il pourrait être révoqué (n° 42620).

ATTENTION

À elle seule, la **minorité de l'héritier** ne suffit pas pour justifier l'existence d'un intérêt sérieux et légitime. Il conviendra d'établir également que les règles de protection dont bénéficie l'héritier ne permettent pas d'assurer la bonne gestion des biens transmis (en ce sens, F. Terré, Y. Lequette et S. Gaudemet, Droit civil. Les successions. Les libéralités, Dalloz, 4e éd., 2013, n° 871).

b. Conditions tenant aux intéressés : mandant, héritiers et mandataire

MANDANT

42130 La **section du Code civil consacrée au mandat à effet posthume** ne pose aucune condition particulière au sujet du mandant, c'est-à-dire du futur défunt. Le **décret du 22 décembre 2008** relatif à la classification des actes en actes de disposition ou d'administration, quant à lui, ne mentionne pas la conclusion d'un mandat à effet posthume (Décret 2008-1484 du 22-12-2008). En l'absence de disposition particulière et de jurisprudence sur ce point précis, la conclusion d'un mandat à effet posthume par un majeur protégé donne lieu à certaines hésitations (J.-Cl. Notarial Formulaire voir Succession fasc. 300 – mandat à effet posthume, par N. Levillain, n° 18).

Parce que le mandat à effet posthume est, comme le testament, un **acte de dernière volonté** (M. Grimaldi, Le mandat à effet posthume : Defrénois 15-1-2007 n° AD2007DEF0003N1 p. 3 § 10), une partie de la doctrine considère que les règles propres à la capacité de tester lui sont applicables (en ce sens, J.-Cl. Civil Code, art. 503 à 509 fasc. unique par N. Peterka, nos 189 à 191 ; J. Casey, Le mandat posthume, À propos de la loi du 23 juin 2006 : Dr. famille 2006, étude 53, n° 5). Ainsi, le majeur sous **curatelle** pourrait conclure seul un mandat à effet posthume tandis que le majeur sous **tutelle** le pourrait à condition d'obtenir l'autorisation du juge ou du conseil de famille (C. civ. art. 470, al. 1er et 476, al. 2). La personne placée sous **habilitation familiale** aux fins d'être représentée ou assistée devrait quant à elle pouvoir conclure seule un mandat à effet posthume dans la mesure où il s'agit, à l'instar du testament (voir n° 720), d'un acte strictement personnel ne pouvant jamais donner lieu à assistance ou représentation (N. Peterka, fasc. précité, n° 191 ; C. civ. art. 458, al. 1er).

Soulignons cependant que **certains auteurs doutent de l'analogie** avec le testament car la nature de cet acte diffère de celle du mandat à effet posthume, lequel s'apparente « à une mesure de protection d'origine volontaire », ayant pour effet de « dessaisir les héritiers de la gestion de tout ou partie des biens successoraux » (J.-Cl. Notarial Répertoire, voir Mandat fasc. 70 par G. Wicker et K. Lafaurie, n° 22 ; en ce sens également, F. Terré, Y. Lequette et S. Gaudemet, Droit civil. Les successions. Les libéralités, Dalloz, 4e éd., 2013, n° 867). Pour cette doctrine, la conclusion du mandat à effet posthume demeurerait soumise au droit commun des incapacités. Dès lors, et si l'on admet que le mandat à effet posthume est un acte d'administration (sur ce point, v. N. Peterka, fasc. précité, n° 190), le majeur sous **curatelle** pourrait conclure seul un tel mandat (C. civ. art. 467, al. 1er) alors que le majeur sous **tutelle** devrait être représenté par son tuteur (C. civ. art. 504, al. 1er). La personne placée sous **habilitation familiale** aux fins d'être **assistée** pourrait, à l'instar d'un majeur en curatelle, conclure seule un mandat à effet posthume alors que la capacité de celle placée sous habilitation familiale aux fins d'être **représentée** dépendrait de l'étendue des pouvoirs de la personne habilitée :
- en cas d'habilitation spéciale, la personne protégée conserverait la capacité de conclure un mandat à effet posthume à moins que la conclusion de cet acte n'ait été réservée à la personne habilitée ;
- en cas d'habilitation générale, la personne protégée n'aurait plus capacité de conclure un mandat à effet posthume, ce pouvoir étant alors réservé à la personne habilitée qui, en application de l'article 494-6 du Code civil, peut accomplir l'ensemble des actes qu'un tuteur « a le pouvoir d'accomplir, seul ou avec une autorisation ».

ATTENTION

On peut se demander si, pour obtenir l'annulation du mandat à effet posthume, les héritiers (qui ne sont pas parties à l'acte) peuvent invoquer sa nullité en raison de l'**insanité d'esprit** supposée **du de cujus.** En pratique, ils le pourront, indirectement ou implicitement, en invoquant le défaut d'intérêt légitime et sérieux du mandat.

HÉRITIERS

Contrairement au droit commun et par la force des choses ici, le mandat à effet posthume ne peut pas être donné pour agir au nom et pour le compte du mandant (C. civ. art. 1984, al. 1 et 2003, al. 4). Il est donné dans l'intérêt d'un ou de plusieurs **héritiers identifiés dans le mandat** (C. civ. art. 812, al. 1 ; sur les difficultés liées à l'identification des enfants à venir, voir A. Aynès, L'administration de la succession par autrui : JCP N 2008 n° 1246 § 8). La loi autorise en effet le mandant à ne dessaisir que certains héritiers. Un pareil choix obligera alors le mandataire à composer avec les pouvoirs des héritiers toujours saisis ; ce qui en pratique s'avérera souvent complexe. **42135**

Les héritiers n'ont pas à **consentir ou** à **intervenir au mandat** ; ils n'ont même pas à en être informés. Cependant, si la loi ne prévoit pas l'intervention des héritiers, rien ne l'interdit ; elle est d'ailleurs recommandée. L'information de l'ensemble des héritiers de l'existence du mandat à effet posthume et de l'identité du ou des mandataires choisis permet en effet de limiter le risque de contestation du mandat.

Fort logiquement, les **héritiers mineurs ou majeurs protégés** pourront bénéficier d'un tel mandat (C. civ. art. 812-1). L'on verra d'ailleurs que lorsqu'un héritier incapable est « représenté » dans ce cadre, les pouvoirs conférés par le mandat à effet posthume l'emportent sur ceux du régime de protection existant (n° 42345).

MANDATAIRE

Liberté de choix La loi offre une grande liberté au mandant dans le choix du ou des mandataires. **42140**

Il pourra s'agir de **personnes physiques** (héritières ou non) **ou morales.** Pourront notamment être désignés : un notaire, à l'exception de celui qui est en charge du règlement de la succession (C. civ. art. 812, al. 4), un cabinet de gestion patrimoniale ou d'avocats, un administrateur d'entreprise(s) ou, tout simplement, une personne de confiance.

Il peut aussi être judicieux de désigner **plusieurs mandataires** ; mais si tel est le cas, le mandant devra délimiter avec précision les missions de chacun d'eux et notamment définir s'ils doivent agir conjointement ou distinctement. Par exemple, la gestion de l'entreprise laissée par le défunt pourra être confiée à un mandataire et le reste du patrimoine successoral à un autre. Si le défunt était à la tête de plusieurs entreprises, il pourra parfaitement en désigner un pour chaque entreprise.

Un mandataire peut aussi être chargé de **contrôler** l'action d'un autre **ou** de **remplacer** ce dernier en cas d'empêchement ou d'opposition d'intérêts.

42145 **Capacité** Quels qu'ils soient, les mandataires devront jouir de la pleine capacité civile et ne devront pas être frappés d'une interdiction de gérer lorsque des **biens professionnels** sont compris dans le patrimoine successoral (C. civ. art. 812, al. 3).

Le rédacteur du mandat devra donc s'assurer qu'aucun **obstacle d'ordre déontologique ou statutaire** ne s'oppose à ce que le mandataire puisse remplir sa mission. À cet égard, et de même que le notaire en charge du règlement de la succession (C. civ. art. 812, al. 4), l'exécuteur testamentaire du défunt ne pourra pas être désigné mandataire posthume (M. Grimaldi, Le mandat à effet posthume : Defrénois 15-1-2007 n° AD2007DEF0003N1 p. 3 § 6). Il n'est pas non plus certain qu'un fonctionnaire, un avocat, un notaire ou encore un médecin puisse gérer une entreprise commerciale.

42150 Dans le même ordre d'idées, si le **mandat porte sur une entreprise dont la gestion nécessite un diplôme ou une inscription au tableau d'un ordre professionnel** (cabinet médical, officine de pharmacie, étude notariale, etc.), le mandataire devra remplir les conditions requises pour pouvoir gérer ladite entreprise.

Cela étant dit et parce qu'il ne gère pas l'entreprise pour son compte mais dans l'intérêt des héritiers désignés, l'on considère généralement que le mandataire à titre posthume n'a pas la **qualité de commerçant** (en ce sens, B. Vareille, Le mandat à effet posthume : Petites affiches 28-6-2007 n° 129 p. 16 § 17 ; A. Aynès, L'administration de la succession par autrui : JCP N 2008 n° 1246 § 15 ; J. Prieur et M. Clermon, La gestion de l'entreprise par un mandataire, JCP N 2006 n° 1296, n° 30).

Pourtant, certains auteurs estiment que « lorsque le mandataire posthume a pour mission de gérer une entreprise individuelle, tant sa mission que les pouvoirs dont il est investi conduisent à lui attribuer la **qualité d'exploitant** plutôt qu'aux héritiers intéressés par le mandat » (J.-Cl. Notarial Répertoire, voir Mandat fasc. 70 par G. Wicker et K. Lafaurie, n° 75).

Reconnaître au mandataire posthume la qualité d'exploitant ou d'entrepreneur individuel ne serait pas sans **conséquences.** Cette qualité emporterait en effet pour le mandataire posthume l'obligation de s'immatriculer à titre personnel aux registres professionnels auxquels l'activité exercée le rattache (registre national des entreprises et/ou registre du commerce et des sociétés) et d'utiliser dans l'exercice de son activité une dénomination incorporant son nom ou nom d'usage précédé ou suivi immédiatement des mots « entrepreneur individuel » ou des initiales « EI » (C. com. art. R 526-27 créé par décret 2022-725 du 28-4-2022 art. 2). Elle impliquerait aussi et surtout, depuis l'entrée en vigueur de la loi 2022-172 du 14 février 2022 « en faveur de l'activité professionnelle indépendante », de reconnaître au mandataire posthume – entrepreneur individuel un **patrimoine professionnel** censé constituer le gage des créanciers de l'entreprise. Or, on imagine assez mal en quoi pourrait consister ce patrimoine puisque les « biens, droits, obligations et sûretés » utiles à l'activité indépendante se sont fondus dans le patrimoine successoral au moment du décès de l'entrepreneur individuel (C. com. art. L 526-22, al. 8 créé par loi 2022-172 du 14-2-2022 art. 1). Imaginer que ces éléments puissent être à nouveau extraits du patrimoine successoral pour former le patrimoine professionnel du mandataire posthume reviendrait à faire de lui une sorte de fiduciaire ; ce qui ne paraît guère concevable en l'absence de texte.

À notre avis la qualité d'exploitant ou d'entrepreneur individuel doit être refusée au mandataire posthume pour trois raisons. D'abord parce que ses pouvoirs sont somme toute limités, notamment tant que la succession n'a pas été acceptée (n° 42300), ensuite parce qu'il n'agit pas pour son compte et enfin parce que son intervention est limitée dans le temps (n° 42250). Refuser au mandataire posthume la qualité d'entrepreneur individuel ne revient pas pour autant à attribuer celle-ci aux héritiers ; rappelons que le défunt les a écartés de la gestion de son entreprise pour un motif légitime et sérieux.

Le mandataire posthume dont la mission consiste, pour un temps donné, à éviter que le patrimoine successoral ou certains de ses éléments, comme un fonds de commerce, ne périclitent devrait être (comme le serait, soit dit par parenthèse, n'importe quel mandataire judiciaire) inscrit aux **registres professionnels** « avec les mentions ad hoc » (en ce sens, J.-F. Sagaut, Le mandat à effet posthume : regard notarial à destination des chefs d'entreprise : Dr. et patrimoine 2007 p. 162 ; voir également sur ce point Lamy Patrimoine, Transmission d'entreprises individuelles par M. Leroy, n° 730-40). Le Code de commerce prévoit en effet qu'en cas de décès d'un commerçant personne physique, il est possible de déclarer (au registre du commerce et des sociétés) le maintien provisoire de l'immatriculation pendant un délai d'un an, renouvelable une fois (C. com. art. R 123-46, 7° et 8°). Dans ce cas, doivent être précisés « les conditions d'exploitation, nom, nom d'usage, pseudonyme, prénoms, domicile personnel et qualité des héritiers et ayants cause à titre universel, **date et lieu de naissance, nationalité et qualité des personnes assurant**

l'exploitation ». La déclaration est faite par la ou les personnes poursuivant l'exploitation. L'article R 123-248 du Code de commerce comporte des dispositions similaires en ce qui concerne l'immatriculation de tout entrepreneur individuel au registre national des entreprises (C. com. art. R 123-248 créé par décret 2022-1014 du 19-7-2022 art. 4, en vigueur depuis le 1er janvier 2023).

Sur la compatibilité du mandat à effet posthume et des mesures d'exonération partielle de droits de mutation à titre gratuit des articles 787 B et 787 C du CGI (dispositif Dutreil), voir nos 45598 et 46050.

Conflit d'intérêts Les dispositions de l'article 1161 du Code civil (texte issu de l'ordonnance 2016-131 du 10-2-2016 portant réforme du droit des contrats, du régime général et de la preuve des obligations, modifié par la loi 2018-287 du 20-4-2018 ratifiant cette réforme), destinées à prévenir et à sanctionner tout conflit d'intérêts **entre représentants et représentés,** posent un certain nombre de difficultés lorsqu'il s'agit de les appliquer au mandat à effet posthume. 42155

Le principe est désormais qu'« en matière de représentation des personnes physiques, un représentant ne peut agir pour le compte de plusieurs parties au contrat en opposition d'intérêts ni contracter pour son propre compte avec le représenté » (C. civ. art. 1161, al. 1). L'acte accompli en violation de ce principe « est nul à moins que la loi ne l'autorise ou que le représenté ne l'ait autorisé ou ratifié » (C. civ. art. 1161, al. 2).

Dans l'éventualité d'un conflit d'intérêts **entre mandataire posthume et héritiers identifiés,** se pose la question de savoir si le mandataire peut se faire autoriser à « contracter pour son propre compte avec le représenté ».

Cela paraît peu probable car les héritiers pour le compte desquels le mandataire agit ne disposent pas du pouvoir d'autoriser ou de ratifier un acte qu'ils ne peuvent pas eux-mêmes conclure du fait de leur dessaisissement (sur le dessaisissement des héritiers, voir no 42345).

Par ailleurs, la lettre du second alinéa de l'article 1161 du Code civil s'oppose à notre sens à ce que le mandant puisse (nécessairement par anticipation) autoriser la conclusion d'un acte opposant les intérêts des héritiers identifiés et du mandataire, car cette autorisation doit être donnée par « le représenté » et non par le mandant.

En pratique, il apparaît donc judicieux de **prévoir dans le mandat à effet posthume** la désignation d'un autre mandataire pour le cas d'un conflit d'intérêts (voir no 42140).

CONSENTEMENT DES PARTIES

Comme pour tout mandat, l'**acceptation** du mandataire conditionne la validité de l'acte. Théoriquement, elle peut intervenir jusqu'au décès du mandant, mais en pratique elle est donnée dans l'acte de mandat à effet posthume (sur la forme de cette acceptation, voir no 42190). 42160

Précisons enfin que les parties au mandat peuvent revenir sur leur décision. Il est en effet possible au mandant de **révoquer** le mandat et au(x) mandataire(s) d'y **renoncer jusqu'au décès** (l'article 812-1-1 du Code civil emploie le terme de « renonciation » aussi bien pour le mandant que pour le mandataire ; sur la forme de ces renonciations, voir no 42190).

2. CONDITIONS DE FORME DU MANDAT À EFFET POSTHUME

AUTHENTICITÉ DU MANDAT

Contrairement au mandat de droit commun (C. civ. art. 1985), le mandat à effet posthume est un **contrat solennel** donné et accepté exclusivement en la **forme authentique,** à peine de nullité (C. civ. art. 812-1-1, al. 3). 42190

Aucune **publicité** du mandat à effet posthume n'est prévue par la loi. Cependant, parce qu'il est un acte de dernière volonté, certains auteurs considèrent qu'il est nécessaire d'en publier l'existence au fichier central des dispositions de dernières volontés (en ce sens, A. Bouquemont, Le mandat à effet posthume appliqué aux titres sociaux : JCP N 2014 no 1209 § 6 ; J.-Cl. Notarial Répertoire, voir Mandat fasc. 70 par G. Wicker et K. Lafaurie, no 19).

La **renonciation au mandat** n'a pas à emprunter la forme authentique ; elle devra simplement faire l'objet d'une notification aux héritiers intéressés ou à leurs représentants qu'il conviendra, par précaution, d'effectuer par courrier recommandé avec demande d'avis de réception ou, mieux encore, par commissaire de justice. Comme le souligne un auteur, la loi ne précise pas la sanction du défaut de notification (M. Grimaldi, Le mandat à effet posthume : Defrénois 15-1-2007 no AD2007DEF0003N1 p. 3 § 10).

COÛT DU MANDAT

42195 Les actes relatifs au mandat posthume donnent lieu à la perception d'**émoluments** notariés, dont les montants sont les suivants (C. com. art. A 444-79) :

Désignation de la prestation	Émoluments
Établissement du mandat posthume	113,20 € HT (135,84 € TTC)
Acceptation du mandat posthume par acte séparé	56,59 € HT (67,91 € TTC)
Révocation par le mandant	56,59 € HT (67,91 € TTC)
Renonciation par le mandataire	56,59 € HT (67,91 € TTC)

La présentation du mandat à effet posthume à la formalité de l'**enregistrement** est soumise à la perception du droit fixe de 125 € prévu pour les actes « innomés » (CGI art. 680 ; BOI-ENR-DMTG-10-40-20-10 n° 310).

B. Durée du mandat à effet posthume

PRISE D'EFFET DU MANDAT

42245 C'est là sans doute la **particularité** la plus remarquable du mandat à effet posthume. Alors que le mandat classique prend fin au décès du mandant (C. civ. art. 2003), le mandat à effet posthume prend effet à ce moment précis de la mort du mandant.

Cela explique que jusqu'à cet instant précis, la décision de **renoncer au mandat** du mandant ou du mandataire peut être notifiée à l'autre partie (C. civ. art. 812-1-1, al. 5).

TERME NORMAL DU MANDAT

42250 Le mandat posthume est donné pour une durée qui ne peut excéder **deux ans,** prorogeable une ou plusieurs fois par décision du juge, saisi par un héritier ou par le mandataire.

Toutefois, le mandat peut être donné pour une durée de **cinq ans,** prorogeable dans les mêmes conditions, en raison de l'inaptitude, de l'âge du ou des héritiers, ou de la nécessité de gérer des biens professionnels (C. civ. art. 812-1-1, al. 2).

Le juge compétent est le président du tribunal judiciaire statuant sur requête (CPC art. 1379).

Au demeurant, rien n'interdit de prévoir pour le mandat, dans ces limites temporelles, un **terme précis** (par exemple, la majorité de l'héritier) **ou** une **condition extinctive.**

C. Mission du mandataire

1. POUVOIRS DU MANDATAIRE

a. Nature des actes réalisables par le mandataire

AVANT L'ACCEPTATION DE LA SUCCESSION

42300 Le mandataire ne peut conclure que des actes n'emportant pas acceptation tacite de la succession (C. civ. art. 812-1-3). Il s'agit des **actes** « **purement conservatoires ou de surveillance** » et des **actes** « **d'administration provisoire** » dont l'article 784 du Code civil donne une liste qui tend d'ailleurs à s'étoffer au fil du temps (nos 36720 s.).

La règle est cohérente, puisqu'il n'entre pas dans la mission du mandataire d'exercer l'option héréditaire pour le compte des héritiers (C. civ. art. 812-1-2). Toutefois, compte tenu de la faiblesse des pouvoirs qui lui sont reconnus par l'article 784 du Code civil, il faudra en pratique que l'option intervienne au plus vite. Tout particulièrement lorsque le mandat porte sur une entreprise, car, dans ce cas, le mandataire ne peut accomplir, en application de l'article 784 précité, que « les opérations courantes nécessaires à la continuation à court terme de l'activité de l'entreprise » et, le cas échéant, procéder au renouvellement des baux.

Quoi qu'il en soit, en cas de doute quant à la portée d'un acte ou pour être en mesure de conclure un acte d'administration ou de gestion requis par l'intérêt de la succession, le mandataire doit pouvoir, à notre avis, **se faire autoriser par le juge** (C. civ. art. 784, al. 2 sur renvoi de l'art. 812-1-3). Il est d'ailleurs recommandé de rappeler cette possibilité dans le mandat.

APRÈS L'ACCEPTATION DE LA SUCCESSION

Lorsque la succession a été acceptée, **purement et simplement ou à concurrence de l'actif net** (la loi ne fait aucune distinction selon la nature de l'acceptation), par l'un des héritiers visés au mandat, les pouvoirs du mandataire sont plus étendus mais très sommairement définis. 42305

Ils le sont, d'une part, par l'article 812 du Code civil qui, en définissant le mandat à effet posthume, précise que le mandataire a pour mission « **d'administrer ou de gérer tout ou partie de la succession** ».

Ils le sont, d'autre part, par l'article 812-1-4 du Code civil, qui soumet mutatis mutandis le mandat à effet posthume aux dispositions des articles 1984 à 2010 du même Code, c'est-à-dire aux règles du mandat de droit commun.

Actes d'administration Il est acquis par conséquent que le mandataire va pouvoir accomplir les actes d'administration (et a fortiori les actes conservatoires) puisque les articles 812 et 1988 du Code civil concordent sur ce point. 42310

À ce titre, il pourra percevoir les **revenus des biens successoraux,** les placer sur des comptes à terme, recouvrir les **créances du défunt,** conclure des **baux** (sans renouvellement possible) (I. Omarjée, Pouvoirs du mandataire à effet posthume : administrer et gérer ne signifient pas disposer ou empêcher de disposer ! Rev. Lamy Droit civil octobre 2010 nº 3977).

Actes de gestion La possibilité de conclure des actes dits « de gestion » doit également être reconnue au mandataire (C. civ. art. 812). Ces actes, qui ne peuvent être que des **actes « intermédiaires »** se situant en quelque sorte entre l'acte d'administration et l'acte de disposition, sont en pratique indispensables à la survie d'une entreprise ou d'un portefeuille de valeurs mobilières (en ce sens, A. Aynès, L'administration de la succession par autrui : JCP N 2008 nº 1246 § 10 ; F. Sauvage, Les pouvoirs du mandataire à effet posthume à l'épreuve des droits des héritiers, note sous Cass. 1e civ. 12-5-2010 : Defrénois 30-9-2010 nº AD2010DEF1776N1 p. 1776 § 9 ; I. Omarjée, Pouvoirs du mandataire à effet posthume : administrer et gérer ne signifient pas disposer ou empêcher de disposer ! Rev. Lamy Droit civil octobre 2010 nº 3977 ; F. Bicheron, Querelle de pouvoirs entre mandataire à effet posthume et héritier ? note sous Cass. 1e civ. 12-5-2010 : RDC 2011 p. 203 nº 3). 42315

Pris isolément, ces actes de gestion, indispensables à la **poursuite « normale » d'une activité indépendante,** sont juridiquement qualifiables d'actes de disposition. Mais, parce qu'ils sont nécessaires au fonctionnement normal d'une universalité de fait (et donc à la conservation d'un bien), ils doivent être assimilés à des actes d'administration (en ce sens, F. Sauvage, précité, nº 10). À titre d'exemple, le mandataire doit pouvoir renouveler le stock, le matériel, le bail commercial ou encore le personnel de l'entreprise dont on lui a confié la gestion ; à défaut ce fonds de commerce, meuble incorporel, verrait sa valeur diminuer ou disparaître.

Une **circulaire du ministère de la justice** peut d'ailleurs être invoquée en ce sens : « Sous réserve de l'interprétation souveraine des juridictions, la notion de gestion autorise le recours à des actes de disposition de certains éléments du patrimoine lorsqu'ils s'insèrent dans une logique de conservation, d'administration ou de valorisation du patrimoine successoral » (Circ. JUSC0754177C du 29-5-2007 p. 27).

Actes de disposition Reste la question de savoir si le mandat à effet posthume peut, de façon expresse (C. civ. art. 1988, al. 2), autoriser le mandataire à conclure des actes de disposition. 42320

La **doctrine** y semble assez largement défavorable. Il est probable en effet que si le législateur avait voulu confier un tel pouvoir au mandataire, il l'aurait expressément prévu et encadré, comme il l'a fait d'ailleurs pour l'exécuteur testamentaire, ou pour les héritiers qui peuvent mettre fin au mandat en aliénant les biens mentionnés dans le mandat (C. civ. art. 812-4, 5º ; voir également M. Grimaldi, Le mandat à effet posthume : Defrénois 15-1-2007 nº AD2007DEF0003N1 p. 3 § 11). Les travaux préparatoires de la loi du 23 juin 2006 sont d'ailleurs extrêmement clairs sur ce point : le mandataire « n'a aucun pouvoir de disposer des biens, mais seulement de les administrer et de les gérer » (Rapport AN nº 2850 du 8-2-2006 par S. Huyghe : assemblee-nationale.fr/12/rapports/r2850.asp).

Une **autre partie de la doctrine** estime cependant qu'il pourrait être donné au mandataire, sur le fondement du droit commun (C. civ. art. 1988, al. 2), « un pouvoir spécial de vendre non exclusif » (F. Sauvage, Les pouvoirs du mandataire à effet posthume à l'épreuve des droits des héritiers, note sous Cass. 1e civ. 12-5-2010 : Defrénois 30-9-2010 nº AD2010DEF1776N1 p. 1776 § 12 ; J. Combret, Le mandat à effet posthume : un acte manqué ? JCP N 2013 nº 1191 § 15 et 18).

› Précisions Dans le cas d'un **héritier mineur,** on peut penser à combiner un mandat à effet posthume et une clause testamentaire d'exclusion de l'administration légale avec désignation du mandataire en qualité de tiers administrateur afin de lui conférer le pouvoir de disposer des biens objets de la clause (J. Combret, Mandat à effet posthume : d'utiles précisions ou confirmations : Sol. Not. 10/15 inf. 193). Sur la clause d'exclusion de l'administration légale, voir n° 14820.

ACTION INTERROGATOIRE

42325 Telle qu'elle résulte de l'article 1158 du Code civil, la possibilité pour un **tiers qui envisage de conclure un acte avec un mandataire** de demander à la personne représentée de lui confirmer que son représentant est habilité à conclure cet acte doit, à notre avis, être écartée dans l'hypothèse du mandat à effet posthume pour les deux raisons suivantes :
– d'une part, les pouvoirs du mandataire posthume sont définis par la loi, et non par la convention, ce qui en soi devrait régler la question de l'étendue de ses pouvoirs ;
– d'autre part, il serait très discutable de permettre aux héritiers qui ne sont pas parties au mandat d'en préciser la portée.

b. Portée des actes du mandataire

RÈGLE CLASSIQUE DU DESSAISISSEMENT DES HÉRITIERS

42345 Le fait de confier à un mandataire l'administration ou la gestion de tout ou partie de la succession a pour effet de dessaisir les héritiers ou certains d'entre eux (S. Deville, Les effets du mandat successoral judiciaire sur les prérogatives des héritiers : Gaz. Pal. 28-11-2017 n° 307r5 p. 68). Seuls les **héritiers non identifiés dans le mandat** conservent leurs pouvoirs sur la succession, y compris sur les biens dont la gestion est confiée au mandataire à titre posthume. Il en résultera potentiellement une **situation de concours** entre celui-ci et les héritiers toujours saisis.

Afin de prévenir toute difficulté de cet ordre, il est recommandé de donner mandat à un seul des héritiers (et de dessaisir tous les autres en les identifiant dans le mandat) ou à un tiers (et à ce moment-là de dessaisir l'ensemble des héritiers) ; mais encore faut-il justifier pour cela d'un intérêt sérieux et légitime.

Le fait est que si les héritiers sont privés du droit d'administrer ou de gérer tout ou partie des biens héréditaires, les **représentants des héritiers,** si ces derniers en ont, le seront également (Cass. 1e civ. 10-6-2015 n° 14-10.377 FS-PB : M. Grimaldi, Le mandat à effet posthume reprend des couleurs, RTD civ. 2015 p. 670). C'est ainsi que les pouvoirs du mandataire à titre posthume « priment » ceux de ces représentants, du moins en ce qui concerne la « gestion » ou « l'administration » des biens concernés car les héritiers (par l'intermédiaire de leur représentant) conservent le cas échéant celui d'en disposer (n° 42395). Ainsi le mandat à effet posthume pourrait limiter les perturbations causées, dans l'administration de la succession, par l'ex-époux du défunt (en sa qualité d'administrateur légal de l'héritier) et éviter le recours à un administrateur ad hoc (Cass. 1e civ. 16-12-2020 n° 19-19.370 F-D : SNH 8/21 inf. 1).

INCERTITUDES LIÉES AU DROIT COMMUN DE LA REPRÉSENTATION

42350 L'ordonnance 2016-131 du 10 février 2016 portant réforme du droit des contrats, du régime général et de la preuve des obligations a inséré dans le Code civil un corps de règles applicables à toutes les formes de représentation (C. civ. art. 1153 à 1161). C'est ainsi que le nouvel article 1159 dispose que la « **représentation conventionnelle** [par opposition à la représentation légale ou judiciaire] laisse au représenté l'exercice de ses droits » ; ce qui revient à dire que le représenté n'est pas dessaisi par un mandat d'origine conventionnelle. La nouvelle règle semble particulièrement délicate à concilier avec la règle classique mais non expressément posée selon laquelle le mandat à effet posthume dessaisit les héritiers identifiés dans le mandat (N. Reichling, Effets de la représentation : analyse critique de l'article 1159 du Code civil : Defrénois 24-1-2019 n° 144h5 p. 15).

On peut donc considérer que le mandat à effet posthume n'entraîne plus dessaisissement des héritiers pour les deux raisons suivantes : d'une part parce que le mandat à effet posthume est bien une forme de représentation conventionnelle et, d'autre part, parce que les dispositions applicables aux mandats posthumes ne dérogent pas expressément au principe de non-dessaisissement posé par le nouvel article 1159, alinéa 2 du Code civil. Autrement dit, une application littérale de ce nouveau texte au mandat à effet posthume « ne devrait plus entraîner un dessaisissement des héritiers » (P. Didier, La représentation dans le nouveau droit des obligations : JCP G 2016 n° 580).

Une telle conclusion peut paraître un peu brutale car si la règle du dessaisissement des héritiers n'est en effet pas expressément posée dans les articles 812 et suivants du Code civil, elle n'en demeure pas moins, à notre avis, inhérente à la **nature du mandat à effet posthume** qui, comme le relève un auteur, est « un mandat forcé, imposé par le de cujus à ses héritiers pour les protéger... » (G. Wicker, Le nouveau droit commun de la représentation dans le Code civil : D. 2016 p. 1942 n° 15 ; en ce sens également, M. Grimaldi, Le mandat à effet posthume reprend des couleurs : RTD civ. 2015 p. 670).

Cependant, dans l'attente d'une clarification jurisprudentielle (ou légale) de ce point, la prudence commande en pratique, comme le suggère d'ailleurs un autre auteur, d'insérer dans le mandat à effet posthume une **clause prévoyant expressément le dessaisissement des héritiers représentés** (en ce sens, M. Mekki, Réforme du droit des obligations : la représentation (C. civ. art. 1153 et s. nouv.) : JCP N 2016 act. 1255).

RAPPORTS DU MANDATAIRE AVEC LES TIERS

En exécutant sa mission, le mandataire posthume va nécessairement contracter des **dettes.** 42355
Se pose alors la question de l'étendue du gage des créanciers concernés et c'est là sans doute l'une des difficultés majeures que pose ce type de mandat, la question de l'engagement des biens successoraux n'ayant pas même été évoquée lors des débats parlementaires ayant précédé l'adoption de la loi 2006-728 du 23 juin 2006.

Pour une partie de la doctrine, le mandat à effet posthume opère représentation imparfaite puisque le mandataire posthume agit certes **pour le compte des héritiers, mais en son propre nom** (en ce sens, notamment, G. Wicker, Le nouveau droit commun de la représentation dans le Code civil : D. 2016 p. 1942, n° 20 ; Rép. civ. Dalloz, v. Mandat par Ph. le Tourneau, n°s 463 et 465). Cette conception du mandat à effet posthume conduit certains de ces auteurs à raisonner par analogie avec le contrat de commission et ainsi à distinguer les « effets personnels » des « effets réels » des actes accomplis par le mandataire posthume. Les « effets réels », c'est-à-dire les « effets relatifs aux choses », seraient supportés par le patrimoine successoral alors que les « effets personnels » seraient supportés par le mandataire posthume (G. Wicker, précité, nos 20 et 22 ; J.-Cl. Notarial Répertoire, voir Mandat fasc. 70 par G. Wicker et K. Lafaurie, nos 86 et 87). Cette position ne fait cependant pas l'unanimité et certains auteurs considèrent que le mandataire posthume amené à prendre en main la gestion d'une entreprise individuelle « ne saurait être personnellement tenu des dettes de l'exploitation » (J. Prieur et M. Clermon, La gestion de l'entreprise par un mandataire : JCP N 2006 nos 1296 et 30).

Il est difficile de trancher en faveur de l'une ou l'autre de ces thèses tant est original le mandat à effet posthume. Celui-ci diffère du mandat classique comme du « mandat sans représentation » car au stade de son exécution le mandant a disparu. Le mandataire posthume ne peut donc agir ni au nom ni pour le compte de celui-ci. Il ne peut pas davantage agir au nom des héritiers qui, à aucun moment, ne reçoivent la qualité de mandant. Le mandataire posthume est, si l'on peut dire, un mandataire condamné à agir seul.

À notre avis, en contractant **ès qualités,** c'est-à-dire pour le compte et dans l'intérêt d'un ou de plusieurs **héritiers identifiés** par le défunt, le mandataire posthume ne devrait pas s'obliger personnellement. On peut en effet penser que l'identification des héritiers représentés dans le mandat pourrait pallier l'impossibilité pour le mandataire d'agir en leur nom. Seraient ainsi écartés les effets (indésirables et dissuasifs) de la représentation imparfaite.

CONSEIL

Compte tenu des incertitudes relatives à la portée des actes du mandataire posthume, il est recommandé au notaire chargé d'établir un mandat à effet posthume d'**avertir le futur mandataire** posthume des conséquences éventuelles de ses actes sur son patrimoine personnel.

RAPPORTS DU MANDATAIRE AVEC LES HÉRITIERS

Le mandat étant donné dans l'intérêt des seuls **héritiers désignés** par le défunt, on peut se 42360
demander si les **héritiers non identifiés** bénéficient, comme ceux qui le sont, de la gestion du mandataire.

Nous aurions tendance à le penser, dans la mesure où les héritiers non identifiés ne sont pas pour autant privés de leurs droits sur la succession et les fruits qui en proviennent. On peut d'ailleurs observer que la rémunération du mandataire est une charge de la succession, et non des seuls héritiers identifiés dans l'intérêt desquels le mandat est donné.

Bien évidemment et conformément au droit commun du mandat, les héritiers devront, en contrepartie, supporter les charges et les pertes générées par le mandat (C. civ. art. 1999 et 2000).

2. LIMITES AUX POUVOIRS DU MANDATAIRE

a. Limite tenant aux pouvoirs des héritiers

DROIT D'OPTION DES HÉRITIERS

42390 Tant que la succession n'a pas été acceptée, les pouvoirs du mandataire sont limités à ceux énumérés par l'article 784 du Code civil (nº 42300).

Il suffit donc aux héritiers de ne pas accepter la succession pour **restreindre les effets du mandat à effet posthume,** et cela d'autant plus que le mandataire ne semble pas pouvoir exercer l'action interrogatoire prévue en matière d'option successorale (nº 35590) ; c'est du moins ce qui a été indiqué lors des travaux préparatoires de la loi 2006-728 du 23 juin 2006 (Rapport Sén. nº 343 du 10-5-2006 par H. de Richemont p. 134 ; J. Combret, Le mandat à effet posthume : un acte manqué ? JCP N 2013 nº 1191 § 11 ; en sens contraire, A. Bouquemont, Le mandat à effet posthume appliqué aux titres sociaux : JCP N 2014 nº 1209 § 30 ; J.-Cl. Notarial Répertoire, voir Mandat fasc. 70 par G. Wicker et K. Lafaurie, nº 62).

DROIT DE DISPOSER DES HÉRITIERS

42395 La loi reconnaît aux héritiers le droit d'aliéner les biens mentionnés dans le mandat (C. civ. art. 812-4, 5º). Aussi la première chambre civile de la Cour de cassation dénie-t-elle au **mandataire** la **possibilité de s'opposer** à l'exercice de ce droit par les héritiers ou leur représentant dûment autorisé pour agir (Cass. 1e civ. 12-5-2010 nº 09-10.556 FS-PBI : BPAT 3/10 inf. 181, D. 2010 p. 2392 obs. M. Nicod, Dr. famille juin 2010 comm. 104 obs. B. Beignier, Defrénois 30-8-2010 nº JP2010DEF1583N1 p. 1583 note J. Massip, Defrénois 30-9-2010 nº AD2010DEF1776N1 p. 1776 note F. Sauvage, Defrénois 30-12-2010 nº CJ2010DEF2373N1 p. 2373 obs. A. Chamoulaud-Trapiers, JCP N 2010 nº 1351 note J.-G. Mahinga, Rev. Lamy Droit civil octobre 2010 nº 3977 obs. I. Omarjee, RDC 2011 p. 203 obs. F. Bicheron, RTD civ. 2010 p. 527 obs. J. Hauser et p. 602 obs. M. Grimaldi).

Un **moyen pour le mandant d'empêcher ses héritiers** de mettre fin au mandat en aliénant les biens qui en sont l'objet consiste assez paradoxalement à leur léguer ces biens. Il conviendra cependant d'insérer dans le legs une clause d'inaliénabilité (nºs 2195 s.) stipulée pour la durée du mandat. L'intérêt sérieux et légitime de cette inaliénabilité résultera de la volonté de rendre effectif un mandat à effet posthume lui-même fondé sur un intérêt sérieux et légitime. Il conviendra également de veiller s'il y a lieu au respect de la réserve héréditaire, qui doit rester libre de toute charge (J. Combret et C. Brenner, L'administration de la succession, Defrénois 15/01/2017 nº DEF125f5 p. 30, § 45 et 50). Dans le même ordre d'idées, comme le permet le premier alinéa de l'article 384 du Code civil (ancien art. 389-3, al. 3), il est possible d'assortir un legs à un héritier mineur d'une « clause d'exclusion de l'administration légale » et de confier l'administration du ou des biens légués à un tiers de confiance qui pourrait être, à notre avis, le mandataire posthume. De la sorte le parent survivant n'aurait aucun pouvoir sur ce ou ces biens légués (pour une illustration de cette technique, voir Cass. 1e civ. 10-6-2015 nºs 14-18.856 et 14-20.146 FS-PB : RTD civ. 2015 p. 584 obs. J. Hauser et p. 670 obs. M. Grimaldi).

b. Limite tenant aux pouvoirs de l'exécuteur testamentaire

42415 Il peut arriver qu'un exécuteur testamentaire soit conduit à céder des actifs successoraux pour acquitter les **dettes urgentes** de la succession **ou** exécuter un **legs** (C. civ. art. 1029 s.). Dans cette éventualité, les pouvoirs de l'administrateur s'effacent derrière ceux confiés à l'exécuteur testamentaire (C. civ. art. 812, al. 1).

c. Limite tenant aux biens

« ASSIETTE » DU MANDAT

42435 Le mandat est donné pour administrer tout ou partie de la succession. Il appartiendra par conséquent au mandant de définir avec le plus de précision possible les **biens soumis à l'action du mandataire** et dans la limite de ce qui peut donner au mandat un intérêt sérieux et légitime.

Le mandataire ne disposera d'aucun pouvoir sur les **actifs et passifs non visés par le mandat.**

ASSURANCE-VIE

42440 L'assurance-vie étant en principe **hors succession** (nº 31715), le mandataire n'a évidemment aucun pouvoir sur celle-ci.

ENTREPRISE INDIVIDUELLE ET PATRIMOINE PROFESSIONNEL

42442 Depuis l'entrée en vigueur de la loi 2022-172 du 14 février 2022 en faveur de l'activité professionnelle indépendante, tout **entrepreneur individuel** est doté de plein droit de deux patrimoines : l'un dit « professionnel », constitué des « biens, droits, obligations et sûretés dont il est titulaire et qui sont utiles à son activité ou à ses activités professionnelles indépendantes », et l'autre, qualifié de « personnel », composé des « éléments du patrimoine de l'entrepreneur individuel non compris dans le patrimoine professionnel » (C. com. art. L 526-22 s. créés par loi 2022-172 du 14-2-2022 art. 1).

Si le patrimoine professionnel (actif et passif) peut faire l'objet de transmissions entre vifs, il disparaît au moment du **décès de l'entrepreneur** individuel en se fondant avec le patrimoine personnel dans le patrimoine successoral (C. com. art. L. 526-22, al. 8). Il ne peut par conséquent pas être transmis aux héritiers de celui-ci et faire l'objet en tant que tel d'un mandat à effet posthume (sur l'impossibilité de reconnaître au mandataire posthume la qualité d'entrepreneur individuel et un patrimoine professionnel, voir n° 42150).

CONSEIL

En pratique, pour éviter toute équivoque, il est recommandé d'énumérer et de décrire, **dans le mandat,** les biens de l'entreprise dont la gestion est confiée au mandataire posthume ; par exemple, un fonds de commerce, des locaux commerciaux, etc.

ENTREPRISE SOCIÉTAIRE

Lorsque le défunt laisse à sa succession une société, il ne laisse en vérité que des **parts sociales ou** des **actions.** Le mandataire à titre posthume ne pourra donc en aucun cas agir sur les **actifs de la société.** Il ne pourra pas davantage l'engager ni agir pour elle, puisque ces pouvoirs reviennent aux organes de la société (sur l'inadaptation du mandat à effet posthume à cette situation, voir A. Aynès, L'administration de la succession par autrui : JCP N 2008 n° 1246 § 17). **42445**

Au-delà de cette interdiction, la question est de savoir si le mandataire peut exercer les **prérogatives attachées aux titres,** comme par exemple solliciter la désignation d'un administrateur provisoire, agir en nullité d'actes accomplis par un dirigeant, engager une action en responsabilité contre un dirigeant ou, plus simplement encore, participer aux décisions collectives.

Représentation des copropriétaires de droits sociaux La participation du mandataire à titre posthume aux décisions collectives présente une difficulté en raison de dispositions particulières du **droit des sociétés** qui imposent la représentation des copropriétaires de droits sociaux indivis par un mandataire unique, choisi parmi eux ou en dehors d'eux (C. civ. art. 1844 ; C. com. art. L 225-110, al. 2). **42450**

Deux cas de figure peuvent alors se présenter (sur cette question, voir J. Prieur, Mandat à effet posthume et risques liés au décès du dirigeant de société : JCP N 2010 n° 1057 § 28 s. ; J.-Cl. Notarial Répertoire, voir Mandat fasc. 70 par G. Wicker et K. Lafaurie, n° 81) :

– lorsque le mandat porte sur la totalité des droits sociaux indivis et qu'il est donné dans l'intérêt de tous les copropriétaires des actions ou parts sociales (« héritiers identifiés »), le mandataire à titre posthume pourra représenter les indivisaires aux assemblées sans difficulté. Dans ce cas, en effet, les copropriétaires sont dessaisis au profit du mandataire du droit de désigner un représentant aux assemblées ;

– lorsque les héritiers ne sont pas les seuls copropriétaires indivis et/ou que le mandat n'a pas été donné dans l'intérêt de tous les héritiers-copropriétaires, le représentant (qui pourra d'ailleurs être le mandataire à titre posthume) devra être désigné avec l'accord des autres copropriétaires (héritiers non dessaisis ou tiers). À défaut d'accord, il sera désigné en justice.

Conditions de la représentation des associés Dans les **SA** « non cotées » (C. com. art. L 225-106-I) et les **SARL** (C. com. art. L 223-28, al. 2), les associés ne peuvent se faire représenter aux assemblées que par un autre associé, leur conjoint et, dans le cas de la SA, leur partenaire pacsé. Est-ce à dire que le mandataire à titre posthume devra être lui-même associé (ou conjoint ou partenaire pacsé de l'un d'eux) ? **42455**

Pour certains, ce n'est pas nécessaire (A. Reygrobellet, Application pratique des nouveaux mandats en droit des sociétés. Le cas du mandat à effet posthume : JCP N 2009 n° 1360 § 38). Pour d'autres, plus prudents, il conviendra de transmettre au moins une action au mandataire du vivant du mandant (le legs d'une action étant moins efficace en raison des délais de délivrance) ou de modifier les statuts, si cela est possible, pour autoriser la représentation des associés par un tiers (C. com. art. L 223-28, al. 3 pour les SARL), notamment le mandataire à titre posthume (F. Luzu, Pratique des mandats à effet posthume : JCP N 2009 n° 1358 § 16 ; A. Bouquemont, Le mandat à effet posthume appliqué aux titres sociaux : JCP N 2014 n° 1209 § 17).

En toute hypothèse, il conviendra de **notifier à la société** la prise d'effet du mandat.

42460 **Décisions susceptibles d'être votées par le mandataire** À notre avis, le mandataire à titre posthume ne pourra pas prendre part au vote de résolutions assimilables à des **actes de disposition.** Ainsi, il ne pourra pas participer aux décisions relatives à la dissolution de la société ou encore à la cession d'actifs indispensables à la réalisation de l'objet social (J. Combret, Le mandat à effet posthume : un acte manqué ? : JCP N 2013 nº 1191 § 28). Dans le même ordre d'idées, parce que le mandataire ne peut s'opposer au droit d'aliéner des héritiers (nº 42395), il ne pourra s'opposer aux cessions de leurs titres en refusant d'agréer leurs cessionnaires.

Pour autant, ce qui est essentiel du point de vue de la **gestion de l'entreprise,** c'est que le mandataire à titre posthume vote à l'affectation des résultats (à moins qu'une distribution excessive de dividendes compromette la poursuite de l'activité), et plus encore sans doute, à la nomination et à la révocation des dirigeants sociaux. Cela lui conférera en effet un pouvoir indirect sur la conduite des affaires sociales.

42465 **Désignation d'un « mandataire social à titre posthume »** Rien n'interdit à un **associé majoritaire** de désigner, avant son décès, une personne en qualité de mandataire à titre posthume, et de faire placer cette même personne à la tête de la société (directeur général, président ou gérant).

La qualité de mandataire à titre posthume assure alors une **stabilité** remarquable au mandat de dirigeant social. Pour donner pleine et entière efficacité à un tel montage et encadrer les pouvoirs du « mandataire social à titre posthume », certaines modifications statutaires, voire un changement de forme sociale (transformation en SAS), devront parfois être effectués avant le décès.

Pour renforcer la stabilité de la gouvernance et du capital de la société, il est également possible d'insérer dans les statuts de certaines sociétés, avant la prise d'effet du mandat et sous certaines conditions, une **clause d'inaliénabilité** des droits sociaux, dont la durée devra nécessairement être limitée.

3. OBLIGATIONS DU MANDATAIRE

OBLIGATIONS DU MANDATAIRE VIS-À-VIS DES HÉRITIERS

42495 Le mandataire à titre posthume doit gérer et administrer tout ou partie de la succession dans l'intérêt des héritiers, en se conformant le cas échéant aux instructions du défunt (lesquelles auront été mentionnées dans l'acte pour des raisons de preuve évidentes). Il aura vis-à-vis d'eux, comme tout mandataire, une obligation de **diligence et** de **loyauté.**

Chaque année le mandataire à titre posthume devra **rendre compte de sa gestion** aux héritiers intéressés ou à leurs représentants. À défaut, sa révocation judiciaire pourrait être demandée par tout intéressé (C. civ. art. 812-7, al. 1).

Les **informations communiquées** aux héritiers ou à leur(s) représentant(s) à cette occasion porteront notamment sur les encaissements et dépenses effectués, la position des comptes, la poursuite, la résiliation ou la conclusion de conventions importantes pour les héritiers, les événements importants survenus depuis l'année précédente ou prévisibles, etc.

Le mandataire devra également rendre compte à la fin de son mandat (si le mandat prend fin en raison du décès du mandataire, cette obligation incombera à ses héritiers).

RESPONSABILITÉ DU MANDATAIRE

42500 En ce qui concerne la responsabilité du mandataire à titre posthume, c'est ici encore mutatis mutandis le droit commun du mandat qui va s'appliquer par renvoi de l'article 812-1-4 du Code civil. Ainsi, le mandataire à titre posthume doit répondre de l'**inexécution ou** de la **mauvaise exécution du mandat,** et plus spécialement de ses fautes de gestion. De telles fautes résulteront par exemple de la passivité du mandataire, qui aura négligé de placer des capitaux ou de louer un immeuble en état de l'être, ou encore de décisions hâtives ou déraisonnables.

Un manque de loyauté pourrait également être reproché au **mandataire à titre posthume** si, **également héritier,** il avait eu tendance à privilégier ses intérêts au détriment de ceux des autres. À l'extrême, des poursuites pénales pour abus de confiance pourraient être engagées.

42505 Naturellement, le **mandataire** à titre posthume **rémunéré** pour son action verra sa responsabilité appréciée avec plus de sévérité, conformément au droit commun du mandat (C. civ. art. 1992, al. 2).

S'il y a **plusieurs mandataires** leur responsabilité ne sera pas solidaire, sauf clause contraire du mandat.

En cas de mauvaise exécution de sa mission, les héritiers intéressés ou leurs représentants pourront demander en justice la **révocation du mandataire** (C. civ. art. 812-4, 3°) et rechercher à cette occasion sa responsabilité (C. civ. art. 812-5, al. 2).

Enfin, l'article 812-6, alinéa 3 du Code civil laisse entrevoir la possibilité de rechercher la responsabilité du **mandataire** au cas où il **renoncerait à son mandat après le décès** du mandant.

D. Rémunération du mandataire

FIXATION DE LA RÉMUNÉRATION

Le mandataire ne peut être rémuné au titre de ses fonctions que si le **mandat** le prévoit **42555** expressément et si la nature, le montant ou le mode de calcul de cette rémunération sont également prévus dans le mandat.

En principe, celle-ci doit correspondre à « une part des **fruits et revenus perçus par la succession** et résultant de la gestion ou de l'administration du mandataire ». Ce n'est qu'exceptionnellement, en cas d'insuffisance ou d'absence de fruits et revenus, qu'elle pourra être « complétée par un capital ou prendre la forme d'un capital » (C. civ. art. 812-2).

Une interprétation stricte de l'article 812-2 du Code civil conduit à penser que si les actifs dont la gestion a été confiée au mandataire peuvent procurer suffisamment de fruits et revenus pour le rémunérer, aucun prélèvement sur le capital n'aura lieu.

La rémunération du mandataire constitue « une **charge de la succession** » (C. civ. art. 812-3).

FISCALITÉ APPLICABLE À LA RÉMUNÉRATION

La rémunération du mandataire à titre posthume, qui doit être déterminée de manière défi- **42560** nitive dans les six mois suivant le décès, est **déductible de l'actif de la succession** dans la limite de 0,5 % de l'actif successoral géré. Cette déduction ne peut toutefois excéder 10 000 € (CGI art. 775 quinquies). Ce plafond de 10 000 € trouve donc à s'appliquer lorsque l'actif successoral géré est supérieur à deux millions d'euros (BOI-ENR-DMTG-10-40-20-10 n° 270).

L'obligation de déterminer de manière définitive, dans les six mois suivant le décès, le montant de la rémunération du mandataire à titre posthume signifie pour l'administration fiscale que le **montant de la rémunération** doit être **fixé au plus tard** lors du dépôt de la déclaration de succession. Une telle lecture de l'article 775 quinquies du CGI n'est pas sans poser difficulté lorsque la rémunération est calculée proportionnellement aux fruits et revenus perçus par la succession qui varient en principe au fil du temps.

Toutefois, l'administration accepte en cas de **révision ou** de **restitution de la rémunération** que les héritiers puissent déposer une déclaration rectificative (BOI-ENR-DMTG-10-40-20-10 n° 280).

Pour le **calcul de la rémunération** admise en déduction, il convient d'entendre par actif succes- **42562** soral géré, l'actif pour lequel le défunt a donné mandat au mandataire à titre posthume, en vertu des dispositions de l'article 812 du Code civil. Le mandataire à titre posthume peut en effet voir son mandat limité à une partie du patrimoine successoral (BOI-ENR-DMTG-10-40-20-10 n° 290).

EXEMPLE

L'administration fournit cet exemple (BOI-ENR-DMTG-10-40-20-10 n° 300).

M. Legolf, âgé de plus de 70 ans, dirige le groupe X qu'il détient à 70 %. Le 2 février 2022, il donne mandat à son collaborateur qui est également associé de gérer le groupe après son décès.

Ce mandat est donné pour une durée de deux ans. La rémunération prévue correspond à 20 % des dividendes versés.

Le 2 janvier 2023, M. Legolf décède et laisse pour seuls héritiers deux enfants mineurs.

Le mandat prend donc effet à compter du 2 janvier 2023.

Les héritiers souhaitent déduire la rémunération de ce mandataire de leur déclaration de succession.

Hypothèse 1 : La rémunération prévue pour le mandataire est de 5 000 € ;

La rémunération maximale déductible = 2 000 000 € (valeur de l'actif du groupe géré par le mandataire) × 0,5 % = 10 000 €.

Les héritiers pourront déduire l'intégralité de la rémunération du mandataire, puisque celle-ci est inférieure à la fois à 0,5 % de l'actif successoral géré et à la limite en valeur absolue de 10 000 €.

Hypothèse 2 : La rémunération prévue pour le mandataire est de 15 000 € ;

La rémunération maximale déductible = 4 000 000 € (valeur de l'actif du groupe géré par le mandataire) × 0,5 % = 20 000 €.

La rémunération est inférieure à 0,5 % de l'actif successoral géré mais supérieure à la limite en valeur absolue de 10 000 €. La déduction sera donc limitée à 10 000 €.

RÉDUCTION ET RÉVISION DE LA RÉMUNÉRATION

42565 Constituant une charge de la succession, la rémunération du mandataire ouvre droit à **réduction** « lorsqu'elle a pour effet de priver les héritiers de tout ou partie de leur réserve » (C. civ. art. 812-3). Au-delà de la singularité du mécanisme, qui semble assimiler une charge de la succession à une libéralité, une telle réduction ne se conçoit que si la **rémunération du mandataire** est **prévue en capital.** En effet, lorsqu'elle correspond à une part des fruits et revenus à échoir, « comment détecter une atteinte à la réserve, qui se calcule à la date du décès » (M. Grimaldi, Le mandat à effet posthume : Defrénois 15-1-2007 nº AD2007DEF0003N1 p. 3 § 12 ; B. Vareille, Le mandat à effet posthume : Petites affiches 28-6-2007 nº 129 p. 16 s. § 13) ?

Par ailleurs, alors même qu'elle est une charge de la succession, seuls les héritiers « visés par le mandat ou leurs représentants » peuvent demander en justice la **révision** de la rémunération, lorsqu'ils justifient de la **nature excessive** de celle-ci au regard de la durée ou de la charge résultant du mandat (C. civ. art. 812-3).

L'action tendant à obtenir la réduction ou la révision de la rémunération du mandataire devra être portée devant le **président du tribunal judiciaire** statuant selon la procédure accélérée au fond (CPC art. 1380).

RESTITUTION DE LA RÉMUNÉRATION

42570 Le mandataire peut être conduit à devoir restituer tout ou partie de sa rémunération en cas de révocation ou de renonciation.

La **révocation** pour cause de disparition de l'intérêt sérieux et légitime ne donne pas lieu à la restitution par le mandataire de tout ou partie des sommes perçues au titre de sa rémunération, sauf si elles ont été excessives eu égard à la durée ou à la charge effectivement assumée par le mandataire (C. civ. art. 812-5, al. 1). En revanche, lorsque la révocation est intervenue en raison d'une mauvaise exécution de sa mission, le mandataire peut être tenu de restituer tout ou partie des sommes perçues au titre de sa rémunération ; des dommages et intérêts pourront le cas échéant lui être réclamés en plus (C. civ. art. 812-5, al. 2).

En cas de **renonciation** au mandat, le mandataire rémunéré par un capital peut également être tenu de restituer tout ou partie des sommes perçues ; là encore des dommages et intérêts pourront lui être réclamés (C. civ. art. 812-6).

E. Cessation du mandat à effet posthume

ÉVÉNEMENTS METTANT FIN AU MANDAT À EFFET POSTHUME

42620 Le mandat prend fin par l'un des événements suivants (C. civ. art. 812-4) :

– l'arrivée du **terme** prévu ;

– la **révocation judiciaire,** à la demande d'un héritier intéressé ou de son représentant, en cas d'absence ou de disparition de l'intérêt sérieux et légitime ou de mauvaise exécution par le mandataire de sa mission (sur les difficultés liées à l'établissement de l'absence ou de la disparition de l'intérêt sérieux et légitime, voir Cass. 1e civ. 10-6-2015 nº 14-10.377 FS-PB : Bull. Joly 2015 p. 574 note H. Lécuyer, RDC 2015 p. 913 note C. Goldie-Genicon ; M. Grimaldi, Le mandat à effet posthume reprend des couleurs : RTD civ. 2015 p. 670). Ce second cas de révocation peut entraîner la restitution de la rémunération perçue par le mandataire et le cas échéant la mise en jeu de la responsabilité du mandataire (nº 42570) ;

– la conclusion d'un **mandat conventionnel** entre les héritiers et le mandataire titulaire du mandat à effet posthume ;

– l'**aliénation** par les héritiers des biens mentionnés dans le mandat (nº 42395) ;

– le **décès ou** la mise sous **mesure de protection du mandataire personne physique,** ou la **dissolution du mandataire personne morale** ;

– le **décès de l'héritier** intéressé **ou,** en cas de mesure de protection, la **décision du juge des tutelles** de mettre fin au mandat ;

– la **renonciation du mandataire** à poursuivre l'exécution du mandat. En principe, cette renonciation ne prend effet qu'à l'issue d'un délai de trois mois à compter de sa notification aux héritiers intéressés ou à leurs représentants. Toutefois ces derniers et le mandataire peuvent convenir d'un délai différent ; la notification pourra même avoir effet immédiat (C. civ. art. 812-6). Comme indiqué précédemment, la renonciation peut le cas échéant donner lieu à la restitution de la rémunération perçue en capital et au versement de dommages et intérêts (nº 42570). Sur la forme de la renonciation, voir nº 42190.

SITUATIONS PARTICULIÈRES

Un même mandat donné pour le compte de **plusieurs héritiers** ne cesse pas entièrement pour une cause d'extinction qui ne concerne que l'un d'eux. **42625**

En cas de **pluralité de mandataires,** la fin du mandat à l'égard de l'un d'eux ne met pas fin à la mission des autres (C. civ. art. 812-4 in fine).

SECTION 2

MANDATS DONNÉS APRÈS L'OUVERTURE DE LA SUCCESSION

A. Mandat successoral conventionnel

1. CHAMP D'APPLICATION DU MANDAT SUCCESSORAL CONVENTIONNEL

Par un mandat successoral conventionnel, les héritiers peuvent, d'un commun accord, **confier l'administration de la succession** à l'un d'eux ou à un tiers (C. civ. art. 813, al. 1). **42730**

L'utilité d'un tel mandat a suscité l'interrogation de la doctrine dans la mesure où l'article 815-3, 2º du Code civil sur le **régime légal de l'indivision** permet déjà aux indivisaires titulaires d'au moins les deux tiers des droits indivis de donner à l'un d'eux ou à un tiers un « mandat général d'administration » des biens indivis.

DIFFÉRENCES ENTRE MANDAT SUCCESSORAL CONVENTIONNEL ET MANDAT GÉNÉRAL D'ADMINISTRATION DES BIENS INDIVIS

On notera l'existence de trois différences entre ces deux mécanismes qui ne sont, somme toute, que des applications particulières du mandat de droit commun. **42735**

D'abord, le mandat de l'article 815-3, 2º du Code civil suppose l'existence d'une succession indivise. Par conséquent, s'il n'existe qu'**un seul héritier,** c'est le mandat prévu par l'article 813 du même Code qui s'appliquera.

Ensuite, le mandat de l'article 815-3, 2º a pour objet l'administration générale de biens indivis, alors que celui de l'article 813 vise l'**administration de la succession dans son entier.**

Enfin, parce qu'il est donné à l'unanimité des héritiers, le mandat de l'article 813 permet, sous certaines conditions et de façon accessoire, la conclusion d'**actes de disposition** ; ce que n'autorise pas l'article 815-3, 2º.

ARTICULATION ENTRE MANDAT SUCCESSORAL CONVENTIONNEL ET MANDAT GÉNÉRAL D'ADMINISTRATION DES BIENS INDIVIS

La « création » par la loi 2006-728 du 23 juin 2006 du mandat successoral conventionnel laisse entière la question de son articulation voire de sa coexistence avec celui de l'article 815-3, 2º. **42740**

En effet, ces mandats permettent tous deux d'**agir sur les biens successoraux indivis.**

Pour les auteurs qui se sont intéressés à la question, **une fois le choix des héritiers fait** à l'unanimité en faveur du mandat successoral conventionnel, ils ne peuvent, même si ceux qui le souhaitent disposent d'au moins deux tiers des droits indivis, revenir au mandat de l'article 815-3, 2º (F. Terré, Y. Lequette et S. Gaudemet, Droit civil. Les successions. Les libéralités, Dalloz, 4e éd., 2013, nº 880 ; J.-Cl. Notarial Répertoire, voir Mandat fasc. 80 par G. Wicker, J.-C. Pagnucco et K. Lafaurie, nº 6).

2. CONDITIONS DU MANDAT SUCCESSORAL CONVENTIONNEL

CONDITIONS PROPRES AU MANDAT CONVENTIONNEL

42745 Première condition : la décision de confier l'administration de la succession à un mandataire doit être prise par les **héritiers à l'unanimité** (C. civ. art. 813, al. 1).

Seconde condition : **aucun héritier** ne doit avoir accepté la succession **à concurrence de l'actif net,** car dans ce cas, le mandataire doit impérativement être désigné par le juge ; le mandat est alors régi par les articles 813-1 à 814 du Code civil (C. civ. art. 813, al. 2). Cette condition est communément justifiée par la prise en compte des intérêts des créanciers et le risque corrélatif de désintérêt des héritiers pour l'administration d'une succession qu'ils n'ont acceptée qu'à concurrence de l'actif net parce que potentiellement déficitaire.

CONDITIONS DE DROIT COMMUN DU MANDAT

42750 Pour le reste, le mandat successoral conventionnel est soumis aux conditions du droit commun : **aucun formalisme** n'est requis (le mandat peut même être tacite).

Le mandataire, s'il n'est pas héritier, peut être une personne morale. **Plusieurs mandataires** peuvent être désignés.

Le mandataire peut même déléguer sous sa responsabilité certains de ses pouvoirs à un ou plusieurs sous-mandataires (C. civ. art. 1994).

CHOIX DU MANDATAIRE

42755 Seul le **mandataire à titre posthume** chargé d'administrer la succession dans son ensemble ne peut être désigné mandataire conventionnel, car, dans ce cas, la loi prévoit que le mandat à effet posthume prend fin (C. civ. art. 812-4, 4°). Sur ce dernier point, voir n° 42620.

42760 Bien sûr, il faudra également tenir compte dans le choix du mandataire de la **nature des biens à gérer** (par exemple, un fonds de commerce) et d'éventuels empêchements statutaires ou conflits d'intérêts.

3. EFFETS DU MANDAT SUCCESSORAL CONVENTIONNEL

42765 En premier lieu et contrairement au mandat successoral judiciaire (voir nos 42935 et 42950) et a priori au mandat à effet posthume (voir nos 42345 s.), le mandat conventionnel n'a pas pour conséquence de **dessaisir les héritiers,** qui conservent l'exercice de leurs droits (C. civ. art. 1159, al. 2).

42770 En deuxième lieu, le mandat conventionnel opère **représentation** parfaite ; autrement dit, le mandataire agit au nom et pour le compte des héritiers, qui seuls sont engagés par ses actes (C. civ. art. 1154, al. 1).

42775 En troisième lieu, le mandat successoral conventionnel a pour objet « l'administration de la succession ». En toute logique, la formulation employée autorise la conclusion d'**actes d'administration** et exclut celle d'**actes de disposition,** bien que de l'avis général soit permise « l'exploitation normale des biens » au moyen d'actes « tendant à faire fructifier un bien ou à l'améliorer sans en compromettre la valeur en capital » (J.-Cl. Notarial Répertoire, voir Mandat fasc. 80 par G. Wicker, J.-C. Pagnucco et K. Lafaurie, n° 17).

Au demeurant, et c'est là sans doute l'intérêt de faire consentir tous les héritiers à l'acte, le mandat « d'administration de la succession » pourra, conformément au droit commun, se doubler d'un mandat exprès autorisant le mandataire à conclure les actes de disposition voulus par les héritiers. Ainsi, le mandataire pourra conclure ou renouveler les baux commerciaux ou même céder une entreprise dont les héritiers ne peuvent ou ne veulent s'occuper.

42780 Pour le reste, là encore, c'est le **droit commun du mandat** qui s'appliquera : le mandataire devra exécuter sa mission avec loyauté, diligence, en rendre compte à ses mandants. Il ne sera rémunéré que si le mandat le prévoit et pourra être tenu responsable de l'inexécution ou de la mauvaise exécution de son mandat (C. civ. art. 1991 à 1997).

4. FIN DU MANDAT SUCCESSORAL CONVENTIONNEL

42785 Le mandat successoral conventionnel prend fin comme **toute convention** ainsi que pour les **raisons propres au mandat** (C. civ. art. 2003 et 2007).

On signalera simplement que la **révocation du mandataire** ne peut intervenir que du commun accord de ses mandants.

B. Mandat successoral judiciaire

PRÉSENTATION GÉNÉRALE DU MANDAT SUCCESSORAL JUDICIAIRE

Dans certaines circonstances, et pour **préserver autant que possible le patrimoine successoral,** le juge peut être appelé à « désigner toute personne qualifiée [...] en qualité de mandataire successoral, à l'effet d'administrer provisoirement la succession » (C. civ. art. 813-1, al. 1). 42835

Cette possibilité, reconnue par la **jurisprudence** avant même qu'elle ne soit consacrée par la loi 2006-728 du 23 juin 2006, permet « de faire d'une pierre deux coups », d'une part en privant les héritiers d'un pouvoir d'administration effectivement ou potentiellement néfaste (C. civ. art. 1159, al. 1) et, d'autre part en confiant le soin d'administrer la succession à une personne qualifiée.

La désignation judiciaire d'un mandataire successoral a vocation à s'appliquer à toute succession et n'est **pas réservée aux successions indivises.** Dès lors, même si le réservataire désigné légataire universel n'est pas en indivision avec les autres héritiers réservataires, la désignation d'un mandataire est possible lorsque l'intérêt commun des héritiers est compromis (Cass. 1e civ. 17-10-2019 no 18-23.409 F-PBI : BPAT 6/19 inf. 253, Defrénois 24-10-2019 no 153g8 p. 8, Gaz. Pal. 31-3-2020 no 376m7 p. 88 obs. Q. Guiguet-Schielé, AJ fam. 2019 p. 660 obs. N. Levillain, RJPF 2019-12/29 note G. Drouot). Solution confirmée dans la même affaire, la Cour de cassation approuvant la décision des juges du fond de proroger la mission du mandataire successoral « après avoir énoncé à bon droit que l'existence d'un seul héritier ayant vocation à appréhender la totalité de la succession ne signifie pas en soi l'absence de toute difficulté dans l'administration de celle-ci » (Cass. 1e civ. 23-3-2022 no 20-19.363 FS-D : BPAT 3/22 inf. 150, RJPF 2022-6/28 note G. Drouot).

1. CONDITIONS DU MANDAT SUCCESSORAL JUDICIAIRE

a. Conditions de fond du mandat successoral judiciaire

HYPOTHÈSES AUTORISANT LE RECOURS À UN MANDATAIRE JUDICIAIRE

Situation de crise La désignation d'un mandataire successoral peut être demandée en justice dans les **circonstances** prévues par l'article 813-1 du Code civil, c'est-à-dire en cas d'« inertie », de « carence », de « faute » d'un ou de plusieurs héritiers dans l'administration de la succession, de « mésentente » ou d'« opposition d'intérêts » entre eux ou encore en raison de la « complexité de la situation successorale ». 42840

Le juge appréciera souverainement la réalité de ces circonstances qui en pratique recouvrent une infinité de comportements ou d'attitudes ayant pour dénominateur commun d'être potentiellement dangereuses pour le patrimoine successoral et, partant, **contraires à l'intérêt commun** des héritiers et/ou à celui des créanciers de la succession. Il s'agira par exemple :

- du désintérêt, de l'incompétence, du manque de disponibilité, de la fraude d'héritiers ;
- de conflit avéré ou latent, de rapports juridiques créant ou pouvant créer une opposition d'intérêts entre les héritiers ;
- de la présence dans la succession d'actifs difficiles à gérer comme une entreprise, un important portefeuille de valeurs mobilières ou des biens démembrés et/ou indivis, etc.

Au demeurant, ce n'est pas parce que l'une de ces circonstances existe que le juge est tenu de désigner un mandataire ; il se peut en effet qu'une telle **mesure** soit malgré tout **inutile ou inopportune** (par exemple, en cas de désignation sollicitée tardivement).

ATTENTION

Un mandataire successoral, dont le rôle est d'administrer la succession, ne peut pas être désigné pour consentir à un **partage,** lequel met fin à l'indivision successorale (Cass. 1e civ. 13-5-2020 no 18-26.702 FS-PB : BPAT 4/20 inf. 131, JCP N 2020 act. no 481 obs. F. Sauvage, Gaz. Pal. 28-7-2020 no 383g8 p. 77 note L. Firdion, Gaz. Pal. 23-6-2020 no 379w3 p. 38 note C. Berlaud, Defrénois 11-6-2020 no 160w8 p. 10, Dr. famille 2020 comm. 103 note M. Nicod, AJ fam. 2020 p. 360 note J. Casey, RTD civ. 2020 p. 930 obs. M. Grimaldi ; J. Combret et N. Baillon-Wirtz, Partage judiciaire et mandataire successoral : que faire en présence d'un copartageant refusant de signer l'acte de partage ? : Defrénois 19-11-2020 no 164t9 p. 21).

Demande de l'héritier acceptant à concurrence de l'actif net Lorsque c'est un héritier qui a accepté la succession à concurrence de l'actif net qui demande à ce qu'un mandataire successoral judiciaire soit désigné, le juge doit « **en toute circonstance** » faire droit à cette demande (C. civ. art. 814-1). 42845

La conjonction d'une telle forme d'acceptation et d'une telle demande laisse en effet présumer que la succession ne sera pas convenablement administrée. L'intérêt des créanciers successoraux rend à lui seul impérative la désignation d'un mandataire et le juge saisi dans ces conditions ne peut refuser d'y procéder.

On rappellera à ce propos que dès l'instant où la succession a été acceptée à concurrence de l'actif net, le recours à un **mandat conventionnel** est impossible (voir nº 42745).

CONDITIONS TENANT AU MANDATAIRE

42850 Toute **personne physique ou morale** qualifiée pour administrer la succession peut être désignée par le juge (C. civ. art. 813-1).

Un **mandataire professionnel** pourra donc être désigné ; mais ce n'est pas impératif. C'est le juge qui déterminera, selon la complexité de la situation, le niveau de compétence requis pour accomplir cette tâche (sur la possibilité de désigner le notaire chargé de préparer les opérations de partage, J.-Cl. Notarial Répertoire, voir Mandat fasc. 80 par G. Wicker, J.-C. Pagnucco et K. Lafaurie, nº 55).

Par ailleurs, il n'est pas non plus interdit de **désigner un héritier,** même si, en pratique, les circonstances qui ont conduit à saisir le juge rendront fréquemment cette possibilité illusoire (par exemple, en cas de mésentente ou d'opposition d'intérêts entre les deux seuls héritiers d'une personne).

b. Conditions d'ordre procédural du mandat successoral judiciaire

ACTION FONDÉE SUR UNE SITUATION DE CRISE

42870 La demande peut être formée par un héritier, un créancier, toute personne qui assurait, pour le compte de la personne décédée, l'administration de tout ou partie de son patrimoine de son vivant, toute autre personne intéressée ou par le ministère public (C. civ. art. 813-1, al. 2).

42875 **Titulaires de l'action** L'action fondée sur l'article 813-1 est donc, selon les cas, attitrée ou banale.

L'**action** est **attitrée** lorsqu'elle est exercée par celui qui dispose de l'une des qualités visées par l'article 813-1 du Code civil : « héritier », « créancier » ou « toute personne qui assurait, pour le compte de la personne décédée, l'administration de tout ou partie de son patrimoine de son vivant ».

Pour bénéficier d'une action attitrée, l'héritier doit cependant venir en rang utile, et le créancier être un créancier de la succession. À défaut, les héritiers de rang subséquent et les créanciers autres que ceux de la succession devront justifier d'un intérêt à agir, et ainsi exercer une action banale.

L'**action banale,** par définition ouverte à tout intéressé, ne sera cependant recevable que si celui qui l'exerce peut justifier d'un intérêt né et actuel, personnel et légitime. Le mandataire à titre posthume et l'exécuteur testamentaire devront d'ailleurs justifier d'un tel intérêt, du moins s'ils n'ont pas administré le patrimoine de la personne décédée de son vivant.

Notons enfin que le **notaire en charge de la succession** pourra, par l'intermédiaire du ministère public, solliciter du juge la désignation d'un mandataire successoral.

42880 **Règles de compétence** Les demandes formées en situation de crise (C. civ. art. 813-1) sont portées devant le **président du tribunal judiciaire** du lieu d'ouverture de la succession qui statue **selon la procédure accélérée au fond** (CPC art. 1380) et non en référé.

DEMANDE DE L'HÉRITIER ACCEPTANT À CONCURRENCE DE L'ACTIF NET

42885 La demande formée par l'héritier acceptant à concurrence de l'actif net (C. civ. art. 814-1) est portée devant le **président du tribunal judiciaire** du lieu d'ouverture de la succession, qui statue dans les formes prévues pour les **ordonnances sur requêtes** (CPC art. 45 et 1379). Il est vrai que le juge ne peut s'opposer à une telle demande (nº 42845).

c. Formalités du mandat successoral judiciaire

42905 La décision de nomination est enregistrée et publiée (C. civ. art. 813-3).

L'**enregistrement** est effectué dans le mois qui suit la nomination du mandataire sur le registre tenu au greffe du tribunal judiciaire à l'effet de recevoir les déclarations d'acceptation à concurrence de l'actif net (CPC art. 1334 sur renvoi de l'art. 1355, al. 1).

La décision de nomination fait l'objet, à la requête du mandataire, d'une **publicité** par voie électronique au Bulletin officiel des annonces civiles et commerciales (Bodacc).

S'il y a lieu, le président du tribunal judiciaire ou son délégué peut, par une ordonnance qui n'est pas susceptible de recours, ordonner que la publicité soit complétée par une insertion dans un support habilité à recevoir les annonces légales diffusé dans le ressort du tribunal (CPC art. 1355, al. 2).

Les **frais de publicité** sont à la charge de la succession (CPC art. 1355, al. 3).

2. PORTÉE DU MANDAT SUCCESSORAL JUDICIAIRE

RÈGLES GÉNÉRALES DU MANDAT SUCCESSORAL JUDICIAIRE

La désignation d'un mandataire judiciaire a pour première conséquence de priver **42935**
l'**ensemble des héritiers** (y compris ceux qui ont accepté purement et simplement la succession) des pouvoirs confiés au mandataire pour administrer « provisoirement » la succession (C. civ. art. 813-1 et 1159, al. 1). Sur ce point, voir n°s 41110 s. et 42350.

Dans la limite des pouvoirs qui lui sont conférés, le mandataire successoral représente l'ensemble des héritiers **pour les actes de la vie civile et en justice** (C. civ. art. 813-5, al. 1). Jugé, par exemple, que la désignation d'un mandataire successoral judiciaire chargé notamment de dresser inventaire de la succession dessaisit les héritiers de l'exercice des prérogatives entrant dans le cadre de sa mission, notamment celle d'obtenir la liste exhaustive des œuvres du défunt détenue par son ex-épouse en premières noces (Cass. 1e civ. 1-6-2017 n° 16-18.314 F-PB : BPAT 4/17 inf. 155, D. 2018 p. 748 n° 7 obs. J. Mouty-Tardieu ; S. Deville, Les effets du mandat successoral judiciaire sur les prérogatives des héritiers : Gaz. Pal. 28-11-2017 n° 307r5 p. 68).

Le paiement fait entre ses mains est valable (C. civ. art. 813-5, al. 3).

La **présence de mineur(s) ou de majeur(s) protégé(s)** ne modifie en rien ses pouvoirs qui se substituent à ceux de leur(s) représentant(s) (C. civ. art. 813-5, al. 2).

a. Pouvoirs du mandataire successoral judiciaire

NATURE ET ÉTENDUE DES POUVOIRS DU MANDATAIRE SUCCESSORAL

En l'absence d'acceptation de la succession Tant qu'aucun héritier n'a accepté **42940**
la succession, le mandataire successoral ne peut accomplir que les actes mentionnés à l'article 784 du Code civil : « **actes purement conservatoires ou de surveillance** et les **actes d'administration provisoire** qui peuvent être accomplis sans emporter acceptation de la succession » (C. civ. art. 813-4).

À tout moment, le juge pourra également autoriser le mandataire à conclure tout autre **acte que requiert l'intérêt de la succession.**

Le juge peut enfin autoriser le mandataire à dresser un **inventaire** dans les formes prescrites à l'article 789 du Code civil, ou demander d'office la réalisation d'un tel inventaire.

Les actes accomplis par le mandataire successoral (dans l'exécution de sa mission et en application de l'article 813-4 du Code civil) sont sans **effet sur l'option héréditaire** (C. civ. art. 813-6).

En cas d'acceptation de la succession Lorsque la succession a été acceptée par **42945**
au moins un héritier, soit purement et simplement, soit à concurrence de l'actif net, le juge qui désigne le mandataire successoral peut l'autoriser à effectuer l'ensemble des **actes d'administration** de la succession. À tout moment, il peut aussi l'autoriser à réaliser certains **actes de disposition** nécessaires à la bonne administration de la succession et à en déterminer les prix et stipulations (C. civ. art. 814). La vente d'actifs immobiliers dépendant de la succession peut par exemple s'avérer nécessaire à la bonne administration de celle-ci lorsqu'elle est indispensable au règlement du passif successoral échu (Cass. 1e civ. 17-10-2019 n° 18-18.915 F-D : Defrénois flash 11-11-2019 n° 153e9 p. 13).

Ainsi, l'article 814 du Code civil confère au juge la possibilité d'adapter la mission du mandataire à ce qui est strictement nécessaire à l'**administration provisoire** de la succession. On rappellera à ce propos qu'un mandataire successoral ne peut pas être désigné pour consentir à un partage (n° 42840, Précisions).

ATTENTION

Il convient de signaler que lorsque la désignation d'un mandataire judiciaire a été sollicitée par un **héritier ayant accepté la succession à concurrence de l'actif net,** l'article 814-1 du Code civil confie au mandataire successoral « la charge d'administrer et de liquider la succession ». En dépit d'une formulation qui pourrait laisser penser le contraire, les pouvoirs du mandataire ne sont pas plus étendus que dans l'hypothèse où la succession a été acceptée purement et simplement (C. civ. art. 814). Son action devra cependant être orientée vers la liquidation de la succession (en ce sens, J.-Cl. Notarial Répertoire, voir Mandat fasc. 80 par G. Wicker, J.-C. Pagnucco et K. Lafaurie, n° 62).

RESTRICTIONS DE POUVOIRS DU MANDATAIRE SUCCESSORAL LIÉES À L'EXISTENCE D'AUTRES MANDATS

42950 Les pouvoirs du mandataire successoral seront le cas échéant limités par l'existence d'autres mandats. En application de l'article 813-2 du Code civil, le mandataire successoral ne peut agir que dans la mesure compatible avec les pouvoirs de l'**administrateur provisoire de l'indivision** (C. civ. art. 815-6), du **mandataire à titre posthume** (C. civ. art. 812) ou de l'**exécuteur testamentaire** (C. civ. art. 1025).

En revanche, les pouvoirs du mandataire judiciaire primeront ceux d'un **mandataire successoral conventionnel** car ce type de mandat n'a pas pour effet de dessaisir les héritiers, contrairement aux mandats précités et au mandat judiciaire (nº 42765).

Rappelons enfin que la présence de mineurs ou de majeurs soumis à un régime de représentation est sans effet sur les pouvoirs du mandataire dans la mesure où tous les héritiers sont dessaisis de leur pouvoir d'administration de la succession (nº 42935).

Sur la coexistence et le cumul possible des mandats des articles 813-1 et 815-6 du Code civil, voir Cass. 1e civ. 10-6-2015 nos 14-18.944 et 14-25.420 F-PB : RTD civ. 2015 p. 672 obs. M. Grimaldi.

ACTION EN JUSTICE DU MANDATAIRE SUCCESSORAL JUDICIAIRE

42955 De la précision selon laquelle le mandataire successoral judiciaire ne peut agir en justice que dans « la limite des pouvoirs qui lui sont conférés » (C. civ. art. 813-5, al. 1), il faut déduire que la portée de l'action engagée (en demande ou en défense) par le mandataire dépend à la fois de l'**acceptation de la succession** et de l'existence d'**autres mandats.**

Ainsi, le mandataire ne pourra engager pratiquement que des actions conservatoires si la succession n'a pas été acceptée. De même, il ne pourra pas agir si le mandataire à titre posthume ou l'exécuteur testamentaire le peut (nº 42950).

b. Obligations du mandataire successoral judiciaire

42975 Outre les obligations qui incombent à tout mandataire (notamment loyauté et diligence), le mandataire successoral judiciaire est tenu de **rendre compte** de son action d'une façon renforcée vis-à-vis des héritiers et du juge. En effet et à tout moment, chaque héritier peut exiger du mandataire la consultation des « documents relatifs à l'exécution de sa mission » (C. civ. art. 813-8, al. 1).

Chaque année et à la fin de sa mission, le mandataire remet au juge et à chaque héritier sur sa demande un **rapport** sur l'exécution de sa mission (C. civ. art. 813-8, al. 2).

Le **président du tribunal judiciaire** ou son délégué peut, d'office ou sur demande des héritiers, convoquer le mandataire, solliciter de lui toutes les informations sur le déroulement de sa mission, et lui adresser des injonctions (CPC art. 1357).

c. Obligations des héritiers

42995 Les héritiers sont tenus d'un **devoir de collaboration** les obligeant à communiquer au mandataire successoral tous les documents utiles à l'accomplissement de sa mission. Ce dernier peut également convoquer les héritiers pour les entendre (CPC art. 1356).

43000 Les héritiers seront également tenus de **rémunérer le mandataire** si, du moins, une rémunération a été « fixée » par le juge dans la décision par laquelle il a désigné le mandataire successoral (C. civ. art. 813-9).

La fixation d'une rémunération au moment de la désignation du mandataire étant assez délicate, la plupart des auteurs reconnaissent au juge la possibilité de réviser la rémunération du mandataire en fonction de la complexité ou de la prorogation de sa mission.

S'agissant d'une dette des héritiers, elle n'est pas déductible pour le calcul des **droits de succession.**

3. FIN DU MANDAT SUCCESSORAL JUDICIAIRE

ARRIVÉE DU TERME OU EXÉCUTION DE LA MISSION CONFIÉE AU MANDATAIRE

43030 Sauf **prorogation** et conformément à l'article 813-9 du Code civil, le mandat s'achèvera au terme voulu par le juge, lorsqu'il a fixé la durée de la mission du mandataire, **ou même avant** cette date, si le juge constate l'exécution complète de la mission confiée au mandataire successoral.

PARTAGE OU CONVENTION D'INDIVISION

Le mandat prendra également fin par la signature de l'acte de partage ou la conclusion entre les héritiers d'une convention d'indivision relative au(x) bien(s) objet(s) du mandat (C. civ. art. 813-9, al. 2). Il faut noter à cet égard que **tous les héritiers** doivent intervenir à la convention, quelle que soit la nature de leurs droits. Par conséquent, lorsque les héritiers disposent de droits de natures différentes, la convention ne portant que sur la nue-propriété indivise ne mettra pas fin au mandat. Par ailleurs, une convention signée par un seul coïndivisaire, à la fois en son nom personnel et au nom de mineurs qu'il représente est inefficace à mettre fin à la mission du mandataire successoral, dès lors qu'un conflit d'intérêts existe entre le signataire de la convention et les coïndivisaires qu'il représente (Cass. 1e civ. 25-10-2017 n° 16-25.525 F-PB : AJ fam. 2017 p. 659 obs. N. Levillain, Gaz. Pal. 27-3-2018 n° 316p1 p. 72 note J. Laurent). 43035

ATTENTION

On observe souvent au sujet de cette cause de cessation du mandat qu'elle peut aboutir à un **résultat** pour le moins **surprenant** lorsque le mandat aura été sollicité par les créanciers de la succession, ou tout intéressé, en raison de l'inaptitude, de la faute, ou de la fraude desdits héritiers (F. Terré, Y. Lequette et S. Gaudemet, Droit civil. Les successions. Les libéralités, Dalloz, 4e éd., 2013, n° 897 ; J.-Cl. Notarial Répertoire, voir Mandat fasc. 80 par G. Wicker, J.-C. Pagnucco et K. Lafaurie, n° 97).

MANQUEMENT CARACTÉRISÉ DU MANDATAIRE DANS L'EXERCICE DE SA MISSION

Enfin, à la demande de **toute personne intéressée ou** du **ministère public,** le juge peut dessaisir le mandataire successoral de sa mission en cas de manquement caractérisé dans l'exercice de celle-ci. Il désigne alors un autre mandataire successoral, pour une durée qu'il définit (C. civ. art. 813-7). 43040

TITRE

VII

Droits de succession

CHAPITRE 1 ACTIF SUCCESSORAL TAXABLE

SOMMAIRE

L'IMPÔT « À CAUSE DE MORT »

44100 Les droits de succession sont dus sur toutes les **transmissions** de biens **procédant d'un décès,** qu'elles résultent des règles de la dévolution légale ou de dispositions testamentaires prises par le défunt (legs universel, à titre universel ou particulier).

Nous exposons ici les **règles de droit commun** en la matière, sachant que certaines règles fiscales **particulières** ont déjà été exposées. C'est le cas notamment pour :
– le droit de retour légal des père et mère (nos 25262 s.) et le droit de retour conventionnel (nos 6610 s.) ;
– la conversion de l'usufruit du conjoint survivant en rente viagère (no 23430) ou en capital (no 23445) ;
– la créance alimentaire du conjoint survivant sur la succession (no 24040) ;
– la renonciation anticipée à l'action en réduction (no 33870) ;
– le cantonnement de l'émolument du légataire ou du conjoint survivant (no 35975) ;
– les legs graduels (nos 2620 s.) et résiduels (nos 2885 s.) ;
– la renonciation à succession (nos 50270 s.).

SECTION I BIENS TAXABLES

DÉFINITION DU PATRIMOINE TAXABLE

44110 Les droits de succession sont en principe assis sur l'**actif successoral** tel qu'il est déterminé par application des **règles civiles,** sans distinguer selon que la succession est régie par les règles de la dévolution légale ou organisée par des dispositions à cause de mort prises par le défunt (legs ou donation au dernier vivant).

Il existe cependant de nombreuses **règles fiscales spécifiques** visant soit à exonérer en tout ou partie certains biens des droits de succession, soit à l'inverse à faire entrer dans l'assiette de l'impôt des biens ne dépendant pas de la succession (cas par exemple de la taxation partielle des primes des contrats d'assurance-vie en cas de décès). La spécificité des règles fiscales s'exprime également sur le terrain de la preuve. Car si la preuve du droit de propriété du défunt est en principe établie par application des règles civiles (présomption de propriété du possesseur de meuble corporel posée par l'article 2276 du Code civil, par exemple), la charge de cette preuve est allégée pour l'administration qui bénéficie de plusieurs présomptions purement fiscales.

44115 Sont examinés :
– la **preuve du droit de propriété** résultant des règles de droit civil ;
– les **présomptions fiscales** de propriété ;
– le régime des biens acquis en **tontine** ;
– les règles applicables en cas de **décès d'un époux commun en biens.**

En ce qui concerne :
– les règles de **territorialité,** voir nos 74200 s ;
– le régime de l'**assurance-vie,** voir nos 44865 s.

A. Preuve du droit de propriété résultant des règles de droit civil

44165 La preuve du droit de propriété du défunt peut résulter, en premier lieu, de l'application des règles de droit civil telles que :
– la règle de la **propriété apparente** (est propriétaire celui qui est désigné comme tel dans un acte) ;
– la théorie de l'**accession** (la propriété d'une chose donne droit sur ce qui s'y unit accessoirement) ;
– la **présomption** de l'article 2276 du Code civil (est réputé propriétaire d'un meuble celui qui en a la possession).

PROPRIÉTÉ APPARENTE

On donne le nom de théorie de la propriété apparente à un ensemble de principes, consacrés par la jurisprudence, selon lesquels l'administration est fondée, pour la perception des droits d'enregistrement, à tenir pour **propriétaire véritable** celui qui apparaît comme tel aux yeux des tiers en vertu des clauses formelles de titres, de la loi ou de situations de fait résultant des agissements des contribuables. L'impôt de mutation par décès frappe donc, d'une manière générale, tous les biens dont le défunt était propriétaire en vertu de titres apparents (BOI-ENR-DMTG-10-10-40-50 n° 10). **44170**

L'application de la théorie de la propriété apparente conduit, par exemple, à soumettre aux droits de mutation par décès : **44175**

– les biens acquis de son vivant par un **prête-nom** même si, avant son décès, l'intéressé a déclaré avoir acquis pour le compte d'un tiers, alors que celui-ci n'a pas accepté cette déclaration. Si l'acceptation intervient après le décès, elle n'a pas d'effet rétroactif (BOI-ENR-DMTG-10-10-40-50 n° 30) ;

– les biens acquis par un **porte-fort** lorsque l'acquisition n'a pas été ratifiée, avant son décès, par le tiers pour le compte duquel le porte-fort a opéré. En revanche, les biens acquis d'un porte-fort doivent être, même avant ratification, portés dans la déclaration de la succession de l'acquéreur (BOI précité n° 40) ;

– les **titres** nominatifs qui étaient **immatriculés au nom du défunt** et toutes les créances dont les titres constitutifs le désignent comme titulaire. Ainsi, les sommes inscrites sur un livret de la Caisse d'épargne ou sur un compte bancaire ou postal ouverts au nom du défunt sont présumées faire partie de sa succession (BOI précité n° 50) ;

– les sommes jugées appartenir au défunt par une **décision de justice** étrangère (Cass. com. 16-2-2016 n° 14-21.724 F-D : RJF 6/16 n° 576).

S'agissant des **titres de propriété affectés d'une condition,** l'administration fait application des règles suivantes (BOI-ENR-DMTG-10-10-40-50 nos 70 et 80) : **44180**

– les **biens acquis** par le défunt sous **condition suspensive** ne supportent pas les droits de mutation par décès, mais ces derniers deviennent exigibles dans le délai légal qui commence à courir à compter de la date de la réalisation de cette condition ;

– les **biens vendus** par le défunt sous condition suspensive doivent être déclarés. Si la condition se réalise, les droits de succession correspondants peuvent être restitués dans le délai imparti par la loi ;

– les biens qui appartenaient au défunt sous **condition résolutoire** sont soumis aux droits de mutation par décès. Au contraire, les biens vendus sous condition résolutoire n'ont pas à être compris dans la déclaration de succession du vendeur.

Les immeubles qui ont fait l'objet d'une **promesse de vente non acceptée** au décès du promettant font partie de sa succession. **44185**

En revanche, ne font pas partie de la succession du vendeur les terrains déjà lotis ou à lotir qui ont fait l'objet d'une promesse de vente lorsque les deux conditions prévues par l'article 1589 du Code civil – paiement d'un acompte sur le prix et prise de possession – ont été accomplies avant le décès.

Lorsque le **décès** du vendeur survient **après** le versement d'un **acompte,** mais **avant la prise de possession,** le terrain dépend toujours de sa succession. Lorsque la prise de possession se réalise, elle a un effet rétroactif et la mutation est considérée comme accomplie à la date du premier paiement ; la déclaration de succession du vendeur doit être établie ou rectifiée en conséquence et comprendre seulement à l'actif sa créance contre l'acquéreur pour la partie du prix restant due (BOI-ENR-DMTG-10-10-40-50 nos 110 et 140).

THÉORIE DE L'ACCESSION

La preuve du droit de propriété du défunt peut également résulter des dispositions de l'article 546 du Code civil selon lesquelles la propriété d'une chose s'étend à **ce qui s'y unit accessoirement,** soit naturellement soit artificiellement. **44190**

Ainsi, les **constructions, plantations** et ouvrages **existant sur un terrain** sont légalement présumés faire partie de la succession du propriétaire du terrain, à moins qu'il ne soit prouvé qu'il ait renoncé à son droit d'accession. Cette présomption est toutefois écartée lorsque les conventions intervenues entre les parties font apparaître que le propriétaire du sol a entendu renoncer temporairement ou définitivement à bénéficier du droit d'accession sur les constructions.

Les **constructions édifiées par le locataire** du terrain doivent être comprises dans la déclaration de succession du propriétaire du sol lorsque, en vertu de conventions particulières, elles doivent rester au propriétaire **en fin de bail** et que le locataire avait soit l'obligation, soit même la simple faculté de les édifier dès l'instant qu'il n'avait pas ensuite le droit de les démolir.

En revanche, **en cours de bail,** sont à porter dans la déclaration de succession du constructeur, locataire du terrain, les élévations qu'il avait la faculté d'édifier lorsque le bail est muet sur le sort des constructions ou lorsque le locataire constructeur n'est tenu à aucune obligation de conservation permanente, alors même que le bailleur aurait stipulé que les constructions resteront sa propriété à l'expiration du bail avec ou sans indemnité. Cette convention n'a pas, en effet, pour conséquence de conférer au bailleur un droit actuel et de déposséder ipso facto le preneur de la propriété des constructions au fur et à mesure de leur édification. À cet égard, la jurisprudence décide que le droit d'accession du propriétaire ne peut être exercé qu'en fin de bail (BOI-ENR-DMTG-10-10-40-50 n°s 260 et 270).

PRÉSOMPTION DE L'ARTICLE 2276 DU CODE CIVIL

44195 Selon un principe bien connu du Code civil, « en fait de meubles, la **possession** vaut titre » (C. civ. art. 2276). En matière de droits de mutation par décès, cette présomption de propriété est susceptible de s'appliquer en particulier (BOI-ENR-DMTG-10-10-40-50 n°s 300 et 310) :

– aux **meubles corporels** dont le défunt avait la possession, et notamment aux meubles meublants qui garnissent son appartement. À cet égard, la police d'assurance du mobilier n'est pas un titre de propriété, mais elle établit suffisamment la possession des meubles par l'assuré qui est dès lors présumé en être propriétaire ;

– aux **valeurs placées dans un coffre,** celles-ci étant présumées appartenir au locataire du coffre. C'est ainsi que les sommes et valeurs déposées dans le coffre loué au nom d'un époux marié sous le régime de la séparation de biens sont présumées dépendre en totalité de sa succession. Si le coffre-fort est loué conjointement par plusieurs personnes, les sommes, titres ou objets déposés sont réputés, à défaut de preuve contraire, et seulement pour la perception des droits de mutation à titre gratuit, être la propriété conjointe de ces personnes et dépendre pour une part virile de la succession (CGI art. 754 ; n° 44560).

44200 La présomption de l'article 2276 du Code civil souffre la **preuve contraire,** mais l'administration fiscale ne l'admet qu'avec circonspection. Aucune difficulté ne peut exister cependant lorsque les héritiers sont en mesure de produire un acte instrumentaire ayant pour objet direct d'établir que le défunt possédait non pas pour lui, mais pour des tiers en vertu d'un contrat de dépôt.

Il en est de même, selon l'administration, si, à défaut d'acte instrumentaire, les héritiers produisent des **registres ou papiers domestiques** du défunt constatant l'existence d'une obligation à la charge de ce dernier de leur restituer les titres ou valeurs, avec mention expresse, conformément à l'article 1331 ancien (actuellement article 1378-1) du Code civil, que la note invoquée a été écrite pour suppléer le défaut de titre en leur faveur.

Lorsque les prétendus propriétaires sont des tiers, un **faisceau de présomptions** suffisamment graves, précises et concordantes est nécessaire. En cas d'instance, les tribunaux apprécient souverainement les faits et circonstances mais, en tout état de cause, les témoignages et enquêtes sont exclus (BOI-ENR-DMTG-10-10-40-50 n°s 320 à 340).

B. Présomptions fiscales de propriété

SITUATIONS CONCERNÉES

44250 Le législateur a complété les présomptions de propriété instituées par le Code civil par des présomptions dont la portée est purement fiscale. Ces présomptions concernent :

– les biens appartenant en usufruit au défunt et en nue-propriété à ses héritiers présomptifs (n°s 44255 s.) ;

– les valeurs mobilières, parts sociales et créances dont le défunt a eu la propriété, a perçu les revenus ou à raison desquelles il a effectué une opération quelconque moins d'un an avant son décès (n°s 44430 s.), ainsi que les titres pour lesquels l'obligation de mise au nominatif ou d'inscription en compte n'a pas été respectée (n°s 44505 s.) ;

– les comptes joints et les coffres-forts loués conjointement (n°s 44560 s.) ;

– les immeubles et fonds de commerce imposés au nom du défunt (n° 44595).

1. PRÉSOMPTION DE PROPRIÉTÉ DE L'USUFRUITIER

L'extinction de l'usufruit par le décès de l'usufruitier s'opère en principe en franchise de droits de succession (CGI art. 1133). Afin d'éviter que des démembrements de propriété soient opérés dans le but d'échapper aux droits de succession, la loi répute propriétaire, du point de vue fiscal, l'usufruitier de tout bien meuble ou immeuble dont la **nue-propriété appartient déjà à ses présomptifs héritiers** (même renonçants ou déshérités) ou à leurs **descendants,** à ses **donataires ou légataires** ou à des personnes réputées interposées (CGI art. 751). 44255

Cependant, cette **présomption est écartée** :
– en cas de donation régulière lorsque cette donation, si elle n'est pas constatée dans un contrat de mariage, a été consentie plus de trois mois avant le décès ;
– ou en cas de démembrement de propriété effectué à titre gratuit, réalisé plus de trois mois avant le décès, constaté par acte authentique et pour lequel la valeur de la nue-propriété a été déterminée selon le barème prévu à l'article 669 du CGI.
En outre, la loi permet aux contribuables de combattre la présomption en apportant la **preuve contraire.**

a. Champ d'application de la présomption de propriété de l'usufruitier

NATURE DU DÉMEMBREMENT

La présomption de propriété de l'article 751 du CGI ne s'applique qu'à l'**usufruitier.** Elle ne peut pas être invoquée par l'administration à l'encontre du titulaire d'un **droit d'usage et d'habitation** sur un immeuble (BOI-ENR-DMTG-10-10-40-10 n° 60). La Cour de cassation s'est prononcée en ce sens en rappelant que la sanction de l'abus du droit d'usage et d'habitation est la déchéance de ce droit et non sa transformation en droit d'usufruit. L'éventuel abus des titulaires du droit d'usage sur l'immeuble litigieux (en l'espèce, les titulaires du droit d'usage et d'habitation avaient autorisé le petit-fils de l'un d'entre eux et sa concubine à habiter une dépendance de l'immeuble) n'est pas de nature à rendre applicables les dispositions de l'article 751 du CGI (Cass. com. 4-6-2002 n° 99-10-331 F-D : RJF 12/02 n° 1418). 44260

Il en irait toutefois autrement, selon l'administration, si, sous l'apparence d'un droit d'usage et d'habitation, les intéressés avaient constitué un **véritable droit d'usufruit** sur les biens immobiliers grevés d'un droit de cette nature (BOI-ENR-DMTG-10-10-40-10 n° 80). Cette doctrine s'appuie notamment sur un arrêt de la Cour de cassation qui a reconnu la présomption de l'article 751 du CGI applicable à la succession d'une personne qui avait vendu une maison en se réservant la jouissance d'un logement sa vie durant et avait donné à bail ce logement. Le droit d'usage et d'habitation n'est pas, en effet, susceptible de location et la réserve de jouissance ne pouvait être qu'une réserve d'usufruit (BOI-ENR-DMTG-10-10-40-10 n° 80 ; Cass. com. 17-5-1988 n° 86-18.332 ; dans le même sens, Cass. com. 1-10-1996 n° 94-15.134 D : RJF 2/97 n° 181).

La présomption n'est applicable que si le défunt a la qualité d'**usufruitier au jour du décès.** Un père avait cédé à son fils la nue-propriété de parts d'une société civile immobilière, cette cession étant suivie du décès de l'épouse, mariée sous le régime de communauté réduite aux acquêts. L'administration a réintégré dans la succession de cette dernière la valeur de la pleine propriété de la moitié desdites parts sur le fondement de l'article 751 du CGI. 44265

Jugé que la défunte n'ayant pas la qualité d'associée, elle n'avait pas la qualité d'usufruitière de la moitié de ces parts, seule la finance des parts étant entrée en communauté lors de la création de la société civile immobilière par son mari. Dès lors, l'article 751 du CGI n'est pas applicable (CA Paris 10-11-2006 n° 04-20952 : RJF 4/07 n° 511).

CONSEIL

Pour échapper à la présomption fiscale posée par l'article 751 du CGI, un schéma relativement simple consiste à **faire détenir le bien** en usufruit par les parents et **en nue-propriété par une société civile** dont les associés sont les enfants. Dans cette situation, la nue-propriété appartient à une personne morale et la présomption est inapplicable. L'administration s'estime cependant en droit de mettre en œuvre la procédure de répression des **abus de droit,** selon les circonstances particulières de chaque affaire (BOI-ENR-DMTG-10-10-40-10 n° 250). Il faut donc veiller à ce que la société fonctionne normalement (tenue des assemblées, notamment).

ORIGINE DU DÉMEMBREMENT

Principes L'origine du démembrement est en principe **indifférente,** la présomption visant à la fois les mutations à titre gratuit et celles intervenues à titre onéreux. Il n'y a pas 44270 lieu, par exemple, de distinguer selon que le démembrement de la propriété provient d'une vente consentie par le défunt à son héritier avec réserve d'usufruit ou d'une acquisition conjointe de l'usufruit par le défunt et de la nue-propriété par l'héritier (Cass. com. 12-12-1995 nº 94-11.491 D : RJF 3/96 nº 384 ; BOI-ENR-DMTG-10-10-40-10 nº 20).

Cependant, s'agissant d'un dispositif anti-abus, il ne s'applique **pas** aux **démembrements qui proviennent d'une succession** (en ce sens, BOI précité nº 70), sauf si le démembrement résulte d'une convention conclue entre les héritiers (Cass. com. 26-6-2007 nº 06-15.543 F-D : RJF 11/07 nº 1345).

44275 Plus généralement, il résulte de l'article 751 du CGI – tel qu'explicité par l'administration – que la **présomption ne joue pas lorsque** le démembrement de propriété résulte :
– soit d'une donation régulière de la nue-propriété consentie plus de trois mois avant le décès, qu'il s'agisse d'une donation ordinaire ou d'une donation-partage ;
– soit d'une donation constatée dans un contrat de mariage, sans condition de délai ;
– soit d'une succession dévolue de son vivant au défunt et à ses présomptifs héritiers et dans laquelle le premier aurait recueilli l'usufruit viager et les seconds la nue-propriété ;
– soit de dispositions testamentaires en vertu desquelles l'usufruit aurait été légué à une personne et la nue-propriété à ses présomptifs héritiers. Il est ainsi notamment lorsque, dans le cas d'une conversion des droits du conjoint survivant en un usufruit portant sur la totalité de la succession, le démembrement de propriété résulte d'une donation à cause de mort ou d'un legs consenti par le conjoint prédécédé et à l'exécution duquel les héritiers réservataires ont consenti : la présomption de l'article 751 n'est pas applicable, lors du décès du conjoint survivant, aux biens appartenant à ce titre pour l'usufruit à ce dernier et pour la nue-propriété à ses héritiers (BOI-ENR-DMTG-10-10-40-10 nº 70).

44280 **Donations avec réserve d'usufruit** Si la donation avec réserve d'usufruit a été régulièrement passée **plus de trois mois avant le décès du donateur,** la présomption de fictivité du démembrement est écartée. Au décès de l'usufruitier, la consolidation de la pleine propriété sur la tête du nu-propriétaire s'opère en franchise d'impôt.

La donation régulière permettant d'écarter la présomption de fictivité du démembrement est en principe celle qui porte directement sur la nue-propriété ou l'usufruit du bien (Cass. com. 23-1-2007 nº 05-14.403 F-PB : RJF 5/07 nº 630). Cependant, la loi prévoit expressément que la **preuve contraire** à la présomption peut résulter d'une donation de l'argent ayant servi à l'acquisition de tout ou partie de la nue-propriété des biens (nºs 44370 s.).

Lorsque le **bien** acquis en démembrement a été **financé par remploi du prix de vente** de biens donnés avec réserve d'usufruit, la présomption est écartée si la donation a eu lieu plus de trois mois avant le décès de l'usufruitier et si les droits de ce dernier dans le bien acquis en remploi ne sont pas supérieurs à ceux qu'il détenait dans les biens vendus (Cass. com. 31-10-2006 nº 05-10.591 F-D : RJF 2/07 nº 231, BPAT 1/07 inf. 23).

44285 Si le **donateur** est **décédé moins de trois mois après la donation,** la présomption s'applique et la donation est réputée fictive sur le plan fiscal. Seule **exception,** les donations passées par contrat de mariage (aujourd'hui rarissimes) échappent à la présomption même en cas de décès dans les trois mois.

Le nu-propriétaire peut toutefois apporter la preuve contraire à la présomption en démontrant que l'opération de démembrement que la loi présume fictive est sincère et réelle (nºs 44365 s.)

44290 **Démembrements résultant d'une mutation à titre onéreux** Les démembrements résultant d'une cession à titre onéreux tombent également sous le coup de l'article 751 du CGI (pour une illustration concernant l'acquisition de l'usufruit par le défunt et de la nue-propriété par un héritier présomptif : Cass. com. 12-12-1995 nº 94-11.491 D : RJF 3/96 nº 384). La présomption supporte toutefois la **preuve contraire,** le nu-propriétaire devant démontrer que l'acte à titre onéreux ayant opéré le démembrement est sincère et réel (nº 44385).

NUS-PROPRIÉTAIRES VISÉS PAR LA PRÉSOMPTION

44295 Les nus-propriétaires auxquels s'applique la présomption de l'article 751 du CGI sont les suivants :
– les **héritiers présomptifs** du défunt et leurs **descendants,** même renonçants ou exclus par testament ;

– les **donataires ou légataires** même institués par testament postérieur au démembrement de propriété, même renonçants ;
– les **personnes réputées interposées** entre le défunt et les héritiers, donataires ou légataires et désignées au deuxième alinéa de l'article 911 du Code civil. Il s'agit dans tous les cas de leurs père et mère, de leur époux et, pour les donataires et légataires, de leurs enfants et descendants (BOI-ENR-DMTG-10-10-40-10 n° 30). La présomption s'applique, par exemple, lorsque le propriétaire d'un immeuble en a vendu la nue-propriété aux parents de son légataire universel (Cass. com. 12-7-2011 n° 10-18.471 F-PB : RJF 11/11 n° 1242, BPAT 5/11 inf. 303, Sol. Not. 3/11 inf. 66) ou en a donné la nue-propriété au fils de sa fille adoptive, laquelle était également sa légataire universelle (CA Bordeaux 12-9-2012 n° 10/06635 : BPAT 6/12 inf. 306, Sol. Not. 11/12 inf. 289).

Pour que la présomption soit applicable, il suffit, selon l'administration, que la **qualité d'héritier** ait appartenu au nu-propriétaire **à un moment quelconque** ; il n'y a pas dès lors à rechercher si cette qualité lui appartenait au moment du démembrement de propriété ou au moment du décès. 44300

En revanche, en cas de vente d'immeuble sous réserve d'usufruit consentie à une personne précédemment légataire dudit immeuble, la vente entraînant la caducité du legs, la présomption de l'article 751 du CGI n'est pas applicable, pourvu que l'acquéreur n'ait pas par ailleurs la qualité d'héritier présomptif ou de personne interposée au sens de ce texte (BOI-ENR-DMTG-10-10-40-10 n° 40).

La présomption instituée par l'article 751 du CGI est applicable quelle que soit l'**importance du legs** particulier consenti à la personne à laquelle la nue-propriété du bien a été vendue (Cass. com. 9-3-1993 n° 90-22.106 D : RJF 8-9/93 n° 1242). 44305

Il a par ailleurs été jugé que cette présomption s'étend au **conjoint de l'héritier présomptif.** Il en est ainsi lorsque le défunt a vendu la nue-propriété d'immeubles à sa nièce, héritière présomptive, et au mari de celle-ci en s'en réservant l'usufruit viager (Cass. com. 1-10-1996 n° 94-15.134 D : RJF 2/97 n° 181).

Les dispositions de l'article 751 du CGI ne s'opposent pas à ce qu'en vertu de l'article L 64 du LPF (procédure de répression des **abus de droit),** l'administration établisse postérieurement au décès, au moyen des preuves autorisées en matière fiscale, qu'un acte entaché de simulation a été passé en vue d'éluder en totalité ou en partie le paiement des droits d'enregistrement (Cass. com. 5-2-1980 n° 78-11.774 ; BOI-ENR-DMTG-10-10-40-10 n° 50). 44310

b. Effets de la présomption

PRINCIPES

La présomption de fictivité résultant de l'article 751 du CGI produit effet au **décès de l'usufruitier** : le nu-propriétaire doit acquitter les droits de succession sur la valeur de la pleine propriété du bien, au tarif fixé selon son degré de parenté avec le défunt. 44330

En présence d'une donation avec réserve d'usufruit et **clause de réversion réciproque** par deux époux mariés sous le régime de la communauté universelle et décédés, à quelques jours d'intervalle, dans les trois mois de la donation d'un immeuble commun à leur fils, l'application de l'article 751 conduit à réintégrer à la succession du second défunt l'intégralité de la valeur de l'immeuble, et non pas seulement la moitié (CA Reims 14-2-2012 n° 10/01507 : RJF 3/13 n° 360).

Les droits de vente ou de donation acquittés par le nu-propriétaire lors du démembrement de propriété viennent en **déduction des droits de succession** dus au décès de l'usufruitier, si le démembrement a été consenti par le défunt lui-même (CGI art. 751, al. 4). En cas notamment de donation avec réserve d'usufruit, l'imputation des droits de donation est possible même si ces droits ont été pris en charge par le donateur mais, dans ce cas, leur montant est réintégré à l'actif successoral et le donataire devra acquitter des droits de succession sur ces droits de donation (Cass. com. 13-11-2003 n° 01-16.358 FS-P : RJF 3/04 n° 323). 44335

Aucune imputation n'est autorisée lorsque le démembrement résulte d'une **acquisition conjointe** ou lorsque le nu-propriétaire tient ses droits d'une personne autre que le défunt (BOI-ENR-DMTG-10-10-40-10 n° 100).

La **présomption** de propriété de l'article 751 du CGI **peut être invoquée** non seulement par l'administration mais aussi **par les héritiers concernés.** Ainsi jugé dans une affaire où l'administration avait procédé à un redressement de la valeur des biens déclarés pour le calcul des droits de donation. Les héritiers ayant fait valoir que la donation était fiscalement 44337 inexistante en application de l'article 751, la Cour de cassation a prononcé la décharge totale des droits rappelés (Cass. com. 1-3-2017 n° 15-14.170 F-D : RJF 6/17 n° 633).

La réclamation en **restitution des droits de donation** payés lors d'une donation réputée fictive, car passée moins de trois mois avant le décès du donateur, est ouverte jusqu'au 31 décembre de la deuxième année suivant la décision jugeant définitivement que les droits étaient indus. C'est en effet cette décision qui constitue l'événement justifiant la réclamation en restitution au sens de l'article R 196-1 du LPF (n° 51590) et non le décès prématuré du donateur (Cass. com. 14-10-2020 n° 18-17.880 F-D : BPAT 1/21 inf. 29). Fiscalement, la donation étant réputée fictive, les droits pris en charge par le donateur deviennent sans cause ; s'ils ne sont pas restitués, il y a double imposition car seule la transmission par décès peut être taxée (CA Poitiers 12-10-2021 n° 21/00171 sur renvoi à la suite de l'arrêt de la chambre commerciale du 14-10-2020 précité : SNH 35/21 inf. 1).

44340 Lorsque l'**imputation** est possible, elle est **limitée** au droit de vente ou au droit de donation perçu sur la valeur au jour de la mutation des biens en nue-propriété qui se retrouvent en nature au décès de l'usufruitier. Dès lors, si entre-temps une partie des biens a été réalisée ou supprimée (vente partielle, démolition), ne sont imputables que les droits perçus sur la valeur, au jour de la vente ou de la donation, des biens qui subsistent et les parties sont tenues de souscrire une déclaration estimative.

L'imputation est également limitée à la fraction de l'impôt de mutation par décès qui est exigible par suite de l'application de la présomption. Si les droits de vente ou de donation perçus sur la nue-propriété lui sont supérieurs, l'imputation ne peut être effectuée que jusqu'à concurrence de cette fraction. Il convient, dans ces conditions, de procéder à une **double liquidation des droits** de mutation par décès, la première en réintégrant dans la part du nu-propriétaire les biens frappés de la présomption, la seconde en ne les comprenant pas ; la différence entre les résultats obtenus donne la somme sur laquelle peuvent être imputés, à due concurrence, ces droits de vente ou de donation.

Enfin, les parties doivent **justifier du paiement des droits à imputer** et de leur montant par la production de l'original ou d'une expédition de l'acte ou par l'indication de la date de la formalité de l'enregistrement si celle-ci a été effectuée au même bureau (BOI-ENR-DMTG-10-10-40-10 n°s 110 à 130).

APPLICATIONS

44345 La documentation administrative illustre les effets de la présomption de l'article 751 du CGI à partir des trois exemples suivants, actualisés par nos soins (BOI-ENR-DMTG-10-10-40-10 n°s 140 à 160).

EXEMPLES

1. M. Pierre Durand est décédé le 31 mai 2023 laissant pour héritiers sa sœur Pierrette et son frère Paul. L'un et l'autre n'étaient pas domiciliés avec le défunt pendant les cinq années ayant précédé son décès.

La déclaration de succession déposée le 30 novembre 2023 fait apparaître un actif net de 200 000 € composé exclusivement de liquidités.

Les droits d'un montant global de 70 776 € ont été acquittés le même jour.

Lors du contrôle, il est apparu qu'en 2012 le défunt avait cédé, à défaut de preuve contraire, à son frère pour un prix de 100 000 €, une maison dont il avait conservé l'usufruit sa vie durant.

Les droits de mutation à titre onéreux versés à l'époque se sont élevés à 5 090 €.

En application de l'article 751 du CGI, la liquidation des droits de succession doit être rétablie, précision faite qu'à la date du décès de M. Durand, le bien en cause avait une valeur en toute propriété de 150 000 €.

Actif successoral 200 000 € + 150 000 € = 350 000 €

– Part de Pierrette (sans changement) : 100 000 €

Droits à 35 et 45 % après abattement : 35 388 €

– Part initiale de Paul : 100 000 €

Réintégration article 751 : + 150 000 €

Part totale de Paul après réintégration : 250 000 € (100 000 + 150 000)

Droits à 35 et 45 % après abattement : 102 888 €

Droits après imputation des droits de vente : 97 798 € (102 888 – 5 090)

– Rappel mis à la charge de Paul : 62 410 € (97 798 € – 35 388 €).

2. On suppose que la maison de M. Durand a été vendue, dans les mêmes conditions, à Jean, fils de Pierrette, lequel est donc un descendant d'un présomptif héritier.

Actif successoral : 350 000 €

– Part de Pierrette ou de Paul

(sans changement) : 100 000 €

Droits à 35 et 45 % (chacun) : 35 388 €

– Bien présumé légué à Jean : 150 000 €

Droits à 55 % après abattement

(tarif entre oncle et neveu) : 78 118 €

Droits après imputation des droits de vente : 73 028 € (78 118 – 5 090)

Rappel : 73 028 €

Si Pierrette et Paul étaient légataires institués, Jean serait atteint par la présomption, non en qualité de descendant de légataire – lequel n'est pas expressément visé par la loi – mais en qualité de personne interposée.

3. On suppose que la maison de M. Durand a été vendue, dans les mêmes conditions, à Pierrette et à son mari, Jacques, lequel est une personne interposée.

Actif successoral : 350 000 €

– Part de Paul

(sans changement) : 100 000 €

Droits à 35 et 45 % : 35 388 €

– Part de Pierrette : 100 000 €

½ du bien réintégré : 75 000 €

= 175 000 € (100 000 + 75 000)

Droits à 35 et 45 % (après abattement) : 69 138 €

Imputation du droit de vente : 2 545 €

Droits après l'imputation du droit de vente : 66 593 € (69 138 – 2 545)

Biens présumés légués à Jacques : 75 000 €

Droits à 60 % (tarif non parent)

(après abattement) : 44 044 €

Imputation du droit de vente : 2 545 €

Droits après l'imputation du droit de vente : 41 499 € (44 044 – 2 545)

Rappel : (66 593 € – 35 388 €) + 41 499 € = 72 704 €

Il en serait de même si au lieu d'être héritiers, Pierrette et Paul étaient légataires institués.

c. Preuve contraire

SINCÉRITÉ ET RÉALITÉ DU DÉMEMBREMENT

La présomption de propriété établie par l'article 751 du CGI est une **présomption simple** 44365
qui a pour effet de renverser la charge de la preuve. Elle peut être efficacement combattue par la démonstration, dans les formes compatibles avec la procédure écrite, de la sincérité et de la réalité de l'opération de démembrement de la propriété que la loi présume fictive.

DONATION D'UNE SOMME D'ARGENT POUR L'ACQUISITION DE LA NUE-PROPRIÉTÉ

L'article 751, alinéa 2 du CGI prévoit que la preuve contraire peut notamment résulter d'une 44370
donation de deniers, quel qu'en soit l'auteur, en vue de financer l'acquisition de tout ou partie de la nue-propriété d'un bien, sous réserve des **conditions** suivantes :

– la donation des fonds doit être constatée par un acte ayant date certaine ;

– les fonds doivent être employés dans l'acquisition de la nue-propriété d'un bien plus de trois mois avant le décès ;

– l'origine des fonds doit être mentionnée dans l'acte d'acquisition du bien.

Le nu-propriétaire peut donc écarter la présomption de fictivité du démembrement en établissant qu'il a bénéficié d'une donation régulière de somme d'argent et que cette donation lui a permis d'acquérir la nue-propriété du bien concerné.

44375 En ce qui concerne la **forme de la donation,** l'administration admet que le dispositif s'applique aux dons manuels régulièrement enregistrés. Toutefois, elle se réserve le droit d'apprécier le caractère réel et sincère du démembrement de propriété (BOI-ENR-DMTG-10-10-40-10 n° 310).

AUTRES CAS

44380 En dehors des cas de donations de deniers remplissant les conditions légales (n° 44370), la question de savoir si la preuve contraire est rapportée par le contribuable est une **question de fait** qui ne peut être résolue qu'après examen de l'ensemble des circonstances particulières de chaque affaire.

Pour justifier la taxation au titre de l'article 751 du CGI, il suffit au juge de constater que la preuve contraire à la présomption n'est pas rapportée (Cass. com. 23-2-1999 n° 96-18.892 D : RJF 5/99 n° 652).

44385 **Démembrement résultant d'une mutation à titre onéreux** Lorsque le démembrement résulte d'une mutation à titre onéreux, le nu-propriétaire peut écarter la présomption de l'article 751 du CGI en démontrant que l'acte ayant opéré le démembrement est sincère et réel (en pratique, qu'il a réellement acheté et payé la nue-propriété). Cette preuve peut être apportée à l'aide de tous **documents écrits** (relevés bancaires, extraits de la comptabilité de l'office notarial qui a reçu l'acte, etc.) et est souverainement appréciée par les juges du fond.

ILLUSTRATIONS

1. Le juge déduit souverainement des circonstances suivantes que les contribuables apportent la preuve contraire à la présomption de propriété posée par l'article 751 du CGI : la **cession** de la nue-propriété de l'immeuble a été effectuée **par acte notarié** ; la **rente viagère** stipulée en paiement du prix a été **effectivement payée** jusqu'au décès du vendeur ; la valeur déclarée dans l'acte de vente était la valeur vénale réelle de l'immeuble (Cass. com. 16-1-2001 n° 97-20.041 F-D : RJF 5/01 n° 714).

2. Il a également été jugé que le légataire universel apporte la preuve contraire à la présomption de propriété du défunt édictée par l'article 751 du CGI dès lors qu'il établit que la **cession de la nue-propriété** de l'immeuble a été effectuée par acte authentique **plus de trois mois avant le décès,** que le **prix** de vente a été intégralement réglé par lui ainsi que cela résulte du **reçu délivré par le notaire** instrumentaire et que le prix de vente est en rapport avec la valeur vénale du bien, telle qu'elle a été estimée par un **expert immobilier,** dont le rapport a été versé aux débats (CA Aix-en-Provence 11-2-2014 n° 13/07658 : RJF 6/14 n° 638, Sol. Not. 4/14 inf. 85, BPAT 2/14 inf. 74).

3. La présomption fiscale de propriété est écartée lorsque le **nu-propriétaire démontre avoir versé le prix de** vente de **la nue-propriété.** Cette preuve est apportée lorsque l'usufruitier a acquitté l'impôt sur le revenu sur la rente viagère stipulée en paiement du prix : en effet, l'administration fiscale ne peut pas soutenir que la vente de la nue-propriété était fictive tout en procédant au recouvrement de l'impôt sur le revenu sur les sommes déclarées en paiement du prix de cette vente (CA Rennes 18-10-2016 n° 15/05553 : RJF 2/17 n° 183).

4. La sincérité de la **constitution d'une SCI entre deux concubins** (A et B) avec démembrement de propriété des parts sociales a été reconnue dans les circonstances suivantes. En contrepartie de son apport, chaque concubin s'était vu attribuer la nue-propriété de la moitié des parts et l'usufruit attaché à la nue-propriété de l'autre moitié des parts. Quelques années plus tard, B décède laissant pour seul héritier l'enfant unique du couple. L'administration fiscale effectue à l'encontre de A un rappel de droits d'enregistrement pour ne pas avoir déclaré les parts dont il détenait la nue-propriété sur la base de la présomption de propriété visée à l'article 751 du CGI. La cour d'appel de Reims juge que A apporte la preuve contraire de nature à combattre cette présomption légale car :

– l'administration fiscale ne conteste pas que B ait apporté les fonds nécessaires à la souscription des parts de la SCI et qu'elle participait à la gestion de cette dernière ;

– le démembrement de la propriété des parts sociales de la société civile immobilière avait pour objet de permettre à l'associé survivant de bénéficier de l'usufruit sur la totalité des parts de la société.

En alléguant que le démembrement des parts de la SCI n'était pas le seul moyen offert aux concubins pour bénéficier de droits semblables à ceux d'un couple marié, l'administration a mis en cause, sans support légal, la liberté des parties de choisir les actes qui leur semblent appropriés, dès lors que les mesures retenues ne sont pas illicites (CA Reims 7-6-2016 n° 15/00277 : RJF 2/17 n° 184).

44390 La Cour de cassation a jugé que la **preuve contraire à la présomption de fictivité** du démembrement n'est en revanche **pas apportée** lorsque :

– les fonds destinés au paiement de la nue-propriété ont été remis au notaire rédacteur de l'acte par le défunt usufruitier, de sorte que le démembrement de propriété n'avait pas un caractère réel et sincère (Cass. com. 27-1-1998 n° 96-13.595 P : RJF 5/98 n° 624) ;

– le prix de vente de la nue-propriété de l'immeuble a été en grande partie converti en une rente viagère qui n'a pas été payée (Cass. com. 12-7-2011 n° 10-18.471 F-PB : RJF 11/11 n° 1242, BPAT 5/11 inf. 303, Sol. Not. 3/11 inf. 66).

L'administration considère, pour sa part, que **ne constitue pas** à lui seul **une preuve contraire suffisante** le fait que :
– l'acte de démembrement ait été passé devant notaire ;
– le démembrement de la propriété se soit opéré par adjudication, même moyennant un prix payé comptant ;
– le prix ait été converti en une rente viagère, même si les quittances ou reçus des arrérages sont produits ;
– le nu-propriétaire ait effectué des travaux d'aménagement ou autres ;
– un titre ait été immatriculé pour l'usufruit au nom du crédirentier en garantie d'une rente viagère (BOI-ENR-DMTG-10-10-40-10 n° 280).

Démembrement résultant d'une mutation à titre gratuit En cas de décès du donateur **moins de trois mois après** la donation, la présomption s'applique et la donation est réputée fictive sur le plan fiscal (n° 44285). Le nu-propriétaire peut toutefois apporter la preuve contraire à la présomption en démontrant que l'opération de démembrement que la loi présume fictive est sincère et réelle. 44395

En pratique, il lui faut établir :

1) que le **décès** « prématuré » du donateur était **imprévisible** au moment de la donation ;

2) ou que la **donation** était en réalité **intervenue plus de trois mois avant le décès,** l'acte authentique dressé moins de trois mois avant le décès n'ayant eu pour objet que de formaliser le transfert de propriété déjà intervenu. Cependant, une telle preuve est difficile à apporter.

ILLUSTRATIONS

1. L'**attestation du médecin traitant** de l'usufruitière établissant qu'elle était en bonne santé début octobre 2002, ainsi que deux autres rédigées par des personnes l'ayant rencontrée peu de temps avant son décès qui témoignaient du caractère soudain et surprenant de celui-ci, et le fait que la donation s'inscrivait dans la continuité d'une précédente donation consentie en 1998, en des termes identiques, en faveur des mêmes bénéficiaires, suffisent à démontrer la sincérité de la donation litigieuse (Cass. com. 17-1-2012 n° 10-27.185 F-D : RJF 4/12 n° 425, BPAT 2/12 inf. 118, Sol. Not. 3/12 inf. 64).

2. Une femme, âgée de 79 ans, avait donné, moins de trois mois avant son décès, la moitié indivise de la nue-propriété d'un immeuble évalué 450 000 € à sa fille et l'autre moitié à ses deux petits-enfants. Les donataires ont échappé à la réintégration du bien donné dans l'actif successoral en produisant :
– des **attestations** de deux médecins qui l'avaient rencontrée peu de temps avant son décès d'où il résultait que « son état de santé était stabilisé, qu'elle était lucide et capable de se déplacer sans difficultés » et que « rien ne pouvait laisser présager une mort rapide ou subite »,
– des **bilans médicaux** établissant que son état de santé n'avait rien d'anormal, eu égard à son âge et à ses antécédents médicaux, et n'émettant aucune réserve sur son pronostic vital,
– un **courrier** adressé par la donatrice **à son notaire** un an avant son décès exprimant sa volonté de gratifier sa fille et ses deux petits-enfants, tout en ayant l'intention de conserver un droit d'usage et d'habitation, de sorte qu'il est établi que la donation n'a pas eu lieu de manière précipitée (CA Paris 6-6-2017 n° 14/25473 : RJF 10/17 n° 996).

3. Ne démontrent pas l'**antériorité de la donation** les enfants de la donatrice qui établissent que, plus de trois mois avant son décès, leur mère leur avait écrit pour leur faire part de son intention de leur donner la nue-propriété de titres, avait fait ouvrir en leur nom un compte-titres en qualité de nus-propriétaires, l'un des enfants ayant donné mandat de gestion de ces titres au conseiller financier de sa mère. Ces circonstances n'attestent pas que le transfert de la propriété des titres avait eu lieu avant l'acte de donation (Cass. com. 23-3-2010 n° 09-65.820 F-D : RJF 7/10 n° 749, BPAT 4/10 inf. 230).

2. VALEURS MOBILIÈRES ET CRÉANCES

La loi fiscale présume faire partie de la succession du défunt : 44425
– d'une part, les valeurs mobilières, parts sociales et créances dont le défunt a eu la propriété, a perçu les revenus ou à raison desquelles il a effectué une opération quelconque moins d'un an avant son décès (CGI art. 752) ;
– d'autre part, les titres pour lesquels l'obligation de mise au nominatif ou d'inscription en compte n'a pas été respectée (CGI art. 754 B).

a. Présomption résultant de l'article 752 du CGI

PRÉSENTATION DE LA PRÉSOMPTION

44430 Est réputé propriétaire de valeurs mobilières ou de créances, au regard des droits de succession, celui qui en a eu la propriété, en a **perçu les revenus ou** a **effectué une opération quelconque** sur ces biens moins d'un an avant son décès (CGI art. 752).

Sont également présumés, jusqu'à preuve contraire, faire partie de la succession, pour la liquidation et le paiement des droits de mutation par décès, les **biens ou droits placés dans un trust** défini à l'article 792-0 bis du CGI, dont le défunt a eu la propriété ou a perçu les revenus ou à raison desquels il a effectué une opération quelconque moins d'un an avant son décès. Le régime des trusts fait l'objet d'une étude d'ensemble n°s 80600 s.

CHAMP DE LA PRÉSOMPTION

44435 La présomption légale s'applique non seulement aux valeurs mobilières, aux biens ou droits placés dans un trust et aux parts sociales, mais aussi aux créances. À cet égard, si le **solde** créditeur **d'un compte bancaire** ou assimilé constitue une créance présumée, il n'en est pas de même des **retraits d'espèces** opérés sur ces mêmes comptes (n° 44470).

44440 La présomption peut être invoquée dès lors que le défunt a **touché, une fois pendant l'année** de son décès, tout ou partie des **revenus de titres** ou valeurs ou qu'il a effectué, durant la même période, une **opération quelconque** se rattachant à ces titres et valeurs telle que représentation à une assemblée générale, exercice du droit de souscription, dépôt ou retrait des titres d'une banque, constitution en nantissement (BOI-ENR-DMTG-10-10-40-20 n° 20).

ILLUSTRATIONS

La **présomption** de propriété instituée par l'article 752 du CGI est **opposable à un héritier** dès lors que, l'année précédant son décès, le défunt a participé, en qualité de porteur d'actions, à l'assemblée générale d'une société anonyme (Cass. com. 6-3-1984 n° 82-12.751 : RJF 7/84 n° 911).

44445 La présomption de l'article 752 du CGI peut être invoquée dès l'instant où le défunt a eu la **propriété** des biens susvisés à un **moment quelconque** au cours du délai d'un an ayant précédé son décès. Ainsi, l'administration peut invoquer la présomption à raison d'un **prix de vente d'immeuble** qui a été **dû au défunt** à un moment quelconque de cette période, à moins que ne soit établi le paiement avant le décès (BOI-ENR-DMTG-10-10-40-20 n° 30).

ILLUSTRATIONS

1. Le juge ne se contredit pas lorsqu'il relève que le **prix de vente d'un immeuble** a été **converti en bons de caisse anonymes** puisque, ces bons n'ayant été remboursés que postérieurement au décès du souscripteur, leur valeur représentait une créance successorale au sens de l'article 752 du CGI (Cass. com. 13-2-1996 n° 94-13.159 D : RJF 6/96 n° 832).

2. Les **bons au porteur** dont le défunt a eu la propriété moins d'un an avant son décès constituent des créances soumises à la présomption de l'article 752 du CGI. Constituent ainsi une créance sur l'établissement émetteur présumée faire partie de la succession du défunt les bons au porteur qui lui ont été remis trois mois avant son décès et qui n'ont pas été présentés au paiement (Cass. com. 17-3-2009 n° 08-11.895 F-D : RJF 7/09 n° 700).

44450 Par exception, la présomption ne s'applique pas aux biens qui ont fait l'objet d'une **libéralité graduelle ou résiduelle** (CGI art. 752, al. 3), solution qui s'explique par le fait que, juridiquement, les biens en cause ne font pas partie de la succession du premier gratifié (voir n° 2620).

En ce qui concerne le cas particulier des **retraits sur compte bancaire,** voir n° 44470.

PREUVE CONTRAIRE

44455 La présomption de propriété prévue par l'article 752 du CGI supporte la preuve contraire. Les éléments de preuve apportés par les héritiers (avis d'opéré, bordereau bancaire attestant de la vente des titres avant le décès, etc.) sont souverainement appréciés par les juges du fond.

La preuve contraire ne peut pas résulter d'une **cession à titre onéreux** à l'une des personnes visées à l'article 751 du CGI (héritiers présomptifs ou leurs descendants, donataires ou légataires institués, ou personnes interposées : voir n° 44295), sauf si cette cession a acquis date certaine avant l'ouverture de la succession (CGI art. 752, al. 2).

L'application de la présomption de l'article 752 est à l'origine d'une jurisprudence importante dont nous présentons les décisions les plus représentatives.

Preuve contraire apportée La preuve contraire à la présomption prévue à l'article 752 a été considérée comme établie dans les situations suivantes. 44460

ILLUSTRATIONS

1. Treize jours avant son décès, le défunt avait vendu deux appartements à l'épouse de son fils. Se fondant sur la présomption de propriété de la créance prévue par l'article 752 du CGI, l'administration avait réclamé au fils héritier les droits de succession sur le montant du prix de vente. La Cour de cassation a jugé que le **paiement comptant du prix** allégué par l'héritier et l'acquéreur (son épouse) qui présentaient pour l'établir une quittance dont l'administration ne soutenait pas qu'elle fût fausse, avait éteint la créance du vendeur et privé de son fondement de fait la présomption de propriété de la créance du défunt (Cass. com. 30-6-1998 n° 96-16.908 P : RJF 11/98 n° 1366).

2. Le juge ne peut rejeter les prétentions des héritiers selon lesquelles les valeurs mobilières réintégrées dans l'actif successoral n'y étaient plus incluses au jour du décès en raison de la **clôture du compte-titres** sur lequel elles figuraient, en écartant la mention manuscrite de clôture portée sur la copie du contrat d'ouverture de compte, mention d'origine indéterminée, sans analyser, même de façon sommaire, les autres éléments écrits présentés par les héritiers, notamment une attestation du directeur de l'agence où le compte avait été ouvert, attestation confirmant la réalité et la date de la clôture du compte, ainsi que la destination des valeurs qui s'y trouvaient, ce dont il résulterait qu'au jour du décès ces dernières ne faisaient plus partie de l'actif successoral (Cass. com. 9-2-1999 n° 96-21.531 D : RJF 5/99 n° 655).

Preuve contraire non établie La jurisprudence fournit, en sens inverse, de nombreux exemples de situations dans lesquelles la preuve contraire de la présomption de l'article 752 n'a pas été considérée comme apportée par le contribuable ou a été utilement combattue par l'administration. 44465

ILLUSTRATIONS

1. Le juge peut décider que l'administration rapporte la preuve de la **conservation** par la défunte jusqu'à son décès **de diverses sommes** en retenant l'absence de prise en compte dans la déclaration de succession du solde de sa pension, perçu par son neveu (héritier), l'**importance,** sans rapport avec les besoins et le train de vie usuel de l'intéressée, **des fonds retirés de son compte** ou reçus en paiement de ses bons de caisse dans les trois mois précédant son décès, dès lors qu'il n'était justifié d'aucun emploi spécial qui en aurait été fait auparavant, cette analyse étant encore corroborée par le fait que l'héritier a acheté un appartement, peu après avoir hérité de sa tante, en payant comptant des sommes dont il n'a pu établir la provenance (Cass. com. 1-6-1999 n° 97-14.021 D : RJF 8-9/99 n° 1100).

2. Comme indiqué n° 44455, la preuve contraire ne peut résulter de la **cession à titre onéreux** consentie **à l'un des héritiers présomptifs** ou descendants d'eux ou à des donataires ou légataires institués ou à des personnes interposées, telles que définies n° 44295, à moins que cette cession ait acquis date certaine avant l'ouverture de la succession (CGI art. 752, al. 2).

À cet égard, il a été jugé que l'acte de cession à titre onéreux doit avoir acquis une date certaine avant l'ouverture de la succession par l'un des moyens énumérés par l'article 1328 du Code civil. En l'espèce, la **cession** litigieuse avait eu lieu **sous forme verbale** et il était allégué par la partie adverse que différentes pièces (relevés bancaires notamment) étaient de nature à conférer à cette cession une date certaine : la Cour de cassation a confirmé que la preuve contraire à la présomption prévue à l'article 752 du CGI n'avait pas été rapportée (Cass. com. 22-1-1985 n° 83-14.388 : BOI-ENR-DMTG-10-10-40-20 n° 60).

3. De même, la preuve contraire ne peut être considérée comme rapportée lorsque l'**acte,** par lequel la défunte a cédé à son héritière et légataire universelle des valeurs mobilières dont elle avait encaissé les revenus dans l'année ayant précédé sa mort, a acquis **date certaine** non pas avant l'ouverture de la succession mais **seulement du jour du décès** (Cass. com. 30-1-1979 n° 77-13.852 ; BOI-ENR-DMTG-10-10-40-20 n° 60).

RETRAITS SUR COMPTES BANCAIRES

Les retraits sur compte bancaire, même effectués moins d'un an avant le décès, constituent la **preuve contraire à la présomption** de propriété de l'article 752 du CGI : les sommes retirées n'ont pas à figurer dans l'actif successoral (en ce sens, Cass. com. 30-10-1989 n° 88-13.015 P : RJF 12/89 n° 1450). Cependant, l'administration fiscale peut quand même taxer les sommes retirées si elle apporte la preuve que l'**argent** a été **conservé par l'auteur du retrait** jusqu'à son décès (en ce sens, notamment, Cass. com. 1-4-1997 n° 95-13.257 PB : RJF 7/97 n° 751 ; BOI-ENR-DMTG-10-10-40-20 n° 110). Le redressement est alors fondé sur les dispositions générales de l'article 750 ter du CGI, et non sur la présomption posée par l'article 752. Il en résulte que la **procédure spéciale de contrôle** prévue par l'article L 19 du LPF (n° 44485) n'est pas applicable (Cass. com. 19-9-2006 n° 03-16.962 F-D : RJF 1/07 n° 97). 44470

44475 La **charge de la preuve** que l'argent a été conservé jusqu'au décès incombe à l'administration. Il en résulte par exemple que doit être cassé pour inversion de la charge de la preuve l'arrêt qui exige des redevables qu'ils justifient de la destination des sommes retirées par le défunt (Cass. com. 26-6-2012 n° 11-21.160 FS-PB : RJF 10/12 n° 959, BPAT 5/12 inf. 260, Sol. Not. 8-9/12 inf. 225).

44480 La preuve de la conservation des fonds résulte généralement d'un **faisceau d'indices** : âge élevé du titulaire du compte, importance de la somme retirée par rapport à son train de vie habituel, absence d'emploi de la somme, etc. L'administration n'a pas à prouver l'appréhension des sommes litigieuses par les héritiers ou légataires, ni leur non-appréhension par des tiers.

ILLUSTRATIONS

1. L'administration a rapporté la preuve de l'existence, dans le patrimoine de la défunte, au jour de son décès, des sommes retirées d'un compte bancaire, en relevant les indices suivants :
– le **retrait** litigieux, de près de 69 000 €, a été effectué par la défunte, âgée de **91 ans,** quatre mois avant son décès ;
– ce retrait **excédait** largement les **besoins** habituels **de l'intéressée** qui était propriétaire de son logement, n'avait pas de charge de famille et disposait de revenus couvrant ses dépenses ;
– l'examen de l'ensemble des comptes bancaires de la défunte révèle qu'il n'a été fait **aucun usage de la somme** concernée (Cass. com. 12-10-2010 n° 09-68.401 F-D : RJF 2/11 n° 244, BPAT 6/10 inf. 357).

2. La cour d'appel de Rennes a validé, pour des motifs identiques, la taxation aux droits de succession d'un retrait bancaire de 10 000 € effectué, **11 jours avant son décès,** par un homme de **95 ans,** ce retrait **excédant largement les besoins** de l'intéressé qui n'avait pas de charges de famille et qui, de surcroît, était **hospitalisé lors du retrait** et jusqu'à son décès. L'examen des comptes bancaires du défunt révélait en outre qu'il n'avait été fait aucun emploi de la somme concernée dans un placement financier (CA Rennes 19-1-2021 n° 19/00431 : BPAT 2/21 inf. 78).

3. Il suffit, pour que l'administration réintègre dans l'actif successoral une somme provenant d'un retrait d'un compte du défunt, qu'elle rapporte, par des présomptions de fait, la **preuve** que les **fonds** ont été **conservés par le défunt** jusqu'au jour du décès. Le juge n'a pas à rechercher qui a perçu les sommes (Cass. com. 15-5-2012 n° 11-16.027 F-D : RJF 8-9/12 n° 877, Sol. Not. 8-9/12 inf. 226).

4. L'administration est en droit de réintégrer dans l'actif successoral une somme provenant du retrait d'un compte du défunt, dès lors qu'elle rapporte, par des **présomptions de fait,** la preuve que les fonds ont été conservés par le défunt. Il ne lui appartient pas d'établir que les fonds retirés n'avaient pas pu être appréhendés par des tiers que le défunt avait entendu gratifier (Cass. com. 19-9-2006 n° 03-16.962 F-D : RJF 1/07 n° 97, BPAT 6/06 inf. 164).

5. Jugé, en sens inverse, que **l'administration** fiscale **n'apporte pas la preuve** qui lui incombe que des sommes retirées du compte de la défunte ont été conservées par elle jusqu'à son décès, survenu en novembre 1995, et devaient en conséquence être réintégrées dans l'actif successoral, en raison des circonstances suivantes. S'il peut être retenu que la défunte avait vécu depuis au moins le 1er janvier 1993 chez son neveu (légataire universel), rien ne démontre en particulier par la production des relevés de ses comptes pour les années 1993 et 1994 que celle-ci n'avait pas l'habitude d'effectuer les règlements d'un montant réduit par chèque et de disposer à son domicile d'une forte somme d'argent, somme qui lui permettait de subvenir à ses besoins ou de pratiquer des libéralités à l'égard de tiers inconnus (CA Bordeaux 14-10-2003 n° 02-3153 : RJF 12/04 n° 1284, BPAT 6/04 inf. 140).

PROCÉDURE SPÉCIALE

44485 L'administration peut demander aux héritiers et autres ayants droit des **éclaircissements** ou des **justifications** au sujet des titres, valeurs et créances ainsi que des biens ou droits placés dans un trust et des produits qui y sont capitalisés, non mentionnés dans la déclaration de succession et qui sont présumés faire partie de la succession en application de l'article 752, alinéa 1 du CGI (LPF art. L 19). Ces demandes d'éclaircissements ou de justifications sont faites verbalement ou par écrit aux héritiers ou autres personnes concernées.

À **défaut de réponse** à la demande ou si la réponse est jugée insuffisante, l'administration envoie une mise en demeure aux héritiers qui ont trois mois (LPF art. R 19-1) :
– pour apporter la preuve que les titres, valeurs et créances ne font pas partie de l'actif successoral ;
– ou pour verser les droits de succession et les pénalités afférents aux titres et valeurs non déclarés.

Passé le délai de trois mois, la preuve que les titres, valeurs ou créances ne font pas partie de la succession n'est plus recevable (LPF art. R 19-1, al. 5).

L'utilisation de la procédure spéciale de l'article L 19 du LPF ne dispense pas l'administration de mettre en œuvre la procédure de rectification contradictoire de droit commun (Cass. com. 6-6-1984 n° 82-16.946 ; BOI-ENR-DMTG-10-10-40-20 n°s 320 s.).

ATTENTION

La **demande** de fournir l'ensemble **des relevés de comptes bancaires** du défunt ne relève pas de la procédure spéciale, l'administration pouvant directement obtenir ces relevés des établissements bancaires au titre de son droit de communication (Cass. com. 8-12-1992 n° 90-20.959 P : RJF 3/93 n° 462). L'administration peut toutefois demander aux héritiers la production des relevés nécessaires à la vérification d'une opération particulière, car la mise en œuvre de l'article L 19 du LPF n'implique pas le recours préalable au droit de communication (Cass. com. 26-10-2010 n° 09-70.927 F-D : RJF 2/11 n° 245, BPAT 6/10 inf. 362).

b. Présomption résultant de l'article 754 B du CGI

OBLIGATIONS LÉGALES

44505 L'article L 212-3 du Code monétaire et financier crée un certain nombre d'obligations relatives à la **forme** (mise au nominatif des titres non cotés) et à l'**inscription en compte des valeurs mobilières.** Ces obligations sont sanctionnées par diverses mesures et notamment par une double présomption de propriété à l'égard de certains **dirigeants** de la société émettrice des titres pour lesquels ces règles n'auraient pas été respectées. Ces présomptions de propriété sont applicables tant en matière de droits de succession (CGI art. 754 B) que d'impôt sur la fortune immobilière (CGI art. 967).

CHAMP D'APPLICATION DE LA PRÉSOMPTION

44510 Lorsqu'ils ne justifient pas avoir effectué toute diligence, au sens défini n° 44520, pour assurer l'application effective des dispositions de l'article L 212-3 du Code monétaire et financier, les gérants, le **président du conseil d'administration ou du directoire** de la société émettrice sont présumés, sauf preuve contraire, être les propriétaires des actions qui ne revêtiraient pas la forme nominative ou qui n'auraient pas été vendues dans les conditions prévues par l'article L 212-3, III du Code précité (CGI art. 754 B, I).

En cas de **pluralité de gérants,** chacun d'eux est, en principe, réputé propriétaire d'une part virile de ces actions.

44515 La loi institue une présomption identique à l'égard des dirigeants dont les actions n'auraient pas été présentées pour **inscription en compte** conformément aux dispositions des articles L 211-3 et L 211-7 du Code monétaire et financier ou qui n'auraient pas été vendues dans les conditions prévues au second alinéa de l'article L 211-13 du même Code (CGI art. 754 B, II).

44520 Par diligence, il faut entendre le respect des **obligations** mises à la charge des dirigeants et qui **portent sur** :
– l'obligation de faire inscrire d'office en compte les titres nominatifs ;
– la surveillance de l'interdiction faite aux détenteurs de valeurs mobilières non inscrites en compte d'exercer les droits attachés à ces titres ;
– la mise en vente des droits correspondant aux valeurs non inscrites en compte.

Les dirigeants doivent également accomplir des actes positifs de recherche des détenteurs qui ne se seraient pas spontanément présentés.

La diligence constitue pour le dirigeant une obligation de moyens et non de résultats (BOI-ENR-DMTG-10-10-40-20 n° 480).

44525 Dans la mesure où le service des impôts constate que le gérant, le président du conseil d'administration ou du directoire n'a pas effectué toute diligence, il notifie la **rectification** correspondante en matière de droits de mutation par décès en appliquant la procédure contradictoire visée par les articles L 55 et suivants du LPF (BOI-ENR-DMTG-10-10-40-20 n°s 450 et 490).

PREUVE CONTRAIRE

44530 Conformément aux règles de preuve en matière de droits de mutation par décès, la preuve contraire ne peut être établie que par la procédure écrite.

En pratique, cette preuve peut être apportée comme suit :
– la surveillance de l'interdiction faite aux titulaires de titres non inscrits en compte d'exercer les droits attachés à ces titres est matériellement établie, en ce qui concerne l'exercice du droit de vote, par la communication du procès-verbal de l'assemblée générale et des

comptes des titres de la société. Le respect de l'interdiction de distribution de bénéfice, de réserves ou d'intérêts est justifié par la production des livres comptables ;
– les actes positifs de recherche des porteurs défaillants sont établis par la communication des correspondances et publications effectuées ;
– la preuve de la mise en vente des titres non inscrits en compte est apportée dans la mesure où les conditions de la vente sont respectées.

Enfin, la **révélation de l'identité du porteur** d'un titre en papier accompagnée de la preuve de la qualité de cette personne au regard de la société émettrice (actionnaire, titulaire d'une obligation ou de toute autre valeur émise par la société) constitue également la preuve contraire visée par l'article 754 B, II du CGI (BOI-ENR-DMTG-10-10-40-20 nos 440 et 500).

3. COMPTES JOINTS ET COFFRES-FORTS LOUÉS PAR PLUSIEURS PERSONNES

44560 Les comptes joints sont présumés appartenir conjointement aux déposants et dépendre de la succession de chacun d'eux pour une part virile (CGI art. 753).

La même présomption s'applique aux sommes, titres ou objets trouvés dans les coffres-forts loués par plusieurs personnes. Cette disposition est applicable aux plis cachetés et cassettes fermées remis en dépôt aux banquiers, changeurs, escompteurs et à toute personne recevant habituellement des plis de même nature (CGI art. 754).

Échappent en revanche **à la présomption** de propriété du défunt, les dépôts et comptes suivants, qui ne peuvent être assimilés à un compte joint (BOI-ENR-DMTG-10-10-40-30 n° 20) :
– le dépôt fait au nom d'une société en nom collectif, à moins qu'il ne soit démontré que les valeurs déposées sont la propriété personnelle des associés et non celle de la société ;
– le compte ouvert au nom d'une seule personne qui donne pouvoir à une autre personne de le faire fonctionner ;
– le compte ouvert à la société de fait existant entre deux personnes qui se sont données, en tant que de besoin, réciproquement pouvoir de le faire fonctionner séparément.

44565 Les présomptions édictées par les articles 753 et 754 du CGI peuvent être combattues par la démonstration de la **preuve contraire** :
– l'**héritier ou légataire** peut prouver que le défunt ne possédait qu'une part inférieure à sa part virile ou même qu'il n'avait aucun droit sur les actifs concernés. Cette preuve doit être fournie par les énonciations mêmes de l'acte de dépôt ou par des actes authentiques ou sous signature privée ayant acquis date certaine autrement que par le décès d'une des parties contractantes ;
– l'**administration** peut démontrer que les droits du défunt étaient supérieurs à sa part virile par tous les modes de preuve compatibles avec la procédure écrite.

EXEMPLES

1. L'administration prouve que la totalité des sommes figurant sur le **compte joint de deux époux séparés de biens** appartenait au mari défunt en établissant que lui seul exerçait une activité rémunérée et alimentait les comptes du couple (Cass. com. 19-1-2010 n° 09-12.140 F-D : RJF 5/10 n° 541, BPAT 2/10 inf. 109 ; CA Montpellier 10-1-2013 n° 11/00821 : Sol. Not. 3/13 inf. 78, BPAT 2/13 inf. 62). En revanche, de simples présomptions tirées de l'importance des sommes figurant sur un compte joint entre une mère et son fils, de l'âge de la défunte et de l'absence d'explications de l'héritier sur l'origine des fonds ne permettent pas à l'administration de réintégrer la totalité du crédit du compte joint à l'actif de la succession (CA Paris 9-11-2010 n° 09/09660).

2. L'administration apporte la preuve que la **totalité des sommes appartenait au défunt** en établissant que les fonds figurant sur le compte joint proviennent de **dépôts effectués** par lui **à l'aide de fonds lui appartenant en propre.** En revanche, en se bornant à invoquer l'ouverture du compte joint aux deux noms de ses cotitulaires, le légataire n'apporte pas la preuve contraire qui lui incombe (Cass. com. 2-6-1992 n° 90-20.671 P : RJF 8-9/92 n° 1272).

3. Ayant retenu, dans l'exercice de son pouvoir souverain, que l'épouse du défunt ne justifiait pas avoir déclaré de revenus en France et que le **défunt alimentait seul le compte joint,** la cour d'appel justifie légalement que la preuve contraire à la présomption a été apportée par l'administration (Cass. com. 17-3-2015 n° 14-10.526 F-D : RJF 6/15 n° 541).

4. IMMEUBLES ET FONDS DE COMMERCE

Est réputé propriétaire, pour la poursuite des droits d'enregistrement et sauf preuve contraire : 44595

– d'un **immeuble,** celui au nom duquel cet immeuble est inscrit au rôle de la taxe foncière et qui a effectué au moins deux paiements d'après ce rôle (CGI art. 1881) ;

– d'un **fonds de commerce** ou d'une clientèle, celui qui apparaît comme tel dans les actes ou écrits ou pour lequel il était inscrit au rôle des impôts locaux (contribution économique territoriale et taxes annexes) et avait effectué au moins deux paiements en vertu de ce rôle (CGI art. 1882).

Cette présomption est une présomption simple : la preuve contraire peut résulter, par exemple, d'une mutation régulièrement intervenue.

L'**inscription du seul conjoint** défunt **au registre du commerce** en qualité de propriétaire d'un fonds de commerce constitue une présomption d'appartenance du fonds à l'actif successoral. 44600

La Cour de cassation a admis implicitement que le conjoint survivant peut apporter la **preuve contraire,** notamment en produisant un acte notarié le mentionnant en qualité de copropriétaire de ce fonds (Cass. com. 24-3-1992 n° 90-11.766 D : RJF 6/92 n° 908).

C. Biens acquis en tontine

En cas d'acquisition en commun d'un bien, les acquéreurs peuvent prévoir dans l'acte qu'au décès de chacun d'entre eux sa part reviendra aux survivants de sorte que le dernier **survivant** sera **réputé propriétaire** de la totalité du bien depuis son acquisition. 44650

Sur le **plan juridique,** ce contrat (connu sous le terme de « tontine ») constitue un contrat aléatoire à titre onéreux (Cass. 1e civ. 3-2-1959 : Defrénois 1960 art. 27953, JCP 1960-II-11823). Il met le survivant à l'abri des revendications des héritiers du défunt. En effet, les héritiers et représentants des prédécédés ne peuvent prétendre à aucun droit sur les biens ainsi acquis, les prémourants étant considérés comme n'ayant jamais eu aucun droit sur lesdits biens. Il faut toutefois qu'il existe un véritable aléa. En cas d'acquisition par deux concubins par exemple, si un seul d'entre eux finance l'opération et si, compte tenu de son état de santé et de sa différence d'âge avec sa compagne, il est probable qu'il décédera le premier, il n'y a pas tontine mais donation déguisée (Cass. 1e civ. 10-5-2007 n° 05-21.011 FS-PB : RJDA 10/07 n° 963). Outre ses effets juridiques, cette requalification pourra avoir des conséquences extrêmement défavorables sur le plan fiscal (voir n° 44655).

Sur le **plan fiscal,** s'agissant d'un contrat à titre onéreux, la part transmise au décès du prémourant (ou de chacun des prémourants s'il y a plus de deux acquéreurs) devrait être taxée au droit de mutation à titre onéreux. Pour limiter l'évasion fiscale pouvant résulter du recours à ce type de convention, l'article 754 A du CGI assujettit aux droits de succession les biens recueillis en vertu d'une clause de tontine insérée dans un contrat d'acquisition en commun (n° 44665). Une exception est toutefois prévue pour les immeubles affectés à l'habitation principale commune à deux acquéreurs lorsque l'immeuble a **une valeur inférieure à 76 000 €** au moment du premier décès. Dans ce cas, la part transmise au survivant relève du droit de vente d'immeubles, sauf option du survivant pour le paiement des droits de succession (nos 44680 s.). 44655

CONSEIL

1. En pratique, le régime fiscal de la tontine n'est favorable que lorsque les tontiniers sont exonérés de droits de succession. L'acquisition en tontine peut notamment intéresser les **partenaires de Pacs** : le bien acquis en tontine échappe aux héritiers du partenaire prédécédé et revient en franchise d'impôt au survivant.

Lorsque les tontiniers ne sont pas exonérés, la taxation aux droits de succession est particulièrement pénalisante (taxation au taux de 60 % pour des concubins, par exemple). Mais il est possible d'y échapper, puisque le régime fiscal spécifique de la tontine s'applique uniquement lorsque la clause de tontine a directement été stipulée dans un contrat d'acquisition en commun (n° 44675). Il suffit par conséquent d'insérer cette clause non dans l'acte d'acquisition du bien mais dans les statuts d'une société, laquelle achète le bien. La clause qui stipule que, au décès d'un associé, les associés survivants deviendront rétroactivement propriétaires des titres du défunt n'entre pas dans le champ de l'article 754 A du CGI. Au décès de l'associé, ce sont les droits de mutation à titre onéreux qui sont exigibles sur les parts (n° 44695).

2. L'utilisation du **pacte de tontine** pour **dissimuler une donation entre époux** peut se révéler extrêmement pénalisante sur le plan fiscal. Le Comité de l'abus de droit fiscal a approuvé, sur ce point, la position de l'administration qui a requalifié en donation déguisée, faute d'aléa économique, l'acquisition en tontine par des époux séparés de biens d'un immeuble financé exclusivement par le mari, moins de deux mois avant son décès, alors que ce dernier, ancien médecin, ne pouvait ignorer que son état de santé fortement dégradé ne lui permettrait pas de survivre à son épouse. La **sanction** est rude : alors qu'elle aurait pu bénéficier de l'exonération de droit de succession au décès de son mari, l'épouse survivante doit s'acquitter des droits de donation calculés sur la valeur totale de l'immeuble et de la majoration de 80 % prévue en cas d'abus de droit (CADF/AC n° 4/2021, aff. n° 2021-08 : BPAT 5/21 inf. 225).

PRÉSOMPTION DE MUTATION À TITRE GRATUIT

44665 Sous réserve des exceptions mentionnées nos 44675 s., les biens recueillis en vertu d'une clause de tontine insérée **dans un contrat d'acquisition en commun** sont, du point de vue fiscal, réputés transmis, à titre gratuit, à chacun des bénéficiaires de l'accroissement (CGI art. 754 A, al. 1 applicable aux contrats conclus après le 5 septembre 1979 ; BOI-ENR-DMTG-10-10-10-10 n° 270).

Les **droits** sont **liquidés,** en application des principes généraux, au tarif en vigueur au jour du décès et en fonction du lien de parenté existant entre le défunt et le ou les bénéficiaires de la clause de tontine. Par conséquent, lorsque le bénéficiaire de la clause de tontine est le conjoint survivant ou le partenaire lié au défunt par un Pacs, celui-ci peut bénéficier de l'exonération prévue à l'article 796-0 bis du CGI (BOI-ENR-DMTOI-10-10-30-10 n° 190).

Si le bénéficiaire de la clause de tontine est appelé à la succession à un autre titre, la valeur des biens qu'il recueille en vertu de la clause de tontine est ajoutée à sa part pour la liquidation des droits. Dans le cas contraire, il doit souscrire une déclaration de succession dans les conditions de droit commun.

Par **exemple,** Jeanne et Serge acquièrent en commun l'année N un immeuble pour le prix de 500 000 €. Au décès de Jeanne en N + 5, l'immeuble vaut 800 000 €. Serge sera taxable aux droits de succession sur la part de Jeanne, soit 400 000 € avant abattement.

44670 La Cour de cassation a jugé que l'**acquéreur** tontinier **survivant,** attributaire de la totalité de l'immeuble en application de la clause d'accroissement stipulée dans l'acte d'acquisition en commun et non par voie de succession, **ne pouvait** se prévaloir des dispositions de l'article 768 du CGI pour **déduire la dette personnelle du défunt** (soit la moitié du prêt) de la valeur de la part d'immeuble ainsi recueillie. En effet, le tontinier survivant n'était pas tenu de rembourser la part personnelle de dette incombant au défunt en raison d'un mécanisme successoral, mais de la solidarité dont elle était assortie (Cass. com. 8-11-2005 n° 03-16.133 FS-PB : RJF 3/06 n° 328).

APPLICATION DES DROITS DE MUTATION À TITRE ONÉREUX

44675 La **présomption** de transmission à titre gratuit édictée par l'article 754 A, alinéa 1 du CGI **ne joue pas** :
– en cas d'acquisition par pacte tontinier d'une résidence principale dont la valeur n'excède pas 76 000 € (n° 44680) ;
– lorsqu'un bien est recueilli en vertu d'une clause de tontine qui n'a pas été insérée dans un contrat d'acquisition en commun (n° 44695) ;
– lorsqu'un bien est recueilli en vertu d'un pacte tontinier inséré dans l'acte d'acquisition d'un bien, passé avant le 5 septembre 1979 (n° 44700).

Dans ces différentes hypothèses, la mutation est soumise au droit de mutation à titre onéreux. Toutefois, les acquéreurs d'une résidence principale par pacte tontinier ont la possibilité, sous certaines conditions, d'opter pour l'application des droits de mutation par décès (n° 44685).

44680 **Acquisition en commun d'une habitation principale** Les biens recueillis en vertu d'une clause de tontine insérée dans un acte d'acquisition en commun peuvent, par exception, être assujettis aux droits de mutation à titre onéreux ou, sur option, aux droits de mutation à titre gratuit, si les quatre **conditions** suivantes sont simultanément remplies (CGI art. 754 A, al. 2) :
– le bien a été acquis en commun par deux personnes ;
– le bien acquis est un immeuble ;
– il constitue l'habitation principale commune des deux acquéreurs au jour du décès du prémourant ;
– la valeur globale de l'immeuble à cette même date est inférieure à 76 000 €.

La possibilité d'**opter** pour les droits de succession est applicable aux transmissions intervenues depuis le 1er janvier 2010. 44685

EXEMPLE

Deux **partenaires liés par un Pacs** ont acquis, le 1er février 2009, leur résidence principale commune pour une valeur de 50 000 €. Le contrat d'acquisition contient une clause selon laquelle la part du premier décédé reviendra au survivant de telle sorte que le dernier vivant sera considéré comme seul propriétaire de la totalité de la résidence principale. Le 2 février 2023, l'un des partenaires décède. Au jour du décès, l'immeuble vaut 68 000 €. Le partenaire survivant a deux possibilités :

– acquitter les droits de mutation à titre onéreux ;
– ou opter pour l'application des droits de mutation à titre gratuit.

Dans la mesure où les transmissions par décès entre partenaires liés par un Pacs sont exonérées de droits de mutation à titre gratuit en application de l'article 796-0 bis du CGI, le partenaire survivant a intérêt à opter pour les droits de mutation à titre gratuit.

Il a été précisé qu'une maison construite sur un **terrain** acquis par deux personnes en vertu d'un acte contenant un pacte tontinier entre dans le cadre de l'exception prévue au deuxième alinéa de l'article 754 A du CGI si, à la date du décès du prémourant, l'immeuble constitue l'habitation principale commune des deux acquéreurs et si, à cette date, la valeur vénale de l'immeuble est inférieure à 76 000 €. La maison construite s'incorpore, en effet, au sol par accession et suit le sort du terrain (Rép. Mathieu : AN 24-10-1988 n° 2021 non reproduite au Bofip). 44690

Clause de tontine non insérée dans un contrat d'acquisition en commun La présomption de transmission à titre gratuit instituée par l'article 754 A du CGI n'est pas applicable aux biens recueillis en vertu d'une clause de tontine qui ne serait pas insérée dans un contrat d'acquisition en commun (BOI-ENR-DMTG-10-10-10-10 n° 280). 44695

Ainsi, lorsque les **statuts d'une société** prévoient qu'au décès de l'un des associés, les survivants deviennent automatiquement propriétaires des parts du prédécédé, le décès s'analyse comme une condition résolutoire des droits de l'associé décédé, et comme une condition suspensive des droits des associés survivants. Tant qu'il reste au moins deux associés vivants, le décès de chaque associé entraîne **transfert des parts sociales** aux associés survivants, l'associé prédécédé étant considéré comme n'ayant jamais été propriétaire desdites parts par l'effet automatique de la condition résolutoire. L'opération qui en résulte ne peut pas s'analyser comme une vente dont la contre-valeur figurerait à l'actif de la succession du défunt, ce qui exclut l'exigibilité de tout droit de mutation à titre gratuit (en ce sens, Rép. Rufenacht : AN 8-9-1979 n° 12029 non reprise au Bofip ; CA Chambéry 18-11-2003 n° 02-926 : RJF 7/04 n° 802).

Pacte tontinier antérieur au 5 septembre 1979 Lorsque le contrat contenant la clause de tontine a été conclu avant le 5 septembre 1979, la mutation par décès n'entre pas dans les prévisions de l'article 754 A du CGI et relève, par conséquent, des droits de mutation à titre onéreux. 44700

Modalités d'application Lorsque la mutation échappe aux droits de mutation à titre gratuit, le droit de mutation à titre onéreux est exigible sur la part recueillie par le survivant. Conformément aux dispositions de l'article 676 du CGI, le droit est liquidé au **tarif** en vigueur à la date du décès du prémourant et sur la **valeur** à cette même date de la part transmise. 44705

Les droits exigibles sont **payés** sur déclaration souscrite dans le mois du décès à la recette des impôts de la situation du bien ou, si un acte constatant la réalisation de la condition a été établi, lors de la présentation de ce dernier dans le **délai** de deux mois au service chargé de la publicité foncière.

Les **droits acquittés lors de l'enregistrement de l'acte d'acquisition** en commun ne sont pas susceptibles d'être restitués et ils ne peuvent être imputés sur ceux exigibles lors du décès du prémourant (BOI-ENR-DMTOI-10-10-30-10 n° 220).

D. Décès d'un époux commun en biens

La **communauté** doit être **liquidée** dans la déclaration de succession afin de déterminer la part revenant au défunt et celle qui revient à son conjoint survivant. Cette liquidation, effectuée suivant les règles civiles, comporte l'indication des **reprises** et **récompenses** de chaque époux, l'énumération et l'évaluation des biens communs. 44755

Pour établir l'existence d'une **récompense due par la communauté,** l'administration fiscale doit apporter la **preuve** du profit enregistré par cette dernière. Comme en matière civile, cette preuve peut résulter de l'encaissement de deniers propres par la communauté, à défaut d'emploi ou de remploi (Cass. com. 8-11-2005 n° 03-19.570 FS-PB : RJF 3/06 n° 326 ; CA Toulouse 4-12-2012 n° 11/01661 : Sol. Not. 3/13 inf. 46).

44760 La **part de communauté attribuée au défunt et ses biens propres** forment l'actif successoral taxable aux droits de succession, étant rappelé que la part recueillie par le conjoint survivant est exonérée (CGI art. 796-0 bis).

La **part** de communauté **qui revient au conjoint survivant** n'entre pas dans la succession. Il en va ainsi même lorsque cette part excède la moitié en raison d'un avantage matrimonial (clause de préciput ou clause d'attribution intégrale de la communauté, par exemple) : les avantages matrimoniaux ne constituent pas des libéralités et sont donc délivrés hors succession.

Sur la question, discutée, de l'application du droit de partage en présence d'une **clause de préciput,** voir n° 63947.

SECTION 2 BIENS EXONÉRÉS

NATURE DES EXONÉRATIONS

44860 La loi prévoit un certain nombre d'**exonérations** de droit de succession **liées à la nature des biens** transmis. Ces régimes de faveur sont exposés ci-après.

Il existe par ailleurs d'autres exemptions de droit de succession qui dépendent de la **qualité du défunt ou du successeur.** Ces dispositions font l'objet d'une étude distincte n°s 49200 s.

A. Assurance-vie en cas de décès

TYPOLOGIE DES CONTRATS

44865 L'assurance sur la vie est une **convention** aux termes de laquelle une personne (l'**assureur**) **s'oblige** envers une autre (le contractant, souscripteur ou stipulant), pendant une période déterminée (durée du contrat), moyennant une prestation unique ou périodique (la prime), **à verser au contractant** lui-même **ou à un tiers** désigné dans le contrat ou encore incertain (le bénéficiaire) **un capital ou une rente** (l'indemnité), sous certaines éventualités dépendant de la vie ou de la mort de telle personne désignée (l'assuré).

Les assurances sur la vie se divisent en deux catégories :

– l'**assurance en cas de vie** par laquelle l'indemnité est stipulée n'être exigible que dans le cas où l'assuré serait vivant au terme du contrat et qui, en principe, n'est donc pas susceptible de donner ouverture aux droits de mutation par décès ;

– l'**assurance en cas de décès** par laquelle l'indemnité est stipulée n'être exigible qu'en cas de décès de l'assuré pendant la durée du contrat.

Les contrats d'assurance décès peuvent être stipulés au profit soit d'un **bénéficiaire déterminé,** soit d'un bénéficiaire **indéterminé** ou du souscripteur. Ils sont, dans chacune de ces hypothèses, soumis à des règles fiscales distinctes.

Sur les modalités d'imposition de ces **capitaux décès en déshérence,** reversés aux bénéficiaires par la Caisse des dépôts et consignations, voir n°s 45260 s.

1. PRINCIPE D'EXONÉRATION DE L'ASSURANCE-VIE EN CAS DE DÉCÈS (SI BÉNÉFICIAIRE DÉTERMINÉ)

BÉNÉFICIAIRE DÉTERMINÉ

44870 Les **sommes stipulées** payables au décès de l'assuré à un bénéficiaire déterminé ou à ses héritiers **ne font pas partie de la succession** de l'assuré, quel que soit le degré de parenté existant entre ce dernier et le bénéficiaire (C. ass. art. L 132-12). Ces sommes sont donc hors du champ des droits de succession. Cependant, le bénéficiaire peut être imposable du fait de règles fiscales spécifiques :

– les **primes versées après les 70 ans de l'assuré** sont soumises aux droits de succession pour leur fraction qui excède 30 500 € (CGI art. 757 B) : voir nos 44915 s. ;

– un **prélèvement spécifique de 20 % et 31,25 %** frappe les sommes versées par l'assureur au-delà de 152 500 € par bénéficiaire (CGI art. 990 I) : voir nos 45100 s.

En ce qui concerne la **notion de bénéficiaire déterminé,** voir les précisions figurant n° 44920. En ce qui concerne les conséquences fiscales du rapport des **primes manifestement exagérées,** voir n° 31785.

ATTENTION

Sur le plan civil, le principe d'exclusion de la succession des sommes payables au décès du souscripteur-assuré n'est pas impératif. Le souscripteur peut déroger à cette règle et imposer le rapport à la succession (n° 31815). Reste à savoir, et l'enjeu est important, si la **soumission volontaire** du capital décès **au champ successoral** fait perdre aux bénéficiaires le régime fiscal de faveur de l'assurance-vie.

Nous ne le pensons pas. Nous partageons l'avis du professeur S. Hovasse selon lequel « la réintégration du bénéfice du contrat dans la succession doit se faire sans conséquence fiscale pour le bénéficiaire qui reste assujetti aux articles 990 I ou 757 B du CGI » (Cass. 1e civ. 8-7-2010 n° 09-12.491 F-PBI : JCP N 2010 n° 1371 note S. Hovasse). Avis partagé par J. Aulagnier, président d'honneur de l'Aurep, qui estime que « l'administration fiscale ne peut tirer aucune conséquence fiscale de la volonté exprimée par le souscripteur » (Sol. Not. 1/12 inf. 18, note J. Aulagnier).

En sens inverse, certains auteurs soutiennent que l'inclusion volontaire du capital décès dans la succession entraine la perte du régime de faveur de l'assurance-vie (notamment, RGDA 2010 p. 1128 note L. Mayaux). P. Van Steenlandt, notaire à Paris, exprime, pour sa part, une position intermédiaire en subordonnant le régime de faveur de l'assurance-vie à la condition que la stipulation testamentaire ne soit pas analysée par le juge comme une révocation de la clause bénéficiaire (P. Van Steenlandt, Succession ou assurance-vie, il faut choisir ! : JCP N 2012 n° 1369).

Décès du souscripteur non-assuré ou du bénéficiaire avant l'assuré 44875

Selon la jurisprudence de la Cour de cassation, dès lors qu'au **décès du souscripteur** d'un contrat d'assurance sur la vie, l'**assuré** est **toujours en vie,** le capital stipulé n'a pas à être réintégré dans la succession du souscripteur (Cass. com. 20-5-2008 n° 07-10.794 FS-D : RJF 8-9/08 n° 1022, BPAT 4/08 inf. 136). En l'espèce, des parents avaient souscrit différents contrats d'assurance-vie sur la tête de leurs deux filles en 1986 et 1988. Après le décès des parents en 1991, les deux assurées s'étaient vu notifier un redressement de droits de succession sur la valeur de rachat des contrats. Ce redressement a été invalidé par la Cour de cassation. L'administration s'est ralliée à cette jurisprudence, après avoir soutenu une position contraire (BOI-ENR-DMTG-10-10-20-20 n° 380 dans sa version en vigueur jusqu'au 31-5-2016).

Dans l'hypothèse où le **bénéficiaire** de l'assurance-vie **décède avant l'assuré,** le décès du bénéficiaire rend caduque sa désignation même si cette **désignation** était devenue **irrévocable** du fait de son acceptation. À défaut de clause permettant la représentation, le contrat fait partie de la succession du souscripteur, conformément à l'article L 132-11 du Code des assurances (Cass. 2e civ. 10-9-2015 n° 14-20.017 F-PB : Sol. Not. 11/15 inf. 210).

Contrats d'assurance-vie souscrits par des époux S'agissant des contrats d'assurance-vie souscrits par des époux au moyen de **deniers communs,** il est admis, pour 44880 les **successions ouvertes depuis le 1er janvier 2016,** que la valeur de rachat d'un contrat d'assurance-vie, **non dénoué** lors de la liquidation de la communauté conjugale à la suite du décès de l'un des époux, n'est pas, au plan fiscal, intégrée à l'actif de la communauté conjugale lors de sa liquidation et ce, **quelle que soit la qualité des bénéficiaires** désignés. Elle ne constitue donc pas un élément de l'actif successoral pour le calcul des droits de mutation dus par les héritiers de l'époux prédécédé (Rép. Ciot : AN 23-2-2016 n° 78192 : BOI-ENR-DMTG-10-10-20-20 n° 380 : Sol. Not. 11/16 inf. 214). La réponse ministérielle Bacquet (Rép. Bacquet : AN 29-6-2010 n° 26231) qui, s'appuyant sur la jurisprudence de la Cour de cassation (Cass. 1e civ. 31-3-1992 n° 90-16.343 P, décision « Praslicka » rendue en matière de divorce), avait décidé que la valeur de rachat des contrats d'assurance-vie souscrits avec des fonds communs faisait partie de l'actif de communauté soumis aux droits de succession dans les conditions de droit commun se trouve ainsi rapportée.

Si le **contrat** souscrit à l'aide de deniers communs est **dénoué du fait du décès** de l'un des époux, les sommes versées aux bénéficiaires de l'assurance-vie restent soumises au régime dérogatoire de l'assurance-vie, c'est-à-dire aux prélèvements prévus, suivant les cas, aux articles 757 B et 990 I du CGI (BOI précité n° 390).

ATTENTION

La réponse Ciot précitée qui admet que la valeur de rachat d'un contrat d'assurance-vie, souscrit avec des fonds communs, ne soit pas intégrée à l'actif de la communauté conjugale à la suite du décès de l'un des époux bénéficiaires ne permet **pas,** en cas de cosouscription par des époux communs en biens avec dénouement au second décès, de **présumer l'absence de donation indirecte** (voir n° 45310). En effet, compte tenu des possibilités offertes par les contrats d'assurance-vie, l'administration considère que l'intention libérale de l'un des époux co-souscripteurs ne peut pas être exclue a priori. L'absence de qualification de donation indirecte ne pouvant être présumée, la régularité d'une telle opération doit être appréciée au cas par cas (Rép. Malhuret : Sén. 10-1-2019 n° 256).

BÉNÉFICIAIRE INDÉTERMINÉ

44885 Lorsque l'indemnité est stipulée au profit du souscripteur-assuré ou d'un bénéficiaire indéterminé, les sommes versées par l'assureur font juridiquement partie de la succession du souscripteur-assuré (C. ass. art. L 132-11). Elles sont taxables aux **droits de succession dans les conditions de droit commun** et échappent corrélativement au prélèvement de 20 % et 31,25 % visé n° 45100.

Il y a indétermination du bénéficiaire, essentiellement, en l'absence de désignation d'un bénéficiaire ou en cas de prédécès de ce dernier, s'il n'a pas été prévu de représentation par décès ou désigné de bénéficiaire subséquent. Il en est de même lorsque tous les bénéficiaires désignés renoncent au bénéfice du contrat de telle sorte que celui-ci se retrouve sans bénéficiaire, lorsque la désignation est caduque ou qu'elle vise un bénéficiaire qui n'est pas identifiable, ou encore lorsque le bénéficiaire désigné est frappé d'une incapacité à recevoir. La solution est la même lorsque la désignation du ou des bénéficiaires a été suspendue pendant la durée de mise en gage du contrat en garantie d'un prêt bancaire (Cass. 2e civ. 9-2-2012 n° 11-12.109 F-D ; BOI-ENR-DMTG-10-10-20-20 n° 35).

2. TAXATION PARTIELLE DES PRIMES VERSÉES APRÈS 70 ANS SUR UN CONTRAT D'ASSURANCE-VIE EN CAS DE DÉCÈS

PRINCIPES

44915 Les sommes versées par un assureur à un **bénéficiaire déterminé** à raison du décès de l'assuré sont soumises aux droits de succession suivant le degré de parenté existant entre le bénéficiaire et l'assuré à concurrence de la fraction des **primes versées après** l'âge de **70 ans** qui excède 30 500 € (CGI art. 757 B, I-al. 1 et II).

Par exception, les sommes versées en cas de décès, survenu après l'âge de 70 ans, du titulaire d'un **plan d'épargne retraite** dit « assurantiel » (c'est-à-dire ayant donné lieu à adhésion à un contrat d'assurance de groupe), mentionné à l'article L 224-1 du Code monétaire et financier (ou d'un sous-compte français du produit paneuropéen d'épargne-retraite individuelle mentionné à l'article L 225-1 du même Code), donnent ouverture à ces droits pour leur montant total, après application de l'abattement global de 30 500 € (CGI art. 757 B, I-al. 2 modifié par loi 2023-171 du 9-3-2023 art. 3 et II ; BOI-ENR-DMTG-10-10-20-20 n° 197).

> **Précisions** Le décès du titulaire d'un **plan d'épargne retraite** (PER) avant l'échéance entraîne la clôture de son plan (C. mon. fin. art. L 224-4, II).
> Pour les PER ouverts **sous forme de comptes-titres,** les sommes sont intégrées à l'actif successoral.
> Pour les PER dits **« assurantiels »,** on distingue selon l'âge du titulaire du plan lors de son décès :
> – application du **prélèvement spécifique** de 20 puis 31,25 % (nos 45100 s.) sur la fraction revenant à chaque bénéficiaire qui excède 152 500 € (et exception faite des sommes dues à raison de rentes viagères) en cas de **décès avant 70 ans** (BOI-TCA-AUT-60 n° 55) ;
> – ou application des **droits de succession** suivant le degré de parenté existant entre le bénéficiaire et l'assuré après abattement global de 30 500 € (abattement partagé, le cas échéant, avec les autres contrats d'assurance-vie conclus sur la tête de l'assuré) en cas de **décès après 70 ans,** sans égard à son âge au moment du versement des primes (BOI-ENR-DMTG-10-10-20-20 n° 155).

a. Contrats concernés par le dispositif de l'article 757 B du CGI

CONTRATS SOUSCRITS DEPUIS LE 20 NOVEMBRE 1991

44920 Les contrats soumis à la taxation aux droits de succession sont tous ceux souscrits depuis le 20 novembre 1991 au profit d'un bénéficiaire déterminé, quelle que soit leur dénomination (mixtes, temporaire-décès, vie entière) et indépendamment de la qualité du bénéficiaire, qui peut être une personne physique ou une personne morale (BOI-ENR-DMTG-10-10-20-20 n° 80).

Est considérée comme faite au profit d'un **bénéficiaire déterminé** la désignation d'un bénéficiaire déterminable. Cela vaut non seulement lorsque la convention est conclue au profit d'une personne nommément désignée, mais encore lorsque le bénéfice de l'assurance est attribué à une ou plusieurs personnes qui, sans être nommément désignées, sont suffisamment définies dans la stipulation pour pouvoir être identifiées au moment de l'exigibilité du capital ou de la rente garantis (C. ass. art. L 132-8, al. 2 ; BOI-ENR-DMTG-10-10-20-20 n° 50). Est notamment considérée comme remplissant cette condition la désignation comme bénéficiaires des enfants et descendants nés ou à naître du contractant, de l'assuré ou de toute autre personne désignée, les héritiers ou les ayants droit de l'assuré ou d'un bénéficiaire prédécédé. L'assurance stipulée au profit du conjoint sans indication de nom profite à la personne qui a cette qualité au moment de l'exigibilité (BOI-ENR-DMTG-10-10-10-20 n° 40 ; BOI-ENR-DMTG-10-10-20-20 n° 50).

CONTRATS ANTÉRIEURS

Les contrats souscrits **avant le 20 novembre 1991** échappent aux droits de succession, quel que soit l'âge de l'assuré lors du versement des primes (mais sont susceptibles d'être soumis au prélèvement de 20 et 31,25 %, voir n° 45115). **44925**

L'administration subordonne cependant cette exonération à la condition que le contrat n'ait **pas** subi, depuis le 20 novembre 1991, **de modification essentielle** résultant de clauses ayant une incidence sur son économie (Rép. Dutreil : AN 20-11-1995 n° 26186 ; BOI-ENR-DMTG-10-10-20-20 n° 90). Tel serait le cas par exemple d'un changement d'assuré. En revanche, un contrat souscrit avant le 20 novembre 1991 et prorogé ou tacitement reconduit depuis garde en principe son antériorité fiscale (BOI-ENR-DMTG-10-10-20-20 n° 100). Le seul versement de nouvelles primes non prévues dans le contrat d'origine ou le versement de primes disproportionnées par rapport à celles payées avant le 20 novembre 1991 ne peut pas être analysé comme une modification substantielle de l'économie du contrat de nature à supprimer l'antériorité du contrat pour la détermination du régime fiscal des nouvelles primes versées (BOI-ENR-DMTG-10-10-20-20 n° 110).

EXEMPLES

1. S'agissant d'un **contrat à versements libres** conclu avant le 20 novembre 1991, pour lequel aucun échéancier n'imposait de règlements réguliers, il a été jugé que **deux versements postérieurs au 20 novembre 1991** ne pouvaient pas être assimilés à la conclusion d'un nouveau contrat (TGI Dijon 22-2-1999 n° 98-407 : RJF 8-9/99 n° 1097).

2. La **transformation d'un contrat** d'assurance **à souscripteur unique en contrat à adhésion conjointe,** ne substituant pas au rapport d'obligation initial un nouveau rapport d'obligation mais lui en ajoutant un complémentaire, ne constitue pas une novation au sens du droit civil. La souscription conjointe de l'épouse, opérée en 1995, au contrat d'assurance souscrit par son mari en 1988 n'a donc pas eu pour effet de remettre en cause le régime d'exonération attaché à ce contrat. Les sommes versées aux héritiers après le décès de l'épouse en application de ce contrat ne sont pas soumises aux droits de mutation à titre gratuit (Cass. 1e civ. 19-3-2015 n° 13-28.776 F-PB : RJF 7/15 n° 653, BPAT 3/15 inf. 102). Toutefois, la question de savoir si la souscription conjointe emporte novation est une **question de fait** qui doit être appréciée en fonction notamment des stipulations du contrat en cause, de la volonté des parties, des dates des souscriptions et de la situation et de l'espérance de vie de chacun des assurés lors de la cosouscription. L'administration mentionne l'exemple d'une cosouscription conduisant de façon prévisible à substituer à l'assuré d'origine un nouvel assuré unique (Rép. Malhuret : Sén. 30-5-2019 n° 00260 et Rép. Frassa : Sén. 30-5-2019 n° 01398 : BPAT 4/19 inf. 156).

3. La **transformation d'un contrat d'assurance-vie** ou d'un bon ou contrat de capitalisation **en euros en un** bon ou **contrat** dont une part significative ou l'intégralité des primes versées est affectée à l'acquisition de droits exprimés **en unités de compte** (contrats multisupports) ne remet pas en cause l'antériorité du contrat pour l'application des articles 757 B et 990 I du CGI. Le contrat nouveau est réputé avoir été souscrit à la date du premier versement effectué sur le contrat d'origine, avec toutes les conséquences attachées à cette antériorité (BOI-ENR-DMTG-10-10-20-20 n° 130). La logique voudrait qu'il en soit de même en cas de transformation d'un contrat multisupports en un autre contrat multisupports auprès de la même compagnie, rendue possible par la loi Pacte 2019-486 du 22 mai 2019 (CGI art. 125-0 A, I 2°, al. 1).

b. Âge de l'assuré lors du versement des primes

L'âge de l'assuré à la date du versement des primes est le **critère déterminant** de l'imposition aux droits de succession des sommes dues par l'assureur aux bénéficiaires (il est cependant dérogé à cette règle pour les PER assurantiels en cas de décès avant l'échéance puisque c'est l'âge de l'assuré à la date de son décès qui est déterminant, voir n° 44915). Il convient **44945** de retenir l'âge de l'assuré sur la tête duquel le contrat en cause est souscrit et non l'âge du souscripteur qui peut être une personne différente de l'assuré. En cas de **cosouscription** avec souscripteurs coassurés, la rédaction de l'article 757 B du CGI conduit à prendre en compte l'âge de l'assuré dont le décès entraîne le versement par l'assureur du capital décès.

Dès lors, les **sommes, rentes ou valeurs** quelconques dues par un assureur à raison du décès de l'assuré donnent ouverture aux droits de mutation par décès à concurrence de la fraction des **primes** qui ont été **versées après le 70e anniversaire de l'assuré,** quel que soit l'âge de l'assuré au moment de la souscription du contrat.

Autrement dit, toutes les primes versées (sans déduction des frais de gestion) après le 70e anniversaire de l'assuré entrent dans le champ d'application des droits de mutation par décès dès lors que le contrat a été souscrit à compter du 20 novembre 1991.

> **Précisions** **a.** Lorsqu'elle intervient après l'âge de 70 ans, la **transformation** d'un contrat d'assurance-vie en euros en un contrat dont une part significative ou l'intégralité des primes versées est affectée à l'acquisition de droits exprimés en unités de compte ne fait pas entrer les primes versées avant l'âge de 70 ans dans le champ de l'article 757 B du CGI (BOI-ENR-DMTG-10-10-20-20 nº 140).
> **b.** Il appartient au souscripteur d'un contrat d'assurance-vie qui souhaite faire profiter les bénéficiaires de ce contrat du régime applicable aux primes versées avant 70 ans de veiller à entreprendre les démarches nécessaires suffisamment tôt pour que l'**opération** soit **finalisée en temps utile.** Les bénéficiaires du contrat ne sauraient en effet reprocher à la banque un transfert tardif des fonds résultant du manque de diligence du souscripteur (CA Paris 7-9-2022 nº 20/13206 : BPAT 1/23 inf. 40).

c. Assiette des droits de succession

PRIMES À PRENDRE EN COMPTE

44965 **Principe** Les sommes taxables aux droits de succession sont uniquement les **primes versées au-delà des 70 ans** de l'assuré, pour leur **fraction qui excède 30 500 €,** sans déduction des frais de gestion afférents à ces primes. Les produits financiers du contrat (intérêts, participation aux bénéfices, etc.) ne sont pas imposables, même s'ils se rattachent à des primes versées après 70 ans (BOI-ENR-DMTG-10-10-20-20 nº 170).

Les primes versées après 70 ans sont exonérées lorsque le **bénéficiaire** est **exonéré de droits de succession,** cas notamment du conjoint survivant et du partenaire de Pacs.

EXEMPLES

1. M. André est âgé de plus de 70 ans lorsqu'il souscrit en janvier 2022 un contrat à prime unique sur sa tête pour un montant de 90 000 € ; le bénéficiaire désigné au contrat est son fils, Bernard.

M. André décède en septembre 2023.

Le capital dû par l'assureur à raison du décès de l'assuré au profit du bénéficiaire désigné est de 93 000 €.

Les 3 000 € correspondant aux produits attachés au contrat sont exonérés de droits de mutation par décès.

L'assiette imposable des sommes versées par l'assureur est déterminée comme suit :
– prime versée après l'âge de 70 ans : 90 000 € ;
– abattement : 30 500 €.

Somme imposable à inclure dans la part taxable du fils, Bernard : 59 500 €.

2. M. Renard, né le 25 mars 1951, a souscrit un contrat d'assurance le 15 décembre 2015 et versé le même jour une prime de 70 000 €.

Le 6 juin 2023, il verse une prime de 76 000 €.

Il décède le 8 septembre 2023.

Le bénéficiaire désigné du contrat, son neveu Laurent, reçoit un capital de 160 000 €, dont 13 800 € correspondant aux produits attachés à la prime versée le 15 décembre 2015 lors de la souscription du contrat et 200 € correspondant aux produits attachés à la prime versée le 6 juin 2023.

Le capital correspondant à la prime de 70 000 € versée le 15 décembre 2015, soit avant le 70e anniversaire de l'assuré, de même que les produits correspondants (13 800 €) sont exonérés de droits de mutation par décès. En revanche, ces sommes relèvent du régime prévu par l'article 990 I du CGI.

Sur les 76 000 € de prime payée après le 70e anniversaire de l'assuré, la fraction de 45 500 €, qui correspond à la prime en cause déduction faite de l'abattement de 30 500 €, est assujettie aux droits de mutation par décès dans les conditions de droit commun suivant le lien de parenté existant entre l'assuré et le bénéficiaire désigné (les 200 € correspondant aux produits attachés à la prime concernée sont exonérés de droits de mutation par décès).

Cas particuliers Les **rachats partiels** effectués par les souscripteurs ainsi que les **avances** accordées par les assureurs et non remboursées au décès de l'assuré restent sans incidence sur la détermination de l'assiette de la taxation (BOI précité n° 190). Cette règle, qui peut paraître sévère, a néanmoins été validée par le Conseil constitutionnel au vu des correctifs examinés à l'alinéa suivant qui limitent l'imposition au montant des sommes effectivement versées aux bénéficiaires (Cons. const. 3-10-2017 n° 2017-658 QPC : RJF 12/17 n° 1217). 44967

Si les **sommes reçues** au décès sont **inférieures aux primes** versées après les 70 ans de l'assuré, les droits sont dus sur le montant des capitaux versés par l'assureur diminué de l'abattement de 30 500 €. Cette solution s'applique non seulement en raison de **rachats partiels** ou d'**avances non remboursées** au décès de l'assuré, mais aussi dans le cas d'une **baisse** de la valeur des **unités de compte** de référence. Elle s'applique également mutatis mutandis pour les contrats prévoyant le versement d'une **rente viagère** immédiate **avec garantie de réserve.** Il est à noter que, dans ces situations, les produits du contrat ne sont pas exonérés, l'administration ne distinguant pas entre primes versées et produits acquis (BOI précité n° 190).

Lorsque les **capitaux** versés au bénéficiaire désigné au contrat **relèvent à la fois du prélèvement** de 20 et 31,25 % de l'article 990 I du CGI **et des droits de mutation par décès** en vertu de l'article 757 B du même Code, la base soumise aux droits de mutation par décès est en principe constituée par le montant des primes versées après l'âge de 70 ans de l'assuré excédant 30 500 €. Toutefois, si les **capitaux versés** par l'organisme d'assurance sont **inférieurs aux primes totales versées** sur le contrat dit en « perte », l'assiette des droits de mutation par décès est alors limitée aux capitaux versés aux bénéficiaires à raison des primes versées après le 70e anniversaire de l'assuré. 44970

Dans cette hypothèse, et lorsque l'organisme d'assurance a opté pour la **méthode globale** visée nos 45170 s., le montant des capitaux soumis aux droits de mutation par décès en application de l'article 757 B du CGI peut être déterminé en déduisant du montant total des capitaux versés aux bénéficiaires la valeur de rachat soumise au prélèvement de l'article 990 I du même Code calculée selon la méthode globale (BOI-ENR-DMTG-10-10-20-20 n° 195).

Cette solution s'applique lorsque le **contrat** est **en « perte »** du fait d'une baisse de la valeur des unités de compte de référence mais également dans le cas où la valeur de rachat finale est diminuée du fait de rachats partiels ou d'avances non remboursées au décès de l'assuré.

EXEMPLE

M. Durand souscrit en 2015 un contrat d'assurance-vie rachetable dont le capital est exprimé en unités de compte et sur lequel il verse une première prime de 200 000 € avant d'atteindre l'âge de 70 ans et une seconde prime de 800 000 € après avoir dépassé cet âge. L'organisme d'assurance a opté pour la méthode globale.

La provision mathématique (PM) du contrat est de 200 000 € après le premier versement, et de 1 000 000 € après le second versement.

La valeur de rachat au décès de l'assuré s'élève à 700 000 €. Le contrat est alors en « perte ».

1/ **Détermination de la base soumise au prélèvement de 20 et 31,25 %** de l'article 990 I du CGI (nos 45100 s.)

S'agissant de primes versées après les 70 ans de l'assuré, l'application de la méthode globale dans les conditions prévues aux nos 45170 s. conduit à la détermination du coefficient suivant : PM avant le second versement / PM après le second versement, soit 200 000 / 1 000 000 = 0,2.

L'application de ce coefficient à la valeur de rachat du contrat au jour du décès de l'assuré conduit à la détermination d'une base soumise au prélèvement de l'article 990 I du CGI, avant les abattements visés au même article, de : 700 000 × 0,2, soit 140 000 €.

2/ **Détermination de la base soumise aux droits de mutation par décès** en vertu de l'article 757 B du CGI

Le montant des primes versées après les 70 ans de l'assuré s'élève à 800 000 €.

Néanmoins, comme l'organisme d'assurance a opté pour la méthode globale et que le contrat est en « perte », la base imposable aux droits de mutation à titre gratuit est limitée au montant total des capitaux versés, soit 700 000 €, dont est déduite la valeur de rachat soumise au prélèvement sui generis de l'article 990 I du CGI, soit 140 000 € = 560 000 €.

ABATTEMENT APPLICABLE

L'abattement prévu par l'article 757 B du CGI est **global,** quel que soit le nombre de contrats et de bénéficiaires de ce ou ces contrats. 44975

Si **plusieurs contrats** (assurance-vie et/ou PER mentionné à l'article L 224-1 du Code monétaire et financier) ont été souscrits sur la tête d'un même assuré, par lui-même ou par des tiers, il est fait masse de l'ensemble des sommes versées au titre de ces différents contrats, entrant dans le champ des droits de mutation à titre gratuit, pour apprécier le seuil de 30 500 €.

L'abattement est donc appliqué en globalisant toutes les primes versées après le 70e anniversaire de l'assuré et, pour les PER dits « assurantiels », toutes les sommes, rentes ou valeurs dues par l'assureur à raison du décès de l'assuré survenu après l'âge de 70 ans, au titre des contrats souscrits sur la tête de l'assuré par lui-même ou par des tiers (BOI-ENR-DMTG-10-10-20-20 no 200).

Sur l'application de l'abattement au plan d'épargne retraite assurantiel dénoué pendant la phase d'épargne du fait du décès de son titulaire après l'âge de 70 ans, voir no 44915.

44980 **Répartition de l'abattement en cas de pluralité de bénéficiaires** Si le ou les contrats souscrits désignent plusieurs bénéficiaires, l'abattement de 30 500 € est réparti entre eux au **prorata** de la part leur revenant dans les primes versées après le 70e anniversaire de l'assuré (BOI-ENR-DMTG-10-10-20-20 no 210).

EXEMPLE

M. Dumont, âgé de plus de 70 ans, a souscrit en 2021 plusieurs contrats :
– le 20 janvier, un contrat à prime unique de 90 000 € au profit de M. Lefebvre ;
– le 15 juin, un contrat à prime unique de 60 000 € au profit de MM. Camus et Martin pour la moitié chacun ;
– le 10 septembre, un contrat à prime unique de 106 000 € au profit de MM. Lefebvre et Camus pour la moitié chacun.

Il décède en février 2023. Les capitaux dus par les assureurs s'élèvent à :
– 93 000 € au profit de M. Lefebvre (contrat souscrit en janvier 2021) ;
– 31 500 € au profit de M. Camus et 31 500 € au profit de M. Martin (contrat souscrit en juin 2021) ;
– 55 000 € au profit de M. Lefebvre et 55 000 € au profit de M. Camus (contrat souscrit en septembre 2021).

Pour la liquidation des droits de mutation à titre gratuit, il convient de retenir toutes les primes versées par M. Dumont dès lors que les contrats avaient été souscrits après le 20 novembre 1991 et que l'intéressé avait plus de 70 ans lors de leur versement.

Primes imposables : 90 000 + 60 000 + 106 000 = 256 000 € (les produits correspondants d'un montant de 10 000 € sont exonérés de droits de mutation à titre gratuit).

L'abattement de 30 500 € doit être réparti entre les différents bénéficiaires en fonction du prorata de leur part dans les primes imposables.

Primes imposables au titre des contrats souscrits les :	M. Lefebvre	M. Camus	M. Martin
20 janvier 2021	90 000 €		
15 juin 2021		30 000 €	30 000 €
10 septembre 2021	53 000 €	53 000 €	
Assiette brute	143 000 €	83 000 €	30 000 €
Calcul du prorata d'abattement revenant à chaque bénéficiaire	(30 500 × 143 000) / 256 000 = 17 037 €	(30 500 × 83 000) / 256 000 = 9 889 €	(30 500 × 30 000) / 256 000 = 3 574 €
Net imposable	125 963 €	73 111 €	26 426 €

44985 Les **personnes exonérées** de droits de mutation par décès (conjoint survivant, partenaire lié au défunt par un Pacs et, sous certaines conditions, les frères et sœurs vivant ensemble), sont également exonérées de droits de mutation par décès sur les sommes, rentes ou valeurs quelconques dues directement ou indirectement par un assureur, à raison du décès de l'assuré.

Il s'ensuit qu'en cas de pluralité de bénéficiaires, il n'est pas tenu compte de la part revenant aux personnes exonérées de droits de mutation par décès pour répartir l'abattement. Cette solution a vocation à s'appliquer dans toutes les situations où un bénéficiaire est exonéré de droits de succession (BOI-ENR-DMTG-10-10-20-20 no 220). Tel est le cas, par exemple, des successions des victimes de guerre ou d'actes de terrorisme ou des legs consentis à certaines collectivités publiques (nos 47150 s.).

EXEMPLE

M. Benoît, âgé de plus de 70 ans, a souscrit en 2019 plusieurs contrats :
– le 20 janvier, un contrat à prime unique de 60 000 € au profit de son fils Paul ;
– le 15 juin, un contrat à prime unique de 40 000 € au profit de sa femme Caroline ;
– le 10 septembre, un contrat à prime unique de 70 000 € au profit de sa fille Marie.

Il décède le 1er mai 2023. Les capitaux dus par les assureurs s'élèvent à :
– 66 000 € au profit de Paul ;
– 42 000 € au profit de Caroline ;
– 72 000 € au profit de Marie.

Pour la liquidation des droits de mutation à titre gratuit, il convient de retenir toutes les primes versées par M. Benoît dès lors que les contrats ont été souscrits après le 20 novembre 1991 et que l'intéressé avait plus de 70 ans lors de leur versement. Toutefois, comme l'un des bénéficiaires est le conjoint survivant, il convient de retirer les primes versées par M. Benoît au profit de son conjoint. Celui-ci est en effet exonéré de droits de mutation par décès.

Primes imposables : 60 000 € + 70 000 € = 130 000 €.

L'abattement de 30 500 € doit être réparti entre les différents bénéficiaires, en fonction du prorata de leur part dans les primes imposables.

Primes imposables au titre des contrats souscrits les :	Paul	Caroline (épouse)	Marie
20 janvier 2019	60 000 €		
15 juin 2019		40 000 €	
10 septembre 2019			70 000 €
Assiette brute	60 000 €	(exonérée de droits de mutation par décès)	70 000 €
Calcul du prorata d'abattement revenant à chaque bénéficiaire	30 500 × (60 000 / 130 000) = 14 077 €		30 500 × (70 000 / 130 000) = 16 423 €
Net imposable	45 923 €	0 €	53 577 €

Répartition de l'abattement en cas de démembrement de la clause bénéficiaire Pour les contrats dont les primes relèvent des **droits de succession,** et en l'absence de dispositions légales, l'administration considère que le nu-propriétaire et l'usufruitier sont soumis aux droits de succession au **prorata** des droits leur revenant dans les sommes versées, ce prorata étant déterminé par application du barème fiscal de l'usufruit viager prévu à l'article 669 du CGI (BOI-ENR-DMTG-10-10-20-20 n° 225). 44990

L'**abattement de 30 500 €** (ou une portion de cet abattement, en présence d'autres bénéficiaires et/ou d'autres contrats) est réparti entre le nu-propriétaire et l'usufruitier au prorata de la part leur revenant dans les primes taxables, prorata également déterminé selon le barème de l'article 669 du CGI (BOI précité n° 225). Si l'un des bénéficiaires en démembrement est exonéré (cas notamment du conjoint survivant désigné pour l'usufruit), le nu-propriétaire peut à notre avis bénéficier de l'intégralité de l'abattement de 30 500 €, en application de la doctrine administrative applicable en cas de pluralité de bénéficiaires (n° 44985).

d. Calcul des droits de succession

Le calcul des droits de mutation par décès s'effectue, dans les conditions de droit commun, compte tenu du lien de **parenté** existant entre le bénéficiaire et l'assuré. 45010

APPLICATION DES ABATTEMENTS DE DROIT COMMUN

Il y a lieu d'appliquer les **abattements** prévus à l'article 779 du CGI (abattements variables selon la qualité du bénéficiaire : n° 50265) et à l'article 788 du même Code (abattements applicables aux dons faits à certains organismes ou à défaut d'autres abattements : n° 50450) qui constituent un élément du tarif des droits de mutation par décès. Il s'ensuit, par exemple, que l'abattement prévu à l'article 779, II du Code précité est susceptible de s'appliquer aux sommes reçues par un bénéficiaire non héritier, légataire ou donataire de l'assuré décédé, dès lors qu'il est incapable de travailler dans des conditions normales de rentabilité, en raison d'une infirmité physique ou mentale, congénitale ou acquise (BOI-ENR-DMTG-10-10-20-20 n° 230). 45015

› Précisions La solution vaut également, s'agissant des **PER dits « assurantiels »,** pour les sommes, rentes ou valeurs assujetties aux droits de mutation par décès. Celles-ci bénéficient, au-delà de l'abattement de 30 500 € prévu au II de l'article 757 B du CGI (nº 44975), des abattements prévus aux articles 779 et 788 du même Code, notamment ceux dépendant du lien de parenté existant entre le bénéficiaire à titre gratuit et l'assuré dans les conditions de droit commun (BOI précité nº 230).

INCIDENCE DU MÉCANISME DE LA REPRÉSENTATION

45020 L'assurance-vie étant une stipulation pour autrui, lorsqu'**aucun bénéficiaire** n'est **déterminé,** ou que le bénéficiaire désigné est décédé, les sommes viennent s'ajouter à l'actif successoral (nº 44885). La représentation ne jouant pas de plein droit en assurance-vie, il n'est en principe pas possible d'être bénéficiaire d'un contrat d'assurance-vie par représentation d'un bénéficiaire prédécédé. La clause bénéficiaire peut néanmoins prévoir que le bénéficiaire prédécédé sera représenté (par référence à la notion civile de représentation), mais, dans ce cas, cette représentation ne sert qu'à identifier le bénéficiaire. Pour le **calcul des droits de succession,** l'administration fiscale estime que la représentation ne s'applique jamais aux sommes transmises dans le cadre d'un contrat d'assurance-vie. Les droits sont calculés suivant le degré de parenté existant entre le bénéficiaire à titre personnel (déterminé, le cas échéant, par le jeu de la représentation prévue par la clause bénéficiaire) et l'assuré décédé. Par suite, dans le cas où le **représentant** d'un descendant prédécédé est **également bénéficiaire d'un contrat d'assurance-vie** conclu par le défunt, il y a lieu de procéder à une « double liquidation ».

Ainsi, lorsqu'un **petit-fils vient à la succession de son grand-père** par représentation de son **père prédécédé** et qu'il est par ailleurs également bénéficiaire, à titre personnel, d'un contrat d'assurance-vie souscrit par son grand-père, il y a lieu d'appliquer :

– l'abattement prévu pour les enfants sur la part attribuée par succession en représentation du fils prédécédé (CGI art. 779, I : nºs 50265 s.) ;

– l'abattement prévu par l'article 788, IV du CGI (à défaut d'un autre abattement applicable : nº 50400) sur les sommes versées en raison d'un contrat d'assurance-vie et imposées en vertu des dispositions de l'article 757 B du même Code (BOI-ENR-DMTG-10-10-20-20 nº 250).

45025 De même, si un **neveu** vient à la succession de son **oncle** par représentation du **frère prédécédé** de ce dernier, et est également **légataire particulier** d'un bien et bénéficiaire d'un contrat d'assurance-vie souscrit par son oncle, il y a lieu d'effectuer une distinction entre deux masses taxables :

– d'une part, les **biens reçus par voie légale** pour lesquels le mécanisme de la représentation s'applique : il convient alors d'imposer la transmission selon l'abattement et le tarif prévus pour les frères et sœurs ;

– d'autre part, les **biens reçus par voie de legs** ainsi que les sommes reçues au titre de l'**assurance-vie** qu'il convient de taxer, au-delà de l'abattement spécifique prévu à l'article 757 B du CGI réparti entre les différents bénéficiaires de contrats d'assurance-vie, selon l'abattement personnel et le tarif prévus pour les neveux (BOI-ENR-DMTG-10-10-20-20 nº 260).

45030 En revanche, lorsqu'un **petit-fils** vient à la succession de son grand-père par représentation de son père prédécédé, lequel était également unique bénéficiaire désigné d'un contrat d'assurance-vie souscrit par le grand-père, il n'y a pas lieu de procéder à une « double liquidation ».

En effet, dans ce cas de figure, dès lors que le contrat d'assurance-vie ne prévoit pas de bénéficiaire déterminé autre que le père prédécédé, les sommes viennent de fait s'ajouter à l'actif successoral. Dans ces conditions, les sommes issues du contrat d'assurance-vie ont pour effet d'augmenter l'actif héréditaire taxable et sont imposées selon les règles de droit commun applicables aux successions (BOI-ENR-DMTG-10-10-20-20 nº 270).

› Précisions a. Lorsque la désignation du bénéficiaire d'un contrat d'assurance-vie est effectuée par la **formule « à défaut mes héritiers »,** ceux-ci sont considérés comme des bénéficiaires déterminés du contrat. Une double liquidation est alors justifiée pour chaque héritier, pris, d'une part, en qualité de successible par représentation, et, d'autre part, en tant que bénéficiaire direct et personnel du contrat d'assurance-vie (BOI précité nº 270).

b. En présence d'un représentant bénéficiaire d'un contrat d'assurance-vie ou d'un legs, la **fraction d'abattement** du représenté **non utilisée** sur la part successorale ne peut être imputée sur les sommes reçues en vertu du contrat d'assurance-vie ou des biens reçus en vertu du legs (BOI précité nº 280).

INCIDENCE DE LA RENONCIATION D'UN BÉNÉFICIAIRE

Lorsqu'un contrat d'assurance-vie désigne un bénéficiaire en cas de décès et un second à défaut de celui-ci, la renonciation du **premier bénéficiaire** au décès de l'assuré a pour effet d'attribuer le droit au capital au **second bénéficiaire** désigné. **45035**

Dans ce cas, les droits de succession éventuellement dus sur la valeur du capital acquis au décès de l'assuré ou, dans le cadre de l'article 757 B du CGI, sur la fraction qui excède 30 500 € des primes acquittées après le 70e anniversaire de l'assuré sont liquidés en fonction du lien de parenté existant entre le second bénéficiaire et l'assuré (Rép. Roques : AN 20-12-1993 n° 6119 non reprise au Bofip, mais néanmoins confirmée par la Rép. Malhuret : Sén. 22-09-2016 n° 18026 analysée n° 45040).

Les principes dégagés par la réponse ministérielle Roques (AN 20-12-1993 n° 6119 : n° 45035) sont applicables quel que soit le nombre de bénéficiaires aux contrats et le nombre de contrats souscrits par l'assuré. Par conséquent, en cas de **renonciation partielle** des premiers bénéficiaires d'un ou de plusieurs contrats et d'attribution des restes à un ou plusieurs bénéficiaires en second, les droits de succession seront liquidés en fonction du lien de parenté existant entre les différents bénéficiaires et l'assuré et l'abattement de 30 500 € sera réparti entre l'ensemble des bénéficiaires effectifs des différents contrats souscrits par l'assuré au prorata de la part leur revenant dans les primes taxables versées au titre de l'ensemble de ces contrats (Rép. Malhuret : Sén. 22-09-2016 n° 18026 : Sol. Not. 12/16 inf. 243). L'administration confirme ainsi l'absence de donation indirecte entre le premier bénéficiaire renonçant et le second bénéficiaire. **45040**

Encore faut-il, bien entendu, qu'un ou plusieurs **bénéficiaires subsidiaires** aient été effectivement désignés par le souscripteur. À défaut, l'assurance en cas de décès serait réputée conclue sans désignation de bénéficiaire. Le capital garanti faisant alors partie du patrimoine du souscripteur-assuré serait soumis aux droits de succession dans les conditions de droit commun et non selon le régime fiscal de faveur de l'assurance-vie.

Soulignons enfin que l'acte de renonciation ne doit pas être translatif. Le bénéficiaire ne doit pas stipuler qu'il renonce au profit d'une ou plusieurs personnes déterminées. S'il en allait autrement, il s'agirait d'une cession à titre gratuit du contrat, civilement et fiscalement traitée comme telle.

ATTENTION

La taxation des primes aux droits de succession ne remet pas en cause le principe selon lequel, sauf en présence de primes excessives, l'assurance-vie est délivrée hors succession au bénéficiaire désigné en cas de décès. Dès lors, le passif successoral ne peut pas s'imputer sur la fraction taxable des primes (CA Angers 21-6-2011 n° 10/00567 : RJF 3/12 n° 320, Sol. Not. 3/11 inf. 71). Les primes taxables ne viennent pas non plus majorer l'**assiette du forfait mobilier.** Elles entrent en revanche dans l'assiette de l'**émolument** proportionnel dû au notaire rédacteur de la **déclaration de succession** (Cass. com. 4-10-2011 n° 10-20.218 F-PB : RJF 1/12 n° 74, Sol. Not. 4/11 inf. 125).

e. Obligations déclaratives

OBLIGATIONS DES BÉNÉFICIAIRES

Même s'ils sont exonérés de droits, tous les bénéficiaires des contrats d'assurance en cas de vie ou en cas de décès souscrits depuis le 20 novembre 1991 ou assimilés doivent mentionner dans la **déclaration de succession** (ou sur un formulaire spécifique n° 2705-A-SD de déclaration partielle de succession) tous les contrats conclus sur la tête d'un même assuré et en vertu desquels des primes ont été versées après son 70e anniversaire, même si les primes versées n'excèdent pas 30 500 €. La déclaration doit préciser, pour chaque contrat, la date de souscription et le montant des primes versées après le 70e anniversaire de l'assuré (CGI ann. II art. 292 A, al. 1). **45060**

Les assureurs sont tenus, sur la demande des bénéficiaires, de leur communiquer ces informations (CGI ann. II art. 292 A, al. 3).

L'assureur n'est pas tenu, en revanche, d'informer le **notaire** chargé de la succession qui ne l'a pas sollicité, de l'existence de contrats d'assurance-vie relevant de l'article 757 B du CGI souscrits par le défunt. Par conséquent, il n'a pas à garantir le notaire si celui-ci a omis de déclarer au fisc les contrats soumis aux droits de succession en raison de primes versées après les 70 ans de l'assuré (Cass. 1e civ. 13-4-2023 n° 21-20.272 F-B : BPAT 3/23 inf. 143).

La souscription de cette déclaration par le bénéficiaire donne lieu à la délivrance d'un **certificat** qui permet d'obtenir de l'assureur le versement des capitaux décès (voir n° 45070).

› Précisions De même, les bénéficiaires de **plans d'épargne retraite** dits « assurantiels » (ayant donné lieu à adhésion à un contrat d'assurance), non dénoués au décès du titulaire décédé après l'âge de 70 ans (n° 44915), doivent les déclarer à son décès dans le délai de déclaration de succession. La déclaration doit préciser, pour chaque PER, la date de souscription ainsi que le montant total des sommes, rentes ou valeurs dues à raison du décès (CGI ann. II art. 292 A, al. 2).

OBLIGATIONS DES ASSUREURS

45065 Les **assureurs** sont tenus de **déclarer à l'administration,** dans les 60 jours suivant celui où ils ont connaissance du décès de l'assuré, les caractéristiques des contrats conclus à compter du 20 novembre 1991 et notamment le **montant des primes versées après le 70e anniversaire de l'assuré** ou, s'agissant des **plans d'épargne retraite,** le montant total des sommes dues aux bénéficiaires et leurs modalités de versement (capital ou rente), ainsi que la répartition des sommes entre tous les bénéficiaires pour chaque contrat (CGI ann. II art. 292 B, I ; BOI-ENR-DMTG-10-70-10 nos 130 et 145).

Ils ne peuvent **verser le capital ou la rente** due au bénéficiaire que sur présentation, par ce dernier, d'un **certificat** délivré gratuitement par l'administration **constatant le paiement ou la non-exigibilité des droits** de succession (CGI art. 806, III ; BOI-ENR-DMTG-10-70-20 n° 100).

Par exception, une **dispense** de certificat est prévue :
– soit en cas de versement par l'assureur, sur la demande écrite des bénéficiaires, de tout ou partie des sommes dues en l'acquit des droits de succession ;
– soit, également sur demande écrite du bénéficiaire, lorsque les sommes, rentes ou émoluments dus par un ou plusieurs assureurs n'excèdent pas 7 600 € et reviennent à des successibles en ligne directe domiciliés en France ;
– soit, pour les avoirs versés par un assureur depuis le 1er janvier 2018, lorsque les sommes, rentes ou émoluments quelconques sont dus au conjoint survivant ou au partenaire survivant dans le cadre d'un pacte civil de solidarité, ceux-ci étant délivrés sans formalité particulière ;
– soit, pour les avoirs versés par un assureur depuis le 1er août 2020, lorsque les sommes, rentes ou émoluments quelconques sont dus à un organisme exonéré de droits de mutation à titre gratuit en application des dispositions de l'article 795 du CGI (BOI-ENR-DMTG-10-70-20 n° 100 ; n° 47255).

Les mêmes dispositions s'appliquent aux assureurs pour les contrats souscrits **avant le 20 novembre 1991,** lorsque des avenants de nature à transformer l'économie de ces contrats ont été souscrits depuis cette date (n° 44925).

45070 Pour ne pas retarder le règlement des indemnités aux bénéficiaires, l'administration constate la non-exigibilité ou le paiement des droits dus sur ces indemnités directement sur le **formulaire de déclaration** de succession partielle n° 2705-A-SD ne comprenant que l'indemnité d'assurance. La dernière version de ce formulaire, mise en service depuis 2021, fusionne l'ancien imprimé de déclaration partielle et le certificat par lequel le fisc constate l'acquittement ou la non-exigibilité de l'impôt (Cerfa n° 12321*07).

3. PRÉLÈVEMENT DE 20 % ET 31,25 % SUR LES SOMMES VERSÉES AU BÉNÉFICIAIRE DE L'ASSURANCE-VIE

MÉCANISME DU PRÉLÈVEMENT

45100 Lorsqu'elles ne donnent pas ouverture aux droits de succession en application de l'article 757 B du CGI (nos 44915 s.), les **sommes dues par les organismes d'assurance** et assimilés (notamment les mutuelles et les institutions de prévoyance), à raison du décès de l'assuré, sont assujetties à concurrence de la part revenant à chaque bénéficiaire qui excède **152 500 €,** à un prélèvement égal à **20 %** pour la fraction inférieure à 700 000 € et à **31,25 %** pour la fraction excédant cette limite (CGI art. 990 I).

En ce qui concerne le régime particulier applicable aux **contrats vie-génération,** voir n° 45200.

ATTENTION

Le prélèvement institué par l'article 990 I du CGI ne constitue pas un droit de mutation à titre gratuit mais une **taxation spécifique** « sui generis ». Il s'ensuit notamment que les règles prévues en matière de droits de succession (exonérations, abattements, réductions de droits...) ne sont pas applicables à ce prélèvement, à la différence de la taxation prévue par l'article 757 B du même Code, constitutive de droits de mutation à titre gratuit (nos 44915 s.).

À noter par ailleurs qu'un dispositif spécifique a été mis en place pour les **contrats en déshérence** (nos 45260 s.). Dans certains cas, ces sommes (qui sont reversées par la Caisse des dépôts et consignations) relèvent du prélèvement visé à l'article 990 I du CGI.

a. Contrats et bénéficiaires concernés par le prélèvement

CONTRATS ET BÉNÉFICIAIRES SOUMIS AU PRÉLÈVEMENT

Nature des contrats Les contrats soumis au prélèvement de 20 et 31,25 % sont tous ceux qui prévoient le versement de sommes, rentes ou valeurs au profit d'un **bénéficiaire déterminé** au décès de l'assuré (CGI art. 990 I). Le bénéficiaire peut être une personne physique ou morale, mais seuls sont concernés les bénéficiaires **à titre gratuit.** En l'absence de bénéficiaire déterminé, les sommes dues par l'organisme d'assurance ou assimilé font, en effet, partie de la succession de l'assuré ; elles sont, de ce fait, assujetties aux droits de mutation par décès dans les conditions de droit commun et ne donnent pas lieu au prélèvement (BOI-TCAS-AUT-60 no 30). 45105

En ce qui concerne :

– les sommes versées en cas de décès pendant la phase d'épargne du titulaire d'un **plan d'épargne retraite** mentionné à l'article L 224-1 du Code monétaire et financier, voir no 44915 ;

– les sommes restituées à leurs bénéficiaires par la **Caisse des dépôts et consignations,** voir nos 45260 s.

Le bénéficiaire est assujetti au prélèvement dès lors qu'il a au moment du décès son **domicile fiscal en France** au sens de l'article 4 B du CGI (nos 74445 s.) et qu'il l'a eu pendant au moins six années au cours des dix années précédant le décès, ou dès lors que l'assuré a, au moment du décès, son domicile fiscal en France au sens du même article 4 B (CGI art. 990 I, I-al. 4). 45110

Ainsi, le **lieu de résidence du souscripteur** au jour de l'adhésion au contrat, ou le lieu du **domicile du bénéficiaire** au jour du reversement des sommes, est sans incidence sur le régime fiscal du contrat d'assurance-vie.

Date des contrats et des versements Le prélèvement ne concerne que les sommes dues à un bénéficiaire déterminé qui correspondent à des **primes versées à compter du 13 octobre 1998** au titre de contrats souscrits : 45115

– avant le 20 novembre 1991, quel que soit l'âge de l'assuré lors du versement des primes ;

– ou après cette date, dès lors que l'assuré était âgé de moins de 70 ans au moment du versement des primes.

Le tableau suivant récapitule les régimes fiscaux susceptibles de s'appliquer selon la date de souscription du contrat et la date de versement des primes (BOI-TCAS-AUT-60 no 80) :

Date de souscription du contrat	Primes versées avant le 13 octobre 1998	Primes versées à compter du 13 octobre 1998
Contrat souscrit avant le 20 novembre 1991 et n'ayant pas subi de modification substantielle depuis cette date	Pas de taxation (sauf modification de l'économie du contrat après le 20 novembre 1991)	Prélèvement de 20 et 31,25 % (après application de l'abattement de 152 500 € prévu à l'article 990 I du CGI) quel que soit l'âge de l'assuré lors du versement des primes
Contrat souscrit ou substantiellement modifié à compter du 20 novembre 1991 : – primes versées avant le 70e anniversaire de l'assuré	Pas de taxation	Prélèvement de 20 et 31,25 % (après application de l'abattement de 152 500 € prévu à l'article 990 I du CGI*)
– primes versées après le 70e anniversaire de l'assuré	Droits de mutation par décès sur la fraction des primes qui excède 30 500 € (CGI art. 757 B)	Droits de mutation par décès sur la fraction des primes qui excède 30 500 € (CGI art. 757 B)

* Si le contrat d'assurance sur la vie est un **contrat « vie-génération »** ou a été transformé en un tel contrat, l'abattement fixe de 152 500 € est précédé d'un abattement d'assiette de 20 % (voir nos 45200 s.).

45120 **Articulation droits de succession/prélèvement** Les contrats souscrits depuis le 20 novembre 1991 et sur lesquels des primes ont été versées avant et depuis le 13 octobre 1998 peuvent relever à la fois du prélèvement et des droits de succession :
– la fraction des sommes reçues qui correspond à des primes versées depuis le 13 octobre 1998 mais avant les 70 ans de l'assuré supporte le prélèvement (si les sommes reçues par le bénéficiaire par hypothèse non exonéré excèdent 152 500 €) ;
– la fraction des sommes reçues par un bénéficiaire non exonéré qui correspond à des primes versées après les 70 ans de l'assuré donne lieu, à concurrence du montant des primes supérieur à 30 500 €, aux droits de succession.

CONSEIL

Le souscripteur a tout intérêt à **adapter la désignation des bénéficiaires** en fonction du régime fiscal qui sera applicable :
– mieux vaut réserver le bénéfice d'un contrat dont les primes seront soumises aux droits de succession à ceux dont le lien de parenté est le plus proche car ils bénéficieront d'un taux d'imposition plus faible ;
– inversement, il est judicieux de réserver aux personnes dont le lien de parenté est plus éloigné (neveu, par exemple) ou qui n'ont pas de lien de parenté (concubin, notamment) le bénéfice d'un contrat dont les sommes seront soumises au prélèvement au taux de 20 ou 31,25 %, qui leur sera plus favorable que l'application des droits de succession à 55 % (neveu) ou 60 % (concubin).

CONTRATS ET BÉNÉFICIAIRES EXONÉRÉS DU PRÉLÈVEMENT

45125 **Contrats et sommes exonérés du prélèvement** Sont exclus du champ d'application du prélèvement (CGI art. 990 I, I-al. 1). :

1. Les **contrats de rente survie** souscrits au profit d'enfants handicapés

Il s'agit des contrats mentionnés à l'article 199 septies, I-1° du CGI. Ces contrats garantissent, en cas de décès de l'assuré, le versement d'un capital ou d'une rente viagère à son enfant atteint d'une infirmité qui l'empêche, soit de se livrer à une activité professionnelle dans des conditions normales de rentabilité, soit, si l'enfant est âgé de moins de 18 ans, d'acquérir une instruction ou une formation professionnelle d'un niveau normal (BOI-TCAS-AUT-60 n° 140).

2. Les **contrats d'assurance de groupe** souscrits dans le cadre d'une activité professionnelle (autres que les plans d'épargne retraite visés n° 44915). Il s'agit des contrats mentionnés aux articles 154 bis et 998, 1° du CGI et à l'article L 7342-2 du Code du travail souscrits dans le cadre professionnel :
– soit par une entreprise, un groupe d'entreprises ou un groupement professionnel représentatif d'entreprises ;
– soit par une organisation représentative d'une profession non salariée (industrielle, commerciale, artisanale, libérale ou agricole) ;
– soit par une organisation représentative d'agents des collectivités publiques ou par des associations de prévoyance militaires.

Les personnes qui adhèrent à ces contrats ou les bénéficiaires désignés ont droit aux prestations prévues par ces contrats et notamment à des prestations de prévoyance complémentaires, tel le versement d'un capital ou d'une rente en cas de décès.

L'exonération s'applique également, par décision administrative, aux contrats mentionnés à l'article 154 bis-0 A du CGI souscrits dans le cadre d'une activité professionnelle non salariée agricole. En revanche, elle ne bénéficie pas aux contrats souscrits en dehors d'une activité professionnelle tels que les contrats de retraite ouverts à des personnes sans profession ou déjà retraitées ou aux contrats d'assurance de groupe décès invalidité souscrits par des associations d'anciens élèves (BOI-TCAS-AUT-60 n°s 150 et 160).

3. Les **rentes perçues en exécution d'un Perp ou** d'un **plan d'épargne retraite individuel**

La valeur de capitalisation des rentes viagères constituées dans le cadre d'un Perp ou d'un plan d'épargne retraite individuel est exonérée du prélèvement, sous réserve du versement de **primes régulièrement échelonnées** dans leur montant et leur périodicité pendant une **durée d'au moins 15 ans** (condition non requise pour les Perp souscrits avant le 31 décembre 2010 si le souscripteur y a adhéré moins de 15 ans avant la date à laquelle il pouvait faire valoir ses droits à la retraite à taux plein) et dont l'entrée en jouissance intervient au plus tôt à compter de la date de liquidation de la pension du bénéficiaire ou à l'âge légal de départ à la retraite (BOI-TCAS-AUT-60 n° 170).

4. Les **reversions de rente viagère** entre parents en ligne directe

Cette mesure ne concerne que les reversions de rente qui ont été intégrées dans le calcul de la rente servie à l'assuré de son vivant.

Elle ne s'applique pas, en revanche, en cas d'**option** effectuée après le décès de l'assuré par le bénéficiaire à titre gratuit **pour le service d'une rente** au lieu du versement d'un capital. En effet, dans cette situation, le prélèvement est exigible dès lors qu'il s'agit d'une modalité de paiement de la prestation due au bénéficiaire par l'organisme d'assurance ou assimilé et non d'une réversion de rente (BOI-TCAS-AUT-60 n° 90).

5. Les **contrats homme-clé** souscrits par les entreprises pour se prémunir de la disparition de leurs dirigeants ou de certains de leurs collaborateurs dès lors que les sommes dues par l'organisme d'assurance ou assimilé, à raison du décès du dirigeant ou collaborateur assuré, sont versées à l'entreprise et constituent, pour elle, un produit taxable (BOI-TCAS-AUT-60 n° 50).

6. Les **sommes donnant ouverture aux droits de succession** en application de l'article 757 B du CGI (voir n°s 44915 s.) :

– sommes correspondant aux primes versées après le 70e anniversaire de l'assuré dans le cadre de contrats souscrits depuis le 20 novembre 1991, quelle que soit la date de leur versement. Le non-assujettissement au prélèvement concerne les primes elles-mêmes, y compris leur fraction qui n'excède pas 30 500 €, et les produits attachés à ces primes ;

– sommes versées à raison du décès pendant la phase d'épargne du titulaire d'un plan d'épargne retraite, lorsque ce décès est intervenu après l'âge de 70 ans. Dans cette hypothèse, l'ensemble des versements effectués par l'assureur échappe au prélèvement de l'article 990 I du CGI. À l'inverse, si le décès survient avant les 70 ans de l'assuré, tous les versements entrent dans le champ du prélèvement (BOI-TCAS-AUT-60 n° 70).

Par ailleurs, les assurances qui revêtent le caractère de **contrats à titre onéreux** ne sont pas susceptibles d'entrer dans le champ d'application du prélèvement. Il en est ainsi notamment des **contrats emprunteurs** qui sont des contrats d'assurance de groupe ayant pour objet la garantie du remboursement des emprunts et qui sont souscrits par l'établissement de crédit, bénéficiaire en cas de décès de l'emprunteur, celui-ci devant y adhérer lors du dépôt de la demande de crédit. Il en est de même pour les **contrats** d'assurance sur la vie **donnés en garantie à un prêteur,** à concurrence de la fraction des sommes, rentes ou valeurs dues par l'organisme d'assurance ou assimilé qui correspond au montant de la dette impayée par l'emprunteur au jour de son décès (BOI-TCAS-AUT-60 n° 40). 45130

CONSEIL

Le **professionnel qui finance un investissement professionnel par l'emprunt** doit éviter de désigner la banque comme bénéficiaire de l'assurance décès. En effet, en cas de décès prématuré de l'emprunteur, le profit résultant de l'indemnisation du prêteur par la compagnie d'assurances constitue un **profit exceptionnel** imposable si l'entreprise relève d'un régime de bénéfice réel (IS, BIC, BA) fondé sur la variation de l'actif net.

Quant aux héritiers, le passif ayant disparu, ils doivent payer les **droits de succession** sur la valeur nette de l'entreprise (ou des parts sociales).

Pour éviter ces conséquences, Me Marc Iwanesko, notaire à Toulouse, propose de désigner comme bénéficiaire, non pas la banque mais l'assuré en cas de vie et les héritiers en cas de décès. Ces derniers pourront continuer de rembourser l'emprunt et donc éviter l'imposition d'un bénéfice exceptionnel pour l'entreprise et la majoration des droits de succession pour les héritiers (Sol. Not. 1/16 inf. 21).

Bien que la validité fiscale de ce schéma ait été implicitement reconnue par le Conseil d'État (CE 10-7-1992 n° 110213 : RJF 8-9/92 n° 1249), les redevables intéressés auront intérêt à prendre conseil auprès d'un praticien expérimenté pour prévenir tout risque d'abus de droit.

Bénéficiaires exonérés du prélèvement Sont également exonérés du prélèvement (CGI art. 990 I, I-al. 4 ; BOI-TCAS-AUT-60 n° 120) : 45135

– le **conjoint survivant,** le **partenaire lié** au défunt **par un Pacs** et les **frères et sœurs** qui sont exonérés de droits de mutation par décès en application des articles 796-0 bis et 796-0 ter du CGI (n°s 49200 s.) ;

– les **organismes exonérés de droits de mutation à titre gratuit** en application de l'article 795-0 A ou de l'article 795 du CGI (n° 47255).

En cas de démembrement de la clause bénéficiaire, voir n°s 45190 s.

b. Calcul du prélèvement

ASSIETTE TAXABLE

L'assiette du prélèvement, avant application des abattements visés n°s 45180 s., est composée de toutes les **sommes, rentes** ou **valeurs** quelconques dues directement ou indirectement à chaque bénéficiaire non exonéré par les organismes d'assurances. Elle peut être calculée selon une méthode dite « générale » ou, sur option des compagnies d'assurances, selon une méthode simplifiée dite « globale ». 45155

ATTENTION

Si, pour un même contrat, **plusieurs bénéficiaires** ont été désignés et que des primes ont été versées avant et depuis le 13 octobre 1998, l'assiette du prélèvement est déterminée globalement à l'échelle du contrat, puis répartie entre chaque bénéficiaire selon sa part dans l'ensemble des capitaux. Il n'est pas possible de répartir les sommes entre les bénéficiaires selon la **date de versement des primes** afin d'optimiser l'imposition due par chacun (Rép. Montaugé : Sén. 8-8-2019 n° 450 : BPAT 5/19 inf. 200).

45160 **Méthode générale** Pour les **contrats rachetables** et pour ceux comportant à la fois des garanties d'épargne et de prévoyance (contrats mixtes, combinés dans lesquels le capital en cas de décès est différent de celui en cas de vie, contrats à terme fixe, contrats vie entière…), la base du prélèvement est constituée par les sommes, rentes ou valeurs correspondant à la fraction rachetable (valeur de rachat au jour du décès de l'assuré ou, s'il s'agit d'un contrat à terme fixe, valeur de rachat au jour du versement des sommes) et par les primes correspondant à la fraction non rachetable.

Pour les **contrats non rachetables** (contrat temporaire décès, par exemple), la base de taxation est constituée de la prime annuelle ou de la prime versée à la conclusion du contrat s'il s'agit d'une prime unique (BOI-TCAS-AUT-60 n° 180).

En toute hypothèse, l'assiette du prélèvement ne peut pas excéder le capital réellement versé en cas de décès (BOI précité n° 190).

En cas de **pluralité de bénéficiaires,** l'assiette taxable, déterminée globalement selon les modalités fixées ci-dessus, est répartie pour chaque bénéficiaire selon la part des sommes, rentes ou valeurs qui lui revient (BOI précité n° 210).

45165 L'assiette du prélèvement applicable à la **fraction non rachetable** des contrats comportant des garanties de prévoyance et d'épargne est constituée par le produit résultant de la multiplication du montant du capital décès dû par l'organisme d'assurance ou assimilé au titre de la prévoyance par le taux de mortalité qui correspond à l'âge de l'assuré lors de son décès dans la table de mortalité visée à l'article A 132-18 du Code des assurances.

Le **capital décès** au titre de la prévoyance correspond au montant du capital décès dû, diminué de la valeur de rachat au jour du décès de l'assuré.

La **table de mortalité** indique les nombres de vivants (Lx) à chaque âge (x) à partir de 100 000 vivants à la naissance.

Les nombres figurant sur cette table de mortalité permettent de calculer la probabilité de décès dans l'année à un âge donné (Qx) suivant la formule suivante :

Qx = Lx – (Lx + 1) / Lx

EXEMPLE

M. Combeau est âgé de 40 ans révolus lors de son décès. Il a souscrit un contrat comportant des garanties de prévoyance et d'épargne. Le capital décès dû au bénéficiaire par l'organisme d'assurance ou assimilé au titre de la garantie prévoyance est de 152 500 €. L'assiette du prélèvement en ce qui concerne la fraction rachetable (garantie épargne) est supérieure à 152 500 €.

L'assiette du prélèvement en ce qui concerne la fraction non rachetable du contrat est déterminée comme suit :

Âge : 40 ans révolus.

Capital : 152 500 €

Lx à 40 ans : 94 746 ; Lx à 41 ans : 94 476

Qx (probabilité de décès) = (94 746 – 94 476) / 94 746 = 0,0028497

Assiette du prélèvement = (Qx × capital) soit 0,0028497 × 152 500 € = 434 €.

45170 **Méthode globale** Compte tenu des difficultés de détermination de la fraction rachetable des contrats lorsque les capitaux versés au décès de l'assuré au titre d'un même contrat sont soumis à des régimes fiscaux différents, une méthode simplificatrice, dite « globale », peut être appliquée sur **option** par les compagnies d'assurance et organismes assimilés.

La méthode globale a vocation à s'appliquer aux seuls **contrats** rachetables dont le capital ou la rente garantis sont **exprimés** totalement ou partiellement **en unités de compte et** qui sont **soumis à des régimes fiscaux différents** selon la date de versement des primes. Il s'agit ainsi :

– des contrats d'assurances soumis pour partie au prélèvement (CGI art. 990 I) et, pour l'autre, aux droits de mutation par décès (CGI art. 757 B) ;

– des contrats partiellement exonérés mais soumis pour partie au prélèvement en raison des primes versées après le 13 octobre 1998 ;
– et des contrats soumis à ces trois régimes (exonération, prélèvement, droits de mutation par décès).

La méthode globale repose sur le calcul d'un **coefficient d'imposition au prélèvement** à chaque nouveau versement de prime après le 13 octobre 1998. Elle consiste à calculer la fraction rachetable du contrat en tenant compte de chaque versement de cotisation. La dernière fraction obtenue doit être appliquée à la valeur de rachat du contrat au moment du décès et permet de déterminer l'assiette du prélèvement. 45175

L'abattement de 152 500 € est ensuite opéré sur le montant obtenu.

La description détaillée de la méthode globale (règles de calcul, modalités de l'option…) n'entre pas dans le cadre du présent développement. Les lecteurs intéressés sont invités à se reporter au BOI-TCAS-AUT-60 n°s 240 à 280.

ABATTEMENTS

L'assiette du prélèvement est diminuée d'un abattement général de 152 000 € par bénéficiaire. Toutefois, les contrats « vie-génération » bénéficient d'un abattement d'assiette supplémentaire de 20 % qui s'applique avant l'abattement général de 152 500 € et se cumule avec lui (CGI art. 990 I, I-al. 1 ; BOI-TCAS-AUT-60 nº 290). 45180

Abattement général

a. Principe Cet abattement s'élève à **152 500 €** par bénéficiaire. 45185

Lorsque **plusieurs contrats** sont conclus sur la tête d'un même assuré au profit d'un même bénéficiaire, il convient, pour l'application de l'abattement, de tenir compte de l'ensemble des parts taxables revenant au même bénéficiaire au titre de chacun de ces différents contrats (BOI-TCAS-AUT-60 nº 300). L'abattement de 152 500 € ne s'applique qu'une seule fois à raison de l'ensemble des sommes reçues par bénéficiaire. À cet égard, le bénéficiaire doit produire une attestation sur l'honneur (nº 45240).

On rappelle que les abattements existant en matière de droits de succession ne sont pas applicables (nº 45100).

b. Répartition des abattements en cas de démembrement de la clause bénéficiaire Le nu-propriétaire et l'usufruitier sont considérés comme bénéficiaires au **prorata** de la part leur revenant dans les sommes, rentes ou valeurs versées par l'organisme d'assurance. Ce prorata est déterminé selon le barème de l'usufruit viager prévu à l'article 669, I du CGI (nº 48230), l'abattement de 152 500 € étant réparti de la même façon (CGI art. 990 I, I-al. 6). Par exemple, si l'usufruitier a 75 ans, il est imposable sur 30 % des capitaux et a droit à 30 % de l'abattement de 152 500 €, soit 45 750 €. Corrélativement, le bénéficiaire en nue-propriété est imposable sur 70 % des capitaux et a droit à 70 % de l'abattement, soit 106 750 €. 45190

En présence de **plusieurs bénéficiaires en nue-propriété,** l'administration applique autant d'abattements qu'il y a de couples « usufruitier/nu-propriétaire » (BOI-TCAS-AUT-60 nº 310). Chaque nu-propriétaire partage l'abattement avec l'usufruitier en fonction des droits revenant à chacun, l'usufruitier ne pouvant toutefois bénéficier au total que d'un abattement maximal de 152 500 € sur l'ensemble des capitaux reçus au décès d'un même assuré. Par **exemple,** pour un capital taxable de 1 000 000 € réparti entre un usufruitier de 75 ans et deux nus-propriétaires, l'usufruitier bénéficie d'un abattement de 91 500 €, soit 2 × (152 500 € × 30 %), et chacun des nus-propriétaires a droit à un abattement de 106 750 € (152 500 € × 70 %). 45195

Lorsque l'**un des bénéficiaires est exonéré** de prélèvement (cas notamment où le conjoint survivant est désigné bénéficiaire en usufruit), la part d'abattement du bénéficiaire exonéré ne peut pas être utilisée par les bénéficiaires non exonérés (BOI-TCAS-AUT-60 nº 310). En reprenant le même **exemple** et en supposant que le bénéficiaire en usufruit soit le conjoint survivant, les 91 500 € d'abattement revenant à ce dernier ne peuvent pas être imputés sur la part taxable des nus-propriétaires. On notera que l'administration retient la solution inverse en matière de droits de succession (nº 44990), sans que la divergence des solutions soit justifiée.

Si l'abattement de 152 500 € n'est pas épuisé, les bénéficiaires en démembrement peuvent utiliser le **solde de l'abattement** pour d'autres capitaux décès reçus en pleine propriété au titre du même contrat ou en usufruit, en nue-propriété ou en pleine propriété au titre d'un autre contrat (BOI-TCAS-AUT-60 nº 310).

45200 **Abattement spécifique aux contrats « vie-génération »** Les contrats « vie-génération » ont été créés par la loi de finances rectificative pour 2013 (Loi 2013-1279 du 29-12-2013 art. 9). Ils ouvrent droit à un **abattement** d'assiette **supplémentaire de 20 %** lorsque les primes versées sont représentées par une ou plusieurs **unités de compte** constituées (CGI art. 990 I, I bis) :
– de parts ou actions d'OPCVM ou de certains fonds d'investissement alternatifs (FIA) ou d'organismes européens de même nature ;
– de parts ou d'actions de sociétés à prépondérance immobilière européennes, d'OPCI ou de SCPI.

Ces contrats doivent être **investis** notamment dans les actifs suivants :

a. Titres d'OPCVM, de FIA ou d'organismes européens de même nature dont l'actif est constitué par :
– des actifs relevant de l'économie sociale et solidaire ;
– des parts de FCPR, de FPCI, de FIP, d'actions de SCR ou d'organismes européens similaires ;
– des actions ou parts d'entreprise de taille intermédiaire (ETI) exerçant une activité industrielle ou commerciale sous réserve que le souscripteur du contrat ne détienne pas avec son groupe familial (son conjoint, leurs ascendants et descendants) pendant la durée du contrat, directement ou indirectement, plus de 25 % des droits dans les bénéfices sociaux (ou n'ait pas détenu une telle participation au cours des cinq années précédant la souscription du contrat).

b. Titres de sociétés à prépondérance immobilière, d'OPCI ou de SCPI contribuant au financement du logement social ou intermédiaire.

Ces **actifs ciblés** (logement social et intermédiaire, économie sociale et solidaire, capital-risque, ETI) doivent représenter **au moins 33 %** des actifs du contrat.

L'abattement d'assiette de 20 % est applicable sur la part transmise à chaque bénéficiaire à raison du décès de l'assuré **avant l'abattement global** de 152 500 € applicable sur la part transmise au dénouement par décès d'un contrat « vie-génération ».

Sont concernés les **contrats souscrits depuis le 1er janvier 2014 (ou** souscrits avant cette date et **transformés** entre le 1-1-2014 et le 1-1-2016) et dénoués par décès depuis le 1er juillet 2014 (BOI-TCAS-AUT-60 n° 282).

> **Précisions a.** Si une **partie des primes** est **affectée à l'acquisition d'unités de compte non éligibles** au dispositif, la proportion de 33 % est appréciée en tenant compte du rapport existant entre la prime versée et la part de cette prime représentée par les unités de comptes éligibles.
b. Le quota de 33 % doit être atteint à l'issue du **premier versement de primes** puis, en principe, respecté pendant toute la durée du contrat après chaque opération d'**arbitrage entre unités de compte,** de **rachat partiel** ou de **versement de nouvelles primes.** Le passage sous le seuil de 33 % n'est en revanche pas sanctionné lorsqu'il est dû à une autre cause (une baisse de la valeur des actifs ciblés du contrat, par exemple) (CGI ann. II art. 306-0 F bis III).

TAUX DU PRÉLÈVEMENT

45205 Le taux du prélèvement est égal à **20 %** sur la fraction de part taxable de chaque bénéficiaire n'excédant pas 700 000 € et à **31,25 %** sur la fraction de part taxable de chaque bénéficiaire excédant cette limite (CGI art. 990 I, al. 1).

Montant versé au bénéficiaire (tous contrats confondus)	Taux du prélèvement
De 0 à 152 500 €	0 %
De 152 501 € à 700 000 €*	20 %
Au-delà de 700 000 €*	31,25 %

* La limite de 700 000 € et le taux de 31,25 % sont applicables aux contrats dénoués par décès depuis le 1er juillet 2014 (Loi 2013-1279 du 29-12-2013 art. 9). Pour les sommes versées à raison de décès intervenus du 31 juillet 2011 au 30 juin 2014, le taux du prélèvement était fixé à 20 % pour la fraction inférieure ou égale à 902 838 € et à 25 % pour la fraction excédant cette limite (Loi 2011-900 du 29-7-2011 art. 11).
Auparavant, le taux du prélèvement était fixé uniformément à 20 %.

EXEMPLES D'APPLICATION DU PRÉLÈVEMENT

45210 **1.** M. Legrand est âgé de 67 ans lorsqu'il souscrit en novembre 2018 un **contrat d'assurance-vie** qui est **rachetable.** Le bénéficiaire désigné au contrat est son neveu, M. Henri, et une prime unique de 1 000 000 € est versée.

M. Legrand décède en avril 2023. Le capital dû au bénéficiaire à titre gratuit par l'organisme d'assurance, à raison du décès de l'assuré, est de 1 250 000 € ; la valeur de rachat est de 1 150 000 €.

Dès lors que le contrat d'assurance a été souscrit après le 13 octobre 1998 et que les sommes dues au bénéficiaire désigné au contrat ne sont pas soumises aux droits de succession en application de l'article 757 B du CGI (prime versée avant le 70e anniversaire de l'assuré), le prélèvement prévu par l'article 990 I du même Code est applicable.

S'agissant d'un contrat rachetable, l'assiette du prélèvement est constituée par la valeur de rachat du contrat, soit 1 150 000 €.

Liquidation du prélèvement

Assiette du prélèvement : 1 150 000 €.

Abattement : 152 500 €.

Somme soumise au prélèvement : 997 500 €.

Montant du prélèvement dû : (700 000 € × 20 %) + (297 500 € × 31,25 %) = 232 969 €.

2. Soit un **contrat « vie-génération »** d'une valeur de 2 400 000 € transmis par décès à parts égales entre deux bénéficiaires le 1er juin 2023 et entrant dans le champ d'application du prélèvement de l'article 990 I du CGI.

Part revenant à chaque bénéficiaire : 1 200 000 €.

Part taxable : 1 200 000 € – (1 200 000 € × 20 %) – 152 500 € = 807 500 €.

Montant du prélèvement : (700 000 € × 20 %) + (107 500 € × 31,25 %) = 173 594 €.

c. Recouvrement et obligations déclaratives

RECOUVREMENT DU PRÉLÈVEMENT

Bien que son redevable soit le bénéficiaire, le prélèvement est **précompté par l'assureur** et versé au comptable des impôts au plus tard le 15 du mois suivant celui au cours duquel les sommes ont été versées au bénéficiaire. 45235

Le prélèvement est recouvré suivant les mêmes règles, sous les mêmes garanties et les mêmes sanctions que la taxe sur les conventions d'assurances prévues aux articles 991 et suivants du CGI (CGI art. 990 I, II ; BOI-TCAS-AUT-60 n° 410).

OBLIGATIONS DÉCLARATIVES DES BÉNÉFICIAIRES

Le bénéficiaire doit produire à l'assureur une **attestation** sur l'honneur indiquant le montant de l'abattement déjà appliqué à des sommes reçues d'autres assureurs à raison du décès du même assuré (CGI art. 990 I, I-al. 3). 45240

OBLIGATIONS DÉCLARATIVES DES ASSUREURS

De leur côté, les assureurs sont **tenus de déclarer** à l'administration, au titre de chaque contrat et pour chaque bénéficiaire, avant tout versement et en principe dans les 60 jours suivant celui où ils ont eu connaissance du décès, les caractéristiques des contrats, et notamment la date de souscription, le montant des primes versées depuis le 13 octobre 1998 ainsi que le montant des sommes dues correspondant à ces primes, l'assiette du prélèvement, le montant des abattements appliqués ainsi que le montant du prélèvement acquitté (CGI art. 806, IV et ann. II art. 306-0 F). 45245

d. Sommes versées par la Caisse des dépôts et consignations

OBLIGATIONS LÉGALES

La loi du 13 juin 2014 relative aux comptes bancaires inactifs et aux **contrats d'assurance-vie en déshérence** prévoit le dépôt obligatoire à la Caisse des dépôts et consignations (CDC) des sommes figurant sur des comptes bancaires inactifs, des contrats d'assurance-vie ou des bons ou contrats de capitalisation non réclamés à l'issue d'un certain délai (Loi 2014-617 du 13-6-2014 : JO 15 texte n° 1). Dans ce cadre, les sommes dues au titre des contrats d'assurance-vie et des bons ou contrats de capitalisation qui ne font pas l'objet d'une demande de versement des prestations ou du capital sont déposées à la Caisse des dépôts et consignations à l'issue d'un délai de dix ans à compter de la date de prise de connaissance par l'assureur du décès de l'assuré ou de l'échéance du contrat (C. ass. art. L 132-27-2, I). 45260

SOMMES SOUMISES AU PRÉLÈVEMENT DE L'ARTICLE 990 I DU CGI

45265 Depuis le 1er janvier 2016, le prélèvement de 20 ou 31,25 % prévu par l'article 990 I du CGI est applicable aux sommes provenant de **contrats d'assurance-vie en déshérence** reversées au bénéficiaire par la Caisse des dépôts et consignations (CDC) lorsqu'elles entrent dans le champ d'application de ce prélèvement au jour de leur dépôt à la CDC (CGI art. 990 I, I ter ; BOI-TCAS-AUT-60 n° 60). Il s'agit des sommes dues à raison du décès de l'assuré au profit de bénéficiaires désignés et qui répondent aux conditions posées aux nos 45100 s. Pour plus de détails sur les règles d'assiette et de liquidation de ce prélèvement, il convient de se reporter aux nos 45155 s.

SOMMES SOUMISES À UN PRÉLÈVEMENT SPÉCIFIQUE (CGI ART. 990 I BIS)

45270 **Champ du prélèvement** Lorsqu'elles **n'entrent pas dans le champ** d'application **du prélèvement de l'article 990 I** du CGI (et ne constituent pas des produits soumis à l'impôt sur le revenu : voir Précisions, a), les sommes provenant de contrats en déshérence versées par la CDC sont soumises à un prélèvement spécifique (CGI art. 990 I bis). Ce prélèvement concerne :

– les **sommes** dues à des bénéficiaires, désignés ou non au contrat, en raison du décès de l'assuré et correspondant à des primes versées après les 70 ans de ce dernier. Il s'agit des sommes **qui auraient dû être soumises aux droits de mutation à titre gratuit** en application de l'article 757 B du CGI, si elles n'avaient pas été déposées à la CDC (BOI-ENR-DMTG-10-10-20-20 n° 25 ; BOI-DJC-DES-30 n° 30) ;

– les **sommes** dues à raison de primes versées avant les 70 ans de l'assuré lorsqu'elles ne sont **pas stipulées au profit d'un ou plusieurs bénéficiaires désignés** au contrat. En effet, en l'absence de bénéficiaire déterminé, les sommes dues par les organismes d'assurance ou assimilés font, lorsqu'elles ne sont pas déposées à la CDC, parties de la succession de l'assuré et sont, en conséquence, assujetties aux droits de mutation par décès dans les conditions de droit commun (BOI-DJC-DES-30 n° 30) ;

– les sommes dues à l'échéance d'un contrat d'assurance-vie ou d'un bon ou contrat de capitalisation ayant fait l'objet d'un transfert à la CDC lorsque le **versement** des sommes **intervient postérieurement au décès** du bénéficiaire (BOI-DJC-DES-30 n° 50).

Échappent toutefois **au prélèvement** spécifique de l'article 990 I bis (CGI art. 990 I bis I, 1-al. 2 ; BOI-DJC-DES-30 n° 80) :

– le conjoint survivant, le partenaire lié au défunt par un Pacs et les frères et sœurs qui sont exonérés de droit de mutation par décès (CGI art. 796-0 bis et 796-0 ter) ;

– les personnes morales ou organismes bénéficiaires des dons et legs exonérés de droits de mutation à titre gratuit en application des dispositions de l'article 795 du CGI sur les sommes qui leur sont versées à raison des contrats d'assurance en cas de décès (n° 47255). Cette mesure devrait également bénéficier, selon nous, aux personnes morales et organismes de même nature, dont le siège est situé dans un État membre de l'Union européenne ou dans un autre État partie à l'accord sur l'Espace économique européen, qui sont exonérés de droit de mutation à titre gratuit en application de l'article 795-0 A du CGI (n° 47255).

> **Précisions** **a.** Lorsque les sommes issues d'un contrat non réclamé transférées à la CDC sont restituées au **titulaire du contrat** d'assurance-vie (par exemple, lorsqu'il s'agissait d'un contrat arrivé à échéance), la fraction des sommes correspondant à des produits est soumise à l'**impôt sur le revenu** dans les conditions en vigueur à la date du versement des sommes par la CDC ou, le cas échéant, sur option du contribuable et pour les seuls produits se rattachant à des primes versées jusqu'au 26 septembre 2017, au prélèvement forfaitaire libératoire prévu à l'article 125-0 A, II du CGI. Le montant du revenu imposable est déterminé dans les conditions et selon les modalités applicables à la date de l'échéance des contrats (CGI art. 125-0 A, II ter ; BOI-DJC-DES-20 n° 80).
> **b.** L'article 990 I bis du CGI concerne aussi les **comptes bancaires inactifs** dont le titulaire est décédé. Il trouve ainsi à s'appliquer aux sommes versées aux ayants droit du titulaire d'un compte bancaire inactif dont les sommes ont été déposées à la CDC à l'issue du **délai de trois ans suivant le décès du titulaire** du compte, ou à l'issue du **délai de dix ans d'inactivité** (comptes « délaissés » par leur titulaire), dès lors que le titulaire du compte est décédé au jour du reversement des sommes par la CDC (BOI-DJC-DES-30 n° 60).

45275 **Calcul du prélèvement** Le prélèvement spécifique instauré par l'article 990 I bis du CGI est calculé au **même taux** (**20 ou 31,25 %**) et selon les mêmes modalités que le prélèvement de l'article 990 I, sous réserve du montant de l'**abattement** qui est fixé à **15 000 €** (au lieu de 152 500 €). Il n'est pas applicable lorsque le bénéficiaire a été exonéré de droits de mutation à titre gratuit (n° 45270). Cet abattement global de 15 000 € par bénéficiaire s'applique pour l'ensemble des avoirs versés par la CDC à raison du décès d'un même assuré ou titulaire de comptes. Ainsi, lorsque les sommes reversées à un même bénéficiaire à raison du décès d'une même personne physique résultent du transfert d'un ou de plusieurs contrats d'assurance-vie, bons ou contrats de capitalisation ou comptes inactifs, il convient, pour l'application de l'abattement, de tenir compte de l'ensemble des sommes taxables revenant audit bénéficiaire au titre de chacun de ces différents contrats ou comptes bancaires (BOI-DJC-DES-30 n° 140).

Le prélèvement est déclaré, précompté et reversé au Trésor par la CDC dans les quinze jours qui suivent la fin du mois au cours duquel les sommes ont été versées aux bénéficiaires (CGI art. 990 I bis III et ann. III art. 344 G nonies ; BOI-DJC-DES-30 n° 320).

4. REDRESSEMENTS FISCAUX EN MATIÈRE D'ASSURANCE-VIE

L'administration tente parfois de remettre en cause le régime favorable de l'assurance-vie, **45305**
afin de taxer le bénéficiaire aux droits de succession sur l'intégralité des capitaux décès. En règle générale, les **contrats visés** présentent deux caractéristiques :
– ils ont été souscrits alors que le souscripteur était malade ou âgé ;
– les primes versées représentaient une fraction importante du patrimoine du souscripteur.

Selon le cas, ces **redressements** sont **fondés sur** l'existence d'une **donation indirecte** ou sur celle d'une **donation déguisée,** constitutive d'un abus de droit (sur ces notions, voir nos 45310 et 45320).

REQUALIFICATION EN DONATION INDIRECTE

Exemples de requalification en donation indirecte Le motif le plus courant de **45310**
redressement est l'existence d'une donation indirecte du souscripteur envers le bénéficiaire.

a. Il peut y avoir donation indirecte lorsque les circonstances dans lesquelles le bénéficiaire a été désigné révèlent l'**intention libérale** du souscripteur et sa **volonté de se dépouiller** de manière irrévocable, même si l'acceptation du bénéficiaire n'est intervenue qu'après le décès de l'assuré. En l'espèce, la clause bénéficiaire avait été modifiée trois jours avant son décès par le souscripteur, qui se savait mourant, au profit de la personne qui était depuis peu sa légataire universelle (Cass. ch. mixte 21-12-2007 n° 06-12.769 FS-PBRI : RJF 3/08 n° 370 obs. B. Hatoux, JCP N 2008 n° 1222 obs. P. Pierre et R. Gentilhomme).

b. Jugé, dans le même sens, que constitue une donation indirecte la **souscription de trois contrats** au profit du même bénéficiaire **par une personne atteinte d'un cancer,** deux semaines après que l'aggravation de son état de santé l'avait conduite à cesser son activité professionnelle et quelques mois seulement avant son décès. La Cour de cassation approuve la cour d'appel d'avoir déduit de ces éléments l'absence d'aléa au moment de la souscription des contrats ainsi que le caractère illusoire de la faculté de rachat et la volonté actuelle et irrévocable du souscripteur de se dépouiller au profit du bénéficiaire (Cass. com. 26-10-2010 n° 09-70.927 F-D : RJF 2/11 n° 245, BPAT 6/10 inf. 362).

c. De même, constitue une donation indirecte le montant d'une **rente viagère promise** à un père par son fils en contrepartie d'une donation d'immeuble **mais non versée** (Cass. com. 20-10-1998 n° 96-20.960 P : RJF 1/99 n° 107 ; BOI-ENR-DMTG-20-10-10 n° 100). La qualification de donation indirecte, retenue par la Cour de cassation, résulte des **circonstances** suivantes :
– le défunt avait fait donation à son fils, 11 ans avant son décès, d'un bien immobilier, moyennant le paiement d'une rente viagère annuelle ;
– les arrérages de cette rente n'avaient jamais été déclarés par le crédirentier au titre des revenus imposables à l'impôt sur le revenu ;
– l'héritier ne justifiait nullement, en dépit de plusieurs demandes du service des impôts, du paiement de la rente viagère annuelle promise à son père.

d. Dans le cas d'une personne ayant souscrit un contrat d'assurance-vie au profit de sa nièce et de l'époux de celle-ci, l'**intention libérale de la donatrice,** et par suite l'existence de la donation indirecte, est établie, dès lors que l'intéressée s'est dépouillée au profit exclusif de sa nièce, qu'elle a instituée légataire à titre universel, et de l'époux de celle-ci, de façon irrévocable, des sommes investies qui, à compter de la signature du contrat les assurant sur la vie, ne pouvaient profiter qu'à eux, établissant ainsi que l'intéressée avait volontairement transmis de son vivant, sans contrepartie, un bien de grande valeur à une nièce (à qui elle avait encore manifesté son affection par des dispositions à cause de mort) et au mari de celle-ci (Cass. com. 1-12-1998 n° 96-16.010 D : RJF 2/99 n° 254 ; BOI-ENR-DMTG-20-10-10 n° 100).

Pour d'autres décisions, rendues en matière civile, voir n° 13645.

> **Précisions** En cas de requalification en donation indirecte, l'administration fiscale ne peut pas appliquer aux bénéficiaires de l'assurance-vie une **majoration** de 40 % **pour manquement délibéré** à leurs obligations déclaratives, dès lors que leur intention d'échapper aux droits de mutation à titre gratuit n'est pas démontrée (CA Versailles 12-10-2021 n° 20/03376 : BPAT 6/21 inf. 268).

45315 **Exemples de non-requalification en donation indirecte** En pratique cependant, les décisions qui concluent à l'existence d'une donation restent peu fréquentes ; une telle qualification suppose en effet d'établir le **défaut d'aléa** dans les rapports entre le souscripteur et le bénéficiaire de la garantie, c'est-à-dire d'établir que, au moment de la rédaction de la clause bénéficiaire (lors de la souscription initiale ou d'une modification ultérieure de la clause), le décès de l'assuré était la seule cause possible de dénouement du contrat. Il faut ensuite établir que les **éléments constitutifs de la donation** (intention libérale, dépouillement irrévocable du donateur et acceptation du bénéficiaire) sont réunis.

Ainsi, il résulte de la jurisprudence que **ne constitue pas une donation indirecte** :

– la **souscription d'un contrat d'assurance-vie conjointement par deux personnes** dès lors que la faculté de rachat dont bénéficiait chaque souscripteur pendant la durée du contrat excluait qu'il se soit dépouillé irrévocablement au sens de l'article 894 du Code civil (Cass. com. 28-6-2005 n° 03-18.397 FS-D : RJF 11/05 n° 1315) ;

– la souscription d'un contrat **au profit de sa nièce par une personne infirme et âgée de 87 ans** (décédée quatre ans après), dès lors notamment que l'existence d'une clause de rachat prouve que la souscriptrice ne s'était pas dessaisie immédiatement et de manière irrévocable avant son décès (CA Paris 21-12-2007 n° 05/24815 : RJF 10/08 n° 1129, BPAT 5/05 inf. 157) ;

– la **modification de la clause bénéficiaire,** accompagnée d'un **nouveau versement important** sur le contrat, effectuée entre deux hospitalisations de la souscriptrice et un mois avant son décès : faute d'apporter des éléments sur l'état de santé de la souscriptrice à la date de la modification du contrat, l'administration ne démontre pas que cette dernière avait connaissance de l'imminence de son décès et qu'elle avait pris des dispositions en considération de cette situation. Il ne peut donc être considéré que la possibilité de rachat offerte par le contrat d'assurance-vie était illusoire et que la libéralité au profit des nouveaux bénéficiaires avait un caractère irrévocable (CA Nancy 8-11-2011 n° 10/02620 : BPAT 1/12 inf. 35) ;

– le **consentement du souscripteur** d'un contrat d'assurance-vie à l'**acceptation du contrat par le bénéficiaire désigné,** faute de renonciation expresse du souscripteur à l'exercice de son droit de rachat révélant sa volonté de se dépouiller de manière irrévocable (Cass. 1e civ. 20-11-2019 n° 16-15.867 FS-PBI : BPAT 1/20 inf. 26, à propos d'un contrat d'assurance-vie mixte accepté avant le 19 décembre 2007 ; voir n° 13645).

REQUALIFICATION EN DONATION DÉGUISÉE

45320 **Fondement de l'abus de droit** L'administration peut mettre en œuvre la procédure de répression des **abus de droit** prévue à l'article L 64 du LPF lorsque la souscription d'un contrat d'assurance-vie peut s'analyser comme une **simulation** ou une **fraude à la loi.** Ainsi, pour pouvoir écarter un acte, l'administration doit, lorsque la charge de la preuve lui incombe, établir que l'acte présente un caractère fictif ou que l'acte, recherchant le bénéfice d'une application littérale des textes ou de décisions à l'encontre des objectifs poursuivis par leurs auteurs, n'a pu être inspiré par aucun motif autre que celui d'éluder ou atténuer les charges fiscales que l'intéressé aurait eu à supporter en l'absence de cet acte.

Dans le cas de l'assurance-vie, la procédure de répression des abus de droit peut notamment être mise en œuvre lorsque le **montant des primes** est **manifestement exagéré** ou lorsque les circonstances de fait révèlent le but exclusivement fiscal de la souscription du contrat. La **sanction** est lourde : les droits de succession rappelés sont majorés d'une pénalité de 40 %, portée à 80 % si l'administration établit que le contribuable est l'instigateur ou le bénéficiaire principal de l'abus de droit (CGI art. 1729), et on voit mal qu'il puisse en aller autrement.

Pour les rectifications notifiées depuis le 1er janvier 2021 relatives à des actes passés ou réalisés depuis le 1er janvier 2020, l'administration peut aussi mettre en œuvre la procédure de répression des abus de droit prévue à l'article L 64 A du LPF. Celle-ci vise les actes qui, « recherchant le bénéfice d'une application littérale des textes ou de décisions à l'encontre des objectifs poursuivis par leurs auteurs, ont pour **motif principal d'éluder** ou d'atténuer **les charges fiscales** que l'intéressé, si ces actes n'avaient pas été passés ou réalisés, aurait normalement supportées eu égard à sa situation ou à ses activités réelles » (LPF art. L 64 A modifié par loi 2018-1317 du 28-12-2018 art. 109 : BPAT 1/19 inf. 1 n° 112).

Sur l'abus de droit fiscal en matière de donation, voir n° 13445.

Application de l'abus de droit à l'assurance-vie Le Comité consultatif pour la répression des abus de droit (devenu depuis le Comité de l'abus de droit fiscal) a rendu plusieurs décisions favorables à l'administration dans des espèces caricaturales, marquées par la **participation active du bénéficiaire** à la souscription ou à l'abondement in extremis du contrat. À titre d'**exemple,** l'affaire 1999-18 (BOI 13-L-2-02) : dans la semaine ayant précédé le décès de sa mère, un fils avait vendu 98 % des actifs financiers de cette dernière pour les réinvestir dans trois contrats d'assurance-vie qu'il avait souscrits au nom de sa mère et dont il était le bénéficiaire. Le Comité a considéré que la souscription des contrats avait pour but exclusif de soustraire la totalité des actifs imposables de la succession et donc d'éluder les droits de mutation par décès. **45325**

Même en l'**absence de participation active du bénéficiaire,** il arrive que l'administration fiscale invoque l'abus de droit lorsque le contrat a été souscrit (ou massivement abondé) peu de temps avant le décès du souscripteur qui y a investi une fraction importante de son patrimoine. En pratique, ces redressements sont de plus en plus rares : l'administration se place plutôt aujourd'hui sur le terrain de la donation indirecte. **45330**

Le seul avis à notre connaissance rendu par le Comité consultatif pour la répression des abus de droit a débouté l'administration, qui s'est rangée à cet avis. En l'espèce, un nonagénaire avait souscrit un contrat d'assurance-vie d'une durée de huit ans, sur lequel il avait versé une prime unique de 23 000 €. Le bénéficiaire en cas de décès était son neveu, qui était également son héritier. Le Comité a conclu à l'absence d'abus : en dépit du mauvais état de santé du souscripteur (décédé un mois après la souscription), aucun élément ne permettait d'établir que son décès était prévisible lors de la conclusion du contrat. Le défaut d'aléa du contrat n'était pas démontré par l'administration (aff. 2006-06 : BOI 13 L-6-07).

La Cour de cassation ne s'est pas prononcée sur la validité de ces redressements, qui reposent implicitement sur la requalification en donation déguisée. Les cours d'appel sont divisées.

ILLUSTRATIONS

1. La cour d'appel de Paris a écarté l'abus de droit dans une espèce où un homme de 56 ans, gravement malade, avait souscrit au profit de son épouse un contrat sur lequel il avait versé 300 000 €. L'homme étant décédé dix jours plus tard, l'administration estimait que l'opération constituait en réalité une donation déguisée du montant de la prime. Le redressement a été annulé par la cour d'appel, qui a jugé que l'administration n'apportait pas la **preuve** (qui lui incombait, en l'absence de saisine du Comité consultatif pour la répression des abus de droit) du but exclusivement fiscal de la souscription (CA Paris 19-9-2008 n° 06/13320 : RJF 3/09 n° 296, BPAT 2/09 inf. 74) :
– le décès à bref délai du souscripteur n'était pas prévisible (selon les éléments médicaux recueillis) ;
– le souscripteur bénéficiait d'une faculté de rachat et pouvait modifier la clause bénéficiaire (contrat non accepté par l'épouse) et il n'était pas établi qu'il pensait ne jamais pouvoir utiliser ces prérogatives ;
– le souscripteur s'était toujours préoccupé de prendre des dispositions patrimoniales, et la souscription du contrat lui avait été conseillée dans ce cadre.

2. La cour d'appel de Douai a jugé qu'il y a abus de droit lorsque le **contrat a été souscrit le lendemain de l'hospitalisation de la souscriptrice,** très peu de temps avant son décès qu'elle savait devoir être proche, et pour un montant représentant 77,5 % de ses actifs (CA Douai 29-9-2003 n° 02/2277 : RJF 7/04 n° 813).

3. La cour d'appel de Reims a également considéré que la souscription du contrat d'assurance-vie constituait un abus de droit dans les circonstances suivantes :
– le **contrat** avait été **souscrit précipitamment,** alors que la souscriptrice se trouvait hospitalisée depuis plusieurs jours ;
– l'**aléa,** élément constitutif du contrat d'assurance-vie, était **inexistant,** s'agissant d'une vieille dame âgée de 85 ans et très malade ;
– aucun **certificat médical** n'était venu étayer l'affirmation selon laquelle la souscriptrice était sur le point de sortir de l'hôpital (CA Reims 26-1-2006 n° 04-2478 : RJF 7/06 n° 951).

B. Transmission d'entreprise sociétaire

INCITATION FISCALE À LA TRANSMISSION

45375 En application de l'article 787 B du CGI, la transmission à titre gratuit d'actions ou de parts sociales peut être exonérée de droits de **succession** ou de **donation** à concurrence des **trois quarts** de leur valeur sans limitation de montant.

Ce régime d'exonération partielle, dit **pacte ou engagement Dutreil,** permet de réduire sensiblement les droits dus lors de la transmission par succession ou par donation d'une société, y compris en dehors du cercle familial. Déjà modifié à plusieurs reprises depuis sa création, le régime Dutreil a fait l'objet d'**aménagements substantiels** dans le cadre de la loi de finances pour 2019 (Loi 2018-1317 du 28-12-2018 art. 40). L'administration a commenté ces aménagements dans une mise à jour **Bofip** du 21 décembre 2021 (BOI-ENR-DMTG-10-20-40-10 ; BOI-ENR-DMTG-10-20-40-20).

1. CHAMP D'APPLICATION DE L'EXONÉRATION

45380 L'exonération partielle Dutreil prévue en faveur des entreprises sociétaires s'applique en principe quels que soient la **forme** (SA, SAS, SARL, société civile, etc.), le **régime fiscal** (IR ou IS) et la **nationalité** de la société dont les titres sont transmis.

Les sociétés sans personnalité morale telles que les **sociétés en participation** et les **sociétés créées de fait** sont exclues du dispositif. Mais l'administration admet qu'une société sans personnalité morale peut bénéficier de l'exonération partielle lorsque l'acte constitutif de cette société a été enregistré ou, à défaut d'acte, lorsque sa formation a été déclarée à l'administration fiscale en application de l'article 638 A du CGI. Dans ce cas, l'exonération ne s'applique qu'à la valeur des droits sociaux transmis, à l'exclusion des biens détenus par les associés (individuellement ou en indivision) et mis à la disposition de la société sans personnalité morale (BOI-ENR-DMTG-10-20-40-10 n° 10).

Les titres des **sociétés étrangères** peuvent être exonérés lorsque les conditions fixées par l'article 787 B du CGI sont respectées. Dans ce cas, les conditions d'application du dispositif sont identiques à celles exigées pour les transmissions de titres de sociétés françaises (BOI-ENR-DMTG-10-20-40-10 n° 30).

Les transmissions de titres à un **fonds de pérennité** peuvent bénéficier sous conditions de l'exonération partielle (CGI art. 787 B, al. 1). Il en est de même des **transmissions par décès** bénéficiant **à une personne morale.** En revanche, en cas de **donation,** l'administration exclut qu'une personne morale (autre qu'un fonds de pérennité) puisse avoir la qualité de bénéficiaire pour l'application du dispositif Dutreil (BOI précité n° 1).

SOCIÉTÉS EXERÇANT UNE ACTIVITÉ ÉLIGIBLE

45385 **Définition des sociétés d'exploitation** Sont considérées comme des **sociétés exploitantes** les sociétés ayant une **activité** industrielle, commerciale, artisanale, agricole ou libérale, à l'exclusion des activités de nature civile. Selon l'administration, la nature de ces activités doit s'apprécier au regard des **critères** applicables en matière d'impôt sur la fortune immobilière. Sont donc regardées comme activités commerciales les activités mentionnées aux articles 34 et 35 du CGI, à l'**exclusion** des activités de gestion par une société de son propre patrimoine immobilier.

Les activités de construction-vente d'immeubles ou de marchand de biens sont par exemple éligibles. Selon l'administration, sont en revanche **exclues** (BOI-ENR-DMTG-10-20-40-10 n° 15) :

– les activités de location de locaux nus, quelle que soit l'affectation des locaux ;
– les activités de location de locaux meublés à usage d'habitation ;
– les activités de loueurs d'établissements commerciaux ou industriels munis du mobilier ou du matériel nécessaire à leur exploitation (voir n° 45390) ;
– les activités de promotion en restauration de son patrimoine immobilier, consistant à faire effectuer des travaux sur ses immeubles.

Sont également exclues les activités de **gestion** par une société de son portefeuille de valeurs mobilières. Cependant, les titres de sociétés **holdings** peuvent bénéficier de l'exonération partielle lorsque ces dernières peuvent être qualifiées de « sociétés interposées » (n° 45405) ou de « sociétés animatrices » (n°s 45410 s.).

À noter également que les parts ou actions déposées sur un **compte PME innovation** ou souscrites dans ce même compte ne peuvent pas faire l'objet d'un engagement collectif de conservation (C. mon. fin. art. L 221-32-5, IV-C-3). Le non-respect de cette condition par l'un des signataires entraîne la remise en cause de l'exonération partielle dont il a bénéficié (CGI art. 787 B, d bis).

Sur la définition des activités commerciales éligibles dans le cadre du projet de loi de finances pour 2024, voir n° 45390.

ATTENTION

La **distinction entre l'activité de marchand de biens et** celle de **gestion patrimoniale** est parfois délicate. Lorsque les immeubles acquis par la société sont principalement cédés à des membres de la famille des associés et en l'absence de caractère habituel des opérations, les sociétés dont les titres sont transmis n'exercent pas d'activité commerciale au jour des donations de sorte que l'exonération prévue à l'article 787 B du CGI ne peut pas s'appliquer (CA Paris 21-2-2022 n° 20/08155 : BPAT 3/22 inf. 151 – sur la censure de cette décision par la chambre commerciale de la Cour de cassation, voir n° 45390).

Cas particulier de l'activité de location meublée ou équipée L'**administration** exclut de l'exonération partielle les activités des loueurs en meublé et des loueurs d'établissements commerciaux ou industriels équipés (BOI-ENR-DMTG-10-20-40-10 n° 15 ; voir n° 45385). **45390**

Mais la **Cour de cassation** a censuré, au visa des articles 787 B et 35, I, 5° du CGI, l'arrêt de la cour d'appel de Paris ayant refusé d'appliquer le dispositif de l'article 787 B à la transmission de parts d'une société n'exerçant pas véritablement une activité de marchand de biens (CA Paris 21-2-2022 précité n° 45385). Elle considère que la cour d'appel aurait dû rechercher, comme elle y était invitée, si, à la date des donations-partages, la société dont les parts avaient été transmises n'exerçait pas aussi l'activité commerciale de loueur d'établissements commerciaux ou industriels munis d'équipements nécessaires à leur exploitation ; cette activité étant susceptible de rendre la transmission éligible au régime de faveur de l'article 787 B (Cass. com. 1-6-2023 n° 22-15.152 F-D : SNH 22/23 inf. 3).

En ne se référant qu'à la définition des bénéfices industriels et commerciaux (CGI art. 35, I, 5°) pour apprécier le caractère commercial de l'activité exercée, la Cour de cassation semble s'affranchir de la **doctrine administrative** qui, en renvoyant aux textes afférents à l'assiette de l'IFI (CGI art. 965 et 966), écarte toutes les activités de gestion de son propre patrimoine immobilier, y compris celles mentionnées à l'article 34 ou à l'article 35 du CGI et donc, plus particulièrement, celles de loueurs d'établissements commerciaux ou industriels munis du mobilier ou du matériel nécessaire à leur exploitation, comme celles de location de locaux meublés à usage d'habitation (sur cette doctrine administrative, voir n° 45385).

Certains auteurs approuvent pleinement la solution rendue et considèrent qu'elle doit être étendue aux parts ou actions de sociétés ayant pour activité la location de locaux meublés à usage d'habitation, visée par l'article 35, I-5° bis du CGI (J.-F. Desbuquois : Revue fiscale du patrimoine 7-8/2023, n° 8 ; Emmanuel Cruvelier : Dalloz actualité 28-6-2023).

Toutefois, la portée de la solution retenue doit être mesurée avec prudence. Selon certains auteurs, elle ne s'appliquerait pas aux titres de sociétés « qui ne constitueraient pas de véritables entreprises, seules visées par le régime d'exonération Dutreil » (François Fruleux : JCP N 2023, act. 751 ; dans le même sens Suzie Bradburn : Droit fiscal 2023, act. 215, n° 11 qui estime même la solution retenue par la Cour de cassation contraire à l'esprit de l'article 787 B du CGI et à l'objectif poursuivi par ses auteurs).

Le **Conseil d'État** estime quant à lui qu'aucune disposition légale ne permet de dénier de manière générale à la location de locaux meublés à usage d'habitation le caractère d'activité commerciale au sens des articles 787 B et 787 C du CGI (CE 29-9-2023 n° 473972 : SNH 33/23 inf. 1).

La **définition de l'activité commerciale** suscite de nombreux contentieux. Afin d'y mettre un terme tout en tenant compte de la jurisprudence selon laquelle tant les activités de location de locaux meublés ou d'établissements commerciaux ou industriels munis d'équipements nécessaires à leur exploitation que celle des holdings mixtes ne peuvent être par principe exclues du bénéfice du Dutreil-transmission, le **projet de loi de finances pour 2024** prévoit une légalisation de la doctrine. Ainsi :

– les activités commerciales seraient définies par renvoi aux articles 34 et 35 du CGI,

– et l'activité de gestion de son propre patrimoine mobilier ou immobilier serait par principe exclue à l'exception des holdings ayant pour activité principale la participation active à la conduite de la politique de leur groupe constitué de sociétés contrôlées directement ou indirectement, exerçant une activité industrielle, commerciale, artisanale, agricole ou libérale, et auxquelles elles rendent, le cas échéant et à titre purement interne, des services spécifiques, administratifs, juridiques, comptables, financiers et immobiliers.

Cette disposition s'appliquerait aux transmissions intervenues à compter du 17 octobre 2023 (Projet de loi de finances pour 2024 sur lequel le Gouvernement a engagé sa responsabilité le 17-10-2023 art. 3 vicies).

ATTENTION

L'activité de **promotion immobilière** ne figure pas parmi les activités exclues du régime Dutreil par l'administration à la différence de la **promotion en restauration** consistant à faire effectuer des travaux sur ses immeubles et considérée, à ce titre, comme une activité de gestion de son propre patrimoine. Si les activités de promotion en restauration de son patrimoine immobilier sont exclues du régime Dutreil par l'administration, le fait que les activités de construction-vente d'immeubles soient éligibles donne à penser que la transmission de titres d'une société exerçant l'activité de promotion immobilière peut être exonérée (en ce sens, G. Dumont, S. Lerond, A. Dupire : Nouvelle refonte du Bofip sur le régime Dutreil-Transmission : FR 5/22 inf. 4 n° 4).

45395 **Pluralité d'activités** Les sociétés exerçant plusieurs activités de nature industrielle, commerciale, artisanale, agricole ou libérale entrent dans le champ d'application de l'exonération Dutreil et il est tenu compte de l'ensemble des activités concernées pour l'appréciation de leur caractère prépondérant. L'administration admet également que l'**abandon d'activités et** l'**exercice d'activités nouvelles** pendant la durée des engagements de conservation des titres sont possibles, pourvu que la condition tenant à l'exercice d'une activité éligible soit respectée (BOI-ENR-DMTG-10-20-40-10 n°s 20 et 25).

La condition d'exercice par la société d'une activité éligible doit être respectée **à partir de** la conclusion de l'engagement collectif ou unilatéral et **jusqu'au** terme des engagements individuels de conservation (CGI art. 787 B, c bis). Sur l'entrée en vigueur de cette condition de permanence de l'activité, voir n° 45417.

CONSEIL

La possibilité de bénéficier de l'exonération partielle des droits de mutation à titre gratuit peut être un argument en faveur de l'**inscription des biens immobiliers à l'actif** d'une société « exploitante » (ou d'une société mixte exerçant une activité professionnelle prépondérante : n° 45400). Cette inscription augmente en effet la valeur des titres de la société ouvrant droit à l'abattement de 75 %. En revanche, la transmission des immeubles détenus en direct par un (ou plusieurs) associé(s), ou par le biais d'une société de gestion mobilière sera imposée à 100 %, au lieu de 25 %.

SOCIÉTÉS EXERÇANT UNE ACTIVITÉ MIXTE

45400 Les titres de sociétés ayant une activité mixte, c'est-à-dire exerçant à la fois une ou plusieurs des activités visées par l'article 787 B (n° 45385) et une ou plusieurs autres activités non éligibles, peuvent bénéficier de l'exonération partielle dès lors que l'**exercice de l'activité** industrielle, commerciale, artisanale, agricole ou libérale est **prépondérant** (BOI-ENR-DMTG-10-20-40-10 n° 20).

La prépondérance s'apprécie en considération d'un **faisceau d'indices** déterminés d'après la nature de l'activité et les conditions de son exercice (CE 23-1-2020 n° 435562 : RJF 4/20 n° 405 ; BOI précité n° 20).

L'administration admet toutefois **à titre de règle pratique,** qu'une société exerce une activité industrielle, commerciale, artisanale, agricole ou libérale de façon prépondérante lorsque le **chiffre d'affaires** procuré par cette activité représente au moins 50 % du montant de son chiffre d'affaires total et que la valeur vénale de l'**actif brut immobilisé et circulant** affecté à cette activité représente au moins 50 % de la valeur vénale de son actif brut total.

Si une **société exerce plusieurs activités** ayant le caractère d'activité industrielle, commerciale, artisanale, agricole ou libérale, il est tenu compte de l'ensemble de ces activités pour l'appréciation de leur caractère prépondérant et pour l'application de la règle pratique admise par l'administration (BOI précité n° 20).

La société doit vérifier la **condition tenant à la nature et au caractère prépondérant de l'activité** pendant toute la durée de l'engagement collectif, le cas échéant unilatéral, et de l'engagement individuel de conservation (CGI art. 787 B, c bis). L'abandon d'activités et l'exercice d'activités nouvelles pendant cette durée sont possibles, pourvu que cette condition soit respectée (BOI précité n° 25). Sur l'**entrée en vigueur** de cette condition de permanence de l'activité, voir n° 45417.

ATTENTION

C'est la **valeur vénale,** et non la valeur comptable des actifs, qui doit être retenue pour l'appréciation du caractère prépondérant de l'activité professionnelle. Il doit être tenu compte de la valeur de l'**actif circulant** de la société. L'évaluation de l'actif circulant (et notamment de la trésorerie) de la société doit être effectuée avec prudence. Une trésorerie excessive ou inutile à l'activité prépondérante pourrait exclure le bénéfice de l'exonération (voir n° 45990).

SOCIÉTÉS « INTERPOSÉES »

L'exonération partielle de droits de mutation s'applique également aux titres de sociétés interposées, c'est-à-dire de sociétés détenant directement ou indirectement (par l'intermédiaire d'une autre société) une participation dans une ou plusieurs sociétés exerçant une activité industrielle, commerciale, artisanale, agricole ou libérale. 45405

L'exonération partielle s'applique en cas de **simple ou** de **double niveau d'interposition** mais elle ne peut s'appliquer au-delà de deux degrés d'interposition (CGI art. 787 B, b-3).

En ce qui concerne les **conditions d'application** ainsi que la **portée** de l'exonération partielle dans le cadre de titres de sociétés interposées, voir respectivement n°s 45500 s. et 45710 s.

SOCIÉTÉS « HOLDINGS ANIMATRICES »

Contrairement aux titres de sociétés holdings « passives », simples gestionnaires d'un portefeuille de titres, qui ne peuvent bénéficier du dispositif Dutreil faute d'exercer une activité industrielle, commerciale, artisanale, agricole ou libérale, les titres de sociétés holdings animatrices de leur groupe de sociétés peuvent bénéficier de l'exonération partielle. L'exonération ne pourra cependant s'appliquer que si le groupe animé exerce, par l'intermédiaire des sociétés qui le composent, une ou plusieurs activités éligibles : activité industrielle, commerciale, artisanale, agricole ou libérale (BOI-ENR-DMTG-10-20-40-10 n° 55). 45410

Sont considérées comme « animatrices », selon une doctrine administrative ancienne confirmée par la jurisprudence et par le législateur (en dernier lieu, CGI art. 966, II applicable en matière d'IFI), les sociétés qui, outre la gestion d'un portefeuille, utilisent leur participation dans le cadre d'une **activité qui mobilise des moyens spécifiques.** Pour ouvrir droit au bénéfice de l'exonération partielle, ces sociétés doivent avoir pour **activité principale** :

– la **participation active à la conduite de la politique de leur groupe** et au **contrôle** de leurs **filiales** exerçant une ou plusieurs activités commerciales, industrielles, artisanales, agricoles ou libérales (condition principale et essentielle) ;

– et, le cas échéant et à titre purement interne, la **fourniture** à ces filiales **de services spécifiques,** administratifs, juridiques, comptables, financiers ou immobiliers.

Il est admis qu'un groupe de sociétés peut comporter **deux sociétés animatrices** dont l'une détenue par le contribuable anime une seconde société elle-même animatrice de son groupe de filiales (Cass. com. 3-1-2018 n° 16-17.938 F-D : RJF 6/18 n° 688 ; CA Reims 12-9-2023 n° 22/01208 : SNH 34/23 inf. 5).

Se fondant sur la jurisprudence du Conseil d'État et de la Cour de cassation (voir Illustrations ci-dessous et n° 45415), l'administration indique que le **caractère principal de l'activité d'animation** de groupe d'une société holding doit être retenu **notamment** lorsque la valeur vénale des titres de ses filiales exerçant une activité commerciale, industrielle, artisanale, agricole ou libérale représente plus de la moitié de son actif total (BOI-ENR-DMTG-10-20-40-10 n° 55). La qualification de société animatrice est ainsi refusée à une société dont la valeur des filiales est résiduelle par rapport à la valeur de l'ensemble de ses actifs (Cass. com. 11-10-2023 n° 21-24.760 F-D).

Le caractère animateur de la société holding s'apprécie au moment de la conclusion du pacte, ou de la transmission en cas d'engagement réputé acquis, et doit être respecté jusqu'au terme des engagements de conservation (CGI art. 787 B, c bis : BOI-ENR-DMTG-10-20-40-10 n° 55). Cette disposition prive d'effet la décision de la Cour de cassation qui estimait que la **perte de sa fonction d'animation** par une société avant l'expiration du délai légal de conservation n'était pas de nature à entraîner la remise en cause de l'exonération (Cass. com. 25-5-2022 n° 19-25.513 F-B : RJF 8-9/22 n° 800).

Sur l'entrée en vigueur de cette condition de permanence de l'activité, voir n° 45417.

ILLUSTRATIONS

1. Le caractère animateur est établi par les circonstances suivantes (Cass. com. 27-9-2005 n° 03-20.665 FS-PB : RJF 1/06 n° 100) :

– **rôle essentiel du dirigeant** de la société holding auprès des filiales du groupe, démontré par les comptes rendus des conseils d'administration et le rapport des commissaires aux comptes ;

– **prestations de services rendues aux filiales** consistant à étudier et à conseiller les investissements assurant la croissance externe du groupe ou les réorientations stratégiques.

2. La qualification de société animatrice doit être reconnue aux sociétés dont l'**activité principale ou prépondérante** (donc non nécessairement exclusive) consiste à animer leurs participations. Cette qualification est alors retenue pour l'ensemble des participations et permet donc d'appliquer l'exonération partielle aux titres transmis pour leur valeur entière, c'est-à-dire en tenant compte de l'ensemble des actifs de la société holding et donc le cas échéant de participations détenues dans des sociétés n'exerçant pas une activité éligible (CE plén. 13-6-2018 n°s 395495, 399121, 399122 et 399124 : RJF 10/18 n° 965 ; Cass. com. 19-6-2019 n° 17-20.560 F-D : RJF 11/19 n° 1093). C'est là un avantage de la qualification de société animatrice sur la qualification de société interposée.

45415 Les **sociétés** holdings **qui ne réunissent pas les conditions** mentionnées n° 45410 ne peuvent pas, en tant que telles, bénéficier de l'exonération partielle. Tel est le cas, par exemple :
– d'une société holding animatrice dont l'**activité civile** (gestion de valeurs mobilières) est **prépondérante** (Cass. com. 14-10-2020 n° 18-17.955 FS-PB : RJF 1/21 n° 92). Il résulte de cette décision que le caractère principal de l'activité d'animation est démontré **notamment** lorsque la valeur vénale, au jour de la transmission, des titres des filiales exerçant une activité éligible détenus par la société holding, représente plus de la moitié de son actif total. Seules peuvent être prises en compte pour apprécier la prépondérance de l'activité d'animation d'une holding mixte les **participations dans des filiales opérationnelles** dont l'animation effective est avérée au jour de la transmission, à l'exclusion des participations minoritaires dans des filiales non animées. Lorsque le critère de la valeur vénale des participations animées est insuffisant pour caractériser la prépondérance de l'activité d'animation, il convient – à titre subsidiaire – de rechercher si d'**autres actifs de la société holding,** immobilisés ou circulants sont affectés à l'animation des filiales et peuvent être retenus au numérateur du ratio de prépondérance de l'activité d'animation (CA Paris 24-10-2022 n° 21/00555 : RJF 2/23 n° 161) ;
– d'une société dont les associés principaux prétendaient établir le rôle animateur en produisant une **convention d'animation et de prestations de services** qui n'avait **pas** été **enregistrée** au 1er janvier des années d'imposition en litige et qui n'était accompagnée d'aucun autre élément matériel révélant l'animation (CA Lyon 24-11-2020 n° 19/03679 : RJF 3/21 n° 322) ;
– d'une société holding qui ne contrôle **aucune filiale opérationnelle,** même s'il s'agit d'une société « potentiellement animatrice » ou démarrant une activité d'animation. La société doit **concrètement mettre en œuvre** les moyens d'exercer son rôle d'animation. Les **attestations** émises par la société certifiant sa qualité de société holding animatrice ainsi que le montant investi ne suffisent pas à démontrer que les conditions exigées sont réunies et ne s'imposent pas à l'administration (Cass. com. 3-3-2021 n° 19-22.397 FS-PR : RJF 1/22 n° 90 ; décision concernant l'ancienne réduction ISF-PME mais transposable au régime Dutreil) ;
– d'une société holding liée à ses filiales par une **convention d'assistance administrative, financière et commerciale** prévoyant qu'elle apporte à ces filiales une assistance en matière notamment de diffusion publicitaire, de marketing, d'études de marché, politiques d'achats, relations extérieures, communications et définition de la stratégie commerciale. Cette convention stipule que pour la réalisation des prestations ainsi définies la société holding ne peut prendre **aucune décision pour le compte des filiales,** à moins d'y avoir été expressément autorisée au préalable par écrit. Le rôle ainsi dévolu à la société holding se limitant à une simple assistance et excluant toute prise de décision pour le compte des filiales, elle ne pouvait apporter la preuve de sa participation active à la conduite de la politique de leur groupe et au contrôle des filiales (CA Colmar 29-4-2021 n° 13/2021 : SNH 17/21 inf. 5) ;
– d'une société holding dont aucun rôle réel d'animation ne ressort de l'analyse des **conventions d'animation** la liant à ses filiales. Cette société ne dispose pas des **moyens humains** pour assurer, à l'égard des filiales, l'ensemble des fonctions de support, d'assistance et de conseil prévues par les conventions, les procès-verbaux du conseil de surveillance de la société holding ne font que relater, dans un style impersonnel, les éléments des comptes de gestion ainsi que la présentation des comptes annuels des filiales et les rapports annuels de gestion n'attestent pas du **caractère effectif de l'animation** de la société holding (Cass. com. 23-6-2021 n° 19-16.351 F-D : SNH 24/21 inf. 4) ;
– d'une société holding qui impose à ses filiales des statuts types, la forme de société par actions simplifiée, un **contrat d'animation** détaillant les prestations fournies moyennant rémunération et un pacte d'actionnaires type dès lors que, notamment : les contrats d'animation conclus ne sont étayés d'aucune **réalisation concrète,** les procès-verbaux des comités de direction des filiales mentionnent la présence de membres de la holding sans relever d'**initiatives de pilotage** propres à ces participants, le droit de veto reconnu à la holding dans le pacte d'actionnaires n'induit aucunement la **mise en place d'une stratégie** mais institue un droit d'opposition aux actions développées par d'autres (CA Paris 5-9-2022 n° 21/08463 : RJF 1/23 n° 72 ; décision rendue pour l'application de l'ancienne réduction ISF-PME mais transposable au régime Dutreil) ;
– d'une société holding qui ne **participe pas activement à la conduite de la politique de son groupe** ainsi qu'au **contrôle de ses filiales** dès lors que : la **convention d'animation** et de prestations de services liant la société holding à l'ensemble de ses filiales est insuffisante

pour rapporter, à elle seule, la preuve du rôle d'animation effective joué par cette société ; la mention, figurant dans les rapports de gestion selon laquelle l'activité des filiales a été exercée conformément aux **orientations stratégiques** de la société holding, ne contient aucune précision concernant ces orientations et s'apparente davantage à une clause de style à des fins d'exonération fiscale ; aucun document n'est produit concernant le contenu des prétendues orientations stratégiques définies par la société holding et leur diffusion auprès des filiales (Cass. com. 15-3-2023 n° 21-10.244 F-D : RJF 6/23 n° 504 ; décision rendue en matière d'ISF mais transposable au régime Dutreil) ;

– d'une société n'ayant acquis son unique filiale et conclu avec elle une convention d'animation que quelques jours après son immatriculation et quelques jours avant la donation-partage de ses titres, sans que le donataire n'établisse d'interventions de la société holding dans la détermination des **options stratégiques ou opérationnelles** de la filiale avant la transmission de ses titres (Cass. com. 11-5-2023 n° 21-16.924 F-D : RJF 8-9/23 n° 671).

Cependant, les sociétés concernées peuvent éventuellement être considérées comme des **sociétés interposées** (n° 45405).

CONSEIL

Les contribuables et leurs conseils doivent retenir de la jurisprudence relative à la preuve du rôle animateur des sociétés holdings l'importance que l'administration fiscale et le juge attachent aux **conventions d'animation et d'assistance** conclues par les sociétés du groupe. Il convient d'apporter la plus grande attention à la rédaction de ces conventions pour pouvoir conforter et démontrer, en cas de contrôle, la réalité du rôle animateur de la société holding vis-à-vis de ses filiales. Et au-delà de la rédaction même des conventions, il est indispensable qu'elles soient suivies d'effets et **mises en œuvre concrètement.** Il est aussi possible de créer, au niveau de la société holding, un **organe dédié à l'élaboration d'une politique d'animation** dans lequel seront représentées les filiales animées et, au niveau de celles-ci, des organes chargés de la mise en œuvre de cette politique (la société holding pourra y être représentée si elle ne dirige pas les filiales). Les travaux de ces différents organes contribueront à démontrer la réalité des services rendus par la société holding et feront l'objet de procès-verbaux ou de comptes-rendus détaillés.

CONDITION DE PERMANENCE DE L'ACTIVITÉ ÉLIGIBLE

La condition d'exercice par la société d'une activité éligible doit être satisfaite à compter de la conclusion de l'engagement collectif ou unilatéral et jusqu'au terme des engagements individuels de conservation. Pour les engagements post mortem, cette condition doit être remplie au moment de la transmission et pour les engagements réputés acquis, cette condition doit être remplie depuis au moins deux ans au moment de la transmission (CGI art. 787 B, c bis). **45417**

La condition relative à la permanence de l'activité s'applique aux **transmissions intervenues à compter du** 18 juillet 2022 ainsi qu'à celles intervenues avant cette date si l'un des engagements de conservation (collectif, unilatéral ou individuel) est en cours et que la société exploitante n'a pas cessé d'exercer une activité industrielle, commerciale, artisanale ou agricole.

Pour les **transmissions intervenues avant le** 18 juillet 2022 portant sur des titres toujours soumis à un engagement de conservation, la condition de permanence de l'activité éligible ne s'imposerait pas aux sociétés ayant cessé d'exercer une activité opérationnelle avant le 18 juillet 2022.

Il est regrettable que ni le législateur ni l'administration n'aient précisé ce qu'il adviendrait de l'exonération en cas d'interruption involontaire de l'activité éligible.

SOCIÉTÉS DONT LES TITRES SONT DÉMEMBRÉS

Le régime de faveur prévu par l'article 787 B s'applique également en cas de donation de droits sociaux avec **réserve d'usufruit,** à condition toutefois que les **droits de vote** de l'usufruitier soient **limités dans les statuts** aux seules décisions concernant l'**affectation des « bénéfices »** (CGI art. 787 B, i). Cette condition n'est pas remplie lorsque la restriction des droits de vote de l'usufruitier n'est actée que dans un procès-verbal d'assemblée générale (CA Paris 6-3-2017 n° 14/08101 : Sol. Not. 5/17 inf. 125). En revanche, la limitation statutaire peut ne concerner que les droits de vote attachés aux titres transmis en exonération partielle si cette partie inclut l'ensemble des titres dont la nue-propriété est transmise sous le bénéfice de l'exonération partielle de droits de mutation à titre gratuit. Dans ce cas, ne bénéficie de l'exonération partielle, toutes conditions par ailleurs remplies, que la transmission des titres démembrés pour lesquels les droits de vote de l'usufruitier sont statutairement limités aux décisions concernant l'affectation des bénéfices. **45420**

Cette limitation des droits de l'usufruitier n'est pas applicable lorsque le donateur **transmet l'usufruit** de ses titres et se réserve la nue-propriété ou lorsqu'il se défait de la pleine propriété des titres en transmettant l'usufruit de ses titres à un donataire et la nue-propriété à un autre (BOI-ENR-DMTG-10-20-40-10 n° 300). Voir ci-dessous Précisions, d, à propos du refus de la qualité d'associé à l'usufruitier des titres.

En présence de **société interposée,** les statuts devant comporter cette restriction sont ceux de la société dont les titres sont transmis et non ceux de la société dont les titres sont soumis à l'engagement collectif ou unilatéral de conservation (titres de la société exploitante) (BOI-ENR-DMTG-10-20-40-10 n° 300).

En pratique, et si nécessaire, il conviendra de modifier les statuts avant la conclusion de l'engagement collectif ou unilatéral de conservation. Le notaire doit s'assurer au jour de la donation que les statuts ont effectivement été modifiés ; à défaut, sa responsabilité peut être engagée (CA Paris 27-9-2017 n° 16/17223 : BPAT 6/17 inf. 236).

> **Précisions** **a.** L'usufruitier ne pouvant voter que sur l'affectation du résultat, c'est le nu-propriétaire qui participera aux décisions visant à **prélever un dividende sur les réserves** (sur les conséquences patrimoniales et fiscales de telles distributions, voir Cass. com. 27-5-2015 n° 14-16.246 FS-PBRI : RJF 8-9/15 n° 737, Sol. Not. 7/15 n° 140 ; Cass. com. 24-5-2016 n° 15-17.788 FS-PB : RJF 8-9/16 n° 763, BPAT 4/16 inf. 168 ; Cass. 1e civ. 22-6-2016 n° 15-19.471 F-PB : BPAT 5/16 inf. 200).

Bien que les droits conservés par l'usufruitier soient ici des plus réduits, l'administration fiscale admet, dans un souci de simplification, que l'exonération partielle puisse s'appliquer à la valeur de la nue-propriété des titres déterminée par application du barème de l'article 669 du CGI (BOI-ENR-DMTG-10-20-40-10 n° 300).

b. Lorsqu'une donation de titres avec **réserve d'usufruit** intervient dans le cadre d'un engagement Dutreil, la réduction de droit de 50 % prévue par l'article 790 du CGI lorsque le donateur a moins de 70 ans (n° 45735) n'est pas applicable (BOI-ENR-DMTG-20-30-20-50 n° 35).

c. Dans l'hypothèse d'une donation de la nue-propriété de titres pour lesquels l'**usufruit** a été **transmis temporairement** avant la conclusion d'un engagement collectif ou unilatéral de conservation **à un tiers** (non-partie à la donation), les statuts doivent être modifiés afin de limiter dans les mêmes conditions les droits de vote que le donateur retrouvera, le cas échéant, au terme de l'usufruit temporairement transmis (BOI-ENR-DMTG-10-20-40-10 n° 300).

d. Si l'administration admet la possibilité de donner **l'usufruit** de droits sociaux, elle pourrait être amenée à revoir sa position dès lors que la Cour de cassation réserve la **qualité d'associé** au seul nu-propriétaire de parts sociales ou d'actions en se fondant sur l'article 578 du Code civil selon lequel l'usufruit est le droit de jouir des choses dont un autre a la propriété, comme le propriétaire lui-même (Cass. com. avis 1-12-2021 n° 20-15.164 FS-D : BPAT 1/22 inf. 47 ; Cass. 3e civ. 16-2-2022 n° 20-15.164 FS-B : BPAT 2/22 inf. 104). Il s'ensuit notamment que la cession de l'usufruit de droits sociaux, qui n'emporte pas mutation de la propriété des droits sociaux, n'est pas soumise au droit d'enregistrement applicable aux cessions de droits sociaux (Cass. com. 30-11-2022 n° 20-18.884 FS-B : RJF 2/23 n° 160).

Le fait que le nu-propriétaire ne transfère pas la propriété de ses droits sociaux au donataire pourrait également conduire à écarter l'application du dispositif Dutreil.

2. CONDITIONS DE L'EXONÉRATION

CONSERVATION DES TITRES ET ACTIVITÉ PROFESSIONNELLE

45450 Le CGI subordonne l'exonération partielle de droits de mutation à plusieurs conditions. Les titres dont la transmission est envisagée doivent d'abord avoir fait l'objet d'un **engagement collectif ou unilatéral de conservation** en cours au jour de la transmission. Chacun des héritiers, donataires ou légataires doit ensuite prendre l'**engagement individuel,** pour lui et ses ayants cause à titre gratuit, de conserver durablement les titres transmis. Enfin, l'un des associés signataires de l'engagement collectif ou de l'engagement individuel de conservation doit exercer effectivement dans la société dont les parts ou actions font l'objet de l'engagement collectif de conservation son **activité professionnelle** principale ou une fonction de direction.

a. Engagement collectif ou unilatéral de conservation

SIGNATAIRES DE L'ENGAGEMENT COLLECTIF OU UNILATÉRAL

45455 L'engagement collectif de conservation des titres doit avoir été **souscrit par** le défunt ou le donateur, pour lui et ses ayants cause à titre gratuit, avec, en principe, au moins un autre associé de la société exploitante (ou holding animatrice). Toutefois, un engagement de conservation dit unilatéral et ouvrant droit aux mêmes avantages que l'engagement collectif peut être pris par une personne seule (voir n° 45460).

En présence de **société interposée** (nº 45405), l'engagement collectif (ou unilatéral) doit être pris par la société qui détient **directement** une participation dans la société dont les titres sont soumis à l'engagement de conservation (BOI-ENR-DMTG-10-20-40-10 nº 88). Les associés personnes physiques de la ou des sociétés interposées (y compris le défunt ou le donateur) ne sont pas tenus de prendre part à l'engagement de conservation pour que l'exonération partielle puisse s'appliquer.

La conclusion d'un engagement Dutreil par une société interposée peut néanmoins constituer une « **convention réglementée** », soumise en tant que telle aux procédures de contrôle ou d'autorisation prévues par le Code de commerce. Tel sera le cas lorsque l'engagement collectif est signé par la société interposée et l'un de ses associés ou dirigeant (C. com. art. L 225-38 à L 225-43 pour les SA à conseil d'administration, L 225-86 à L 225-91 pour les SA à directoire et conseil de surveillance, L 227-10 pour les SAS, L 223-19, al. 1 pour les SARL et L 226-10 pour les sociétés en commandite par actions).

Associé unique Par dérogation au caractère collectif de l'engagement de conservation, l'**engagement** peut être **pris par une personne seule,** pour elle et ses ayants cause à titre gratuit, sous les mêmes conditions. Un engagement de conservation peut ainsi être conclu (CGI art. 787 B, a) : 45460

– par l'associé unique d'une société unipersonnelle (Sasu, EURL, EARL) ;

– ou par l'un des associés d'une société comportant plusieurs associés dès lors que celui-ci détient, à lui seul, la participation minimale requise et remplit l'ensemble des autres conditions exigées par la loi.

> **Précisions** L'administration admet qu'un engagement unilatéral de conservation peut être souscrit par une **personne morale,** qui peut être une société interposée entre le donateur ou le défunt et la société dont les titres font l'objet de l'engagement de conservation (BOI-ENR-DMTG-10-20-40-10 nº 87).

L'associé d'une **société unipersonnelle** pouvant conclure un engagement unilatéral de conservation, les transmissions de ses titres bénéficient de l'exonération prévue à l'article 787 B du CGI. 45462

L'exonération partielle dont peut bénéficier l'associé unique d'une société est calculée uniquement sur la **valeur totale des titres** éligibles et ne s'étend pas aux **biens transmis** avec ceux-ci, **mais non apportés,** même si ces biens sont affectés à l'exploitation de l'entreprise transmise. Les associés de sociétés unipersonnelles peuvent donc avoir intérêt à reconsidérer leur décision de ne pas inscrire les biens concernés à l'actif de la société (voir nº 45395).

Associé commun en biens Seul l'époux commun en biens ayant la **qualité d'associé** de la société dispose de la **capacité de signer l'engagement** collectif de conservation. L'administration fiscale précise cependant que « l'époux non signataire, qu'il ait ou non la qualité d'associé, est réputé, pour l'application du dispositif de l'article 787 B du CGI, être signataire de l'engagement. Il en résulte notamment qu'en cas de **décès de l'époux signataire,** l'époux non signataire peut, sur les titres reçus à l'issue du partage de la communauté, poursuivre l'engagement de conservation » (BOI-ENR-DMTG-10-20-40-10 nº 100). 45465

Associé mineur Lorsque les titres susceptibles de bénéficier de l'exonération partielle sont détenus par un enfant mineur, dont les biens font l'objet d'une **administration légale exercée en commun par les deux parents** (C. civ. art. 382), chacun des deux parents peut souscrire seul l'engagement au nom de l'enfant mineur. 45470

Dans l'hypothèse où l'administration légale est **exercée par un parent seul,** ce parent souscrit seul l'engagement au nom et pour le compte de l'enfant mineur. En effet, la conclusion d'un engagement collectif de conservation s'analyse sur un plan civil comme un **acte d'administration,** sauf circonstances d'espèce le disqualifiant (BOI-ENR-DMTG-10-20-40-10 nº 110).

Coïndivisaires Lorsque l'engagement porte sur des titres indivis, il doit être signé par l'ensemble des coïndivisaires car la qualité d'associé est reconnue à chaque membre de l'indivision. Si un **gérant** a été désigné pour administrer l'indivision, celui-ci peut signer l'engagement de conservation pour le compte de tous les indivisaires, puisqu'il s'agit d'un acte d'administration (BOI-ENR-DMTG-10-20-40-10 nº 340 à propos de l'engagement individuel de conservation). 45475

Usufruitier et nu-propriétaire Dans l'hypothèse d'un démembrement de propriété, l'administration considère que l'**engagement** de conservation doit être **souscrit conjointement** par l'usufruitier et par le nu-propriétaire des titres. En cas de réunion de 45480 l'usufruit à la nue-propriété, le point de départ de l'engagement de conservation reste constitué, pour le titulaire de la pleine propriété ainsi reconstituée, par la date de souscription de l'engagement initial (BOI-ENR-DMTG-10-20-40-10 n° 90).

On peut cependant douter de la nécessité pour l'usufruitier de prendre part à l'engagement de conservation ou la possibilité de souscrire un engagement unilatéral sans le nu-propriétaire depuis que la Cour de cassation lui refuse la qualité d'associé (Cass. 3e civ. 16-2-2022 n° 20-15.164 FS-B : BPAT 2/22 inf. 104 ; voir également, sur cette question, n° 45420, Précisions, d).

POURCENTAGE DE PARTICIPATION REQUIS

45485 **Seuils minimums** L'engagement collectif de conservation doit porter sur tout ou partie des parts ou actions de la société exploitante (ou holding animatrice). Cependant, l'article 787 B, b-1 du CGI exige que cet engagement porte sur un pourcentage minimum de droits.

Le seuil minimum de détention est de :

– 10 % des droits financiers et 20 % des droits de vote pour les **sociétés cotées** ;
– 17 % des droits financiers et 34 % des droits de vote pour les **sociétés non cotées.**

Les seuils de détention qui constituent un minimum pour que l'engagement collectif ou unilatéral soit valable, doivent en principe être maintenus tout au long de la durée de l'engagement collectif.

› Précisions La **quotité de droits de vote et de droits financiers** doit être appréciée par rapport à la masse des droits de vote dans les assemblées et des droits à dividendes attachés aux titres émis par la société en contrepartie de son capital social. Ainsi, pour la détermination du seuil, il y a lieu de prendre en considération les droits de vote attachés aux actions ordinaires, aux actions à droits de vote multiples ou privilégiés et aux certificats de droits de vote. Pour la détermination du pourcentage des **droits à dividendes,** sont également à prendre en considération les actions à dividende prioritaire sans droit de vote et les certificats d'investissement (remplacés par les actions de préférence depuis l'ord. 2004-604 du 24-6-2004). Les **actions de préférence** ne doivent pas voir leur **droit de vote suspendu** au cours de l'engagement de conservation sous peine de remise en cause de l'exonération partielle (BOI-ENR-DMTG-10-20-40-10 n° 190).

45487 **Calcul des seuils** Pour le calcul des seuils minimums, tous les titres qui ont été soumis à l'engagement de conservation par le ou les associés membres de cet engagement sont pris en compte, qu'ils appartiennent au défunt ou donateur ou qu'ils soient détenus par les associés (personnes physiques ou morales) liés au défunt ou au donateur par l'engagement collectif de conservation en cours au jour de la transmission à titre gratuit.

Sont ainsi **retenus** l'ensemble des titres détenus par le ou les associés signataires de l'engagement de conservation en cours au jour de la transmission, directement ou par l'intermédiaire d'une ou plusieurs sociétés interposées, dans la limite de deux niveaux d'interposition. Il en va ainsi, quels que soient l'importance de la participation détenue dans la ou les sociétés interposées, la forme juridique de celle-ci et son objet social (société ayant une activité professionnelle propre, holding animatrice de ses filiales, etc.).

Il n'est pas exigé par ailleurs que les titres de la **société interposée** soient eux-mêmes soumis à un engagement de conservation spécifique en cours au jour de la transmission. La société interposée, partie à l'engagement de conservation, est en revanche tenue de conserver les titres de la société qu'elle a soumis à l'engagement.

La prise en compte de la participation directe d'une société interposée dans la société ayant une activité industrielle, commerciale, artisanale, agricole ou libérale est donc subordonnée à la condition que cette société interposée ait souscrit à l'engagement de conservation des titres de la société exploitante en cours au jour de la transmission à titre gratuit.

En revanche, les titres détenus par l'intermédiaire d'une société interposée qui n'ont pas été soumis à l'engagement de conservation ne peuvent pas être retenus pour l'appréciation des seuils. En conséquence, si l'actif de la société interposée comporte à la fois des titres soumis à engagement et des titres détenus sans engagement, une ventilation est nécessaire afin de retenir uniquement les titres soumis à engagement pour le calcul des pourcentages requis (BOI-ENR-DMTG-10-20-40-10 n° 205).

EXEMPLE

L'administration fournit l'exemple suivant (BOI-ENR-DMTG-10-20-40-10 n° 200).

M. Dumas détient 20 % des droits financiers et des droits de vote de la société Artagnan, qui détient elle-même 60 % des droits financiers et des droits de vote de la société Cristo non cotée. En outre, M. Dumas détient une participation directe dans cette société Cristo correspondant à 30 % des droits financiers et des droits de vote.

M. Dumas souhaite conclure avec la société Artagnan un engagement de conservation portant sur l'ensemble des titres qu'ils détiennent directement dans la société Cristo.

Pour apprécier les seuils minimums requis par l'article 787 B, b-1 du CGI, il est fait masse des titres détenus directement par l'ensemble des associés signataires dans la société Cristo, soit en l'espèce 90 % des droits financiers et des droits de vote (30 % détenus en direct par M. Dumas et 60 % détenus en direct par la société Artagnan).

La condition de seuil de 17 % des droits financiers et 34 % des droits de vote de la société Cristo est donc satisfaite et les associés peuvent conclure leur engagement de conservation.

Toutes les autres conditions étant par ailleurs remplies, l'ensemble constitué par les titres que M. Dumas détient directement dans les sociétés Artagnan et Cristo pourra donner lieu à une transmission ouvrant droit au bénéfice de l'exonération partielle. La valeur des titres de la société Artagnan qui sont transmis pourra bénéficier de l'exonération partielle à proportion de la valeur réelle de son actif brut qui correspond à sa participation dans la société Cristo ayant fait l'objet de l'engagement collectif de conservation (CGI art. 787 B, b-3-al. 2). Voir n° 45710 sur la portée de l'exonération en présence d'une société interposée.

INVARIABILITÉ DE L'ENGAGEMENT COLLECTIF OU UNILATÉRAL

Titres concernés Les signataires d'un engagement collectif ou unilatéral de conservation ne peuvent soumettre à cet engagement de nouvelles parts ou actions, à l'exception de celles reçues dans le cadre d'une **augmentation de capital** résultant de l'incorporation de **réserves** dès lors que l'attribution d'actions est effectuée aux actionnaires au prorata de leurs droits dans le capital et que les attributaires les conservent pendant la durée restant à courir de l'engagement de conservation. **45490**

De même, il est admis que l'engagement de conservation n'est pas remis en cause en cas d'**augmentation du nombre d'actions** motivée par une diminution à due concurrence de la valeur nominale de chaque action. Dans cette hypothèse, l'engagement doit se poursuivre sur les titres reçus à l'occasion de cette opération (BOI-ENR-DMTG-10-20-40-10 n° 120).

L'exonération partielle est également maintenue lorsque les titres soumis à l'engagement collectif sont échangés dans le cadre d'une **offre publique d'échange** préalable à une fusion ou une scission (voir n° 45502).

Cession ou donation entre signataires du pacte pendant la durée de l'engagement Les cessions (vente, apport ou échange) et les donations de titres entre les signataires de l'engagement collectif sont autorisées par le deuxième alinéa de l'article 787 B, b-1. **45492**

Une donation de parts ou d'actions entre signataires, au cours de l'engagement collectif de conservation, peut ne pas être exonérée si le donataire ne revendique pas le bénéfice de l'exonération partielle. Au demeurant, les titres reçus dans ces conditions (« **hors Dutreil** ») pourront bénéficier de l'exonération partielle à l'occasion de leur donation par le donataire ou du décès de ce dernier, si l'engagement collectif est encore en cours.

En conséquence, dans l'hypothèse où le **nombre de titres transmis** par l'un des signataires est **supérieur à celui des titres** qu'il a soumis, **à l'origine,** à l'engagement collectif, il appartient aux héritiers, donataires ou légataires de démontrer que le surplus de titres est aussi compris **depuis l'origine** dans l'engagement collectif de conservation, et cela par tous modes de preuve compatibles avec la procédure écrite (actes d'acquisition, par exemple). En revanche, les titres acquis auprès ou reçus d'un associé qui n'a pas souscrit à l'engagement collectif de conservation ne peuvent pas bénéficier de cette mesure (BOI-ENR-DMTG-10-20-40-10 n° 150).

Ces mutations internes peuvent porter sur la pleine propriété, la nue-propriété ou l'usufruit des titres couverts par l'engagement collectif. Le régime de faveur n'est pas remis en cause même si ces transmissions aboutissent à la **réunion** de l'ensemble **des titres** couverts par l'engagement « collectif » **entre les mains d'un seul signataire** qui devra alors poursuivre l'engagement de conservation jusqu'à son terme. Cette solution s'applique également dans l'hypothèse d'une **fusion entre sociétés signataires** de l'engagement collectif (BOI-ENR-DMTG-10-20-40-20 n° 15).

Inversement, la **transmission par l'un des signataires** de l'engagement collectif **de la totalité de ses titres** ne devrait pas a priori lui faire perdre sa qualité de signataire. En conséquence, toute cession qui lui serait ultérieurement consentie par **un autre signataire** de l'engagement collectif ne devrait pas remettre en cause le dispositif de faveur. Cette solution de bon sens peut s'appuyer désormais sur la nouvelle doctrine administrative qui, pour l'application de la condition relative à l'exercice d'une fonction de direction, reconnaît le maintien de la qualité de signataire à l'associé du pacte qui a transmis tous ses titres (voir n° 45595).

Enfin, lorsque l'**engagement** collectif a été **signé conjointement par le nu-propriétaire et l'usufruitier** de titres démembrés, la reconstitution de la pleine propriété n'entraîne pas la caducité de l'engagement. Pour le nu-propriétaire, devenu plein propriétaire, le point de départ de l'engagement de conservation reste constitué par la date de souscription de l'engagement initial (BOI-ENR-DMTG-10-20-40-10 n° 90).

> **Précisions** La tolérance prévue à l'article 787 B, b-1 du CGI en cas de cession ou donation entre signataires d'un engagement de conservation s'applique également en cas de cession ou de donation des titres à l'ayant cause à titre gratuit d'un associé signataire de cet engagement (BOI-ENR-DMTG-10-20-40-20 n° 15).

45495 **Cession ou donation à un non-signataire du pacte** La cession (vente, apport ou échange) à des personnes non membres du pacte Dutreil d'une partie des parts ou actions soumises à l'engagement de conservation empêche le cédant de se prévaloir de cet engagement pour faire bénéficier son donataire, héritier ou légataire de l'exonération partielle à raison des titres non cédés (BOI-ENR-DMTG-10-20-40-20 n° 20).

La **donation** de titres soumis à engagement de conservation à une personne non signataire confère au donataire la qualité **d'ayant cause à titre gratuit** du signataire, tenu en cette qualité au respect de l'engagement de conservation (BOI-ENR-DMTG-10-20-40-20 n° 11). Dès lors, une cession à un tiers des titres ainsi reçus par le donataire est susceptible de remettre en cause le bénéfice de l'exonération.

45497 La cession à un non-signataire du pacte Dutreil n'a cependant pas d'effet sur la transmission à titre gratuit des **parts ou actions appartenant aux autres signataires** et couverts par l'engagement si les seuils minimaux de détention (de 10 et 20 % ou de 17 et 34 %) continuent d'être respectés. Mais, si du fait de la cession à un tiers, le seuil de couverture n'est plus atteint, le bénéfice de l'exonération partielle est perdu pour l'ensemble des parts ou actions initialement couvertes par l'engagement (BOI-ENR-DMTG-10-20-40-10 n° 210 ; BOI-ENR-DMTG-10-20-40-20 n° 30 ; pour plus de précisions sur ce point, voir n°s 45850 s.).

Toutefois, en dépit de telle(s) cession(s), le régime de faveur peut être maintenu si le(s) cessionnaire(s) s'associe(nt), pour tout ou partie des titres cédés, à l'engagement collectif, qui doit alors être reconduit pour une durée minimale de deux ans (BOI-ENR-DMTG-10-20-40-20 n° 40) (n° 45850).

Un assouplissement du régime d'exonération est également prévu en cas d'**apport** de titres **à une société holding** au cours de l'engagement collectif de conservation, avant la prise d'effet de l'engagement individuel (voir n°s 45572 s.).

Rien n'interdit en outre de conclure simultanément ou successivement **plusieurs engagements collectifs avec les mêmes associés** (ou avec d'autres) ne portant pas sur le même nombre de titres. Ainsi, la remise en cause d'un engagement, due à la cession de titres à un tiers, n'emportera pas nécessairement celle d'un autre engagement ayant pour objet une quotité de titres plus réduite.

EXEMPLE

Alain, Olivier et Philippe ont souscrit le 10 janvier 2023 un engagement de conservation portant sur les 45 % des titres de la société non cotée EXO qu'ils détiennent ensemble, chacun à concurrence de 15 %.

Le 20 mai 2023, les mêmes associés souscrivent un nouvel engagement de conservation avec Brigitte portant sur les titres déjà soumis à l'engagement du 10 janvier 2023 plus la participation (20 %) de Brigitte dans la société EXO.

Si un membre du pacte initial (Alain, Olivier ou Philippe) cède sa participation à un non-signataire qui ne souhaite pas adhérer à cet engagement, les autres associés ne pourront pas s'appuyer sur ce pacte pour préserver leur droit à l'exonération partielle, le seuil de 34 % n'étant plus respecté. Néanmoins, si la cession est postérieure au 20 mai 2023, l'engagement souscrit à cette date préservera le droit à exonération partielle pour les parts détenues par les autres associés, celles-ci représentant, au cas particulier, 50 % (15 % + 15 % + 20 %) des droits de la société.

45500 En présence de **société interposée,** le régime de faveur est conditionné au **maintien inchangé des participations** à chaque niveau d'interposition pendant toute la durée de l'engagement collectif ou unilatéral de conservation, y compris avant la transmission (CGI art. 787 B, b-3-al. 5).

Selon l'administration, la société détenant, directement ou indirectement, une participation dans la société dont les titres font l'objet du pacte Dutreil doit conserver cette participation.

Les associés personnes physiques d'une société interposée doivent détenir depuis la conclusion de l'engagement collectif ou unilatéral de conservation sur la société cible, les titres de la société interposée pour lesquels ils souhaitent bénéficier de l'exonération partielle (BOI-ENR-DMTG-10-20-40-10 n° 375). Cela signifie que :

– les titres de la société interposée que le défunt ou le donateur envisage de transmettre doivent lui appartenir **au moment de la conclusion** de l'engagement collectif ou unilatéral ; qu'ils doivent ensuite être conservés par le défunt ou le donateur jusqu'à leur transmission, puis par ses ayants cause à titre gratuit jusqu'au terme de l'engagement collectif ou unilatéral ;

– la société **directement associée** dans la société cible ou opérationnelle, doit naturellement conserver les titres qu'elle a elle-même soumis l'engagement collectif ou unilatéral de conservation (n° 45455), du début jusqu'au terme de celui-ci ;

– dans l'hypothèse d'un **double niveau d'interposition,** la participation de la société (dont les titres doivent être transmis) dans la société associée de la société cible ou opérationnelle ne doit pas non plus diminuer au cours de cette même période.

L'administration fiscale précise également que cette exigence de conservation inchangée s'applique aux **seuls** associés personnes physiques souhaitant bénéficier de l'exonération partielle ainsi qu'aux sociétés **interposées** de la chaîne de participation dans la société cible (BOI-ENR-DMTG-10-20-40-20 n° 130).

Toutefois, le bénéfice du régime de faveur n'est pas remis en cause en cas d'**augmentation de la participation** détenue par les sociétés interposées (CGI art. 787 B, b-3).

Cette **obligation de maintien des participations** à chaque niveau d'interposition s'applique également **pendant la durée de l'engagement individuel** de conservation au-delà de la période d'engagement collectif (CGI art. 787 B, c). La cession des titres de la société cible par une société interposée au cours de l'engagement individuel est sanctionnée par la remise en cause de l'exonération partielle.

Les associés personnes physiques de la société interposée bénéficiaires de l'exonération partielle doivent également conserver l'ensemble de leurs titres ayant bénéficié de l'exonération partielle (BOI-ENR-MTG-10-20-40-10 n° 377 ; voir n° 45870).

Cession ou donation par un bénéficiaire de l'exonération partielle pendant l'engagement de conservation 45501 La cession ou la donation **par l'un des héritiers, donataires ou légataires** de parts ou actions qu'il a reçues au bénéfice des dispositions de l'article 787 B du CGI en cours d'engagement collectif ou unilatéral de conservation entraîne en principe la **remise en cause de l'exonération partielle** dont il a bénéficié pour **tous** les titres qui lui ont ainsi été transmis et qui font l'objet de cet engagement, et non simplement ceux ayant fait l'objet de la cession ou de la donation. En effet, l'engagement collectif ou unilatéral, souscrit par le défunt ou le donateur pour lui **et ses ayants cause à titre gratuit,** est alors rompu ; au surplus, l'engagement individuel de conservation des titres transmis, ne pourrait plus être respecté.

Toutefois, il résulte de l'article 787 B, e ter du CGI que la **cession ou donation** de tout ou partie des titres soumis à engagement collectif ou unilatéral de conservation **à un autre associé,** entendu, pour l'application de ces dispositions, comme un signataire de l'engagement ou l'un de ses ayants cause à titre gratuit sur les titres qu'il a reçus de ce dernier, n'entraîne la remise en cause de l'exonération partielle dont a bénéficié le cédant ou le donateur qu'à hauteur des seuls titres cédés ou donnés, à l'exclusion donc des titres conservés (BOI-ENR-DMTG-10-20-40-20 n° 50).

Offres publiques d'échange préalables à une fusion ou une scission 45502
Les engagements de conservation (collectifs et individuels) ne sont pas remis en cause en cas d'offre publique d'échange préalable à une fusion ou une scission, sous réserve que cette fusion ou cette scission soit opérée **dans l'année qui suit la clôture de l'offre** publique d'échange.

Le maintien de l'exonération partielle est toutefois subordonné à la **condition** que les titres reçus en échange soient conservés jusqu'aux termes respectifs de l'engagement collectif ou unilatéral et de l'engagement individuel de conservation (CGI art. 787 B, g et h).

L'administration précise que la non-remise en cause de l'exonération partielle concerne uniquement l'échange en contrepartie de titres et non de liquidités. En cas de mixité de l'offre publique d'échange, l'exonération est remise en cause en totalité (BOI-ENR-DMTG-10-20-40-20 n° 175). Cette solution surprend par sa sévérité : l'exonération aurait pu être opportunément maintenue à proportion des titres remis en échange.

45503 **Changement de régime matrimonial** Un changement de régime matrimonial intervenant après la transmission et qui a pour effet de **rendre communs** des titres qui étaient auparavant **des biens propres** du bénéficiaire de la transmission n'entraîne pas de rupture de l'engagement collectif ou unilatéral de conservation dès lors que les titres placés en communauté sont conservés par les conjoints jusqu'aux termes des engagements initialement souscrits (BOI-ENR-DMTG-10-20-40-20 n° 210).

45504 **Apport des titres à une société holding** L'apport des titres **après leur transmission** ne remet pas en cause l'exonération partielle accordée au bénéficiaire sous réserve du respect des conditions exposées nos 45572 s.

DURÉE DE L'ENGAGEMENT COLLECTIF OU UNILATÉRAL

45505 L'engagement collectif ou unilatéral doit avoir une **durée minimale de deux ans** et être **en cours au jour de la transmission.** Ce délai court à compter de la date de l'acte authentique ou de l'enregistrement, si l'engagement a été constaté par acte sous signature privée.

Dans l'hypothèse où l'engagement collectif a une durée « fixe » de deux ans, la transmission des titres devra impérativement intervenir avant l'expiration de ce délai ; à défaut, il faudra conclure un nouvel engagement collectif avant la transmission.

Cependant, rien n'interdit de conclure, avant le terme de l'engagement, un **avenant** ou des avenants successifs destinés à en proroger la durée. De tels avenants doivent être enregistrés avant le terme de l'engagement en cours pour être opposables à l'administration.

Il est également possible de stipuler que l'engagement d'une durée initiale de deux ans se poursuivra ensuite, par **prorogation tacite** pour une durée indéterminée jusqu'à sa dénonciation. En ce cas, il est essentiel de prévoir les **modalités** de cette dénonciation qui pourra intervenir à l'initiative de chacun des signataires, de leurs héritiers, légataires ou donataires ou encore de plein droit en cas de mutation à titre gratuit avec souscription d'un engagement individuel de conservation. Le fait de ne pas dénoncer l'engagement collectif ou unilatéral empêche l'engagement individuel de prendre effet.

Le ou les signataires peuvent aussi prévoir que le terme de l'engagement sera constitué par la **réalisation de tel ou tel événement.** En toute hypothèse (et donc même dans ce dernier cas) la **dénonciation** de l'engagement collectif doit être notifiée à l'administration pour lui être opposable (BOI-ENR-DMTG-10-20-40-10 n° 170). La dénonciation ne prenant effet qu'au jour où l'administration en a pris connaissance, il convient de notifier celle-ci par lettre recommandée avec demande d'avis de réception.

MENTIONS IMPÉRATIVES

45510 En vue notamment de l'accomplissement des formalités déclaratives incombant aux bénéficiaires de l'exonération (nos 45635 s.), l'**engagement** collectif ou unilatéral de conservation **doit comporter** :

- l'identité du ou des associés ayant souscrit l'engagement ;
- le nombre de titres détenus par chacun d'entre eux au jour de l'enregistrement de l'acte et soumis à cet engagement ;
- le nombre total de ces titres et les pourcentages de droits (droits financiers et droits de vote) afférents à ces titres (n° 45485) ;
- l'identité du signataire exerçant au sein de la société dont les titres font l'objet de l'engagement collectif, son activité professionnelle principale ou l'une des fonctions de direction prévues à l'article 975, III-1-1° du CGI (n° 45595).

FORMALISME

45515 L'engagement collectif doit être constaté par **acte authentique** ou **sous signature privée enregistré.** Lorsque l'engagement est établi par acte sous signature privée, il n'est opposable à l'administration qu'à compter de la date d'enregistrement. La **formalité,** effectuée auprès de la recette du domicile de l'une des parties, ou du rédacteur de l'acte authentique, donne lieu au paiement d'un droit fixe de 125 € (CGI art. 680).

L'acte authentique ou sous signature privée enregistré doit être **notifié** à la société émettrice des titres objets de l'engagement afin que celle-ci puisse établir une attestation qui devra être jointe à l'acte de donation ou à la déclaration de succession (n° 45640).

Dans le cas de **titres admis** à la négociation **sur un marché réglementé,** l'engagement collectif de conservation devra en outre être transmis à l'Autorité des marchés financiers en application de l'article L 233-11 du Code de commerce (CGI art. 787 B, b-1).

ENGAGEMENT COLLECTIF RÉPUTÉ ACQUIS

L'engagement collectif est réputé acquis si, au jour de la transmission, les **conditions** suivantes sont réunies (CGI art. 787 B, b-2) : 45520

– les parts ou actions détenues depuis deux ans au moins, directement ou indirectement (avec deux niveaux d'interposition au maximum), par le défunt (ou le donateur), seul ou avec son conjoint ou partenaire « pacsé » ou son concubin notoire, atteignent les seuils mentionnés n° 45485 ; en cas de détention indirecte, le délai de détention de deux ans vise tous les titres de la chaîne de participation établie entre le donateur ou défunt et la société exploitante (BOI-ENR-DMTG-10-20-40-10 n° 240) ;

– le défunt (ou le donateur), son conjoint ou partenaire « pacsé » ou son concubin notoire exerçait (exerce) effectivement depuis plus de deux ans à la date de la transmission son activité professionnelle principale dans la société exploitante ou, si celle-ci est soumise à l'impôt sur les sociétés, l'une des fonctions de direction énumérées à l'article 975, III-1-1° du CGI (n° 45595).

L'administration précise en outre que l'**engagement** peut être **réputé acquis par une personne seule** sous les mêmes conditions qu'un engagement unilatéral de conservation et sous réserve de respecter l'ensemble des conditions attachées aux engagements réputés acquis (BOI-ENR-DMTG-10-20-40-10 n° 230).

Si toutes les conditions précitées sont réunies, l'engagement collectif n'a pas à être établi. Il n'est pas non plus nécessaire d'attendre deux ans pour que l'engagement individuel de conservation puisse prendre effet.

L'engagement réputé acquis peut s'appliquer en cas de **transmissions de parts ou actions de la société interposée** détenant directement (simple niveau d'interposition) ou indirectement (double niveau d'interposition) une participation dans la société concernée, sous réserve que toutes les conditions permettant de considérer l'engagement collectif comme acquis soient par ailleurs satisfaites. En particulier, l'activité professionnelle principale ou, le cas échéant, la **fonction de direction** doit être exercée dans la société exploitante dont les titres sont détenus indirectement. L'exercice éventuel d'une fonction de direction dans cette dernière société par une société interposée ne permet pas de considérer cette condition comme satisfaite (BOI-ENR-DMTG-10-20-40-10 n° 255). 45522

Sur les modalités de calcul de l'exonération en cas de **détention indirecte,** voir n°s 45710 s.

L'**augmentation ou** la **réduction de la participation** détenue directement ou indirectement dans la société éligible au dispositif par le donateur ou défunt au cours du délai de deux ans précédant la transmission à titre gratuit des titres de cette même société est sans incidence lorsque l'intégralité des conditions, notamment celle afférente au seuil minimum, reste respectée en continu durant cette période ainsi qu'au jour de la transmission. Dans cette hypothèse, seuls les titres qui ont satisfait aux conditions précitées au jour de la transmission et en continu durant les deux années précédentes donnent droit à l'exonération partielle (BOI-ENR-DMTG-10-20-40-10 n° 257). 45524

La condition tenant à la durée de détention des titres s'applique également aux parts ou actions créées à l'occasion d'une **augmentation de capital.** Ainsi, les titres créés depuis moins de deux ans au moment de la transmission ne pourront pas bénéficier de l'exonération, même si l'augmentation de capital résulte d'une incorporation de réserves (Rép. Féron : AN 2-8-2016 n° 72240).

En complément des deux conditions citées n° 45520, l'un des héritiers, donataire ou légataire doit exercer son **activité principale** ou une fonction de direction **dans la société exploitante** (même en cas d'interposition de société) pendant les trois ans qui suivent la transmission. L'administration admet néanmoins qu'un autre associé, y compris le donateur, exerce également une autre fonction de direction (voir n° 45605).

ATTENTION

Si l'engagement réputé acquis peut pallier l'impréparation de la transmission, notamment en cas de décès accidentel, ce dispositif ne saurait se substituer à la souscription d'un engagement collectif (S. Delayen et M. Dadoit, L'engagement Dutreil réputé acquis, simplification ou piège fiscal ? : SNH 3/17 p. 16 ; voir n° 45605). Il en est de même, a fortiori, de l'engagement collectif « post mortem » visé n° 45525.

L'élaboration concertée d'un véritable engagement collectif prenant en compte l'ensemble des **objectifs patrimoniaux et stratégiques des associés** et de leur entreprise offre en effet beaucoup plus de souplesse et de garanties pour les intéressés. Elle peut aussi faciliter la mise en œuvre de stratégies d'optimisation fiscale permettant de réduire de manière significative le coût des transmissions (voir n°s 45920 s.).

ENGAGEMENT COLLECTIF POST MORTEM

45525 Lorsque les parts ou actions transmises par décès n'ont pas fait l'objet d'un engagement collectif ou unilatéral de conservation, et que les conditions posées pour que l'engagement collectif soit réputé acquis ne sont pas réunies, un ou des héritiers et/ou légataires peuvent, entre eux ou avec d'autres associés, conclure un engagement collectif de conservation, dans les **six mois du décès** (CGI art. 787 B, a-al. 2). Cet engagement peut également être pris seul par un héritier ou légataire (engagement unilatéral).

Attention, le **délai** de six mois **se calcule** de date à date et ne bénéficie pas de la tolérance existant pour la souscription d'une déclaration de succession.

L'engagement post mortem est soumis aux mêmes **conditions,** notamment de durée et de seuils de détention, que les engagements de conservation conclus avant le décès. Toutefois, il est admis que lors du dépôt de la déclaration de succession l'engagement collectif de conservation ait été simplement **souscrit** et qu'il soit **enregistré** avec la déclaration de succession.

Le ou les héritiers ou légataires doivent également souscrire un **engagement individuel de conservation** qui ne commencera à courir qu'au terme de l'engagement post mortem (BOI-ENR-DMTG-10-20-40-10 n° 220).

b. Engagement individuel de conservation

CONSERVATION DES TITRES TRANSMIS

45545 L'héritier, le légataire ou le donataire des parts ou actions transmises (titres de la société exploitante ou titres de société interposée) doit, pour bénéficier de l'exonération partielle, prendre à son tour, pour lui et ses ayants cause à titre gratuit, l'engagement (individuel) de conserver les parts ou actions reçues pendant **quatre ans** à compter de l'expiration de l'engagement collectif ou unilatéral de conservation, sauf si celui-ci est réputé acquis. Dans cette dernière hypothèse, l'engagement individuel prend effet soit au décès du propriétaire des titres, soit, en cas de donation, à la date de l'acte authentique ou d'enregistrement de l'acte sous signature privée qui constate l'engagement individuel de conservation.

À la différence de l'engagement collectif ou unilatéral de conservation conclu par le défunt ou le donateur, l'engagement des bénéficiaires de la transmission à titre gratuit est individuel. Le non-respect de cet engagement par l'un d'entre eux (après l'expiration de l'engagement collectif) n'est donc pas de nature à remettre en cause l'exonération partielle dont ont bénéficié, le cas échéant, les autres héritiers, donataires ou légataires.

L'engagement individuel doit figurer au pied de la déclaration de succession (ou dans un acte faisant l'objet d'un enregistrement séparé : BOI-ENR-DMTG-10-20-40-10 n° 330). En cas de donation, il doit figurer dans l'acte de donation et non dans un acte ultérieur (Cass. com. 16-4-2013 n° 12-17.432 F-D : RJF 8-9/13 n° 880).

> **Précisions** **a.** En présence de **société(s) interposée(s),** l'engagement individuel porte sur les titres de la société interposée transmis et non sur ceux de la société exploitante, couverts par l'engagement collectif.
> **b.** L'**engagement individuel** de conservation peut ne porter que **sur une partie des titres** couverts par l'engagement collectif. Dans ce cas, une partie seulement des titres bénéficiera de l'exonération partielle mais l'héritier, le légataire ou le donataire pourra, au terme de l'engagement collectif de conservation auquel il est soumis, en qualité d'ayant cause à titre gratuit, disposer librement des titres qu'il ne s'est pas engagé à conserver.
> **c.** En cas d'**indivision,** l'engagement individuel est pris par tous les indivisaires ou par le gérant de l'indivision. Le partage de l'indivision ne remet pas en cause l'engagement individuel qui doit être mené à son terme par l'attributaire des titres (BOI-ENR-DMTG-10-20-40-10 n° 340).
> **d.** En cas de **donations** consenties **avec réserve d'usufruit,** seul le nu-propriétaire est tenu de souscrire l'engagement individuel. La reconstitution de la pleine propriété des titres entre les mains du nu-propriétaire n'a pas d'incidence sur l'engagement individuel.

EXCEPTIONS AU RESPECT DE L'ENGAGEMENT INDIVIDUEL DE CONSERVATION

45550 La survenance de certains événements ou la réalisation de certaines opérations sur les titres transmis peuvent mettre un terme à l'engagement individuel sans pour autant remettre en cause l'exonération partielle. Ces événements sont les suivants.

45555 **Transmission par décès des titres couverts par l'engagement individuel**

Lorsque l'engagement individuel est en cours, l'exonération partielle n'est pas remise en cause par le **décès** de son **signataire,** ce dernier l'ayant souscrit pour lui et ses ayants cause à titre gratuit. Bien sûr ses héritiers ou légataires devront conserver les titres objet de l'engagement individuel jusqu'à son terme.

La **transmission des titres** consécutive au décès du signataire de l'engagement individuel ne peut cependant bénéficier elle-même de l'exonération partielle que si un nouvel engagement collectif ou unilatéral de conservation a été conclu par le signataire de l'engagement individuel ou, le cas échéant, si les conditions pour souscrire un engagement post mortem ou celles d'un engagement réputé acquis sont remplies. La signature d'un tel engagement est donc essentielle pour permettre aux ayants cause à titre gratuit du signataire de l'engagement individuel de bénéficier de l'exonération partielle en cas de donation ou de décès ultérieur.

Donation à un descendant des titres couverts par l'engagement individuel L'héritier, le légataire ou le donataire tenu par un engagement individuel de conservation ne peut consentir de donation sur les titres objets de l'engagement qu'au profit de ses seuls **descendants** et à condition que ceux-ci poursuivent ledit engagement jusqu'à son terme (CGI art. 787 B, i). 45560

De telles donations ne bénéficieront cependant de l'exonération partielle que si un **nouvel engagement collectif ou unilatéral** de conservation a été conclu par le donateur (signataire de l'engagement individuel) seul ou avec d'autres associés (BOI-ENR-DMTG-10-20-40-10 n° 360) ou, selon nous, si les conditions pour que cet engagement soit réputé acquis sont remplies.

Changement de régime matrimonial Lorsque le signataire d'un engagement individuel change de régime matrimonial et que ce changement a pour effet de rendre communs des titres de société qui lui étaient propres, l'administration considère qu'il n'y a pas **rupture de l'engagement individuel** de conservation si les conjoints conservent jusqu'au terme de l'engagement individuel les titres ainsi placés en communauté. Cette solution trouve également à s'appliquer, dès la transmission, durant la poursuite de l'engagement collectif de conservation, et jusqu'au terme de l'engagement individuel de conservation (BOI-ENR-DMTG-10-20-40-20 n° 210). 45565

Liquidation judiciaire L'exonération partielle prévue à l'article 787 B du CGI n'est pas remise en cause en cas de liquidation judiciaire de la société dont les titres ont été transmis ; tout au moins si cette liquidation ne résulte pas d'une organisation frauduleuse (BOI-ENR-DMTG-10-20-40-20 n° 60). 45570

Apport des titres à une société holding Les titres ayant bénéficié de l'exonération partielle peuvent être apportés à une société holding sans remise en cause de cet avantage, non seulement au cours de l'engagement collectif ou unilatéral de conservation, avant la prise d'effet de l'engagement individuel (n° 45504), mais également **pendant l'engagement individuel** (CGI art. 787 B, f). Ces règles s'appliquent quelle que soit la date de souscription des engagements de conservation. 45572

La société bénéficiaire de l'apport doit prendre l'engagement de conserver les titres apportés jusqu'au terme des engagements collectif ou unilatéral et individuels. Les associés de la société bénéficiaire des apports doivent conserver pendant la durée de ces mêmes engagements les titres reçus en contrepartie de l'apport (CGI art. 787 B, f-2° et 3°).

Chaque héritier ou donataire peut apporter à sa propre société holding les titres qu'il a reçus et pour lesquels il a pris un engagement individuel de conservation sous réserve que chacun des apporteurs et chacune des sociétés bénéficiaires des apports, pris isolément, respectent les conditions fixées par l'article 787 B, f du CGI (Rép. Patriat : Sén. 3-9-2020 n° 6410 : BPAT 6/20 inf. 203).

Les **apports** peuvent être effectués **à titre pur et simple ou** être partiellement **rémunérés par la prise en charge** (par la société bénéficiaire de l'apport) **d'une soulte** consécutive à un partage et donc être effectués, dans ce cas seulement, à titre onéreux (BOI-ENR-DMTG-10-20-40-20 n° 81). Ainsi, par exemple, l'héritier, légataire ou donataire peut apporter les titres qui sont soumis à un engagement individuel de conservation à une société holding avec prise en charge par cette dernière du montant de l'emprunt souscrit pour financer la soulte qu'il doit verser aux autres héritiers ou donataires à l'issue du partage (BOI précité n° 83). 45574

L'administration admet que ce dispositif puisse s'appliquer en présence de **donation avec réserve d'usufruit** à condition que les droits de vote du donateur dans la société holding bénéficiaire de l'apport prévu à l'article 787 B, f du CGI demeurent limités aux seules décisions concernant l'affectation des bénéfices (BOI précité n° 83). La restriction des droits de vote de l'usufruitier doit donc figurer dans les statuts de la société holding (voir n° 45420).

De plus, la société bénéficiaire de l'apport peut regrouper des héritiers, donataires ou légataires de plusieurs signataires de l'engagement collectif de conservation, sous réserve du respect de l'ensemble des conditions prévues par l'article 787 B, f du CGI (voir nos 45576 s.). Il n'est pas exigé que l'ensemble des bénéficiaires de la transmission à titre gratuit participent à l'opération d'apport (BOI précité).

CONSEIL

L'apport avec soulte peut s'avérer des plus **judicieux** sur le plan fiscal. Le fait que ce soit la société holding (soumise à l'IS) qui supporte en fait la soulte évite à l'héritier, au légataire ou au donataire d'avoir à supporter les conséquences fiscales d'une distribution de dividendes ou d'une rémunération importante.

45576 **Objet de la société holding et composition de l'actif** À l'issue de l'apport et jusqu'au terme des engagements collectif ou unilatéral et individuels de conservation, la valeur réelle de l'**actif brut** de la société holding doit être **composée à plus de 50 %** de participations dans la société soumises à ces engagements (CGI art. 787 B, f).

L'administration admet d'**apprécier ce seuil** de 50 % en prenant en compte la valeur vénale de toutes les participations dans cette société, y compris celles qui ne sont pas soumises aux engagements de conservation (BOI-ENR-DMTG-10-20-40-20 n° 81). Cette interprétation « libérale » de la loi ne peut qu'être approuvée : elle facilite notamment le regroupement de tous les titres d'une société exploitante dans une même société holding.

Attention, pour le calcul du seuil de 50 %, ne peuvent être prises compte les participations détenues par la holding dans d'**autres sociétés du groupe.**

45577 La société holding peut avoir une **activité mixte** et donc détenir des actifs tels que des participations dans d'autres sociétés, contrôlées ou non, ou des liquidités (BOI-ENR-DMTG-10-20-40-20 n° 84). Cette ouverture de l'objet de la société holding à d'autres activités que la gestion de son propre patrimoine (il peut donc s'agir d'une société holding animatrice) paraît de nature à faciliter la gestion fiscale et managériale du groupe.

Attention, la valeur vénale des participations composant l'actif brut de la société holding peut évoluer en cours d'engagement (la valeur de ses participations dans la société dont les titres ont été apportés peut diminuer et celle de ses autres participations augmenter). Il est donc conseillé de prévoir une marge afin de garantir au mieux le maintien du ratio fixé par la loi, de l'apport jusqu'au terme de l'engagement individuel.

45578 **Actionnariat de la société holding** Les **trois quarts** au moins du **capital** et des **droits de vote** de la société holding doivent être **détenus par** les personnes soumises aux engagements collectif ou unilatéral et individuels de conservation (CGI art. 787 B, f).

L'administration déduit de cette règle les conséquences suivantes (BOI-ENR-DMTG-10-20-40-20 n° 86) :

– **au cours de l'engagement collectif ou unilatéral** de conservation, il doit être tenu compte, pour l'appréciation du seuil de 75 %, des titres détenus dans la société bénéficiaire de l'apport par l'ensemble des personnes soumises à cette obligation de conservation, qu'elles soient signataires ou héritiers, donataires ou légataires bénéficiaires de l'exonération ;

– **au cours de l'engagement individuel de conservation,** il est tenu compte, pour l'appréciation du seuil de 75 %, des titres détenus dans la société bénéficiaire de l'apport par les seules personnes soumises à cet engagement individuel de conservation. Mais les donateurs peuvent détenir plus de 25 % du capital et des droits de vote de la société holding, à condition que la majorité du capital et des droits de vote soit détenue par les bénéficiaires de l'exonération partielle.

L'administration apporte par ailleurs plusieurs **précisions** concernant l'appréciation du seuil de 75 % :

– il est possible, pour l'appréciation de ce seuil, de prendre en compte l'ensemble des **titres de la société cible** apportés à la société holding par les bénéficiaires de la transmission Dutreil, y compris ceux **soumis à d'autres engagements de conservation** que ceux pris dans le cadre de cette transmission. Bien que l'administration ne le précise pas, les **titres non placés sous engagement** de conservation devraient également pouvoir être pris en compte pour l'appréciation du seuil de 75 %, conformément à la solution admise pour l'appréciation du seuil de 50 % (n° 45576) ;

– il est en outre possible de faire la somme des **participations de plusieurs personnes** soumises chacune à un engagement individuel de conservation de titres de la même société cible ;
– il y a lieu enfin de faire la somme des **participations des associés ayant apporté des titres de la société cible** soumis à engagements **et** des participations **des associés ayant apporté des titres d'une société interposée** entre cette société cible et l'apporteur soumis à engagement individuel de conservation.

Apport des titres d'une société interposée L'apport de titres d'une société possédant directement une participation dans la société dont les parts ou actions sont soumises aux engagements collectif ou unilatéral et individuels de conservation n'entraîne pas la remise en cause de l'exonération partielle, sous réserve de satisfaire aux conditions mentionnées n°s 45576 s. (CGI art. 787 B, f). Dans ce cas, à l'issue de l'apport et jusqu'au terme de ces engagements de conservation, la valeur réelle de l'**actif brut** de la société holding bénéficiaire de l'apport doit être **composée à plus de 50 % de participations directes, ou indirectes,** avec un niveau d'interposition au plus, dans la société dont les titres sont soumis à l'engagement de conservation. Ainsi, en cas d'**apport à une même société holding de participations** directes et indirectes **dans une même société,** il est admis de tenir compte de l'ensemble de ces participations pour l'appréciation du respect de ce seuil de 50 % (voir nº 45576). Dans ce cas, les titres de la société interposée sont retenus à hauteur de la proportion de la valeur réelle de son actif brut qui correspond à la participation dans la société cible. 45580
La société bénéficiaire de l'apport doit s'engager à conserver ces participations jusqu'au terme des engagements collectif ou unilatéral et individuel de conservation.
De même, les héritiers, donataires ou légataires associés de la société bénéficiaire des apports doivent conserver, pendant cette même durée, les titres reçus en contrepartie de l'opération d'apport (BOI-ENR-DMTG-10-20-40-20 nº 88).

ATTENTION
La tolérance prévue par l'article 787 B, f n'est pas étendue aux apports de titres d'une société détenant une participation dans une société détenant elle-même une participation dans une société exploitante (**double niveau d'interposition**).

c. Exercice d'une fonction de direction

L'article 787 B, d du CGI subordonne le bénéfice de l'exonération partielle à une dernière condition de fond : l'un des signataires de l'engagement collectif ou unilatéral ou l'un des héritiers, donataires ou légataires ayant pris l'engagement individuel de conservation doit, pendant la durée de l'engagement collectif ou unilatéral et pendant les trois années qui suivent la date de la transmission, exercer effectivement dans la société dont les parts ou actions font l'objet de l'engagement collectif ou unilatéral de conservation, soit son **activité professionnelle principale,** si la société en question n'est pas soumise à l'impôt sur les sociétés (CGI art. 8 et 8 ter), soit l'une des fonctions de direction énumérées à l'article 975, III-1-1º du CGI si la société en question est, de plein droit ou sur option, soumise à l'impôt sur les sociétés. 45595
Selon l'administration, il résulte de ces dispositions que la fonction de direction doit être exercée (BOI-ENR-DMTG-10-20-40-10 nº 390) :
– pendant la période comprise **entre la conclusion du pacte Dutreil et la transmission** : par un associé signataire de l'engagement collectif ou unilatéral de conservation des titres, y compris lorsque cet associé a, depuis la signature de l'engagement, transmis tous les titres qui y sont soumis ;
– pendant la période **postérieure à la transmission** : par un associé signataire du pacte Dutreil ou par l'un des héritiers, légataires ou donataires qui a pris l'engagement individuel de conserver les titres ainsi reçus.
On regrette que les **bénéficiaires potentiels** de la transmission n'aient pas la possibilité d'exercer la fonction de direction avant la donation ou l'ouverture de la succession. Cette difficulté peut cependant être évitée en associant au pacte les bénéficiaires potentiels de la transmission susceptibles de diriger la société, le cas échéant en leur ayant cédé préalablement une part ou une action de la société.

L'exercice d'une **activité professionnelle** consiste dans l'exercice à titre habituel d'une activité de nature industrielle, commerciale, artisanale, agricole ou libérale et qui permet à celui qui l'exerce de satisfaire aux besoins de l'existence. Cette profession doit être effectivement 45597 exercée, ce qui suppose l'accomplissement d'actes précis et de diligences réelles (BOI-ENR-DMTG-10-20-40-10 nos 280 s.) ; il ne peut s'agir d'une activité salariée.

En cas de pluralité d'activités professionnelles, la **profession principale** est celle qui constitue l'essentiel des activités économiques du contribuable, ce qui suppose un examen attentif de chaque cas particulier. À titre de faisceau d'indices, l'administration préconise de retenir des éléments comme le temps passé dans chaque activité, l'importance des responsabilités exercées et des difficultés rencontrées, la taille des diverses exploitations, etc. (en ce sens, BOI-PAT-IFI-30-10-10-30 nos 10 s. relatif à l'IFI mais transposable au régime Dutreil).

Dans le cas des sociétés soumises à l'impôt sur les sociétés, les **fonctions** (énumérées à l'article 975, III-1-1° du CGI) susceptibles d'ouvrir droit à l'exonération partielle sont celles de :
– gérant de SARL « nommé conformément aux statuts » ;
– gérant commandité d'une société en commandite par actions ;
– associé en nom d'une société en nom collectif, d'une société en commandite simple, d'une société en participation, d'une société créée de fait, ayant opté pour l'impôt sur les sociétés ;
– président d'une société par actions ;
– directeurs généraux et directeurs généraux délégués ;
– membres du directoire ;
– président du conseil de surveillance.

Le titulaire doit consacrer à ses fonctions une **activité** et des **diligences constantes et réelles** (par exemple, animation effective de l'activité des directeurs fonctionnels salariés, signature des pièces essentielles, contacts suivis avec les représentants du personnel, les principaux clients ou fournisseurs, etc.). En revanche, l'article 787 B du CGI n'impose pas de condition tenant à la **rémunération** perçue par le dirigeant ou au caractère principal de son activité dans la société.

Il n'est pas nécessaire que les fonctions de direction soient exercées par la même personne pendant toute la durée de l'engagement de conservation.

En cas de **changement de direction** provoquant une vacance qui n'excède pas trois mois, la condition de continuité de l'exercice de la fonction de direction est considérée comme respectée (BOI-ENR-DMTG-10-20-40-10 n° 275).

45598 L'administration considère que le **nouveau dirigeant** doit impérativement être choisi parmi les signataires de l'engagement collectif ou unilatéral de conservation (associés, héritiers ou légataires en cas d'engagement post mortem) ou les héritiers, donataires ou légataires ayant pris l'engagement individuel de conservation (BOI-ENR-DMTG-10-20-40-10 nos 270 et 390). Elle réitère ainsi son refus d'accorder l'exonération partielle lorsque la fonction de direction a été exercée, avant la transmission, par un bénéficiaire de ladite transmission n'ayant pas signé le pacte Dutreil (voir nos observations n° 45595).

Dans certaines sociétés, comme les SAS, les **fonctions de direction** peuvent être **confiées,** durant l'engagement collectif ou unilatéral de conservation, **à une personne morale** si celle-ci est signataire de l'engagement (BOI-ENR-DMTG-10-20-40-10 n° 290). Aussi, pour éviter tout risque de déchéance de l'exonération partielle en cas de changement de direction, il peut parfois être opportun de placer à la tête de l'entreprise dont les titres seront transmis, une société partie à cet engagement, telle une société interposée (sur l'impossibilité de nommer une société interposée dirigeante en cas d'engagement réputé acquis, voir n° 45605).

Le **décès du dirigeant** n'est considéré comme un cas de force majeure que si aucune personne tenue par l'engagement collectif de conservation ou soumise à l'engagement individuel de conservation ne peut exercer cette fonction (enfants mineurs, incapacité). Toutefois, le régime de faveur n'est pas remis en cause si l'exercice des fonctions de direction débute « statutairement et effectivement » dans les six mois suivant le décès. Dans ce cas, le **point de départ du délai** de trois ans est reporté à la date de la prise effective de fonctions (BOI-ENR-DMTG-10-20-40-20 n° 70). Comme indiqué précédemment, ces conséquences pourront être évitées en associant au pacte Dutreil les bénéficiaires prévisibles de la transmission pouvant exercer des fonctions de direction (n° 45595) ou en nommant une société signataire de l'engagement collectif dirigeante.

S'appuyant sur une réponse ministérielle relative à l'exonération de droits de mutation applicable aux transmissions d'entreprises individuelles en vertu de l'article 787 C du CGI (Rép. Des Esgaulx : AN 29-1-2008 n° 15329), l'administration admet qu'un **mandataire** peut assurer la direction de la société lorsqu'aucun des héritiers ou légataires n'est en mesure de poursuivre effectivement l'exploitation (enfants mineurs, incapacité), toutes conditions étant par ailleurs remplies (BOI-ENR-DMTG-10-20-40-20 n° 70).

Engagement post mortem Lorsque l'engagement collectif de conservation a été souscrit dans les six mois du décès (nº 45525), l'obligation d'exercer son activité professionnelle principale ou une activité de direction par l'un des signataires de l'engagement collectif ne peut **débuter** qu'à partir de la signature (acte authentique) ou de l'enregistrement (acte sous signature privée) de l'engagement collectif. L'administration considère que le point de départ du délai de trois ans sera dans cette hypothèse reporté à la date de la prise effective des fonctions (BOI-ENR-DMTG-10-20-40-20 nº 70). En pratique, le délai de trois ans englobera la durée de l'engagement collectif (de deux ans). **45600**

Engagement réputé acquis Lorsque l'engagement collectif est réputé acquis (voir nº 45520), le délai de trois ans pendant lequel s'applique l'obligation d'exercer son activité professionnelle principale ou une activité de direction **débute à compter de** la transmission des titres. Ces **fonctions** doivent être **exercées par** l'un des héritiers, donataires ou légataires ayant pris part à l'engagement individuel de conservation. L'administration admet néanmoins qu'un autre associé, y compris le donateur, puisse exercer une autre fonction de direction dans la société exploitante, ce qui autorise une forme de codirection (BOI-ENR-DMTG-10-20-40-10 nº 395). **45605**

En revanche, l'administration réaffirme que l'exonération partielle ne s'applique pas lorsque, postérieurement à la donation, le **donateur assure lui-même la direction** de la société. En effet, dans cette situation, le donateur n'étant pas signataire d'un engagement de conservation, il ne remplit pas les exigences fixées par l'article 787 B, d du CGI (nº 45595 ; Rép. Moreau : AN 7-3-2017 nº 99759 ; BOI précité nº 395). On ne peut que regretter cette interprétation restrictive de la loi, partagée par des juges du fond (CA Bordeaux 23-11-2021 nºˢ 19/03867 et 19/03868 ; CA Douai 17-3-2022 nº 20/02264 : BPAT 3/22 inf. 172-11). En effet, si l'engagement est « réputé acquis » par la loi, le donateur devrait être réputé signataire et bénéficier des droits reconnus aux signataires. À défaut, le donateur devra signer un nouvel engagement collectif ou unilatéral alors que l'engagement réputé acquis tend au contraire à alléger le formalisme des engagements Dutreil.

ATTENTION

En cas de **détention indirecte des titres,** l'administration considère que la fonction de direction qui doit être exercée dans la société exploitante par l'un des héritiers, donataires ou légataires ayant pris part à l'engagement individuel de conservation ne peut pas être exercée par une société interposée (voir nº 45522).

3. OBLIGATIONS DÉCLARATIVES

NAISSANCE DES OBLIGATIONS

Lorsque l'engagement collectif est en cours mais que la transmission des titres n'est pas encore intervenue, aucune obligation déclarative n'existe. Les obligations déclaratives naissent avec la **transmission des titres.** **45635**

ATTENTION

Le **non-respect** par le bénéficiaire d'une transmission Dutreil de ces obligations déclaratives est susceptible d'entraîner la reprise de l'exonération accordée. Cette sanction peut paraître excessive au regard du nombre et de la complexité des obligations pesant tant sur les contribuables concernés que sur les sociétés dont les titres sont transmis. C'est sans doute la raison pour laquelle l'administration prescrit à ses services de n'envisager la mise en recouvrement des droits complémentaires qu'après avoir informé le contribuable des motifs de la remise en cause et lui avoir accordé un délai de trente jours pour présenter ses observations (CGI art. 1840 G ter ; BOI-ENR-DMTG-10-20-40-20 nº 220).

a. Obligations déclaratives lors de la transmission des titres

Les bénéficiaires de l'exonération doivent respecter certaines obligations déclaratives au moment de la transmission des titres (CGI ann. II art. 294 bis). **45640**

Les héritiers, donataires ou légataires d'actions ou de parts de sociétés qui entendent bénéficier de l'exonération partielle doivent remettre au service des impôts compétent pour enregistrer la déclaration de succession, de don manuel ou l'acte de donation, dans les délais prévus pour cet enregistrement, les documents suivants (CGI ann. II art. 294 bis, I) :

1º une **copie de l'acte enregistré constatant l'engagement** de conservation en cours comportant les mentions énumérées nº 45510 ;

2° une **attestation de la société** dont les parts ou actions font l'objet de l'engagement de conservation certifiant que :
– cet engagement est en cours au jour de la transmission à titre gratuit ;
– cet engagement a été respecté, de sa souscription jusqu'au jour de la transmission, pour le nombre de titres soumis par chaque signataire à cet engagement, ainsi que pour leur nombre total et les pourcentages de droits financiers et de vote afférents ;
– les droits de l'usufruitier sont statutairement limités aux décisions relatives à l'affectation des résultats si la donation de titres est consentie avec réserve d'usufruit (n° 45420).

En cas d'**interposition d'une ou de plusieurs sociétés** entre un associé à l'engagement autre que l'héritier, le donataire ou le légataire et la société dont les parts ou actions font l'objet de l'engagement de conservation, cette dernière fournit les attestations prévues pour les sociétés composant une chaîne de participations mentionnées n° 45660 qui lui sont transmises par la ou les sociétés interposées (BOI-ENR-DMTG-10-20-40-30 n° 10).

CONSEIL

Bien que le texte ne le prévoie pas expressément, il peut être recommandé de préciser dans l'attestation fournie par la société l'identité de l'associé remplissant la condition d'exercice d'une **fonction de direction** ou d'une activité principale au sein de la société et le respect de cette condition pendant la phase d'engagement collectif ou unilatéral.

45645 **Engagement collectif post mortem** Dans l'éventualité d'un engagement conclu post mortem (n° 45525), les **héritiers** ou légataires **doivent produire** une copie de l'engagement de conservation comportant les mentions énumérées n° 45510 et une attestation de la société dont les parts ou actions font l'objet de l'engagement de conservation certifiant qu'il a été souscrit par le ou les héritiers ou légataires, pour eux et leurs ayants cause à titre gratuit, entre eux ou avec un ou plusieurs autres associés pour une durée d'au moins deux ans.
L'administration fiscale admet la possibilité d'enregistrer l'engagement post mortem en même temps que la déclaration de succession ; toutes les pièces précitées, exceptée la copie de l'engagement, devant alors figurer en annexe de l'engagement présenté avec la déclaration de succession (BOI-ENR-DMTG-10-20-40-30 n° 26).

ATTENTION

En cas d'**interposition** de sociétés, chaque société composant la chaîne de participation doit également transmettre une attestation certifiant du respect, à son niveau, de l'obligation de conservation des titres soumis à engagement de conservation (n° 45660).

45650 **Engagement réputé acquis** Lorsque l'engagement collectif de conservation est réputé acquis (n° 45520), les bénéficiaires du régime de faveur doivent transmettre au service des impôts compétent **une attestation** de la société certifiant que les conditions pour bénéficier d'un engagement réputé acquis sont bien remplies.

En cas de donation avec **réserve d'usufruit,** cette attestation doit préciser que les droits de l'usufruitier sont statutairement limités aux décisions concernant l'affectation des résultats.
Un engagement réputé acquis peut servir à la transmission de titres de **société interposée** (n° 45522). Dans cette éventualité, chaque société composant la chaîne de participation doit transmettre une attestation certifiant du respect, à son niveau, de l'obligation de conservation des titres soumis à engagement de conservation (voir n° 45660).

45660 **Transmission de titres de société interposée** Lorsque la transmission porte sur des titres d'une société interposée, avec un ou deux niveaux d'interposition, les héritiers, donataires ou légataires doivent fournir, en lieu et place des attestations de sociétés mentionnées n°s 45640 s. :

1° une **copie de l'engagement** de conservation en cours au jour de la transmission à titre gratuit comportant les mentions énumérées n° 45510 (CGI ann. II art. 294 bis, I) ;

2° une **attestation de chaque société composant la chaîne de participation** entre le bénéficiaire de l'exonération et la société dont les parts ou actions font l'objet de l'engagement certifiant (CGI ann. II art. 294 bis, IV, 1°) :
– l'identité du ou des associés soumis aux obligations de conservation (obligation de respecter l'engagement collectif ou unilatéral visé à l'article 787 B, a) et à celle de maintien des niveaux d'interposition inchangés (obligation de conserver les participations inchangées à chaque niveau visée à l'article 787 B, b-3), le nombre de titres soumis à ces obligations et les pourcentages de capital et de droits de vote détenus par chacun d'eux de manière continue depuis la souscription de l'engagement (ou au cours des deux ans précédant la transmission en cas d'engagement réputé acquis) ;

– le nombre de titres que la société détient de manière continue depuis la souscription de l'engagement de conservation (ou au cours des deux ans précédant la transmission en cas d'engagement réputé acquis) dans la société dont les titres font l'objet de cet engagement ou dans une société possédant directement une participation dans la société dont les parts ou actions font l'objet de l'engagement de conservation ;

3° Une **attestation** de la société dont les parts ou actions font l'objet de l'engagement collectif ou unilatéral de conservation (**société cible**) certifiant le nombre de titres soumis aux obligations de conservation collective et de maintien des niveaux d'interposition inchangés, ainsi que les pourcentages de capital et de droits de vote afférents à ces titres détenus de manière continue depuis la souscription de l'engagement de conservation ou, en cas d'engagement réputé acquis, durant les deux ans précédant la date de transmission (CGI ann. II art. 294 bis IV, 2°).

En cas de donation de titres consentie avec **réserve d'usufruit,** il convient, le cas échéant, de préciser dans ces attestations la limitation, par les statuts de la société dont les titres sont transmis, des droits de l'usufruitier à l'affectation des bénéfices (voir n° 45420 ; BOI-ENR-DMTG-10-20-40-30 n° 37 et BOI-ENR-DMTG-10-20-40-10 n° 300).

ATTENTION

La rédaction de l'article 294 bis IV de l'annexe II au CGI peut être source de **confusion** en faisant référence aux associés tenus de respecter l'obligation de conservation des titres. Lorsque la transmission porte sur les titres d'une société interposée, c'est cette société qui est signataire de l'engagement collectif et non l'associé bénéficiaire de la transmission.

b. Obligations déclaratives postérieures à la transmission des titres

OBLIGATION DES HÉRITIERS, DONATAIRES ET LÉGATAIRES PENDANT LA DURÉE DES ENGAGEMENTS DE CONSERVATION

À compter de la transmission à titre gratuit et pendant la durée des engagements collectif ou unilatéral et individuels, les bénéficiaires de l'exonération partielle sont tenus de fournir, **à la demande de l'administration,** une attestation transmise par la société dont les parts ou actions sont soumises à engagement certifiant que les conditions d'application de l'exonération partielle ont été respectées de manière continue depuis la date de la transmission. Cette attestation doit être fournie dans les **trois mois** suivant la demande de l'administration (CGI art. 787 B, e-al. 2). **45670**

Elle doit indiquer l'identité de l'associé remplissant la fonction de direction et certifier (CGI ann. II art. 294 ter) :

1° qu'à compter de la **transmission** à titre gratuit l'engagement collectif ou unilatéral a porté de manière continue sur le pourcentage de droits de vote et financiers requis (n° 45485) et sur le nombre de titres prévu lors de sa souscription, et a été respecté jusqu'à la date de la demande de l'administration ;

2° qu'à compter du **terme de l'engagement collectif** de conservation, l'engagement individuel a été respecté jusqu'à la date de la demande de l'administration.

En cas de **détention indirecte** des parts ou actions faisant l'objet des engagements de conservation collectif, unilatéral ou individuel, il convient d'adresser également au service des impôts mentionné n° 45640 une attestation de chacune des sociétés composant la chaîne de participation, fournie par celle-ci à l'héritier, donataire ou légataire sur sa demande et certifiant du respect, à son niveau, des obligations de conservation (CGI art. 787 B, e-al. 2 et 4 ; BOI-ENR-DMTG-10-20-40-30 n° 44).

ATTENTION

La société dispose d'un **délai** de 30 jours pour fournir cette attestation au bénéficiaire de l'exonération partielle à compter de sa demande. Ce dernier devra donc prendre en compte ce délai de réponse afin de pouvoir lui-même adresser cette attestation à l'administration dans le délai de trois mois suivant la demande.

OBLIGATION DÉCLARATIVE DES HÉRITIERS, DONATAIRES ET LÉGATAIRES À L'EXPIRATION DE L'ENGAGEMENT INDIVIDUEL

Dans un **délai** de trois mois à compter du terme de l'engagement individuel de conservation, l'héritier, le donataire ou le légataire doit adresser au service des impôts du domicile du défunt, du lieu de dépôt de l'acte de donation ou de la déclaration de don manuel, une **attestation,** que la société dont les titres sont soumis à l'engagement collectif de **45675** conservation lui transmet, certifiant que les conditions de l'exonération partielle susvisées (nº 45670) ont été respectées jusqu'à leur terme.

En cas de **détention indirecte** des parts ou actions faisant l'objet des engagements de conservation, chacune des sociétés composant la chaîne de participation doit transmettre aux personnes soumises à ces engagements, comme dans le cas visé nº 45670, une attestation certifiant du respect, à son niveau, des obligations légales de conservation jusqu'à leur terme (CGI art. 787 B, e-al. 3 et 4).

c. Obligations déclaratives particulières

OBLIGATIONS DÉCLARATIVES PARTICULIÈRES EN CAS D'APPORT, DE FUSION, DE SCISSION OU D'AUGMENTATION DE CAPITAL

45680 En cas d'opération d'**apport** pendant la période de conservation des titres, chacun des héritiers, légataires ou donataires associés de la société bénéficiaire de l'apport joint aux attestations fournies par chacune des sociétés composant la chaîne de participation une copie de l'engagement de conservation pris par la société bénéficiaire de l'apport et une attestation de cette société, transmise dans les 30 jours à compter de sa demande, certifiant que les conditions de l'apport prévues au f de l'article 787 B du CGI pour le maintien du régime de faveur sont remplies (CGI ann. II art. 294 ter, IV-1º). Une obligation similaire est prévue en cas d'opération de **fusion,** de **scission, d'augmentation de capital** ou d'offre publique d'échange préalable à une fusion ou une scission telles que prévues aux g et h de l'article 787 B du CGI (CGI ann. II art. 294 ter, IV-2º).

OBLIGATIONS DÉCLARATIVES PARTICULIÈRES EN CAS DE DONATION

45690 Comme indiqué nº 45560, l'exonération partielle n'est pas remise en cause en cas de donation par l'héritier, le légataire ou le donataire tenu par un engagement individuel de conservation, dès lors que la donation est consentie au profit de ses seuls descendants et à condition que ceux-ci poursuivent ledit engagement jusqu'à son terme.

Dans cette éventualité, le donateur doit joindre aux attestations prévues ci-dessus (nºs 45670 et 45675) une **copie de l'acte de donation.** La société dont les titres font l'objet de l'engagement collectif ou unilatéral de conservation doit également attester que l'engagement individuel de conservation du donataire (nº 45560) et l'obligation d'exercer une fonction de direction sont respectés (CGI ann. II art. 294 ter, IV-3º).

ATTENTION

Les **attestations fournies** par les sociétés interposées confortent les droits des contribuables susceptibles de bénéficier des exonérations partielles de droits de mutation à titre gratuit. Toutefois, ces attestations ne sauraient protéger les contribuables concernés d'un redressement si toutes les conditions de l'exonération partielle ne sont pas satisfaites (en ce sens, Cass. com. 3-3-2021 nºs 19-22.397 FS-PR, 18-15.826 FS-D, 19-21.161 FS-D, 20-11.838 FS-D, 20-11.839 FS-D, et 20-11.840 FS-D : BPAT 3/21 inf. 140 à propos des attestations certifiant la qualité de holding animatrice d'une société pour l'application de l'ancienne réduction ISF-PME).

4. PORTÉE DE L'EXONÉRATION

45705 Si l'ensemble des conditions précédemment exposées sont réunies, l'exonération partielle porte sur 75 % de la valeur des parts ou actions transmises, **sans limitation de montant.** La fraction taxable des titres transmis en pleine propriété ou en démembrement de propriété peut bénéficier des dispositifs de paiement différé et fractionné (nºs 52330 s.).

En cas de donation d'usufruit ou avec réserve d'usufruit, l'exonération s'applique à la valeur des titres démembrés selon le barème de l'article 669 du CGI (nº 48230).

a. Sociétés interposées

SIMPLE NIVEAU D'INTERPOSITION

45710 En présence d'un simple niveau d'interposition, la valeur des titres transmis (ceux de la société interposée signataire d'un engagement) bénéficie de l'exonération partielle à proportion de la valeur vénale de l'actif brut de cette société représentative de la valeur de la participation soumise à l'engagement collectif de conservation (BOI-ENR-DMTG-10-20-40-10 nº 430). La valeur réelle de l'actif brut d'une société correspond à la valeur comptable de l'actif brut majorée des **plus-values latentes,** mais également minorée des **moins-values latentes** (Cass. com. 19-1-2022 nº 19-19.309 F-D : RJF 5/22 nº 503).

Ainsi, la fraction de la **valeur des titres** de la société interposée qui est **susceptible de bénéficier de l'exonération partielle** de droits de mutation à titre gratuit s'obtient par la formule suivante :

A × (B/C)

dans laquelle :

A = Valeur des titres transmis (titres de la société Interposée)

B = Valeur vénale de la participation soumise à l'engagement collectif

C = Valeur vénale de l'actif brut de la société interposée

EXEMPLE

M. Hugo détient 70 % de la société « SI » (société interposée) qui détient elle-même 60 % de la société « SE » (société exploitante).

La transmission porte sur la pleine propriété de la totalité des titres que M. Hugo détient dans la société « SI », laquelle a conclu avec un autre associé de la société « SE », M. Gauthier (qui détient 40 % du capital de celle-ci), un engagement de conservation portant sur la totalité des titres de la société « SE ».

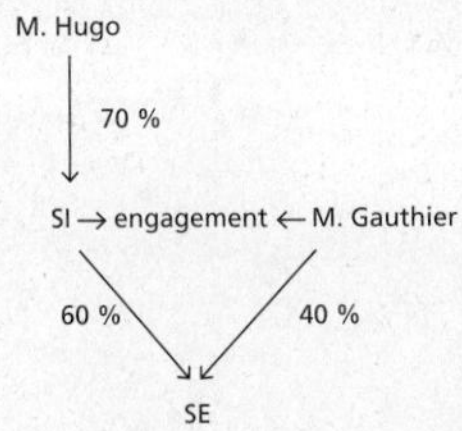

La valeur de la société interposée « SI » a été fixée à 2 000 000 € (dont M. Hugo détient 70 %) ;

La valeur de la société exploitante « SE » a été fixée à 3 000 000 € (dont « SI » détient 60 %) ;

L'actif brut réel de la société « SI » s'élève à 4 000 000 €.

Fraction de la valeur des titres ouvrant droit à l'exonération partielle :

$$(2\,000\,000\,€ \times 70\,\%) \times \frac{3\,000\,000\,€ \times 60\,\%}{4\,000\,000\,€} = 630\,000\,€$$

Fraction exonérée : 630 000 € × 75 % = 472 500 €

Fraction imposable : 630 000 – 472 500 = 157 500 €.

DOUBLE NIVEAU D'INTERPOSITION

L'exonération est également susceptible de s'appliquer à la transmission des titres d'une société détenant une participation dans une société interposée (qui détient elle-même une participation dans une société exploitante), lorsque cette dernière a pris avec d'autres associés un engagement de conservation portant sur les titres de la société exploitante. Un nombre supérieur de niveaux d'interposition fait en revanche obstacle au bénéfice de l'exonération partielle (BOI-ENR-DMTG-10-20-40-10 n° 420). 45715

La **valeur des titres** transmis **susceptible de bénéficier de l'exonération partielle** s'obtient de la manière suivante :

– dans un **premier temps,** il convient de déterminer la valeur de la « **participation indirecte** » (H) qui a fait l'objet d'un engagement de conservation. Cette valeur s'obtient de la façon suivante :

H = D × (E/F)

dans laquelle

D = Valeur de la participation détenue dans la société interposée par la société dont les titres sont transmis

E = Valeur de la participation soumise à l'engagement (soit la valeur de la participation de la société interposée dans la société exploitante)

F = Valeur vénale de l'actif brut de la société interposée

– dans un **second temps,** la valeur de la participation indirecte qui a fait l'objet d'un engagement de conservation permet de déterminer la **fraction de la valeur des titres exonérée** (FE)

45715 (suite) FE = G × (H/I)
avec
G = Valeur des titres transmis (titres détenus directement par le défunt ou le donateur)
H = Valeur réelle de la participation indirecte ayant fait l'objet d'un engagement de conservation (précédemment calculée)
I = Valeur vénale de l'actif brut de la société détenant une participation dans la société interposée (signataire de l'engagement)

EXEMPLE

M. Barbusse détient 90 % de la société « SH » (société holding) qui détient 50 % de la société « SI » (société interposée), elle-même détentrice de 50 % de la société « SE » (société exploitante).

La transmission porte sur la totalité des titres que M. Barbusse détient dans la société « SH ». La société interposée « SI » a conclu avec un autre associé de la société « SE », M. Leroy (qui détient 40 % du capital de celle-ci), un engagement de conservation portant sur 90 % des titres de la société « SE ». Les 10 % restants sont détenus par M. Lepic.

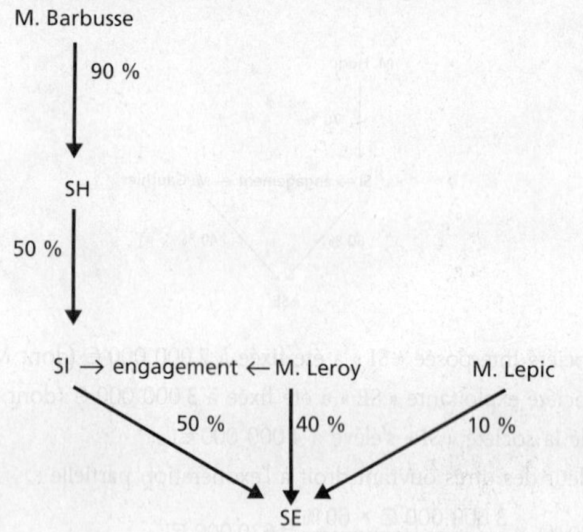

La valeur de la société exploitante « SE » a été fixée à 10 000 000 € (dont « SI » détient 50 %, soit 5 000 000 €) ;

La valeur de la société interposée « SI » a été fixée à 5 000 000 € (dont SH détient 50 %, soit 2 500 000 €) ;

L'actif brut réel de la société « SI » s'élève à 7 000 000 € ;

La valeur de la société « SH » a été fixée à 2 000 000 € (dont M. Barbusse détient 90 %, soit 1 800 000 €) ;

L'actif brut réel de la société « SH » s'élève à 4 000 000 €.

Dans un premier temps, il convient de déterminer la **valeur de la participation indirecte** (H) soumise à engagement :

H = 2 500 000 (Valeur de la participation détenue par « SH » dans la société « SI ») × [5 000 000 (Valeur de la participation de la société « SI » dans la société « SE ») / 7 000 000 (Valeur de l'actif brut de la société « SI »)] = 1 785 714 €

Dans un second temps, on calcule la valeur de la **fraction de la valeur des titres** (FE) susceptible d'être exonérée :

FE = 1 800 000 (Valeur des titres détenus directement par M. Barbusse dans la société « SH »)

$$\times \frac{\text{1 785 714 (Valeur de la participation indirecte H)}}{\text{4 000 000 (Valeur de l'actif brut de la société « SH »)}} = \text{803 571 €}$$

› Précisions Le bénéfice de l'exonération partielle est subordonné à la condition que les **participations** soient conservées **inchangées** à chaque niveau d'interposition pendant toute la durée de l'engagement collectif ou unilatéral et individuel. Toutefois, le bénéfice du régime de faveur n'est pas remis en cause en cas d'augmentation de la participation détenue par les sociétés interposées (n° 45875).

b. Réduction de droits en cas de donation d'entreprise en pleine propriété par un donateur âgé de moins de 70 ans

Les **droits de mutation** applicables à la fraction taxable (25 %) des titres donnés en pleine propriété dans les conditions de l'article 787 B du CGI sont **réduits** de 50 %, si le donateur est âgé de moins de 70 ans à la date de la donation (CGI art. 790, I). **45735**

Cette réduction de droits s'applique en dernier lieu, sur le montant des droits dus par chaque donataire, après application, le cas échéant des abattements et autres réductions de droits (nos 45765 s.).

L'article 790, I du CGI réserve la réduction de droit de 50 % aux donations en pleine propriété qui réunissent les conditions énumérées à l'article 787 B. Dès lors, elle ne peut s'appliquer aux **donations de titres non couverts par un engagement collectif** de conservation.

La réduction de droits de 50 % ne s'applique pas aux **donations de parts ou actions démembrées,** même si le donateur se défait de la pleine propriété des titres en donnant simultanément l'usufruit de ses titres à une personne et la nue-propriété à une autre (BOI-ENR-DMTG-20-30-20-50 n° 35). **45740**

En cas de « **donations mixtes** », c'est-à-dire comportant à la fois des titres en pleine propriété et des titres démembrés, il est nécessaire d'effectuer une double liquidation des droits afin de déterminer le montant de l'impôt sur lequel la réduction doit s'appliquer. À cette fin, il y a lieu de comprendre les biens donnés en pleine propriété dans les tranches du barème les plus élevées pour la liquidation des droits de mutation, et par voie de conséquence, pour l'application de la réduction des droits.

L'administration précise que les **abattements** susceptibles de s'appliquer (notamment celui prévu par l'article 779 du CGI : voir n° 45765) sont effectués en priorité sur les biens démembrés. Les biens donnés en démembrement (qui ne bénéficient pas de la réduction de 50 %) seront taxés en premier, après application éventuelle des abattements de droit commun, dans les tranches les plus basses du barème. Les droits les plus élevés, applicables aux titres transmis en pleine propriété, seront réduits de moitié.

Ces règles, favorables au contribuable, s'appliquent à moins que les parties à l'acte de donation n'aient décidé de retenir une règle d'imputation différente (BOI-ENR-DMTG-20-30-20-50 n° 37).

EXEMPLE

M. Leblanc, veuf, âgé de 66 ans, est le principal dirigeant de la société Aluzinc, dont il détient 80 % des titres (participation estimée à 2 000 000 €). Ces titres sont couverts par un engagement collectif de conservation souscrit en octobre 2021 avec son fils unique Louis et d'autres associés qui détiennent des participations peu importantes.

En avril 2023, M. Leblanc décide de donner sa participation dans la société Aluzinc à son fils Louis, lequel devient le nouveau dirigeant de la société. Cette donation est consentie pour moitié en pleine propriété (soit à hauteur de 40 % des titres sociaux) et en nue-propriété pour le solde (M. Leblanc se réservant l'usufruit de 40 % des titres).

La liquidation des droits s'effectue comme suit :

Titres transmis en nue-propriété

– valeur de la nue-propriété des titres selon le barème de l'article 669 du CGI (n° 48230) : 1 000 000 € × 60 % = 600 000 €
– exonération partielle prévue à l'article 787 B du CGI : 75 %
– montant de la donation après exonération partielle : 150 000 €
– abattement personnel prévu à l'article 779 du CGI (imputable en priorité sur les biens démembrés) : 100 000 €
– masse taxable : 50 000 €
– montant des droits à payer (voir tarif n° 50565) : (8 072 € × 5 %) + (4 037 € × 10 %) + (3 823 € × 15 %) + (34 068 € × 20 %) = 8 195 €.

Titres transmis en pleine propriété

– valeur des titres : 1 000 000 €
– exonération partielle prévue à l'article 787 B du CGI : 75 %
– montant de la donation après exonération partielle : 250 000 €
– abattement personnel prévu à l'article 779 du CGI : 0 (déjà imputé sur les biens démembrés)
– masse taxable : 250 000 €

– montant des droits à payer avant réduction d'impôt : 250 000 € × 20 % = 50 000 € (les tranches à 5, 10 et 15 % ont été utilisées pour la taxation des titres démembrés) :
– les droits correspondant à la valeur des titres transmis en pleine propriété bénéficient de la réduction d'impôt de 50 % prévue à l'article 790 du CGI : 25 000 €,
– ainsi, le montant total des droits à payer par le fils de M. Leblanc s'élève à : 8 195 € (titres donnés en nue-propriété) + 25 000 € (titres en pleine propriété) = 33 195 €.

45745 La réduction de droits est applicable aux **donations** en pleine propriété **de titres de sociétés interposées** (n° 45405). Toutefois, le bénéfice de cette réduction est alors limité aux droits correspondant à la seule fraction de la valeur des titres représentative de celle des titres de la société ayant une activité industrielle, commerciale, artisanale, agricole ou libérale détenus, directement (simple interposition) ou indirectement (double interposition) par la société dont les titres font l'objet de la donation (BOI-ENR-DMTG-20-30-20-50 n° 40).
Les solutions favorables admises par l'administration pour le calcul des droits de mutation en cas de donation mixte (n° 45740) devraient également s'appliquer, selon nous, en cas de **donation** en pleine propriété **de titres** d'une société interposée **dont une fraction seulement** (correspondant à la valeur de la participation couverte par l'engagement Dutreil) **ouvre droit à la réduction de droits de 50 %,** le solde (correspondant à la valeur d'autres actifs de la société holding) n'étant pas éligible à la réduction.

c. Abattements supplémentaires

ABATTEMENTS « DE DROIT COMMUN »

45765 L'exonération partielle de l'article 787 B du CGI est sans incidence sur les abattements susceptibles de s'appliquer aux transmissions à titre gratuit au sein de la famille, que ceux-ci soient communs aux successions et aux donations (CGI art. 779 I s. ; n° 50265) ou spécifiques aux donations (CGI art. 790 B à 790 F ; n°s 5310 s.).
Ainsi, par exemple, l'abattement de 100 000 € prévu par l'article 779 I du CGI s'appliquera, s'il n'est pas déjà « épuisé », sur la part de chaque enfant, à raison de la seule fraction taxable, après application de l'exonération partielle de 75 % prévue par l'article 787 B du même Code.

ABATTEMENT SPÉCIFIQUE AUX DONATIONS D'ENTREPRISES AUX SALARIÉS

45770 L'exonération partielle de l'article 787 B du CGI peut également se cumuler avec l'abattement de 300 000 €, étudié n°s 5325 s., applicable aux donations en pleine propriété d'entreprises aux salariés (CGI art. 790 A).

d. Cumul avec l'exonération partielle applicable aux parts de groupement forestier, de GFA et de GFR

45790 L'exonération partielle de 75 % prévue par l'article 787 B du CGI peut encore se cumuler avec les exonérations partielles applicables aux transmissions de parts de groupement forestier, de groupement foncier agricole et de groupement foncier rural prévues à l'article 793, 1-3° et 4° du CGI (n°s 46285 s. et 46405 s.).

e. Passif déductible

45810 Les dettes contractées par le défunt pour l'achat (ou dans l'intérêt) des titres transmis sont imputées en priorité sur la valeur de ces titres (CGI art. 769 ; BOI-ENR-DMTG-10-40-20-40 n° 1). Cependant, les parts ou actions n'étant soumises aux droits de mutation par décès que pour une fraction seulement de leur valeur (25 %), le passif afférent à ces parts ou actions n'est déductible de l'actif héréditaire que dans la même proportion, soit 25 % (BOI précité n° 10).
En cas d'exonération partielle, le **forfait mobilier** (n°s 48105 s.) est calculé sur la seule fraction taxable des titres transmis.
S'agissant des **donations,** la déduction de l'assiette des droits des dettes contractées par le donateur pour l'acquisition (ou dans l'intérêt) des parts ou actions données est soumise aux conditions fixées par l'article 776 bis du CGI (n°s 5235 s.).

5. REMISE EN CAUSE DE L'EXONÉRATION PARTIELLE

45840 L'exonération partielle des droits de mutation à titre gratuit est susceptible d'être remise en cause dans les cas suivants.

NON-RESPECT DE L'ENGAGEMENT COLLECTIF OU UNILATÉRAL DE CONSERVATION DU FAIT D'UNE CESSION DE TITRES À UN TIERS

Si les **mutations** hors dispositif Dutreil (à titre gratuit ou à titre onéreux) de parts ou actions soumises à l'engagement collectif à **un autre signataire de l'engagement collectif** n'entraînent pas la remise en cause de l'exonération partielle (nº 45492), il en va en principe différemment lorsque la cession intervient au profit d'un non-signataire. 45845

Par **cession,** on entend ici toutes les mutations à titre onéreux ; lesquelles peuvent notamment résulter d'**apports** ou d'**échanges.**

Les conséquences de telles cessions sont différentes selon que celles-ci se réalisent avant ou après la transmission à titre gratuit susceptible de bénéficier de l'exonération partielle, laquelle doit intervenir alors que l'engagement collectif de conservation est en cours.

Rupture de l'engagement de conservation avant la transmission des parts ou actions Le signataire de l'engagement collectif ou unilatéral de conservation qui **cède** à titre onéreux **à un tiers non signataire** une partie des titres qu'il a lui-même soumis à l'engagement ne peut plus se prévaloir de cet engagement pour faire ultérieurement bénéficier son donataire, héritier ou légataire de l'exonération partielle sur les titres qu'il a conservés (BOI-ENR-DMTG-10-20-40-20 nº 20). 45850

Les **autres signataires** de l'engagement collectif conservent quant à eux le bénéfice de l'exonération partielle pour les titres qu'ils ont soumis à l'engagement collectif, si les seuils prévus à l'article 787 B, b-1 (10 et 20 % ou 17 et 34 %) sont toujours atteints en dépit de la ou des cessions ou donations réalisées.

En revanche, si en raison de cession(s), le seuil de couverture n'est plus atteint, l'ensemble des signataires de l'engagement collectif perd le bénéfice de l'exonération partielle pour les transmissions à titre gratuit futures (et éventuellement passées, voir nºs 45855 s.).

Par **exception,** l'exonération partielle n'est pas remise en cause à l'égard des signataires autres que le cédant si le cessionnaire s'associe à l'engagement collectif ou unilatéral à raison de la totalité ou d'une fraction des titres qu'il a acquis de sorte que les seuils minimums de participation (10 et 20 % ou 17 et 34 %) demeurent respectés et à condition que l'engagement de conservation soit reconduit pour une durée minimale de deux ans (CGI art. 787 B, e bis-2º).

Sur les conséquences de la donation des titres sous engagement, voir nº 45495.

Rupture de l'engagement de conservation après la transmission des parts ou actions L'**exonération partielle** dont ont bénéficié les titres donnés par le signataire d'un engagement collectif ou unilatéral de conservation est **remise en cause** si celui-ci cède à un tiers tout ou partie des titres qui lui restent et qui sont encore couverts par l'engagement de conservation lorsque les seuils ne sont plus respectés (CGI art. 787 B, e bis ; voir nº 45860). Cette remise en cause entraîne à l'égard de l'héritier, du légataire ou du donataire l'exigibilité du complément de droits de mutation et de l'intérêt de retard de 0,20 % par mois prévu à l'article 1727 du CGI. 45855

Si, après cette cession, il reste encore des titres au cédant, ceux-ci ne pourront pas bénéficier de l'exonération partielle. Autrement dit, l'exonération partielle est perdue pour le passé comme pour l'avenir.

L'exonération partielle dont ont bénéficié les titres transmis à titre gratuit est également remise en cause lorsque c'est le **bénéficiaire de la transmission à titre gratuit qui cède ou donne à un tiers les titres** qu'il a reçus, alors que ceux-ci sont encore couverts par l'engagement collectif ou unilatéral de conservation. En effet, sa qualité « d'ayant cause à titre gratuit » du défunt ou du donateur l'oblige à respecter l'engagement collectif ou unilatéral souscrit par ce dernier jusqu'à son terme.

Toutefois, **lorsque les héritiers,** donataires ou légataires **cèdent** ou donnent tout ou partie **des titres** reçus **à un signataire de l'engagement** collectif ou un autre bénéficiaire de l'exonération, avant l'expiration de cet engagement, l'exonération partielle n'est remise en cause qu'à hauteur des titres cédés ou donnés (CGI art. 787 B, e ter) (voir nº 45501).

La **cession à un tiers** de tout ou partie de ses titres **par un signataire de l'engagement collectif** est sans effet sur les transmissions à titre gratuit des titres des autres signataires déjà réalisées (ou futures, voir nº 45855), si le seuil de couverture (10 et 20 % ou 17 et 34 %) est toujours atteint. 45860

L'**apport de titres à une société holding** par les héritiers, donataires et légataires bénéficiant de l'exonération partielle est possible **pendant la durée de l'engagement collectif** de conservation restant à courir avant la prise d'effet de l'engagement individuel (CGI art. 787 B, f). Voir nºs 45572 s.

NON-RESPECT DE L'ENGAGEMENT INDIVIDUEL DE CONSERVATION

45865 La cession à titre onéreux avant le terme de l'engagement individuel de conservation par l'héritier, le légataire ou le donataire, de tout ou partie des titres qu'il s'était engagé à conserver quatre ans entraîne à son égard l'exigibilité du complément de droits de mutation et de l'intérêt de retard de 0,20 % par mois prévu à l'article 1727 du CGI (CGI art. 1840 G ter).

Le **régime de faveur** n'est **pas remis en cause** en cas :
– d'apport des titres (de la société exploitante ou d'une société interposée) à une société holding si les conditions exposées n°s 45572 s. sont réunies ;
– d'échange de titres dans le cadre d'une offre publique d'échange (OPE) préalable à une fusion ou une scission (voir nº 45502) ;
– de dissolution de la société transmise résultant d'un jugement ordonnant la liquidation judiciaire à condition que cette liquidation ne résulte pas d'une organisation frauduleuse.

Sur la **transmission consécutive au décès de l'héritier,** du légataire ou du donataire tenu par un engagement individuel de conservation, voir nº 45555.

Sur les **donations aux descendants** de titres couverts par un engagement individuel, voir nº 45560.

SYNTHÈSE DES SANCTIONS ENCOURUES EN CAS DE NON-RESPECT DES ENGAGEMENTS DE CONSERVATION

45867

Engagement	Période	Transmissions	Conséquences
Engagement collectif	Avant la transmission	Mutation entre membres de l'engagement collectif de conservation	Transmissions possibles mais non exonérées lorsqu'elles interviennent à titre gratuit (nº 45492).
		Cession par un membre de l'engagement collectif de conservation à un tiers	La transmission des titres conservés par le cédant ne pourra pas être exonérée. Sans conséquences pour les autres signataires si les seuils de conservation sont maintenus (nº 45850).
	Après la transmission	Par le donateur, signataire de l'engagement collectif ou unilatéral de conservation à un tiers	Remise en cause de l'exonération déjà pratiquée. La transmission des titres éventuellement conservés par le signataire/cédant ne pourra pas être exonérée. Sans conséquences pour les autres signataires si les seuils de conservation sont maintenus (n°s 45855 et 45860).
		Par le bénéficiaire de la transmission à un tiers	– Remise en cause de l'exonération pratiquée pour l'ensemble des titres transmis au cédant. – Rupture de l'engagement collectif privant d'exonération les titres non encore transmis au cédant (nº 45855).
		Par le bénéficiaire à un membre de l'engagement collectif	Remise en cause de l'exonération à hauteur des seuls titres cédés ou donnés (nº 45855).
Engagement individuel		Remise en cause de l'exonération pratiquée, sauf exceptions (nº 45865).	

MODIFICATION DES PARTICIPATIONS DÉTENUES AU TRAVERS DE SOCIÉTÉS INTERPOSÉES

Comme indiqué précédemment, la transmission de titres de société interposée n'est exonérée que si les **participations** demeurent **inchangées, à chaque niveau d'interposition,** durant l'engagement collectif ou unilatéral puis pendant l'engagement individuel de conservation (CGI art. 787 B, c ; nº 45500). Il s'ensuit, selon l'administration, que chaque associé, personne morale ou personne physique, de la chaîne des participations doit détenir au minimum les titres qu'il possédait au moment de la signature de l'engagement collectif ou unilatéral pendant toute la durée de ce dernier (voir cependant nº 45875 les exceptions apportées à cette règle). Cette exigence s'applique également aux héritiers, donataires et légataires à raison des titres qui leur ont été transmis, jusqu'au terme de l'engagement collectif ou unilatéral de conservation (BOI-ENR-DMTG-10-20-40-20 nº 130). 45870

Il en va de même **pendant l'engagement individuel de conservation,** chaque associé de la chaîne des participations devant conserver au minimum les titres qu'il possédait au commencement de celui-ci et jusqu'à son terme.

La condition de maintien inchangé des participations à chaque niveau d'interposition s'appréciant en **nombre de titres,** la seule circonstance que le taux de participation indirect dans la société cible qu'ils représentent diminue en raison d'une augmentation de capital, n'est pas de nature à faire obstacle au bénéfice de l'exonération partielle, sous réserve que les associés conservent un nombre de titres au moins égal à celui qu'ils possédaient au moment de la signature et que les **seuils minimums** de droits financiers et de droits de vote continuent d'être respectés dans la société exploitante (BOI précité nº 130).

ATTENTION

L'exigence de conservation inchangée s'applique aux seuls associés personnes physiques souhaitant bénéficier de l'exonération partielle ainsi qu'aux sociétés interposées de la chaîne de participation dans la société cible (BOI précité nº 130).

Pendant les engagements collectif ou unilatéral et individuel de conservation, la **cession de parts ou actions** détenues dans une société qui possède directement (un niveau d'interposition) ou indirectement (deux niveaux d'interposition) une participation dans la société dont les titres font l'objet de ces engagements de conservation entraîne la remise en cause du régime de faveur. 45875

Cependant, bien que ces opérations puissent avoir une incidence sur le taux de participation indirecte des associés, l'administration admet que le **bénéfice du dispositif** n'est **pas remis en cause** lorsque la société interposée, signataire de l'engagement collectif :

– acquiert de nouveau titres de la société exploitante. Ces titres ne pourront pas bénéficier de l'exonération partielle s'ils ne sont pas soumis à l'engagement collectif ;

– cède des titres non soumis à l'engagement collectif ;

– cède des titres soumis à l'engagement à un autre signataire de cet engagement.

Le bénéfice du dispositif n'est pas non plus remis en cause lorsqu'un associé augmente sa participation dans la société interposée (BOI-ENR-DMTG-10-20-40-20 nº 140).

Les **fusions** entre sociétés interposées ou entre société interposée et société exploitante n'entraînent pas la remise en cause de l'exonération partielle, si les deux conditions suivantes sont remplies (CGI art. 787 B, g et h) : 45880

– les signataires doivent respecter l'engagement collectif ou unilatéral de conservation jusqu'à son terme ;

– les titres reçus en contrepartie de la fusion doivent être conservés jusqu'au terme de l'engagement individuel.

Pour l'avenir, l'exonération partielle ne pourra s'appliquer à de nouvelles transmissions à titre gratuit que si un nouvel engagement collectif de conservation est souscrit dans les conditions de droit commun.

La **restructuration** de la société exploitante **par scission ou fusion** n'est pas de nature à remettre en cause le bénéfice de l'exonération partielle déjà pratiquée dès lors que les titres reçus en contrepartie de la fusion sont conservés jusqu'aux termes des engagements de conservation (collectif ou unilatéral et individuel) (BOI-ENR DMTG-10-20-40-20 nº 160).

Les engagements de conservation collectif ou unilatéral et individuel ne sont pas remis en cause en cas d'**offre publique d'échange** préalable à une fusion ou une scission, sous réserve que cette fusion ou cette scission soit opérée dans l'année qui suit la clôture de l'offre publique d'échange et que les signataires de l'engagement de conservation conservent les titres qu'ils ont ainsi reçus jusqu'aux termes respectifs de l'engagement collectif ou unilatéral et de l'engagement individuel de conservation. Par exception, l'exonération est remise en cause en cas d'offre publique d'échange mixte (nº 45502).

On notera également que les opérations de restructuration peuvent avoir des conséquences sur l'exercice d'une **activité professionnelle principale ou** d'une **fonction dirigeante** au sein de la société dont les titres font l'objet de l'engagement collectif (nº 45595). La doctrine administrative étant silencieuse sur ce point, il convient de s'assurer que ces opérations n'auront pas pour effet d'empêcher l'exercice de telles fonctions au sein de la société exploitante restructurée.

L'**augmentation de capital** de la société exploitante peut avoir pour effet de réduire la participation soumise à l'engagement collectif à un niveau de détention inférieur au minimum fixé par la loi (nº 45485). L'exonération partielle déjà pratiquée ne sera cependant pas remise en cause si la transmission à titre gratuit est intervenue avant l'augmentation de capital et si les signataires de l'engagement collectif ou unilatéral ou de l'engagement individuel de conservation et, le cas échéant, leurs ayants cause à titre gratuit conservent leurs titres (y compris ceux reçus en contrepartie de l'opération) jusqu'au terme de ceux-ci (BOI-ENR-DMTG-10-20-40-20 nº 170). À l'inverse, si la transmission n'est pas encore intervenue, celle-ci ne pourra bénéficier du régime de faveur (sauf si un nouvel engagement collectif de conservation est souscrit dans les conditions de droit commun).

L'**annulation de titres** causée par des pertes ou une liquidation judiciaire ne remet pas en cause les exonérations partielles antérieurement pratiquées, à condition que cette liquidation ne résulte pas d'une organisation frauduleuse.

NON-EXERCICE D'UNE FONCTION DE DIRECTION

45885 En cas de non-respect de la condition liée à l'exercice d'une activité principale ou d'une fonction dirigeante au sein de la société dont les titres font l'objet de l'engagement collectif de conservation (nº 45595), tous les héritiers, légataires ou donataires sont tenus d'acquitter le complément de droits de mutation majoré de l'intérêt de retard.

Le **décès de l'associé** ou de l'héritier dirigeant n'étant pas en principe considéré comme un cas de force majeure, les héritiers, légataires ou donataires signataires de l'engagement individuel de conservation doivent désigner un nouveau dirigeant choisi, selon le moment du décès, parmi les signataires de l'engagement collectif ou parmi eux (voir nºs 45595 et 45598). Toutefois, lorsqu'aucun des héritiers ou légataires n'est en mesure de poursuivre effectivement l'exploitation (enfants mineurs, incapacité), les héritiers peuvent bénéficier de l'exonération partielle dans la mesure où un mandataire administre et gère l'entreprise pour le compte et dans l'intérêt d'un ou plusieurs héritiers identifiés (Rép. Des Esgaulx : AN 26-8-2008 nº 15329).

Le régime de faveur ne sera pas remis en cause si l'exercice des fonctions de direction débute statutairement et effectivement dans les six mois suivant le décès. Cependant, le point de départ du délai de trois ans sera reporté à la date de la prise effective de fonctions (BOI-ENR-DMTG-10-20-40-20 nº 70).

NON-RESPECT DES OBLIGATIONS DÉCLARATIVES

45890 Le non-accomplissement des formalités déclaratives exposées nºs 45635 s. est en principe de nature à entraîner la **remise en cause des exonérations** déjà pratiquées (CGI art. 1840 G ter). Les droits rappelés sont normalement majorés de l'**intérêt de retard** au taux de 0,20 % par mois (CGI art. 1727). Toutefois, s'il apparaît que l'exonération partielle a été appliquée par suite d'indications inexactes fournies par les parties, les droits de mutation pourront donner lieu à une **majoration** de 40 % pour manquement délibéré (mauvaise foi) en application de l'article 1729, a du CGI.

6. STRATÉGIES FISCALES

OUTILS À DISPOSITION

45920 Le régime des engagements Dutreil s'inscrit dans un **arsenal de mesures** juridiques et financières (donation-partage avec soulte, pactes de famille, engagement d'apport, clauses statutaires, emprunt amortissable ou in fine…) et de mesures fiscales (exonération de 75 %, réduction des droits de 50 %, apport avec soulte, régime mère-fille…) dont l'utilisation judicieuse permet d'organiser la **transmission d'une entreprise familiale** dans des conditions très avantageuses.

La définition de la stratégie patrimoniale et fiscale la mieux adaptée à chaque situation et des moyens à mettre en œuvre dépasse le cadre du présent ouvrage. Nous nous bornerons donc à présenter, sous forme de tableaux, les principales préconisations concernant la **rédaction des engagements de conservation.**

OPTIMISATION DES ENGAGEMENTS COLLECTIFS DE CONSERVATION

45925

Préconisations	Intérêt
1. Souscription de **plusieurs engagements** :	
a. portant sur un **nombre différent de titres** ;	Le signataire peut céder une fraction de ses titres sans remettre en cause les engagements portant sur des titres non cédés (nº 45495).
b. avec des **signataires différents** :	
– cas général,	Si un engagement n'est pas respecté par un signataire, les autres engagements demeurent valides et conservent leur antériorité.
– en vue d'une donation,	Possibilité de souscrire des engagements avec un nombre plus ou moins important de personnes pouvant remplir la fonction de direction.
c. de façon **échelonnée.**	Si la condition de permanence de l'activité n'est pas respectée depuis la conclusion du premier engagement, les engagements pris postérieurement peuvent être valides. **Attention,** dans toutes ces hypothèses, il est important de dénoncer tous les engagements collectifs souscrits sur les titres transmis afin que les engagements individuels puissent débuter.
2. Souscription d'un **engagement unilatéral** :	Absence de contraintes et de risques de remise en cause du régime liée au non-respect de son engagement de conservation par un coassocié signataire d'un engagement collectif
3. Souscription d'un engagement portant sur des **droits démembrés** :	
a. par le nu-propriétaire ;	Ouvre droit à la réduction de 75 % en cas de donation ou de succession ultérieure ;
b. par l'usufruitier.	Condition exigée par l'administration pour que les titres soient pris en compte dans le calcul des seuils de détention (nº 45480).
4. Signature de l'engagement par une **personne morale** :	Si un signataire souhaite céder des titres avant l'expiration de l'engagement, ceux-ci pourront être rachetés par la personne morale sans remise en cause du pacte (nº 45490). La participation d'une société à l'engagement collectif de conservation peut également faciliter le respect de la condition de direction (nº 45595).
5. Signature de l'engagement par des **enfants** et **petits-enfants** :	Élargissement du cercle des signataires pouvant remplir la condition de direction et entre lesquels les cessions de titres sont autorisées durant l'engagement.

Préconisations	Intérêt
6. Fixation de la **durée de l'engagement collectif** : a. En cas de **donation** : – programmée avant deux ans : durée fixe de deux ans sans prorogation tacite. L'absence de prorogation tacite évite d'avoir à dénoncer l'engagement collectif pour permettre à l'engagement individuel de démarrer, – autres cas : l'engagement prendra fin un mois (par exemple) après la notification de sa dénonciation ; b. En matière de **succession,** il sera préférable de prévoir une prorogation tacite au-delà du délai de deux ans prenant fin sur dénonciation par l'un des signataires.	L'objectif est d'éviter que l'engagement collectif se poursuive inutilement tout en laissant aux héritiers et légataires le soin de demander (ou non) le bénéfice du régime de faveur. Voir n° 45505.
7. **Sécurisation de l'engagement collectif** (exemples de mesures) : a. Nantissement ou mise sous séquestre des titres sous engagement ; b. Agrément de la cession des titres ; c. Clause de préemption ou de préférence au profit des autres signataires ; d. Insertion d'une clause d'inaliénabilité dans les statuts de la société ou dans les actes de donation portant sur les titres soumis à engagement ; e. Engager un pourcentage de titres excédant largement le seuil minimum ; f. Clauses sanctionnant le non-respect de l'engagement.	Les clauses ou solutions proposées sont à choisir et à adapter en fonction des circonstances de fait : – degré de solidarité existant ou non entre les membres du pacte ; – forme de la société autorisant ou non les clauses d'interdiction d'aliéner ou soumettant les cessions à agrément ; – niveau (et nécessité) des contraintes pouvant être acceptées par les membres du pacte ; – etc. Réduit le risque de non-respect du seuil en cas de cession de parts par un signataire (ou de dilution consécutive à une opération sur le capital).

OPTIMISATION DE L'ENGAGEMENT INDIVIDUEL DE CONSERVATION

45930

Préconisations	Intérêt
1. Délimitation du **périmètre de l'engagement individuel** par chaque héritier ou donataire : a. Engagement portant sur la totalité des titres reçus ; b. Engagement portant sur une fraction des titres.	 Solution permettant l'exonération la plus large. Seule cette fraction bénéficiera de l'exonération partielle. Les autres titres transmis seront taxés dans les conditions de droit commun mais ils seront immédiatement transmissibles au terme de l'engagement collectif.
2. Souscription d'un **nouvel engagement collectif** portant sur les mêmes titres :	L'engagement individuel ne confère aucun droit à exonération aux ayants cause à titre gratuit du signataire de l'engagement individuel. La souscription d'un nouvel engagement collectif donnera à ses héritiers ou donataires la possibilité de bénéficier de l'exonération partielle dans l'éventualité de son propre décès (sauf engagement réputé acquis ou post-mortem).
3. **Clause testamentaire** destinée à favoriser le respect de l'engagement individuel de conservation.	Le non-respect par les héritiers ou donataires de l'engagement individuel pris par le défunt remet en cause l'exonération dont ce dernier a bénéficié. Pour prévenir cette conséquence, le signataire de l'engagement individuel peut attribuer tout ou partie de la quotité disponible à ses héritiers ou légataires à charge pour eux de respecter l'engagement individuel jusqu'à son terme.

SÉCURISATION DE LA CONDITION DE DIRECTION

45935

Préconisations	Intérêt
1. Souscription de **plusieurs engagements avec des signataires différents** susceptibles d'exercer les fonctions de direction :	Évite de placer les membres du pacte sous la dépendance du dirigeant actuel. Permet, en cas de nécessité, de choisir le nouveau dirigeant le plus compétent.
2. Signature de l'engagement collectif par une **personne morale** :	La fonction de direction pourra être exercée par la personne morale (cette dernière pouvant être représentée par un non-signataire), si la forme de la société exploitante le permet.
3. Choix d'une **forme de société** : – dont plusieurs dirigeants peuvent remplir la condition de direction (ex. : SA ou SAS à directoire et conseil de surveillance) ; – et/ou autorisant la nomination d'une personne morale comme dirigeante.	Facilite la réalisation de la condition de direction.
4. Don ou legs d'un ou plusieurs titres, pendant la durée de l'engagement collectif, **au profit d'un dirigeant potentiel** non signataire de cet engagement.	Élargissement du cercle des dirigeants potentiels. En sa qualité d'ayant cause à titre gratuit, le dirigeant pressenti sera assimilé à un membre signataire de l'engagement collectif initial. Voir n° 45495.

C. Transmission d'entreprise individuelle

EXONÉRATION SOUS CONDITION

La transmission par décès ou la donation de la **totalité** ou d'une **quote-part indivise** de l'ensemble des biens meubles et immeubles, corporels ou incorporels affectés à l'exploitation d'une entreprise individuelle ayant une activité industrielle, commerciale, artisanale, agricole ou libérale sont exonérées, sous certaines conditions, de droits de mutation à titre gratuit, à concurrence de 75 % de leur valeur (CGI art. 787 C). 45985

1. TRANSMISSIONS CONCERNÉES

BIENS TRANSMIS

L'article 787 C du CGI ne vise pas la transmission de l'entreprise individuelle mais celle des biens affectés à son exploitation, ce qui peut être plus large. C'est ainsi qu'en plus des meubles corporels et incorporels composant un **fonds de commerce,** pourront par exemple être transmis un ou plusieurs **immeubles affectés à l'exploitation** de l'entreprise. De même, les **stocks** pourront bénéficier de l'exonération partielle. 45990

Le critère retenu par l'administration fiscale est celui « **des biens nécessaires à l'exercice de la profession** » et peu importe à cet égard que les biens en question figurent ou non à l'actif du bilan de l'entreprise. Les **actifs** immobilisés mais **non affectés** en fait **à l'exploitation** ne pourront donc pas bénéficier de l'exonération partielle (BOI-ENR-DMTG-10-20-40-40 n° 10).

Ainsi, il a été jugé que des **liquidités** et des **valeurs mobilières** d'une valeur de 205 000 € inscrites à l'actif circulant d'une exploitation agricole d'une valeur de 920 000 € ne peuvent pas bénéficier de l'exonération partielle des droits de mutation à titre gratuit prévue à l'article 787 C compte tenu des constatations suivantes :

– les sommes litigieuses (provenant de la succession de l'épouse du défunt et déposées sur un compte personnel) n'ont été mentionnées à l'actif du bilan de l'entreprise que postérieurement au décès de celui-ci, de même que les valeurs mobilières ;

– par rapport à la moyenne des besoins de trésorerie de l'entreprise sur les trois derniers exercices complets, les **liquidités** apparaissent **très supérieures aux charges courantes d'exploitation** de cette entreprise ;

– si les légataires justifiaient avoir, postérieurement au décès, investi dans du matériel et des travaux, les liquidités de l'entreprise, hors les sommes litigieuses, suffisaient à financer ces investissements (Cass. com. 9-2-2022 n° 20-10.753 F-D : RJF 5/22 n° 504). La solution peut sembler sévère, une trésorerie n'étant en principe jugée excessive que lorsqu'elle hors de proportion avec l'objet social et l'activité de l'entreprise (Cass. com. 9-1-2019 n° 17-10.461 FD : RJF 8-9/19 n° 855). La Cour de cassation a également jugé que la **trésorerie** qui représente plus de la moitié de la valeur de l'actif de la société holding et n'a pas été réinvestie n'est pas nécessaire à son activité d'animation et exclut l'application du régime de faveur (Cass. com. 11-10-2023 n° 21-24.760 F-D).

Inversement, des **biens non inscrits à l'actif mais nécessaires à l'exploitation** pourront bénéficier de l'exonération.

C'est l'ensemble des biens affectés à l'exploitation qui doit faire l'objet de la transmission. Exceptionnellement, il est admis que l'intégralité des stocks ne soit pas transmise, dès lors que l'impossibilité d'une telle transmission résulte d'une réglementation particulière ; c'est le cas notamment de la « **réserve individuelle** » des vins de champagne qui ne peut être transmise que si l'exploitation est reprise par le conjoint de l'exploitant (BOI-ENR-DMTG-10-20-40-40 n° 10).

L'exonération partielle peut s'appliquer aux transmissions de **branches complètes d'activité,** c'est-à-dire à une partie de l'exploitation, dès lors que les éléments cédés peuvent faire l'objet d'une exploitation autonome (BOI précité n° 110).

Le **régime d'imposition** (bénéfice réel, régime simplifié, IS, etc.) est sans incidence sur le champ d'application de l'exonération partielle (BOI précité n° 15).

ACTIVITÉ DE L'ENTREPRISE

45995 Seule la transmission de biens affectés à l'exercice d'une activité industrielle, commerciale, artisanale, agricole ou libérale peut bénéficier du régime de faveur.

Selon l'administration fiscale, qui renvoie à ses commentaires de l'article 787 B du CGI (voir n°s 45385 s.), cette condition **exclut** notamment de l'exonération partielle les biens affectés aux activités de location de locaux nus, de location de locaux d'habitation meublés, ainsi qu'aux activités de location d'établissements commerciaux ou industriels munis du mobilier ou du matériel nécessaires à leur exploitation.

L'administration fiscale refuse par ailleurs l'application de l'exonération partielle aux mutations de **fonds de commerce donnés en location-gérance** à une société d'exploitation, au motif que les biens transmis « ne sont plus affectés à l'exploitation d'une entreprise individuelle » au moment de leur transmission (BOI-ENR-DMTG-10-20-40-40 n° 15). Cette justification apparaît discutable car, sur le plan fiscal, le loueur de fonds est assimilé à un entrepreneur individuel (en ce sens, notamment : CE 28-12-2012 n° 347607 : RJF 3/13 n° 257).

TRANSMISSION DE BIENS DÉMEMBRÉS

46000 L'exonération partielle de l'article 787 C du CGI peut s'appliquer aux transmissions de biens démembrés (en ce sens, Rép. Bobe : AN 3-1-2016 n° 73315). Toutefois, la possibilité de ne transmettre que la nue-propriété des biens affectés à l'exploitation d'une entreprise individuelle soulève une difficulté pratique dans la mesure où l'héritier, le légataire ou le donataire doit poursuivre l'exploitation de l'entreprise transmise (n° 46050). En outre, une donation de biens démembrés aura pour effet de rendre inapplicable la réduction de droits de mutation de 50 % applicable aux donations d'entreprise en pleine propriété lorsque le donateur à moins de 70 ans (CGI art. 790 : n° 45735).

SOCIÉTÉS À ASSOCIÉ UNIQUE

46005 Les sociétés unipersonnelles (entreprise unipersonnelle à responsabilité limitée (EURL), entreprise agricole à responsabilité limitée (EARL), société par actions simplifiée unipersonnelle (Sasu)), ne relèvent pas du régime applicable aux entreprises individuelles mais de celui prévu à l'article 787 B du CGI en faveur des transmissions de parts ou actions de sociétés (n° 45375 s. ; BOI-ENR-DMTG-10-20-40-40 n° 10).

2. CONDITIONS DE L'EXONÉRATION

DÉTENTION DE L'ENTREPRISE INDIVIDUELLE PAR LE DÉFUNT OU LE DONATEUR

46035 Pour ouvrir droit à l'exonération partielle, l'entreprise individuelle doit avoir été détenue depuis plus de deux ans par le défunt ou le donateur lorsqu'elle a été **acquise à titre onéreux** (CGI art. 787 C, a).

Cette première condition ne concerne pas les transmissions d'entreprises individuelles **créées ou acquises à titre gratuit** ; pour celles-ci, peu importe la durée de détention par le défunt ou le donateur.

Si l'entreprise individuelle a été acquise à titre onéreux, la **date d'acquisition** de l'entreprise doit être prouvée par les parties par tous les moyens compatibles avec la procédure écrite.

Lorsque l'entreprise individuelle est un **bien commun,** et qu'elle n'est pas exploitée par les deux époux, il est admis que le bénéfice de l'exonération partielle s'applique en cas de prédécès de l'époux non exploitant (BOI-ENR-DMTG-10-20-40-40 n° 30).

EXPLOITATION DE L'ENTREPRISE

L'exonération partielle s'applique aux « biens [...] affectés à l'exploitation d'une entreprise individuelle », ce qui laisse entendre que l'entreprise doit être exploitée au moment de sa transmission. **46040**

Cependant, l'article 787 C du CGI n'impose nullement que l'exploitation soit le fait du défunt ou du donateur **au moment même de la transmission.** La chambre commerciale de la Cour de cassation a eu l'occasion de le rappeler à propos d'une exploitation qui avait été « reprise » par l'épouse du défunt plus de quatre ans avant le décès de celui-ci (Cass. com. 10-9-2013 n° 12-21.140 FS-PB ; BOI-ENR-DMTG-10-20-40-40 n° 30).

ENGAGEMENT DE CONSERVATION

Dans la déclaration de succession ou l'acte de donation, chacun des héritiers, donataires ou légataires doit prendre l'engagement, pour lui et ses ayants cause à titre gratuit, de conserver l'ensemble des biens affectés à l'exploitation de l'entreprise pendant une durée de **quatre ans** à compter de la date de la transmission (CGI art. 787 C, b). **46045**

Cependant, et par exception, certaines mutations ne remettent pas en cause l'exonération partielle. Il en va ainsi dans les cas suivants :

1) Les **cessions ou remplacements isolés d'actifs** ne suffisent pas à caractériser la rupture de l'engagement de conservation (BOI-ENR-DMTG-10-20-40-40 n° 50). La vente de marchandises, le renouvellement du stock ou le remplacement de matériel obsolète participe en effet de l'exploitation normale d'une entreprise.

2) L'exonération partielle n'est pas non plus remise en cause par le **décès du bénéficiaire** de la transmission en cours d'engagement (celui-ci l'ayant pris pour lui et ses ayants cause à titre gratuit), à condition toutefois que ses héritiers ou légataires conservent les biens reçus jusqu'au terme de l'engagement.

Dans l'hypothèse d'une **indivision successorale,** il est admis que le partage avec soulte n'emporte pas la déchéance du régime prévu à l'article 787 C mais entraîne seulement un report de l'engagement individuel de conservation sur le bénéficiaire effectif, c'est-à-dire l'indivisaire attributaire de l'entreprise individuelle. Toutefois, l'ensemble des biens nécessaires à l'exploitation de l'entreprise doit être transmis à l'indivisaire attributaire de l'entreprise individuelle (BOI-ENR-DMTG-10-20-40-40 n° 60).

3) Le régime de faveur est également maintenu lorsque l'**héritier,** le légataire ou le donataire tenu par l'engagement de conservation **donne** à son tour **l'entreprise à un ou plusieurs de ses descendants** exclusivement. Là encore, le ou les donataires devront conserver les biens transmis jusqu'au terme de l'engagement pris par le donateur. La donation, comme la cession, de ces biens à toute autre personne entraîne la remise en cause de l'exonération partielle (CGI art. 787 C, d).

ATTENTION

Si une telle donation ne remet pas en cause l'exonération dont a bénéficié l'héritier, le donataire ou le légataire, on peut s'interroger sur l'**exonération de cette nouvelle transmission.** En effet, si l'on considère que le délai de détention préalable à la donation n'a pas à s'appliquer (puisque l'entreprise a été acquise à titre gratuit par le donateur, voir n° 46035) et s'il est concevable que le ou les descendants gratifiés prennent un nouvel engagement de conservation dans l'acte de donation (voir n° 46045), la condition tenant à la poursuite de l'exploitation pourrait donner lieu à difficulté, la loi et la doctrine administrative étant silencieuses sur ce point (voir n° 46050).

4) Enfin, l'**apport en société** de « l'entreprise individuelle », n'entraîne pas la remise en cause de l'exonération partielle si les trois conditions suivantes sont respectées (BOI-ENR-DMTG-10-20-40-40 n° 70) :

– les biens transmis doivent être apportés à une société créée à cette occasion et détenue en totalité par le ou les bénéficiaires du régime de faveur ;

– les parts ou actions reçues en contrepartie de cet apport doivent être conservées par les apporteurs jusqu'au terme de la période prévue pour la conservation des biens ;
– enfin, l'un des héritiers, légataires ou donataires devra respecter la condition prévue par l'article 787 C, c du CGI, c'est-à-dire poursuivre effectivement l'exploitation de l'entreprise pendant trois ans à compter de la date de la transmission (voir n° 46050).

POURSUITE DE L'EXPLOITATION

46050 Pendant les **trois années** qui suivent la date de la transmission, l'un des héritiers, donataires ou légataires ayant pris l'engagement de conservation doit poursuivre effectivement l'exploitation de l'entreprise (CGI art. 787 C, c). Il n'est cependant pas exigé que la fonction de direction soit exercée par le même héritier, donataire ou légataire pendant ces trois années (BOI-ENR-DMTG-10-20-40-40 n° 100).

Pour l'administration fiscale, cette condition implique que l'un des héritiers, donataires ou légataires tenu par l'engagement de conservation exerce « à titre habituel et principal son activité au sein de l'entreprise ». Lorsqu'une personne exerce simultanément **plusieurs professions,** l'administration précise que « l'**activité principale** s'entend normalement de celle qui constitue pour le contribuable l'essentiel de ses activités économiques, même si elle ne dégage pas la plus grande part de ses revenus ». À titre de faisceau d'indices, sont pris en considération « des éléments comme le temps passé dans chaque activité, l'importance des responsabilités exercées et des difficultés rencontrées ». Dans l'hypothèse où un tel critère ne peut être retenu (par exemple, lorsque les diverses activités professionnelles sont d'égale importance), il convient de considérer que l'activité principale est celle qui procure à l'intéressé la plus grande part de ses revenus (BOI-ENR-DMTG-10-20-40-40 n° 90).

Certaines cours d'appel font cependant une lecture différente de l'article 787 C, c du CGI.

Ainsi, la cour d'appel de Pau a jugé qu'« il ne peut être imposé à l'héritier d'exercer physiquement l'activité matérielle objet de l'entreprise transmise et d'en retirer un **revenu professionnel** pour prétendre au bénéfice de l'exonération partielle ». Pour cette juridiction, la poursuite de l'exploitation peut parfaitement se limiter à la « gestion administrative et commerciale » de l'entreprise dès lors que celle-ci permet d'assurer « la continuation de l'activité de production » (CA Pau 10-1-2013 n° 11/03410 : BPAT 2/13 inf. 63).

En dépit de cette première décision, l'administration fiscale a maintenu sa position dans une affaire soumise à la cour d'appel de Grenoble. Celle-ci, dans un arrêt infirmatif, a confirmé que l'article 787 C ne prévoit pas « que l'activité exploitée dans le cadre de l'entreprise individuelle constitue l'activité principale de l'exploitant » (CA Grenoble 8-9-2015 n° 13/00609 : RJF 4/16 n° 384).

En pratique, l'héritier ou le légataire du défunt peut ne pas être en mesure d'exploiter lui-même immédiatement l'entreprise en raison notamment de son âge ou de la nature de l'activité exercée par le défunt. L'administration fiscale admet alors que l'entreprise transmise puisse être administrée « pendant un certain temps » par un **mandataire posthume.** Ce mandataire administre et gère l'entreprise pour le compte et dans l'intérêt d'un ou plusieurs héritiers identifiés (BOI-ENR-DMTG-10-20-40-40 n° 100).

Par ailleurs, le **délai** qui peut exister entre le décès de l'exploitant et l'obtention par l'héritier ou le légataire des autorisations administratives requises pour reprendre l'activité ne constitue pas en soi un obstacle à l'application des dispositions de l'article 787 C, sous réserve que cette reprise d'activité s'effectue dans un délai « raisonnable », apprécié in concreto au vu des circonstances de fait, à compter de la date du décès (Rép. de Courson : AN 6-8-2013 n° 21240).

ATTENTION

Comme indiqué précédemment, le décès du bénéficiaire de l'exonération comme la donation de l'entreprise individuelle par celui-ci à un ou plusieurs de ses descendants ne remettent pas en cause l'exonération, à condition que les héritiers, légataires ou donataires conservent les biens reçus jusqu'au terme de l'engagement (n° 46045). Mais le texte ne dit rien de la **poursuite de l'exploitation** de l'entreprise dans ces hypothèses. Il serait logique à notre avis que la poursuite de l'exploitation puisse être le fait des héritiers ou légataires, mais également du ou des donataires.

3. OBLIGATIONS DÉCLARATIVES

OBLIGATIONS DÉCLARATIVES AU MOMENT DE LA TRANSMISSION

46080 Lors de la transmission, les héritiers, légataires ou donataires qui entendent bénéficier de l'exonération partielle doivent prendre, dans la déclaration de succession ou de don manuel ou dans l'acte de donation, l'engagement individuel de **conserver pendant quatre ans** à compter de la date de la transmission les biens nécessaires à l'activité de l'entreprise individuelle (CGI art. 787 C, b ; BOI-ENR-DMTG-10-20-40-40 n° 170).

Ils doivent y joindre une **attestation** certifiant que l'entreprise individuelle a été détenue depuis plus de deux ans par le défunt ou le donateur lorsqu'elle a été acquise à titre onéreux (CGI ann. II art. 294 quater).

OBLIGATIONS DÉCLARATIVES PENDANT L'ENGAGEMENT DE CONSERVATION ET AU TERME DE CET ENGAGEMENT

En cas de **demande de l'administration** ainsi qu'**au terme de l'engagement individuel de conservation,** chacun des héritiers, donataires ou légataires bénéficiaires de la transmission doit adresser une attestation au service des impôts à l'origine de la demande ou, au terme de l'engagement, à celui dont dépend le domicile du défunt ou à celui du lieu de dépôt de l'acte de donation ou de la déclaration de don manuel. Cette **attestation** certifie (CGI ann. II art. 294 quater, II) : **46085**

– que l'engagement de conservation est ou a été respecté depuis la date de la transmission jusqu'à la date de la demande de l'administration ou jusqu'à son terme ;

– que l'un des héritiers, donataires ou légataires de l'entreprise individuelle poursuit effectivement son exploitation depuis la transmission ou l'a effectivement poursuivie jusqu'à la date de la demande ou, le cas échant, jusqu'au terme des trois ans suivant la transmission.

Cette attestation doit être adressée dans les **trois mois** de la demande du service des impôts ou, le cas échéant, du terme de l'engagement individuel de conservation (BOI-ENR-DMTG-10-20-40-40 n° 180).

OBLIGATIONS DÉCLARATIVES PARTICULIÈRES EN CAS DE DONATION DE L'ENTREPRISE TRANSMISE

Lorsque l'héritier, le légataire ou le donataire tenu par l'engagement de conservation a lui-même donné l'entreprise à un ou plusieurs de ses descendants (n° 46045), il doit joindre à son attestation une **copie de l'acte de donation** et une **attestation** certifiant que les obligations de conservation de l'entreprise individuelle et de poursuite de l'exploitation étaient remplies depuis la date de la transmission de l'entreprise jusqu'à la date de la demande ou du terme des obligations (CGI ann. II art. 294 quater, III). **46090**

4. PORTÉE DE L'EXONÉRATION

Sont exonérées de droits de mutation à titre gratuit, à concurrence de 75 % de leur valeur, la totalité ou la quote-part indivise de l'ensemble des biens nécessaires à l'exercice de l'activité, sans limitation de montant (CGI art. 787 C). **46110**

PASSIF DÉDUCTIBLE

Mutation par décès Les **dettes à la charge du défunt** contractées pour l'achat de biens susceptibles de bénéficier de l'exonération partielle de droits de mutation par décès ou dans l'intérêt de tels biens sont imputées en priorité sur la valeur desdits biens (CGI art. 769 ; n°s 48630 s.). Ainsi, lorsqu'un bien est soumis aux droits de mutation par décès pour une fraction seulement de sa valeur (25 %), le passif afférent à ce bien est déductible de l'actif héréditaire dans la même proportion (25 %). **46115**

Lorsqu'une succession comporte entre autres une entreprise individuelle, seule la quote-part non-exonérée des biens transmis (25 %) est prise en compte dans la base de calcul du **forfait mobilier** prévu à l'article 764, I du CGI (n° 48110).

Donation Pour la liquidation des droits de mutation à titre gratuit, la déduction des **dettes contractées par le donateur** pour l'acquisition ou dans l'intérêt des biens donnés est soumise aux conditions fixées par l'article 776 bis du CGI (n°s 5235 s.). **46120**

Dans l'hypothèse d'un passif affecté de manière indifférenciée à une entreprise individuelle dont seulement une partie des biens fait l'objet d'une donation (cas d'une **donation d'une branche complète d'activité, d'une quote-part indivise ou d'un droit démembré**), il convient de procéder à la répartition de ce passif au prorata de la valeur totale des biens transmis (BOI-ENR-DMTG-10-20-40-40 n° 110).

EXEMPLE

Donation d'une branche d'activité d'une entreprise, en présence d'un passif non affectable précisément (ex. : découvert bancaire).

Dans ce cas, il y a lieu de retenir pour la donation un prorata de ce passif :
– si valeur de l'entreprise = X, valeur de la branche d'activité = Y et passif = Z ;
– la valeur du passif à retenir est : Z × (Y / X).

46125 En cas de **donation d'une entreprise individuelle bénéficiant de l'exonération partielle** prévue à l'article 787 C du CGI, il y a lieu de valoriser l'entreprise en tenant compte des règles d'imputation du passif visées nº 46120, puis d'appliquer sur la valeur nette ainsi déterminée l'exonération de droits de mutation à titre gratuit à concurrence des trois quarts (BOI-ENR-DMTG-10-20-40-40 nº 120).

ATTENTION

Ne sont **pas déductibles** les dettes contractées pour l'acquisition ou dans l'intérêt de biens affectés à l'exploitation de l'entreprise individuelle lorsque la dette a été contractée par le donateur auprès du donataire ou du conjoint de celui-ci, de son conjoint ou des ascendants de ce dernier, de ses frères, sœurs ou descendants, de ses ascendants ou de leurs frères et sœurs (CGI art. 776 bis, I-a).

CUMUL AVEC LA RÉDUCTION DE DROIT

46130 Le bénéfice de l'exonération partielle est cumulable, le cas échéant, avec la réduction de droits de 50 % prévue à l'article 790, II du CGI lorsque le donateur est âgé de moins de 70 ans (BOI-ENR-DMTG-10-20-40-40 nº 130 ; voir nºs 45735 s.).

5. REMISE EN CAUSE DE L'EXONÉRATION PARTIELLE

46160 L'**héritier,** le donataire ou le légataire **qui ne respecte pas l'engagement de conservation** devient redevable du complément de droits de mutation à titre gratuit, assorti de l'intérêt de retard au taux de 0,20 % par mois prévu par l'article 1727 du CGI. Cette même règle s'applique aux ayants cause à titre gratuit tenus de poursuivre l'engagement de conservation.

Il en va de même en cas de **non-respect des autres conditions** d'exonération posées par l'article 787 C du CGI (nºs 46035 s.). Si le **manquement délibéré** (mauvaise foi) du contribuable est établi, la majoration de 40 % prévue à l'article 1729 du même Code s'ajoute à l'intérêt de retard (BOI-ENR-DMTG-10-20-40-40 nº 150).

Dans ces deux situations, avant de procéder à la mise en recouvrement des sommes correspondantes, le service des impôts compétent informe les intéressés, par lettre recommandée avec demande d'avis de réception, des motifs pour lesquels l'exonération partielle est remise en cause en les invitant à présenter leurs éventuelles observations écrites dans un délai de 30 jours (BOI précité nº 160).

D. Biens ruraux et forestiers

1. BOIS ET FORÊTS

46210 Les bois et forêts peuvent être exonérés de droits de succession ou de donation à concurrence des trois quarts de leur valeur (CGI art. 793, 2-2º). Le bénéfice de cette exonération partielle suppose la réunion des conditions mentionnées nºs 46215 s.

CONDITIONS DE L'EXONÉRATION

46215 **Conditions initiales** L'acte constatant la donation ou la déclaration de succession doit :
1) être appuyé d'un **certificat** délivré sans frais par le directeur départemental des territoires (ou, dans les départements du littoral, du directeur départemental des territoires et de la mer) attestant que les bois et forêts sont susceptibles de présenter une des garanties de gestion durable prévues aux articles L 124-1 à L 124-4 et L 313-2 du Code forestier ;
2) comporter l'**engagement** par l'héritier, le légataire ou le donataire, pris pour lui et ses ayants cause :
– soit d'appliquer pendant 30 ans aux bois et forêts objets de la mutation l'une des garanties de gestion durable précitées (obligation de faire agréer un plan simple de gestion auprès du Centre national de la propriété forestière si la superficie boisée excède 25 hectares.

En deçà de ce seuil, le bénéficiaire devra soit faire agréer un tel plan, soit adhérer à un règlement type de gestion ou à un code de bonnes pratiques sylvicoles) ;

– soit lorsque, au moment de la mutation, aucune garantie de gestion durable n'est appliquée aux bois et forêts en cause, de présenter dans le délai de **trois ans** à compter de la mutation et d'appliquer jusqu'à l'expiration du délai de 30 ans une telle garantie. Dans cette situation, le bénéficiaire s'engage en outre à appliquer le régime d'exploitation normale prévu par le décret du 28 juin 1930 modifié aux bois et forêts pendant le délai nécessaire à la présentation de l'une des garanties de gestion durable.

En cas de **mutation par décès,** l'engagement peut être pris dans la déclaration de succession ou dans un document qui lui est indivisiblement annexé (BOI-ENR-DMTG-10-20-30-10 n° 20).

Lorsque des bois et forêts sont **légués pour l'usufruit et pour la nue-propriété à deux légataires** différents, un engagement doit être pris par chacun des légataires pour lui et ses ayants cause (BOI précité n° 80).

Si une **mutation à titre gratuit** survient en cours d'engagement, un nouveau délai de 30 ans court à compter de cette mutation (BOI précité n° 10).

› Précisions **a.** La **vente des bois et forêts** par les héritiers ou légataires **avant le dépôt de la déclaration de succession** ne leur permet pas de bénéficier de l'exonération, les héritiers étant dans l'impossibilité de prendre à l'appui de la déclaration de succession l'engagement de garantir une gestion durable (CA Reims 8-6-2021 n° 19/02446 : BPAT 4/21 inf. 177). En revanche, la **vente des biens exonérés** après l'obtention du régime de faveur ne remet pas en cause l'exonération si l'acquéreur poursuit l'engagement d'exploitation pris par le vendeur. En cas de **rupture de l'engagement du fait de l'acquéreur,** les bénéficiaires de l'exonération partielle (donataires, légataires ou héritiers ayant pris l'engagement d'exploitation) supportent les conséquences fiscales de cette rupture (Cass. com. 11-6-2013 n° 12-19.890 F-PB : RJF 10/13 n° 982, décision rendue en matière d'ISF mais transposable aux droits de mutation à titre gratuit ; BOI-ENR-DMTG-10-20-30-10 n° 95). Il est donc conseillé d'exiger de l'acquéreur, au moment de la vente, qu'il poursuive cet engagement, sous peine d'engager sa responsabilité vis-à-vis du vendeur.

b. En cas de **transmission de bois et forêts à l'État,** aux collectivités territoriales, aux organismes mentionnés à l'article 1042, I et II du CGI (établissements publics fonciers notamment) ou à des établissements ou sociétés en vue de la réalisation d'équipements d'intérêt public, l'engagement est réputé définitivement satisfait à concurrence d'une fraction de la valeur des biens exonérée déterminée par le rapport entre la superficie des biens objets de la transmission et la superficie totale des biens pour lesquels l'engagement a été souscrit (BOI-ENR-DMTG-10-20-30-10 n° 30).

c. Le bénéfice du régime de faveur n'est pas remis en cause lorsque la rupture de l'engagement résulte d'une procédure d'**expropriation** (BOI-ENR-DMTG-10-20-30-10 n° 100).

Bilan périodique Tous les dix ans à compter du jour de la signature de l'acte de donation ou de la déclaration de succession, le bénéficiaire de l'exonération partielle doit communiquer à la direction départementale chargée de la forêt du lieu de situation de la propriété forestière concernée un bilan de la **mise en œuvre du document de gestion durable** mentionné à l'article L 122-3 du Code forestier répondant au modèle Cerfa 14350*03 établi par arrêté ministériel. Ce bilan consiste principalement en une liste des coupes et travaux prévus et réalisés au cours des dix dernières années. **46220**

Les bénéficiaires disposent de six mois à compter de la date d'échéance du délai de dix ans pour adresser ce bilan à la direction départementale chargée de la forêt (CGI ann. III art. 281 H bis).

REMISE EN CAUSE DE L'EXONÉRATION PARTIELLE

La rupture de l'engagement entraîne l'exigibilité du **complément des droits** de succession ou de donation non perçus et d'un **droit supplémentaire** égal à 30 %, 20 % ou 10 % de la réduction consentie selon que le manquement est constaté avant l'expiration de la dixième, vingtième ou trentième année (CGI art. 1840 G, II). **46225**

Lorsque le **manquement** ou l'infraction **porte sur une partie des biens,** le rappel du complément et du supplément de droit d'enregistrement est effectué à concurrence du rapport entre la superficie sur laquelle le manquement ou l'infraction a été constaté(e) et la superficie totale des biens sur lesquels l'engagement porte (CGI art. 1840 G, III).

L'**intérêt de retard** est également exigible. Il est de 0,20 % par mois pour les cinq premières annuités, puis réduit pour les annuités suivantes d'un cinquième (soit un intérêt de retard de 0,16 % par mois), d'un quart (soit un intérêt de retard de 0,15 % par mois) ou d'un tiers (soit un intérêt de retard de 0,133 % par mois) selon que le manquement est constaté avant l'expiration de la dixième, vingtième ou trentième année (CGI art. 1727, IV-7).

En **garantie du paiement des droits** et suppléments complémentaires, l'État dispose d'une hypothèque légale sur les bois et forêts dont la transmission a été partiellement exonérée. Cette hypothèque perdure aussi longtemps que l'engagement d'exploitation. La mainlevée de celle-ci ne peut donc être donnée avant l'expiration de l'engagement, sauf acquittement des droits complémentaires et supplémentaires ou cession des bois et forêts exonérés à l'État, aux collectivités territoriales, aux organismes mentionnés à l'article 1042, I et II du CGI ou à des établissements ou sociétés en vue de la réalisation d'équipements d'intérêt public. Attention, la doctrine administrative énonce toujours que l'exonération partielle est subordonnée à la possibilité pour l'administration d'inscrire une hypothèque légale sur les biens transmis bien que cette condition ait été supprimée de l'article 793 du CGI depuis le 1er avril 2002 (BOI-ENR-DMTG-10-20-30-10 n° 50). Les juges ont récemment rappelé que l'**absence** de prise **d'hypothèque légale** sur les biens transmis n'est pas une cause d'exclusion du régime de faveur (CA Paris 26-6-2023 n° 21/15098 : BPAT 5/23 inf. 225).

2. SOMMES DÉPOSÉES SUR UN COMPTE D'INVESTISSEMENT FORESTIER ET D'ASSURANCE (CIFA)

46255 Les sommes déposées sur un compte d'investissement forestier et d'assurance peuvent être exonérées de droits de mutation à titre gratuit, à concurrence des trois quarts de leur montant (CGI art. 793, 3).

La **réglementation** applicable à ce type de compte, dont l'ouverture est réservée aux propriétaires de bois et forêts (personnes physiques, groupement forestier ou société d'épargne forestière), figure aux articles L 352-1 et suivants du Code forestier (modifiés par la loi 2023-580 du 10-7-2023 art. 61).

Pour bénéficier de ce régime de faveur, l'héritier, le légataire ou le donataire doit :
– d'une part, produire avec l'acte constatant la donation ou la déclaration de succession un **certificat** délivré par le directeur départemental des territoires ou, dans les départements du littoral, le directeur départemental des territoires et de la mer, attestant que les bois et forêts appartenant au titulaire du compte sont susceptibles de présenter une des garanties de gestion durable prévues à l'article L 124-1 du Code forestier (n° 46215) ;
– d'autre part, prendre, pour lui-même et ses ayants cause, dans l'acte constatant la donation ou dans la déclaration de succession (ou dans un document qui lui est indivisément annexé), l'**engagement d'employer** pendant 30 ans **les fonds inscrits en compte** conformément aux dispositions de l'article L 352-3 du Code forestier. Ces fonds devront servir exclusivement à financer des travaux de reconstitution forestière consécutifs à la survenance de certains sinistres ou des travaux de prévention de tels sinistres ou, au titre d'une année et dans la limite de 30 % des sommes déposées, des travaux forestiers de nature différente, ou pour le financement d'un document de gestion durable (BOI-ENR-DMTG-10-20-30-10 n° 164).

Tout manquement à cet engagement est sanctionné par le versement du **complément de droit** d'enregistrement et un **supplément** de droit égal, respectivement, à 30 %, 20 % et 10 % de la réduction consentie selon que le manquement est constaté avant l'expiration de la dixième, vingtième ou trentième année (CGI art. 1840 G, II bis).

En vue de justifier du respect des **conditions d'ouverture et de fonctionnement du Cifa,** le titulaire du compte doit tenir à la disposition de l'administration fiscale et des services de l'État chargés de la forêt (Code forestier art. D 352-2) :
– l'ensemble des pièces prévues à l'article D 221-121, I du Code monétaire et financier (d'une part, copie ou attestation notariée du titre de propriété des forêts concernées, ou extrait de la matrice cadastrale concernant ces forêts, et engagement d'appliquer à ces forêts l'une des garanties de gestion durable mentionnées aux articles L 124-1 et L 124-3 du Code forestier ; d'autre part, production, pour l'année en cours, d'un exemplaire du contrat d'assurance souscrit ou d'une attestation d'assurance émise par son assureur, couvrant tout ou partie de la surface forestière détenue, notamment contre le risque de tempête) ;
– les pièces justificatives permettant d'attester que les dépôts et retraits intervenus sur le Cifa respectent les conditions prévues aux articles L 352-2, alinéa 2 et L 352-3 du Code forestier relatives à l'emploi des sommes déposées sur ce compte.

Ces pièces doivent être conservées par le titulaire du compte pendant un délai de six ans à compter de la date de réalisation des dépôts et retraits.

› Précisions Lorsque le manquement conduisant à la clôture du compte résulte, conformément au 2° de l'article L 352-5 du Code forestier, d'un retrait de sommes non employées pour financer des travaux mentionnés à l'article L 352-3, le rappel du complément et du supplément de droit est effectué à concurrence du rapport entre les sommes inscrites sur le compte sur lesquelles le manquement a été constaté et le montant total des sommes inscrites sur le compte. Dans cette hypothèse, le manquement ou l'infraction n'entraîne donc qu'une **remise en cause partielle** du régime de faveur.
En revanche, la rupture de l'engagement qui résulte de la clôture du compte dans le délai de 30 ans suivant la mutation dans les conditions prévues au 1° de l'article L 352-5 du Code forestier (cessation totale ou partielle de l'assurance) ou au 3° de l'article L 352-5 du Code forestier (cession totale des bois et forêts) emporte les conséquences d'un **manquement total** à l'obligation prévue au b de l'article 793, 3 du CGI (BOI-ENR-DMTG-10-20-30-10 n° 166).

3. PARTS DE GROUPEMENTS FORESTIERS ET DE SOCIÉTÉS D'ÉPARGNE FORESTIÈRE

Les parts de groupement forestier bénéficient d'un régime d'exonération partielle proche de celui applicable aux bois et forêts. En application de l'article 793, 1-3° du CGI, ces parts sont susceptibles d'être exonérées de droits de mutation à titre gratuit à hauteur de 75 % de leur valeur vénale. 46285

En matière de droits de mutation à titre gratuit, les parts de **sociétés d'épargne forestière** sont assimilées à des parts de groupements forestiers (C. mon. fin. art. L 214-121, al. 3).

En pratique, l'exonération peut ne porter que sur une fraction de valeur nette des parts du groupement, laquelle dépend de la composition de son actif.

CONDITIONS DE L'EXONÉRATION

Le bénéfice de l'exonération est subordonné aux conditions suivantes : 46290

1° L'acte constatant la donation ou la déclaration de succession doit être appuyé d'un **certificat** délivré par le directeur départemental des territoires ou le directeur départemental des territoires et de la mer attestant :

– que les bois et forêts appartenant au groupement sont susceptibles de présenter une des garanties de gestion durable prévues aux articles L 124-1, L 124-3 et L 313-2 du Code forestier (n° 46215) ;

– que les friches et landes appartenant au groupement sont susceptibles de reboisement et présentent une vocation forestière ;

– que les terrains pastoraux du groupement sont susceptibles d'un régime d'exploitation normale.

2° L'acte constatant la donation ou la déclaration de succession doit également être appuyé d'un **engagement** pris par le groupement, dûment représenté, aux termes duquel celui-ci s'oblige :

– soit à appliquer pendant 30 ans aux bois et forêts lui appartenant l'une des garanties de gestion durable prévues aux articles L 124-1 à L 124-4 et L 313-2 du Code forestier (n° 46215) ;

– soit lorsque, au moment de la mutation, aucune garantie de gestion durable n'est appliquée aux bois et forêts en cause, à présenter dans le délai de trois ans à compter de la mutation et à appliquer jusqu'à l'expiration du délai de 30 ans précité une telle garantie.

En outre, le groupement doit s'engager :

– à reboiser ses friches et landes dans un délai de cinq ans à compter de la délivrance du certificat du directeur départemental des territoires et à leur appliquer l'une des garanties de gestion durable prévues aux articles L 124-1 à L 124-4 et à l'article L 313-2 du Code forestier ;

– à soumettre pendant 30 ans ses terrains pastoraux à un régime d'exploitation normale ou, à défaut, à les reboiser (BOI-ENR-DMTG-10-20-30-10 n° 230).

3° Si les **parts** objet de la mutation ont été **acquises à titre onéreux** après le 4 septembre 1979, le donateur ou le défunt doit les détenir depuis plus de deux ans au moment de la transmission. Cette condition ne s'applique pas aux parts de groupement forestier que le donateur ou le défunt aurait reçues à titre gratuit ou en rémunération d'un apport pur et simple (BOI-ENR-DMTG-10-20-30-10 n° 240).

OBLIGATIONS DÉCLARATIVES

46293 Tous les dix ans à compter du jour de la signature de l'acte de donation ou de la déclaration de succession, le bénéficiaire de l'exonération partielle doit communiquer à la direction départementale chargée de la forêt du lieu de situation de la propriété forestière concernée un **bilan de la mise en œuvre du document de gestion durable** mentionné à l'article L 122-3 du Code forestier répondant au modèle Cerfa 14350*03 établi par arrêté ministériel.

PORTÉE DE L'EXONÉRATION

46295 Le bénéfice de l'exonération partielle est limité à la **fraction de la valeur nette des parts correspondant à certains biens** inscrits à l'actif du groupement. Il s'agit des bois et forêts susceptibles de présenter une des garanties de gestion durable, des friches et landes susceptibles de reboisement et présentant une vocation forestière ainsi que des terrains pastoraux susceptibles d'un régime d'exploitation normale. Les sommes déposées sur un Cifa (nº 46255) peuvent également bénéficier de l'exonération partielle (BOI-ENR-DMTG-10-20-30-10 nºs 260 s.).

Par conséquent, les **autres actifs du groupement** (notamment immeubles qui ne sont pas utilisés pour les besoins de l'exploitation forestière, valeurs mobilières, créances et disponibilités du groupement) ne peuvent bénéficier de l'exonération partielle.

Il convient dès lors de fractionner la valeur vénale des parts en deux : d'une part, la fraction correspondant aux biens ouvrant droit à l'exonération partielle et, d'autre part, la fraction correspondant aux autres biens.

Les **dettes** contractées pour les biens susceptibles de bénéficier de l'exonération partielle de droits de mutation à titre gratuit ou dans l'intérêt de ces biens sont imputées en priorité sur la valeur desdits biens (BOI-ENR-DMTG-10-20-30-10 nº 300).

L'affectation de la dette doit résulter du contrat de prêt. Si tel n'est pas le cas, les dettes du groupement font l'objet d'une imputation proportionnelle entre les deux masses de biens pour déterminer la valeur nette de ceux-ci.

> **Précisions** L'exonération partielle de l'article 793, 1-3º du CGI peut se **cumuler** avec celle prévue par l'article 787 B du même Code, dès lors que les conditions posées par ce texte sont également réunies (nºs 45450 s.). Pour cela, le bénéficiaire de l'exonération devra notamment exercer son activité principale au sein du groupement qui doit être une véritable entreprise (BOI-ENR-DMTG-10-20-40-10 nº 40). Dans ce cas, la fraction de la valeur des parts non exonérée en vertu de l'un de ces dispositifs (25 %) sera exonérée à hauteur de 75 %, en vertu de l'autre.
> Ainsi, lorsque les conditions posées par chacun de ces dispositifs sont réunies, la **fraction taxable** est de 6,25 % de la valeur de la pleine propriété des parts de groupement forestier.

REMISE EN CAUSE DE L'EXONÉRATION PARTIELLE

46300 La remise en cause de l'exonération partielle consécutive au **non-respect de l'un des engagements** pris par le groupement entraîne des conséquences similaires à celles prévues en cas de non-respect des engagements pris par les héritiers, légataires ou donataires de bois et forêts partiellement exonérés (nº 46225), à ceci près que les héritiers, légataires ou donataires des parts ou leurs ayants cause à titre universel sont tenus solidairement avec le groupement au paiement des suppléments et compléments de droits ainsi que des intérêts de retard (BOI-ENR-DMTG-10-20-30-10 nºs 330 s.).

En cas de **rupture partielle de l'un des engagements** globaux pris par le groupement forestier, les droits complémentaire et supplémentaire ainsi que l'intérêt de retard deviennent exigibles sur toutes les mutations à titre gratuit de parts du groupement ayant bénéficié du régime de faveur.

Par mesure de tempérament, l'administration fiscale admet de ne pas prononcer la déchéance du régime de faveur en cas de transmission de bois et forêts par un groupement forestier (ou une société d'épargne forestière) à l'État ou aux collectivités et organismes mentionnés à l'article 1042 du CGI (établissements publics fonciers, notamment).

4. BIENS RURAUX DONNÉS À BAIL À LONG TERME OU À BAIL CESSIBLE HORS DU CADRE FAMILIAL

46330 Le preneur d'un bien rural donné à bail à long terme est garanti contre toute reprise du propriétaire pendant une période d'au moins 18 ans. Afin d'encourager les propriétaires à conclure de tels baux, les transmissions de biens ruraux faisant l'objet d'un bail à long terme ou d'un bail cessible hors du cadre familial peuvent être partiellement exonérées de droits de succession ou de donation si certaines conditions sont réunies (CGI art. 793, 2-3° et 793 bis).

L'exonération partielle s'applique aussi bien aux **transmissions entre vifs** qu'à celles résultant du **décès** de leur propriétaire. Elle bénéficie à tous les héritiers, donataires ou légataires même s'il n'existe aucun lien de parenté entre eux et le donateur ou le défunt.

Le bénéfice de ce régime de faveur s'applique en cas de **transmission** par le bailleur **de la pleine propriété ou de la nue-propriété** du bien. Il en va de même pour la transmission de la nue-propriété par le nu-propriétaire, même si celui-ci n'a pas la qualité de bailleur (Cass. com. 13-5-1997 n° 95-16.320 P : RJF 8-9/97 n° 860).

Enfin, dans le cas où une propriété agricole appartient en **indivision** à des frères et sœurs, l'exonération s'applique lors de la transmission à titre gratuit de la part de chaque indivisaire.

CONDITIONS DE L'EXONÉRATION

Biens concernés L'exonération partielle ne s'applique qu'aux « **biens ruraux** ». 46340
Constitue un immeuble rural l'immeuble principalement affecté à la production de récoltes agricoles ou de fruits naturels ou artificiels : prairies, terres labourables ou vignobles. Présentent également le caractère d'immeubles ruraux les bâtiments d'exploitation et ceux destinés à l'habitation de l'exploitant ou du personnel qui constituent un même ensemble, une unité économique. Par ailleurs, ces biens peuvent comprendre des immeubles par nature et des immeubles par destination (BOI-ENR-DMTG-10-20-30-20 n° 40).

> **Précisions** Les **terres en jachère** louées dans le cadre d'un bail à long terme ou d'un bail cessible hors du cadre familial conservent leur qualification de biens ruraux et peuvent par conséquent bénéficier de l'exonération partielle (Rép. Valleix : AN 16-11-1992 n° 61577 non reprise au Bofip mais qui demeure pertinente).

Caractéristiques du bail Le ou les biens ruraux transmis doivent faire l'objet d'un **bail à long terme** ou d'un bail **cessible hors du cadre familial en cours** au jour de la transmission. 46345

Les biens ruraux transmis doivent avoir été donnés à bail à long terme dans les conditions prévues par les articles L 416-1 à L 416-6, L 416-8 et L 416-9 du Code rural et de la pêche maritime ou à bail cessible dans les conditions prévues par les articles L 418-1 à L 418-5 du même Code (voir Mémento Agriculture 2023-2024 n°s 75050 s. pour les baux cessibles hors du cadre familial et 75200 s. pour les baux ruraux à long terme).

Le **bail** doit notamment être **en cours** au moment de la mutation, mais peu importe que celle-ci intervienne pendant la durée prévue au contrat initial ou au cours des renouvellements successifs du contrat.

Lorsque le preneur à bail rural à long terme exerce des **activités commerciales annexes,** il est admis que le régime de faveur ne soit pas remis en cause dans la mesure où ces activités commerciales sont compatibles avec l'application du statut du fermage (BOI-ENR-DMTG-10-20-30-20 n° 340).

> **Précisions** **a.** En principe, seuls les biens ruraux objets de baux conclus postérieurement à l'entrée en vigueur de la loi 70-1298 du 31 décembre 1970 peuvent bénéficier du régime de faveur. Toutefois, l'administration « pourrait » appliquer l'exonération partielle lorsque les clauses des baux conclus antérieurement à cette date sont conformes aux prévisions des textes relatifs aux baux à long terme (BOI précité n° 70).
> **b.** Conformément aux dispositions de l'article L 416-6 du Code rural et de la pêche maritime, un **état des lieux** doit être dressé par les parties au bail. Toutefois, l'administration ne peut pas exciper de l'absence de l'état des lieux, avant la transmission, pour refuser le bénéfice de l'exonération (BOI précité n° 90).
> **c.** Les articles L 411-1 et L 411-2 du Code rural et de la pêche maritime n'interdisent pas à des **époux** de consentir un bail à long terme soumis au statut du fermage à une société constituée entre eux, même en continuant de participer à l'exploitation au sein de celle-ci (Cass. 3e civ. 8-10-1997 n° 95-19.267 PB ; RJF 3/98 n° 331).

Antériorité du bail Lorsque la transmission intervient par **donation** (et non par décès) 46350
et que le **bail** a été consenti **au donataire,** à son conjoint, à un de leurs descendants ou à une société contrôlée par une ou plusieurs de ces personnes, le bail doit avoir été consenti depuis **au moins de deux ans,** au jour de la transmission, pour que le régime de faveur puisse s'appliquer (CGI art. 793 bis, al. 5 ; BOI-ENR-DMTG-10-20-30-20 n°s 110 et s.).

La **computation du délai** de deux ans s'effectue à compter de la date à laquelle le bail a acquis date certaine (date de l'acte s'il s'agit d'un acte authentique, date de l'enregistrement en cas d'acte sous signature privée présenté à la formalité).

L'exonération partielle n'est pas applicable dans l'hypothèse où le bail ordinaire a été converti en bail rural à long terme moins de deux ans avant la transmission des biens loués (BOI-ENR-DMTG-10-20-30-20 n° 130).

46355 **Conservation des biens** Le ou les biens ruraux transmis doivent rester la propriété du donataire, héritier ou légataire **pendant cinq ans** à compter de la mutation à titre gratuit (CGI art. 793 bis, al. 1). Toutefois, le bénéficiaire de la transmission peut bénéficier d'un seuil d'exonération majoré à condition de conserver les biens transmis pendant une durée minimale de **dix ans** (CGI art. 793 bis, al. 3 issu de loi 2022-1726 du 30-12-2022 art. 24 ; voir n° 46360).

Le respect de la condition de conservation du bien s'apprécie distinctement pour chaque mutation ayant bénéficié du régime de faveur. Ainsi, en cas de **pluralité de biens** de même nature ayant bénéficié de l'exonération partielle, la déchéance encourue sur l'un des biens est sans incidence à l'égard des autres biens.

PORTÉE DE L'EXONÉRATION

46360 **Quotité** Les **biens** loués par bail à long terme ou par bail cessible hors du cadre familial (CGI art. 793, 2-3°), transmis par le défunt (ou le donateur) à chaque héritier ou légataire (ou donataire), sont exonérés à concurrence de (CGI art. 793, 2-3° et 793 bis) :

– **75 %** de leur valeur :
  – **jusqu'à 300 000 €,** à condition de conserver les biens pendant cinq ans,
  – **ou** jusqu'à **500 000 €,** si le bénéficiaire de la transmission s'engage à conserver les biens loués pendant cinq années supplémentaires (applicable aux successions ouvertes et aux donations consenties depuis le 1-1-2023) ;
– **50 %** de leur valeur au-delà de ces limites.

Le **choix** du seuil d'exonération doit être **formalisé** dans l'acte de donation ou la déclaration de succession pour permettre de liquider en conséquence les droits de mutation à titre gratuit. À défaut d'une telle formalisation, l'exonération serait calculée au taux de 75 % jusqu'à 300 000 € mais le bénéficiaire pourrait demander ultérieurement, dans le délai de réclamation, l'application du seuil majoré de 500 000 € (BOI-ENR-DMTG-10-20-30-20 n° 215).

46362 Le **seuil** de 300 000 ou 500 000 € s'apprécie au niveau de chaque part héréditaire ou de chaque légataire s'il s'agit de succession, ou de chaque donateur et donataire s'il s'agit de mutation à titre gratuit entre vifs.

L'exonération partielle est susceptible de s'appliquer aux **transmissions successives** de biens ruraux à une même personne (BOI-ENR-DMTG-10-20-30-20 n° 160). Pour l'appréciation du seuil de 300 000 ou 500 000 € au-delà duquel l'exonération est ramenée de 75 à 50 %, il est tenu compte de l'ensemble des donations précédemment consenties par le donateur ou le défunt au même héritier, donataire ou légataire, à l'exception de celles passées depuis plus de 15 ans au jour de la nouvelle mutation à titre gratuit.

Sous cette réserve, la valeur totale des biens transmis successivement et ayant bénéficié de l'exonération doit être prise en compte et non la seule fraction ayant été précédemment taxée (BOI précité n° 200).

EXEMPLE

En 2021, M. Dublé a donné à son fils unique un bien d'une valeur de 200 000 €. La donation a bénéficié en totalité de l'exonération des trois quarts car la valeur du bien transmis était inférieure à 300 000 €.

En 2023, M. Dublé envisage de donner à son fils un second bien d'une valeur de 250 000 €. L'exonération des trois quarts portera cette fois-ci sur 100 000 € (300 000 € – 200 000 €) et la valeur restante (150 000 €) sera exonérée à hauteur de 50 %, soit 75 000 €.

Si le fils de M. Dublé formalise son intention de conserver ce second bien pendant dix ans, cette donation bénéficiera de l'exonération de 75 % car sa valeur (250 000 €) ajoutée à celle de la précédente donation (200 000 €) reste inférieure au seuil de 500 000 €.

46363 Les biens ruraux transmis doivent être estimés à leur valeur **vénale réelle au jour de la transmission.** Toutefois, l'indisponibilité du bien loué justifie l'application d'un abattement dont le montant dépendra principalement de la durée du bail restant à courir au moment de la transmission.

Dans l'hypothèse où les biens transmis comprennent à la fois des **parts de groupements fonciers agricoles** (GFA : n° 46405) et des **immeubles ruraux loués par bail à long terme** ou par bail cessible entrant dans le champ d'application du régime de faveur, les limites prévues à l'article 793 bis du CGI trouvent à s'appliquer au titre de chaque catégorie de biens. Dès lors, un seuil différent est susceptible de s'appliquer à chaque catégorie de biens (BOI précité n° 190).

Passif déductible Les **dettes à la charge du défunt,** qui ont été contractées pour l'achat de biens compris dans la succession et exonérés en tout ou partie de droits de mutation par décès, ou dans l'intérêt de tels biens, sont imputées par priorité sur la valeur desdits biens (CGI art. 769 ; voir nos 48630 s.). 46365

EXEMPLE

M. Deschamps, qui est veuf, laisse pour lui succéder son fils unique Jean auquel aucune donation antérieure n'a été faite. À l'actif successoral figure un bien rural loué à un tiers par bail à long terme d'une valeur de 800 000 €. Au passif figure le solde justifié de l'emprunt souscrit pour l'acquisition du bien considéré d'un montant de 80 000 €.

On suppose que Jean a choisi de conserver le bien rural pendant au moins dix ans (no 46360).

La détermination de la fraction du passif déductible s'effectue de la façon suivante :

Actif imposable :

La partie des 800 000 € inférieure à 500 000 € est imposable à hauteur du quart de cette somme, soit 500 000 € × 25 % = 125 000 €.

La partie des 800 000 € supérieure à 500 000 € (300 000 €) est imposable à hauteur de la moitié de cette somme, soit 300 000 € × 50 % = 150 000 €.

Total imposable : 275 000 € (125 000 € + 150 000 €).

Passif déductible :

Le passif de 80 000 € à la charge de l'héritier est déductible de sa part taxable dans les conditions de droit commun, à concurrence de : 80 000 € × 275 000 € / 800 000 € = 27 500 €.

Fraction taxable

150 000 € – 27 500 € = 122 500 €

Forfait mobilier Dans la mesure où les biens ruraux donnés à bail à long terme ou à bail cessible hors du cadre familial mentionnés à l'article 793, 2-3 du CGI sont partiellement exonérés, seule la **fraction taxable de ces biens** doit être prise en compte pour le calcul du forfait mobilier (nos 48105 s.). 46367

OBLIGATIONS DÉCLARATIVES

Lorsqu'une **donation** comprend des biens faisant l'objet d'un bail à long terme ou d'un bail cessible hors du cadre familial ouvrant droit à l'exonération partielle, les parties indiquent dans l'acte, en plus des renseignements énumérés à l'article 784 du CGI (no 51335), si de tels biens ont fait l'objet de donations antérieures consenties par le même donateur au même donataire (CGI ann. III art. 281 A). 46370

Lorsqu'une **succession** comprend des biens exonérés en vertu des mêmes dispositions, les héritiers indiquent, dans le cadre de l'affirmation de sincérité prévue à l'article 802 du CGI (no 51360) et en plus des renseignements énumérés à l'article 784 du Code précité (no 51335), si de tels biens ont fait l'objet de donations antérieures à leur profit (CGI ann. III art. 281 B).

Les actes de donation et les déclarations de succession doivent en outre indiquer, en ce qui concerne l'ensemble des **donations antérieures,** le montant des biens ouvrant droit à exonération partielle mentionnés à l'article 793, 2-3° du CGI transmis à chaque bénéficiaire, l'identité de chacun d'eux ainsi que les nom et résidence des officiers ministériels qui ont reçu les actes de donation et leur date d'enregistrement (CGI ann. III art. 281 C).

Le bénéficiaire doit également formaliser, dans l'acte de donation ou la déclaration de succession, son intention de bénéficier du nouveau seuil d'exonération de 500 000 € (no 46360).

DÉCHÉANCE DU RÉGIME DE FAVEUR

Le bien rural transmis doit rester la propriété du donataire, héritier ou légataire **pendant cinq ans** à compter de la mutation à titre gratuit. La déchéance du régime de faveur intervient donc en principe dès l'instant où le bien reçu sort du patrimoine du ou des bénéficiaires avant l'expiration de ce délai. 46375

En cas d'application du seuil d'exonération majoré de **500 000 €,** sous réserve que le bien ait été conservé pendant cinq ans, le **non-respect du délai** de conservation **de dix ans** entraîne la remise en cause de l'exonération partielle à hauteur seulement de la fraction de la valeur du bien supérieure à 300 000 € qui a bénéficié du taux de 75 % au lieu de 50 % (BOI-ENR-DMTG-10-20-30-20 no 355 ; voir no 46390).

La déchéance du régime de faveur doit être prononcée quelle que soit la mutation en cause : vente, donation (en pleine propriété ou non) de tout ou partie du bien reçu. En cas de

cession partielle du bien, la remise en cause de l'exonération partielle ne concerne que les parcelles cédées (Cass. com. 10-7-2018 n° 16-26.083 PB : RJF 12/18 n° 1287 ; BOI précité n° 310).

Selon l'administration, l'exonération partielle est également remise en cause si, dans le délai de conservation, l'héritier ou le donataire fait **apport** des biens **à un groupement foncier agricole** (GFA), même s'il en conserve les parts jusqu'à l'expiration de ce délai (BOI précité n°s 300 et 330). Infirmant cette interprétation, la cour d'appel de Caen a jugé que le régime de faveur ne peut être remis en cause en cas d'apport à un GFA familial, précisément destiné à conserver la propriété des immeubles faisant l'objet de baux à long terme selon la volonté du législateur (CA Caen 16-11-2021 n° 19/02794 : RJF 3/22 n° 312). Sur l'apport **en jouissance** de biens ruraux donnés à bail à un GFA, voir n° 46380.

Dans l'hypothèse où le bien transmis a fait l'objet d'un **partage,** la remise en cause de l'exonération partielle ne porte que sur la fraction du bien attribuée au copartageant qui n'a pas respecté le délai de conservation à compter du décès, pour avoir donné ou cédé tout ou partie de la fraction du bien reçu.

Le respect de la condition de conservation du bien s'apprécie distinctement pour chaque mutation ayant bénéficié du régime de faveur. Ainsi, en cas de **pluralité de biens** de même nature ayant bénéficié de l'exonération partielle, la déchéance encourue sur l'un des biens est sans incidence à l'égard des autres biens. La remise en cause de l'exonération est partielle (BOI précité n° 310).

Le **non-respect de l'obligation de conservation** entraîne l'exigibilité du complément de droits de mutation à titre gratuit, dont la mutation initiale a été exonérée, majoré de l'intérêt de retard prévu à l'article 1727 du CGI (0,20 % par mois).

46380 Ce principe comporte néanmoins de nombreuses **exceptions.** Ainsi, l'administration considère que l'exonération partielle n'est pas remise en cause en cas (BOI-ENR-DMTG-10-20-30-20 n° 320) :

– de force majeure, c'est-à-dire, d'après la Cour de cassation d'un événement imprévisible, insurmontable et totalement étranger au bénéficiaire de la transmission, à la condition qu'il y ait un lien de causalité directe avec le non-respect de la conservation du bien ;
– d'échange, à condition que le respect de l'engagement de conservation soit reporté sur les biens ruraux reçus en échange et que ces biens soient d'une valeur au moins égale à celle des biens cédés ;
– d'apport en jouissance à une société civile agricole quelle que soit sa forme (GFA notamment), ou d'un apport pur et simple à un Gaec (en ce qui concerne l'apport pur et simple à un GFA familial, voir n° 46375) ;
– d'attribution à un indivisaire résultant d'un partage avec soulte ou d'une licitation si l'attributaire conserve la propriété de la totalité des biens pendant un délai de cinq ans (ou dix ans). Si tel n'est pas le cas, la déchéance du régime de faveur interviendra à l'égard de tous les bénéficiaires de l'exonération (Rép. Dejoie : Sén. 8-9-1994 n° 7725) ;
– d'expropriation pour cause d'utilité publique. Cette exception à la déchéance du régime de faveur ne peut s'appliquer en cas de vente à l'amiable à une commune, quand bien même la vente serait justifiée par un intérêt public mais réalisée en dehors de toute procédure d'expropriation (Cass. com. 15-12-2021 n° 20-15.505 F-D : RJF 4/22 n° 404) ;
– de transmission à titre gratuit du bien rural résultant du décès du bénéficiaire intervenant dans les cinq ans ou dans les dix ans de la mutation à titre gratuit initiale.

> **Précisions** **a.** En cas de **donation-partage avec soulte,** chaque donataire est réputé, pour le calcul des droits de mutation, recevoir une quote-part des biens transmis et bénéficie par conséquent de l'exonération partielle à raison de cette quote-part. L'exonération sera néanmoins remise en cause pour tous, si l'attributaire effectif du bien exonéré ne respecte pas l'obligation de conservation.
> **b.** L'**absence de publication** par le donateur ou le défunt d'un bail rural à long terme n'est pas de nature, à elle seule, à priver le donataire ou l'héritier du bénéfice de l'exonération partielle (BOI-ENR-DMTG-10-20-30-20 n° 350).
> **c.** Il est admis que les héritiers désirant **vendre une parcelle de l'exploitation** demandent expressément, lors du dépôt de la déclaration de succession, que l'exonération soit limitée au surplus de la propriété et que la transmission de la parcelle destinée à la vente soit assujettie aux droits de succession dans les conditions de droit commun. Cette solution implique nécessairement une évaluation distincte de la fraction des biens bénéficiant du régime de faveur et de celle soumise à la taxation de droit commun (Comité fiscal MOA du 25-9-1997, solution non reprise au Bofip mais qui demeure pertinente).

SANCTION DU NON-RESPECT DE LA DURÉE DE CONSERVATION ENTRE CINQ ET DIX ANS

Sous réserve que le bien ait été conservé pendant cinq ans, le non-respect de la conservation du bien pendant dix ans ne remet pas en cause l'exonération partielle de 75 % jusqu'à 300 000 €, puisque la condition de conservation du bien pendant cinq ans a été respectée. **46390**

En revanche, l'exonération partielle sera remise en cause à hauteur de la fraction de la valeur du bien supérieure à 300 000 € qui a bénéficié de l'exonération partielle de 75 % au lieu de celle de 50 % (BOI-ENR-DMTG-10-20-30-20 n° 355).

EXEMPLE

En 2021, M. Duchemin fait donation à M. Tournesol du bien rural loué à long terme A d'une valeur de 190 000 €.

Cette transmission bénéficie d'une exonération de 75 %. Le bien A doit être conservé pendant cinq ans.

En 2023, M. Duchemin fait donation à M. Tournesol du bien rural loué à long terme B d'une valeur de 250 000 €. Deux hypothèses sont alors envisageables :

– 1e hypothèse : Si M. Tournesol ne formalise aucun choix, la transmission bénéficiera d'une exonération de 75 % à hauteur de (300 000 € – 190 000 €) = 110 000 €, et d'une exonération de 50 % à hauteur de (250 000 € – 110 000 €) = 140 000 €, sous réserve d'une conservation du bien B pendant cinq ans ;

– 2nde hypothèse : Si M. Tournesol formalise son intention de conserver le bien B pendant dix ans, comme le total des biens donnés depuis moins de 15 ans, soit 190 000 € + 250 000 € = 440 000 €, est inférieur à 500 000 €, l'exonération de 75 % portera sur la totalité du bien B soit 250 000 €.

Cette seconde hypothèse sera retenue pour la suite de l'exemple.

3/ En 2029, M. Tournesol décide de céder les biens A et B.

Le bien A a été conservé plus de cinq ans. Cette cession est sans incidence sur le régime fiscal appliqué lors de la donation en 2021.

Le bien B n'a pas été conservé dix ans mais plus de cinq ans. L'exonération partielle sera remise en cause à hauteur de la fraction de la valeur des biens transmis qui excède 300 000 € et qui a bénéficié d'une exonération de 75 % alors qu'elle n'aurait dû bénéficier que d'une exonération de 50 %. Soit (250 000 € – 110 000 €) = 140 000 € × (75 % – 50 %) = 35 000 €.

Le complément de droits de mutation à titre gratuit résultant de cette remise en cause sera majoré de l'intérêt de retard prévu à l'article 1727 du CGI (BOI précité n° 360).

5. PARTS DE GFA ET DE GAF

Les transmissions à titre gratuit de parts de groupements fonciers agricoles (GFA) peuvent bénéficier d'une exonération partielle de droits de donation ou de succession sous certaines conditions. Cette exonération partielle est également susceptible de s'appliquer aux transmissions à titre gratuit de parts de groupements agricoles fonciers (GAF) créés avant l'entrée en vigueur de la loi 70-1299 du 31 décembre 1970 relative aux groupements fonciers agricoles (CGI art. 793, 1-4°). **46405**

CONDITIONS DE L'EXONÉRATION

Les GFA et GAF dont les parts sont transmises doivent présenter les caractéristiques énumérées aux articles L 322-1 à L 322-21 et L 322-23 du Code rural et de la pêche maritime (réglementation applicable au GFA). **46410**

Les **aménagements statutaires** d'un GFA ne doivent pas priver le groupement de ces caractéristiques. Ainsi, la responsabilité des associés d'un tel groupement ne peut être limitée par les statuts ; ils répondent indéfiniment des dettes sociales à proportion de leurs parts dans le capital social, conformément aux dispositions de l'article 1857 du Code civil (BOI-ENR-DMTG-10-20-30-30 n° 30).

Les statuts du groupement dont les parts sont transmises doivent interdire au GFA l'**exploitation en faire-valoir direct.** Cette interdiction doit figurer dans les statuts du groupement au moment de la transmission. L'administration assimile à l'exploitation en faire-valoir direct le fait pour un GFA de participer à la direction de l'exploitation (BOI-ENR-DMTG-10-20-30-30 n° 40). Ainsi, lorsqu'un GFA donne ses biens à bail à métayage, l'exonération partielle est soumise à la condition que le GFA ne participe pas, en fait, à la direction de l'exploitation.

Rien ne s'oppose, selon nous, à ce que les transmissions à titre gratuit de parts de **GFA** « **exploitant** » bénéficient de l'exonération partielle de 75 % prévue par l'article 787 B du

CGI sous réserve, bien entendu, que les conditions requises pour cette exonération soient réunies (nos 45450 s.).

La totalité des **immeubles à destination agricole** compris dans le patrimoine du groupement doit faire l'objet d'un bail à long terme dans les conditions prévues par les articles L 416-1 à L 416-6, L 416-8 et L 416-9 du Code rural et de la pêche maritime ou d'un bail cessible hors du cadre familial dans les conditions prévues par les articles L 418-1 à L 418-5 du même Code. La location de tout ou partie des immeubles appartenant au GFA au moyen d'un autre type de bail (comme un bail emphytéotique) remettrait en cause l'exonération (BOI-ENR-DMTG-10-20-30-30 n° 60).

Le bail doit être sincère et en cours au moment de la mutation, mais peu importe que celle-ci intervienne pendant la durée prévue au contrat initial ou au cours des renouvellements successifs du contrat.

Afin de garantir la sincérité du bail, lorsque la **transmission** intervient **par donation** (et non par décès) et que le bail a été consenti au donataire à son conjoint, à un de leurs descendants ou à une société contrôlée par une ou plusieurs de ces personnes, le bail doit avoir été consenti depuis au moins deux ans au jour de la donation. Le délai de deux ans s'apprécie à compter de la date à laquelle le bail a acquis date certaine.

Les **parts** transmises doivent être **détenues depuis** deux ans au moins par le donateur ou le défunt. Toutefois, le respect de ce délai n'est pas exigé lorsque le donateur ou le défunt a effectué des apports constitués exclusivement par des immeubles ou des droits immobiliers à destination agricole lors de la constitution du groupement (BOI-ENR-DMTG-10-20-30-30 n° 70).

Le bénéficiaire de la transmission partiellement exonérée doit **conserver la propriété des parts** transmises pendant cinq ans ou dix ans à compter de la date de la transmission, selon le choix formalisé dans l'acte de donation ou la déclaration de succession (voir n° 46360).

PORTÉE DE L'EXONÉRATION

46415 Lorsque le **GFA ne détient que des immeubles à destination agricole** (tous loués dans les conditions mentionnées n° 46410), la transmission des parts de ce GFA est exonérée à hauteur de (CGI art. 793, 1-4° et 793 bis) :

– **75 %** de leur valeur :
 – **jusqu'à 300 000 €,** à condition de conserver les parts pendant cinq ans (disposition applicable depuis le 1er janvier 2019),
 – **ou** jusqu'à **500 000 €,** si le bénéficiaire de la transmission conserve les biens loués pendant cinq années supplémentaires (Loi 2022-1726 du 30-12-2022 art. 24, applicable aux successions ouvertes et aux donations consenties depuis le 1-1-2023) ;

– **50 %** de leur valeur au-delà de ces limites.

Lorsque le GFA ne détient **pas uniquement des immeubles à destination agricole,** l'exonération ne s'applique aux parts transmises que pour la fraction de leur valeur nette correspondant aux biens donnés à bail à long terme ou à bail cessible hors du cadre familial. Il convient par conséquent de procéder à une ventilation de la valeur vénale des parts de GFA entre d'une part, la fraction correspondant aux biens exonérés partiellement et, d'autre part, la fraction correspondant aux autres biens (BOI-ENR-DMTG-10-20-30-30 n° 280 ; Rép. Patriat : Sén. 28-5-2015 n° 6321).

46420 Selon l'administration, constitue un immeuble à destination agricole (ou **immeuble rural**) « l'immeuble principalement affecté à la production de récoltes agricoles ou de fruits naturels ou artificiels : prairies, terres labourables ou vignobles. Présentent également le caractère de biens ruraux les bâtiments d'exploitation et ceux destinés à l'habitation de l'exploitant ou du personnel qui constituent une même unité économique » (BOI-ENR-DMTG-10-20-30-30 n° 290).

Il en résulte que la **fraction de la valeur des parts** de GFA **correspondant à des biens autres** que des immeubles à destination agricole (par exemple immeubles non utilisés pour les besoins de l'exploitation agricole, stocks qui ne peuvent être considérés comme des immeubles agricoles par destination, valeurs mobilières, créances diverses, trésorerie…) est soumise aux droits de mutation dans les conditions de droit commun.

46425 **Transmission portant sur des immeubles ruraux loués par bail à long terme** Dans l'hypothèse où la transmission porte à la fois sur des parts de GFA et des immeubles ruraux loués par bail à long terme (nos 46330 s.), la limite de 300 000 ou 500 000 € prévue à l'article 793 bis du CGI (n° 46415) trouve à s'appliquer au titre de chaque catégorie de biens. Dès lors, un seuil différent est susceptible de s'appliquer à chaque catégorie de biens (BOI-ENR-DMTG-10-20-30-30 n° 230).

Passif Les dettes contractées pour les biens susceptibles de bénéficier de l'exonération partielle de droits de mutation à titre gratuit ou dans l'intérêt de ces biens sont imputées en priorité sur la valeur desdits biens (CGI art. 769). Dans ce cas, l'**affectation de la dette** doit résulter du contrat de prêt. À défaut d'affectation dans le contrat de prêt, les dettes du groupement font l'objet d'une imputation proportionnelle entre la masse des biens exonérés et celle des autres biens (BOI-ENR-DMTG-10-20-30-30 n° 320). 46430

Appréciation du seuil de 300 000 ou 500 000 € Le seuil de l'exonération de 75 % s'apprécie au niveau de chaque part héréditaire ou de chaque légataire s'il s'agit de succession, ou de chaque donateur et donataire s'il s'agit de mutation à titre gratuit entre vifs. 46435

Pour l'appréciation de ce seuil, il est tenu compte des parts déjà données par le même donateur ou le même défunt au même héritier, donataire ou légataire. Cependant, les **donations passées depuis plus de 15 ans** ne sont pas prises en compte (CGI art. 793 bis, al. 3).

OBLIGATIONS DÉCLARATIVES

Lorsqu'une donation ou une succession comprend des parts de GFA, l'acte de donation ou la déclaration de succession doit comporter un certain nombre d'indications de nature à permettre le rappel de donations antérieures et la liquidation des droits de mutation à titre gratuit. Ces indications sont les mêmes qu'en matière de donation ou de succession comprenant des biens ruraux donnés à bail à long terme ou à bail cessible hors du cadre familial (CGI ann. III art. 281 A à 281 C ; voir n° 46370). Elles incluent, s'il y a lieu, le choix du bénéficiaire de bénéficier du nouveau seuil d'exonération de 500 000 € et donc de conserver les parts pendant dix ans (n° 46360). 46440

L'acte de donation ou la déclaration de succession doit également comporter tous renseignements utiles à la vérification de la condition tenant à la **durée de détention** des parts du donateur ou du défunt (voir n° 46410) et mentionner la date du certificat nominatif des parts transmises ou la date à laquelle l'acquisition des parts par le donateur ou le défunt a été signifiée au groupement ou acceptée par celui-ci dans un acte authentique conformément à l'article 1690 du Code civil (BOI-ENR-DMTG-10-20-30-30 n° 80).

DÉCHÉANCE DU RÉGIME DE FAVEUR

Défaut de conservation des titres En cas de **vente** ou de **donation** de tout ou partie des parts reçues **avant** l'expiration du délai de conservation de **cinq ans** prévu à l'article 793 bis du CGI (n° 46415), l'exonération dont a pu bénéficier l'héritier, le légataire ou le donataire est remise en cause. Sous réserve que les parts aient été conservées pendant au moins cinq ans, le non-respect du délai de conservation de **dix ans** ouvrant droit au nouveau seuil d'exonération de 500 000 € prévu par l'article 793 bis du CGI entraîne la remise en cause de l'exonération partielle à hauteur de la fraction de la valeur des parts qui a bénéficié du taux de 75 % au lieu de 50 % (n° 46390). 46445

Selon l'administration, la déchéance du régime de faveur est totale, même si la mutation n'a porté que sur une fraction des parts, sur l'usufruit, la nue-propriété ou la pleine propriété de celles-ci (BOI-ENR-DMTG-10-20-30-30 n° 430). Cette doctrine nous paraît cependant fragilisée par l'arrêt de la Cour de cassation du 10 juillet 2018 qui, à propos de l'exonération partielle des biens ruraux loués à long terme, a jugé que la remise en cause de l'exonération est limitée aux seules parcelles cédées (Cass. com. 10-7-2018 n° 16-26.083 PB : RJF 12/18 n° 1287, SNH 26/18 inf. 6).

L'**annulation de parts** avant l'expiration du délai de cinq ans procédant d'une réduction de capital consécutive au retrait d'une partie des biens donnés à bail à long terme par le groupement entraîne la déchéance totale de l'exonération partielle (Cass. com. 3-11-2004 n° 02-14.421 F-PB : RJF 2/05 n° 194).

Lorsque la condition tenant à la conservation des titres n'est pas respectée, les droits de mutation sont rappelés et majorés de l'**intérêt de retard** de 0,20 % par mois visé à l'article 1727 du CGI.

Le respect de la condition de conservation des parts s'apprécie distinctement pour chaque mutation ayant bénéficié du régime de faveur. Ainsi, en cas de **pluralité de transmissions** de parts d'un même GFA ayant bénéficié de l'exonération partielle, la déchéance encourue sur certaines de ces parts est sans incidence à l'égard des autres parts (BOI-ENR-DMTG-10-20-30-30 n° 440).

Par ailleurs, lorsque les parts laissées par le défunt font l'objet d'un **partage,** la remise en cause de l'exonération partielle ne porte que sur la fraction des parts attribuée au copartageant qui n'a pas respecté le délai de conservation de cinq ou dix ans à compter du décès, en donnant ou cédant tout ou partie de la fraction des parts reçues (BOI-ENR-DMTG-10-20-30-30 n° 430).

46455 Les **exceptions à la déchéance du régime de faveur** applicable aux transmissions à titre gratuit de parts de GFA et de GAF sont les mêmes que celles prévues en matière de transmissions à titre gratuit de biens ruraux donnés à bail à long terme ou par bail cessible hors du cadre familial (n° 46380). Le **décès du bénéficiaire de la transmission** partiellement exonérée au cours du délai de cinq ou dix ans qui figure parmi ces exceptions n'entraîne donc pas la déchéance de l'exonération partielle.

La **rupture anticipée du bail** n'entraîne pas non plus la perte du régime de faveur si les parts ont été conservées cinq ans (en ce sens, Rép. Goulet : AN 25-2-1991 n° 33781 non reprise au Bofip, mais qui nous paraît conserver son intérêt).

46460 **Infractions au statut des GFA** Lorsque le GFA ne remplit plus les conditions posées par les textes (C. rur. art. L 322-1 à L 322-21 et L 322-23), l'exonération partielle est remise en cause. L'intérêt de retard de 0,20 % par mois prévu à l'article 1727 du CGI est alors calculé à compter de l'événement exclusif du régime de faveur (Cass. com. 10-3-1998 n° 96-14.481 : RJF 6/98 n° 728).

La **vente** par un GFA **d'une partie des biens** loués par bail à long terme est normalement sans conséquence sur l'exonération partielle de droits de mutation à titre gratuit obtenue antérieurement dès lors que cette vente n'entraîne pas la dénaturation de l'objet social du GFA qui doit demeurer la conservation d'une ou plusieurs exploitations agricoles (BOI-ENR-DMTG-10-20-30-30 n° 390).

La **dissolution du GFA** et le partage qui s'ensuit ne constituent pas non plus une infraction de nature à entraîner la déchéance du régime de faveur dès lors que la donation partiellement exonérée a été consentie plus de cinq ans auparavant. Mais la vente de la totalité des actifs fonciers préalablement à la décision de dissolution serait susceptible de conduire à une remise en cause du bénéfice de l'exonération accordée dans la mesure où cette opération entraînerait la dénaturation de l'objet social du GFA (BOI-ENR-DMTG-10-20-30-30 n° 400).

46465 **Abus de droit** L'exonération partielle peut être remise en cause, sur le fondement de l'abus de droit, lorsque les actes juridiques réalisés en vue de bénéficier du régime de faveur présentent un caractère fictif ou n'ont pu être inspirés par aucun autre motif que celui de bénéficier de l'exonération partielle.

Les montages destinés à contourner l'interdiction pour le GFA d'exploiter en faire-valoir direct peuvent être sanctionnés de la même manière. Aussi l'administration fiscale veille à ce que les GFA et les baux consentis ne soient pas fictifs, en particulier lorsque les terres appartenant au GFA sont exploitées par des personnes unies par un lien de parenté ou d'alliance aux associés du GFA (BOI-ENR-DMTG-10-20-30-30 n° 370).

6. PARTS DE GFR

46495 Les groupements fonciers ruraux (GFR) étant des sociétés civiles formées en vue de rassembler et gérer des immeubles à usage agricole et forestier (C. rur. art. L 322-22), la transmission à titre gratuit de leurs parts est soumise aux dispositions qui régissent les droits de mutation à titre gratuit respectivement applicables aux parts de groupements forestiers et aux parts de groupements fonciers agricoles (CGI art. 848 bis).

Ainsi, seront appliquées simultanément :

– les dispositions relatives aux parts de groupements forestiers (n°s 46285 s.) à la fraction des parts de GFR représentative de biens de nature forestière ;

– et celles relatives aux parts de GFA (n°s 46405 s.) à la fraction des parts de GFR représentative de biens de nature agricole (BOI-ENR-DMTG-10-20-30-40 n°s 10 s.).

E. Monuments historiques

IMMEUBLES CONCERNÉS

46545 Sont exonérés de droits de mutation à titre gratuit les **immeubles classés ou inscrits** au titre des monuments historiques et les **meubles** qui en constituent le complément historique ou artistique. Cette exonération est subordonnée à plusieurs conditions dont la souscription, par les héritiers, donataires ou légataires du monument historique, d'une **convention** à durée indéterminée conclue avec l'autorité administrative compétente (le préfet de région du lieu de situation du bien depuis le 9 décembre 2020), après avis conforme du ministre chargé du budget (CGI art. 795 A).

L'**avis conforme** est délivré, par délégation du ministre chargé du budget, par le directeur départemental ou, le cas échéant, régional des finances publiques du département de situation du bien (CGI ann. IV art. 170 ter).

Les biens exonérés peuvent être détenus soit directement, soit au travers de **sociétés civiles.**

1. MONUMENTS DÉTENUS PAR DES PERSONNES PHYSIQUES

BIENS EXONÉRÉS

L'exonération prévue à l'article 795 A du CGI concerne les **immeubles** par nature ou par destination qui sont **pour l'essentiel classés ou inscrits** au titre des monuments historiques, ainsi que les biens meubles qui en constituent le complément historique ou artistique, que ces meubles soient ou non protégés au titre des monuments historiques. **46550**

Le classement ou l'inscription ne porte pas nécessairement sur la totalité de l'immeuble. Ces protections peuvent ne concerner que les **parties extérieures** des édifices telles que les façades et toitures. En pareil cas, la protection doit s'entendre comme manifestant la volonté de l'administration de préserver l'ensemble du monument. Le classement peut aussi se limiter à un ou plusieurs **éléments intérieurs** (quelques salles, escaliers, cheminées, etc.) ou extérieurs. La protection ne porte alors que sur ces éléments.

Les **immeubles par nature** s'entendent des constructions (châteaux, manoirs, abbayes, etc.), mais aussi, le cas échéant, de parcs et jardins ordonnancés qui les entourent. **46555**

Les immeubles **par destination** s'entendent des meubles attachés matériellement à un immeuble par nature. Il en est ainsi des objets attachés au fond à perpétuelle demeure, qui ne peuvent être détachés sans être fracturés ou détériorés ou sans briser ou détériorer la partie du fond à laquelle ils sont attachés (glaces fixées au mur, statues placées dans des niches, etc.).

Sont considérés comme **classés ou inscrits** au titre des monuments historiques « **pour l'essentiel** » au sens de l'article 795 A du CGI (BOI-ENR-DMTG-10-20-30-60 n° 40) :
– les immeubles bâtis ou non bâtis totalement classés ou inscrits ;
– les édifices dont les façades et couverture sont protégées en totalité ;
– ceux dont les principaux volumes intérieurs et leurs décors sont protégés ;
– les parcs et jardins qui constituent les dépendances immédiates et nécessaires des édifices protégés, en totalité ou partiellement, au titre des monuments historiques, même lorsqu'ils ne sont pas eux-mêmes protégés au titre des monuments historiques, à condition qu'ils soient organisés pour la visite.

Dans le cas où la **protection ne s'étend pas à la totalité des biens** en cause, il appartient aux services de l'autorité administrative compétente d'apprécier, lors de l'examen de la demande de convention (ou demande d'adhésion à une convention existante), si le monument est protégé « pour l'essentiel » au sens de ces dispositions. S'il n'en est pas ainsi, la mutation ne bénéficie d'aucune exonération.

Sont considérés comme constituant le **complément historique ou artistique du monument** au sens de l'article 795 A du CGI (BOI-ENR-DMTG-10-20-30-60 n° 50) : **46560**
– les biens meubles classés ou inscrits au titre des monuments historiques et qui sont conservés dans des immeubles protégés au titre des monuments historiques. Les immeubles par destination classés ou inscrits bénéficient du même régime ;
– les autres biens meubles et immeubles par destination conservés dans un monument historique et dont la qualité de complément historique ou artistique du monument est reconnue par la direction régionale des affaires culturelles (Drac) lors de l'examen de la demande de convention (ou, le cas échéant, de la demande d'adhésion à une convention existante) et approuvée par le directeur régional ou départemental des finances publiques lors de la délivrance de son avis conforme.

PORTÉE DE L'EXONÉRATION

Lorsque l'**immeuble** a été reconnu comme **classé ou inscrit** en totalité ou pour l'essentiel au titre des monuments historiques ou, s'agissant des **meubles,** comme en constituant le complément historique ou artistique, et qu'ils sont **visés par la convention** prévue à l'article **46565**

795 A du CGI (nº 46570), ces biens bénéficient d'une exonération totale du droit de mutation à titre gratuit.

Les **biens meubles** (meubles meublants, objets d'art, livres, etc.) **qui ne figurent pas sur l'inventaire** annexé à une convention portant par exemple sur un château sont soumis aux droits de mutation dans les conditions de droit commun. De même, en ce qui concerne les terres, jardins, parcs, bois et forêts qui peuvent entourer les bâtiments protégés au titre des monuments historiques, seuls les **parcs et jardins visés dans la convention** peuvent bénéficier de l'exonération (BOI-ENR-DMTG-10-20-30-60 nº 80).

> **Précisions** **a.** Lorsque **seules les parties extérieures d'un immeuble sont protégées,** l'exonération n'est pas subordonnée à l'ouverture au public de l'intérieur du bâtiment. Les héritiers d'un château dont seules les façades et les toitures sont inscrites sont exonérés de droits de succession même si la convention limite au parc l'accès du public (CE 11-12-2009 nº 312515 : RJF 3/10 nº 279 ; BOI-ENR-DMTG-10-20-30-60 nº 45).
> **b.** Dans l'hypothèse où **seuls les jardins seraient classés ou inscrits** alors que le monument qu'ils entourent ne serait pas protégé « pour l'essentiel », l'immeuble bâti ne bénéficie d'aucune exonération, et les parties doivent ventiler la valeur des biens pour le calcul des droits de mutation à titre gratuit (BOI-ENR-DMTG-10-20-30-60 nº 80).
> **c.** En cas d'**apport** d'un monument historique exonéré **à une société civile de gestion,** le régime de faveur n'est pas remis en cause sous réserve que l'opération soit effectuée par l'ensemble des signataires de la convention ou leurs ayants droit, que les apports soient effectués à titre pur et simple et que la société souscrive, dans un délai de six mois, un avenant à la convention dans lequel elle s'oblige aux engagements initialement pris par les signataires de la convention (BOI-ENR-DMTG-10-20-30-70 nº 210).

CONDITIONS DE L'EXONÉRATION

46570 **Demande de convention** L'exonération est subordonnée à la conclusion par les héritiers, légataires ou donataires avec l'autorité administrative compétente, à savoir le préfet de région, après avis conforme du directeur régional ou départemental des finances publiques, d'une **convention à durée indéterminée** (CGI art. 795 A et ann. II art. 294 C). Cette convention doit prévoir le maintien dans l'immeuble des meubles et immeubles par destination exonérés et leurs conditions de présentation, les modalités d'**accès du public,** ainsi que les conditions d'entretien des biens exonérés conformément aux dispositions de la **convention type** jointe en annexe au décret 2023-103 du 16 février 2023 (nº 46572).

Toutefois, le fait que la convention ne prévoie pas de modalités d'accès du public à l'intérieur de l'immeuble ne fait pas obstacle à l'exonération lorsque les parties extérieures protégées (façades, toitures) sont intégralement visibles depuis la voie publique ou un autre espace librement accessible au public tel qu'un parc (BOI-ENR-DMTG-10-20-30-60 nº 47).

46572 **Contenu de la convention** La **durée d'ouverture à la visite** doit respecter les conditions prévues en matière d'impôt sur le revenu pour l'application du régime spécial de déduction des charges afférentes aux monuments historiques (CGI ann. IV art. 17 ter). Ces dispositions réputent ouverts à la visite les immeubles que le public est admis à visiter au moins :

– soit 50 jours par an, dont 25 jours non ouvrables, entre avril et septembre ;
– soit 40 jours pendant les mois de juillet, d'août et de septembre.

Les **jours et heures d'ouverture au public** doivent faire l'objet d'une **déclaration annuelle** dont les modalités sont désormais alignées sur celles prévues à l'article 17 quater de l'annexe IV au CGI en matière d'impôt sur le revenu. Cette déclaration annuelle doit être **transmise** avant le 1er février de chaque année à la direction régionale des affaires culturelles et à la direction départementale des finances publiques. La déclaration transmise au service des impôts doit comporter l'identité du propriétaire de l'immeuble, les nom, adresse et numéro de téléphone du déclarant, les nom éventuel, adresse et références cadastrales de l'immeuble, les conditions d'ouverture de l'immeuble au public et le tarif des visites, le cas échéant, les manifestations ou ouvertures particulières du monument et les moyens de communication utilisés pour l'information du public.

CONSEIL

Dans le cadre de l'**ancienne convention type,** la durée minimale d'ouverture au public était de 80 jours de mai à septembre inclus, dont les dimanches et jours fériés ou de 60 jours du 15 juin au 30 septembre, dont les dimanches et jours fériés. En application de l'article 10 de la convention type (non modifié), les héritiers, donataires ou légataires ayant déjà conclu une convention selon l'ancien modèle devraient pouvoir, s'ils le souhaitent, modifier par voie d'avenant la durée d'ouverture au public de leurs biens afin de bénéficier des nouveaux délais.

Dépôt de la demande La demande de convention (ou d'adhésion à la convention déjà existante) doit être déposée par les héritiers, donataires ou légataires, en **double exemplaire,** auprès des services de l'État chargés des monuments historiques (CGI ann. III art. 281 bis). Un exemplaire de cette demande est transmis au directeur régional ou départemental des finances publiques du lieu de situation du bien. 46575

Les services de l'État chargés des monuments historiques délivrent aux demandeurs une **copie certifiée conforme** de cette demande qui devra être remise au service des impôts compétent pour enregistrer l'acte de donation ou la déclaration de succession dans les délais prévus pour cet enregistrement (BOI-SJ-AGR-50-40 n° 120).

En cas d'**acceptation,** après signature de la convention ou de l'avenant par les héritiers, donataires ou légataires et par le préfet de région sur avis conforme du directeur régional ou départemental des finances publiques, un exemplaire et une copie certifiée conforme de la convention sont adressés aux parties ou à leur représentant par les services de l'État chargé des monuments historiques.

Les décisions de **refus** sont notifiées aux demandeurs par tout moyen permettant d'apporter la preuve de sa date de réception (BOI-SJ-AGR-50-40 n° 160).

Copie de la demande Pour bénéficier de l'exonération, l'héritier, légataire ou donataire doit produire, avec la **déclaration de succession** ou l'acte de **donation,** une copie de la demande de convention (ou d'adhésion à une convention préexistante) ; une fois la convention signée, il doit en déposer une copie certifiée conforme dans un délai d'un mois (CGI ann. III art. 281 bis). 46580

Le seul fait de n'avoir pas déposé la déclaration de succession accompagnée d'une copie de la demande de convention certifiée par les services de l'État chargés des monuments historiques dans le délai légal (soit en principe six mois) ne permet pas au ministre de fonder une décision de refus d'exonération. Infirmant la doctrine administrative (BOI-ENR-DMTG-10-20-30-60 n° 1), le Conseil d'État a en effet jugé que la demande de convention ne constitue **pas** une **demande d'agrément** au sens de l'article 1649 nonies du CGI et n'est donc pas soumise à l'obligation de dépôt préalable prévue par cet article. Le **dépôt tardif** de la demande de convention est seulement susceptible de priver le contribuable du bénéfice du différé de paiement des droits de succession jusqu'à ce qu'il soit statué sur sa demande, mais ne l'empêche pas de se prévaloir, dans le **délai de réclamation,** d'un projet de convention ou d'adhésion à une convention existante certifiée par le service chargé des monuments historiques compétent (CE 11-2-2022 n°s 454999 et 458465 : RJF 5/22 n° 502).

RECOUVREMENT DES DROITS

Le recouvrement des droits exigibles sur les biens susceptibles de bénéficier de l'exonération est **différé** jusqu'à ce qu'il soit statué sur la demande de convention ou sur la demande d'adhésion à une convention existante des bénéficiaires de la mutation à titre gratuit. 46582

Lorsque la **demande de convention** ou d'adhésion à une convention existante n'a **pas** été **acceptée** ou lorsque la copie certifiée conforme de la convention, acceptée par les parties, n'a pas été déposée au service des impôts compétent, dans le délai imparti d'un mois à compter de la signature de la convention, les droits dont le paiement a été différé deviennent exigibles dans les conditions de droit commun et sans préjudice de l'application de l'intérêt de retard de 0,20 % par mois prévu à l'article 1727 du CGI (CGI ann. III art. 281 bis).

De même, les droits afférents aux biens qui ont bénéficié de l'exonération deviennent exigibles en cas de **déchéance du régime de faveur** (n° 46585).

On rappelle toutefois que si le dépôt tardif de la demande de convention a pour effet de rendre les droits de succession exigibles, il ne prive pas définitivement l'héritier ou donataire de la possibilité d'obtenir, par voie de réclamation, le bénéfice de l'exonération prévue par l'article 795 A du CGI (CE 11-2-2022 nos 454999 et 458465 ; voir n° 46580).

DÉCHÉANCE DU RÉGIME DE FAVEUR

En cas de **non-respect des règles fixées par la convention,** les biens exonérés sont soumis aux droits de mutation majorés de l'intérêt de retard de 0,20 % par mois, qui est dû à compter du mois qui suit la dénonciation de la convention (CGI art. 1727, IV-8). Les droits sont dus sur la **valeur des biens** au jour où la convention n'est pas respectée, ou sur la valeur déclarée lors du décès si cette valeur est supérieure, et aux **taux** auxquels ils auraient été 46585 soumis lors de leur transmission. Il en va de même, selon l'administration, en cas de vente des biens exonérés, ou de donation si le donataire n'adhère pas à la convention en vigueur. En revanche, l'exonération dont a bénéficié un héritier, donataire ou légataire unique ne sera pas remise en cause à la suite de son propre décès, même si ses ayants droit, renonçant à l'exonération dont ils pourraient eux-mêmes bénéficier, n'adhèrent pas à la convention. Le partage ou la cession de droits indivis intervenant entre les héritiers, légataires ou donataires restés en indivision ne remet pas en cause l'exonération (BOI-ENR-DMTG-10-20-30-60 n° 290).

2. MONUMENTS DÉTENUS PAR L'INTERMÉDIAIRE D'UNE SOCIÉTÉ CIVILE

46615 L'exonération s'applique aux **parts de société civile immobilière** (dans le cas où le monument historique est détenu par l'intermédiaire d'une société) à condition, notamment, que les héritiers, légataires ou donataires adhèrent au préalable à la convention conclue entre la société et l'autorité administrative compétente et conservent leurs parts pendant cinq ans.

CONDITIONS DE L'EXONÉRATION

46620 **Conditions relatives à la société** La société civile doit **détenir en pleine propriété** et gérer **un monument historique** tel que défini n°s 46550 s.

Elle doit être constituée uniquement entre des **personnes parentes** en ligne directe (grands-parents, parents, enfants, petits-enfants…) ou entre frères et sœurs, leurs conjoints et, le cas échéant, les enfants de ces différentes personnes. Le caractère familial de la société doit être permanent. La totalité des parts de la société doit donc rester la propriété des membres de la famille tels que décrits ci-dessus ou de leurs descendants.

Les **revenus de la société** civile doivent être imposés dans la catégorie des revenus fonciers. Toutefois, la tolérance permettant de ne pas soumettre à l'impôt sur les sociétés les sociétés civiles dont le montant hors taxe des recettes de nature commerciale n'excède pas 10 % du montant des recettes totales hors taxe s'applique aux sociétés gestionnaires de monuments historiques.

Enfin, la société doit avoir conclu avec l'autorité administrative compétente, après avis conforme du directeur régional ou départemental des finances publiques compétent, la **convention** à durée indéterminée mentionnée au premier alinéa de l'article 795 A du CGI (n°s 46570 s.).

Les règles régissant la demande de convention et son instruction sont identiques à celles prévues en matière de détention directe de monuments historiques (BOI-ENR-DMTG-10-20-30-70 n°s 40 et 50).

46625 **Conditions relatives au porteur des parts et aux bénéficiaires de la transmission** L'exonération ne peut s'appliquer qu'aux **parts détenues depuis plus de deux ans** par le donateur ou le défunt lorsque celui-ci les a souscrites ou acquises à titre onéreux (CGI art. 795 A, al. 4-a).

Les bénéficiaires de la mutation à titre gratuit doivent prendre l'**engagement** d'adhérer à la convention qui aura été signée entre la société civile et l'autorité administrative compétente (CGI art. 795 A, al. 4-c). Cette condition d'engagement est considérée comme remplie par la remise au service des impôts compétent pour enregistrer l'acte de donation ou la déclaration de succession, dans les délais prévus pour cet enregistrement, de la copie de la demande d'adhésion du bénéficiaire de la mutation à titre gratuit à ladite convention (BOI-ENR-DMTG-10-20-30-70 n° 70).

46630 Les parts doivent rester la propriété du donataire, héritier ou légataire pendant un délai de **cinq ans** à compter de la date de la transmission à titre gratuit (CGI art. 795 A, al. 4-b).

Cela étant, lorsque les héritiers, légataires ou donataires sont en indivision sur les parts ayant bénéficié de l'exonération, les **cessions de droits indivis** et les partages qui interviennent entre les membres de l'indivision ne sont pas considérés comme translatifs de propriété quand bien même ils entraîneraient la sortie d'un ou plusieurs coïndivisaires (BOI-ENR-DMTG-10-20-30-70 n° 80).

DÉCHÉANCE DU RÉGIME DE FAVEUR

Le bénéfice de l'exonération de droits de mutation à titre gratuit est remis en cause dans les **situations suivantes** (BOI-ENR-DMTG-10-20-30-70 n°s 160 s.) : **46635**

a. Non-respect par la société civile des règles fixées par la convention

Tel est le cas notamment lorsque :
– l'un des engagements qu'elle comporte n'est pas respecté par la société civile ;
– tout ou partie des biens mobiliers ou immobiliers sur lesquels elle porte fait l'objet d'un transfert de propriété à titre onéreux ;
– tout ou partie des biens meubles ou immeubles par destination ayant bénéficié de l'exonération fait l'objet d'un retrait.

b. Non-respect de l'obligation de conservation des parts

Une nouvelle mutation à titre gratuit ou à titre onéreux des parts dans les cinq ans de la transmission entraîne la remise en cause de l'exonération de droits de mutation à titre gratuit dont a bénéficié le donataire, l'héritier ou le légataire, devenu donateur ou vendeur.

Cette condition de conservation des parts s'apprécie distinctement pour chaque mutation ayant bénéficié du régime de faveur. Ainsi, en cas de **pluralité de transmissions de parts de même nature** (parts d'une même société civile) ayant bénéficié de l'exonération, la déchéance encourue par un bénéficiaire de l'exonération est sans incidence à l'égard des autres bénéficiaires, sous réserve que soit préservée la condition liée à l'existence d'un lien familial.

Cependant, l'exonération n'est pas remise en cause en cas de transmission à titre gratuit résultant du **décès du bénéficiaire** intervenant dans les cinq ans de la mutation à titre gratuit initiale, même si ses ayants droit, renonçant à l'exonération dont ils pourraient eux-mêmes bénéficier, ne prennent pas l'engagement d'adhérer à la convention

c. Entrée dans la société civile d'un associé n'appartenant pas au cercle familial

L'entrée dans la société d'une personne ne remplissant pas la condition du lien familial entraîne la remise en cause de l'exonération de droits de mutation à titre gratuit pour tous les associés, **quel que soit le mode d'acquisition des parts par le nouvel associé.**

Dans ces différentes situations, les droits de mutation à titre gratuit dont avaient été dispensés les associés deviennent exigibles, majorés de l'intérêt de retard prévu à l'article 1727 du CGI.

F. Immeubles situés en Corse

EXONÉRATION PARTIELLE DES IMMEUBLES SITUÉS EN CORSE

Les immeubles ou droits immobiliers situés en Corse sont, sous certaines conditions, **exonérés** de **droits de succession** (mais pas des droits de donation) **pour la moitié de leur valeur** (CGI art. 1135 bis). **46685**

Cet avantage concerne les mutations par décès intervenues entre le 1er janvier 2013 (avant cette date, l'exonération était totale) et le **31 décembre 2027.** Il bénéficie aux immeubles et aux droits immobiliers situés en Corse, autres que ceux acquis à titre onéreux depuis le 23 janvier 2002.

Il existe deux régimes d'exonération, l'un applicable de plein droit et l'autre sous condition.

En ce qui concerne les **délais spéciaux** prévus pour déposer les déclarations de succession comportant des immeubles pour lesquels le droit de propriété du défunt n'a pas été constaté par un acte régulièrement transcrit ou publié avant son décès, voir n° 51260.

EXONÉRATION DE PLEIN DROIT

L'exonération s'applique aux droits dus à raison des mutations par décès intéressant les immeubles dont le droit de propriété du défunt a été constaté par un **acte régulièrement transcrit ou publié au fichier immobilier** antérieurement à son décès. À cet effet, la déclaration de succession doit mentionner pour ces biens les références (date, volume, numéro) de la formalité de publication au fichier immobilier du titre de propriété du défunt. Toutefois, cette mention n'est pas exigée lorsqu'une copie de l'attestation notariée après décès concernant ces immeubles est annexée à la déclaration (BOI-ENR-DMTG-10-20-30-120 n°s 30 et 40). **46690**

46695 Le **montant** de l'exonération est différent selon la date du décès, le mode et la date d'acquisition des immeubles situés en Corse.

Successions ouvertes entre le 23 janvier 2002 et le 31 décembre 2012	Immeubles et droits immobiliers acquis à titre onéreux depuis le 23 janvier 2002	Pas d'exonération
	Autres immeubles et droits immobiliers[1]	Exonération totale
Successions ouvertes entre le 1er janvier 2013 et le 31 décembre 2027	Immeubles et droits immobiliers acquis à titre onéreux depuis le 23 janvier 2002	Pas d'exonération
	Autres immeubles et droits immobiliers[1]	Exonération à concurrence de 50 % de la valeur
Successions ouvertes à compter du 1er janvier 2028	Tous immeubles	Pas d'exonération

1. Sont concernés les immeubles acquis par le défunt à titre onéreux avant le 23 janvier 2002 ou à titre gratuit (donation ou succession), quelle que soit la date de la transmission.

EXONÉRATION SOUS CONDITION DE PUBLICATION

46700 Le bénéfice de l'exonération ne s'applique aux immeubles et droits immobiliers pour lesquels le **droit de propriété du défunt** n'a **pas** été **constaté antérieurement à son décès** par un acte régulièrement transcrit ou publié qu'à la condition que les attestations notariées relatives à ces biens soient publiées dans les 24 mois du décès.

En cas de **non-respect** de cette condition, les héritiers ou légataires ou leurs ayants cause à titre gratuit sont tenus d'acquitter dans le mois suivant l'expiration du délai de deux ans les droits de succession afférents aux immeubles ou droits réels immobiliers en cause et dont la mutation par décès a été dispensée. À ce droit s'ajoutent l'intérêt de retard et un droit supplémentaire égal à 1 % de la valeur vénale des immeubles ou droits réels immobiliers en cause (CGI art. 1840 G ter, II).

G. Exonérations liées à la date d'acquisition des immeubles ou destinées à favoriser la reconstitution des titres de propriété

IMMEUBLES CONCERNÉS

46750 En vue de soutenir le marché immobilier de l'époque, le législateur a institué plusieurs régimes d'exonération temporaire de droits de mutation à titre gratuit en faveur :
– des immeubles acquis neufs entre le 1-6-1993 et le 31-12-1994 (n° 46755) ;
– des immeubles acquis neufs entre le 1-8-1995 et le 31-12-1995 (n° 46810) ;
– des immeubles locatifs acquis entre le 1-8-1995 et le 31-12-1996 (n° 46860) ;
– des immeubles dont les titres de propriété ont été reconstitués entre le 1-10-2014 et le 31-12-2027 (n° 46915).

On peut rapprocher de ces exonérations celle instituée afin de favoriser la reconstitution des titres de propriété des immeubles non bâtis indivis au sein d'une parcelle cadastrale (n° 46975). En ce qui concerne le régime spécifique applicable en Corse, voir nos 46685 s.

1. IMMEUBLES ACQUIS NEUFS ENTRE LE 1-6-1993 ET LE 31-12-1994

TRANSMISSIONS CONCERNÉES

46755 Les immeubles acquis neufs ou, sous réserve d'avoir été achevés avant le 1er juillet 1994, en l'état futur d'achèvement, par acte authentique signé entre le 1er juin 1993 et le

31 décembre 1994, bénéficient pour leur **première transmission** à titre gratuit d'une exonération partielle de droits de succession ou de donation (**abattement de 46 000 €** par part).

L'exonération s'applique aux immeubles qui ont été affectés, de façon exclusive et continue, à l'**habitation principale** pendant **au moins cinq ans** à la suite de leur acquisition ou de leur achèvement s'il est intervenu après l'acquisition, sous réserve que l'acquéreur n'ait pas bénéficié des réductions d'impôt prévues en matière d'impôt sur le revenu pour l'investissement locatif neuf (dispositif « Quilès-Méhaignerie ») ou pour l'investissement immobilier neuf dans les départements et collectivités d'outre-mer (CGI art. 793, 2-4° et 793 ter).

Ni les **terrains à bâtir,** ni les **parts de sociétés** de gestion ou d'investissement (SCI, SCPI, SII) ne sont concernés. En revanche, l'exonération est applicable aux parts des sociétés mentionnées à l'article 1655 ter du CGI (**sociétés dites « transparentes »**) dont les associés sont réputés être directement propriétaires des logements correspondant à leurs droits dans la société (BOI-ENR-DMTG-10-20-30-90 n° 40).

La notion d'**habitation principale** doit s'entendre comme en matière d'impôt sur le revenu ou d'impôts directs locaux. Il s'agit donc, d'une manière générale, du logement dans lequel le contribuable réside habituellement et effectivement avec sa famille, y compris les dépendances immédiates du logement (caves, greniers, terrasses, buanderies etc.) et les terrains sur lesquels sont édifiées les nouvelles constructions à concurrence d'une superficie de 2 500 m² s'il s'agit d'une maison individuelle et à concurrence de la superficie couverte par les constructions, leurs cours et jardins, s'il s'agit d'un immeuble collectif. **46760**

La condition d'affectation à l'habitation principale peut être remplie par l'acquéreur lui-même ou par toute autre personne qui bénéficie d'une autorisation d'occuper le logement (location, mise à la disposition gratuite d'un membre de la famille de l'acquéreur, etc.) (BOI-ENR-DMTG-10-20-30-90 n° 80).

L'exonération s'applique à la **première transmission à titre gratuit, ou** à la première cession **à titre onéreux** (CGI art. 1055 bis), depuis l'acquisition des immeubles visés ci-dessus (n° 46755). Dans le cas où la première mutation à titre gratuit ou à titre onéreux n'aurait pas bénéficié des exonérations, le bénéfice de l'exemption n'est pas reportable sur les mutations ultérieures des mêmes biens. **46765**

MODALITÉS D'APPLICATION

Montant de l'exonération L'exonération de droits de mutation à titre gratuit est plafonnée à **46 000 € par part** reçue par chacun des donataires, héritiers ou légataires. Le bénéfice de l'exonération se cumule avec les **abattements** de droit commun. Toutefois, le montant de l'exonération est calculé sur la valeur de l'immeuble ou de la quote-part revenant au bénéficiaire de la mutation, avant application des abattements généraux. Seule la fraction taxable desdits biens bénéficie éventuellement des abattements de droit commun si ceux-ci n'ont pas déjà été utilisés. Pour l'appréciation du plafond de 46 000 €, les donations antérieures de moins de 15 ans sont prises en compte (application de la règle du **rappel fiscal des donations antérieures** : voir n°s 50105 s.). **46770**

L'exonération s'applique quel que soit le **lien de parenté** qui existe entre le donateur ou le défunt et le bénéficiaire de la mutation, et même en l'absence d'un tel lien. **46775**

Lorsqu'une personne transmet **plusieurs immeubles** acquis dans les conditions ouvrant droit à exonération, l'abattement est limité globalement à 46 000 € pour chaque bénéficiaire, à raison des transmissions qui lui sont consenties par le même auteur. En revanche, lorsque les biens sont transmis à des **personnes différentes,** chaque bénéficiaire dispose d'un abattement de 46 000 €.

Lorsqu'un immeuble est transmis en **indivision** à plusieurs donataires, la limite de 46 000 € s'applique sur le montant de la part indivise revenant à chaque bénéficiaire.

Une même personne peut, par ailleurs, bénéficier de plusieurs abattements au titre de biens qui lui sont transmis par des donateurs différents (BOI-ENR-DMTG-10-20-30-90 n°s 150 à 180).

Obligations déclaratives La **déclaration de succession** ou l'acte de donation doit comporter, outre les références de la publication de l'acte d'acquisition du bien : **46780**

– la date d'acquisition de l'immeuble et l'identité des parties ;

– la déclaration de l'affectation exclusive et continue à l'habitation principale depuis l'acquisition ou, le cas échéant, l'achèvement ;

– l'affirmation que le donateur ou le défunt n'a pas bénéficié pour cet immeuble des réductions d'impôt prévues à l'article 199 undecies (aujourd'hui supprimé) ou à l'article 199 undecies A du CGI (investissements immobiliers outre-mer).

Lors de leur dépôt à la formalité, les actes de donation ou la déclaration de succession doivent être appuyés d'une **copie de la déclaration d'achèvement** des travaux mentionnée au 4° de l'article 793, 2 du CGI (CGI ann. II art. 294 E).

2. IMMEUBLES ACQUIS NEUFS ENTRE LE 1-8-1995 ET LE 31-12-1995

TRANSMISSIONS CONCERNÉES

46810 La **première transmission à titre gratuit** d'immeubles achevés avant le 31 décembre 1994 et acquis neufs par acte authentique signé entre le 1er août et le 31 décembre 1995 bénéficie d'une exonération partielle de droits de succession ou de donation (abattement de 46 000 € par part) si l'immeuble a été affecté de manière continue à l'**habitation principale** pendant une **durée minimale de deux ans** depuis l'acquisition.

L'exonération partielle concerne les **immeubles acquis neufs,** c'est-à-dire ceux dont l'acquisition est postérieure à la date d'achèvement des travaux et qui n'ont fait l'objet d'aucune utilisation depuis leur construction. Elle ne s'applique ni aux **immeubles acquis en l'état futur d'achèvement,** ni aux **terrains à bâtir,** ni aux **parts de sociétés** de gestion ou d'investissement immobilier (SCI, SCPI, SII). En revanche, les parts des **sociétés,** dites « **transparentes** », visées n° 46755, peuvent bénéficier de l'exonération partielle.

La **condition d'affectation à l'habitation principale** s'apprécie conformément aux indications données n° 46760.

L'exonération de droits de mutation à titre gratuit ne s'applique pas aux immeubles pour lesquels l'acquéreur a bénéficié des **réductions d'impôt** pour investissement immobilier locatif prévu à l'article 199 undecies du CGI (aujourd'hui supprimé) ou pour investissement immobilier neuf réalisé outre-mer (CGI art. 199 undecies A ; BOI-ENR-DMTG-10-20-30-100 nos 20 à 70).

46815 L'exonération concerne la **première transmission à titre gratuit** depuis l'acquisition des immeubles visés ci-dessus (n° 46810) qu'il s'agisse de la première mutation entre vifs (donation, donation-partage) ou de la première mutation par décès. Elle s'applique quel que soit le **lien de parenté** existant entre le donateur ou le défunt et le bénéficiaire de la transmission et même en l'absence d'un tel lien.

Si la première mutation à titre gratuit n'a pas bénéficié de l'exonération, le bénéfice de l'exemption n'est pas reportable sur les transmissions ultérieures des mêmes biens.

MODALITÉS D'APPLICATION

46820 **Engagement d'affectation à l'habitation** L'exonération est subordonnée à la condition que le donataire, l'héritier ou le légataire prenne l'engagement de ne pas affecter les immeubles à un autre usage que l'habitation (principale ou non) pendant une **durée minimale de trois ans** à compter de la transmission à titre gratuit.

Si le bien fait l'objet d'une **nouvelle mutation** (à titre onéreux ou à titre gratuit) dans les trois ans qui suivent la première transmission à titre gratuit, le même engagement doit être pris par le nouveau propriétaire pour la période d'affectation restant à couvrir (CGI art. 793, 2-5°). En l'absence d'un tel engagement, l'exonération dont a bénéficié la première transmission à titre gratuit est remise en cause (BOI-ENR-DMTG-10-20-30-100 n° 100).

46825 **Montant de l'exonération** L'exonération de droits de mutation à titre gratuit est plafonnée à **46 000 € par part** reçue par chacun des donataires, héritiers ou légataires (CGI art. 793 ter). Ce plafond spécifique se cumule avec les abattements de droit commun. Toutefois, le montant de l'exonération est calculé sur la valeur de l'immeuble ou de la quote-part revenant au bénéficiaire de la mutation, **avant** application des **abattements de droit commun.**

Pour l'appréciation du plafond de 46 000 €, les **donations antérieures** de moins de 15 ans sont prises en compte (application de la règle du rappel fiscal des donations antérieures : voir nos 50105 s.).

Les précisions données n° 46775 s'appliquent dans les mêmes conditions en cas de première transmission à titre gratuit d'immeubles acquis neufs entre le 1er août et le 31 décembre 1995.

Obligations déclaratives La **déclaration de succession** ou l'acte de donation doit comporter, outre les références de la publication de l'acte d'acquisition du bien : 46830
– la date d'acquisition de l'immeuble et l'identité des parties ;
– la déclaration de l'affectation exclusive et continue à l'habitation principale pendant une période minimale de deux ans depuis l'acquisition ;
– l'affirmation que le donateur ou le défunt n'a pas bénéficié pour cet immeuble des réductions d'impôt prévues à l'article 199 undecies (aujourd'hui supprimé) ou à l'article 199 undecies A (investissement immobilier neuf outre-mer) du CGI ;
– l'engagement d'affectation à l'habitation mentionné n° 46820.

Lors de leur dépôt à la formalité, les actes de donation ou la déclaration de succession doivent être appuyés d'une copie de la **déclaration d'achèvement** des travaux (CGI ann. II art. 294 A).

3. IMMEUBLES LOCATIFS ACQUIS ENTRE LE 1-8-1995 ET LE 31-12-1996

TRANSMISSIONS CONCERNÉES

Les immeubles d'habitation et les garages acquis sous le régime des droits d'enregistrement par acte authentique signé entre le 1er août 1995 et le 31 décembre 1996 bénéficient, lors de leur **première transmission à titre gratuit,** d'une exonération partielle des droits de succession ou de donation (à concurrence des trois quarts de la valeur de l'immeuble, plafonnée à 46 000 € par part). 46860

Pour bénéficier de l'exonération, les immeubles doivent, dans les six mois de leur acquisition et pendant **au moins neuf ans,** avoir été donnés en **location** à une personne autre qu'un membre du foyer fiscal, un ascendant ou un descendant du contribuable, qui les a affectés de manière exclusive et continue à son **habitation principale,** la location devant avoir été consentie dans le **secteur intermédiaire** (CGI art. 793, 2-6°). Le loyer et les ressources du locataire ne devaient pas excéder des plafonds fixés par décret (CGI ann. III ancien art. 46 AGA).

L'exonération partielle s'applique à la **première transmission** à titre gratuit (donation, donation-partage ou mutation par décès) effectuée depuis l'acquisition de l'immeuble. Par ailleurs, l'exonération s'applique quel que soit le **lien de parenté** qui existe entre le donateur ou le défunt et le bénéficiaire de la transmission, et même en l'absence d'un tel lien. 46865

ATTENTION

Si la première transmission à titre gratuit n'a pas bénéficié de l'exonération, le bénéfice de l'exemption n'est **pas reportable** sur les transmissions ultérieures des mêmes biens (BOI-ENR-DMTG-10-20-30-110 n° 150).

MODALITÉS D'APPLICATION

Montant de l'exonération L'exonération porte sur les trois quarts de la valeur de l'immeuble, plafonnée à **46 000 € par part** reçue par chacun des donataires, héritiers ou légataires. Le bénéfice de l'exonération se cumule avec les **abattements** de droit commun. Toutefois, le montant de l'exonération est calculé sur la valeur de l'immeuble ou de la quote-part revenant au bénéficiaire de la mutation, avant application des abattements généraux. Seule la fraction taxable desdits biens bénéficie éventuellement des abattements de droit commun si ceux-ci n'ont pas déjà été utilisés (BOI-ENR-DMTG-10-20-30-110 n° 190). Pour l'appréciation du plafond de 46 000 €, les donations antérieures de moins de 15 ans sont prises en compte (application de la règle du rappel fiscal des donations antérieures : voir nos 50105 s.). 46870

Les précisions données n° 46775 s'appliquent dans les mêmes conditions en cas de première transmission à titre gratuit d'immeubles locatifs acquis entre le 1er août 1995 et le 31 décembre 1996.

Engagement des bénéficiaires Lorsque la **première transmission** à titre gratuit de l'immeuble est intervenue **avant** l'**expiration du délai de neuf ans** prévu pour l'affectation locative des biens, le bénéfice de l'exonération était subordonné à l'**engagement** des donataires, héritiers ou légataires, pour eux et leurs ayants cause, de maintenir en location, dans les mêmes conditions, les biens transmis jusqu'à l'expiration du délai de neuf ans (BOI-ENR-DMTG-10-20-30-110 n° 170). Le **non-respect de cet engagement** entraînait la déchéance du régime de faveur et, par suite, l'exigibilité du complément de droits de mutation à titre gratuit majoré de l'intérêt de retard. 46875

46880 **Obligations déclaratives** Les actes de donation et les **déclarations de succession** comprenant des biens mentionnés à l'article 793, 2-6° du CGI doivent comporter, outre les références de la publication de l'acte d'acquisition du bien, la **date d'acquisition** des biens et l'**identité des parties.** Ils devaient également comporter l'**engagement** visé n° 46875 pour les transmissions à titre gratuit effectuées avant l'expiration de la durée minimale de mise en location du bien transmis.

46885 Lors de leur dépôt à la formalité, l'acte de donation ou la déclaration de succession doivent être appuyés des documents suivants (BOI-ENR-DMTG-10-20-30-110 n° 270) :
– une **copie des baux d'habitation** conclus depuis l'acquisition des biens avec le ou les preneurs successifs ;
– une **copie de l'avis d'imposition** du ou **des locataires** successifs établi au titre des revenus de l'année précédant celle de la conclusion du bail ou à défaut une déclaration sur l'honneur souscrite par les locataires attestant du montant de leurs revenus nets de frais professionnels figurant sur leur avis d'imposition établi au titre des revenus de l'année précitée.

4. IMMEUBLES DONT LES TITRES DE PROPRIÉTÉ ONT ÉTÉ RECONSTITUÉS ENTRE LE 1-10-2014 ET LE 31-12-2027

46915 Les immeubles et droits immobiliers dont les titres de propriété ont été reconstitués par un acte régulièrement transcrit ou publié entre le 1er octobre 2014 et le 31 décembre 2027 bénéficient, lors de leur **première mutation** à titre gratuit, d'une exonération partielle de droits. Cette mesure est applicable aux donations consenties ou aux successions ouvertes **depuis le 1er janvier 2015** (CGI art. 793, 2-8°).

BIENS ET MUTATIONS CONCERNÉS

46920 L'exonération s'applique aux immeubles et droits immobiliers dont le droit de propriété du titulaire n'a pas été constaté antérieurement par un acte régulièrement transcrit ou publié au fichier immobilier et qui font l'objet, pour la première fois, d'une **publication au fichier immobilier** entre le 1er octobre 2014 et le 31 décembre 2027.

Quel que soit le type d'acte publié au fichier immobilier (attestation notariée, acte de notoriété établi par le notaire pour constater l'usucapion ou acte de partage), celui-ci doit permettre d'établir avec certitude le droit de propriété du titulaire sur le bien concerné (BOI-ENR-DMTG-10-20-30-140 nos 20 et 30).

46925 L'exonération partielle s'applique à la **première mutation à titre gratuit** qui suit la reconstitution du titre de propriété. Toutefois, lorsque cette première mutation bénéficie d'une exonération totale de droits de mutation à titre gratuit en vertu d'un autre dispositif, l'exonération partielle prévue à l'article 793, 2-8° du CGI ne bénéficie pas à la mutation à titre gratuit suivante.

EXEMPLE

L'administration fournit l'exemple suivant, actualisé par nos soins (BOI-ENR-DMTG-10-20-30-140 n° 50). Le 1er février 2022, M. Sanson procède à la publication régulière de son titre de propriété sur un immeuble qui lui appartient en propre. M. Sanson décède le 3 septembre 2023 et laisse comme seule héritière son épouse, Mme Sanson. Les époux n'étaient pas sous le régime de la communauté universelle au jour du décès de M. Sanson ; la transmission est exonérée en vertu de l'article 796-0 bis du CGI (n° 49210).

Mme Sanson souhaite donner ce bien à son frère : la transmission à titre gratuit étant alors la seconde transmission à titre gratuit du bien suivant la reconstitution du titre de propriété, elle ne pourra pas donner lieu à l'exonération partielle de droits de mutation à titre gratuit prévue à l'article 793, 2-8° du CGI.

46930 L'exonération partielle de droits de mutation à titre gratuit ne s'applique pas lorsqu'une **mutation à titre onéreux** s'est **intercalée** entre la reconstitution des titres de propriété (entre le 1-10-2014 et le 31-12-2027) et cette transmission à titre gratuit (BOI-ENR-DMTG-10-20-30-140 n° 60).

EXEMPLE

M. Rodin publie le 1er février 2023 les attestations notariées permettant d'établir avec certitude son droit de propriété sur un bien immobilier. Le 1er décembre 2023, M. Rodin vend son bien à Mme Claudel.

Si cette dernière souhaite donner le bien à ses enfants, les donataires ne pourront pas bénéficier de l'exonération partielle prévue à l'article 793, 2-8° du CGI sur la valeur du bien donné.

PORTÉE DE L'EXONÉRATION

L'exonération partielle de droits de mutation à titre gratuit porte sur **50 %** (30 % avant le 8 mars 2017) de la valeur du bien au jour de la transmission. Elle est exclusive de l'application au même bien, au titre de la même mutation ou d'une mutation antérieure, de toute autre exonération de droits de mutation à titre gratuit. **46935**

Il s'ensuit, par exemple, que si la mutation ouvre droit à **plusieurs exonérations** partielles dont celle prévue à l'article 793, 2-8° du CGI, le contribuable est libre d'opter pour l'exonération qui lui est la plus favorable. En pratique, il doit mentionner expressément dans la déclaration de succession ou dans l'acte de donation les références légales de l'exonération dont il entend bénéficier (BOI-ENR-DMTG-10-20-30-140 n°s 90 et 100).

L'exonération partielle n'est pas non plus applicable à un bien qui a déjà bénéficié, lors d'une quelconque **mutation à titre gratuit antérieure** d'une exonération, totale ou partielle, de droits de mutation. Par exemple, lorsque le bien a bénéficié, lors d'une mutation antérieure, de l'exonération partielle de droits de mutation par décès prévue à l'article 1135 bis du CGI à raison d'**immeubles** ou droits immobiliers **situés en Corse** (n° 46685), la première transmission à titre gratuit de ces mêmes biens ne pourra pas bénéficier de l'exonération partielle prévue à l'article 793, 2-8° du même Code. **46940**

La règle de **non-cumul** mentionnée n° 46935 concerne uniquement les dispositifs d'exonération applicables au même bien. Elle est donc notamment sans incidence sur les dispositifs de déduction et abattement applicables en matière de droits de mutation à titre gratuit. **46945**

Ainsi, par exemple, l'exonération partielle prévue à l'article 793, 2-8° du CGI ne fait pas obstacle, le cas échéant, à l'application de l'abattement de 20 % prévu à l'article 764 bis du même Code sur la valeur vénale réelle de l'immeuble constituant au jour du décès la **résidence principale** du défunt lorsque toutes les conditions indiquées n° 48015 sont par ailleurs remplies pour bénéficier de cet abattement (BOI-ENR-DMTG-10-20-30-140 n° 130).

5. IMMEUBLES NON BÂTIS INDIVIS DÉPOURVUS DE TITRES DE PROPRIÉTÉ

Les immeubles non bâtis indivis qui sont dépourvus de titres de propriété sont exonérés, sous certaines conditions, de droit de succession (CGI art. 797). **46975**

BIENS VISÉS

L'exonération s'applique aux immeubles non bâtis et aux droits portant sur ces immeubles, sous réserve du respect des **conditions cumulatives** suivantes : **46980**
- les immeubles considérés sont indivis au sein d'une parcelle cadastrale ;
- la valeur totale des immeubles considérés est inférieure à 5 000 € lorsqu'ils sont constitués d'une seule parcelle et à 10 000 € lorsqu'ils sont constitués de deux parcelles contiguës ;
- le droit de propriété du défunt n'a pas été constaté avant son décès par un acte régulièrement transcrit ou publié ;
- les attestations notariées relatives à ces biens sont publiées dans un délai de 24 mois à compter du décès.

MODALITÉS D'APPLICATION

L'exonération de droits de mutation par décès applicable aux biens visés n° 46980 inclus dans des successions ouvertes depuis le 30 décembre 2013 est totale, mais elle ne s'applique qu'à raison d'**une seule parcelle** ou de **deux parcelles contiguës** en indivision par succession. **46985**

L'exonération ne concerne que les **immeubles non bâtis** et droits immobiliers portant sur ces immeubles pour lesquels le droit de propriété du défunt n'a pas été constaté antérieurement à son décès par un acte régulièrement transcrit ou publié, à la condition que les **attestations notariées** mentionnées à l'article 28, 3° du décret 55-22 du 4 janvier 1955 et relatives à ces biens soient publiées dans un **délai** de 24 mois à compter du décès. **46990**

Ces attestations notariées doivent notamment comporter les désignations cadastrales des immeubles ou droits réels immobiliers, les identifications du défunt et de ses héritiers et de ses légataires et l'origine de la propriété des biens concernés (BOI-ENR-DMTG-10-20-30-130 n° 60).

ATTENTION

À **défaut de publication des attestations notariées** dans les 24 mois du décès, l'article 1840 G ter du CGI prévoit que les héritiers ou légataires, ou leurs ayants cause à titre gratuit, sont tenus d'acquitter dans le mois suivant l'expiration du délai de 24 mois les droits de succession afférents aux immeubles ou aux droits réels immobiliers en cause et dont la mutation par décès a été dispensée (CGI art. 1840 G ter).

À ces droits s'ajoute également l'intérêt de retard prévu par l'article 1727 du CGI.

H. Rentes et indemnités en réparation de dommages corporels

47040 Les rentes et indemnités versées ou encore dues au défunt en réparation de dommages corporels liés à un **accident ou** à une **maladie** sont déductibles de l'actif successoral pour leur valeur nominale (CGI art. 775 bis). L'exonération s'applique aux sommes obtenues par la victime elle-même, y compris en exécution d'un **contrat d'assurance.**

Les sommes à caractère indemnitaire (mais non celles à caractère forfaitaire) versées aux **ayants droit** de la victime en réparation de leur préjudice moral et économique sont déductibles de leur succession. En revanche, ne sont pas déductibles de l'actif successoral les **sommes versées aux ayants droit de la victime en exécution d'un contrat d'assurance** à la suite du décès de l'assuré (BOI-ENR-DMTG-10-20-10 n° 217).

Par ailleurs, les rentes et indemnités versées ou dues à une personne en réparation de dommages corporels liés à un accident ou à une maladie ne peuvent **pas** être inscrites au passif de la **déclaration de succession du conjoint survivant** même si elles n'ont pas été déduites de l'actif successoral du pensionnaire invalide. Toutefois, les héritiers qui auraient omis de déduire la pension peuvent en demander la **déduction dans le délai de réclamation** qui expire le 31 décembre de la deuxième année suivant celle du dépôt de la déclaration de succession (Rép. Labaronne : AN 29-6-2021 n° 38449).

ILLUSTRATIONS

La documentation administrative fournit les exemples suivants d'indemnités déductibles (BOI précité n°s 200 s.) :

– les indemnités allouées aux **personnes contaminées par le VIH** à la suite d'une transfusion de produits sanguins ou d'une injection de produits dérivés du sang, quels que soient la procédure suivie par la victime pour obtenir réparation et l'organisme ordonnateur chargé d'indemniser la victime ;

– les indemnités allouées aux personnes contaminées par la **maladie de Creutzfeldt-Jakob** (MCJ) à la suite d'un traitement par hormone de croissance extraite d'hypophyses humaines ;

– les indemnités versées ou dues aux personnes atteintes du variant de la MCJ résultant d'une contamination probable par l'agent de l'encéphalopathie spongiforme bovine (ESB) ;

– les indemnités versées ou dues aux personnes atteintes d'une pathologie liée à une exposition à l'**amiante** ;

– les **pensions militaires d'invalidité** et des victimes de la guerre, versées par l'État à titre de dédommagement, en réparation de dommages corporels par suite d'événements de guerre ou d'accidents éprouvés par le fait ou à l'occasion du service. Sont notamment concernées, les sommes allouées aux ayants droit des victimes de **persécutions antisémites,** dès lors qu'elles revêtent un caractère indemnitaire (BOI précité n° 213).

47045 La créance d'indemnisation, les arrérages de rentes échus mais non encore versés au décès ou la valeur des biens acquis par la victime avec le montant de l'indemnité sont portés à l'actif de la succession dans les conditions de droit commun.

La **déduction de l'actif successoral** est limitée au montant nominal de l'indemnité ou de la rente versée ou due, à l'exclusion d'une actualisation ou d'une revalorisation (CGI art. 775 bis). La **déclaration de succession** de la victime doit donc comprendre tous les biens du défunt au jour de son décès, y compris la créance d'indemnités quand celles-ci ont été demandées, mais pas encore versées. Si le montant de l'indemnisation n'a pas été fixé avant le dépôt de la déclaration de succession ou est modifié par la suite, une déclaration de succession complémentaire ou rectificative doit être déposée.

Le **forfait mobilier** prévu à l'article 764 du CGI (n° 48090) doit, le cas échéant, se calculer sur l'actif brut de succession, sous déduction des sommes dues ou versées au titre des indemnités en cause.

EXEMPLES

1. M. Lenoir a perçu 100 000 € d'indemnités ouvrant droit à l'exonération de l'article 775 bis du CGI. À son décès, la succession est composée des actifs suivants : un compte bancaire pour 10 000 € et un appartement acquis avec l'indemnité perçue valant 250 000 € au décès.

Actif brut de succession :
– biens existant au décès : 260 000 €
– forfait mobilier : 5 % × (260 000 € – 100 000 €) = 8 000 €
– total : 268 000 € (260 000 + 8 000)

Passif de succession :
– valeur nominale des indemnités perçues : 100 000 €

Actif net servant d'assiette aux droits de succession :

268 000 € – 100 000 € = 168 000 €.

2. M. Rougon décède sans avoir perçu l'indemnité proposée en réparation de son préjudice corporel qui s'élève à 150 000 €. Les biens existants au décès sont un compte bancaire pour 1 000 € et un portefeuille-titres pour 15 000 €.

Actif brut de succession :
– biens existants au décès : 16 000 €
– créance sur le fonds : 150 000 €
– forfait mobilier : 5 % × (166 000 € – 150 000 €) = 800 €
– total : 166 800 € (16 000 + 150 000 + 800)

Passif de succession :
– indemnités dues par le fonds : 150 000 €

Actif net servant d'assiette aux droits de succession :

166 800 € – 150 000 € = 16 800 €.

I. Espaces naturels protégés

Les **propriétés non bâties** autres qu'en nature de bois et forêt incluses dans certains espaces naturels protégés (sites Natura 2000, zones centrales des parcs nationaux, réserves naturelles, sites classés et espaces naturels remarquables du littoral) sont exonérées de droits de succession ou de donation à concurrence des **trois quarts** de leur montant, à la double **condition** (CGI art. 793, 2-7°) : 47095
– que soit produit avec la déclaration de succession ou l'acte de donation un certificat du directeur départemental des territoires (ou du directeur départemental des territoires et de la mer dans les départements du littoral) attestant que les propriétés concernées font l'objet d'un engagement de gestion conforme aux objectifs de conservation de ces espaces ;
– que les héritiers ou légataires (ou donataires) prennent, pour eux et leurs ayants cause, l'engagement d'appliquer pendant 18 ans aux espaces naturels concernés des garanties de gestion conformes aux objectifs de conservation de ces espaces.
Cette exonération ne peut pas être cumulée avec une autre exonération de droits de mutation à titre gratuit.

La **rupture de l'engagement** entraîne (partiellement, en cas de rupture partielle) l'exigibilité du complément de droits, ainsi qu'un droit supplémentaire égal à 30 % du complément de droits si le manquement est constaté avant l'expiration de la 10e année suivant la transmission, et à 20 % dans le cas contraire (CGI art. 1840 G, II et III). 47100
Le complément de droits est assorti de l'intérêt de retard au taux de droit commun de 0,20 % par mois pour les cinq premières annuités. Pour les années suivantes, le taux de l'intérêt de retard est réduit d'un cinquième ou d'un quart selon que le manquement est constaté avant ou après l'expiration de la 10e année suivant la transmission (CGI art. 1727, IV-7).

En cas de **transmission des biens à l'État,** aux **collectivités territoriales** ou organismes mentionnés à l'article 1042 du CGI (**établissements publics fonciers,** notamment) ou à des établissements ou des sociétés en vue de la réalisation d'équipements d'intérêt public, l'exonération est définitivement acquise, à concurrence d'une fraction de la valeur des biens exonérée, déterminée par le rapport entre la superficie des biens transmis et la superficie totale des biens soumis à l'engagement. La même règle s'applique aux mutations de jouissance ou de propriété au profit d'établissements ou de sociétés, en vue de la réalisation d'équipements, aménagements ou constructions d'intérêt public, qui pourraient donner lieu à l'établissement d'une servitude d'utilité publique au titre de ladite mutation (CGI art. 793, 2-7°).

J. Successions des victimes de guerre ou d'actes de terrorisme, des sapeurs-pompiers, policiers, gendarmes et agents des douanes et des personnes attributaires de la mention « Mort pour le service de la République »

PRINCIPES

47150 Sont exonérées des droits de mutation par décès (CGI art. 796) :
– d'une part, les successions des **victimes** de **guerre** ou d'actes de **terrorisme** et celles des **militaires** décédés dans le cadre d'opérations extérieures (« Opex ») ou d'opérations de sécurité intérieure ;
– d'autre part, les successions des **sapeurs-pompiers** décédés en opérations de secours et des **policiers, gendarmes** et **agents des douanes** décédés dans l'accomplissement de leur mission ou des suites de leurs blessures, lorsqu'ils sont cités à l'ordre de la Nation ;
– enfin, les successions des personnes attributaires de la mention « **Mort pour le service de la République** ».

1. SUCCESSIONS CONCERNÉES

SUCCESSION DES VICTIMES DE GUERRE ET DES MILITAIRES DÉCÉDÉS LORS DE CERTAINES OPÉRATIONS

47155 L'exonération prévue en faveur des héritiers ou légataires des victimes de guerre concerne les successions (CGI art. 796, I-1° à 6°) :

1. des **militaires** des armées françaises et alliées **morts sous les drapeaux** pendant la durée de la guerre ;

2. des **militaires** qui, soit sous les drapeaux, soit après renvoi dans leurs foyers, sont morts, dans les **trois années** à compter de la cessation des hostilités, de blessures reçues ou de maladies contractées pendant la guerre ;

3. des **militaires** décédés lors de leur participation à une opération mentionnée aux 2° ou 3° de l'article L 4138-3-1 du Code de la défense ou, dans les **trois années** suivant la fin de celles-ci, des blessures reçues ou des maladies contractées pendant ces opérations (voir Précisions, a. ci-dessous) ;

4. des **militaires** décédés dans l'accomplissement de leur mission ou des blessures reçues dans les mêmes circonstances, attributaires de la mention « Mort pour la France » ou de la mention « Mort pour le service de la Nation » ;

5. de **toute personne** ayant la nationalité française ou celle d'un pays allié dont le décès a été provoqué, soit au cours des hostilités, soit dans les trois années à compter de la cessation des hostilités, par **faits de guerre** suivant la définition qui en est donnée pour les réparations à accorder aux victimes civiles de la guerre ;

6. des personnes **décédées en captivité** ou des conséquences immédiates et directes de leur captivité dans le délai de trois ans à compter de la cessation des hostilités, après avoir été internées pour faits de résistance ;

7. des personnes décédées au cours de leur **déportation** ou des conséquences immédiates et directes de leur déportation dans le délai de trois ans à compter de la cessation des hostilités ;

8. des militaires et civils décédés en **Afrique du Nord,** victimes d'opérations militaires ou d'attentats terroristes.

> Précisions a. La succession d'un soldat décédé de **mort naturelle** en ex-Yougoslavie n'est pas susceptible de bénéficier de l'exonération prévue à l'article 796, I-1° du CGI dès lors que sa mort est sans lien avec les opérations menées dans ce pays (Rép. Fraysse : AN 25-12-1995 n° 29996 non reprise au Bofip, mais qui semble conserver sa pertinence). Il en est de même de la succession d'un soldat décédé au cours de manœuvres pendant son **service national** légal (BOI-ENR-DMTG-10-20-10 n° 100).

b. L'exonération prévue en faveur des successions des victimes de guerre ne saurait être étendue aux successions de leurs **conjoints** (Rép. Sarkozy : AN 15-7-1991 n° 42939 non reprise au Bofip, mais qui semble conserver sa pertinence).

SUCCESSION DES VICTIMES D'ACTES DE TERRORISME

Sont exonérées de droit de mutation par décès les successions des **personnes décédées** du fait d'actes de terrorisme ou des conséquences directes de ces actes **dans un délai de trois ans** à compter de leur réalisation (CGI art. 796, I-7°). 47160

Les personnes concernées sont les victimes d'actes de terrorisme commis sur le territoire national et les personnes de nationalité française victimes à l'étranger d'un acte de terrorisme (BOI-ENR-DMTG-10-20-10 n° 110).

SUCCESSION DES SAPEURS-POMPIERS

Les successions des sapeurs-pompiers **professionnels** ou **volontaires** décédés en opération de secours, ou décédés en raison de blessures reçues lors de leur participation à ces opérations, et cités à ce titre à l'ordre de la Nation sont exonérées de droit de mutation par décès (CGI art. 796, I-8°). 47165

SUCCESSION DES POLICIERS, GENDARMES ET AGENTS DES DOUANES

Sont également exonérées les successions des gendarmes, policiers et agents des douanes décédés dans l'**accomplissement de leur mission** ou décédés en raison de blessures reçues dans l'accomplissement de leur mission et, à ce titre, cités à l'ordre de la Nation (CGI art. 796, I-9° et 10°). 47170

L'exonération n'est pas applicable, en revanche, aux ayants droit d'une personne décédée des suites d'une agression avec violence, survenue lors du braquage d'un commerce (Rép. Voisin : AN 3-3-2009 n° 19793 non reprise au Bofip, mais qui semble conserver sa pertinence).

SUCCESSION DES PERSONNES ATTRIBUTAIRES DE LA MENTION « MORT POUR LE SERVICE DE LA RÉPUBLIQUE »

Les successions des personnes attributaires de la mention « Mort pour le service de la République » sont exonérées de droits de mutation (CGI art. 796, 11°). 47175

La mention « Mort pour le service de la République » est portée, par décision du Premier ministre, **sur l'acte de décès.** Peut être attributaire de cette mention le militaire, l'agent de police nationale, l'agent de police municipale, l'agent des douanes, l'agent de l'administration pénitentiaire, le sapeur-pompier ou le marin-pompier, la personne assurant ou concourant à l'accomplissement de certaines missions de sécurité civile, qui est décédé à compter du 21 mars 2016 du fait de l'accomplissement de ses fonctions dans des circonstances exceptionnelles.

Lorsque des **évènements exceptionnels** le justifient, il peut également s'agir de personnes appartenant à d'autres catégories désignées par décret. Ainsi, la mention « Mort pour le service de la République » peut être portée sur l'acte de décès des professionnels de santé, des agences régionales de santé et des établissements et services médico-sociaux en cas de décès, survenu entre le 1er janvier 2020 et le 31 juillet 2022, imputable au Covid-19 contracté dans l'exercice de leurs fonctions (Décret 2022-425 du 25-3-2022 art. 1).

2. CONDITIONS ET PORTÉE DE L'EXONÉRATION

L'exonération de droits de mutation par décès ne dispense pas de souscrire la **déclaration de succession** qui doit être déposée dans les délais de droit commun. Toutefois, les héritiers ou légataires des victimes d'acte de terrorisme sont dispensés de cette obligation (voir n° 51205, Précisions). 47200

Les **justificatifs** à fournir sont :

– pour les successions de victimes de guerre : un certificat de l'autorité militaire ou de l'autorité civile compétente établissant, selon les cas, la cause ou les circonstances du décès ;

– pour les militaires décédés lors de leur participation à une opération extérieure ou intérieure visée n° 47155, un certificat de l'autorité militaire constatant que la mort a été causée par une blessure reçue ou une maladie contractée pendant cette opération ;

– pour les militaires ou autres personnes décédés dans l'accomplissement de leur mission ou des blessures reçues dans les mêmes circonstances, attributaires de la mention

« Mort pour la France », « Mort pour le service de la Nation » ou « Mort pour le service de la République », une copie de l'acte de décès portant cette mention.

Pour les **successions** de victimes d'actes de terrorisme **dispensées** du dépôt **de déclaration** de succession, les héritiers ou légataires doivent être en mesure de produire, à la demande du service, une copie de l'offre d'indemnisation faite aux ayants droit des victimes par le Fonds de garantie visé à l'article L 422-1 du Code des assurances (BOI-ENR-DMTG-10-20-10 n° 140).

Par ailleurs, s'agissant des **successions des sapeurs-pompiers, gendarmes, policiers et agents des douanes,** les héritiers doivent être en mesure d'établir sur demande de l'administration les circonstances du décès, ou le lien entre les blessures reçues dans les circonstances mentionnées aux 8° à 10° de l'article 796, I du CGI et le décès, par une attestation des autorités compétentes ou, à défaut, par tout autre élément de preuve compatible avec la procédure écrite.

47205 L'exonération de droits de mutation par décès bénéficie à l'**ensemble des héritiers ou légataires** quel que soit leur lien de parenté avec le défunt.

L'exonération s'applique, dans tous les cas, **sans limite** de montant (BOI-ENR-DMTG-10-20-10 n° 150).

K. Autres biens exonérés

47255 Sont également exonérés (**liste non exhaustive**) :

– dans une certaine limite, les **assurances en cas de décès** contractées par le défunt au profit de bénéficiaires déterminés : voir n°s 44870 s. ;

– les successions des **personnes dispensées** du dépôt **de la déclaration de succession** : voir n° 51205 ;

– le **droit de retour légal** des père et mère sur les biens donnés à leur enfant décédé sans postérité (n°s 25262 s.), de même que le droit de retour conventionnel (n°s 6610 s.) ;

– la **renonciation anticipée à l'action en réduction** prévue à l'article 929 du Code civil (CGI art. 756 bis ; n° 33870) ;

– les dons et legs consentis à l'**État,** aux collectivités territoriales, aux **établissements publics de recherche, d'enseignement, d'assistance et de bienfaisance** ainsi qu'aux établissements publics fonciers de l'État (CGI art. 1040, I) Sont notamment concernés les établissements publics de recherche et les établissements publics à caractère scientifique et technologique, les établissements publics d'enseignement supérieur et de recherche, les établissements publics à caractère administratif d'enseignement supérieur, placés sous la tutelle du ministre chargé de l'enseignement supérieur (seul ou conjointement avec le ministre chargé de l'agriculture) ou les établissements d'enseignement du second degré ou d'éducation spéciale qui relèvent de l'État, etc. (BOI-ENR-DMTOI-10-80-10 n° 30) ;

– les dons et legs consentis aux **organismes reconnus d'utilité publique,** dont les ressources sont affectées à des **œuvres d'assistance et de bienfaisance,** à la **défense de l'environnement** naturel ou à la **protection des animaux** ainsi qu'à ceux consentis aux **associations simplement déclarées** qui poursuivent un **but exclusif d'assistance et de bienfaisance** (CGI art. 795, 4°) ;

– les dons et legs consentis aux **établissements publics ou d'utilité publique** répondant aux conditions prévues pour le bénéfice de la réduction d'impôt sur le revenu prévue en faveur des donateurs (CGI art. 795, 2°) ainsi qu'aux **fonds de dotation** répondant aux mêmes conditions (CGI art. 795, 14°). Cette mesure concerne tous les établissements exerçant une activité d'intérêt général à caractère philanthropique, éducatif, scientifique, social, humanitaire, sportif, familial, culturel ou concourant à la mise en valeur du patrimoine artistique, à la défense de l'environnement naturel ou à la diffusion de la culture, de la langue et des connaissances scientifiques françaises ou menant des actions en faveur du pluralisme de la presse ;

– les dons et legs d'immeubles consentis au **Conservatoire de l'espace littoral** et des rivages lacustres (CGI art. 795, 12°) ;

– les dons et legs faits aux **fondations universitaires,** aux fondations **partenariales** et aux **établissements d'enseignement supérieur** reconnus d'utilité publique (CGI art. 795, 5°) ;

– les **réversions de rentes viagères** entre parents en ligne directe (CGI art. 793, 1-5°) ;

– les **œuvres d'art,** livres, objets de collection ou documents de haute valeur artistique ou historique dont il est fait don à l'État avec son agrément (CGI art. 1131) ;

– les dons et legs à **divers organismes publics** : régions, départements, communes, leurs établissements publics et les établissements publics hospitaliers (CGI art. 794) ; **47255** (suite)
– les dons et legs consentis aux **organismes HLM,** office national des anciens combattants et victimes de guerre, etc. (CGI art. 795, 7° et 9°) ;
– la transmission par décès du bénéfice du **contrat de travail à salaire différé** en agriculture, dont la dévolution est régie par l'article L 321-14 du Code rural et de la pêche maritime (CGI art. 793, 1-6°).

Sur l'exonération dont bénéficient le **conjoint,** le **partenaire de Pacs** et, sous certaines conditions, les **frères et sœurs** du défunt, voir nos 49200 s.

En ce qui concerne les **immeubles situés en Corse,** voir n° 46685.

Le **projet de loi de finances pour 2024** prévoit une exonération de droits de succession en cas de transmission de biens ayant fait l'objet d'une spoliation dans le contexte des persécutions antisémites perpétrées entre le 30 janvier 1933 et le 8 mai 1945 (Projet de loi de finances pour 2024 sur lequel le Gouvernement a engagé sa responsabilité le 17-10-2023 art. 3 undecies).

> **Précisions** L'Ehpad qui reçoit un legs ne bénéficie pas de l'exonération prévue au profit des organismes poursuivant un **but exclusif d'assistance et de bienveillance** si une partie des pensionnaires accueillis ne relève pas de l'aide sociale, le but exclusif de bienveillance n'étant pas rempli (CA Rennes 14-9-2021 n° 19/00735 : BPAT 6/21 inf. 267). Les Ehpad susceptibles de bénéficier de l'exonération prévue à l'article 795, 4° du CGI doivent être **reconnus d'utilité publique** et affecter intégralement le don ou le legs reçu au secours de personnes se trouvant en situation de détresse et de misère ou, à défaut de reconnaissance d'utilité publique, accueillir exclusivement de telles personnes (Rép. El Haïry : AN 9-4-2021 n° 8961).

CHAPITRE 2

DÉTERMINATION DE L'ACTIF NET TAXABLE

SOMMAIRE

SECTION 1

ÉVALUATION DES BIENS

A. Principe d'évaluation de l'actif successoral à la valeur vénale

NOTION DE VALEUR VÉNALE

L'évaluation des biens est effectuée **par les héritiers ou légataires** dans la déclaration de succession et soumise au contrôle de l'administration. **47800**

En principe, les biens transmis sont évalués à leur valeur vénale réelle **au jour du décès,** qui constitue le fait générateur de l'impôt. Il en est ainsi même s'ils sont cédés ultérieurement à une valeur moindre (notamment, Cass. com. 6-12-2016 n° 16-20.125 : RJF 3/17 n° 279 ; CA Aix-en-Provence 10-5-2022 n° 19/06788 : Sol. Not. 17/22 inf. 10)

Par exception à la règle d'évaluation à la valeur vénale, il existe pour certains biens des **bases légales** d'évaluation qui s'imposent aux déclarants (n°s 48010 s.).

La valeur vénale, qui n'est pas définie par la loi, est une valeur de marché. Elle correspond au prix que le **jeu normal de l'offre et de la demande** permettrait au propriétaire de retirer de la vente d'un bien déterminé, à un moment déterminé, compte tenu des données du marché, des particularités physiques, juridiques et économiques de ce bien, abstraction faite de toute valeur de convenance. En tant que valeur de marché, elle exprime le prix qui serait stipulé dans une transaction se déroulant dans des conditions idéales. **47805**

La définition ainsi retenue participe d'une **conception objective** de la valeur vénale (valeur d'échange) et non d'une conception **subjective** (valeur de convenance ou d'utilisation). Pour appréhender la valeur vénale réelle d'un bien, il convient donc de se placer du point de vue d'un acheteur quelconque et non d'une personne déterminée (propriétaire d'une parcelle contiguë, locataire en place, etc.) qui, pour des raisons de convenance personnelle, pourrait être disposée à payer un prix plus élevé que tout autre acquéreur. Autrement dit, seuls sont à prendre en compte, pour l'estimation d'un bien, les **éléments réels d'appréciation** – qu'il s'agisse de facteurs d'ordre socio-économique, physique ou juridique – abstraction faite de circonstances propres à la situation personnelle des parties.

C'est ainsi, par exemple, que la valeur vénale d'un bien immobilier se trouve diminuée par l'**existence d'un bail** même lorsque le bail prend fin du fait de l'acquisition par le locataire (en ce sens, BOI-ENR-DMTG-10-40-10-10 n° 30 et BOI-ENR-DMTOI-10-10-20-40 n° 1).

1. MÉTHODES D'ÉVALUATION DE L'ACTIF SUCCESSORAL

DÉTERMINATION DE LA VALEUR VÉNALE

47835 La valeur vénale d'un bien peut être déterminée de différentes façons : la loi n'impose aucune méthode particulière.

Cependant, la jurisprudence et la doctrine administrative considèrent que la valeur vénale des **immeubles** (bâtis ou non bâtis), **fonds de commerce** et biens assimilés doit, sauf cas exceptionnel, obligatoirement être déterminée par **comparaison** avec des cessions en nombre suffisant de biens intrinsèquement similaires, d'autres méthodes d'évaluation (notamment par le revenu ou par réajustement d'une valeur antérieure) pouvant être utilisées à titre de recoupement.

Quant aux **titres de sociétés non cotées** en Bourse pour lesquels la méthode d'estimation par comparaison est rarement utilisable, ils sont généralement évalués par combinaison de différentes méthodes permettant d'apprécier la valeur de l'entreprise (valeur mathématique, valeur de rendement, valeur de productivité, etc.).

Quelles que soient la nature des biens et la méthode utilisée, l'estimation obtenue doit, le cas échéant, être ajustée pour tenir compte de **facteurs susceptibles d'affecter la valeur vénale** du bien transmis.

ÉVALUATION PAR COMPARAISON

47840 L'évaluation par comparaison consiste, pour un bien donné, à se référer aux prix constatés dans des **transactions** concernant un nombre suffisant de **biens similaires** qui constituent ainsi des termes de comparaison. Il s'ensuit, par exemple, qu'un immeuble grevé d'une **réserve d'acquisition** pour cause d'utilité publique doit être évalué par référence à des immeubles également grevés d'une réserve d'acquisition pour cause d'utilité publique (Cass. com. 4-5-1993 n° 91-17.707 P : RJF 7/93 n° 1077). De même, un immeuble en **indivision** doit normalement être évalué par comparaison avec des cessions de droits de même nature (Cass. com. 3-5-2018 n° 16-15.488 F-D : RJF 10/18 n° 1027) (voir toutefois n° 47850 les solutions admises en l'absence de termes de références).

47845 Les **transactions** servant de termes de référence doivent normalement être intervenues **avant le fait générateur** de l'impôt, c'est-à-dire avant le décès (ou avant la donation, s'agissant d'une donation) et porter sur **des biens similaires** en fait et en droit à celui détenu par le défunt (ou le donateur).

En principe, les transactions intervenues **après le fait générateur** de l'impôt ne sont pas prises en compte (en ce sens, notamment, Cass. com. 18-12-2007 n° 06-18.879 F-D : RJF 4/08 n° 518 ; Cass. com. 6-12-2016 n° 15-20.125 F-D : RJF 3/17 n° 279). Dans une espèce où il n'y avait aucun élément de comparaison antérieur ou concomitant au décès, la Cour de cassation a toutefois admis qu'une cour d'appel prenne en considération une transaction postérieure au décès de quelques mois (Cass. com. 16-4-2013 n° 12-16.266 F-D : RJF 8-9/13 n° 879, Sol. Not. 6/13 inf. 157, solution rendue à propos d'une maison bourgeoise « qui se démarquait de l'habitat local »).

Une cour d'appel a réaffirmé le caractère prioritaire de l'évaluation par comparaison avec des cessions intervenues **avant le décès** sur des biens intrinsèquement similaires, sans qu'y fasse obstacle une disparité importante des années de construction, s'étalant de 1929 à 1984. L'évaluation établie par un architecte pas plus que le prix de vente de l'immeuble cédé deux ans après le décès ne sont de nature à remettre en cause la valorisation de l'administration (CA Colmar 6-10-2022 n° 20/02301 : BPAT 6/22 inf. 306-2 ; dans le même sens CA Montpellier 17-1-2023 n° 21/00719 : BPAT 2/23 inf. 107-7).

ATTENTION

Plusieurs décisions de juges du fond ont paru s'affranchir de cette contrainte d'évaluer par comparaison avec des **cessions intervenues avant le décès** mais doivent, à notre avis, être retenues avec circonspection en attendant d'être éventuellement confirmées par la Cour de cassation.

– La cour d'appel de Montpellier a admis la rectification à la baisse de la valeur d'un immeuble portée dans une déclaration de succession en se fondant sur le prix retiré de la cession de cet immeuble **six mois après le décès,** sans que cette solution paraisse dictée par l'absence d'éléments de comparaison pertinents antérieurs au décès (CA Montpellier 16-9-2022 n° 17/04953 : RJF 1/23 n° 69).

– La cour d'appel de Paris, confrontée à la difficulté d'évaluer un château classé monument historique, présentant des caractéristiques tout à fait exceptionnelles, a approuvé l'administration fiscale d'avoir écarté la méthode par comparaison, faute de termes de référence pertinents, et d'avoir retenu les deux seuls éléments disponibles, à savoir : le prix estimé par le contribuable lui-même dans un mandat de vente contemporain du fait générateur de l'impôt et le prix effectivement retiré de la cession du bien intervenue près de **six mois après le fait générateur** (CA Paris 5-12-2022 n° 21/03150 : BPAT 1/23 inf. 45, solution rendue en matière d'ISF mais transposable aux droits de mutation à titre gratuit).

La Cour de cassation a également accepté qu'il soit dérogé à l'obligation de recourir à des éléments de comparaison tirés de la cession de **biens** ou droits **intrinsèquement similaires** en l'absence de telles cessions. Elle a ainsi jugé que l'administration peut évaluer la **valeur de droits indivis** par comparaison avec des cessions portant sur des immeubles entiers détenus en indivision lorsqu'elle se trouve dans l'**impossibilité** de réunir des éléments issus de cessions de droits indivis ne portant pas sur la totalité de l'immeuble. Encore faut-il que ces cessions de référence portent sur des biens immobiliers présentant des caractéristiques de construction et d'emplacement similaires à celles du bien sur lequel portent les droits à évaluer (Cass. com. 16-2-2016 n° 14-23.301 F-D : RJF 6/16 n° 575). **47850**

De même, la stipulation d'une **clause de réméré** (ou faculté de rachat) a été regardée comme une circonstance exceptionnelle justifiant une dérogation au principe de comparaison avec des ventes de biens intrinsèquement similaires en fait et en droit (Cass. com. 20-11-2007 n° 06-13.055 F-PB : RJF 3/08 n° 368).

AUTRES MÉTHODES D'ÉVALUATION

Si la méthode par comparaison est inapplicable, faute de transactions portant sur des biens similaires, d'autres méthodes peuvent être utilisées pour évaluer le bien. L'utilisation de ces autres méthodes ne peut toutefois intervenir qu'**à titre subsidiaire** (en ce sens, par exemple, Cass. com. 7-7-2009 n° 08-14.855 F-D : RJF 12/09 n° 1173, BPAT 6/09 inf. 240 ; CA Reims 12-3-2013 n° 11/01583 : Sol. Not. 5/13 inf. 136 ; Cass. com. 8-3-2016 n° 14-26.629 F-D : RJF 6/16 n° 573). **47855**

Nous présentons ci-après les principales méthodes d'évaluation susceptibles d'être utilisées en matière fiscale, outre la méthode par comparaison. Pour une étude approfondie de ces méthodes et, plus généralement, de l'ensemble des techniques d'évaluation, on pourra se reporter à notre Dossier pratique Évaluation (Dossier pratique Évaluation, 10e édition, à jour au 1er octobre 2021).

Évaluation par le revenu La méthode d'évaluation par le revenu est souvent employée pour les **immeubles de rapport.** Elle conduit à prendre en considération le prix du loyer auquel on applique un taux de capitalisation approprié (par exemple, pour un loyer annuel de 30 000 € et un taux de capitalisation de 6 %, la valeur vénale est égale à : 30 000 € × 100/6 = 500 000 €). Selon l'administration, l'évaluation par le revenu ne peut être utilisée que si les trois conditions suivantes sont réunies : l'ensemble de l'immeuble doit être productif de revenus, ces revenus doivent présenter un caractère normal eu égard au marché local et le taux de capitalisation retenu doit ressortir nettement de l'analyse du marché locatif (Rép. Frédéric-Dupont : AN 16-9-1991 n° 43510 non reprise au Bofip, mais qui semble conserver sa pertinence). **47860**

ILLUSTRATIONS

La valeur d'un **terrain exploité en carrière** peut être déterminée par application de la méthode d'évaluation par le revenu et d'un abattement afin de tenir compte notamment de la spécificité de l'activité et des aléas de nature à affecter l'exploitation. En l'espèce, les propriétaires indivis d'un terrain de 176 hectares avaient concédé à une société le droit de l'exploiter en carrière et percevaient, à ce titre, une redevance annuelle forfaitaire de foretage de 49 546 € l'hectare ainsi qu'une indemnité d'occupation de 2 696 € l'hectare. Les juges du fond valident la méthode d'évaluation par capitalisation des redevances forfaitaires de foretage appliquée par l'administration fiscale, la méthode par comparaison étant inapplicable à défaut de biens similaires dans le même secteur géographique (CA Versailles 20-9-2022 n° 21/01281 : RJF 1/23 n° 70).

Évaluation par réajustement d'une valeur antérieure La méthode d'évaluation par réajustement d'une valeur antérieure consiste à appliquer au prix (ou à la valeur) pratiqué à l'occasion d'une **mutation antérieure** d'un bien donné un coefficient destiné à représenter l'évolution du marché des biens de même nature depuis la date de cette mutation. Son emploi nécessite donc une bonne connaissance du marché immobilier et de son évolution au niveau local pour apprécier à la fois la sincérité du prix ou de la valeur antérieurement **47865**

déclarée et le coefficient de réajustement à retenir. C'est pourquoi l'utilisation de cette méthode n'est préconisée qu'à défaut de termes de comparaison suffisamment nombreux et probants (Rép. Remiller : AN 17-2-2009 n° 35028 non reprise au Bofip, mais qui semble conserver sa pertinence).

47870 **Évaluation par application de barèmes professionnels** Pour les **fonds de commerce et biens assimilés,** il est souvent fait application – en complément de la méthode par comparaison lorsque celle-ci est applicable – de barèmes d'évaluation par professions, tels ceux publiés dans notre Dossier pratique Évaluation précité n° 47855. Ces barèmes permettent généralement d'apprécier la valeur d'un fonds à partir du chiffre d'affaires moyen hors taxe des trois dernières années (n° 47955).

L'utilisation de barèmes professionnels gagne à être **combinée avec d'autres méthodes,** comme les méthodes d'évaluation par les bénéfices, ou d'après le loyer du local commercial.

47875 **Évaluation à partir de données comptables** La méthode d'évaluation comptable est généralement utilisée pour l'évaluation des **titres de sociétés non cotées** en Bourse. L'élément essentiel est constitué par la **valeur mathématique** ou valeur intrinsèque du titre (valeur de l'actif actualisée au jour de la mutation, diminuée du passif et divisée par le nombre de titres). Mais pour les sociétés importantes, la valeur mathématique se combine fréquemment avec la **valeur de rendement** du titre **ou** la valeur **de productivité** de l'entreprise, d'autres éléments pouvant être également pris en considération (perspectives d'avenir, marché du titre, etc.). Sont également utilisées les méthodes suivantes :

– la valeur tirée de la marge brute d'autofinancement ou **« cash-flow »** qui tient compte de la capacité de l'entreprise à réaliser son autofinancement ;

– la **survaleur ou « goodwill »** fondée sur le supplément de valeur de l'entreprise dû à sa réputation, sa position sur le marché, etc.

Ces méthodes, d'application délicate, sont généralement l'apanage des experts professionnels.

FACTEURS SUSCEPTIBLES D'INFLUENCER LA VALEUR VÉNALE

47880 Les facteurs susceptibles d'influer sur la valeur vénale sont parfois **spécifiques à certains biens** (par exemple, pour un immeuble, sa situation géographique ou son occupation par un locataire). Ils seront exposés ci-après.

D'autres facteurs influent sur la valeur vénale, quel que soit le type de bien considéré. C'est le cas, notamment, lorsqu'un bien est détenu en **indivision.** La valeur vénale de droits indivis est spécifique et ne correspond pas à la fraction de la valeur totale du bien correspondant aux droits indivis. En pratique, faute de transactions portant sur des droits indivis affectant un bien similaire à celui qui est transmis, le bien est évalué comme s'il n'était pas en indivision et sa valeur est ensuite diminuée par l'application d'une **décote,** laquelle est répercutée sur la quote-part de droits transmis (pour une illustration, Cass. com. 3-5-2018 n° 16-15.488 F-D : RJF 10/18 n° 1027).

L'état d'indivision d'un immeuble peut justifier l'application d'une décote sur la valeur vénale de la pleine propriété sous réserve que l'indivision affecte celle-ci. Tel n'est pas le cas lorsqu'une mère donne à son fils, déjà propriétaire de la moitié d'un immeuble, la nue-propriété de l'autre moitié dès lors qu'il s'agit d'une indivision simple entre une mère et son fils unique et ne présentant aucune difficulté de gestion (Cass. com. 30-9-2020 n° 18-15.748 F-D : RJF 1/21 n° 93).

ATTENTION

Si une décote est possible lorsque la transmission porte sur des droits indivis, il n'en va pas de même lorsque la **transmission** porte sur l'**entière propriété du bien,** lequel est recueilli en indivision par les héritiers. L'état d'indivision dans lequel se trouvent les héritiers sur la pleine propriété du bien reçu par succession n'affecte pas la valeur de ce bien au jour de sa transmission (Cass. com. 20-3-2007 n° 05-17.139 F-D : RJF 7/07 n° 855). L'administration applique la même règle pour le calcul des droits de donation (BOI-ENR-DMTG-20-30-10 n° 90).

47885 Parmi les autres facteurs de dépréciation pris en compte pour l'évaluation du bien, on peut citer la **clause de réméré,** qui permet au vendeur d'un bien de le racheter en restituant à l'acquéreur le prix et les frais de la vente. Jugé que le bien peut être évalué avec une décote de 10 % par rapport à la valeur de biens comparables mais non affectés d'une telle clause (Cass. com. 20-11-2007 n° 06-13.055 F-PB : RJF 3/08 n° 368, décision rendue en matière de droits de mutation à titre onéreux, mais transposable aux droits de mutation à titre gratuit).

Bien qu'ils affectent sa valeur vénale, ni la **clause d'inaliénabilité** du bien donné ou légué (n° 2220) ni le **démembrement de la propriété** du bien (nos 48230 s.) n'autorisent une décote pour la liquidation des droits de mutation à titre gratuit.

2. APPLICATIONS PRATIQUES

ÉVALUATION DES IMMEUBLES

Hormis quelques hypothèses où s'appliquent des bases légales d'évaluation (nos 48010 s.), les immeubles doivent être évalués selon la méthode d'**estimation par comparaison.** La comparaison peut être faite « en bloc » en retenant le prix global constaté sur le marché pour un immeuble identique. Le plus souvent, elle est opérée à partir de prix moyens unitaires : prix à l'hectare (terrains agricoles), au mètre carré (terrains à bâtir), au mètre carré de superficie bâtie, etc. **47910**

Pour dégager des termes de comparaison : **47915**
– la **période** à prendre en compte dépend du marché, de son évolution, du nombre de mutations et de la diversité des biens. Plus le marché est actif, plus la période doit être courte (un semestre). Moins il est actif et plus elle sera longue (deux ou trois ans). Mais attention, en principe (no 47845) les termes de comparaison retenus ne doivent pas être postérieurs au fait générateur de l'impôt, soit la date du décès pour les droits de succession (la date de la donation pour les droits de donation) ;
– la **zone géographique** de référence est fonction de la rareté relative du bien. L'évaluation d'un immeuble exceptionnel, par exemple, justifie d'élargir la comparaison au marché régional ou national ;
– l'**environnement économique** et le **contexte juridique** ne doivent pas être négligés : évolution prévisible des loyers, réglementation existante, réforme en cours, etc. ;
– tous les **types de ventes** doivent être retenus, qu'il s'agisse de cessions de gré à gré, d'adjudications, d'acquisitions publiques, etc.

Pour faciliter l'évaluation par comparaison (y compris en cas de procédure de contrôle), les redevables des droits de mutation ont accès à un logiciel d'**évaluation en ligne** proposé par l'administration fiscale (LPF art. L 107 B, R 107 B-1 et R 107 B-2). Ce service, dénommé « **Patrim** », accessible depuis le site impots.gouv.fr, permet aux particuliers d'obtenir des informations détenues par l'administration sur les transactions réalisées sur des biens immobiliers comparables aux leurs. L'accès au logiciel est gratuit. Le logiciel d'évaluation prend en compte une centaine de critères, variables selon la nature des biens (par exemple, pour un appartement : l'adresse, l'étage, l'année de construction, les matériaux utilisés, la surface, la présence d'un ascenseur, ainsi que les caractéristiques de la mutation (date et références de publication au fichier immobilier, prix total et ratios prix/ surface et prix/ nombre de dépendances, etc.). Le contribuable est libre de retenir ou non l'évaluation proposée. À cet égard, le fait d'évaluer l'immeuble au montant calculé par le logiciel en fonction des critères servis ne met pas à l'abri d'un redressement ultérieur pour insuffisance d'évaluation. **47920**

ATTENTION

L'accès au logiciel est subordonné à l'**identification du contribuable** (authentification identique à celle demandée pour la déclaration de revenus en ligne) et à l'acceptation par lui de l'enregistrement de sa consultation, ce qui fait craindre à certains que l'administration utilise le service Patrim Usagers pour motiver des rehaussements... assortis de pénalités pour mauvaise foi.

Le service Patrim Usagers présentant quelques restrictions et ayant une finalité purement fiscale (voir no 47920), les contribuables peuvent accéder aux informations que l'administration fiscale détient sur les valeurs foncières déclarées lors des mutations immobilières (LPF art. L 112 A). Le service « **Demande de valeurs foncières** » (DVF) est accessible gratuitement à l'adresse app.dvf.etalab.gouv.fr. La transmission s'effectue dans le cadre d'une procédure électronique, sans identification ou justification préalable. Les informations mises à disposition portent sur les valeurs foncières déclarées à l'occasion des mutations à titre onéreux intervenues au cours des cinq années précédentes. Elles font l'objet d'une mise à jour semestrielle, en avril et en octobre. Les éléments communiqués sont la date et la nature de la mutation, le prix du bien, son adresse (voie et commune), ses références cadastrales et sa superficie. Sont également communiqués, dès lors qu'ils ont été déclarés à l'administration, la surface Carrez du bien, sa surface réelle, le type de local, le nombre de pièces principales, la surface du terrain, et la nature de culture pour les terrains non bâtis (LPF art. R 112 A-1 à R 112 A-3). Les informations sont mises à jour tous les six mois et sont disponibles sous forme d'un fichier électronique librement téléchargeable. Ce service ne couvre pas les ventes des biens situés en Alsace-Moselle et à Mayotte. **47925**

ATTENTION

S'ils constituent un réel progrès dans le partage des informations entre l'administration et les contribuables, les services offerts par les téléservices Patrim et DVF présentent néanmoins des **limites.** En effet, des informations importantes en matière d'évaluation comme l'état de l'immeuble, son aménagement, la vue, l'ensoleillement, l'absence de bruit ou de servitudes, l'engagement de travaux... ne sont pas disponibles. L'intervention d'experts professionnels ayant une connaissance approfondie du marché immobilier local demeure donc souhaitable pour les évaluations à fort enjeu.

47930 Le Conseil supérieur du **notariat** (CSN) publie pour sa part, sur le site internet immobilier.statistiques.notaires.fr, des indications précises sur les dernières tendances du marché immobilier ainsi que sur les prix constatés par ville, par quartier et par département pour chaque type de bien.

47935 **À défaut de termes de comparaison** significatifs, d'autres méthodes d'évaluation peuvent être utilisées. Mais en aucun cas la moyenne arithmétique des résultats obtenus en appliquant différentes méthodes, aussi nombreuses soient-elles, ne saurait traduire la valeur vénale réelle d'un immeuble.

Parmi les **autres méthodes** utilisées, on retiendra :

– la méthode d'évaluation **par le revenu** exposée n° 47860, utilisable pour les immeubles donnés en location, et qui conduit à multiplier le loyer annuel par un taux de capitalisation approprié (exemple : pour un loyer annuel de 35 000 € et un taux de capitalisation de 5 %, la valeur vénale est égale à : 35 000 € × 100/5 = 700 000 €). La difficulté est de déterminer le taux de capitalisation. Ce taux dépasse rarement 3 % pour les propriétés agricoles. Pour les immeubles d'habitation, il varie généralement en sens inverse du standing de l'immeuble. À titre tout à fait indicatif, pour les immeubles récents à loyer libre de la région parisienne, une fourchette de taux comprise entre 2,5 et 6 % peut être retenue. À noter que la taxe foncière doit être déduite des revenus fonciers bruts à capitaliser (Cass. com. 20-2-2007 n° 04-16.914 F-D : RJF 6/07 n° 758) ;

– la méthode de l'évaluation **par réajustement d'une valeur antérieure** (n° 47865). En pratique, lorsque le **défunt était redevable de l'impôt sur la fortune immobilière,** l'évaluation retenue pour l'assiette des droits de succession procède souvent par ajustements des valeurs portées dans la dernière déclaration de patrimoine (ajustements liés à l'évolution du marché entre le 1er janvier de l'année et le jour du décès).

47940 Certains immeubles sont affectés par des **facteurs de dépréciation** qui modifient leur évaluation. À défaut de transactions portant sur des immeubles comparables et affectés des mêmes facteurs de dépréciation, ces immeubles sont évalués pour leur valeur vénale hors facteurs de dépréciation et il est pratiqué une **décote** sur cette valeur.

C'est le cas des **immeubles loués** soumis à la réglementation des baux de locaux à usage d'habitation principale. Les contraintes de cette réglementation justifient un abattement (de l'ordre de 20 %) sur la valeur libre de toute occupation. L'abattement est plus important pour les biens qui sont encore loués sous le régime de la loi de 1948, compte tenu du droit au maintien dans les lieux sans limitation de durée dont bénéficie le locataire en fin de bail (pour une illustration, CA Paris 13-12-2011 n° 10/20695 : Sol. Not. 2/12 inf. 36, qui retient une décote de 40 %). Ces taux sont susceptibles d'être modifiés en fonction de l'évolution des loyers.

L'**occupation** de l'immeuble **à titre précaire** peut également permettre une légère décote par rapport à la valeur d'un immeuble libre de toute occupation (pour une illustration, CA Versailles 20-1-2011 n° 09/6555, qui retient une décote de 8 % au titre de l'occupation précaire de l'immeuble par la fille de l'héritière, petite-fille de la défunte).

La circonstance que les **biens de prestige** concernent un marché plus réduit que les biens ordinaires ne s'oppose pas à leur évaluation par la méthode par comparaison mais les termes de référence peuvent être recherchés, le cas échéant, sur une période et sur une zone géographique plus larges. Les contraintes et les nuisances susceptibles d'affecter ce type de biens peuvent justifier l'application d'une décote fixée à 25 % dans le cas particulier d'une villa d'exception de 600 m² au cap d'Antibes dont les propriétaires invoquaient notamment des nuisances dues à la proximité d'un hôtel célèbre générant une fréquentation importante de la partie de la plage située devant leur bien ainsi que des nuisances sonores tardives (CA Aix-en-Provence 18-1-2022 n° 19/01316 : BPAT 2/22 inf. 102 ; décision rendue en matière d'ISF, mais transposable en matière de droits de mutation à titre gratuit).

On peut encore citer comme facteurs de dépréciation (liste non exhaustive) l'**indivision** (n° 47880), l'obligation d'effectuer certains **travaux** (par exemple, le ravalement prescrit par un arrêté municipal) ou le classement en tant que **monument historique.**

ATTENTION

Il importe de ne pas exagérer la décote appliquée jusqu'à **sous-évaluer les immeubles,** en raison des risques encourus.

Sur le plan fiscal, la sous-évaluation fait encourir un risque de rehaussement de **droits de succession** aux héritiers ou légataires (ou de droits de donation au donataire). Elle peut également être pénalisante en cas de revente de l'immeuble, puisque la **plus-value** sera calculée sur la base d'un prix de revient sous-évalué, sauf à déposer – suffisamment longtemps avant la revente – une déclaration de succession rectificative. Une déclaration rectificative souscrite après la promesse de vente ou (pire !) après la vente serait inefficace, l'administration étant en droit de calculer la plus-value sans tenir compte de la valeur rectifiée (pour des illustrations, CAA Bordeaux 20-2-2003 n° 99-237 : RJF 7/03 n° 850, BPAT 4/03 inf. 74 ; CAA Paris 1-2-2012 n° 10PA02417 : Sol. Not. 4/12 inf. 90).

La sous-évaluation peut également se retourner contre l'**héritier** s'il est **exproprié,** car sa déclaration lui sera opposable. Il en est de même lorsque l'administration exerce son droit de préemption pour les biens situés dans certains secteurs et notamment dans les zones où s'exerce le droit de préemption urbain (DPU).

TITRES NON COTÉS

Les titres non cotés doivent être évalués selon la méthode d'estimation **par comparaison.** Il **47945**
en résulte que si une évaluation par comparaison est possible, l'administration fiscale ne peut pas recourir à d'autres méthodes de valorisation. Jugé par exemple que le fisc ne peut pas utiliser une combinaison de méthodes (en l'espèce valeur de rendement, marge brute d'autofinancement et valeur mathématique) pour évaluer des titres d'une société donnés par un père à son fils, lorsque ce fils a, deux mois auparavant, acheté des titres à d'autres associés, aucune collusion sur le prix de vente n'étant soupçonnée. La cour d'appel peut décider que la valeur des actions doit être fixée à partir de cette cession, qui était celle qui se rapprochait le plus possible du prix qu'aurait entraîné le jeu normal de l'offre et de la demande (Cass. com. 7-7-2009 n° 08-14.855 F-D : RJF 12/09 n° 1173, BPAT 6/09 inf. 240, solution rendue en matière de droits de donation).

L'évaluation par comparaison ne peut pas être combinée avec d'autres méthodes. Si elle est pertinente, les prix fixés dans les transactions invoquées sont opposables ; si elle ne l'est pas, il faut recourir aux méthodes subsidiaires (CE 21-10-2016 n° 390421 : RJF 1/17 n° 8 ; solution rendue en matière de plus-values professionnelles, mais transposable aux droits de mutation).

À défaut de termes de comparaison (ce qui est souvent le cas dans les sociétés familiales), **47947**
l'évaluation des titres non cotés résulte généralement de la **combinaison de plusieurs méthodes** d'évaluation (valeur mathématique, de rendement ou de productivité, valeur tirée de la marge brute d'autofinancement, de la survaleur ou « goodwill », etc.). L'évaluation doit prendre en compte la nature des activités exercées, le contexte économique (pour la prise en compte des perspectives d'avenir de la société, Cass. com. 7-12-1993 n° 91-25.795 P : RJF 3/94 n° 356 ; CA Rouen 3-11-2010 n° 09/4743 : RJF 8-9/11 n° 1001, BPAT 1/11 inf. 55, solution rendue en matière d'ISF, mais transposable aux droits de mutation à titre gratuit), le fait que la détention des titres permet ou non l'exercice du pouvoir dans l'entreprise (pour une décote de 15 % à raison du statut d'associé minoritaire, Cass. com. 6-5-2003 n° 01-13.118 F-D : RJF 8-9/03 n° 1056, solution rendue en matière d'ISF, mais transposable aux droits de mutation à titre gratuit) et les clauses légales ou statutaires qui restreignent les possibilités de cession (clauses d'agrément notamment).

Pour évaluer une participation minoritaire dans une **société propriétaire de terrains faisant l'objet d'un bail à construction,** les juges approuvent la méthode retenue par l'administration qui avait valorisé les titres en pondérant les méthodes mathématique et de productivité avant d'appliquer une décote de minorité (CA Paris 7-3-2022 n°s 20/16028 et 20/16078 : BPAT 3/22 inf. 154).

La **valeur de rendement,** qui est souvent combinée avec la valeur mathématique, s'obtient **47948**
généralement en capitalisant à un taux approprié le **dividende net moyen mis en distribution** par la société, et non le bénéfice total disponible, au cours des deux ou trois dernières années. Dans cette optique, la valeur du titre sera déterminée par la **somme des dividendes futurs nets actualisés** sur la période de capitalisation. Dans le cas de titres sociaux démembrés, la Cour de cassation a néanmoins jugé que, faute pour le contribuable de justifier de l'évaluation des fruits futurs sur la base de l'actualisation des seuls **flux de trésorerie** disponibles, l'évaluation de l'usufruit de droits sociaux non cotés peut être établie sur la base de l'**intégralité des bénéfices distribuables.** Cette approche trouvait sa justification, en l'espèce, dans la **politique de distribution** de l'intégralité des bénéfices **suivie par les associés** au cours des exercices qui avaient précédé la cession : rien dans les éléments fournis

par les contribuables ne permettait de penser que les associés avaient entendu borner la distribution des bénéfices à la trésorerie disponible (CE 20-5-2022 n° 449385 : SNH 21/22 inf. 1).

Les risques liés à la forte dépendance d'une société non cotée à l'égard d'un de ses cadres qui occupe en son sein une position d'« **homme-clé** » justifient une décote de la valeur vénale de ses titres (CAA Bordeaux 22-11-2016 n° 14BX03020 : RJF 3/17 n° 215 ; Sol. Not. 3/17 inf. 67 ; décote fixée à 40 % dans cette décision).

Pour les parts de **sociétés civiles qui font publiquement appel à l'épargne,** telles les sociétés civiles de placement immobilier (SCPI), on retient la valeur réelle des parts sur le marché.

47950 Par application du principe d'évaluation à la valeur vénale, la loi prévoit expressément que la **dépréciation éventuelle des titres résultant du décès du dirigeant** est prise en compte pour la liquidation des droits de succession (CGI art. 764 A). Les dirigeants visés sont les gérants de SARL ou de sociétés en commandite par actions, les personnes qui assument la direction générale des sociétés par actions et les associés en nom de sociétés de personnes.

Concrètement, deux situations sont susceptibles de se présenter.

Si les **titres** sont **vendus par les héritiers** dans les six mois du décès, le prix de cession peut constituer l'assiette des droits de mutation à titre gratuit, sauf si l'administration apporte la preuve d'une insuffisance d'évaluation, notamment lorsque des facteurs étrangers au décès ont entraîné une vente à un prix inférieur à la valeur vénale au jour du décès.

En cas de **poursuite de l'activité** après le décès, les héritiers peuvent justifier de la perte de la valeur de l'entreprise par tous moyens de preuve existant du vivant du dirigeant (charge de travail, cumul de fonctions, savoir-faire ou talent particulier du dirigeant directement lié à l'objet social) ou survenus entre son décès et l'expiration du délai de dépôt de la déclaration de succession (perte de contrats ou autres événements) (BOI-ENR-DMTG-10-40-10-40 n° 220).

FONDS DE COMMERCE ET CLIENTÈLES

47955 La valeur vénale des fonds de commerce est en principe effectuée **par comparaison** avec des cessions, en nombre suffisant, de biens similaires.

À défaut de termes de comparaison, l'évaluation s'effectue en fonction du bénéfice ou du chiffre d'affaires, d'après le loyer du local commercial, etc. La méthode la plus utilisée est celle des **barèmes professionnels** (n° 47870) ; elle se réfère en règle générale au **chiffre d'affaires** hors taxe, plus rarement aux bénéfices ou à d'autres unités de référence propres à l'activité considérée (ex : la place pour les taxis, le fauteuil pour les théâtres, etc.), et consiste à appliquer aux résultats moyens (en général la moyenne des trois dernières années d'exploitation) des taux établis en fonction des caractéristiques particulières de chaque affaire.

Quelle que soit la méthode d'évaluation retenue, et dans les mêmes conditions que pour les titres de société (n° 47950), la loi prévoit expressément que l'évaluation des actifs incorporels tient compte de la dépréciation éventuelle résultant du **décès de l'exploitant** du fonds ou de la clientèle (CGI art. 764 A). Selon l'administration, l'évaluation des fonds de commerce, clientèles et offices publics et ministériels peut s'établir :

– soit, selon les barèmes de la profession, en retenant une moyenne pondérée des chiffres d'affaires ou des bénéfices dont le troisième terme (année n), affecté du coefficient trois, tient compte de la perte d'exploitation envisagée et estimée durable ;

– soit, si la perte d'exploitation est difficile à chiffrer, en adaptant le barème de la profession pour tenir compte de la situation liée au décès (BOI-ENR-DMTG-10-40-10-40 n° 230).

LIQUIDITÉS ET AVOIRS

47960 Les espèces, comptes courants bancaires, livrets d'épargne (livret de développement durable et solidaire, PEL, CEL, etc.) doivent faire l'objet d'une déclaration détaillée et estimative du redevable (CGI art. 758). En pratique, ces avoirs sont déclarés pour leur **montant nominal,** augmenté s'il y a lieu des **intérêts** courus au jour du décès.

Au cas particulier des **PEL,** les droits à prêt et à prime d'épargne ne sont pas taxables aux droits de succession. Seul l'est le montant du capital inscrit au crédit du plan, correspondant aux versements augmentés des intérêts capitalisés.

ATTENTION

L'administration est fondée à estimer, au moyen de la méthode prévue en matière de taxation d'office à l'impôt sur le revenu (CGI art. 151), l'évolution d'**avoirs bancaires dissimulés à l'étranger** dès lors que le redevable n'a produit aucun élément permettant d'évaluer ces avoirs ou d'apporter la démonstration du caractère erroné du montant retenu par l'administration (Cass. com. 14-4-2021 n° 18-24.058 FS-D : RJF 8-9/21 n° 874 ; solution, rendue en matière d'ISF, transposable en matière de droits de mutation à titre gratuit). En application de cette méthode, l'impôt sur le revenu des avoirs à l'étranger est établi sur le produit du montant de ces avoirs par la moyenne annuelle des taux de rendement brut à l'émission des obligations des sociétés privées.

B. Bases légales d'évaluation des biens

PRINCIPE

La valeur imposable des biens transmis est constituée par leur valeur vénale, déterminée selon les règles exposées nos 47805 s., au jour du fait générateur de l'impôt. Cependant, l'évaluation de certains biens obéit à des règles fixées par la loi auxquelles les déclarants doivent se conformer. **48010**

1. IMMEUBLES OCCUPÉS PAR LEUR PROPRIÉTAIRE

La valeur vénale réelle d'un immeuble dont le propriétaire a l'usage à la date de la transmission est réputée égale à sa valeur libre de toute occupation (CGI art. 761, al. 2). **48015**

Par dérogation, un **abattement de 20 %** est effectué sur la valeur vénale réelle de l'immeuble qui constituait la résidence principale du défunt lorsque, à la date du décès, l'immeuble était également occupé à titre de résidence principale par le conjoint ou partenaire de Pacs ou par un ou plusieurs enfants du défunt ou de son conjoint ou partenaire (enfants mineurs, majeurs protégés ou incapables de travailler dans des conditions normales de rentabilité en raison d'une infirmité physique ou mentale) (CGI art. 764 bis).

ATTENTION

L'abattement n'est **pas applicable** lorsque, au jour de son décès, le défunt occupait seul sa résidence principale ou lorsque cette résidence était différente de celle de son conjoint ou partenaire survivant ou de leurs enfants mineurs ou majeurs protégés (BOI-ENR-DMTG-10-40-10-30 n° 70).

Est considéré comme **résidence principale** le logement dans lequel le défunt résidait effectivement et de manière habituelle pendant la majeure partie de l'année précédant son décès. Les résidences secondaires et les immeubles donnés en location ne peuvent pas ouvrir droit à l'abattement de 20 %. **48020**

L'administration a indiqué examiner avec bienveillance les conditions tenant à la qualification de résidence principale et à l'occupation effective de l'immeuble au jour du décès, dans les cas où le non-respect de ces conditions est dû à des circonstances indépendantes de la volonté des personnes en cause (hospitalisation ou séjour temporaire en maison de repos) (BOI-ENR-DMTG-10-40-10-30 n° 70).

ATTENTION

Selon l'administration, l'abattement s'applique aux **parts de sociétés civiles** dotées de la transparence fiscale, mais non aux sociétés civiles de gestion ou d'investissement immobilier (BOI-ENR-DMTG-10-40-10-30 n° 40). En d'autres termes, la mise en société du logement familial prive les héritiers de l'abattement de 20 %. Cette différence de traitement entre le redevable détenant directement sa résidence principale et celui la détenant au travers d'une SCI n'est pas contraire aux principes d'égalité devant la loi et devant les charges publiques (Cons. const. 17-1-2020 n° 2019-820 QPC : RJF 4/20 n° 374).

2. IMMEUBLES AYANT FAIT L'OBJET D'UNE ADJUDICATION PUBLIQUE

Les immeubles qui, dans les **deux ans précédant ou suivant le décès** (ou la donation), ont fait l'objet d'une adjudication publique, soit par autorité de justice, soit volontaire avec admission des étrangers, ne peuvent être imposés sur une somme inférieure au prix d'adjudication augmentée de toutes les charges en capital, sauf s'il est justifié que l'immeuble a subi dans l'intervalle des transformations susceptibles d'en diminuer la valeur (CGI art. 761, al. 3). **48050**

Pour servir de base à la liquidation des droits de mutation par décès, l'adjudication doit prévoir l'admission des étrangers, c'est-à-dire des personnes autres que les colicitants, sans aucune restriction, mais il est sans importance que l'adjudication soit tranchée au profit d'un tiers ou d'un colicitant. En outre, il faut que le défunt ou ses héritiers soient parties à l'acte.

Ne peut être retenue, même si elle intervient dans le délai prévu, l'adjudication au profit du tiers qui a revendu l'immeuble au défunt ou celle effectuée à la requête du tiers qui a acquis l'immeuble des héritiers (BOI-ENR-DMTG-10-40-10-30 n° 100).

48055 Le prix d'adjudication n'est pris en compte que dans la mesure où l'immeuble n'a pas subi de **transformations** susceptibles d'en modifier la valeur. L'administration admet que les transformations visées ne sont pas uniquement celles qui affectent la consistance matérielle de l'immeuble. Peuvent également être retenues celles qui affectent son utilisation ou encore la nature de son titre d'occupation (BOI-ENR-DMTG-10-40-10-30 n° 110).

CONSEIL

Si l'adjudication intervient après le dépôt de la déclaration de succession, la liquidation de l'impôt est rectifiée pour en tenir compte. Si le prix d'adjudication est inférieur à l'estimation portée dans la déclaration, le contribuable peut demander la **restitution du trop-perçu.** La demande doit être présentée dans le délai de réclamation dont le point de départ correspond à la date d'adjudication.

3. MEUBLES CORPORELS

48085 L'évaluation des meubles corporels doit être faite selon les règles prévues à l'article 764 du CGI. Ces **bases légales** d'évaluation, qui s'appliquent par exclusion dans l'ordre où elles sont citées, supportent la **preuve contraire** dans les formes compatibles avec la procédure écrite.

MEUBLES MEUBLANTS

48090 Les meubles meublants s'entendent des meubles destinés à l'**usage et** à l'**ornement des appartements** : lits, sièges, tables, vaisselle, glaces, pendules, tapisseries, argenterie, porcelaines et autres objets de même nature. Les tableaux, objets d'art ou meubles anciens constituent des meubles meublants, sauf s'il s'agit de collections placées dans des galeries ou des pièces particulières (en ce sens, par exemple, Cass. com. 8-2-2000 n° 97-19.000 D : RJF 5/00 n° 718).

Sauf preuve contraire apportée par le contribuable ou l'administration, la **valeur vénale** des meubles meublants est déterminée par plusieurs modes d'évaluation qui sont, dans l'ordre de préférence : la **vente publique,** l'**inventaire** établi dans les formes prescrites par l'article 789 du Code civil, la **déclaration estimative** des parties, qui ne peut être inférieure à 5 % de l'ensemble des autres biens héréditaires (CGI art. 764, I).

Les différentes bases légales d'évaluation s'appliquent par exclusion dans l'ordre de la loi. L'existence d'une vente publique exclut l'estimation contenue dans un inventaire et le forfait de 5 %. Il en est de même de l'inventaire vis-à-vis de ce forfait.

48095 **Vente publique** La valeur de la propriété des meubles meublants est déterminée, sauf preuve contraire, par le prix exprimé dans les actes de vente lorsque cette vente a lieu publiquement **dans les deux ans du décès** (CGI art. 764, I-1°).

Seul peut donc être retenu le prix estimé dans une vente réalisée avec publicité et concurrence **par un officier public ou ministériel.**

Le **prix à retenir** est le prix net de la vente, déduction faite des frais exposés pour y parvenir, qu'il s'agisse des frais légaux ou des frais facultatifs reconnus indispensables, s'il n'y a pas fraude et s'ils sont justifiés. Ces dispositions s'appliquent même en cas de **vente partielle** des meubles meublants, le surplus étant évalué d'après les autres modes d'évaluation, après ventilation, le cas échéant (BOI-ENR-DMTG-10-40-10-20 n° 40).

48100 **Inventaire** À défaut de vente publique réalisée dans les deux ans du décès, la valeur des meubles meublants est déterminée par l'estimation contenue dans les inventaires dressés dans les **formes** prescrites par l'article 789 du Code civil et **dans les cinq ans du décès** (CGI art. 764, I-2°).

Pour répondre aux conditions de l'article 789 du Code civil, l'inventaire de la succession doit comporter une **estimation, article par article,** des éléments de l'**actif** et du **passif** et peut être établi par un **notaire** (voir n°s 37895 et 37905), un huissier ou un commissaire-priseur judiciaire.

L'inventaire est probant même s'il ne porte que sur les **meubles meublants** (Cass. com. 30-11-2004 n° 02-12.183 FS-PB : RJF 4/05 n° 404, BPAT 2/05 inf. 57). Bien qu'elle ait été prise en application de l'article 943 (aujourd'hui abrogé) de l'ancien Code de procédure civile, cette décision contredit, selon nous, la doctrine administrative selon laquelle l'inventaire doit porter sur tous les objets mobiliers présents dans l'appartement tels que papiers et titres actifs ou passifs (BOI-ENR-DMTG-10-40-10-20 n° 50).

À noter également qu'un **inventaire non conforme** aux prescriptions légales peut être pris en considération pour prouver que la valeur des meubles meublants est inférieure à 5 % de l'ensemble des autres valeurs mobilières et immobilières de la succession (sur le forfait de 5 %, voir nos 48105 s.) (Cass. com. 5-3-1991 no 89-18.298 P : RJF 5/91 no 700 ; BOI-ENR-DMTG-10-40-10-20 no 110). Un tel inventaire doit cependant présenter un caractère probant suffisant pour établir la valeur réelle des biens meubles composant une succession. Tel n'est pas le cas d'un inventaire dressé sur la base des seules déclarations et photographies produites par l'héritière sans **aucun élément d'authentification** (Cass. com. 27-3-2019 no 17-23.699 F-D : RJF 4/20 no 404).

Les énonciations des **autres actes estimatifs,** tels que les partages ou les actes de délivrance de legs, ne peuvent pas être retenues. L'administration peut, en outre, critiquer l'évaluation résultant d'un inventaire en apportant la **preuve contraire** (BOI-ENR-DMTG-10-40-10-20 no 50).

> Précisions Les inventaires de meubles peuvent également être dressés, sous certaines conditions, par un **commissaire-priseur de ventes volontaires** mentionné à l'article L 321-4 du Code de commerce. À compter du 1er juillet 2026, cette désignation sera remplacée par celle de « commissaire-priseur » pour les personnes physiques et par « maison de vente » pour les personnes morales (CGI art. 764 complété par loi 2022-267 du 28-2-2022 art. 3 et 4). À noter que les commissaires de justice qui justifient avoir organisé et réalisé des ventes volontaires de meubles aux enchères publiques à titre habituel sont réputés avoir la qualification requise pour organiser de telles ventes (Loi 2022-267 du 28-2-2022 art. 7).

Déclaration estimative À défaut de vente publique ou d'inventaire répondant aux conditions légales, la valeur imposable des meubles meublants est déterminée par la déclaration détaillée et estimative des parties, sans que cette valeur puisse être inférieure à 5 % de l'ensemble des autres biens du défunt, sauf preuve contraire (CGI art. 764, I-3°). **48105**

Ce forfait a le caractère d'une double présomption d'existence et d'évaluation des meubles meublants. Il est ajouté d'office aux successions qui ne mentionnent pas de meubles meublants si la preuve contraire n'est pas apportée.

En principe, l'application du forfait ne dispense pas les héritiers, donataires ou légataires, de souscrire la déclaration détaillée et estimative des meubles, et c'est seulement dans l'hypothèse où ils estiment devoir, au moyen d'une mention expresse insérée dans la déclaration, s'en tenir au forfait, qu'il n'est pas insisté pour la production du détail estimatif des meubles (BOI-ENR-DMTG-10-40-10-20 no 80).

Le **forfait de 5 %** se calcule sur l'ensemble des biens imposables, autres que les meubles meublants, composant l'actif successoral avant déduction du passif. **48110**

Les **biens exonérés de droits de succession** n'entrent pas dans l'**assiette du forfait** mobilier. En cas d'exonération partielle, le forfait mobilier est calculé sur la seule fraction taxable des biens. Par exemple, si la succession comprend une entreprise individuelle ou des parts ou actions de sociétés qui bénéficient de l'exonération de 75 % prévue en faveur des transmissions d'entreprises, seuls 25 % de la valeur de l'entreprise ou des parts ou actions entrent dans la base de calcul du forfait mobilier.

> Précisions Lorsque le **défunt** était **marié sous un régime de communauté,** la base de calcul du forfait comprend ses biens propres, son excédent de reprises et sa part dans l'actif brut de communauté, après imputation des récompenses dues à celle-ci.

Preuve contraire Les bases légales d'évaluation des meubles meublants supportent la preuve contraire (CGI art. 764, I). Cette preuve doit être rapportée dans les formes compatibles avec la procédure écrite, c'est-à-dire qu'elle ne peut résulter que d'**actes** ou **écrits** ou encore de **présomptions** suffisamment graves, précises et concordantes. **48115**

La question de la preuve contraire se pose surtout à propos du **forfait de 5 %,** lorsque les contribuables veulent établir que la valeur du mobilier est inférieure au forfait de 5 % ou qu'il n'y a aucun mobilier. À cet égard, un **inventaire non conforme** à l'article 789 du Code civil peut constituer un élément de preuve contraire susceptible d'être pris en considération (no 48100).

Par ailleurs, la circonstance que le défunt a toujours vécu à l'hôtel ou qu'il a vécu dans une communauté religieuse excluant la possession d'un mobilier personnel peut constituer la preuve de l'absence de meubles meublants. Le fait que le **défunt** était pensionnaire **dans une maison de retraite** ne fournit pas, à lui seul, la preuve de l'inexistence de meubles meublants. Toutefois, il doit être pris en considération s'il est corroboré par d'autres éléments tels que, notamment, l'attestation du directeur de l'établissement que le défunt utilisait les meubles de la maison de retraite, l'abandon de la location ou la cession du domicile antérieur (BOI-ENR-DMTG-10-40-10-20 no 110 ; voir en ce sens, CA Paris 27-9-2011 no 10/14851 : RJF 2/12 no 177, à propos d'une personne qui vivait en maison de retraite, sans mobilier personnel).

BIJOUX, PIERRERIES, OBJETS D'ART OU DE COLLECTION

48120 Sauf preuve contraire, la valeur des bijoux et objets précieux est constituée par (CGI art. 764, I et II) :

1. Le prix net de la **vente publique,** intervenue dans les deux ans du décès ;

2. À défaut, l'évaluation contenue dans un **acte estimatif** dressé dans les cinq ans du décès (inventaire, même sous signature privée, délivrance de legs, partage, etc.), sans que cette évaluation puisse être inférieure à celle faite dans un **contrat d'assurance** contre le vol ou l'incendie en cours au jour du décès et conclu par le défunt, son conjoint ou ses auteurs moins de dix ans avant l'ouverture de la succession (les auteurs s'entendent des personnes dont le défunt était héritier, légataire universel ou à titre universel). S'il existe plusieurs polices d'assurance susceptibles d'être retenues, la valeur imposable est égale à la moyenne des évaluations figurant dans ces polices (BOI-ENR-DMTG-10-40-10-20 n° 160) ;

3. À défaut de vente publique ou d'acte estimatif et en l'absence de contrat d'assurance, la **déclaration détaillée et estimative** des parties.

Le forfait de 5 % prévu pour les meubles meublants n'est pas applicable.

AUTRES MEUBLES CORPORELS

48125 Les meubles corporels autres que les meubles meublants, bijoux et objets précieux sont évalués, par ordre de préférence et sauf preuve contraire (CGI art. 764, I) :

– par le prix net obtenu dans une vente publique dans les deux ans du décès ;

– à défaut, par tout acte estimatif (y compris inventaire sous signature privée, acte de partage, etc.) datant de moins de cinq ans ;

– à défaut, par une déclaration détaillée et estimative, sans application de forfait minimum.

> **Précisions** En pratique, les **lingots et pièces d'or** sont évalués par référence aux cours publiés à titre indicatif par CPoR Devises (opérateur qui fixe les cours et assure la liquidité des pièces et lingots) ou par la Banque de France, en retenant le cours le plus proche de la date du décès.

4. TITRES COTÉS

48155 Les valeurs mobilières (françaises ou étrangères) admises aux négociations sur un marché réglementé sont évaluées, au **choix des héritiers ou légataires,** soit d'après la moyenne du cours le plus haut et du cours le plus bas du jour du décès (cours unique s'il n'y a eu qu'un cours), soit d'après la moyenne des 30 derniers cours qui ont précédé le décès (CGI art. 759).

ATTENTION

Des actions dont la **cotation** est **suspendue** au jour du décès doivent être évaluées par référence à la moyenne des trente dernières cotations avant suspension (Cass. com. 6-11-2019 n° 18-12.303 F-D : BPAT 1/20 inf. 50-19).

48160 Les **parts de FCP** doivent faire l'objet d'une déclaration comportant la désignation du fonds, le nombre de parts, leur valeur unitaire de rachat à la date de la transmission ainsi que leur valeur globale. Il n'est pas nécessaire de donner l'énumération et le cours de bourse de toutes les valeurs figurant dans le fonds (CGI art. 799).

5. CRÉANCES

CRÉANCES À TERME

48190 Les créances à terme dont le défunt était titulaire sont imposables pour leur **montant nominal** augmenté des intérêts courus au jour de son décès, ainsi que, le cas échéant, des intérêts déjà échus et non encore payés (CGI art. 760, al. 1).

Par exception, les héritiers peuvent évaluer la créance à sa valeur vénale, c'est-à-dire à sa **valeur probable de recouvrement** (qu'ils doivent justifier), lorsque le débiteur se trouve en état de faillite, de procédure de sauvegarde, de redressement ou liquidation judiciaires ou de déconfiture (CGI art. 760, al. 2).

AUTRES CRÉANCES

48195 Les créances qui ne sont **pas à terme** sont évaluées par la déclaration détaillée et estimative des héritiers (CGI art. 758), c'est-à-dire en fonction de leur valeur probable de recouvrement. Tel est le cas notamment des **comptes courants d'associés** non bloqués (pour une illustration, CA Aix-en-Provence 12-4-2012 n° 11/05031 : Sol. Not. 7/12 inf. 188) et des créances qui étaient déjà échues au décès (Cass. com. 9-10-2007 n° 06-16.528 F-PB : RJF 1/08 n° 89, BPAT 6/07 inf. 175).

Il appartient aux héritiers de prouver que la **valeur probable de recouvrement** de la créance est inférieure à sa valeur nominale. S'agissant d'un compte courant d'associé, l'évaluation doit tenir compte de la situation économique et financière de la société, et donc de la valeur de ses actifs immobiliers (Cass. com. 9-7-2013 nº 12-21.836 FS-PB : RJF 11/13 nº 1090 ; solution rendue en matière d'ISF, mais transposable aux droits de mutation à titre gratuit).

ATTENTION

On connaît les risques encourus lorsque la **« vente » consentie à un futur héritier** dissimule en réalité une donation déguisée (nos 13445 s.). Mais il ne suffit pas qu'une telle vente soit consentie à un prix normal pour que l'acheteur échappe à coup sûr aux droits de succession. En effet, si le **prix** n'est **pas intégralement payé** au décès du vendeur, la créance correspondant au solde du prix de vente fait partie de l'actif successoral (Cass. com. 5-7-2017 nº 16-14.869 F-D : RJF 11/17 nº 1129). Dans l'affaire jugée, une femme avait vendu un immeuble à sa fille, qui était son unique héritière. Selon la Cour de cassation, l'extinction de la créance par confusion des qualités de créancière et de débitrice dans le patrimoine de l'héritière est postérieure au décès et donc sans incidence. L'héritière doit ainsi payer des droits de succession sur une créance qu'elle n'aura pas à régler !

CAS PARTICULIERS

Pour les **créances libellées en devises étrangères,** la conversion en euros doit être faite d'après le cours des changes fixé à la bourse de Paris au jour du décès ou, à défaut de cotation ce jour-là, d'après le cours fixé à une date suffisamment proche (BOI-ENR-DMTG-10-40-10-40 nº 70). **48200**

Les créances dont le **montant exact n'est pas encore déterminé** font l'objet d'une déclaration estimative des héritiers. Il y a lieu, le cas échéant, à révision de la perception lorsque leur montant est connu (BOI-ENR-DMTG-10-40-10-40 nº 60).

> **Précisions** **a.** Les **bons du Trésor** constituent des créances à déclarer pour leur montant nominal en ajoutant tous les intérêts échus et non encore payés au décès ainsi que ceux courus à la même date. Toutefois, il est admis que les titres dont les **intérêts** sont **payés d'avance** soient estimés à leur valeur de reprise au jour de l'ouverture de la succession (BOI-ENR-DMTG-10-40-10-40 nº 120).
b. Lorsqu'une créance fait l'objet d'une **adjudication** en justice ou devant notaire commis, l'impôt est assis sur le prix de vente de la créance (BOI-ENR-DMTG-10-40-10-40 nº 90).

6. BIENS DONT LA PROPRIÉTÉ EST DÉMEMBRÉE

ÉVALUATION DE L'USUFRUIT ET DE LA NUE-PROPRIÉTÉ

Usufruit viager Pour le calcul des droits de succession et de donation, la valeur imposable de l'**usufruit viager** et de la nue-propriété correspondante est fixée forfaitairement à une fraction de la valeur de la propriété entière d'après l'âge de l'usufruitier au jour du décès, conformément au barème ci-après (CGI art. 669, I). Ce barème s'applique obligatoirement. **48230**

Sur les règles d'assiette particulières qui s'appliquent à la renonciation à titre gratuit à l'usufruit d'un bien dont la nue-propriété a été donnée avant le 1er janvier 2004, voir nº 5230.

Âge de l'usufruitier	Valeur de l'usufruit	Valeur de la nue-propriété
Jusqu'à 20 ans	90 %	10 %
De 21 à 30 ans	80 %	20 %
De 31 à 40 ans	70 %	30 %
De 41 à 50 ans	60 %	40 %
De 51 à 60 ans	50 %	50 %
De 61 à 70 ans	40 %	60 %
De 71 à 80 ans	30 %	70 %
De 81 à 90 ans	20 %	80 %
À partir de 91 ans	10 %	90 %

ATTENTION

La **pertinence du barème fiscal** de l'usufruit fait l'objet de vifs débats en doctrine, de nombreux juristes et praticiens appelant de leurs vœux une évolution, voire la suppression de ce barème. Certains auteurs estiment qu'il pourrait se trouver fragilisé par la décision de la Cour de cassation ayant jugé que la cession de l'usufruit de droits sociaux n'emporte pas mutation de la propriété des droits sociaux (Cass. com. 30-11-2022 n° 20-18.884 FS-B : RJF 2/03 n° 160), y voyant la consécration de la thèse selon laquelle l'usufruit n'est pas un démembrement de la propriété mais un **droit réel sur la chose d'autrui** ; en conséquence, l'usufruit ne correspondrait pas à une quote-part de la propriété, mais devrait être estimé à sa valeur économique (voir F. Douet et N. Jullian, Le drapeau noir flotte sur le barème fiscal de l'usufruit viager : RJF 2/2023). Tous les auteurs ne partagent toutefois pas cette analyse (voir notamment H. Leyrat, Droit réel démembré ou charge de la propriété : essai de classification : SNH 32/23 inf. 9). En tout état de cause, en l'absence de modification législative, le barème légal continue à s'appliquer obligatoirement pour le calcul des droits de succession et de donation.

48235 **Usufruit à durée fixe** Si l'**usufruit** transmis est **à durée fixe,** la valeur de l'usufruit est en principe de 23 % de la valeur de la pleine propriété du bien par période de dix ans, sans fractionnement (CGI art. 669, II). Il faut cependant tenir compte de l'âge de l'usufruitier, la valeur d'un usufruit à durée fixe ne pouvant pas excéder celle d'un usufruit viager.

EXEMPLE

Un usufruit d'une durée de 13 ans qui porte sur un bien d'une valeur de 100 000 € en pleine propriété vaut fiscalement 46 000 € (soit 100 000 € × 23 % × 2). Si l'usufruitier a plus de 60 ans, la valeur fiscale de cet usufruit est plafonnée (à 40 000 € s'il a de 61 à 70 ans, à 30 000 € s'il a de 71 à 80 ans, etc.).

48240 **Valeur vénale prise en compte** Il résulte du texte légal que la détermination forfaitaire, par une quotité de la propriété entière, des valeurs respectives de la nue-propriété et de l'usufruit **exclut** la possibilité d'appliquer un **abattement supplémentaire** résultant du seul démembrement de la propriété (Cass. com. 24-6-1997 n° 95-14.144 P : RJF 11/97 n° 1069). En l'espèce, les demandeurs qui avaient reçu par donation-partage la nue-propriété d'actions soutenaient qu'il fallait d'abord réduire la valeur de la pleine propriété des titres afin de tenir compte du démembrement et appliquer ensuite le barème légal. Cet argument a été rejeté par la Cour, qui considère que le barème légal implique la prise en compte forfaitaire du démembrement.

48245 **Antériorité du démembrement** Pour déterminer la valeur de la nue-propriété d'un bien, il n'est tenu compte que des usufruits ouverts au jour de la mutation de cette nue-propriété (CGI art. 669, I). Après avoir donné lieu à certaines hésitations, la jurisprudence est fixée en ce sens que le barème légal s'applique non seulement en cas de démembrement de propriété opéré antérieurement au jour de la succession (ou de la donation), mais également lorsque le démembrement est concomitant à la transmission.

ILLUSTRATIONS

Lorsque les droits en usufruit de l'époux survivant et les droits en nue-propriété de l'héritier se sont ouverts simultanément par l'effet du décès, la valeur des droits démembrés doit être déterminée selon le barème légal (Cass. com. 24-2-1998 n° 96-14.957 P : RJF 5/98 n° 626 ; BOI-ENR-DMTG-10-40-10-50 n° 40).

ÉVALUATION DES DROITS D'USAGE ET D'HABITATION

48250 Pour la liquidation des droits de mutation à titre gratuit, la valeur des droits d'habitation et d'usage est évaluée à 60 % de la valeur de l'usufruit viager (CGI art. 762 bis). Créé pour l'évaluation des droits viagers légaux du **conjoint survivant** sur son logement, l'article 762 bis du CGI a selon l'administration une portée générale et s'applique à tous les droits d'usage et d'habitation (BOI-ENR-DMTG-10-40-10-50 n° 90, implicitement).

S'agissant des droits d'habitation et d'usage instaurés en faveur du conjoint survivant par l'article 764 du Code civil, il convient, pour l'application du barème, de prendre en compte l'âge du conjoint survivant au terme de l'exercice du droit temporaire au logement, soit un an après le décès (BOI-ENR-DMTG-10-40-10-50 n° 90). Cette évaluation est sans incidence pour le conjoint survivant, qui est exonéré de droits de succession (nos 49210 s.), mais elle reste utile pour la détermination du montant des droits de succession dus par les héritiers recevant les biens grevés du droit.

SECTION 2

DÉDUCTION DU PASSIF

A. Dettes déductibles

Sont déduites de l'actif successoral les **dettes à la charge du défunt** dont l'existence au jour de l'ouverture de la succession est justifiée par tous modes de preuve compatibles avec la procédure écrite (CGI art. 768). **48350**

Les dettes **contractées à l'étranger** sont déduites dans les mêmes conditions et sous les mêmes justifications que celles contractées en France.

Pour les **personnes domiciliées hors de France,** seul le passif grevant les biens imposables en France est admis en déduction.

1. EXISTENCE DE LA DETTE

DETTES EXISTANT AU JOUR DU DÉCÈS

Seules les dettes à la **charge personnelle du défunt** au jour de l'ouverture de la succession sont déductibles de l'actif successoral (CGI art. 768). **48355**

Les **dettes de communauté** sont déductibles de la succession de l'époux prédécédé à concurrence de la part contributive de ce dernier, déterminée d'après les règles du droit civil (BOI-ENR-DMTG-10-40-20-10 n° 370).

ILLUSTRATIONS

Sont notamment **déductibles** :

– les impôts dus par le défunt, même mis en recouvrement postérieurement au décès mais les droits de succession qui ne prennent naissance qu'après le décès ne sont pas déductibles (n° 48480) ;

– les emprunts pour un montant égal au capital restant dû augmenté des intérêts échus et non payés et des intérêts courus (n° 48490).

DETTES NÉES APRÈS LE DÉCÈS

Parce qu'elles sont à la charge des héritiers ou légataires, les dettes nées après le décès ne peuvent pas en **principe** être déduites de l'actif successoral. **48360**

ILLUSTRATIONS

Ne sont **pas déductibles** :

– les frais de gestion et de clôture prélevés par les banques après le décès du titulaire du compte (Rép. Briand : AN 9-11-2010 n° 86937 non reprise au Bofip, mais qui conserve à notre avis sa pertinence) ;

– les droits de succession, y compris les droits grevant les legs particuliers même s'il a été stipulé une clause de prise en charge des droits par le défunt (n° 48480). Pour le calcul des droits de succession sur les legs nets de droits, voir n°s 50045 s. ;

– les frais de demande en délivrance amiable ou judiciaire d'un legs ;

– la commission versée par les héritiers à l'intermédiaire qui a permis la réalisation de la vente d'un bien immobilier du défunt (Rép. Falorni : AN 3-3-2015 n° 61727).

Par **exception,** certaines dettes sont déductibles bien que nées après le décès. Sont notamment concernés : **48365**

a. la **rémunération du mandataire posthume,** sous certaines conditions et dans certaines limites : voir n° 42560.

b. les **frais funéraires,** pour un montant forfaitairement fixé à 1 500 € (CGI art. 775). Constituent, par exemple, de tels frais (liste non exhaustive) :

– les frais d'inhumation et de la cérémonie qui l'accompagne ;

– les avis d'obsèques ;

– les billets d'invitation et de remerciements ;

– l'achat et la pose d'un emblème religieux sur la tombe ;

– l'acquisition d'une concession dans un cimetière ;

– la construction, l'ouverture et la fermeture d'un caveau ;

– les frais de transport du corps.

Sont en revanche **exclus** : les frais d'érection d'un monument funéraire, les frais de deuil et d'achat de fleurs et couronnes (BOI-ENR-DMTG-10-40-20-10 n° 120).

c. le montant des **loyers** ou de l'indemnité d'occupation remboursés par la succession au conjoint ou partenaire de Pacs survivant au titre de son droit temporaire au logement : voir n° 23740.

d. les **frais d'ouverture du testament.** Ces frais sont à imputer sur les legs à proportion de la part supportée par chacun des légataires, sauf s'ils ont été mis à la charge des héritiers par le testament, auquel cas la déduction est opérée sur l'actif brut revenant à ceux-ci (BOI-ENR-DMTG-10-40-20-10 n° 250).

e. les **indemnités de préavis** et de licenciement dues au personnel du défunt, à condition que les sommes correspondantes n'aient pas été comptabilisées en charges dans le cadre d'une activité professionnelle (BOI-ENR-DMTG-10-40-20-10 n° 20).

f. les sommes reversées par les héritiers au titre de la **récupération des aides sociales** (par exemple : allocation de solidarité aux personnes âgées, aide sociale à l'hébergement en maison de retraite, prestation spécifique de dépendance ou de l'aide sociale ménagère). Cette déduction est admise par l'administration à hauteur du montant effectivement reversé sur la part successorale de l'héritier ou du légataire qui a effectué ce reversement. Elle n'est toutefois autorisée que si elle est justifiée par une attestation du comptable constatant le reversement ou de l'huissier en charge du recouvrement (BOI-ENR-DMTG-10-40-20-20 nos 160 à 190). Voir n° 80010.

g. les **frais de reconstitution des titres de propriété** d'immeubles ou de droits immobiliers pour lesquels le droit de propriété du défunt n'a pas été constaté avant son décès par un acte régulièrement transcrit ou publié, mis à la charge des héritiers par le notaire. Ces frais sont, sur justificatifs, déductibles de l'actif successoral à condition que les **attestations** notariées relatives à ces biens soient **publiées dans un délai de 24 mois** à compter du décès. La déduction est limitée à la valeur déclarée des biens en cause (CGI art. 775 sexies). En pratique, cette dernière déduction concerne essentiellement les immeubles situés en Corse et dans les départements d'outre-mer.

DETTES CERTAINES

48370 Pour être déductible, il n'est pas nécessaire que la dette soit exigible ; il suffit qu'elle soit certaine dans son principe **à la date du décès.** Néanmoins, la déduction ne peut intervenir que lorsque le montant de la dette est définitivement arrêté (BOI-ENR-DMTG-10-40-20-10 n° 30).

Est ainsi déductible, par exemple, un devis de travaux accepté par le défunt avant son décès et dont l'exécution n'était soumise à aucune condition suspensive (BOI-ENR-DMTG-10-40-20-10 n° 100). Si son montant n'est pas encore connu à la date du dépôt de la déclaration de succession, la dette est portée pour mémoire dans la déclaration ; elle sera effectivement déduite, par voie de réclamation, lorsque son montant sera arrêté.

Constitue également une dette certaine déductible de l'actif successoral le **dépôt de garantie versé par un locataire** du défunt. En effet, un dépôt de garantie constitue un gage qui n'entre dans le patrimoine du bailleur qu'au départ du locataire si celui-ci n'a pas exécuté ses obligations. Dans l'attente de cette éventualité, le dépôt de garantie reste dans le patrimoine du preneur (CA Versailles 8-12-2016 n° 14/08477 : RJF 8-9/17 n° 874).

Les **dettes dont l'existence est incertaine** à la date du décès ne sont pas déductibles. Il en est ainsi des dettes soumises à une condition suspensive ou des dettes litigieuses. En cas de réalisation de la condition ou de reconnaissance judiciaire postérieure, l'impôt perçu en trop est restituable.

ILLUSTRATIONS

Ne sont **pas déductibles** de l'actif successoral, faute d'être des dettes certaines à la date du décès :
– un redressement fiscal contesté par le contribuable, aussi longtemps qu'il reste litigieux (Cass. com. 16-11-1999 n° 97-16.072 PB : RJF 2/00 n° 300) ;
– une dette fiscale (pénalités) pour laquelle le contribuable avait sollicité une remise gracieuse avant son décès. Seule la somme restant due après déduction de la remise effectivement accordée par le service des impôts après instruction de la demande, peut être déduite, par voie de réclamation, de l'assiette des droits de succession (Cass. com. 13-1-2021 n° 18-26.244 F-D : RJF 4/21 n° 433) ;
– l'indemnité de résiliation du bail d'un immeuble ayant fait l'objet d'une promesse de vente, dès lors que l'obligation au paiement de cette indemnité est subordonnée à la condition que l'immeuble soit vendu (Cass. com. 20-3-2007 n° 06-14.259 FS-PBRI : RJF 7/07 n° 859).

48375 La règle selon laquelle l'existence et la consistance de la dette doivent s'apprécier au jour de l'ouverture de la succession n'empêche pas la prise en considération de **circonstances qui ont réduit le montant de la dette après le décès.** Par exemple, en cas de transaction entre les héritiers du défunt et ses créanciers sur le montant de la dette, seul le montant définitivement arrêté par voie transactionnelle est déductible de l'actif successoral (Cass. com. 20-2-2007 n° 05-20.584 F-D : RJF 6/07 n° 760, BPAT 3/07 inf. 86).

2. PREUVE DE LA DETTE

La **charge de la preuve** incombe aux héritiers : c'est à eux de justifier de l'existence au jour du décès de la dette dont ils demandent la déduction, et non à l'administration de prouver l'extinction de la dette (en ce sens, notamment, Cass. com. 10-5-1994 n° 92-14.874 D : RJF 8-9/94 n° 998). 48405

L'existence de la dette doit être établie par les **modes de preuve** compatibles avec la procédure écrite, c'est-à-dire par des actes ou écrits ou encore par des présomptions suffisamment graves, précises et concordantes. En revanche, la preuve par témoignage ou l'aveu des héritiers est exclue (BOI-ENR-DMTG-10-40-20-10 n° 160).

Pour les **dettes contractuelles** de nature civile, les dispositions des articles 1341 et suivants du Code civil sont applicables ; un écrit est donc en principe exigé si la dette dépasse le seuil réglementaire de 1 500 € (Cass. com. 4-7-2006 n° 03-15.627 FS-PB : RJF 11/06 n° 1476, BPAT 5/06 inf. 125 ; solution rendue en matière d'ISF, mais transposable aux droits de succession).

Les **dettes commerciales** sont justifiées conformément aux règles du droit commercial : voir n° 48470.

ILLUSTRATIONS

1. Un fils peut déduire de la succession de sa mère les sommes dont il devait hériter au décès de son père et qu'il a laissées sur les comptes de sa mère, en produisant l'ensemble des **relevés bancaires** de la période séparant les deux décès, relevés qui prouvent que l'argent est toujours resté sur les comptes de sa mère (CA Reims 9-7-2013 n° 11/03141 : Sol. Not. 10/13 inf. 242).

2. Ont également été jugés recevables comme éléments de preuve :
– une **déclaration d'impôt sur la fortune** non contestée par l'administration dans laquelle il était fait état d'une dette d'une mère envers ses fils et résultant de l'encaissement par elle du prix de vente d'immeubles dont elle était seulement usufruitière ;
– un **acte notarié** postérieur au décès contenant reconnaissance de cette dette par un cohéritier envers les autres (Cass. com. 6-5-1991 n° 89-18.815 P : RJF 7/91 n° 1025).

3. JUSTIFICATIONS À PRODUIRE

Les dettes dont la déduction est demandée doivent être détaillées, article par article, dans un **inventaire** certifié par le déclarant et annexé à la déclaration de succession (CGI art. 770, al. 1). Cet inventaire peut être inséré dans le corps de la déclaration (BOI-ENR-DMTG-10-40-20-30 n° 10). 48435

Pour les **dettes résultant d'actes authentiques,** les héritiers doivent indiquer la date de l'acte, le nom et la résidence de l'officier public qui l'a reçu (pour les décisions judiciaires, la date de la décision et la juridiction dont elle émane) (CGI art. 770, al. 2).

Pour les **autres dettes,** ils doivent présenter les titres, actes ou écrits que le créancier ne peut se refuser à communiquer sous récépissé, sous peine de dommages-intérêts (CGI art. 770, al. 3).

Dans tous les cas, l'administration peut exiger des héritiers la production d'une **attestation du (ou des) créancier(s)** certifiant l'existence de la dette à la date du décès. Cette attestation ne peut pas être refusée par le créancier, sous peine de dommages-intérêts (LPF art. L 20, al. 2).

En pratique, l'administration fiscale recommande à ses agents d'exiger une attestation du créancier pour toutes les **dettes importantes,** même résultant d'actes sous signature privée apparemment réguliers, ainsi que pour celles dont l'absence de **remboursement** antérieur au décès n'est pas absolument certaine (BOI-ENR-DMTG-10-40-20-30 n° 40).

Lorsque ces **justifications** sont **produites,** la déduction des dettes est opérée lors de l'enregistrement de la déclaration, mais l'administration conserve le pouvoir de rectifier cette dernière, en suivant la procédure de rectification contradictoire, si elle estime que les justifications produites sont insuffisantes (BOI-ENR-DMTG-10-40-20-30 n° 50). Par exception, si elle n'est pas échue, une dette constatée par acte authentique ne peut être écartée par l'administration tant qu'elle n'a pas fait juger que cette dette n'avait pas d'existence réelle (LPF art. L 20, al. 4). 48440

4. APPLICATIONS DIVERSES

DETTES COMMERCIALES

Les héritiers ne peuvent pas déclarer la valeur nette du fonds de commerce inclus dans la succession : ils doivent évaluer les éléments d'actif composant le fonds, puis procéder à la déduction du passif, article par article. 48470

Les dettes commerciales doivent faire l'objet dans la déclaration de succession d'un **inventaire détaillé** pour permettre le contrôle de l'administration. Elles sont dans un premier temps admises en déduction sans justification préalable, l'administration se réservant la possibilité de vérifier la réalité de la dette et son caractère commercial et de demander au contribuable tous justificatifs (notamment une attestation du créancier).

La preuve des dettes commerciales est apportée conformément aux règles du droit commercial ; elle peut résulter des **livres de commerce** ou de la **correspondance commerciale** (BOI-ENR-DMTG-10-40-20-30 n° 60). L'existence des dettes commerciales du défunt peut être justifiée en invoquant une comptabilité correctement tenue par ses créanciers. Cette justification résulte, suivant la règle générale, de l'examen des livres mêmes du créancier. Les livres de commerce du défunt peuvent être produits comme justificatif lors du contrôle de la déclaration par l'administration.

CHÈQUES ÉMIS PAR LE DÉFUNT

48475 Les **chèques** émis mais **non encore encaissés** au décès de leur auteur sont soumis aux règles suivantes (Rép. Maujoüan du Gasset : AN 21-8-1971 n° 18780 non reprise au Bofip, mais qui nous paraît conserver son intérêt) :
– s'il est établi que le **chèque** était déjà **en possession du bénéficiaire** lors du décès du tireur, le montant du chèque est déduit du solde créditeur du compte à porter à l'actif de la succession ;
– si cette **preuve** n'est **pas apportée,** le solde créditeur du compte du défunt est intégralement taxable mais les héritiers peuvent porter au passif de la déclaration la dette que le chèque avait pour objet d'éteindre. Dans ce cas, l'administration est fondée à exiger la production d'une attestation du créancier.

IMPÔTS DUS PAR LE DÉFUNT

48480 Tous les impôts dus par le défunt au jour de son décès, même mis en recouvrement après le décès, sont déductibles de l'actif successoral. Il en est ainsi notamment (BOI-ENR-DMTG-10-40-20-10 n°s 170 s.) :
– des **impôts locaux,** notamment taxe d'habitation (due uniquement sur les résidences secondaires depuis 2023), taxes foncières et taxes assimilées dues au titre de l'année du décès, dans la mesure où elles ne sont pas récupérables sur les occupants de l'immeuble, cotisation foncière des entreprises et cotisation sur la valeur ajoutée des entreprises (cotisation supprimée à compter de 2024). Ces taxes sont déductibles en totalité de la succession ;
– de la **taxe d'apprentissage** et de la contribution à la formation professionnelle ;
– de l'**impôt sur la fortune immobilière** non réglé au jour du décès ;
– de l'**impôt sur le revenu** de l'année précédente, pour la partie non encore payée au jour du décès, ainsi que de l'impôt sur le revenu de l'année en cours, pour la période allant du 1er janvier à la date du décès (sur réclamation, si la déclaration de succession est déposée avant que le montant de l'impôt sur le revenu soit connu ; en ce sens, Rép. Bonnecarrère : Sén. 27-12-2018 n° 5399 : BF 3/19 inf. 281). Si le défunt était marié sous un régime de communauté, le revenu imposable englobe l'ensemble des revenus du couple et les impôts dus constituent un passif de communauté ;
– des **prélèvements sociaux** non encore réglés au décès. Si leur montant n'est pas définitivement arrêté au jour de la souscription de la déclaration de succession, la dette est déductible sur réclamation.

En revanche, les **droits de succession** qui ne prennent naissance qu'après le décès ne sont pas déductibles. Il en est ainsi même pour les **droits grevant les legs particuliers** exempts de tous frais et droits dont la charge doit être supportée par l'héritier ou le légataire universel. Il résulte d'une jurisprudence constante que la clause d'un testament prévoyant que le legs sera payé net de frais et droits n'a d'effet qu'entre les parties (BOI-ENR-DMTG-10-40-20-10 n° 240).

48485 En cas de **décès d'un époux commun en biens,** le montant des rappels d'impôts consécutifs à une vérification au titre des exercices antérieurs au décès et afférents à un fonds de commerce dépendant de la communauté constitue un passif de communauté déductible de l'actif successoral, à concurrence de la part contributive de l'époux décédé, c'est-à-dire la moitié, à défaut de stipulation contraire du contrat de mariage (BOI-ENR-DMTG-10-40-20-10 n° 220).

EMPRUNTS CONTRACTÉS PAR LE DÉFUNT

48490 Le montant déductible de l'actif successoral comprend non seulement le **capital** restant dû au décès mais encore, le cas échéant, les **intérêts échus** et non encore payés ainsi que les intérêts courus jusqu'au jour du décès.

Aucune déduction ne doit toutefois être pratiquée à raison des sommes restant dues par l'emprunteur à son décès lorsqu'elles sont remboursées au prêteur en exécution d'un **contrat d'assurance décès** (BOI-ENR-DMTG-10-40-20-10 n° 360).

PRESTATION COMPENSATOIRE DUE PAR LE DÉFUNT

Sur le **plan civil,** les sommes nécessaires au paiement de la prestation sont en **principe** prélevées sur la succession du débiteur de la prestation (solde indexé du capital restant dû ou résultat de la conversion de la rente en capital). Sauf disposition contraire du testament, le paiement est supporté par tous les héritiers (qui ne sont pas tenus sur leurs biens personnels) dans la limite de l'actif successoral et, en cas d'insuffisance, par les légataires particuliers, proportionnellement à leur émolument (C. civ. art. 280). 48495

Au regard des **droits de succession,** la prestation versée sous forme de capital et due par l'époux débiteur au jour de son décès constitue un passif successoral déductible dans les conditions de droit commun de l'article 768 du CGI (BOI-IR-RICI-160-20 n° 250).

Les héritiers ont toutefois la possibilité de décider ensemble par acte notarié de maintenir les formes et modalités de règlement de la prestation qui incombaient à l'époux débiteur, en s'obligeant personnellement au paiement de la prestation (C. civ. art. 280-1).

Lorsque les héritiers utilisent cette possibilité qui leur est donnée de poursuivre le **règlement sous forme de rente,** la valeur de capitalisation de la rente n'est pas déductible de l'assiette des droits de succession (les arrérages versés sont en revanche déductibles des revenus des héritiers et corrélativement imposables chez l'ex-conjoint bénéficiaire).

DETTE DE RESTITUTION D'UN QUASI-USUFRUIT

La dette de restitution de **sommes d'argent dont le défunt a eu l'usufruit** et qui ont disparu avant son décès est déductible de l'actif successoral (CA Douai 12-5-2016 n° 15/03664 : RJF 2/17 n° 185). Dans l'affaire jugée par la cour de Douai, l'administration avait tenté de s'opposer à la déduction de la dette de restitution au motif qu'une partie des sommes détenues en usufruit par la défunte avait été utilisée pour la souscription de contrats d'assurance-vie au bénéfice de son fils héritier et ne pouvait donc plus être regardée comme due à ce dernier. Ce raisonnement a été logiquement rejeté par la cour d'appel pour les raisons suivantes : 48500

– la manière dont l'usufruitière utilise les **fonds dont elle a la disposition** est indifférente au principe même de la dette de restitution ;

– la désignation de son **héritier** comme **bénéficiaire des contrats d'assurance-vie** souscrits au moyen des fonds détenus au titre de l'usufruit ne constitue pas un moyen de paiement anticipé de la dette de l'usufruitier ;

– les sommes acquises par le bénéficiaire d'une **assurance-vie** font l'objet d'une **imposition propre** aux termes de l'article 757 B du CGI (n°s 44915 s.), de sorte que la thèse de l'administration aurait conduit à une double imposition des fonds litigieux.

En ce qui concerne la dette de restitution de l'**usufruitier de parts sociales** en cas de distribution prélevées sur les réserves, voir n° 48555.

B. Dettes non déductibles

DETTES PRÉSUMÉES FICTIVES OU DETTES ÉTEINTES

Outre les dettes qui n'étaient pas à la charge personnelle du défunt au jour de son décès (n°s 48355 s.), sont non déductibles certaines **dettes** nées avant le décès mais **présumées fictives** ou **éteintes** par une disposition expresse de la loi fiscale. 48550

DETTES AU PROFIT DES HÉRITIERS OU PERSONNES INTERPOSÉES

Principes Les dettes **consenties par le défunt** au profit de ses héritiers ou de personnes interposées ne sont pas déductibles (CGI art. 773, 2°). Bien qu'elle introduise une différence de traitement des successions selon les créanciers du défunt, cette disposition a été validée par le Conseil constitutionnel comme poursuivant l'objectif de valeur constitutionnelle de lutte contre la fraude et l'évasion fiscales (Cons. const. 1-12-2017 n° 2017-676 QPC : RJF 2/18 n° 198). Pour la définition des personnes interposées, voir n° 44295. 48555

Seules sont concernées par cette présomption de fictivité les **dettes d'origine contractuelle.** Il s'ensuit par exemple que le juge ne peut pas refuser sur le fondement de l'article 773, 2° du CGI la déduction :

– d'une **somme inscrite** au profit de l'héritier **en compte courant** dans la comptabilité de l'entreprise individuelle du défunt sans avoir recherché si cette créance procédait d'un contrat conclu entre le chef d'entreprise et son héritier (Cass. com. 17-5-1989 n° 87-17.453 P : RJF 8-9/89 n° 1051) ;

– de la **dette de restitution du quasi-usufruit** détenu par l'associé d'une SCI sur les dividendes provenant de la distribution de réserves (Cass. com. 27-5-2015 n° 14-16.246 FS-PBRI : RJF 8-9/15 n° 737 ; BPAT 4/15 inf. 124). Cette importante décision de la Cour de cassation comporte deux enseignements majeurs :

• les **distributions de dividendes** prélevées sur les réserves **reviennent au nu-propriétaire** mais l'usufruitier exerce sur elles son droit de jouissance sous la forme d'un quasi-usufruit. Cette solution nous paraît conserver sa valeur malgré la rédaction ambiguë d'un arrêt de la chambre civile de la Cour de cassation (Cass. 1e civ. 22-6-2016 n° 15-19.471 F-PB : RJDA 10/16 n° 690 ; P Julien Saint-Amand et S. Gonsard, Droits sociaux démembrés et distribution de réserves : la Cour de cassation se prononce à nouveau : Sol. Not. 10/16 inf. 198) ;

• la **dette de restitution** au titre du quasi-usufruit a une **origine légale** (C. civ. art. 587) et n'est donc pas soumise à la présomption de fictivité visant les dettes contractuelles (CGI art. 773, 2°). La Haute Juridiction casse de ce chef la décision de la cour d'appel de Paris qui avait refusé la déduction de la dette de restitution au motif que le quasi-usufruit résultait d'un accord intervenu entre les associés (CA Paris 25-2-2014 n° 2012/23704 : RJF 6/14 n° 637, BPAT 2/14 inf. 78).

Mais lorsque la **dette** est **contractuelle,** elle tombe sous le coup de la présomption. Ainsi, l'article 773, 2° du CGI s'applique à l'avance de fonds consentie par un mari séparé de biens à son épouse, peu important que la loi (C. civ. art. 1479 et 1543) fixe les règles d'évaluation des créances entre époux séparés de biens (CA Montpellier 22-3-2012 n° 10/7530 : RJF 10/12 n° 960, BPAT 3/12 inf. 180).

48560 La prohibition de l'article 773, 2° du CGI ne vise que les **dettes consenties par le défunt.** Elle n'atteint pas celles qu'il n'a pas consenties ou qu'il a consenties à un autre qu'un héritier ou une personne réputée interposée. Peuvent être ainsi déduites (BOI-ENR-DMTG-10-40-20-20 n° 50) :

– les dettes consenties par le mari seul commun en biens s'il s'agit de la succession de la femme ;

– les dettes contractées par un tuteur au nom de son pupille s'il s'agit de la succession de ce dernier ;

– les dettes résultant d'une décision judiciaire, d'un quasi-délit, d'un quasi-contrat ;

– les dettes consenties au profit d'un tiers et échues à un héritier par succession ou par cession.

48565 Il faut se placer au **jour du décès** pour déterminer si la qualité d'héritier ou de personne interposée est réunie avec celle de créancier du défunt. Ainsi, la dette consentie au profit d'un **héritier non réservataire, exclu par testament,** est déductible. Mais pour qu'il en soit ainsi, il faut que l'exclusion soit absolue et qu'il ne subsiste aucune possibilité pour l'héritier d'appréhender la succession. Il en est de même de la dette consentie à un héritier appelé à la succession par suite de la **renonciation** d'héritiers d'un rang plus proche du défunt (BOI-ENR-DMTG-10-40-20-20 n° 40).

48570 Pour les dettes présumées fictives, la **preuve contraire** ne peut être apportée que par acte authentique ou par acte sous signature privée ayant acquis date certaine avant l'ouverture de la succession autrement que par le décès de l'une des parties (CGI art. 773, 2°, al. 2).

Ces modes de preuve ont un caractère limitatif. Une **reconnaissance de dette par acte sous signature privée** non enregistré est par exemple irrecevable (CA Paris 11-3-2010 n° 08/07913 : RFN 2010 comm. n° 98 note J.-J. Lubin). Il en est ainsi même si un **notaire** atteste avoir reçu en main propre la reconnaissance de dette datée et signée par la défunte. En effet, la seule forme unilatérale de la reconnaissance de dette ne permet pas de considérer qu'il s'agit d'un engagement non contractuel dont l'existence au jour de l'ouverture de la succession peut être établie par tous modes de preuve compatibles avec la procédure écrite et le courrier du notaire attestant de la remise de l'acte par la défunte ne constitue pas un acte authentique ou un acte sous signature privée ayant date certaine au sens de l'article 773, 2° du CGI (CA Montpellier 18-3-2021 n° 16/01434 : SNH 12/21 inf. 4). De la même façon, le juge ne peut pas admettre la déduction d'un prêt entre époux séparés de biens au motif que ce prêt est dépourvu de caractère fictif et empreint de la sincérité exigée par l'article 773 du CGI (Cass. com. 20-6-2006 n° 03-13.746 F-D : RJF 11/06 n° 1474).

Même en présence d'un **acte authentique,** il appartient aux héritiers de prouver la sincérité et l'existence de la dette au jour de l'ouverture de la succession (Cass. com. 10-12-1996 n° 94-21.136 D : RJF 3/97 n° 276). Cette preuve est par exemple apportée lorsque l'historique des comptes bancaires du défunt emprunteur et de son héritier entre le prêt ayant fait l'objet d'une reconnaissance de dette enregistrée en 2000 et le décès de l'emprunteur en 2006 démontrent, d'une part, la réalité du transfert des fonds, d'autre part, l'absence de tout remboursement de la dette ayant fait l'objet de la reconnaissance (CA Orléans 10-9-2012 n° 11/02599 : BPAT 6/12 inf. 307).

Cas particulier de la créance de salaire différé Le descendant ou le conjoint survivant de l'exploitant agricole qui justifie avoir directement et effectivement participé à l'exploitation sans être rémunéré a droit sous certaines conditions à une créance sur la succession (C. rur. art. L 321-13 s. ; voir nos 24350 s.). **48575**

Sur le plan fiscal, et par dérogation aux règles applicables aux dettes contractuelles du défunt envers ses héritiers, la créance de salaire différé est **déductible de l'actif successoral** sans que soit exigée la production d'un acte authentique ou d'un acte sous signature privée ayant eu date certaine avant le décès. L'exigence et la sincérité de la dette sont établies à l'égard de l'administration fiscale par tout acte ou écrit, même postérieur au décès de l'exploitant agricole, susceptible de faire preuve en justice entre les cohéritiers ou représentants de l'exploitant. L'héritier créancier est toutefois tenu de fournir l'attestation mentionnée n° 48435, indiquant le montant de sa créance sur la succession de l'exploitant (CGI art. 774 ; BOI-ENR-DMTG-10-40-20-20 n° 150).

AUTRES DETTES DONT LA DÉDUCTION EST INTERDITE

Il s'agit des dettes énumérées ci-après : **48580**

– dettes **échues depuis plus de trois mois** lors de l'ouverture de la succession : elles sont présumées remboursées, mais la preuve contraire peut être apportée par une attestation du créancier (CGI art. 773, 1°) ;

– dettes **reconnues par testament** (CGI art. 773, 3°). Ces dettes, présumées fictives, ne sont déductibles que si leur existence est prouvée dans les conditions habituelles par un moyen autre que le testament (BOI-ENR-DMTG-10-40-20-20 n° 110) ;

– dettes **hypothécaires** garanties par une **inscription périmée** depuis plus de trois mois à la date du décès. Si elles sont échues, ces dettes sont irréfragablement présumées remboursées (les débiteurs ne sont pas admis à apporter la preuve contraire). Si elles ne sont pas échues, elles sont déductibles sur production de l'attestation du créancier (CGI art. 773, 4°) ;

– dettes **prescrites** au sens de la loi civile (capital et intérêts) : elles ne sont pas déductibles, sauf si les héritiers établissent que la prescription a été interrompue et n'est donc pas acquise (CGI art. 773, 5°).

C. Dettes soumises à imputation spéciale

DETTES AFFÉRENTES À DES BIENS EXONÉRÉS

Les **dettes contractées pour** l'achat ou dans l'intérêt de **biens exonérés** sont imputées par priorité sur la valeur de ces biens (CGI art. 769, al. 1). **48630**

Cette règle a pour but d'éviter le cumul, pour le même bien, de l'exonération des droits de mutation et de la déduction du passif contracté pour l'achat de ce bien. Elle s'applique, par exemple, aux **crédits à la construction** utilisés pour l'acquisition d'immeubles exonérés ainsi qu'aux dettes contractées dans l'intérêt de tels biens comme les ouvertures de crédit destinées à couvrir les travaux de réparation d'un immeuble exonéré.

Les dettes qui ne résultent pas d'un contrat ou qui ont été contractées pour l'acquisition de biens qui sont sortis du patrimoine du défunt ne tombent pas sous le coup des dispositions de l'article 769, alinéa 1 du CGI (BOI-ENR-DMTG-10-40-20-40 n° 1).

Lorsque l'exonération du bien auquel se rapporte la **dette** est **partielle** (entreprises dont les titres sont placés sous le régime Dutreil, par exemple), la dette est déductible de l'actif imposable dans la même proportion que la valeur soumise à l'impôt. **48635**

Tel est le cas, par exemple, de biens ruraux loués par bail à long terme exonérés à concurrence des trois quarts de leur valeur (50 % au-delà de 300 000 € ou de 500 000 €, selon la durée de conservation des biens), le passif afférent à ces biens pouvant être déduit à concurrence d'un quart (50 % au-delà de 300 000 € ou de 500 000 €) : voir n°s 46360 s. (Rép. Lagorce : AN 2-3-1981 n° 39327 non reprise au Bofip, mais qui conserve à notre avis sa pertinence).

DETTES GARANTIES PAR DES BIENS EXONÉRÉS

48640 Les dettes garanties par des biens exonérés sont imputées sur la valeur de ces biens si l'emprunt a été contracté en vue de soustraire tout ou partie du patrimoine aux droits de succession (CGI art. 769, al. 2). C'est à l'administration d'en apporter la preuve.

CHAPITRE 3

PERSONNES EXONÉRÉES DE DROITS DE SUCCESSION

SOMMAIRE

PRÉSENTATION DES EXONÉRATIONS

En sus des exonérations liées à la nature des biens transmis (nos 44860 s.), la loi fiscale exonère de droits de mutation à titre gratuit notamment : **49200**
– les successions entre **époux** ou entre **partenaires d'un Pacs** (nos 49210 s.) ;
– certaines successions entre **frères et sœurs** vivant ensemble (no 49390) ;
– les successions ne donnant pas lieu, en raison de leur faible montant, au dépôt d'une déclaration de succession (no 51205).

SECTION I

CONJOINT ET PARTENAIRE DE PACS

A. Portée de l'exonération

Le conjoint survivant et le partenaire de Pacs survivant sont totalement exonérés de droits de succession (CGI art. 796-0 bis). Les **réversions d'usufruit,** qui relèvent des droits de succession (CGI art. 796-0 quater), sont également exonérées entre époux et partenaires de Pacs. **49210**

Cette exonération ne s'étend pas aux **droits de donation.**

Elle ne concerne pas non plus le **droit de partage** qui sera dû dans les conditions de droit commun (nos 63910 s.) lors du partage ultérieur de la succession si ce partage est constaté par un acte.

Si la **succession** n'est **recueillie** que **par le conjoint ou partenaire survivant,** les droits réels immobiliers éventuellement transmis donnent lieu à une attestation notariée soumise au droit fixe de 125 €. La contribution de sécurité immobilière de 0,10 % est due sur la valeur réelle des immeubles ou droits immobiliers dont l'attestation notariée constate la transmission (CGI art. 881 K).

ATTENTION

Les personnes liées par un **partenariat civil conclu à l'étranger** et non contraire à l'ordre public bénéficient des mêmes règles que les partenaires de Pacs au regard des droits de mutation à titre gratuit, et sont donc exonérées de droits de succession (BOI-ENR-DMTG-10-50-30 no 40). Tel est le cas, par exemple, pour le civil partnership de droit anglais, qui est assimilable à un Pacs (TGI Bobigny 8-6-2010 n° 09/03968 : RJF 12/10 n° 1239).

Les justificatifs à fournir et la liste des partenariats étrangers sur lesquels l'administration s'est déjà prononcée sont disponibles au Bofip (BOI-IR-CHAMP-20-10 n°s 140 à 200).

49215 Lorsque les **époux** étaient **divorcés,** les **legs** consentis à l'ex-conjoint avant ou après le divorce et qui n'auraient pas été révoqués supportent les droits de succession dans les conditions de droit commun (soit sauf cas particulier au taux de 60 % applicable entre personnes non parentes).

Les **donations au dernier vivant** (consenties par contrat de mariage ou pendant le mariage) qui ont été expressément maintenues lors du divorce (pour les donations consenties depuis 2005) ou sont réputées irrévocables (régime antérieur à 2005 : voir n°s 8715 s.) bénéficient en revanche de l'exonération des successions entre époux (BOI-ENR-DMTG-10-20-10 n° 15).

49220 En l'absence de testament, les **sommes versées en exécution d'un contrat d'assurance-vie à un partenaire de Pacs survivant** à l'occasion du décès de son compagnon ou de sa compagne sont exonérées de droits de mutation à titre gratuit sur le fondement de l'article 796-0 bis du CGI. Peu importe que le partenaire soit ou non légataire du défunt (BOI-ENR-DMTG-10-20-10 n° 15).

B. Schémas d'optimisation

OUTILS À DISPOSITION

49270 L'exonération des droits de succession du conjoint (ou du partenaire de Pacs) survivant, instituée par la loi Tepa (Loi 2007-1223 du 21-8-2007), est source d'inspiration en matière d'ingénierie patrimoniale. Si le conjoint (ou partenaire) survivant en est le bénéficiaire naturel, l'exonération prévue par l'article 796-0 bis du CGI peut également faciliter la transmission du patrimoine familial aux enfants des deux époux. Sans entrer dans le détail de stratégies fiscales, nous présenterons brièvement deux schémas d'optimisation, proposés l'un par Maître Michel Giray, l'autre par Maître Axel Depondt, notaires à Paris.

DONATION ENTRE ÉPOUX, RAAR ET CANTONNEMENT

49275 Le premier schéma, proposé par Maître Michel Giray, montre l'intérêt d'envisager la transmission du patrimoine commun dès le décès du premier époux ou du partenaire de Pacs (Sol. Not. 1/11 inf. 23). Il repose sur une utilisation ingénieuse des mécanismes du droit civil : renonciation anticipée à l'action en réduction dite « RAAR », cantonnement, libéralité graduelle, etc. dans le cadre fiscal issu de la loi Tepa.

49280 **Description du schéma** En vue d'organiser la transmission de leur patrimoine, les époux se consentent une **donation universelle** en pleine propriété. Leurs enfants communs signent un acte par lequel ils acceptent d'être privés de tout droit dans leur réserve. Au décès du premier des conjoints, le survivant cantonne son émolument sur une partie des biens dont il a été disposé en sa faveur.

En cantonnant son émolument, l'époux limite les effets de l'exonération dont il bénéficie aux biens qu'il recueille effectivement. S'agissant des enfants communs qui bénéficient du cantonnement, les droits sont liquidés sur leur part successorale qui comprend les biens reçus à la suite du cantonnement selon le tarif en ligne directe.

EXEMPLE

Sur les conseils de leur notaire, M. et Mme Dupont, époux séparés de biens, se sont consenti une donation universelle en pleine propriété. Leurs enfants communs ont signé un acte par lequel ils acceptent d'être privés de tout droit dans leur réserve.

Au **décès de M. Dupont,** en mars 2022, l'actif de sa succession comprend :

– une résidence principale :	400 000 €
– deux appartements locatifs évalués 150 000 € chacun :	300 000 €
– un portefeuille de titres :	500 000 €
Total	1 200 000 €

Mme **Dupont cantonne ses droits en pleine propriété** en optant pour l'attribution à son profit des biens immobiliers et de la moitié du portefeuille.

Les deux enfants reçoivent donc l'autre moitié du portefeuille en pleine propriété :
250 000 € / 2 = 125 000 € par enfant

Droits à acquitter

Par le conjoint : néant

Par les enfants : [(125 000 € – abattement en ligne directe : 100 000 €) × 20 %] – 1 806 € = 3 194 € par enfant, soit 6 388 € pour les deux.

Deux ans après le décès, en 2024, le conjoint survivant procède à une **donation en nue-propriété** qui porte sur les appartements locatifs, d'une valeur en pleine propriété totale de 310 000 €. L'usufruitière étant âgée de 73 ans, la nue-propriété transmise doit être évaluée à 70 %. Chaque enfant bénéficie d'un nouvel abattement de 100 000 €.

310 000 € × 70 % = 217 000 €, soit 108 500 € par enfant

Droits à acquitter : [(108 500 € – 100 000 €) × 10 %] – 404 € = 446 € par enfant, soit 892 € pour les deux.

Le conjoint prend en charge le paiement de ces droits.

Validation du schéma Le cantonnement suivi de la donation partielle de ses droits successoraux par le conjoint survivant permet la transmission à très faible coût d'une partie des biens du défunt (dans l'exemple ci-dessus, 7 280 € de droits au total pour un patrimoine transmis de 560 000 €, ce montant correspondant à la valeur en pleine propriété des biens transmis au décès et par donation, soit un taux d'imposition de 1,3 %). Ce schéma permet de réaliser une économie de près de 30 000 € par enfant si on le compare à la situation dans laquelle les biens ultérieurement donnés auraient été inclus dans la part des héritiers (l'économie de 30 000 € repose sur une valeur transmise aux enfants de 250 000 € + 310 000 €, soit 560 000 € (280 000 € chacun), correspondant à une base taxable de 180 000 € sur laquelle chaque enfant doit payer des droits de l'ordre de 30 000 €, mais ne tient toutefois pas compte de la double transmission, donc de la double application de l'abattement de 100 000 €). De surcroît, le conjoint peut prendre en charge le paiement des droits de donation, ce qui n'aurait pas été possible sans conséquences fiscales pour les droits de succession. 49285

Cette optimisation n'est pas constitutive d'un abus de droit. En effet, le cantonnement est un « outil » juridique laissé à la libre disposition du conjoint. Il s'en sert ou non et décide ensuite du niveau où il place le curseur entre les biens qu'il conserve et ceux qu'il abandonne. De même, initier la transmission du patrimoine reçu deux ans après le décès n'est pas critiquable sur le terrain de l'abus de droit.

PRATIQUE DES LEGS NETS DE DROITS

Un second schéma d'optimisation, proposé par Maître Axel Depondt (Sol. Not. 3/11 inf. 78), consiste à faire bénéficier les époux et les partenaires de Pacs des avantages fiscaux attachés à la pratique des legs nets de droits. Il s'agit d'une technique déjà utilisée pour permettre aux associations reconnues d'utilité publique et aux fondations exonérées de droits de succession de profiter de la générosité de défunts mus par cette incitation fiscale (n° 50050). 49290

Supposons qu'une personne détenant une fortune de 1 000 000 € veuille gratifier une personne avec laquelle elle n'a pas de lien matrimonial ou de parenté. Si elle l'institue légataire universelle, les droits seront de 60 % et il ne restera que 400 000 € (on néglige l'abattement de 1 594 € applicable à défaut d'autre abattement).

En instituant une association caritative, exonérée de droits de mutation, légataire universelle, à charge pour elle de délivrer un legs net de 400 000 € au gratifié, les droits seront de 240 000 € (60 % du legs) et seront supportés par l'association, qui gardera la différence, soit 360 000 €.

Les époux et les partenaires de Pacs peuvent bénéficier des mêmes avantages puisqu'eux aussi sont exonérés de droits de succession.

EXEMPLE

Un époux souhaite gratifier un tiers qui n'est pas son enfant ni un enfant de sa femme. S'il gratifie ce tiers, les droits seront de 60 % sans abattement. Il resterait donc 400 000 € nets pour un legs de 1 000 000 €.

S'il gratifie sa femme à charge pour elle de délivrer un legs net de droits à ce tiers, les droits seront calculés sur le montant légué uniquement, c'est-à-dire que, sur 1 000 000 €, le tiers recevra au maximum 625 000 €. Et la succession sera amputée de 1 000 000 €.

Si le mari a un enfant d'une première union qu'il veut gratifier, il serait, très paradoxalement, plus économique de le faire via son épouse que directement car, et toujours dans notre exemple, si la somme totale du legs et des droits doit être de 1 000 000 €, il en coûterait 212 962 € de droits en faisant hériter l'enfant directement, alors qu'il n'en coûterait que 163 817 € en présence d'un legs universel à charge de consentir un legs net de droits.

Naturellement, les avantages ainsi décrits peuvent se cumuler avec ceux de l'assurance-vie, c'est-à-dire qu'à un legs net de droits peut s'ajouter un capital décès.

INTÉRÊTS COMPARÉS DES DEUX SCHÉMAS

49295 Alors que le schéma proposé par Maître Michel Giray (n° 49275) permet de bénéficier deux fois des abattements sur l'actif transmis (pour le calcul des droits de succession puis des droits de donation) et des taux les moins élevés du tarif, celui préconisé par Maître Axel Depondt (n° 49290) conduit à ne calculer les droits que sur ce qui est effectivement reçu, et donc à économiser les droits sur les droits.

En règle générale, le **premier schéma** sera à privilégier pour les transmissions en ligne directe de patrimoines moyens ou peu importants, l'application des abattements pouvant réduire de manière très significative le montant des droits de mutation. Le **second schéma,** qui permet d'économiser les droits sur les droits pris en charge par le conjoint survivant, institué légataire universel, peut être mis en œuvre avec profit lorsque ce dernier est chargé de délivrer un legs particulier soumis à un taux de taxation élevé (legs important et/ou bénéficiaire non successible). Un **cumul** ou un panachage des méthodes peut également être envisagé dans certaines situations.

CONSEIL

En tout état de cause, l'intervention d'un praticien expérimenté est **fortement recommandée** pour définir la solution la plus pertinente sur le plan patrimonial et prendre les précautions qui s'imposent afin de prévenir tout risque d'abus de droit ou de requalification.

SECTION 2 AUTRES PERSONNES EXONÉRÉES

A. Frères et sœurs vivant ensemble

CONDITIONS DE L'EXONÉRATION

49390 Est totalement exonérée la part recueillie par chaque frère ou sœur du défunt qui remplit les **conditions** suivantes (CGI art. 796-0 ter) :

– être célibataire, veuf, divorcé ou séparé de corps au moment du décès ;

– toujours au moment du décès, avoir plus de 50 ans ou être atteint d'une infirmité le mettant dans l'impossibilité de subvenir par son travail aux nécessités de l'existence. Aucun taux d'invalidité n'étant fixé par la loi, cette condition doit être appréciée au cas par cas (BOI-ENR-DMTG-10-20-10 n° 40) ;

– avoir été constamment domicilié avec le défunt pendant les cinq ans ayant précédé son décès. L'administration se réfère aux dispositions des articles 102 et suivants du Code civil pour déterminer si le défunt et l'héritier ont eu un domicile commun. Cette notion civile du domicile n'implique pas une cohabitation constante. Il en résulte, par exemple, que ce domicile commun peut être fixé à la résidence d'un tiers : parent, autre héritier ou maison de retraite.

La **preuve de la cohabitation** est apportée par l'héritier qui produit, entre autres documents, des attestations de voisins proches, un certificat médical attestant de la nécessité de sa présence auprès de sa sœur âgée et malade, une carte d'électeur et des attestations de remboursement de soins ou des courriers de mutuelle mentionnant l'adresse commune. Il importe peu que l'intéressé déclare ses revenus et paie la taxe d'habitation au titre d'une résidence principale située à une autre adresse (CA Aix-en-Provence 23-6-2015 n° 14/11066 : RJF 10/15 n° 856, BPAT 5/15 inf. 179 ; dans le même sens CA Angers 24-5-2016 n° 13/02628 : RJF 10/16 n° 899 ; Sol. Not. 7/16 inf. 155).

Par mesure de tempérament, l'administration accorde l'exonération lorsque la cohabitation a cessé pour des raisons de santé (hospitalisation, placement en maison médicalisée, etc.), à condition qu'elle ait duré au moins cinq ans à la date à laquelle elle a cessé (BOI-ENR-DMTG-10-20-10 n° 50).

ATTENTION

L'exonération ne peut pas bénéficier aux héritiers qui viennent en **représentation** d'une personne qui aurait été susceptible de bénéficier personnellement de cette exonération (BOI-ENR-DMTG-20-30-20-10 n° 40).

JUSTIFICATIFS

Les héritiers qui estiment remplir les conditions de l'exonération doivent donner toutes préci- **49395**
sions sur leur **qualité de célibataire, veuf, divorcé ou séparé de corps.** Dans ces deux derniers cas, ils doivent indiquer la date du jugement et le siège du tribunal qui a statué.

En ce qui concerne la **communauté de domicile,** ils doivent fournir toutes indications utiles pour permettre à l'administration d'exercer son contrôle (BOI-ENR-DMTG-10-20-10 n° 60).

Ces éléments **justificatifs** doivent être produits lors du dépôt de la déclaration de succession.

Le **droit de partage** reste dû, le cas échéant, lors du partage ultérieur de la succession. Pour le cas où le frère ou la sœur exonéré est le seul héritier et où des biens ou droits immobiliers sont transmis, voir n° 49210.

Lorsque les conditions de l'exonération ne sont pas réunies, les successions entre frères et sœurs sont imposables après déduction d'un abattement (voir n° 50320) et au tarif indiqué n° 50570.

B. Autres exonérations

Les **personnes dispensées** du dépôt **de la déclaration de succession** sont exonérées de **49445**
droits de succession : voir n° 51205.

Sur les **autres exonérations,** voir n°s 44860 s.

CHAPITRE 4

CALCUL DES DROITS DE SUCCESSION

SOMMAIRE

MODALITÉS DE CALCUL

Les droits de succession sont calculés sur la **part nette revenant à chaque héritier ou légataire non exonéré** (CGI art. 777). Cette part nette est déterminée en faisant application des règles de la dévolution successorale et en tenant compte, s'il en existe, des dispositions à cause de mort prises par le défunt. 50000
La part nette des héritiers est diminuée d'un ou plusieurs **abattements** forfaitaires. On obtient alors la base de calcul de l'impôt, sur laquelle sont appliqués les **tarifs** des droits de succession dont le taux varie en fonction du lien de parenté entre le défunt et le bénéficiaire. Enfin, une **réduction** peut s'appliquer dans certains cas sur le montant des droits dus.

SECTION 1

INCIDENCES DES DONATIONS ANTÉRIEURES À L'HÉRITIER OU LÉGATAIRE

Nous étudions ci-après les **conséquences fiscales** des mécanismes civils du **rapport** et de la **réduction** des libéralités, pour le calcul des droits de succession (pour le droit de partage, voir n°s 63910 s.). 50010
Sur le **rappel fiscal** des donations antérieures, voir n°s 50105 s.

A. Incidences fiscales des règles civiles

INCIDENCES DU RAPPORT CIVIL

Le rapport des donations (voir étude d'ensemble n°s 30900 s.) n'a pas d'incidence fiscale directe, puisque le rapport civil n'est jamais taxé. Pour la **détermination de la part nette de** 50015

l'héritier débiteur du rapport, et quel que soit le mode d'évaluation retenu pour ce dernier, les donations reçues sont déduites pour le montant pour lequel elles ont été rapportées à la succession (BOI-ENR-DMTG-10-50-10 n° 80). On notera toutefois que, quelques lignes après avoir énoncé cette règle, qui semble évidente, l'administration se contredit en ajoutant que « pour l'application du tarif, et notamment pour déterminer si l'abattement subsiste en tout ou partie, il est tenu compte de la valeur du bien au jour de la donation ». Cet ajout est manifestement une erreur.

Si le montant du rapport excède la part du donataire dans la succession, l'excédent (c'est-à-dire l'indemnité de rapport) est déduit proportionnellement de la part nette taxable revenant à chacun de ses cohéritiers (BOI-ENR-DMTG-10-50-10 n° 70).

EXEMPLE

M. Lambert a deux fils, Antoine et Benoît. Le 14 juin 2006, il donne 300 000 € à Antoine en avancement de part successorale.

Liquidation de la donation

– masse taxable : 250 000 € (= 300 000 € – 50 000 € d'abattement personnel)
– montant des droits réglés en 2006 = 48 300 €

M. Lambert décède le 15 mars 2023. Il laisse un actif net successoral de 260 000 €. Antoine rapporte la donation reçue pour 300 000 €, soit un total de 560 000 € revenant à chacun des deux enfants pour 280 000 €.

Liquidation des droits dus par Antoine : en raison de la donation antérieure, Antoine ne recueille rien lors de l'ouverture de la succession de son père. Il a reçu un excédent de 20 000 €, taxé en 2006.

Liquidation des droits dus par Benoît : Benoît, qui n'a reçu antérieurement aucune donation, recueille lors de la succession l'intégralité de sa part héréditaire, soit 280 000 €.

Il peut déduire de sa part l'excédent touché par son frère, qui a déjà été taxé en 2006.

– part taxable : 260 000 €
– abattement personnel : 100 000 €
– part taxée : 160 000 €
– montant des droits dus par Benoît lors du dépôt de la déclaration de succession = 30 194 €.

50020 Le fait que le rapport civil ne soit pas taxé ne signifie pas qu'il n'a pas d'incidence fiscale. En fonction de la **valorisation retenue pour le rapport,** la part taxable du débiteur du rapport sera plus ou moins diminuée et celle de ses cohéritiers bénéficiaires du rapport plus ou moins augmentée.

EXEMPLE

Soit une succession ab intestat ouverte le 19 septembre 2023. Le défunt, qui est veuf, laisse pour lui succéder ses deux enfants, Anatole et Corentine (eux-mêmes sans descendance). Il avait consenti en 2000 à son fils Anatole une donation en avancement de part successorale :

– valeur des biens donnés au jour de la donation : 50 000 € ;
– valeur à l'époque du partage : 80 000 €.

Corentine n'a reçu aucune donation de son père.

Les biens laissés par le défunt sont évalués à 370 000 €.

1e hypothèse : rapport à la valeur au jour de la donation (en exécution d'une clause dans l'acte de donation)

Actif successoral :	370 000 €
Rapport d'Anatole :	50 000 €
Total :	420 000 €

Revenant pour moitié à chacun des enfants, soit 210 000 €.

a. Droits dus par Anatole

Part héréditaire	210 000 €
Rapport	– 50 000 €
Reste	160 000 €
Abattement personnel	– 100 000 €
Part taxable	60 000 €
Droits à payer	10 194 €

b. Droits dus par Corentine

Part héréditaire	210 000 €
Pas de rapport	
Reste	210 000 €
Abattement personnel	– 100 000 €
Part taxable	110 000 €
Droits à payer	20 194 €

2nde hypothèse : rapport à la valeur à l'époque du partage (droit commun)

Actif successoral :	370 000 €
Rapport :	80 000 €
Total :	450 000 €

Revenant pour moitié à chacun des enfants, soit 225 000 €.

a. Droits dus par Anatole

Part héréditaire	225 000 €
Rapport	– 80 000 €
Reste	145 000 €
Abattement personnel	– 100 000 €
Part taxable	45 000 €
Droits à payer	7 194 €

b. Droits dus par Corentine

Part héréditaire	225 000 €
Pas de rapport	
Reste	225 000 €
Abattement personnel	– 100 000 €
Part taxable	125 000 €
Droits à payer	23 194 €

ATTENTION

Le plus souvent, le dépôt de la déclaration de succession (dans les six mois du décès) intervient avant le partage. Dans ce cas, on ne peut retenir que la **valeur du bien à la date du décès,** et la question se pose de savoir s'il faut procéder à une nouvelle liquidation des droits si la valeur du bien a **sensiblement varié** entre la date du décès et l'**époque du partage.** À notre connaissance, l'administration fiscale ne s'est pas clairement prononcée sur ce problème. Sur ce sujet, voir l'étude de M. Chappert, Defrénois 1996, article 36274.

INCIDENCES DE LA RÉDUCTION

En présence d'une donation hors part successorale réduite à raison d'un empiétement sur la réserve (voir n°s 32700 s.), l'indemnité de réduction est à notre avis soumise aux droits de succession, même si la donation réduite a déjà été taxée aux droits de donation (au moment de la donation). **50025**

INCIDENCES DU MODE DE PARTAGE DE LA SUCCESSION

Les règles diffèrent selon que le **partage** est **pur et simple ou non,** ce qui a des conséquences lorsque l'actif successoral comporte un ou plusieurs biens exonérés. **50030**

Un partage est **défini** comme pur et simple lorsqu'il ne comporte ni soulte (pour rétablir l'égalité des lots), ni plus-value (l'inégalité des lots n'étant pas compensée).

Ne constitue pas un partage pur et simple (BOI-ENR-DMTG-10-50-10 n° 40) :

– celui qui contient une répartition inégale du passif car il y a alors soulte à la charge de celui qui supporte une fraction de passif supérieure à sa part virile ;

– celui qui attribue à un copartageant des biens sur lesquels il n'avait aucun droit, même si aucune soulte n'est versée pour compenser la différence entre les attributions.

50035 En présence d'un **partage avec soulte ou plus-value,** les droits sont calculés en fonction des attributions théoriques de chacun : il convient de fixer la part revenant à chaque ayant droit dans l'actif brut successoral, de laquelle est retranchée la part de passif déductible qui lui incombe ainsi que les donations en avancement de part successorale qu'il a pu recevoir du défunt.

Pour déterminer la part nette revenant aux ayants droit tenus au paiement du passif proportionnellement à leur émolument (héritiers, légataires universels ou à titre universel), le montant total des dettes est déduit de l'actif brut successoral. Les parts nettes sont calculées sur le résultat ainsi obtenu. En présence de légataires particuliers, non tenus au paiement des dettes, les dettes et les legs particuliers sont déduits de l'actif brut successoral. Les parts nettes des héritiers, légataires universels ou à titre universel sont alors calculées sur cette différence. Cette manière de procéder évite d'effectuer la répartition du passif (BOI-ENR-DMTG-10-50-10 n° 220).

Pour un exemple en matière de donation-partage, voir n° 11405.

50040 Lorsque le **partage** est **pur et simple,** c'est-à-dire qu'il ne comporte ni soulte, ni plus-value, les droits sont calculés en fonction des attributions réelles de chaque copartageant, ce qui favorise l'héritier alloti des biens exonérés. Pour un exemple en matière de donation-partage, voir n° 11395.

ATTENTION

Dans le cas le plus fréquent où la **déclaration de succession** est **déposée avant la réalisation des opérations de partage,** les droits de succession sont d'abord calculés selon les règles applicables aux partages avec soulte ou plus-value et font ensuite, le cas échéant, l'objet d'une nouvelle liquidation qui peut faire apparaître un supplément de droits ou au contraire un trop-perçu restituable dans le délai de réclamation contentieuse (BOI-ENR-DMTG-10-50-10 n° 40).

LEGS NET DE DROITS

50045 Lorsque le testament met à la charge des héritiers les droits de succession dus sur un legs particulier, cette disposition n'a pas pour effet d'augmenter la valeur du legs ni, par voie de conséquence, l'**assiette de l'impôt.**

Par **exemple,** pour un legs de 100 et un taux d'imposition de 60 %, les droits mis à la charge des héritiers s'élèvent à 60 (soit 100 × 60 %), et non à 96 (160 × 60 %).

Ce type de clause n'est pas **opposable** à l'administration, qui peut réclamer au légataire le paiement des droits exigibles sur son legs (en ce sens, notamment, BOI-ENR-DG-50-10-20 n° 160 ; BOI-ENR-DMTG-10-40-20-10 n° 240). La règle est la même pour le supplément de droits consécutif à un redressement sur la valeur du bien légué, qui peut être recouvré auprès du légataire (CA Limoges 9-5-2012 n° 11/00753 : Sol. Not. 7/12 inf. 186).

50050 **Intérêt du legs net de droits** Le legs net de droits peut par exemple être utilisé par un testateur qui souhaite gratifier deux **associations,** l'une exonérée, l'autre non.

EXEMPLE

En supposant que le patrimoine du testateur s'élève à 1 000 000 € et qu'il souhaite laisser sensiblement le même montant à deux associations, il instituera légataire universelle l'association exonérée à charge pour elle de délivrer un legs net de droits de 385 000 € à l'autre association. Les droits dus sur ce legs s'élèveront à 60 % × (385 000 € – 1 594 €) = 230 044 €.

L'association exonérée conservera donc 1 000 000 € – 385 000 € – 230 044 € = 384 956 €. Quant à l'association non exonérée, elle recevra le montant de son legs, soit 385 000 €.

50055 Le legs net de droits peut également être utilisé pour gratifier une **personne physique,** notamment en instituant légataire universel le conjoint ou le partenaire de Pacs survivant (ou toute personne exonérée) à charge pour lui de délivrer un legs particulier à une autre personne (voir sur cette question, n° 49290).

B. Rappel fiscal des donations antérieures

MÉCANISME DU RAPPEL FISCAL

Lorsque des **donations** ont été consenties **par le défunt (ou le donateur) au même bénéficiaire** (héritier, légataire ou donataire), la liquidation des droits de succession (ou de donation) est sauf exceptions effectuée : 50105

– en ajoutant à la valeur des biens compris dans la déclaration de succession (ou dans la donation actuelle) la valeur des biens qui ont fait l'objet de donations antérieures, à l'exception de celles passées depuis plus de 15 ans ;

– et, lorsqu'il y a lieu à application d'un tarif progressif, en considérant ceux de ces biens dont la transmission n'a pas encore été assujettie aux droits de mutation à titre gratuit comme inclus dans les tranches les plus élevées de l'actif imposable (CGI art. 784, al. 2).

De la même façon, pour le calcul des abattements et réductions bénéficiant à la nouvelle mutation, il est tenu compte des abattements et des réductions effectués sur les donations antérieures consenties par la même personne (CGI art. 784, al. 3).

Le mécanisme de rappel fiscal des donations antérieures défini par l'article 784 du CGI a été validé par le Conseil constitutionnel, sous réserve toutefois que la liquidation des droits dus lors de la nouvelle transmission ne remette pas en cause les **perceptions antérieures** (Cons. const. QPC 9-12-2016 n° 16-603 : RJF 2/17 n° 161).

ATTENTION

Le calcul des droits sur la nouvelle mutation ne remet pas en cause les **droits** qui ont été liquidés **sur la première mutation,** car cette **liquidation** est **définitive.** De ce fait, la somme des perceptions successives n'est pas forcément égale à l'impôt qui aurait été exigible si la perception avait été effectuée globalement lors de la dernière transmission (BOI-ENR-DMTG-10-50-50 n° 100). En cas de diminution de l'abattement et/ou de hausse des tarifs notamment, le fait que la **taxation porte uniquement sur les nouveaux biens transmis** (et non sur l'ensemble, avec soustraction des droits correspondant à ceux dus sur la première mutation) est favorable aux contribuables (voir n°s 50120 s.).

CHAMP D'APPLICATION DU RAPPEL FISCAL

Le rappel fiscal touche en principe toutes les donations antérieurement consenties par le défunt à ses héritiers et légataires ou, en cas de nouvelle donation, par le même donateur au même donataire. 50110

La **forme des donations** est indifférente, le rappel fiscal concernant aussi bien les donations passées par acte notarié que les dons manuels, les donations déguisées ou les donations indirectes (en ce qui concerne le cas particulier de la donation indirecte résultant de la prise en charge des droits par le donateur, voir n° 6380).

Est également sans incidence le caractère **rapportable ou non** rapportable de la donation sur le plan civil : les donations hors part successorale sont sujettes au rappel fiscal comme les donations en avancement de part successorale.

Enfin, il n'y a pas lieu de distinguer entre **donation simple** et **donation-partage** (pour le cas particulier des donations-partages transgénérationnelles, voir n° 11615).

Sont seuls **dispensés du rappel fiscal** : 50115

– les **dons familiaux de sommes d'argent** exonérés mentionnés n°s 5035 s. ;

– et les **donations** qui ont été présentées à la formalité de l'enregistrement depuis **plus de 15 ans** à la date du décès ou à la date à laquelle la nouvelle donation a acquis date certaine (CGI art. 784, al. 2). Par exemple, si une succession s'ouvre ou si une nouvelle donation est consentie le 1er octobre 2023, les donations enregistrées avant le 1er octobre 2008 sont dispensées du rappel fiscal.

> Précisions Le délai de 15 ans s'applique aux décès survenus et aux donations consenties depuis le **17 août 2012** (Cass. com. 22-11-2016 n° 15-14.897 FS-D : RJF 3/17 n° 277). Il était, sauf rares exceptions, de 10 ans pour les décès survenus et les donations consenties du 31 juillet 2011 au 16 août 2012, de 6 ans du 1er janvier 2006 au 30 juillet 2011, et de 10 ans auparavant.

CONSÉQUENCES DU RAPPEL FISCAL

Le rappel fiscal des donations de moins de 15 ans a des conséquences sur le **calcul des droits grevant la nouvelle mutation.** Ces conséquences concernent le calcul des abattements personnels, le tarif applicable et, le cas échéant, les réductions de droits (CGI art. 784, al. 2 et 3). 50120

Sur l'**intangibilité des perceptions antérieures** sur les donations rapportées, voir n° 50105.

50125 **Abattements personnels** Les **abattements** personnels sont appliqués sur la base taxable de la nouvelle mutation, déduction faite de ceux dont les intéressés ont déjà bénéficié sur la ou les donations antérieures de moins de 15 ans.

Si ces abattements sont supérieurs à celui applicable au jour de la nouvelle mutation, ce qui peut se produire par exemple en raison de la nette diminution de l'abattement en ligne directe opérée en août 2012, aucun abattement ne s'applique à la nouvelle mutation (voir exemple nº 50135), mais les droits ne sont en aucun cas recalculés avec ce nouvel abattement minoré.

Pour déterminer si l'abattement subsiste en tout ou partie et appliquer le tarif progressif des droits, les biens transmis sont retenus pour leur valeur au jour de la donation qui fait l'objet du rappel fiscal (BOI-ENR-DMTG-10-50-10 nº 80).

Si un héritier vient à la succession par **représentation,** il est tenu compte des abattements dont son auteur a bénéficié à raison de donations antérieures provenant du défunt (BOI-ENR-DMTG-10-50-50 nº 110). En pratique, le représentant ne peut bénéficier que du solde d'abattement du représenté, ce solde se divisant entre tous les représentants.

Ces principes sont applicables quel que soit le nombre de donations consenties au cours des 15 années précédentes.

EXEMPLE

Le 10 janvier 2005, M. Lebon donne à son fils Jean par acte notarié la somme de 40 000 €. Cette première donation ne donne pas lieu à perception de droits, son montant étant couvert par l'abattement alors en vigueur de 50 000 €.

Le 15 avril 2013, M. Lebon donne à Jean par acte notarié la somme de 150 000 €. En raison de la donation effectuée moins de 15 ans auparavant, seul peut être utilisé le solde de l'abattement de 100 000 € alors en vigueur, soit 60 000 €, le surplus étant taxable.

Le 28 janvier 2023, soit moins de 15 ans après la donation du 15 avril 2013, M. Lebon donne à Jean un studio d'une valeur de 120 000 €. Seule la fraction de l'abattement utilisé en 2013, soit 60 000 €, doit être déduite de l'abattement de 100 000 €, et non la totalité des abattements déduits en 2005 et 2013. Ainsi, alors même qu'elle n'est pas fiscalement rapportable, la donation effectuée en 2005 est prise en compte de manière indirecte pour la liquidation des droits de mutation à titre gratuit grevant la donation consentie en 2023 (le montant de l'abattement appliqué en 2005 et imputé en 2013 redevient en quelque sorte disponible en 2023) (BOI-ENR-DMTG-10-50-50 nº 280, exemple actualisé par nos soins).

50130 **Application du tarif** Lorsque la nouvelle mutation donne lieu à l'application d'un **tarif progressif** (transmission en ligne directe, notamment), les tranches les plus basses ne sont applicables que dans la mesure où elles n'ont pas été épuisées par des donations de moins de 15 ans ; si elles ont été partiellement utilisées, elles sont reprises pour leur solde ; au-delà, le tarif s'applique normalement.

Pour l'application de ces règles, l'administration préconise de suivre la **méthode** suivante (BOI-ENR-DMTG-10-50-50 nº 290) :

– les tranches les plus basses qui n'ont pas servi pour l'imposition des donations passées depuis moins de 15 ans sont utilisées en priorité ;
– les tranches qui ont totalement servi pour l'imposition des donations de moins de 15 ans ne sont pas utilisées ;
– les tranches qui ont été partiellement utilisées dans ce même délai sont reprises pour leur solde ;
– au-delà, le tarif s'applique normalement.

En dépit de leur formulation complexe, ces indications ne doivent pas égarer le lecteur. Lorsqu'une mutation à titre gratuit a été précédée d'une ou plusieurs **donations de moins de 15 ans** soumises au rappel fiscal, il suffit d'imputer sur chaque tranche d'imposition normalement applicable à la nouvelle mutation le montant total des **sommes** qui ont été **effectivement taxées** au taux de cette tranche lors de ces donations antérieures.

N'étant pas soumises au rappel fiscal, les **donations de plus de 15 ans** ne sont pas prises en compte. Mais la circonstance qu'une donation de plus de 15 ans a été rappelée à l'occasion d'une donation ultérieure de moins de 15 ans (donation intercalaire) est sans incidence sur l'imputation, selon les modalités mentionnées à l'alinéa précédent, des sommes taxées lors de cette deuxième donation.

Ces principes peuvent être illustrés par les exemples suivants (en ce qui concerne la liquidation des droits dans le cas particulier d'un **excédent de rapport,** voir nº 50015).

50135 Hypothèse d'**une seule donation au cours des 15 années précédentes**

M. Martin, âgé de 83 ans, a donné à son fils unique le 1er juin 2010 un immeuble valant 500 000 €.

Lors de l'enregistrement de l'acte de donation, les droits ont été calculés ainsi :

Montant de la donation :	500 000 €
– abattement applicable en 2010 :	– 156 974 €
Masse taxable	343 026 €

Tarif applicable en 2010

– 5 % sur 7 953 €	398 €
– 10 % sur 3 977 €	+ 398 €
– 15 % sur 3 767 €	+ 565 €
– 20 % sur 327 329 €	+ 65 466 €
Total :	66 827 €

M. Martin décède en avril 2023.

L'actif net de sa succession s'élève à 800 000 €, revenant en totalité à son fils.

Actif net successoral :	800 000 €
– abattement disponible :	0 € (100 000 € – 156 974 €)
Part taxable	800 000 €

Tarif applicable en 2023

– 5 % sur 119 € (soit 8 072 € – 7 953 € déjà utilisés)	6 €
– 10 % sur 60 € (soit 4 037 € – 3 977 € déjà utilisés)	+ 6 €
– 15 % sur 56 € (soit 3 823 € – 3 767 € déjà utilisés)	+ 9 €
– 20 % sur 209 063 € (soit 536 392 € – 327 329 € déjà utilisés)	+ 41 813 €
– 30 % sur 350 514 € (soit 902 838 € – 552 324 €)	+ 105 154 €
– 40 % sur 240 188 € (soit 800 000 € – 559 812 €)	+ 96 075 €
Total =	243 063 €

Hypothèse de plusieurs **donations successives au cours des 15 années précédentes** 50140

Mêmes données que l'exemple précédent, mais on suppose que M. Martin a donné un second immeuble valant 150 000 € à son fils unique le 15 mars 2012.

L'actif net de la succession demeure fixé à 800 000 €.

La liquidation des droits acquittés en 2010 est bien entendu inchangée.

La donation effectuée en mars 2012 a été taxée comme suit :

Montant de la donation :	150 000 €
Abattement disponible :	2 351 € (159 325 – 156 974)
Masse taxable :	147 649 €

Tarif applicable en 2012

– 5 % sur 119 € (soit 8 072 € – 7 953 € déjà utilisés)	6 €
– 10 % sur 60 € (soit 4 037 € – 3 977 € déjà utilisés)	+ 6 €
– 15 % sur 56 € (soit 3 823 € – 3 767 € déjà utilisés)	+ 8 €
– 20 % sur 147 414 € [soit 147 649 € – (119 + 60 + 56)]	+ 29 483 €
Total =	29 503 €

Au décès de M. Martin en 2023, la liquidation des droits de succession s'opère de la manière suivante

Actif net successoral =	800 000 €
Abattement disponible =	0 € (100 000 – 159 325)

Tarif applicable en 2023

Les tranches taxées à 5 %, 10 % et 15 % ont déjà été utilisées en totalité.

– 20 % sur 61 649 € (soit 536 392 € – [327 329 € utilisés en 2010 et 147 414 € utilisés en 2012]) =	12 330 €
– 30 % sur 350 514 € (soit 902 838 € – 552 324 €)	+ 105 154 €
– 40 % sur 387 837 € (soit 800 000 € – 412 163 €)	+ 155 135 €
Total =	272 619 €

50145 Hypothèse de **plusieurs donations successives sur une période supérieure à 15 ans**

M. Durand a deux fils, André et Bernard, auxquels il a consenti des donations en avancement de part successorale :

– le 14 août 2006, donation à André de la somme de 130 000 € ;

– le 5 juin 2012, donation à André d'un appartement valant 200 000 € et donation à Bernard d'une maison valant 250 000 €.

Ces donations successives ont donné lieu aux perceptions suivantes compte tenu des barèmes applicables respectivement en 2006 et 2012.

Donation du 14 août 2006 à André

Montant de la donation : 130 000 €

– abattement personnel : 50 000 €

Part taxable : 80 000 €

Montant des droits : (7 600 € × 5 %) + (3 800 € × 10 %) + (3 600 € × 15 %) + (65 000 € × 20 %) = 14 300 €

Donation du 5 juin 2012 à André

En raison du rappel fiscal de la donation du 14 août 2006 (le délai de rappel était alors de 10 ans), les droits ont été calculés comme suit :

Montant de la donation : 200 000 €

Abattement personnel : 109 325 € [abattement en ligne directe applicable en juin 2012 (159 325 €) – abattement utilisé lors de la première donation (50 000 €)]

Part taxable : 90 675 €

Montant des droits : [(8 072 € – 7 600 €) (barème applicable au moment de la première donation) × 5 %] + [(4 037 € – 3 800 €) × 10 %] + [(3 823 € – 3 600 €) × 15 %] + [89 743 € × 20 %] = 18 029 €

Donation du 5 juin 2012 à Bernard

Montant de la donation : 250 000 €

Abattement personnel : 159 325 € (pas de donation antérieure)

Part taxable : 90 675 €

Montant des droits : (8 072 € × 5 %) + (4 037 € × 10 %) + (3 823 € × 15 %) + (74 743 € × 20 %) = 16 329 €

M. Durand décède le 20 octobre 2023 en laissant un actif net successoral de 420 000 €. André et Bernard rapportent les donations qu'ils ont reçues en avancement de part successorale (respectivement 330 000 € et 250 000 €), soit un total de 1 000 000 € revenant à chacun des deux enfants pour 500 000 €.

Liquidation des droits de succession dus par André

En raison des donations antérieures, la part d'André dans la succession s'élève à 170 000 € (500 000 – 330 000).

Abattement personnel : 0 € [100 000 € – 109 325 € (abattement utilisé en 2012)]. Il n'y a pas lieu d'imputer l'abattement utilisé pour la première donation (50 000 €), celle-ci étant intervenue le 14 août 2006, soit depuis plus de 15 ans.

Masse taxable : 170 000 €

André bénéficie des tranches du barème utilisées en 2006 (la donation du 14 août 2006 n'étant plus soumise au rappel fiscal), mais les tranches utilisées pour la donation du 5 juin 2012 ne sont pas disponibles (ou seulement à hauteur du solde non utilisé).

Calcul des droits

5 % sur 7 600 € [soit 8 072 € – 472 € (fraction utilisée en 2012)] =	380 €
10 % sur 3 800 € [soit 4 037 € – 237 € (fraction utilisée en 2012)] =	380 €
15 % sur 3 600 € [soit 3 823 € – 223 € (fraction utilisée en 2012)] =	540 €
20 % sur 155 000 € [soit 170 000 € – (7 600 + 3 800 + 3 600)] =	31 000 €
Total des droits =	32 300 €

Liquidation des droits de succession dus par Bernard

En raison de la donation dont il a bénéficié en 2012, la part de Bernard dans la succession s'élève à 250 000 € (500 000 – 250 000).

Abattement personnel : 0 € [100 000 € – 159 325 € (abattement utilisé en 2012)].

Masse taxable : 250 000 €

Les tranches taxées à 5 %, 10 % et 15 % ont déjà été utilisées en totalité lors de la donation de 2012.

Montant des droits de succession : 250 000 × 20 % = 50 000 €.

On a vu précédemment (n° 50125) que si un héritier vient à la **succession par représentation,** il est tenu compte des abattements dont son auteur a bénéficié à raison de donations antérieures provenant du défunt. 50147

En ce qui concerne les **tranches disponibles du barème,** l'hésitation est permise (voir A. Bouquemont, Quel traitement fiscal pour la représentation successorale ? : JCP N 2021 n° 1157) :

– soit l'on considère que le tarif du représenté s'applique au représentant pour déterminer les tranches disponibles, le solde des tranches d'imposition déjà utilisées se partageant entre tous les représentants ;

– soit l'on considère que le représenté bénéficie de son propre barème et que le rappel fiscal n'a pas d'effet sur les tranches d'imposition, chaque représentant disposant de l'intégralité des tranches du barème, sans déduction.

En l'absence de disposition légale ou de prise de position de l'administration sur cette question, nous pensons que cette dernière solution doit être privilégiée.

Calcul des réductions de droits Les réductions de droits éventuellement applicables sont accordées déduction faite de celles dont ont profité les donations consenties par le défunt depuis moins de 15 ans (CGI art. 784, al. 3). En pratique, cette disposition est privée de toute portée depuis la suppression, le 1er janvier 2017, de la réduction de droits prévue en faveur des héritiers, légataires ou donataires chargés de famille (n° 99145). 50150

Délai de reprise Le rappel fiscal a également des effets sur le délai de reprise dont dispose l'administration : la **valeur des biens ayant fait l'objet de la donation antérieure** peut être rectifiée lors de son rappel fiscal et pour les seuls besoins de ce rappel fiscal (LPF art. L 181 B). 50155

EXEMPLE

Une donation enregistrée le 15 septembre 2004 a fait l'objet d'un rappel fiscal au décès du donateur survenu le 15 août 2019. La déclaration de succession a été enregistrée le 20 janvier 2020.

Le droit de reprise de l'administration pour contrôler l'évaluation des biens portés dans la déclaration s'exerce jusqu'au 31 décembre de la 3e année qui suit celle de l'enregistrement de cette déclaration (n° 51420). La valeur des biens donnés en 2004 peut donc être rectifiée dans la déclaration de succession jusqu'au 31 décembre 2023, soit près de 20 ans après la donation ! Cette date limite peut même être reportée au 31 décembre 2025 si la déclaration de succession n'est pas déposée, le délai de prescription expirant dans ce cas le 31 décembre de la sixième année suivant celle du décès (LPF art. L 186 ; BOI-ENR-DMTG-10-50-50 n° 140).

L'article L 181 B du LPF n'autorise l'administration à rectifier la valeur du bien donné dans le délai de 15 ans que pour les besoins du rappel fiscal ; elle ne peut donc redresser que les **droits dus sur la nouvelle mutation** à titre gratuit, et non ceux déjà perçus sur la donation antérieure (dans le même sens, BOI-ENR-DMTG-10-50-50 n° 140). Il en résulte à notre avis les **conséquences** suivantes (voir F. Fruleux, Le nouveau rappel fiscal, lissage en trompe-l'œil et délai de reprise scélérat : JCP N 2011 n° 1258) : 50160

– les droits supplémentaires liés à l'insuffisance d'évaluation sont calculés au tarif applicable au jour de la seconde mutation ;

– lorsque le rappel fiscal fait suite au décès du donateur, les droits supplémentaires consécutifs à la réévaluation du bien sont des droits de succession, et non des droits de donation. Les héritiers ou légataires ne peuvent donc pas bénéficier des réductions de droits qui auraient été applicables, en fonction de l'âge du donateur, en cas de redressement « classique » (ces réductions de droits liées à l'âge du donateur étaient d'application générale avant la loi 2011-900 du 31-7-2011) ;

– l'intérêt de retard n'est dû qu'à compter de la nouvelle mutation.

SECTION 2

ABATTEMENTS

ENJEUX

50260 La part nette revenant à chaque héritier ou légataire non exonéré est diminuée d'**abattements personnels** dont le montant varie selon la qualité du bénéficiaire et, le cas échéant, selon leur nombre.

Certains **dons** consentis par les héritiers peuvent être également déduits.

A. Abattements personnels

1. ABATTEMENT EN LIGNE DIRECTE

RÈGLES GÉNÉRALES

50265 Il est pratiqué sur la part nette de chaque **ascendant** et de chaque **enfant** vivant ou représenté un abattement dont le **montant** est fixé à 100 000 € pour les successions ouvertes (et les donations consenties) depuis le 17 août 2012 (CGI art. 779, I dans sa rédaction issue de l'art. 5, I-C-1° de la loi 2012-958 du 16-8-2012). Certaines hésitations étant apparues concernant la date d'entrée en vigueur de cette disposition, la date du 17 août 2012 a été confirmée par la Cour de cassation (Cass. com. 22-11-2016 n° 15-14.897 FS-D : RJF 3/17 n° 277).

L'abattement est **personnel.** Si la part nette dévolue à un ayant droit ne lui permet pas d'utiliser l'intégralité de son abattement, l'excédent ne peut pas être imputé par un autre ayant droit.

Par ailleurs, en cas de **donations successives à une même personne,** l'administration refuse au redevable des droits la possibilité de renoncer au bénéfice des abattements lors de la première donation pour les reporter sur une donation ultérieure (BOI-ENR-DMTG-20-30-20-20 n° 10).

Pour le montant des abattements en ligne directe applicables **avant le 17 août 2012,** voir n°s 99100 s.

ENFANTS REPRÉSENTÉS

50270 En cas de **représentation d'un enfant** prédécédé ou renonçant, l'abattement se divise selon les règles de la dévolution légale (CGI art. 779, I, al. 2). Par exemple, les quatre petits-enfants qui héritent de leur grand-père, par représentation de leur père prédécédé, le 10 juillet 2023 ont droit à 25 000 € d'abattement chacun (un quart de 100 000 €).

Bien que l'article 779 du CGI ne vise que les enfants « représentés par suite de prédécès ou de renonciation », la représentation est admise pour les descendants d'un **enfant indigne** sur le fondement de l'article 755 du Code civil (n° 22810). En revanche, la représentation successorale ne joue pas au profit des **enfants de l'héritier exhérédé,** c'est-à-dire écarté de la succession par testament (voir n° 50327).

Lorsque l'**enfant renonçant** qui est **représenté** à la succession par ses propres enfants est par ailleurs **bénéficiaire d'un contrat d'assurance-vie** dont les primes sont taxables aux droits de succession (primes versées après les 70 ans de l'assuré), l'abattement de 100 000 € doit être partagé entre l'enfant et les petits-enfants. La répartition peut selon nous s'effectuer par tête (par exemple, 25 000 € chacun si le renonçant a trois enfants) ou au prorata des primes taxables, solution plus avantageuse si le montant de ces primes excède celui de l'abattement calculé selon la première méthode. Seule contrainte : le montant de l'actif successoral doit être déterminé (ou, à tout le moins, proche de l'être) au moment du dépôt de la déclaration partielle n° 2705-A-SD des contrats d'assurance-vie.

50275 En cas de **prédécès,** de **renonciation** ou **d'indignité d'un enfant unique,** l'administration fait bénéficier les petits-enfants de l'abattement entre parents et enfants, bien qu'ils viennent à la succession de leur grand-père ou grand-mère de leur propre chef, et non par représentation (en ce sens, notamment, Rép. Grommerch : AN 15-1-2013 n° 826 ; BOI-ENR-DMTG-10-50-80 n°s 280 et 330).

> **Précisions** **a.** L'abattement en ligne directe peut se cumuler éventuellement avec celui prévu en faveur des **handicapés** (n° 50365) dont bénéficie, le cas échéant, l'héritier ou le donataire et avec l'abattement prévu en cas de libéralités faites par des héritiers à certains organismes (n° 50450).
b. En cas de **donation à un petit-enfant** dont l'auteur est prédécédé, la quote-part d'abattement en ligne directe se cumule avec l'abattement spécifique aux donations aux petits-enfants (n° 5315). Il en est de même en cas de donation aux arrière-petits-enfants, l'abattement spécifique se cumulant avec la quote-part d'abattement en ligne directe.

ENFANTS ADOPTIFS

Nous exposons ici les règles applicables aux transmissions entre adoptants et adoptés. **50280**
Sur les règles particulières applicables en cas de **renonciation à succession,** voir n°s 50270 s.

Enfants ayant fait l'objet d'une adoption plénière Ces enfants étant assimilés à des enfants par le sang (n° 25455), les transmissions entre adoptants et adoptés bénéficient des abattements (n°s 50265 s.) et du tarif (n° 50565) en ligne directe. **50285**

Enfants ayant fait l'objet d'une adoption simple En **principe,** il n'est pas tenu compte du lien créé par l'adoption simple pour l'établissement des droits de mutation à titre gratuit, l'impôt étant calculé en fonction du lien de parenté biologique (ou de l'absence d'un tel lien) entre adoptant et adopté. **50290**

Toutefois, il est prévu un certain nombre d'**exceptions** à ce principe. Il est ainsi fait application des abattements et du tarif en ligne directe pour les transmissions faites en faveur (CGI art. 786) :

1) des **enfants** (et leurs descendants) issus d'un premier mariage **du conjoint de l'adoptant,** (même en cas de divorce postérieur à l'adoption) auxquels sont assimilés les enfants adoptés précédemment (par adoption plénière) par le conjoint de l'adoptant simple et ceux nés d'une autre union (hors mariage) du conjoint de l'adoptant. Ces dispositions s'appliquent même lorsque le conjoint de l'adoptant était décédé au moment de l'adoption (Rép. Bertrand : AN 23-9-2014 n° 47494) ;

2) d'**adoptés qui,** soit dans leur minorité et pendant au moins cinq ans, soit dans leur minorité et leur majorité et pendant au moins dix ans, **ont reçu de l'adoptant des secours et des soins non interrompus.** Les conditions exigées pour bénéficier de ces dispositions diffèrent selon que l'adoptant est décédé durant la minorité ou la majorité de l'adopté :

– lorsque l'**adoptant** est **décédé durant la minorité de l'adopté,** la condition de preuve de soins et de secours est supprimée pour les successions ouvertes depuis le 16 mars 2016 (Loi 2016-297 du 14-3-2016 art. 36). Par suite, l'adopté simple bénéficie, sans autres conditions, du tarif en ligne directe (BOI-ENR-DMTG-10-50-80 n° 72) ;

– lorsque l'**adopté** est **majeur au moment du décès,** la preuve de soins et de secours ininterrompus pendant cinq ans durant la minorité de l'adopté (ou, à défaut, pendant dix ans) demeure exigée. Toutefois, cette condition n'implique pas une **prise en charge** exclusive, mais seulement **continue et principale,** de l'adopté par l'adoptant (CGI art. 786, 3° bis).

ATTENTION

Compte tenu de l'enjeu fiscal, la preuve de la prise en charge continue et principale est interprétée strictement tant par l'administration que par la jurisprudence :

– sous le régime antérieur à la loi précitée du 14 mars 2016, la Cour de cassation a jugé que les conditions d'octroi du régime fiscal des transmissions en ligne directe ne sont pas réunies lorsque l'**adoptante** s'est occupée de sa fille adoptive de manière régulière et attentive (cadeaux, voyages, etc.) mais n'a **jamais vécu avec** elle, **l'enfant** habitant chez ses parents qui pourvoyaient à titre principal à son éducation et à son entretien (Cass. com. 7-4-2009 n° 08-14.407 F-PB : RJF 8-9/09 n° 795, BPAT 3/09 inf. 124) ;

– la cour d'appel de Riom s'est inscrite dans cette ligne jurisprudentielle en refusant le régime des transmissions en ligne directe à un héritier qui soutenait que sa mère défunte et son mari, qui l'avaient adopté par adoption simple, l'avaient hébergé durant six années pendant sa minorité. Pour juger que la condition de continuité des secours et des soins faisait défaut, la cour relève que si les attestations produites établissent que l'adopté a, pendant sa minorité, momentanément quitté ses parents biologiques pour s'installer pour des raisons de santé à La Bourboule afin d'y suivre des cures thermales et qu'il logeait chez la défunte et son mari durant cette période, elles révèlent également des **périodes d'interruption des soins et des secours** à chaque période de vacances scolaires, démontrant l'absence de délaissement particulier des parents biologiques qui aurait amené les adoptants à se substituer à eux dans une prise en charge matérielle, affective et financière continue (CA Riom 2-11-2021 n° 20/00279 : BPAT 1/22 inf. 33) ;

– le tarif de faveur a été refusé, pour des motifs similaires, à un **enfant qui** avait été adopté en la forme simple, à l'âge de dix ans, par sa grand-tante alors âgée de 79 ans. L'intéressé **ne vivait chez sa mère adoptive que quatre mois par an** durant les vacances scolaires et le reste de l'année chez sa mère naturelle. Cette dernière pourvoyait à son hébergement, à son alimentation ainsi qu'à son éducation (CA Rennes 28-2-2023 nº 20/06035 : BPAT 3/23 inf. 141).

Lorsque les conditions d'application du régime fiscal des successions en ligne directe sont réunies, les règles exposées nº 50270 sont applicables si les enfants de l'adopté viennent à la succession par suite de la **renonciation** ou du **prédécès** de ce dernier (CGI art. 786, 6º ; BOI-ENR-DMTG-10-50-80 nº 360).

› Précisions a. En cas de décès d'un **adopté simple sans descendance,** le droit de retour dont bénéficient les ascendants de l'adopté (nº 25450) s'exerce sous le régime fiscal des transmissions en ligne directe (BOI-ENR-DMTG-10-10-10-10 nº 20).

b. Les transmissions **aux pupilles de l'État, de la Nation** ou **de la République** ainsi qu'aux enfants en garde lorsque le défunt a pourvu à leur entretien pendant cinq ans au moins au cours de leur minorité sont également admises au régime fiscal des transmissions en ligne directe (CGI art. 787 A). Cette disposition ne bénéficie pas aux dons et legs consentis après que le bénéficiaire a perdu son statut de pupille de l'État à la suite de son adoption, de sa restitution à ses parents ou de sa majorité (Rép. Brun : AN 8-1-2019 nº 3982 : BF 3/19 inf. 282). Il en va différemment pour les pupilles de la Nation et les pupilles de la République, qui ne perdent pas ce statut à leur majorité ou lors de l'adoption (BOI-ENR-DMTG-10-50-80 nº 195).

2. ABATTEMENT EN LIGNE COLLATÉRALE

50320 Lorsqu'ils ne sont pas exonérés (nº 49390), les **frères et sœurs** bénéficient d'un abattement dont le montant est de 15 932 € pour les successions ouvertes (et les donations consenties) depuis le 1er janvier 2011 (CGI art. 779, IV).

Un abattement d'un montant fixé à 7 967 € depuis la même date est pratiqué sur la part nette de chaque **neveu ou nièce** (CGI art. 779, V). Les neveux et nièces s'entendent des seuls enfants des frères et sœurs du défunt, à l'exclusion de ceux du conjoint de ce dernier (Rép. Le Déaut : AN 30-6-2015 nº 63950). Cette définition est identique à celle retenue pour l'application de l'abattement en faveur des dons familiaux de sommes d'argent visé à l'article 790 G du CGI (BOI-ENR-DMTG-20-20-20 nº 160).

Pour le montant des abattements en ligne collatérale applicables **avant le 1er janvier 2011,** voir nºs 99115 s.

50325 En cas de **représentation d'un frère** (ou d'une sœur) **prédécédé ou renonçant,** il n'y a pas de cumul d'abattements. Seul est applicable l'abattement entre frères et sœurs, qui se divise entre les neveux et nièces représentants selon les règles de la dévolution légale. Par exemple, les trois neveux qui viennent en septembre 2023 à la succession de leur oncle par représentation de leur père prédécédé ont droit chacun à 5 311 € d'abattement (un tiers de 15 932 €). C'est moins que l'abattement personnel prévu en faveur des neveux et nièces, mais l'administration réserve ce dernier abattement aux neveux et nièces qui viennent à la succession de leur propre chef, et non par représentation. Si le partage de l'abattement aboutit à ce que chacun dispose d'un abattement inférieur à celui applicable à défaut d'abattement (nº 50400), l'administration applique toutefois ce dernier (BOI-ENR-DMTG-10-50-80 nº 380).

La représentation successorale prévue en cas de prédécès ou de renonciation de l'héritier bénéficie également aux **enfants de l'indigne** (C. civ. art. 755) mais pas à ceux de l'héritier exhérédé (voir nº 50327).

50327 La représentation de l'**héritier exhérédé par testament** n'étant pas prévue par la loi, la Cour de cassation refuse au neveu du défunt, descendant de l'héritier ainsi exhérédé, le bénéfice de l'abattement et du tarif des droits de succession prévus au profit des frères et sœurs du défunt (Cass. 1e civ. 17-4-2019 nº 17-11.508 FS-PB : BPAT 3/19 inf. 105). Dans cette affaire, une personne est décédée laissant pour lui succéder six neveux et nièces : les cinq enfants de son frère prédécédé et le fils de sa sœur vivante mais exhérédée par testament. La succession légale a été répartie entre eux par représentation de leur ascendant respectif, pour moitié par souche, soit 1/10e pour chacun des enfants du frère prédécédé et 5/10e pour celui de la sœur exhérédée. L'administration fiscale a refusé l'application de la représentation successorale faute de pluralité de souches, celle de la sœur étant éteinte du fait de son exhérédation. Estimant que les neveux et nièces ne pouvaient venir à la succession que de leur propre chef pour 1/6e chacun, elle a recalculé les droits en appliquant l'abattement de 7 967 € et le tarif de 55 % prévus pour les neveux et nièces (CGI art. 779, V et 777). Elle obtient raison en cassation, la Haute Juridiction infirmant la décision d'appel qui avait considéré que les enfants de l'exhérédée par voie testamentaire ne pouvaient pas être traités, au plan civil et fiscal, plus durement que ceux de l'indigne, l'indignité étant assimilée à une exhérédation légale.

ATTENTION

Cette solution écartant la représentation de l'héritier exhérédé peut conduire à l'**exclusion d'une souche,** notamment lorsque cet héritier est en concurrence avec des héritiers de même rang, vivants ou représentés. Par exemple, si le défunt laisse trois frères vivants, dont l'un est exclu par testament, seuls deux d'entre eux hériteront et la souche du dernier sera écartée.

Lorsqu'un neveu (ou nièce) vient à la succession non par représentation mais de son propre 50330
chef, parce que son auteur **prédécédé ou renonçant était l'unique frère (ou sœur) du défunt,** l'administration lui refuse l'abattement (de même que le tarif) applicable entre frères et sœurs (en ce sens, notamment, BOI-ENR-DMTG-10-50-80 n° 330 ; Rép. Grommerch : AN 15-1-2013 n° 826).
Il bénéficie alors de l'abattement personnel prévu à l'article 779, V du CGI (n° 50320) et est taxé sur la part qui lui revient au taux de 55 % (abattement prévu pour les neveux et nièces et tarif entre parents jusqu'au 4e degré inclus). La mesure de tempérament prise par l'administration pour les successions en ligne directe (n° 50275) n'est donc pas applicable en ligne collatérale (pour une critique de la position de l'administration, voir BPAT 5/10 inf. 261, D. Faucher, Successions en ligne collatérale, un patchwork de solutions administratives sans grande cohérence).

Pour les **neveux et nièces qui héritent à la fois par représentation et de leur propre chef** 50335
(au titre d'un legs), il y a une double liquidation des droits. Les neveux et nièces sont, d'une part, appelés en leur qualité de successibles par représentation de leur auteur, frère ou sœur du défunt, prédécédé ou renonçant et, d'autre part, pris en leur qualité de bénéficiaires directs et personnels du contrat d'assurance-vie ou du legs. Ils bénéficient donc :
– d'une part, de l'abattement du représenté·(15 932 €) prévu à l'article 779, IV du CGI et du tarif applicable entre frères et sœurs (35 % et 45 %), sur leur part dans l'actif successoral (biens recueillis en vertu de la dévolution légale, par représentation) ;
– et, d'autre part, de l'abattement personnel (7 967 €) prévu à l'article 779, V du même Code et du tarif prévu pour les neveux (taux de 55 % applicable aux transmissions entre parents jusqu'au 4e degré inclus), sur les sommes perçues au titre de l'assurance-vie souscrite par le défunt à leur profit ou sur les biens reçus en vertu des legs (en ce sens : BOI-ENR-DMTG-10-50-80 n° 390).

La règle est la même pour les neveux et nièces qui héritent par représentation et sont par ailleurs imposables aux droits de succession à raison d'un contrat d'**assurance-vie** souscrit en leur faveur (hypothèse où l'assuré a versé des primes après 70 ans) (BOI-ENR-DMTG-10-50-80 n° 390).

3. ABATTEMENT EN FAVEUR DES HANDICAPÉS

Un abattement est pratiqué sur la part nette de chaque héritier ou légataire (ou donataire) 50365
incapable de travailler dans des conditions normales de rentabilité, en raison d'une infirmité physique ou mentale, congénitale ou acquise (CGI art. 779, II). Le fait que la personne handicapée dispose de revenus suffisants pour subvenir à ses besoins n'est pas un obstacle à l'abattement (CE 5-1-2005 n° 261049 : RJF 3/05 n° 280, BPAT 2/05 inf. 58).

Le **montant** de l'abattement est fixé à 159 325 € pour les successions ouvertes (et les donations consenties) depuis le 1er janvier 2011 (CGI art. 779, II). Pour le montant des abattements applicables **avant le 1er janvier 2011,** voir nos 99125 s.

Cet abattement **s'ajoute,** le cas échéant, à l'abattement personnel dont la personne peut bénéficier (en tant qu'ascendant, descendant, etc.). En revanche, il ne se cumule pas avec l'abattement applicable à défaut d'autre abattement visé à l'article 788, IV du CGI (n° 50400) (BOI-ENR-DMTG-10-50-20 n° 190).

La personne qui entend bénéficier de l'abattement doit **justifier** que son infirmité l'empêche 50370
de se livrer dans des conditions normales de rentabilité à une activité professionnelle ou, si elle a moins de 18 ans, d'acquérir une instruction ou une formation professionnelle d'un niveau normal (CGI ann. II art. 294). Tous les **éléments de preuve** sont recevables, par exemple la décision de classement dans la catégorie des handicapés graves par la commission des droits et de l'autonomie des personnes handicapées, le certificat d'un établissement scolaire spécialisé, ou même la production d'un certificat médical circonstancié. Si la carte « mobilité inclusion » définie par l'article L 241-3 du Code de l'action sociale et des familles peut permettre à l'intéressé de justifier de sa situation, la possession de cette carte ne saurait être

systématiquement nécessaire ou suffisante (Rép. Larrivé : AN 4-4-2017 n° 67474). Aucun pourcentage d'invalidité n'est fixé et il n'y a pas à tenir compte, en principe, de la nature de l'infirmité ni de sa cause ou de son ancienneté, pourvu qu'elle existe au jour du fait générateur de l'impôt, c'est-à-dire à la date de la donation ou de l'ouverture de la succession (BOI-ENR-DMTG-10-50-20 n° 150).

En règle générale, la **jurisprudence** interprète de manière **assez libérale** les conditions d'obtention de l'abattement. Ce dernier peut ainsi s'appliquer :
– même si la personne handicapée exerce une profession normalement rémunérée (Cass. com. 19-12-2006 n° 05-14.187 F-D : Defrénois 2007 art. 38573 note F. Douet) ;
– lorsque le handicap a eu pour effet de réduire les droits à retraite de l'intéressé, qui a été mis à la retraite anticipée (CA Nîmes 2-12-2003 n° 01/2475 : RJF 11/04 n° 1199) ou n'a pas pu bénéficier d'une promotion de fin de carrière (CA Aix-en-Provence 9-11-2010 n° 09/21908 : BPAT 1/11 inf. 46).

On assiste cependant à un certain **durcissement** de la jurisprudence, illustré notamment par plusieurs décisions qui ont refusé le bénéfice de l'abattement :
– à un héritier présentant un handicap modéré (héritier reconnu travailleur handicapé de catégorie B par une décision de l'ancienne Cotorep) (CA Aix-en-Provence 19-1-2012 n° 11/01404 : RJF 5/12 n° 532, Sol. Not. 3/12 inf. 66) ;
– à un héritier infirme qui ne prouve pas qu'il a été financièrement pénalisé par son handicap au cours de sa carrière professionnelle (CA Paris 1-2-2021 n° 19/00144 : BPAT 2/21 inf. 80) ;
– à un héritier handicapé qui a eu une carrière stable pendant 26 ans au sein d'une même entreprise, qui a bénéficié d'un plan de départ à la retraite à 55 ans sans impact négatif sur ses revenus et qui ne démontre pas que la carrière qu'il n'a pas pu embrasser en raison de son handicap aurait été plus favorable (Cass. com. 23-6-2021 n° 19-16.680 F-B : RJF 11/21 n° 1072) ;
– à une héritière souffrant d'une sclérose en plaques diagnostiquée en 2014 mais qui, en dépit de son état de fatigue et de troubles de la marche, a continué d'exercer son emploi de gouvernante sans perte de rémunération. Les conditions d'application de l'abattement devant s'apprécier au jour de l'ouverture de la succession, soit le 6 septembre 2014, le fait que l'intéressée a cessé son activité professionnelle en février 2015 et est déclarée invalide en février 2016 n'a pas été pris en considération par le juge (CA Paris 27-6-2022 n° 20/17676 : SNH 26/22 inf. 6).

4. ABATTEMENT APPLICABLE À DÉFAUT D'AUTRE ABATTEMENT

50400 Un abattement dont le **montant** est de 1 594 € pour les successions ouvertes depuis le 1er janvier 2011 est opéré sur la part nette de chaque héritier ou légataire à défaut d'autre abattement, sauf le cas échéant celui prévu en faveur des dons consentis par les héritiers à certains organismes (nos 50450 s.) avec lequel il est cumulable (CGI art. 788, IV).

Pour le montant des abattements applicables **avant le 1er janvier 2011,** voir nos 99140 s.

ATTENTION

Selon l'administration, l'abattement de 1 594 € ne peut pas profiter à un **héritier qui a épuisé l'abattement personnel** auquel il pouvait prétendre à la suite des donations que le défunt lui a antérieurement consenties (BOI-ENR-DMTG-10-50-20 n° 200).

B. Abattement pour dons

ORGANISMES BÉNÉFICIAIRES

50450 Chaque héritier ou légataire peut déduire de sa part nette imposable le **montant des dons** qu'il consent à l'État et aux collectivités territoriales (régions, départements, communes) ainsi qu'à leurs établissements publics, aux établissements publics hospitaliers ou à certaines associations ou fondations reconnues d'utilité publique au moyen de biens recueillis dans la succession (CGI art. 788, III).

Les dons aux **fondations** ou **associations reconnues d'utilité publique** ouvrent droit à l'abattement lorsque leur gestion est désintéressée et que leurs activités présentent un caractère philanthropique, éducatif, scientifique, social, humanitaire, sportif, familial, culturel ou concourent à la mise en valeur du patrimoine artistique, notamment à travers des souscriptions ouvertes pour financer l'achat d'objets ou d'œuvres d'art destinés à rejoindre les collections d'un musée de France accessibles au public, à la défense de l'environnement naturel ou à la diffusion de la culture, de la langue et des connaissances scientifiques françaises (BOI-ENR-DMTG-10-50-20 n° 250).

Ces dispositions s'appliquent aux libéralités effectuées par les héritiers, donataires ou légataires depuis le 1er août 2020 dès lors que le décès est survenu depuis le 1er février 2020 (BOI précité n° 235).

CONDITIONS DE LA DÉDUCTION

Les dons peuvent être consentis en numéraire ou en nature. 50452

S'agissant de la possibilité d'effectuer un **don en numéraire,** l'administration admet que l'héritier peut vendre un bien figurant à l'actif de la succession pour procéder au don en remploi des sommes (BOI-ENR-DMTG-10-50-20 n° 280).

En cas de **don en nature,** l'abattement est égal à la valeur vénale des biens à la date du décès. Il n'existe aucun plafond pour la détermination du montant de l'abattement.

Selon l'administration, les biens provenant d'une **donation antérieure** consentie par le défunt à son héritier ou légataire sont exclus du dispositif (BOI précité n° 290). Cette position nous semble toutefois discutable dans la mesure où l'article 788 du CGI vise les « biens reçus du défunt » sans autre restriction.

Pour être déductibles, les dons doivent remplir les **conditions** suivantes :

– être effectués à titre définitif et en pleine propriété dans les **douze mois du décès.** Ils peuvent être effectués à terme s'ils interviennent au plus tard le jour du dépôt de la déclaration de succession ;

– être justifiés au moyen d'une **attestation** jointe à la déclaration de succession faisant état du montant et de la date de la libéralité ainsi que de l'identité des bénéficiaires de l'abattement.

Lorsque la **déclaration** de succession est **déposée avant la réalisation du don,** il est admis que la déclaration désigne le bien dont la donation est envisagée ainsi que sa valeur et comporte l'engagement des héritiers de le donner en se conformant aux prescriptions de l'article 788 du CGI. Dans ce cas, les droits sont assis et liquidés sans tenir compte de la valeur de ce bien. Cette tolérance permet aux successibles d'éviter d'avoir à demander, par voie de réclamation, la restitution des droits versés en excédent (BOI précité n° 370).

CUMUL D'AVANTAGES

La déduction est cumulable avec tous les **abattements** existant en matière de droits de succession. En revanche, elle ne l'est pas avec la **réduction d'impôt sur le revenu** à laquelle les dons ouvrent normalement droit (CGI art. 788, III-2°-al. 2). Elle ne l'est pas davantage avec la **réduction d'IFI** à laquelle ouvrent droit les dons en numéraire ou portant sur des titres de sociétés cotées au profit de certains organismes, notamment les fondations reconnues d'utilité publique (CGI art. 978, III). 50455

L'héritier ou légataire doit faire une simulation pour déterminer l'option la plus avantageuse. En pratique, sauf dans les successions en ligne collatérale ou entre non-parents, c'est rarement l'abattement sur l'actif successoral, raison pour laquelle ce dispositif est peu utilisé (pour un exposé de l'intérêt du dispositif, assorti d'une formule d'acte, voir S. Hervois et F. Grosjean, Donation posthume, levier fiscal et philanthropique : JCP N 2013 n° 1217).

SECTION 3

TARIFS DES DROITS DE SUCCESSION

DÉTERMINATION DU TARIF

Le tarif applicable dépend du **lien de parenté** (ou de l'absence d'un tel lien) entre le défunt et son ayant droit. Il convient d'appliquer le **tarif** en vigueur au jour du décès sur la part nette, arrondie à l'euro le plus proche, revenant à chaque ayant droit après abattement. 50560

Les tarifs indiqués ci-après sont tous communs aux droits de succession et aux **droits de donation.**

Le **minimum de perception** (25 €) fixé par l'article 674 du CGI n'est pas applicable lorsque, par le jeu des abattements ou des réductions, la part héréditaire se trouve exonérée de tout droit (BOI-ENR-DMTG-10-50-30 n° 20).

Sur l'**incidence des donations antérieures** sur le calcul des droits de succession, voir n°s 50015 s. (incidences du rapport civil et de la réduction) et 50105 s. (rappel fiscal des donations antérieures).

TRANSMISSIONS EN LIGNE DIRECTE

50565 Un **tarif unique** s'applique à toutes les transmissions à titre gratuit en ligne directe (règles spécifiques aux enfants adoptifs : voir n°s 50280 s.), quel que soit le **sens ascendant ou descendant** de la transmission et indépendamment du **degré de parenté** (CGI art. 777, tableau I). Il s'applique donc de la même manière à la dévolution des parents aux enfants et à celle des grands-parents aux petits-enfants.

Le tarif est le suivant pour les successions ouvertes (et les donations consenties) **depuis le 31 juillet 2011.**

Fraction de part nette taxable	Tarif applicable	Formule de calcul des droits P = part nette taxable
N'excédant pas 8 072 €	5 %	P × 0,05
Comprise entre 8 072 € et 12 109 €	10 %	(P × 0,1) – 404 €
Comprise entre 12 109 € et 15 932 €	15 %	(P × 0,15) – 1 009 €
Comprise entre 15 932 € et 552 324 €	20 %	(P × 0,2) – 1 806 €
Comprise entre 552 324 € et 902 838 €	30 %	(P × 0,3) – 57 038 €
Comprise entre 902 838 € et 1 805 677 €	40 %	(P × 0,4) – 147 322 €
Au-delà de 1 805 677 €	45 %	(P × 0,45) – 237 606 €

Pour les tarifs applicables **avant le 31 juillet 2011,** voir n°s 99005 s.

SUCCESSIONS ENTRE FRÈRES ET SŒURS

50570 Le tarif des droits applicables aux mutations à titre gratuit (successions et donations) entre frères et sœurs vivants ou représentés est le suivant pour les successions ouvertes (et les donations consenties) depuis le 1er janvier 2011 (CGI art. 777, tableau III).

Fraction de part nette taxable	Tarif	Formule de calcul des droits P = part nette taxable
N'excédant pas 24 430 €	35 %	P × 0,35
Supérieure à 24 430 €	45 %	(P × 0,45) – 2 443 €

Ce tarif est également applicable aux **neveux et nièces venant en représentation de leur auteur** (frère ou sœur du défunt) prédécédé ou renonçant. Il concerne également, lorsqu'ils ne sont pas exonérés (n° 47255), les **établissements publics,** les **associations** reconnues d'utilité publique et les **fondations** reconnues d'utilité publique qui reçoivent des dons et des legs (CGI art. 777, avant-dernier al.).

Pour les tarifs applicables **avant le 1er janvier 2011,** voir n°s 99070 s.

AUTRES TRANSMISSIONS

50575 Les tarifs applicables aux mutations à titre gratuit (successions et donations) intervenant, d'une part, entre parents **jusqu'au 4e degré** inclusivement et, d'autre part, entre parents **au-delà du 4e degré** et entre **personnes non parentes** sont fixés comme suit (CGI art. 777, tableau III) :

Fraction de part nette taxable	Tarif applicable
Entre parents jusqu'au 4e degré inclusivement	55 %
Entre parents au-delà du 4e degré et entre personnes non parentes	60 %

Le taux de 55 % s'applique notamment aux **neveux** et **nièces,** sauf lorsqu'ils viennent à la succession de leur oncle ou tante par représentation (au sens indiqué n° 50325) de leur auteur prédécédé ou renonçant. Dans ce cas, c'est le tarif entre frère et sœur qui s'applique.

Sur les règles de **computation des degrés** en ligne collatérale, voir n° 22875.

SECTION 4

RÉDUCTIONS DE DROITS DE SUCCESSION

MUTILÉS DE GUERRE

Les droits de succession (et de donation) dus par les mutilés de guerre frappés d'une invalidité de 50 % sont réduits de moitié ; cette réduction est toutefois **plafonnée** à 305 € (CGI art. 782). **50680**

RÉDUCTION DE DROITS EN CAS DE DONATION D'ENTREPRISE EN PLEINE PROPRIÉTÉ LORSQUE LE DONATEUR EST ÂGÉ DE MOINS DE 70 ANS

Cette réduction est étudiée n°s 45735 s. **50690**

CHAPITRE 5

DÉCLARATION DE SUCCESSION

SOMMAIRE

A. Personnes tenues de souscrire une déclaration de succession

Les héritiers et légataires sont en principe tenus de souscrire une déclaration de succession, même si aucun droit n'est dû (CGI art. 800). 51200

La déclaration peut être souscrite par un seul **héritier** pour le compte de tous. Chaque **légataire** doit en revanche souscrire une déclaration individuelle, sauf accord sur le principe d'une déclaration unique avec les autres légataires et/ou héritiers.

À condition de produire une procuration certifiée par le **mandataire,** tout héritier ou légataire peut désigner un mandataire (notaire, le plus souvent) pour souscrire la déclaration à sa place. Plusieurs ayants droit non solidaires peuvent donner pouvoir à un mandataire unique par un seul acte (BOI-ENR-DMTG-10-60-20 n° 80).

Par exception, la souscription d'une déclaration n'est pas exigée (CGI art. 800) : 51205
– pour les **successions en ligne directe,** entre époux et entre partenaires de Pacs lorsque la valeur de l'actif brut successoral est inférieure à 50 000 €, à condition qu'il n'y ait pas eu de donation antérieure non enregistrée ou déclarée ;
– pour les **autres transmissions,** lorsque l'actif brut successoral est inférieur à 3 000 €. Pour l'appréciation de ce seuil, il convient de retenir la valeur de l'ensemble des biens et droits du défunt, y compris ceux qui font l'objet d'une transmission par voie de legs. Ainsi, pour la souscription d'une déclaration de succession par un légataire ou un donataire alors qu'il existe d'autres héritiers, légataires ou donataires du défunt, il convient de se reporter à l'actif brut successoral tel qu'il vient d'être défini et non au montant du legs ou du don déclaré isolément.

> **Précisions** L'**exonération de droits** de succession par décès ne dispense pas de souscrire la déclaration de succession dans les délais de droit commun.
> Toutefois, les héritiers ou légataires des **victimes d'actes de terrorisme** sont dispensés de souscrire cette déclaration, y compris dans le cas où l'actif brut successoral est supérieur au seuil déclaratif légal (50 000 ou 3 000 €) prévu par l'article 800 du CGI (BOI-ENR-DMTG-10-20-10 n° 140). Pour les justifications à fournir, voir n° 47200.

B. Forme, délai et lieu de dépôt de la déclaration

FORME DE LA DÉCLARATION DE SUCCESSION

51255 **Support de déclaration** La déclaration est souscrite sur des **formulaires fournis par l'administration** (ou disponibles sur le site impots.gouv.fr) : imprimés 2705-SD et 2705 S-SD et, le cas échéant, 2705 A-SD (déclaration partielle de succession à établir lorsque le défunt était titulaire d'un contrat d'assurance-vie : voir nos 45060 s.).

Les notaires peuvent souscrire la déclaration sur **support informatique.** La déclaration est souscrite en **double exemplaire,** sauf lorsque l'actif brut est inférieur ou égal à 15 000 € (BOI-ENR-DMTG-10-60-30 n° 30) ou lorsqu'elle est souscrite sous une **forme dématérialisée** (CGI ann. III art. 281 0, II).

> **Précisions** L'imprimé 2709-DS qui devait être souscrit lorsque le défunt était propriétaire d'un immeuble dépendant d'un autre service des finances publiques (**formule foraine**) est supprimé depuis le 1er janvier 2020 (Loi 2019-1479 du 28-12-2019 art. 150, I).

51257 **Dématérialisation de la déclaration** Les déclarations de succession doivent, en principe, être souscrites sur support papier. Toutefois, la loi prévoit la dématérialisation des déclarations en matière de droits d'enregistrement (Loi 2019-1479 du 28-12-2019 art. 150, I). À compter d'une date qui sera fixée par arrêté et au plus tard le 1er juillet 2025, les déclarations de succession devront être souscrites – et les droits correspondants payés – par voie électronique (Décret 2020-772 du 24-6-2020 : JO 25 texte n° 32). En attendant la mise en place par Bercy du service en ligne dédié, les héritiers, donataires et légataires restent soumis à l'obligation de souscrire un formulaire « papier » en double exemplaire (CGI ann. III art. 281 0).

> **Précisions** **a.** Un **service national de l'enregistrement,** assuré par la DDFiP de la Loire, est chargé, pour l'ensemble du territoire, de l'enregistrement des actes et déclarations soumis à l'enregistrement dématérialisé. Cette mission inclut le recouvrement amiable ou forcé des droits et pénalités, ainsi que la gestion des crédits de paiement différé et fractionné (Arrêté CCPE2102396A du 28-1-2021 : JO 6-2 texte n° 26).
> **b.** Lorsque la déclaration de succession pourra être télétransmise, le **notaire** transmettra à l'administration une copie de la déclaration depuis une plateforme spécifique. La **copie** dématérialisée **télétransmise** devra comporter les mentions de certification de l'identité des parties et de **conformité à l'original** pour être enregistrée. Il reviendra ainsi au notaire, qui conservera cet original, de certifier la fiabilité de la copie numérique télétransmise à l'administration fiscale (CGI art. 802 bis).

DÉLAI POUR SOUSCRIRE LA DÉCLARATION DE SUCCESSION

51260 Le délai pour souscrire la déclaration de succession est en **principe** fixé à six mois à compter du décès lorsque celui-ci s'est produit en France métropolitaine, à un an si le décès a eu lieu ailleurs (CGI art. 641).

Toutefois, pour les successions comportant des **immeubles** (ou des droits immobiliers) pour lesquels le **droit de propriété** du défunt n'a **pas** été **constaté** avant son décès par un acte **régulièrement** transcrit ou publié, le délai de déclaration est porté à **24 mois** à condition que les attestations notariées relatives à ces biens soient publiées dans ce même délai (CGI art. 641 bis). À cet égard, la date de publication des attestations s'entend de la date à laquelle elles sont déposées au service de publicité foncière, sauf en cas de refus de dépôt ou de rejet de la formalité (BOI-ENR-DMTG-10-60-50 n° 222). Si l'attestation notariée n'est pas publiée dans le délai de 24 mois, ce sont les délais de déclaration de droit commun qui s'appliquent et le retard de souscription de la déclaration de succession est sanctionné dans les conditions indiquées nos 51275 s.

Des délais spéciaux s'appliquent également aux résidents des **DOM** (CGI art. 642).

Pour le cas de l'héritier de la **personne déclarée absente** : voir n° 19060.

51265 En cas de **litige sur la dévolution successorale,** la situation des héritiers doit être distinguée de celle des légataires (BOI-ENR-DMTG-10-60-50 n° 60) :

– même si leurs droits sont contestés, les **héritiers** ne bénéficient d'aucun report du point de départ du délai de dépôt de la déclaration de succession, solution qui s'explique par le fait qu'ils sont saisis de plein droit de la succession (pour des illustrations particulièrement sévères de ce principe, Cass. com. 26-3-2008 n° 07-11.703 FS-PB : RJF 7/08 n° 901, BPAT 3/08 inf. 106 ; Cass. com. 20-5-2008 n° 07-13.648 F-D ; Cass. com. 18-10-2011 n° 10-25.074 F-D : RJF 2/12 n° 178) ;

– pour le **légataire** (qui n'a pas également la qualité d'héritier ab intestat) dont les droits sont contestés, le point de départ du délai de dépôt de la déclaration de succession est reporté à la date à laquelle la décision établissant ses droits dans la succession est passée en force de chose jugée (en ce sens, notamment, Cass. com. 1-4-1997 n° 95-13.181 D : RJF 7/97 n° 753 ; CA Paris 14-3-2002 n° 00/22761 : RJF 1/03 n° 114). Il en va ainsi tant pour le légataire particulier que pour le légataire à titre universel ou universel. Seule condition à ce report de délai : que l'action en justice contestant ses droits ait été introduite dans les six mois du décès.

Corrélativement, tant que le litige civil n'est pas tranché, le délai de prescription du droit de reprise de l'administration contre le légataire ne court pas (en ce sens, par exemple, Cass. com. 21-6-1994 n° 92-10.323 D : RJF 10/94 n° 1150 ; BOI-ENR-DMTG-10-60-50 n° 50).

Si le légataire a payé un acompte sur les droits de succession, il peut en demander le remboursement aussi longtemps que dure le litige judiciaire sur ses droits (CA Paris 14-3-2002 n° 00-22761 : RJF 1/03 n° 114).

S'agissant du **légataire universel,** l'administration admet le report de délai même lorsqu'il a la **saisine** (c'est-à-dire en l'absence d'héritier réservataire) « dans la mesure où il doit se faire envoyer en possession s'il a été **institué par testament olographe ou mystique** » (BOI-ENR-DMTG-10-60-50 n° 60). Cette doctrine favorable a été énoncée avant l'intervention de la loi 2016-1547 du 18 novembre 2016 qui a remplacé, pour les **successions ouvertes depuis le 1er novembre 2017,** l'envoi en possession systématique par un contrôle notarial préalable suivi, en cas de contestation, d'un envoi en possession judiciaire (nos 15395 s.). Néanmoins, nous ne pensons pas qu'elle se trouve remise en cause par la réforme de l'envoi en possession. En effet, en dépit des nouveaux contrôles incombant au notaire, le légataire universel dont les droits sont contestés doit toujours se faire envoyer en possession pour pouvoir appréhender les biens du défunt (n° 15400).

Reste la question, non tranchée par l'administration, du **légataire universel institué par testament authentique,** qui n'a pas à demander l'envoi en possession (n° 41180). On peut se demander si, dans ce cas, le légataire universel ne devrait pas, comme un héritier, être tenu de souscrire la déclaration de succession dans les six mois du décès.

Le délai fixé par l'article 641 du CGI pour la souscription de la déclaration de succession court à compter du jour du décès même lorsque tous les héritiers ne sont pas connus. Cependant lorsqu'**aucun héritier n'est connu** à cette date, il est admis que le délai imparti aux successibles ne commence à courir que du jour de la révélation qui leur est faite de l'ouverture de la succession. Cette règle s'applique quel que soit l'auteur de cette révélation (BOI-ENR-DMTG-10-60-50 n° 75). **51270**

SANCTIONS DU DÉFAUT OU DU RETARD DE DÉPÔT DE LA DÉCLARATION DE SUCCESSION

En cas de **défaut de déclaration ou** de **production tardive,** les sanctions encourues sont les suivantes (CGI art. 1728, 2) : **51275**

– **intérêt de retard** au taux de 0,20 % par mois, décompté du 1er jour du mois qui suit celui au cours duquel la déclaration aurait dû être déposée jusqu'au dernier jour du mois de dépôt effectif de la déclaration (CGI art. 1727, IV-1). Par exemple, si le décès est intervenu en juillet 2022 et si la déclaration n'est souscrite qu'en avril 2024, l'intérêt de retard sera dû sur 15 mois (de février 2023 à avril 2024), soit un total de 3 % (15 × 0,20 %) ;

– et **majoration de 10 %** à partir du 1er jour du 7e mois suivant celui de l'expiration du délai général de 6 mois (ou du délai de 24 mois fixé par l'article 641 bis du CGI : n° 51260) octroyé pour la souscription de la déclaration (CGI art. 1728, 2-al. 1) ;

ATTENTION

Les déclarations de succession déposées entre le premier jour du 7e mois et le premier jour du 13e mois suivant le décès n'encourent pas la majoration de 10 % et ne sont assorties que de l'intérêt de retard (BOI-CF-INF-10-20-10 n° 60). Aucun assouplissement comparable n'est prévu lorsque le **défunt** est **décédé à l'étranger** et que la déclaration de succession doit être déposée dans les 12 mois du décès (n° 51260). Dans ce cas, le dépôt tardif est sanctionné par la majoration de 10 % dès le premier jour du 13e mois suivant le décès (Rép. Renaud-Garabedian : JO Sén. 2-6-2022 n° 26887).

– ou **majoration de 40 %** si la déclaration n'a pas été souscrite dans les 90 jours suivant la réception d'une mise en demeure (CGI art. 1728, 2-al. 2). En pratique, l'administration n'adresse pas de mise en demeure avant l'expiration d'un délai d'un an après le décès (BOI-CF-INF-10-20-10 n° 60). Elle peut n'adresser la mise en demeure qu'à un seul des débiteurs solidaires des droits, car il ne s'agit pas d'un acte de poursuite ; le principe de loyauté des débats ne concerne pas les sanctions applicables en cas de retard de la déclaration (CA Douai 24-6-2013 nº 12/03168 : Sol. Not. 10/13 inf. 241).

L'intérêt de retard et la majoration de 10 % sont calculés en tenant compte des **acomptes versés** avant la souscription de la déclaration. En revanche, lorsque la majoration de 40 % est applicable, elle est due sur la totalité des droits. Cependant, en cas de bonne foi, la pénalité correspondant aux sommes acquittées dans le délai légal fait l'objet, en principe, d'une remise totale prononcée à titre gracieux (Rép. Valleix : AN 17-6-1991 nº 39810 ; BOI-CF-INF-10-20-10 nº 60). Lorsqu'un retard est prévisible dans la souscription de la déclaration, les redevables ont donc tout intérêt à verser des acomptes avant l'expiration du délai légal. Ainsi, l'héritier qui verse un acompte couvrant la totalité des droits de succession qu'il doit n'encourt aucun intérêt de retard s'il dépasse le délai pour souscrire la déclaration.

Si aucun droit n'est dû du fait des abattements et/ou des exonérations applicables, la seule sanction encourue est une amende de 150 € (à laquelle les héritiers peuvent échapper s'ils souscrivent la déclaration dans les 30 jours suivant la demande de l'administration : BOI-CF-INF-10-40-10 nº 80).

Ce sont les héritiers et légataires qui sont les **débiteurs des intérêts et pénalités** encourus du fait du retard de souscription de la déclaration. Peu importe qu'un mandat ait été donné à un notaire pour régler la situation et que le retard résulte de la négligence de celui-ci (en ce sens, par exemple, Cass. com. 29-6-1999 nº 97-11.676 D : RJF 10/99 nº 1299) ou d'un changement de notaire (CA Versailles 29-9-2016 nº 14/06506 : RJF 2/17 nº 186 ; Sol. Not. 12/16 inf. 242).

51280 En l'**absence de régularisation** de leur situation dans les **90 jours** suivant la réception d'une mise en demeure de souscrire la déclaration de succession, les héritiers ou légataires encourent la **taxation d'office.** Peu importe qu'ils aient déjà versé des acomptes sur les droits de succession, fût-ce dans le délai imparti par la loi (BOI-ENR-DMTG-10-60-50 nº 230).

La souscription d'une **déclaration incomplète** peut être considérée comme un défaut de déclaration et rendre applicable la procédure de taxation d'office faute de régularisation dans les 90 jours (BOI-CF-IOR-50-10-20-10 nº 280 ; pour une illustration jurisprudentielle, Cass. com. 14-2-2012 nº 11-10.765 FS-PB : RJF 5/12 nº 536). En revanche, le dépôt d'une **déclaration non accompagnée du versement** des droits correspondants n'équivaut pas à un défaut de déclaration et n'autorise pas l'administration à mettre en œuvre la procédure de taxation d'office. La jurisprudence est constante sur ce point (en ce sens, notamment, Cass. com. 6-2-2007 nº 05-16.201 F-D : RJF 6/07 nº 767 ; Cass. com. 1-6-2023 nº 21-24.891 F-D : RJF 10/23 nº 774), ce qui n'empêche pas l'administration d'affirmer le contraire au motif qu'une déclaration de succession non accompagnée du versement des droits ne permet pas l'accomplissement de la formalité d'enregistrement (BOI-CF-IOR-50-10-20-10 nº 290).

Le délai de 90 jours que doit respecter l'administration avant la taxation d'office est spécifique aux déclarations de succession non déposées : il ne s'applique pas en cas de **non-déclaration d'un don manuel taxable aux droits de succession** (fait générateur postérieur au décès) par une personne qui n'était pas l'héritière du défunt, ce qui excluait tout rapport du don à la succession de ce dernier ; dans cette situation, l'administration peut taxer d'office le donataire dans le délai de droit commun de 30 jours après l'envoi de la mise en demeure de déclarer le don (Cass. com. 18-10-2011 nº 10-25.371 F-PB : RJF 1/12 nº 73, BPAT 6/11 inf. 361).

LIEU DE DÉPÔT DE LA DÉCLARATION PAPIER

51285 La déclaration de succession est déposée au service des impôts des entreprises (pôle enregistrement) du domicile du défunt. Si le défunt n'était pas domicilié en France, la déclaration est déposée auprès du service des impôts des non-résidents, 10 rue du Centre, TSA 50014 – 93465 Noisy-le-Grand Cedex (CGI art. 656) ou, s'il résidait habituellement dans la principauté de Monaco, au Service départemental de l'enregistrement de Nice, Centre des finances publiques – 22 rue Joseph-Cadei – 06172 Nice Cedex 2 (CGI ann. IV art. 121 Z quinquies).

Cette déclaration se fera obligatoirement sous une forme **dématérialisée** au plus tard le 1er juillet 2025 (voir nº 51257).

C. Contenu de la déclaration

51335 La déclaration de succession doit mentionner tous les **renseignements nécessaires au calcul des droits et au contrôle** de ses énonciations et **notamment** :
– les renseignements relatifs à l'identité du défunt et de ses héritiers et légataires ;
– le cas échéant, les dispositions testamentaires du défunt ainsi que les dispositions de son contrat de mariage ou la mention qu'il n'a pas été passé de contrat (ou les dispositions de

sa convention de Pacs). Doivent de même être mentionnées dans la déclaration les donations que le défunt avait pu consentir à ses successibles, y compris celles qui sont dispensées du rappel fiscal (CGI art. 784, al. 1) ;
– en cas de transmission en nue-propriété ou en usufruit, la date et le lieu de naissance de l'usufruitier ;
– les bijoux, pierreries, objets d'art ou de collection faisant l'objet d'un contrat d'assurance contre le vol ou l'incendie en cours au jour du décès ainsi que la date du contrat et l'identité de l'assureur (base légale d'évaluation de ces biens : voir nº 48120) (CGI art. 798). Sont dispensés de cette déclaration les contrats d'assurance incendie ou vol du mobilier personnel contenant une clause générale stipulant que les objets précieux sont compris dans l'assurance du mobilier personnel jusqu'à concurrence d'un pourcentage maximal du capital assuré. En revanche doivent être déclarés les contrats d'assurance qui renferment une déclaration spéciale fixant, pour les biens susvisés, une proportion supérieure à celle prévue par la clause générale (BOI-ENR-DMTG-10-60-30 nº 170).

L'administration admet, sous certaines conditions, la souscription de **déclarations partielles avant** l'expiration du **délai légal** imparti pour souscrire la déclaration régulière. Ces déclarations ne sont acceptées après l'échéance du délai qu'à titre exceptionnel et à condition que le recouvrement de la créance du Trésor soit garanti (sûretés réelles, cautions bancaires, etc.). **51340**

CONSEIL

Des déclarations partielles peuvent être souscrites, notamment, lorsque les héritiers ou légataires doivent produire un **certificat du comptable des impôts** constatant soit le paiement, soit la non-exigibilité des droits (BOI-ENR-DMTG-10-60-10 nº 40).

Lorsqu'une déclaration partielle a été souscrite, le contribuable n'est dégagé de son obligation envers le Trésor que par la souscription d'une déclaration complète portant l'affirmation de sincérité prévue à l'article 802 du CGI (nº 51360). **51345**

ATTENTION

Jugé que **ne constitue pas une déclaration de succession** au sens des articles 800 et suivants du CGI un document préimprimé, renseigné a minima en ce qu'il mentionne le nom de la défunte et celui de la légataire universelle mais qui ne comporte aucun élément relatif à la dévolution successorale, ni aucune indication relative aux éléments connus de l'actif successoral (CA Versailles 29-9-2016 nº 14/06506 : RJF 2/17 nº 186, Sol. Not. 12/16 inf. 242).

ÉNUMÉRATION ET ESTIMATION DÉTAILLÉE DES BIENS

La déclaration de succession doit contenir l'énumération et l'estimation détaillée de la totalité des biens dont la **propriété apparente** reposait sur la tête du défunt au jour de son décès, que ces biens soient ou non imposables. **51350**

Les **immeubles** doivent être mentionnés avec toutes les indications de situation et de contenance permettant de les identifier. Dans tous les cas où il a été établi une attestation notariée après le décès, les héritiers, légataires ou donataires peuvent se dispenser d'indiquer dans la déclaration de succession le détail des immeubles transmis en annexant une copie de ladite attestation à laquelle ils se réfèrent expressément (BOI-ENR-DMTG-10-60-30 nº 130).

Les **meubles corporels** n'ont pas à être détaillés lorsque leur valeur est fixée d'après une base légale d'évaluation (nºs 48010 s.). Dans le cas contraire, ils sont énumérés et évalués, article par article, dans la déclaration elle-même ou dans un état estimatif certifié par le déclarant et annexé à la déclaration de succession (BOI-ENR-DMTG-10-60-30 nº 160). **51355**

Les **meubles incorporels** (créances, valeurs mobilières, etc.) doivent être détaillés dans la déclaration, même si leur détail figure dans un inventaire notarié (BOI-ENR-DMTG-10-60-30 nº 180). Pour les **fonds de commerce,** la déclaration doit faire apparaître une évaluation distincte des éléments incorporels du fonds (clientèle principalement), du **matériel** et des **marchandises.** Il n'est toutefois pas nécessaire que le matériel et les marchandises fassent l'objet d'un inventaire ou état estimatif distinct si le détail de ces biens est fourni article par article dans le corps de la déclaration ; il en est de même si un inventaire a été dressé par un officier public. En outre, une certaine tolérance est admise en ce qui concerne les **stocks** de marchandises ; les produits ou objets peuvent être groupés par lots selon leur nature (BOI-ENR-DMTG-10-60-30 nº 210).

INVENTAIRE DES DETTES

Les dettes dont la déduction est demandée sont détaillées, article par article, dans un inventaire certifié par le déposant et annexé à la déclaration de la succession (CGI art. 770, al. 1). **51357**

Il est admis toutefois que l'inventaire puisse être inséré dans le corps de la déclaration (BOI-ENR-DMTG-10-40-20-30 n° 10).

En ce qui concerne les dispositions spéciales régissant l'énumération et la justification du passif, voir n° 48350 s.

AFFIRMATION DE SINCÉRITÉ

51360 Lorsqu'elle n'est pas souscrite par un mandataire, la déclaration s'achève obligatoirement par une affirmation de sincérité (CGI art. 802). Cette affirmation figure au pied du formulaire n° 2705-S-SD (n° 51255). Le déclarant affirme que la déclaration comprend l'argent comptant, les créances et toutes autres valeurs mobilières et immobilières, françaises et étrangères qui, à sa connaissance, appartenaient au défunt en totalité ou en partie. L'affirmation de sincérité peut être manuscrite, dactylographiée ou apposée à l'aide d'un cachet ; elle doit être signée.

S'il y a plusieurs **déclarants non solidaires** (un héritier et un légataire universel, par exemple), chacun d'eux doit souscrire l'affirmation de sincérité.

Les **légataires particuliers** ne sont pas tenus de souscrire l'affirmation de sincérité (BOI-ENR-DMTG-10-60-3 n° 260).

Si l'**affirmation de sincérité** est **non signée,** le comptable des finances publiques doit refuser d'enregistrer la déclaration et il est fondé à réclamer les droits dus et les pénalités de retard si une déclaration régulière n'est pas souscrite dans le délai légal. Toutefois, si le déclarant affirme que la **déclaration** n'est que **partielle,** celle-ci est admise, même en l'absence de mention ou de signature de l'affirmation de sincérité, mais une autre déclaration contenant cette affirmation signée doit être souscrite (BOI-ENR-DMTG-10-60-30 n°s 260 et 270).

ATTENTION

Les **fausses déclarations** exposent les déclarants à une peine d'emprisonnement de trois ans et à 45 000 € d'amende. Le tribunal peut également prononcer l'interdiction des droits civiques, civils et de famille pour une durée de cinq ans au plus (CGI art. 1837).

D. Contrôle de la déclaration de succession

1. DÉLAI DE REPRISE DE L'ADMINISTRATION

DÉLAIS D'ACQUISITION DE LA PRESCRIPTION

51410 Le droit de reprise de l'administration au regard des droits d'enregistrement est soumis :
– soit à la prescription de courte durée dite « **prescription abrégée** » ou encore prescription triennale (LPF art. L 180 et L 181) ;
– soit à la **prescription de longue durée** (prescription de six ans), lorsque les conditions d'application de la prescription abrégée ne sont pas remplies (LPF art. L 186).

Par ailleurs, des **délais spéciaux** de reprise sont applicables dans les situations suivantes :
– contrôle sur demande d'une déclaration de succession ou d'un acte de donation ;
– dissimulation d'avoirs à l'étranger ;
– omissions révélées par une procédure judiciaire ou par une réclamation.

On rappelle en outre que la valeur d'une donation déjà enregistrée peut être rectifiée lors de son **rappel fiscal,** ce qui peut considérablement allonger le délai de reprise : voir n° 50155.

Quelle que soit sa durée, lorsqu'elle est acquise, la prescription équivaut au paiement de l'impôt (n° 51435).

CAS GÉNÉRAL

51415 En l'absence de demande de contrôle par les héritiers ou légataires, deux délais de prescription différents sont susceptibles de s'appliquer.

51420 **Prescription abrégée** L'action de l'administration est prescrite le **31 décembre de la troisième année** qui suit celle de l'enregistrement de la déclaration de succession lorsque l'exigibilité des droits a été suffisamment révélée par cette déclaration, sans que l'administration ait dû recourir à des recherches ultérieures (LPF art. L 180). Par **exemple,** si la déclaration de succession a été enregistrée le 3 mars 2023, l'administration a jusqu'au 31 décembre 2026 pour notifier une rectification fondée sur une **insuffisance d'évaluation**. Ce délai s'applique même si l'évaluation des biens n'a pas été détaillée dans la déclaration (Cass. com. 30-5-2007 n° 06-14.236 F-D : RJF 11/07 n° 1350, BPAT 4/07 inf. 110, solution rendue en matière d'ISF mais transposable aux droits de succession).

En règle générale, les **rehaussements** fondés sur des motifs autres qu'une insuffisance d'évaluation **nécessitent des recherches extérieures** à la déclaration de succession et relèvent, par conséquent, de la prescription de longue durée (n° 51425). A contrario, l'administration n'a que trois ans pour remettre en cause l'exonération de droits de succession dont a bénéficié un partenaire de Pacs survivant lorsque la **fictivité du Pacs** est **établie à la seule lecture de la déclaration de succession,** sans procéder à des recherches extérieures (CA Montpellier 4-10-2022 n° 20/03900 : BPAT 6/22 inf. 288) eu égard notamment aux domiciles distincts des partenaires, à leur différence d'âge (95 et 60 ans) au jour de la conclusion du Pacs et aux termes du codicille selon lesquels le défunt entretenait une relation quasi familiale, et non sentimentale, avec son auxiliaire de vie.

CONSEIL

Il ne faut pas confondre le **dépôt de la déclaration** et son **enregistrement** par l'administration : seul ce dernier fait démarrer le délai de reprise (Cass. com. 10-7-2012 n° 11-19.953 F-PB : RJF 11/12 n° 1077, Sol. Not. 10/12 inf. 258). Or, si l'enregistrement est souvent concomitant au dépôt lorsque les droits sont payés au comptant, il n'en va pas de même en cas de **demande de paiement fractionné ou différé** puisque l'administration vérifie que les garanties de paiement proposées par les redevables sont susceptibles d'être acceptées (n° 52335). Pour éviter tout risque de voir le délai de reprise de l'administration allongé d'un an, il est conseillé d'éviter de déposer de telles déclarations dans la seconde quinzaine de décembre (voir Sol. Not. 12/12 inf. 325, note S. Lerond et G. Dumont, « Seul l'enregistrement permet de faire courir la prescription abrégée »).

Prescription de longue durée Si la déclaration de succession n'a pas été enregistrée ou si l'administration a dû effectuer des recherches pour vérifier le montant des droits, l'administration a jusqu'au **31 décembre de la sixième année** qui suit celle du décès pour effectuer une rectification (LPF art. L 186). **51425**

EXEMPLE

Si le décès est survenu le 5 janvier 2020 et si la déclaration de succession n'a pas été déposée, l'action de l'administration s'éteindra le 31 décembre 2026. Il en irait de même si la déclaration de succession faisant courir le délai de prescription abrégée avait été déposée après le 1er janvier 2023 (soit moins de trois années pleines avant l'échéance de la prescription sexennale). En effet, l'action de l'administration ne peut plus s'exercer après le terme de la prescription maximale de six ans (BOI-CF-PGR-10-40 n° 380).

En pratique, la prescription de longue durée s'applique à la quasi-totalité des redressements autres que ceux fondés sur une insuffisance d'évaluation, les juges reconnaissant très rarement que l'exigibilité des droits de succession a été suffisamment révélée par la déclaration de succession déposée par les héritiers ou légataires. **51430**

ILLUSTRATIONS

La prescription de longue durée est applicable :

– lorsque l'administration a dû effectuer des recherches auprès d'une banque pour découvrir l'existence de donations antérieures soumises au rappel fiscal et non mentionnées dans la déclaration (Cass. com. 1-7-2008 n° 07-14.332 F-PB : RJF 11/08 n° 1259) ;

– lorsque le solde créditeur d'un compte a été porté dans la déclaration pour un montant inférieur à sa valeur réelle (assimilation à une omission de biens). Ainsi jugé à propos d'un livret de caisse d'épargne (Cass. com. 9-3-1993 n° 91-11.303 P : RJF 5/93 n° 744) ou d'un compte bancaire (CA Paris 12-5-2000 n° 98/21745 : RJF 11/01 n° 1457) ;

– lorsque des dettes ont été portées au passif de la déclaration sans indication de ce qu'elles faisaient l'objet d'une contestation en justice, ce que l'administration n'a découvert que grâce à des investigations supplémentaires (Cass. com. 15-12-2009 n° 08-19.406 F-D : RJF 4/10 n° 434, BPAT 2/10 inf. 112). On notera qu'en l'espèce les investigations relatives aux dettes ont permis à l'administration de notifier dans le délai de longue durée un redressement qui était totalement étranger aux dettes (remise en cause des abattements et du tarif en ligne directe initialement appliqués par les deux héritiers, adoptés simples) ;

– lorsque la déclaration de succession fait état d'une créance (indemnité d'expropriation) estimée en raison d'une instance en cours sans qu'une déclaration rectificative n'ait été déposée dans les six mois du jugement statuant définitivement sur cette indemnité (Cass. com. 22-10-2013 n° 12-21.663 F-D : RJF 2/14 n° 195, BPAT 6/13 inf. 237) ;

– en cas d'utilisation abusive par les donataires des fonds issus de dons manuels portés dans la déclaration (Cass. com. 31-1-2012 n° 11-10.934 F-PB : RJF 5/12 n° 537, BPAT 2/12 inf. 122) ;

– même si l'administration a déjà notifié un redressement qu'elle a par la suite dégrevé (en ce sens, notamment, Cass. com. 18-10-2011 n° 10-25.371 F-PB : RJF 1/12 n° 73, BPAT 6/11 inf. 361), car l'acte révélateur des droits doit émaner du contribuable lui-même ou d'un tiers à l'administration ;
– même si un acompte sur les droits de succession a été versé, dès lors que cet acompte n'a pas été accompagné d'une déclaration révélant suffisamment l'exigibilité des droits (Cass. com. 14-3-2006 n° 04-18.519 FS-PB : RJF 10/06 n° 1285).

51435 **Conséquences de la prescription** Lorsque la prescription est acquise, l'administration ne peut plus réclamer le paiement des droits. Il en va ainsi, par exemple, en cas de **modification de la dévolution successorale après l'expiration de la prescription.** Cette modification ne faisant pas courir un nouveau délai de prescription, l'administration ne peut pas réclamer les droits à celui qui est devenu héritier (Cass. com. 1-6-2010 n° 09-14.353 FS-PB : RJF 10/10 n° 968 ; D. Faucher, Changement de dévolution successorale, prescription et restitution des droits acquittés spontanément : BPAT 4/10 inf. 206 ; dans le même sens et dans la même affaire, sur renvoi après cassation, CA Paris 13-11-2012 n° 11/09181 : RJF 4/13 n° 442).

Mais si le **contribuable paye spontanément les droits prescrits,** il ne pourra pas en obtenir le remboursement : le paiement volontaire d'une dette fiscale prescrite constitue l'exécution d'une obligation naturelle qui n'ouvre pas droit à répétition de l'indu, alors même qu'au jour du règlement de cette dette les héritiers ignoraient le bénéfice de la prescription (Cass. com. 1-6-2010 et CA Paris 13-11-2012 précités ; CA Aix-en-Provence 28-2-2013 n° 12/11421 : Sol. Not. 5/13 inf. 131). En application de ce principe, une cour d'appel a jugé que les bénéficiaires d'un contrat d'assurance-vie qui avaient dû acquitter les droits de succession prescrits pour obtenir le certificat d'acquit préalable au versement des fonds par l'assureur ne pouvaient pas en demander le remboursement (CA Aix-en-Provence 25-11-2010 n° 10/11500 : RJF 4/11 n° 525, BPAT 1/11 inf. 51). En revanche, le paiement des **pénalités prescrites** doit être refusé par le service des impôts (BOI-CF-PGR-10-10 n° 10).

Par ailleurs, l'**impôt** est **restituable** sur réclamation lorsque le paiement des droits prescrits n'a été effectué que sous la contrainte, par exemple à l'issue d'une mise en demeure de l'administration (pour une illustration, CA Bourges 12-1-2012 n° 11/00478 : RJF 5/12 n° 534, Sol. Not. 3/12 inf. 65). Les **pénalités** acquittées après l'échéance de la prescription sont restituables en toute hypothèse (BOI-CF-PGR-10-10 n° 30).

> **Précisions** La renonciation ne produit d'effet qu'à l'égard du contribuable qui a renoncé à la prescription. Elle ne peut être invoquée à l'encontre de ses **codébiteurs** ou de ses **cautions** (BOI-CF-PGR-10-10 n° 40).

CONTRÔLE SUR DEMANDE

51440 Les signataires de la déclaration de succession ou les donataires mentionnés dans l'acte de donation (ce qui exclut notamment les bénéficiaires de dons manuels) attributaires d'au moins **un tiers de l'actif net transmis** peuvent, dans les trois mois de la déclaration de succession (ou de l'enregistrement de l'acte de donation), demander par écrit à l'administration d'effectuer un contrôle (LPF art. L 21 B, al. 1). L'accord ni même la simple information des héritiers ou légataires (ou donataires) non demandeurs ne sont requis.

Des modèles de demandes de contrôle ont été établis par l'administration (BOI-LETTRE-000109 pour les déclarations de succession et BOI-LETTRE-000110 pour les actes de donation).

Il est également possible, **avant le dépôt d'une déclaration de succession ou** d'un acte de **donation,** de demander à l'administration de prendre formellement position afin de sécuriser sa situation (**procédure de rescrit**). Si l'administration prend position formellement sur l'appréciation d'une situation de fait au regard du texte fiscal, cette prise de position lui est opposable (LPF art. L 80 B). Une procédure spéciale de « **rescrit valeur** » est également ouverte au chef d'entreprise qui envisage la donation de celle-ci : voir n° 5270.

51445 À compter de la réception de la demande de contrôle, l'administration dispose d'un **délai réduit pour effectuer une rectification** : un an seulement en principe. Cette période d'un an est **prorogée,** le cas échéant, du délai de réponse du contribuable aux demandes de renseignements, justifications ou éclaircissements de l'administration, pour la partie excédant le délai de réponse de droit commun de 30 jours, ainsi que du délai nécessaire à l'administration pour recevoir les renseignements demandés aux autorités étrangères lorsque des biens situés à l'étranger figurent sur la déclaration ou l'acte (LPF art. L 21 B, II).

51450 Le **délai réduit** d'un an est **exclu,** et c'est le délai de reprise de droit commun de trois ou six ans qui s'applique (LPF art. L 21 B, III) :
– s'il y a eu omission de biens ou droits dans la déclaration de succession (ou l'acte de donation), de même qu'en cas de non-rappel fiscal d'une donation antérieure (délai de reprise de six ans en principe : voir n° 13115 pour le cas particulier des dons manuels) ;

– en cas de non-respect d'un engagement ou d'une condition prévus pour bénéficier d'un régime de faveur (délai de reprise de trois ou six ans, selon le cas) ;
– si le redressement est notifié selon la procédure de répression des abus de droit (délai de reprise de six ans).

Dans ces différentes situations, l'exclusion de la garantie ne s'étend pas à la déclaration de succession (ou à l'acte de donation) dans son ensemble. Par exemple, si un **bien** a été **omis dans la déclaration de succession,** l'administration peut réintégrer ce bien dans le délai de reprise de droit commun mais ne peut pas rehausser la valeur d'un autre bien figurant dans la déclaration au-delà du délai d'un an (BOI-CF-PGR-40-20 n° 300).

ATTENTION

Sont **exclus du** dispositif **de contrôle sur demande** les héritiers qui n'ont pas payé les droits avec le dépôt de la déclaration (l'acceptation d'une demande régulière de paiement fractionné et/ou différé est assimilée au paiement des droits) ou qui n'ont déposé la déclaration de succession qu'après la réception d'un avis de mise en recouvrement ou d'une mise en demeure (BOI-CF-PGR-40-20 n° 40).

DÉLAIS SPÉCIAUX

Dissimulation d'avoirs à l'étranger En cas de dissimulation d'avoirs à l'étranger sur des comptes bancaires, des contrats d'assurance-vie ou dans des trusts, l'administration dispose d'un **délai de reprise de dix ans** (soit jusqu'au 31 décembre de la dixième année qui suit celle du décès), au lieu de six ans, pour asseoir les droits de succession (LPF art. L 181-0 A). 51455

Omissions révélées par une procédure judiciaire ou par une réclamation 51460
Lorsque les insuffisances ou omissions sont révélées par une procédure judiciaire, par une procédure devant les juridictions administratives ou par une réclamation contentieuse, l'administration peut les réparer jusqu'au 31 décembre de l'année qui suit la décision qui a clos l'instance et, au plus tard, jusqu'au 31 décembre de la dixième année qui suit celle au titre de laquelle les droits étaient dus (LPF art. L 188 C). Ce délai ne joue pas toutefois lorsque l'administration disposait d'éléments suffisants lui permettant d'établir ces omissions ou insuffisances par la mise en œuvre de ses propres moyens d'investigation dans le délai normal de reprise (CE 29-4-2009 n° 299949 : RJF 7/09 n° 669) ou après l'expiration de ce délai (CE 23-12-2013 n° 350967 : RJF 3/14 n° 262).

2. MOYENS DE CONTRÔLE DE L'ADMINISTRATION

Pour contrôler les droits de succession, l'administration dispose de diverses **sources d'information** (liste non exhaustive) : 51490
– les **compagnies d'assurances** doivent lui fournir des renseignements sur les polices portant sur les bijoux, pierreries, objets d'art ou de collection dans les 15 jours suivant celui où elles ont eu connaissance du décès de l'assuré (CGI art. 805). S'agissant des contrats d'assurance-vie et des plans d'épargne retraite, voir nos 45065 s. ;
– les **dépositaires, détenteurs ou débiteurs de titres, sommes ou valeurs** dépendant d'une succession qu'ils sauraient ouverte doivent adresser à l'administration la liste de ces titres, sommes ou valeurs (CGI art. 806, I). Toutefois, ces mêmes organismes sont dispensés de cette déclaration lorsque les sommes sont d'un montant inférieur à 1 500 € (successions dévolues à des collatéraux ou des non-parents) ou 7 600 € (successions en ligne directe ou entre époux) (BOI-ENR-DMTG-10-70-10 n° 70).

L'administration peut également exercer son **droit de communication** auprès de tiers. Ce droit lui permet de recueillir des informations détenues par certaines personnes ou certains organismes afin d'effectuer le contrôle des déclarations des contribuables. Ces personnes ou organismes doivent, en exécution d'une obligation légale, fournir spontanément au service des finances publiques les informations qu'ils détiennent (LPF art. L 81 s.). 51495

Parallèlement, l'administration a le droit de recueillir, sur place ou par correspondance, auprès de personnes limitativement énumérées par la loi, des renseignements et documents qu'elle utilise pour opérer les **recoupements nécessaires au contrôle** des énonciations des déclarations d'autres contribuables.

L'administration peut ainsi exercer son droit de communication auprès des **banques** (notamment pour obtenir les relevés de compte du défunt), des **compagnies d'assurances,** des institutions et organismes qui paient des salaires, honoraires ou rémunérations quelconques, encaissent, gèrent ou distribuent des fonds pour le compte de leurs adhérents, des fonds communs de placement, etc.

51500 L'administration peut adresser aux héritiers ou légataires des **demandes de renseignements.** Peuvent notamment faire l'objet d'une demande d'éclaircissements ou de justifications les titres, valeurs et créances non portés dans la déclaration : voir n° 44485.

Des justifications peuvent également être demandées sur les **dettes** de la succession : voir n°s 48355 s.

3. RECTIFICATION DES OMISSIONS DE BIENS ET INSUFFISANCES D'ÉVALUATION

51530 L'administration effectue une **rectification** (autrement dit un redressement) si, à l'issue de son contrôle, elle estime que des biens ont été omis ou sous-évalués dans la déclaration de succession. Cette rectification est opérée suivant la **procédure** contradictoire qui commence par l'envoi d'une **proposition** de rectification **motivée** pour permettre au contribuable de formuler ses observations ou de faire connaître son acceptation.

Si l'administration n'accepte pas les observations du contribuable et si le **litige porte sur l'évaluation** des biens, le désaccord peut être porté devant la commission départementale de conciliation (celle de Paris, pour les biens situés à l'étranger). Dans ce cas, l'administration qui entend maintenir la rectification opérée doit notifier l'avis de la commission de conciliation avant de mettre en recouvrement les droits. À défaut, la procédure est irrégulière (CA Chambéry 21-5-2013 n° 12/00712 : RJF 12/13 n° 1181).

51535 Les droits correspondant aux omissions ou insuffisances sont majorés :
– de l'**intérêt de retard** au taux de 0,20 %. Ce taux peut toutefois être réduit de 50 % (soit un taux effectif de 0,10 % par mois) en cas de **rectification spontanée d'une erreur** de déclaration (voir n° 51540). Par ailleurs, l'intérêt de retard n'est pas applicable lorsque le contribuable de bonne foi a porté dans sa déclaration une « **mention expresse** » appelant l'attention sur le point litigieux (CGI art. 1727, II-1) ;
– et d'une **majoration** de 40 % si l'omission ou la sous-évaluation est délibérée (mauvaise foi). La majoration est portée à 80 % en cas de manœuvres frauduleuses. Elle est également portée à 80 % en cas d'abus de droit si l'administration établit que l'héritier ou légataire a été le principal initiateur ou le principal bénéficiaire de l'acte abusif ; dans le cas contraire, la majoration pour abus de droit est de 40 %.

Les **insuffisances d'évaluation** ne donnent lieu à aucune sanction, pas même l'intérêt de retard, lorsque l'insuffisance **n'excède pas 10 %** de la base d'imposition (CGI art. 1727, II-3). Mais attention : les insuffisances s'apprécient bien par bien, et non globalement pour l'ensemble de la succession. La tolérance du dixième ne joue pas en cas d'**omission d'un bien** imposable dans une déclaration (Cass. com. 15-10-1996 n° 94-19.916 P : RJF 2/97 n° 183).

51540 La loi accorde une réduction de moitié du montant dû au titre de l'intérêt de retard au **contribuable** de bonne foi **qui rectifie spontanément une insuffisance de déclaration,** indépendamment de tout contrôle (CGI art. 1727, V).

Cette mesure concerne les **erreurs ou omissions** commises **de bonne foi** dans une déclaration souscrite dans les délais prescrits. La réduction de l'intérêt de retard est subordonnée au dépôt spontané d'une déclaration rectificative, c'est-à-dire en l'absence de tout contrôle fiscal ou de toute demande expresse ou de mise en demeure de l'administration.

La réduction de l'intérêt de retard est également subordonnée au paiement des droits simples (hors intérêt de retard, par conséquent). Cependant, même s'il n'est pas en mesure de payer les droits à la date requise, le contribuable conserve le bénéfice de la réduction s'il s'engage à les acquitter dans le cadre d'un **plan de règlement des droits** simples accepté par le comptable public.

51545 L'administration n'est pas tenue de notifier les redressements à tous les débiteurs solidaires (n° 52210) de l'impôt ; elle peut donc n'adresser de **proposition de rectification** qu'à l'un seulement de ces débiteurs, à son choix (par exemple, à un seul des enfants du défunt). En revanche, à raison du **principe de loyauté des débats,** elle doit notifier tous les **actes de procédure autres** que la proposition de rectification à l'ensemble des héritiers débiteurs solidaires de l'impôt. Certains arrêts ont réservé l'hypothèse où l'un des débiteurs solidaires de l'impôt se serait présenté comme le représentant de ses cohéritiers, ce qui dispenserait l'administration de notifier les actes de procédure à ces derniers (Cass. com. 18-11-2008 n° 07-19.762 F-PB : RJF 2/09 n° 174 ; Cass. com. 7-4-2010 n° 09-14.516 F-D : RJF 7/10 n° 750, BPAT 4/10 inf. 231). Mais cette réserve n'a pas été reprise dans les décisions les plus récentes (par exemple, Cass. com. 26-2-2013 n° 12-13.877 FS-PB : RJF 6/13 n° 669, Sol. Not. 5/13 inf. 130) ; il n'est donc pas certain qu'elle soit toujours d'actualité. L'irrégularité résultant du défaut de notification d'un acte de la procédure administrative à tous les débiteurs solidaires n'atteint toutefois la procédure qu'après l'acte qui n'a pas fait l'objet d'une notification régulière (Cass. com. 30-8-2023 n° 20-23.653 FS-BR et n° 21-12.307 F-BR : RJF 12/23 n° 949). En pratique, le défaut de notification d'un acte de la procédure de rectification à tous les cohéritiers solidaires entraîne l'irrégularité des actes subséquents, l'annulation de l'acte de mise en recouvrement et la décharge des droits et pénalités. En revanche, si l'irrégularité intervient au cours de la phase contentieuse préalable, elle n'entraîne pas la décharge des droits et pénalités mais remet uniquement les parties dans l'état où elles se trouvaient avant la notification irrégulière.

Le non-respect de l'obligation de loyauté peut être opposé à l'administration y compris par l'héritier à qui tous les actes de procédure ont été notifiés (Cass. com. 26-2-2013 précité).

L'administration fiscale n'ayant toujours pas intégré ce principe de loyauté des débats, les praticiens peuvent trouver là un **moyen efficace de faire annuler les redressements** (sur cette question, voir J.-J. Lubin, Loyauté des débats, nouvelle arme des héritiers solidaires : JCP N 2012 n° 1366).

4. RECOURS DES CONTRIBUABLES

TYPOLOGIE DES RECOURS

Les contribuables disposent de deux types de recours : **51580**

– le **recours contentieux** qui consiste à contester le bien-fondé d'une imposition, à demander le remboursement d'un impôt payé en trop ou à réclamer le bénéfice d'une mesure à laquelle on estime avoir droit ;

– le **recours gracieux,** qui trouve essentiellement à s'exercer à l'égard des pénalités, consiste à solliciter, pour des raisons particulières, la remise totale ou partielle d'une imposition dont on ne conteste pas le bien-fondé.

De son côté, l'administration est autorisée à prendre, de sa propre initiative ou à la suite de démarches faites auprès d'elle, des décisions ayant pour effet de réparer les erreurs d'imposition commises au préjudice des contribuables (**« dégrèvement d'office »**).

> **Précisions** Les contribuables peuvent, au cours d'une instance contentieuse, soulever la question de l'atteinte portée par une loi fiscale aux **droits et libertés garantis par la Constitution** (question prioritaire de constitutionnalité, instituée par la loi organique 2009-1523 du 10-12-2009). Lorsque l'inconstitutionnalité est invoquée devant les juges de première instance ou d'appel, la question doit être transmise, s'il y a lieu, à la Cour de cassation (au Conseil d'État pour les questions relevant de la juridiction administrative). La juridiction concernée dispose d'un délai de trois mois pour en apprécier le caractère sérieux ou nouveau et, si tel est le cas, saisir le Conseil constitutionnel. Ce dernier a également trois mois pour se prononcer.

a. Recours contentieux

ENJEUX DU RECOURS CONTENTIEUX

Tout contribuable qui s'estime imposé à tort ou surtaxé ou qui désire obtenir la restitution d'un impôt payé en trop a la possibilité de demander, par la voie contentieuse, une **décharge ou** une **réduction d'impôt.** La procédure contentieuse commence obligatoirement par une réclamation préalable devant le service des impôts et, le cas échéant, se poursuit devant les tribunaux. **51585**

RÉCLAMATION PRÉALABLE DEVANT L'ADMINISTRATION

Délai de réclamation En matière de droits d'enregistrement, le **délai général** imparti pour présenter une réclamation à l'administration expire le 31 décembre de la seconde année suivant, selon le cas, celle (LPF art. R* 196-1) : **51590**

– soit de la notification d'un avis de mise en recouvrement ;

– soit du versement de l'impôt contesté lorsque celui-ci n'a pas donné lieu à l'établissement d'un avis de mise en recouvrement (demande en restitution de versements effectués spontanément au titre des droits d'enregistrement) ;

– soit de la réalisation de l'événement qui motive la réclamation (survenance des faits ou circonstances de nature à mettre en cause le bien-fondé ou le montant de l'impôt).

Dans le cas où le contribuable fait l'objet d'une **procédure de reprise ou de rectification** de la part de l'administration, il dispose, pour présenter ses réclamations, d'un **délai spécial** expirant d'une manière générale au 31 décembre de la troisième année suivant celle au cours de laquelle est intervenue la notification de la proposition de rectification ou des bases imposées d'office (LPF art. R* 196-3). Ce délai spécial de réclamation court à compter de la proposition de rectification et non de la notification de l'avis de mise en recouvrement (CE 26-1-2021 nº 437802 : RJF 4/21 nº 419).

Pour être recevables, les réclamations doivent être postées **au plus tard** le jour de l'expiration du délai, le cachet de La Poste (ou de tout autre prestataire de services postaux autorisé) faisant foi (LPF art. L 286).

51595 **Forme et contenu des réclamations** La réclamation à l'administration, normalement formulée par écrit, peut être faite sous la forme d'une simple lettre sur papier libre. Elle **doit mentionner** l'imposition contestée, contenir l'exposé sommaire des faits, moyens et conclusions et porter la signature manuscrite de son auteur (LPF art. R* 197-3).

La réclamation doit être **accompagnée** :

– pour les impôts ayant donné lieu à la notification d'un avis de mise en recouvrement : de cet avis lui-même ou d'une copie ;

– pour les impôts versés spontanément : d'une pièce justifiant le montant du versement (reçu, quittance ou duplicata de ceux-ci) ;

– d'un mandat régulier si la réclamation est signée par un mandataire, sauf s'il tient de ses fonctions ou qualités le droit d'agir au nom du contribuable (avocat et notaire essentiellement).

La réclamation doit en principe être individuelle mais les contribuables imposés collectivement peuvent formuler une **réclamation collective** (LPF art. R* 197-1, al. 2-a). Elle est adressée, en règle générale, au service des impôts dont dépend le lieu de l'imposition ou, lorsqu'il s'agit d'un problème d'évaluation, au service du lieu de situation des biens en cause.

En retour le contribuable reçoit récépissé du dépôt de sa réclamation.

51600 **Décision de l'administration** Après instruction de la réclamation, le service des impôts **notifie** sa décision au contribuable et ordonnance, s'il y a lieu, les dégrèvements prononcés. En cas de rejet total ou partiel, la décision doit être **motivée** mais l'absence ou l'insuffisance de motivation est sans influence sur la régularité de l'imposition et a pour seul effet d'empêcher le délai de recours contentieux de courir.

La décision doit intervenir dans un **délai** de six mois suivant la date de présentation de la réclamation. Le service des impôts peut toutefois aviser le contribuable avant l'expiration de ce délai qu'un délai complémentaire – qui ne peut excéder trois mois – est nécessaire pour statuer (LPF art. R* 198-10).

Si l'administration n'a pas statué sur la réclamation dans les délais, celle-ci est considérée comme implicitement rejetée ce qui permet au contribuable de saisir le tribunal.

51605 **Sursis de paiement** Le contribuable peut, dans sa **réclamation** ou dans le délai légal de réclamation (mais en aucun cas directement devant le tribunal), demander à surseoir au paiement des sommes en litige en indiquant le montant ou les bases du dégrèvement auquel il prétend. La demande de sursis de paiement suspend l'exigibilité de l'impôt jusqu'à la décision définitive, c'est-à-dire jusqu'au jugement du tribunal statuant sur la réclamation ou, si le tribunal n'est pas saisi, jusqu'à l'expiration du délai dont disposait l'intéressé pour le saisir (LPF art. L 277).

Lorsque le **montant des droits contestés est inférieur à 4 500 €,** le sursis de paiement est automatiquement accordé (LPF art. R* 277-7). **Au-delà,** le contribuable doit constituer des garanties propres à assurer le recouvrement de la créance du Trésor : consignation d'espèces ou de valeurs mobilières, caution bancaire, hypothèque, etc.

VOIES DE RECOURS

51610 **Instance devant le tribunal judiciaire** En matière de droits d'enregistrement, le contribuable qui entend contester la décision rendue par l'administration sur sa réclamation doit porter le litige devant le tribunal judiciaire. Il doit à cet effet se faire représenter par un avocat. Le tribunal territorialement compétent est celui du bureau chargé du recouvrement ou, en cas d'insuffisance d'évaluation, celui de la situation des biens.

La procédure est engagée par voie d'**assignation** signifiée par huissier ou commissaire de justice dans le **délai** de deux mois à compter du jour de la réception de l'avis portant notification de la décision du service des impôts. À défaut de décision du service des impôts dans le délai de six mois suivant la réclamation, le contribuable peut à tout moment saisir le tribunal par voie d'assignation. Une copie de l'assignation doit être déposée au greffe du tribunal dans les quatre mois de la signification, sous peine de caducité (BOI-CTX-JUD-10-20-20 nº 200).

La **procédure** est toujours **écrite** (échange de mémoires). Lorsqu'il estime que l'échange des mémoires a mis l'affaire en état de recevoir jugement, le tribunal fixe une date d'audience au cours de laquelle des explications orales pourront éventuellement être présentées.

Le jugement du tribunal peut faire l'objet de certains **recours,** notamment et surtout l'**appel** devant la cour d'appel.

Appel des jugements S'il échoue en première instance, le contribuable peut faire 51615
appel du jugement du tribunal judiciaire devant la **cour d'appel** dans le ressort de laquelle le tribunal a son siège. L'appel est **formé** dans le délai d'un mois à compter de la notification du jugement. La déclaration d'appel doit être présentée par un **avocat** par **voie électronique** via l'interface « e-barreau ». Elle doit être accompagnée d'une copie de la décision attaquée et vaut demande d'inscription au rôle (CPC art. 901). Les **conclusions** de l'appelant doivent être transmises au greffe dans les trois mois de la déclaration d'appel.

L'**arrêt** de la cour d'appel est notifié aux avocats avant d'être signifié aux parties.

Pourvoi en cassation Lorsque la cour d'appel rend un arrêt qui lui est défavorable, le 51620
contribuable peut déférer celui-ci à la **Cour de cassation** par la voie du recours en cassation mais seulement pour certains motifs, et notamment vice de forme ou violation de la règle de droit. Le pourvoi en cassation doit être introduit dans le délai de deux mois à compter de la notification de la décision attaquée (CPC art. 612). Le contribuable est tenu de se faire assister par un avocat à la Cour de cassation (CPC art. 973).

Le pourvoi en cassation fait l'objet d'une **procédure préalable d'admission** : si le pourvoi est irrecevable ou n'est fondé sur aucun moyen sérieux, l'admission est refusée.

b. Recours gracieux

Le contribuable peut obtenir de l'administration des remises, modérations ou transactions 51640
sur les **pénalités** (majorations de droits et amendes fiscales) et les intérêts de retard mis à sa charge (LPF art. L 247). En revanche, les droits en principal (droits d'enregistrement, IFI ou droits et taxes assimilées) ne peuvent pas faire l'objet de remise, de modération ou de transaction.

Les demandes gracieuses doivent être adressées sur papier libre au service compétent (le même que pour les réclamations). Elles ne sont soumises à aucune condition de **délai.**

Selon l'importance de la somme faisant l'objet de la demande, la **décision** est prise par le directeur des finances publiques du département du lieu d'imposition (ou le directeur d'un service à compétence nationale ou d'une direction spécialisée) ou le ministre.

Les décisions des directeurs susvisés peuvent être attaquées devant le ministre qui statue en dernier ressort. Aucun **recours** hiérarchique n'est possible contre les décisions du ministre, sinon par voie de requête devant la même autorité en cas de faits nouveaux.

Lorsque la demande porte sur une somme importante (compétence du ministre), la décision est prise après avis du **comité du contentieux fiscal,** douanier et des changes.

Dès lors que l'autorité administrative n'a pas statué sur une demande gracieuse dans le **délai** de deux mois (qui peut être porté à quatre mois si la complexité de la demande le justifie et que l'administration en a averti le contribuable avant la fin du délai initial), elle est réputée avoir rejeté celle-ci.

Les décisions de rejet des demandes gracieuses peuvent être contestées par la voie du **recours pour excès de pouvoir.**

c. Dégrèvements d'office

De sa propre initiative, ou à la suite de démarches verbales ou écrites, l'administration a la 51660
possibilité de rectifier par voie de dégrèvement d'office, malgré la déchéance pour inobservation des délais, les **erreurs commises au préjudice des contribuables.**

La faculté de dégrèvement d'office **peut être exercée jusqu'au** 31 décembre de la quatrième année suivant celle de l'expiration du délai de réclamation ou, en cas d'instance, celle de la notification de la décision intervenue (exemple : si le délai de réclamation expire le 31 décembre 2024, l'administration peut dégrever d'office jusqu'au 31 décembre 2028) (LPF art. R* 211-1).

Cette prescription peut toutefois être interrompue par une demande ou une démarche du contribuable ou d'un tiers agissant pour son compte (même sans mandat).

CHAPITRE 6

PAIEMENT DES DROITS DE SUCCESSION

SOMMAIRE

PRINCIPE ET EXCEPTIONS

Les droits de succession doivent normalement être payés au **comptant** au moment du dépôt de la déclaration. 52200

Toutefois, les contribuables peuvent bénéficier, sous certaines conditions, d'un **paiement différé ou fractionné** des droits.

SECTION 1

RÈGLES GÉNÉRALES DE PAIEMENT DES DROITS DE SUCCESSION

DÉBITEUR DES DROITS

Les droits de succession sont **payés par** les héritiers et/ou légataires. Il y a **solidarité** entre les **cohéritiers,** sauf ceux qui sont exonérés de droits de succession (CGI art. 1709). L'administration peut donc réclamer la totalité des droits à l'un quelconque des cohéritiers solidaires, à condition toutefois d'avoir d'abord notifié un avis de recouvrement à chacun d'entre eux (LPF art. R 256-2). À défaut, la procédure est viciée mais uniquement après l'acte qui n'a pas été régulièrement notifié (Cass. com. 30-8-2023 n° 20-23.653 FS-BR : RJF 12/23 inf. 949). L'héritier qui accepte à concurrence de l'actif net est tenu solidairement au paiement des droits au même titre que l'héritier pur et simple (BOI-ENR-DG-50-10-20 n° 160). 52210

La solidarité s'étend aux droits dus sur les **dons manuels non antérieurement taxés** puisque, inclus dans l'actif successoral par application de la règle du rappel fiscal des donations antérieures, ces dons sont soumis aux droits de mutation par décès (Cass. com. 31-3-2004 n° 02-10.578 FS-PB : RJF 7/04 n° 801 ; BOI-ENR-DG-50-10-20 n° 160). Cette solution ne nous semble pas applicable en cas d'option pour la déclaration du don manuel avec différé de paiement au décès (dans cette situation, les droits exigibles sont à notre avis des droits de donation : voir n° 13220).

La solidarité n'existe pas **entre héritiers et légataires,** même universels, ni **entre légataires** (en ce sens, notamment, BOI-ENR-DG-50-10-20 n° 170).

En ce qui concerne le cas particulier des **legs nets de droits** : voir n° 50045.

ATTENTION

Si les héritiers sont solidairement obligés au paiement des droits de succession, la **détermination de la contribution de chacun au paiement** dépend de sa part successorale. Si la personne qui a versé l'impôt n'en est pas le débiteur définitif, elle peut exiger de ce dernier le remboursement des droits (BOI-ENR-DG-50-10-20 nº 230).

Il en résulte par exemple que l'héritier qui a reçu une donation rapportable et qui a payé les droits de donation n'a pas à contribuer à égalité avec ses cohéritiers au paiement des droits de succession. Sa part taxable doit être calculée en retranchant de sa part successorale le montant du rapport dont il est débiteur envers la succession (Cass. 1e civ. 17-11-2010 F-D nº 09-13.213 : BPAT 1/11 inf. 39).

MOYENS DE PAIEMENT

52215 Le paiement des droits de succession peut être réalisé en espèces dans la limite de 300 € ou par l'un des moyens traditionnels de paiement (chèque ou carte bancaire, par exemple) (CGI art. 1680). Il existe des dérogations à cette règle mais qui ont une portée limitée et qui sont soumises à des conditions strictes. En pratique, le plus souvent, le paiement est réalisé auprès de l'administration fiscale par le notaire en charge de la déclaration de succession pour le compte des héritiers ou légataires.

Sous réserve d'un agrément préalable, tout héritier ou légataire (ou donataire) peut acquitter les droits de mutation à titre gratuit par la remise (CGI art. 1716 bis, dont les dispositions s'appliquent également au paiement du droit de partage) :

– d'**œuvres d'art,** de **livres,** d'**objets de collection** ou de documents de haute valeur artistique ou historique ;

– de certains **immeubles** situés dans les zones d'intervention du Conservatoire de l'espace littoral et des rivages lacustres dont la situation ainsi que l'intérêt écologique ou paysager justifient la conservation à l'état naturel ;

– de **bois et forêts** ou d'espaces naturels pouvant être incorporés au domaine forestier de l'État.

52220 Le contribuable qui désire acquitter tout ou partie des droits dus par la **remise d'œuvres d'art,** d'objets de collection ou de documents de haute valeur artistique ou historique ou par la remise **de certains immeubles,** de bois et forêts ou d'espaces naturels visés à l'article 1716 bis du CGI (nº 52215) doit déposer au service des impôts compétent pour enregistrer la déclaration de succession, une **offre de dation** (formulée selon le modèle reproduit BOI-LETTRE-000114) indiquant la nature et la valeur de chacun des biens qu'il envisage de remettre à l'État (CGI ann. II art. 384 A à 384 A ter).

La **recevabilité de l'offre** de dation en paiement est subordonnée à des **conditions** strictes :

– le montant des droits que le contribuable propose de payer par remise de biens doit être au minimum de 10 000 € ;

– le contribuable doit détenir depuis au moins cinq ans les biens qu'il propose en paiement, sauf s'il les a reçus à titre gratuit ;

– les biens ne doivent pas avoir donné lieu précédemment à deux refus d'agrément.

Si le **contribuable retire son offre** de dation avant la notification de la décision d'agrément **ou** s'il **refuse l'agrément** de la dation à la valeur qu'il avait proposée, les droits dus sont assortis de l'intérêt de retard de 0,20 % par mois.

Si l'**agrément** est **accordé pour une valeur inférieure à celle proposée** par le contribuable, ce dernier a 30 jours pour accepter ou refuser. S'il renonce à son offre de dation, l'intérêt de retard est calculé à compter du premier jour du mois suivant l'expiration du délai de trente jours et jusqu'au dernier jour du mois du paiement (CGI art. 1716 bis).

Pour la dation des œuvres d'art, livres, objets de collection, documents de haute valeur artistique ou historique, l'**offre** de paiement des droits est considérée comme **tacitement refusée** au bout de deux ans à compter de la date de récépissé de l'offre de dation par le contribuable (CGI ann. II art. 384 A, III).

En cas de demande de paiement par remise d'immeubles ou de forêts, la décision d'agrément de cette demande fixe le délai accordé au demandeur pour accepter par lettre simple, le cachet de la poste faisant foi, la valeur libératoire reconnue au bien offert en paiement des droits (CGI ann. II art. 384 A bis et 384 A ter).

ATTENTION

Dans le cadre de la **généralisation de la télédéclaration et du télérèglement,** les déclarations de succession devront être souscrites par voie électronique et les droits devront être acquittés en ligne selon des modalités qui seront fixées par arrêté et au plus tard à compter du 1er juillet 2025 (Loi 2019-1477 du 29-12-2019 art. 150, I ; Décret 2020-772 du 24-6-2020 ; voir nº 51257).

En attendant la mise en œuvre de ces services en ligne, les règles exposées dans le présent chapitre demeurent applicables.

DÉLAI DE PAIEMENT

Les héritiers et légataires doivent en principe acquitter les droits de succession au moment du dépôt de la déclaration (CGI art. 1701). À défaut, des intérêts et pénalités de retard sont dus. 52225

Toutefois, sous certaines conditions, les droits peuvent faire l'objet d'un paiement fractionné ou différé : voir nos 52330 s.

> **Précisions** Le Conseil constitutionnel a jugé conforme à la Constitution l'obligation pour les **héritiers réservataires,** en présence d'un légataire universel cumulant cette qualité avec celle d'héritier, de payer les droits de succession correspondant à leurs **indemnités de réduction** dans les six mois du décès, alors même qu'ils n'auraient pas encore perçu les sommes correspondantes. Les héritiers réservataires disposent en effet dès l'ouverture de la succession d'une créance certaine à l'égard du légataire universel et ils peuvent mettre en œuvre l'ensemble des procédures de droit commun pour garantir et recouvrer cette créance (Cons. const. 1-6-2023 no 2023-1051 QPC : RJF 8-9/23 no 661).

SECTION 2

PAIEMENT FRACTIONNÉ OU DIFFÉRÉ DES DROITS DE SUCCESSION

OUTILS À DISPOSITION

Il existe **trois régimes** de crédit de paiement susceptibles de s'appliquer aux droits de mutation par décès : 52330

– un régime de paiement différé et fractionné, applicable aux transmissions d'entreprise ou de droits sociaux dans une société non cotée. Ce régime spécial profite également aux donations entre vifs ;

– un régime de paiement fractionné applicable en principe à toutes les mutations par décès, notamment celles qui n'entrent pas dans le champ d'application de l'un des deux autres régimes ;

– un régime de paiement différé qui concerne essentiellement les successions comportant dévolution de biens en nue-propriété.

A. Règles communes aux régimes de paiement fractionné ou différé

DEMANDE DE CRÉDIT

La demande de crédit de paiement peut être **formulée** directement dans la déclaration de succession (ou dans l'acte de donation) ou séparément, dans un document joint à la déclaration (ou à l'acte). 52335

Elle doit être accompagnée d'une offre de **garanties** suffisantes pour couvrir non seulement les droits mais aussi les intérêts calculés jusqu'à la dernière échéance de paiement.

Les garanties peuvent notamment consister en des sûretés réelles ou en un engagement de caution.

Il peut également s'agir de biens dépendant de la succession, quelle que soit leur nature, à condition que le débiteur des droits fournisse au service des finances publiques, en même temps que sa demande de crédit, tous les éléments nécessaires à la mise à jour de l'évaluation de ces biens.

L'administration a quatre mois pour statuer, le même **délai** étant imparti au contribuable pour constituer des garanties. L'administration peut ensuite à tout moment exiger un complément de garanties, qui devra être constitué dans un délai d'un mois (CGI ann. III art. 400).

La demande de crédit de paiement ne peut porter que sur les **droits simples,** à l'exclusion des intérêts de retard ainsi que de tous droits et pénalités susceptibles d'être réclamés pour insuffisances d'évaluation ou omission de biens (CGI ann. III art. 398). Selon la cour d'appel de

Poitiers, dont la décision mériterait d'être confirmée, le **dépôt tardif** de la déclaration de succession ne constitue pas une insuffisance ni une omission au sens de ce texte. L'héritier ou le légataire taxé d'office doit donc pouvoir bénéficier du paiement fractionné des droits qui lui sont réclamés en principal (CA Poitiers 16-11-2016 n° 15/04505 : RJF 2/17 n° 187, Sol. Not. 1/17 inf. 8).

INTÉRÊTS EXIGIBLES

52340 Lorsque la demande de crédit est acceptée, les droits donnent lieu au paiement d'intérêts dont le taux est fixé une fois pour toutes au jour de la demande.

Le **taux d'intérêt** applicable au paiement fractionné ou différé des droits d'enregistrement est égal aux deux tiers du taux fixe des prêts immobiliers aux particuliers – entrant dans le champ d'application de l'article L 313-1, 1° du Code de la consommation – pratiqué au quatrième trimestre de l'année précédant celle de la demande par les établissements de crédit et les sociétés de financement (CGI ann. III art. 401). Seule la première décimale est retenue. Le taux ainsi calculé (dit « **taux de base** ») est égal à 1,7 % pour les demandes formulées en 2023 (Avis 28-12-2022 : JO 28 texte n° 140). Le taux demeure inchangé pendant toute la durée du crédit.

Le taux de base est **réduit** des deux tiers pour certaines transmissions d'entreprises : voir n° 52415.

52345 Lors de chaque échéance, les **intérêts** sont **calculés sur** la totalité des droits restant dus au jour de cette échéance. Ils sont **acquittés** (CGI ann. III art. 401) :

– en cas de paiement fractionné, lors du versement de chaque échéance autre que la première ;

– en cas de paiement différé, à chaque date anniversaire de l'expiration du délai de souscription de la déclaration de succession.

DÉCHÉANCE DU CRÉDIT

52350 Il y a déchéance du bénéfice du crédit dans les **cas suivants** (CGI ann. III art. 403 ; BOI-ENR-DG-50-20-40 n° 310) :

– défaut de constitution des garanties ou du complément de garanties dans les délais impartis ;

– absence de communication à l'administration des éléments nécessaires à la mise à jour de l'évaluation des biens offerts en garantie ;

– retard dans le paiement de l'un quelconque des termes échus (droits ou intérêts). Seul un retard supérieur à un mois est sanctionné.

La déchéance a pour **conséquence** de rendre les droits immédiatement exigibles. S'ajoute au montant des droits devenus exigibles celui des pénalités de retard (intérêt de retard de 0,20 % par mois calculé non pas sur les droits dus au jour du dépôt de la déclaration de succession mais en considérant les paiements intervenus, et majoration de 5 %), déduction faite toutefois des intérêts déjà acquittés (CGI ann. III art. 403).

En cas de déchéance du crédit en raison de l'absence de constitution des garanties, le **délai de reprise** de l'administration court à compter de la date à laquelle la garantie aurait dû être constituée (Cass. com. 9-10-2007 n° 05-14.142 FS-PB : RJF 1/08 n° 88).

COHÉRITIERS SOLIDAIRES ADOPTANT DES RÉGIMES DE PAIEMENT DIFFÉRENTS

52355 S'ils fournissent conjointement les garanties requises et déclarent maintenir la solidarité entre eux, les héritiers peuvent demander à bénéficier les uns du **paiement fractionné,** les autres du **paiement différé** (BOI-ENR-DG-50-20-30 n° 270).

Il est également envisageable que certains héritiers obtiennent un **paiement à crédit** alors que les autres payent les droits au **comptant.** Mais il faut que les héritiers qui veulent payer au comptant donnent leur accord exprès à la demande de crédit, déclarent avoir été informés que leur paiement ne les libère pas définitivement et reconnaissent être toujours tenus des sommes faisant l'objet du crédit (BOI-ENR-DG-50-20-30 n° 280).

B. Paiement différé et fractionné pour la transmission d'entreprise

52405 Le paiement des droits de mutation à titre gratuit exigibles sur les transmissions d'entreprises (individuelles ou titres de sociétés non cotées) ayant une activité industrielle, commerciale, artisanale, agricole ou libérale peut être **différé pendant cinq ans** (versement annuel des seuls intérêts du crédit) **puis,** à l'expiration de ce délai, être **fractionné sur dix ans** à raison de 1/20e tous les six mois assorti d'un intérêt exigible semestriellement (CGI art. 1717 et ann. III art. 397 A).

Le régime s'applique dans les mêmes conditions aux transmissions de **sociétés holdings animatrices** effectives d'un groupe de sociétés (BOI-ENR-DG-50-20-50 n°s 150 et 160). Il est accordé sur présentation du rapport de gestion du groupe de l'année qui précède celle du décès ou de la donation (qui permet d'apprécier le rôle économique de la société holding au sein du groupe de sociétés) et d'une attestation du commissaire aux comptes qualifiant sous sa responsabilité la nature de l'activité de la société holding (BOI précité n° 180).

Si la transmission porte à la fois sur une entreprise individuelle ou des titres de sociétés non cotées et sur d'autres biens, seule la fraction des droits afférents aux premiers biens, déterminée par une double liquidation, peut être différée et fractionnée.

ATTENTION

Les droits susceptibles de bénéficier du paiement différé et fractionné sont les seuls droits de mutation à titre gratuit, à l'exclusion de la **taxe de publicité foncière** due lors de la publication des donations portant sur des immeubles ou des droits immobiliers (BOI-ENR-DG-50-20-50 n° 230).

CONDITIONS D'APPLICATION

S'il s'agit d'une **entreprise individuelle,** la transmission doit porter sur l'ensemble des biens corporels et incorporels affectés à l'exploitation ou sur la moitié de ces biens si l'entreprise constitue un bien commun ou indivis entre deux époux (BOI-ENR-DG-50-20-50 n° 100). L'entreprise devait être exploitée par le défunt ou le donateur (CGI ann. III art. 397 A, a). **52410**

En cas de transmission de **droits sociaux,** les titres ne doivent pas être cotés et le bénéficiaire doit recevoir 5 % au moins du capital social (CGI ann. III art. 397 A, b).

En cas de transmission des titres par succession, le **seuil** de 5 % est apprécié par référence à la composition réelle des lots si le **partage** de la succession est pur et simple, ou par référence aux droits théoriques des bénéficiaires s'il s'accompagne de soultes (BOI-ENR-DG-50-20-50 n° 130).

En cas de **démembrement,** la transmission de 5 % des titres en nue-propriété permet de bénéficier du régime ; en revanche, l'usufruitier ne peut bénéficier du paiement fractionné et différé que si la valeur de l'usufruit qu'il reçoit, déterminée selon le barème fiscal de l'usufruit viager, représente au moins 5 % du montant nominal du capital social (BOI-ENR-DG-50-20-50 n° 220).

EXEMPLE

Le capital de la société X, société anonyme non cotée en bourse, est divisé en 1000 actions. M. X détient 60 actions en pleine propriété, soit 6 % du capital.

Par acte du 20 janvier 2023, M. X, âgé de 72 ans, donne à son neveu A, âgé de 40 ans, l'usufruit des actions qu'il possède dans la société et à son petit-neveu B, âgé de 20 ans, la nue-propriété de ces actions.

Pour l'usufruitier A, la valeur de l'usufruit constitué en fonction de son âge (CGI art. 669) ne représente que 6 % × 30 % : 1,8 % du montant nominal du capital social ;

Pour le nu-propriétaire B, la valeur de la nue-propriété, calculée en fonction de l'âge de A, ne représente que 6 % × 70 % : 4,2 % du montant nominal du capital social.

B qui a reçu 6 % des actions en nue-propriété peut bénéficier du régime du paiement fractionné et différé bien que la valeur de la nue-propriété des actions reçues ne représente pas 5 % du montant nominal du capital social.

En revanche, A, usufruitier, ne peut bénéficier du régime du paiement fractionné et différé car la valeur de l'usufruit des actions reçues ne représente pas 5 % du montant nominal du capital social.

INTÉRÊT DU CRÉDIT

Le paiement différé et fractionné donne lieu au versement d'un intérêt au **taux de base** indiqué n° 52340. **52415**

Ce taux de base est **réduit** des deux tiers (soit un taux de 0,50 % pour les demandes formulées en 2023) lorsque la valeur de l'entreprise ou la valeur nominale des titres comprise dans la part taxable de chaque héritier, légataire ou donataire excède 10 % de la valeur de l'entreprise ou du capital social ou lorsque, globalement, plus du tiers du capital social est transmis (CGI ann. III art. 404 GA). En cas de **transmission de droits démembrés,** ces pourcentages sont appréciés en tenant compte de la valeur de l'usufruit des biens transmis par rapport à celle de l'entreprise ou du capital social des entreprises considérées (BOI-ENR-DG-50-20-50 n° 310). Les valeurs respectives de la nue-propriété et de l'usufruit sont déterminées par application du barème fiscal de l'article 669 du CGI.

DÉCHÉANCE DU TERME

52420 La **cession** – autrement que par décès – **de plus du tiers des biens** ayant bénéficié du paiement différé et fractionné reçus par chaque bénéficiaire entraîne l'exigibilité immédiate des droits en suspens. Pour le calcul de cette proportion, la valeur des biens est appréciée au jour de la cession.

L'**apport pur et simple en société** des biens reçus ne remet pas en cause le bénéfice du régime de faveur à la condition que le bénéficiaire prenne l'engagement de conserver les titres reçus en contrepartie de son apport jusqu'à l'échéance du dernier terme du paiement fractionné (CGI ann. III art. 404 GD). Cet engagement doit être mentionné dans l'acte d'apport.

Sous la même condition, n'entraînent pas non plus la déchéance du régime de faveur les opérations de **fusion ou** de **scission** concernant des sociétés dont les titres bénéficient du paiement différé et fractionné si les soultes le cas échéant versées ne représentent pas, au jour de l'échange, plus du tiers de la valeur des titres (BOI-ENR-DG-50-20-50 n°s 470 et 480).

C. Paiement fractionné

52470 Le paiement fractionné **ne concerne que** les droits de succession, à l'exclusion des droits de donation (CGI art. 1717 et ann. III art. 396, 1°).

ÉCHÉANCIER

52475 Le paiement des droits de succession peut être acquitté en plusieurs **versements** égaux sur une **période maximale** d'un an. Les versements, à intervalle de six mois au plus, ne peuvent être supérieurs à trois (CGI ann. III art. 404 A, I-al. 3).

52480 Le **délai maximal** de fractionnement est porté d'un an à trois ans, et le nombre de versements ne peut dépasser sept, lorsque l'**actif de la succession** est composé, pour **50 % au moins,** de **biens non liquides** énumérés ci-après (CGI ann. III art. 404 A, I-al. 4) :
- brevets d'invention ;
- clientèles ;
- créances non exigibles au décès ;
- droits d'auteur ;
- fonds de commerce, y compris le matériel et les marchandises qui en dépendent ;
- immeubles ;
- matériel agricole, bestiaux et récoltes ;
- offices ministériels ;
- parts sociales dans des sociétés dont le capital n'est pas divisé en actions ;
- valeurs mobilières non cotées en Bourse ;
- objets d'antiquité, d'art ou de collection.

ATTENTION

Cette **liste** est **exhaustive.** Ainsi, l'héritier qui reçoit un **compte courant d'associé,** lequel constitue un actif liquide et exigible de son patrimoine personnel et une dette pour la société, ne peut pas bénéficier du paiement fractionné des droits de succession (CA Paris 24-1-2022 n° 20/05148 : SNH 5/22 inf. 5).

GARANTIES

52485 Le paiement fractionné peut être garanti par l'**hypothèque légale du Trésor** prévue à l'article L 269 du LPF sur les immeubles de la succession (CGI ann. III art. 404 A, I-al. 1). S'ils choisissent cette solution, plutôt qu'une des garanties usuelles visées n° 52335, les héritiers sont dispensés d'établir un acte d'affectation hypothécaire, et c'est au service des finances publiques de requérir l'inscription, de sorte que le **délai** de quatre mois normalement prévu pour la constitution des garanties n'est pas opposable aux bénéficiaires du crédit.

D. Paiement différé

CHAMP D'APPLICATION RÉDUIT

52535 Réservé aux droits de succession, le paiement différé ne s'applique que dans deux situations (CGI art. 1717, 1722 bis et ann. III art. 397) :
- lorsque la succession comporte **dévolution de biens en nue-propriété** ;

– lorsque la succession donne lieu à l'**attribution préférentielle** d'une exploitation agricole prévue à l'article 832 du Code civil ou à la réduction de libéralités ayant pour objet l'un des biens susceptibles d'attribution préférentielle (sur ces biens, voir nos 60765 s.).

Comme en cas de paiement fractionné, les **garanties** peuvent consister dans l'inscription de l'hypothèque légale du Trésor sur les immeubles successoraux.

BIENS RECUEILLIS EN NUE-PROPRIÉTÉ

Le paiement des droits de succession afférents à des biens transmis en nue-propriété peut être **différé jusqu'à** l'expiration d'un délai de six mois à compter de la réunion de l'usufruit à la nue-propriété ou de la cession totale ou partielle de cette dernière (CGI ann. III art. 404 B). **52540**
Les droits dont le paiement est différé donnent lieu au versement annuel d'**intérêts** (au taux de base indiqué no 52340) dans le mois suivant la date anniversaire de l'expiration du délai légal de souscription de la déclaration de succession.
Le **bénéficiaire** du paiement différé peut être **dispensé du paiement des intérêts** si les droits de succession sont calculés sur la valeur imposable, au jour de l'ouverture de la succession, de la pleine propriété des biens recueillis en nue-propriété (CGI ann. III art. 404 B). L'élargissement de l'assiette (à l'entière propriété des biens évaluée au jour de la succession à l'origine du démembrement et non au jour de l'extinction de l'usufruit) constitue la contrepartie de la dispense d'intérêts.
L'**option** pour le paiement différé sans intérêts est **irrévocable** et fait perdre définitivement aux successibles la possibilité de se placer sous le régime du paiement différé avec intérêt, même si la cession des biens intervient peu de temps après l'option (BOI-ENR-DG-50-20-30 no 150). Cette solution a été confirmée par la cour d'appel de Paris (CA Paris 14-3-2022 no 20/07717 : RJF 7/22 no 686).
Outre son caractère irrévocable, la dispense de paiement des intérêts n'est pas sans **risque.** Si l'usufruitier renonce ensuite à ses droits au profit du nu-propriétaire dans une intention libérale, l'administration sera en droit de taxer cette donation indirecte et l'usufruit sera donc taxé deux fois : une fois aux droits de succession (en contrepartie de la dispense d'intérêts) et une fois aux droits de donation. Il n'y a pas là double imposition, selon la Cour de cassation (Cass. com. 31-10-2006 no 04-10.796 F-D : RJF 2/07 no 233, BPAT 1/07 inf. 20).

En cas de **vente** totale ou partielle **de la nue-propriété,** si le montant de la cession est inférieur à celui des droits exigibles, le paiement différé peut être conservé pour le solde à condition que le prix de cession soit intégralement versé à titre d'acompte sur les droits en suspens (BOI-ENR-DG-50-20-30 no 240). **52545**
L'héritier nu-propriétaire d'un portefeuille de valeurs mobilières continue à bénéficier du paiement différé en cas de **cession de titres du portefeuille par l'usufruitier,** si le produit des cessions est destiné à être réinvesti dans d'autres valeurs (BOI-ENR-DG-50-20-30 no 260). Le nu-propriétaire n'est donc pas pénalisé par les cessions opérées par l'usufruitier (rappelons que lorsqu'un portefeuille de valeurs mobilières est démembré, c'est l'usufruitier qui a le pouvoir de disposer des titres, à charge pour lui de réinvestir le prix de cession au sein du portefeuille).

Le **changement de régime matrimonial** (séparation de biens en communauté) par une personne qui a demandé le paiement différé des droits de succession sur des biens recueillis en nue-propriété n'entraîne pas l'exigibilité des droits en suspens, sauf dans le cas particulier où la mise en communauté entraîne la reconstitution de la pleine propriété (biens détenus en nue-propriété par l'un des conjoints et en usufruit par l'autre) (BOI-ENR-DG-50-20-30 no 225). **52550**

En cas d'**usufruits successifs,** le décès du premier usufruitier ne met pas fin au différé d'imposition, solution qui s'explique par le fait que, juridiquement, il n'y a pas réunion de l'usufruit à la nue-propriété (un nouvel usufruit s'ouvre). Il en va ainsi même dans le cas où le second usufruitier a été institué par le nu-propriétaire après la création du démembrement (Cass. com. 30-5-1995 no 93-16.978 P : RJF 8-9/95 no 1042). **52555**

En cas d'**expropriation** de l'un des biens dont la propriété est démembrée et qui avait été affecté en garantie, l'indemnité est encaissée par l'usufruitier (pour un montant inférieur à celui des droits différés, sous peine de déchéance) et le bénéfice du régime de faveur maintenu, moyennant la constitution d'une nouvelle garantie (BOI-ENR-DG-50-20-30 no 220). **52560**

L'administration a étendu le bénéfice du paiement différé aux successions dans lesquelles le **conjoint survivant** a exercé l'**option pour le droit viager d'habitation** sur sa résidence principale. Le paiement différé s'applique à concurrence de la fraction des droits correspondant **52565** à la valeur imposable de l'immeuble grevé du droit viager (valeur égale à la différence entre la valeur vénale de la pleine propriété de l'immeuble et la valeur du droit viager, lui-même égal à 60 % de la valeur de l'usufruit résultant du barème de l'article 669 du CGI) (BOI-ENR-DG-50-20-20 n° 135).

Si l'exercice de l'option pour le droit viager n'est pas énoncé dans la déclaration de succession, la demande de crédit doit être accompagnée des justifications nécessaires pour attester de la manifestation de volonté du conjoint survivant d'exercer cette option.

Le différé de paiement prend fin à l'expiration d'un délai de six mois à compter soit du décès du conjoint, soit de la conversion du droit viager en rente ou en capital.

CAS D'ATTRIBUTION PRÉFÉRENTIELLE ET DE RÉDUCTION DE LIBÉRALITÉS

52570 Le paiement des droits de succession peut être différé :

– lorsque la succession donne lieu à l'attribution préférentielle prévue à l'article 832 du Code civil (attribution préférentielle d'une **exploitation agricole** ne dépassant pas certaines limites de superficie) ;

– ou en cas de **réduction de libéralités** visée à l'article 924-3 du Code civil, c'est-à-dire de libéralités portant sur l'un des biens susceptibles de donner lieu à une attribution préférentielle tels qu'énumérés à l'article 831 du Code civil.

Le paiement de la totalité des droits est **différé jusqu'à** l'expiration d'un délai de six mois suivant le terme accordé à l'héritier attributaire pour le paiement des sommes dont il est débiteur envers ses cohéritiers, quelles que soient les modalités de règlements intermédiaires consenties par eux (BOI-ENR-DG-50-20-30 n° 200).

Lorsque l'attributaire ou le bénéficiaire du don ou du legs dispose de **délais pour le règlement des soultes ou récompenses** dont il est redevable envers ses cohéritiers, le paiement des droits de mutation par décès incombant à ces derniers peut être différé à concurrence de la fraction correspondant au montant des soultes ou récompenses payables à terme (CGI art. 1722 bis).

La cession totale ou partielle du bien attribué ou légué entraîne l'exigibilité immédiate des droits en suspens, sous réserve des assouplissements mentionnés n°s 52540 s. (BOI-ENR-DG-50-20-30 n°s 210 s.).

TITRE VIII

Indivision successorale

GÉNÉRALITÉS

Le décès d'une personne emporte **ouverture** automatique d'une indivision, dite « indivision successorale », entre les héritiers venant effectivement à la succession du défunt. Chacun des héritiers indivisaires est propriétaire d'une fraction abstraite de chacun des biens dépendant de la succession, suivant sa quote-part de droits dans la succession. Pendant toute la durée de l'indivision, les héritiers auront des prérogatives concurrentes sur les biens indivis. 53600

Il est mis **fin** à l'indivision par un partage, au terme duquel des droits privatifs sur un ou plusieurs biens déterminés seront substitués aux fractions indivises de chacun des héritiers dans les biens composant la masse successorale. En attendant le partage, l'indivision successorale peut durer de nombreuses années. Les héritiers peuvent toujours y mettre fin s'ils le souhaitent, mais ce n'est pas une obligation.

Certaines indivisions sont complexes, ou peuvent le devenir en cas de décès successifs. D'où l'intérêt d'**aménager l'indivision** par convention, les règles légales n'étant pas impératives.

Les règles exposées ci-après s'appliquent également aux **indivisions autres que successorales,** notamment aux indivisions entre époux séparés de biens et aux indivisions post-communautaires, ou encore aux indivisions entre concubins pacsés ou non. Nombre des décisions citées dans ce chapitre concernent d'ailleurs des indivisions conjugales, ou entre concubins, les solutions étant transposables aux indivisions successorales.

CHAPITRE 1

RÉGIME LÉGAL DE L'INDIVISION SUCCESSORALE

SOMMAIRE

SECTION 1

NATURE DE L'INDIVISION ET DES DROITS DES INDIVISAIRES

DÉFAUT DE PERSONNALITÉ MORALE DE L'INDIVISION

53700 L'indivision successorale est dotée d'une forme d'autonomie comptable : elle fonctionne comme une universalité, avec un actif et un passif et des règles de gestion autonomes.

Néanmoins, elle n'est pas dotée de la personnalité morale, ce qui emporte diverses conséquences.

Ainsi, aucun **acte** ne peut être valablement **délivré au nom de l'indivision** ; par exemple un congé (Cass. 3e civ. 3-11-2005 no 04-15.381 : RJDA 3/06 no 234) ou un bail, sous peine de nullité absolue (Cass. 3e civ. 16-3-2017 no 16-13.063 FS-PB : BPAT 3/17 inf. 118). Cela dit, le cocontractant ne peut plus invoquer l'exception de nullité s'il a commencé à exécuter l'acte contesté (solution constante, notamment Cass. com. 8-4-2014 no 13-18.120 : RJDA 7/14 no 648 ; Cass. com. 13-5-2014 no 12-28.013 : RJDA 10/14 no 744 ; Cass. 3e civ. 16-3-2017 no 16-13.063 FS-PB précité, à propos d'un bail conclu au nom d'une indivision et exécuté par le locataire qui payait les loyers entre les mains du mandataire des indivisaires).

Par ailleurs, l'**action** dirigée **contre un seul indivisaire** n'a pas d'effet à l'égard de l'indivision elle-même. Elle est recevable, mais la décision rendue ne vaut qu'à l'encontre du défendeur cité ; elle n'est pas opposable à ses coïndivisaires, ce qui peut limiter, voire neutraliser, les effets de certaines actions. Il en va ainsi, par exemple, pour une action en démolition d'une construction édifiée sur le terrain indivis (Cass. 1e civ. 12-6-2013 no 11-23.137 FS-PBI : RJDA 10/13 no 865) ou pour une action en paiement (Cass. 1e civ. 12-6-2013 no 12-17.419 FS-PBI : RJDA 11/13 no 956 ; Cass. 1e civ. 18-12-2013 no 12-27.059 F-PB : RJDA 3/14 no 281). Par exception, la condamnation d'un indivisaire peut engager ses coïndivisaires si l'existence d'un mandat tacite de ses coïndivisaires est reconnue (Cass. 1e civ. 12-6-2013 no 12-17.419 précité).

DROITS INDIVIS NÉCESSAIREMENT DE MÊME NATURE

53705 Il ne peut y avoir d'indivision qu'entre droits de même nature portant sur un même bien ou une même masse de biens. Ainsi, l'**indivision peut porter sur** :
– la pleine propriété ;
– la nue-propriété seulement ;
– l'usufruit (C. civ. art. 815-18) : il s'agit alors d'une indivision en jouissance ;
– un droit d'usage et d'habitation ; pour un exemple d'indivision entre un plein propriétaire et le titulaire d'un droit d'usage et d'habitation (Cass. 3e civ. 7-7-2016 no 15-10.278 FS-PB : RJDA 11/16 no 829).

53710 **En cas de dissolution d'un régime de communauté par décès** Lorsque l'indivision successorale se double d'une indivision post-communautaire à raison de la dissolution concomitante du régime matrimonial de communauté des époux, il y a une indivision entre le conjoint survivant et les enfants de l'époux prédécédé.

L'indivision porte sur la **pleine propriété** si les enfants héritent en pleine propriété. Il importe peu que le conjoint survivant n'ait pas de droits en pleine propriété dans la succession du défunt puisqu'il détient des droits en pleine propriété sur la moitié des biens communs.

A fortiori, l'indivision est aussi en pleine propriété si le conjoint hérite du quart en pleine propriété et les enfants des trois quarts également en pleine propriété.

L'indivision porte sur la **nue-propriété** notamment lorsque :
– le conjoint survivant hérite de l'usufruit de toute la succession. En effet, dans ce cas, les enfants du défunt ont vocation à la nue-propriété, notamment de la part des biens communs revenant à la succession, l'autre part des biens communs étant détenue en pleine propriété par le conjoint survivant (Cass. 1e civ. 2-3-2004 no 01-17.708 F-P : Bull. civ. I no 68) ;
– l'époux survivant a des droits successoraux en pleine propriété sur une fraction des biens et en usufruit sur le surplus (un quart / trois quarts) et qu'un enfant a des droits en nue-propriété sur le surplus (Cass. 1e civ. 12-1-2011 no 09-17.298 F-PBI : BPAT 2/11 inf. 142).

ILLUSTRATIONS

Deux époux sont mariés sous le régime de la communauté légale d'acquêts. Le mari décède, laissant sa veuve bénéficiaire d'une libéralité au dernier vivant d'un quart en pleine propriété et des 3/4 en usufruit, ainsi qu'un enfant unique. Les droits du conjoint survivant en pleine propriété sur les anciens biens de communauté portent sur une quote-part représentant la 1/2 de ces biens, augmentée de ce que la libéralité lui confère sur la quote-part de la communauté revenant à la succession de l'époux prédécédé (soit 1/4 de la moitié de la communauté, autrement dit, 1/8). Somme toute, le conjoint survivant a donc vocation à recevoir 4/8 des biens communs au titre du régime matrimonial et 1/8 au titre de ses droits successoraux, soit au total 5/8 en pleine propriété et 3/8 en usufruit, son fils étant nu-propriétaire des 3/8. (Cass. 1e civ. 12-1-2011 nº 09-17.298 précité).

Situations où il n'y a pas d'indivision Il n'y a pas d'indivision entre des personnes titulaires de droits de natures différentes. C'est le cas en présence : 53715

– d'un héritier détenant l'**usufruit et** un autre la **nue-propriété** du même bien ou d'une même masse de biens (Cass. 1e civ. 22-4-1950 nos 38240 et 38241 : Bull. civ. I nº 99 ; RTD civ. 1951. 99, obs. R. Savatier ; Cass. 3e civ. 7-7-1993 nº 92-19.193 : Bull. civ. III nº 112). Ainsi, il n'y a pas d'indivision sur le prix de vente d'un bien propre entre le conjoint survivant et les enfants du défunt, le conjoint survivant ayant opté pour l'usufruit de la succession, les autres héritiers disposant de la nue-propriété (Cass. 1e civ. 29-6-2011 nº 10-13.807 F-PBI : BPAT 5/11 inf. 294). Il résulte de cette absence d'indivision qu'un conjoint survivant usufruitier universel n'a pas à être mandaté par ses enfants nus-propriétaires pour exercer une action en justice relevant exclusivement des pouvoirs de l'usufruitier (Cass. 1e civ. 12-02-2020 nº 18-22.537 F-D : Defrénois 2021 nº 4 p. 23 obs. B. Vareille). Il y a encore absence d'indivision sur la succession du défunt marié en séparation de biens lorsque son conjoint opte pour l'usufruit du tout, la fille unique du défunt étant alors nue-propriétaire (Cass. 1e civ. 9-9-2015 nº 14-18.906 F-PB : Sol. Not. 11/15 inf. 207). S'il y a plusieurs enfants, eux seuls seront en indivision sur la nue-propriété ;

– du **conjoint survivant** en secondes noces attributaire de l'intégralité de la communauté universelle **et** des héritiers réservataires **bénéficiaires du retranchement** de cet avantage matrimonial : le retranchement qui constitue une forme de réduction s'opère, comme la réduction de droit commun, en valeur et non en nature (Cass. 1e civ. 7-12-2016 nº 16-12.216 FS-PB : Sol. Not. 2/17 inf. 36 ; Cass. 1e civ. 19-12-2018 nº 18-10.244 F-PB : SNH 3/19 inf. 5) ;

– d'un **légataire** universel et d'un ou plusieurs héritiers réservataires. Sur la situation des différents légataires, voir nos 54085 s.

SUPERPOSITION D'INDIVISIONS

Ouverture et liquidation des indivisions Le décès d'un époux marié sous un **régime de communauté** entraîne de plein droit dissolution du mariage et, par voie de conséquence, dissolution de la communauté. En pareille hypothèse, ce sont alors deux indivisions qui s'ouvrent : une indivision post-communautaire, dont le périmètre est limité aux anciens biens communs ; une indivision successorale portant sur la succession de l'époux prédécédé, dont le périmètre s'étend également aux propres de l'époux en question. 53720

Une **liquidation distincte** de chacune de ces indivisions, l'une pour la communauté, l'autre pour la succession, s'impose. En bonne logique, la liquidation de la communauté doit être réalisée dans un premier temps puisqu'elle va permettre de déterminer quelle part de biens communs fait partie de la succession (nos 23160 s.). 53725

La liquidation préalable de la communauté pourrait être **dépourvue d'utilité** lorsque l'indivision post-communautaire s'est prolongée jusqu'au décès du survivant des époux, en présence d'enfants tous communs, leur quote-part de droits étant identiques dans les deux successions confondues. Encore faut-il alors s'assurer qu'aucun des deux époux n'a consenti de libéralité.

En **présence d'une libéralité** consentie par l'un ou l'autre des deux époux, la détection d'une éventuelle atteinte à la réserve des descendants impose la reconstitution de la masse de calcul de la quotité disponible et de la réserve dans chacune des successions suivant les prescriptions de l'article 922 du Code civil. Or les biens existants qu'il y a alors lieu de prendre en compte (desquels on soustraira le passif et auxquels seront réunis fictivement tous les biens donnés compte tenu de leur valeur à la date du décès et de leur état à la date de la donation) comprennent à la fois les biens propres de l'époux dont on règle la succession et sa part de communauté. La détermination de celle-ci doit donc être réalisée un temps de raison avant les opérations de liquidation de la succession.

53730 **Partage des indivisions** Il est possible de procéder à un **partage unique** de la communauté et des successions confondues des deux époux. Les indivisions peuvent porter sur des biens différents mais elles doivent exister exclusivement entre les mêmes personnes (C. civ. art. 840-1 ; pour une illustration, Cass. 1e civ. 4-5-2017 no 16-20.025 F-PB Sol. Not. 7/17 inf. 179). Il peut s'agir d'un partage amiable (no 61520) ou d'un partage judiciaire (no 61730).

53735 L'exécution d'un legs d'un bien commun impose le **partage préalable de la communauté.** Le légataire ne peut réclamer le bien légué qu'autant que, par l'effet du partage de la communauté, il tombe dans le lot des héritiers du testateur (C. civ. art. 1423, al. 2 ; no 16595) : si tel est le cas, le legs s'exécute en nature puisque l'effet déclaratif du partage fait entrer ce bien dans le patrimoine de l'époux décédé ; si le bien légué est attribué au conjoint, il y aura lieu à exécution par équivalent. Le légataire recevra soit une somme d'argent, soit un autre bien (prélevé soit sur la part du testateur dans la communauté, soit sur ses biens propres).

CARACTÈRE PRÉCAIRE DE L'INDIVISION

53740 N'importe quel héritier **indivisaire** peut, à tout moment, demander le partage de l'indivision successorale, le principe proclamé étant que « nul ne peut être contraint de demeurer dans l'indivision » (C. civ. art. 815 ; no 58710). Mais il existe de nombreux tempéraments (nos 58840 s.). Ce droit de demander le partage est également accordé aux **créanciers des indivisaires** (C. civ. art. 815-17 ; voir nos 54695 s.).

SECTION 2 ACTIF DE L'INDIVISION

DISTINCTION ENTRE L'ACTIF INDIVIS D'ORIGINE ET L'ACTIF INDIVIS DE LA MASSE À PARTAGER

53840 Est ici envisagé l'**actif indivis d'origine** entendu comme, d'une part, les biens dont le défunt était propriétaire à la date du décès, ainsi que les créances dont il était titulaire à son décès à l'égard de tiers ou des héritiers copartageants, et, d'autre part, les biens subrogés ainsi que, par accession, les fruits et revenus des biens indivis.

L'actif indivis composant la **masse à partager** est plus large. La masse à partager devra prendre en compte non seulement ces biens et droits indivis d'origine, mais également, le cas échéant, les soldes des comptes individuels d'indivision récapitulant les éventuelles créances entre l'indivision et l'un ou l'autre des indivisaires (créances nées postérieurement à l'ouverture de la succession, c'est-à-dire pendant l'indivision successorale), augmentés le cas échéant des éventuelles indemnités de rapport ou de réduction (nos 59600 s.).

A. Biens et créances

1. BIENS EXISTANTS AU DÉCÈS

a. Biens et droits personnels du défunt

53845 Tous les biens et droits dont la personne décédée était propriétaire ou titulaire à la **date du décès** font partie de l'indivision successorale.

Les **droits viagers** sur la tête du défunt (usufruit ; droit d'usage et d'habitation) sont par nature éteints à raison de ce décès. Ils sont intransmissibles à cause de mort.

En revanche, si un usufruit constitué au profit du défunt est dit « **réversible** » au profit d'une autre personne, généralement le conjoint survivant, le décès de l'usufruitier de premier rang emporte automatiquement ouverture de l'exercice de l'usufruit de second rang. Il est acquis que la clause dite « de réversibilité d'usufruit » constitue une donation à terme de biens présents. La dénomination de cette clause est impropre car elle pourrait laisser entendre que c'est l'usufruit du défunt qui passe entre les mains du bénéficiaire de la clause, alors que ce dernier est titulaire d'un usufruit qui a été directement constitué à son profit par le donateur de la nue-propriété qui s'est réservé pour lui-même l'usufruit de premier rang. Le droit de son bénéficiaire naît au jour de cet acte constitutif. Il est opposable aux tiers dès lors que l'acte constitutif des deux usufruits a été publié (sur la clause de réversion d'usufruit, voir nos 6195 s.).

b. Biens ayant appartenu à une communauté dissoute par le décès

Dans l'hypothèse où le défunt était marié sous un régime de communauté, son décès emporte dissolution de la communauté ayant existé entre lui et son conjoint survivant. Les anciens biens communs deviennent indivis entre les héritiers de l'époux prédécédé et le conjoint survivant. Ce dernier comptant au nombre des héritiers dès lors qu'il n'a pas été exhérédé par le prémourant, il a deux titres distincts à faire valoir dans l'indivision. Cependant, ses quotes-parts de droits ne sont pas identiques : dans l'**indivision** post-communautaire, il trouve une quote-part de moitié ; dans l'indivision **successorale,** les quotes-parts sont déterminées par la vocation de chacun des héritiers, y compris le conjoint survivant. 53865

On a vu qu'il est nécessaire de liquider la communauté et l'indivision post-communautaire avant l'indivision successorale (n°s 53720 s.). Il est ensuite possible de procéder à un partage unique (n° 53730).

c. Plus et moins-values des biens successoraux

PRINCIPE D'ACCROISSEMENT À LA MASSE INDIVISE DES PLUS-VALUES

Sont nécessairement incluses dans l'actif indivis à partager les plus-values procurées aux biens indivis pendant l'indivision successorale. La **date d'évaluation des biens indivis** à partager est celle de la date de la jouissance divise, cette date devant être la plus proche possible du partage (n° 59705). 53885

La « jouissance divise » suppose l'appropriation exclusive, par l'attributaire, du bien qui a cessé d'être indivis. Elle ne doit pas être confondue avec la « jouissance privative » du bien. Cette dernière, à l'inverse, suppose que le bien est encore indivis mais que sa jouissance est provisoirement exercée par un seul des indivisaires (voir n° 54960).

APPLICATION AUX PLUS-VALUES FORTUITES ET INDUSTRIELLES

S'agissant des plus-values, il n'y a pas lieu de distinguer suivant que la plus-value est due aux efforts personnels, à l'activité, même professionnelle, de l'un des indivisaires ou à des circonstances externes. 53890

L'indivisaire qui, par son activité, aura permis la réalisation de plus-values, peut prétendre à une **indemnité** de rémunération de son travail (n°s 55685 s.), mais pas à l'attribution directe de la plus-value qu'il a permise.

Sont ainsi nécessairement comprises dans l'indivision successorale les plus-values procurées par l'industrie personnelle de l'un des indivisaires, notamment celles procurées par une **activité de nature professionnelle** de l'indivisaire qui a géré le bien indivis dans l'intérêt commun. 53892

ILLUSTRATIONS

La plus-value générée au fonds d'exercice libéral par l'activité de l'indivisaire **médecin** revient tout entière à l'indivision et non à cet indivisaire ; pour un fonds d'exercice libéral développé pendant une indivision post-communautaire, la solution étant parfaitement transposable à une indivision successorale (Cass. 1e civ. 2-5-2001 n° 99-11.336 F-P : Bull. civ. I n° 110, D. 2002. 759 note W. Dross).

Dans le même sens pour la plus-value :
– d'un **cabinet dentaire** indivis (Cass. 1e civ. 12-1-1994 n° 91-18.104 : Bull. civ. I n° 10) ;
– d'une officine de **pharmacie** indivise (Cass. 1e civ. 29-5-1996 P n° 94-14.632 : Bull. civ. I n° 222, RJDA 11/96 n° 1389 RTD civ. 1997 p. 713, obs. J. Patarin ; RDI 1996. 535 obs. J.-L. Bergel, JCP 1997 I 4008 § 17, obs. A. Tisserand, JCP N 1997 II p. 702, note J. Piedelièvre, JCP N 1996 I 3968, obs. R. Le Guidec et 3972 § 27 obs. H. Périnet-Marquet).

Sont également comprises dans l'indivision successorale les plus-values résultant du **travail personnel** de l'un des indivisaires qui a amélioré, de ses propres mains, le bien indivis. L'indivisaire peut prétendre à la rémunération de son activité sur le fondement de l'article 815-12 du Code civil, mais pas sur celui de l'article 815-13 qui régit les dépenses d'amélioration et de conservation (voir n°s 55580 et 55695). 53895

MOINS-VALUES SUBIES PAR LE BIEN INDIVIS

Les moins-values subies par le bien au cours de l'indivision vont être supportées par l'**ensemble des indivisaires** au prorata de leurs droits dans l'indivision à partager. 53900

Si ces moins-values sont imputables à l'**un des indivisaires,** à raison de dégradations volontaires ou même de sa négligence, celui-ci sera redevable d'une indemnité à l'égard de l'indivision (voir n°s 55065 s.).

d. Accroissements des biens successoraux par construction ou plantation

PRINCIPE D'ACCROISSEMENT

53920 Si l'un des héritiers a élevé des constructions ou a réalisé des plantations sur des terrains indivis avec ses deniers personnels mais **sans l'accord de ses cohéritiers,** ces constructions ou ces plantations sont elles-mêmes indivises (Cass. 3e civ. 30-4-1975 no 74-10.425 : Bull. civ. III no 147 ; Cass. 3e civ. 9-3-1994 no 92-12.971 : RJDA 7/94 no 845 D. 1994. Somm. 162, obs. A. Robert). Toutefois, la Cour de cassation réserve expressément la possibilité pour les autres indivisaires d'en demander la suppression (mêmes arrêts ; voir aussi no 54910).

53925 L'indivisaire peut-il revendiquer une **indemnité** ? S'agissant de constructions sur le terrain d'autrui, l'article 555 du Code civil prévoit que le tiers qui a planté ou construit sur le terrain d'autrui peut être indemnisé lorsque les constructions ou les plantations ne sont pas supprimées (elles peuvent l'être à la demande du propriétaire du terrain contre un tiers qui n'est pas de bonne foi). Cependant, la Cour de cassation considère que ce dispositif n'est pas applicable entre coïndivisaires (Cass. 3e civ. 22-2-1984 no 82-15.691 : Gaz. Pal. 1984, 2, Pan. 190, obs. S. Piedelièvre).

L'article 815-13 du Code civil règle la question de l'indemnisation de l'indivisaire qui, à ses frais, a amélioré le bien indivis (nos 55570 s.). Ce texte pourrait recevoir application dans l'hypothèse envisagée.

DISTINCTION ENTRE CONSTRUCTION ET EMPIÈTEMENT SUR UN TERRAIN INDIVIS

53930 Si l'un des indivisaires, lui-même propriétaire d'un terrain contigu au terrain indivis, a réalisé une construction empiétant sur l'immeuble indivis, chacun des autres indivisaires peut demander en justice la démolition de l'empiètement, sans attendre les résultats du partage (no 54910).

e. Situation des biens donnés, rapportés en nature ou réduits en nature

53950 Lorsque le **rapport** des biens donnés est exécuté en nature, ces biens rapportés font partie de l'indivision successorale. Cela recouvre deux cas, exceptionnels (nos 32110 s.) :
– le rapport en nature aura été explicitement prévu par une clause de la donation ;
– le débiteur du rapport choisira, sous réserve que cela soit possible, d'exécuter le rapport en nature. Il peut être tenté par ce choix, par exemple s'il n'a pas les deniers nécessaires au paiement de l'indemnité de rapport dont il est débiteur et si la valeur du bien donné à la date du partage excède notablement ce qu'il doit recevoir dans le partage.

53955 Au cas où il y aurait **réduction** en nature et qu'elle porte sur l'intégralité du bien donné ou légué, le bien revient dans la masse indivise à partager. Il ne figurera dans la masse indivise qu'à la date à laquelle la réduction produira ses effets (sur les effets de la réduction en nature, voir nos 33700 s.).

2. BIENS SUBROGÉS AUX BIENS EXISTANTS

PRINCIPE DE LA SUBROGATION

53985 La **subrogation réelle** est admise dans l'indivision. En effet, il est prévu que :
– sont « de plein droit indivis, par l'effet d'une subrogation réelle, les créances et indemnités qui remplacent des biens indivis ainsi que les biens acquis, avec le consentement de l'ensemble des indivisaires, en emploi ou remploi de biens indivis » (C. civ. art. 815-10, al. 1) ;
– la masse à partager comprend les biens existants à l'ouverture de la succession ou « ceux qui leur ont été subrogés » (C. civ. art. 825).

La subrogation réelle a été consacrée très tôt s'agissant de bien indivis (Cass. ch. réun. 5-12-1907, C.c/ D. : GAJC,11e éd., no 117, DP 1908. 1. 113, note Colin ; S. 1908. 1. 5, concl. Baudouin, note Lyon-Caen).

CRÉANCES ET INDEMNITÉS QUI REMPLACENT LES BIENS INDIVIS

53990 La subrogation joue « de plein droit » pour les créances et indemnités qui remplacent des biens indivis (C. civ. art. 815-10, al. 1).

Aucune **formalité** particulière ni **condition** supplémentaire n'est donc requise.

ILLUSTRATIONS

Sont subrogés de plein droit et **intègrent l'indivision** :
– le montant de l'indemnité d'assurance, perçue au titre d'un véhicule automobile indivis détruit par accident au cours de l'indivision (Cass. 1e civ. 19-3-2014 no 13-12.578 F-PB : Bull. civ. I no 49) ;
– l'indemnité d'assurance de l'immeuble indivis détruit par un incendie (Cass. 1e civ. 1-4-2015 no 14-12.938 F-D) ;
– le prix de vente d'un immeuble indivis (Cass. 1e civ. 31-3-1992 no 90-17.212 : Bull. civ. I no 96) ;
– le prix de revente d'un bien acquis en remploi (Cass. 1e civ. 6-11-1967 no 66-12.886 : Bull. civ. I no 322).

BIENS ACQUIS EN EMPLOI OU REMPLOI DE BIENS INDIVIS

Conditions de la subrogation Les biens acquis en emploi ou remploi de bien indivis sont subrogés de plein droit, mais sous réserve du consentement de l'ensemble des indivisaires (no 54000). Ainsi, l'immeuble acquis en remploi du prix de vente d'un immeuble indivis fait partie de l'indivision successorale (Cass. 1e civ. 9-1-1979 no 77-13.694 : Bull. civ. I no 13, D. 1979. IR. 254, obs. D. Martin). **53995**

Aucune **formalité** particulière n'est requise, quel que soit le bien de remplacement.

Aucune **mention** particulière dans l'acte d'acquisition n'est imposée. En cela, la subrogation dans le cadre d'une indivision diffère de celle appliquée aux biens propres dans le régime de la communauté légale, qui exige une double mention dans l'acte d'acquisition sur l'origine des deniers employés et sur la qualification du bien nouvellement acquis (C. civ. art. 1434). Voir toutefois no 54010 pour l'opposabilité aux tiers d'une acquisition immobilière.

En revanche, une **condition de fond** est explicitement prévue : le **consentement de l'ensemble des indivisaires** (C. civ. art. 815-10, al. 1). Est ainsi certainement exclue toute subrogation automatique au profit d'un bien indivis acquis en emploi de deniers indivis ou en remploi de deniers provenant de la vente d'un bien indivis. Conformément à la volonté du législateur de 2006, le seul investissement de deniers indivis ne suffit pas, « la subrogation requiert la volonté d'agir pour le compte de l'indivision et donc le consentement des indivisaires en plus du fait que le bien a été acquis par l'indivisaire avec des deniers indivis. » (Rapport Richemont, Rapport Sénat no 343, 2005-2006, p. 153). **54000**

La preuve de ce consentement unanime peut être apportée par tout moyen. Mais au cas de remploi de deniers indivis dans l'acquisition d'un nouveau bien immobilier lui-même indivis, il doit être constaté dans l'acte d'acquisition, à peine d'inopposabilité du remploi aux tiers (voir no 54010).

Interdiction exceptionnelle de remploi Lorsque la vente du bien indivis aura été réalisée par voie de licitation sur autorisation du tribunal judiciaire dans les conditions de l'article 815-5-1 du Code civil, tout remploi est alors interdit, les sommes retirées de la vente ne pouvant être affectées qu'au paiement des dettes et charges de l'indivision (no 55995). **54005**

Opposabilité de la subrogation aux tiers Les exigences de la publicité foncière viennent limiter la portée du mécanisme de subrogation de plein droit. Pour l'acquisition d'un **bien immeuble,** l'acquisition en indivision ne sera opposable aux tiers que si l'acte mentionne que le bien est acquis pour le compte de l'indivision et en emploi ou remploi de biens indivis. **54010**

Est **inopposable** aux créanciers personnels de l'un des indivisaires la subrogation réelle invoquée par les autres indivisaires pour des immeubles acquis sous le seul nom de l'indivisaire, même s'il est établi que l'acquisition litigieuse a été réalisée avec des deniers indivis (Cass. 1e civ. 4-1-1980 no 78-13.283 : Bull. civ. I no 10).

3. CRÉANCES DU DÉFUNT

PRINCIPE DE DIVISION DES CRÉANCES DU DÉFUNT ENTRE LES HÉRITIERS

Les créances de sommes d'argent dont le défunt était titulaire sont divisibles de plein droit entre les héritiers (C. civ. art. 1309). Cette solution était déjà admise avant que la réforme du droit des obligations ne mette fin au principe d'indivisibilité des créances. En effet, le régime de l'indivision, spécialement l'exigence d'un consentement unanime des indivisaires, est inadapté aux exigences de célérité pour le recouvrement des créances. **54040**

Chacun des héritiers peut donc demander le paiement de la dette, mais seulement pour la part dont il est saisi. Toutefois, la division des créances ne joue pleinement que pour l'exercice du droit de créance, mais non pour les actes de disposition portant sur les créances du défunt.

APPLICATION DU PRINCIPE POUR EXERCER LE DROIT DE CRÉANCE

54045 Chacun des héritiers peut, pendant l'indivision successorale, exercer sa **fraction de droits** sur la créance.

La division des créances joue non seulement pour le **recouvrement** de la créance héréditaire (Cass. 1e civ. 11-10-1988 n° 86-11.860 : Bull. civ. I n° 285), mais également lors d'une **contestation** d'indivisaires (Cass. 3e civ. 13-12-1995 n° 93-70.208 : Bull. civ. III n° 260).

Tout **paiement** effectué par le débiteur entre les mains d'un seul des indivisaires est par principe valable. Mais si l'un des indivisaires reçoit le paiement de la créance au-delà de sa part, l'excédent de paiement constitue une avance en capital dont cet indivisaire devient lui-même débiteur à l'égard de la masse indivise à partager.

54050 Il est admis en jurisprudence qu'en cas d'**inaction de certains héritiers** saisis, l'un d'entre eux peut agir en recouvrement de la totalité de la créance (Cass. 1e civ. 20-3-1984 n° 83-11.143 : Bull. civ. I n° 108, l'arrêt réservant l'application de l'article 1220 pour limiter le montant si les autres héritiers saisis font valoir leurs droits).

En pratique, le notaire en charge de la liquidation de la succession sera **mandaté** par chacun des héritiers de recouvrer les créances du défunt : la division des créances ne présente alors plus d'intérêt.

NON-APPLICATION DU PRINCIPE POUR DISPOSER DES CRÉANCES

54055 Dans les rapports **entre héritiers,** la créance est considérée comme appartenant à la masse indivise. Une cession de la créance du défunt ne peut être réalisée avant le partage qu'avec le consentement unanime de tous les héritiers. Un acte de disposition consenti par un seul des héritiers est inopposable à un cohéritier attributaire de la créance (n° 55535).

Si la créance n'a pas encore été recouvrée à la date du **partage,** elle peut être attribuée à l'un des copartageants. L'effet déclaratif du partage jouera dans les rapports des héritiers entre eux (C. civ. art. 883).

4. TRAITEMENT DES BIENS LÉGUÉS

DATES DU TRANSFERT DE LA PROPRIÉTÉ DES BIENS LÉGUÉS

54085 Le bénéficiaire d'un legs est **propriétaire dès** le décès des biens objets du legs (sauf legs conditionnel), qu'il bénéficie de la saisine ou non (nos 16650 et 17000). Les biens légués ne font pas partie de la masse à partager (C. civ. art. 825, a contrario).

Mais **jusqu'au partage,** les biens légués, ou du moins certains d'entre eux, peuvent-ils être tenus comme faisant partie de l'indivision successorale ?

Répondre par l'affirmative signifie que les biens légués sont susceptibles, pour la période d'indivision, de faire l'objet d'une procédure de saisie de la part des créanciers successoraux comme tout bien indivis (C. civ. art. 815-17) et que les règles de l'indivision sont applicables aux décisions prises relativement au bien légué (spéc. C. civ. art. 815-3). De même, si le bien légué est compris dans l'indivision successorale, le légataire ne peut prétendre à la jouissance divise des biens légués.

Une **double distinction** s'impose suivant la qualité du légataire, universel ou non et suivant que le legs a pour objet des biens déterminés ou non.

54090 **En présence d'un légataire universel** En présence d'un **légataire** universel **unique,** lui-même héritier ab intestat ou non, titulaire de la saisine ou non, la généralisation de la réduction en valeur des libéralités empiétant sur la réserve héréditaire exclut toute indivision entre le légataire universel unique et les autres successeurs : il reçoit la propriété de tous les biens du défunt, la réserve étant fournie, en cas de besoin, par une indemnité de réduction (Cass. 1e civ. 11-5-2016 n° 14-16.967 FS-PB : Sol. Not. 7/16 inf. 150 qui rejette en conséquence la demande d'attribution préférentielle formée par l'héritier réservataire ; Cass. 1e civ. 23-11-2016 n° 15-28.931 F-D, aussi à propos d'une demande d'attribution préférentielle ; Cass. 1e civ. 1-12-2021 n° 20-12.923 FS-B ; Cass. 1e civ. 22-6-2022 n° 21-10.570 FS-B : BPAT 5/22 inf. 237). La situation est différente si le légataire opte pour une réduction en nature.

S'il y a **pluralité de légataires universels,** ils seront en indivision entre eux jusqu'au partage des biens successoraux. En revanche, aucune indivision n'existe entre ces légataires universels et les héritiers ab intestat.

En présence d'un légataire non universel Dès lors que l'**assiette** du legs n'est **pas déterminée** à raison même de son objet, le légataire est en situation d'indivision avec les autres successeurs. C'est le cas en présence : 54095
- d'un legs de quotité de l'ensemble de la succession ;
- d'un legs de quotité des meubles ;
- d'un legs de quotité des immeubles.

Il faudra procéder au partage des biens successoraux entre ces légataires et les héritiers légaux pour mettre fin à cette indivision.

Réciproquement, lorsque l'**assiette** des droits du légataire est **définie,** il n'y a alors aucune indivision entre le légataire et les autres successeurs. Il en est ainsi pour :
- tout legs à titre particulier ;
- le legs à titre universel de tous les meubles ;
- le legs à titre universel de tous les immeubles ;
- un legs de quotité avec faculté d'élire (le légataire ayant ici le choix de déterminer lui-même les biens faisant partie de son legs).

Ces règles valent que le légataire soit ou non investi de la saisine héréditaire. Elles ne modifient pas la date de transfert de propriété, qui interviendra rétroactivement à compter du jour du décès.

ATTENTION
Le transfert de la propriété du bien légué à la date du décès n'implique pas nécessairement que le bien légué soit considéré pour les besoins de la fixation de l'indemnité de réduction dans son état à la date du décès : la **date de « prise d'effet du legs »** pour l'évaluation de l'article 924-2 du Code civil dépendra de la qualité du légataire – héritier saisi ou non – et de la date de la délivrance du legs (sur cette question, voir n° 33555).

SORT DES FRUITS ET REVENUS DES BIENS LÉGUÉS

Les biens légués ne faisant pas partie de la masse à partager, les fruits et revenus générés par ces biens ne devraient pas, en principe, accroître à l'indivision. 54100

Toutefois, la solution doit être nuancée suivant que le légataire est ou non investi de la **saisine** héréditaire et suivant la **nature du legs.** Selon les cas, les fruits peuvent être acquis au légataire dès le décès, à compter de date de la délivrance volontairement consentie ou à compter de la demande de délivrance en justice (nos 17055 s.). Dans ces deux derniers cas, les fruits et intérêts produits antérieurement reviennent à l'indivision.

B. Fruits et revenus des biens indivis

1. PRINCIPE D'ACCROISSEMENT DE LA MASSE INDIVISE

GÉNÉRALITÉ DE LA RÈGLE

En principe, les fruits et revenus des biens indivis viennent eux-mêmes directement dans la **masse indivise** : ils accroissent à l'indivision (C. civ. art. 815-10, al. 2). 54150

L'**indivisaire** qui a encaissé des fruits ou revenus d'un bien indivis pour son compte personnel en doit donc restitution à l'indivision. Il en va même ainsi pour l'indivisaire qui en aurait permis la production, notamment en gérant le bien indivis (n° 55665) ; ce dernier pourra, en revanche, faire valoir un droit à rémunération de son travail en vertu de l'article 815-12 du Code civil (voir nos 55685 s.).

La **preuve de l'encaissement** de tels fruits ou revenus peut résulter tout d'abord de l'état tenu par l'indivisaire-gérant (C. civ. art. 815-8). À défaut, cette preuve peut être administrée par tous moyens.

Constituent des fruits ou revenus de l'indivision : 54155
- des loyers, fermages ou redevances provenant de la location d'un bien indivis ;
- les revenus nets provenant de l'exploitation d'un fonds de commerce indivis. Ainsi jugé pour un laboratoire d'analyses médicales (Cass. 1e civ. 25-5-1987 n° 85-16.995 : Bull. civ. I n° 166, D. 1988. 28, note A. Breton, JCP 1988. II. 20925, note J.-F. Montredon) ; pour des parts de SCP d'huissier de justice (Cass. 1e civ. 10-2-1998 n° 96-16.735 : Bull. civ. I n° 47, Gaz. Pal. 1999. 1. Somm. p. 124, obs. S. Piedelièvre, RTD civ. 1998 p. 435, obs. J. Patarin) ; pour un portefeuille d'assurances exploité par un agent général d'assurances (Cass. 1e civ. 11-3-2009 n° 07-20.856 F-D : BPAT 3/09 inf. 95) ;

– les revenus nets tirés de l'exploitation de terres agricoles, déduction devant être faite de la valeur du travail effectué par le donataire qui a permis leur production (Cass. 1e civ. 30-9-2020 no 19-12.296 FS-PB : RTD civ. 2020 p. 933 obs. M. Grimaldi ; Gaz. Pal. 2020 no 41 p. 78 note M. Jaoul ; Defrénois 2021 no 14 p. 23 obs. A. Chamoulaud-Trapiers). En l'espèce, la question posée était celle de la restitution des fruits de terres agricoles postérieurement au décès pour la fraction de la donation soumise à réduction, de tels fruits accroissant à l'indivision successorale.

54160 En revanche, ne constitue **pas un revenu** de l'indivision l'avantage fiscal pour investissement locatif dont a pu bénéficier l'un des indivisaires à raison de l'acquisition du bien indivis (Cass. 1e civ. 14-11-2007 no 06-17.086 F-PB : Bull. civ. I no 357, RJDA 6/08 no 731).

LIMITE AU PRINCIPE DE L'EFFET DÉCLARATIF DU PARTAGE

54165 Le principe de l'effet déclaratif du partage qui fait rétroagir le transfert de la propriété des biens partagés à la date du décès ne s'applique pas aux fruits et revenus engendrés par le bien jusqu'à la date du partage.

L'**attributaire du bien** ne peut pas prétendre être devenu propriétaire exclusif des fruits et revenus générés par le bien mis dans son lot au cours de la période d'indivision. Seules les règles de l'indivision s'appliquent (Cass. 1e civ. 10-5-2007 no 05-12.031 F-PB : Bull. civ. I no 179).

2. EXCEPTIONS À L'ACCROISSEMENT DE LA MASSE INDIVISE

PARTAGE PROVISIONNEL OU ACCORD SUR LA RÉPARTITION DES REVENUS DES BIENS INDIVIS

54195 Les indivisaires peuvent déroger au principe et **convenir d'une répartition** des revenus des biens indivis (C. civ. art. 815-10, al. 2) :

– soit par la voie d'un partage provisionnel qui permet la jouissance divise des biens et la perception divise des fruits (voir nos 55250 s.) ;

– soit par un autre accord emportant répartition définitive des fruits (voir no 55195).

En pareilles hypothèses, les fruits et revenus des biens indivis qui auront été attribués pendant le cours de l'indivision aux indivisaires ne viennent pas accroître à l'indivision. Ils ne sont plus dans l'indivision à compter de leur répartition.

JOUISSANCE PRIVATIVE DU BIEN INDIVIS FRUGIFÈRE

54200 Lorsque l'un des indivisaires exerce une jouissance privative d'un bien indivis frugifère, spécialement pour les besoins de son activité professionnelle, il n'aura en aucun cas à restituer à l'indivision les **fruits et les revenus** produits par ce bien indivis. Ils lui sont définitivement acquis. Il n'est tenu qu'au paiement d'une **indemnité de jouissance** privative (voir nos 54995 s.).

3. PRESCRIPTION DU DROIT AUX FRUITS ET REVENUS

PRESCRIPTION À L'ÉGARD DES TIERS

54230 Dans les rapports entre l'indivision et les tiers locataires d'un bien indivis, aucune règle spécifique n'est édictée : ce sont donc les règles habituelles en matière de prescription des loyers et fermages qui jouent. Le délai de droit commun de cinq ans de l'article 2224 du Code civil applicable aux actions mobilières joue **en principe.** En revanche, s'agissant d'un local d'habitation, ce sera la prescription de trois ans de l'article 7-1 de la loi 89-462 du 6 juillet 1989.

PRESCRIPTION ENTRE COÏNDIVISAIRES

54235 Dans les rapports entre indivisaires, les demandes relatives aux fruits et revenus doivent être exercées dans un **délai** de cinq ans **à compter** de la date à laquelle ils ont été perçus ou auraient pu l'être (C. civ. art. 815-10, al. 3).

54240 Cette « règle des cinq ans » est ainsi **applicable** lorsque l'un des indivisaires a encaissé pour son propre compte des revenus d'un bien indivis : les autres indivisaires ne pourront réclamer une restitution des revenus encaissés au-delà du délai de cinq ans à compter de la date de leur perception.

Le délai s'impose :

– aux actions en paiement des fruits et revenus des biens indivis (pour les revenus d'une étude notariale : Cass. 1e civ. 23-5-2012 no 11-12.813 FP-PBI : BPAT 4/12 inf. 234) ;

– aux actions en paiement d'une indemnité de jouissance privative d'un bien indivis, celle-ci étant réputée, pour les besoins de cette action en restitution, constituer un équivalent des fruits et revenus que l'indivision aurait pu percevoir en l'absence de jouissance privative par l'un des indivisaires (Cass. 1e civ. 15-5-2008 no 06-20.822 FS-PB : Bull. civ. I no 132) ;
– aux actions visant à fixer l'indemnité de jouissance privative (Cass. 1e civ. 5-2-1991 no 89-15.234 : Bull. civ. I no 53 ; Cass. 1e civ. 18-3-2020 no 18-21.659 F-D).

Le délai de cinq ans de l'article 815-10 est **inapplicable** aux actions ayant un autre objet. Il ne peut pas être opposé à une demande de rapport de l'avantage consenti à l'enfant logé gratuitement dans un immeuble mis à sa disposition par ses parents, une telle demande ayant pour objet le rapport à la succession d'une donation indirecte de fruits et revenus (Cass. 1e civ. 18-1-2012 no 10-25.685 FS-PBI : Sol. Not. 3/12 inf. 60). **54245**

RÉGIME DU DÉLAI DE CINQ ANS

Il s'agit d'un véritable délai de prescription, et non pas d'un délai préfix ou d'un délai de forclusion. **54250**

Les indivisaires peuvent donc y **déroger** par une convention (Cass. 1e civ. 4-10-2005 no 03-19.459 : RJDA 3/06 no 351 ; JCP G 2006. I. 127, no 2, obs. H. Périnet-Marquet). La solution, admise sous l'empire des textes applicables avant la réforme du droit de la prescription par la loi du 17 juin 2008, paraît toujours applicable : l'article 2234 du Code civil prévoit que la prescription ne court pas ou est suspendue contre celui qui est dans l'impossibilité d'agir par suite d'un empêchement résultant de la convention et l'article 2254 autorise les parties, d'un commun accord, à ajouter aux causes de suspension ou d'interruption de la prescription prévues par la loi.
Ce délai de cinq ans est soumis aux causes de report de point de départ ou de suspension ainsi qu'aux causes d'interruption applicables aux délais de prescription.

Report du point de départ ou suspension du délai de cinq ans Comme tout délai de prescription, celui de l'article 815-10 est susceptible de ne pas commencer à courir ou d'être suspendu dans les conditions de droit commun (C. civ. art. 2233), notamment en cas de : **54255**
– minorité ou tutelle de l'héritier demandeur (voir no 54270) ;
– mariage ou de pacte civil de solidarité entre l'héritier demandeur et le défunt débiteur de l'indemnité, pour un bien indivis antérieurement au décès (C. civ. art. 2236 ; voir nos 54260 et 54265).
Plus généralement, la prescription ne court pas ou est suspendue en cas d'impossibilité d'agir, spécialement pour cause de force majeure, de l'indivisaire demandeur, ou encore si une convention entre les parties est intervenue en ce sens (C. civ. art. 2234).

Lorsque l'indivision successorale se double d'une indivision post-communautaire, on aura à l'esprit que la prescription ne court pas ou est suspendue **entre époux** (C. civ. art. 2236). **54260**

S'agissant d'époux commun en biens, la jurisprudence retient en bonne logique que, dès lors qu'une demande relative aux fruits et revenus d'un bien indivis est formée **dans les cinq ans du** jour où le jugement de **divorce** est devenu définitif, la restitution des fruits et revenus encaissés par un seul des indivisaires portera sur tous les revenus générés par le bien indivis depuis la naissance de l'indivision. Or l'indivision naît, en matière de divorce :
– soit à compter de la demande en divorce si la requête initiale est postérieure au 1er janvier 2021 (C. civ. art. 262-1 dans sa rédaction issue de la loi 2019-222 du 23-3-2019) ; à compter de l'ordonnance de non-conciliation si la requête initiale en divorce est antérieure au 1er janvier 2021 ;
– soit à compter de la date à laquelle la cohabitation et la collaboration ont cessé entre les époux lorsque l'un ou l'autre des époux aura demandé et obtenu le report de la date de dissolution à cette date (C. civ. art. 262-1, dernier al. ; Cass. 1e civ. 23-5-2012 no 11-12.813 FP-PBI : BPAT 4/12 inf. 234).

En revanche, une fois le mariage dissous par le divorce devenu définitif, le délai de prescription s'écoule suivant les règles ordinaires : si une demande en restitution est présentée **plus de cinq ans après** la date à laquelle le jugement de divorce est devenu définitif, la restitution des fruits – ou l'indemnité de jouissance privative – ne peut porter que sur les cinq ans précédant la demande (en ce sens, Cass. 1e civ. 15-5-2008 no 06-20.822 F-PB : Bull. civ. I no 132 ; Cass. 1e civ. 7-2-2018 no 16-28.686 F-PB : SNH 7/18 inf. 4 ; Cass. 1e civ. 17-11-2021 no 20-14.914 F-D : BPAT 1/22 inf. 7).

Ces solutions développent toutes leurs conséquences lorsque le décès de l'un des ex-époux survient avant que l'indivision post-communautaire consécutive au divorce n'ait été liquidée : si l'ex-conjoint a occupé privativement un bien, les héritiers du prédécédé ont tout intérêt à former une demande relative aux fruits et revenus du bien figurant dans l'indivision post-communautaire ou encore une demande afférente à une indemnité de jouissance privative d'un bien indivis dans le délai de cinq ans suivant le divorce. En effet, la masse indivise (indivision post-communautaire) s'accroîtra alors des fruits et revenus ainsi réclamés ou des indemnités de jouissance privative depuis la date à laquelle celles-ci étaient dues. Si le décès intervient plus de cinq ans après le divorce, la demande des héritiers ne pourra prospérer que pour les cinq ans précédant cette assignation.

Par ailleurs, même en l'absence de jugement de divorce devenu définitif, une indivision post-communautaire pourrait exister dans l'hypothèse où le conjoint survivant ou les héritiers de l'époux prédécédé demanderaient le report de la dissolution de la communauté à la date de la cessation de la cohabitation et de la collaboration. Cette faculté pouvant également être exercée par l'un ou l'autre des époux, la Cour de cassation admet en effet que cette faculté puisse être exercée, en cas de décès de l'un d'eux, par les héritiers de ce dernier (Cass. 1e civ. 14-05-2014 n° 13-14.095 F-D).

54265 De même, la prescription ne court pas ou est suspendue entre **partenaires liés par un Pacs** (C. civ. art. 2236). En cas de décès de l'un des partenaires, la demande de restitution de fruits et revenus ou de paiement d'une indemnité de jouissance privative d'un bien indivis entre les partenaires pourrait ainsi porter sur toute la période d'indivision, y compris celle précédent le décès, pourvu qu'elle ait été formée dans un délai de cinq ans à compter de la rupture du Pacs à raison du décès.

54270 Enfin, si la demande en paiement est faite au nom d'un **héritier mineur** non émancipé **ou** d'un **majeur sous tutelle,** le délai de cinq ans ne court pas pendant la minorité et la tutelle (C. civ. art. 2235) : si la demande est réalisée dans les cinq ans suivant la majorité ou la fin de la tutelle, l'indemnité de restitution couvrira toute la période d'indivision, et pas seulement les cinq dernières années.

54275 **Interruption du délai de cinq ans** Le délai de cinq ans peut être interrompu dans les conditions de droit commun (C. civ. art. 2240 s.).

Ainsi, la prescription est **interrompue** par :
– une assignation en paiement (C. civ. art. 2241) ;
– une assignation tendant à obtenir une expertise pour fixer la valeur locative de l'immeuble occupé par l'indivisaire (Cass. 1e civ. 26-6-2001 n° 99-15.487 F-P : Bull. civ. I n° 190) ;
– une assignation en partage et liquidation de la succession comportant une demande en désignation d'un expert dont la mission serait de donner un avis sur la valeur locative de l'immeuble indivis, une telle assignation valant demande implicite d'indemnité de jouissance privative (Cass. 1e civ. 18-3-2020 n° 18-21.659 F-D) ;
– un procès-verbal de difficultés établi par le notaire et faisant état de réclamations sur les fruits et revenus (Cass. 1e civ. 10-2-1998 n° 96-16.735 P : Bull. civ. I n° 47 ; Cass. 1e civ. 7-2-2018 n° 16-28.686 F-PB : BPAT 2/18 inf. 82 ; Cass. 1e civ. 17-11-2021 n° 20-14.914 F-D : BPAT 1/22 inf. 7) ;
– un dire adressé à l'expert désigné par le juge saisi d'une action en partage et qui fait état de réclamations concernant les fruits et les revenus (Cass. 1e civ. 20-11-2013 n° 12-23.752 F-PB : Bull. civ. I n° 224, BPAT 1/14 inf. 29) ;
– un projet d'acte liquidatif récapitulant les fruits et revenus impayés et réclamés (Cass. 1e civ. 10-5-2007 n° 05-19.789 F-PB : Bull. civ. I n° 176).

Le jugement qui ouvre les opérations de liquidation partage et renvoie les parties devant le notaire ne dessaisit pas le tribunal, de sorte que la prescription demeure interrompue pour les demandes qui ont été formulées devant ce tribunal (Cass. 1e civ. 25-9-2013 n° 12-24.996 : Bull. civ. I n° 182 ; Cass. 1e civ. 7-2-2018 n° 16-28.686 F-PB : BPAT 2/18 inf. 82).

54280 En revanche, la prescription n'est **pas interrompue** par :
– une simple lettre adressée au notaire (Cass. 1e civ. 5-10-2016 n° 15-25.944 F-PB) ;
– une demande des indivisaires de donner acte de leur intention de solliciter une indemnité d'occupation, une demande de donner acte ne constituant pas un acte interruptif de prescription (Cass. 1e civ. 23-11-2011 n° 10-17.707 F-D) ;
– la décision judiciaire qui a reconnu le principe et le montant de l'indemnité d'occupation, pour les arriérés échus avant la date à laquelle cette décision est devenue exécutoire (Cass. 1e civ. 10-7-2013 n° 12-13.850 FS-PBI : Sol. Not. 10/13 inf. 239) ;
– la décision qui se borne à ouvrir les opérations de compte, liquidation et partage et à renvoyer les parties devant le notaire (Cass. 1e civ. 25-9-2013 n° 12-24.996 FS-PB : Bull. civ. I n° 182) ;
– l'action en partage d'un indivisaire, sauf à constater le caractère implicite d'une réclamation en paiement de la créance contre l'indivision (Cass. 1e civ. 18-5-2022 n° 20-22.234 FS-B : BPAT 4/22 inf. 202 ; Defrénois 2022 n° 208r6 obs. A. Chamoulaud-Trapiers). Dans cette affaire, il s'agissait de savoir si l'action en partage judiciaire avait pour effet d'interrompre la prescription d'une

créance d'un indivisaire contre l'indivision. En réalité, l'interruption de la prescription ne peut s'étendre d'une action à une autre. Il n'en est autrement que lorsque les deux actions, bien qu'ayant une cause distincte, tendent à un seul et même but de sorte que la seconde est virtuellement comprise dans la première (Cass. req. 3-4-1906 : S. 1907, I, 417). Au cas particulier, la Cour de cassation indique que l'action en paiement des créances d'un indivisaire contre l'indivision (ou l'inverse) n'est pas comprise dans l'action en liquidation et partage de l'indivision : elle n'est pas interrompue, à moins que l'assignation en partage comporte une réclamation à ce titre, même formulée implicitement.

Renonciation à la prescription La prescription d'une créance est susceptible de renonciation une fois qu'elle est acquise (C. civ. art. 2250). Cette renonciation peut être expresse ou tacite (C. civ. art. 2251) et résulter de tout acte et de tout fait qui, implicitement ou explicitement, manifeste de la part du débiteur la volonté de renoncer à une prescription acquise (Cass. civ. 9-11-1943 : DA 1944. 37). 54285

SECTION 3

PASSIF DE L'INDIVISION

POINTS D'ATTENTION

L'indivision n'est pas dotée de la personnalité juridique. Il n'existe donc pas, à proprement parler, de « passif indivis » ou de « dettes de l'indivision », pas plus que de « créanciers de l'indivision ». Des règles communes sont cependant édictées pour la **période d'indivision** pour les créanciers de la succession et pour ceux dont la créance est née au cours de l'indivision. 54380

Tant que dure l'indivision, les créanciers communément appelés « créanciers de l'indivision » par opposition aux créanciers personnels des indivisaires sont en position privilégiée, car ils se voient reconnaître des prérogatives propres sur les biens compris dans l'indivision successorale (C. civ. art. 815-17).

Ces règles, spécifiques à la période d'indivision, ne doivent **pas** être **confondues** avec les règles édictées en matière de partage pour le paiement des dettes successorales (C. civ. art. 864 à 882 ; n°s 60520 s.).

A. Situation des créanciers de l'indivision

1. DÉFINITION DES « CRÉANCIERS DE L'INDIVISION »

Deux catégories de créanciers sont concernées (C. civ. art. 815-17, al. 1) : 54385

– tout d'abord, les « créanciers qui auraient pu agir sur les biens indivis avant qu'il y eût indivision », autrement dit les créanciers de la succession parfois appelés « créanciers successoraux » ;

– ensuite, « ceux dont la créance résulte de la conservation ou de la gestion des biens indivis ». Il s'agit des créanciers de l'indivision stricto sensu, c'est-à-dire ceux dont la créance est née pendant l'indivision.

a. Créanciers de la succession

DETTES SUCCESSORALES

Les dettes successorales proprement dites sont **nées avant le décès.** Elles ont été contractées par le défunt et se sont transmises (n°s 37030 s.). Ce sont des dettes pour lesquelles les créanciers auraient pu agir sur les biens devenus indivis avant qu'il n'y eût indivision, c'est-à-dire avant le décès de leur débiteur. 54390

Le **créancier peut être** :

– un tiers, par exemple une banque auprès de laquelle le défunt avait souscrit un prêt non encore remboursé à la date du décès. Pour une illustration relative à une indivision post-communautaire après divorce mais transposable au cas de succession (Cass. com. 18-2-2003

n° 00-11.008 FS-PB : RJDA 7/03 n° 748 ; Cass. 1e civ. 24-5-2018 n° 16-26.378 FS-PB) ; dans la même hypothèse pour une indivision entre époux séparés de biens (Cass. 2e civ. 16-5-2013 n° 12-16.216 F-PB : RJDA 11/13 n° 926, Sol. Not. 8-9/13 inf. 205) ;
– un héritier : celui auprès duquel le défunt aurait contracté une dette, par exemple une dette de nature alimentaire ; un époux survivant qui aurait financé de ses propres deniers tout ou partie d'un bien personnel du conjoint prédécédé ou d'un bien indivis entre eux ; celui qui aurait fait valoir une créance au titre de l'assistance à un parent âgé ou malade, lorsque cette assistance a « excédé les exigences de la piété filiale » (C. civ. art. 371) ; ou enfin celui au profit duquel a été reconnue une créance de salaire différé (voir nos 24350 s.) ;
– le conjoint survivant titulaire d'une créance née d'un prêt entre les époux ou à raison de sa collaboration professionnelle à l'activité de l'époux prédécédé ;
– la communauté dissoute par le décès pour le solde du compte de récompense dû par la succession à la communauté.

ATTENTION

Le **droit de poursuite** des créanciers du défunt, fussent-ils des indivisaires, n'est pas suspendu jusqu'au partage. La prescription applicable à leurs créances ne l'est pas non plus (sur les causes de suspension du délai de prescription, voir nos 54255 s.).

CHARGES SUCCESSORALES

54395 Il s'agit de dettes qui n'ont jamais incombé au défunt puisqu'elles sont **liées au décès** lui-même (voir nos 37040 s.). Néanmoins, elles sont assimilées aux dettes successorales proprement dites.

b. Créanciers à raison de la conservation ou de la gestion de biens indivis

54415 Un tiers dont la créance est **née au cours de l'indivision** successorale à raison soit de la conservation, soit de la gestion du bien indivis, est regardé comme un « créancier de l'indivision ».

Il en va de même de **l'indivisaire** qui a une créance à faire valoir contre l'indivision au titre de la conservation du bien indivis (C. civ. art. 815-13, al. 1) ou de la gestion du bien indivis (C. civ. art. 815-12). Sont ainsi des créanciers de l'indivision :
– l'indivisaire qui a remboursé sur ses deniers personnels une partie des échéances de l'emprunt afférent au bien indivis pendant l'indivision (Cass. 1e civ. 26-6-2013 n° 12-11.818 F-PB : RJDA 10/13 n° 853, solution retenue dans une indivision postcommunautaire mais transposable) ;
– l'indivisaire qui a réglé sur ses deniers personnels des dettes afférentes à l'entreprise comprise dans la succession paternelle (Cass. 1e civ. 20-2-2001 n° 98-13.006 P : Bull. civ. I n° 41).

54420 L'**indivisaire créancier** de l'indivision bénéficie des dispositions de l'article 815-17 du Code civil : il peut demander à être payé immédiatement de sa créance (n° 54450). Un compte d'indivision devra certes être établi pour cet indivisaire créancier, comme pour chacun des indivisaires créancier ou débiteur de l'indivision, mais cette entrée en compte des créances d'un indivisaire sur l'indivision ne s'impose qu'à la date de la liquidation en vue de fixer le solde du compte existant entre chaque indivisaire et l'indivision, pour réaliser un règlement. Cette entrée en compte de la créance de l'indivisaire n'exclut pas la possibilité pour l'indivisaire créancier d'en réclamer le paiement au cours de l'indivision.

Sur la **prescription** d'une telle créance, voir n° 55452.

2. PRÉROGATIVES DES CRÉANCIERS DE L'INDIVISION

a. Paiement par prélèvement sur l'actif avant le partage

54450 Les créanciers qui auraient pu agir sur les biens indivis avant le décès, donc les créanciers successoraux, et ceux dont la créance résulte de la conservation ou de la gestion des biens indivis, donc les créanciers de l'indivision stricto sensu, peuvent demander à être payés par prélèvement sur les **fonds indivis** avant le partage (C. civ. art. 815-17, al. 1). Pour une application dans un cas où le créancier est un indivisaire (Cass. 1e civ. 4-7-2007 n° 06-13.770 F-PB : RJDA 12/07 n° 1298, JCP G 2007. I. 197 § 4, obs. H. Périnet-Marquet, Defrénois 2008 p. 399, note A. Chamoulaud-Trapiers).

Si ces fonds sont **insuffisants,** les créanciers pourront également agir contre les héritiers du défunt en divisant leurs poursuites (voir nos 54500 s.). Les poursuites exercées contre les indivisaires ne peuvent excéder leurs droits dans l'indivision, sauf si une solidarité expresse a été consentie entre les indivisaires (CE 30-9-2019 n° 419384 : BPAT 6/19 inf. 258, à propos de paiement de la taxe d'habitation d'un bien indivis inoccupé).

L'exercice des prélèvements sur les actifs indivis n'est **pas un préalable** nécessaire aux poursuites contre les héritiers.

b. Saisie des biens indivis

Les créanciers qui auraient pu agir sur les biens indivis avant le décès, donc les créanciers successoraux, et ceux dont la créance résulte de la conservation ou de la gestion des biens indivis peuvent toujours saisir un bien indivis dépendant de la succession en vue de le faire vendre aux enchères publiques et de se payer par prélèvement sur le prix (C. civ. art. 815-17, al. 1). Pour une illustration, s'agissant d'un coïndivisaire titulaire d'une créance résultant de la conservation des biens indivis (Cass. 1e civ. 20-2-2001 n° 98-13.006 P : Bull. civ. I n° 41, JCP G 2001. I. 358 § 13, obs. H. Périnet-Marquet, RJPF 2001-5/49, note J. Casey, Dr. famille 2002, comm. n° 12, obs. B. Beignier, RTD civ. 2001. 642, obs. J. Patarin, RTD civ. 2001. 916, obs. Th. Revet). 54470

Le **droit de gage s'exerce sur** tous les biens indivis : biens présents au moment du décès ; biens qui leur ont été subrogés ; fruits et revenus de ces biens.

Les biens qui sont sortis de l'indivision, par exemple lors d'un partage partiel, ne sont évidemment plus soumis au droit de ces créanciers.

INCIDENCE D'UNE PROCÉDURE COLLECTIVE À L'ENCONTRE DU DÉFUNT

En cas de décès d'un débiteur marié sous la communauté légale, si l'**indivision post-communautaire** préexiste à la procédure collective post-mortem, les créanciers de cette indivision peuvent poursuivre la saisie et la vente du bien immobilier indivis en dehors de la procédure collective (Cass. 2e civ. 20-10-2022 n° 21-10.150 F-D : RTD civ. 2023 p. 134, obs. W. Dross). 54473

INCIDENCE D'UNE PROCÉDURE COLLECTIVE À L'ENCONTRE DE L'UN DES HÉRITIERS

L'ouverture d'une procédure collective concernant un indivisaire ne fait pas obstacle au **droit de poursuite** des créanciers de l'indivision sur les biens indivis (Cass. 1e civ. 13-12-2005 n° 02-17.778 FS-PB : RJDA 5/06 n° 598 ; Cass. 2e civ. 16-5-2013 n° 12-16.216 F-PB : RJDA 11/13 n° 926, Sol. Not. 8-9/13 inf. 205). Ce droit de poursuite persiste même en cas d'inaliénabilité du bien indivis décidée (et publiée) dans le plan de continuation (Cass. com. 7-2-2012 n° 11-12.787 FS-PB : RJDA 4/12 n° 447, BPAT 2/12 inf. 130). Les créanciers de l'indivision née avant la procédure collective ouverte à l'encontre de l'un des indivisaires se voient reconnaître un véritable statut sui generis ; le créancier hypothécaire qui entend poursuivre la saisie immobilière du bien indivis en vertu du droit qu'il tient de l'article 815-17, alinéa 1 du Code civil, n'est pas tenu de saisir le juge-commissaire (Cass. 1e civ. 24-5-2018 n° 16-26.378 FS-PB : RJDA 8-9/18 n° 663). 54475

VENTE PAR LICITATION

Si la saisie et la vente d'un immeuble indivis sont autorisées, cette vente doit être réalisée par voie de licitation devant le tribunal. Celui-ci ne peut pas autoriser une vente à l'amiable, sauf si les parties en conviennent (Cass. 1e civ. 29-11-1994 n° 93-11.317 : Bull. civ. I n° 350). 54480

c. Articulation avec la division des dettes successorales

Lorsqu'il existe plusieurs successeurs, chacun d'eux n'est tenu que d'une fraction du passif, ce qui oblige le créancier à diviser ses poursuites (C. civ. art. 873 et 1309, ancien art. 1220). Les dettes successorales sont divisibles de plein droit. 54500

Ce principe régit les rapports entre les créanciers et les héritiers, c'est-à-dire **l'obligation à la dette.** Il ne concerne pas les rapports entre les héritiers eux-mêmes, question qui relève de la contribution à la dette. L'héritier qui a payé au-delà de sa part successorale dispose d'un recours contre ses cohéritiers ou contre les légataires universels ou à titre universel, à raison de la part pour laquelle ils doivent y contribuer (nos 60605 s.).

DOMAINE DE LA DIVISION DES DETTES

La division des dettes joue entre les personnes tenues au passif successoral, héritiers légaux, légataires et institués contractuels universels ou à titre universel (voir n° 37025). Elle vaut même lorsque des héritiers acceptent purement et simplement tandis que d'autres **acceptent à concurrence de l'actif net.** Dans ce cas, les premiers ne sont pas tenus d'assumer le passif que le créancier n'a pu récupérer sur les seconds (Cass. 1e civ. 3-12-2002 nos 00-13.785 et 00-13.788 FS-P : D. 2003 somm. P 1872, obs. M. Nicod). 54505

54510 La règle de division s'applique aux **dettes solidaires** du défunt (C. civ. art. 1309 ; pour une illustration, voir Cass. 1e civ. 14-3-2018 nº 17-14.583 FS-PB, décision rendue sur le fondement de l'ancien art. 1220 du Code civil mais transposable sous le régime de l'art. 1309). Dans ce cas, même s'il a d'autres débiteurs, le créancier peut poursuivre les héritiers pour l'intégralité de la dette mais il doit diviser ses poursuites entre eux.

54515 Le principe de la division des dettes est écarté lorsque :
– la dette est **hypothécaire,** en vertu de l'indivisibilité de l'hypothèque affirmée à l'article 2391 du Code civil (C. civ. art. 873). Seul le successeur qui est alloti du bien hypothéqué peut être poursuivi pour le tout ;
– la dette est **indivisible** par nature (par exemple une obligation de faire) ou par convention (C. civ. art. 1309, al. 4 et 1320) ;
– le **défunt a décidé,** dans la convention conclue avec le créancier ou par testament, que la dette serait exécutée par un seul de ses héritiers. La portée d'une telle décision varie. Dans le premier cas, le créancier peut avoir, en acceptant un débiteur unique, renoncé à poursuivre les cohéritiers (tout dépend des termes de la convention). Au contraire, en présence d'un testament, la décision du défunt ne lui est pas opposable. Le créancier peut donc poursuivre pour le tout l'héritier désigné ou agir contre les autres, à hauteur de leur vocation successorale ;
– les **héritiers conviennent,** dans l'acte de partage de la succession, qu'un seul d'entre eux sera tenu du paiement de la dette. Là encore, le créancier peut se prévaloir de cet accord, mais il ne l'oblige pas. Il peut donc poursuivre l'héritier désigné pour le tout ou diviser ses poursuites entre les cohéritiers.

En présence d'un **héritier en usufruit et d'un autre en nue-propriété,** la division des poursuites joue pour le premier, mais pas pour le second. Le créancier peut poursuivre l'héritier en nue-propriété pour le tout, c'est-à-dire à concurrence de la dette en capital et intérêts (Cass. 2e civ. 18-1-2005 nº 02-30.577 FS-PB : Bull. civ. II nº 15). Au contraire, le successeur en usufruit ne peut être poursuivi qu'à proportion des dettes qui sont la charge des fruits et revenus, soit les intérêts de la dette échus après le décès ou encore les arrérages d'une rente viagère et les intérêts sur ces arrérages (pour une application aux arrérages d'une rente viagère, Cass. 1e civ. 16-2-1999 nº 96-21.097 : Bull. civ. I nº 58).

54520 En présence d'un **successeur saisi et d'un autre non saisi** (par exemple un héritier réservataire et un légataire universel), la division des dettes est écartée tant que le second n'a pas obtenu la délivrance de son legs puisque jusque-là, il n'est pas tenu au passif. Le successeur saisi peut en conséquence être poursuivi pour le tout.

En revanche, après la délivrance du legs, le créancier doit diviser ses poursuites.

PRORATA DE LA DIVISION

54525 Le principe est que les héritiers peuvent être poursuivis personnellement en paiement ou en exécution des dettes successorales à proportion de « leur part successorale », c'est-à-dire « au prorata de leurs **droits respectifs** » (C. civ. art. 873 et 1309, ancien art. 1220 ; notamment Cass. 1e civ. 19-3-1996 nº 94-13.884 : Bull. civ. I nº 146 ; Cass. 1e civ. 10-7-2013 nº 11-28.029 F-D). Par exemple, à la suite de l'annulation d'une vente, une cour d'appel ne peut pas condamner in solidum le conjoint et les trois enfants du vendeur entre-temps décédé à restituer le prix de vente perçu (Cass. 3e civ. 1-3-2023 nº 21-21.096 F-D). L'obligation de chacun est donc déterminée à hauteur des vocations successorales respectives. Le créancier ne peut poursuivre au-delà. Ainsi, une caisse de retraite ne peut pas demander à la fille du défunt, qui n'était pas sa seule héritière, le remboursement de la totalité des pensions versées après le décès (Cass. 1e civ. 12-11-2009 nº 08-18.338 F-D : BPAT 1/10 inf. 33). De même, lorsque la taxe d'habitation d'un bien inoccupé a été établie au nom d'une indivision successorale, le comptable public ne peut réclamer son paiement intégral auprès de deux indivisaires sur les quatre, sauf si une solidarité expresse a été instituée entre les intéressés (CE 30-9-2019 nº 419384 : BPAT 6/19 inf. 258). L'impossibilité de poursuivre en recouvrement un indivisaire au-delà de ses droits dans l'indivision vaut également pour la taxe sur les logements vacants (CE 23-6-2022 nº 449318 : BPAT 6/22 inf. 278). Enfin, dans le cas où le défunt laisse pour recueillir sa succession (dévolution légale) son père et son frère : ceux-ci peuvent être poursuivis en règlement respectivement de 1/4 et de 3/4 de chaque dette du défunt. Si le père est insolvable, le créancier est exposé au risque de ne recouvrer que 3/4 de sa créance. Observons que le critère étant la vocation successorale, les modalités de la division des dettes sont connues très rapidement après l'ouverture de la succession.

La division des dettes ne se fait donc **ni à parts égales** entre ceux qui viennent à la succession, **ni en fonction de la liquidation de la succession,** c'est-à-dire en fonction de ce qui est effectivement reçu par chacun (M. Grimaldi, Droit des successions, LexisNexis, 8e éd., 2020, n° 638). Autrement dit, elle ne se mesure pas à l'**émolument effectif.** Ainsi, le légataire universel qui cantonne son émolument ne s'exonère pas du passif au prorata de l'émolument reçu (n° 17165) ; en présence de deux héritiers réservataires, l'obligation au passif de celui qui reçoit plus parce qu'il bénéficie en outre d'un legs particulier reste limitée à la moitié. **54530**

La **division par tête** est préconisée lorsqu'un héritier a vocation à recevoir des biens particuliers (cas des successions anomales et des legs à titre universel de tout ou partie des meubles ou des immeubles). Pour déterminer la vocation successorale que représentent ces biens, il faut évaluer tout l'actif successoral, ce qui intervient souvent assez tardivement. Pour écarter cette difficulté, une division par tête est admise par la doctrine (M. Grimaldi, Droit des successions, LexisNexis, 8e éd., 2020, n° 643 ; Dalloz Action Droit patrimonial de la famille 2018/2019, dir. M. Grimaldi, n° 261.112 par F. Sauvage).

EN PRATIQUE

La division des poursuites est **défavorable** aux créanciers puisqu'elle leur fait supporter le risque d'insolvabilité d'un héritier ; réciproquement, elle est donc protectrice des héritiers. **54535**

Mais les créanciers ont rarement à la mettre en pratique. Ils y échappent s'ils font valoir leurs droits avant le partage : ils sont autorisés à se faire payer par prélèvement sur les biens indivis et à poursuivre la saisie et la vente de ces biens (C. civ. art. 815-17, al. 1 ; voir nos 54450 s.). Concrètement, les créanciers agiront contre les héritiers en divisant leurs poursuites lorsque l'actif successoral se révèlera insuffisant ou difficile à mobiliser.

En outre, ils bénéficient d'une protection supplémentaire avec le droit de préférence qu'ils peuvent faire valoir.

d. Articulation avec le droit de préférence

Tous les biens d'un héritier ayant **accepté purement et simplement,** au contraire de celui qui accepte à concurrence de l'actif net, sont le gage commun de ses créanciers (C. civ. art. 2285 ; sur l'acceptation pure et simple, nos 37025 s. ; sur l'acception à concurrence de l'actif net, nos 38250 s.). En conséquence, sauf bénéfice d'une sûreté légale ou conventionnelle, le créancier successoral et le créancier personnel d'un héritier viennent en concours. Les **équilibres préexistants** au décès peuvent en être perturbés : le créancier successoral risque de ne pouvoir récupérer son dû si les dettes personnelles de l'héritier sont supérieures à l'actif successoral ; le créancier personnel d'un héritier se trouve fragilisé de la même façon si le passif successoral est important. **54555**

Pour limiter ce risque, les créanciers du défunt peuvent demander à être préférés sur l'actif successoral à tout créancier personnel de l'héritier. Réciproquement, les créanciers personnels de l'héritier peuvent demander à être préférés à tout créancier du défunt sur les biens de l'héritier non recueillis au titre de la succession (C. civ. art. 878, al. 1 et 2). C'est l'ancien privilège de séparation des patrimoines qui était réservé aux seuls créanciers successoraux avant la réforme de 2006 et qui a été bilatéralisé.

Cette disposition n'organise pas une **division du patrimoine** des héritiers selon l'origine des biens. Les créanciers du défunt et ceux des héritiers sont en droit d'agir sur tout le patrimoine de leur débiteur. Il s'agit seulement d'un droit de préférence. Ainsi, le créancier successoral est en droit de se payer sur les biens personnels de l'héritier, mais uniquement sur le reliquat existant après exercice par le créancier personnel de leur droit de préférence (et réciproquement) ; voir nos 54590 et 54595 s.

CRÉANCIERS BÉNÉFICIANT DU DROIT DE PRÉFÉRENCE

Peuvent se prévaloir du droit de **préférence sur l'actif successoral** les créanciers successoraux, à savoir : **54560**

– les créanciers du défunt (C. civ. art. 878, al. 1). Peu importe qu'ils soient chirographaires ou bénéficiant d'une sûreté, qu'ils disposent ou non d'un titre exécutoire et que leur créance soit ou non liquide et exigible. Avant la loi de 2006, il a par exemple été admis qu'un bailleur se prévale de la séparation des patrimoines pour des loyers à venir ;

– les légataires de sommes d'argent, mais pas les légataires de choses de genre qui ne sont pas visés par le texte (C. civ. art. 878, al. 1) ; les légataires de sommes d'argent sont donc de ce point de vue traités comme des créanciers de la succession, même si, désormais, ils ne peuvent réclamer leurs legs qu'à hauteur de l'actif successoral ;

– les créanciers de charges successorales puisqu'elles sont assimilées aux dettes du défunt. Selon nous, il ne faut sans doute pas s'attacher à la lettre de l'article 878 qui vise les « créanciers du défunt » et non les « créanciers de la succession ». Les charges de la succession trouvent leur origine dans la succession. Certains auteurs soutiennent que, depuis la réforme de 2006, ces créanciers peuvent aussi faire valoir leur droit de préférence sur les biens personnels des héritiers puisque leurs créances sont nées après le décès (Précis Dalloz, Les successions. Les libéralités par F. Terré, Y Lequette et S. Gaudemet, 4e éd., no 926 adde : V. Brémond, Les nouveaux tempéraments à l'obligation « ultra vires successionis » : JCP N 2006 p. 1366 no 13). Selon nous, la bilatéralisation du droit de préférence ne justifie pas que ces créanciers bénéficient d'un statut doublement avantageux.

54565 En miroir du droit des créanciers du défunt, les créanciers personnels de l'héritier bénéficient du droit de préférence **sur les biens autres que successoraux** (C. civ. art. 878, al. 2). Sont donc, à l'évidence, concernés ceux dont la créance est née avant le décès. Qu'en est-il de ceux dont la créance est née après ? Le droit de préférence doit sans doute leur être refusé (M. Grimaldi, Droit des successions, LexisNexis, 8e éd., no 688) : lorsque leur créance est née, le passif successoral existait déjà. La raison d'être du droit de préférence des créanciers personnels sur les biens autres que successoraux n'existe donc pas.

54570 Pour les titulaires d'une **créance à raison de la conservation ou de la gestion de biens indivis,** qui sont des créanciers de l'indivision, mais pas des créanciers de la succession, la doctrine leur refuse le droit de préférence sur les biens successoraux (Rép. civ. Dalloz, succession : liquidation et règlement du passif héréditaire, par R. Le Guidec et G. Chabot no 96 ; M. Grimaldi, Droit des successions, LexisNexis, 8e éd. 2020, no 688 ; F. Terré, Y. Lequette et S. Gaudemet, Les successions. Les libéralités, Dalloz, 4e éd. no 926 ; J.-Cl. Civil Code, v. art. 878 à 881 par Y. Lequette, V. Brémond et S. Mazeaud-Leveneur, no 18-19). Ils jouissent, certes, des mêmes prérogatives que les créanciers du défunt sur les biens indivis (paiement par prélèvement sur l'actif indivis et saisie des biens indivis : C. civ. art. 815-17, al. 1). Mais leurs créances sont nées après le décès, du chef des héritiers. La justification de la préférence sur les biens successoraux, à savoir le maintien des équilibres préexistant au décès, ne trouve donc pas à s'appliquer.

Certains auteurs militent pour qu'ils bénéficient du droit de préférence sur les biens personnels des héritiers, en retenant qu'ils pourraient se présenter comme des créanciers personnels de l'héritier (V. Brémond, Les nouveaux tempéraments à l'obligation « ultra vires successionis » : JCP N 2006 no 48 p. 1366 no 13 ; Rep. civ. précité ; Dalloz Action Droit patrimonial de la famille 2021-2022, dir. M. Grimaldi no 261. 261 par F. Sauvage ; J.-Cl. Civil Code, v. art. 878 à 881 par Y. Lequette, V. Brémond et S. Mazeaud-Leveneur, no 18-19 no 23). Leurs droits ne sont pas nés du chef du défunt, mais du chef des héritiers agissant dans leur intérêt. Or, l'article 878 du Code civil vise sans distinction « les créanciers personnels de l'héritier ». D'autres les excluent aussi de ce droit parce que leurs créances sont postérieures au décès, donc étrangères à l'équilibre antérieur à maintenir (M. Grimaldi, précité). On peut ainsi faire valoir que leur créance est née alors que le passif successoral préexistait et qu'ils pouvaient en avoir connaissance (J.-Cl. Civil Code, v. art. 878 à 881 par Y. Lequette, V. Brémond et S. Mazeaud-Leveneur, no 23 ; adde : C. Pérez et C. Vernières, Droit des Successions, PUF 2018 no 625). Pourquoi les protéger contre un passif qui pesait déjà sur leur gage ? L'esprit du texte exclut que ce droit de préférence sur les biens personnels leur soit accordé. Cette dernière analyse paraît préférable.

BIENS CONCERNÉS

54575 Les biens sur lesquels les **créanciers successoraux** peuvent demander à être préférés sont les biens personnels au défunt ou ceux provenant de la part de communauté revenant à la succession. Sont en revanche exclues les créances de rapport ou de réduction qui ne leur profitent en aucun cas (C. civ. art. 857 et 921).

S'agissant des **créanciers personnels** des héritiers, leur droit de préférence s'exerce sur les biens autres que successoraux, c'est-à-dire leurs biens personnels.

FORMALISME DU DROIT DE PRÉFÉRENCE

54580 Le droit de préférence s'exerce par tout acte par lequel un créancier manifeste au créancier concurrent son intention d'être préféré sur un bien déterminé (C. civ. art. 879).

Aucun formalisme particulier n'est requis. Mais le droit de préférence doit être **demandé** ; il n'est pas automatique. Ce peut être par tous moyens et notamment par voie de notification ou de signification. Une action en justice est également possible. Le tribunal compétent est alors celui du lieu d'ouverture de la succession s'agissant d'une demande d'un créancier du défunt avant le partage (CPC art. 45). La demande d'un créancier individuel sera portée, selon le droit commun, devant le tribunal du domicile de l'héritier.

Chaque créancier exerce son droit à titre **individuel.**

Il doit manifester son intention **auprès du** créancier concurrent. Mais une demande auprès de l'héritier semble pouvoir être efficace à titre conservatoire.

Le créancier doit identifier le ou les **biens** sur lesquels il souhaite être préféré.

Bien sûr, le créancier ne peut pas exercer son droit s'il y a **renoncé** (C. civ. art. 880). Une telle renonciation peut être expresse ou tacite. Dans ce dernier cas, elle doit être sans équivoque. Elle ne se déduit pas de l'action exercée par le créancier du défunt sur le patrimoine personnel de l'héritier (et réciproquement). Le créancier peut renoncer à son droit à l'égard de certains créanciers concurrents et l'exercer contre d'autres. 54585

EXERCICE SUR LES MEUBLES

La mise en œuvre du droit de préférence nécessite d'identifier l'origine des biens. En présence de meubles, elle devient en pratique impossible en cas de **confusion** des patrimoines. Pour l'éviter, le créancier peut solliciter un inventaire des biens concernés ou toute mesure conservatoire. 54590

Il doit en outre agir rapidement puisque son droit de préférence se **prescrit** par deux ans à compter de l'ouverture de la succession (C. civ. art. 881, al. 1). Il s'agit d'une véritable prescription et non d'un délai préfix. Elle est donc susceptible de suspension et d'interruption, par exemple par une demande en justice, une convention entre les intéressés, etc.

EXERCICE SUR LES IMMEUBLES

Inscription d'une garantie sur les immeubles Le droit de préférence peut être exercé sur les immeubles tant qu'ils demeurent entre les mains de l'héritier (C. civ. art. 881, al. 2). Pour que ce droit soit pleinement efficace, les créanciers ont intérêt à user de l'**hypothèque légale spéciale.** Celle-ci leur est reconnue sur les immeubles du défunt pour les créanciers successoraux et les légataires de sommes d'argent et sur les immeubles personnels de l'héritier pour les créanciers personnels de celui-ci (C. civ. art. 2402, 5° dans sa rédaction issue de ord. 2021-1192 du 15-9-2021 art. 17). Les hypothèques, qu'elles soient légales, judiciaires ou conventionnelles, prennent rang à la date de leur inscription au fichier immobilier sans rétroactivité (C. civ. art. 2418). L'inscription de l'hypothèque légale des créanciers de la succession sur les immeubles successoraux doit donc être prise le plus rapidement possible afin d'éviter qu'ils ne soient primés par un créancier personnel de l'héritier ayant inscrit antérieurement une hypothèque conventionnelle. Toutefois, si plusieurs inscriptions sont prises le même jour, l'hypothèque légale prime les hypothèques judiciaires et conventionnelles concomitantes (C. civ. art. 2418, al. 4). 54595

> **Précisions** **a.** Avant le 31 décembre 2021, les créanciers pouvaient user du **privilège immobilier spécial** qui était reconnu sur les immeubles du défunt pour les créanciers successoraux et les légataires de sommes d'argent et sur les immeubles de l'héritier pour les créanciers personnels de celui-ci (C. civ. art. 2374, 6° ancien). Pour ce faire, ils devaient l'inscrire dans les **quatre mois** de l'ouverture de la succession, ce qui leur permettait de prendre rang à la date du décès (C. civ. art. 2383 ancien). Les créanciers successoraux étaient ainsi certains de n'être jamais primés sur les biens du défunt par les créanciers personnels puisque l'héritier ne pouvait valablement disposer de ces biens avant le décès. De la même façon, les créanciers personnels de l'héritier étaient protégés puisque les créanciers successoraux ne pouvaient prendre de garantie sur les immeubles personnels de l'héritier tant que celui-ci n'était pas devenu leur débiteur. En cas d'inscription **au-delà de ce délai,** le privilège immobilier dégénérait en hypothèque légale simple prenant rang à la date de son inscription (C. civ. art. 2386, al. 2 ancien). Un créancier successoral pouvait donc être primé par un créancier personnel si l'inscription prise par ce dernier était antérieure.
>
> **b.** Afin de lui garantir le paiement de son legs, le **légataire particulier de sommes d'argent** ou plus généralement de choses fongibles bénéficie également d'une hypothèque légale sur les immeubles de la succession au titre des articles 1017 et 2393, 4° du Code civil (F. Terré, Y. Lequette et S. Gaudemet : Les successions. Les libéralités : Précis Dalloz, 4e éd. 2014, n° 940 ; M. Grimaldi : Droit des successions, LexisNexis, 8e éd. 2020, n° 703). Une fois inscrite (C. civ. art. 2418), elle confère au légataire un droit de préférence et un droit de suite. Le droit de préférence est opposable aux créanciers personnels de l'héritier mais non aux créanciers successoraux ; ces derniers lui sont préférés, les legs n'étant payés qu'après l'acquittement des dettes héréditaires. Le droit de suite, quant à lui, ne peut être opposé qu'aux tiers ayant acquis un immeuble après l'ouverture de la succession.
>
> Le légataire de sommes d'argent est ainsi susceptible d'être protégé par deux hypothèques légales dont les principaux effets sont identiques (J.-Cl. Civil Code, Art. 878 à 881, fasc. unique par Y. Lequette

et V. Brémond, actualisé par S. Mazeaud-Leveneur, n° 13 ; comparer, sous l'empire du droit antérieur à l'ord. 2021-1192 du 15-9-2021, V. Brémond, Les sûretés légales et judiciaires protégeant les successeurs : JCP N 2017 n° 1150 spéc. § 25 s.). Le droit de préférence prévu par l'article 878 du Code civil ayant toutefois pour avantage de porter également sur les meubles, il présente « une réelle utilité pour le légataire de sommes d'argent lorsque son hypothèque légale ne peut prospérer faute d'immeubles composant l'actif successoral » (J.-Cl. Civil Code, Art. 878 à 881, fasc. précité, n° 13).

54600 **Répartition des paiements** L'inscription d'une hypothèque légale spéciale prise par un créancier successoral bénéficie à tous les créanciers successoraux, ce qui emporte deux conséquences.

Dans leurs **rapports avec les créanciers personnels,** tous les créanciers successoraux, même ceux qui n'ont pas pris d'inscription, les priment à hauteur du montant de(s) l'inscription(s).

Entre créanciers successoraux, celui qui a pris une inscription ne bénéficie d'aucun privilège par rapport aux autres : l'inscription fait de l'immeuble qui en est frappé le gage commun des créanciers du défunt à l'encontre de ceux de l'héritier pour la part correspondant au chiffre de l'inscription, sans privilège au profit de l'inscrivant (Cass. req. 25-1-1910 : DP 1910, 1, 77).

La répartition du montant inscrit est un sujet de divergences. Parfois, les tribunaux l'opèrent au marc le franc, c'est-à-dire à hauteur des créances respectives. Ce système est critiqué car la négligence du créancier qui n'a pas inscrit son hypothèque légale spéciale nuit à celui qui a été diligent. Aussi, d'autres fois, afin de remédier à cet inconvénient sans pour autant donner un avantage à celui qui a inscrit son hypothèque légale spéciale, la jurisprudence reconnaît à ce dernier le droit d'obtenir le montant qu'il aurait reçu si tous les créanciers avaient pris une inscription en temps utile.

Les règles énoncées valent réciproquement pour les héritiers personnels sur les biens non successoraux.

EXEMPLE

Un immeuble successoral vaut 150 000 €. Un créancier successoral A inscrit son hypothèque légale spéciale pour 100 000 €. Un créancier successoral B a une créance de 75 000 mais ne procède à aucune inscription. Un créancier C, personnel à l'héritier, inscrit une hypothèque conventionnelle pour 80 000 €, cette inscription étant postérieure à celle du créancier A.

A et B priment C à hauteur de 100 000 €

Entre A et B, si la répartition se fait au marc le franc

A reçoit : 100 000 × 100/175 = 100 000 × 4/7 = 57 142 €

B reçoit : 100 000 × 75/175 = 100 000 × 3/7 = 42 857 €

Entre A et B si la répartition se fait selon ce que le créancier inscrit aurait reçu si tous s'étaient également inscrits :

A reçoit : 150 000 × 100/175 = 150 000 × 4/7 = 85 714 €

B reçoit : 100 000 – 85 714 = 14 286 €

54605 Si une sûreté réelle est en principe indivisible, l'hypothèque légale spéciale inscrite en vertu du droit de préférence ne permet pas au créancier d'échapper à la **division des créances** : il ne peut se faire payer que du montant à charge de l'héritier et non de la totalité de sa créance.

Par ailleurs, le créancier qui a pris une inscription est maître d'en donner **mainlevée,** au moins tant que les autres créanciers susceptibles d'en profiter ne se sont pas manifestés.

SUBROGATION ET DROIT DE SUITE

54610 L'exercice du droit de préférence ne modifie pas, en principe, les **droits du successeur** sur les biens, notamment il reste libre d'en disposer, sous réserve des éventuelles mesures conservatoires que les créanciers auront prises.

S'agissant d'un **meuble,** il semble que le droit de préférence, par le jeu de la subrogation, se reporte sur le prix s'il reste identifié.

En présence d'un **immeuble,** la jurisprudence a admis que le créancier inscrit bénéficie d'un droit de suite, ce qui limite la libre disposition du bien. Cette position a été récemment confirmée par la réforme du droit des sûretés (Ord. 2021-1195 du 15-9-2021 art. 22). Depuis le 1er janvier 2022, l'article 2454 du Code civil régit le droit de suite comme attribut de la seule hypothèque (en ce compris l'hypothèque légale spéciale).

> **Précisions** **Avant la réforme du droit des sûretés,** certains auteurs contestaient cependant le bien-fondé de ce droit de suite en ce qu'il améliore la situation des créanciers par rapport à celle qui était la leur avant le décès, puisqu'alors, faute d'inscription hypothécaire, ils n'avaient aucun droit sur les immeubles.

B. Situation des créanciers personnels des indivisaires

1. DROIT SUR LES BIENS INDIVIS

SAISIE DES BIENS INDIVIS

Les créanciers personnels des héritiers sont dans une situation moins avantageuse que les créanciers de l'indivision successorale. 54660

En effet, ils **ne peuvent pas** saisir la part de leur débiteur dans les biens indivis, qu'il s'agisse de meubles ou d'immeubles (C. civ. art. 815-17, al. 2). Cette règle interdit même les saisies conservatoires (Cass. 1e civ. 15-7-1999 no 97-14.361 P : Bull. civ. I no 243).

Il en va **toutefois** autrement lorsque tous les coïndivisaires sont débiteurs solidaires à l'égard du créancier. Dans ce cas, le créancier n'est pas tenu de provoquer le partage et peut poursuivre la saisie du bien indivis (Cass. 1e civ. 6-11-2001 no 98-20.518 FS-P : Bull. civ. I no 271).

> **Précisions** **a.** Un **notaire** ne saurait être poursuivi pour n'avoir pas contesté la saisie-attribution pratiquée à la demande du créancier personnel d'un indivisaire sur des fonds indivis qui sont entre ses mains. Au contraire, il ne lui appartient pas d'apprécier la validité de la mesure ; celle-ci produit ses effets tant que la juridiction compétente n'en a pas prononcé l'annulation ou la mainlevée (Cass. 1e civ. 10-7-2013 no 12-25.255 F-D).
> **b.** Faute d'indivision en usufruit entre l'héritier qui reçoit l'usufruit du tout et celui qui a les 3/4 en nue-propriété, un créancier personnel de l'usufruitier peut valablement saisir le **prix de vente du bien démembré,** à hauteur de la valeur de l'usufruit (Cass. 1e civ. 15-5-2019 no 18-12.779 FS-PB : BPAT 4/19 inf. 157).

SÛRETÉ SUR LES BIENS INDIVIS

Les créanciers personnels des héritiers sont **autorisés à** prendre une sûreté sur la part indivise de leur débiteur (Cass. 2e civ. 17-2-1983 no 81-15.566 : Bull. civ. II no 42, RTD civ. 1984, 348, obs. J. Patarin, à propos de l'inscription provisoire d'une hypothèque judiciaire sur un immeuble indivis du débiteur). 54665

Leurs droits étant subordonnés au sort du bien dans le partage, ils **ne peuvent pas** prendre une sûreté sur l'ensemble du bien.

Par exemple, si deux parents donnent ensemble un immeuble leur appartenant en stipulant un droit de retour conventionnel, le prédécès de l'enfant par rapport à l'un seulement des parents donateurs a pour effet de rendre le bien indivis entre le parent survivant (puis sa succession) et la succession du donataire. Les droits du créancier du donataire étant subordonnés au sort du bien dans le partage, la cour d'appel ne peut pas donner effet à l'hypothèque judiciaire prise sur la totalité de l'immeuble donné (Cass. 1e civ. 10-7-2013 no 12-20.885 F-PB : RJDA 11/13 no 958, Sol. Not. 10/13 inf. 240, décision rendue en exécution de la législation antérieure à la loi du 23-6-2006 mais à notre avis toujours valable).

La garantie prise sur la part indivise du débiteur **peut s'avérer illusoire** : si le bien sur lequel l'inscription est prise est attribué à un autre coïndivisaire lors du partage, la sûreté est rétroactivement anéantie et le créancier réduit au rang de simple créancier chirographaire.

2. DROIT DE PROVOQUER LE PARTAGE

Les créanciers personnels des héritiers peuvent provoquer le partage au nom de leur débiteur (C. civ. art. 815-17, al. 3). Ce faisant, ils n'agissent pas en vertu d'un droit personnel mais actionnent celui de leur débiteur par la voie de l'**action oblique** (en ce sens, par exemple, Cass. 1e civ. 4-6-2009 no 08-13.009 F-D). 54695

CONDITIONS DE LA DEMANDE EN PARTAGE

L'action en partage ne présente aucun caractère de **subsidiarité** : elle peut être exercée même si le créancier demandeur a d'autres voies pour obtenir le recouvrement de son dû. 54700

Mais le créancier qui provoque le partage **doit établir** que :

- la négligence de son débiteur met en péril ses intérêts. Cette mise en péril est par exemple établie lorsque l'indivisaire a une dette impayée depuis plus de dix ans et que ses démarches pour vendre le bien indivis, seul élément d'actif de son patrimoine, n'ont pas abouti (Cass. 1e civ. 21-11-2018 no 17-26.245 F-D : SNH 40/18 inf. 5) ;
- sa créance est certaine, liquide et exigible ;
- il a intérêt à agir. C'est par exemple le cas si son débiteur est insolvable, sauf si les dettes de ce dernier envers l'indivision sont supérieures à ses droits. En revanche, le fait que le

créancier demandeur puisse être primé par d'autres créanciers disposant d'une sûreté de rang meilleur n'est pas de nature à le priver de son intérêt à agir (Cass. 1e civ. 6-2-2008 nº 06-20.267 F-PB : RJDA 6/08 nº 733).

54705 Le créancier agit au nom de son débiteur. Il ne peut donc demander le partage que dans les conditions mêmes dans lesquelles celui-ci pourrait lui-même le solliciter. La demande peut ainsi être paralysée par toutes les **exceptions opposables** à l'indivisaire débiteur, telles que le maintien en indivision résultant d'une décision judiciaire ou le sursis au partage.

54710 La charge des **frais de l'action** en partage se règle comme si elle était exercée par l'indivisaire débiteur lui-même : elle pèse donc en principe sur la succession et non pas sur le créancier (CA Pau 18-11-1862 : DP 1863. 5. 268).

ARRÊT DE L'ACTION EN PARTAGE

54715 Les **coïndivisaires** peuvent arrêter le cours de l'action en partage en acquittant l'obligation au nom et en l'acquit du débiteur (C. civ. art. 815-17, al. 3). Ils n'ont pas la possibilité de contester le montant de la dette. La seule solution qui s'offre à eux est de la régler intégralement. Pour cela, ils sont en droit d'être informés du montant actualisé de la dette (Cass. 1e civ. 27-5-2010 nº 09-11.460 F-PBI : Bull. civ. I nº 123, BPAT 4/10 inf. 239, décision rendue à propos d'une liquidation judiciaire, le passif ayant évolué compte tenu des actifs et créances recouvrés). À défaut de règlement effectif, le créancier conserve la possibilité de provoquer le partage.

Les indivisaires qui ont réglé la dette d'un des leurs deviennent créanciers de l'indivision. Ils peuvent se rembourser par prélèvement sur les biens indivis (C. civ. art. 815-17, al. 3 in fine).

ATTENTION

L'indivisaire qui forme une **demande d'attribution préférentielle** du bien indivis n'entend pas arrêter le cours de l'action en partage, mais au contraire obtenir qu'il soit procédé au partage (Cass. 1e civ. 26-6-2013 nº 12-11.818 F-PB : RJDA 10/13 nº 853).

3. DROIT D'INTERVENIR AU PARTAGE

54745 Les créanciers personnels de l'héritier indivisaire peuvent s'opposer à ce que le partage soit réalisé en dehors de leur présence et sont en droit d'intervenir, à leurs frais, dans le partage provoqué par leur débiteur ou par un autre créancier (C. civ. art. 815-17, al. 3 et 882).

OPPOSITION

54750 L'opposition n'est soumise à aucune **forme** particulière : exploit d'huissier ; lettre recommandée avec avis de réception ; conclusions en cours de procédure ; assignation en partage délivrée aux héritiers à la requête des créanciers de l'un d'eux (Cass. 1e civ. 10-04-1973 nº 71-14.796 : Bull. civ. I nº 137) ; etc.

Elle est **adressée à** tous les copartageants ou au notaire liquidateur mandataire des coïndivisaires.

Tout créancier personnel peut faire opposition, même si ses droits ne sont pas liquides et exigibles (en ce sens, C. Brenner, Droit des successions et des libéralités, 10e éd., 2022, nº 806). L'opposition doit intervenir **avant** la réalisation du partage (C. civ. art. 882).

La jurisprudence a étendu le bénéfice de l'opposition aux ayants cause des héritiers : ceux-ci peuvent ainsi assurer la préservation de leurs droits en vérifiant que le bien concerné n'est pas délibérément mis dans le lot d'un autre héritier en vue d'anéantir leur titre à raison de l'effet déclaratif du partage (Civ. 14-8-1840 : D. Jur. Gén. Vº Success. nº 1922).

54755 L'opposition **permet** au créancier opposant de participer aux différentes opérations du partage : licitation, tirage au sort, établissement du projet de liquidation, procédure de partage judiciaire, etc. Le créancier peut par exemple demander que l'immeuble qu'il a acquis d'un indivisaire soit mis dans le lot de celui-ci.

Mais il **ne peut pas** imposer des modalités de partage telles qu'une expertise ou la licitation d'un bien. Il ne peut pas non plus s'opposer aux attributions faites à son débiteur sans fraude.

En outre, le créancier opposant ne bénéficie d'aucun droit de préférence sur les biens de son débiteur par rapport aux autres créanciers.

54760 À titre de **sanction,** le créancier qui a été tenu à l'écart des opérations de partage en dépit de son opposition peut obtenir la nullité du partage et/ou la condamnation de l'ensemble des copartageants ou du notaire fautif à des dommages et intérêts.

Il n'a pas à prouver la fraude, mais uniquement le préjudice subi (C. civ. art. 882).

EN L'ABSENCE D'OPPOSITION

En l'absence d'opposition à partage, le créancier personnel de l'un des indivisaires conserve le droit d'attaquer le partage réalisé en exerçant l'**action paulienne** lorsque : 54765

– il y a été procédé hâtivement en vue précisément d'empêcher l'opposition du créancier et son intervention (Cass. 1e civ. 3-12-1985 n° 84-11.556 : Bull. civ. I n° 334) ;

– il y a eu un partage fictif (Cass. 1e civ. 6-3-1996 n° 93-17.910 : Bull. civ. n° 125, à propos d'un partage d'indivision postcommunautaire, mais solution transposable au partage d'une indivision successorale).

4. DROIT DE PRÉFÉRENCE

Les créanciers personnels de l'héritier peuvent demander à être préférés à tout créancier du défunt sur les biens de l'héritier non recueillis au titre de la succession (voir nos 54555 s.). 54795

SECTION 4 DROITS DES INDIVISAIRES

A. Usage et jouissance des biens indivis

1. USAGE CONCURRENT

Chacun des indivisaires peut utiliser le(s) bien(s) indivis (C. civ. art. 815-9). Cependant, ces usages respectifs ne doivent pas porter atteinte au droit équivalent des autres indivisaires. Il en résulte un encadrement particulier du droit d'usage. 54900

USAGE CONFORME À LA DESTINATION DU BIEN

Chacun des indivisaires ne peut jouir et user d'un bien indivis que conformément à l'usage auquel ce dernier est normalement affecté (C. civ. art. 815-9). 54905

L'**affectation du bien** peut être déduite de données matérielles relatives à la nature du bien ou de données juridiques déterminées par exemple dans un titre. Les juges du fond ont un large pouvoir d'appréciation quant à cette notion.

Tout indivisaire est en droit de **faire cesser** les actes accomplis par un autre indivisaire qui ne respectent pas la destination de l'immeuble indivis. Par exemple, un couple d'indivisaires qui se réserve l'accès exclusif d'une chapelle indivise, pour y exercer son culte empreint d'une dérive sectaire, ne respecte pas la destination du bien (Cass. 1e civ. 2-12-2020 n° 19-13.503 F-D : SNH 2/21 inf. 4). 54910

Il n'est pas nécessaire d'attendre le partage pour agir en justice à cet effet et pour obtenir réparation du préjudice consécutif à ces actes (en ce sens, Cass. 1e civ. 12-5-2010 n° 09-65.362 F-PBI : RJDA 8-9/10 n° 891, RTD civ. 2010 p. 587. obs. T. Revet, JCP G 2010. I. 1162 § 14 obs. Périnet-Marquet, Defrénois 2010. 2387 art. 39184-6, obs. A. Chamoulaud-Trapiers).

USAGE COMPATIBLE AVEC LES ACTES RÉGULIÈREMENT PASSÉS

Un indivisaire ne peut jouir et user d'un bien indivis qu'en respectant les droits régulièrement constitués par un acte juridique, que ce soit **au profit** d'un tiers ou d'un coïndivisaire. Si un bail a été valablement consenti, aucun des indivisaires ne peut prétendre évincer le locataire. 54915

Bien que le Code civil ne vise que les actes **passés au cours de** l'indivision (C. civ. art. 815-9), il est tout aussi certain que l'usage d'un bien indivis par l'un des indivisaires n'est possible qu'à condition de ne pas porter atteinte aux droits régulièrement acquis par un tiers par l'effet d'actes passés par le défunt avant l'ouverture de la succession sur les biens devenus indivis par le fait du décès. Le principe de transmission universelle l'impose.

USAGE COMPATIBLE AVEC LES DROITS CONCURRENTS DES AUTRES INDIVISAIRES

Chaque indivisaire ne peut user d'un bien indivis pour son compte personnel que dans la mesure compatible avec le droit de ses coïndivisaires (C. civ. art. 815-9). Chacun ayant des droits de même nature sur les biens indivis, l'un d'eux ne peut user de la chose commune qu'à la condition de ne pas porter atteinte aux droits égaux et réciproques des autres. Par exemple, 54920 l'indivisaire qui occupe un logement indivis depuis plus de dix ans sans rien payer et en faisant obstacle à la licitation du bien fait preuve d'un comportement incompatible avec les droits concurrents des coïndivisaires justifiant son expulsion pour trouble manifestement excessif (Cass. 1e civ. 30-1-2019 nº 18-12.403 F-PB : SNH 2/19 inf. 65). Autre exemple, contrevient aux droits des indivisaires un couple d'indivisaires qui se réserve l'accès exclusif d'une chapelle, propriété indivise, pour y exercer son culte (Cass. 1e civ. 2-12-2020 nº 19-13.503 F-D : SNH 2/21 inf. 4).

L'**usage prohibé** n'est pas seulement celui qui empêche l'exercice des droits concurrents des coïndivisaires. Il suffit que l'usage affecte l'exercice de ces droits.

Quel est le **recours** des coïndivisaires ? Par le passé, de nombreux arrêts ont décidé que l'action possessoire pouvait être exercée (en ce sens, Cass. 3e civ. 29-05-1968 nº 66-11.774 : Bull. civ. III nº 244 ; Cass. 1e civ. 15-4-1980 nº 78-15.245 : Bull. civ. I nº 109). Les dispositions relatives aux actions possessoires ayant été abrogées par la loi 2015-177 du 16 février 2015, seule la procédure de référé pourrait être utilisée par un indivisaire pour faire cesser, à raison de l'urgence, de tels agissements (nº 54910).

> **Précisions** La règle de l'article 815-9 du Code civil ne peut pas limiter les prérogatives du nu-propriétaire au regard du **droit des sociétés.** Tout associé a le droit de participer aux assemblées générales (C. civ. art. 1844, al. 1), y compris chaque nu-propriétaire indivis puisque chacun d'eux a la qualité d'associé (Cass. com. 21-1-2014 nº 13-10.151 : RJDA 5/14 nº 443). Ainsi, le nu-propriétaire indivis de parts sociales peut demander seul qu'un administrateur provisoire soit nommé pour réunir une assemblée d'associés car il a la qualité d'associé de la société (Cass. 3e civ. 17-1-2019 nº 17-26.695 FS-PBI : BPAT 2/19 inf. 75).

ORGANISATION CONVENTIONNELLE DE LA JOUISSANCE CONCURRENTE

54925 Seules certaines prérogatives peuvent véritablement être exercées en même temps sur le même bien, par exemple le droit de chasse (Cass. 3e civ. 3-10-2007 nº 06-16.716 FS-PB : Bull. civ. III nº 165, D. 2008, p. 2250, obs. V. Brémond).

Pour un grand nombre de biens, il est matériellement impossible que chacun des indivisaires puisse, de manière simultanée, les utiliser. Il est néanmoins possible d'organiser, par convention, la jouissance concurrente du bien indivis, en prévoyant un **usage successif** du bien indivis. Il peut en être ainsi s'agissant d'un immeuble pouvant être utilisé comme résidence de vacances pour l'ensemble des indivisaires ou d'un meuble à usage de loisir comme un bateau.

54930 MODÈLE

Convention organisant la jouissance d'un bien indivis

Prenons l'exemple d'une personne qui décède, laissant pour lui succéder trois enfants. La succession comprend notamment une maison d'origine familiale que chacun des enfants souhaite pouvoir utiliser comme résidence secondaire, pour lui-même ou toute personne de son choix. Ils pourront adopter la convention suivante :

À la requête de :
1° / *Nom, prénom(s), adresse de chacun des indivisaires*
2° /
3° /
Ci-après dénommés les indivisaires ou les requérants
Préalablement à la convention objet des présentes, les parties exposent ce qui suit :
Les indivisaires tels qu'ils sont nommés ci-dessus ont acquis suivant acte reçu par Maître ..., Notaire à ... le ... une maison d'habitation sise à ... figurant au plan cadastral de ladite commune sous les relations suivantes ... ; chacun dans la proportion de *(indiquer les quotes-parts de chacun)* en pleine propriété (*ou en usufruit selon la nature des droits indivis*).
Usant de la faculté prévue à l'article 815-9 du Code civil, les requérants ont convenu de conclure entre eux une convention relative à l'exercice des droits indivis en pleine propriété dont ils jouissent sur le bien ci-avant désigné.
À défaut de stipulation particulière, et en tant que de besoin, il conviendra de faire application des articles 815-1 à 815-17 du Code civil.

Droits et obligations relatifs à la jouissance du bien

Chaque indivisaire peut user et jouir du bien indivis, conformément à sa destination, à savoir l'habitation, et dans la mesure compatible avec les droits des autres indivisaires.

Les indivisaires s'obligent à respecter les modalités de jouissance du bien indivis ci-dessous décrites :
Chacun des coïndivisaires jouira privativement à compter du 1er janvier de chaque année du bien immobilier par période d'un mois *(ou toute autre période, il pourrait opportunément s'agir de quinzaines)* dans l'ordre suivant : .... Les mois de juillet-août et septembre feront l'objet d'une jouissance privative d'un mois par chacun des coïndivisaires, par rotation tous les trois ans, dans l'ordre suivant : ... *(ou autres modalités de jouissance à préciser)*.
Cette jouissance privative s'exercera sur le bien immobilier et également sur tous les biens mobiliers et meubles meublants le garnissant et ce sans indemnité.
Les parties conviennent que les conditions de jouissance privative pourront être modifiées suivant un accord des indivisaires.
La jouissance du bien indivis pour chacun des indivisaires occupants temporairement à titre privatif entraîne les obligations suivantes :
Il jouira du bien indivis conformément à sa destination.
Il ne pourra faire aucun percement de gros murs, portes ou fenêtres sans le consentement exprès ou par écrit des autres indivisaires.
Il pourra faire, avec l'accord des autres indivisaires, tous décors et embellissement du bien indivis à charge de les laisser en fin de jouissance privative, et ce sans indemnité.

Répartition des charges

Les indivisaires sont tenus de participer aux dépenses d'usage et de jouissance comme suit :
– les frais d'eau, de gaz et d'électricité seront supportés par chacun des indivisaires pour le temps où il aura occupé le bien, à charge pour chacun de relever les compteurs correspondants au début et à la fin de chaque période d'occupation ;
– la taxe d'habitation sera partagée par égales portions entre tous les indivisaires ;
– les dépenses d'entretien, de grosses et menues réparations et de conservation du bien indivis seront réparties entre les indivisaires suivant leur quote-part de droits indivis ; sont compris dans ces dépenses les impôts de toute nature, à l'exception de la taxe d'habitation, ainsi que le paiement des polices d'assurance.

Responsabilité en cas de dégradation et détérioration

Chacun des indivisaires occupant le bien indivis, par lui-même ou par l'intermédiaire d'une autre personne, répondra des dégradations et détériorations qui ont diminué la valeur du bien indivis par son fait ou sa faute.
Il sera alors débiteur d'une indemnité conformément à l'article 815-13, alinéa 2 du Code civil.

Obligation d'assurance au titre de l'occupation

Les indivisaires occupants devront souscrire un contrat d'assurance couvrant les risques liés à l'occupation du bien indivis. Monsieur *(nom d'un des indivisaires)* et Madame *(nom d'un des indivisaires)* donnent mandat à Monsieur *(nom du troisième indivisaire)*, qui l'accepte, de souscrire ladite assurance, chacun des indivisaires devant assumer à titre personnel à hauteur d'un tiers la charge financière de cette assurance, ils rembourseront à Monsieur *(nom du troisième indivisaire)* les sommes dont ce dernier aurait pu faire l'avance pour le règlement des primes d'assurance dans un délai de ...

2. JOUISSANCE PRIVATIVE

a. Notion de jouissance privative du bien indivis

JOUISSANCE PRIVATIVE DE FAIT

Il y a jouissance privative lorsque l'un des indivisaires a pris possession d'un bien indivis pour 54960
l'utiliser de manière **exclusive,** empêchant ainsi les autres indivisaires d'exercer un quelconque droit d'usage. **L'impossibilité de droit ou de fait,** pour les autres indivisaires, d'utiliser, eux aussi, le bien indivis détermine la jouissance privative (Cass. 1e civ. 19-12-2000 no 99-15.248 F-D ; Cass. 1e civ. 8-7-2009 no 07-19.465 FS-PBI : JCP G 2009. act. no 157, obs. H. Bosse-Platière). Celle-ci s'apprécie donc uniquement par rapport aux autres indivisaires (voir explicitement en ce sens, Cass. 1e civ. 7-6-2006 no 04-12.331 F-PB : RJDA 12/06 no 1283, BPAT 6/06 inf. 149, RTD civ. 2006, p. 542, obs. J. Hauser, AJ fam. 2006. p. 289, obs. S. David). L'absence d'occupation effective par l'indivisaire n'exclut pas la jouissance privative dès lors qu'il interdit l'accès du bien à ses coïndivisaires. Réciproquement, il n'y a pas jouissance privative si l'occupation du bien par l'un n'exclut pas la même utilisation par les autres (Cass. 1e civ. 13-1-1998 no 95-12.471 : Bull. civ. I no 12 ; Cass. 1e civ. 5-11-2014 no 13-11.304 F-PB : BPAT 1/15 inf. 17). C'est le cas même si un des indivisaires occupe le bien un peu plus longtemps que les autres dès lors que ces derniers ont ou auraient pu jouir du bien indivis (Cass. 1e civ. 28-05-2002 no 00-11.587 F-D).

ILLUSTRATIONS

L'existence d'une **jouissance privative** a été **admise** dans les situations suivantes :

– un des indivisaires est le seul détenteur des clefs (Cass. 1e civ. 8-7-2009 n° 07-19.465 FS-PBI : JCP G 2009 act. n°. 157, obs. H. Bosse-Platière ; Cass. 1e civ. 31-3-2016 n° 15-10.748 F-PB : BPAT 3/16 inf. 125, Cass. 1e civ. 20-9-2023 n° 21-23.877 F-D) ;

– certains des héritiers ne justifient pas avoir restitué les clés, « caractérisant ainsi leur jouissance privative et exclusive » (Cass. 1e civ. 24-6-2015 n° 14-17.549 F-D). Dans le même sens au cas d'une veuve partie en maison de retraite ayant conservé les clés (Cass. 1e civ. 8-7-2010 n° 09-10.789 F-D : JCP G2010 n° 1220 § 17, obs. A. Tisserand-Martin) ;

– l'indivisaire occupant empêche les autres indivisaires d'utiliser l'immeuble indivis en changeant les serrures sans leur remettre les nouvelles clefs (Cass. 1e civ. 30-6-2004 n° 02-20.085 F-P : Bull. civ. I n° 194, BPAT 6/04 n° 135) ;

– un des indivisaires dispose d'un jeu de clés et se fait adresser le courrier à l'adresse de l'immeuble litigieux (Cass. 1e civ. 20-1-2010 n° 09-13.244 F-D).

À l'inverse, l'existence d'une **jouissance privative** a été **écartée** dans les cas suivants :

– la maison indivise n'est occupée par l'un des indivisaires qu'à titre de résidence de vacances, ce qui n'exclut pas la même utilisation par les autres indivisaires (Cass. 1e civ. 19-12-2000 n° 99-15.248 F-D) ;

– les clefs de l'appartement indivis peuvent être mises à disposition de tous les indivisaires à leur demande lors de leurs passages à Paris, l'appartement ne constituant pas la résidence principale de l'un d'eux (Cass. 1e civ. 28-3-2018 n° 17-18.903 F-D : Defrénois 2018 n° 36 p. 40 note B. Vareille) ;

– l'un des indivisaires s'est domicilié dans un immeuble indivis sans y résider et sans empêcher les autres d'y résider (Cass. 1e civ. 30-6-2004 n° 02-20.085 F-P : Bull. civ. I n° 194, BPAT 6/04 n° 135) ;

– un seul héritier utilise une cave vinicole dès lors que la même utilisation n'est pas exclue pour l'autre héritier (Cass. 1e civ. 29-6-2011 n° 10-15.634 F-D : RJDA 12/11 n° 1083) ;

– un indivisaire détient un tableau indivis mais sans qu'il y ait usage personnel et privatif de l'œuvre confiée à la garde du conjoint de l'un des héritiers (CA Paris 22-9-1995 n° 94/009076) ;

– le poulailler implanté sur une partie de la cour en indivision ne porte pas atteinte, en l'espèce, à la possibilité pour l'autre indivisaire d'utiliser lui aussi le surplus de la cour pour le passage des chevaux et des véhicules (Cass. 1e civ. 5-11-2014 n° 13-11.304 F-PB : BPAT 1/15 n° 17) ;

– l'un des indivisaires reste seul dans le logement, sa compagne étant partie en maison de retraite, car l'impossibilité pour cette dernière d'occuper son domicile résulte de son état de santé et non du fait de son compagnon (Cass. 1e civ. 3-10-2018 n° 17-26.020 F-PB : BPAT 6/18 inf. 246, à propos d'un bien acquis en tontine).

JOUISSANCE PRIVATIVE D'UN BIEN PROFESSIONNEL

54965 Une difficulté particulière se présente pour les biens indivis à caractère professionnel : fonds de commerce, fonds artisanal, fonds libéral, exploitation agricole… Au moment d'établir les comptes lors de la liquidation de l'indivision, deux hypothèses peuvent être envisagées :

– soit l'indivisaire qui a exploité le bien indivis l'aura fait **pour le compte de l'indivision.** Il devra alors restituer à l'indivision les fruits et revenus engendrés par ce bien qu'il aurait encaissés sur un compte personnel (n° 54155). Il pourra seulement revendiquer une indemnité de rémunération (C. civ. art. 815-12 ; voir nos 55685 s.) ;

– soit l'indivisaire a eu la **jouissance privative** de ce bien indivis pour les besoins de sa profession. Il sera seulement tenu d'acquitter une indemnité de jouissance privative et conservera pour lui les fruits et revenus générés par le bien indivis qu'il a exploité (nos 54995 s.).

La différence peut être très sensible.

En pratique, à défaut de convention conférant de façon explicite la jouissance privative du bien indivis à l'un des indivisaires, le bien indivis sera a priori considéré comme géré pour le compte de l'indivision (voir Rép. Le Fur : AN 14-2-2012 n° 69731). Cette solution se justifie par le principe d'accroissement à la masse indivise des fruits et revenus des biens indivis, édicté par l'article 815-10. Il est donc primordial de songer à stipuler en temps utile sur ce point.

EXEMPLE

Une succession comprend un fonds de commerce dont l'exploitation est poursuivie pendant l'indivision successorale par l'un des héritiers. Les évaluations suivantes sont communiquées, à dires d'expert :

– les bénéfices nets réalisés pendant l'indivision successorale et encaissés par cet indivisaire représentent 60 000 € ;

– la redevance qui serait due par un locataire-gérant pour un tel fonds serait, pour toute la période d'indivision successorale, de 25 000 € ;

– la rémunération de l'indivisaire-gérant peut être fixée, pour la même période, à 20 000 €.

1. Si l'on considère que cet indivisaire a seulement géré le bien indivis **pour le compte de l'indivision,** son compte individuel d'indivision établi lors de la liquidation s'établira comme suit :

Créance de l'indivision sur l'indivisaire :

– au titre de la restitution des bénéfices nets du fonds (C. civ. art. 815-10) : 60 000 €

– autres : néant

Créance de l'indivisaire sur l'indivision :

– au titre de la rémunération de l'indivisaire pour sa gestion du fonds indivis (C. civ. art. 815-12) : 20 000 €

– autres : néant

Soit un SOLDE en faveur de l'indivision de 40 000 €

Ce sera ce solde de 40 000 € du compte individuel d'indivision de cet indivisaire qui viendra s'inscrire à l'actif de la masse à partager.

2. Si l'on retient que l'indivisaire a exploité le fonds **pour son propre compte,** son compte individuel d'indivision s'établira comme suit :

Créance de l'indivision sur l'indivisaire :

– au titre de l'indemnité de jouissance privative (C. civ. art. 815-9) : 25 000 €

– autres : néant

Créance de l'indivisaire sur l'indivision : néant

Soit un SOLDE en faveur de l'indivision de 25 000 €

Ce sera ce solde de 25 000 € du compte individuel d'indivision de cet indivisaire qui viendra s'inscrire à l'actif de la masse à partager.

JOUISSANCE PRIVATIVE AUTORISÉE PAR LE JUGE

La jouissance privative d'un bien compris dans l'indivision successorale peut être accordée par décision judiciaire. Tout indivisaire peut saisir le **président du tribunal judiciaire** pour trancher les différends liés aux modalités d'exercice des droits indivis (C. civ. art. 815-9). 54970

Le président du tribunal statue **selon la procédure accélérée au fond** et non en référé (CPC art. 1380). Il peut donc statuer au fond, mais pas au-delà des pouvoirs qui lui sont explicitement conférés par les textes.

Le président du tribunal est dès lors **incompétent** pour :

– se prononcer sur l'existence même des droits liés à l'indivision. Ainsi jugé dans un cas où il a statué sur l'usage d'une maison indivise entre une veuve et les autres héritiers du mari alors que le droit viager d'usage et d'habitation que la veuve revendiquait sur ce bien était contesté sur le fond devant le tribunal (Cass. 1e civ. 24-10-2012 no 11-17.094 FS-PBI : BPAT 6/12 inf. 309, Gaz. Pal. 1-6-2013 jur. p. 22, obs. J. Casey) ;

– autoriser un usage d'un bien indivis qui affecterait les droits privatifs des indivisaires, spécialement sur d'autres biens non indivis (Cass. 3e civ. 12-7-2000 no 98-22.450 F-D : JCP G2001 I no 305, obs. H. Périnet-Marquet) ;

– autoriser un usage qui affecterait les droits des tiers sur le bien indivis (Cass. 1e civ. 16-5-2000 no 98-17.454 F-D : Dr. famille 2000 comm. no 116, obs. B. Beignier, Constr.-urb. 2000 no 302, obs. D. Sizaire).

b. Indemnité due à raison de la jouissance privative

CIRCONSTANCES OUVRANT DROIT À INDEMNITÉ

Tout indivisaire qui use ou jouit privativement d'un bien indivis est débiteur à l'égard de l'indivision d'une indemnité communément dénommée « indemnité de jouissance privative », sauf convention contraire entre les indivisaires (C. civ. art. 815-9, al. 2). Pareille indemnité vise non seulement à **réparer le préjudice** causé à l'indivision par la perte des fruits et revenus que le bien aurait normalement engendrés en l'absence de cette occupation privative (Rép. Paul : Sén. 26-6-2014 no 10505 ; Cass. 1e civ. 30-6-2004 no 02-20.085 F-P : BPAT 6/04 inf. 135 ; Cass. 1e civ. 23-6-2010 no 09-13.250 F-PBI : RJDA 4/11 no 362, BPAT 5/10 inf. 294, Defrénois 2010 art. 39176, obs. A. Chamoulaud-Trapiers ; Cass. 1e civ. 21-11-2012 no 11-20.365 F-D), mais aussi et surtout à réparer le préjudice causé par la perte directe de l'usus et celle, indirecte, du fructus, par les autres indivisaires. Cela implique que ces derniers détiennent l'usus et le fructus sur le bien concerné. Pour qu'une indemnité soit justifiée au cas d'occupation exclusive du bien par un indivisaire, il faut donc soit une indivision en jouissance (autrement dit en usufruit), soit une 54995 indivision en pleine propriété sur ledit bien. N'est ainsi pas redevable d'une indemnité d'occupation envers son ex-épouse, le mari qui occupe privativement le domicile conjugal, dès lors que ce bien n'est détenu indivisément par les époux qu'en nue-propriété (Cass. 1e civ. 1-6-2023 no 21-14.924 F-B : BPAT 4/23 inf. 186).

L'indemnité d'occupation ne puise pas sa raison d'être dans l'enrichissement injustifié. Elle compense l'impossibilité pour les autres indivisaires d'exercer, eux aussi, leurs prérogatives de propriétaires sur le bien indivis. Dès lors, l'indemnité de jouissance privative est due même s'il n'en est résulté aucune perte pour l'indivision (pour une illustration, Cass. 1e civ. 11-7-2019 no 17-31.091 FS-PB : Defrénois 2019 no 152p9 obs. B. Vareille). Il en va de même si le bien indivis n'est pas ou n'est plus susceptible de produire des revenus car il est devenu impropre à la mise en location à raison de sa vétusté ou de sa non-conformité aux nouvelles normes (ainsi pour un logement classé dans la catégorie des « passoires énergétiques »).

Ainsi, une indemnité est **due** :

– même si l'immeuble ne produit pas de revenus (Cass. 1e civ. 12-5-2010 no 09-65.362 F-PBI : Bull. civ. I no 116, RJDA 8-9/10 no 891, BPAT 4/10 inf. 234) ;

– même en l'absence d'occupation effective des lieux, si les autres indivisaires sont privés de la possibilité d'utiliser le bien (voir les arrêts cités no 54960) ;

– même lorsque la mère de l'enfant occupant privativement l'immeuble est usufruitière d'un quart de la succession dont dépend l'immeuble, sauf s'il y a eu accord des indivisaires sur la jouissance divise par l'usufruitière du bien occupé (Cass. 1e civ. 5-12-2012 no 11-21.676 F-D) ;

– même lorsque l'enfant occupant privativement l'immeuble y était déjà logé gratuitement du vivant de son père en contrepartie de la réalisation de travaux d'aménagement et d'entretien dans l'immeuble, en l'absence d'une convention en sens contraire entre indivisaires (Cass. 1e civ. 29-5-2013 no 11-22.481 F-D) ;

– même si le bien indivis est vétuste et si sa valeur est symbolique (Cass. 1e civ. 17-10-2018 no 17-22.282 F-D, à propos d'une voiture) ;

– même si la maison occupée privativement par un indivisaire se trouve dans un état de vétusté incompatible avec sa mise en location (Cass. 1e civ. 3-10-2019 no 18-20.430 FS-PBI : BPAT 6/19 inf. 259).

ATTENTION

Les indivisaires ne peuvent pas demander à celui qui jouit privativement d'un **bien indivis frugifère,** par exemple à celui qui exploite une entreprise indivise non pas pour le compte de l'indivision, mais pour son propre compte, à la fois une indemnité d'occupation et une indemnité au titre des revenus tirés de ce bien indivis (Cass. 1e civ. 27-10-1993 no 91-15.611 : Bull. civ. I no 301 ; Cass. 1e civ. 3-10-2006 no 04-18.435 F-PB : Bull. civ. I no 426, BPAT 6/06 inf. 162, Petites affiches 25-6-2007 p. 18, note A. Chamoulaud-Trapiers ; Cass. 1e civ. 11-3-2009 no 07-20.856 F-D : BPAT 3/09 inf. 95). L'indivisaire ayant la jouissance privative conserve les fruits et revenus produits, mais doit une indemnité de jouissance privative qui, elle, vient accroître l'indivision au lieu et place des fruits.

Aucune indemnité n'est due par l'indivisaire qui occupe le bien indivis en vertu d'un **bail verbal** et ce, même si la valeur locative du bien s'avère très supérieure au loyer effectivement versé (Cass. 1e civ. 18-3-2020 no 19-11.206 F-PB : SNH 14/20 inf. 3). L'existence non contestée d'un bail, même simplement verbal, exclut la jouissance privative car il ne peut y avoir deux titres d'occupation distincts pour un même bien indivis.

55000 L'indemnité d'occupation est un fruit de l'indivision : son **bénéficiaire** est l'indivision elle-même et non les coïndivisaires non occupants (en ce sens, notamment, Cass. 1e civ. 4-7-2012 no 10-21.967 F-PBI : BPAT 5/12 inf. 264 ; Cass. 1e civ. 15-3-2023 no 21-15.183 F-D, à propos d'époux divorcés, en indivision post-communautaire, transposable au cas d'indivision successorale).

Elle entre donc pour son montant total dans la masse active partageable, sans être proratisée en fonction des droits des autres indivisaires (en ce sens, notamment, Cass. 1e civ. 4-6-2007 no 05-21.842 F-PB : BPAT 4/07 inf. 111 ; Cass. 1e civ. 24-10-2012 no 11-22.615 F-D).

Admettre une solution contraire conduirait à priver partiellement des créanciers de l'indivision de la prérogative qui leur est accordée par l'article 815-17 du Code civil de se faire payer par prélèvement sur l'actif indivis avant le partage. L'actif indivis se trouverait en effet minoré du montant de l'indemnité de jouissance privative, qui serait passée directement entre les mains des autres indivisaires, au prorata de leurs droits dans l'indivision.

55005 L'indivisaire débiteur de l'indemnité la doit pour la **période** allant :

– du premier jour de sa jouissance privative, et au plus tôt au début de l'indivision (date du décès) ;

– jusqu'à la libération des lieux, et au plus tard à la date de la jouissance divise. L'indivisaire qui acquiert sur adjudication le logement indivis qu'il habite cesse de devoir une indemnité d'occupation dès l'adjudication, car la licitation au profit d'un indivisaire réalise un partage (C. civ. art. 883 ; Cass. 1e civ. 11-4-2018 no 17-17.495 F-PB : BPAT 3/18 inf. 126).

PRESCRIPTION

Suivant une jurisprudence constante, l'indemnité de l'article 815-9 du Code civil obéit au même régime juridique que les fruits et revenus, dont elle constitue un substitut (Cass. 1e civ. 5-2-1991 n° 89-15.234 : Bull. civ. I n° 53, Defrénois 1991 art. 35018 p. 494, obs. G. Champenois ; Cass. 1e civ. 3-10-2006 n° 04-18.435 F-PB : RJDA 3/07 n° 300 Petites affiches 25-6-2007 p. 6, obs. A. Chamoulaud-Trapiers). Elle est donc soumise à la prescription **quinquennale** des demandes relatives aux fruits et revenus du bien indivis (sur cette prescription, voir nos 54230 s.). 55010

EXIGIBILITÉ IMMÉDIATE

La soumission de l'indemnité de jouissance privative au régime des fruits et revenus du bien indivis implique également que tout **indivisaire peut réclamer** le paiement immédiat de cette indemnité dans les conditions de l'article 815-11, alinéa 1 du Code civil, sans avoir à attendre le règlement de l'indivision pour faire valoir ses droits (Cass. 1e civ. 5-2-1991 n° 89-11.136 P : Defrénois 1991 art. 35018 p. 494, obs. G. Champenois, RTD civ. 1992 p. 615, obs. J. Patarin). Pareille solution est doublement opportune : elle est conforme à la bonne gestion de l'indivision ; elle assure la protection des autres héritiers privés de la jouissance de l'immeuble indivis. Une action en paiement interrompra le cours de la prescription de cinq ans. 55015

Dans le cas où l'indemnité n'est pas payée durant le cours de l'indivision, son montant devra être fixé à l'occasion des opérations de liquidation de l'indivision et intégré dans le compte individuel d'indivision de l'indivisaire ayant exercé cette jouissance privative.

DÉCLARATION À LA PROCÉDURE COLLECTIVE OUVERTE CONTRE L'INDIVISAIRE

Lorsque l'indivisaire débiteur de l'indemnité de jouissance privative fait l'objet d'une procédure collective pendant le cours de l'indivision – autrement dit, une fois l'indivision née, mais avant le partage –, la créance de l'indivision doit être déclarée à la procédure collective (voir pour une indivision postcommunautaire, mais la solution est transposable à l'indivision successorale : Cass. com. 10-2-2015 n° 13-24.659 FS-PB : RJDA 6/15 n° 443, Defrénois 2015 p.1292, obs. A. Chamoulaud-Trapiers). 55020

MONTANT DE L'INDEMNITÉ

Le montant de l'indemnité correspond à la perte de revenus subie par l'indivision pendant la durée de cette jouissance privative et à la perte de jouissance du bien indivis pour les autres indivisaires. Il est en principe fixé d'un commun accord entre les indivisaires. En cas de désaccord, tout indivisaire peut saisir le président du tribunal judiciaire (C. civ. art. 815-9). Celui-ci statue selon la procédure accélérée au fond et non pas en référé (CPC art. 1380). Le juge doit tout d'abord s'assurer qu'il y a bien « jouissance privative » du bien. Il pourra alors fixer le montant de l'indemnité. 55025

En pratique, il se réfère à la **valeur locative** du bien (Cass. 1e civ. 17-2-2004 n° 01-17.789 F-D : Dr. famille 2004 comm. n° 86 note B. Beignier ; Cass. 1e civ. 29-6-2011 n° 10-20.229 F-D ; Cass. 1e civ. 24-9-2014 n° 13-21.005 F-PB : Bull. civ. I n° 152). Contrairement à un loyer, l'indemnité n'est pas revalorisée chaque année.

S'agissant plus spécialement du local d'habitation, il est admis que la valeur locative mérite d'être **pondérée.** Une pondération à hauteur de 20 % semble fréquemment admise dans la pratique. Elle permet de tenir compte de la précarité de la situation de l'indivisaire occupant. Il ne bénéficie pas du droit au maintien dans les lieux accordé au preneur dans le bail d'habitation : à tout moment, il est exposé à une demande en partage de la part de l'un de ses coïndivisaires. Par ailleurs, si l'indivisaire a financé des dépenses d'amélioration, l'augmentation de la valeur locative du bien se traduira par une augmentation mécanique de l'indemnité d'occupation à la charge de l'indivisaire ; mais ce dernier aura droit, en contrepartie de l'enrichissement procuré à l'indivision, à l'indemnité prévue par l'article 815-13 du Code civil (en ce sens, par exemple, Cass. 1e civ. 29-6-2011 n° 10-20.229 F-D).

INTÉRÊTS

Une fois fixée dans son montant, soit à l'amiable, soit par décision judiciaire, l'indemnité doit être payée (n° 55015). En cas de retard dans le paiement, elle est donc productive d'intérêts au **taux légal.** La solution jurisprudentielle est ancienne (Cass. 1e civ. 13-12-1994 n° 92-20.780 : Bull. civ. I n° 369, RTD civ. 1995 p. 659 obs. J. Patarin, JCP G 1995 I, 3878 § 16, obs. H. Périnet-Marquet : solution rendue sous l'empire des textes antérieurs à la réforme du 23 juin 2006). Elle a été confortée par les dispositions issues de la réforme du 23 juin 2006 en matière de dettes des copartageants : les dettes des copartageants produisent des intérêts au taux légal à compter de leur date d'exigibilité (C. civ. art. 866) ; de telles dettes sont exigibles sans attendre le partage si elles sont relatives aux biens indivis (C. civ. art. 865). 55030

L'indemnité de jouissance privative est une dette relative au bien indivis, par conséquent exigible. Elle est donc susceptible de produire des intérêts dès lors qu'elle est fixée dans son principe et son montant.

INDEMNITÉ DE JOUISSANCE PRIVATIVE DUE PAR LE LÉGATAIRE

55035 Le légataire qui, dès l'ouverture de la succession, a exercé une jouissance exclusive du bien légué, ne sera pas nécessairement débiteur d'une indemnité de jouissance.

S'il a la **qualité d'héritier saisi,** le légataire ayant occupé le bien légué dès le décès sans attendre le partage ne devra aucune indemnité puisqu'il est entré en possession dès le décès à raison de la saisine (Cass. 1e civ. 2-6-1987 n° 85-16.269 : Bull. civ. I n° 181 ; Cass. 1e civ. 24-9-2008 n° 06-21.445 FS-PBI : BPAT 6/08 inf. 213 ; Cass. 1e civ. 16-3-2016 n° 14-28.865 F-D : Sol. Not. 5/16 inf. 105, RTD civ. 2014 p. 926, obs. M. Grimaldi ; Defrénois 15 avr. 2015 p. 389, note A. Chamoulaud-Trapiers). Ainsi, le conjoint survivant, qui est un héritier saisi, n'a pas à verser d'indemnité de jouissance privative pour les biens légués (Cass. 1e civ. 6-12-2005 n° 03-10.211 F-PB : Bull. civ. I n° 483 ; Cass. 1e civ. 24-9-2014 n° 12-26.486 F-PB : Sol. Not. 12/14 inf. 254). Il en va ainsi même si le legs est réductible : dès lors que la réduction s'opère en valeur, le bien légué n'aura jamais été en indivision (Cass. 1e civ. 5-3-2008 n° 06-18.043 F-PB : Bull. civ. I n° 68). Réciproquement, dans l'hypothèse désormais exceptionnelle d'une réduction en nature, le légataire, alors en indivision avec les héritiers réservataires, sera débiteur d'une indemnité de jouissance privative. Il pourra donc faire valoir ses droits sur cette indemnité à hauteur de sa quote-part indivise, soit lorsque cette indivision sur le bien légué prendra fin, soit lors d'une demande de répartition annuelle des revenus nets indivis.

Dans l'hypothèse d'exhérédation de l'héritier saisi mais institué légataire, la question du droit aux fruits, donc de l'indemnité de jouissance privative, est plus incertaine. Il conserve très vraisemblablement la saisine héréditaire, donc le droit aux fruits dès le décès, si l'exhérédation n'est qu'implicite et résulte d'une pluralité de legs à titre particulier, dont celui dont il bénéficie. Il en irait de même lorsqu'il est en concours avec un légataire universel, en l'absence d'héritier réservataire. En revanche, lorsque l'héritier saisi bénéficiaire d'un legs a été explicitement exhérédé, cette exhérédation emporterait retrait de la saisine (en ce sens, M. Grimaldi, Droit des successions, LexisNexis, 8e éd., n° 423 ; en sens contraire, au motif que même exhérédé il demeure un « héritier désigné par la loi » au sens de l'article 724 du Code civil : A. Chamoulaud-Trapiers, Le droit aux fruits et aux revenus de l'héritier exhérédé légataire : SNH 21/19 inf. 11).

Si le légataire n'a **pas la qualité** d'héritier saisi, il pourra être débiteur d'une indemnité de jouissance suivant la date à laquelle il obtient ou demande la délivrance du legs. Si cette délivrance est consentie par les héritiers saisis ou demandée judiciairement dans l'année du décès, il ne devra aucune indemnité de jouissance privative pour le bien légué qu'il occupe depuis le décès. En revanche, si la délivrance est demandée plus d'un an après le décès, il sera débiteur d'une indemnité de jouissance privative entre la date du décès et celle de la demande en délivrance.

c. Charges liées à l'occupation privative

55040 Les charges relatives à l'occupation privative et personnelle d'un indivisaire incombent à ce dernier. Sont **concernées** les charges de copropriété correspondant à l'entretien courant, à l'eau et au chauffage collectif de l'immeuble (Cass. 1e civ. 12-12-2007 n° 06-11.877 FS-PB : BPAT 1/08 inf. 17). Ces charges sont **à distinguer** des charges non récupérables, des impôts locaux, de l'assurance habitation, qui sont des dépenses de conservation et qui, à ce titre, doivent être supportées par l'indivision, le préjudice résultant de l'occupation privative étant quant à lui compensé par l'indemnité d'occupation. On notera toutefois qu'un arrêt introduit une incertitude : faisant une interprétation extensive des dépenses de conservation, il y inclut le paiement de la taxe d'habitation par l'indivisaire occupant en précisant que « les charges afférentes au bien » (sans autre distinction) doivent être supportées par les coïndivisaires (Cass. 1e civ. 5-12-2018 n° 17-31.189 F-PB : BPAT 1/19 inf. 31 ; n° 55395).

3. DÉGRADATION DES BIENS INDIVIS

55065 L'indivisaire qui, par son fait ou par sa faute, dégrade le bien indivis est **débiteur** d'une indemnité à l'égard de l'indivision (C. civ. art. 815-13, al. 2).

Ainsi, l'indivisaire occupant exclusivement le bien indivis qui s'est abstenu, sans motif légitime, de faire procéder dans un délai raisonnable à l'exécution des travaux de reprise des fondations nécessités par le sinistre dû à la sécheresse, tels qu'ils avaient été préconisés par l'expert mandaté par l'assureur, devra indemniser l'indivision. Ce comportement, qui constitue pour le moins une négligence, voire une véritable faute de gestion, ayant eu pour effet de déprécier la valeur de l'immeuble indivis, a préjudicié à l'indivision. Une indemnité est due par cet indivisaire négligent à l'égard de l'indivision (Cass. 1e civ. 19-12-2012 n° 11-26.054 F-D : Defrénois 2014 p. 124, obs. A. Chamoulaud-Trapiers).

Toutefois, une fois l'acte de partage signé, un copartageant **n'est plus recevable** à solliciter une indemnité à raison de prétendues dégradations commises par un autre copartageant (Cass. 1e civ. 10-5-2006 n° 03-13.537 F-PB : Bull. civ. I n° 234).

Le **montant de l'indemnité** due à raison de la dégradation ou de la détérioration du bien indivis sera fixé à hauteur du préjudice subi par l'indivision. En pratique, ce sera tout simplement la moins-value résultant des agissements ou de la négligence de l'indivisaire. **55070**

B. Répartition des revenus des biens indivis avant le partage

1. RÉPARTITION CONVENTIONNELLE DÉFINITIVE

a. Répartition annuelle des bénéfices nets

BÉNÉFICES À RÉPARTIR

Chaque indivisaire peut demander à percevoir sa **part annuelle** des bénéfices des biens indivis (C. civ. art. 815-10, al. 4 et 815-11, al. 1). L'objectif de ce dispositif est d'éviter une demande prématurée de sortie de l'indivision qui ne serait motivée que par le souhait de certains indivisaires de pouvoir percevoir immédiatement des revenus. **55120**

La distribution ne peut porter que sur des **revenus nets,** c'est-à-dire déduction faite des dépenses entraînées par les actes auxquels l'indivisaire a consenti ou qui lui sont opposables (C. civ. art. 815-11, al. 1). Il en sera ainsi notamment des frais liés à la gestion du bien indivis ou des dépenses que le gérant de l'indivision aura dû assumer pour le compte de l'indivision telles que le paiement de l'assurance du bien, des impôts fonciers…

La **demande** de distribution est **adressée** à la personne qui gère l'indivision ou le bien indivis, à quelque titre que ce soit (en vertu d'un mandat écrit, général ou spécial, d'un mandat tacite, etc.). **55130**

CLÉ DE RÉPARTITION

En **principe,** la répartition des fruits et revenus des biens indivis s'opère selon les droits de chacun dans l'indivision, tels qu'ils résultent de l'acte de notoriété ou de l'intitulé d'inventaire établi par le notaire ou de tout autre acte particulier (C. civ. art. 815-11, al. 2). **55135**

Cela dit, les indivisaires peuvent opter pour une **autre répartition,** par exemple en décidant que chacun recevra les fruits du bien indivis dont il a la jouissance ou que le gérant aura une quote-part plus importante.

DATE DE RÉPARTITION

La date de répartition est en **principe** la date anniversaire de la naissance de l'indivision, au décès du de cujus. **55140**

Mais les indivisaires peuvent choisir une **autre date** (le 31 décembre, par exemple). Rien ne s'oppose d'ailleurs, lorsque la masse est composée de plusieurs biens indivis, à ce que des dates différentes soient retenues pour les différents biens.

IMPÔTS SUR LES BÉNÉFICES NETS

L'indivision n'est pas dotée de la personnalité morale. Les revenus de l'indivision sont taxables à l'**impôt sur le revenu** dans la catégorie correspondant à leur nature (revenus mobiliers, revenus fonciers, etc.). Chaque indivisaire est imposable au prorata de ses droits dans l'indivision et doit déclarer la part des revenus ou bénéfices nets correspondant à sa quote-part indivise. **55145**

Ainsi, lorsqu'un **immeuble locatif** échoit en indivision à deux héritiers à parts égales, chacun d'eux est soumis à l'impôt sur le revenu sur la moitié du revenu net de l'immeuble déterminé selon les règles applicables en matière de revenus fonciers (en ce sens, notamment, BOI-RFPI-CHAMP-30-30 n° 10). Un propriétaire indivis ne peut donc pas déduire la totalité des frais afférents à l'immeuble même s'il en a effectivement supporté la charge (CE 19-5-1972 n° 81621 : Dupont 1972 p. 301 ; CE 8-2-1978 n° 2212 : RJF 4/78 n° 179). Les conventions particulières sont sans incidence sur cette solution.

Les mêmes principes s'appliquent au copropriétaire indivis d'une **entreprise,** mais seulement dans la mesure où une fraction des bénéfices de l'exploitation a été effectivement mise à sa disposition. Ce n'est que s'il a constitué avec les autres membres de l'indivision, ou certains d'entre eux, une société de fait que le copropriétaire indivis est imposé, comme les associés de sociétés de personnes, sur sa quote-part de bénéfices, même si ces bénéfices ne sont pas mis à sa disposition (CE 6-3-1991 n° 61863 : RJF 5/91 n° 544).

L'impôt dû par chaque indivisaire constitue une **dette** strictement **personnelle** et non une dette de l'indivision. Si l'un des indivisaires paie une fraction de l'impôt incombant à ses cohéritiers, cette somme n'a donc pas à être inscrite au crédit de son compte d'indivision (Cass. 1e civ. 23-6-2010 n° 09-13.250 F-PBI : RJDA 4/11 n° 362, BPAT 5/10 inf. 294 ; Cass. 1e civ. 10-7-2013 n° 11-18.590 F-D).

> **Précisions** **a.** La qualité de coexploitant n'est pas reconnue au **coïndivisaire** qui est **seulement nu-propriétaire,** sauf dans le cas où il a constitué une société de fait avec l'usufruitier (CE 28-4-2006 n° 278857 : RJF 7/06 n° 887).
> **b.** La **cessation d'une indivision** équivaut à une cessation d'entreprise pour le seul indivisaire qui se retire (CE 28-7-1999 n° 162756 : RJF 10/99 n° 1216 ; CAA Marseille 3-4-2008 n° 05MA00688 : RJF 12/08 n° 1346 ; BOI-BIC-PVMV-10-10-20 n° 400).

b. Autre accord sur la jouissance divise

55195 Outre un partage provisionnel, les fruits et revenus peuvent faire l'objet de tout « autre accord » établissant la jouissance divise (C. civ. art. 815-10, al. 2).

Il peut s'agir par **exemple** :
– d'un partage définitif de l'usufruit des biens indivis ;
– d'une convention d'indivision prévoyant, entre autres mesures, une attribution définitive de fruits et revenus à tels ou tels héritiers. Une telle convention sera particulièrement bienvenue dans le cas où un bien indivis de nature professionnelle est exploité par l'un des indivisaires (fonds de commerce, exploitation agricole, notamment). En ce cas, la convention peut prévoir tout à la fois l'attribution de l'ensemble des fruits et revenus du bien indivis à l'indivisaire exploitant et le versement par ce dernier d'une indemnité de jouissance privative du bien indivis. Sera ainsi levée toute incertitude, lors de la liquidation de l'indivision, sur la qualification même de cette exploitation.

De tels **accords** exigent le consentement **unanime** de tous les indivisaires car ils ne ressortissent pas à l'exploitation normale du bien indivis (C. civ. art. 815-3).

2. RÉPARTITION JUDICIAIRE PROVISIONNELLE

55225 En l'absence d'accord entre les indivisaires sur une répartition définitive des revenus, le président du tribunal judiciaire peut ordonner une répartition provisionnelle des bénéfices sous réserve d'un compte à établir lors de la liquidation définitive (C. civ. art. 815-11, al. 3). Il statue selon la **procédure accélérée au fond,** et non en référé, pour les demandes introduites depuis le 1er janvier 2020 (CPC art. 1380). Il peut donc être saisi même en présence de contestations sérieuses.

Le juge apprécie souverainement s'il y a lieu ou non d'accorder la répartition provisionnelle des bénéfices et notamment si l'indivision dispose de fonds suffisants.

Ce dispositif ne déroge pas au principe d'accroissement à l'indivision des fruits et revenus du bien indivis car la répartition doit être réalisée « sous réserve d'un **compte à établir** lors de la liquidation définitive » (C. civ. art. 815-11, al. 3). Les sommes attribuées à chacun des indivisaires devront par conséquent être comptabilisées dans leur compte d'indivision puisqu'ils en sont débiteurs à l'égard de l'indivision. La répartition provisionnelle des bénéfices n'affecte donc aucunement les droits des héritiers dans le partage à venir.

C. Partage provisionnel des biens indivis

DÉFINITION

Le partage provisionnel est **défini** comme un partage réglant, dans l'attente du partage définitif, **la jouissance et la perception divises des fruits.** La répartition, par essence temporaire, porte donc seulement sur l'usus et le fructus. En d'autres termes, le partage provisionnel n'a pour objet que de régler temporairement la jouissance des biens. **55250**

CONDITION

L'**accord unanime** des indivisaires est requis pour la réalisation d'un partage provisionnel. **55255**
En effet, un tel partage réduit la masse indivise et risque de compromettre l'égalité entre copartageants dans le partage définitif. Il s'agit donc d'un acte d'administration qui ne ressortit pas à l'exploitation normale du bien indivis. Pour cette catégorie d'actes, le principe d'unanimité est explicitement exigé (n° 55515).

Cela dit, le partage provisionnel n'anticipe en aucun cas sur le partage définitif qui mettra fin à l'indivision. Il ne constitue dès lors qu'un simple acte d'administration.

> Précisions **a.** L'**accord de tous les indivisaires** était déjà exigé par la jurisprudence dès avant la loi du 31 décembre 1976 pour le partage provisionnel (Cass. 1e civ. 11-12-1973 n° 71-14.111 : Defrénois 1974, art. 30756 obs. R. Vouin ; JCP 1974. II. 17826, note M. Dagot, RTD civ. 1975. 135, n° 2, obs. R. Savatier).

b. Avant l'allègement des conditions du partage opéré par **la loi de réforme pour la justice** (voir nos 61570 s.), le fait que le partage provisionnel soit qualifié d'acte d'administration avait pour intérêt de l'ouvrir à des indivisaires qui ne pouvaient pas prendre part directement à un partage définitif : le tuteur d'un majeur ou d'un mineur non autorisé par le conseil de famille (C. civ. art. 507 ancien) ; le majeur en curatelle sans l'assistance de son curateur ; le représentant du présumé absent non autorisé par le juge des tutelles (C. civ. art. 116 ancien).

CONSÉQUENCE

Les fruits et revenus produits par les biens indivis ayant fait l'objet d'un partage provisionnel ne doivent pas être intégrés dans les **comptes d'indivision** à établir en vue de la liquidation de l'indivision successorale. **55260**

Le **partage définitif** peut conduire à une autre répartition, mais sans remettre en cause la jouissance passée, c'est-à-dire le temps de l'indivision.

D. Avance en capital

CONDITIONS DE L'AVANCE EN CAPITAL

Chacun des héritiers en indivision peut obtenir par anticipation une avance en capital sur les deniers de la succession sous les **conditions** suivantes (C. civ. art. 815-11, al. 4). **55275**

Les fonds indivis disponibles doivent être suffisants. De manière exceptionnelle, le défaut de liquidités lors de la demande d'avance ne fait pas obstacle à l'octroi de celle-ci au profit de l'un des indivisaires ; il paraît suffire que l'un des indivisaires soit redevable à l'égard de l'indivision de liquidités d'un montant manifestement supérieur à ses propres droits dans le partage à intervenir (en ce sens, Cass. 1e civ. 24-5-2018 n° 17-17.846 F-PB : BPAT 4/18 inf. 166, Defrénois 2018 n° 36 p. 35 note A. Chamoulaud-Trapiers, solution appliquée à une indivision post-communautaire dans le cadre d'un divorce mais transposable).

La somme demandée ne peut excéder les droits de l'indivisaire dans le partage à intervenir (Cass. 1e civ. 5-2-1980 : D 1981 IR p. 29). Un même indivisaire peut solliciter à plusieurs reprises une avance en capital, dès lors que le montant total des demandes ne dépasse pas ses droits dans la masse à partager. Un aperçu liquidatif permettra de vérifier que la somme réclamée à titre d'avance n'excède pas les droits de l'héritier demandeur.

L'**autorisation** d'une avance en capital est donnée par accord unanime des indivisaires, ou, à défaut, par décision du président du tribunal judiciaire. Ce dernier dispose d'un pouvoir d'appréciation souverain pour accorder ou refuser l'avance demandée, compte tenu des circonstances et des fonds disponibles.

L'avance est en principe **à la charge de** l'indivision elle-même. Cependant, elle peut être mise à la charge personnelle d'un indivisaire lorsque ce dernier s'approprie des biens ou fonds indivis, les rendant ainsi artificiellement indisponibles (Cass. 1e civ. 20-6-2006 n° 05-14.281 FS-PB ; Cass. 1e civ. 24-5-2018 n° 17-17.846 F-PB précité).

PAS DE RÉÉVALUATION EN CAPITAL AU JOUR DU PARTAGE

55280 Sauf convention expresse au moment où l'avance a été accordée, celle-ci ne donne pas lieu à réévaluation au jour du partage (en ce sens, Cass. 1e civ. 1-3-1988 no 86-13.374 : Defrénois 1988 art. 34246 p. 669, note G. Morin). Le principe demeure celui du **nominalisme monétaire** (C. civ. art. 1895). Une telle dette ne peut donc être réévaluée en l'absence d'une disposition spéciale prévoyant la réévaluation ou d'un accord entre les héritiers.

INTÉRÊTS AU TITRE DE L'AVANCE EN CAPITAL

55285 Depuis le 1er janvier 2007, seules les créances exigibles immédiatement, sans qu'il y ait lieu d'attendre le partage, portent intérêt au taux légal à compter du jour de leur naissance, sauf stipulation contraire (C. civ. art. 866, al. 1). Or une créance à l'égard de l'un des copartageants n'est pas exigible avant la clôture des opérations de partage, sauf lorsqu'elle est relative aux biens indivis (C. civ. art. 865). L'avance en capital constitue-t-elle une créance « relative à un bien indivis » ?

Si l'on considère que ce n'est pas le cas, elle ne serait donc pas exigible avant le partage, sauf convention autre, et ne serait pas non plus productive d'intérêts, sauf, là encore, si des intérêts ont été explicitement prévus lorsqu'elle a été accordée.

Si l'on admet, au contraire, que l'avance en capital constitue une créance « relative à un bien indivis », elle est alors productive d'intérêts à compter du jour où elle a été accordée. Cette seconde solution paraît devoir être retenue. La Cour de cassation semble en effet abonder en ce sens, jugeant que l'avance en capital dont bénéficie un indivisaire sur ses droits dans le partage à venir constitue une dette sujette à rapport portant intérêt au taux légal à compter de la date de la naissance de la dette (Cass. 1e civ. 12-10-2022 no 21-11.223 F-D : BPAT 6/22 inf. 292).

Dans le doute, il est **conseillé** de prévoir par une **stipulation expresse** que les avances sont productives d'intérêts au taux légal à compter de la date à laquelle elles ont été accordées (en ce sens, Cass. 1e civ. 6-12-2005 no 01-12.038 FS-D ; Cass. 1e civ. 6-2-2007 no 05-11.809 F-D ; Cass. 1e civ. 12-10-2022 no 21-11.223 F-D).

En toute hypothèse, est aujourd'hui certainement condamnée la solution retenue en jurisprudence avant la réforme du 23 juin 2006, suivant laquelle les avances en capital produisaient intérêts de plein droit à compter de l'ouverture de la succession (Cass. 1e civ. 6-5-1997 no 94-18.446 P : Bull. civ. I no 150, solution au demeurant isolée). Cette solution conduisait à faire produire des intérêts pour une créance qui n'était pas encore née à la date du décès.

SECTION 5

GESTION DE L'INDIVISION

A. Régime des actes relatifs au bien indivis

1. ACTES CONSERVATOIRES

a. Pouvoir de tout indivisaire

PRINCIPE

55390 Tout indivisaire peut prendre **seul** les mesures nécessaires à la conservation des biens indivis, même si elles ne présentent pas un caractère d'urgence (C. civ. art. 815-2, al. 1).

55395 **Définition de l'acte conservatoire** Est un acte conservatoire toute **initiative nécessaire ou utile** à la conservation des biens indivis. Ce peut être :

– un acte matériel. Il s'agit de la conservation matérielle des biens et notamment des travaux sans lesquels ces derniers risquent de disparaître ou du moins de perdre leur affectation initiale. Peu importe que les réparations soient directement effectuées par l'indivisaire ou réalisés par un tiers à la demande de l'un des indivisaires. Il s'agit aussi des dépenses de conservation juridique, c'est-à-dire des paiements réalisés par l'indivisaire, qui évite ainsi la saisie du bien indivis ou qui permet son remplacement en cas de sinistre subi par le bien indivis ;

– un acte juridique : souscription d'un contrat d'assurance incendie d'un immeuble ; mise en demeure de payer adressée à un débiteur… 55395 (suite)

La mesure ne doit pas mettre en cause les **droits des indivisaires,** et elle doit avoir une portée raisonnable. Notamment, son coût doit être proportionné aux enjeux et à la valeur des biens concernés. Toutefois, ces critères de portée et de coût raisonnables n'entrent pas en ligne de compte lorsqu'il s'agit de défendre la propriété indivise (voir illustration ci-dessous). De toute évidence, la mesure doit être au service de l'indivision et non dans l'intérêt d'un seul indivisaire.

ILLUSTRATIONS

Constituent des actes conservatoires :

– l'action en revendication d'une servitude de passage (Cass. 3e civ. 4-12-1991 no 89-19.989 P : Bull. civ. III no 305 décision rendue sous l'empire du droit antérieur à la loi du 23-6-2006 mais conservant toute sa pertinence) ;

– l'action en revendication de la propriété indivise et en contestation des actes passés en violation de ce droit (Cass. 3e civ. 17-4-1991 no 89-15.898 : Bull. civ. III no 124, RJDA 6/91 no 529 ; Cass. 1e civ. 5-11-2008 no 07-15.374 F-PB). Le caractère conservatoire de telles actions a été confirmé, même si elles devaient avoir des conséquences très lourdes pour les indivisaires, et notamment représenter un coût exorbitant (Cass. 3e civ. 24-10-2019 no 18-20.068 F-PBI : BPAT 1/20 inf. 31) ;

– l'action tendant à l'expulsion d'occupants sans droit ni titre et au paiement d'une indemnité d'occupation (Cass. 1e civ. 4-7-2012 no 10-21.967 F-PBI : RJDA 11/12 no 1013) ;

– la déclaration d'une créance à une procédure collective à l'encontre du débiteur de l'indivision (Cass. 1e civ. 14-3-2012 no 10-10.006 F-PBI : RJDA 8-9/12 no 786) ; de même que la poursuite de la demande en appel, après désistement des autres héritiers et de l'administrateur (même arrêt) ;

– la mise en demeure de payer des fermages valablement faite par un seul des indivisaires ou le mandataire de l'indivision, en l'espèce un notaire (Cass. 3e civ. 15-6-2005 no 03-21.061 FS-PB : Bull. civ. III no 132 ; Cass. 3e civ. 31-10-2007 no 06-18.338 FS-PB : Bull. civ. III no 187, JCP G 2008 I no 127 § 10, obs. H. Périnet-Marquet) ;

– l'action qui a pour objet la liquidation d'une astreinte pour la remise en état des biens indivis (Cass. 1e civ. 23-9-2015 no 14-19.098 F-PB : Loyers et copr. 2015 comm. no 223 note B. Vial-Pedroletti ; Cass. 3e civ. 28-5-2020 no 19-14.156 FS-PB : BPAT 4/20 inf. 133) ;

– l'action en élagage, qui a pour objet la conservation des droits des indivisaires sur le fonds desquels s'étendent les branches des arbres du voisin (Cass. 3e civ. 18-2-2021 no 20-11.080 F-D : SNH 9/21 inf. 2).

Dans le même sens, sont des actes conservatoires et plus spécialement des **dépenses de conservation** :

– le paiement des mensualités de l'emprunt souscrit pour l'acquisition du bien indivis (Cass. 1e civ. 20-1-2010 no 08-19.739 F-D : BPAT 2/10 inf. 117 ; Cass. 1e civ. 11-5-2012 no 11-17.497 F-PBI : BPAT 4/12 inf. 231, RTD civ. 2012 p. 561, obs. B. Vareille à propos du remboursement par un seul concubin d'emprunts immobiliers souscrits par les deux concubins ; Cass. 1e civ. 1-2-2017 no 16-11.599 FS-PB : BPAT 2/17 inf. 71 ; Cass. 1e civ. 26-1-2022 no 20-17.898 F-B : BPAT 2/22 inf. 98). Cette jurisprudence constante souvent rendue en matière d'indivisions postcommunautaires ou conventionnelles est évidemment transposable à l'hypothèse dans laquelle l'un des héritiers rembourse seul l'emprunt souscrit pour l'acquisition du bien indivis. En pratique, ce sera le plus souvent le cas du conjoint survivant. La solution est la même quel que soit le type de prêt remboursé (classique ou relais), sa nature n'ayant pas d'incidence (Cass. 1e civ. 26-1-2022 précité) ;

– le paiement des mensualités de l'emprunt souscrit par un seul indivisaire à raison de la renégociation du prêt initial (Cass. com. 10-2-2015 no 13-24.659 FS-PB : RJDA 6/15 no 443, Defrénois 2015 p. 1292, obs. A. Chamoulaud-Trapiers) ;

– le remboursement anticipé de l'emprunt souscrit pour l'acquisition du bien indivis (Cass. avis 5-7-2023 no 23-70.007 FS-PB: BPAT 5/23 inf. 236) ;

– le règlement des charges de copropriété non récupérables, le syndicat de copropriété pouvant, si nécessaire, recouvrer ces charges en faisant saisir le lot de copropriété indivis (Cass. 1e civ. 16-4-2008 no 07-12.224 F-PB : BPAT 3/08 inf. 101, JCP G 2008 I no 194 § 7, obs. H. Périnet-Marquet ; Cass. 1e civ. 1-12-2010 no 09-70.269 F-D) ;

– le règlement de l'impôt foncier afférent au bien indivis – ici, c'est la saisie du bien par l'administration fiscale qui est évitée par ce paiement – (Cass. 1e civ. 16-4-2008 no 07-12.224 F-PB : BPAT 3/08 inf. 101 ; Cass. 1e civ. 13-1-2016 no 14-24.767 F-PB et Cass. 1e civ. 27-1-2016 no 15-11.151 F-PB : Sol. Not. 3/16 inf. 61). La taxe foncière étant à la charge de l'indivision, elle doit être supportée par l'ensemble des indivisaires même si l'un d'eux remplit, à titre personnel, les conditions pour en être exonéré (Cass. 1e civ. 27-1-2016 no 15-11.151 F-PB : Sol. Not. 3/16 inf. 61) ;

– le règlement de **l'assurance habitation** du logement, même si ce logement a été privativement occupé par l'un des indivisaires (Cass. 1e civ. 10-5-2007 no 05-21.529 F-D ; Cass. 1e civ. 5-3-2008 no 07-14.729 F-PB : BPAT 2/08 inf. 58 ; Cass. 1e civ. 1-12-2010 no 09-70.269 F-D ; Cass. 1e civ. 16-3-2016 no 15-15.704 F-D : Sol. Not. 5/16 inf. 106). Les **primes** d'assurance du bien indivis et celles garantissant les dommages personnels de l'indivisaire (vol, responsabilité civile) doivent toutefois être distinguées : voir n° 55425 ;

– le paiement de la **taxe d'habitation sur les résidences secondaires** (dénomination applicable depuis le 1-1-2023) relative à un bien indivis, cette taxe incombant donc à l'indivision même si un indivisaire jouit d'une occupation privative du logement (solution retenue pour des biens indivis constituant la résidence principale de l'indivisaire occupant, mais transposable : Cass. 1e civ. 5-12-2018 n° 17-31.189 F-PB : BPAT 1/19 inf. 31 ; Cass. 1e civ. 13-2-2019 n° 17-26.712 F-D : BPAT 2/19 inf. 64 ; Cass. 1e civ. 10-2-2021 n° 19-20.957 F-D : BPAT 3/21 inf. 138), bien que cette qualification soit discutable d'un point de vue juridique. Le Code général des impôts prévoit en effet que la taxe d'habitation « est établie au nom des personnes qui ont, à quelque titre que ce soit, la disposition ou la jouissance des locaux imposables » (CGI art. 1408). En bonne logique, le redevable de cette taxe devrait donc être celui ou ceux des indivisaires occupants qui ont la jouissance du bien indivis. Seul le redevable s'expose à des poursuites de la part de l'administration fiscale en cas de non-paiement. Néanmoins, la Cour de cassation retient que le règlement de cette taxe ayant permis la conservation de l'immeuble indivis, dont l'indivisaire avait joui privativement, et les charges afférentes à ce bien doivent être supportés par les coïndivisaires proportionnellement à leurs droits dans l'indivision. Ce rattachement à la notion de conservation juridique du bien indivis surprend dès lors que le redevable ne peut être que celui ou ceux qui ont la jouissance du local imposable.

Lorsque la taxe d'habitation est établie, en raison de l'inoccupation des locaux au titre desquels elle est due, au nom d'une indivision successorale, il s'agit bien, dans cette hypothèse, d'une dette relevant de l'article 815-17 du Code civil : le Trésor public a le choix soit d'exercer les prérogatives de tout créancier de l'indivision, droit de prélèvement avant partage et saisie du bien indivis, soit de diviser ses poursuites entre les différents indivisaires à hauteur de leur quote-part. En revanche, comme il n'existe aucune solidarité légale entre les indivisaires pour une telle dette, il ne peut être établi de commandement de payer pour le tout à l'encontre de certains des indivisaires (CE 30-9-2019 n° 419384 : BPAT 6/19 inf. 258).

En revanche, ne constitue **pas une dépense de conservation** le paiement des redevances de télésurveillance de l'immeuble (Cass. 1e civ. 20-1-2004 n° 01-17.124 F-P : Bull. civ. I n° 20).

CAS PARTICULIER DES INDIVISIONS EN NUE-PROPRIÉTÉ

55400 Le pouvoir des indivisaires de prendre des mesures conservatoires est **opposable à l'usufruitier** dans la mesure où celui-ci est tenu des réparations (C. civ. art. 815-2, al. 4). Autrement dit, sont opposables à l'usufruitier les mesures conservatoires qui portent sur des réparations lui incombant : réparations d'entretien et grosses réparations rendues nécessaires par son défaut d'entretien (C. civ. art. 605). Il doit en supporter les conséquences, c'est-à-dire non seulement l'éventuel préjudice de jouissance, mais aussi le coût.

FINANCEMENT DES ACTES CONSERVATOIRES

55405 Un indivisaire peut financer l'acte conservatoire dont il prend l'initiative de trois façons.

Il peut tout d'abord employer les **fonds de l'indivision** qu'il détient. Il est réputé en avoir la libre disposition à l'égard des tiers (C. civ. art. 815-2, al. 2), ce qui interdit à toute personne, coïndivisaire ou non, de remettre en cause le paiement effectué au profit d'un tiers. En pareille hypothèse, il ne pourra évidemment faire valoir aucune créance à l'égard de l'indivision puisque ce sont des fonds indivis qui auront été utilisés au profit d'un bien indivis.

Ensuite, lorsque les fonds de l'indivision sont insuffisants, l'indivisaire peut **contraindre ses coïndivisaires** à financer avec lui les dépenses nécessaires (C. civ. art. 815-2, al. 3). La charge de cette participation est en principe répartie proportionnellement aux droits de chacun dans l'indivision.

Enfin, l'indivisaire peut **financer seul** la mesure conservatoire, puis faire valoir ensuite sa créance à l'encontre de l'indivision.

b. Créance de l'indivisaire au titre de la conservation du bien indivis

PRINCIPE

55425 Tout indivisaire qui expose sur ses deniers personnels des **dépenses** pour assurer la conservation du bien indivis est créancier à l'égard de l'indivision d'une indemnité (C. civ. art. 815-13, al. 1). Pour cela, il doit toutefois prouver le paiement de la dépense sur ses deniers personnels (C. civ. art. 1353 ; Cass. 1e civ. 5-12-2018 n° 17-31.189 F-PB : SNH 3/19 inf. 6). Par exemple, un indivisaire ne peut pas se voir reconnaître la qualité de créancier de l'indivision comme s'étant acquitté des impôts locaux d'immeubles indivis sur la simple présentation des avis d'imposition (Cass. 1e civ. 15-1-2020 n° 18-26.502 F-D). Ensuite, la dépense doit avoir été faite pour assurer la conservation du bien indivis. Ainsi, payer l'assurance habitation d'un bien indivis n'ouvre droit à indemnité que pour les primes couvrant le bien et non pour celles garantissant les dommages personnels et la responsabilité civile (Cass. 1e civ. 20-10-2021 no 20-11.921 FS-B : BPAT 1/22 inf. 44).

Celui qui réalise des travaux conservatoires est indemnisé en application de l'article 815-13 uniquement au titre de l'achat des matériaux nécessaires, son labeur étant, le cas échéant, indemnisé par application du régime de la rémunération du gérant d'indivision (no 55695).

L'indivisaire, en sa qualité de créancier de l'indivision, **peut sans attendre** les opérations de partage (nos 54450 s.) ;
– demander à être payé sur les fonds indivis avant le partage ;
– poursuivre la saisie et la vente de certains biens indivis pour obtenir le paiement de ce qui lui est dû.

Précisons que l'article 815-13 du Code civil ne s'applique ni aux **dépenses d'acquisition** (voir no 56480) ni aux dépenses **d'entretien** du bien indivis (voir no 55590).

ÉVALUATION DE LA CRÉANCE

Dépense faite ou plus-value Suivant une jurisprudence constante, la créance que peut faire valoir l'indivisaire ayant financé une dépense nécessaire à la conservation du bien indivis est égale, par **principe,** à la plus forte des deux sommes représentant la dépense faite et la plus-value (Cass. 1e civ. 4-3-1986 no 84-15.071 : Bull. civ. I no 51 ; Cass. 1e civ. 11-5-2012 no 11-17.497 F-PBI : BPAT 4/12 inf. 231 ; Cass. 1e civ. 24-9-2014 no 13-18.197 FS-PBI : Sol. Not. 11/14 inf. 229). 55430
Ainsi, la créance est égale au profit subsistant si ce dernier est supérieur à la dépense ; dans le cas contraire, elle est égale à la dépense engagée.

L'indivisaire qui revendique une créance évaluable à hauteur du profit subsistant doit produire les éléments permettant d'apprécier, selon l'équité, l'augmentation de valeur (Cass. 1e civ. 26-6-2019 no 18-17.038 F-D : SNH 30/19 inf. 6, Defrénois 2019 no 42 p. 34 obs. A. Chamoulaud-Trapiers pour une dépense d'amélioration, mais dont la solution est transposable à la dépense de conservation).

Un **correctif d'équité** permet de moduler le montant de la créance (C. civ. art. 815-13). Les juges du fond l'apprécient souverainement (Cass. 1e civ. 7-6-1988 no 86-15.090 : Bull. civ. I no 174, D. 1989 p. 141, note A. Breton et F. Zenati ; Cass. 1e civ. 24-9-2014 no 13-18.197 FS-PBI : Sol. Not. 11/14 inf. 229). 55435
Le montant retenu pourra ainsi être compris entre les valeurs représentant respectivement la dépense faite par l'indivisaire (en ce compris les éventuels intérêts d'un emprunt) et la plus-value ayant profité à l'indivision.

EXEMPLE

Un indivisaire a remboursé au titre de l'emprunt 37 652 € ; le profit subsistant représente en l'espèce 155 736 €, le bien ayant vraisemblablement bénéficié d'une très forte plus-value fortuite ; les juges du fond ont pu retenir que le montant de la créance doit être fixé à hauteur de 70 000 € (Cass. 1e civ. 24-9-2014 no 13-18.197 FS-PBI précité).

Calcul du profit subsistant Le profit subsistant est déterminé par la proportion dans laquelle les deniers de l'indivisaire ont contribué à la conservation du bien indivis. Il doit être calculé **en tenant compte** de : 55440
– la valeur du bien à sa date d'acquisition et non à la date à laquelle le bien est devenu indivis (Cass. 1e civ. 1-2-2017 no 16-11.599 FS-PB : BPAT 2/17 inf. 71, à propos d'une indivision post-communautaire). Dans le cas d'une indivision successorale, c'est la date d'achat qui compte et non la date du décès. Quant à la valeur de référence à prendre en compte, par exemple lorsque l'un des héritiers (le conjoint survivant par exemple) aura pris en charge le remboursement d'un emprunt souscrit par le défunt pour l'acquisition d'un bien se trouvant désormais dans l'indivision, ce sera alors le coût global d'acquisition et non la valeur du bien ainsi financé à la date de son acquisition ;

EXEMPLE

Deux époux communs en biens acquièrent un bien et le financent pour partie avec un emprunt.

Le coût global d'acquisition (prix plus frais) de ce bien est de 300 000 €. L'un des deux époux décède. À la date du décès, ce bien est évalué à 350 000 €. À la date de la liquidation, il est évalué à 360 000 €.

Le conjoint survivant a poursuivi les remboursements d'emprunt sur ses deniers personnels pendant l'indivision et a ainsi remboursé 50 000 € en capital.

Le conjoint survivant a donc contribué à assurer la conservation de ce bien à hauteur de 50 000/300 000 et non de 50 000/350 000.

Le profit subsistant à raison de ce remboursement sera de : (50 000 / 300 000) × 360 000, soit 60 000 €.

– la valeur du bien au moment du partage ou, si le bien concerné a été vendu, au jour de son aliénation (C. civ. art. 815-13) ;
– le montant des sommes prises en charge par l'indivisaire.

55445 Le **remboursement d'un emprunt** pour l'acquisition d'un bien indivis est qualifié de dépense de conservation (n° 55395). En vue de calculer le profit subsistant, seul le **capital** remboursé, à l'exclusion des intérêts, nous paraît devoir être pris en compte, afin de ne comparer que ce qui est comparable : fraction de capital remboursé sur investissement global nécessaire à l'achat du bien. On peut également observer que les intérêts, par nature, ne génèrent aucun « profit subsistant » ; ils ne peuvent représenter que de la « dépense faite ».

EXEMPLE

Un emprunt a été souscrit pour financer 80 % du coût d'acquisition du bien, soit une somme empruntée de 160 000 €, le coût total d'acquisition du bien étant de 200 000 €. Au décès de l'acquéreur, il reste à rembourser, en capital, 100 000 €. Le bien vaut alors 220 000 €. L'un des indivisaires prend en charge, sur ses deniers personnels, le remboursement des arrérages de l'emprunt.

À la date de la liquidation, il a remboursé 50 000 € en capital et 2 000 € d'intérêts, et le bien est alors estimé à 230 000 €.

Calcul du profit subsistant : (50 000 / 200 000) × 230 000, soit 57 500 €.

En revanche, pour le calcul de la dépense faite par l'indivisaire qui a assumé les remboursements de l'emprunt sur ses deniers personnels, il faudra prendre en compte l'intégralité des sommes déboursées par l'indivisaire sur ses deniers personnels, donc en **capital et intérêts.**

EXEMPLE

Dans l'exemple précédent, la dépense faite est donc de 50 000 € en capital plus 2 000 € en intérêts, soit un total de 52 000 €. Le profit subsistant (soit 57 500 €) étant supérieur à la dépense faite, ce sera la somme de 57 500 € qu'il y aura lieu de prendre en compte, sur le fondement de l'article 815-13 du Code civil, pour le compte d'indivision de cet indivisaire.

Sur la prescription de l'action en réclamation d'une créance à raison du remboursement d'un prêt souscrit pour l'achat d'un bien indivis, voir n° 55452.

55450 **Intérêts** La créance de l'indivisaire au titre de la conservation du bien indivis ne peut produire d'intérêts tant qu'elle n'est pas fixée dans son principe et dans son montant.

Puisqu'il faut comparer dépense faite et profit subsistant pour que la créance de l'indivisaire soit déterminée dans son montant, celle-ci n'est **en principe** exigible qu'à la date de la liquidation de la créance, soit, en règle générale, à la date de liquidation de l'indivision, sauf si le paiement en a été réclamé plus tôt par l'indivisaire créancier. C'est donc à partir de ce moment qu'elle est susceptible d'être productive d'intérêts au taux légal.

Toutefois, en cas d'aliénation du bien indivis, le profit subsistant sera alors définitivement fixé à cette date : en bonne logique, la créance de l'indivisaire est alors susceptible de produire des intérêts puisque cette créance est exigible sans attendre le partage et que son montant est alors fixé invariablement à raison de l'aliénation du bien (C. civ. art. 865 et 866).

Conformément au droit commun, s'agissant du paiement d'une obligation de somme d'argent, l'intérêt au taux légal n'est cependant dû qu'à compter de la mise en demeure de payer (C. civ. art. 1231-6).

PRESCRIPTION

55452 Les actions personnelles ou mobilières se prescrivent par cinq ans **à compter du** jour où le titulaire du droit a connu ou aurait dû connaître les faits lui permettant de l'exercer (C. civ. art. 2224) ; il en résulte que l'action de l'indivisaire en paiement d'une indemnité en raison des dépenses de conservation qu'il a engagées au profit du bien indivis se prescrit par cinq ans à compter de la date à laquelle cette dépense a été prise en charge par l'indivisaire (Cass. 1e civ. 14-4-2021 n° 19-21.313 FS-P ; à rapprocher de Cass. 1e civ. 26-5-2021 n° 19-23.705 F-D, précisant que l'action en contribution aux dépenses de conservation est une action de nature mobilière).

Seules les dettes des copartageants qui ne sont pas relatives à un bien indivis sont soumises à la règle particulière de l'article 865 qui diffère l'exigibilité de telles dettes à la clôture des opérations de partage.

Pour le remboursement des arrérages d'un emprunt ayant permis l'acquisition d'un bien indivis, s'agissant d'une dépense s'échelonnant dans le temps, chacun des paiements réalisés par un indivisaire se prescrit par un délai de cinq ans à compter de ce paiement (en ce sens, Cass. 1e civ. 14-4-2021 n° 19-21.313 FS-P précité).

2. ACTES D'ADMINISTRATION ET DE DISPOSITION

Depuis le 1er janvier 2007, certains actes d'administration ou même de disposition peuvent être accomplis à la majorité des deux tiers des droits indivis. Le principe d'unanimité a, en effet, été abandonné avec la loi du 23 juin 2006 portant réforme des successions. 55480

ACTES ACCOMPLIS À LA MAJORITÉ DES DEUX TIERS DES DROITS INDIVIS

Actes d'administration Le ou les indivisaires titulaires d'au moins deux tiers des droits indivis peuvent, à cette majorité, effectuer les actes d'administration relatifs aux biens indivis (C. civ. art. 815-3, al. 1), **sauf** si l'acte ne ressortit pas à l'exploitation normale du bien (C. civ. art. 815-3, dernier al. a contrario). 55485

ILLUSTRATIONS

Constituent des **actes d'administration** (les décisions citées, rendues sous le régime antérieur à la loi du 23 juin 2006, conservent leur pertinence au regard de la définition des actes d'administration) :
– le congé donné au locataire (Cass. 3e civ. 25-4-2001 no 99-14.368 FS-PB : RJDA 7/01 no 757) ;
– l'action en résiliation d'un bail rural, de même que l'appel contre la décision qui a rejeté cette action (Cass. 3e civ. 29-6-2011 no 09-70.894 FS-PB : Sol. Not. 3/11 inf. 63, Defrénois 2012 art. 40317 note A. Chamoulaud-Trapiers ; Cass. 1e civ. 5-10-2017 no 16-21.499 FS-PBI : BPAT 6/17 inf. 253) ;
– l'action en constatation de la résolution du bail pour non-paiement des loyers (Cass. 1e civ. 17-3-1992 no 90-14.547 P : Bull. civ. I no 89) ;
– l'action en résolution d'une vente consentie par le défunt (Cass. 1e civ. 18-05-2011 no 09-70.261 F-D) ;
– l'action en bornage d'un fonds indivis (Cass. 1e civ. 12-4-2018 no 16-24.556 FS-PBI : BPAT 3/18 inf. 124).

L'exigence d'une majorité des deux tiers des droits indivis pour les actes d'administration doit être combinée avec les **règles de la saisine** qui investit, de plein droit et avant tout partage, son titulaire des droits et actions du défunt (C. civ. art. 724). 55490

Par exemple, le successible qui a la saisine peut :
– agir seul contre le tiers détenteur d'un bien qui aurait été soustrait à l'actif de la succession (Cass. 1e civ. 5-11-2008 no 07-15.374 F-PB : RJDA 5/09 no 486) ;
– poursuivre l'action en nullité et résolution de la vente d'un immeuble initiée par le défunt (Cass. 1e civ. 28-3-2012 no 10-30.713 F-PBI : BPAT 3/12 inf. 177).
Pour plus de précisions, voir nos 41400 s.

Autres actes Le ou les indivisaires titulaires d'au moins deux tiers des droits indivis peuvent, à cette majorité, donner un **mandat général d'administration** à l'un ou plusieurs d'entre eux, voire à un tiers (C. civ. art. 815-3, al. 1- 2o). Ce mandat ne doit pas être confondu avec le mandat successoral conventionnel (sur l'articulation entre ces deux mandats, voir nos 42730 s.). 55495

Cependant, lorsque l'indivision porte sur **des parts de société,** l'indivisaire qui n'a pas approuvé le mandat général peut toujours demander la désignation d'un mandataire judiciaire (C. civ. art. 1844, al. 2). Ce texte prévoit que les copropriétaires de parts sociales sont représentés par un mandataire unique choisi ou non parmi les indivisaires et désigné en justice, en cas de désaccord, à la demande du plus diligent des copropriétaires (Cass. 1e civ. 15-12-2010 no 09-10.140 : RJDA 2/11 no 153, BPAT 1/11 inf. 66, dont la solution vaut à notre avis également pour des actions indivises en raison de l'identité de rédaction des articles 1844, alinéa 2 du Code civil relatif aux parts et L 225-110, alinéa 2 du Code de commerce relatif aux actions).

En aucun cas la désignation d'un mandataire commun ne peut avoir pour effet d'exclure la participation aux assemblées des indivisaires (Cass. com. 21-1-2014 no 13-10.151 F-PB : RJDA 5/14 no 443).

Les indivisaires peuvent, à la majorité des deux tiers des droits indivis, **vendre les meubles indivis** pour payer les dettes et charges de la succession (C. civ. art. 815-3, al. 1- 3o). 55500

Enfin, la majorité des deux tiers des droits indivis suffit pour conclure et renouveler les **baux autres que** ceux portant sur un immeuble à usage agricole, commercial, industriel ou artisanal (C. civ. art. 815-3, al. 1- 4o). 55505

Sont visés en pratique les baux qui ne confèrent pas au preneur un droit au renouvellement caractérisé : baux portant sur des locaux d'habitation ou à usage professionnel, quel que soit leur statut (baux d'habitation, meublé, convention précaire, etc.). Seul l'objet du bail détermine la majorité applicable, et non pas la qualification du bail.

55510 **Obligation d'informer** Le ou les indivisaires qui décident d'un acte autorisé à la majorité des deux tiers des droits indivis ont l'obligation d'informer les indivisaires qui n'ont pas pris part à la décision. **À défaut,** celle-ci leur est inopposable (C. civ. art. 815-3, al. 2).

La loi n'impose aucun **formalisme** particulier. En pratique, une lettre recommandée avec avis de réception est conseillée, afin de se ménager la preuve de l'information donnée.

ACTES REQUÉRANT L'UNANIMITÉ

55515 L'unanimité des indivisaires est requise pour les **actes d'administration** qui ne relèvent pas de l'exploitation normale des biens indivis (C. civ. art. 815-3, al. 7).

ILLUSTRATIONS

Ne relèvent pas de l'exploitation normale les actes d'administration suivants :
– la conclusion d'un mandat spécial au profit d'un gestionnaire professionnel lui permettant de signer un bail commercial (Cass. 1e civ. 2-12-2015 n° 14-17.211 F-PB) ;
– l'action en contestation de la modification du règlement de copropriété d'un immeuble (Cass. 3e civ. 16-11-2011 n° 10-18.057 FS-D) ;
– l'action en inscription de faux relative à l'acte de cession d'un bien indivis (Cass. 1e civ. 12-6-2013 n° 11-18.522 F-PB : RJDA 11/13 n° 955).

55520 L'unanimité des indivisaires est également nécessaire pour les **actes de disposition** autres que la vente des meubles indivis pour payer les dettes et charges de la succession (C. civ. art. 815-3, al. 7).

Sont **notamment** visés la conclusion et le renouvellement des baux portant sur un immeuble à usage agricole, commercial, industriel ou artisanal, ainsi que les ventes d'immeubles.

55525 La **règle** de l'unanimité est toutefois **assouplie** par la possibilité qu'ont les titulaires des deux tiers des droits indivis de demander une autorisation judiciaire de vendre : voir nos 55985 s.

SANCTION

55530 L'acte qui a été accompli sans la majorité ou l'unanimité requise ou sans avoir respecté l'obligation d'information des indivisaires qui n'y ont pas pris part lie valablement celui qui s'est engagé : il n'est donc pas nul ; mais il est en principe inopposable aux coïndivisaires qui n'ont pas contracté.

L'**indivisaire contractant,** étant valablement engagé, ne saurait se prévaloir de son défaut de pouvoir pour demander la nullité de l'acte (Cass. 1e civ. 22-1-2009 n° 07-20.625 F-D, décision rendue en application des dispositions antérieures à la loi du 23-6-2006 mais transposable).

La vente d'un bien indivis consentie par un seul indivisaire vaut vente de sa quote-part indivise (Cass. 1e civ. 22-1-2009 n° 07-20.625 précité ; Cass. 3e civ. 12-5-2010 n° 08-17.186 FS-PB : RJDA 10/10 n° 1012, décision rendue en application des dispositions antérieures à la loi du 23-6-2006 mais transposable).

55535 Les **indivisaires qui n'ont pas donné leur consentement** (**ou** qui n'ont **pas** été **informés**) peuvent faire juger que l'acte leur est inopposable. Par exemple, il en a été jugé ainsi à propos des actes suivants (certaines décisions ont été rendues en application des dispositions antérieures à la loi du 23-6-2006 mais restent transposables) :
– un bail (Cass. 1e civ. 27-10-1992 n° 90-21.173 P : Bull. civ. I n° 264) ;
– une vente d'actions consentie par un seul indivisaire (Cass. 1e civ. 7-10-2015 n° 14-22.224 F-PB : RJDA 12/15 n° 836, Sol. Not. 12/15 inf. 227) ;
– une constitution d'hypothèque (Cass. com. 20-6-1995 n° 93-10.331 P : RJDA 12/95 n° 1442) ;
– un apport en société (Cass. 1e civ. 5-4-2005 n° 02-15.459 F-PB : RJDA 4/06 n° 475) ;
– la cession d'une créance du défunt (Cass. ch. réunies 5-12-1907, Chollet c/ Dumoulin, DP 1908. 1. 113, note Colin ; S. 1908. 1. 5, note G. Lyon-Caen).

L'inopposabilité peut être invoquée pendant l'indivision, sans attendre le résultat du partage.

55540 Pour le **tiers contractant,** l'efficacité de l'engagement est subordonnée au résultat du partage. L'acte est consolidé si le bien concerné est mis dans le lot de l'indivisaire qui s'est engagé. Toutefois, l'inopposabilité de la vente aux autres indivisaires permettra de prendre en compte dans le partage la valeur du bien vendu à la date du partage, quelle qu'ait pu être la valeur de ce bien à la date de la vente ; en ce sens, pour la vente d'actions indivises (Cass. 1e civ. 7-10-2015 n° 14-22.224 F-PB : RJDA 12/15 n° 836, Sol. Not. 12/15 inf. 227).

L'acte de vente est anéanti si le bien concerné est mis dans le lot d'un autre indivisaire. En ce sens, par exemple, dans le cas d'une donation de la nue-propriété d'une exploitation agricole consentie par un père à sa fille portant sur des biens indivis entre le donateur et ses sœurs : la donation n'a pu produire ses effets pour les parcelles attribuées dans le partage de la succession aux sœurs du donateur (Cass. 1e civ. 23-10-2013 no 12-18.170 F-PB : RJDA 2/14 no 182).

En toute hypothèse, le tiers contractant peut faire prononcer la nullité du contrat s'il établit que son consentement a été vicié. Il peut aussi demander des dommages-intérêts.

TABLEAU RÉCAPITULATIF DES MAJORITÉS REQUISES EN FONCTION DU TYPE D'ACTE

55544

Type d'acte	Définition	Illustration	Majorité requise
Acte conservatoire (nos 55390 s.)	Initiatives nécessaires ou utiles à la conservation des biens indivis (actes matériels ou juridiques)	– souscription d'une assurance incendie – mise en demeure adressée au preneur de payer ses loyers – action en liquidation d'une astreinte – action en élagage	Pas de majorité requise Chaque indivisaire peut agir seul
Acte d'administration (nos 55485 s.)	Acte de gestion normale afin de conserver la valeur du bien indivis et de le faire fructifier (actes matériels ou juridiques)	– mandat général d'administration – réalisation de travaux d'amélioration – conclusion ou renouvellement d'un bail d'habitation – action en bornage	Majorité des deux tiers des droits indivis détenus par un seul ou plusieurs indivisaires
Acte de disposition	Acte dit « grave » qui emporte disparition du bien indivis (vente, donation, etc.) ou qui porte atteinte à sa valeur	– vente des meubles indivis pour payer les dettes et charges de la succession – renouvellement des baux portant sur des locaux à usage d'habitation ou professionnel	Majorité des deux tiers des droits indivis détenus par un seul ou plusieurs indivisaires
		– vente d'immeubles indivis – vente des meubles indivis	Unanimité, sauf autorisation judiciaire d'aliéner le bien indivis à la demande d'un ou de plusieurs indivisaires titulaires d'au moins deux tiers des droits indivis
		– conclusion ou renouvellement des baux portant sur un immeuble à usage agricole, commercial, industriel ou artisanal – cession de titres de société indivis	Unanimité
Attention, des règles dérogatoires s'appliquent en Corse (no 55545), en Outre-mer (nos 55550 s.) et en Polynésie française (no 55563).			

CAS PARTICULIERS

Corse En Corse, la gestion des indivisions constatées par un **acte de notoriété acquisitive** est facilitée par un assouplissement des règles de majorité : quand les deux tiers des droits indivis sont normalement requis, plus de la moitié des droits suffit ; quand l'unanimité est nécessaire, la majorité de deux tiers des droits indivis est admise. Le ou les indivisaires agissant doivent informer leurs coïndivisaires (Loi 2017-285 du 6-3-2017 art. 2). 55545

Il s'agit de faciliter le fonctionnement des indivisions comptant de très nombreux indivisaires. Cette situation est courante en Corse puisque plus de 34 % des parcelles sont sans titre de propriété opposable depuis plusieurs générations. Pour remédier à cette difficulté, ont été consacrés les actes notariés de notoriété acquisitive, qui établissent la propriété en constatant une possession conforme aux conditions de la prescription acquisitive. Ainsi, un tel acte dressé et publié avant le 31 décembre 2027 fait foi de la possession lorsqu'il porte sur un immeuble situé en Corse (Loi 2017-285 du 6-3-2017 art. 1). Il ne peut être contesté que dans un délai de cinq ans à compter de sa dernière publication par voie d'affichage, sur un site internet et au service de la publicité foncière.

> **Précisions** Les actes notariés de notoriété acquisitive portant sur les immeubles situés en Corse dressés et publiés à compter du 1er janvier 2023 sont exonérés de **taxe de publicité foncière.** L'exonération devrait logiquement s'appliquer jusqu'au 30 décembre 2027 (Loi 2022-1726 du 30-12-2022 art. 66 : JO 31 texte n° 1 : BPAT 1/23 inf. 68-45).

55550 **Outre-mer** Dans les départements ou régions d'outre-mer et les collectivités de Saint-Barthélemy, de Saint-Martin et de Saint-Pierre-et-Miquelon, de nombreux biens immobiliers sont également détenus sous le régime de l'indivision successorale par des héritiers souvent nombreux et éloignés du territoire. Cette paralysie du foncier est préjudiciable notamment à l'offre de logements (à cet égard, voir aussi le dispositif favorisant les travaux sur les immeubles indivis à usage d'habitation ou mixte dans certains territoires n° 56035). Afin de résoudre ces difficultés, pour toute **succession ouverte depuis plus de dix ans,** la gestion et la sortie d'indivision sont facilitées temporairement (Loi 2018-1244 du 27-12-2018 : JO 28 texte n° 1). Ce dispositif est entré en vigueur le 29 décembre 2018 et il s'applique aux actes de gestion ci-dessous effectués avant le 31 décembre 2028 et aux projets de vente ou de partage notifiés avant cette même date. Sur la Polynésie française, voir n° 55563.

55555 Le ou les indivisaires titulaires de plus de la moitié des droits indivis (au lieu des deux tiers) peuvent **gérer l'indivision.** Plus précisément, ils peuvent effectuer les actes prévus à l'article 815-3, 1° à 4°, c'est-à-dire qu'ils peuvent :
- effectuer les actes d'administration relatifs aux biens indivis (nos 55485 s.) ;
- donner à l'un ou plusieurs des indivisaires ou à un tiers un mandat général d'administration (n° 55495) ;
- vendre les meubles indivis pour payer les dettes et charges de l'indivision (n° 55500) ;
- conclure et renouveler les baux autres que ceux portant sur un immeuble à usage agricole, commercial, industriel ou artisanal (n° 55505).

55560 Le ou les indivisaires titulaires de plus de la moitié des droits indivis en pleine propriété peuvent procéder à la **vente ou** au **partage des biens immobiliers indivis** situés sur le territoire des collectivités précitées. Dans le droit commun, les indivisaires peuvent aussi déroger à la règle de l'unanimité pour vendre un bien, mais seulement s'ils représentent les deux tiers des droits indivis et toujours sur autorisation judiciaire (nos 55985 s.). Ici, la majorité requise est moindre, et l'autorisation judiciaire ne s'impose qu'en cas d'opposition des indivisaires non agissant ; cette autorisation n'est pas nécessaire lorsque les indivisaires restent mutiques.

> **ATTENTION**
> La vente ou le partage des biens immobiliers par les indivisaires titulaires de plus de la moitié des droits indivis en pleine propriété ne peut **pas être mis en œuvre** dans les situations suivantes (Loi 2018-1244 du 27-12-2018 art. 1, II) :
> – le bien concerné est le local d'habitation dans lequel réside le conjoint survivant ;
> – l'indivision comprend un mineur, un majeur protégé ou un présumé absent, sauf autorisation du juge des tutelles (ou du conseil de famille dans les deux premiers cas).

55561 Pour vendre ou partager des biens immobiliers indivis, le ou les indivisaires choisissent un notaire qui notifie le projet par acte extrajudiciaire à tous les indivisaires. La **notification** fait état des éléments suivants :
- l'identité du ou des indivisaires à l'initiative de la vente ou du partage et leur quote-part d'indivision ;
- l'identité et les quotes-parts des indivisaires non représentés à l'opération ;
- les coordonnées du notaire choisi ;
- la désignation du bien, le prix de vente et l'indication de la valeur de ce bien au moyen du recueil de l'avis d'au moins deux professionnels qualifiés ;
- la répartition du prix de vente ou des allotissements prévus entre chacun des indivisaires ;
- le délai d'opposition (voir ci-dessous) ;

– le cas échéant, le projet de cession du bien, à titre onéreux, à une personne étrangère à l'indivision, le prix et les conditions de la cession projetée ainsi que les nom, domicile et profession de la personne qui se propose d'acquérir le bien.

Le notaire procède aussi à la **publication** du projet dans un journal d'annonces légales au lieu de situation du bien ainsi que par voie d'affichage et sur un site internet. L'affichage se fait soit en mairie de la commune où est situé l'immeuble, soit sur l'immeuble lui-même, de manière visible de l'extérieur (Décret 2020-1324 du 30-10-2020 : JO 1-11 texte n° 19). Dans le premier cas, l'affichage est effectué et certifié par le maire ; dans le second cas, il est réalisé par le ou les indivisaires à l'initiative de l'opération et il se prouve par tous moyens. Le choix entre ces deux options appartient aux indivisaires agissant. La publication internet se fait sur le site de la chambre des notaires dans le ressort de laquelle est situé l'immeuble.

L'extrait de projet d'acte ainsi affiché et publié indique l'identité des indivisaires à l'initiative de la vente ou du partage, l'identité des indivisaires non représentés à l'opération, les coordonnées du notaire choisi, la désignation du bien et le délai d'opposition.

La durée d'affichage et de la publication est de trois mois courant à compter de la dernière de ces mesures de publicité. Ce délai est porté à quatre mois lorsque le projet de cession ou de partage porte sur un bien immobilier dont les quotes-parts sont détenues par au moins dix indivisaires ou lorsqu'au moins un indivisaire a établi son domicile à l'étranger.

Tout indivisaire peut faire **opposition** à la vente ou au partage, dans le délai de trois mois qui suit la notification. Ce délai est porté à quatre mois lorsque le projet porte sur un bien immobilier dont les quotes-parts sont détenues par au moins dix indivisaires ou lorsqu'au moins un indivisaire a établi son domicile à l'étranger. **55562**

En cas de projet de cession à une personne étrangère à l'indivision, tout indivisaire peut également exercer son droit de préemption aux prix et conditions de la cession projetée. Il dispose d'un mois à compter de la notification, pour le faire connaître, par acte extrajudiciaire, aux indivisaires à l'initiative de la vente. Ce droit de préemption s'exerce dans les conditions prévues aux trois derniers alinéas de l'article 815-14 du Code civil (n°s 56180 s.).

À défaut d'opposition, la vente ou le partage est opposable aux indivisaires qui ne sont pas à l'initiative du projet.

Dans le cas contraire, c'est-à-dire si un ou plusieurs indivisaires s'opposent à l'aliénation ou au partage du bien indivis dans le délai prévu, le notaire le constate par procès-verbal. Le ou les indivisaires titulaires de plus de la moitié des droits indivis saisissent alors le tribunal judiciaire afin d'être autorisés à passer l'acte de vente ou de partage. Le tribunal statue en ce sens si l'acte ne porte pas une atteinte excessive aux droits des autres indivisaires. L'aliénation ou le partage effectué dans les conditions fixées par l'autorisation du tribunal est opposable à l'indivisaire dont le consentement a fait défaut, sauf si l'intention d'aliéner ou de partager le bien du ou des indivisaires titulaires de plus de la moitié des droits indivis ne lui avait pas été régulièrement notifiée.

> **Précisions** Pour faciliter la mise en œuvre de ce dispositif, chaque établissement public de coopération intercommunale (**EPCI**) nomme un référent chargé du recensement des propriétés en indivision (Loi 2022-217 art. 248 entrée en vigueur le 23-2-2022). À ce titre, ce dernier « pourra participer au recensement des biens concernés, à l'information des indivisaires ou encore à la recherche des indivisaires » (Texte AN 2-12-2021 n° 4721, amendement n° 2849).

Polynésie française En Polynésie française, pour toute **succession ouverte depuis plus de dix ans,** le ou les indivisaires titulaires d'au moins deux tiers en pleine propriété des droits indivis peuvent procéder, devant le notaire de leur choix, au **partage des biens immobiliers** indivis situés sur le territoire de la Polynésie française (Loi 2019-786 du 26-7-2019 art. 4, I : JO 27 texte n° 1). Le notaire chargé d'établir l'acte de partage doit en notifier le projet par acte extrajudiciaire à tous les indivisaires. Cette notification comporte des mentions obligatoires à peine d'inopposabilité du partage à l'indivisaire dont le consentement au partage ferait défaut. Le notaire procède également à sa publication dans un journal d'annonces légales du lieu de situation du bien ainsi que par voie d'affichage et sur un site internet. Dans les trois mois qui suivent cette notification, tout indivisaire peut faire connaître son opposition au partage. Ce délai est porté à quatre mois lorsque l'indivision comporte au moins dix indivisaires ou lorsqu'au moins un indivisaire a son domicile à l'étranger. **55563**

À défaut d'opposition, le partage est opposable aux indivisaires qui ne sont pas à l'initiative du projet.

En cas d'opposition au partage, le notaire le constate dans un procès-verbal. Sur saisine des indivisaires titulaires d'au moins deux tiers des droits indivis, le tribunal autorise ce partage dans la mesure où il ne porte pas une atteinte excessive aux droits des autres indivisaires. Le partage effectué dans ces conditions est opposable à l'indivisaire dont le consentement a fait défaut, sauf exception.

Ce dispositif s'applique aux **projets de partage notifiés avant le 31 décembre 2028** (Loi 2019-786 du 26-7-2019 art. 4, VII : JO 27 texte n° 1).

ATTENTION

Le partage des biens immobiliers par les indivisaires titulaires d'au moins deux tiers des droits indivis en pleine propriété ne peut **pas être mis en œuvre** dans les mêmes situations que celles visées au n° 55560 (Loi 2019-786 du 26-7-2019 art. 4, II).

55565 **Exploitation de biens agricoles indivis en Guadeloupe, Guyane et Martinique, à La Réunion et à Mayotte** Des dispositions spécifiques sont applicables depuis le 1er juillet 2016 aux biens agricoles indivis situés en Guadeloupe, Guyane et Martinique, et à La Réunion et à Mayotte afin de faciliter (C. rur. art. L 181-29 s. et D 181-24 s.) :

– la conclusion ou le renouvellement d'un bail rural, en dérogation à l'article 815-3 du Code civil ;

– la vente, en vue de permettre le maintien, l'amélioration ou la reprise de l'exploitation du bien, en dérogation à l'article 815-5-1 du même Code.

3. AMÉLIORATION DES BIENS INDIVIS

55570 Tout indivisaire qui a exposé des frais pour améliorer l'état d'un bien indivis peut prétendre à une **indemnité.** Cette indemnité est due par l'indivision (C. civ. art. 815-13, al. 1).

Rappelons que l'article 815-13 du Code civil ne s'applique ni aux **dépenses d'acquisition** (voir n° 56480), ni aux dépenses d'**entretien** du bien indivis (voir n° 55590).

NOTION D'AMÉLIORATION DU BIEN INDIVIS

55575 La dépense d'amélioration est celle qui, sans être indispensable, est **utile à la valorisation** du bien, par exemple l'installation d'un chauffage central dans un immeuble indivis, la souscription d'un emprunt pour financer des travaux d'amélioration, ou la mise à disposition d'un bien personnel afin de permettre l'exploitation du fonds indivis.

L'impense **somptuaire,** c'est-à-dire la dépense qui n'est ni utile à l'amélioration du bien indivis ni nécessaire à sa conservation, n'est pas prise en considération. C'est par exemple le cas de travaux ne présentant d'utilité que pour l'indivisaire qui en était le bénéficiaire, mais qui n'ont pas augmenté la valeur du bien et qui n'étaient pas nécessaires à sa conservation (Cass. 1e civ. 18-2-1986 n° 84-16.652 : Bull. civ. I n° 34).

CONDITIONS À L'INDEMNISATION

55580 **Dépense faite par l'indivisaire** Le droit à indemnité à raison d'une amélioration est subordonné, par la jurisprudence actuelle, à une dépense faite par l'indivisaire. En l'absence de dépense faite, le dispositif d'indemnisation de l'article 815-13 du Code civil est inapplicable.

Ne constituent **pas des dépenses** d'amélioration :

– les travaux réalisés personnellement par un indivisaire sur le bien indivis (Cass. 1e civ. 13-3-2007 n° 05-13.320 F-PB : RJDA 12/07 n° 1297 ; Cass. 1e civ. 23-6-2010 n° 09-13.688 F-PBI : BPAT 4/10 inf. 237 ; Cass. 1e civ. 26-6-2013 n° 12-17.852 F-D ; Cass. 1e civ. 15-9-2021 n° 19-24.014 F-D : BPAT 6/21 inf. 273, Defrénois 2022 n° 208r5, obs. A. Chamoulaud-Trapiers) ;

– les plus-values résultant de l'activité personnelle déployée dans la gestion du bien indivis, par exemple pour un fonds de commerce indivis (Cass. 1e civ. 29-5-1996 n° 94-14.632 : RJDA 11/16 n° 1389).

L'indivisaire peut cependant prétendre en ce cas à une indemnité au titre de la rémunération de son travail sur le fondement de l'article 815-12 (n° 55695).

55585 L'indivisaire a droit à l'indemnité dès lors qu'il y a amélioration, même si, d'abord occupant puis attributaire du bien lors du partage, il a exposé les dépenses dans son **intérêt personnel** (Cass. 1e civ. 6-12-2005 n° 03-11.489 F-PB : BPAT 1/06 inf. 19).

55590 **Nature des travaux** Les **travaux d'entretien** du bien indivis financés par l'un des indivisaires n'ouvrent pas droit à indemnité, car il n'y a alors ni conservation, ni amélioration du bien indivis (Cass. 1e civ. 13-2-2019 n° 17-26712 F-D : BPAT 2/19 inf. 64, Gaz. Pal. 17-10-2019 p. 31 note A. Chamoulaud-Trapiers).

Ce sera le cas par exemple lorsqu'un indivisaire occupant fait entretenir à ses frais le jardin de la maison indivise. Toutefois, la distinction entre « entretien » et « conservation » du bien indivis peut s'avérer délicate. Par exemple, les frais de taille d'arbres d'ornement relèvent a priori de la qualification de dépenses d'entretien. Toutefois, l'indivisaire qui a exposé de tels frais pourra également faire valoir qu'à défaut de taille, le bien indivis pouvait se dégrader…

MONTANT DE L'INDEMNITÉ

En principe, l'indemnité est calculée en fonction de la **plus-value** apportée au bien. Les factures correspondant aux dépenses faites ne permettent donc pas de déterminer à elles seules le montant de l'indemnité, elles permettent seulement d'identifier les travaux réalisés (Cass. 1e civ. 12-10-2022 nº 21-10.578 F-D : BPAT 1/23 inf. 43). **55595**

L'indivisaire n'a droit à aucune indemnité si les dépenses n'ont apporté aucune plus-value au bien. Pour une illustration, à propos de travaux sur un immeuble (Cass. 1e civ. 18-5-2011 nº 09-14.289 F-D).

La créance de l'indivisaire doit être revalorisée en fonction de la valeur du bien au moment du partage ou, si le bien concerné a été vendu, au jour de son aliénation. En cas de contestation, c'est le juge qui fixe le montant de l'indemnisation.

L'indemnité est en principe **liquidée lors** du partage, sauf convention contraire en faveur d'un règlement immédiat ou en cas d'aliénation du bien amélioré.

Correctif de l'équité Lorsqu'un indivisaire a amélioré à ses frais l'état d'un bien indivis, il doit lui en être tenu compte « selon l'équité, eu égard à ce dont la valeur du bien se trouve augmentée… » (C. civ. art. 815-13, al. 1). Les juges du fond peuvent donc moduler le montant de l'indemnité, soit en la minorant au regard du montant correspondant à la plus-value, soit, à l'inverse, en l'augmentant. Il pourrait y avoir une évaluation à la hausse lorsque les travaux d'amélioration ne laissent subsister aucune plus-value à la date de la liquidation. À l'inverse, une évaluation minorée pourrait être retenue lorsque la plus-value procurée évaluée à la date de la liquidation représente une somme véritablement hors de proportion au regard de la dépense engagée par l'indivisaire à raison de facteurs extérieurs. **55600**

La décision ne doit être motivée qu'au regard de l'équité.

INTÉRÊTS

Véritable dette de valeur, puisque son quantum est déterminé à hauteur du profit subsistant, l'indemnité due à raison de l'amélioration du bien indivis ne peut être productive d'intérêts au taux légal que lorsque son montant est fixé, soit, en règle générale, à la **date de la liquidation** de l'indivision ou au cours de l'indivision si l'indivisaire en a exigé le paiement avant la liquidation, ou encore, en cas d'aliénation du bien indivis, à compter de cette date (nº 55450). **55605**

PRESCRIPTION

L'**action en paiement** de l'indemnité pour l'amélioration d'un bien indivis devrait se prescrire dans les cinq ans à compter de la date à laquelle cette dépense a été prise en charge par l'indivisaire, comme il en a été jugé à propos de dépenses de conservation (Cass. 1e civ. 14-4-2021 nº 19-21.313 FS-P ; voir nº 55452). Certes, dans cet arrêt, la Cour de cassation a pris le soin de ne viser que les dépenses de conservation, mais elle se fonde sur l'article 815-13 du Code civil, qui vise à la fois les dépenses de conservation et celles d'amélioration. De surcroît, rien ne nous semble pouvoir justifier une différence de traitement entre ces deux types de dépenses, ce qui milite en faveur d'un régime unique et d'une extension de la portée de cet arrêt aux dépenses d'amélioration (en ce sens, également, A. Dupire, Paiement des échéances d'emprunt par un indivisaire et point de départ du délai de prescription de son action en remboursement : Defrénois 2021 nº 19-20 p. 9). **55608**

B. Gestion par un indivisaire

DÉSIGNATION D'UN INDIVISAIRE-GÉRANT

La gestion du bien indivis peut être assurée par l'un des indivisaires dans **trois situations** : **55655**
– il aura reçu mandat conventionnel de gérer tel ou tel bien faisant partie de l'indivision successorale ;
– il y aura été habilité judiciairement ;

– il aura assuré de fait la gestion du bien indivis sans opposition de la part des autres indivisaires. Dans cette dernière hypothèse, l'indivisaire est réputé avoir reçu un mandat tacite de gestion (C. civ. art. 815-3, al. 4 ; n° 55770).

55660 L'indivisaire-gérant est comptable de ses **fautes,** par exemple s'il omet de réclamer les loyers dus par le locataire de l'immeuble indivis. Il doit alors indemniser l'indivision, et non ses coïndivisaires (Cass. 1e civ. 15-5-2008 n° 07-17.645 F-PB : RJDA 12/08 n° 1323).

PRODUITS DE GESTION REVENANT À L'INDIVISION

55665 L'indivisaire-gérant est « redevable des produits nets de sa gestion » (C. civ. art. 815-12). Il doit donc restituer à la masse indivise les bénéfices nets produits par le bien qu'il gère.

Ces produits nets doivent être évalués pour leur **montant réel** ; s'agissant par exemple d'une exploitation agricole, le bénéfice forfaitaire agricole – qui détermine l'assiette des revenus taxables dans la catégorie des bénéfices agricoles – ne vaut pas évaluation des produits de la gestion de l'exploitant (Cass. 1e civ. 18-5-2011 n° 10-14.518 F-PBI : RJDA 10/11 n° 863).

Bien sûr, **aucun revenu** n'est à réincorporer à la masse indivise lorsque le bien n'a pas effectivement produit de revenus, par exemple parce que la location consentie à un tiers était purement gratuite (Cass. 1e civ. 6-12-2005 n° 03-11.489 F-PB : BPAT 1/06 inf. 19).

CHARGES D'EXPLOITATION ASSUMÉES PAR L'INDIVISION

55670 Les bénéfices restituables à l'indivision sont constitués des « bénéfices bruts, diminués des charges d'exploitation **comprenant** frais de personnel, impôts et taxes, transports et déplacements, frais généraux, frais financiers, amortissement du matériel » (Cass. 1e civ. 26-6-1985 F-D).

Rappelons que les charges et dépenses de conservation sont à la charge de l'indivision, même si le bien est occupé privativement par un indivisaire ; ainsi jugé notamment à propos des charges de copropriété non récupérables, des impôts locaux et de l'assurance habitation (n° 55395). Si ces charges ont été assumées par un indivisaire, il pourra faire valoir une créance contre l'indivision (n° 55425 s.).

55680 En revanche, l'**impôt sur le revenu** doit être supporté par chacun des copartageants, proportionnellement à la part lui revenant dans les bénéfices nets : il n'a pas à être déduit des bénéfices bruts. Si l'indivisaire-gérant a assumé seul l'impôt sur le revenu d'un fonds de commerce indivis, il pourra faire valoir une créance à l'encontre des autres indivisaires, mais le trop-payé ne peut pas être inscrit à l'actif de son compte d'indivision (Cass. 1e civ. 10-5-2006 n° 04-12.473 F-PB : RJDA 12/06 n° 1281 ; Cass. 1e civ. 23-6-2010 n° 09-13.250 F-PBI : BPAT 5/10 inf. 294 ; A. Chamoulaud-Trapiers, Liquidation d'indivision, du bon règlement du passif et des comptes : Defrénois 2010 art. 39176 p. 2269).

En outre, en cas d'**occupation privative** par un indivisaire, certaines charges lui incombent à titre personnel (n° 55040).

DROIT À RÉMUNÉRATION DE L'INDIVISAIRE-GÉRANT

55685 L'indivisaire assumant la gestion du bien indivis pour le compte de l'indivision a droit à la rémunération de son activité (C. civ. art. 815-12). Ce droit à rémunération est en principe subordonné à deux conditions.

55690 **Acte de gestion** L'indivisaire-gérant doit justifier d'actes de gestion du bien indivis. Tel est **par exemple** le cas s'il :
- gère un fonds de commerce indivis ;
- effectue les démarches nécessaires au règlement de la succession ;
- conduit une action judiciaire ;
- assure la gestion des immeubles indivis.

Au contraire, des interventions ponctuelles ne suffisent pas à justifier une rémunération.

55695 Lorsque le travail de l'indivisaire, a consisté non pas dans la gestion d'un bien indivis, mais dans la réalisation directe de **travaux sur le bien indivis,** la Cour de cassation admet qu'il puisse alors prétendre à une indemnité sur le fondement de l'article 815-12 (en ce sens, Cass. 1e civ. 13-3-2007 n° 05-13.320 F-PB : RJDA 12/07 n° 1297, BPAT 3/03 inf. 84 ; Cass. 1e civ. 23-6-2010 n° 09-13.688 F-PBI : BPAT 4/10 inf. 237 ; Cass. 1e civ. 26-6-2013 n° 12-17.852 F-D ; Cass. 1e civ. 15-9-2021 n° 19-24.014 F-D : BPAT 6/21 inf. 273).

55700 **État des encaissements et décaissements** Comme toute personne, tiers ou indivisaire, qui perçoit des revenus ou expose des frais pour le compte de l'indivision, l'indivisaire-gérant doit en tenir un état à la disposition de ses consorts (C. civ. art. 815-8).

L'indivisaire qui n'a **pas régulièrement rendu compte** de sa gestion et de la destination des fruits du bien indivis ne peut pas prétendre à une indemnisation au titre de son activité de gestion (Cass. 1e civ. 17-6-2009 no 07-17.223 F-D : BPAT 5/09 inf. 201 ; voir cependant contra Cass. 1e civ. 25-10-2005 no 02-13.787 FS-PB : Bull. civ. I no 386).

Ce droit à rémunération est indépendant des **résultats de la gestion** : même une gestion déficitaire ouvre un droit à rémunération (Cass. 1e civ. 25-10-2005 no 02-13.787 FS-PB : Bull. civ. I no 386) ; simplement, si le déficit est imputable à une mauvaise gestion, l'indivisaire sera alors débiteur d'une indemnité au titre de la dégradation du bien indivis (C. civ. art. 815-13, al. 2). **55705**

MONTANT DE L'INDEMNITÉ DE RÉMUNÉRATION

Le montant de la rémunération est **fixé par** les indivisaires, à l'amiable. À défaut, il est décidé par le tribunal judiciaire, qui dispose d'un pouvoir souverain d'appréciation. **55710**

La rémunération est évaluée notamment **en fonction** du temps et de la qualité du travail fourni. Lorsque le bien indivis géré est un bien professionnel (fonds de commerce, fonds artisanal, exploitation agricole…) il est possible de se référer à la convention collective du secteur professionnel concerné ainsi qu'à la rémunération moyenne des salariés de ce secteur.

On aura à l'esprit qu'est exclue l'attribution directe de la plus-value procurée au bien à raison de la bonne gestion de l'indivisaire (no 53890). Toutefois, la prise en compte de la plus-value au titre de la rémunération des travaux d'amélioration réalisés personnellement par l'un des indivisaires sur le bien indivis ne semble pas condamnée (en ce sens, Cass. 1e civ. 13-3-2007 no 05-13.320 F-PB : RJDA 12/07 no 1297, BPAT 3/07 no 84).

L'indemnité de rémunération, due par l'indivision, est soit **réglée** pendant le cours de l'indivision, soit inscrite dans le **compte d'indivision** de l'indivisaire concerné dressé lors de la liquidation. **55715**

L'action en paiement d'une telle indemnité nous semble être prescrite par le délai de droit commun de cinq ans à compter du jour où l'indivisaire a connu ou aurait dû connaître les faits lui permettant d'exercer cette action (C. civ. art. 2224). Puisqu'il s'agit de son activité, le délai de cinq ans commencerait à courir à compter de la date d'exécution de ses prestations de service et au fur et à mesure de cette exécution (à rapprocher de Cass. 1e civ. 14-4-2021 no 19-21.313 FS-P : à propos d'une dépense de conservation d'un bien indivis ; voir no 55452). Cette position reste toutefois à confirmer, la jurisprudence n'ayant pas tranché la question à ce jour.

La rémunération due au gérant produit de plein droit des **intérêts** au taux légal à partir du jour où elle est fixée par les indivisaires ou le tribunal. Cette solution a été retenue en jurisprudence sous l'empire des textes antérieurs à la réforme de 2006 (Cass. 1e civ. 11-6-1996 no 94-14.293 : Bull. civ. I no 248). Elle demeure d'actualité : une dette ne peut produire d'intérêts tant qu'elle n'est pas fixée ni dans son principe, ni dans son montant. Si une convention d'indivision fixe tout à la fois le principe de la rémunération et son montant, la créance de l'indivisaire sera productive d'intérêts au taux légal à compter de la mise en demeure de payer (C. civ. art. 1231-6).

C. Représentation des indivisaires

MANDAT EXPRÈS

On a vu que les coïndivisaires peuvent, à la majorité des deux tiers des droits indivis, donner à l'un ou plusieurs d'entre eux ou à un tiers un mandat général d'administration (C. civ. art. 815-3, al. 1 ; no 55495 ; sur les cas particuliers de la Corse et de l'outre-mer, voir nos 55545 et 55555). Régi par le droit commun du mandat, il permet au mandataire d'effectuer les **actes d'administration** qui relèvent de l'exploitation normale des biens indivis (C. civ. art. 1988). Ce mandat ne semble pas pouvoir être cumulé avec un mandat successoral conventionnel (voir nos 42730 s.). **55765**

Les **actes de disposition** et les actes d'administration qui ne relèvent pas de l'exploitation normale des biens indivis ne peuvent être valablement passés qu'en vertu d'un mandat spécial donné à l'unanimité des indivisaires, et qui doit préciser l'opération autorisée ainsi que le nom des mandants (nos 55515 s.). Ainsi est nul le bail commercial consenti par un mandataire de l'indivision, ce dernier n'ayant reçu qu'un mandat général d'administrer le bien indivis seul, et non pas un mandat spécial écrit donné à l'unanimité des indivisaires (Cass. 1e civ. 2-12-2015 no 14-17.211 F-PB).

> **Précisions** L'**avant-projet de réforme** des contrats spéciaux présenté en juillet 2022, dont le rapport a été remis au garde des Sceaux le 11 avril 2023, prévoit de réformer le contrat de mandat (articles 1984 à 2022). Il s'agit surtout de codifier l'état du droit actuel du mandat, son régime issu du Code civil n'ayant pas été modifié depuis 1804.

MANDAT TACITE

55770 Un mandat tacite est **présumé** exister lorsqu'un indivisaire prend en main la gestion des biens indivis au su des autres et sans opposition de leur part (C. civ. art. 815-3, al. 4). Pour une illustration à propos d'une commande de travaux sur un immeuble (Cass. 1e civ. 10-10-1995 no 93-14.788 P : RJDA 3/196 inf. 404). Le créancier de l'indivision se prévalant d'un mandat tacite doit prouver que l'indivisaire qui a agi seul l'a fait au su des autres. En cas de contestation, il appartient au juge du fond de vérifier cette condition (Cass. 1e civ. 12-6-2013 no 12-17.419 FS-PBI : RJDA 11/13 no 956, BPAT 5/13 inf. 190).

Le mandat tacite peut concerner tout ou partie seulement des **biens** indivis.

Il couvre les **actes** d'administration. Mais il ne peut valider ni les actes de disposition, ni la conclusion d'un bail ou son renouvellement (C. civ. art. 815-3, al. 4). Pour une illustration (Cass. 1e civ. 25-10-2005 no 03-14.320 F-PB : Bull. civ. I no 387).

ATTENTION

Le mandat tacite **cesse** lorsqu'un indivisaire exprime son opposition. Encore faut-il que ce dernier se manifeste dès qu'il a connaissance de l'acte contesté. À défaut, il est tenu des engagements pris sur le fondement du mandat tacite (Cass. 1e civ. 11-10-2000 no 99-10.216 F-D : D. 2001 somm. p. 3580, Dr. famille 2000 comm. no 148 note B. Beignier).

GESTION D'AFFAIRES

55775 À défaut de pouvoir légal, de mandat ou d'habilitation par justice, les actes faits par un indivisaire en représentation d'un autre ont effet à l'égard de celui-ci suivant les règles de la gestion d'affaires (C. civ. art. 815-4, al. 2).

L'existence d'un mandat d'affaires n'est admise qu'à titre **subsidiaire,** c'est-à-dire en l'absence de mandat conventionnel (exprès ou tacite) ou judiciaire.

Pour le reste, c'est le **droit commun** de la gestion d'affaires qui s'applique (C. civ. art. 1301 s.). Il faut que le gérant soit intervenu volontairement pour le compte des autres indivisaires et que sa gestion ait présenté une utilité pour eux ou que ces derniers l'aient ratifiée. Les indivisaires sont alors liés par les engagements contractés en leur nom ; ils doivent indemniser le gérant d'affaires des engagements personnels qu'il a pris et lui rembourser toutes les dépenses utiles ou nécessaires qu'il a faites (C. civ. art. 1301-2).

D. Interventions judiciaires

1. HABILITATION JUDICIAIRE

55825 Si un indivisaire se trouve **hors d'état de manifester sa volonté,** un autre peut se faire habiliter en justice à le représenter soit d'une manière générale, soit pour certains actes particuliers (C. civ. art. 815-4). L'impossibilité de manifester sa volonté peut notamment résulter de l'éloignement géographique, de problèmes de santé, de l'altération des facultés mentales de l'indivisaire.

Le juge fixe les conditions et l'**étendue de la représentation** (C. civ. art. 815-4, al. 1). Celle-ci peut s'appliquer à tout ou partie des biens indivis ; elle peut autoriser tous les actes d'administration ou certains actes particuliers d'administration ou de disposition.

Le **représentant** est nécessairement un indivisaire.

L'acte effectué en représentation de l'indivisaire empêché **engage** ce dernier, car l'acte est passé en son nom.

2. MESURES URGENTES

PRINCIPES

55855 Le président du tribunal judiciaire peut prescrire ou autoriser toutes les mesures urgentes que requiert l'intérêt commun (C. civ. art. 815-6, al. 1).

Il statue selon la procédure accélérée au fond, et non en référé (CPC art. 1380). Il en résulte qu'il n'est pas limité par les conditions applicables en matière de référé (Cass. 1e civ. 20-5-2009 nos 07-21.679 et 08-10.413 FS-PB : RJDA 10/09 no 907 ; Cass. 1e civ. 15-2-2012 no 10-21.457 F-PBI : RJDA 8-9/12 no 812, Sol. Not. 4/12 inf. 101). C'est pourquoi il peut statuer en présence d'une contestation sérieuse ou prendre des mesures autres que conservatoires ou de remise en état. Sa décision est revêtue de l'autorité de chose jugée.

L'article 815-6 du Code civil prévoit expressément deux **mesures** urgentes **susceptibles d'être prescrites** ou autorisées par le juge : la perception de fonds indivis et la désignation d'un administrateur provisoire. Cette liste n'est pas limitative, et le juge peut décider de toute mesure conservatoire, autoriser des actes d'administration et même des actes de disposition. **55860**

Par exemple, il peut :

– autoriser la réitération en la forme authentique d'une promesse de vente d'un immeuble consentie par le défunt (Cass. 1e civ. 4-12-2013 no 12-20.158 FS-PBI : BPAT 1/14 inf. 28) ;

– ordonner la vente de titres en vue du paiement des frais de partage (Cass. 1e civ. 16-2-1988 no 86-16.489 : Bull. civ. I no 45).

Dans tous les cas, la mesure doit être requise par l'**urgence,** que le président du tribunal apprécie souverainement. **55865**

Elle doit aussi être justifiée par l'**intérêt commun.** Il s'agit généralement de permettre la valorisation d'un bien indivis ou d'éviter une perte. La divergence d'intérêts des indivisaires n'implique pas l'absence d'intérêt commun (Cass. 1e civ. 13-11-1984 no 83-13.999 : Bull. civ. I no 301).

PERCEPTION DES FONDS INDIVIS

Le président du tribunal judiciaire peut **autoriser** un indivisaire à percevoir des fonds indivis d'un débiteur de l'indivision ou d'un dépositaire de fonds indivis (C. civ. art. 815-6, al. 2). Un indivisaire peut ainsi être autorisé à percevoir les loyers d'un immeuble indivis ou à débloquer les fonds inscrits sur le compte bancaire du défunt. **55870**

L'indivisaire **doit utiliser** ces fonds au profit de l'indivision, en faisant face à des besoins urgents. Le juge peut d'ailleurs préciser l'emploi qui devra être fait des sommes perçues.

L'autorisation de percevoir des fonds indivis « **n'entraîne pas** prise de qualité pour le conjoint survivant ou pour l'héritier » (C. civ. art. 815-6, al. 2). L'indivisaire ne peut donc pas être considéré comme ayant ainsi tacitement accepté la succession.

DÉSIGNATION D'UN ADMINISTRATEUR PROVISOIRE OU D'UN SÉQUESTRE

Le président du tribunal judiciaire peut désigner un indivisaire comme administrateur provisoire ou nommer un séquestre (C. civ. art. 815-6, al. 3). Cette disposition permet de sortir d'une situation de blocage en cas de désaccord entre les indivisaires. **55875**

Une telle mesure n'est **possible** que **si** la gestion de l'indivision n'a pas déjà été confiée à un indivisaire ou à un tiers par un mandat conventionnel.

L'administrateur provisoire peut être un **indivisaire ou,** à titre subsidiaire, un **tiers** (Cass. 1e civ. 6-2-2001 no 98-19.060 F-P : Bull. civ. I no 24, JCP N 2002 no 1143, chron. B. Montravers). En cas de juxtaposition de deux indivisions distinctes portant respectivement sur l'usufruit et sur la nue-propriété d'un bien, l'administrateur ne peut pas être choisi parmi les coïndivisaires en usufruit (même arrêt).

Les **pouvoirs** de l'administrateur provisoire, qui peuvent être très étendus, sont déterminés par le juge. À défaut, il faut se référer aux articles 1873-5 à 1873-9 du Code civil relatifs au gérant de l'indivision conventionnelle. Le renvoi à ces textes n'est que supplétif (Cass. 1e civ. 19-10-2004 no 02-11.366 F-PB : RJDA 3/05 no 339). **55880**

Lorsqu'il est investi d'un mandat général d'administration des biens de la succession, il ne peut consentir des actes qui requièrent l'unanimité des indivisaires, comme la signature d'un bail à ferme pour des parcelles indivises. Pour de tels actes, un mandat spécial est requis (Cass. 1e civ. 25-10-2005 no 03-14.320 F-PB : Bull. civ. I no 387).

Quelle que soit l'étendue de son mandat, l'administrateur ne peut pas agir contre l'avis unanime des indivisaires, ni exercer les actions attachées à la personne des indivisaires, par exemple les actions relatives à la filiation ou au mariage.

ATTENTION

Si un contractant a légitimement pu croire en la réalité des pouvoirs de l'administrateur, le contrat qu'il a conclu est opposable aux indivisaires bien qu'ils ne relèvent pas de son mandat (Cass. 1e civ. 11-7-2019 no 18-18.877 F-D : BPAT 5/19 inf. 202, appliquant la théorie du **mandat apparent** à un bail rural).

3. INTERDICTION DE DÉPLACER DES MEUBLES CORPORELS

55910 Le président du tribunal peut interdire le déplacement des meubles corporels (C. civ. art. 815-7). Il peut cependant permettre à tel ou tel indivisaire l'usage d'un bien indivis, à charge, le cas échéant, de donner caution.

4. AUTORISATION JUDICIAIRE

55940 Un indivisaire peut être autorisé en justice à passer seul un acte d'administration ou de disposition lorsque le refus d'un indivisaire de donner son consentement à cet acte met l'intérêt commun en péril (C. civ. art. 815-5, al. 1). Il ne s'agit pas ici de représenter un indivisaire, mais de passer outre à son opposition.

La **condition essentielle** pour être autorisé à agir seul (ou à plusieurs, mais sans la majorité requise) est d'établir la mise en péril de l'intérêt commun.

Les juges du fond apprécient souverainement si la preuve en est rapportée, mais ils doivent constater cette mise en péril (Cass. 3e civ. 28-11-2012 no 11-19.585 FS-PB : RJDA 6/13 no 559, Sol. Not. 2/13 inf. 41).

La preuve du caractère utile ou avantageux de l'opération projetée est insuffisante. Il n'est pas nécessaire de démontrer l'urgence de la mesure (Cass. 1e civ. 12-7-2001 no 99-14.202 F-D : Dr. famille 2001 comm. no 113, obs. B. Beignier).

La condition tenant à la mise en péril de l'intérêt commun n'est pas exigée lorsque l'opération projetée est justifiée par l'urgence et l'intérêt commun, puisque le président du tribunal judiciaire peut alors l'autoriser sur le fondement de l'article 815-6 du Code civil (Cass. 1e civ. 4-12-2013 no 12-20.158 FS-PBI : Bull. civ. I no 236, pour la vente d'un immeuble indivis, BPAT 1/14 inf. 28).

ILLUSTRATIONS

La **mise en péril** de l'intérêt commun a été admise en cas de :
– refus de vendre des biens indivis, alors que la vente est nécessaire au règlement des droits de succession (Cass. 1e civ. 14-2-1984 no 82-16.526 : Bull. civ. I no 62) ; même solution pour la vente de véhicules de collection (Cass. 1e civ. 2-12-2015 no 15-10.978 F-PB : Sol. Not. 2/16 no 36) ;
– refus de renouveler un bail commercial, ce refus exposant les indivisaires à devoir une importante indemnité d'éviction (Cass. 3e civ. 18-4-1985 no 84-10.083 : Bull. civ. III no 65) ;
– refus de vendre des actions d'une société dépendant pour leur quasi-totalité de la succession à une autre société (Cass. 1e civ. 10-6-2015 no 14-18.944 FS-PB : BPAT 5/15 inf. 186).

À l'inverse, il n'y a **pas de mise en péril** de l'intérêt commun en cas de refus d'un indivisaire d'agir en résolution d'un bail rural contre le preneur ayant cédé son bail ; cette cession ne met pas en péril l'intérêt commun, et les demandeurs ne contestent pas que les fermages sont régulièrement payés et les terres exploitées en bon père de famille (Cass. 3e civ. 15-6-2011 no 10-19.735 F-D).

55945 Les textes n'indiquent pas expressément la **procédure à suivre** pour la saisine du juge.

Les autorisations d'agir fondées sur l'article 815-5 du Code civil ne peuvent résulter d'une ordonnance sur requête (CPC art. 1379 a contrario, l'article 815-5 n'y étant pas cité). Elles exigent le respect d'une procédure contradictoire (Cass. 3e civ. 28-11-2012 no 11-19.585 FS-PB : RJDA 6/13 no 559, Sol. Not. 2/13 inf. 41).

Elles ne relèvent pas non plus de la procédure accélérée au fond à la différence des habilitations accordées sur le fondement des articles 815-6 et 815-7 (CPP art. 1380 a contrario, l'article 815-5 n'y étant pas visé).

L'indivisaire qui veut passer l'acte doit donc emprunter la voie du référé et, à cette fin, saisir le président du tribunal judiciaire. L'ordonnance rendue n'est pas revêtue de l'autorité de la chose jugée au fond, ce qui permet de remettre en cause l'acte passé en exécution de l'ordonnance (Cass. 1e civ. 15-2-2012 no 10-21.457 F-PBI : Sol. Not. 4/12 inf. 101).

Cette compétence du président du tribunal semble exclusive. Ainsi, lorsqu'un bien indivis fait l'objet d'une procédure de saisie immobilière, le juge de l'exécution, pourtant compétent pour autoriser la vente amiable du bien, ne peut pas autoriser un indivisaire à procéder seul à cette vente sur le fondement de l'article 815-5 car il n'est pas le juge du fonctionnement de l'indivision et l'absence de vente amiable n'empêcherait pas la procédure de saisie d'aboutir (Cass. 2e civ. avis 16-7-2021 no 21-70.008 F-D : BPAT 6/21 inf. 285-8).

55950 Le juge **peut autoriser** tout acte d'administration ou de disposition. L'autorisation s'étend à toutes les conséquences directes de l'acte autorisé. Par exemple, l'autorisation d'agir en résiliation d'un bail permet aussi de demander des dommages et intérêts (Cass. 3e civ. 22-3-2006 no 05-10.378 FS-PB : Bull. civ. III no 79).

Le juge voit toutefois son pouvoir limité en présence d'une **indivision en nue-propriété** : il ne peut pas autoriser contre la volonté de l'usufruitier la vente en pleine propriété d'un bien grevé d'usufruit (C. civ. art. 815-5, al. 2 ; pour une illustration, Cass. 1e civ. 13-6-2019 n° 18-17.347 FS-PB : SNH 23/19 inf. 3).

L'**effet de l'autorisation judiciaire** est de rendre l'acte contesté opposable à tous les indivisaires, y compris à celui qui s'y opposait (C. civ. art. 815-5, al. 3). Mais il ne crée aucune obligation à son égard. S'agissant par exemple d'une vente, l'indivisaire opposant à l'acte ne sera pas tenu de la garantie des vices cachés. 55955

5. CAS DE LA VENTE SUR AUTORISATION JUDICIAIRE D'UN BIEN INDIVIS

CONDITIONS

Un ou plusieurs indivisaires titulaires d'au moins les **deux tiers des droits** indivis peuvent demander au tribunal judiciaire l'autorisation d'aliéner un bien indivis (C. civ. art. 815-5-1). 55985

Deux conditions doivent être réunies :

– le **bien** indivis doit être détenu en pleine propriété par l'indivision. La procédure est par conséquent inapplicable dans le cas, fréquent en pratique, où il y a parmi les héritiers un conjoint survivant titulaire de droits en usufruit sur la succession ;

– aucun **indivisaire** ne doit être présumé absent, se trouver hors d'état de manifester sa volonté par suite d'éloignement, ou faire l'objet d'un régime de protection. Il est permis toutefois de se demander si un indivisaire ne pourrait pas mettre en œuvre la procédure judiciaire de vente d'un bien indivis en obtenant du juge, sur le fondement de l'article 815-4 (n° 55825), le pouvoir de représenter un autre indivisaire hors d'état de manifester sa volonté (sur cette question, voir N. Leblond, La crise dans l'indivision : Defrénois 2010 art. 39171 p. 2179).

> **Précisions** **a.** La possibilité d'une vente sur autorisation judiciaire est **entrée en vigueur** le 14 mai 2009 (C. civ. art. 815-5-1 issu de loi 2009-526 du 12-5-2009). Elle est applicable aux effets à venir d'une indivision qui existait au jour de l'entrée en vigueur de cette loi (Cass. 1e civ. 15-1-2014 n° 12-28.378 F-PB : Bull. civ. I n° 3, RJDA 5/14 n° 488, Sol. Not. 3/14 inf. 62).
> **b.** Sur la procédure applicable en **outre-mer,** voir n° 55560.

PROCÉDURE

La procédure à suivre est rigoureusement décrite par le texte (C. civ. art. 815-5-1). 55990

Le ou les indivisaires désireux de vendre doivent exprimer leur intention devant un **notaire,** qui établit un acte authentique afin de constater cette demande.

Le notaire dispose ensuite **d'un mois** pour signifier cette intention aux **autres indivisaires,** qui ont trois mois pour se prononcer. Toutefois, le dépassement du délai d'un mois n'est pas de nature à vicier la procédure ; ce qui importe, c'est que la signification soit effective et que les indivisaires qui en sont destinataires disposent du délai légal de trois mois pour réagir (Cass. 1e civ. 20-11-2019 n° 18-23.762 F-PBI : BPAT 1/20 n° 32).

Si les indivisaires font part de leur consentement à la vente dans ce délai, la procédure judiciaire peut naturellement être poursuivie. Mais les indivisaires ont alors tout intérêt à procéder à une vente amiable.

Si les indivisaires minoritaires s'opposent à la vente ou s'abstiennent de répondre dans le délai de **trois mois,** le notaire consigne leur opposition ou leur silence par procès-verbal. Les indivisaires qui veulent vendre peuvent alors saisir le tribunal judiciaire, sans avoir à motiver leur requête.

Le **tribunal** peut autoriser la vente si l'aliénation projetée ne porte pas une atteinte excessive aux droits des autres indivisaires. Reste à savoir en quoi consiste une telle atteinte. La jurisprudence est rare. On peut se demander si les juges du fond n'inclinent pas à autoriser l'aliénation lorsqu'il est établi que le bien indivis se dégrade et que cette dégradation compromet sa valeur, ce qui revient à porter une appréciation positive sur la nécessité de vendre plutôt que de mettre en évidence la condition négative d'absence d'atteinte excessive aux droits des autres indivisaires (voir notamment Cass. 1e civ. 4-11-2015 n° 14-16.671 F-D).

MODALITÉS DE LA VENTE

La vente s'effectue par **licitation** (C. civ. art. 815-5-1, al. 6), c'est-à-dire par vente aux enchères publiques. 55995

Le **prix** obtenu ne peut pas faire l'objet d'un remploi, si ce n'est pour payer les dettes et charges de l'indivision (C. civ. art. 815-5-1, al. 6). Le solde disponible après paiement des dettes n'est pas réparti entre les héritiers, sauf accord entre eux. Il reste consigné jusqu'au partage de la succession.

56000 L'aliénation effectuée dans les conditions fixées par le tribunal est **opposable** aux indivisaires dont le consentement a fait défaut, sauf si l'intention d'aliéner ne leur a pas été signifiée selon les règles légales (C. civ. art. 815-5-1, al. 7).
Cette sanction semble théorique : si l'intention d'aliéner n'a pas été signifiée aux indivisaires minoritaires selon les formes requises, il est peu probable que le tribunal ait autorisé la vente.

COMPARATIF DES ARTICLES 815-5 OU 815-5-1 POUR VENDRE UN BIEN INDIVIS

56005 La vente d'un bien indivis peut, faute de consentement unanime des indivisaires, être autorisée par voie de justice sur le fondement de l'article 815-5 du Code civil ou sur celui de l'article 815-5-1. Le tableau ci-après propose une lecture comparative de ces deux recours.

Autorisation judiciaire de vente d'un bien indivis faute de consentement unanime des indivisaires	
Article 815-5 du Code civil	Article 815-5-1 du Code civil
Aucune condition de majorité	Demande initiée à la majorité **des 2/3 des droits indivis**
Possible en cas de démembrement de propriété, mais pas de cession de l'usufruit contre le gré de l'usufruitier	Impossible en cas de démembrement de propriété
Seulement dans l'hypothèse du refus (visé explicitement) Si un indivisaire est « hors d'état de manifester sa volonté » : procédure d'habilitation judiciaire de l'article 815-4 du Code civil	Impossible (renvoi à l'art. 836 C. civ.) : – si un indivisaire est « absent » ; – si un indivisaire est « hors d'état de manifester » sa volonté ; – si un indivisaire fait l'objet d'un régime de protection.
Refus de l'indivisaire constaté préalablement à la demande judiciaire : le dispositif ne peut être utilisé pour régulariser un acte irrégulier ; pas de précision dans la loi sur ce « constat » ; en pratique : une mise en demeure par le notaire du « récalcitrant » de venir passer l'acte par exploit d'huissier ou « sommation interpellative » par huissier (commissaire de justice depuis le 1-7-2022)	Refus de l'indivisaire constaté par le notaire : – le notaire « recueille » la demande formulée par les indivisaires ; – dans le délai d'un mois, le notaire fait signifier cette intention aux autres indivisaires ; – en l'absence d'opposition, la vente peut se poursuivre ; – dans l'hypothèse d'un refus exprès, ou en cas de défaut de réponse dans un délai de trois mois à compter de la signification : le notaire le constate par procès-verbal ; – saisine du tribunal pour autoriser la vente.
Condition de fond : le refus du coïndivisaire « met en péril l'intérêt commun » ; « péril » = menace ou préjudice susceptible d'être causé ; la simple « opportunité » de vendre ne serait pas suffisante	Condition de fond : l'aliénation autorisée « ne porte pas une atteinte excessive aux droits des autres indivisaires »
Objet de l'autorisation judiciaire	
Un projet de vente précis : un acheteur et un prix déterminés (voir CA Limoges 8-3-2007 n° 05/01616)	Aliénation par licitation ; interdiction de remploi des sommes (sauf paiement des dettes et charges de la succession)

6. TRAVAUX DANS LES IMMEUBLES SITUÉS OUTRE-MER

56035 Des dispositions spécifiques ont pour objet d'encourager la réalisation de travaux pour augmenter l'offre locative à usage d'habitation à la Guadeloupe, en Guyane, en Martinique, à La Réunion et à Saint-Martin. Lorsqu'un immeuble indivis à **usage d'habitation ou** à usage

mixte d'habitation et professionnel est vacant ou inoccupé depuis deux ans, un indivisaire peut se faire autoriser en justice, dans les conditions prévues par les articles 813-1 à 813-9 du Code civil pour le mandat successoral (nos 42835 s.), à exécuter des travaux d'amélioration, de réhabilitation et de restauration dans le but de donner l'immeuble en location à usage d'habitation principale (C. civ. art. 815-7-1 issu de loi 2009-594 du 27-5-2009).

SECTION 6

CESSION DE DROITS INDIVIS

Chaque indivisaire est libre de céder à un coïndivisaire ou à un tiers tout ou partie de ses droits indivis (C. civ. art. 815-14). Le cessionnaire devient titulaire de tous les droits et obligations du cédant : il prend la place du cédant dans l'indivision. Pour **éviter l'intrusion d'une personne étrangère dans l'indivision,** les coïndivisaires disposent, selon le cas, d'un droit de préemption ou d'un droit de substitution. **56140**

ATTENTION

L'efficacité de la **cession, par certains indivisaires,** de leurs **droits indivis dans un des biens** dépendant de l'indivision successorale est subordonnée au résultat du partage (Cass. 1e civ. 4-11-2020 no 19-13.267 F-PB : SNH 41/20 inf. 3). De sorte qu'il est nécessaire qu'un partage de la succession ait lieu pour déterminer si les cédants peuvent céder avec leur plein effet leurs droits indivis sur ce bien. Le cessionnaire ne peut pas demander isolément le partage du bien, mais seulement celui de la totalité de l'indivision, avec l'espoir que le bien sera mis dans le lot de son auteur (CA Riom 8-10-1968 : RTD civ. 1969 p. 365 obs. R. Savatier, JCP G 1969 II no 15755 note M. Dagot).

A. Droit de préemption

BÉNÉFICIAIRES

Les bénéficiaires du droit de préemption sont les **indivisaires.** Leurs créanciers ne peuvent pas l'exercer par la voie de l'action oblique. **56145**

En cas de **démembrement de propriété,** un droit de préemption subsidiaire est prévu (C. civ. art. 815-18, al. 2). Lorsqu'un nu-propriétaire indivis cède ses droits, ses coïndivisaires en nue-propriété peuvent faire valoir leur droit de préemption. À défaut, l'usufruitier peut se porter acquéreur. Réciproquement, à l'occasion d'une cession de droits indivis en usufruit, le ou les nus-propriétaires peuvent se porter acquéreurs si aucun indivisaire en usufruit ne préempte. **56150**

CONDITIONS

Les coïndivisaires peuvent faire valoir leur droit de préemption si la cession de droits indivis envisagée remplit trois conditions (C. civ. art. 815-14, al. 1). **56155**

La cession doit tout d'abord porter sur des **droits indivis.** Peu importe que la totalité des droits ou une fraction de ceux-ci soit concernée. En revanche, la cession des **biens indivis** eux-mêmes n'est pas soumise au droit de préemption, puisque l'acquéreur ne devient pas indivisaire (en ce sens, notamment, Cass. 1e civ. 30-6-1992 no 90-19.052 P : Bull. civ. I no 208 ; Cass. 1e civ. 22-9-2011 no 10-17.149 F-D).

La cession doit ensuite être effectuée **à titre onéreux.** Cela exclut la donation ou le legs de droits indivis. Le droit de préemption est également écarté en cas d'adjudication (c'est alors le droit de substitution qui a vocation à s'appliquer) ou lors de certaines cessions particulières dans lesquelles celui qui préempte ne peut pas remplacer le cédant initial ou fournir la même contrepartie. C'est le cas du bail à nourriture (Cass. 1e civ. 3-10-1985 no 83-11.928 : D. 1986 p. 373, note A. Breton), de l'échange (Cass. 1e civ. 21-5-1997 no 95-12.460 P : Bull. civ. I no 164, RTD. civ. 1997 p. 973 note J. Patarin) ou de l'apport en société (CA Paris 11-9-1997 no 95-08657 : Defrénois 1998 art. 36718, note P. Malaurie). **56160**

56165 La cession doit enfin être **consentie à** une personne étrangère à l'indivision. C'est le cas lorsqu'un indivisaire en nue-propriété cède ses droits indivis à l'usufruitier (Cass. 1e civ. 17-5-1983 nº 82-11.931 : Bull. civ. I nº 148, JCP G 1984 II 20311 obs. M. Dagot).

En revanche, la cession effectuée au profit d'un autre indivisaire ne déclenche pas le droit de préemption (pour une illustration, Cass. 3e civ. 24-11-2010 nº 09-69.327 FS-PB : Bull. civ. III nº 207).

MISE EN ŒUVRE DU DROIT DE PRÉEMPTION

56170 **Notification du projet de cession** Le cédant doit d'abord notifier son projet de cession. Les **destinataires** sont, au premier chef, les coïndivisaires (C. civ. art. 815-14, al. 1). Mais si l'indivision porte sur des droits en nue-propriété ou en usufruit, la notification doit également être adressée à tout usufruitier ou tout nu-propriétaire (C. civ. art. 815-18, al. 2).

L'obligation de notifier le projet de cession s'applique même si tous les indivisaires entendent vendre leurs droits à la même personne, dès lors que le projet a fait l'objet d'actes séparés (un par indivisaire) signés à des dates distinctes (Cass. 1e civ. 5-1-2012 nº 10-21.208 FS-D : RJDA 4/12 nº 446).

La notification prend la **forme** d'un acte extrajudiciaire. Elle précise le prix et les conditions de la cession envisagée (modalités de paiement, commission due à l'agent immobilier, condition suspensive ou résolutoire, etc.) ainsi que les nom, domicile et profession de l'acquéreur potentiel.

La **portée** de la notification du projet de cession est limitée. Celle-ci ne vaut pas offre de vente et ne suffit pas à former le contrat de cession. Il en résulte par exemple que l'indivisaire qui a fait cette notification peut renoncer à son projet malgré la manifestation de volonté d'un autre indivisaire d'exercer son droit de préemption (en ce sens, notamment, Cass. 1e civ. 9-2-2011 nº 10-10.759 FS-PBI : RJDA 5/11 nº 476).

56175 **Réponse des bénéficiaires** Les bénéficiaires du droit de préemption disposent d'un **délai** d'un mois à compter de la signification pour faire connaître leur volonté de préempter aux prix et conditions indiqués (C. civ. art. 815-14, al. 2). Leur silence vaut renonciation à préempter. La réponse de l'indivisaire intéressé doit prendre la **forme** d'un acte extrajudiciaire adressé au cédant. Même si ce n'est pas obligatoire, il est utile d'informer également le notaire et l'acquéreur potentiel initial.

56180 **Réalisation de la vente** L'indivisaire qui exerce son droit de préemption doit réaliser l'acte de vente dans les **deux mois** de la date d'envoi de sa réponse au vendeur. À défaut, et après une mise en demeure restée sans effet pendant quinze jours, la préemption est nulle de plein droit (C. civ. art. 815-14, al. 3). Seul l'indivisaire cédant, à l'exclusion du cessionnaire, peut se prévaloir de cette nullité (Cass. 1e civ. 12-12-2007 nº 06-19.531 FS-PB : RJDA 4/08 nº 465).

56185 L'indivisaire qui préempte se substitue à l'acquéreur pressenti dans tous ses droits et toutes ses obligations (Cass. 1e civ. 26-3-1996 nº 93-17.574 P : RJDA 10/96 nº 1255). Il doit par conséquent présenter un projet d'acte de vente **conforme à l'offre** qui lui a été notifiée. Il ne peut discuter ni le prix ni les conditions posées. Le cas échéant, il profite des conditions suspensives prévues dans l'offre ou les subit (Cass. 1e civ. 1-6-1983 nº 82-10.759 : Bull. civ. I nº 166), mais il ne peut pas en ajouter. Est par exemple nulle la déclaration de préemption qui stipule une condition d'octroi d'un prêt pour le paiement du prix, condition qui n'était pas prévue dans l'offre initiale (Cass. 1e civ. 18-1-2012 nº 10-28.311 F-PBI : RJDA 5/12 nº 539, Sol. Not. 3/12 inf. 54).

56190 Si **plusieurs indivisaires** exercent leur droit de préemption, ils sont réputés sauf convention contraire acquérir ensemble, à proportion de leur part dans l'indivision, les droits indivis cédés (C. civ. art. 815-14, al. 4).

56195 Si des **délais de paiement** ont été consentis par le cédant, les dispositions relatives à la revalorisation des soultes payables à terme s'appliquent (C. civ. art. 815-14, al. 5).

B. Droit de substitution

CONDITIONS

56245 En cas d'**adjudication** de droits indivis, le droit de préemption ne peut pas s'appliquer puisque le prix et l'identité de l'acquéreur ne sont pas connus à l'avance. Aussi, pour éviter l'intrusion d'un étranger dans l'indivision, le Code civil accorde un droit de substitution aux indivisaires (C. civ. art. 815-15).

Le **cahier des conditions de vente** doit faire mention de ce droit.

ATTENTION

En principe, le droit de substitution s'applique uniquement en cas de vente de **droits indivis.**

Mais le cahier des charges peut l'étendre à la vente d'un **bien indivis.** Une telle clause est licite (Cass. 3e civ. 3-5-1989 no 87-17.094 : Bull. civ. III no 99). La simple reproduction de l'article 815-15 du Code civil dans le cahier des conditions de vente suffit à ouvrir le droit de substitution (Cass. 1e civ. 1-6-2011 no 10-18.564 F-D : BPAT 4/11 inf. 253). La clause poursuit la même finalité que le droit de substitution légal : éviter l'intrusion d'un étranger dans l'indivision. Elle ne permet donc pas à un indivisaire d'exercer le droit de substitution contre un adjudicataire qui est lui aussi membre de l'indivision (Cass. 1e civ. 17-11-2010 no 09-68.013 F-PBI : BPAT 1/11 inf. 54).

MISE EN ŒUVRE

L'avocat ou le notaire chargé de la vente doit **notifier** aux indivisaires la date de l'adjudication un mois à l'avance. Cette notification peut prendre la forme d'une lettre recommandée avec avis de réception. Elle doit être adressée à tous les indivisaires et, en cas de démembrement de la propriété du bien indivis, à l'usufruitier ou au nu-propriétaire (C. civ. art. 815-18, al. 2). **56250**

Chaque **indivisaire** peut se substituer à l'acquéreur dans un délai d'un mois à compter de l'adjudication, par déclaration au secrétariat-greffe ou auprès du notaire. **56255**

En cas d'indivision en nue-propriété, si aucun indivisaire n'use de son droit de substitution, l'usufruitier peut le faire. Il en va de même du nu-propriétaire dans le cas d'une indivision en usufruit.

C. Sanction d'une cession irrégulière

Est **nulle** toute cession ou toute licitation opérée au mépris des dispositions des articles 815-14 et 815-15 (C. civ. art. 815-16). Le défaut de notification du projet aux indivisaires ou une notification incomplète ou irrégulière sont donc sanctionnés par la nullité de l'opération. Par exemple, est nulle la cession réalisée au profit d'une société dès lors que le projet notifié au coïndivisaire mentionnait, comme acquéreurs, deux personnes physiques, peu important que celles-ci soient les seuls associés de la société et que la promesse de vente les autorisait à se substituer toute personne physique ou morale (Cass. 1e civ. 28-1-2009 no 07-18.120 PBI : RJDA 6/19 no 585, BPAT 2/09 inf. 71 ; dans le même sens, Cass. 1e civ. 5-1-2012 no 10-21.208 FS-D : RJDA 4/12 no 446, Sol. Not. 3/12 inf. 55). **56305**

L'action en nullité se **prescrit** par cinq ans à compter du jour où le coïndivisaire du vendeur a eu connaissance de la vente. Les coïndivisaires sont réputés avoir eu connaissance de la vente à la date de sa publication (Cass. 1e civ. 5-3-2014 no 12-28.348 FS-PBI : RJDA 6/14 inf. 576, BPAT 2/14 inf. 81). **56310**

L'action en nullité ne peut être **exercée** que **par** ceux à qui les notifications devaient être faites ou par leurs héritiers.

SECTION 7 LIQUIDATION DE L'INDIVISION SUCCESSORALE

A. Établissement des comptes d'indivision

1. DÉFINITION DES COMPTES INDIVIDUELS D'INDIVISION

FONDEMENT DES COMPTES D'INDIVISION

Le **compte individuel d'indivision** récapitule l'ensemble des créances réciproques existant entre tel ou tel indivisaire et la masse indivise. Il ne s'agit donc pas ici d'un compte général reprenant l'ensemble des créances de l'indivision à l'égard de tous les indivisaires et des **56410** créances de tous les indivisaires sur l'indivision, indistinctement. Le compte d'indivision à établir en vue de la liquidation est nécessairement un compte individuel, un compte devant être dressé pour chacun des indivisaires.

L'existence d'un tel compte est consacrée à l'article 867 du Code civil. Cette disposition prévoit que le copartageant qui serait tout à la fois débiteur et créancier à l'égard de la masse partageable ne sera alloti de sa dette que si, « balance faite, le compte présente un solde en faveur de la masse indivise ». La référence à la « balance » du « compte » impose l'élaboration d'un véritable compte, retraçant l'ensemble des obligations réciproques entre l'indivisaire et la masse indivise, dont seul le **solde** viendra accroître la masse à partager (s'il est en faveur de l'indivision) ou viendra à l'inverse la diminuer (s'il est en faveur de l'indivisaire).

DISTINCTION ENTRE COMPTE D'ADMINISTRATION ET COMPTE D'INDIVISION

56415 Les **comptes individuels d'indivision** doivent être soigneusement distingués des « états », fréquemment dénommés dans la pratique « comptes d'administration », envisagés à l'article 815-8 du Code civil.

L'objet de ces « états » ou « **comptes d'administration** » est de récapituler méthodiquement les revenus perçus et les frais exposés pour le compte de l'indivision par toute personne en charge de la gestion d'un bien successoral, qu'il s'agisse d'un indivisaire ou d'un tiers (notaire en charge de la succession qui tient à jour les « comptes client », administrateur professionnel, simple bénévole, etc.).

EXEMPLE

Un indivisaire a **encaissé,** sur trois ans, pour le compte de l'indivision, 45 000 € de revenus d'un immeuble locatif. Ces sommes ont été encaissées sur un compte bancaire personnel de l'indivisaire. Il a par ailleurs **réglé,** sur ses deniers personnels, le montant de l'assurance de cet immeuble, 3 000 € (1 000 € par an), ainsi que l'impôt foncier afférent à ce même bien, 12 000 € (4 000 € par an).

Les comptes d'indivision à établir seront tributaires du choix effectué pendant le cours de l'indivision : ne procéder à aucune répartition annuelle des bénéfices nets ou, au contraire, y procéder.

– **Première hypothèse** : aucune répartition annuelle des bénéfices nets n'a été réalisée.

Ces opérations se retrouveront dans le compte individuel d'indivision de l'indivisaire. Au débit du compte (dettes de l'indivisaire envers l'indivision), apparaîtront les 45 000 € devant être restitués à l'indivision sur le fondement de l'article 815-10. Au crédit de ce compte (créances en faveur de l'indivisaire) devront figurer les sommes de 3 000 € réglées par l'indivisaire au titre de l'assurance du bien, ainsi que de 12 000 € correspondant au paiement de l'impôt foncier, ces deux opérations déterminant l'une et l'autre des créances fondées sur l'article 815-13, premier alinéa, en tant qu'elles ont permis la conservation du bien indivis.

Le compte individuel d'indivision de cet indivisaire-gérant, dressé une fois les trois années écoulées, se présentera comme suit :

Dette de l'indivisaire envers l'indivision :

45 000 € (créance de l'indivision pour restitution des revenus indivis encaissés par l'indivisaire)

Créances de l'indivisaire sur l'indivision :

3 000 € (paiement de l'assurance du bien indivis)

12 000 € (paiement des impôts fonciers afférents au bien indivis)

Solde débiteur du compte (dette de l'indivisaire envers l'indivision) = 30 000 €

– **Seconde hypothèse** : la première année, une répartition des bénéfices nets a été réalisée. Ont été encaissés 15 000 de revenus locatifs ; mais il a fallu en déduire 1 000 € réglés au titre de l'assurance, et 4 000 € au titre de l'impôt foncier pour cette première année.

En définitive, pour cette première année, ce sont 10 000 € de revenus nets qui ont été répartis entre les héritiers au prorata de leurs quotes-parts.

Le compte individuel d'indivision, dressé une fois les trois années écoulées, se présentera comme suit :

Dette de l'indivisaire envers l'indivision :

30 000 € (au titre de la créance de l'indivision pour restitution des revenus indivis produits respectivement la 2e et la 3e année)

Créance de l'indivisaire sur l'indivision :

8 000 € au titre de l'impôt foncier des années 2 et 3 et 2 000 € au titre de l'assurance pour ces deux mêmes années, soit 10 000 € (au titre de la créance de l'indivisaire sur l'indivision sur le fondement de l'article 815-13, premier alinéa).

Solde débiteur du compte (créance de l'indivision sur l'indivisaire) = 20 000 €

2. CONTENU DES COMPTES INDIVIDUELS D'INDIVISION

Chaque compte individuel d'indivision doit récapituler l'ensemble des créances existant réciproquement entre l'indivisaire et l'indivision, et dont le paiement n'a pas été réalisé, conventionnellement ou par voie d'action pendant le cours de l'indivision. Il conviendra ensuite, suivant les prescriptions légales (C. civ. art. 867), de faire la balance du compte pour en déterminer le solde. 56445

L'entrée en compte des créances indivision-indivisaire n'est que facultative : ces créances ont pu être réglées pendant le cours de l'indivision, sans attendre le partage. Elles n'apparaîtront alors évidemment pas sur les comptes individuels d'indivision à établir en vue de la liquidation. Si ces créances sont prescrites, elles ne devraient pas figurer dans les comptes individuels d'indivision, sauf si les cohéritiers en sont tous d'accord (en ce sens, B. Vareille, obs. sous Cass. 1e civ. 14-4-2021 n° 19-21.313 FS-P : Defrénois 2021 n° 19-20 p. 9).

Tableau récapitulatif :

Compte individuel d'indivision de X	
Créances de l'indivision sur X	Créances de X sur l'indivision
– Indemnités de jouissance privative d'un bien indivis par l'indivisaire (C. civ. art. 815-9) – Restitution de fruits et revenus de biens indivis perçus par l'indivisaire seul sur ses comptes personnels (C. civ. art. 815-10, al. 2)	– Indemnités de rémunération de l'indivisaire-gérant (C. civ. art. 815-12)
– Avances en capital consenties à cet indivisaire (C. civ. art. 815-11) – Indemnités pour dégradation d'un bien indivis par l'indivisaire (C. civ. art. 815-13, al. 2)	– Indemnités pour conservation ou amélioration d'un bien indivis (C. civ. art. 815-13, al. 1)
SOLDE du compte : soit en faveur de l'indivision / soit en faveur de l'indivisaire X	

CRÉANCES DE L'INDIVISION SUR L'INDIVISAIRE

Tout indivisaire qui use ou jouit privativement d'un bien indivis est débiteur, à l'égard de l'indivision, d'une **indemnité de jouissance privative** (C. civ. art. 815-9 ; nos 54995 s.). 56450

On aura à l'esprit que cette indemnité est immédiatement exigible, sans qu'il faille attendre le partage. Elle a donc pu être payée pendant le cours même de l'indivision.

À défaut, son montant devra être fixé à l'occasion des opérations de liquidation de l'indivision. Cette somme devra figurer dans le compte d'indivision au titre des créances dont l'indivision est titulaire à l'égard de cet indivisaire.

Les **fruits et revenus d'un bien indivis** accroissent à l'indivision (C. civ. art. 815-10, al. 2), sans qu'il y ait lieu de distinguer suivant qu'ils sont issus exclusivement du bien ou qu'ils sont liés à l'activité, professionnelle ou non de l'un des indivisaires (voir n° 54150). Dès lors, l'indivisaire qui a encaissé des fruits ou revenus d'un bien indivis en doit restitution à l'indivision. On aura à l'esprit que la prescription quinquennale joue (C. civ. art. 815-10) : la restitution ne peut en principe porter que sur les fruits et revenus perçus dans les cinq ans précédant la demande de restitution, sous réserve d'éventuelles interruptions ou suspensions de ce délai. 56455

Le cohéritier auquel une **avance en capital** a été consentie au cours de l'indivision successorale a une dette envers l'indivision, du montant de cette avance (C. civ. art. 815-11 ; nos 55275 s.). La réévaluation de la somme avancée n'est possible qu'à la condition d'avoir été explicitement prévue au moment où l'avance a été réalisée. 56460

En revanche, même en l'absence de disposition expresse en matière d'intérêts, l'avance paraît productive d'intérêts au taux légal à compter de la date à laquelle elle a été consentie.

L'indivisaire qui, dans l'exercice de son droit d'usage du bien indivis, aura **dégradé le bien** indivis, par son fait ou par sa faute, sera débiteur à l'égard de l'indivision d'une indemnité visant à réparer le préjudice subi par l'indivision (C. civ. art. 815-13, al. 2 ; nos 55065 s.). L'indemnité correspondra au montant du préjudice subi par l'indivision. 56465

CRÉANCES DE L'INDIVISAIRE SUR L'INDIVISION

L'indivisaire qui a assumé la gestion d'un bien indivis (ou même qui a réalisé de ses propres mains des travaux d'amélioration d'un bien indivis peut prétendre à une **rémunération en qualité de gérant** (C. civ. art. 815-12 ; nos 55685 s.). 56470

Cette indemnité, fixée d'un commun accord ou par voie judiciaire, est due par l'indivision et doit donc être prise en compte dans le compte d'indivision si elle n'a pas été réglée pendant le cours de l'indivision.

Si son montant a été fixé antérieurement aux opérations de liquidation, elle est productive d'intérêts à compter de cette date.

56475 Lorsqu'un indivisaire a financé sur ses deniers personnels des **dépenses nécessaires à la conservation** du bien indivis (n°s 55395 s.), il est créancier à l'égard de l'indivision d'une indemnité (C. civ. art. 815-13, al. 1 ; n°s 55425 s.). Celle-ci correspond à la plus forte des deux sommes représentant respectivement le nominal de la dépense faite et le profit subsistant, sous réserve du correctif de l'équité.

ATTENTION

Le **juge** saisi d'une contestation afférente aux dépenses de conservation exposées par un copartageant sur un bien indivis doit lui-même trancher le litige et ne peut le déléguer au notaire en charge des opérations de partage (Cass. 1e civ. 30-11-2022 n° 21-14.251 F-D : BPAT 2/23 inf. 93).

56480 L'indivisaire qui, avec ses deniers personnels, a **amélioré** l'état d'**un bien indivis** est créancier à l'égard de l'indivision d'une indemnité correspondant à la plus-value procurée au bien, sauf à ce qu'elle soit modulée par équité (C. civ. art. 815-13, al. 1 ; n°s 55595 s.).

ATTENTION

L'article 815-13 du Code civil ne s'applique pas aux **dépenses d'acquisition.** Par suite, un époux séparé de biens (ses héritiers en cas de décès) qui a financé de ses deniers personnels la part de son conjoint dans l'acquisition d'un bien indivis peut invoquer à son encontre une créance évaluable selon les règles de l'article 1479 du Code civil (sur renvoi de C. civ. art. 1543) et non selon l'article 815-13 (Cass. 1e civ. 26-5-2021 n° 19-21.302 FS-P : SNH 21/21 inf. 14 note A. Chamoulaud-Trapiers ; Dalloz Actualité 15-6-2021, obs. Q. Guiguet-Schielé).

B. Règlement des comptes d'indivision

56530 Les créances et dettes réciproques entre chacun des indivisaires et l'indivision seront évidemment à prendre en compte lors des opérations de partage lorsqu'il s'agira de déterminer l'actif net à partager. Toutefois, seul le solde du compte apparaîtra, une fois la balance faite, suivant les cas, soit avec l'actif de la masse à partager, soit avec le passif.

BALANCE DE CHAQUE COMPTE

56535 Le Code civil impose d'opérer la balance du compte en fonction des dettes et des créances indivision-indivisaire (C. civ. art. 867). Il ne s'agit pas d'un mécanisme de compensation, lequel n'est applicable que pour les dettes exigibles : la détermination du solde du compte peut concerner des dettes non échues.

56540 **Règlement du solde en faveur de l'indivision** Si le solde du compte d'indivision de l'un des copartageants présente un solde en faveur de la masse indivise, il est réglé en moins prenant : le solde sera inscrit à l'**actif de la masse à partager.** L'indivisaire copartageant en sera alloti (C. civ. art. 867 et 865).

56545 **Règlement du solde en faveur de l'indivisaire** Si le solde du compte d'indivision est en faveur de l'indivisaire, il sera inscrit au **passif de la masse à partager.**

L'indivisaire créancier verra ses droits dans la masse à partager augmentés du solde des créances en sa faveur, après compensation avec ses dettes.

56550 EXEMPLE

À titre d'illustration, voici un exemple sans passif autre que celui né pendant l'indivision à l'égard des indivisaires.

Le défunt laisse pour lui succéder trois héritiers, X, Y et Z, chacun ayant vocation à recevoir 1/3 en pleine propriété.

56550 (suite)

À la date de la liquidation :

– les biens successoraux existants, y compris les liquidités détenues sur les comptes bancaires du défunt, représentent 400 ;

– il n'y a aucun passif résiduel à la date de la liquidation.

Au cours de l'indivision successorale :

– X a géré pendant quelques mois un fonds de commerce indivis ; ce fonds a engendré des revenus nets représentant au total 80 ; X a obtenu l'accord de ses cohéritiers pour que le montant de son indemnité de rémunération soit fixé à hauteur de 45 ;

– Y a encaissé au cours des quatre années de l'indivision les loyers d'un immeuble de rapport, soit 30 ; il a réglé, sur ses deniers personnels, le solde de l'emprunt souscrit par le défunt pour l'acquisition de cet immeuble, soit, en capital et intérêts, 40, cette somme étant ici, par hypothèse, supérieure au profit subsistant ; il a également réglé l'impôt foncier, soit 10, ainsi que l'assurance de ce bien, soit 5 ;

– Z a occupé privativement un appartement indivis dont la valeur locative est de 2 par mois, cela pendant une période de 25 mois ; il n'a exposé aucune dépense sur ses deniers personnels.

1. Établissement des comptes d'indivision

Compte individuel d'indivision de X		
Créances de l'indivision sur X	Au titre de la restitution des revenus nets du fonds de commerce indivis (C. civ. art. 815-10)	80
Créances de X sur l'indivision	Au titre de la rémunération de X (C. civ. art. 815-12)	– 45
Soit un solde en faveur de l'indivision de		35

Compte individuel d'indivision de Y			
Créances de l'indivision sur Y	Au titre de la restitution des loyers (C. civ. art. 815-10)		30
Créances de Y sur l'indivision	Au titre des dépenses de conservation financées par Y (C. civ. art. 815-13, al. 1)		– 55
	Remboursement de l'emprunt	40	
	Paiement de l'impôt foncier	10	
	Paiement de l'assurance	5	
	Total	55	
Soit un solde en faveur de l'indivisaire Y de			25

Compte individuel d'indivision de Z		
Créances de l'indivision sur Z	Au titre de la jouissance privative de l'appartement (C. civ. art. 815-9) On retiendra la valeur locative moins 20 % soit 50 – 10 = 40	40
Créances de Z sur l'indivision	Néant	– 0
Soit un solde en faveur de l'indivision de		40

56550 (suite)

2. Détermination de l'actif net indivis à partager

Actif brut indivis	Biens existants	400
	Soldes des comptes d'indivision en faveur de l'indivision	
	– compte de X	+ 35
	– compte de Z	+ 40
Passif indivis	Passif résiduel (à l'égard des tiers)	Mémoire
	Solde du compte d'indivision en faveur de Y	– 25
Actif net indivis		450
		Revenant à X, Y et Z chacun à hauteur du tiers, soit 150

3. Droit des parties dans la masse à partager

Revenant à X	Sa part d'actif net indivis	150
	En moins prenant le solde de son compte d'indivision	**– 35**
	Total à prendre en biens successoraux	115
Revenant à Y	Sa part d'actif net indivis	150
	+ le solde de son compte d'indivision	**+ 25**
	Total à prendre en biens successoraux	175
Revenant à Z	Sa part d'actif net indivis	150
	En moins prenant le solde de son compte d'indivision	**– 40**
	Total à prendre en biens successoraux	110

Pour vérification
Le total de ce qui revient à chacun des héritiers (115 + 175 + 110) représentant la valeur des biens successoraux existant à la date de la liquidation, soit 400.

CHAPITRE 2

RÉGIME CONVENTIONNEL DE L'INDIVISION SUCCESSORALE

SOMMAIRE

PRÉSENTATION GÉNÉRALE

Les indivisaires peuvent établir des conventions relatives à l'exercice de leurs droits indivis (C. civ. art. 815-1). Les dispositions du Code civil leur laissent une **grande liberté** pour convenir des modalités de jouissance des biens indivis, de participation aux dépenses nées de la conservation, de l'amélioration et des détériorations de ces mêmes biens, ou de répartition des bénéfices et des pertes. À défaut de précision conventionnelle, les règles régissant l'indivision légale sont applicables (C. civ. art. 1873-11). 57100

SECTION 1

ÉTABLISSEMENT ET DURÉE D'UNE CONVENTION D'INDIVISION

A. Conditions de validité de la convention d'indivision

ACCORD UNANIME DES INDIVISAIRES

Le **consentement** de tous les indivisaires est exigé pour conclure une convention d'indivision (C. civ. art. 1873-2, al. 1). Le refus d'un seul indivisaire a pour effet d'écarter toute possibilité de conclure une convention d'indivision, une intervention judiciaire n'étant pas envisageable. 57110

La convention d'indivision peut déterminer non seulement la période au cours de laquelle le partage ne pourra pas être demandé (nos 57300 s.), mais également les règles afférentes à la gestion des biens indivis. Elle expose ainsi les indivisaires à voir réduire leurs droits sur le bien indivis. Ce sera notamment le cas lorsqu'elle organise les modalités de jouissance privative du bien indivis.

CONVENTION ÉCRITE

57115 À peine de **nullité,** la convention d'indivision doit être établie par écrit (C. civ. art. 1873-2, al. 2). À défaut, seules les règles de l'indivision légale s'appliquent (Cass. com. 21-4-1992 n° 90-14.371 : Bull. civ. IV n° 172).

La **forme de l'écrit** varie selon la nature des biens concernés. En présence de meubles seulement, l'acte peut être sous signature privée. En revanche, lorsque l'indivision comprend un immeuble ou des droits immobiliers, la convention doit être constatée par acte authentique puisqu'elle doit être alors être publiée au service chargé de la publicité foncière en raison des limitations qu'elle apporte aux droits des indivisaires et de leurs créanciers (C. civ. art. 1873-2, al. 2 ; Décret 55-22 du 4-1-1955 art. 28, 6°). Or, seule une convention d'indivision établie par acte notarié peut être publiée (C. civ. art. 710-1).

On notera que l'inobservation de ces formalités de publicité foncière n'est pas sanctionnée par la nullité de la convention (Cass. 1e civ. 10-7-2013 n° 12-12.115 F-PB : Sol. Not. 10/13 inf. 228, RJDA 11/13 n° 954). Elle n'est pas plus sanctionnée par son inopposabilité aux tiers (Cass. 1e civ. 6-7-2005 n° 01-17.542 FS-PB : Bull. civ. I n° 315). Le défaut de publication peut seulement donner lieu à des dommages-intérêts à la demande de toute personne qui, ayant publié son propre droit, prouve qu'elle a subi un préjudice en raison du défaut de publication de la convention d'indivision (Décret 55-22 du 4-1-1955 art. 30, 4, al. 1).

57120 Si l'indivision conventionnelle comprend des créances, la convention doit être **signifiée** au débiteur (C. civ. art. 1873-2, al. 2). Le non-respect de ce formalisme est sanctionné par l'inopposabilité de la convention d'indivision au débiteur.

DÉSIGNATION DES BIENS INDIVIS ET DES QUOTES-PARTS

57125 La convention d'indivision doit comporter la désignation des biens indivis qui en sont l'objet et l'indication des quotes-parts de chaque indivisaire. Il s'agit d'une mention obligatoire **sanctionnée** par la nullité (C. civ. art. 1873-2). S'agissant des meubles d'une succession, la référence à l'inventaire serait toutefois suffisante (en ce sens, Dalloz Action Droit patrimonial de la famille 2021/2022, v. Régime conventionnel de l'indivision par C. Vernières, n° 254.32).

Tous les biens indivis entre les signataires de la convention ne sont pas nécessairement compris dans ladite convention.

Une difficulté pratique doit être envisagée : les biens indivis par **subrogation** à des biens indivis eux-mêmes soumis à la convention d'origine, qu'il s'agisse du prix de vente d'un bien indivis ou du bien acquis en remploi avec le consentement de tous les indivisaires (C. civ. art. 815-10), sont-ils, ou non, automatiquement soumis à la convention ? Il faut sans doute répondre par la négative à cette question (dans le même sens, voir C. Vernières, Les conventions d'indivision : AJ fam. 2010 p. 312). Il est donc préférable que la convention prévoie explicitement leur situation, soit pour les inclure dans la convention, soit pour les exclure en précisant qu'une convention complémentaire devra être signée pour les soumettre à la convention d'origine.

57127 MODÈLE

Clause excluant de la convention d'origine les biens indivis par subrogation

« La présente convention ne s'appliquera ni au prix de vente des biens indivis, ni aux biens indivis acquis du consentement de tous les indivisaires en remploi du prix de vente d'un bien indivis. Néanmoins, les biens indivis ainsi acquis par subrogation pourront être expressément soumis à la présente convention par une convention complémentaire signée par l'ensemble des indivisaires. »

Clause prévoyant explicitement la soumission des biens subrogés à la convention d'indivision

« La présente convention s'appliquera dans toutes ses dispositions au prix de vente des biens indivis, ainsi qu'aux biens indivis acquis du consentement de tous les indivisaires en remploi du prix de vente de vente d'un bien indivis visé dans la présente convention. »

CAPACITÉ DES INDIVISAIRES

Tous les signataires de la convention d'indivision doivent avoir la capacité ou le pouvoir d'accomplir des actes de disposition sur les biens indivis. 57130

Pour les **majeurs sous tutelle,** le tuteur doit obtenir l'autorisation du conseil de famille ou celle du juge des tutelles pour signer la convention d'indivision (C. civ. art. 505 ; Décret 2008-1484 du 22-12-2008 ann. I, col. 2, IV).

Les majeurs sous **curatelle** ne peuvent signer la convention d'indivision qu'avec l'assistance du curateur (C. civ. art. 467).

Les majeurs **sous sauvegarde de justice** peuvent signer seuls la convention d'indivision puisqu'ils demeurent pleinement capables (C. civ. art. 435, al. 1). Ils pourraient demander la rescision pour cause de lésion d'une convention d'indivision préjudiciant à leurs intérêts (par exemple, une convention qui viendrait exclure le paiement d'une indemnité de jouissance privative par un autre indivisaire).

Le majeur sous **mandat de protection future** conserve lui aussi la capacité d'exercer ses droits : les actes qu'il passe ou les engagements qu'il contracte au cours du mandat peuvent être rescindés pour cause de lésion ou réduits en cas d'excès (C. civ. art. 488 al.1) ; il peut en être ainsi d'une convention d'indivision portant atteinte à ses droits dans l'indivision. Quant à la personne mandatée, si le mandat est sous signature privée, elle ne pourra signer une convention d'indivision que si le mandat l'a expressément prévu ou si elle y est autorisée par le juge des tutelles (C. civ. art. 493, al. 2). Si le mandat est notarié, le mandataire pourra signer une convention d'indivision (C. civ. art. 490, al. 1).

L'**habilitation familiale** peut avoir pour objet la représentation de la personne protégée ou son assistance dans les conditions de la curatelle (C. civ. art. 494-1). En cas d'habilitation-**représentation,** dans l'hypothèse où l'habilitation conférée serait générale, seule la personne habilitée pourrait signer une convention d'indivision, sauf si elle est elle-même indivisaire dans la même indivision. On peut en effet considérer qu'il y aurait alors opposition d'intérêts avec la personne protégée : la convention d'indivision ne pourrait être signée que sur autorisation préalable du juge (C. civ. art. 494-6 al. 6). La convention qui aurait été signée par l'indivisaire sous habilitation serait nulle (C. civ. art. 494-9). Dans l'hypothèse d'une habilitation-représentation spéciale, le recours à la personne habilitée est nécessaire si la convention d'indivision entre dans le champ d'application de son habilitation. Enfin, en cas d'habilitation-**assistance** dite « générale », la convention d'indivision doit être signée avec l'assistance de la personne habilitée. Il en va de même en cas d'habilitation-assistance spéciale prévoyant la possibilité de conclure une convention d'indivision. Dans ces deux derniers cas, si l'indivisaire signe cet acte seul, l'acte ne peut être annulé que s'il est établi qu'il a subi un préjudice (C. civ. art. 494-9, al. 2).

Par un aménagement spécifique au droit de l'indivision, la convention peut être conclue au nom d'un indivisaire **mineur** par son représentant seul ; dans ce cas, le mineur devenu majeur pourra y mettre fin, quelle que soit sa durée, dans l'année qui suit sa majorité (C. civ. art. 1873-4). 57135

B. Durée des conventions d'indivision

CONVENTION À DURÉE INDÉTERMINÉE

Une convention d'indivision peut être conclue pour une durée indéterminée (C. civ. art. 1873-3). Elle dure, alors, tant que le **partage** n'est pas **provoqué.** Toutefois, celui-ci ne doit pas être demandé de mauvaise foi ou à contretemps. 57185

La demande réalisée « de mauvaise foi » est celle qui serait faite avec l'intention de préjudicier aux autres indivisaires. Un rapprochement peut sans doute être établi avec la notion d'abus de droit : il y aurait demande de partage de mauvaise foi dès lors que l'indivisaire agit sans motif sérieux et légitime.

Quant à la demande formulée « à contretemps », il s'agit plutôt de celle qui intervient à une époque défavorable au partage d'un point de vue économique ; par exemple, le bien indivis fait l'objet d'un bail qui arrive à terme.

MODÈLE 57187

Clause prévoyant une durée indéterminée

« La présente convention s'appliquera pour une durée non déterminée. Chacun des indivisaires pourra néanmoins demander à tout moment le partage des biens soumis à la convention si un motif sérieux et légitime le justifie. »

CONVENTION À DURÉE DÉTERMINÉE

57190 Une convention peut être conclue pour une durée déterminée qui ne peut **pas excéder** cinq ans (C. civ. art. 1873-3).

Aucune **sanction** n'est expressément prévue pour une convention d'une durée supérieure. Une telle stipulation se traduit-elle par :
- la nullité de la convention dans son ensemble ?
- une durée d'application de la convention ramenée à cinq ans ?
- la modification de la convention en un acte à durée indéterminée ?

La durée de la convention n'apparaît nullement comme une condition de validité de celle-ci, mais davantage comme une conséquence de l'existence même d'une convention (C. civ. art. 1873-3). Un arrêt a retenu la nullité d'une convention entre concubins interdisant à chacun de solliciter la vente de l'appartement indivis avant un délai de 25 ans, pour avoir été conclue pour une durée supérieure à cinq ans (CA Paris 24-6-2009 : Dr. famille 2010. 1, obs. V. Larribau-Terneyre). Toutefois, cette même décision a maintenu les autres dispositions de la convention, spécialement l'accord entre les indivisaires relatif à la jouissance gratuite de cet appartement par l'un d'eux jusqu'à la date de l'assignation en partage. En d'autres termes, le contenu de la convention déclarée nulle s'applique tant que le partage n'a pas été demandé. Le résultat n'est guère éloigné d'une convention d'indivision à durée indéterminée.

En présence d'une convention d'indivision à durée déterminée, le **partage** ne peut pas être **provoqué** avant le terme convenu, sauf s'il y en a de « justes motifs » (voir n° 57300).

57195 Même si elle a été conclue pour une durée limitée, la convention d'indivision **devient à durée indéterminée** :
- en cas d'entrée dans l'indivision d'un étranger, à la suite par exemple de la cession d'une quote-part indivise (C. civ. art. 1873-12, al. 2) ;
- en cas de révocation d'un gérant indivisaire (C. civ. art. 1873-5, al. 5) ;
- en cas de décès d'un indivisaire, si ses droits dans l'indivision sont transmis à ses héritiers ou légataires ; la convention est réputée conclue à durée indéterminée à compter du décès de l'indivisaire (C. civ. art. 1873-14, al. 2).

Devant ces changements importants, les indivisaires retrouvent ainsi la possibilité de provoquer le partage sans attendre le terme initialement prévu de l'indivision.

> **Précisions** Les dispositions prévoyant la transformation d'une convention à durée déterminée en une convention à durée indéterminée ne paraissent pas d'**ordre public.** Il semble donc possible de prévoir dans la convention qu'elle demeurera à durée déterminée si l'un quelconque de ces évènements survient.

57200 **Renouvellement** À l'arrivée du terme d'une convention conclue pour une durée déterminée, celle-ci peut être renouvelée selon deux **modalités** :
- soit expressément par une nouvelle convention ;
- soit par tacite reconduction si cette possibilité a été explicitement prévue dans la convention initiale.

Le renouvellement peut être fait à **durée** déterminée (avec un maximum de cinq ans) ou à durée indéterminée.

À défaut de reconduction ou de renouvellement, la convention cesse de s'appliquer et l'indivision est régie par les règles de l'indivision légale.

57205 MODÈLE

Clause prévoyant une durée déterminée

1. Avec renouvellement de la convention initiale en convention à durée indéterminée

« La présente convention s'appliquera pour une durée de cinq ans à compter de sa signature. À l'issue de ce délai, elle sera renouvelée pour une durée indéterminée par tacite reconduction en l'absence d'opposition de l'un des indivisaires. Chacun des indivisaires pourra demander à tout moment le partage des biens soumis à la convention renouvelée si un motif sérieux et légitime le justifie. »

2. Avec renouvellement de la convention initiale en convention à durée déterminée

Par exemple, en cas de décès de l'un des indivisaires partie à la convention :

« La présente convention s'appliquera pour une durée de trois ans à compter de sa signature. À l'issue de ce délai, elle sera renouvelée pour une nouvelle durée de trois ans par tacite reconduction en l'absence d'opposition de l'un des indivisaires. Si l'un des indivisaires signataire de ladite convention décède avant l'expiration du délai de trois ans en cours, ladite convention poursuivra ses effets seulement pour la durée restant à courir, sauf opposition des héritiers ou ayants droit de l'indivisaire. »

SECTION 2

CONTENU DES CONVENTIONS D'INDIVISION

A. Aménagements conventionnels possibles entre indivisaires

1. MAINTIEN DANS L'INDIVISION

EXCLUSION TEMPORAIRE DU PARTAGE

S'ils y consentent tous, les indivisaires peuvent convenir de demeurer dans l'indivision (C. civ. art. 815, al. 1 et 1873-2). Ils acceptent ainsi de restreindre le droit de demander le partage. 57300

Si la **convention** est **à durée déterminée,** le partage ne peut avoir lieu avant le terme de la convention initiale ou renouvelée, sauf justes motifs ou évènements particuliers dans l'indivision (C. civ. art. 1873-3). Il peut s'agir d'une mésentente grave entre les indivisaires. Peuvent également constituer de justes motifs le fait que la convention conclue pour la gestion du bien indivis ne soit pas suffisamment précise, en particulier au regard de la répartition des charges (Cass. 1e civ. 12-6-2013 no 11-28.051 F-D). Ces motifs s'apprécient selon le point de vue des indivisaires et non celui de leurs créanciers.

Si la convention est **à durée indéterminée,** les indivisaires conservent le droit de demander le partage à tout moment, à condition que ce ne soit pas de mauvaise foi ou à contretemps (C. civ. art. 1873-3, al. 2).

POSSIBILITÉ D'ATTRIBUTION ÉLIMINATOIRE

Lorsque l'un des indivisaires sollicite le partage, au terme fixé ou à tout moment pour une convention à durée indéterminée, les autres peuvent, s'ils souhaitent le maintien dans l'indivision, demander le bénéfice de l'attribution éliminatoire (C. civ. art. 824 ; voir nos 58880 s.). L'indivision est alors maintenue entre eux tandis que celui qui souhaite en sortir reçoit l'attribution divise de sa part. 57305

Cette possibilité est ouverte, sous les conditions prévues par la **loi,** même si la convention d'indivision ne la prévoit pas (Cass. 1e civ. 3-12-2014 no 13-27.627 F-PB : BPAT 1/15 inf.18). L'attribution éliminatoire n'est pas de droit : elle est soumise à l'appréciation des juges du fond qui statuent en fonction des intérêts en présence (C. civ. art. 824).

La **convention** peut aller plus loin en la prévoyant explicitement et, le cas échéant, en l'organisant. En revanche, il paraît exclu qu'elle puisse réserver ce dispositif à certains indivisaires seulement et l'interdire à d'autres. Cela signifierait que face à la demande en partage de l'un des indivisaires non bénéficiaires, la seule réponse judiciaire possible serait le partage de toute l'indivision. Pareille solution ne semble guère conforme au principe qui sous-tend une convention d'indivision : assurer une certaine pérennité à l'indivision.

2. GESTION DES BIENS INDIVIS

a. Désignation d'un ou plusieurs gérants

MODALITÉS DE DÉSIGNATION DU OU DES GÉRANT(S)

57335 Pour faciliter la gestion des biens indivis, les intéressés peuvent en confier la responsabilité à un ou plusieurs gérants, choisis ou non parmi les indivisaires (C. civ. art. 1873-5, al. 1).

Les modalités de désignation du gérant peuvent être prévues par la convention ; elles peuvent également l'être ultérieurement, par une décision prise à l'unanimité des indivisaires (C. civ. art. 1873-5, al. 1).

Il est ainsi possible de prévoir, dans la convention elle-même, que le gérant sera désigné à telle majorité en nombre de quotes-parts de droits et/ou en nombre d'indivisaires.

Qu'il s'agisse du nombre d'indivisaires ou du nombre de parts, le choix peut être fait d'une majorité simple ou d'une majorité qualifiée.

Par exemple, il est possible de prévoir que le gérant sera désigné :
– à la majorité des droits indivis : la majorité simple des parts ainsi choisie permet une désignation aisée d'un nouveau gérant ; l'inconvénient d'une telle clause est de permettre à un indivisaire détenant la majorité des parts de décider seul de la désignation du gérant ; elle paraît donc à proscrire en pareille hypothèse ;
– à la majorité en nombre des indivisaires : il faut avoir conscience que cette clause permet qu'un nombre majoritaire d'indivisaires (la moitié plus un) impose sa volonté alors même qu'ils ne détiendraient qu'un nombre infime de parts ;
– à la majorité en nombre et en parts des indivisaires : cette clause évite les effets indésirables des clauses précédentes ;
– à la majorité des deux tiers des droits indivis : la règle de majorité est ainsi calquée sur la majorité prévue par la loi pour accomplir valablement certains actes d'administration (C. civ. art. 815-3) ;
– à la majorité des deux tiers des droits indivis représentant la moitié en nombre des indivisaires : la clause précédente est ici renforcée par l'exigence d'une majorité (simple) en nombre d'indivisaires. L'avantage d'une telle clause est d'éviter que des indivisaires minoritaires, voire un seul indivisaire, détenant une part importante des quotes-parts de droits n'imposent leur volonté aux autres indivisaires : une telle situation peut se rencontrer dans une succession dévolue par souches à des enfants et à des petits-enfants venant par représentation.

MODALITÉS DE RÉVOCATION DU OU DES GÉRANT(S)

57340 Les modalités de révocation du gérant de l'indivision peuvent être fixées dans la convention ou être déterminées ultérieurement à l'unanimité (C. civ. art. 1873-5, al. 1). Les mêmes règles de majorité que celles fixées pour la désignation du gérant peuvent être retenues dans la convention.

À défaut, ce sont les règles suivantes qui s'appliquent :
– si le gérant est indivisaire, il ne peut être révoqué que par une décision unanime des autres indivisaires ; si l'indivision ne comporte que deux indivisaires, il peut être révoqué par son coïndivisaire (Cass. 1e civ. 13-1-1993 nº 91-12.647 P : RJDA 11/93 nº 946) ;
– s'il est étranger à l'indivision, et sauf convention contraire, il peut être révoqué par une décision prise à la majorité en nombre et en parts des indivisaires (C. civ. art. 1873-5, al. 2 et 3) ;
– en toute hypothèse, la révocation peut être prononcée par le tribunal si le gérant met en péril les intérêts de l'indivision par ses fautes de gestion (C. civ. art. 1873-5, al. 4).

Si le gérant révoqué est un indivisaire, la convention d'indivision est réputée conclue pour une durée indéterminée à compter de la révocation (nº 57195).

b. Pouvoirs et obligations du gérant

REPRÉSENTATION DE L'INDIVISION

57360 Le gérant représente les indivisaires, dans la mesure de ses pouvoirs, pour les actes de la vie civile et en justice, tant en demande qu'en défense (C. civ. art. 1873-6, al. 1). Il doit faire apparaître sa qualité de gérant dans ses relations avec les tiers. Dans l'hypothèse où une procédure est engagée, il est tenu d'indiquer, à titre purement énonciatif, le nom de tous les indivisaires dans le premier acte de procédure (C. civ. art. 1873-6, al. 1 in fine).

ADMINISTRATION DE L'INDIVISION

57365 Le gérant administre l'indivision et dispose des **pouvoirs** d'un époux sur les biens communs, sous une seule restriction : il ne peut disposer des meubles corporels dépendant de l'indivision que pour les besoins de l'exploitation normale des biens indivis, ou s'il s'agit de choses difficiles à conserver ou sujettes à dépérissement (C. civ. art. 1873-6, al. 2).

Le gérant **peut** donc accomplir seul, sans autorisation supplémentaire, tous les actes d'administration et de gestion courante des biens indivis, notamment :
– conclure des baux d'habitation ;
– encaisser des loyers ou tout autre revenu ;
– exploiter un fonds de commerce, un fonds artisanal ou libéral ;
– faire procéder aux réparations d'entretien...

En revanche, conformément aux limites posées pour les époux communs en biens aux articles 1422, 1424 et 1425 du Code civil, le gérant **ne peut pas** :
– donner à bail un fonds rural ou un immeuble à usage commercial, industriel ou artisanal ; peu importe la qualification du bail, c'est ici l'objet du bail qui limite la compétence du gérant ;
– aliéner ou grever de droits réels les immeubles, fonds de commerce et exploitation indivis ou les droits sociaux indivis non négociables et les meubles corporels dont l'aliénation est soumise à publicité ;
– percevoir les capitaux provenant de ces opérations ;
– aliéner à titre gratuit des biens indivis, meubles ou immeubles.

S'il est lui-même indivisaire, le gérant peut toutefois recourir au **juge** pour mettre en œuvre les dispositions prévues en situation de crise dans le régime légal de l'indivision : soit lorsque l'un des indivisaires se trouve hors d'état de manifester sa volonté (nº 55825) ; soit encore lorsque le refus d'un coïndivisaire dont le consentement est nécessaire à l'accomplissement d'un acte met en péril l'intérêt commun (nºs 55940 s.) ; soit enfin lorsque l'intérêt commun requiert des mesures urgentes (nºs 55855 s.).

ATTENTION

Toute **clause extensive des pouvoirs** du gérant est réputée non écrite (C. civ. art. 1873-6, al. 2).
Si elle ne peut pas augmenter les pouvoirs du gérant de l'indivision, la convention peut en revanche les **restreindre,** par exemple en exigeant l'unanimité ou une majorité qualifiée pour la vente d'un portefeuille-titres ou la mise en location d'un immeuble d'habitation.

En cas de **pluralité de gérants,** la convention prévoit leurs attributions respectives. À défaut, les gérants détiennent séparément les pouvoirs de gestion de l'indivision, sauf le droit pour chacun de s'opposer à toute opération avant qu'elle soit conclue (C. civ. art. 1873-9). **57370**

La **présence d'un mineur ou d'un majeur protégé** est en principe sans effet sur les pouvoirs du gérant. Toutefois, il n'est pas possible de prévoir que les décisions excédant ces pouvoirs pourront être prises autrement qu'à l'unanimité (C. civ. art. 1873-8, al. 3). **57375**

Pour la quote-part de droits appartenant au mineur ou au majeur protégé, ces décisions devront être prises conformément aux règles de protection qui lui sont propres.

› Précisions Jusqu'au **1er janvier 2009,** date d'entrée en vigueur de la réforme des majeurs protégés opérée par la loi 2007-308 du 5 mars 2007, la présence d'un mineur avait un autre effet : les **baux conclus par le gérant** ne pouvaient pas conférer au locataire un droit au renouvellement ou au maintien dans les lieux à l'expiration du bail à l'encontre de l'incapable (C. civ. art. 1873-7 par renvoi à l'art. 456, al. 3). Bien que non modifié par la loi du 5 mars 2007, l'article 1873-7 ne paraît plus applicable puisque l'article 456 auquel il continue de renvoyer ne traite plus aujourd'hui des baux, mais de la désignation du conseil de famille des majeurs sous tutelle.

REDDITION DES COMPTES

Chaque indivisaire peut exiger la communication de tous **documents** relatifs à la gestion. **57380**

Le gérant doit une fois par an **rendre compte** de sa gestion aux indivisaires ; à cette occasion, il indique par écrit les bénéfices réalisés et les pertes subies ou prévisibles (C. civ. art. 1873-11, al. 1). Comme toute personne qui encaisse et décaisse des fonds pour le compte de l'indivision, l'indivisaire gérant doit tenir un « état » à la disposition des autres indivisaires.

RESPONSABILITÉ DU GÉRANT

Le gérant engage sa responsabilité envers les indivisaires par ses fautes de gestion, comme un mandataire (C. civ. art. 1873-10, al. 2). Constituerait, par exemple, une faute du gérant la violation de son obligation de rendre compte chaque année (C. civ. 1873-11, al. 1 ; en ce sens, Dalloz Action Droit patrimonial de la famille 2021/2022, v. Régime conventionnel de l'indivision par C. Vernières, nº 254.214). **57385**

Les dommages-intérêts auxquels il peut être condamné bénéficient à l'indivision tout entière, et non au seul coïndivisaire demandeur (Cass. 1e civ. 15-5-2008 nº 07-17.645 : RJDA 12/08 nº 1323).

RÉMUNÉRATION DU GÉRANT

57390 En principe, le gérant a droit à la rémunération de son travail (C. civ. art. 815-12).

Pour éviter toute difficulté à ce sujet lors de la liquidation de l'indivision, en particulier s'il s'agit de l'un des indivisaires, la convention d'indivision peut prévoir le **principe** même de la rémunération.

Celle-ci peut être purement et simplement exclue ou au contraire affirmée. Elle peut encore être :
– admise pour telle ou telle activité, par exemple la gestion locative des biens immeubles indivis (signature des baux ; visites ; suivi des travaux…) ;
– ou au contraire exclue pour telle ou telle autre activité. Il sera alors utile d'en préciser les motifs, comme par exemple la compensation totale ou partielle avec la jouissance privative du bien indivis.

Il est, par ailleurs, utile que la convention précise **les modalités de calcul** de cette rémunération. Elles sont fixées par les indivisaires (à l'exclusion de l'intéressé) ou, à défaut d'accord, par le président du tribunal judiciaire statuant à titre provisionnel (C. civ. art. 1873-10, al. 1).

c. Pouvoirs dévolus aux indivisaires en présence d'un gérant

57410 En principe, toutes les décisions excédant les pouvoirs du gérant doivent être prises à l'**unanimité.**

Néanmoins, la convention peut prévoir que certaines de ces décisions seront prises selon une **autre majorité,** qui est librement choisie par les indivisaires :
– majorité simple en nombre ou en parts ;
– majorité qualifiée en parts ;
– majorité qualifiée en nombre ;
– majorité qualifiée en nombre et en parts.

La convention peut ainsi totalement affranchir les indivisaires de la majorité des deux tiers des droits indivis prévue dans le dispositif légal (C. civ. art. 815-3).

57412 Il y a **toutefois deux situations** dans lesquelles la convention ne peut pas déroger à la règle de l'unanimité pour les décisions excédant les pouvoirs du gérant.

C'est d'une part, le cas en présence d'un indivisaire mineur ou majeur « incapable » (C. civ. art. 1873-8, al. 3, texte se référant au terme devenu obsolète « d'incapables » pour désigner les majeurs ou mineurs protégés). Cette restriction vise, bien sûr, les cas de tutelle et curatelle. Lorsque l'un des indivisaires fait l'objet d'une mesure d'habilitation familiale aux fins de représentation de la personne protégée, il convient de distinguer selon la portée de cette habilitation. Si elle est générale et porte sur l'ensemble des actes que le tuteur a le pouvoir d'accomplir seul ou avec une autorisation sur les biens de l'intéressé (C. civ. art. 494-6 al. 5), l'indivisaire sous habilitation se trouve dans une situation comparable à celle d'un majeur sous tutelle, même si l'habilitation familiale n'est pas une mesure de protection judiciaire (Cass. 1e civ. 20-12-2017 n° 16-27.507 FS-PBI : BPAT 1/18 inf. 3). En revanche, si l'habilitation est spéciale, l'indivisaire conserve l'exercice de tous ses droits autres que ceux dont l'exercice a été confié à la personne habilitée (C. civ. art. 494-8). Dans ce cas, la règle de majorité prévue par la convention d'indivision peut certainement jouer, sauf si l'habilitation porte sur l'exercice des droits de l'intéressé dans l'indivision. Si l'habilitation est établie aux fins d'assistance de la personne vulnérable, elle se fait dans les conditions de la curatelle (C. civ. art. 494-6 modifié). Il faudra toutefois distinguer si pareille habilitation-assistance est générale ou spéciale.

La présence d'un majeur sous sauvegarde de justice ou sous mandat de protection future est sans incidence sur l'application de la règle majoritaire prévue dans la convention puisqu'ils restent pleinement capables (C. civ. art. 435, al. 2 pour le majeur sous sauvegarde de justice et 488 pour le mandat de protection future).

D'autre part, l'aliénation d'un immeuble indivis demeure soumise au principe d'unanimité, sous réserve des articles 815-4 et 815-5 du Code civil (indivisaire autorisé par justice à représenter l'un d'eux : nos 55825 et 55940) (C. civ. art. 1873-8, al. 3).

57415 Le Code civil n'organise pas formellement les modalités de prise de décision : il n'existe pas d'**assemblée générale** des indivisaires. Mais une telle assemblée peut être instituée par la convention, avec par exemple, sa convocation à chaque fois que l'un des indivisaires en fait la demande auprès du gérant de l'indivision.

3. JOUISSANCE DES BIENS INDIVIS

MODALITÉS DE JOUISSANCE

Les indivisaires peuvent convenir des modalités de jouissance des biens indivis et notamment : 57445
– accorder la **jouissance privative** d'un ou plusieurs biens indivis au profit de l'un d'eux. La durée de cette jouissance peut être celle de la convention elle-même ou une durée plus courte précisée dans la convention ;
– organiser une **jouissance alternée** lorsque la nature du bien l'autorise, tels une résidence de vacances, un bateau, un véhicule de luxe… Pour être efficace, la convention doit alors préciser les modalités précises d'alternance ; par exemple tel(s) mois les années paires/impaires ou par année complète… ;
– fixer les modalités de **répartition des charges** liées à la jouissance du bien.

Lorsque le bien indivis est un bien **de nature professionnelle,** il apparaît quasi indispensable de prévoir une convention précisant s'il y a, ou non, jouissance privative de ce bien. Cela vaut que ce bien forme une entité économique (fonds de commerce, artisanal, libéral ou exploitation agricole) ou qu'il ne constitue que l'un des supports nécessaires à l'activité professionnelle de l'un des indivisaires. 57450

En effet, lorsqu'il faudra liquider cette indivision, faute de convention de jouissance privative, la seule qualification possible, par défaut, sera celle d'une exploitation-gestion du bien indivis pour le compte de l'indivision : l'indivisaire-gérant sera alors tenu de restituer à l'indivision l'ensemble des fruits et revenus générés par le bien indivis et il ne pourra revendiquer qu'une indemnité au titre de son droit à être rémunéré pour cette gestion (nos 55655 s.).

MODÈLE 57452

Clause prévoyant la jouissance privative d'un bien indivis pour l'activité professionnelle de l'un des indivisaires

« Les parties conviennent que M. X (l'indivisaire) aura la jouissance privative de l'exploitation agricole indivise sise à ... (ou du fonds de commerce indivis ou du fonds artisanal ou libéral indivis).

À ce titre, et conformément à l'article 815-9 du Code civil, M. X sera débiteur à l'égard de l'indivision d'une indemnité de jouissance privative annuelle/trimestrielle/mensuelle payable à terme échu le....

Cette indemnité est fixée au montant de XX euros.

Elle sera éventuellement révisée, en plus ou en moins, tous les ans en fonction des variations de l'indice des fermages (ou tout autre indice de référence ayant un rapport avec l'activité exercée).

M. X fera siens tous les revenus de cette exploitation agricole. Il assumera toutes les pertes pouvant résulter de ladite exploitation. Il assumera le paiement de la taxe d'habitation (si l'exploitation comporte un local d'habitation). Il ne pourra solliciter à ce titre aucune indemnité à l'égard de l'indivision.

Le paiement de l'impôt foncier demeurera à la charge définitive de l'indivision. »

(Il paraît utile de prévoir explicitement la prise en charge de la taxe d'habitation, s'il y a lieu, pour anticiper toute discussion ultérieure sur la qualification de ce paiement, dépense de conservation juridique du bien indivis ou non ; sur cette question, voir n° 55395).

Clause prévoyant la gestion du bien indivis pour le compte de l'indivision

« Les parties conviennent que M. X (l'indivisaire-gérant) assurera la gestion du bien indivis (ou, suivant les cas, « l'exploitation du bien indivis ») pour le compte de l'ensemble des indivisaires. Il devra tenir un état de l'ensemble des dépenses assumées au nom de l'indivision à ce titre et des loyers ou toute autre somme d'argent encaissée pour le compte de l'indivision.

Cette gestion ouvre un droit à rémunération pour M. X, conformément à l'article 815-12 du Code civil. »

(Il serait préférable, pour éviter toute discussion sur ce point ultérieurement, de prévoir explicitement les modalités de détermination de cette rémunération dans la convention.

Par exemple, s'il s'agit de gérer des immeubles indivis : « L'indemnité due à M. X au titre de cette rémunération sera de 8 % du montant des loyers bruts des immeubles indivis. »).

INDEMNITÉ DE JOUISSANCE PRIVATIVE

57455 Si la convention accorde la jouissance privative de tel ou tel bien indivis à l'un des indivisaires, il convient alors de prévoir l'indemnité de jouissance privative correspondant.

Il est possible de **dispenser** totalement l'indivisaire du paiement de cette indemnité. Il est alors préférable de préciser la cause de cette dispense : prise en charge de certaines dépenses incombant en principe à l'indivision ; réalisation de travaux par l'indivisaire lui-même… L'avantage ainsi constitué par la dispense de paiement ne sera pas exposé à une éventuelle qualification de donation indirecte au profit de l'indivisaire dispensé du paiement de l'indemnité.

Les indivisaires ont également la possibilité d'**aménager les modalités du versement** de l'indemnité. L'accord passé peut ne concerner que certains d'entre eux. Par exemple, est valable la convention par laquelle l'indivisaire occupant se reconnaît, pour une durée supérieure à cinq ans, débiteur à l'égard d'un autre indivisaire de la part de ce dernier dans l'indemnité de jouissance privative ; en effet, les règles de l'indivision ne font pas obstacle à une convention entre indivisaires par laquelle l'un reconnaît devoir à l'autre la part revenant à ce dernier dans l'indemnité d'occupation, l'indivisaire créancier pouvant réclamer pour lui-même la part lui revenant dans une somme due à l'indivision (Cass. 1e civ. 4-10-2005 nº 03-19.459 F-PB : RJDA 3/06 nº 351). S'agissant de la prescription de l'indemnité de jouissance, la convention d'indivision peut également exclure le jeu de la prescription de cinq ans applicable en matière de fruits et revenus des biens indivis, cette prescription ne constituant pas un délai préfix (arrêt précité).

4. RÉPARTITION DES DÉPENSES DE CONSERVATION OU D'AMÉLIORATION DU BIEN INDIVIS

57485 En l'absence de précision dans la convention d'indivision, les dépenses de conservation ou d'amélioration du bien indivis sont en principe réparties au prorata des quotes-parts indivises détenues par chacun des indivisaires (C. civ. art. 1873-11, al. 2 renvoyant à l'art. 815-10). Dans le régime légal, si l'un des indivisaires finance avec ses deniers propres des dépenses de conservation ou d'amélioration d'un bien indivis, il a droit à une indemnité égale, selon le cas à la dépense faite ou le profit subsistant, modulée le cas échéant au regard de l'équité (C. civ. art. 815-13 ; voir nºs 55425 s. et 55570 s.).

Le dispositif légal occasionnant un contentieux important et n'étant pas d'ordre public, les indivisaires peuvent pacifier leurs relations futures en fixant les **conditions du droit à indemnité.** Il est par exemple possible de décider que :

– celui qui a la jouissance privative d'un bien indivis prend en charge l'intégralité des dépenses de conservation ou l'intégralité des dépenses de conservation et d'amélioration, sauf autre accord exprès entre indivisaires, ou encore qu'il ne prend à sa charge exclusive que certaines de ces dépenses (réfection des revêtements muraux ; remplacement des sanitaires…) ;

– tel indivisaire ne pourra revendiquer aucune indemnité pour telle ou telle catégorie de dépenses qu'il aurait exposée, ou, à l'inverse, qu'il est dispensé de toute indemnité pour la jouissance privative de tel ou tel bien indivis ou pour une période donnée.

La convention d'indivision peut aussi préciser les **modalités de fixation** de l'indemnité à raison d'une dépense ayant permis la conservation matérielle ou juridique ou l'amélioration du bien indivis :

– **au nominal,** en excluant toute revalorisation possible en fonction du profit subsistant, quelle que soit la nature de la dépense, dépense de conservation ou dépense d'amélioration, alors que le dispositif légal prévoit comme mode de calcul soit la plus forte des deux sommes représentant la dépense faite et le profit subsistant pour les dépenses de conservation, soit le seul profit subsistant pour les dépenses d'amélioration. Cette solution ne paraît cependant guère satisfaisante si l'indivision perdure car elle exclut toute revalorisation pour les dépenses de conservation, comme pour celles d'amélioration ;

– **au moins au nominal de la dépense faite,** quelle que soit la nature de la dépense, dépense de conservation ou dépense d'amélioration, alors que l'application du dispositif légal conduit à ne prendre en compte, pour les dépenses d'amélioration, que le profit subsistant, même s'il s'avère bien moindre que la dépense faite ;

– **avec ou sans correctif de l'équité.** Néanmoins, on peut douter de l'intérêt de maintenir le correctif de l'équité dans la convention : on réintroduirait ainsi un facteur d'incertitude quant au montant de l'indemnité, alors même que l'intérêt d'une telle clause est précisément d'éviter le contentieux sur cette question en fixant par avance les critères de fixation et en limitant considérablement la question de la qualification de la dépense.

Pour tout ce qui n'est pas spécialement réglé dans la convention, ce sont les règles de l'indivision légale qui s'appliquent (C. civ. art. 1873-11, al. 2).

MODÈLE 57487

Clause imposant la fixation de l'indemnité au nominal sans revalorisation possible en fonction du profit subsistant

« Les parties conviennent que toute dépense (de conservation ou d'amélioration) qui sera assumée par l'un des indivisaires (ou par tel indivisaire, par exemple par l'indivisaire ayant la jouissance privative) sera prise en compte dans les opérations de liquidation de l'indivision à hauteur de la dépense faite, sans qu'il y ait lieu de distinguer suivant qu'il s'agit d'une dépense de conservation du bien indivis ou d'une dépense d'amélioration du bien indivis. Aucun recours judiciaire ne pourra être exercé en vue de corriger le montant de l'indemnité ainsi fixé suivant l'équité, dans les termes de l'article 815-13, alinéa 1 du Code civil. »

Clause imposant la fixation de l'indemnité au moins au nominal de la dépense faite

« Les parties conviennent que toute dépense (de conservation ou d'amélioration) qui sera assumée par l'un des indivisaires relativement au bien indivis sera prise en compte dans les opérations de liquidation de l'indivision à hauteur de la plus forte des deux sommes représentant effectivement la dépense faite et le profit subsistant, sans qu'il y ait lieu de distinguer suivant qu'il s'agit d'une dépense de conservation du bien indivis ou d'une dépense d'amélioration du bien indivis. Le fait que le profit subsistant s'avère moindre que la dépense faite sera sans incidence. Aucun recours judiciaire ne pourra être exercé en vue de corriger le montant de l'indemnité ainsi fixé suivant l'équité, dans les termes de l'article 815-13, alinéa 1 du Code civil. »

5. ORGANISATION DE DROITS PRIORITAIRES

FACULTÉ D'ACQUISITION OU D'ATTRIBUTION EN CAS DE DÉCÈS D'UN INDIVISAIRE

Au décès d'un indivisaire, ses droits sont transmis à ses propres héritiers, qui intègrent en principe l'indivision. 57515

Pour éviter ce risque d'ouverture de l'indivision à d'autres personnes, la convention peut désigner prioritairement les **bénéficiaires des droits** du défunt en prévoyant (C. civ. art. 1873-13, al. 1) :

– que chacun des indivisaires d'origine aura la faculté d'acquérir la quote-part du défunt ;

– ou encore que le conjoint survivant ou un autre héritier désigné pourra se faire attribuer la quote-part du défunt dans l'indivision, à charge d'indemniser les autres héritiers de l'indivisaire décédé. Cette faculté permet aux indivisaires d'agréer à l'avance un nouveau membre de l'indivision.

L'**évaluation des droits** indivis doit s'effectuer à l'époque de l'acquisition ou de l'attribution.

Cette faculté d'acquisition ou d'attribution ne peut pas faire obstacle à l'application des dispositions relatives à l'attribution préférentielle (C. civ. art. 1873-13, al. 3).

Notons que si **plusieurs indivisaires exercent** simultanément la **faculté d'acquisition,** ils sont réputés, sauf convention contraire, acquérir ensemble la part du défunt, à proportion de leurs droits respectifs dans l'indivision (C. civ. art. 1873-13, al. 2).

La faculté d'acquisition ou d'attribution est **caduque** si son bénéficiaire ne l'a pas exercée par une notification faite aux indivisaires survivants et aux héritiers du prédécédé dans le délai d'un mois à compter du jour où il a été mis en demeure de prendre parti. Cette mise en demeure ne peut elle-même intervenir avant l'expiration du délai prévu « pour faire inventaire et délibérer » (C. civ. art. 1873-14, al. 1), soit à notre avis six mois : quatre mois pendant lesquels le successible ne peut être contraint d'opter, plus deux mois, délai pour faire inventaire en cas d'acceptation à concurrence de l'actif net. 57520

Rappelons que l'entrée des héritiers ou légataires du défunt dans l'indivision du fait de la caducité de la faculté d'acquisition ou d'attribution rend la convention à durée indéterminée (n° 57195).

FACULTÉ D'ATTRIBUTION PRÉFÉRENTIELLE

57525 La convention d'indivision peut prévoir l'attribution préférentielle des biens indivis en dehors des cas prévus par la loi (Cass. 1e civ. 26-9-2012 n° 11-12.838 FS-PBI : RJDA 6/13 n° 560, BPAT 6/12 inf. 315). Ainsi, le concubin survivant pourrait bénéficier d'une attribution préférentielle par voie conventionnelle, alors que la loi ne la prévoit, en matière successorale et dans certaines conditions, qu'au profit du conjoint survivant, du partenaire survivant ou des héritiers.

6. RÈGLEMENT D'UN ÉVENTUEL LITIGE ENTRE LES INDIVISAIRES

57530 Pour anticiper l'hypothèse d'un conflit entre les indivisaires, il est possible de prévoir dans la convention d'indivision une **clause compromissoire.** Il s'agit d'une « clause par laquelle les parties à un ou plusieurs contrats s'engagent à soumettre à l'arbitrage les litiges qui pourraient naître relativement à ce ou à ces contrats » (CPC art. 1442, al. 2). En soumettant la résolution des litiges afférents au fonctionnement de l'indivision ou à sa dissolution et sa liquidation à l'arbitrage, la clause compromissoire permet une accélération non négligeable des délais de jugement, empêchant que les valeurs ne deviennent obsolètes (G. Barbe et N. Dugaud, Les clauses compromissoires dans les contrats familiaux : SNH 4/22 inf. 11). Toutefois, comme l'indiquent les auteurs précités, le notaire doit vérifier l'opportunité de l'insertion d'une telle clause, en fonction du contexte familial, des parties (selon leur capacité notamment), des difficultés et des enjeux (en considération notamment du coût de l'arbitrage). Le notaire doit aussi expliquer à ses clients que le recours à l'arbitrage suppose de renoncer à la justice étatique. Au stade de la rédaction de la clause, il doit être particulièrement attentif : la clause doit obligatoirement être écrite (CPC art. 1443), l'objet du litige soumis à l'arbitrage doit être défini (CPC art. 1445) et le mode de désignation des arbitres déterminé (CPC art. 1444). Une fois le litige né, le notaire reste le notaire du contrat et le conseil de toutes les parties à ce contrat. Dès lors, son intervention pendant l'instance ne serait possible qu'à la demande de l'ensemble des parties. Pour des exemples de clauses compromissoires avec choix d'un arbitrage institutionnel ou ad hoc, voir SNH 4/22 inf. 11.

On notera enfin que lorsque la convention d'arbitrage est conclue après la survenance du litige, elle revêt alors la forme d'un **compromis d'arbitrage** (CPC art. 1442, al. 3).

B. Incidences de la convention d'indivision sur les droits des créanciers

CRÉANCIER DE L'INDIVISION

57575 L'existence de la convention d'indivision ne modifie pas la situation des créanciers de l'indivision : ces derniers peuvent toujours se faire payer par prélèvement sur les fonds indivis et saisir les biens successoraux conformément à ce qui est prévu dans le régime légal (C. civ. art. 1873-15, al. 1 qui renvoie à 815-17).

S'il existe un gérant de l'indivision, c'est contre lui qu'ils dirigent leurs poursuites.

CRÉANCIER PERSONNEL D'UN INDIVISAIRE

57580 Les créanciers personnels d'un indivisaire ont la faculté de **provoquer le partage** au nom de leur débiteur ou d'intervenir dans le partage provoqué par lui (C. civ. art. 1873-15, al. 1 qui renvoie à 815-17).

Toutefois, ils ne peuvent le faire que dans les cas où leur débiteur le pourrait (C. civ. art. 1873-15, al. 2). En pratique, ce sera le cas lorsque la convention d'indivision est à durée indéterminée. Difficile en revanche d'imaginer un « juste motif » permettant au créancier personnel d'un indivisaire de mettre fin à une convention d'indivision à durée déterminée, durant laquelle le partage ne peut être demandé (n° 57300).

57585 Lorsque les créanciers ne peuvent pas provoquer le partage, ils se voient reconnaître le droit de poursuivre la **saisie** et la **vente de la quote-part de leur débiteur** en suivant les formes prévues par le Code de procédure civile, c'est-à-dire aux enchères (C. civ. art. 1873-15, al. 2). Il s'agit là d'une dérogation à la règle selon laquelle les créanciers des héritiers ne peuvent pas saisir la part de leur débiteur dans les biens indivis (C. civ. art. 815-17).

À l'occasion de cette cession, les coïndivisaires bénéficient des droits de préemption et de substitution prévus dans le régime légal (C. civ. art. 1873-15 et 1873-12 qui renvoient à 815-14 et 815-15).

SECTION 3

CONVENTIONS D'INDIVISION EN PRÉSENCE D'UN USUFRUITIER

CONVENTION ENTRE USUFRUITIER ET NU-PROPRIÉTAIRE

Des conventions d'indivision peuvent être conclues entre nus-propriétaires indivis ou entre usufruitiers indivis. Il est également possible de conclure une convention d'indivision entre usufruitiers et nus-propriétaires, alors même qu'il n'y a évidemment pas d'indivision entre eux, leurs droits étant de nature différente (C. civ. art. 1873-16). C'est le cas lorsqu'il y a : **57690**
- une indivision entre usufruitiers et une indivision entre nus-propriétaires ;
- une indivision entre usufruitiers face à un unique nu-propriétaire ;
- un usufruitier unique face à des nus-propriétaires en indivision. Il peut par exemple y avoir une convention entre le conjoint survivant usufruitier de toute la succession et les enfants du défunt, héritiers en nue-propriété.

Particularités Ces conventions sont en principe soumises aux règles de droit commun de l'indivision conventionnelle (C. civ. art. 1873-16). Mais la présence d'un usufruitier entraîne des conséquences particulières (C. civ. art. 1873-18) : **57695**
- lorsque la convention passée entre usufruitiers et nus-propriétaires prévoit que les décisions seront prises à la majorité en nombre et en parts, le **droit de vote** afférent aux parts est divisé par moitié entre l'usufruit et la nue-propriété, sauf stipulation contraire ; la convention peut, par exemple, renvoyer à un barème d'évaluation de l'usufruit pour fixer la répartition du droit de vote ;
- un usufruitier ne peut se voir imposer, sans son consentement exprimé dans la convention elle-même ou par un acte ultérieur, une aggravation des **charges** de l'usufruit telles qu'elles résultent des articles 582 et suivants du Code civil ;
- l'**aliénation** de la pleine propriété des biens indivis requiert l'accord des usufruitiers, sauf le cas de la saisie pratiquée par les créanciers.

CONVENTION ENTRE LES SEULS NUS-PROPRIÉTAIRES INDIVIS

Lorsque le ou les usufruitiers n'ont pas été parties à la convention, laquelle aura été conclue entre les seuls nus-propriétaires, celle-ci ne peut ni restreindre les **droits des usufruitiers** ni leur imposer de charges supplémentaires. Les tiers qui ont traité avec le gérant de l'indivision ne peuvent pas se prévaloir à l'encontre du ou des usufruitiers des pouvoirs confiés à ce gérant par les nus-propriétaires (C. civ. art. 1873-17). **57700**

TITRE IX

Partage de la succession

CHAPITRE 1 DROIT AU PARTAGE

SOMMAIRE

DÉFINITION DU PARTAGE

Les praticiens désignent sous le terme de « partage », entendu au sens large, l'**ensemble des opérations** à l'issue desquelles l'indivision cesse et les indivisaires deviennent titulaires de droits divis. Le « partage » suppose donc, en principe, qu'il y ait **indivision** entre deux héritiers au moins. Toutefois, par exception, la Cour de cassation retient qu'il y a « partage » en présence d'un héritier unique lorsque ce dernier a accompli des actes de propriétaire sur les biens successoraux, et que la succession est ainsi liquidée (Cass. 1e civ. 30-1-2019 n° 18-10.164 FS-PB : BPAT 2/19 inf. 55 ; Bull. inf. C. Cass. 1-6-2019 n° 591). Dans cette affaire, le partage ainsi réalisé au profit de la veuve, héritière unique, excluait la possibilité pour l'enfant adultérin du mari prédécédé de revendiquer des droits dans la succession de son père, droits reconnus par la loi du 3 décembre 2001. 58700

En l'**absence d'indivision,** il n'y aura pas de partage. Ainsi, il n'y a pas de partage entre le légataire universel et le ou les héritiers réservataires, faute d'indivision entre eux (Cass. 1e civ. 11-5-2016 n° 14-16.967 FS-PB : RTD civ. 2016 p. 673, obs. M. Grimaldi).

En réalité, sous le terme de « partage », il faut distinguer soigneusement plusieurs étapes. 58705

La **liquidation** correspond à la mise en chiffres. Elle prend la forme d'un état liquidatif dont l'objet est d'exprimer, sous une forme chiffrée, les droits des copartageants.
On doit d'abord dresser différents comptes (notamment, en amont du règlement même de la succession, les comptes de reprises et récompenses si le défunt était marié sous un régime de communauté, puis les comptes d'indivision : comptes individuels des indivisaires (futurs copartageants) et compte général de l'indivision, voir nos 56410 s.).

Ensuite, après avoir réservé le cas des legs, il y a lieu de déterminer la **masse à partager** (liste et évaluation des biens existants et des dettes non encore acquittées (actif et passif), rapports à succession des libéralités en avance de part, et, s'il y a lieu, en présence de réservataires, détermination de la quotité disponible et de la réserve, puis imputation des libéralités et liquidation des éventuelles indemnités de réduction, etc. : voir nos 59600 s.). C'est à cette masse partageable que s'appliquent les quotes-parts de droits des copartageants, héritiers ab intestat et légataires universels ou à titre universel. Sont ainsi fixés, en valeur, les droits des héritiers dans la masse à partager.

Le **partage proprement dit** est la dernière des opérations de règlement de la succession. Il consiste à composer des lots et à les attribuer à chacun des copartageants pour le remplir de ses droits dans la masse indivise. C'est à la date de la jouissance divise, date qui doit être la plus proche possible de celle du partage, que les copartageants auront alors la jouissance divise des biens dont ils ont été allotis.

SECTION I

RÈGLES GÉNÉRALES

A. Caractéristiques du droit au partage

DROIT DISCRÉTIONNAIRE

58710 Toute indivision est par nature précaire, le **principe** énoncé étant que « nul ne peut être contraint de demeurer dans l'indivision » (C. civ. art. 815).

Le droit de demander le partage n'est donc pas susceptible d'abus. Les juges du fond n'ont pas le pouvoir d'apprécier les motifs et l'opportunité de la demande en partage présentée par l'un des indivisaires (Cass. civ. 26-12-1866 : DP. 1867 I p. 27). L'existence d'un intérêt légitime n'est exigée que si la demande de partage est formée par un créancier personnel d'un indivisaire en application de l'article 815-17, alinéa 3 du Code civil.

Ce principe connaît toutefois des **tempéraments** de plus en plus nombreux au fil des réformes législatives : les indivisaires peuvent décider de maintenir l'indivision (voir n°s 57300 s.) ; le juge peut également surseoir au partage (n°s 58845 s.) ou ordonner le maintien dans l'indivision de certains biens (n°s 58855 s.).

Le caractère absolu du droit au partage conduit à réputer non écrite la **clause insérée dans un testament** qui y porte une atteinte excessive ; ainsi jugé dans un cas où la clause interdisait le partage judiciaire sous peine de réduire la part du demandeur à sa seule réserve et où un tel partage avait été demandé près de 17 ans après le décès (Cass. 1e civ. 13-4-2016 n° 15-13.312 FS-PB : BPAT 3/16 inf. 118).

58712 **Indivisaire faisant l'objet d'une liquidation judiciaire**

Lorsqu'un indivisaire fait l'objet d'une procédure collective, ses **coïndivisaires** conservent la faculté de demander le partage, même si le plan de redressement a déclaré un immeuble indivis temporairement inaliénable (Cass. com. 10-2-2015 n° 13-24.659 FS-PB : BRDA 6/15 inf. 11).

S'agissant des conditions de l'action en partage engagée par le **mandataire ou liquidateur judiciaire,** elles diffèrent selon que l'indivision est née avant ou après le jugement ouvrant la procédure collective.

Si l'**indivision est née avant l'ouverture de la procédure collective,** le liquidateur n'a pu appréhender que les droits indivis de l'indivisaire faisant l'objet de la procédure collective et non le bien lui-même. Il agit sur le fondement de l'article 815 du Code civil, c'est-à-dire au nom du débiteur qui est dessaisi (Cass. 1e civ. 22-3-2005 n° 02-14.497 F-D ; Cass. 1e civ. 29-6-2011 n° 10-25.098 F-PBI : BPAT 5/11 inf. 306 ; Cass. 1e civ. 26-9-2012 n° 11-16.246 F-PBI : BPAT 6/12 inf. 313 ; Cass. com. 1-10-2013 n° 12-20.567 F-D : RJDA 4/14 n° 365). D'ailleurs, seul le liquidateur est fondé à agir en partage car ce droit est un acte de nature patrimoniale, dénué d'attache exclusive à la personne du titulaire (Cass. com. 3-12-2003 n° 01-01.390 FS-P : RJDA 4/04 n° 492 ; Cass. 1e civ. 29-6-2011 n° 10-25.098 F-PBI : RJDA 11/11 n° 972 ; Cass. com. 1-10-2013 n° 12-20.567 F-D : RJDA 4/14 n° 365).

Le liquidateur judiciaire exerçant le droit discrétionnaire de son débiteur, il n'a pas à justifier d'une créance (Cass. 1e civ. 29-6-2011 n° 10-25.098 F-PBI : BPAT 5/11 inf. 306, dans un cas où le passif de la liquidation était entièrement réglé).

Mais les règles de l'indivision lui sont opposables et notamment les possibilités de demander le maintien de l'indivision ou l'attribution préférentielle du bien (Cass. com. 20-9-2017 n° 16-14.295 F-PBI : BPAT 6/17 inf. 254). Notons aussi que lui est pareillement opposable le droit des créanciers de l'indivision de poursuivre la saisie et la vente d'un bien indivis (n° 54475).

Compte tenu du dessaisissement du débiteur, c'est aussi le liquidateur qui a pouvoir pour signer l'acte de partage (Cass. com. 13-1-2015 n° 13-12.590 F-PB : RJDA 4/15 n° 299).

Deux remarques complémentaires :

– le liquidateur ne peut pas agir en licitation et partage d'un bien en présence d'une déclaration d'insaisissabilité régulièrement publiée avant le jugement d'ouverture de la liquidation judiciaire (Cass. com. 14-3-2018 n° 16-27.302 F-PBI : BPAT 3/18 inf. 128). Dans ce cas, les droits indivis concernés ne sont pas appréhendés par la procédure collective et le liquidateur ne peut donc pas agir en partage ;

– le liquidateur pourrait aussi agir en partage au nom des créanciers personnels de l'indivisaire en application de l'article 815-17 (Cass. com. 3-10-2006 n° 05-16.463 F-PB : RJDA 6/07 n° 668). En pratique, ce sera plus rare, les conditions de l'action étant plus restrictives (n°s 54695 s.) que le droit discrétionnaire de l'indivisaire.

Si l'**indivision est née après le jugement d'ouverture,** le droit des procédures collectives prévoit que le liquidateur ne peut pas, sauf accord du débiteur, réaliser les biens ou droits acquis au titre d'une succession ouverte après le jugement prononçant la liquidation judiciaire, ni provoquer le partage de l'indivision pouvant en résulter (C. com. art. L 642-22, I modifié par loi 2022-172 du 14-2-2022).

DROIT IMPRESCRIPTIBLE

Le droit de demander le partage est imprescriptible. Un partage peut être provoqué quelle qu'ait été la durée de l'indivision. Admettre le contraire reviendrait à consacrer les indivisions forcées, ce qui serait une violation du droit de propriété. 58715

> **Précisions** **a.** L'imprescriptibilité est également la règle pour un **partage complémentaire** lorsqu'une partie seulement des actifs successoraux a déjà fait l'objet d'un partage partiel, les meubles meublants et les objets garnissant le logement de la défunte n'ayant pas été partagés (Cass. 1e civ. 24-5-2018 no 17-18.270 F-D).
>
> **b.** L'imprescriptibilité se limite à l'opération de partage, c'est-à-dire à la sortie de l'indivision. Ainsi, l'**action du liquidateur** en fixation de la mise à prix des immeubles successoraux qui tend à l'exécution d'une décision de justice ayant force exécutoire est soumise à la prescription de dix ans (C. exécution art. L 111-4, al. 1) ; passé ce délai, elle ne peut être jugée recevable au motif qu'elle serait la suite de l'action en partage, laquelle est imprescriptible (Cass. 1e civ. 5-1-2023 no 21-12.944 F-D : BPAT 2/23 inf. 107-6).

Exceptions Certains biens se trouvent pourtant en **indivision forcée et perpétuelle,** ce qui exclut le droit au partage. Sont concernés les biens qui, par l'effet d'une convention, sont affectés à titre d'accessoires indispensables à l'usage commun de deux ou plusieurs fonds appartenant à des propriétaires différents (souvent des entrées, cours, parkings, etc.) et dont la division rendrait impossible l'usage ou l'exploitation des fonds principaux ou les détériorerait notablement. Le droit indivis étant perpétuel, il se transmet de plein droit à chaque cession des lots qui en bénéficient (Cass. 3e civ. 19-12-2019 no 18-21.671 F-D : BPAT 1/20 inf. 33). 58720

Les juges du fond apprécient souverainement, mais de façon restrictive, le caractère d'accessoire indispensable des fonds dont dépend le bien en indivision perpétuelle (Cass. 1e civ. 12-2-1985 no 84-10.301 : Bull. civ. I no 58 ; Cass. 3e civ. 6-4-2023 no 21-17.774 F-D). Ils doivent caractériser en quoi la division du bien litigieux rendrait impossible l'usage ou l'exploitation des fonds principaux ou les détériorerait notablement (Cass. 3e civ. 27-10-2010 no 09-13.600 FS-PB : BPAT 6/10 inf. 363).

ILLUSTRATIONS

Ont été jugés comme **relevant d'une indivision forcée et perpétuelle** :
– des parties communes d'une copropriété (Cass. 3e civ. 27-5-2010 no 09-65.338 FS-PB : BPAT 4/10 inf. 239) ;
– un chemin indivis donnant accès aux parcelles divises qui l'entourent (Cass. 1e civ. 28-2-2006 no 04-15.937 F-PB) ;
– une parcelle desservant des locaux attribués après partage à des propriétaires différents (Cass. 3e civ. 19-12-2019 no 18-21.671 F-D : BPAT 1/20 inf. 33) ;
– des espaces verts et de loisirs dans un lotissement (Cass. 3e civ. 13-9-2018 no 15-24.655 F-D).

Le droit au partage ne s'applique pas non plus aux copropriétés à caractère familial, **sépultures, souvenirs de famille,** dont la dévolution obéit à des règles dérogatoires (voir nos 26245 s. et 26170 s.). 58725

B. Titulaires du droit au partage

LES INDIVISAIRES

Tout indivisaire peut demander le partage, quelle que soit sa qualité. **Sont concernés** les héritiers ab intestat (dévolution légale) comme les légataires universels (si plusieurs légataires universels ont été institués) ou à titre universel et les cessionnaires de droits successifs. 58775

Corrélativement, l'absence d'indivision entre deux personnes leur interdit de solliciter toute opération de partage (no 53715).

Si l'héritier ou le légataire universel ou à titre universel est **marié sous un régime de communauté,** son conjoint est irrecevable à demander le partage, même si les biens indivis constituent des biens communs du fait du régime matrimonial adopté : l'époux héritier appelé à la succession peut seul exercer, en demande et en défense, une action qui ne tend qu'au partage des biens successoraux indivis (Cass. 1e civ. 2-4-2008 no 07-11.254 FS-PBRI, à propos d'époux mariés sous le régime de la communauté universelle, décision rendue en application des dispositions antérieures à la loi du 23-6-2006 mais dont la solution est toujours valable).

Selon la capacité juridique des indivisaires et l'existence ou non d'un accord entre eux, le partage prend une forme amiable ou judiciaire (nos 61500 s.).

LES CRÉANCIERS PERSONNELS DES INDIVISAIRES

Les créanciers personnels des indivisaires ont le droit de provoquer le partage en vue d'appréhender la part qui reviendra à leur débiteur à l'issue de ce partage (nos 54695 s.). 58780

LES AYANTS CAUSE DES INDIVISAIRES

58785 Les ayants cause **universels ou à titre universel** des indivisaires devenant eux-mêmes indivisaires bénéficient par là même du droit au partage de l'indivision.

Les ayants cause **à titre particulier,** en revanche, n'ayant pas la qualité d'indivisaires, ne peuvent demander le partage d'une indivision à laquelle ils sont étrangers.

C. Exercice du droit au partage

EXERCICE À TOUT MOMENT

58835 Toute indivision est par nature précaire. N'importe quel héritier indivisaire peut, à tout moment, demander le partage de l'indivision successorale, le **principe** proclamé étant que « nul ne peut être contraint de demeurer dans l'indivision » (C. civ. art. 815). Les créanciers personnels des indivisaires peuvent, de la même façon, provoquer le partage à tout moment (voir n°s 54695 s.).

58840 Le droit de demander le partage peut être **aménagé par convention** (voir n°s 57300 s.).

En outre, face à une demande en partage, les autres indivisaires peuvent **résister** en sollicitant un sursis au partage ou encore le maintien judiciaire dans l'indivision, ou enfin une attribution éliminatoire.

SURSIS AU PARTAGE

58845 À la demande d'un indivisaire, le tribunal peut surseoir au partage demandé par d'autres indivisaires, pour une **durée maximale de deux ans,** dans **deux hypothèses** (C. civ. art. 820) :

– lorsque la réalisation immédiate du partage risquerait de porter atteinte à la valeur des biens indivis. Le demandeur au sursis doit démontrer l'atteinte aux intérêts économiques de l'indivision à raison d'un partage immédiat ;

– lorsque l'un des indivisaires ne peut reprendre l'entreprise agricole, commerciale, industrielle, artisanale ou libérale dépendant de la succession qu'à l'expiration du délai octroyé.

Signalons que, lorsque le partage résulte d'une décision de justice irrévocable, il ne peut plus être sursis à la licitation, laquelle constitue une modalité du partage (Cass. 1e civ. 3-10-2019 n° 18-21.200 FS-PBI : BPAT 6/19 inf. 260).

58850 Le **tribunal compétent** pour statuer sur la demande de sursis est le tribunal judiciaire (CPC art. 1381).

Le juge **apprécie souverainement** l'opportunité du sursis et notamment le risque accru de dévalorisation. Il apprécie aussi les biens concernés par la mesure. Il peut s'agir d'un bien particulier, d'une catégorie de biens ou de l'ensemble des biens.

MAINTIEN JUDICIAIRE DANS L'INDIVISION

58855 Toute **entreprise** agricole, commerciale, industrielle, artisanale ou libérale dépendant de l'indivision successorale peut faire l'objet d'un maintien judiciaire dans l'indivision (C. civ. art. 821). Il est indifférent que l'entreprise soit exploitée sous forme individuelle ou sous forme sociale puisque la mesure de maintien peut porter sur des droits sociaux, actions ou parts sociales. En revanche, il faut qu'elle ait été exploitée par le défunt ou par son conjoint.

Par ailleurs, le maintien en indivision est possible même si l'exploitation comprend des éléments dont l'héritier ou le conjoint était déjà propriétaire ou copropriétaire avant l'ouverture de la succession (C. civ. art. 821, al. 4). Autrement dit, ce mécanisme peut jouer que l'entreprise soit en tout ou seulement en partie indivise.

Le juge statue en fonction des intérêts en présence et des revenus que la famille peut tirer des biens indivis (C. civ. art. 821, al. 3). Les tribunaux prennent en considération l'intérêt de l'entreprise elle-même et celui des indivisaires, spécialement la perte de revenus qu'impliquerait, pour la famille, un partage immédiat.

58860 La propriété du **local d'habitation et** des **objets mobiliers** qui le garnissent peut également faire l'objet d'une demande de maintien dans l'indivision (C. civ. art. 821-1). L'objectif du législateur est ici de permettre un maintien du cadre de vie des enfants mineurs et du conjoint survivant.

Il faut qu'à l'époque du décès, le local ait été effectivement utilisé à l'habitation du défunt ou de son conjoint. En conséquence, si, en l'absence d'enfants mineurs, la demande est formée par le conjoint survivant, celui-ci doit avoir résidé dans les lieux à l'époque du décès.

En présence d'enfants mineurs, il faut que le local eût été affecté à l'habitation par le défunt ou par son conjoint à l'époque du décès : dans l'hypothèse de séparation de fait entre les époux, le maintien dans l'indivision peut tout aussi bien s'appliquer au local dans lequel les enfants vivaient avec leur parent décédé qu'au local dans lequel le survivant des époux a son habitation effective.

Le texte n'exige aucunement qu'il s'agisse de l'habitation principale effective à la date du décès : le dispositif paraît donc susceptible de s'appliquer également pour des locaux à usage de résidence secondaire (en sens contraire, Dalloz Action Droit patrimonial de la famille 2021, dir. M. Grimaldi, v. Régime légal de l'indivision : droits des indivisaires par C. Vernières, n° 251.75).

Un **local à usage professionnel** ainsi que les **objets mobiliers** servant à l'exercice de la profession peuvent également être visés par la demande de maintien dans l'indivision. Ce local comme les objets mobiliers doivent avoir été effectivement utilisés à usage professionnel par le défunt ou son conjoint (C. civ. art. 821-1). **58865**

En présence de descendants mineurs, la **demande** de maintien dans l'indivision peut être **formée** soit **par** le conjoint survivant, soit par tout héritier (ce qui suppose que l'un des enfants au moins est majeur), soit par le représentant légal des mineurs (C. civ. art. 822). **58870**

En l'absence d'enfants mineurs, la demande ne peut être formée que par le conjoint survivant et à la condition supplémentaire que ce dernier ait un droit de propriété sur le bien en cause, soit avant le décès, soit à raison du décès. Dès lors, si le conjoint survivant n'a que des droits successoraux en usufruit et que le bien concerné est tout entier dans la succession de l'époux prédécédé, la demande est irrecevable (Cass. 1e civ. 14-3-1984 n° 83-10.196 : Bull. civ. I n° 99, D. 1984 p. 161, JCP N 1985 II, p. 29 note Ph. Rémy).

La demande relève de la **compétence** du tribunal judiciaire.

En présence d'une demande concurrente d'attribution préférentielle, celle-ci doit être examinée en priorité (n° 58895).

La **durée du maintien** dans l'indivision pouvant être prescrite est au maximum de cinq ans (C. civ. art. 823). **58875**

Lorsqu'il a été demandé dans l'intérêt d'enfants mineurs, le maintien peut être renouvelé jusqu'à la majorité du plus jeune des descendants.

Lorsqu'il a été demandé par le conjoint survivant en l'absence de descendants mineurs, un tel renouvellement sera possible jusqu'à la date du décès du conjoint survivant.

Les renouvellements doivent donner lieu à des demandes successives, le juge appréciant à chaque fois les intérêts en présence (Cass. 1e civ. 12-7-2017 n° 16-20.915 F-PB : BPAT 5/17 inf. 200). Par exemple, il s'assure, s'agissant du logement du conjoint survivant, que ce dernier continue de résider dans le local concerné.

ATTRIBUTION ÉLIMINATOIRE

L'attribution éliminatoire permet à certains des indivisaires de demeurer dans l'indivision alors même que l'un d'eux a demandé le partage (C. civ. art. 824). Cette mesure vise ainsi à diminuer le risque de partage conflictuel. Au lieu du partage global, qui aurait fait cesser l'indivision à l'égard de tous les biens et de tous les indivisaires, le juge ordonne un partage seulement partiel qui ne fait cesser l'indivision qu'à l'égard du seul demandeur qui se fait attribuer sa part. Le partage partiel ainsi réalisé s'impose à tous les coïndivisaires (Cass. 1e civ. 28-11-2007 n° 06-16.566 F-PB). **58880**

Le demandeur à la répartition sera définitivement alloti. Ainsi, le partage réalisé est toujours un **partage partiel quant aux personnes.** Les cohéritiers qui demeurent dans l'indivision verront leurs propres quotes-parts augmentées sur les biens restés en indivision. Toutefois, s'il n'existe pas dans l'indivision une somme suffisante pour allotir l'indivisaire « sortant », le complément sera versé par ceux des indivisaires qui ont concouru à la demande d'attribution éliminatoire. Les autres indivisaires peuvent y participer s'ils le souhaitent. La part de chacun des indivisaires ayant concouru sur ses deniers personnels à composer la valeur du lot de l'indivisaire sortant est alors augmentée à proportion de son versement (C. civ. art. 824 al. 2)

L'attribution éliminatoire peut également réaliser un partage partiel **quant aux biens.** En effet, l'article 824 prévoit seulement un allotissement au moyen d'une indemnité. Toutefois, cette modalité, introduite par la loi du 23 juin 2006, et qui correspond au principe suivant lequel « l'égalité dans le partage est une égalité en valeur » (C. civ. art. 826), ne saurait exclure une attribution en biens indivis. Si tel est le cas, les biens attribués sortent de l'indivision.

Le juge statue en fonction des **intérêts en présence** (C. civ. art. 824, al. 1). Jugé par exemple que l'attribution éliminatoire est justifiée lorsque les immeubles indivis appartiennent depuis 1926 à la famille des demandeurs, alors que l'indivisaire qui souhaite le partage n'en est **58885** devenu propriétaire, pour un tiers, qu'en 1981 et que les biens en cause jouxtent d'autres immeubles à usage d'habitation dans lesquels ils sont imbriqués ou enclavés et qui appartiennent à la famille des demandeurs (CA Besançon 11-9-2008 n° 07/00364, décision rendue en application des dispositions antérieures à la loi du 23-6-2006 mais dont la solution est toujours valable sur ce point).

Le juge, à qui il incombe d'apprécier les intérêts en présence, ne peut pas subordonner l'attribution éliminatoire à un accord des parties sur la valeur du bien indivis (Cass. 1e civ. 29-6-2011 n° 10-20.384 F-D). Il n'est pas systématiquement tenu d'ordonner une mesure d'expertise pour estimer la valeur des biens à partager (Cass. 1e civ. 20-5-2009 n° 08-14.536 FS-PB : RJDA 3/10 n° 305, décision rendue en application des dispositions antérieures à la loi du 23-6-2006 mais dont la solution est sur ce point toujours valable).

58890 **Réponse à une demande en partage** L'attribution éliminatoire implique qu'une demande en partage ait été formulée. Elle est sollicitée dans **deux cas** :

– soit l'indivisaire demandant le partage se rabat en cours de procédure sur l'attribution éliminatoire, ses cohéritiers lui opposant le maintien dans l'indivision (Cass. 1e civ. 6-1-1987 n° 85-10.175 : Bull. civ. I n° 5) ;

– soit les autres héritiers s'opposent au partage ou à la demande de licitation d'un bien indivis et proposent cette attribution éliminatoire (voir par exemple, Cass. 1e civ. 3-12-2014 n° 13-27.627 F-PB : Bull. civ. I n° 203, BPAT 1/15 inf. 18, Dalloz actualité 17-12-2014 obs. A. Cayol).

L'attribution éliminatoire n'est donc possible qu'en présence d'au moins trois indivisaires : deux d'entre eux resteront en indivision sur certains biens.

La jurisprudence a précisé qu'une **demande d'attribution préférentielle** s'analyse en une demande en partage et expose ainsi l'indivisaire qui en est l'auteur à une attribution éliminatoire en argent dès lors qu'elle porte sur des biens constituant l'actif indivis tout entier (pour une exploitation agricole constituant l'essentiel de l'actif successoral à partager : Cass. 1e civ. 15-5-2008 n° 07-13.179 F-PB : RTD civ. 2009 p. 151 obs. M. Grimaldi).

L'attribution éliminatoire peut être demandée lors du partage d'une indivision successorale **conventionnelle** (Cass. 1e civ. 3-12-2014 n° 13-27.627 F-PB précité).

Le **désistement de la demande en partage** rend sans objet la demande de maintien en indivision avec attribution éliminatoire (Cass. 1e civ. 16-12-1986 n° 83-10.501 : Bull. civ. I n° 303).

58895 **Liens avec l'attribution préférentielle** L'attribution éliminatoire est mise en œuvre « sans préjudice de l'application des articles 831 à 832-3 » relatifs à l'attribution préférentielle (C. civ. art. 824, al. 1). L'indivisaire demandeur au partage peut être **alloti par** une attribution préférentielle s'il satisfait aux conditions de celle-ci.

Si les deux attributions sont sollicitées de manière concomitante, l'attribution préférentielle doit être **appréciée préalablement** à la demande de maintien dans l'indivision avec attribution éliminatoire (Cass. 1e civ. 22-5-2007 n° 04-20.205 FS-PB : RJDA 1/08 n° 94, décision rendue en application des dispositions antérieures à la loi du 23-6-2006 mais dont la solution est toujours valable).

ATTENTION

L'attribution éliminatoire présente l'**inconvénient** de rendre le **droit de partage** exigible sur la totalité des biens indivis, c'est-à-dire y compris sur le surplus de la masse restant dans l'indivision. Cette règle ne s'applique pas aux partages de sociétés pour lesquels le droit n'est dû que sur les biens attribués (BOI-ENR-PTG-10-10 n° 200).

Si les parties restées en indivision procèdent au partage par **le même acte,** et sous réserve de l'exception concernant les sociétés, aucun droit ou taxe n'est exigible pour ce sous-partage. Au contraire, l'opération est taxable si elle a lieu par acte distinct (BOI précité).

Pour l'**assiette du droit de partage,** le passif n'est déductible de l'actif brut partagé que pour la fraction qui excède la valeur des biens laissés dans l'indivision, le passif étant censé s'imputer, en priorité, sur les biens non compris dans le partage. Mais si une partie des biens faisant l'objet du partage partiel est affectée expressément au paiement du passif indivis, celui-ci doit être intégralement déduit de l'actif partagé. Il en est de même si l'acte de partage règle la répartition du passif en stipulant que chaque copartageant le supportera dans une proportion déterminée (BOI précité).

D. Perte du droit au partage

EXISTENCE D'UN « ACTE DE PARTAGE »

58945 Le **droit** de demander le partage **cesse** s'il y a eu un acte de partage (C. civ. art. 816). Il doit s'agir d'un partage définitif, qui peut être total ou partiel, amiable ou judiciaire. Si le partage n'a été que partiel, bien évidemment le droit imprescriptible de demander un partage complémentaire subsiste pour les biens restés en indivision (Cass. 1e civ. 24-5-2018 no 17-18270 F-D).

Le mot « acte » s'entend ici au sens de *negotium* et non pas d'*instrumentum* : un partage verbal dont la preuve serait faite est un « acte de partage » au sens de l'article 816 du Code civil. Ainsi lorsqu'il y a eu vente d'un bien indivis suivie de la répartition du prix entre les héritiers, il ne subsiste plus, sur le bien vendu ou sur les deniers, aucune indivision ; il ne peut donc y avoir lieu à partage.

La licitation, judiciaire ou amiable, d'un bien indivis au profit d'un indivisaire réalise un partage (C. civ. art. 883 ; no 60225).

À l'inverse, n'**excluent pas le droit** de demander le partage des biens indivis :

– un simple partage provisionnel, c'est-à-dire celui qui porte seulement sur la répartition des fruits (Cass. 3e civ. 3-11-2005 no 04-11.424 FS-PB) ;

– un accord de jouissance privative au profit de tel ou tel indivisaire, qui ne met pas fin à l'indivision, la jouissance « privative » d'un ou plusieurs biens indivis ne devant pas être confondue avec la jouissance « divise ».

ACQUISITION DU BIEN INDIVIS PAR PRESCRIPTION

Le partage ne peut plus être demandé en cas d'acquisition du ou des biens indivis par prescription (usucapion), soit par un tiers, soit par l'un des indivisaires (C. civ. art. 816). **58950**

Pour cela, conformément au droit commun, la **possession** doit présenter les **caractéristiques** habituelles : elle doit être « continue et non interrompue, paisible, publique, non équivoque, et à titre de propriétaire » (C. civ. art. 2261). S'agissant de bien indivis, l'absence d'équivoque suppose que l'indivisaire a accompli des actes manifestant une intention de se comporter en propriétaire exclusif (Cass. 1e civ. 27-10-1993 no 91-13.286 : Bull. civ. I no 304). Ces actes doivent outrepasser l'exercice par l'indivisaire de ses prérogatives ordinaires. Tel n'est pas le cas de la construction de plusieurs maisons d'habitation, la conclusion de baux et l'exploitation commerciale par certains indivisaires : si ces actes d'administration nécessitent en principe l'unanimité des indivisaires, ils ne sont en aucun cas incompatibles avec la seule qualité d'indivisaire, si bien que la propriété exclusive n'est pas démontrée (Cass. 1e civ. 9-11-2022 no 21-16.449 F-D : BPAT 1/23 inf. 44 ; Defrénois 2023, art. DEF213t1, obs. B. Vareille).

La **durée** de la possession doit en outre être trentenaire pour les immeubles ; la prescription abrégée à dix ans n'est pas ici concevable au profit de l'un des indivisaires, faute de juste titre constitutif de droit. Un partage verbal ne constituerait qu'un acte déclaratif. Si la prescription acquisitive est admise, ce n'est pas le droit de demander le partage qui est prescrit : le bien cesse alors d'être indivis.

Il faut que ce délai ait couru **à l'égard de** tous les indivisaires. Si certains d'entre eux sont mineurs, la prescription ne leur sera pas opposable, la suspension ne bénéficiant pas aux indivisaires majeurs (Cass. 3e civ. 21-9-2022 no 21-17.409 FS-B : Defrénois 2023 no DEF213t1 obs. B. Vareille). Seules les quotes-parts détenues par les indivisaires à l'égard desquelles la prescription est acquise reviennent à l'héritier qui a prescrit.

SECTION 2

RÈGLES SPÉCIFIQUES AUX PARTAGES DE BIENS DÉMEMBRÉS

ABSENCE D'INDIVISION ENTRE USUFRUITIER ET NU-PROPRIÉTAIRE

Il n'existe pas d'indivision entre nu-propriétaire et usufruitier, de sorte qu'il ne peut être mis fin au démembrement par la voie d'une demande en partage (Cass. 1e civ. 12-7-2017 no 16-20.915 F-PB : JCPN 2018 p. 1102 note F. Sauvage). **59050**

En cas de **vente simultanée de l'usufruit et de la nue-propriété** d'un bien, le prix se répartit entre l'usufruit et la nue-propriété selon la valeur respective de chacun de ces droits, sauf accord des parties pour reporter l'usufruit sur le prix, ou encore sur le bien acquis en remploi du prix de vente (C. civ. art. 621, al. 1).

La **vente** du bien grevé d'usufruit, **sans l'accord de l'usufruitier,** ne modifie pas le droit de ce dernier, qui continue à jouir de son usufruit sur le bien s'il n'y a pas expressément renoncé (C. civ. art. 621, al. 2).

59052 **Fiscalement,** usufruitier et nu-propriétaire possédant chacun un droit privatif, l'acte par lequel l'usufruitier abandonne au nu-propriétaire tout ou partie de son usufruit et reçoit en contrepartie une part de pleine propriété constitue un échange et non un partage (BOI-ENR-PTG-10-10 n° 120). Mais cette règle comporte de nombreuses exceptions.

De même, les cessions de droits successifs ou les **licitations en usufruit ou en nue-propriété** au profit d'héritiers, de légataires ou de donataires nus-propriétaires ou usufruitiers des mêmes biens sont soumises à la taxe de publicité foncière ou au droit d'enregistrement au taux de 2,50 % (CGI art. 750, II).

Enfin, en vertu de l'article 917 du Code civil, l'**abandon de la propriété de la quotité disponible** en échange d'un legs en usufruit excédant la quotité disponible ne constitue pas une mutation de sorte que seul l'impôt de partage est dû (BOI-ENR-PTG-10-10 n° 130).

ILLUSTRATIONS

Seul le **droit de partage** est exigible quand, dans un partage de succession, le conjoint du défunt, commun en biens et légataire d'un quart en pleine propriété et d'un quart en usufruit, reçoit, soit uniquement des biens en usufruit ou en nue-propriété, soit uniquement des biens de communauté ou des biens de succession, pourvu que les attributions soient conformes à ses droits. Dans ces hypothèses, en effet, le conjoint survivant possède à la fois des droits en nue-propriété et en usufruit sur chacun des biens partagés.

INDIVISION EN USUFRUIT

59055 Si l'indivision existe en usufruit, chaque indivisaire peut en demander le partage par voie de **cantonnement** (c'est-à-dire de détermination du bien sur lequel s'exercera divisément l'usufruit) ou, si ce n'est pas possible, par voie de **licitation de l'usufruit** (c'est-à-dire de vente à un tiers de l'usufruit).

S'il n'est possible ni de partager en nature l'usufruit indivis, ni de procéder à une licitation de l'usufruit seul dans des conditions satisfaisantes pour les usufruitiers, ceux-ci peuvent demander la **licitation de la pleine propriété** du bien indivis (C. civ. art. 817). Les nus-propriétaires peuvent donc se voir imposer la vente du bien à la demande d'un indivisaire en usufruit.

INDIVISION EN NUE-PROPRIÉTÉ

59060 Lorsque l'indivision existe sur la nue-propriété, un nu-propriétaire peut de façon symétrique demander le **cantonnement** de son droit sur un bien particulier (partage en nature de la nue-propriété) ou la **licitation** (vente à un tiers) de la seule **nue-propriété** (C. civ. art. 818). L'usufruitier ne peut donc pas s'opposer à une demande en partage qui porte sur la seule nue-propriété, l'usufruit subsistant. Ainsi, par exemple, le mari qui a abandonné, au titre de sa prestation compensatoire, l'usufruit sur sa part de communauté dans le domicile conjugal est en droit de provoquer le partage dès lors qu'il existe une indivision en nue-propriété entre les deux ex-époux, peu important le droit d'usufruit de l'ex-femme (Cass. 1e civ. 13-10-2021 n° 20-16.282 F-D : BPAT 6/21 inf. 285-7).

La licitation de la **pleine propriété** est pareillement possible à la condition qu'elle apparaisse comme seule protectrice de l'intérêt de tous les titulaires de droits sur les biens indivis. Cependant, elle ne peut pas être ordonnée contre la volonté de l'usufruitier (C. civ. art. 818 renvoyant à 815-5, al. 2). Ainsi, lorsque l'usufruit porte sur le logement du conjoint survivant, les enfants du défunt étant nus-propriétaires en indivision, le conjoint survivant ne pourra pas en être privé contre sa volonté.

INDIVISION EN USUFRUIT ET EN NUE-PROPRIÉTÉ

59065 Celui qui est pour partie plein propriétaire et qui se trouve en indivision à la fois sur l'usufruit et sur la nue-propriété peut user des mêmes facultés (C. civ. art. 819). Il peut demander le **partage** en nature de l'usufruit ou de la nue-propriété, la **licitation** de l'usufruit ou de la nue-propriété ou la licitation de la pleine propriété. La licitation de la pleine propriété ne nécessite pas l'accord du coïndivisaire en usufruit qui, par hypothèse, n'est pas un usufruitier unique.

CHAPITRE 2

DÉTERMINATION DE LA MASSE PARTAGEABLE

SOMMAIRE

A. Composition de la masse à partager

1. ÉLÉMENTS CONSTITUTIFS

BIENS EXISTANTS

La composition de la masse partageable est légalement définie. En principe, tous les biens **59600** existant à l'**ouverture de la succession** et dont le défunt n'a pas disposé par testament ou donation au dernier vivant font partie de la masse partageable (C. civ. art. 825, al. 1).

Sont exclus de la masse à partager les biens dont le défunt n'était pas ou n'était plus propriétaire à la date du décès ainsi que les biens qui ont disparu entre la date du décès et celle du partage.

Lorsque la faculté de **cantonnement** est exercée par le conjoint survivant gratifié d'une libéralité (C. civ. art. 1094-1, al. 2) ou par un légataire (C. civ. art. 1002-1), l'avantage qui en résulte indirectement pour les cohéritiers réintègre la masse partageable, au même titre que les biens existants. Les biens recueillis par les copartageants à raison du cantonnement sont réputés être directement transmis par le défunt. Ils ne constituent pas une libéralité du gratifié aux héritiers légaux (C. civ. art. 1002-1 et 1094-1).

Il peut advenir que soit compris dans la masse à partager le capital d'un contrat d'assurance-vie souscrit par le défunt, lorsque ce dernier a entendu inclure ce capital dans sa succession, l'ayant expressément prévu aux termes de ses dispositions de dernière volonté (en ce sens, Cass. 1e civ. 10-10-2012 n° 11-17.891 F-PBI : JCP N 2012 n° 1369 note Ph. Van Steenlandt ; AJ fam. 2012 p. 627 obs. C. Vernières).

BIENS SUBROGÉS AUX BIENS EXISTANTS

Les biens qui ont été subrogés pendant le cours de l'indivision aux biens existants à la date **59605** du décès sont compris dans la masse partageable (C. civ. art. 825, al. 1).

La subrogation prend effet de plein droit pour les **créances et indemnités** qui remplacent des biens indivis (n° 53990). Il s'agit par exemple :

– de l'indemnité d'assurance versée en cas de destruction d'un bien (décision rendue en matière de partage de communauté, Cass. 1e civ. 19-3-2014 n° 13-12.578 F-PB : BPAT 3/14 inf. 152-h) ;

– de la somme d'argent représentative du prix d'un immeuble vendu avec le consentement de tous les indivisaires (report du partage sur le prix de vente du bien indivis aliéné avant le partage : Cass. 1e civ. 17-11-1971 n° 70-11.606 : Bull. civ. I n° 290) ;

– ou encore de la créance détenue sur un tiers à raison du prix de vente d'un bien indivis qui n'a pas encore été payé.

Pour les **biens acquis** en emploi ou remploi des biens indivis, le jeu de la subrogation réelle est conditionné au consentement unanime des indivisaires lors de l'acquisition (C. civ. art. 815-10). Sur cette question, voir nos 53995 s.

FRUITS ET REVENUS DES BIENS INDIVIS

59610 Les fruits et revenus des biens existants ou des biens subrogés **augmentent** la masse à partager (C. civ. art. 815-10, al. 2 et 825, al. 1).

Sont seuls **concernés** les fruits et revenus encaissés directement pour le compte de l'indivision successorale, par exemple par le notaire en charge de la succession, sur le compte dit « d'administration » de l'étude, ou par toute autre personne, y compris un indivisaire, qui les aurait encaissés au nom et pour le compte de l'indivision sur un compte bancaire ad hoc. Ce compte dit « d'administration », désigné par le Code civil sous l'expression « état » (C. civ. art. 815-8), ne doit être confondu ni avec les comptes individuels d'indivision, établis pour chacun des indivisaires (nº 59635), ni avec le compte général de l'indivision.

Les fruits et revenus de biens indivis ne sont **pas pris en considération** lorsque :
– un partage provisionnel ou un accord sur la jouissance privative du bien est intervenu (C. civ. art. 815-10, al. 2). Sur cette question, voir nos 54195 s. ;
– les indivisaires ont demandé leur part annuelle dans les bénéfices dès avant le partage définitif (C. civ. art. 815-11, al. 1).

L'indivisaire qui gère les biens indivis est redevable des fruits et revenus perçus déduction faite des charges acquittées pour le compte de l'indivision et de sa rémunération (C. civ. art. 815-12).

Aucune recherche relative aux fruits et revenus n'est recevable plus de cinq ans après la date à laquelle ils ont été perçus ou auraient pu l'être (C. civ. art. 815-10, al. 3). Pour plus de précisions, voir nos 54235 s.

CRÉANCES DU DÉFUNT

59615 Les créances détenues par le défunt **sur des tiers** doivent être intégrées à la masse à partager, bien que le Code civil ne le précise plus (C. civ. art. 832, al. 2 ancien). La nature de ces créances est totalement indifférente : créance légale (dette d'aliments), créance contractuelle (en pratique ce sera souvent un prêt non remboursé au décès), créance délictuelle (réparation d'un préjudice corporel non couvert par le mécanisme de l'assurance).

La **division** des créances de plein droit entre les héritiers est sans incidence sur ce principe (C. civ. art. 1309). Cette dernière règle ne concerne que les rapports des héritiers avec les tiers débiteurs, chacun des héritiers pouvant exiger du tiers débiteur le paiement de la quote-part qui lui revient dans la créance.

Au moment du partage, si aucun paiement n'est intervenu, la créance doit figurer dans son intégralité à l'actif de la masse à partager.

Si la créance a été totalement ou partiellement remboursée avant le partage entre les mains du notaire en charge de la succession et, à ce titre, inscrite sur le compte d'administration ouvert au nom de la succession, la somme correspondant à ce remboursement figurera à l'actif de la masse partageable. Si des sommes ont été décaissées au nom de l'indivision, ce sera évidemment le solde en faveur de l'indivision à la date de la liquidation de ce compte d'administration qui figurera dans la masse à partager.

Si la créance a été directement remboursée au profit d'un ou de plusieurs des indivisaires, le ou les indivisaires sont débiteurs de la succession, à concurrence de la somme perçue.

Le défunt peut avoir été titulaire de créances **contre ses héritiers,** par exemple, un prêt consenti à un enfant. Ces créances, par définition détachées de l'indivision, font nécessairement partie de la masse partageable (C. civ. art. 825, al. 2, in fine). Il importe peu qu'elles soient exigibles ou non (C. civ. art. 864). Ces créances se compensent, le cas échéant, avec celles dont le défunt était tenu envers l'héritier débiteur (C. civ. art. 867) : il peut s'agir d'un prêt de l'héritier au défunt par exemple. Ou encore d'une créance d'assistance au défunt âgé, cette assistance ayant excédé les exigences de la piété filiale (Cass. 1e civ. 12-7-1994 nº 92-18.639 : Bull. civ. I nº 250, D. 1995 p. 623 note M. Tchendjou, RTD civ. 1994 p. 843 obs. J. Hauser, RTD civ. 1995 p. 373 obs. J. Mestre, RTD civ. 1995 p. 407 obs. J. Patarin ; sur la créance d'assistance, voir nº 60560). Seul l'excédent figurera à l'actif de la succession.

ATTENTION

Le **point de départ de la prescription** applicable aux **créances du défunt contre un copartageant** n'est pas le même que celui qui s'applique aux créances du copartageant sur la succession. Prenons l'hypothèse d'époux séparés de biens, l'un finançant la part indivise ou un bien personnel à l'autre. Le conjoint apporteur décède. La créance détenue par l'époux décédé à l'encontre de son conjoint constitue, à raison du décès, une dette de l'époux survivant à l'égard de la succession ; il en résulte qu'une telle créance tombe sous l'emprise de l'article 865 du

Code civil et n'est donc « soumise à aucune prescription avant la clôture des opérations de partage de la succession » (Cass. 1e civ. 26-5-2021 n° 19-21.302 FS-P : SNH 21/21 inf. 14, obs. A. Chamoulaud-Trapiers ; AJ fam. 2021 p. 435 obs. J. Casey p. 435 obs. S. David ; Dr. famille 2021 n° 7-8 p. 29-30 obs. S. Torricelli-Chrifi ; voir également n° 60525).

La solution n'est pas transposable à la créance inverse, celle qui serait détenue par le survivant à l'encontre du défunt (**créance du copartageant sur la succession**). En effet, dans cette dernière hypothèse, la Cour de cassation exclut l'application de l'article 865 à une dette du défunt à l'égard de l'un des copartageants (Cass. 1e civ. 28-3-2018 n° 17-14.104 F-PB : SNH 13/18 inf. 3, Defrénois 2018 n° 36 p. 40 obs. A. Chamoulaud-Trapiers). La prescription de la créance détenue par le survivant à l'encontre de la succession est régie par le droit commun de la prescription, soit cinq ans à compter du jour où le titulaire d'un droit a connu ou aurait dû connaître les faits lui permettant de la réclamer (C. civ. art. 2224 ; en ce sens, Cass. 1e civ. 28-3-2018 n° 17-14.104 précité ; Cass. 1e civ. 14-4-2021 n° 19-21.313 FS-P : SNH 15/21 inf. 4, à propos d'une indivision entre concubins mais transposable). L'exigibilité n'étant pas différée à la date de la clôture des opérations de partage, ce délai commence à courir à la date du décès de l'époux débiteur.

DETTES ET CHARGES DE LA SUCCESSION

Les **dettes du défunt** sont celles nées de son chef à l'égard de tiers ou de ses héritiers (prêt, dette alimentaire, créance d'assistance au parent âgé, créance de salaire différé, etc.). Elles viennent en déduction de la masse active à partager. **59620**

Les charges de la succession sont des obligations et dettes qui n'ont jamais incombé au défunt mais sont **liées à son décès** (nos 37040 s.). Elles grèvent l'hérédité. Leur traitement est aligné sur celui des dettes successorales.

Sur les règles fiscales de déduction du passif, voir nos 48350 s.

› Précisions **a.** Les **legs particuliers de sommes d'argent** sont assimilés, du point de vue de leur exécution, à des charges de la succession ; le légataire de somme d'argent se retrouve créancier des successeurs. Toutefois, l'héritier n'est pas tenu des legs au-delà des forces de la succession (C. civ. art. 785, al. 2). Au surplus, les créanciers successoraux priment les légataires particuliers de sommes d'argent : on ne peut léguer que des biens n'ayant pas déjà été engagés (C. civ. art. 796, al. 4 ; M. Grimaldi, Droit des successions, LexisNexis, 8e éd., 2020, n° 591).

b. La **demande** d'un héritier **pour** voir **fixer sa créance à l'égard de la succession** (ce qui constitue donc une dette de la succession), qui ne tend ni à la liquidation de l'indivision successorale, ni à l'allotissement de cet héritier, ne constitue pas une opération de partage et n'est, dès lors, pas subordonnée à l'ouverture des opérations de comptes, liquidation et partage de la succession (Cass. 1e civ. 16-12-2020 n° 19-16.295 F-P : SNH 4/21 inf. 12 ; Defrénois 2021 n° 14 p. 26 note A. Chamoulaud-Trapiers, à propos d'une créance d'assistance d'une mère envers son fils prédécédé).

DETTES NÉES DU FONCTIONNEMENT DE L'INDIVISION

Les dettes nées du fonctionnement de l'indivision, de la **conservation, de l'amélioration** ou de la **gestion des biens indivis** constituent un passif dont il doit être tenu compte pour l'établissement de la masse à partager (n° 54415). Il s'agit, par exemple, de la rémunération due à l'indivisaire qui gère un ou plusieurs biens indivis (C. civ. art. 815-12). De la même manière, les dépenses d'amélioration et de conservation de biens indivis ouvrent droit à indemnité au profit de l'indivisaire gestionnaire (C. civ. art. 815-13). Par exemple, de jurisprudence constante, le remboursement par un seul des indivisaires d'un prêt souscrit pour l'acquisition d'un bien indivis représente une dépense de conservation (Cass. 1e civ. 7-6-2006 n° 04-11.524 F-PB : RJDA 12/06 n° 1282). A contrario, les **travaux d'entretien** ne sont pas assimilés à des dépenses d'amélioration ou de conservation du bien indivis ; ils n'ouvrent pas droit à indemnité (Cass. 1e civ. 28-3-2006 n° 04-10.596 F-PB ; Cass. 1e civ. 01-02-2017 n° 16-12.626 F-D ; Cass. 1e civ. 13-2-2019 n° 17-26.712 F-D : BPAT 2/19 inf. 64, Defrénois 2019 n° 42 p. 33 obs. A. Chamoulaud-Trapiers). **59625**

La **qualification de dépenses d'amélioration ou de conservation** relève de l'appréciation souveraine des juges du fond (Cass. 1e civ. 10-5-2006 n° 03-19.001 FS-PB, décision rendue en matière de dépenses de conservation). **59630**

Les dépenses d'amélioration réalisées **dans l'intérêt d'un seul indivisaire** sont prises en compte pour la détermination de la masse partageable à hauteur du profit subsistant. Peu importe que la dépense n'ait pas été engagée au profit de tous les indivisaires (Cass. 1e civ. 6-12-2005 n° 03-11.489 F-PB). L'indemnité due à l'indivisaire qui a engagé une dépense d'amélioration d'un bien indivis est en principe égale à la plus-value apportée au bien, calculée au temps du partage ou de l'aliénation (C. civ. art. 815-13). Les juges du fond peuvent moduler le montant de cette indemnité en se fondant sur l'équité.

La dépense de conservation est **évaluée** selon l'équité et est égale à la plus forte des deux sommes que représentent respectivement la dépense faite et le profit subsistant (Cass. 1e civ. 4-3-1986 no 84-15.071 : Bull. civ. I no 51). Les juges du fond ont également la faculté de modérer le montant de cette indemnité par des considérations d'équité (Cass. 1e civ. 7-6-1988 no 86-15.090 : Bull. civ. I no 174).

59632 Ces dettes de l'indivision ont pu être **réglées pendant le cours même de l'indivision.** Dans ce cas, il n'y aura évidemment pas lieu de les faire apparaître dans le cadre des opérations de partage. Si elles n'ont pas été réglées **à la date de la liquidation,** elles doivent être inscrites dans les comptes individuels d'indivision établis pour les besoins de la liquidation (no 59635).

SOLDES DES COMPTES

59635 Pour chacun des indivisaires, il y a lieu d'établir un compte individuel d'indivision (nos 56410 s.), conformément aux exigences de l'article 867 du Code civil. Le solde du compte d'indivision établi pour chacun des indivisaires fait l'objet d'un **traitement liquidatif particulier.** S'il est créditeur, en faveur de l'indivisaire, il est inscrit au passif de la masse à partager. L'indivisaire se paie par prélèvement sur la masse à partager. Si le solde est débiteur, en faveur de la masse indivise, il est inscrit à l'actif à partager. Dans ce dernier cas de figure, le règlement se fait en moins prenant (pour une application chiffrée, voir no 56550).

59637 Ces comptes individuels d'indivisaires ne doivent **pas** être **confondus** avec les « états » dressés par toute personne qui gère l'indivision (C. civ. art. 815-8), qui ne servent qu'à relater les sommes encaissées ou décaissées pour le compte de l'indivision (no 56415). Ces « états » n'ont en aucun cas à apparaître en tant que tels dans la détermination de la masse à partager. Il convient d'apporter les précisions suivantes.

Si un **indivisaire** a encaissé sur un compte bancaire ouvert à son seul nom des sommes indivises et s'il a décaissé, sur ses deniers personnels, des sommes incombant à l'indivision, ces encaissements et décaissements seront intégrés dans le **compte individuel d'indivision** de cet indivisaire. La tenue d'un « registre » des recettes et dépenses réalisées dans ces conditions facilitera l'établissement du compte individuel d'indivision de cet indivisaire. Ces créances réciproques entre l'indivisaire et l'indivision, si elles ne sont pas réglées à la date de la liquidation, seront reprises dans le compte individuel d'indivision : seul le solde de ce compte figurera, suivant les cas, à l'actif ou au passif de la masse à partager (voir exemple 1).

En revanche, si un indivisaire a réalisé des encaissements de deniers indivis et des décaissements au nom et pour le **compte de l'indivision** (encaissements sur un compte indivis et décaissements de deniers indivis), il doit alors établir un « état » récapitulatif (C. civ. art. 815-8) et les différents éléments de cet état prendront place directement soit à l'actif, soit au passif de la masse à partager.

Si un tel « état » (alors généralement dénommé « compte d'administration ») a été établi **par un tiers,** par exemple le notaire en charge de la liquidation de la succession, les différents éléments retracés dans cet « état » sont autant d'éléments d'actif ou de passif repris dans les différents éléments constitutifs de la masse à partager. Les « encaissements » et les « décaissements » réalisés au nom de l'indivision qu'il relate viennent prendre place soit à l'actif de la masse à partager, soit au passif de l'indivision (voir exemple 2).

EXEMPLE 1

État récapitulatif établi par un indivisaire relatant des mouvements patrimoniaux survenus pendant l'indivision

Un héritier, Antoine, a, pendant le cours de l'indivision :
– encaissé directement sur son compte personnel 5 000 € de loyers ;
– réglé de ses deniers personnels la facture du couvreur pour des travaux réalisés pendant l'indivision sur un immeuble indivis, soit 30 000 € ;
– bénéficié de la jouissance privative d'une maison au bord de la mer pendant trois ans, les héritiers étant d'accord sur une indemnité de jouissance privative totale de 9 000 € (suivant une estimation faite par un administrateur de biens des revenus de locations saisonnières dans ce secteur).

Aucun paiement n'est intervenu pendant le cours de l'indivision.

Le compte individuel d'indivision de cet indivisaire s'établit comme suit à la liquidation :

Compte individuel d'indivision d'Antoine		
Créances de l'indivision sur cet indivisaire :	– au titre de la restitution des loyers (C. civ. art. 815-10) – au titre de la jouissance privative de la maison (C. civ. art. 815-9) : Total :	5 000 9 000 14 000
Créances de l'indivisaire sur l'indivision :	– au titre du paiement de dépenses conservatoires (C. civ. art. 815-13, al. 1) : Total :	30 000 30 000
Soit un solde en faveur de l'indivisaire de :		16 000

Seul ce solde de 16 000 € figurera au passif de la masse à partager.

EXEMPLE 2

État récapitulatif établi par un tiers relatant des encaissements ou décaissements réalisés pour le compte de l'indivision

Dans cette hypothèse devront par exemple figurer à l'actif de la masse à partager :
– l'encaissement de loyers ou de fermages entre les mains du notaire, pour le compte de l'indivision, dans la rubrique « fruits et revenus de biens indivis » ;
– l'encaissement d'une indemnité de jouissance privative versée par l'un des héritiers, dans la rubrique « fruits et revenus des biens indivis », puisque l'indemnité de jouissance privative représente un substitut de fruits et revenus du bien indivis.

Devront par exemple figurer au passif de la masse à partager :
– le paiement d'une facture de travaux laissée impayée par le défunt par prélèvement sur les deniers de la succession ;
– le paiement des cotisations d'assurance pour un bien indivis laissées impayées par le défunt ;
– le paiement de la taxe d'habitation laissée impayée par le défunt.

EN PRÉSENCE DE LIBÉRALITÉS RAPPORTABLES

Lorsque le défunt a consenti des libéralités rapportables, dites « en avancement de part successorale », il est impératif d'en tenir compte dans la composition de la masse partageable (C. civ. art. 825, al. 2 in fine). Le **rapport** s'exécute en principe **en valeur** : c'est une indemnité représentative du bien qui est intégrée à l'actif de la masse à partager (sur les modalités de détermination du montant de cette indemnité, voir n°s 31940 s.). **59640**
Dans de rares cas (n°s 32110 s.), le rapport se fait **en nature** et la masse active à partager est alors augmentée du bien lui-même, qui est remis dans l'indivision.

EN PRÉSENCE DE LIBÉRALITÉS RÉDUCTIBLES

Si le défunt a consenti des libéralités et qu'il laisse à sa survivance des héritiers à réserve, les libéralités qu'il a consenties sont susceptibles d'être « réduites » chaque fois qu'elles dépassent la quotité disponible. Les opérations de réduction des libéralités permettent de déterminer le montant de la **restitution** due par le gratifié à la succession (sur les modalités de la réduction, voir n°s 33540 s.). En principe, cette restitution s'effectue **en valeur.** Dans cette hypothèse, c'est l'indemnité de réduction qui doit figurer dans l'actif de la masse partageable. Lorsque la réduction s'effectue exceptionnellement **en nature,** les biens donnés ou légués retournent dans la masse active à partager. **59645**

2. APERÇU LIQUIDATIF

En pratique, **les droits des héritiers** sont calculés sur l'actif net de succession : doivent être déduites de l'actif brut à partager, pour les besoins du partage civil, les dettes et charges de la succession à l'égard des tiers et les dettes à l'égard des indivisaires, en veillant à ne pas comptabiliser une deuxième fois les dettes à l'égard des indivisaires déjà prises en compte dans le compte individuel d'indivision de tel ou tel indivisaire. La valeur des droits respectifs **59650** des héritiers peut alors être calculée au prorata de la quote-part à laquelle ils peuvent prétendre dans cet actif net.

Le **passif** est en pratique effectivement réglé soit par l'affectation à son acquit d'une partie des actifs, soit par l'un des héritiers en contrepartie d'une attribution dans son lot d'un bien d'un montant équivalent à la dette qu'il assume (n° 60655).

Au titre de la **contribution à la dette,** en principe, chacun des héritiers est tenu au prorata de sa vocation héréditaire (n° 60610). On observe que cette vocation peut être différente de l'émolument, par exemple si l'un des héritiers a reçu une avance de part dont il effectue le rapport en moins prenant ou avait, à l'inverse, la charge d'acquitter une dette du défunt.

59652 Pour faciliter la liquidation d'une succession, voici un **tableau** listant l'ensemble des éléments de la masse à partager.

Détermination des droits des parties dans la liquidation de la succession	
Actif de la masse à partager :	1. Biens successoraux existants à la date de la liquidation : Biens figurant dans la succession lors de son ouverture et toujours présents à la liquidation Biens subrogés aux biens figurant dans la succession lors de son ouverture 2. Créances détenues sur des tiers à la date de la liquidation (après compensation le cas échéant) 3. Créances contre les héritiers (créances non comprises dans les comptes individuels d'indivision après compensation le cas échéant 4. Fruits et revenus des biens indivis encaissés sur un compte ouvert au nom de l'indivision (compte d'administration) 5. Solde(s) des comptes individuels d'indivision en faveur de l'indivision 6. Indemnités de rapport dues par des copartageants 7. Indemnités de réduction dues par des gratifiés
Passif de la masse à partager :	1. Solde(s) des comptes individuels d'indivision en faveur de tel ou tel indivisaire 2. Dettes de la succession à l'égard de tel ou tel indivisaire (après compensation le cas échéant et non comprises dans les comptes individuels d'indivision) non acquittées à la date de la liquidation 3. Dettes du défunt à l'égard de tiers nées par hypothèse avant l'ouverture de la succession (après compensation le cas échéant) non acquittées à la date de la liquidation 4. Charges de la succession nées par hypothèse après le décès du de cujus.
Actif – Passif	= Actif net à partager
Revenant à chacun des héritiers :	Sa quote-part dans l'actif net

59655 **Illustration** André décède, laissant à sa survivance ses deux enfants issus de son union avec son épouse divorcée, Nicole et Chantal. Son patrimoine, exclusif de liquidités, est estimé à 120 000 € (valeur décès et partage). Par ailleurs, il a gratifié sa fille Chantal d'une donation en avancement de part successorale, d'une valeur de 80 000 € au jour du partage. Le passif de la succession est de 20 000 €.

À titre personnel, Nicole dispose de liquidités. Elle souhaite être attributaire d'une plus importante part de l'actif successoral et acquitter, en contrepartie, l'intégralité des dettes de la succession à l'aide de ses propres deniers.

59655 (suite)

1. Masse à partager :

Actif	Constitué pour mémoire des éléments suivants : 1. Biens successoraux existants à l'ouverture de la succession ou biens qui leur ont été subrogés 2. Créances détenues sur des tiers à la date de la liquidation (après compensation le cas échéant) 3. Créances contre les héritiers (créances non comprises dans les comptes individuels d'indivision) après compensation le cas échéant 4. Fruits et revenus des biens indivis encaissés sur un compte ouvert au nom de l'indivision (compte d'administration) 5. Solde(s) des comptes individuels d'indivision en faveur de l'indivision 6. Indemnités de rapport dues par des copartageants 7. Indemnités de réduction dues par des gratifiés	Constitué dans notre cas de : 120 000 (biens existants) 80 000 (rapport dû par Chantal)
Total		200 000

Passif	Constitué pour mémoire : 1. Du ou des solde(s) des comptes individuels d'indivision en faveur de tel ou tel indivisaire 2. Des dettes de la succession à l'égard de tel ou tel indivisaire (après compensation le cas échéant et non comprises dans les comptes individuels d'indivision) non acquittées à la date de la liquidation 3. Des dettes du défunt à l'égard de tiers nées par hypothèse avant l'ouverture de la succession (après compensation le cas échéant) non acquittées à la date de la liquidation 4. Des charges de la succession nées par hypothèse après le décès du de cujus	Constitué dans notre cas de : 20 000 (dette successorale)
Total		20 000

Actif net à partager	= Actif – Passif	180 000
Dont moitié à chacun des enfants		90 000

2. Droit des parties dans la masse à partager et passif restant à acquitter :

Revenant à Nicole :	Sa part d'actif net à partager	90 000
Revenant à Chantal :	Sa part d'actif net à partager	90 000
Passif restant à acquitter :	Dette de la succession de 20 000	20 000
Total des droits des parties et passif à acquitter égal à l'actif brut à partager	Biens existants + indemnité de rapport	200 000

3. Propositions d'attributions et d'affectation à l'acquit du passif :

Nicole a droit à :	90 000
On lui attribue divers biens existants à concurrence de :	110 000
À charge pour elle de s'acquitter de l'intégralité des dettes, soit :	20 000
Total égal à ses droits :	90 000
Son émolument, c'est-à-dire la part recueillie dans l'actif net successoral, est supérieur à ses droits dans la masse à partager.	

Chantal a droit à :	90 000
On lui attribue, par confusion sur elle-même, le montant de son rapport :	80 000
Divers biens existants, soit :	10 000
Total égal à ses droits :	90 000
Son émolument, c'est-à-dire la part recueillie dans l'actif net successoral, est inférieur à ses droits dans la masse à partager.	

B. Évaluation de la masse à partager

DATE D'ÉVALUATION

59705 En principe, les biens sont évalués à la date de la « **jouissance divise** », telle qu'elle est fixée par l'acte de partage (C. civ. art. 829, al. 1). La règle s'applique aussi aux créances d'un indivisaire sur l'indivision lorsqu'elles doivent être calculées soit à hauteur du profit subsistant pour une dépense d'amélioration du bien indivis, soit à hauteur de la plus forte des deux sommes représentant respectivement la dépense faite et le profit subsistant pour une dépense de conservation de ce bien (Cass. 1re civ. 21-6-2023 no 21-24851 FS-B : BPAT 5/23 inf. 211, à propos d'une indivision post-communautaire mais dont la solution est transposable).

La date de jouissance divise n'est ni la date du décès, ni celle du partage lui-même C'est la date de l'arrêt des comptes de la liquidation successorale, qui doit être la plus proche possible du partage (C. civ. art. 829, al. 2 ; pour une illustration, Cass. 1e civ. 22-5-2007 no 06-10.152 F-D).

Les **copartageants peuvent déroger** à cette règle et convenir amiablement d'évaluer certains des biens successoraux à une autre date (solution rendue en matière de partage de communauté, Cass. ass. plén. 22-4-2005 no 02-15.180 P : BPAT 3/05 inf. 76, Dr. famille 2005 comm. 140 note B. Beignier, RTD civ. 2005 p. 810 obs. M. Grimaldi). Il est par exemple possible de fixer des dates de jouissance divise différentes pour deux immeubles successoraux, l'une fixée amiablement par les copartageants, l'autre par le juge (Cass. 1e civ. 3-10-2019 no 18-20.827 F-D).

Le **juge** a la faculté de fixer la date de jouissance divise à une date plus ancienne en fonction des circonstances de la cause et des intérêts respectifs des copartageants, si ce choix paraît plus favorable à la réalisation de l'égalité (C. civ. art. 829, al. 3 ; pour une illustration, Cass. 1e civ. 26-6-2013 no 12-13.366 F-PB : AJ fam. 2013 p. 517 obs. A. de Guillenchmidt-Guignot).

Ainsi, il a été jugé possible de regrouper les évaluations autour de la date de l'adjudication des biens les plus importants de la succession afin de remédier aux manœuvres dilatoires imputables à l'un des copartageants (Cass. 1e civ. 01-12-1965 : Bull. civ. I n° 671, Defrénois 1966 art. 28852 p. 546 note R. Savatier).

Le juge peut aussi prévoir, s'il y a lieu de craindre que le partage soit retardé, que la valeur retenue au moment de la jouissance divise soit indexée selon un indice de son choix, en relation avec le ou les biens concernés.

En tout état de cause, si aucune date n'a été fixée pour la jouissance divise, la valeur des biens à partager retenue dans une décision, même définitive, peut faire l'objet d'une réévaluation (Cass. 1e civ. 8-4-2009 n° 07-21.561 F-PB : BPAT 3/09 inf. 119, Defrénois 2009 act. n° 128 p. 1079 ; Cass. 1e civ. 3-3-2010 n° 09-11.005 F-PB ; Cass. 1e civ. 1-12-2021 n° 20-13.563 F-D : BPAT 1/22 inf. 60-18). Le jugement définitif qui évalue ces biens ou créances sans fixer la date de jouissance divise n'a pas autorité de chose jugée quant à ces évaluations (Cass. 1e civ. 21-6-2023 n° 21-24.851 FS-B : BPAT 4/23 inf. 211).

ÉTAT DU BIEN

Les biens sont estimés dans l'état où ils se trouvent à la **date de la jouissance divise** (bien libre ou occupé, en bon ou mauvais état de réparation, grevé ou non de charges, etc.). Les circonstances suivantes ne sont pas de nature à affecter, entre les copartageants, la valeur vénale des biens partagés : **59710**
– l'état d'indivision existant entre les copartageants et le démembrement de la propriété entre eux (Cass. 1e civ. 22-6-2016 n° 15-19.471 F-PB : BPAT 5/16 inf. 200). En effet, les intéressés ont vocation à retrouver la pleine propriété avec le partage ou à l'issue de l'usufruit ;
– l'occupation, par un indivisaire, d'un bien dont il a obtenu l'attribution préférentielle (CA Paris 7-4-2010 n° 08/24451).

La **dépréciation ou** la **valorisation** des biens durant la période d'indivision est opposable aux copartageants : les plus-values profitent à l'indivision (n° 53885), et les moins-values sont subies par l'ensemble des indivisaires (n° 53900).

Toutefois, l'indivisaire dont l'activité est à l'origine d'une plus ou moins-value sur le bien est, selon le cas, créancier ou débiteur de l'indivision, à raison des dépenses de conservation ou d'amélioration du bien indivis (nos 59625 s.) de l'activité déployée (nos 53890 s.) ou, à l'inverse, de la dégradation du bien indivis.

Une règle particulière d'évaluation s'applique aux immeubles classés ou inscrits au titre des **monuments historiques** qui ont été donnés ou légués avec une clause d'inaliénabilité : l'évaluation de l'immeuble s'estime déduction faite des charges y compris d'entretien nécessaire à sa préservation durant toute la durée de la clause (C. patr. art. L 621-29-7). **59715**

Un bien qui a été **cédé durant l'indivision** est pris en compte à hauteur de son prix de vente, sauf cas de faute d'un indivisaire ou de remploi du prix (Cass. 1e civ. 11-3-2009 n° 07-21.356 : Bull. civ. I n° 59). **59716**

CRÉANCES

Les créances de sommes d'argent, **contre un tiers ou un copartageant,** sont inscrites pour leur valeur nominale. **59720**

Pour plus de précisions sur le rapport des dettes, voir n° 60525.

Si une **indexation** est prévue, la créance est liquidée au moment du partage. Il en va de même d'une créance libellée en monnaie étrangère.

Les **indemnités de rapport et de réduction** sont déterminées compte tenu de la valeur du bien donné (ou légué) à l'époque du partage, suivant leur état à la date de la donation ou de la prise d'effet du legs. Si à la date du partage le bien a été aliéné, à défaut de remploi, l'indemnité de rapport ou de réduction est calculée en fonction de la valeur du bien au jour de l'aliénation. En cas de remploi, il faut se référer à la valeur du bien subrogé au jour du partage. En présence d'un legs universel, il n'y a aucune indivision entre le légataire universel et le ou les héritiers réservataires (voir n° 54090), si bien qu'il n'y aura pas de partage : l'indemnité de réduction devra alors être calculée à l'époque de sa liquidation et non à l'époque du décès (Cass. 1e civ. 1-12-2021 n° 20-12.923 FS-B ; Cass. 1e civ. 22-6-2022 n° 21-10.570 FS-B).

Pour plus de précisions sur le montant du rapport, voir nos 31940 s. ou sur celui de la réduction, voir nos 33555 s.

Sur la question de la production d'**intérêts** de ces créances, pour celles contre les copartageants, voir n° 60530 ; pour l'indemnité de rapport, voir nos 31990 s. ; pour l'indemnité de réduction, voir n° 33571.

CHAPITRE 3

OPÉRATIONS DE PARTAGE

SOMMAIRE

PRÉSENTATION GÉNÉRALE

Le partage met fin à l'indivision en attribuant à chacun des héritiers copartageants, à titre privatif, des biens successoraux. Le partage s'opère en **plusieurs étapes.** Une fois que l'on a déterminé la valeur des droits des héritiers dans la masse à partager, c'est-à-dire que l'on a procédé à la liquidation proprement dite, il y a lieu de procéder aux allotissements, autrement dit à la formation des lots. Les allotissements sont réalisés d'abord par la composition de lots puis par leur attribution. Afin que chaque copartageant ne reçoive en valeur que le montant de ses droits, il pourra y avoir lieu au paiement de soultes de partage. Enfin, il convient de régler définitivement le sort du passif successoral à la date du partage. 60200

> **Précisions** L'action d'un héritier à l'encontre d'un seul des cohéritiers en fixation d'une créance d'assistance au défunt ne tend ni à la liquidation de l'indivision successorale ni à l'allotissement de cet héritier ; par conséquent, elle ne constitue **pas une opération de partage** (Cass. 1e civ. 16-12-2020 n° 19-16.295 F-P : SNH 4/21 inf. 12 ; Defrénois 2021 n° 14 p. 26 note A. Chamoulaud-Trapiers).

SECTION 1

FORMATION DES LOTS

A. Composition des lots

CONSTITUTION DES LOTS

Valeur et composition des lots Chaque indivisaire doit recevoir un lot égal à ses droits dans l'indivision (C. civ. art. 826, al. 2). 60210

Cette **égalité** se mesure uniquement **en valeur** : chaque copartageant doit recevoir des biens pour une valeur égale à ses droits dans la masse à partager (C. civ. art. 826, al. 1 et 2), droits préalablement établis dans les opérations de liquidation de la succession.

La **nature des biens** reçus est indifférente. Un indivisaire peut être alloti d'immeubles tandis que l'autre l'est de meubles. Mais encore faut-il que la répartition ne soit pas opérée dans le but de frauder les héritiers ou les créanciers. Pour un exemple de partage frauduleux dans les allotissements, l'un des indivisaires n'étant alloti que d'immeubles, l'autre que de liquidités, ce dernier étant mieux à même de les répartir de façon occulte entre ses enfants, voir Cass. 1e civ. 11-7-2019 no 18-20.235 F-D : BPAT 5/19 inf. 171.

Le cas échéant, l'inégalité en valeur des attributions en biens ou droits successoraux sera compensée par une **soulte** (C. civ. art. 826, al. 4 ; nos 60400 s.).

Dans un partage amiable, la composition des lots est librement décidée par les indivisaires (voir no 61500). En cas de partage judiciaire, elle est généralement le fait d'un expert ou du notaire en charge du règlement de la succession (voir nos 61840 s.).

Sur le mode et la date d'**évaluation des éléments d'actifs,** voir nos 59705 s.

> **Précisions** Pour les **partages réalisés avant le 1er janvier 2007,** le principe d'égalité en nature prévalait, chacun des copartageants devant recevoir la même quantité de meubles, d'immeubles, de droits ou de créances de même nature (C. civ. art. 832 ancien).

60215 **Maintien des unités économiques** Dans la formation et la composition des lots, le législateur encourage au maintien des unités économiques afin d'éviter leur fractionnement, qui est une source de dépréciation de leur valeur (C. civ. art. 830). Il peut s'agir d'une entreprise, d'une collection de tableaux… Ce **principe** justifie notamment la possibilité d'attribution préférentielle (voir nos 60760 s.). Dans certains cas, cette unité économique ne peut être sauvegardée et la licitation peut s'avérer nécessaire (voir nos 60220 s.).

60220 **Licitation** Pour permettre la composition des lots, la licitation peut être décidée pour les **biens qui ne peuvent pas être facilement partagés ou attribués** (CPC art. 1377) ; elle revêt donc un caractère subsidiaire. Ce sera le cas par exemple si le morcellement du bien est de nature à entraîner sa dépréciation ou si son attribution à l'un des copartageants est impossible en pratique compte tenu du montant qu'atteindrait la soulte.

Le juge doit motiver son refus de partage en nature et sa décision d'ordonner une licitation (Cass. 1e civ. 11-05-2016 no 15-18.993 F-D).

Il doit circonscrire la licitation aux seuls immeubles ne pouvant être facilement inclus dans un lot (Cass. 1e civ. 22-10-2014 no 13-24.911 F-D : D. 2015 p. 296 obs. N. Fricero).

60221 Le terme même de « licitation » peut recevoir deux **acceptions,** l'une étroite, l'autre plus générique. Entendue dans son sens étymologique, plus étroit (mot issu de « licitari » signifiant « mettre aux enchères »), la licitation est la vente aux enchères d'un bien ou d'un droit indivis. Entendue dans son sens le plus large, la licitation est définie comme une opération ayant pour objet de mettre fin à une situation complexe liée à la coexistence de plusieurs droits sur un même bien (Cornu : Vocabulaire juridique vo Licitation, PUF, 7e édition). C'est le sens générique, plus large, du terme qui est généralement retenu s'agissant de l'opération mettant fin à l'indivision pour un bien ou un droit indivis.

60222 La licitation peut prendre deux **formes** : amiable ou judiciaire.

La licitation amiable est réalisée sans intervention de justice, tous les cohéritiers étant d'accord. Elle peut alors se faire de gré à gré (vente amiable), c'est-à-dire sans appel au public, ni enchères, ni adjudication ou par adjudication amiable. Dans ce dernier cas, le cahier des charges fixe les conditions de la vente.

La licitation judiciaire prend toujours la forme d'une adjudication judiciaire. Dans cette hypothèse, c'est le tribunal qui en détermine les conditions (CPC art. 1377). Il fixe notamment la mise à prix. Notons que des copartageants ne peuvent pas demander au tribunal d'ordonner la licitation d'un bien sans former une demande en partage judiciaire (Cass. 1e civ. 15-6-2017 no 16-16.031 FS-PB : BPAT 4/17 inf. 163).

Dans le cadre d'une vente judiciaire après partage, le jugement d'adjudication statuant sur une contestation est susceptible d'appel, et ce, même si la procédure de licitation après partage se définit par renvoi aux textes gouvernant la saisie immobilière (CPC art. 1377 et 1271 à 1281) et qu'il n'est pas fait de renvoi exprès à la disposition qui prévoit que les jugements d'adjudication qui statuent sur une contestation sont susceptibles d'appel (C. exécution art. R 322-60 ; Cass. 1e civ. 10-12-2020 no 19-16.691 F-PBI).

Qu'elle soit amiable ou judiciaire, l'adjudication se fait au plus fort enchérisseur.

Signalons enfin que la licitation est une modalité du partage. Il ne peut donc pas être sursis à la licitation dès lors que le partage a été ordonné par une décision devenue irrévocable (Cass. 1e civ. 3-10-2019 no 18-21.200 FS-PBI : SNH 33/19 inf. 3).

La **nature** même de la licitation diffère suivant qu'elle est réalisée au profit d'un indivisaire ou d'un tiers. 60225

Si la licitation est réalisée **au profit d'un tiers,** la licitation vaut vente, avec tous les effets attachés à une vente. La créance de prix est alors automatiquement subrogée au bien vendu dans la masse à partager (C. civ. art. 815-10, al. 1) et l'on peut composer les lots.

Si la licitation, judiciaire ou amiable, est réalisée **au profit d'un indivisaire,** elle opère comme un partage (C. civ. art. 883 ; n° 62515) : partage partiel si l'indivision comporte d'autres biens, total si c'est le seul bien demeurant dans l'indivision. L'indivisaire adjudicataire est alloti de ce bien. Ce partage a un caractère définitif à l'égard du bien concerné (Cass. 1e civ. 14-5-2014 n° 13-10.830 FS-PBI : RJDA 11/14 n° 875 ; Cass. 1e civ. 11-4-2018 n° 17-17.495 F-PB : RJDA 7/18 n° 612). Si le prix d'adjudication excède les droits de l'indivisaire adjudicataire dans la masse à partager, celui-ci est débiteur d'une somme d'argent à l'égard de ses cohéritiers. Cette créance est assimilable à une soulte devant revenir divisément aux coïndivisaires (Cass. 1e civ. 26-2-1975 n° 73-10.146 : Bull. civ. I n° 84). S'il est prévu que le paiement du prix sera différé, les dispositions sur les soultes payables à terme (n° 60410) s'appliquent (Cass. 1e civ. 14-5-2014 n° 13-10.830 FS-PBI : BPAT 4/14 inf. 174 ; voir toutefois M. Grimaldi, Les successions, LexisNexis, 2020, n° 1025, considérant que cette créance n'est pas revalorisable, l'article 828 du Code civil ne visant que les soultes).

> **Précisions** **a.** Au regard du **droit fiscal,** la licitation réalisée au profit d'un tiers est soumise au régime des ventes ordinaires et taxée comme telle (CGI art. 750, I). En revanche, la licitation réalisée au profit d'un indivisaire est assimilée à un partage et soumise au seul droit de partage, à l'exclusion de toute taxe ou droit afférent aux mutations à titre onéreux (CGI art. 750, II). Mais l'émolument dû en matière de licitation n'est pas le même qu'en matière de partage (C. com. art. A444-121 pour le partage, A444-87, 1° pour la licitation de gré à gré, A444-87, 2° pour la licitation par adjudication volontaire et A444-87, 3° pour la licitation par adjudication judiciaire). Ainsi, en présence d'un bien unique dont la propriété est attribuée d'un commun accord à l'un des indivisaires, le praticien devra choisir la licitation plutôt que le partage avec soulte, la licitation constituant l'option la plus favorable au client (barème dégressif par tranches avec des taux inférieurs au taux du droit de partage). La pratique dénomme cette opération, la « licitation-partage ».
>
> **b.** Il peut être stipulé dans le cahier des charges une « **clause d'attribution** » prévoyant que si le dernier enchérisseur est un cohéritier, l'adjudication ne sera pas prononcée, mais le bien sera mis dans son lot pour la valeur fixée par la dernière enchère lors du partage à intervenir entre les héritiers. Une telle clause suppose l'accord de tous les indivisaires (Cass. 1e civ. 20-04-1983 n° 82-11.717 : Bull. civ. I n° 128). La réévaluation du bien ainsi attribué est exclue. La seule sanction possible si la valeur du bien a considérablement augmenté au moment du partage serait l'action en complément de part (Cass. 1e civ. 04-01-1979 n° 78-10.481 : Bull. civ. I n° 7, admettant la possibilité de demander la rescision pour lésion, solution transposable à l'action en complément de part). Notons toutefois que cette clause, issue de la pratique notariale, ne présente plus l'**intérêt fiscal** qui y était attaché, la licitation-partage étant totalement assimilée à un partage (voir Précisions, a).

NOMBRE DE LOTS

Lorsque chacun des héritiers copartageants vient à la succession de **son propre chef,** le partage se fait **par tête** : il y a alors autant de lots que de copartageants. 60230

Lorsqu'un ou plusieurs copartageants viennent à la succession par **représentation,** le partage se fait **par souche** : il y a alors un lot par souche. Autrement dit, les représentants de l'héritier reçoivent ensemble les biens de l'ayant droit qu'ils représentent, le partage de ces biens entre eux se faisant ensuite par une répartition distincte (C. civ. art. 827 ; Cass. 1e civ. 26-10-1982 : Bull. civ. I n° 304, RTD civ. 1983 p. 767 obs. J. Patarin). À l'intérieur de chaque souche, le partage se fera par tête, les héritiers de la même souche venant par représentation se partageant ainsi à parts égales les biens se trouvant dans le lot attribué à leur souche.

Le nombre de lots est égal à celui des indivisaires copartageants si les **droits** de ces derniers sont **égaux** (deux lots, par exemple, s'il y a deux cohéritiers qui se partagent la succession par moitié). 60235

En présence de **droits inégaux,** il faut autant de lots que le plus petit dénominateur commun pour permettre à chacun d'être rempli de ses droits. Cette règle peut conduire à la division de l'héritage en de nombreux lots, voire à sa licitation (nos 60220 s.).

EXEMPLE

Le défunt laisse son père et deux frères dont les droits dans la masse sont de 1/4 pour le père et de 3/8e pour chacun des frères. Il faudra constituer huit lots. Le père en recevra deux et chacun des frères trois.

B. Attribution des lots

ATTRIBUTION D'UN COMMUN ACCORD

60285 En général, l'attribution des différents lots est réalisée suivant **l'accord des copartageants.**

TIRAGE AU SORT

60290 En cas de **désaccord** des copartageants pour se consentir des attributions, le tirage au sort des lots **s'impose** (C. civ. art. 826, al. 3). Des motifs d'équité ou d'opportunité n'autorisent en aucune façon les juges à procéder directement par voie d'attribution des lots. En ce sens notamment à propos de :
– tableaux qui avaient été mis dans le lot de certains copartageants au motif que, peints par leur grand-père, ils faisaient partie de leur environnement personnel (Cass. 1e civ. 15-2-2012 no 10-25.425 F-D) ;
– parcelles de terre qui avaient été attribuées en fonction des constructions effectuées par les différents copartageants (Cass. 1e civ. 20-6-2012 no 10-26.022 F-PBI : BPAT 4/12 inf. 232, D. 2012 p. 1676) ;
– biens attribués à un copartageant avec l'accord de trois indivisaires sur cinq, un quatrième ayant formulé des demandes irrecevables et le cinquième n'ayant pas formulé d'opposition (Cass. 1e civ. 3-10-2019 no 18-22.878 F-D : BPAT 6/19 inf. 274-3).
En revanche, le tribunal peut décider d'**écarter** le tirage au sort, par exemple si :
– les biens concernés sont des souvenirs de famille auxquels les règles du partage ne sont pas applicables (Cass. 1e civ. 29-11-1994 no 92.21.993 : Bull. civ. I no 354 ; voir no 26180) ;
– le tirage au sort est inutile car l'actif successoral est uniquement composé de numéraire déposé sur des comptes bancaires (Cass. 1e civ. 9-1-1996 no 93-20.720 : RJDA 8-9/96 no 1076, Bull. civ. I no 17).
Dans ces situations, le tribunal procède par voie d'attribution en appréciant au cas par cas les intérêts en présence.

ATTRIBUTION PRÉFÉRENTIELLE

60295 Certains copartageants peuvent se voir attribuer la **propriété exclusive** de certains biens successoraux, par préférence aux autres héritiers. Sur ces attributions préférentielles, voir nos 60760 s.

SECTION 2 SOULTE DE PARTAGE

DÉFINITION

60400 La soulte correspond au **paiement en numéraire** que doit effectuer celui des copartageants qui a reçu un lot supérieur à ses droits dans l'indivision. Autrement dit, si la consistance de la masse ne permet pas de former des lots assurant à chacun de recevoir un lot d'une valeur égale à ses droits dans la masse, l'égalité avec les droits du copartageant est rétablie par une soulte (C. civ. art. 826, al. 4).

ATTENTION

La soulte de partage ne doit pas être confondue avec les indemnités de rapport et les indemnités de réduction. Ces diverses sommes ne sont pas soumises à un régime juridique uniforme.

PAIEMENT

60405 Sauf accord amiable entre les copartageants, la soulte est payable **comptant** (C. civ. art. 832-4, al. 2). C'est seulement **à compter du** partage que le paiement en est dû ; même en cas de licitation avec promesse d'attribution du bien licité au copartageant adjudicataire, le versement d'une provision sur soulte avant achèvement des opérations de partage ne peut pas être ordonné (Cass. 1e civ. 13-10-1998 no 96-18.140 : Bull. civ. I no 302 ; Cass. 1e civ. 6-2-2008 no 07-13.154 : Bull. civ. I no 50, AJ fam. 2008 p. 121 obs. S. David). Le débiteur de la soulte peut toutefois obtenir des **délais** de paiement dans certains cas d'attribution préférentielle : c'est le cas notamment du conjoint survivant, mais non du partenaire de Pacs, pour l'attribution préférentielle de son logement et du mobilier qui le garnit (voir nos 60855 s.).

Le **paiement** des soultes est **garanti** par l'hypothèque légale spéciale du copartageant, pour autant que le débiteur ait reçu un immeuble dans son lot (C. civ. art. 2402, 4° issu de ord. 2021-1192 du 15-9-2021 art. 16).

ATTENTION

Les copartageants ne peuvent pas demander la résolution du partage en cas de **non-paiement de la soulte** prévue ; ils ne peuvent pas davantage exercer l'action en complément de part (Cass. 1e civ. 6-6-2012 n° 11-20.062 F-PBI : Bull. civ. I n° 122, BPAT 4/12 inf. 233, RJPF 9-10/12 p. 65 note J. Casey, solution rendue à propos de l'ancienne action en rescision pour lésion mais transposable à l'action en complément de part créée par la loi 2006-728 du 23-6-2006).

REVALORISATION

Si des délais de paiement ont été consentis, les dispositions relatives à la **revalorisation des soultes payables à terme** s'appliquent (C. civ. art. 828) : si, à la date du paiement de la soulte, la valeur des biens mis dans le lot de son débiteur a augmenté ou diminué de plus du quart par suite des circonstances économiques, la soulte due augmente ou diminue en principe dans les mêmes proportions ; les parties peuvent toutefois prévoir que le montant de la soulte ne variera pas. De plus, la revalorisation de la soulte ne joue que si la variation de la valeur des biens est due aux **circonstances économiques.** N'ouvrent donc pas droit à la revalorisation les fluctuations dues : 60410

– aux améliorations ou plus-values résultant des diligences de l'attributaire du bien ou des dépenses faites par lui ;

– aux événements fortuits, tel un changement de réglementation (par exemple, la transformation d'un terrain agricole en terrain constructible) ;

– aux circonstances particulières de la vente (choix de vendre en bloc les actions) et aux aléas des transactions commerciales qui font que la valeur du bien est parfois différente de son prix (Cass. 1e civ. 11-9-2013 n° 12-14.843 F-PB : Bull. civ. I n° 170, BPAT 6/13 inf. 246).

Sur le régime particulier de la revalorisation des soultes dans une donation-partage, voir nos 10775 s.

INTÉRÊTS

Des intérêts sont dus dans les **cas suivants** : 60415

– les copartageants accordent un délai pour le paiement de la soulte et conviennent d'un taux d'intérêt ;

– il a été fait sommation au débiteur de la soulte de payer ce qu'il doit. Dans un partage amiable, les intérêts ne sont dus que pour la période postérieure à la mise en demeure (Cass. 1e civ. 17-6-2009 n° 08-10.142 FS-PBI : BPAT 5/09 inf. 184). Le taux applicable est alors le taux légal (C. civ. art. 1231-6). Notons que le défaut de paiement de la soulte n'autorise pas les copartageants à contester le partage ;

– des délais de paiement affectent une fraction de la soulte à raison de l'attribution préférentielle du logement au conjoint survivant (n° 23975) ou d'une petite exploitation agricole (n° 60810). Sauf convention contraire, les sommes restant dues portent intérêt au taux légal (C. civ. art. 832-4).

SECTION 3 PAIEMENT DES DETTES

A. Dettes des copartageants

DETTES CONCERNÉES

Le Code civil organise méthodiquement les modalités de paiement des dettes des copartageants (C. civ. art. 864 à 867). 60520

Sont ici concernées toutes les dettes de l'indivisaire à l'égard de la masse à partager, plus précisément :

– les **dettes de l'héritier à l'égard du défunt** nées avant l'ouverture de la succession (par exemple un prêt consenti par le défunt). Le droit commun de la preuve s'applique pour de telles dettes. L'existence de liens affectifs entre le défunt créancier et le cohéritier débiteur représente une impossibilité morale de se procurer un écrit, l'existence de telles dettes peut dès lors être prouvée par tous moyens par l'héritier qui en demande le rapport à l'un de ses copartageants (C. civ. art. 1360 ; pour une illustration, Cass. 1e civ. 15-05-2013 n° 12-11.577 F-PBI : Bull. civ. I n° 97, BPAT 4/13 inf. 143). Une fois l'existence de cette dette établie, le copartageant qui prétend s'en être libéré doit justifier le paiement ou le fait qui a produit l'extinction de son obligation (Cass. 1e civ. 12-2-2020 n° 18-23.573 FS-PBI : BPAT 2/20 inf. 69). La preuve du paiement peut être établie par tout moyen ;

– les **dettes de l'héritier à l'égard de l'indivision successorale.** Il ne s'agit plus ici de prendre en considération, une à une, les dettes de cet héritier à l'égard de l'indivision, ce qui a été fait en amont avec l'établissement du compte individuel d'indivision de cet héritier, mais seulement le solde de son compte individuel d'indivision (voir nos 56445 s.) en faveur de l'indivision.

> **Précisions** **a.** Le paiement de dettes des copartageants est encore usuellement dénommé le « **rapport des dettes** ». Cette expression peut sembler discutable, car elle est susceptible d'alimenter une confusion avec le rapport des donations consenties en avancement de part. Le « rapport des dettes » qui concerne la composition des lots constitue une véritable opération de partage, tandis que le rapport des libéralités intéresse la composition de la masse partageable et constitue une opération préparatoire au partage (Cass. 1e civ. 12-2-2020 n° 18-23.573 FS-PBI : BPAT 2/20 inf. 69).
>
> **b.** Les **créances détenues par l'un des copartageants sur la succession** ne sont pas soumises aux règles prévues aux articles 864 et 865 du Code civil ; leur exigibilité n'est pas différée à la clôture des opérations de partage. Voir sur ce point n° 59615, Attention. S'agissant du mécanisme du règlement en moins prenant prévu pour le règlement des dettes des copartageants, il ne joue que pour le montant de ces dettes diminué du montant de ces créances à l'égard de la succession (C. civ. art. 867 : Civ. 5-12-1933 : DP 1934. 1. 25, note H. Capitant).

MONTANT DE LA DETTE

60525 La dette est inscrite à l'actif de la masse à partager pour son montant **nominal,** quel qu'eût été l'emploi des sommes ainsi procurées (Cass 1e civ. 29-6-1994 n° 92-15.253 : Bull. civ. I n° 233, D. 1995 p. 88 note M. Grimaldi). En effet, l'extension du régime de la dette de valeur est ici exclue (pour une illustration, Cass. 1e civ. 4-6-2007 n° 05-15.253 F-PB : Bull. civ. I n° 226, décision rendue en application des dispositions antérieures à la loi du 23-6-2006 mais dont la solution est toujours d'actualité). Il y a donc à cet égard une différence très sensible entre ce que la pratique persiste à dénommer le « rapport » d'une dette (toujours opéré au nominal de la somme prêtée) et le rapport d'une donation de somme d'argent (sur cette distinction, voir n° 60520, Précisions). Le rapport d'une donation de somme d'argent constitue une « dette de valeur » dont le montant est tributaire de la valeur du bien acquis en emploi de la somme donnée (voir nos 32005 s.).

Sauf si elle est relative aux biens indivis, la créance à l'égard de l'un des copartageants n'est pas **exigible** durant l'indivision ; elle ne peut donc se prescrire avant la clôture des opérations de partage (C. civ. art. 865 ; voir n° 59615, Attention).

> ATTENTION
>
> Le fait que le défunt ait prêté à l'un de ses enfants une somme dont il n'était que **quasi-usufruitier** ne rend pas le prêt inopposable aux autres enfants, cohéritiers de l'emprunteur ; ceux-ci, ayants cause universels du de cujus, sont donc tenus de respecter les délais de remboursement prévus au contrat, même si ces délais excèdent largement la date du décès de l'usufruitier (Cass. 1e civ. 5-12-2012 n° 11-24.758 F-PBI : Bull. civ. I n° 256, BPAT 1/13 inf. 24, Sol. Not 2/13 inf. 39).

INTÉRÊTS

60530 Sauf stipulation contraire, les sommes dues produisent intérêt au **taux légal** (C. civ. art. 866, al. 1). Si l'indivisaire était débiteur du défunt, les intérêts courent dès le décès (pour une illustration, Cass. 1e civ. 13-7-2022 n° 21-10.040 F-D : BPAT 6/22 inf. 284) ; si la dette est survenue en cours d'indivision, les intérêts courent du jour où la dette est exigible (C. civ. art. 866, al. 2). Cette solution, issue de la réforme du 23 juin 2006, écarte la solution antérieure au 1er janvier 2007 suivant laquelle : « S'agissant d'une dette relative à un bien indivis, toute dette sujette à rapport porte intérêt de plein droit à compter, soit de l'ouverture de la succession soit, lorsque la dette est née postérieurement à cette ouverture, de la date de sa naissance » (Cass. 1e civ. 23-1-1968 : Bull. civ. I n° 32). Désormais, aux termes de l'article 865 du Code civil, l'exigibilité d'une dette d'un copartageant est en principe suspendue jusqu'à la clôture des opérations de partage, « sauf si elle est relative à un bien indivis ». Pour les dettes d'un copartageant nées au cours de l'indivision et relativement à un bien indivis, l'exigibilité est donc liée à la naissance de la dette. Ainsi, si un copartageant est débiteur d'une indemnité de jouissance privative, celle-ci devrait être productive d'intérêts au fur et à mesure des échéances.

PAIEMENT

Compensation Les **dettes** de chaque copartageant à l'égard de la masse à partager doivent être compensées avec les **créances** de l'indivisaire dans la masse à partager (C. civ. art. 867, consacrant une solution jurisprudentielle ancienne : Civ. 5-12-1933 : DP 34. 1.25 note H. Capitant). 60535

Règlement en moins prenant Si après compensation avec ses éventuelles créances (n° 60535), le **copartageant** est **débiteur à l'égard de la masse à partager,** il est alloti de sa dette à concurrence de ses droits dans la masse et sa dette s'éteint par confusion (C. civ. art. 864, al. 2). 60540

En d'autres termes, le paiement s'effectue selon la technique de l'imputation, entendue ici comme une soustraction. Cette même technique de règlement « en moins prenant » dans la masse à partager s'applique au règlement du rapport en valeur des biens donnés en avancement de part : sa part dans la masse à partager est diminuée de ce qu'il doit. Cette technique de règlement en moins prenant confère ainsi aux copartageants un véritable rang de priorité par rapport aux créanciers personnels de l'héritier débiteur. La dette de ce dernier est réglée à l'occasion du partage, alors que ses créanciers personnels ne pourront être payés que sur ce qu'il recevra dans le partage.

Si, en revanche, la **dette de l'héritier copartageant excède ses droits dans la masse,** il doit le paiement du solde dans les conditions et délais qui affectaient l'obligation (C. civ. art. 864, al. 2).

Paiement direct de la dette Le règlement en moins prenant est écarté et l'héritier débiteur se libérera par un paiement sur ses deniers personnels dans les **cas suivants** : 60545

– s'il choisit de se libérer par un paiement plutôt qu'en moins prenant, ce qui lui permet de recevoir dans son lot des biens successoraux, meubles ou immeubles, pouvant représenter l'intégralité de ses droits dans la succession ;
– s'il renonce à la succession : il sera alors tenu au paiement de sa dette comme tiers à la succession ;
– si ses dettes excèdent la valeur de sa part dans la succession ;
– en cas de partage judiciaire : les lots étant obligatoirement tirés au sort, l'imputation préalable de la dette d'un copartageant sur un lot est impossible.

CRÉANCES DES COPARTAGEANTS

Un copartageant peut être créancier de la masse à partager : 60550
– soit à raison de ce que le solde de son compte individuel d'indivision stricto sensu est créditeur, c'est-à-dire en sa faveur (voir n° 56545) ;
– soit à raison d'une dette contractée à son égard par le défunt. Ce peut être le cas d'un prêt non remboursé par exemple, ou encore de la créance dont peut bénéficier un enfant lorsqu'il a assisté le défunt « au-delà des exigences de la piété filiale » (sur ce dernier point, voir n° 60560), ou bien encore de la créance de salaire différé du cohéritier qui a participé, sans être rémunéré, à une activité agricole au profit de l'ascendant exploitant.

Dans ce cas, le copartageant n'est alloti de sa dette que si, balance faite, le compte présente un **solde en faveur de la masse indivise** (C. civ. art. 867).

Sur la prescription des créances des copartageants sur la succession, voir n° 59615, Attention.

Créance d'assistance 60560

Une créance dite « d'assistance » contre la succession peut être **revendiquée par** celui des copartageants qui a assisté le défunt ayant perdu son autonomie à raison de l'âge ou de la maladie.

Dans les relations entre les enfants et leur père ou leur mère dont on règle aujourd'hui la succession, une telle créance ne peut exister que si le descendant démontre que son aide est allée « au-delà des exigences de la piété filiale » (Cass. 1e civ. 12-7-1994 n° 92-18.639 : Bull. civ. I n° 250 ; D. 1995 p. 623 note Tchendjou ; JCP 1995. II. 22425, note A. Sériaux ; Defrénois 1994 p. 1511, note X. Savatier ; RTD civ. 1995 p. 373 obs. J. Mestre et 407 obs. J. Patarin). La piété filiale est un devoir moral qui trouve dans le Code civil un fondement légal dans la règle suivant laquelle « l'enfant, à tout âge, doit honneur et respect à ses père et mère » (C. civ. art. 371) : seul un dévouement hors norme ouvre une créance contre la succession. Le seul réconfort et la présence affective sont insuffisants. Même une aide matérielle n'ouvre pas systématiquement un droit à cette créance d'assistance.

Si la créance d'assistance est généralement revendiquée par un descendant du défunt, elle peut plus largement être revendiquée par tout héritier venant à la succession du défunt (voir par exemple Cass. 1e civ. 16-12-2020 n° 19-16.295 F-P : SNH 4/21 inf. 12, Defrénois 2021 n° 14 p. 26 note A. Chamoulaud-Trapiers, affaire dans laquelle une mère revendiquait cette créance dans la succession de son fils).

L'action pour voir fixer cette créance contre la succession peut être **exercée à l'encontre** d'un seul des cohéritiers, indépendamment de l'action en partage (Cass. 1e civ. 16-12-2020 n° 19-16.295 F-P précité, affaire dans laquelle l'action était exercée contre le père du défunt).
Le descendant qui revendique une créance d'assistance dans la succession de son ascendant doit apporter la **preuve** de véritables sacrifices (Cass. 1e civ. 23-1-2001 n° 98-22.937 : Bull. civ. I n° 9). Cette démonstration repose sur un faisceau d'indices tels que :
– l'accueil de l'ascendant âgé au domicile du descendant (en ce sens : Cass. 1e civ. 6-7-1999 n° 97-20.398 ; Cass. 1e civ. 26-1-2011 n° 09-70.658 F-D) et en l'absence de toute contrepartie à cet accueil ;
– un renoncement personnel ou professionnel comme le fait pour le descendant de travailler à temps partiel (Cass. 1e civ. 19-12-2014 n° 12-18.592 F-D) ;
– un déménagement du descendant pour se rapprocher de l'ascendant (Cass. 1e civ. 22-10-2014 n° 13-24.581 F-D, à propos d'une mutation professionnelle).
Le demandeur devra établir un enrichissement du patrimoine du parent aidé et un appauvrissement corrélatif de son propre patrimoine.
L'**appauvrissement du demandeur** sera notamment établi lorsqu'il démontrera un manque à gagner résultant par exemple du renoncement à une activité professionnelle en un autre lieu ou à une activité plus rémunératrice pour pouvoir s'occuper de son parent en perte d'autonomie (Cass. 1e civ. 27-1-2021 n° 19-21.476 F-D), d'un départ anticipé à la retraite (CA Orléans 10-6-2013 n° 12/02623), ou encore lorsqu'il démontrera l'existence de dépenses assumées sur ses deniers personnels (CA Limoges 21-1-2016 n° 14/007211) et qui ne correspondent pas à l'exécution d'une obligation alimentaire. Qu'il s'agisse d'un manque à gagner ou d'une véritable dépense, il n'y aura eu appauvrissement du demandeur que si ce dernier n'a pas déjà reçu une forme de contrepartie.
Ainsi, il n'y a pas d'appauvrissement de l'aidant lorsque :
– il a lui-même bénéficié d'un avantage matériel (Cass. 1e civ. 01-04-2015 n° 14-15.774 F-D). Ce sera le cas en particulier si le descendant a lui-même été hébergé à titre gratuit dans un bien appartenant à l'ascendant. Ainsi jugé à propos d'un descendant qui vivait avec son épouse dans la maison familiale sans payer de loyer et s'était ensuite vu attribuer par sa mère la quotité disponible de ses biens (Cass. 1e civ. 23-1-2001 n° 98-22.937 : Bull. civ. I n° 9) ;
– il a reçu des sommes correspondant au coût de l'hébergement de l'ascendant (Cass. 1e civ. 3-11-2004 n° 01-15.176 : Bull. civ. I n° 248) ;
– il a bénéficié d'une libéralité rémunératoire.
L'**enrichissement du défunt** résultera en général de l'allégation de l'absence de certaines dépenses qu'il aurait dû exposer en l'absence du dévouement du demandeur, par exemple :
– économies résultant de la fourniture du logement, de la nourriture, des vêtements et des soins nécessités par l'état de santé de la personne assistée en se substituant à l'intervention d'une tierce personne (CA Montpellier 1-7-2004 n° 03/00165) ;
– économie de l'hébergement en maison de retraite.

B. Dettes à l'égard des tiers

60600 Les **dettes concernées** sont celles contractées à l'égard des tiers :
– soit par le défunt lui-même (passif successoral stricto sensu) ;
– soit à raison de l'ouverture de la succession (charges de la succession) ;
– soit encore pendant le cours de l'indivision relativement à un bien indivis (facture de réparation non réglée sur les deniers indivis ou par l'un des copartageants sur ses deniers personnels).
Le Code civil organise la question de la répartition définitive du poids de la dette entre les cohéritiers.
Dans la liquidation, il y aura lieu d'affecter des biens ou des valeurs au règlement du passif restant à acquitter.

1. RÉPARTITION DÉFINITIVE DU POIDS DE LA DETTE

CAS DE RECOURS CONTRIBUTIF

60605 **En principe,** le passif est à répartir au prorata de la vocation héréditaire de chacun. En effet, pour ce qui est de l'obligation à la dette, la règle de la division des dettes implique que tout créancier du défunt divise ses poursuites contre les différents successeurs tenus du passif successoral (sur ces successeurs, voir nos 37025 s. et 17130 s.).

Néanmoins, la question de la **contribution à la dette** se pose si un héritier a payé plus que sa part. C'est le cas lorsque les créanciers ont la faculté de poursuivre le règlement de la totalité de la dette successorale à l'encontre d'un seul héritier : ainsi en présence d'une dette indivisible ou hypothécaire (n° 54515). L'un des héritiers peut également acquitter volontairement une dette de la succession au-delà de sa part contributive. Il faut alors rétablir entre les héritiers la proportionnalité qui n'aurait pas été respectée lors du paiement provisoire de la dette successorale.

Le **recours contributif** peut cependant être **écarté** :
– soit par avance, de la volonté du défunt, qui peut notamment imposer par testament une répartition définitive de la dette autre qu'en proportion des vocations héréditaires des successeurs. En ce cas, il conviendra de rechercher si le testateur a voulu déroger à la seule règle de l'obligation à la dette, en chargeant un héritier de régler provisoirement le tout, ou bien également à celle de la contribution, en lui en faisant assumer la charge définitive ;
– soit a posteriori, de la volonté des successeurs, qui peuvent prévoir entre eux une répartition de la charge définitive du passif inégalitaire ou, de façon plus générale, détachée de la part de succession qu'ils ont vocation à recevoir.
Toutefois, ces solutions doivent être maniées avec prudence, car elles restent susceptibles d'être analysées en l'élément matériel d'une donation indirecte.

CONTRIBUTION AUX DETTES ENTRE HÉRITIERS

En **principe,** les cohéritiers contribuent entre eux au paiement des dettes et charges de la succession, chacun dans la proportion de ce qu'il prend (C. civ. art. 870 et 871). Sur la contribution à la dette des légataires universels et à titre universel, voir n°s 17135 s. **60610**

Dès lors, le cohéritier qui a payé du passif au-delà de sa part contributive dispose d'un recours contre ses cohéritiers. **Trois actions** lui sont ouvertes :
– une action personnelle fondée sur la gestion d'affaires (C. civ. art. 1301 s.) ;
– l'action en garantie d'éviction due entre copartageants (C. civ. art. 884 et 886). Le fait pour l'héritier d'avoir payé plus que sa part constitue une éviction partielle de son lot l'autorisant à se retourner contre ses copartageants ;
– une action subrogatoire. La subrogation légale bénéficie à celui qui, y ayant un intérêt légitime, exécute un paiement qui libère envers le créancier tous ceux qui étaient tenus au paiement de la dette (C. civ. art. 1346). Tout cohéritier a en effet un intérêt légitime au paiement : dès lors que ce paiement libère ses cohéritiers à l'égard du créancier, celui qui a réglé toute la dette bénéficie de la subrogation légale et profite des sûretés du créancier désintéressé.
Enfin, **à titre subsidiaire,** l'héritier peut exercer l'action fondée sur l'« enrichissement injustifié » (C. civ. art. 1303).

Le cohéritier qui a payé au-delà de sa part doit alors **diviser son recours,** y compris lorsqu'il exerce l'action subrogatoire (C. civ. art. 875). Étant précisé que l'insolvabilité de l'un des successeurs est supportée par tous, « au marc le franc » (C. civ. art. 876), c'est-à-dire proportionnellement à leurs droits. **60615**

CONTRIBUTION AUX DETTES DE L'USUFRUITIER À TITRE PARTICULIER

L'usufruitier d'un ou plusieurs biens déterminés étant légataire à titre particulier n'est pas tenu de contribuer au passif du défunt, à l'exception des dettes qui sont la charge des fruits (C. civ. art. 608). Sont par exemple considérés comme charge des fruits les intérêts d'un emprunt contracté par le défunt et échus postérieurement au décès. **60620**

Si l'usufruitier a payé une partie du passif du défunt, autre que la charge des fruits, les recours lui sont ouverts (C. civ. art. 609, al. 3).

CONTRIBUTION AUX DETTES DE L'USUFRUITIER UNIVERSEL OU À TITRE UNIVERSEL

L'usufruitier universel ou à titre universel doit contribuer avec le nu-propriétaire au paiement des dettes qui sont une charge des fruits auxquels il a droit (C. civ. art. 612). **60625**

Il supporte donc seul, à titre définitif, la totalité des **intérêts ou** des **arrérages des dettes** du défunt **échues depuis le décès.** Un conjoint survivant usufruitier universel de la succession de son épouse a ainsi été condamné à payer les arrérages d'une rente viagère depuis le décès et les intérêts dus sur les arrérages échus (Cass. 1e civ. 01-02-1999 n° 96-21.097 : Bull. civ. I n° 58).

L'usufruitier universel ou à titre universel doit également assumer seul et à titre définitif toutes les dettes qui sont une **charge des fruits échues depuis le décès** (par exemple, les impôts fonciers afférents aux biens successoraux).

En revanche, il n'a pas à assumer une fraction de la dette successorale en capital : par exemple, l'usufruitier universel n'a pas à assumer une quelconque fraction des dettes laissées par le défunt, telle qu'une dette d'impôt ou le remboursement, en capital, d'un emprunt souscrit par le défunt. S'il a effectué un paiement, il dispose d'un recours contre les héritiers en nue-propriété.

2. RÈGLEMENT DE LA DETTE

60655 Pour régler le passif restant dû à l'égard des tiers, les copartageants peuvent procéder de **deux manières** :
– soit affecter directement certains biens successoraux (spécialement des liquidités) au règlement de ce passif demeuré impayé ;
– soit prendre en charge directement ce passif, sur leurs deniers personnels, les biens qui leur seront alors attribués excéderont d'autant leurs droits dans la masse à partager.

SECTION 4 ATTRIBUTION PRÉFÉRENTIELLE

BUT DU DISPOSITIF

60760 L'attribution préférentielle a pour objet d'**allotir un copartageant** d'un bien particulier. Elle vise soit à favoriser la transmission des entreprises soit à maintenir les conditions de vie existant avant le décès. La condition première est que le bien, objet de la demande, fasse **partie de la masse à partager.** Par suite, il ne peut y avoir attribution par préférence s'il n'y a pas indivision entre les intéressés.

A. Champ d'application

1. ENTREPRISES

ENTREPRISES SUSCEPTIBLES D'ATTRIBUTION PRÉFÉRENTIELLE

60765 Toutes les entreprises, quelles que soient leur **activité** (commerciale, industrielle, libérale, agricole ou artisanale) et leur **forme** (individuelle ou sociétaire), peuvent faire l'objet d'une attribution préférentielle (C. civ. art. 831).

Encore faut-il qu'il s'agisse d'une **véritable entreprise.** Tel n'est pas le cas :
– d'une parcelle de terre dont les indivisaires, qui ne sont pas exploitants agricoles, se bornent à partager entre eux la récolte de truffes en fonction du travail par eux accompli, qui relève d'un « hobby » (Cass. 1e civ. 20-5-2009 n° 08-14.536 FS-PB : Bull. civ. I n° 100, RJDA 3/10 n° 305) ;
– d'un espace forestier cynégétique dépourvu de vocation rurale, laquelle implique une possibilité d'appropriation des produits du sol (Cass. 1e civ. 24-02-1987 n° 85-16.328 : Bull. civ. I n° 73) ;
– de terres dont moins de deux hectares sont encore travaillés, le montant total du fermage ayant été fixé par l'expert à seulement 353 € par an, le bâtiment à usage agricole existant sur l'exploitation familiale ne pouvant plus être affecté qu'à du stockage compte tenu de son état et tout bétail ayant disparu depuis longtemps de l'exploitation (CA Limoges 10-1-2013 n° 12/00562 : Sol. Not. 3/13 inf. 79).

60770 Si l'entreprise est exploitée sous **forme de société,** l'attribution préférentielle des parts ou actions se fait sous réserve de l'application des dispositions légales ou statutaires (**clauses d'agrément,** notamment) pouvant restreindre l'entrée du conjoint survivant ou des héritiers dans le capital social.

L'attribution préférentielle peut porter sur toute entreprise, **partie d'entreprise** ou **quote-part indivise** de l'entreprise. Par exemple, l'attribution préférentielle peut porter sur l'immeuble dans lequel l'héritier exploite un fonds de commerce, car il s'agit d'une composante de l'entreprise (Cass. 1e civ. 6-2-2008 n° 06-19.089 FS-PB : Bull. civ. I n° 48, RJDA 7/08 n° 865, BPAT 3/08 inf. 102). **60775**

L'héritier peut demander l'attribution préférentielle de toute entreprise, partie d'entreprise ou quote-part indivise d'une telle entreprise, même formée pour une part de biens dont il était **déjà propriétaire ou copropriétaire avant le décès** (C. civ. art. 831). L'existence de l'entreprise justifiant une attribution préférentielle ne s'apprécie pas uniquement au niveau des biens qui font l'objet de la demande, mais en tenant compte de ceux qui sont déjà la propriété du requérant (voir notamment Cass. 1e civ. 24-10-2012 n° 11-19.326 F-PBI : Bull. civ. I n° 217, BPAT 6/12 inf. 311, Sol. Not. 12/12 inf. 312). **60780**

À propos d'une entreprise agricole, il a été jugé que, pour apprécier sa consistance, il peut être tenu compte des biens appartenant au **conjoint de l'héritier demandeur** et formant, avec ceux dont cet héritier est copropriétaire, l'entreprise exigée par la loi (Cass. 1e civ. 10-12-1980 n° 79-13059 : Bull. civ. I n° 326 ; Cass. 1e civ. 23-3-2022 n° 20-22.567 F-D : BPAT 3/22 inf. 153). Il peut également être tenu compte des biens pour lesquels le demandeur à l'attribution préférentielle dispose d'un **bail rural** (Cass. 1e civ. 23-3-2022 précité). Dans cette affaire, l'époux de la demanderesse exploitait des terres agricoles d'une superficie globale de 184 hectares dont 161 en qualité de propriétaire ; les 23 autres hectares étaient affermés par la demanderesse. Le tout formait une entreprise agricole.

BÉNÉFICIAIRES DE L'ATTRIBUTION PRÉFÉRENTIELLE DE L'ENTREPRISE

L'attributaire de l'entreprise ne peut être que le **conjoint survivant ou** un **héritier** copropriétaire **en pleine propriété ou en nue-propriété** (C. civ. art. 833, al. 1). Celui qui ne recueille que l'usufruit du bien ne peut pas prétendre à une attribution préférentielle (à propos du conjoint survivant usufruitier universel, Cass. 1e civ. 27-6-2000 n° 98-17.177 F-P : Bull. civ. I n° 201). **60785**

Sont héritiers ceux qui tiennent leurs droits de la loi, ainsi que ceux qui ont une vocation universelle ou à titre universel à la succession en vertu d'un testament ou d'une institution contractuelle (C. civ. art. 833, al. 2). Le légataire à titre particulier est exclu (Cass. 1e civ. 21-7-1969 : D. 1970 somm. 24).

L'héritier qui a renoncé à la succession et qui ne vient pas au partage ne peut pas demander l'attribution préférentielle. En revanche, celui qui vient à la succession par représentation de son auteur peut y prétendre s'il satisfait personnellement aux conditions requises.

Le **partenaire de Pacs** du défunt, bien que non héritier au regard du droit civil, peut demander l'attribution préférentielle de l'entreprise (C. civ. art. 515-6). Toutefois, la condition tenant à la propriété suppose une propriété indivise durant le Pacs ou un legs du défunt au profit du survivant. Les simples **concubins,** en l'absence de disposition spécifique à leur profit, ne bénéficient pas de l'attribution préférentielle (Cass. 1e civ. 9-12-2003 n° 02-12.884 F-PB : Bull. civ. I n° 253).

EXIGENCE D'UNE PARTICIPATION EFFECTIVE À L'EXPLOITATION

Celui qui revendique l'attribution d'une entreprise doit **participer ou avoir participé effectivement à l'exploitation.** En principe, cette exploitation doit être le fait du requérant lui-même. Mais dans le cas de l'héritier, cette condition peut être ou avoir été remplie par son conjoint ou par ses descendants (C. civ. art. 831, al. 1). **60790**

Il importe peu que l'intéressé :

– ait un statut particulier dans l'entreprise (gérant, salarié, etc.) ou que son intervention soit de pur fait (Cass. 1e civ. 2-12-2015 n° 14-25.622 F-PB : BPAT 1/16 inf. 34) ;

– exerce parallèlement une autre activité ;

– ou ait cessé de participer à l'exploitation au moment du décès ou de la demande d'attribution préférentielle (Cass. 1e civ. 6-11-2013 n° 12-27.736 F-D, décision rendue en application des dispositions antérieures à la loi du 23-6-2006 mais dont la solution est sur ce point toujours valable).

La demande d'attribution préférentielle est toutefois **rejetée** lorsque la cessation d'activité du demandeur (ou de son conjoint ou de ses héritiers) est manifestement définitive. Rejet, par exemple, de la demande d'attribution préférentielle d'une exploitation agricole conjointement faite par trois cohéritiers âgés de 61 à 86 ans, la cour d'appel ayant relevé que, compte tenu de leur âge, ces héritiers ne pouvaient revendiquer l'attribution préférentielle pour exploiter eux-mêmes la ferme de leurs parents décédés (Cass. 1e civ. 7-12-2011 n° 10-23.547 F-D : BPAT 1/12 inf. 36, décision rendue en application des dispositions antérieures à la loi du 23-6-2006 mais dont la solution est sur ce point toujours valable).

CAS PARTICULIER DES EXPLOITATIONS AGRICOLES

60795 Des règles spécifiques s'appliquent pour faciliter l'attribution préférentielle des exploitations agricoles.

60800 **Attribution des éléments mobiliers nécessaires à l'exploitation** Lorsque le défunt exploitait un **fonds rural** en qualité de **fermier ou** de **métayer,** le successeur, conjoint survivant ou tout héritier copropriétaire, qui bénéficie de la poursuite du bail ou d'un nouveau bail peut demander l'attribution préférentielle de l'ensemble des biens mobiliers nécessaires à l'exploitation du bien (C. civ. art. 831-2, 3°).

60805 **Attribution de l'exploitation en vue de la conclusion d'un bail à long terme** Tout copartageant peut se voir accorder l'attribution préférentielle d'une exploitation agricole même s'il n'y participe pas personnellement (C. civ. art. 831-1). L'attributaire **doit s'engager** à conclure, dans un délai de six mois, un bail à long terme au bénéfice de :
– un ou plusieurs des cohéritiers, qui doivent participer ou avoir participé à l'exploitation ;
– ou un ou plusieurs descendants de ses cohéritiers, remplissant cette même condition.

ATTENTION

Cette **disposition** est d'application **subsidiaire.** Elle ne vaut que si ni le conjoint survivant ni aucun héritier copropriétaire ne demande l'attribution préférentielle de l'exploitation en application des articles 831, 832 ou 832-1 du Code civil.

60810 **Attribution préférentielle de droit des petites exploitations agricoles** L'attribution des petites exploitations agricoles (surface inférieure à certains seuils définis par arrêté du 22-8-1975) obéit à des règles particulières : elle est **de droit,** dans les conditions prévues à l'article 831 du Code civil pour les entreprises si le maintien en indivision n'a pas été ordonné (C. civ. art. 832 ; pour une illustration, Cass. 1e civ. 7-11-2012 n° 11-16.164 F-D, solution rendue en application des dispositions antérieures à la loi du 23-6-2006 mais transposable). La **superficie à prendre en considération** en vue de l'attribution préférentielle de droit est celle des parcelles indivises, objet de la demande, jointe à celle dont le candidat était déjà propriétaire, et non pas celle des seules terres indivises comprises dans la masse à partager (Cass. 3e civ. 22-3-2018 n° 16-24.052 F-PB : AJ Famille 2018 p. 356 obs. J. Casey, Défrénois 2018 art. 140a8 obs. A. Chamoulaud-Trapiers). La solution, rigoureuse pour l'attributaire, paraît se justifier au regard du caractère impératif de cette attribution. En revanche, il n'est plus exigé que l'exploitation dont l'attribution est sollicitée constitue une « unité économique ».

> **Précisions** Par exception à la règle selon laquelle la soulte éventuellement due est payable comptant, l'attributaire peut exiger de ses copartageants des **délais de paiement** à concurrence de la moitié de la soulte et dans la limite de dix ans, les sommes restant dues portant, sauf convention contraire, intérêt au taux légal (C. civ. art. 832-4, al. 2). En cas de **vente de la totalité de l'exploitation,** la soulte devient immédiatement exigible ; en cas de **vente partielle,** le produit de la vente est versé aux copartageants et est imputé sur la fraction de la soulte restant due (C. civ. art. 832-4, al. 3).

60815 **Attribution préférentielle en vue de la constitution d'un GFA** Le conjoint survivant ou tout héritier copropriétaire, participant ou non à l'exploitation, peut revendiquer une attribution préférentielle pour constituer un groupement foncier agricole (GFA) (C. civ. art. 832-1).

L'attribution porte sur tout ou partie des biens et droits immobiliers à destination agricole dépendant de la succession. Quant au GFA, il peut être constitué avec d'autres héritiers ou avec des tiers.

Cette attribution n'est possible qu'à titre **subsidiaire,** c'est-à-dire si le maintien dans l'indivision ou l'attribution préférentielle en propriété dans les conditions prévues aux articles 831 ou 832 du Code civil n'ont pas été ordonnés.

Elle est **de droit** si le conjoint survivant ou un ou plusieurs cohéritiers participant ou ayant participé à l'exploitation, ou leurs descendants participant effectivement à l'exploitation, exigent que leur soit donné à bail à long terme tout ou partie des biens du groupement. Cette attribution peut ainsi permettre la continuation de l'exploitation par l'apport des terres au GFA et assurer le maintien en place de l'exploitant, d'abord en qualité de preneur et donc à moindre coût, avec la possibilité d'accéder progressivement à l'achat de parts du GFA (en ce sens, M. Grimaldi, Droit des successions, LexisNexis, 8e éd., 2020, n° 1012).

Sauf accord différent, l'attributaire a un an à compter du partage pour le **paiement de la soulte** éventuellement due à ses copartageants. Le paiement peut prendre la forme d'une dation de parts du GFA, sauf si les intéressés refusent ce mode de règlement dans le mois suivant la proposition qui leur est faite.

Les biens et droits immobiliers que les demandeurs n'envisagent pas d'apporter au groupement foncier agricole, ainsi que les **autres biens de la succession,** sont attribués par priorité, dans la limite de leurs droits successoraux respectifs, aux indivisaires qui n'ont pas consenti à la formation du groupement.

> **Précisions** **a.** En cas **de pluralité de demandes de baux,** les biens du groupement peuvent, si leur consistance le permet, faire l'objet de plusieurs baux au bénéfice de différents cohéritiers.
> **b.** Le **partage** n'est **parfait** qu'après la signature de l'acte constitutif du groupement foncier agricole et, s'il y a lieu, du ou des baux à long terme.

Partage de l'exploitation sous condition d'obtention d'un bail Dans ce cas, 60820
il n'y a pas à proprement parler d'attribution préférentielle. Le partage de l'entreprise agricole a lieu dans les conditions de droit commun mais un indivisaire peut, le cas échéant, exiger des autres copartageants un bail à long terme sur les terres de l'entreprise qu'ils reçoivent dans leur lot (C. civ. art. 832-2).

Cette possibilité est ouverte si les **conditions** suivantes sont réunies :

– l'exploitation agricole (ou une partie de l'exploitation) doit constituer une unité économique et ne pas être exploitée sous forme de société. L'unité économique peut être formée, pour une part, de biens dont le demandeur était déjà propriétaire ou copropriétaire avant le décès. En cas de contestation, c'est à celui qui demande l'attribution préférentielle de prouver que les biens constituent une unité économique (Cass. 1e civ. 10-5-2007 n° 05-20.177 F-PB : Bull. civ. I n° 178, solution rendue en application des dispositions antérieures à la loi du 23-6-2006 mais transposable sur ce point) ;

– le demandeur, c'est-à-dire le conjoint survivant ou tout héritier copropriétaire, doit participer ou avoir participé à l'exploitation. S'agissant de l'héritier, la condition de participation peut avoir été remplie par son conjoint ou par ses descendants.

L'attribution préférentielle sous forme de l'obtention d'un bail est **subsidiaire** : elle n'est 60825
envisageable que si l'exploitation n'est pas maintenue dans l'indivision et n'a pas fait l'objet d'une attribution préférentielle dans les conditions prévues aux articles 831, 832 ou 832-1 du Code civil.

Mais, dès lors que ces conditions sont remplies et sauf inaptitude manifeste du demandeur à gérer l'exploitation, elle est **de droit** : le demandeur peut exiger un bail à long terme nonobstant toute demande de licitation (pour une illustration, Cass. 1e civ. 20-10-2010 n° 09-67.029 F-D, décision rendue en application des dispositions antérieures à la loi du 23-6-2006 mais dont la solution est toujours valable).

Le **partage** est conditionné par l'attribution du bail. Sauf accord amiable entre les parties, le bénéficiaire du bail reçoit par priorité dans sa part les bâtiments d'exploitation et d'habitation. Il est tenu compte, s'il y a lieu, de la dépréciation due à l'existence du bail dans l'évaluation des terres incluses dans les différents lots.

2. LOCAL D'HABITATION ET SES ACCESSOIRES

LOCAL D'HABITATION

Le conjoint survivant ou tout héritier copropriétaire (au sens indiqué n° 60785) peut demander 60855
l'attribution préférentielle **de la propriété ou du droit au bail du local** qui lui sert effectivement d'**habitation principale** et du mobilier le garnissant (C. civ. art. 831-2 ; pour une illustration, CA Bastia 14-12-2011 n° 09/00739).

Pour pouvoir demander l'attribution préférentielle de l'habitation, l'héritier devait y avoir sa **résidence principale** à l'époque du décès (en ce sens, par exemple, Cass. 1e civ. 18-12-2013 n° 12-23.358 F-D). Et il doit encore y avoir sa résidence principale à la date à laquelle le juge statue (Cass. 1e civ. 23-3-2011 n° 10-13.995 F-D, décision rendue en application des dispositions antérieures à la loi du 23-6-2006 mais dont la solution reste valable). L'héritier doit prouver le caractère effectif et continu de sa résidence, ce qui va au-delà d'une simple adresse (pour une illustration, Cass. 1e civ. 29-9-2021 n° 20-21.994 F-D : BPAT 6/21 inf. 274).

Le fait que le logement dépende à la fois d'une indivision conventionnelle (immeuble acquis en indivision par le défunt et son conjoint survivant) et d'une indivision successorale n'est pas un obstacle à son attribution préférentielle (Cass. 1e civ. 14-4-2010 n° 09-11.551 F-D : BPAT 3/10 inf. 184, décision rendue en application des dispositions antérieures à la loi du 23-6-2006 mais dont la solution est toujours valable).

En revanche, l'attribution préférentielle est exclue si le logement est en indivision entre les héritiers et un tiers (Cass. 1e civ. 15-1-2014 nos 12-25.322 et 12-26.46 F-PB).

Si le logement est détenu par une société, l'attribution préférentielle du logement ne peut se faire via celle des parts sociales que si l'attribution préférentielle des parts entraîne seulement celle du logement (Cass. 1e civ. 24-10-2012 no 11-20.075 FS-PBI : Bull. civ. I no 215, BPAT 6/12 inf. 312, Sol. Not. 12/12 inf. 311, décision rendue en matière de divorce mais dont la solution est transposable). Cela suppose en pratique que la société ne détienne aucun autre actif.

Dans les départements et régions d'**outre-mer** et dans les collectivités de Saint-Barthélemy, Saint-Martin et Saint-Pierre-et-Miquelon, l'attribution préférentielle du logement (et de ses accessoires : voir no 60865) peut également être admise si le demandeur démontre qu'il réside sur la propriété de manière continue, paisible et publique depuis plus de dix ans au moment de l'introduction de la demande de partage en justice (Loi 2018-1944 du 27-12-2018 art. 4). Ce dispositif s'applique aussi en **Polynésie française** (Loi 2019-786 du 26-7-2019 art. 1).

60860 À noter que le **conjoint survivant** bénéficie de règles spécifiques sur sa résidence principale :
– l'attribution de la propriété du local d'habitation et du mobilier le garnissant est de droit pour le conjoint survivant, qui bénéficie en outre de délais spéciaux pour le paiement de la soulte : voir no 23975 ;
– l'attribution préférentielle du logement à un autre héritier ne fait pas obstacle aux droits viagers d'habitation et d'usage du conjoint : voir no 23870.

Le **partenaire du Pacs** bénéficie également de l'attribution préférentielle de la propriété du logement et de son mobilier mais à la condition supplémentaire que le défunt l'ait expressément prévu par testament (C. civ. art. 515-6, al. 2).

ACCESSOIRES

60865 L'attribution préférentielle est aussi possible pour les **accessoires** du local d'habitation (C. civ. art. 831-2), à savoir :
– le **mobilier** garnissant le local qui sert effectivement d'habitation au requérant ;
– le **véhicule** du conjoint, du partenaire ou du défunt dès lors que ce véhicule est nécessaire au requérant pour les besoins de la vie courante.

3. LOCAL PROFESSIONNEL ET SES ACCESSOIRES

60895 L'attribution préférentielle peut porter sur (C. civ. art. 831-2) :
– la propriété ou le droit au bail du **local à usage professionnel** servant effectivement à l'exercice de la profession du demandeur ;
– les objets mobiliers nécessaires à l'exercice de sa profession. Sont concernés les objets garnissant le local professionnel, le véhicule professionnel, etc.

Les **bénéficiaires** sont le conjoint survivant ou tout héritier copropriétaire au sens indiqué no 60785.

B. Demande d'attribution préférentielle

60945 L'attribution préférentielle n'est pas automatique. Celui qui la revendique doit la demander à ses **copartageants** et, à défaut d'accord amiable, au tribunal (C. civ. art. 832-3). La demande est portée devant le **tribunal judiciaire** (CPC art. 1381).

La demande peut être présentée dès l'ouverture de la succession et jusqu'à la clôture des opérations de partage. Elle peut l'être à tout **moment** sans avoir à attendre, par exemple, l'issue d'une expertise judiciaire diligentée pour évaluer la valeur des biens à partager et les possibilités de partage (Cass. 1e civ. 9-1-2008 no 06-20.167 F-PB : Bull. civ. I no 8, décision rendue en application des dispositions antérieures à la loi du 23-6-2006 mais dont la solution est toujours valable).

60950 Plusieurs successeurs remplissant les conditions de l'attribution préférentielle et voulant conserver ensemble le bien peuvent former une **demande conjointe** (C. civ. art. 832-3, al. 1). Le bien attribué sort de l'indivision successorale pour entrer dans une nouvelle indivision, conventionnelle celle-là, et exclusivement constituée des attributaires.

Il y a **demandes concurrentes** lorsque plusieurs successeurs revendiquent une attribution préférentielle pour leur propre compte. Le tribunal doit alors arbitrer en tenant compte (C. civ. art. 832-3, al. 3) :
– de l'aptitude des différents postulants à gérer les biens en cause et à s'y maintenir (voir notamment, Cass. 1e civ. 31-1-1995 n° 92-21.571 F-PB ; Cass. 3e civ. 22-3-2018 n° 16-24.052 F-PB : BPAT 3/18 inf. 127) ;
– pour une entreprise, de la durée de la participation personnelle à l'activité.

Le **pouvoir d'appréciation du tribunal** varie selon l'objet de la demande. 60955

Lorsque l'**attribution préférentielle** sollicitée est **facultative,** les juges du fond apprécient souverainement les intérêts en présence (en ce sens, par exemple, Cass. 1e civ. 5-12-2012 n° 11-11.447 F-D). Ils peuvent par exemple :
– refuser une attribution préférentielle à un copartageant qui ne justifie pas pouvoir payer la soulte qui sera mise à sa charge (pour une illustration, Cass. 1e civ. 25-9-2013 n° 12-17.574 F-D) ;
– refuser l'attribution préférentielle d'une exploitation à raison de l'inaptitude du demandeur à la gérer correctement (Cass. 1e civ. 4-7-2007 n° 05-13.334 F-PB : Bull. civ. I n° 257) ou de l'âge des requérants (Cass. 1e civ. 7-12-2011 n° 10-23.547 F-D : BPAT 1/12 inf. 36).

Lorsque l'attribution préférentielle est **de droit** (voir nos 60785, 60855 et 60895), le tribunal se borne à vérifier l'existence des conditions légales requises et les copartageants ne peuvent pas s'y opposer.

C. Effets de l'attribution préférentielle

TRANSFERT DE PROPRIÉTÉ

Une décision d'attribution préférentielle participe à la **composition des lots** mais ne transfère pas la propriété du bien concerné. 61005

C'est seulement au jour du partage définitif que le bénéficiaire de l'attribution préférentielle devient **propriétaire exclusif** du bien (C. civ. art. 834, al. 1). En conséquence :
– le bien et donc ses fruits et revenus, de même que les charges y afférentes, restent dans l'indivision successorale jusqu'au partage ;
– la valeur du bien est estimée à la date de la jouissance divise (C. civ. art. 832-4, al. 2) ;
– la soulte et les éventuels intérêts ne sont dus qu'à compter du partage (C. civ. art. 832-4, al. 2 ; voir nos 60405 et 60415).

L'attribution se fait toujours en propriété, jamais en usufruit.

L'attributaire est tenu de **recevoir le bien revendiqué** (C. civ. art. 834, al. 2). 61010

Par **exception,** il peut renoncer au bien lorsque sa valeur, telle que déterminée au jour de son attribution, a augmenté de plus du quart au jour du partage indépendamment de son fait personnel. Il s'agit de permettre à l'attributaire de se désengager s'il se trouve dans l'incapacité de faire face à l'augmentation de la soulte corrélative à celle de la valeur du bien.

En cas d'augmentation de valeur de plus du quart, l'attributaire peut renoncer à l'attribution préférentielle du bien même s'il en a fait donation (Cass. 1e civ. 23-10-2013 n° 12-18.170 F-PB). La solution s'explique : l'efficacité de la cession ou de la donation d'un bien indivis par un indivisaire est subordonnée au résultat du partage.

ATTENTION

Jusqu'à la décision d'attribution préférentielle, le demandeur peut librement renoncer à son droit d'attribution. Une fois l'attribution décidée par le juge, il faut distinguer deux périodes. Tant que la **décision** n'est **pas passée en force de chose jugée,** notamment lorsqu'elle est frappée d'un appel, l'attribution n'est pas acquise et la renonciation est encore possible même si la valeur du bien n'a pas varié de plus du quart (Cass. 1e civ. 29-5-2019 n° 18-18.823 FS-PB : SNH 22/19 inf. 5, Defrénois 23-1-2020 art. 156f5 p. 38 obs. A. Chamoulaud-Trapiers, Gaz. Pal. 1-10-2019 p. 83 obs. A. Depret). Lorsque la décision est **passée en force de chose jugée,** la renonciation n'est possible que lorsque la valeur du bien déterminée au jour de l'attribution a augmenté de plus du quart au jour du partage. Si l'attribution résulte d'un accord amiable (C. civ. art. 832-3), la même solution doit jouer, l'article 834, alinéa 2 n'établissant aucune distinction. L'attributaire ne pourra renoncer, sauf autre accord amiable de ses cohéritiers, que si la valeur du bien a augmenté de plus du quart au jour du partage. Pour de plus amples développements, voir A. Chamoulaud-Trapiers, la renonciation au bénéfice de l'attribution préférentielle : SNH 5/21 inf. 15.

PAIEMENT DE LA SOULTE

61015 Le bénéficiaire d'une attribution préférentielle est très souvent conduit à payer une soulte à ses copartageants afin de rétablir l'égalité du partage.

Sauf accord amiable entre les copartageants, la soulte pouvant être due par l'attributaire doit en principe être **payée comptant** (C. civ. art. 832-4, al. 2).

Toutefois, peuvent exiger des **délais de paiement** les bénéficiaires des attributions préférentielles de droit, à savoir :

– le conjoint survivant qui reçoit son logement, les meubles qui le garnissent et le véhicule nécessaire aux besoins de la vie courante : voir n° 23975 ;

– l'attributaire d'une petite exploitation agricole : voir n° 60810.

En cas de constitution d'un GFA, l'attributaire dispose, sauf accord amiable, d'un délai pour payer la soulte : voir n° 60815.

CHAPITRE 4
FORMES DU PARTAGE

SOMMAIRE

SECTION 1
PARTAGE AMIABLE

DÉFINITION

61500 Le partage amiable est défini comme celui dont la forme et les modalités ont été **choisies** par les parties (C. civ. art. 835, al. 1). Sont notamment décidés d'un commun accord : l'évaluation des biens, la composition et la répartition des lots, le délai de paiement des soultes.

En principe, le partage amiable suppose que tous les indivisaires soient présents et juridiquement capables (C. civ. art. 835, al. 1). Mais il reste possible, moyennant certains aménagements, si ces conditions ne sont pas réunies.

A. Droit commun du partage amiable

FORMES DU PARTAGE AMIABLE

61505 Le partage amiable n'est soumis à aucune forme particulière si tous les indivisaires sont présents et capables (C. civ. art. 835, al. 1).

Un partage **verbal** est valable (Cass. 1e civ. 29-4-1968 : JCP 1968 II 15667). Cette forme est toutefois déconseillée compte tenu des difficultés de preuve qu'elle pose.

Un acte **sous signature privée** peut établir un partage, à condition de respecter les conditions suivantes (C. civ. art. 1375) :
– l'acte doit être établi en autant d'originaux qu'il y a de copartageants, à moins que les parties ne soient convenues de remettre à un tiers l'unique exemplaire dressé ;
– chacun des originaux doit mentionner le nombre d'originaux faits.

Ainsi, un « compte de répartition » du prix de vente d'immeubles indivis entre les copartageants établi par le notaire, revêtu de la mention « bon pour accord » et comportant une véritable liquidation des intérêts pécuniaires des copartageants, les parties ayant eu, suivant les juges du fond, la volonté de régler les comptes d'indivision et leurs créances, peut constituer un partage amiable faisant obstacle à une demande ultérieure en partage judiciaire (Cass. 1e civ. 24-2-2016 no 15-13.758 F-D, à propos d'un partage de communauté entre époux, mais dont la solution est transposable au partage successoral).

En pratique, le partage est constaté par **acte authentique** lorsqu'il comprend des immeubles ou des droits immobiliers, puisqu'il doit alors être publié au service chargé de la publicité foncière (C. civ. art. 710-1, art. 835, al. 2 ; Décret 55-22 du 4-1-1955 art. 28, 4o-e). Cependant, et malgré la lettre de l'article 835 du Code civil qui peut prêter à confusion, le défaut d'authenticité de l'acte de partage n'affecte pas sa validité, la formalité de publicité foncière ayant pour unique but d'assurer l'effectivité de la publicité obligatoire (Cass. 1e civ. 24-10-2012 n° 11-19.855 FS-PBI : Sol. Not. 1/13 inf. 22, note M. Suquet-Cozic).

La non-publication d'un partage effectué sous signature privée est seulement susceptible de donner lieu à des dommages-intérêts si elle a causé un préjudice à un tiers (Décret 55-22 du 4-1-1955 art. 30, 4 ; pour des illustrations, CA Paris 1-6-2011 n° 10/10411 : RJDA 8-9/11 inf. 746, BPAT 5/11 inf. 307 ; décision confirmée par Cass. 1e civ. 24-10-2012 n° 11-19.855 précité).

61510 Pour les successions qui comportent des immeubles, la publication de l'acte de partage dans les dix mois du décès **dispense de** l'établissement de **l'attestation immobilière** constatant le décès du propriétaire et la naissance de l'indivision successorale (Décret 55-22 du 4-1-1955 art. 29 ; n° 22160). Encore faut-il que le partage porte sur tous les immeubles dépendant de la succession. S'il ne porte que sur certains biens immobiliers, l'attestation reste obligatoire pour les autres immeubles, à défaut de partage complémentaire présenté à la formalité dans les dix mois du décès. Lorsque la publication du partage doit être effectuée dans plusieurs bureaux (en raison de la dispersion géographique des immeubles), ce délai de dix mois est prorogé d'un mois pour chaque bureau en sus du premier (Décret 55-22 du 4-1-1955 art. 33, dernier al.).

OBJET DU PARTAGE AMIABLE

61515 Le partage amiable peut être **total** s'il ne laisse subsister aucun bien indivis.

Il est **partiel** s'il laisse subsister l'indivision à l'égard de certains biens ou de certaines personnes (C. civ. art. 838). Certains biens peuvent être attribués privativement, d'autres restant indivis ; certains indivisaires peuvent être remplis de leurs droits, d'autres restant en indivision. Plusieurs partages partiels successifs sont possibles.

Un partage partiel est définitif et produit, pour les biens et indivisaires concernés, les mêmes effets qu'un partage total.

61520 En cas de **pluralité d'indivisions** existant exclusivement entre les mêmes personnes, un partage amiable unique peut intervenir, que les indivisions portent sur les mêmes biens ou sur des biens différents (C. civ. art. 839 ; pour les successions ouvertes avant le 1-1-2007 : Cass. 1e civ. 20-5-1981 n° 80-10.507 : Bull. civ. I n° 174, JCP G 1982, II 19831 note M. Dagot). Mais tous les indivisaires doivent en être d'accord (Cass. 1e civ. 26-1-2011 n° 10-11.016 F-D : BPAT 2/11 inf. 144).

En pratique, cette hypothèse vise notamment le cas où, à la suite du décès d'un conjoint, une indivision postcommunautaire coexiste avec une indivision successorale.

EXEMPLE

Un époux commun en biens décède en laissant pour seuls héritiers son épouse survivante et leurs deux enfants communs A et B. Un partage unique peut être réalisé, portant sur l'**indivision postcommunautaire et** sur la **succession** de l'époux prédécédé, le conjoint survivant et les deux enfants communs étant les seuls indivisaires pour chacune des deux indivisions.

Si à la suite du décès de ce premier époux commun en biens, comme il est fréquent, le conjoint survivant et les deux enfants communs A et B sont demeurés dans l'indivision, au décès de la mère, un partage unique pourra porter sur les **deux successions** confondues, incluant la communauté ayant existé entre les parents.

B. Situations particulières de certains indivisaires

61570 Pour favoriser le partage amiable, celui-ci reste possible si l'un des indivisaires est juridiquement incapable, défaillant, présumé absent ou hors d'état de manifester sa volonté (C. civ. art. 836, al. 2). Le cas de l'indivisaire sous mandat de protection future appelle des développements particuliers.

Pour le cas d'un indivisaire faisant l'objet d'une procédure collective, voir n° 58712.

COPARTAGEANT MINEUR

61575 La présence d'un mineur non émancipé parmi les copartageants n'est pas un obstacle à la réalisation d'un partage amiable (C. civ. art. 836, al. 2), sachant qu'un partage judiciaire est toujours possible (C. civ. art. 840 et 507).

Le partage amiable et l'état liquidatif qui l'accompagne ne figurent plus dans la liste des actes soumis à autorisation préalable du juge des tutelles (C. civ. art. 387-1). En principe, il suffit donc que ces actes soient respectivement autorisés et approuvés par le ou les **administrateurs**

légaux. S'il n'y en a qu'un, celui-ci pourrait donner son accord à un partage amiable sans autorisation préalable du juge des tutelles. En présence de deux administrateurs légaux, ils devront être d'accord pour la réalisation d'un partage amiable.

Néanmoins, dans un certain nombre d'hypothèses, l'autorisation préalable du **juge des tutelles** est exigée. Il en est ainsi lorsque :
– le partage comporte une opération elle-même soumise à une telle autorisation (C. civ. art. 387-1). C'est par exemple le cas si l'acte contient une transaction ou une renonciation à un droit du mineur ; s'il porte sur des valeurs mobilières ou des instruments financiers et s'il engage le patrimoine du mineur pour le présent ou l'avenir par une modification importante de son contenu, une dépréciation significative de sa valeur en capital ou une altération durable des prérogatives du mineur ;
– l'enfant est appelé à un partage concurremment avec son père ou sa mère : dans ce cas, le juge des tutelles devra alors désigner un administrateur ad hoc, dès lors qu'il y a conflit d'intérêts entre l'administrateur légal unique et l'enfant (C. civ. art. 383). Les juges du fond sont souverains dans l'appréciation de ce conflit (pour une illustration, Cass. 1e civ. 20-3-2019 no 18-10.935 F-D : SNH 13/19 inf. 3) ;
– les administrateurs légaux sont en désaccord (C. civ. art. 387) ;
– le juge des tutelles l'a exigé à l'occasion du contrôle d'un des actes qui requiert son autorisation préalable (C. civ. art. 387-3, al. 1). Il peut statuer en ce sens s'il l'estime indispensable à la sauvegarde des intérêts du mineur, en considération de la composition ou de la valeur du patrimoine, de l'âge du mineur ou de sa situation familiale (par exemple en cas de conflits importants entre ses parents). Ainsi, à l'occasion de l'autorisation donnée pour l'acceptation pure et simple d'une succession (C. civ. art. 387-1, 5o), le juge pourrait subordonner le partage amiable de cette succession à son autorisation préalable ;
– le juge l'a décidé sur saisine des parents ou de l'un d'eux, du ministère public ou de tout tiers ayant connaissance d'actes ou omissions qui compromettent manifestement et substantiellement les intérêts patrimoniaux du mineur ou d'une situation de nature à porter un préjudice grave à ceux-ci (C. civ. art. 387-3, al. 2).

> **Précisions** **a. Jusqu'au 1er janvier 2016,** le partage amiable devait être autorisé et l'état liquidatif approuvé par le juge aux affaires familiales (C. civ. anc. art. 389-5, al. 3 pour l'administration légale pure et simple et ancien art. 389-6 pour l'administration légale sous contrôle judiciaire) ou le conseil de famille (C. civ. anc. art. 389-7 pour le mineur sous tutelle).
> **b.** Pour mémoire, les fonctions de juge des tutelles des mineurs sont exercées par **le juge aux affaires familiales** (C. org. jud. art. L 213-3-1).

COPARTAGEANT SOUS TUTELLE

Les règles sont les mêmes pour le partage auquel participe un **majeur ou** un **mineur sous tutelle.** 61580

Depuis le 25 mars 2019, le partage amiable ne nécessite plus l'autorisation préalable du conseil de famille ou, à défaut, du juge des tutelles, sauf opposition d'intérêts entre le copartageant sous tutelle et son tuteur (C. civ. art. 507, al. 1 ; sur les questions suscitées par ce texte, voir E. Pecqueur, Sort des majeurs protégés dans la réforme : AJ fam. 2019 p. 266). Il faut certainement considérer qu'il y aura opposition d'intérêts lorsque le tuteur et le majeur ou le mineur sous tutelle sont cohéritiers dans la même succession.

Dans tous les cas, l'état liquidatif est soumis à l'approbation du conseil de famille ou, à défaut, du juge (C. civ. art. 507, al. 2).

Un partage qui ne respecterait pas ces exigences vaudrait comme partage provisionnel.

> **Précisions** **Avant le 25 mars 2019,** il fallait en tous les cas une autorisation du partage amiable et l'approbation de l'état liquidatif par le conseil de famille ou, à défaut, du juge, qui désigne s'il y a lieu un notaire pour y procéder (C. civ. art. 507 ancien ; Décret 2008-1484 du 22-12-2008 ann. I, col. 2, V).

COPARTAGEANT SOUS CURATELLE

Depuis le 25 mars 2019, le copartageant sous curatelle doit pouvoir **intervenir seul** au partage puisqu'un partage fait en tutelle ne requiert plus, en principe, d'autorisation préalable du conseil de famille ou, à défaut, du juge (C. civ. art. 507 et 467 ; voir notamment Flash Cridon de Paris 27-3-2019). Néanmoins, l'état liquidatif doit être soumis à l'approbation du juge des tutelles comme en matière de tutelle (en ce sens, J.-M. Plazy, La simplification de la gestion du patrimoine du majeur protégé : BPAT 3/19 inf. 83). Toutefois, pour une partie de la doctrine, un majeur sous curatelle peut participer à un partage amiable sans qu'il y ait besoin ni de l'assistance de son protecteur ni d'une approbation judiciaire de l'état liquidatif (N. Peterka, La déjudiciarisation du droit des personnes 61585 protégées par la loi du 23 mars 2019 : progrès ou recul de la protection ? JCP G 2019 p. 437 ; Dalloz Action Protection de la personne vulnérable 2020-2021 n° 343.53 par N. Peterka et A. Caron-Déglise ; Rép. civ. Dalloz, V° Partage : droit commun – réalisation du partage par C. Brenner, n° 175). L'interprétation est aujourd'hui plus nuancée pour certains : le contreseing du curateur n'invaliderait pas l'acte, on pourrait y recourir par précaution, tant le renvoi aux règles de la tutelle peut poser des difficultés d'interprétation (en ce sens, N. Peterka, La protection des personnes vulnérables en droit patrimonial de la famille : morceaux choisis : SNH 34/23 inf. 11).

En curatelle, le curateur ne peut pas se substituer à la personne en curatelle pour agir en son nom (C. civ. art. 469, al. 1) : la curatelle est un régime d'**assistance** et non de représentation. Par **exception** au principe ainsi posé de non-représentation, le curateur peut être autorisé par le juge à accomplir un acte déterminé sur le fondement de l'article 469, alinéa 2 si le curatélaire, par son refus ou son inertie, compromet manifestement ses intérêts. La formule est large. On observera que la mise en péril des intérêts de la personne protégée ne se confond pas avec la mise en péril des intérêts de l'ensemble des copartageants. Mais les deux notions peuvent s'avérer difficiles à distinguer : l'intérêt des copartageants peut présenter un caractère individuel pour chacun d'eux, y compris le curatélaire. Il pourrait en être ainsi lorsque les biens à partager sont exposés à une dépréciation certaine. Le curateur pourrait ainsi être exceptionnellement autorisé par le juge à représenter la personne sous curatelle pour un partage amiable si l'attitude de cette dernière l'expose à une mise en péril de ses intérêts. Le curateur pourrait également provoquer l'ouverture de la tutelle (C. civ. art. 469, al. 2, in fine). Il est également possible d'envisager un élargissement de la curatelle afin que la personne protégée soit assistée au cours des opérations de partage ainsi que pour la signature de l'acte (C. civ. art. 471).

> **Précisions** **Avant le 25 mars 2019,** le majeur sous curatelle ne pouvait intervenir à un partage amiable qu'avec l'assistance de son curateur (C. civ. art. 836, al. 2 et 467 anciens ; Décret 22-12-2008 n° 2008-1484 ann. I, col. 2, V).

COPARTAGEANT SOUS SAUVEGARDE DE JUSTICE

61587 Aucune règle particulière n'étant prévue en cas de sauvegarde de justice, le copartageant sous ce régime de protection peut signer, **sans assistance,** un acte de partage. Il n'a pas besoin de faire approuver l'état liquidatif. Néanmoins, le juge peut désigner un **mandataire spécial** avec mission de représenter le majeur au partage.

COPARTAGEANT SOUS HABILITATION FAMILIALE

61590 En cas d'habilitation familiale, il convient de vérifier le champ de cette habilitation :
– avec représentation ou simple assistance (C. civ. art. 494-1 modifié par loi 2019-222 du 23-3-2019) ;
– générale ou spéciale (C. civ. art. 494-6 et 494-8 dans leur rédaction issue de la loi 2019-222 du 23-3-2019).

Si une **habilitation-représentation spéciale** a été accordée pour le partage amiable, la personne habilitée peut intervenir seule à un partage au nom et pour le compte de la personne protégée, sans que l'autorisation du juge des tutelles ne soit requise.

S'agissant d'une **habilitation-représentation générale,** le texte de l'article 494-6 du Code civil laisse planer un doute sur la nécessité ou non d'une autorisation judiciaire pour réaliser un partage amiable. En effet, il est explicitement prévu que la personne habilitée doit se faire autoriser par le juge à accomplir un acte pour lequel elle serait en opposition d'intérêts avec la personne protégée (C. civ. art. 494-6 al. 5). L'hypothèse est fréquente s'agissant de partage successoral, la personne protégée et la personne habilitée étant appelées à une même succession, par exemple celle du conjoint de la personne protégée. Mais le texte réserve également, sans autre précision, l'accomplissement par la personne habilitée d'un acte de disposition à titre gratuit qui ne peut se faire qu'avec l'autorisation préalable du juge des tutelles (C. civ. art. 494-6 al. 4). Or le décret 2008-1484 du 22 décembre 2008 vise explicitement dans la liste des actes de disposition à titre gratuit le « partage amiable » (ann. I, col. 2, V). Par conséquent, lorsque l'habilitation est générale et qu'elle n'exclut pas le partage, le juge devrait malgré tout autoriser le partage amiable. Cette opinion n'est pas unanimement partagée en doctrine (M. Grimaldi, Les Successions, LexisNexis, 8e éd., n° 953, p. 754 ; C. Pérès et C. Vernières, Droit des successions, PUF, 2018, n° 770). L'article 494-6 ne renvoie explicitement ni à l'article 507, qui n'impose plus au tuteur de recueillir l'autorisation du juge des tutelles ou du conseil de famille pour un partage à l'amiable sauf en cas d'opposition d'intérêts, ni au décret du 22 décembre 2008. L'imprécision du texte invite donc ici à la prudence : dans l'attente d'une clarification, il serait donc préférable de conseiller à la personne habilitée d'obtenir une autorisation judiciaire pour prendre part à un partage amiable.

En cas d'**habilitation-assistance,** les règles de la curatelle s'appliquant, la personne sous habilitation peut signer seule l'acte de partage et le projet liquidatif devrait être soumis à l'approbation du juge des tutelles (C. civ. art. 494-1, 467 et 507 modifiés). Toutefois, en ce qui concerne le projet liquidatif, une simple assistance suffirait pour une partie de la doctrine (voir n° 61585).

COPARTAGEANT DÉFAILLANT

L'indivisaire passif, c'est-à-dire celui qui ne participe pas aux opérations de partage et ne fait pas connaître sa volonté, celui qui fait le mort, dans un but d'obstruction ou par simple désintérêt ou négligence, peut, à la diligence d'un de ses copartageants, être **mis en demeure** par acte extrajudiciaire de se faire représenter au partage amiable (C. civ. art. 837, al. 1). **61595**

À réception de cette mise en demeure, l'indivisaire passif a trois mois pour désigner un mandataire pour le représenter.

S'il ne le fait pas, le copartageant peut demander au **juge** de désigner toute personne qualifiée pour représenter le défaillant jusqu'à la réalisation complète du partage (C. civ. art. 837, al. 2), donc sans possibilité pour le défaillant de reprendre sa place pendant les opérations. La demande de désignation est portée devant le président du tribunal judiciaire ou son délégué, qui statue par ordonnance sur requête (CPC art. 1379, al. 1).

La **personne désignée** doit demander au juge l'autorisation de consentir au partage amiable en lui transmettant le projet de partage, approuvé par les autres copartageants (C. civ. art. 837, al. 2 ; CPC art. 1358, al. 1). L'autorisation du juge de consentir au partage est donnée par une décision rendue en dernier ressort (CPC art. 1358, al. 2). Si le juge n'approuve pas l'état liquidatif, le partage pourra alors prendre une tournure judiciaire (n° 61720).

COPARTAGEANT PRÉSUMÉ ABSENT OU HORS D'ÉTAT DE MANIFESTER SA VOLONTÉ

Un partage amiable est possible en présence d'un indivisaire présumé absent ou hors d'état de manifester sa volonté par suite d'éloignement (C. civ. art. 836, al. 1 et 116, al. 1). **61600**

Depuis le 25 mars 2019, le partage amiable peut être consenti par le représentant du présumé absent ou de la personne hors d'état de manifester sa volonté par suite d'éloignement. En cas d'opposition d'intérêts entre le représentant et le présumé absent, le partage, même partiel, doit être autorisé par le juge des tutelles. Ce dernier désigne un remplaçant du représentant pour intervenir à l'acte de partage (C. civ. art. 836 et 116). Pour les partages antérieurs au 25 mars 2019, le juge devait autoriser un tel partage et désigner un notaire pour y procéder (C. civ. art. 836 et 116 anciens).

L'état liquidatif est soumis à l'**approbation** du juge des tutelles, que le partage intervienne avant ou après le 25 mars 2019 (C. civ. art. 836, al. 1 et 116, al. 3).

Évidemment, le partage judiciaire reste possible (C. civ. art. 836, al. 1 et 116, al. 3), notamment en cas de désaccord entre les indivisaires.

En cas de **non-respect** de ces règles, le partage est considéré comme provisionnel (C. civ. art. 836, al. 1 et 116, al. 4).

COPARTAGEANT SOUS MANDAT DE PROTECTION FUTURE ACTIF

Pouvoirs du mandataire Cette situation n'est pas spécialement prévue par la loi dans les dispositions relatives au partage (ce qui s'explique : la loi de réforme des successions du 23-6-2006 est antérieure à la création du mandat de protection future par la loi du 5-3-2007). L'on peut donc s'interroger. **61605**

Le mandat **sous signature privée** porte sur les actes qu'un tuteur peut faire sans autorisation (C. civ. art. 493, al. 1). Si l'on se réfère aux règles applicables à la tutelle depuis le 25 mars 2019 (voir n° 61580), le mandataire devrait donc pouvoir, si cela entre dans sa mission, et sauf opposition d'intérêts avec le mandant, intervenir à un partage amiable sans avoir à recueillir l'autorisation du juge des tutelles. L'approbation de l'état liquidatif par le juge resterait toutefois requise. **61610**

En cas de **mandat** établi **par acte authentique,** l'autorisation du juge des tutelles paraît expressément requise puisque le partage amiable est classé dans la catégorie des actes de disposition à titre gratuit (C. civ. art. 490 ; Décret 2008-1484 du 22-12-2008). Il peut néanmoins sembler incohérent de reconnaître plus d'autonomie au mandataire en cas de mandat sous signature privée qu'en présence d'un mandat par acte authentique. Dès lors, certains auteurs estiment que l'on pourrait considérer que l'autorisation du juge n'est pas requise, sauf opposition d'intérêts, quelle que soit la forme du mandat (en ce sens, notamment, J.-M. Plazy, La gestion du patrimoine des majeurs protégés : BPAT 3/19 inf. 83). En toute hypothèse, l'approbation de l'état liquidatif par le juge avant la signature du partage paraît incontournable.

61615 **Pouvoirs du mandant** S'agissant du mandant lui-même, en dépit du silence des textes sur cette question, il semble qu'il conserve sa pleine capacité (en ce sens une majorité de la doctrine : Dalloz Action Droit patrimonial de la famille 2018/2019, dir. M. Grimaldi, nº 336-51 par I. Maria ; A. Delfosse et N. Baillon-Wirtz, Le mandat de protection future : JCP N 2007 nº 1140 ; J. Massip, Tutelle des mineurs et protection juridique des majeurs : Defrénois 2009 p. 469 s. ; L. Taudin, Mandat de protection future. Itinéraire sinueux d'une représentation : JCP N 2009 nº 1357 ; J. Combret et J. Casey, Le mandat de protection future : RJPF 2007-7-8/13 ; Ph. Potentier, Forces et faiblesses du mandat de protection future : Dr. et patrimoine avr. 2008 p. 74). Le mandat de protection future ne constitue pas un régime d'incapacité : « le mandant peut continuer à passer des actes graves pour son patrimoine » (Circ. DACS CIV/01/09/C1 du 9-2-2009 relative à l'application des dispositions législatives et réglementaires issues de la réforme de la protection juridique des mineurs et des majeurs, BOMJ 28-2-2009 p. 40). Le majeur sous mandat de protection future en cours d'exécution pourrait donc demander le partage sans aucune autorisation, ce qui n'exclut pas que le mandataire, lui aussi, puisse demander le partage de l'indivision.

Le partage amiable ainsi réalisé serait toutefois plus fragile car les actes passés et les engagements contractés par le mandant pendant la durée du mandat peuvent être rescindés pour lésion ou réduits pour excès (C. civ. art. 488).

TABLEAU RÉCAPITULATIF

61620

Régime de protection	Principe	Exception
Mineur non émancipé	Autorisation du partage amiable et de l'état liquidatif par le ou les administrateurs légaux	Autorisation du juge des tutelles si : – le partage comporte une opération soumise à une telle autorisation (C. civ. art. 387-1 ; voir nº 61575) ; – l'enfant mineur est appelé à un partage concurremment avec son père ou sa mère ; le juge doit désigner un administrateur ad hoc ; – les administrateurs légaux sont en désaccord ; – le juge des tutelles l'a exigé à l'occasion du contrôle d'un des actes qui requiert son autorisation préalable ; – le juge l'a décidé sur saisine des parents ou de l'un d'eux, du ministère public ou de tout tiers si les intérêts du mineur sont compromis.
Mineur ou majeur sous tutelle	Le tuteur intervient seul au partage amiable. Attention : l'état liquidatif est soumis dans tous les cas à l'approbation du conseil de famille, à défaut, du juge des tutelles.	Autorisation préalable du conseil de famille, à défaut, du juge des tutelles en cas d'opposition d'intérêts entre le copartageant sous tutelle et son tuteur
Majeur sous curatelle	Le majeur sous curatelle intervient seul au partage amiable. Question de l'approbation judiciaire de l'état liquidatif discutée en doctrine.	Curateur, sur autorisation judiciaire, si le curatélaire compromet manifestement ses intérêts.
Majeur sous sauvegarde de justice	Le majeur sous sauvegarde de justice signe le partage amiable sans assistance ni autorisation.	Possibilité pour le juge de désigner un mandataire spécial avec mission de représenter le majeur au partage

61620 (suite)

Régime de protection	Principe	Exception
Majeur sous habilitation familiale	Si une **habilitation-représentation spéciale** a été accordée pour le partage amiable, la personne habilitée intervient seule au partage, sans autorisation judiciaire. En cas **d'habilitation-représentation générale,** doute sur la nécessité ou non d'une autorisation judiciaire (voir n° 61590). La prudence commanderait d'obtenir l'autorisation du juge. En cas d'**habilitation-assistance,** la personne sous habilitation peut signer seule l'acte de partage. Question de l'approbation judiciaire de l'état liquidatif discutée en doctrine.	
Copartageant défaillant	Autorisation du juge de consentir au partage amiable	
Copartageant présumé absent ou hors d'état de manifester sa volonté	Le partage amiable peut être consenti par le représentant du présumé absent ou de la personne hors d'état de manifester sa volonté. Attention : L'état liquidatif est soumis à l'approbation du juge des tutelles.	En cas d'opposition d'intérêts entre le représentant et le présumé absent, le partage même partiel doit être autorisé par le juge des tutelles. Il désigne un remplaçant du représentant pour intervenir à l'acte de partage.
Copartageant sous mandat de protection future actif	**Pouvoirs du mandataire** : (Situation non prévue par la loi) **Mandat sous signature privée** : A priori, le mandataire devrait pouvoir, si cela entre dans sa mission, intervenir à un partage amiable sans avoir à recueillir l'autorisation du juge des tutelles. Mais l'approbation de l'état liquidatif resterait requise. **Mandat par acte authentique** L'autorisation du juge reste requise, mais certains auteurs considèrent qu'elle ne le serait qu'en cas d'opposition d'intérêts, quelle que soit la forme du mandat (voir n° 61610). **Pouvoirs du mandant** : En dépit du silence des textes, il semble qu'il conserve sa pleine capacité ; il pourrait donc demander le partage amiable sans aucune autorisation (attention toutefois à la rescision pour lésion ou à la réduction pour excès). Cela n'exclut pas que le mandataire puisse, lui aussi, demander le partage.	

SECTION 2

PARTAGE JUDICIAIRE

A. Champ d'application

61720 Le partage judiciaire suppose bien évidemment l'existence d'une indivision (voir nos 53705 s.). Une demande en partage judiciaire ne peut donc prospérer si un partage amiable a déjà eu lieu, ne laissant subsister aucune indivision entre les héritiers. Ainsi, une demande en rapport de donations de somme d'argent dissimulées par l'un des héritiers, qui ne peut être formée qu'à l'occasion d'une action en partage judiciaire, ne peut plus être engagée lorsque les parties, ayant déjà procédé au partage amiable de la succession, ne sont plus en indivision (Cass. 1e civ. 6-11-2019 no 18-24.332 FS-PBI ; voir no 31255).

Le partage judiciaire a un champ d'application **résiduel** puisqu'il n'intervient que dans deux situations (C. civ. art. 840) :
– un désaccord entre les indivisaires rend impossible le partage amiable : refus de l'un d'entre eux de consentir au partage amiable ou contestations sur la manière de procéder au partage ou de le terminer ;
– le partage amiable n'a pas été autorisé ou approuvé, en présence d'un indivisaire mineur ou majeur protégé, défaillant, présumé absent, hors d'état de manifester sa volonté ou sous mandat de protection future.

61725 Les copartageants ont la faculté d'**abandonner** à tout moment la voie judiciaire et de poursuivre le partage à l'amiable si les conditions en sont réunies (C. civ. art. 842). Si un notaire a été désigné, il informe le juge qui constate la clôture de la procédure (CPC art. 1372).

61730 Comme en matière de partage amiable, un partage unique peut intervenir en présence de **plusieurs indivisions** entre les mêmes personnes (C. civ. art. 840-1). Il importe peu que ces indivisions portent sur les mêmes biens ou sur des biens différents, qu'elles soient de même nature ou non, par exemple légale ou conventionnelle. Pour une application où un partage unique permettait un partage en nature (Cass. 1e civ. 4-5-2017 no 16-20.025 F-PB : BPAT 4/17 inf. 162).

B. Procédure

1. DEMANDE EN PARTAGE

OBSERVATION PRÉALABLE

61778 Par une réponse ministérielle du 2 mars 2023 (Rép. Belin : Sén. 2-3-2023 no 00979), le ministère de la justice a annoncé conduire une réflexion afin de simplifier les procédures de partage judiciaire des indivisions, fondée notamment sur un rapport de l'inspection générale de la justice relatif au traitement des dossiers civils longs et complexes (12-2021 no 127-21 : justice.gouv.fr/34597). Ce dernier recommande notamment d'inciter les juridictions à :
– mettre en place, au niveau de chaque chambre départementale ou interdépartementale des notaires, une liste de notaires volontaires pour accomplir la mission de notaire liquidateur (Recommandation no 22) ;
– prévoir systématiquement des audiences de proposition de médiation patrimoniale pour les liquidations-partages (Recommandation no 23) ;
– créer des chambres liquidatives au sein des tribunaux judiciaires sur le même modèle que ce qui est déjà mis en pratique au Tribunal judiciaire du Mans (Recommandation no 24).

Le rapport préconise aussi d'engager une réflexion sur la procédure de partage et sur l'accroissement du rôle du notaire en s'inspirant largement du droit local alsacien-mosellan comme souhaité par le CSN (Recommandation no 25). Sur ce point, voir notamment Le partage judiciaire en droit alsacien-mosellan : une alternative à introduire en droit général ? par O. Vix : Defrénois 2023 no 13 p. 34.

JURIDICTION COMPÉTENTE

61780 En principe, a **compétence exclusive** le tribunal judiciaire du lieu d'ouverture de la succession, c'est-à-dire celui du dernier domicile du défunt (C. civ. art. 841 et 720). Il a compétence pour connaître notamment :
– de l'action en partage ;

– des contestations qui s'élèvent à l'occasion du maintien de l'indivision ou au cours des opérations de partage ;
– des demandes de licitations ;
– des demandes relatives à la garantie des lots entre copartageants ;
– des demandes visant à contester le partage.

Ainsi, en présence d'un indivisaire sous le coup d'une procédure collective, le tribunal de commerce reste incompétent pour homologuer l'état liquidatif (Cass. 1e civ. 28-2-2006 nº 03-19.853 F-PB).

Toutefois, le tribunal du lieu d'ouverture de la succession peut, pour des raisons pratiques, autoriser qu'une adjudication d'un bien dépendant de l'actif successoral se déroule devant le tribunal du lieu de situation de l'immeuble (CPC art. 1377) ; ce tribunal n'est donc pas compétent d'office pour une telle adjudication. Le tribunal du lieu de la dissolution de la communauté peut connaître d'un partage successoral connexe.

CONTENU DE L'ASSIGNATION

L'assignation en partage doit contenir un descriptif sommaire du patrimoine à partager, préciser les intentions du demandeur quant à la répartition des biens et indiquer les diligences entreprises pour parvenir à un partage amiable (CPC art. 1360 ; pour une illustration, Cass. 3e civ. 12-3-2020 nº 18-23.730 F-D : BPAT 3/20 inf. 105). **61785**

Avant d'engager une action en partage judiciaire, il est donc indispensable d'avoir **tenté un partage amiable** et il faut en justifier lors de l'assignation. Des initiatives postérieures ne sont pas de nature à régulariser la procédure (Cass. 1e civ. 21-9-2016 nº 15-23.250 FS-PB : BPAT 6/16 inf. 241). En conséquence, même s'il est certain de se voir opposer un refus, le demandeur doit au préalable interpeller ses coïndivisaires (Cass. 1e civ. 4-1-2017 nº 15-25.655 F-PB : BPAT 1/17 inf. 44-7). La justification des diligences entreprises ne suit aucun formalisme impératif sous réserve de respecter le droit de la preuve : elle peut consister en un procès-verbal de carence dressé par le notaire qui devait établir un projet de partage amiable ; ce peut être aussi tout document (courrier, attestation d'avocat ou de notaire, etc.) prouvant que le demandeur a vainement entrepris des démarches pour parvenir à un partage amiable. A par exemple été jugée recevable l'assignation faisant référence aux courriers adressés à l'indivisaire occupant, au défaut de comparution des héritiers devant le médiateur et aux incidents qui ont nécessité l'intervention de la maréchaussée (Cass. 3e civ. 12-3-2020 nº 18-23.730 F-D précité). Pour un autre exemple, voir également Cass. 1e civ. 27-1-2021 nº 19-17.793 F-D : BPAT 2/21 inf. 102-16.
En revanche, la seule référence dans l'assignation à une situation conflictuelle entre les héritiers ne suffit pas (Cass. 1e civ. 4-1-2017 nº 15-25.655 F-PB : BPAT 1/17 inf. 44-7).

La conformité du « **descriptif sommaire** » aux exigences légales est souverainement appréciée par les juges du fond (Cass. 1e civ. 28-1-2015 nº 13-50.049 FS-PBI : BPAT 2/15 inf. 60). La Cour de cassation a néanmoins précisé que l'assignation :
– n'a pas à donner la consistance et la valeur exacte du patrimoine à partager (Cass. 1e civ. 28-1-2015 précité) ;
– n'a pas à indiquer le patrimoine existant à l'ouverture de l'indivision mais celui restant à partager à la saisine du tribunal, ce qui exclut les biens ayant fait l'objet de partages partiels (Cass. 1e civ. 13-4-2016 nº 15-13.312 FS-PB : BPAT 3/16 inf. 126).

Les **intentions du demandeur** quant à la répartition des biens s'entendent de façon « souple ». Ainsi, l'assignation en partage n'est pas lacunaire si elle n'explicite pas une demande d'indemnité de réduction dès lors que celle-ci se déduit nécessairement de la demande de réintégration fictive des libéralités consenties par le défunt (Cass. 1e civ. 10-1-2018 nº 16-27.894 F-PB : AJ fam. 2018 p. 187).

Le défaut des mentions requises est **sanctionné** par l'irrecevabilité de la demande (CPC art. 1360). Ce moyen constitue une fin de non-recevoir et non une exception de procédure (Avis C. cass. 01200001P 13-2-2012 : BPAT 2/12 inf. 131). Il peut donc être invoqué en tout état de cause, sans qu'il soit nécessaire de prouver un grief. Il peut aussi être régularisé jusqu'au jour où le juge statue (Cass. 1e civ. 28-1-2015 nº 13-50.049 FS-PBI : BPAT 2/15 inf. 60). Il n'en va pas de même, on l'a vu, des démarches amiables elles-mêmes, qui doivent nécessairement intervenir avant l'assignation. **61790**

ATTENTION

Les dispositions de l'article 1360 du Code de procédure civile ne s'appliquent pas à l'**action oblique** en partage exercée **par un créancier personnel** de l'indivisaire, lequel ne dispose que de la faculté de provoquer le partage au nom de son débiteur (Cass. 1e civ. 25-9-2013 nº 12-21.272 FS-PB : BPAT 6/13 inf. 245 ; Cass. 1e civ. 29-1-2014 nº 12-29.369 F-D ; Cass. 1e civ. 13-1-2016 nº 14-29.534 F-PB : RJDA 12/16 nº 914).

REQUÊTE CONJOINTE

61795 Il semble qu'il soit possible de saisir le tribunal par une requête conjointe (CPC art. 750), et ce bien que l'article 1360 du Code de procédure civile ne vise que l'assignation. Mais la requête doit alors avoir le même contenu (S. David, Le partage judiciaire : AJ fam. février 2013 p. 94).

PUBLICATION DE LA DEMANDE

61800 La publication de l'acte introductif d'instance ne s'impose pas, même lorsque l'indivision comprend des immeubles. En effet, la publicité foncière n'est exigée, à peine d'irrecevabilité, que pour les demandes en justice tendant à l'anéantissement rétroactif d'un droit antérieurement publié (Cass. 3e civ. 15-2-2006 no 04-20.521 FS-PB : AJDI 2006 p. 588 qui vise le décret 55-22 du 4-1-1955 art. 28,4o c). Rappelons au demeurant que la publication de l'acte de partage lui-même n'est pas une condition de validité de celui-ci (no 61505).

PARTIES À LA PROCÉDURE

61805 Celui ou ceux qui prennent l'initiative de la procédure doivent **faire citer** tous leurs coïndivisaires afin que la décision à intervenir leur soit opposable. La demande d'un héritier dirigée contre un tiers à l'indivision ne peut pas valoir demande en partage.

En cas de pluralité d'assignations, le **demandeur** en partage est celui qui a fait enrôler en premier son assignation au tribunal judiciaire (CPC art. 1359). Des difficultés d'application ont pu se poser, notamment lorsque la première assignation enrôlée n'était pas dirigée contre tous les indivisaires contrairement à la seconde.

Cette règle permet de déterminer l'ordre de priorité des poursuites. Cela dit, en matière de partage, les parties sont respectivement demanderesses et défenderesses quant à l'établissement de l'actif et du passif de telle sorte que toute demande doit être considérée comme une défense à la prétention adverse (Cass. 2e civ. 3-2-1983 no 80-16.702 P : Bull. civ. II no 28). Ceci se traduit en pratique notamment au regard de la charge de la preuve qui est partagée.

2. SITUATIONS SIMPLES

61835 La procédure est allégée si la situation est simple. Le tribunal peut d'emblée ordonner le partage ou la vente par licitation (CPC art. 1361). **En pratique,** cela suppose qu'il ne soit pas nécessaire de procéder aux opérations de liquidation, soit parce que l'actif et le passif à partager sont extrêmement limités, soit parce qu'un projet de liquidation a déjà été établi et figure notamment en annexe de l'acte introductif d'instance.

PARTAGE

61840 Le tribunal ordonne le partage s'il peut avoir lieu.

Il se fait éventuellement assister d'un **expert** pour évaluer les biens et/ou proposer la composition des lots (CPC art. 1362).

61845 Lorsque le partage est **judiciaire,** c'est la décision de justice prononçant le partage qui doit être publiée. Si elle ne comporte pas les informations nécessaires à la publication (état civil des parties, désignation de l'immeuble et effet relatif conformes aux exigences du décret 55-22 du 4-1-1955), elle peut faire l'objet d'un dépôt au rang des minutes d'un notaire en vue d'y apporter les éléments manquants. Cette pratique n'est pas interdite par l'article 710-1 du Code civil, s'agissant du dépôt d'une décision juridictionnelle.

La publicité foncière du partage est prescrite non pour l'opposabilité mais pour **l'information des tiers** car il s'agit d'un acte déclaratif. La non-publication du partage est seulement susceptible de donner lieu à des dommages-intérêts si elle a causé un préjudice à un tiers (Décret 55-22 du 4-1-1955 art. 30, 4 ; pour des illustrations, CA Paris 1-6-2011 no 10/10411 : RJDA 8-9/11 inf. 746, BPAT 5/11 inf. 307 ; décision confirmée par Cass. 1e civ. 24-10-2012 no 11-19.855 précité).

61850 Le tribunal peut aussi désigner un **notaire** (CPC art. 1361). Cette désignation est facultative et le rôle du notaire limité. Il n'est pas chargé des opérations de liquidation-partage ; il établit seulement l'acte constatant le partage et il procède aux formalités de publicité foncière.

S'il est procédé à un **tirage au sort** des lots (comme c'est la règle), il est réalisé par le notaire désigné ou, à défaut, devant le président du tribunal judiciaire ou son délégué (CPC art. 1363, al. 1). Lorsqu'un héritier est défaillant, nul besoin de le mettre en demeure puis d'attendre trois mois selon la procédure de l'article 841-1 du Code civil (no 61905). Le président du tribunal judiciaire ou son délégué peut désigner un représentant à cet héritier défaillant, soit d'office lorsque le tirage au sort a lieu devant lui, soit sur transmission du procès-verbal dressé par le notaire (CPC art. 1363, al. 2).

VENTE PAR LICITATION

Lorsque le ou les biens indivis ne peuvent être matériellement partagés ou que leur fractionnement entraînerait leur dépréciation (C. civ. art. 830), il y aura lieu d'opérer leur licitation. 61855
L'article 1361 du Code de procédure civile renvoie aux conditions de l'article 1378 du même Code, texte visant en exergue les seuls indivisaires **capables et présents ou représentés.** Toutefois, ce renvoi n'est pas très explicite dans la mesure où cette exigence est énoncée, non pour permettre la licitation, mais pour limiter l'adjudication aux seuls indivisaires.

Il n'est pas cohérent d'exclure la sortie de l'indivision par voie de licitation en présence d'indivisaires mineurs, majeurs protégés, défaillants ou absents. Le partage ne pourrait alors avoir lieu.

Le renvoi à l'article 1378 du Code de procédure civile doit donc s'entendre comme signifiant qu'en principe, les enchères sont ouvertes à tous, aux tiers comme aux indivisaires et que par exception, s'ils sont tous présents et capables ou représentés et s'ils en sont tous d'accord, la licitation ne s'effectuera qu'entre eux.

3. OPÉRATIONS COMPLEXES

Si la complexité des opérations le justifie, le tribunal désigne un **notaire** pour procéder aux 61885
opérations de partage et commet un **juge** chargé de surveiller les opérations (CPC art. 1364). Il incombe à ce dernier de trancher les difficultés qui lui sont soumises avant de renvoyer les parties devant le notaire (Cass. 1e civ. 3-4-2019 no 18-14.179 F-PB : BPAT 3/19 inf. 113).

Ces désignations peuvent intervenir alors même que le tribunal a déjà ordonné le partage ou la licitation des biens en application de la procédure simplifiée ci-dessus. En effet, la complexité des opérations peut se révéler tardivement.

a. Établissement préalable d'un état liquidatif

CHOIX DU NOTAIRE

Le notaire est choisi par les **copartageants** ou, à défaut d'accord, par le tribunal lui-même. 61890
Cette unanimité est toutefois rare en pratique, s'agissant d'un partage contentieux.

Le **tribunal** dispose, dans ce choix du notaire, d'une certaine liberté. Il n'est pas tenu par la situation géographique des biens concernés ni par le règlement intérieur de la chambre des notaires (Cass. 1e civ. 6-3-1963 : Bull. civ. I no 146). Il n'est pas lié par les propositions des différentes parties (Cass. 2e civ. 15-2-1995 no 93-12.809 : Bull. civ. II no 48). Il peut désigner le notaire choisi par l'un des indivisaires sans contrevenir à l'exigence d'impartialité objective (Cass. 1e civ. 4-7-2006 no 03-16.971 F-PB).

Le **notaire désigné** par le juge se voit confier une **mission** qui lui est **personnelle.** Il ne peut donc la déléguer à son tour, il doit l'accomplir lui-même. Il ne peut pas la confier à un collaborateur, à son associé ou à un notaire salarié de l'office. Le départ en retraite du notaire désigné ne saisit pas son successeur de la mission. Le décès du notaire commis met également fin à sa mission. Dans ces hypothèses, le juge doit désigner un nouveau notaire qui peut, bien évidemment, être le successeur du notaire initialement nommé. Sur le remplacement du notaire commis, voir no 61930. En raison du caractère personnel de cette mission, l'ancienne pratique qui consistait à désigner le président de la Chambre des notaires avec faculté de délégation est à éviter, voire proscrite (en ce sens, M. Nicod, Partage judiciaire : le temps de la procédure et les apports de la réforme de 2006 : Defrénois 2023 no 13 p. 22).

Plusieurs notaires peuvent être désignés conjointement. Ils doivent alors procéder ensemble aux opérations (Cass. 1e civ. 28-3-1995 no 93-14.971 : Bull. civ. I no 143). Si un notaire, en s'abstenant d'apporter son concours à l'exécution de la mission commune, rend impossible le partage, il doit en être rendu compte au juge qui peut passer outre (Cass. 1e civ. 22-10-2008 no 07-16.590 F-PB : D. 2008 AJ p. 2794 ; Cass. 1e civ. 24-10-2012 no 11-20.744 F-PBI : Sol. Not. 12/12 inf. 315). L'un d'eux ne peut en quelque sorte s'emparer de la procédure de partage sans y avoir été préalablement autorisé par le juge. Celui qui se heurte à la défaillance d'un confrère doit ainsi en référer au juge qui, selon les circonstances, l'autorisera à établir seul ou validera tel acte de la procédure, en l'espèce un procès-verbal de difficultés, après avoir vérifié que les droits des indivisaires ont été respectés (Cass. 1e civ. 24-10-2012 no 11-20.744 F-PBI précité).

L'acte liquidatif qui n'est pas signé par tous les notaires désignés est nul (Cass. 1e civ. 6-6-1990 n° 88-19.657 : Bull. civ. I n° 148). De même, l'état liquidatif ne peut être valablement établi par l'un des deux notaires commis sans le concours de l'autre, il ne peut pas être homologué par le juge (Cass. 1e civ. 22-10-2008 n° 07-16.590 F-PB précité).

OBLIGATIONS DU NOTAIRE

61892 Le notaire commis par le juge est un véritable **délégataire** du juge. Ainsi, il endosse un rôle judiciaire. L'officier public doit faire preuve d'une totale neutralité au risque d'être démis de sa mission par le juge ou récusé par les parties. Avant d'entamer sa mission, le notaire devra vérifier ne pas avoir de lien particulier avec l'une ou l'autre des parties, sauf si sa désignation résulte de la volonté unanime des copartageants.

Le notaire commis doit non seulement respecter le **principe du contradictoire** mais il doit veiller à son respect par l'ensemble des intervenants (parties, avocats, experts, etc.).

En pratique, tous les échanges se feront soit lors de réunions en présence de toutes les parties (ou du moins auxquelles toutes auront été convoquées), soit par courriers (postaux ou électroniques) transmis par l'intermédiaire des avocats.

MISSIONS DU NOTAIRE

61895 Le notaire **établit** l'état liquidatif qui définit la masse partageable, les droits des parties et la composition des lots à répartir (CPC art. 1368). Pour ce faire, il est compétent pour estimer la valeur du patrimoine à partager. La première mission du notaire est de liquider, c'est-à-dire de chiffrer les droits de chacun des héritiers dans la masse à partager. Le notaire doit également composer les lots. Tous les lots doivent être d'égale valeur. Cette valeur correspond à celle des droits de celui des copartageants qui doit recevoir le moins ou à celle du plus petit des dénominateurs communs des droits à recevoir par les copartageants (M. Grimaldi, Droit des successions, LexisNexis, 8e éd., 2020, n° 958). Par exemple, si celui dont les droits dans la masse à partager sont les plus faibles a des droits qui représentent 1/10e de cette masse à partager il recevra un lot représentant ce 1/10e ; celui devant recevoir l'équivalent de 5/10e recevra cinq lots. Lorsque le partage s'opère par souches, la valeur des lots à composer doit correspondre aux droits de la souche recevant le moins. À l'intérieur de chaque souche, le partage s'opèrera soit à l'amiable, soit par voie judiciaire.

Bien évidemment, le notaire doit rester dans les **limites** de sa mission. Il ne peut notamment pas intervenir dans la gestion des biens indivis, qui relève des indivisaires ou d'un mandataire successoral en cas d'inertie, de carence ou de mésentente, ou de la complexité de la situation successorale (C. civ. art. 813-1).

61900 Pour remplir sa mission, il dispose de **pouvoirs importants.** Il peut (CPC art. 1365) :
– convoquer les parties et leur réclamer tous documents utiles. La convocation prend la forme d'une lettre recommandée avec avis de réception ou, d'un acte d'huissier (désormais de commissaire de justice) en cas de défaillance d'un indivisaire (voir n° 61905) ;
– se faire aider, si la valeur ou la consistance des biens le justifie, d'un expert pour estimer le patrimoine et proposer la composition des lots. L'expert est choisi par les copartageants ou, faute d'accord entre eux, désigné par le juge commis par le tribunal ;
– solliciter du juge commis toute mesure pour faciliter le déroulement des opérations (n° 61930).

Le notaire peut également interroger les établissements bancaires (les fichiers FICOBA et FICOVIE), les créanciers ou débiteurs des parties ou de l'indivision, ou autres institutions pour lui permettre d'établir la liquidation qui lui est demandée.

61905 Si le notaire se heurte à l'**inertie d'un indivisaire,** il peut le mettre en demeure, par acte extrajudiciaire, de se faire représenter (C. civ. art. 841-1, al. 1). La mise en demeure mentionne la date prévue pour réaliser les opérations de partage (CPC art. 1367).

L'indivisaire doit alors désigner un mandataire dans les trois mois de la mise en demeure. À défaut, le notaire peut demander au juge de désigner, suivant la procédure des ordonnances sur requête, toute personne qualifiée qui représentera le défaillant jusqu'à la réalisation complète des opérations (C. civ. art. 841-1, al. 2 ; CPC art. 1379 ; sur les moyens dont dispose le notaire pour poursuivre sa mission, voir F. Meesemaecker, Partage judiciaire, le notaire commis face à l'inertie d'un indivisaire : Defrénois 2011 art. 40022 p. 1031). En revanche, le juge ne peut pas désigner un mandataire successoral pour signer l'acte de partage en lieu et place du copartageant refusant de signer, le mandataire successoral ayant pour mission d'administrer la succession alors que le partage met fin à l'indivision (Cass. 1e civ. 13-5-2020 n° 18-26.702 FS-PB : SNH 19/20 inf. 1).

Si l'héritier ou son mandataire ne se présente pas à la date fixée dans la mise en demeure, le notaire dresse un procès-verbal et le transmet au juge commis afin que soit désigné un représentant à l'héritier défaillant (CPC. art. 1367).

Le notaire n'est pas habilité à trancher les différends entre les copartageants. Il peut néanmoins tenter une **conciliation** entre eux. Il demande alors au juge commis de convoquer les parties ou leurs représentants en sa présence (CPC art. 1366). 61910

Cette option présente un double avantage : elle répond au souhait de développer la conciliation, quel que soit le domaine ; la participation du notaire et du juge commis à la réunion est de nature à aider à la recherche d'une solution amiable.

Cela dit, une telle tentative de conciliation n'est pas une étape obligatoire, le notaire pouvant estimer que l'importance des conflits existants la rendrait inutile.

DÉLAI

Le notaire dispose d'un délai d'**un an** à compter de sa désignation pour dresser un état liquidatif, retraçant les comptes entre copartageants, la masse partageable, les droits des parties et la composition des lots à répartir (CPC art. 1368). 61915

Le juge commis y veille et à cette fin, il peut notamment adresser des injonctions au notaire ou procéder à son remplacement (n° 61930).

Si ce délai d'un an peut paraître court, rappelons que sous l'empire du droit antérieur, la France a été condamnée pour des procédures de liquidation trop longues, sur le principe selon lequel toute personne a droit à ce que sa cause soit entendue dans un délai raisonnable (CEDH 3-10-2000 n° 35589/97 : RTD civ. 2000 p. 891 obs. B. Vareille).

Le délai d'un an est toutefois **suspendu** en cas de (CPC art. 1369) : 61920
- désignation d'un expert et jusqu'à la remise du rapport ;
- adjudication ordonnée des biens qui ne peuvent pas être facilement partagés et jusqu'à sa réalisation définitive ;
- demande faite au juge commis de désigner une personne pour représenter un indivisaire défaillant et jusqu'au jour de sa désignation ;
- renvoi des parties devant le juge commis pour une tentative de conciliation et jusqu'à l'accomplissement de l'opération en cause.

Par ailleurs, en cas d'appel sur le jugement qui désigne le notaire la mission de ce dernier est également suspendu sauf si son exécution provisoire a été ordonnée.

Par ailleurs, le juge commis peut **prolonger** le délai pour une durée maximale d'un an (CPC art. 1370). La demande est formée par le notaire ou un copartageant avant l'expiration du délai initial. 61925

La prolongation doit être justifiée par la complexité des opérations.

Rémunération du notaire commis 61927

La rémunération du notaire commis est fonction des actes qu'il reçoit.

Le **procès-verbal d'ouverture** donne lieu à la perception de l'émolument fixe de procès-verbal de dires, soit 188, 66 € hors taxe (C. com. art. A 444-167, tableau 5).

La **liquidation** est rémunérée par l'émolument de liquidation (C. com. art. A 444-123, tableau 7) et non par l'émolument de partage (C. com. art. A 444-121 : communautés et successions et A 444-123 : autres indivisions).

L'émolument de partage sera évidemment perçu par le notaire s'il constate le **partage définitif** résultant soit de l'accord des parties soit d'une décision de justice.

Le rôle joué par le notaire peut avoir permis d'aboutir à un **partage transactionnel** : le notaire est alors fondé à percevoir, outre les émoluments de liquidation et de partage, un honoraire de transaction. En ce cas, les parties devront en avoir été avisées au préalable et le notaire doit pouvoir justifier de cette information préalable par un ordre de mission. Il est vivement conseillé au notaire, dès le début de sa mission, de demander à chacune des parties de le provisionner suffisamment pour lui permettre de dresser les procès-verbaux et d'établir la liquidation. Si l'une des parties refuse un tel versement, le notaire sera fondé à en avertir le juge et à suspendre sa mission.

En cas d'**aide juridictionnelle** au bénéfice de l'une des parties, le notaire ne peut pas lui demander de provision. La part des émoluments incombant au bénéficiaire de l'aide juridictionnelle est soustraite des émoluments normaux et est remplacée par le forfait dont le paiement est à demander au bureau d'aide juridictionnelle. Le notaire ne peut pas percevoir d'honoraire de transaction.

Lorsque l'aide juridictionnelle est partielle, alors la part d'émolument incombant à celui qui en bénéficie doit être remisée proportionnellement à cette aide juridictionnelle. Si les éléments du dossier permettent de le justifier, le notaire peut solliciter du bureau d'aide juridictionnelle le réexamen du dossier de son bénéficiaire.
Enfin, pour inciter les praticiens à traiter ces dossiers dans un délai raisonnable, le législateur a prévu une **sanction financière** par la réduction automatique de l'émolument du notaire en cas de dépassement du délai (éventuellement prorogé). L'émolument est réduit de moitié lorsque la mission n'est pas accomplie dans le délai et de trois quarts si le double dudit délai est dépassé (C. com. art. R 444-62).
Les procès-verbaux d'ouverture et de liquidation et dires sont enregistrés sur état au droit fixe de 125 €. Les actes constatant le partage définitif sont soumis au **droit de partage** avec toutes les nuances qui font le charme de cette fiscalité (partage pur et simple, partage avec soulte ou sans soulte, etc.). Le taux du droit de partage des indivisions successorales demeure fixé à 2,5 % alors que pour les partages d'indivisions conjugales (mariage et pacs), le taux du droit de partage est de 1,1 % (en cas d'aide juridictionnelle, même partielle, le droit de partage n'est pas dû). Sur le droit de partage voir n°s 63900 s.
Les parties peuvent d'un commun accord mettre **fin à la procédure** de partage judiciaire en se désistant de l'instance. En conséquence, elles peuvent signer un partage amiable reçu par un autre notaire commis. En ce cas, le notaire initialement commis pourra être rémunéré pour les tâches accomplies dans le cadre de sa mission (frais privilégiés de justice) et son confrère, instrumentaire du partage, aura pris soin de l'interroger à ce sujet.

RÔLE DU JUGE COMMIS

61930 Durant la phase d'établissement de l'état liquidatif, le juge commis surveille le **déroulement des opérations** (CPC art. 1371). Il statue sur toutes les demandes relatives à la succession et sur les mesures nécessaires à la bonne conduite des opérations de partage. Pendant l'instance en partage, le juge peut, comme le président du tribunal judiciaire et selon les mêmes modalités procédurales précisées à l'article 1380 du Code de procédure civile, statuer sur les demandes relatives aux mesures suivantes (Cass. avis 1e civ. 18-12-2020 n° 20-70.004 P : BPAT 2/21 inf. 87 ; L. Lescure Comparot, Le juge commis dispose-t-il des pouvoirs réservés au président du tribunal judiciaire ? : SNH 18/21 inf. 9) :
– mesures urgentes que requiert l'intérêt commun et notamment autorisation d'un indivisaire à percevoir des fonds indivis pour faire face aux besoins urgents ; désignation d'un indivisaire comme administrateur ; nomination d'un séquestre (C. civ. art. 815-6) ;
– organisation des conditions de la jouissance des droits indivis (C. civ. art. 815-9) ;
– répartition provisionnelle des bénéfices annuels de l'indivision ; allocation d'une avance en capital à un indivisaire à concurrence des fonds disponibles (C. civ. art. 815-11).
En revanche, le juge commis ne peut pas exercer les pouvoirs qui relèvent du tribunal judiciaire lui-même (voir n° 61590).
Le juge commis n'a pas compétence pour statuer sur le fond.
Il veille au respect des **délais** fixés et spécialement à celui d'un an.
Il peut, même d'office, adresser des **injonctions** au notaire et aux parties et prononcer des astreintes. Il peut par exemple ordonner la remise de documents sous astreinte. En revanche, le juge ne peut pas sanctionner un indivisaire récalcitrant en prévoyant qu'il sera déchu de son droit éventuel à une soulte faute de fournir les renseignements demandés dans les temps (Cass. 1e civ. 31-5-1989 n° 86-15.244 : Bull. civ. I n° 217).
Le juge peut aussi procéder au **remplacement** du notaire commis par le tribunal, soit à la demande d'une partie, soit d'office (CPC art. 1371, al. 2). Il statuera d'office lorsque le notaire est défaillant dans la mission qui lui a été confiée. Ce pourrait être le cas dans l'hypothèse d'inaction du notaire commis. Il statuera à la demande des parties si le notaire doit être remplacé notamment parce qu'il a pris sa retraite ou est décédé en cours de procédure. Attention toutefois : les copartageants peuvent certes choisir d'un commun accord le remplaçant du notaire initialement désigné, en ce cas le plus souvent son successeur, mais ce dernier ne pourra pas poursuivre les opérations de partage sans être préalablement désigné par le tribunal ou le juge commis (Cass. 1e civ. 9-6-2022 n° 20-22.712 F-B : BPAT 5/22 inf. 249 note F. Letellier, Defrénois 2022 n° 47 p. 19 obs. S. Valory). À défaut, les actes accomplis par ce notaire ne peuvent être utilement versés dans la procédure de partage et chacune des parties conserve le droit de demander la désignation d'un autre notaire. Ainsi, afin d'éviter un blocage de la procédure, il est conseillé au notaire commis quittant ses fonctions professionnelles d'informer le juge chargé de surveiller les opérations de son départ imminent afin qu'il soit pourvu à son remplacement. Après la cessation des fonctions du notaire initialement nommé, il

incombera aux parties, informées par les successeurs de ce notaire, de saisir le juge aux fins de remplacement.

En cas de suspension, d'interdiction ou de destitution du notaire (sanction disciplinaire), l'administrateur provisoire désigné pour le remplacer doit poursuivre les opérations de partage judiciaire (Décret 2022-900 du 17-6-2022 art. 80).

Enfin, si le notaire commis le demande, le juge reçoit les parties pour tenter une **conciliation** (CPC art. 1366 ; n° 61910).

b. En cas d'accord sur le projet d'état liquidatif

Si les parties arrivent à un accord sur le projet d'état liquidatif, un acte de partage amiable est établi et le juge constate la clôture des opérations (CPC art. 1372). À cette fin, le notaire transmet au juge une copie authentique du procès-verbal constatant l'accord ainsi que du partage définitif. **61950**

c. En cas de désaccord sur le projet d'état liquidatif

RÔLE DU NOTAIRE

En cas de désaccord sur le projet d'état liquidatif, le notaire établit un « PV reprenant les dires des parties », parfois dénommé « procès-verbal de dires ». L'expression « PV de difficultés » n'est plus aujourd'hui utilisée par le Code de procédure civile même si la pratique persiste à utiliser parfois cette expression. Ce **procès-verbal** relate les dires respectifs des parties, lesquels peuvent valablement prendre la forme d'une lettre de leur conseil annexée au procès-verbal de lecture du projet d'état liquidatif (Cass. 1e civ. 25-1-2023 n° 21-15.604 F-D : BPAT 2/23 inf. 92). **61970**

Le notaire transmet le procès-verbal au juge commis avec le projet d'état liquidatif (CPC art. 1366 et 1373, al. 1). En pratique, la question suivante se pose : le notaire doit-il dresser un projet d'état liquidatif et un procès-verbal de dires ou bien doit-il dresser un procès-verbal de dires contenant l'état liquidatif ? Les deux méthodes semblent pouvoir être adoptées. Selon la première, le notaire établira son projet d'état liquidatif puis un procès-verbal de dires auquel il annexera son projet d'état liquidatif. S'il suit la seconde méthode, un seul acte sera rédigé : le notaire dressera un procès-verbal dans lequel la liquidation sera intégrée puis, in fine, il consignera les dires des parties. Dans tous les cas, le notaire doit prendre soin d'adresser, dans un premier temps, aux parties et à leurs avocats le projet de liquidation afin qu'ils puissent formuler leurs dires. Le notaire devra informer les parties de l'importance de cette étape. Le notaire lui-même devra être vigilant, il devra établir un PV qui reprend l'ensemble des dires, en les exposant et en annexant les documents des parties puisque ce qui n'aura pas été consigné dans ce procès-verbal de dires est réputé ne plus faire difficulté (CPC art. 1374). Ainsi, les points de désaccord qui ne sont pas actés dans le PV et, par suite, dans le rapport du juge commis ne peuvent plus être évoqués devant le tribunal (n° 61980).

Après transmission du PV au juge et avec le projet d'état liquidatif, le greffe invite les parties non représentées à constituer avocat.

En cas de tirage au sort ou de licitation ordonnés par le tribunal, voir nos 61850 et 61855.

RÔLE DU JUGE COMMIS

Le juge commis peut entendre les parties ou leurs représentants et le notaire et tenter une **conciliation** (CPC art. 1373). **61975**

Il fait un **rapport au tribunal** sur les difficultés subsistantes (CPC art. 1373, al. 3 et 4). Ce rapport est essentiel car il fixe le litige. **61980**

En effet, toute demande devant le tribunal distincte de celles dont le juge commis a fait rapport est irrecevable à moins que le fondement des prétentions ne soit né ou ne soit révélé qu'après ce rapport (CPC art. 1374 ; Cass. 1e civ. 7-12-2016 n° 15-27.576 FS-PB : BPAT 1/17 inf. 33 ; Cass. 1e civ. 1-6-2017 n° 16-19.990 F-PB : BPAT 4/17 inf. 165). Sous l'empire de l'ancien article 837 du Code civil, il a été jugé que l'irrégularité ne constituait pas une fin de non-recevoir au sens de l'article 122 du Code de procédure civile et qu'elle n'avait pas à être relevée d'office par le juge puisque les dispositions n'étaient pas d'ordre public (Cass. 1e civ. 14-1-1981 n° 79-13.023 : Bull. civ. I n° 15). La solution nous semble transposable.

Faute d'un tel procès-verbal relatant les dires des parties et du rapport du juge commis, le couperet de l'article 1374 ne joue pas : les demandes formées devant le tribunal par la partie initialement défaillante sont recevables ; ainsi jugé dans un cas où le notaire n'avait dressé qu'un PV de carence (Cass. 1e civ. 14-3-2018 n° 17-16.045 F-PB : BPAT 3/18 inf. 129).

CONSEIL

En présence d'un indivisaire défaillant, il n'est pas suffisant de dresser un **PV de carence,** celui-ci ne permettant pas au juge d'établir son rapport. Il est conseillé au notaire d'établir un **PV de dires, encore dénommé à tort « procès-verbal de difficultés »,** reprenant les dires des copartageants présents et constatant l'absence de contestation des défaillants dûment informés par voie de notification par exemple. Le juge aura alors matière pour établir son rapport. La Cour de cassation ne s'est pas encore prononcée sur ce modus operandi, mais il paraît pertinent pour lutter contre la politique de la chaise vide de certains copartageants.

61985 Une fois le tribunal saisi, le juge commis est, le cas échéant, juge de **la mise en état** (CPC art. 1373, al. 5). Il instruit donc l'affaire, fixe les délais, prononce le cas échéant des injonctions, statue sur les exceptions de procédure, etc. (CPC art. 763 s.).

En cas de tirage au sort ordonné par le tribunal, voir nº 61850.

RÔLE DU TRIBUNAL

61990 Les demandes, qu'elles émanent du demandeur ou du défendeur, ne constituent qu'une seule instance (CPC art. 1374) : elles doivent toutes être examinées dans le cadre de cette même instance. On a vu que toute prétention distincte de celle dont le juge commis a fait rapport est irrecevable (nº 61980).

Le tribunal **statue** sur les désaccords. Il **homologue** l'état liquidatif ou **renvoie** les parties devant le notaire pour que celui-ci établisse un nouvel état liquidatif constatant le partage (CPC art. 1375). Cet état liquidatif sera ensuite soumis à l'homologation du tribunal. La validation de l'acte appartient donc au tribunal et non aux parties, sauf abandon de la voie judiciaire, qui est possible à tout moment (C. civ. art. 842).

Enfin, en cas d'homologation, le tribunal ordonne, s'il y a lieu, le tirage au sort des lots par la même décision, devant le juge ou le notaire commis (CPC art. 1375 ; sur les conditions et modalités du tirage au sort, nº 61850).

CHAPITRE 5 EFFETS DU PARTAGE

SOMMAIRE

A. Effet déclaratif du partage

DATE DE PRISE D'EFFET DU PARTAGE

L'allotissement confère aux héritiers un droit de propriété exclusif sur les biens et droits compris dans leur lot. 62500

Le partage emporte un effet **déclaratif** : chaque cohéritier est censé être **propriétaire depuis** l'ouverture de la succession des biens dont il a été alloti ; corrélativement, il est censé n'avoir jamais eu de droits sur les autres biens (C. civ. art. 883, al. 1). Le partage ne crée pas de droits au profit des indivisaires. La transmission des biens ou des droits est donc considérée comme réalisée dès l'ouverture de la succession, chacun des héritiers tenant ses droits directement du défunt.

Les **droits consentis pendant l'indivision** sur un bien indivis par l'héritier alloti de ce bien sont consolidés. Il en va de même des actions exercées par l'un des indivisaires sur un bien dont il a été finalement alloti. Ainsi par exemple, par l'effet du partage, la contestation de l'assemblée générale par l'héritier devenu copropriétaire est validée (Cass. 3e civ. 9-2-2022 no 20-22.159 FS-B : BPAT 2/22 inf. 100). Attention toutefois, l'effet déclaratif du partage ne s'applique qu'aux actes ou droits existants et valablement constitués au jour du partage. Ainsi, une offre d'achat de l'intégralité du bien indivis acceptée par un seul des indivisaires sous condition du consentement de son coïndivisaire et devenue caduque, faute de ce consentement, ne saurait produire d'effet si, à la suite du partage de l'indivision, l'indivisaire ayant accepté l'offre devient seul propriétaire de ce bien (Cass. 1e civ. 13-7-2023 no 22-17.146 FS-B : BPAT 5/23 inf. 237). 62505

En revanche, si des droits consentis pendant l'indivision ont été constitués sur un bien par un héritier qui n'en est pas alloti, ces droits sont en principe anéantis. Sont ainsi privés d'effet :
– la vente d'un bien indivis (Cass. 1e civ. 9-5-1978 : Bull. civ. I no 212) ;
– la constitution d'une hypothèque sur un bien indivis (Cass. 1e civ. 5-4-2005 no 02-11.011 : Bull. civ. I no 172). Depuis 2006, la loi prévoit d'ailleurs que l'hypothèque consentie par un seul indivisaire ne conserve son effet que dans la mesure où l'indivisaire qui l'a consentie est, lors du partage, alloti du ou de ces immeubles indivis ou, lorsque l'immeuble est licité à un tiers, si cet indivisaire est alloti du prix de la licitation (C. civ. art. 2412, al. 1) ;
– le bail d'un bien indivis : un bail non consenti par tous les indivisaires n'est pas nul, mais inopposable aux autres indivisaires (Cass. 1e civ. 9-11-2004 no 03-13.481 : Bull. civ. I no 258).

ATTENTION

L'efficacité de la **cession, par certains indivisaires,** de leurs **droits indivis dans un des biens** dépendant de l'indivision successorale est subordonnée au résultat du partage de cette indivision ; le partage isolé de ce seul bien ne saurait être ordonné (Cass. 1e civ. 4-11-2020 no 19-13.267 F-PB : SNH 41/20 inf. 3).

CHAMP D'APPLICATION

L'effet déclaratif s'applique à tous les **biens et droits** compris dans l'indivision successorale, autrement dit à tous ceux qui composent les lots attribués à chaque indivisaire. À l'inverse, tout bien ou droit « extérieur » au lot ne profite pas de cet effet déclaratif ; tel est le cas par exemple de la créance de frais de notaire liée à un litige sur le bien indivis né après le partage, une telle créance constituant « une créance autonome extérieure à son lot » (Cass. 3e civ. 25-5-2023 no 22-12.870 FS-B : BPAT 4/23 inf. 187). 62510

S'agissant des créances au profit de l'indivision successorale, une difficulté est née à raison du principe de division des **créances** entre les héritiers : chaque créance étant partagée entre les cohéritiers au prorata de leur part héréditaire (C. civ. art. 1309), l'attributaire de la créance ne pourrait être considéré comme la tenant directement du défunt. La jurisprudence a réglé cette difficulté en établissant une **distinction.**

Dans les **rapports entre les cohéritiers et le débiteur,** les règles issues du droit des obligations prévalent (C. civ. art. 1309) : la créance n'appartient pas à la masse indivise à partager ; elle se divise en autant de fois qu'il y a d'héritiers. Il s'ensuit que chacun des héritiers peut demander le paiement de sa part de la créance pendant l'indivision (voir, par exemple, Cass. 1e civ. 11-10-1988 : Bull. civ. I n° 285). L'héritier sera cependant comptable à l'égard de l'indivision des deniers ainsi reçus. **Dans les rapports entre cohéritiers ou à l'égard des tiers,** ce sont les règles du partage qui s'appliquent (C. civ. art. 825, 884 et 885). La créance fait partie de l'indivision : si elle est attribuée à un ou plusieurs copartageants, l'effet déclaratif joue. Ainsi, le prix de l'adjudication à un tiers d'un immeuble indivis est lui-même indivis, la subrogation réelle s'applique (C. civ. art. 815-10, al. 1) : le cohéritier attributaire du prix d'adjudication de l'immeuble indivis est réputé en avoir été toujours seul titulaire et les cohéritiers non attributaires seront réputés rétroactivement n'avoir eu sur ce prix aucun droit (Ch. réunies 5-12-1907 Chollet c. Dumoulin : DP 1908. 1. 113, concl. Baudouin, note Colin).

62515 L'effet déclaratif du partage joue pour tout **acte faisant cesser l'indivision, totalement ou partiellement** (C. civ. art. 883). Sont donc concernés :
– l'acte de partage total ou partiel, que le partage soit partiel parce qu'une partie seulement des biens indivis est partagée (partage partiel quant aux biens) ou parce que certains cohéritiers seulement sont allotis (partage partiel quant aux personnes) (C. civ. art. 838 et 883) ;
– le partage amiable ou judiciaire, quelles que soient les modalités d'allotissement (accord des indivisaires, tirage au sort, attribution préférentielle, etc.). Il en va autrement des partages, dits « provisionnels », qui ne concernent que les fruits et revenus des biens indivis (nos 55250 s.) ;
– la vente d'un bien indivis à un héritier, qu'il s'agisse d'une licitation (la licitation à un autre héritier vaut alors partage : l'expression usuellement employée est dans ce cas la « licitation-partage ») ou d'une vente de gré à gré (n° 60225). En pareille hypothèse, tout se passe comme si l'héritier adjudicataire ou cessionnaire avait reçu le bien à titre de lot, l'héritier acquéreur imputant le prix sur ses droits dans la masse, par l'effet du partage. En revanche, la licitation ou la vente au profit d'un tiers constitue un acte translatif et vaut vente (« licitation-vente »), l'adjudicataire ou le cessionnaire tenant ses droits des coïndivisaires et non pas du défunt. Dans les rapports entre ces derniers, la vente ne vaut pas partage, le prix intégrant la masse indivise par l'effet de la subrogation réelle (C. civ. art. 815-10). Il en va différemment si le prix est réparti divisément entre les copartageants ;
– la cession par un héritier de ses droits dans l'indivision à un autre héritier (C. civ. art. 883, al. 2) ;
– la conversion de l'usufruit du conjoint survivant en une rente viagère (nos 23410 s.).

62520 L'effet déclaratif joue dans les rapports entre les **personnes** suivantes :
– les cohéritiers entre eux ;
– les cohéritiers avec les ayants cause des autres indivisaires ;
– chaque copartageant et ses propres ayants cause. Ainsi, le preneur d'un bien rural ne peut se prévaloir d'un droit de préemption en cas de licitation du bien au profit d'un cohéritier car l'opération n'est pas considérée comme une aliénation à titre onéreux (Cass. 3e civ. 30-9-1998 n° 96-21.322 : Bull. civ. III n° 184). Dans le même sens, en présence de deux indivisaires co-preneurs d'un bail commercial, l'effet déclaratif du partage qui s'attache à la cession de droits indivis entre eux a pour effet d'écarter l'application des formalités contractuellement prévues en cas de cession du bail (Cass. 3e civ. 13-10-2004 n° 03-12.968 FS-PB : RJDA 1/05 n° 13). Aussi jugé que le droit de préférence stipulé lors de la vente d'une partie d'un domaine au profit des indivisaires vendeurs au cas où l'acquéreur vendrait à son tour cette partie bénéficie à l'indivisaire attributaire du domaine, qui peut l'opposer au sous-acquéreur (Cass. 1e civ. 14-1-1981 n° 79-15.038 : Bull. civ. I n° 17).

FISCALITÉ

62525 Le partage n'est pas une mutation. Il est néanmoins soumis à un droit proportionnel d'enregistrement fixé à 2,5 %.

Lorsque le **partage** est **pur et simple,** c'est-à-dire sans soulte ou plus-value, le droit de partage est calculé sur la valeur nette de l'actif partagé, sans déduction des soultes ni des plus-values (CGI art. 747).

Les **partages avec soulte** (ou plus-value) sont soumis au droit de vente sur le montant de la soulte. Le droit de partage de 2,50 % est exigible sur l'actif net partagé, déduction faite des soultes ou plus-values.

Pour plus de détails sur le régime fiscal des partages, qui comporte de nombreuses dérogations, voir nos 63910 s.

ATTENTION

Le droit de partage au **taux** de 1,1 % ne concerne que les partages d'intérêts patrimoniaux consécutifs à un divorce, à une séparation de corps ou à une rupture d'un pacte civil de solidarité (CGI art. 746). Il ne concerne pas les partages successoraux.

LIMITES À L'EFFET DÉCLARATIF

Il existe des limites à l'effet déclaratif du partage liées à l'existence de l'indivision. Celle-ci n'est pas complètement effacée. 62530

Ainsi, en dépit de l'effet déclaratif et de la rétroactivité qui y est attachée, l'**évaluation des biens** à partager doit être faite à la date de la jouissance divise, qui doit être la plus proche possible du partage, et non à la date du décès (C. civ. art. 829 ; Cass. civ. 11-1-1937, Mulle : DH 1937. 101 ; voir no 59705). La fixation de la date de jouissance divise relève du pouvoir d'appréciation des juges du fond (Cass. 1e civ. 18-12-1967 : D. 1968 p. 198 ; solution constante depuis).

Autre limite à l'effet déclaratif du partage : l'héritier attributaire du bien ne peut pas remettre en cause les **actes réalisés pendant l'indivision** conformément aux règles de celle-ci (C. civ. art. 883, al. 3). Les actes d'administration ou de disposition décidés en vertu d'un mandat des indivisaires ou avec une autorisation judiciaire lui sont opposables. Il en est de même des actes accomplis à la majorité des deux tiers des droits indivis dans les hypothèses prévues par la loi (C. civ. art. 815-3). L'effet rétroactif ne porte pas non plus atteinte aux mesures conservatoires accomplies par un seul indivisaire. 62535

Les actes conclus en violation des règles de l'indivision sont en revanche inopposables à l'héritier attributaire, sauf bien sûr s'il en est l'auteur (nos 55530 s.).

L'effet déclaratif du partage ne s'applique pas aux **fruits et revenus des biens indivis.** L'héritier ne peut donc pas revendiquer rétroactivement les fruits et revenus des biens qu'il a reçus dans son lot. Ceux-ci accroissent à l'indivision et sont définitivement acquis à l'indivision. À ce titre, ils intègrent la masse à partager (voir no 54165). À compter de la date de la jouissance divise, chaque copartageant bénéficie des revenus des biens qui lui sont attribués en partage (cessant d'accroître à l'indivision successorale), et il en supporte corrélativement les charges. 62540

Les **plus-values et moins-values des biens indivis** profitent ou nuisent, selon les cas, également à l'ensemble des indivisaires, puisque les biens compris dans les lots sont évalués au jour du partage (C. civ. art. 829 ; voir nos 59705 s.). Il n'y a pas lieu de distinguer entre les plus-values qui seraient purement fortuites et celles qui seraient dues à la bonne gestion ou aux investissements de l'un des indivisaires. Ce dernier pourra seulement revendiquer une indemnité de ce chef à l'encontre de l'indivision (voir nos 55425 s. et 55580 s.). 62545

L'effet déclaratif du partage ne modifie pas la charge des **dettes afférentes à un bien indivis.** 62550

Les dépenses résultant de la gestion d'un bien de la succession sont comprises dans le passif de l'indivision et ne peuvent être mises à la seule charge de l'attributaire de ce bien, sauf si elles ont été la conséquence d'une faute de celui-ci (Cass. 1e civ. 23-6-1964 : Bull. civ. I no 334, pour les dettes et frais résultant de la gestion d'un fonds de commerce indivis adjugé à l'un des indivisaires).

De même, le tiers qui invoque un préjudice qui lui a été causé par un bien au cours de l'indivision peut en demander réparation à tous les anciens indivisaires, et pas seulement à celui à qui le bien a été attribué dans le partage (Cass. 1e civ. 31-10-2007 no 06-16.228 FS-PB : RJDA 6/08 no 732, RTD civ. 2008 p. 131 note M. Grimaldi).

B. Garantie des lots

OBJET

La garantie des lots a pour objet d'assurer l'**égalité** des copartageants une fois le partage réalisé : si un héritier est troublé dans la jouissance des biens qu'il a reçus, les autres doivent rétablir l'égalité en l'indemnisant. 62600

62605 La garantie des lots n'est pas d'ordre public : elle peut être **écartée** par une clause expresse de l'acte de partage (C. civ. art. 884, al. 2). Il peut en effet être opportun et dans l'intérêt des copartageants que l'alloti fasse son affaire d'un risque d'éviction, moyennant toutefois la prise en compte de ce risque dans l'estimation de son lot. Si une telle clause de non-garantie est autorisée, elle doit pour être valable désigner précisément le bien et la cause d'éviction exclus de la garantie. Une simple clause de style ne pourrait pas être admise. Sont donc sans efficacité les renonciations tacites à garantie, ainsi que les clauses générales de non-garantie.

> **Précisions** Dans tous les cas, la renonciation à garantie n'empêcherait pas le copartageant évincé d'**agir,** le cas échéant, **en complément de part,** sur le fondement des articles 889 et suivants s'il devait résulter de l'éviction une lésion de plus du quart (en ce sens, Rép. civ. Dalloz, v° Partage : droit commun par C. Brenner, n° 383). Sur l'action en complément de part, voir n°s 63315 s.

GARANTIE CONTRE LES TROUBLES D'ÉVICTION

62610 La garantie des lots peut être mise en œuvre lorsqu'un copartageant subit un trouble ou une éviction portant sur tout ou partie des biens dont il a été alloti et qui procède d'une cause antérieure au partage (C. civ. art. 884, al. 1).

Le **trouble** doit être **de droit** et non de pur fait.

Le préjudice peut par exemple résulter d'une action en revendication d'un tiers qui conduit à la dépossession du copartageant d'un bien reçu dans le partage. Il peut aussi résulter de l'existence d'une servitude non déclarée qui diminue la valeur du lot.

Le trouble doit par ailleurs résulter d'une **cause antérieure au partage.** En effet, l'objectif est seulement d'assurer l'égalité au moment du partage. Il appartient ensuite à chaque copartageant de défendre ses droits.

Par ailleurs, l'éviction ne doit pas résulter de la **faute de l'héritier** évincé (C. civ. art. 884, al. 2). C'est le cas par exemple si l'attributaire du bien ne se fait pas représenter devant le tribunal alors qu'il est saisi d'une action en revendication, ou s'il laisse s'installer une servitude.

Enfin, la garantie est-elle due lorsqu'un copartageant se trouve évincé par le jeu d'une prescription qui a commencé à courir avant le partage et qui a été acquise après, sans que l'intéressé ait pris une initiative pour l'interrompre ? La doctrine majoritaire semble répondre par la négative (Rép. civ. Dalloz, v° Partage : droit commun par C. Brenner, n° 380).

GARANTIE D'INSOLVABILITÉ

62615 Les copartageants sont également garants de l'insolvabilité du débiteur d'une **dette mise dans le lot** d'un copartageant, dès lors que cette insolvabilité est survenue avant le partage (C. civ. art. 884, al. 2).

MISE EN ŒUVRE DE LA GARANTIE

62620 La garantie peut être mise en œuvre à l'**initiative** de chaque copartageant qui subirait un trouble ainsi qu'à celle de ses créanciers par la voie de l'action oblique.

62625 La mise en œuvre de la garantie n'entraîne pas la résolution du partage. Elle permet d'obtenir une **indemnité** égale au montant de l'éviction. La perte subie est évaluée au jour de l'éviction et non au jour du partage (C. civ. art. 885, al. 1).

62630 Le **paiement** de l'indemnité pèse sur tous les héritiers. Chacun d'eux est personnellement obligé à proportion de son émolument (C. civ. art. 885, al. 1). Le copartageant évincé doit diviser ses poursuites et le montant du préjudice est réparti entre tous les cohéritiers, y compris celui qui a été évincé, proportionnellement à ce que chacun a effectivement reçu dans le partage.

Les copartageants ne sont pas tenus d'indemniser l'intéressé avec les biens qu'ils ont reçu dans le partage. Ils ne sont pas non plus tenus d'indemniser l'intéressé des dépenses de conservation qu'il a engagées sur le bien : elles sont à la charge du tiers auteur de l'éviction (en ce sens, Rép. civ. Dalloz, v° Partage : droit commun par C. Brenner, n° 390).

En cas d'insolvabilité d'un cohéritier, sa part dans l'indemnisation est répartie entre le garanti et les autres copartageants solvables (C. civ. art. 885, al. 2).

62635 Depuis le 1er janvier 2022, la créance du garanti bénéficie d'une **hypothèque légale spéciale** sur les immeubles partagés (C. civ. art. 2402, 4°). Cette hypothèque spéciale est primée par les privilèges généraux s'exerçant sur les immeubles (C. civ. art. 2377). Il n'y a pas de rétroactivité de l'inscription de cette hypothèque spéciale ; elle ne prend rang que du jour de son inscription prise au fichier immobilier (C. civ. art. 2418).

> Précisions **a.** Bénéficient également d'une hypothèque légale spéciale les créances d'un héritier ou d'un copartageant, par l'effet du rapport ou de la réduction ; elles peuvent être inscrites sur les immeubles partagés, donnés ou légués (C. civ. art. 2402, 4°).
b. Jusqu'au 31 décembre 2021, la créance du garanti était assortie du **privilège du copartageant** qui pouvait être inscrit sur les immeubles attribués dans le partage à chacun des copartageants (C. civ. art. 2374-3° ancien). Ce privilège devait être inscrit dans un délai de deux mois suivant l'acte qui le fait naître (partage, adjudication, jugement qui fixe le montant de l'indemnité d'éviction). Il rétroagissait au jour de l'ouverture de la succession et primait ainsi les hypothèques inscrites au cours de l'indivision (Cass. 1e civ. 13-7-2004 n° 02-10.079 : Bull. civ. I n° 206).

Le délai de **prescription** de l'action en garantie des lots est de deux ans à compter de l'éviction ou de la découverte du trouble (C. civ. art. 886). **62640**

CHAPITRE 6

CONTESTATION DU PARTAGE

SOMMAIRE

STABILITÉ DU PARTAGE

Une fois réalisé, le partage peut faire l'objet de contestation en présence d'un **motif** d'annu- 63200
lation ou d'un partage lésionnaire. Par exemple, constitue un tel motif la découverte par l'un des copartageants d'une donation jusque-là méconnue ou dissimulée par un cohéritier ; le rapport de la donation ne pourrait être demandé qu'à l'occasion d'une action judiciaire en nullité du partage ou en complément de part ou en partage complémentaire (Cass. 1e civ. 6-11-2019 nº 18-24.332 FS-PBI : BPAT 1/20 inf. 24 ; D. 2020 pan. p. 2210 obs. S. Godechot-Patris et C. Grare-Didier, Defrénois 2020 nº 4 p. 36 note B. Vareille).

Le Code civil limite les effets de ces actions car elles obligeraient à recommencer des opérations longues et complexes et à remettre en cause des partages déjà réalisés.

A. Nullité du partage

NON-RESPECT DES FORMALITÉS PROPRES AUX PERSONNES PROTÉGÉES OU ABSENTES

Le partage peut être entaché de nullité si les formalités protectrices des personnes protégées 63205
n'ont pas été respectées (C. civ. art. 507 ; voir nos 61570 s.). Il en va de même en matière d'absence (C. civ. art. 116). La **nullité** peut être **demandée par** la personne protégée ou son représentant ; par l'absent, s'il est reparu, ou par la personne chargée de ses intérêts.

Le partage est alors nul comme partage définitif et ne subsiste qu'en tant que **partage provisionnel** (C. civ. art. 507, al. 4).

VICES DU CONSENTEMENT

Le partage peut être annulé pour cause de **violence** ou de **dol** (C. civ. art. 887, al. 1). 63210

Il peut également l'être pour cause d'**erreur** si cette dernière a porté sur l'existence ou la quotité des droits des copartageants ou sur la propriété des biens compris dans la masse partageable (C. civ. art. 887, al. 2). Par exemple, le partage est annulable pour erreur lorsqu'il a été fait dans l'ignorance d'un testament qui modifie l'étendue des droits des copartageants ou de certains d'entre eux (erreur sur la quotité de leurs droits).

À l'inverse, ne justifient pas l'annulation du partage :

– l'omission de l'indemnité de réduction éventuellement due par les héritiers réservataires (Cass. 1e civ. 19-3-2014 nº 13-10.033 F-PB : BPAT 3/14 inf. 139, RTD civ. 2014 p. 422 obs. M. Grimaldi, Defrénois 2014 nº 119j4 obs. B. Vareille) ;

– un écart de valeur important entre les lots attribués (Cass. 1e civ. 17-10-2018 nº 17-26.945 FS-PB : BPAT 6/18 inf. 247 ; Defrénois 2019 nº 10 p. 30 note A. Chamoulaud-Trapiers) ;

– l'erreur sur les qualités substantielles d'un bien compris dans le partage (CA Montpellier 28-5-2002 : JCP 2003 I p. 158 nº 18 obs. A. Tisserand, à propos de l'authenticité d'une œuvre d'art).

Si l'erreur ne porte pas sur la quotité des droits des copartageants mais sur l'évaluation de biens compris dans la masse partageable, l'action relève du régime de la lésion (Cass. 1e civ. 7-2-2018 nº 17-12.480 F-PB : BPAT 2/18 inf. 85, Defrénois 2018 nº 141k6 obs. B. Vareille ; voir également Cass. 1e civ. 17-10-2018 nº 17-26.945 FS-PB : RJDA 12/18 inf. 954). Encore faut-il que les conditions en soient réunies ; voir nos 63275 s.

63215 La **sanction** d'un vice du consentement est en principe la nullité du partage : l'acte de partage est censé n'avoir jamais existé et les copartageants se retrouvent en indivision. Les aliénations ou les droits réels consentis par l'attributaire tombent. Les restitutions de fruits et revenus sont dues à compter non de la demande en nullité mais du partage annulé. Un nouveau partage devra donc être opéré à l'initiative d'un indivisaire ou d'un de ses créanciers.

L'insécurité, qui résulte de l'anéantissement du partage, est atténuée en considération de la **bonne foi des tiers.** Ainsi, les acquéreurs de meubles corporels, qui ont contracté avec un copartageant dans l'ignorance du vice, sont protégés par la règle selon laquelle en fait de meubles, la possession vaut titre (C. civ. art. 2276). Plus généralement, la théorie de l'apparence peut, le cas échéant, conforter les droits des tiers contractants qui, en agissant, ont été victimes d'une erreur commune.

CONSEIL

Un copartageant peut **demander par écrit à la personne qui pourrait se prévaloir de la nullité** soit de confirmer l'acte, soit d'agir en nullité dans un délai de six mois à peine de forclusion (C. civ. art. 1183). L'écrit adressé mentionne expressément qu'à défaut d'action en nullité exercée avant l'expiration du délai de six mois, le contrat sera réputé confirmé.

Cette **action interrogatoire** issue de la réforme du droit des contrats de 2016, qui permet de réduire les incertitudes et le contentieux, est d'application immédiate aux partages réalisés après comme avant le 1er octobre 2016 (Ord. 2016-131 du 10-2-2016 art. 9, al. 3).

63220 Par exception, si les **conséquences du vice** du consentement peuvent être **réparées autrement que par l'annulation** du partage, le tribunal peut, à la demande de l'une des parties, ordonner un partage complémentaire ou rectificatif (C. civ. art. 887, al. 3 dont les dispositions s'appliquent aux partages réalisés depuis le 1-1-2007). La demande est portée devant le tribunal judiciaire (CPC art. 1381).

ATTENTION

L'action fondée sur un vice du consentement est interdite au **copartageant qui a aliéné** tout ou partie de **son lot après la découverte** du dol ou de l'erreur, ou après la cessation de la violence (C. civ. art. 888). La vente du lot en toute connaissance de cause couvre le vice et confirme de façon définitive le partage. Le texte consacre ainsi une présomption irréfragable de confirmation. Celle-ci doit être interprétée restrictivement. Elle ne peut donc être étendue à l'action fondée sur une lésion de plus du quart (Cass. 1e civ. 11-2-1981 : Bull. civ. no 53 ; RTD civ. 1982 p. 186 obs. J. Patarin).

HÉRITIER OMIS DANS LE PARTAGE

63225 Le partage peut être annulé en cas d'omission d'un cohéritier dans le partage (C. civ. art. 887-1, al. 1). L'héritier omis peut toutefois préférer demander à recevoir sa part en nature ou en valeur, en fonction de la valeur actuelle des biens qui sont réévalués, comme s'il s'agissait d'un nouveau partage (C. civ. art. 887-1, al. 2 et 3).

Les dispositions de l'article 887-1 s'appliquent aux indivisions existantes et aux successions ouvertes non encore partagées au 1er janvier 2007, date d'entrée en vigueur de la **loi du 23 juin 2006** dont elles sont issues (Loi 2006-728 du 23-6-2006 art. 47, II ; Cass. 1e civ. 11-4-2018 no 17-19.313 FS-PB : BPAT 3/18 inf. 123).

Naguère, la **jurisprudence antérieure** sanctionnait déjà par la nullité le partage dont un cohéritier avait été exclu (Cass. req. 11-5-1914 : S. 1916 I p. 39 ; Cass. req. 21-3-1922 : DP 1923 I p. 60). Jugé toutefois que l'enfant dont la filiation a été établie après le partage dont il a été omis ne peut pas rechercher la nullité de ce dernier sur le fondement de l'article 887 ancien du Code civil, qui ne prévoit la rescision du partage que pour cause de violence, de dol ou de lésion de plus du quart ; les Hauts Magistrats approuvent ainsi la cour d'appel pour avoir « exactement retenu que l'erreur, par omission d'un héritier tardivement révélé, ne pouvait entraîner la nullité du partage, intervenu de façon définitive entre toutes les personnes ayant la qualité d'héritier avant l'introduction de l'action en recherche de paternité » (Cass. 1e civ. 11-4-2018 no 17-19.313 précité : RTD civ. 2018 p. 720 obs. critiques M. Grimaldi, Dr. famille 2018 comm. 187 par M. Nicod, qui relève que la solution pourrait être condamnée par la CEDH).

> **Précisions** Depuis le 29 décembre 2018, l'annulation du partage en cas d'omission d'un héritier est écartée dans les départements ou régions d'**outre-mer** et dans les collectivités de Saint-Barthélemy, de Saint-Martin et de Saint-Pierre-et-Miquelon (Loi 2018-1244 du 27-12-2018 art. 5 : JO 28 texte no 1). La même règle s'applique en **Polynésie française** depuis le 28 juillet 2019 (Loi 2019-786 du 26-7-2019 art. 3). L'héritier omis ne peut que demander à recevoir sa part en nature ou en valeur, sans annulation du partage lorsque :
> – l'omission d'un héritier résulte de la simple ignorance ou de l'erreur ;

– et le partage judiciaire a déjà été soumis à la formalité de la publicité foncière ou exécuté par l'entrée en possession des lots. Cette condition limite donc la dérogation aux partages judiciaires, les partages amiables restant soumis à la nullité en cas d'omission d'un héritier. En cas de désaccord entre les parties, le tribunal tranche.

TITULAIRE DE L'ACTION ET DÉLAI DE PRESCRIPTION

La nullité du partage pour les causes susvisées ne peut être demandée que par celui dont elle vise à protéger les intérêts, le cas échéant par son représentant ou avec celui qui l'assiste. La nullité du partage est donc **relative.** Elle se prescrit selon le délai quinquennal de droit commun (C. civ. art. 2224). L'acte est susceptible de confirmation (voir nos 63215 et 63220). 63235

EFFETS DE LA NULLITÉ

Conformément au droit commun, le prononcé de la nullité emporte **anéantissement** rétroactif du partage dans sa totalité. Seules les conventions qui, tout en étant comprises dans l'acte, sont indépendantes du partage et dont l'efficacité ne requiert pas sa validité, sont exclues des effets de la nullité. 63240

L'anéantissement du partage s'impose même lorsque la succession est dévolue par branches (C. civ. art. 746 s.) et que l'irrégularité du partage tient à l'**omission d'un héritier** dans une branche seulement (Civ. 25-10-1887, DP 1888 I p. 135 ; voir également Rép. Civ. Dalloz, v° Partage : droit commun par C. Brenner n° 443).

Le prononcé de la nullité du partage implique que l'ensemble des biens partagés retombe dans l'indivision successorale. Un **nouveau partage** devra alors être opéré : il contiendra de nouvelles évaluations et pourra comporter des attributions différentes de celles résultant du partage annulé. Toutefois, les décisions ayant reconnu à un copartageant un droit à attribution préférentielle doivent être respectées dès lors qu'elles ont acquis force de chose jugée (Cass. 1e civ. 10-10-1984 n° 83-13.729 : Bull. civ I n° 253). 63242

En principe, les **fruits et revenus** des biens attribués et les intérêts des soultes doivent être restitués pour être réintégrés dans le compte d'indivision depuis le partage anéanti et non à compter de l'action en nullité (en ce sens, Cass. 14-7-1869 : DP 1869 I p. 347). Toutefois, le possesseur de bonne foi faisant les fruits siens, ceux qui sont échus ou ont été perçus avant la demande en nullité du partage n'ont pas à être restitués par les copartageants qui ignoraient l'irrégularité du partage (en ce sens notamment, M. Grimaldi, Droit des successions, LexisNexis, 8e éd., 2020, n° 1056).

S'agissant des actes juridiques accomplis par les copartageants sur les biens placés dans son lot et des droits constitués à partir du partage anéanti, il devra être tenu compte de l'**effet déclaratif du nouveau partage** dès lors que ces actes et droits sont censés avoir été accomplis ou acquis durant l'indivision. Si les biens concernés sont à nouveau placés dans le lot du copartageant, les actes juridiques et droits constitués sont maintenus. Dans le cas contraire, ils sont en principe anéantis, à l'exception des actes conservatoires et de simple administration (Rép. Civ. Dalloz, v° Partage : droit commun par C. Brenner n° 447).

B. Partage lésionnaire

ÉGALITÉ DU PARTAGE

L'égalité est de l'essence même du partage. C'est pourquoi la rescision pour cause de lésion est admise depuis longtemps. Depuis la loi 2006-728 du 23 juin 2006 applicable à compter du 1er janvier 2007, elle est sanctionnée par une action en complément de part. 63275

LÉSION DE PLUS D'UN QUART

Appréciation de la lésion La lésion s'entend d'un préjudice matériel réalisé par le défaut d'équivalence entre le montant des droits reçus par un copartageant et la valeur de sa part dans la masse. Un partage est lésionnaire lorsque le **lot d'un copartageant ne correspond pas aux droits** qu'il avait dans la masse indivise ; autrement dit, lorsqu'il reçoit moins que ce à quoi il avait droit. 63280

Comme pour la vente d'immeuble, la loi retient une **conception objective** de la lésion : peu importe la situation psychologique des copartageants et le caractère volontaire ou pas. Seul le déséquilibre excédant un certain seuil est pris en compte.

63285 La lésion ne peut résulter que de **deux causes** (en ce sens, notamment, Cass. 1e civ. 6-6-2012 n° 11-20.062 F-PBI : BPAT 4/12 inf. 233, RJPF 9-10/12 p. 65 note J. Casey, AJ fam. 2012 p. 469 obs. C. Vernières, décision rendue à propos de l'ancienne action en rescision pour lésion mais transposable à l'action en complément de part créée par la loi du 23-6-2006) :

– une évaluation inexacte (volontaire ou non) de la masse partageable ou de certains biens ;

– l'allotissement insuffisant de l'un des copartageants. Il en va ainsi, par exemple, en cas d'inscription à tort d'une récompense en réalité indue (Cass. 1e civ. 18-12-1990 n° 89-10.396 : Bull. civ. I n° 302) ou d'omission de la créance d'un copartageant sur l'indivision (Cass. 1e civ. 5-3-1991 n° 89-18.311 : Bull. civ. I n° 84).

ATTENTION

Les deux causes de lésion étant **limitatives,** sont notamment sans incidence :

– l'omission d'un bien de la succession dans la masse partageable. Dans ce cas, il faut simplement procéder à un partage complémentaire portant sur ce bien (C. civ. art. 892) ;

– le défaut de paiement d'une partie de la soulte de partage et l'avantage résultant du délai accordé pour le règlement du surplus payable à terme sans intérêt ni indexation (Cass. 1e civ. 6-6-2012 n° 11-20.062 précité).

63290 **Taux de la lésion** La lésion n'est sanctionnée que lorsqu'elle prive le copartageant de **plus d'un quart** du lot qu'il aurait dû recevoir. Le demandeur doit établir qu'il a reçu un lot inférieur aux trois quarts de ce qu'il aurait dû recevoir, et non que l'un de ses cohéritiers a reçu un lot excédant de plus d'un quart ce à quoi il pouvait prétendre. C'est donc la perte subie par le copartageant lésé qui détermine le taux de la lésion et non le gain réalisé par celui qui est avantagé. Cette exigence est d'ordre public : les copartageants ne peuvent valablement subordonner la demande d'un complément de part à une lésion plus importante que le quart. En revanche, rien ne leur interdit d'abaisser le seuil de la sanction.

La loi ne soumet l'établissement de la lésion dans le partage à aucune règle particulière. Par conséquent, le juge en apprécie librement l'existence sans être tenu par un mode particulier de **preuve.** Le recours au rapport d'expertise est donc facultatif, alors qu'il est obligatoire pour la preuve de la lésion dans la vente d'immeuble (C. civ. art. 1678).

63295 Pour déterminer le caractère lésionnaire du partage, il faut reconstituer, à la date de l'acte litigieux, la masse à partager dans tous ses éléments actifs et passifs (Cass. 1e civ. 18-3-2015 n° 14-10.730 F-PB). Le **calcul de la lésion** se fait donc sur l'ensemble du lot reçu par l'héritier, y compris les biens prélevés et les rapports qui ont servi à l'allotir et non sur un bien en particulier. Toutefois, il ne doit pas être tenu compte des donations qui ont pu être faites hors part aux copartageants dans les limites de la quotité disponible (Cass. 1e civ. 1-7-1997 n° 95-14.499 : Defrénois 1998 p. 417 obs. G. Champenois) ; il n'y a pas lieu non plus de tenir compte des dettes nées à l'occasion de la succession mais qui restent personnelles aux héritiers, telles que celles des droits de mutation.

Le calcul de la lésion ouvrant droit à l'action en rescision (devenue action en complément de part) se fait sur l'ensemble des biens attribués à l'époux, après prélèvement des récompenses (Cass. 1e civ. 16-6-2011 n° 10-18.562 F-PBI : BPAT 5/11 inf. 308, Gaz. Pal. 2011 p. 2433 note J. Casey). La solution, rendue à propos d'un partage de communauté après changement de régime matrimonial, est transposable au cas de la liquidation-partage de communauté préalable à celle de la succession.

63300 **Date d'appréciation de la lésion** Pour apprécier la lésion, les biens doivent être estimés pour leur valeur à l'**époque du partage** (C. civ. art. 889, al. 1 in fine ; pour un rappel du principe, Cass. 1e civ. 7-11-2012 n° 11-11.933 F-D, solution rendue pour l'application de l'ancien art. 890 antérieur à la loi du 23-6-2006 mais dont les dispositions ont été reprises à l'identique par l'art. 889). Il est tenu compte des charges de nature à déprécier les biens à cette date (par exemple des travaux de réparations qui s'imposent : Cass. 1e civ. 15-5-2013 n° 11-27.595 F-D) ou à l'inverse des perspectives de revalorisation au moment du partage (liées par exemple à l'évolution prévisible des règles d'urbanisme applicables au bien indivis : Cass. 1e civ. 27-2-2013 n° 11-27.523 F-D : BPAT 2/13 inf. 67).

63305 En cas de **partages partiels,** la lésion s'apprécie sans tenir compte (C. civ. art. 890, al. 3) :

– ni du partage partiel déjà intervenu lorsque celui-ci a rempli les parties de leurs droits par parts égales. A contrario, il est tenu compte des partages partiels qui ont créé un avantage au profit d'un copartageant. Cette règle permet, le cas échéant, de compenser les inégalités entre les différents partages partiels (voir Cass. 1e civ. 29-4-1975 n° 73-13.890 : Bull. civ. I n° 151, décision

rendue en application des dispositions antérieures à la loi du 23-6-2006 mais dont la solution est toujours valable sur ce point) ou au contraire de prendre toute la mesure de la lésion ;
– ni des biens non encore partagés. Ce principe interdit de compter sur un futur partage inégal pour corriger l'inégalité existante. Il permet de contester un partage partiel sans attendre la réalisation du partage total des biens.

En cas de **licitation d'immeuble,** il est fréquent d'insérer une clause d'attribution dans le cahier des charges aux termes de laquelle, si la dernière enchère est portée par un indivisaire, l'immeuble licité lui sera attribué dans le partage définitif à intervenir pour le montant de son enchère. La licitation au profit d'un héritier ne valant pas alors elle-même partage, mais constituant seulement une opération préparatoire du partage global, il en résulte que la lésion ne doit pas, dans ce cas, être recherchée à sa date, mais à celle du partage dans lequel l'attribution doit intervenir (Cass. 1e civ. 19-6-1958 : Bull. civ. I n° 327). En effet, l'opération ne s'analyse pas en un partage partiel mais en une promesse de partage. Toutefois, la jurisprudence admet « que la réalisation du partage n'est pas une condition de recevabilité de l'action en rescision, qui peut être exercée préventivement dès lors qu'il apparaît que l'attribution de l'immeuble pour la valeur de la dernière enchère opérerait la lésion alléguée » (Cass. 1e civ. 3-6-1997 n° 94-21.387 : Bull. civ. I n° 188, décision rendue en application des dispositions antérieures à la loi du 23-6-2006 mais dont la solution est toujours valable). 63310

SANCTION DE LA LÉSION

Le partage lésionnaire peut être attaqué par la voie de l'**action en complément de part,** dont l'objet est de rétablir l'égalité entre les copartageants tout en maintenant le partage (C. civ. art. 889). C'est donc la solution du rachat de la lésion qui a été érigée en principe par la loi du 23 juin 2006 et non une simple faculté accordée au défendeur à l'action. 63315

Titulaires de l'action La demande de complément de part peut être **formée par** une personne justifiant d'un intérêt comme le copartageant lésé, le cessionnaire de droits successifs, le créancier du copartageant agissant par la voie de l'action oblique ou le conjoint survivant succédant en usufruit et elle doit être **dirigée contre** tous les copartageants. 63320

Procédure L'action en complément de part doit être portée devant le **tribunal judiciaire** du lieu d'ouverture de la succession. 63325

La recevabilité de la demande n'est pas subordonnée à la publication de l'assignation au service de la **publicité foncière** (Cass. 1e civ. 6-11-2013 n° 12-15.393 FS-PB : Sol. Not. 1/14 inf. 15). La solution s'explique par le fait que l'action n'a pas pour objet l'annulation du partage, mais seulement l'obtention d'un complément en nature ou en valeur. Si l'action aboutit à une remise d'immeuble en nature au copartageant lésé, cette nouvelle mutation sera publiée en qualité de mutation de droit réel immobilier entre vifs (Décret 55-22 du 4-1-1955 art. 28, 1°-a), et non en tant que décision de justice emportant anéantissement du partage (Décret précité art. 28, 4°-c).

Actes contestables L'action en complément de part permet de contester tout acte, quelle que soit sa dénomination, qui a fait cesser l'indivision (C. civ. art. 890, al. 1). Est principalement visé l'acte de **partage proprement dit,** qu'il soit partiel ou total, judiciaire ou amiable. 63330

Plus largement, comme l'a exprimé la Cour de cassation (sous l'empire du droit antérieur), il suffit que réalisé en vue du partage et concourant à sa réalisation, même sans comporter de décompte de soultes, ni lotissement, l'acte attribue des biens à certains ayants droit moyennant fixation d'un prix déterminé et que, par cette opération, **assimilable à un partage,** les biens en cause soient définitivement sortis de l'indivision entre les parties à l'acte (Cass. 1e civ. 9-3-1966 : Bull. civ. I n° 178). Il en va ainsi de la cession de droits indivis entre les cohéritiers, de la vente des biens successoraux, etc.

L'**action en complément de part** est toutefois **exclue** : 63335
– lorsqu'une transaction est intervenue à la suite du partage ou de l'acte qui en tient lieu sur les difficultés que présentait ce partage ou cet acte (C. civ. art. 890, al. 2) ;
– contre une vente de droits indivis réalisée sans fraude et comportant un aléa réel défini dans l'acte et expressément accepté par l'acquéreur (C. civ. art. 891). L'aléa chasse la lésion. En conséquence, l'héritier qui a accepté dans son lot, en toute connaissance de cause, une créance douteuse ou un immeuble dont la propriété est contestée ne peut pas prétendre avoir été lésé (pour une illustration, Cass. 1e civ. 4-6-2007 n° 05-11.950 : Bull. civ. I n° 222, solution rendue à propos de l'ancienne action en rescision pour lésion mais transposable à l'action en complément de part créée par la

loi du 23-6-2006). Il y a aussi aléa lorsque le copartageant ou le cessionnaire consent à prendre à sa charge, en contrepartie de la part d'actif qu'il recueille, un passif non encore liquidé dont l'importance est inconnue ou lorsque l'existence des droits et la consistance des biens qui lui sont attribués sont incertaines, leur liquidation devant être longue ou difficile ;
– lorsqu'une licitation ne peut être effectuée d'après la loi que d'autorité de justice.

En présence d'un recel, l'inégalité est imposée à titre de sanction : l'héritier receleur est privé de sa part dans les biens recelés et ne peut donc invoquer l'action en complément de part (voir n°s 39960 s.).

63340 **Délai de prescription** L'action en complément de part se prescrit par **deux ans** à compter du partage (C. civ. art. 889, al. 2). Si l'héritier lésé était sous sauvegarde de justice ou sous mandat de protection future, le délai de **cinq ans** spécifique à l'action en rescision pour lésion dans ces deux cas de figure (C. civ. art. 435 et 488) devrait toutefois être applicable (en ce sens, M. Grimaldi, Le partage, état des lieux : Defrénois 2012 art. 110X5 n° 17).

En cas de **partages partiels successifs,** le délai court distinctement à compter de chaque partage. En cas de **licitation avec clause d'attribution** au profit d'un copartageant, il ne court qu'à compter du partage dans lequel il a été promis d'attribuer à l'indivisaire dernier enchérisseur le bien licité. Mais on rappellera que, dans cette hypothèse, l'action peut être exercée préventivement (n° 63310).

ATTENTION

Si un **bien** a été **omis dans le partage,** l'action en partage complémentaire intentée sur le fondement de l'article 892 du Code civil ne relève pas du délai biennal de prescription de l'action en complément de part. L'action en partage complémentaire est imprescriptible (Cass. 1e civ. 20-11-2013 n° 12-21.621 F-PB : BPAT 1/14 inf. 30).

63345 **Effets** Le **complément de part** peut être fourni, au choix du défendeur, **en numéraire ou en nature** (C. civ. art. 889, al. 1). S'il opte pour la solution en nature, il ne peut plus revenir sur son choix et offrir ensuite de se libérer en numéraire.

En l'absence de solidarité **entre** les **défendeurs,** le copartageant lésé qui se heurterait à l'impossibilité ou au refus de l'un d'eux de s'acquitter de son dû ne bénéficie pas de recours contre les autres qui ne sont nullement garants.

S'agissant du rétablissement de l'égalité **en numéraire, deux évaluations** sont nécessaires :
– la première au jour du partage pour apprécier l'existence et l'étendue de la lésion ;
– la seconde au jour du paiement de l'indemnité en tenant compte de l'état des biens au jour du partage, pour en fixer le montant.

Par conséquent, le complément de part en argent est réévalué à la date de son versement ; autrement dit, il constitue une dette de valeur. Si le bénéficiaire de la lésion est de bonne foi, le complément de part versé au copartageant ne **produit intérêt** que du jour de la demande en rescision (Cass. 1e civ. 19-4-1977 n° 75-14.966 : Bull. civ. I n° 176).

63350 **Renonciation à l'action** L'héritier peut renoncer à exercer l'action en complément de part. Toutefois, cette renonciation ne peut avoir lieu qu'**après le partage** (Cass. 1e civ. 12-1-1994 n° 91-11.221 : Bull. civ. I n° 19, solution rendue à propos de l'ancienne action en rescision pour lésion mais transposable à l'action en complément de part créée par la loi du 23-6-2006).

Elle peut être **tacite,** pourvu qu'elle soit dépourvue d'équivoque (en ce sens, par exemple, Cass. 1e civ. 4-5-2011 n° 10-30.505 F-D, solution rendue à propos de l'ancienne action en rescision pour lésion mais transposable à l'action en complément de part). La confirmation tacite peut ainsi résulter de l'exécution volontaire et en connaissance de cause du partage, par exemple du paiement d'une soulte mise à la charge du copartageant lésé ou de l'encaissement d'une soulte dont il est créancier, de la prise de possession ainsi que de la jouissance des parcelles placées dans son lot ou encore de l'aliénation, par le copartageant lésé, d'un effet compris dans son lot.

CHAPITRE 7

COÛT FISCAL DU PARTAGE

SOMMAIRE

DÉFINITION

Le partage est l'acte qui met fin à une indivision par la répartition des biens indivis entre les coïndivisaires. Alors qu'en **droit civil** les partages avec soultes ou plus-values sont déclaratifs et exclusifs de toute transmission entre copartageants, en **droit fiscal,** au contraire, ces actes sont réputés translatifs à concurrence des soultes ou plus-values. 63900

Cette analyse influence directement le traitement fiscal, et donc le coût des actes de partage, aussi bien en matière de droits d'enregistrement que de plus-values.

SECTION 1

DROITS D'ENREGISTREMENT

A. Règles générales

ÉVOLUTION DE LA FISCALITÉ

N'étant pas, en tant que tels, créateurs de richesse, les **partages purs et simples** (sans soulte) ont longtemps bénéficié d'une certaine bienveillance du législateur, illustrée notamment par la modicité du taux du droit de partage (1 % du 1er juillet 1979 au 31 décembre 2005 et 1,10 % du 1er janvier 2006 au 31 décembre 2011). 63910

Ce temps est révolu et le prélèvement fiscal sur les partages, porté à 2,50 % depuis le 1er janvier 2012, dépasse désormais dans certains cas celui des droits de mutation à titre onéreux ou à titre gratuit.

Les **partages avec soulte** bénéficient à certains égards d'un traitement plus favorable. Normalement soumis aux droits de mutation à titre onéreux dans la limite des soultes, ils échappent dans d'assez nombreux cas à cette taxation.

En ce qui concerne le traitement fiscal de l'incorporation dans une donation-partage de biens ayant déjà fait l'objet d'une donation, voir nos 10620 s. et 11415 s.

> **Précisions** Les **partages** d'intérêts patrimoniaux **consécutifs à un divorce,** à une séparation de corps ou à une rupture d'un pacte civil de solidarité bénéficient d'un taux réduit de 1,10 % depuis le 1er janvier 2022 (CGI art. 746).

1. PARTAGE PUR ET SIMPLE

DÉFINITION

63915 Le partage pur et simple est celui qui attribue à chaque copartageant une portion de biens indivis d'une valeur égale à ses droits dans la masse. Sous certaines conditions, ce type de partage donne ouverture au **droit de partage de 2,50 %** (le cas échéant, réduit à 1,10 % depuis le 1er janvier 2022 dans les cas visés n° 63910), à l'exclusion de tout droit de mutation (CGI art. 746).

CONDITIONS D'EXIGIBILITÉ DU DROIT DE PARTAGE

63920 L'exigibilité du droit de partage est subordonnée à la rédaction d'un écrit mettant réellement fin à une indivision et emportant attribution à chaque copartageant d'un droit exclusif sur les biens mis dans son lot.

63925 **Existence d'un acte** Le droit de partage n'est dû que si le partage est constaté par un acte (CGI art. 635, 1-7°). Un **partage verbal** n'est pas soumis à la formalité obligatoire.

Cependant, lorsque les copropriétaires déclarent dans un acte avoir été remplis antérieurement, au moyen d'un partage verbal, complètement ou partiellement de leurs droits, le droit de partage est dû sur les biens antérieurement partagés.

Par exemple, l'administration exige le droit de partage sur une **attestation notariée relatant un remembrement rural** et la répartition des nouveaux biens entre les ayants droit de l'apporteur prédécédé, dès lors qu'un tel acte doit être considéré comme formant le titre d'une convention verbale antérieure (BOI-ENR-PTG-10-10 n° 90).

63930 **État d'indivision** Pour que le droit de partage soit exigible, il faut qu'il existe une **copropriété véritable** entre les parties à l'acte et que l'état d'indivision subsiste lors de la passation de l'acte. À défaut, l'acte donne ouverture au droit de mutation à titre onéreux.

L'article 746 du CGI assujettit au droit de partage l'ensemble des partages « à quelque titre que ce soit ». Il n'y a donc pas à se préoccuper de l'**origine de la ou les indivisions** dont sont issus les biens compris dans le partage (biens acquis en commun, biens recueillis par succession ou donation, etc.) (BOI-ENR-PTG-10-10 n° 100). Il est toutefois tenu compte de l'origine de l'indivision pour la détermination du taux d'imposition applicable (n° 63910).

63935 L'indivision doit subsister au moment du partage et n'avoir pas disparu antérieurement pour une raison quelconque. Par suite, lorsque des **biens déjà partagés** par un acte formalisé sont compris dans le partage, il y a lieu d'en faire abstraction pour la liquidation de l'impôt. L'attribution à un autre que le propriétaire apparent de biens partagés antérieurement constitue donc en réalité une vente ou un échange, suivant que le précédent attributaire reçoit de l'argent ou d'autres biens en remplacement (BOI-ENR-PTG-10-10 n° 110).

63940 **Justification de l'indivision** Compte tenu des taux respectifs du droit de partage et des droits de mutation, les contribuables peuvent être tentés de dissimuler une transmission de biens sous l'apparence d'un partage en faisant participer à l'opération des personnes étrangères à l'indivision ou en faisant figurer dans la masse à partager des biens qui ne font pas partie de l'indivision. Aussi la perception du droit de partage est-elle subordonnée à la justification d'un titre de copropriété entre les copartageants et à celle des droits de chaque copartageant dans la masse indivise. Ces justifications peuvent être fournies au moyen de **tous modes de preuve** compatibles avec la procédure écrite (BOI-ENR-PTG-10-10 n° 140).

ATTENTION

En l'**absence de justifications suffisantes,** soit des droits des parties, soit de la copropriété de certaines valeurs, les plus-values constatées sur certains lots donnent lieu à la perception des droits de soulte et l'impôt de mutation à titre onéreux est dû sur les lots attribués à des copartageants non indivisaires (BOI précité).

63945 **Existence d'un véritable partage** Le droit de partage ne peut être exigé que si l'acte présenté à la formalité constitue un véritable partage, c'est-à-dire transforme le droit abstrait et général de chaque copartageant sur la masse commune en un **droit de propriété exclusif** sur les biens mis dans son lot. Il n'est pas dû, en conséquence, sur les actes qui se bornent à établir les droits des parties sans procéder à des attributions privatives. De tels **actes préparatoires** au partage ne peuvent donner ouverture qu'au droit fixe des actes innomés. Mais la taxation proportionnelle peut être due sans que l'**appréhension réelle des lots** ait lieu (BOI-ENR-PTG-10-10 n° 150). Il suffit que l'acte désigne chaque copartageant et les biens compris dans son lot quand bien même l'exécution du partage par la mise en possession effective se trouverait différée (T. civ. Seine 2-3-1900 : Rev. enr. 2431, J.-Cl. Enregistrement Traité, V° Partage fasc. 20 par G. Laval et F. Collard, n° 48). Ainsi, lorsqu'un acte comporte la division d'un ensemble immobilier indivis en cours de construction en plusieurs lots comprenant chacun des parties privatives et une quote-part de parties communes ainsi que la répartition de ces lots entre les copropriétaires, le droit de partage est dû sur la valeur totale des parties privatives et communes sans qu'y fasse obstacle la circonstance que la prise de possession des lots est subordonnée à l'achèvement de la construction (en ce sens, Cass. 3e civ. 14-5-1980 : RJF 2/81 n° 166).

Clause de préciput Plusieurs juridictions du fond ont estimé, à raison, à notre avis, que la clause de préciput ayant pour objet de permettre au conjoint survivant de prélever des **biens communs** avant tout partage, les biens prélevés sont réputés appartenir au survivant dès la dissolution de la communauté, sans que cette attribution ne s'impute sur ses droits dans le cadre d'un éventuel partage ultérieur. L'exercice de la clause de préciput n'a ainsi qu'une **fonction de prélèvement** par le seul conjoint survivant et non d'allotissement entre plusieurs copartageants de sorte que la condition tenant à l'existence d'un partage n'est pas remplie. En conséquence, l'exercice du préciput qui constitue la mise en œuvre d'un **avantage matrimonial** ne peut ainsi pas être juridiquement assimilé à un partage et ne peut pas donner lieu au paiement du droit de partage (TJ Niort 24-1-2022 n° 20/01453 : BPAT 4/22 inf. 196 confirmé par CA Poitiers 4-7-2023 n° 22/01034 : RJF 11/23 inf. 861 ; TJ Lille 4-4-2022 n° 20/03477 ; voir toutefois en sens contraire TJ Rennes 20-4-2021 n° 19/03432). Par ailleurs, la taxation au droit de partage implique l'existence d'un **acte de partage.** Or, la déclaration de succession ne peut pas être qualifiée de telle (Cass. 1e civ. 9-7-2014 n° 13-10.359 F-D ; voir G. Bonnet et C. Vernières, Préciput et droit de partage : un couple illégitime, Defrénois 21-7-2022 n° 209e8 p. 20). 63947

ASSIETTE DU DROIT DE PARTAGE

Le droit de partage est liquidé sur l'**actif net partagé,** c'est-à-dire sur l'actif brut diminué des charges qui grèvent l'indivision (BOI-ENR-PTG-10-10 n° 160). 63950

Actif brut Le droit de partage frappe en principe tous les **biens partagés français ou étrangers,** y compris, selon l'administration, les **rapports de libéralités** effectués en nature ou en moins prenant (libéralités faites en avancement de part successorale), les rapports **de dettes** et les **valeurs antérieurement partagées verbalement et rappelées** dans l'acte de partage (BOI-ENR-PTG-10-10 n° 160). 63955

En revanche, le droit de partage n'atteint évidemment pas les **réunions fictives** effectuées en vertu de l'article 922 du Code civil pour composer la masse de calcul de la quotité disponible (BOI précité). C'est logique : comme son nom l'indique, la réunion fictive est une opération purement comptable, destinée à reconstituer fictivement le patrimoine théorique du défunt comme s'il n'avait pas consenti de libéralités entre vifs. En font l'objet toutes les libéralités entre vifs, de toutes natures et quel qu'en soit le bénéficiaire (voir n° 32755).

ATTENTION

L'utilisation malencontreuse par l'administration du **vocable « rapport »** au Bofip pour désigner la réunion fictive ou la réduction (en valeur ou en nature) est parfaitement erronée, donc troublante et source d'erreurs au regard de la liquidation civile (voir n° 11700). Par conséquent, il faut s'en affranchir.

Ne sont pas davantage soumises au droit de partage les simples **liquidations** des droits des parties, dès lors qu'elles ne sont suivies d'aucun partage. Comme son nom l'indique, la liquidation n'est qu'une mise en chiffres, qui permet notamment de déterminer les quotes-parts respectives des indivisaires dans une masse non encore partagée.

Si une **libéralité excède la quotité disponible,** l'**indemnité de réduction,** due à raison de l'excédent par un étranger ou un successible, entre effectivement dans la masse à partager et, selon une position parfois contestable de l'administration (voir Attention ci-dessous), doit supporter le droit de partage (BOI-ENR-PTG-10-10 n° 160). 63960

Les **récompenses dues** par les époux **à la communauté conjugale** sont soumises au droit de partage mais la taxation ne porte que sur les excédents de récompenses sur les reprises (BOI précité n° 160).

ATTENTION

Depuis la réforme opérée par la loi 2006-728 du 23 juin 2006, qui a généralisé la **réduction en valeur,** les libéralités qui empiètent sur la réserve héréditaire ne sont plus réductibles en nature, en particulier lorsque le gratifié n'appartient pas à la cohérie (voir nos 33545 s.). La Cour de cassation en a expressément déduit l'absence d'indivision entre légataire universel et héritier réservataire (Cass. 1e civ. 11-5-2016 n° 14-16.967 FS-PB : BPAT 4/16 inf. 159).

Au légataire universel, tous les biens existants sont attribués en nature. Or l'action en réduction est individuelle et divisible, ce qui explique en particulier que chaque réservataire puisse désormais y renoncer par anticipation pour son seul compte (voir n° 33830). On ne conçoit donc pas comment une action par essence divisible serait susceptible de faire naître une indivision entre ceux qui l'exercent. L'absence d'indivision, par hypothèse, sur la pluralité de créances purement individuelles des réservataires, excluant tout partage, la réduction en valeur ne saurait donner prise en ce cas au droit de partage. Le notaire se borne alors, en pratique, à établir l'état liquidatif chiffrant les droits des parties, puis à faire donner quittance au gratifié par chaque réservataire (B. Vareille et A. Kroell, La liquidation et le partage de la succession : Defrénois 2017 n° 125f9 p. 49 ; comparer Cridon Paris, Incidences de la réforme sur la pratique notariale : JCP N 2016 n° 1192). M. Grimaldi est défavorable à cette solution et retient la présence d'une masse partageable portant sur l'indemnité de réduction dès lors qu'il existe au moins deux réservataires (Droit des successions, LexisNexis, 7e éd., 2017, n° 967). Il invoque au soutien de cette analyse l'article 825, alinéa 2 du Code civil ; mais l'hypothèse visée par ce texte est celle où il se trouve des biens existants à partager. En pareil cas, il est logique que les indemnités de réduction viennent augmenter la masse partageable. En revanche, quand il n'y a **plus aucun bien** dans la succession, chacun n'a droit qu'à sa créance.

La même solution peut-elle être retenue s'il n'y a que des **rapports en valeur** de libéralités (par exemple, parce que le défunt était marié sous la communauté universelle avec clause d'attribution intégrale au survivant ou lorsque tous les biens existants ont été légués aux termes d'un legs universel non réductible) ? Une réponse positive serait davantage audacieuse, car elle est tributaire de l'analyse que l'on retient de la relation entre rapport et partage. Mais au-delà de cette situation particulière, c'est le fondement même de la prise en compte du rapport dans l'assiette taxable au droit de partage qui interroge (J. Molinier : Le partage en droit fiscal, Thèse Bordeaux 2016, nos 74 s.).

Selon une jurisprudence ancienne, reprise en écho par l'article 825, alinéa 2 du Code civil, « le rapport, qu'il se fasse en nature ou en moins prenant, a pour but et pour résultat de faire rentrer d'une manière effective, à l'égard des copartageants, la chose qui en fait l'objet ou la valeur qui la représente, dans la masse des biens indivis qu'il s'agit de partager » (Cass. civ. 15-3-1875 : S. 1875 I p. 322). Il s'ensuit, selon l'administration, que les rapports font partie intégrante de la masse à partager et sont, en tant que tels, soumis au droit de partage, qu'ils s'effectuent en nature ou en moins-prenant (en ce sens, BOI-ENR-PTG-10-10 n° 160).

Cette analyse s'impose pour les biens qui font l'objet d'un rapport en nature (situation désormais exceptionnelle) car ces biens entrent dans l'indivision successorale.

Elle est moins convaincante en cas de rapport en valeur car l'estimation des biens donnés en avancement de part successorale n'est alors prise en compte que pour déterminer les droits des héritiers (J. Molinier, précité, n° 81). Les biens transmis restent la propriété exclusive des gratifiés, et ce n'est que par une fiction juridique que leur valeur est soumise au droit de partage. Du reste, par un important arrêt, la première chambre civile a énoncé : « En matière successorale, à la différence du rapport des libéralités, lequel, régi par les articles 843 à 863 du Code civil, intéresse la composition de la masse partageable et constitue une opération préparatoire au partage, le rapport des dettes, prévu aux articles 864 à 867, concerne la composition des lots et constitue une opération de partage proprement dite. Les règles du droit commun de la preuve s'y appliquent » (Cass. 1e civ. 12-2-2020 n° 18-23.573 FS-PBI : BPAT 2/20 inf. 69, Defrénois 2-7-2020 n° 161g5 p. 33 obs. A. Chamoulaud-Trapiers). On pourrait être tenté d'en déduire que, le rapport des libéralités ne constituant pas à proprement parler une opération de partage mais demeurant un préalable à ce dernier, toutes les fois que le règlement successoral se borne au versement d'une indemnité de rapport à un unique cohéritier, il serait loisible d'y procéder sans qu'aucun partage ne soit consommé.

Cependant, compte tenu des textes et de la jurisprudence en vigueur, et bien que la solution puisse heurter sur le plan des principes, on examinera avec prudence les possibilités de recours contre l'assujettissement au droit de partage des biens rapportés en valeur.

63965 **Déduction du passif** Le passif grevant la masse partagée doit être déduit pour le calcul du droit de partage (CGI art. 747). Constituent notamment des **charges déductibles** :
- les droits de mutation par décès et les frais de l'acte de partage ;
- les dettes du défunt envers les héritiers ;
- les legs particuliers de sommes faits par le défunt ;
- les récompenses dues par la succession à la communauté.

Selon l'administration, les parties ne sont pas tenues de **justifier du passif** ni de le détailler ; elles peuvent indiquer son montant en bloc (BOI-ENR-PTG-10-10 n° 190). Cette tolérance ne s'applique toutefois que si l'actif net est déterminé dans l'acte. À défaut, les parties sont en effet tenues de fournir une déclaration estimative détaillée (n° 48105).

Évaluation des biens partagés Sauf s'il s'agit d'un partage provisionnel (c'est-à-dire portant seulement sur la jouissance des biens indivis), le droit de partage est calculé sur la **valeur vénale** réelle des biens partagés, en se plaçant, en règle générale, à la **date de l'acte** de partage. Cependant, si les parties indiquent une **autre date** comme étant celle de la jouissance divise, l'impôt est liquidé sur la valeur des biens à cette date, sauf cas de fraude ou d'erreur manifeste et sous réserve que le délai écoulé entre la date de la jouissance divise et celle de l'acte de partage soit peu important (BOI-ENR-PTG-10-10 n° 180). 63970

Si l'actif net partagé, base de l'imposition, n'est pas déterminé dans l'acte, les parties doivent fournir une **déclaration estimative détaillée** (n° 48105), établie conformément à l'article 851 du CGI (BOI précité n° 170).

Le barème prévu à l'article 669 du CGI est susceptible de s'appliquer, le cas échéant, pour l'évaluation des **biens en nue-propriété ou en usufruit** compris dans un partage (nos 6120 s.).

2. PARTAGES AVEC SOULTES OU PLUS-VALUES

DÉFINITIONS

Les partages sont faits avec **soulte** lorsque certains copartageants reçoivent des attributions supérieures à leurs droits, à charge de verser aux autres une somme d'argent ou de supporter une part de passif supérieure à celle qui leur incombe normalement. 64000

La **plus-value** s'entend de l'excédent d'un lot sur les droits de son attributaire, sans que ce dernier ait à fournir une compensation.

PARTAGES DE SUCCESSIONS OU DE COMMUNAUTÉS CONJUGALES ET ASSIMILÉS

Les partages qui portent sur des biens dépendant d'une succession ou d'une communauté conjugale ne sont pas considérés comme translatifs de propriété dans la mesure des soultes ou plus-values. Ces partages donnent donc ouverture au seul **droit de partage** sur la valeur nette de l'actif partagé, y compris les soultes ou plus-values (qui, dans ce cas, échappent aux droits de mutation à titre onéreux). 64005

Il en est de même des partages portant sur des **biens indivis issus d'une donation-partage** et des partages portant sur des **biens indivis entre époux** ou partenaires d'un Pacs, qu'ils aient été acquis avant ou pendant le mariage ou le pacte (CGI art. 748).

EXEMPLE

L'actif successoral au décès de M. X est constitué d'un immeuble d'une valeur de 260 000 €. Il a deux fils, A et B. Le passif commun est de 130 000 €. L'immeuble est attribué à A qui conserve à sa charge l'intégralité du passif et verse à B une soulte de 65 000 €.

Le droit de partage doit être calculé sur la valeur de l'actif net partagé, soit 130 000 €.

Pour bénéficier du régime spécial de l'article 748 du CGI, le partage doit intervenir uniquement entre les **membres originaires de l'indivision,** leur conjoint, des ascendants, des descendants ou des ayants droit à titre universel de l'un ou de plusieurs d'entre eux. La participation d'un tiers au partage, par exemple un cessionnaire de droits successifs ne figurant pas au nombre des personnes énumérées ci-dessus, fait obstacle à l'application du régime de faveur et le partage est taxé selon les règles de droit commun (voir n° 64015). 64010

> **Précisions** L'application du régime de faveur de l'article 748 du CGI est expressément admise par l'administration fiscale dans les situations suivantes :
> – partage de **biens acquis en remploi** de biens provenant d'une succession, d'une communauté conjugale, d'une indivision entre époux ou entre partenaires d'un Pacs ou d'une indivision issue d'une donation-partage (BOI-ENR-PTG-10-20 n° 350) ;
> – attribution d'un **bien** faite **au profit d'un copartageant pour le dédommager de sa créance** envers la succession ou la communauté conjugale (BOI précité n° 380).

AUTRES PARTAGES

Les partages avec soulte ou plus-value qui ne relèvent pas du régime de faveur donnent ouverture : 64015

– au **droit de mutation à titre onéreux** (ou à la TVA s'il y a lieu) sur le montant des soultes ou plus-values ;

– au **droit de partage** sur l'actif net partagé, déterminé après déduction du passif et des soultes et plus-values.

64020 **Droit de soulte** Les soultes et les plus-values sont taxées comme des ventes selon la nature des biens composant le lot grevé de soulte ou de plus-value.

Ainsi, lorsque tous les **biens** attribués au débiteur de la soulte sont **de même nature** (par exemple des immeubles), le droit ou la taxe de mutation est liquidé à un seul tarif, celui prévu pour les biens en question.

Mais quand les **biens** sont **de diverses natures,** le tarif du droit ou de la taxe de mutation n'étant pas uniforme, la soulte doit être répartie entre les différents biens compris dans le lot grevé de soulte proportionnellement à leur valeur respective (CGI art. 747).

Cette règle, dite de l'imputation proportionnelle, est générale et s'applique indépendamment de l'imputation que les parties ont pu prévoir elles-mêmes dans l'acte (BOI-ENR-PTG-10-20 nº 200).

64025 **Droit de partage** Les soultes et plus-values sont considérées comme translatives de propriété ; en conséquence, leur montant doit être déduit de l'actif partagé pour la perception du droit de partage. Cette déduction doit être effectuée même lorsque la soulte ne donne ouverture à aucun droit ou taxe en vertu de la règle « exemption vaut paiement ».

Cependant, si la soulte consiste en l'obligation assumée par un copartageant d'acquitter une **part de passif** supérieure à celle qui lui incombe légalement, on ne peut déduire à la fois son montant et l'intégralité du passif. On déduit seulement le passif (BOI-ENR-PTG-10-20 nº 270).

› Précisions a. Les **partages de copropriété** d'immeubles bâtis, de groupes d'immeubles bâtis ou d'ensembles immobiliers et la redistribution des parties communes qui en résulte sont exonérés du droit de partage (mais le droit de vente demeure exigible, le cas échéant, sur les soultes) (CGI art. 749 A).

b. Lorsqu'un **partage avec soulte** ou plus-value porte à la fois sur des **biens bénéficiant du régime de faveur et** des **biens exclus** de ce régime, il y a lieu d'appliquer les règles suivantes (BOI-ENR-PTG-10-20 nº 390) :

– si le lot grevé de soulte ou présentant une plus-value ne comprend que des biens admis au régime de faveur, la soulte (ou la plus-value) n'est pas taxée comme une vente et elle n'est pas déduite pour la liquidation de la taxe de publicité foncière ou du droit de partage ;

– au contraire, lorsque ce lot ne comprend que des biens exclus du régime de faveur, la soulte (ou la plus-value) est taxée comme une vente et son montant est déduit pour le calcul de l'impôt de partage ;

– lorsque le lot comprend des biens des deux catégories, la soulte (ou la plus-value) doit être répartie proportionnellement à la valeur de chacune de ces deux catégories et chaque fraction est soumise au régime de la catégorie de biens dont elle relève.

B. Cas particuliers

LICITATIONS

64075 La licitation est la vente aux enchères de biens indivis suivie du partage du prix entre les copropriétaires (C. civ. art. 1686). La licitation est également usuellement pratiquée dans les études lors du partage de biens dépendant d'une succession ou d'une communauté conjugale.

64080 **Biens dépendant d'une succession ou d'une communauté conjugale** Les licitations portant sur ces biens sont soumises à un droit proportionnel de 2,50 %. Il en est de même des licitations de **biens indivis issus d'une donation-partage** et des licitations de **biens indivis entre époux ou partenaires d'un Pacs,** qu'ils aient été acquis avant ou pendant le mariage ou le pacte et ce, quel que soit leur régime matrimonial (CGI art. 750, II). Autrement dit, ces licitations bénéficient du régime de faveur des partages successoraux (ou de communauté conjugale) et échappent au droit de vente.

Pour bénéficier du régime de faveur, la licitation doit être tranchée au profit des **membres originaires de l'indivision,** de leur conjoint, de leurs ascendants ou descendants, ou des ayants droit à titre universel de l'un ou de plusieurs d'entre eux.

Le droit au taux de 2,50 % est en principe liquidé sur les **parts acquises,** c'est-à-dire sur le prix stipulé, augmenté des charges, déduction faite de la part de l'adjudicataire dans le bien adjugé à son profit. Toutefois, lorsque la **licitation fait cesser l'indivision,** le droit est liquidé sur la valeur totale des biens, sans soustraction de la part de l'acquéreur.

Sur le choix entre licitation et partage avec soulte, voir nº 60225, Précisions.

ATTENTION

À la différence du droit de partage (n° 63910), aucune réduction du taux de 2,50 % n'est prévue lorsque la **licitation** est **consécutive à un divorce** ou à une rupture de Pacs (Rép. Renaud-Garabedian : Sén. 22-12-2022 n° 356 : BPAT 1/23 inf. 5).

Autres licitations Les licitations ne bénéficiant pas du régime de faveur exposé n° 64080 sont taxées comme des ventes. Lorsque la licitation est tranchée **au profit d'un tiers** étranger à l'indivision, le droit de vente est calculé sur la totalité du prix, d'après la nature des biens licités. Lorsque la licitation est tranchée **au profit d'un indivisaire,** le droit de vente n'est exigible que sur les parts acquises par ce dernier dans les biens licités (BOI-ENR-PTG-20-20 n°s 20 et 30). 64085

Influence d'un partage ultérieur Lorsque, à la suite d'une licitation tranchée au profit d'un colicitant, il intervient un partage définitif et obligatoire pour toutes les parties, dans lequel figure le prix de la licitation, celle-ci ne constitue qu'un élément du partage avec lequel elle se confond. 64087

Au point de vue fiscal, c'est donc le partage qui règle la perception des droits et taxes exigibles, en lieu et place de la licitation à laquelle il se substitue (BOI-ENR-PTG-20-20 n° 110).

Si le **régime de faveur** est **applicable,** seule une taxation au taux de **2,50 %** (réduit à 1,10 % dans les cas visés n° 63910) est due sur le partage, quelles que soient les modalités d'attribution du prix. L'imposition proportionnelle est liquidée sur le montant de l'actif net partagé, déduction faite du prix de la licitation qui a déjà supporté un droit ou une taxe au même taux (BOI-ENR-PTG-20-10 n° 100). Si le **partage** est **consécutif à un divorce** ou à une rupture de Pacs, l'excédent du droit de 2,50 % perçu lors de la licitation sur le droit de partage calculé au taux réduit de 1,10 % devrait, à notre avis, être restitué.

Si la **licitation n'ouvre pas droit au régime de faveur,** c'est néanmoins le droit de partage qui se substitue au droit de vente (ou au droit de 2,50 %) lorsque la licitation est tranchée au profit d'un colicitant et suivie d'un partage définitif et obligatoire pour toutes les parties, dans lequel figure le prix de la licitation. En pratique, si le partage est soumis à la formalité avant ou en même temps que la licitation, aucun impôt de mutation n'est exigible, et seul est perçu l'impôt de partage. Dans l'hypothèse inverse (partage enregistré après la licitation), l'impôt de mutation à titre onéreux perçu sur les parts acquises lors de la licitation peut être restitué sur demande formulée dans le délai de réclamation (BOI-ENR-PTG-20-20 n° 160).

> **Précisions** Selon l'administration, le partage ne peut régler la perception des droits dus sur une licitation que s'il remplit trois conditions (BOI-ENR-PTG-20-20 n° 120) :
– le partage doit contenir la preuve de la **conformité des attributions** avec les droits de chacune des parties dans la masse partagée, par la justification de la **qualité des copartageants** et l'établissement de la copropriété ;
– le **dessaisissement** doit être parfait en sorte que le colicitant adjudicataire abandonne tous ses droits sur l'attribution faite à ses cohéritiers, en même temps que ceux-ci renoncent à tout recours sur le prix dont il est approprié, sans aucune réserve et sans obligation de règlement ultérieur ou de rapport ;
– le **partage** doit être **approuvé définitivement** par toutes les parties maîtresses de leurs droits ou homologué, s'il intéresse des incapables.

CESSIONS DE DROITS SUCCESSIFS

La cession de droits successifs est un contrat par lequel une personne appelée à une succession ouverte vend à un cohéritier ou à un tiers tous ses droits, actifs et passifs, dans cette succession. Ces conventions sont en principe taxées comme des **ventes.** Toutefois, les cessions de droits successifs intervenant entre indivisaires originaires bénéficient d'un régime de faveur. 64090

Les cessions de droits successifs consenties à un ou plusieurs **membres originaires de l'indivision,** leur conjoint, des ascendants, des descendants ou des ayants droit à titre universel de l'un ou plusieurs d'entre eux donnent ouverture au **droit de 2,50 %** calculé sur le prix stipulé augmenté des charges, ou sur la valeur vénale des biens correspondant aux droits cédés. Si la cession met fin à l'indivision, ce droit est perçu sur l'actif net, c'est-à-dire sur la valeur totale des biens déduction faite du passif (CGI art. 750, II). 64095

Les **autres cessions de droits successifs** ne bénéficient pas du régime de faveur et sont imposées comme des ventes, le droit de mutation étant calculé sur le prix augmenté des charges ou sur la valeur vénale réelle des biens, au taux correspondant à la nature des biens transmis. 64100

Toutefois, si l'hérédité ne comprend que de l'**argent,** la cession des droits successifs moyennant un prix s'analyse en une opération de partage passible du droit de 2,50 % (BOI-ENR-PTG-30-20 n° 20).

IMMEUBLES SITUÉS EN CORSE

64105 Afin de faciliter le règlement des indivisions successorales comportant des biens immobiliers situés en Corse, une **exonération temporaire** de l'impôt de partage est prévue, à hauteur de la valeur des immeubles situés en Corse, sur les actes de partage de succession, les licitations de biens héréditaires et les cessions de droits successifs.

Cette exonération s'applique aux actes passés entre le 1er janvier 2017 et le 31 décembre 2027 (CGI art. 750 bis B).

64110 L'exonération est réservée aux partages qui interviennent uniquement entre les **membres originaires de l'indivision,** leurs conjoints, ascendants, descendants ou ayants droit à titre universel de l'un ou de plusieurs d'entre eux.

L'exonération est applicable quel que soit le lieu du décès et du domicile tant du défunt que des parties à l'acte. Elle est limitée à la valeur des **biens immobiliers situés en Corse.**

Le droit de partage demeure exigible sur les autres biens objet du partage, de la licitation ou de la cession (BOI-ENR-PTG-10-10 n° 50).

RÉGIME DE FAVEUR DES GROUPEMENTS FONCIERS AGRICOLES

64115 Le partage d'un GFA (ou la licitation de ses biens) donne ouverture au **droit de partage de 2,50 %** (y compris sur les soultes de partage) en ce qui concerne les biens qui se trouvaient dans l'indivision lors de leur apport, et qui sont attribués dans le cadre familial (CGI art. 748 bis et 750 bis).

IMMEUBLES SITUÉS DANS LES DÉPARTEMENTS ET TERRITOIRES D'OUTRE-MER

64120 Afin d'encourager le **règlement des indivisions successorales** dans les départements et régions d'outre-mer (Guadeloupe, Guyane, Martinique, La Réunion et Mayotte) ainsi que dans les collectivités de Saint-Barthélemy, Saint-Martin et Saint-Pierre-et- Miquelon, la loi a institué une procédure dérogatoire permettant aux **indivisaires majoritaires** de provoquer la vente ou la licitation des biens immobiliers situés dans ces collectivités et dépendant de **successions ouvertes depuis plus de dix ans** (Loi 2018-1244 du 27-12-2018).

Les **actes de partage** de succession et les **licitations** de biens héréditaires établis, en application de la loi précitée, entre le 1er janvier 2018 et le 31 décembre 2028 sont **exonérés du droit de partage** de 2,50 % à hauteur de la valeur des immeubles situés sur le territoire des collectivités concernées (CGI art. 750 bis C). Le droit de partage reste dû sur les autres biens objet du partage ou de la licitation.

SECTION 2 PLUS-VALUES

ORIGINE DES BIENS PARTAGÉS

64220 Les plus-values enregistrées à l'occasion d'opérations de partage sont soumises à un régime fiscal différent selon que les biens partagés relèvent du **patrimoine privé ou** du patrimoine **professionnel** des copartageants.

Si les plus-values privées bénéficient d'assez larges exonérations, les plus-values professionnelles sont en principe soumises au régime fiscal de droit commun des gains provenant de la cession d'actifs professionnels.

A. Plus-values privées

64225 Les partages ou licitations de biens indivis (immeubles, valeurs mobilières, parts sociales, etc.) constituent, sur le plan fiscal, des **cessions à titre onéreux dans la limite des soultes.** Toutefois, les plus-values réalisées à l'occasion de ces partages échappent à l'impôt sur le revenu lorsque les biens partagés ont été reçus par succession ou dépendent d'une communauté conjugale. Cette exonération s'apparente à un sursis d'imposition dans la mesure où la plus-value non taxée lors du partage viendra majorer la plus-value imposable en cas de cession ultérieure des biens.

PLUS-VALUES RÉSULTANT DE PARTAGES DE SUCCESSIONS OU DE COMMUNAUTÉS CONJUGALES

Exonération des plus-values Les plus-values constatées **lors du partage** de biens provenant d'une indivision successorale, conjugale ou entre partenaires d'un Pacs, ne sont pas soumises à l'impôt sur le revenu, quand bien même ces partages s'effectuent à charge de soulte, lorsqu'ils interviennent entre **membres originaires de l'indivision,** ascendants, descendants ou ayants droit à titre universel de l'un ou plusieurs d'entre eux. Il en est de même des plus-values provenant de partages de **biens** indivis **issus d'une donation-partage** et des partages portant sur des biens indivis entre époux ou partenaires d'un Pacs, qu'ils aient été acquis avant ou pendant le mariage ou le pacte (CGI art. 150-0 A, IV pour les plus-values mobilières et 150 U, IV pour les plus-values immobilières). 64230

Le régime fiscal applicable en matière d'imposition des plus-values est ainsi aligné sur le régime de faveur applicable en matière de droits d'enregistrement (voir n° 63910).

Cession ultérieure des biens par l'attributaire Pour la détermination de la plus-value réalisée lors de la cession ultérieure des biens par l'attributaire du partage ayant bénéficié du régime de faveur, le prix d'acquisition s'entend de la **valeur vénale** des biens cédés au jour de leur entrée dans l'indivision, à savoir : 64235

– soit la valeur retenue pour la liquidation des droits de donation ou de succession, en cas d'acquisition à titre gratuit ;

– soit la valeur d'acquisition (ou éventuellement de souscription pour les titres), en cas d'acquisition à titre onéreux.

Ainsi, il n'est pas tenu compte de la soulte versée lors du partage pour le calcul du gain net de cession réalisé par l'attributaire (disposition jugée conforme à la Constitution : Cons. const. 13-7-2018 n° 2018-719 QPC : RJF 11/18 n° 1156).

Corrélativement, la **date d'acquisition** à retenir, pour la détermination des abattements pour durée de détention éventuellement applicables (CGI art. 150-0 D, 1 pour les valeurs mobilières et 150 VC, I pour les immeubles) s'entend de la date d'entrée en indivision.

Il en est notamment ainsi en cas de cession par l'attributaire d'un bien acquis pour partie dans le cadre d'une donation-partage faisant suite à une acquisition indivise par voie de succession. Dans cette situation, la date à retenir pour la détermination de l'abattement pour durée de détention s'entend de la date du décès (BOI-RFPI-PVI-10-40-100 n° 80).

EXEMPLE

Soit deux frères André et Bernard qui ont reçu, à parts égales, 100 % des actions de la société T le 4 février N pour 100 000 €, à la suite du décès de leur père. Une indivision s'est automatiquement créée à cette date entre les héritiers.

Le 10 mai N + 6, André et Bernard provoquent le partage qui met fin à l'indivision. À cette date, les actions de la société T ont une valeur de 200 000 €.

Lors de ce partage, il est décidé qu'André sera attributaire de la totalité des actions de la société T. Il est donc redevable envers Bernard d'une soulte de 100 000 €.

Le versement de la soulte n'est pas considéré comme un fait générateur d'imposition au titre des plus-values de cession de valeurs mobilières et droits sociaux. B n'est donc redevable d'aucune imposition.

Le 3 avril N + 8, André, attributaire des actions de la société T, les cède pour 250 000 €.

Lors de cette cession, le gain net imposable à l'impôt sur le revenu (on suppose qu'André a opté pour l'imposition au barème progressif), après application de l'abattement pour durée de détention de droit commun prévu à l'article 150-0 D, 1 ter du CGI, est déterminé comme suit :

prix de cession : 250 000 €

– prix d'acquisition (valeur du bien cédé au jour de son entrée dans l'indivision) : 100 000 €

= plus-value de cession (avant application de l'abattement pour durée de détention) : 150 000 €.

La durée de détention des titres est décomptée à partir de la date de leur entrée dans l'indivision (4 février N) jusqu'au jour de la cession (3 avril N + 8), soit une durée de détention des titres supérieure à 8 ans.

L'abattement pour durée de détention est donc égal à 65 % de la plus-value réalisée.

– abattement pour durée de détention = 65 % de la plus-value : 97 500 €

= montant de la plus-value imposable à l'impôt sur le revenu : 52 500 €.

La base d'imposition de cette plus-value aux prélèvements sociaux est de 150 000 € (plus-value avant application de l'abattement pour durée de détention).

64237 Lorsqu'une indivision se poursuit, après le **décès d'un** (ou de plusieurs) **coïndivisaire**(s) **originaire**(s), avec des héritiers de ces derniers (par exemple lorsqu'un enfant « entre » dans l'indivision à la suite du décès de ses parents) et que le partage subséquent de l'indivision entraîne l'attribution d'un bien (immeuble, meuble, titres de société, etc.) à l'un de ces héritiers, ce bien doit être considéré comme ayant été acquis par l'attributaire par fractions successives. Il convient en conséquence de procéder à une double liquidation de la plus-value en cas de cession ultérieure du bien.

Pour la **quote-part** du bien **acquise lors du partage,** le transfert de la propriété est réputé être intervenu à la date d'entrée de ce bien dans l'indivision d'origine, en raison de l'effet déclaratif du partage. En revanche, pour la plus-value réalisée sur la **fraction** du bien **acquise lors du décès d'un membre originaire de l'indivision,** la date à retenir pour la détermination de l'abattement pour durée de détention est celle de l'entrée de l'attributaire dans l'indivision, c'est-à-dire la date à laquelle l'intéressé a hérité de ses droits dans l'indivision (CE 9-9-2020 n° 436712 : BPAT 6/20 inf. 196). Bien que l'arrêt ne le précise pas expressément, le prix d'acquisition de cette fraction du bien devrait s'entendre, pour le calcul de la plus-value, de sa valeur à la date où le cédant en a hérité.

EXEMPLE

On reprend les données de l'exemple figurant n° 64235 en supposant qu'André est décédé le 1er septembre N + 2 en laissant pour seul héritier son fils unique Claude. À cette date, la valeur des titres de la société T s'élevait à 140 000 €.

Comme dans l'exemple précédent, le partage mettant fin à l'indivision et la vente des actions interviennent respectivement le 10 mai N + 6 et le 3 avril N + 8. Claude se substitue à André en tant qu'attributaire puis cédant de la totalité des titres et exerce les mêmes options fiscales.

Conformément à la décision du Conseil d'État du 9 septembre 2020, la plus-value réalisée par Claude doit être scindée en deux fractions distinctes :

1) Fraction des titres acquise lors du partage (50 %)

Prix de cession : 125 000 € (soit 50 % du prix de cession global des actions)

Prix d'acquisition : 50 000 € (valeur de 50 % des actions de la société T à l'ouverture de l'indivision d'origine)

Plus-value de cession (avant abattement pour durée de détention) : 75 000 €

Abattement pour durée de détention de 65 % (voir exemple n° 64235) : 48 750 €

Plus-value imposable à l'impôt sur le revenu : 26 250 €

2) Fraction des titres comprise dans la succession d'André (50 %)

Prix de cession : 125 000 € (50 % du prix global des actions)

Prix d'acquisition : 70 000 € (valeur des droits dont Claude a hérité d'André en N + 2)

Plus-value de cession (avant abattement pour durée de détention) : 55 000 €

Abattement pour durée de détention de 50 % (durée de détention comprise entre 2 et 8 ans) : 27 500 €

Plus-value imposable à l'impôt sur le revenu : 27 500 €

3) Plus-value globale imposable à l'impôt sur le revenu : 53 750 €

La solution retenue par le Conseil d'État dans l'arrêt précité nous paraît infirmer la doctrine administrative selon laquelle l'abattement pour durée de détention doit être calculé à partir de la date d'ouverture de l'indivision d'origine « lors de la cession ultérieure du bien par l'attributaire du partage ayant bénéficié du régime de faveur », y compris, à défaut d'indications contraires, lorsque cet attributaire est un ascendant, descendant ou ayant droit à titre universel d'un des membres originaires de l'indivision (en ce sens : BOI-RFPI-PVI-10-40-100 nos 10 et 80 ; BOI-RPPM-PVBMI-20-10-20-50 n° 140). On attendra avec intérêt les commentaires de l'administration sur cette question.

RÉGIME DE DROIT COMMUN

64240 Lorsque les conditions d'application du régime de faveur définies n° 64230 ne sont pas réunies, le partage donne lieu, en principe, à l'**imposition du gain net** réalisé par le bénéficiaire de la soulte. Cette taxation est établie, selon la nature des biens partagés, d'après le régime des plus-values immobilières (CGI art. 150 U à 150 VH) ou celui des plus-values sur valeurs mobilières et droits sociaux (CGI art. 150-0 A à 150-0 E).

64245 **Plus-value imposable** La plus-value taxable lors du partage s'obtient en déduisant :
– du **prix de cession,** égal au montant de la **soulte** due aux copartageants par l'attributaire du bien indivis ;

– le prix d'acquisition correspondant au montant des **droits originaires du** copartageant **cédant** (copartageant autre que l'attributaire) dans l'indivision. Il s'agit de la quote-part de la valeur des biens ou droits au jour de leur entrée dans l'indivision revenant au copartageant cédant.

La durée de détention des biens, titres ou droits cédés à l'attributaire est décomptée à partir de leur date d'entrée dans l'indivision.

Cession ultérieure des biens par l'attributaire Lorsque le partage a donné lieu à l'imposition d'une plus-value ou à la constatation d'une moins-value à hauteur de la soulte versée, la cession par l'attributaire des biens, titres ou droits antérieurement indivis obéit à des modalités de calcul particulières. 64250

Le **prix d'acquisition** correspond au montant des droits originaires de l'attributaire dans l'indivision auquel s'ajoute le montant de la soulte versée par celui-ci.

Pour l'application des abattements pour durée de détention des immeubles, titres ou droits cédés, la **durée de détention** est décomptée :
– à partir de la date de constitution de l'indivision, pour la fraction de la plus-value correspondant aux biens ou titres détenus par l'attributaire depuis l'origine de l'indivision ;
– à partir de la date du partage, pour la fraction de la plus-value correspondant à la part des biens ou titres acquis par l'attributaire au moyen de la soulte.

La plus ou moins-value de cession est donc déterminée en tenant compte de deux fractions distinctes.

B. Plus-values professionnelles

Règles générales La cessation d'une indivision résultant du **partage des biens indivis affectés à l'exercice d'une activité professionnelle** entraîne, en principe, cessation d'activité pour les coïndivisaires qui ne poursuivent pas eux-mêmes l'exploitation (CE 23-6-1978 n° 4834 : RJF 9/78 n° 336). Sous réserve de l'application, le cas échéant, du report d'imposition prévu par l'article 41 du CGI en cas de transmission à titre gratuit d'entreprise individuelle, l'opération de partage entraîne les mêmes conséquences qu'une cession en ce qui concerne l'imposition des plus-values éventuellement dégagées à cette occasion (BOI-BIC-PVMV-10-10-20 n° 380). 64300

La plus-value résultant de la cession par les copartageants de leurs droits indivis sur l'entreprise ou de la reprise d'éléments d'actif dans leur patrimoine privé est imposable selon le régime des plus-values professionnelles (taxation au taux de 12,8 % plus les prélèvements sociaux). Il en est également ainsi des plus-values (ou moins-values) réalisées (ou subies) par une société – qu'il s'agisse d'une société de personnes ou de capitaux – lors du **partage des éléments d'actif immobilisé,** entre ses associés ou actionnaires, en cours ou en fin d'exploitation.

Le **fait générateur** à retenir est l'acte de partage et la **plus-value imposable** est égale à la différence entre la valeur réelle des éléments au moment du partage et leur valeur nette comptable.

Partage d'une communauté conjugale ou d'une indivision successorale 64305
En cas de divorce d'époux communs en biens, le partage de l'indivision post-communautaire entraîne la taxation des plus-values sur le fonds ou la clientèle au nom de l'ex-conjoint qui ne poursuit pas l'activité, ou au nom des deux ex-époux en cas de cession à un tiers de l'entreprise indivise (CE 3-9-1997 n° 133408 : RJF 10/97 n° 919). Toutefois, en cas de poursuite de l'activité professionnelle par l'un des conjoints, celui qui se retire ne peut être imposé que sur les plus-values afférentes aux éléments qui ont quitté l'actif de l'entreprise pour entrer dans son patrimoine privé et non pas sur les biens maintenus au bilan (CE 28-7-1999 n° 162756 : RJF 10/99 n° 1216). Cette règle s'applique également aux héritiers en cas de cessation d'une indivision successorale (CAA Marseille 3-4-2008 n° 05MA00688 : RJF 12/08 n° 1346).

Elle ne joue pas, en revanche, lorsque la **dissolution** de la communauté conjugale **résulte du décès de l'un des époux.** Le Conseil d'État a en effet jugé que le décès d'un des conjoints exploitant une entreprise agricole entraîne, en vertu de l'article 201, 1 et 4 du CGI, l'imposition des bénéfices et, sous réserve des exonérations en vigueur, des plus-values enregistrées à la date du décès, en dépit de la poursuite de l'exploitation par l'autre conjoint (CE 28-7-1999 n° 161391 : RJF 10/99 n° 1215). La cour administrative d'appel de Bordeaux s'est toutefois démarquée de cette jurisprudence en décidant que le conjoint survivant qui poursuit l'exploitation (l'intéressé bénéficiait en l'espèce d'une clause d'attribution intégrale des biens de communauté) ne peut être imposé sur une quelconque plus-value au titre des éléments d'actif maintenus au bilan de l'entreprise, ceux-ci ne pouvant être regardés comme faisant l'objet d'une « cession » (CAA Bordeaux 16-12-2014 nº 13BX02640 : RJF 4/15 nº 335, solution à confirmer).

64310 Les **droits indivis que détient un conjoint,** après la dissolution par divorce de la communauté conjugale, sur la valeur d'un actif affecté à l'exercice de la profession de l'autre conjoint ont toujours, du point de vue fiscal, le caractère d'un élément du patrimoine professionnel même dans le cas où ce **conjoint, non titulaire des titres ou diplômes requis,** ne pouvait lui-même participer à cette activité professionnelle.

La somme reçue en contrepartie de la cession des droits indivis que l'épouse détenait sur le cabinet d'expertise comptable exploité par son mari avant le partage doit donc être imposée selon le régime des plus-values professionnelles (CAA Marseille 15-2-1999 nº 96-1666 : RJF 6/99 nº 712). La même règle s'applique lorsque la **dissolution de la communauté conjugale** est la **conséquence du décès de l'époux** qui exerçait une profession réglementée et que le conjoint survivant, ou son héritier, ne peut lui-même participer à l'activité professionnelle, faute de détenir les titres ou diplômes exigés (CE 11-2-1998 nº 160165 : RJF 4/98 nº 371).

TITRE

X

Testament-partage

SOMMAIRE

A. Définition et caractères du testament-partage

Le testament-partage est un **acte unilatéral** par lequel le disposant distribue et partage entre ses héritiers présomptifs les biens qu'il laissera à son décès. Il constitue avec la donation-partage une des formes autorisées de libéralités-partages. Mais à la **différence de la donation-partage,** dans laquelle le partage des biens donnés résulte d'une convention entre le donateur et les copartagés, nécessitant l'accord de ceux-ci, le testament-partage s'impose aux héritiers copartagés, qui ne peuvent y renoncer sans renoncer à la succession elle-même. Par ailleurs, parce qu'il est une disposition à cause de mort, le testament-partage, à la différence de la donation-partage, est librement révocable jusqu'au décès du disposant. 65400

B. Conditions du testament-partage

CONDITIONS DE FORME

Le testament-partage est soumis aux conditions de **forme des testaments** (C. civ. art. 1075, al. 2). Il doit donc revêtir, à peine de nullité, la forme authentique, olographe, mystique ou internationale (nos 15115 s.). 65450

À l'instar de la donation-partage, le testament-partage peut résulter de **plusieurs actes** successifs.

Comme le testament conjonctif, le **testament-partage conjonctif** est interdit (C. civ. art. 968) : deux époux dont chacun souhaite faire le partage de ses biens par un acte de dernière volonté doivent recourir à deux testaments-partages distincts.

CONDITIONS DE FOND

Bénéficiaires Comme la donation-partage, le testament-partage peut être réalisé par toute personne au profit de ses **héritiers présomptifs** (C. civ. art. 1075). Ainsi, une personne 65455 n'ayant pas d'enfant peut établir un testament-partage au profit par exemple de ses frères et sœurs et/ou de ses neveux et nièces. Le testament-partage peut n'allotir que certains des héritiers présomptifs et les allotir inégalement (Cass. 1e civ. 6-3-2019 nº 18-11.640 F-PB : RTD civ. 2019 p. 388 obs. M. Grimaldi). En revanche, il faut au moins deux lots, sans quoi le partage ferait défaut (P. Malaurie et C. Brenner, Droit des successions et des libéralités, LGDJ, 10e éd., 2022, nº 856 ; voir également P. Catala, La réforme des liquidations successorales, Defrénois, 3e éd., 1982, nº 140, p. 332).

Un testament-partage peut également être effectué au profit de **descendants de degrés différents,** puisque l'article 1075-1 du Code civil, qui prévoit cette possibilité, ne distingue pas entre donation-partage et testament-partage (Cass. 1e civ. 7-11-2012 nº 11-23.396 FS-PBRI : Bull. civ. I nº 237, Sol. Not. 1/13 inf. 12 ; B. Vareille, Le testament-partage transgénérationnel : Defrénois 30-5-2013 nº 112r4 p. 531). Un ascendant peut donc distribuer ses biens entre ses enfants et ses petits-enfants, sachant que, contrairement aux règles applicables à la donation-partage :

– l'accord des enfants non allotis n'est par hypothèse pas requis ;

– les petits-enfants ne pourront être gratifiés que dans la limite de la quotité disponible : les règles qui permettent aux enfants de consentir à ce que leurs propres enfants soient allotis en leur lieu et place sont spécifiques à la donation-partage ; le testament-partage transgénérationnel ne pourra donc empiéter sur la réserve des enfants que si ces derniers veulent bien y consentir une fois la succession ouverte, ou s'ils ont souscrit une renonciation anticipée à l'action en réduction (RAAR).

65460 **Biens** Le testament-partage peut porter sur tout ou partie des biens que le disposant laissera à son décès. Les **biens non compris dans le testament-partage** seront partagés entre ses héritiers conformément à la loi (C. civ. art. 1075-5).

L'ascendant peut, sans difficulté, faire la répartition des **biens qui lui appartiennent privativement.**

S'agissant de ceux qui ne lui appartiennent que pour partie – biens indivis, biens dépendant de la communauté existant entre lui et son conjoint – il faut distinguer.

65461 Il est possible de transmettre par testament-partage des **droits dans un bien indivis ou dans une masse indivise** : le testateur ne transmet alors que ce qui lui appartient.

Il semble également possible que le testament-partage ait pour objet le **bien indivis** lui-même (Cass. 1e civ. 10-5-2007 nº 05-11.583 F-D), en raison de l'effet déclaratif du partage ultérieur (C. civ. art. 883), les règles étant celles exposées nº 16595 pour les legs de biens indivis (exception faite toutefois des biens dépendant d'une indivision post-communautaire, comme indiqué ci-après).

65462 La même raison devrait conduire à admettre que le testament-partage puisse porter sur des **biens communs.** Cependant, la doctrine majoritaire et une jurisprudence constante n'admettent pas qu'un testament-partage puisse avoir pour objet des biens dont on ignore s'ils seront attribués au testateur lors du partage ultérieur de la communauté (s'agissant de la doctrine, voir, notamment : P. Catala, La réforme des liquidations successorales, Defrénois, 3e éd., 1982, nº 140 ; H., L. et J. Mazeaud, Leçons de droit civil, t. 4, 2e vol., Successions, Libéralités, Montchrestien, 3e éd., 1980 par A. Breton, nº 1813 ; F. Terré, Y. Lequette et S. Gaudemet, Les successions. Les libéralités, Dalloz, 4e éd., 2014, nº 1285 ; s'agissant de la jurisprudence, voir notamment : Cass. 1e civ. 16-5-2000 nº 97-20.839 : Bull. civ. I nº 149 ; Cass. 1e civ. 6-3-2001 nº 99-11.308 F-PB : Bull. civ. I nº 53, JCP N 2001 p. 1232 note J. Maury ; Cass. 1e civ. 3-2-2010 nº 08-18.196 FS-PB : Bull. civ. I nº 35, Defrénois 15-4-2011 nº CJ2011DEF0716N1 p. 716 obs. A. Chamoulaud-Trapiers ; Cass. 1e civ. 5-12-2018 nº 17-17.493 F-PB : BPAT 1/19 inf. 27, Defrénois 3-5-2019 nº 148q1 p. 39 obs. A. Chamoulaud-Trapiers).

L'interdiction vaut aussi pour les biens indivis dépendant de la communauté dissoute : le testament-partage cumulatif est ainsi prohibé (Cass. 1e civ. 9-12-2009 nº 08-17.351 FS-PB : Bull. civ. I nº 247, BPAT 1/10 inf. 35 ; Cass. 1e civ. 9-12-2009 nº 08-18.677 FS-PB : Bull. civ. I nº 248, BPAT 1/10 inf. 35, RTD civ. 2010 p. 607 obs. M. Grimaldi). Cela s'explique par le fait que le défunt n'a le pouvoir de procéder de sa propre initiative ni au partage de la communauté ni au partage des biens indivis dont les enfants étaient déjà saisis comme héritiers de leur ascendant prédécédé.

On pourrait toutefois considérer que l'article 1423 du Code civil qui valide expressément le legs d'un bien commun serait susceptible d'autoriser le testament-partage cumulatif (en présence d'une indivision post-communautaire à la suite du décès d'un époux). Les modalités de l'exécution du legs sont alors subordonnées au résultat du partage : le legs n'est exécuté en nature que si, selon les termes de l'article 1423, alinéa 2, son objet tombe dans le lot des héritiers du testateur aux termes du partage. Autrement, le legs est exécuté en valeur, par équivalent, tant sur la part de communauté de l'époux testateur que sur ses biens propres. Ce dispositif permet d'éviter toute difficulté de mise en œuvre dans l'hypothèse où chacun des époux aurait simultanément disposé du même bien commun : les deux legs peuvent alors être exécutés, l'un en nature et l'autre par son équivalent pécuniaire. Certains auteurs considèrent que l'article 1423 permettrait implicitement d'inclure dans un testament-partage un bien de communauté, validant ainsi le testament-partage cumulatif, ce qui renforcerait son intérêt « à une époque où une part importante de la fortune appartient à des époux communs en biens » (voir notamment J.-Cl. Civil Code, v. Art. 1075 à 1080, fasc. 20 : Libéralités-partages. Conditions : parties, objet et forme par M. Grimaldi, n° 28). Comme déjà précisé, la Cour de cassation a cependant explicitement exclu cette extension : « Les dispositions de l'article 1423 du Code civil ne peuvent s'appliquer qu'aux légataires et non aux héritiers dont les parts doivent être déterminées au moment même du décès de l'ascendant et ne sauraient être subordonnées au résultat futur et incertain du partage ultérieur de la communauté » (Cass. 1e civ. 16-5-2000 précité). Ainsi, la non-application de l'article 1423 au partage testamentaire se justifie par le fait que contrairement au testament ordinaire, le testament-partage ne contient pas de legs. Les copartagés reçoivent leurs lots à titre d'héritiers et non de légataires (M. Grimaldi, Droit civil. Libéralités. Partages d'ascendants, Litec, 2000, n° 1771 : « On ne peut arrimer à un partage testamentaire unilatéral, à cause de mort et librement révocable, un partage ordinaire, conventionnel, entre vifs et irrévocable »).

Au demeurant, la **jurisprudence** tempère la **rigueur de la solution** retenue de deux façons :
– d'une part, en sanctionnant le testament-partage par une nullité relative (une telle nullité ne peut donc être demandée que par les héritiers : n° 65465) ;
– et, d'autre part, en admettant la validité de la clause pénale privant l'héritier qui contesterait le testament-partage au motif qu'il porte sur des biens communs de tout droit dans la quotité disponible du disposant (Cass. 1e civ. 9-1-2009 n° 08-18.677 FS-PB : BPAT 1/10 inf. 35). Il suffit donc, pour assurer l'efficacité du testament-partage cumulatif, de l'assortir d'une clause pénale sanctionnant les héritiers contestataires (en ce sens, M. Grimaldi, Libéralités. Partages d'ascendants, précité, n° 1771 in fine).

Le testament-partage ne saurait non plus porter sur des **biens propres du conjoint** du testateur (Cass. 1e civ. 5-12-2018 n° 17-17.493 précité).

En l'absence de texte, la doctrine s'accorde à admettre **l'incorporation de donations antérieures** consenties par le testateur, dès lors qu'elles sont rapportables (notamment, J.-Cl. Civil Code, v. Art. 1075 à 1080, fasc. 20 : Libéralités-partages. Conditions : parties, objet et forme par M. Grimaldi, n° 52). Le disposant peut alors attribuer la créance de rapport de la succession au donataire et répartir ses autres biens entre les autres copartagés. Les rapports incorporés au testament-partage seront estimés au jour de l'ouverture de la succession. En revanche, l'incorporation de donations antérieures consenties hors part successorale n'est pas possible. **65463**

La nullité d'un testament-partage incluant des biens dont l'ascendant n'a pas la propriété et la libre disposition est une **nullité relative,** qui ne peut par conséquent être invoquée que par ceux dont les intérêts particuliers ont été atteints (Cass. 1e civ. 3-2-2010 n° 08-18.196 FS-PB : Bull. civ. I n° 35, pour un testament-partage intégrant des deniers communs et un bien propre du conjoint ; Cass. 1e civ. 9-12-2009 n° 08-18.677 FS-PB : Bull. civ. I n° 248, BPAT 1/10 inf. 35, RTD civ. 2010 p. 607 obs. M. Grimaldi, pour un testament-partage cumulatif). **65465**

C. Effets du testament-partage

DU VIVANT DU TESTATEUR

Le testament-partage ne produit aucun effet du vivant du testateur. Il est librement révocable, suivant le **droit commun des testaments.** **65515**

La question se pose de savoir si, comme en matière de legs (C. civ. art. 1038), l'**aliénation d'un bien compris dans le testament-partage** emporte présomption de révocation du partage testamentaire. Le testament-partage n'étant pas constitué de legs et étant dépourvu d'effet dévolutif, il paraît légitime d'écarter une telle présomption. En l'absence d'autres biens non compris dans le testament-partage, l'héritier devrait agir en réduction.

De même, le **prédécès d'un héritier** ne devrait pas emporter caducité du partage testamentaire. Le testament-partage réalisant un partage de la succession, le lot attribué à l'héritier prédécédé devrait revenir à ses représentants.

AU DÉCÈS DU TESTATEUR

Le testament-partage produit les effets d'un partage. Les bénéficiaires ne peuvent pas **renoncer au testament-partage** pour demander un nouveau partage de la succession : la renonciation au testament-partage vaut renonciation à la succession (C. civ. art. 1079). **65520**

Si un héritier n'est pas rempli de ses droits réservataires, il peut exercer l'action en réduction. Les copartagés recueillent leurs lots non en qualité de légataires, mais en qualité d'héritiers. En conséquence, le copartagé ne peut en aucun cas, contrairement au légataire, **renoncer à la succession** et conserver son lot à titre préciputaire. Son lot lui étant attribué au titre d'un partage successoral et non par libéralité, le copartagé ne peut en bénéficier que s'il accepte la succession.

De même, en sa qualité d'héritier et non de légataire à titre particulier, le copartagé répond des **dettes de la succession** en fonction de l'option successorale choisie (acceptation pure et simple ou acceptation à concurrence de l'actif net).

D. Sanction des règles relatives au testament-partage

65570 Un testament-partage étant soumis aux mêmes conditions de validité qu'un testament ordinaire (C. civ. art. 1075, al. 2), les causes de **nullité** qui affectent les testaments sont applicables aux testaments-partages (incapacité, par exemple). Sur le cas particulier des testaments-partages portant partiellement sur des biens dont le testateur n'est pas propriétaire, voir n° 65465.

En revanche, le partage testamentaire étant un partage successoral anticipé et non une libéralité, il n'est pas susceptible de **révocation** pour cause d'ingratitude. L'héritier copartagé ne pourrait en être privé qu'en cas d'indignité. Pour la même raison, la doctrine considère que la révocation du partage testamentaire pour inexécution des charges est exclue (notamment, P. Catala, La réforme des liquidations successorales, Defrénois, 3e éd., 1982, n° 141, p. 336 ; P. Malaurie et C. Brenner, Droit des successions et des libéralités, LGDJ, 10e éd., 2022, n° 862). Reste la possibilité pour le testateur de stipuler une clause pénale (notamment une clause d'exhérédation) sanctionnant l'inexécution de l'obligation dont est assorti le lot. Un auteur suggère même de déceler une clause d'exhérédation conditionnelle implicite lorsque les bénéficiaires sont tenus de charges stipulées par le testateur accessoirement à la répartition pure de toute libéralité, tels le service d'une rente viagère ou une interdiction d'aliéner (Dalloz Action Droit patrimonial de la famille 2021/2022, dir. M. Grimaldi, v. Effets de la libéralité-partage par M. Grimaldi, n° 412.61).

Par ailleurs, un testament-partage ne peut pas faire l'objet d'une **action en complément de part** pour lésion de plus du quart (C. civ. art. 1075-3). Le bénéficiaire qui n'a pas reçu un lot égal à sa part de réserve peut seulement exercer l'**action en réduction** dans les conditions de droit commun, le délai pour agir étant de cinq ans à compter du décès du disposant (C. civ. art. 1080 ; pour une illustration, Cass. 1e civ. 10-5-2007 n° 05-11.583 F-D).

E. Intérêt et limites du testament-partage

65620 Le testament-partage **permet au testateur** :

– de répartir, sans dessaisissement immédiat (à la différence de la donation-partage), non seulement ses biens présents au jour de l'acte, mais encore ses biens futurs ;

– d'imposer la répartition des biens de sa succession, les bénéficiaires n'ayant d'autre choix que d'accepter la succession telle qu'elle a été organisée par le testateur ou de la refuser en bloc. Les héritiers ne peuvent pas non plus cantonner leur émolument.

65625 En pratique, alors que les donations-partages sont courantes, les testaments-partages sont rares, ce qui s'explique surtout par les **inconvénients** suivants.

1. La **qualification de testament-partage** pose parfois des difficultés. Lorsque la qualification de testament-partage ne figure pas dans l'acte, elle se déduit d'éléments tant intrinsèques qu'extrinsèques dégagés par la jurisprudence.

S'agissant des éléments intrinsèques, deux catégories d'éléments sont utilisées : en premier lieu, il faut que l'ascendant ait entendu imposer la répartition de ses biens car s'il a seulement consenti des legs d'attribution – ou legs rapportables –, les légataires peuvent y renoncer pour procéder à un partage selon leur volonté. En second lieu, la répartition des biens entre les héritiers doit se rapprocher d'une répartition selon les règles de la dévolution légale : une répartition inégalitaire est possible mais le testateur ne doit pas avoir l'intention première d'avantager certains de ses enfants.

En revanche, contrairement à ce qui est parfois évoqué, il n'est pas nécessaire que le testament contienne des legs portant sur la totalité ou même la quasi-totalité de sa succession. Si des biens ne figurent pas dans l'acte, ils seront répartis conformément à la dévolution légale.

S'agissant des éléments extrinsèques, deux critères peuvent être utilisés par les juges : le premier est la similitude entre deux testaments rédigés par les deux parents, laquelle permet de révéler leur volonté de partager leurs patrimoines. Le second est l'existence d'une donation-partage antérieure qui serait complétée par le testament.

Cette recherche de volonté du testateur, comme l'interprétation de tout acte juridique, est une question de fait, laissée comme telle au pouvoir souverain des juges du fond, sous réserve d'un hypothétique contrôle de la dénaturation de l'acte.

Dès lors, la distinction entre le testament-partage et une série de legs particuliers tient essentiellement à la volonté du testateur de répartir ou non sa succession entre ses héritiers. Par exemple, si l'intention première et essentielle du testateur est d'avantager l'un de ses enfants, l'acte doit s'analyser en un testament ordinaire comportant un legs préciputaire (Cass. 1e civ. 4-6-2009 n° 08-13.801 F-D : D. 2009 p. 2516 pan. M. Nicod). De même, le testateur qui organise la répartition de la quasi-totalité de son patrimoine propre et commun entre ses héritiers au moyen d'attributions facultatives ne réalise pas un partage testamentaire mais un testament ordinaire, à défaut d'acte d'autorité (Cass. 1e civ. 13-4-2022 n° 20-17.199 FS-B : BPAT 3/22 inf. 172-4 obs. N. Pétroni-Maudière, Defrénois 17-11-2022 n° DEF210v2 p. 46 obs. B. Vareille, Dr. famille 2022 comm. 106 par M. Nicod). En revanche, deux séries de testaments rédigés par des époux, aux mêmes dates et en termes identiques, ont été qualifiées de testaments-partages en raison de la volonté claire des testateurs d'allotir leurs enfants et de leur imposer un partage. Sur ce dernier point, les juges du fond ont considéré que ce partage revêtait un caractère d'autorité spécialement manifesté par la suppression de la disposition « tout cela, sauf accord entre vous » qui figurait dans un premier testament établi par l'épouse seule (Cass. 1e civ. 5-12-2018 n° 17-17.493 F-PB : BPAT 1/19 inf. 27, Defrénois 3-5-2019 n° 148q1 p. 39 obs. A. Chamoulaud-Trapiers).

2. Le **domaine d'application du testament-partage** est plus restreint que celui de donation-partage ; sur ses conditions d'application, voir nos 65455 s.

3. Le **testament-partage conjonctif** est interdit (n° 65450).

4. Sur le **terrain fiscal,** les testaments-partages sont assujettis au droit de partage de 2,5 % sans déduction des soultes (nos 65675 s.).

F. Fiscalité du testament-partage

DROITS EXIGIBLES

Après le décès du testateur, les biens échus aux bénéficiaires d'un partage testamentaire sont assujettis aux **droits de mutation par décès** dans les conditions de droit commun (nos 44100 s.). 65675

De plus, les partages testamentaires étant de véritables partages, ils donnent ouverture au **droit proportionnel de partage** de 2,5 % prévu par l'article 746 du CGI et non au droit fixe (BOI-ENR-PTG-10-30 n° 10).

Les règles applicables pour la **liquidation de l'imposition** sont celles prévues en matière de partages de succession (nos 63910 s.). 65680

Les **biens** doivent être **évalués** au jour du décès du testateur et si le partage testamentaire a fait l'objet d'un dépôt au rang des minutes d'un notaire, rien ne s'oppose à ce que la **déclaration estimative** soit souscrite au pied de l'acte de dépôt, soit par les héritiers ou par l'un d'eux, soit même par le notaire s'il se porte fort pour les héritiers. Mais aucune réduction de droits, analogue à celle prévue par l'article 790 du CGI en faveur de certaines donations d'entreprises, ne peut être appliquée (BOI-ENR-PTG-10-30 n° 10).

En l'**absence de** souscription d'une **déclaration estimative** détaillée des biens transmis, l'administration est en droit de procéder à une évaluation d'office, à titre provisoire, desdits biens (Cass. com. 14-4-1975, Sauvage).

Les partages testamentaires obéissent au régime spécial des partages de succession de sorte que les **soultes** ne sont pas soumises au droit de mutation à titre onéreux, ni déductibles pour la perception du droit de partage (CGI art. 748) ; voir n° 64005.

EXÉCUTION DE LA FORMALITÉ

65685 Les partages testamentaires sont soumis obligatoirement à la **formalité** après le décès du testateur. Le **délai** imparti pour l'exécution de la formalité repose sur la distinction suivante.

Les **testaments-partages déposés chez les notaires ou reçus par eux** doivent être enregistrés au plus tard lors de l'enregistrement de l'acte constatant le partage de la succession (CGI art. 636, al. 2). Il s'ensuit qu'ils doivent être enregistrés pendant la période qui court du jour du décès jusqu'à celui de l'enregistrement de l'acte de partage (BOI-ENR-PTG-10-30 n° 20).

Les partages testamentaires **olographes non déposés** par les testateurs chez les notaires ne doivent être soumis à la formalité de l'enregistrement qu'à compter de la date de leur dépôt, au rang des minutes des notaires, effectué par les héritiers. Cet enregistrement doit être effectué au plus tard lors de celui de l'acte de partage (BOI précité).

Il est rappelé que les formalités de l'enregistrement et de la publicité foncière sont fusionnées pour les actes publiés au fichier immobilier (CGI art. 647, I), tels que les testaments-partages comprenant un ou plusieurs immeubles (BOI précité).

Sur les questions soulevées par l'exécution de ces formalités, voir n° 65690.

EXEMPLE

Mme A a un neveu Paul et une nièce Marie. Le 3 janvier 2010, elle rédige chez son notaire un testament-partage qui prévoit d'attribuer sa résidence principale à Paul et sa résidence secondaire à Marie. Mme A décède le 18 octobre 2017 et laisse pour seuls héritiers Paul et Marie. La succession comprend une résidence principale de 200 000 €, une résidence secondaire de 200 000 € et un terrain d'une valeur de 150 000 €.

Pour la liquidation de la succession, l'actif net successoral s'élève à 550 000 €, soit 275 000 € pour chacun des héritiers.

1e hypothèse : Paul et Marie ont connaissance du testament-partage et demandent au notaire de le soumettre à la **formalité fusionnée lors du dépôt de la déclaration de succession** le 18 décembre 2017.

La taxe due sur le testament-partage (CGI art. 748) est de : 400 000 € (valeurs de la résidence principale et de la résidence secondaire) × 2,5 % = 10 000 €.

La taxe due sur l'acte de partage est de : 170 000 € (valeur actualisée du terrain) × 2,5 % = 4 250 €.

2e hypothèse : Paul et Marie ont connaissance du testament-partage, mais ils demandent au notaire d'**attendre le partage définitif pour** le soumettre à la **formalité fusionnée.**

Le notaire dépose donc la déclaration de succession le 18 décembre 2017, sans avoir enregistré le testament-partage.

Le 29 octobre 2023, les héritiers publient le testament-partage avec l'acte de partage. La taxe due sur l'acte de partage est de : 180 000 € (valeur actualisée du terrain) × 2,5 % = 4 500 €.

La taxe due sur le testament-partage est de : 450 000 € (valeurs actualisées de la résidence principale et de la résidence secondaire) × 2,5 % = 11 250 €.

Lorsque le testament-partage contient des biens qui n'ont pas été inscrits à l'actif de la déclaration de succession, il est nécessaire que les héritiers déposent une déclaration de succession rectificative (en ce sens, BOI-ENR-PTG-10-30 n° 20, exemple actualisé par nos soins).

En plus du droit de partage, les héritiers devront payer les droits de succession sur : 275 000 € (actif net successoral pour chacun des héritiers) – 7 967 € (abattement en faveur des neveux et nièces) = 267 033 €.

Droits dus par chacun des héritiers : 146 868 € (= 267 033 € × 55 %).

65690 **Discussion** Certains auteurs se sont interrogés, au vu de la doctrine de l'administration fiscale exposée n° 65685, sur la **nécessité de réaliser un acte de partage** subséquent au testament-partage (voir encadré fiscal de G. Bonnet dans l'étude de B. Vareille, Le testament-partage transgénérationnel : Defrénois 2013 n° 112r4).

Le testament-partage produisant en lui-même les effets d'un partage, l'allotissement de l'héritier est parfait dès le décès puisque l'effet translatif de la succession est immédiat (en ce sens, M. Grimaldi, Droit civil. Libéralités. Partages d'ascendants, Litec, 2000, n° 1803). Il existe, dès lors, une certaine **contradiction dans la doctrine administrative** qui justifie l'application du droit de partage par l'effet répartiteur du testament-partage tout en repoussant l'exigibilité de ce droit au moment de l'enregistrement de l'acte, supposé distinct, constatant le partage. Nonobstant l'attitude des recettes des impôts qui tendent à enregistrer l'acte de dépôt du testament-partage au seul droit fixe, nous pensons, comme les auteurs précités, qu'il devrait être possible d'acquitter le droit de partage dès l'enregistrement du testament-partage lorsque cet acte se suffit à lui-même. En revanche, si les héritiers décident (ou constatent la nécessité) d'établir un acte de partage distinct du testament-partage, il leur est naturellement loisible d'utiliser le délai supplémentaire prévu, avec un certain pragmatisme, par la documentation publiée au Bofip. 65690 (suite)

Par ailleurs, la **nature de la formalité** à réaliser peut poser un problème si le testament-partage inclut des immeubles, depuis que la doctrine de l'administration fiscale préconise de le soumettre à la formalité fusionnée (BOI-ENR-PTG-10-30 n° 20). Lorsque le testament-partage est rédigé sous forme notariée, sa présentation au service de la publicité foncière ne fait pas de difficulté. Dans le cas où il est décidé d'établir un acte de partage distinct du testament-partage, cet acte de partage relève également de la formalité fusionnée et les deux actes peuvent, le cas échéant, être présentés simultanément à ce service. En revanche, lorsque le testament-partage est olographe, il doit faire l'objet préalablement d'un dépôt au rang des minutes d'un notaire (CGI art. 854). Or un tel acte n'est pas publiable en l'état (C. civ. art. 710-1 issu de loi 2011-331 du 28-3-2011). Dans ce cas, et nonobstant la doctrine administrative précitée, il n'est pas d'autre solution que de faire enregistrer le testament-partage au service de l'enregistrement et d'établir un acte de partage distinct pour les besoins de la publicité foncière.

PARTIE 3

Successions et libéralités présentant un caractère d'extranéité

TITRE I

Droit international privé

CHAPITRE 1

RÈGLES GÉNÉRALES DU DROIT INTERNATIONAL PRIVÉ

SOMMAIRE

APPLICATION DU DROIT INTERNATIONAL PRIVÉ

L'ouverture des frontières, l'intensification des relations économiques internationales entraînent une mobilité géographique toujours grandissante. Le droit de la famille en général, et le droit des successions et des libéralités en particulier, n'échappe pas au phénomène et les situations envisagées comportent de plus en plus souvent un **élément d'extranéité.** 67000

Cet élément d'extranéité – il peut évidemment y en avoir plusieurs – sera lié à la nationalité du défunt ou du disposant, au lieu de sa résidence (un Français vivant en Allemagne depuis de nombreuses années y décède), au pays où sont situés certains biens (succession comportant un immeuble en Espagne alors que les héritiers sont français et vivent en France), etc.

Chronologiquement, plusieurs questions sont susceptibles de se poser : quel est le **tribunal compétent** en cas de litige ? Quelle est la **loi applicable** à la situation envisagée ? Quel sera le sort réservé par un tribunal français à une décision étrangère ?

La compétence des tribunaux français dans les litiges internationaux et l'effet des jugements étrangers en France constituent traditionnellement ce que l'on nomme les conflits de juridictions ; la détermination de la loi applicable, les conflits de lois.

Les **questions de méthode** tiennent une place essentielle dans ces deux disciplines. Si la connaissance des règles sur les conflits de juridictions intéresse en premier lieu l'avocat, la question de la loi applicable peut se poser hors de toute perspective contentieuse. Pour prendre l'exemple de la succession d'un étranger qui décède en France, où il possède une partie de ses biens, le notaire doit être en mesure de déterminer la loi applicable au régime matrimonial du défunt dans le cas où il était marié, à la vérification de la capacité des héritiers pour accepter la succession, aux formalités de publicité à effectuer pour la transmission des immeubles, au sort d'un contrat de prêt souscrit par le défunt peu avant sa mort, etc. En outre, certains règlements européens (Successions, Bruxelles II ter) obligent le notaire, dans certains cas, à appliquer les règles de compétence internationale (voir E. Gallant et M. Farge, De l'intérêt pour le notariat de s'intéresser aux règles de compétence juridictionnelle internationale : JCP N 2018 nº 1164).

SOURCES DU DROIT INTERNATIONAL PRIVÉ

Les sources **internationales et européennes** du droit tiennent une place aujourd'hui prépondérante dans la plupart des domaines du droit international privé de la famille. Outre le **droit international privé commun français,** ne seront étudiés dans les chapitres suivants que le droit de l'Union européenne et les conventions internationales multilatérales. 67005

Signalons cependant que la France est partie à un grand nombre de conventions bilatérales concernant de manière générale la reconnaissance et l'exécution des jugements étrangers (pour une liste de ces conventions, voir P. Mayer, V. Heuzé et B. Remy, Droit international privé, LGDJ, 12e éd., 2019,

n° 482 ; J.-Cl. Droit international, v° Divorce-Conventions Internationales fasc. 547-40 par H. Gaudemet-Tallon ; J.-Cl. Droit international, v° Aliments-Exécution en France des décisions étrangères fasc. 549-60 par L. Célérien, ann. p. 56 s.). La France est également partie aux conventions suivantes, qui intéressent plus spécifiquement le droit international privé de la famille :
– convention conclue avec le Maroc le 10 août 1981 relative au statut des personnes et de la famille et à la coopération judiciaire ;
– convention conclue avec la Pologne le 5 avril 1967 relative à la loi applicable, la compétence et l'exequatur dans le droit des personnes et de la famille (pour les matières non couvertes par une réglementation européenne ; en matière successorale, ne sont donc concernées que les successions ouvertes avant le 17 août 2015) ;
– convention conclue avec la Tunisie le 28 juin 1972 relative à l'entraide judiciaire en matière civile et commerciale et à la reconnaissance et à l'exécution des décisions judiciaires ;
– convention conclue avec l'ex-Yougoslavie le 18 mai 1971 relative à la loi applicable et à la compétence en matière de droit des personnes et de la famille, applicable dans nos rapports avec la Bosnie-Herzégovine, le Kosovo, le Monténégro, la Serbie et la Slovénie (s'agissant de cette dernière, pour les matières non couvertes par une réglementation européenne ; en matière successorale, ne sont donc concernées que les successions ouvertes avant le 17 août 2015).

› Précisions a. La plupart des grandes conventions multilatérales sur le droit international privé ont été élaborées, depuis 1893, sous l'égide de la **conférence de La Haye de droit international privé.** Cette conférence regroupe aujourd'hui 91 membres (90 États et l'Union européenne), dont bien entendu la France (la liste des États membres et le texte des différentes conventions adoptées en son sein sont consultables sur son site internet hcch.net).
b. Le ministère de la justice a lancé une consultation publique sur un **projet de Code de droit international privé.** Indépendamment des mérites du projet (semble-t-il limités), celui-ci n'a pas vocation à réglementer l'ensemble de la matière ; au contraire, il n'aurait vocation qu'à couvrir les domaines qui ne font pas l'objet d'une réglementation européenne ou d'une convention internationale. Il ne s'agit pas, par ailleurs, d'une codification à droit constant, certaines des dispositions envisagées modifiant les solutions actuellement en vigueur.

67007 **Droit de l'Union européenne** L'Union européenne a adopté un certain nombre de règlements en matière de droit international privé de la famille.

Le règlement 2019/1111 du 25 juin 2019 relatif à la compétence, la reconnaissance et l'exécution des décisions en matière matrimoniale et en matière de responsabilité parentale, ainsi qu'à l'enlèvement international d'enfants, dit « **règlement Bruxelles II ter** », règle la compétence du juge français et la circulation des décisions en matière de divorce, de séparation de corps, de nullité du mariage et de responsabilité parentale depuis le 1er août 2022 et remplace le règlement 2201/2003 du 27 novembre 2003 relatif à la compétence, la reconnaissance et l'exécution des décisions en matière matrimoniale et en matière de responsabilité parentale, dit « **règlement Bruxelles II bis** ».

Également en matière matrimoniale, le règlement 1259/2010 du 20 décembre 2010 mettant en œuvre une coopération renforcée (et applicable uniquement entre les États membres participants, dont la France) dans le domaine de la loi applicable au divorce et à la séparation de corps, dit « **règlement Rome III** », est entré en application en France le 21 juin 2012.

En matière d'obligations alimentaires, le règlement 4/2009 du 18 décembre 2008 relatif à la compétence, la loi applicable, la reconnaissance et l'exécution des décisions en matière d'obligations alimentaires, dit « **règlement Aliments** », fixe quant à lui l'intégralité des règles de droit international privé en la matière (compétence, loi applicable, reconnaissance et exécution des décisions).

Deux règlements mettant en œuvre une coopération renforcée (et applicables seulement entre les États membres participants, dont la France) sont en application depuis le 29 janvier 2019 relativement aux rapports patrimoniaux des couples. Il s'agit du règlement 2016/1103 du 24 juin 2016 dans le domaine de la compétence, de la loi applicable, de la reconnaissance et de l'exécution des décisions en matière de régimes matrimoniaux, dit « **règlement Régimes matrimoniaux** », et du règlement 2016/1104 du 24 juin 2016 dans le domaine de la compétence, de la loi applicable, de la reconnaissance et de l'exécution des décisions en matière d'effets patrimoniaux des partenariats enregistrés, dit « **règlement EPPE** ».

Enfin, s'agissant des successions internationales, le règlement 650/2012 du 4 juillet 2012 relatif à la compétence, la loi applicable, la reconnaissance et l'exécution des décisions, et l'acceptation et l'exécution des actes authentiques en matière de successions et à la création d'un certificat successoral européen, dit « **règlement Successions** », est entré en application le 17 août 2015 et remplace les règles de droit commun français jusqu'alors applicables.

En raison de la **primauté du droit européen,** les règlements s'appliquent en priorité. Il importe donc de vérifier systématiquement si le litige entre dans leur champ d'application, tant géographique que temporel et matériel. La plupart de ces textes ne réservent d'ailleurs pas l'application à titre subsidiaire des règles nationales et les remplacent de façon pure et simple.

> Précisions **a.** L'impact du **Brexit** est relativement limité en droit international privé de la famille et nul en droit des successions internationales. En effet, le Royaume-Uni ne participait à aucune des coopérations renforcées ayant permis d'adopter des règles uniformes de conflits de lois en matière de divorce, de régimes matrimoniaux et d'effets patrimoniaux des partenariats enregistrés. Il n'avait pas souhaité non plus participer au règlement Successions. Il était donc déjà traité pour les besoins de l'ensemble de ces règlements comme un État tiers.
Seuls sont touchés le règlement Bruxelles II bis (désormais remplacé par le règlement Bruxelles II ter, qui ne concerne évidemment pas le Royaume-Uni) et le règlement Aliments. Au regard de ces règlements, le Royaume-Uni a cessé d'être un État membre et est devenu un État tiers à compter de la date effective de sortie de l'UE à l'issue de la période de transition prévue par l'accord sur le retrait du Royaume-Uni de Grande-Bretagne et d'Irlande du Nord de l'Union européenne et de la Communauté européenne de l'énergie atomique, soit le 31 décembre 2020 (Accord de retrait art. 126). Au regard de l'ordre juridique français, l'impact sur les règles de compétence est limité (excepté sur les règles de litispendance) et il est quasiment nul sur les règles de conflit de lois. En revanche, il sera plus important s'agissant de la reconnaissance et de l'exécution des décisions. L'accord de retrait prévoit que bénéficient du mécanisme de reconnaissance et d'exécution les décisions rendues dans le cadre d'actions judiciaires intentées avant la fin de la période de transition, ce qui devrait dès lors permettre d'étendre encore pendant quelques années l'application des règlements européens dans les relations avec le Royaume-Uni (Accord de retrait art. 67). Ceci vaut tant pour la reconnaissance et l'exécution en France d'une décision rendue au Royaume-Uni que pour l'exécution dans ce pays d'une décision rendue en France (ou dans un autre État membre).
b. Deux **nouvelles propositions de règlement européen** ont été présentées par la Commission, l'une sur la **filiation** (COM(2022) 695 final), l'autre sur la **protection des adultes** (COM(2023) 280 final).

SECTION 1 CONFLITS DE JURIDICTIONS

A. Compétence internationale des juridictions françaises

QUESTION PRÉLIMINAIRE

Chaque juge applique, sous réserve du jeu du renvoi, sa propre règle de conflit de lois (nº 67360). Avant de s'interroger sur la teneur de la règle de conflit de lois, il importe donc de déterminer le juge compétent, c'est-à-dire, en pratique, si un **juge français** peut se reconnaître compétent. **67110**

DROIT DE L'UNION EUROPÉENNE

Une part importante des règles de compétence internationale en droit de la famille a fait l'objet d'une **harmonisation** au sein de l'Union européenne via l'adoption de plusieurs règlements. **67115**

Tel est le cas en matière de divorce, de séparation de corps et de responsabilité parentale (règlement Bruxelles II ter), en matière d'obligations alimentaires (règlement Aliments), en matière de régimes matrimoniaux et concernant les effets patrimoniaux des partenariats enregistrés (règlements Régimes matrimoniaux et EPPE), et en matière successorale (règlement Successions).

RÈGLES DE DROIT COMMUN

Critères de compétence territoriale interne Lorsque le droit européen n'est pas applicable, la compétence est déterminée par les règles françaises de compétence internationale. **67125**

Le principe est simple : il s'agit de l'**extension** à l'ordre international des critères de compétence territoriale interne (Cass. 1e civ. 19-10-1959, Pelassa : Rev. crit. DIP 1960 p. 215 note Y. L. ; Cass. 1e civ. 30-10-1962, Scheffel : Rev. crit. DIP 1963 p. 387).

Cela signifie que la compétence des tribunaux français sera déterminée en réalité par les mêmes règles que celles qui s'appliquent à leur compétence interne, moyennant quelques adaptations en raison du caractère international de la situation. Par exemple, un défendeur domicilié en France peut être assigné devant le tribunal du lieu de son domicile (CPC art. 42) ; en matière délictuelle, la victime peut agir devant le tribunal du lieu du dommage (CPC art. 46). Le principe connaît un certain nombre d'exceptions en raison du caractère international du litige : en matière de successions immobilières pour des immeubles situés à l'étranger (voir nº 68885) et en matière de voies d'exécution pratiquées à l'étranger. Dans les deux cas, les tribunaux français s'estimeront en principe incompétents. La Cour de cassation a récemment ajouté une autre exception, s'agissant d'une action en partage d'un bien immobilier situé en France (propriété indivise d'un couple marié sous le régime de la séparation de biens), exercée sur le fondement de l'article 815-17, alinéa 3 du Code civil. Elle juge que l'extension à l'ordre international des critères de compétence territoriale du juge aux affaires familiales, fondés sur la résidence de la famille ou de l'un des parents ou époux, n'est pas adaptée aux nécessités particulières des relations internationales, qui justifient, tant pour des considérations pratiques de proximité qu'en vertu du principe d'effectivité, de retenir que le critère de compétence territoriale devait être celui du lieu de situation de ce bien (Cass. 1e civ. 4-3-2020 nº 18-24.646 FS-PB : BPAT 3/20 inf. 91).

67130 **Privilèges de juridiction** Ceux-ci donnent le droit à tout **Français demandeur** de saisir un tribunal français dans un litige l'opposant à un défendeur étranger (C. civ. art. 14), et au **Français défendeur** d'être assigné devant les juridictions françaises (C. civ. art. 15).

67135 En raison de leur **caractère exorbitant,** les privilèges de juridiction sont généralement exclus par les conventions internationales en matière de compétence, tout comme par les textes européens (sauf exceptions limitées). Ils revêtent par ailleurs un **caractère subsidiaire,** ce qui signifie qu'ils ne peuvent être invoqués qu'à la condition qu'aucun critère de compétence « ordinaire » ne permette d'attribuer compétence aux tribunaux français (Cass. 1e civ. 19-11-1985 nº 84-16.001, Société Cognacs and Brandies from France : Rev. crit. DIP 1986 p. 712 note Y. Lequette).

En revanche, contrairement à la lettre du texte, la jurisprudence leur a donné une **portée générale** : ils peuvent être invoqués en toute matière à l'exception des actions réelles immobilières et des demandes en partage portant sur des immeubles situés à l'étranger, ainsi que relativement à des voies d'exécution pratiquées hors de France (Cass. 1e civ. 27-5-1970 nº 68-13.643, Weiss : Rev. crit. DIP 1971 p. 113 note Batiffol). L'exclusion s'étend également aux actions relatives au fonctionnement d'un service public étranger (CA Paris 17-10-1990 : Rev. crit. DIP 1991 p. 400 note P.-Y. Gautier), ce qui comprend notamment les demandes en rectification ou en annulation d'un acte de l'état civil dressé par une autorité étrangère, les demandes en nullité de brevets délivrés à l'étranger ou d'un acte public étranger (J.-Cl. Droit international vº Compétence « privilégiée » des tribunaux français ou compétence fondée sur la nationalité française de l'une des parties fasc. 581-31 par A. Huet, nº 22).

67140 La seule **nationalité française** suffit à établir la compétence des tribunaux français : aucun lien suffisant de l'affaire avec la France n'est exigé et en présence d'une personne possédant à la fois une nationalité étrangère et la nationalité française, l'absence d'effectivité de celle-ci importe peu (Cass. 1e civ. 25-3-2015 nº 13-26.131 : BPAT 3/15 inf. 88).

67145 En revanche, ces privilèges sont susceptibles de **renonciation,** expresse ou tacite, tant de la part du Français demandeur que de l'étranger demandeur à l'encontre d'un Français (Cass. 1e civ. 25-3-2015 précité).

Il est également possible de paralyser le jeu de l'article 14 du Code civil en cas d'**utilisation frauduleuse** de celui-ci au détriment du défendeur (Cass. 1e civ. 24-11-1987 nº 85-14.778 : Bull. civ. I nº 304 ; Cass. 1e civ. 4-7-2012 nº 11-11.107, a contrario : Bull. civ. I nº 151, BPAT 5/12 inf. 250).

67150 Si la multiplication des textes internationaux et européens et l'évolution de la jurisprudence de la Cour de cassation (nº 67245) ont restreint le domaine d'application des articles 14 et 15 du Code civil, ils n'en restent pas moins applicables. La Cour de cassation a estimé que l'article 14 ne pouvait « être regardé comme portant atteinte au principe d'égalité et au droit au procès équitable » et a dès lors refusé de transmettre, en raison de l'absence de nouveauté et de caractère sérieux, une question prioritaire de **constitutionnalité** sur cet article (Cass. 1e civ. QPC 29-2-2012 nº 11-40.101).

Déni de justice La jurisprudence admet enfin que la compétence des tribunaux français puisse être admise en cas de déni de justice. L'**impossibilité pour une partie** d'accéder au juge chargé de se prononcer sur sa prétention et d'exercer un droit qui relève de l'ordre public international constitue un déni de justice fondant la compétence de la juridiction française (Cass. soc. 14-9-2017 n° 15-26.737 FS-PB : RJS 11/17 n° 761, Rev. sociétés 2018 p. 467 note critique O. Boskovic). « Cette impossibilité peut être de fait (guerre ou troubles importants) ou de droit (en raison des règles de compétence des pays avec lesquels la situation présente des liens étroits) » (O. Boskovic, note précitée ; voir aussi Cass. soc. 25-1-2005 n° 04-41.012 FS-PB : impossibilité pour un ancien salarié d'une organisation internationale de saisir un tribunal, puisque l'organisation n'avait pas institué en son sein de tribunal pour les litiges l'opposant à ses salariés). Elle semble toutefois être appréciée de façon très restrictive. Un arrêt récent relève qu'il n'y a pas d'impossibilité dès lors qu'une juridiction étrangère est saisie du litige, alors même que les salariés en cause avaient introduit cette requête devant les juridictions congolaises 25 ans plus tôt et attendaient toujours une décision au fond (Cass. soc. 14-9-2017 n° 15-26.737 FS-PB précité). 67155

Pour que les juridictions françaises soient compétentes, il faut, en outre, que soit caractérisé un **rattachement avec la France,** ce que ne constitue pas la seule détention par une société française d'une partie du capital d'une société étrangère (Cass. soc. 14-9-2017 n° 15-26.737 FS-PB précité).

B. Effets en France des jugements étrangers

RECONNAISSANCE ET EXÉCUTION

Il faut distinguer la reconnaissance du jugement, qui n'a pour effet que de **reconnaître les effets de droit** qu'il produit (par exemple, reconnaître que deux époux sont désormais célibataires à la suite d'un jugement étranger de divorce), et son exécution qui est destinée à lui **donner force exécutoire** afin de contraindre l'autre partie à l'exécuter. 67200

Pour certains jugements et dans certaines matières, la **reconnaissance** a lieu **de plein droit,** c'est-à-dire sans qu'aucune formalité ne soit requise. Cela ne signifie pas que la reconnaissance n'est pas susceptible d'être contestée, mais cette contestation interviendra dans un second temps, à l'initiative de la partie à qui le jugement est opposé.

1. JUGEMENT ÉMANANT D'UN ÉTAT MEMBRE DE L'UNION EUROPÉENNE

SIMPLIFICATION

Reconnaissance et exécution sont considérablement simplifiées par les règlements Aliments, Bruxelles II ter, Successions, Régimes matrimoniaux et EPPE, pour les jugements émanant d'États membres de l'Union européenne dans les matières qu'ils visent. 67205

2. JUGEMENT ÉMANANT D'UN ÉTAT TIERS

RÈGLES GÉNÉRALES

Le droit commun, s'il est libéral, pose un certain nombre de conditions. 67235

S'agissant de la **reconnaissance,** les jugements constitutifs et relatifs à l'**état des personnes** sont en principe reconnus de plein droit (Cass. civ. 28-2-1860, Bulkley : S. 1860 I p. 210 concl. Dupin ; Cass. civ. 9-5-1900, De Wrède : JDI 1900 p. 613). Par exemple, un jugement prononçant le divorce de deux époux sera normalement reconnu de plein droit. Si l'un des ex-époux souhaite se remarier, l'officier d'état civil ne pourra le tenir pour bigame. De même, l'établissement d'un lien de filiation par un jugement étranger devra être reconnu de plein droit. En revanche, les jugements déclaratifs relatifs aux **droits patrimoniaux** doivent être reconnus par une décision de justice avant de pouvoir produire des effets en France.

La **force exécutoire** n'étant jamais attribuée de plein droit à un jugement étranger (sous réserve des textes européens), elle nécessite une décision judiciaire dite « d'exequatur ». L'action en exequatur n'est soumise à aucune prescription (Cass. 1e civ. 11-1-2023 n° 21-21.168 FS-D, à propos de la convention de Lugano mais transposable).

En outre, la force exécutoire ne sera accordée que si la décision étrangère elle-même en est pourvue selon le droit du juge qui l'a rendue. L'annulation de la décision étrangère dans le pays où elle a été rendue (cassation d'un arrêt d'appel par exemple) emporte ainsi annulation de l'exequatur accordé à cette décision en France (Cass. 1e civ. 23-9-2015 nº 14-14.823). Il en irait de même si le jugement étranger était prescrit (Cass. 1e civ. 11-1-2023 nº 21-21.168 FS-D précité).

› Précisions a. L'**exequatur** aux fins de reconnaissance ou d'exécution d'un jugement étranger peut être demandé **par voie incidente** dans une instance qui n'a pas pour objet principal ce jugement (Cass. 1e civ. 10-1-2018 nº 16-20.416 F-PB : RJDA 6/18 nº 548).

b. L'Union européenne a adhéré à la **convention de La Haye du 2 juillet 2019** sur la reconnaissance et l'exécution des jugements étrangers en matière civile ou commerciale. Celle-ci est entrée en vigueur en France le 1er septembre 2023. Son impact est cependant limité pour l'instant. D'une part, en dehors de l'Union européenne, seule l'Ukraine a ratifié la Convention, qui ne concerne que la reconnaissance de jugements émanant d'États contractants. Or, au sein de l'Union européenne, la reconnaissance des jugements en matière civile et commerciale se fait par application du règlement 1215/2012 du 12 décembre 2012 concernant la compétence judiciaire, la reconnaissance et l'exécution des décisions en matière civile et commerciale (dit « Bruxelles I bis »). D'autre part, à l'instar du règlement Bruxelles I bis, la Convention exclut de son champ d'application l'état et la capacité des personnes physiques, les obligations alimentaires, les autres matières du droit de la famille, y compris les régimes matrimoniaux et les autres droits ou obligations découlant du mariage ou de relations similaires, les testaments et les successions.

CONTRÔLE DES JUGEMENTS ÉTRANGERS

67240 Qu'il intervienne au stade de la reconnaissance ou de l'exécution, ce contrôle est limité à certains aspects du jugement. Le juge ne peut pas réviser au fond la décision étrangère, c'est-à-dire qu'il n'est pas habilité à rejuger l'affaire comme un juge d'appel. Trois **éléments** sont **contrôlés** : la compétence indirecte du juge étranger, l'absence de fraude et la conformité à l'ordre public international (Cass. 1e civ. 20-2-2007 nº 05-14.082, Cornelissen : Rev. crit. DIP 2007 p. 420 note B. Ancel et H. Muir-Watt).

Un jugement étranger peut être reconnu partiellement (et faire l'objet d'un exequatur partiel) si le **jugement présente un caractère divisible** ; il faut toutefois que la partie qui s'en prévaut invoque ce caractère divisible, à défaut de quoi la décision ne sera pas reconnue dans son intégralité (Cass. 1e civ. 16-12-2015 nº 14-28.296 F-PB : Bull. civ. I nº 612, BPAT 1/16 inf. 8).

67245 **Compétence indirecte du juge étranger** La compétence indirecte du juge étranger est fondée sur le **rattachement du litige** au juge étranger, c'est-à-dire sur l'existence d'un lien caractérisé entre celui-ci et l'affaire jugée (Cass. 1e civ. 6-2-1985 nº 83-11.241, Simitch : Rev. crit. DIP 1985 p. 369 chron. Francescakis).

Cette compétence est admise de façon plutôt libérale par les tribunaux. Cependant, le jugement ne sera pas reconnu s'il existe une **compétence exclusive d'un tribunal français** pour connaître de l'affaire (ce qui serait le cas, par exemple, du jugement visant à modifier une inscription sur des registres publics). Est également considérée comme exclusive la compétence des tribunaux français pour les questions relatives à un immeuble situé en France (Cass. 1e civ. QPC 11-4-2018 nº 17-21.869 F-PB, confirmant implicitement la solution). On relèvera à cet égard que le privilège de juridiction de l'article 15 du Code civil n'est plus considéré comme attribuant compétence exclusive aux tribunaux français lorsqu'un Français est défendeur (en l'absence de convention internationale ou de réglementation européenne). Désormais, la compétence établie par l'article 15 est facultative et ne peut pas empêcher la reconnaissance d'un jugement étranger (Cass. 1e civ. 23-5-2006 nº 04-12.777, Prieur : Rev. crit. DIP 2006 p. 870 note H. Gaudemet-Tallon). Il en va de même du privilège de juridiction de l'article 14 du Code civil, tant en cas de litispendance internationale (Cass. 1e civ. 22-5-2007 nº 04-14.716, Fercométal : Bull. civ. I nº 195, Rev. crit. DIP 2007 p. 610 note H. Gaudemet-Tallon) ou de connexité internationale (Cass. soc. 5-12-2018 nº 17-19.820 F-PB : Rev. crit. DIP 2019 p. 816 note D. B.) qu'au stade de la reconnaissance du jugement étranger invoqué de manière incidente au cours d'une procédure (Cass. 1e civ. 16-12-2009 nº 08-20.305 : Bull. civ. I nº 251, BPAT 1/10 inf. 23).

67250 **Absence de fraude** Dans la mesure où la loi appliquée par le juge étranger n'est pas contrôlée, l'absence de fraude ne devrait concerner que la **fraude au jugement** (en ce sens, P. Mayer, V. Heuzé et B. Remy, Droit international privé, LGDJ, 12e éd., 2019, nº 406).

Initialement, la jurisprudence visait la **fraude à la loi** (Cass. 1e civ. 20-2-2007 nº 05-14.082, Cornelissen : Bull. civ. I nº 68). Cette précision a disparu par la suite (Cass. 1e civ. 30-1-2013 nº 11-10.588, Gazprombank : Bull. civ. I nº 9 ; voir toutefois un arrêt non publié récent y faisant référence : Cass. 1e civ. 3-10-2019 nº 18-21.843 F-D), à juste titre nous semble-t-il.

La fraude au jugement réside dans l'obtention d'un jugement à l'étranger apparemment régulier uniquement en vue de lui faire produire des effets en France, alors qu'un tel jugement ne pourrait être obtenu en France (en ce sens, P. Mayer, V. Heuzé et B. Remy, Droit international privé, LGDJ, 12e éd., 2019, no 410). Une décision récente adopte une définition restrictive de la fraude, estimant qu'il n'y a pas de fraude dans le simple fait d'obtenir un jugement à l'étranger pour l'invoquer ensuite en France si le litige présente des liens caractérisés avec le pays dans lequel il est obtenu et que le demandeur n'a pas saisi la juridiction étrangère pour faire échec à une décision ou à une procédure engagée en France (Cass. 1e civ. 4-5-2017 no 16-13.645 FS-PB : D. 2017 p. 1283 note D. Sindres, où le lien était caractérisé du fait de la double nationalité franco-israélienne du demandeur).

Conformité à l'ordre public international Enfin, la conformité à l'ordre public international comprend deux composantes : l'**ordre public international de fond,** dont le contenu est le même qu'en matière de conflits de lois (P. Mayer, V. Heuzé et B. Remy, Droit international privé, LGDJ, 12e éd., 2019, no 396 ; voir no 67485) et l'**ordre public international de procédure,** qui vise principalement le respect des droits de la défense et certaines exigences du droit à un procès équitable (CEDH 20-7-2001, Pellegrini : Rev. crit. DIP 2004 p. 106 note Christians). L'existence d'un jugement français sur le fond fait obstacle à la reconnaissance et à l'exécution en France d'une décision judiciaire rendue à l'étranger incompatible avec lui, dès lors qu'il est doté de l'autorité de la chose jugée à la date de l'introduction de l'instance en exequatur, peu important qu'il ne soit pas encore passé en force de chose jugée (Cass. 1e civ. 9-6-2021 no 19-25.534 F-D, rattachant ce motif de refus à l'ordre public international). 67255

SECTION 2

CONFLITS DE LOIS

A. Définition de la règle de conflit de lois

OBJET ET SOURCES DES RÈGLES DE CONFLIT DE LOIS

Dès lors qu'une situation présente un élément d'extranéité, **plusieurs lois ont vocation à s'appliquer.** Prenons l'exemple d'une Française ayant épousé un Italien à Rome ; les époux se sont installés à Marseille après le mariage et y ont vécu 20 ans. Le patrimoine du couple comprend des biens situés tant en Italie qu'en France. Aujourd'hui, l'époux décède. Deux lois sont susceptibles d'intervenir pour la liquidation de la succession : la loi française et la loi italienne. Or on ne peut pas appliquer toutes les lois à la fois à une même question de droit. Il convient de départager les lois en conflit. 67360

La règle de conflit de lois a pour objet de **déterminer la loi applicable** à une situation juridique présentant un élément d'extranéité. Elle ne donne pas la solution du problème mais uniquement la loi à appliquer pour y parvenir.

Les règles de conflit de lois trouvent leurs sources dans le **droit européen,** le **droit international,** le **droit interne** (notamment le Code civil) et la **jurisprudence** (sur l'importance désormais prépondérante des sources européennes et internationales, voir no 67005). Concernant l'articulation de ces différentes sources, on se contentera ici de signaler la supériorité de principe du Traité sur la loi interne (Constitution du 4-10-1958 art. 55 ; Cass. mixte 24-5-1975 no 73-13.556, Sté Cafés Jacques Vabre : Bull. ch. mixte no 4).

STRUCTURE DES RÈGLES DE CONFLIT DE LOIS

La plupart des **règles** de conflit de lois sont dites « **bilatérales** » et comprennent deux éléments : 67365

– la catégorie de rattachement, c'est-à-dire l'identification du problème posé. Les différentes catégories de rattachement existantes correspondent aux grandes subdivisions du droit civil (état et capacité des personnes, contrats, faits juridiques, etc.) ;

– le facteur de rattachement (par exemple, la nationalité), qui conduit à la désignation de la loi applicable (dans le même exemple, la loi de la nationalité). Le facteur de rattachement, en principe unique et prédéterminé, est de manière croissante remplacé par un choix ou une option. Ainsi, en matière de contrats, les parties ont le choix de la loi applicable. En matière de successions, le de cujus a désormais la possibilité de choisir sa loi nationale comme loi applicable à sa succession.

Par le biais du rattachement, la règle de conflit de lois détermine aussi bien les cas d'application de la loi nationale que de la loi étrangère.

À côté des **règles** de conflit de lois bilatérales, il en existe (mais elles sont beaucoup moins nombreuses) qui sont **unilatérales** : la règle de conflit est amputée du facteur de rattachement conduisant à l'application de la loi étrangère.

67370 Il existe enfin certaines règles, les **« lois de police »,** qui, en raison de leur impérativité particulière, s'appliquent nécessairement à la situation, quelle que soit la loi désignée par la règle de conflit, bilatérale ou unilatérale. À la différence de la règle de conflit de lois, la loi de police ne vise pas une catégorie de rattachement donnée ; il s'agit au contraire d'une approche casuistique.

Les lois de police ne s'appliqueront cependant que si la situation entretient un lien avec le pays qui les a édictées, en général de nature territoriale (Rép. Droit International Dalloz, v. Lois de police par P. Mayer, n° 3). Un juge français saisi appliquera ainsi naturellement les lois de police françaises ; il pourrait tenir compte également des lois de police étrangères, mais les exemples sont rares. Ainsi, quelle que soit la loi applicable à la succession, la loi française s'appliquera à l'attribution préférentielle d'un immeuble de la succession situé en France (n°s 69515 et 71855).

Les lois de police jouent un rôle très similaire à celui de l'ordre public international, qui est d'écarter la loi étrangère désignée par la règle de conflit de lois pour appliquer la loi française.

PRINCIPALES CATÉGORIES DE RATTACHEMENT

67375 Concernant le **statut personnel,** c'est-à-dire les règles relatives à l'état et à la capacité des personnes, la loi traditionnellement applicable est la loi nationale (C. civ. art. 3, al. 3), loi de l'État dont l'intéressé a la nationalité. Toutefois, son champ d'application se réduit sous l'effet du droit européen et international au profit du critère de la résidence habituelle.

Les immeubles, qui relèvent du **statut réel,** sont soumis à la loi du lieu de leur situation géographique (C. civ. art. 3, al. 2). La règle a été étendue aux meubles.

En principe, les **contrats** sont soumis quant à la forme à la loi locale (loi du lieu où ils sont conclus) ou à la loi qui leur est applicable au fond (Règl. 593/2008 dit « Rome I » du 17-6-2008 art. 11). Sur les questions de fond, la loi applicable est la loi choisie par les parties, dite « loi d'autonomie » (Règl. 593/2008 du 17-6-2008 art. 3). À défaut de choix, le règlement Rome I prévoit des critères de rattachement objectifs.

Les faits juridiques – les **délits** – sont quant à eux soumis en principe à la loi du lieu où le dommage est survenu.

Les règles de conflit de lois concernant le **droit patrimonial de la famille,** notamment les régimes matrimoniaux et les successions, font l'objet de développements détaillés dans les chapitres qui suivent.

B. Mise en œuvre de la règle de conflit de lois

QUALIFICATION

67425 Le **but de la qualification** est de déterminer la règle de conflit de lois applicable. Il s'agit d'analyser en termes juridiques le problème posé afin de déterminer la catégorie de rattachement dont il relève. Si l'on s'interroge sur la capacité d'une personne à conclure un contrat, est-ce un problème de capacité et d'état des personnes ou un aspect de droit des contrats ? Dans le cadre d'un règlement successoral, des parts de société civile immobilière sont-elles des meubles ou des immeubles ? Répondre à ces questions, c'est qualifier.

Difficulté supplémentaire, les catégories juridiques françaises ne correspondent pas toujours à celles des autres pays. Doit-on qualifier le problème posé selon la loi française ou selon la loi étrangère ? On parle de **conflit de qualifications.**

ILLUSTRATIONS

Une célèbre affaire opposant un Grec orthodoxe à une Française portait sur la validité de leur mariage civil célébré en France. L'époux invoquait la nullité de l'union au motif qu'il n'y avait pas eu de célébration religieuse comme l'exigeait la loi grecque. Il fallait donc déterminer la catégorie de rattachement dans laquelle rentre la **célébration, laïque ou religieuse, du mariage** : question de forme (conception de la loi française) ou question de fond, relative à l'état et à la capacité des personnes (conception de la loi grecque) ? La Cour de cassation a retenu que la qualification devait s'opérer d'après le droit français, lequel y voit une question de forme. C'est donc la loi française, loi du lieu du mariage, qui était applicable, et le mariage a été validé (Cass. 1e civ. 22-6-1955, Caraslanis : D. 1956 p. 73).

Les catégories du droit français sont entendues de façon plus souple qu'en droit interne afin de pouvoir qualifier des **institutions inconnues du droit français** : mariage polygamique, répudiation, trust, etc. Nous verrons au cours des développements qui suivent les solutions qu'y apporte le droit international privé. 67430

De manière générale, la **démarche à suivre** est d'étudier le mécanisme étranger dans son système juridique d'origine puis de le confronter avec nos propres catégories juridiques afin de retenir celle qui semble la plus adaptée.

MÉCANISME DU RENVOI

Une fois la qualification effectuée, il convient d'appliquer à la situation envisagée la règle de conflit de lois (par hypothèse, celle du juge français). Cette règle de conflit de lois va à son tour désigner la loi applicable : ce peut être la loi française ou la loi étrangère. La loi désignée est une loi substantielle, c'est-à-dire qu'elle prévoit des dispositions attribuant des droits ou des obligations à une personne. 67435

Néanmoins, les règles françaises de conflits de lois, dans un certain nombre de matières, prennent en considération la **règle de conflit de lois étrangère.** Si celle-ci prévoit un facteur de rattachement (ou une qualification) différent de celui retenu par la loi française, il en sera tenu compte. Connue sous le nom de « renvoi », cette situation aboutit à ne pas appliquer la loi étrangère, pourtant désignée par la règle de conflit de lois française ; on appliquera finalement la loi désignée par la règle de conflit étrangère, qu'il s'agisse du droit français ou d'un autre droit étranger.

Types de renvois On parle de **renvoi au premier degré** lorsque la règle de conflit de lois étrangère désignée par la règle de conflit de lois française renvoie au droit français. 67440

EXEMPLE

Un notaire niçois se voit confier par un **Anglais demeurant à Saint-Jean-Cap-Ferrat** la rédaction d'un acte de donation d'un appartement situé à Nice au profit de ses deux neveux français. S'interrogeant sur la **capacité** de son client, le notaire applique la règle de conflit de lois française, laquelle désigne la loi anglaise, loi nationale de l'intéressé. La règle de conflit de lois anglaise en matière d'état et de capacité des personnes adopte quant à elle comme facteur de rattachement le domicile de l'intéressé. Il y a donc ici renvoi de la loi anglaise au droit français.

Il y a **renvoi au second degré** lorsque la règle de conflit de lois étrangère désignée par la règle de conflit de lois française renvoie à la loi d'un pays tiers, laquelle accepte sa compétence. Si la jurisprudence paraît admettre ce type de renvoi, les exemples sont rares en pratique. 67445

Domaine du renvoi Le renvoi ne joue pas dans toutes les **matières.** Il est par exemple admis, sous certaines conditions, en matière successorale (voir nos 69510, 69660 et 69665). 67450

Le renvoi est en revanche exclu lorsque le critère de **rattachement** de la règle de conflit de lois réside dans le choix des parties (Cass. 1e civ. 11-3-1997 no 94-19.322, Mobil North Sea Ltd : Bull. civ. I no 84, concernant le droit des contrats) ou encore lorsqu'il s'agit d'un rattachement alternatif, comme pour la forme des actes.

De même, la plupart des **conventions internationales** excluent le jeu du renvoi.

PROBLÈME DU CONFLIT MOBILE

On parle de conflit mobile lorsqu'une même situation se trouve soumise à **deux lois différentes dans le temps** en raison du changement du critère de rattachement. Par exemple, une personne change de nationalité ou de résidence habituelle. Dès lors, quelle loi appliquer ? 67455

La réponse se trouve normalement dans la règle de conflit elle-même : par exemple, en matière de succession, le rattachement visé est la « dernière » résidence habituelle du défunt. Sinon, elle devra être recherchée dans l'interprétation de la règle de conflit de lois, en fonction de l'objectif poursuivi par celle-ci et de considérations générales telles que le respect des **droits acquis.** Ainsi, en matière de validité du mariage, il est logique que les conditions de forme et de fond s'apprécient au moment de sa célébration, afin de respecter les droits acquis par les époux quand bien même les éléments de rattachement auraient changé après leur mariage. S'agissant en revanche de la loi applicable aux effets du mariage (loi nationale commune ou loi du domicile commun), il faudra prendre en compte le **critère de rattachement actuel,** puisque l'objectif recherché est « l'adéquation entre la façon dont les époux doivent vivre à tout moment, et le milieu social dans lequel ils s'intègrent durablement » (P. Mayer, V. Heuzé et B. Remy, Droit international privé, LGDJ, précis Domat, 12e éd., 2019, no 261).

CAS PARTICULIER DU CONFLIT DE NATIONALITÉS

67457 Lorsque l'élément de rattachement est la loi nationale de l'individu concerné, le rattachement à la loi nationale (no 67375) soulève une difficulté particulière en cas de double nationalité.

Si l'intéressé possède **deux nationalités étrangères différentes,** on doit s'attacher à la nationalité la plus effective (Cass. 1e civ. 15-5-1974 no 72-12.196, Martinelli : Bull. civ. I no 145). S'agissant d'une question de fait, cette effectivité peut découler, par exemple, de la résidence de l'intéressé, de la langue qu'il parle, de la durée de ses séjours respectifs dans chacun des pays concernés, etc.

Si l'intéressé est **ressortissant français,** il faut normalement faire prévaloir la loi française (Cass. 1e civ. 17-6-1968, Kasapyan : Bull. civ. I no 175). Certains arrêts en matière de reconnaissance des jugements étrangers ont pu faire douter de la pérennité du principe (en particulier, Cass. 1e civ. 23-2-2011 no 10-14.760 F-PBI : BPAT 2/11 inf. 121 ; reconnaissance d'un jugement marocain dans le cadre de la convention franco-marocaine du 10 août 1981). Mais la Cour de cassation l'a très clairement réaffirmé dans un arrêt récent : « il résulte des principes généraux du droit international que, lorsqu'une personne possède la nationalité française et celle d'un État tiers, non membre de l'Union européenne, elle reste, par l'effet de sa nationalité française, soumise à la loi française que, sauf convention internationale en sens contraire, le juge français saisi doit prendre seule en considération » (Cass. 1e civ. 30-11-2022 no 21-17.043 FS-D).

La primauté de la nationalité française est par ailleurs remise en cause par le droit de l'Union européenne en ce qui concerne les personnes possédant la **nationalité française et celle d'un autre État membre.** Ainsi, en matière d'attribution du nom, il a été jugé que les principes de non-discrimination en raison de la nationalité et de libre circulation des personnes interdisent aux autorités d'un État membre de faire prévaloir leur loi nationale sur celle d'un autre État membre (CJCE 2-10-2003 aff. 148/02, Garcia Avello : D. 2004 p. 1476 note Audit, à propos d'un changement de nom d'un enfant issu d'un couple belgo-espagnol). Cette décision semble laisser en la matière un choix à l'intéressé entre ses deux lois nationales. Mais la solution retenue est éminemment critiquable et ne permet pas de dégager un principe général de solution des conflits de nationalités. Or il ne paraît pas opportun de laisser systématiquement une option aux individus binationaux. De surcroît, s'agissant d'un critère objectif de rattachement devant en principe être mis en œuvre par un juge, ce dernier doit disposer d'un critère de choix. La solution la plus logique serait, comme dans le cas d'une double nationalité étrangère, de choisir la nationalité la plus effective.

IMPÉRATIVITÉ DE LA RÈGLE DE CONFLIT

67460 L'obligation pour le **juge** de mettre en œuvre la règle de conflit de lois reposait jusqu'à présent sur la distinction entre droits disponibles et droits indisponibles.

Un arrêt récent vient quelque peu brouiller cette construction jurisprudentielle en affirmant que le juge a l'obligation, lorsque les faits dont il est saisi le justifient, de faire application des règles d'ordre public issues du droit de l'Union européenne, telle une règle de conflit de lois lorsqu'il est interdit d'y déroger, même si les parties ne les ont pas invoquées (Cass. 1e civ. 26-5-2021 no 19-15.102 FS-P). Le juge doit ainsi appliquer d'office toute **règle de conflit de lois impérative de source européenne.** Il s'agit d'un nouveau cas d'application impérative de la règle de conflit de lois, qui s'ajoute à celui existant en matière de droits indisponibles.

La règle de conflit de lois doit en effet être appliquée d'office par le juge en matière de **droits indisponibles** (Cass. 1e civ. 26-5-1999 no 97-16.684, Belaïd A. : Bull. civ. I no 174).

En matière de **droits disponibles et** sous réserve que l'on ne soit **pas en présence d'une règle de conflit de lois impérative de source européenne,** le juge conserve la faculté d'appliquer d'office la règle de conflit de lois, mais il n'y est pas obligé (Cass. 1e civ. 22-2-2017 no 15-21.828 F-D). La mise en œuvre de la règle de conflit peut, par ailleurs, être demandée par les parties (Cass. 1e civ. 26-5-1999 no 96-16.361, Société Mutuelle du Mans : Bull. civ. I no 172). Si les parties invoquent le droit étranger ou la règle de conflit de lois, le juge a l'obligation d'appliquer la règle de conflit de lois et de rechercher le droit étranger applicable (Cass. 1e civ. 19-9-2018 n° 17-21.191 F-D ; Cass. com. 30-1-2019 n° 17-16.604 F-D : RJDA 5/19 n° 335).

En présence de droits disponibles et sous réserve que l'on ne soit pas en présence d'une règle de conflit de lois impérative de source européenne, les parties peuvent également, par un « **accord procédural** », imposer au juge l'application de la loi française (Cass. 1e civ. 19-4-1988 n° 85-18.715, Roho : Bull. civ. I n° 104), quand bien même elle ne serait pas la loi applicable au litige d'après la règle de conflit (en revanche, une telle faculté n'existe pas en faveur d'une loi étrangère). Un tel accord procédural peut même résulter simplement du fait que les conclusions des deux parties invoquent le droit français (Cass. 1e civ. 6-5-1997 n° 95-15.309, Hannover International : Bull. civ. I n° 140 ; Cass. 1e civ. 10-2-2021 n° 19-17.028 FS-P : BPAT 2/21 inf. 65).

CONSEIL

Le **praticien du droit** (notaire, notamment) confronté à une situation comportant un élément d'extranéité est à notre avis tenu, notamment au titre de son devoir de conseil, de rechercher la règle de conflit de lois applicable et d'indiquer aux parties la loi ainsi désignée. Cela vaut même dans les matières où les parties ont la libre disposition de leurs droits, ce qui est notamment le cas en matière successorale (en ce sens, P. Callé : Le notaire, les actes notariés et le droit international privé, Mélanges à la mémoire de P. Courbe, Dalloz 2012, p. 75 s.).

Les parties, dûment informées par le notaire, peuvent-elles décider, dès lors qu'elles sont capables et maîtres de leurs droits, d'écarter la loi désignée en faveur de la loi française ? Si la jurisprudence ne prévoit un tel accord qu'en présence d'un juge (c'est l'accord procédural visé plus haut), certains auteurs l'admettent aussi devant un notaire (Dalloz action Droit patrimonial de la famille 2022/2023, dir. M. Grimaldi, v. Droit commun : successions ouvertes avant le 17 août 2015 par M. Goré et R. de Gourcy, n° 731.101). D'autres considèrent qu'un tel choix n'est valable que dans la mesure où les parties pouvaient initialement choisir la loi applicable à la situation (P. Callé, précité). À notre sens, la solution ne peut reposer sur la transposition d'une règle procédurale mais doit être donnée par la règle de conflit de lois elle-même. En tout état de cause, le notaire doit être prudent et rappeler aux parties qu'un tel accord n'est pas opposable aux tiers (en ce sens, S. Godechot-Patris, L'évolution de l'office du juge : quelles conséquences pour la pratique notariale ? : SNH 34/21 inf. 13 n° 17).

ÉTABLISSEMENT DU CONTENU DE LA LOI ÉTRANGÈRE

Si la règle de conflit de lois conduit à l'application de la loi étrangère, encore faut-il en connaître le contenu. Plusieurs moyens existent pour déterminer ce contenu. **67465**

Cadre contentieux Lors d'un procès, « il incombe au juge français qui reconnaît applicable un droit étranger, d'en rechercher, soit d'office soit à la demande d'une partie qui l'invoque, la teneur, avec le concours des parties et personnellement s'il y a lieu, et de donner à la question litigieuse une solution conforme au droit positif étranger » (Cass. com. 28-6-2005 n° 02-14.686, Itraco : Bull. civ. IV n° 138 ; Cass. 1e civ. 28-6-2005 n° 00-15.734, Aubin : Bull. civ. I n° 289). Il n'y a pas lieu de distinguer selon le caractère disponible ou indisponible des droits en cause. L'établissement du contenu de la loi étrangère est donc une **obligation** qui incombe au juge, ce dernier pouvant toutefois solliciter le concours des parties à cet effet. **67470**

La Cour de cassation, par le biais d'un contrôle de la motivation, vérifie que les juges du fond se sont livrés à cette recherche, notamment en précisant les dispositions du droit étranger applicables (Cass. 1e civ. 7-10-2015 n° 14-20.144 F-D). Jugé dans cette affaire que la cour d'appel ne pouvait écarter un certificat de coutume établi par un avocat anglais sans préciser les règles de droit anglais applicables.

En pratique, le moyen le plus connu et le plus utilisé pour déterminer le contenu de la loi étrangère est le **certificat de coutume.** Il s'agit d'un document rédigé en français (ou, le cas échéant, traduit en français) par un juriste ou un service officiel (par exemple, un consul) du pays concerné et qui atteste l'existence et la teneur de la loi étrangère. **67475**

Le juge est libre d'apprécier la pertinence des informations reçues et a le droit de recourir à **tous autres moyens** à sa disposition afin d'établir le contenu du droit étranger recherché (consultation, expertise, connaissance personnelle de la législation étrangère, etc.). En cas d'impossibilité d'obtenir la preuve du contenu de la loi étrangère (pays désorganisé politiquement, par exemple), le juge se tournera alors vers la loi française qui conserve toujours une vocation subsidiaire à s'appliquer, y compris en matière de droits indisponibles (Cass. 1e civ. 21-11-2006 n° 05-22.002, Enfant Mikhaïl : Bull. civ. I n° 500, à propos de l'impossibilité de prouver le contenu de la loi biélorusse sur la filiation) ; il ne peut se contenter de rejeter la demande de la partie fondée sur la loi étrangère. En outre, « l'impossibilité doit être spécialement motivée et fait l'objet d'un contrôle de la Cour de cassation » : les juges du fond doivent « démontrer qu'ils ont pris des initiatives pour établir le contenu de la loi étrangère et vaincre l'inertie des plaideurs » (M. Farge, Preuve de la loi étrangère : à l'impossible le juge n'est pas tenu : Dr. famille, Juin 2007, comm. 135). Ils ne peuvent se borner à constater que les traductions du droit étranger produites par les parties se contredisent et rendent impossible une connaissance précise des dispositions étrangères en cause (Cass. com. 24-6-2014 n° 10-27.648 : Bull. civ. IV n° 112).

La Cour de cassation ne contrôle pas en principe l'interprétation du droit étranger par les juridictions du fond, sous réserve de dénaturation (Cass. 1e civ. 21-11-1961, Montefiore : Bull. civ. I n° 542).

> **Précisions** **a.** La **convention du Conseil de l'Europe du 7 juin 1968** a mis en place un mécanisme gratuit d'information, passant par les chancelleries, sur le droit des pays signataires. En France, l'organe compétent pour recevoir les demandes de renseignements de l'étranger et inversement transmettre celles d'origine nationale est le bureau du droit européen et international auprès du ministère de la justice. Malheureusement, à ce jour, ce mécanisme n'est ouvert qu'aux magistrats et n'est que peu utilisé par ceux-ci.

b. À l'occasion de leur 101e congrès, les notaires de France ont proposé la création, au sein de l'Union européenne, d'un **certificat de coutume européen** qui pourrait librement circuler et être produit sans aucune formalité de reconnaissance au sein des pays membres (J.-F. Sagaut, Le délicat problème de l'accès à la connaissance du droit étranger : JCP N 2006 n° 1277 ; 101e Congrès des notaires de France : Les familles sans frontières en Europe ACNF 2005, travaux de la 3e commission : La dynamique communautaire à la rencontre des familles).

67480 **Hors cadre contentieux** Le praticien qui constate qu'une loi étrangère est applicable à l'acte qu'il dresse doit également se livrer à la recherche de son contenu au titre de son **devoir de conseil** (P. Callé : Le notaire, les actes notariés et le droit international privé, Mélanges à la mémoire de P. Courbe, Dalloz 2012, p. 75 s.). Selon cet auteur, il faut distinguer selon que le notaire intervient « en amont » (rédaction d'un contrat de mariage, d'un testament ou d'une donation) ou « en aval » (liquidation d'un régime matrimonial ou d'une succession). Dans le premier cas, s'il constate qu'un ou plusieurs droits étrangers sont potentiellement applicables, son devoir de conseil devrait se limiter à indiquer aux parties de consulter un juriste local. Dans le second, sauf lorsque l'accord des parties pour appliquer le droit français est possible (n° 67460), il doit rechercher le contenu du droit étranger. Il devrait alors lui aussi pouvoir appliquer le droit français s'il lui est impossible de connaître le contenu du droit étranger ou si le coût de la recherche est disproportionné au regard de l'enjeu (P. Callé, précité). Il nous semble alors de bonne pratique d'exposer dans l'acte les difficultés à l'origine de cette impossibilité et qui justifient l'application subsidiaire de la loi française. Le praticien devrait ainsi prouver qu'il n'a pas manqué à son devoir de conseil, en particulier si l'impossibilité d'établir le contenu du droit étranger a disparu au jour où un litige survient sur l'acte qu'il a établi et que le juge français saisi se trouve en mesure d'appliquer la loi étrangère.

> **Précisions** Les **notaires** ont à leur disposition la documentation de droit comparé des **Cridon.** Celle-ci étant le plus souvent très complète, le notaire a peut-être intérêt à préférer ce moyen de recherche au certificat de coutume, dont le coût n'est généralement pas négligeable (M. Revillard, Droit international privé et européen : pratique notariale, Lextenso, 10e éd., 2022, n° 28).

OBSTACLES À L'APPLICATION DE LA LOI ÉTRANGÈRE

67485 **Exception d'ordre public international** Cette exception a pour effet d'écarter la loi étrangère désignée par la règle de conflit de lois lorsque son application conduirait à une solution incompatible avec nos **conceptions juridiques ou sociales fondamentales** : interdiction des discriminations en raison du sexe, de l'appartenance religieuse ou de l'origine, principe de monogamie, protection de la propriété privée, etc. Ainsi, des époux ne pourraient faire célébrer en France un mariage polygamique alors même que le pays de leur nationalité commune l'autorise.

L'ordre public a parfois un **effet atténué** dans le sens où une situation valablement constituée à l'étranger peut produire ses effets en France alors qu'elle n'aurait pu s'y créer, étant contraire à l'ordre public français. Dans le cas d'un mariage polygamique, si ce dernier a été valablement célébré dans un pays étranger qui le prévoit, il pourrait produire certains de ses effets en France, mais il n'est pas certain que cette solution sera maintenue (n° 69675). L'ordre public est une notion évolutive : le principe de l'**actualité de l'ordre public** impose au juge de statuer en fonction de la conception de l'ordre public existant au moment où il se prononce et non au moment où les faits qui lui sont soumis se sont produits.

67490 **Fraude à la loi** La fraude à la loi consiste à utiliser volontairement une règle de conflit de lois en modifiant un élément de rattachement à seule fin d'éluder l'application de la **loi normalement compétente.** C'est la célèbre affaire de la princesse de Bauffremont, de nationalité française, qui s'était fait naturaliser allemande dans le seul but de pouvoir divorcer (la loi française de l'époque le lui interdisait) et se remarier ensuite avec le prince roumain Bibesco (Cass. civ. 18-3-1878 : S. 1878 I p. 193).

S'agissant de la **sanction,** la fraude à la loi entraîne l'inopposabilité des actes frauduleux. Dans le cas de la princesse de Bauffremont, son divorce et son remariage ne pouvaient avoir aucun effet en France.

Difficultés d'application La loi étrangère sera écartée en cas de **défaillance,** soit parce qu'elle ne peut pas être désignée (critère de rattachement inutilisable, par exemple), soit parce que son contenu est impossible à établir (n° 67475). **67495**

Elle peut être également évincée pour des **raisons techniques ou pratiques,** notamment en cas d'urgence ou lorsqu'elle prévoit l'intervention d'une autorité administrative ou religieuse qui n'existe pas en France ou ne possède pas les mêmes attributions.

CHAPITRE 2

SOURCES EUROPÉENNES ET NATIONALES

SOMMAIRE

PLURALITÉ DE SOURCES

Le droit international privé des successions est en principe déterminé par le **règlement UE 650/2012 du 4 juillet 2012** relatif à la compétence, la loi applicable, la reconnaissance et l'exécution des décisions, et l'acceptation et l'exécution des actes authentiques en matière de successions et à la création d'un certificat successoral européen, dit « règlement Successions » (JOUE 2012 L 201 p. 107). **68000**

L'approche retenue est celle de l'application d'une loi unique à la succession. Néanmoins, le droit international privé français de source jurisprudentielle, applicable avant l'entrée en application du règlement, demeure applicable aux successions ouvertes avant celle-ci. La liquidation d'une succession étant susceptible de durer de nombreuses années, il est encore utile de le présenter, d'autant que les solutions retenues dans certains domaines (ordre public, articulation avec les catégories voisines) conservent en grande partie leur actualité.

Le **droit international privé français,** au contraire du règlement Successions, refuse d'appréhender la succession internationale comme un tout. Tant au regard de la compétence juridictionnelle que de la loi applicable, il est nécessaire de distinguer entre succession mobilière et succession immobilière, ce qui conduit au règlement non pas d'une succession, mais de plusieurs masses successorales distinctes réparties dans plusieurs pays. L'unité du règlement successoral ne peut donc être assurée qu'imparfaitement. **68005**

Il existe par ailleurs plusieurs **conventions de La Haye** sur les successions internationales : la convention du 5 octobre 1961 sur la forme des testaments, dont l'application est réservée par le règlement Successions, la convention du 2 octobre 1973 sur l'administration internationale des successions et celle, plus importante, du 1er août 1989 sur la loi applicable aux successions à cause de mort. La France n'a ratifié que la convention de La Haye du 5 octobre 1961 sur la forme des testaments. Le règlement européen reprend cependant un certain nombre de solutions posées par la convention du 1er août 1989. **68010**

La France a également ratifié la **convention de Washington** du 26 octobre 1973 portant loi uniforme sur la forme d'un testament international et la **convention de Bâle** du 16 mai 1972 relative à l'établissement d'un système d'inscription des testaments.

Sur l'articulation des conventions internationales avec le règlement, voir nos 69900 et 69915.

CHAMP D'APPLICATION DU RÈGLEMENT SUCCESSIONS

Le règlement est applicable aux successions ouvertes depuis le **17 août 2015,** c'est-à-dire lorsque le décès est intervenu à cette date ou ultérieurement (Règl. 650/2012 du 4-7-2012 art. 83, 1). Certaines de ses dispositions étaient susceptibles d'être appliquées avant même son entrée en vigueur (nos 69465 et 69840). **68015**

Le champ d'application **spatial** du règlement n'est pas assorti de limites particulières et se confond dès lors avec les critères de compétence des tribunaux (ou de reconnaissance des décisions et des actes authentiques). Néanmoins, le règlement ne s'applique pas en Irlande et au Danemark. Le règlement ne s'applique pas non plus aux situations purement internes mais uniquement à celles ayant un caractère transfrontière en raison de la localisation d'un élément relatif à la succession dans un État différent de celui de la dernière résidence habituelle du défunt (CJUE 16-7-2020 aff. 80/19 : BPAT 5/20 inf. 152). Cela sera le cas lorsque la succession comprend des biens situés dans plusieurs États membres et, en particulier, dans un État différent de celui de la dernière résidence du défunt (CJUE 21-6-2018 aff. 20/17, Oberlé : BPAT 4/18 inf. 158). Cela sera aussi le cas lorsque le défunt, ressortissant d'un État membre, résidait dans un autre État membre à la date de son décès, mais n'avait pas rompu ses liens avec le premier de ces États membres, dans lequel se trouvent les biens composant sa succession, tandis que ses successibles ont leur résidence dans ces deux États membres (CJUE 16-7-2020 aff. 80/19 précité). Si l'ensemble des biens de la succession est localisé dans un État membre où résident également les héritiers, mais que le défunt était de nationalité étrangère, doit-on considérer la succession comme ayant une incidence transfrontière ? Il nous semble que oui.

S'agissant du champ d'application **matériel,** le règlement couvre les « successions à cause de mort » définies comme toute forme de transfert de biens, de droits et d'obligations à cause de mort, qu'il s'agisse d'un acte volontaire de transfert en vertu d'une disposition à cause de mort ou d'un transfert dans le cadre d'une succession ab intestat (Règl. 650/2012 du 4-7-2012 art. 3, 1-a). Un certain nombre de matières sont toutefois exclues, notamment les questions fiscales, l'état des personnes, les relations de famille au sens large (c'est-à-dire y compris les partenariats enregistrés), la capacité (sous réserve de certaines exceptions limitées), les questions relatives à l'absence, les régimes matrimoniaux (et le régime des biens des partenaires), les obligations alimentaires autres que celles résultant du décès et la validité quant à la forme des dispositions à cause de mort formulées oralement.

Sont également exclus les libéralités et les transferts de biens autrement que par succession, tels que la tontine ou l'assurance-vie. Ces exclusions sont cependant relatives, en ce sens que le rôle de la loi successorale est réservé pour le rapport et la réduction de ces libéralités ou autres transferts assimilés par la loi successorale à une libéralité. Il doit en aller de même pour les trusts (bien que le texte ne le précise pas) dont la constitution, le fonctionnement et la dissolution sont exclus du champ d'application du règlement.

68020 **Droits réels et publicité foncière** Le règlement exclut de son champ d'application les questions relatives à la nature des droits réels et à la publicité foncière (Règl. 650/2012 du 4-7-2012 art. 1). Ces exclusions sont toutefois à interpréter de façon restrictive.

S'agissant des droits réels, seule la **définition de la nature des droits réels** est exclue du champ d'application du règlement : les **modalités de transfert d'un droit réel** par l'effet de la succession rentrent dans le champ d'application du règlement (et de la loi successorale) et le fait que la loi de l'État de situation du bien ignore ces modalités de transfert est sans incidence sur la validité de ce transfert par l'effet de la loi successorale (CJUE 12-10-2017 aff. 218/16 Aleksandra Kubicka). Dans cette affaire, la Cour s'oppose au refus de la reconnaissance, par une autorité d'un État membre, des effets réels du legs « par revendication » (c'est-à-dire avec effet réel direct à la date d'ouverture de la succession) connu par le droit applicable à la succession. Le refus reposait sur le motif que ce legs portait sur le droit de propriété d'un immeuble situé dans cet État membre, dont la législation ne connaît pas l'institution du legs « par revendication ».

68025 Le règlement est ambigu sur les questions de publicité foncière. Son préambule précise que c'est « la loi de l'État membre dans lequel le registre est tenu (pour les biens immeubles, la lex rei sitae) qui devrait définir les conditions légales et les modalités de l'inscription, et déterminer quelles sont les autorités, telles que les responsables des cadastres ou les notaires, chargées de vérifier que toutes les exigences sont respectées et que les documents présentés ou établis sont suffisants ou contiennent les informations nécessaires » (Règl. 650/2012 du 4-7-2012 considérant 18). Le **caractère obligatoire ou non de la publicité foncière et** les **sanctions attachées à la non-publicité** seront ainsi déterminés par la loi de chaque État membre (P. Lagarde, Les principes de base du nouveau règlement européen sur les successions : Rev. crit. DIP 2012 p. 691).

Toutefois, le même considérant précise qu'« afin d'éviter la duplication des documents, les autorités chargées de l'inscription devraient accepter les documents rédigés par les autorités compétentes d'un autre État membre, dont la circulation est prévue par le présent règlement. En particulier, le certificat successoral européen délivré en vertu du présent règlement devrait constituer un **document valable pour l'inscription de biens successoraux** dans le registre d'un État membre. Cela ne devrait pas empêcher les autorités chargées de l'inscription de solliciter de la personne qui demande l'inscription de fournir les informations supplémentaires ou présenter les documents complémentaires exigés en vertu du droit de l'État membre dans lequel le registre est tenu, par exemple les informations ou les documents concernant le paiement d'impôts ». Il faut en déduire que le règlement oblige les États membres à accepter l'utilisation du certificat successoral européen aux fins de publicité foncière dès lors qu'il contient les indications demandées par la loi locale (ou que les éventuelles indications supplémentaires ne figurant pas dans le certificat sont fournies par la personne demandant l'inscription ; voir nº 72455).

En outre, le fait que les modalités du transfert d'un droit réel par l'effet de la loi successorale soient inconnues de l'État dans lequel la publicité foncière doit être effectuée ne peut être un **motif pour refuser** cette **publicité** (CJUE 12-10-2017 aff. 218/16 Aleksandra Kubicka).

Capacité Le sort de la capacité est assez peu clair dans le règlement. Elle est normalement exclue de son champ d'application (nº 68015). Elle sera donc soumise à la loi de l'État dont l'intéressé possède la **nationalité** (C. civ. art. 3, al. 3 ; en cas de double nationalité, voir nº 67457). Le renvoi est admis. Il pourra jouer notamment en faveur de la loi du domicile de la personne (Cass. 1e civ. 21-9-2005 nº 04-10.217 : Bull. civ. I nº 336). 68030

Un tempérament est cependant prévu pour les tiers qui, se conformant à la loi française, ignoreraient l'état d'incapacité de la personne avec laquelle ils traitent résultant de l'application d'une loi étrangère : ceux-ci peuvent prouver que leur **ignorance** est **excusable** s'ils ont agi sans imprudence ni légèreté et s'ils sont de bonne foi (Cass. req. 16-1-1861, Lizardi : DP 1861 I p. 193, S. 1861 I p. 305 note Massé). La règle est légèrement différente en matière de contrat (nº 69977).

De manière générale, la loi nationale devrait régir les questions relatives à l'**incapacité générale d'exercice,** c'est-à-dire : 68035

– les sources des incapacités (par exemple, la minorité, l'altération des facultés mentales) ;
– le type d'acte que l'incapable peut accomplir (hors tout régime de protection) ;
– la nature de la sanction (nullité, réduction, etc.) ;
– les délais de prescription applicables aux actes passés par l'incapable en violation des règles relatives à l'incapacité.

Elle régit également « l'**incapacité naturelle** », c'est-à-dire les actes passés sous l'empire d'un trouble mental (C. civ. art. 414-1 s. en droit français), alors qu'aucune mesure de protection n'avait été prise à l'égard de la personne concernée (Cass. 1e civ. 25-6-1957, Époux Silvia : Bull. civ. I nº 298, Rev. crit. DIP 1957 p. 680 note H. Batiffol).

La question du **régime de protection** est distincte de celle de l'incapacité proprement dite. Cette distinction est d'importance secondaire lorsque le droit international privé commun français est applicable. En effet, celui-ci désigne pour les deux questions la loi nationale. Mais cela ne concerne, aujourd'hui, que des hypothèses marginales. 68040

Lorsque les conventions de La Haye des 19 octobre 1996 (enfants) ou 13 janvier 2000 (adultes) sont applicables, la loi désignée pour le régime de protection est celle de l'autorité saisie (soit en principe celle de la résidence habituelle) et non la loi nationale. Or, incapacité et protection sont intimement liées puisque le prononcé d'une mesure de protection nécessite, en règle générale, la constatation préalable de l'incapacité. À quelle loi faut-il soumettre la question préalable de l'incapacité lorsqu'un juge est saisi d'une demande de protection en vertu de l'une de ces conventions ? Le fait qu'une mesure de protection doive être prise absorbe-t-il la question préalable de l'incapacité, auquel cas celle-ci serait soumise, comme la mesure de protection, à la loi de l'autorité saisie (soit en principe celle de la résidence habituelle) ? La détermination du champ résiduel laissé à la loi nationale ne se fait donc pas sans difficulté et les solutions sont incertaines.

S'agissant des **enfants,** la convention de La Haye du 19 octobre 1996 indique qu'elle s'applique aux enfants de moins de 18 ans. Cela ne signifie pas qu'elle tranche par une règle matérielle la question de l'âge de la majorité pour les États signataires ; il s'agit simplement d'une manière de déterminer son champ d'application. Elle s'appliquera aux enfants jusqu'à cet âge même s'ils sont majeurs selon la loi applicable ou émancipés (voir P. Lagarde : Rapport explicatif sur la Convention-Protection des enfants de 1996, p. 544 nº 16 : hcch.net). La question de l'émancipation est d'ailleurs exclue du domaine de la Convention et reste donc soumise à la loi nationale (Conv. La Haye du 19-10-1996 art. 4, § d). Reste que la question préalable de l'incapacité n'est pas exclue expressément du champ d'application de la convention de La Haye du 19 octobre 1996 (voir P. Lagarde, précité, p. 548 nº 30). Doit-on en déduire qu'elle est soumise à la loi de l'autorité saisie ? Plusieurs interprétations sont possibles (Rép. droit international Dalloz, v. Capacité par E. Gallant, nºs 20 s.). Selon le rapport explicatif, l'absence d'exclusion expresse ne signifie pas que la question préalable de l'incapacité est incluse dans le domaine de la Convention. Si un juge est saisi en vertu de la Convention, la question préalable de la capacité sera tranchée par celui-ci selon la loi désignée par sa règle de conflit de lois (P. Lagarde, précité, p. 548 nº 30).

C'est donc toujours en principe la loi nationale qui détermine l'âge de la majorité (Cass. 1e civ. 6-6-1990 nº 88-16.909 : Bull. civ. I nº 137). En revanche, dès lors que la minorité, et donc l'incapacité, est constatée par un juge, si celui-ci en déduit qu'une mesure de protection est nécessaire, il devrait appliquer sa propre loi à la mesure de protection (P. Lagarde, précité, nºs 18 et 30).

Pour les **adultes,** la situation est différente puisque la détermination de l'incapacité est incluse dans le champ d'application de la convention de 2000. Il ne s'agit toutefois que de la détermination de celle-ci pour prendre une mesure de protection. Autrement dit, hors de tout régime de protection, la loi nationale est encore applicable. Ce sera notamment le cas en présence d'une incapacité naturelle (nº 68035) ou, si la loi nationale le prévoit, d'une incapacité de plein droit (représentation automatique par le conjoint en cas d'altération des facultés par exemple : Rép. droit international Dalloz, v. Capacité par E. Gallant, nº 33). Enfin, la loi nationale retrouve son application lorsque la question concerne une matière exclue par la convention de la Haye normalement applicable (formation ou dissolution du mariage, contrat de mariage).

68045 Le règlement Successions inclut dans son champ d'application la « **capacité de succéder** », ce qui vise très certainement l'aptitude à succéder tenant à l'existence de la personne physique ou morale et les autres conditions de successibilité (survie, non-divorce).

Faut-il également inclure la **capacité d'opter** ? Selon un auteur, la réponse est positive dans la mesure où les conventions de La Haye du 19 octobre 1996 et du 13 janvier 2000 excluent l'ensemble de la matière successorale (P. Lagarde, Les principes de base du nouveau règlement européen sur les successions : Rev. crit. DIP 2012 p. 691). La loi désignée par ces conventions ne s'appliquerait que pour la détermination du représentant de l'enfant ou de l'adulte, lorsque la loi successorale requiert son intervention. La soumission de la capacité d'opter à la loi successorale nous paraît cependant surprenante (dans le même sens, Droit européen des successions internationales. Le règlement du 4 juillet 2012, dir. G. Khairallah et M. Revillard, éd. Defrénois 2013, v. L'option et la transmission du passif dans les successions internationales au regard du règlement européen du 4 juillet 2012 par F. Sauvage, p. 105). Elle devrait également rester soumise à la loi nationale (Rép. droit international Dalloz, v. Capacité par E. Gallant, nº 66), sauf pour la désignation éventuelle d'un représentant de la personne protégée.

Le règlement inclut par ailleurs dans son champ d'application la **capacité de prendre des dispositions à cause de mort** (nº 69860) et de les modifier ou les révoquer ainsi que les **incapacités spéciales de recevoir à cause de mort** (nº 69860) pour les soumettre à la loi applicable aux dispositions à cause de mort. Par ailleurs, la limitation des formes des dispositions testamentaires en raison de l'incapacité du disposant relève de la loi applicable à la forme des dispositions à cause de mort, régie soit par la convention de La Haye du 5 octobre 1961 pour les testaments, soit par le règlement pour les pactes successoraux (autres que les testaments conjonctifs s'ils sont mutuels) (nºs 69860 et 69910).

En revanche, la **capacité pour faire des libéralités entre vifs** ne relève pas du règlement.

CHAPITRE 3

COMPÉTENCE INTERNATIONALE

SOMMAIRE

DATE DU DÉCÈS

Le règlement Successions s'applique à la succession des personnes décédées **depuis le 17 août 2015** (Règl. 650/2012 du 4-7-2012 art. 83, 1). 68600

Dès lors, pour déterminer le corps de règles applicables à la compétence des juridictions françaises, la date de l'action en justice est indifférente, seule compte la date du décès. Une action relative à la succession d'une personne décédée **avant le 17 août 2015** (par exemple, une action en nullité du partage) devra être soumise aux règles de compétence de source française et non au règlement Successions. En revanche, toute action relative à une succession ouverte depuis le 17 août 2015 est nécessairement soumise aux règles de compétence issues du règlement européen, qui remplacent complètement les règles de source française, sans que celles-ci conservent une vocation subsidiaire.

COMPÉTENCE INTERNATIONALE DES NOTAIRES

Droit commun Les règles décrites dans le présent chapitre concernent la compétence des juridictions. La compétence internationale des notaires (c'est-à-dire la compétence des notaires pour **recevoir un acte dans une situation présentant un élément d'extranéité**) est, hors convention internationale ou texte européen, déterminée comme pour les tribunaux (nº 67125) par extension des critères de compétence interne à l'ordre international. 68605

Or, la **compétence interne des notaires** étant en principe illimitée (Loi du 25 ventôse an XI art. 3 : « Ils sont tenus de prêter leur ministère lorsqu'ils en sont requis »), il en va de même de leur compétence internationale (J.-Cl. Notarial Formulaire, Vº Acte notarié fasc. 300 par P. Callé, nºs 3, 5 et 6). Tout au plus doivent-ils s'assurer, si l'acte a vocation à être invoqué à l'étranger, « que leur intervention pourra être efficace » ; ils devraient ainsi refuser d'officier si l'acte qu'on leur demande de recevoir doit produire ses effets dans un **pays étranger où la loi réserve un monopole aux officiers publics locaux** (P. Callé, précité, nº 6).

Règlement Successions L'entrée en vigueur du règlement Successions ne remet pas en cause la compétence internationale illimitée des notaires. 68610

Les **règles de compétence figurant dans le règlement** ne lient que les « juridictions » au sens du règlement. Certes, la définition donnée par celui-ci n'exclut pas en soi la possibilité qu'un notaire, en tant que professionnel du droit, soit considéré comme une juridiction pour les besoins du règlement, lorsqu'il exerce « des fonctions juridictionnelles dans le cadre d'une succession donnée en vertu d'une délégation de pouvoirs accordée par une juridiction ». Mais le préambule précise qu'à l'inverse « le terme « juridiction » ne devrait pas viser les autorités non judiciaires d'un État membre qui, en vertu du droit national, sont habilitées à régler les successions, telles que les notaires dans la plupart des États membres, lorsque, comme c'est généralement le cas, ils n'exercent pas de fonctions juridictionnelles » (Règl. 650/2012 du 4-7-2012 considérant 20). Tel est en principe le cas des notaires français pour l'application du règlement (Droit européen des successions internationales. Le règlement du 4 juillet 2012, dir. G. Khairallah et M. Revillard, éd. Defrénois 2013, v. Les règles de compétence judiciaire dans le règlement européen sur les successions par H. Gaudemet-Tallon, p. 129). Cette analyse a été consacrée par la Cour de justice (CJUE 23-5-2019 aff. 658/17, WB : BPAT 4/19 inf. 138, décision rendue à propos d'un notaire polonais, mais transposable au notaire français ; CJUE 16-7-2020 aff. 80/19 : BPAT 5/20 inf. 152, à propos d'un notaire lituanien).

En revanche, même si le notaire n'agit pas en tant que juridiction lorsqu'il délivre un **certificat successoral européen,** sa compétence territoriale est limitée dans ce cas (nº 72415).

> **Précisions** La **définition du terme « juridiction »** donnée par le règlement est : « toute autorité judiciaire, ainsi que toute autre autorité et tout professionnel du droit compétents en matière de successions qui exercent des fonctions juridictionnelles ou agissent en vertu d'une délégation de pouvoirs d'une autorité judiciaire ou sous le contrôle d'une autorité judiciaire, pour autant que ces autres autorités et professionnels du droit offrent des garanties en ce qui concerne leur impartialité et le droit de toutes les parties à être entendues, et que les décisions qu'ils rendent en vertu du droit de l'État membre dans lequel ils exercent leurs fonctions puissent faire l'objet d'un recours devant une autorité judiciaire ou d'un contrôle par une telle autorité ; et aient une force et un effet équivalents à une décision rendue par une autorité judiciaire dans la même matière » (Règl. 650/2012 du 4-7-2012 art. 3, 2).
> Selon la Cour de justice, l'exercice de fonctions juridictionnelles implique d'avoir le pouvoir de statuer de sa propre autorité sur d'éventuels points litigieux entre les parties concernées, ce qui n'est pas le cas lorsque la compétence du professionnel en cause dépend de la seule volonté des parties (CJUE 23-5-2019 aff. 658/17 précité) ou que son rôle se limite à attester juridiquement des droits subjectifs non litigieux (CJUE 16-7-2020 aff. 80/19 précité). Les États membres ont, en vertu du règlement Successions, l'obligation de notifier à la Commission européenne l'identité des « autres autorités et professionnels du droit » exerçant des fonctions juridictionnelles. Toutefois, une autorité non judiciaire ou un professionnel du droit d'un État membre peut être qualifié de juridiction au sens du règlement s'il exerce une fonction juridictionnelle, même si l'État membre en question ne l'a pas incluse dans la liste notifiée à la Commission (CJUE 23-5-2019 aff. 658/17 précité).

A. Successions ouvertes depuis le 17 août 2015

COMPÉTENCE DE PRINCIPE

68660 Une compétence générale pour statuer sur l'ensemble de la succession est attribuée aux juridictions de l'État membre dans lequel la **résidence habituelle du défunt** était située au moment du décès (Règl. 650/2012 du 4-7-2012 art. 4).

L'attribution de compétence étant générale, il faudra consulter les **règles de procédure de chaque État membre** pour déterminer quel tribunal particulier est compétent. Si les tribunaux français sont compétents en vertu du règlement, le tribunal compétent sera celui du dernier domicile du défunt (CPC art. 45 ; C. civ. art. 720).

Le règlement européen se référant au concept de résidence habituelle tandis que le droit interne français utilise le concept de domicile, il est théoriquement possible que les tribunaux français soient reconnus globalement compétents en vertu du règlement, tandis qu'aucun tribunal français n'est compétent selon les règles du Code de procédure civile. La solution serait d'adapter le concept de dernier domicile de l'article 720 du Code civil pour l'entendre au sens de dernière résidence habituelle.

68665 **Notion de résidence habituelle** Le **texte du règlement,** à l'instar des conventions de La Haye et des autres règlements européens relatifs au droit international privé (notamment règl. 2019/1111 du 25 juin 2019 relatif à la compétence, la reconnaissance et l'exécution des décisions en matière matrimoniale et en matière de responsabilité parentale, ainsi qu'à l'enlèvement international d'enfants, dit **« règlement Bruxelles II ter »**), ne donne pas de définition de la « résidence habituelle ». Comme pour les autres règlements européens, il s'agit d'une notion autonome, c'est-à-dire qu'elle ne se définit pas par renvoi au droit de l'un des États membres.

68670 La **CJUE** s'est prononcée quant à elle à plusieurs reprises sur la définition de la résidence habituelle de l'enfant au titre du règlement Bruxelles II bis (notamment, CJCE 2-4-2009 aff. 523/07 ; CJUE 22-12-2010 aff. 497/10 ; CJUE 9-10-2014 aff. 376/14 ; CJUE 28-6-2018 aff. 512/17 ; CJUE 17-10-2018 aff. 393/18 : BPAT 6/18 inf. 234 ; le règlement Bruxelles II bis est désormais remplacé par le règlement Bruxelles II ter mais les solutions sont largement transposables). Conformément à son approche fonctionnelle, il n'est pas certain que la CJUE transpose purement et simplement cette jurisprudence au règlement Successions (CJCE 2-4-2009 précité, point 36, toujours à propos de la détermination de la résidence habituelle des enfants, mais transposable). Néanmoins, celle-ci peut donner des indications utiles sur la manière d'apprécier certaines circonstances de fait.

68675 Le **préambule du règlement** donne des indications générales. Il faut « procéder à une évaluation d'ensemble des circonstances de la vie du défunt au cours des années précédant son décès et au moment de son décès, prenant en compte tous les éléments de fait pertinents, notamment la durée et la régularité de la présence du défunt dans l'État concerné ainsi que les conditions et les raisons de cette présence », la résidence habituelle devant « révéler un lien étroit et stable avec l'État concerné » (Règl. 650/2012 du 4-7-2012 considérant 23).

Afin de caractériser l'existence d'une résidence habituelle dans un État donné, le séjour du défunt devrait avoir été d'une certaine durée pour traduire une stabilité suffisante et le distinguer d'une simple présence temporaire (CJUE 22-12-2010 aff. 497/10, rendu à propos du règlement Bruxelles II bis mais qui nous paraît transposable). Aucune durée minimale n'est cependant mentionnée dans le préambule et on ne saurait se référer exclusivement à la durée du séjour dans un pays pour déterminer s'il constituait ou non une résidence habituelle (Cass. 1e civ. 4-3-2015 nº 14-19.015 F-PB : BPAT 3/15 inf. 77, à propos de Bruxelles II bis mais transposable). Il faut dès lors admettre, comme pour le règlement Bruxelles II bis, qu'un séjour de courte durée peut suffire à fixer une nouvelle résidence habituelle, si cela est corroboré par d'autres éléments (CJUE 22-12-2010 précité ; Cass. 1e civ. 25-3-2015 nº 13-25.225 F-PB : BPAT 3/15 inf. 77 ; arrêts rendus à propos du règlement Bruxelles II bis). À l'inverse, une résidence de courte durée (cinq mois avant le décès) au Portugal, combinée avec le fait que le défunt avait conservé d'importantes attaches au lieu de sa précédente résidence en France, a conduit la Cour de cassation à estimer qu'il avait conservé sa résidence habituelle en France (Cass. 1e civ. 12-7-2023 nº 21-10.905 FS-D : BPAT 5/23 inf. 215, en l'espèce le défunt avait entrepris très tardivement d'apprendre le portugais et était toujours inscrit sur les listes électorales françaises au moment de son décès ; de plus, s'il était propriétaire, avec son épouse, d'au moins un bien immobilier au Portugal, où ils étaient officiellement domiciliés, ceux-ci détenaient toujours une maison en France ; enfin, la plupart de leurs relations amicales, ainsi que les principaux bénéficiaires du contrat d'assurance-vie, étaient domiciliés en France). Les documents administratifs ne sont pas des indices déterminants, pas plus que le domicile fiscal (A. Bonomi et P. Wautelet : Le droit européen des successions. Commentaire du Règlement (UE) nº 650/2012 du 4 juillet 2012, Bruylant 2e éd. 2016, p. 193 ; Cass. 1e civ. 30-10-2006 nº 05-17.849 F-D, à propos du droit commun français mais transposable).

Cas limites Des difficultés sont susceptibles de surgir dans plusieurs cas limites, certains étant envisagés par le préambule du règlement (Règl. 650/2012 du 4-7-2012 considérant 24). Celui des **diplomates et** des **expatriés** tout d'abord, qui « pour des raisons professionnelles ou économiques, [sont] parti[s] vivre dans un autre État pour y travailler, parfois pendant une longue période, tout en ayant conservé un lien étroit et stable avec [leur] État d'origine ». Dans ce cas, ce qui paraît déterminant est le « centre des intérêts de [la] vie familiale et sociale » du défunt (Règl. 650/2012 du 4-7-2012 considérant 24). Si celui-ci se trouvait dans l'État d'origine du défunt, on pourrait considérer que le défunt y a conservé sa résidence habituelle, en dépit d'un long séjour dans un autre pays. À l'inverse, si le défunt s'était pleinement intégré dans l'État où il résidait pour des raisons professionnelles, on devrait considérer qu'il y avait sa résidence habituelle, même s'il conservait des liens avec son État d'origine. **68680**

Le centre des intérêts de la vie familiale et sociale du défunt prend une importance prépondérante si celui-ci ne travaillait plus au moment de son décès (A. Bonomi et P. Wautelet, Le droit européen des successions. Commentaire du Règlement (UE) nº 650/2012 du 4 juillet 2012, Bruylant, 2e éd., 2016, p. 195). Il peut toutefois être difficile à déterminer s'agissant de personnes ayant passé l'essentiel de leur vie dans un pays donné (le plus souvent, celui dont elles sont ressortissantes) et qui, après leur retraite, séjournent de façon prolongée dans un autre pays, où elles ont pu acquérir un immeuble (élément en soi insuffisant à caractériser un changement de résidence habituelle : A. Bonomi et P. Wautelet, précité, p. 197). Pour constater le **transfert de la résidence habituelle** du défunt dans ce nouvel État, compte surtout la volonté de l'intéressé d'y fixer, avec l'intention de lui conférer un caractère stable, le centre permanent ou habituel de ses intérêts (CJUE 22-12-2010 aff. 497/10, rendu à propos du règlement Bruxelles II bis mais transposable). **68685**

La seule intention ou le projet de s'établir dans un pays donné ne suffiront cependant pas à caractériser le transfert de la résidence habituelle, si elle n'a pu se manifester de façon objective dans les relations avec les tiers (A. Bonomi et P. Wautelet, précité, p. 196). En revanche, le fait que le défunt vivait dans une « enclave » où ne se trouvaient que des ressortissants étrangers, et qu'il ne parlait pas la langue du pays dans lequel il passait pourtant la majorité de son temps, n'est pas nécessairement un élément déterminant pour refuser de caractériser un changement de résidence habituelle, sauf circonstances particulières (A. Bonomi et P. Wautelet, précité, p. 195). Il s'agit toutefois d'une hypothèse où, s'agissant de la loi applicable à la succession, la clause d'exception permettant d'écarter la loi de la dernière résidence habituelle devrait jouer (nº 69410).

Autre situation, si le défunt était contraint de résider de façon régulière dans le pays où il est décédé pour des raisons médicales mais qu'il avait passé l'essentiel de sa vie dans un autre pays, on peut considérer qu'il y avait gardé sa résidence habituelle (Cass. 1e civ. 7-12-2005 nº 02-15.418 FS-PBRI, rendu à propos du droit commun français mais transposable ; voir cependant, plus nuancés, A. Bonomi et P. Wautelet, précité, p. 196-197, qui admettent le changement de résidence habituelle si la personne s'est bien intégrée dans le nouveau pays, en l'absence de perspective de retour).

68690 Le préambule envisage enfin le cas où le défunt résidait de façon alternée dans plusieurs États ou voyageait constamment d'un État à un autre sans s'être installé de façon permanente dans un État. À proprement parler, il s'agit d'un cas où le **défunt a plusieurs résidences habituelles ou n'en a pas.** Or il ne peut y avoir qu'une seule résidence habituelle au sens du règlement (CJUE 16-7-2020 aff. 80/19 : BPAT 5/20 inf. 152). Dès lors, le préambule préconise d'utiliser comme « critère particulier pour l'appréciation globale de toutes les circonstances de fait » permettant la détermination de la résidence habituelle soit la nationalité du défunt (s'il était ressortissant de l'un des États concernés), soit le lieu de situation de son patrimoine (s'il avait l'ensemble de ses principaux biens dans l'un des États concernés) (Règl. 650/2012 du 4-7-2012 considérant 24).

Ces deux critères, qui ne sont normalement pas utiles pour apprécier la résidence habituelle, permettront de trancher en faveur de l'un des lieux de résidence habituelle du défunt (Cass. 1e civ. 29-5-2019 nº 18-13.383 FS-PBI : BPAT 4/19 inf. 139 ; comparer TGI Nanterre ord. 28-5-2019 nº 18/01502, concernant la succession Hallyday : D. 2019 p. 2216 chron. S. Godechot-Patris et C. Grare-Didier). Dans l'affaire soumise à la Cour de cassation, le défunt partageait sa vie entre Paris et New York ; sa nationalité américaine et la localisation de son patrimoine, ajoutées à un ensemble d'autres indices, permettent de localiser sa dernière résidence habituelle à New York.

ACCORD D'ÉLECTION DE FOR

68695 En cas de choix de la loi d'un État membre par le défunt pour régir l'ensemble de sa succession (voir nºs 69430 s.), les « parties concernées » peuvent conclure un accord de **choix de juridiction** (élection de for) par lequel elles conviennent que les juridictions de cet État membre (ou une juridiction de celui-ci en particulier) seront compétentes exclusivement pour statuer sur toute question concernant la succession (Règl. 650/2012 du 4-7-2012 art. 5, 1 modifié par rectificatif publié au JOUE 2019 L 243 p. 9 : BPAT 6/19 inf. 240).

Le texte est assez restrictif. L'élection de for est soumise à une **condition** essentielle : le défunt doit avoir fait un choix de loi pour régir l'ensemble de sa succession ; elle ne serait pas possible en cas de choix seulement partiel pour régir la recevabilité et la validité d'une disposition à cause de mort (A. Bonomi et P. Wautelet, Le droit européen des successions. Commentaire du Règlement (UE) nº 650/2012 du 4 juillet 2012, Bruylant, 2e éd., 2016, p. 204). À la différence de ce qui est prévu pour la loi applicable, le règlement ne permet pas de désigner les tribunaux d'un État tiers. Certains auteurs en déduisent qu'un tel choix est interdit, même s'il est possible en vertu de la loi d'un État membre (A. Bonomi et P. Wautelet, précité, p. 203). On rappellera que doivent être considérés comme des États tiers au sens du règlement l'Irlande et le Danemark.

68700 **Parties à l'accord** Seules les « **parties concernées** » peuvent procéder à un tel choix de juridiction, qui est en revanche interdit au défunt (lequel doit pourtant avoir choisi la loi applicable à sa succession pour rendre ce choix possible). Le règlement ne définit pas les « parties » à la succession qui doivent conclure un tel accord pour qu'il soit valable. Ainsi que le suggère le préambule, il faut admettre qu'il n'est pas nécessaire que toutes les personnes concernées par la succession soient parties à un accord d'élection de for pour que celui-ci soit valable : certaines parties à la succession pourraient conclure un accord d'élection de for sur une question spécifique, à condition que la décision de la juridiction désignée sur cette question n'affecte pas les droits des autres parties à la succession (Règl. 650/2012 du 4-7-2012 considérant 28).

68705 Les « parties concernées » devront donc être déterminées au cas par cas, en fonction de la question de droit soumise au tribunal, c'est-à-dire qu'il appartiendra à la **loi applicable à la succession** (et non à celle du tribunal saisi), telle que désignée par le règlement, d'indiquer quelles doivent être les parties. En droit français, l'action en partage est indivisible et doit être exercée contre tous les coïndivisaires (Cass. req. 21-3-1922 : DP 1923 I p. 60) donc, s'agissant d'une indivision successorale, contre tous les successeurs indivisaires. Un tel accord ne sera pas opposable aux créanciers du défunt (Rép. Droit international Dalloz, v. Règlement nº 650/2012 sur les successions par P. Lagarde, nº 62). Ils ne pourraient pas non plus y être parties, puisque leur action, qui ne repose pas sur des règles du droit successoral (sauf exception), n'est pas soumise aux règles de compétence du règlement (nº 68780).

68710 En tout état de cause, s'il s'avère que l'ensemble des parties concernées par l'objet du litige soumis à la juridiction choisie ne sont pas parties à l'accord d'élection de for, la juridiction sera néanmoins compétente en cas de **comparution volontaire des personnes non parties à l'élection de for** devant la juridiction désignée, sans contester la compétence de celle-ci, qui vaudra acceptation tacite de cette compétence (Règl. 650/2012 du 4-7-2012 art. 9, 1). Si en revanche celles-ci contestent la compétence, la juridiction devra décliner sa compétence (Règl. 650/2012 du 4-7-2012 art. 9, 2). En dehors de ce cas particulier, la comparution volontaire d'une partie sans contester la compétence n'est pas de façon générale un chef attributif de compétence au titre du règlement Successions.

L'**existence et** la **validité du consentement** à un accord d'élection de for devraient être appréciées au regard du droit de la juridiction désignée (solution donnée par l'article 25, 1 du règlement Bruxelles I bis, qui paraît transposable). 68715

Forme de l'accord En la forme, l'accord devra être conclu par **écrit,** daté et signé par les parties concernées (Règl. 650/2012 du 4-7-2012 art. 5, 1). 68720

Toute transmission par **voie électronique** qui permet de consigner durablement la convention est également considérée comme revêtant une forme écrite (Règl. 650/2012 du 4-7-2012 art. 5, 2). Dans ce dernier cas, un échange de courriers électroniques ne suffira pas, sauf s'ils sont chacun signés numériquement par les parties concernées (A. Bonomi et P. Wautelet : Le droit européen des successions. Commentaire du Règlement (UE) n° 650/2012 du 4 juillet 2012, Bruylant 2e éd. 2016, p. 206-207).

Date de l'accord Le règlement ne précise pas à quel moment cet accord doit intervenir. On doit donc en déduire que celui-ci peut intervenir à tout moment, y compris **avant l'ouverture de la succession** (A. Bonomi et P. Wautelet : Le droit européen des successions. Commentaire du Règlement (UE) n° 650/2012 du 4 juillet 2012, Bruylant 2e éd. 2016, p. 207). Sa force obligatoire sera toutefois susceptible d'être remise en cause jusqu'à l'ouverture de la succession dans la mesure où d'une part, le choix de loi pour régir sa succession peut être révoqué, ce qui rendra la clause automatiquement caduque, et d'autre part, de nouvelles « parties concernées » (héritier, légataire) par la question successorale objet de l'accord peuvent apparaître entre le moment où la clause de choix est conclue et celui du décès. 68725

Sous ces réserves, il est possible qu'un tel accord figure dans un pacte successoral, auquel cas il devra être traité comme un accord distinct de celui-ci, dont la validité devra être appréciée par rapport à l'article 5 du règlement Successions, et non par rapport aux dispositions de celui-ci régissant les pactes successoraux.

L'accord pourra également intervenir **après l'ouverture de la succession** mais avant qu'une instance soit en cours. Il pourrait aussi être conclu alors qu'une instance est déjà ouverte devant la juridiction de la résidence habituelle ou de l'État du lieu de situation des biens (Règl. 650/2012 du 4-7-2012 art. 6, b, qui peut être interprété en ce sens).

Pour un accord passé après l'ouverture de la succession, la formule suivante peut être proposée (D. Boulanger, Quelques formules adaptables à partir du règlement européen sur les successions : SNH 7/21 inf. 9 n° 13).

MODÈLE

Accord d'élection de for

Identification des héritiers et/ou légataires

(...)

Lesquels, d'une part, constatent que ... décédé le ... à... a opéré le choix de sa loi nationale pour régir l'ensemble de sa succession aux termes d'un testament ... établi (ou reçu) le ... Il s'agit de la loi d'un État membre du règlement UE 650/2012.

D'autre part, conviennent que les juridictions de cet État membre ont compétence exclusive pour statuer sur toute question relative à la succession du défunt.

Date et signature des héritiers et/ou légataires

Mise en œuvre de l'accord Dès lors que les conditions sont remplies, la juridiction de l'État de la loi choisie par le défunt sera compétente si elle est saisie par l'une des parties concernées. En cas d'un choix portant de manière générale sur les juridictions de l'État de la loi choisie, il faudra appliquer les **règles de procédure civile** de celui-ci pour déterminer le tribunal compétent. 68730

Si l'**une des parties saisit néanmoins un tribunal d'un autre État membre** qui serait normalement compétent au titre du règlement en l'absence d'accord d'élection de for (résidence habituelle ou lieu de situation des biens), celui-ci doit décliner sa compétence (Règl. 650/2012 du 4-7-2012 art. 6). Il semble que, dans ce cas, la vérification de la validité de l'accord d'élection de for incombe seulement à ce tribunal (et par voie de conséquence, celle de la validité du choix de loi pour régir la succession). Il résulte en effet des termes du règlement que la juridiction désignée par l'accord d'élection de for est automatiquement compétente si une juridiction préalablement saisie a décliné sa compétence en raison de l'existence d'un accord d'élection de for (Règl. 650/2012 du 4-7-2012 art. 7, a). La juridiction désignée, saisie après ce déclinatoire, n'aurait donc pas à vérifier à nouveau la validité de l'accord lui donnant compétence (A. Bonomi et P. Wautelet : Le droit européen des successions. Commentaire du Règlement (UE) n° 650/2012 du 4 juillet 2012, Bruylant 2e éd. 2016, p. 218).

En cas de **saisine parallèle de la juridiction désignée par l'accord et d'une autre juridiction** d'un État membre, voir n° 68805.

ACCEPTATION EXPRESSE DE COMPÉTENCE

68735 Le règlement semble envisager une autre possibilité de désigner comme compétentes les **juridictions de l'État** (ou une juridiction de celui-ci en particulier) **dont la loi a été choisie** par le défunt pour régir sa succession : en cas d'acceptation expresse par l'ensemble des parties à la procédure de la compétence de la juridiction saisie.

Il s'agit alors d'un cas distinct de celui de **l'élection de for** (A. Bonomi et P. Wautelet : Le droit européen des successions. Commentaire du Règlement (UE) n° 650/2012 du 4 juillet 2012, Bruylant 2e éd. 2016, p. 222 et 226). Cette acceptation expresse ne devrait donc pas nécessairement être soumise aux conditions de forme prévues pour l'accord d'élection de for (confirmant cette interprétation, CJUE 16-7-2020 aff. 80/19 : BPAT 5/20 inf. 152).

RENVOI AUX JURIDICTIONS DE L'ÉTAT DE LA LOI CHOISIE

68740 Lorsqu'un tribunal d'un État membre est saisi pour régler une succession (en tant que tribunal de la résidence habituelle ou du lieu de situation des biens) et que le défunt avait fait le choix de la loi d'un autre État membre, le tribunal conserve la **faculté de se dessaisir** au profit des tribunaux de l'État de la loi choisie, si l'une des parties en fait la demande. En revanche, si la loi choisie par le défunt est celle d'un État tiers, le dessaisissement en faveur des juridictions d'un État tiers n'est pas possible.

Le choix de loi conditionnant ce renvoi peut résulter de la présomption de choix de loi applicable aux dispositions à cause de mort prises avant le 17 août 2015 (CJUE 9-9-2021 aff. 422/20, RK c/ CR) ; sur cette présomption, voir n° 69845.

Le tribunal se dessaisira s'il estime que les juridictions de l'État membre dont la loi a été choisie sont mieux placées pour statuer sur la succession, compte tenu des **circonstances pratiques** de celle-ci telles que la résidence habituelle des parties et la localisation des biens (Règl. 650/2012 du 4-7-2012 art. 6, a). Pour certains auteurs, le tribunal saisi devant par hypothèse appliquer la loi nationale du défunt, donc une autre loi que la sienne, il pourrait aussi justifier son dessaisissement par des **facteurs de nature juridique** : difficulté à connaître la loi étrangère, procédures complexes imbriquées avec les règles de fond (du type probate pour les pays anglo-saxons ou administration d'office) (A. Bonomi et P. Wautelet : Le droit européen des successions. Commentaire du Règlement (UE) n° 650/2012 du 4 juillet 2012, Bruylant 2e éd. 2016, p. 215-216).

EXEMPLE

Un **Néerlandais** ayant pris sa retraite dans le sud de la France y décède. Il avait choisi la **loi néerlandaise pour régir l'ensemble de sa succession,** laquelle comporte une maison en France, un appartement et divers comptes bancaires ou valeurs mobilières à Amsterdam. Il n'a pas rédigé de testament. Ses héritiers vivent à Amsterdam. Ils pourront conclure un acte par lequel ils donnent compétence aux tribunaux néerlandais en général (ou à un tribunal d'Amsterdam en particulier) pour régler la succession. S'ils ne parviennent pas à se mettre d'accord, rien n'empêche l'un des héritiers de demander au **tribunal français saisi de la succession** en tant que tribunal de la dernière résidence habituelle du défunt de se dessaisir au profit des tribunaux néerlandais. Il faudra alors qu'il démontre que, en raison de la résidence de l'ensemble des parties à la procédure et de la localisation de l'essentiel des biens du défunt aux Pays-Bas, un tribunal néerlandais serait mieux placé pour régler la succession.

68745 Le règlement ne semble prévoir qu'une seule décision possible pour le tribunal saisi, « décliner sa compétence » c'est-à-dire se dessaisir. Il n'est pas nécessaire que la juridiction préalablement saisie ait **décliné sa compétence de manière expresse,** mais il faut que cette intention ressorte sans équivoque de la décision qu'elle a rendue à cet égard (CJUE 9-9-2021 aff. 422/20, RK c/ CR).

Ce dessaisissement rend d'ailleurs automatiquement compétentes les juridictions de l'État membre dont la loi a été choisie (Règl. 650/2012 du 4-7-2012 art. 7, a). La juridiction de l'État membre saisie à la suite d'un déclinatoire de compétence n'est pas habilitée à **contrôler si les conditions du renvoi étaient réunies** pour que la juridiction préalablement saisie puisse décliner sa compétence (CJUE 9-9-2021 aff. 422/20 précité).

Elle expose toutefois les plaideurs au risque d'inertie (des parties ou de la nouvelle juridiction). Une doctrine autorisée estime donc qu'il serait opportun, en dépit des termes du texte, de permettre à la juridiction saisie de ne prononcer qu'un **déclinatoire conditionnel,** sous réserve que les parties saisissent effectivement une juridiction de l'État de la loi choisie et que la procédure s'y poursuive dans un délai raisonnable (A. Bonomi et P. Wautelet : Le droit européen des successions. Commentaire du Règlement (UE) n° 650/2012 du 4 juillet 2012, Bruylant 2e éd. 2016, p. 216).

COMPÉTENCES SUBSIDIAIRES

Si la **résidence habituelle du défunt** se trouvait **dans un État tiers** à l'Union européenne (ou dans un État membre non partie au règlement), le règlement prévoit une compétence subsidiaire si des biens sont situés sur le territoire d'un État membre. Il peut s'agir de tous types de biens (immeubles ou meubles, corporels ou incorporels). **68750**

Les tribunaux d'un **État membre sur le territoire duquel sont situés des biens successoraux** ont **compétence pour statuer sur l'ensemble de la succession** si le défunt possédait la nationalité de cet État membre (au moment du décès). Si le défunt possédait plusieurs nationalités d'États membres, bien que le texte ne le précise pas, les parties bénéficieront d'une option entre ces États, conformément à ce que décide la jurisprudence européenne en matière de divorce international (CJCE 16-7-2009 aff. 168/08). Ne peut en revanche être prise en compte une nationalité que le défunt aurait eue par le passé mais qu'il ne possédait plus à la date de son décès, à la différence de ce qui est permis pour le choix de loi (n° 69430). Cette règle doit être appliquée d'office par la juridiction saisie dès lors qu'elle constate qu'elle n'est pas compétente au titre de la règle de compétence générale (CJUE 7-4-2022 aff. 645/20 : BPAT 3/22 inf. 135).

Si aucune juridiction d'un État membre où sont situés des biens successoraux n'est compétente au titre de la nationalité du défunt, une autre disposition donne compétence pour statuer sur l'ensemble de la succession (A. Bonomi et P. Wautelet, Le droit européen des successions. Commentaire du Règlement (UE) n° 650/2012 du 4 juillet 2012, Bruylant, 2e éd., 2016, p. 237). Cette disposition désigne les juridictions d'un État membre où se trouvent des biens successoraux si le défunt avait eu, moins de cinq ans avant la date de saisine de la juridiction, sa résidence habituelle dans cet État membre (Règl. 650/2012 du 4-7-2012 art. 10). Le texte ne donne pas nécessairement compétence à une seule juridiction européenne, si le défunt avait eu sa résidence habituelle dans plusieurs États membres dans les cinq ans précédant la saisine (en sens contraire, A. Bonomi et P. Wautelet, précité, p. 238, qui estiment que le texte vise sa résidence habituelle « immédiatement antérieure à sa dernière résidence »).

Si aucune des conditions précédentes n'est remplie, les tribunaux de l'État membre où sont situés des biens ont **compétence** mais **seulement pour statuer sur ces biens.**

> Précisions Si les **biens** sont **incorporels,** la **localisation** dans un État membre sera nécessairement fictive : comment localiser un brevet ou un droit de créance ? Une solution serait d'appliquer la loi successorale pour localiser ces biens (le renvoi au droit du juge saisi ne paraissant pas compatible avec l'objectif d'uniformisation voulu par le règlement). Une autre solution, sans doute préférable, bien que source d'incertitudes, est de laisser le soin à la Cour de justice de définir pour chaque bien les critères de localisation, en s'inspirant des critères définis dans le règlement 2015/848 du 20 mai 2015 relatif aux procédures d'insolvabilité (A. Bonomi et P. Wautelet, précité, p. 234). Par exemple, les instruments financiers dont la propriété est prouvée par une inscription dans un registre ou sur un compte tenu par un intermédiaire ou au nom d'un intermédiaire seront localisés dans l'État membre dans lequel est tenu le registre ou le compte où figure l'inscription ; pour les créances, on retiendra l'État membre sur le territoire duquel se situe le centre des intérêts principaux du tiers débiteur.

COMPÉTENCE EXCEPTIONNELLE

Une compétence exceptionnelle est prévue au profit d'un État membre présentant un lien suffisant avec la succession lorsque **aucune juridiction** d'un État membre **n'est compétente** en vertu du règlement et aucune procédure ne peut raisonnablement être introduite ou conduite, ou se révèle impossible, dans un État tiers avec lequel l'affaire a un lien étroit (Règl. 650/2012 du 4-7-2012 art. 11 ; P. Lagarde, Les principes de base du nouveau règlement européen sur les successions : Rev. crit. DIP 2012 p. 691). **68755**

Cette compétence étant subsidiaire par rapport à toutes les autres prévues par le règlement, elle ne peut jouer si le défunt avait sa résidence habituelle ou des biens sur le territoire d'un État membre. Le « lien étroit » ne pourra consister qu'en la nationalité du défunt (ou de l'un des héritiers). L'impossibilité d'introduire une action dans l'État tiers concerné peut être liée à des facteurs politiques : la guerre civile (Règl. 650/2012 du 4-7-2012 considérant 31) ou un autre conflit armé, une catastrophe naturelle ou une épidémie (A. Bonomi et P. Wautelet, Le droit européen des successions. Commentaire du Règlement (UE) n° 650/2012 du 4 juillet 2012, Bruylant, 2e éd., 2016, p. 245). On doit aussi admettre que si le demandeur est un réfugié politique ayant fui le pays en question, il n'est pas raisonnable qu'il introduise une action dans celui-ci. L'impossibilité pourrait être juridique : par exemple, si les tribunaux de l'État en question s'estiment incompétents pour statuer sur la succession (parce qu'elle concerne un ressortissant étranger) ; elle peut enfin tenir au fait qu'en pratique, en raison de la corruption de la justice étrangère, il n'est pas raisonnable d'y introduire une procédure (A. Bonomi et P. Wautelet, précité, p. 245-246).

Le tribunal se reconnaissant compétent sur ce fondement a, en vertu du règlement, une **compétence pour statuer sur l'ensemble de la succession.** Certains auteurs estiment qu'il devrait toutefois pouvoir limiter sa compétence « aux seuls biens pour lesquels l'action à l'étranger se révèle concrètement impossible » (A. Bonomi et P. Wautelet, précité, p. 247). En tout état de cause, la juridiction peut limiter sa compétence à la demande d'une partie pour les biens situés dans des États tiers (n° 68765).

PORTÉE DE LA COMPÉTENCE

68760 Sauf s'il est compétent au titre de la seule localisation de biens sur son territoire (n° 68750), le juge désigné par le règlement est en principe compétent pour statuer sur l'**ensemble des biens composant la succession** (sous réserve de ce qui est indiqué n° 68755), mobiliers ou immobiliers, et ce quelle que soit leur localisation.

Cette compétence sera nécessairement reconnue par l'ensemble des États membres liés par le règlement. S'agissant en revanche des États tiers (soit les États non membres de l'Union européenne, auxquels doivent être assimilés pour les besoins du règlement les États membres dans lesquels le texte n'est pas applicable : Irlande et Danemark), le règlement ne peut avoir aucun effet contraignant à leur égard. Leur réaction à l'égard de la procédure ouverte sur le fondement du règlement dépendra des règles de l'État tiers concerné relatives aux conflits de juridiction. Des difficultés peuvent donc survenir lorsque la masse successorale comprend des biens situés dans un État tiers. Certains États considèrent ainsi qu'ils sont exclusivement compétents pour régler les questions successorales relatives aux immeubles situés sur leur territoire (notamment, les pays anglo-saxons ; la règle est exactement la même dans le droit international privé français applicable pour les successions ouvertes avant le 17 août 2015).

68765 Afin d'anticiper ces difficultés, la **juridiction saisie** peut décider, à la demande de l'une des parties, de **ne pas statuer sur l'un ou plusieurs des biens situés dans un État tiers** si l'on peut s'attendre à ce que la décision qu'elle rendrait sur les biens en question ne soit pas reconnue ou, le cas échéant, ne soit pas déclarée exécutoire dans cet État tiers (Règl. 650/2012 du 4-7-2012 art. 12). Le texte laisse une grande marge d'appréciation au juge saisi : quand bien même le risque de non-reconnaissance de sa décision serait quasi certain, la limitation de la portée de sa décision n'est qu'une simple faculté. Il pourra toujours décider, pour des raisons d'opportunité, de statuer quand même sur ces biens.

Les **parties** peuvent également convenir de **limiter la portée de la procédure,** si un tel accord est valable en vertu du droit de l'État membre dont la juridiction est saisie. Selon un auteur, « cette condition doit être considérée comme remplie lorsque ce droit n'interdit pas une telle limitation », ce qui serait le cas du droit français (Rép. Droit international Dalloz, v. Règlement n° 650/2012 sur les successions par P. Lagarde, n° 51).

INCIDENCE DES RÈGLEMENTS RÉGIMES MATRIMONIAUX ET EPPE

68770 Applicables aux procédures engagées à compter du 29 janvier 2019 en matière de régimes matrimoniaux et d'effets patrimoniaux des partenariats enregistrés, les règlements Régimes matrimoniaux et EPPE prévoient que lorsque la **juridiction d'un État membre** est **saisie en vertu du règlement Successions** d'une question relative à la succession d'un époux ou d'un partenaire, les juridictions de cet État sont compétentes pour statuer sur les **questions de régime matrimonial ou d'effets patrimoniaux du partenariat** en relation avec cette succession (Règl. 2016/1103 du 24-6-2016 art. 4 ; Règl. 2016/1104 du 24-6-2016 art. 4).

À la lettre du texte, il ne s'agit pas nécessairement du **même tribunal** qui sera saisi des questions successorales, mais seulement des **tribunaux du même État membre** ; la compétence des tribunaux en matière de régimes matrimoniaux ou d'effets patrimoniaux des partenariats est en effet attribuée globalement aux juridictions d'un État membre (dans le même sens, N. Joubert, La dernière pierre (provisoire ?) à l'édifice du droit international privé européen en matière familiale. Les règlements du 24 juin 2016 sur les régimes matrimoniaux et les effets patrimoniaux des partenariats enregistrés : Rev. crit. DIP 2017 p. 1). Il faut espérer qu'il s'agisse d'une erreur de plume ; sinon, l'objectif de concentration des compétences clairement poursuivi par les textes ne sera pas atteint.

Par ailleurs, la **juridiction saisie pour statuer sur le régime matrimonial ou sur les effets patrimoniaux d'un partenariat enregistré** à l'occasion d'une succession relevant du règlement Successions peut **limiter sa compétence,** à la demande de l'une des parties, si la masse successorale comprend des biens situés dans un État tiers (soit un État tiers à l'Union européenne ou un État ne participant pas à la procédure de coopération renforcée ayant conduit à l'adoption des règlements). La juridiction peut ainsi décider de ne pas statuer sur un ou plusieurs de ces biens si l'on peut s'attendre à ce que la décision qu'elle rendrait sur les biens en question ne soit pas reconnue et, le cas échéant, ne soit pas déclarée exécutoire dans cet État tiers (Règl. 2016/1103 du 24-6-2016 art. 13 ; Règl. 2016/1104 du 24-6-2016 art. 13). Cette limitation de la portée de la procédure peut également résulter de l'accord des parties, si un tel accord est valable en vertu du droit de l'État membre dont la juridiction est saisie. Cette faculté de « limitation » de la procédure reprend, pour la liquidation du régime matrimonial ou des effets patrimoniaux des partenariats enregistrés, la disposition existant dans le règlement Successions à propos du règlement de la succession (n° 68765). 68775

ACTIONS SUCCESSORALES

Les règles de compétence fixées par le règlement déterminent la compétence des juridictions des États membres pour l'ensemble des étapes du règlement de la succession depuis son ouverture jusqu'au partage. La compétence s'étend à toutes les actions tirant leur fondement du **droit successoral,** soit en principe celles ne pouvant être intentées qu'après l'ouverture de la succession (A. Bonomi et P. Wautelet, Le droit européen des successions. Commentaire du Règlement (UE) n° 650/2012 du 4 juillet 2012, Bruylant, 2e éd., 2016, p. 182). 68780

L'action des créanciers du défunt contre le ou les héritiers ne devrait donc pas être considérée comme une action successorale puisqu'elle se fonde sur le **droit des obligations.** Elle doit donc être régie par les règles de compétences propres à la matière, sauf s'il s'agit de créances nées du décès, telles que les honoraires de l'exécuteur testamentaire ou le paiement des frais funéraires (A. Bonomi et P. Wautelet, précité, p. 182-183 ; en sens contraire, Rép. Droit international Dalloz, v. Règlement n° 650/2012 sur les successions par P. Lagarde, n° 62 ; Droit européen des successions internationales. Le règlement du 4 juillet 2012, dir. G. Khairallah et M. Revillard, Defrénois 2013, v. Les règles de compétence judiciaire dans le règlement européen sur les successions par H. Gaudemet-Tallon, p. 131 et 135, qui se fonde sur les règles propres au droit français).

L'hésitation est en revanche permise pour le contentieux relatif à une **transaction** mettant fin à un litige entre héritiers. Si elle ne porte que sur le règlement de questions successorales, les règles de compétence du règlement Successions devraient s'appliquer (le considérant 36 peut être interprété en ce sens). Si elle contient des stipulations qui dépassent le cadre purement successoral, le règlement Bruxelles I bis serait applicable (A. Bonomi et P. Wautelet, précité, p. 183).

Un juge d'un État membre devrait en revanche se déclarer incompétent lorsqu'il lui est demandé de prendre des mesures sur un bien situé dans un autre État (membre ou tiers) et relatives à l'enregistrement ou au transfert de ce bien dans un registre de publicité en raison de l'exclusion du champ d'application matériel du règlement des questions de **publicité foncière** (P. Lagarde, Les principes de base du nouveau règlement européen sur les successions : Rev. crit. DIP 2012 p. 691).

OPTION SUCCESSORALE

Toute personne qui a sa **résidence habituelle dans un État membre autre que celui dans lequel se trouve la juridiction compétente** pour statuer sur la succession en vertu du règlement peut faire une déclaration relative à l'acceptation ou à la renonciation à la succession ou à un legs, ou une déclaration visant à limiter sa responsabilité à l'égard des dettes de la succession (en droit français, c'est l'acceptation à concurrence de l'actif net) devant les **juridictions de l'État membre de sa résidence habituelle** (Règl. 650/2012 du 4-7-2012 art. 13). Cette option de compétence ne devrait s'appliquer que pour les déclarations faites après l'ouverture de la succession et non pour une renonciation anticipée à celle-ci (A. Bonomi et P. Wautelet : Le droit européen des successions. Commentaire du Règlement (UE) n° 650/2012 du 4 juillet 2012, Bruylant 2e éd. 2016, p. 258). 68785

Cette compétence s'ajoute à celle de la juridiction compétente pour statuer sur la succession au titre du règlement devant laquelle il est toujours possible de faire une telle déclaration. Elle suppose deux **conditions** : d'une part que la loi applicable à la succession prévoie la possibilité de faire une telle déclaration et d'autre part que la loi de la résidence habituelle de la personne faisant cette déclaration admette qu'elle soit faite devant une juridiction. Dans ce cas, la déclaration devra être faite dans les formes prévues par la loi de la résidence habituelle (Règl. 650/2012 du 4-7-2012 considérant 32). En dépit de la formulation du texte, qui ne vise que les juridictions, cette disposition n'empêche pas, si la loi de la résidence habituelle le permet, que ces déclarations soient faites devant une autorité autre qu'une juridiction, par exemple un notaire (Règl. 650/2012 du 4-7-2012 considérant 32).

Ce texte ne prévoit aucune obligation de **communication de ces déclarations** à la charge des autorités nationales. Comment dès lors la juridiction ayant compétence pour régler l'ensemble de la succession en sera-t-elle informée ? Selon le préambule du règlement, « les personnes qui choisissent de se prévaloir de la possibilité de faire une déclaration dans l'État membre de leur résidence habituelle devraient informer elles-mêmes la juridiction ou l'autorité qui est ou sera chargée de la succession de l'existence de telles déclarations dans le délai éventuellement fixé par la loi applicable à la succession » (Règl. 650/2012 du 4-7-2012 considérant 32). La Cour de justice considère qu'il appartient à la personne ayant fait une déclaration concernant la renonciation à la succession d'accomplir les démarches nécessaires pour que la juridiction compétente pour statuer sur la succession prenne connaissance de l'existence d'une déclaration valable (CJUE 2-6-2022 aff. 617/20 : BPAT 4/22 inf. 184). Elle admet cependant que la juridiction compétente puisse être informée par un autre héritier, si l'héritier renonçant ne l'a pas fait lui-même (CJUE 30-3-2023 aff. 651/21 : BPAT 3/23 inf. 127).

Toutefois, en l'absence, dans le délai imparti par la loi applicable à la succession, d'accomplissement de ces démarches, la validité d'une telle déclaration ne saurait être remise en cause pour autant que la juridiction ait pris connaissance de l'existence de cette déclaration avant le règlement successoral (CJUE 2-6-2022 aff. 617/20 précité, points 48 et 49). Dans cette affaire, une juridiction allemande était saisie de la succession d'un Néerlandais décédé en Allemagne ; ses neveux ont fait une déclaration de renonciation devant un tribunal néerlandais dans les formes prévues par la loi néerlandaise et informé la juridiction allemande par un courrier rédigé en néerlandais en lui communiquant copie des actes établis par la juridiction néerlandaise. Ils ont été réputés avoir accepté la succession faute d'avoir communiqué une traduction en langue allemande dans les délais impartis par la loi allemande, raisonnement que la Cour de justice désavoue en donnant raison aux héritiers.

ATTENTION

Ces règles de compétence ne s'appliquent pas à la question de l'autorité compétente pour autoriser un **adulte faisant l'objet d'un régime de protection ou un enfant** à accepter une succession, qui est hors du champ d'application du règlement et relève de la convention de La Haye du 13 janvier 2000, du règlement Bruxelles II ter ou de la convention de La Haye du 19 octobre 1996. Quant à la résidence habituelle à prendre en compte pour l'application de l'option de compétence, elle devrait être celle de la personne protégée et non celle de son représentant (A. Bonomi et P. Wautelet, précité, p. 261).

PROCÉDURES PARALLÈLES

68790 La définition des critères de compétence par le règlement rend peu probable l'existence de deux procédures parallèles dans deux États membres différents. Une telle situation n'est toutefois pas impossible.

Ainsi, s'agissant d'un **de cujus n'ayant pas sa résidence habituelle dans un État membre,** mais ayant laissé des biens dans deux États membres dans lesquels il a eu une résidence habituelle au cours des cinq années précédant son décès, chacun de ces États membres est compétent au sens du règlement pour l'ensemble de sa succession (n° 68750).

L'existence de procédures parallèles pourrait également résulter du fait que l'une des juridictions se reconnaît compétente de façon erronée : dans les cas où la **détermination de la résidence habituelle du défunt** est **délicate,** parce que ses intérêts se répartissent entre deux États membres, il est tout à fait possible que deux juridictions d'États membres différents estiment que celle-ci se situait sur le territoire de l'État membre dont elles dépendent. Or, en raison du principe de confiance mutuelle qui interdit de contrôler la compétence d'un juge d'un autre État membre, et donc de refuser de reconnaître la décision qu'il a rendue au motif de son incompétence (n° 73005), le juge second saisi ne sera pas en droit d'ignorer la procédure ouverte dans le premier État membre au motif qu'elle repose sur une erreur de droit ou de fait.

Enfin, une procédure pourrait être engagée dans un État tiers. En particulier, lorsque le **défunt avait sa résidence habituelle dans un État tiers** mais que les juridictions d'un État membre sont compétentes au sens du règlement pour régler l'ensemble de sa succession, notamment en cas de présence de biens sur leur territoire (n° 68750), il est probable qu'une procédure soit ouverte dans l'État de la dernière résidence habituelle (ou du dernier domicile).

Litispendance (États membres) Il y a litispendance lorsque des **demandes ayant le même objet et la même cause** sont formées **entre les mêmes parties** devant des juridictions d'États membres différents (Règl. 650/2012 du 4-7-2012 art. 17, 1). 68795

La **définition donnée par le règlement Successions** est identique à celle d'**autres règlements européens de droit international privé,** en particulier celle du règlement 1215/2012 du 12 décembre 2012 concernant la compétence judiciaire, la reconnaissance et l'exécution des décisions en matière civile et commerciale, dit « Bruxelles I bis ». La jurisprudence développée par la Cour de justice à propos des textes que celui-ci remplace (Convention de Bruxelles du 27-9-1968 et règlement 44/2001 du 22-12-2000 dit « Bruxelles I ») doit pouvoir être transposée. Il en résulte que les notions de parties, d'objet et de cause doivent être interprétées de façon autonome, sans renvoi au droit national (CJCE 8-12-1987 aff. 144/86). La Cour de justice donne de l'identité de cause et d'objet une définition souple. La cause a été définie comme comprenant « les faits et la règle juridique invoqués comme fondement de la demande » (CJCE 6-12-1994 aff. 406/92). L'identité d'objet a été définie de façon extensive : « l'objet consiste dans le but de la demande » (même arrêt). Elle ne saurait être restreinte à l'identité formelle des deux demandes (CJCE 8-12-1987 précité). La Cour de justice a ainsi jugé qu'une action visant à la résolution ou à l'annulation d'un contrat de vente d'une part, et une action visant à l'exécution de ce même contrat avaient le même objet (même arrêt). En matière de successions, on devrait donc en déduire qu'une action demandant la délivrance d'un legs et une action en nullité du testament le prévoyant ont le même objet. L'identité de parties est en revanche interprétée de façon stricte ; si les deux procédures parallèles ne mettent pas en cause exactement les mêmes parties, elles ne pourront relever que des dispositions relatives à la connexité (n° 68820). En revanche peu importent les positions procédurales des parties : que l'une soit demanderesse devant une juridiction et défenderesse devant l'autre (CJCE 8-12-1987 précité). Il peut y avoir identité partielle seulement de parties, auquel cas la juridiction n'aura l'obligation de se dessaisir que s'agissant de ces parties, la procédure pouvant continuer entre les autres parties (CJCE 6-12-1994 aff. 406/92 précité).

Si les conditions sont réunies, toute juridiction saisie en second lieu sursoit d'office à statuer jusqu'à ce que la compétence de la juridiction première saisie soit établie (Règl. 650/2012 du 4-7-2012 art. 17, 1). Afin de **déterminer l'ordre des saisines** des juridictions, le règlement définit la date à laquelle une juridiction est réputée saisie (Règl. 650/2012 du 4-7-2012 art. 14). Cela sera le cas : 68800

– à la date à laquelle l'acte introductif d'instance ou un acte équivalent est déposé auprès de la juridiction, à condition que le demandeur n'ait pas négligé par la suite de prendre les mesures qu'il était tenu de prendre pour que l'acte soit notifié ou signifié au défendeur ;
– si l'acte doit être notifié ou signifié avant d'être déposé auprès de la juridiction, à la date à laquelle il est reçu par l'autorité chargée de la notification ou de la signification, à condition que le demandeur n'ait pas négligé par la suite de prendre les mesures qu'il était tenu de prendre pour que l'acte soit déposé auprès de la juridiction ;
– si la procédure est engagée d'office, à la date à laquelle la décision d'engager la procédure est prise par la juridiction, ou, si une telle décision n'est pas requise, à la date à laquelle l'affaire est enregistrée par la juridiction.

Il appartient à la **juridiction saisie en premier** lieu d'**apprécier sa propre compétence,** même si elle est incompétente au regard des dispositions du règlement. « En aucun cas, le juge saisi en second lieu ne peut se substituer au juge premier saisi pour apprécier la compétence de ce dernier » (H. Gaudemet-Tallon, Compétence et exécution des jugements en Europe, LGDJ, 5e éd., 2015, n° 335). Dès lors que la compétence de la juridiction première saisie est établie, la juridiction saisie en second a l'obligation de se dessaisir à son profit (Règl. 650/2012 du 4-7-2012 art. 17, 2). 68805

Cette primauté accordée systématiquement au juge premier saisi pose une **difficulté particulière** lorsque le **juge second saisi** l'est **en vertu d'un accord d'élection de for.** Le système prévu par le règlement Successions paraît imposer au juge premier saisi d'apprécier la validité de l'accord, pour ensuite renvoyer au juge élu, qui sera nécessairement compétent (n° 68730). Néanmoins, on peut soutenir que ce système ne fonctionne que lorsqu'un seul tribunal est saisi ; lorsqu'il y a litispendance, les articles 6 et 7 ne s'appliquent pas. Or le règlement Successions ne contient aucune disposition particulière à ce sujet, à l'instar du règlement Bruxelles I. La Cour de justice avait décidé en application de celui-ci que, même dans ce cas, le second juge devait surseoir à statuer (CJCE 9-12-2003 aff. 116/02), ce qui avait été vivement critiqué en doctrine (H. Gaudemet-Tallon, précité, n° 338-2). Cette jurisprudence a été brisée par le règlement Bruxelles I bis qui donne priorité au tribunal saisi en vertu d'une clause d'élection de for, même s'il est saisi en second lieu (Règl. 1215/2012 du 12-12-2012 art. 31, 2).

Il serait malheureux de reprendre la solution de l'arrêt rendu en 2003. L'un des arguments avancés par la Cour de justice au soutien de sa solution est que la comparution volontaire du défendeur, sans contester la compétence, est un chef de compétence général dans le règlement Bruxelles I. Il est donc toujours possible de renoncer à la compétence conférée par une clause attributive de juridiction. Il n'en va pas de même dans le cas du règlement Successions où la comparution volontaire d'une partie n'est un chef de compétence que dans un cas très particulier (n° 68710).

68810 **Litispendance (États tiers)** Le **règlement Successions** est silencieux sur la possibilité d'invoquer la litispendance lorsque des procédures parallèles sont en cours dans un État membre et un État tiers. Ce silence peut être interprété comme une interdiction pure et simple dans ce cas d'invoquer la litispendance avec un État tiers. Cela reviendrait à considérer que tous les chefs de compétence posés par le règlement sont exclusifs de la compétence des juridictions d'États tiers, ce qui est excessif et paraît inexact. En effet, les règles relatives à la reconnaissance des décisions permettent de refuser la reconnaissance d'une décision rendue dans un État membre si elle est inconciliable avec une décision rendue antérieurement dans un État tiers entre les mêmes parties dans un litige ayant le même objet et la même cause, si elle réunit les conditions nécessaires à sa reconnaissance dans l'État dans lequel la reconnaissance est demandée (n° 73005). Cette disposition reconnaît implicitement qu'un État tiers puisse statuer alors même qu'une juridiction d'un État membre pourrait être compétente sur le fondement du règlement.

68815 Il faut donc considérer qu'il est possible d'invoquer la litispendance mais que celle-ci n'étant pas régie par le règlement, elle doit l'être par les **règles de source nationale de la juridiction saisie** (en ce sens, Rép. Droit international Dalloz, v. Règlement n° 650/2012 sur les successions par P. Lagarde, n° 68). S'agissant de la litispendance internationale, ce seront donc les règles de droit commun qui seront applicables. En France, l'exception de litispendance peut être reçue devant le juge français, en raison d'une instance engagée devant un tribunal étranger également compétent (Cass. 1e civ. 26-11-1974 n° 73-13.820 : Bull. civ. I n° 312). Les conditions sont les mêmes qu'en droit interne : identité de parties (la position procédurale des parties étant indifférente), de cause et d'objet. En outre, l'exception ne peut être accueillie lorsque la décision à intervenir à l'étranger n'est pas susceptible d'être reconnue en France (Cass. 1e civ. 26-11-1974 précité). Le juge français saisi en second lieu doit donc se livrer à un pronostic quant à la reconnaissance en France de la décision étrangère (sur les critères de reconnaissance, voir n° 67240). S'il peut d'ores et déjà vérifier la compétence internationale indirecte (qui, pour être reconnue, implique qu'il n'existe pas de compétence exclusive des tribunaux français), voire l'absence de fraude (P. Mayer et V. Heuzé, Droit international privé, Montchrestien, 2014, n° 462), l'absence de contrariété à l'ordre public procédural et de fond est plus délicate à apprécier avant qu'une décision ne soit rendue. Accueillir l'exception reste en principe une faculté pour le juge. Celui-ci devrait donc pouvoir surseoir à statuer en attendant que la décision étrangère soit rendue, plutôt que se dessaisir purement et simplement (P. Mayer et V. Heuzé, précité). De nombreuses décisions semblent cependant ordonner directement le dessaisissement (J.-Cl. Droit International, fasc. 581-43 par A. Huet, n° 43).

68820 **Connexité** Sont connexes, au sens du règlement, les **demandes liées entre elles** par un rapport si étroit qu'il y a intérêt à les instruire et à les juger en même temps afin d'éviter des décisions qui pourraient être inconciliables si les causes étaient jugées séparément (Règl. 650/2012 du 4-7-2012 art. 18, 3).

Lorsque des demandes connexes sont pendantes devant des **juridictions d'États membres différents,** la juridiction saisie en second lieu a la faculté de surseoir à statuer (Règl. 650/2012 du 4-7-2012 art. 18, 1), même d'office (A. Bonomi et P. Wautelet : Le droit européen des successions. Commentaire du Règlement (UE) n° 650/2012 du 4 juillet 2012, Bruylant 2e éd. 2016, p. 292).

Elle pourra également se dessaisir, à la demande de l'une des parties, aux conditions suivantes (Règl. 650/2012 du 4-7-2012 art. 18, 2) :
- les demandes sont pendantes au premier degré ;
- la juridiction première saisie est compétente pour connaître des demandes en question ;
- la loi de la juridiction première saisie permet la jonction des demandes.

Pour les mêmes raisons que celles avancées relativement à la litispendance, il faut admettre qu'en cas de procédures parallèles **entre une juridiction d'un État membre et celle d'un État tiers,** la juridiction de l'État membre saisie puisse accueillir l'exception de connexité. La recevabilité de l'exception de connexité est admise en droit commun français de la compétence internationale (Cass. 1e civ. 20-10-1987 n° 85-18.877 : Bull. civ. I n° 275 ; Cass. 1e civ. 22-6-1999 nº 96-22.546 : Bull. civ. I nº 208), « aux seules conditions que deux juridictions relevant de deux États différents soient également et compétemment saisies de deux instances, en cours, faisant ressortir entre elles un lien de nature à créer une contrariété » (Cass. 1e civ. 22-6-1999 précité). L'admission de l'exception n'est qu'une simple faculté (Cass. 1e civ. 20-10-1987 précité). Bien que les arrêts ne le disent pas clairement, elle devrait être refusée si la décision qui résultera de la procédure à l'étranger n'est pas susceptible d'être reconnue en France (J.-Cl. Droit International, fasc. 581-43 par A. Huet, nº 52). En cas d'accueil de l'exception, la jurisprudence n'indique pas clairement si l'effet de la décision est un renvoi à la juridiction étrangère ou un simple sursis à statuer. Les deux issues devraient être admises.

RÈGLES PROCÉDURALES

Le règlement impose à toute juridiction d'un État membre une **vérification d'office** de sa compétence pour statuer sur la succession dont elle est saisie. Si elle n'est pas compétente, elle doit se dessaisir d'office (Règl. 650/2012 du 4-7-2012 art. 15). Le dessaisissement de la juridiction n'est pas subordonné à la constatation qu'une juridiction d'un autre État membre est compétente (Rép. Droit international Dalloz, v. Règlement nº 650/2012 sur les successions par P. Lagarde, nº 62). Elle doit être constatée, même si le défendeur comparaît et ne conteste pas la compétence (A. Bonomi et P. Wautelet, Le droit européen des successions. Commentaire du Règlement (UE) nº 650/2012 du 4 juillet 2012, Bruylant, 2e éd., 2016, p. 269), sauf en présence d'une clause d'élection de for (nº 68710) **68825**

En outre, en cas d'**absence de comparution** dans un État membre **d'un défendeur résidant habituellement à l'étranger,** la juridiction doit surseoir à statuer aussi longtemps qu'il n'est pas établi que le défendeur a été mis à même de recevoir l'acte introductif d'instance ou un acte équivalent en temps utile pour pouvoir se défendre ou que toute diligence a été faite à cette fin (Règl. 650/2012 du 4-7-2012 art. 16). Le juge de l'État membre n'aura pas à apprécier la régularité des formalités permettant d'introduire l'instance (assignation ou autre) mais seulement leur efficacité (A. Bonomi et P. Wautelet, précité, p. 274).

Si le défendeur défaillant a sa résidence habituelle dans un autre État membre (y compris en Irlande et au Danemark), l'article 22 du règlement 2020/1784 du 25 novembre 2020 relatif à la signification et à la notification dans les États membres des actes judiciaires et extrajudiciaires en matière civile et commerciale (signification ou notification des actes) s'applique à la place de la disposition du règlement Successions. Si tel n'est pas le cas mais que l'acte introductif d'instance ou un acte équivalent a dû être transmis à l'étranger en vertu de la convention de La Haye du 15 novembre 1965 relative à la signification et à la notification à l'étranger des actes judiciaires et extrajudiciaires en matière civile ou commerciale, l'article 15 de celle-ci s'appliquera. Ces deux textes prévoient une protection accrue du défendeur défaillant, le contrôle du juge s'étendant à la régularité formelle des actes introductifs d'instance, au lieu d'être limité à leur seule efficacité.

MESURES PROVISOIRES ET CONSERVATOIRES

Il est toujours possible de demander à une **juridiction d'un État membre,** même si elle n'est **pas compétente pour connaître du fond** en vertu du règlement, d'adopter des mesures provisoires et conservatoires prévues par son propre droit (Règl. 650/2012 du 4-7-2012 art. 19). À la différence du règlement Bruxelles II ter, aucune condition d'urgence ou de présence de biens sur le territoire de l'État membre n'est imposée par le texte. La CJUE pourrait néanmoins imposer qu'il existe un « lien de rattachement réel » entre l'objet de la mesure demandée et la compétence territoriale du juge saisi (CJCE 17-11-1998 aff. 391/95, rendu à propos du règlement Bruxelles I, mais transposable). **68830**

Même si le règlement ne le précise pas expressément, rien n'interdit bien entendu à un **juge compétent sur le fond** de prendre des mesures provisoires.

B. Successions ouvertes avant le 17 août 2015

PRINCIPE DE SCISSION

Les **règles françaises** de compétence applicables aux successions internationales distinguent la succession mobilière, traitée dans son ensemble, et les immeubles, qui relèvent en principe des tribunaux du lieu de situation du bien (et forment donc autant de masses qu'il existe d'immeubles dans des pays différents). Coordonnées avec la règle de conflit de lois française structurée de façon identique, les règles de compétence permettent ainsi à un juge français, s'il se reconnaît compétent, d'appliquer seulement la loi française (sauf jeu du **68880** renvoi). Néanmoins, comme le rappelle la Cour de cassation, la détermination de la juridiction compétente ne dépend pas de la loi applicable au litige, mais de la nature de l'action successorale (Cass. 1e civ. 14-4-2021 no 19-24.773 FS-P : BPAT 3/21 inf. 113).

SUCCESSIONS IMMOBILIÈRES

68885 Dérogeant au principe de l'extension à l'ordre international des critères de compétence internes (no 67125), dont l'application aurait dû conduire à la compétence globale du tribunal du dernier domicile du défunt, le principe posé par la jurisprudence française en matière de succession immobilière est la compétence des tribunaux du **pays de situation de l'immeuble.**

S'agissant d'**immeubles situés en France,** lorsque le défunt avait lui aussi son dernier domicile en France, c'est le tribunal du lieu du dernier domicile qui sera compétent. Si le défunt n'était pas domicilié en France, le tribunal compétent sera celui du lieu de situation de l'immeuble ; dans le cas où la succession comprendrait plusieurs immeubles, le demandeur pourra saisir un tribunal de l'ensemble de ses demandes, à condition de le choisir dans l'intérêt d'une bonne administration de la justice (J.-Cl. Civil Code, App. Art. 718 à 792 fasc. 20 par G. Droz et M. Revillard, no 20).

Si le ou les **immeubles** sont **situés à l'étranger,** les tribunaux français sont incompétents pour connaître du règlement successoral les concernant, même si le dernier domicile du défunt se trouve en France (voir toutefois no 68900). Et l'allégation d'un déni de justice de la part de la juridiction étrangère ne changerait rien à la solution (Cass. 1e civ. 7-1-1982 no 80-11.870 : Bull. civ. I no 6). Cette incompétence est générale et doit s'étendre par exemple aux questions d'interprétation ou d'exécution d'un testament (P. Mayer, V. Heuzé et B. Remy, Droit international privé, LGDJ, précis Domat, 12e éd., 2019, no 863).

68890 Les tribunaux français ne peuvent pas se reconnaître compétents sur le fondement des **privilèges de juridiction** posés par les articles 14 et 15 du Code civil (no 67130) vis-à-vis d'une succession immobilière concernant un immeuble situé à l'étranger.

Certains auteurs sont favorables à ce que cette incompétence vise l'ensemble des actions successorales et pas uniquement les actions réelles immobilières et les demandes en partage (P. Mayer, V. Heuzé et B. Remy, Droit international privé, LGDJ, précis Domat, 12e éd., 2019, no 863 note 6). La position de la Cour de cassation paraît en ce sens (Cass. 1e civ. 4-12-1979 no 78-12.783 : Bull. civ. I no 303, Rev. crit. DIP 1980 p. 758 note B. Ancel).

SUCCESSIONS MOBILIÈRES

68895 Le tribunal compétent pour les opérations successorales (jusqu'au partage inclusivement) est ici le tribunal du lieu d'ouverture de la succession, c'est-à-dire celui du lieu du **dernier domicile du défunt** (C. civ. art. 720 ; CPC art. 45). Sa compétence concerne les demandes entre héritiers, les demandes formées par les créanciers du défunt ainsi que les demandes relatives à l'exécution des dispositions à cause de mort. L'action en réduction exercée par les héritiers réservataires contre le donataire d'un immeuble ne tend pas à la restitution en nature de l'immeuble mais au paiement d'une indemnité de réduction. Elle présente, dès lors, un caractère mobilier et relève de la compétence des tribunaux du pays où le défunt avait son dernier domicile (Cass. 1e civ. 14-4-2021 no 19-24.773 FS-P : BPAT 3/21 inf. 113).

Par ailleurs, le demandeur, s'il possède la nationalité française, peut invoquer le **privilège de juridiction** de l'article 14 du Code civil pour saisir une juridiction française d'une succession mobilière, alors même que le dernier domicile du défunt serait situé à l'étranger (Cass. 1e civ. 17-11-1981 no 80-14.728 : Bull. civ. I no 341, JDI 1982 p. 927 note G. Wiederkehr). En pratique, la solution pourrait s'avérer utile si des éléments importants du patrimoine mobilier du défunt sont situés en France (comptes bancaires).

INCIDENCE DU RENVOI

68900 En principe, les questions de compétence juridictionnelle et de loi applicable sont distinctes et les premières précèdent logiquement les secondes. Cependant, la jurisprudence admet une **extension de la compétence des tribunaux français** à des immeubles situés hors de France dans la mesure où, par le biais du renvoi, la loi successorale française leur est applicable (no 69665). Dans ce cas, les tribunaux français seront compétents pour connaître le règlement de la succession relative à un immeuble situé à l'étranger « à l'exception des opérations juridiques et matérielles découlant de la loi réelle de situation de l'immeuble » à l'étranger, par exemple la publicité foncière (Cass. 1e civ. 23-6-2010 no 09-11.901 : Bull. civ. I no 140, BPAT 5/10 inf. 275).

68900 (suite)

EXEMPLE

Un Français ayant pris sa retraite en Espagne y est décédé le 1er juin 2013. Sa succession comprend divers meubles et comptes bancaires, ainsi qu'un **appartement à Montpellier et un autre à Madrid.** L'une des héritières, de nationalité française, saisit les juridictions françaises sur le fondement de l'article 14 du Code civil. En vertu de celui-ci, les tribunaux français sont compétents pour régler la succession mobilière du défunt. Ils le sont également pour l'immeuble situé en France. Toujours selon le droit international privé français, la loi espagnole est applicable à la succession de l'immeuble situé à Madrid. Cependant, la **règle de conflit de lois espagnole** désigne quant à elle la loi nationale du défunt, soit la loi française, pour régir la succession, tant mobilière qu'immobilière. Par l'effet de ce renvoi, la loi française est applicable pour régir l'ensemble de la succession et les tribunaux français voient leur compétence étendue au règlement de la succession immobilière espagnole.

CHAPITRE 4

LOI APPLICABLE

SOMMAIRE

SECTION 1

PRINCIPES DE DÉTERMINATION DE LA LOI APPLICABLE

I. RÈGLES GÉNÉRALES APPLICABLES À TOUTES LES SUCCESSIONS

A. Successions ouvertes depuis le 17 août 2015

1. RÈGLES DE CONFLIT DE LOIS

PRINCIPES

69400 Le **règlement 650/2012 du 4 juillet 2012** relatif à la compétence, la loi applicable, la reconnaissance et l'exécution des décisions, et l'acceptation et l'exécution des actes authentiques en matière de successions et à la création d'un certificat successoral européen, dit « règlement Successions » est applicable aux successions ouvertes depuis le 17 août 2015, c'est-à-dire lorsque le décès est intervenu à cette date ou ultérieurement (Règl. 650/2012 du 4-7-2012 art. 83 § 1). À l'opposé des solutions existantes en droit français jusqu'alors (et qui subsistent pour les successions ouvertes avant l'entrée en vigueur du règlement, voir n° 70140), le règlement prévoit en principe l'application d'une loi unique à l'ensemble de la succession, tant pour les meubles que pour les immeubles, et ce quelle que soit leur localisation (JOUE 2012 L 201 p. 107).

La loi désignée en application du règlement s'applique même si ce n'est pas celle d'un État membre : **caractère** dit **« universel »** (Règl. 650/2012 du 4-7-2012 art. 20).

LOI DE LA DERNIÈRE RÉSIDENCE HABITUELLE

69405 En **principe,** la loi applicable à l'ensemble de la succession est celle de l'État dans lequel le défunt avait sa résidence habituelle au moment de son décès (Règl. 650/2012 du 4-7-2012 art. 21, 1). La résidence habituelle doit s'interpréter de la même manière que pour la compétence juridictionnelle, dans la mesure où l'un des objectifs principaux du règlement est de permettre au juge saisi d'appliquer sa propre loi (Règl. 650/2012 du 4-7-2012 considérant 27 ; CJUE 16-7-2020 aff. 80/19 : BPAT 5/20 inf. 152, qui semble considérer que la résidence habituelle doit nécessairement être la même pour les questions de compétence et de loi applicable). Aucune **durée** minimale n'est exigée (A. Bonomi et P. Wautelet : Le droit européen des successions. Commentaire du Règlement (UE) n° 650/2012 du 4 juillet 2012, Bruylant, 2e éd., 2016, p. 313).

EXEMPLE

John Marshall, **citoyen américain,** est **décédé à son domicile à Paris** le 17 septembre 2023. Sa succession comprend un appartement boulevard Raspail à Paris, un appartement avenue Louise à Bruxelles et des parts de multipropriété dans une villa à Cadaquès (Espagne), un compte bancaire à la BNP de Paris et à la Chase Manhattan Bank à New York.

Par application de l'article 21 du règlement Successions, l'ensemble des biens immobiliers et mobiliers est dévolu selon la loi française de la résidence habituelle du défunt.

Si la succession s'était ouverte avant le 17 août 2015, selon le principe scissionniste, les immeubles relèveraient de la loi du lieu de leur situation : l'appartement de Paris aurait été dévolu selon la loi française, l'appartement de Bruxelles selon la loi belge et tous les actifs mobiliers, parts de multipropriété en Espagne (qualifiées de biens meubles) et divers comptes bancaires auraient été soumis à la loi française, loi du domicile du défunt.

69407 Lorsque le **défunt n'a pas opéré le choix de sa loi nationale,** il peut être judicieux de faire constater aux héritiers et légataires quel était le lieu de la dernière résidence habituelle du défunt (D. Boulanger, Quelques formules adaptables à partir du règlement européen sur les successions : SNH 7/21 inf. 9 n° 14).

MODÈLE

Constat par les héritiers et légataires du lieu de la dernière résidence habituelle du défunt

Identification des héritiers et légataires intervenants.
Aucune disposition à cause de mort établie par le défunt ne contient le choix de sa loi nationale pour régir civilement sa succession. À défaut de professio juris, la succession de... relève de la loi de l'État de sa résidence habituelle au moment de son décès. Après avoir procédé à une évaluation d'ensemble des circonstances de la vie du défunt au cours des années précédant son décès et au moment de son décès, prenant en compte tous les éléments de fait pertinents, notamment la durée et la régularité de la présence du défunt dans l'État concerné ainsi que les conditions et les raisons de cette présence, un lien étroit et stable avec ... (*tel État*) apparaît.
En effet, celui-ci se déduit des éléments de faits suivants : ...
Les héritiers et légataires (*selon le cas*) du défunt en déduisent la compétence la loi ... (*de tel État*) pour régir l'ensemble de la succession du défunt.

CLAUSE D'EXCEPTION

Le règlement Successions prévoit une clause d'exception. Lorsque, à titre exceptionnel, il résulte de l'ensemble des circonstances de la cause que, au moment de son décès, le défunt présentait des **liens manifestement plus étroits avec un autre État** que celui de sa résidence habituelle, la loi applicable à la succession est celle de cet autre État (Règl. 650/2012 du 4-7-2012 art. 21, 2). Cela serait notamment le cas si le défunt s'était établi dans l'État de sa résidence habituelle relativement peu de temps avant son décès et que toutes les circonstances de la cause indiquent qu'il entretenait manifestement des liens plus étroits avec un autre État (Règl. 650/2012 du 4-7-2012 considérant 25). **69410**

La clause d'exception pourrait également jouer dans des cas où, bien qu'il faille admettre que le de cujus a acquis une nouvelle résidence habituelle dans un autre pays, il conserve des liens très forts avec le pays de sa précédente résidence habituelle. Ce sera le cas des **diplomates,** dans les hypothèses sans doute rares où l'on admettra qu'ils ont acquis une résidence habituelle dans leur pays d'envoi (n° 68680) ou des **personnes contraintes pour des raisons de santé** de fixer leur résidence habituelle dans le pays où elles sont soignées (A. Bonomi et P. Wautelet : Le droit européen des successions. Commentaire du Règlement (UE) n° 650/2012 du 4 juillet 2012, Bruylant, 2e éd., 2016, p. 319-320). Néanmoins, le préambule du règlement précise que cette clause d'exception ne devrait pas jouer de façon systématique comme facteur de rattachement subsidiaire dès lors que la détermination de la résidence habituelle du défunt au moment de son décès s'avère complexe (Règl. 650/2012 du 4-7-2012 considérant 25). **69415**

Selon certains auteurs, on pourrait admettre le jeu de la clause d'exception en cas de **transfert programmé de la résidence habituelle** par le défunt, mais non encore réalisé, s'il possédait par ailleurs des liens étroits avec le pays de sa « future » résidence. Par exemple, un expatrié prévoyant son retour dans le pays de sa nationalité, où il a trouvé un travail et où son conjoint est d'ores et déjà installé, décède dans un accident de la route (A. Bonomi et P. Wautelet : Le droit européen des successions. Commentaire du Règlement (UE) n° 650/2012 du 4 juillet 2012, Bruylant, 2e éd., 2016, p. 319-320). **69420**

La clause d'exception doit être **appliquée d'office** par le juge, même si aucune partie n'en fait la demande (en ce sens, A. Bonomi et P. Wautelet : Le droit européen des successions. Commentaire du Règlement (UE) n° 650/2012 du 4 juillet 2012, Bruylant, 2e éd., 2016, p. 317). **69425**

Elle ne peut être mise en œuvre **en cas de choix de loi** par le défunt (n° 69430).

CHOIX DE LA LOI APPLICABLE

Le règlement prévoit la possibilité pour une personne de choisir la loi applicable – on parle de « professio juris » – à l'ensemble de sa succession (Règl. 650/2012 du 4-7-2012 art. 22). Ce choix ne peut porter que sur une loi dont elle possède la **nationalité** soit au moment où elle fait ce choix, soit au moment de son décès. Si la personne possède plusieurs nationalités, son choix pourra se porter indifféremment sur l'une de ces lois. En raison du caractère universel de la règle de conflit de lois (n° 69400), ce choix peut porter sur la loi d'un État tiers (confirmé si besoin était par CJUE 12-10-2023 aff. 21/22, OP c/ Notariusz Justyna Gawlica). La nationalité de l'auteur du choix, qu'il soit ressortissant d'un État membre ou non, est indifférente. En revanche, le règlement réserve l'application des conventions internationales auxquelles un ou plusieurs États membres sont parties au moment de son adoption et qui portent sur des matières régies par le règlement (Règl. 650/2012 du 4-7-2012 art. 75, § 1). Dès lors, il ne s'oppose **69430** pas à ce que, lorsqu'un État membre a conclu, avant l'adoption du règlement, un accord bilatéral avec un État tiers qui désigne la loi applicable en matière de successions et ne prévoit pas expressément la possibilité d'en choisir une autre, un ressortissant de cet État tiers résidant dans l'État membre en cause, ne puisse pas choisir la loi dudit État tiers pour régir l'ensemble de sa succession (même arrêt).

69435 S'agissant d'un **État fédéral ou** comportant **plusieurs systèmes de droit,** il faut noter qu'en principe le règlement ne permet que la désignation globale de celui-ci, sans choisir en particulier la loi d'un État fédéré ; il appartiendra ensuite aux règles de conflits de lois de cet État, si elles existent au niveau fédéral, de dire si le choix de la loi d'un État fédéré, ou entité autonome, est possible (n° 69470). Si de telles règles n'existent pas, la loi de la nationalité du de cujus sera celle de l'État fédéré qui entretient avec lui les liens les plus étroits (n° 69470).

69440 Cette possibilité de choix est peu répandue en **droit comparé.** Le choix de la loi nationale est admis depuis longtemps en Suisse. Il l'est également en Ukraine et en Corée du Sud (A. Bonomi et P. Wautelet : Le droit européen des successions. Commentaire du Règlement (UE) n° 650/2012 du 4 juillet 2012, Bruylant, 2e éd., 2016, p. 325). Dès lors, dans le cadre de la planification successorale, le praticien conseillant une personne possédant des biens situés sur le territoire d'États tiers devra attirer son attention sur le fait que ce choix a peu de chances d'être reconnu dans ces États.

69445 **Validité du choix de loi** La validité au **fond** du choix (c'est-à-dire essentiellement le consentement) sera appréciée au regard de la loi désignée. Le choix est valable même si la loi choisie ne prévoit pas de choix de loi en matière de succession (Règl. 650/2012 du 4-7-2012 considérant 40).

69450 En la **forme,** le choix doit être formulé de manière expresse dans une déclaration revêtant la même forme qu'une disposition à cause de mort (nos 69760 et 69900 s.). Le texte n'impose pas que ce choix figure dans une disposition à cause de mort (en sens contraire, A. Bonomi et P. Wautelet : Le droit européen des successions. Commentaire du Règlement (UE) n° 650/2012 du 4 juillet 2012, Bruylant, 2e éd., 2016, p. 344-345, qui admettent cependant qu'une disposition à cause de mort peut avoir pour seul objet de choisir la loi applicable à la succession). Le choix peut également être tacite et résulter des termes d'une telle disposition (voir cependant Rép. droit international Dalloz, v. Règlement n° 650/2012 sur les successions par P. Lagarde, n° 31, qui estime qu'un choix tacite n'est pas possible). Cela sera notamment le cas si le défunt fait référence dans celle-ci à des dispositions spécifiques de la loi de l'État de sa nationalité ou s'il mentionne cette loi d'une autre manière (Règl. 650/2012 du 4-7-2012 considérant 39). Le choix doit résulter des termes de l'acte et il ne devrait donc pas être permis de prendre en compte des éléments extrinsèques (en sens contraire, A. Bonomi et P. Wautelet, précité, p. 349).

EXEMPLE

Paul Lagrange, de **nationalité française, domicilié à Amsterdam,** veuf ayant trois enfants, se préoccupe de la transmission de son patrimoine à son décès. Il est propriétaire d'un appartement à Amsterdam, d'une villa à Saint-Tropez et d'un chalet à Sestrières (Italie), de comptes bancaires aux Pays-Bas, en Suisse, en Angleterre et en France.

Il pourrait être **appelé à vivre quelques années à Londres** dans le cadre de son activité professionnelle mais il pense prendre sa **retraite en France.**

Afin d'**éviter les incertitudes pouvant résulter de la détermination de sa résidence habituelle** au moment de son décès, on conseillera à Paul Lagrange de faire dans un testament une professio juris selon l'article 22 du règlement Successions en désignant la loi française, sa loi nationale, pour régir sa succession. Ainsi, l'ensemble de sa succession mobilière et immobilière relèvera de la loi française quel que soit le lieu de situation de ses biens.

69452 **Choix dans un testament** Dès lors qu'on décide de procéder au choix de loi dans un testament, on choisira le **testament olographe ou par acte public.** Ce sont les formes de testaments les plus répandues à travers le monde, sous réserve des pays de common law. On écartera le **testament international,** issu de la convention de Washington du 26 octobre 1973. Ce n'est qu'une variété de testament ayant intégré les droits internes des États contractants. A fortiori, on déconseillera le **testament mystique.** Évidemment, si le testament doit produire des effets sur des biens situés en dehors des territoires des États membres, on s'assurera qu'il sera formellement reconnu dans les États tiers concernés (D. Boulanger, Quelques formules adaptables à partir du règlement européen sur les successions : SNH 7/21 inf. 9 n° 10).

MODÈLE

Choix de la loi applicable

Testateur titulaire de la loi nationale au moment où il opère le choix

Entête et identification du testateur (*en fonction du type formel de testament retenu*)

Ceci est mon testament.

En la forme, mon testament est établi conformément à la loi de ... (*référence à l'une des lois visées dans l'article 27 du règlement 650/2012*).

Au fond, je choisis la loi ... pour régir l'ensemble de ma succession. Il s'agit de la loi de l'État dont je possède la nationalité au moment où j'opère ce choix.

Le cas échéant : legs et autres dispositions (*mais le testament peut parfaitement avoir pour unique objet d'opérer un choix de la loi successorale*).

Date et signature

Testateur non titulaire de la loi nationale au moment où il opère le choix

Entête et Identification du testateur (*en fonction du type formel de testament retenu*).

Ceci est mon testament.

En la forme, mon testament est établi conformément à la loi de ... (*référence à l'une des lois visées dans l'article 27 du règlement 650/2012*).

Au fond, je choisis la loi ... pour régir l'ensemble de ma succession. Il s'agit de la loi de l'État dont j'envisage d'acquérir la nationalité. (*puis le cas échéant*) À défaut d'obtention de cette nationalité avant mon décès, j'entends choisir la loi ... laquelle correspond à ma loi nationale actuelle.

(*ou*) À défaut d'obtention de cette nationalité avant mon décès, je reconnais que s'appliquera à l'ensemble de ma succession la loi de l'État dans lequel j'aurai ma résidence habituelle au moment de mon décès. À ce moment sera procédé à une évaluation d'ensemble des circonstances de ma vie au cours des années précédant mon décès et au moment de mon décès, prenant en compte tous les éléments de fait pertinents, notamment la durée et la régularité de ma présence dans l'État concerné ainsi que les conditions et les raisons de cette présence. Un lien étroit et stable avec cet État devra apparaître à cet instant.

Le cas échéant : legs et autres dispositions (*mais le testament peut parfaitement avoir pour unique objet d'opérer un choix de la loi successorale*).

Date et signature

Obligation de conseil du notaire Lorsqu'un notaire doit recevoir un acte contenant choix de la loi applicable à la succession du client ou à toute disposition à cause de mort envisagée, il sera bienvenu d'établir une reconnaissance de conseil donné afin d'alerter l'intéressé sur le **risque d'inefficacité du choix opéré** en dehors des territoires des États membres du règlement 650/2012, que la loi choisie soit celle d'un État membre ou d'un État tiers (D. Boulanger, Quelques formules adaptables à partir du règlement européen sur les successions : SNH 7/21 inf. 9 n° 12). 69453

MODÈLE

Reconnaissance de conseil donné

Identification du client.

Celui-ci a consulté Maître ... notaire à ... Il reconnaît avoir été informé par lui sur la faculté, la forme et les conséquences du choix de la loi de sa nationalité actuelle (ou future) pour régir sa future succession (ou telle disposition à cause de mort).

Suite aux conseils donnés, il a décidé d'opter pour le choix de sa loi nationale actuelle (ou future, sous réserve de son acquisition définitive avant son décès) ..., laquelle correspond à la loi d'un État membre (ou à la loi d'un État tiers). Le choix régulièrement opéré selon le règlement 650/2012 sera accepté sur les territoires de l'ensemble des États membres de l'Union européenne où s'applique ledit règlement. Toutefois, le choix pourrait ne pas être accepté par la juridiction ou l'autorité qui serait en charge du règlement de sa future succession s'il devait s'agir de celle d'un État tiers. Celle-ci pourrait ne pas reconnaître le choix de loi opéré et appliquer une autre loi que celle choisie.

Par ailleurs, l'intéressé est spécialement alerté sur le fait que le choix de loi opéré n'aura pas d'incidence sur le règlement fiscal de sa succession (ou des libéralités établies).

Modification ou révocation du choix de loi La modification ou la révocation du choix de loi doit revêtir la même **forme** que la révocation ou la modification d'une disposition à cause de mort. Bien que le texte soit silencieux, la possibilité d'une modification ou 69455 révocation tacite doit être admise (A. Bonomi et P. Wautelet : Le droit européen des successions. Commentaire du Règlement (UE) n° 650/2012 du 4 juillet 2012, Bruylant, 2e éd., 2016, p. 352). Faut-il considérer que cette modification est toujours possible ? Certains auteurs estiment qu'il faut consulter la loi choisie, comme pour la validité au **fond** du choix (A. Bonomi et P. Wautelet, précité, p. 353). Le texte même du règlement paraît cependant poser le principe que cette modification ou révocation est toujours possible.

69460 Une autre difficulté se pose en cas de **révocation de la disposition à cause de mort** (un testament par exemple) dans laquelle un choix de loi pour l'ensemble de la succession aurait été formulé (et non, comme cela est possible, pour régir seulement cette disposition, voir n° 69795). Faut-il en conclure que le choix de loi est également révoqué ? Il s'agira d'une question d'interprétation de la volonté du disposant.

Lorsque la cause de révocation de l'acte à cause de mort est une **cause légale** (révocation de plein droit en cas de mariage subséquent prévue par le droit anglais par exemple), la question est plus délicate puisqu'il est peu probable que la loi choisie envisage le cas particulier du choix de loi applicable à la succession formulé dans un testament. Il faudrait sans doute considérer que le choix de loi est maintenu dans ce cas, les causes de révocation légale ayant pour objectif de faire disparaître les actes de disposition (legs) et non les dispositions accessoires (comme un choix de loi) figurant dans un tel acte.

69465 **Choix antérieur au règlement** Le règlement Successions permet de valider dans certains cas un choix de loi intervenu **avant le 17 août 2015,** à la condition que le décès soit intervenu depuis cette date. Un tel choix doit remplir les conditions de validité posées par le règlement ou celles du droit international privé en vigueur, au moment où ce choix a été effectué, dans l'État dans lequel l'intéressé a sa résidence habituelle ou dans tout État dont il possède la nationalité (Règl. 650/2012 du 4-7-2012 art. 83, 2). En outre, le règlement pose une présomption de choix si une disposition à cause de mort établie avant le 17 août 2015 a été rédigée conformément à la loi que le défunt aurait pu choisir en vertu du règlement (n° 69845). En revanche, si les dispositions transitoires du règlement valident rétroactivement un choix de loi à l'ensemble de la succession, elles ne sont pas applicables à un choix de loi fait antérieurement à l'entrée en application du règlement pour régir uniquement une disposition à cause de mort (CJUE 9-9-2021 aff. 277/20, UM c/ HW).

69467

SCHÉMA RÉCAPITULATIF SUR LA LOI APPLICABLE

Loi successorale

Défunt ayant choisi la loi applicable

Loi applicable = loi de la nationalité du défunt au moment du choix ou au moment du décès (Règl. 650/2012 du 4-7-2012 art. 22, 1) (nos 69430 s.)

Défunt n'ayant pas choisi de loi applicable

Principe : loi applicable = loi de la dernière résidence habituelle du défunt (Règl. 650/2012 du 4-7-2012 art. 21, 1) (n° 69405)

Exception : loi applicable = loi de l'État avec lequel le défunt présentait des liens manifestement plus étroits (Règl. 650/2012 du 4-7-2012 art. 21, 2) (nos 69410 s.)

Attention au choix tacite de la loi applicable :
– en cas de disposition à cause de mort établie depuis le 17-8-2015, le choix de la loi nationale pouvant résulter des termes de cette disposition (Règl. 650/2012 du 4-7-2012 art. 22, 2) (n° 69450) ;
– en cas de disposition à cause de mort établie avant le 17-8-2015 et rédigée conformément à la loi nationale, cette loi étant réputée avoir été choisie comme loi applicable (Règl. 650/2012 du 4-7-2012 art. 83, 4) (n° 69845).

CONFLITS DE LOIS TERRITORIAUX OU INTERPERSONNELS

En présence d'un **État comprenant plusieurs unités territoriales** dont chacune a ses propres règles de droit en matière de succession, ce sont les règles internes de conflits de lois de cet État qui déterminent l'unité territoriale concernée dont les règles de droit doivent s'appliquer (Règl. 650/2012 du 4-7-2012 art. 36, 18). Si de telles règles n'existent pas ou si, à l'instar des États-Unis, chaque État fédéré a ses propres règles de conflit de lois (Règl. 650/2012 du 4-7-2012 art. 36, 2) : **69470**

– la référence à la loi de l'État de la résidence habituelle du défunt doit s'entendre comme une référence à la loi de l'unité territoriale dans laquelle le défunt avait sa résidence habituelle au moment de son décès ;

– la référence à la loi de l'État de la nationalité du défunt doit s'entendre comme une référence à la loi de l'unité territoriale avec laquelle le défunt présentait les liens les plus étroits ;

– la référence à la loi de l'État dans lequel se trouvent d'autres éléments comme facteurs de rattachement doit s'entendre comme une référence à la loi de l'unité territoriale dans laquelle l'élément concerné est situé.

Lorsqu'un **État a plusieurs systèmes de droit** ou ensembles de règles applicables à différentes catégories de personnes en matière de succession, toute référence à la loi de cet État s'entend comme faite au système de droit ou à l'ensemble de règles déterminé par les règles en vigueur dans cet État. En l'absence de telles règles, le système de droit ou l'ensemble de règles avec lequel le défunt présentait les liens les plus étroits s'applique (Règl. 650/2012 du 4-7-2012 art. 37). **69475**

2. EXCEPTIONS À L'APPLICATION DE LA LOI DÉSIGNÉE

RÈGLES GÉNÉRALES

En dépit de l'objectif d'appliquer une loi unique à l'ensemble de la succession, le règlement Successions prévoit que la loi désignée par la règle générale (loi de la résidence habituelle ou loi nationale choisie) devra s'effacer dans certains cas. Ces **mécanismes correcteurs** ont vocation soit à évincer intégralement la loi désignée (renvoi), soit seulement de façon partielle relativement à certains biens (lois de police spéciales) ou certaines questions de droit (ordre public). Il faut noter également que l'application d'une loi unique à l'ensemble de la succession ne sera pas possible dans certains cas, notamment : limitation de la compétence juridictionnelle (n° 68765), application de la loi successorale anticipée aux dispositions à cause de mort (n°s 69765 s.). **69505**

RENVOI

Le renvoi est exclu lorsque la loi désignée est celle d'un **État membre.** En revanche, lorsque la loi désignée est celle d'un **État tiers** (auquel doit être assimilé un État membre de l'UE auquel le règlement ne s'applique pas), le renvoi pourra jouer, à condition qu'il se fasse au profit de la loi d'un État membre ou de la loi d'un État tiers qui accepte sa compétence (Règl. 650/2012 du 4-7-2012 art. 34, 1). **69510**

Néanmoins, et quelle que soit la loi désignée, le renvoi sera **toujours exclu** dans les cas suivants :

– mise en œuvre de la clause d'exception en faveur de la loi des liens manifestement plus étroits ;

– en cas de choix de la loi applicable à la succession ;

– s'agissant de la loi applicable à la forme des dispositions à cause de mort établies par écrit ou à la forme de l'option successorale lorsque s'applique la loi de la résidence habituelle de l'optant ;

– en cas d'application des lois de police à certains biens (par exemple, l'attribution préférentielle).

EXEMPLE

John Field, **citoyen britannique**, est décédé le 10 octobre 2023 à **Londres,** où il avait sa **résidence habituelle.** Il laisse un **immeuble en France.** Le Royaume-Uni est un État tiers, ce qui a pour conséquence que le renvoi fait par la loi anglaise à la loi française du lieu de situation de l'immeuble doit être accepté. L'immeuble en France sera dévolu selon la loi française.

LOIS DE POLICE

Le règlement réserve l'application de la **loi de l'État membre de situation de certains biens** immobiliers, de certaines entreprises ou d'autres catégories particulières de biens, dans la **69515** mesure où cette loi, en raison de la destination économique, familiale ou sociale de ces biens, impose des restrictions concernant la succession portant sur ces biens ou ayant une incidence sur celle-ci. Cette loi ne sera applicable que si elle a le caractère de loi de police, c'est-à-dire qu'elle s'applique quelle que soit la loi applicable à la succession (Règl. 650/2012 du 4-7-2012 art. 30). Ceci vaudra également en cas de choix de loi par le de cujus. Toute autre application de la loi d'un État membre (autre que celle désignée par le règlement) à titre de loi de police paraît exclue (N. Nord, Les lois de police : une conception classique ou restrictive ? : Dr. et patrimoine mai 2014 p. 56 s.).

La Cour de cassation a anticipé l'entrée en vigueur de cet article en déclarant que les dispositions de la loi française sur l'**attribution préférentielle** sont des lois de police (n° 71855).

ORDRE PUBLIC

69520 La **loi désignée** pourra être écartée si elle est **manifestement incompatible** avec l'ordre public du juge saisi (Règl. 650/2012 du 4-7-2012 art. 35).

Le règlement Successions ne change pas, sur le plan des principes, les solutions dégagées par la **jurisprudence française** en matière de successions internationales (nos 69670 s.).

Sur le plan des méthodes toutefois, le contenu de l'ordre public international n'est plus laissé à la discrétion des juges français mais est soumis au contrôle de la **Cour de justice de l'Union européenne.** À supposer que la Cour de justice transpose les solutions existant en matière de reconnaissance des jugements (n° 73010), ce qui nous paraîtrait logique, elle devrait en conclure qu'il ne lui appartient pas de définir le contenu de l'ordre public d'un État contractant, mais qu'il lui incombe de contrôler les limites dans le cadre desquelles le juge d'un État contractant peut avoir recours à cette notion pour écarter la loi d'un État membre. S'agissant de la loi d'un État tiers, le contrôle de la Cour de justice paraît moins justifié, sauf si le jeu de l'exception d'ordre public est de nature à remettre en cause les principes qui sous-tendent le règlement, et à priver d'effet utile certaines de ses dispositions. En outre, les libertés communautaires, en particulier le principe de libre circulation des personnes s'agissant de successions, pourraient s'opposer au jeu de l'ordre public à l'encontre de la loi d'un autre État membre, à moins que cette entrave ne soit justifiée conformément à la jurisprudence de la Cour (voir par exemple, en matière de loi applicable au nom, CJUE 22-12-2010 aff. 208/09, Sayn-Wittgenstein, pt. 81 : « une entrave à la libre circulation des personnes ne peut être justifiée que si elle se fonde sur des considérations objectives et est proportionnée à l'objectif légitimement poursuivi par le droit national »). Jusqu'à présent, le principe de libre circulation des personnes n'a été appliqué, s'agissant des conflits de lois, qu'en matière de nom patronymique (où la Cour de justice ne raisonne pas en termes de conflits de lois mais de reconnaissance des situations) mais il n'est pas exclu qu'il soit mis en œuvre dans d'autres domaines.

Enfin, le préambule du règlement rappelle que l'exception d'ordre public en vue d'écarter la loi d'un autre État membre ne peut jouer lorsque ce refus serait contraire à la **Charte des droits fondamentaux de l'Union européenne,** en particulier à son article 21 qui interdit toute forme de discrimination (Règl. 650/2012 du 4-7-2012 considérant 58).

69525 **Modulation des effets de l'ordre public** Le droit international privé français admet dans certains cas la modulation des effets de l'ordre public en fonction des liens entretenus par la situation avec l'ordre juridique français : **effet atténué de l'ordre public** (n° 67485) ou **ordre public de proximité** (n° 70635). Cette modulation n'est pas expressément consacrée par le règlement et ne l'a pas été jusqu'à présent dans d'autres domaines du droit international privé par la Cour de justice. Dans la mesure où les États membres définissent, dans le respect du droit européen, le contenu de leur ordre public international, rien ne semble s'opposer à ce que cette variation des effets de l'ordre public soit maintenue (en ce sens, A. Bonomi et P. Wautelet : Le droit européen des successions. Commentaire du Règlement (UE) n° 650/2012 du 4 juillet 2012, Bruylant, 2e éd., 2016, p. 578).

69530 **Non-discrimination** L'ordre public international a vocation à jouer en matière de successions pour défendre les valeurs fondamentales de l'ordre juridique français, au premier rang desquels se trouve le **principe d'égalité.** Celui-ci se retrouve d'ailleurs dans le socle commun de principes fondamentaux à tous les États membres. Ce socle est représenté par la convention européenne des droits de l'Homme et la Charte des droits fondamentaux de l'Union européenne, auquel se réfère volontiers la CJUE. Les discriminations à raison de la **religion** d'un héritier (dans un certain nombre de droits de tradition musulmane, les héritiers non musulmans sont exclus de la succession) ou de son **sexe** (minoration de la part successorale des femmes dans les droits de tradition musulmane) tombent sous le coup de l'ordre public international.

Les discriminations en raison de la **nature de la filiation** (légitime, naturelle ou adultérine) sont également interdites (CEDH 1-2-2000 n° 34406/97, Mazurek : RTD civ. 2000 p. 429 note J.-P. Marguénaud).

Néanmoins, selon un auteur, seul l'**ordre public de proximité** devrait jouer : une loi étrangère qui introduit une discrimination selon le sexe ou la religion ne serait pas écartée si tous les héritiers sont de nationalité étrangère et résident à l'étranger (Droit européen des successions internationales. Le règlement du 4 juillet 2012, dir. G. Khairallah et M. Revillard, Defrénois, 2013, v. La détermination de la loi applicable à la succession par G. Khairallah, p. 47), ce qui nous semble contestable. Dès lors qu'un tribunal français est compétent pour statuer sur tout ou partie de cette succession, il ne pourrait appliquer une loi discriminatoire. **69535**

En outre, en vertu du principe d'**application in concreto** de l'ordre public, celui-ci ne devrait jouer qu'en cas de discrimination effective. Par exemple, dans une succession où tous les héritiers du défunt sont des femmes, il n'y a, a priori, pas de discrimination possible. Toutefois, si les droits des successibles dans la succession sont minorés parce qu'il s'agit de femmes, et qu'ils auraient été plus importants en présence d'héritiers masculins, l'ordre public devrait jouer et écarter la loi successorale sur ce point. Il en va de même des droits de l'épouse en tant que conjoint survivant : celle-ci ne pourra jamais être discriminée in concreto par rapport à son mari, mais il est possible que ses droits dans la succession soient moindres que ceux dont aurait bénéficié son mari dans sa propre succession, si elle était prédécédée. Dans ce cas, à l'instar de la jurisprudence en matière de répudiations (qui admet la violation du principe d'égalité dès lors que le mari use d'une faculté de divorce unilatéral dont ne bénéficie pas son épouse), la loi étrangère doit être écartée pour violation du principe d'égalité. Certains auteurs estiment toutefois qu'en l'absence de discrimination concrète, il faudrait pour que l'ordre public puisse jouer que la situation entretienne des liens particuliers avec le juge saisi (ordre public de proximité) (A. Bonomi et P. Wautelet : Le droit européen des successions. Commentaire du Règlement (UE) n° 650/2012 du 4 juillet 2012, Bruylant, 2e éd., 2016, p. 587-588, citant la jurisprudence française en matière de répudiations à titre d'exemple).

Réserve héréditaire Le **projet de règlement** contenait une disposition indiquant qu'on ne pouvait opposer l'ordre public à une loi étrangère « au seul motif que ses modalités concernant la réserve héréditaire sont différentes de celle en vigueur dans le for ». A contrario, une absence totale de réserve pouvait donc être contraire à l'ordre public. Mais cette précision a disparu du texte définitif (Droit européen des successions internationales. Le règlement du 4 juillet 2012, dir. G. Khairallah et M. Revillard, Defrénois 2013, v. La détermination de la loi applicable à la succession par G. Khairallah, p. 47). Cette disparition peut être interprétée comme élargissant le jeu de l'exception non pas à l'absence totale de réserve, mais également à des cas où celle-ci est très inférieure à celle prévue par le juge (M. Grimaldi, Brèves réflexions sur l'ordre public et la réserve héréditaire : Defrénois 2012 art. DEF40563 p. 755). Mais elle pourrait tout aussi bien signifier que, selon le règlement, l'ordre public n'a pas à intervenir si la loi successorale désignée ne prévoit pas de réserve héréditaire. **69540**

S'agissant d'une loi prévoyant une réserve héréditaire moindre que celle prévue par la loi française, il semble admis de façon unanime en **doctrine** que l'ordre public ne devrait pas jouer (M. Grimaldi, Brèves réflexions sur l'ordre public et la réserve héréditaire : Defrénois 2012 art. DEF40563 p. 755, sauf, selon l'auteur, si cette proportion aboutit à un montant très inférieur ou si le jeu de la réserve prévue par la loi étrangère exclut certains héritiers qui en bénéficieraient selon le droit français). **69545**

En revanche, l'absence de réserve héréditaire dans la loi successorale désignée par le règlement divise les auteurs. Pour certains, elle est contraire à l'ordre public international (M. Grimaldi, précité ; S. Godechot-Patris, Le nouveau droit international privé des successions : entre satisfactions et craintes : D. 2012 p. 2462). Un auteur éminent estime au contraire qu'il serait regrettable que l'absence de réserve soit jugée contraire à l'ordre public international, excepté dans des hypothèses très particulières, si l'application de la loi étrangère aboutit à une situation inacceptable, en laissant par exemple sans ressources des enfants en bas âge ou en cours d'études (P. Lagarde, Les principes de base du nouveau règlement européen sur les successions : Rev. crit. DIP 2012 p. 691). Dans cette même logique, d'autres auteurs retiennent que si, en l'absence de réserve héréditaire prévue par la loi successorale, celle-ci connaît des mécanismes de protection de certains héritiers qui aboutissent à un résultat équivalent, ou à tout le moins à une certaine protection, l'ordre public ne doit pas jouer (A. Bonomi et P. Wautelet : Le droit européen des successions. Commentaire du Règlement (UE) n° 650/2012 du 4 juillet 2012, Bruylant, 2e éd., 2016, p. 597). Selon ces derniers auteurs, seuls certains héritiers devraient être protégés (conjoint, enfants voire partenaire, ce qui permettrait d'invoquer l'ordre public dans d'autres États membres à l'encontre du droit français) mais non les ascendants. En définitive, ils assignent à la réserve héréditaire une fonction alimentaire au profit d'un cercle familial restreint (A. Bonomi et P. Wautelet, précité, p. 596-599), ce qui ne paraît pas correspondre à ses fondements en droit français.

69550 La question semblait avoir été tranchée par la **Cour de cassation,** même si ses arrêts ont été rendus en application du droit international privé applicable avant l'entrée en vigueur du règlement Successions (nº 69680).

Mais cette solution a été remise en cause par la **loi confortant le respect des principes de la République,** qui a rétabli un droit de prélèvement compensatoire pour protéger les droits des héritiers réservataires tels que définis par la loi française (nº 70870). Quel que soit le sort de ce droit de prélèvement au regard du droit européen et constitutionnel, l'intention du législateur est semble-t-il de consacrer le caractère d'ordre public international de la réserve héréditaire telle que définie par le droit français. Reste à voir comment cette intention, éminemment critiquable, sera interprétée par les juges.

69555 **Pactes sur successions futures** Il a également été soutenu que la **prohibition** des pactes sur successions futures, en ce qu'ils constituent une atteinte à la liberté testamentaire, principe essentiel du droit français, est une composante de l'ordre public international, sauf pour les pactes acceptés par le droit français (M. Grimaldi, Brèves réflexions sur l'ordre public et la réserve héréditaire : Defrénois 2012 art. DEF40563 p. 755), ce qui semble excessif (Rép. droit international Dalloz, v. Règlement nº 650/2012 sur les successions par P. Lagarde, nº 167, estimant que lorsque le pacte est valable selon la loi désignée par le règlement, le droit français doit le reconnaître sans pouvoir opposer l'exception d'ordre public ; dans le même sens, P. Callé, L'anticipation successorale : Travaux comité fr. DIP 2014-2016, p. 143).

Certains auteurs suggèrent de distinguer entre les **pactes soumis à la loi d'un État tiers** et **ceux soumis à la loi d'un État membre** (Renonciation et successions : quelles pratiques ? Defrénois expertise notariale 2017, dir. C. Pérès, La pratique des renonciations dans les successions internationales par S. Godechot-Patris p. 510 s., spéc. p. 530). À vrai dire, on ne voit pas en quoi il y aurait atteinte à l'effet utile du règlement dans le second cas et pas dans le premier : celui-ci prévoit une règle de conflit universelle et spécifique au pacte successoral ; opposer systématiquement l'ordre public international alors que la règle de conflit du règlement valide de tels pactes est dans tous les cas une atteinte à son effet utile (A. Bonomi et P. Wautelet : Le droit européen des successions. Commentaire du Règlement (UE) nº 650/2012 du 4 juillet 2012, Bruylant, 2e éd., 2016, p. 602).

69560 **Indignité successorale** Une loi successorale étrangère qui ne prévoirait **pas de cas d'indignité** successorale dans les cas les plus graves (atteinte à la vie du de cujus) devrait être considérée comme contraire à l'ordre public international (A. Bonomi et P. Wautelet : Le droit européen des successions. Commentaire du Règlement (UE) nº 650/2012 du 4 juillet 2012, Bruylant, 2e éd., 2016, p. 600).

69565 **Mariage** En cas de mariage de **personnes de même sexe,** la loi successorale qui refuserait tout droit au conjoint survivant parce qu'elle ne reconnaît pas un tel mariage serait contraire à l'ordre public.

S'agissant d'un mariage **polygamique,** rien n'interdit de transposer la jurisprudence Baaziz (nº 69675) : reconnaissance d'une **vocation successorale à chacune de ses épouses,** sous réserve du jeu de l'ordre public pour protéger la première épouse qui, « compte tenu des circonstances, [...] devait s'attendre à contracter un mariage monogamique » (A. Bonomi et P. Wautelet : Le droit européen des successions. Commentaire du Règlement (UE) nº 650/2012 du 4 juillet 2012, Bruylant, 2e éd., 2016, p. 601).

Si l'on transpose la solution française traditionnelle (nº 69675), la part revenant normalement au conjoint survivant est partagée entre les différentes épouses. La survie de cette solution n'est toutefois pas certaine en raison de l'hostilité affichée par le législateur à l'encontre du mariage polygamique (Loi 2021-1109 du 24-8-2021 confortant le respect des principes de la République). Brisant la jurisprudence autorisant le partage d'une pension de réversion entre les différentes épouses (Cass. 2e civ. 5-11-2015 nº 14-25.565 F-D), la loi limite le bénéfice d'une pension de réversion due au titre d'un régime obligatoire à un seul conjoint survivant, hors divorce (CSS art. L 161-23-1 A). La pension ne sera versée qu'au premier conjoint de l'assuré décédé. Quant aux conjoints divorcés, ils continuent de bénéficier de la pension de réversion (partagée entre les différents ex-conjoints le cas échéant) dès lors que le mariage a été contracté en situation de monogamie ou, dans le cas contraire, pour la durée du mariage au cours duquel ils étaient l'unique conjoint du défunt. Par exception, la pension de réversion peut continuer à être partagée lorsque les époux sont ressortissants d'un État ayant conclu une

convention internationale avec la France qui autorise un tel partage (13 conventions de ce type sont aujourd'hui en vigueur). Un arrêt récent réaffirme cependant qu'en cas de mariage d'un assuré, suivi d'un second mariage qui n'a pas été déclaré nul, la seconde épouse a la qualité de conjoint survivant de sorte qu'elle doit bénéficier de la pension de réversion (Cass. 2e civ. 23-6-2022 no 21-11.793 F-D). On peut supposer que le nouvel article L 161-23-1 A s'appliquant aux pensions de réversion prenant effet à compter de la publication de la loi du 24 août 2021 confortant le respect des principes de la République (Loi 2021-1109 du 24-8-2021 art. 29, II), la pension litigieuse était antérieure mais l'arrêt ne le mentionne pas.
Pour un auteur, seule la solution relative à la pension de réversion serait remise en cause, mais pas le principe général de partage de la part du conjoint survivant entre les différentes épouses (P. Callé, note sous Cass. 1e civ. 17-11-2021 no 20-19.420 F-B : BPAT 1/22 inf. 14). L'auteur se fonde sur une interprétation littérale de l'article L 161-23-1 A du Code de la sécurité sociale ; en effet, si celui-ci limite le bénéfice de la pension de réversion à la première épouse, il admet qu'il puisse y avoir une pluralité de conjoints survivants.

FRAUDE À LA LOI

Si le **règlement** ne comporte aucun article spécifique relatif à la fraude à la loi, le **préambule** précise cependant qu'« aucune disposition du présent règlement ne devrait empêcher une juridiction d'appliquer les mécanismes destinés à lutter contre la fraude à la loi, par exemple dans le cadre du droit international privé » (Règl. 650/2012 du 4-7-2012 considérant 26). Il s'agit semble-t-il d'une référence générale à l'exception de fraude, telle qu'elle existe en droit international privé (no 67490). **69570**

À supposer que la Cour de Justice accepte que l'exception de fraude joue de manière générale comme un correctif aux règles de conflits de lois figurant dans le règlement, celui-ci ne pourra jouer que dans des hypothèses limitées. Ainsi, il ne peut pas y avoir de fraude à la loi relativement au **critère de la résidence habituelle** puisqu'il s'agit en principe d'un élément de fait (P. Mayer et V. Heuzé, Droit international privé, Montchrestien 2014, no 279). Dès lors la fraude ne pourrait résider que dans la fictivité de la résidence habituelle : il s'agirait d'une résidence habituelle simulée mais non réelle. On peut imaginer ainsi, à l'instar de ce que certains pays pratiquent pour l'attribution de leur nationalité, qu'une personne acquière une résidence dans un pays, s'y domicilie administrativement (ses papiers d'identité mentionnent cette adresse) mais n'y vive pas en réalité, sa résidence dans ce pays ne servant que de boîte aux lettres. Dans ce cas, le juge n'a pas à écarter le critère de la résidence habituelle comme étant frauduleux puisque la discussion entre les parties doit normalement suffire à établir que les critères caractérisant la résidence habituelle du défunt ne sont pas réunis. À l'inverse, si une personne modifie sa résidence habituelle dans le seul but de changer la loi applicable à sa succession pour déshériter ses enfants (ce qu'il ne peut pas faire s'il réside dans un pays dont la loi connaît la réserve héréditaire), il ne peut y avoir de fraude dès lors que la nouvelle résidence habituelle est effective (A. Bonomi et P. Wautelet : Le droit européen des successions. Commentaire du Règlement (UE) no 650/2012 du 4 juillet 2012, Bruylant, 2e éd., 2016, p. 314). **69575**

Le **critère de la nationalité** laisse en revanche place à une manipulation frauduleuse (comme en témoigne l'arrêt de principe en droit international privé commun Princesse de Beauffremont, no 67490). Il faut cependant exclure un certain nombre d'hypothèses : le choix de sa loi nationale pour l'appliquer à sa succession ne saurait en principe être frauduleux, même s'il est fait pour échapper aux règles impératives de la loi de la résidence habituelle : il s'agit de l'exercice d'une option de législation parfaitement licite ouverte par le règlement. Il en va de même si cette nationalité n'a aucune effectivité ; en décider autrement reviendrait à priver d'effet utile la disposition du règlement autorisant le choix de la loi nationale en lui ajoutant une condition d'effectivité. De même, si une personne est titulaire de plusieurs nationalités, le fait de choisir comme loi applicable à sa succession la loi d'une nationalité sans aucune effectivité ne saurait être frauduleux (voir cependant A. Bonomi et P. Wautelet : Le droit européen des successions. Commentaire du Règlement (UE) no 650/2012 du 4 juillet 2012, Bruylant, 2e éd., 2016, p. 359, qui s'interrogent sur la possibilité de considérer comme abusif un choix fait lorsque le de cujus n'a aucun lien avec la loi choisie, comme c'est le cas d'immigrés de deuxième et troisième génération). **69580**

En revanche, l'acquisition d'une nationalité dans le seul but de procéder à un choix de loi et d'échapper aux dispositions impératives (notamment relatives à la réserve héréditaire) de la loi de sa résidence habituelle devrait être considérée comme frauduleuse. Mais se posera alors le problème de la preuve de l'intention du de cujus, qui sera certainement très délicate à rapporter.

B. Successions ouvertes avant le 17 août 2015

QUALIFICATION

69630 La règle de conflit de lois étant distincte selon qu'il s'agit de **meubles ou** d'**immeubles,** il est nécessaire de qualifier préalablement les biens en cause (n° 67425). La qualification doit normalement s'opérer selon les concepts du droit français, ce qui « n'interdit pas de prendre en considération le statut et le caractère particulier donné aux objets, situés en territoires étrangers, pour déterminer s'ils rentrent, compte tenu de ces particularités, dans la catégorie des meubles ou dans celle des immeubles, telle que la loi française définit celles-ci » (TGI Seine 12-1-1966, Stroganoff-Scherbatoff : Rev. crit. DIP 1967 p. 120 note Loussouarn).

Comme en droit interne français (Cass. 3e civ. 23-10-1974 n° 73-12.024 : Bull. civ. III n° 375), les **parts de sociétés civiles immobilières** sont qualifiées de meubles en droit international privé (Cass. 1e civ. 20-10-2010 n° 08-17.033 FS-PBI, Ettehadieh : BPAT 6/10 inf. 339). Certains praticiens recommandaient leur utilisation (mise en société d'un immeuble du vivant de son propriétaire) afin de soumettre autant que possible la succession à une loi unique. Cependant, l'opération ne doit pas avoir pour seul but d'évincer la loi normalement applicable selon la règle de conflit française, ce qui serait constitutif d'une fraude (n° 69690).

SUCCESSIONS IMMOBILIÈRES

69635 La loi applicable à une succession immobilière est la loi du **pays où est situé l'immeuble** (Cass. civ. 14-3-1837, Stewart : S. 1837 I p. 195).

Si le patrimoine du défunt comporte plusieurs **immeubles situés dans des pays différents,** chaque immeuble (ou ensemble d'immeubles situés dans un même pays) constituera une masse successorale soumise à sa propre loi.

SUCCESSIONS MOBILIÈRES

69640 La loi applicable à une succession mobilière est la loi du pays où se situait le **dernier domicile du défunt** (Cass. civ. 19-6-1939, Labedan : Rev. crit. DIP 1939 p. 481 note Niboyet).

La **définition du domicile** doit être cherchée dans la loi française ; il s'agit alors du lieu où le défunt avait son principal établissement (C. civ. art. 102 s.). Les tribunaux retiennent une conception volontariste du domicile qui tient compte à la fois de l'intention de la personne et des circonstances factuelles. Le domicile du mineur sera réputé être celui de son représentant légal (C. civ. art. 108-2 ; P. Mayer, V. Heuzé et B. Remy, Droit international privé, LGDJ, précis Domat, 12e éd., 2019, n° 178).

MORCELLEMENT DES SUCCESSIONS

69645 L'existence de deux **règles de conflit distinctes** pour les meubles et les immeubles peut conduire assez fréquemment à un morcellement de la succession. Par exemple, la succession d'un Français domicilié à New York où il possède des comptes bancaires, et qui est propriétaire d'un appartement à Paris ainsi que d'une maison en Italie, sera régie d'après les règles de conflit de lois françaises par trois lois différentes : la loi italienne pour l'immeuble situé en Italie, la loi française pour l'immeuble situé en France et la loi de l'État de New York pour l'ensemble de ses biens meubles, notamment ses comptes bancaires.

Ce morcellement de la succession conduit à traiter chaque masse successorale comme autant de **successions distinctes** et autonomes. Les biens meubles forment une masse distincte, à laquelle s'ajoutent éventuellement le ou les immeubles possédés par le défunt dans le pays de son dernier domicile. Chaque autre immeuble ou ensemble d'immeubles situé dans un autre pays constitue une autre masse successorale. Les droits de chaque héritier s'apprécient au sein de chaque masse ; notamment, la réserve et la quotité disponible peuvent varier d'une masse à l'autre et l'héritier exercer son option différemment selon les droits qui lui sont conférés par la loi applicable (et les biens disponibles dans chaque pays). L'avantage est cependant limité si l'on admet que chaque masse doit la totalité de la dette (n° 71725) ; il suffira qu'il opte dans un cas pour l'acceptation pure et simple pour être tenu des dettes relatives aux autres masses (Rép. droit international Dalloz, v. Successions par P. Lagarde, nos 196 et 237).

69650 Afin d'**éviter les effets pervers du morcellement,** plusieurs solutions peuvent être envisagées. La première est d'opérer un partage amiable global de la succession, mais elle suppose qu'un tel partage soit valable et susceptible d'être reconnu selon les différentes lois en cause, et surtout l'accord des différents héritiers. Une autre solution consiste à autoriser l'héritier lésé à exercer un prélèvement compensatoire sur les biens situés en France (J.-Cl. Civil Code, App. art. 718 à 892 fasc. 10 par G. Droz et M. Revillard, nos 57 s.). La jurisprudence n'a pas consacré cette suggestion doctrinale. Elle n'a pas davantage été sensible à une prétendue violation du principe d'égalité qui résulterait de la différence de traitement entre les successibles propriétaires d'immeubles situés en France et à l'étranger (Cass. 1e civ. QPC 11-4-2018 n° 17-21.869 F-PB, absence de caractère nouveau et sérieux de la QPC ; la règle de conflit n'introduit en effet aucune différence de traitement entre les successibles, soumis, quelle que soit leur nationalité, à la loi française pour la dévolution des immeubles situés en France).

RENVOI

Outre la diversité des lois applicables, les règles de conflit de lois en matière successorale diffèrent selon les pays, ce qui peut aboutir à la désignation d'une loi différente de celle qui résulterait de l'application du droit international privé français. Cet inconvénient est tempéré, quoique de façon imparfaite, par le jeu du renvoi (nos 67435 s.). **69655**

Succession mobilière Le renvoi **au premier degré** (c'est-à-dire à la loi française) est admis depuis longtemps en matière de succession mobilière (Cass. civ. 24-6-1878 : S. 1878 I p. 429 ; Cass. req. 22-2-1882, Forgo : S. 1882 I p. 393 note Labbé). Il est en principe obligatoire pour le juge saisi (Cass. civ. 7-3-1938, De Marchi : Rev. crit. DIP 1938 p. 472 note Batiffol). Tel sera souvent le cas du renvoi opéré par la loi du domicile à la loi nationale (française). Par exemple, dans le cas d'un Français domicilié en Italie, la loi française désigne la loi italienne pour régir sa succession, mais la règle de conflit italienne désigne la loi nationale, donc renvoie à la loi française qui accepte ce renvoi. Le juge français appliquera ainsi la loi française. **69660**

Le renvoi **au second degré** (c'est-à-dire à une loi tierce) est également admis, quoiqu'il s'agisse surtout d'une possibilité théorique (Cass. civ. 7-3-1938 précité).

Succession immobilière La Cour de cassation a posé le principe du renvoi en matière de succession immobilière, en en faisant une obligation pour les juges du fond (Cass. 1e civ. 21-3-2000 n° 98-15.650 PR, Ballestrero : Rev. crit. DIP 2000 p. 399 note B. Ancel). Le renvoi ne peut cependant être admis qu'à condition d'**assurer l'unité successorale** et l'application d'une même loi aux meubles et aux immeubles (Cass. 1e civ. 11-2-2009 n° 06-12.140 FS-PBI, Riley). La doctrine s'interroge sur l'extension en matière mobilière de cette exigence relative à l'unité successorale (P. Mayer et V. Heuzé : Droit international privé, Montchrestien 2010, n° 805). **69665**

En outre, pour qu'il y ait véritablement renvoi, l'**interprétation de la règle de conflit étrangère** (et de l'élément de rattachement qu'elle prévoit) doit se faire conformément aux concepts du droit étranger et non par référence au droit français. Ainsi, à propos d'une succession comportant des immeubles en France et en Espagne, la règle de conflit de lois espagnole désigne la loi nationale du défunt pour régir l'ensemble de la succession. En présence d'une personne possédant la double nationalité franco-espagnole, le juge français ne peut décider que les règles de conflit de lois du lieu de situation de l'immeuble renvoient à la loi française alors qu'en présence d'un conflit de nationalités la loi espagnole accorde la primauté à sa propre nationalité (Cass. 1e civ. 15-5-2018 n° 17-11.571 FS-PB : SNH 18/18 inf. 5).

EXEMPLE

Christiane Froment, de **nationalité française,** est décédée le 12 juillet 2015 à son **domicile à Rome.** Son patrimoine comprend un appartement à Rome et du mobilier le garnissant, des comptes bancaires en France et en Italie et une villa à Antibes. Elle laisse son mari survivant et leurs deux enfants communs. Les époux avaient établi un contrat de mariage de séparation de biens.

Quelle est la loi applicable à cette succession ? Le règlement Successions n'est pas applicable à cette succession ouverte avant le 17 août 2015. Si la succession est réglée par un notaire français, la **succession mobilière** de Christiane Froment **et l'appartement de Rome** doivent, selon la règle française de conflit de lois, être régis par la **loi italienne** mais celle-ci **renvoie à la loi nationale du défunt** qui régit la succession mobilière et immobilière (art. 46 de la loi italienne sur le droit international privé du 3-3-1995). Par application du renvoi, la succession mobilière et immobilière de Christiane Froment, de nationalité française, sera dévolue conformément à la loi française, la villa d'Antibes étant soumise également à la loi française. Le jeu du renvoi conduit donc à l'unité successorale en faveur de la loi française.

ORDRE PUBLIC

Certaines causes d'ouverture d'une succession, telle la **mort civile,** sont contraires à l'ordre public. **69670**

L'ordre public international joue également en matière successorale pour écarter des **lois discriminatoires.** Une loi établissant une incapacité successorale en raison de la non-appartenance à une religion déterminée ou pour un motif racial sera contraire à l'ordre public (pour la non-appartenance à une religion, voir Cass. 1e civ. 17-11-1964 n° 60-11.682 : JCP G 1965 II nº 13978 concl. Lindon). L'ordre public devrait également s'opposer à la validité d'une condition de conversion religieuse figurant dans un legs (Cass. 1e civ. 21-11-2012 nº 10-17.365 FS-PBI : BPAT 1/13 inf. 15, dont la solution, rendue au regard de l'ordre public interne mais au visa des articles 8 et 9 de la convention européenne des droits de l'Homme, paraît transposable en matière internationale).

Il en irait de même d'une loi qui établirait un droit d'aînesse. Seraient encore censurées des discriminations fondées sur la distinction entre enfants légitimes et naturels ou sur le sexe de l'héritier, par exemple en accordant une part double aux héritiers de sexe masculin.

Enfin, sous l'influence de la Cour européenne des droits de l'Homme, il faudrait écarter une loi établissant une inégalité à l'encontre de l'enfant adultérin (CEDH 1-2-2000 nº 34406/97, Mazurek : RTD civ. 2000 p. 429 note J.-P. Marguénaud).

69675 **Mariage polygame** Lors du décès d'un époux polygame, l'ordre public ne s'oppose pas à la reconnaissance d'une **vocation successorale à chacune de ses épouses.** Mais si la loi applicable est la loi française, la part revenant normalement au conjoint est partagée entre les différentes épouses (y compris la pension de réversion : Cass. 2e civ. 5-11-2015 nº 14-25.565 F-D). La survie de cette solution n'est toutefois pas certaine en raison de l'hostilité affichée récemment par le législateur à l'encontre du mariage polygamique (voir nº 69565).

Par ailleurs, si la **première épouse** est **française,** l'ordre public s'oppose à ce que le second mariage (nécessairement contracté à l'étranger) produise des effets « à son encontre » (Cass. 1e civ. 6-7-1988 nº 85-12.743, Baaziz : Rev. crit. DIP 1989 p. 71 note Y. Lequette), voire même tout effet en France (Cass. 2e civ. 1-12-2011 nº 10-27.864 FS-D, jugeant que « la conception française de l'ordre public international s'oppos[e] à ce que le mariage polygamique, contracté en Algérie par celui qui savait être encore l'époux d'une Française, produise des effets en France »). Cette jurisprudence, qui paraissait remise en cause par l'arrêt rendu à propos du partage de la pension de réversion (Cass. 2e civ. 5-11-2015 précité : la seconde épouse étrangère bénéficie du statut de conjoint survivant tant que son mariage n'a pas été annulé), est aujourd'hui confortée par le législateur (voir cependant Cass. 2e civ. 23-6-2022 nº 21-11.793 F-D, qui reprend exactement la même solution que l'arrêt de 2015).

EXEMPLE

Ali Ben Amar, de nationalité algérienne, est décédé le 1er août 2015 à son domicile à Oran. Il laisse ses **deux épouses, de nationalité algérienne vivant en Algérie.** Il s'était marié une première fois à Batna le 8 décembre 1978 et une deuxième fois à Oran le 15 juin 1992. Quatre enfants sont nés du premier mariage et trois enfants du second. En France, sa **succession comprend deux appartements,** l'un à Grenoble et l'autre à Nice. La succession étant ouverte avant le 17 août 2015, ces deux immeubles doivent être dévolus selon la loi du lieu de situation de l'immeuble, soit la loi française. Ils reviennent par parts égales à ses sept enfants sous réserve du quart en pleine propriété partagé entre les deux épouses recevant chacune 1/8e en pleine propriété puisqu'il s'agit d'un mariage polygamique régulièrement contracté à l'étranger avec des femmes algériennes (sous réserve que cette solution ne soit pas remise en cause par l'évolution législative récente, exposée ci-dessus).

69680 **Réserve héréditaire** Une **loi étrangère qui ignore la réserve héréditaire** n'est pas en soi contraire à l'ordre public international français et ne peut être écartée que si son application concrète, au cas d'espèce, conduit à une situation incompatible avec les principes du droit français considérés comme essentiels (Cass. 1e civ. 27-9-2017 nº 16-13.151 FS-PBRI et Cass. 1e civ. 27-9-2017 nº 16-17.198 FS-PBRI : BPAT 6/17 inf. 222). La Cour de cassation semble cependant subordonner la mise en œuvre de cette loi à **deux conditions** :

– d'une part, un lien significatif entre le défunt et le pays dont la loi successorale s'applique, sorte d'ordre public de proximité à l'envers (J. Guillaumé, La loi étrangère qui ne connaît pas la réserve héréditaire n'est pas en soi contraire à l'ordre public international : D. 2017 p. 2185) ;

– d'autre part, le fait que les héritiers qui auraient bénéficié de la réserve au sens du droit français ne soient pas dans une situation de précarité économique ou de besoin. Le fait que les héritiers soient majeurs (relevé dans Cass. 1e civ. 27-9-2017 nº 16-17.198 FS-PBRI) semble d'ailleurs permettre de remplir plus facilement cette condition.

La **survie de cette jurisprudence** est aujourd'hui incertaine (nº 69550). Si la Cour de cassation décidait de consacrer le caractère d'ordre public international de la réserve héréditaire, rien n'interdirait de l'appliquer aux successions ouvertes avant le 17 août 2015 en vertu du principe d'actualité de l'ordre public international (nº 67485).

69685 **Indignité** Certains auteurs soutiennent que les causes d'indignité prévues par la loi française sont d'ordre public et qu'une **loi étrangère** ne saurait se montrer **plus libérale,** au moins en cas d'attentat à la vie du de cujus (Rép. droit international Dalloz, v. Successions par P. Lagarde, nº 140 ; voir également J.-Cl. Civil Code, App. art. 718 à 892 fasc. 10 par G. Droz et M. Revillard, nº 148).

FRAUDE

La fraude se manifeste notamment par l'élaboration d'un **montage afin d'évincer les héritiers réservataires** désignés par la loi normalement applicable. Dans une affaire célèbre, un père de nationalité française mais vivant aux îles Vierges souhaitait priver ses deux enfants de tous droits sur un immeuble situé en France. Il céda donc l'immeuble à une société constituée par lui aux îles Vierges, les actions de la société étant ensuite apportées à un trust. La manœuvre fut écartée comme frauduleuse (Cass. 1e civ. 20-3-1985 no 82-15.033, Caron : Bull. civ. I no 103, Rev. crit. DIP 1986 p. 66 note Y. Lequette). Certains auteurs considèrent cependant que l'apport d'un immeuble à une société civile ne doit pas être présumé frauduleux, sous peine de « troubler gravement la pratique notariale » qui conseillait souvent ce procédé pour des raisons variées avant l'entrée en vigueur du règlement Successions (J.-Cl. Civil Code, App. art. 718 à 892 fasc. 10 par G. Droz et M. Revillard, no 104). 69690

Jugé que la fraude aux droits des héritiers est caractérisée en présence d'un trust constitué au profit d'entités dont le de cujus avait conservé la maîtrise globale et qui avaient été détournées de leur fonctionnement normal par celui-ci pour des considérations fiscales et familiales illicites. Dès lors, les transferts apparents de droits au profit des entités concernées sont inopposables aux héritiers (Cass. 1e civ. 18-5-2022 no 20-20.609 FS-D : BPAT 4/22 inf. 183 obs. S. Godechot-Patris).

II. LIBÉRALITÉS

A. Successions ouvertes depuis le 17 août 2015

1. DISPOSITIONS À CAUSE DE MORT

DÉFINITIONS

La **notion de « dispositions à cause de mort »** comprend (Régl. 650/2012 du 4-7-2012 art. 3) : 69760

– le testament ;

– le testament conjonctif (c'est-à-dire un testament établi par deux ou plusieurs personnes dans le même acte) ;

– le pacte successoral.

Le **pacte successoral** est défini comme un accord, y compris celui résultant de testaments mutuels, qui confère, modifie ou retire, avec ou sans contre-prestation, des droits dans la succession future d'une ou de plusieurs personnes parties au pacte.

Un **testament conjonctif** ne sera pas nécessairement un pacte successoral ; il ne le sera que s'il est également mutuel, c'est-à-dire si les dispositions contenues dans ce testament reflètent un accord des testateurs (ou sont interdépendantes l'une de l'autre) (A. Bonomi et P. Wautelet : Le droit européen des successions. Commentaire du Règlement (UE) no 650/2012 du 4 juillet 2012, Bruylant, 2e éd., 2016, p. 408).

Le règlement Successions contient des règles spécifiques pour l'ensemble des dispositions à cause de mort et, parmi celles-ci, des dispositions particulières pour le pacte successoral. De manière générale, s'agissant de ces actes, le règlement distingue entre la recevabilité, la validité au fond de ceux-ci et, pour le pacte successoral, ses effets contraignants entre les parties (y compris en ce qui concerne les conditions de sa dissolution).

Sur ce que recouvrent la recevabilité et la validité au fond, voir nos 69855 s.

> **Précisions** **a.** La **donation-partage** du droit français s'analyse en un pacte successoral (P. Callé, Les donations-partages en droit international privé : Defrénois 2014 no 115s8 p. 399 ; en sens contraire, voir S. Godechot-Patris, D. 2021 p. 2073, interprétant l'arrêt CJUE 9-9-2021 aff. 277/20 comme imposant, pour qualifier un acte de pacte successoral, un transfert de propriété à la date du décès du disposant et non à la date de l'acte). Il en va de même de la renonciation anticipée à l'action en réduction et de l'institution contractuelle.
>
> **b.** Un contrat (de droit autrichien) par lequel une personne prévoit le transfert futur, lors de son décès, de la propriété d'un bien immobilier lui appartenant à d'autres parties contractantes constitue un pacte successoral (CJUE 9-9-2021 aff. 277/20, UM c/ HW). Il faut en déduire de manière générale que les **donations à cause de mort** qui confèrent un droit au donataire sur des biens qui relèvent du patrimoine du défunt au décès de ce dernier constituent une modalité de transmission de la succession et relèvent donc du règlement Successions (P. Callé, Règlement européen sur les successions internationales : notion de pacte successoral et précision sur les dispositions transitoires : Dalloz Actualité 28-9-2021).

a. Loi applicable au fond

LOI APPLICABLE

69765 La **recevabilité et** la **validité au fond** d'une disposition à cause de mort autre qu'un pacte successoral sont régies par la loi qui aurait été applicable à la succession de l'auteur de la disposition s'il était décédé le jour de l'établissement de la disposition (Règl. 650/2012 du 4-7-2012 art. 24, 1).

Selon le préambule, « dans le cas où il est fait référence […] à la loi qui aurait été applicable à la succession de la personne qui dispose, si elle était décédée le jour, […] de l'établissement de la disposition à cause de mort, […] cette référence doit s'entendre comme étant une référence soit à la loi de l'État de la résidence habituelle de la personne concernée ce jour-là, soit, si la personne avait fait un choix de loi en vertu du présent règlement, à la loi de l'État de sa nationalité ce jour-là » (Règl. UE 650/2012 du 4-7-2012 considérant 51). La **loi successorale « anticipée »** est ainsi **cristallisée** au jour de l'établissement de la disposition, ce qui permet de sauvegarder la validité de l'acte en cas de changement futur de loi applicable. Cela signifie qu'un testament sera régi en principe par la loi de la résidence habituelle du testateur à la date du testament.

69770 **Établissement de la résidence habituelle** La difficulté pratique qui ne manquera pas de surgir sera d'établir la résidence habituelle au moment de la rédaction de la disposition à cause de mort si le décès survient des années après.

En l'**absence de choix de loi** (pour régir ce testament ou la succession dans son ensemble), le testateur, s'il recourt aux conseils d'un praticien, devrait réunir les éléments permettant d'établir celle-ci (et le cas échéant les annexer à son testament). Même si un choix en faveur de la résidence habituelle n'est pas possible selon le règlement, rien n'interdit au testateur d'indiquer qu'il entend se placer sous l'empire de la loi de sa résidence habituelle afin, d'une part, de la préciser et, d'autre part, d'écarter toute difficulté d'interprétation relative à un prétendu choix tacite de sa loi nationale.

69775 La seconde hypothèse envisagée est celle dans laquelle le **de cujus a choisi sa loi nationale** pour régir l'ensemble de sa succession (et non seulement cet acte à cause de mort, voir n° 69795) soit précédemment, soit dans la disposition à cause de mort concernée. Dans ce cas, l'acte à cause de mort est régi par la loi choisie puisque si le disposant était décédé ce jour, sa succession aurait été régie par sa loi nationale. Le paradoxe est alors que ce choix est également cristallisé à la date de la disposition : si le testateur venait à révoquer ultérieurement son choix de loi, son testament n'en serait pas moins toujours régi par sa loi nationale à l'époque de l'établissement du testament. Le résultat est absurde et sans doute non voulu par le règlement : celui-ci a certainement voulu protéger le de cujus contre les effets non prévus d'un changement de résidence habituelle mais pas contre un changement volontaire de la loi applicable à sa succession. Certains auteurs recommandent dès lors de considérer que la « cristallisation » de la loi successorale anticipée ne doit pas s'appliquer en cas de modification ou de révocation ultérieure du choix de la loi applicable à l'ensemble de la succession (A. Bonomi et P. Wautelet : Le droit européen des successions. Commentaire du Règlement (UE) n° 650/2012 du 4 juillet 2012, Bruylant, 2e éd., 2016, p. 419).

69780 **Clause d'exception** La **lettre du règlement** n'exclut pas le jeu de la clause d'exception ; sur cette dernière, voir nos 69410 s.

En **pratique,** le jeu de celle-ci alors qu'un laps de temps important s'est écoulé depuis la rédaction de l'acte à cause de mort paraît délicat. Il s'agit peut-être d'une erreur de plume, le préambule ne mentionnant que la loi de la résidence habituelle et la loi choisie (Règl. 650/2012 du 4-7-2012 considérant 51). Il paraît raisonnable de considérer que l'intention du législateur européen était de l'exclure (en ce sens, Rép. droit international Dalloz, v. Capacité par E. Gallant, n° 70).

69785 **Renvoi** En visant de manière générale la loi qui serait applicable à la succession, le règlement n'exclut pas non plus le jeu du renvoi, s'agissant de la **loi de la résidence habituelle du disposant** (il est exclu en cas de choix de loi ou de jeu de la clause d'exception).

Là encore, le résultat **pratique** serait désastreux (et certainement non anticipé par le testateur) et il ne paraît pas non plus conforme à l'intention du législateur européen tel que cela ressort très clairement du préambule (Règl. UE 650/2012 du 4-7-2012 considérant 51). Il faut donc considérer que le jeu du renvoi est exclu (en sens contraire, P. Callé, La donation de biens à venir entre époux en droit international privé : Le droit à l'épreuve des siècles et des frontières. Mélanges en l'honneur du professeur Bertrand Ancel, LGDJ 2018).

CHOIX DE LA LOI APPLICABLE

L'auteur de la disposition peut également désigner, comme loi applicable à celle-ci, la loi qu'il aurait pu choisir pour régir l'ensemble de sa succession (n° 69430), c'est-à-dire sa **loi nationale** (Règl. 650/2012 du 4-7-2012 art. 24, 2). 69790

Le choix se fait dans les mêmes **conditions de fond et de forme.** Il convient donc de respecter la forme des dispositions à cause de mort si ce choix est fait dans un acte séparé plutôt que dans la disposition elle-même (ce qui paraît très improbable). Le disposant, s'il possède plusieurs nationalités, pourra choisir l'une quelconque d'entre elles de manière discrétionnaire. Un choix tacite doit également être admis. Le choix est valide s'il porte sur une nationalité que le de cujus possède à la date du choix ou lors de son décès. Certains auteurs considèrent que cette option ne devrait pas s'appliquer dans le cas du choix de loi applicable seulement à une disposition à cause de mort (autre qu'un pacte successoral) (A. Bonomi et P. Wautelet : Le droit européen des successions. Commentaire du Règlement (UE) n° 650/2012 du 4 juillet 2012, Bruylant, 2e éd., 2016, p. 425).

Portée du choix de loi Le choix ici envisagé est un choix de loi pour régir uniquement l'acte de disposition à cause de mort, qui ne vaudra donc pas pour l'ensemble de la succession, laquelle pourra être régie par une loi distincte. Cela signifie qu'un tel choix est parfaitement possible alors que la loi de la résidence habituelle du défunt serait par ailleurs applicable à la succession dans son ensemble. Il s'agit d'un **« dépeçage » de la loi successorale** qui réintroduit une forme de morcellement de la succession que le règlement cherche pourtant à éviter. D'un point de vue pratique, il sera sans doute nécessaire au disposant d'être explicite dans la rédaction de l'acte de choix de loi et d'indiquer expressément que l'acte est régi par la loi nationale du disposant mais que ce choix ne saurait être interprété comme valant choix de loi pour l'ensemble de la succession. À défaut, un choix sans autre précision risque d'être interprété comme un choix de loi régissant l'ensemble de la succession, d'autant que le règlement admet aussi la possibilité d'un choix tacite pour l'ensemble de la succession. Dans certaines hypothèses, il faudrait sans doute considérer que l'on est en présence d'un choix tacite pour « sauver » le testament. Supposons qu'un Anglais résidant en France rédige son testament et le soumet par une clause expresse à la loi anglaise. S'il prévoit l'institution d'un trust et de disposition lésant les droits à réserve de ses enfants selon le droit français, il est sans doute possible de considérer que les dispositions matérielles de dernière volonté relèvent de la loi applicable à la disposition à cause de mort (nos 69765 et 69820) ; en revanche il ne fait pas de doute que la réserve relève de la loi successorale. Dans ce cas, il faudrait sans doute considérer que la volonté tacite du testateur était de choisir la loi anglaise pour l'ensemble de la succession. 69795

Le dépeçage de la succession, s'il est voulu consciemment par le disposant, peut donner lieu à des **montages sophistiqués** : choix de la loi nationale pour régir un testament parce que le disposant souhaite recourir à une substitution (libéralité graduelle) prohibée par la loi de sa résidence habituelle sans pour autant évincer les dispositions sur la réserve de celle-ci. On pourrait aussi imaginer un disposant possédant plusieurs nationalités et choisissant l'une pour régir un acte à cause de mort et une autre pour régir l'ensemble de sa succession, à l'exception de cet acte (A. Bonomi et P. Wautelet : Le droit européen des successions. Commentaire du Règlement (UE) n° 650/2012 du 4 juillet 2012, Bruylant, 2e éd., 2016, p. 425). 69800

Modification de la disposition à cause de mort La modification ou la révocation d'une disposition à cause de mort sera régie par la loi choisie ou, à défaut de choix, par la loi qui aurait été applicable à la succession de la personne, au moment de cette modification ou révocation. C'est donc la **loi applicable à l'acte modificatif** ou révocatoire qui régira cette modification ou révocation et non la **loi initiale.** 69805

Par exception, la **capacité de disposer à cause de mort,** qui relève de la validité au fond (voir n° 69860), s'apprécie toujours par rapport à la loi applicable à l'acte initial : lorsqu'une personne a la capacité de disposer à cause de mort en vertu de la loi applicable à l'acte initial, une modification ultérieure de la loi applicable n'affecte pas sa capacité de modifier ou de révoquer une telle disposition (Règl. 650/2012 du 4-7-2012 art. 26, 2). 69810

Il semble également logique de considérer que la **possibilité même de révoquer ou modifier** l'acte initial (caractère révocable du testament par exemple) dépende de la loi applicable à l'acte initial (A. Bonomi et P. Wautelet : Le droit européen des successions. Commentaire du Règlement (UE) n° 650/2012 du 4 juillet 2012, Bruylant, 2e éd., 2016, p. 412-413 ; en sens contraire semble-t-il, U. Bergquist, D. Damascelli, R. Frimston, P. Lagarde, F. Odersky et B. Reinhartz, Commentaire du règlement européen sur les successions, Dalloz, 2015, art. 24 nos 10 à 11 et art. 25 n° 4 par P. Lagarde). La loi applicable lors de l'établissement de la disposition régira également les **causes légales de révocation** : c'est à celle-ci qu'il appartiendra de décider si la survenance de certains événements vaut révocation de plein droit de l'acte de disposition à cause de mort (A. Bonomi et P. Wautelet, précité, p. 419).

69815 Il s'agit ici de la modification ou de la révocation d'une disposition à cause de mort. La **modification ou** la **révocation de la loi choisie** est en principe toujours possible, sous réserve d'une éventuelle cristallisation de la loi nationale (voir n° 69775), et obéit aux mêmes principes que ceux applicables au choix de loi pour régir l'ensemble de la succession (n° 69455).

SCHÉMA RÉCAPITULATIF SUR LA LOI APPLICABLE

69817

Loi applicable au fond à une disposition à cause de mort

- Disposant ayant choisi la loi applicable à la disposition
  - Loi applicable = loi de la nationalité du disposant au jour de la disposition ou au jour de son décès (Régl. 650/2012 du 4-7-2012 art. 24, 2) (n°s 69790 s.)
- Disposant n'ayant pas choisi de loi applicable à la disposition
  - Loi applicable = loi successorale anticipée (Règl. 650/2012 du 4-7-2012 art. 24, 1) (n°s 69765 s.)
    - En l'absence de choix de loi applicable à la succession, loi successorale anticipée = loi de la résidence habituelle du disposant au jour de la disposition (n° 69770)
    - En cas de choix de la loi applicable à la succession, loi successorale anticipée = loi de la nationalité du disposant au jour de la disposition (n° 69775)

FORMALITÉS

69819 La loi française prévoit certaines formalités en cas de découverte en France d'un testament (C. civ. art. 1007) ; sur ces formalités, voir n° 70175. Elles seront certainement applicables lorsque la **loi successorale est la loi française.** Mais doit-on les appliquer dès lors que l'on trouve un testament en France même si la loi successorale désignée par le règlement **n'est pas la loi française** ? Selon un auteur, le règlement ne vise pas les mesures d'ouverture et de conservation des testaments en tant que telles et les règles françaises de droit international privé demeurent pleinement applicables (Rép. droit international Dalloz, v. Testament par H. Rosoux, n° 81). Cette règle était rattachée avant l'adoption du règlement à la loi de situation des biens par une doctrine éminente (Rép. droit international Dalloz, v. Successions par P. Lagarde, n° 218). D'autres auteurs y voient une catégorie propre de droit international privé (les formalités d'ouverture et de conservation du testament) soumise à la loi du lieu de découverte (H. Peroz et E. Fongaro, Droit international privé patrimonial de la famille, LexisNexis, 2e éd., 2017, n° 811) ou une règle matérielle de droit international privé (H. Rosoux, précité, n° 82). Si la conservation des testaments paraît effectivement hors du champ du règlement (n° 69925), on peut en revanche douter que l'ouverture du testament ne soit pas une matière successorale, et ne relève donc pas du règlement (la liste de matières couvertes par la loi successorale est non limitative : Règl. 650/2012 du 4-7-2012 art. 23). D'autant que la saisine de plein droit du légataire universel ou la nécessité de son envoi en possession, telles que prévues par l'article 1007 du Code civil, relèvent nécessairement du règlement (tout comme la procédure de « probate » dont on considère qu'elle dispense de réaliser les formalités de l'article 1007 si elle a été réalisée à l'étranger (H. Rosoux, précité, n° 90).

ATTENTION

L'obligation de procéder à l'**enregistrement** auprès du service des impôts compétent du **testament fait en pays étranger** pour qu'il puisse être exécuté sur des **biens situés en France** (C. civ. art. 1000) continue à s'appliquer puisqu'elle relève de la matière fiscale, hors du champ d'application du règlement (Cass. 1e civ. 13-4-2022 n° 20-23.530 FS-B : BPAT 3/22 inf. 172-12) ; sur cette exclusion, voir n°s 68020 s.

PACTES SUCCESSORAUX

Un pacte successoral qui concerne la **succession d'une seule personne** est régi, quant à sa recevabilité, sa validité au fond et ses effets contraignants entre les parties (y compris en ce qui concerne les conditions de sa dissolution) par la loi qui aurait été applicable à la succession de cette personne si elle était décédée le jour où le pacte a été conclu (Règl. 650/2012 du 4-7-2012 art. 25, 1). 69820

Lorsque le pacte successoral concerne la **succession de plusieurs personnes,** sa recevabilité doit être admise par chaque loi qui aurait régi la succession de chacune des personnes concernées si elles étaient décédées le jour où le pacte a été conclu. Cela signifie donc en pratique que l'admissibilité du pacte sera soumise à la loi la plus contraignante en présence. Parmi ces lois, celle qui entretient les liens les plus étroits avec le pacte régira sa validité au fond et ses effets contraignants (y compris les conditions de sa dissolution) entre les parties (Règl. 650/2012 du 4-7-2012 art. 25, 2).

Difficultés pratiques La détermination de la **loi des liens les plus étroits** risque de s'avérer délicate, d'autant qu'il faudrait logiquement se placer à la date de conclusion du pacte pour les apprécier et non à la date du décès. Les événements survenus après la date de conclusion du pacte ne devraient donc pas être pris en compte pour apprécier ces liens. 69825

La détermination de la loi applicable au pacte successoral appelle les mêmes remarques que les autres actes de disposition à cause de mort, s'agissant de l'exclusion du jeu de la **clause d'exception et** du **renvoi** (n°s 69780 s.).

Modification du choix de la loi applicable à la succession S'agissant de la possibilité de modifier un choix de loi applicable à l'ensemble de la succession **postérieurement à l'établissement du pacte** successoral, il paraît fondé dans ce cas de considérer que nonobstant une modification ultérieure par le de cujus de la loi applicable à l'ensemble de sa succession, la **recevabilité,** la **validité au fond du pacte et** ses **effets contraignants** restent régis par la loi nationale choisie pour régir la succession à l'époque de l'établissement de la disposition. En d'autres termes, la « cristallisation » de la loi applicable, telle qu'elle résulte de la lettre du texte, est parfaitement justifiée pour les pactes successoraux. En décider autrement permettrait au de cujus (ou à l'un d'entre eux s'agissant d'un pacte concernant plusieurs successions) de remettre seul en cause la validité du pacte, ce qui ruinerait les attentes des autres parties au pacte, et donc son effet contraignant (A. Bonomi et P. Wautelet, Le droit européen des successions. Commentaire du Règlement (UE) n° 650/2012 du 4 juillet 2012, Bruylant, 2e éd., 2016, p. 441). En revanche, si le **choix de loi** est effectué par le de cujus **dans le pacte lui-même** (ce qui est permis par le règlement), une doctrine éminente considère que ce choix ne peut être modifié que par l'accord des parties, ce qui rendrait la « cristallisation » de la loi applicable au moment du pacte inutile et inopportune, en ce qu'elle interdit toute modification de la loi applicable alors même que l'ensemble des parties au pacte y aurait consenti (A. Bonomi et P. Wautelet, précité). On peut cependant penser que le de cujus devrait rester libre du choix de la loi applicable à sa succession, même si celui-ci est fait dans un pacte successoral, les attentes des parties au pacte étant précisément protégées par la cristallisation de la loi applicable. 69830

EXEMPLE

Un **Allemand vivant en France** et **ayant choisi sa loi nationale** pour régir la succession conclut un **pacte successoral de droit allemand** relativement à sa succession avec ses enfants.

S'il **révoque ensuite son choix de loi,** ce sera la loi française qui sera applicable à la succession, mais la recevabilité, la validité au fond du pacte et ses effets contraignants resteront soumis au droit allemand.

Choix de la loi applicable au pacte Que le pacte concerne la succession d'une ou de plusieurs personnes, il est également prévu une possibilité de choix de loi par les parties. Celles-ci peuvent choisir, comme loi applicable au pacte successoral (tant à sa recevabilité qu'à sa validité, ses effets et sa dissolution), la loi que la personne concernée ou l'une des personnes concernées aurait pu choisir pour régir l'ensemble de sa succession, c'est-à-dire la **loi nationale** de la ou des personnes concernées (Règl. 650/2012 du 4-7-2012 art. 25, 3). 69835

Dans ce cas, le **choix de loi** ne pourra être **modifié ou révoqué** que d'un commun accord entre les parties au pacte successoral, même si le règlement ne le précise pas.

La formule suivante peut être proposée (D. Boulanger, Quelques formules adaptables à partir du règlement européen sur les successions : SNH 7/21 inf. 9 n° 11) ; elle est adaptable pour tout pacte successoral.

MODÈLE

Choix dans une donation-partage

À insérer au début de l'acte :

La présente donation-partage constitue un pacte successoral. Les parties à l'acte choisissent comme loi le régissant, quant à sa recevabilité, sa validité au fond et ses effets contraignants, y compris en ce qui concerne les conditions de sa dissolution, la loi française.

Selon le cas :

Il s'agit de la loi de l'État dont le donateur possède la nationalité au moment où le choix est opéré.

(*ou*) Il s'agit de la loi de l'État dont le donateur envisage d'acquérir la nationalité (*cette hypothèse doit être réservée aux situations dans lesquelles l'acquisition prochaine de la nationalité française est certaine*).

DISPOSITIONS À CAUSE DE MORT ÉTABLIES AVANT LE 17 AOÛT 2015

69840 Comme pour le choix de la loi applicable à la succession, une disposition à cause de mort établie avant le 17 août 2015, date d'entrée en vigueur du règlement, est validée rétroactivement par le règlement si le **décès** est **intervenu depuis cette date** (Règl. 650/2012 du 4-7-2012 art. 83, 3).

La disposition doit cependant être recevable et valable sur le **fond et** en la **forme** :
– conformément aux conditions prévues par le règlement ;
– ou en application des règles de droit international privé qui étaient en vigueur, au moment où la disposition a été prise, dans l'État dans lequel le défunt avait sa résidence habituelle, dans tout État dont il possédait la nationalité ou dans l'État membre de l'autorité chargée de régler la succession.

69845 En outre, si une disposition à cause de mort, prise avant le 17 août 2015, est rédigée conformément à la **loi que le défunt aurait pu choisir** en vertu du règlement, cette loi est réputée avoir été choisie comme loi applicable à l'ensemble de la succession. Le règlement pose donc une véritable **présomption de choix,** non pas seulement pour l'acte de disposition à cause de mort concerné, mais pour l'ensemble de la succession. Cela peut s'avérer surprenant pour le disposant, d'autant que le texte ne vise pas seulement une hypothèse de choix tacite mais de manière beaucoup plus large le simple fait que la disposition ait été rédigée conformément à la loi que le de cujus aurait pu choisir. On peut se demander si cette présomption de choix peut être renversée, notamment par les héritiers du de cujus (en faveur d'une présomption simple : P. Callé, La donation de biens à venir entre époux en droit international privé : Le droit à l'épreuve des siècles et des frontières. Mélanges en l'honneur du professeur Bertrand Ancel, LGDJ 2018 ; en faveur d'une présomption irréfragable : A. Bonomi et P. Wautelet : Le droit européen des successions. Commentaire du Règlement (UE) n° 650/2012 du 4 juillet 2012, Bruylant, 2e éd., 2016, p. 978). La Cour de Justice n'a pas été saisie directement de cette question, mais elle ne semble pas envisager la preuve contraire lorsqu'elle évoque cette disposition (CJUE 16-7-2020 aff. 80/19 : BPAT 5/20 inf. 152).

69850 Bien que ces dispositions transitoires soient applicables à toutes les dispositions à cause de mort, y compris les pactes successoraux intéressant la **succession de plusieurs personnes,** elles semblent avoir été conçues principalement en contemplation des actes intéressant la **succession d'une seule personne** (testaments ou pactes relatifs à la succession d'une seule personne).

DOMAINE DE LA LOI APPLICABLE AUX ACTES À CAUSE DE MORT

69855 **Recevabilité des dispositions à cause de mort** La recevabilité désigne l'« admissibilité », c'est-à-dire le fait de savoir « si la disposition en cause est autorisée dans son principe par le **droit de l'État dont la loi est applicable,** ce qui vaut surtout pour le pacte successoral » (P. Lagarde, Les principes de base du nouveau règlement européen sur les successions : Rev. crit. DIP 2012 p. 691). Elle peut dépendre des personnes concernées : ainsi en Allemagne, un testament conjonctif n'est possible qu'entre conjoints ou partenaires (A. Bonomi et P. Wautelet : Le droit européen des successions. Commentaire du Règlement (UE) n° 650/2012 du 4 juillet 2012, Bruylant, 2e éd., 2016, p. 435).

69860 **Validité au fond et effets contraignants** La validité au fond des **dispositions à cause de mort** comprend (Règl. 650/2012 du 4-7-2012 art. 26, 1) :
– la capacité de la personne qui dispose à cause de mort de prendre une telle disposition ;
– les incapacités de disposer en faveur de certaines personnes ou de recevoir pour le bénéficiaire ;
– l'admissibilité de la représentation aux fins de l'établissement d'une disposition à cause de mort ;

– l'interprétation de la disposition ;
– le consentement de la personne qui dispose.

La validité au fond inclut donc l'incapacité générale de tester du mineur de 16 ans (C. civ. art. 903), les limitations à la capacité de disposer du mineur de plus de 16 ans (C. civ. art. 904) ainsi que l'incapacité spéciale de tester du mineur en faveur de son tuteur (C. civ. art. 907), de même que les incapacités spéciales de recevoir propres à certaines professions (médecin, ministre du culte, notamment : C. civ. art. 909). La capacité de succéder et donc de recevoir à cause de mort (C. civ. art. 906 : l'enfant doit être conçu pour recevoir par testament) relève en revanche de la loi successorale (Rép. droit international Dalloz, v. Capacité par E. Gallant, nº 83). Quant à la capacité générale de recevoir, elle ne relèverait pas de la loi successorale anticipée mais de la loi nationale du gratifié (Rép. droit international Dalloz, v. Capacité par E. Gallant, nº 71), sauf le cas échéant pour la désignation d'un représentant de la personne vulnérable (nº 69977).

S'agissant des **pactes successoraux,** les effets contraignants du pacte et les conditions de sa dissolution sont également déterminés par la loi applicable aux dispositions à cause de mort (et non par la loi applicable à la succession dans son ensemble, si elle est différente). Il s'agira en particulier de déterminer dans quelle mesure les dispositions du pacte sont irrévocables (en droit allemand, seules certaines dispositions des pactes successoraux le sont : voir A. Bonomi et P. Wautelet : Le droit européen des successions. Commentaire du Règlement (UE) nº 650/2012 du 4 juillet 2012, Bruylant, 2e éd., 2016, p. 436).

Il appartiendra dès lors à la loi applicable à la succession au moment du décès de régir l'ensemble des aspects non couverts par ces notions. Il en va ainsi de la détermination de la **quotité disponible** (nº 70830). Il revient à la loi applicable à la succession de déterminer si une personne peut prétendre à une **réserve héréditaire** ou jouit d'un autre droit dont elle ne peut être privée par le défunt (Règl. 650/2012 du 4-7-2012 considérant 50). Il s'ensuit logiquement que l'obligation au **rapport et** la **réduction** des libéralités relèvent également de la loi successorale (nº 70845). **69865**

Or la loi désignée pour régir au fond une disposition à cause de mort ne sera pas nécessairement la loi appliquée à la succession au moment du décès. Si cela risque de ruiner les efforts d'**anticipation successorale** du défunt, la solution n'est pas nouvelle pour le praticien au regard du droit français antérieur. Ainsi, si la loi successorale anticipée est la loi de la résidence habituelle du de cujus, celui-ci peut changer de résidence habituelle après l'établissement de la disposition ou procéder à un choix de sa loi nationale pour régir sa succession. Lorsqu'un choix de loi spécifique à la disposition à cause de mort a été fait, la loi de la résidence habituelle (ou une autre loi nationale) s'appliquera à la succession. Il est d'ailleurs théoriquement possible que la loi applicable à l'acte de disposition à cause de mort l'invalide alors qu'il est valable selon la loi successorale. Dans ce cas, une doctrine éminente estime que la loi successorale ne peut valider a posteriori la disposition non valable et l'acte sera donc tenu pour nul (Rép. droit international Dalloz, v. Règlement nº 650/2012 sur les successions par P. Lagarde, nº 29).

EXEMPLE

Un **Français résidant habituellement à Londres** rédige un **testament.** Quelques années plus tard, il **retourne s'établir en France où il décède.** En l'absence de choix de loi relatif à la disposition à cause de mort, sa recevabilité et sa validité s'apprécient au regard du droit anglais tandis que la succession sera régie par le droit français. La réserve héréditaire prévue par le droit français devra dès lors s'appliquer et les legs contenus dans le testament seront éventuellement soumis à réduction selon le droit français.

DIFFICULTÉS D'ARTICULATION AVEC LA LOI SUCCESSORALE

L'énumération faite par le règlement de ce que recouvrent les notions de recevabilité et validité au fond des dispositions à cause de mort semble limitative. Or celle-ci ne couvre pas ce que certains auteurs nomment les « dispositions à cause de mort au sens matériel », (A. Bonomi et P. Wautelet : Le droit européen des successions. Commentaire du Règlement (UE) nº 650/2012 du 4 juillet 2012, Bruylant, 2e éd., 2016, p. 408), c'est-à-dire les **effets juridiques des dispositions prises par le disposant** : legs, substitution (libéralité graduelle), charges imposées aux légataires, institution d'un trust, institution contractuelle d'héritier, etc. L'articulation avec la loi successorale risque alors d'être plus délicate lorsque le de cujus recourt à des mécanismes inconnus de la loi successorale ou interdits par elle. **69870**

Dispositions testamentaires S'agissant des dispositions testamentaires, si le de cujus a prévu une **substitution inconnue de la loi successorale,** celle-ci sera-t-elle validée ? Le règlement indique expressément que les éventuelles « charges qui peuvent être imposées par le défunt » sont soumises à la loi successorale. Or une libéralité graduelle « n'est rien d'autre qu'une libéralité à charge » (S. Godechot-Patris, Liquider une succession internationale en présence d'actes à cause de mort : les réflexes à acquérir : Sol. Not. 7/17 inf. 185). **69875**

Faut-il dès lors en conclure que celle-ci est soustraite à la loi successorale pour être régie par la **loi successorale anticipée** ? Certains auteurs le soutiennent (A. Bonomi et P. Wautelet : Le droit européen des successions. Commentaire du Règlement (UE) nº 650/2012 du 4 juillet 2012, Bruylant, 2e éd., 2016, p. 410). Cette interprétation semble la seule possible, sauf à retirer une grande partie de son effet aux dispositions du règlement spécifiques aux dispositions à cause de mort.

69880 **Pactes successoraux** S'agissant des pactes successoraux, que faire s'il a été conclu conformément aux dispositions de la **loi successorale anticipée** qui le **valide** mais que la **loi successorale appliquée** est différente et le **prohibe.** Il n'est pas question ici d'opposer l'exception d'ordre public international à une loi étrangère validant un pacte sur succession future (nº 69555). Il s'agit de délimiter les domaines respectifs de la loi successorale anticipée et de la loi successorale effectivement appliquée. La validité de l'institution elle-même utilisée par le de cujus relève de l'admissibilité de la disposition à cause de mort : celle-ci est régie par la loi successorale anticipée et ne pourrait être remise en cause par la loi successorale effectivement appliquée. En revanche, la loi successorale doit définir les droits des héritiers réservataires. À supposer que les héritiers aient procédé à une renonciation anticipée à l'action en réduction conformément au droit français, loi successorale anticipée, mais que la loi successorale ignore une telle renonciation, pourront-ils exercer l'action en réduction, qui relève selon le règlement de la loi successorale (nº 70845) ? Il nous semble que non. L'interprétation contraire priverait d'effet utile la disposition du règlement soumettant l'admissibilité des dispositions à cause de mort à la loi successorale anticipée.

CONSEIL

En tout état de cause, il est possible de **réduire ces incertitudes** en soumettant l'ensemble de la succession (et non pas seulement la disposition à cause de mort concernée) à la loi nationale : celle-ci régira tant la ou les dispositions à cause de mort prises par le de cujus que la succession. C'est ce que préconise un praticien en présence d'une donation-partage intéressant plusieurs États membres afin d'en assurer l'efficacité (G. Soudey, La donation-partage internationale à l'épreuve du règlement Successions : SNH 35/19 inf. 8). Une telle efficacité ne peut en revanche être garantie lorsque la donation-partage intéresse des États tiers, à moins que les différentes règles de conflits en présence conduisent à l'application d'une loi successorale unique qui admette un tel pacte (G. Soudey, précité).

b. Loi applicable à la forme

SOURCES

69900 Le règlement Successions prévoit une règle de conflit de lois alternative (Règl. 650/2012 du 4-7-2012 art. 27), similaire à celle prévue par la convention de La Haye du 5 octobre 1961 sur les conflits de lois en matière de forme des dispositions testamentaires. Cela permet en pratique d'étendre les règles de cette dernière à l'ensemble des États membres, alors que cette Convention n'est en vigueur que dans 16 d'entre eux. Dans la mesure où le règlement indique expressément qu'il s'efface devant celle-ci, la France continuera à appliquer la convention de La Haye aux **testaments,** y compris aux testaments conjonctifs (Règl. 650/2012 du 4-7-2012 art. 75, 1).

S'agissant en revanche des **pactes successoraux,** ceux-ci étant hors du champ d'application de la Convention (Rép. droit international Dalloz, v. Testament par H. Rosoux, nº 22), le règlement s'appliquera.

> Précisions a. À l'instar de la convention de La Haye du 5 octobre 1961, le règlement prévoit que toute disposition légale qui limite les **formes admises** pour les dispositions à cause de mort (en ce inclus les pactes successoraux) **en faisant référence à l'âge, à la nationalité ou à d'autres qualités personnelles** du testateur ou des personnes dont la succession est concernée par un pacte successoral est considérée comme relevant du domaine de la forme (Règl. 650/2012 du 4-7-2012 art. 27, 3). Cela ne signifie pas que la loi applicable à la forme détermine si, par exemple, un mineur a ou non la capacité de disposer à cause de mort mais seulement si une qualité personnelle du disposant telle que, par exemple, la minorité devrait l'empêcher d'effectuer une disposition à cause de mort sous une forme donnée (Règl. 650/2012 du 4-7-2012 considérant 53).

b. Le règlement Successions exclut de son champ d'application la validité quant à la forme des **dispositions à cause de mort formulées oralement** alors que celle-ci est couverte par la convention de La Haye du 5 octobre 1961 (cependant, il était admis que les États signataires puissent émettre une réserve ce point : voir nº 69910, Précisions).

CONVENTION DE LA HAYE DU 5 OCTOBRE 1961

69905 La convention de La Haye du 5 octobre 1961 sur la forme des testaments, ratifiée par la France, contient les règles de conflit de lois françaises applicables en la matière. Son **objectif** affiché est de favoriser la validité formelle des dispositions de dernière volonté du défunt.

Ainsi, une disposition testamentaire est valable en la forme si elle est conforme à l'**une des lois suivantes** (Conv. La Haye du 5-10-1961 art. 1) :
– loi du lieu où le testateur a disposé ;
– loi d'un pays dont le testateur a la nationalité, soit au moment où il a disposé, soit au moment de son décès ;
– loi du lieu dans lequel le testateur a son domicile, soit au moment où il a disposé, soit au moment de son décès (l'existence du domicile en un lieu donné est appréciée selon la loi de ce même lieu) ;
– loi du lieu où le testateur a sa résidence habituelle, soit au moment où il a disposé, soit au moment de son décès ;
– pour les immeubles, loi du lieu de leur situation.

Le **mécanisme du renvoi** est exclu.

Domaine de la loi désignée Le domaine de la loi désignée par la Convention est large puisque sont considérées comme des questions de forme les **prescriptions se rattachant à l'âge, à la nationalité ou à d'autres qualités personnelles** du testateur qui limitent les formes des dispositions testamentaires admises. 69910

La Convention s'applique à la forme des **testaments conjonctifs.** Elle ne tranche pas cependant la question de savoir si la possibilité de faire un testament conjonctif est une question de fond ou de forme. Selon la jurisprudence française, il s'agit d'une question de forme (Cass. 1e civ. 21-11-2012 n° 10-17.365 FS-BPI : BPAT 1/13 inf. 15). Sur ce point, pourrait surgir une divergence d'interprétation avec les pays appliquant le règlement et non la Convention, en dépit du fait qu'ils appliquent un texte similaire. En effet, il ressort clairement des dispositions du règlement que la possibilité de faire un testament conjonctif est une question relative à l'admissibilité d'une certaine forme de disposition à cause de mort, c'est-à-dire une question de fond (A. Bonomi et P. Wautelet : Le droit européen des successions. Commentaire du Règlement (UE) n° 650/2012 du 4 juillet 2012, Bruylant, 2e éd., 2016, p. 469-470).

La loi désignée par la Convention peut être écartée si elle est manifestement incompatible avec l'**ordre public** (Conv. La Haye du 5-10-1961 art. 7 ; Cass. 1e civ. 10-7-2013 n° 12-22.983 F-D).

> **Précisions** Un **testament** établi seulement en la **forme orale** par un Français n'ayant pas d'autre nationalité ne sera pas reconnu (hors circonstances extraordinaires), la France ayant émis une réserve sur ce point (Conv. La Haye du 5-10-1961 art. 10).

CONVENTION DE WASHINGTON DU 26 OCTOBRE 1973

Le règlement n'affectant pas l'application des conventions internationales auxquelles un ou plusieurs États membres sont parties lors de son adoption et qui portent sur des matières qu'il régit, son adoption est sans incidence sur la convention portant loi uniforme sur la forme d'un **testament international,** faite à Washington, le 26 octobre 1973. En tout état de cause, cette convention a un objet différent du règlement, ne portant pas à proprement parler sur les conflits de lois (Règl. 650/2012 du 4-7-2012 art. 75, 1). 69915

Ratifiée par la France le 1er juin 1994 et entrée en vigueur le 1er décembre suivant, cette Convention crée une forme particulière de testament. Ce testament est appelé de façon impropre « testament international » puisqu'il peut être utilisé dans des situations purement internes ; inversement, le fait que la situation présente un élément d'extranéité n'oblige pas à recourir à cette forme (M. Revillard, L'entrée en vigueur de la convention de Washington du 26 octobre 1973 portant loi uniforme sur la forme d'un testament international : JDI 1995 p. 585).

Le testament sera valable (en la forme seulement) au regard des États signataires dès lors qu'il a été établi en la forme prévue par la convention. Celle-ci n'établit **pas de règle de conflit de lois** mais une forme de testament susceptible d'être directement reconnue par les États signataires (et indirectement lorsque la règle de conflit du juge saisi désigne la loi d'un État signataire).

La Convention semble peu utilisée **en pratique.**

> **Précisions** **a.** Les **pays** dans lesquels la convention de Washington du 26 octobre 1973 est en vigueur sont les suivants : Australie, Belgique, Bosnie-Herzégovine, Canada (pour les provinces de Manitoba, Terre-Neuve, Ontario, Alberta, Saskatchewan, Île-du-Prince-Édouard, Nouveau-Brunswick, Nouvelle-Écosse, Colombie-Britannique), Chypre, Croatie, Équateur, Italie, Libye, Niger, Portugal, Slovénie.
>
> **b.** La jurisprudence récente illustre un avantage pratique méconnu du testament international, utilisé en l'occurrence dans des situations purement internes. Le testament international permet de « sauver » un **testament authentique nul,** à condition que la nullité de celui-ci ne résulte que du non-respect des dispositions des articles 971 à 975 du Code civil (Cass. 1e civ. 12-6-2014 n° 13-18.383 FS-PBI : BPAT 4/14

inf. 171 ; Cass. 1e civ. 1-4-2015 n° 13-22.367 F-D). Ce procédé, dit « de conversion par réduction », ne peut en revanche être utilisé si la nullité a été prononcée pour un autre motif (insanité d'esprit par exemple) ; dans ce cas, la nullité du testament ne peut être évitée (Cass. 1e civ. 12-6-2014 n° 13-20.582 F-PBI : BPAT 4/14 inf. 171).
Sur cette question, voir également n° 69920, Précisions, e.

69920 **Règles de forme** Le testament doit être établi **par écrit,** pas nécessairement de la main du testateur ni manuscrit, dans une langue quelconque. Le testateur doit **déclarer devant deux témoins et une personne habilitée** à instrumenter (en France, un notaire) que le document est son testament et qu'il en connaît le contenu, sans être tenu de le divulguer aux témoins, ni à la personne habilitée. En présence de ceux-ci, il signe le testament ou reconnaît sa signature ; les témoins et la personne habilitée doivent en faire de même. Selon la Cour de cassation, le testateur ne peut affirmer connaître le contenu du testament s'il est dans l'incapacité de lire le document remis au notaire en raison d'une maladie neurodégénérative (Cass. 1e civ. 12-10-2022 n° 21-11.408 FS-B : BPAT 6/22 inf. 286). Elle estime également, de manière contestable, que si un testament international peut être écrit en une langue quelconque afin de faciliter l'expression de la volonté de son auteur, celui-ci ne peut l'être en une langue que le testateur ne comprend pas, même avec l'aide d'un interprète (Cass. 1e civ. 2-3-2022 n° 20-21.068 FS-B : BPAT 3/22 inf. 136 ; voir également S. Godechot-Patris, État des lieux sur le testament international et ses applications jurisprudentielles : SNH 10/23 inf. 9). La cour d'appel de Lyon, saisie de l'affaire sur renvoi, affirme au contraire, à juste titre selon nous, qu'aucune disposition n'impose que le testament international soit écrit dans une langue que le testateur comprend, la présence d'un interprète permettant précisément de remédier aux difficultés de compréhension du testateur (CA Lyon 21-3-2023 n° 22/02394 : BPAT 4/23 n° 176). Il appartiendra dès lors à l'assemblée plénière de la Cour de cassation de trancher.

L'ensemble de ces formalités est prescrit à peine de **nullité** du testament international (M. Revillard, L'entrée en vigueur de la convention de Washington du 26 octobre 1973 portant loi uniforme sur la forme d'un testament international : JDI 1995 p. 585). Si le testament est nul en tant que testament international, il peut toutefois valoir comme testament d'une autre forme.

La personne habilitée délivrera une **attestation** (en trois exemplaires) rédigée selon le modèle établi par la Convention. Cette attestation fera preuve de la validité du testament au regard de la Convention, jusqu'à preuve contraire. Toutefois, l'absence de l'attestation n'affecte pas la validité du testament international.

Le testament est soumis aux règles ordinaires de **révocation** des testaments.

> Précisions **a.** La Convention précise que les **signatures** doivent être apposées à la fin du testament et que si celui-ci comporte plusieurs feuillets, chaque feuillet doit être numéroté et signé par le testateur (ou s'il est dans l'incapacité de signer, par la personne signant en son nom ou, à défaut, par la personne habilitée). Ces modalités de la signature ne sont pas expressément prescrites par la Convention à peine de nullité (Conv. Washington du 26-10-1973 art. 1). La Cour de cassation a cependant jugé, à juste titre, que l'article 5 prévoyant la signature du testateur est indissociable des dispositions de l'article 6 qui déterminent les modalités de la signature ; si celles-ci ne sont pas respectées, le testament est nul en tant que testament international (Cass. 1e civ. 10-10-2012 n° 11-20.702 FS-PBI : BPAT 6/12 inf. 305, où aucun des feuillets, à l'exception du dernier, n'était signé). Elle a toutefois ultérieurement assoupli sa position, validant le testament dont seul le dernier feuillet était signé, les précédents étant simplement paraphés (Cass. 1e civ. 25-11-2015 n° 14-21.287 FS-PBI : BPAT 1/16 inf. 28).

b. La **date du testament** est celle de sa signature par la personne habilitée et doit être apposée par celle-ci à la fin du testament.

c. La Convention ne s'applique pas au **testament conjonctif.**

d. La nécessité de procéder au **dépôt du testament** olographe ou mystique entre les mains d'un notaire (C. civ. art. 1007) ne devrait pas s'appliquer au testament international, puisque la lettre du texte ne vise pas cette forme de testament (P. Callé, Regards sur un mal-aimé : le testament international : Mélanges en l'honneur du professeur P. Mayer, Lextenso, 2015, p. 91 s. ; en sens contraire, M. Grimaldi, Libéralités. Partages d'ascendants, Litec, 2000, n° 1380).

e. De manière contestable, la jurisprudence admet la **conversion** par réduction d'un **testament authentique en testament international** (n° 69915) en considérant que l'obligation faite au testateur de déclarer sa volonté et de signer le testament en présence de deux témoins et d'une personne habilitée (un notaire) est satisfaite en ce que ces formalités ont été accomplies en présence de deux notaires, par équivalence des conditions prévues en droit français (Cass. 1e civ. 5-9-2018 n° 17-26.010 FS-PBI : SNH 29/18 inf. 5). La loi française tient en effet pour équivalente la présence de deux témoins et d'un notaire ou de deux notaires (C. civ. art. 971). Cette interprétation est critiquable : la Convention ne prévoit nullement une telle équivalence et il ressort clairement du rapport explicatif que le testament doit être établi en présence de trois personnes. Le texte de la Convention renvoie à la loi française pour fixer les qualités requises pour être témoin (capacité générale, incompatibilités), mais non pour décider si ces deux témoins peuvent être suppléés par une autre personne.

INSCRIPTION DES TESTAMENTS

Une **convention de Bâle du 16 mai 1972** prévoit un système d'inscription internationale des testaments. Doivent être déposés : 69925
– les testaments établis par acte authentique ;
– les testaments qui ont fait l'objet d'un acte officiel de dépôt auprès d'un notaire ou d'une autorité publique ;
– les testaments olographes remis à un notaire ou à une autorité publique (si la loi de l'État concerné le permet), sans qu'un acte officiel de dépôt n'ait été dressé.

Les modifications et révocations des testaments inscrits doivent également l'être si elles interviennent dans l'une des formes prévues pour l'inscription.

L'inscription est en principe faite à la demande du notaire ou de l'autorité publique. Elle demeure secrète du vivant du testateur.

En France, les testaments sont inscrits auprès du fichier central des dispositions de dernières volontés tenu par l'ADSN (Association pour le développement du service notarial), 95, avenue des Logissons, 13107 Venelles Cedex.

> **Précisions** Un **réseau européen** des registres de testaments (RERT) a été créé par la Conférence des notariats de l'Union européenne (Association du réseau européen des registres testamentaires (ARERT), 30-34 rue de la Montagne, B-1000 Bruxelles, Belgique).

PACTES SUCCESSORAUX

Le règlement Successions étend les règles prévues par la convention de La Haye pour les testaments. L'**éventail des lois** susceptibles de valider en la forme le pacte successoral est large puisque le pacte successoral sera validé s'il est conforme à la loi (Règl. 650/2012 du 4-7-2012 art. 27, 1) : 69930
– du lieu de conclusion du pacte ;
– s'agissant des immeubles, du lieu de situation de l'immeuble ;
– de l'État dont l'une des personnes dont la succession est concernée par le pacte possède la nationalité, au moment de la conclusion du pacte ou au moment du décès ;
– de l'État dans lequel l'une des personnes dont la succession est concernée par le pacte a sa résidence habituelle ou son domicile, au moment de la conclusion du pacte ou au moment de son décès.

MODIFICATION D'UNE DISPOSITION À CAUSE DE MORT

Les **lois susceptibles de s'appliquer** à un testament (en vertu de la convention de La Haye) ou à un pacte successoral (en vertu du règlement Successions) s'appliquent également aux dispositions à cause de mort modifiant ou révoquant une disposition antérieure. L'**appréciation des différents critères** se fait alors par rapport à l'acte modificatif ou révocatoire. 69935

Toutefois, afin de **favoriser la validité de ces dispositions,** la modification ou la révocation est également valable quant à la forme si elle est conforme à l'une des lois en vertu desquelles la disposition à cause de mort modifiée ou révoquée était valable. Autrement dit, on appréciera les différents éléments de rattachement à la fois à la date de la disposition à cause de mort et à celle de la disposition la modifiant ou la révoquant (et, dans tous les cas à la date du décès).

LOIS DE POLICE

Ni la **convention de La Haye,** ni le **règlement Successions** ne prévoient la possibilité d'appliquer des lois de police pour écarter la loi désignée en matière de forme des dispositions à cause de mort. 69940

Le **Portugal,** qui n'avait pas ratifié la convention de La Haye, mais qui sera désormais lié par ses dispositions reprises à l'article 27 du règlement, ne pourra ainsi pas imposer la disposition de son Code civil interdisant à un Portugais de tester en la forme olographe.

Renonciation anticipée à l'action en réduction La renonciation anticipée à l'action en réduction est un **pacte successoral** valable en la forme s'il est conforme aux règles de forme prévues par l'une des lois désignées par le règlement. Peu importe que la loi désignée ne prévoie pas des dispositions aussi contraignantes que celles prévues en droit français (C. civ. art. 930 ; intervention de deux notaires notamment). Qualifier cette disposition de règle de fond plutôt que de forme ne permettrait pas non plus d'imposer la loi française si celle-ci n'est pas la loi successorale anticipée. En tout état de cause, ce serait inexact puisque cette disposition relève clairement de la catégorie forme. 69945

2. DONATIONS

SOURCES

69975 Les droits et biens créés ou transférés autrement que par succession, par exemple au moyen de libéralités, sont en principe exclus du champ d'application du **règlement Successions** (Règl. 650/2012 du 4-7-2012 art. 1, 2-g), sous réserve du rapport et de la réduction qui relèvent de la loi successorale (n° 70845).

Étant normalement des contrats, les donations devraient entrer dans le champ d'application du règlement 593/2008 du 17 juin 2008 sur la loi applicable aux obligations contractuelles, dit « **règlement Rome I** » (JOUE 2008 L 177 p. 6 ; rectificatif du 24-11-2009 : JOUE 2009 L 309 p. 87), si elles ont été conclues depuis le 17 décembre 2009 (voir n° 71340). Si elles ont été conclues entre le 1er avril 1991 et le 17 décembre 2009, elles entrent dans le champ d'application de la **convention de Rome** du 19 juin 1980 sur la loi applicable aux obligations contractuelles.

Toutefois toutes les donations ne sont pas incluses dans le champ d'application du règlement Rome I. En effet, le règlement, à l'instar de la convention qu'il remplace et dont il reprend l'essentiel, exclut de son champ d'application les obligations découlant des relations de famille, des régimes matrimoniaux et des successions (voir n° 71410). Le **rapport Giuliano-Lagarde relatif à la convention de Rome** précisait que cette dernière n'excluait pas les donations dans leur ensemble, comme cela avait été envisagé dans un premier temps ; au contraire, celles-ci étaient incluses dès lors qu'elles dérivent d'un contrat « même lorsqu'elles sont effectuées dans le cadre familial, sans pour autant être couvertes par le droit de la famille. Restent donc en dehors du champ d'application des règles uniformes les seules donations contractuelles affectées par le droit de la famille, des régimes matrimoniaux ou des successions » (Rapport concernant la convention sur la loi applicable aux obligations contractuelles par M. Giuliano et P. Lagarde p. 10).

Dès lors, la doctrine propose de distinguer entre les donations à caractère familial et les autres donations, les premières étant exclues du champ d'application de la convention de Rome puis du règlement Rome I.

a. Donations « ordinaires »

CAPACITÉ

69977 La question de la **capacité de disposer ou de recevoir** ne relève pas de la loi applicable à la donation mais, comme la capacité générale d'exercice, de la loi nationale (Rép. droit international Dalloz, v. Capacité par E. Gallant, n° 75). Si toutefois se pose la question de la désignation d'un représentant d'un mineur ou d'un majeur protégé, ou si, en vertu de sa loi nationale ou de la loi applicable à un régime de protection existant (tutelle ou responsabilité parentale), il est nécessaire d'obtenir une autorisation préalable pour conclure la donation, ces questions relèveront des conventions de La Haye des 19 octobre 1996 (enfants) ou 13 janvier 2000 (adultes), lesquelles désignent la loi de l'autorité saisie (qui est celle de la résidence habituelle de la personne protégée dans la plupart des cas).

Toutefois, le règlement Rome I et la convention de Rome contiennent une disposition quasi identique permettant de protéger l'**ignorance excusable** du cocontractant de l'incapable : lorsque les deux cocontractants se trouvent dans le même pays, celui qui serait capable selon la loi de ce pays ne peut invoquer son incapacité résultant d'une autre loi que si, au moment de la conclusion du contrat, son cocontractant a connu cette incapacité ou ne l'a ignorée qu'en raison d'une imprudence de sa part (Règl. 593/2008 du 17-6-2008 dit « Rome I » art. 13 ; Conv. Rome du 19-6-1980 art. 11). Si la transaction est importante, l'ignorance de l'incapacité d'une partie est une imprudence, et l'incapable pourra se prévaloir de son état contre son cocontractant. C'est la raison pour laquelle la doctrine considère généralement que cette règle ne peut s'appliquer en matière de donation immobilière (Rép. droit international Dalloz, v. Donation, donation entre époux par B. Ancel, n° 14).

69978 La loi applicable aux **incapacités spéciales de disposer et de recevoir** (qui sont le plus souvent des incapacités de jouissance) ne fait pas l'objet d'un consensus en doctrine. Une doctrine éminente considère qu'elles devraient être soumises à la loi régissant la relation entre les parties concernées (Rép. droit international Dalloz, v. Donation, donation entre époux par B. Ancel, n° 18), c'est-à-dire être rattachées à l'institution ou à l'acte concernés :

– l'incapacité de disposer du mineur au profit de son tuteur (C. civ. art. 907), à la loi régissant la tutelle ;

– l'interdiction des libéralités au profit du médecin ou du ministre du culte ayant soigné ou assisté une personne pendant la maladie dont elle meurt (C. civ. art. 909), à la loi de la succession (en faveur de la loi successorale, P. Mayer et V. Heuzé : Droit international privé, Montchrestien, 2014, n° 539, mais le règlement Successions exclut les libéralités entre vifs de son domaine ; rien n'interdit cependant de l'étendre à cette question sauf si l'on considère qu'elle relève de la loi applicable à la donation).

D'autres auteurs voient cependant dans ces interdictions une mesure de protection du disposant et préconisent l'application de la loi régissant la capacité d'exercice, c'est-à-dire, de la loi nationale du disposant (Rép. droit international Dalloz, v. Capacité par E. Gallant, n° 80). En tout état de cause, les présomptions d'interposition de personnes (C. civ. art. 911) doivent relever de la loi applicable à l'incapacité (Rép. droit international Dalloz, v. Donation, donation entre époux par B. Ancel, n° 20). Ces interdictions ne devraient ainsi s'appliquer que si la loi française est désignée applicable à l'institution concernée. Néanmoins, étant destinées à protéger le crédit de certaines fonctions ou professions, elles doivent être considérées comme des lois de police, applicables dès lors que l'activité médicale ou religieuse a lieu en France ou si le bien objet de la libéralité entre vifs se trouve en France (en ce sens, Rép. droit international Dalloz, v. Donation, Donation entre époux par B. Ancel, n° 18).

S'agissant de l'incapacité de disposer entre vifs à titre gratuit du **mineur de 16 ans** (C. civ. art. 903), qui est une incapacité absolue de jouissance attachée à la personne du mineur, la doctrine admet qu'elle doit être soumise à la même loi que l'incapacité générale d'exercice (P. Mayer, V. Heuzé et B. Remy, Droit international privé, LGDJ, précis Domat, 12e éd., 2019, n° 539).

L'incapacité absolue de recevoir des **personnes incertaines ou futures** existant en droit français (C. civ. art. 906 : « Pour être capable de recevoir entre vifs, il suffit d'être conçu au moment de la donation ») n'est pas une véritable incapacité ; elle relève davantage du régime de la propriété (Rép. droit international Dalloz, v. Donation, donation entre époux par B. Ancel, n° 17) et donc de la loi réelle. Elle devrait donc s'appliquer à toute donation portant sur des biens situés en France (Rép. droit international Dalloz, v. Donation, donation entre époux par B. Ancel, précité).

DONATIONS CONCLUES DEPUIS LE 17 DÉCEMBRE 2009

Loi applicable au fond Les donations « ordinaires » conclues depuis le 17 décembre 2009 sont soumises aux règles de conflits de lois issues du règlement Rome I. **69980**

La loi applicable au fond sera la **loi choisie par les parties,** celles-ci bénéficiant d'une liberté totale dans leur choix, dès lors qu'existe un élément d'extranéité (elles ne pourront cependant déroger aux règles européennes si tous les éléments de la situation sont localisés dans des États membres (n° 71350). Aucun lien n'est exigé entre la loi choisie et la donation.

À défaut de choix, la loi applicable sera celle de la résidence habituelle du débiteur de la prestation caractéristique, soit le donateur, sous réserve du jeu de la clause d'exception en faveur d'une autre loi (n° 71375). Si la donation porte sur un droit réel immobilier, la loi applicable sera celle du lieu de situation de l'immeuble (là encore sous réserve du jeu de la clause d'exception). La loi désignée pourra être écartée si elle est contraire à l'ordre public ou par le jeu des lois de police du juge saisi.

S'agissant de son **domaine,** la loi applicable au fond régira notamment la révocation des donations. L'existence ou non d'une irrévocabilité spéciale des donations relèvera de celle-ci. Les causes légales de révocation doivent également être déterminées par la loi régissant la donation : révocation pour ingratitude, inexécution des charges ou survenance d'enfant. Concernant ce dernier cas de révocation, une partie de la doctrine estime qu'il relève de la loi successorale (ou de la loi personnelle du donateur), ce qui ne paraît pas fondé (en ce sens, H. Peroz et E. Fongaro : Droit international privé patrimonial de la famille, LexisNexis, 2e éd., 2017, n° 957). Selon ces mêmes auteurs, la loi du contrat déterminera les conditions de révision des conditions et charges grevant la donation. **69985**

La capacité n'est en revanche pas soumise à la loi régissant la donation et relève de sa loi propre (n° 68030).

Loi applicable à la forme La loi applicable à la forme d'une donation résulte d'une règle de conflit alternative. La donation sera valable en la forme si elle est conforme à la **loi du lieu de conclusion de l'acte ou** à la **loi** qui lui est **applicable au fond** (n° 71385). **69990**

Toutefois, lorsqu'elle porte sur un **immeuble,** la donation sera soumise aux règles de forme de la loi du lieu de situation de l'immeuble si ces dispositions ont le caractère de loi de police (n° 71385). Certains auteurs semblent considérer que l'article 931 du Code civil exigeant la forme notariée est une loi de police s'agissant d'une donation portant sur un immeuble situé en France (H. Peroz et E. Fongaro : Droit international privé patrimonial de la famille, LexisNexis, 2e éd., 2017, n° 935).

La possibilité de recourir à une donation atypique (**donation déguisée, donation indirecte ou don manuel**) relève-t-elle de la loi applicable à la forme ou au fond ? La question est débattue. S'agissant d'une donation « ordinaire », elle devrait relever de la loi applicable à la forme (H. Peroz et E. Fongaro, précité, n° 938).

Autre difficulté : la forme de l'**acceptation** de la donation relève-t-elle du consentement, et donc de la loi applicable au fond, ou de la forme ? Il nous semble qu'elle devrait relever de la loi applicable à la forme. Une jurisprudence ancienne, relative toutefois à une donation entre époux, estime cependant qu'elle relève de la loi applicable au fond (Cass. req. 15-3-1933, Prince Ibrahim Hilmy : S. 1934 I p. 393 note H. Batiffol), ce que la doctrine contemporaine approuve (H. Peroz et E. Fongaro, précité, n° 940).

DONATIONS CONCLUES ENTRE LE 1ER AVRIL 1991 ET LE 16 DÉCEMBRE 2009

69995 Les donations « ordinaires » conclues dans cet intervalle de temps relèvent de la convention de Rome.

S'agissant de la **loi applicable au fond,** les solutions sont en principe identiques (en dépit de la formulation différente de la règle de conflit de lois en l'absence de choix par les parties).

Sur la **loi applicable à la forme,** les solutions sont légèrement différentes en cas de conclusion à distance de la donation (n° 71430).

Le régime des **lois de police** étrangères est également différent, ce qui ne devrait guère avoir d'impact.

DONATIONS CONCLUES AVANT LE 1ER AVRIL 1991

70000 Les donations conclues avant le 1er avril 1991 relèvent des **solutions jurisprudentielles françaises** applicables en matière de contrats internationaux avant l'entrée en vigueur de la convention de Rome (CA Paris 23-1-1990 : Rev. crit. DIP 1991 p. 92 note Y. Lequette). La loi applicable sera celle que les parties ont choisie. À défaut de déclaration expresse de leur part, il faudra rechercher, d'après l'économie de la convention et les circonstances de la cause, quelle est la loi qui doit régir les rapports des contractants (Cass. 1e civ. 6-7-1959, Fourrures Renel : Rev. crit. DIP 1959 p. 708 note H. Batiffol). Les indices permettant de déterminer cette loi seront, notamment, le domicile ou la nationalité des parties, le lieu de conclusion du contrat, le lieu d'exécution du contrat, le lieu de situation des biens (en particulier s'agissant d'une donation immobilière) (H. Peroz et E. Fongaro, Droit international privé patrimonial de la famille, LexisNexis, 2e éd., 2017, n° 944). La loi ainsi désignée régira le consentement, l'objet et la cause de la donation (CA Paris 23-1-1990, précité). Elle régira également l'interprétation de la donation et les questions relatives à son exécution, ainsi que les causes de révocation et le droit de retour (H. Peroz et E. Fongaro, précité).

RÔLE DE LA LOI RÉELLE

70005 Les effets réels de la donation seront soumis à la loi réelle, **loi du pays où se situe le bien,** qu'il s'agisse des effets entre les parties ou à l'égard des tiers, notamment pour les immeubles des règles de **publicité foncière** (solution générale en matière de contrats, transposable : n° 71380).

S'agissant d'une donation reçue par un notaire étranger et les difficultés que peut poser la publication d'un tel acte, voir n° 71865.

S'il faut consulter la loi contractuelle pour déterminer si le donateur peut stipuler une **réserve d'usufruit** et si, et dans quelle mesure, les parties peuvent alors aménager conventionnellement leurs pouvoirs respectifs, la loi du lieu de situation du bien devrait déterminer si celui-ci peut être démembré. Cette dernière devrait également être consultée pour déterminer ce qu'il advient en cas de vente ultérieure du bien : report de l'usufruit sur le prix ou répartition de ce dernier entre usufruitier et nu-propriétaire ? (M. Devisme, Patchwork des lois applicables aux donations dans un contexte international : SNH 10/18 inf. 7).

RÔLE DE LA LOI SUCCESSORALE

70015 Le règlement Successions exclut les droits et biens créés ou transférés au moyen de libéralités, sous réserve des dispositions relatives au **rapport et** à la **réduction** (n° 70845).

EXEMPLE

Richard Moreau, ayant sa **résidence habituelle en France,** veuf, de nationalité française, a deux enfants : Stéphanie et Georges. Il souhaite faire donation entre vifs de l'**appartement** qu'il possède **à Barcelone** à sa fille Stéphanie. Les effets successoraux de la **donation entre vifs,** notamment les questions de réserve, quotité disponible, rapport et réduction, sont soumis à la loi successorale qui sera la loi française si Richard Moreau possède toujours sa résidence habituelle en France lors de son décès. Les problèmes de rapport et de réduction obéiront donc au droit français.

Il conviendra que l'autre enfant trouve au décès sa part de réserve sur les autres biens dévolus selon la loi française. En la forme, la donation d'un immeuble situé en Espagne peut être formalisée **devant un notaire français** puisque l'acte sera soumis au fond au droit français (sous réserve d'éventuelles lois de police prévues en matière de forme par la loi espagnole). Si cet acte est passé en France, il conviendra de se mettre en rapport avec un notaire espagnol, un gérant administratif ou un avocat qui se chargera des formalités de publicité foncière en Espagne. L'expédition de l'acte, pour être produite en Espagne, devra être traduite et légalisée sous la forme de l'apostille. La donation peut également être faite directement en Espagne **devant un notaire espagnol.** Cette solution sera plus simple sur le plan des formalités, mais n'empêchera pas sur le plan fiscal le règlement des droits de donation en Espagne et en France.

b. Donations à caractère familial

RÈGLES GÉNÉRALES

L'entrée en vigueur du règlement Successions clarifie les solutions relatives à certaines de ces donations, dont le régime était jusqu'alors incertain (n° 70220). **70025**

La **donation-partage** constitue un pacte successoral et relève à ce titre du règlement Successions (n°s 69760 et 69820 s.).

Les **donations entre époux** soulèvent plus de difficultés. La donation entre époux de biens présents ne relève a priori d'aucun texte européen. Les solutions existantes devraient donc être maintenues. Une telle donation sera donc soumise à la loi des effets du mariage (n° 70540), sous réserve du rapport et de la réduction (n° 70030). La donation de biens à venir relève en revanche du règlement Successions, au titre duquel elle doit s'analyser comme un pacte successoral (P. Callé, La donation de biens à venir entre époux en droit international privé. Le droit à l'épreuve des siècles et des frontières. Mélanges en l'honneur du professeur Bertrand Ancel, LGDJ, 2018). Si elle ne porte que sur des biens d'un seul époux, sa recevabilité, sa validité au fond et son caractère contraignant (caractère révocable ou non) seront régis par la loi de la résidence habituelle du donateur, sauf choix de celui-ci en faveur de la loi nationale (n° 69820). Si elle est réciproque, sa recevabilité devra être admise par la loi successorale anticipée de chaque époux et sa validité au fond et ses effets contraignants seront régis par la loi entretenant les liens les plus étroits avec la donation parmi les lois successorales anticipées des deux époux (sauf choix en faveur de la loi nationale de l'une des parties). Un auteur suggère que cette loi soit celle de l'officier public qui est intervenu à la réalisation de l'acte, si elle correspond à l'une des deux lois à départager (P. Callé, précité), ce qui nous paraît discutable.

La **capacité** (spéciale) de conclure une donation-partage relève de la loi successorale anticipée puisqu'elle relève de la validité au fond selon le règlement Successions (n° 69860) s'agissant du disposant. En revanche, la capacité générale d'exercice tout comme la capacité de recevoir du gratifié restent régies par leurs lois nationales respectives (A. Bonomi et P. Wautelet, Le droit européen des successions. Commentaire du Règlement (UE) n° 650/2012 du 4 juillet 2012, Bruylant, 2e éd., 2016, p. 452 et 456 ; en sens contraire, Rép. droit international Dalloz, v. Capacité par E. Gallant, n° 77, qui semble considérer que la capacité du disposant relève entièrement de la loi successorale anticipée).

S'agissant de la donation entre époux, la capacité générale de disposer et de recevoir devrait relever de la loi nationale de chaque époux ; toutefois, selon un auteur, elle relève de la loi des effets du mariage (Rép. droit international Dalloz, v. Capacité par E. Gallant, n° 77). La capacité spéciale de disposer entre époux relève de la loi des effets du mariage (Rép. droit international Dalloz, v. Donation, donation entre époux par B. Ancel, n°s 21 s.).

EXEMPLE

Louis Léman, de nationalité belge, ayant sa résidence habituelle à Lille, veuf ayant trois enfants, veut faire **donation-partage** à ses enfants de tous ses immeubles. Il donnerait ses immeubles en France à l'un, ses immeubles en Belgique à l'autre et ses immeubles en Italie à son troisième enfant, les lots étant d'une valeur égale.

La solution était délicate **avant le 17 août 2015.** En effet, plusieurs lois successorales étaient compétentes (française, belge, italienne), pour régir la donation-partage et théoriquement si le décès survenait avant le 17 août 2015, chaque donataire au décès pouvait réclamer sa réserve sur chaque masse de biens régie par sa propre loi. Or le décès devant survenir **après le 17 août 2015,** cette donation-partage devrait désormais être plus facilement envisageable puisque, en tant que pacte successoral, selon le règlement Successions, sa recevabilité et sa validité au fond (n°s 69855 s.) seront soumises à la loi successorale anticipée, en l'occurrence la loi française. L'unité de loi applicable prévue par le règlement Successions ne sera cependant assurée que si la loi successorale anticipée coïncide avec la loi successorale, c'est-à-dire si Louis Léman conserve sa résidence habituelle en France jusqu'à son décès (sans procéder à un choix de loi).

RÔLE DE LA LOI RÉELLE ET DE LA LOI SUCCESSORALE

70030 La loi réelle et la loi successorale jouent le même rôle qu'en cas de donations ordinaires (nos 70005 s.).

3. TRUSTS

LOI PROPRE

70065 Le règlement Successions ne s'applique pas à la **constitution,** au **fonctionnement et** à la **dissolution** des trusts (Règl. 650/2012 du 4-7-2012 art. 1, 2-j). Ceux-ci restent soumis aux règles de conflits de lois propres à chaque État membre.

La France n'a pas ratifié la convention de La Haye du 1er juillet 1985 relative à la loi applicable au trust et à sa reconnaissance qui prévoit une règle de conflit de lois autonome pour les trusts (autonomie de la volonté totale ou à défaut de choix, loi des liens les plus étroits). Aucune règle de conflit spécifique n'existe donc en droit international privé français pour les trusts. Une tendance jurisprudentielle semble admettre que les questions relatives à la validité d'un trust constitué à l'étranger soient soumises à une loi propre (loi d'autonomie). Toutefois, s'agissant de son traitement successoral, la tendance est plutôt d'essayer de l'assimiler à une institution française équivalente (donation, legs).

70070 Il existe une grande **variété de trusts** : ceux-ci peuvent être constitués entre vifs (« inter vivos trust ») ou par testament (« testamentary trust »). Dans le premier cas, le trust est constitué du vivant du constituant (« settlor »), et produit une partie de ses effets avant le décès de celui-ci (même s'il contiendra également des dispositions prenant effet après son décès) (A. Bonomi et P. Wautelet : Le droit européen des successions. Commentaire du Règlement (UE) no 650/2012 du 4 juillet 2012, Bruylant, 2e éd., 2016, p. 115). Dans le second cas, il ne prend effet qu'au décès.

RÔLE DE LA LOI SUCCESSORALE

70075 Comme il est précisé dans le préambule du règlement Successions, celui-ci n'exclut pas les trusts de manière générale de son domaine. Dans le cas où un trust est constitué en vertu d'un testament ou de la loi en lien avec une succession ab intestat, la loi applicable à la succession en vertu du règlement devrait s'appliquer s'agissant de la **dévolution des biens et** de la **vocation successorale des bénéficiaires** (Règl. 650/2012 du 4-7-2012 considérant 13).

70080 **Trust testamentaire** S'agissant d'un trust testamentaire, le règlement Successions s'appliquera à la **validité et** à l'**interprétation du testament** par lequel le trust est créé (no 69860) ainsi qu'au mode de **transfert des biens** au trust (legs). La loi désignée par le règlement (loi successorale anticipée) devrait également régir la **possibilité même de créer un trust** par testament (A. Bonomi et P. Wautelet : Le droit européen des successions. Commentaire du Règlement (UE) no 650/2012 du 4 juillet 2012, Bruylant, 2e éd., 2016, p. 120-121). Ce ne sera pas possible si la loi successorale anticipée est la loi française (J.-Cl. Droit international, fasc. 557-30 par G. Droz et M. Revillard, no 100).

70082 **Trust inter vivos** La **possibilité de créer un trust** inter vivos, en tout cas s'il produit des effets avant la mort du constituant, ne devrait pas être soumise à la loi successorale, à l'exception du rapport et de la réduction des libéralités contenues dans celui-ci (no 70090).

70085 **Trust créé par l'effet de la loi** Si le trust est constitué par l'effet de la loi successorale, dans le cadre d'une **succession ab intestat** (trust créé par l'effet de la loi au profit du « personal representative » dans le cadre d'une procédure de « probate »), il est soumis aux dispositions du règlement Successions (A. Bonomi et P. Wautelet : Le droit européen des successions. Commentaire du Règlement (UE) no 650/2012 du 4 juillet 2012, Bruylant, 2e éd., 2016, p. 116). L'exclusion du trust du champ d'application du règlement ne vaut que pour les trusts constitués volontairement.

70090 **Rapport et réduction** La loi successorale s'appliquera au rapport et à la réduction des libéralités réalisées par le biais d'un trust.

Lorsque la **loi successorale est la loi française,** les solutions dégagées par la jurisprudence française en matière d'ordre de réduction des libéralités consenties par le biais d'un trust devraient être maintenues (voir no 70230).

Si la **loi successorale est une loi étrangère** qui connaît l'institution du trust et ignore la réserve, la reconnaissance des pouvoirs du « trustee » en France ne devrait pas poser de difficultés particulières.

EXEMPLE

Virginie Markus, de nationalité américaine, veuve d'Henry Markus, banquier new-yorkais, vient de décéder à son domicile à New York laissant deux enfants majeurs, Tony et Jane, domiciliés en Californie. Dans son **testament établi chez un lawyer new-yorkais** le 10 janvier 2015, elle avait fait une **constitution de trust,** la banque Morgan étant instituée trustee et les bénéficiaires du trust étant sa fille Jane et ses petits-enfants. Étant en mauvais termes avec son fils, elle l'avait exclu du bénéfice du trust. Le trust comprend des immeubles dans l'État de New York et en Californie, un compte bancaire de 600 000 € à la BNP à Paris et un portefeuille de valeurs mobilières de 880 000 € à la même banque.

Comment exécuter le trust ? Le trust a pu valablement être établi aux États-Unis. Par ailleurs, Virginie Markus ayant sa résidence habituelle à New York, du point de vue de l'ordre juridique français sa succession obéit à la loi de l'État de New York, loi de la résidence habituelle du défunt. Dès lors, les **biens situés en France** peuvent être remis à la personne qualifiée suivant la loi de l'État de New York pour les appréhender. En pratique, la qualité et les pouvoirs des administrateurs étrangers sont reconnus en France. Peu importe alors que le trust institue un mode de propriété sans équivalent en droit français car il s'agit au fond plus de pouvoir que de propriété. L'exécution du trust sur les biens situés en France dévolus conformément à la loi de l'État de New York ne doit pas soulever de difficultés. La notion de réserve héréditaire n'existant pas dans l'État de New York, Tony a pu être écarté de la succession de sa mère. Les sommes et valeurs pourront être appréhendées par le trustee désigné en vertu de la loi étrangère. Celui-ci pourra gérer les biens, les vendre ou les distribuer.

B. Successions ouvertes avant le 17 août 2015

PRINCIPE

S'agissant des successions ouvertes avant l'entrée en application du règlement Successions, les successions testamentaires et contractuelles présentent une **spécificité** dans la mesure où il faut s'interroger sur la loi applicable à la forme du testament ou du contrat. En revanche, les règles de conflit sont en grande partie identiques s'agissant de la loi applicable au fond. **70140**

1. DISPOSITIONS À CAUSE DE MORT

a. Loi applicable à la forme

TESTAMENT

La loi applicable à la forme des testaments est déterminée par la **convention de La Haye du 5 octobre 1961.** En outre, le testament sera valide au regard du droit français s'il respecte les formes prévues par la **convention de Washington du 26 octobre 1973** sur le testament international. Les testaments ont pu être inscrits conformément à la **convention de Bâle du 16 mai 1972** relative à l'établissement d'un système d'inscription des testaments. **70145**

Sur les solutions retenues par ces conventions, voir nos 69905 s.

PACTES SUCCESSORAUX

À l'exception des testaments conjonctifs (lorsqu'ils sont également des testaments mutuels, pour reprendre la terminologie du règlement Successions), la forme des pactes successoraux n'est pas régie par la **convention de La Haye du 5 octobre 1961.** **70150**

Il semble qu'il faille dès lors appliquer les règles du **droit international privé commun** en matière de forme des actes : soit une option entre la loi du lieu où est passé l'acte et la loi régissant celui-ci au fond, soit la loi successorale (Cass. 1e civ. 31-1-1967, Rouquaud : Bull. civ. I no 40, Rev. crit. DIP 1968 p. 292 ; la solution jurisprudentielle classique prévoit également une possibilité d'option en faveur de la loi nationale commune des parties, non rappelée par cet arrêt relatif à un pacte successoral, mais considérée comme toujours applicable par la doctrine : v. Rép. droit international Dalloz, v. Donation, donation entre époux par B. Ancel, no 47).

b. Loi applicable au fond

RÈGLES GÉNÉRALES

Le principe est l'application des mêmes règles de conflit que celles existant en matière de **succession ab intestat** (nos 69630 s.). **70170**

La loi désignée par la règle de conflit déterminera l'étendue de la liberté dont dispose le testateur (ou les parties). Lorsque cette loi connaît un **mécanisme de réserve héréditaire,** la liberté des parties ne jouera que pour la quotité disponible.

Si le **testateur a choisi une loi applicable** à son testament, ce choix n'est pas valable. Tout au plus sera-t-il considéré comme indiquant la volonté du testateur quant à la répartition des biens.

EXEMPLE

Un **Américain ayant pris sa retraite en France** y décède. Il avait établi, alors qu'il vivait encore aux États-Unis, un **testament soumis à la loi de l'État de New York** léguant l'intégralité de ses biens à une fondation, sans rien prévoir pour ses deux enfants. Il possède une maison ainsi que des comptes bancaires en France. L'immeuble sera soumis à la loi française, tout comme les comptes bancaires, biens mobiliers soumis à la loi du dernier domicile. Les enfants pourront, s'agissant de la partie de la succession soumise au droit français, demander la réduction du legs pour tenir compte de leurs droits d'héritiers réservataires.

70175 **Formalités** À l'ouverture du testament, certaines formalités peuvent être exigées par la **loi du pays où se trouve le testament.** Le testament trouvé en France, s'il n'est pas en la forme authentique, devra être déposé chez un notaire (C. civ. art. 1007) : la formalité s'applique indépendamment de la loi applicable à la succession ou du lieu de rédaction du testament. À l'inverse, un testament trouvé à l'étranger devrait être soumis aux formalités procédurales requises localement (« probate » aux États-Unis ou en Angleterre). Une décision judiciaire rendue à l'étranger et homologuant un testament pourra ensuite recevoir l'exequatur en France. Il ne faut toutefois pas surestimer la portée de cet exequatur : il ne signifie pas que la dévolution successorale devrait se faire telle que prévue par le testament ou la loi de la juridiction d'origine (Cass. 1e civ. 4-7-2018 nos 17-16.515 et 17-16.522 : le jugement marocain homologuant un testament et déclaré exécutoire en France ne peut s'exécuter sur les immeubles situés en France que dans la limite de la quotité disponible prévue par la loi française, applicable à la succession immobilière).

La **formalité d'envoi en possession** prévue par l'article 1007 du Code civil en cas d'opposition à l'exercice des droits du légataire universel institué en l'absence d'héritier réservataire devrait s'appliquer lorsqu'un testament non authentique est présenté directement en France pour y être exécuté, sauf si le testament a déjà fait l'objet d'une vérification à l'étranger (Rép. droit international Dalloz, v. Successions par P. Lagarde, no 218, concernant l'ancienne procédure d'envoi en possession mais à notre avis transposable à celle entrée en vigueur le 1er novembre 2017).

Enfin, le testament fait en pays étranger ne pourra être exécuté sur des **biens situés en France** que s'il a été enregistré auprès du service des impôts compétent (C. civ. art. 1000 ; CGI art. 655). Sur cette question, voir également no 15415. En pratique, en cas de testament découvert à l'étranger devant s'exécuter en France, il est conseillé de déposer au rang des minutes du notaire l'original ou la copie du testament légalisée ou revêtue de l'apostille aux fins de conservation. De même, lorsque le testament étranger a été validé par un tribunal étranger, copie de ce jugement pourra également être déposée au rang des minutes (A. Devaux, obs. sous CA Paris 25-11-2020 no 19/04919 : SNH 2/21 inf. 1).

EXEMPLES

1. Greta Jensen, de **nationalité danoise,** est **décédée à son domicile à Copenhague** le 10 juin 2015. Elle avait établi un **testament olographe** qu'elle avait **confié à une de ses amies françaises** domiciliée à Annecy.

Où doit-on exécuter les formalités de dépôt du testament ? Les formalités du dépôt de l'article 1007 du Code civil s'appliquent à tout testament trouvé en France. Dans le cas où le testateur n'a pas de domicile en France, le tribunal du lieu de découverte du testament sera compétent, notamment le tribunal dans le ressort duquel se trouve le notaire auquel le testament est remis. Si le testament a été remis à un notaire d'Annecy, le tribunal d'Annecy sera compétent.

2. Liliane Martin, de **nationalité française,** épouse de Thomas Marsh, citoyen britannique avec lequel elle demeurait à Londres, est **décédée à Londres** le 17 octobre 2014 laissant trois enfants nés de son union. Elle a légué, aux termes de son **testament établi en la forme anglaise,** la totalité de ses biens à son mari survivant. La dévolution des **biens situés en Angleterre** a été confiée à un notaire londonien. La succession de Liliane Martin comprend **en France** : un compte en espèces, un livret au Crédit Lyonnais de Paris, un appartement à La Baule acquis par Liliane Martin pendant son mariage.

Comment procéder au règlement de la succession sachant que le testament se trouve en Angleterre ? Quelles sont les différentes formalités à effectuer ? Ce testament, établi suivant la forme anglaise, est valable conformément à la convention de La Haye du 5 octobre 1961, sa forme répondant à la loi du lieu où le testateur a disposé. Le testament étant en l'espèce découvert à Londres, les mesures d'ouverture du testament seront effectuées sous la forme de la procédure du « Probate » et un jugement d'homologation sera délivré à Londres. Les mesures d'exécution étant régies par la loi du lieu d'exécution, par application des articles 1000 du Code civil et 655 du CGI, il conviendra d'enregistrer ce testament à la recette des impôts du lieu de situation des immeubles (voir également n° 15415). La succession étant ouverte avant le 17 août 2015, elle est soumise au principe scissionniste, loi du domicile du défunt pour les meubles et loi de situation des biens pour les immeubles. Le legs universel en faveur de l'époux survivant pourra s'exécuter sur les actifs mobiliers en France sans réduction puisque la loi applicable à la succession mobilière est la loi anglaise qui ne connaît pas la réserve. Il sera réduit à la quotité disponible entre époux du droit français pour l'appartement de La Baule dévolu selon la loi française.

EXÉCUTION TESTAMENTAIRE

La question de l'exécution testamentaire, en particulier des **pouvoirs de l'exécuteur testamentaire,** se rattache à celle de l'administration des biens de la succession et doit dès lors être soumise à la loi successorale (J.-Cl. Civil Code, App. art. 718 à 892 fasc. 10 par G. Droz et M. Revillard, n° 222). **70180**

PACTES SUCCESSORAUX

Les pactes successoraux, c'est-à-dire les accords ayant pour objet la dévolution de la succession, doivent logiquement être soumis à la **loi successorale.** Il en va ainsi de l'institution contractuelle d'héritier ou de ses équivalents dans des droits étrangers. Le droit français les a longtemps considérés avec une certaine méfiance, à l'inverse d'autres législations étrangères. Il a pu être décidé que les pactes inconnus du droit français étaient contraires à l'ordre public international lorsque la succession est soumise à une loi étrangère, ou nuls si elle est régie par la loi française. **70185**

Lorsque la **succession** est **régie par une loi étrangère,** la sanction devrait être moins systématique depuis que la loi 2006-728 du 23 juin 2006 portant réforme des successions et des libéralités est venue consacrer la validité de certains pactes de famille.

Lorsque la **succession** est **régie par la loi française,** les solennités particulières imposées par le droit français pour la conclusion de certains pactes (c'est le cas pour la renonciation anticipée à l'action en réduction) doivent-elles être considérées en droit international privé comme des questions de forme ou de fond ? Pour un auteur, il s'agit de conditions de fond et elles doivent être soumises à la loi successorale (G. Khairallah, La loi du 23 juin 2006 et les successions internationales : JCP N 2006 n° 1244). La loi du lieu de l'acte n'aurait dès lors pas vocation à s'appliquer.

2. DONATIONS ET TRUSTS

DONATIONS « ORDINAIRES »

Les donations « ordinaires » sont en principe des contrats et comme telles soumises soit au règlement Rome I, soit à la convention de Rome en fonction de leur date de conclusion (n° 71340). **70215**

Sur la distinction entre donations « ordinaires » et donations à caractère familial, voir n° 69975.

DONATIONS À CARACTÈRE FAMILIAL

Concernant les **donations entre époux,** il faut distinguer entre la donation de biens présents, soumise à la loi des effets du mariage (n° 70540), et la donation de biens à venir, soumise à la loi successorale (P. Callé, La donation de biens à venir entre époux en droit international privé : Le droit à l'épreuve des siècles et des frontières. Mélanges en l'honneur du professeur Bertrand Ancel, LGDJ, 2018, citant notamment un arrêt de la cour d'appel de Paris du 18-1-2012). **70220**

Les **libéralités-partages** étant une forme de partage anticipé de la succession, elles sont soumises à la loi successorale, avec le risque que le partage voulu soit remis en cause en cas de répartition des biens en plusieurs masses successorales régies par différentes lois (M. Revillard, Droit international privé et européen : pratique notariale, Defrénois, 9e éd., 2018, n° 1005).

RÔLE DE LOI SUCCESSORALE

Dans tous les cas, le **rapport et** la **réduction** des libéralités seront soumis à la loi successorale. **70225**

TRUSTS

Le fait d'organiser sa succession par la mise en place d'un trust ne change pas fondamentalement la solution. S'il s'agit d'un **trust testamentaire,** sa validité et ses effets seront appréciés par rapport à la loi successorale. S'il s'agit d'un **trust entre vifs,** la loi successorale ne **70230**

70230 (suite) s'appliquera en principe qu'au rapport et à la réduction des libéralités réalisées par le biais du trust lorsque la loi désignée prévoit de tels mécanismes.

Lorsque la **loi successorale est la loi française** se pose la question de la manière de traiter le trust par rapport aux catégories de libéralités existant en droit français (assimilation à une donation ou à un legs ou au contraire création d'une catégorie autonome). Dans le cas d'un trust entre vifs révocable et dont les bénéficiaires n'ont reçu les biens qu'à la date du décès du constituant, la Cour de cassation a estimé qu'il s'agissait d'une donation indirecte prenant effet à la date du décès de la donatrice (Cass. 1e civ. 20-2-1996 n° 93-19.855 P, Zieseniss : Rev. crit. DIP 1996 p. 692 note G. Droz, D. 1996 p. 231 chron. Y. Lequette ; voir également Cass. com. 6-11-2019 n° 17-26.985 F-D, qualifiant un trust inter vivos de droit canadien en donation indirecte assujettie aux droits de mutation à titre gratuit : Dr. famille 2020 comm. 29 par M. Nicod). La libéralité résultant du trust serait donc réduite après les legs, mais avant les donations entre vifs, ce qui aboutit finalement à créer une catégorie sui generis pour le trust. La doctrine s'est montrée assez critique sur la solution (Y. Lequette, précité, recommandant l'assimilation à un legs ; G. Droz, précité, militant au contraire pour l'assimilation à une donation entre vifs). La grande variété possible des trusts ne paraît pas permettre de généraliser la solution à tous les trusts, la méthode suivie par la jurisprudence étant globalement justifiée (en sens contraire, G. Droz, précité, qui estime que le dessaisissement du constituant étant immédiat, les trusts inter vivos devraient être assimilés à des donations entre vifs). Il faudra donc procéder à l'analyse du caractère révocable ou non du trust, de la date de dessaisissement du disposant et de la date d'acquisition du gratifié (acquisition immédiate ou au décès) (en ce sens, Y. Lequette, précité). Il ne fait guère de doute qu'un trust entre vifs irrévocable et renfermant une libéralité de biens présents devrait ainsi être assimilé à une donation alors qu'une libéralité résultant d'un trust testamentaire serait assimilée à un legs. Les solutions à apporter aux cas intermédiaires sont plus délicates (voir la typologie esquissée par Y. Lequette, précité).

EXEMPLE

Mike Brown, de **nationalité américaine,** alors qu'il était domicilié à Boston, a établi un **trust testamentaire** le 20 juin 1998 comprenant tous ses biens tant aux États-Unis que dans d'autres pays étrangers. Il a désigné comme trustees Bill March et Joe Maxwell, de la Chase Manhattan Bank, en leur transférant la totalité de ses biens et en leur accordant les plus larges pouvoirs de disposition à l'effet d'acquitter les dettes, de payer des legs particuliers à différentes œuvres, tant américaines que suisses et françaises, et de verser le revenu de ses biens à ses trois enfants et une partie du capital à leur majorité respective.

Mike Brown est **décédé** le 30 décembre 2014 **à Paris où il avait fixé son domicile** depuis 2003.

Comment peut-on **exécuter le trust en France** sachant que la succession de Mike Brown comprend trois appartements à Paris, un chalet à Chamonix, des parts dans un groupement foncier agricole ayant son siège dans le Vaucluse et des comptes bancaires importants dans différentes banques françaises ? Mike Brown étant décédé avant le 17 août 2015 et domicilié en France, sa succession mobilière est soumise à la loi française qui régit également la dévolution des immeubles situés en France.

Le trust peut-il s'exécuter alors qu'il existe des **héritiers réservataires** ? Même régulièrement établi à l'étranger, le trust ne peut porter atteinte aux règles d'ordre public de la loi successorale française relative à la réserve. Or, il est fréquent que le testateur donne au trustee le pouvoir de vendre les biens successoraux et de placer les fonds à charge d'en reverser les revenus aux bénéficiaires et de différer la remise du capital. De telles stipulations sont évidemment inopposables aux héritiers réservataires qui peuvent exiger leur réserve. La loi française étant applicable à la transmission des biens, les réservataires sont saisis de plein droit de tous les biens de la succession en vertu de l'article 1004 du Code civil. Un trust testamentaire du droit anglo-américain ne peut fonctionner sur une succession soumise à la loi française conformément au droit étranger applicable à cette institution.

Toutefois, le trust ne peut-il pas s'exécuter sur la **quotité disponible** ? Dans cette mesure, en effet, le respect de la volonté du testateur doit pouvoir être assuré. On a suggéré, à cet effet, de qualifier les bénéficiaires selon le bien ou la quotité attribuée, de légataire particulier, légataire à titre universel ou légataire universel, ces bénéficiaires pouvant, s'ils le désirent, donner mandat au trustee de gérer la succession. Mais cette adaptation pose un problème vis-à-vis de la publicité foncière puisque le trustee ne peut être inscrit en tant que tel, la France n'ayant pas ratifié la convention de La Haye du 1er juillet 1985 sur le trust. Cependant une étude récente apporte des éléments de réponse à cette question en proposant la publication préalable d'une attestation rectificative (S. Lamiaux, Trust testamentaire et publicité foncière. Étude et formules : JCP N 2021 n° 1123).

Si en définitive la ratification de la convention de la Haye sur le trust n'aura pas lieu, le contenu de la convention est largement repris sous les articles 107 à 114 du projet de Code français de droit international privé du 31 mars 2022.

SECTION 2
RÈGLEMENT DE LA SUCCESSION

SOURCES

L'entrée en vigueur du **règlement Successions,** si elle risque de modifier parfois les **solutions retenues antérieurement par le droit français,** ne devrait pas les bouleverser. En droit international privé, aborder les différentes étapes du règlement de la succession revient essentiellement à déterminer le domaine de la loi applicable à la succession, et la place laissée éventuellement à d'autres règles de conflits de lois. À cet égard, le règlement Successions adopte une approche très similaire à celle du droit français des successions internationales. Cependant, les solutions resteront incertaines tant que le corps de décisions rendues par la CJUE en application du règlement ne sera pas suffisamment fourni. 70330

A. Ouverture de la succession et qualités requises pour succéder

1. OUVERTURE DE LA SUCCESSION

a. Successions ouvertes depuis le 17 août 2015

CAUSES D'OUVERTURE DE LA SUCCESSION

Les causes d'ouverture de la succession sont régies par la **loi successorale** (Règl. 650/2012 du 4-7-2012 art. 23, 2-a). Il lui appartiendra de déterminer si, outre le décès, la succession d'une personne peut être ouverte dans d'autres circonstances, notamment en cas de disparition ou d'absence. 70335

En revanche, les règles permettant d'établir qu'une personne est décédée (la définition juridique de la mort et la date de celle-ci) sont **hors du champ de la loi successorale.** S'il est envisageable d'appliquer la loi nationale de l'individu pour la détermination de celle-ci, le plus logique serait néanmoins de se référer à la loi du lieu du décès et aux constatations des autorités locales (Rép. droit international Dalloz, v. Règlement n° 650/2012 sur les successions par P. Lagarde, n° 11).

L'organisation des **funérailles** ne devrait pas relever de la loi successorale. Elle ne relève pas non plus de la loi personnelle du défunt mais des libertés individuelles. La loi du 15 novembre 1887, qui en garantit l'exercice, est une loi de police applicable aux funérailles de toute personne qui décède sur le territoire français (Cass. 1e civ. 19-9-2018 n° 18-20.693 : D. 2018 p.1864).

Absence La constatation de l'absence est régie par sa loi propre, en principe la **loi nationale** de la personne concernée (sur l'exclusion de l'absence du champ d'application du règlement, voir n° 68015). 70340

Mais le fait que l'absence ou la disparition donne lieu à l'ouverture de la succession dépend de la **loi successorale** et non de la loi personnelle de l'absent ou du disparu (A. Bonomi et P. Wautelet : Le droit européen des successions. Commentaire du Règlement (UE) n° 650/2012 du 4 juillet 2012, Bruylant, 2e éd., 2016, p. 373).

En appliquant le règlement à la lettre, il semble que l'on puisse se trouver dans la situation curieuse où une personne présumée décédée en vertu de sa loi personnelle parce qu'absente, ne pourrait pas voir sa succession ouverte parce que la loi désignée par le règlement ignore cette cause d'ouverture de la succession. Dans ce cas, bien que l'on soit hors du champ d'application du règlement, rien n'interdirait d'ouvrir néanmoins la succession et d'étendre l'application du règlement à ce cas (plutôt que d'appliquer les anciennes règles de conflit de lois).

DATE ET LIEU D'OUVERTURE DE LA SUCCESSION

La **loi successorale** détermine en principe le moment de l'ouverture de la succession (en cas de décès simultanés, voir n° 70350). 70345

Le lieu d'ouverture de la succession, à l'importance limitée, est aussi déterminé par la loi applicable à celle-ci.

COMOURANTS

70350 Le règlement Successions prévoit une règle matérielle subsidiaire lorsque deux ou plusieurs personnes sont décédées dans des circonstances qui ne permettent pas de déterminer l'ordre des décès (accident de voiture ou d'avion, par exemple). Lorsque les successions de ces personnes sont régies par des **lois différentes et** que celles-ci donnent au problème des comourants des **solutions différentes** (ou ne prévoient pas de solution spécifique), le règlement prévoit qu'aucune de ces personnes décédées n'a de droit dans la succession de l'autre ou des autres (Règl. 650/2012 du 4-7-2012 art. 32).

Cette règle n'a pas vocation à s'appliquer si les successions de ces personnes sont régies par la **même loi** successorale **ou,** lorsque tel n'est pas le cas, les **différentes lois applicables donnent une solution identique** au problème.

Si les **solutions** sont **différentes sans être inconciliables,** certains auteurs estiment que la règle posée par le règlement est inapplicable (A. Bonomi et P. Wautelet, Le droit européen des successions. Commentaire du Règlement (UE) n° 650/2012 du 4 juillet 2012, Bruylant, 2e éd., 2016, p. 545-546). Il nous semble en revanche que si l'une seulement des lois en présence prévoit une solution spécifique au problème, alors que l'autre est muette, il faudra appliquer la règle prévue par le règlement (en sens contraire, A. Bonomi et P. Wautelet, précité, p. 546-547).

b. Successions ouvertes avant le 17 août 2015

OUVERTURE DE LA SUCCESSION

70370 Les **causes d'ouverture** de la succession sont en principe déterminées par application de la loi successorale.

Toutefois, la **constatation de l'absence et** les **conséquences** attachées à celle-ci (ouverture ou non de la succession) doivent être déterminées par application de la loi nationale (J.-Cl. Civil Code, App art. 718 à 892 fasc. 10 par G. Droz et M. Revillard, n° 139). Si cette loi attache comme effet à l'absence l'ouverture de la succession de l'absent, celle-ci sera alors réglée conformément aux lois désignées par les règles de conflit en matière successorale.

La **date d'ouverture** de la succession est également déterminée par la loi successorale.

COMOURANTS

70375 La question des comourants pose des **difficultés inextricables** si les défunts ne sont pas soumis à la même loi successorale et que les lois applicables règlent cette situation par des dispositions incompatibles ou ne la règlent pas du tout.

Dans ce cas, la **solution** la plus simple consiste, à l'instar de ce qui est prévu par le règlement Successions, à considérer qu'ils sont décédés en même temps et à régler chaque succession selon sa loi propre, sans tenir compte de l'autre. Il s'agit de la solution déjà retenue par la convention de La Haye du 1er août 1989, qui vise cependant le cas où les solutions sont incompatibles, alors que le règlement vise simplement des solutions différentes (n° 70350).

2. APTITUDE À L'HÉRITAGE

a. Successions ouvertes depuis le 17 août 2015

CAPACITÉ SUCCESSORALE

70405 La capacité de succéder, c'est-à-dire l'aptitude à hériter, est logiquement déterminée par la **loi successorale** (Règl. 650/2012 du 4-7-2012 art. 23, 2-c). Il appartiendra à celle-ci de définir dans quelles conditions une personne peut succéder. Si à l'instar du droit français, il faut exister pour succéder, la loi successorale déterminera les critères d'existence tant pour les personnes physiques que pour les personnes morales.

INDIGNITÉ SUCCESSORALE

70410 Le règlement distingue, à la différence du droit français, la capacité successorale et l'indignité successorale, sans toutefois y attacher de conséquences pratiques puisque l'indignité successorale est également régie par la loi applicable à la succession (Règl. 650/2012 du 4-7-2012 art. 23, 2-d). La **loi successorale** décidera :

– s'il existe des causes d'indignité ;
– si les causes d'indignité jouent de plein droit ou sont facultatives ;
– la faculté de pardon ;
– les effets de l'indignité successorale.

Certains droits, notamment de **Common law,** ignorent le concept d'indignité successorale mais connaissent des incapacités de succéder à titre de sanction de certains comportements (A. Bonomi et P. Wautelet : Le droit européen des successions. Commentaire du Règlement (UE) n° 650/2012 du 4 juillet 2012, Bruylant, 2e éd., 2016, p. 379). Ici encore, la qualification n'a aucune conséquence pratique et ces incapacités de succéder seront régies par la loi successorale ; en revanche les incapacités spéciales de recevoir du droit français relèvent de la loi successorale anticipée (voir n° 69860).

EXHÉRÉDATION

L'exhérédation d'un héritier est également soumise à la **loi successorale** (Règl. 650/2012 du 4-7-2012 art. 23, 2-d). Il ne s'agit pas, semble-t-il, de l'exhérédation d'un héritier non réservataire par le biais d'une disposition à cause de mort, la réserve héréditaire étant visée par ailleurs (voir n° 70830), mais de la possibilité reconnue par certains droits (Allemagne, Suisse) d'exhéréder un **héritier réservataire** dans certains cas graves (infractions pénales à l'encontre du de cujus ou de ses proches, violation de certains devoirs de famille) ou en cas d'insolvabilité d'un héritier (A. Bonomi et P. Wautelet : Le droit européen des successions. Commentaire du Règlement (UE) n° 650/2012 du 4 juillet 2012, Bruylant, 2e éd., 2016, p. 379). Cette exhérédation peut également avoir lieu par la voie d'un acte de disposition à cause de mort ; à l'instar de ce qui est prévu pour la réserve héréditaire, elle ne relève pas de la loi successorale anticipée mais de la loi successorale. 70415

b. Successions ouvertes avant le 17 août 2015

DOMAINE DE LA LOI SUCCESSORALE

La loi successorale déterminera la **capacité de succéder.** Les **causes d'indignité** pouvant frapper l'héritier sont également du domaine de la loi successorale (sous réserve du jeu de l'ordre public). 70435

B. Dévolution de la succession

1. QUESTIONS PRÉALABLES : ÉTABLISSEMENT DU LIEN DE PARENTÉ OU D'ALLIANCE

GÉNÉRALITÉS

Le règlement Successions exclut de son champ d'application les questions relatives à l'état des personnes, au mariage et aux partenariats enregistrés (n° 68015). L'existence du lien de parenté devra donc être établie non en application de la loi successorale, mais de la **loi applicable au lien de parenté** lui-même (filiation, mariage, adoption). 70485

La **doctrine européenne** s'interroge sur la nécessité d'appliquer, plutôt que les règles de conflits de lois du juge saisi, celles du pays dont la loi est désignée, par le règlement, pour s'appliquer à la succession. Cette proposition (théorie dite « des questions préalables ») n'a jamais eu de succès auprès de la jurisprudence française. Le règlement Successions n'étant pas applicable, les **solutions françaises antérieures** doivent donc être maintenues. La loi applicable au lien de parenté sera donc celle désignée par la règle de conflit de lois française applicable (Cass. 1e civ. 3-1-1980 n° 78-13.762, Bendeddouche : Bull. civ. I n° 4, Rev. crit. DIP 1980 p. 331 note Batiffol ; Cass. 1e civ. 22-4-1986 n° 85-11.666, Djenangi : Bull. civ. I n° 98, Rev. crit. DIP 1988 p. 302 note Bischoff). Cette règle de conflit pourra bien sûr, le cas échéant, être de source internationale ou européenne.

a. Existence du lien de filiation

PRINCIPE

La loi applicable à l'établissement de la filiation est la **loi nationale de la mère** au jour de la naissance de l'enfant. Si la mère possède plusieurs nationalités, le conflit de nationalités sera réglé suivant les principes généraux applicables à celui-ci (n° 67457). Le jeu du renvoi est admis (Cass. 1e civ. 4-3-2020 n° 18-26.661 FS-PBI : BPAT 3/20 inf. 93). 70490

Lorsque la mère n'est pas connue, la loi applicable sera la **loi nationale de l'enfant** (C. civ. art. 311-14).

DOMAINE DE LA LOI APPLICABLE

70495 Sous réserve des exceptions qui seront examinées dans les paragraphes suivants, la loi nationale de la mère régira l'ensemble des questions relatives à l'établissement de la filiation de l'enfant tant maternelle que paternelle (ce qui peut surprendre) : actions en recherche ou en contestation de la **filiation paternelle ou maternelle,** effet de la mention du nom de la mère dans l'acte de naissance (Cass. 1e civ. 15-9-2021 n° 19-22.588 F-D, jugeant que l'action en contestation de paternité relève de la loi nationale de la mère). L'admissibilité des modes de preuve, la charge et l'objet de la preuve (présomption légale de paternité) seront également soumis à la loi applicable à l'établissement de la filiation tout comme la prescription des actions. En revanche, la **forme des actes de naissance** sera soumise à la loi de l'autorité qui les établit.

POSSESSION D'ÉTAT

70500 **Rattachement exceptionnel** Si l'enfant et ses père et mère ou l'un d'eux ont en France leur **résidence habituelle,** commune ou séparée, la possession d'état produit toutes les conséquences qui en découlent selon la loi française, alors même que les autres éléments de la filiation auraient pu dépendre d'une loi étrangère (C. civ. art. 311-15).

70505 **Effets** Les effets que la **loi française** attache à la possession d'état doivent être entendus aussi bien positivement (établissement du lien de filiation) que négativement (destruction du lien de filiation) (TGI Paris 1-3-1977 : Rev. crit. DIP 1978 p. 110 note Y. Lequette ; P. Mayer, V. Heuzé et B. Remy, Droit international privé, LGDJ, précis Domat, 12e éd., 2019, n° 644).

RECONNAISSANCE VOLONTAIRE

70510 **Règle de conflit alternative** La reconnaissance volontaire de paternité ou de maternité est valable si elle a été faite conformément à la loi personnelle de son auteur ou à la loi personnelle de l'enfant (C. civ. art. 311-17), appréciées au jour où la reconnaissance est faite (Cass. 1e civ. 11-7-1988 n° 86-17.779 : Bull. civ. I n° 236, Rev. crit. DIP 1989 p. 81 note P.-Y. Gautier). L'établissement volontaire de la filiation est donc soumis à une règle de conflit alternative tandis que l'établissement judiciaire de celle-ci n'est soumis qu'à la loi nationale de la mère.

La mention du **nom de la mère dans l'acte de naissance** constitue aujourd'hui un mode d'établissement de la filiation maternelle distinct de la reconnaissance (Ord. 2005-759 du 4-7-2005 portant réforme de la filiation). La question de la portée d'une telle mention devra donc être soumise à la règle de droit commun (loi nationale de la mère) et non plus à la règle spéciale sur la reconnaissance.

70515 **Remise en cause de la reconnaissance** La **nullité de la reconnaissance** (fondée sur le défaut d'une condition de validité de l'acte) est soumise à la règle sur la reconnaissance (Cass. 1e civ. 6-7-1999 n° 97-19.453 : Bull. civ. I n° 225, D. 1999 p. 483 concl. J. Sainte-Rose) tout comme la **contestation de la reconnaissance,** c'est-à-dire la remise en cause du lien de filiation (Cass. 1e civ. 15-5-2013 n° 11-12.569 FS-PBI : JDI 2013 comm. 14 par J. Guillaumé ; Cass. 1e civ. 15-5-2019 n° 18-12.602 FS-PBI : BPAT 4/19 inf. 137).

Il faut donc prouver que la reconnaissance est nulle ou contestable à la fois selon la loi de son auteur et selon celle de l'enfant.

ORDRE PUBLIC

70520 **Contrat de maternité pour autrui** Le fait que l'enfant soit issu d'un contrat de gestation pour autrui réalisée à l'étranger ne peut être un motif de refus de la **transcription de l'acte de naissance étranger** en France établissant la filiation de l'enfant à l'égard du parent qui est également son père biologique (Cass. ass. plén. 4-10-2019 n° 10-19.053 PBRI, Mennesson : BPAT 6/19 inf. 238). La Cour de cassation admettait également la transcription de l'acte de naissance étranger établissant une filiation à l'égard du parent d'intention (Cass. 1e civ. 18-12-2019 n° 18-12.237 FS-PBRI : SNH 4/20 inf. 4). Mais le législateur est revenu sur cette solution, en modifiant l'article 47 du Code civil relatif à la transcription des actes d'état civil étrangers (Loi 2021-1017 du 2-8-2021 art. 7). Le parent d'intention ne pourra donc faire établir sa filiation qu'au travers d'une adoption, sauf lorsque celle-ci est impossible ou ne peut être obtenue avec une célérité suffisante, auquel cas la transcription devrait être admise (Cass. ass. plén. 4-10-2019 n° 10-19.053 PBRI précité). Cela devrait être de plus en plus rare avec la libéralisation des conditions de l'adoption par la loi 2022-219 du 21 février 2022 visant à réformer l'adoption.

70525 Cette jurisprudence ne traite que de la transcription d'actes de naissance étrangers et ne statue pas à proprement parler sur l'**établissement de la filiation** (faisant clairement la distinction, Cass. 1e civ. 18-12-2019 n° 18-12.237 FS-PBRI). La transcription d'actes d'état civil étrangers n'est en effet pas obligatoire et, quand bien même ceux-ci seraient conformes à la réalité biologique, une telle transcription ne vaut pas « reconnaissance » de la filiation. Rien n'empêche une contestation ultérieure de la validité de la filiation et les droits successoraux des enfants issus d'une GPA pourraient ainsi être contestés. Toutefois, la CEDH ne fait pas de distinction dans sa jurisprudence relative à la GPA, visant simplement la « reconnaissance » de la filiation (CEDH avis 10-4-2019 n° P16-2018-001, Mennesson : BPAT 3/19 inf. 97). On voit mal, dès lors, comment la validité de la filiation pourrait être attaquée si la transcription a été admise. Il en va de même pour leurs droits successoraux.

Action pour établir une filiation Une **loi étrangère qui interdit à un enfant d'établir sa filiation naturelle** est contraire à l'ordre public international (Cass. 1e civ. 16-12-2020 n° 19-20.948 F-PI : BPAT 1/21 inf. 12). 70535

L'**absence de délai de prescription dans la loi étrangère** pour une action en recherche de paternité n'est pas en soi contraire à l'ordre public international français (Cass. 1e civ. 7-10-2015 n° 14-14.702 FS-PB, à propos de l'action en constatation judiciaire de paternité du droit allemand).

FILIATION ADOPTIVE

Adoption prononcée en France Les **conditions de l'adoption** sont en principe soumises à la loi nationale de l'adoptant ou, en cas d'adoption par un couple, à la loi nationale commune des deux membres du couple au jour du dépôt de la requête en adoption ou, à défaut, à la loi de leur résidence habituelle commune au jour du dépôt de la requête en adoption ou, à défaut, à la loi de la juridiction saisie. L'adoption ne peut toutefois être prononcée si la loi nationale des deux membres du couple la prohibe (C. civ. art. 370-3, al. 1). 70540

En outre, l'adoption d'un mineur étranger ne peut être prononcée si sa loi nationale prohibe cette institution, sauf si ce mineur est né et réside habituellement en France (C. civ. art. 370-3, al. 2).

La **loi française** pose des **exigences minimales relatives au consentement** qui devront être respectées quelle que soit la loi applicable, à titre de lois de police. L'adoption requiert le consentement du représentant légal de l'enfant. Le consentement doit être libre, obtenu sans aucune contrepartie, après la naissance de l'enfant et éclairé sur les conséquences de l'adoption, en particulier, s'il est donné en vue d'une adoption plénière, sur le caractère complet et irrévocable de la rupture du lien de filiation préexistant.

Les **effets de l'adoption** prononcée en France sont ceux de la loi française (C. civ. art. 370-4).

Adoption prononcée à l'étranger Une décision étrangère d'adoption, si elle est judiciaire, doit être reconnue de plein droit en France (n° 67235). Elle pourra être contestée dans un second temps, notamment si elle est contraire à l'ordre public international (n° 67255). 70545

Les **effets** de l'adoption prononcée à l'étranger sont ceux de l'adoption plénière si elle rompt de manière complète et irrévocable le lien de filiation préexistant. À défaut, elle produit les effets de l'adoption simple (C. civ. art. 370-5). L'adoption simple peut être convertie en adoption plénière si les consentements requis ont été donnés expressément en connaissance de cause.

La **convention de La Haye du 29 mai 1993** sur la protection des enfants et la coopération en matière d'adoption internationale a été ratifiée par la France et est en vigueur depuis le 1er octobre 1998 (Décret 98-815 du 11-9-1998 : JO 13 p. 13997). La Convention ne contient pas de règles sur les autorités compétentes ou la loi applicable. Elle pose des garanties minimales à respecter par les autorités de l'État d'origine de l'adopté comme par celles de l'État du ou des adoptants pour que les adoptions internationales aient lieu dans l'intérêt supérieur de l'enfant et dans le respect des droits fondamentaux qui lui sont reconnus en droit international. Elle instaure également un système de coopération international entre les autorités des États contractants pour assurer le respect de ces garanties et prévenir ainsi l'enlèvement, la vente ou la traite d'enfants. Elle prévoit enfin des dispositions destinées à assurer la reconnaissance dans les États contractants des adoptions réalisées selon la convention de La Haye. Une adoption certifiée conforme à la convention par l'autorité compétente de l'État contractant où elle a eu lieu est reconnue de plein droit dans les autres États contractants (chaque État contractant notifiant au dépositaire de la convention l'identité et les fonctions de l'autorité ou des autorités qui, dans cet État, sont compétentes pour délivrer le certificat).

b. Existence et validité du mariage

CONDITIONS DE FORME

70565 Le mariage est valablement célébré s'il l'a été conformément aux formalités prévues par la loi de l'État sur le territoire duquel la **célébration** a eu lieu (C. civ. art. 202-2), notamment la question de savoir si le mariage doit être célébré devant une autorité étatique (officier de l'état civil) ou si une cérémonie purement privée ou religieuse peut être reconnue valable (Cass. 1e civ. 22-6-1955, Caraslanis : Rev. crit. DIP 1955 p. 723 note H. Batiffol).

70570 **Caractère impératif** Lorsque le **mariage** est **célébré en France,** la règle de conflit désignant la loi locale en matière de forme du mariage a un caractère impératif. Seule la loi française est applicable et l'officier de l'état civil français est seul compétent pour y procéder, sauf, dans la mesure permise par la loi française, si les époux choisissent une célébration devant une autorité diplomatique ou consulaire. Un mariage célébré seulement en la forme religieuse en France, y compris devant une autorité consulaire (alors que celle-ci n'y est pas habilitée), est nul.

70575 **Célébration en France** L'officier d'état civil français a une compétence générale pour célébrer les mariages en France, sans égard à la nationalité des futurs époux.

Si l'**un des époux** au moins est **français,** la célébration devra impérativement avoir lieu devant l'officier de l'état civil.

Si les **deux époux** sont **étrangers** et ressortissants du même État, une célébration devant le consul représentant cet État est possible (C. civ. art. 171-1, al. 2, dont la réciprocité doit être admise), à condition toutefois que la loi de l'État qu'il représente lui octroie un tel pouvoir.

70580 **Célébration à l'étranger** Un Français pourra se marier à l'étranger en suivant les **formes locales** (C. civ. art. 171-1). Il peut ainsi se marier en la forme religieuse si la loi étrangère le prévoit.

70585 **Formalités spécifiques en cas de mariage d'un Français devant une autorité étrangère** **Avant la célébration,** certaines formalités doivent être respectées (sur lesquelles, voir Mémento Droit de la famille nº 72530).

Lorsque des indices sérieux laissent penser que le mariage encourt la nullité pour violation des dispositions de fond de la loi française (âge des futurs époux, présence à la cérémonie, polygamie, célébration non publique, etc.), l'autorité diplomatique ou consulaire doit saisir le procureur de la République et en informer les intéressés. Le procureur dispose d'un délai de deux mois pour faire connaître son opposition au mariage. La mainlevée de cette opposition peut être demandée par les époux devant le tribunal judiciaire (C. civ. art. 171-4).

Après la célébration, le mariage doit faire l'objet d'une transcription sur les registres d'état civil français ; à défaut, le mariage est inopposable aux tiers (C. civ. art. 171-5, al. 1).

Les époux devront donc demander à l'autorité diplomatique ou consulaire compétente au regard du lieu de célébration du mariage de transcrire celui-ci (C. civ. art. 171-5, al. 3). Le mariage célébré malgré l'opposition du procureur de la République ne peut toutefois être transcrit tant que les époux n'ont pas obtenu mainlevée de cette opposition (C. civ. art. 171-6).

70590 Le **non-respect des formalités préalables** ne conduit pas nécessairement à la nullité du mariage. Néanmoins, en l'absence de publication des bans, de constitution d'un dossier de mariage, d'audition commune des futurs époux (sauf impossibilité ou absence de nécessité) ou de certificat de capacité à mariage, la transcription doit être précédée de l'audition commune des époux et, le cas échéant, d'entretiens individuels par l'autorité diplomatique ou consulaire (sauf décision motivée de l'autorité diplomatique ou consulaire, si cette dernière dispose d'informations établissant que le consentement des époux est réel et non vicié). Si, après l'audition, l'autorité diplomatique ou consulaire constate qu'il existe des indices sérieux laissant présumer que le mariage encourt la nullité (pour non-respect des conditions de fond), elle sursoit à la transcription et saisit le procureur de la République, qui dispose d'un délai de six mois pour se prononcer sur la transcription. S'il s'oppose ou garde le silence (ce qui vaut opposition), les époux devront saisir le tribunal judiciaire, qui statue dans le mois sur la transcription. En cas d'appel, la cour statue dans le même délai (C. civ. art. 171-7). Le non-respect du délai d'un mois n'est toutefois assorti d'aucune sanction et ne saurait entraîner de plein droit la mainlevée de l'opposition (Cass. 1e civ. 5-4-2023 nº 21-15.196 F-B : BPAT 3/23 inf. 123).

Lorsque les **formalités préalables et** les **formes locales** ont été respectées, la **transcription** doit être effectuée sauf si des éléments nouveaux fondés sur des indices sérieux laissent présumer que le mariage encourt la nullité au regard de certaines dispositions de la loi française (condition d'âge, consentement, présence, bigamie, inceste et clandestinité). Dans ce cas, il doit être procédé à nouveau à l'audition commune des époux, et le cas échéant à des entretiens individuels, ainsi qu'à l'information du procureur de la République, qui dispose d'un délai de six mois pour agir en nullité. S'il ne s'est pas prononcé à l'expiration de ce délai, la transcription doit être effectuée. Néanmoins, le procureur conserve le droit d'agir ultérieurement en nullité du mariage (C. civ. art. 171-8). 70595

Les **conséquences de la non-transcription** du mariage sont assez radicales **en cas de succession** (C. Bidaud-Garon, La reconnaissance des mariages célébrés à l'étranger : JCP N 2012 n° 1265) :
– le conjoint survivant ne l'est pas vis-à-vis de l'administration fiscale par exemple ou d'une caisse de retraite à laquelle il pourrait réclamer une pension de réversion ;
– plus gênant encore, si le défunt a désigné par testament des personnes étrangères à la famille pour lui succéder, sa qualité de conjoint survivant leur serait inopposable.

La jurisprudence de la Cour de cassation tempère cependant les inconvénients de la règle en décidant que la transcription n'est soumise à aucune exigence de **délai.** Elle peut donc être effectuée après le décès de l'un des époux et rend la qualité de conjoint opposable aux tiers rétroactivement depuis la date du mariage (Cass. 1e civ. 7-12-2016 n° 15-22.996 FS-PBI : RJDA 3/17 n° 164, BPAT 1/17 inf. 3). Toutefois, dans les cas où la transcription n'a pu être réalisée et que l'audition des époux est requise afin d'y procéder, celle-ci n'étant plus possible en raison du décès de l'un d'eux, la difficulté paraît insurmontable.

CONDITIONS DE FOND

Les qualités et conditions requises **pour pouvoir contracter mariage** sont en principe régies, pour chacun des époux, par sa loi personnelle (C. civ. art. 202-1, al. 1), c'est-à-dire sa loi nationale. Toutefois, les exceptions à l'application de la loi nationale d'un époux étranger sont de plus en plus nombreuses, le législateur ayant consacré récemment plusieurs cas d'application impérative du droit français aux conditions de fond du mariage. 70600

Application distributive de la loi nationale de chacun des époux En principe, les conditions de fond à la validité du mariage sont appréciées **séparément** au regard de la loi nationale de **chaque époux** au moment du mariage. Par exemple, en cas de mariage d'une Française avec un Espagnol, les conditions de validité du mariage seront appréciées pour la femme au regard de la loi française, et pour le mari au regard de la loi espagnole. 70605

Les conditions de fond régies par la loi personnelle sont désormais essentiellement la **capacité matrimoniale,** laquelle recouvre à la fois la capacité de se marier sans autorisation parentale (qui se confond le plus souvent avec la capacité civile) et l'âge nubile (Rép. droit international Dalloz, v. Capacité par E. Gallant, n° 39). C'est également à la loi nationale qu'il appartient de décider si certaines prohibitions au mariage tenant à la parenté ou à l'âge sont susceptibles de dispense et de désigner l'autorité pouvant accorder cette dispense (Rép. droit international Dalloz, v. Mariage par B. Bourdelois, n° 29). Il devrait néanmoins être admis que l'autorité étrangère désignée peut être remplacée par une autorité française équivalente.

Empêchements bilatéraux Certaines conditions ne visent pas la personne de chaque époux mais les deux **époux pris ensemble.** Dans ce cas, le mariage ne sera valable que s'il respecte **cumulativement** les prescriptions des lois nationales de chacun des époux, ce qui aboutit en pratique à appliquer la loi la plus restrictive. 70610

Au regard de la **loi française,** sont notamment considérés comme des empêchements bilatéraux les empêchements dérivant de la **prohibition de l'inceste** (mariage entre ascendant et descendant, frère et sœur, oncle et nièce). Il en va de même pour la prohibition de la **bigamie** et donc du mariage polygamique (Cass. 1e civ. 24-9-2002 n° 00-15.789 FS-PBR). Quand bien même elle serait célibataire (la prohibition de la bigamie du droit français ne lui serait donc pas applicable), une Française ne peut pas épouser un Algérien déjà marié (alors même que du point de vue de la loi nationale de celui-ci, un tel mariage est valable).

Consentement « Quelle que soit la loi personnelle applicable, le mariage requiert le consentement des époux, au sens de l'article 146 et du premier alinéa de l'article 180 » (C. civ. art. 202-1, al. 1). L'application directe de la **loi française** permet de sanctionner l'absence d'intention matrimoniale (« mariage blanc ») (C. civ. art. 146) et le consentement vicié de l'un des époux (C. civ. art. 180, al. 1), en particulier en cas de violence exercée à l'encontre de celui-ci, 70615 c'est-à-dire de mariage forcé (on rappellera qu'en droit français du mariage, le vice de violence inclut la crainte révérencielle envers un ascendant : C. civ. art. 180, al. 1). Ces dispositions du Code civil semblent donc appliquées à titre de lois de police (S. Godechot-Patris, Abandon de la méthode conflictuelle pour apprécier la réalité de l'intention matrimoniale : RJPF 2014-11/22 ; H. Fulchiron, Règle de conflit de lois contre les mariages forcés – Qui mal embrasse, trop étreint : JCP G 2015 doctr. 171 n° 11).

ORDRE PUBLIC ET MARIAGE CÉLÉBRÉ EN FRANCE

70620 En matière de mariage, l'ordre public international joue souvent un rôle négatif **en s'opposant à la célébration d'un mariage** en France en vertu d'une loi étrangère dont l'application heurterait les conceptions fondamentales du droit français. Il est ainsi impossible de célébrer en France un mariage polygamique, même s'il s'agit de deux époux de nationalité étrangère dont la loi valide une telle union.

L'ordre public s'oppose également à l'application d'une loi étrangère fixant l'âge nubile à un âge inférieur à celui prévu par la loi française ou au mariage entre parents et alliés au degré prohibé en France dans un cas où la possibilité d'une dispense n'est pas prévue par notre loi, et alors même qu'une dispense aurait été accordée par l'autorité étrangère (Instruction générale relative à l'état civil du 11-5-1999 n° 548).

L'ordre public peut également jouer un rôle positif **en permettant la célébration d'un mariage** qu'une loi étrangère interdit. Notamment, un empêchement à mariage fondé sur une discrimination raciale ou religieuse serait écarté au nom de l'ordre public.

70625 **Mariage homosexuel** « Deux personnes de même sexe peuvent contracter mariage lorsque, pour au moins l'une d'elles, soit sa loi personnelle, soit la loi de l'État sur le territoire duquel elle a son domicile ou sa résidence le permet » (C. civ. art. 202-1, al. 2 issu de loi 2013-404 du 17-5-2013). En dépit de sa formulation positive, cette règle, issue de la loi 2013-404 du 17 mai 2013 ouvrant le mariage aux couples de personnes de même sexe (et modifiée par la loi 2014-873 du 4-8-2014), joue comme une **exception d'ordre public international** et il convient dès lors de la considérer comme telle (H. Fulchiron, Le mariage entre personnes de même sexe en droit international privé au lendemain de la reconnaissance du « mariage pour tous » : JDI 2013 doctr. 9 ; confirmant cette interprétation : Cass. 1e civ. 28-1-2015 n° 13-50.059 FS-PBRI : BPAT 2/15 inf. 44). À l'instar de l'ordre public dit « de proximité », cette exception ne joue que si certains **facteurs de rattachement** sont réunis. Mais à la différence de l'exception d'ordre public, ces rattachements peuvent être caractérisés avec d'autres pays que la France, dans la mesure où ceux-ci autorisent le mariage homosexuel. Cependant, même si le texte ne le précise pas, seule la loi française devrait s'appliquer en cas de mise en jeu de cette exception.

> **Précisions** En présence d'une **convention internationale bilatérale** définissant des règles de conflit de lois pour le mariage, cette exception d'ordre public s'applique également (Cass. 1e civ. 28-1-2015 n° 13-50.059 FS-PBRI : BPAT 2/15 inf. 44) et nonobstant la position contraire affirmée par une circulaire ministérielle (Circ. justice JUSC1312445C du 29-5-2013 p. 4-5, précisée sur ce point par une instruction ultérieure : Inst. du 1-8-2013 ; tirant les conséquences de cette jurisprudence, voir Rép. Jerretie et Carvounas : AN 21-11-2017 n° 1577 indiquant qu'une dépêche du garde des Sceaux diffusée le 5 août 2016 invite les parquets à ne plus s'opposer à ce type de mariage).

ORDRE PUBLIC ET MARIAGE CÉLÉBRÉ À L'ÉTRANGER

70630 En présence de situations valablement constituées à l'étranger, et qui n'auraient pu l'être en France, dans la mesure où aucun des deux époux ne possède la nationalité française, ni n'avait de domicile en France au moment du mariage, l'ordre public n'aura qu'un **effet « atténué »** (n° 67485). En particulier, un mariage polygamique, s'il est conforme à la loi nationale des deux époux, sera considéré comme valable (Cass. 1e civ. 28-1-1958, Chemouni : Rev. crit. DIP 1958 p. 110 note Jambu-Merlin ; Cass. 1e civ. 19-2-1963, Chemouni : Rev. crit. DIP 1963 p. 559 note G.H.). Dans une affaire récente, la Cour de cassation a censuré la cour d'appel déclarant irrecevable la requête en divorce d'une femme de nationalité libyenne ayant épousé un homme de même nationalité déjà marié à une autre femme au motif que la loi française ne reconnaît pas la bigamie, sans rechercher si la loi libyenne n'autorise pas la bigamie (Cass. 1e civ. 17-11-2021 n° 20-19.420 F-B : BPAT 1/22 inf. 14).

Néanmoins, l'effet atténué ne joue pas pour les prescriptions les plus fondamentales résultant de l'ordre public international telles que l'âge minimum pour la capacité matrimoniale ou la prohibition de l'inceste. Si le mariage célébré à l'étranger ne les respecte pas, l'ordre public jouera et le mariage les enfreignant sera tenu pour nul par un juge français et ce, quelle que soit la nationalité des parties.

Si l'un des époux est français ou domicilié en France, le jeu de l'effet atténué est en principe exclu et l'ordre public devrait produire son plein effet en raison des liens existant avec la France au moment de la célébration du mariage (**ordre public dit « de proximité »**). Par exemple, un Algérien domicilié en France et marié à une Française ne pourrait à l'occasion d'un court séjour en Algérie contracter un second mariage avec une Algérienne. Mais pour la Cour de cassation, la validité du second mariage ne s'apprécie qu'au regard des conditions de formation posées par la loi nationale de chacun des époux, même si la première femme de l'époux polygame est française, ce qui aboutit dans notre exemple à conclure à la validité du mariage (Cass. 1e civ. 17-2-1982 n° 80-17.113, Baaziz : Bull. civ. I n° 76, Rev. crit. DIP 1983 p. 275 note Y. Lequette). La doctrine critique, à notre avis à juste titre, cette solution et propose, dans le cas où la première épouse serait française, de soumettre la validité du second mariage à la loi des effets du premier mariage (P. Mayer, V. Heuzé et B. Remy, Droit international privé, LGDJ, précis Domat, 12e éd., 2019, n° 573) ou à la loi personnelle de chacun des « époux » (Rev. crit. DIP 1983 p. 275 note Y. Lequette). Cette jurisprudence paraît de toute manière condamnée par l'évolution législative récente et dans le cas où la première épouse est française, l'ordre public devrait jouer pour écarter la validité du second mariage (n° 69675). 70635

Mariage homosexuel S'agissant des mariages célébrés devant une autorité étrangère, l'exception d'ordre public spécifique au mariage homosexuel s'appliquera également si la loi nationale de l'un ou des deux époux ne valide pas l'union (n° 70625). 70640

Les **mariages** homosexuels **célébrés** à l'étranger **avant l'entrée en vigueur de la loi du 17 mai 2013,** y compris lorsque l'un des époux est français, sont validés directement dans leurs effets à l'égard des époux et des enfants sous réserve qu'ils respectent certaines des conditions de validité au fond posées par la loi française : condition d'âge, de consentement réel, libre et éclairé, de présence lors de la célébration, d'interdiction de bigamie, d'empêchements familiaux à mariage et de publicité de la célébration (Loi 2013-404 du 17-5-2013 art. 21). Quant à l'**opposabilité de l'union aux tiers,** elle est conditionnée par sa transcription sur les registres de l'état civil français (n° 70585). Le texte de la loi précise : « à compter de la date de transcription, [le mariage] produit effet à l'égard des tiers » (Loi 2013-404 du 17-5-2013 art. 21). La Cour de cassation a fait cependant prévaloir, à juste titre, la règle générale selon laquelle dès lors qu'il est transcrit, le mariage est opposable aux tiers depuis la date de sa célébration (Cass. 1e civ. 7-12-2016 n° 15-22.996 FS-PBI : RJDA 3/17 n° 164).

SANCTION DES CONDITIONS DE FORMATION DU MARIAGE

La **loi applicable à chaque époux** déterminera la sanction qu'elle attache à la violation des conditions de fond qu'elle pose. Par exemple, si l'un des époux estime avoir été victime d'une erreur sur la personne de son futur conjoint, il faudra consulter sa loi nationale pour savoir quelle conséquence tirer de cette erreur, notamment si la nullité du mariage peut être prononcée. Cela signifie également que, dans le cas des **empêchements bilatéraux,** si les lois nationales des deux époux posent des empêchements similaires, le mariage pourra être annulé en application de l'une ou l'autre des deux lois. 70645

INCIDENCE D'UNE PROCÉDURE DE DIVORCE OU D'UN RELÂCHEMENT DU LIEN CONJUGAL SUR LA QUALITÉ DE SUCCESSIBLE

En **droit français,** le conjoint survivant conserve ses droits dans la succession tant qu'il n'est pas divorcé, la séparation de corps (sauf exception, voir n° 21460), la séparation de fait ou l'existence d'une instance de divorce en cours au moment du décès n'ayant aucune incidence sur sa qualité de successible. Il n'en va cependant pas de même dans d'**autres droits européens.** À titre d'exemples (R. de Gourcy, Divorce en cours ou séparation de fait au moment du décès : quels effets sur la qualité de conjoint successible ? Aperçu en droit international privé et en droit comparé : Cahiers du Cridon Lyon 2015 p. 42) : 70650

- en droit allemand, si les conditions du divorce sont réunies et que le de cujus a demandé ou donné son accord au divorce, le conjoint perd ses droits successoraux ;
- en droit espagnol, la séparation de fait prive le conjoint de ses droits successoraux ;
- en droit belge, la séparation de fait permet au de cujus de priver son conjoint par testament de ses droits successoraux (sous réserve que celle-ci dure depuis plus de six mois et qu'une demande judiciaire de séparation de corps ait été déposée).

Or, si la question de savoir si l'on est marié ou divorcé dépend de la loi applicable au mariage ou au divorce, telle que désignée par la règle de conflit de lois du juge saisi, la **successibilité du conjoint survivant** est une question relevant uniquement de la loi successorale (R. de Gourcy, Divorce en cours ou séparation de fait au moment du décès : quels effets sur la qualité de conjoint successible ? Aperçu 70655 en droit international privé et en droit comparé : Cahiers du Cridon Lyon 2015 p. 42). Dès lors, le conjoint survivant ne sera pas privé de ses droits en cas de séparation de fait ou d'instance en divorce si la succession est soumise au droit français. À l'inverse, si la loi applicable aux effets du mariage ou au divorce est la loi française, mais que la succession est soumise à la loi belge, espagnole ou allemande, il pourra être privé de sa vocation successorale.

EXEMPLE

Un **couple d'Allemands** vit séparé depuis plusieurs années, le **mari résidant en France,** la **femme en Allemagne.** Le mari a introduit une **demande de divorce devant les juridictions allemandes,** et les conditions du divorce au sens du droit civil allemand sont réunies. Il décède cependant pendant l'instance. Au regard des règles de conflit de lois applicables en France, tant leur mariage que leur divorce sont régis par la loi allemande. La loi applicable à la succession du mari, en l'absence de choix par celui-ci du droit allemand, est normalement la loi française. Dès lors, la disposition du **Code civil allemand privant le conjoint de ses droits successoraux** dans ce cas ne s'appliquera pas, puisque la question est d'ordre successoral et la loi française ne contient pas de disposition similaire.

SUCCESSION RÉGIE PAR LE DROIT FRANÇAIS : ABSENCE DE DIVORCE

70660 Si la loi française est la loi successorale, il faut que le mariage n'ait pas été dissous préalablement au décès du de cujus, afin de pouvoir invoquer la qualité de conjoint survivant. Si le divorce a été prononcé ou constaté en France, il n'y a pas de difficulté particulière. On supposera donc que le **divorce** a été **obtenu ou constaté à l'étranger.** S'agissant des divorces judiciaires, il faut distinguer entre les décisions de divorce rendues dans un État membre de l'Union européenne et celles rendues dans un État tiers.

Dans les deux cas, dans le cadre du règlement d'une succession, un notaire pourra tenir compte d'un jugement de divorce prononcé à l'étranger n'ayant pas fait l'objet d'une mention en marge de l'acte de mariage français, s'il estime que cette décision est définitive et qu'elle est opposable en France (Rép. Bansard : Sén. 24-3-2022 n° 26638 : BPAT 3/22 inf. 172-13). Cette réponse ministérielle rappelle qu'il est de jurisprudence constante que les jugements étrangers produisent leurs effets en France, indépendamment de toute déclaration d'exequatur ou d'une procédure de vérification d'opposabilité (voir n°s 70665 et 70675).

Il faudra se référer à la loi de procédure du juge saisi pour déterminer si et à quel moment une décision prononçant le divorce est devenue définitive. S'il y a un doute sur la **date à laquelle la dissolution du mariage intervient,** il faudrait consulter la loi applicable au divorce, telle que déterminée par le règlement 1259/2010 du Conseil du 20 décembre 2010 mettant en œuvre une coopération renforcée dans le domaine de la loi applicable au divorce et à la séparation de corps, dit « règlement Rome III » (JOUE 2010 L 343/10). La question paraît cependant assez théorique sauf si un juge français (ou de l'un des États membres participant à la procédure de coopération renforcée) est déjà saisi d'une demande en divorce. Sinon, on sera soit en présence d'une décision de divorce étrangère qui aura normalement déjà tranché la question ou d'une procédure en cours à l'étranger.

70665 **Divorce prononcé dans un État membre de l'Union européenne** La question est réglée par le règlement 2019/1111 du 25 juin 2019 relatif à la compétence, la reconnaissance et l'exécution des décisions en matière matrimoniale et en matière de responsabilité parentale, ainsi qu'à l'enlèvement international d'enfants, dit « **règlement Bruxelles II ter** ». Ce règlement lie l'ensemble des États membres de l'Union européenne, à l'exception du Danemark. Il s'applique au divorce, à la séparation de corps et à l'annulation du mariage des époux (Règl. 2019/1111 du 25-6-2019 art. 1, 1).

Sur l'impact du **Brexit,** voir n° 67007, Précisions.

Les décisions rendues en matière de divorce par une juridiction d'un État membre sont reconnues de plein droit dans les autres États membres (sur la **reconnaissance de plein droit,** voir n° 67200). Notamment, aucune procédure préalable ne peut être requise pour la mise à jour des actes d'état civil sur la base d'une décision rendue dans un autre État membre devenue définitive. Néanmoins, toute partie intéressée peut demander la reconnaissance ou la non-reconnaissance d'une décision. Si la décision étrangère fait l'objet d'un recours dans l'État d'origine, le juge de l'État requis saisi d'une demande de reconnaissance peut surseoir à statuer.

70670 Il existe cependant une liste limitative de **motifs de non-reconnaissance** des décisions rendues en matière de divorce (Règl. 2019/1111 du 25-6-2019 art. 38). Cela sera le cas :

– si la décision est manifestement contraire à l'ordre public ;

– en cas de défaillance du défendeur, si l'acte introductif d'instance n'a pas été signifié à celui-ci en temps utile de manière à ce qu'il puisse pourvoir à sa défense, à moins qu'il ait accepté la décision de manière non équivoque ;
– si la décision est inconciliable avec une décision rendue entre les mêmes parties dans l'État membre requis ;
– si elle est inconciliable avec une décision rendue antérieurement dans un autre État membre ou dans un État tiers entre les mêmes parties, dès lors que la décision antérieure réunit les conditions nécessaires à sa reconnaissance dans l'État requis.

On relèvera toutefois que la **reconnaissance ne peut être refusée** aux motifs que le juge qui l'a rendue était incompétent au regard du règlement ou encore que la loi de l'État requis ne permet pas le divorce sur la base de faits identiques.

Divorce prononcé dans un État tiers Lorsque le jugement émane d'un État tiers, **70675**
il sera soumis aux conditions de reconnaissance de **droit commun.**

En principe, le divorce bénéficie d'une **reconnaissance de plein droit,** sauf possibilité pour la partie qui la conteste d'exercer un recours en inopposabilité. Un praticien chargé de liquider la succession risque d'être confronté à certaines difficultés spécifiques. En effet, les décisions de divorce étant reconnues de plein droit, rien ne s'oppose a priori à ce qu'elles soient transcrites sur les registres de l'état civil en France, et il devra alors tenir les époux comme divorcés. Il appartiendra alors au prétendu conjoint survivant de saisir les tribunaux français pour s'opposer à la reconnaissance de la décision étrangère et obtenir une décision de non-reconnaissance. S'il y parvient, les époux seront considérés comme toujours mariés du point de vue de l'ordre juridique français et il pourra se prévaloir de la qualité de conjoint survivant dans la succession.

L'**exception d'ordre public international** joue fréquemment en matière de divorce à **70680**
l'encontre de jugement rendu dans des États tiers.

C'est le cas en particulier en matière de répudiation (pour plus de précisions sur cette question, voir Mémento Droit de la famille n° 72985).

À noter que le fait que le jugement de divorce étranger donnant effet à une répudiation ait été mentionné en marge de l'acte de mariage par le service central d'état civil ne vaut nullement reconnaissance de la décision, celle-ci pouvant être contestée ultérieurement (Cass. 1e civ. 14-5-2014 n° 13-17.124 F-PB).

La jurisprudence française considère également comme contraire à l'ordre public international une loi étrangère qui ne prévoit ni prestation compensatoire ni pension alimentaire ou dommages-intérêts en cas de divorce. Il en va de même si l'allocation prévue est insuffisante (Cass. 1e civ. 28-11-2006 n° 04-11.520 FS-PB ; voir toutefois en sens contraire Cass. 1e civ. 11-2-2015 n° 13-25.572 F-PB : BPAT 3/15 inf. 89).

L'**exception de fraude** joue également de façon assez fréquente en matière de divorce. Il **70690**
s'agit le plus souvent d'une fraude au jugement (n° 67250), notamment lorsque le mari saisit un tribunal étranger pour obtenir une décision de divorce plus favorable financièrement (Cass. 1e civ. 7-11-2012 n° 11-14.220 F-D) ou pour échapper à une demande de contribution aux charges du mariage déposée par son épouse (Cass. 1e civ. 20-6-2012 n° 11-30.120 FS-PBI).

c. Existence et validité d'un partenariat enregistré

INCIDENCE SUR LA SUCCESSION

Si les partenaires ne bénéficient d'aucun droit successoral lorsque la succession est régie par **70710**
le droit français, il en va différemment dans d'autres droits. Il importe donc, lorsque la **loi successorale n'est pas la loi française,** de procéder à la détermination de la loi applicable au partenariat enregistré.

LOI APPLICABLE

Les conditions de formation sont soumises aux dispositions matérielles de l'**État de l'auto-** **70715**
rité qui a procédé à son enregistrement (C. civ. art. 515-7-1). Il ne s'agit pas de la loi du lieu d'enregistrement mais bien de celle de l'autorité qui y procède : s'agissant d'un partenariat entre un Français et un Belge enregistré au consulat de Belgique à Londres, c'est la loi belge et non la loi anglaise qui est applicable (Rapport AN n° 1578 art. 1, A relatif à la loi 2009-526 du 12-5-2009).

La référence expresse aux dispositions matérielles exclut le **renvoi.**

70720 **Domaine de la loi applicable** La règle vise les **conditions de fond** relatives à la formation du partenariat mais également les **conditions de forme.**

Certaines matières paraissent toutefois devoir être exclues du domaine de la loi d'enregistrement. La **capacité des partenaires** devrait à notre sens rester soumise à la loi nationale, même si la doctrine majoritaire semble se prononcer en faveur de la loi de l'autorité d'enregistrement (P. Hammje, Réflexions sur l'article 515-7-1 du Code civil : Rev. crit. DIP 2009 p. 483 ; plus dubitatifs, N. Joubert et B. Morel, Les partenariats enregistrés en droit international privé depuis la loi du 12 mai 2009 : JCP N 2009 nº 1285).

ORDRE PUBLIC INTERNATIONAL

70725 L'admission en France du Pacs paraît interdire d'opposer l'exception d'ordre public à des partenariats étrangers du même type. Le simple fait que le **partenariat étranger attribue davantage de droits aux partenaires,** en alignant parfois leur régime sur celui du mariage, ne saurait être en soi contraire à l'ordre public.

En revanche, les lois étrangères (par exemple, en Belgique) admettant qu'un **partenariat** soit conclu **entre frères et sœurs** devraient tomber sous le coup de l'exception d'ordre public international (en ce sens, Circ. DACS 08-09 du 26-5-2009).

2. DÉTERMINATION DES SUCCESSIBLES

a. Successions ouvertes depuis le 17 août 2015

RÈGLES GÉNÉRALES

70755 La loi successorale détermine la vocation successorale des bénéficiaires (Règl. UE 650/2012 du 4-7-2012 art. 23, 2-b), qu'il s'agisse d'une succession ab intestat ou testamentaire (et contractuelle). En cas de **succession ab intestat,** c'est la loi successorale qui déterminera l'ordre et le degré des héritiers appelés à la succession. La loi successorale déterminera également si la représentation est possible, et plus généralement les dérogations à l'ordre de la dévolution légale.

La loi successorale fixe également les parts respectives des successibles (Règl. UE 650/2012 du 4-7-2012 art. 23, 2-b). Les modalités d'exercice de ces droits (droit réel sur un bien particulier, droit à une part de la succession, droit à une certaine valeur) seront également du ressort de la loi successorale.

70760 En cas de **succession volontaire** (testamentaire ou contractuelle), la loi successorale déterminera les différents types possibles de legs (universel, à titre universel, à titre particulier). Elle déterminera également la nature des droits des légataires (créance contre la succession ou droit réel sur les biens objets du legs). La loi successorale régit enfin les charges qui peuvent leur être imposées par le défunt (Règl. UE 650/2012 du 4-7-2012 art. 23, 2-b). Il appartiendra donc en principe à la loi successorale de décider si une substitution (aujourd'hui en droit français, une libéralité graduelle ou résiduelle) est possible. Toutefois, une disposition de dernière volonté valable selon la loi successorale anticipée (nº 69765) et se référant à un type de legs ou à une charge inconnue ou interdite par la loi successorale (l'institution contractuelle d'héritier, les libéralités graduelles ou résiduelles) devrait néanmoins être reconnue valable (nº 69875).

70765 La loi successorale doit logiquement s'appliquer aux **actions successorales** par lesquelles les héritiers ou légataires font valoir leurs droits successoraux : action en pétition d'hérédité, action en délivrance de legs, etc. (en ce sens, A. Bonomi et P. Wautelet : Le droit européen des successions. Commentaire du Règlement (UE) nº 650/2012 du 4 juillet 2012, Bruylant, 2e éd., 2016, p. 375).

DROITS DU CONJOINT OU DU PARTENAIRE SURVIVANT

70770 La loi successorale détermine les **droits successoraux du conjoint ou du partenaire** survivant (Règl. UE 650/2012 du 4-7-2012 art. 23, 2-b).

S'agissant du **partenaire survivant,** un certain nombre de **droits étrangers** (Allemagne, Suisse) lui octroient des droits dans la succession de son partenaire prédécédé. Si la loi désignée par le règlement Successions est l'une de ces lois, le partenaire bénéficiera ainsi de droits successoraux. Si à l'inverse, même en présence d'un partenariat soumis à une loi étrangère, la loi successorale est la loi française, le partenaire survivant sera privé de tout droit dans la succession.

Le texte vise plus généralement les « **autres droits sur la succession** », ce qui inclut dans le champ de la loi successorale le droit à la jouissance du logement familial du conjoint ou partenaire survivant (Rép. droit international Dalloz, v. Règlement n° 650/2012 sur les successions par P. Lagarde, n° 115). La loi successorale détermine également si le conjoint survivant peut bénéficier d'un droit aux aliments à l'encontre de la succession (l'exclusion des obligations alimentaires ne s'applique pas à celles nées du décès, voir n° 68015), à l'instar du droit à pension prévu par l'article 767 du Code civil (en ce sens, P. Lagarde, précité, n° 117).

SUCCESSIONS EN DÉSHÉRENCE

Dans la mesure où, en vertu de la loi applicable à la succession, il n'y a, pour aucun bien, d'héritier ou de légataire, ou de personne physique venant au degré successible, un État membre (ou une institution désignée à cet effet par celui-ci) a le droit d'appréhender, en vertu de sa propre loi, les **biens successoraux situés sur son territoire,** pour autant que les créanciers soient habilités à faire valoir leurs créances sur l'ensemble des biens successoraux (Règl. UE 650/2012 du 4-7-2012 art. 33). **70775**

Les **dispositions du droit français** permettant à l'État d'appréhender les successions en déshérence pourront donc être appliquées, sous réserve de la protection des droits des créanciers (n° 70800).

b. Successions ouvertes avant le 17 août 2015

DÉVOLUTION DE LA SUCCESSION

La loi successorale détermine les successibles, l'**ordre et** le **degré** dans lequel ils sont appelés à la succession, ainsi que les éventuelles exceptions aux principes posés (fente, représentation, droit de retour légal). **70795**

Elle détermine la vocation successorale du **conjoint survivant.**

Le fait que la loi applicable au **partenariat ou** au **concubinage** reconnaisse des droits successoraux au partenaire/concubin survivant ne permettra pas de le reconnaître comme « conjoint survivant » si la règle de conflit de lois désigne la loi successorale française comme loi applicable à la succession (notamment dans le cas d'un immeuble situé en France). En revanche, si la succession est régie par une loi étrangère, rien ne s'oppose alors à lui faire produire tous ses effets, y compris la vocation successorale du partenaire/concubin.

EXEMPLE

Hans de Meers, de nationalité néerlandaise, est décédé le 18 juin 2015 à Haarlem (Pays-Bas) ne laissant pas d'héritier réservataire mais son compagnon Peter Marks, de nationalité néerlandaise. Il avait conclu avec celui-ci un **contrat de partenariat établi à Rotterdam** le 17 décembre 2000. Le même jour, il avait institué Peter Marks légataire universel dans son **testament établi devant un notaire à Rotterdam.** Hans de Meers avait acquis un appartement à Juan-les-Pins le 10 juin 2000. Un compte bancaire figure au nom de Hans de Meers au Crédit Agricole de Cannes.

Comment doit-on régler cette succession ? Les **effets du contrat de partenariat** enregistré selon la loi néerlandaise peuvent être reconnus en France. Le partenariat enregistré conclu entre des Néerlandais aux Pays-Bas le 17 décembre 2000 a entraîné entre les partenaires selon la loi néerlandaise un régime de communauté universelle de biens s'appliquant à tous les biens en France possédés par l'un ou l'autre des partenaires. Le notaire néerlandais pourra d'ailleurs l'attester dans un certificat d'héritier. Il sera possible, en vertu des actes établis aux Pays-Bas, d'établir en France un acte contenant apport de l'immeuble en France dans la communauté créée en vertu du partenariat enregistré aux Pays-Bas et de régler la succession de Hans de Meers en considérant que seule la moitié de l'immeuble dépend de sa succession.

En ce qui concerne l'**exécution du testament,** la loi française s'applique à l'immeuble en France et la loi néerlandaise à la succession mobilière. La loi française n'accorde pas de droit de succession au partenaire et, selon la loi néerlandaise, les partenaires héritent l'un de l'autre. Or, Hans de Meers n'ayant laissé aucun héritier réservataire, selon les lois successorales compétentes, le legs en faveur de son partenaire peut s'exécuter. Le legs permet au partenaire survivant de bénéficier de l'immeuble en France dont il ne pourrait pas hériter ab intestat.

SUCCESSIONS EN DÉSHÉRENCE

En droit français, l'État se voit attribuer les successions en déshérence. Ce droit ne se rattache pas à la loi successorale mais est une prérogative de souveraineté, qui s'exerce dans les limites du territoire national. La loi française s'appliquera donc en tant que **loi de situation des biens** aux biens de la succession se trouvant en France. **70800**

3. RÉSERVE HÉRÉDITAIRE

a. Successions ouvertes depuis le 17 août 2015

RÈGLES GÉNÉRALES

70830 La **loi successorale** régira la quotité disponible et la réserve héréditaire (Règl. UE 650/2012 du 4-7-2012 art. 23, 2-h). Bien que la solution ne soit pas nouvelle dans une perspective française (elle est exactement identique à celle qui prévalait avant l'entrée en vigueur du règlement), sa consécration par le règlement Successions la rend efficace dans l'ensemble des États membres.

Quand bien même la validité au fond des dispositions à cause de mort (au sens du règlement) serait régie par la **loi successorale anticipée** (n° 69765), et que celle-ci ne contient pas de dispositions relatives à la réserve ou laisse une liberté plus grande au disposant, seule la **loi effectivement applicable** à la succession a vocation à s'appliquer à ces questions, au risque il est vrai de ruiner les mécanismes d'anticipation successorale mis en place par le disposant.

EXISTENCE ET CARACTÈRES DE LA RÉSERVE

70835 La loi successorale déterminera donc en premier lieu s'il existe une réserve héréditaire, à quelles **conditions** (preuve d'une situation de besoin ou non) **et** quels en sont les **bénéficiaires** (enfants, ascendants, conjoint).

La question des **droits du partenaire** se pose à nouveau : si en droit français celui-ci n'est pas successible et donc a fortiori non réservataire, il est héritier réservataire en Suisse et en Allemagne, comme le conjoint (A. Bonomi et P. Wautelet : Le droit européen des successions. Commentaire du Règlement (UE) n° 650/2012 du 4 juillet 2012, Bruylant, 2e éd., 2016, p. 395-396).

La **nature des droits des réservataires** (droit direct en tant qu'héritier sur une part de la succession ou créance à l'encontre de la succession) et l'objet de ceux-ci (droits en nature ou en valeur) seront également définis par la loi successorale.

Enfin, la loi successorale fixe les **modalités de calcul** de la quotité disponible et de la réserve, notamment l'existence le cas échéant de quotités disponibles spéciales (entre époux).

MÉCANISMES ASSIMILÉS À LA RÉSERVE

70840 La loi successorale régira également les autres restrictions à la liberté de disposer à cause de mort que les personnes proches du défunt peuvent faire valoir à l'égard de la succession ou des héritiers. Il s'agit des « **équivalents fonctionnels de la réserve** » (A. Bonomi et P. Wautelet : Le droit européen des successions. Commentaire du Règlement (UE) n° 650/2012 du 4 juillet 2012, Bruylant, 2e éd., 2016, p. 396) que connaissent certains pays, notamment anglo-saxons, qui ignorent la notion de réserve héréditaire. Ces équivalents sont souvent de nature alimentaire (« family provision ») et laissent aux tribunaux une appréciation discrétionnaire tant sur le principe même de l'attribution d'une prestation quelconque que sur la nature de celle-ci (capital, rente, transfert d'un bien, trust, etc.), l'appréciation variant en fonction de la personne du demandeur (conjoint, enfants mineurs ou non). Il faudra admettre que le tribunal compétent en vertu du règlement, lorsqu'il doit appliquer une loi étrangère (notamment parce qu'elle a été choisie par le de cujus) à la succession (par exemple, la loi anglaise) devra se voir reconnaître les mêmes pouvoirs d'appréciation. Le fait que la loi successorale étrangère exige que le défunt entretienne certains liens avec l'État qui l'édicte (dernier domicile du défunt dans cet État par exemple) pour pouvoir faire une telle demande devra en revanche être ignoré ; il s'agit en effet soit d'une règle de compétence internationale, par définition inapplicable par le juge compétent en vertu du règlement, soit d'une règle de conflits de loi étrangère, inapplicable sauf renvoi (par hypothèse exclu en cas de choix de loi) (A. Bonomi et P. Wautelet, précité, p. 397-398).

RAPPORT ET RÉDUCTION DES LIBÉRALITÉS

70845 La loi successorale est exclusivement applicable pour fixer l'existence, les **conditions,** l'**objet et** les **modalités** du rapport des libéralités ; elle régira aussi le principe même, l'objet, l'ordre et les modalités de la réduction des libéralités lors du calcul des parts des différents bénéficiaires (Règl. UE 650/2012 du 4-7-2012 art. 23, 2-i).

La loi successorale s'appliquera à ces questions, quelle que soit par ailleurs la **loi applicable à la libéralité,** et qu'il s'agisse d'une libéralité entre vifs ou à cause de mort.

De même, des institutions qui ne sont pas nécessairement qualifiées de libéralités en droit interne (**avantages matrimoniaux**) ou qui utilisent des mécanismes distincts du droit des libéralités stricto sensu (**assurance-vie, tontine**) peuvent être soumis à rapport et/ou à réduction si la loi applicable à la succession le prévoit, nonobstant le fait que la loi applicable à ces institutions ne les considère pas comme ayant une nature successorale. Il en va ainsi a fortiori pour le **trust,** certes considéré par le règlement comme une institution autonome, mais qui n'en devra pas moins, dans la mesure où il est l'instrument de libéralités, se conformer aux dispositions de la loi successorale sur la réserve héréditaire, le rapport et la réduction des libéralités (n° 70845).

DROIT DE PRÉLÈVEMENT

Le législateur français vient de réintroduire un droit de **prélèvement compensatoire** (C. civ. art. 913, al. 3 issu de loi 2021-1109 du 24-8-2021) ; sur l'ancien droit de prélèvement, voir n° 70870. **70850**

Lorsque le défunt ou au moins l'un de ses enfants est, au moment du décès, ressortissant d'un État membre de l'Union européenne ou y réside habituellement et lorsque la **loi étrangère applicable à la succession ne permet aucun mécanisme réservataire** protecteur des enfants, chaque enfant ou ses héritiers ou ses ayants cause peuvent effectuer un prélèvement compensatoire sur les biens existants situés en France au jour du décès, de façon à être rétablis dans les droits réservataires que leur octroie la loi française, dans la limite de ceux-ci.

Ce texte a pu être interprété comme une clause spéciale d'ordre public définissant les exigences de l'ordre public international français (P. Callé, Droit de prélèvement : le retour : SNH 33/21 inf. 12), mais la règle semble davantage s'apparenter à une règle matérielle de droit international privé (S. Ramaciotti, Le prélèvement compensatoire du projet d'article 913 du Code civil à l'épreuve des exigences européennes et constitutionnelles : Rev. crit. DIP 2021 p. 310).

Le nouveau droit de prélèvement est applicable aux **successions ouvertes à compter du 1er novembre 2021,** y compris si des libéralités ont été consenties par le défunt avant cette date (Loi 2021-1109 du 24-8-2021 art. 24, II).

Cependant, comme de nombreux auteurs l'ont relevé, la **constitutionnalité et** surtout la **compatibilité de ce texte au regard du règlement Successions** sont douteuses (voir en particulier P. Lagarde, Une ultime (?) bataille de la réserve héréditaire : Rev. crit. DIP 2021 p. 291 ; S. Ramaciotti, précité).

Le conjoint survivant, lorsqu'il est réservataire, ne bénéficie pas de cette disposition ; sont **seuls concernés** les enfants ou leurs héritiers et ayants cause, cette dernière notion n'étant pas définie (H. Peroz, Le droit de prélèvement compensatoire ou la mise à mal de la pratique des successions internationales : JCP N 2021 act. 805) La notion de « mécanisme réservataire protecteur des enfants » n'étant pas définie non plus, on peut se demander si elle vise la réserve héréditaire au sens strict (c'est-à-dire réservant des droits successoraux aux enfants) ou si elle inclut les équivalents fonctionnels de la réserve (n° 70840) tels que la « family provision » existant en droit anglais permettant à un enfant de saisir une juridiction pour obtenir des droits à la charge de la succession ou des héritiers si le tribunal estime qu'il n'a pas été raisonnablement alloti. La lettre du texte va plutôt dans le sens d'une interprétation stricte (en ce sens, P. Callé, Droit de prélèvement : le retour : SNH 33/21 inf. 12) ; les travaux parlementaires vont plutôt dans le sens d'une interprétation plus large, englobant la family provision (P. Lagarde, Une ultime (?) bataille de la réserve héréditaire : Rev. crit. DIP 2021 p. 291). **70855**

Le champ des bénéficiaires du texte est très large. Pour reprendre un **exemple** avancé par un auteur, dans le cas d'un défunt américain résidant en Californie et laissant à sa survivance deux enfants, l'un vivant aux États-Unis, l'autre en Roumanie, les deux enfants pourraient prétendre au prélèvement compensatoire. En revanche, si le second enfant vit en Suisse, aucun enfant ne peut y prétendre (P. Callé, précité).

Pour la **liquidation du droit de prélèvement,** un auteur suggère de s'inspirer de la méthode dégagée pour l'ancien droit de prélèvement (N. Levillain, Mise en pratique du nouveau prélèvement compensatoire : JCP N 2022 n° 1057 § 10 s.). Décrite par la cour d'appel de Paris, cette méthode consiste à effectuer une double liquidation des droits des héritiers, d'abord par le jeu des règles de conflit de lois normalement applicables, puis par application fictive de la loi française en tenant compte de l'ensemble des biens du défunt tant en France qu'à l'étranger (CA Paris 16-5-1995 : JDI 1996 p. 83 note M. Revillard).

Enfin, sur un cas de **planification successorale** franco-américaine à l'épreuve du droit de prélèvement, voir n° 77300.

b. Successions ouvertes avant le 17 août 2015

RÈGLES GÉNÉRALES

70865 L'**existence d'une réserve** héréditaire **et** ses **bénéficiaires** (enfants, conjoint, partenaire, ascendants) sont déterminés par application de la loi successorale. La **nature juridique** de leurs droits (créance contre la succession ou droit direct à une part de celle-ci) sera également fixée par la loi successorale. Celle-ci déterminera la quotité disponible, le cas échéant l'existence de quotités disponibles spéciales entre époux, et les **modalités de calcul** de celle-ci.

Le **rapport et** la **réduction** des libéralités seront également soumis à la loi successorale, et ce nonobstant la loi applicable à la libéralité. La loi successorale déterminera si une libéralité est rapportable et les modalités de ce rapport. Elle décidera également si celle-ci est soumise à réduction, les modalités de l'imputation des libéralités et l'ordre des réductions.

EXEMPLE

Pierre Bertrand, de nationalité française, est décédé le 22 mars 2015 à Versailles laissant son épouse Suzanne et trois enfants : Madeleine, Jean et Paul. Sa succession comprend un appartement à Versailles, un chalet à Zermatt (Suisse) et des comptes bancaires en Suisse et en France. Selon le principe scissionniste applicable à cette succession ouverte avant le 17 août 2015, l'appartement de Versailles et la succession mobilière soumis à la **loi successorale française** reviennent à l'épouse survivante pour le quart en pleine propriété ou la totalité en usufruit. Le chalet de Zermatt soumis à la **loi suisse** est recueilli pour moitié par l'épouse survivante et pour l'autre moitié par les trois enfants. Cet exemple nous donne l'occasion de signaler qu'une révision partielle du droit suisse des successions est entrée en vigueur le 1er janvier 2023 et s'applique à tous les décès qui ont eu lieu à partir de cette date. Elle concerne notamment la réserve.

ABROGATION DE L'ANCIEN DROIT DE PRÉLÈVEMENT

70870 L'ancien droit de prélèvement permettait au seul **cohéritier français ab intestat** de réclamer sur les biens situés en France la part successorale que lui octroierait la loi française et dont il a été exclu par la loi successorale étrangère régissant la succession (Loi du 14-7-1819 art. 2).

Ce texte a été déclaré contraire à la Constitution (Cons. const. 5-8-2011 nº 2011-159 QPC : JO 6 p. 13478, BPAT 5/11 inf. 282). L'abrogation a été effective avec la publication de la décision au Journal officiel (Constitution art. 62). Le droit de prélèvement ne pouvait dès lors plus être invoqué dans le règlement des **successions ouvertes depuis le 6 août 2011.** Il se trouvait également exclu dans les successions ouvertes mais non encore partagées au 6 août 2011, en l'absence de décision revêtue de l'autorité de la chose jugée ou de reconnaissance de droit antérieure à cette même date (Cass. 1e civ. 27-9-2017 nº 16-17.198 FS-PBRI : BPAT 6/17 inf. 222). En revanche, l'abrogation de l'ancien droit de prélèvement n'a pas remis en cause les **successions liquidées sur son fondement avant le 6 août 2011.**

C. Biens soustraits à la loi successorale

PRINCIPE

70920 Le règlement Successions exclut de son champ d'application les régimes matrimoniaux et les régimes partenariaux (nº 68015). Sous réserve de certaines difficultés d'articulation entre régime matrimonial et successions, pour lesquelles l'interprétation du règlement donnée par la Cour de justice pourrait remettre en cause les solutions antérieurement retenues en droit international privé français (nº 71170), l'entrée en vigueur du règlement n'a pas vocation à modifier les solutions existantes. Celles-ci sont donc très largement identiques.

1. LIQUIDATION DU RÉGIME MATRIMONIAL

SOURCES

70925 La liquidation du régime matrimonial est en principe soumise à la **loi régissant le régime matrimonial,** et non à la **loi successorale.** Il convient donc de procéder à sa détermination afin de liquider le régime matrimonial, et fixer la part des biens composant celui-ci entrant dans la masse successorale.

Trois règles de conflits de lois sont susceptibles de s'appliquer, en fonction de la date du mariage (ou de la date de modification de la loi applicable au régime matrimonial).

Pour les époux qui se sont mariés depuis le 29 janvier 2019, la loi applicable est déterminée par application du règlement 2016/1103 du 24 juin 2016 mettant en œuvre une coopération renforcée dans le domaine de la compétence, de la loi applicable, de la reconnaissance et de l'exécution des décisions en matière de régimes matrimoniaux, dit « **règlement Régimes matrimoniaux** » (Règl. UE 2016/1103 du 24-6-2016 : JOUE 2016 L 183 p. 1 ; rectificatif du 29-4-2017 : JOUE 2017 L 113 p. 62).

Pour les époux mariés ou qui ont procédé à la désignation de la loi applicable à leur régime matrimonial entre le 1er septembre 1992 et le 28 janvier 2019, doit être appliquée la **convention de La Haye du 14 mars 1978** sur la loi applicable aux régimes matrimoniaux, laquelle a été ratifiée par la France et est entrée en vigueur le 1er septembre 1992 (Décret 92-1024 du 21-9-1992).

Les solutions jurisprudentielles de **droit commun** antérieures continuent à s'appliquer pour les époux mariés jusqu'au 31 août 1992.

> **Précisions** **a.** Même pour les **mariages célébrés avant le 29 janvier 2019,** le règlement s'appliquera si les époux procèdent à compter de cette date à la désignation (ou à la modification) de la loi applicable à leur régime matrimonial (Règl. 2016/1103 du 24-6-2016 art. 69, 3). La convention de La Haye contient une règle similaire qui permettait à des époux mariés antérieurement à son entrée en vigueur (soit le 1er septembre 1992) de modifier la loi applicable à leur régime matrimonial conformément à la Convention (Conv. La Haye du 14-3-1978 art. 21). Ainsi, si les époux ont « procédé à un changement de loi entre 1992 et 2019, le praticien pourra être conduit à appliquer le droit commun et le droit conventionnel. Si le couple s'est marié après 1992 et a procédé à un changement de loi après 2019, c'est alors la Convention et le règlement qu'il conviendra d'appliquer successivement » (S. Godechot-Patris, Commentaire du règlement du 24 juin 2016 relatif aux régimes matrimoniaux : le changement dans la continuité : D. 2016 p. 2292).
> **b.** **La capacité à conclure un contrat de mariage** relève de la loi nationale de chaque époux (Cass. 1e civ. 15-5-1963, Patino : Rev. crit. DIP 1964 p. 506 note Lagarde), sous réserve le cas échéant de la nécessité de désigner un représentant pour un adulte protégé ou un enfant (no 69977).

a. Époux mariés depuis le 29 janvier 2019

RÈGLEMENT RÉGIMES MATRIMONIAUX

S'agissant du **champ d'application spatial,** le règlement a vocation à s'appliquer dans le cadre de régimes matrimoniaux ayant une incidence transfrontière (Règl. 2016/1103 du 24-6-2016 considérant 14). Il concerne aujourd'hui la France et 17 autres États membres participants. Les règles de conflits de lois seront appliquées dès lors qu'un juge d'un État membre participant est saisi. **70930**

S'agissant de son **champ d'application matériel,** il couvre l'ensemble des questions de droit international privé relatives aux régimes matrimoniaux, définis comme l'ensemble des règles relatives aux rapports patrimoniaux entre époux et dans leurs relations avec des tiers, qui résultent du mariage ou de sa dissolution (Règl. 2016/1103 du 24-6-2016 art. 3, 1-a). Le règlement a vocation à couvrir l'ensemble des aspects de droit civil des régimes matrimoniaux (Règl. 2016/1103 du 24-6-2016 considérant 18). Il inclut aussi, selon un auteur, le droit temporaire au logement prévu à l'article 763 du Code civil (H. Péroz, Le nouveau règlement européen sur les régimes matrimoniaux : JCP N 2016 no 1241). Cette interprétation nous paraît cependant contestable. Il est vrai que cet article dispose expressément que « les droits prévus au présent article sont réputés effets directs du mariage et non droits successoraux ». Néanmoins, une telle qualification ne lie pas le législateur européen. En vertu de la primauté du droit européen, le domaine d'application de la loi successorale, tel que défini par le règlement Successions, s'impose au législateur et au juge français ; or il semble que le droit temporaire au logement relève bien du domaine de la loi successorale (no 70770).

> **Précisions** **a.** Outre la France, les autres **États membres participants** sont : Allemagne, Autriche, Belgique, Bulgarie, Chypre, Croatie, Espagne, Finlande, Grèce, Italie, Luxembourg, Malte, Pays-Bas, Portugal, République tchèque, Slovénie et Suède.
> **b.** Bien que la précision ne figure pas dans le texte du règlement, il est logique de considérer que les références aux États membres dans le texte du règlement sont des références aux États membres participant à la **procédure de coopération renforcée.**

CHOIX DE LA LOI APPLICABLE PAR LES ÉPOUX

70935 Les époux ont pu procéder au choix de la loi applicable à leur régime matrimonial. Ce choix n'est valable que s'il visait l'**une des lois suivantes** (Règl. 2016/1103 du 24-6-2016 art. 22, 1) :
– loi de l'État de la résidence habituelle de l'un des époux (ou futurs époux si le choix avait été fait avant le mariage) ;
– loi d'un État dont l'un des époux (ou futurs époux) a la nationalité.

L'existence de l'élément de rattachement s'apprécie au moment de la conclusion de la convention (et non au moment de la célébration du mariage).

70940 Le règlement ne règle pas clairement le cas du choix par les **époux** dans l'hypothèse où l'un d'eux (ou les deux) possède **plusieurs nationalités.** La question relève du droit national, dans le respect du droit européen (Règl. 2016/1103 du 24-6-2016 considérant 49). Cela implique semble-t-il une possibilité de choix, si les nationalités en cause sont celles d'États membres (L. Perreau-Saussine, Le nouveau Règlement européen « Régimes matrimoniaux » : JCP G 2016 n° 1116).

Si une nationalité d'un État tiers est impliquée (il s'agit ici d'États tiers à l'Union européenne seulement et non d'États membres non participants), il faudrait transposer le raisonnement traditionnel de la jurisprudence française en matière de conflit de nationalités (n° 67457) : un ressortissant français sera considéré uniquement comme national français ; en présence de deux nationalités d'États tiers, il faudra faire prévaloir la nationalité la plus effective (L. Perreau-Saussine, Le nouveau Règlement européen « Régimes matrimoniaux » : JCP G 2016 n° 1116).

70945 Les époux ont pu procéder au choix de la loi à tout **moment,** avant le mariage, lors de sa célébration ou au cours de ce dernier (Règl. 2016/1103 du 24-6-2016 considérant 45). Dans ce dernier cas, il pouvait s'agir de confirmer la loi applicable désignée par le règlement en l'absence de choix ou d'effectuer en réalité une modification de la loi applicable, permise par le règlement.

70950 **Conditions du choix de loi** En la **forme,** le choix doit avoir été établi par un écrit, daté et signé des deux époux. Ceci est susceptible de générer certaines difficultés lorsque le choix est fait lors de la célébration du mariage et que l'autorité mentionne ce choix dans l'acte de célébration lui-même (c'est le cas en Italie, à Monaco, au Mali et au Sénégal, notamment). Si l'acte de mariage n'est signé que par l'autorité de célébration et non par les époux eux-mêmes, il n'emportera pas choix de loi valable au sens du règlement (G. Khairallah, Les règlements européens du 24 juin 2016 sur les régimes matrimoniaux et les effets patrimoniaux des partenariats : Bull. Cridon Paris 2018 n° 6).

Si la loi de l'État membre de la résidence habituelle des époux (ou de l'un des époux si seul l'un d'eux réside dans un État membre) au moment de la conclusion de la convention impose des règles formelles particulières pour les conventions matrimoniales, la convention de choix de loi doit les respecter. Si les époux ont leur résidence habituelle dans des États membres différents et si les lois de ces États prévoient des règles formelles différentes pour les conventions matrimoniales, il suffit de respecter les règles de forme imposées par l'une d'entre elles (Règl. 2016/1103 du 24-6-2016 art. 23).

L'existence et la validité au **fond** du choix de loi s'apprécient par rapport à la loi choisie, comme si la convention de choix était valable. Néanmoins, l'un des époux pourra établir son absence de consentement sur le fondement de la loi du pays dans lequel il a sa résidence habituelle au moment où la juridiction est saisie s'il ressort des circonstances qu'il ne serait pas raisonnable de déterminer l'effet du comportement de cet époux conformément à la loi désignée (Règl. 2016/1103 du 24-6-2016 art. 24).

70955 **Choix du régime matrimonial** Le choix porte-t-il nécessairement sur le **régime légal prévu par la loi désignée ou** les époux peuvent-ils, à l'occasion de la désignation, **déterminer la nature du régime matrimonial** choisi par eux comme cela est prévu aujourd'hui par le droit français en application de la convention de La Haye ?

Le **préambule** prévoit expressément la faculté pour les époux de fixer les règles régissant leur régime matrimonial conformément à la loi applicable (Règl. 2016/1103 du 24-6-2016 considérant 18 ; en ce sens, L. Perreau-Saussine, Le nouveau Règlement européen « Régimes matrimoniaux » : JCP G 2016 n° 1116 ; Circ. JUSC1911990C du 24-4-2019 : BO justice 2019-06 du 12-6-2019 fiche 3 p. 2), même si l'article 1397-3 du Code civil n'est pas applicable (H. Péroz, Le nouveau règlement européen sur les régimes matrimoniaux : JCP N 2016 n° 1241). Néanmoins, les modalités (et la forme) du choix devraient logiquement dépendre de la loi désignée.

LOI APPLICABLE EN L'ABSENCE DE CHOIX

En l'absence de choix par les époux, le règlement prévoit une **« cascade » de rattachements.** La loi applicable sera (Règl. 2016/1103 du 24-6-2016 art. 26) : 70960
– la loi de l'État de la première résidence habituelle commune des époux après la célébration du mariage, ou à défaut ;
– la loi de l'État de la nationalité commune des époux au moment de la célébration du mariage, ou à défaut ;
– la loi de l'État avec lequel les époux ont ensemble les liens les plus étroits au moment de la célébration du mariage, compte tenu de toutes les circonstances.

Si les **époux ont plus d'une nationalité commune,** au moment de la célébration du mariage, le rattachement à la nationalité commune est inopérant, et, en l'absence de résidence habituelle commune, il faudra donc rechercher la loi des liens les plus étroits.

CONVENTION MATRIMONIALE

Que les époux aient choisi ou non une loi applicable à leur régime matrimonial, la loi désignée par le règlement régit la **validité au fond** de leur contrat de mariage (Règl. 2016/1103 du 24-6-2016 art. 27-g). 70965

La **validité en la forme** est quant à elle soumise à une superposition de règles (Règl. 2016/1103 du 24-6-2016 art. 25). Le règlement prévoit lui-même une sorte de minimum applicable à toute convention matrimoniale : elle doit être établie par écrit, datée et signée par les deux époux. Si des règles de forme supplémentaires sont prévues par la loi de l'État membre dans lequel les époux ont leur résidence habituelle (ou l'un d'entre eux, si un seul des époux a sa résidence habituelle dans un État membre), ces règles s'appliquent. En cas de résidence habituelle distincte des deux époux dans deux États membres et si ces États prévoient des règles de forme différentes, la convention matrimoniale doit se conformer à la loi de l'un de ces deux États. Enfin, si la loi applicable au fond prévoit des règles formelles supplémentaires, celles-ci doivent s'appliquer. Si la loi applicable au fond et la loi de la résidence habituelle prévoient toutes deux des exigences relativement à la forme, il faudra donc les appliquer cumulativement, c'est-à-dire en se conformant à la loi la plus restrictive (Règl. 2016/1103 du 24-6-2016 considérant 48, le texte est toutefois peu explicite).

MODIFICATION DE LA LOI APPLICABLE

Demande unilatérale d'un époux En l'absence de choix de loi par les époux, le règlement prévoit, à titre exceptionnel, un rattachement alternatif qui s'apparente à une modification volontaire unilatérale de la loi applicable sous **contrôle judiciaire** (L. Perreau-Saussine, Le nouveau Règlement européen « Régimes matrimoniaux » : JCP G 2016 n° 1116). La **loi de l'État de la dernière résidence habituelle commune** des époux sera applicable à la place de la loi de leur première résidence habituelle, sous réserve que plusieurs conditions soient réunies. Cette modification ne peut être que judiciaire et faite à la demande de l'un des époux. Elle requiert en outre la preuve que les époux avaient leur dernière résidence habituelle commune dans cet autre État pendant une période significativement plus longue que dans l'État de la première résidence habituelle et qu'ils s'étaient fondés sur la loi de ce même autre État pour organiser ou planifier leurs rapports patrimoniaux. Elle requiert enfin l'absence de convention matrimoniale entre les époux avant leur établissement dans l'État de la dernière résidence habituelle commune. A contrario, la modification de la loi applicable serait possible si les époux ont fait un contrat de mariage soumis à une autre loi dans l'État de leur dernière résidence habituelle commune (G. Khairallah, Les règlements européens du 24 juin 2016 sur les régimes matrimoniaux et les effets patrimoniaux des partenariats : Bull. Cridon Paris 2018 n° 6). 70970

Ce rattachement alternatif ne peut pas jouer si la loi applicable est celle de la nationalité commune des époux, en l'absence de résidence habituelle commune.

S'agissant de l'**application dans le temps** de ce changement, la loi de l'État de la dernière résidence habituelle des époux s'appliquera à leur régime matrimonial à compter de la date de célébration du mariage, sauf opposition de l'un des époux. En cas d'opposition, elle s'appliquera à compter de la date de l'établissement de leur dernière résidence habituelle dans cet État. Le jeu de ce rattachement alternatif ne peut pas porter atteinte aux droits des tiers. 70975

Cette modification faite à la demande d'un des époux pourrait, à la différence de la modification volontaire, s'appliquer après le décès de l'un d'eux et permettre ainsi « au juge saisi par l'époux survivant […] d'appliquer la même loi à la liquidation du régime matrimonial et de la succession de l'époux prédécédé » (L. Perreau-Saussine, Le nouveau Règlement européen « Régimes matrimoniaux » : JCP G 2016 n° 1116). On pourrait cependant soutenir que la lettre du texte semble prévoir que les deux époux sont toujours vivants, puisque s'agissant de l'application dans le temps, elle prévoit une possibilité d'opposition de « l'un des époux » à l'application de cette loi à compter de la date du mariage, mais cette interprétation ne nous paraît pas s'imposer.

70980 **Volonté commune des époux** Les époux ont pu décider à tout moment de modifier la **loi choisie** pour régir leur régime matrimonial ou, lorsqu'ils n'avaient pas procédé à ce choix, de choisir une loi différente de celle qui régit leur régime **en l'absence de choix.** Cette modification a pu avoir lieu même si les époux se sont mariés avant l'entrée en vigueur du règlement et que leur régime matrimonial est régi par le droit commun ou la convention de La Haye de 1978. Elle est également possible alors que le droit applicable au régime interdit le changement de régime matrimonial pendant la durée du mariage. Les époux ont pu choisir à cette occasion la nature du régime matrimonial, conformément au droit français adopté en application de la convention de La Haye et sans avoir à se conformer aux dispositions de la loi applicable au régime matrimonial pour un changement de celui-ci dans une situation purement interne (en ce sens, de manière prudente, G. Khairallah, Les règlements européens du 24 juin 2016 sur les régimes matrimoniaux et les effets patrimoniaux des partenariats : Bull. Cridon Paris 2018 n° 6 ; en sens contraire, M.-L. de Tejada, Règlement n° 2016/1103 sur les régimes matrimoniaux : difficultés d'application dans le temps : Bull. Cridon Paris 2019 n° 2). Même si, à ce jour, le Code civil ne prévoit de dispositions spécifiques que pour le changement de loi applicable au titre de la convention de La Haye, les époux auraient pu procéder aux mêmes formalités de publicité pour un changement opéré en vertu du règlement (en ce sens, A. Devers et M. Farge, Loi de programmation et de réforme pour la justice. Les conséquences de la réforme en droit international privé : Dr. famille 2019 dossier 16).

S'agissant de l'**application dans le temps,** le changement de la loi applicable au régime matrimonial n'a pas d'effet rétroactif, sauf convention contraire des époux. Même si les époux décident de lui conférer un tel effet, il ne peut porter atteinte aux droits des tiers. L'absence de rétroactivité implique de liquider leur régime matrimonial antérieur.

DOMAINE DE LA LOI DÉSIGNÉE

70985 La loi désignée s'applique à la **dissolution du régime matrimonial et** à sa **liquidation.** Elle s'applique également au **partage** des biens, ce qui exclut donc la loi du lieu de situation des biens, à l'exception des questions relatives à la nature des droits réels et au régime de la publicité foncière.

Le règlement prévoit enfin que si la loi désignée accorde à l'un des époux un **droit réel inconnu** du droit de l'État membre dans lequel il est invoqué, ce droit doit être adapté à son équivalent le plus proche en vertu du droit de cet État, en tenant compte des objectifs et des intérêts visés par le droit réel en question et des effets qui y sont liés (Règl. 2016/1103 du 24-6-2016 art. 29).

MISE EN ŒUVRE DE LA LOI DÉSIGNÉE

70990 La loi désignée en application du règlement s'applique même si ce n'est pas celle d'un État membre participant : **caractère** dit « **universel** » (Règl. 2016/1103 du 24-6-2016 art. 20).

La loi désignée s'applique à l'ensemble des biens relevant de ce régime, quel que soit le lieu où ils se trouvent (Règl. 2016/1103 du 24-6-2016 art. 21).

Le **renvoi** est exclu (Règl. 2016/1103 du 24-6-2016 art. 32).

La loi désignée pourra être écartée si elle est manifestement incompatible avec l'**ordre public** (Règl. 2016/1103 du 24-6-2016 art. 31). Toute application de la loi désignée qui reviendrait à créer une inégalité entre les époux, fondée notamment sur le sexe (incapacité de la femme mariée ou capacité limitée) devrait être déclarée contraire à l'ordre public.

Le règlement prévoit en outre la possibilité pour le juge saisi d'appliquer ses propres **lois de police,** définies comme les dispositions impératives dont le respect est jugé crucial par un État membre pour la sauvegarde de ses intérêts publics, tels que son organisation politique, sociale ou économique, au point d'en exiger l'application à toute situation entrant dans son champ d'application, quelle que soit par ailleurs la loi applicable au régime matrimonial en vertu du règlement (Règl. 2016/1103 du 24-6-2016 art. 30).

b. Époux mariés entre le 1er septembre 1992 et le 28 janvier 2019

CONVENTION DE LA HAYE DU 14 MARS 1978

71010 La Convention s'applique en présence d'un **élément d'extranéité.**

Les règles de conflit de lois édictées par la Convention ont un **caractère universel,** c'est-à-dire qu'elles ont vocation à s'appliquer même si la loi désignée n'est pas celle d'un État membre, et notamment même si la nationalité, la résidence habituelle des époux ou la loi désignée ne sont pas celles d'un État contractant (Conv. La Haye du 14-3-1978 art. 2 ; Cass. 1e civ. 12-11-2009 n° 08-18.343 F-PBI : BPAT 1/10 inf. 24).

DÉTERMINATION DE LA LOI APPLICABLE AU MOMENT DU MARIAGE

Les époux ont pu procéder au **choix de la loi applicable** à leur régime matrimonial, qu'ils aient ou non rédigé un contrat de mariage. Néanmoins, le choix offert par la convention de La Haye était limité, les époux n'ayant pu désigner que l'une des lois suivantes (Conv. La Haye du 14-3-1978 art. 3) : 71015
– loi nationale de l'un des époux au moment de cette désignation ;
– loi de l'État sur le territoire duquel l'un des époux a sa résidence habituelle au moment de cette désignation ;
– loi du premier État sur le territoire duquel l'un des époux établit une nouvelle résidence habituelle après le mariage.

À l'occasion de la désignation de la loi applicable, les époux pouvaient désigner la **nature du régime matrimonial** choisi par eux (C. civ. art. 1397-3, al. 3).

Le mécanisme du **renvoi** est exclu lorsque les époux ont choisi la loi applicable à leur régime matrimonial.

Forme du choix des époux

Le choix de la loi applicable doit faire l'objet d'une stipulation expresse ou résulter indubitablement des dispositions d'un contrat de mariage (Conv. La Haye du 14-3-1978 art. 11). 71020

Lorsque les **époux ont fait un contrat de mariage,** le choix a dû normalement intervenir sous la forme d'une clause du contrat indiquant qu'il est soumis à une loi donnée. Toutefois, la Convention admet également que le choix puisse être implicite, à condition qu'il soit indubitable. Par exemple, deux époux français vivant en France ont passé un contrat de mariage devant un notaire français ; plusieurs années après leur mariage, ils sont partis vivre en Espagne. Même si leur contrat ne contient pas de clause désignant la loi française, il ne fait pas de doute qu'à l'époque où le contrat a été rédigé, les époux n'envisageaient que l'application de la loi française. De même, la référence à des articles du Code civil devrait établir de façon indubitable le choix de la loi française. En revanche, l'intervention d'un notaire français n'est pas un élément qui, à lui seul, permet de conclure que les parties ont choisi implicitement la loi française.

La Convention ne définit pas le contrat de mariage. Il est néanmoins certain que pour être qualifié de contrat de mariage, « l'acte doit contenir des dispositions sur la gestion des biens des époux », ce qui n'est pas le cas d'un acte de mariage établi par une autorité religieuse qui énonce les conditions de validité du mariage sans envisager les rapports patrimoniaux entre époux (F. Monéger, Premières jurisprudences sur la convention de La Haye en matière de régimes matrimoniaux : JCP N 2014 n° 1294). La jurisprudence est en ce sens ; ainsi jugé à propos d'un acte que le mari nommait « contrat de mariage » mais qui ne désignait que l'autorité religieuse ayant célébré le mariage et dont aucune mention expresse et indubitable ne faisait référence au contrat qui en découlerait ni ne désignait la loi à laquelle il serait soumis (Cass. 1e civ. 19-12-2012 n° 12-16.633 FS-PBI : BPAT 1/13 inf. 14).

En la forme, le contrat de mariage doit être conforme à la loi du lieu où il est établi ou à celle qui le régit au fond, c'est-à-dire à la loi désignée (Conv. La Haye du 14-3-1978 art. 12). Ainsi, l'intervention d'un notaire (requise par la loi française) n'est pas nécessaire pour un contrat de mariage établi en France mais soumis au fond à la loi anglaise. Cependant, quelle que soit la loi applicable, le contrat doit toujours faire l'objet d'un écrit daté et signé des deux époux (Conv. La Haye du 14-3-1978 art. 12), seule la signature devant être manuscrite (A. E. von Overbeck, Rapport explicatif sur la convention-régimes matrimoniaux de 1978 : Actes et documents de la 13e session 1976 t. II n° 190).

Lorsque les **époux n'ont pas établi de contrat de mariage,** ils ont pu toutefois, avant leur mariage, désigner la loi applicable à leur régime matrimonial, qui sera nécessairement le régime légal imposé par la loi désignée. Le choix doit alors résulter d'une stipulation expresse revêtant la même forme que celle exigée pour le contrat de mariage (n° 71020). 71025

En l'absence de choix des époux

La loi applicable au régime matrimonial des époux en l'absence de choix de leur part est la loi du pays où ils ont établi leur **première résidence habituelle** après le mariage (Conv. La Haye du 14-3-1978 art. 4, al. 1). 71030

À la différence des solutions antérieures (nos 71115 s.) fondées sur la recherche du premier domicile commun, la référence à la résidence habituelle ne devrait laisser qu'un rôle marginal à la recherche de l'intention des époux de s'installer durablement dans un lieu (F. Monéger,

Premières jurisprudences sur la convention de La Haye en matière de régimes matrimoniaux : JCP N 2014 n° 1294). Il suffira de constater l'installation des époux dans un pays donné, la volonté ne jouant le rôle d'indice que dans des cas limites.

71035 Si les époux établissent leur première résidence habituelle dans des États différents, la loi applicable est la loi de leur **nationalité commune** (Conv. La Haye du 14-3-1978 art. 4, al. 3).

La loi de la nationalité commune des époux est également applicable dans les cas suivants (Conv. La Haye du 14-3-1978 art. 4, al. 2) :

– lorsque les deux époux ont tous deux la nationalité d'un État ayant fait la réserve prévue à l'article 5 de la Convention (à l'heure actuelle, les Pays-Bas). Toutefois, si les époux avaient tous deux, depuis au moins cinq ans avant leur mariage, leur résidence habituelle dans un État autre que celui dont ils sont ressortissants, la loi de cet État s'appliquera (par exemple, la loi française pour des Néerlandais installés en France cinq ans avant leur mariage), sauf si les époux ont établi leur résidence habituelle dans un État non partie à la convention dont le droit international privé prescrit l'application de la loi nationale commune ;

– lorsque les deux époux sont ressortissants d'un État non partie à la convention dont la règle de conflit désigne sa propre loi, s'ils ont établi leur première résidence habituelle après le mariage aux Pays-Bas ou dans un État dont la règle de conflit prescrit aussi l'application de la loi nationale commune.

La nationalité commune ne sera cependant pas prise en compte si les époux ont plus d'une nationalité commune ou si elle est le résultat automatique du mariage, la loi d'un des époux attribuant sa nationalité à l'autre, sans qu'il ait la possibilité de la décliner.

71040 **À défaut de résidence habituelle et de nationalité commune,** la loi applicable sera la loi de l'État qui, compte tenu de toutes les circonstances, présente les liens les plus étroits avec la situation.

71045 Hors les cas envisagés ci-dessus prenant en compte la règle de conflit de lois d'un État non contractant, le **renvoi** est exclu.

MODIFICATION DE LA LOI APPLICABLE DURANT LE MARIAGE

71050 **Modification volontaire (avant le 29 janvier 2019)** Les époux ont pu, au cours de leur mariage, changer la loi applicable à leur régime matrimonial.

Les **lois susceptibles d'être choisies** par les époux étaient :

– la loi nationale de l'un des époux au moment de la désignation ;

– la loi de l'État sur le territoire duquel l'un des époux avait sa résidence habituelle au moment de la désignation.

Le choix des époux peut résulter d'une stipulation expresse dans un écrit ou d'un contrat de mariage. Il obéit aux règles de **forme** qui s'appliquent à la désignation de la loi initiale (n°s 71020 s.). Un tel choix ne peut pas résulter d'une déclaration des époux sur la loi applicable à leur régime matrimonial mentionnée dans des actes notariés poursuivant un autre objet (acte d'achat d'un bien immobilier et acte de donation entre époux), celle-ci ne traduisant pas une volonté non équivoque des époux de soumettre leur régime matrimonial à une autre loi que celle le régissant jusqu'alors (Cass. 1e civ. 13-12-2017 n° 16-27.216 FS-PBI : BPAT 1/18 inf. 24).

71055 À l'occasion de la désignation de la loi applicable, les époux ont pu également désigner la **nature du régime matrimonial** choisi par eux (C. civ. art. 1397-3, al. 3). Les époux ont ainsi pu opter, au sein de la loi nouvelle, pour le régime matrimonial de leur choix.

Indépendamment de tout choix d'un régime matrimonial spécifique, la modification de la loi applicable peut aussi entraîner par voie de conséquence un changement du type de régime matrimonial, tel le passage de la loi française (dont le régime légal est la communauté de biens) à la loi anglaise (dont le régime légal est la séparation de biens).

71060 La Convention ne pose aucune **condition** quant à l'usage de cette faculté. Il faut dès lors considérer que les époux avaient toujours le droit de changer la loi applicable à leur régime matrimonial, alors même que la loi applicable à celui-ci interdisait le changement de régime matrimonial pendant la durée du mariage (ou ne connaissait qu'un seul type de régime matrimonial, imposé à tous les époux, ce qui revient au même).

71065 Selon la Convention, ce changement a un **effet rétroactif.** La loi française paraît cependant considérer que le changement prend effet entre les époux et à l'égard des tiers sans rétroactivité (C. civ. art. 1397-4). Une telle rétroactivité a des conséquences radicales : ainsi, si le changement de loi applicable entraîne le passage d'un régime de communauté à un régime de séparation, les biens acquis par un seul des époux agissant au nom de la communauté sont devenus rétroactivement des biens propres de celui-ci. Les époux ont pu cependant stipuler que le changement n'aurait d'effet que pour l'avenir, ce qui implique de liquider leur régime matrimonial antérieur.

Une telle modification volontaire n'est en tout état de cause plus possible en vertu de la Convention **depuis le 29 janvier 2019,** date d'entrée en vigueur du règlement Régimes matrimoniaux ; elle relève désormais de ce dernier texte (n° 70980).

Modification automatique En principe, la loi applicable au régime matrimonial reste la même tant que les époux n'ont pas volontairement procédé à une modification de celle-ci. Toutefois, lorsque les époux n'ont pas désigné la loi applicable à leur régime matrimonial ni fait de contrat de mariage, la loi de leur résidence habituelle doit être substituée de plein droit à la loi jusque-là applicable **dans les cas suivants** : **71070**

– les époux ont établi leur résidence habituelle dans l'État de leur nationalité commune (Cass. 1e civ. 12-4-2012 n° 10-27.016 FS-PBI : BPAT 3/12 inf. 164) ou acquis la nationalité de l'État de leur résidence habituelle (y compris s'ils ont plus d'une nationalité commune) ;

– les époux ont résidé pendant plus de dix ans dans le même État ;

– les deux époux ont fixé leur résidence habituelle dans le même État alors que leur régime matrimonial était soumis à leur loi nationale commune parce qu'ils ne résidaient pas dans le même État immédiatement après le mariage. C'est notamment le cas où le mari, de nationalité étrangère, déjà installé en France, n'est rejoint qu'après un certain laps de temps par son épouse au titre du regroupement familial (Cass. 1e civ. 12-2-2014 n° 12-29.297 F-D, époux turcs installés en France et Cass. 1e civ. 14-5-2014 n° 12-29.922 F-D, époux marocains installés en France).

Ce changement de loi applicable n'a d'**effet** que pour l'avenir et les biens appartenant aux époux antérieurement à ce changement ne sont pas soumis à la loi désormais applicable. Il faudra dès lors considérer que les biens des époux ont été soumis à deux (voire davantage) régimes matrimoniaux successifs, ce qui implique de procéder à la liquidation du régime matrimonial à chaque changement de loi applicable (Cass. 1e civ. 12-4-2012 n° 10-27.016 FS-PBI, à l'occasion du divorce d'époux ayant vécu un an à New York, puis sept ans en France, nécessité de liquider un premier régime matrimonial soumis au droit de l'État de New York avant de procéder à la liquidation du second régime de droit français). Les époux ont pu cependant décider que le changement aura un effet rétroactif, sous réserve des droits des tiers et du respect des règles de forme prévues pour la désignation de la loi applicable par stipulation expresse. **71075**

Pour certains auteurs, les époux qui n'ont pas choisi de loi applicable à leur régime matrimonial ni fait de contrat de mariage avaient néanmoins la possibilité de **s'opposer au changement automatique** de loi applicable en faisant une déclaration en ce sens (A. E. von Overbeck, Rapport explicatif sur la Convention-Régimes matrimoniaux de 1978 : Actes et documents de la treizième session 1976 t. II p. 351 ; G. Droz, Les nouvelles règles de conflit françaises en matière de régimes matrimoniaux : Rev. crit. DIP 1992 p. 631 ; M. Revillard, Pratique de la convention de La Haye sur la loi applicable aux régimes matrimoniaux, Defrénois, 2e éd., 2008, n° 83). Cette déclaration était une sorte de confirmation de la loi applicable à leur régime matrimonial. Sa forme aurait dû être la même que celle suivie pour désigner la loi applicable au régime matrimonial (nos 71020 s.). Dans la mesure où les époux relèvent de la convention de La Haye, s'ils ont fait une déclaration de confirmation de la loi applicable depuis le 29 janvier 2019, cette déclaration ne relevait en réalité plus de la convention de La Haye mais du règlement Régimes matrimoniaux. Elle est parfaitement possible au regard du règlement. En revanche, en l'absence d'une telle déclaration, le changement automatique a pu avoir lieu conformément à la Convention, et l'entrée en vigueur du règlement ne change rien à cet égard (M.-L. de Tejada, Règlement n° 2016/1103 sur les régimes matrimoniaux : difficultés d'application dans le temps : Bull. Cridon Paris 2019 n° 2). **71080**

EXEMPLE

Deux **Français ayant vécu en France** pendant les années qui ont suivi leur mariage, célébré en 1993, se sont **installés au Maroc après leur retraite** en 2015. Ils n'ont pas choisi de loi applicable à leur régime matrimonial ni fait de contrat de mariage. Ils auraient pu faire une déclaration devant un notaire français indiquant qu'ils souhaitaient rester soumis à la loi française. S'ils ne l'ont pas fait à la date d'entrée en vigueur du règlement, ils peuvent toujours le faire, ce qui vaudra choix de loi en vertu du règlement (n° 70945).

CAS PARTICULIER DES IMMEUBLES

Que les époux aient ou non choisi une loi applicable à leur régime matrimonial, ils ont pu **désigner comme loi applicable** aux immeubles qu'ils possédaient ou seulement à certains **71085** d'entre eux la loi du lieu de situation de l'immeuble. Les époux avaient également la faculté de prévoir que les immeubles acquis par la suite seraient soumis à la loi de leur lieu de situation (Conv. La Haye du 14-3-1978 art. 3, al. 4).

Une telle désignation a pu aussi intervenir **en cours de mariage,** à l'occasion d'un changement de loi applicable au régime matrimonial ou indépendamment de celui-ci (Conv. La Haye du 14-3-1978 art. 6, al. 3). La désignation doit alors résulter d'une stipulation expresse revêtant la même forme que celle exigée pour le contrat de mariage (nº 71020), étant précisé que dans ce cas, la loi régissant l'acte au fond est la loi du lieu de situation de l'immeuble et non la loi régissant l'ensemble du régime matrimonial.

Une telle modification n'est plus possible **depuis le 29 janvier 2019,** date d'entrée en vigueur du règlement Régimes matrimoniaux, celui-ci ne permettant pas de désigner une loi pour régir seulement certains biens relevant du régime. Si les époux ont procédé à une désignation de loi depuis cette date, c'est en vertu du règlement et elle vaut pour l'ensemble de leurs biens. Si les époux avaient procédé à un choix de loi spécifique pour des immeubles et un choix de loi différent pour leurs autres biens conformément à la convention de La Haye, ils n'ont pu changer uniquement la loi applicable aux autres biens, en maintenant la soumission des immeubles à une loi différente (en ce sens, M.-L. de Tejada, Règlement nº 2016/1103 sur les régimes matrimoniaux : difficultés d'application dans le temps : Bull. Cridon Paris 2019 nº 2, l'auteur indiquant toutefois que l'interrogation subsiste tant que la question n'a pas été tranchée par la CJUE).

EXEMPLE

Un couple dont le **mari** est **français** et la **femme italienne** a établi sa première résidence habituelle après le mariage à Paris. Les époux étaient donc soumis au régime légal français de communauté réduite aux acquêts. À l'occasion de l'acquisition d'un **appartement à New York** en 2010, ils ont soumis ce bien à la loi de l'État de New York et l'immeuble relève ainsi du régime de la séparation des biens.

c. Époux mariés avant le 1er septembre 1992

LOI APPLICABLE

71105 **Choix de la loi applicable** La loi applicable au régime matrimonial est en principe la loi choisie par les époux. Le choix peut être **exprès** et résulter d'une clause du contrat de mariage. Il peut également être **implicite,** notamment si les époux se sont référés à des articles d'une loi donnée pour rédiger leur contrat de mariage. Selon certaines législations étrangères, le choix du régime matrimonial et celui de la loi qui lui est applicable peuvent, et parfois doivent, être effectués devant l'autorité compétente lors de la célébration du mariage. Dans cette hypothèse, c'est en consultant l'acte de mariage que l'on aura connaissance d'éventuelles mentions quant au choix des époux (M. Revillard, Droit international privé et européen : pratique notariale, Defrénois, 9e éd., 2018, nos 477 s.). Pour les mariages confessionnels célébrés à l'étranger, la mention d'une dot dans l'acte de mariage a été interprétée comme valant choix d'un régime matrimonial. Cette jurisprudence est critiquable dans la mesure où la dot est une condition du mariage et non le choix d'un quelconque régime matrimonial (G. Khairallah, La volonté dans le droit international privé commun des régimes matrimoniaux, Mélanges en l'honneur de M. Revillard, Defrénois, 2007, p. 197 s.). Elle semble d'ailleurs avoir été abandonnée par la Cour de cassation dans ses arrêts les plus récents (notamment, Cass. 1e civ. 22-5-2007 nº 05-20.953 FS-PB).

71110 En la **forme,** le contrat de mariage est en principe soumis à la loi du lieu de conclusion de l'acte, sauf si les époux ont choisi expressément de le soumettre à la loi régissant au fond le régime matrimonial ou à la loi de leur nationalité commune.

71115 **Absence de choix** En l'absence de contrat de mariage, il faut rechercher la volonté des époux de fixer le centre de leurs intérêts patrimoniaux dans un pays donné ; celui-ci est présumé être le pays dans lequel ils ont fixé leur **premier domicile matrimonial** (Cass. 1e civ. 4-6-1935, Zelcer : Rev. crit. DIP 1936 p. 755 note Basdevant). Le premier domicile commun est le lieu où les époux entendent « fixer et fixent effectivement leur établissement d'une manière stable » (H. Batiffol et P. Lagarde : Droit international privé LGDJ t. II nº 620). Pour les Cridon, une durée de deux ans permet de considérer le domicile comme effectif (J.-Cl. Droit international, Vº Régimes matrimoniaux – Droit international privé français fasc. 556 par M. Revillard, nº 23).

71120 Selon la jurisprudence, il ne s'agit que d'une **présomption simple,** mais la preuve contraire est difficilement admise. La grande majorité des arrêts n'admet pas le renversement de cette présomption (rappelant nettement ce principe, Cass. 1e civ. 19-9-2007 nº 06-15.295 : Bull. civ. I nº 282 ; voir également G. Pluyette et F. Monéger, Quelques aspects récents de la jurisprudence de la première chambre civile en matière de droit communautaire international : Mélanges Gaudemet-Tallon, Dalloz 2008, p. 559 s.). Il en va notamment ainsi en cas de célébration religieuse du mariage à l'étranger selon les formes locales (le plus souvent du pays de la nationalité commune des époux) ou devant le consul d'un pays étranger en France dès lors que les époux établissent leur domicile immédiatement après le mariage en France. La Cour de cassation rejette souvent, à juste titre, cet argument (Cass. 1e civ. 22-5-2007 n° 05-20.953 FS-PB ; Cass. 1e civ. 19-9-2007 n° 06-15.295 FS-PB ; Cass. 1e civ. 22-10-2008 n° 07-16.385 F-D ; Cass. 1e civ. 26-9-2012 n° 11-20.463 F-D ; en sens contraire, Cass. 1e civ. 22-11-2005 n° 03-12.224 F-PB). Plusieurs décisions ultérieures semblent toutefois admettre assez facilement un renversement de la présomption de manière critiquable au profit de la loi de la nationalité commune des époux, à partir d'indices faibles (Cass. 1e civ. 19-10-2016 n° 15-26.767 F-D : mariage au consulat turc de Marseille, déclarations faites par les époux dans divers actes juridiques indiquant qu'ils étaient soumis au régime légal turc, déclaration de l'épouse dans un acte de caution indiquant qu'elle était soumise au régime matrimonial de la séparation de biens ; Cass. 1e civ. 24-5-2018 n° 17-20.110 D : époux maliens mariés au consulat du Mali en France ; bien que leur premier domicile conjugal soit en France, l'épouse a fait valoir qu'ils s'étaient mariés sous le régime légal malien à l'occasion de la liquidation de leurs biens immobiliers au Mali : la solution semble être une sanction de l'attitude de l'épouse).

Enfin, l'**utilisation d'éléments postérieurs au mariage** pour éclairer la volonté des époux au moment de celui-ci est admise par la jurisprudence, à condition d'être vraisemblable (Cass. 1e civ. 2-12-1997 n° 95-20.308 : Bull. civ. I n° 338 ; Cass. 1e civ. 3-10-2019 n° 18-22.945 F-D, refusant de prendre en compte des circonstances postérieures de plus de 12 ans au mariage). Néanmoins, une clause d'un acte d'acquisition d'immeuble postérieur au mariage indiquant que les époux sont soumis au régime légal marocain n'est pas un indice suffisant que les époux aient eu la volonté d'adopter cette loi pour régir leur régime matrimonial dès lors que la volonté commune des époux avait été de s'établir de façon durable en France (Cass. 1e civ. 8-7-2015 n° 14-19.948 F-D). Bien entendu, c'est le régime légal en vigueur dans la législation ainsi désignée qui s'appliquera aux époux. 71125

Portée de la loi applicable Le **régime matrimonial** est **indivisible** : la loi qui lui est applicable régit l'ensemble des biens des époux, sans qu'il y ait lieu à distinguer entre les meubles et les immeubles, même s'ils sont situés dans plusieurs pays (Cass. 1e civ. 4-5-2011 n° 10-16.086 F-D). 71130

La loi applicable au régime matrimonial régit la **liquidation** de celui-ci, sauf dans les cas où les époux, capables et maîtres de leurs droits, sont convenus, dans leurs rapports réciproques, d'une liquidation sur des bases différentes (Cass. 1e civ. 4-5-2011 n° 10-16.086 F-D). Un arrêt admet que les ex-époux peuvent écarter la loi étrangère applicable à la liquidation de leur régime matrimonial par un accord procédural – lequel peut résulter de conclusions concordantes sur ce point – et choisir de procéder à cette liquidation selon la loi française (Cass. 1e civ. 10-2-2021 n° 19-17.028 FS-P : BPAT 2/21 inf. 65) ; sur l'accord procédural, voir n° 67460.

Que l'on soit en présence d'un choix de loi par les époux ou que l'on applique la présomption de rattachement au premier domicile matrimonial, le **mécanisme du renvoi** est exclu (Cass. 1e civ. 1-2-1972 n° 70-11.953, Goutherz : Rev. crit. DIP 1972 p. 644 note G. Wiederkehr).

CHANGEMENT DE RÉGIME MATRIMONIAL

Si les époux souhaitaient **changer de régime matrimonial** durant leur union, ils devaient interroger la loi applicable à leur régime matrimonial et vérifier que celle-ci autorisait les changements de régime matrimonial (Cass. 1e civ. 4-6-1935, Zelcer : Rev. crit. DIP 1936 p. 755 note Basdevant). 71135

Le **changement de la loi applicable** au régime matrimonial n'était pas permis selon le droit international privé commun français. Cette question a toutefois perdu son intérêt pratique dès lors que les époux, même mariés avant le 1er septembre 1992, ont pu bénéficier des dispositions de la convention de La Haye du 14 mars 1978 (avant l'entrée en vigueur du règlement Régimes matrimoniaux) ou, à compter de son entrée en vigueur, du règlement Régimes matrimoniaux, permettant de changer la loi applicable au régime matrimonial et, par la même occasion, de choisir le régime matrimonial dans la loi ainsi désignée (nos 70980 et 71050).

d. Difficultés d'articulation entre loi applicable à la succession et loi applicable au régime matrimonial

LIQUIDATION DU RÉGIME MATRIMONIAL ET DROITS SUCCESSORAUX DU CONJOINT SURVIVANT

71155 Le conjoint survivant peut se voir attribuer des droits au titre du régime matrimonial ou de la loi successorale, chaque législation interne réalisant en règle générale un équilibre entre les droits accordés au titre de l'un ou de l'autre.

Une **première difficulté** consiste à qualifier la nature du droit reconnu par la loi étrangère au conjoint survivant, ce qui oblige à analyser les dispositions du droit étranger préalablement à la qualification (voir n° 67425).

Cette difficulté se rencontrait notamment en cas de succession soumise à la loi française alors que les époux étaient soumis au régime matrimonial légal allemand (communauté différée des acquêts ou augments). Ce dernier prévoit, en cas de dissolution par décès, que la péréquation mathématique des acquêts (obligatoirement applicable en cas de dissolution par divorce) est remplacée par une augmentation forfaitaire de la part successorale du conjoint survivant d'un quart (Droit international privé et européen : pratique notariale, Defrénois, 9e éd., 2018, n° 1070 ; Rép. droit international Dalloz, v. Successions par P. Lagarde n° 151). Ce prélèvement forfaitaire a-t-il une nature matrimoniale ou successorale ? La doctrine française retenant la seconde qualification, ce mode de liquidation ne pouvait être appliqué puisque la loi successorale française l'ignore (P. Lagarde, précité).

En tout état de cause, la question est désormais tranchée pour les successions ouvertes depuis le 17 août 2015. La Cour de Justice estime en effet que « cette disposition [du droit allemand] n'apparaît pas avoir pour finalité principale la répartition des éléments du patrimoine ou la liquidation du régime matrimonial, mais plutôt la détermination du quantum de la part de la succession à attribuer au conjoint survivant par rapport aux autres héritiers ». Elle en conclut que ce mécanisme a une nature successorale et qu'il relève donc du règlement Successions (CJUE 1-3-2018 aff. 558/16, Mahnkopf).

71160 Une **seconde difficulté** risque de naître de l'articulation entre la loi applicable au régime matrimonial et la loi applicable à la succession, si ces lois sont différentes. Il peut en effet s'ensuivre des résultats incohérents qu'aucune des deux lois n'aurait consacrés si elle avait été applicable à l'ensemble des droits tirés tant du régime matrimonial que de la succession (D. Bureau et H. Muir Watt : Droit international privé, tome I, PUF, 4e éd., 2017, n° 488). Il suffit de songer au cas où la loi applicable au régime matrimonial des époux serait celle d'un État ignorant jusqu'à la notion de régime matrimonial parce qu'elle pourvoit aux intérêts du conjoint survivant par des droits successoraux plus élevés. Si, dans ce même cas, la loi successorale est celle d'un État qui accorde au conjoint survivant une vocation successorale restreinte en raison des droits importants que lui confère le droit des régimes matrimoniaux de cet État, le survivant va être pénalisé, voire privé de tout. Dans l'hypothèse inverse, il se trouvera avantagé à l'excès (B. Audit : Droit international privé, Economica 2008, n° 322).

Afin de pallier cette difficulté, il a pu être préconisé de n'appliquer qu'une seule loi à la question des droits du conjoint survivant, la loi du régime matrimonial (B. Audit, précité, n° 904).

EXEMPLE

Les époux Delmont, le mari de nationalité belge, l'épouse de nationalité française, se sont mariés sans contrat à Zurich le 7 août 1993 et ont fixé leur domicile dans cette même ville jusqu'en 2006. Ils s'installent alors à Évian où M. Delmont est décédé à son domicile le 10 novembre 2023, laissant son épouse survivante et deux enfants communs majeurs. La succession comprend des biens mobiliers et immobiliers tous situés en France. La **loi applicable à la succession est la loi française** de la résidence habituelle du défunt. Mais il convient de déterminer, au préalable, le régime matrimonial des époux ayant fixé leur domicile en Suisse pendant les premières années de leur mariage : ils se trouvaient mariés sous le **régime légal suisse de la participation aux acquêts.** Ce régime est compensé, en Suisse, par le fait que le conjoint est héritier réservataire (art. 471-1 du Code civil suisse) et reçoit ab intestat une part successorale importante de la moitié de la succession en présence de descendants selon l'article 462 du Code civil suisse. En revanche, en France où le régime matrimonial légal prévoit un partage égalitaire de la communauté, l'époux survivant en présence de descendants n'est pas réservataire et n'a qu'un droit de pleine propriété du quart ou de la totalité en usufruit en présence de descendants communs. Au cas exposé, le défaut de coïncidence de la loi du régime matrimonial (loi suisse) et de la loi successorale (loi française) restreint les droits de l'épouse survivante.

SORT DES AVANTAGES MATRIMONIAUX

Avant l'entrée en vigueur du règlement Régimes matrimoniaux, la doctrine française considérait que les avantages matrimoniaux étaient soumis à la **loi du régime matrimonial.** 71165

En revanche, l'action en retranchement était considérée comme étant de nature successorale et devait s'appliquer dès lors que la **loi successorale** était la loi française, même si le régime était soumis à une loi étrangère (Rép. droit international Dalloz, v. Régimes Matrimoniaux par G. Droz, n° 179). Il s'agit là d'une application classique de la qualification lege fori (n° 67425). Il aurait semblé logique également de considérer que cette exception à l'application de la loi du régime matrimonial ne joue pas seulement lorsque la loi successorale est la loi française, mais de manière générale. Ainsi, toute action en réduction prévue par la loi successorale, qu'elle soit ou non identique à l'action en retranchement prévue par le droit français, doit s'appliquer même si la loi du régime matrimonial est différente de la loi successorale et ne prévoit pas une telle réduction des avantages matrimoniaux. Une difficulté se pose cependant si la loi du régime matrimonial ne considère pas comme un avantage matrimonial un élément du régime matrimonial des époux alors que la loi successorale y voit, elle, un tel avantage, soumis à réduction. Il nous semble que le point de vue de la loi successorale devrait l'emporter (en sens contraire, S. Godechot-Patris, Avantages matrimoniaux et conflits de lois : SNH 28/18 inf. 9).

Certains auteurs estiment que la solution doctrinale exposée ci-dessus peut être maintenue sous l'empire du règlement Successions (E. Fongaro, L'anticipation successorale à l'épreuve du « règlement successions » : JDI 2014 p. 5). Cependant, l'entrée en vigueur de ce dernier implique que la **qualification** ne se fasse pas au regard des concepts du droit français mais par référence à des « notions autonomes » de droit européen. En d'autres termes, il appartiendra à la Cour de justice de décider si l'avantage matrimonial est de nature véritablement matrimoniale ou successorale. Or la notion d'avantage matrimonial, au sens où l'entend le droit français, est semble-t-il assez peu répandue en droit comparé (F. Luzu et N. Le Gall, Vade-mecum d'une transmission internationale : JCP N 2012 n° 1327). En droit allemand par exemple, une clause d'attribution de communauté est analysée comme un pacte successoral (S. Godechot-Patris, Avantages matrimoniaux et conflits de lois : SNH 28/18 inf. 9). Il est vrai qu'à la différence d'autres institutions exclues du champ d'application du règlement Successions (libéralités, assurance-vie, tontine), celui-ci ne réserve pas l'application de la loi successorale pour le rapport et la réduction s'agissant des avantages matrimoniaux (Règl. 650/2012 du 4-7-2012 art. 1, 2-d). Mais c'est uniquement parce qu'il n'envisage pas la liquidation du régime matrimonial comme l'occasion d'une possible libéralité ; il ne fait pas de doute en revanche que si, selon la loi successorale, l'avantage matrimonial est une libéralité, celui-ci sera soumis à rapport et réduction (Règl. 650/2012 du 4-7-2012 art. 1, 2-g). 71170

En dépit des termes de l'article 1525 du Code civil, il est difficile de voir le choix d'un régime de **communauté universelle avec attribution intégrale de la communauté au conjoint survivant** autrement que comme un moyen de gratifier le conjoint survivant (F. Terré et P. Simler, Les régimes matrimoniaux, Dalloz, 7e éd., 2015, n° 762). La pratique notariale en recommande d'ailleurs l'utilisation dans une perspective d'anticipation successorale. Il a été soutenu néanmoins que la finalité de l'avantage matrimonial est bien l'attribution des biens lors de la liquidation du régime, ce qui au regard de la grille d'analyse proposée par la CJUE (CJUE 1-3-2018 aff. 558/16, Mahnkopf) devrait conduire cette dernière à retenir une qualification matrimoniale (S. Godechot-Patris, Avantages matrimoniaux et conflits de lois : SNH 28/18 inf. 9). Toutefois, cet auteur estime que si la loi successorale autorise la réduction de l'avantage matrimonial, elle devra s'appliquer. 71175

Dès lors, s'agissant de la clause d'attribution intégrale de la communauté au survivant, le raisonnement paraît devoir être le suivant : application de la loi du régime matrimonial à la liquidation de celui-ci au décès du conjoint, sous réserve d'un éventuel rapport et/ou d'une éventuelle action en réduction qui serait prévue par la loi successorale telle que désignée par le règlement. En outre, la **renonciation anticipée à l'action en retranchement** doit s'analyser en un pacte successoral et être soumise aux dispositions du règlement spécifiques à ceux-ci (S. Godechot-Patris, Avantages matrimoniaux et conflits de lois : SNH 28/18 inf. 9 : application de la loi successorale anticipée et non de la loi successorale).

2. LIQUIDATION DU « RÉGIME PARTENARIAL »

SOURCES

La liquidation du « régime partenarial » doit, à l'instar de ce qui existe en matière de régimes matrimoniaux, être soumise à la loi régissant les effets patrimoniaux de ce partenariat, et 71205 non à la loi successorale. Il faudra donc déterminer cette loi afin de procéder à la liquidation de ce régime partenarial et déterminer la part des biens du partenaire décédé ayant vocation à entrer dans la masse successorale.

Les effets patrimoniaux des partenariats enregistrés relèvent en principe du règlement 2016/1104 du 24 juin 2016 mettant en œuvre une coopération renforcée dans le domaine de la compétence, de la loi applicable, de la reconnaissance et de l'exécution des décisions en matière d'effets patrimoniaux des partenariats enregistrés, dit « **règlement EPPE** » (Règl. 2016/1104 du 24-6-2016 : JOUE 2016 L 183 p. 30 ; rectificatif du 29-4-2017 : JOUE 2017 L 113 p. 62).

71210 **Règlement EPPE** Le règlement est entré en application le 29 janvier 2019. Pour les dispositions relatives à la loi applicable, le règlement ne s'applique qu'aux **partenaires enregistrant leur partenariat depuis le 29 janvier 2019.**

Toutefois, même pour les **partenariats enregistrés avant cette date,** le règlement s'applique également si les partenaires procèdent à compter de cette date à la désignation (ou à la modification) de la loi applicable aux effets patrimoniaux de leur partenariat. Ainsi, un couple de Français ayant conclu un Pacs en 2018, qui est donc soumis à la loi française, a pu, s'il s'est installé en Allemagne, décider de soumettre les effets patrimoniaux de ce partenariat à la loi allemande à compter du 29 janvier 2019.

71215 S'agissant de son **champ d'application spatial,** le règlement a vocation à s'appliquer aux effets patrimoniaux des partenariats enregistrés ayant une incidence transfrontière (Règl. 2016/1104 du 24-6-2016 considérant 14). Il concerne aujourd'hui la France et 17 autres États membres participants (Allemagne, Autriche, Belgique, Bulgarie, Chypre, Croatie, Espagne, Finlande, Grèce, Italie, Luxembourg, Malte, Pays-Bas, Portugal, République tchèque, Slovénie et Suède). Bien que la précision ne figure pas dans le texte du règlement, il est logique de considérer que les références aux États membres dans le texte du règlement sont des références aux États membres participant à la procédure de coopération renforcée.

Les règles de conflits de lois issus du règlement sont applicables dès lors qu'un juge d'un État membre participant est saisi.

71220 S'agissant de son **champ d'application matériel,** le règlement couvre l'ensemble des questions de droit international privé relatives aux effets patrimoniaux des partenariats enregistrés, définis comme l'ensemble des règles relatives aux rapports patrimoniaux des partenaires entre eux et à l'égard des tiers, qui résultent du lien juridique créé par l'enregistrement du partenariat ou par la dissolution de celui-ci (Règl. 2016/1104 du 24-6-2016 art. 3, 1-b). Le règlement a vocation à couvrir l'ensemble des aspects de droit civil des effets patrimoniaux des partenariats enregistrés, concernant tant la gestion quotidienne des biens des partenaires que leur liquidation, du fait notamment de la séparation du couple ou du décès de l'un des partenaires (Règl. 2016/1104 du 24-6-2016 considérant 18).

a. Partenariats enregistrés depuis le 29 janvier 2019

CHOIX DE LA LOI APPLICABLE

71240 Les futurs partenaires ont pu procéder au choix de la loi applicable aux effets patrimoniaux de leur partenariat. Ce choix n'est valable que s'il porte sur l'**une des lois suivantes** (Règl. 2016/1104 du 24-6-2016 art. 22, 1), à condition en outre que la loi choisie attache des effets patrimoniaux à l'institution du partenariat enregistré :

– loi de l'État de la résidence habituelle de l'un des partenaires (ou futurs partenaires si le choix avait été fait avant le partenariat enregistré) ;
– loi d'un État dont l'un des partenaires (ou futurs partenaires) a la nationalité ;
– loi de l'État selon le droit duquel le partenariat enregistré a été créé.

L'existence de l'élément de rattachement s'apprécie au moment de la conclusion de la convention (et non au moment de l'enregistrement du partenariat).

71245 Le règlement EPPE ne règle pas clairement le cas du choix par les **partenaires** dans l'hypothèse où l'un d'eux (ou les deux) possède **plusieurs nationalités.** La question relève du droit national, dans le respect du droit européen (Règl. 2016/1104 du 24-6-2016 considérant 49). Cela implique semble-t-il une possibilité de choix entre les différentes nationalités, si ce sont des nationalités d'État membres (L. Perreau-Saussine, Le nouveau Règlement européen « Régimes matrimoniaux » : JCP G 2016 n° 1116, à propos des régimes matrimoniaux mais transposable).

Si une **nationalité d'un État tiers** est impliquée (il s'agit ici d'États tiers à l'Union européenne seulement et non d'États membres non participants), il faudrait transposer le raisonnement traditionnel de la jurisprudence française en matière de conflit de nationalités (n° 67457) : en présence d'un ressortissant français, il sera considéré uniquement comme national français ; en présence de deux nationalités d'États tiers, il faudra faire prévaloir la nationalité la plus effective (en ce sens, L. Perreau-Saussine, précité).

Les partenaires ont pu procéder au choix de loi à tout **moment,** avant l'enregistrement du partenariat, lors de son enregistrement ou au cours du partenariat enregistré (Règl. 2016/1104 du 24-6-2016 considérant 44). Dans ce dernier cas, il pouvait s'agir de confirmer la loi applicable désignée par le règlement en l'absence de choix ou d'effectuer en réalité une modification de la loi applicable, permise par le règlement (n° 71280). 71250

Conditions En la **forme,** le choix doit avoir été établi par un écrit, daté et signé par les deux partenaires. Si la loi de l'État membre de la résidence habituelle des partenaires (ou de l'un des partenaires si seul l'un d'eux réside dans un État membre) au moment de la conclusion de la convention impose des règles formelles particulières pour les conventions partenariales, la convention de choix de loi doit les respecter. Si les partenaires ont leur résidence habituelle dans deux États membres différents et si les lois de ces États prévoient des règles formelles différentes pour les conventions partenariales, il suffit de respecter les règles de forme imposées par l'une d'elles (Règl. 2016/1104 du 24-6-2016 art. 23). 71255

L'existence et la **validité au fond** du choix de loi s'apprécient par rapport à la loi choisie, comme si la convention de choix était valable. Néanmoins, l'un des partenaires pourra établir son absence de consentement sur le fondement de la loi du pays dans lequel il a sa résidence habituelle au moment où la juridiction est saisie s'il ressort des circonstances qu'il ne serait pas raisonnable de déterminer l'effet du comportement de ce partenaire conformément à la loi désignée (Règl. 2016/1104 du 24-6-2016 art. 24).

LOI APPLICABLE EN L'ABSENCE DE CHOIX

En l'absence de choix par les partenaires, le règlement prévoit que la loi applicable aux effets patrimoniaux du partenariat enregistré est la loi de l'État selon la loi duquel le partenariat enregistré a été créé (Règl. 2016/1104 du 24-6-2016 art. 26, 1). 71260

CONVENTION PARTENARIALE

Que les partenaires aient choisi ou non une loi applicable aux effets patrimoniaux de leur partenariat, la loi désignée par le règlement régit la **validité au fond** de leur contrat partenarial (Règl. 2016/1104 du 24-06-2016 art. 27-g). 71265

La **validité en la forme** est quant à elle soumise à une superposition de règles (Règl. 2016/1104 du 24-6-2016 art. 25). Le règlement prévoit lui-même une sorte de minimum applicable à toute convention partenariale : elle doit être établie par écrit, datée et signée par les deux partenaires. Si des **règles de forme supplémentaires** sont prévues par la loi de l'État membre dans lequel les partenaires ont leur résidence habituelle (ou l'un d'entre eux, si un seul des partenaires a sa résidence habituelle dans un État membre), ces règles s'appliquent. En cas de résidence habituelle distincte des deux partenaires dans deux États membres et si ces États prévoient des règles de forme différentes, la convention partenariale doit se conformer à la loi de l'un de ces deux États. Enfin, si la loi applicable au fond prévoit des règles formelles supplémentaires, celles-ci doivent s'appliquer. Si la loi applicable au fond et la loi de la résidence habituelle prévoient toutes deux des exigences relatives à la forme, il faudra donc les appliquer cumulativement, c'est-à-dire en se conformant à la loi la plus restrictive (Règl. 2016/1104 du 24-6-2016 considérant 47, toutefois peu explicite).

MODIFICATION DE LA LOI APPLICABLE

Demande unilatérale d'un partenaire En l'absence de choix de loi par les partenaires, le règlement prévoit, à titre exceptionnel, un rattachement alternatif qui s'apparente à une modification volontaire unilatérale de la loi applicable, **sous contrôle judiciaire** (Règl. 2016/1104 du 24-6-2016 art. 26, 2). La **loi de l'État de la dernière résidence habituelle** commune des partenaires sera applicable à la place de la loi de l'État selon la loi duquel le partenariat enregistré a été créé, sous réserve que plusieurs conditions soient réunies. Cette modification du rattachement ne peut être que judiciaire et faite à la demande de l'un des partenaires. Il faut ensuite que cette loi attache des effets patrimoniaux à l'institution du partenariat enregistré. La modification requiert en outre que soit démontré que les partenaires avaient leur dernière résidence habituelle commune dans cet autre État pendant une période d'une durée significative et qu'ils s'étaient fondés sur la loi de ce même autre État pour organiser ou planifier leurs rapports patrimoniaux. À cela s'ajoute une condition négative : l'absence de convention partenariale entre les partenaires avant leur établissement dans l'État de la dernière résidence habituelle commune. 71270

71275 S'agissant de l'**application dans le temps de ce changement,** la loi de l'État de la dernière résidence habituelle des partenaires s'appliquera aux effets patrimoniaux de leur partenariat à compter de la date de création du partenariat enregistré, sauf opposition de l'un des partenaires, auquel cas elle s'appliquera à compter de la date de l'établissement de leur dernière résidence habituelle dans cet État. Le jeu de ce rattachement alternatif ne peut pas porter atteinte aux droits des tiers.

Cette modification faite à la demande d'un des partenaires pourrait, à la différence de la modification volontaire, s'appliquer après le décès de l'un d'eux et permettre d'appliquer la même loi à la liquidation du « régime partenarial » et de la succession du partenaire prédécédé (en ce sens, L. Perreau-Saussine, Le nouveau Règlement européen « Régimes matrimoniaux » : JCP G 2016 n° 1116, à propos du règlement Régimes matrimoniaux mais transposable). On pourrait cependant soutenir que la lettre du texte semble prévoir que les deux partenaires sont toujours vivants, puisque s'agissant de l'application dans le temps, elle prévoit une possibilité d'opposition de « l'un des partenaires » à l'application de cette loi à compter de la date du mariage, mais cette interprétation ne nous paraît pas s'imposer.

71280 **Volonté commune des partenaires** Les partenaires ont pu décider à tout moment de modifier la **loi choisie** pour régir les effets patrimoniaux de leur partenariat ou, lorsqu'ils n'avaient pas procédé à ce choix, de choisir une loi différente de celle qui régit leur régime **en l'absence de choix** (Règl. 2016/1104 du 24-6-2016 art. 22). Cette modification a pu avoir lieu même si les partenaires ont conclu leur partenariat avant l'entrée en vigueur du règlement EPPE.

S'agissant de l'**application dans le temps,** le changement de la loi applicable aux effets patrimoniaux du partenariat n'a pas d'effet rétroactif, sauf convention contraire des partenaires. Même si les partenaires avaient décidé de lui conférer un tel effet, il ne peut porter atteinte aux droits des tiers. L'absence de rétroactivité du changement implique de liquider leur régime patrimonial antérieur.

DOMAINE DE LA LOI DÉSIGNÉE

71285 La loi désignée s'applique à la division, la répartition ou la **liquidation** des biens après dissolution du partenariat enregistré.

Le règlement prévoit en outre que si la loi désignée accorde à l'un des partenaires un **droit réel inconnu** du droit de l'État membre dans lequel il est invoqué, ce droit doit être adapté à son équivalent le plus proche en vertu du droit de cet État, en tenant compte des objectifs et des intérêts visés par le droit réel en question et des effets qui y sont liés (Règl. 2016/1104 du 24-6-2016 art. 29).

MISE EN ŒUVRE DE LA LOI DÉSIGNÉE

71290 La loi désignée en application du règlement s'applique même si ce n'est pas celle d'un État membre participant : **caractère** dit **« universel »** (Règl. 2016/1104 du 24-6-2016 art. 20).

La loi désignée s'applique à l'ensemble des **biens** soumis aux effets patrimoniaux du partenariat, quel que soit le lieu où ils se trouvent (Règl. 2016/1104 du 24-6-2016 art. 21).

Le **renvoi** est exclu (Règl. 2016/1104 du 24-6-2016 art. 32).

La loi désignée pourra être écartée si elle est manifestement incompatible avec l'**ordre public** (Règl. 2016/1104 du 24-6-2016 art. 31).

Le règlement prévoit en outre la possibilité pour le juge saisi d'appliquer ses propres **lois de police,** définies comme les dispositions impératives dont le respect est jugé crucial par un État membre pour la sauvegarde de ses intérêts publics, tels que son organisation politique, sociale ou économique, au point d'en exiger l'application à toute situation entrant dans son champ d'application, quelle que soit par ailleurs la loi applicable aux effets patrimoniaux du partenariat en vertu du règlement (Règl. 2016/1104 du 24-6-2016 art. 30).

b. Partenariats enregistrés avant le 29 janvier 2019

DROIT COMMUN

71310 Les effets patrimoniaux des partenariats enregistrés avant le 29 janvier 2019 sont soumis à la loi désignée par la règle de conflit de lois française de droit commun, soit la **loi de l'État de l'autorité ayant procédé à l'enregistrement** du partenariat (n° 70715), sous réserve d'un changement de loi applicable décidé par les partenaires après cette entrée en vigueur (n° 71280).

3. TONTINE

SOURCES

Le règlement Successions exclut en principe de son champ d'application les questions relatives aux droits et biens créés ou transférés autrement que par succession, par exemple la propriété conjointe avec réversibilité au profit du survivant (Règl. 650/2012 du 4-7-2012 art. 1, 2-g). 71340

En présence d'un élément d'extranéité, le **pacte tontinier** devrait donc être régi par la loi applicable au contrat.

Pour un contrat conclu depuis le 17 décembre 2009, les règles de conflit de lois applicables sont déterminées par le règlement 593/2008 du 17 juin 2008 sur la loi applicable aux obligations contractuelles, dit « **règlement Rome I** ».

Pour un contrat conclu avant le 17 décembre 2009 mais après le 1er avril 1991, la **convention de Rome du 19 juin 1980** sur la loi applicable aux obligations contractuelles sera applicable (elle l'est également quelle que soit la date du contrat dans les rapports avec le Danemark, non lié par le règlement Rome I).

a. Contrat conclu depuis le 17 décembre 2009

RÈGLES GÉNÉRALES

S'agissant de son **champ d'application spatial,** le règlement Rome I s'applique dans des situations comportant un conflit de lois, c'est-à-dire un élément d'extranéité (Règl. 593/2008 du 17-6-2008 art. 1, 1), dès lors qu'un juge d'un État membre de l'Union européenne (à l'exception du Danemark) est saisi. 71345

Son **champ d'application matériel** couvre les obligations contractuelles relevant de la matière civile et commerciale. Il exclut notamment l'état et la capacité juridique des personnes physiques, les obligations découlant des relations de famille ou des relations réputées avoir, en vertu de la loi applicable, des effets comparables, y compris les obligations alimentaires, les obligations découlant des régimes matrimoniaux, des régimes patrimoniaux relatifs aux relations qui, selon la loi qui leur est applicable, ont des effets comparables au mariage et aux successions.

La loi désignée s'applique même si cette loi n'est pas celle d'un État membre : **caractère** dit « **universel** » (Règl. 593/2008 du 17-6-2008 art. 2).

Le **renvoi** est exclu (Règl. 593/2008 du 17-6-2008 art. 20).

› Précisions Si le contrat porte sur la **vente d'objets mobiliers corporels,** ni la convention de Rome, ni le règlement Rome I ne sont applicables. Il faut appliquer la convention de La Haye du 15 juin 1955 sur la loi applicable aux ventes à caractère international d'objets mobiliers corporels, dont les solutions sont substantiellement identiques : loi choisie par les parties, ou à défaut, loi du pays de la résidence habituelle du vendeur.

LOI APPLICABLE AU FOND

Choix de la loi applicable Le contrat est en principe régi par la loi choisie par les parties de façon **expresse ou tacite,** si ce choix peut se déduire de façon certaine des dispositions du contrat ou des circonstances de la cause (Règl. 593/2008 du 17-6-2008 art. 3, 1). La liberté des parties quant à la loi susceptible d'être choisie n'est pas encadrée ; aucun lien avec le contrat n'est exigé. Toutefois, ceci ne vaut bien évidemment qu'en présence d'un élément d'extranéité « objectif », celui-ci ne pouvant être constitué par le seul choix de la loi étrangère. Dès lors, lorsque tous les éléments de la situation sont localisés dans un seul pays, le choix d'un droit étranger comme loi applicable au contrat ne permettra pas de déroger aux règles impératives internes de la loi du pays où l'ensemble des éléments de la situation sont localisés (Règl. 593/2008 du 17-6-2008 art. 3, 3). De façon similaire, si tous les éléments de la situation sont localisés dans l'Union européenne (y compris au Danemark), le choix de la loi d'un État tiers ne permet pas de déroger aux dispositions impératives du droit de l'Union, telles qu'elles ont été transposées dans l'État membre dont le juge est saisi (Règl. 593/2008 du 17-6-2008 art. 3, § 4 et art. 1, 4). 71350

En outre, les parties peuvent décider d'appliquer la loi choisie à l'ensemble du contrat ou à une partie seulement (Règl. 593/2008 du 17-6-2008 art. 3, 1). Le contrat est alors soumis à des lois différentes selon l'aspect envisagé. On parle de **« dépeçage » du contrat.** On pourrait imaginer ainsi un contrat soumis à une loi étrangère ignorant le pacte tontinier, dans lequel serait inséré un tel pacte mais avec soumission expresse de celui-ci au droit français. Si le montage paraît ingénieux, il génère des difficultés pratiques dans la combinaison des deux lois applicables qui peuvent s'avérer insurmontables. 71355

71360 Les parties peuvent **modifier** après sa conclusion la loi applicable au contrat (qu'elle résulte d'un choix précédent ou de la loi désignée en l'absence de choix). La modification n'affecte pas la validité formelle du contrat et ne peut porter atteinte aux droits des tiers (Règl. 593/2008 du 17-6-2008 art. 3, 2).

71365 **À défaut de choix de loi** En l'absence de choix de loi par les parties, le règlement Rome I prévoit un certain nombre de règles de conflits de lois propres à certains **types de contrats** (vente, prestation de services, contrat ayant pour objet un droit réel immobilier, etc.). Si le contrat ne rentre dans aucune de ces catégories (ou dans plusieurs), le contrat est régi par la loi du pays dans lequel la partie qui doit fournir la prestation caractéristique a sa résidence habituelle (Règl. 593/2008 du 17-6-2008 art. 4, 2).

71370 S'agissant d'un contrat de **vente portant sur un droit réel immobilier,** celui-ci est régi par la loi du pays où est situé l'immeuble (Règl. 593/2008 du 17-6-2008 art. 4, 1-c). S'il porte sur des **biens autres qu'immobiliers,** des titres de société par exemple, il est régi par loi du pays dans lequel le vendeur a sa résidence habituelle (Règl. 593/2008 du 17-6-2008 art. 4, 1-a).

71375 Dans tous les cas, le texte prévoit une **clause d'exception** : lorsqu'il résulte de l'ensemble des circonstances de la cause que le contrat présente des liens manifestement plus étroits avec un autre pays, la loi de cet autre pays s'applique. En outre, si la loi applicable ne peut pas être déterminée sur la base des règles spécifiques ou du principe subsidiaire (par exemple parce qu'il n'est pas possible d'identifier la prestation caractéristique du contrat), le contrat est régi par la loi du pays avec lequel il présente les liens les plus étroits (Règl. 593/2008 du 17-6-2008 art. 4, 4).

71380 **Domaine de la loi applicable** L'**existence et** la **validité du contrat** sont soumises à la loi qui serait applicable en vertu du règlement si le contrat était valable. Toutefois, pour établir qu'elle n'a pas consenti, une partie peut se référer à la loi du pays dans lequel elle a sa résidence habituelle s'il résulte des circonstances qu'il ne serait pas raisonnable de déterminer l'effet du comportement de cette partie d'après cette loi (Règl. 593/2008 du 17-6-2008 art. 10).

Le domaine de la loi applicable au fond couvre notamment l'**interprétation du contrat,** l'**exécution** des obligations qu'il engendre et les conséquences de l'**inexécution** (Règl. 593/2008 du 17-6-2008 art. 12).

Les **effets réels** du contrat de vente doivent être en revanche soumis à la loi réelle, loi du pays où se situe le bien, qu'il s'agisse des effets entre les parties ou à l'égard des tiers (P. Mayer et V. Heuzé, Droit international privé, Montchrestien, 2014, n° 677). Il en va ainsi des formalités exigées dans l'intérêt des tiers (P. Mayer et V. Heuzé, précité), notamment, s'agissant d'un immeuble, des règles de publicité foncière. L'opposabilité aux tiers de la date et du caractère définitif de l'acquisition dépend aussi de la loi réelle (P. Mayer et V. Heuzé, précité, n° 678). Il en ira ainsi notamment du caractère rétroactif de l'acquisition par le survivant de la totalité du bien par l'effet d'une clause de tontine.

LOI APPLICABLE À LA FORME

71385 Le contrat est valable en la forme s'il est conclu entre des **personnes** (ou leurs représentants) **se trouvant dans le même pays** au moment de sa conclusion, s'il satisfait aux conditions de forme de la loi qui le régit au fond en vertu du règlement ou de la loi du pays dans lequel il a été conclu (Règl. 593/2008 du 17-6-2008 art. 11, 1).

À supposer que le **contrat** soit **conclu à distance,** l'option de législation est élargie : pour être valable en la forme, le contrat doit respecter soit les conditions de forme de la loi le régissant au fond, soit celles de la loi d'un des pays dans lequel se trouve l'une ou l'autre des parties ou son représentant au moment de sa conclusion ou de la loi du pays dans lequel l'une ou l'autre des parties avait sa résidence habituelle à ce moment-là (Règl. 593/2008 du 17-6-2008 art. 11, 2).

Toutefois, tout **contrat ayant pour objet un droit réel immobilier** ou un bail d'immeuble est soumis aux règles de forme de la loi du pays où l'immeuble est situé si ces règles s'appliquent quels que soient le lieu de conclusion du contrat et la loi le régissant au fond, et qu'il ne peut y être dérogé par accord (Règl. 593/2008 du 17-6-2008 art. 11, 5).

ÉVICTION DE LA LOI DÉSIGNÉE

71390 La loi désignée pourra être écartée si elle est manifestement incompatible avec l'**ordre public** (Règl. 593/2008 du 17-6-2008 art. 21).

Le règlement prévoit en outre la possibilité pour le juge saisi d'appliquer ses propres **lois de police,** définies comme les dispositions impératives dont le respect est jugé crucial par un pays pour la sauvegarde de ses intérêts publics, tels que son organisation politique, sociale ou économique, au point d'en exiger l'application à toute situation entrant dans son champ d'application, quelle que soit par ailleurs la loi applicable au contrat d'après le règlement (Règl. 593/2008 du 17-6-2008 art. 9, 1 et 2).

Le règlement prévoit également la possibilité de « donner effet » à certaines **lois de police étrangères** : celles du pays dans lequel les obligations découlant du contrat doivent être ou ont été exécutées, dans la mesure où lesdites lois de police rendent l'exécution du contrat illégale. Pour décider si effet doit être donné à ces lois de police, il doit être tenu compte de leur nature et de leur objet, ainsi que des conséquences de leur application ou de leur non-application (Règl. 593/2008 du 17-6-2008 art. 9, 3). Les lois de police étrangères émanant d'un État autre que celui du lieu d'exécution ne peuvent être appliquées ; elles peuvent seulement être prises en compte en tant qu'élément de fait si la loi applicable au contrat en vertu du règlement le permet (CJUE 18-10-2016 aff. 135/15).

b. Contrat conclu avant le 17 décembre 2009

RÈGLES GÉNÉRALES

Le **champ d'application matériel** de la convention de Rome du 19 juin 1980 est très largement similaire à celui du règlement Rome I. Elle exclut notamment de son champ d'application l'état et la capacité des personnes physiques, les obligations contractuelles concernant les testaments et successions, les régimes matrimoniaux, les droits et devoirs découlant des relations de famille, de parenté, de mariage ou d'alliance, y compris les obligations alimentaires envers les enfants non légitimes. **71410**

La loi désignée s'applique même si cette loi n'est pas celle d'un État membre : **caractère** dit « **universel** » et le **renvoi** est exclu.

LOI APPLICABLE AU FOND

Choix de la loi applicable Le contrat est en principe régi par la loi choisie par les parties de façon **expresse, ou tacite** si ce choix résulte de façon certaine des dispositions du contrat ou des circonstances de la cause (Conv. Rome du 19-6-1980 art. 3). **71415**

La liberté de choix par les parties est totale ; toutefois, le choix par les parties d'une loi étrangère, assorti ou non de celui d'un tribunal étranger, ne peut, lorsque tous les autres éléments de la situation sont localisés au moment de ce choix dans un seul pays, porter atteinte aux dispositions impératives internes (et non seulement les lois de police) de la loi de ce pays.

Les parties disposent de manière identique à ce qui est prévu par le règlement Rome I, de la possibilité de **modifier** la loi applicable postérieurement à la conclusion du contrat et de procéder au **dépeçage du contrat.**

Absence de choix de loi À défaut de choix, la convention de Rome prévoit un système légèrement différent de celui du règlement Rome I. Elle prévoit en principe que le contrat est régi par la **loi du pays avec lequel il présente les liens les plus étroits** (Conv. Rome du 19-6-1980 art. 4, 1). **71420**

Toutefois, si une **partie du contrat** est **séparable du reste** du contrat et présente un lien plus étroit avec un autre pays, il pourra être fait application, à titre exceptionnel, à cette partie du contrat de la loi de cet autre pays.

La convention pose ensuite une **présomption** selon laquelle le contrat présente les liens les plus étroits avec le pays où la partie qui doit fournir la prestation caractéristique a, au moment de la conclusion du contrat, sa résidence habituelle (Conv. Rome du 19-6-1980 art. 4, 2). Cette présomption est écartée lorsque la prestation caractéristique ne peut être déterminée (Conv. Rome du 19-6-1980 art. 4, 5). Si le contrat a pour objet un droit réel immobilier, il est présumé entretenir les liens les plus étroits avec le pays où est situé l'immeuble (Conv. Rome du 19-6-1980 art. 4, 3).

L'ensemble de ces présomptions sont écartées lorsqu'il résulte de l'ensemble des circonstances que le contrat présente des liens plus étroits avec un autre pays (Conv. Rome du 19-6-1980 art. 4, 5).

Domaine de la loi applicable Les dispositions relatives à l'existence et à la validité du contrat ainsi qu'au domaine de la loi du contrat sont identiques à celles du règlement Rome I, y compris pour les solutions relatives aux effets réels et à l'opposabilité aux tiers. **71425**

LOI APPLICABLE À LA FORME

71430 S'agissant de la loi applicable à la forme, le texte prévoit, à l'instar du règlement Rome I, une **option** entre la loi applicable au fond et la loi du lieu de conclusion (Conv. Rome du 19-6-1980 art. 9).

En cas de conclusion du **contrat à distance,** l'option est un peu moins large que celle prévue par le règlement Rome I, puisqu'elle ne vise que la loi du lieu où une partie (ou son représentant, si elle est représentée) se trouve ou la loi qui le régit au fond.

La convention de Rome contient une disposition similaire à celle relative aux dispositions impératives en matière de forme pour les contrats ayant pour objet un **droit réel immobilier** (Conv. Rome du 19-6-1980 art. 9, 6).

ÉVICTION DE LA LOI DÉSIGNÉE

71435 La loi désignée pourra être écartée si elle est manifestement incompatible avec l'**ordre public** (Conv. Rome du 19-6-1980 art. 16). Dans le système de la convention de Rome, le juge saisi doit par ailleurs appliquer ses propres **lois de police,** définies seulement comme les dispositions impératives applicables quelle que soit la loi régissant le contrat. Le juge a également la faculté de donner effet aux lois de police étrangères d'un pays avec lequel la situation présente un lien étroit. Pour décider si effet doit être donné à ces dispositions impératives, il doit tenir compte de leur nature et de leur objet ainsi que des conséquences qui découleraient de leur application ou de leur non-application (Conv. Rome du 19-6-1980 art. 7, 1).

c. Rôle de la loi successorale

DROIT FRANÇAIS

71455 Le droit français exclut en principe le bien acquis en tontine de la succession du prémourant. Mais la qualification de libéralité déguisée est admise dans certains cas (différence d'âge ou de condition de santé importante entre les deux acquéreurs, acquisition financée par le seul prémourant). Certains auteurs, dans l'hypothèse où le droit français serait la **loi applicable au contrat,** semblent exclure tout rôle de la **loi successorale,** sauf si les conditions posées par la loi française relativement à l'existence d'un véritable aléa ne sont pas remplies, auquel cas le bien relèverait des dispositions relatives au rapport et à la réduction prévues par la loi successorale en tant que donation déguisée (E. Fongaro, L'anticipation successorale à l'épreuve du « règlement successions » : JDI 2014 p. 5).

EXEMPLE

Les **époux** James, tous deux **anglais,** mariés ensemble en secondes noces, ont chacun des enfants d'une précédente union. Ils viennent de prendre leur retraite à Nice. Ils sont sur le point d'acquérir ensemble une résidence à Cannes et veulent éviter, en cas de décès, que le survivant d'entre eux se retrouve en indivision avec les enfants de la première union. Ils souhaitent, au contraire, que le survivant d'entre eux soit plein propriétaire de l'immeuble de Cannes. On prendra pour hypothèse que les époux James auront encore leur **résidence habituelle en France au moment de leur décès.** En cas d'acquisition de la maison en indivision, la quote-part indivise appartenant à l'époux décédé en premier sera soumise à la loi successorale française et la loi française reconnaît aux enfants nés de la première union du défunt la qualité d'héritiers réservataires. Il s'ensuit que les époux James ne pourront se léguer mutuellement la pleine propriété de leur part sur l'appartement de Cannes. Un tel legs serait en effet réductible. De même, une convention matrimoniale à cet effet encourrait l'action en retranchement. L'**acquisition en tontine de l'appartement de Cannes** en réputant le survivant des époux James propriétaire du bien dès son acquisition leur permettra de soustraire le bien à la loi successorale française et donc à la réserve héréditaire de leurs enfants nés d'une première union. Le pacte tontinier permettra donc au survivant des époux d'éviter l'indivision et d'être plein propriétaire.

RÈGLEMENT SUCCESSIONS

71460 La tontine n'est pas totalement exclue du champ d'application du règlement Successions, celui-ci réservant l'application de la **loi successorale** pour les questions relatives au rapport et à la réduction des libéralités (Règl. 650/2012 du 4-7-2012 art. 1, 2-g). Si la tontine est régie par la **loi du contrat** (et, le cas échéant, la loi réelle), il appartient à la loi successorale de décider si elle doit être soumise au rapport et/ou à la réduction (en ce sens, S. Godechot-Patris, Le nouveau droit international privé des successions : entre satisfactions et craintes : D. 2012 p. 2462). Dès lors, le simple fait que le droit français soit applicable au contrat et que les conditions relatives à la requalification en donation déguisée selon le droit français ne sont pas réunies ne suffit pas à écarter tout risque de rapport ou de réduction si la loi successorale est une loi étrangère.

4. ASSURANCE-VIE

LOI DU CONTRAT D'ASSURANCE

Sources Le règlement Successions exclut en principe de son champ d'application les questions relatives aux droits et biens créés ou transférés autrement que par succession, par exemple les contrats d'assurance (Règl. 650/2012 du 4-7-2012 art. 1, 2-g). Le contrat d'assurance-vie sera dès lors régi en principe par la loi du contrat d'assurance-vie. 71490

Pour les contrats conclus à compter du 17 décembre 2009, c'est le **règlement Rome I** qui s'applique (nos 71345 s.).

Pour les contrats d'assurance-vie conclus avant le 17 décembre 2009, la **convention de Rome** n'est pas applicable, sauf si le risque est situé (c'est-à-dire s'agissant d'une personne physique, la résidence habituelle du preneur) hors de l'Union européenne.

Contrats conclus depuis le 17 décembre 2009 Le règlement Rome I prévoit des règles de conflits de lois spécifiques au contrat d'assurance, encadrant la liberté de choix dans certains cas. 71495

Il faut distinguer selon que le risque est situé dans ou hors de l'Union européenne (Règl. 593/2008 du 17-6-2008 art. 7). Pour l'assurance-vie, le pays où le risque est situé est celui de l'engagement, au sens de la réglementation européenne (Dir. 2002/83/CE du 5-11-2002 art. 1, 1-g). Il s'agit, pour une personne physique, de l'État de la résidence habituelle du preneur d'assurance. Si le **souscripteur réside dans l'Union européenne,** les parties peuvent choisir comme loi applicable au contrat soit la loi de la résidence habituelle du preneur, soit la loi de l'État membre dont le preneur est ressortissant (en sens contraire, E. Fongaro, L'anticipation successorale à l'épreuve du « règlement successions » : JDI 2014 p. 5, estimant que les parties ne peuvent choisir que la loi nationale du preneur s'il est ressortissant d'un État membre). À défaut de choix, le contrat est régi par la loi de la résidence habituelle du preneur (pays où le risque est situé) au moment de la conclusion du contrat.

Si le **souscripteur a sa résidence habituelle dans un État tiers,** les parties disposent d'une liberté totale pour choisir la loi applicable au contrat. À défaut de choix, la loi applicable sera la loi de la résidence habituelle de l'assureur, soit en tant que loi de la résidence habituelle du prestataire de services (Règl. 593/2008 du 17-6-2008 art. 4, 1-b) soit, si l'on ne considère pas l'assurance comme un contrat de prestation de services, en tant que résidence habituelle du pays du débiteur de la prestation caractéristique du contrat (Règl. 593/2008 du 17-6-2008 art. 4, 2 ; en ce sens, J. Morel-Maroger, Regard critique sur les règles de conflits de lois en matière d'assurance-vie : Mélanges en l'honneur du professeur Pierre Mayer, LGDJ 2015, p. 561 s.). Selon cet auteur, le preneur n'étant pas alors protégé par les règles spécifiques relatives à l'assurance du règlement Rome I devrait pouvoir bénéficier des règles de conflit protectrices du consommateur. Selon ces règles, un contrat conclu par une personne physique (le consommateur), pour un usage pouvant être considéré comme étranger à son activité professionnelle, avec une autre personne, agissant dans l'exercice de son activité professionnelle, est régi par la loi du pays où le consommateur a sa résidence habituelle, à condition que le professionnel exerce son activité professionnelle dans le pays dans lequel le consommateur a sa résidence habituelle, ou par tout moyen, dirige cette activité vers ce pays ou vers plusieurs pays, dont celui-ci, et que le contrat rentre dans le cadre de cette activité (Règl. 593/2008 du 17-6-2008 art. 6, 1). Les parties peuvent toutefois choisir la loi applicable mais ce choix ne peut avoir pour résultat de priver le consommateur de la protection que lui assurent les dispositions impératives internes (et non seulement les lois de police) de la loi de sa résidence habituelle (Règl. 593/2008 du 17-6-2008 art. 6, 2). 71500

Contrats conclus avant le 17 décembre 2009 La convention de Rome ne leur est pas applicable, sauf si le risque est situé (c'est-à-dire s'agissant d'une personne physique, la résidence habituelle du preneur) hors de l'Union européenne. Dès lors, la règle de conflit de lois diffère selon que la résidence habituelle du preneur est située dans un État membre ou non (J. Morel-Maroger, Regard critique sur les règles de conflits de lois en matière d'assurance-vie : Mélanges en l'honneur du professeur Pierre Mayer, LGDJ 2015, p. 561 s.). 71505

Si le **souscripteur a sa résidence habituelle dans un État membre,** la règle résulte de la directive 2002/83/CE du 5 novembre 2002 concernant l'assurance directe sur la vie (aujourd'hui abrogée, elle refondait les précédentes directives portant sur l'assurance-vie) et des articles L 183-1 et L 183-2 du Code des assurances (lesquels transposent les règles de conflits de lois de la directive 90/619/CEE du Conseil, du 8 novembre 1990, reprises par la directive de 2002). Le contrat d'assurance-vie d'un preneur personne physique ayant sa résidence principale (la directive vise la résidence habituelle) en France est régie par la loi française sauf s'il est ressortissant d'un autre État membre de l'Espace économique européen, auquel cas les parties peuvent choisir soit la loi française, soit la loi de l'État dont le souscripteur est ressortissant. La règle, formulée de manière unilatérale, peut être transposée si le preneur résidait dans un autre État membre (application de la loi de la résidence habituelle et option, si le preneur est ressortissant d'un autre État membre, entre la loi de celui-ci et celle de la résidence habituelle). L'article L 183-2 réserve l'application des lois de police française et de celles de l'État de la résidence habituelle du preneur.

71510 Si le **souscripteur réside hors de l'Union européenne,** la loi applicable était déterminée par les dispositions générales de la convention de Rome du 19 juin 1980 sur la loi applicable aux obligations contractuelles : soit la loi choisie par les parties ou à défaut de choix, la loi de la résidence habituelle du débiteur de la prestation caractéristique, soit la loi de la résidence habituelle de l'assureur (n°s 71415 s.).

RÔLE DE LA LOI SUCCESSORALE

71515 L'exclusion par le règlement Successions de l'assurance-vie est « sans préjudice » de l'application de la loi successorale au **rapport et** à la **réduction des libéralités** (Règl. 650/2012 du 4-7-2012 art. 1, 2-g). C'est dire que si, selon la loi successorale, le bénéfice d'un contrat d'assurance-vie constitue une libéralité soumise au rapport et/ou à la réduction pour atteinte à la réserve, la loi successorale s'appliquera.

Les dispositions des articles L 132-12 et L 132-13 du Code des assurances affirmant que le capital ou la rente résultant d'un contrat d'assurance-vie ne font pas partie de la succession de l'assuré et ne sont pas (ainsi que les primes versées par l'assuré sauf si elles sont manifestement excessives) soumises au rapport et à la réduction, ne s'appliqueront que si la **loi française est la loi successorale.** De même, si les primes versées par le souscripteur apparaissent manifestement exagérées, elles seront soumises à réduction pour atteinte à la réserve si la loi française régit la succession, nonobstant le fait que le **contrat d'assurance** est **soumis à une loi étrangère.** Il ne s'agit pas d'une application de l'article L 132-13, alinéa 2, à titre de loi de police mais d'une question de qualification. Cet article ne doit pas être considéré comme une disposition de nature contractuelle mais successorale (E. Fongaro, L'anticipation successorale à l'épreuve du « règlement successions » : JDI 2014 p. 5).

De façon symétrique, le fait que la **loi française** soit **applicable au contrat d'assurance-vie** est indifférent au regard des règles relatives au rapport et à la réduction ; seules comptent les dispositions de la loi successorale.

D. Transmission de la succession

1. OPTION SUCCESSORALE

a. Successions ouvertes depuis le 17 août 2015

LOI APPLICABLE AU FOND

71565 La **loi successorale** régit les conditions et les effets de l'acceptation de la succession ou du legs ou de la renonciation à ceux-ci (Règl. 650/2012 du 4-7-2012 art. 23, 2-e). Quoique le texte soit formulé d'une manière quelque peu restrictive, il ne fait pas de doute que la loi successorale a vocation à régir de manière générale l'option de l'héritier. La **possibilité même d'une option** (qui n'a de sens que dans un système de succession à la personne) relève bien entendu de la loi successorale.

Celle-ci déterminera également le **type d'option** pouvant être exercée (acceptation pure et simple ou à concurrence de l'actif net, renonciation).

Les **modalités de l'option** (délai d'exercice et prescription, caractère indivisible ou non, caractère révocable ou non) seront logiquement soumises à la loi successorale. L'existence d'une possibilité d'acceptation tacite, en fonction du comportement de l'héritier, tout comme celle d'une présomption d'acceptation ou de renonciation relèvent également de la loi applicable à la succession.

Enfin, la loi successorale déterminera les **effets de l'option.**

En revanche, la **capacité** de l'héritier ou du légataire à exercer une option est exclue du champ d'application du règlement Successions (n° 68045).

LOI APPLICABLE À LA FORME

Faculté de choix Le règlement prévoit une règle de conflit alternative. L'option sera valable quant à la forme si elle respecte les prescriptions de la **loi applicable à la succession** (y compris si celle-ci a été choisie par le de cujus) **ou** de la **loi de la résidence habituelle de l'optant** (Règl. 650/2012 du 4-7-2012 art. 28). Ainsi, une déclaration concernant la renonciation à la succession faite par un héritier devant une juridiction de l'État membre de sa résidence habituelle – comme le règlement le permet : n° 71600 – est considérée comme valable quant à la forme dès lors que les exigences de forme applicables devant cette juridiction ont été respectées, sans qu'il soit nécessaire, aux fins de cette validité, qu'elle remplisse les exigences de forme requises par la loi applicable à la succession (CJUE 2-6-2022 aff. 617/20 : BPAT 4/22 inf. 184). 71570

Le fait que l'optant fasse une déclaration par l'intermédiaire d'un représentant est indifférent : seule compte sa résidence habituelle, et non celle de son représentant (A. Bonomi et P. Wautelet : Le droit européen des successions. Commentaire du Règlement (UE) n° 650/2012 du 4 juillet 2012, Bruylant, 2e éd., 2016, p. 485).

Si la révocation de l'option est permise par la loi successorale, la forme de cette révocation devrait pouvoir être régie alternativement par la loi successorale ou par la loi de la résidence habituelle de l'optant.

L'exercice de cette faculté de choix est soumis implicitement à la **condition** que la loi de la résidence habituelle de l'optant connaisse l'existence d'une option successorale. Si elle ignore la possibilité même d'une option, ou le type d'option que l'héritier souhaite exercer, la règle de conflit alternative ne peut jouer et seule la loi successorale s'appliquera. À l'inverse, si la loi de la résidence habituelle ouvre une option à l'héritier (acceptation à concurrence de l'actif net par exemple) qui est ignorée par la loi successorale, l'héritier ne pourra pas se prévaloir de la loi de sa résidence habituelle, qui ne régit pas les questions de fond (A. Bonomi et P. Wautelet : Le droit européen des successions. Commentaire du Règlement (UE) n° 650/2012 du 4 juillet 2012, Bruylant, 2e éd., 2016, p. 483). 71575

Cette règle ne s'applique qu'aux **options faites après le décès** du de cujus (une renonciation à la succession faite avant celui-ci s'analyse en un pacte successoral et relève des règles de forme applicables à celui-ci). Bien entendu, cette possibilité ne concerne pas les cas d'option tacite ou de présomption d'acceptation (A. Bonomi et P. Wautelet : Le droit européen des successions. Commentaire du Règlement (UE) n° 650/2012 du 4 juillet 2012, Bruylant, 2e éd., 2016, p. 479-480). 71580

Que l'option successorale ait été faite en respectant les exigences formelles de la loi de la résidence habituelle de l'optant ou de la loi successorale, elle sera valable même si la **loi du lieu de situation du bien** prévoit des formalités plus contraignantes (déclaration devant un tribunal par exemple). La loi de situation du bien ne peut exiger aucune formalité additionnelle, sauf s'il s'agit de formalités relatives à la publicité dans un registre, telle que la publicité foncière, qui est hors du champ d'application du règlement (n° 68025). 71585

Domaine de la faculté de choix Le choix entre la loi de la résidence habituelle et la loi successorale n'est ouvert que pour les questions de forme ; la loi successorale régit exclusivement les questions de fond. Il faut donc distinguer ce qui relève de la forme de l'option et ce qui relève du fond. 71590

La **nature de l'autorité** devant laquelle doit être faite une telle déclaration est une question de forme. Si la loi successorale impose de faire une telle déclaration devant un tribunal alors que la loi de la résidence habituelle de l'optant permet de faire une telle déclaration devant un notaire, l'optant pourra se prévaloir de cette dernière possibilité (en ce sens, Règl. 650/2012 du 4-7-2012 considérant 32).

Le **délai** pour exercer l'option est en revanche une question de fond.

On peut s'interroger sur l'exigence d'un **inventaire** devant être remis avec la déclaration. Selon le préambule du règlement, « une personne qui souhaite limiter sa responsabilité à l'égard des dettes de la succession ne devrait pas avoir la possibilité de le faire par une simple déclaration à cet effet devant les juridictions ou d'autres autorités compétentes de l'État membre de sa résidence habituelle lorsque la loi applicable à la succession exige qu'elle engage une procédure judiciaire spécifique, par exemple une procédure d'inventaire, devant la juridiction compétente. Une déclaration faite dans de telles circonstances par une personne dans l'État membre de sa résidence habituelle, sous la forme prévue par le droit de cet État membre, ne devrait dès lors pas être valable en la forme aux fins du présent règlement » (Règl. 650/2012 du 4-7-2012 considérant 33). 71595

Si le principe même de l'exigence d'un inventaire est une question de fond dépendant de la seule loi successorale, il a été suggéré en doctrine que la forme de l'inventaire (établissement par acte authentique ou non, délai pour faire inventaire) pourrait relever quant à elle de la règle de conflit alternative (A. Bonomi et P. Wautelet : Le droit européen des successions. Commentaire du Règlement (UE) n° 650/2012 du 4 juillet 2012, Bruylant, 2e éd., 2016, p. 481-482).

71600 **Option de compétence** L'option quant à la loi applicable à la forme a vocation à se combiner avec l'option de compétence prévue pour faire une **déclaration relative à la succession** (n° 68785). Mais rien n'impose à l'optant de faire une déclaration devant les tribunaux de sa résidence habituelle ; il pourrait choisir de faire cette déclaration devant la juridiction compétente pour statuer sur la succession tout en se prévalant des règles de forme de la loi de sa résidence habituelle s'agissant de son option successorale (voir toutefois CJUE 2-6-2022 aff. 617/20 : BPAT 4/22 inf. 184, qui semble considérer que l'option de compétence et l'option en faveur de la loi de la résidence habituelle pour la forme vont de pair). Ce sera nécessairement le cas s'il réside dans un État tiers, l'option de compétence ne pouvant être exercée.

b. Successions ouvertes avant le 17 août 2015

COMPÉTENCE DE LA LOI SUCCESSORALE

71620 Pour les successions ouvertes avant l'entrée en application du règlement Successions, l'option de l'héritier dépend de la loi successorale, y compris s'agissant de la forme qu'elle doit revêtir, étant rappelé que l'héritier aura autant d'options qu'il existe de masses successorales distinctes.

EXEMPLE

Madame Dunand, de **nationalité suisse,** est **décédée à son domicile à Montreux (Suisse)** le 1er juillet 2015. Sa **succession** a été **répudiée** par ses trois enfants et son époux **en Suisse** compte tenu de la découverte d'un passif important excédant en tout état de cause la valeur des biens mobiliers et immobiliers laissés par la défunte en Suisse. Madame Dunand possédait, par ailleurs, une propriété immobilière en France.

Les héritiers ont-ils la faculté d'**accepter la succession française** ? Dans l'affirmative, les créanciers suisses pourront-ils se retourner contre les héritiers acceptant la succession en France ?

L'option successorale suit la loi successorale. La succession s'est ouverte avant le 17 août 2015 sous le régime français scissionniste. Il y a donc en l'espèce plusieurs options possibles. La loi suisse est applicable à toute la succession mobilière et aux immeubles en Suisse. La loi française est applicable à l'immeuble en France. Il était possible de renoncer à la succession en Suisse et d'exercer une autre option sur l'immeuble en France. Les héritiers pouvaient sur l'immeuble en France, soit accepter à concurrence de l'actif net, soit renoncer à la succession. Chaque masse doit la totalité de la dette et la succession forme une universalité à l'égard du passif. Les créanciers suisses pourront se retourner contre les héritiers qui accepteraient la succession en France.

2. TRANSMISSION DE L'ACTIF

SUCCESSIONS OUVERTES DEPUIS LE 17 AOÛT 2015

71650 La **loi successorale** régit le transfert des biens et des droits composant la succession aux héritiers et, selon le cas, aux légataires (Règl. 650/2012 du 4-7-2012 art. 23, 2-e). Elle détermine :
– si les héritiers sont directement saisis du patrimoine du défunt (la saisine immédiate du droit français ou du droit allemand) ;
– s'ils sont investis de la masse successorale après une procédure judiciaire de vérification (système du droit autrichien selon A. Bonomi et P. Wautelet : Le droit européen des successions. Commentaire du Règlement (UE) n° 650/2012 du 4 juillet 2012, Bruylant, 2e éd., 2016, p. 381) ;
– ou si l'administration de la succession est confiée par une juridiction à un tiers chargé de régler le passif de la succession avant de transmettre les biens aux héritiers (systèmes de Common law).

71655 **Envoi en possession** Ainsi, la **nécessité** d'un envoi en possession d'un héritier ou d'un légataire sera déterminée par la loi successorale. Si la loi de situation du bien impose un envoi en possession (pour les immeubles par exemple) alors que la loi successorale prévoit une saisine immédiate des héritiers, seule la loi successorale doit s'appliquer (A. Bonomi et P. Wautelet : Le droit européen des successions. Commentaire du Règlement (UE) n° 650/2012 du 4 juillet 2012, Bruylant, 2e éd., 2016, p. 382).

Nomination d'un administrateur judiciaire Si la loi successorale exige la nomination d'un administrateur judiciaire (cas de la procédure anglaise de « probate ») avant la transmission des biens aux héritiers, il faudra procéder à cette nomination alors même que le **tribunal saisi ignore ce type de procédure.** Ce sera notamment le cas pour un Anglais décédé en France, s'il avait choisi sa loi nationale pour régir sa succession. Il n'y aura aucune possibilité d'élection de for par les parties concernées (n° 68695) ou de renvoi par le tribunal français saisi aux juridictions anglaises (n° 68740) puisque le Royaume-Uni est un État tiers. Dans le cas inverse où la loi successorale ne prévoit pas de nomination d'un administrateur, voir n°s 71765 s. **71660**

Nature des biens et droits transmis Bien entendu, une fois le transfert du bien réalisé, la loi successorale n'a, à aucun titre, à s'appliquer à la nature du droit qu'ont les héritiers sur ce bien, cette question étant hors du **champ d'application du règlement Successions** (n° 68020). **71665**

Toutefois, il prévoit un **mécanisme d'adaptation des droits réels.** Lorsqu'une personne fait valoir un droit réel auquel elle peut prétendre en vertu de la loi successorale et que la loi de l'État membre dans lequel le droit est invoqué ignore le droit réel en question, ce droit est, si nécessaire et dans la mesure du possible, adapté au droit réel équivalent le plus proche en vertu de la loi de cet État en tenant compte des objectifs et des intérêts poursuivis par le droit réel en question et des effets qui y sont liés (Règl. 650/2012 du 4-7-2012 art. 31). Pour l'application de ce mécanisme au trust, voir A.-S. Galland et C. Deneuville, Les difficultés d'intégration du trust dans l'ordre juridique français : Defrénois 6-5-2021 n° 200r5 p. 20.

En revanche, lorsque la loi successorale prévoit que le légataire acquiert directement un droit de propriété sur l'objet du legs, elle doit s'appliquer nonobstant le fait que la loi du lieu de situation du bien prévoit que le légataire n'a qu'un droit personnel à l'encontre des héritiers (CJUE 12-10-2017 aff. 218/16, Aleksandra Kubicka). Il n'y a **pas lieu** non plus **de procéder à l'adaptation** du droit réel conféré par la loi successorale, dès lors que ce droit (en l'occurrence le droit de propriété) n'est pas inconnu de la loi du lieu de situation du bien (CJUE 12-10-2017, précitée).

Opposabilité aux tiers La loi successorale ne s'applique pas non plus aux **formalités de publicité** relatives au transfert du bien, cette question étant également exclue du champ d'application du règlement Successions (n° 68025). **71670**

De manière plus générale, l'**ensemble de la question** de l'opposabilité aux tiers ne relèverait pas de la loi successorale (A. Bonomi et P. Wautelet : Le droit européen des successions. Commentaire du Règlement (UE) n° 650/2012 du 4 juillet 2012, Bruylant, 2e éd., 2016, p. 384).

SUCCESSIONS OUVERTES AVANT LE 17 AOÛT 2015

Pour les successions ouvertes avant l'entrée en application du règlement Successions, la transmission de la possession des biens successoraux dépend de la **loi successorale,** en particulier quant à l'existence ou à l'absence de formalités à accomplir (saisine de plein droit, envoi en possession, délivrance des legs). **71675**

3. TRANSMISSION ET LIQUIDATION DU PASSIF

SUCCESSIONS OUVERTES DEPUIS LE 17 AOÛT 2015

Obligation à la dette La loi successorale régit la **responsabilité à l'égard des dettes** de la succession (Règl. 650/2012 du 4-7-2012 art. 23, 2-g). **71705**

Le **terme « responsabilité »** couvre ce que le droit français nomme obligation à la dette des héritiers, c'est-à-dire la mesure dont ils sont tenus du passif successoral et l'étendue du droit de poursuite des créanciers de la succession. Le droit de demander la division des poursuites (division des dettes) en cas de pluralité d'héritiers et légataires dépend également de la loi successorale.

Les **dettes visées** sont à la fois les dettes du de cujus mais également les dettes nées à l'occasion de la succession comme les frais funéraires ou les charges liées à la gestion du patrimoine du défunt (A. Bonomi et P. Wautelet : Le droit européen des successions. Commentaire du Règlement (UE) n° 650/2012 du 4 juillet 2012, Bruylant, 2e éd., 2016, p. 391). L'existence et le régime de ces dettes dépendent de leur loi propre (contractuelle, délictuelle ou alimentaire) ; leur transmissibilité aux héritiers également. En revanche, la loi successorale sera applicable aux obligations alimentaires qui naissent du décès (n° 68015).

71710 Toutefois, il est douteux que la loi successorale ait vocation à s'appliquer en cas de **conflit entre créanciers de la succession,** qu'ils soient chirographaires ou privilégiés (A. Bonomi et P. Wautelet, Le droit européen des successions. Commentaire du Règlement (UE) n° 650/2012 du 4 juillet 2012, Bruylant, 2e éd., 2016, p. 393). S'il s'agit de la revendication concurrente d'un même bien, la loi du lieu de situation du bien (en tant que loi réelle et loi applicable aux voies d'exécution) devrait s'appliquer. S'agissant de la question plus générale du rang entre les créanciers, le préambule du règlement indique que « l'apurement des dettes de la succession peut, en fonction notamment de la loi applicable à la succession, prévoir la prise en compte du rang spécifique des créanciers » (Règl. 650/2012 du 4-7-2012 considérant 42). La formulation est vague mais l'application de la loi successorale à la détermination du rang des créanciers de la succession devrait être exclue (en ce sens, quoique nuancés, A. Bonomi et P. Wautelet, précité, p. 393).

71715 En tout état de cause, le règlement réserve l'application du règlement CE 1346/2000 du 29 mai 2000 relatif aux **procédures d'insolvabilité,** aujourd'hui remplacé par le règlement UE 2015/848 du 20 mai 2015 (Règl. 650/2012 du 4-7-2012 art. 76).

71720 **Contribution à la dette** Le règlement ne vise pas expressément la contribution à la dette des héritiers mais il ne fait pas de doute que celle-ci relève de la loi successorale (U. Bergquist, D. Damascelli, R. Frimston, P. Lagarde, F. Odersky et B. Reinhartz : Commentaire du règlement européen sur les successions, Dalloz 2015, art. 23 n° 35 par P. Lagarde). Celle-ci déterminera la répartition finale de la charge de la dette entre les héritiers, leurs parts contributives respectives et l'existence éventuelle d'un recours subrogatoire pour les héritiers ayant payé davantage que leur part contributive.

SUCCESSIONS OUVERTES AVANT LE 17 AOÛT 2015

71725 C'est encore la loi successorale qui s'applique à la transmission du passif.

S'agissant de l'**obligation aux dettes,** elle pose un grand nombre de difficultés si plusieurs masses successorales sont présentes ; dans ce cas, il faut considérer que « chaque masse doit la totalité de la dette » (J.-Cl. Civil Code, App. art. 718 à 892 fasc. 10 par G. Droz et M. Revillard, n° 235).

71730 La **contribution aux dettes** est également soumise à la loi successorale. En cas de pluralité de lois successorales applicables, et donc de pluralité de masses, il paraît souhaitable de proportionner le passif à la valeur des biens de chaque masse (TI Papeete 7-3-1975 : Rev. crit. DIP 1976 p. 674 note B. Ancel). Cela ne pourra se faire qu'en appliquant une seule des lois successorales en présence à la question de la contribution à la dette, la loi du dernier domicile du défunt paraissant la plus appropriée.

4. ADMINISTRATION DE LA SUCCESSION

a. Successions ouvertes depuis le 17 août 2015

COMPÉTENCE DE LA LOI SUCCESSORALE

71760 Le règlement prévoit que les **pouvoirs des héritiers,** des **exécuteurs testamentaires et autres administrateurs** de la succession, notamment en ce qui concerne la vente des biens et le paiement des créanciers, sont régis par la loi successorale (Règl. 650/2012 du 4-7-2012 art. 23, 2-f).

Dans un système civiliste comme celui du droit français, où les héritiers sont immédiatement saisis du patrimoine du défunt, la question de l'administration de la succession se confond assez largement avec celui du **transfert de l'actif.** Le règlement prévoit qu'il appartiendra notamment à la loi successorale de décider si les héritiers ont le pouvoir de vendre des biens composant l'actif successoral (s'il s'agit par exemple de biens périssables).

La **possibilité de nommer un administrateur ou un mandataire** – mandat à effet posthume du droit français (C. civ. art. 812 s.) ou mandataire judiciaire (C. civ. art. 813-1 s.) – relève également de la loi successorale. S'agissant d'un mandataire conventionnel, celui-ci relèvera de la convention de La Haye du 14 mars 1978, sous réserve que la loi successorale permette aux héritiers de désigner un tel mandataire (voir n° 71805).

Les pouvoirs de l'exécuteur testamentaire sur les biens successoraux seront soumis à la loi successorale. De manière générale, l'ensemble du **régime de l'exécution testamentaire** devrait relever de la loi successorale.

RÔLE DE LA LOI DU TRIBUNAL SAISI

71765 Le règlement prévoit cependant un système complexe relatif à l'administration de la succession lorsque le **juge compétent en vertu du règlement n'applique pas sa propre loi**

(Règl. 650/2012 du 4-7-2012 art. 29). Cela sera notamment le cas lorsque le défunt a choisi sa loi nationale pour régir la succession tandis que le tribunal de sa résidence habituelle est compétent. La situation pourra également se présenter lorsque la compétence du juge est fondée sur la présence de biens du défunt sur son territoire alors que celui-ci avait sa résidence habituelle dans un État tiers.

Ce système a été conçu pour tenir compte des exigences des **pays de Common Law** qui connaissent une **procédure d'administration de la succession** sous le contrôle d'un tribunal. Il ne présente pas d'intérêt si un juge français est saisi de la succession. De manière générale, l'Irlande ne participant pas au règlement, l'intérêt de ces dispositions est limité (elles pourraient semble-t-il être appliquées en vertu du droit successoral autrichien ou chypriote).

Nomination d'un ou de plusieurs administrateurs Le **juge compétent** peut alors nommer un ou plusieurs administrateurs de la succession en vertu de sa propre loi si selon celle-ci la nomination d'un administrateur est obligatoire (ou obligatoire sur demande). Les administrateurs nommés doivent cependant être des personnes habilitées à exécuter le testament du défunt et/ou à administrer sa succession au titre de la loi successorale. Si la loi successorale ne prévoit pas que la succession puisse être administrée par d'autres personnes que les bénéficiaires de la succession (**héritiers ou légataires**), ces derniers **devront être nommés administrateurs** (Règl. 650/2012 du 4-7-2012 considérant 43). Le juge pourra néanmoins nommer un **administrateur tiers** conformément à sa propre loi si celle-ci l'exige et s'il existe un grave conflit d'intérêts entre les bénéficiaires ou entre les bénéficiaires et les créanciers ou d'autres personnes ayant garanti les dettes du défunt. Même chose en cas de désaccord entre les bénéficiaires sur l'administration de la succession ou si la succession est difficile à administrer en raison de la nature des biens. 71770

Les **pouvoirs des administrateurs** ainsi nommés varient selon que la loi successorale est la loi d'un État membre ou la loi d'un État tiers. En principe, ils doivent exercer leurs pouvoirs d'administration conformément à la loi successorale. Lorsque **la loi successorale est la loi d'un État membre,** le tribunal saisi, s'il estime que la loi successorale ne prévoit pas de pouvoirs suffisants pour préserver les biens successoraux ou pour protéger tant les droits des créanciers que ceux d'autres personnes ayant garanti les dettes du défunt, peut décider de permettre aux administrateurs d'exercer, sur une base résiduelle, les pouvoirs prévus à cet effet dans sa propre loi. Ces pouvoirs résiduels pourraient consister, par exemple, à établir la liste de l'actif et du passif de la succession, à informer les créanciers de l'ouverture de la succession et à les inviter à faire connaître leurs créances, ainsi qu'à prendre toutes les mesures provisoires ou conservatoires visant à préserver les biens successoraux (Règl. 650/2012 du 4-7-2012 considérant 44). Néanmoins, les administrateurs doivent respecter la loi successorale en ce qui concerne le transfert de la propriété des biens successoraux, la responsabilité à l'égard des dettes de la succession, les droits des bénéficiaires, y compris le droit d'accepter ou de renoncer à la succession, ainsi que, le cas échéant, les pouvoirs de l'exécuteur testamentaire de la succession. 71775

Lorsque la **loi successorale est la loi d'un État tiers,** le tribunal saisi peut confier aux administrateurs la totalité des pouvoirs d'administration prévus par sa propre loi. Toutefois, dans l'exercice de ces pouvoirs, les administrateurs doivent respecter la vocation successorale des bénéficiaires et la détermination de leurs droits successoraux, y compris leurs droits à une réserve héréditaire ou leurs droits à l'égard de la succession ou des héritiers en vertu de la loi applicable à la succession.

INDIVISION SUCCESSORALE

Le règlement est silencieux sur la question de l'administration de l'indivision successorale qui naîtrait, selon la loi successorale, de la succession. La difficulté est d'**articuler la loi successorale avec la loi de l'indivision** (loi du lieu de situation des biens) et de savoir s'il convient de réserver un rôle à cette dernière, à l'instar de ce qui prévaut pour les successions ouvertes avant le 17 août 2015. 71780

Il semble que l'**application de la loi successorale à l'indivision** doive se déduire du fait que cette loi régit de manière générale les pouvoirs des héritiers sur les biens de la succession (A. Bonomi et P. Wautelet : Le droit européen des successions. Commentaire du Règlement (UE) n° 650/2012 du 4 juillet 2012, Bruylant, 2e éd., 2016, p. 388-389). Selon ces auteurs, la loi successorale s'appliquerait ainsi à la subrogation réelle ainsi qu'à la question de savoir si un héritier peut disposer de ses droits dans la succession (cession de sa part indivise).

La **loi du lieu de situation des biens** a-t-elle vocation à intervenir pour la protection des tiers ? Il nous semble que oui, dans la mesure où cette question ne relève pas du règlement (voir cependant, posant la question sans conclure, A. Bonomi et P. Wautelet, précité, p. 389).

b. Successions ouvertes avant le 17 août 2015

COMPÉTENCE DE LA LOI SUCCESSORALE

71800 L'**ensemble des questions** relatives à l'administration de la succession doit être soumis à la loi successorale.

Cela est susceptible de créer des difficultés lorsque est en cause l'effet en France de la **loi successorale d'un pays de Common Law** (et réciproquement). En effet, les systèmes de Common Law ne connaissent que l'administration de la succession sous le contrôle d'un tribunal tandis que pour le droit français, les héritiers sont en principe saisis de plein droit de la possession des biens du défunt (M. Revillard, Droit international privé et européen : pratique notariale, Defrénois, 9e éd., 2018, nº 1044). Rien ne s'oppose cependant à reconnaître les pouvoirs de l'administrateur ou du trustee désigné par application de la loi successorale pour administrer les biens de la succession situés en France (Cass. 1e civ. 3-11-1983 : Rev. crit. DIP 1984 p. 336 note M. Revillard).

71805 La possibilité de désigner un **mandataire à effet posthume** (C. civ. art. 812 s.) devrait également être soumise à la loi successorale. S'agissant en revanche de la désignation d'un **mandataire conventionnel** par les héritiers afin d'administrer la succession (C. civ. art. 813), cette convention ne diffère pas réellement d'un mandat de droit commun : la loi applicable sera déterminée par la convention de La Haye du 14 mars 1978 sur la loi applicable aux contrats d'intermédiaires et à la représentation. Cependant, la possibilité même de désigner un mandataire dépend des pouvoirs des héritiers sur les biens de la succession et devrait rester soumise à la loi successorale. Par exemple, en droit français, le mandataire est obligatoirement désigné par le juge et non par les héritiers lorsque l'un d'eux a accepté la succession à concurrence de l'actif net (nº 42745).

Enfin, la possibilité de désigner un **mandataire judiciaire** doit également être soumise à la loi successorale. Dès lors, les dispositions du droit français régissant un tel mandat (C. civ. art. 813-1 s.) ne pourront être invoquées que si la loi française est applicable à la succession ou en cas d'urgence.

71810 Dans tous les cas, les pouvoirs d'administration des biens (héritier, légataire, mandataire) s'exercent sous réserve du respect des **mesures de publicité** exigées par la loi du lieu de situation des biens.

INDIVISION SUCCESSORALE

71815 Les biens de la succession constituant, avant de procéder au partage proprement dit, une indivision, la loi du lieu de situation des biens, qui régit l'indivision, a vocation à intervenir. La loi successorale n'est cependant pas évincée par celle-ci et la question de l'articulation avec la loi réelle est très débattue en doctrine (Rép. droit international Dalloz, v. Successions par P. Lagarde, nos 240 s.). La loi du lieu de situation des biens indique quels sont les **biens** qui sont **soumis au régime de l'indivision.** La loi successorale définit en revanche les **biens qui entrent dans la masse à partager,** même si, en vertu de la loi locale, ils échappent à l'indivision. C'est notamment la loi réelle qui déterminera si l'indivision englobe les biens subrogés aux biens indivis, mais ce sera à la loi successorale de préciser si le bien acquis à la place du bien indivis aliéné doit être compris dans la masse à laquelle appartenait ce bien, même si la loi réelle n'admet pas la subrogation réelle (Rép. droit international Dalloz, v. Successions par P. Lagarde nº 248).

71820 S'agissant de l'**administration de l'indivision,** elle devrait être soumise à la loi locale (P. Mayer et V. Heuzé, Droit international privé, Montchrestien 2014, nº 866). La **durée de l'indivision** est soumise à la loi réelle et non à la loi successorale (Cass. 1e civ. 22-10-1985 nº 84-11.468 : Bull. civ. I nº 267, JDI 1986 p. 1005 note G. Wiederkehr).

La **prescription acquisitive** d'un bien composant la masse successorale est soumise à la loi réelle (Cass. 1e civ. 25-5-2016 nº 15-16.935 FS-PB : RTD civ. 2016 p. 672 obs. M. Grimaldi) que ce soit par l'effet d'une possession commencée avant ou après le décès du de cujus (M. Grimaldi, précité). La solution serait la même si la prescription avait été acquise avant l'ouverture de la succession, auquel cas le bien n'aurait en réalité jamais fait partie de la masse successorale.

5. PARTAGE

SUCCESSIONS OUVERTES DEPUIS LE 17 AOÛT 2015

La loi successorale régit le partage successoral (Règl. 650/2012 du 4-7-2012 art. 23, 2-j). Celle-ci régira ainsi la **forme du partage** (amiable ou judiciaire). Elle fixera les modalités de **composition et** d'**attribution des lots.** 71850

L'**effet déclaratif ou translatif** du partage est également soumis à la loi successorale. Si le partage possède un effet déclaratif, le sort des actes accomplis pendant la durée de l'indivision successorale devrait également être soumis à la loi successorale (A. Bonomi et P. Wautelet : Le droit européen des successions. Commentaire du Règlement (UE) n° 650/2012 du 4 juillet 2012, Bruylant, 2e éd., 2016, p. 402).

EXEMPLE

Les **formalités de publicité** du partage ne relèvent pas du règlement Successions (n° 68025). Elles sont soumises à la loi du lieu de situation du bien (n° 71380).

À la suite du décès le 1er juillet 2023 de M. Mermet, de nationalité française, ayant sa résidence habituelle à Toulouse, Me X. a procédé au partage de la succession. M. Mermet était veuf et laisse deux enfants majeurs : Jean-Marc et Monique. Il est attribué lors du partage un appartement à Toulouse à Jean-Marc et une villa à San Sebastian (Espagne) à Monique. Comment assurer la publicité du partage en Espagne ?

Lorsqu'un partage comprend des **biens en France et à l'étranger,** si le partage global peut être effectué en France, le notaire français est incompétent pour réaliser les formalités de publicité foncière relatives aux immeubles situés à l'étranger et il doit adresser une expédition de l'acte de partage à un confrère étranger qui assurera les formalités de publicité foncière au lieu de situation des immeubles. En l'espèce, une expédition de l'acte de partage soumise à la formalité de légalisation sous la forme de l'apostille sera transmise, avec sa traduction, au notaire espagnol du lieu de situation de l'immeuble qui effectuera les formalités de publicité. En France, le droit de partage de 2,50 % est dû sur l'actif cumulé des biens en France et en Espagne.

S'agissant de la **capacité du mineur copartageant,** les solutions dégagées par la jurisprudence française antérieurement à l'entrée en vigueur du règlement devraient continuer à s'appliquer (n° 71855). 71852

La compétence, s'agissant de l'autorisation à donner relativement à un mineur copartageant doit normalement relever du règlement Bruxelles II ter. Cependant, celui-ci prévoit que lorsque la validité d'un acte juridique réalisé ou à réaliser au nom de l'enfant dans une procédure en matière de succession ouverte devant une juridiction d'un État membre exige l'autorisation ou l'approbation d'une juridiction, la juridiction compétente en vertu du règlement Successions peut, même si elle n'est pas compétente au regard du règlement Bruxelles II ter, décider d'autoriser ou d'approuver une telle opération au nom de l'enfant (Règl. 2019/1111 du 25-6-2019 art. 16).

SUCCESSIONS OUVERTES AVANT LE 17 AOÛT 2015

En application du droit international privé commun, la loi applicable au partage est en principe la loi successorale. Elle s'applique : 71855

- au **partage lui-même** (en nature ou en valeur) ;
- aux **garanties** du partage (garantie d'éviction) ;
- et à sa **remise en cause** éventuelle (nullité, action en complément de part).

La question de l'**attribution préférentielle** devrait être, elle aussi, soumise à la loi successorale (J.-Cl. Civil Code, App. art. 893 à 1100 fasc. 30 par G. Droz et M. Revillard, n° 31). S'agissant d'une succession comprenant un immeuble situé en France, la jurisprudence qualifie les règles relatives à l'attribution préférentielle de lois de police (Cass. 1e civ. 10-10-2012 n° 11-18.345 FS-PBI : RJDA 3/13 n° 282). La justification de la solution par la « destination économique et sociale » des règles relatives à l'attribution préférentielle devrait conduire à adopter la même solution au cas où celle-ci porte sur des meubles et non des immeubles.

La forme du partage dépend de la loi du lieu de situation du bien, qui décidera si le partage peut être **amiable ou non** (Cass. 1e civ. 19-11-2008 n° 05-16.203 F-PB : Rev. crit. DIP 2009 p. 295 note B. Ancel).

La **capacité du mineur copartageant** est soumise à sa loi nationale (Cass. civ. 13-4-1932, Château de Chambord : Rev. crit. DIP 1932 p. 549 concl. Matter) ou à la loi de sa résidence habituelle si la convention de la Haye du 19 octobre 1996 est applicable (voir toutefois en faveur de l'application de la loi successorale, sauf pour désigner le représentant du mineur, M.-L. de Tejada, La protection de l'enfant mineur à l'occasion du règlement d'une succession : loi applicable et tribunal compétent : JCP N 2020 nº 1208). La loi ainsi désignée indiquera notamment si le partage doit être judiciaire ou si l'on peut procéder à un partage amiable.

71860 **Effets du partage** La question de la loi applicable aux effets du partage, en particulier l'**effet déclaratif,** est discutée. Pour certains auteurs, ils devraient être soumis à la loi successorale (J.-Cl. Civil Code, App. art. 893 à 1100 fasc. 30 par G. Droz et M. Revillard, nº 54) ; pour d'autres, il faut cumuler l'application des lois successorale et du lieu de situation des biens (P. Mayer et V. Heuzé : Droit international privé, Montchrestien 2010, nº 828 ; B. Audit : Droit international privé, Economica 2008, nº 913).

71865 **Publicité du partage** La publicité éventuelle du partage doit être établie conformément à la **loi du lieu de situation des biens,** en se cumulant le cas échéant avec la **publicité prévue au lieu d'ouverture de la succession** (P. Mayer et V. Heuzé : Droit international privé, Montchrestien 2010, nº 828 ; B. Audit : Droit international privé, Economica 2008, nº 913).

Lorsqu'un **acte de partage reçu par un notaire étranger** portait sur un **immeuble situé en France,** il était d'usage, en application de l'article 4, alinéa 3 du décret 55-22 du 4 janvier 1955, de publier l'acte en France après l'avoir déposé au rang des minutes d'un notaire français (voir M. Revillard, Droit international privé et européen : pratique notariale, Defrénois, 8e éd., 2014, nº 992). Mais en introduisant l'article 710-1 du Code civil, aux termes duquel « tout acte ou droit doit, pour donner lieu aux formalités de **publicité foncière,** résulter d'un acte reçu en la forme authentique par un notaire exerçant en France », la loi du 28 mars 2011 de modernisation des professions judiciaires ou juridiques et certaines professions réglementées n'a-t-elle pas remis en cause cette solution (Loi 2011-331 du 28-3-2011 art. 9) ? La question est d'autant plus pressante que ce même article 710-1 interdit désormais de publier l'acte sous signatures privées déposé au rang des minutes d'un notaire, même avec reconnaissance d'écriture et de signatures. L'acte public étranger n'étant pas un acte sous signature privée, il semble possible pour certains auteurs, comme cela était le cas auparavant, de déposer une copie authentique d'un tel acte au rang des minutes d'un notaire français aux fins de publicité foncière (R. Crône, Réforme des professions juridiques : mesures intéressant plus particulièrement le notariat : BPAT 3/11 inf. 172 nº 9). Mais pour d'autres, cette pratique ne doit plus être admise. La solution consiste alors à établir un acte notarié français réitérant le consentement des parties pour les seuls droits portant sur l'immeuble situé en France (M. Suquet-Cozic, La condition d'authenticité entre au Code civil : Sol. Not. 4/11 inf. 112 nº 25 ; G. Khairallah et J.-F. Gojon, La force probante internationale de l'acte notarié : JCP N 2013 nº 1017 ; Bull. AMC 2010/2011 art. 1956 nº 24). Toutefois, les actes authentiques étrangers, en particulier européens, bénéficiant d'une reconnaissance en France en vertu de traités internationaux ou de règlements européens doivent pouvoir être publiés comme des actes français (Bull. AMC 2010/2011 art. 1956 nº 24).

Sur cette question, voir également l'exemple donné nº 71850.

CHAPITRE 5

CERTIFICAT SUCCESSORAL EUROPÉEN

SOMMAIRE

OBJET DU CERTIFICAT

Le certificat successoral européen doit permettre aux **héritiers et légataires** de prouver dans un autre État membre leur qualité et la quote-part qui leur revient dans la succession ainsi que l'attribution à leur profit d'un ou plusieurs biens déterminés faisant partie de la succession. 72400

Il doit également permettre aux **exécuteurs testamentaires ou administrateurs** de prouver leurs pouvoirs dans un autre État membre (Règl. 650/2012 du 4-7-2012 art. 63).

C'est une sorte de « super acte de notoriété » (R. Crône, Le certificat successoral européen, « super acte de notoriété » des successions transfrontalières : Sol. Not. 10/12 inf. 265).

Le certificat ne peut être délivré qu'en vue d'être utilisé dans un **autre État membre.** En revanche, dès lors qu'un certificat a été demandé, il produit l'intégralité de ses effets, y compris dans l'État membre de l'autorité qui l'a délivré (Règl. 650/2012 du 4-7-2012 art. 62).

CARACTÈRE FACULTATIF DU CERTIFICAT

Le règlement prévoit la possibilité de délivrer un certificat successoral européen. Il s'agit d'une faculté offerte aux parties : le recours au certificat n'est donc pas obligatoire. Les parties pourront donc recourir aux **documents existant en droit interne** utilisés à des fins similaires (acte de notoriété en France). 72405

Lorsque ces documents sont délivrés par un notaire tel que le notaire français, celui-ci n'a pas à appliquer les règles de compétence prévues par le règlement pour les juridictions (CJUE 23-5-2019 aff. 658/17, WB : BPAT 4/19 inf. 138, à propos d'un notaire polonais ; CJUE 16-7-2020 aff. 80/19 : BPAT 5/20 inf. 152, à propos d'un notaire lituanien). Les parties peuvent donc s'adresser au notaire de leur choix. Si ces documents sont des actes authentiques, ils pourront à ce titre être « acceptés » et exécutés dans les autres États membres (même décision) ; sur cette question, voir n°s 73050 s.

Toutefois, lorsque le droit national prévoit que le certificat successoral national est délivré par une juridiction, celle-ci ne peut se reconnaître compétente que selon les critères posés par le règlement. Ainsi, si le défunt avait, au moment de son décès, sa résidence habituelle dans un autre État membre, les juridictions d'un État membre ne peuvent se reconnaître compétentes pour la délivrance des certificats successoraux nationaux, dans le cadre d'une succession ayant une incidence transfrontalière, en se fondant sur la présence de biens successoraux sur le territoire de cet État membre ou sur le fait que le défunt possédait la nationalité de celui-ci (CJUE 21-6-2018 aff. 20/17, Oberlé : BPAT 4/18 inf. 158).

COMPÉTENCE POUR DÉLIVRER LE CERTIFICAT

Principe Le certificat est délivré par les autorités de l'État membre dont les juridictions sont compétentes pour régler la succession, à l'exception de la compétence reposant sur la comparution volontaire (n° 68710). Le **droit interne de chaque État membre** détermine si l'autorité délivrant le certificat est une juridiction ou une autre autorité compétente en matière de succession, tel un notaire (Règl. 650/2012 du 4-7-2012 art. 64 et considérant 70). 72410

En France, l'autorité exclusivement compétente pour délivrer le certificat est le notaire (CPC art. 1381-1). Il en va de même, notamment, en Autriche, Italie, Luxembourg, à Malte, aux Pays-Bas et en Roumanie (parfois à titre non exclusif). En Allemagne, le certificat est délivré par une juridiction. La liste complète des autorités habilitées par les États membres à délivrer des certificats est disponible sur le site Internet suivant : e-justice.europa.eu/content_succession-380-fr.do?clang=fr.

S'agissant de la **France,** les textes ne précisent pas quel notaire est territorialement compétent pour délivrer un certificat successoral ; cette détermination devra se faire par application du règlement intercours (CSN : Guide pratique, Le certificat successoral européen, p. 13).

72415 La compétence d'une autorité pour délivrer un certificat dépend de la compétence des juridictions de l'État membre auquel elle se rattache pour statuer sur la succession. Ainsi, un notaire français ne sera compétent pour délivrer un certificat que si les juridictions françaises sont compétentes en vertu du règlement pour trancher d'éventuels litiges successoraux, ce qui sera notamment le cas si le défunt avait sa résidence habituelle en France (n° 68660). Cela ne signifie pas pour autant que l'**autorité habilitée à délivrer le certificat,** et en particulier le notaire français, doive être **assimilée à une juridiction.** La lettre de l'article 64 combinée avec la définition de « juridiction » (Règl. 650/2012 du 4-7-2012 art. 3, 2) et éclairée par le considérant 20 ne laisse aucun doute sur le fait que les États membres peuvent désigner une autorité compétente pour régler les successions qui n'est pas une juridiction ni n'agit par délégation de l'autorité judiciaire (et ne présente pas les mêmes garanties d'impartialité). Certains auteurs estiment cependant que le notaire devrait être soumis à des règles d'incompatibilité dans la délivrance du certificat s'il a déjà été consulté par le défunt ou un membre de sa famille avant le décès : par exemple, si le notaire s'était chargé de la planification successorale du de cujus, il s'est déjà prononcé sur certains éléments comme la localisation de sa résidence habituelle et il risque de ne pas être objectif lorsqu'il devra à nouveau trancher cette question pour la délivrance du certificat (en ce sens, A. Bonomi et P. Wautelet : Le droit européen des successions. Commentaire du Règlement n° 650/2012 du 4-7-2012, Bruylant 2e éd. 2016, p. 803).

72420 **Difficultés pratiques** Certains critères de compétence visés par le règlement risquent d'être difficiles, voire impossibles, à mettre en œuvre pour un notaire. En cas d'**élection de for** par les héritiers (en présence d'un choix de loi par le de cujus), cela signifie que le notaire devra, pour les questions relatives au certificat qu'il est amené à délivrer, vérifier que l'ensemble des parties concernées l'a saisi ou a expressément accepté sa compétence ; on peut supposer que les parties concernées qui ne l'ont pas formellement saisi devront lui confirmer par courrier qu'elles acceptent sa compétence pour délivrer le certificat.

En outre, une autorité d'un État membre (juridictionnelle ou non), pourrait **se dessaisir au profit d'un notaire français** : il faudrait ainsi imaginer que les héritiers ou certains d'entre eux ont saisi un notaire néerlandais mais que le de cujus avait choisi la loi française. Postérieurement à la saisine du notaire néerlandais, un des héritiers l'avise qu'il lui semble qu'un notaire français serait mieux placé pour régler la succession en raison de la présence d'un important patrimoine immobilier en France, ce que le notaire néerlandais accepte. Un notaire français pourrait ensuite se reconnaître compétent.

Si le notaire est saisi d'une **succession comportant des biens dans un État tiers,** peut-il, si un héritier le demande, délivrer un certificat partiel ne couvrant pas ces biens s'il pense que celui-ci ne sera pas reconnu dans l'État tiers concerné ? Cette faculté ouverte aux juridictions ne semble pas permise par la lettre du règlement (l'article 64 ne renvoie pas à l'article 12) mais elle serait opportune et une partie de la doctrine estime que le notaire peut s'en prévaloir (A. Bonomi et P. Wautelet : Le droit européen des successions. Commentaire du Règlement n° 650/2012 du 4-7-2012, Bruylant 2e éd. 2016, p. 807, qui visent seulement le cas où la compétence du notaire est fondée sur la présence de biens sur le territoire d'un État membre).

72425 S'agissant du régime de la compétence, le **notaire doit-il vérifier** d'office **sa compétence,** à l'instar des juridictions saisies en vertu du règlement (voir n° 68825) ? N'étant pas une juridiction, la lettre du règlement ne l'impose pas (aucun renvoi n'est fait à l'article 15). Néanmoins, il semble logique de considérer que le notaire doive le faire au regard de l'article 64 du règlement (A. Bonomi et P. Wautelet : Le droit européen des successions. Commentaire du Règlement n° 650/2012 du 4-7-2012, Bruylant 2e éd. 2016, p. 809-810). Il s'agit pour les notaires d'une obligation nouvelle, à rebours du principe de compétence territoriale illimitée qui leur est propre (n° 68605), ce qui risque de les placer dans des situations parfois délicates. Certains auteurs estiment par ailleurs que l'ensemble des règles relatives au régime de la compétence des juridictions prévues par le règlement (articles 14 à 18) sont applicables au notaire (E. Jacoby,

Le notaire français et la preuve de la qualité d'héritier en Europe, règles de compétence et de procédure : AJ fam. 2015 p. 381 ; plus nuancés, A. Bonomi et P. Wautelet, précité, excluant l'obligation de vérifier la recevabilité de la demande et les règles relatives à la détermination de la date de la saisine). Il nous semble au contraire inopportun de soumettre le notaire, en tant qu'autorité délivrant le certificat successoral, aux autres règles relatives au régime de la compétence, et ce d'autant que la lettre du texte ne l'impose pas. En particulier, il nous paraît impossible en pratique de soumettre le notaire aux règles relatives à la litispendance et à la connexité étudiées n°s 68790 s. (en sens contraire, A. Bonomi et P. Wautelet, précité, qui admettent pourtant que les règles relatives à la détermination de la date de la saisine d'une juridiction sont inapplicables ; or celles-ci servent quasi exclusivement à régler les cas de litispendance).

À supposer que **deux notaires** (ou un notaire et une juridiction, dans les pays où le certificat est délivré par une juridiction) soient **saisis concurremment dans deux États membres différents,** et qu'ils délivrent chacun un certificat successoral, il faudra exercer les recours à l'encontre de ceux-ci devant les juridictions compétentes pour contester la compétence de l'un des deux notaires. Dans l'attente d'un tel recours, ou si celui-ci n'était pas exercé, le règlement ne prévoit aucune règle pour trancher en présence de deux certificats successoraux concurrents (Rép. Droit international Dalloz, voir Règlement n° 650/2012 sur les successions par P. Lagarde n° 230).

DÉLIVRANCE DU CERTIFICAT

S'agissant de la **demande de certificat,** le règlement établit une liste des informations à fournir, les éléments à vérifier par l'autorité qui le délivre et les cas dans lesquels elle ne doit pas délivrer de certificat, en particulier si les éléments à certifier sont contestés ou si le certificat s'avère ne pas être conforme à une décision portant sur les mêmes éléments (Règl. 650/2012 du 4-7-2012 art. 65 à 67). En pratique, la demande peut être effectuée au moyen d'un formulaire type (Règl. 1329/2014 du 9-12-2014 ann. 4, formulaire IV), dont l'utilisation est facultative (CJUE 17-1-2019 aff. 102/18 : BPAT 2/19 inf. 50). **72430**

Le règlement fixe également le **contenu du certificat** (Règl. 650/2012 du 4-7-2012 art. 68). Un formulaire type a été mis au point (Règl. 1329/2014 du 9-12-2014 ann. 5, formulaire V).

L'autorité qui établit le certificat doit en conserver l'**original** et ne délivrer que des **copies** certifiées conformes au demandeur et à toute personne justifiant d'un intérêt légitime. Le notaire remettra une copie contre émargement ou récépissé ou la notifiera par lettre recommandée avec demande d'avis de réception (CPC art. 1381-2, al. 1). Ces copies ont une durée de validité de six mois (sauf exception), laquelle doit figurer sous la forme d'une date d'expiration (Règl. 650/2012 du 4-7-2012 art. 70). Si un notaire délivre une copie portant la mention « durée illimitée », celle-ci sera réputée valable pour une durée de six mois à partir de la date de sa délivrance (CJUE 1-7-2021 aff. 301/20 : BPAT 5/21 inf. 208). Lorsqu'une copie certifiée conforme est présentée à un tribunal, sa validité s'apprécie à la date à laquelle la copie est présentée et non au jour où le tribunal rend sa décision (même arrêt).

Une fois cette date expirée, le détenteur de la copie devra en demander la prorogation ou solliciter la délivrance d'une nouvelle copie à l'autorité émettrice. En outre, cette dernière doit tenir une liste des personnes qui se sont vu délivrer des copies certifiées conformes.

CONSEIL

Il est recommandé aux **notaires français** qui établissent un certificat de tenir un registre nominatif des copies délivrées et d'enregistrer chaque certificat auprès de l'ADSN (Guide pratique CSN : Le certificat successoral européen, p. 8 s.), étant précisé que le registre tenu par l'ADSN est interconnecté avec le réseau européen des registres testamentaires (RERT) (Rapport du 115e congrès des notaires de France : L'international, Bruxelles 2019, n° 1678). Le formulaire type prévoyant que le certificat doit être numéroté, les notaires sont invités à adopter la numérotation suivante : numéro CRPCEN de l'étude / année / numéro de délivrance du CSE (Guide pratique CSN, précité). Enfin, il paraît de bonne pratique de déposer le certificat au rang des minutes afin d'en assurer la conservation et de le retrouver par la suite plus rapidement (R. Crône et L. Perreau-Saussine, Certificat successoral européen : questions d'actualité : JCP N 2018 n° 1359 § 25).

En cas de **refus** de délivrer le certificat, le notaire doit informer le demandeur de sa décision, en indiquant les motifs et les voies de recours, par lettre recommandée avec demande d'avis de réception (CPC art. 1381-3, al. 1 et 3). **72435**

Toute personne habilitée à présenter une demande de certificat peut exercer un **recours** devant les juridictions de l'État membre dont relève l'autorité émettrice en cas de refus de délivrance. Le recours sera porté, s'agissant d'un refus de délivrance par un notaire français, devant le président du tribunal judiciaire dans le ressort duquel est situé son office, dans un délai de 15 jours à compter de la réception de la décision de refus de délivrance (CPC art. 1381-4, al. 1).

Si le recours est fondé, la juridiction procède à la délivrance ou veille à ce que l'autorité émettrice réexamine le dossier et prenne une nouvelle décision (Règl. 650/2012 du 4-7-2012 art. 72 ; CPC art. 1381-4, al. 4).

RECTIFICATION, MODIFICATION OU RETRAIT DU CERTIFICAT

72440 À la demande de toute personne justifiant d'un intérêt légitime ou d'office, l'autorité émettrice rectifie le certificat **en cas d'erreur matérielle** (Règl. 650/2012 du 4-7-2012 art. 71, 1). Il pourrait s'agir, par exemple, d'une erreur dans l'orthographe des noms ou les dates de naissance des personnes mentionnées dans le certificat (U. Bergquist, D. Damascelli, R. Frimston, P. Lagarde, F. Odersky et B. Reinhartz : Commentaire du règlement européen sur les successions, Dalloz, 2015, p. 261).

À la demande de toute personne justifiant d'un intérêt légitime ou, lorsque le droit national le permet, d'office, l'autorité émettrice modifie le certificat ou procède à son retrait lorsqu'il a été établi que le **certificat ou certains de ses éléments ne correspondent pas à la réalité** (Règl. 650/2012 du 4-7-2012 art. 71, 2). Cette disposition concernerait des hypothèses plus graves, telle l'omission d'un héritier dans le certificat alors qu'il a qualité pour hériter d'après la loi applicable (U. Bergquist, D. Damascelli, R. Frimston, P. Lagarde, F. Odersky et B. Reinhartz, précité).

L'autorité émettrice doit alors en informer sans délai toutes les **personnes qui se sont vu délivrer des copies** certifiées conformes du certificat (Règl. 650/2012 du 4-7-2012 art. 71, 3).

Elle peut par ailleurs, dans l'attente de la modification ou du retrait du certificat, en **suspendre les effets** à la demande de toute personne justifiant d'un intérêt légitime. Dans ce cas, elle cesse d'en délivrer de nouvelles copies et devra en informer sans délai les détenteurs (Règl. 650/2012 du 4-7-2012 art. 73, 1-a et 2). La décision de suspension peut elle-même faire l'objet d'un recours (n° 72445).

> **Précisions** En cas de rectification d'erreur matérielle ou de modification d'un certificat successoral européen, une **copie certifiée conforme** du certificat rectifié ou modifié est remise ou notifiée à toutes les personnes qui se sont vu délivrer une copie du certificat initial (CPC art. 1381-2, al. 2).
> En cas de retrait du certificat successoral européen, de suspension de ses effets ou de refus de procéder à sa rectification, à sa modification, à son retrait ou à la suspension de ses effets, le notaire informe, par **lettre recommandée** avec demande d'avis de réception, les personnes qui se sont vu délivrer une copie certifiée conforme du certificat initial en indiquant les motifs de sa décision et les voies de recours (CPC art. 1381-3, al. 2 et 3).

VOIES DE RECOURS

72445 Outre le recours en cas de **refus de délivrance** ouvert à toute personne habilitée à présenter une demande de certificat (voir n° 72435), toute personne justifiant d'un intérêt légitime peut exercer un recours contre la décision prise par l'autorité émettrice relative à la **rectification, la modification ou le retrait** du certificat ou encore de suspension de ses effets (n° 72440).

Le recours est formé devant les juridictions de l'État membre dont relève l'autorité émettrice (Règl. 650/2012 du 4-7-2012 art. 72). S'agissant d'un certificat délivré par un notaire français, le recours doit être porté devant le président du tribunal judiciaire dans le ressort duquel est situé son office dans un délai de 15 jours à compter de la remise ou notification de la copie certifiée conforme du nouveau certificat ou de la réception de la décision (CPC art. 1381-4, al. 2).

L'autorité judiciaire peut **suspendre les effets du certificat** à la demande de toute partie habilitée à former un recours contre une décision prise par l'autorité émettrice, pendant l'exercice de ce recours (Règl. 650/2012 du 4-7-2012 art. 73, 1-b). L'autorité émettrice ou, le cas échéant, la juridiction devra informer de cette suspension toutes les personnes qui se sont vu délivrer un certificat, la délivrance de nouvelles copies étant interrompue (Règl. 650/2012 du 4-7-2012 art. 73, 2). Le notaire doit procéder à cette information par lettre recommandée avec demande d'avis de réception (CPC art. 1381-3, al. 2).

Si le **recours** est **fondé,** la juridiction procède à la rectification, à la modification ou au retrait du certificat, ou veille à ce que l'autorité émettrice y procède (Règl. 650/2012 du 4-7-2012 art. 72, 2).

EFFETS DU CERTIFICAT

72450 Le certificat produit ses effets dans tous les États membres sans qu'une quelconque procédure soit nécessaire. Il bénéficie d'une **présomption de véracité** puisqu'il est présumé attester fidèlement l'existence d'éléments qui ont été établis en vertu de la loi applicable à la succession ou en vertu de toute autre loi applicable à des éléments spécifiques. Il fera ainsi preuve de la qualité et/ou des droits et pouvoirs de l'héritier, du légataire, de l'exécuteur testamentaire ou de l'administrateur de la succession qui y est mentionné.

Le certificat successoral européen produit des effets à l'égard de toutes les **personnes qui y sont nommément citées,** même si elles n'en ont pas demandé elles-mêmes la délivrance (CJUE 1-7-2021 aff. 301/20 : BPAT 5/21 inf. 208).

Sauf s'il sait que le contenu du certificat ne correspond pas à la réalité ou s'il l'ignore en raison d'une négligence grave, un **tiers** pourra valablement **effectuer un paiement ou remettre des biens** à une personne mentionnée dans le certificat comme pouvant les recevoir (Règl. 650/2012 du 4-7-2012 art. 69, § 3). La Cour de cassation a cependant validé le refus d'une banque française de procéder au déblocage des comptes du défunt en présence d'un CSE prouvant la qualité d'héritier du demandeur, la banque exigeant la preuve de l'enregistrement du testament auprès de l'administration fiscale française en application des articles 1000 du Code civil et 655 du CGI (Cass. 1e civ. 13-4-2022 n° 20-23.530 FS-B : SNH 15/22 inf. 5). Selon cet arrêt, le CSE a une efficacité probatoire mais ne constitue pas un titre exécutoire, de sorte que, s'il atteste la qualité et les droits d'héritier, il n'épuise pas nécessairement les formalités à mettre en œuvre pour obtenir l'exécution de ces droits. L'exigence d'enregistrement de tout testament établi à l'étranger, qui ne remet pas en cause l'efficacité probatoire du CSE et ne constitue pas une condition d'exécution des testaments prohibée par le règlement Successions, ne porte pas atteinte au principe d'application directe du règlement ni ne le prive de son effet utile.

Sauf s'il sait que le contenu du certificat ne correspond pas à la réalité ou s'il l'ignore en raison d'une négligence grave, un tiers pourra **acquérir des biens successoraux** auprès d'une personne mentionnée dans le certificat comme ayant le pouvoir d'en disposer (Règl. 650/2012 du 4-7-2012 art. 69, § 4).

Le règlement précise enfin que le certificat constitue un document valable pour l'inscription **72455**
d'un bien successoral dans un registre de **publicité foncière** (Règl. 650/2012 du 4-7-2012 art. 69, 4). Selon un auteur, le certificat ne peut pas être utilisé aux fins de publicité foncière en France dans la mesure où il ne respecte pas les exigences de contenu et de forme de l'attestation notariée (E. Jacoby, Le certificat successoral européen et les registres fonciers : JCP N 2013 n° 343). Une doctrine éminente se prononce toutefois en sens contraire, estimant que le certificat successoral européen peut tenir lieu d'attestation notariée, s'il porte les indications demandées ou si la personne qui demande l'inscription fournit les informations supplémentaires exigées par l'État du registre pour procéder à l'inscription (Rép. Droit international Dalloz, v. Règlement n° 650/2012 sur les successions par P. Lagarde n° 255 ; également en ce sens, semble-t-il, Circ. JUSC1601018C du 25-1-2016 : BO min. just. 2016-02 du 29-2-2016). Un arrêt récent de la CJUE ne permet pas de trancher : il admet que la demande d'inscription d'un bien immobilier dans le registre foncier d'un État membre peut être rejetée lorsque le seul document présenté à l'appui de cette demande est un certificat successoral européen qui n'identifie pas ce bien immobilier (CJUE 9-3-2023 aff. 354/21 : BPAT 3/23 inf. 128, Dr. famille 2023 comm. 101 par M. Farge). À supposer qu'un certificat successoral européen contienne l'ensemble des éléments requis pour la publicité foncière (ou qu'il soit complété, le cas échéant, par d'autres documents), pourrait-on le refuser au motif qu'il ne résulte pas, en la forme, d'un acte reçu en la forme authentique par un notaire exerçant en France, d'une décision juridictionnelle ou d'un acte authentique émanant d'une autorité administrative ? (en ce sens, M. Farge, précité).

Sur l'ambiguïté du règlement sur les questions de publicité foncière, voir n° 68025.

ATTENTION

En tout état de cause, l'article 710-1 du Code civil exigeant un **acte authentique reçu par un notaire français** aux fins de publicité foncière doit être écarté, étant contraire au règlement (P. Lagarde, Les principes de base du nouveau règlement européen sur les successions : Rev. crit. DIP 2012 p. 691).

CHAPITRE 6

RECONNAISSANCE ET EXÉCUTION DES DÉCISIONS ET DES ACTES AUTHENTIQUES

SOMMAIRE

A. Règlement Successions

1. DÉCISIONS DES JURIDICTIONS

RECONNAISSANCE DE PLEIN DROIT

Les décisions rendues par une **juridiction saisie en application du règlement** Successions sont reconnues de plein droit dans les autres États membres (Règl. 650/2012 du 4-7-2012 art. 39). Sur la notion de reconnaissance de « plein droit », voir nº 67200. 73000

Néanmoins, **en cas de contestation,** toute partie intéressée peut demander la reconnaissance de la décision selon la même procédure que celle suivie pour la déclaration constatant la force exécutoire. Si la décision étrangère fait l'objet d'un recours ordinaire dans l'État d'origine, le juge de l'État requis saisi d'une demande de reconnaissance peut surseoir à statuer (Règl. 650/2012 du 4-7-2012 art. 42).

MOTIFS DE NON-RECONNAISSANCE

Le règlement établit une **liste limitative** de motifs de non-reconnaissance des décisions 73005
(Règl. 650/2012 du 4-7-2012 art. 40). Cela sera le cas :

– si la décision est manifestement contraire à l'ordre public (nº 73010) ;

– en cas de défaillance du défendeur, si l'acte introductif d'instance n'a pas été signifié à celui-ci en temps utile de manière à ce qu'il puisse se défendre, à moins qu'il n'ait pas exercé de recours à l'encontre de la décision alors qu'il était en mesure de le faire ;

– si la décision est inconciliable avec une décision rendue entre les mêmes parties dans l'État membre requis ;

– si la décision est inconciliable avec une décision rendue antérieurement dans un autre État membre ou dans un État tiers entre les mêmes parties, dans une procédure ayant le même objet et la même cause, dès lors que la décision antérieure réunit les conditions nécessaires à sa reconnaissance dans l'État requis.

L'incompétence du juge ayant rendu la décision n'est pas un motif de non-reconnaissance. Le texte ne l'énonce pas clairement, à la différence d'autres règlements européens, mais ceci doit se déduire du caractère limitatif de la liste de motifs de non-reconnaissance (en ce sens, A. Bonomi et P. Wautelet : Le droit européen des successions. Commentaire du Règlement nº 650/2012 du 4-7-2012, Bruylant, 2e éd., 2016, p. 627).

73010 **Ordre public** L'ordre public couvre aussi bien l'ordre public procédural (essentiellement le droit au procès équitable) que l'ordre public de fond.

S'agissant de l'**ordre public de fond,** son contenu ne devrait pas être différent de celui susceptible d'être invoqué pour écarter l'application de la loi désignée par la règle de conflit (n° 69520). En revanche, s'agissant de la reconnaissance et de l'exécution des décisions, l'effet atténué de l'ordre public devrait jouer de façon plus fréquente.

Selon la jurisprudence de la Cour de justice, s'il n'appartient pas à la Cour de définir le contenu de l'ordre public d'un État [membre], il lui incombe néanmoins de contrôler les limites dans le cadre desquelles le juge d'un État contractant peut avoir recours à cette notion pour ne pas reconnaître une décision émanant d'une juridiction d'un autre État [membre] (CJCE 28-3-2000 aff. 7/98, Krombach, point 23, rendu à propos de la convention de Bruxelles mais transposable).

73015 En outre, la Cour impose au juge saisi, lorsqu'il vérifie l'existence éventuelle d'une violation manifeste de l'**ordre public procédural,** de tenir compte du fait que, sauf circonstances particulières rendant trop difficile ou impossible l'exercice des voies de recours dans l'État membre d'origine, les justiciables doivent faire usage dans cet État membre de toutes les voies de recours disponibles afin de prévenir en amont une telle violation (CJUE 16-7-2015 aff. 681/13, Diageo Brands, à propos du règlement Bruxelles I mais transposable). Cette jurisprudence semble donc imposer à celui qui invoque l'ordre public procédural de prouver qu'il a épuisé les voies de recours dans l'État d'origine, avant de se prévaloir de la violation de l'ordre public de l'État requis (M. Karpenschif et C. Nourissat : Les grands arrêts de la jurisprudence de l'Union européenne, PUF, 3e éd., 2016, n° 62-10).

EXÉCUTION DES DÉCISIONS

73020 Les décisions rendues dans un État membre, si elles y sont exécutoires, peuvent être déclarées exécutoires sur le territoire d'un autre État membre sur **requête** de toute partie intéressée (Règl. 650/2012 du 4-7-2012 art. 43). La procédure est non contradictoire à ce stade.

S'agissant de la **compétence,** la requête est portée devant la juridiction ou l'autorité compétente de l'État membre d'exécution dont cet État membre a communiqué le nom à la Commission (pour la France, le directeur du greffe du tribunal judiciaire : CPC art. 509-2, al. 1). La compétence territoriale est quant à elle déterminée par le domicile de la partie contre laquelle l'exécution est demandée ou par le lieu de l'exécution (Règl. 650/2012 du 4-7-2012 art. 45).

L'une ou l'autre partie peut toutefois former un **recours** contre la décision prise sur la requête. La déclaration de force exécutoire pourra être refusée pour les mêmes motifs que la reconnaissance (Règl. 650/2012 du 4-7-2012 art. 52). La juridiction saisie du recours doit surseoir à statuer, à la demande de la partie contre laquelle l'exécution est demandée, si la force exécutoire de la décision est suspendue dans l'État membre d'origine du fait d'un recours (Règl. 650/2012 du 4-7-2012 art. 53).

> **Précisions** La demande de déclaration constatant la force exécutoire doit être accompagnée d'une **copie de la décision** réunissant les conditions nécessaires pour en établir l'authenticité **et** d'un **formulaire** rempli par la juridiction de l'État membre d'origine qui a rendu la décision attestant le caractère exécutoire de celle-ci et reprenant les informations nécessaires à son exécution (Règl. 650/2012 du 4-7-2012 art. 46, 3-b ; Règl. 1329/2014 du 9-12-2014 formulaire I). À défaut de production de l'attestation, la juridiction ou l'autorité compétente de l'État membre d'exécution peut impartir un délai pour la produire ou accepter un document équivalent ou, si elle s'estime suffisamment éclairée, en dispenser (Règl. 650/2012 du 4-7-2012 art. 47, 1). En France, les requêtes aux fins de certification des jugements français en vue de leur reconnaissance ou de leur exécution à l'étranger au titre du règlement Successions doivent être présentées au directeur de greffe de la juridiction qui a rendu la décision (CPC art. 509-1, I-1°).
> Ces différents documents doivent faire l'objet d'une **traduction** si la juridiction ou l'autorité compétente l'exige (Règl. 650/2012 du 4-7-2012 art. 47, 2).

2. ACTES AUTHENTIQUES

FORCE PROBANTE

73050 Le règlement prévoit des dispositions sur l'**« acceptation » des actes authentiques.** Le terme utilisé, quoique peu clair, vise à distinguer les actes authentiques des décisions (sur la polémique suscitée par l'application de la notion de « reconnaissance » aux actes authentiques, voir P. Callé, P. Pasqualis, C. Nourissat et P. Wautelet, Pour la reconnaissance des actes authentiques au sein de l'espace de liberté, de sécurité et de justice : Petites affiches 4-4-2012 p. 6). Les actes authentiques établis dans un État membre ont la même force probante dans un autre État membre que dans l'État d'origine ou, en tout cas, produisent les effets les plus comparables, sous réserve de contrariété manifeste à l'ordre public de l'État requis (Règl. 650/2012 du 4-7-2012 art. 59).

Une autorité à laquelle seraient soumis deux **actes authentiques incompatibles** dans le cadre de l'application du règlement devrait examiner la question de savoir auquel, le cas échéant, il convient de donner la priorité, compte tenu des circonstances de l'espèce (Règl. 650/2012 du 4-7-2012 considérant 66). Dans le cas où les circonstances ne permettent pas de déterminer à quel acte authentique il convient, le cas échéant, de donner la priorité, la question devrait être tranchée par les juridictions compétentes en vertu du règlement (Règl. 650/2012 du 4-7-2012 considérant 66). En cas d'**incompatibilité entre un acte authentique et une décision,** il convient de tenir compte des motifs de non-reconnaissance des décisions prévus par le règlement (Règl. 650/2012 du 4-7-2012 considérant précité) ; autrement dit, l'autorité requise pourrait considérer comme contraire à son ordre public la reconnaissance d'un jugement incompatible avec un acte public antérieur (Rép. Droit international Dalloz, v. Règlement n° 650/2012 sur les successions par P. Lagarde, n° 217). Toutefois, une telle priorité ne devrait pas faire obstacle à la contestation de l'authenticité de l'acte ou de son contenu (n° 73055 ; en ce sens, Rép. Droit international Dalloz, v. Règlement n° 650/2012 sur les successions par P. Lagarde, précité).

> Précisions a. La **notion d'acte authentique** au sens du règlement est celle d'un acte dressé ou enregistré formellement en tant qu'acte authentique dans un État membre et dont l'authenticité porte sur la signature et le contenu de l'acte, cette authenticité ayant été en outre établie par une autorité publique ou toute autre autorité habilitée à le faire par l'État membre d'origine (Règl. 650/2012 du 4-7-2012 art. 3, 1-i).

b. Un **notaire français** n'est pas une juridiction au sens du règlement Successions : voir n° 68610.

c. Afin de faciliter l'acceptation d'un acte authentique en matière de succession au sein de l'Union européenne, il est possible de solliciter l'autorité qui l'a établi pour remplir un **formulaire** décrivant la force probante de l'acte dans l'État membre d'origine (Règl. 650/2012 du 4-7-2012 art. 59, 1 ; Règl. 1329/2014 du 9-12-2014 formulaire II). En France, cette formalité est réalisée par le notaire instrumentaire de l'acte (CPC art. 509-3, II, 1°).

Contestations Les juridictions de l'État membre d'origine sont saisies de toute contestation portant sur l'**authenticité de l'acte** et statuent sur celle-ci en vertu de la loi de cet État. L'acte authentique contesté n'a aucune force probante dans un autre État membre tant que le recours est pendant devant la juridiction compétente (Règl. 650/2012 du 4-7-2012 art. 59, 2). **73055**

Si la contestation porte sur l'**acte juridique** (**ou** les **relations juridiques**) consigné dans un acte authentique (c'est-à-dire le negotium), la compétence appartiendra aux juridictions compétentes pour trancher le litige au fond (n°s 68660 s.), soit le plus souvent les juridictions de l'État de la résidence habituelle du défunt, et celles-ci statueront en application de la loi désignée par le règlement. L'acte authentique contesté ne produit aucune force probante dans un autre État membre que l'État membre d'origine en ce qui concerne la question contestée tant que le recours est pendant devant la juridiction compétente (Règl. 650/2012 du 4-7-2012 art. 59, 3).

FORCE EXÉCUTOIRE

Un acte authentique qui est exécutoire dans l'État membre d'origine est déclaré exécutoire dans un autre État membre, à la demande de toute partie intéressée, suivant la même **procédure** que celle prévue pour les décisions judiciaires (n° 73020). **73060**

Un **recours** est possible dans les mêmes conditions, à la différence que la déclaration de force exécutoire ne peut être refusée que si l'exécution de l'acte authentique est manifestement contraire à l'ordre public de l'État membre d'exécution (Règl. 650/2012 du 4-7-2012 art. 60).

> Précisions a. À l'instar de ce qui est prévu pour l'exécution des décisions, la demande de déclaration constatant la force exécutoire d'un acte authentique doit en principe être accompagnée d'un **formulaire rempli par l'autorité ayant établi l'acte** (Règl. 650/2012 du 4-7-2012 art. 46, 3-b sur renvoi de l'art. 60, 2 ; Règl. 1329/2014 du 9-12-2014 formulaire II). En France, c'est le notaire ou la personne morale titulaire de l'office notarial conservant la minute de l'acte qui doit remplir le formulaire (CPC art. 509-3, al. 3).

b. L'**autorité compétente pour les requêtes aux fins de déclaration de la force exécutoire** d'un acte authentique étranger sur le territoire de la République française est le président de la chambre des notaires ou, en cas d'absence ou d'empêchement, son suppléant désigné parmi les membres de la chambre (CPC art. 509-3, II, 1°).

B. Droit commun

73110 Les règles du droit commun de la reconnaissance et de l'exécution des décisions étrangères (nos 67235 s.) s'appliquent pour les **décisions rendues par une juridiction d'un État membre** relativement à une succession internationale ouverte avant le 17 août 2015, date d'entrée en application du règlement Successions.

S'agissant de **décisions rendues dans des États tiers** (ce qui inclut pour les besoins du règlement le Danemark et l'Irlande), les règles de droit commun restent applicables, même pour les successions ouvertes depuis le 17 août 2015.

À l'exception de conventions internationales bilatérales, il n'existe pas de convention multilatérale en vigueur en France dans ce domaine.

TITRE II

Fiscalité internationale

SOMMAIRE

TEXTES APPLICABLES

La fiscalité internationale des successions et des donations est essentiellement régie par les règles de territorialité posées par le **Code général des impôts** (CGI art. 750 ter). En la matière, il n'y a que relativement peu de **conventions fiscales internationales,** particulièrement en ce qui concerne les droits de donation. Le comité des affaires fiscales de l'OCDE avait bien élaboré, en 1982, un modèle de convention fiscale applicable aux droits de succession et de donation mais ce modèle n'a fait l'objet d'aucune actualisation depuis cette date. De son côté, le réseau conventionnel français, constitué d'une quarantaine de conventions fiscales, 74200 ne s'étend pas, sans doute en raison de l'existence d'un mécanisme de crédit d'impôt en droit interne qui permet déjà d'éviter les doubles impositions (n° 75380).

Quant au **droit de l'Union européenne,** il est sans grande importance en la matière, bien que la Commission européenne se soit épisodiquement préoccupée des doubles impositions potentielles et qu'elle ait proposé des solutions pour les éliminer, au moins partiellement, et pour supprimer les éventuelles discriminations tenant à la localisation des personnes et des actifs (communication COM/2011/864 et recommandation C/2011/8819 de la Commission du 15-12-2011). En particulier, le règlement (UE) 650/2012 du 4 juillet 2012, relatif aux successions internationales ne traite pas des questions fiscales. Cela étant, la législation des États membres doit, bien entendu, respecter le principe de la libre circulation des capitaux (n° 74385).

DIFFICULTÉS À RÉSOUDRE

74205 Lorsqu'une succession ou une donation contient un élément d'extranéité, la principale difficulté tient à la nécessité, dans la mesure du possible, d'éviter les **doubles impositions.** Celles-ci peuvent naître de situations diverses :

– revendication concurrente par deux États de la domiciliation fiscale du défunt, ou du donateur, ou encore des héritiers ou des donataires ;

– divergences d'appréciation en ce qui concerne le lieu de situation des biens ;

– conflits de souveraineté lorsqu'un État impose la mutation en raison de la domiciliation du défunt ou du donateur alors qu'un autre État l'impose également en raison de la situation des biens ou de la domiciliation fiscale des héritiers ou donataires (ou, éventuellement, sur le fondement d'un critère de nationalité).

En France, certaines difficultés sont résolues en droit interne grâce à un mécanisme de **crédit d'impôt,** qui est de nature à éviter les doubles impositions dans la plupart des cas (n° 75380). Il y a cependant des difficultés rémanentes que les conventions fiscales ont pour objet d'éviter.

SECTION 1

RÈGLES DE TERRITORIALITÉ DES DROITS DE MUTATION À TITRE GRATUIT

A. Principes généraux

1. RÈGLES DE DROIT INTERNE

PRINCIPES

74310 Les règles de territorialité dépendent du **domicile** du défunt ou du donateur, du domicile des héritiers ou des donataires et du **lieu de situation** des biens. Elles sont fixées par l'article 750 ter du CGI.

Les mêmes règles sont applicables, qu'il s'agisse de droits de succession ou de droits de donation (il en va différemment en présence d'une convention fiscale, car elles sont peu nombreuses à viser également les droits de donation). Dans tous les cas, la **nationalité** est sans incidence.

> **Précisions** **a.** Il a été jugé que le fait générateur des droits dus sur une donation de numéraire par **acte sous seing privé passé à l'étranger** est la rédaction de l'acte et non sa révélation (CA Rouen 23-11-2005 n° 04-2040 : RJF 1/07 n° 96 ; arrêt définitif, discutable au regard de la jurisprudence de la Cour de cassation).
> **b.** Le fait que des sommes appartenaient à la succession du défunt le jour de son décès peut valablement être établi par la **décision d'une juridiction étrangère** (Cass. com. 16-2-2016 n° 14-21.724 F-D : RJF 6/16 n° 576) ; l'administration peut se prévaloir d'une telle décision pour fonder des rappels de droits de succession mis à la charge du légataire en application de l'article 750 ter du CGI.

DÉFUNT OU DONATEUR DOMICILIÉ EN FRANCE

Si le défunt ou le donateur est domicilié en France à la date de la mutation, **tous les biens** transmis sont imposables, qu'ils soient situés en France ou hors de France et quelle que soit la domiciliation fiscale à cette date des héritiers, donataires ou légataires (CGI art. 750 ter, 1°). 74315

Le champ d'application des droits de mutation à titre gratuit est donc absolument général.

DÉFUNT OU DONATEUR NON DOMICILIÉ EN FRANCE

Si le défunt ou le donateur n'est pas domicilié en France à la date de la mutation, deux situations sont susceptibles de se présenter : 74320

– si les héritiers, donataires ou légataires ne sont pas eux-mêmes domiciliés en France, seules sont imposables les transmissions de **biens situés en France** (CGI art. 750 ter, 2°) ;

– si les héritiers, donataires ou légataires sont eux-mêmes domiciliés en France, **tous les biens** transmis sont imposables, qu'ils soient situés en France ou hors de France, sauf lorsque les héritiers, donataires ou légataires n'ont pas été domiciliés en France pendant au moins six ans au cours des dix dernières années précédant celle au cours de laquelle ils reçoivent les biens (CGI art. 750 ter, 3°) ; dans ce dernier cas, seuls les biens situés en France sont imposables. Cette disposition permet d'imposer en France les biens français et étrangers figurant dans les **successions ouvertes à l'étranger** et dans les donations, constatées ou non par acte passé en France ou à l'étranger (BOI-ENR-DMTG-10-10-30 n° 350 ; voir également n° 74455).

> **Précisions a.** La prise en compte de la **domiciliation en France des héritiers** et donataires est destinée à éviter que des personnes fortunées transfèrent leur domicile fiscal hors de France et procèdent à des donations en franchise d'impôt de biens situés hors de France à leurs héritiers demeurés résidents de France ; ce principe a été posé par la loi de finances pour 1999 qui visait à freiner les délocalisations des personnes physiques fortunées.
> **b.** La loi ne dispose pas que les **légataires** bénéficient de l'exception en cas de non-domiciliation en France pendant au moins six ans au cours des dix dernières années mais cette omission est sans conséquence car la doctrine administrative le prévoit (BOI-ENR-DMTG-10-10-30 n° 360).
> **c.** Sur le cas particulier des biens mis en **trust**, voir n°s 80600 s.

2. CONVENTIONS FISCALES INTERNATIONALES

EFFET DIRECT DES CONVENTIONS FISCALES INTERNATIONALES

Les règles de territorialité posées par le Code général des impôts (n°s 74310 s.) ne s'appliquent que « sous réserve » des conventions fiscales. Elles sont donc susceptibles d'être écartées si une convention fiscale pose des principes différents. 74350

Selon la jurisprudence de la Cour de cassation, juge suprême en ce qui concerne les **droits de mutation à titre gratuit,** les conventions fiscales doivent être considérées comme étant d'application directe ; contrairement au Conseil d'État, en effet, la **Cour de cassation n'applique pas le principe de subsidiarité** (ou de priorité du droit interne par rapport au droit conventionnel) mais se réfère directement aux stipulations conventionnelles applicables.

Cette position de principe a notamment été affirmée par la Cour de cassation en formation plénière, à propos de l'assujettissement aux droits de succession de la transmission par une personne physique domiciliée à Monaco de parts d'une société civile particulière monégasque à prépondérance immobilière en France (Cass. ass. plén. 2-10-2015 n° 14-14.256 PBRI : RJF 12/15 n° 1066).

PORTÉE DES CONVENTIONS RELATIVES AUX DROITS DE MUTATION

Les conventions fiscales relatives aux droits de succession ou, le cas échéant, également aux droits de donation, reprennent souvent le modèle proposé par l'OCDE en 1982 ; elles reconnaissent ainsi à l'État du **domicile du défunt** le droit d'imposer la totalité de la succession. 74355

Elles permettent cependant à l'État de **situation des biens** d'imposer également la transmission, par exemple en présence d'un immeuble ou d'un fonds de commerce situés sur le territoire de cet État ; dans ce cas, elles prévoient un mécanisme d'**élimination de la double imposition au moyen d'un crédit d'impôt** à imputer dans l'État de la résidence au titre de l'impôt payé dans l'État de situation des biens.

Les conventions fiscales reprennent donc le droit interne français en présence d'un défunt ou d'un donateur résident de France ; elles permettent également à la France, sous réserve de particularités tenant notamment aux sociétés à prépondérance immobilière, d'imposer les mutations concernant des biens situés en France lorsque le défunt était non résident (de même pour les droits de donation).

Cela étant, l'**impact** des conventions fiscales est relativement faible, compte tenu de l'existence d'un **mécanisme de crédit d'impôt en droit interne** (n° 75380). En outre, le **réseau conventionnel français** n'est pas très étendu et n'est d'ailleurs **pas appelé à s'étendre.** L'administration l'a fait clairement savoir en précisant que les conventions fiscales sont des textes « généralement anciens, car la France, comme de nombreux États, ne souhaite plus en conclure » (Rép. Sabatou : AN 7-2-2023 n° 2235). Le fait que l'absence de convention fiscale puisse créer des situations de surimposition est pleinement assumé par l'administration qui a notamment précisé à propos de la situation franco-suisse (voir Précisions, b ci-dessous), qu'il « ne serait ni justifié, ni légitime que la France renonce à imposer au profit d'un autre État » (Rép. Lottiaux : AN 18-4-2023 n° 5209).

> Précisions a. La **dernière convention fiscale** conclue par la France en matière de droits de mutation à titre gratuit date de 2006 (convention franco-allemande du 12-10-2006).

b. Non seulement le réseau conventionnel ne s'étend pas mais il se réduit ; ainsi la France et la **Suisse** ne sont plus liées par une convention fiscale depuis que la France a, le 17 juin 2014, dénoncé la convention du 31 décembre 1953 (Décret 2014-1270 du 30-10-2014). Il a été précisé que cette dénonciation était motivée par la volonté de mettre fin aux « pertes de bases imposables au détriment des finances publiques françaises » (Rép. Lefebvre : AN 5-4-2016 n° 82717). Pour les successions de personnes décédées depuis le 1er janvier 2015, seul le droit interne de chacun des deux États est applicable (BOI-INT-CVB-CHE-20 nos 30 et 40).

c. Il existe parfois des dispositions spécifiques sur les droits de mutation à titre gratuit dans les **conventions générales** relatives aux revenus et à la fortune ; tel est le cas, par exemple, de la convention du 2 mai 1975 entre la France et le Canada, telle que modifiée par un avenant du 30 novembre 1995 (art. 2 § 4, 4, 23, 25 et 26 de la convention) et de la convention franco-algérienne du 17 octobre 1999.

APPLICATION DES CONVENTIONS FISCALES AUX DROITS DE DONATION

74360 Le fait que la convention fiscale couvre ou non les droits de donation est parfois clair au vu du titre de la convention (par exemple, convention applicable aux droits de succession, seulement, ou aux droits de succession et de donation) ; le titre ne fait cependant que refléter la liste des **impôts visés.** Si le texte de l'article relatif aux impôts visés est : « les impôts qui font l'objet de la présente convention sont… pour la France, les impôts perçus à cause de mort » ou « les droits de mutation par décès », les droits de donation (transmission entre vifs) ne sont pas couverts.

Ils le sont, en revanche, lorsqu'il est fait référence, par exemple, aux « droits d'enregistrement » en général (mais pas s'il ne s'agit que de droits de timbre), ou encore, aux « droits de mutation à titre gratuit », ou encore aux « droits (ou aux impôts) sur les successions et sur les donations » (cas des conventions franco-américaine et franco-allemande).

ABSENCE DE PRISE EN COMPTE DU DOMICILE DES HÉRITIERS OU DES DONATAIRES

74365 L'une des conséquences les plus importantes des conventions fiscales est l'absence de prise en compte du domicile des héritiers ou des donataires, contrairement au droit interne français. Les conventions fiscales ont, en effet, presque toujours été négociées à une époque où les règles de territorialité ne reposaient que sur les critères du domicile du défunt et du lieu de situation des biens. D'une façon générale, elles ont donc pour effet, sauf exception, de priver la France du droit d'appliquer l'article 750 ter, 3e du CGI (défunt non résident, bien situé hors de France et héritier résident ; n° 74320).

Seule la **convention fiscale franco-allemande** du 12 octobre 2006 prend en considération la résidence fiscale des héritiers, donataires ou légataires ; l'article 11 de cette convention prévoit en effet que, nonobstant les dispositions de l'article 9 (qui pose le principe de l'imposition exclusive dans l'État de résidence pour les biens non situés dans l'autre État), lorsqu'un héritier, légataire ou donataire était domicilié en France au moment du décès du défunt ou au moment de la donation, la France peut imposer tous les biens reçus par cette personne ; il est également précisé que, conformément aux dispositions de la législation française concernant l'imputation de l'impôt étranger, la France impute sur l'impôt calculé selon sa législation l'impôt payé en Allemagne sur tous les biens autres que ceux qui, conformément aux dispositions des articles 5, 6, 7 et 8, sont imposables en France.

74370 Lorsque la convention fiscale ne prévoit pas la possibilité de tenir compte du domicile des héritiers ou donataires, la position de l'administration n'est pas absolument claire. Il avait été indiqué, à propos de la **convention fiscale franco-italienne** du 20 décembre 1990, que, « conformément aux objectifs poursuivis par le législateur », si un donataire domicilié en

France reçoit des biens meubles et immeubles situés en Italie qui (d'après la question, mais la réponse ne reprend pas ce point) lui sont donnés par un donateur domicilié en Italie, cette convention ne retire pas à la France le droit d'imposer, mais l'impôt éventuellement acquitté à l'étranger au titre des biens situés hors de France est imputable sur l'impôt français (Rép. Morel-À-L'Huissier : AN 8-2-2011 n° 92034 : BF 4/11 n° 436).

Cette réponse n'a toutefois pas été reprise au Bofip ; la doctrine administrative actuelle se contente d'indiquer que, « sauf cas particulier » (sans précision), les conventions conclues par la France s'opposent à l'application de l'article 750 ter, 3e du CGI car elles répartissent les droits d'imposer en fonction de l'État de la résidence fiscale du défunt (ou du donateur) et du lieu de situation des biens faisant partie de la succession (ou de la donation) sans prendre en compte la situation des héritiers ou légataires (ou donataires). Ces conventions ont donc pour effet de priver la France du droit d'imposer les biens légués ou donnés par un défunt ou un donateur non résident à un bénéficiaire résident de France, s'ils sont situés hors de France (dans l'autre État partie à la convention ou dans un État tiers) ou bien non imposables en application de la convention (BOI-ENR-DMTG-10-10-30 n° 420). À notre avis, le « cas particulier » dont il s'agit dans la doctrine administrative précitée ne peut être que celui de conventions fiscales explicites, telle que la convention franco-allemande (n° 74365).

CLAUSE DE NON-DISCRIMINATION

Le modèle de convention fiscale de l'OCDE sur les successions et donations contient, à **74375**
l'article 10, une stipulation interdisant les discriminations fondées sur la **nationalité.** Une telle stipulation est souvent reprise par les conventions fiscales signées par la France mais ce n'est pas systématique ; par exemple, la **convention franco-américaine** du 24 novembre 1978 modifiée ne contient pas de clause de non-discrimination, conformément à la réserve faite par les États-Unis au modèle de convention de l'OCDE (successions et donations) selon laquelle : « Les États-Unis imposant la totalité des successions de tous leurs ressortissants où qu'ils soient domiciliés au moment du décès, se réservent le droit d'accorder, pour les successions des ressortissants des États-Unis domiciliés à l'étranger, des exonérations, déductions et autres allégements qui ne sont pas accordés aux successions de personnes qui ne sont pas des ressortissants de ce pays et n'y sont pas domiciliées » (Commentaires OCDE, modèle de 1982, p. 121).

Le fait que la convention fiscale ne reprenne pas le principe de non-discrimination est cependant sans conséquence, lorsqu'il existe, entre la France et le pays étranger concerné, une **convention fiscale sur les revenus** qui interdit les discriminations **quels que soient les impôts,** même s'ils ne sont pas visés par la convention. Dans ce cas, les discriminations sont interdites en matière de droits de mutation à titre gratuit sur le fondement de la convention « revenus » même si la convention « successions » ne contient pas de clause spécifique de non-discrimination.

Dans le cadre **franco-américain,** l'article 12 § 4 de la convention du 24 novembre 1978, telle que modifiée par l'avenant du 8 décembre 2004, prévoit que, pour le calcul de l'impôt français dû à l'occasion d'une succession ou d'une donation effectuée par une personne qui, au moment de son décès ou de la donation, était un citoyen des États-Unis ou était domiciliée aux États-Unis, il est accordé les **mêmes abattements et crédits** que si la personne avait été domiciliée en France. En outre, pour le calcul de l'impôt français dû à l'occasion d'une succession ou d'une donation effectuée par une personne qui, au moment de son décès ou de la donation, était domiciliée en France, bénéficiant à une personne qui est un citoyen des États-Unis ou est domiciliée aux États-Unis, il est accordé les mêmes abattements et crédits que si la personne bénéficiaire avait été domiciliée en France.

La jurisprudence a eu l'occasion d'éclairer la portée du principe de non-discrimination à pro- **74380**
pos des conditions d'imposition en France d'un **défunt de nationalité marocaine domicilié à Monaco** (Cass. ass. plén. 2-10-2015 n° 14-14.256 PBRI : RJF 12/15 n° 1066). Dans cette affaire, comme le défunt n'était ni ressortissant de France ni de Monaco, la convention fiscale franco-monégasque du 1er avril 1950, qui, par exception aux principes habituels, concerne les seuls **ressortissants** et non pas les résidents de l'un des deux États, n'était théoriquement pas applicable ; elle l'était néanmoins en raison du principe de **non-discrimination** posé par la convention fiscale franco-marocaine du 29 mai 1970 relative aux impôts sur le revenu, qui s'applique aux impôts de toute nature ou dénomination (art. 5 de la convention). En application de ce principe, la succession d'un Marocain domicilié à Monaco ne pouvait être traitée, pour ce qui concerne les héritiers, différemment de celle d'un Français domicilié à Monaco, ce qui rendait applicable la convention franco-monégasque relative aux droits de succession.

74385 Outre la clause de non-discrimination conventionnelle, le droit de l'Union européenne peut conduire à interdire des restrictions ou des discriminations sur le fondement du principe de **libre circulation des capitaux,** dont la CJUE considère qu'il est applicable dans le domaine des droits de succession (en ce sens, par exemple, CJCE 5e ch. 11-12-2003 aff. 364/01 : RJF 3/04 no 337).

Un tel principe a pour effet d'interdire à un État d'appliquer des règles discriminatoires en ce qui concerne la valeur des biens imposables, la prise en compte d'abattements personnels, la déduction de dettes, etc. Il a aussi pour conséquence d'interdire des restrictions à la déductibilité fiscale des dons faits à des organismes établis et reconnus d'intérêt général dans un autre État membre.

> **Précisions** En ce qui concerne la France, il a été jugé, sous l'empire de la législation antérieure à la loi 2014-1655 du 29 décembre 2014 de finances rectificative pour 2014, que la France ne pouvait pas limiter l'exonération de droits de mutation à titre gratuit prévue pour les dons et legs à des organismes publics ou d'utilité publique aux organismes situés en France ou dans un État de l'Union européenne ou de l'Espace économique européen lié à la France par une convention fiscale (CJUE 6e ch. 16-7-2015 aff. 485/14 : RJF 11/15 no 973). Sur la législation actuelle, voir no 75260.

PROCÉDURE AMIABLE CONVENTIONNELLE

74390 Le règlement conventionnel des difficultés d'application des conventions fiscales suit, en général, les mêmes règles que pour les conventions concernant les impôts sur les revenus et sur la fortune ; la procédure amiable conventionnelle est une voie de recours spécifique, non juridictionnelle, qui permet au contribuable de saisir l'État de sa résidence pour lui demander d'examiner son cas et de trouver une solution éliminant la double imposition par accord amiable avec l'autre État.

En pratique, les difficultés concernent, le plus souvent :
– la détermination du domicile du défunt (ou, le cas échéant, du donateur) ;
– les questions touchant à la répartition des dettes ;
– les conflits entre législations pour déterminer de quelle stipulation conventionnelle relève la transmission d'un bien.

En cas de difficulté, il convient de saisir, en France, le Bureau de Prévention et résolution des différends internationaux de la Direction générale des Finances publiques (SJCF 4B), Télédoc 849, 64-70 Allée de Bercy 75574 Paris Cedex 12 (courriel : bureau.sjcf4b@dgfip.finances.gouv.fr).

> **Précisions** La convention **franco-allemande** du 12 octobre 2006 prévoit une procédure d'**arbitrage** (art. 14). Elle précise que, si les autorités compétentes ne parviennent pas à un accord amiable dans un délai de vingt-quatre mois décompté à partir du jour de réception de la demande du ou des contribuables concernés, elles peuvent convenir de recourir à une commission d'arbitrage ; cette procédure est donc facultative et laissée à l'appréciation des États.

CLAUSES ANTI-ABUS

74395 Les conventions fiscales (successions et donations) contiennent parfois, mais rarement, des dispositifs anti-abus spécifiques. Par exemple, la convention fiscale franco-américaine du 24 novembre 1978 modifiée permet aux États-Unis d'imposer, conformément à leur législation, la succession d'un défunt ou la donation d'un donateur qui, au moment de son décès ou de la donation, était soit un citoyen des États-Unis, soit une personne domiciliée aux États-Unis soit un ancien citoyen ou un ancien résident de longue durée dont la renonciation à ce statut a eu comme un de ses **objets principaux celui d'échapper à l'impôt** ; toutefois, ce droit n'est applicable que pendant une période de dix ans suivant une telle renonciation (art. 1, 4 de la convention).

Autre exemple, la convention franco-allemande du 12 octobre 2006 prévoit un **droit de suite** en faveur de l'Allemagne : une personne possédant la nationalité allemande, qui, au moment du décès ou de la donation, séjournait hors d'Allemagne depuis cinq ans au plus sans avoir de foyer d'habitation en Allemagne est considérée comme domiciliée en Allemagne au sens de la première phrase de l'article 4 (résidence) de la convention ; les situations de double résidence entre la France et l'Allemagne sont cependant traitées ensuite conformément aux principes habituels. Voir également no 74500, dans le cadre franco-monégasque.

B. Détermination du domicile fiscal

1. DÉTERMINATION DU DOMICILE FISCAL EN DROIT INTERNE

CRITÈRES LÉGISLATIFS

Le domicile fiscal ne coïncide pas nécessairement avec le domicile civil ; la détermination du domicile fiscal des personnes physiques obéit à des règles particulières, identiques à celles qui sont prévues en matière d'impôt sur le revenu (l'article 750 ter du CGI renvoie expressément, en ce qui concerne la domiciliation fiscale, à l'article 4 B du même Code, relatif à la détermination du domicile fiscal pour l'impôt sur le revenu ; BOI-ENR-DMTG-10-10-30 n° 30). **74445**

Pour l'application des droits de mutation à titre gratuit, de la même façon que pour l'impôt sur le revenu, est ainsi considérée comme domiciliée en France, une personne (qu'il s'agisse du défunt, du donateur, des héritiers ou des donataires) qui a en France :

– soit son **foyer,** entendu, selon l'administration, du lieu où le contribuable habite normalement, c'est-à-dire du lieu de sa résidence habituelle, à condition que cette résidence en France ait un caractère permanent (BOI-IR-CHAMP-10 n° 100) ; l'administration indique que la résidence habituelle du contribuable demeure son foyer même s'il est appelé pour des raisons professionnelles à séjourner ailleurs temporairement ou pendant la plus grande partie de l'année, dès lors que, normalement, la famille continue d'y habiter et que tous ses membres s'y retrouvent (BOI précité n° 110) ; les définitions proposées par la doctrine administrative ne sont cependant pas tout à fait respectueuses de la jurisprudence qui définit le foyer différemment, comme étant situé là où le contribuable a le centre des intérêts familiaux et où il habite normalement (n° 74450 a.) ;

– soit, en l'absence de foyer, le lieu de son **séjour principal,** entendu comme celui de sa présence effective, en général pour une durée supérieure à six mois ; si la durée de séjour en France est inférieure à six mois mais supérieure à ce qu'elle est dans d'autres États, ce critère permet également la domiciliation en France ;

– soit le lieu de ses **activités professionnelles** sauf si celles-ci sont exercées à titre accessoire ; ce lieu s'entend de celui où l'activité est effectivement exercée ;

– soit le **centre de ses intérêts économiques,** c'est-à-dire, selon l'administration, le lieu de réalisation des principaux investissements ou le lieu d'exercice des activités professionnelles ou encore le lieu d'où est tirée la majeure partie des revenus (BOI-IR-CHAMP-10 n° 230).

Ces critères sont **alternatifs** et non pas cumulatifs ; par exemple, s'il s'avère que l'un d'eux est rempli par le défunt, l'ensemble de sa succession est imposable en France, même si les héritiers ne sont pas eux-mêmes résidents de France et si les biens ne sont pas situés en France (sauf, naturellement, si une convention fiscale prévoit une solution différente).

En principe, l'application de ces critères s'entend compte tenu des précisions apportées par la **jurisprudence administrative,** qui se prononce sur l'application des règles de territorialité de l'impôt sur le revenu ; en effet, ces précisions sont généralement reprises par la jurisprudence judiciaire, compétente en matière de droits de mutation à titre gratuit. En ce sens, d'ailleurs, l'administration indique que les agents chargés du contrôle des droits de mutation à titre gratuit doivent, lorsqu'il y a doute sur le domicile fiscal, prendre l'attache de leur collègue chargé de l'imposition des revenus, sauf à tenir compte d'un changement éventuel de domicile qui aurait pu intervenir entre le 1er janvier et la date du fait générateur de l'impôt (BOI-ENR-DMTG-10-10-30 n° 60).

> **Précisions** Pour l'application du critère du **centre des intérêts économiques,** il est probable que la jurisprudence judiciaire retiendrait la manière de voir du Conseil d'État qui juge que le centre des intérêts économiques d'un contribuable ne peut être établi par la seule constatation qu'un patrimoine est situé en France car il faut que ce patrimoine soit productif de revenus (CE 8e-3e s.-s. 27-1-2010 n° 294784 : RJF 4/10 n° 311) ; selon ce qu'indiquait le rapporteur public Laurent Olléon dans ses conclusions sous cette décision, « ce qui doit être comparé, c'est le niveau des revenus tirés par le contribuable dans chaque pays, qu'il s'agisse des revenus de son travail ou de sa propriété » (conclusions au BDCF 4/10 n° 38).

ILLUSTRATIONS JURISPRUDENTIELLES

Peu de décisions ont été rendues par le juge judiciaire en matière de domiciliation fiscale pour l'application des droits de mutation à titre gratuit. Les deux suivantes, qui reprennent, sur le fond, la jurisprudence administrative, sont cependant à signaler : **74450**

a. A été considérée comme domiciliée en France à son décès une personne qui avait la double nationalité vénézuélienne et française et qui était décédée dans les Antilles néerlandaises ; elle avait, en effet, son **foyer en France** bien qu'elle ait séjourné effectivement pendant les dernières années de sa vie plus fréquemment au Venezuela qu'en France, sa résidence en France étant restée « le point d'attache du couple et de la famille » et son foyer au sens de l'article 4 B du CGI (Cass. com. 15-10-1996 nº 94-19.120 : RJF 2/97 nº 180) ; cet arrêt a repris la solution de principe issue de la jurisprudence du Conseil d'État (notamment, CE sect. 3-11-1995 nº 126513 : RJF 12/95 nº 1332), en indiquant que « le foyer du contribuable, qui détermine le domicile fiscal, s'entend du lieu où l'intéressé habite normalement et a le centre de ses intérêts familiaux, sans qu'il soit tenu compte de séjours effectués temporairement ailleurs, en raison notamment des nécessités de sa profession » ; l'arrêt souligne également que la circonstance que le centre des intérêts économiques du contribuable ait été situé à l'étranger est sans incidence puisque, sur les trois critères législatifs, il suffit qu'un seul soit démontré pour entraîner la domiciliation en France ; la Cour de cassation confirme enfin que le domicile fiscal doit être apprécié au seul regard du texte fiscal, sans égard au Code civil.

b. N'a pas été considéré comme domicilié en France à son décès, un contribuable qui exerçait son activité essentiellement en Nouvelle-Calédonie, où il y dirigeait une société, bien qu'il soit décédé en France après y avoir séjourné plus de six mois au cours de l'année précédente ; en effet, ces séjours ne résultaient pas de convenances personnelles ou professionnelles mais seulement des nécessités du **traitement d'une maladie** qui ne pouvait pas être soignée en Nouvelle-Calédonie (Cass. com. 16-12-1997 nº 95-20.365 P : RJF 4/98 nº 482) ; le transfert en France par le défunt de son lieu de séjour principal, qui ne manifestait nullement son intention de fixer sur le territoire métropolitain son principal établissement, n'établissait pas qu'il y avait son domicile fiscal.

DOMICILIATION DE L'HÉRITIER OU DU DONATAIRE (OU LÉGATAIRE)

74455 Pour l'application de l'article 750 ter, 3º du CGI (nº 74320), le domicile fiscal de l'héritier (donataire ou légataire) est apprécié selon les règles de l'impôt sur le revenu (CGI art. 4 B). La résidence en France doit être établie au jour du fait générateur de la mutation à titre gratuit ; le critère de la domiciliation pendant la période de six ans dans les dix années précédant le fait générateur de l'impôt est satisfait même en cas de domiciliation discontinue (BOI-ENR-DMTG-10-10-30 nº 390).

En application de ces principes, une donation faite à un enfant de moins de six ans n'entre pas dans le champ d'application de l'article 750 ter, 3º du CGI puisque la condition de durée ne peut, par hypothèse, être remplie (Rép. Zimmermann : AN 12-7-2005 nº 58326 : BF 10/05 nº 1031, non reprise au Bofip). Il a, en outre, été précisé qu'aucune distinction ne doit être opérée selon que l'héritier, donataire ou légataire est mineur ou majeur et que rien ne fait obstacle à ce qu'un enfant de moins de dix-huit ans ait eu son domicile fiscal en France pendant plus de six ans au cours des dix dernières années précédant celle au cours de laquelle il a reçu des biens (Rép. Reichardt : Sén. 20-8-2015 nº 14014, précisant qu'un mineur à la charge de ses parents a bien son foyer en France si ses parents sont eux-mêmes domiciliés en France).

2. DÉTERMINATION DU DOMICILE FISCAL EN DROIT CONVENTIONNEL

PRINCIPES

74485 Les règles de détermination du domicile fiscal étant particulièrement larges en droit interne français, des **conflits de domiciliation** peuvent aisément survenir entre la France et d'autres pays ; s'il n'existe pas de convention fiscale, ces conflits ne sont pas résolus et chaque État conserve dans son intégralité son droit d'imposer la succession ou la donation, ce qui peut naturellement conduire à des doubles impositions. Mais s'il existe une convention fiscale, celle-ci permet en général de résoudre les conflits.

En ce qui concerne les conflits de domiciliation, les règles sont en principe, pour l'application des conventions fiscales qui couvrent les droits de mutation à titre gratuit, les mêmes que celles retenues par les conventions fiscales concernant les revenus et la fortune ; le **modèle de convention fiscale** proposé en 1982 par le comité des affaires fiscales de l'OCDE (successions et donations) contient, en effet, un article 4 sur la domiciliation des personnes, qui reprend à l'identique les critères retenus par le modèle de convention relatif aux revenus et à la fortune (également à l'article 4 de ce modèle).

> **Précisions** Le terme employé par les conventions fiscales est en général celui de « **domicile** » et non pas de « **résidence** ». Mais la portée des concepts est identique. Il ne s'agit que d'une différence de terminologie sans incidence juridique.

NOTION DE « RÉSIDENT »

Si la convention fiscale reprend le modèle de l'OCDE, elle indique, en général à l'article 1, qu'elle s'applique : 74490

– aux successions des personnes domiciliées au moment de leur décès dans un État ou dans les deux États ;

– et aux donations faites par des personnes domiciliées au moment de la donation dans un État ou dans les deux États.

La convention ajoute, à l'article 4 § 1, que « l'expression « personne domiciliée dans un État contractant » désigne toute personne dont la succession ou la donation est, en vertu de la législation de cet État, **soumise à l'impôt** dans cet État en raison de son domicile, de sa résidence, de son siège de direction ou de tout autre critère de nature analogue. Toutefois, cette expression ne comprend pas les personnes dont la succession ou la donation n'est soumise à l'impôt dans cet État que pour les biens qui y sont situés ».

Pour qu'un conflit de résidence puisse être réglé par la convention fiscale, à supposer que celle-ci reprenne le modèle de l'OCDE, il faut donc, en principe, vérifier que cette définition est applicable, ce qui suppose que soit satisfaite la condition de soumission à l'impôt de « la » succession ou de « la » donation en cause.

> **Précisions** La portée exacte de la condition d'assujettissement à l'impôt n'est pas très claire, en l'absence de commentaires ou de précisions jurisprudentielles ; elle pourrait conduire à écarter, par principe, toute succession ou donation non imposable dans le pays partenaire si, par exemple, la Cour de cassation transposait la position du Conseil d'État pour l'application des conventions fiscales relatives aux impôts sur le revenu : pour le juge administratif, en effet, une **personne exonérée d'impôt** dans un État à raison de son statut ou de son activité ne peut être regardée comme assujettie à l'impôt au sens de la convention ni, par voie de conséquence, comme un « résident » de cet État pour l'application de la convention (plusieurs décisions en ce sens, notamment, CE 9e-10e s.-s. 9-11-2015 n° 370054 : RJF 2/16 n° 178).

CRITÈRES CONVENTIONNELS HABITUELS

Les conventions fiscales éliminent, en principe, les doubles domiciliations au moyen de critères discriminants successifs (et non pas alternatifs, à la différence de ce qui est prévu en droit interne français). Le plus souvent, ces critères sont les suivants : 74495

– le défunt (donateur) est considéré comme domicilié dans l'État où il avait un **foyer d'habitation permanent** ; cette notion s'entend de toute habitation à sa disposition quelle qu'en soit la forme pourvu qu'elle ait fait l'objet d'un aménagement « durable » (sans précision), ce qui exclut les séjours de « courte durée » ; une simple résidence secondaire peut être « un foyer » d'habitation permanent au sens de cette définition, même s'il ne s'agit naturellement pas « du foyer » du contribuable au sens du droit interne ;

– en présence d'un foyer d'habitation permanent dans les deux États, il faut déterminer le **centre des intérêts vitaux,** entendu de l'État avec lequel les liens personnels et économiques sont les plus étroits ; doivent être pris en considération à cette fin les relations familiales et sociales du défunt/donateur, ses occupations, ses activités politiques, culturelles ou autres, le siège de ses affaires, le lieu de ses principaux investissements et sources de revenus, etc. (ces éléments doivent être examinés dans leur ensemble, et sans qu'il y ait à établir une hiérarchie entre les liens économiques et les liens personnels) ;

– si le centre des intérêts vitaux ne peut être déterminé, ou en l'absence de foyer d'habitation permanent dans l'un des deux États, le critère discriminant est celui du **lieu du séjour habituel,** à prendre en considération sur une « période suffisamment longue » (sans précision) ;

– si ce dernier critère ne permet pas de résoudre le conflit de domiciliation, la domiciliation est considérée comme établie dans l'État de la nationalité ;

– enfin, si le défunt/donateur ne possède la nationalité d'aucun des États, ou bien celle des deux États, la question du domicile doit être tranchée par accord entre les autorités compétentes, selon la procédure amiable conventionnelle (n° 74390).

Tous ces critères conventionnels tendent à faire prévaloir les situations de fait (foyer, séjour, etc.) sur les situations de pur droit.

CAS PARTICULIERS

Les conventions fiscales ne suivent pas toutes le modèle proposé par le comité des affaires fiscales de l'OCDE. 74500

Par exemple, la **convention franco-monégasque** du 1er avril 1950, tendant à éviter les doubles impositions et à codifier les règles d'assistance en matière successorale, s'applique seulement aux « ressortissants » français ou monégasques et non aux « résidents » de l'un ou l'autre État ; le terme « domicile » est certes défini, mais il désigne le lieu où le « de cujus » avait son principal établissement (cette convention ne s'applique qu'aux droits de succession et non aux droits de donation). Il est en outre prévu que les personnes de nationalité française ne peuvent être considérées comme ayant eu leur domicile dans la Principauté au moment de leur décès que si, à cette date, elles y ont résidé habituellement en fait depuis cinq années au moins (les personnes faisant partie ou relevant de la Maison Souveraine ainsi que les fonctionnaires, employés et agents des services publics de la Principauté sont cependant considérés comme domiciliés en Principauté dès lors qu'ils y ont établi leur résidence habituelle et résidé en fait à la date de leur décès, sans condition de durée).

Autre exemple, la **convention fiscale franco-allemande** du 12 octobre 2006 contient un dispositif spécial en ce qui concerne les doubles résidents ; elle prévoit qu'une personne physique qui, au moment de son décès (ou au moment où elle a effectué une donation), possédait la nationalité d'un État sans posséder celle de l'autre État et qui était domiciliée dans les deux États est considérée comme domiciliée seulement dans le premier État, si elle avait l'intention manifeste de ne pas conserver indéfiniment son domicile dans l'autre État et si elle avait été domiciliée dans cet autre État au total moins de cinq ans au cours de la période de sept ans précédant immédiatement le moment du décès ou de la donation.

ILLUSTRATIONS JURISPRUDENTIELLES

74505 Comme pour la détermination du domicile en droit interne, il y a peu de décisions juridictionnelles illustrant le maniement des conventions fiscales pour la résolution des conflits de domicile en ce qui concerne les droits de mutation à titre gratuit. Les deux suivantes sont cependant à relever :

a. A été considérée comme résidente d'Espagne à son décès en 1980 une personne qui se trouvait dans la situation suivante (TGI Bayonne 8-9-1989 : RJF 6/90 n° 637) :

– elle avait un **foyer d'habitation permanent** en France et en Espagne, au sens de la convention fiscale franco-espagnole du 8 janvier 1963 ; elle disposait d'un pied-à-terre à Biarritz et séjournait depuis deux ans dans une maison de retraite en France, mais elle possédait toujours un domicile en Espagne, meublé et entretenu, à sa disposition et où elle se rendait encore ;

– ses **liens personnels et économiques** étaient plus étroits avec l'Espagne qu'avec la France car elle n'avait en France ni revenus, ni famille, alors qu'elle avait la nationalité espagnole, que ses revenus étaient d'origine étrangère, que sa sœur vivait à Madrid et qu'elle possédait deux appartements en Espagne.

b. Sous l'empire de l'ancienne convention fiscale franco-suisse (aujourd'hui caduque, ayant été dénoncée par la France ; n° 74355, Précisions, b), un défunt a été considéré comme **domicilié en Suisse** et non en France car il était prouvé par un nombre important de pièces non contestées qu'il s'était marié en Suisse, qu'il y avait vécu pendant plusieurs dizaines d'années, y exerçant une activité professionnelle et y acquittant des impositions et qu'il y avait fait son testament (Cass. com. 2-11-1994 n° 92-16.524 : RJF 1/95 n° 114) ; en l'espèce, il n'était donc pas déterminant que le décès ait eu lieu à Neuilly-sur-Seine, que le défunt ait exercé une activité professionnelle en France et qu'il y ait souscrit des déclarations fiscales.

SECTION 2

DÉTERMINATION DU LIEU DE SITUATION DES BIENS

A. Principes directeurs

RÈGLES DE TERRITORIALITÉ

74610 L'imposition des mutations à titre gratuit dépend non seulement du domicile du défunt/donateur et de celui des héritiers/légataires mais aussi de la nature des biens transmis et du lieu de leur situation.

Lorsque le **défunt/donateur est domicilié en France,** tous les biens sont imposables, notamment les fonds publics, parts d'intérêts, créances et, d'une manière générale, toutes les valeurs mobilières françaises ou étrangères quelle que soit leur nature, ainsi que les immeubles et les meubles, corporels ou incorporels, situés en France ou hors de France (n° 74315).

En revanche, lorsque le **défunt/donateur n'est pas domicilié en France,** la situation est plus compliquée car les règles de territorialité dépendent de la domiciliation des héritiers ou donataires (n° 74320) ; dans ce cas, la détermination du lieu de situation des biens devient essentielle.

CRITÈRES DE DÉTERMINATION DU LIEU DE SITUATION DES BIENS

Sont considérés comme situés en France (BOI-ENR-DMTG-10-10-30 nos 80 s.) : **74615**

– les biens qui ont une **assise matérielle** en France (métropole et départements d'outre-mer) tels que les immeubles, meubles corporels ou fonds de commerce exploités en France ;

– les **créances** sur un débiteur établi ou domicilié en France, les **valeurs mobilières** émises par l'État français, une personne morale de droit public français ou une société qui a en France son siège social ou le siège de sa direction effective (quelle que soit la composition de son actif) ;

– les **brevets** et **marques** de fabrique concédés ou exploités en France ;

– les actions et parts de sociétés ou personnes morales non cotées en bourse dont le siège est situé hors de France et dont l'actif est **principalement constitué d'immeubles** ou de droits immobiliers situés sur le territoire français, à proportion de la valeur de ces biens par rapport à l'actif total de la société (nos 74670 s.) ;

– les immeubles ou droits immobiliers réputés **possédés indirectement** (nos 74745 s.).

> Précisions La **France** s'entend exclusivement :

– de la France continentale, des îles du littoral et de la Corse ;

– des départements d'outre-mer : Guadeloupe, Martinique, Guyane, Mayotte et La Réunion (BOI-IR-CHAMP-10 n° 50, à propos de l'impôt sur le revenu).

DÉGUISEMENT DE BIENS FRANÇAIS SOUS L'APPARENCE DE BIENS ÉTRANGERS

L'administration peut écarter tout montage déguisant la transmission de biens situés en France sous l'apparence de la transmission de biens étrangers. Elle tient ce droit du mécanisme général de **répression des abus de droit** (LPF art. L 64). **74620**

Une illustration en est donnée par une affaire soumise au comité de l'abus de droit fiscal à propos de la transmission, par un acte soumis au droit britannique, par une personne physique résidente du Royaume-Uni à son conjoint également résident britannique de titres d'une société luxembourgeoise (Avis CADF 26-6-2013 n° 2013-12 : BF 11/13 n° 975) ; en l'espèce, le montage allégué avait procédé de l'apport successif de titres français à des sociétés luxembourgeoises sans substance, suivi de la donation des titres luxembourgeois au lieu des titres français et du transfert des titres dans des **trusts** préalablement constitués aux Bermudes : le comité a été d'avis que cette opération n'avait eu pour seul objet que de déguiser la transmission réelle de titres d'une société française. Saisi au contentieux, le juge ne s'est pas prononcé sur le bien-fondé de cette analyse mais il a accordé la décharge en estimant que la prétendue donation avait été, en l'espèce, assortie d'une charge exclusive d'intention libérale car l'épouse avait reçu les titres à charge pour elle de s'en dessaisir au profit des trusts (CA Paris 19-3-2018 n° 16/09096, Pôle 5, ch. 10 ; cet arrêt a fait l'objet d'un pourvoi qui a été rejeté par Cass. 1e civ. 11-7-2019 n° 18-18.208). La cour d'appel a estimé que la mutation à titre gratuit se trouverait réalisée au profit des bénéficiaires des trusts au jour du décès du constituant emportant clôture des trusts et que la constitution des trusts avait répondu à une finalité de transmission d'un patrimoine aux enfants du constituant dans des conditions fiscalement favorables ; en définitive, le montage ainsi opéré ne pouvait, selon la cour, être considéré comme ayant une visée « exclusivement fiscale » puisqu'il s'inscrivait dans un projet de dévolution successorale.

Un autre exemple de situation où l'administration a échoué est donné par une affaire qui a fait l'objet d'un avis défavorable du Comité de l'abus de droit fiscal, auquel l'administration s'est ralliée (Avis CADF 5-5-2022 n° 2022-02) ; l'administration avait tenté de **requalifier en donation d'un bien immobilier** situé en France une donation de somme d'argent intervenant entre résidents de Suisse, mais elle a finalement abandonné ses prétentions, compte tenu de la réalité du projet immobilier dans lequel cette donation s'insérait.

B. Sociétés étrangères à prépondérance immobilière en France

PRINCIPES

74670 Si une société à prépondérance immobilière est **française,** les actions ou parts dans cette société sont nécessairement des biens situés en France en vertu des règles générales indiquées au n° 74615 ; mais il peut en aller de même en présence de **sociétés étrangères** à prépondérance immobilière en France.

Sont, en effet, considérées comme françaises les actions et parts de sociétés ou de personnes morales non cotées en bourse dont le siège est situé hors de France et **dont l'actif est principalement constitué d'immeubles** ou de droits immobiliers situés sur le territoire français ; toutefois, ces parts ou actions ne sont « françaises » qu'à proportion de la valeur de ces biens par rapport à l'actif total de la société (CGI art. 750 ter, 2°-al. 4).

La forme de la personne morale importe peu. Mais ses actions ne doivent pas être admises à la cote officielle d'une bourse française ou étrangère, ni au second marché (l'expression « société cotée » est utilisée par le CGI et par commodité mais elle ne recouvre plus aujourd'hui une réalité juridique, les valeurs mobilières étant non pas « cotées » mais « admises à la négociation sur un marché réglementé »).

Cela étant, si les actions ou parts d'une société étrangère à prépondérance immobilière sont considérées comme situées en France, elles restent juridiquement des **biens meubles** et ne sont pas pour autant qualifiées d'immeubles par la loi. D'un point de vue civil, il est constant que des parts de société immobilière relèvent de la loi du **dernier domicile du défunt** s'agissant d'actifs mobiliers (Cass. 1e civ. 20-10-2010 n° 08-17.033 FS-PBI : RJDA 2/11 n° 110, BPAT 6/10 inf. 339 à propos de parts d'une société immobilière suisse). Dans le même sens, voir également l'arrêt de plénière de la Cour de cassation cité n° 74865.

En tout état de cause, une mutation à titre gratuit portant sur des parts ou actions de sociétés étrangères à prépondérance immobilière en France n'est imposable que si les **conventions fiscales** ne s'y opposent pas (nos 74855 s.).

> Précisions Les sociétés étrangères (comme d'ailleurs les sociétés françaises) qui, directement ou par entité interposée, possèdent un ou plusieurs immeubles situés en France ou qui sont titulaires de droits réels portant sur des immeubles sont, sauf si elles remplissent les conditions pour en être exonérées, passible annuellement d'une **taxe patrimoniale égale à 3 %** de la valeur vénale des immeubles ou droits (CGI art. 990 D à G) ; le fait que cette taxe soit effectivement acquittée par la société ne dispense pas ses associés d'acquitter les droits de mutation à titre gratuit sur les mutations de parts ou titres concernés (l'article 29 de la loi de finances pour 1993 a, en effet, abrogé l'ancien article 797 A du CGI qui exonérait les mutations dans ce cas).

ÉLÉMENTS D'ACTIFS À PRENDRE EN COMPTE

74675 La doctrine administrative indique que les éléments d'actif à prendre en considération, pour déterminer si une personne morale étrangère est à prépondérance immobilière en France, sont les **immeubles** bâtis ou non bâtis situés sur le territoire français ainsi que les **droits réels immobiliers** portant sur ces biens (usufruit, nue-propriété, droit d'usage, etc.) et les **titres** de personnes morales elles-mêmes à prépondérance immobilière. En revanche, ne sont pas pris en compte les immeubles situés en France et affectés par la personne morale à sa propre **exploitation** industrielle, commerciale, agricole ou à l'exercice d'une profession non commerciale (cas, par exemple, des immeubles affectés à une activité de production ou de négoce exercée par la personne morale elle-même ; BOI-ENR-DMTG-10-10-30 n° 120).

L'administration ajoute que sont à prendre en considération pour apprécier la notion de prépondérance immobilière (BOI précité n° 130) :

– les immeubles donnés en **location,** qu'il s'agisse de la location d'immeubles d'habitation nus ou meublés ou de la location d'immeubles à usage industriel ou commercial munis ou non du mobilier ou du matériel nécessaires à leur exploitation ;

– les immeubles constituant le stock immobilier de sociétés de construction-vente ou de sociétés qui se livrent à une activité de **marchand de biens** ;

– les **titres de sociétés** elles-mêmes à prépondérance immobilière.

> Précisions À notre avis, la doctrine administrative est contestable en ce qu'elle prévoit la prise en compte des titres de sociétés à prépondérance immobilière car il s'agit juridiquement de biens meubles et non d'immeubles ou de droits immobiliers.

RATIO DE PRÉPONDÉRANCE IMMOBILIÈRE

Pour déterminer si une personne morale étrangère est à prépondérance immobilière en France, il convient, selon l'administration, de comparer à la **valeur totale de l'actif social situé en France,** la valeur des immeubles et droits réels immobiliers appartenant à la société et situés en France, à l'exception des immeubles affectés par la société à sa propre exploitation industrielle, commerciale, agricole ou à l'exercice d'une profession non commerciale (BOI-ENR-DMTG-10-10-30 n° 140). 74680

La société est à prépondérance immobilière si la valeur des immeubles et droits immobiliers situés en France représente **plus de 50 %** de la valeur de l'actif social situé en France (et non pas de l'actif mondial).

> **Précisions** À notre avis, la manière de voir de l'administration ne respecte pas les dispositions législatives qui prévoient que l'actif à prendre en compte au dénominateur est « l'actif », sans autre précision (donc, l'actif mondial), et non pas l'actif « situé en France » ; la position de l'administration n'a cependant pas été infirmée au contentieux (n° 74695).

FRACTION IMPOSABLE

Les actions ou parts d'une personne morale étrangère à prépondérance immobilière détenues par des personnes physiques non domiciliées en France sont soumises aux droits de mutation à titre gratuit **à concurrence de la proportion** existant entre la valeur des immeubles situés sur le territoire français et celle de l'actif total de la société, soit l'actif mondial, cette fois-ci, situé tant en France qu'à l'étranger (BOI-ENR-DMTG-10-10-30 n° 150). 74685

> **Précisions** Il résulte de la doctrine administrative précitée que seul l'actif « français » est à prendre en compte pour l'établissement du ratio de prépondérance immobilière mais que l'actif mondial doit être retenu pour le calcul de la valeur imposable.

EXEMPLE

Le mode de calcul peut être illustré par l'exemple suivant : 74690

Actif social d'une société étrangère : 20 M€ dont :
- immeubles situés en France (en dehors de ceux affectés à sa propre exploitation) : 8 M€ ;
- autres actifs situés en France :
  - immeubles affectés à sa propre exploitation : 3 M€,
  - autres éléments d'actifs : 1 M€ ;
- immeubles situés hors de France : 3 M€ ;
- autres actifs situés hors de France : 5 M€.

Dans ce cas, les immeubles situés en France représentent 8/12 des actifs français de la société ; celle-ci est donc à prépondérance immobilière en France (selon l'administration). Mais les titres détenus par des personnes physiques non domiciliées en France ne sont soumis aux droits de mutation qu'à hauteur des 8/20 de leur valeur (prise en compte au dénominateur de l'actif mondial et non du seul actif français).

JURISPRUDENCE

Il n'y a guère de décisions juridictionnelles en la matière. Dans une affaire qui concernait l'ancien ISF, mais qui est transposable aux droits de mutation à titre gratuit (les textes applicables sont les mêmes sur ce point), il est toutefois à noter que le mode de calcul de la prépondérance immobilière retenu par l'administration avait été approuvé au contentieux, à propos d'un non-résident titulaire de 74 % des **parts d'une société britannique qui détenait une société civile immobilière** elle-même propriétaire de biens immobiliers situés à Paris (CA Paris 1e ch. sect. B 17-3-2006 n° 04-10556 : RJF 8-9/06 n° 1120 ; arrêt définitif). Il a été jugé que, pour la détermination de la prépondérance immobilière, il y avait lieu de retenir au dénominateur les seuls biens situés en France (cette solution valide la doctrine administrative citée n° 74680, mais il ne semble pas que la question de la prise en compte des seuls actifs français au dénominateur ait été posée) ; pour le reste, l'arrêt confirme que l'administration ne pouvait pas valoriser les parts en se fondant seulement sur la valeur des immeubles situés en France et imposer le redevable au prorata des parts qu'il possédait, mais qu'il convenait de rechercher la proportion existant entre la valeur des immeubles situés en France et celle de l'actif total de la société situé tant en France qu'à l'étranger. 74695

Autre exemple, l'administration a échoué à imposer des parts de **SCI monégasques** à prépondérance immobilière en France, dès lors qu'elles étaient détenues non pas directement mais par une autre société civile monégasque elle-même détenue par le défunt ; dans cette affaire, l'administration aurait sans doute dû chercher à imposer les parts de la société de tête, sauf à estimer que l'interposition des SCI de deuxième niveau avait retiré à la SCI de tête la qualité de société à prépondérance immobilière en France (CA Paris 1e ch. sect. B 16-9-2005 nº 03-21449 : Dr. fisc. 2006, 17-18, comm. 363 ; l'administration avait initialement formé un pourvoi contre cet arrêt, mais elle s'est ensuite désistée). Cette décision est toutefois intervenue à une époque où les règles relatives aux sociétés à prépondérance immobilière ne permettaient pas l'imposition d'immeubles détenus indirectement (nos 74745 s.).

C. Immeubles situés en France et possédés indirectement

ÉLÉMENTS DE CONTEXTE

74745 Le dispositif relatif aux sociétés étrangères à prépondérance immobilière en France (nos 74615 s.), bien qu'il soit très extensif, ne permet pas d'imposer toutes les mutations indirectes d'immeubles français par des non-résidents. Si une société étrangère détient des actifs mobiliers français dont la valeur est supérieure à celle de ses biens immobiliers situés en France, en effet, la société n'est pas, par définition, à prépondérance immobilière et la transmission de ses parts ou actions n'est pas imposable de ce fait.

C'est la raison pour laquelle la loi prévoit l'imposition d'immeubles « possédés indirectement », sous certaines conditions. Ce dispositif vise les **non-résidents qui détiennent des immeubles situés en France par l'intermédiaire d'entités** quelconques, à condition qu'ils les contrôlent personnellement, ou dans le cadre de leur groupe familial, et **même lorsque la prépondérance immobilière n'est pas établie** (CGI art. 750 ter 2°-al. 2 ; BOI-ENR-DMTG-10-10-30 nos 170 s.).

ENTITÉS CONCERNÉES

74750 Sont concernées, d'une façon générale, les mutations à titre gratuit d'actions, parts ou droits d'**entités quelconques,** qu'il s'agisse de personnes morales ou d'organismes non dotés de la personnalité morale en France et quelle qu'en soit la forme (trusts ou fondations, par exemple ; BOI-ENR-DMTG-10-10-30 nº 190).

Par différence avec le cas des sociétés à prépondérance immobilière, ce mécanisme n'exclut pas les **sociétés cotées.**

DÉTENTION D'UN ACTIF IMMOBILIER SITUÉ EN FRANCE

74755 Pour que le texte soit applicable, la personne morale, ou l'organisme, doit détenir à son actif un **immeuble** ou un droit immobilier situé en France, et non affecté à sa propre exploitation.

Il peut s'agir d'immeubles bâtis ou non bâtis donnés ou non en location, de droits réels immobiliers (usufruit, nue-propriété, droit d'usage, etc.), de titres ou de droits d'une personne morale ou d'un organisme propriétaire de biens ou droits immobiliers situés sur le territoire français, ou encore de titres ou de droits d'une personne morale ou d'un organisme titulaire d'une participation dans une autre personne morale ou organisme propriétaire de biens ou droits immobiliers français.

Les immeubles ne doivent pas être affectés par l'entité concernée à son exploitation industrielle, commerciale, agricole ou à l'exercice d'une profession non commerciale.

Par différence avec le mécanisme applicable aux transmissions de parts ou actions de sociétés à prépondérance immobilière, ce dispositif s'applique **même en l'absence** de **prépondérance immobilière,** c'est-à-dire indépendamment du poids relatif des biens ou droits immobiliers dans l'actif de l'entité concernée.

CONTRÔLE PAR LE DÉFUNT OU LE DONATEUR

74760 Le dispositif ne s'applique que si le défunt (ou le donateur) détient, directement ou indirectement, **plus de la moitié** des actions, parts ou droits de la personne morale ou de l'organisme concerné ; pour l'application du seuil de 50 %, doivent être pris en compte non seulement les titres qui appartiennent personnellement au défunt, mais encore ceux qui appartiennent à son **groupe familial,** entendu du conjoint, des ascendants ou des descendants, des frères et sœurs, et des ascendants ou descendants et frères et sœurs du conjoint.

Il est également tenu compte des titres détenus par l'intermédiaire d'une **chaîne de participations** au sens de l'article 990 D du CGI, quel que soit le nombre de personnes morales ou d'organismes interposés. L'article 990 D du CGI précise qu'est réputée posséder des biens ou droits immobiliers en France par entité interposée toute entité juridique qui détient une participation, quelles qu'en soient la forme et la quotité, dans une personne morale, un organisme, une fiducie ou une institution comparable, autre qu'une entité juridique visée aux 1°, a et b du 2° et a, b et c du 3° de l'article 990 E du CGI, qui est propriétaire de ces biens ou droits ou détenteur d'une participation dans une troisième personne morale, organisme, fiducie ou institution comparable lui-même propriétaire des biens ou droits ou interposé dans la chaîne des participations.

Les parts, actions ou droits détenus en propre par les ascendants, descendants et les frères et sœurs du redevable ou de son conjoint sont à prendre en compte en totalité pour l'appréciation du seuil de 50 %. Il en va de même pour ceux qui dépendent de la **communauté conjugale** des ascendants, descendants et frères et sœurs du donateur ou du défunt ou de son conjoint. En revanche, ceux qui appartiennent en **propre** aux **conjoints** des descendants et des frères et sœurs du donateur ou du défunt n'ont pas à être retenus (BOI-ENR-DMTG-10-10-30 nº 240).

ASSIETTE IMPOSABLE

74765 Lorsque les conditions exposées nºs 74755 et 74760 sont réunies, la transmission à titre gratuit des parts ou actions de l'entité étrangère concernée (par succession ou donation) est imposable en France (par nature, le dispositif est sans effet en présence d'une société française puisque les parts ou actions d'une société française sont toujours des biens français imposables, quelle que soit la composition de l'actif de la société).

La valeur imposable des immeubles ou droits immobiliers possédés indirectement est déterminée par la **proportion** de la valeur de ces biens, ou des actions, parts ou droits représentatifs de tels biens, dans l'actif total des organismes ou personnes morales dont le défunt (donateur) détient directement les actions, parts ou droits.

Par conséquent, en présence d'une personne morale ou d'un organisme dont le siège statutaire ou le siège de direction effective est situé hors de France, seule **la fraction de la valeur des actions,** parts ou droits qui est représentative de la valeur de l'immeuble ou du droit immobilier situé en France réputé possédé indirectement, est soumise aux droits de mutation à titre gratuit. La prise en compte des actions, parts ou droits détenus dans le cadre du groupe familial n'intervient que pour l'appréciation du seuil de 50 % ; l'assiette imposable ne comprend que les actions, parts ou droits qui **appartiennent personnellement** au défunt (donateur).

Le dispositif sur la détention immobilière par personne interposée peut théoriquement se cumuler avec celui des **sociétés à prépondérance immobilière** si un donateur ou un défunt, domicilié hors de France détient, au jour du fait générateur des droits de mutation à titre gratuit, plus de 50 % d'une société étrangère à prépondérance immobilière. La loi ne règle pas cette situation, mais l'administration précise que la taxation aux droits de mutation à titre gratuit en France peut être effectuée indifféremment sur le fondement de l'un ou l'autre de ces dispositifs et que la valeur imposable des titres est la même dans les deux cas (BOI-ENR-DMTG-10-10-30 nº 290).

D. Incidences des conventions fiscales

1. RÈGLES GÉNÉRALES

DOUBLES IMPOSITIONS

74815 Comme la législation française est très extensive, des doubles impositions sont susceptibles de survenir si la transmission porte sur des biens situés dans d'autres États. Par exemple, si le défunt était domicilié en France, tous les biens sont imposables, qu'ils soient situés en France ou à l'étranger ; mais, bien entendu, l'État dans lequel des biens sont situés pourra lui-même chercher à imposer la mutation, ce qui créera nécessairement une double imposition. Autre exemple, si le défunt n'était pas domicilié en France, et s'il laisse des parts ou actions de sociétés étrangères à prépondérance immobilière en France, la France pourra imposer la mutation alors même que l'État du domicile du défunt considérerait également qu'il a le droit d'imposer.

Enfin, des doubles impositions peuvent résulter de législations qui retiennent des **critères de territorialité différents** ; par exemple, les États-Unis imposent les successions de leurs nationaux même si ceux-ci ne résidaient pas effectivement aux États-Unis et le Royaume-Uni retient notamment le concept de domicile « d'origine », c'est-à-dire celui qu'une personne a acquis à sa naissance et qu'elle est censée avoir conservé toute sa vie. L'existence de règles différentes selon les États peut ainsi conduire à des **conflits de domicile.** Notamment, un citoyen américain peut être à la fois considéré, en droit interne, comme domicilié en France et aux États-Unis.

S'il n'existe pas de convention fiscale, ces conflits ne sont pas résolus ; chacun des États conserve dans son intégralité son droit d'imposer la succession, ce qui peut naturellement conduire à des situations de double imposition. Mais s'il existe une convention fiscale, celle-ci permet en général de résoudre les conflits.

CONFLITS TENANT AUX RÈGLES DE RATTACHEMENT DES BIENS

74820 Des conflits de rattachement peuvent survenir entre les États, en présence de qualifications différentes données à certains biens. Tel peut, par exemple, être le cas des biens suivants :
– les **comptes en banque** : certains États considèrent qu'un compte en banque est situé au lieu où il est tenu effectivement, mais d'autres au lieu où est situé le siège de la banque, ou encore, au lieu où il est judiciairement exécutoire, c'est-à-dire là où le paiement peut être exigé ;
– les **créances commerciales** : selon les États, elles peuvent être considérées comme situées au domicile du débiteur, au siège central de l'entreprise, au lieu de la conclusion du contrat ou au lieu d'exploitation ;
– les **valeurs mobilières** : elles peuvent être réputées situées au siège du débiteur, au lieu d'émission des certificats représentatifs, au lieu de dépôt ou au lieu de tenue des registres ;
– les **brevets** : ils sont, pour certains États, localisés au lieu d'exploitation et pour d'autres au lieu de l'enregistrement ou dans l'État qui en assure la protection.

En l'absence de convention fiscale, ces conflits ne sont pas résolus, puisque chaque État conserve l'intégralité de son droit d'imposer. Il peut donc en résulter des doubles impositions que les conventions fiscales ont pour objet d'éliminer, bien qu'elles n'y réussissent pas toujours.

RÉPARTITION CONVENTIONNELLE DES DROITS D'IMPOSER

74825 Les conventions fiscales relatives aux droits de mutation à titre gratuit (successions, et, plus rarement, donations) sont évidemment toutes différentes ; il convient donc de les analyser précisément en fonction des circonstances. Leur point commun est de répartir les droits d'imposer entre l'État du domicile du défunt (ou, parfois, du donateur) et l'État de situation des biens.

Lorsqu'elles reprennent le modèle de convention fiscale de l'OCDE de 1982, les conventions fiscales posent en principe que les transmissions ne sont imposables que dans l'État du **domicile du défunt,** sauf pour les biens immobiliers et ceux qui sont rattachés à un établissement stable ou à une base fixe (c'est-à-dire qui figurent à son actif). Elles prévoient en effet :
– à l'article 5 (« **biens immobiliers** »), que les biens immobiliers, définis par référence au droit de l'État où ils sont situés, qui font partie de la succession ou d'une donation d'une personne domiciliée dans un État et sont situés dans l'autre État sont imposables dans cet autre État ; ce principe d'imposition au lieu de situation de l'immeuble n'est pas surprenant puisqu'il est également retenu par les conventions fiscales applicables aux impôts sur les revenus et sur la fortune ;
– à l'article 6 (« biens mobiliers appartenant à un **établissement stable** ou à une base fixe »), que les biens mobiliers d'une entreprise qui fait partie de la succession ou d'une donation d'une personne domiciliée dans un État, qui appartiennent à un établissement stable situé dans l'autre État, sont imposables dans cet autre État ; là encore, la règle est cohérente avec les solutions retenues par les conventions fiscales applicables aux impôts sur les revenus et sur la fortune (le concept d'établissement stable est défini de manière identique) ;
– à l'article 7 (« **autres biens** »), que les biens, quelle qu'en soit la situation, qui font partie de la succession ou d'une donation d'une personne domiciliée dans un État contractant et qui ne sont pas visés aux deux articles précédents ne sont imposables que dans cet État.

Ces solutions sont évidemment de nature à aplanir considérablement les difficultés.

> **Précisions a.** Selon le comité des affaires fiscales de l'OCDE, le régime des biens immobiliers s'applique aux **objets mobiliers corporels placés sur les biens immobiliers** pour y demeurer de manière permanente et qui en constituent ainsi des accessoires. L'expression « biens immobiliers » comprend également le cheptel mort ou vif et le matériel des exploitations agricoles et forestières, même si ceux-ci ne se trouvaient plus momentanément sur les immeubles à l'exploitation desquels ils étaient affectés.

b. Dans le modèle de convention fiscale de l'OCDE (successions et donations), les **créances garanties par une hypothèque** immobilière restent des biens mobiliers ; cette solution se retrouve par exemple dans la convention franco-américaine du 24 novembre 1978 modifiée, qui précise que « les créances hypothécaires et les autres créances garanties par des biens immobiliers ne sont pas considérées comme des biens immobiliers » (art. 5 § 2). Les conventions fiscales peuvent cependant retenir des solutions différentes.

2. SOCIÉTÉS À PRÉPONDÉRANCE IMMOBILIÈRE

DIFFICULTÉ

Lorsqu'une convention fiscale est applicable, il n'est pas toujours évident de déterminer si la France peut imposer la transmission de parts ou actions de sociétés à prépondérance immobilière ; tout dépend des stipulations conventionnelles ainsi que de la nature de la société dont il s'agit. **74855**

Si la convention fiscale contient un dispositif spécial permettant l'imposition, il n'y a pas, en général, de difficulté mais il en va différemment si elle ne prévoit rien de plus que ce que propose le modèle de convention fiscale de l'OCDE, c'est-à-dire l'imposition des transmissions de biens immobiliers, avec, en principe, une référence au droit de l'État où ils sont situés.

Dans ce cas, il y a lieu, à notre avis, de procéder aux distinctions suivantes.

SOCIÉTÉS IMMOBILIÈRES DE COPROPRIÉTÉ

Les parts ou actions de sociétés immobilières de copropriété visées à l'article 1655 ter du CGI devraient, à notre avis, être traitées comme des immeubles pour l'application des conventions fiscales ; en effet, ce sont des sociétés qui ont pour unique objet soit la construction ou l'acquisition d'immeubles ou de groupes d'immeubles en vue de leur division par fractions destinées à être attribuées aux associés en propriété ou en jouissance, soit la gestion des immeubles ou groupes d'immeubles ainsi divisés, soit la location pour le compte d'un ou plusieurs membres de la société de tout ou partie des immeubles ou fractions d'immeubles appartenant à chacun de ses membres (CGI art. 1655 ter ; notamment, BOI-RFPI-CHAMP-30-20 n°s 10 s.). **74860**

Ces sociétés sont dotées de la **transparence fiscale** ; quelle que soit leur forme juridique (société civile, société de capitaux, etc.), elles sont réputées ne pas avoir de personnalité fiscale distincte de celle de leurs membres. Ces derniers sont considérés, d'un point de vue fiscal, comme étant les **propriétaires privatifs des locaux** qui correspondent à leurs parts ou actions (en pratique, les immeubles sont divisés en lots, chaque lot correspondant à des parts ou actions).

Dès lors que les sociétés immobilières de copropriété sont réputées ne pas avoir de personnalité distincte de celle de leurs membres, les titres qu'elles émettent devraient être **traités comme des immeubles** pour l'application des conventions fiscales. En ce sens, le premier avocat général près la Cour de cassation avait indiqué, dans son avis cité n° 74865, qu'il n'y a pas, en ce qui concerne ces sociétés, « de différence véritable entre l'immeuble et la personne juridique qui le possède. Celle-ci ne vient qu'en « représentation » de l'immeuble ». La question n'a cependant pas été tranchée dans cette affaire car il ne s'agissait pas d'une société d'attribution (ou de copropriété) mais d'une société de gestion, cette dernière ne se confondant pas avec les immeubles dont elle était propriétaire.

AUTRES SOCIÉTÉS À PRÉPONDÉRANCE IMMOBILIÈRE

À l'exception des sociétés immobilières de copropriété (n° 74860), les actions ou parts de sociétés à prépondérance immobilière, qui ne sont pas définies en droit comme étant des immeubles, ne doivent pas être **considérées** comme des immeubles pour l'application des conventions fiscales mais **comme des « autres biens »** ; par conséquent, la France n'a pas le droit d'imposer la transmission lorsque le défunt n'était pas résident de France, si la convention suit le modèle de convention fiscale de l'OCDE. **74865**

Cette analyse a, en particulier, été faite par l'assemblée plénière de la Cour de cassation, qui a jugé, à propos de l'imposition de parts d'une société civile particulière monégasque à prépondérance immobilière en France qui appartenaient à un défunt domicilié à Monaco, que des parts de sociétés étrangères à prépondérance immobilière en France sont, en l'absence de stipulations conventionnelles contraires, des **biens incorporels de nature mobilière** et non pas des biens immobiliers pour l'application des conventions fiscales relatives aux droits de mutation à titre gratuit (Cass. ass. plén. 2-10-2015 n° 14-14.256 PBRI : RJF 12/15 n° 1066). Comme le soulignait le premier avocat général devant la Cour de cassation, la loi ne dit nullement, en effet, que des parts de sociétés étrangères à prépondérance immobilière sont des immeubles ou des droits immobiliers ; elle se contente, si les conditions sont remplies, de **les qualifier de « françaises »** (il en résultait qu'en l'espèce la France n'avait pas le droit d'imposer puisque les parts de la société monégasque relevaient de l'article 6 de la convention fiscale franco-monégasque du 1er avril 1950, relatif aux « autres biens », et non pas de l'article 2, relatif aux immeubles et droits immobiliers).

Cela étant, les conventions fiscales peuvent naturellement **prévoir l'assimilation** du traitement fiscal de ces parts ou actions **à des immeubles,** contrairement à ce que prévoit le modèle de convention de l'OCDE (n° 74875).

74870 À propos du traitement des parts ou actions de sociétés à prépondérance immobilière en présence d'une convention fiscale, la doctrine administrative fournit les précisions suivantes :

– pour l'application de la convention fiscale franco-britannique du 21 juin 1963 en matière d'impôts sur les successions, l'administration, commentant le principe posé à l'article 4 § 4 de cette convention, selon lequel la question de savoir si **un bien ou un droit a le caractère immobilier** est résolue d'après la législation du lieu dans lequel est situé le bien considéré ou le bien sur lequel porte le droit envisagé, indique que, eu égard à sa généralité, l'expression « législation du lieu » doit être considérée comme comprenant aussi bien le droit fiscal que le droit civil (BOI-INT-CVB-GBR-20-20 n° 30) ;

– en vertu de l'article 5 § 3 de la **convention franco-italienne** du 20 décembre 1990 relative aux successions et donations, les parts sociales d'une société civile, française ou italienne, dont l'actif est principalement constitué d'immeubles situés en France, qui sont transmises par un défunt résident d'Italie à un bénéficiaire résident de France sont taxables en France (Rép. Morel-À-L'Huissier : AN 8-5-2012 n° 114333 : BF 7/12 n° 791, non reprise au Bofip) ;

– pour l'application de l'ancienne convention fiscale franco-suisse (Convention du 31-12-1953, aujourd'hui caduque ; n° 74355, Précisions, b), l'administration avait précisé que les parts ou actions des **sociétés d'exploitation agricole,** non visées par l'article 2 de cette convention, n'étaient, conformément à l'article 3 de la même convention, soumises aux impôts sur les successions que dans l'État dans lequel le défunt avait son dernier domicile, que la société ait opté ou non pour le régime fiscal des sociétés de capitaux (Rép. Patriat : AN 7-3-1988 n° 34585) ; la même solution s'appliquait aux parts de **sociétés civiles immobilières** (Rép. Valleix : AN 21-4-1997 n° 46520 : BF 6/97 n° 676) ;

– les mêmes solutions avaient été énoncées à propos de **SCI monégasques** (Rép. Ehrmann : AN 24-2-1992, n° 52232, confirmant la Rép. Patriat : AN 25-9-1989 n° 12663 : BF 11/89 n° 1406 ; ces réponses ne sont plus opposables, faute d'avoir été reprises au Bofip) ;

– commentant la **convention franco-monégasque** du 1er avril 1950, l'administration précise que les transmissions par décès de parts d'une SCI, quelles que soient la nature et la localisation de ses actifs, sont imposables à Monaco si le défunt y était domicilié au moment de son décès (BOI-INT-CVB-MCO-30 n° 100).

74875 Les solutions qui précèdent, en ce qui concerne les sociétés à prépondérance immobilière (hors sociétés de copropriété) ne sont naturellement applicables que si les conventions fiscales le permettent.

Diverses conventions fiscales, en effet, étendent le champ des biens « immobiliers » considérés comme imposables en France. Tel est le cas de la **convention franco-américaine** du 24 novembre 1978 modifiée, qui précise :

– à propos des définitions (art. 3 § 2), que le sens attribué à un terme ou une expression par le droit fiscal prévaut sur le sens que lui attribuent les autres branches du droit (reprise des solutions proposées par le modèle de convention fiscale de l'OCDE en ce qui concerne les revenus et la fortune) ;

– à propos des sociétés à prépondérance immobilière (art. 5 § 3), que l'expression « biens immobiliers » comprend également les actions, parts ou autres participations dans une société ou une personne morale dont l'actif est constitué, directement ou par l'interposition d'une ou de plusieurs autres sociétés ou personnes morales, d'au moins 50 % de biens immobiliers situés dans l'un des États ou de droits relatifs à de tels biens (ces actions, parts ou autres droits sont considérés comme situés dans l'État où se trouvent les biens immobiliers).

Autre exemple, la **convention franco-allemande** du 12 octobre 2006 précise que l'expression « biens immobiliers » comprend aussi les actions, parts ou autres droits dans une société ou personne morale dont l'actif est constitué pour plus de la moitié, directement ou par l'interposition d'une ou plusieurs autres sociétés ou personnes morales, d'immeubles situés dans un État contractant ou de droits portant sur de tels biens. Elle ajoute que ces actions, parts ou autres droits sont considérés comme situés dans l'État contractant où les immeubles sont situés ; comme en droit interne, ne sont cependant pas pris en considération les immeubles affectés par cette société ou personne morale à sa propre exploitation industrielle, commerciale, agricole ou forestière ou à l'exercice par elle d'une profession libérale ou d'autres activités de caractère indépendant.

3. DÉTENTION INDIRECTE D'IMMEUBLES SITUÉS EN FRANCE

PRINCIPE DE LA NON-APPLICATION DES RÈGLES DE DROIT INTERNE

D'une façon générale, les conventions fiscales ne permettent pas l'application du deuxième alinéa de l'article 750 ter, 2° du CGI, relatif à la détention indirecte d'immeubles situés en France (nos 74745 s.). En effet, sauf exception, elles ne visent que la détention directe d'immeubles ou, le cas échéant, les parts ou actions de sociétés à prépondérance immobilière. **74905**

La doctrine administrative précise en ce sens que, sauf cas particulier, aucune des conventions fiscales conclues par la France en matière de droits de mutation à titre gratuit ne permet l'application du deuxième alinéa du 2° de l'article 750 ter du CGI (BOI-ENR-DMTG-10-10-30 n° 420).

EXCEPTION

Il n'y a actuellement d'exception au principe mentionné au n° 74905 qu'en ce qui concerne la **convention franco-allemande** du 12 octobre 2006. **74910**

Cette convention précise, en effet, que, pour l'application du paragraphe 1 de l'article 5 (qui pose le principe de l'imposition au lieu de situation de l'immeuble), un immeuble est réputé faire partie de la succession ou de la donation d'une personne domiciliée dans un État contractant lorsqu'il appartient à des sociétés ou personnes morales dont le défunt ou le donateur, seul ou conjointement avec son conjoint, leurs ascendants ou descendants ou leurs frères et sœurs, détient plus de la moitié des actions, parts ou autres droits, directement ou par l'interposition d'une ou plusieurs autres sociétés ou personnes morales.

Le protocole annexé à cette convention ajoute que la valeur des immeubles détenus par l'interposition d'une ou plusieurs autres sociétés ou personnes morales n'est prise en compte qu'au prorata de la fraction des actions, parts ou autres droits attribuable au défunt ou au donateur.

4. RÈGLES DE RATTACHEMENT DES AUTRES BIENS

PRINCIPES

Le modèle de convention fiscale de l'OCDE (successions et donations) ne contient guère de règles de rattachement car les biens, sauf ceux qui sont rattachés à un établissement stable ou à une base fixe et les biens immobiliers, ne sont imposables que dans l'État du domicile du défunt (n° 74825). **74940**

Les règles de droit interne sont donc généralement applicables, ce qui peut d'ailleurs conduire à des conflits entre États et à des doubles impositions. Par exemple, il avait été indiqué que, pour la France, un **avoir sur un compte bancaire** espagnol compris dans la succession d'un défunt résident de France est un bien incorporel imposable en France et que la double imposition qui résulte de la qualification espagnole de bien corporel imposable en Espagne ne peut être résolue que par la procédure amiable conventionnelle (Rép. Valleix : AN 5-3-2001 n° 39460 : BF 5/01 n° 559, non reprise au Bofip ; sur la procédure amiable, voir n° 74390).

> **> Précisions** Pour l'application de la convention fiscale franco-espagnole du 8 janvier 1963 en matière de droits de succession, les **valeurs mobilières** et toutes autres créances sont considérées comme des biens incorporels (BOI-INT-CVB-ESP-20 n° 150).

CAS PARTICULIER

La **convention franco-britannique** du 21 juin 1963 contient des règles de détermination du lieu de situation des biens parmi lesquelles on relève notamment celles qui concernent : **74945**

- les immeubles : là où ils se trouvent ;
- les biens immobiliers corporels, en général : là où ils se trouvent ;
- les créances, en général : là où le défunt était domicilié ;
- les actions : là où la société a été constituée ;
- les brevets, droits d'auteur, etc. : là où le défunt était domicilié.

Naturellement, en vertu du principe de la supériorité des traités sur les lois, ces critères de rattachement s'imposent aux États, même s'ils contredisent leur droit interne.

5. CAS PARTICULIER DE L'ASSURANCE-VIE

TERRITORIALITÉ DU PRÉLÈVEMENT

74975 Les sommes, rentes ou valeurs dues directement ou indirectement par un ou plusieurs organismes d'assurance ou assimilés à un bénéficiaire désigné au contrat, à raison du décès de l'assuré, sont assujetties à un **prélèvement de 20 ou 31,25 %** (selon les tranches), lorsqu'elles n'entrent pas dans le champ d'application de l'article 757 B du CGI (CGI art. 990 I ; BOI-TCAS-AUT-60).

Pour les décès intervenus depuis le 31 juillet 2011 (à savoir pour les contrats en cours dénoués par le décès de l'assuré à partir de cette date et pour tous les contrats souscrits depuis cette date), le champ d'application du prélèvement dépend, à la date du décès, de la **domiciliation fiscale du bénéficiaire ou de celle de l'assuré.**

Le bénéficiaire y est assujetti dès lors qu'il a, **au moment du décès,** son domicile fiscal en France au sens de l'article 4 B du CGI (nº 74445) et qu'il l'a eu pendant au moins six années au cours des dix années précédant le décès, ou dès lors que l'assuré a, au moment du décès, son domicile fiscal en France (BOI précité nº 100). Le lieu de résidence du souscripteur **au jour de l'adhésion** au contrat et le lieu du domicile du bénéficiaire **au jour du reversement des sommes** sont sans incidence sur le régime fiscal du contrat d'assurance-vie (BOI précité nº 110). Ces règles visent à permettre l'application du prélèvement même si le **contrat** est **souscrit par un non-résident.**

Sont corrélativement **exonérés** les capitaux décès versés au titre des contrats souscrits par un non-résident à la date de souscription du contrat si ni l'assuré ni le bénéficiaire ne sont domiciliés en France à la date du décès ou si le bénéficiaire est domicilié en France mais ne remplit pas la condition de domiciliation en France pendant au moins six années sur les dix années précédant le décès et si l'assuré n'est pas lui-même domicilié en France.

Les **organismes étrangers** exonérés de droits de mutation à titre gratuit en application de l'article 795-0 A du CGI (nº 75260) ne sont pas assujettis au prélèvement.

INCIDENCES DES CONVENTIONS FISCALES ET DU DROIT DE L'UNION EUROPÉENNE

74980 En principe, les conventions fiscales ne sont pas applicables au prélèvement visé au nº 74975, dans la mesure où il s'agit d'un impôt spécifique et non pas d'un droit de mutation à titre gratuit. Cela peut cependant dépendre de la rédaction des **stipulations conventionnelles** relatives aux impôts visés.

En ce qui concerne le droit de l'Union européenne, il ne nous semble pas non plus qu'il y ait matière à l'invoquer pour écarter le prélèvement. En effet, ce prélèvement n'est ni un impôt indirect ni une taxe parafiscale ; il ne grève pas les primes mais les sommes versées au bénéficiaire à raison du décès de l'assuré. Par suite, il ne nous semble pas que la **directive européenne** 2009/138/CE, qui prévoit que les contrats d'assurance-vie sont exclusivement soumis aux impôts indirects et taxes parafiscales de l'État membre où le preneur a sa résidence habituelle, puisse s'opposer à son application dans l'hypothèse où le souscripteur était non-résident à la date du versement des primes alors qu'il est résident à la date de son décès.

SECTION 3

DÉTERMINATION DES DROITS DUS

A. Évaluation des biens

PRINCIPES

75080 Les biens doivent être évalués à leur **valeur vénale,** au jour du fait générateur de l'impôt, c'est-à-dire au jour du décès (ou de la donation). Cette évaluation est faite par les héritiers, sous le contrôle de l'administration ; elle figure dans la déclaration de succession.

La notion de valeur vénale se réfère à une **conception objective** du prix du bien, selon laquelle il faut se placer du point de vue d'un acheteur quelconque (valeur intrinsèque du bien) et non d'un acheteur déterminé (valeur de convenance). Seuls doivent donc être pris en considération les éléments réels d'appréciation du prix du bien, à l'exclusion des circonstances propres à la situation personnelle des parties ; d'une façon générale, la valeur vénale d'un bien résulte d'une étude des prix réellement pratiqués à partir d'une observation objective et pondérée du marché local.

APPLICATION DES PRINCIPES AUX BIENS ÉTRANGERS

L'évaluation des biens situés à l'étranger doit être faite conformément aux dispositions du **75085**
Code général des impôts, dans la mesure où celles-ci peuvent s'appliquer compte tenu du lieu de situation des biens (BOI-ENR-DMTG-10-40-10-10 n° 180).

En ce qui concerne les **immeubles,** l'administration indique (BOI précité) que l'évaluation doit être faite à la valeur vénale à la date de la transmission d'après la déclaration détaillée et estimative des parties mais abstraction faite des dispositions du deuxième alinéa de l'article 761 du CGI (ce texte prévoit que, pour les immeubles dont le propriétaire a l'usage à la date de la transmission, la valeur vénale réelle est réputée égale à la valeur libre de toute occupation).

L'évaluation des **biens mobiliers** situés à l'étranger résulte généralement de la déclaration détaillée et estimative des parties, à moins que ces dernières puissent invoquer un contrat d'assurance répondant aux prescriptions du II de l'article 764 du CGI (BOI-ENR-DMTG-10-40-10-20).

L'administration précise (BOI-ENR-DMTG-10-40-10-40 n°s 10 et 11) que, pour les **valeurs mobilières** françaises et étrangères de toute nature, admises aux négociations sur un marché réglementé, le capital imposable est déterminé par la moyenne des trente derniers cours qui précédent la transmission (CGI art. 759). Le cours moyen de la bourse est constitué par la moyenne du cours le plus haut et du cours le plus bas de la séance considérée ou, à défaut, par le seul cours mentionné s'il n'y a eu qu'un cours. Les **titres cotés seulement à l'étranger** doivent faire l'objet d'une déclaration estimative mais, en pratique, ces cours s'imposent tant aux redevables qu'à l'administration. Le cours officiel des changes fixé à la bourse de Paris, à la date du fait générateur de l'impôt ou, à défaut de cotation ce jour-là, le cours fixé à une date suffisamment rapprochée peut être retenu pour la conversion en euros de ces cours libellés en monnaie étrangère. Pour les valeurs mobilières étrangères en dépôt à l'étranger, le cours de la bourse de Paris n'a pas prééminence sur le cours de la bourse locale (BOI précité n° 20).

> **Précisions** L'administration a la possibilité de contrôler les évaluations retenues au moyen de l'**assistance administrative internationale.** Elle tient notamment ce droit, d'une manière générale, des conventions fiscales, qu'il s'agisse de celles qui concernent les droits de mutation à titre gratuit ou de celles relatives aux impôts sur le revenu et sur la fortune. En effet, le champ d'application des conventions applicables aux impôts sur le revenu et sur la fortune s'étend, en principe, aux échanges d'informations concernant des impôts non visés par la convention ; ces conventions sont donc, sur ce point, applicables également en matière de droits de succession et de donation. Elles peuvent aussi prévoir des clauses d'assistance au recouvrement.

COURS DU CHANGE

Le cours du change à retenir est en principe celui qui est pratiqué sur la place de Paris **au** **75090**
jour du décès ou de la **donation** (BOI-ENR-DMTG-10-40-10-10 n° 180).

En présence de biens utilisables seulement dans le pays de leur situation, il existe parfois deux cours distincts dont un pour les transactions internes. Dans ce cas, c'est le cours applicable au type de bien envisagé qui doit être retenu.

Les **créances** libellées en monnaies étrangères doivent être évaluées en appliquant le cours des changes fixé à la bourse de Paris, à la date du fait générateur de l'impôt ou, à défaut de cotation ce jour-là, le cours fixé à une date suffisamment rapprochée (BOI-ENR-DMTG-10-40-10-40 n° 70).

B. Biens étrangers indisponibles

PRINCIPES

Les biens étrangers frappés d'indisponibilité par suite de mesures prises par un **gouverne-** **75140**
ment étranger, quelle qu'en soit la nature, obéissent à un régime spécial (CGI art. 766 et ann. III art. 280). Ce régime concerne tous les biens (« avoirs quelconques »).

Il n'est naturellement susceptible de s'appliquer qu'aux biens imposables en France en vertu du droit interne français (BOI-ENR-DMTG-10-40-10-40 n° 280).

NOTION D'INDISPONIBILITÉ

75145 L'indisponibilité s'entend de toute situation de fait ou de droit qui est de nature à priver le propriétaire du droit de disposer à son gré du bien qui lui appartient : mesures de séquestre, de blocage, de contrôle des changes, lorsqu'il en résulte une impossibilité pour le propriétaire de rapatrier les capitaux.

L'indisponibilité doit résulter d'une mesure prise par un gouvernement, qu'elle soit générale ou particulière.

Il appartient aux parties d'en justifier l'existence (BOI-ENR-DMTG-10-40-10-40 n°s 290 et 300).

TRAITEMENT FISCAL

75150 Lorsque l'indisponibilité est justifiée, les biens doivent être mentionnés dans la déclaration de succession **pour mémoire** car l'imposition est suspendue. Ultérieurement, les contribuables doivent souscrire une **déclaration complémentaire,** dans un délai de neuf mois à compter de la date à laquelle l'indisponibilité a cessé d'exister. En cas de dépossession, il s'agit de la date à laquelle l'indemnité ou la contrepartie est devenue disponible. Il peut s'agir également de la date à laquelle les biens ont été vendus, ou ont fait l'objet d'un transfert volontaire ou forcé. Les biens sont évalués au jour où l'indisponibilité a cessé (BOI-ENR-DMTG-10-40-10-40 n° 320).

Lorsque les biens ou leur représentation ne deviennent disponibles ou ne font l'objet d'une vente, d'une cession ou d'un transfert que **pour partie,** seule cette partie fait l'objet de la déclaration complémentaire et les droits ne deviennent exigibles qu'à due concurrence (BOI-ENR-DMTG-10-40-10-40 n° 330).

Les **droits** sont liquidés selon le tarif et d'après les règles applicables à la date d'ouverture de la succession et doivent être acquittés au moment du dépôt de la déclaration complémentaire (BOI précité n° 340).

C. Forfait mobilier

PRINCIPES

75200 À défaut de vente publique ou d'inventaire, la valeur imposable des meubles meublants est déterminée par la déclaration détaillée et estimative des parties. Mais, sans que l'administration ait à justifier l'existence de meubles meublants, leur valeur ne peut être inférieure à **5 %** de la valeur des autres biens de la succession, sauf preuve contraire (CGI art. 764). Il s'agit d'une double **présomption,** d'existence et d'évaluation des biens. Le forfait se calcule sur l'ensemble des biens, mobiliers et immobiliers (autres que les meubles meublants), composant l'actif successoral et avant déduction du passif. Il est ajouté d'office aux successions qui ne mentionnent pas de meubles meublants si la preuve contraire n'est pas apportée (BOI-ENR-DMTG-10-40-10-20 n° 80).

INCIDENCES DES CONVENTIONS FISCALES

75205 En présence d'une convention fiscale, la présomption d'existence et de valeur devrait tomber puisque les États n'ont le droit d'imposer que **des biens définis et situés,** à l'exclusion de ceux qui sont seulement virtuels. Cette question se pose, en particulier, lorsqu'un défunt non domicilié en France laisse dans sa succession des biens imposables en France.

Dans ce cas, si la convention est conforme au modèle de convention fiscale de l'OCDE (successions et donations), les meubles meublants ne sont, en effet, imposables que dans l'État du domicile du défunt (sauf à les considérer comme des « accessoires » des immeubles, ce qui ne nous semblerait pas exact dans la généralité des cas).

L'administration considère, de son côté, que le forfait est déterminé compte tenu de l'ensemble des biens « imposables d'après la législation interne » (BOI-ENR-DMTG-10-50-70 n° 70). La doctrine administrative est toutefois ambiguë car il est ailleurs indiqué que le forfait se calcule sur l'ensemble des valeurs mobilières (autres que les meubles meublants) et immobilières « imposables en France », ce qui, en l'absence de renvoi au droit interne, exclut en principe les biens non imposables en France en raison des conventions fiscales (BOI-ENR-DMTG-10-40-10-20 n° 90).

En ce sens, il a été jugé, à propos d'un défunt résident de Suisse qui laissait des biens mobiliers et immobiliers imposables à la fois en France et en Suisse, que le forfait mobilier de 5 % ne pouvait être calculé, compte tenu de la convention fiscale franco-suisse alors applicable (n° 74355, Précisions, b), que sur la seule valeur des **biens situés en France** (CA Paris 1e ch. sect. B 23-3-2007 n° 05-8731 : RJF 11/07 n° 1342 ; arrêt définitif). D'une façon générale, on peut cependant se demander si le forfait est même applicable par principe étant donné que les biens meubles sont souvent imposables seulement dans l'État de résidence, en application des conventions fiscales ; cela dépend toutefois de la manière dont elles sont rédigées (l'ancienne convention franco-suisse prévoyait, contrairement à certaines autres, que les meubles meublants, y compris le linge et les objets ménagers ainsi que les objets et collections d'art, étaient soumis aux impôts sur les successions au lieu où ils se trouvaient effectivement à la date du décès).

D. Exonérations

PRINCIPES

Les exonérations prévues à l'article 793 du CGI, sauf celle prévue en faveur des **réversions de rentes viagères** entre parents en ligne directe (CGI art. 793, 1-5°), ne s'appliquent pas aux biens situés à l'étranger (BOI-ENR-DMTG-10-50-70 n° 90). **75255**

En revanche, les exonérations et régimes spéciaux prévus en matière de **transmission d'entreprise** (« **pactes Dutreil** » ; CGI art. 787 B) s'appliquent aux sociétés étrangères dans des conditions identiques à celles exigées pour les transmissions de titres de sociétés françaises (BOI-ENR-DMTG-10-20-40-10 n° 30 ; la même précision n'a pas été apportée par le BOI-ENR-DMTG-10-20-40-40 en ce qui concerne le dispositif codifié à l'article 787 C du CGI concernant la transmission à titre gratuit d'une entreprise individuelle).

Sont également exonérés de droits de mutation à titre gratuit, les dons ouvrant droit à la réduction d'IFI au titre du **mécénat,** qui peuvent être effectués au profit d'organismes étrangers agréés situés dans l'Union européenne ou dans un autre État partie à l'accord sur l'Espace économique européen ayant conclu avec la France une convention d'assistance administrative en vue de lutter contre la fraude et l'évasion fiscales, à savoir l'Islande, le Liechtenstein et la Norvège (CGI art. 757 C) ; l'agrément est accordé aux organismes poursuivant des objectifs et présentant des caractéristiques similaires aux organismes dont le siège est situé en France (CGI art. 978).

DONS ET LEGS CONSENTIS À CERTAINS ORGANISMES EUROPÉENS D'INTÉRÊT GÉNÉRAL

L'exonération de droits de mutation à titre gratuit dont bénéficient les dons et legs consentis à certains organismes d'intérêt général français est applicable à ceux qui sont effectués au profit d'organismes de même nature établis dans un État membre de l'**Union européenne ou de l'Espace économique européen** ayant conclu avec la France une convention d'assistance administrative en vue de lutter contre la fraude et l'évasion fiscales, à savoir l'Islande, le Liechtenstein et la Norvège (CGI art. 795-0 A et ann. III art. 281 K, 281 L et 281 M ; BOI-ENR-DMTG-10-20-20 nos 520 s.). **75260**

Cette exonération bénéficie aux dons et legs consentis aux personnes morales ou aux organismes constitués sur le fondement d'un droit étranger et qui sont de même nature que ceux mentionnés aux articles 794 et 795 du CGI.

Les personnes morales et organismes bénéficiaires doivent avoir été **préalablement agréés** dans les conditions prévues à l'article 1649 nonies du CGI ; l'agrément leur est accordé s'ils poursuivent des objectifs et présentent des caractéristiques similaires à ceux dont le siège est situé en France répondant aux conditions fixées aux articles 794 et 795 du CGI. Les dons et legs reçus par ces personnes morales ou ces organismes doivent être affectés à des activités similaires à celles mentionnées à ces articles. Un modèle de demande d'agrément a été publié par un arrêté du 17 avril 2015 (Arrêté FCPE1507473A du 17-4-2015).

En l'absence d'agrément préalable, l'exonération n'est pas applicable, sauf lorsque le donataire ou le légataire produit, dans le délai de dépôt de la déclaration de succession ou de donation, les **pièces justificatives** attestant, d'une part, qu'il poursuit des objectifs et présente des caractéristiques similaires aux personnes morales ou aux organismes de même nature dont le siège est situé en France et qui répondent aux conditions fixées aux articles 794 et 795 du CGI et, d'autre part, que les biens qu'il a reçus sont affectés à des activités similaires à celles mentionnées à ces articles.

En ce qui concerne les **pays tiers** (hors Union européenne et hors Islande, Liechtenstein et Norvège), l'administration estime que les exonérations de droits de mutation à titre gratuit ne sont pas applicables. Elle admet toutefois que les organismes concernés puissent en bénéficier lorsqu'il existe en la matière un régime de **réciprocité** entre la France et le pays considéré (il faut naturellement, en outre, que les organismes en cause poursuivent des objectifs et présentent des caractéristiques similaires aux personnes morales ou aux organismes de même nature dont le siège est situé en France, répondant aux conditions fixées aux articles 794 et 795 du CGI, et que les biens reçus soient affectés à des activités similaires à celles mentionnées à ces mêmes articles).

Cette réciprocité doit résulter d'une convention fiscale internationale ou d'un accord particulier (BOI-ENR-DMTG-10-20-20 n° 680) ; il avait autrefois été précisé, mais cette précision n'a pas été reprise au Bofip, que la condition de réciprocité pouvait être regardée comme remplie si elle résultait de la législation interne des États concernés (Rép. Prioux : AN 6-8-1966 n° 19404, à propos d'une congrégation religieuse étrangère).

La doctrine administrative rappelle que des **accords particuliers** ont été conclus entre la France et certains pays permettant aux institutions culturelles créées en France par ces États de bénéficier de l'exonération de droits de mutation pour les dons et legs qu'elles recueillent. Dans ce cas, il faut que les organismes intéressés soient des institutions culturelles officielles qui répondent aux définitions et objectifs fixés dans les conventions culturelles conclues entre la France et les États considérés et qui ont été créées par eux directement ou par des organismes officiels agissant pour le compte de ces États (BOI précité n° 690). Cette pratique persiste comme le montre la signature, le 25 février 2019, d'un accord d'exonération réciproque entre la France et **Monaco** (exonération réciproque des droits de mutation à titre gratuit, entre vifs et par décès, des dons et legs consentis aux États parties, à leurs collectivités locales et territoriales, ou à des établissements publics d'utilité publique et des organismes à but désintéressé opérant dans les domaines culturel, cultuel, éducatif, charitable, scientifique, médical, environnemental ou artistique et implantés dans l'un des États ; l'exonération s'applique aux dons effectués depuis le 1er août 2021 et aux legs consentis par des personnes décédées depuis le 1er janvier 2012).

› Précisions À notre avis, le cantonnement de l'exonération aux organismes européens est discutable au regard du droit de l'Union européenne étant donné que le principe de la liberté de circulation des capitaux, qui a fondé l'extension opérée par la loi 2014-1655 du 29 décembre 2014 de finances rectificative pour 2014 pour tenir compte de la jurisprudence (CJUE 6e ch. 16-7-2015 aff. 485/14 : RJF 11/15 n° 973), vaut également pour les **États tiers** ; dans ce dernier cas, l'administration devrait seulement pouvoir subordonner l'exonération à l'existence d'une convention d'échange de renseignements lui permettant de procéder à la vérification du statut de l'organisme étranger sous le droit qui le régit.

INCIDENCES DES CONVENTIONS FISCALES

75265 Diverses conventions ou accords prévoient l'exonération des droits de mutation au profit de collectivités publiques ou de certaines institutions (Belgique, Espagne, États-Unis, Finlande, Liban, Suède, etc.). À l'égard de la **Suisse,** il existe un accord particulier datant de 1979 applicable à la majorité des cantons ; des accords particuliers ont également été conclus avec certains États pour permettre aux institutions culturelles officielles de bénéficier d'exonérations.

Par exemple, l'article 10 de la **convention franco-américaine** du 24 novembre 1978 modifiée prévoit l'exonération en France des libéralités consenties au profit d'une entité juridique créée ou organisée aux États-Unis si les conditions suivantes sont réunies :
- l'exonération serait admise si l'entité bénéficiaire était française ;
- cette entité bénéficie d'un statut d'exonération fiscale aux États-Unis ;
- elle est organisée et fonctionne exclusivement à des fins religieuses, charitables, scientifiques, littéraires, éducatives ou culturelles ;
- une part importante de ses ressources provient de contributions du public ou de fonds publics.

E. Passif successoral

PRINCIPES DE DROIT INTERNE

75315 Les dettes à la charge personnelle du défunt au jour de l'ouverture de la succession sont normalement admises en déduction de l'actif successoral ; leur existence au jour de l'ouverture de la succession doit, bien entendu, être justifiée par tous modes de preuve compatibles avec la procédure écrite.

Les **dettes contractées à l'étranger** sont déduites dans les mêmes conditions et sous les mêmes justifications que les dettes contractées en France (BOI-ENR-DMTG-10-40-20-40 n° 40). Si les dettes sont contractées auprès de personnes bénéficiant à l'étranger d'un régime fiscal privilégié, elles ne sont toutefois déductibles que si la preuve est apportée qu'elles correspondent à des opérations réelles et qu'elles ne sont pas excessives (application aux droits de mutation par décès des règles posées par l'article 238 A du CGI ; BOI-ENR-DMTG-10-40-20-10 n° 340).

> **Précisions** En application de l'article 238 A du CGI, un créancier est regardé comme soumis à un **régime fiscal privilégié** dans l'État ou le territoire considéré s'il n'y est pas imposable ou s'il y est assujetti à des impôts sur les bénéfices ou les revenus dont le montant est inférieur de 40 % ou plus à l'impôt sur les bénéfices ou sur les revenus dont il aurait été redevable dans les conditions de droit commun en France, s'il y avait été domicilié ou établi.

DÉDUCTION EN FRANCE DES DETTES D'UN DÉFUNT NON RÉSIDENT

En principe, lorsque le défunt est domicilié hors de France et que seuls les biens français sont **75320**
imposables, seul le passif grevant ces biens est admis en déduction (BOI-ENR-DMTG-10-40-20-40 n° 40). À cet égard, deux hypothèses doivent être distinguées :

– si le passif est **affecté** à un bien et si ce bien est imposable en France, il est déductible sans conditions particulières (sous réserve, naturellement, que l'affectation soit établie) ;

– si le passif n'est **pas affecté** à un bien, il n'est, en principe, pas déductible ; il peut s'agir, par exemple, de dettes personnelles du défunt, contractées en France ou hors de France, mais sans lien d'affectation avec un bien imposable en France.

Il n'est cependant pas certain que cette position stricte serait approuvée au contentieux ; dans une affaire qui concernait l'ancien ISF, mais la solution est sans doute transposable sur ce point, un redevable non domicilié en France a pu déduire la valeur de capitalisation d'une pension alimentaire versée à son ex-épouse, dans la mesure où il s'agissait d'une dette contractée au profit d'un créancier français par une décision française de justice et de plus portable en France, caractérisant un « passif français » (CA Paris 1e ch. sect. B 17-3-2006 n° 04-10556 : RJF 8-9/06 n° 1120 ; arrêt définitif) ; en l'espèce, la question de la relation entre la dette et un bien imposable en France n'a manifestement pas été posée. Des dettes « françaises » pourraient ainsi être déductibles même si elles ne sont pas affectées à un bien précis situé en France.

INCIDENCES DES CONVENTIONS FISCALES

Les conventions fiscales qui reprennent les recommandations de l'OCDE (modèle de conven- **75325**
tion fiscale relatif aux successions et donations) posent les principes suivants en ce qui concerne la répartition des dettes :

– dans l'État de situation des biens, le passif afférent à un **bien immobilier,** à un **établissement stable** ou à une base fixe doit être déduit de la valeur du bien considéré ; il en va de même pour les autres biens, imposables exclusivement dans l'État de résidence ;

– dans l'État de situation des biens, **le passif excédant la valeur d'un bien** peut être reporté sur un autre bien (compensation entre les biens) ;

– s'il reste un passif excédentaire dans un État, cet excédent « **remonte** » vers l'autre État ; ce principe joue théoriquement dans les deux sens (« situs » vers « résidence » ou l'inverse), afin de n'imposer que la valeur nette d'un patrimoine considéré dans son ensemble (et non pas un actif brut « fictif ») ;

– mais si un État doit déduire une dette de manière plus large qu'en droit interne, la déduction n'est possible que si l'autre État n'est pas tenu de déduire la même dette en vertu de sa législation (afin d'éviter la double déduction des dettes).

EXEMPLE

Dans ses commentaires de la convention du 17 octobre 1999 entre la France et l'Algérie **75330**
(BOI-INT-CVB-DZA-50 n° 170), l'administration prend l'exemple d'une personne domiciliée en Algérie, qui y décède et dont le patrimoine se compose, au jour de sa mort, des biens suivants :

– une maison située à Alger pour une valeur de 200 000 € ;

– des meubles meublants situés en Algérie d'une valeur de 25 000 € ;

– un compte courant ouvert dans les écritures d'une banque algérienne présentant un solde créditeur de 4 500 € ;

– un appartement situé à Paris pour une valeur de 230 000 € ;

– des actions de sociétés ayant leur siège social en France pour une valeur de 27 000 € ;

– des actions de sociétés ayant leur siège social en Pologne pour une valeur de 6 000 €.

Au moment de son décès, le passif successoral du défunt était ainsi composé :
– dette afférente à l'appartement parisien : 20 000 € ;
– dette afférente au financement des soins nécessités par sa maladie : 7 500 €.

Il résulte de l'article 23 de la convention fiscale que la maison d'Alger, les meubles meublants s'y trouvant et les sommes figurant sur le compte courant algérien sont imposables en Algérie. Les actions polonaises sont exclusivement imposables en Algérie ; le reste des biens faisant partie de la succession est imposable en France.

Compte tenu de la **règle d'imputation des dettes** posée par l'article 23 § 6 e) de la convention, la dette afférente aux soins du défunt est déductible de la valeur des actions polonaises. L'Algérie peut donc imposer les biens précédemment énumérés pour la valeur suivante :
– maison d'Alger : 200 000 € ;
– meubles meublants : 25 000 € ;
– solde créditeur du compte courant : 4 500 € ;
– actions polonaises : 6 000 € – 7 500 € = 0.

Soit un actif net imposable de 229 500 €.

Le **solde de la dette** imputable sur la valeur des actions polonaises, soit 1 500 €, n'est, aux termes de l'article 23 § 6 f) de la convention, pas déductible de la valeur des autres biens imposables en Algérie en application des paragraphes 1, 3 et 4 du même article. En revanche, ce solde est déductible de la valeur des biens soumis à l'impôt en France en vertu de l'article 23 § 6 g) de la convention.

La France peut ainsi imposer les biens conventionnellement imposables en France pour la valeur suivante :
– appartement parisien : 230 000 € – 20 000 € = 210 000 € ;
– actions françaises : 27 000 €.

Soit 237 000 € – 1 500 € (solde de la dette non imputée en totalité en Algérie) = 235 500 €.

F. Élimination des doubles impositions

1. CRÉDIT D'IMPÔT DE DROIT INTERNE

PRINCIPES

75380 À la différence de l'impôt sur le revenu, les droits de mutation à titre gratuit sont, sous certaines conditions, liquidés sous déduction d'un **crédit d'impôt représentatif de l'impôt étranger.**

Il résulte, en effet, de l'article 784 A du CGI que dans le cas où le défunt ou le donateur avait son domicile fiscal en France, le montant des droits acquittés hors de France sur les biens situés hors de France est imputable sur l'impôt dû en France. Il en va de même lorsque le défunt ou le donateur avait son domicile fiscal hors de France, si la mutation est imposable en raison du domicile en France de l'héritier ou du donataire en application de l'article 750 ter, 3° du CGI (n° 74320).

IMPÔTS ÉTRANGERS IMPUTABLES

75385 Les impôts étrangers imputables sur l'impôt français s'entendent exclusivement des **droits de mutation à titre gratuit** perçus en raison de la transmission par décès (ou entre vifs en cas de donation), à l'exclusion des droits ou taxes annexes tels que les droits de timbre ou de publicité auxquels pourrait éventuellement donner lieu la déclaration de succession ou l'acte de donation concerné ; sont imputables les impôts payés à ce titre à l'étranger ou dans les collectivités d'outre-mer. Les droits perçus au profit de subdivisions politiques ou de collectivités locales étrangères sont imputables (BOI-ENR-DMTG-10-50-60 n° 30) mais non les pénalités, amendes et intérêts de retard (BOI précité n° 20).

Seuls sont cependant imputables les **impôts étrangers sur les biens étrangers,** c'est-à-dire non situés en France au sens de la législation française. Par exemple, si des valeurs mobilières françaises, considérées comme situées en France, ont été imposées à l'étranger parce qu'elles y étaient déposées, l'impôt étranger n'ouvre pas droit à un crédit d'impôt en France.

Enfin, l'impôt étranger, lorsqu'il est imputable, est **plafonné** au montant de l'impôt français sur les biens meubles ou immeubles situés hors de France ; l'impôt acquitté à l'étranger n'est pas restituable en cas d'excédent (BOI précité n° 80).

Le **cours du change** à retenir est celui pratiqué sur la place de Paris au jour du paiement effectif de l'impôt étranger dans la devise considérée (BOI-ENR-DMTG-10-50-60 n° 60).

MODALITÉS PRATIQUES

L'imputation de l'impôt étranger est effectuée au moyen d'un **formulaire n° 2740** (BOI-FORM-000051), délivré par la recette des non-résidents ; ce formulaire doit être souscrit en double exemplaire et remis, accompagné des pièces justificatives, au comptable de la DGFiP qui a reçu la déclaration de succession ou enregistré la donation. Il vaut demande d'imputation et doit être produit soit au moment du paiement des droits, soit à l'appui d'une demande de restitution. **75390**

Les **justifications** apportées doivent permettre d'établir (BOI-ENR-DMTG-10-50-60 n° 50) :
– que les droits de mutation à titre gratuit dont l'imputation est demandée ont bien été effectivement acquittés dans le territoire ou le pays concerné (par exemple, une attestation de l'administration étrangère) ;
– que le montant de ces mêmes droits se rapporte aux seuls biens meubles ou immeubles situés hors de France compris dans l'assiette de l'impôt français ;
– et que l'impôt effectivement acquitté est définitivement dû, c'est-à-dire n'est pas susceptible d'une restitution éventuelle.

Si l'impôt étranger a été acquitté avant le paiement des droits dus en France, il est directement déduit du montant de l'impôt ; dans le cas contraire, il est procédé par voie de restitution, sur demande écrite au comptable de la DGFiP qui a reçu la déclaration de succession ou enregistré la donation (BOI précité n° 70).

2. SOLUTIONS PRÉVUES PAR LES CONVENTIONS FISCALES INTERNATIONALES

PRINCIPES

En présence d'une convention fiscale, les règles du droit interne français s'effacent. En effet, les conventions fiscales répartissent les **droits d'imposer** entre les États : État de situation pour les immeubles et les biens rattachables aux établissements stables et bases fixes ; État de résidence pour les autres biens, si la convention est conforme au modèle de l'OCDE. En outre, elles prévoient des dispositions pour éliminer les **doubles impositions** lorsque les deux États ont concurremment le droit d'imposer ; les méthodes retenues sont, de manière classique, l'exonération ou l'imputation (crédit d'impôt). **75420**

MÉTHODE DE L'EXONÉRATION

Lorsque les conventions retiennent la méthode de l'exonération, l'État dans lequel le défunt avait son domicile fiscal exonère d'impôt les biens qui sont imposables dans l'autre État (celui de la situation des biens). Chaque État se voit donc reconnaître un droit d'imposition exclusif. **75425**

À l'exception de quelques conventions fiscales (par exemple, convention franco-britannique du 21-6-1963), la **pratique française** traditionnelle consiste à retenir cette méthode d'élimination des doubles impositions, mais en l'assortissant, le plus souvent, de la règle du taux effectif. Les conventions fiscales les plus modernes retiennent cependant plutôt la méthode du crédit d'impôt égal à l'impôt étranger.

La méthode de l'exonération avec application du **taux effectif** permet de préserver la progressivité de l'impôt : l'impôt afférent aux seuls biens imposables en France est calculé au taux de l'impôt correspondant à l'ensemble des biens qui auraient été imposés en l'absence de dispositions spécifiques exonérant certains d'entre eux (BOI-ENR-DMTG-10-50-70 n° 10). Cette méthode s'applique, lorsqu'elle est retenue par les conventions fiscales, non seulement si le **défunt était domicilié en France** mais aussi s'il était **non domicilié** (BOI précité n° 30). **75430**

De nombreuses conventions fiscales donnent, en effet, à la France le droit, pour le calcul de l'imposition des biens imposables en France, de tenir compte de l'ensemble des biens imposables selon la législation française.

L'application de ce mécanisme permet de prendre en compte les biens qui auraient été imposés en France si la convention n'avait pas retiré à la France le droit de les imposer, que le défunt ait été, ou non, domicilié en France.

Soit, par exemple, une personne domiciliée en Belgique qui décède en laissant un immeuble situé en France et des valeurs mobilières françaises. En application de la **convention fiscale franco-belge** du 20 janvier 1959, les valeurs mobilières sont exonérées en France. Mais l'immeuble est imposable et l'impôt doit être calculé d'après le taux moyen qui serait applicable s'il était tenu compte de l'ensemble des biens que la législation française permettrait d'imposer (art. 10 de la convention), soit au taux correspondant à l'impôt sur l'immeuble et les valeurs mobilières.

Il y a lieu, le cas échéant, de prendre en compte les incidences de l'article 750 ter, 3° (n° 74320) ; si, dans l'exemple précédent, le défunt laissait, en outre, un compte bancaire au Luxembourg, et si l'héritier était domicilié en France, le compte bancaire, tout en étant exonéré d'impôt en France compte tenu de la convention franco-belge, serait néanmoins à prendre en considération pour le calcul du taux effectif.

En ce qui concerne la convention franco-belge du 20 janvier 1959 l'application du taux effectif est limitée au cas de défunts domiciliés en Belgique ; pour les successions de défunts domiciliés en France, la méthode de l'imputation est retenue (art. 10 de la convention).

La convention **franco-monégasque** du 1er avril 1950 ne prévoit pas la possibilité pour la France d'appliquer le taux effectif.

75435 Pour l'application de la méthode du taux effectif, il y a d'abord lieu de procéder au calcul de la **cotisation de base,** qui doit être déterminée en tenant compte de l'ensemble des biens successoraux qui auraient été imposables en France en droit interne, hors convention fiscale (BOI-ENR-DMTG-10-50-70 n° 60).

Les **droits de succession acquittés à l'étranger** au titre de biens retenus pour l'application de la règle du taux effectif ne sont pas déductibles pour la détermination de la valeur de l'actif net théorique taxable en France (BOI précité n° 100).

La cotisation de base est calculée selon les règles applicables en droit interne sur la part nette recueillie par chaque ayant droit ; l'impôt est liquidé au **tarif** ordinaire sur l'actif taxable après application, sur la part nette recueillie, de l'abattement personnel auquel peut prétendre le successible concerné (BOI précité n° 110). Il y a lieu de faire application, le cas échéant, des dispositions de l'article 784 du CGI relatives au rapport fiscal des donations antérieures.

Le **taux moyen de l'impôt** est obtenu en divisant le montant de la cotisation de base par le montant de la part successorale nette qui aurait été imposable en France en l'absence de convention, mais avant déduction des abattements personnels, qui sont considérés comme un élément du tarif (BOI précité n° 120).

L'**impôt exigible** est calculé en appliquant le taux moyen obtenu à la valeur nette des seuls biens imposables en France conformément à la convention fiscale. Ces biens sont évalués selon les règles de droit commun, mais sans déduction des abattements personnels, déjà pris en compte pour le calcul de la cotisation de base et donc pour la détermination du taux moyen de l'impôt (BOI précité n° 130).

MÉTHODE DE L'IMPUTATION (CRÉDIT D'IMPÔT)

75440 Dans ce cas, l'État du domicile du défunt n'exonère pas les biens imposables dans l'autre État. Il les impose, mais il élimine la double imposition au moyen d'un crédit d'impôt égal à l'impôt acquitté dans l'autre État. La situation de l'autre État, celui du « situs », ne change pas ; il continue d'avoir le droit d'imposer les biens situés sur son territoire conformément à la convention fiscale.

Les conventions fiscales posent toutefois une limite à l'imputation : l'impôt payé dans l'autre État n'est imputable sur l'impôt dû dans l'État du domicile que **dans la limite** de ce dernier (cette précision est généralement apportée par l'article conventionnel relatif à l'élimination des doubles impositions). L'État du domicile du défunt accepte d'annuler son impôt, mais pas de rembourser au contribuable un excédent de crédit d'impôt ; il plafonne l'imputation à son propre impôt et ne va pas au-delà.

75445 La méthode de l'imputation a été retenue par la France ou son partenaire dans **quelques conventions fiscales** (notamment avec la Belgique, les États-Unis et le Royaume-Uni) ; par exemple, la **convention franco-américaine** du 24 novembre 1978 modifiée prévoit que, pour déterminer l'impôt français, lorsque le défunt ou le donateur était domicilié en France au moment de la transmission, la France impose l'intégralité de l'actif successoral faisant partie de la succession, ou la totalité des biens qui font l'objet de la donation, y compris ceux qui sont imposables aux États-Unis conformément à la convention ; en contrepartie, l'impôt payé aux États-Unis au moment de la transmission des biens qui, à l'occasion du même événement, sont imposables aux États-Unis constitue un **crédit d'impôt** déductible de l'impôt français.

Cette déduction **ne peut excéder** la quote-part de l'impôt français, calculé avant toute déduction, correspondant aux biens à raison desquels la déduction doit être accordée. Au surplus, aucun crédit n'est accordé au titre de l'impôt américain si celui-ci est perçu en raison de ce que les États-Unis peuvent imposer les citoyens américains, les personnes domiciliées aux États-Unis ou les anciens citoyens ou résidents américains (dans ce cas, ce sont les États-Unis qui accordent un crédit d'impôt au titre de l'impôt français).

> **Précisions** **a.** Le crédit d'impôt prévu par la convention franco-américaine du 24 novembre 1978 est égal à l'impôt français en ce qui concerne certains biens situés aux États-Unis (biens immobiliers, biens à l'actif d'un établissement stable ou d'une base fixe ou encore biens mobiliers corporels), si le défunt, au moment de son décès, ou le donateur, au moment de la donation, était un **citoyen des États-Unis** et s'il est établi que les obligations fiscales aux États-Unis relatives au décès ou à la donation ont été accomplies ; cette mesure revient, en pratique, à une exonération avec taux effectif.
> **b.** Pour éviter certains abus, la convention franco-américaine précise que si un bien n'est imposable que dans l'un des États et que cet **impôt,** ainsi déterminé, n'est **pas payé,** pour une autre raison qu'une exonération spécifique, abattement, exclusion, crédit ou déduction, un impôt peut être prélevé sur ce bien dans l'autre État, nonobstant toute autre disposition contraire de la convention (art. 12 § 6).

G. Obligations déclaratives

PRINCIPES

Lorsque les héritiers recueillent une succession, ils sont tenus de faire une déclaration (CGI art. 800) ; la déclaration doit comporter l'**énumération** et **l'estimation** des **biens successoraux** dont la propriété apparente reposait sur le défunt au jour du décès, même si ces biens ne sont pas imposables en France (immeubles, droits réels immobiliers, fonds de commerce, meubles meublants, créances et dépôts de toute nature, etc.). **75495**

Les conventions fiscales n'ont pas, en général, d'incidence sur les formalités déclaratives ; le droit interne français s'applique donc dans son intégralité. On relève toutefois que la **convention franco-britannique** du 21 juin 1963 prévoit que toute demande de réduction ou de remboursement d'impôt doit être présentée dans un délai de cinq ans à compter de la date du décès.

Commentant les modalités d'application de cette convention (BOI-INT-CVB-GBR-20-20 n°s 210 et 220), l'administration indique que les ayants droit de la succession (ou leur représentant) d'une personne ayant son domicile en France qui veulent obtenir l'imputation de l'impôt britannique sur les droits de mutation exigibles en France doivent remplir un **formulaire spécial n° 2740** en double exemplaire qu'ils peuvent se procurer auprès du service des impôts des particuliers non résidents de la Direction des impôts des non-résidents, 10 rue du centre, 93465 Noisy-le-Grand CEDEX (en fait, il s'agit de l'imprimé d'application générale ; n° 75390).

Si la déclaration n'a pas encore été souscrite, l'attestation doit faire l'objet des mêmes annotations que les renvois de renseignements relatifs à des successions. Lors de l'enregistrement de la déclaration, le montant de l'impôt britannique qui est mentionné sur l'attestation doit être imputé sur les droits de mutation. Si les droits ont été déjà acquittés, l'attestation est considérée comme une demande en restitution et instruite en la forme habituelle.

Au cas où, postérieurement à la délivrance de l'attestation, une réduction de l'impôt britannique serait accordée, une nouvelle liquidation devrait être effectuée, sur la base des indications rectificatives fournies par l'administration britannique. Les droits complémentaires seraient réclamés immédiatement.

> **Précisions** La **convention franco-américaine** du 24 novembre 1978 modifiée, pour laquelle aucun formulaire n'a été prévu, précise que les obligations prévues par les législations fiscales des États ne sont pas modifiées par les dispositions de la convention, en ce qui concerne l'établissement des **déclarations,** les **certificats de transmission,** etc., ainsi que la possibilité d'appliquer les sanctions prévues par ces législations (art. 15). La convention prévoit également, dans son article 13, des **délais** pour la présentation des demandes de crédit et de remboursement, sans paiement d'intérêts (en général, délai de droit interne ou cinq ans à compter du décès ou de la donation).

LIEU DE DÉPÔT DE LA DÉCLARATION

Le lieu du dépôt diffère selon la **résidence du défunt** (CGI art. 656) : **75500**
– si le défunt était domicilié en France, la déclaration doit être faite à la recette des impôts dont dépendait le domicile, quelle que soit la situation des valeurs ou des biens à déclarer ;
– si le défunt n'était pas domicilié en France, la déclaration doit être faite à la recette des non-résidents (TSA 50014, 10 rue du Centre, 93465 Noisy-le-Grand Cedex).

DÉLAI DE DÉPÔT DE LA DÉCLARATION

75505 Le délai de déclaration dépend du **lieu du décès,** et non pas du domicile du défunt ou de celui des héritiers (CGI art. 641) :

– si le décès a lieu en France métropolitaine, le délai est de six mois ;
– sinon, le délai est d'un an.

La **computation** du délai se fait à compter du jour du décès.

> Précisions Le **dépôt tardif** de la déclaration de succession d'une personne décédée à l'étranger entraîne le paiement de l'intérêt de retard et de la majoration visée à l'article 1728 du CGI dès le premier jour du 13e mois suivant celui du décès (Rép. Renaud-Garabedian : Sén. 2-6-2022 no 26887).

PARTIE 4

Cas pratiques

Table analytique

76900

5. RAPPEL FISCAL

6. DROITS LÉGAUX DU CONJOINT

7. LEGS NET DE FRAIS ET DROITS

8. DÉMEMBREMENT DE PROPRIÉTÉ

9. TRANSMISSION D'ENTREPRISE

10. ASSURANCE-VIE

11. DROIT INTERNATIONAL PRIVÉ

CAS PRATIQUE

Avantage matrimonial ; clause d'attribution intégrale au conjoint survivant ; communauté universelle ; testament au profit du conjoint survivant ; droit temporaire au logement ; donations en avancement de part successorale ; donation partiellement réductible ; partage 77000

Le 15 janvier 1985, Robert Lalumière et Jeanne Campagne s'unissent pour le meilleur et pour le pire, sans avoir fait établir de contrat de mariage. Le 10 février 1986, Jeanne met au monde deux enfants, Marc et Sophie.

Au cours de l'année 2005, Robert perçoit la somme de 360 000 €, prix de vente de la maison qui dépendait des successions de ses parents. La totalité des frais et droits de ces successions a été réglée au moyen des avoirs des successions.

Le 8 février 2007, il fait don à sa fille Sophie de la somme de 200 000 €. Avec l'accord de Robert, un acte est établi par le notaire de Sophie, qui précise que la donation est consentie en avancement de part successorale au moyen de fonds provenant à Robert des successions de ses parents et que le donateur acquittera les frais (1 700 €) et droits (8 300 €) de l'opération. Ces derniers l'ont été au moyen des fonds provenant à Robert de la vente de 2005.

Le 8 septembre 2007, le notaire de Marc établit un acte de donation hors part successorale par Robert à Marc d'une somme de 150 000 € provenant au donateur des successions confondues de ses parents. Les frais de l'acte sont supportés par Marc. Compte tenu de son montant, la donation ne donne pas lieu à perception de droits de mutation à titre gratuit.

Le 20 mai 2008, Robert et Jeanne changent de régime matrimonial et adoptent le régime de la communauté universelle avec clause d'attribution intégrale de la communauté au survivant. L'acte contenant changement de régime matrimonial prévoit que les époux et leurs héritiers ne pourront pas exercer la reprise des biens tombés en communauté du chef de l'un d'eux.

Le 12 janvier 2006, Robert établit un testament authentique régulier en la forme contenant les dispositions suivantes : « Je prive mon conjoint de ses droits légaux dans ma succession et de son droit viager au logement. Je lui lègue la quotité disponible en pleine propriété de ma succession. »

Le 3 janvier 2018, Robert entreprend de rénover le vernis de la fenêtre du salon de l'appartement familial. Équipé d'une ponceuse électrique, il enjambe la balustrade et, un pied dans la gouttière et l'autre sur l'appui de fenêtre, commence son ouvrage. Mais la gouttière traîtresse se dérobe. La balustrade cède à son tour et Robert choit du quatrième étage, la ponceuse à la main.

Au décès de Robert, les avoirs familiaux ne comprenaient que des actifs bancaires, à savoir un compte-titres d'une valeur de 300 000 € et un compte joint de 100 000 € auxquels s'ajoutaient un véhicule (10 000 €) et le mobilier meublant (10 000 €). L'ensemble de ces biens provenait des revenus des époux.

Au jour du décès, les époux Lalumière étaient locataires de leur résidence principale (loyer de 1 000 € par mois) et ils étaient redevables de la taxe d'habitation et de l'impôt sur le revenu pour un montant global de 15 000 €.

Il est également établi que Sophie a investi les fonds donnés par son père pour l'achat d'un appartement à Paris d'une valeur au décès et au partage de 440 000 € et que Marc a consommé les fonds qui lui ont été donnés en voyages et achats de biens non durables.

Enfin, la consistance et la valeur des biens n'ont pas varié entre le décès et le partage.

Solution

Une approche superficielle de la situation de cette famille serait de s'arrêter à l'attribution intégrale de communauté. En effet, en présence exclusive d'enfants communs, le mécanisme de l'attribution intégrale de communauté va pouvoir jouer entièrement, puisque les avantages matrimoniaux ne sont pas regardés comme des donations (C. civ. art. 1527). Ils échappent donc au risque de réduction. Mais l'existence de donations consenties par le défunt vient perturber cette douce quiétude. Dans cette hypothèse (qui se trouve ici la nôtre), la succession ne sera pas vide puisque l'adoption d'un régime de communauté universelle assorti d'une clause d'attribution

77000 (suite) intégrale de la communauté au survivant n'a pas pour effet d'effacer les règles relatives au rapport et à la réduction des libéralités que le premier mourant a pu consentir (pour une illustration jurisprudentielle, Cass. 1e civ. 3-4-2019 n° 18-13.890 F-PB : BPAT 3/19 inf. 108).

Dévolution de la succession

M. Lalumière laisse deux enfants éplorés et son conjoint.

Les deux enfants viennent à sa succession en leur qualité d'héritiers du premier ordre (C. civ. art. 734) sans discrimination (C. civ. art. 735). Ils sont en outre héritiers réservataires chacun pour 1/3 (C. civ. art. 913). Ils sont enfin créanciers et débiteurs du rapport des libéralités qui ont pu être consenties à l'un ou l'autre d'entre eux (C. civ. art. 843).

Le conjoint survivant vient également à la succession (C. civ. art. 757). Mais le testament (authentique pour respecter les dispositions de l'article 764 du Code civil) le prive du droit d'opter pour l'usufruit des biens existants non légués ou la propriété du quart des biens calculé conformément aux dispositions de l'article 758-5 du Code civil et du droit viager au logement. Il lui lègue la quotité disponible en pleine propriété de la succession, égale au tiers en présence de deux enfants (C. civ. art. 913 et 1094-1).

Ce testament, antérieur au changement de régime matrimonial, ne serait-il pas révoqué indirectement par l'adoption du régime de communauté universelle ? Les testaments ne peuvent être révoqués que par un testament postérieur ou par un acte notarié portant déclaration du changement de volonté (C. civ. art. 1035). Le changement de régime matrimonial n'aurait pu contenir une telle révocation expresse qu'à la condition de satisfaire aux conditions de forme prescrites : présence de deux notaires ou d'un notaire et de deux témoins (Cass. 1e civ. 22-6-2004 n° 02-20.398 F-P : BPAT 6/04 inf. 136, à propos d'un acte de donation notarié postérieur au testament).

De surcroît, à raison de la présence toujours possible de biens propres, il n'est pas certain que l'adoption d'un régime de communauté universelle avec clause d'attribution intégrale de la communauté au survivant soit incompatible ou contraire aux dispositions testamentaires et donc vaille révocation tacite (C. civ. art. 1036). Ce régime peut laisser subsister des biens propres, tels que les propres par nature très souvent de valeur faible, voire nulle (C. civ. art. 1526 et 1404), ou encore les biens donnés ou légués à un époux à la condition qu'ils ne tombent pas en communauté.

Venant en sa seule qualité de légataire, l'épouse survivante devra demander aux enfants la délivrance de son legs (C. civ. art. 1004). En effet, le testament la privant de sa vocation légale, il semble (cette question ne paraissant pas avoir encore été envisagée en jurisprudence ni en doctrine) qu'elle ne puisse pas invoquer les dispositions de l'article 724 du Code civil puisqu'elle ne viendra pas à la succession en qualité d'héritière désignée par la loi mais uniquement en qualité de légataire de la quotité disponible en pleine propriété, assimilée à celle de légataire universelle (Cass. 1e civ. 5-5-1987 n° 85-15.392 : Bull. civ. I n° 143). Il faut noter à ce sujet que la nécessité de la délivrance du legs dans ces conditions n'est pas certaine. Dans un arrêt non publié, il a été jugé que l'héritier exhérédé conserve la qualité d'héritier et peut, en cette qualité, agir en annulation de contrats d'assurance-vie souscrits par le défunt sans avoir à attendre l'issue d'une procédure en annulation du testament (Cass. 1e civ. 4-12-2013 n° 12-13.401 F-D : RTD civ. 2014 p. 419 note M. Grimaldi).

Mais ici, ce testament va se révéler sans utilité pratique puisque, par suite du changement de régime matrimonial, la succession se trouve réduite aux seules opérations de rapport et de réduction des libéralités dont le conjoint survivant ne peut pas profiter en qualité de légataire, ni même en qualité de conjoint survivant et qu'il ne subsiste pas de biens propres. Le conjoint survivant continuera cependant à bénéficier, malgré l'exhérédation de ses droits légaux, du droit temporaire au logement (C. civ. art. 763). Ce droit est un effet direct du mariage dont il ne peut être privé. Dans notre espèce, ce droit prendra la forme du paiement des loyers par la succession pendant un an, puisque les époux n'étaient pas propriétaires de leur logement (C. civ. art. 763, al. 2).

Le légataire universel doit participer au passif de la succession à proportion de ses droits (C. civ. art. 1009). Ici, du fait de l'absence de biens présents, le légataire acceptant devra participer au passif de succession, c'est-à-dire au financement du droit temporaire au logement du conjoint survivant. Jeanne aura donc tout intérêt à renoncer au bénéfice du legs, et l'on supposera que c'est ce qu'elle a fait. Il faut ici préciser que cette renonciation au bénéfice du legs sera sans effet sur la privation des droits légaux de Jeanne sur la succession par le testament, privation qui donc subsistera.

Liquidation du régime matrimonial

Les époux ayant adopté un régime de communauté universelle avec attribution intégrale au survivant, la liquidation du régime s'avère ici inutile, l'ensemble commun, actif et passif, revenant au survivant au titre des avantages matrimoniaux (C. civ. art. 1527). Le conjoint survivant, attributaire de la communauté, devra donc supporter seul la charge des impôts dus au jour du décès, dette de communauté.

Liquidation de la succession

Des libéralités ayant été consenties, et en présence d'héritiers réservataires, il va être nécessaire de procéder aux opérations de rapport et de réduction des libéralités.

Donation à Sophie

La donation d'espèces faite à Sophie a été consentie expressément en avance de part. Elle est donc rapportable (C. civ. art. 843) et s'imputera prioritairement sur la part de réserve de Sophie et subsidiairement sur la quotité disponible (C. civ. art. 919-1, al. 1).

On remarque que cette donation est constituée de deux volets du fait de la prise en charge par le donateur des frais et droits de cette donation. Cette prise en charge constitue un avantage indirect rapportable (Cass. 1e civ. 25-2-2009 no 07-20.010 F-PB : Defrénois 15-9-2009 no AD2009DEF1545N1 p. 1545 note F. Douet et no CJ2009DEF1598N1 p. 1598 note B. Vareille) sous réserve de la démonstration de l'intention libérale (Cass. 1e civ. 18-1-2012 no 11-12.863 FS-PBI : Sol. Not. 3/12 inf. 58). La somme donnée ayant été investie par Sophie, elle devra être prise en compte pour la valeur du bien acquis à la date du décès pour les besoins de l'appréciation de la réserve et de la quotité disponible (C. civ. art. 922) et pour sa valeur à la date du partage pour les besoins du rapport (C. civ. art. 860).

Pour ces deux calculs, il sera pris en compte l'état du bien au jour de la donation, en faisant abstraction des seuls changements d'état imputables au gratifié.

Donation à Marc

La donation faite à Marc a été consentie hors part successorale. Elle n'est pas rapportable (C. civ. art. 843) et s'imputera uniquement sur la quotité disponible de la succession. Elle sera sujette à réduction si elle l'excède (C. civ. art. 919-2).

Elle sera prise en compte pour la valeur nominale des fonds donnés puisque son montant a été consommé sans qu'il en soit fait investissement (C. civ. art. 922).

Legs au profit du conjoint survivant

Du fait de la renonciation au bénéfice du legs, cet élément n'apparaîtra pas dans les opérations liquidatives.

Calcul de la quotité disponible et de la réserve

La masse de calcul de la quotité disponible et de la réserve se compose des biens existants dont on soustrait le passif, augmentés de la réunion fictive des libéralités (C. civ. art. 922).

Ici, les biens existants sont nuls et le passif s'élève à 12 000 €, montant des loyers que la succession devra verser au titre du droit temporaire au logement dû au conjoint survivant. Lorsque le passif existant excède l'actif existant, les biens existants sont tenus pour nul (Cass. 1e civ. 1-12-1964 : Bull. civ. I no 536)	0
Reste la seule réunion fictive des libéralités, savoir :	
– donation faite à Sophie prise pour la valeur au décès du bien subrogé	440 000
– frais et droits de la donation faite à Sophie pour leur montant nominal	10 000
– donation faite à Marc pour son montant nominal	150 000
Total de la masse de calcul de la réserve et de la quotité disponible	600 000
Dont le tiers forme la quotité disponible	1/3
Est de	**200 000**
Et les deux tiers forment la réserve globale des enfants	2/3
Sont de	**400 000**
Dont la moitié forme la réserve individuelle de chacun des enfants	1/2
Est de	**200 000**

Imputation des libéralités

Les imputations s'effectueront dans l'ordre chronologique des libéralités, en commençant par la plus ancienne, soit dans l'ordre inverse de la réduction des libéralités (C. civ. art. 923).

Comme dit ci-dessus, la donation faite à Sophie en avance de part s'impute prioritairement sur sa part de réserve et subsidiairement sur la quotité disponible. Cette donation se décomposant en deux parties (la somme donnée et les frais et droits de donation), l'imputation doit en être faite concurremment. Cette question ne présente pas de réel intérêt ici, mais peut dans d'autres

77000 (suite) circonstances poser problème du fait des différences d'évaluation engendrées au moment du partage.
La donation préciputaire faite à Marc s'imputera ensuite en totalité sur la quotité disponible.
Ces imputations figurent au tableau ci-après :

Tableau d'imputation des libéralités

Libéralité	Réserve Sophie	Réserve Marc	QD	Dépassement QD
	200 000	200 000	200 000	
8-2-2007 DAPS à Sophie (espèces) 440 000 →	200 000 →	→	200 000	40 000
Solde	0			
8-2-2007 DAPS à Sophie (frais et droits de donation) 10 000 →	→	→	→	10 000
8-9-2007 DHPS à Marc 150 000 →	→	→	→	150 000
Solde	0	200 000	0	

On peut conclure de ce tableau que la libéralité consentie à Sophie épuise sa part de réserve ainsi que la quotité disponible. Elle est en outre partiellement réductible pour 50/450es de la valeur des biens donnés au partage. Elle demeure rapportable pour le tout mais il ne sera pas possible de cumuler un rapport total de la libéralité avec une réduction partielle.
La donation faite à Marc restera quant à elle intégralement réductible pour la totalité, de 150 000 €, faute de quotité disponible subsistante. Elle restera égale au montant ci-dessus, la valeur des biens au partage restant figée comme indiqué plus haut.

Partage

On supposera que le partage intervient très peu de temps après le décès et que les valeurs en cause n'ont pas changé. S'il en allait autrement, il faudrait prendre en compte la valeur des biens au jour du partage. On supposera également que Sophie demande la réduction de la libéralité consentie à son frère. Cette demande est en effet nécessaire, puisque le rapport a lieu de plein droit (C. civ. art. 843), alors que la réduction doit être demandée (C. civ. art. 921).
On rappellera que tant le rapport que la réduction s'opèrent en valeur.
La masse à partager comprendra :

– l'indemnité de rapport due par Sophie de la totalité de la valeur des libéralités qu'elle a reçues en avance de part, soit	450 000
– l'indemnité de réduction due par Marc	150 000
Soit une masse à partager de	600 000
Dont moitié revenant à chaque héritier	1/2
Est de	**300 000**

Sophie recevra 300 000 € par confusion avec l'indemnité de rapport dont elle est débitrice et versera à son frère le surplus de cette indemnité soit 150 000 €.
Marc recevra par confusion l'indemnité de réduction qu'il doit de 150 000 € et percevra le solde de l'indemnité de rapport due par sa sœur.
Il faut noter que ne figure pas au passif de la masse à partager le montant des loyers dû au conjoint survivant pendant un an puisque l'actif est composé uniquement des indemnités de rapport et de réduction qui ne bénéficient qu'aux héritiers (C. civ. art. 857 et 921), mais en aucun cas aux créanciers de la succession, dont fait partie le conjoint survivant au titre du droit temporaire au logement
Chacun des enfants devra donc assumer à proportion de son émolument (soit moitié) les loyers du logement occupé par leur mère pendant un an à compter du décès de leur père, sans solidarité (C. civ. art. 870). Il en résulte un privilège caché puisque les créanciers pourraient avoir à supporter les conséquences de l'insolvabilité d'un héritier.
On voit donc ici que l'adoption d'une communauté universelle avec attribution intégrale de la communauté au survivant peut dissimuler un piège pour les enfants lorsqu'il a été procédé à des libéralités antérieurement : elle peut amener l'un des enfants gratifié à restituer à ses frère

77000 (suite)

et sœur une indemnité de rapport ou de réduction importante, alors qu'il ne percevra lors du premier décès aucun actif successoral susceptible de lui faciliter ce paiement.
Dans une telle situation, une alternative pourrait être mise en œuvre par l'incorporation des donations antérieurement faites dans une donation-partage égalitaire et unanime avant le changement de régime. La donation-partage unanime échappe en effet au rapport. Lors du règlement de la succession, elle est prise en compte pour la valeur des biens au jour de la donation. Lorsqu'elle est égalitaire au jour de la donation, elle le reste au jour du décès. On évite ainsi le piège qui peut, au décès, se refermer sur l'un des enfants à raison des changements de valeur des biens entre la donation et le décès.

77010 CAS PRATIQUE

Donation-partage inégalitaire ; donation rapportable ; héritiers réservataires ; comparaison des méthodes dites « de Carpentras » et « de Paris » ; réévaluation des droits respectifs en vue du partage

Le père de Mme Aline Duressort est décédé en 2010.

En 2002, il avait consenti au frère de Mme Duressort, Jean-Baptiste, et à elle-même une donation-partage. Le frère avait reçu l'entreprise familiale valant 280 000 €, et Mme Duressort une somme de 120 000 € qui lui a permis d'acquérir un deux-pièces à Paris, estimé aujourd'hui à 480 000 €.

Mme Duressort avait été gratifiée auparavant, en 1988, d'une donation dûment enregistrée et stipulée « en avancement d'hoirie » portant sur une somme d'argent équivalant à 1 800 € ; elle s'en est servie à l'époque pour renouveler son électroménager, qui a depuis longtemps été réformé, en dépit d'un usage tout à fait normal.

Le défunt père de Mme Duressort a laissé à son décès des biens existants de toutes sortes pour une valeur globale nette de 300 000 € (valeur décès), en ce compris une collection d'estampes japonaises ayant été estimées ensemble 30 000 €, qu'il a léguées à une amie très proche, la jeune Ulla. La cote de ces estampes ayant progressé, elles valent aujourd'hui le double, et le reste des biens existants nets 310 000 €.

Quant à l'entreprise familiale, elle est estimée ce jour à 660 000 € ; mais c'est largement dû au savoir-faire du frère de Mme Duressort, qui en a augmenté la valeur d'un bon quart par son industrie et son savoir-faire.

Mme Duressort souhaiterait avoir sur la liquidation et le partage de la succession un conseil parfaitement exhaustif et documenté. Pour vous témoigner sa reconnaissance, elle vous offre une boîte de berlingots de Carpentras.

Solution

Dès l'instant qu'on liquide une succession en présence de réservataires et dans laquelle apparaît une donation-partage, il faut procéder à une liquidation inversée pour s'assurer que chacun des héritiers réservataires a reçu sa part de réserve (C. civ. art. 1077-1). Ce texte prévoit que l'héritier réservataire qui n'a pas concouru à la donation-partage, ou celui qui a reçu un lot inférieur à sa part de réserve, ne peut agir en réduction que si, compte tenu des libéralités dont il a pu bénéficier, il ne trouve pas suffisamment de biens existants non légués pour le remplir de sa réserve individuelle, appréciée à l'ouverture de la succession. On vérifiera donc si chacun a reçu sa part de réserve, avant de la compléter, si besoin est, à l'aide de biens existants non légués, puis, le cas échéant, par la réduction des libéralités, en commençant par les plus récentes.

Il est déconseillé de procéder aux imputations classiques, qui risquent d'induire en erreur le liquidateur.

Sur la méthodologie à suivre, voir n°s 11080 s.

77010 (suite)

Aperçu liquidatif

I. Calcul de la réserve individuelle de Mme Duressort et de son frère

A. Masse de calcul de la réserve héréditaire et de la quotité disponible (C. civ. art. 922, texte d'ordre public ; C. civ. art. 1078, texte particulier relatif à l'évaluation de certaines donations-partages, dites « unanimes »)

Biens existants (en ce inclus les legs) 300 000

Déduction des dettes .... mémoire

Réunion fictive :

– donation en avancement de part successorale, pour son montant nominal (C. civ. art. 922, al. 2 : remploi en faveur d'un bien dont la dépréciation est inéluctable par nature au jour de l'acquisition) 1 800

– donation-partage dont les lots sont réunis pour leur valeur au jour de l'acte, les conditions étant remplies (C. civ. art. 1078) (Sont des constatations parfaitement indifférentes le fait que Mme Duressort ait acquis un appartement à Paris ayant connu une plus-value importante, et que son frère ait fait prospérer l'entreprise dont il a été alloti)

Lot de Jean-Baptiste 280 000

Lot d'Aline 120 000

Masse de calcul de la réserve et de la quotité disponible.. 701 800

B. Taux de la réserve héréditaire et de la quotité disponible (C. civ. art. 913)

Le taux de la quotité disponible, en présence de deux enfants, est d'un tiers.. 1/3

La réserve globale est des deux tiers 2/3

Dont moitié formant la réserve individuelle.. 1/3

C. Montant des réserves individuelles et de la quotité disponible

La quotité disponible du tiers 1/3

Est de 233 933

La réserve globale, des deux tiers 2/3

Est de 467 866

Dont moitié formant la réserve individuelle.. 1/3

Est de 233 933

II. Comparaison des réserves individuelles et de ce qui a été reçu dans la donation-partage et en avancement de part successorale par chacun des réservataires (C. civ. art. 1077-1)

A. Chacun a-t-il été rempli de ses droits à réserve ?

Jean-Baptiste Duressort

Son lot dans la donation-partage est de 280 000 €. Il a donc été gratifié à l'occasion de la donation-partage au-delà de sa réserve individuelle, fixée à 233 933 €.

Aline Duressort

Son lot dans la donation-partage est de 120 000 €. Elle a également reçu une avance de part de 1 800 €. Mme Duressort n'a pas été remplie de sa réserve individuelle. Il lui manque en effet 233 933 – 121 800 = 112 133 €.

Récapitulatif de ce que chacun a reçu en avance de part pour composer sa réserve		
	Réserve individuelle de Jean-Baptiste	Réserve individuelle d'Aline
	233 933	233 933
Lot de Jean-Baptiste dans la DP	280 000	
Lot d'Aline dans la DP		120 000
DAPS à Aline		1 800
Manque à chacun pour compléter sa réserve	0	112 133

Conclusion : si Jean-Baptiste a déjà reçu sa part de réserve dans la donation-partage, en revanche, il manque, valeur décès, 112 133 € à Aline pour compléter la sienne.

77010 (suite)

B. Les biens existants non légués suffisent-ils pour compléter la part de réserve de Mme Aline Duressort ?

Un legs a été consenti concernant une collection d'estampes évaluée 30 000 € à l'ouverture de la succession. La valeur des biens existants non légués est de : 300 000 – 30 000 = 270 000 €. Cela signifie :
– que les biens existants suffisent à compléter la réserve individuelle de Mme Duressort ;
– que, par conséquent, il n'y a pas lieu à réduction d'une quelconque libéralité : ici, le legs à Ulla n'est pas réductible.

C. Comment faut-il partager les biens existants pour que Mme Duressort prenne le complément de sa réserve individuelle ?

Deux méthodes sont envisageables, la Cour de cassation ne s'étant pas prononcée.
La détermination des droits de chacun dans la réserve doit être faite au décès, la reconstitution de la réserve devant impérativement être faite au jour de l'ouverture de la succession.

La méthode dite « de Carpentras » (n° 11105)

On procède d'abord par prélèvement. Le complément de réserve nécessaire à Aline, arrêté à la somme de 112 133 € est prélevé sur les biens existants non légués, d'un montant de 270 000 €. Il reste à répartir 157 867 €.
On répartit ensuite ce reliquat par tête,

Soit 157 867/2 =	78 933
En définitive, les droits de chacun dans les biens existants non légués (valeur décès) sont les suivants :	
– Aline a droit au complément de réserve à prendre sur les biens existants, pour un montant de	112 133
Et à la moitié des biens existants	78 933
Total égal à ses droits dans les biens existants	191 066
– Jean-Baptiste a droit à la moitié des biens existants	78 933
Total égal à ses droits dans les biens existants	78 933
Ensemble, à un euro près	269 999

La méthode dite « de Paris » (n° 11110)

On commence par répartir les biens existants non légués entre les héritiers :

270 000/2 =		135 000
Cette répartition permet à Mme Duressort de compléter sa réserve individuelle fixée à 233 933 € :		
Lot DP	120 000	
Droits dans les biens existants non légués	135 000	
Total	255 000	

Il n'y a donc pas lieu à prélèvement.
En définitive, les droits de chacun dans les biens existants non légués se déterminent de la manière suivante :

Biens existants	300 000
Déduction faite du legs	– 30 000
Reste	270 000
Dont moitié revenant à chacun des cohéritiers	1/2
Est de	**135 000**

D. Partage

Le legs à Ulla est délivré.
Il n'y a pas lieu d'effectuer le rapport par Mme Duressort des 1 800 €. En effet, cette donation en avancement de part successorale a servi à la remplir de sa réserve individuelle.
Les biens existants non légués, valorisés 310 000 € au jour du partage, sont partagés différemment selon que l'on adopte l'une ou l'autre des deux méthodes liquidatives envisageables en présence d'une donation-partage.

77010 (suite)

– Si l'on adopte la **méthode dite « de Carpentras »**, les biens existants non légués sont partagés de la manière suivante :

Aline : (191 066/270 000) × 310 000 =	219 372
Jean-Baptiste : (78 933/270 000) × 310 000 =	90 627
Total égal, à un euro près, à la masse à partager	309 999

– Si l'on adopte la **méthode dite « de Paris »**, les biens existants non légués sont partagés par parts égales, ainsi qu'il suit :

Aline : 310 000/2	155 000
Jean-Baptiste : 310 000/2	155 000
Total égal à la masse à partager	310 000

Observations

Quelle méthode choisir, faute pour la jurisprudence d'avoir statué ?
À la vérité, les textes ne livrent rien qui soit utile pour trancher entre les deux systèmes. Chacun a ses mérites. On a bien compris que la première méthode, dite « de Carpentras », opère un rééquilibrage préalable, en complétant la part de réserve de Mme Duressort avant de réaliser sur le reste des biens existants non légués un partage par têtes. Cette méthode privilégie la recherche d'égalité entre les enfants, égalitarisme promu, en principe, par la loi. La seconde méthode, dite « de Paris », laisse davantage subsister la disparité entre les héritiers qui résultait dès l'origine, la donation-partage n'étant pas égalitaire (en raison sans doute de la volonté de transmettre une entreprise). Cette méthode se recommande de la sauvegarde minimale de la réserve, solution légale en matière de donation-partage.
Pour ce qui est de la volonté présumée du défunt, elle est après tout contingente et même très souvent ambiguë. On le voit bien dans notre cas : l'objectif primordial était ici de transmettre l'entreprise intacte. Mais il n'est pas dit que cela ait exclu un fond de volonté égalitaire et que le de cujus ait entendu pour autant évincer implicitement la méthode dite « de Carpentras ». Autrement dit, une donation-partage inégalitaire n'est pas nécessairement dictée par la volonté délibérée d'introduire une disparité entre les donataires copartagés. Elle peut l'être par la composition actuelle contraignante du patrimoine du donateur copartageant.
Au demeurant, il n'est pas certain que le choix de la méthode de liquidation dépende de la volonté du de cujus, qui le prévoirait d'avance : on est en une matière impérative, la sauvegarde de la réserve.
Tant que la Cour de cassation n'a pas tranché, il est prudent de proposer aux copartageants une transaction entre les deux solutions envisageables.

77020 CAS PRATIQUE

Donation-partage inégalitaire, donations rapportables au profit des héritiers réservataires ; legs à des tiers ; comparaison des méthodes dites « de Carpentras » et « de Paris » ; partage avec propositions d'attributions

Camille est décédée le 1er janvier 2016 en laissant à sa survivance ses deux enfants, Arthur et Benjamin.

Le 2 janvier 1980, elle avait consenti une donation-partage aux termes de laquelle ses deux enfants avaient été allotis de la manière suivante :

– Arthur, d'un appartement à Royan, évalué à 100 000 € ;

– Benjamin, d'une maison à La Rochelle, évaluée à 360 000 €.

Le 3 février 1990, elle avait fait donation en avancement de part successorale (DAPS) à Arthur d'un terrain à Bordeaux, évalué 100 000 €, avec stipulation que le rapport en serait dû de la valeur du terrain au jour de la donation.

Le 1er janvier 1992, elle avait donné à Benjamin, sous la forme d'un don manuel, une somme d'argent d'un montant de 50 000 €. Aucune acquisition n'a été réalisée avec les deniers donnés.

Par testament olographe en date du 1er avril 2008, elle a légué un tableau de famille du XIXe siècle, estimé, au décès, à 40 000 € (valeur constante), à sa cousine Germaine, et un véhicule de collection estimé au décès à 20 000 € (valeur constante), à son cousin Émile.

Camille laisse à sa mort, outre ce tableau et cette voiture, une maison d'habitation sise à Limoges et son mobilier, estimés ensemble 250 000 €, ainsi que des sommes inscrites en compte bancaire pour un total de 230 000 €. À l'époque du partage, la valeur de l'appartement de Limoges est restée inchangée.

La date de la jouissance divise a été fixée au 1er avril 2017.

Un expert a communiqué, pour les immeubles donnés, les évaluations suivantes :

	Valeur décès 1-1-2016	Valeur partage 1-4-2017
Appartement de Royan	150 000 €	160 000 €
Maison de La Rochelle	500 000 €	460 000 €
Terrain à Bordeaux	150 000 €	160 000 €

Liquidez la succession.

Solution

En présence d'une donation-partage, la méthodologie à suivre en vue de détecter une éventuelle atteinte à la réserve, donc une éventuelle réduction de telle ou telle libéralité doit être adaptée (nos 11080 s.). Le liquidateur doit tout d'abord vérifier si chacun des héritiers réservataires a été rempli de sa réserve à raison des lots reçus dans la (ou les) donation(s)-partage(s). Si à l'issue de cette première vérification, il s'avère que tous les réservataires sont ainsi remplis de leur réserve, aucune libéralité n'est alors réductible.

Si un ou plusieurs des héritiers réservataires n'a pas reçu sa part réservataire avec les avances de parts (lots de donation-partage et libéralités rapportables), il conviendra alors de vérifier que les biens existants non légués sont suffisants pour composer ou compléter la part réservataire de chacun.

À l'issue de cette deuxième vérification, de deux choses l'une :

– soit les biens existants non légués sont suffisants pour compléter toutes les réserves : aucune libéralité n'est réductible ; il faudra procéder au partage des biens existants et de la fraction des rapports non indispensables à compléter la réserve de l'héritier gratifié ;

– soit les biens existants non légués ne suffisent pas à compléter les réserves individuelles de chacun des réservataires. Il y aura lieu à réduction des libéralités, d'abord en réduisant les legs, puis, si nécessaire, les donations en commençant par les donations les plus récentes. La

77020 (suite)

donation-partage prend rang à sa date. Si la réduction atteint la donation-partage, seuls les lots dépassant la réserve des allotis subiront la réduction proportionnelle.
Dans la répartition des biens existants, dès lors qu'ils sont suffisants pour parfaire la ou les réserves incomplètes, deux méthodes sont proposées, celle dite « de Carpentras » et celle dite « de Paris ». Chacune de ces méthodes sera ici envisagée successivement.
En l'espèce, la donation du terrain de Bordeaux comportait une clause de rapport forfaitaire : suivant l'article 860, alinéa 4, en présence d'une clause de rapport forfaitaire, si la valeur à rapporter à raison de la clause est inférieure à la valeur du bien donné au décès, compte tenu de son état à la date de la donation, la différence constitue une donation indirecte hors part successorale.

Aperçu liquidatif

I. Réduction éventuelle des libéralités consenties par le défunt

A. Masse de calcul de la réserve héréditaire (C. civ. art. 922 et 1078)

Les biens existants, valeur décès, savoir :

– la maison de Limoges		250 000
– les liquidités		230 000
– le tableau de famille		40 000
– la voiture		20 000
Ensemble		540 000
Déduction faite des dettes		mémoire
Réunion fictive des donations :		
– les lots de la donation-partage dont les lots sont réunis pour leur valeur au jour de l'acte (C. civ. art. 1078)		
Lot d'Arthur		100 000
Lot de Benjamin		360 000
– donation à Arthur du terrain de Bordeaux		150 000
En avance de part	100 000	
Préciput (C. civ. art. 860, al 4)	50 000	
Don manuel de deniers à Benjamin (pas de subrogation)		50 000
Masse de calcul de la quotité disponible		1 200 000

B. Taux de la réserve héréditaire et de la quotité disponible (C. civ. art. 913)

Le taux de la quotité disponible, en présence de deux enfants, est d'un tiers	1/3
La réserve globale est des deux tiers	2/3
Dont moitié formant la réserve individuelle	1/3

C. Montant des réserves individuelles

En présence de deux enfants, la quotité disponible et la réserve de chacun des enfants sont du tiers	1/3
Soit	400 000

II. Comparaison des réserves individuelles et de ce qui a été reçu dans la donation-partage et en avancement de part successorale par chacun des réservataires (C. civ. art. 1077-1)

A. Chacun a-t-il été rempli de ses droits à réserve ?

Tableau récapitulatif des avances de part reçues par chacun

	Réserve individuelle d'Arthur	Réserve individuelle de Benjamin
	400 000	400 000
Lots reçus dans la D-P	100 000	360 000
DAPS	100 000	50 000
Manque pour composer la réserve	200 000	0

Conclusion : si Benjamin a déjà reçu sa part de réserve dans la donation-partage, en revanche, il manque, valeur décès, 200 000 € à Arthur pour compléter sa part de réserve.

77020 (suite)

B. Les biens existants non légués suffisent-ils pour compléter la part de réserve d'Arthur ?

Deux legs ont été consentis, l'un d'un tableau d'une valeur au décès de 40 000 €, à sa cousine Germaine, et le second d'un véhicule de collection estimé au décès à 20 000 €, à son cousin Émile.

Arthur ne pourra demander la réduction des libéralités, en premier lieu des legs, que s'il n'existe pas de biens existants non légués suffisants pour parfaire sa réserve héréditaire.

Or, il reste en biens existants non légués :

La maison de Limoges	250 000
Les liquidités	230 000
Total	480 000

Arthur peut compléter sa réserve à l'aide des biens existants non légués. Aucune libéralité n'encourt la réduction : les legs à titre particulier pourront être délivrés aux légataires sans que ces derniers soient débiteurs d'une indemnité de réduction.

Il reste à déterminer la répartition des biens existants non légués entre Arthur et Benjamin, ce dernier devant, en toute hypothèse, recevoir au moins sa part réservataire.

III. Masse à partager entre Arthur et Benjamin

On observera qu'en l'espèce la valeur des biens légués est la même au décès et au partage. Aussi est-il possible de répartir les biens existants suivant les deux méthodes existantes (celle dite « de Carpentras » et celle dite « de Paris ») et de procéder au partage en retenant les mêmes valeurs. Ce ne serait pas le cas si les valeurs décès et les valeurs partages différaient (voir cas pratique n° 77010) : la réserve s'appréciant à la date du décès, la répartition des biens existants devrait alors être nécessairement envisagée pour chacune des deux méthodes à la date du décès afin de déterminer, valeur décès, la fraction de biens existants revenant à chacun, puis d'appliquer cette fraction à la valeur des biens existants non légués à la date du partage pour déterminer les droits de chacun dans le partage (voir cas pratique n° 77010).

Les biens existants non légués (valeurs ici constantes au décès et au partage)

Les biens existants non légués comprennent :

– la maison de Limoges (valeur constante au décès et à l'époque du partage)	250 000
– les liquidités	230 000
Total des biens existants non légués	480 000

Traitement des libéralités rapportables

Il a été tenu compte des donations en avance de part consenties à chacun des réservataires pour compléter leur réserve. Ces libéralités demeurent néanmoins rapportables.

Cependant pour toute la fraction de la libéralité nécessaire au complément de la réserve du gratifié, le rapport n'est pas dû. Il l'est seulement pour l'excédent. Autrement dit, la fraction de la libéralité entre vifs qui n'est pas nécessaire pour compléter la part de réserve individuelle du gratifié est à rapporter compte tenu de la valeur du bien donné à l'époque du partage.

Pour la donation à Arthur du terrain à Bordeaux, aucun rapport n'est dû. L'intégralité de la partie en avancement de part successorale de cette donation, soit 100 000 €, a été nécessaire pour compléter sa réserve, sans d'ailleurs suffire à fournir l'intégralité du complément nécessaire en plus du lot reçu dans la donation-partage.

L'avantage indirect résultant de la clause de rapport forfaitaire, soit 50 000 €, n'est ni rapportable puisqu'il s'impute sur la quotité disponible (C. civ. art. 860, al. 4), ni réductible.

En revanche, pour le don manuel à Benjamin, celui-ci est rapportable dans la mesure où il n'est pas nécessaire à parfaire la réserve de Benjamin, soit à hauteur de 10 000 / 50 000 (voir tableau comparatif ci-dessus). En effet, en valeur décès, il faut compléter le lot reçu par Benjamin dans la donation-partage, de 360 000 €, par un complément de 40 000 € pris sur le don manuel en avancement de part, d'un montant total de 50 000 €.

Cette fraction est à appliquer à la valeur qui serait à rapporter au partage. En l'espèce, la valeur est constante, puisqu'il n'y a eu aucune acquisition avec les deniers donnés à Benjamin (C. civ. art. 860-1).

A. Méthode dite « de Carpentras » (n° 11105) :

1. Complément de réserve par prélèvement (valeurs au décès)

Les biens existants non légués sont de	480 000
Avant tout partage, Arthur prélève sur ses biens existants non légués son complément de réserve	– 200 000
Une fois ce prélèvement réalisé, il reste à répartir un reliquat de biens existants non légués de	280 000

77020 (suite)

2. Masse à partager et droits des parties (valeurs au partage)

Partage entre Arthur et Benjamin du reliquat des biens existants et des excédents de donations en avancement de part, soit :

– le reliquat de biens existants non légués 280 000
– le rapport de donation dû par Benjamin 10 000
Actif net 290 000
Dont la moitié pour chacun des enfants 1/2
Est de 145 000

Droits d'Arthur

Il a droit à son complément de réserve 200 000
Et à la moitié de la masse à partager 145 000
Total de ses droits **345 000**

Droits de Benjamin

Il a droit à la moitié de la masse à partager 145 000
Total de ses droits **145 000**

3. Propositions d'attributions

À Arthur, il est proposé de lui attribuer :
– l'appartement de Limoges et son mobilier 250 000
– des liquidités, pour un montant de 95 000
Total égal à ses droits **345 000**

À Benjamin, il est proposé de lui attribuer :
– son rapport en moins prenant et par confusion sur lui-même 10 000
– des liquidités, pour un montant de 135 000
Total égal à ses droits **145 000**

Tableau d'attribution

	Maison de Limoges	Liquidités	Rapport dû par Benjamin	Total égal aux droits de chacun
	250 000	230 000	10 000	
Arthur	250 000	95 000		345 000
Benjamin		135 000	10 000	145 000

B. Méthode dite « de Paris » (n° 11110)

1. Répartition des biens existants non légués (valeurs au décès)

Les biens existants non légués sont répartis de manière égalitaire entre les héritiers réservataires. On calcule les droits que la loi accorde à chacun des réservataires sur les biens que le de cujus a laissés à sa mort et dont il n'a pas disposé à titre gratuit (Dalloz Action Droit patrimonial de la famille 2021/2022, dir. M. Grimaldi, v. Liquidation de la succession en présence d'une libéralité-partage, n° 413.33 par M. Grimaldi). Les rapports n'entrent pas ici en ligne de compte.

Biens existants non légués 480 000
Revenant à Arthur pour moitié 240 000
Et à Benjamin pour l'autre moitié 240 000

La quote-part revenant à chacun d'eux est ajoutée à la masse des libéralités entre vifs dont ils ont pu être gratifiés en avance de part. Leurs droits théoriques ainsi déterminés sont comparés au montant de leur réserve individuelle.

77020 (suite)

	Situation d'Arthur	Situation de Benjamin
Réserve individuelle	**400 000**	**400 000**
Droits théoriques de chacun des réservataires	Avances de part : 200 000 Quote-part des biens existants non légués : 240 000	Avances de part : 410 000 Quote-part des biens existants non légués : 240 000
Total reçu par chacun	440 000	650 000
Manque par rapport à la réserve individuelle	0	0

Constat : cette répartition égalitaire des biens existants non légués permet à Arthur de compléter sa réserve au-delà des 200 000 €, valeur décès, qui lui manquaient.
Le partage proprement dit se fera par têtes.

2. Masse à partager et droits des parties (valeurs au partage)

Outre le reliquat des biens existants 480 000
il reste également à partager l'excédent de rapport de 10 000 dû par Benjamin..... 10 000
Actif net 490 000
Dont moitié revenant à chacun des enfants 1/2
Est de 245 000

Droits d'Arthur

Il a droit à la moitié de la masse à partager 245 000
Total de ses droits **245 000**

Droits de Benjamin

Il a droit à la moitié de la masse à partager 245 000
Total de ses droits **245 000**

3. Propositions d'attributions

À Arthur, il est proposé de lui attribuer :
– l'appartement de Limoges et son mobilier 250 000
– à charge pour lui de verser une soulte .... – 5 000
Total égal à ses droits **245 000**

À Benjamin, il est proposé de lui attribuer :
– son rapport en moins prenant et par confusion sur lui-même 10 000
– les liquidités 230 000
– la soulte due par Arthur 5 000
Total égal à ses droits **245 000**

Tableau d'attribution

	Maison de Limoges 250 000	Liquidités 230 000	Rapport dû par Benjamin 10 000	Soulte	Total égal aux droits de chacun
Arthur	250 000	0		– 5 000	245 000
Benjamin		230 000	10 000	+ 5 000	245 000

CAS PRATIQUE

Donation-partage inégalitaire ; donation rapportable consentie à l'un des héritiers réservataires ; comparaison des méthodes dites « de Carpentras » et « de Paris » ; réduction du lot d'une donation-partage ; partage avec propositions d'attributions 77030

Georges est père de trois enfants, Alain, Benoît et Céline.
À Alain, il a donné en mai 1998, en avancement de part successorale, un appartement situé à Limoges estimé à cette date, à 984 000 F, soit une contre-valeur, en euros, de 150 000 €.
En juin 2000, il a donné à titre de partage anticipé :
– à Alain, un terrain à Royan estimé à 150 000 € ;
– à Benoît, un appartement à Bordeaux estimé à 300 000 € ;
– à Céline, une ferme en Corrèze estimée à 300 000 €.
À son décès, comme au partage, les biens donnés valent :
– l'appartement de Limoges donné à Alain : 750 000 € ;
– le terrain de Royan donné à Alain : 300 000 € ;
– l'appartement de Bordeaux donné à Benoît : 1 500 000 € ;
– la ferme en Corrèze donnée à Céline : 1 500 000 €.

1e hypothèse : les biens existants représentent 500 000 €.

2e hypothèse : les biens existants représentent 100 000 €.

Liquider la succession.

Solution

Dévolution de la succession de Georges

Georges est décédé ab intestat en laissant trois enfants, Alain, Benoît et Céline, héritiers légaux du premier ordre et de même degré (C. civ. art. 734 et 735) venant à la succession à concurrence d'un tiers chacun. La loi leur reconnaît également la qualité d'héritiers réservataires ; la part de réserve de chacun d'eux, c'est-à-dire leur réserve individuelle, est d'un quart de la masse de calcul de la quotité disponible (C. civ. art. 922), la réserve héréditaire globale étant des trois quarts en présence de trois enfants (C. civ. art. 913).

Évaluation des biens donnés

Les conditions de l'article 1078 sont satisfaites :
– donation-partage unanime ;
– pas de réserve d'usufruit sur une somme d'argent ;
– aucune clause de la donation-partage n'a exclu l'évaluation dérogatoire.
Par conséquent, l'évaluation des biens compris dans la donation-partage se fera au jour de la donation-partage pour le calcul de la réserve et l'imputation des libéralités.
En revanche, pour la donation consentie en avancement de part successorale (DAPS), l'appartement donné à Alain sera évalué à la date du décès compte tenu de son état à la date de la donation (C. civ. art. 922), soit 750 000 €, et à la date du partage pour le rapport (C. civ. art. 860).

Particularisme de la liquidation en présence d'une donation-partage

En présence d'une donation-partage, la méthodologie à suivre en vue de détecter une éventuelle atteinte à la réserve, donc une éventuelle réduction de telle ou telle libéralité doit être adaptée (nos 11080 s.). Le liquidateur doit tout d'abord vérifier si chacun des héritiers réservataires a été rempli de sa réserve à raison des lots reçus dans la (ou les) donation(s)-partage(s).
Si à l'issue de cette première vérification, il s'avère que tous les réservataires sont ainsi remplis de leur réserve, aucune libéralité n'est alors réductible.
Si un ou plusieurs des héritiers réservataires n'a pas reçu sa part réservataire avec les avances de parts (lots de donation-partage et libéralités rapportables), il conviendra alors de vérifier que les biens existants sont suffisants pour composer ou compléter la part réservataire de chacun.

77030 (suite)

À l'issue de cette deuxième vérification, de deux choses l'une :
– soit les biens existants non légués sont suffisants pour compléter toutes les réserves : aucune libéralité n'est réductible ; il faudra procéder au partage des biens existants et de la fraction des rapports non indispensables à compléter la réserve de l'héritier gratifié ;
– soit les biens existants non légués ne suffisent pas à compléter les réserves individuelles de chacun des réservataires. Il y aura lieu à réduction des libéralités, d'abord en réduisant les legs, puis, si nécessaire, les donations en commençant par les donations les plus récentes. La donation-partage prend rang à sa date. Si la réduction atteint la donation-partage, seuls les lots dépassant la réserve des allotis subiront la réduction proportionnelle.

Aperçu liquidatif

1e hypothèse : les biens existants représentent 500 000 €

I. Réduction éventuelle des libéralités consenties par le défunt

A. Masse de calcul de la réserve héréditaire et de la quotité disponible (C. civ. art. 922 et 1078)

Les biens existants, valeur décès	500 000
Déduction faite du passif	mémoire
Réunion fictive des donations :	
– la donation à Alain de l'appartement de Limoges	750 000
– les lots de la donation-partage valeur donation-partage, savoir :	
Lot d'Alain	150 000
Lot de Benoît	300 000
Lot de Céline	300 000
Masse de calcul de la quotité disponible et de la réserve héréditaire	2 000 000

B. Calcul des réserves individuelles (C. civ. art. 913)

En présence de trois enfants, la quotité disponible est du quart	1/4
Soit	500 000
La réserve globale est des trois quarts	3/4
Soit	1 500 000
Dont le tiers formant la réserve individuelle et revenant à chacun d'Alain, Benoît et Céline	1/3
Est de	500 000

II. Comparaison des réserves individuelles et de ce qui a été reçu dans la donation-partage et en avancement de part successorale par chacun des réservataires (C. civ. art. 1077-1)

A. Chacun a-t-il été rempli de ses droits à réserve ?

Tableau récapitulatif de ce que chacun a reçu en avancement de part

	Alain	Benoît	Céline
Réserves individuelles	500 000	500 000	500 000
Lot reçu par chacun dans la DP	150 000	300 000	300 000
DAPS reçues par chacun	750 000		
Total reçu en avancement de part par chacun	900 000	300 000	300 000
Manque à chacun pour compléter sa réserve	0	200 000	200 000

Conclusion de la comparaison : Alain complète sa part de réserve à l'aide de la donation en avancement de part successorale dont il a été gratifié, à concurrence de 350 000 €. La DAPS ne sera donc rapportable qu'à hauteur de 750 000 – 350 000 = 400 000 €. 77030 (suite)

B. Les biens existants non légués suffisent-ils pour compléter la part de réserve ?

Les réserves individuelles de Benoît et de Céline peuvent être complétées sur les biens existants puisqu'il manque au total pour leurs réserves, valeur décès, 400 000 €, et qu'il y a 500 000 € de biens existants.
Aucune libéralité n'est réductible.

III. Masse à partager entre Alain, Benoît et Céline et droits des parties

Il s'agit ici de déterminer comment vont être partagés les biens existants, étant acquis qu'aucune libéralité n'est réductible.
C'est sur ce partage des biens existants que divergent les méthodes dites « de Carpentras » et « de Paris ».

A. Méthode dite « de Carpentras » (n° 11105)

1. Prélèvement par les réservataires de ce qui leur manque pour compléter leur réserve individuelle

Prélèvement de Benoît sur les biens existants non légués pour parfaire sa part de réserve	200 000
Prélèvement de Céline sur les biens existants non légués pour parfaire sa part de réserve	200 000
Total des prélèvements	400 000

2. Composition de la masse à partager (C. civ. art. 825)

Les biens existants non légués	500 000
Le rapport dû par Alain au titre de la donation de l'appartement	400 000
Déduction du complément pour parfaire les parts de réserve de Benoît et Céline	– 400 000
Total de la masse à partager	500 000
Les droits de chacun des copartageants dans la masse à partager du tiers	1/3
Sont de	**166 666**

3. Droits des parties dans le partage des biens existants et du rapport dû par Alain

Revenant à Alain :

Ses droits dans la masse à partager de	166 666
Son rapport de	– 400 000
Il doit une indemnité de rapport de	**– 233 334**

Revenant à Benoît :

Son prélèvement pour parfaire sa réserve	200 000
Ses droits dans la masse à partager de	166 666
Total lui revenant	**366 666**

Revenant à Céline :

Son prélèvement pour parfaire sa réserve	200 000
Ses droits dans la masse à partager de	166 666
Total lui revenant	**366 666**

4. Propositions d'attributions

4.1. Attributions à Alain

Droits dans la masse à partager	166 666
Son rapport de	– 400 000
À charge de verser une soulte à ses frère et sœur de	– 233 334
Total égal à ses droits	**166 666**

77030 (suite)

4.2. Attributions à Benoît

Droits dans la masse à partager	366 666
En biens existants non légués	250 000
Et la moitié de la soulte à recevoir d'Alain	116 667
Total égal à ses droits	**366 667**

4.3. Attribution à Céline

Droits dans la masse à partager	366 666
La moitié des biens existants non légués	250 000
Et la moitié de la soulte à recevoir d'Alain	116 667
Total égal à ses droits	**366 667**

B. Méthode dite « de Paris » (n° 11110)

1. Répartition des biens existants non légués par égale portion et par tête

Les biens existants non légués sont répartis de manière égalitaire entre les héritiers réservataires. On calcule les droits que la loi accorde à chacun des réservataires sur les biens que le de cujus a laissés à sa mort et dont il n'a pas disposé à titre gratuit. Les rapports n'entrent pas ici en ligne de compte (Dalloz Action Droit patrimonial de la famille 2021/2022, dir. M. Grimaldi, v. Liquidation d'une succession en présence d'une libéralité-partage, n° 413.33 par M. Grimaldi).

Les droits d'Alain, Benoît et Céline dans les biens existants non légués évalués au décès sont de : 500 000/3 = 166 666 €.

Comparaison de ce que chacun recevrait avec les réserves individuelles

On aura à l'esprit que les rapports n'entrent pas ici en ligne de compte (Dalloz Action Droit patrimonial de la famille 2021/2022, dir. M. Grimaldi, v. Liquidation d'une succession en présence d'une libéralité-partage, n° 413.33 par M. Grimaldi).

Le total des avances de part reçues des héritiers et de leurs droits respectifs dans les biens existants se résume de la manière suivante :

	Alain	Benoît	Céline
Réserves individuelles de chacun	500 000	500 000	500 000
Reçu en avance de part par chacun	900 000	300 000	300 000
Droits dans les biens existants non légués	166 666	166 666	166 666
Manque pour compléter les réserves individuelles	0	33 334	33 334

La réserve individuelle étant de 500 000 €, Benoît et Céline doivent compléter leurs parts de réserve. Ils doivent donc prélever chacun 33 334 € pour parfaire leur réserve, soit un total de 66 668 € sur la part théorique revenant à Alain dans les biens existants.

2. Masse à partager et droits des parties

2.1. Masse à partager

Les biens existants non légués	500 000
Le rapport dû par Alain au titre de la donation de l'appartement	400 000
Total masse à partager :	**900 000**

2.2. Droits des parties

Une fois la répartition des biens existants réalisée pour parfaire les réserves, il reste à partager par égale portion et par tête le rapport dû par Alain, soit 400 000/3 = 133 333 €.

77030 (suite)

Revenant à Alain :

Ses droits théoriques en biens existants non légués	166 667
Déduction du complément pour parfaire les parts de réserve de Benoît et Céline	– 66 668
Sous-total	99 999
Sa part dans le partage du rapport	133 334
Total égal à ses droits	**233 333**

Revenant à Benoît :

Ses droits théoriques en biens existants non légués	166 667
Le complément pour parfaire sa part de réserve	+ 33 334
Sous-total	200 001
Sa part dans le partage du rapport	133 333
Total égal à ses droits	**333 334**

Revenant à Céline :

Ses droits théoriques en biens existants non légués	166 666
Le complément pour parfaire sa part de réserve	+ 33 334
Sous-total	200 000
Sa part dans le partage du rapport	133 333
Total égal à ses droits	**333 333**

2e hypothèse : les biens existants représentent 100 000 €

I. Réduction éventuelle des libéralités

A. Masse de calcul de la réserve héréditaire et de la quotité disponible (C. civ. art. 922 et 1078)

Les biens existants, valeur décès	100 000
Soustraction du passif	mémoire
Réunion fictive des donations :	
– la donation à Alain de l'appartement de Limoges	750 000
– les lots de la donation-partage valeur donation-partage, savoir :	
Lot d'Alain	150 000
Lot de Benoît	300 000
Lot de Céline	300 000
Total	1 600 000

B. Calcul des réserves individuelles (C. civ. art. 913)

En présence de trois enfants, la quotité disponible est du quart	1/4
Soit	400 000
La réserve globale est des trois quarts	3/4
Soit	1 200 000
Dont le tiers formant la réserve individuelle et revenant à chacun d'Alain, Benoît et Céline	1/3
Est de	400 000

77030 (suite)

II. Comparaison des réserves individuelles et de ce qui a été reçu dans la donation-partage et en avancement de part successorale par chacun des réservataires (C. civ. art. 1077-1)

A. Chacun a-t-il été rempli de ses droits à réserve ?

Tableau récapitulatif des avances de part reçues par chacun (valeur décès)

	Alain	Benoît	Céline
Montant des réserves individuelles de chacun	400 000	400 000	400 000
Lots de chacun dans la donation-partage	150 000	300 000	300 000
DAPS reçues par chacun	750 000		
Total reçu en avance de part par chacun	900 000	300 000	300 000
Manque à chacun pour parfaire sa réserve	0	100 000	100 000

Conclusion : il manque 100 000 € (valeur décès) chacun à Benoît et Céline pour parfaire leur réserve.

Benoît et Céline doivent donc compléter leurs réserves pour un montant total de 200 000 €.

B. Les biens existants non légués suffisent-ils pour compléter la part de réserve de Benoît et Céline ?

Les biens existants non légués représentent 100 000 € et il manque, valeur décès, 200 000 € pour parfaire les réserves de Benoît et Céline.

Il y aurait donc lieu de réduire les libéralités à hauteur de ces 100 000 €, valeur décès.

La donation-partage prend rang à sa date : comme elle est postérieure à la donation en avancement de part consentie à Alain, c'est le lot de la donation-partage reçu par Alain qui serait réductible à hauteur de l'excédent, soit 100 000 €, pour une valeur totale du lot de 150 000 €.

Toutefois, on observe que la donation consentie à Alain qui est d'un montant au décès de 750 000 € le remplit de sa part de réserve à hauteur de 250 000 €, en plus du lot de la donation-partage.

Deux raisonnements paraissent donc envisageables à ce stade des opérations de liquidation :

1er raisonnement – la donation en avance de part reçue par Alain est rapportable, dans la mesure où elle ne constitue pas sa propre réserve. La donation en avance de part qu'il a reçue doit donc d'abord compléter sa propre part de réserve à hauteur de 400 000 – 150 000 = 250 000 €. Il n'y a donc lieu de prendre en compte au titre du rapport que : 750 000 – 250 000, soit 500 000 €. Ce rapport permet à B et C de parfaire leur part de réserve et même au-delà. Il n'y a donc pas lieu à réduction du lot reçu par Alain dans la donation-partage.

Masse à partager et droits des parties

Les biens existants non légués	100 000
Le rapport	500 000
Total à partager	600 000
Dont le tiers revenant à chacun	1/3
Est de	200 000

77030 (suite)

Propositions d'attributions

1. Attributions à Alain

Droits dans la masse à partager	200 000
Son rapport de	500 000
À charge de verser une soulte à ses frère et sœur de	300 000
Total égal à ses droits	**200 000**

2. Attributions à Benoît

Droits dans la masse à partager	200 000
La moitié des biens existants non légués	50 000
Et la moitié de la soulte à recevoir d'Alain	150 000
Total égal à ses droits	**200 000**

3. Attribution à Céline

Droits dans la masse à partager	200 000
La moitié des biens existants non légués	50 000
Et la moitié de la soulte à recevoir d'Alain	150 000
Total égal à ses droits	**200 000**

2e raisonnement – application littérale des dispositions de l'article 1077-1 du Code civil. On retiendra que les biens existants, soit 100 000 € au décès, ne suffisant pas à parfaire les réserves individuelles de Benoît et Céline, il y a lieu à réduction de la donation-partage.

Seul le lot reçu par Alain est réductible puisque les lots reçus par Benoît et Céline sont nécessaires, et même ne suffisent pas, pour constituer leur réserve.

Benoît et Céline doivent demander la réduction du lot attribué à Alain dans la donation-partage. Benoît prend 50 000 € dans les biens existants pour compléter sa réserve. Il lui manque 50 000 € [400 000 – (300 000 + 50 000)]. De la même manière, Céline prend 50 000 € dans les biens existants pour compléter sa réserve. Il lui manque 50 000 € [400 000 – (300 000 + 50 000)].

Le lot reçu par Alain est réductible à concurrence de 100 000/150 000, soit 2/3.

En cas de réduction du lot d'une donation-partage, la valeur à prendre en compte est celle du bien au jour du partage, soit = 2/3 × 300 000 = 200 000 €.

Le rapport dû par Alain au titre de la donation de l'appartement de Limoges reçue en avance de part ne le sera que dans la mesure où cette donation ne constitue pas sa propre réserve.

La réserve d'Alain a ici été constituée comme suit, toutes les valeurs devant être prises au décès s'agissant de déterminer la réserve individuelle de l'un des héritiers :

– Partie non réductible de son lot (valeur décès)	50 000
– Partie de la libéralité rapportable	350 000
Total valeur décès	400 000
La donation en avance de part n'est alors rapportable qu'à hauteur, valeur décès, de 750 000 – 350 000, soit	400 000

Masse à partager

Les biens existants non légués	100 000
L'indemnité de réduction due par Alain	200 000
Le rapport dû par Alain	400 000
Total à partager	**700 000**

Droits des parties dans la masse à partager

• À répartir entre Benoît et Céline exclusivement, pour parfaire leur réserve :

Les biens existants non légués	100 000
L'indemnité de réduction due par Alain	200 000
Total à partager	300 000
Revenant à Benoît	150 000
Revenant à Céline	150 000

77030 (suite)

- À répartir entre Alain, Benoît et Céline par égales portions et par tête, le rapport dû par Alain de 400 000 €, soit chacun 133 333

Récapitulatif :

Revenant à Alain	133 334
Revenant à Benoît	283 333
Revenant à Céline	283 333
Total égal à la masse à partager	**700 000**

Propositions d'attributions

1. Attributions à Alain

Droits dans la masse à partager	133 334
L'indemnité de rapport en moins prenant et par compensation sur lui-même	400 000
L'indemnité de réduction en moins prenant et par compensation sur lui-même	200 000
À charge de verser une soulte à ses cohéritiers	466 666
Total égal à ses droits	**133 334**

2. Attributions à Benoît

Droits dans la masse à partager	283 333
La moitié des biens existants non légués	50 000
Et la moitié de la soulte à recevoir d'Alain	233 333
Total égal à ses droits	**283 333**

3. Attributions à Céline

Droits dans la masse à partager	283 333
La moitié des biens existants non légués	50 000
Et la moitié de la soulte à recevoir d'Alain	233 333
Total égal à ses droits	**283 333**

CAS PRATIQUE

Donation-partage égalitaire ; héritiers réservataires ; incorporation d'une donation rapportable ; comparaison des méthodes dites « de Carpentras » et « de Paris » 77035

Georges est père de trois enfants, Alain, Benoît et Céline.

À Alain, il a donné en mai 1998, en avancement de part successorale, un appartement situé à Limoges estimé à cette date, à 984 000 F, soit une contre-valeur, en euros, de 150 000 €.

En juin 2000, il a donné à titre de partage anticipé :
– à Alain, un terrain à Royan estimé à 150 000 € et l'appartement de Limoges incorporé à la donation-partage pour sa valeur à la date de la donation, soit 150 000 € ;
– à Benoît, un appartement à Bordeaux estimé à 300 000 € ;
– à Céline, une ferme en Corrèze estimée à 300 000 €.

À son décès, comme au partage, les biens donnés valent :
– l'appartement de Limoges donné à Alain : 750 000 € ;
– le terrain de Royan donné à Alain : 300 000 € ;
– l'appartement de Bordeaux donné à Benoît : 1 500 000 € ;
– la ferme en Corrèze donnée à Céline : 1 500 000 €.

Les biens existants représentent 500 000 €.

Liquider la succession.

Solution

Dévolution de la succession de Georges

Georges est décédé ab intestat en laissant trois enfants, Alain, Benoît et Céline, héritiers légaux du premier ordre et de même degré (C. civ. art. 734 et 735) venant à la succession à concurrence d'un tiers chacun. La loi leur reconnaît également la qualité d'héritiers réservataires ; la part de réserve de chacun d'eux, c'est-à-dire leur réserve individuelle, est d'un quart de la masse de calcul de la quotité disponible (C. civ. art. 922), la réserve héréditaire globale étant des trois quarts en présence de trois enfants (C. civ. art. 913).

Évaluation des biens donnés

Les conditions de l'article 1078 du Code civil sont satisfaites :
– donation-partage unanime ;
– pas de réserve d'usufruit sur une somme d'argent ;
– aucune clause de la donation-partage n'a exclu l'évaluation dérogatoire.

Par conséquent, l'évaluation des biens compris dans la donation-partage se fera au jour de la donation-partage pour le calcul de la réserve et l'imputation des libéralités.

Particularisme de la liquidation en présence d'une donation-partage

En présence d'une donation-partage, la méthodologie à suivre en vue de détecter une éventuelle atteinte à la réserve, donc une éventuelle réduction de telle ou telle libéralité doit être adaptée (nos 11080 s.). Le liquidateur doit tout d'abord vérifier si chacun des héritiers réservataires a été rempli de sa réserve à raison des lots reçus dans la (ou les) donation(s)-partage(s).

Si à l'issue de cette première vérification, il s'avère que tous les réservataires sont ainsi remplis de leur réserve, aucune libéralité n'est alors réductible.

Si un ou plusieurs des héritiers réservataires n'a pas reçu sa part réservataire avec les avances de parts (lots de donation-partage et libéralités rapportables), il conviendra alors de vérifier que les biens existants sont suffisants pour composer ou compléter la part réservataire de chacun.

À l'issue de cette deuxième vérification, de deux choses l'une :
– soit les biens existants non légués sont suffisants pour compléter toutes les réserves : aucune libéralité n'est réductible ; il faudra procéder au partage des biens existants et de la fraction des rapports non indispensables à compléter la réserve de l'héritier gratifié ;
– soit les biens existants non légués ne suffisent pas à compléter les réserves individuelles de chacun des réservataires. Il y aura lieu à réduction des libéralités, d'abord en réduisant les

77035 (suite)

legs, puis, si nécessaire, les donations en commençant par les donations les plus récentes. La donation-partage prend rang à sa date. Si la réduction atteint la donation-partage, seuls les lots dépassant la réserve des allotis subiront la réduction proportionnelle.
L'incorporation de la donation reçue en avance de part successorale dans la donation-partage va modifier la masse de calcul de la réserve puisqu'il n'y aura plus lieu de revaloriser au décès la valeur du bien donné en avance de part.

Aperçu liquidatif

I. Réduction éventuelle des libéralités

A. Masse de calcul de la réserve héréditaire (C. civ. art. 922 et 1078)

Les biens existants, valeur décès	500 000
Soustraction du passif	mémoire
Réunion fictive des donations :	
Les lots de la donation-partage, valeur donation-partage, (C. civ. art. 1078), savoir :	
Lot d'Alain	300 000
Lot de Benoît	300 000
Lot de Céline	300 000
Total	1 400 000

B. Calcul des réserves individuelles (C. civ. art. 913)

En présence de trois enfants, la quotité disponible du quart de la masse de calcul	1/4
Est de	350 000
La réserve globale des trois quarts	3/4
Est de	1 050 000
Dont le tiers formant la réserve individuelle de chacun des enfants	1/3
Est de	350 000

II. Comparaison des réserves individuelles et de ce qui a été reçu dans la donation-partage par chacun des réservataires (C. civ. art. 1077-1)

A. Chacun a-t-il été rempli de ses droits à réserve ?

Tableau récapitulatif de ce que chacun a reçu en avancement de part

	Alain	Benoît	Céline
Réserve individuelle	350 000	350 000	350 000
Lot d'Alain dans la DP	300 000		
Lot de Benoît dans la DP		300 000	
Lot de Céline dans la DP			300 000
Total reçu en avancement de part par chacun	300 000	300 000	300 000
Manque à chacun pour compléter sa réserve	50 000	50 000	50 000

Chacun des enfants a reçu un lot de 300 000 € dans la donation-partage.
Il leur manque à chacun 50 000 € pour parfaire leur réserve, soit au total : 50 000 × 3 = 150 000 €.

77035 (suite)

B. Les biens existants non légués suffisent-ils pour compléter les parts de réserve ?

Les biens existants, qui représentent 500 000 €, suffisent donc à compléter les réserves individuelles : aucune libéralité n'est réductible, ce qui est logique en l'absence de libéralité autre que la donation-partage unanime et composée de lots égaux en valeur.

Conclusion : l'incorporation de la donation antérieure assure une plus grande stabilité du partage anticipé, en évitant ici la réduction (voir cas pratique n° 77030).

III. Masse à partager et droits des parties

A. Méthode dite « de Carpentras » (n° 11105)

1. Prélèvement par les réservataires de ce qui leur manque pour compléter leur réserve individuelle

Prélèvement d'Alain sur les biens existants non légués pour parfaire sa part de réserve, à hauteur de	50 000
Prélèvement de Benoît sur les biens existants non légués pour parfaire sa part de réserve, à hauteur de	50 000
Prélèvement de Céline sur les biens existants non légués pour parfaire sa part de réserve, à hauteur de	50 000
Total des prélèvements	150 000

2. Composition de la masse à partager (C. civ. art. 825)

Biens existants non légués	500 000
Déduction faite du complément de part de réserve de chacun des héritiers	– 150 000
Total égal à la masse à partager	350 000
Les droits de chacun des copartageants dans la masse à partager du tiers	1/3
Sont de	**116 666**

3. Droits des parties dans le partage des biens existants

Revenant à Alain :

Son prélèvement pour parfaire sa réserve	50 000
Ses droits dans la masse à partager de	116 666
Total lui revenant	**166 666**

Revenant à Benoît :

Son prélèvement pour parfaire sa réserve	50 000
Ses droits dans la masse à partager de	116 666
Total lui revenant	**166 666**

Revenant à Céline :

Son prélèvement pour parfaire sa réserve	50 000
Ses droits dans la masse à partager de	116 666
Total lui revenant	**166 666**

B. Méthode dite « de Paris » (n° 11110)

1. Répartition des biens existants non légués par égale portion et par tête

Les biens existants non légués sont répartis de manière égalitaire entre les héritiers réservataires. On calcule les droits que la loi accorde à chacun des réservataires sur les biens que le défunt a laissés à sa mort et dont il n'a pas disposé à titre gratuit.

Les droits d'Alain, Benoît et Céline dans les biens existants non légués évalués au décès sont de : 500 000 / 3 = 166 666 €.

77035 (suite)

Comparaison de ce que chacun recevrait avec les réserves individuelles

Le total des avances de part reçues des héritiers et de leurs droits respectifs dans les biens existants se résume de la manière suivante :

	Alain	Benoît	Céline
Réserves individuelles de chacun	350 000	350 000	350 000
Reçu en avance de part par chacun	300 000	300 000	300 000
Droits dans les biens existants non légués	166 666	166 666	166 666
Manque pour compléter les réserves individuelles	0	0	0

Chacun des héritiers réservataires reçoit au-delà de sa part de réserve. Il n'y a pas lieu de compléter leurs parts de réserve respectives ou de demander la réduction de la libéralité-partage.

2. Masse à partager entre Alain, Benoît et Céline et droits des parties

2.1. Masse à partager :

Les biens existants non légués 500 000

Total de la masse à partager 500 000

2.2. Droits des parties :

La masse à partager est de 500 000

Les droits de chacun des copartageants dans la masse à partager du tiers 1/3

Sont de **166 666**

Revenant à Alain :

Droits dans la masse à partager 166 666

À prendre dans les biens existants 166 666

Total égal à ses droits **166 666**

Revenant à Benoît :

Droits dans la masse à partager 166 666

À prendre dans les biens existants 166 666

Total égal à ses droits **166 666**

Revenant à Céline :

Droits dans la masse à partager 166 666

À prendre dans les biens existants 166 666

Total égal à ses droits **166 666**

Observation

En présence d'une donation-partage égalitaire et en l'absence de réduction, les deux méthodes (celle de Carpentras et celle de Paris) conduisent au même résultat.

CAS PRATIQUE

Legs de droits démembrés ; donation rapportable ; donation au dernier vivant ; réduction automatique ; concours quotité disponible ordinaire et quotité disponible spéciale ; imputation ; indemnités de réduction ; droits du conjoint survivant ; propositions d'attributions et abandonnements ; sans soultes ; avec soultes 77040

Marcel est décédé voici quatre ans à la survivance de son épouse en secondes noces, Édith, alors âgée de 55 ans, avec laquelle il s'est marié en secondes noces sans contrat de mariage préalable à leur union célébrée en 1983, et de ses deux fils :
– Amédée, né en 1975 de sa première union dissoute par le divorce avec Marinette ;
– Benjamin, né en 1985 de sa seconde union avec Édith.
Édith est bénéficiaire d'une « donation au dernier vivant », avec choix de quotité, étant précisé dans l'acte qu'« en présence d'enfants, la donation au conjoint survivant sera de l'une des quotités disponibles spéciales (QDS) de l'article 1094-1 du Code civil, à son choix ».
En 2005, Marcel a fait une donation en avancement de part successorale (DAPS) au profit d'Amédée d'un appartement à Tulle, appartement dont il avait hérité de ses parents (valeur au jour de la donation : 200 000 € ; valeur à l'ouverture de la succession 250 000 € ; valeur au jour du partage : 280 000 €).
Peu avant son décès, Marcel a rédigé un testament olographe aux termes duquel il a consenti un legs à Benjamin de la nue-propriété d'une propriété rurale située dans le département de la Creuse, propriété reçue dans la succession de ses parents (valeur à l'ouverture de la succession : 150 000 € ; valeur au jour du partage : 140 000 €) ; l'usufruit en revenant, aux termes du même testament, à son neveu Pierre, exploitant agricole.
Au décès de Marcel, la communauté comprenait :
– une maison située en Corrèze acquise au cours du mariage avec des deniers communs. Cette maison constituait l'habitation principale effective des deux époux à la date du décès (valeur décès : 900 000 € ; valeur partage : 920 000 €) ;
– des liquidités pour un montant de 70 000 € (valeur décès et partage) ;
– divers meubles estimés à 30 000 € (valeur décès et partage).
Aucune récompense n'était due.
Le partage de la succession de Marcel doit aujourd'hui être réalisé. À ce titre, Édith a opté pour la QDS mixte, soit le quart en pleine propriété et les trois quarts en usufruit. Elle a émis le souhait de conserver la pleine propriété tout à la fois des meubles et de la maison de Corrèze. Il est ici précisé que Pierre, le neveu du défunt, est âgé de 39 ans à la date du partage.

Solution

Détermination du régime matrimonial
Mariés sans contrat de mariage en 1983, les époux étaient soumis à l'application du régime matrimonial légal de la communauté d'acquêts (C. civ. art. 1400 à 1491).

Dévolution successorale
Ont ici la qualité d'héritiers au titre des règles de la dévolution légale :
– le conjoint survivant non divorcé, Édith (C. civ. art. 732) ; en présence d'un enfant non commun, elle ne peut prétendre, au titre de sa vocation légale, qu'au quart de la masse de calcul de l'article 758-5 du Code civil ;
– les deux enfants de Marcel, Amédée et Benjamin, héritiers légaux de premier ordre et de même degré (C. civ. art. 734 et 735), viennent à la succession à concurrence de moitié chacun, sauf les droits du conjoint. La loi leur reconnaît également la qualité d'héritiers réservataires ; la part de réserve de chacun d'eux, c'est-à-dire leur réserve individuelle, est du tiers de la masse de calcul de la quotité disponible, la réserve héréditaire globale étant des deux tiers en présence de deux enfants (C. civ. art. 913).

77040 (suite)

Pierre, le neveu du défunt, n'est appelé à la succession de son oncle qu'en sa qualité de légataire. Il n'est pas en rang utile pour avoir la qualité d'héritier légal. Il devra donc demander la délivrance de son legs aux héritiers saisis (n° 16987).

Évaluation

Les valeurs des biens à prendre en compte dans la liquidation de la succession à la date du partage n'étant pas toutes identiques aux valeurs de ces mêmes biens à la date du décès, il y a lieu d'établir la liquidation de la communauté comme celle de la succession en « double colonne », pour faire apparaître les valeurs à la date du décès et les valeurs à la date du partage.

Aperçu liquidatif

I. Liquidation de la communauté Marcel-Édith

A. Qualification des biens

Les biens communs sont tous les biens acquis à titre onéreux pendant la durée du mariage (C. civ. art. 1401). En l'espèce, il s'agit de la maison de Corrèze. En faisant application de la présomption de communauté, les liquidités tout comme les biens meubles sont présumés être des acquêts de communauté (C. civ. art. 1402).

Les biens propres font l'objet d'un droit de reprise par chacun des époux-propriétaires :

– biens propres du conjoint survivant : néant ;

– biens propres du défunt : la propriété rurale située en Creuse (bien propre par origine : C. civ. art. 1405), objet des legs à titre particulier.

B. Comptes de récompenses

Pas de récompenses, donc pas de comptes de récompenses à établir.

C. Liquidation de la communauté

Biens communs	**Valeur décès**	**Valeur partage**
Maison située en Corrèze	900 000	920 000
Liquidités	70 000	70 000
Meubles	30 000	30 000
Total actif de communauté	1 000 000	1 020 000
Passif de communauté	mémoire	mémoire
Moitié du boni de communauté revenant à la succession est de	500 000	510 000

II. Liquidation de la succession de Marcel

Au décès de Marcel, l'actif de sa succession se compose :

– de la moitié du boni de communauté, soit	500 000
– de la propriété rurale en Creuse, soit	150 000
Actif brut	650 000
Passif	mémoire
Soit un actif net successoral au décès de	**650 000**

En présence d'héritiers réservataires et lorsque des libéralités ont été consenties par la personne décédée, la liquidation de la succession suppose de déterminer avant toute autre chose si ces libéralités portent atteinte à leur réserve et, le cas échéant, dans quelle proportion elles sont réductibles. Au cas d'espèce, la qualité de réservataire est seule reconnue aux enfants de Marcel (C. civ. art. 913 s.).

A. Détermination d'une éventuelle atteinte à la réserve héréditaire des descendants

1. Masse de calcul de la réserve et des quotités disponibles

La composition de la masse de calcul est d'ordre public. Doivent être pris en compte, pour leur valeur à la date du décès de Marcel (C. civ. art. 922) :

Les biens existants, en ce compris les legs, savoir :

– la moitié du boni de communauté	500 000
– la propriété rurale située en Creuse	150 000
Déduction faite du passif	mémoire
Réunion fictive des donations :	
Donation en avancement de part successorale consentie à Amédée..	250 000
Masse de calcul des quotités	900 000

2. Application des taux de la réserve et des quotités disponibles (C. civ. art. 913 et 1094-1) 77040 (suite)

La réserve globale des deux tiers 2/3

Est de 600 000

La réserve individuelle de chacun des deux enfants est de moitié 1/2

Soit 300 000

La quotité disponible ordinaire (QDO), du tiers 1/3

Est de 300 000

La quotité disponible mixte entre époux

Est du quart en pleine propriété : 900 000 / 4 ....

Soit 225 000

Et des trois quarts en usufruit : 900 000 × 3/4 ....

Soit 675 000

Soit 225 000 en pleine propriété et 675 000 en usufruit

Il est entendu que les quotités indiquées correspondent à des quotités en assiette, et non pas à des valeurs ; l'assiette maximum de la pleine propriété que peut recevoir ici Édith par libéralité est de 225 000 ; l'assiette maximum de ce qu'elle peut recevoir en usufruit est de 675 000. Sur la question de la réduction des libéralités en démembrement de propriété, voir n°s 33300 s.

En présence d'une libéralité en démembrement, la Cour de cassation a précisé que seule une imputation en assiette est conforme à l'esprit de la loi (Cass. 1e civ. 22-6-2022 n° 20-23.215 FS-B : Defrénois 6-4-2023 n° DEF211k1 p.19 obs. B. Vareille et F. Fruleux).

3. Imputations des libéralités

Principes

Il s'agit de mettre en œuvre, en les combinant, les règles impératives qui déterminent :

– l'ordre chronologique d'imputation, c'est-à-dire de soustraction, des différentes libéralités (C. civ. art. 923, 926 et 927 ; n°s 32935 s.) ;

– et leur secteur d'imputation, c'est-à-dire soit la réserve héréditaire, soit la quotité disponible (C. civ. art. 919-1 et 919-2 ; n°s 33010 s.).

Lorsque des libéralités ont été consenties au conjoint survivant et à des tiers, les textes se sont avérés insuffisants pour dégager une méthodologie à suivre. Il faut combiner les règles d'imputation sur la QDO et sur la QDS conformément aux directives, au nombre de trois, dégagées par la jurisprudence (Cass. 1e civ. 26-4-1984 n° 83-11.839 : Bull. civ. I n° 140 ; Cass. 1e civ. 12-5-2010 n° 09-11.133 F-PBI ; sur cette jurisprudence, voir n°s 33235 s.), savoir :

1° Nul gratifié ne peut recevoir au-delà de la quotité disponible qui est la sienne, soit la QDS pour le conjoint survivant et la QDO pour tout autre gratifié, ou principe du double plafond ;

2° Le total des libéralités ne peut excéder la QDO augmentée du supplément de l'usufruit de la réserve qui résulte de la QDS.

En d'autres termes, les enfants peuvent recevoir leur part réservataire en nue-propriété seulement, sous l'usufruit du conjoint survivant, de la manière suivante :

– si la QDO est de moitié, le « supplément » en usufruit est de moitié ;

– si la QDO est du tiers, le « supplément » en usufruit est des deux tiers ;

– si la QDO est du quart, le « supplément » en usufruit est des trois quarts.

3° Les libéralités s'imputent suivant un principe de spécialité.

Celles consenties à tout autre que le conjoint s'imputent exclusivement sur la QDO, l'excédent étant sujet à réduction.

Celles consenties au conjoint s'imputent :

– si elles sont en propriété, en premier lieu sur le disponible ordinaire et, le cas échéant, pour l'excédent, sur le supplément en usufruit du disponible spécial ;

– si elles sont en usufruit, en premier lieu sur l'usufruit du disponible spécial et pour l'excédent, le cas échéant, sur le disponible ordinaire (cette dernière directive, majoritairement admise par la doctrine et la pratique, n'a pas été consacrée par la Cour de cassation).

Imputation de la donation à Amédée

S'agissant d'une donation en avancement de part successorale faite au profit d'un héritier réservataire, la donation consentie à Amédée s'impute prioritairement sur sa part réservataire et subsidiairement sur la quotité disponible, sauf disposition contraire du disposant. La réserve d'Amédée étant de 300 000, l'imputation de la donation, pour sa valeur décès de 250 000, ne l'épuise pas, laissant un reliquat de 50 000.

Imputation concurrente des legs et de la donation au dernier vivant

La donation de biens à venir entre époux, ou institution contractuelle entre époux, est susceptible d'être réduite comme les legs. L'imputation des libéralités reçues par le conjoint survivant doit se faire sur la quotité disponible, le conjoint n'ayant pas la qualité de réservataire en présence de descendants.

77040 (suite) En l'espèce, à raison de la formule choisie pour la clause (« en présence d'enfants, la donation au conjoint survivant sera de l'une des quotités disponibles spéciales (QDS) de l'article 1094-1 du Code civil, à son choix »), la libéralité a un double objet :
– d'une part, 1/4 en pleine propriété ;
– d'autre part, 3/4 en usufruit.

En effet, la clause définit la quotité disponible comme étant l'objet même de la libéralité qui, par voie de conséquence, est à titre universel, c'est-à-dire 1/4 en pleine propriété et 3/4 en usufruit, et non universelle. Au demeurant le choix de l'un des trois termes de la quotité disponible spéciale comme objet de la libéralité n'équivaut pas à une réduction de celle-ci qui serait ainsi pratiquée en quelque sorte par anticipation (voir Cass. 1e civ. 13-7-2022 nº 21-10.226 F-D : Defrénois 17-11-2022 nº DEF210u7 p. 42 obs. B. Vareille).

Ce type de libéralité, dont seul un conjoint peut être gratifié, et les legs doivent donc être réduits proportionnellement à leur valeur (Cass. 1e civ. 10-2-1998 nº 96-12.501 : Bull. civ. I nº 52).

Le conjoint survivant ayant été gratifié de la QDS et ayant opté pour un quart en pleine propriété et trois quarts en usufruit, on applique distributivement les règles de l'arrêt Dreuil (Cass. 1e civ. 26-4-1984 nº 83-11.839 : Bull. civ. I nº 140).

Il y a lieu d'imputer concurremment avec les legs, valorisés à 150 000 en pleine propriété, le maximum de ce que peut recevoir le conjoint survivant en pleine propriété au titre de la QDS mixte, soit 225 000.

Le total légué en toute propriété est donc de 375 000.

La QDO restant étant de 300 000 en pleine propriété, il y a un excédent d'imputation de 75 000 pour un total à imputer de 375 000, soit un coefficient de réduction des legs et de la donation au dernier vivant, pour la partie en pleine propriété de 75 000 / 375 000, soit encore 1/5e.

Pour les 225 000 en pleine propriété auxquels le conjoint survivant peut prétendre sur les biens existants non légués, elle devra verser une indemnité représentant 1/5e de cette libéralité en pleine propriété.

La partie réductible de la libéralité en pleine propriété consentie au conjoint survivant pourrait s'imputer, de manière subsidiaire, sur la réserve des enfants ; de sorte que l'indemnité de réduction due par le conjoint survivant ne serait qu'en nue-propriété.

Toutefois, l'usufruit subsistant de la réserve disponible pour cette imputation subsidiaire ainsi que pour l'imputation de l'usufruit libéral du conjoint survivant (assiette maximum de 675 000) est de 350 000, à savoir 50 000 restant dans la réserve d'Amédée et les 300 000 de la réserve de Benjamin.

Au final, le conjoint survivant peut donc exercer un usufruit de 350 000. Chacun des légataires à titre particulier devra également verser une indemnité correspondant au 1/5e des droits à recevoir.

Tableau résumant les imputations :

	RI* d'Amédée 300 000	RI* de Benjamin 300 000	QDO* 300 000	Supplément en usufruit au profit du CS* (QDS*) 600 000
2005 : DAPS à Amédée Assiette 250 000	Reste : 50 000			Reste : 350 000
LTP à Benjamin en nue-propriété Assiette 150 000				
LTP à Pierre En usufruit Assiette 150 000	→	→	Imputation concurrente en PP 375 000	
DEE à Édith Assiette 225 000 PP + 675 000 US	→	→	excédent d'imputation de 75 000 / 375 000 soit 1/5 →	Imputation en usufruit, au profit du CS 350 000

*Abréviations :
RI = réserve individuelle
QDO = quotité disponible ordinaire
QDS = quotité disponible spéciale
CS = conjoint survivant

77040 (suite)

4. Calcul des indemnités de réduction

Alors que pour les opérations d'imputations, il doit être fait application de la méthode dite de l'imputation « en assiette » des libéralités portant sur des droits démembrés, la généralisation de la réduction en valeur conduit à valoriser les droits démembrés lorsqu'il s'agit de fixer le montant des indemnités de réduction dues par les bénéficiaires de libéralités en usufruit ou en nue-propriété seulement.

Indemnité de réduction due par Pierre, légataire de l'usufruit de la propriété rurale

L'indemnité de réduction représente un cinquième de la valeur de l'usufruit légué.

La valeur de l'usufruit est elle-même liée à la valeur en pleine propriété du bien légué à la date du partage, soit 140 000, l'article 924-2 du Code civil imposant d'appliquer le taux de la réduction de la libéralité à la valeur des biens à l'époque du partage.

L'usufruitier, Pierre, étant aujourd'hui âgé de 39 ans, il est possible de retenir, dans la liquidation civile, une valeur de l'usufruit de 62 % (la valeur fiscale de l'usufruit étant de 70 % ; la valeur fiscale « stricte » ne s'impose pas dans la liquidation civile ; le barème fiscal paraît pouvoir être utilisé, mais en diminuant la valeur de l'usufruit de 1 % pour chacune des années écoulées entre 31 et 40 ans révolus).

La valeur de l'usufruit est donc de : 62 % × 140 000 = 86 800.

Le montant de l'indemnité de réduction est de : 86 800 / 5, soit 17 360 €.

Indemnité de réduction due par Benjamin, légataire de la nue-propriété de la propriété rurale

L'indemnité de réduction est égale à un cinquième de la valeur de la nue-propriété léguée. Si l'on retient l'évaluation de l'usufruit à hauteur de 62 % de la valeur en pleine propriété du bien légué, la nue-propriété, objet du legs, est alors estimée à : 38 % × 140 000 = 53 200.

Le montant de l'indemnité de réduction est de : 53 200 / 5, soit 10 640 €.

Indemnité de réduction due par Édith, conjoint survivant

À raison de l'institution contractuelle entre époux, Édith peut prétendre à :

– 225 000 en pleine propriété sur les 500 000 de biens existants non légués, soit 45 % ;

– et au reste des biens existants non légués en usufruit, soit 275 000 sur les 500 000, soit 55 %.

Ce qu'elle peut recevoir en usufruit n'est pas réductible puisque l'assiette de cet usufruit (275 000) est inférieure aux 3/4 en usufruit de la QDS (675 000).

Pour la partie en pleine propriété, elle subit la réduction proportionnelle à hauteur d'un cinquième.

À la date du partage, la valeur totale des biens existants non légués est valorisée à 510 000.

Le montant de l'indemnité de réduction due par Édith se calcule comme suit :

[(225 000 / 500 000) × 510 000] / 5 = 45 900 €.

B. Droits des parties

1. Droits du conjoint survivant, Édith

Au titre du partage de la communauté :	
– sa part dans la communauté, valeur partage	510 000
Au titre de sa vocation légale ab intestat :	
– son droit viager au logement (nos 23770 s.) est ici absorbé par sa vocation libérale : sur les biens existants, elle dispose pour partie de la pleine propriété et, pour le surplus, à tout le moins, de l'usufruit ;	
– compte tenu de l'émolument reçu au titre de la libéralité entre époux, sa vocation légale du quart en pleine propriété est nécessairement épuisée (C. civ. art. 758-6).	
Au titre de sa vocation libérale :	
– la pleine propriété de 45 % des biens existants non légués, ce qui représente ici 45 % de la 1/2 du boni de communauté, soit en valeur à la date du partage : 45 % × 510 000	229 500
Total en pleine propriété	739 500
– l'usufruit sur 55 % de ces mêmes biens, soit une assiette d'usufruit de 280 500, ce qui représente, en valeur au partage 42 % × 280 500	117 810
(en retenant comme valeur civile de l'usufruit 42 %, l'usufruitière étant âgée, au partage, de 59 ans)	
Total	**857 310**
Elle est débitrice d'une indemnité de réduction de	45 900

77040 (suite)

2. Droits des enfants : Amédée et Benjamin

Ils ont vocation à se partager par égales portions et par tête (C. civ. art. 825 et 829) :

– la nue-propriété de 55 % des biens existants non légués, soit la nue-propriété sur une assiette de 280 500, est de, en valeur au partage : 58 % × 280 500	162 690
– l'indemnité de rapport due par Amédée	280 000
– les indemnités de réduction, savoir :	
Indemnité due par Édith	45 900
Indemnité due par Benjamin	10 640
Indemnité due par Pierre	17 360
Total représentant la masse à partager entre Amédée et Benjamin	516 590
Revenant à chacun des enfants pour moitié	1/2
Est de	**258 295**

3. Droits de Benjamin en qualité de légataire

– il reçoit la nue-propriété de la propriété creusoise	**53 200**
– il est débiteur d'une indemnité de réduction	– 10 640

4. Droits de Pierre en qualité de légataire

– il reçoit l'usufruit de la propriété en Creuse, valeur au partage	**86 800**
– il est débiteur d'une indemnité de réduction	– 17 360

Vérification

À partager		Droits des parties dans le partage (en valeur)	
– le rapport dû par Amédée	280 000	– revenant à Édith	857 310
– la maison en Corrèze	920 000	– revenant à Amédée	258 295
– les liquidités	70 000	– revenant à Benjamin en qualité d'héritier	258 295
– les meubles	30 000	– revenant à Benjamin en qualité de légataire	53 200
– la propriété creusoise	140 000	– revenant à Pierre en qualité de légataire	86 800
– l'indemnité de réduction due par Édith	45 900		
– l'indemnité de réduction due par Benjamin	10 640		
– l'indemnité de réduction due par Pierre	17 360		
Total	**1 513 900**	**Total**	**1 513 900**

C. Propositions d'attributions

1. Pour le conjoint survivant, Édith

À recevoir (partage de la communauté et de la succession) :

En pleine propriété	739 500
En usufruit :	
Assiette d'usufruit	280 500
Valeur de cet usufruit : 280 500 × 42 %	117 810
Attributions proposées **en pleine propriété** :	
– l'indemnité de réduction due, par compensation	45 900
– les meubles	30 000
– une fraction de la maison de Corrèze à hauteur de 72,13 % (663 600 / 920 000)	663 600
Valeur totale attribuée en pleine propriété	**739 500**

Attributions proposées **en usufruit** : l'assiette de cet usufruit doit représenter 55 % de 510 000, soit 280 500, par exemple : 77040 (suite)

– l'usufruit des liquidités, valeur 42 % × 70 000, soit 29 400

– l'usufruit d'une partie de la maison à hauteur de 280 500 – 70 000, soit 210 500 / 920 000 = 22,88 %

Valeur de cet usufruit = 42 % × 210 500 .... 88 410

Total en valeur des droits en usufruit **117 810**

La valeur totale des droits du conjoint représente, en valeur partage **857 310**

2. Pour l'enfant non commun, Amédée

– son rapport 280 000

– il est débiteur d'une indemnité de rapport de .... – 21 705

Total égal à ses droits **258 295**

3. Pour l'enfant commun, Benjamin

En sa qualité d'**héritier réservataire** :

En pleine propriété :

– l'indemnité de réduction dont il est débiteur, par compensation sur lui-même 10 640

– l'indemnité de rapport due par Amédée 21 705

– l'indemnité de réduction due par Pierre 17 360

– une fraction en pleine propriété de la maison à Corrèze, représentant 920 000 – 663 600 – 210 500, soit 45 900 / 920 000

Est de 4,99 % de la pleine propriété de la maison 45 900

En nue-propriété :

– les liquidités évaluées à : 58 % × 70 000 .... 40 600

– la fraction de la maison dont Édith a l'usufruit, soit 22,88 % valeur = 58 % × 210 500 .... 122 090

Valeur totale **258 295**

En sa qualité de **légataire à titre particulier** :

– la nue-propriété de la propriété en Creuse, assiette 140 000, Valeur au partage : 140 000 × 38 % **53 200**

4. Pour le neveu Pierre, légataire à titre particulier

– l'usufruit de la propriété en Creuse, assiette 140 000, Valeur au partage : 140 000 × 62 % **86 800**

77040 (suite)

Tableau n° 1 résumant les attributions et abandonnements proposés sans soultes

Droits des parties	Édith		Amédée	Benjamin		Benjamin Legs NP	Pierre Legs US
	En valeur : 857 310		258 295	258 295		53 200	86 800
	PP 739 500	US Assiette 280 500	PP	PP	NP Assiette 280 500	NP Assiette 140 000	US Assiette 140 000
Maison en Corrèze **920 000**	**663 600**	**US Assiette 210 500**		**PP 45 900**	**NP Assiette 210 500**		
Liquidités **70 000**		**US Assiette 70 000**			**NP Assiette 70 000**		
Meubles **30 000**	**30 000**						
Rapport dû par Amédée **280 000**			**258 295**	**21 705**			
Indemnité de réduction due par Édith **45 900**	**45 900**						
Indemnité de réduction due par Benjamin **10 640**				**10 640**			
Indemnité de réduction due par Pierre **17 360**				**17 360**			
Propriété en Creuse **140 000**						**NP Assiette 140 000**	**US Assiette 140 000**
SOULTES							
Total droits des parties	**PP 739 500**	**US/ 280 500 Soit en valeur 117 810**	**PP 258 295**	**PP 95 605**	**NP/ 280 500 Soit en valeur 162 690**	**NP/ 140 000**	**US/ 140 000**
	857 310		**258 295**	**258 295**			

Observation

La très grande valeur de la maison au regard des autres biens à partager conduit ici à une double indivision, en usufruit et en nue-propriété sur cette maison, puisque la répartition finale est :

– en pleine propriété : 72,13 % au conjoint survivant et 4,99 % à Benjamin ;
– en usufruit seulement : 22,88 % au conjoint survivant ;
– en nue-propriété seulement : 22,88 % à Benjamin.

77040 (suite)

Il serait évidemment préférable, si les intéressés disposent des ressources financières nécessaires de prévoir d'éviter l'indivision et le démembrement au moyen de soultes, si les intéressés s'accordent sur ce point.

Tableau n° 2 résumant les propositions d'attributions et abandonnement avec soultes

Droits des parties	**Édith**		**Amédée**	**Benjamin**		**Benjamin Legs NP**	**Pierre Legs US**
	En valeur : 857 310		258 295	258 295		53 200	86 800
Maison en Corrèze **920 000**	PP 920 000						
Liquidités **70 000**		US Assiette 70 000			NP Assiette 70 000		
Meubles **30 000**	PP 30 000						
Rapport dû par Amédée **280 000**			258 295	21 705			
Indemnité de réduction due par Édith **45 900**	45 900						
Indemnité de réduction due par Benjamin **10 640**				10 640			
Indemnité de réduction due par Pierre **17 360**				17 360			
Propriété en Creuse **140 000**						NP Assiette 140 000	US Assiette 140 000
SOULTES	− 167 990			+ 167 990			
Total droits des parties	**PP** **827 910**	**US en valeur** **29 400**	**PP** **258 295**	**PP** **217 695**	**NP en valeur** **40 600**	**NP En valeur** **53 200**	**US En valeur** **86 800**
	857 310		**258 295**	**258 295**		**53 200**	**86 800**

77050 CAS PRATIQUE

Legs de droits démembrés ; donation rapportable ; donation au dernier vivant ; réduction facultative ; concours quotité disponible ordinaire et quotité disponible spéciale ; imputation ; indemnités de réduction ; droits du conjoint survivant ; propositions d'attributions et d'abandonnements

L'hypothèse est la même que celle précédemment étudiée à ceci près que la « donation au dernier vivant » donne vocation au conjoint à l'intégralité de la succession. L'acte contient une clause parfois dénommée de « réduction facultative » (ce qui est une tautologie puisque toute réduction est, par nature, facultative) ainsi rédigée :
« En cas d'existence, au jour du décès du donateur, d'héritiers réservataires de celui-ci, la présente donation, si la réduction en est demandée, sera, au seul choix du donataire, réduite à la quotité disponible entre époux en vigueur au jour du décès, en pleine propriété seulement, ou en pleine propriété et en usufruit, ou en usufruit seulement » (Revue Nota-Bene Cridon Sud-Ouest 9-2009 n° 146, fiche 590 par D. Epailly).
Cette clause permet au conjoint de recevoir l'universalité en pleine propriété de la succession, sauf si les héritiers réservataires demandent la réduction. Le conjoint survivant, institué d'une libéralité universelle, et non plus, comme dans le cas précédent à titre universel, doit alors opter pour l'une des quotités disponibles de l'article 1094-1, afin de déterminer le secteur d'imputation de la libéralité. En l'absence de cantonnement par le conjoint survivant ou de réduction en nature si les conditions légales en sont réunies, le conjoint survivant a vocation à recevoir l'intégralité des biens successoraux. L'indemnité de réduction dont il sera alors débiteur sera chiffrée suivant la valeur des biens successoraux à la date de la liquidation de l'indemnité puisqu'il n'y a, en pareille hypothèse, pas d'indivision et, partant, pas lieu à partage entre le conjoint survivant et les héritiers réservataires (Cass. 1e civ. 1-12-2021 n° 20-12.923 FS-B ; Cass. 1e civ. 22-6-2022 n° 21-10.570 FS-B).
Comme il est logique, le partage entre les héritiers réservataires interviendra au moment de la liquidation du fait que, en présence du conjoint donataire de l'intégralité de la succession, la masse à partager se composera uniquement des indemnités de rapport et de réduction.

Solution

Observations générales

Comme énoncé dans le cas pratique n° 77040, Marcel est décédé voici quatre ans laissant à sa survivance son épouse en secondes noces, Édith, commune en biens, alors âgée de 55 ans, et ses deux enfants :
– Amédée issu de son union avec son épouse en premières noces, Marinette, dont il était divorcé ;
– Benjamin né de sa seconde union avec Édith.
En 2005, il a gratifié son fils Amédée d'un appartement à Tulle aux termes d'une donation en avancement de part successorale. Ledit appartement est évalué 250 000 € au décès et 280 000 € au jour du partage.
Peu avant son décès, Marcel a rédigé un testament olographe aux termes duquel il a consenti un legs à Benjamin de la nue-propriété d'une propriété rurale située dans la Creuse, évaluée au jour du décès 150 000 € et au jour du partage 140 000 € ; l'usufruit revient à son neveu Pierre.
Au décès de Marcel, la communauté comprenait :
– une maison située en Corrèze acquise au cours du mariage avec des deniers communs. Cette maison constituait l'habitation principale effective des deux époux à la date du décès (valeur décès : 900 000 € ; valeur partage : 920 000 €) ;
– des liquidités pour un montant de 70 000 € (valeur décès et partage) ;
– divers meubles estimés à 30 000 € (valeur décès et partage).
Aucune récompense n'était due.
Il est précisé que Pierre, le neveu du défunt, est âgé de 39 ans à la date du partage.

77050 (suite)

Aperçu liquidatif

Comme précédemment calculée (n° 77040), la masse de calcul de la réserve héréditaire et des quotités disponibles ordinaire et spéciale s'élève à	900 000
Dont le tiers formant la réserve individuelle de chacun des enfants	1/3
Est de	300 000
Dont le tiers formant la quotité disponible ordinaire (QDO)....	1/3
Est de	300 000
La quotité disponible mixte entre époux	
Est du quart en pleine propriété : 900 000 / 4	225 000
Et des trois quarts en usufruit : 900 000 × 3/4 soit	675 000
Soit 225 000 en pleine propriété et 675 000 en usufruit	

Le conjoint survivant doit opter pour l'une des quotités disponibles spéciales afin de fixer le secteur d'imputation de la libéralité. Ce choix détermine, par voie de conséquence, le montant de l'indemnité de réduction due aux enfants. Quelle que soit la branche de l'option de l'article 1094-1 retenue, le conjoint survivant étant institué d'une libéralité universelle, il ne sera aucunement en indivision avec les héritiers réservataires (sur l'absence d'indivision en pareille hypothèse : Cass. 1e civ. 23-11-2016 n° 15-28.931 F-D ; Cass. 1e civ. 01-12-2021 n° 20-12923 FS-B ; Cass. 1e civ. 22-06-2022 n° 21-10570 FS-B).

On suppose :

– que l'acte de donation prévoit que le conjoint peut choisir la quotité disponible sur laquelle s'impute la donation ;

– que le conjoint fait le choix de la quotité disponible mixte du quart en pleine propriété et des trois quarts en usufruit ;

– que le conjoint survivant fait le choix de conserver tous les biens composant la succession moyennant une réduction en valeur. En effet, la réduction, si elle est demandée, s'exerce en valeur (C. civ. art. 924) sauf au conjoint à proposer une réduction en nature (C. civ. art. 924-1). Par ailleurs il n'exerce pas la faculté de cantonnement qui lui est offerte par l'article 1094-1, alinéa 2.

I. Imputations des libéralités

Imputation de la donation à Amédée

S'agissant d'une donation en avancement de part successorale faite au profit d'un héritier réservataire, la donation consentie à Amédée s'impute prioritairement sur sa part réservataire et subsidiairement sur la quotité disponible, sauf disposition contraire du disposant. La réserve d'Amédée étant de 300 000, l'imputation de la donation, pour sa valeur décès de 250 000, ne l'épuise pas, laissant un reliquat de 50 000.

Imputation concurrente des legs et de la donation au dernier vivant

La donation de biens à venir entre époux, ou institution contractuelle entre époux, est susceptible d'être réduite comme les legs.

Ce type de libéralité, dont seul un conjoint peut être gratifié, et les legs doivent donc être réduits proportionnellement à leur valeur (Cass. 1e civ. 10-2-1998 n° 96-12.501 : Bull. civ. I n° 52).

Le conjoint survivant a été gratifié d'une libéralité universelle en pleine propriété et il a opté pour les besoins de l'imputation pour un quart en pleine propriété et trois quarts en usufruit.

Dans la mesure où la donation donne vocation au conjoint à l'intégralité de la succession, il y a lieu de calculer ce que celui-ci et chaque légataire auraient recueilli en l'absence d'héritiers réservataires.

En l'absence d'héritiers réservataires, Pierre et Benjamin auraient reçu leur legs à concurrence de 150 000 et Édith aurait reçu les biens existants sous déduction des legs, soit 500 000.

Le total légué en pleine propriété est de : 500 000 + 150 000 = 650 000 alors que la quotité disponible ordinaire est de 300 000.

L'excédent d'imputation est donc de 650 000 – 300 000 = 350 000.

Le coefficient de réduction proportionnelle est de : 350 000 / 650 000, soit 7/13es.

D'après l'arrêt Dreuil (Cass. 1e civ. 26-4-1984 n° 83-11.839 : Bull. civ. I n° 140), la libéralité en pleine propriété au conjoint survivant s'impute prioritairement sur la quotité disponible ordinaire, donc concurremment avec le legs en pleine propriété, mais sans pouvoir procurer au conjoint survivant davantage en propriété qu'1/4 en pleine propriété, soit ici 225 000.

Les legs sont réductibles comme suit :

La donation universelle faite au conjoint survivant qui représente 500 000 / 650 000 du total légué est réductible à concurrence de : 500 000 × 7/13 = 269 230.

77050 (suite)

Elle peut s'exécuter en pleine propriété à concurrence du surplus, soit 500 000 – 269 230 = 230 770. Toutefois, Édith se prévalant de la quotité disponible mixte, elle ne peut imputer ses droits en propriété au-delà du quart en pleine propriété, soit 225 000.
La donation s'exécute donc à concurrence de 225 000 en pleine propriété et est réductible à concurrence de 275 000, soit 11/20es.
Cette réduction n'a lieu qu'en nue-propriété, la libéralité s'imputant subsidiairement sur l'usufruit de la réserve.
Le legs à Pierre et Benjamin qui représente 150 000 / 650 000 du total légué devrait être réductible à concurrence de : 150 000 × 7/13 = 80 769. Toutefois, la libéralité faite au conjoint ne pouvant s'imputer sur la fraction de quotité disponible ordinaire excédant un quart en pleine propriété, cette fraction profite aux tiers légataires. La fraction excédentaire des legs peut donc s'imputer subsidiairement sur (230 770 – 225 000) = 5 770 € et est alors réduite à concurrence de 80 769 – 5770 = 75 000, soit 1/2.
La partie réductible de la libéralité en pleine propriété consentie au conjoint survivant pourrait s'imputer, de manière subsidiaire, sur la réserve des enfants ; de sorte que l'indemnité de réduction due par le conjoint survivant ne serait qu'en nue-propriété.
Toutefois, l'usufruit subsistant de la réserve disponible pour cette imputation subsidiaire ainsi que pour l'imputation de l'usufruit libéral du conjoint survivant (assiette maximum de 675 000) est de 350 000, à savoir 50 000 restant dans la réserve d'Amédée et les 300 000 de la réserve de Benjamin.
Au final, le conjoint survivant peut donc imputer son usufruit à concurrence de 275 000.
Pour les 500 000 en pleine propriété auxquels le conjoint survivant peut prétendre sur les biens existants non légués, elle devra verser une indemnité représentant 11/20es de cette libéralité en pleine propriété.
Chacun des légataires à titre particulier devra également verser une indemnité correspondant au 1/2 des droits à recevoir.

Tableau résumant les imputations :

	RI * d'Amédée 300 000	RI * de Benjamin 300 000		QDO* 300 000	Supplément en usufruit au profit du CS* (QDS*) 600 000
2005 : DAPS à Amédée Assiette 250 000	Reste : 50 000				Reste : 350 000
LTP à Benjamin en nue-propriété Assiette 150 000				Imputation concurrente en PP 650 000 → excédent d'imputation de 350 000 : - Édith : 275 000 (11/20) Légataires 75 000 (1/2)	Imputation en usufruit, au profit du CS 350 000
LTP à Pierre En usufruit Assiette 150 000					
DEE à Édith 500 000 PP					

*Abréviations :
RI = réserve individuelle
QDO = quotité disponible ordinaire
QDS = quotité disponible spéciale
CS = conjoint survivant
Rappelons que l'imputation d'une libéralité en démembrement s'effectue non pas en valeur mais en assiette (voir cas pratique n° 77040).

II. Calcul des indemnités de réduction

Indemnité de réduction due par Pierre, légataire de l'usufruit de la propriété rurale
L'indemnité de réduction due par Pierre, légataire de l'usufruit de la propriété rurale, représente la moitié de la valeur de l'usufruit légué.
La valeur de l'usufruit est elle-même liée à la valeur en pleine propriété du bien légué à la date du partage, soit 140 000.

77050 (suite)

L'usufruitier, Pierre, étant aujourd'hui âgé de 39 ans, il est possible de retenir, dans la liquidation civile, mais pour les seuls besoins de la liquidation de l'indemnité de réduction (voir au contraire la nécessité d'imputer en assiette pour déterminer une éventuelle atteinte à la réserve), une valeur de l'usufruit de 62 % (la valeur fiscale de l'usufruit étant de 70 % ; la valeur fiscale « stricte » ne s'impose pas dans la liquidation civile ; le barème fiscal paraît pouvoir être utilisé, mais en diminuant la valeur de l'usufruit de 1 % pour chacune des années écoulées entre 31 et 40 ans révolus).
La valeur de l'usufruit est donc de : 62 % × 140 000 = 86 800.
Le montant de l'indemnité de réduction est de : 86 800 × 1/2, soit 43 400 €.

Indemnité de réduction due par Benjamin, légataire de la nue-propriété de la propriété rurale
L'indemnité de réduction due par Benjamin, légataire de la nue-propriété de la propriété rurale, est égale à la moitié de la valeur de la nue-propriété léguée. Si l'on retient l'évaluation de l'usufruit à hauteur de 62 % de la valeur pleine propriété du bien légué, la nue-propriété objet du legs est alors estimée à : 38 % × 140 000 = 53 200.
Le montant de l'indemnité de réduction est de : 53 200 × 1/2, soit 26 600 €.

Indemnité de réduction due par Édith, conjoint survivant
À raison de l'institution contractuelle entre époux, Édith peut prétendre à :
– 225 000 en pleine propriété sur les 500 000 de biens existants non légués, soit 9/20es ;
– Et le reste des biens existants non légués en usufruit, soit 275 000 sur les 500 000, soit 11/20es.
Pour la partie en pleine propriété, elle subit la réduction proportionnelle à hauteur de 11/20es.
À la date du partage, la valeur totale des biens existants non légués est valorisée à 510 000.
Le montant de l'indemnité de réduction due par Édith se calcule comme suit : 510 000 × 11/20 = 280 500 €.
La libéralité s'imputant subsidiairement sur l'usufruit de la réserve, cette réduction n'a lieu qu'en nue-propriété. En retenant comme valeur civile de l'usufruit 42 %, l'usufruitière étant âgée, au partage, de 59 ans, l'indemnité de réduction due par Édith est de : 58 % × 280 500 = 162 690 €.

III. Droits des parties

1. Droits du conjoint survivant, Édith

Au titre du partage de la communauté :

– sa part dans la communauté, valeur partage, comme précédemment calculée (nº 77040)	510 000

Au titre de sa vocation légale ab intestat :
– son droit viager au logement (nos 23770 s.) est ici absorbé par sa vocation libérale ;
– compte tenu de l'émolument reçu au titre de la libéralité entre époux, sa vocation légale du quart en pleine propriété est nécessairement épuisée (C. civ. art. 758-6).

Au titre de sa vocation libérale :

– la pleine propriété de tous les biens non légués	510 000
Total en pleine propriété	1 020 000
Elle est débitrice d'une indemnité de réduction de	162 690

2. Droits des enfants, Amédée et Benjamin

Ils ont vocation à se partager par égales portions et par tête (C. civ. art. 825 et 829) :

– l'indemnité de rapport due par Amédée	280 000
– les indemnités de réduction, savoir :	
Indemnité due par Édith	162 690
Indemnité due par Benjamin	26 600
Indemnité due par Pierre	43 400
Total représentant la masse à partager entre Amédée et Benjamin	512 690
Revenant à chacun des enfants pour moitié	1/2
Est de	**256 345**

3. Droits de Benjamin en qualité de légataire

– Benjamin en sa qualité de légataire reçoit la nue-propriété de la propriété creusoise	**53 200**
– il est débiteur d'une indemnité de réduction	– 26 600

77050 (suite)

4. Droits de Pierre en qualité de légataire

– Pierre en sa qualité de légataire reçoit l'usufruit de la propriété en Creuse, valeur au partage 86 800

– il est débiteur d'une indemnité de réduction .... – 43 400

Vérification

À répartir		Droits des parties dans la liquidation	
– la maison en Corrèze	920 000	– revenant à Édith	1 020 000
– les liquidités	70 000	– revenant à Amédée	256 345
– les meubles	30 000	– revenant à Benjamin en qualité d'héritier	256 345
– la propriété creusoise	140 000	– revenant à Benjamin en qualité de légataire	53 200
– le rapport dû par Amédée ..	280 000	– revenant à Pierre en qualité de légataire	86 800
– l'indemnité de réduction due par Édith	162 690		
– l'indemnité de réduction due par Benjamin	26 600		
– l'indemnité de réduction due par Pierre	43 400		
Total	**1 672 690**	**Total**	**1 672 690**

IV. Propositions d'attributions

1. Pour le conjoint survivant, Édith

À recevoir en pleine propriété 1 020 000

Attributions **en pleine propriété** :

– la maison de Corrèze 920 000

– les liquidités 70 000

– les meubles 30 000

Valeur totale attribuée en PP 1 020 000

La valeur totale des droits du conjoint représente, en valeur partage **1 020 000**

2. Pour l'enfant non commun, Amédée

Observation : Amédée est débiteur d'un rapport de 280 000 €

Il l'exécute :

– en moins prenant à hauteur de ses droits dans la masse à partager soit 256 345

– en numéraire pour un montant de 23 655

Attributions :

– son rapport 280 000

– il est débiteur de .... – 23 655

Total égal à ses droits **256 345**

3. Pour l'enfant commun, Benjamin

En sa qualité d'**héritier réservataire** :

En pleine propriété :

– l'indemnité de réduction dont il est débiteur, par compensation sur lui-même 26 600

– l'indemnité de rapport due par Amédée 23 655

– l'indemnité de réduction due par Pierre 43 400

– l'indemnité de réduction due par Édith 162 690

Valeur totale **256 345**

En sa qualité de **légataire à titre particulier** :

– la nue-propriété de la propriété en Creuse, assiette 140 000,
Valeur au partage : 140 000 × 38 % **53 200**

77050 (suite)

4. Pour le neveu Pierre, légataire à titre particulier

– l'usufruit de la propriété en Creuse, assiette 140 000,
Valeur au partage : 140 000 × 62 %.................................... **86 800**

Dans la mesure où l'on peut supposer qu'il règne une bonne entente entre Édith et Benjamin, son fils unique, il pourrait être proposé que celui-ci renonce à percevoir l'indemnité de réduction qui lui est due en consentant à l'exécution intégrale de la libéralité universelle faite à sa mère.
Il recevrait alors :

– l'indemnité de réduction dont il est débiteur,
par compensation sur lui-même 26 600
– l'indemnité de rapport due par Amédée.................................... 23 655
– l'indemnité de réduction due par Pierre 43 400
Valeur totale.. **93 655**

En sa qualité de **légataire à titre particulier** :
– la nue-propriété de la propriété en Creuse, assiette 140 000,
Valeur au partage **53 200**

Tableau résumant les attributions et abandonnements proposés sans consentement à exécution de la donation universelle

Droits des parties	Édith		Amédée	Benjamin	Benjamin Legs NP	Pierre Legs US
	En valeur : 1 020 000		256 345	256 345	53 200	86 800
	PP 1 020 000		PP	PP	NP Assiette 140 000	US Assiette 140 000
Maison en Corrèze **920 000**	**PP** **920 000**					
Liquidités **70 000**	**70 000**					
Meubles **30 000**	**30 000**					
Rapport dû par Amédée **280 000**			**256 345**	**23 655**		
Indemnité de réduction due par Édith **162 690**				**162 690**		
Indemnité de réduction due par Benjamin **26 600**				**26 600**		
Indemnité de réduction due par Pierre **43 400**				**43 400**		
Propriété en Creuse **140 000**					**NP** **140 000**	**US** **140 000**
SOULTES						
Total droits des parties	**PP** **1 020 000**	**US**	**PP** **256 345**	**PP** **256 345**	**NP En valeur** **53 200**	**US En valeur** **86 800**
	1 020 000		**256 345**	**256 345**	**53 200**	**86 800**

77060 CAS PRATIQUE

Avantage matrimonial ; enfants issus d'un premier lit ; clause d'attribution intégrale au dernier vivant ; exclusion de reprise des apports ; quotité disponible spéciale ; indemnité de retranchement ; partage et attributions

M. Dulac décède en laissant à sa survivance son épouse en secondes noces, Éléonore, ainsi que deux enfants d'un premier lit, Charlène et Charline. Il était remarié sous le régime de la communauté universelle avec attribution intégrale au dernier vivant et exclusion de toute reprise des apports.

Au cours du mariage, les opérations suivantes avaient été réalisées.
Le de cujus :
– a reçu de ses parents une maison de famille, valant 100 000 € au jour de la donation, et, au décès, 200 000 €, avec la stipulation qu'elle ne tomberait pas en communauté ;
– a hérité d'une propriété de campagne valant 300 000 € au décès de M. Dulac, sur laquelle il a effectué, à l'aide des économies sur les revenus de son travail, divers travaux d'embellissement et d'agrandissement. Le coût des travaux a été de 160 000 €, en un temps où la propriété était estimée 75 000 € ; sans eux la maison ne vaudrait aujourd'hui que 150 000 € ;
– a reçu plus récemment une donation de somme d'argent de 100 000 € ; cette somme se retrouve aujourd'hui sur un compte qu'avait ouvert le défunt en son nom personnel pour la recevoir et sur lequel il n'a effectué aucun apport.

Éléonore a elle-même reçu une donation de ses parents portant sur un appartement qui vaut 150 000 € au décès de M. Dulac, sans avoir fait l'objet de modifications quelconques.

Les époux ont acquis ensemble pendant le mariage une maison d'habitation et son mobilier valant 300 000 € ; ils ont des comptes en banque comportant diverses sommes d'un montant total de 50 000 €. Il n'y a pas de passif impayé.

Liquidez la succession, pour déterminer notamment les droits de la dame Dulac.

Solution

Existe-t-il un avantage matrimonial ? Pour le savoir, on liquide d'abord les droits d'Éléonore sous le régime conventionnel ; puis fictivement selon le régime légal ; enfin, on calcule la différence entre les deux.

I. Liquidation des droits d'Éléonore sous le régime de la communauté universelle (nos 29735 s.)

Reprise des biens propres par la succession

Maison de famille (C. civ. art. 1498)	200 000

Actif de communauté universelle
Le reste tombe dans la communauté universelle :

Propriété de campagne	300 000
Donation de somme d'argent	100 000
Appartement	150 000
Maison d'habitation	300 000
Liquidités	50 000
Ensemble	**900 000**

Sous le régime de la communauté universelle, Éléonore reçoit 900 000 €.

77060 (suite)

II. Liquidation théorique des droits d'Éléonore comme si elle était mariée sous le régime légal

Reprise des biens propres

– **par le conjoint survivant** :

Appartement 150 000

– **par la succession** :

Maison de famille 200 000

Propriété de campagne (à charge de récompense) 300 000

Donation de somme d'argent (en raison de ce que la somme donnée a été portée sur un compte ad hoc ; sinon, Cass. 1e civ. 8-2-2005 nº 03-14.831 FS-PB : RTD civ. 2006 p. 814 obs. B. Vareille) 100 000

Récompenses

– **Compte de récompenses d'Éléonore** :

Néant

– **Compte de récompenses du de cujus** :

La dépense sur la maison de campagne a été financée à l'aide des économies réalisées par M. Dulac sur ses gains et salaires, c'est-à-dire à l'aide de deniers de communauté.

La dépense est une dépense d'amélioration du bien propre (rien ne dit qu'elle eût été de surcroît nécessaire) : le montant de la récompense est donc à hauteur du profit subsistant (C. civ. art. 1469, al. 3).

• la dépense faite était de 160 000

• le profit subsistant est de 300 000 – 150 000 = ... 150 000

dus par les propres de M. Dulac à la communauté.

Il faut donc inscrire 150 000 € au débit du compte de récompenses de M. Dulac ; rien n'est à inscrire au crédit de son compte.

Balance faite, le compte de M. Dulac présente un solde débiteur envers la communauté de **150 000**

Actif de communauté à partager

Biens communs :

• Maison d'habitation 300 000

• Liquidités 50 000

Solde du compte de récompenses de M. Dulac 150 000

Ensemble 500 000

Droits d'Éléonore sous le régime de la communauté légale

Sous le régime de la communauté légale, Éléonore aurait eu droit à la reprise de ses propres, et à son demi-boni de communauté, soit :

Son appartement 150 000

Et la moitié de 500 000, soit 250 000

Ensemble **400 000**

Sous le régime de la communauté légale, Éléonore aurait donc eu droit à 400 000 €.

III. Liquidation de l'éventuel avantage matrimonial

On procède par soustraction : 900 000 € – 400 000 € = **500 000 €**

Il résulte donc du régime conventionnel un avantage matrimonial en faveur d'Éléonore. Cet avantage est d'un montant de 500 000 €.

77060 (suite)

IV. Calcul de la quotité disponible spéciale (C. civ. art. 922 et 1094-1)

On va traiter l'avantage matrimonial comme une donation pour les besoins de la réunion fictive et de son imputation.

1. Masse de calcul de la réserve et de la quotité disponible

La masse de calcul de la réserve et de la quotité disponible s'établit comme suit (C. civ. art. 922)

Biens existants : maison de famille propre	200 000
Déduction faite du passif	mémoire
Réunion fictive de l'avantage matrimonial	500 000
Ensemble	700 000

2. Quotité disponible spéciale (C. civ. art. 1094-1)

Trois quotités sont envisageables :

– la quotité disponible ordinaire, en pleine propriété, soit	233 333
– l'usufruit sur	700 000
– ou le 1/4 en pleine propriété et les 3/4 en usufruit, soit en pleine propriété	175 000
et l'usufruit sur	525 000

La détermination de la quotité applicable est une question en soi (voir nos 28965 s.).
Si l'on s'arrête à la dernière solution, il reste à en tirer les conséquences concernant les imputations.

3. Imputations

L'avantage matrimonial de 500 000 € en pleine propriété s'impute sur 175 000 € en pleine propriété et 525 000 € en usufruit ; il ne peut excéder la quotité disponible spéciale, et est réduit pour l'excédent.

– 175 000 en pleine propriété peuvent s'imputer sans être réduits ;

– les 325 000 restants en pleine propriété s'imputent sur une assiette de 525 000 en usufruit, sans pouvoir l'excéder ; c'est dire qu'ils sont réductibles en nue-propriété pour 325 000 €.

5. Partage et attributions

1. Droits d'Éléonore

Les droits d'Éléonore consistent dans les biens de la communauté universelle qui lui sont intégralement attribués (sans qu'elle soit indivision avec les enfants du défunt) pour une valeur globale de 900 000 €, au décès comme à la liquidation.

Elle est débitrice d'une indemnité de réduction (dite de « retranchement ») correspondant à la valeur de la nue-propriété sur 325 000 ; cette valeur sera calculée selon son âge et en fonction de la valeur des biens à la date de la liquidation de l'indemnité (le conjoint survivant n'étant pas en indivision avec les enfants), valeur en l'espèce supposée constante depuis le décès. Admettons qu'Éléonore étant âgée, la nue-propriété représente 80 % de la valeur en pleine propriété du bien : l'indemnité de réduction sera de :

80 % × 325 000, soit	260 000

2. Droits des deux enfants

Les droits des deux enfants sont les suivants :

Elles se partagent, par tête,

– les biens existants, soit la pleine propriété de la maison de famille valant	200 000
– et l'indemnité de réduction (dite de « retranchement ») servie par Éléonore	260 000
Ensemble	460 000
Dont moitié revenant à chacune	1/2
Est de	**230 000**

3. Attributions

On proposera à l'une des deux filles du défunt, Charlène ou Charline, l'attribution de la maison de famille, estimée à 200 000 €, et une part de l'indemnité de réduction de 30 000 €, à l'autre, l'attribution de 230 000 € à prendre sur l'indemnité de réduction servie par Éléonore.

77060 (suite)

Remarques

Les remarques suivantes peuvent être faites :

– le 1/4 légal en propriété de l'article 758-5 est sans objet, étant absorbé par la quotité disponible spéciale (C. civ. art. 758-6) ;

– le droit viager au logement est désamorcé par l'attribution de la maison des époux, qui est probablement la résidence actuelle d'Éléonore, à cette dernière, au titre de l'attribution intégrale de la communauté ;

– si on raisonnait sur la quotité disponible ordinaire (soit 700 000 / 3 = 233 333 en pleine propriété), on aurait imputé 500 000 en pleine propriété sur 233 333 en pleine propriété, soit un excédent de 266 666 en pleine propriété. Les valeurs étant supposées n'avoir pas varié, l'indemnité de réduction (dite de « retranchement ») aurait été de 266 666 € en pleine propriété.

77065 CAS PRATIQUE

Avantage matrimonial ; enfant issu d'un premier lit ; enfants communs ; clause d'attribution intégrale de la communauté au survivant ; quotité disponible spéciale ; indemnité de retranchement ; droits légaux du conjoint survivant ; réduction du legs à l'un des enfants ; partage et propositions d'attributions

Alphonse est décédé en 2018 à la survivance de son épouse en secondes noces Béatrice, âgée à l'époque de 70 ans, et de ses trois enfants, Xavier, Yves et Zoé. Les époux s'étaient mariés en 1987 sous le régime de la communauté légale. En 2015, ils ont changé de régime matrimonial pour insérer dans leur régime une clause d'attribution intégrale de la communauté au survivant, sans apport de biens propres.

Xavier est issu de la première union d'Alphonse avec Aline, sa première épouse décédée en 1984. Yves et Zoé sont les enfants communs d'Alphonse et de Béatrice.

À Yves, Alphonse a légué une petite maison aux environs de Carnac qu'il possédait en propre, car elle provenait du partage de l'indivision postcommunautaire ayant fait suite au décès d'Aline.

Au décès d'Alphonse, la communauté se composait d'une belle maison située à Lorient, acquise au cours du mariage à l'aide de deniers de communauté et d'un emprunt aujourd'hui remboursé. Cette maison constitue l'habitation principale effective des deux époux à la date du décès d'Alphonse. Outre la maison de Lorient, la communauté se compose de meubles meublants prisés à 40 000 €, ainsi que de divers comptes courants et comptes d'épargne au nom des époux, présentant ensemble un solde créditeur de 100 000 € au décès comme au partage, et de deux véhicules cotés ensemble 30 000 €.

Alphonse laisse pour biens propres la maison de Carnac léguée à Yves ainsi qu'un studio locatif à Nantes. Ce studio a été rénové aux frais de la communauté, qui voici douze ans en a remplacé la chaudière et refait la salle de bains pour un coût global de 10 000 € ; les peintures intérieures ont été également rafraîchies à plusieurs reprises pour un coût total d'environ 2 000 €. Ces sommes ont été prélevées sur les économies du couple pour la première et sur les rentrées de loyers pour les secondes.

De son côté, Béatrice possède un appartement à Saint-Gildas hérité de ses parents qui vaut à l'ouverture de la succession 180 000 €, ainsi que des deniers provenant de la vente récente d'un bien propre à hauteur de 100 000 € portés sur un compte ouvert par elle à l'effet de les recueillir. Elle a fait donation « en avance d'hoirie » à Zoé en 2004 d'un appartement situé à Saint-Nazaire valant à l'époque 220 000 €.

Évaluations :

– à l'ouverture de la succession, la maison de Carnac valait 190 000 € ; au partage, elle est estimée 150 000 € seulement, par suite de la construction, aux abords immédiats, d'un atelier industriel ;

– la maison de Lorient est estimée au décès 900 000 €, au temps du partage 974 000 € ;

– le studio de Nantes valait 60 000 € à son décès ; il n'a pas changé de valeur depuis ;

– la valeur de l'appartement de Saint-Gildas à l'ouverture de la succession, 180 000 €, reste également inchangée au partage ;

– l'appartement de Saint-Nazaire est estimé à l'époque du partage 240 000 € ;

– les véhicules ne sont plus cotés ensemble que 28 000 € au moment du partage.

Les héritiers s'accordent sur une quotité disponible spéciale entre époux de 1/4 en propriété et 3/4 en usufruit.

Liquidez la succession d'Alphonse.

77065 (suite)

Solution

Il existe un enfant du défunt non issu du conjoint survivant, Xavier, en présence d'une communauté conventionnelle de nature à procurer un avantage matrimonial au conjoint survivant Béatrice.
Il convient donc de chiffrer l'avantage matrimonial, avant de le traiter « comme » une donation, en vertu de l'article 1527, alinéa 2 du Code civil.
Si cet avantage matrimonial vient à être réductible (la pratique parle en pareil cas de retranchement), seul Xavier sera titulaire de l'action en retranchement ; Yves et Zoé seront simples bénéficiaires. Ils recevront par conséquent leur indemnité de réduction.

I. Détermination du montant de l'avantage matrimonial

S'agissant de caractériser une éventuelle atteinte à la réserve, tous les calculs s'effectueront compte tenu des valeurs à l'ouverture de la succession (C. civ. art. 922).

A. Méthode classique

1. Détermination des droits effectifs du conjoint survivant sous le régime conventionnel (valeurs à l'ouverture de la succession)

1.1 Observations préalables

– Carnac était propre au défunt, en qualité de bien présent (le défunt le possédait avant de se marier) ;
– Nantes était propre au défunt ; mais deux séries de dépenses ont été engagées sur cet immeuble à l'aide de fonds communautaires :
Le remplacement de la chaudière et la réfection de la salle de bains ont été assumés sur les économies du couple. Les économies sont des deniers de communauté (C. civ. art. 1402 ; voir encore récemment Cass. 1e civ. 20-11-2019 n° 16-15.867 FS-PBI : SNH 40/19 inf. 1 obs. G. Yildirim). S'agissant de dépenses nécessaires au sens de l'article 1469, alinéa 2 du Code civil – elles sont nécessaires au maintien de l'habitabilité du studio – (Cass. 1e civ. 25-1-2000 n° 98-10.747 : Bull. civ. I n° 20, JCP G 2000 I doctr. 245 n° 22 obs. A. Tisserand, Defrénois 15-4-2000 n° CJ2000DEF443N1 p. 443 obs. G. Champenois, RTD civ. 2000 p. 616 obs. B. Vareille), elles donnent lieu à une récompense à hauteur de la dépense faite (C. civ. art. 1469, al. 1 et 2 combinés), soit 10 000 €. C'est heureux, car toute autre solution enrichirait malencontreusement les propres. En effet, de telles dépenses maintiennent le « standing » du bien, mais ne lui procurent aucune plus-value sensible à l'ouverture de la succession : douze ans plus tard, la chaudière est usagée et la salle de bains démodée. Du moins la masse commune obtiendra-t-elle remboursement des frais engagés au nominal.
Les rénovations des peintures, en revanche, relèvent de l'entretien du bien locatif. Or l'entretien des biens propres est une charge de la jouissance (Rép. civ. Dalloz, v. Communauté légale : liquidation et partage par B. Vareille, nos 182 et 253), qui n'est pas de nature à servir de fondement à une récompense, faute d'appauvrissement de la communauté (Cass. 1e civ. 31-3-1992 n° 90-17.212 : Bull. civ. I n° 96, GAJC, 11e éd., p. 441, Defrénois 30-9-1992 n° JP1992DEF1121N1 p. 1121 obs. G. Champenois, JCP G 1993 II n° 22041 obs. A. Tisserand, RTD civ. 1993 p. 401, 403, 406 et 407 obs. F. Lucet et B. Vareille) ;
– Lorient est un bien de communauté ;
– Il en va de même des meubles meublants, comptes bancaires et véhicules automobiles ;
– Saint-Gildas est propre à Béatrice ;
– Il en va de même des deniers provenant de la vente du bien propre, dès lors qu'ils ont été encaissés sur un compte créé à l'intention de les recueillir et non mouvementé en crédit : ce procédé leur conserve un caractère propre (il s'agit d'une créance qui remplace un propre au sens de l'article 1406, alinéa 2), qui en permet la reprise à tout moment, dès l'instant que le compte n'est pas mouvementé en dépôt de sommes dont le caractère propre n'est pas avéré.
Si au contraire ce prix de vente d'un propre avait été déposé sur un compte à son nom préexistant, hébergeant des deniers par hypothèse présumés communs, il ne pourrait en résulter pour elle qu'une récompense. Encore lui faudrait-il démontrer que la communauté en a tiré profit, exercice passablement hasardeux : l'enrichissement de la communauté n'est présumé – ô paradoxe – que si l'argent a été déposé sur un compte ouvert au nom des deux époux (comparer sur ce point :
– d'un côté : Cass. 1e civ. 8-11-2005 n° 03-14.831 FS-PB : AJ fam. 2006 p. 33 obs. P. Hilt, Dr. famille 2005 comm. 274 par B. Beignier, RTD civ. 2006 p. 814 obs. B. Vareille ; Cass. 1e civ. 15-2-2012 n° 11-10.182 F-PBI : AJ fam. 2012 p. 232 obs. P. Hilt, RTD civ. 2012 p. 364 obs. B. Vareille, Dr. famille 2012 comm. 70 note B. Beignier ;
– et d'un autre côté : Cass. 1e civ. 8-2-2005 nos 03-13.456 FS-PBR et 03-15.384 FS-PB : D. 2005 pan. 2116 obs. V. Brémond, JCP G 2005 I n° 163 § 12 obs. A. Tisserand-Martin, RTD civ. 2005 p. 445 obs. B. Vareille ; à rapprocher Cass. 1e civ. 14-1-2003 n° 00-21.108 F-PB : D. 2003 p. 575 note B. Beignier, JCP G 2003 I n° 158 § 15 obs. A. Tisserand, RTD civ. 2003 p. 340 obs. B. Vareille).

77065 (suite)

1.2. Aperçu liquidatif

Reprises et récompenses de la succession

Reprises

Carnac

Nantes

Récompenses

Crédit du compte de récompenses de la succession	Néant
Débit du compte de récompenses de la succession (à raison de Nantes)	10 000 €
Balance du compte de récompenses : dus à la communauté	**10 000 €**

Reprises et récompenses de Béatrice

Reprises

Saint-Gildas	180 000 €
Deniers propres	100 000 €
Ensemble	**280 000 €**
Récompenses	**Néant**

Masse commune

Lorient	900 000 €
Mobilier	40 000 €
Comptes	100 000 €
Autos	30 000 €
Solde du compte de récompenses de la succession débiteur	10 000 €
Ensemble	**1 080 000 €**

1.3. Droits effectifs de Béatrice sous le régime conventionnel	**1 360 000 €**

2. Détermination des droits théoriques du conjoint survivant sous le régime légal (valeurs à l'ouverture de la succession)

Reprises	280 000 €
1/2 boni de communauté 1 080 000 / 2, soit	540 000 €
Ensemble	**820 000 €**

3. Montant de l'avantage matrimonial

1 360 000 € – 820 000 €, soit	**540 000 €**

B. Méthode abregée

Dès lors que, comme en l'espèce, l'avantage matrimonial consiste dans l'attribution intégrale de la communauté au survivant, on peut en abréger aisément le calcul : il est de moitié du boni de communauté, ou 1 080 000 / 2 soit ... **540 000 €**

II. Détermination du caractère réductible ou non réductible de l'avantage matrimonial

L'avantage matrimonial est traité à cet égard « comme une donation ». Il est admis qu'il doit prendre rang en vue de son imputation à la date où le régime qui le porte a pris effet (n° 29800).

A. Masse de calcul de la quotité disponible (C. civ. art. 922 : texte impératif, valeurs considérées à l'ouverture de la succession)

1. Biens existants nets

Biens existants bruts :

Carnac	190 000 €
Nantes	60 000 €
Ensemble	250 000 €

Déduction du passif :

Solde du compte de récompenses de la succession débiteur	– 10 000 €
Biens existants nets	**240 000 €**

77065 (suite)

2. Réunion fictive des libéralités entre vifs

Il n'y a ici que l'avantage matrimonial à prendre en compte au titre de la réunion fictive, soit .... 540 000 €

3. Total de la masse de calcul de la quotité disponible .... **780 000 €**

B. Montant de la quotité disponible (C. civ. art. 913 et 1094-1)

1. Montant de la quotité disponible ordinaire

Elle consiste dans 780 000 / 4, soit en propriété .... 195 000 €

2. Montant de la quotité disponible spéciale entre époux

Elle consiste dans l'absolu :

soit en la quotité disponible ordinaire : .... 195 000 € en propriété

soit en l'usufruit universel : .... un usufruit sur 780 000 €

soit en 1/4 en propriété et 3/4 en usufruit : .... 195 000 € en propriété et un usufruit sur 585 000 €

C'est le troisième terme de l'alternative qui a été retenu en l'espèce.

C. Imputations

Tableau d'imputation

	Réserve Xavier 195 000	Réserve Yves 195 000	Réserve Zoé 195 000	QDO 195 000 PP	+ QDS 585 000 US	Dépassement QD
Avantage matrimonial Béatrice 540 000	→	→	→	- 195 000 PP = 0 Excédent : 540 000 - 195 000 = 345 000 PP →	- 345 000 US = 240 000 US →	345 000 NP ↓ Coefficient de réduction = 345 000 / 540 000 NP
Legs Yves 190 000	→	→	→	→	→	190 000 PP ↓ Coefficient de réduction = 100 %

L'avantage matrimonial de 540 000 € en pleine propriété s'impute en premier (à la date où le changement de régime matrimonial a pris effet, soit en 2015) :

– d'abord sur le quart en propriété de la quotité disponible spéciale entre époux (qui coïncide ici avec la quotité disponible ordinaire), soit 195 000 € en pleine propriété ;

– ensuite, pour l'excédent, soit 540 000 – 195 000 = 345 000 € en pleine propriété sur le reliquat de quotité disponible entre époux, soit sur l'usufruit de 585 000 €.

L'avantage matrimonial est donc réductible en nue-propriété : l'excédent est de la nue-propriété de 345 000 €, et le coefficient de réduction des 345/540es en nue-propriété, soit 23/36es en nue-propriété.

De ce fait, le legs consenti à Yves est intégralement réductible en valeur, soit à hauteur de 100 %.

Par ailleurs, l'avantage matrimonial consenti à Béatrice :

– absorbe la vocation ab intestat à laquelle elle aurait pu prétendre au titre des articles 757 et 758-5 du Code civil, en lui procurant 1/4 en propriété de la masse de calcul de la quotité disponible, laquelle est toujours supérieure ou égale à la masse de calcul du quart en propriété du conjoint dans la vocation ab intestat (la masse de calcul de l'article 758-5, alinéa 1, à la différence de celle de l'article 922, exclut les préciputs) ;

– désamorce le droit viager au logement de l'article 764 du Code civil, puisque la maison de Lorient, qui fait l'habitation principale effective de Béatrice, lui est attribuée en nature par l'effet de la clause d'attribution intégrale de la communauté.

77065 (suite)

D. Liquidation des indemnités de réduction

1. Montant de l'indemnité de réduction due par Béatrice

Béatrice reste débitrice d'une indemnité de réduction égale aux 23/36es en nue-propriété de la valeur de l'avantage matrimonial au partage.
Valeur de la communauté au partage :

Lorient	974 000 €
Mobilier	40 000 €
Comptes	100 000 €
Autos	28 000 €
Solde du compte de récompenses de la succession débiteur	10 000 €
Ensemble :	**1 152 000 €**

Le montant de l'indemnité de réduction due par Béatrice, s'exécutant en valeur, sera de l'équivalent de la nue-propriété des 23/36es de moitié des biens inclus dans la communauté considérés pour leur valeur au partage.
L'évaluation de la nue-propriété, s'agissant ici de liquider l'indemnité de réduction, se fait selon sa valeur économique (l'évaluation fiscale par saut de tranches selon l'article 669, I du CGI étant hors de propos dans les partages civils).
Formons l'hypothèse que cette évaluation aura conclu que la nue-propriété vaut ici 30 % de la valeur des biens de communauté.
(23/36es × 1 152 000 / 2) × 30 %, soit 368 000 € × 0,3 = 110 400 €.

2. Montant de l'indemnité de réduction due par Yves

Le montant de l'indemnité de réduction due par Yves sera de :
100 % × 150 000 €, soit 150 000 € (la maison de Carnac s'étant dépréciée).

III. Partage de la succession d'Alphonse

Béatrice se voit attribuer l'intégralité de la communauté ayant existé entre le défunt et elle.
La maison de Carnac est attribuée à Xavier, héritier saisi de plein droit.

1. Masse à partager

La masse à partager entre Xavier, Yves et Zoé est ainsi composée :

Biens existants non légués, valeur au partage : Nantes	60 000 €
Déduction faite du passif	mémoire
Indemnité de réduction due par Béatrice :	110 400 €
Indemnité de réduction due par Yves :	150 000 €
Ensemble :	**320 400 €**

2. Droits des parties

320 400 / 3 = 106 800 € chacun

3. Attributions

À Xavier :

Le studio de Nantes	60 000 €
Et partie de l'indemnité de réduction due par Béatrice	46 800 €
Total égal à ses droits :	**106 800 €**

À Yves :

Partie de son indemnité de réduction par confusion sur lui-même	106 800 €
Total égal à ses droits :	**106 800 €**

À Zoé :

Le reliquat de l'indemnité de réduction due par Yves	43 200 €
Et le reliquat de l'indemnité de réduction due par Béatrice	63 600 €
Total égal à ses droits	**106 800 €**

CAS PRATIQUE

Avantage matrimonial avec calcul des droits légaux en pleine propriété du conjoint survivant ; préciput ; date d'imputation de l'avantage matrimonial ; secteur d'imputation ; indemnité de retranchement ; droits des parties 77068

Évelyne Doinaut, pédiatre, née le 6 avril 1960, est décédée le 28 août 2020 laissant pour recueillir sa succession :

– Max Dorgaine, son époux en secondes noces, né le 6 mai 1952 ;

– et Marie-Anne Dumesnil, sa fille unique, issue d'une première union, née le 2 février 1994.

Les époux Dorgaine-Doinaut s'étaient mariés le 6 mai 2000, sous le régime de la communauté réduite aux acquêts, aux termes d'un contrat de mariage reçu par Me Belange le 3 mars 2000. Aux termes de ce contrat, Mme Doinaut apportait à la communauté une maison située à Royan, 23 allée de la Mer, qui a toujours constitué la résidence principale du couple jusqu'à son décès. Le contrat de mariage des époux Dorgaine-Doinaut prévoyait, au paragraphe « Préciput » que le conjoint survivant, quel qu'il soit, pourrait prélever sur la masse commune avant tout partage la maison de Royan. Cette maison a été entièrement rénovée au cours de leur union grâce à des deniers communs, le coût de ces travaux étant estimé à 140 000 €. Sans ces travaux, la maison actuellement estimée à 430 000 € n'en vaudrait pas plus de 250 000 €. Précision étant ici faite que le contrat de mariage ne dérogeait pas au partage par moitié des autres biens communs.

Mme Doinaut n'a laissé aucune disposition de dernière volonté.

Elle avait consenti, le 2 avril 2014, à Marie-Anne Dumesnil une donation en avancement de part successorale de la pleine propriété d'un appartement situé à Angoulême, évalué au jour du décès dans l'état qui était le sien au jour de la donation, à 120 000 €.

La communauté Dorgaine-Doinaut se compose au jour du décès des biens suivants :

– la résidence principale de Royan	430 000 €
– un chalet au Mont-Dore	150 000 €
– un portefeuille de valeurs mobilières	80 000 €
– diverses économies	60 000 €
Total	720 000 €
Passif commun	20 000 €
Actif net communauté	700 000 €

Vous êtes chargé(e) de régler la succession, de liquider civilement les droits de chacun et de conseiller l'époux survivant qui tient à conserver son cadre de vie.

Solution

Application des règles de la dévolution légale

La défunte n'ayant laissé aucune disposition de dernière volonté, la dévolution de la succession s'opère conformément aux dispositions de l'article 757 du Code civil.

Max Dorgaine, conjoint successible au sens de l'article 732 du Code civil, se trouvant en concours avec une enfant qui n'est pas issue des deux époux, est appelé à la succession pour un quart en pleine propriété.

Il peut par ailleurs se prévaloir des droits au logement temporaires (C. civ. art. 763) puis viagers (C. civ. art. 764 s.) à condition, pour ce dernier, d'en manifester la volonté dans l'année de l'ouverture de la succession (C. civ. art. 765-1).

I. Détermination du montant de l'avantage matrimonial

A. Observations préalables

1. Position du problème

Le contrat de mariage permet à Max Dorgaine de se prévaloir de la clause de préciput lui permettant de prélever la maison de Royan sur la masse commune avant tout partage (C. civ. art. 1515). Ce mécanisme répond au vœu du conjoint survivant de conserver son cadre de vie.

77068 (suite)

Le préciput est facultatif pour le conjoint survivant : il peut librement le mettre en œuvre ou non (contrairement aux clauses de partage inégal).

Cet avantage matrimonial doit être chiffré afin de vérifier si Marie-Anne Dumesnil, enfant qui n'est pas issue des deux époux, est susceptible d'agir en retranchement de cet avantage matrimonial (C. civ. art. 1527). On rappelle que l'exercice d'une telle action ne conduit pas à créer une indivision entre le conjoint bénéficiaire de l'avantage matrimonial et le demandeur (Cass. 1e civ. 7-12-2016 nº 16-12.216 FS-PB : Sol. Not. 2/17 inf. 36 ; Cass. 1e civ. 19-12-2018 nº 18-10.244 F-PB : SNH 1/19 inf. 5). Elle ouvre droit à une éventuelle indemnité de réduction. En outre, si l'entente entre M. Dorgaine et sa belle-fille est bonne, cette dernière peut différer l'exercice de son action en retranchement au décès du conjoint survivant dans les formes prévues pour la renonciation anticipée à l'action en réduction (C. civ. art. 1527, al. 3).

2. Méthode pour déterminer l'étendue de l'avantage matrimonial

Lorsque l'avantage résulte d'une communauté conventionnelle, il convient de le mesurer en comparant le résultat liquidatif que l'on obtient en application du régime conventionnel à celui qui serait résulté des règles de la communauté légale (voir nos 29735 s.).

On pourrait penser qu'en présence d'un préciput, l'avantage conféré au survivant est nécessairement égal à la moitié du bien prélevé sur la masse commune. Mais cette approche doit être affinée. En effet, lorsque le bien a été, comme dans notre cas, d'abord apporté à la communauté par le défunt puis, de surcroît, amélioré pendant le mariage grâce à des deniers communs, l'avantage matrimonial ne se dégage avec exactitude qu'en procédant à la liquidation comparative dont il vient d'être question.

Pour procéder à cette liquidation, il y a lieu d'évaluer les biens à la date du décès, dans l'état qui était le leur à la même date (que l'on suppose être aussi celui du prélèvement).

B. Aperçu liquidatif – Liquidation comparative

1. Liquidation du régime matrimonial conventionnel adopté dans l'hypothèse où Max Dorgaine met en œuvre son préciput

Reprises et récompenses

De Max

Reprises par Max

Néant

Compte de récompenses de Max

Récompenses dues à la communauté par Max	néant
Récompenses dues par la communauté à Max	néant
Solde du compte de récompenses de Max	néant

De la succession d'Évelyne

Reprises par la succession d'Évelyne

Néant

Compte de récompenses de la succession d'Évelyne

Récompenses dues à la communauté par la succession d'Évelyne	néant
Récompenses dues par la communauté à la succession d'Évelyne	néant
Solde du compte de récompenses de la succession d'Évelyne	néant

Prélèvement de Max Dorgaine sur la masse commune avant tout partage de la maison de Royan pour 430 000 € à titre de préciput.

Liquidation de la communauté

L'actif de communauté se compose des biens suivants :

– un chalet au Mont-Dore	150 000 €
– un portefeuille de valeurs mobilières	80 000 €
– diverses économies	60 000 €
Actif brut de communauté	290 000 €
Passif commun	– 20 000 €
Actif net de communauté	270 000 €
Revenant à chaque époux pour moitié	**1/2**
Soit	135 000 €

77068 (suite)

2. Liquidation fictive d'un régime matrimonial légal

Si les époux Dorgaine-Doinaut s'étaient mariés sans contrat de mariage, la liquidation de leur régime matrimonial légal se serait présentée comme suit :

Reprises et récompenses

De Max

Reprises par Max

Néant

Compte de récompenses de Max

Récompenses dues à la communauté par Max	néant
Récompenses dues par la communauté à Max	néant
Solde du compte de récompenses de Max	néant

De la succession d'Évelyne

Reprises par la succession d'Évelyne

La maison de Royan, qui serait restée propre comme ayant appartenu à l'épouse avant son mariage (C. civ. art. 1405), évaluée à 430 000 €.

Compte de récompenses de la succession d'Évelyne

Récompenses dues à la communauté par la succession d'Évelyne, pour avoir amélioré aux frais de la communauté l'état de la maison de Royan, la récompense est égale au profit subsistant (C. civ. art. 1469, al. 3)	180 000 €
Récompenses dues par la communauté à la succession d'Évelyne	néant
Solde du compte de récompenses de la succession d'Évelyne	
Dû par la succession d'Évelyne à la communauté	180 000 €

Actif de communauté à partager

– un chalet au Mont-Dore	150 000 €
– un portefeuille de valeurs mobilières	80 000 €
– diverses économies	60 000 €
– la récompense due par la succession à la communauté	180 000 €
Total actif brut de communauté	470 000 €
Passif commun	– 20 000 €
Actif net de communauté	450 000 €
Revenant à chacun des époux pour moitié	**1/2**
Est de	225 000 €

Droits des parties dans la communauté et passif restant à acquitter

- Droits de Max Dorgaine sous le régime de la communauté légale

La moitié du boni de communauté	**225 000 €**

- Droits revenant à la succession

La moitié du boni de communauté	225 000 €
Sous déduction de la récompense due à la communauté	– 180 000 €
Soit	**45 000 €**

Vérification : le total des droits des parties (45 000 € + 225 000 € = 270 000 €), est égal à l'actif réel moins le passif restant dû (290 000 € – 20 000 € = 270 000 €).

3. Comparaison

Les droits effectifs de Max Dorgaine sous le régime conventionnel sont composés de :

– son préciput	430 000 €
– sa part dans le surplus des biens communs	135 000 €
Ensemble	565 000 €
Les droits de Max Dorgaine dans le régime de la communauté légale auraient été de	– 225 000 €
L'avantage matrimonial que représente pour lui le préciput s'élève donc à	**340 000 €**

77068 (suite)

Marie-Anne Dumesnil doit agir en retranchement en principe dans les cinq ans de l'ouverture de la succession dès lors qu'elle a connaissance de l'avantage matrimonial conféré par le contrat de mariage (C. civ. art. 921, al. 2). Cet avantage est traité, pour le calcul de la quotité disponible et de la réserve, comme une libéralité (C. civ. art. 1527, al. 2). À cette fin, il est réuni fictivement à la masse de calcul de la quotité disponible et de la réserve.

II. Liquidation civile des droits de chacun

La liquidation civile de la succession s'avère nécessaire en raison tant de la présence d'un avantage matrimonial que de celle d'une donation en avancement de part successorale consentie à Marie-Anne Dumesnil, pour mesurer l'éventuelle atteinte à la réserve héréditaire.

A. Réduction éventuelle des libéralités consenties par le défunt

1. Calcul de la quotité disponible et de la réserve (C. civ. art. 922)

Biens existants au décès :

Moitié du boni de communauté conventionnelle après prélèvement du préciput	135 000 €
Déduction faite du passif successoral porté pour mémoire	mémoire
Réunion fictive de :	
– l'avantage matrimonial consenti à Max Dorgaine	340 000 €
– la donation en avancement de part consentie à Marie-Anne Dumesnil	120 000 €
Total	595 000 €
Dont moitié forme la quotité disponible	**1/2**
Est de	297 500 €
Et la réserve	297 500 €

2. Imputations des libéralités

Les libéralités, on le sait, s'imputent suivant un ordre chronologique, des plus anciennes aux plus récentes (C. civ. art. 923).

À quelle date l'avantage matrimonial s'impute-t-il ? Bien que la jurisprudence ne se soit pas prononcée sur cette question, il est admis en doctrine qu'en raison du caractère irrévocable de l'avantage matrimonial, son imputation doit se faire à la date à laquelle le régime matrimonial (et non l'avantage lui-même) a pris effet, c'est-à-dire dans notre cas, à la date du mariage des époux, le 6 mai 2000 (Rép. civ. Dalloz, v. Avantage matrimonial par B. Vareille n° 82). L'avantage matrimonial s'impute donc avant la donation datée du 2 avril 2014.

Quel est le secteur d'imputation de chacune de ces libéralités ? En ce qui concerne l'avantage matrimonial, l'imputation doit se faire sur la quotité disponible spéciale entre époux puisque la libéralité est adressée au conjoint. Mais si le contrat de mariage n'a rien spécifié à ce sujet (ce qui est fréquent en pratique), reste à savoir sur laquelle des trois options de l'article 1094-1 cette imputation doit se faire. L'intention probable du disposant peut être recherchée dans l'étendue de l'avantage conféré. Dans notre cas, un avantage à titre particulier en pleine propriété plaiderait pour le choix implicite de la quotité disponible ordinaire en pleine propriété, mais il est toujours préférable d'avoir, à ce sujet, l'accord des intéressés, conjoint bénéficiaire du retranchement et enfant. Pour les besoins de la liquidation, nous supposerons que cet accord porte sur la quotité disponible ordinaire.

L'avantage matrimonial, d'un montant de 340 000 €, s'impute sur la quotité disponible, de 297 500 €, et l'excède de 42 500 €. Le coefficient de réduction est égal à 42 500 / 340 000 ou 1/8e. Le montant de l'indemnité de réduction due par Max Dorgaine à Marie-Anne Dumesnil doit être revalorisé au jour du partage, en cas de variation de la valeur du bien à cette époque. Comme l'a récemment confirmé la Cour de cassation, l'article 924-2 du Code civil s'applique même en l'absence d'indivision et en l'absence de partage et le montant de l'indemnité de réduction se calcule alors d'après la valeur des biens donnés ou légués à l'époque de la liquidation de l'indemnité de réduction ou de l'aliénation du bien donné ou légué par le gratifié (Cass. 1re civ. 22-6-2022 n° 21-10.570 FS-B). La même Cour avait précédemment eu l'occasion de préciser qu'en l'absence d'indivision, l'indemnité de réduction est productive d'intérêts à compter de la date à laquelle son montant a été fixé (Cass. 1re civ. 1-12-2021 n° 20-12.923 FS-B).

En ce qui concerne la libéralité adressée à Marie-Anne Dumesnil, de 120 000 €, étant en avancement de part, elle s'impute sur sa réserve qu'elle n'excède pas (C. civ. art. 919-1). Il n'y a donc pas lieu à imputation subsidiaire sur la quotité disponible.

77068 (suite)

B. Liquidation des droits successoraux légaux du conjoint

Max Dorgaine hérite d'un quart en pleine propriété qui doit être liquidé conformément aux dispositions de l'article 758-5 du Code civil (nos 23470 s.).

1. Masse de calcul des droits du conjoint survivant (C. civ. art. 758-5, al. 1)

Biens existants au décès :

Moitié du boni de communauté conventionnelle	135 000 €
Déduction faite du passif successoral porté pour mémoire	mémoire
Réunion fictive de :	
– la donation en avancement de part	120 000 €
– l'avantage matrimonial (bien que cette question soit peu évoquée en doctrine, la réunion fictive nous semble également devoir porter sur l'avantage matrimonial puisque, dans la liquidation, il doit être traité comme une libéralité adressée au conjoint)	340 000 €
Total	595 000 €
Dont un quart	1/4
Est de	148 750 €

Il en résulte que les droits successoraux légaux théoriques de Max Dorgaine sont de 148 750 €.

2. Masse d'exercice des droits du conjoint survivant (C. civ. art. 758-5, al. 2)

Pour chiffrer la masse d'exercice, il faut partir de la masse de calcul, déduire la réserve, puis d'éventuelles donations réunies fictivement à la masse de calcul si elles se sont imputées sur la quotité disponible (C. civ. art. 758-5, al. 2).

Masse de calcul des droits légaux du conjoint	595 000 €
Déduction faite de :	
– la réserve	– 297 500 €
– l'avantage matrimonial imputé sur la quotité disponible	– 297 500 €
Solde masse d'exercice	0

Ce résultat ne surprend pas puisque la quotité disponible a été totalement absorbée par l'imputation de l'avantage matrimonial. En effet, la masse d'exercice est toujours égale au solde de la quotité disponible après imputation des libéralités.

Les droits légaux du conjoint sont de la plus faible des deux sommes que représentent les droits théoriques, de 148 750 €, et le solde de la masse d'exercice, nul. Il en résulte que l'émolument revenant à M. Dorgaine est égal à zéro.

Puisque les droits successoraux du conjoint sont inexistants, il n'est donc pas nécessaire d'imputer sur ces derniers les libéralités reçues par le conjoint (C. civ. art. 758-6), opération que la Cour de cassation, à deux reprises, a qualifiée de « rapport spécial » (Cass. 1e civ. 22-1-2022 nos 19-25.158 FS-BR et 20-12.232 FS-BR), terminologie qui ne doit, toutefois, pas occulter la spécificité de la méthode (nos 9350 s.). On peut d'ailleurs soutenir que l'article 758-6 du Code civil est redondant : il fait double emploi avec l'article 758-5, alinéa 2 du Code civil qui interdit déjà au conjoint d'exercer ses droits sur la réserve ainsi que sur les biens dont le défunt aura disposé par acte entre vifs ou par testament, ce qui conduit à les déduire de la masse d'exercice.

Pour certains auteurs, il ne faudrait cependant pas déduire de la masse d'exercice les libéralités adressées au conjoint au motif qu'elles doivent s'imputer sur ses droits légaux (M. Grimaldi : Droit des successions, LexisNexis 8e éd. 2020, n° 189 ; C. Pérès et C. Vernières : Droit des successions, PUF 2018, n° 256). Si l'on suit ce raisonnement, la masse d'exercice serait de 297 500 €. Les droits légaux du conjoint seraient alors de la plus faible des deux sommes que représentent ses droits théoriques, de 148 750 €, et la masse d'exercice de 297 500 €. Il conviendrait ensuite d'imputer l'avantage matrimonial assimilé à une libéralité, d'un montant de 340 000 €, sur la vocation légale du conjoint évaluée à 148 750 € (C. civ. art. 758-6). La vocation du conjoint serait égale à zéro.

77068 (suite)

C. Droits des parties

1. Dans la liquidation de communauté

- Droits de Max Dorgaine

Max Dorgaine peut prélever à titre de préciput la maison de Royan.........	430 000 €
Il a, en outre, vocation à recevoir dans le surplus des biens communs.....	135 000 €

- Droits revenant à la succession

Marie-Anne Dumesnil, qui reçoit seule un émolument dans la succession a vocation à recevoir la part de sa mère dans la liquidation de la communauté	135 000 €

2. Total droit des parties

- Droits de Max Dorgaine

M. Dorgaine a vocation à recevoir :

– sa part dans les biens communs	135 000 €
– son préciput	430 000 €
À charge par lui de verser à Marie-Anne Dumesnil une indemnité de réduction de	– 42 500 €
Total des droits de M. Dorgaine..........	**522 500 €**

- Droits de Marie-Anne Dumesnil

Marie-Anne Dumesnil a seule vocation à la totalité de l'actif successoral (sous réserve d'un éventuel passif)..........	135 000 €
Elle est créancière de M. Dorgaine au titre de la réduction de l'avantage matrimonial, à hauteur de..........	42 500 €
Étant seule descendante de la défunte, elle conserve le bénéfice de sa libéralité en avancement de part, évaluée à	120 000 €

En effet, le conjoint survivant n'est pas traité comme un véritable héritier au titre du rapport. Si la libéralité en avancement de part a bien été prise en considération dans la masse de calcul comme nous l'avons vu, elle ne figure plus dans la masse d'exercice (C. civ. art. 758-5, al. 2).

Total égal au montant de sa réserve..........	**297 500 €**

Vérification : Le total des droits des parties (522 500 € + 135 000 € + 42 500 € = 700 000 €) est égal à l'actif réel net (720 000 € – 20 000 € = 700 000 €).

CAS PRATIQUE

Libéralités rapportables ; quotité disponible ordinaire ; tableau d'imputation des libéralités ; partage avec tableau des allotissements 77070

Marc Cassin est décédé au cours d'un accident de chasse survenu le 18 septembre 2015. Il a laissé à sa succession trois enfants, issus de son mariage avec Mme Ludivine Leblanc, dont il était divorcé depuis 1985.

Il avait consenti trois donations à ses enfants :
– à son fils Jean, il avait fait, le 15 janvier 1995, donation d'un appartement à Paris. L'acte stipulait que la donation serait rapportable pour la valeur du bien au jour de la donation, soit 100 000 €. Le donateur s'était acquitté des frais de l'acte d'un montant de 5 000 €. Marc s'était réservé l'usufruit viager du bien donné, usufruit alors évalué à 30 000 € ;
– à sa fille Adèle, il avait donné le 8 novembre 1997, en avance de part successorale, un immeuble en très mauvais état à Fontainebleau. Il avait également pris en charge les frais de 4 000 €. Ce bien avait été évalué 70 000 € ;
– à son fils Georges, il avait consenti un don manuel, déclaré et enregistré le 6 juillet 1999, d'une somme de 100 000 €.
Adèle, nouvelle propriétaire, avait puisé la modique somme de 70 000 € dans ses économies dès 1998 afin de rénover la maison.
Georges avait prélevé immédiatement la somme de 25 000 € sur le cadeau paternel pour s'offrir la limousine allemande de ses rêves. Il avait consacré les 75 000 € de surplus au financement, à due concurrence, de l'acquisition d'un appartement à Orléans. Il avait dû emprunter 25 000 € pour compléter le prix de 93 000 € et les 7 000 € de frais de cette opération.

Lors de son décès, Marc était titulaire d'un portefeuille de valeurs mobilières d'un montant de 110 000 €. Son compte bancaire présentait un solde créditeur de 55 000 €. Il possédait divers biens meubles d'une valeur de 5 000 €.
Il était redevable de divers impôts pour un montant de 10 000 €.
À ce jour, le portefeuille a fondu à 70 000 € à raison de la baisse importante de certaines lignes de titres. Les liquidités, amputées des sommes nécessaires au paiement du passif successoral et des frais de succession, se trouvent réduites à 35 000 €. Les divers biens meubles n'ont varié ni dans leur consistance, ni dans leur valeur.
Les estimations et expertises effectuées à la demande des trois enfants ont conclu ce qui suit :
– lors du décès, l'appartement de Jean valait 140 000 €. Il vaut aujourd'hui 160 000 €. L'usufruit de Marc représentait 15 % de la valeur du bien au jour du décès et 5 % de cette valeur à ce jour ;
– lors du décès, la maison d'Adèle valait 130 000 €. Elle vaut aujourd'hui 120 000 €. Ces valeurs seraient respectivement de 90 000 € et 80 000 € si elle était restée dans l'état où elle se trouvait lors de la donation. Le coût des travaux réalisés par Adèle aurait été de 85 000 € au décès et de 95 000 € ce jour ;
– la limousine a été vendue 500 € à un casseur 5 ans avant le décès. L'appartement d'Orléans valait 120 000 € au décès. Il vaut aujourd'hui 130 000 € ;
– les frais de partage seront de 17 100 €.
Liquidez la succession de Marc.

Solution

Dévolution de la succession

Les trois enfants viennent à la succession en leur qualité d'héritiers du premier ordre (C. civ. art. 734), sans discrimination (C. civ. art. 735). Ils sont en outre héritiers réservataires chacun pour 1/4 (C. civ. art. 913). Ils sont enfin créanciers et débiteurs du rapport des libéralités qui ont pu être consenties à l'un ou l'autre d'entre eux (C. civ. art. 843).

Opérations préalables au partage

La stipulation d'un rapport forfaitaire, générateur d'un éventuel avantage préciputaire selon l'article 860, alinéa 4 du Code civil, nécessite de vérifier que cet avantage ne porte pas atteinte à la réserve. Au contraire, s'il y avait eu lieu de rapporter toutes les donations en avance de part selon les règles légales de droit commun, la question d'une éventuelle réduction ne se poserait pas, chacun ayant restitué au partage, par équivalent, tout ce qu'il a reçu.

77070 (suite)

Des libéralités ayant été consenties, dont certaines non intégralement rapportables, il va être nécessaire de procéder à l'établissement de la masse de calcul de la réserve et de la quotité disponible en application de l'article 922 du Code civil (dont les dispositions sont impératives). Dans un premier temps, il faut faire masse de tous les biens existants au décès, puis y réunir fictivement les biens dont le défunt avait disposé par donation entre vifs. Il faut ensuite déterminer la quotité disponible en fonction du nombre et de la qualité des héritiers. Il faudra enfin imputer les libéralités en fonction de leur bénéficiaire et de leur nature.

Composition de la masse de calcul de la quotité disponible et de la réserve

La masse de calcul de la quotité disponible et de la réserve se compose des biens existants dont on soustrait le passif, augmentés de la réunion fictive des libéralités, le tout évalué au jour du décès (C. civ. art. 922).

La réunion fictive des libéralités concerne :

– la donation faite à Jean, pour la valeur en pleine propriété du bien donné au jour du décès puisque l'usufruit réservé s'est éteint avec le donateur (M. Grimaldi : Droit des successions, LexisNexis 8e éd. 2020, n° 815), soit....... 140 000 €

– la donation indirecte que constitue la prise en charge des frais de cette donation par le donateur (Cass. 1e civ. 25-2-2009 n° 07-20.010 F-PB : BPAT 2/09 inf. 72), sous réserve de la démonstration de l'intention libérale (Cass. 1e civ. 18-1-2012 n° 11-12.863 FS-PBI : Sol. Not. 3/12 inf. 58), pour la somme de .... 5 000 €

– la donation faite à Adèle, pour la valeur au jour du décès du bien donné dans l'état où il se trouvait au jour de la donation (C. civ. art. 922, al. 2). Dans un arrêt du 14 janvier 2015, la Cour de cassation a précisé que : « Attendu que, pour fixer, en vue d'une éventuelle réduction, la valeur de l'immeuble objet de la donation préciputaire du 7 décembre 1989, l'arrêt retient que l'expert a réduit la valeur du bien, d'abord appréciée à la date de son expertise le 20 juillet 2009, pour tenir compte de tous les travaux réalisés depuis la donation, prenant ainsi en considération l'état de l'immeuble à la date de la donation, et que, pour prendre en compte sa valeur au jour de l'ouverture de la succession, le 8 mars 1999, cette estimation doit être révisée en fonction de la variation de l'indice du coût de la construction entre cette date et le 20 juillet 2009 ; Qu'en statuant ainsi, alors qu'il lui incombait de rechercher la valeur que le bien aurait eue à l'ouverture de la succession dans l'état où il se trouvait, en 1989, au moment de la donation, sans qu'il y ait lieu de s'attacher aux travaux réalisés par le donataire, la cour d'appel a violé le texte susvisé » (Cass. 1e civ. 14-1-2015 n° 13-24.921 F-PB : Sol. Not. 3/15 inf. 48). La réunion fictive de la donation consentie à Adèle se fait donc pour une valeur de ...... 90 000 €

– la donation indirecte que constitue la prise en charge des frais de cette donation par le donateur (comme indiqué plus haut et sous la même réserve), pour la somme de .... 4 000 €

– le don manuel fait à Georges pour la valeur au jour du décès des biens acquis au moyen des fonds donnés. Ces fonds ont servi à l'acquisition de deux biens distincts.

Une somme de 75 000 € a été utilisée au financement d'un appartement. Il s'agit donc de la subrogation visée à l'alinéa 2 de l'article 922 du Code civil. Il devra par conséquent être tenu compte de la valeur au décès du bien subrogé. Mais la subrogation n'était que partielle puisque le coût total de cet achat s'élevait à 100 000 € (pour la prise en compte du coût global de l'opération, voir M. Grimaldi : Droit des successions, LexisNexis 8e éd. 2020, n° 765) et que les fonds donnés et employés s'élevaient à 75 000 €, représentant les trois quarts de l'investissement (prix de 93 000 € majoré des frais de 7 000 €). Il sera donc réuni fictivement les trois quarts de la valeur au décès du bien subrogé, soit 120 000 × 3/4 = 90 000 €.

Une somme de 25 000 € a financé une limousine, dont la valeur était de 500 € lors de sa vente 5 ans avant le décès. L'application de la règle de la subrogation conduirait à réunir cette somme. Mais l'article 922, alinéa 2 exclut le jeu de la subrogation lorsque la dépréciation du bien acquis était inéluctable au jour de son achat à raison de sa nature, ce qui est le cas pour les véhicules automobiles, machines à transformer les billets de banque en vapeurs d'essence. Il sera donc pris en compte le montant nominal donné, soit 25 000 €. 77070 (suite)

Au total, le don manuel fait à Georges sera réuni fictivement pour 90 000 + 25 000 = ... 115 000 €

Masse de calcul de la quotité disponible et de la réserve

La masse de calcul de la quotité disponible et de la réserve est établie au tableau ci-après :

Biens existants		
Actif		
Portefeuille de valeurs mobilières	110 000	
Compte bancaire	55 000	
Mobilier	5 000	
Actif brut	170 000	170 000
Passif		
Impôts	8 000	
Charges de copropriété	2 000	
Total passif	10 000	10 000
Actif net existant		160 000
Réunion fictive des libéralités		
Donation Jean	140 000	
Frais donation Jean	5 000	
Donation Adèle	90 000	
Frais donation Adèle	4 000	
Don manuel Georges	115 000	
Total des réunions fictives	354 000	354 000
Total masse de calcul		**514 000**

L'article 913 du Code civil dispose qu'en présence de trois enfants la quotité disponible est du quart de la masse de calcul, soit 128 500 €. La réserve globale s'élève en conséquence aux trois quarts, soit 385 500 € et la part de réserve de chaque enfant au quart, soit 128 500 €.

Imputation des libéralités

L'article 923 du Code civil fixe les règles de réduction des libéralités : sont d'abord réduits les legs, puis les libéralités entre vifs en commençant par les plus récentes. En conséquence, l'imputation doit avoir lieu dans l'ordre inverse.

L'article 843 du Code civil dispose que les donations sont en principe rapportables, mais que le donateur peut dispenser le donataire du rapport par une manifestation de volonté expresse.

Les articles 919-1 et 919-2 du Code civil précisent que les donations en avance de part s'imputent principalement sur la part de réserve du gratifié et subsidiairement sur la quotité disponible. Celles consenties hors part successorale s'imputent uniquement sur la quotité disponible.

Donation d'immeuble à Jean L'article 860 du Code civil, dernier alinéa, précise que lorsque la valeur sujette à rapport est inférieure à la valeur du bien déterminée selon les règles d'évaluation prévues par l'article 922 du Code civil, cette différence constitue un avantage indirect acquis au donataire hors part successorale. La Cour de cassation a confirmé que cette disposition devait produire effet dès lors que la valeur du bien, déduction faite de la somme rapportée, n'excède pas la quotité disponible (Cass. 1e civ. 12-1-1983 no 81-16.698 : Bull. civ. I no 17). La donation faite à Jean entre dans cette hypothèse. L'imputation s'en fera à la date de la donation sur la réserve pour la partie de la donation stipulée rapportable (c'est-à-dire sur la valeur au jour de la donation, soit 100 000 €) et sur la quotité disponible pour la différence entre la valeur du bien déterminée selon les règles de l'article 922 et la valeur rapportable, soit 140 000 – 100 000 = 40 000 €.

Donation d'immeuble à Adèle Dans notre espèce, la donation d'immeuble faite à Adèle, stipulée en avance de part, s'imputera sur sa part de réserve et subsidiairement sur la quotité disponible de la succession pour le montant réuni fictivement. Cette imputation se fera à la date de l'acte de donation.

77070 (suite)

Don manuel à Georges Le don manuel fait à Georges ne contient aucune indication quant à sa nature. Il ne semble pas avoir été établi de pacte adjoint, ni de document exprimant l'intention du donateur de dispenser le bénéficiaire du rapport. Il sera donc présumé rapportable et s'imputera comme tel sur la part de réserve de Georges pour le montant réuni fictivement. L'imputation se fera à la date d'enregistrement de la déclaration fiscale du don, date à laquelle il a acquis date certaine (C. civ. art. 1377), et non à la date du transfert des fonds.

Frais d'actes de donation Les deux donations indirectes résultant de la prise en charge des frais des donations seront présumées faites en avance de part faute d'indication contraire. Elles seront imputées sur la part de réserve de chaque bénéficiaire, à la date de la donation principale dans laquelle elles sont révélées, pour leur montant réuni fictivement.

Les imputations sont résumées au tableau ci-après :

Tableau d'imputation des libéralités

Libéralité	Montant	Réserve Jean	Réserve Adèle	Réserve Georges	Quotité disponible
		128 500	128 500	128 500	128 500
Donation Jean 15-1-1995	140 000	100 000			40 000
Frais donation Jean 15-1-1995	5 000	5 000			
Solde		23 500	128 500	128 500	88 500
Donation Adèle 8-11-1197	90 000	-	90 000		
Frais donation Adèle 8-11-1997	4 000		4 000		
Solde		23 500	34 500	128 500	88 500
Donation Georges 6-7-1999	115 000			115 000	
Solde	354 000	23 500	34 500	13 500	88 500

Il résulte de ce tableau que ni les parts de réserve des trois enfants ni la quotité disponible ne sont épuisées et que Jean conservera à titre définitif la part de la donation à lui consentie s'imputant sur la quotité disponible.

Partage

Principes applicables

Le partage des biens dépendant de la succession est régi par les articles 816 et suivants du Code civil. On rappellera que pour cette opération :

– il est formé une masse partageable comprenant les biens existant à l'ouverture de la succession, ou ceux qui leur ont été subrogés, et dont le défunt n'a pas disposé à cause de mort, augmentée des valeurs soumises à rapport ou à réduction (C. civ. art. 825) ;

– chaque copartageant doit recevoir des biens d'une valeur égale à ses droits dans la masse à partager (C. civ. art. 826) ;

– les biens doivent être évalués au jour de la jouissance divise, date la plus proche possible du partage (C. civ. art. 829) ;

– le rapport se fait en principe en valeur et en moins prenant (C. civ. art. 858) ;

– les indemnités de rapport sont évaluées selon les règles du valorisme (C. civ. art. 860).

Établissement de la masse à partager

Les biens existants figureront à l'actif de la masse à partager pour leur valeur au partage. Le passif et les frais de succession ayant été acquittés au moyen des liquidités successorales, il n'y aura pas lieu à procéder à un compte de ce chef. Resteront à traiter les frais de partage qui figureront au passif de la masse à partager et se trouveront ainsi supportés par les copartageants à proportion de leurs droits dans le partage.

L'indemnité de rapport due par Jean à raison de la donation de l'appartement de Paris sera du forfait de 100 000 € en application des stipulations de l'acte. La fraction de cette donation imputable sur la quotité disponible, n'étant pas soumise à réduction, lui reste définitivement acquise et ne figurera pas dans la masse à partager (C. civ. art. 860, al. 4). Les intérêts de l'indemnité de rapport courent dès le décès du donateur dans l'hypothèse d'une donation avec clause de rapport forfaitaire (Cass. 1e civ. 18-5-2022 n° 20-20.117 F-D : BPAT 4/22 inf. 199).

77070 (suite)

Les indemnités de rapport dues par Jean et Adèle pour la prise en charge des frais de donation par le donateur devront figurer dans la masse à partager pour leur montant nominal.
L'indemnité de rapport due par Adèle sera de la valeur au partage de la maison en l'état où elle se trouvait lors de la donation, soit 80 000 €.
Georges devra le rapport des 25 000 € qu'il a utilisés à l'achat d'un véhicule automobile, bien dont la dépréciation est inéluctable en raison de sa nature et de ce fait non soumis au valorisme (C. civ. art. 860, al. 2).
Il devra également le rapport des 75 000 € qu'il a utilisés au financement de l'acquisition de l'immeuble d'Orléans. Le montant de l'indemnité devra être établi en considération de la valeur du bien acquis à l'époque du partage. Comme il a été indiqué plus haut pour la composition de la masse de calcul de la quotité disponible, il faudra tenir compte du fait que l'emploi des fonds donnés ne représentait qu'une fraction de la dépense d'acquisition égale aux trois quarts de l'investissement. Il aura donc à rapporter 130 000 × 3/4 = 97 500 €.
Au total, l'indemnité de rapport due par Georges sera de 25 000 + 97 500 = 122 500 €.
La masse à partager s'établira donc comme suit :

Masse à partager

Actif		
Portefeuille	70 000	
Compte bancaire	35 000	
Mobilier	5 000	
Indemnité de rapport de Jean (forfait)	100 000	
Indemnité de rapport de Jean (frais donation)	5 000	
Indemnité de rapport d'Adèle (donation)	80 000	
Indemnité de rapport d'Adèle (frais donation)	4 000	
Indemnité de rapport de Georges (partie consommée 25 000 + partie revalorisée 97 500)	122 500	
Total actif	421 500	421 500
Passif		
Frais de partage	17 100	17 100
Actif net		**404 400**

Droits des parties

Chaque enfant a droit au tiers de l'actif net à partager	1/3
Soit	**134 800**

Attributions

Lors de l'allotissement, il faut veiller à attribuer à chaque copartageant le montant du rapport qu'il doit à la succession (C. civ. art. 858). L'héritier débiteur du rapport complète ensuite ses droits au moyen des autres effets successoraux. Si le montant du rapport est supérieur au montant de ses droits, il devra verser l'excédent à un ou plusieurs de ses cohéritiers pour compléter leurs parts.
Dans le tableau des allotissements ci-après figure une colonne « Passif » qu'il faut veiller à ne servir qu'au moyen de liquidités successorales puisque le créancier ne peut se voir imposer un paiement en nature et qu'il n'a pas vocation à bénéficier des indemnités de rapport ou de réduction. Figure également dans ce tableau une colonne « Vérification » bien utile pour contrôler que tous les articles ont bien été attribués et qu'il n'a pas été trop attribué sur une ligne.

77070 (suite)

Tableau des allotissements

Droits		Jean	Adèle	Georges	Passif	Vérification
		134 800	134 800	134 800	17 100	421 500
Désignation	**Valeur**					
Portefeuille	70 000	25 000	35 000	10 000		70 000
Compte bancaire	35 000	3 100	14 000	800	17 100	35 000
Mobilier	5 000	1 700	1 800	1 500		5 000
Indemnité de rapport de Jean (forfait)	100 000	100 000				100 000
Indemnité de rapport de Jean (frais donation)	5 000	5 000				5 000
Indemnité de rapport d'Adèle (donation)	80 000		80 000			80 000
Indemnité de rapport d'Adèle (frais donation)	4 000		4 000			4 000
Indemnité de rapport de Georges (partie consommée 25 000 + partie revalorisée 97 500)	122 500			122 500		122 500
Total	421 500	134 800	134 800	134 800	17 100	421 500

CAS PRATIQUE

Legs ; héritiers réservataires dont un renonçant gratifié d'une donation avec clause de rapport en cas de renonciation ; quotité disponible ordinaire ; tableau d'imputation des libéralités ; indemnités de réduction ; partage avec propositions d'attributions

77075

Rémi est décédé le 1er janvier 2021. Il s'était marié en 1970 avec Louise, avec laquelle il a eu trois enfants : Antoine, Bénédicte et Corentin. Le mariage a été dissous par divorce en 2000. Rémi s'est pacsé en 2005 avec Amélie.

Le fils aîné de Rémi, Antoine, est lui-même décédé en 2017 en laissant deux enfants majeurs : Denis et Émilie.

Les ayants droit acceptent la succession, à l'exception de Bénédicte, qui, ayant rompu avec son père, entend y renoncer.

Au cours de sa vie, Rémi a réalisé diverses donations.

En 2007, Bénédicte a reçu de son père un portefeuille de valeurs mobilières d'une valeur de 60 000 €. L'acte de donation stipulait une clause de rapport en cas de renonciation à la succession. À la faveur d'arbitrages judicieux et sans apport d'argent nouveau, le portefeuille avait triplé de valeur au jour du décès (180 000 €). À l'époque de la liquidation, sa valeur est estimée à 200 000 €.

En 2009, Rémi a fait donation à Corentin d'une maison à Biarritz. La maison valait au jour de la donation 150 000 €. En 2011, après avoir vendu la maison de Biarritz pour 200 000 €, Corentin a investi la totalité de cette somme dans l'acquisition d'un mas provençal. Il y a réalisé à ses frais divers travaux. En particulier, il a aménagé le grenier et ainsi doublé la surface habitable. Le mas a été estimé au jour du décès à 450 000 € ; sans les travaux, il ne vaudrait que 300 000 €. À la liquidation, il peut valoir 320 000 €.

En 2010, Rémi a donné à Antoine un terrain sur la côte d'Azur d'une valeur de 80 000 €. Le terrain, devenu constructible au jour du décès, a été estimé à 180 000 €. Sa valeur est la même au jour de la liquidation.

En 2011, Rémi a donné une somme de 100 000 € à son petit-fils bien-aimé, Denis, qui a immédiatement investi dans un appartement à Chamonix. Par la suite, après avoir vendu cet appartement en 2013 au prix de 140 000 €, Denis a acquis un appartement à Nice pour 200 000 €. Cet appartement a été financé en partie grâce au produit de la vente de celui de Chamonix et, pour le surplus, à l'aide d'un emprunt. Au jour du décès comme de la liquidation, l'appartement niçois était estimé à 210 000 €.

En 2015, Rémi a donné à sa petite-fille Émilie une automobile d'une valeur de 23 000 €. En dépit d'un usage tout à fait normal, le véhicule cote au jour du décès 13 000 € et, à l'époque de la liquidation, 10 000 €.

Enfin, un testament régulier en la forme est retrouvé dans la table de nuit de Rémi. Ce dernier lègue à son ami, Pierre, une voiture de collection et à sa voisine, Emmanuelle, un appartement situé à Besançon ; il désigne pour légataire universelle sa partenaire pacsée, Amélie.

La valeur des biens a varié entre le jour de l'ouverture de la succession et le jour de sa liquidation. Il est convenu que le paiement d'éventuelles indemnités aura lieu au jour de la liquidation de la succession.

Au jour du décès, on dénombre dans le patrimoine du défunt les biens suivants, qui font l'objet des évaluations ci-dessous :

	Valeur décès	Valeur liquidation
Appartement de Paris	500 000 €	550 000 €
Appartement de Besançon	150 000 €	160 000 €
Appartement de Cabourg	250 000 €	250 000 €
Voiture de collection	50 000 €	50 000 €
Compte courant	100 000 €	100 000 €
Compte épargne	150 000 €	150 000 €

77075 (suite)

Comme il est logique, le partage entre les héritiers interviendra au moment de la liquidation du fait que, en présence d'un légataire universel, la masse à partager se composera uniquement des indemnités de rapport et de réduction.

Solution

Dévolution de la succession

Le défunt laisse des héritiers du premier ordre (C. civ. art. 734) mais de degrés différents (C. civ. art. 743).

En principe, le classement opère à l'intérieur de chaque ordre par priorité de degré. Toutefois, Denis et Émilie viendront à la succession du défunt par représentation de leur auteur prédécédé, Antoine (C. civ. art. 751 et 752). Les héritiers légaux appelés au premier ordre, enfants ou petits-enfants par représentation, ont la qualité d'héritiers réservataires (C. civ. art. 913).

Bénédicte entend renoncer à la succession sans être elle-même représentée. Elle est donc censée n'avoir jamais été héritière, et sa part accroît à celle des héritiers appelés (C. civ. art. 805, al. 1). Cependant, la clause de « rapport en cas de renonciation » figurant dans sa libéralité (C. civ. art. 845) imposera de tenir compte de sa présence pour les besoins de la liquidation et du partage dans les conditions exposées ci-dessous (C. civ. art. 805, al. 2 et 845, al. 1 in fine).

Le défunt laisse une partenaire pacsée, Amélie, qui n'a, par définition, aucune vocation légale dans la succession.

Sont donc appelés en qualité d'héritiers ab intestat : Corentin pour moitié ; Denis et Émilie, ces derniers par représentation de leur auteur Antoine prédécédé, pour un quart chacun.

Nécessité de calculer la réserve et la quotité disponible

Par un testament incontesté, Rémi a institué légataire universelle Amélie, sa partenaire, et légataires à titre particulier deux amis, Pierre et Emmanuelle.

Des libéralités préciputaires (les legs) ont été consenties en présence d'héritiers réservataires, ce qui impose de calculer la masse de calcul de la quotité disponible et de la réserve héréditaire et de procéder aux imputations, pour s'assurer qu'il n'y a pas eu d'atteinte à la réserve.

On sait que les legs, prenant effet à la même date, doivent être imputés concurremment et, s'il y a lieu, réduits proportionnellement (au marc le franc) sans distinction entre les legs universels et les legs particuliers (C. civ. art. 926).

Prédécédé, Antoine est représenté, et sa souche sera prise en compte pour le calcul du taux de la réserve (C. civ. art. 913, al. 2).

Bénédicte renonce à la succession sans être elle-même représentée. Ainsi, elle ne devrait normalement pas être considérée comme une enfant laissée par le défunt au sens de l'article 913, alinéa 1 du Code civil, ce qui porterait le taux de la quotité disponible à un tiers. Toutefois, la donation qu'elle a reçue comporte une clause dite « de rapport en cas de renonciation ». Par conséquent, elle sera prise en compte, et le taux de la quotité disponible maintenu comme si elle avait accepté (C. civ. art. 913, al. 2).

La quotité disponible sera donc d'un quart (C. civ. art. 913), et la réserve de chaque souche d'un quart également.

Par ailleurs, Bénédicte a été bénéficiaire d'une donation contenant une clause de rapport à la succession. Une telle clause oblige à vérifier que les droits qu'elle a reçus à l'occasion de cette opération n'excèdent pas les droits qu'elle aurait eus dans le partage si elle y avait participé (C. civ. art. 913 et 845).

Ainsi, il faudra procéder à une liquidation et à un partage fictifs de la succession de Rémi pour vérifier que la valeur de la donation reçue par Bénédicte n'excède pas les droits qu'elle aurait eus dans le partage si elle y avait participé. Une fois la vérification faite, la succession de Rémi pourra être liquidée et partagée entre les héritiers légaux et testamentaires qui viendront effectivement à la succession.

I. Liquidation de la succession

Composition de la masse de calcul de la quotité disponible et de la réserve

Il convient de procéder à l'établissement de la masse de calcul de la réserve et de la quotité disponible selon les dispositions de l'article 922 du Code civil, texte impératif.

La masse de calcul est ainsi composée des biens existants au jour du décès évalués à cette date (legs compris), déduction faite des dettes auxquels on réunit fictivement les biens dont le défunt a disposé entre vifs ; tous les biens donnés devant être évalués d'après leur état à l'époque de la donation et leur valeur au jour du décès, compte tenu des éventuelles subrogations (C. civ. art. 922), hormis le cas des donations-partages.

77075 (suite)

La réunion fictive des libéralités concerne les opérations qui suivent :

En 2007, Bénédicte a reçu de son père un portefeuille de valeurs mobilières. Il doit en être tenu compte pour sa valeur au jour du décès, soit .... 180 000 €

En 2009, Rémi a fait donation à Corentin d'une maison à Biarritz vendue en 2011 pour 200 000 €. La totalité de la somme a été réinvestie dans un mas provençal sur lequel Corentin a réalisé des travaux. La maison ayant été aliénée en 2011, la subrogation joue de plein droit. Il faut donc tenir compte de la valeur du mas au jour du décès compte tenu de son état au jour de l'acquisition (C. civ. art. 922 ; Cass. 1e civ. 14-1-2015 no 13-24.921 F-PB : BPAT 2/15 inf. 53). Ainsi, il faut prendre en compte la valeur qu'aurait eue le mas sans les travaux réalisés par Corentin, soit.. 300 000 €

En 2010, Rémi a donné à Antoine un terrain sur la côte d'Azur d'une valeur de 80 000 €. Le terrain, devenu constructible au jour du décès, a été estimé à 180 000 €. Le changement d'état du bien provient d'une cause étrangère au donataire (changement de PLU), il doit en être tenu compte dans son évaluation (Cass. 1e civ. 11-9-2013 no 12-17.277 F-PB). Il faut alors prendre en compte la valeur du terrain au jour du décès, soit .... 180 000 €

En 2011, Rémi a donné à son petit-fils Denis 100 000 € ayant servi à l'acquisition d'un appartement. Ce dernier a été vendu, et la somme intégralement réinvestie dans un second appartement. Cet apport représente un financement partiel de la nouvelle acquisition.
La subrogation visée par l'article 922 du Code civil joue pleinement. Il faut alors rechercher la part que représentent les fonds donnés dans l'acquisition du second bien. Ainsi, on retiendra : 140 000 (aliénation du premier bien) / 200 000 (valeur de la nouvelle acquisition) × 210 000 (valeur décès du bien), soit.. 147 000 €

En 2015, Rémi a donné à Émilie une automobile d'une valeur de 23 000 €, évaluée au jour du décès à 13 000 €. Il y a lieu, semble-t-il, de tenir compte de la valeur de la voiture au jour du décès et non de sa valeur au jour de la donation. En effet, la prise en compte de la valeur au jour de la donation d'un bien dont la dépréciation de la valeur est inéluctable paraît ne valoir, a contrario, que dans l'hypothèse de l'investissement réalisé par le donataire d'une somme d'argent sur un bien dont la dépréciation est d'emblée inéluctable, non lorsque le bien de ce type a été donné directement par le donateur (C. civ. art. 922). On retiendra donc... 13 000 €

Masse de calcul de la quotité disponible et de la réserve

La masse de calcul de la quotité disponible et de la réserve est établie au tableau ci-après, compte tenu des valeurs à l'ouverture de la succession :

Biens existants		
Actif		
Appartement à Paris	500 000	
Appartement à Besançon	150 000	
Appartement à Cabourg	250 000	
Automobile de collection	50 000	
Compte courant	100 000	
Compte épargne	150 000	
Actif brut de succession		1 200 000
Passif	Mémoire	Mémoire
Actif net existant		1 200 000

77075 (suite)

Réunion fictive des donations		
Donation Bénédicte	180 000	
Donation Corentin	300 000	
Donation Antoine	180 000	
Donation Denis	147 000	
Donation Émilie	13 000	
Total des réunions fictives		820 000
Total masse de calcul		**2 020 000**

Application du taux de QD

En présence de trois enfants, le taux de quotité disponible est du quart, la réserve globale des trois quarts, et chaque réserve individuelle du quart. Ainsi, la quotité disponible est de 505 000 €, la réserve globale de 1 515 000 € et chaque réserve individuelle de 505 000 €.

Imputation des libéralités

L'article 923 du Code civil fixe l'ordre d'imputation des libéralités : les donations sont imputées en premier, de la plus ancienne à la plus récente ; ensuite, les legs sont imputés concurremment, sauf stipulation du contraire.

Les articles 919-1 et 919-2 du Code civil déterminent le secteur d'imputation des libéralités. Ainsi, les donations faites en avancement de part successorale à un héritier réservataire s'imputent prioritairement sur sa part de réserve, et les libéralités faites hors part successorale s'imputent sur la quotité disponible.

L'article 843 du Code civil dispose que les donations faites à un héritier présomptif au moment où il en bénéficie sont présumées en avancement de part.

L'article 848 du Code civil prévoit que les héritiers venant par représentation de leur auteur doivent le rapport des libéralités reçues par ce dernier. En revanche, ils ne doivent pas le rapport des libéralités reçues par eux du défunt, dès lors qu'ils n'étaient pas présomptifs héritiers au jour de la donation (C. civ. art. 846). C'est pourquoi les donations reçues par les petits-enfants du défunt doivent être imputées sur la quotité disponible.

Donation à Bénédicte La donation faite à Bénédicte contient une clause de rapport à la succession. Elle devra s'imputer sur sa part de réserve artificiellement maintenue, pour 180 000 €.

Donation à Corentin La donation faite à Corentin est présumée en avancement de part successorale en l'absence de disposition contraire du défunt (C. civ. art. 843). Elle s'impute sur sa part de réserve, pour 300 000 €.

Donation à Antoine La donation faite à Antoine est présumée en avancement de part successorale en l'absence de disposition contraire du défunt (C. civ. art. 843). Antoine étant représenté par ses propres enfants, il y a lieu de rapporter la donation (C. civ. art. 848 : « si le fils ne vient que par représentation, il doit rapporter ce qui avait été donné à son père… ») et d'imputer la donation sur la part de réserve de la souche d'Antoine, pour 180 000 €.

Donation à Denis La donation faite à Denis ne doit pas être rapportée à la succession car il n'était pas présomptif héritier au jour de la donation. Elle s'impute sur la quotité disponible pour 147 000 €.

Donation à Émilie La donation faite à Émilie ne doit pas être rapportée à la succession car elle n'était pas présomptive héritière au jour de la donation. Elle s'impute sur la quotité disponible, pour 13 000 €.

Legs Les legs universel et particuliers, hors part successorale, s'imputent concurremment sur la quotité disponible, ensemble pour la valeur globale au jour du décès de tous les biens légués.

Composition et estimation du legs universel

Amélie, la partenaire pacsée du défunt est bénéficiaire d'un legs universel. Ce dernier est réductible de la même manière que les legs particuliers. La réduction se fait au marc le franc (C. civ. art. 926). Il y a donc lieu de composer et de chiffrer la valeur de ce legs.

Le legs universel se compose, par élimination, des biens présents qui n'ont pas été légués au titre des legs particuliers.

Or le legs particulier à Emmanuelle consiste dans l'appartement bisontin (valeur 150 000 €) et le legs particulier à Pierre dans l'automobile de collection (valeur 50 000 €).

77075 (suite)

Ainsi, le legs universel dont est bénéficiaire Amélie sera composé comme suit :
- l'appartement parisien pour .... 500 000 €
- l'appartement à Cabourg pour .... 250 000 €
- le compte courant pour .... 100 000 €
- le compte épargne pour .... 150 000 €

Total en valeur des biens composant le legs universel .... 1 000 000 €

Remarque : Pour les besoins de l'imputation concurrente, il suffit donc d'imputer la valeur globale des biens existants, soit 1 200 000 €.

Tableau d'imputation des libéralités

Libéralités	Réserve Bénédicte maintenue	Réserve souche Antoine	Réserve Corentin	Quotité disponible
	505 000	505 000	505 000	505 000
2002 : donation à Bénédicte	180 000			
Solde	**325 000**			
2004 : DAPS à Corentin			300 000	
Solde			**205 000**	
2005 : DAPS à Antoine		180 000		
Solde		**325 000**		
2008 : DHPS à Denis				147 000
Solde				**358 000**
2015 : DHPS à Émilie				13 000
Solde				**345 000**
Imputation concurrente des legs				1 200 000
Excédent après imputation des legs				**– 855 000**

Liquidation des indemnités de réduction

Il résulte de ce tableau que les donataires peuvent conserver le bénéfice des donations qui leur ont été consenties sans avoir à subir de réduction. En revanche, il apparaît que le total des legs excède le disponible restant après imputation des donations.

Tous les légataires, universel et particulier, encourent la réduction des legs à eux consentis, au marc le franc, c'est-à-dire selon le même coefficient. Le coefficient de réduction des legs est déterminé par la proportion entre l'excédent d'imputation (855 000) et la valeur globale des legs, nécessairement égale à la valeur des biens existants en présence d'un legs universel (1 200 000), soit : (855 000 / 1 200 000) = 0,7125.

Une fois ce coefficient de réduction fixé, il sera à appliquer en principe à la valeur des biens légués appréciée au jour du partage, compte tenu de leur état au jour de la prise d'effet du legs, afin de liquider l'indemnité de réduction due par chaque légataire.

Toutefois, en présence d'un légataire universel, il ne peut y avoir de partage entre lui et les héritiers réservataires, faute d'indivision entre eux. Ainsi, le coefficient de réduction doit être appliqué à la valeur des biens au jour de la liquidation de la succession (Cass. 1e civ. 22-6-2022 nº 21-10.570 FS-B).

L'intérêt légal commence à courir depuis la date de la liquidation jusqu'au paiement effectif de la somme (Cass. 1e civ. 1-12-2021 nº 20-12.923 FS-B).

En l'espèce, il est convenu que le règlement de la somme aura lieu au jour de la liquidation de la succession, si bien que l'intérêt légal ne sera pas dû par les légataires.

Ainsi :
- indemnité de réduction due par Pierre : 0,7125 × 50 000 = 35 625 € ;
- indemnité de réduction due par Emmanuelle : 0,725 × 160 000 = 114 000 € ;
- indemnité de réduction due par Amélie : 0,7125 × 1 050 000 = 748 125 €.

77075
(suite)

Portée de la clause de rapport en cas de renonciation

Reste à se demander en effet si la clause que le défunt a insérée dans la donation consentie à Bénédicte produit effet en ce qu'elle devrait opérer un rapport (mieux vaudrait dire un « pseudo-rapport », puisqu'elle est étrangère à la succession du fait de sa renonciation...). Pour cela, il faut comparer :
– la valeur de ce que la donataire a reçu, ici 200 000 € ;
– avec le montant des droits qu'elle aurait dû avoir dans le partage si elle y avait participé (C. civ. art. 845, al. 2).

Quels auraient été les droits de Bénédicte si elle avait accepté la succession ?

La masse partageable est constituée des biens existants et non légués estimés au jour du partage, augmentés des valeurs soumises à rapport ou à réduction (C. civ. art. 825). Tous les biens existants ayant été légués, le partage entre les héritiers aura pour seul objet les indemnités de rapport dues par les héritiers et les indemnités de réduction dues par les légataires.
La valeur des biens à prendre en compte pour les indemnités de rapport sont les valeurs à l'époque du partage d'après leur état au jour de la donation ou de leur aliénation. En cas de donation de somme d'argent, le rapport est dû du montant de la somme ou de la valeur du bien acquis à l'aide de cette somme (C. civ. art. 860 et 860-1). Pour les indemnités de réduction, ce sont les valeurs à la date de la liquidation d'après leur état à la date de prise d'effet du legs.
Ainsi, pour les indemnités de rapport :

– indemnité de rapport due par Bénédicte. Il y a lieu de tenir compte de la valeur du portefeuille de valeur mobilière au jour du partage soit .... 200 000 €

– indemnité de rapport due par Corentin. Il y a lieu de prendre en compte la valeur du mas provençal au jour du partage, soit .... 320 000 €

– indemnité de rapport due par la souche d'Antoine. Il y a lieu de prendre en compte la valeur du terrain au jour du partage sans tenir compte de son changement d'état, étranger à la volonté du donataire et qui se fut produit s'il était resté aux mains du disposant, soit .... 180 000 €

La masse à partager se serait composée comme suit :

Biens existants		néant
Indemnités de rapport :		
– indemnité de rapport due par Bénédicte	200 000	
– indemnité de rapport due par Corentin	320 000	
– indemnité de rapport due par la souche d'Antoine	180 000	
Total des indemnités de rapport		700 000
Indemnités de réduction :		
– indemnité de réduction due par Pierre	35 625	
– indemnité de réduction due par Emmanuelle	114 000	
– indemnité de réduction due par Amélie	748 125	
Total des indemnités de réduction		897 750
Total de la masse à partager		**1 597 750**

Droits des parties si chacun avait accepté la succession

Chaque enfant vivant ou représenté aurait eu droit au tiers de la masse à partager, soit 1 597 750 € / 3 = 532 583 €.
À l'issue du partage, Bénédicte aurait eu droit à : 532 583 – 200 000 = 332 583 €, soit davantage que la valeur de ce qu'elle a reçu.

Conclusion

Au terme de cette liquidation, il apparaît que la donation reçue par Bénédicte n'excède pas ses droits dans le partage si elle y avait participé. Aussi ne doit-elle aucune indemnité de « pseudo-rapport » à la succession, en dépit de sa renonciation.
Cette vérification faite, il convient de procéder à la liquidation et au partage de la succession de Rémi en tenant compte de la renonciation de Bénédicte.

II. Partage entre les héritiers

La réserve et la quotité disponible n'en demeurent pas moins au même taux par l'effet de l'article 845 du Code civil, combiné avec l'article 913, alinéa 2 du même Code ; et la donation consentie à Bénédicte continue de s'imputer sur sa part de réserve artificiellement maintenue.

77075 (suite)

Simplement, non seulement elle n'est pas intégralement rapportable, mais encore elle ne fait l'objet d'aucun « pseudo-rapport » en cas de renonciation.

Même s'il n'existe aucune indivision entre le légataire universel et les héritiers réservataires (voir plus haut la liquidation des indemnités de réduction), on considère que ces derniers sont en indivision sur les indemnités de rapport qu'ils se doivent ainsi que sur les indemnités de réduction versées par les légataires. C'est pourquoi il convient d'organiser un partage entre les héritiers (il en irait différemment si aucune indemnité de rapport n'était due entre les héritiers en présence d'un légataire universel : voir n° 63960).

A. Dévolution de la succession (rappel)

Une fois délivrés les legs d'Amélie, légataire universelle, ainsi que ceux de Pierre et Emmanuelle, légataires particuliers, viendront à la succession en qualité d'héritiers réservataires : Corentin, de son propre chef ; Denis et Émilie, recevant les droits dévolus à la souche d'Antoine par représentation de leur auteur prédécédé (C. civ. art. 913).

B. Masse à partager

En l'espèce, la masse à partager se serait composée comme suit :

Biens existants		néant
Indemnités de rapport :		
– indemnité de rapport due par Corentin	320 000 €	
– indemnité de rapport due par la souche d'Antoine	180 000 €	
Total des indemnités de rapport		500 000 €
Indemnités de réduction :		
– indemnité de réduction due par Pierre	35 625 €	
– indemnité de réduction due par Emmanuelle	114 000 €	
– indemnité de réduction due par Amélie	748 125 €	
Total des indemnités de réduction		897 750 €
Total de la masse à partager		**1 397 750 €**
Revenant pour moitié à Corentin		1/2
Soit		698 875 €
Revenant pour un quart à Denis		1/4
Soit		349 437,50 €
Revenant pour un quart à Émilie		1/4
Soit		349 437,50 €

S'agissant de sommes d'argent, il n'y a pas lieu de dresser un tableau d'attribution et d'abandonnement.

C. Attributions

1. Corentin se voit attribuer :

– son rapport par confusion sur lui-même, valorisé	320 000 €
– et à recevoir sur les indemnités de réduction la somme de	378 875 €
Total égal à ses droits	**698 875 €**

2. Denis se voit attribuer :

– son rapport par confusion sur lui-même, valorisé	90 000 €
– et à recevoir sur les indemnités de réduction la somme de	259 437,50 €
– Total égal à ses droits	**349 437,50 €**

3. Émilie se voit attribuer :

– son rapport par confusion sur elle-même, valorisé	90 000 €
– et à recevoir sur les indemnités de réduction la somme de	259 437,50 €
– Total égal à ses droits	**349 437,50 €**

77080 CAS PRATIQUE

Libéralités réductibles ; quotité disponible ordinaire ; tableau d'imputation des libéralités ; indemnités de réduction et de rapport ; partage avec allotissements

M. Pierre Detaille, retraité divorcé, est décédé le 14 juillet 2015 en regardant les images prises par la sonde New Horizons pendant son survol de Pluton. Son cœur n'a pas supporté l'émotion de cet instant historique. Il a laissé trois enfants issus de son mariage dissout : Aldebert, Cunégonde et Childéric.

Le 7 janvier 1999, il avait fait donation à sa fille Cunégonde d'un appartement à Melun évalué 200 000 €. La donataire avait alors acquitté les frais et droits de la donation, puis entrepris des travaux de rénovation importants de ce logement alors vétuste pour un montant de 50 000 €. L'acte de donation se bornait à énoncer que cette donation serait rapportable dans les conditions de la loi.

Le 12 octobre 2008, il avait consenti à son fils Childéric un don manuel d'une somme de 200 000 €. Childéric avait procédé à l'enregistrement de cette donation et réglé le montant des droits dus. Avec cette somme, il avait acquis quelques jours plus tard, au prix de 280 000 € auquel s'ajoutaient les frais d'acquisition de 20 000 €, une maison à Thomery. Puis il avait fait construire une piscine dans le jardin pour un coût de 50 000 €. Cette acquisition avait soulevé l'ire paternelle, le patriarche reprochant amèrement à l'ingrat ce qu'il estimait folle dépense pour un célibataire endurci sans descendant. Cette querelle subsistait encore au décès du donateur.

Six mois avant son décès, Pierre avait rédigé un testament olographe régulier en la forme, aux termes duquel il instituait légataire universelle sa petite-fille, Laure, et léguait à Gontran, son petit-fils, sa maison d'Avon, tous deux enfants d'Aldebert, « pour compenser les avantages qu'il avait donnés à ses deux autres enfants au détriment de son fils aîné ».

Lors de son décès, il était propriétaire d'une maison à Avon, du mobilier modeste la garnissant d'une valeur de 5 000 € et d'une automobile. Il était titulaire dans les écritures de la Banque Leblé de Labry d'un compte bancaire présentant un solde au décès de 10 000 € et d'un portefeuille de titres. Il restait devoir divers impôts d'un montant de 5 000 €.

Après de nombreuses hésitations, Childéric, toujours fâché avec son père et sans postérité, déclare renoncer à la succession de son auteur par déclaration faite au greffe du tribunal le 8 septembre 2017. Le lendemain, Laure et Gontran demandent la délivrance de leurs legs. Aldebert et Cunégonde requièrent alors la réduction des libéralités, qui leur paraissent excessives.

La liquidation et le partage entre les héritiers réservataires sont réputés intervenir à la même date. L'expert saisi par les parties rend un rapport, le 5 décembre 2017 et le partage est signé 15 jours plus tard, en même temps que la remise des biens légués aux légataires. Il résulte de ce rapport approuvé par l'ensemble des intéressés les éléments suivants :

	Valeur décès	Valeur liquidation
Maison d'Avon	320 000 €	350 000 €
Mobilier	5 000 €	4 000 €
Voiture	10 000 €	3 000 €
Compte bancaire	10 000 €	5 000 €
Portefeuille de titres	470 000 €	456 000 €
Maison de Thomery :		
- avec travaux	380 000 €	400 000 €
- coût des travaux	80 000 €	85 000 €
- sans travaux	360 000 €	375 000 €
Appartement de Melun :		
- avec travaux	250 000 €	260 000 €
- coût des travaux	70 000 €	75 000 €
- sans travaux	240 000 €	250 000 €

Le solde du compte bancaire est de 5 000 € au partage après paiement des impôts dus au décès.

77080 (suite)

Solution

Dévolution de la succession

M. Pierre Detaille laisse trois enfants, appelés à recueillir sa succession chacun pour un tiers en leur qualité d'héritiers du premier ordre (C. civ. art. 734 et 735). Ils sont en outre héritiers réservataires (C. civ. art. 912). Ils bénéficient de la saisine (C. civ. art. 724).

Par testament, M. Pierre Detaille a institué sa petite-fille, Laure, légataire universelle. Elle aura vocation à recevoir la totalité active et passive de la succession, sauf réduction éventuelle du legs par les réservataires, s'ils en expriment la volonté. Elle devra demander la délivrance de son legs aux réservataires puisqu'il existe des héritiers protégés saisis par la loi (C. civ. art. 1004).

Pierre a également consenti, dans le même testament, un legs particulier à son petit-fils, Gontran, dont ce dernier devra également demander délivrance aux réservataires (C. civ. art. 1014).

La renonciation de Childéric a pour principal effet de l'exclure purement et simplement du nombre des héritiers (C. civ. art. 805). Faute de descendant, il ne sera pas représenté et la part qu'il aurait due recevoir accroîtra les droits de ses cohéritiers. Il restera toutefois tenu au paiement des frais d'obsèques de son père (C. civ. art. 806). À noter que l'enfant renonçant peut toutefois en être déchargé en tout ou partie lorsque son ascendant a manqué gravement à ses obligations envers lui (Cass. 1e civ. 31-3-2021 n° 20-14.107 FS-P : BPAT 3/21 inf. 160, AJ fam. 2021 p. 299 obs. J. Houssier).

La succession de Pierre sera donc dévolue à Aldebert et Cunégonde, héritiers réservataires, et à Laure, légataire universelle, ayant droit à toute la succession sauf les droits à réserve si la réduction est demandée.

Le défunt ayant consenti des libéralités au profit de non-réservataires, il va être nécessaire de vérifier si les réservataires bénéficient de leur réserve et dans quelle mesure les legs pourront être exécutés.

Calcul de la réserve et de la quotité disponible

Le calcul de la réserve et de la quotité disponible s'effectue en trois étapes :
– l'établissement de la masse de calcul ;
– la détermination du quantum de la quotité disponible et de la réserve ;
– l'imputation des libéralités.

Établissement de la masse de calcul

La masse de calcul de la quotité disponible et de la réserve se compose des biens existants dont on soustrait le passif, augmentés de la réunion fictive des libéralités, le tout évalué au jour du décès (C. civ. art. 922).

Les biens réunis fictivement à l'actif net existant sont évalués à la date du décès, d'après l'état dans lequel ils se trouvaient au jour de la donation. S'ils ont été aliénés, on prendra en compte leur valeur au jour de l'aliénation d'après l'état où ils se trouvaient au jour de la donation. S'il y a eu subrogation, on considérera la valeur du bien subrogé dans l'état où il se trouvait au jour de l'acquisition.

L'objectif de cette opération est de reconstituer autant que faire se peut la consistance qu'aurait eu le patrimoine du de cujus s'il n'avait pas consenti ces libéralités, en écartant les plus-values, amélioration ou dégradations qui sont le fait du donataire.

La réunion fictive concernera les seules libéralités entre vifs. Les biens légués figurent en effet nécessairement dans les biens existants.

La donation faite à Cunégonde sera prise en compte pour la valeur au jour du décès du bien donné dans l'état où il se trouvait au jour de la donation (C. civ. art. 922, al. 2). Dans un arrêt du 14 janvier 2015, la Cour de cassation a précisé que : « Attendu que, pour fixer, en vue d'une éventuelle réduction, la valeur de l'immeuble objet de la donation préciputaire du 7 décembre 1989, l'arrêt retient que l'expert a réduit la valeur du bien, d'abord appréciée à la date de son expertise le 20 juillet 2009, pour tenir compte de tous les travaux réalisés depuis la donation, prenant ainsi en considération l'état de l'immeuble à la date de la donation, et que, pour prendre en compte sa valeur au jour de l'ouverture de la succession, le 8 mars 1999, cette estimation doit être révisée en fonction de la variation de l'indice du coût de la construction entre cette date et le 20 juillet 2009 ; Qu'en statuant ainsi, alors qu'il lui incombait de rechercher la valeur que le bien aurait eue à l'ouverture de la succession dans l'état où il se trouvait, en 1989, au moment de la donation, sans qu'il y ait lieu de s'attacher aux travaux réalisés par le donataire, la cour d'appel a violé le texte susvisé » (Cass. 1e civ. 14-1-2015 n° 13-24.921 F-PB : Sol. Not. 3/15 inf. 48). Elle sera donc réunie fictivement pour un montant de 240 000 €, valeur du bien au jour du décès, abstraction faite des travaux.

La somme de 200 000 € donnée à Childéric a été utilisée à l'acquisition d'un bien immobilier. Il devra donc être tenu compte de la valeur au décès du bien subrogé à la somme donnée. Mais la subrogation n'était que partielle puisque le coût total de cet achat s'élevait à 280 000 + 20 000 = 300 000 € (pour la prise en compte du coût global de l'opération, voir M. Grimaldi : Droit des

77080 (suite) successions, LexisNexis 8e éd. 2020, no 765) et que les fonds donnés et employés s'élevaient à 200 000 €, représentant les deux tiers de l'investissement. Il sera donc réuni fictivement les deux tiers de la valeur au décès du bien subrogé d'après son état au jour de l'acquisition (ici pour la valeur qu'il aurait sans la piscine), soit 360 000 × 2/3 = 240 000 €.

Masse de calcul de la quotité disponible et de la réserve

La masse de calcul de la quotité disponible et de la réserve s'établira donc comme suit :

Biens existants		
Actif		
Maison Avon	320 000	
Portefeuille de titres	470 000	
Compte bancaire	10 000	
Voiture	10 000	
Mobilier	5 000	
Actif brut	815 000	815 000
Passif		
Impôts	5 000	5 000
Biens existants nets		810 000
Réunion fictive des libéralités		
Donation à Cunégonde	240 000	
Donation à Childéric	240 000	
Total des réunions fictives	480 000	480 000
Total masse de calcul		**1 290 000**

Détermination du quantum de la quotité disponible et de la réserve

En présence de trois enfants, la quotité disponible ne peut excéder le quart des biens du défunt (C. civ. art. 913, al. 1), ce qui a pour conséquence de fixer aux trois quarts le montant de la réserve. Un deuxième effet, qui ne concerne pas directement le renonçant, est attaché à la renonciation de Childéric (C. civ. art. 913, al. 2 modifié par loi 2006-728 du 23-6-2006) : lorsqu'il n'est pas représenté, le renonçant n'est plus pris en compte pour la détermination de la quotité disponible. Dans notre espèce, la quotité disponible, désormais établie en présence de deux enfants, sera portée au tiers de la succession et la réserve réduite aux deux tiers.

Ces quotités vont devoir être appliquées à la masse de calcul établie ci-dessus de 1 290 000

La quotité disponible du tiers........ 1/3

Est de........ 430 000

La réserve globale des deux tiers........ 2/3

Est de........ 860 000

Dont moitié formant la réserve individuelle........ 1/2

Est de........ 430 000

Imputation des libéralités

Il reste désormais à procéder à l'imputation des libéralités. La réduction des libéralités s'opère de la manière suivante (C. civ. art. 923) : sont d'abord réduits les legs, puis les libéralités entre vifs en commençant par les plus récentes. En conséquence, l'imputation doit avoir lieu dans l'ordre inverse.

Les donations faites à un héritier sont en principe rapportables et par conséquent en avance de part, mais le donateur peut dispenser le donataire du rapport en les stipulant expressément hors part successorale (C. civ. art. 843).

Les donations en avance de part s'imputent principalement sur la réserve individuelle du gratifié et subsidiairement sur la quotité disponible, l'excédent étant sujet à réduction (C. civ. art. 919-1, al. 1). La donation faite en avance de part à un réservataire renonçant s'impute sur la quotité disponible, sauf stipulation expresse du donateur lui imposant le rapport dans cette hypothèse (C. civ. art. 919-1, al. 2). 77080 (suite)

Les libéralités consenties hors part successorale s'imputent uniquement sur la quotité disponible (C. civ. art. 919-2).

Bien évidemment, les libéralités faites au profit d'un non-réservataire ne peuvent s'imputer que sur la quotité disponible.

Les legs sont, s'il y a lieu, réduits proportionnellement sans distinction entre les legs universels et les legs particuliers (C. civ. art. 926), sauf volonté contraire exprimée par le testateur (C. civ. art. 927).

Dans notre espèce, la donation faite le 7 janvier 1999 à Cunégonde, héritière réservataire acceptante, en avance de part, puisque stipulée rapportable, sera imputée la première sur la part de réserve de la donataire et subsidiairement sur la quotité disponible.

Sera ensuite imputée la donation consentie à Childéric le 12 octobre 2008. Childéric ayant renoncé à la succession, l'imputation devra se faire sur la quotité disponible de la succession puisque le don manuel ne semble pas avoir fait l'objet d'un pacte adjoint lui imposant le rapport au cas de renonciation. Il sera éventuellement réductible pour l'excédent.

Les legs seront enfin imputés concurremment sur la quotité disponible et subiront éventuellement la réduction.

En l'absence d'héritiers réservataires, Gontran aurait reçu la maison d'une valeur de 320 000 € et Laure le surplus des biens existants à charge d'acquitter le passif, soit 490 000 €. Le montant à imputer sera donc de la valeur des biens existant nets au décès soit 810 000 €, puisque le total de ces legs, universel et particulier, englobe la totalité des biens qui restait appartenir au défunt lors du décès et que les légataires n'ont aucun droit sur les biens donnés.

Les imputations sont résumées au tableau ci-après :

Tableau d'imputation des libéralités

Libéralité	Montant	Réserve Cunégonde	Réserve Aldebert	Quotité disponible
		430 000	430 000	430 000
Donation Cunégonde 7-1-1999	240 000	240 000		
Solde		190 000	430 000	430 000
Donation à Childéric 12-10-2008	240 000			240 000
Solde		190 000	430 000	190 000
Legs	810 000			810 000
Solde		**190 000**	**430 000**	**– 620 000**

Il résulte de ce tableau que Childéric conservera l'entier bénéfice de la donation qui lui a été consentie, sans avoir à subir la réduction mais que la quotité disponible se trouve insuffisante pour assurer le service des legs. Le solde du disponible avant imputation des legs était de 190 000 € pour un montant total des legs de 810 000 €, soit 190 000 / 810 000 (ou 19/81es) de la valeur de chacun des legs. Cette fraction de 19/81es constitue le coefficient d'exécution des legs.

Les légataires encourront la réduction à concurrence de 620 000 € pour un total légué de 810 000 €. L'indemnité de réduction sera donc égale à 620 000 / 810 000 (ou 62/81es) de la valeur de chacun des legs. Cette fraction de 62/81es constitue le coefficient de réduction des legs.

Partage

Les biens existants ayant tous été légués, et sauf option de l'un des légataires pour la réduction en nature, le partage entre les héritiers aura pour objet les indemnités de réduction et de rapport, qui composeront la masse à partager. Il faut rappeler que les légataires n'auront aucun droit à ces indemnités (C. civ. art. 857 : « le rapport n'est dû que par le cohéritier à son cohéritier ; il n'est pas dû aux légataires ni aux créanciers de la succession » ; C. civ. art. 921 qui limite aux seuls héritiers réservataires le bénéfice de la réduction). Seuls Aldebert et Cunégonde remplissent les conditions pour ce faire.

Indemnités de réduction

La réduction s'opère en principe en valeur (C. civ. art. 924). Le légataire se voit donc remettre les biens légués en nature, mais à charge pour lui de verser aux réservataires une indemnité

77080 (suite) monétaire calculée conformément aux directives posées par l'article 924-2 du Code civil, qui soumet le calcul de l'indemnité de réduction au mécanisme de la dette de valeur. Il sera donc pris en compte l'état des biens objets de la libéralité au jour où la libéralité a pris effet. La Cour de cassation a précisé que, à défaut de demande de délivrance dans l'année, le legs ne prend effet qu'à la date de la demande en justice ou de la délivrance volontaire (Cass. 1e civ. 28-5-2015 n° 14-15.115 FS-PB : BPAT 4/15 inf. 141). Il sera ici retenu la date du rapport de l'expert, très contemporaine de la date de délivrance volontaire.

Pour ce qui est de la valeur des biens légués, en présence d'un legs universel, il n'y a pas d'indivision entre le légataire universel et les héritiers réservataires. C'est pourquoi il faut prendre en compte la valeur des biens légués à la date de la liquidation (Cass. 1e civ. 1-12-2021 n° 20-12.923 FS-B ; Cass. 1e civ. 22-6-2022 n° 21-10.570 FS-B). En l'espèce cette date est supposée être la même que celle du partage.

Par ailleurs, il sera supposé que ni Laure ni Gontran n'ont demandé à subir la réduction en nature (C. civ. art. 924-1). Dans cette hypothèse, chacun d'eux aurait reçu les 19/81es (coefficient d'exécution défini plus haut) indivis des effets à lui légués et serait demeuré en indivision avec les deux héritiers réservataires.

L'indemnité de réduction en valeur due par Laure et Gontran sera pour chacun d'eux des 62/81es (coefficient de réduction dégagé plus haut) de la valeur des biens légués à la date de la liquidation.

Laure devra donc une indemnité de réduction égale à 62/81es des biens existants qu'elle recevra valorisés à la date de la liquidation, soit :

Actif	
Portefeuille de titres	456 000
Compte bancaire	5 000
Voiture	3 000
Mobilier	4 000
Total	468 000
Dont 62/81	**358 222**

Quant à Gontran, il devra une indemnité de réduction égale aux 62/81es de la valeur de la maison d'Avon à la date de la liquidation, soit : 350 000 × 62/81 = 267 901 €.

Indemnité de rapport

La donation faite à Cunégonde ayant été consentie en avance de part devra être l'objet d'un rapport (C. civ. art. 843). Ce rapport obéira aux règles suivantes :

– le rapport s'effectuera en valeur (C. civ. art. 858, al. 2) ;

– il s'effectuera en moins prenant (C. civ. art. 858, al. 1) ;

– il sera soumis au valorisme et sera de la valeur au partage du bien dans l'état où il se trouvait au jour de la donation (C. civ. art. 860).

Dans notre espèce, le rapport dû par Cunégonde sera de la valeur de l'appartement de Melun estimé au jour du partage en faisant abstraction des travaux effectués par Cunégonde, pour les mêmes raisons qu'évoquées pour la réunion fictive, soit 250 000 €.

Masse à partager

La masse à partager figure au tableau ci-après :

Indemnité de rapport par Cunégonde	250 000
Indemnité de réduction par Laure	358 222
Indemnité de réduction par Gontran	267 901
Total	876 123
Dont moitié pour chaque héritier	**1/2**
Est de	**438 061**

Droits des parties

Chaque héritier a droit à la moitié de l'actif à partager.

Allotissements

Lors des allotissements, il faut veiller à attribuer aux débiteurs d'indemnités de rapport ou de réduction qui viennent au partage les indemnités qu'ils doivent jusqu'à concurrence de leurs droits dans le partage (C. civ. art. 858 et 924, al. 2).

Les allotissements figurent au tableau ci-après : 77080 (suite)

ALLOTISSEMENTS	Montant	Aldebert 438 061	Cunégonde 438 061
Indemnité de rapport par Cunégonde	250 000		250 000
Indemnité de réduction par Laure	358 222	170 160	188 062
Indemnité de réduction par Gontran	267 901	267 901	
Total	876 123	438 061	438 062

Il restera aux deux héritiers à acquitter les frais du partage, chacun pour moitié.

77090 CAS PRATIQUE

Héritier réservataire ; donation hors part successorale ; quotité disponible ordinaire ; effets de la renonciation anticipée à l'action en réduction (RAAR) de l'un des réservataires ; partage avec allotissements

Pierre a trois enfants, Paul, Jean et Luc.
Il consent chronologiquement :
– à Luc une donation hors part successorale d'un appartement estimé 150 000 €. Paul renonce par anticipation dans les formes légales à demander la réduction de cette donation au décès de son père ;
– à Paul une donation en avance de part d'un appartement estimé à 200 000 €. Luc renonce par anticipation dans les mêmes formes à demander la réduction de cette donation au décès de son père.
Au décès de Pierre, les biens existants composés de liquidités sont estimés à 50 000 €.
Il est proposé de procéder aux opérations de comptes, liquidation et partage de la succession de Pierre.

Solution

Pierre laissant à sa succession trois héritiers réservataires et ayant consenti une libéralité hors part successorale, il convient dans un premier temps d'établir la masse de calcul de la réserve et de la quotité disponible (C. civ. art. 922) pour vérifier, après imputation des libéralités, qu'il n'est pas porté atteinte à la réserve héréditaire. Il faudra ensuite déterminer les droits des parties dans la masse à partager avant de formuler des propositions d'allotissement.

Masse de calcul de la réserve et de la quotité disponible

Cette masse comprend les biens existants au décès desquels le passif est déduit et auxquels les libéralités entre vifs consenties par le de cujus sont réunies fictivement (C. civ. art. 922).

Biens existants	50 000
Déduction faite du passif	mémoire
Actif net	50 000
Réunion fictive :	
– de la donation à Luc	150 000
– de la donation à Paul	200 000
Total de la masse de calcul de la réserve et de la quotité disponible	400 000
En présence de trois enfants, la quotité disponible d'un quart	1/4
égale à la réserve individuelle, s'élève à	100 000
La réserve globale des trois quarts	3/4
Est de	300 000

Imputation des libéralités

Les libéralités en avance de part s'imputent prioritairement sur la part de réserve individuelle du gratifié et subsidiairement sur la quotité disponible (C. civ. art. 919-1). Les libéralités hors part s'imputent sur la quotité disponible (C. civ. art. 919-2). D'une manière générale, les libéralités qui dépassent la quotité disponible sont sujettes à réduction.
Les opérations d'imputation sont résumées dans le tableau ci-après.

77090 (suite)

Libéralités	Réserve Paul 100 000	Réserve Jean 100 000	Réserve Luc 100 000	Quotité disponible 100 000	Excédent
Donation Luc 150 000 (HP)	→	→	→	→ épuisée	→ 50 000
Donation Paul 200 000 (AP)	→ reste 0	→	→	→	→ 100 000

Donation consentie à Luc

La lecture de ce tableau suggère deux séries de commentaires.
S'agissant de la donation consentie à Luc, elle est réductible pour la fraction excédant la quotité disponible, soit globalement pour 1/3 ou pour chaque réservataire 1/9. On rappellera ici que l'action en réduction est individuelle et divisible.
Paul, à raison de la renonciation anticipée à demander la réduction de cette libéralité verra sa part successorale amputée du produit de la demande en réduction qu'il aurait pu former pour son compte (autrement dit de son indemnité de réduction individuelle), soit : 1/9 × 150 000 = 16 666 €.

Donation consentie à Paul

Après imputation, la donation consentie à Paul excède la quotité disponible pour 100 000 €. Elle est potentiellement réductible pour moitié (montant du dépassement/montant de la donation, soit 100 000 / 200 000). Cependant, cette libéralité étant intégralement restituée au titre du rapport, elle ne pourra être l'objet d'une demande de réduction faute d'intérêt à agir pour les héritiers réservataires. En effet la libéralité étant intégralement restituée en valeur à la succession au titre du rapport qui est de droit, elle ne saurait l'être une seconde fois à la faveur d'une action en réduction (B. Vareille, Conseils liquidatifs pour le rapport et la réduction : Defrénois 15-6-2015 n° 120d0 p. 630).
La renonciation anticipée de Luc à demander la réduction de cette donation sera sans effet sur la liquidation de la succession ; il se verra en toute hypothèse attributaire dans le partage, au titre du rapport, des droits auxquels il a renoncé au titre de la réduction. Ce constat doit amener le notaire chargé de recevoir ou participer à un acte de renonciation par anticipation à demander la réduction d'une libéralité à être particulièrement vigilant. Bien que la loi ne distingue pas, tout porte à penser que cet acte sera parfaitement inefficace dès lors qu'il porte sur une libéralité en avance de part successorale. Prêter son ministère à un acte inefficace constitue pour un notaire une source de mise en cause de sa responsabilité professionnelle.

Droits des parties

L'existence d'une RAAR affectant une libéralité qui s'avère réductible impose au liquidateur une démarche peu traditionnelle. Il s'agira moins pour lui de se livrer à un exercice répartiteur entre les héritiers de leurs droits dans la réserve globale que de composer pour chacun d'eux sa part de réserve individuelle et au-delà sa part successorale. La demande en réduction ne saurait en effet dans cette hypothèse être collective, au moins un des héritiers ayant renoncé à la former. Sollicitée individuellement par chaque héritier qui peut s'en prévaloir, l'indemnité de réduction due par le bénéficiaire de la libéralité réductible sera nécessairement l'objet d'un paiement et permettra de composer prioritairement partie de la part de réserve de cet héritier. La réserve et au-delà la part successorale de chaque héritier comprendra une quote-part égalitaire des indemnités de rapport et des biens existants non légués.
Au cas particulier, le compte général d'indivision s'établit comme suit :

Biens existants	50 000
Rapport	200 000
Total	250 000
Dont le tiers	1/3
Est de	**83 333**

Paul et Luc ont droit à 83 333 €. Jean a droit à 83 333 € et au paiement par Luc d'une indemnité de réduction de 16 666 €.

77090 (suite)

Partage

La masse à partager s'établit comme suit :

Biens existants	50 000
Rapport dû par Paul	200 000
Total	250 000
Dont le tiers	1/3
Est de	**83 333**

Allotissements

Les propositions d'allotissement sont résumées dans le tableau d'attribution et d'abandonnement ci-après :

Biens	Paul 83 333	Jean 83 333	Luc 83 334	Total 250 000
Biens existants 50 000		50 000		50 000
Rapport 200 000	83 333	33 333	83 334	200 000
Total	83 333	83 333	83 334	250 000

CAS PRATIQUE

Liquidation de communauté légale ; qualification des biens et calcul de récompenses ; vocation légale du conjoint survivant ; enfants non communs ; quart en pleine propriété ; masse de calcul et masse d'exercice ; donation rapportable ; donation de somme d'argent ; don manuel enregistré ; clause de rapport forfaitaire ; legs ; frais funéraires ; tableau d'attribution et d'abandonnement 77100

Maurice est décédé en laissant pour lui survivre Fernande, qu'il avait épousée en secondes noces. Il avait perdu sa première épouse, Hildegarde.

Maurice laisse trois enfants de ce précédent mariage, Alice, Bertrand et Charlotte, avec lesquels Fernande s'entend à merveille.

Fernande et Maurice, qui se sont connus sur le tard, se sont mariés en avril 1987, sans contrat de mariage.

Maurice venait d'acquérir deux ans auparavant un appartement à Limoges qui avait coûté, frais compris, 45 000 €. Au jour du mariage, ce bien était estimé à la valeur de 60 000 €. Il restait à rembourser un reliquat d'emprunt de 22 800 €, dont exactement 15 000 € de capital ; le salaire de Maurice a continué d'y pourvoir. Au décès de Maurice, cet appartement a été estimé 150 000 € dans la déclaration de succession.

Les époux avaient bien des comptes en banque respectifs, mais Fernande, qui n'a pas la mémoire des chiffres, n'en sait plus le montant ; et la banque Dublay, qui en était gestionnaire, déclare n'avoir pas conservé d'archives aussi anciennes.

Fernande possédait avant de se marier un terrain à bâtir à Malemort, sur lequel les époux ont entrepris de faire bâtir en 1990 une maison. Les conjoints y ont pris leur retraite et y vivaient ensemble jusqu'au décès de Maurice. Fernande avait acheté cette parcelle au temps de son célibat, pour un coût global de 10 000 € à l'époque. Elle valait déjà 15 000 € au moment du mariage, et environ 17 000 € quand les travaux ont commencé. De fil en aiguille, les époux ont investi environ 150 000 € pour construire : toutes leurs économies communes y sont passées. D'ailleurs, un entrepreneur leur avait dit à l'époque du décès de Maurice qu'il en aurait coûté au moins 200 000 € pour un tel chantier ; et le beau-frère de Fernande, qui est constructeur, soutient qu'il faudrait compter 250 000 € aujourd'hui. En tout cas, un terrain à bâtir voisin, qui est exactement identique à celui de Fernande, mais est resté non construit, s'est vendu 18 000 € en 2016, et a même été revendu 20 000 € ces jours-ci.

Durant le mariage, les époux ont également acquis ensemble un pied-à-terre à Paris, rue Traversière, un chalet dans les Pyrénées, près de Saint-Girons ; et ils ont alimenté régulièrement un compte-titres chez la banque Traideur.

Fernande avait reçu voici dix ans en donation de son père, franc de tous frais et droits, un studio à Meschers qui valait 80 000 € au jour où elle l'a reçu ; ce studio a été évalué 180 000 € à l'ouverture de la succession de Maurice. Il en vaut bien 210 000 € aujourd'hui, car il est excellemment situé, et que Fernande l'a soigneusement entretenu à l'aide des économies qu'elle a faites sur ses salaires à elle, en faisant refaire les papiers peints au fur et à mesure, dès qu'ils étaient défraîchis.

De son vivant, Maurice, qui était généreux, avait fait des donations successives à ses enfants, pour les aider à s'installer.

À Alice, il a donné en 1997 par-devant notaire « en avancement d'hoirie », un appartement à Brive hérité par Maurice de son oncle en 1986, et qui valait sur le moment 98 000 €.

Bertrand s'est vu attribuer en 2010 par acte notarié « en avance de part » une somme d'argent de 100 000 €, prise sur des liquidités que la mère de Maurice lui avait léguées en 2009 et

77100 (suite) déposées sur un compte ouvert à cette fin à la banque Radin. Cela avait permis à Bertrand de financer aussitôt la moitié de l'acquisition d'un bel appartement dans le vieux Périgueux ; il l'a rénové lui-même, en lui procurant une plus-value du tiers de sa valeur. En plus, Bertrand a obtenu de son père en 2011 un don manuel enregistré d'une somme de 20 000 €, de la même provenance, pour s'acheter une automobile qui ne vaut guère plus que 3 000 €, car elle est en très mauvais état. Il ne reste plus que 50 000 € sur le compte à la banque Radin.

Charlotte a reçu en 2012 le fonds de commerce que Maurice tenait à Brive avant sa retraite, et qu'il avait fondé en 1970. Pour éviter les difficultés d'évaluation, Maurice avait stipulé que le rapport serait de la valeur du commerce au jour de la donation, soit 100 000 €.
En outre, il laisse un testament par lequel il lègue à Charlotte une somme de 50 000 € à prendre sur le compte à la banque Radin, qui a hébergé le restant des liquidités que la mère de Maurice lui avait léguées en 2009.
Enfin, les frais d'obsèques et frais de liquidation ont été de 10 000 € ; ils ont été prélevés sur le compte courant de Maurice.

Différentes estimations ont été communiquées à Fernande, ci-après résumées :

	Valeur décès	Valeur partage
Appartement de Limoges	150 000	180 000
Maison de Malemort	200 000	200 000
Pied-à-terre à Paris	200 000	220 000
Chalet dans les Pyrénées	210 000	210 000
Studio de Meschers	180 000	190 000
Appartement de Brive	100 000	100 000
Appartement de Périgueux	300 000	330 000
Fonds de commerce	130 000	160 000
Mobilier des époux	10 000	10 000
Compte-titres à la banque Traideur	210 000	230 000
Compte de Maurice à la banque Radin	50 000	50 000
Comptes courant et d'épargne de Maurice à la banque Dublay	10 000	0[1]
Comptes de Fernande à la banque Dublay	70 000	88 000

1. Le solde du compte est nul une fois les frais funéraires acquittés.

Tous les héritiers ont accepté la succession. Charlotte a accepté son legs.
La succession est à liquider.

Solution

I. Observations préalables

A. Principes généraux de la liquidation

1. Détermination du régime matrimonial

– Mariés en avril 1987 sans contrat de mariage, les époux sont soumis au régime légal (Loi 65-570 du 13-7-1965 modifiée par loi 85-1372 du 23-12-1985). Aucun changement de régime matrimonial n'étant intervenu dans l'intervalle, ils sont donc soumis au régime matrimonial de la communauté d'acquêts (C. civ. art. 1400 s.).

– En dépit de la présence d'enfants d'un lit précédent, ce régime légal ne saurait déterminer aucun avantage matrimonial au sens de l'article 1527 du Code civil, puisque nous n'avons pas affaire à un régime conventionnel, ni au régime légal antérieur à l'entrée en vigueur de la loi du 13 juillet 1965 (n° 29555).

2. Méthodologie de la liquidation successorale

Le défunt laisse un conjoint survivant et a consenti des libéralités hors part. Chacune de ces deux constatations suffit à imposer que l'on procède au calcul de la réserve et de la quotité disponible.

– Du simple fait de la présence d'un conjoint survivant, le calcul de la réserve s'impose, en toute hypothèse, pour présenter explicitement au conjoint survivant l'option que lui offre l'article 757 du Code civil (voir n° 23505) : en effet, la détermination de sa vocation ab intestat passe

77100 (suite)

systématiquement par la liquidation de la masse d'exercice de sa vocation au quart en propriété calculée selon les règles édictées par l'article 758-5, alinéa 2 du Code civil ; or la réserve doit en être soustraite (n° 23490).
Cette démarche est inéluctable dans le cas qui nous occupe, puisque le conjoint survivant, en concours avec ne serait-ce qu'un enfant du défunt non issu de lui (ici, trois : Alice, Bertrand et Charlotte), n'a aucun choix : il n'a de vocation qu'au quart en propriété (n° 23315).
– De plus, dès lors qu'il y a ne serait-ce qu'une libéralité hors part (ici, il y en a deux : l'avantage indirect hors part résultant de la clause de rapport insérée dans la donation à Charlotte, ainsi qu'il sera dit ci-après, et le legs à Charlotte), il convient dans tous les cas de calculer la réserve et la quotité disponible, afin de vérifier qu'il n'y a pas d'atteinte à la réserve des réservataires (n° 32700).
Pour cela, il est indispensable de procéder aux évaluations selon les valeurs considérées d'emblée non seulement à l'époque du partage, mais encore au jour de l'ouverture de la succession (n° 33555).
Par conséquent, dès la liquidation du régime, tous les biens et toutes les récompenses doivent être évalués à deux dates distinctes :
– le jour de l'ouverture de la succession ;
– l'époque du partage.

B. Qualification des biens et éventuelles récompenses

1. L'appartement de Limoges

Le défunt possédait avant de se marier un appartement à Limoges, qui lui était propre en qualité de bien « présent » (C. civ. art. 1405, al. 1 qui énonce « Restent propres les biens dont les époux avaient la propriété ou la possession au jour de la célébration du mariage).
Il vaut 150 000 € au jour du décès ; 180 000 € au moment du partage.
L'emprunt souscrit avant le mariage a été pour partie remboursé pendant la durée du mariage, à l'aide des gains et salaires de Maurice. Or les gains et salaires de Maurice font partie de la communauté, en ce qu'ils résultent de son industrie personnelle (C. civ. art. 1401). Par conséquent, les propres ont tiré profit de la communauté, au sens de l'article 1437 du Code civil : il y a lieu à récompense.
La jurisprudence considère que le remboursement par la communauté des arrérages de l'emprunt afférent à un bien propre relève de la catégorie des dépenses d'acquisition au sens de l'article 1469, alinéa 3 du Code civil non seulement lorsqu'il est acquis par remploi majoritaire de deniers propres pendant la durée du mariage, mais encore lorsque le bien propre avait été acquis, comme en l'espèce, avant le mariage (Cass. 1e civ. 5-11-1985 n° 84-12.572 : Bull. civ. I n° 284, D. 1987 p. 26 note R. Le Guidec, JCP N 1986, II p. 97 note P. Simler, Defrénois 1986. art. 33700 p. 465 n° 37 note G. Champenois).
Il s'agit ici d'un financement partiel. La récompense ne doit pas tenir compte des intérêts, qui sont une charge de la jouissance des propres par la communauté ; elle doit donc être liquidée en mettant en rapport la fraction de capital remboursée pendant la durée de la communauté (Cass. 1e civ. 31-3-1992 n° 90-17.212 : Bull. civ. I n° 96, GAJC Dalloz 13e éd. p. 536, Defrénois 30-9-1992 n° JP1992DEF1121N1 p. 1121 obs. G. Champenois, JCP N 1992, II p. 333 note J.-F. Pillebout, JCP N 1993, II p. 21 obs. A. Tisserand, RTD civ. 1993 p. 401 s. obs. F. Lucet et B. Vareille ; Cass. 1e civ. 24-10-2000 n° 98-19.767 : D. 2001. som. p. 2936 obs. M. Nicod, Dr. famille 2000 comm. 145 note B. Beignier, RJPF 2001-2/40 obs. F. Vauvillé, RTD civ. 2001 p. 650 obs. B. Vareille) avec le coût global de l'acquisition, frais compris (et non pas de la valeur du bien au jour du mariage : c'est ce qui paraît se déduire d'un arrêt relatif au profit subsistant rendu en matière d'indivision mais transposable dans son principe à l'article 1469 du Code civil : Cass. 1e civ. 1-2-2017 n° 16-11.599 FS-PB : D. 2017 p. 351, D. 2017 p. 1213 obs. Ph. Pierre, AJ fam. 2017 p. 305 obs. P. Hilt, RTD civ. 2017 p. 371 obs. J. Hauser, Gaz. Pal. 2017 p. 594 note C. Berlaud, JCP N 2017 n° 1181 comm. V. Godron et N. Randoux, RGDA 2017 p. 209, note L. Mayaux, Defrénois 11-1-2018 n° 131q1 p. 34 obs. A. Chamoulaud-Trapiers, RTD civ. 2017 p. 711, 712, 713, 714, 715, 717 obs. B. Vareille ; voir spécialement sur cette transposition, B. Vareille : RTD civ. 2017, précité p. 717).
La récompense, due par la succession de Maurice à la communauté, est du montant suivant :
– valeur décès : (15 000/45 000) × 150 000 = ... 50 000
– valeur partage : (15 000/45 000) × 180 000 = ... 60 000

2. La maison de Malemort

Le terrain à construire a été acquis par Fernande avant le mariage. Il est donc un propre de Fernande en qualité de bien « présent » (C. civ. art. 1405, al. 1). La maison édifiée sur le terrain accède au sol (C. civ. art. 552 s.). C'est pourquoi la jurisprudence admet, sur le fondement de l'article 1406 du Code civil, que l'immeuble bâti sur le terrain propre de l'époux pendant la durée du mariage et à l'aide de fonds provenant de la communauté constitue lui-même un propre, sauf récompense (Cass. com. 24-6-2003 n° 00-14.645 FS-P : D. 2003 jur. p. 2167 note Ph. Delmotte, D. 2004 som. p. 51 obs. P.-M. Le Corre, JCP G 2004 doctr. n° 115 (§ 31 s.) obs. Ph. Pétel, JCP G 2004 doct. n° 129 (§ 49) obs. P. Simler, Defrénois 15-1-2004 n° CJ2004DEF0071N1 p. 71 note G. Champenois, Dr. et patrimoine juin 2004 n° 127 p. 36 article V. Brémond, Dr. famille 2003 comm. n° 104

77100 (suite) note B. Beignier ; Cass. 1e civ. 26-9-2012 no 11-20.196 F-PBI : D. 2012 act. p. 2307, AJ fam. 2012 p. 563 obs. P. Hilt, RTD civ. 2012 p. 765 obs. B. Vareille, Dr. famille 2012 comm. 171 note A. Mangiavillano ; voir déjà Cass. 1e civ. 6-6-1990 no 88-10.532 : Bull. civ. I no 134, JCP N 1991, II p. 29 (1e espèce) note J.-F. Pillebout, Defrénois 15-8-1991 no CO1991DEF862N1 p. 862 (1e espèce) obs. G. Champenois, RTD civ. 1991 p. 589 obs. F. Lucet et B. Vareille). Tel est précisément le cas en l'espèce.

Les propres ont tiré profit de la communauté, au sens de l'article 1437 du Code civil.

La dépense est tenue pour une dépense d'amélioration, qui se chiffre en comparant la valeur actuelle du terrain bâti avec celle que le terrain à bâtir aurait aujourd'hui s'il était resté nu (Cass. 1e civ. 6-6-1990 no 88-10.532 : Bull. civ. I no 134, JCP N 1991, II p. 29 note J.-F. Pillebout, Defrénois 1991 art. 35074 p. 801 note X. Savatier, Defrénois 15-8-1991 no CJ1991DEF862N1 p. 862 obs. G. Champenois ; Cass. 1e civ. 9-10-1990 no 88-19.997 : Bull. civ. I no 208, RTD civ. 1991 p. 589 note F. Lucet et B. Vareille ; Cass. 1e civ. 10-5-2006 no 04-14.825 F-D : JCP N 2006 doctr. 193 A. Tisserand-Martin). Si le financement de la construction avait été partiel, la récompense serait dans la même proportion (en ce sens, Cass. 1e civ. 16-12-1997 no 96-10.249 : Bull. civ. I no 371, JCP G 1998, I p. 135 no 16 obs. A. Tisserand, Defrénois 30-3-1998 no CJ1998DEF409N1 p. 409 obs. G. Champenois, RTD civ. 1998 p. 968 obs. B. Vareille).

Tout autre calcul est faux : les éléments fournis concernant le coût de la construction passé ou réactualisé sont inutiles et trompeurs. On s'attachera seulement à l'évaluation du terrain nu.

La maison de Malemort vaut 200 000 € au jour du décès comme au moment du partage.

La récompense, due par Fernande à la communauté, est du montant suivant :

– valeur décès : 200 000 – 18 000 = ... 182 000

– valeur partage : 200 000 – 20 000 = ... 180 000

3. Le pied-à-terre à Paris, rue Traversière

Le pied-à-terre est commun sans charge de récompense.

Il vaut 200 000 € au jour du décès ; 220 000 € au moment du partage.

4. Le chalet dans les Pyrénées, près de Saint-Girons

Le chalet est commun sans charge de récompense.

Il vaut 210 000 € au jour du décès comme au moment du partage.

5. Le studio à Meschers

Le studio à Meschers est propre à Fernande pour avoir été reçu par elle à titre de donation pendant la durée du mariage (C. civ. art. 1405, al. 1, qui énonce en parlant des époux : « Restent propres les biens (…) qu'ils acquièrent, pendant le mariage, par succession, donation ou legs »). Il vaut 180 000 € au jour du décès ; 190 000 € au moment du partage.

Les dépenses effectuées sur ce bien à l'aide des salaires de Fernande ne donnent pas lieu à récompense. En effet, d'une part, elles n'entrent pas dans la définition des dépenses nécessaires ou d'amélioration visées à l'article 1469 du Code civil. D'autre part, ce sont des dépenses de type « locatif », autrement dit d'entretien ; or les charges de la jouissance des propres incombent à la communauté, en vertu d'une jurisprudence désormais bien établie (Cass. 1e civ. 31-3-1992 no 90-17.212 : Bull. civ. I no 96).

Il n'est donc pas dû de récompense à raison de la réfection des papiers peints, faute que les propres aient tiré profit de la communauté au sens de l'article 1437 du Code civil : la communauté ne s'est pas appauvrie en assumant l'entretien des biens dont elle jouit.

6. Le mobilier des époux

Le mobilier est présumé commun, à défaut de preuve contraire, et évalué à 10 000 € au jour du décès comme au moment du partage.

7. Le compte-titres à la banque Traideur

Les sommes sont présumées communes, à défaut de preuve contraire : 210 000 € au jour du décès ; 230 000 € au moment du partage.

8. Les comptes courant et d'épargne à la banque Dublay :

– compte de Maurice : les sommes sont présumées communes, à défaut de preuve contraire : 10 000 € au jour du décès et 0 € au moment du partage (les frais funéraires une fois acquittés) ;

– compte de Fernande : les sommes sont présumées communes, à défaut de preuve contraire : 70 000 € au jour du décès et 88 000 € au moment du partage.

9. Le compte de Maurice à la banque Radin

Le compte hébergeait des sommes propres à Maurice et peut faire l'objet d'une reprise par sa succession ; toutefois, le montant exact en a été légué à Charlotte.

10. La créance sur la succession à raison du paiement des frais funéraires

Les frais funéraires sont une charge à inscrire au passif de la succession, dès lors qu'ils ne sont pas somptuaires (C. civ. art. 806).

Par conséquent, les comptes de l'indivision postcommunautaire ayant assumé ces frais, une créance est née de l'indivision sur la succession, qui doit figurer à l'actif de la masse à partager entre les époux et au passif de la succession.

77100 (suite)

C. Dévolution légale

1. Concours entre conjoint survivant et enfants du défunt non issus de lui :

– les enfants. Au titre de leur vocation légale, ils ont vocation à partager par tête, c'est-à-dire à recevoir 1/3 chacun (C. civ. art. 734, 1° et art. 735). Par ailleurs, ils sont réservataires à hauteur de 1/4 chacun (C. civ. art. 913) ;

– le conjoint survivant. Lorsqu'il tombe en concours avec des enfants du défunt non issus de lui, il n'a vocation qu'au 1/4 en propriété (C. civ. art. 757), ce 1/4 étant calculé selon les exigences de l'article 758-5 du Code civil.

2. Absence de droit au logement du conjoint survivant

La question ne se pose ni du droit temporaire au logement ni du droit viager au logement (C. civ. art. 763 et 764 s.). En effet, les époux, et par conséquent le conjoint survivant, occupaient effectivement au titre de leur habitation principale la maison de Malemort. Celle-ci appartient en propre à Fernande, de sorte qu'elle ne dépend en aucune façon de la succession, et qu'aucun de ces deux textes ne se trouve applicable.

D. Libéralités consenties par le défunt Maurice

1. Donation de l'appartement de Brive à Alice en 1997

Cet appartement a été donné en 1997 par Maurice « en avancement d'hoirie » (ancienne formulation de la donation en avance de part). Il s'agissait d'un bien propre, plus exactement d'un bien « présent », car le défunt l'avait reçu de son oncle en 1986, c'est-à-dire avant le mariage (C. civ. art. 1405, al. 1) ; par conséquent, Maurice avait le pouvoir de le donner, et aucune récompense ne sera due à la communauté.

Alice, présomptive héritière au moment de la donation, a accepté la succession. Le rapport de la donation sera dû.

Cet appartement vaut 100 000 € à l'ouverture de la succession comme aujourd'hui. On suppose qu'il est resté dans le même état qu'au jour de la donation.

La donation sera rapportée pour sa valeur au moment du partage compte tenu de son état au jour de la donation (C. civ. art. 860). Elle est réunie fictivement pour sa valeur au jour du décès compte tenu de son état au jour de la donation (C. civ. art. 922) :

– soit un rapport pour.. 100 000 €

– et une réunion fictive pour.. 100 000 €

La donation s'imputera sur la part de réserve d'Alice, et subsidiairement, s'il y a lieu, sur la quotité disponible.

2. Donation d'une somme d'argent d'un montant de 100 000 € à Bertrand en 2010

La somme de 100 000 € a été prise sur des liquidités que la mère de Maurice lui avait léguées en 2009. Il s'agissait donc de sommes propres, pour avoir été reçues à titre de donation par Maurice pendant la durée du mariage (C. civ. art. 1405, al. 1). Elles ont transité par un compte ouvert à leur intention à la banque Radin, ce qui leur a conservé leur nature de propre (C. civ. art. 1406, al. 2, qui répute propres par subrogation les créances représentatives d'un propre). Par conséquent, Maurice avait le pouvoir de donner, et aucune récompense n'est due à la communauté.

Bertrand, présomptif héritier au moment de la donation, a accepté la succession. La somme lui a été donnée en avance de part. Le rapport en sera dû.

Quant au montant du rapport, il y a subrogation partielle dans l'acquisition d'un appartement à Périgueux, la somme donnée ayant permis d'en financer la moitié. Au demeurant, cet appartement a été rénové par Bertrand, ce dont le rapport ne doit pas tenir compte, car le rapport s'effectue « de la valeur du bien donné à l'époque du partage, d'après son état à l'époque de la donation » (C. civ. art. 860, al. 1).

La plus-value conférée étant « du tiers de sa valeur », le rapport d'après l'état d'origine sera de moitié des 2/3 de la valeur du bien au moment du partage, soit 1/3 de 330 000, soit.................................. 110 000 €

En vertu d'un raisonnement similaire, mais reposant cette fois-ci sur l'article 922 du Code civil, la réunion fictive et l'imputation se feront pour une valeur de 1/3 de 300 000, soit... 100 000 €

La donation s'imputera sur la part de réserve de Bertrand, et subsidiairement, s'il y a lieu, sur la quotité disponible.

3. Don manuel d'une somme d'argent d'un montant de 20 000 € à Bertrand en 2011

Le don manuel consenti à Bertrand d'un montant de 20 000 € étant « de la même provenance » que la donation de somme d'argent précédente, Maurice avait le pouvoir de donner et aucune récompense ne sera due à la communauté, pour les mêmes raisons que précédemment.

Ce don manuel a été enregistré. Il a donc pris date certaine. Sinon, on se souvient que la doctrine admet que le don manuel dénué de date certaine s'impute en dernier, juste avant les legs (n° 32940).

77100 (suite) La forme des donations est indifférente à leur qualification d'avance de part : le don manuel, que rien ne distingue à cet égard de toute autre donation, est présumé rapportable dès lors que son bénéficiaire était présomptif héritier au moment où il en a bénéficié, sauf dispense de rapport (C. civ. art. 843). Bertrand ayant accepté la succession, le rapport est dû.

Quant au montant du rapport, il y a subrogation, car la somme donnée a servi à acquérir une automobile qui vaut 3 000 € à l'époque du partage ; mais il s'agissait d'un bien dont la dépréciation était inéluctable dès le jour de son acquisition. Par conséquent :

– pour ce qui est du rapport, son montant est fixé à (C. civ. art. 860, al. 2 qui prévoit que « Toutefois, si la dépréciation du nouveau bien était, en raison de sa nature, inéluctable au jour de son acquisition, il n'est pas tenu compte de la subrogation ») .... 20 000 €

– pour ce qui est de la réunion fictive et des imputations (C. civ. art. 922, al. 2, qui prévoit une formulation similaire à celle de C. civ. art. 860, al. 2 : « Toutefois, si la dépréciation des nouveaux biens était, en raison de leur nature, inéluctable au jour de leur acquisition, il n'est pas tenu compte de la subrogation »), on tablera également sur .... 20 000 €

Le don manuel s'imputera sur la part de réserve de Bertrand, et subsidiairement, s'il y a lieu, sur la quotité disponible.

4. Donation du fonds de commerce à Charlotte en 2012

Présomptive héritière au moment de la donation, Charlotte a accepté la succession.

La donation est rapportable ; toutefois, il est stipulé dans la donation que le rapport sera de la valeur du commerce au jour de la donation, soit 100 000 €. Or le fonds de commerce vaut 130 000 € au jour du décès et 160 000 € au moment du partage. On a ici affaire à une évaluation dérogatoire du montant du rapport. Les conséquences liquidatives sont les suivantes : « S'il résulte d'une telle stipulation que la valeur sujette à rapport est inférieure à la valeur du bien déterminé selon les règles d'évaluation prévues par l'article 922 ci-dessous, cette différence forme un avantage indirect acquis au donataire » (C. civ. art. 860, al. 4). Le fonds de commerce est estimé 130 000 € au jour du décès de Maurice (en supposant, à défaut de preuve du contraire, qu'il est resté en semblable état, c'est-à-dire qu'il a fait l'objet d'une gestion normalement diligente). Par conséquent, il y a pour ainsi dire deux donations en une :

– une donation rapportable, à hauteur de 100 000 €, qui s'imputera sur la part de réserve de Charlotte, et subsidiairement, s'il y a lieu, sur la quotité disponible ;

– un avantage indirect hors part, par conséquent non rapportable, qui consiste dans la différence entre la valeur du fonds au décès de Maurice et le montant du rapport conventionnel : 130 000 – 100 000 = 30 000 € ; cet avantage s'imputera exclusivement sur la quotité disponible.

Le fonds est réuni fictivement pour sa valeur au décès, soit 130 000 €.

On observera que la plus-value ultérieure du fonds jusqu'au moment du partage, qui est de 30 000 € (160 000 – 130 000) échappe à la liquidation : elle demeure acquise à Charlotte, qui n'en doit pas le rapport à ses cohéritiers (n° 32020).

5. Legs de 50 000 € à Charlotte

Héritière saisie, Charlotte a pu s'emparer à compter de l'acceptation de son legs des sommes propres léguées par le défunt Maurice, soit 50 000 €.

Présumé préciputaire (C. civ. art. 843, al. 2), le legs s'impute sur la quotité disponible.

E. Paiement des frais funéraires par l'indivision postcommunautaire

Les frais funéraires sont une charge de la succession. Une créance est née de l'indivision postcommunautaire sur la succession, qui doit figurer à l'actif de l'indivision postcommunautaire et au passif de l'indivision successorale (voir ci-dessus).

Aperçu liquidatif

I. Premier temps : liquidation de l'indivision postcommunautaire

A. Reprises et récompenses

1. De Fernande

Reprises par Fernande

	Valeur décès	Valeur partage
La maison de Malemort	200 000	200 000
Le studio à Meschers	180 000	190 000

77100 (suite)

Compte de récompenses de Fernande

– Récompenses dues à la communauté par Fernande

	Valeur décès	Valeur partage
À raison de la maison de Malemort	182 000	180 000

– Récompenses dues par la communauté à Fernande

Néant

Solde du compte de récompenses de Fernande

	Valeur décès	Valeur partage
Dû par Fernande à la communauté	182 000	180 000

2. De la succession de Maurice

Reprises par la succession de Maurice

	Valeur décès	Valeur partage
L'appartement de Limoges	150 000	180 000
Les sommes déposées sur le compte ouvert à la banque Radin	50 000	50 000

Compte de récompenses de la succession de Maurice

– Récompenses dues à la communauté par Maurice

	Valeur décès	Valeur partage
À raison de l'appartement de Limoges	50 000	60 000

– Récompenses dues par la communauté à la succession de Maurice

Néant

Solde du compte de récompenses de la succession de Maurice

	Valeur décès	Valeur partage
Dû par la succession de Maurice à la communauté	50 000	60 000

B. Liquidation et partage de la communauté

1. Actif

- Biens communs

	Valeur décès	Valeur partage
Le pied-à-terre à Paris	200 000	220 000
Le chalet dans les Pyrénées	210 000	210 000
Le mobilier des époux	10 000	10 000
Le compte-titres à la banque Traideur	210 000	230 000
Les comptes courant et d'épargne à la banque Dublay ouverts au nom de Maurice	10 000	0
La créance sur la succession à raison des frais d'obsèques		10 000
Les comptes courant et d'épargne ouverts à la banque Dublay au nom de Fernande	70 000	88 000
Ensemble	710 000	768 000

77100 (suite)

- Solde des comptes de récompenses dus à la communauté

	Valeur décès	Valeur partage
Dû par Fernande à la communauté...	182 000	180 000
Dû par la succession de Maurice à la communauté	50 000	60 000
Ensemble	232 000	240 000

ACTIF BRUT DE COMMUNAUTÉ

	Valeur décès	Valeur partage
Total	942 000	1 008 000

2. Passif

Néant

3. Actif net de communauté

	Valeur décès	Valeur partage
Boni de communauté	942 000	1 008 000

Dont la moitié pour Fernande et pour la succession de Maurice est de :

	Valeur décès	Valeur partage
Demi-boni de communauté	471 000	504 000

4. Droits des parties dans la communauté et passif restant à acquitter

- Droits de Fernande

(Ces droits n'ont à être appréciés qu'au partage)

	Valeur partage
Demi-boni de communauté	504 000
Moins le solde de récompenses de Fernande	180 000
Total (égal à ses droits dans l'indivision postcommunautaire)	**324 000**

- Droits de la succession de Maurice

	Valeur décès	Valeur partage
Demi-boni de communauté	471 000	504 000
Moins le solde du compte de récompenses de la succession de Maurice	50 000	60 000
Total (égal à ses droits dans l'indivision postcommunautaire)	**421 000**	**444 000**

- Passif restant à acquitter

Néant

II. Second temps : liquidation de la succession de Maurice

Il y a concours entre le conjoint survivant et les descendants réservataires non issus de ce dernier, comme il a été dit ci-dessus.

A. Calcul de la réserve et de la quotité disponible

1. Masse de calcul de la quotité disponible et de la réserve (C. civ. art. 922, texte impératif, toutes valeurs au décès)

- Biens existants

Reprise de l'appartement de Limoges	150 000
Reprise des sommes en compte à la banque Radin	50 000
Demi-boni de communauté	471 000
Ensemble	**671 000**

- Déduction des dettes

Solde du compte de récompenses débiteur .... – 50 000

Dette de l'indivision successorale à raison des frais funéraires .... – 10 000

Total actif net successoral valeur décès.. **611 000**

- Réunion fictive des donations

Donation de l'appartement de Brive à Alice en 1997 .... 100 000

Donation d'une somme d'argent à Bertrand en 2010 .... 100 000

Don manuel d'une somme d'argent à Bertrand en 2011 .... 20 000

Donation du fonds de commerce à Charlotte en 2012 .... 130 000

Total réunion fictive des donations.. **350 000**

Total masse de calcul de la quotité disponible et de la réserve **961 000**

2. Montant de la quotité disponible et de la réserve

En présence de trois enfants, la quotité disponible est du quart (C. civ. art. 913), soit 240 250 €. La réserve individuelle de chaque enfant est également de 240 250 € ; la réserve globale est de 720 750 €.

B. Imputation des libéralités

Les libéralités s'imputent dans l'ordre chronologique et selon leur nature (C. civ. art. 923) : les avances de part sur la réserve du gratifié, et subsidiairement sur la quotité disponible ; les libéralités hors part sur la quotité disponible. On gagne à dresser un tableau d'imputation.

	Réserve d'Alice	Réserve de Bertrand	Réserve de Charlotte	Quotité Disponible
	240 250	**240 250**	**240 250**	**240 250**
Brive à Alice en 1997, av. part 100 000 →	Reste 140 250			
Somme à Bertrand en 2010, av. part 100 000 →		Reste 140 250		
Somme à Bertrand en 2011, av. part 20 000 →		Reste 120 250		
Fonds à Charlotte en 2012, double nature (C. civ. art. 860) : av. part 100 000 → h. part 30 000 →			Reste 140 250	Reste 210 250
Legs à Charlotte h. part 50 000 →				Reste 160 250

Deux conclusions sont à tirer des imputations :

– tout d'abord, il n'y a pas lieu à réduction ;

– ensuite, il se peut que Fernande ait des droits au titre de sa vocation ab intestat : la quotité disponible n'étant pas épuisée, la masse d'exercice de cette vocation ab intestat ne l'est pas non plus.

77100 (suite)

C. Droits de Fernande au titre de sa vocation ab intestat de conjoint survivant

Comme on l'a vu, Fernande, en concours avec des enfants du défunt qui ne sont pas issus d'elle, n'a pas de vocation en usufruit (C. civ. art. 757). Sa vocation est du quart en propriété, calculé selon les termes de l'article 758-5 du Code civil, ce qui nécessite de chiffrer la masse de calcul et la masse d'exercice de cette vocation.

1. Masse de calcul de la vocation ab intestat en propriété de Fernande (C. civ. art. 758-5, al. 1)

1.1. Biens existants nets soustraction faite des legs (voir n° 23475)

– Biens existants bruts	
Reprise de l'appartement de Limoges	150 000 €
Reprise des sommes en compte à la banque Radin	50 000 €
Demi-boni de communauté	471 000 €
– Déduction des dettes	
Dette de l'indivision successorale à raison des frais funéraires	– 10 000 €
Solde du compte de récompenses débiteur	– 50 000 €
– Déduction du legs à Charlotte	– 50 000 €
Total valeur décès	**561 000 €**

1.2. Réunion fictive des seules donations en avance de part (voir n°s 23475 s.)

Donation de l'appartement de Brive à Alice en 1997	100 000 €
Donation d'une somme d'argent pour un montant de 100 000 € à Bertrand en 2010	100 000 €
Don manuel d'une somme d'argent d'un montant de 20 000 € à Bertrand en 2011	20 000 €
Donation à Charlotte en 2012 (pour sa partie rapportable)	100 000 €
Total réunion fictive des donations en avance de part	**320 000 €**
Total masse de calcul de la vocation ab intestat de Fernande	**881 000 €**

2. Vocation théorique maximale de Fernande (C. civ. art. 758-5, al. 1)

1/4 de la masse de calcul, soit 1/4 de 881 000	**220 250 €**

3. Masse d'exercice de la vocation ab intestat du conjoint survivant (C. civ. art. 758-5, al. 2)

Masse de calcul de la vocation ab intestat en propriété de Fernande	881 000 €
Soustraction de la réserve globale	– 720 750 €
Soustraction de l'excédent d'imputation des avances de part sur la quotité disponible	mémoire
La masse d'exercice est de	**160 250 €**

(inférieure à sa vocation théorique maximale)

On observera au passage que la masse d'exercice est égale au restant libre de la quotité disponible une fois effectuées toutes les imputations.

Conclusion Les droits de Fernande sont de la moindre des deux valeurs, entre la vocation théorique maximale et le montant de la masse d'exercice.

Droits de Fernande sur l'actif au titre de sa vocation ab intestat, appréciés au décès (et qui seront naturellement à réévaluer d'après la valeur au partage des biens existants nets non légués)	**160 250 €**

77100 (suite)

4. Masse à partager (valeur partage)

- Biens existants

Reprise de l'appartement de Limoges .... 180 000 €

Reprise des sommes en compte à la banque Radin .... 50 000 €

Demi-boni de communauté .... 504 000 €

- Déduction des dettes

Solde du compte de récompenses débiteur .... – 60 000 €

Dette de l'indivision successorale à raison des frais funéraires .... – 10 000 €

- Déduction du legs à Charlotte – 50 000 €

Total actif net successoral valeur partage .... **614 000 €**

5. Droits de Fernande au titre de sa vocation ab intestat

Droits de Fernande réévalués au partage : (160 250/561 000) × 614 000 € = **175 389 €**
(**Rappel** : s'y ajouteront par ailleurs ses droits nets dans le boni de communauté, soit 324 000 €)

D. Détermination des droits des enfants

1. Rappel : legs à Charlotte .... 50 000 €
(Ce montant sera ajouté à ses droits dans le partage)

2. Masse à partager entre les enfants :

– le reste des biens existants nets (Fernande une fois pourvue de ses droits) : 614 000 – 175 389 = ... 438 611 €

– le rapport des donations en avance de part (voir les observations ci-dessus ; le rapport ne profite évidemment pas au conjoint survivant)

Donation de l'appartement de Brive à Alice en 1997 .... 100 000 €

Donation d'une somme d'argent d'un montant de 100 000 € à Bertrand en 2010 .... 110 000 €

Don manuel d'une somme d'argent d'un montant de 20 000 € à Bertrand en 2011 .... 20 000 €

Donation du fonds de commerce à Charlotte en 2012 (valeur jour de la donation) .... 100 000 €

Ensemble .... **768 611 €**

3. Droits de chacun des enfants dans la masse à partager

768 611/3 = ... 256 203 €

4. Partage

Tableau d'attribution et d'abandonnement

Partage des indivisions confondues

Pour plus de clarté, on fait apparaître ici le legs de somme d'argent à Charlotte.

Les droits et charges de récompenses ont été pris en compte dans la détermination des droits dans la communauté.

La dette de l'indivision successorale envers l'indivision postcommunautaire a également été prise en compte dans la détermination des deux indivisions et des droits des parties dans celles-ci.

77100 (suite)

	Droits de Fernande 324 000 + 175 389 = 499 389	Droits d'Alice 256 203	Droits de Bertrand 256 203	Droits de Charlotte 50 000 + 256 203 = 306 203	Total des droits 1 317 998
Le pied-à-terre à Paris 220 000 €	220 000				
Le chalet dans les Pyrénées 210 000 €	210 000				
Le mobilier des époux 10 000 €	10 000				
Les titres à la banque Traideur 230 000 €			126 203	103 797	
Les sommes à la banque Radin 50 000 €				50 000	
Les comptes de Fernande à la banque Dublay 88 000 €	59 389			28 611	
L'appartement de Limoges 180 000 €		180 000			
Rapport par Alice (Brive) 100 000 €		100 000			
Rapport par Bertrand (somme donnée en 2010) 110 000 €		110 000			
Rapport par Bertrand (don manuel 2011) 20 000 €		20 000			
Rapport par Charlotte (forfait/fonds de commerce) 100 000 €				100 000	
Soulte		– 23 797		+ 23 797	
TOTAL	**499 389**	**256 203**	**256 203**	**306 205**	
1 318 000 – 2 = 1 317 998				+ 2 306 205 pour 306 203	

CAS PRATIQUE

Donation rapportable mais non rappelable ; éléments de différenciation rapport civil – rappel fiscal ; don manuel enregistré 77110

Le 15 décembre 2000, M. Duval a donné à son frère Alain une somme d'argent d'un montant de 100 000 F (15 245 €). Ce don a été régulièrement enregistré lors de sa réalisation. Alain a investi la totalité de cette somme dans l'acquisition de valeurs mobilières.
M. Duval décède le 8 septembre 2023 ab intestat. Il laisse pour lui succéder ses deux frères, Alain et Bernard, par parts égales.
L'actif net de succession s'élève à 200 000 €. À la date du décès, les valeurs mobilières acquises par Alain ont une valeur de 20 000 €.
Calculez la part nette taxable revenant à chaque héritier et le montant des droits de succession dus.
Pour quel montant le rappel fiscal serait-il effectué si la donation consentie à Alain avait été enregistrée depuis moins de 15 ans ?

Solution

Alain et Bernard sont tous deux appelés à la succession ab intestat. Alain a été gratifié par le défunt d'une donation. Cette dernière consentie plus de 15 ans avant le décès n'est plus sujette au rappel fiscal de sorte qu'elle n'influera pas sur la liquidation des droits de succession pour le calcul des droits de succession dus par le donataire (CGI art. 784, al. 2 et 3).
Pour autant, l'article 784 du CGI contient deux dispositions distinctes :
La première est une règle de liquidation des droits destinée à assurer le respect de la progressivité de l'impôt en présence de transmissions successives entre un même auteur et un même bénéficiaire. Elle impose pour déterminer les abattements, les tranches du tarif progressif, voire les réductions de droits pouvant profiter au bénéficiaire de la transmission de tenir compte des donations antérieures à l'exception de celles ayant été régulièrement enregistrées depuis plus de 15 ans (CGI art. 784, al. 2 et 3).
La seconde crée une obligation déclarative. Elle impose aux parties de faire connaître, dans tout acte constatant une transmission entre vifs à titre gratuit et dans toute déclaration de succession, s'il existe ou non des donations antérieures consenties à un titre et sous une forme quelconque par le donateur ou le défunt aux donataires, héritiers ou légataires et, dans l'affirmative, le montant de ces donations ainsi que, le cas échéant, les noms, qualités et résidences des officiers ministériels qui ont reçu les actes de donation ainsi que la date de l'enregistrement de ces actes (CGI art. 784, al. 1).
Cette dernière obligation est destinée à permettre à l'administration fiscale d'assurer le contrôle des perceptions effectuées. Elle concerne toutes les donations, même celles passées depuis plus de 15 ans ainsi que celles dispensées de rappel, telles que les dons de somme d'argent réalisés dans la limite du plafond de l'exonération visé à l'article 790 G du CGI.
La donation consentie à Alain entre dans le champ de cette obligation déclarative. Elle devra être mentionnée dans la déclaration de succession. Si la donation a été constatée par acte notarié, les noms, qualités et résidences du notaire ayant reçu l'acte et la date de l'enregistrement de ce dernier devront être mentionnés.
Par ailleurs, rappel fiscal et rapport civil doivent être soigneusement distingués. Ces deux mécanismes n'ont pas la même finalité ni le même périmètre et, le plus souvent, ne jouent pas pour les mêmes montants.
Alain avait, au moment de la donation, la qualité d'héritier présomptif du donateur. Dès lors qu'il est appelé à la succession en application de la dévolution légale conjointement avec Bernard, il doit rapporter tout ce qu'il a reçu du défunt, par donations entre vifs à moins que ces dons ne lui aient été faits expressément hors part successorale (C. civ. art. 843). Il n'est fait ici mention d'aucune dispense de rapport de sorte qu'Alain doit le rapport à la succession de la donation dont il a été gratifié.
Le rapport influe sur le plan civil lors du partage de succession pour déterminer la part revenant à chaque héritier. Cette règle est transposée au plan fiscal. Elle joue en amont du rappel et sert à déterminer la part taxable de chacun. Le rapport devant impérativement être établi dans la déclaration de succession porte sur toutes les donations concernées par la règle civile, même celles enregistrées depuis plus de 15 ans, ce que rappelle l'administration fiscale dans sa doctrine (BOI-ENR-DMTG-10-50-10 nos 70 et 80).

77110 (suite)

Lorsque le rapport est dû, la part taxable revenant à chaque héritier est calculée de la manière suivante :
– le montant de tous les rapports est ajouté à l'actif net taxable ;
– les parts successorales revenant à chaque héritier sont calculées sur cette masse globale ;
– en application de la règle non bis in idem, dès lors que les donations sujettes à rapport ont déjà été taxées, le montant du rapport est ensuite déduit de la part taxable de l'héritier qui en est redevable.

On doit noter que les rapports sont calculés en application des règles civiles en utilisant, le cas échéant, le mécanisme de la dette de valeur (C. civ. art. 860 et 860-1), ce qui constitue un autre point de différenciation avec le rappel fiscal. Ce dernier joue toujours, pour sa part, à hauteur des valeurs historiques ayant servi à liquider les droits perçus lors de la taxation de la donation. Alors qu'au plan civil le rapport est évalué en fonction de la valeur du bien concerné à la date du partage, au plan fiscal, bien que ce point ne soit pas précisé par l'administration fiscale, le rapport est calculé par référence à la valeur du bien à la date du décès, fait générateur de l'impôt.

Dès lors que les rapports ajoutés à la masse ayant servi à fixer la part revenant à chaque héritier sont ensuite distraits de la part du donataire, on constate que cette règle de liquidation ne majore en aucun cas l'assiette taxable.

Seuls les biens laissés par le défunt à son décès sont soumis aux droits de mutation à titre gratuit, à l'exclusion des donations déjà taxées et rapportées. En revanche, le rapport influe sur la répartition de l'actif net successoral taxable entre les héritiers, ce qui est loin d'être neutre en présence d'un impôt dont le taux est le plus souvent progressif.

En l'espèce, le rapport dû par Alain doit être évalué en fonction de la valeur à la date du décès des valeurs mobilières qu'il a acquises au moyen de la somme d'argent donnée par le défunt (C. civ. art. 860-1), ce qui conduit à fixer les parts taxables de la manière suivante :

Actif net taxable	200 000
Rapport de la donation consentie à Alain	20 000
Ensemble	220 000
Part revenant à chacun d'Alain et Bernard pour moitié	1/2
Est de	**110 000**

A. Part taxable d'Alain

Part successorale		110 000
– Rapport qu'il doit à la succession		20 000
Part nette taxable		90 000
Abattement (ligne collatérale)		15 932
Taxable		**74 068**
Tarif (ligne collatérale) :		
35 % sur 24 430	8 551	
45 % sur 49 638	22 337	
Total des droits dus	**30 888**	

B. Part taxable de Bernard

Part successorale		110 000
Part nette taxable		110 000
Abattement (ligne collatérale)		15 932
Taxable		**94 068**
Tarif (ligne collatérale) :		
35 % sur 24 430	8 551	
45 % sur 69 638	31 337	
Total des droits dus	**39 888**	

Si la donation consentie à Alain avait été réalisée moins de 15 ans avant le décès, elle serait en outre sujette au rappel fiscal. Mais ce dernier jouerait uniquement pour la valeur nominale ayant servi à liquider les droits de donation, soit 15 245 € et en fonction du tarif ayant été appliqué à l'époque.

CAS PRATIQUE

Legs d'usufruit successif ; usufruit viager ; modalités de taxation ; décès du premier usufruitier ; ouverture de l'usufruit successif ; droit à restitution du nu-propriétaire ; comparaison avec une transmission par donation 77115

Un notaire est chargé du règlement de la succession de M. Henri D. décédé à l'âge de 96 ans.
La masse successorale se compose des biens suivants :
– un appartement à Paris d'une valeur de 2 M€ ;
– une maison à la campagne d'une valeur de 300 000 € ;
– un portefeuille de valeurs mobilières d'une valeur de 120 000 € ;
– des liquidités pour 180 000 €.
Le défunt ne laisse aucun héritier réservataire pour recueillir sa succession, et a pris soin de rédiger un testament aux termes duquel il lègue :
– à son frère Georges, âgé de 82 ans, l'usufruit viager de l'appartement de Paris et de la maison de campagne ;
– à sa nièce Élisabeth âgée de 52 ans, fille de Georges, l'usufruit successif de ces deux biens immobiliers ;
– et à son petit-neveu, Victor, âgé de 20 ans, fils d'Élisabeth, la nue-propriété desdits biens.
Les actifs financiers sont légués à une fondation reconnue d'utilité publique.
La réponse ministérielle Duby-Muller, qui limite le droit à restitution de l'impôt versé lors d'une donation en nue-propriété avec constitution d'un usufruit successif – droit ouvert par l'article 1965 B du CGI – au seul cas où l'impôt a été pris en charge par le nu-propriétaire (Rép. Duby-Muller : AN 2-6-2020 n° 26892), conduit à s'interroger sur les modalités pratiques de liquidation et de paiement des droits d'enregistrement en cas de transmission d'usufruit successif, que celle-ci intervienne par succession ou par donation.
Les légataires, personnes physiques, souhaitent connaître la fiscalité qu'ils auront à supporter dans le cadre de la dévolution de cette succession. Élisabeth souhaiterait également savoir comment la transmission de l'usufruit successif à son profit sera taxée au jour du décès de son père Georges, légataire du premier usufruit. Par ailleurs, dans la mesure où l'usufruit qui s'ouvrira sur sa tête aura une valeur supérieure à celle de l'usufruit ouvert sur la tête de Georges au jour du décès de Henri D., son fils Victor, légataire de la nue-propriété, pourra-t-il obtenir restitution d'une fraction des droits acquittés dans le cadre de la succession ? Dans l'affirmative, sous quelles conditions ?
Enfin, Élisabeth s'interroge et souhaiterait savoir si les mêmes règles auraient été applicables dans l'hypothèse où Henri D. avait anticipé sa succession en procédant à une donation de l'usufruit viager à Georges, de l'usufruit successif à Élisabeth, et de la nue-propriété à son petit-neveu, Victor ?

Solution

S'agissant de la liquidation des droits de succession en matière de transmission d'usufruits successifs, le BOFiP rappelle que : « Au décès du constituant, les droits de mutation par décès sont dus par le premier usufruitier et par le nu-propriétaire, la valeur de l'usufruit et de la nue-propriété étant déterminée, conformément à l'article 669 du CGI, d'après l'âge du premier usufruitier » (BOI-ENR-DG-70-40 n° 1).
Compte tenu de la masse successorale et des legs consentis par le défunt, les légataires ont vocation à recevoir dans la succession les actifs suivants :
– Georges reçoit l'usufruit viager constitué sur sa tête des biens immobiliers dépendant de la succession pour une valeur en pleine propriété de 2,3 M€. Son usufruit est valorisé, compte tenu de son âge, à 20 % de la valeur des biens en pleine propriété. Sur cette base, la valeur de l'usufruit viager des biens reçus par Georges s'élève ainsi à 20 % × 2,3 M€ = 460 000 €. Le montant des droits de succession dus par Georges sera de 275 044 € ;
– Victor est légataire de la nue-propriété des actifs immobiliers, sous l'usufruit viager de Georges. La valeur des actifs reçus par celui-ci est ainsi de 2,3 M€ × 80 % = 1 840 000 € (l'usufruit

77115 (suite) viager ouvert sur la tête de Georges étant valorisé à 20 %). Le montant des droits de succession à acquitter par Victor s'élève à 1 103 044 € ;

– Élisabeth a vocation à recevoir l'usufruit viager successif des biens dont l'usufruit a été légué à Georges. Cet usufruit successif ne s'ouvrira qu'au décès de ce dernier et c'est donc à cette date que seront dus les droits de succession par Élisabeth (voir ci-après).

Les droits de succession dus par chacun des légataires devront être réglés dans les conditions de droit commun : dépôt d'une déclaration de succession dans le respect des dispositions de l'article 641 du CGI accompagné du règlement des droits, sous réserve de la sollicitation du bénéfice d'un paiement fractionné (CGI ann. III art. 404 A) compte tenu de la composition de la succession (celle-ci étant, au cas présent, constituée à plus de 50 % d'actifs immobiliers).

Droits dus par l'usufruitier successif au jour du décès du premier usufruitier

Le décès du premier usufruitier, Georges, entraînera l'ouverture de l'usufruit successif sur la tête du second usufruitier, Élisabeth. À cette date, Élisabeth recevra donc à son tour, en sa qualité de légataire, l'usufruit viager des biens immobiliers dépendant initialement de la succession d'Henri. Celle-ci sera alors redevable des droits de mutation à titre gratuit dus à raison de l'ouverture de son usufruit successif. À ce titre, s'agissant de la liquidation des droits de succession dus par le second usufruitier, le BOFiP précise que (BOI-ENR-DG-70-40 n° 1) :

« Au décès [du premier usufruitier], le second titulaire de l'usufruit doit acquitter, dans les six mois de ce décès, les droits de mutation par décès exigibles d'après son degré de parenté avec le testateur. L'impôt est établi sur la valeur fiscale de l'usufruit déterminée d'après la valeur des biens et en fonction de l'âge du nouveau bénéficiaire au jour du décès du premier usufruitier ; il est liquidé au tarif et compte tenu des abattements applicables à cette date ».

Plusieurs enseignements doivent être tirés de ces dispositions :

– les droits de succession dus par le second usufruitier doivent être acquittés dans les six mois du décès du premier usufruitier ;

– le lien de parenté pris en compte pour la détermination des droits dus par le second usufruitier est celui existant entre le testateur (défunt, en l'espèce Henri) et le second usufruitier (Élisabeth). Le lien de parenté existant entre le premier et le second usufruitier est donc sans importance ;

– la valeur de l'usufruit successif, constitutive de l'assiette des droits dus par le second usufruitier, est déterminée en tenant compte de l'âge de ce dernier au jour de l'ouverture de son usufruit ;

– l'assiette des droits dus par le second usufruitier doit tenir compte de la valeur des biens sur lesquels porte son usufruit successif, à la date du décès du premier usufruitier. La valeur qu'avaient les biens au jour du décès du testateur est donc ici sans incidence ;

– les droits sont liquidés en tenant compte de la fiscalité applicable à la date de l'ouverture de l'usufruit successif.

Peut-il être tenu compte, pour le règlement des droits dus par le second usufruitier, de l'impôt déjà acquitté par le premier usufruitier lors du règlement de la succession du testateur ? La réponse à cette question est négative. En effet, aucune disposition fiscale ne permet au second usufruitier d'imputer sur son impôt le montant des droits réglés par le premier usufruitier. Cette modalité de liquidation se comprend, et nous semble logique, dans la mesure où chaque usufruitier acquitte des droits à raison d'un usufruit dont il jouira, et lui seul, sa vie durant.

Droits dus par le nu-propriétaire : restitution au jour de l'ouverture de l'usufruit successif

Au jour du décès du premier usufruitier, l'usufruit successif s'ouvre sur la tête du second usufruitier. Le nu-propriétaire peut alors voir les actifs dont il a la nue-propriété grevés d'un usufruit dont la valeur est :

– plus faible que celle du premier usufruit ouvert (il en est ainsi dès lors que le second usufruitier est plus âgé que le premier usufruitier) ;

– ou plus forte que celle du premier usufruit ouvert (il en est ainsi chaque fois que le second usufruitier est plus jeune que le premier usufruitier).

Le nu-propriétaire peut-il se voir réclamer un complément de droits dans la première situation ? Peut-il obtenir restitution des droits acquittés par lui au décès du testateur dans la seconde situation ?

S'agissant de la première situation, le BOFiP précise expressément que « lorsque le second usufruitier est plus âgé que le premier, il n'y a pas lieu de réclamer un supplément de droit au nu-propriétaire » (BOI-ENR-DG-70-40 n° 10).

Dans la seconde hypothèse, lorsque le second usufruitier est plus jeune que le premier usufruitier, la valeur de son usufruit est plus élevée que celle du premier usufruitier. Par conséquent, la valeur de la nue-propriété, grevée de cet usufruit successif plus fort que le premier usufruit ouvert, se trouve « fictivement » diminuée. Le nu-propriétaire se retrouve alors dans la situation dans laquelle il a acquitté, au jour du décès du testateur, des droits afférents à une assiette en nue-propriété plus élevée que celle qui aurait été applicable si l'on avait procédé à la liquidation en tenant compte de l'âge du second usufruitier à cette même date. Dans cette situation, le nu-propriétaire a donc acquitté plus de droits que ce qu'il aurait réglé si la liquidation était intervenue en tenant compte d'une valeur d'usufruit plus élevée et déterminée compte tenu de l'âge du second usufruitier. **77115** (suite)

À cet égard, l'article 1965 B du CGI prévoit que « dans le cas d'usufruits successifs, l'usufruit éventuel venant à s'ouvrir, le nu-propriétaire a droit à la restitution d'une somme égale à ce qu'il aurait payé en moins si le droit acquitté par lui avait été calculé d'après l'âge de l'usufruitier éventuel ». Cette disposition instaure donc un droit à restitution au bénéfice du nu-propriétaire.

La doctrine fiscale organise précisément les modalités de restitution d'une partie de l'impôt acquitté par le nu-propriétaire au décès du testateur. À ce titre, le BOFiP précise que, « pour que la restitution au profit du nu-propriétaire puisse avoir lieu, il faut que le second usufruit se soit ouvert par la cessation du premier » (BOI-ENR-DG-70-40 n° 20). Précisons que les dispositions de l'article 1965 B du CGI nous semblent également pouvoir jouer en cas d'ouverture d'un usufruit successif par suite de l'extinction d'un premier usufruit temporaire constitué pour une durée fixe. Les dispositions de l'article 1965 B ne semblent en effet, sur ce point, établir aucune distinction selon la nature de l'usufruit (viager ou à durée fixe).

Par ailleurs, il convient de noter que le droit à restitution ne peut être sollicité par le nu-propriétaire, toutes conditions étant remplies, qu'à raison seulement de l'ouverture d'un usufruit successif. Tout autre droit qui serait constitué par le testateur au bénéfice d'un tiers sur les biens dépendant de la succession, tel qu'un droit d'usage et d'habitation, ne pourrait ouvrir droit à restitution au bénéfice du nu-propriétaire.

La demande en restitution formulée par le nu-propriétaire n'est pas conditionnée par l'acquittement corrélatif d'un impôt par le second usufruitier, le BOFiP précisant encore que « la demande en restitution doit être accueillie même si le second usufruitier est affranchi d'impôt, ou même si le second usufruitier n'a pas encore souscrit sa déclaration et acquitté l'impôt à sa charge » (BOI-ENR-DG-70-40 n° 20).

La demande de restitution doit en outre être sollicitée par le nu-propriétaire dans le respect du délai prévu à l'article R 196-1 du LPF, c'est-à-dire en principe « à partir de la date du décès du précédent usufruitier et jusqu'au 31 décembre de la deuxième année suivante ».

En l'espèce, l'usufruit successif ouvert sur la tête d'Élisabeth au jour du décès de Georges a une valeur plus importante que celui dont jouissait ce dernier et sur la base duquel ont été liquidés les droits de succession dus par Victor sur la nue-propriété des biens. Aussi Victor pourra-t-il, en sa qualité de nu-propriétaire, solliciter la restitution d'une fraction des droits acquittés par lui lors du règlement de la succession d'Henri.

Liquidation des droits dus par le nu-propriétaire d'après l'âge du nouvel usufruitier au jour du décès du testateur et demande de restitution

L'usufruit dont aurait bénéficié Élisabeth, compte tenu de son âge au jour du décès du testateur est valorisé à 50 %. La nue-propriété vaut corrélativement 50 %, soit 50 % × 2 300 000 = 1 150 000 €. Sur cette base, le montant des droits acquittés par le nu-propriétaire, Victor, aurait été de 689 044 €. Le nu-propriétaire est ainsi en droit de solliciter la restitution de la différence entre les deux liquidations soit, d'une part, le montant des droits acquittés primitivement et, d'autre part, le montant des droits qu'il aurait eu à acquitter en tenant compte de l'âge de l'usufruitier éventuel au jour du décès du testateur. En l'espèce, la demande de restitution portera ainsi sur un montant de : 1 103 044 € – 689 044 € = 414 000 €. Cette demande devra être formulée par Victor avant le 31 décembre de la deuxième année suivant celle du décès de Georges.

Demande de restitution en cas d'ouverture d'un usufruit successif constitué par donation

Élisabeth s'interroge sur le point de savoir si les mêmes dispositions auraient été applicables en cas de transmission par donation par Henri des biens immobiliers ci-dessus évoqués.

La transmission par donation des actifs immobiliers par Henri, selon les mêmes modalités de répartition que dans le testament (usufruit viager au profit de Georges, usufruit successif au profit d'Élisabeth et nue-propriété au profit de Victor) aurait entraîné la même fiscalité en matière de droits d'enregistrement que par succession. Au décès de Georges, l'usufruit successif d'Élisabeth se serait ouvert par l'effet des stipulations de la donation. Se pose alors la question de savoir si le nu-propriétaire, Victor, aurait pu, dans cette situation, solliciter la restitution d'une fraction des droits acquittés lors de la donation ?

Les dispositions de l'article 1965 B du CGI ne réservent pas l'application de ce mécanisme de restitution aux seuls usufruits nés à l'occasion du décès du constituant. Ainsi et bien que la doctrine de l'administration fiscale vise par le champ lexical utilisé (« décès du testateur », souscription

77115 (suite) d'une « déclaration » : BOI-ENR-DG-70-40 n°s 10 et 20) l'hypothèse d'une succession, le droit à restitution peut également être sollicité dans les mêmes conditions en cas de transmission par donation.

Toutefois, dans le cadre d'une donation, les droits peuvent avoir été pris en charge par le donateur. Dans cette hypothèse, le donataire peut-il solliciter la restitution des droits au jour de l'ouverture de l'usufruit successif, alors même que ce dernier n'a acquitté aucun impôt ? Dans le silence des dispositions légales applicables sur ce point, il eût été possible de le penser. Toutefois, la réponse ministérielle Duby-Muller du 2 juin 2020 (Rép. Duby-Muller : AN 2-6-2020 n° 26892) avance le contraire. Par cette réponse émanant du ministère des comptes publics, et non reprise à ce jour au BOFiP, l'administration semble ériger la prise en charge des droits de donation par le nu-propriétaire en une condition nécessaire pour que ce dernier puisse en obtenir restitution. Si l'on peut sans doute comprendre la « logique économique » de cette position – pas de droit à restitution au profit du nu-propriétaire sans règlement antérieur par celui-ci lors de la donation – on peut s'interroger sur son fondement et sa pertinence. La question n'est finalement pas de savoir qui a effectivement réglé les droits de donation, mais plutôt de savoir si l'impôt a été acquitté une première fois (lors de la donation) sur une assiette fiscale plus large que celle qui reviendra effectivement au nu-propriétaire au jour de l'ouverture de l'usufruit successif. À ce titre, la qualité de celui qui a effectivement réglé les droits (donateur ou donataire) ne devrait pas être prise en compte. Cette réponse ministérielle ajoute une condition aux dispositions légales et doit à ce titre être regrettée.

CAS PRATIQUE

Déclaration de succession partielle ; primes versées après 70 ans ; CGI art. 757 B ; ventilation abattement 30 500 € ; bénéficiaire exonéré de droits de mutation par décès ; forfait mobilier ; capitaux inférieurs aux primes versées ; clause bénéficiaire démembrée ; quasi-usufruit sur le capital décès ; créance de restitution 77120

M. Durand est décédé le 8 septembre 2023. Il laisse pour lui succéder Yolande, son épouse séparée de biens âgée de 76 ans.

L'actif de succession s'élève à 400 000 €.

Le 15 mars 2001, M. Durand alors âgé de 71 ans a souscrit un contrat d'assurance-vie en cas de décès sur sa tête dont la bénéficiaire est Zoé, sa filleule, non parente. Il a versé sur ce contrat une prime unique d'un montant de 40 000 €.

Deux ans plus tard, il a souscrit un deuxième contrat à versements libres dont la bénéficiaire est Yolande, son épouse. Les primes versées sur ce contrat s'élèvent au total à 60 000 €.

Trois ans plus tard, il a souscrit un troisième contrat à versements libres dont le bénéficiaire est William, son second filleul, non parent. Les primes versées sur ce contrat s'élèvent au total à 60 000 €.

Au décès, le capital perçu par Yolande s'élève à 70 000 €.

Les capitaux perçus par Zoé et William s'élèvent respectivement à 80 000 et 70 000 €.

Le décès de M. Durand n'emporte dénouement d'aucun contrat d'assurance-vie autres que ceux mentionnés ci-dessus ni d'aucun plan d'épargne retraite mentionné à l'article L 224-1 du Code monétaire et financier.

I. Quels sont les droits dus respectivement par le conjoint survivant, par Zoé et par William au titre des capitaux d'assurance-vie qu'ils recueillent ?

Le montant des droits serait-il différent si :

– Yolande, le conjoint survivant, avait recueilli les capitaux non en qualité de bénéficiaire désigné, mais dans l'actif de succession ?

– le deuxième contrat revenait non à Yolande, conjoint survivant, mais à une association d'utilité publique exonérée de droits de succession en application de l'article 795 du CGI ?

II. Les primes taxables rentrent-elles dans l'assiette du forfait mobilier de 5 % ?

III. Quelle serait l'assiette des droits si, en raison des rachats effectués par le souscripteur ou de la diminution des unités de comptes, les capitaux perçus étaient inférieurs aux primes versées ?

IV. Comment les droits seraient-ils calculés si la clause bénéficiaire avait été démembrée, le conjoint survivant étant usufruitier et les filleuls nus-propriétaires de la totalité des capitaux ? Quid au décès du conjoint survivant ?

Solution

I. Tous les contrats dénoués ont été souscrits depuis le 20 novembre 1991 en faveur de bénéficiaires déterminés ou déterminables. Les primes ont été versées après le 70e anniversaire de l'assuré (qui, en l'espèce, comme le plus souvent, est aussi le souscripteur). Ces contrats relèvent donc de l'article 757 B du CGI et donnent ouverture aux droits de mutation par décès (une déclaration partielle de succession peut être souscrite sur imprimé n° 2705-A-SD, ci-après annexé, ce qui permet de débloquer la garantie décès sans avoir à attendre l'enregistrement de la déclaration de succession définitive. Le conjoint survivant est dispensé de souscrire cette déclaration dès lors qu'il est domicilié en France (CGI art. 806 III in fine)).

Dans ce régime, les droits sont perçus sur les sommes, rentes ou valeurs quelconques dues directement ou indirectement par l'assureur, à raison du décès de l'assuré à concurrence de la fraction des primes versées après l'âge de 70 ans qui excède 30 500 € (CGI art. 757 B, I). Ce dispositif de taxation présente un avantage intrinsèque résidant dans l'absence de taxation des produits de la capitalisation.

77120 (suite)

Lorsque, comme c'est le cas ici, plusieurs contrats sont conclus sur la tête d'un même assuré, il est tenu compte de l'ensemble des primes versées après le 70e anniversaire de l'assuré pour apprécier la limite de 30 500 € (CGI art. 757 B, II). Autrement dit, l'abattement de 30 500 € doit être ventilé entre les bénéficiaires concernés ; et ce proportionnellement à la part leur revenant respectivement dans les primes taxables aux termes du ou des contrats.

Depuis l'entrée en vigueur de l'ordonnance 2019-766 du 24 juillet 2019 ayant réformé l'épargne retraite, l'abattement de 30 500 € se répartit non seulement entre les bénéficiaires des contrats d'assurance-vie souscrits par le défunt, mais également, le cas échéant, avec les bénéficiaires d'un plan d'épargne retraite souscrit auprès d'un assureur, mentionné à l'article L 224-1 du Code monétaire et financier qui n'aurait pas été liquidé et se dénouerait en raison du décès de son titulaire survenu après son 70e anniversaire (sur les difficultés induites par cette coexistence, M. Leroy, Vers un réaménagement de la fiscalité du plan d'épargne retraite ? : JCP N 2020, n° 1217).

Toutefois, pour éviter que la souscription de contrats en faveur de ces bénéficiaires soit pénalisante, l'administration fiscale énonce dans sa doctrine une mesure de tempérament lorsque certains bénéficiaires sont exonérés de droits de mutation par décès.

Elle permet de ne pas prendre en compte la part revenant aux personnes exonérées pour répartir l'abattement visé à l'article 757 B du CGI entre les bénéficiaires.

Cette solution a vocation à s'appliquer dans toutes les situations où un bénéficiaire est exonéré quel que soit le fondement sur lequel il est exonéré (BOI-ENR-DMTG-10-10-20-20 n° 220).

Le capital revenant au conjoint survivant est totalement exonéré compte tenu de l'exonération dont profite ce bénéficiaire (CGI art. 796-0 bis). La doctrine administrative confirme ce point de manière explicite (BOI précité).

L'abattement de 30 500 € se répartit donc entre Zoé et William proportionnellement à leurs droits respectifs dans les primes taxables, en faisant abstraction du contrat revenant au conjoint survivant.

– fraction revenant à Zoé : $30\,500\text{ €} \times \dfrac{40\,000\text{ €}}{100\,000\text{ €}} = 12\,200\text{ €}$

– fraction revenant à William : $30\,500\text{ €} \times \dfrac{60\,000\text{ €}}{100\,000\text{ €}} = 18\,300\text{ €}$

Le reliquat taxable après déduction de cette fraction d'abattement donne ouverture aux droits de succession au tarif applicable suivant le degré de parenté existant entre le bénéficiaire et l'assuré (notez, d'une part, que si les qualités de souscripteur et d'assuré sont dissociées le tarif s'apprécie en fonction du lien existant entre le bénéficiaire et l'assuré et, d'autre part, que dans le cadre de la taxation de la garantie décès, la représentation ne peut jamais jouer pour déterminer le tarif, s'agissant par hypothèse d'une transmission juridiquement hors succession).

En l'absence de lien de parenté existant entre le bénéficiaire et l'assuré, seul l'abattement de 1 594 € prévu par l'article 788 IV du CGI a vocation à s'appliquer.

Stricto sensu, on peut douter que cet abattement puisse jouer au cas présent. En effet, l'article 788 IV précité qui l'instaure énonce : « À défaut d'autre abattement, à l'exception de celui mentionné au III, un abattement de 1 594 € est opéré sur **chaque part successorale** ». À proprement parler, le bénéficiaire ne recueille pas une part successorale, mais un capital décès transmis hors succession en exécution d'une stipulation pour autrui.

Pour autant, l'administration fiscale a renoncé à cette interprétation stricte dans une doctrine qui lui est opposable. Elle admet qu'« il y a lieu d'appliquer les abattements prévus aux articles 779 et 788 du CGI qui constituent un élément du tarif des droits de mutation par décès » (BOI-ENR-DMTG-10-10-20-20 n° 230).

Le calcul des droits s'établit comme suit :

A/ Zoé

Assiette	40 000 €
Fraction d'abattement 757 B	– 12 200 €
Reliquat	27 800 €
Abattement personnel 788 IV	– 1 594 €
Reste taxable	26 206 €
Droits (60 %)	15 724 €

B/ William

Assiette	60 000 €
Fraction d'abattement 757 B	– 18 300 €
Reliquat	41 700 €
Abattement personnel 788 IV	– 1 594 €
Reste taxable	40 106 €
Droits (60 %)	24 064 €

Le montant des droits dus par Zoé et William serait exactement identique si le capital décès était transmis au conjoint survivant via la succession ou si le deuxième contrat portait comme bénéficiaire une association exonérée, puisqu'il a déjà été fait abstraction du contrat revenant au conjoint survivant pour ventiler l'abattement de 30 500 € prévu par l'article 757 B du CGI. 77120 (suite)

II. L'article 764, I-3° du CGI énonce : « Pour la liquidation des droits de mutation par décès, la valeur de la propriété des biens meubles est déterminée, sauf preuve contraire : (...) À défaut des bases d'évaluation établies aux 1° et 2° [c'est-à-dire en l'absence de vente publique dans les deux ans suivant le décès et d'inventaire] par la déclaration détaillée et estimative des parties ; toutefois, pour les meubles meublants, et sans que l'administration ait à en justifier l'existence, la valeur imposable ne peut être inférieure à 5 % de l'ensemble des autres valeurs mobilières et immobilières de la succession, la preuve contraire étant aussi réservée. »

Même si les primes sont forfaitairement soumises aux droits de succession, la transmission de la garantie décès s'opère hors succession par l'effet de la stipulation pour autrui. Les primes ne rentrent donc pas dans l'assiette du « forfait mobilier » lorsqu'il s'applique.

L'administration fiscale avait fini par admettre formellement ce principe. Elle avait précisé que : « le « forfait mobilier » de 5 %, prévu au 3° du I de l'article 764 du Code général des impôts (CGI), se calcule sur l'ensemble des valeurs mobilières, autres que les meubles meublants, et immobilières imposables en France composant l'actif successoral et avant déduction du passif. Par suite, les assurances-vie stipulées au profit de bénéficiaires déterminés, qui ne font pas partie de la succession de l'assuré, ne sont pas à prendre en compte pour le calcul du « forfait mobilier » de 5 %, y compris, le cas échéant, pour la fraction des primes versées après les 70 ans de l'assuré supérieure à 30 500 € et soumise aux droits de mutation par décès, en application de l'article 757 B du CGI. » (Rép. Le Nay : AN 19-8-2008 n° 19399).

N'ayant pas été reprise au Bofip, cette réponse ministérielle doit être tenue pour caduque. En effet, aux termes de son instruction du 7 septembre 2012 (Inst. 13 A-2-12), publiée lors de la création de cette base documentaire censée être exhaustive, l'administration fiscale a expressément rapporté toute sa doctrine antérieure depuis le 12 septembre 2012. La réponse ministérielle Le Nay n'est donc plus opposable (LPF art. L 80 A). La jurisprudence a expressément confirmé ce point (CE 27-2-2013 n° 357537 : RJF 5/13 n° 520). Cette circonstance est cependant indifférente au cas présent. Cette doctrine est en effet purement explétive, l'exclusion des primes de l'assiette du forfait mobilier résulte directement des termes mêmes de l'article 764 du CGI.

III. Les rachats partiels effectués par les souscripteurs ainsi que les avances accordées par les assureurs et non remboursées au décès de l'assuré sont en principe sans incidence sur la détermination de l'assiette de la taxation prévue par l'article 757 B du CGI.

Toutefois, l'administration fiscale admet que, dans l'hypothèse où les capitaux versés par l'assureur sont inférieurs aux primes versées après le 70e anniversaire de l'assuré, l'assiette des droits est limitée aux capitaux versés aux bénéficiaires.

Le même aménagement s'applique pour les contrats en unités de compte ou multisupports en cas de baisse de la valeur des unités de compte de référence lorsque la garantie reçue est inférieure aux primes versées (BOI-ENR-DMTG-10-10-20-20 n° 190). Il n'y a pas lieu de distinguer suivant que le contrat se dénoue par la remise des unités de compte (ce qui est très rare en pratique) ou par le versement d'une somme d'argent.

Le Conseil constitutionnel, pour déclarer cette règle d'assiette conforme à la Constitution et non contraire au principe d'égalité devant les charges publiques, a retenu que « l'impôt porte ainsi sur un revenu (sic) dont le bénéficiaire dispose effectivement » (Cons. const. 3-10-2017 n° 2017-658 QPC). On observera que compte tenu de ce motif, certes maladroitement exprimé, le principe suivant lequel l'assiette ne saurait excéder les sommes effectivement reçues par le bénéficiaire s'impose de plein droit. Il devrait jouer, même si aucune mesure « de tempérament » n'était énoncée par la doctrine administrative.

IV. Enfin, si la clause bénéficiaire était démembrée, le conjoint survivant étant usufruitier des capitaux, Zoé et William recueillant chacun la nue-propriété du contrat (dans les mêmes proportions), il y aurait lieu pour chaque contrat de limiter l'assiette taxable du nu-propriétaire à la valeur de la nue-propriété des primes évaluée en fonction du barème fiscal énoncé par l'article 669 du CGI. Compte tenu de l'âge du conjoint survivant usufruitier (76 ans), seuls 70 % des primes seraient imposés entre les mains du nu-propriétaire. L'abattement de 30 500 € se répartirait entre eux suivant les modalités détaillées ci-dessus (BOI-ENR-DMTG-10-10-20-20 n° 225). L'abattement personnel serait identique. Bien sûr, l'usufruit de la garantie décès reviendrait au conjoint survivant en franchise de droits de succession.

Cette situation serait potentiellement problématique pour les nus-propriétaires qui seraient tenus d'acquitter les droits à leur charge sans disposer de faculté contributive.

Le contrat donnant lieu au versement d'une somme d'argent, le conjoint survivant aurait vocation à exercer un quasi-usufruit sur le capital décès qu'il encaisserait alors, à charge de restituer l'équivalent lors de l'extinction du démembrement (C. civ. art. 587).

Au décès du conjoint survivant, Zoé et William appréhenderaient le capital. Ce paiement ne serait pas passible des droits de succession, Zoé et William étant simplement titulaires d'une

77120 (suite) créance devenue exigible contre la succession du conjoint survivant. Cette dette correspondant par principe au nominal en pleine propriété de la somme encaissée par le conjoint survivant pourra être déduite de l'actif taxable de ce dernier pour le calcul des droits de succession, sous réserve de rapporter la preuve de l'encaissement des fonds par tout mode compatible avec la procédure écrite (CGI art. 768).

Annexe

RÉPUBLIQUE FRANÇAISE
Liberté Égalité Fraternité

DIRECTION GÉNÉRALE DES FINANCES PUBLIQUES

N° 2705-A-SD (01-2022)

Date de réception :

Nom du service :

cerfa 12321*07

ASSURANCE-VIE ET CERTIFICAT D'ACQUITTEMENT OU DE NON-EXIGIBILITÉ DE L'IMPÔT (DÉCLARATION PARTIELLE DE SUCCESSION)

À établir lorsque le défunt était titulaire d'un contrat d'assurance-vie

Formulaire obligatoire en vertu des articles 292A de l'annexe II au code général des impôts et 800 dudit code

À déposer en 2 exemplaires soit par mail, soit par voie postale, soit déposés sur place

INFORMATIONS CONCERNANT LE DÉFUNT (voir la notice n° 2705-A-NOT-SD)

Succession de : ☐ Mme ☐ M.

Nom de naissance :

Nom d'usage :

Prénom(s) :

Date de naissance : Commune de naissance :

Département de naissance : ou pays [si né(e) à l'étranger] :

Adresse complète du domicile du défunt : N° Voie :

Code postal : Commune :

Date du décès : Commune du lieu du décès : Code postal du lieu du décès :

Service chargé de l'enregistrement du domicile du défunt (SDE/SPFE)(1) :

CADRE RÉSERVÉ À L'ADMINISTRATION

Déclaration 2705-A SD n° enregistrée le

Référence comptable	Mode de paiement	Date	N°	Somme versée en euros
				€
				€
				€

CADRE RÉSERVÉ À L'ADMINISTRATION
CERTIFICAT D'ACQUITTEMENT OU DE NON-EXIGIBILITÉ DE L'IMPÔT

Certificat ☐ d'acquittement ☐ de non-exigibilité de l'impôt

NOM et Prénom du bénéficiaire	Montant des droits (en €)

Service chargé de l'enregistrement (SDE/SPFE)(1) de :

Date : Signature (nom et grade du signataire) :

Le présent certificat n'exclut pas la possibilité pour l'administration de rectifier le montant des droits éventuellement dus à l'occasion d'un contrôle ultérieur. La législation prévoit, notamment, un abattement de 30 500 € par défunt et non par déclaration partielle de succession déposée par le(s) bénéficiaire(s) du ou des contrat(s) d'assurance-vie souscrit(s) par le défunt.

(1) SDE : service départemental de l'enregistrement. SPFE : service de la publicité foncière et de l'enregistrement.

Page 1/6

77120 (suite)

N° 2705-A-SD (01-2022)

CADRE À REMPLIR PAR LE DÉPOSANT

Renseignements relatifs aux contrats d'assurance-vie.

Désignation de l'organisme d'assurance concerné par la déclaration :

Nom et adresse de l'organisme : ____________________

		Assurance-vie autre que Plan Épargne Retraite		Plan Épargne Retraite	Informations concernant le(s) bénéficiaire(s)[2, 3] – 1 ligne par bénéficiaire			
1. N° de contrat ou de l'avenant[2]	2. Date de souscription du contrat ou de l'avenant[2]	3. Montant des primes versées après le 70e anniversaire[2]	4. Montant du capital à verser au titre des primes versées après le 70e anniversaire[2]	5. Montant du capital à verser en cas de décès après le 70e anniversaire[2]	6. Nom d'usage	7. Prénom(s)	8. Montant de la part du bénéficiaire dans les primes versées (cf. col. 3)	9. Montant de la part du bénéficiaire dans le capital à verser (cf. col. 4 ou 5)
		€	€	€			€	€
		€	€	€			€	€
		€	€	€			€	€
		€	€	€			€	€
		€	€	€			€	€
		€	€	€			€	€
		€	€	€			€	€
		€	€	€			€	€
		€	€	€			€	€
		€	€	€			€	€

[2] Pour l'ensemble des colonnes, voir la notice n° 2705-A-NOT-SD. [3] Compléter ensuite ci-dessous un cadre par bénéficiaire.

Page 2/6

N° 2705-A-SD (01-2022)

Désignation du ou des bénéficiaires (un cadre par bénéficiaire).

Nom de naissance : ____ Nom d'usage : ____ Prénom(s) : ____

Date de naissance : ____ Commune de naissance : ____

Département de naissance : ____ ou pays [si né(e) à l'étranger] : ____

Adresse du bénéficiaire : N° : ____ Voie : ____

Code postal : ____ Commune : ____ Pays : ____

Adresse courriel : ____ Téléphone : ____

Lien de parenté avec le défunt : ____

Le ____ **Signature du bénéficiaire ou, le cas échéant, du mandataire ou du tuteur[4] :**

Désignation du ou des bénéficiaires (un cadre par bénéficiaire).

Nom de naissance : ____ Nom d'usage : ____ Prénom(s) : ____

Date de naissance : ____ Commune de naissance : ____

Département de naissance : ____ ou pays [si né(e) à l'étranger] : ____

Adresse du bénéficiaire : N° : ____ Voie : ____

Code postal : ____ Commune : ____ Pays : ____

Adresse courriel : ____ Téléphone : ____

Lien de parenté avec le défunt : ____

Le ____ **Signature du bénéficiaire ou, le cas échéant, du mandataire ou du tuteur[4] :**

Désignation du ou des bénéficiaires (un cadre par bénéficiaire).

Nom de naissance : ____ Nom d'usage : ____ Prénom(s) : ____

Date de naissance : ____ Commune de naissance : ____

Département de naissance : ____ ou pays [si né(e) à l'étranger] : ____

Adresse du bénéficiaire : N° : ____ Voie : ____

Code postal : ____ Commune : ____ Pays : ____

Adresse courriel : ____ Téléphone : ____

Lien de parenté avec le défunt : ____

Le ____ **Signature du bénéficiaire ou, le cas échéant, du mandataire ou du tuteur[4] :**

[4] Fournir un mandat ou un jugement de tutelle ainsi qu'une pièce d'identité.

Page 3/6

77130 CAS PRATIQUE

Donation en nue-propriété à un enfant avec réserve d'usufruit ; présomption de propriété de l'usufruitier ; CGI art. 751 ; conditions d'application ; présomption simple ; redevable de l'impôt ; double liquidation des droits de succession (non) ; imputation des droits de donation ; prise en charge des droits par le donateur

Le 29 juin 2023, M. Durand, 79 ans, séparé de biens, donne à son petit-fils Charles la nue-propriété d'un studio situé à Lille, d'une valeur en pleine propriété de 120 000 €, en s'en réservant l'usufruit viager.

Aux termes de l'acte, le donateur prend en charge le paiement des droits de donation dus par le donataire.

M. Durand décède le 8 septembre 2023, laissant pour lui succéder :

- Céline, son épouse séparée de biens, usufruitière légale des biens dépendant de la succession ;
- Alice, sa fille ;
- Bertrand, son fils, père de Charles.

– Le bien donné à Charles entre-t-il dans le champ d'application de la présomption de propriété énoncée par l'article 751 du CGI ?

– La présomption de propriété est-elle applicable ?

– Comment les droits dus le cas échéant en vertu de la présomption sont-ils calculés ?

La présomption énoncée par l'article 751 du CGI ne doit pas être confondue avec celle régie par l'article 918 du Code civil, même si le champ d'application de ces deux dispositions se recouvre partiellement.

L'article 751 du CGI précise qu'est « réputé, au point de vue fiscal, faire partie, jusqu'à preuve contraire, de la succession de l'usufruitier, toute valeur mobilière, tout bien meuble ou immeuble appartenant, pour l'usufruit, au défunt et, pour la nue-propriété, à l'un de ses présomptifs héritiers ou descendants d'eux, même exclu par testament ou à ses donataires ou légataires institués, même par testament postérieur, ou à des personnes interposées, à moins qu'il y ait eu donation régulière et que cette donation, si elle n'est pas constatée dans un contrat de mariage, ait été consentie plus de trois mois avant le décès ou qu'il y ait eu démembrement de propriété effectué à titre gratuit, réalisé plus de trois mois avant le décès, constaté par acte authentique et pour lequel la valeur de la nue-propriété a été déterminée selon le barème prévu à l'article 669. »

« La preuve contraire peut notamment résulter d'une donation de deniers constatée par un acte ayant date certaine, quel qu'en soit l'auteur, en vue de financer, plus de trois mois avant le décès, l'acquisition de tout ou partie de la nue-propriété d'un bien, sous réserve de justifier de l'origine des deniers dans l'acte en constatant l'emploi. »

« Sont réputées personnes interposées les personnes désignées dans l'article 911, deuxième alinéa, du Code civil. »

« Toutefois, si la nue-propriété provient à l'héritier, au donataire, au légataire ou à la personne interposée d'une vente ou d'une donation à lui consentie par le défunt, les droits de mutation acquittés par le nu-propriétaire et dont il est justifié sont imputés sur l'impôt de transmission par décès exigible à raison de l'incorporation des biens dans la succession. »

Pour prévenir des démembrements insincères qui pourraient être vecteurs de donations déguisées, ce texte présume qu'au décès de l'usufruitier le bien dont la nue-propriété appartient à l'une des personnes visées constitue un actif taxable de la succession devant être soumis aux droits de mutation par décès.

En l'espèce, le studio de Lille entre bien dans le champ d'application de cette présomption.

– Le nu-propriétaire, descendant d'un héritier présomptif est en effet directement visé par l'article 751 du CGI et présumé être interposé à son père (C. civ. art. 911, al. 2).

77130 (suite)

– Le démembrement provient certes d'une donation régulière, mais cette dernière n'a pas été constatée par contrat de mariage, de sorte que la présomption trouve à s'appliquer en raison du décès survenu dans les trois mois suivant l'établissement de l'acte.

Le fait que le démembrement se situe dans le champ d'application de la présomption ne signifie toutefois pas nécessairement que le bien démembré sera compris dans l'actif taxable. En effet, et c'est une autre différence avec la présomption prévue par l'article 918 du Code civil qui crée une présomption irréfragable (Cass. 1e civ. 29-1-2014 nos 12-14.509 et 13-16.511 F-PB), la présomption fiscale prévue à l'article 751 du CGI est simple. La preuve de la sincérité du démembrement peut être administrée.

La Cour de cassation a eu l'occasion de préciser fermement qu'il en va ainsi, même dans l'hypothèse où, comme c'est le cas ici, la présomption s'applique en raison du décès de l'usufruitier survenu dans les trois mois suivant la donation ayant créé le démembrement (Cass. com. 17-1-2012 n° 10-27.185 F-D : RJF 4/12 n° 425).

Cette preuve peut, aux termes de cette jurisprudence, résulter « du caractère soudain et surprenant » du décès (Cass. com. 17-1-2012 précité). Tel serait le cas par exemple si l'usufruitier en parfaite santé décédait accidentellement dans les trois mois suivant la donation.

Les juges du fond apprécient souvent les faits qui leur sont soumis avec une certaine indulgence. En toute hypothèse, ni l'âge avancé de l'usufruitier ni la circonstance qu'il soit atteint d'une maladie avérée lors de la création du démembrement ne constituent en soi un obstacle à l'administration de la preuve contraire.

Un arrêt rendu par la cour d'appel de Paris le 6 juin 2017 illustre cette jurisprudence bienveillante (CA Paris 6-6-2017 n° 14/25473 : RJF 10/17 n° 996 ; Dr. fisc. 48/17, étude 558).

Dans cette espèce, la donatrice, âgée de 79 ans lors de la régularisation de la donation, décède 2 mois et 21 jours après la signature de l'acte. L'administration applique la présomption de fictivité posée par l'article 751 du CGI et réintègre à l'actif successoral de la défunte la valeur en pleine propriété de l'appartement objet de la donation. Elle soutenait que la preuve de la sincérité du démembrement ne pouvait pas être rapportée, dès lors que la donatrice n'était pas en bonne santé au jour de la donation et qu'il était établi qu'elle souffrait de multiples pathologies chroniques persistantes. En particulier, elle avait dû être hospitalisée durant 12 jours moins de deux mois avant la donation.

En dépit de ces éléments, la cour d'appel, infirmant la décision rendue par les juges du premier degré admit que la preuve de la sincérité du démembrement est rapportée dès lors que la défunte n'était « pas mourante » (sic) lors de la donation.

Pour étayer son analyse, elle se fonda sur les éléments suivants :

– les bilans médicaux de la défunte montraient que son état de santé au moment de son décès n'avait rien d'anormal eu égard à son âge et à ses antécédents médicaux ;

– aucun médecin n'avait émis de réserve sur le pronostic vital de la patiente antérieurement à son décès ;

– l'appel à une aide extérieure ne démontrait pas une anormale faiblesse de l'intéressée qui n'était pas mourante lorsqu'elle a consenti la donation ;

– la volonté de la donatrice de gratifier ses descendants avait été envisagée bien en amont ce qui était attesté par un courrier adressé au notaire chargé d'établir l'acte, ce qui établissait que la donation n'avait pas eu lieu de manière précipitée.

Si toutefois la preuve de la sincérité du démembrement ne pouvait pas être établie, il conviendrait de soumettre la pleine propriété du studio aux droits de mutation par décès.

On rappellera que l'inclusion du bien démembré à l'actif successoral concerne uniquement la liquidation des droits de mutation par décès. Au plan civil, l'usufruit s'éteint avec le décès de l'usufruitier (C. civ. art. 617) de sorte que le bien ne figure ni dans l'assiette de l'usufruit revenant au conjoint survivant, ni dans la masse à partager entre les héritiers (C. civ. art. 825), ni dans les biens existants servant à asseoir la masse de calcul de la réserve héréditaire (C. civ. art. 922). En revanche, la donation figurera dans cette masse au titre de la réunion fictive des donations entre vifs.

La mise en œuvre de la présomption suscite ici une interrogation particulière. Le nu-propriétaire, par l'effet de la présomption énoncée par l'article 911, alinéa 2 du Code civil, est censé être interposé à son père. Qui dans un tel contexte est le redevable de l'impôt ? S'agit-il du nu-propriétaire ou de l'héritier, son descendant étant censé n'être qu'une personne interposée ? Des enjeux concrets découlent de la réponse apportée à cette question, notamment au regard du tarif. Bertrand peut en effet prétendre à un abattement personnel de 100 000 € (CGI art. 779 I), alors que Charles profiterait seulement d'un abattement de 1 594 € (CGI art. 788 IV). Le taux de l'impôt, le tarif progressif de 5 à 45 % en ligne directe (CGI art. 777, tableau I) est en revanche le même puisqu'il s'applique quel que soit le degré de parenté.

Après avoir un temps retenu l'analyse inverse, l'administration fiscale considère aujourd'hui que lorsque la présomption joue, c'est toujours le nu-propriétaire qui est personnellement redevable des droits sur la valeur totale du bien démembré, même lorsqu'il est censé être interposé. Il y a donc lieu de taxer au tarif fixé selon son degré de parenté avec le défunt (BOI-ENR-DMTG-10-10-40-10 n° 100).

77130 (suite)

Au final, tout se passe sur le plan fiscal comme si le bien démembré constituait pour la pleine propriété un actif taxable de la succession (ce qui implique notamment de l'inclure dans l'assiette du « forfait mobilier » lorsqu'il s'applique : BOI-ENR-DMTG-10-40-10-20 n° 90) qui serait légué à titre particulier au nu-propriétaire.
Cette taxation du nu-propriétaire aux droits de mutation par décès se heurterait à la règle non bis in idem si elle n'était pas atténuée. En effet, la nue-propriété a déjà été soumise aux droits de mutation à titre gratuit lors de la réalisation de la donation. C'est pourquoi le dernier alinéa de l'article 751 du CGI prévoit que dans une telle situation, lorsque la nue-propriété provient à l'héritier, au donataire, au légataire ou à la personne interposée d'une vente ou d'une donation qui lui a été consentie par le défunt, les droits de mutation acquittés par le nu-propriétaire sont imputés sur l'impôt de transmission par décès exigibles à raison de l'incorporation du bien dans la succession. Cette imputation, en raison de sa nature, joue dans la limite du complément de droits de succession qu'engendre l'application de la présomption fiscale, ce qui nécessite, le cas échéant, de procéder à une double liquidation des droits de mutation par décès, la première en réintégrant dans la part du nu-propriétaire les biens frappés de la présomption, la deuxième en ne les comprenant pas (BOI-ENR-DMTG-10-10-40-10 n° 120). En l'espèce, cette double liquidation n'a pas à être établie, puisque le nu-propriétaire, n'étant pas lui-même successeur, n'est redevable des droits de succession qu'en raison de l'application de la présomption.
La mise en œuvre de l'imputation pose pourtant problème. En effet, comme c'est souvent le cas en pratique, les droits de donation ont été ici acquittés par le donateur en lieu et place du donataire ; de sorte qu'à s'en tenir strictement à la lettre du texte, l'imputation ne pourrait pas jouer, les droits n'ayant pas été « acquittés par le nu-propriétaire ».
L'administration énonce cependant une mesure de tempérament. Elle admet que les droits de mutation à titre gratuit payés à l'occasion de la donation de la nue-propriété de biens qui sont, au décès du donateur, réintégrés à sa succession en application des dispositions de l'article 751 du CGI sont imputables sur les droits de succession dus par le nu-propriétaire, même s'ils ont été acquittés par le donateur. Mais elle considère que dans un tel contexte ces droits doivent être considérés comme une créance de la succession et être inclus dans le montant de l'actif taxable (BOI-ENR-DMTG-10-10-40-10 n° 100 ; Rép. Bertrand : AN 27-9-1993 n° 3406).
La Cour de cassation valide cette analyse et confirme la nécessité d'inclure le montant des droits acquittés par le donateur à l'actif taxable de sa succession, au motif qu'en raison de la présomption, la donation de la nue-propriété est fiscalement inexistante. La succession, dont l'actif avait été amputé sans cause du montant des droits de mutation à titre gratuit payés par le donateur est en conséquence créancière de ce montant (Cass. com. 13-11-2003 n° 01-16.358 FS-P : RJF 3/04 n° 323).
En l'espèce, les droits de donation sur le studio de Lille ont été calculés comme suit :

Valeur en pleine propriété du bien :	120 000 €
Base taxable (nue-propriété du bien évaluée à 70 % de la pleine propriété) :	84 000 €
Abattement personnel (CGI art. 790 B) :	– 31 865 €
Reste taxable :	52 135 €
Droits dus :	8 621 €

Les droits de succession dus par le nu-propriétaire en raison de la présomption fiscale sont liquidés de la manière suivante :

Assiette taxable (pleine propriété du bien) :	120 000 €
Abattement personnel (CGI art. 788 IV) :	– 1 594 €
Reste taxable :	118 406 €
Droits dus :	21 875 €
Imputation des droits versés par le donateur lors de la publication de la donation :	– 8 621 €
Droits effectivement dus :	13 254 €

Attention : Les droits de donation acquittés par le donateur pour 8 621 € doivent figurer à l'actif taxable de la succession (voir supra).

CAS PRATIQUE

Donations rappelables ; déclaration de succession ; CGI art. 784 ; moins de 15 ans ; méthode liquidative ; principes ; détermination de l'abattement résiduel ; tranches du tarif applicables ; calcul des droits de succession 77140

Méthode de calcul à retenir pour liquider les droits en cas de rappel fiscal de donations antérieures

Le 15 septembre 2007, M. Jean Duval consent à son fils Christophe une donation d'un montant de 200 000 €.

Le 20 septembre 2011, il réalise une nouvelle donation en faveur de Christophe pour un montant de 200 000 €.

Jean décède ab intestat le 5 septembre 2023, laissant son fils unique pour lui succéder.

L'actif net taxable de succession s'élève à 300 000 €.

Calculez les droits de succession dus par l'héritier

Dès lors qu'un seul héritier légal est appelé à la succession, la question du rapport des donations ne se pose pas. En revanche, les donations ayant été consenties depuis moins de quinze ans leur rappel doit être effectué dans la déclaration de succession (CGI art. 784).

Cette règle est destinée à éviter que des transmissions successives permettent, en fractionnant l'assiette, d'altérer la progressivité de l'impôt. L'absence de rappel des donations ayant plus de quinze ans est pour sa part destinée à inciter le disposant à anticiper la transmission de son patrimoine en faveur des générations suivantes, ce qui est facteur de solidarité intergénérationnelle et est censé permettre une gestion plus dynamique de l'actif transmis.

Si ses objectifs sont clairs, le rappel peut poser des difficultés dans sa mise en œuvre. Elles se concentrent sur la méthode précise devant être retenue pour liquider les droits et trouvent leur racine dans la rédaction retenue par l'article 784 du CGI.

Ce texte énonce en effet que : « La perception est effectuée en ajoutant à la valeur des biens compris dans la donation ou la déclaration de succession celle des biens qui ont fait l'objet de donations antérieures, à l'exception de celles passées depuis plus de quinze ans et, lorsqu'il y a lieu à application d'un tarif progressif, en considérant ceux de ces biens dont la transmission n'a pas encore été assujettie au droit de mutation à titre gratuit comme inclus dans les tranches les plus élevées de l'actif imposable ».

Une partie de la doctrine a pu prôner une application littérale de ce texte conduisant à liquider les droits de la manière suivante : il conviendrait d'ajouter le montant des donations antérieures ayant moins de quinze ans (sans revalorisation s'agissant du rappel) aux biens nouvellement transmis, puis de liquider les droits sur cette masse globale (en fonction du tarif en vigueur lors de la dernière transmission) et enfin, les donations rappelées ayant déjà été imposées, de retrancher du montant ainsi obtenu les droits ayant été acquittés lors de chaque donation (en faveur de cette méthode : F. Douet, Précis de droit fiscal de la famille 11e édition n° 2298 ; A. Darmon et Ph. Vansteeland, Le lissage des donations : variation autour de son plein effet, JCP N 2011 n° 1310 ; F. Douet et T. Bonduelle, Retour sur le lissage fiscal des donations, JCP N 2012 n° 1197). Somme toute, les perceptions acquittées lors de l'enregistrement de chaque donation ne constitueraient que des acomptes à valoir sur le montant des droits définitivement chiffrés lors de la dernière transmission.

Si elle peut se prévaloir de la lettre du texte, cette méthode se heurte à une objection de fond. En prescrivant d'ajouter le montant des donations antérieures à l'actif nouvellement transmis pour taxer cet ensemble au tarif applicable lors de la dernière transmission sous déductions des droits déjà versés, elle conduit indirectement à appliquer le tarif en vigueur lors de la dernière transmission aux transmissions antérieures. Ce faisant, elle contrevient à un principe fondamental du droit fiscal (voir notamment, M. Cozian, Fl. Deboissy et M. Chadefaux, Précis de fiscalité des entreprises, éd. 2020/2021, n° 1) dont le Conseil constitutionnel assure la protection : celui suivant lequel l'assiette de l'impôt s'apprécie à la date de son fait générateur. Or si elles sont reliées entre elles par le rappel fiscal, il n'en reste pas moins que chaque transmission constitue bien un fait générateur distinct. La méthode proposée contreviendrait à ce principe et conduirait à des résultats erronés ayant pour effet de remettre en cause les perceptions antérieures qui doivent demeurer intangibles si le tarif a évolué entre les différentes transmissions (en ce sens, avec des exemples chiffrés, F. Fruleux, Rappel fiscal : épilogue d'un débat doctrinal ? JCP N 2013 n° 1037).

77140 (suite) Cette question a définitivement été tranchée par le Conseil constitutionnel dans le cadre d'une question prioritaire de constitutionnalité (Cons. const. 9-12-2016 n° 2016-603 QPC : FR 54/16 n° 3 ; F. Fruleux, Le rappel fiscal et la jurisprudence du Conseil constitutionnel, JCP N 2017 n° 1101) relative à l'allongement de la durée du rappel fiscal opéré successivement par la première loi de finances rectificative pour 2011 (Loi 2011-900 du 29-7-2011 : JO 30 texte n° 1), et la deuxième loi de finances rectificative pour 2012 (Loi 2012-958 du 16-8-2012 : JO 17 texte n° 1).

Dans cette décision, les sages de la rue de Montpensier ont déclaré l'allongement de la durée du rappel conforme à la constitution en précisant que la réalisation d'une donation ne crée pour le contribuable aucun droit acquis ni effet légitimement attendu en ce qui concerne le délai de rappel fiscal qui sera applicable à la taxation des transmissions qui surviendront ultérieurement. Cette validation est toutefois assortie d'une réserve d'interprétation. Le Conseil constitutionnel a en effet précisé que les dispositions de l'article 784 du CGI « ne sauraient, sans porter atteinte aux situations légalement acquises, avoir pour objet ou pour effet de conduire à appliquer des règles d'assiette ou de liquidation autres que celles qui étaient applicables à la date de chaque fait générateur d'imposition ».

Le commentaire de cette décision publié par le Conseil des sages confirme que cette réserve d'interprétation concerne précisément la méthode devant être retenue pour calculer les droits dus lorsque le rappel s'applique et est destinée à écarter le mode de calcul résultant de l'interprétation littérale de l'article 784 du CGI.

La méthode de calcul qui doit être utilisée pour calculer les droits dus en présence de donations sujettes à rappel fiscal est finalement assez simple. Elle repose sur deux principes :

– seul l'actif nouvellement transmis (au cas présent l'actif net successoral) doit être soumis aux droits de mutation ; et ce en fonction du tarif en vigueur à la date du fait générateur (dans notre cas le tarif s'apprécie à la date du décès) ;

– c'est uniquement pour déterminer le montant des abattements, tranches du tarif progressif, voire les réductions de droit disponibles, qu'il est tenu compte des transmissions antérieures. Seule la partie de l'abattement, de la tranche du tarif ou de la réduction n'ayant pas déjà été utilisée lors de la taxation des donations sujettes à rappel fiscal peut s'appliquer lors du calcul des droits de succession.

La doctrine administrative se positionne dans le même sens et retient également cette méthode de calcul (BOI-ENR-DMTG-10-50-50 n° 310).

Si, ce qui est loin d'être exceptionnel en pratique au regard des donations antérieures de moins de quinze ans, le donataire a déjà bénéficié d'un abattement, d'une tranche ou d'une réduction de droits pour un montant supérieur à celui qui est en vigueur à la date du décès, il convient simplement de constater que l'abattement, la tranche ou la réduction considérée est saturée et ne peut plus s'appliquer à la nouvelle taxation. En aucun cas il n'est en revanche possible ni de revenir sur les liquidations antérieures ni d'ajouter le différentiel à la masse à taxer.

On observera enfin qu'il est possible qu'une tranche du tarif progressif ait été intégralement utilisée lors de la taxation d'une donation sujette à rappel fiscal et que pourtant cette tranche puisse à nouveau partiellement bénéficier au donataire. Ce sera le cas lorsque la limite de cette tranche aura été revalorisée (entre 2008 et 2011 les abattements et les tranches des taux progressifs étaient revalorisés chaque année) depuis lors et qu'aucune transmission ne sera survenue entre-temps entre les intéressés.

La singularité du présent cas tient au fait que comme il a été rappelé ci-dessus, la durée même du délai de rappel fiscal a évolué dans le temps (pour une synthèse de cette évolution, F. Fruleux, Juriscl. Enr. Traité V° Successions, fasc. 90, annexe unique).

En l'espèce, la seconde donation est survenue après que le délai de rappel fiscal de la première a expiré. Le donataire a donc pu à nouveau bénéficier intégralement de son abattement personnel et des premières tranches du tarif progressif lors de la taxation de cette donation en fonction des montants alors en vigueur. Mais le délai de rappel fiscal ayant été entre-temps porté à quinze ans à la date du décès, les deux donations sont soumises à rappel.

La méthode exposée ci-dessus permet, même dans cette situation spécifique, de calculer les droits de succession dus sans difficulté particulière.

I. Liquidation des droits lors de la donation du 15 septembre 2007

Base taxable :	200 000 €
Abattement personnel :	– 150 000 €
Reste taxable :	50 000 €
Liquidation des droits :	
5 % sur 7 600 €	380 €
10 % sur 3 800 €	380 €
15 % sur 3 600 €	540 €
20 % sur 35 000 €	7 000 €
Montant des droits dus :	8 300 €

77140 (suite)

II. Liquidation des droits lors de la donation du 20 septembre 2011

La donation consentie le 15 septembre 2007, passée depuis moins de dix ans (délai de rappel en vigueur le 20 septembre 2011), est soumise au rappel fiscal, de sorte qu'elle est prise en compte dans le cadre de la taxation.

A. Détermination de l'abattement résiduel

L'abattement au profit de chaque enfant vivant ou représenté s'élevait à 159 325 € en septembre 2011. Le donataire avait déjà bénéficié de cet abattement personnel pour un montant de 150 000 € lors de la taxation de la donation de 2007. Il n'a donc bénéficié à nouveau de cet abattement qu'à concurrence du solde disponible, soit 159 325 € – 150 000 € = 9 325 €. Le solde de sa part taxable, soit 200 000 € – 9 325 € = 190 675 € a été soumis au barème progressif en ligne directe.

B. Tranches du tarif applicables et calcul des droits

La tranche à 5 % s'élevait en 2011 à 8 072 €. Elle a déjà été utilisée à hauteur de 7 600 € en 2007, seul le solde, soit 8 072 € – 7 600 € = 472 €, reste disponible au titre de la taxation de la part taxable, ce qui engendre des droits d'un montant de 5 % × 472 € = 23,60 €.
Il en va de même, pour les mêmes raisons, des tranches à 10 % et 15 %, d'où :

10 % sur (4 037 € – 3 800 €) = 237 € = 23,70 €
15 % sur (3 823 € – 3 600 €) = 223 € = 33,45 €

Le montant de la tranche à 20 % s'élevait déjà en 2011 à 536 392 €. On doit retrancher les montants déjà utilisés en 2007, c'est-à-dire 35 000 €, soit un reliquat de 501 392 € (536 392 € – 35 000 € = 501 392 €), ce qui a suffi pour taxer le solde de la part taxable du donataire qui s'élevait à 189 743 € [190 675 – (472 + 237 + 223 = 932) = 189 743 €]. À ce titre, les droits se sont élevés à 37 948,60 €. Au total, la donation de 2011 a généré des droits pour un montant total de : (23,60 + 23,70 + 33,45 + 37 948,60) = 38 029 €.

III. Liquidation des droits de succession

La succession s'étant ouverte le 5 septembre 2023, le délai de rappel fiscal est de 15 ans. La donation consentie le 15 septembre 2007 n'est plus concernée. Seuls l'abattement et les tranches utilisés au titre de la taxation de la donation du 20 septembre 2011 influent sur la liquidation des droits de succession.

Actif net taxable : .... 300 000 €

A. Détermination de l'abattement résiduel

Au décès, l'abattement personnel de l'héritier s'élève à 100 000 €. L'héritier n'a utilisé cet abattement au cours des 15 dernières années qu'à concurrence de 9 325 €, lors de la taxation de la donation de 2011. Le solde disponible de cet abattement est donc de 100 000 € – 9 325 € = 90 675 €. Le reliquat de sa part successorale, soit 300 000 € – 90 675 € = 209 325 €, est soumis au barème progressif en ligne directe.

B. Tranches du tarif applicables et calcul des droits

Au décès, la tranche à 5 % s'élève à 8 072 €. Elle n'a déjà été utilisée par le successeur au titre de la donation soumise à rappel qu'à hauteur de 472 €. Le solde de cette tranche soit 8 072 € – 472 € = 7 600 € génère des droits d'un montant de 7 600 € × 5 % = 380 €.
Il en va de même des tranches à 10 % et 15 % qui ayant été utilisées lors de la taxation de la donation de moins de 15 ans à hauteur respectivement de 237 et 223 € peuvent à nouveau être utilisées à concurrence de 4 037 € – 237 € = 3 800 € pour la première, et à hauteur de 3 823 € – 223 € = 3 600 €. Ces tranches génèrent 3 800 € × 10 % = 380 € de droits pour la première et 3 600 € × 15 % = 540 € pour la seconde.
Le montant de la tranche à 20 % à la date du décès s'élève à 536 392 €. On doit retrancher le montant déjà utilisé en 2011, c'est-à-dire 189 743 €, soit un reliquat de 346 649 €, ce qui suffit à absorber le solde de la part taxable restant à imposer qui s'élève à 194 325 € [209 325 € – (7 600 € + 3 800 € + 3 600 €) = 194 325 €] d'où 194 325 × 20 % = 38 865 €. Au total, les droits de succession s'élèvent à 380 € + 380 € + 540 € + 38 865 € = 40 165 €.

77150 CAS PRATIQUE

Donations rapportables et rappelables ; déclaration de succession ; CGI art. 784 ; moins de 15 ans ; calcul des droits de donations ; calcul des droits de succession

Liquidation des droits de succession en cas de rapport civil et de rappel fiscal
Le 15 septembre 2009, M. Duval donne à Antoine, son fils, un immeuble d'une valeur de 220 000 €. L'acte de donation ne contient aucune clause relative au rapport.
Le 30 novembre 2009, il donne à son second fils, Bernard, un portefeuille de valeurs mobilières d'une valeur de 240 000 €. L'acte de donation ne contient pas davantage de clause concernant le rapport.
Il décède le 8 septembre 2023 ab intestat, laissant pour lui succéder ses deux enfants.
L'actif net de succession s'élève à 400 000 €. À la date du décès, les biens donnés respectivement à Antoine et Bernard dans leur état d'origine ont une valeur de 280 000 € pour l'immeuble et 260 000 € pour le portefeuille de valeurs mobilières.
Calculez les droits de succession.
Le défunt a consenti de son vivant à ses héritiers présomptifs des donations simples en avancement de part successorale. Il est décédé dans les quinze ans qui suivent en laissant ses deux enfants donataires pour lui succéder.
Les donations qu'il leur a adressées sont donc à la fois sujettes au rapport civil et au rappel fiscal. Ces deux mécanismes vont jouer dans la déclaration de succession dans le cadre de la liquidation des droits de mutation par décès.
– le rapport (revalorisé en fonction des règles civiles mais en cristallisant les calculs à la date du décès, fait générateur de l'impôt de succession) influe sur la détermination des parts nettes taxables ;
– le rappel (pris pour la valeur ayant servi à la liquidation initiale des droits sans revalorisation) affecte le tarif appliqué sur chaque part successorale.
La conjonction de ces deux règles conduit à calculer les droits de succession de la manière suivante :

I. Liquidation des droits de donation lors de la réalisation de la donation du 15 septembre 2009

Base taxable :	220 000 €
Abattement :	– 156 359 €
Reste taxable :	63 641 €
Liquidation des droits :	
5 % sur 7 922 €	396,10 €
10 % sur 3 961 €	396,10 €
15 % sur 3 753 €	562,95 €
20 % sur 48 005 €	9 601 €
Droits dus (avant réduction)	10 956 €

II. Liquidation des droits de donation lors de la réalisation de la donation du 30 novembre 2009

Base taxable :	240 000 €
Abattement :	– 156 359 €
Reste taxable :	83 641 €
Liquidation des droits :	
5 % sur 7 922 €	396,10 €
10 % sur 3 961 €	396,10 €
15 % sur 3 753 €	562,95 €
20 % sur 68 005 €	13 601 €
Droits dus (avant réduction)	14 956 €

77150 (suite)

III. Liquidation des droits de succession

A. Détermination des parts nettes taxables

Actif net taxable :	400 000 €
Rapport de la donation consentie à Antoine :	+ 280 000 €
Rapport de la donation consentie à Bernard :	+ 260 000 €
Ensemble :	940 000 €
Part revenant à chacun d'Antoine et Bernard (1/2) :	470 000 €

1. Part taxable d'Antoine

– Part successorale :	470 000 €
– Rapport qu'il doit à la succession :	– 280 000 €
Part nette taxable :	190 000 €

2. Part taxable de Bernard

– Part successorale :	470 000 €
– Rapport qu'il doit à la succession :	– 260 000 €
Part nette taxable :	210 000 €

B. Liquidation des droits

1. Droits dus par Antoine

Antoine ayant bénéficié dans les 15 ans précédant le décès d'un abattement supérieur à celui en vigueur au jour du décès, il ne profite d'aucun abattement minorant sa part successorale taxable. L'abattement plus favorable dont il a bénéficié lors de la taxation de la donation soumise à rappel n'est pas remis en cause.

Part nette taxable :	190 000 €
a) Abattement résiduel : 100 000 € – 156 359 € =	néant
Reste taxable :	190 000 €
b) Calcul des droits :	
5 % sur (8 072 € – 7 922 €), soit 150 € =	7,50 €
10 % sur (4 037 € – 3 961 €), soit 76 € =	7,60 €
15 % sur (3 823 € – 3 753 €), soit 70 € =	10,50 €
20 % sur [190 000 € – (150 € + 76 € + 70 €)], soit 189 704 € =	37 940,80 €
Montant des droits dus :	**37 966 €**

À noter : La tranche à 20 % reste disponible à concurrence de sa limite 536 392 € moins les 48 005 € déjà utilisés lors de la taxation de la donation rappelée, soit un solde de 488 387 €.

2. Droits dus par Bernard

Bernard ayant bénéficié dans les 15 ans précédant le décès d'un abattement supérieur à celui en vigueur au décès, il ne profite d'aucun abattement minorant sa part successorale taxable. L'abattement plus favorable dont il a bénéficié lors de la taxation de la donation soumise à rappel n'est pas remis en cause.

Part nette taxable :	210 000 €
a) Abattement résiduel : 100 000 € – 156 359 € =	néant
Reste taxable :	210 000 €
b) Calcul des droits :	
5 % sur (8 072 € – 7 922 €), soit 150 € =	7,50 €
10 % sur (4 037 € – 3 961 €), soit 76 € =	7,60 €
15 % sur (3 823 € – 3 753 €), soit 70 € =	10,50 €
20 % sur [210 000 € – (150 € + 76 € + 70 €)], soit 209 704 € =	41 940,80 €
Montant des droits dus :	**41 966 €**
Montant total des droits de succession :	**79 932 €**

77160 CAS PRATIQUE

Conjoint survivant ; héritiers réservataires ; exhérédation du conjoint ; testament olographe ; droit viager au logement ; droit temporaire au logement ; crédit de paiement différé ; crédit de paiement fractionné ; identité du redevable des intérêts ; calcul des droits de succession

M. Duval, séparé de biens, décède le 8 septembre 2023 en laissant pour lui succéder :
– son épouse survivante âgée de 70 ans ;
– ses deux enfants issus de son union avec son épouse en uniques noces.
L'actif net de succession s'élève à 900 000 €, en ce compris la résidence principale du couple dépendant de la succession et le mobilier meublant inventorié dont il est garni, d'une valeur globale de 600 000 €.
Aux termes de son testament olographe, le défunt a privé son épouse de tout droit dans sa succession.

Questions

– Quels sont les droits respectifs des successeurs ?
– Comment les droits du conjoint survivant sont-ils évalués ?
– Ces droits sont-ils passibles des droits de succession ? Sont-ils déductibles de l'actif taxable ?
– Les enfants du défunt peuvent-ils bénéficier d'un crédit de paiement différé des droits de succession ? À quelles conditions, selon quelles modalités et pour quel montant ?
– Un crédit de paiement fractionné peut-il être obtenu concomitamment ? À quelles conditions ? Quel serait le taux d'intérêt applicable ? Pour quelle durée ?
– Les nus-propriétaires sont-ils contraints d'acquitter l'intérêt ?
– Quel est le montant des droits dus ?
– Quelle est la fraction des droits dus par chaque enfant susceptible de bénéficier d'un paiement différé ?

Solution

Le défunt a exhérédé son conjoint, mais aux termes d'un testament olographe. Le conjoint survivant conserve par conséquent :
– son droit viager au logement dont il ne peut être privé que par testament authentique (C. civ. art. 764, al. 1) ;
– son droit temporaire au logement qui est d'ordre public (CGI art. 763).
Les deux enfants recueillent le surplus de la succession qu'ils se partagent entre eux par moitié.
S'agissant du régime fiscal de ces droits temporaire et viager au logement, on observera que :
– même lorsque le conjoint survivant n'était pas exonéré de droits de succession, le droit temporaire n'était pas passible des droits de mutation par décès. Il ne s'agit pas en effet d'un droit de nature successorale, mais d'une composante successorale du statut impératif de base, d'un « effet direct du mariage » (C. civ. art. 763) ;
– dans son versant passif, le droit temporaire au logement est déductible de l'actif taxable uniquement lorsqu'il s'exécute en valeur, c'est-à-dire quand il prend la forme du remboursement par la succession soit du loyer de la résidence principale, soit de l'indemnité d'occupation du bien qui était indivis entre le défunt et des personnes autres que son conjoint (CGI art. 775 quater). En revanche aucune déduction n'est possible lorsque le logement dépend de la succession ou appartient conjointement aux époux comme c'est le cas ici ;
– pour sa part, le droit viager au logement est assurément de nature successorale. La question est ouverte au plan civil de savoir s'il constitue ou non une succession anomale. Fiscalement, ce droit démembré est évalué forfaitairement en fonction du barème énoncé par l'article 762 bis du CGI qui le valorise (pour tenir compte des prérogatives plus restreintes de son titulaire que de celles offertes à un usufruitier, tout en se situant au-delà de celles d'un habituaire « ordinaire ») à hauteur de 60 % de la valeur fiscale de l'usufruit viager, elle-même fixée d'après le barème énoncé à l'article 669 du CGI suivant l'âge de l'usufruitier.

Un point mérite une attention toute particulière à cet égard. Sur le fondement d'une analyse juridiquement contestable, l'administration fiscale considère que dans les cas les plus courants où le conjoint survivant exerce sur le logement qu'il occupe effectivement à titre de résidence principale au décès et sur les meubles meublants dont il est garni à la fois son droit temporaire et viager au logement, le premier paralyse l'exercice du second. Selon la doctrine administrative pour l'application du barème détaillé ci-dessus, il convient de prendre en compte l'âge du conjoint survivant au terme de l'exercice du droit temporaire au logement, soit généralement un an après le décès et non comme habituellement à la date d'ouverture de la succession (BOI-ENR-DMTG-10-40-10-50 n° 90). **77160** (suite)

Ce mode d'évaluation du droit viager au logement est pénalisant en ce qu'il minore le droit viager compris dans la part taxable du conjoint survivant (qui est exonérée en application de l'art. 796-0 bis du CGI), et accroît corrélativement celles des autres successeurs qui sont effectivement taxés.

Tel est bien le cas en l'espèce. Apprécier, comme habituellement, l'âge du conjoint survivant à la date du décès conduirait à valoriser l'usufruit à 40 % de la pleine propriété et donc le droit viager au logement à 24 % de celle-ci. À l'expiration du droit temporaire, le conjoint survivant aura plus de 71 ans révolus, ce qui conduit à évaluer l'usufruit à 30 % et le droit viager composant sa part taxable à 18 % de la pleine propriété des biens qui en constituent l'assiette.

S'agissant du crédit de paiement différé, l'article 397 de l'annexe III au CGI prévoit la possibilité pour les successeurs, quel que soit le lien de parenté qui les unit ou non au défunt, de bénéficier d'un crédit de paiement différé « en raison des mutations par décès (...) qui comportent dévolution de biens en nue-propriété ».

L'administration fiscale délimite strictement le champ d'application de ce crédit de paiement. Elle refuse par principe le crédit de paiement aux héritiers qui recueillent un bien grevé non d'un droit d'usufruit, mais d'un droit d'usage et d'habitation (Rép. secr. d'État au budget 10-2-1954 : Indicateur enr. n° 8350 ; Rép. secr. d'État au budget 29-9-1956 : Indicateur enr. n° 9170). Elle énonce cependant une importante exception en ce qui concerne, en raison du caractère légal de ce droit, le droit d'habitation et d'usage bénéficiant au conjoint survivant (C. civ. art. 764). Les successeurs qui recueillent des biens grevés d'un tel droit peuvent par extension bénéficier du crédit de paiement différé (BOI-ENR-DG-50-20-20 n° 135 ; Dr. fisc. 2003 n° 28). Les enfants du défunt peuvent ainsi bénéficier du crédit de paiement différé des droits dus à raison de la moitié indivise de la résidence principale et des meubles meublants qu'ils recueillent sous le droit d'habitation et d'usage de leur mère.

Ce régime leur permet de différer le paiement des droits jusqu'à l'expiration d'un délai qui ne peut pas excéder six mois à compter :

– soit de la date de la réunion de l'usufruit à la nue-propriété ou de la cession totale ou partielle de cette dernière ;

– soit du terme du délai imparti à l'attributaire, le légataire ou le donataire pour le paiement des sommes dont il est débiteur envers ses cohéritiers.

La cession totale du bien transmis entraînerait l'exigibilité immédiate des droits en suspens (CGI ann. III art. 404 B).

Pour bénéficier du paiement différé, les enfants doivent fournir une garantie assurant au comptable public le paiement des droits en cas de défaillance. Ces garanties peuvent consister en des sûretés réelles d'une valeur au moins égale au montant des sommes au paiement desquelles il est sursis ou en un engagement solidaire souscrit par une ou plusieurs personnes physiques (CGI ann. III art. 400).

La demande de crédit doit être formulée soit au pied de la déclaration de succession, soit être jointe à celle-ci lors de son dépôt à l'enregistrement. Elle doit contenir une offre de garanties suffisantes que le débiteur de l'impôt s'engage à constituer à ses frais dans un délai de quatre mois à compter de la date de la demande d'admission au crédit (CGI ann. III art. 399 et 400).

Les biens qui servent à la liquidation des droits de mutation à titre gratuit sont admis en garantie, à condition que l'héritier fournisse au comptable compétent de la Direction générale des finances publiques, en même temps que sa demande de crédit, tous les éléments que l'administration juge nécessaires à la mise à jour de l'évaluation des biens (CGI ann. III art. 400).

Les enfants du défunt ne recueillent toutefois qu'une partie seulement des biens successoraux (la résidence principale du couple et les meubles meublants garnissant cette résidence sous le droit viager au logement du conjoint), les autres actifs successoraux étant reçus en pleine propriété. Dans une telle situation, seuls les droits dus par l'héritier correspondant aux biens transmis grevés du droit viager au logement du conjoint survivant peuvent bénéficier du crédit de paiement (CGI ann. III art. 404 B). Il est donc nécessaire de procéder à une ventilation des droits exigibles, proportionnellement à la valeur des biens recueillis respectivement en pleine propriété et en nue-propriété, suivant une simple règle de trois (en ce sens, Dictionnaire enr., V° successions, n° 4055). Cette modalité de ventilation est moins avantageuse que celle énoncée par l'administration fiscale pour fixer la partie des droits de mutation par décès éligible au crédit de paiement différé puis fractionné applicables aux transmissions d'entreprises (BOI-ENR-DG-50-20-50 n° 240 qui prévoit une double liquidation ; pour un exemple chiffré selon cette méthode, J.-Cl. Enregistrement Traité, V° Successions fasc. 131 par F. Fruleux, nos 46 s.).

77160 (suite)

Sous réserve de constituer une garantie suffisante, le surplus des droits correspondant aux biens reçus en pleine propriété pourrait faire l'objet d'un crédit de paiement fractionné, en trois ou sept versements suivant la consistance de l'actif héréditaire, dans les conditions de droit commun (CGI ann. III art. 404 A).

Qu'il soit différé ou fractionné, le crédit de paiement entraîne par principe le versement d'un intérêt.

Depuis le 1er janvier 2015, le taux de cet intérêt diffère de celui de l'intérêt légal. Fixé à l'article 401 de l'annexe III du CGI, il correspond à celui du taux effectif moyen pratiqué par les établissements de crédit pour des prêts à taux fixe aux particuliers entrant dans le champ d'application des articles L 312-1 à L 312-36 du Code de la consommation (c'est-à-dire des crédits immobiliers), au cours du quatrième trimestre de l'année précédant celle de la demande de paiement fractionné ou différé, réduit d'un tiers. Toutefois, seule la première décimale est retenue.

Le taux applicable est celui en vigueur à la date à laquelle la demande de crédit est formulée. Il s'applique pendant toute la durée du crédit. Il s'élève à 1,70 % pour les demandes formulées en 2023.

Les intérêts sont acquittés :

– s'il s'agit d'un paiement fractionné, lors du versement de chaque fraction, à laquelle ils s'ajoutent ;

– s'il s'agit d'un paiement différé, annuellement, le premier terme venant à échéance un an après l'expiration du délai imparti pour souscrire la déclaration de succession.

Toutefois, dans le cadre du crédit de paiement différé, l'article 404 B de l'annexe III au CGI prévoit que le bénéficiaire du paiement différé peut, en cas de dévolution des biens en nue-propriété, être dispensé du paiement des intérêts, à la condition que les droits de mutation par décès soient assis sur la valeur imposable, au jour de l'ouverture de la succession, de la propriété entière des biens recueillis. Autrement dit, dans cette situation, la contrepartie de la dispense de paiement de l'intérêt réside dans la majoration de l'assiette taxable du redevable bénéficiaire du crédit. Pour ce qui le concerne, tout se passe comme s'il avait reçu les biens (pour leur valeur à la date du décès naturellement) en pleine propriété. L'exercice de cette option est irrévocable (BOI-ENR-DG-50-20-30 n° 150). Cette solution a été confirmée par la cour d'appel de Paris (CA Paris 14-3-2022 n° 20/07717 : RJF 7/22 n° 686).

En l'espèce, les droits de succession globalement dus ainsi que la partie pouvant bénéficier d'un paiement fractionné sont déterminés de la manière suivante.

I. Conjoint survivant

A. Part taxable

Valeur fiscale du droit viager au logement : 600 000 € × 18 % = 108 000 €

B. Droits dus

Néant (CGI art. 796-0 bis)

II. Chaque enfant

A. Part taxable

– en pleine propriété (la moitié des actifs successoraux autres que la résidence principale et les meubles meublants) :	150 000 €
– en « nue-propriété » sous le droit viager au logement du conjoint survivant la moitié de la résidence principale et des meubles meublants : [600 000 € – 108 000 €] = 492 000 € / 2 =	246 000 €
Part taxable globale par enfant :	396 000 €

B. Calcul des droits

Part taxable :	396 000 €
Abattement personnel :	– 100 000 €
Reste taxable :	296 000 €
Droits dus par chaque enfant :	57 394 €

C. Calcul de la fraction des droits pouvant bénéficier du paiement différé

57 394 € × [246 000 / 396 000] = 35 654 €

CAS PRATIQUE

Exonération Dutreil ; succession ; partage de succession ; apport des titres sous engagement à une société holding ; engagement réputé acquis ; engagement de conservation en cours au jour du décès ; engagement post mortem

77170

Un de vos clients, M. David Crombie, vous annonce le récent décès de son père, Albert, dont il hérite par parts égales avec Bernard, son frère, et Clarisse, sa sœur. Le décès est survenu le 8 septembre 2023.

M. Albert Crombie était associé éponyme d'une SAS exerçant l'activité de création et de vente de vêtements sous licence. Cette société a récemment connu une importante croissance grâce à la commercialisation de deux types de produits : une gamme de costumes pour cadres dynamiques commercialisés sous la marque HU BO GOSS et des bonnets pour adolescents (qui se portent très près du front) estampillés Napapijélui.

Les actions détenues par M. Albert Crombie sont valorisées à plusieurs millions d'euros.

David Crombie vous consulte sur les moyens qui permettraient de réduire le coût fiscal de la transmission de ces actions à son frère, à sa sœur et à lui-même, en bénéficiant de l'exonération Dutreil.

Un accord a d'ores et déjà été trouvé entre David, Bernard et Clarisse : les actions seraient attribuées à David lors du partage de la succession, à charge pour lui de verser une soulte à ses frère et sœur.

David est désireux d'assurer immédiatement le financement de cette soulte en transférant sa charge à une société holding, Newco, qui contracterait un emprunt à cet effet, les remboursements d'échéance étant assurés au moyen des dividendes perçus par la société holding. L'obtention d'un concours bancaire ne devrait pas poser de difficulté, compte tenu de la forte rentabilité des actions de la SAS Albert Crombie. David n'est pas opposé à ce que symboliquement son frère et sa sœur conservent quelques actions de la SAS qu'ils apporteraient eux aussi à la société holding, mais il entend assurer la direction de celle-ci.

Il n'écarte pas qu'à terme, pour assurer le développement de son groupe, un ami financier entre au capital de la société holding tout en détenant une participation minoritaire, n'excédant pas 25 %. Il envisage également à brève échéance de diversifier les activités du nouveau groupe qu'il entend constituer et souhaiterait que la société holding Newco puisse être animatrice de son groupe.

L'exonération partielle de droits de mutation à titre gratuit Dutreil régie par l'article 787 B du CGI peut-elle s'appliquer aux actions envisagées par David ? Suivant quelles modalités ?

Le régime de faveur est-il compatible avec les projets de David concernant le partage et l'apport des actions à une société holding ainsi que l'évolution de cette dernière ?

Solution

Conditions et modalités de mise en œuvre de l'exonération

La société Albert Crombie exerce une activité commerciale qui autorise, par principe, l'application de l'exonération partielle lors de la transmission à titre gratuit de ses actions. Le régime de faveur Dutreil concerne en effet les transmissions de parts ou d'actions d'une société ayant une activité industrielle, commerciale, artisanale, agricole ou libérale (CGI art. 787 B in limine).

L'énoncé ne fournit en revanche aucune indication concernant l'étendue de la participation détenue par le défunt dans la SAS Albert Crombie, ni l'inclusion de ses titres dans un engagement collectif de conservation conclu ante mortem ; pas plus que l'exercice ou non par le défunt d'une fonction de direction dans la société. Ces données sont pourtant essentielles pour statuer sur l'exonération des actions ainsi que pour déterminer précisément le dispositif applicable.

Trois dispositifs assez dissemblables sont susceptibles d'être mis en œuvre sachant que la société Albert Crombie n'est pas cotée en bourse et que ses bénéfices sont imposés à l'IS.

77170 (suite)

Premier dispositif : engagement réputé acquis

Si, dans les deux ans précédant son décès, le défunt détenait les seuils requis pour conclure un engagement collectif ou unilatéral de conservation, à savoir au moins 17 % des droits financiers et 34 % des droits de vote et exerçait, durant ce même délai, l'une des fonctions de direction énumérées au 1° du 1 du III de l'article 975 du CGI, les héritiers pourraient se prévaloir d'un engagement collectif de conservation « réputé acquis » (CGI art. 787 B, b-2).

Depuis la modification apportée par l'article 8 de la loi de finances rectificative pour 2022, le bénéfice de l'exonération partielle nécessiterait également que durant les deux années précédant la transmission et jusqu'au terme de l'engagement individuel de conservation dont il sera question ci-après la société ait exercé continûment une activité éligible (CGI art. 787 B, c bis modifié par loi 2022-1157 du 16-8-2022).

L'exonération s'appliquerait alors à condition que chaque héritier souscrive dans la déclaration de succession un engagement individuel de conservation, par lequel il s'engage, pour lui et ses ayants cause à titre gratuit, à conserver les actions transmises pendant quatre ans à compter du décès (CGI art. 787 B, c), la société devant exercer une activité éligible jusqu'au terme de cet engagement (CGI art. 787 B, c bis).

Le maintien de l'exonération nécessite, en outre, que l'un des héritiers exerce effectivement dans la société une fonction de direction pendant les trois années qui suivent la date de la transmission. Dans les sociétés par actions simplifiées, l'étendue des fonctions de direction doit être, conformément aux statuts de la société, au moins équivalente à celle des fonctions exercées dans le cadre d'une société anonyme. De plus, le nombre d'associés dirigeants d'une société par actions simplifiée ne peut excéder celui des associés d'une société anonyme qui exercent les fonctions de direction énumérées au 1° du 1 du III de l'article 975 du CGI (BOI-ENR-DMTG-10-20-40-10 n° 290 ; par renvoi BOI-PAT-IFI-30-10-30-10 n°s 50 à 150). Ces points doivent être vérifiés au cas d'espèce.

Lorsque l'engagement collectif est réputé acquis, la fonction de direction ne peut être exercée que par l'un (ou plusieurs) des héritiers. Sous réserve de disposer de la majorité requise ou de l'aval des autres associés, ce point ne devrait pas poser de difficulté en l'espèce, David étant décidé à poursuivre l'activité et à assurer la direction de la société. La circonstance qu'au décès David n'exerce pas de fonction de direction ne constitue pas un obstacle dès lors que sa prise de fonction intervient dans les six mois du décès ; le délai de trois ans débutera alors à compter de sa prise effective de fonction et non à compter du décès (BOI-ENR-DMTG-10-20-40-20 n° 70).

On notera également que si les conditions requises pour que l'engagement collectif de conservation soit réputé acquis sont remplies et que David est en mesure d'exercer une fonction de direction, en termes de délais, il sera plus opportun que les successeurs optent pour ce dispositif, quand bien même un engagement collectif de conservation aurait été conclu sur les actions dépendant de sa succession et serait toujours en cours au jour du décès. Opter pour l'engagement collectif de conservation réputé acquis permettrait de faire débuter l'engagement individuel de conservation de quatre ans dès la date du décès, et non à compter de l'expiration de l'engagement collectif (CGI art. 787 B, c). Nous verrons que cette donnée n'est pas neutre quant à la suite du processus souhaité par David (voir ci-après incidences du partage).

Deuxième dispositif : engagement de conservation en cours au jour du décès

Si les conditions pour que l'engagement collectif ou unilatéral de conservation soit réputé acquis ne sont pas satisfaites, l'exonération pourrait toutefois s'appliquer si les actions détenues par le défunt étaient couvertes par un engagement collectif en cours au décès et présentaient les caractéristiques requises (CGI art. 787 B, b) (l'abaissement des seuils à 17 % ou à 10 % en matière de droits financiers issu de la loi 2018-1317 du 28-12-2018 de finances pour 2019 ne s'applique qu'aux engagements conclus depuis le 1-1-2019). Il conviendra également de s'assurer que dès la conclusion du pacte d'associés et jusqu'au terme des engagements individuels, la société a exercé continûment une activité éligible (CGI art. 787 B, c bis).

La fonction de direction pourrait être exercée indifféremment par un successeur ou par un signataire du pacte d'associés pendant toute la durée de l'engagement collectif de conservation restant à courir (CGI art. 787 B, d). Une fois la transmission réalisée, la fonction de direction pourrait être assurée soit par un signataire de l'engagement collectif de conservation même si l'engagement collectif a expiré, soit par l'un des bénéficiaires de la transmission ayant souscrit un engagement individuel de conservation lors de la transmission pour bénéficier de l'exonération partielle (BOI-ENR-DMTG-10-40-20-10 n° 395).

La durée des engagements individuels de conservation contractés par les héritiers dans la déclaration de succession serait plus longue, puisqu'ils ne courraient qu'à compter de l'expiration de l'engagement collectif ou unilatéral de conservation (CGI art. 787 B, c). Si l'engagement collectif ou unilatéral de conservation contenait une clause de prorogation ou de reconduction tacite, il conviendrait d'y mettre un terme afin de pouvoir faire débuter au plus tôt l'engagement individuel de conservation (sur cette question, voir F. Fruleux, J.-Cl. Enregistrement Traité v° Successions fasc. 68-5 n° 232). La doctrine administrative énonce que la dénonciation de la prorogation de l'engagement collectif doit lui être notifiée pour lui être opposable (BOI-ENR-DMTG-10-20-40-10 n° 170).

Troisième dispositif : engagement post mortem 77170 (suite)

Enfin, si l'engagement collectif ou unilatéral ne pouvait pas être réputé acquis et qu'aucun engagement n'était en cours au jour du décès, les successeurs pourraient cependant subsidiairement profiter de l'exonération en contractant l'engagement collectif ou unilatéral de conservation post mortem, dans les six mois suivant le décès.

Lorsque les parts ou actions transmises par décès n'ont pas fait l'objet d'un engagement collectif ou unilatéral de conservation, les héritiers peuvent entre eux ou avec d'autres associés conclure l'engagement dans les six mois qui suivent le décès (CGI art. 787 B, a-al. 2). L'engagement collectif ou unilatéral devra compter un dirigeant de la société qui exercera la fonction requise pendant toute la durée de l'engagement collectif de conservation et pendant trois ans à compter de la transmission (BOI-ENR-DMTG-10-20-40-10 n° 395).

L'administration fiscale admet que la circonstance que le dirigeant n'exerce pas sa fonction de direction dès la date du décès ne constitue pas un obstacle à l'application du régime de faveur (contrairement à ce qu'impose littéralement l'article 787 B, d du CGI), si l'exercice des fonctions de direction débute statutairement et effectivement dans les six mois suivant le décès. Mais dans ce cas, le point de départ du délai de trois ans est reporté à la date de la prise effective des fonctions (BOI-ENR-DMTG-10-20-40-20 n° 70).

En présence d'un engagement collectif de conservation conclu post-mortem, l'activité éligible doit être exercée par la société à compter du décès, pendant toute la durée de l'engagement collectif et jusqu'au terme de l'engagement individuel de conservation (CGI art. 787 B, c bis).

L'engagement post-mortem ne doit être utilisé qu'à titre subsidiaire. Il présente en effet l'inconvénient de rallonger la durée des engagements fiscaux des bénéficiaires de la transmission qui doivent respecter successivement l'engagement collectif de conservation d'une durée minimale de deux ans puis l'engagement individuel de conservation de quatre ans débutant à l'expiration de l'engagement collectif, soit un engagement global sur une durée incompressible de six ans. Naturellement, dans un tel contexte, l'engagement collectif de conservation est conclu pour une durée de deux ans, sans prorogation à l'issue de ce délai (ce qui n'empêche pas les associés de souscrire un autre pacte distinct, stipulant une prorogation afin de bénéficier une nouvelle fois de l'exonération partielle, notamment en cas de décès d'un signataire).

Incidences du partage

On ne peut que le regretter mais l'on doit bien constater qu'en l'état actuel de la doctrine administrative les modalités précises de mise en œuvre du régime de faveur détaillées ci-dessus influent sur le projet de partage envisagé par les héritiers. La sécurité offerte à cet égard par la doctrine administrative diffère, à notre avis de manière injustifiée, selon que cette opération est réalisée durant la phase d'engagement individuel ou de poursuite de l'engagement collectif. Une telle distinction est critiquable. Elle conduit souvent à entraver, sans raison juridique ni économique, le financement de la soulte voulu par le législateur lorsque la transmission s'opère par décès, contexte particulièrement critique dans lequel le recours au Family Buy Out (FBO) est particulièrement précieux pour assurer la pérennité de l'entreprise. Ce traitement différencié contrevient manifestement aux objectifs poursuivis par la loi de finances pour 2019 (Loi 2018-1317 du 28-12-2018). Cette dernière a en effet modifié la rédaction de l'article 787 B du CGI afin précisément de permettre le transfert de la soulte résultant du partage à une société holding dès la phase de poursuite de l'engagement collectif de conservation (voir F. Fruleux, La réforme du régime d'exonération Dutreil : nouvelles possibilités, mise en œuvre et points à clarifier : JCP N 2019 n° 1087). Cette dernière donnée devrait par cohérence conduire l'administration fiscale à amender sa doctrine dans ses commentaires à venir pour consacrer clairement l'innocuité du partage de succession à charge de soulte survenant tant en période d'engagement individuel que de poursuite de l'engagement collectif.

La question se pose de savoir si une opération de partage est compatible avec les engagements de conservation et ne risque pas d'emporter déchéance du régime de faveur. L'administration fiscale précise à cet égard que le partage ultérieur des parts ou actions, avec ou sans soulte, n'emporte pas déchéance du régime prévu par l'article 787 B du CGI, mais entraîne seulement un report de l'engagement individuel de conservation sur le bénéficiaire effectif, c'est-à-dire l'indivisaire attributaire des titres de l'entreprise (BOI-ENR-DMTG-10-20-40-10 n° 340). Le partage, même intervenant à charge de soulte, n'est donc pas assimilé à une cession qui emporterait rupture de l'engagement individuel de conservation et déchéance du régime de faveur. Les parties doivent cependant être spécialement informées que si, ainsi qu'il est envisagé au cas présent, la totalité des titres indivis est attribuée à l'un des héritiers à charge de soulte, le non-respect par l'attributaire des conditions requises pour bénéficier du maintien du régime de faveur entraîne la déchéance de celui-ci à l'égard de l'ensemble des héritiers.

Mais, tant au regard de sa situation dans les développements du Bofip que de son contenu, cette mesure de tempérament qui est d'interprétation stricte ne vise que le partage intervenant durant la phase d'engagement individuel de conservation. Aucune transposition par analogie à la phase d'engagement collectif ne semble possible, d'autant que la doctrine administrative apprécie parfois plus strictement les opérations pouvant être réalisées durant cette période que celles

77170 (suite) pouvant être opérées pendant l'engagement individuel (voir notamment BOI-ENR-DMTG-10-20-40-10 nº 320 ; BOI-ENR-DMTG-10-20-40-20 nº 50).

C'est la raison pour laquelle, en l'état, par prudence, la réalisation d'une telle opération durant la phase d'engagement collectif de conservation n'est, à notre avis, envisageable qu'au vu d'une prise de position explicite de l'administration lui étant opposable admettant une telle extension (LPF art. L 80 B).

Apport des actions à une société holding

L'apport envisagé par David, éventuellement conjointement avec son frère et sa sœur pour les quelques actions qu'ils auraient conservées dans la SAS peut pour sa part être réalisé tant durant la phase d'engagement collectif que d'engagement individuel de conservation.

L'apport peut être soit pur et simple, soit mixte, partiellement rémunéré par la prise en charge d'une soulte consécutive à un partage, comme le souhaite David.

Un tel apport n'emporterait pas déchéance de l'exonération partielle, sous réserve que les conditions suivantes soient respectées (CGI art. 787 B, f) :

– la valeur réelle de l'actif brut de la société holding bénéficiaire de l'apport doit être composée à l'issue de l'apport et jusqu'au terme des engagements fiscaux (engagement collectif de conservation s'il y a lieu puis engagement individuel de conservation) à plus de 50 % de participations ayant bénéficié de l'exonération ;

– les trois quarts au moins du capital et des droits de vote de la société holding doivent être, à l'issue de l'apport, détenus par les personnes soumises aux obligations de conservation.

L'administration fiscale précise qu'en phase d'engagement individuel de conservation, le seuil de 75 % requis s'apprécie en tenant compte uniquement des droits de vote et financiers détenus par les seuls bénéficiaires de la transmission (BOI-ENR-DMTG-10-20-40-20 nº 86). Selon cette doctrine le donateur peut toutefois détenir plus de 25 % du capital et des droits de vote de la société holding, à la condition que la majorité du capital et des droits de vote soit détenue par les bénéficiaires de l'exonération partielle. Ce tempérament n'a toutefois pas vocation à s'appliquer en l'espèce s'agissant d'une transmission par décès. C'est donc uniquement durant la phase d'engagement collectif, si elle existe, qu'il pourrait être tenu compte de la participation détenue par les autres signataires de l'engagement collectif ;

– la société holding doit être dirigée directement par une ou plusieurs de ces personnes ;

– la société holding, bénéficiaire de l'apport, doit prendre l'engagement de conserver les titres apportés jusqu'au terme des engagements individuels et collectif ;

– les apporteurs doivent conserver, pendant la même durée, les titres reçus en contrepartie de l'apport ;

– la société cible c'est-à-dire celle exerçant l'activité éligible dont les titres ont été apportés à la holding – en l'espèce, la SAS Albert Combie – doit exercer une activité éligible jusqu'au terme de l'engagement individuel de conservation.

Les conditions tenant à la composition de l'actif de la société, à la détention de son capital et à sa direction doivent être respectées à l'issue de l'opération d'apport et jusqu'au terme des engagements fiscaux.

Les assouplissements apportés par la loi de finances de 2019 en matière d'apports de titres à une société holding permettent d'exaucer les souhaits de David, notamment en ce qui concerne la faculté d'ouvrir, dans la limite de 25 % du capital et des droits de vote, la société holding à un associé totalement extérieur, avant l'expiration des engagements fiscaux, de rendre la société holding animatrice de son groupe de sociétés, ou encore de diversifier ses activités.

Sur ce dernier point, l'attention de David doit cependant être particulièrement attirée sur le maintien d'une contrainte subsistant jusqu'au terme des engagements fiscaux. La diversification est possible, y compris sous la forme de prises de participations dans des sociétés exerçant des activités entièrement distinctes de celle exercée par la société dont les titres ont bénéficié du régime de faveur. Mais elle reste contrainte jusqu'au terme des engagements fiscaux. La détention prépondérante par la société holding Newco d'actifs (quels qu'ils soient) autres que ceux de la société dont les titres ont bénéficié de l'exonération emporterait déchéance de l'exonération partielle.

La doctrine précise que pour apprécier le seuil de 50 %, il est admis de prendre en compte la valeur vénale de toutes les participations dans cette société, y compris celles qui ne sont pas soumises à ces engagements de conservation (BOI-ENR-DMTG-10-20-40-20 nº 81). Un renforcement par la holding de la participation détenue dans la société cible – en l'espèce la SAS Albert Combie – est neutre et insusceptible de produire un tel effet.

CAS PRATIQUE

Exonération Dutreil ; succession ; donation-partage antérieure ; crédit de paiement différé ; crédit de paiement fractionné 77175

M. Duchemin, veuf et retraité, est décédé le 20 juillet 2023.
Il laisse pour lui succéder Alain et Bertrand, ses fils héritiers chacun pour moitié.
La succession comprend :
– 400 actions de la SAS X, société holding non cotée, animatrice de son groupe de sociétés. Cette participation représente 40 % du capital des droits de vote et financiers de cette société, d'une valeur de 4 000 000 € ;
– d'autres biens (valeurs mobilières et liquidités, meubles meublants inventoriés, biens immobiliers), d'une valeur de 2 703 000 €, en ce compris un portefeuille de valeurs mobilières (ne pouvant bénéficier d'aucune exonération particulière) que le défunt a légué à son neveu Charles, d'une valeur de 200 000 €.
Le passif s'élève à 409 500 €. Il comprend :
– diverses dettes courantes (eau, électricité, gaz, abonnements divers, salaires d'employés de maison, etc.) pour 1 500 € ;
– les frais funéraires pour 8 000 € ;
– le solde d'un emprunt non couvert par une assurance décès que le défunt avait contracté pour acquérir une participation minoritaire d'un associé de la SAS X comprise dans les 400 actions dépendant de la succession. Le montant du capital restant dû à l'établissement prêteur au décès s'élève à 400 000 €.
Le 20 décembre 2005, M. Duchemin avait consenti une donation-partage au profit de ses deux enfants, assortie d'une réserve d'usufruit à son profit. Aux termes de cet acte :
– Alain s'est vu attribuer la nue-propriété de deux appartements au Mans d'une valeur globale en pleine propriété de 500 000 € ;
– Bertrand a reçu la nue-propriété d'un appartement à Paris évalué en pleine propriété à 500 000 €.
La SAS X soumise à l'IS est dirigée par Alain. Les actions dépendant de la succession sont toutes couvertes par un engagement collectif de conservation. Celui-ci a été conclu entre M. Duchemin et ses enfants par acte notarié du 15 juin 2020 pour une durée initiale de deux ans, prorogeable tacitement chaque année pour une nouvelle période d'un an. Il est toujours en cours à la date du décès. La SAS X a exercé à titre principal l'activité d'animation de son groupe de sociétés depuis la conclusion du pacte d'associés.
Les héritiers demandent à bénéficier de l'exonération partielle Dutreil-transmission de 75 % prévue par l'article 787 B du CGI dont les conditions d'application sont réunies. Ils souscriront à cette fin les engagements de conservation dans la déclaration de succession, Alain s'engageant à poursuivre la fonction de direction qu'il exerce au sein de la société pendant toute la durée de l'engagement collectif de conservation en cours au décès et durant un délai de trois ans à compter de ce dernier. Alain et Bertrand souhaitent également bénéficier, si cette possibilité leur est offerte, du régime de faveur de crédit de paiement différé puis fractionné en faveur des transmissions d'entreprises.
Une attention particulière doit-elle être portée à la mise en œuvre du régime Dutreil eu égard à la rédaction de l'engagement collectif de conservation ?
Quels sont les montants de l'actif successoral taxable, de la part taxable revenant à chaque successeur et des droits dus par chacun ?
Alain et Bertrand peuvent-ils bénéficier du crédit de paiement différé puis fractionné ? Dans l'affirmative, quel est le montant des droits à leur charge pouvant bénéficier de ce crédit de paiement ? Quel est le taux applicable s'ils sollicitent le crédit en 2023 ? Comment l'échéancier sera-t-il établi ?

Solution

Mise en œuvre de l'exonération Dutreil

Toutes les conditions sont remplies pour que le régime Dutreil-transmission (CGI art. 787 B) puisse s'appliquer. Les sociétés holding animatrices de leur groupe sont en effet assimilées de

77175 (suite) plein droit à des sociétés d'exploitation (Cass. com. 14-10-2020 n° 18-17.955 FS-PB ; BOI-ENR-DMTG-10-20-40-10 n° 55). Il convient d'être vigilant sur le caractère animateur de la société, qui doit exister au jour de la conclusion du pacte, pouvoir être justifié et demeurer jusqu'aux termes des engagements de conservation.

Dans un arrêt du 25 mai 2022 (Cass. com. 25-5-2022 n° 19-25.513 F-B), la Cour de cassation désavouant la doctrine administrative précitée a précisé que l'administration fiscale ne pouvait pas subordonner le bénéfice de ce régime de faveur à une telle exigence qui n'était pas expressément imposée par la loi.

Pour refermer la brèche ouverte par cette décision, l'article 8 de la loi de finances rectificative pour 2022 a ajouté à l'article 787 B du CGI un nouveau paragraphe c bis énonçant que la condition d'exercice par la société d'une activité éligible doit être remplie dès la conclusion de l'engagement collectif de conservation et jusqu'au terme de l'engagement individuel. En l'occurrence, cette activité réside dans l'animation par la SAS X de son activité d'animation de son groupe de sociétés. Le II de l'article 8 de la loi de finances rectificative pour 2022 prévoit que cette nouvelle exigence s'applique rétroactivement à compter du 18 juillet 2022 correspondant à la date de dépôt de l'amendement dont cette disposition est issue, ce qui est le cas en l'espèce (Loi 2022-1157 du 16-8-2022).

La preuve de cette animation peut être rapportée par tout mode compatible avec la procédure écrite. La preuve du rôle effectif et concret d'animation exercé par la société holding ne peut pas se limiter à la démonstration de l'existence d'un simple pouvoir d'animation pouvant être exercé par la holding sur ses filiales compte tenu de la structure mise en place. Les actions transmises doivent par principe faire l'objet d'un engagement collectif de conservation d'une durée minimale de deux ans en cours au jour de la transmission, conclu par le défunt ou le donateur, pour lui et ses ayants cause à titre gratuit.

En l'espèce, s'agissant d'une SAS, l'engagement doit porter sur au moins 17 % des droits financiers et 34 % des droits de vote, y compris les parts ou actions transmises. Ces seuils sont atteints au cas présent.

Chaque successeur souhaitant bénéficier de l'exonération partielle doit prendre impérativement dans la déclaration de succession l'engagement individuel, pour lui et ses ayants cause à titre gratuit, de conserver les parts ou les actions transmises pendant une durée de quatre ans à compter de la date d'expiration de l'engagement collectif de conservation. La société doit continuer d'exercer une activité éligible à titre principal jusqu'au terme de l'engagement individuel (CGI art. 787 B, c bis).

L'un des associés ayant souscrit un engagement individuel de conservation ou l'un des héritiers ayant contracté un engagement individuel de conservation doit exercer de manière effective dans la société pendant la durée de l'engagement collectif de conservation et pendant les trois années qui suivent la date de la transmission l'une des fonctions énumérées au 1° du 1 du III de l'article 975 du CGI lorsque celle-ci est soumise à l'impôt sur les sociétés, de plein droit ou sur option.

S'agissant spécifiquement d'une SAS, l'étendue des fonctions de direction doit être, conformément aux statuts de la société, au moins équivalente à celle des fonctions exercées dans le cadre d'une société anonyme. De plus, le nombre d'associés dirigeants d'une société par actions simplifiée ne peut excéder celui des associés d'une société anonyme qui exercent les fonctions de direction énumérées au 1° du 1 du III de l'article 975 du CGI (BOI-ENR-DMTG-10-20-40-10 n° 290 ; par renvoi BOI-PAT-IFI-30-10-30-10 n° 140 à 150). Le respect de ces exigences doit être vérifié.

Formellement, l'application de l'exonération nécessitera le respect d'obligations déclaratives : la déclaration de succession doit être appuyée d'une attestation de la société dont les actions font l'objet de l'engagement collectif de conservation certifiant que les conditions requises ont été remplies jusqu'au jour de la transmission.

Dans un délai de trois mois à compter de la fin de l'engagement individuel de conservation, ou de la demande de l'administration le cas échéant, l'héritier, le donataire ou le légataire adresse à l'administration une attestation, que la société lui transmet, certifiant que les conditions prévues aux a à d de l'article 787 B du CGI ont été respectées jusqu'à leur terme, ou jusqu'à la date de la demande.

Une attention toute particulière doit être apportée à la mise en œuvre de l'exonération partielle en raison de la rédaction de l'engagement collectif de conservation en cours à la date de la transmission et de la clause de prorogation tacite qu'il contient. En effet, s'agissant du régime applicable aux transmissions de parts sociales ou actions, l'engagement individuel de conservation souscrit par les successeurs dans la déclaration de succession ne débute pas à compter de la transmission mais à compter de l'expiration de l'engagement collectif (CGI art. 787 B, c-al. 1). Ce dernier étant souscrit par le signataire pour lui-même et ses ayants cause à titre gratuit (CGI art. 787 B, a-al. 1), en soi le décès de l'associé ne met pas un terme au pacte d'associés, qui se poursuit entre les signataires survivants et les héritiers de l'associé décédé. Dans une telle situation, il est donc impératif de mettre un terme à l'engagement collectif en dénonçant, suivant les modalités prévues par le pacte, la clause de prorogation tacite à l'issue de la phase de renouvellement qui était en cours à la date du décès ; et ce, afin de faire débuter la phase

77175 (suite)

d'engagement individuel de conservation de quatre ans, dont, à défaut, le point de départ serait reporté sine die.
L'administration fiscale précise dans sa doctrine qu'en outre, en toute hypothèse, la dénonciation de la clause de prorogation de l'engagement collectif doit lui être notifiée pour lui être opposable. Cette notification peut être faite par tous moyens compatibles avec la procédure écrite, la dénonciation ne prenant effet, selon l'administration, qu'à compter du jour où elle en a pris connaissance (BOI-ENR-DMTG-10-20-40-10 n° 170).

Calcul de de l'actif successoral taxable

L'actif net de succession servant à asseoir les droits de mutation par décès comprend les biens existants autres que les meubles meublants évalués au regard de la prisée de l'inventaire, sous réserve que celui-ci respecte les exigences prévues à l'article 764 du CGI. Retenir l'inventaire comme base d'évaluation de ces biens implique notamment qu'il soit régulier, sincère, complet et clôturé dans les cinq ans suivant le décès.
Sous réserve de respecter les conditions rappelées ci-dessus, les actions de la société X ne seront soumises aux droits de mutation par décès qu'à concurrence de 25 % de leur valeur, soit ¼ × 4 000 000 € = 1 000 000 €.
Cette valeur s'ajoute à celle des autres actifs successoraux (en ce compris les meubles meublants inventoriés) évalués à 2 703 000 €, de sorte que l'actif brut de succession est d'un montant de 3 703 000 €.
De cet actif sont déduites les dettes respectant les conditions requises par l'article 768 du CGI, ce qui nécessite notamment qu'elles soient certaines et à la charge personnelle du défunt à la date du décès. Leur existence doit en outre être prouvée par tout mode compatible avec la procédure écrite.
L'article L 20 du LPF énonce en termes généraux que l'administration peut exiger une attestation délivrée par le créancier certifiant l'existence de la dette, peu important qu'elle résulte d'un acte authentique ou d'un acte sous signature privée, d'une dette civile ou d'une dette commerciale. En pratique, l'administration fiscale se contente généralement de justificatifs écrits attestant de l'existence de la dette résultant de documents tels que des factures. Elle n'exige la production de l'attestation de créancier qu'à l'égard de dettes relativement importantes, même résultant de titres sous signature privée apparemment réguliers ou pour celles dont l'absence de remboursement antérieur au décès n'est pas certaine (BOI-ENR-DMTG-10-40-20-30 n° 40).
L'exonération revendiquée par les successeurs sur les actions de la société X rejaillira sur la détermination du passif déductible pour la liquidation des droits de mutation par décès. En effet, pour lutter contre des stratégies qui permettraient de minorer artificiellement l'assiette des droits de succession, l'article 769 du CGI énonce le principe de l'imputation prioritaire du passif contracté pour l'acquisition ou dans l'intérêt de biens exonérés sur ces biens.
Lorsque, comme c'est le cas en l'espèce, le bien concerné n'est assujetti aux droits de mutation à titre gratuit que pour une fraction de sa valeur, le passif afférent à ce bien n'est déductible de l'actif héréditaire que dans la même proportion (BOI-ENR-DMTG-10-40-20-40 n° 10). Bien que répondant aux conditions de droit commun de déductibilité imposées par l'article 768 du CGI, le solde de l'emprunt de 400 000 € (non couvert par une assurance décès) contracté par le défunt pour acquérir la participation d'un associé de la société X comprise dans les 400 actions dépendant de la succession est concerné par cette règle restrictive. En raison de l'exonération de 75 % dont bénéficieront les actions, cette dette ne pourra être distraite de l'actif taxable qu'à hauteur de 25 % de son montant, soit 100 000 €.
Sous réserve de respecter les conditions de l'article 768 du CGI et de fournir les justificatifs en cas de demande de l'administration, les diverses dettes courantes (eau, électricité, gaz, abonnements divers, salaires des employés de maison, etc.) pourront être déduites pour un montant de 1 500 €.
De leur côté, les frais funéraires d'un montant de 8 000 € ne seront déductibles que dans la limite forfaitaire de 1 500 € énoncée à l'article 775 du CGI.
Le passif successoral s'établit au total à 103 000 €, et l'actif net taxable de la succession servant à calculer les droits de mutation par décès s'élève ainsi à 3 703 000 € – 103 000 € = 3 600 000 €.

Détermination de la part taxable revenant à chaque successeur

La détermination de la part taxable revenant à chaque successeur est susceptible d'être affectée par deux facteurs :
– un éventuel dépassement de la quotité disponible de la succession qui conduirait, si l'action en réduction était exercée, à réduire le legs consenti à Charles, voire la donation-partage de 2005 ;
– l'éventuelle influence que peut exercer la libéralité consentie par le défunt sur la répartition de l'actif net laissé à son décès entre Alain et Bertrand en raison du rapport qui serait dû à la succession par le gratifié.
Un rapide calcul permet de constater que ni le legs ni la donation-partage ne sont réductibles. L'établissement de la masse de calcul de la réserve successorale est réalisé en faisant abstraction des règles fiscales d'assiette qui n'ont pas vocation à s'appliquer. En particulier, les biens existants

77175 (suite) sont repris pour leur valeur vénale totale à la date du décès, même s'ils sont partiellement exonérés de droits de mutation par décès. Le passif de succession est intégralement pris en compte, même s'il n'est déductible qu'en partie pour la liquidation des droits de succession, et les frais funéraires sont repris pour leur montant réel.

Dès lors que les conditions imposées par l'article 1078 du Code civil sont ici réunies (chaque enfant a reçu un lot et la donation-partage n'a pas prévu de réserve d'usufruit sur une somme d'argent), le calcul de la réserve (C. civ. art. 922) s'effectue en tenant compte de la valeur des lots à la date de la donation-partage et non à celle du décès.

Les lots sont ainsi repris pour leur valeur à la date de la donation-partage. Même si ce point n'a pas été tranché en jurisprudence, on retiendra ici la valeur des biens en pleine propriété dès lors que l'usufruit réservé par le donateur est éteint à la date du décès.

La masse de calcul de la réserve (C. civ. art. 922) est établie comme suit :

Biens existants :	
– Les 400 actions de la SAS X	4 000 000 €
– Les autres biens (valeurs mobilières et liquidités, meubles meublants inventoriés, biens immobiliers, en ce compris un portefeuille de valeurs mobilières légué à Charles)	2 703 000 €
Ensemble :	6 703 000 €
Déduction faite du passif et des charges de la succession :	
– les diverses dettes courantes (eau, électricité, gaz, abonnements divers, salaires des employés de maison, etc.)	1 500 €
– les frais funéraires	8 000 €
– le solde de l'emprunt non couvert par une assurance décès contracté pour acquérir la participation d'un associé de la SAS X	400 000 €
Total :	– 409 500 €
Valeur nette des biens existants :	6 293 500 €
Réunion fictive des lots reçus par Alain et Bertrand par donation-partage :	1 000 000 €
Total de la masse de calcul :	7 293 500 €

Dont le tiers (C. civ. art. 913, al. 1) forme la quotité disponible et la réserve individuelle de chaque enfant, soit 2 431 167 €.

La donation-partage s'impute avant le legs. Dès lors que l'acte de donation-partage n'a pas prévu que les biens reçus ont été donnés hors part, les lots reçus s'imputent sur la part de réserve de chaque donataire copartagé (C. civ. art. 1077), laissant intacte la quotité disponible.

Le legs de 200 000 € consenti à Charles s'impute ensuite sur la quotité disponible de la succession qu'il n'excède pas.

Alain et Bertrand n'ont pas été intégralement pourvus de leur réserve au moyen du lot qu'ils ont reçu dans la donation-partage ni au moyen d'autres libéralités qui se seraient imputées sur leur part de réserve. Cependant, la valeur des biens existants laissés par leur père et non légués à Charles suffira largement pour compléter leur réserve.

Par ailleurs, intrinsèquement, la donation-partage exclut le rapport à la succession des lots reçus, de sorte que ce mécanisme qui ne joue pas au plan civil ne saurait davantage être pris en compte dans la liquidation fiscale pour déterminer la part taxable revenant à Alain et Bertrand.

La part taxable de Charles comprend la valeur brute du portefeuille qui lui est légué sans déduction du passif au paiement duquel il n'est pas tenu de contribuer (BOI-ENR-DMTG-10-50-10 n° 210), soit 200 000 €.

L'actif net taxable sous déduction du passif fiscalement déductible et du legs imposable entre les mains de Charles se répartit par moitié entre Alain et Bertrand, soit pour chacun une part taxable de (3 600 000 € – 200 000 €) / 2 = 1 700 000 €.

Calcul des droits dus par chaque successeur

A. Droits dus par Charles

Charles, gratifié par testament, vient de son propre chef à la succession de son oncle. Il est donc taxé en fonction de son degré direct de parenté :

Part taxable :	200 000 €
Abattement (CGI art. 779, V) :	– 7 967 €
Reste taxable :	192 033 €
Droits dus (55 %) :	105 618 €

77175 (suite)

B. Droits dus par chacun d'Alain et Bertrand

La donation-partage de 2005 dont Alain et Bertrand ont été gratifiés ayant plus de 15 ans n'est plus prise en compte pour le calcul des droits de succession (CGI art. 784, al. 2). Alain et Bertrand peuvent donc bénéficier sur la part taxable qui leur revient de l'intégralité leur abattement personnel (CGI art. 779, I) et de chaque tranche du tarif progressif en ligne directe (CGI art. 777).

Part taxable :	1 700 000 €
Abattement personnel :	100 000 €
Reste taxable :	1 600 000 €
Droits dus :	
5 % sur 8 072 €	403,60 €
10 % sur 4 037 €	403,70 €
15 % sur 3 823 €	573,45 €
20 % sur 536 392 €	107 278,40 €
30 % sur 350 514 €	105 154,20 €
40 % sur 697 162 €	278 864,80 €
Total	492 678 €

Possibilité pour Alain et Bertrand de bénéficier d'un crédit de paiement différé puis fractionné en faveur des transmissions d'entreprises

Afin de faciliter la transmission des entreprises, le paiement des droits de mutation à titre gratuit (droits de succession ou de donation) afférents à une transmission d'entreprise peut, à certaines conditions, être différé pendant cinq ans à compter de la date d'exigibilité des droits, puis fractionné sur une période de dix ans (CGI ann. III art. 397 A).

S'agissant des transmissions de parts ou actions, seules sont concernées les sociétés exerçant une activité industrielle, commerciale, artisanale, agricole ou libérale.

Le régime de paiement différé et fractionné des droits de mutation à titre gratuit peut cependant s'appliquer par assimilation aux sociétés holding qui sont animatrices effectives de leur groupe de sociétés, sous réserve de respecter par ailleurs les conditions requises pour le bénéfice du régime de faveur (BOI-ENR-DG-50-20-50 n° 150). C'est le cas en l'espèce, sous réserve des vérifications factuelles concernant la preuve de l'animation effective.

L'héritier, le donataire ou le légataire doit recevoir individuellement des parts ou actions représentant au moins 5 % du capital social.

Ces conditions sont bien remplies en l'espèce. Elles vont permettre à Alain et Bertrand de bénéficier du crédit de paiement, qui porte uniquement sur le montant principal des droits de mutation par décès à l'exclusion, le cas échéant, des intérêts et des pénalités de retard.

Quel est le montant des droits pouvant bénéficier de ce crédit de paiement ?

Alain et Bertrand recueillant au sein de leur part taxable à la fois des droits sociaux éligibles au crédit de paiement et d'autres actifs, seule une partie des droits de succession à leur charge peut bénéficier du crédit de paiement.

La doctrine administrative précise qu'il convient d'effectuer une double liquidation. Un premier calcul est effectué sur la valeur totale de la part recueillie par le bénéficiaire de la transmission. Une seconde liquidation est ensuite établie qui ne tient compte que de la valeur des biens transmis ne constituant pas l'entreprise. Le montant des droits dont le paiement peut être différé et fractionné correspond à la différence entre les deux résultats ainsi obtenus (BOI-ENR-DG-50-20-50 n° 240).

Bien que l'administration fiscale n'ait pas expressément confirmé ce point, lorsque, comme c'est le cas en l'espèce, l'entreprise est exonérée des trois quarts de sa valeur en application des articles 787 B et 787 C du CGI, le calcul des droits dus globalement à raison de la transmission doit tenir compte de l'exonération partielle (voir. F. Fruleux, J.-Cl. Enr. Traité, V° Successions, fasc. 131 n° 22).

Ce mode de calcul est avantageux, puisqu'il revient à considérer que les tranches les plus élevées du tarif progressif s'appliquent en priorité sur les actifs pouvant bénéficier du crédit de paiement spécifique.

On relèvera que la seconde liquidation préconisée par l'administration réalisée sur « la valeur des biens transmis ne constituant pas l'entreprise » conduit à faire abstraction du passif ; et ce, faute d'indication contraire, peu important que, comme c'est le cas en l'espèce, une partie de

77175 (suite) ce dernier est censée s'imputer ou non en priorité sur les parts sociales ou actions d'entreprise. Cette absence de prise en compte du passif, quelle que soit son affectation, est en revanche défavorable. Elle ne permet pas de tenir compte du passif dans la seconde liquidation destinée à calculer fictivement les droits afférents aux actifs autres que l'entreprise, même lorsqu'il grève les biens autres que l'entreprise. Il reste que, sauf cas très particulier, la méthode de calcul préconisée par l'administration fiscale demeure à l'avantage du redevable et est bien plus favorable que celle qui résulterait d'une proratisation (application d'une règle de trois) des droits dus, en fonction de la valeur taxable de l'entreprise et des autres actifs transmis.

Au cas présent, le premier calcul effectué sur la valeur totale de la part recueillie par le bénéficiaire de la transmission a déjà été réalisé. Il conduit à rendre chacun d'Alain et Bertrand redevable de droits de succession à hauteur de 492 678 € sur la part taxable globale qu'il reçoit.

La seconde liquidation, qui ne tient compte que de la valeur des biens transmis ne constituant pas l'entreprise, conduit à calculer les droits qui seraient dus si chacun d'Alain et Bertrand recevait uniquement les actifs autres que les actions de la SAS X sous déduction du portefeuille légué à Charles. La valeur de ces biens s'élève pour chacun des héritiers à (2 703 000 € – 200 000 €) = 2 503 000 € / 2 = 1 251 500 €.

Les droits afférents à la taxation de ces seuls biens seraient calculés comme suit :

Part taxable :	1 251 500 €
Abattement personnel :	– 100 000 €
Reste taxable :	1 151 500 €
Droits dus	
5 % sur 8 072 €	403,60 €
10 % sur 4 037 €	403,70 €
15 % sur 3 823 €	573,45 €
20 % sur 536 392 €	107 278,40 €
30 % sur 350 514 €	105 154,20 €
40 % sur 248 662 €	99 464,80 €
Total	313 278 €

La différence entre ces deux calculs s'élève à 492 678 € – 313 278 € = 179 400 €. C'est pour ce montant que chacun d'Alain et Bertrand peut bénéficier du crédit de paiement différé puis fractionné propre aux transmissions d'entreprises. Naturellement, le surplus des droits dus par chacun peut le cas échéant bénéficier en vertu des règles de droit commun d'un crédit de paiement fractionné (CGI ann. III art. 404 A).

Quel est le taux applicable si le crédit est sollicité en 2023 ?

Le taux applicable est celui en vigueur à la date à laquelle la demande de crédit est formulée, soit 1,70 % pour les crédits sollicités en 2023. Toutefois, il est réduit des deux tiers lorsque la valeur de l'entreprise ou la valeur nominale des titres comprise dans la part taxable de chaque héritier, donataire ou légataire est supérieure à 10 % de la valeur de l'entreprise ou du capital social ou lorsque, globalement, plus du tiers du capital social est transmis. Il est alors déterminé en ne retenant que la première décimale (CGI ann. III art. 404 GA).

Ces conditions alternatives sont ici toutes deux réunies. Le taux réduit de 0,50 % par an pourra donc bénéficier aux successeurs et sera applicable pendant toute la durée du crédit (CGI ann. III art. 401).

Comment l'échéancier sera-t-il établi au titre de ce crédit de paiement ?

Le point de départ du paiement différé de cinq ans est la date d'exigibilité des droits, c'est-à-dire six mois à compter du décès (CGI art. 641).

Pour chaque successeur, le paiement des 179 400 € de droits bénéficiant du crédit de paiement spécifique aux transmissions d'entreprises sera donc dans un premier temps totalement différé du 20 janvier 2024 jusqu'au 20 janvier 2029.

Durant cette première phase, les intérêts seront versés annuellement en cinq termes, le premier venant à échéance un an après la date d'exigibilité des droits. Ils seront calculés sur la totalité des droits dont le paiement est différé. Un délai de tolérance d'un mois à compter de chaque échéance est accordé aux bénéficiaires pour s'acquitter du paiement de ces intérêts (BOI-ENR-DG-50-20-50 n° 380).

À l'expiration du différé, le paiement des droits sera fractionné sur dix ans. Durant cette seconde phase, les droits seront exigibles par parts égales à intervalles de six mois, le premier versement intervenant à l'expiration du paiement différé (CGI ann. III art. 404 GB). Le nombre de versements à effectuer est donc de vingt et un, les versements s'échelonnant en l'espèce à compter du 20 janvier 2029 jusqu'au 20 janvier 2039. Durant cette période, les intérêts seront acquittés lors du versement de chaque fraction, à l'exclusion de la première. 77175 (suite)

En pratique, le comptable de la DGFiP exécutant la formalité de l'enregistrement fournira globalement aux héritiers qui demeurent solidaires jusqu'au paiement complet des droits (CGI art. 1709) un échéancier mentionnant pour chaque échéance le montant dû, les intérêts et droits restant à verser au Trésor.

77180 CAS PRATIQUE

Donation-partage rappelable ; CGI art. 784 ; moins de 15 ans ; réserve d'usufruit par le donateur copartageant ; actif net taxable de succession ; inventaire ; dette déductible ; frais funéraires ; part taxable de chaque successeur ; calcul des droits de succession

M. Duchemin, veuf, est décédé le 8 septembre 2023 à l'âge de 96 ans. Il laisse pour lui succéder ses trois enfants, Alain, Bertrand et Charlotte.
Le 29 décembre 2011, M. Duchemin avait consenti une donation-partage au profit de ses trois enfants assortie d'une réserve d'usufruit à son profit. Aux termes de cet acte :
– Alain s'est vu attribuer la nue-propriété d'un appartement à Lille d'une valeur en pleine propriété de 200 000 € ;
– Bertrand a reçu la nue-propriété d'un studio à Paris évalué en pleine propriété à 200 000 € ;
– Charlotte a été allotie au moyen de la nue-propriété d'un portefeuille de valeurs mobilières valorisé à 200 000 € en pleine propriété à la date de l'acte.
Cette donation-partage n'a bénéficié d'aucun régime de faveur particulier.
Suivant inventaire, les meubles meublants dépendant de la succession sont évalués à 20 000 €.
Les autres biens dépendant de la succession ont une valeur globale de 660 000 €. Ils ne bénéficient d'aucun régime d'exonération.
Le passif de succession déductible pour le calcul des droits de succession s'élève à 8 000 €, en ce compris les frais funéraires évalués en fonction du forfait prévu par l'article 775 du CGI dont le montant réel s'élève à 5 000 €.
À la date du décès, l'appartement de Lille vaut 250 000 €, le studio à Paris 270 000 € et le portefeuille de valeurs mobilières 205 000 €. Ces valeurs sont déterminées en fonction de l'état des biens au jour de la donation-partage.
I. Quel est l'actif net taxable de succession ?
II. Quelle est la part taxable de chaque successeur ?
III. Quel est le montant des droits de succession dus ?

Solution

I. Détermination de l'actif net taxable

L'actif net de succession servant à asseoir les droits de mutation par décès comprend les biens existants autres que les meubles meublants ainsi que ces derniers évalués en fonction de la valeur mentionnée dans la prisée de l'inventaire, sous réserve que celui-ci respecte les exigences prévues à l'article 764 du CGI. Retenir l'inventaire comme base d'évaluation de ces biens implique notamment qu'il soit régulier, sincère, complet et clôturé dans les cinq ans suivant le décès.

De cet actif sont déduites les dettes respectant les conditions requises par l'article 768 du CGI, ce qui nécessite notamment qu'elles soient certaines et à la charge personnelle du défunt à la date du décès. Leur existence doit, en outre, être prouvée par tout mode compatible avec la procédure écrite. L'article L 20 du LPF, énonce en termes généraux que l'administration peut exiger une attestation délivrée par le créancier certifiant l'existence de la dette, peu important qu'elle résulte d'un acte authentique ou d'un acte sous signature privée, qu'il s'agisse d'une dette civile ou d'une dette commerciale. En pratique, l'administration fiscale se contente généralement de justificatifs écrits attestant de l'existence de la dette résultant de documents tels que des factures. Elle n'exige la production de l'attestation de créancier qu'à l'égard de dettes relativement importantes même résultant de titres sous seing privé apparemment réguliers ou pour celles dont l'absence de remboursement antérieur au décès n'est pas certaine (BOI-ENR-DMTG-10-40-20-30 n° 40).

Les frais funéraires sont évalués en fonction du forfait prévu par l'article 775 du CGI (1 500 €) et non pour leur montant réel qui s'élève à 5 000 €.

77180 (suite)

Calcul de l'actif net taxable de la succession :

– Biens laissés par le défunt autres que les meubles meublants :	660 000 €
– Meubles meublants :	20 000 €
Total actif brut :	680 000 €
Passif :	– 8 000 €
Actif net taxable :	672 000 €

II. Détermination de la part taxable revenant à chaque successeur

La transmission antérieure, réalisée par donation-partage, n'affecte pas le calcul des parts taxables revenant à chaque enfant.

Intrinsèquement, la donation-partage exclut le rapport à la succession des lots reçus ;

Dès lors que les conditions imposées par l'article 1078 du Code civil sont ici réunies (chaque enfant a reçu un lot et la donation-partage n'a pas prévu de réserve d'usufruit sur une somme d'argent), le calcul de la réserve (C. civ. art. 922) s'effectue en tenant compte de la valeur des lots à la date de la donation-partage et non pas au décès. Ainsi, l'indication suivant laquelle à la date du décès, l'appartement de Lille vaut 250 000 €, le studio à Paris 270 000 € et le portefeuille de valeurs mobilières 205 000 €, valeurs déterminées en fonction de l'état des biens au jour de la donation-partage, est indifférente.

Un rapide calcul permet de constater que, même en tenant compte du montant réel du passif et des charges de la succession, chaque enfant n'a pas reçu sa part de réserve au moyen du lot dont il a été gratifié dans la donation-partage et qui s'impute sur sa part de réserve, dès lors que l'acte de donation-partage n'a pas expressément prévu qu'il a été donné hors part (C. civ. art. 1077).

Il y a lieu de déterminer la masse de calcul de la réserve. S'agissant de la réunion fictive des lots, il est à noter que les lots sont repris pour leur valeur à la date de la donation-partage. Même si ce point n'a pas été tranché en jurisprudence, on retiendra ici la valeur des biens en pleine propriété dès lors que l'usufruit réservé par le donateur est éteint à la date du décès.

La masse de calcul de la réserve (C. civ. art. 922) s'élève à :

– Biens existants :	680 000 €
– Déduction faite du passif (les frais funéraires sont ici pris pour leur montant réel) :	– 11 500 €
– Réunion fictive des lots reçus par donation-partage :	600 000 €
Total de la masse de calcul :	1 268 500 €

Dont le quart (C. civ art. 913, al. 1) forme la quotité disponible et la réserve individuelle de chaque enfant, soit 317 125 €.

Mais cette circonstance est indifférente dès lors que la donation-partage était égalitaire et que le défunt est décédé ab intestat. L'héritier réservataire, qui a reçu un lot inférieur à sa part de réserve, peut exercer l'action en réduction uniquement s'il n'existe pas à l'ouverture de la succession des biens non compris dans le partage et suffisants pour composer ou compléter sa réserve, compte tenu des libéralités dont il a pu par ailleurs bénéficier (et qui s'imputent sur sa part de réserve) (C. civ. art. 1077-1).

Les biens composant la succession se répartissent entre les trois enfants par parts égales, en fonction des règles de la dévolution légale et la donation-partage n'encourt aucune réduction.

Part taxable de chaque enfant = 1/3 de l'actif taxable (672 000 / 3) :	224 000 €

III. Calcul des droits de succession

Si elle n'influe pas sur la détermination des parts taxables, la donation-partage, parce qu'elle a été réalisée dans les quinze ans précédant le décès, interfère sur le calcul des droits de succession en raison du rappel fiscal (CGI art. 784).

Les valeurs prises en compte pour l'application du rappel sont celles ayant servi à la liquidation initiale des droits, c'est-à-dire la valeur à la date de l'acte de donation de la nue-propriété calculée en application du barème fiscal.

On sait que pour l'application du rappel :

– seul l'actif nouvellement transmis (au cas présent l'actif net successoral) doit être soumis aux droits de mutation, en fonction du tarif en vigueur à la date du fait générateur (dans notre cas à la date du décès) ;

– c'est uniquement pour déterminer le montant des abattements, des tranches du tarif progressif, voire des réductions de droit disponibles qu'il est tenu compte des transmissions antérieures.

77180 (suite)

Seule la partie de l'abattement, de tranche du tarif ou de la réduction n'ayant pas déjà été utilisée lors de la taxation des donations sujettes à rappel fiscal, peut s'appliquer lors du calcul des droits de succession.

En l'espèce, lors de la réalisation de la donation-partage du 29 décembre 2011, les droits de donation ont été calculés comme suit de manière identique pour chacun des donataires.

Valeur du lot en pleine propriété :	200 000 €
Valeur de la nue-propriété (80 %) :	160 000 €
Abattement personnel :	– 159 325 €
Reste taxable :	675 €

Droits dus :

5 % sur 675 € = 34 €

D'où, pour chacun des enfants, le calcul suivant de droits de succession :

Part taxable (voir II supra) :	224 000 €
Abattement résiduel (100 000 – 159 325) :	Néant
Reste taxable :	224 000 €
Calcul des droits	
5 % sur 7 397 (8 072 – 675)	369,85
10 % sur 4 037	403,70
15 % sur 3 823	573
20 % sur 208 743 [224 000 – (7 397 + 4 037 + 3 823)]	41 748,60
Droits dus :	43 095 €

Montant total des droits de succession dus : 129 285 €

CAS PRATIQUE

Exonération Dutreil ; donation-partage d'immeubles ; legs d'actions de SAS ; engagement collectif post mortem ; exercice d'une fonction de direction ; calcul des droits de succession 77190

Mme veuve Duchemin est décédée le 8 septembre 2023 à l'âge de 96 ans. Elle laisse pour lui succéder deux fils, Alain et Bertrand.

Aux termes de son testament olographe, elle a légué à Daphnée, sa filleule non parente et fille d'une excellente amie Eurydice cent actions d'une SAS « X » exerçant une activité commerciale, d'une valeur de 300 000 €. Cette société, qui n'a exercé aucune option fiscale particulière pour l'imposition de son résultat, est dirigée par M. Goupil. Les actions dépendant de la succession représentent 10 % des droits de vote et des droits financiers de la société. Elles ne sont couvertes par aucun engagement collectif de conservation. Daphnée qui est médecin libéral n'envisage d'exercer aucune fonction de direction ou activité professionnelle au sein de cette société.

Le 2 décembre 2011, Mme Duchemin avait consenti une donation-partage au profit de ses deux enfants, assortie d'une réserve d'usufruit à son profit. Aux termes de cet acte :

– Alain s'est vu attribuer la nue-propriété de deux studios à Lille d'une valeur globale en pleine propriété de 300 000 € ;

– Bertrand a reçu la nue-propriété d'un studio à Paris évalué en pleine propriété à 300 000 €.

Suivant inventaire, les meubles meublants dépendant de la succession sont évalués à 20 000 €.

Les biens dépendant de la succession autres que ceux susvisés ont une valeur globale de 660 000 €. Ils ne bénéficient d'aucun régime d'exonération.

Le passif de succession déductible pour le calcul des droits de succession s'élève à 16 000 €, en ce compris les frais funéraires évalués en fonction du forfait prévu par l'article 775 du CGI, dont le montant réel s'élève à 3 500 €.

À la date du décès, les studios de Lille valent globalement 450 000 €, le studio à Paris 500 000 €. Ces valeurs sont déterminées en fonction de l'état des biens au jour de la donation-partage.

Questions

I. Les actions léguées à Daphnée peuvent-elles bénéficier d'un régime de faveur ? Dans l'affirmative, quelles sont les conditions requises, les délais à respecter et les actes à dresser, le cas échéant ?

II. Quel est le montant des droits de succession dus par Daphnée à supposer qu'un régime de faveur s'applique ?

III. Qu'en serait-il si Daphnée était elle-même associée de la société « X » et détenait à ce titre, au jour du décès, 25 % des droits de vote et des droits financiers de cette société ?

IV. Quel est le montant de part taxable revenant à Alain et Bertrand ?

V. Quel est le montant des droits de succession dus par Alain et Bertrand ?

Solution

I. Régime de faveur pouvant bénéficier au legs consenti à Daphnée

Daphnée reçoit des actions d'une société exerçant une activité commerciale. Ces titres peuvent potentiellement bénéficier de l'exonération Dutreil qui concerne tant les transmissions entre vifs que par décès (CGI art. 787 B). Ce régime de faveur permet d'exonérer sans plafonnement les titres transmis de 75 % de leur valeur.

Pour ce faire :

– la société doit exercer une activité industrielle, commerciale, artisanale, agricole ou libérale ;

– les actions mentionnées ci-dessus doivent par principe faire l'objet d'un engagement collectif de conservation d'une durée minimale de deux ans en cours au jour de la transmission, conclu par le défunt ou le donateur, pour lui et ses ayants cause à titre gratuit.

Cet engagement de conservation doit porter sur au moins 10 % des droits financiers et 20 % des droits de vote attachés aux titres émis par la société s'ils sont admis à la négociation sur un marché réglementé (ce qui n'est pas le cas en l'espèce s'agissant d'une SAS) ou, à défaut, sur au moins 17 % des droits financiers et 34 % des droits de vote, y compris les parts ou actions transmises ;

77190 (suite) – les actions ne doivent pas être inscrites sur un compte « PME innovation » mentionné à l'article L 221-32-4 du Code monétaire et financier.

Cette dernière exigence s'impose non seulement du chef du défunt, mais doit également être respectée par le successeur jusqu'à la fin de l'engagement individuel de conservation qu'il a souscrit dans la déclaration de succession (voir ci-dessous). Le non-respect de cette condition par l'un des signataires avant la fin de l'engagement individuel entraîne la remise en cause de l'exonération partielle dont a bénéficié l'intéressé (CGI art. 787 B, d bis) ;

– chaque successeur souhaitant bénéficier de l'exonération partielle doit prendre impérativement dans la déclaration de succession individuellement l'engagement, pour lui et ses ayants cause à titre gratuit, de conserver les parts ou les actions transmises pendant une durée de quatre ans à compter de la date d'expiration de l'engagement collectif de conservation ;

– la société doit exercer à titre principal une activité industrielle, commerciale, artisanale, agricole ou libérale pendant toute la durée de l'engagement collectif de conservation et jusqu'au terme de l'engagement individuel de conservation (CGI art. 787 B, c bis) ;

– l'un des associés ayant souscrit à l'engagement collectif de conservation ou l'un des héritiers, ayant contracté l'engagement individuel de conservation, doit exercer de manière effective dans la société pendant la durée de l'engagement collectif de conservation et pendant les trois années qui suivent la date de la transmission son activité professionnelle principale si la société est une société de personnes visée aux articles 8 et 8 ter du CGI, ou l'une des fonctions énumérées à l'article 975, III-1-1° du même Code lorsque celle-ci est soumise à l'impôt sur les sociétés, de plein droit ou sur option.

En l'espèce, s'agissant par principe d'une société soumise à l'IS, cette exigence concerne l'une des fonctions énumérées à l'article 975, III-1-1° du CGI.

S'agissant spécifiquement des SAS, l'administration fiscale précise dans sa doctrine que les fonctions concernées sont celles qui peuvent être exercées dans une société anonyme, c'est-à-dire (BOI-ENR-DMTG-10-20-40-10 n° 299 ; par renvoi BOI-PAT-IFI-30-10-30-10 n°s 50 à 150) :

– président du conseil d'administration ;
– directeurs généraux et directeurs généraux délégués ;
– membres du directoire ;
– président du conseil de surveillance.

Ces fonctions sont également celles qui peuvent être exercées dans les sociétés par actions simplifiées à condition que l'étendue des fonctions soit, eu égard aux statuts de la société, au moins équivalente à celle des fonctions exercées dans le cadre d'une société anonyme.

En outre, le nombre d'associés dirigeants d'une société par actions simplifiée ne peut excéder celui des associés d'une société anonyme qui exercent les fonctions de direction énumérées à l'article 975, III-1-1° du CGI.

Formellement, l'exonération nécessite le respect d'obligations déclaratives :

– la déclaration de succession doit être appuyée d'une attestation de la société dont les actions font l'objet de l'engagement collectif de conservation certifiant que les conditions requises ont été remplies jusqu'au jour de la transmission ;

– l'héritier doit en outre adresser, sur demande de l'administration et dans un délai de trois mois à compter de cette demande, une attestation, que la société dont les parts ou actions font l'objet des engagements de conservation lui transmet, certifiant que les conditions requises ont été respectées de manière continue depuis la date de la transmission ;

– dans un délai de trois mois à compter de la fin de l'engagement individuel de conservation l'héritier, le donataire ou le légataire adresse à l'administration une attestation, que la société lui transmet, certifiant que les conditions prévues aux a à d de l'article 787 B du CGI ont été respectées jusqu'à leur terme.

Ces obligations déclaratives sont détaillées dans la partie réglementaire du CGI (CGI ann. II art. 294 bis et ter). Leur non-respect est susceptible d'entraîner la remise en cause de l'exonération (CGI art. 1840 G ter).

En l'espèce, les actions ne sont pas couvertes par un engagement collectif de conservation, ce qui constitue par principe un obstacle au bénéfice de l'exonération partielle.

Cette exigence connaît deux exceptions :

– d'une part, l'engagement collectif de conservation peut être « réputé acquis », ce qui ouvre le bénéfice de l'exonération partielle en l'absence de tout pacte contracté ante ou post mortem.

L'article 787 B, 2-b du CGI précise en effet que l'engagement collectif de conservation est réputé acquis lorsque les actions détenues, depuis deux ans au moins, par une personne physique seule ou avec son conjoint, le partenaire avec lequel elle est liée par un pacte civil de solidarité (Pacs) ou son concubin notoire atteignent les seuils requis pour conclure l'engagement collectif, sous réserve que cette personne ou son conjoint, le partenaire lié à elle par un Pacs ou son concubin notoire exerce depuis deux ans au moins dans la société concernée son activité professionnelle principale ou l'une des fonctions énumérées à l'article 975, III-1-1° du CGI lorsque la société est soumise à l'impôt sur les sociétés.

Autrement dit, l'engagement collectif de conservation est réputé acquis si le défunt seul ou avec son conjoint, son partenaire de Pacs ou son concubin notoire détient les seuils requis dans les

77190 (suite)

deux ans précédant la transmission, à la condition que durant le même délai, l'un d'eux ait exercé une des fonctions de direction (ou son activité principale) énumérées à l'article 975, III-1-1° du CGI.

Au cas présent, ces deux conditions sont défaillantes, puisque, d'une part, la défunte ne détenait qu'une participation de 10 % dans la société, d'autre part, n'exerçait aucune fonction de direction au sein de cette dernière ;

– d'autre part, l'engagement collectif de conservation peut être conclu post mortem s'il n'est pas en cours à la date du décès.

Le second alinéa du a de l'article 787 B du CGI précise en effet que lorsque les parts ou actions transmises par décès n'ont pas fait l'objet d'un engagement collectif de conservation, un ou des héritiers ou légataires peuvent entre eux ou avec d'autres associés conclure dans les six mois qui suivent la transmission l'engagement prévu au premier alinéa.

Le pacte est alors conclu dans les conditions habituelles dans les six mois suivant le décès. Il sera conclu soit par acte notarié, soit par acte sous signature privé, mais dans ce dernier cas ne sera opposable à l'administration qu'à compter de son enregistrement (BOI-ENR-DMTG-10-20-40-10 n° 160). Dans cette situation, l'activité éligible doit être exercée à compter du décès, pendant toute la durée de l'engagement collectif, puis jusqu'au terme de l'engagement individuel de conservation.

En l'espèce, seul le recours à l'engagement collectif post mortem permettrait à Daphnée de bénéficier de l'exonération partielle sur les actions léguées. Pour ce faire, elle devra se rapprocher d'autres associés ainsi que d'au moins un dirigeant aux fins de conclure le pacte dans les six mois suivant le décès de Mme Duchemin. L'engagement collectif de conservation devra être joint à la déclaration de succession. Il sera accompagné d'une attestation délivrée par la SAS certifiant qu'il a été souscrit par le ou les héritiers ou légataires, pour lui et ses ayants cause à titre gratuit, entre eux ou avec un ou plusieurs autres associés pour une durée d'au moins deux ans (CGI ann. II art. 294 bis, II).

Le fait que Daphnée n'exerce aucune fonction de direction au moment du décès ni ultérieurement ne constitue pas en soi un obstacle à la mise en œuvre de ce dispositif sous réserve qu'une fonction de direction soit exercée par l'un des signataires du pacte pendant toute sa durée et pendant les trois années qui suivent la date de la transmission.

L'administration fiscale, après avoir un temps soutenu l'inverse, admet que la fonction de direction peut être exercée tant par un signataire de l'engagement collectif de conservation que par un bénéficiaire de la transmission, y compris durant la phase d'engagement individuel de conservation (BOI-ENR-DMTG-10-20-40-10 n° 390).

Daphnée ne souhaitant pas exercer une telle fonction, il peut être satisfait à cette exigence légale en faisant adhérer M. Goupil à l'engagement collectif de conservation. Le maintien de M. Goupil dans ses fonctions de direction pendant toute la durée du pacte d'associés et les trois ans suivant la transmission assureront le bénéfice et le maintien de l'exonération partielle (CGI art. 787 B, c-al. 1).

II. Calcul des droits dus par Daphnée

Si l'exonération Dutreil peut jouer dans les conditions détaillées ci-dessus, les droits dus par Daphnée seront calculés ainsi :

Assiette : 300 000 € × 25 %	75 000 €
Abattement prévu à l'article 788 IV du CGI	– 1 594 €
Reste taxable	73 406 €
Droits dus (taux de 60 %)	44 044 €

III. Règles applicables si Daphnée était associée de la société et détenait 25 % des droits de vote et des droits financiers

La circonstance que Daphnée détienne déjà à titre personnel 25 % des droits de vote et des droits financiers de la société, en sus des 10 % légués, ne modifierait pas profondément la donne.

Daphnée ne pourrait pas davantage se prévaloir d'un engagement collectif de conservation réputé acquis dont les conditions ne seraient toujours pas remplies (voir I).

Elle ne pourrait pas conclure seule l'engagement collectif de conservation, celui-ci devant constater l'adhésion d'au moins un autre associé dirigeant (voir I). Un autre associé exerçant une fonction de direction éligible doit en effet adhérer à l'engagement collectif de conservation, Daphnée ne souhaitant pas assurer personnellement une telle fonction (voir I). Ce dernier associé-dirigeant pourrait en revanche se contenter d'inclure dans l'engagement collectif souscrit post mortem entre Daphnée et lui, dans les conditions détaillées précédemment, une seule action symbolique, la participation détenue par Daphnée en cumulant les actions détenues dès avant le décès et reçues par succession – et qu'elle pourra inclure dans le pacte d'associé – atteignant déjà les seuils requis.

77190 (suite)

IV. Détermination de la part taxable revenant à Alain et Bertrand

Les actions léguées à Daphnée, taxables entre les mains de cette dernière, sont naturellement distraites de l'actif taxable d'Alain et de Bertrand.

L'actif net de succession soumis aux droits de mutation par décès s'élève à 964 000 €, duquel il y a lieu de retrancher les 300 000 € revenant à Daphnée, soit un solde de 664 000 € revenant à Alain et Bertrand. On notera que le passif de succession déductible de l'actif taxable s'impute uniquement sur la part imposable revenant à Alain et Bertrand (BOI-ENR-DMTG-10-50-10 n°s 200 à 220), ce qui est cohérent dès lors que, sauf disposition testamentaire contraire – inexistante en l'espèce –, Daphnée n'a pas vocation à y contribuer.

Cet actif se répartit par moitié entre les deux héritiers légaux.

En effet, réalisée par donation-partage, la transmission opérée le 2 décembre 2011 ne donne pas lieu à rapport.

Le legs consenti à Daphnée ne porte pas atteinte à la réserve d'Alain et Bertrand. Il n'est pas réductible et peut s'exécuter pleinement.

Dès lors que les conditions imposées par l'article 1078 du Code civil sont ici réunies (chaque enfant reçoit un lot et la donation-partage n'a pas prévu de réserve d'usufruit sur une somme d'argent), le calcul de la réserve successorale (C. civ. art. 922) s'effectue en tenant compte de la valeur des lots à la date de la donation-partage et non pas à celle du décès. Même si ce point n'a pas été tranché en jurisprudence, on retient ici la valeur des biens en pleine propriété dès lors que l'usufruit réservé par le donateur est éteint à la date du décès.

La masse de calcul de la réserve successorale comprend :

– les biens existants (en ce compris les actions léguées à Daphnée) :	980 000 €
– desquels est retranché le passif de succession (pour son montant réel) :	– 18 000 €
– la réunion fictive des lots reçus par donation-partage :	600 000 €
Total :	1 562 000 €

Dont le tiers forme la quotité disponible de la succession et la part individuelle de réserve d'Alain et Bertrand, soit 520 667 €.

Chacun est largement pourvu de sa part réservataire au moyen du lot qu'il a reçu par donation-partage (300 000 €) et des biens qu'il recueille dans la succession à hauteur de 331 000 € ([680 000 – 18 000] / 2, la moitié de l'actif net de succession n'ayant pas été légué à Daphnée).

La part taxable d'Alain et Bertrand est donc constituée de la moitié de l'actif net de succession (évalué selon les règles fiscales, en tenant compte notamment du plafonnement des frais funéraires, soit [680 000 – 16 000] / 2 = 332 000 €), sous déduction des actions léguées à Daphnée, soit 322 000 €.

V. Calcul des droits de succession dus par Alain et Bertrand

La part taxable de 322 000 € revenant à Alain et Bertrand est soumise aux droits de succession, en tenant compte de la donation-partage du 2 décembre 2011 qui, ayant moins de 15 ans, est soumise au rappel fiscal (CGI art. 784).

Les valeurs prises en compte pour l'application du rappel fiscal sont celles ayant servi à la liquidation initiale des droits, c'est-à-dire la valeur à la date de l'acte de donation de la nue-propriété calculée selon le barème fiscal.

Le montant des abattements, des tranches du tarif progressif, voire des réductions de droits disponibles pour la taxation de la part successorale recueillie par chaque héritier est déterminé en déduisant du montant en vigueur à la date du décès la partie ayant déjà bénéficié au donataire dans le cadre de la donation sujette à rappel.

En l'espèce, lors de la donation-partage du 2 décembre 2011, les droits de donation ont été calculés comme suit, de la même manière pour chacun des donataires.

Valeur du lot en pleine propriété :	300 000 €
Valeur de la nue-propriété (80 %) :	240 000 €
Abattement personnel :	– 159 325 €
Reste taxable :	80 675 €

Droits dus :
5 % sur 8 072 €
10 % sur 4 037 €
15 % sur 3 823 €
20 % sur 64 743 € = 80 675 – (8 072 + 4 037 + 3 823)

77190 (suite)

D'où pour chacun des enfants le calcul de droits de succession comme suit :

Part taxable :	332 000 €
Abattement résiduel (100 000 – 159 325) :	Néant
Reste taxable :	332 000 €
Calcul des droits :	
20 % sur 332 000 €	66 400 €

Droits dus par chacun des héritiers : 66 400 €
Montant total des droits de succession dus : 132 800 €

77210 CAS PRATIQUE

Legs particulier de sommes d'argent net de droits ; conjoint légataire universel ; détermination des parts taxables et des émoluments reçus ; calcul des droits de succession ; comparaison chiffrée avec un legs ordinaire (non net de droits) ; formule de calcul du legs net à partir de la somme globale à transmettre

M. Durand est décédé le 8 septembre 2023 laissant pour lui succéder à défaut de descendant son épouse Jeannette. L'actif net taxable de sa succession s'élève à 1 000 000 €. Le défunt n'avait consenti aucune donation de son vivant.
Aux termes de son testament olographe, M. Durand a institué sa veuve légataire universelle.
Il a gratifié Jean, son filleul, non-parent qu'il affectionnait tout particulièrement, d'un legs particulier de somme d'argent d'un montant de 125 598 €. Ce legs est stipulé net de droits de succession, ceux-ci étant mis à la charge de Jeannette.

Questions

I. Quel est le montant des parts taxables revenant à Jeannette et à Jean ?
II. Quel est le montant des droits de succession exigibles ?
III. Quel serait le montant de l'émolument net reçu par Jean après paiement des droits de succession à sa charge si le legs portait sur une somme de 200 000 € et n'était pas net de droits ?
IV. Quel serait le montant de la part taxable et de l'émolument net revenant à Jeannette dans ce dernier cas ? Que peut-on en conclure ?
V. Comment déterminer dans un tel contexte le montant du legs net à délivrer à partir de la somme globale dont le testateur entend le gratifier ?

Solutions

I. Détermination des parts taxables revenant à Jeannette et à Jean

En suite d'une vénérable jurisprudence (Cass. Req. 19-11-1888, DP 1889, 1, p. 78 ; S. 1890, 1, 277, Defrénois 1889, article 5166 ; 31-1-1893 : S. 1893, 1, 438 ; DP 1893, 1, 359 ; Journ. enr. 24023 ; Inst. 2842, § 5) énonçant que les droits de succession afférents à un legs particulier mis à la charge d'un légataire universel par le testateur ne peuvent pas être déduits de l'assiette taxable de ce dernier ni ajoutés à celle du légataire particulier, l'administration fiscale admet traditionnellement que, lorsque les droits de mutation par décès dus sur un legs ont été mis par le testateur à la charge de la succession, cette disposition n'a pas pour effet d'augmenter la valeur du legs ni, par voie de conséquence, l'assiette taxable du légataire. Les droits de mutation par décès restent exigibles sur la seule base des biens légués (Rép. Delalande : AN 1-9-1986 p. 3121 ; Dr. fisc. 1986, n° 46, comm. 2053 ; Rép. Vialatte : AN 11-3-2008 p. 2076 ; Dr. fisc. 2008, n° 12, act. 90 ; JCP N 2008, n° 12, act. 318).
On relèvera que ces réponses ministérielles ne sont pas reprises au BOFiP, qui rappelle confusément le même principe à l'égard du paiement des droits de donation acquittés par le donateur dans des développements cependant consacrés aux « Mutations par décès » (BOI-ENR-DG-50-10-20 n° 150).
En l'espèce, en application de ces principes :
– l'assiette taxable de Jean est uniquement constituée du montant de la somme qui lui est léguée, 125 598 €. L'avantage indirect résultant du transfert des droits afférents à ce legs sur la tête de Jeannette n'est pas taxé entre les mains de Jean ;
– l'assiette imposable de Jeannette est constituée par l'actif net de succession, sous déduction du seul montant du legs à l'exclusion des droits afférents au legs dont Jean est gratifié et dont Jeannette doit pourtant supporter la charge contributive.
Cette non-déductibilité résulte d'ailleurs aujourd'hui des dispositions de l'article 768 du CGI. Ce texte énonce que : « Pour la liquidation des droits de mutation par décès, les dettes à la charge

77210 (suite)

du défunt sont déduites lorsque leur existence au jour de l'ouverture de la succession est dûment justifiée par tous modes de preuve compatibles avec la procédure écrite » et n'admet la déduction que des seules dettes existantes à la charge personnelle du défunt à la date du décès, à l'exclusion des charges de la succession ou dettes incombant personnellement aux successeurs, sauf exceptions, limitativement énoncées par la loi ou la doctrine administrative.

Au final :

– Jean est imposé sur une assiette de 125 598 € ;

– Jeannette est imposée sur une assiette de 1 000 000 € – 125 598 € = 874 402 €.

On note que globalement les droits restent assis sur l'actif net taxable de la succession : 125 598 € + 874 402 € = 1 000 000 €.

Attention, il convient de rappeler qu'au plan civil, en présence d'héritiers réservataires, ceux-ci doivent recueillir leur réserve libre de toute charge (C. civ. art. 912). L'héritier réservataire dont la part de réserve serait grevée de l'obligation de supporter les droits afférents à des legs consentis à des tiers pourrait exiger dans cette proportion la levée de la charge.

En l'espèce, en l'absence des descendants du défunt, Jeannette, conjoint survivant, dispose d'une réserve d'un quart (C. civ. art. 914-1) dont elle est largement pourvue, nonobstant les dispositions de dernières volontés de feu son époux.

II. Calcul du montant des droits de succession exigibles

La stipulation testamentaire transférant la charge des droits, si elle n'affecte pas l'assiette globale des droits de succession qui reste constituée par le seul montant de l'actif net successoral (voir I), ne modifie pas davantage les modalités de taxation.

– D'une part, le légataire affranchi de sa contribution au paiement des droits de succession demeure le redevable légal de l'impôt. Il reste tenu de souscrire la déclaration de succession afférente à son legs et doit acquitter les droits de mutation par décès, sauf le recours récursoire qu'il peut exercer contre le successeur auquel le défunt a imposé de prendre en charge les droits (Rép. Vialatte précitée ; T. civ. Seine 17-7-1875 : Journ. enr. 20124 ; T. civ. Pithiviers 3-1-1878 : Journ. enr. 20824 ; T. civ. Seine 25-3-1893 : Journ. enr. 24109 ; Rev. enr. 488).

– D'autre part, le legs est taxé en fonction du lien (ou de l'absence de lien) de parenté existant entre le testateur et le légataire bénéficiaire de la charge et non en fonction du lien de parenté existant entre le de cujus et le successeur devant supporter la charge contributive des droits.

En l'espèce, bien qu'in fine supportés par Jeannette, les droits afférents au legs consenti à Jean sont taxés au tarif entre non-parents.

Jean ne bénéficie que du seul abattement de 1 594 € prévu par l'article 788, IV du CGI.

Le reliquat de sa part successorale est imposé à 60 % (CGI art. 777, tableau III).

De son côté, la part successorale revenant à Jeannette est totalement exonérée (CGI art. 796-0 bis).

D'où les calculs suivants :

A. Droits dus par Jean

Part taxable :	125 598 €
Abattement :	– 1 594 €
Reste taxable :	124 004 €
Droits dus (60 %) :	74 402 €

B. Droits dus par Jeannette

Part taxable :	874 402 €
Droits dus :	Néant

Montant total des droits de succession dus (et supportés par Jeannette) : 74 402 €

III. Calcul de l'émolument net reçu par Jean après paiement des droits de succession à sa charge en cas de legs de 200 000 € non net de droits

Si le legs adressé à Jean portait sur une somme de 200 000 €, mais n'était pas net de droits, les droits à sa charge seraient calculés de la manière suivante :

Part taxable :	200 000 €
Abattement :	– 1 594 €
Reste taxable :	198 406 €
Droits dus (60 %) :	119 044 €

Après paiement des droits, l'émolument net effectivement perçu par Jean s'élèverait donc à 200 000 € – 119 044 € = 80 956 €, soit 44 642 € (correspondant à 125 598 € – 80 956 €) de moins qu'en présence d'un legs de 125 598 € net de droits (voir II).

77210 (suite)

IV. Calcul de la part taxable et de l'émolument net revenant à Jeannette en présence d'un legs consenti à Jean de 200 000 € non net de droits

Si le legs adressé à Jean portait sur une somme de 200 000 €, mais n'était pas net de droits, la part taxable de Jeannette serait calculée de la manière suivante : Actif net de succession (1 000 000 €) – montant du legs adressé à Jean (200 000 €) = 800 000 €.

Cette part serait totalement exonérée.

L'émolument net recueilli par Jeannette s'élèverait à 800 000 € (l'actif de succession reçu, moins le legs à délivrer à Jean).

Avec un legs de 125 598 € net de droits de succession, ceux-ci étant mis à la charge de Jeannette, l'émolument net revenant à Jeannette s'élèverait à 1 000 000 € (l'actif de succession) – [(125 598 € : le legs à délivrer à Jean) + (74 402 € : le montant des droits afférents au legs mis à la charge de Jeannette)] = 800 000 €.

L'émolument revenant à Jeannette est donc exactement identique dans les deux cas, mais dans le premier, la clause testamentaire permet de majorer de 44 642 € la somme revenant à Jean. Cette augmentation a comme contrepartie de majorer artificiellement la part taxable de Jeannette de 74 402 €. En effet, raison de la non-déductibilité des droits mis à sa charge (voir I), la part taxable de Jeannette est de 874 402 € dans le premier cas et de 800 000 € dans le second. Mais cette majoration est totalement neutre dès lors que Jeannette est intégralement exonérée.

La présente illustration chiffrée corrobore le constat plus large suivant lequel en raison du transfert partiel de l'actif imposable qu'elle opère (voir I), la technique du legs permet de minorer le coût global des droits de succession dus lorsque le successeur qui supporte les droits est moins fortement taxé que le bénéficiaire du legs net.

V. Calcul du montant du legs net à délivrer à partir de la somme globale dont le testateur entend le gratifier

En l'espèce, en présence d'un légataire taxé au taux de 60 % après déduction d'un abattement de 1 594 €, la formule permettant de déterminer le montant du legs net à délivrer correspondant au montant global de la somme globale dont le testateur entend gratifier le légataire est la suivante :

$$X = \frac{Y + (1\,594 \times 0,6)}{1,6}$$

Soit :

$$X = \frac{Y + 956,40}{1,6}$$

Où Y représente le montant global de la somme dont le testateur entend gratifier le légataire (en l'espèce 200 000 €).

Et X le montant du legs net dont il doit être gratifié (en l'espèce, 125 598 €).

CAS PRATIQUE

Primes d'assurance-vie manifestement exagérées ; critères des primes manifestement exagérées ; primes exagérées soumises à rapport ; forfait mobilier ; primes exagérées soumises à réduction ; primes exagérées soumises à rapport et à réduction

77220

Les primes manifestement exagérées versées sur un contrat relevant de l'article 757 B du CGI impliquent, pour déterminer la fiscalité applicable au bénéficiaire et aux héritiers du défunt, de combiner les dispositions de cet article aux principes liquidatifs de droit commun.

Quelles sont, en matière de droits de succession, les conséquences de la reconnaissance, sur le fondement de l'article L 132-13 du Code des assurances, de l'exagération manifeste des primes versées au titre d'un contrat d'assurance-vie relevant de l'article 757 B du CGI ?

Solution

En l'absence de développement particulier au Bofip, ce sont les principes liquidatifs de droit commun qui, combinés aux dispositions de l'article 757 B du CGI, s'appliquent et permettent de déterminer la fiscalité applicable tant au bénéficiaire du contrat qu'aux héritiers du défunt.

Critères des primes manifestement exagérées

Les critères d'appréciation de l'exagération manifeste des primes versées au titre d'un contrat d'assurance-vie sont rappelés avec constance par la Cour de cassation depuis ses arrêts rendus en chambre mixte le 23 novembre 2004 (Cass. ch. mixte 23-11-2004 n°s 03-13.673, 02-17.507, 02-11.352 et 01-13.592 F-P : BPAT 6/04 inf. 139). Ils sont aujourd'hui bien établis : pour caractériser l'exagération manifeste des primes, les juges du fond doivent se prononcer, « au moment du versement des primes, au regard de l'âge, ainsi que des situations patrimoniale et familiale du souscripteur et de l'utilité de ce contrat pour ce dernier » (Cass. 1e civ. 19-3-2014 n° 13-12.076 F-PB : BPAT 3/14 inf. 136 qui se prononce également sur la constitutionnalité des dispositions de l'article L 132-13 du Code des assurances).

Conséquences civiles et fiscales

Au plan civil, les conséquences de cette reconnaissance sont connues : les primes excessives sont assujetties au rapport des libéralités et à leur réduction pour atteinte à la réserve héréditaire (C. ass. art. L 132-13).

Ce faisant, le législateur soumet les primes versées au droit commun des libéralités, sans pour autant remettre en cause la qualification juridique de l'assurance-vie. Même si elle a donné lieu au paiement de primes manifestement exagérées, celle-ci opère toujours une transmission hors succession reposant sur le mécanisme de la stipulation pour autrui. Ainsi, le bénéficiaire qui serait, par ailleurs, héritier du souscripteur assuré conserve une double option : l'une en qualité d'héritier et l'autre en qualité de bénéficiaire du contrat d'assurance-vie. Il peut, par exemple, accepter la succession et renoncer à l'assurance-vie, ou inversement.

Au plan fiscal, cette absence de remise en cause explique en grande partie le traitement fiscal des primes manifestement exagérées selon qu'elles sont soumises à rapport ou à réduction pour atteinte à la réserve héréditaire, voire à ces deux mécanismes.

I. Primes exagérées soumises à rapport

A. Conditions du rapport

Les primes d'assurance-vie manifestement exagérées susceptibles d'être soumises à rapport ne peuvent être que celles qui sont versées au titre d'un contrat souscrit au profit d'un bénéficiaire ayant par ailleurs la qualité d'héritier : institution destinée à rétablir l'égalité entre les héritiers, le rapport n'est dû que par un héritier au profit de ses cohéritiers (C. civ. art. 843, al. 1).

Pour cette même raison, le rapport des primes manifestement exagérées ne peut être invoqué que par un ayant droit ayant lui-même la qualité d'héritier du souscripteur. Un légataire, universel ou

77220 (suite) à titre universel, est dépourvu de tout intérêt à agir car il n'est pas créancier du rapport des libéralités.

B. Effets fiscaux du rapport

La reconnaissance de l'excès manifeste des primes versées est neutre pour le bénéficiaire de l'assurance-vie. En l'absence de requalification du contrat, c'est le régime dérogatoire de l'article 757 B du CGI qui trouve à s'appliquer. Pour rappel, cet article dispose que les sommes dues par l'assureur à raison du décès de l'assuré donnent ouverture aux droits de succession à concurrence de la fraction des primes versées après l'âge de 70 ans qui excède 30 500 € (CGI art. 757 B, I).

Les héritiers du souscripteur doivent, quant à eux, porter à l'actif successoral les primes jugées manifestement exagérées, de la même manière qu'ils doivent y porter le rapport de toute libéralité consentie en avancement de part successorale par le défunt. Les modalités de cette intégration sont ainsi précisées par l'administration fiscale : « en application des règles du droit civil, les donations en avancement d'hoirie doivent être rapportées c'est-à-dire ajoutées à l'actif successoral pour déterminer le montant des parts héréditaires, sauf à être déduites ultérieurement de la part du bénéficiaire de manière à ne pas être taxées deux fois à l'impôt de mutation à titre gratuit. Lorsqu'une donation en avancement d'hoirie excède la part du donataire dans la succession, l'excédent est imputé proportionnellement sur la part des autres héritiers » (BOI-ENR-DMTG-10-50-10 n° 70).

C. Impact du rapport sur la détermination de l'assiette du forfait mobilier

Le rapport des primes d'assurance-vie déclarées manifestement exagérées est sans incidence sur l'assiette du forfait de 5 % pour l'évaluation du mobilier meublant (CGI art. 764, I). Il est en effet admis qu'il n'est pas tenu compte, pour la détermination du forfait, des rapports de dons en avancement d'hoirie (BOI-ENR-DMTG-10-40-10-20 n° 90). Rappelons ici que la solution s'applique même lorsque les dispositions de l'article L 132-13 du Code des assurances ne sont pas mises en œuvre. Le forfait mobilier de 5 %, prévu au 3° du I de l'article 764 du CGI, se calcule sur l'ensemble des valeurs mobilières, autres que les meubles meublants, et immobilières imposables en France composant l'actif successoral et avant déduction du passif. Par suite, les assurances-vie stipulées au profit de bénéficiaires déterminés, qui ne font pas partie de la succession de l'assuré, ne sont pas à prendre en compte pour le calcul du forfait mobilier de 5 %, y compris, le cas échéant, pour la fraction des primes versées après les 70 ans de l'assuré supérieure à 30 500 € et soumise aux droits de mutation par décès, en application de l'article 757 B du CGI (Rép. Le Nay : AN 19-8-2008 n° 19399 solution non reprise au Bofip, mais qui demeure pertinente).

D. Exemples

1. Primes manifestement exagérées inférieures à la part successorale de l'ayant droit

Le défunt laisse deux enfants, A et B. Le patrimoine successoral est évalué à 200 000 €. En 2008, le défunt avait souscrit, après son 70e anniversaire, un contrat d'assurance-vie au profit de A ; ce contrat a donné lieu au paiement d'une prime unique de 100 000 € jugée manifestement exagérée.

L'actif successoral taxable comprend :
- les biens existants : 200 000 €
- les primes excessives : + 100 000 €
- ensemble : 300 000 €

Revenant à chaque enfant pour moitié, soit 150 000 €.

De cette part, A déduit le rapport dû au titre des primes exagérées ; il est taxé sur 50 000 €. S'y ajoute la fraction taxable des primes d'assurance-vie, dans les conditions prévues par l'article 757 B du CGI : 100 000 – 30 500, soit 69 500 €. Au total, A est imposé sur 50 000 + 69 500, soit 119 500 €.

B est quant à lui taxé sur 150 000 €.

2. Primes manifestement exagérées supérieures à la part successorale de l'ayant droit

Le défunt laisse deux enfants, A et B. Le patrimoine successoral est évalué à 80 000 €. En 2008, le défunt avait souscrit, après son 70e anniversaire, un contrat d'assurance-vie au profit de A ; ce contrat a donné lieu au paiement d'une prime unique de 100 000 € jugée manifestement exagérée.

L'actif successoral taxable comprend :
- les biens existants : 80 000 €
- les primes excessives : + 100 000 €
- ensemble : 180 000 €

Revenant à chaque enfant pour moitié, soit 90 000 €.

De cette part, A déduit le rapport dû au titre des primes exagérées ; celui-ci absorbe la totalité de la part successorale de A. Ce dernier n'est donc taxé que sur la fraction taxable des primes d'assurance-vie : 69 500 €.

L'excédent du rapport dû par A (10 000 €) vient s'imputer sur la part de son frère B, qui n'est taxé que sur 80 000 € (somme égale à l'actif existant au décès).

77220 (suite)

II. Primes exagérées soumises à réduction pour atteinte à la réserve héréditaire

A. Conditions de la réduction

La réduction des primes d'assurance-vie pour atteinte à la réserve héréditaire ne peut, logiquement, être invoquée que par un héritier réservataire. Rappelons que cette sanction de l'article L 132-13 du Code des assurances est fermée au légataire qui n'aurait pas cette qualité.

B. Effets fiscaux de la réduction

Comme dans l'hypothèse précédente, le bénéficiaire du contrat conserve le bénéfice des dispositions de l'article 757 B du CGI.

La principale difficulté, non expressément tranchée par l'administration fiscale, réside dans la possibilité de déduire du montant des primes taxables le montant de l'indemnité de réduction pour atteinte à la réserve. La règle « non bis in idem » devrait permettre de justifier une telle déduction ; à défaut, il y aurait, à concurrence du montant de l'indemnité de réduction, une double taxation – entre deux mains différentes certes (celles du bénéficiaire de l'assurance-vie et celles des héritiers), mais bien d'une même valeur.

C. Impact de la réduction sur la détermination de l'assiette du forfait mobilier

Pour les héritiers réservataires, l'indemnité de réduction pour atteinte à la réserve héréditaire constitue, à l'inverse du rapport des libéralités, un actif taxable ; elle entre, le cas échéant, dans l'assiette du forfait de 5 % pour l'évaluation du mobilier meublant.

D. Exemple

Le défunt laisse deux enfants, A et B. Le patrimoine successoral est évalué à 50 000 €. En 2008, le défunt avait souscrit, après son 70e anniversaire, un contrat d'assurance-vie au profit d'un tiers, C ; ce contrat a donné lieu au paiement d'une prime unique de 100 000 € jugée manifestement exagérée.

La masse de calcul de la réserve et de la quotité disponible est de 50 000 + 100 000, soit 150 000 €. La quotité disponible étant d'un tiers, elle est évaluée à 50 000 €. Les primes d'assurance-vie versées par le défunt excèdent cette quotité disponible à concurrence de 50 000 € et sont donc réductibles pour moitié.

Le bénéficiaire du contrat est taxé sur :

(100 000 – 30 500) – 50 000, soit 19 500 €.

La déclaration de succession déposée par les héritiers doit contenir (sauf à tenir compte du forfait mobilier) :

– les biens existants : 50 000 €

– l'indemnité de réduction : + 50 000 €

– ensemble : 100 000 €

Revenant à chaque enfant pour moitié, soit 50 000 €.

III. Primes exagérées soumises à rapport et à réduction pour atteinte à la réserve héréditaire

A. Application distributive des règles

Dans cette troisième hypothèse, il convient d'appliquer de manière distributive les règles du rapport des libéralités et celles de leur réduction pour atteinte à la réserve héréditaire. Il est en effet de principe qu'une libéralité ne peut être soumise à rapport que dans la mesure où elle ne porte pas atteinte à cette réserve. La réduction opérant comme une résolution de la libéralité dans la mesure de l'excès, elle ne peut pas se cumuler avec l'obligation au rapport.

B. Effets fiscaux

Ainsi le bénéficiaire du contrat d'assurance-vie est-il imposé sur le montant des primes versées déterminé dans les conditions de l'article 757 B du CGI, déduction faite de l'indemnité de réduction qu'il doit aux héritiers réservataires.

Quant aux héritiers, ils doivent porter dans la déclaration de succession à la fois une indemnité de réduction dans la mesure de l'atteinte portée à leur réserve héréditaire et le produit du rapport du surplus des primes déclarées manifestement exagérées.

C. Exemple

Le défunt laisse deux enfants, A et B. Le patrimoine successoral est évalué à 20 000 €. En 2008, le défunt avait souscrit, après son 70e anniversaire, un contrat d'assurance-vie au profit de A ; ce contrat a donné lieu au paiement d'une prime unique de 100 000 € jugée manifestement exagérée.

Civilement, la masse de calcul de la réserve et de la quotité disponible est de 20 000 + 100 000, soit 120 000 €.

77220 (suite) Les primes déclarées manifestement exagérées s'imputent d'abord sur la part de réserve de A, égale au tiers de cette masse, soit 40 000 €.

Le surplus s'impute sur la quotité disponible qui est de 40 000 €. Le surplus, 20 000 €, est soumis à réduction pour atteinte à la réserve héréditaire de B.

Fiscalement, l'actif successoral taxable comprend (hors forfait mobilier) :

– les biens existants : 20 000 €
– le rapport des primes exagérées : + 80 000 €
– l'indemnité de réduction due par A : + 20 000 €
– ensemble : 120 000 €

Revenant à chaque enfant pour moitié, soit 60 000 €.

De cette part, A déduit le rapport dû au titre des primes exagérées ; celui-ci absorbe la totalité de sa part successorale. A n'est donc taxé que sur la fraction taxable des primes d'assurance-vie, diminuée du montant de l'indemnité de réduction qu'il doit : 69 500 – 20 000, soit 49 500 €.

L'excédent du rapport dû par A (20 000 €) vient s'imputer sur la part de son frère, B, qui n'est taxé que sur 40 000 €.

Conseil

La reconnaissance de l'exagération manifeste des primes d'assurance-vie résultera le plus souvent d'une décision judiciaire. Rien n'interdit cependant aux héritiers et au bénéficiaire du contrat d'assurance-vie de conclure une transaction sous la médiation éventuelle du notaire chargé du règlement de la succession. Mais le rédacteur d'une telle transaction devra veiller scrupuleusement à respecter les critères de l'exagération dégagés par la jurisprudence. Ce n'est qu'à cette condition que les parties conserveront le bénéfice du traitement fiscal ci-dessus exposé. À défaut, l'administration pourrait alors obtenir la disqualification du contrat d'assurance-vie, dont les conséquences fiscales seraient très lourdes pour le bénéficiaire.

CAS PRATIQUE

Communauté légale ; dons manuels ; contrats d'assurance-vie ; part nette successorale ; primes d'assurance-vie taxables ; don manuel non révélé ; liquidation des droits de succession ; « double liquidation » des droits successoraux en présence d'une représentation successorale et de primes d'assurance-vie taxables 77225

Jacques, né en février 1942, est décédé le 2 janvier 2023. Il laisse à sa survivance Joséphine, son épouse, née le 14 décembre 1948. Les époux étaient mariés sous le régime légal de la communauté d'acquêts. Ils ont eu trois enfants : Jean, Jeanne et Jérémy. Ce dernier est décédé accidentellement en novembre 1998, laissant deux enfants : Thomas et Sophie. Tous sont aujourd'hui majeurs et pleinement capables.

En cours d'union, les époux ont acquis un appartement dans le centre de Toulouse. Ce bien constitue, au jour du décès, leur résidence principale. Avant de pouvoir s'y installer, ils ont dû faire procéder à des travaux de réhabilitation dont le coût s'est élevé à 35 000 €. Pour les financer, les époux ont utilisé des fonds donnés au défunt par ses parents. Au jour du décès, l'appartement vaut 500 000 €. Sans les travaux, il n'en vaudrait que 350 000 €.

En janvier 2012, ils ont, par dons manuels, donné à Jean et Jeanne une somme d'argent d'un montant de 40 000 € chacun, et à Thomas et Sophie (qui était mineure à l'époque) une somme de 20 000 € chacun. Ces dons ont été révélés la même année aux services fiscaux compétents à l'exception de celui consenti à Jeanne.

Les fonds donnés ont permis à Jean de financer l'acquisition d'un bien immobilier qui vaut, au jour du décès, 200 000 € et à Sophie de financer un voyage. Quant à Jeanne et Thomas, ils n'ont fait de l'argent donné aucun emploi particulier.

En juin 2012, le défunt a hérité de ses parents une importante somme d'argent, qu'il a investie dans la souscription de deux contrats d'assurance-vie :

– contrat A au profit du conjoint survivant. Les primes versées s'élèvent à 30 000 € et le capital acquis à 40 000 € ;

– contrat B au profit des enfants, vivants ou représentés, du souscripteur. Les primes versées s'élèvent à 40 700 € et le capital acquis à 47 500 €.

Les ayants droit considèrent que ce montant n'est pas exagéré au sens des dispositions du Code des assurances.

En 2003, Joséphine a souscrit un contrat d'assurance-vie au profit de son époux. Ce contrat a donné lieu au paiement d'une prime unique de 20 000 €, au moyen de fonds communs. Les ayants droit considèrent que ce montant n'est pas exagéré au sens des dispositions du Code des assurances. Au jour du décès, la valeur de rachat de ce contrat est de 40 000 €.

Le patrimoine des époux au jour du décès de Jacques est composé de la manière suivante :

À l'actif :

– des comptes bancaires : 450 000 € ;

– du mobilier meublant (estimation) : 80 000 € ;

– des parcelles viticoles louées par bail rural à long terme : 380 000 €.

Et au passif :

– des frais d'hospitalisation : 2 000 € ;

– des impôts locaux : 6 000 € ;

– de l'impôt sur le revenu : 9 000 € ;

– et des frais d'obsèques : 4 000 €.

Par testament authentique en date du 15 avril 2018, le défunt a privé son épouse de tous ses droits successoraux légaux, y compris son droit viager au logement, pour lui léguer l'une des quotités disponibles permises entre époux.

La veuve a déclaré opter pour le quart en propriété et les trois quarts en usufruit.

La succession de Jacques est à liquider.

77225 (suite)

Solution

I. Aspects civils

A. Liquidation de la communauté ayant existé entre le défunt et son épouse survivante

1. Observations préliminaires

Tous les biens appartenant aux époux au jour du décès sont des biens communs :
– la résidence principale des époux pour avoir été acquise à titre onéreux en cours d'union sans clause d'emploi ou de remploi ;
– la valeur de rachat de l'assurance-vie souscrite par l'épouse survivante pour avoir été financée au moyen de fonds communs (Cass. 1e civ. 31-3-1992 n° 90-16.343, Praslicka : Bull. civ. I n° 95, JCP G 1992 I 3614, n° 6 et JCP N 1992 II 376, n° 6, obs. P. Simler) ;
– les comptes bancaires, mobilier meublant et parcelles rurales en vertu de la présomption d'acquêts (C. civ. art. 1402).

Parmi les dettes, les frais d'hospitalisation, les impôts locaux et l'impôt sur le revenu constituent des éléments de passif définitif de communauté (C. civ. art. 1409).

Un compte de récompenses doit être établi du chef de la succession, à raison du financement par des fonds propres au défunt des travaux réalisés dans la résidence principale du couple (C. civ. art. 1405 et 1433). Cette récompense est égale au profit subsistant : 150 000 € (C. civ. art. 1469, al. 3).

Aucune récompense n'est due à la communauté quant aux dons manuels consentis en 2008, car ils l'ont été par les époux à des descendants communs, (Cass. 1e civ. 14-12-2004 n° 01-01.946 : Bull. civ. I n° 324 ; Cass. 1e civ. 17-4-2019 n° 18-16.577 F-PB : SNH 17/19 inf. 4). De même, aucune récompense n'est due à la communauté au titre de la souscription par le conjoint survivant d'un contrat d'assurance-vie au moyen de fonds communs, la valeur de rachat de ce contrat figurant à l'actif de communauté comme cela vient d'être précisé.

2. Aperçu liquidatif

Reprises et récompenses

De Joséphine

Reprises par Joséphine

Néant

Compte de récompenses de Joséphine

Néant

De la succession de Jacques

Reprises par la succession de Jacques

Néant

Compte de récompenses de la succession de Jacques

Récompenses dues à la communauté par la succession de Jacques	Néant	
Récompenses dues par la communauté à la succession de Jacques	150 000	
Solde du compte de récompenses de la succession de Jacques dû par la communauté à la succession de Jacques		150 000

Liquidation de la communauté

- Actif de communauté		
Résidence principale	500 000	
Valeur de rachat de l'assurance-vie non-dénouée	40 000	
Comptes bancaires	450 000	
Mobilier meublant	80 000	
Parcelles viticoles	380 000	
Actif brut de communauté		**1 450 000**
- Passif de communauté		
Frais d'hospitalisation	2 000	
Impôts locaux	6 000	
Impôt sur le revenu	9 000	
Solde du compte de récompenses en faveur de la succession	150 000	
Total du passif		**167 000**
Soit un **actif net de communauté** de		**1 283 000**
Dont la moitié revenant à chacun des époux		**1/2**
Est de		**641 500**

77225 (suite)

B. Liquidation de la succession du défunt

1. Dévolution de la succession

La succession du défunt est dévolue à ses descendants, membres du premier ordre d'héritier (C. civ. art. 734). Elle fait l'objet, entre eux, d'un partage par souche (et non par tête), car Thomas et Sophie, descendants au deuxième degré, viennent à la succession de leur grand-père par l'effet de la représentation de leur auteur prédécédé (C. civ. art. 752 et 753) : ils sont en concours avec Jean et Jeanne, descendants au premier degré.
Le tout sous réserve des droits du conjoint survivant qui seront déterminés et liquidés ci-après.

2. Masse de calcul de la réserve et de la quotité disponible

Le calcul de la réserve et de la quotité disponible ne présente ici aucune difficulté.
Rappelons seulement que :
– parmi les biens existants, il faut ajouter le solde du compte de récompenses en faveur de la succession ;
– au titre du passif, il y a lieu de déduire les frais d'obsèques (charge de la succession). Il ne sera en revanche pas tenu compte du droit temporaire au logement du conjoint survivant puisqu'il s'exerce en nature et n'impose aucune charge financière aux héritiers ;
– et au titre des réunions fictives, chacun des descendants doit la réunion fictive de la moitié des sommes à lui données en 2012. Pour Jean, cette réunion fictive doit tenir compte de l'investissement qu'il en a fait. Pour les autres gratifiés, la réunion fictive est du nominal.
Au cas d'espèce, le calcul se présente comme suit :

Biens existants		
Actif		
Moitié de l'actif de communauté	641 500	
Augmentée du solde du compte de récompenses dû par la communauté à la succession	150 000	
Actif brut		791 500
Passif		
Dont on déduit le passif successoral composé des frais d'obsèques	4 000	
Total passif		4 000
Actif net existant		**787 500**
Réunion fictive des libéralités		
Don manuel à Jean	100 000	
Don manuel à Jeanne	20 000	
Don manuel à Thomas	10 000	
Don manuel à Sophie	10 000	
Total des réunions fictives		140 000
Total masse de calcul		**927 500**
Dont les trois quarts forment la réserve héréditaire globale		3/4
Est de		695 625
Formant pour un tiers la part individuelle de réserve de Jean et Jeanne		1/3
Est de		231 875
Et pour un sixième celle de Thomas et Sophie		1/6
Est de		115 937, 50
Et le quart de surplus forme la quotité disponible ordinaire		1/4
Est de		231 875
La quotité mixte entre époux		
Est du quart en pleine propriété : 927 500 / 4		
Soit		231 875
Et des trois quarts en usufruit : 927 500 × 3/4		
Soit		695 625

77225 (suite)

3. Imputation des libéralités

Il convient d'imputer les libéralités entre vifs puis les libéralités à cause de mort (C. civ. art. 923).
Les dons manuels consentis par le défunt sont tous présumés avoir été consentis en avance de part successorale. Ils ont en effet été adressés à des donataires qui, lorsqu'ils ont été gratifiés, avaient la qualité d'héritier présomptif du donateur (C. civ. art. 843). Pour cette raison, ils s'imputent principalement sur la part de réserve du gratifié et subsidiairement sur la quotité disponible ordinaire (C. civ. art. 919-1).
Seule la question de l'ordre d'imputation appelle une précision. La date à retenir est celle à laquelle la libéralité a acquis date certaine. S'agissant des dons manuels consentis à Jean, Thomas et Sophie, ils ont acquis date certaine par suite de leur révélation, en 2012, à l'administration fiscale. Celui consenti à Jeanne n'a acquis date certaine qu'avec le décès du disposant ; il s'imputera à cette date.
La libéralité à cause de mort au conjoint survivant s'impute après toutes les libéralités entre vifs. Son secteur d'imputation dépend de son objet. En propriété, la libéralité s'impute principalement sur la quotité disponible ordinaire et subsidiairement sur l'usufruit de la réserve des descendants ; elle n'est donc réductible qu'en nue-propriété. En usufruit, la libéralité s'impute principalement sur l'usufruit de la réserve des descendants et subsidiairement sur l'usufruit de la quotité disponible ; le conjoint survivant se trouve alors en concours avec les autres gratifiés.
Le tableau ci-après illustre le résultat de ces opérations.

Libéralités	Réserve de Jean	Réserve de Jeanne	Réserve de Thomas	Réserve de Sophie	Quotité disponible ordinaire
	231 875	231 875	115 937,50	115 937,50	231 875
2012 : Dons manuels à Jean, Thomas et Sophie révélés	231 875,00 – 100 000,00 Pas de réduction Reliquat de : **131 875,00**		115 937,50 – 10 000,00 Pas de réduction Reliquat de : **105 937,50**	115 937,50 – 10 000,00 Pas de réduction Reliquat de : **105 937,50**	
Don manuel à Jeanne non révélé		231 875,00 – 20 000,00 Pas de réduction Reliquat de : **211 875,00**			
Donation entre époux à Joséphine	En usufruit 131 875	En usufruit 211 875	En usufruit 105 937,50	En usufruit 105 937,50	En propriété 231 875

4. Droits des héritiers

Le conjoint survivant exerce ses droits sur le seul actif net existant, sans prise en compte du rapport des libéralités. En l'espèce, les droits du conjoint survivant s'exercent sur un actif net existant évalué à 787 500 € et sont :
– en propriété : de 231 875 € (correspondant à la quotité disponible ordinaire) ;
– en usufruit pour le surplus des biens existants, compris dans la réserve des descendants.

Ces derniers recueillent la nue-propriété d'une masse de biens dont la valeur, en propriété est de 555 625 €. Lors du partage de la succession, chacun d'eux devra le rapport de la libéralité qu'il a reçue du défunt (C. civ. art. 843). 77225 (suite)

II. – Aspects fiscaux

A. Détermination de l'assiette des droits de succession

L'assiette des droits de succession est composée de la part nette successorale à laquelle s'ajoutent, en l'espèce, la fraction taxable des contrats d'assurance-vie ainsi que les dons manuels non révélés.

1°. La part nette successorale

La détermination de l'actif net taxable prend appui sur le patrimoine successoral civil, auquel le CGI apporte certains correctifs.

Concernant l'actif successoral, trois points sont ici à relever :

– application de l'abattement de 20 % sur la valeur de l'immeuble constituant, au jour du décès, la résidence principale du défunt et de son conjoint (CGI art. 764 bis) ;

– non-prise en compte de la valeur de rachat du contrat d'assurance-vie souscrit par le conjoint survivant (Rép. Ciot : AN 23-2-2016 n° 78192) ;

– évaluation du mobilier meublant suivant la règle du forfait de 5 % à défaut de vente publique ou d'inventaire régulier (CGI art. 764, I) ;

– exonération des trois quarts au titre de la transmission de parcelles viticoles louées par bail rural à long terme (CGI art. 793, 2-2°). Cette exonération est plafonnée à 300 000 € par part héréditaire ; au-delà, elle est ramenée à la moitié de la valeur du bien.

Concernant le passif, on notera deux correctifs :

– déduction des frais d'obsèques dans la limite de 1 500 € (CGI art. 775) ;

– non-déduction du droit temporaire au logement du conjoint survivant, celui-ci s'exerçant en nature (CGI art. 775 quater).

En l'absence de partage pur et simple, la part nette successorale de chaque ayant droit doit être déterminée d'après les règles de la saisine légale et le degré de parenté, par rapport à l'actif net successoral.

Au cas d'espèce, il convient, dans un premier temps, de déterminer la part nette successorale du conjoint survivant. Civilement, les droits du conjoint survivant ne peuvent s'exercer que sur les biens existants. Fiscalement, il convient pareillement de ne raisonner que par rapport à l'actif net existant.

Ainsi le conjoint survivant a vocation à recueillir des droits en propriété évalués à 231 875 € sur un patrimoine existant net de 787 500 €. C'est cette clé qu'il faut appliquer à l'actif net existant taxable pour obtenir la valeur fiscale des droits en propriété du conjoint survivant.

Celui-ci exerce sur le surplus des biens existants des droits d'usufruit qui, compte tenu de son âge, seront évalués à 30 % (CGI art. 669, I).

Le surplus a vocation à se partager entre les descendants.

Actif taxable existant

- Moitié du boni de liquidation de la communauté hors biens exonérés

Actif	
– résidence principale	400 000
– comptes bancaires	450 000
Soit ensemble	850 000
Passif (inchangé)	167 000
Soit un actif net de communauté de	683 000
Dont la moitié revenant à la succession	1/2
Est de	**341 500**

- Biens communs partiellement exonérés

Terres viticoles données par bail rural à long terme, évaluées à	380 000
Revenant à la succession pour la moitié	1/2
Est de	190 000

Terres exonérées à concurrence des trois quarts de leur valeur retenue dans la limite de 300 000 € et de la moitié au-delà en application de l'article 793, 2-3 du CGI et dans les conditions de l'article 793 bis du même Code.

77225 (suite)

Les droits en propriété du conjoint survivant sur les terres sont évalués en appliquant à la valeur de ces biens le rapport déterminé aux termes des opérations de liquidation civile, existant entre la valeur des droits du conjoint et celle de l'actif net existant civil, soit en l'espèce :		
190 000 × 231 875 / 787 500 :		55 944,44
Le surplus lui revenant en usufruit, valorisé à 30 % soit		40 216,60
Valeur totale de ses droits sur les terres		96 161,10
Valeur inférieure au seuil de 300 000 € visé par l'article 793 bis précité, permettant une exonération des trois quarts.		
Le surplus représentant la nue-propriété dévolue aux descendants		93 838,90
Revenant aux deux enfants pour un tiers chacun		1/3
Est de		31 279,63
Et aux deux petits-enfants pour un sixième chacun		1/6
Est de		15 639,81
Valeur inférieure au seuil de 300 000 € visé par l'article 793 bis précité, permettant une exonération des trois quarts.		
Lesdites terres n'étant taxables que pour le quart de leur valeur dépendant de la succession, soit ensemble		47 500
- Biens propres du défunt		
Solde du compte de récompenses dû par la communauté		150 000
- Forfait mobilier		
5 % de la moitié de l'actif brut de communauté sous déduction de la seule récompense due à la succession pour son montant total	350 000	
Et de la fraction taxable des biens communs partiellement exonérés	47 500	
Soit	397 500	
Auxquels on ajoute les propres du défunt	150 000	
Soit une assiette de	547 500	
Et un forfait mobilier de		27 375
Total des biens existants		**566 375**
Passif de succession		
Frais d'obsèques (charge de succession)		1 500
Soit un actif net existant taxable de		**564 875**
Revenant au conjoint survivant		
En propriété à concurrence de 231 875 / 787 500 soit		166 324,31
Et pour le surplus en usufruit, évalué à 30 %		119 565,21
Soit ensemble		**285 889,52**
Et aux descendants pour le surplus		278 985,48
Auquel on ajoute le produit du rapport des libéralités		
Rapport dû par Jean	100 000	
Rapport dû par Jeanne	20 000	
Rapport dû par Thomas	10 000	
Rapport dû par Sophie	10 000	
Ensemble		140 000
À partager entre les descendants		418 985,48
Revenant à Jean pour un tiers		1/3
Est de		**139 661,82**
Revenant à Jeanne pour un tiers		1/3
Est de		**139 661,82**
Revenant à Thomas pour un sixième		1/6
Est de		**69 830,91**
Revenant à Sophie pour un sixième		1/6
Est de		**69 830,91**

77225 (suite)

Comme en droit civil, il convient désormais de déduire de la part de chacun des descendants le rapport des libéralités qu'il doit. Le rapport n'a pour effet que de modifier la répartition de l'actif successoral. Il ne doit pas conduire à asseoir les droits de succession sur un montant supérieur à l'actif net existant.

Ainsi, la part successorale taxable de Jean est de 139 661,82 – 100 000, soit 39 661,82 €.

Celle de Jeanne est de 139 661,82 – 20 000, soit 119 661,82 €.

Et celles de Thomas et Sophie sont de 69 830,91 – 10 000, soit 59 830,91 €.

2. Les primes d'assurance-vie taxables

Concernant les contrats d'assurance-vie souscrits en 2012, les conditions d'application de l'article 757 B du CGI sont ici réunies : ils ont été souscrits par le défunt après le 20 novembre 1991, au profit de bénéficiaires déterminés ou déterminables. Les droits de mutation par décès sont donc dus sur les primes versées après le 70e anniversaire du défunt.

Il n'est toutefois pas tenu compte des primes versées au titre de contrats souscrits au profit d'un bénéficiaire exonéré de droits de succession. Tel est le cas du conjoint survivant.

En l'espèce, il faut donc raisonner uniquement par rapport au contrat B, souscrit au profit des descendants du défunt. Après application de l'abattement de 30 500 €, les primes versées au titre de ce contrat sont taxables à concurrence de 10 200 €.

Ce montant est réparti au prorata des droits des bénéficiaires, ici déterminés par renvoi aux règles de dévolution légale.

Jean et Jeanne, recueillant chacun un tiers du capital versé au titre de ce contrat, sont taxables chacun sur 10 200 × 1/3, soit 3 400 €.

Quant à Thomas et Sophie, qui recueillent chacun un sixième du capital, ils sont taxables sur 10 200 × 1/6, soit 1 700 €.

3. Le don manuel non révélé

Lorsqu'ils n'ont pas été soumis aux droits de donation, les dons manuels consentis aux héritiers du donateur deviennent imposables en raison du décès de ce dernier, en vertu de l'obligation de rapport des donations antérieures entre les mêmes personnes (CGI art. 784). Par un arrêt du 31 mars 2004, la Cour de cassation a décidé que les droits alors exigibles constituaient des droits de mutation par décès. Il s'ensuit donc que l'ensemble des textes relatifs aux droits de succession leur sont applicables, et notamment les règles de solidarité entre cohéritiers prévues par l'article 1709 du CGI.

Jeanne, n'ayant pas déclaré le don manuel dont elle a bénéficié, est taxable sur le nominal reçu, savoir 20 000 €.

Synthèse

	Part nette successorale	Primes d'assurance-vie taxables	Dons manuels non révélés	Total
Conjoint survivant	285 889,52			285 889,52
Jean	39 661,82	3 400		43 061,82
Jeanne	119 661,82	3 400	20 000	143 061,82
Thomas	59 830,91	1 700		
Sophie	59 830,91	1 700		
Total	564 875 (égale à l'actif net existant taxable)	10 200	20 000	

B. Liquidation des droits de succession

1. Droits dus par le conjoint survivant

Le conjoint survivant est exonéré (CGI art. 796-0 quater).

2. Droits dus par Jean, le fils du défunt

Le don manuel reçu par Jean, ayant moins de 15 ans au jour de l'ouverture de la succession, est soumis au rappel fiscal (CGI art. 784). Toutefois, le don a pu bénéficier de l'exonération des dons familiaux de sommes d'argent (CGI art. 790 G), il est sans incidence sur la liquidation des droits.

La part taxable de Jean, d'un montant de 43 061,82 €, étant inférieure à l'abattement personnel de 100 000 € dont il dispose (CGI art. 779), aucun droit n'est dû.

77225 (suite)

3. Droits dus par Jeanne, la fille du défunt

Le don manuel qu'elle a reçu n'ayant pas été révélé à l'administration fiscale, il n'a pas d'existence fiscale. Les droits de succession sont calculés comme suit :

Part taxable	143 061,82
Arrondie à	143 062
Abattement personnel	– 100 000,00
Reste	43 062
Calcul des droits	6 806,40
À payer	6 806

4. Droits dus par Thomas, le petit-fils du défunt

Il y a lieu à une « double liquidation ». Thomas exerce en effet à la fois des droits successoraux en qualité de représentant de son père et des droits personnels au titre des sommes reçues en raison de l'assurance-vie (BOI-ENR-DMTG-10-50-80 n°s 390 s.).

Sur la part qu'il recueille dans la succession de son grand-père, venant en représentation de son père, la liquidation des droits s'établit comme suit :

Part taxable	59 830,91
Arrondie à	59 831
Abattement personnel	– 50 000,00
Reste	9 831
Calcul des droits	579,10
À payer	579

Sur les primes d'assurance-vie taxables, les droits sont liquidés en tenant compte du lien de parenté existant entre le défunt et Thomas

Part taxable	1 700,00
Abattement personnel	– 1 594,00
Reste	106
Calcul des droits	5,30
À payer	5

5. Droits dus par Sophie, la petite-fille du défunt

Comme pour Thomas, il y a lieu à une « double liquidation ».

Sur la part que Sophie recueille au lieu et place de son père, il convient de tenir compte de la représentation successorale. Se pose alors la question du rappel du don manuel qu'elle a reçu en 2012 (CGI art. 784). Sophie étant mineure au jour où la donation a été révélée à l'administration fiscale, elle n'a pas pu bénéficier de l'exonération des dons familiaux de sommes d'argent (CGI art. 790 G).

Deux hypothèses doivent alors être distinguées. En effet, le montant du don manuel s'est imputé sur les deux abattements susceptibles de s'appliquer : celui de l'article 779, I du CGI (quote-part de l'abattement dont aurait pu bénéficier le père de Sophie, applicable par l'effet de la représentation successorale) et celui de l'article 790 A du même Code (abattement spécifique aux donations consenties par les grands-parents à leurs petits-enfants).

En principe, l'ordre d'imputation des abattements est celui-ci : d'abord l'abattement général, ensuite l'abattement spécifique. Dans ce cas, Sophie ne pourra plus bénéficier que du reliquat d'abattement général : 50 000 – 10 000, soit 40 000 €.

Part taxable	59 830,91
Arrondie à	59 831
Abattement personnel	– 40 000,00
Reste	19 831
Calcul des droits	2 160,18
À payer	2 160,00

Par exception, si les parties ont requis expressément un ordre d'imputation inverse, l'abattement de l'article 790 A du CGI s'impute prioritairement. L'abattement général de l'article 779, I serait donc intact et Sophie pourrait bénéficier d'un abattement de 50 000 €.

77225 (suite)

Part taxable	59 830,91
Arrondie à	59 831
Abattement personnel	– 50 000,00
Reste	9 831
Calcul des droits	579,10
À payer	579

Sur les primes d'assurance-vie taxables, le calcul est le même que celui effectué pour Thomas, en tenant compte du lien de parenté entre le défunt et le bénéficiaire du contrat d'assurance-vie, savoir :

Part taxable	1 700,00
Abattement personnel	– 1 594,00
Reste	106
Calcul des droits	5,30
À payer	5

77230 CAS PRATIQUE

Succession franco-belge ; loi applicable à la succession ; règlement Successions ; règles de territorialité de l'impôt ; CGI art. 750 ter ; convention fiscale ; cotisation de base ; taux moyen d'imposition ; parts de société civile à prépondérance immobilière ; contrat d'assurance-vie

M. Pierre Libourne, de nationalité française, est décédé à Bruxelles le 15 juillet 2023. Il a, par testament du 30 octobre 2019, déclaré vouloir soumettre sa succession à sa loi nationale, la loi française. Il laisse pour recueillir sa succession, son épouse, Mme Marie Libourne, avec laquelle il est marié sous le régime de la séparation de biens, âgée de 85 ans au jour du décès, ainsi que leurs deux enfants communs, Manon et Matthias, résidents en Belgique.
Le patrimoine de M. Pierre Libourne se compose comme suit :
– maison à Bruxelles : 500 000 € ;
– maison à La Teste-de-Buch : 1 200 000 € ;
– divers comptes dans une banque belge : 100 000 € ;
– divers comptes dans une banque française : 50 000 € ;
– voiture en Belgique : 30 000 € ;
– 800 parts d'une société civile immobilière ayant son siège en France : 150 000 € ;
– 50 actions d'une société anonyme ayant son siège en Belgique : 50 000 €.
M. Pierre Libourne avait également souscrit un contrat d'assurance-vie auprès d'une compagnie française. Les bénéficiaires désignés sont ses deux enfants à concurrence de la moitié indivise chacun.
La fraction des primes versées après soixante-dix ans, après abattement de 30 500 €, s'élève à 269 500 € revenant à chaque bénéficiaire pour moitié (134 750 €).

Solution

Loi applicable à la succession

M. Pierre Libourne étant décédé postérieurement au 17 août 2015, le règlement Successions est applicable (Règl. UE 650/2012 du 4-7-2012). Le défunt ayant exprimé un choix exprès, sa succession se trouve entièrement régie par la loi française.
Le conjoint survivant a déclaré opter pour l'usufruit de l'universalité des biens dépendant de la succession (C. civ. art. 757). Chaque enfant a donc vocation à recueillir la nue-propriété des biens dépendant de la succession à concurrence de la moitié indivise chacun.
Une fois déterminée la loi applicable à la succession, et donc la part revenant à chacun des ayants droit, il convient de s'intéresser à la fiscalité que supportera la transmission par décès.

Rappel des règles françaises de territorialité des droits de mutation à titre gratuit

L'article 750 ter du CGI définit, sous réserve des conventions internationales, les règles françaises de territorialité des droits de mutation à titre gratuit et pose trois critères alternatifs tenant à la résidence fiscale du défunt, au lieu de situation des biens transmis ou à la résidence fiscale des héritiers ou légataires. Il en résulte que la France peut imposer :
– les biens meubles et immeubles situés en France ou hors de France, lorsque le défunt a son domicile fiscal en France au sens de l'article 4 B du CGI au jour du décès, quelle que soit la résidence des héritiers (CGI art. 750 ter, 1°) ;
– les biens meubles et immeubles situés en France ou hors de France, lorsque le défunt n'a pas son domicile fiscal en France mais que l'héritier (ou le légataire) y a le sien au jour du décès et l'a eu pendant au moins six années au cours des dix années précédant le décès (CGI art. 750 ter, 3°) ;
– les biens meubles et immeubles situés en France, lorsque ni le défunt ni l'héritier (ou le légataire) n'a son domicile fiscal en France au sens de l'article 4 B du CGI au jour du décès

(CGI art. 750 ter, 2°) ou lorsque l'héritier (ou le légataire) a son domicile fiscal en France au sens de l'article 4 B du CGI au jour du décès mais ne remplit pas la condition d'antériorité des six années. 77230 (suite)

M. Pierre Libourne et ses ayants droit étant domiciliés fiscalement en Belgique au jour du décès, l'application de ces dispositions permettrait, en principe, à la France d'imposer uniquement les biens situés en France au sens de l'article 750 ter, 2° du CGI. Ces biens s'entendent notamment des immeubles situés en France, des parts d'une société qui a en France son siège social statutaire et des comptes bancaires ouverts auprès d'une banque française (BOI-ENR-DMTG-10-10-30 n° 80).

Incidence des conventions internationales

La France et la Belgique ont conclu le 20 janvier 1959 une convention tendant à éviter les doubles impositions et à régler certaines autres questions en matière d'impôts sur les successions et de droits d'enregistrement.

Cette convention a été commentée par l'administration fiscale (BOI-INT-CVB-BEL-20).

Cette convention internationale ayant, dans notre hiérarchie des normes, une autorité supérieure à celle des lois (Constitution du 4-10-1958 art. 55), il convient de faire application des stipulations de la convention.

Modalités conventionnelles de répartition de l'actif successoral entre la France et la Belgique

La convention stipule que (Conv. fiscale du 20-1-1959) :

– les biens immobiliers sont imposables dans l'État où ils sont situés (art. 4) ;

– les biens meubles corporels (à l'exception du matériel affecté à l'exploitation d'un fonds de commerce ou d'un droit au bail et des marchandises en dépendant, des navires, bateaux et aéronefs) sont imposables dans l'État où ils se trouvent effectivement à la date du décès (art. 7) ;

– tous les autres biens (à l'exception des fonds de commerce et droits au bail) ne sont imposables que dans l'État où le défunt avait son domicile au moment de son décès (art. 8).

Une fois déterminés les biens que chaque État contractant peut imposer, il y a lieu de vérifier les modalités conventionnelles de calcul de l'impôt dans chaque État contractant et d'élimination de la double imposition.

Modalités d'imposition dans chaque État et d'élimination de la double imposition

La convention prévoit la méthode de l'imputation (ou crédit d'impôt). L'État dans lequel le défunt avait son domicile (ici, la Belgique) peut, si sa législation le lui permet, imposer tous les biens dépendant de la succession, y compris ceux situés dans l'autre État. La double imposition est éliminée par l'imputation sur les droits de mutation par décès qui y sont exigibles de ceux acquittés dans l'autre État en raison des biens qui y sont situés (Conv. fiscale du 20-1-1959 art. 10, b).

En pratique, cet article autorise la Belgique à imposer, conformément à sa législation, tous les biens situés en Belgique et en France lorsque le défunt était domicilié en Belgique.

En outre, chaque État, peut, pour calculer l'impôt sur les biens que la convention l'autorise à imposer, faire application de la règle du taux effectif afin d'assurer la progressivité de l'impôt (Conv. fiscale du 20-1-1959 art. 10, a). Le taux effectif (ou taux moyen d'imposition) correspond au taux qui serait applicable s'il était tenu compte de l'ensemble des biens que la législation interne de chacun des États lui permettrait d'imposer en l'absence de convention. Ce taux moyen d'imposition est personnel à chaque héritier ou légataire. Le calcul des droits dus par chaque héritier ou légataire sur la part successorale qu'il reçoit se fera donc en trois étapes.

1e étape : Calcul de la cotisation de base

Il s'agit de déterminer l'impôt « théorique » qui serait, en l'absence de convention, dû par chaque héritier ou légataire sur sa part nette « théorique ». Ce premier calcul tient compte, sous réserve du rappel fiscal des donations de moins de 15 ans (CGI art. 784), de l'abattement personnel et du tarif applicable compte tenu du lien de parenté existant entre le défunt et l'héritier ou légataire.

2e étape : Calcul du taux moyen d'imposition

Le taux moyen d'imposition de l'héritier ou légataire correspond au rapport entre la cotisation de base et la part nette théorique de l'héritier (avant abattement personnel), multiplié par 100.

3e étape : Détermination de l'impôt exigible

Il convient tout d'abord de déterminer la part nette de chaque héritier ou légataire en ne retenant que les biens que la France a le droit d'imposer conformément aux stipulations de la convention et d'appliquer sur cette part le taux moyen d'imposition calculé précédemment. Le taux moyen tenant déjà compte des avantages liquidatifs (abattement et tarif), il devra être appliqué directement sur la part nette.

77230 (suite)

Cas particuliers : parts de société civile à prépondérance immobilière et contrat d'assurance-vie

La convention prévoit que le point de savoir si un bien ou un droit a le caractère mobilier ou immobilier doit être résolu d'après la législation de l'État dans lequel est situé le bien considéré ou le bien sur lequel porte le droit envisagé (Conv. fiscale du 20-1-1959 art. 4), mais ne contient aucune stipulation particulière quant à la qualification des parts de sociétés à prépondérance immobilière.

L'article 750 ter, 2° du CGI répute françaises les parts détenues par le défunt dans une société ayant son siège social en France, et ce quelle que soit la composition de son actif. Mais, pour l'application des conventions fiscales relatives aux droits de mutation à titre gratuit, la Cour de cassation a jugé que les parts d'une société à prépondérance immobilière sont, en l'absence de stipulations conventionnelles contraires, des biens incorporels de nature mobilière et non pas des biens immobiliers, de sorte qu'elles doivent être considérées comme des « autres biens » imposables en principe dans l'État du domicile du défunt (Cass. ass. plén. 2-10-2015 n° 14-14.256 PBRI : RJF 12/15 n° 1066).

Les parts de la société civile immobilière détenues par M. Pierre Libourne sont donc imposables, conformément aux stipulations de la convention, en Belgique.

Par ailleurs, le défunt ayant souscrit, auprès d'une compagnie française, un contrat d'assurance-vie relevant des dispositions de l'article 757 B du CGI, lequel constitue un impôt successoral, les sommes versées aux bénéficiaires sont, en principe, soumises aux droits de mutation par décès en France (CGI art. 750 ter, 2°).

S'agissant toutefois d'un contrat conclu par un assuré ayant, au moment de son décès, son domicile fiscal à l'étranger, la convention franco-belge du 20 janvier 1959 est susceptible de s'appliquer en cas de double imposition effective des sommes versées aux bénéficiaires dans l'État de siège de la compagnie d'assurance (ici la France) et dans l'État de résidence du défunt (ici la Belgique) si l'impôt exigible dans chacun des deux États est bien un impôt de nature successorale.

Bien que le capital reçu en vertu d'un contrat d'assurance-vie par les bénéficiaires soit, en droit civil, hors succession tant en Belgique qu'en France, la Belgique impose ce capital aux droits de succession, à l'instar de la France lorsque les dispositions de l'article 757 B du CGI sont applicables. La convention a donc vocation à s'appliquer, de sorte que le capital versé aux bénéficiaires ne sera imposable qu'en Belgique (Conv. fiscale du 20-1-1959 art. 8). En revanche, la France pourra en tenir compte pour la détermination du taux moyen d'imposition de chaque bénéficiaire.

Tableau récapitulatif

	Belgique (État du domicile du défunt)	France (État de situation des biens)
Répartition du droit d'imposer les biens entre les États contractants (détermination des biens que chaque État contractant peut imposer)	Maison à Bruxelles........ 500 000 € Comptes en Belgique .... 100 000 € Comptes en France .... 50 000 € Voiture en Belgique......... 30 000 € Parts SCI française .... 150 000 € Actions SA belge............. 50 000 € Il y a lieu d'ajouter à la part taxable de chaque bénéficiaire le capital reçu de la compagnie d'assurance française.	Maison à La Teste-de-Buch............................ 1 200 000 €
Modalités conventionnelles d'imposition de la succession dans chacun des États contractants et d'élimination de la double imposition	Imposition de tous les biens dépendant de la succession conformément à la législation interne belge et imputation de l'impôt acquitté en France en raison des biens qui y sont situés.	Imposition de l'immeuble situé en France et des meubles meublants qui s'y trouvent avec application de la règle du taux effectif.

77230 (suite)

Liquidation des droits de mutation par décès dus en France

Si la France ne peut, conformément aux stipulations de la convention, imposer que l'immeuble situé en France et les meubles meublants qui s'y trouvent, la convention lui permet, pour déterminer le taux moyen d'imposition de chaque héritier, de retenir tous les biens qui sont réputés situés en France au sens de l'article 750 ter, 2° du CGI.

En tout état de cause, la déclaration de succession à déposer en France par les héritiers au centre des impôts des non-résidents devra mentionner tous les biens dépendant de la succession, quel que soit leur lieu de situation (BOI-ENR-DMTG-10-50-70 n° 140).

Calcul du taux moyen d'imposition de chaque ayant droit

Actif successoral pris en compte pour le calcul du taux moyen d'imposition de chaque ayant droit (CGI art. 750 ter, 2°) :

– une maison à La Teste-de-Buch	1 200 000 €
– divers comptes dans une banque française	50 000 €
– 800 parts d'une société civile immobilière française	150 000 €
– forfait mobilier (1 400 000 × 5 %)	70 000 €
Total	1 470 000 €

Calcul de la cotisation de base et du taux moyen d'imposition du conjoint survivant

Usufruit évalué fiscalement à 20 % de la propriété compte tenu de son âge (CGI art. 669, I)

Part « théorique » : 1 470 000 × 20 %	294 000 €
Droits « théoriques » dus	Néant

(exonération du conjoint survivant en application de l'article 796-0 bis du CGI)

Calcul de la cotisation de base et du taux moyen d'imposition de Manon et de Matthias

Part « théorique » : 1 470 000 × 80 % × 1/2	588 000 €
+ Fraction des primes taxables (CGI art. 757 B)	+ 134 750 €
Part « théorique » totale	722 750 €
Abattement (CGI art. 779, I)	100 000 €
Part « théorique » taxable	622 750 €
Cotisation de base : (622 750 × 30 %) – 57 038	129 787 €
Taux moyen d'imposition : 129 787 / 722 750 × 100	17,96 %

Calcul des droits de succession effectivement dus en France par chaque ayant droit

Actif successoral imposable en France conformément aux stipulations de la convention du 20 janvier 1959 :

– une maison à La Teste-de-Buch	1 200 000 €
– forfait mobilier (1 200 000 × 5 %)	60 000 €
Total	1 260 000 €

Calcul des droits de mutation par décès dus par le conjoint survivant

Usufruit évalué fiscalement à 20 % de la propriété compte tenu de son âge (CGI art. 669, I)

Part taxable : 1 260 000 × 20 %	252 000 €
Droits dus	**Néant**

(exonération en application de l'article 796-0 bis du CGI)

Calcul des droits de mutation par décès dus par Manon et Matthias

Part taxable : 1 260 000 × 80 % × 1/2	504 000 €
Taux effectif	17,96 %
Droits dus	**90 518 €**

Manon et Matthias pourront imputer, sur les droits de succession exigibles en Belgique, les droits de mutation par décès d'un montant de 90 518 € acquittés par chacun d'eux en France à raison des biens situés en France, dans la limite de la fraction de l'impôt belge de succession afférente à ces biens.

77240 CAS PRATIQUE

Succession franco-espagnole ; loi applicable à la succession ; règlement Successions ; règles de territorialité de l'impôt ; CGI art. 750 ter ; convention fiscale ; comptes bancaires ; cotisation de base ; taux moyen d'imposition ; forfait mobilier

M. Felipe Hernandez, de nationalité espagnole et domicilié fiscalement en France depuis de nombreuses années, est décédé en France le 1er juin 2023. Il laisse pour recueillir sa succession, à défaut de dispositions de dernières volontés, ses trois enfants, Maria, Juan et Carlos, tous trois domiciliés fiscalement en France.

Maria avait reçu de son père en 2017 une donation hors part successorale d'un studio situé en France d'une valeur de 40 000 €. Cette donation n'est pas réductible.

Le patrimoine de M. Felipe Hernandez se compose comme suit :

– une maison à Bordeaux : 500 000 € ;
– divers comptes dans une banque française : 150 000 € ;
– une voiture en France : 10 000 € ;
– un appartement à Barcelone : 300 000 € ;
– un compte dans une banque espagnole : 30 000 €.

Solution

Loi applicable à la succession

M. Felipe Hernandez étant décédé postérieurement au 17 août 2015, le règlement Successions est applicable (Règl. UE 650/2012 du 4-7-2012).

Le défunt n'ayant pas exprimé de choix (exprès ou tacite) pour l'application de sa loi nationale à sa succession, celle-ci se trouve entièrement régie par la loi de l'État dans lequel il avait sa dernière résidence habituelle (Règl. UE 650/2012 du 4-7-2012 art. 21).

La succession de M. Felipe Hernandez sera donc, en l'absence de professio juris en faveur de la loi espagnole, entièrement régie par la loi française. Chacun des héritiers aura vocation à recueillir un tiers des biens dépendant de la succession.

Une fois déterminée la loi applicable à la succession, et donc la part revenant à chacun des héritiers, il convient de s'intéresser à la fiscalité que supportera cette transmission par décès.

Rappel des règles françaises de territorialité des droits de mutation à titre gratuit

L'article 750 ter du CGI définit, sous réserve des conventions internationales, les règles françaises de territorialité des droits de mutation à titre gratuit et pose trois critères alternatifs tenant à la résidence fiscale du défunt, au lieu de situation des biens transmis ou à la résidence fiscale des héritiers ou légataires. Il en résulte que la France peut imposer :

– les biens meubles et immeubles situés en France ou hors de France, lorsque le défunt a son domicile fiscal en France au sens de l'article 4 B du CGI au jour du décès, quelle que soit la résidence des héritiers (CGI art. 750 ter, 1°) ;

– les biens meubles et immeubles situés en France ou hors de France, lorsque le défunt n'a pas son domicile fiscal en France, mais que l'héritier (ou le légataire) y a le sien au jour du décès et l'a eu pendant au moins six années au cours des dix années précédant le décès (CGI art. 750 ter, 3°) ;

– les biens meubles et immeubles situés en France, lorsque ni le défunt ni l'héritier (ou le légataire) n'a son domicile fiscal en France au sens de l'article 4 B du CGI au jour du décès ou lorsque l'héritier (ou le légataire) a son domicile fiscal en France au sens de l'article 4 B du CGI au jour du décès mais ne remplit pas la condition d'antériorité des six années (CGI art. 750 ter, 2°).

M. Felipe Hernandez étant domicilié fiscalement en France au jour de son décès, l'application de ces dispositions permettrait à la France d'imposer son patrimoine mondial, ce qui inclurait tous les biens situés en Espagne (CGI art. 750 ter, 1°).

77240 (suite)

Incidence des conventions internationales

Toutefois, la France et l'Espagne ont conclu le 8 janvier 1963 une convention tendant à éviter les doubles impositions en matière d'impôts sur les successions et établir des règles d'assistance administratives réciproques. Cette convention a été commentée par l'administration fiscale (BOI-INT-CVB-ESP-20).

Cette convention internationale ayant, dans notre hiérarchie des normes, une autorité supérieure à celle des lois (Constitution du 4-10-1958 art. 55), il convient de faire application des stipulations de la convention.

Modalités conventionnelles de répartition de l'actif successoral entre la France et l'Espagne

La convention stipule que (Conv. fiscale du 8-1-1963) :

– les biens immobiliers ne sont imposables que dans l'État contractant où ils sont situés (art. 30) ;

– les biens meubles corporels, y compris les meubles meublants (autres que ceux investis dans une entreprise commerciale, industrielle ou affectés à l'exercice d'une profession libérale), sont imposables dans l'État de leur situation (art. 33) ;

– les biens meubles incorporels (autres que ceux investis dans une entreprise commerciale, industrielle ou affectés à l'exercice d'une profession libérale) sont imposables dans l'État de résidence du défunt (art. 34).

En revanche, la convention ne contient aucune stipulation concernant la qualification des biens, laquelle relève donc de la législation interne de chaque État contractant.

Aussi, il existe entre la France et l'Espagne une divergence de qualification concernant les comptes bancaires. En effet, en droit civil français, les comptes bancaires constituent des créances à l'encontre de la banque dépositaire, et donc des biens meubles incorporels imposables, en vertu de la convention, dans l'État de résidence du défunt. Le droit espagnol qualifie les comptes bancaires de biens meubles corporels, imposables, en vertu de la convention, dans l'État où ils sont situés.

Cette divergence de qualification entre la France et l'Espagne peut donc aboutir, selon le cas, soit à une double imposition non visée par la convention, soit à une double exonération.

Ainsi, lorsque le défunt est décédé en étant fiscalement domicilié en France et qu'il détenait des comptes bancaires en Espagne, l'administration fiscale française considère qu'ils sont imposables en France (État de résidence du défunt) et l'administration fiscale espagnole, en Espagne (État de situation des comptes bancaires : BOI-INT-CVB-ESP-20 n° 150).

Cette double imposition pourra, en pratique, être résolue par la mise en œuvre de la procédure amiable prévue par l'article 40 de la convention (Rép. Valleix : AN 5-3-2001 n° 39460 p. 1376 : BF 5/01 n° 559 ; réponse non reprise au Bofip).

S'il s'avère que la décision concertée des administrations fiscales française et espagnole n'est pas connue dans le délai de six mois dont disposent les héritiers ou légataires pour déposer la déclaration de succession en France (CGI art. 641), il conviendra d'inclure le compte bancaire espagnol dans l'actif imposable en France et de solliciter, si le droit d'imposer ces biens est finalement reconnu à l'administration fiscale espagnole, la restitution des droits indûment versés par la voie d'une réclamation contentieuse introduite dans le délai de l'article R 196-1 du Livre des procédures fiscales. Si tel devait être le cas, ce compte bancaire devrait néanmoins être pris en compte en France pour la détermination du taux effectif.

Si la répartition du droit d'imposer permet de déterminer les biens que chaque État contractant pourra en définitive imposer, elle n'est pas suffisante et doit être articulée avec les règles d'élimination des doubles impositions qui prévoient, quant à elles, les modalités de calcul de l'impôt dû dans chaque État contractant.

Modalités d'élimination de la double imposition

Pour calculer les droits de mutation par décès dus dans chacun des États contractants, l'article 36 de la convention retient le système de l'exemption (ou exonération) et autorise chacun des États contractants – et non uniquement l'État de situation – à faire application de la règle dite « du taux effectif ».

En conséquence, chacun des États contractants ne pourra taxer que les biens réservés à son imposition exclusive par la convention. Toutefois, afin d'assurer la progressivité de l'impôt, cette imposition exclusive se fera à un taux moyen d'imposition, également appelé « taux effectif » correspondant au taux qui serait applicable s'il était tenu compte de l'ensemble des biens que la législation interne de chacun des États lui permettrait d'imposer en l'absence de convention.

Ce taux moyen d'imposition est personnel à chaque héritier ou légataire. Le calcul des droits dus par chaque héritier ou légataire sur la part successorale qu'il reçoit se fera donc en trois étapes.

1e étape : Calcul de la cotisation de base

Il s'agit de déterminer l'impôt « théorique » qui serait, en l'absence de convention, dû par chaque héritier ou légataire sur sa part nette « théorique ». Ce premier calcul tient compte, sous réserve du rappel fiscal des donations de moins de 15 ans (CGI art. 784), de l'abattement

77240 (suite) personnel et du tarif applicable compte tenu du lien de parenté existant entre le défunt et l'héritier ou légataire.

2e étape : Calcul du taux moyen d'imposition

Le taux moyen d'imposition de l'héritier ou légataire correspond au rapport entre la cotisation de base et la part nette théorique de l'héritier (avant abattement personnel), multiplié par 100.

3e étape : Détermination de l'impôt exigible

Il convient tout d'abord de déterminer la part nette de chaque héritier ou légataire en ne retenant que les biens que la France a le droit d'imposer conformément aux stipulations de la convention et d'appliquer sur cette part le taux moyen d'imposition calculé précédemment. Le taux moyen tenant déjà compte des avantages liquidatifs (abattement et tarif), il devra être appliqué directement sur la part nette.

Cas particulier de l'application du forfait de 5 % pour l'évaluation des meubles meublants

La valeur des meubles meublants à retenir, en droit interne français, est celle du prix exprimé dans une vente aux enchères publiques réalisée dans les deux ans suivant le décès, à défaut par les estimations contenues dans un inventaire conforme à l'article 789 du Code civil ou, à défaut, par l'estimation résultant d'une déclaration détaillée et estimative des parties, laquelle ne peut être inférieure à 5 % de l'ensemble des autres valeurs mobilières et immobilières de la succession (CGI art. 764, I).

La question s'est posée de savoir quelle était l'assiette du forfait de 5 % pour les meubles meublants situés en France en présence d'une convention internationale retenant le système de l'exemption et l'application du taux effectif.

Pour déterminer la cotisation de base (règle du taux effectif), il convient de calculer le forfait de 5 % sur l'ensemble des biens mobiliers et immobiliers que la France serait en mesure d'imposer en application des dispositions de l'article 750 ter du CGI (BOI-ENR-DMTG-10-50-70 nº 70).

S'agissant ensuite du calcul de l'impôt effectif, il convient tout d'abord de déterminer à quel État revient le droit d'imposer les meubles meublants.

Dans la mesure où la convention prévoit une imposition exclusive des meubles meublants dans l'État de situation (Conv. fiscale du 8-1-1963 art. 33), la France ne peut imposer que les meubles meublants situés sur son territoire.

Dans cette hypothèse, il a déjà été jugé que, sauf à créer une double imposition prohibée par la convention (franco-suisse en l'espèce), la valeur des meubles meublants situés en France ne peut être calculée que sur l'ensemble des autres valeurs mobilières et immobilières de la succession situées et imposables en France (CA Paris 23-3-2007 nº 05/8731 : RJF 11/07 nº 1342).

Le forfait de 5 % a donc pour assiette les seules autres valeurs mobilières et immobilières de la succession imposables en France conformément aux stipulations de la convention.

Tableau récapitulatif

	France (État du domicile du défunt)	Espagne (État de situation des biens)
Répartition du droit d'imposer les biens entre les États contractants (détermination des biens que chaque État contractant peut imposer)	Maison à Bordeaux .... 500 000 € Comptes en France .... 150 000 € Voiture en France .... 10 000 € Compte en Espagne* .... 30 000 €	Appartement à Barcelone .. 300 000 € Compte en Espagne* .... 30 000 €
Modalités conventionnelles d'imposition de la succession dans chacun des États contractants	Imposition des biens situés en France et application de la règle du taux effectif	Imposition des biens situés en Espagne et application de la règle du taux effectif

* Sous réserve de la décision concertée des administrations fiscales française et espagnole.

77240 (suite)

Application pratique chiffrée

I. Calcul du taux effectif

En l'absence de convention fiscale, la France aurait pu imposer le patrimoine mondial du défunt dans la mesure où ce dernier avait, au moment de son décès, sa résidence fiscale en France au sens de l'article 4 B du CGI (CGI art. 750 ter, 1°). La cotisation de base aura donc pour assiette le patrimoine mondial de M. Felipe Hernandez.

Actif successoral mondial

Une maison à Bordeaux	500 000 €
Divers comptes dans une banque française	150 000 €
Une voiture	10 000 €
Un appartement à Barcelone	300 000 €
Un compte dans une banque espagnole	30 000 €
Forfait mobilier (990 000 × 5 %)	49 500 €
Total	1 039 500 €
Revenant à chacun des héritiers pour	1/3
Soit	346 500 €

Calcul de la cotisation de base et du taux moyen d'imposition de Juan et de Carlos

Part « théorique »	346 500 €
Abattement (CGI art. 779, I)	100 000 €
Part « théorique » taxable	246 500 €
Cotisation de base : (246 500 × 20 %) – 1 806	47 494 €
Taux moyen d'imposition : 47 494 / 346 500 × 100	13,71 %

Calcul de la cotisation de base et du taux moyen d'imposition de Maria

Part « théorique »	346 500 €
Abattement résiduel (100 000 – 40 000)	– 60 000 €
Part « théorique » taxable	286 500 €
Cotisation de base : (286 500 × 20 %) – 1 806	55 494 €
Taux moyen d'imposition : 55 494 / 346 500 × 100	16,01 %

II. Liquidation des droits de mutation par décès effectivement dus en France

Actif successoral imposable en France conformément aux stipulations de la convention

Une maison à Bordeaux	500 000 €
Divers comptes dans une banque française	150 000 €
Une voiture	10 000 €
Un compte dans une banque espagnole	30 000 €
Forfait mobilier (690 000 × 5 %)	34 500 €
Total	724 500 €
Revenant à chacun des héritiers pour	1/3
Soit	241 500 €

Calcul des droits de mutation par décès dus par Juan et Carlos

Part taxable	241 500 €
Taux effectif	13,71 %
Droits dus	**33 110 €**

Calcul des droits de mutation par décès dus par Maria

Part taxable	241 500 €
Taux effectif	16,01 %
Droits dus	**38 664 €**

77250 CAS PRATIQUE

Succession franco-allemande ; loi applicable à la succession ; règlement Successions ; règles de territorialité de l'impôt ; convention fiscale ; cotisation de base ; taux moyen d'imposition

Mme Monique Sarlat, de nationalité française, est décédée le 28 mars 2023 à Hambourg, où elle résidait depuis 40 ans. Elle a, par testament du 25 janvier 2020, déclaré vouloir soumettre sa succession à sa loi nationale, la loi française. Elle laisse pour recueillir sa succession ses deux enfants, Paul, résident d'Allemagne, et Élise, résidente de France depuis 15 ans.
Le patrimoine de Mme Monique Sarlat se compose comme suit :
– une maison à Hambourg : 300 000 € ;
– une maison à Domme : 200 000 € ;
– 500 parts d'une SCI française détenant une maison à Biarritz : 400 000 € ;
– divers comptes dans une banque allemande : 50 000 € ;
– divers comptes dans une banque française : 10 000 € ;
– une voiture en Allemagne : 20 000 €.

Solution

Loi applicable à la succession

Mme Monique Sarlat étant décédée postérieurement au 17 août 2015, le règlement Successions est applicable (Règl. UE 650/2012 du 4-7-2012). La défunte ayant exprimé un choix exprès, sa succession se trouve entièrement régie par la loi française. Chacun des héritiers aura vocation à recueillir la moitié des biens dépendant de la succession.
Une fois déterminée la loi applicable à la succession, et donc la part revenant à chacun des héritiers, il convient de s'intéresser à la fiscalité que supportera cette transmission par décès.

Rappel des règles françaises de territorialité des droits de mutation à titre gratuit

L'article 750 ter du CGI définit, sous réserve des conventions internationales, les règles françaises de territorialité des droits de mutation à titre gratuit et pose trois critères alternatifs tenant à la résidence fiscale du défunt, au lieu de situation des biens transmis ou à la résidence fiscale des héritiers ou légataires. Il en résulte que la France peut imposer :
– les biens meubles et immeubles situés en France ou hors de France, lorsque le défunt a son domicile fiscal en France au sens de l'article 4 B du CGI au jour du décès, quelle que soit la résidence des héritiers (CGI art. 750 ter, 1°) ;
– les biens meubles et immeubles situés en France ou hors de France, lorsque le défunt n'a pas son domicile fiscal en France mais que l'héritier (ou le légataire) y a le sien au jour du décès et l'a eu pendant au moins six années au cours des dix années précédant le décès (CGI art. 750 ter, 3°). La condition de domiciliation fiscale au titre de chaque année s'apprécie au regard des dispositions de l'article 4 B du CGI, la période de six années au cours des dix années précédant le décès pouvant ne pas être continue (BOI-ENR-DMTG-10-10-30 n°s 380 et 390) ;
– les biens meubles et immeubles situés en France, lorsque ni le défunt ni l'héritier (ou le légataire) n'a son domicile fiscal en France au sens de l'article 4 B du CGI au jour du décès ou lorsque l'héritier (ou le légataire) a son domicile fiscal en France au sens de l'article 4 B du CGI au jour du décès mais ne remplit pas la condition d'antériorité des six années (CGI art. 750 ter, 2°).
La défunte ayant sa résidence fiscale en Allemagne au moment de son décès, l'application de ces dispositions permettrait, en principe, à la France d'imposer :
– la part que recueille Paul dans les biens situés en France uniquement dans la mesure où il a sa résidence fiscale en Allemagne au jour du décès (CGI art. 750 ter, 2°). Ces biens s'entendent notamment des immeubles et meubles corporels situés en France, des parts d'une société qui a en France son siège social statutaire et des comptes bancaires détenus dans une banque française (BOI-ENR-DMTG-10-10-30 n°s 80 et s.) ;

77250 (suite)

– la part que recueille Élise dans le patrimoine mondial dans la mesure où elle a sa résidence fiscale en France au moment du décès et qu'elle l'a eue pendant au moins six années au cours des dix années précédant le décès (CGI art. 750 ter, 3°).

Incidence des conventions internationales

La France et l'Allemagne ont conclu le 12 octobre 2006 une convention tendant à éviter les doubles impositions en matière d'impôts sur les successions et les donations. Cette convention internationale ayant, dans notre hiérarchie des normes, une autorité supérieure à celle des lois (Constitution du 4-10-1958 art. 55), il convient de faire application des stipulations de la convention.

Modalités conventionnelles de répartition de l'actif successoral entre la France et l'Allemagne

La convention stipule que (Conv. fiscale du 12-10-2006) :
– les biens immobiliers qui sont situés dans l'autre État contractant sont imposables dans cet autre État (art. 5, 1). L'expression « biens immobiliers » comprenant aussi les parts dans une société dont l'actif est constitué pour plus de la moitié d'immeubles, ces parts sont considérées comme situées dans l'État contractant où ces immeubles sont situés (art. 5) ;
– les biens mobiliers corporels (autres que ceux servant à l'exercice d'une activité indépendante, les navires, aéronefs et bateaux) qui sont situés dans l'autre État contractant sont imposables dans cet autre État (art. 8). Pour l'application de cet article, le protocole final de la convention prévoit que le numéraire, les créances de toute nature, les actions et parts de société ne sont pas considérés comme des biens mobiliers corporels (Protocole § 4) ;
– tous les autres biens, quelle que soit leur situation, ne sont imposables que dans l'État dans lequel le défunt était domicilié (art. 9).
Une fois déterminés les biens que chaque État contractant peut imposer, il y a lieu de vérifier les modalités conventionnelles de calcul de l'impôt dans chaque État contractant et d'élimination de la double imposition.

Modalités d'imposition dans chaque État et d'élimination de la double imposition

La convention prévoit la méthode de l'imputation (ou crédit d'impôt). L'État dans lequel le défunt avait son domicile fiscal (ici l'Allemagne) peut, si sa législation le lui permet, imposer tous les biens dépendant de la succession, y compris ceux situés dans l'autre État. La double imposition est éliminée par l'imputation, sur l'impôt de succession exigible en Allemagne, de l'impôt payé en France en raison des biens qui y sont situés et imposables au sens de la convention (art. 11, 2-a). En pratique, ces dispositions autorisent l'Allemagne, en tant qu'État de résidence du défunt, à imposer, conformément à sa législation, tous les biens situés en Allemagne et en France.
En outre, lorsque le défunt était non-résident, la France peut, nonobstant les dispositions de l'article 9, imposer la part mondiale reçue par l'héritier ou légataire domicilié en France au moment du décès. La double imposition est alors éliminée par l'imputation, sur l'impôt de succession exigible en France, de l'impôt payé en Allemagne en raison des biens qui y sont situés et imposables au sens de la convention, c'est-à-dire en raison des biens qui ne sont pas imposables en France au sens de la convention (art. 11, 1-c).
À ce titre, il convient de rappeler que l'alinéa 3° de l'article 750 ter du CGI, assujettissant aux droits de mutation par décès en France la part mondiale recueillie par un héritier ou légataire qui a, au moment du décès, sa résidence fiscale en France sous réserve qu'il l'ait eue pendant au moins six années au cours des dix années précédant le décès, dans la succession d'un défunt non-résident, ayant été introduit par la loi de finances pour 1999 (Loi 98-1266 du 30-12-1998, dont les dispositions en la matière sont entrées en vigueur le 1er janvier 1999), de nombreuses conventions fiscales, négociées par la France avant cette date, retiennent comme critère de répartition du droit d'imposer le domicile fiscal du défunt et le lieu de situation des biens donnés sans égard pour le domicile fiscal de l'héritier ou du légataire. À la question de savoir si ces conventions font échec à l'application du 3° de l'article 750 ter du CGI, l'administration fiscale confirme qu'elles ont pour effet de priver la France du droit d'imposer les biens transmis par un défunt non-résident à un bénéficiaire résident de France, s'ils sont situés hors de France (dans l'autre État partie à la convention ou dans un État tiers) ou bien non imposables en application de la convention (BOI-ENR-DMTG-10-10-30 n° 420). La convention entre la France et l'Allemagne ayant toutefois été négociée après la création du 3° de l'article 750 ter du CGI, elle présente la particularité de retenir, comme critère d'imposition, le domicile fiscal de l'héritier ou légataire.
Enfin, lorsque le défunt n'était pas domicilié fiscalement en France au moment du décès, la France peut, pour calculer l'impôt sur les biens que la convention l'autorise à imposer, faire

77250 (suite) application de la règle du taux effectif afin d'assurer la progressivité de l'impôt (art. 11, 1-b). Le taux effectif (ou taux moyen d'imposition) correspond au taux qui serait applicable s'il était tenu compte de l'ensemble des biens que sa législation interne lui permettrait d'imposer en l'absence de convention. Ce taux moyen d'imposition est personnel à chaque héritier ou légataire. Le calcul des droits dus par chaque héritier ou légataire sur la part successorale qu'il reçoit se fait donc en trois étapes.

1e étape : Calcul de la cotisation de base

Il s'agit de déterminer l'impôt « théorique » qui serait, en l'absence de convention, dû par chaque héritier ou légataire sur sa part nette « théorique ». Ce premier calcul tient compte, sous réserve du rappel fiscal des donations de moins de 15 ans (CGI art. 784), de l'abattement personnel et du tarif applicable compte tenu du lien de parenté existant entre le défunt et l'héritier ou légataire.

2e étape : Calcul du taux moyen d'imposition

Le taux moyen d'imposition de l'héritier ou légataire correspond au rapport entre la cotisation de base et la part nette théorique de l'héritier (avant abattement personnel), multiplié par 100.

3e étape : Détermination de l'impôt exigible

Il convient tout d'abord de déterminer la part nette de chaque héritier ou légataire en ne retenant que les biens que la France a le droit d'imposer conformément aux stipulations de la convention et d'appliquer sur cette part le taux moyen d'imposition calculé précédemment. Le taux moyen tenant déjà compte des avantages liquidatifs (abattement et tarif), il devra être appliqué directement sur la part nette.

Tableau récapitulatif

	Allemagne (État du domicile du défunt)	France (État de situation des biens)
Répartition du droit d'imposer les biens entre les États contractants (détermination des biens que chaque État contractant peut imposer)	Maison à Hambourg........300 000 € Comptes en Allemagne.....50 000 € Comptes en France............10 000 € Voiture en Allemagne........20 000 €	Maison à Domme...........200 000 € Parts SCI française..........400 000 €
Modalités conventionnelles d'imposition de la succession dans chacun des États contractants et d'élimination de la double imposition	Imposition de tous les biens dépendant de la succession conformément à la législation interne allemande et imputation de l'impôt acquitté en France en raison des biens qui y sont situés et imposables au sens de la convention	Héritier non-résident fiscal de France : imposition de sa part dans les biens situés et imposables en France au sens de la convention avec application de la règle du taux effectif Héritier résident fiscal de France : imposition de sa part dans l'actif mondial et imputation de l'impôt acquitté en Allemagne en raison des biens qui ne sont pas imposables en France au sens de la convention

Application pratique chiffrée

Liquidation des droits de mutation par décès dus en France

Quelles que soient les stipulations de la convention, la déclaration de succession à déposer en France par les héritiers à la Direction des impôts des non-résidents (DINR) dans l'année du décès (CGI art. 641) devra mentionner tous les biens dépendant de la succession, quel que soit leur lieu de situation (BOI-ENR-DMTG-10-50-70 n° 140).

Afin de déterminer l'impôt exigible en France, il convient de distinguer la situation de chacun des héritiers. En effet, Paul, qui a sa résidence fiscale en Allemagne au jour du décès, sera imposable sur sa part (1/2) dans les biens situés et imposables en France au sens de la convention avec application de la règle du taux effectif. En revanche, Élise, qui a sa résidence fiscale en France au jour du décès, sera imposable sur sa part (1/2) dans l'actif mondial.

77250 (suite)

Calcul du taux moyen d'imposition de Paul (résident fiscal d'Allemagne)
Actif successoral pris en compte pour le calcul du taux moyen d'imposition (CGI art. 750 ter, 2°)

Une maison à Domme	200 000 €
500 parts d'une SCI française détenant une maison à Biarritz	400 000 €
Divers comptes dans une banque française	10 000 €
Forfait mobilier (610 000 × 5 %)	30 500 €
Total	640 500 €
Part « théorique » : 640 500 € × 1/2	320 250 €
Abattement (CGI art. 779, I)	– 100 000 €
Part « théorique » taxable	220 250 €
Cotisation de base : 220 250 × 20 % – 1 806	42 244 €
Taux moyen d'imposition : 42 244 / 320 250 × 100	**13,19 %**

Calcul des droits de succession effectivement dus par Paul en France
Actif successoral imposable en France conformément aux stipulations de la convention

Une maison à Domme	200 000 €
500 parts d'une SCI française détenant une maison à Biarritz	400 000 €
Forfait mobilier (600 000 € × 5 %)	30 000 €
Total	630 000 €
Part taxable : 630 000 € × 1/2	315 000 €
Taux effectif	13,19 %
Droits dus	41 548 €

Paul pourra imputer, sur les droits de succession exigibles en Allemagne, les droits d'un montant de 41 548 € acquittés en France en raison des biens situés et imposables en France au sens de la convention, dans la limite de la fraction de l'impôt allemand afférente à ces biens.

Actif successoral d'Élise (résidente fiscale de France) imposable en France conformément aux stipulations de la convention

Une maison à Hambourg	300 000 €
Une maison à Domme	200 000 €
500 parts d'une SCI française détenant une maison à Biarritz	400 000 €
Divers comptes dans une banque allemande	50 000 €
Divers comptes dans une banque française	10 000 €
Une voiture en Allemagne	20 000 €
Forfait mobilier (980 000 × 5 %)	49 000 €
Total	1 029 000 €
Part : 1 029 000 € × 1/2	514 500 €
Abattement (CGI art. 779, I)	– 100 000 €
Part taxable	414 500 €
Droits dus : 414 500 € × 20 % – 1 806	81 094 €

Élise pourra imputer, sur les droits de succession d'un montant de 81 094 € exigibles en France, les droits acquittés en Allemagne en raison des biens qui ne sont pas imposables en France au sens de la convention (maison à Hambourg, comptes bancaires allemands et français, voiture allemande), dans la limite de la fraction de l'impôt français afférente à ces biens. En revanche, s'agissant des biens situés et imposables en France au sens de la convention (maison à Domme et parts de SCI), c'est l'Allemagne qui éliminera la double imposition par l'imputation, sur son impôt, de l'impôt payé en France en raison de ces biens, dans la limite de la fraction de l'impôt allemand afférente à ces biens.

77260 CAS PRATIQUE

Succession franco-allemande ; loi applicable à la succession ; règlement Successions ; donation notariée non déclarée en France ; don manuel non enregistré en France ; convention fiscale ; imputation de l'impôt étranger ; formulaire n° 2740 ; plus-value immobilière réalisée à l'étranger

Constance, de nationalité allemande, réside en France depuis 2012.
En février 2009, alors qu'elle était encore résidente en Allemagne, Constance a reçu de sa mère, également résidente allemande, au moyen d'une donation constatée par un acte authentique établi en Allemagne, un immeuble à Munich. Cette donation n'a fait l'objet d'aucune déclaration en France.
La même année, sa mère lui a consenti un don manuel de somme d'argent en Allemagne, non enregistré en France.
Fin 2023, sa mère décède, laissant un patrimoine exclusivement situé en Allemagne.
Constance s'interroge sur les conséquences fiscales en France du décès de sa mère.
Elle s'interroge également sur ses obligations fiscales relatives à la vente prochaine de l'immeuble reçu par donation.

Solution

Sur le règlement de la succession de la mère de Constance

Règles applicables

À titre liminaire, il faut rappeler que le règlement UE 650/2012 du 4 juillet 2012 s'applique, en France et en Allemagne, pour les successions ouvertes depuis le 17 août 2015.
La loi applicable à l'ensemble d'une succession est celle de l'État dans lequel le défunt avait sa résidence habituelle au moment du décès (Règl. UE 650/2012 art. 21, § 1). Le défunt peut toutefois avoir choisi comme loi applicable à sa succession la loi de l'État dont il possède la nationalité au moment où il fait ce choix ou au moment de son décès (Règl. UE 650/2012 art. 22).
En l'espèce, la succession de la mère de Constance sera donc régie, sur le plan civil, par la loi allemande.
Sur le plan fiscal, au regard du droit interne français, la succession de la mère de Constance serait imposable en France.
En effet conformément aux dispositions de l'article 750 ter, 3° du CGI sont soumis aux droits de mutation à titre gratuit les biens meubles et immeubles situés en France ou hors de France, reçus par un héritier qui a son domicile fiscal en France au sens de l'article 4 B du même Code, sous réserve toutefois que cet héritier ait eu son domicile fiscal en France pendant au moins six années au cours des dix dernières années précédant celle au cours de laquelle il reçoit les biens.
Il en irait de même au regard du droit interne allemand, les droits de succession étant dus à raison de l'ensemble du patrimoine si le défunt était résident en Allemagne (ErbStG § 2).
S'agissant des droits de succession dus en Allemagne, les enfants bénéficient d'un abattement de 400 000 € (ErbStG § 16) et sont imposés en fonction du barème suivant (ErbStG § 15 et 19) :

Part nette imposable en €	Classe fiscale 1
Jusqu'à 75 000 €	7 %
Jusqu'à 300 000 €	11 %
Jusqu'à 600 000 €	15 %
Jusqu'à 6 000 000 €	19 %
Jusqu'à 13 000 000 €	23 %
Jusqu'à 26 000 000 €	27 %
Au-delà de 26 000 000 €	30 %

77260 (suite)

Comparativement, en droit interne français, les enfants bénéficient d'un abattement de 100 000 € (CGI art. 779) et sont imposés en fonction du barème suivant (CGI art. 777) :

Fraction de part nette taxable	Tarif applicable
N'excédant pas 8 072 €	5 %
Comprise entre 8 072 € et 12 109 €	10 %
Comprise entre 12 109 € et 15 932 €	15 %
Comprise entre 15 932 € et 552 324 €	20 %
Comprise entre 552 324 € et 902 838 €	30 %
Comprise entre 902 838 € et 1 805 677 €	40 %
Au-delà de 1 805 677 €	45 %

La France et l'Allemagne ont conclu le 12 octobre 2006 une convention fiscale s'appliquant aux successions ouvertes et aux donations effectuées depuis le 3 avril 2009 dont il faut tenir compte. Les dispositions de cette convention prévoient en principe une imposition soit dans l'État de situation des biens, soit dans l'État de résidence du défunt. En l'espèce, dans la mesure où la défunte résidait en Allemagne et que son patrimoine y est exclusivement situé, sa succession devrait en principe être imposable en Allemagne.

Toutefois, conformément à l'article 11, 1-c) de la convention, lorsqu'un héritier est domicilié en France au moment du décès, la France peut également imposer tous les biens reçus par cette personne. La double imposition est alors éliminée par l'imputation en France de l'impôt successoral payé en Allemagne sur tous les biens qui ne sont pas imposables en France conformément aux dispositions de la convention.

Ainsi, l'ensemble des biens reçus par Constance dans la succession de sa mère sera également imposable en France, Constance pouvant cependant imputer sur l'impôt français l'impôt qu'elle aura payé en Allemagne. Au global, elle supportera une imposition à hauteur des droits de succession prévus par la loi française.

Conseil pratique

Afin d'obtenir l'imputation de l'impôt étranger, un formulaire spécial (imprimé n° 2740) doit être souscrit en double exemplaire et remis au comptable de la DGFiP qui reçoit ou a reçu la déclaration de succession. Ce formulaire vaut demande d'imputation et doit être produit soit au moment du paiement des droits, soit à l'appui d'une demande de restitution dans l'hypothèse où les droits acquittés à l'étranger l'ont été après le paiement des droits dus en France.

Le formulaire n° 2740 doit être accompagné de pièces justificatives, soumises à l'appréciation du comptable de la DGFiP compétent, permettant d'établir (BOI-ENR-DMTG-10-50-60 n° 50) :

– d'une part, que les droits de mutation à titre gratuit dont l'imputation est demandée ont bien été effectivement acquittés dans le territoire ou le pays concerné ;

– d'autre part, que le montant de ces mêmes droits se rapporte aux seuls biens meubles ou immeubles situés hors de France compris dans l'assiette de l'impôt français ;

– enfin, que l'impôt effectivement acquitté est définitivement dû, c'est-à-dire n'est pas susceptible d'une restitution éventuelle.

Pratiquement, ces justifications ne peuvent résulter que d'une attestation délivrée par l'administration fiscale étrangère concernée ou du rapprochement de la quittance des droits ou de toute autre pièce équivalente avec la déclaration de succession souscrite dans le pays considéré ou un état complet des biens transmis (BOI précité n° 60).

Détermination de l'imposition en France

Concernant la détermination de l'imposition en France, se pose la question délicate du rappel fiscal des donations antérieures effectuées en 2009.

S'agissant de la donation de l'immeuble à Munich, consentie en février 2009, la convention fiscale franco-allemande n'était pas applicable, de sorte qu'il devait être fait uniquement application de l'article 750 ter du CGI. Il en résulte que la donation n'était pas imposable en France, la donatrice étant domiciliée en Allemagne, tout comme la donataire, et le bien donné étant situé en Allemagne.

Toutefois, aujourd'hui, la succession de la donatrice est imposable en France compte tenu des dispositions de la convention fiscale franco-allemande et de l'article 750 ter, 3° du CGI (voir ci-avant).

S'il va de soi que la donation étrangère antérieure doit être portée à la connaissance de l'administration fiscale dans la déclaration de succession, conformément à l'obligation édictée par le premier alinéa de l'article 784 du CGI, il est nécessaire de s'interroger sur sa prise en compte pour le rappel fiscal des donations antérieures de moins de quinze ans (CGI art. 784, al. 2 et 3). Le rappel fiscal de cette donation lors de la succession peut-il emporter l'imposition de cette

77260 (suite) donation qui était pourtant hors champ de l'impôt français au moment où elle a été consentie ? Ce rappel peut-il également avoir une incidence sur la progressivité de l'imposition des biens transmis par succession ?

La première de ces questions appelle immanquablement une réponse négative. En effet, outre le fait que l'article 784 du CGI n'a pas pour objet de déroger aux règles de territorialité posées par l'article 750 ter du même Code, le principe non bis in idem s'opposerait à une telle taxation (D. Gutmann, « Mobilité internationale des personnes et rappel fiscal des donations » : Defrénois 15-4-2013 n° 112d0 ; B. Savouré, « La planification confrontée à la mobilité des personnes : le rapport des donations dans un contexte international », JCP N 2014 n° 1181). Par ailleurs, à suivre le raisonnement et la décision du Conseil constitutionnel rendue sur la constitutionnalité des deux derniers alinéas de l'article 784 du CGI, nul doute qu'une telle taxation porterait atteinte à des situations légalement acquises et serait donc contraire à la Constitution (Cons. const. 9-12-2016 n° 2016-603 QPC).

Il devrait également être possible de répondre négativement à la seconde interrogation, en se fondant sur l'interprétation donnée par l'administration fiscale aux dispositions de l'article 784 du CGI (BOI-ENR-DMTG-10-50-50 n°s 270 s.), à laquelle le Conseil constitutionnel a donné valeur de garantie du respect des situations légalement acquises (Cons. const. 9-12-2016 n° 2016-603 QPC). En effet, dans la mesure où, d'une part, la donataire n'a effectivement bénéficié lors de la donation étrangère d'aucun abattement et, d'autre part, où aucune des tranches d'imposition n'a servi pour l'imposition de cette donation, faute d'avoir été imposable en France au moment où elle a été consentie, elle ne devrait avoir par conséquent aucune incidence sur la progressivité de l'imposition de la nouvelle transmission imposable en France (A. Olivier, « Rappel fiscal des donations antérieurement consenties hors du champ de l'impôt français : quand ? pourquoi ? vraiment ? : Ingénierie patrimoniale, éd. JFA, 1-2021 n° 7.3.1).

On soulignera enfin que l'administration fiscale, dans des prises de position anciennes, avait déjà eu l'occasion d'admettre que les donations qui étaient hors champ de l'impôt de mutation, en raison des règles de territorialité applicables à l'époque de leur réalisation, ne pouvaient faire l'objet du rappel fiscal lors d'une transmission ultérieure soumise à l'impôt en France, exception faite des dons manuels. Bien que le Bofip n'édicte pas un tel principe général, on pourrait penser que l'administration adopterait la même position si elle devait être confrontée à une telle situation.

Reste que l'absence d'enregistrement en France de la donation étrangère pourrait entraîner l'imposition en France de la donation étrangère antérieure. En effet, l'administration fiscale pourrait considérer que la donation constatée par acte authentique étranger n'a acquis date certaine à son égard que du jour de la mort de la donatrice conformément à l'article 1377 du Code civil et donc tenter d'imposer cette donation sur le fondement de l'article 750 ter, 3° du CGI puisque, au décès de la donatrice, Constance a eu son domicile fiscal en France pendant au moins six ans au cours des dix années précédentes. Une telle position nous semble cependant contestable dans la mesure où un acte authentique étranger est présumé valable et doit produire tous les effets dont il jouissait dans l'État où il a été reçu, y compris donc s'agissant de la force probante de sa date, sauf à en contester la sincérité devant les juridictions étrangères concernées (Cass. 1e civ. 20-3-2001 n° 99-12.364 FS-PB).

Le rappel fiscal du don manuel constituera, quant à lui, par application combinée des articles 757 et 784 du CGI, le fait générateur de son imposition. Le don manuel dont a bénéficié Constance se trouvera ainsi imposable en France à l'occasion de l'imposition de la succession de sa mère.

Conseil pratique

L'installation en France du donateur ou du donataire peut avoir pour conséquence l'imposition des libéralités réalisées antérieurement à l'étranger et qui étaient hors champ de l'impôt français. Il est donc conseillé d'enregistrer l'ensemble des donations ou dons manuels réalisés à l'étranger avant cette installation en France afin de leur donner date certaine et ainsi cristalliser leur fait générateur à une date à laquelle ces libéralités ne seront pas imposables en France soit en raison des dispositions de l'article 750 ter du CGI, soit en raison des dispositions d'une convention fiscale.

Sur l'imposition de l'éventuelle plus-value immobilière réalisée à l'étranger

Règles applicables

Conformément aux articles 4 A et 150 U du CGI, les plus-values immobilières réalisées à l'étranger sont en principe imposables en France.

Ce point est confirmé par l'administration fiscale dans ses commentaires au Bofip, précisant qu'il n'est pas tenu compte de la localisation des biens qui peuvent être situés en France ou hors de France (BOI-RFPI-PVI-10-20 n° 1).

Dès lors, il convient de se référer à la convention fiscale du 21 juillet 1959 conclue entre la France et l'Allemagne telle que modifiée par ses différents avenants et notamment celui du 31 mars 2015, ainsi que par la convention multilatérale pour la mise en œuvre des mesures relatives aux conventions fiscales pour prévenir l'érosion de la base d'imposition et le transfert de bénéfices. **77260** (suite)

Conformément à l'article 7, § 1 de la convention fiscale franco-allemande, les plus-values immobilières sont imposables dans l'État de situation du bien. Ainsi, les gains qu'un résident français tire de l'aliénation d'un bien immobilier situé en Allemagne sont imposables en Allemagne.

Toutefois, ainsi qu'il résulte de l'article 20 de ladite convention, l'État de situation ne bénéficie pas en la matière d'un droit exclusif d'imposition, de sorte que la plus-value réalisée peut également être imposée dans l'État de résidence. Aussi, la plus-value immobilière réalisée en Allemagne par un résident français est également imposable en France.

Dans cette hypothèse, et depuis le 1er janvier 2016, la double imposition est éliminée par l'octroi en France d'un crédit d'impôt égal au montant de l'impôt payé en Allemagne sans toutefois pouvoir excéder le montant de l'impôt français correspondant.

On précisera qu'en Allemagne, les gains provenant de la cession de biens immobiliers détenus depuis plus de dix ans sont en principe exonérés d'impôt.

Appliqué au cas d'espèce, l'éventuelle plus-value réalisée par Constance devrait donc être exonérée d'impôt en Allemagne mais sera imposable en France, dans les conditions de droit commun, sans pouvoir bénéficier d'un crédit d'impôt au titre de l'impôt payé en Allemagne, celui-ci étant nul.

Rappel des règles applicables avant le 1er janvier 2016

Avant l'entrée en vigueur de l'avenant du 31 mars 2015, la double imposition était éliminée par l'octroi en France d'un crédit d'impôt égal au montant de l'impôt français. La situation était alors beaucoup plus avantageuse pour les résidents français, propriétaires d'un immeuble en Allemagne. En effet, au bout de dix ans de détention, ils étaient exonérés d'impôt en Allemagne et l'imposition en France était effacée par l'octroi du crédit d'impôt.

Depuis le 1er janvier 2016, les résidents français ne sont effectivement exonérés d'impôt sur la plus-value réalisée qu'après un délai de détention de l'immeuble de trente ans.

Calcul de la plus-value

S'agissant de l'imposition de la plus-value en France, il conviendra de faire application des dispositions de l'article 150 U et suivants du CGI. Des difficultés pourraient toutefois surgir s'agissant du calcul de la plus-value réalisée.

En effet, tout d'abord, il ressort de l'article 150 VB du CGI qu'en cas d'acquisition à titre gratuit, le prix d'acquisition s'entend en principe de la valeur retenue pour la détermination des droits de mutation à titre gratuit. Or, en l'espèce, la donation n'était pas imposable en France au moment où elle a été consentie de sorte qu'aucune valeur n'a été retenue en France pour la détermination des droits de mutation à titre gratuit.

Il ne faut pas pour autant retenir une valeur nulle dans la mesure où l'article 150 VB permet, dans cette hypothèse, de retenir la valeur réelle du bien à la date d'entrée dans le patrimoine du cédant d'après une déclaration détaillée et estimative des parties.

La détermination de cette valeur se fait alors sous la responsabilité du contribuable et doit être justifiée par tous moyens notamment au moyen d'une attestation d'expert (BOI-RFPI-PVI-20-10-20-10 n° 30).

Il faut en tout état de cause se garder de retenir, sans autre vérification, la valeur retenue pour la détermination des droits dus en Allemagne à l'époque de la donation, celle-ci ne correspondant pas nécessairement à la valeur vénale telle qu'entendue par l'administration fiscale française. En effet, en Allemagne, les biens immobiliers font l'objet de règles d'évaluation spécifiques, lesquelles ont par ailleurs évolué au fil du temps, de sorte que la valeur fiscale en Allemagne peut consister en une simple évaluation forfaitaire décorrélée de la valeur réelle du bien. L'administration fiscale française serait alors susceptible de remettre en cause cette valeur.

On soulignera que, dans l'hypothèse où l'administration fiscale chercherait à imposer la donation effectuée en Allemagne au moment de la succession de la donatrice (voir ci-avant), il serait alors possible de retenir la valeur retenue pour la détermination des droits de mutation à titre gratuit. En cas de revente rapide, le prix d'acquisition correspondra alors vraisemblablement au prix de cession, de sorte qu'aucune plus-value ne sera constatée.

Par ailleurs, s'agissant du point de départ du délai de détention, l'administration fiscale précise qu'en cas d'acquisition à titre gratuit entre vifs, il faut se référer à la date de l'acte, sans autre précision (BOI-RFPI-PVI-20-20 n° 40). Il devrait donc être possible de prendre en compte la date de l'acte de donation passé à l'étranger, bien que non enregistré en France. Il n'est cependant pas exclu que l'administration fiscale estime que cette date ne lui est pas opposable.

Conseil pratique

Dans la mesure où la plus-value est imposable en France, il conviendra de ne pas omettre de procéder à l'ensemble des formalités déclaratives requises. Ainsi, une déclaration n° 2048-IMM-SD devra être souscrite par le vendeur et déposée dans le mois qui suit la cession au service des impôts dont il relève (CGI art. 150 VG). L'éventuel crédit d'impôt dont bénéficie le contribuable doit être porté ligne 120 du formulaire n° 2048-IMM-SD. Le dépôt de cette déclaration devra s'accompagner du paiement de l'impôt et des prélèvements sociaux y afférents.

77260 (suite)

Par ailleurs, lors de la déclaration annuelle de revenus effectuée l'année suivante, le contribuable devra souscrire une déclaration spécifique concernant les revenus de source étrangère. À cet effet, il devra compléter le formulaire n° 2047, notamment les cadres 3 (plus-values imposables en France) et 7 (revenus imposables ouvrant droit à un crédit d'impôt égal à l'impôt étranger).
Il devra également reporter sur sa déclaration de revenus complémentaire (formulaire 2042-C) :
– le montant de la plus-value réalisée (ligne 3VZ), qui servira à la détermination de son revenu fiscal de référence ;
– ainsi que le montant de l'impôt payé à l'étranger (ligne 8VL).
On notera enfin que si la cession est constatée à l'étranger, cas le plus fréquent, l'acte ne sera soumis à aucune formalité d'enregistrement en France. Attention toutefois, en cas de présentation volontaire de l'acte étranger à l'enregistrement, un droit spécifique de 5 % serait alors dû, conformément à l'article 714 du CGI (BOI-ENR-DMTOI-10-10-10 n° 350).

CAS PRATIQUE

Succession franco-américaine ; testament établi à l'étranger ; détermination du régime matrimonial ; règlement Successions ; loi applicable à la succession ; « professio juris » ; loi de l'État de New York ; « probate » ; convention fiscale ; incidence de la nationalité américaine ; crédit d'impôt ; comparaison des systèmes de taxation français et américain 77270

Depuis Lafayette, les États-Unis et la France sont unis par des liens particuliers.
L'« American way of life » attire aux États-Unis de nombreux Français (en 2022, le nombre de Français vivant aux États-Unis et inscrits au registre des Français tenu par les consulats s'élevait à 145 000 personnes). Les États-Unis sont ainsi la deuxième destination d'expatriation après la Suisse pour les Français : des anonymes (étudiants, expatriés, chefs d'entreprise, etc.) mais aussi des personnalités plus connues (Michel Sardou à une époque). Pour ceux qui y restent durablement ou y décèdent, le règlement de leur succession défraye parfois la chronique des magazines people (Hallyday, Jarre, Wildenstein, etc.) mais a surtout le mérite de faire évoluer la jurisprudence et le droit international privé des successions (voir notamment Cass. 1e civ. 27-9-2017 nos 16-13.151 FS-PBRI et 16-17.198 FS-PBRI, concernant la réserve héréditaire et l'ordre public international mais que le législateur a cherché à contrecarrer en rétablissant un droit de prélèvement compensatoire ; Cass. 1e civ. 29-5-2019 no 18-13.383 FS-PBI, concernant la résidence habituelle du défunt au sens du règlement Successions). Ces affaires permettent ainsi de mieux comprendre ces deux systèmes qui s'opposent sur de nombreux points.
Mais si des Français sont séduits par les États-Unis, la réciproque est également vraie : de nombreux Américains (l'ambassade américaine estime à 100 000 le nombre d'Américains vivants en France), sensibles à la douceur de vivre et à la culture française, viennent également s'installer en France où ils trouvent conjoints et maisons. Cette tradition américaine en France s'est incarnée dans la littérature américaine du siècle dernier par les écrivains dit « de la génération perdue » (Francis Scott Fitzgerald, Ernest Hemingway, Ezra Pound, Henry Miller, Harry Crosby, etc.). Cet attrait américain pour la France a été immortalisé par Ernest Hemingway dans « Paris est une fête » et repris au cinéma par Woody Allen dans « Minuit à Paris ».
Il est donc fréquent que des Américains viennent pour des périodes plus ou moins longues vivre en France. C'est le cas de John Wilson, de nationalité américaine, qui après un divorce aux États-Unis a décidé de refaire sa vie avec Fanny Chenal, jeune traductrice de nationalité française. Au moment de leur mariage célébré en France en 1999 sans contrat de mariage, le couple s'installe à Paris. Ils acquièrent à crédit un appartement à Saint-Germain-des-Prés et une maison dans le Lubéron. Le prêt est remboursé par les revenus du couple. Comme cela est fréquent pour les anglo-saxons, ces acquisitions sont faites par l'intermédiaire d'une société civile immobilière (SCI). Passionnée de culture américaine, Fanny Chenal fait une demande pour acquérir la nationalité américaine qu'elle obtient après une longue instruction. Le couple qui n'a pas d'enfant reçoit régulièrement les deux enfants de John Wilson.
En 2020, John Wilson qui est beaucoup plus âgé que son épouse décède brusquement d'une crise cardiaque. En 2000, il avait établi à New York un testament en langue anglaise auprès d'un lawyer américain. Ce testament prévoit la répartition de son patrimoine (sauf les comptes bancaires) dans les proportions suivantes : un quart à son épouse, un quart à son ex-épouse et un quart à chacun de ses enfants. Son patrimoine est essentiellement composé des biens immobiliers situés en France (3 000 000 €) et de biens immobiliers locatifs aux États-Unis (1 500 000 $). Les comptes bancaires d'une valeur de 2 000 000 $ ont été mis sous le dispositif américain du « rights of survivorship ».

Solution

Au-delà du cas particulier de la succession de M. Wilson, l'objectif du présent cas pratique est d'essayer d'avoir une grille d'analyse pour régler les successions franco-américaines. Nous distinguerons les aspects juridiques de la fiscalité.

77270 (suite)

Aspects juridiques d'une succession franco-américaine

Testaments

La première question est celle de la validité du testament.

La convention de La Haye du 5 octobre 1961 sur les conflits de lois en matière de forme des dispositions testamentaires donne des critères alternatifs très larges, qui permettent de reconnaître la validité des testaments dans de nombreux cas.

Ainsi, selon cette Convention, un testament est valable quant à la forme s'il est conforme à la loi interne (Conv. La Haye 5-10-1961 art. 1) :

– du lieu où le testateur a disposé ; ou
– d'une nationalité possédée par le testateur, soit au moment où il a disposé, soit au moment de son décès ; ou
– du lieu où le testateur avait son domicile, soit au moment où il a disposé, soit au moment de son décès ; ou
– du lieu dans lequel le testateur avait sa résidence habituelle, soit au moment où il a disposé, soit au moment de son décès ; ou
– du lieu de leur situation pour les immeubles.

En l'espèce, outre le fait que le testament de M. Wilson est conforme à la loi américaine, il remplit plusieurs des critères alternatifs prévus par la Convention qui permettent de conclure à son rattachement à la loi américaine et donc à sa validité. En effet, non seulement M. Wilson a effectué son testament aux États-Unis, mais en plus de cela il possédait la nationalité américaine aussi bien au moment où il a disposé qu'au moment de son décès.

Régime matrimonial

La deuxième question à se poser est celle du régime matrimonial.

Les règles sont variables selon la date du mariage.

Les époux Wilson étant mariés avant le 29 janvier 2019 (date d'application du nouveau règlement européen du 24 juin 2016) et après le 1er septembre 1992, ils sont soumis aux règles de la convention de La Haye du 14 mars 1978. Cette Convention prévoit que la loi applicable au régime matrimonial des époux est celle du pays où ils ont établi leur première résidence habituelle après le mariage. Les époux Wilson se sont installés en France directement après leur mariage. Cela signifie qu'ils sont soumis à la loi française et, en l'absence de contrat de mariage, au régime matrimonial légal de la communauté réduite aux acquêts.

Il n'y a, par ailleurs, pas eu de modification automatique de la loi applicable puisque les époux sont restés en France pendant toute la durée de leur mariage (on sait que, en l'absence de contrat de mariage, résider pendant plus de dix ans dans un autre État peut avoir pour effet un changement de loi applicable).

On soulignera que l'absence de contrat de mariage est assez peu fréquente pour les nationaux américains.

Dès lors qu'ils ont du patrimoine, les Américains sont assez friands des « prenuptial agreement » dont l'un des objets est d'organiser le divorce futur, possibilité qui peut poser des problèmes au regard de l'ordre public français (à propos des prenuptial agreement de droit anglais voir X. Guédé et F. Letellier, Légalisation des prénuptial agreements en droit anglais : au nom de la sécurité juridique des couples : Dr. et patrimoine avril 2015). C'est là aussi une différence d'approche entre le sentimentalisme français qui voit encore le mariage comme un engagement pour la vie et le pragmatisme anglo-saxon qui constate qu'un mariage sur deux (deux sur trois dans les grandes villes) se termine par un divorce et qu'il vaut donc mieux anticiper. Dans le cas des époux Wilson, c'est le romantisme de Fanny Chenal qui l'a emporté. D'où l'absence de contrat de mariage en France ou de prenuptial agreement aux États-Unis.

Dans le cas qui nous intéresse, il sera donc nécessaire de liquider le régime de la communauté réduite aux acquêts conformément au droit français, étant ici précisé que les immeubles situés en France font partie de ladite communauté car ils ont été acquis après le mariage et financés avec les revenus du couple. Outre la moitié du boni de communauté, il faudra inclure dans la succession les biens propres de M. Wilson.

Loi applicable à la succession

Le décès est survenu en France après le 17 août 2015. La présente succession est donc régie par le règlement du 4 juillet 2012 relatif à la compétence, la loi applicable, la reconnaissance et l'exécution des décisions, et l'acceptation et l'exécution des actes authentiques en matière de successions et à la création d'un certificat successoral européen, dit « règlement Successions », qui soumet en principe l'ensemble de la succession à la loi de la dernière résidence habituelle du défunt (Règl. UE 650/2012 du 4-7-2012 art. 21 § 1).

Il n'est pas contesté, ni contestable, que la dernière résidence de John Wilson était en France : il y vivait la grande majorité de l'année et ne se rendait plus aux États-Unis que de façon

77270 (suite)

épisodique pour les vacances et pour y voir ses enfants. A priori, la loi française est donc la loi successorale qui régit l'ensemble de la succession, que les biens soient en France ou aux États-Unis.

Professio juris

Le règlement Successions permet cependant à une personne de choisir comme loi applicable à sa succession la loi de l'État dont elle possède la nationalité au moment où elle fait ce choix ou au moment de son décès (Règl. UE 650/2012 du 4-7-2012 art. 22 § 1).

Ainsi, John Wilson étant de nationalité américaine avait la possibilité de désigner la loi américaine comme étant applicable à sa succession. Le notaire en charge de la succession doit donc s'assurer que la loi américaine n'a pas été désignée par le défunt dans une disposition à cause de mort ou que cette désignation ne résulte pas des termes d'une telle disposition (Règl. UE 650/2012 du 4-7-2012 art. 22 § 2). Le considérant 39 du règlement précise que « le choix de la loi pourrait être considéré comme résultant d'une disposition à cause de mort dans le cas où par exemple, dans sa disposition, le défunt avait fait référence à des dispositions spécifiques de la loi de l'État de sa nationalité ou dans le cas où il avait mentionné cette loi d'une autre manière ». Le règlement introduit même une présomption de désignation si une disposition à cause de mort, prise avant le 17 août 2015, est rédigée conformément à la loi que le défunt aurait pu choisir en vertu du règlement, c'est-à-dire la loi nationale (Règl. UE 650/2012 du 4-7-2012 art. 83 § 4).

Le testament de John Wilson ne contient pas de disposition expresse. En revanche, plusieurs éléments laissent penser que la désignation de loi applicable résulte de façon implicite des termes du testament :

– le testament fait référence à plusieurs reprises à la loi de l'État de New York. Ainsi un des articles du testament se réfère à un « Uniform transfers to Minors Act » et les pouvoirs des exécuteurs testamentaires désignés au terme du testament sont manifestement ceux de la loi de l'État de New York ;

– il respecte les conditions de forme de l'État de New York ;

– il a été rédigé en 2000, avant l'entrée en vigueur du règlement, de sorte que la présomption de l'article 83 trouve à s'appliquer puisque le testament est rédigé conformément à la loi de l'État de New York, loi nationale du défunt.

La désignation de la loi applicable a pour objet de soumettre l'ensemble de la succession, en ce compris les biens mobiliers et immobiliers situés en France, à la loi américaine. On notera que la professio juris exclut le mécanisme du renvoi (Règl. UE 650/2012 du 4-7-2012 art. 34 § 2).

Par plusieurs arrêts concernant plus spécifiquement la loi américaine, la Cour de cassation a pu considérer que le fait que la loi américaine ignore la réserve héréditaire n'est pas contraire à l'ordre public international français (Cass. 1e civ. 27-9-2017 nos 16-13.151 FS-PBRI et 16-17.198 FS-PBRI précités). Ainsi, bien que le testament ne respecte pas la réserve héréditaire des deux enfants (qui doivent normalement avoir chacun un tiers de la succession de leur père au lieu d'un quart), il sera néanmoins applicable dès lors que le testament respecte la loi américaine. On sait que cette question a beaucoup animé la chronique judiciaire française, notamment dans le cadre des successions de Maurice Jarre et de Johnny Halliday. La succession de M. Wilson donne une autre illustration d'un cas où la réserve n'est pas respectée lorsqu'il s'agit de gratifier non seulement le conjoint mais aussi un tiers (en l'espèce l'ex-conjoint). Signalons que le législateur, souhaitant combattre la jurisprudence de 2017, a rétabli un droit de prélèvement compensatoire lorsque la loi successorale étrangère ne prévoit pas de mécanisme réservataire protecteur des enfants (voir nos 70850 s.). Ce droit de prélèvement ne pouvait toutefois jouer ici, le décès de M. Wilson étant survenu avant le 1er novembre 2021.

Pour éviter tout litige entre les héritiers, il est donc conseillé, à titre pratique, de rédiger un acte interprétatif de testament dans lequel chacun des héritiers reconnaît l'application de la loi américaine et plus spécifiquement celle de l'État de New York.

Spécificités du règlement des successions aux États-Unis

La loi applicable étant la loi américaine, il va falloir faire appel à un « lawyer » américain pour effectuer les formalités aux États-Unis.

La spécificité des États-Unis est qu'il s'agit d'un État fédéral et que chacun des États fédérés applique sa propre législation des successions. Il convient donc de déterminer quel est l'État compétent pour régler la succession. Dans le cas de John Wilson, il n'y a aucun doute puisque son testament fait référence à la loi de l'État de New York.

Le plus souvent, il est nécessaire de faire valider le testament par un juge (« probate »), procédure qui peut être longue et coûteuse. Le probate n'est pas nécessaire pour les comptes bancaires qui sont sous « rights of survivorship » et qui reviendront en totalité à Mme Wilson (il s'agit d'une sorte de compte joint).

Un autre moyen d'éviter le probate aurait été que M. Wilson mette en place un trust. Cette solution, fréquente aux États-Unis, est également un critère de différenciation du traitement des successions en France et aux États-Unis.

77270 (suite) En France, en vertu de l'adage ancien selon lequel « le mort saisit le vif », les héritiers succèdent directement au défunt (sauf cas particulier de l'envoi en possession en présence de certaines successions testamentaires dont les formalités ont d'ailleurs été fortement assouplies). Il en va différemment aux États-Unis, notamment dans le cadre d'un trust, où les héritiers ne sont pas investis du patrimoine : celui-ci est géré et administré par un trustee qui va le plus souvent s'occuper de vendre les biens ou de les gérer, de payer le passif et de verser aux héritiers un capital ou des revenus. Son rôle se rapproche de celui d'un exécuteur testamentaire, dont la pratique en France reste limitée. Devant les nombreux conflits successoraux résultant de l'état d'indivision dans lequel le droit français des successions place les héritiers, on peut se demander s'il ne serait pas pertinent de s'inspirer des « family trust » américains pour faciliter le règlement des successions et limiter les tensions entre héritiers. Les « family office », dont le développement commence à apparaître en France, pourraient avoir un rôle à jouer dans ce sens.

En ce qui concerne M. Wilson, le notaire français, pour régler la succession en France et accomplir les formalités de publicité foncière, devra reprendre la dévolution telle qu'elle est faite et établie par l'avocat new-yorkais (il n'existe pas à proprement parler de notaire aux États-Unis).

Aspects fiscaux de la succession de John Wilson

John Wilson étant résident de France, la totalité de sa succession est en principe imposable en France en vertu de la convention fiscale franco-américaine relative aux successions et donations du 24 novembre 1978 et modifiée par l'avenant du 8 décembre 2004. Néanmoins le fait qu'il soit de nationalité américaine et qu'il possède des biens situés aux États-Unis n'est pas sans conséquence.

Une imposition fondée sur la nationalité américaine

D'une façon générale, le système américain a ceci de remarquable : il est l'un des seuls au monde à être basé sur la nationalité. Ainsi un national américain sera taxé partout dans le monde, même s'il est domicilié ou résident dans un autre État et même si les biens sont situés en dehors des États-Unis. Ce système, en limitant l'évasion fiscale liée à l'expatriation est extrêmement ingénieux car il garantit aux États-Unis des recettes fiscales en provenance des Américains domiciliés à l'étranger.

Le seul moyen d'éviter cette imposition est de renoncer à la nationalité américaine, procédure non seulement complexe mais aussi coûteuse car il faut s'acquitter d'une exit tax (R. Beck, L'exit tax des personnes physiques aux États-Unis : Droit fiscal n° 21 24 mai 2012 ; A. Devaux, Imposition sur la citoyenneté : made in États-Unis : Revue fiscale du patrimoine 10/2019 n° 25).

Ce système, qui a vocation à s'appliquer en matière d'impôt sur le revenu, n'est pas sans conséquence sur la fiscalité des successions. Les spécificités du système américain expliquent que la convention du 24 novembre 1978 s'applique selon l'article 1 « aux successions des personnes ayant, au moment de leur décès, leur domicile en France, et aux successions des personnes soumises à la législation fiscale des États-Unis en raison de leur domicile dans ce pays ou de leur citoyenneté américaine, au moment de leur décès ».

L'article 5 de la Convention issu de l'avenant du 8 décembre 2004 et relatif aux biens immobiliers prévoit un rattachement national dans certains cas et le paragraphe 4 de l'article 1 (également issu de l'avenant du 8 décembre 2004) donne la possibilité aux États-Unis d'imposer leurs citoyens comme si la Convention n'existait pas.

Élimination des doubles impositions

En vertu de la convention fiscale, la France va donc imposer l'intégralité de l'actif successoral de la succession de M. Wilson car celui-ci est résident de France. Cette imposition porte également sur les biens qui sont imposables aux États-Unis en vertu de la Convention (soit en vertu de leur lieu de situation comme les biens immobiliers imposables dans le pays où ils sont situés, soit en vertu de la citoyenneté américaine pour d'autres biens comme les actions, les créances, le numéraire...).

La double imposition est évitée grâce à un crédit d'impôt égal à l'impôt payé aux États-Unis à raison des biens qui y sont imposables.

Aucun crédit d'impôt n'est en revanche accordé par la France pour les cas où les États-Unis peuvent imposer leurs citoyens comme si la Convention n'existait pas. La double imposition est alors éliminée du côté américain par imputation de l'impôt français.

Un système de taxation très différent aux États-Unis et en France

Il convient de mettre en évidence les différences de taxation entre le système américain et le système français.

Le système français prévoit une exonération totale pour le conjoint survivant mais un abattement de 100 000 € pour chacun des enfants de M. Wilson avec une taxation selon un barème en ligne directe qui va de 5 à 45 %. En revanche, l'ancienne conjointe de M. Wilson est considérée comme un tiers et sera taxée au taux de 60 % (la question de la renonciation éventuelle à la succession peut donc être pertinente). 77270 (suite)

La fiscalité américaine des successions diffère du système français dans le sens où il ne s'agit pas d'un impôt calculé par héritier mais sur l'ensemble du patrimoine transmis sans considération de la personne bénéficiaire. Il s'agit en principe d'un impôt fédéral qui va de 18 à 40 % mais certains États y ajoutent leur propre impôt (« estate tax »). Dans l'État de New York, l'estate tax va de 3,06 à 16 %.

Il existe toutefois une exception au profit du conjoint survivant qui est en principe exonéré à la condition qu'il soit de nationalité américaine (ce qui est le cas de Mme Wilson). On notera également qu'il existe de façon générale un abattement qui est aux États-Unis beaucoup plus élevé qu'en France puisqu'il s'élevait en 2023 à 12 929 000 $. Cet abattement généreux exonère en pratique de nombreuses successions, dont celle de M. Wilson.

En réalité, la succession de M. Wilson va donc essentiellement être taxée en France.

Fiscalement, si M. Wilson avait choisi de s'installer et d'investir aux États-Unis et qu'il y était décédé, le montant des droits de succession aurait été limité (différents projets prévoient de durcir les droits de succession aux États-Unis dans les années à venir). L'imposition en France pourra peut-être laisser un goût amer à ses enfants et à son ex-conjoint mais la douceur de vivre de la France n'a pas de prix. Il n'est cependant pas certain que cette opinion soit partagée par tous ! La question de l'attractivité fiscale de la France se pose plus que jamais.

77280 CAS PRATIQUE

Succession intéressant la France, les États-Unis et Hong Kong ; loi applicable à la succession ; règlement Successions ; loi de l'État de New York ; droit applicable à Hong Kong ; contrat d'assurance-vie ; estate tax ; convention fiscale ; règles de territorialité de l'impôt

M. David Soudey, âgé de 48 ans, de nationalité française, est décédé tragiquement à New York City (État de New York, États-Unis), le 2 avril 2023 où il résidait depuis 15 ans sous un statut d'immigration visa d'investissement E1. Il laisse pour lui succéder ses deux parents, Michel et Louise, résidents à Paris, son frère Olivier de retour en France après 20 années passés en Australie et installé depuis 2 ans à Lyon et sa sœur Marie résidente à Versailles depuis 15 ans.
Le patrimoine de M. David Soudey se compose comme suit :
– des parts de SCPI en France d'un montant de 200 000 € ;
– des liquidités auprès de la Société Générale en France d'un montant de 100 000 € ;
– des avoirs bancaires à la Société Générale de Hong Kong d'un montant de 140 000 HK$ soit la contrevaleur de 150 000 € ;
– d'un studio à New York City évalué 650 000 $ soit la contrevaleur de 550 000 € ;
– des liquidités auprès de la Société Générale de New York d'un montant de 300 000 $ soit la contrevaleur de 250 000 € ;
– du mobilier dans l'appartement de New York City évalué 60 000 $ soit la contrevaleur de 50 000 €.
M. David Soudey était titulaire d'une assurance-vie dont le capital est de 300 000 € et dont la clause bénéficiaire est « mon conjoint, à défaut mes héritiers ».
Michel et Louise souhaitent renoncer à la succession de leur fils au profit de leurs deux enfants, Olivier et Marie.

Solution

M. David Soudey étant décédé après le 17 août 2015, le règlement UE 650/2012 du 4 juillet 2012 en matière de succession est applicable. Toutefois, dans le présent cas, seule la France est liée par le règlement. À défaut d'harmonisation entre les différents pays impliqués dans la succession de M. David Soudey et à défaut de choix de loi successorale exprimé par le défunt, il y a lieu de s'intéresser dans un premier temps aux règles de conflits en matière successorale de chaque pays permettant ainsi de déterminer avec précision les modes de transfert du patrimoine, les dévolutions et les pouvoirs et droits des héritiers.
Outre sa fonction traditionnelle de liquidateur de la succession, le notaire jouera un rôle de coordinateur entre les différents pays compte tenu de la domiciliation des héritiers en France.
Enfin, dans un second temps, l'aspect fiscal de la transmission du patrimoine international de M. David Soudey sera envisagé.

Loi applicable à la succession en France

Le règlement européen sur les successions prévoit qu'à défaut de professio juris, la loi applicable à la succession est celle de l'État dans lequel le défunt avait sa résidence habituelle au moment de son décès (Règl. UE 650/2012 art. 21). La résidence habituelle est une notion de fait devant révéler une situation stable avec l'État concerné. À défaut de définition précise, l'autorité chargée de régler la succession, dont le notaire, doit « procéder à une évaluation de l'ensemble des circonstances de la vie du défunt au cours des années précédant son décès et au moment de son décès, prenant en compte tous les faits pertinents, notamment la durée et la régularité de la présence du défunt dans l'État concerné ainsi que les conditions et les raisons de cette présence » (Règl. UE 650/2012 considérants 21 et 22).
En l'espèce, M. David Soudey était installé à New York depuis 15 ans. Les États-Unis sont tiers au règlement européen sur les successions. Par ailleurs, le pays ne connaît pas de systèmes juridiques unifiés en matière de succession. En l'absence de règles unifiées, la loi de la résidence habituelle du défunt fait référence à celle de l'unité territoriale dans laquelle le défunt avait sa résidence habituelle au moment du décès (Règl. 650/2012 art. 36, § 2-a).

Au vu des éléments de vie de M. Soudey, les héritiers conviennent que le défunt avait sa résidence habituelle dans l'État de New York, tiers également au règlement. Les règles de droit international privé de cet État doivent donc être prises en compte. Ces règles peuvent renvoyer à la loi d'un État membre ou à celle d'un État tiers qui applique sa propre loi (Règl. 650/2012 art. 34). 77280 (suite)
En matière de successions, la New York Consolidated Laws, Estates, Powers and Trusts Law § 3-5.1 (b) prévoit le cas suivant : « (1) la validité formelle, la validité intrinsèque, l'effet, l'interprétation, la révocation ou la modification de la disposition testamentaire des biens immeubles, et la dévolution de ces biens en l'absence d'un testament, sont déterminés par le droit du pays ou de l'État où le bien est situé. (2) La validité formelle, la validité intrinsèque, l'effet, l'interprétation, la révocation ou la modification de la disposition testamentaire des biens meubles, et la dévolution de ces biens en l'absence d'un testament, sont déterminés par la loi de la juridiction dans laquelle le défunt était domicilié à son décès ».
L'État de New York applique donc un principe de scission. Il sera fait application de la loi du domicile pour les biens meubles situés en France et de la loi de situation pour les biens immobiliers situés en France.

Procédure, pouvoirs et dévolution

La loi française est applicable au studio situé en France. Le droit français des successions prévoit une succession directe à la personne : Michel, Louise, Olivier et Marie héritent à hauteur d'un quart chacun (C. civ. art. 734 et 738). Puisqu'il existe une pluralité de masses successorales, il y a autant d'options. Si Michel et Louise souhaitent décliner la succession au profit d'Olivier et Marie, ils devront renoncer à la succession en France soit en remplissant une déclaration auprès du greffe, soit devant notaire.
En pratique, le notaire français annexera à l'acte de notoriété l'opinion légale du juriste new-yorkais rappelant les règles de conflits de l'État concerné en matière de succession, les copies des actes de renonciation et lettres d'administration, apostillés et traduits en français, ainsi que les pièces d'état civil des parties en ce compris celles de l'administrateur.

Loi applicable à la succession aux États-Unis

Les États-Unis sont un pays fédéral dont le droit de la famille et des successions se dessine au niveau de l'État. Il existe en conséquence cinquante législations différentes en matière de succession. Le droit de l'État de New York prévoit, ainsi qu'il est dit ci-dessus, que la loi du domicile s'applique aux biens meubles du défunt. La Surrogate's Court Procedure Act § 103(15) définit le « domicile » comme suit : « un foyer fixe, permanent et principal auquel une personne temporairement située ailleurs a toujours l'intention de retourner ».
La notion de « domicile » d'un défunt en droit de l'État de New York dépend d'un nombre divers de facteurs, dont la présence physique et le temps de présence dans l'État, le lieu d'emploi, l'État du permis de conduire, la situation du logement, les services professionnels utilisés (médecin, dentiste, avocat, expert-comptable), les comptes bancaires, le statut d'immigration, etc.
La détermination du domicile résulte d'une appréciation in concreto. Bien que M. David Soudey résidait aux États-Unis sous un visa non immigrant, on considérera pour les besoins du cas pratique que sa longue carrière et son statut d'entrepreneur local, ainsi que la majorité de ces facteurs tendent fortement à retenir que le défunt était en fait domicilié dans la ville de New York. Par conséquent, la disposition de ses biens meubles dépendra de l'État de New York, tant pour les biens qui y sont situés que pour ceux situés en France.

Procédure, pouvoirs et dévolution

Aux États-Unis, le transfert du patrimoine se réalise de manière indirecte et aux biens. La succession dépend d'un système administré par un tribunal des successions. Dans l'État de New York, il s'agit de la Surrogate's Court du lieu de résidence du défunt, présidée par un juge avec des fonctions très spécifiques, et le « Surrogate » homologue la succession.
Lorsqu'il existe un testament, la succession est administrée par l'exécuteur testamentaire nommé dans le testament. En l'absence de testament, comme en l'espèce, les héritiers légaux appelés « distributees » doivent soumettre une requête au tribunal pour faire nommer un « administrator » (ou plusieurs). Au moins un des administrators doit être un citoyen américain ou un non-citoyen américain, mais résident dans ce cas dans l'État de New York (New York Surrogate's Court Procedure Act § 707(1)).
En l'espèce, ni les parents du défunt, ni son frère ou sa sœur ne sont de citoyenneté américaine ni ne résident dans l'État de New York. Un avocat spécialisé dans le règlement des successions de citoyenneté américaine et/ou résident dans l'État de New York pourra faire office d'administrateur. Lorsque l'administrateur est approuvé par le juge, il exerce alors les mêmes fonctions pour administrer et liquider la succession qu'un exécuteur testamentaire, c'est-à-dire apurer les dettes, payer les droits de succession avant de distribuer le reste des biens (residue) aux bénéficiaires.
Le New York Estates Powers and Trust Law Art. 4-1.1 (4) prévoit qu'en l'absence d'une épouse survivante ou d'enfants survivants, les parents sont appelés à recueillir la totalité des avoirs aux

77280 (suite) États-Unis comme à l'étranger. Il est toutefois possible pour les parents de M. Soudey de renoncer à la succession de leur fils, au profit de leurs autres enfants qui sont les suivants dans la dévolution successorale prévue par la loi. Pour ce faire, il leur sera demandé de remplir individuellement un formulaire de renonciation (Waiver of citation, renunciation and consent to appointment of administrator). En même temps, l'administrateur désigné par les bénéficiaires adressera à la Cour une demande d'administration (petition for letters of administration), laquelle doit être accompagnée du certificat de décès, d'une déclaration d'absence de dettes et d'une déclaration de lien de filiation. Les documents pourront être signés en France. Le notaire procédera à une certification de leur signature et une apostille sera apposée sur le document afin d'être recevable par le tribunal new-yorkais. Le coût de la procédure auprès du tribunal varie selon le montant de la succession de 45 $ à 1 250 $. Enfin, dans un délai oscillant entre trois et six mois, une fois la demande étudiée et accordée, la Cour rendra les Letters of administration.
Le studio situé à New York fait partie intégrante de la succession. Les héritiers devront obtenir un administrator's deed préparé par un avocat en charge de la succession s'ils souhaitent le vendre.

Loi applicable à la succession à Hong Kong

Hong Kong est une région administrative de Chine et une juridiction de common law basée sur son héritage britannique au système judiciaire indépendant pour 50 ans après la rétrocession en 1997. Le système légal en matière de règlement des successions est assez proche dans notre cas de celui de New York. La règle de conflits en matière successorale varie selon la nature des biens successoraux impliqués. La succession des biens immobiliers est gouvernée par la loi du lieu de leur situation, tandis que les biens mobiliers tels que les comptes bancaires, parts de sociétés ou affaires personnelles sont dévolus d'après la loi du domicile du défunt au jour de son décès. La notion de domicile relève depuis le 1er mars 2009 du Domicile Ordinance qui prévoit que toute personne possède un domicile d'origine et un domicile de choix. Selon l'ordonnance, le domicile d'origine est celui de ses parents jusqu'à ce que la personne acquière un nouveau domicile par choix à l'âge adulte. Le domicile de choix implique des actes volontaires de l'individu, comme la durée de résidence, les conditions de son installation, le lieu de travail, la résidence fiscale, la situation des membres de la famille et une déclaration officielle de domicile ou résidence. Ainsi, un Français expatrié à Hong Kong pour son travail avec l'intention de retourner vivre en France ne sera pas considéré comme domicilié à Hong Kong.
En l'espèce, M. David Soudey ne résidait pas à Hong Kong. Le droit de Hong Kong est donc exclu pour la dévolution des biens meubles qui y sont situés. La question est de savoir si l'on doit considérer M. David Soudey domicilié à New York comme domicile de choix ou en France comme domicile d'origine. La réponse s'apprécie d'après les faits et l'intention que l'on porte à la situation de M. David Soudey. Dans l'une ou l'autre des deux hypothèses retenues, et après renonciations de Michel et Louise en France et aux États-Unis, les comptes bancaires seront dévolus à Olivier et Marie.

Procédure et pouvoirs

Quand bien même une loi étrangère est applicable à la dévolution des biens mobiliers situés à Hong Kong, la désignation d'un administrateur à la succession est obligatoire. Ce dernier pourra être l'un quelconque des membres de la succession ou même un professionnel du droit, avocat new-yorkais ou notaire français. La demande sera déposée auprès de la Cour de Hong Kong, accompagnée de pièces justificatives, notamment la copie du passeport du défunt certifiée, la copie de l'acte de décès apostillée, la copie de l'acte de naissance apostillée et une opinion légale sur la loi du domicile indiquant les règles de dévolution dûment traduite et apostillée.
Après avoir étudié les pièces, le Probate Registry, tribunal compétent, rendra des Letters of administration. L'administrateur sera alors en charge de procéder au déblocage des avoirs bancaires et à la distribution aux bénéficiaires après apurement du passif éventuellement dû.

Cas particulier du contrat d'assurance-vie

M. David Soudey possédait un contrat d'assurance-vie auprès de la Société Générale. Les « héritiers » sont les bénéficiaires de la clause, puisque le défunt était célibataire. En droit français, les sommes versées au titre du contrat d'assurance-vie ne font pas partie de la succession. Le bénéficiaire reçoit les sommes versées en raison d'un droit personnel contre l'assureur. En revanche, la détermination des « héritiers » relève de la loi successorale, c'est-à-dire celle de l'État de New York. Les parents sont les héritiers ; si les parents de M. David Soudey ne souhaitent pas bénéficier de l'assurance-vie, ils devront expressément y renoncer auprès de la compagnie d'assurances (C. ass. art. L 132-8).

Liquidation fiscale de la succession de M. David Soudey

Rappel des règles aux États-Unis

Les États-Unis connaissent un principe de dualité fiscale à l'image de son système constitutionnel. La fiscalité appliquée au moment d'une transmission par décès intervient tant au niveau de l'État fédéré que de l'État fédéral. À la différence du système français, les États-Unis appliquent un estate tax, c'est-à-dire une fiscalité abordée de façon globale et non individuelle. L'actif net est ajusté en fonction des donations antérieures et taxé à un taux allant de 18 à 40 % après un abattement de 12 920 000 $ pour l'année 2023 applicable aux personnes dont le domicile est considéré comme étant situé aux États-Unis. Dans l'État de New York, le taux peut aller jusqu'à 16 %. Compte tenu de l'actif de M. David Soudey, inférieur au montant de l'abattement précité, aucun droit n'est dû au titre du New York estate tax ni du federal estate tax. 77280 (suite)

Rappel des règles à Hong Kong

Depuis le 11 février 2006, Hong Kong n'impose plus les successions ni les donations.

Rappel des règles françaises et territorialité des droits de mutation à titre gratuit

Des trois pays concernés, la France dispose de la fiscalité la plus imposante. Sous réserve des conventions fiscales, la territorialité des droits de succession est régie par l'article 750 ter du CGI, lequel distingue trois situations pour lesquelles la fiscalité française des droits de mutation à titre gratuit s'applique.

Lorsque le défunt était résident fiscal en France au sens de l'article 4 B du CGI, les biens meubles ou immeubles détenus directement ou indirectement, situés en France et hors de France, parts d'intérêts, biens ou droits composant un trust, créances et toutes valeurs mobilières françaises ou étrangères sont imposables en France (CGI art. 750 ter, 1°).

Lorsque ni le défunt ni les héritiers et/ou légataires ne sont résidents fiscaux en France, seuls les biens français sont imposables en France (CGI art. 750 ter, 2°).

Enfin, lorsqu'un héritier, légataire ou bénéficiaire d'un trust est résident fiscal en France, les biens français et étrangers sont imposables en France lorsque l'héritier, le légataire ou le bénéficiaire du trust ont eu leur domicile fiscal en France pendant au moins six années au cours des dix années précédant le décès (CGI art. 750 ter, 3°).

M. David Soudey n'étant pas domicilié en France et son décès étant intervenu à l'étranger, la déclaration de succession et le paiement des droits doivent être effectués dans l'année du décès auprès du centre des non-résidents de Noisy-le-Grand.

Incidence des conventions fiscales

La France et Hong Kong n'ont pas régularisé de convention évitant les doubles impositions en matière successorale. Le patrimoine situé à Hong Kong est imposable en France au titre de l'article 750 ter, 3° du CGI concernant Marie uniquement compte tenu de sa résidence fiscale en France depuis plus de six années au cours des dix années précédant le décès de son frère. Hong Kong ne connaissant pas de fiscalité successorale, il ne sera pas possible de faire jouer une élimination par le biais de l'article 784 A du CGI.

La France et les États-Unis ont en revanche signé une convention tendant à éviter les doubles impositions et à prévenir l'évasion fiscale en matière d'impôts sur les successions et sur les donations le 24 novembre 1978, entrée en vigueur le 1er octobre 1980 et modifiée par avenant du 8 décembre 2004, entré en vigueur le 21 décembre 2006.

Dans l'ordre interne français, la convention fiscale a une autorité supérieure à celle des lois (Constitution art. 55) ; ses dispositions doivent donc être appliquées. En revanche, dans l'administration américaine, les conventions ont valeur de lois fédérales et sont donc traitées à égalité avec celles-ci. Par ailleurs, l'élimination des doubles impositions prévue par la convention ne couvre que le federal estate tax et non pas l'impôt d'État, dont celui de New York.

Modalités conventionnelles de répartition de l'imposition entre la France et les États-Unis

La Convention stipule que :

– les biens immobiliers sont imposables dans l'État de leur situation, en ce compris les actions, parts ou autres participations dans une société ou une personne morale dont l'actif est constitué, directement ou par l'interposition d'une ou plusieurs autres sociétés ou personnes morales, d'au moins 50 % de biens immobiliers situés dans l'un des États contractants ou de droits relatifs à de tels biens (art. 5) ;

– les biens mobiliers corporels sont imposables par un État contractant si ces biens sont situés dans cet État et ne sont pas imposables dans l'autre État contractant (art. 7) ;

– les créances ne sont imposables par un État contractant que si le défunt, au moment de son décès, possédait la citoyenneté de cet État ou y était domicilié et si ces biens sont imposables par cet État en vertu de sa législation (art. 8).

77280 (suite)

Modalités d'imposition dans chaque État et élimination de la double imposition

Lorsque le défunt était domicilié aux États-Unis, la succession relève des droits de mutation américains. En présence de biens imposables en France (art. 5 et 7), les États-Unis accordent un crédit d'impôt égal au montant de l'impôt perçu en France sur ces biens (art. 12 § 2-b-i), mais encore faut-il que des droits soient perçus outre-Atlantique (art. 12 § 2-b-iii).

Pour le calcul de l'impôt français dû à l'occasion d'une succession d'une personne qui au moment de son décès était domiciliée aux États-Unis, il est accordé les mêmes abattements et crédits que si la personne avait été domiciliée en France (art. 12 § 4).

Lorsqu'en application des dispositions de la Convention, un bien n'est pas imposable dans un État contractant, cet État contractant peut néanmoins, dans le calcul de l'impôt afférent aux biens imposables dans cet État contractant, selon les dispositions de la Convention, prendre en compte le bien exonéré qui est imposable conformément à la législation interne de cet État contractant (art. 12 § 7), ce qui revient à appliquer un taux moyen d'imposition.

Liquidation des droits de mutation par décès dus en France

Liquidation des droits de Marie

Biens taxables au titre de l'article 750 ter du CGI

Parts de SCPI	200 000,00 €
Liquidités Société Générale France	100 000,00 €
Studio New York	550 000,00 €
Liquidités Société Générale New York	250 000,00 €
Mobilier de New York	50 000,00 €
Liquidités Société Générale Hong Kong	150 000,00 €
Total	1 300 000,00 €
Quote-part revenant à Marie (1/2)	650 000,00 €
Abattement	15 932,00 €
Part taxable	634 068,00 €
Taux à 35 %	8 550,50 €
Taux à 45 %	274 337,10 €
Total	282 887,60 €
Taux moyen d'imposition	
282 887,60/650 000	43,52 %

Calcul des droits dus en France par Marie en vertu de la convention France – États-Unis

Biens imposables en France	
Parts SCPI (la moitié)	100 000,00 €
Application du taux moyen d'imposition	43,52 %
Droits dus en France dans la relation France – États-Unis	
100 000 € × 43,52 %	43 520 €

Liquidation des droits d'Olivier

Biens taxables au titre de l'article 750 ter du CGI

Parts de SCPI	200 000,00 €
Liquidités Société Générale France	100 000,00 €
Total	300 000,00 €
Quote-part revenant à Olivier	150 000,00 €
Abattement	15 932,00 €
Part taxable	134 068,00 €
Taux à 35 %	8 550,50 €
Taux à 45 %	49 337,10 €
Total	57 887,60 €
Taux moyen d'imposition	
57 887,60/150 000 €	38,59 %

77280 (suite)

Calcul des droits dus en France par Olivier en vertu de la convention France – États-Unis
Biens imposables en France

Parts SCPI (la moitié)	100 000,00 €
Application du taux moyen d'imposition	38,59 %
Droits dus en France dans la relation France – États-Unis	
100 000 € × 38,59 %	38 590 €
Total des droits dus en France : 43 520 € + 38 590 €	82 110 €

77285 CAS PRATIQUE

Planification successorale franco-américaine ; loi applicable à la succession ; règlement Successions ; droit de prélèvement ; adaptation du régime matrimonial ; structuration du patrimoine ; outils de droit étranger ; répartition du patrimoine mondial

La loi confortant le respect des principes de la République a complété le Code civil comme suit : « Lorsque le défunt ou au moins l'un de ses enfants est, au moment du décès, ressortissant d'un État membre de l'Union européenne ou y réside habituellement et lorsque la loi étrangère applicable à la succession ne permet aucun mécanisme réservataire protecteur des enfants, chaque enfant ou ses héritiers ou ses ayants cause peuvent effectuer un prélèvement compensatoire sur les biens existants situés en France au jour du décès, de façon à être rétablis dans les droits réservataires que leur octroie la loi française, dans la limite de ceux-ci » (C. civ. art. 913, al. 3 créé par loi 2021-1109 du 24-8-2021 art. 24, I-1°).

Considérations préalables

Critiques doctrinales du droit de prélèvement Fortement critiqué par la doctrine, ce droit de prélèvement compensatoire vise, dans les successions internationales, à « permettre aux enfants évincés de la succession, pour n'importe quel motif, de récupérer une part successorale sur les biens situés en France » (Projet de loi confortant le respect des principes de la République, Étude d'impact, p. 142).

Dans un monde de plus en plus globalisé, son introduction ou plutôt sa réintroduction dont l'origine remonte à deux siècles peut surprendre. En effet, la tendance européenne contemporaine en matière de succession est notamment basée, depuis l'entrée en application du règlement successions (Règl. UE 650/2012 du 4-7-2012), sur l'unité de la loi successorale et sa prévisibilité par la consécration de la « professio juris ». Il faut rappeler que l'objectif de l'Union européenne, dont la France est membre fondateur, est de « maintenir et de développer un espace de liberté, de sécurité et de justice au sein duquel est assurée la libre circulation des personnes » (Règl. 650/2012 considérant 1). Or, au nom d'un principe d'ordre public de proximité douteux, la prévisibilité de la loi successorale et son unité ne sont plus garanties, « créant une disparité entre la France et les autres pays européens, et rompant l'harmonie ainsi souhaitée par le législateur européen » (D. Le Grand de Belleroche, Contre le retour du droit de prélèvement en droit français : une vue de la pratique du droit international : Rev. crit. DIP 2021 p. 303).

Difficultés de mise en œuvre du droit de prélèvement Pour les notaires, sa mise en œuvre n'est pas sans difficultés.

D'une part, quant à la réunion des conditions posées. Le droit de prélèvement compensatoire est possible à condition que :

– la loi successorale étrangère applicable ne permette aucun mécanisme réservataire protecteur des enfants ;
– le défunt ou l'un de ses enfants possède la nationalité d'un État membre de l'Union européenne ou possède sa résidence habituelle dans un des États membres au jour du décès ;
– le défunt possède des biens existants en France au jour du décès.

D'autre part, ces conditions cumulatives soulèvent de très nombreuses questions juridiques et pratiques, dont celles qui suivent :

1° L'analyse de la loi étrangère en ce qu'elle ne permet aucun mécanisme réservataire protecteur des enfants : sur quels critères peut-on ainsi qualifier une loi étrangère ? Quels sont les outils offerts au praticien français pour lui permettre de conclure que la loi étrangère ne permet aucun mécanisme protecteur des enfants ? Le législateur n'en dit mot.

2° Le critère lié à la nationalité et la situation géographique du défunt et de ses enfants : comment vérifier que le défunt ou un de ses enfants possède la nationalité d'un État membre de l'Union européenne ? Quels critères devront être pris en compte par le notaire afin de déterminer qu'une personne – défunt ou enfant – a sa résidence habituelle dans un État membre de l'Union européenne ? En l'absence de livret de famille dans de très nombreux pays étrangers, comment connaître de la descendance du défunt et des liens de filiation ? Faut-il systématiquement obtenir une confirmation de dévolution par un généalogiste ? 77285 (suite)

3e La nouvelle mesure n'écarte pas la loi successorale étrangère, elle la limite dans ses effets. On pourrait parler de loi « binaire ». Quels seront les rôles des administrateurs, liquidateurs ou exécuteurs de droit étranger face au droit de prélèvement compensatoire ?

4e Si la masse d'exercice du droit de prélèvement compensatoire ne contient que les biens existants situés en France, le nouveau texte ne précise pas sa masse de calcul. Si l'on considère que la masse de calcul s'exerce nécessairement sur le patrimoine successoral, en ce compris les biens donnés et ceux situés à l'étranger, comment avoir connaissance de l'étendue de ces biens à défaut d'information des parties ?

Difficultés suscitées en matière de planification successorale Au-delà des questions que l'on se pose pour les successions ouvertes depuis le 1er novembre 2021, date de l'entrée en vigueur du droit de prélèvement compensatoire (Loi 2021-1109 du 24-8-2021 art. 24, II), le nouveau mécanisme soulève également des difficultés en matière de planifications successorales internationales passées et à venir.

Le notaire voit peser sur lui une obligation d'information renforcée à l'égard des héritiers réservataires dont les droits sont susceptibles d'être atteints par les libéralités effectuées par le défunt (C. civ. art. 921, al. 3 créé par loi 2021-1109 du 24-8-2021 art. 24, I-2°), toutefois la mise en œuvre d'un prélèvement compensatoire reste une faculté pour les titulaires de ce droit. Faculté rime avec imprévisibilité : le droit de prélèvement compensatoire est l'antithèse de la planification successorale dans un contexte international.

En pratique, la contrariété liée à la planification successorale se trouvera notamment lorsque le droit d'un des États des États-Unis sera impliqué. En effet, à l'exception de l'État de Louisiane dont le système est inspiré du droit français, les États-Unis ne connaissent pas le mécanisme de la réserve héréditaire mais une liberté testamentaire absolue qui peut néanmoins être limitée a posteriori par le jeu des contestations de testament (M. Ryznar et A. Devaux, Au revoir, Will Contests : Comparative Lessons for Preventing Will Contests : Nevada Law Journal 2014 Vol. 14 : 1), par une demande de créance alimentaire ou encore par la protection du logement familial accordée au conjoint et à l'enfant mineur contre les créanciers du défunt (« homestead »). Un océan nous sépare, la liberté de disposer aux États-Unis est un principe qui est propre à la société américaine et procède « d'une série de facteurs à la fois historiques, politiques, philosophiques et pratiques qui ont tous partie liée avec le profond ancrage du libéralisme aux États-Unis dans ses différentes dimensions » (Rapport du groupe de travail sur la réserve héréditaire remis au ministre de la Justice le 13-12-2019, dir. C. Pérès et P. Potentier, voir les propos de R. Scalise et P. Tour-Sarkissian, p. 43 n° 53).

Face à ce mécanisme, comment planifier et assurer le respect de la volonté d'une personne au moment de son décès ? N'est-ce pas le rôle du notaire en qualité de pacificateur des familles de rassurer un futur défunt quant au bon déroulement de sa succession ?

Autour de plusieurs mini cas pratiques relatifs à une planification successorale franco-américaine, nous allons tenter de trouver des pistes de réflexion à l'épreuve de ce nouveau droit.

Exemple 1 – Stratégie axée sur l'adaptation du régime matrimonial

John et Holly Wood sont tous deux de citoyenneté américaine. Ils se sont mariés en 1993 à New York, État de New York, États-Unis, où ils ont résidé quelques années avant de s'installer en France en 2000 où ils résident toujours. Le couple a deux enfants communs, tous de citoyenneté américaine et résidents en France. Le patrimoine du couple est situé entre la France et les États-Unis. Le couple n'a pas l'intention de repartir vivre aux États-Unis. Ils n'ont à ce jour pris aucune mesure pour anticiper leur succession et viennent consulter leur notaire afin que le patrimoine des époux soit intégralement appréhendé au premier décès par le survivant.

Loi applicable au régime matrimonial Un premier constat s'impose. Les époux Wood s'étant mariés entre le 1er septembre 1992 et le 28 janvier 2019, la loi applicable à leur régime matrimonial est déterminée par application de la convention de La Haye du 14 mars 1978. En vertu du principe de mutabilité automatique de la loi applicable issu de la Convention, la loi applicable à leur régime matrimonial dans le temps est double (Conv. La Haye 14-3-1978 art. 7). La loi de l'État de New York s'applique du jour du mariage jusqu'au 10e anniversaire de l'installation des époux en France, laquelle prévoit par assimilation une séparation de biens. Puis la loi française prend le relais jusqu'à ce jour, laquelle prévoit, à défaut de contrat de mariage, une communauté de biens réduite aux acquêts.

Loi applicable à la succession Au regard des règles françaises en matière de succession et à défaut de choix de loi, la loi française, loi de l'État de la résidence habituelle du défunt au moment de son décès, serait applicable à la succession (Règl. 650/2012 art. 21, § 1). En présence d'enfants tous issus des deux époux, le droit français permet au conjoint survivant de choisir entre un quart en pleine propriété ou l'usufruit des biens successoraux (C. civ. art. 757).

77285 (suite) Système de succession à la personne, à défaut de partage entre les parties au moment de la succession, le Code civil français prévoit donc soit une indivision, soit un démembrement sur tous les biens successoraux entre conjoint et enfants ; solution qui ne convient pas à notre couple.

Bien que la loi successorale possède un caractère unitaire, il n'empêche que chaque État non-partie au règlement européen sur les successions, d'une part n'est pas lié par ces dispositions, d'autre part connaît ses propres règles de conflit. Ce qui est le cas de l'État de New York qui prévoit un système scissionniste (New York Consolidated Laws, Estates, Powers and Trusts Law § 3-5.1 (b)). En l'absence de testament et en présence d'enfants et du conjoint, le patrimoine new-yorkais est dévolu au conjoint survivant à hauteur de 50 000 $ et de la moitié du reste (« residue ») (Estates, Powers & Trusts, Chapitre 17-B, Art. 4, part. 1 § 4-1.1 (a) (1)).

Système de succession aux biens, le droit de l'État de New York prévoit qu'un administrateur devra être nommé par le tribunal afin de procéder à la liquidation.

L'audit patrimonial réalisé, on remarque immédiatement que, d'une part les règles de droit international privé des pays impliqués entraînent un conflit de lois, d'autre part ni le droit français ni le droit new-yorkais ne satisfont aux besoins et volontés du couple.

Antérieurement au 1er novembre 2021, un réflexe aurait été de soumettre la succession des époux à leur loi nationale respective au moyen d'une disposition à cause de mort (Règl. 650/2012 art. 22 et 36, § 2-b).

Mais depuis cette date, on sait que ce choix n'est pas sans risque puisqu'un des enfants remplissant les conditions de l'article 913 du Code civil a la faculté d'exercer un droit de prélèvement compensatoire sur les biens existants situés en France.

Désigner de façon rétroactive la loi applicable au régime matrimonial Dans un premier temps, et compte tenu de leur installation pérenne en France, il pourra être conseillé aux époux de désigner de façon rétroactive la loi applicable à leur régime matrimonial afin d'harmoniser son application dans le temps. La loi française pourra être choisie puisqu'il s'agit de la loi de l'État de leur résidence habituelle (Règl. UE 2016/1103 du 24-6-2016 art. 22), étant précisé que la désignation (ou la modification) de la loi applicable effectuée depuis le 29 janvier 2019, même par des époux mariés avant cette date, relève du règlement européen (Règl. 2016/1103 art. 69, § 3).

En vertu du principe de l'unité de la loi applicable (Règl. 2016/1103 art. 21), la loi choisie s'applique à l'ensemble du régime matrimonial quelle que soit la nature des biens qui le composent, et quelle que soit la localisation de ces biens. Toutefois, le principe d'unité est de facto limité, notamment dans l'hypothèse où le patrimoine marital comprend des biens situés dans un État autre que l'État du for, lequel autre État revendique une compétence exclusive, comme c'est le cas dans les pays de common law.

Autrement dit, il conviendra de s'assurer de l'effectivité du choix opéré dans l'État où celui-ci pourrait s'appliquer. En pratique, il pourra être requis un avis auprès d'un juriste de droit local quant à l'exercice du choix retenu, et adapter le contrat aux contraintes juridiques locales le cas échéant.

On vérifiera également les contraintes fiscales que pourrait engendrer outre-Atlantique le choix opéré. En effet, dans l'hypothèse où le couple serait composé d'un citoyen américain et d'un Français résidant en France, le passage d'un régime séparatiste à un régime communautaire pourrait être considéré aux États-Unis comme une donation entre époux (U.S. federal gift tax), imposable à hauteur de 40 % après une exclusion maritale de 175 000 $ (montant applicable en 2023).

Recours aux avantages matrimoniaux Dans un second temps, il pourra être conseillé aux époux d'adapter leur régime matrimonial au moyen d'avantages matrimoniaux tels que l'insertion d'une clause d'attribution intégrale, une clause de partage inégal ou, dans une moindre mesure, une clause de préciput (C. civ. art. 1527). Ce mécanisme est déjà bien connu des notaires puisqu'il permet de sortir de l'actif successoral les biens sur lesquels l'avantage matrimonial est exercé. Il ne s'agit pas d'une libéralité entre époux mais de l'enrichissement d'un époux au moment de la liquidation du régime matrimonial (Rép. civ. Dalloz, v. Avantage matrimonial par B. Vareille, nos 1 à 6). L'avantage matrimonial prend sa source dans le fonctionnement du régime matrimonial et non dans la succession, au contraire du droit de prélèvement compensatoire qui, lui, relève du domaine successoral.

L'aménagement du régime matrimonial n'est pas sans condition puisqu'il doit être conforme à l'intérêt de la famille. Les enfants majeurs sont informés personnellement de la modification envisagée, les créanciers étant quant à eux informés par la publication dans un support habilité à recevoir les annonces légales. Les premiers comme les seconds peuvent former opposition dans les trois mois par notification au notaire (C. civ. art. 1397, al. 2 et 3 ; CPC art. 1300-1). En cas d'opposition, les époux peuvent soit renoncer à leur projet, soit recourir à l'homologation.

Relevant de la loi applicable au régime matrimonial (S. Godechot-Patris, Avantages matrimoniaux et conflits de lois : SNH 28/18 inf. 9), l'avantage matrimonial de droit français permet d'atteindre le but escompté seulement en présence d'enfants communs. La réduction éventuelle de cet avantage relevant quant à elle de la loi successorale (S. Godechot-Patris, précité), si John ou Holly Wood avaient des enfants issus d'une précédente union, ces derniers disposeraient de l'action en retranchement (C. civ. art. 1527, al. 2), sauf à y renoncer de manière provisoire ou définitive, ce qui nécessiterait, il faut le souligner, a minima une très bonne entente familiale. 77285 (suite)

Exemple 2 – Stratégie axée sur la structuration du patrimoine

M. Yul B. Allwright, de citoyenneté américaine, souhaite, par l'application d'une « professio juris » en faveur de sa loi nationale (Règl. 650/2012 art. 22 et 36), avantager un de ses enfants en lui transmettant ses actifs immobiliers situés en France. Une telle transmission serait alors soumise au mécanisme du droit de prélèvement dès lors qu'un enfant, un héritier ou un ayant cause remplirait l'ensemble des conditions prévues à l'article 913 du Code civil. Attaché à sa liberté de tester, M. Allwright s'interroge sur l'opportunité d'interposer une société étrangère entre lui-même et ses actifs immobiliers français.

Notion de « biens existants situés en France » Le droit de prélèvement compensatoire s'exerce sur les « biens existants situés » en France. Il ressort de l'intention du législateur que cette notion doit s'entendre au sens géographique et ce sans distinction fondée sur la nature des biens, meubles ou immeubles.

Cette affirmation nous pousse à nous interroger sur la notion de biens « situés en France » ? Faut-il entendre tout bien, qu'il soit mobilier ou immobilier, dès lors que son actif est géographiquement composé de biens localisés en France ?

Question de la qualification des biens D'après une jurisprudence constante (CA Paris 10-1-1970 : Rev. crit. DIP 1971 p. 525 obs. G. Droz ; Cass. 1e civ. 20-10-2010 nº 08-17.033 FS-PBI : Rev. crit. DIP 2011 p. 53, 2e esp., note B. Ancel) et soutenue majoritairement par la doctrine (P. Lagarde, La qualification en meubles ou immeubles dans le droit international privé du patrimoine familial : Liber amicorum M. Revillard, Defrénois 2007, p. 209 s.), la qualification d'un bien mobilier ou immobilier s'opère « lege fori ». En droit français, à la différence du droit fiscal, le droit civil n'analyse pas la composition d'un droit mobilier pour en déterminer sa nature ou sa localisation. En effet, les parts sociales ou actions d'une société sont des biens meubles par détermination de la loi (C. civ. art. 529). Ainsi, la notion de prépondérance immobilière développée en droit fiscal ne dispose d'aucun équivalent en droit civil ; le contraire reviendrait à nier la personnalité juridique de la personne morale détentrice du bien immobilier.

Dans le cadre de l'ancien droit de prélèvement, la jurisprudence estimait en ce qui concerne les biens meubles incorporels, tels que les actions et parts sociales, que ceux-ci pouvaient faire l'objet du prélèvement si le débiteur ou la société avait son domicile ou son siège en France, même si le titre représentatif de la créance ou de la part sociale était situé à l'étranger (Cass. civ. 27-8-1850 : S. 1850 I p. 647). Dès lors, il est raisonnable de penser que les parts sociales ou actions d'une société dont le siège est situé à l'étranger sont des biens meubles incorporels étrangers, et donc non situés en France, même si l'actif principal ou unique de la structure est un bien immobilier français.

Au plan fiscal, la Cour de cassation a affirmé que, dans le cadre de l'application de la convention franco-monégasque, les parts d'une société civile immobilière monégasque propriétaire d'immeubles en France sont des biens incorporels de nature mobilière (Cass. ass. plén. 2-10-2015 nº 14-14.256 PBRI : RJF 12/15 nº 1066).

Ameublissement de l'immeuble via une société interposée Ainsi, l'ameublissement d'un bien immeuble est susceptible d'être réalisé par l'interposition d'une société transformant la nature d'un bien immobilier en bien meuble, où l'associé détiendrait directement les parts sociales ou actions de celle-ci plutôt que l'immeuble. Si cette société est établie à l'étranger, le nouveau mécanisme de prélèvement pourrait être ainsi tenu en échec, le bien meuble n'étant pas localisé en France.

Toutefois, l'analyse jurisprudentielle de la notion de « biens existants situés en France » conditionnera l'effectivité de cette technique, notamment à l'égard de la société étrangère, dont la réalité économique et juridique devra être assurée.

L'acquisition d'un bien immobilier en France au moyen d'une société étrangère ou la mise en société de ce bien ne doivent toutefois être effectuées qu'en prenant certaines précautions.

Le notaire devra bien entendu examiner la faisabilité de l'opération, notamment vérifier l'existence de la société, la reconnaissance de sa nationalité et sa capacité à passer des contrats dont l'acquisition de biens à l'étranger. Il sera vigilant sur le volet financier de l'opération et s'assurera de la provenance des fonds. Au plan fiscal, les incidences liées, notamment, à la taxe de 3 % visée à l'article 990 D du CGI (pouvant faire l'objet d'une exonération si la société étrangère est en conformité avec ses obligations déclaratives), à l'impôt sur la fortune immobilière (la résidence principale détenue par l'intermédiaire d'une société ne permet pas de bénéficier de l'abattement de 30 % sur la base imposable) et l'éventuelle plus-value imposable en cas d'apport à société devront être anticipées.

L'ensemble du dispositif devra ainsi être pensé tant sur le plan civil que fiscal afin d'éviter tout effet secondaire indésirable.

77285 (suite)

Exemple 3 – Stratégie axée sur les outils de droit étranger

Prenons l'exemple de M. Ken et Mme Anne Tucky et leurs deux enfants Harry et Zona. Tous sont de citoyenneté américaine et résidents en Californie. Monsieur et Madame Tucky possèdent un mas en Camargue acquis en 2019. Ils viennent de prendre leur retraite et envisagent de planifier leur succession. Au même moment, leur fils Harry leur annonce avoir accepté un poste de financier à Madrid en Espagne où il compte s'installer définitivement. L'attorney californien en charge de la planification successorale des époux contacte leur notaire en France afin de discuter ensemble de la planification entre les deux pays, notamment compte tenu de la nouvelle législation et de l'installation d'Harry dans un État membre de l'Union européenne. Considérant que leurs enfants font de très belles carrières et qu'ils ne sont pas dans un état de besoin, les époux souhaitent que l'intégralité de leurs biens revienne au survivant des deux puis au deuxième décès à l'Université de Californie de Los Angeles (UCLA) où ils se sont rencontrés et où ils y ont fait de brillantes études.

Les époux ne souhaitent pas vendre le bien en France afin de réduire, voire de rendre inexistante, la masse d'exercice du droit de prélèvement compensatoire. Les époux ne peuvent pas avoir recours à des avantages matrimoniaux de droit français puisqu'ils ne répondent pas aux critères de nationalité et/ou de résidence habituelle imposés par le règlement européen sur les régimes matrimoniaux et ainsi choisir la loi française comme loi applicable à leur régime matrimonial. Les époux ne souhaitent pas apporter le mas à une société de droit étranger pour des questions de coûts. Pour des raisons fiscales et de publicité foncière, leur notaire leur déconseille d'apporter le bien français à un trust de droit californien.

Testament de droit local avec choix de la loi applicable L'avocat californien, en conformité avec le droit européen, suggère d'établir un testament de droit local dans lequel chacun des époux choisit le droit californien pour régir l'ensemble du patrimoine situé en Californie et en France (Règl. 650/2012 art. 22 et 36). Certes, le testament n'est pas le meilleur des outils de transmission en droit californien en raison des contraintes de procédure et de coût liées au « probate », mais il permet une harmonisation du système de transmission entre les deux pays et une plus grande souplesse rédactionnelle.

Question de l'efficacité d'une « no contest clause » L'exercice du droit de prélèvement compensatoire « à la française » est une manifestation de contestation de la volonté du défunt exprimée dans un droit étranger. Les contestations de testaments aux États-Unis ne sont pas rares pour raisons de capacité, de fraude ou d'influence (M. Ryznar et A. Devaux, étude précitée). Pour cette raison, la majorité des États, à l'exception aujourd'hui de l'État de Floride (Fla. Stat. § 732.517), a introduit dans leur législation le système de « no contest clause » ou autrement appelé « anti-contest clause », « forfeiture clause », « In Terrorem clause ». Ce type de clause insérée dans les testaments ou trusts prévoit qu'en cas de contestation, celui qui conteste est privé de tout ou partie du bénéfice initialement prévu dans le testament ou le trust à son profit. Cependant, afin que ladite clause soit efficace, elle doit être accompagnée d'un legs au profit du potentiel « contestant ».

Le notaire français avertit son homologue américain qu'en l'état actuel de la législation, le choix de la loi successorale tel qu'exprimé, assorti d'une « no contest clause », ne pourra pas anéantir la faculté offerte à Harry d'exercer son droit de prélèvement compensatoire sur le mas en France, droit qui pourrait également profiter à sa sœur Zona.

Le nouveau droit de prélèvement est un droit personnel qui appartient à l'enfant, l'héritier ou l'ayant cause. Il résulte du droit français, lequel ne permet pas de limiter son exécution au moyen d'une disposition à cause de mort ni même d'un pacte sur succession futur autorisé, puisque le législateur ne l'a pas prévu ainsi. Aux États-Unis, l'utilisation de ces clauses est vue comme une forme dissuasive de contestation ; mais pour qu'elle le soit, il est nécessaire que la part reçue soit suffisante, frais de temps et de procédure inclus. L'insertion d'une telle clause est donc une histoire de stratégie mathématique et financière !

Exemple 4 – Stratégie axée sur répartition du patrimoine mondial – réduction du patrimoine français

Masse de calcul du droit de prélèvement Les modalités de calcul du droit de prélèvement compensatoire ne sont pas précisées par les textes. La doctrine s'est penchée sur la question (N. Levillain, Mise en pratique du nouveau prélèvement compensatoire : JCP N 2022 n° 1057) mais à défaut de précision réglementaire, ou de jurisprudence, des interrogations subsistent. Cependant, l'étude d'impact indique que « pour calculer le montant de ce prélèvement, il faudra tenir compte de tout ce que l'enfant aura pu recevoir sous l'empire de la loi étrangère. Par exemple, s'il a déjà reçu une libéralité de la part du défunt, celle-ci sera prise en compte dans le calcul de la réserve, et imputée de ses droits » (Projet de loi confortant le respect des principes de la République, Étude d'impact, p. 143). L'étude poursuit en précisant que « le prélèvement suppose qu'il y ait suffisamment de biens successoraux en France pour permettre à l'héritier de compenser la perte subie à l'étranger, il n'est donc pas toujours réalisable ».

77285 (suite)

Masse d'exercice du droit de prélèvement La masse d'exercice de la compensation est française. La compensation s'exerce sur « les biens existants en France », qu'ils soient mobiliers ou immobiliers, pourvu qu'ils le soient « au moment du décès ».

Toutefois, comme le précise Nathalie Levillain, à la différence de l'ancien droit de prélèvement, qui concernait « les biens situés en France », le nouveau droit est plus restreint (étude précitée § 9). La masse d'exercice ne couvrirait plus l'intégralité des biens du défunt en France, c'est-à-dire ceux donnés (Cass. 1e civ. 3-6-1997 nº 95-18.006 : Bull. civ. I nº 180), ceux restants et ceux légués, mais uniquement les biens existants dans son patrimoine au jour du décès, dont ceux légués.

La stratégie du testateur pourrait-elle alors consister en une modification de la répartition de son patrimoine mondial, laquelle tiendrait compte de la réduction du patrimoine français ?

Donation du ou des biens existants en France Une première analyse pourrait consister tout simplement en une donation entre vifs du ou des biens existants en France. Reprenons l'exemple de M. et Mme Tucky qui souhaitent finalement voir attribuer le mas de Camargue à Zona qui se révèle passionnée de chevaux. M. et Mme Tucky pourraient envisager une donation à leur fille en nue-propriété, voire en pleine propriété. Au moment du décès de ses auteurs, la donation assurera-t-elle à Zona la tranquillité de sa propriété ?

Il faut d'abord rappeler qu'en droit international privé, les questions relatives à l'imputation, au rapport et à la réduction des donations relèvent de la loi successorale (Règl. 650/2012 art. 23, § 2-i). En parallèle de la donation, il devra être conseillé à M. et Mme Tucky d'accompagner la transmission entre vifs d'une « professio juris » en faveur de leur loi nationale et plus précisément de l'État avec lequel aux États-Unis ils entretiennent des liens les plus étroits, savoir la loi de l'État de Californie, établie dans une disposition à cause de mort (Règl. 650/2012 art. 22, § 2 et 36), de sorte à figer la loi successorale et ainsi adapter les modalités du rapport, de la réduction et de l'imputation des donations à cette loi.

Le mas de Camargue ayant été donné sortirait des biens successoraux, et donc de l'assiette de la masse d'exercice du droit de prélèvement, mais resterait compris dans sa masse de calcul. Dans l'hypothèse où ce bien constituerait le seul actif français, doit-on en conclure que la donation anéantit le droit de prélèvement compensatoire ? Sauf à démontrer une fraude intentionnelle, il semblerait que l'on puisse répondre par l'affirmative.

Dans l'hypothèse où le mas de Camargue ne constituerait pas le seul actif français, la compensation pourra s'exercer sur les biens existants. La donation est-elle pour autant réductible ? A priori non, puisque la réduction relève de la loi successorale, qui méconnaît ce concept. En revanche, la donation resterait comprise dans l'assiette de la masse de calcul. Enfin, le prélèvement s'exercerait au moyen d'une compensation que l'on imagine en valeur si l'on assimile la compensation à une action en réduction (C. civ. art. 924), mais que l'on pourrait tout autant imaginer en nature à la lecture du texte.

Appréciation globale

La prudence est donc de mise pour un mécanisme dont les tenants et aboutissants n'ont pas fini de soulever des interrogations théoriques comme pratiques... Si ce nouveau dispositif ne fait pas l'objet d'une modification comme celle proposée par l'article 84 du projet de Code de droit international privé qui vise à recentrer le bénéfice du droit de prélèvement aux héritiers lésés par une loi successorale discriminante, et non pas parce qu'elle ignore le concept de réserve héréditaire, encore faudrait-il qu'il survive, dans sa rédaction actuelle à un contrôle de constitutionnalité ou une censure de la Cour de justice de l'Union européenne !

77290 CAS PRATIQUE

Succession franco-suisse ; loi applicable à la succession ; règlement Successions ; droit suisse ; testament établi à l'étranger ; enregistrement ; absence de convention fiscale ; règles de territorialité de l'impôt ; forfait mobilier ; inventaire ; vente aux enchères des pièces et lingots d'or ; crédits d'impôts

M. Jacques Devaux, domicilié à Montreux (Canton de Vaud, Suisse), est décédé le 11 septembre 2022 en son domicile.

Il laisse son épouse, Suzanne, résidente suisse, avec laquelle il était marié sous le régime de la séparation des biens et deux enfants d'une première union, Simon, domicilié en Suisse, et François, domicilié à Bordeaux.

Par testament authentique, devant notaire suisse, M. Devaux a institué en qualité de seuls héritiers de l'ensemble de son patrimoine, son épouse, à concurrence de 5/8e et ses deux enfants, à concurrence de 3/8^{e}

Il a par ailleurs désigné dans ce testament son notaire suisse en qualité d'exécuteur testamentaire, avec les pouvoirs les plus étendus dans l'accomplissement de son mandat.

Son patrimoine se compose comme suit :

– maison de Montreux : 3 000 000 € ;
– divers actifs financiers en Suisse : 10 000 000 € ;
– actifs mobiliers en Suisse, dont lingots d'or : 1 000 000 € ;
– propriété près de Bordeaux : 2 000 000 € ;
– actifs mobiliers en France, dont pièces d'or : 150 000 €.

Solution

Règlement civil de la succession

Loi applicable à la succession

En application du règlement UE 650/2012 du 4 juillet 2012 relatif à la compétence, la loi applicable, la reconnaissance et l'exécution des décisions, et l'acceptation et l'exécution des actes authentiques en matière de successions et à la création d'un certificat successoral européen, la succession de M. Devaux est entièrement régie par la loi de sa résidence habituelle au moment de son décès (Règl. 650/2012 art. 21, § 1), soit la loi suisse.

La Suisse étant un État tiers, le règlement vise l'application des règles de droit en vigueur dans cet État, y compris ses règles de droit international privé, pour autant que ces règles renvoient à la loi d'un État membre ou à la loi d'un autre État tiers qui appliquerait sa propre loi (Règl. 650/2012 art. 34, § 1).

En d'autres termes, il convient de vérifier l'application d'un éventuel renvoi, en examinant les règles suisses de droit international privé. En vertu de la loi fédérale sur le droit international privé (LDIP), la succession d'une personne qui avait son dernier domicile en Suisse est régie par le droit suisse (LDIP art. 90).

Par conséquent, il n'y a pas lieu à renvoi et la succession de M. Devaux sera entièrement soumise au droit suisse.

Il convient de noter que le droit applicable à la succession régit notamment les mesures d'exécution, en ce compris l'exécution testamentaire (LDIP art. 92, al. 1).

Application concrète du droit suisse

En droit suisse, les enfants sont héritiers réservataires. Sur le fond, la question se pose donc de savoir si le testament de M. Devaux est conforme au droit suisse. Au cas particulier, leur part de réserve étant égale à 3/8e, le testament pourra recevoir son entière application. À noter que le nouveau droit des successions suisse, entré en vigueur le 1er janvier 2023, a abaissé la part de réserve individuelle, antérieurement égale aux 3/4 de leur part légale, à la moitié de leur part légale, soit une réserve globale des descendants désormais égale à (1/2 × 1/2 =) 1/4.

Sur le plan formel, en Suisse, la désignation des héritiers résulte d'un certificat d'héritier établi par le juge de paix du lieu du domicile du défunt. Une fois ce certificat obtenu, afin de permettre

77290 (suite)

le règlement de la partie française de la succession, il conviendra de procéder, en France, à un acte notarié de dépôt de ce certificat et des autres pièces suisses, par exemple l'acte de décès, la copie du testament, sans oublier le ou les certificats de coutume pouvant être nécessaires au règlement de la succession. Cet acte notarié français relatera notamment la dévolution successorale établie en application du droit suisse et du testament suisse.
En outre, afin que le testament suisse puisse recevoir exécution en France, il conviendra de procéder à son enregistrement en application des articles 1000 du Code civil et 655 du CGI. Au cas particulier, le testament de M. Devaux devra être enregistré à la fois à la recette des impôts des non-résidents et à celle du lieu de situation de l'immeuble de Bordeaux.
En pratique, la délivrance du certificat d'héritier par l'autorité judiciaire suisse peut prendre un certain temps, situation qui risque de paralyser l'avancée du règlement de la succession et ce, tant côté suisse que côté français.
Dans une telle situation, l'exécuteur testamentaire suisse nommé par M. Devaux sera un allié précieux pour le notaire français. En effet, en application de l'article 517 du Code civil suisse, le testateur peut charger une personne de l'exécution de ses dernières volontés. Les pouvoirs de cet exécuteur testamentaire sont définis par le testateur, à défaut par la loi. M. Devaux ayant expressément confié à son exécuteur les pouvoirs les plus étendus, ce dernier pourra administrer la succession, payer les dettes, acquitter les legs, préparer le partage, vendre des immeubles de la succession, y compris de gré à gré.
Le notaire français devra veiller à ce que le mandat d'exécuteur testamentaire soit bien confirmé par une ordonnance de la justice de paix. En général, l'autorité suisse délivre cette ordonnance à l'exécuteur rapidement après le décès. Le notaire français sollicitera également un certificat de coutume sur l'étendue exacte, au cas d'espèce, des pouvoirs de l'exécuteur.
Sous ces réserves, le notaire français pourra donc procéder en France, avec le seul exécuteur testamentaire, à de nombreux actes notariés, en particulier le dépôt de pièces susvisé et l'ouverture des opérations d'inventaire.

Règlement fiscal de la succession

Incidence de l'absence de convention fiscale

Par suite de la dénonciation par la France, le 17 juin 2014, de la convention fiscale franco-suisse en date du 31 décembre 1953, il n'existe plus de convention fiscale entre nos deux pays, en matière de succession, pour les personnes décédées depuis le 1er janvier 2015.
Ainsi, depuis cette date, les successions franco-suisses se trouvent soumises aux règles de droit interne de chacun de deux pays.
Côté français, ces règles dites de territorialité des droits de succession sont édictées par l'article 750 ter du CGI. Elles reposent sur trois critères alternatifs, savoir la résidence fiscale du défunt, le lieu de situation des biens dépendant de la succession et la résidence fiscale des héritiers.
Au cas particulier, M. Devaux n'ayant pas son domicile fiscal en France, la France ne peut, en principe, imposer que les biens meubles et immeubles situés en France (CGI art. 750 ter, 2°).
Toutefois, lorsqu'un héritier a son domicile fiscal en France, la France recouvre sa vocation à taxer non seulement les biens meubles et immeubles situés en France, mais aussi les biens meubles et immeubles situés hors de France reçus par cet héritier (CGI art. 750 ter, 3°). Tel est le cas, au cas particulier, pour l'un des deux enfants, François, qui est domicilié à Bordeaux.
Il est possible de synthétiser ainsi la situation de chacun des héritiers de M. Devaux quant au champ d'application des droits de succession dus en France :

	Patrimoine taxable en France
Suzanne (résidente suisse)	Part reçue sur les biens meubles et immeubles situés en France
Simon (résident suisse)	Part reçue sur les biens meubles et immeubles situés en France
François (résident fiscal de France)	Part mondiale reçue

On constate ici que la dénonciation de la convention fiscale a un impact majeur sur la situation de François, lequel sera imposé sur les biens situés en Suisse, à la fois en Suisse et en France.
Afin d'éliminer – à tout le moins de limiter – la double imposition des biens situés en Suisse, l'article 784 A du CGI permet à François d'imputer sur l'impôt dû en France au titre des biens situés hors de France, le montant de l'impôt déjà payé par lui en Suisse au titre des mêmes biens. Cette demande d'imputation de l'impôt étranger prend la forme d'un imprimé Cerfa n° 2740-SD (BOI-FORM-000051). L'attention est ici attirée sur le fait que cette imputation est doublement limitée : d'abord, elle est limitée à l'impôt acquitté en Suisse au titre des seuls biens suisses ; ensuite, l'imputation se fait dans la limite de l'impôt français dû à raison des mêmes biens.
M. Devaux étant résident fiscal de Suisse, la Suisse imposera l'intégralité des biens de la succession, à l'exception toutefois des biens immobiliers situés en France (Loi vaudoise art. 11 concernant

77290 (suite) le droit de mutation sur les transferts immobiliers et l'impôt sur les successions et donations – LMSD).

	Patrimoine taxable en Suisse
Suzanne Simon François	Biens meubles et immeubles situés en Suisse et biens meubles situés en France

On constate ici l'existence d'une double imposition sur les biens meubles situés en France.
Afin d'éliminer cette double imposition, un mécanisme de crédit d'impôt est également prévu par le droit fiscal suisse. Il résulte en effet de l'article 28, al. 1-e de la LMSD que « sont déduits de l'actif brut de la succession : [...] e) l'impôt étranger sur les successions en cas de double imposition effective ». L'attention est ici attirée sur le fait que ce crédit d'impôt suisse ne fonctionne pas comme son homologue français : en Suisse, la déduction est appliquée non sur l'impôt dû, mais uniquement sur l'actif successoral taxable.

L'imposition en France des meubles meublants au forfait mobilier

En droit interne français, les meubles meublants, c'est-à-dire les meubles destinés à l'usage et à l'ornement des appartements (C. civ. art. 534), doivent figurer à l'actif taxable au titre des droits de succession. Leur évaluation est régie par l'article 764 du CGI qui édicte trois modes d'évaluation : la vente publique, l'inventaire et le forfait de 5 %. Ces modes sont hiérarchisés : l'existence d'une vente publique exclut les deux autres modes d'évaluation ; à défaut de vente publique, la valeur des meubles sera celle estimée dans l'inventaire ; à défaut de vente publique et d'inventaire, la valeur des meubles ne pourra être inférieure à 5 % de la valeur des autres biens de la succession. Ce troisième mode d'évaluation, communément appelé « forfait mobilier », agit donc comme une double présomption d'existence et d'évaluation des meubles meublants : on ajoute à l'actif taxable un montant égal à 5 % de l'actif, au titre des meubles meublants.
Ce troisième mode d'évaluation consiste en une déclaration estimative des parties, dont le montant ne peut être inférieur à 5 % de la valeur des autres biens imposables de la succession. En théorie, l'application du forfait de 5 % ne dispense pas les héritiers de souscrire une déclaration détaillée et estimative. En pratique, l'application du forfait prend la forme d'une simple mention dans la déclaration de succession et aucune déclaration détaillée n'est produite.
L'application de ce forfait de 5 % dans les successions internationales soulève diverses questions et force est de constater que des incertitudes et un certain flou demeurent dans la doctrine de l'administration fiscale française. Il convient de distinguer selon qu'il existe ou non une convention fiscale.
En l'absence de convention fiscale, « le forfait se calcule sur l'ensemble des valeurs mobilières, autres que les meubles meublants, et immobilières imposables en France » (BOI-ENR-DMTG-10-40-10-20 n° 90). Cette affirmation est immédiatement suivie d'un renvoi au BOI-ENR-DMTG-10-10-30 relatif à la territorialité des droits de succession et aux dispositions de l'article 750 ter du CGI, visées ci-dessus. Il en découle que l'assiette du forfait mobilier est donc fonction à la fois de la résidence du défunt et de celle des héritiers.
En présence d'une convention fiscale, les dispositions de celle-ci prévalant sur celles du droit interne français, il convient – à notre avis – d'appliquer en premier lieu les critères conventionnels de répartition entre les deux États de la masse taxable.
Plusieurs cas de figure sont possibles selon la répartition entre les deux États de la taxation des meubles, selon la méthode d'élimination des doubles impositions retenue par la convention et selon que la France a la qualité d'État de résidence du défunt ou uniquement celle d'État du lieu de situation des meubles. Nous supposerons ici que le défunt est non résident et que la France a la qualité d'État du lieu de situation des meubles, comme dans notre cas d'espèce :
– S'il s'agit d'une convention appliquant la méthode de l'exonération assortie de la règle du taux effectif et que cette convention, en conformité avec le modèle de l'OCDE, prévoit que les meubles meublants ne sont imposables que dans l'État de résidence du défunt, la France, État de situation, devrait être considérée comme ne pouvant pas imposer ces meubles. Dans cette hypothèse, elle peut uniquement tenir compte de leur valeur pour déterminer le taux effectif applicable aux biens dont l'imposition lui est réservée par la convention. C'est donc seulement pour déterminer la cotisation de base – et ensuite le taux effectif – que la France pourra calculer le forfait de 5 % sur l'ensemble des biens qui seraient imposables en l'absence de convention, en vertu de sa législation interne. Ensuite, s'agissant de la masse effectivement taxable en France, elle devrait logiquement ne pas contenir du forfait mobilier, puisque par hypothèse, les meubles meublants ne sont imposables que dans l'État de résidence. Cette position est précisément défendue par le 115e congrès des notaires de France qui soutient dans cette hypothèse que « l'application du forfait mobilier sur l'assiette des biens taxables en France reviendrait à rendre le mobilier taxable en France et à déroger au principe même de la répartition de l'imposition contenu dans la convention » (Rapport du 115e congrès des notaires de France, n° 3522, p. 972).

77290 (suite)

– S'il s'agit d'une convention (appliquant la méthode de l'imputation ou la méthode de l'exonération) qui prévoit au contraire que les meubles meublants sont imposables dans l'État de leur situation, la France, État de situation, devrait être considérée comme ne pouvant imposer que les meubles meublants situés sur son territoire. Dans cette hypothèse, le forfait de 5 % peut être utilisé pour déterminer l'actif taxable en France, mais il sera calculé sur les seuls biens effectivement taxables en France en application de la convention. En d'autres termes, les biens non imposables en France au sens de la convention doivent être exclus de l'assiette du forfait. Telle est la solution retenue par la cour d'appel de Paris dans un arrêt du 23 mars 2007 qui a jugé, à propos d'un défunt résident de Suisse qui laissait des biens mobiliers et immobiliers imposables à la fois en France et en Suisse, que le forfait de 5 % ne pouvait être calculé, compte tenu de la convention fiscale franco-suisse alors en vigueur, que sur la seule valeur des biens situés en France, afin de ne pas créer une double imposition prohibée par la convention (CA Paris 23-3-2007 n° 05-8731).

La doctrine de l'administration fiscale française sur le sujet peut apparaître comme floue. En effet, elle affirme que « le forfait se calcule sur l'ensemble des valeurs mobilières, autres que les meubles meublants, et immobilières imposables en France » (BOI-ENR-DMTG-10-40-10-20 n° 90), mais elle considère également que « le forfait de 5 % applicable aux meubles meublants est déterminé compte tenu de l'ensemble des biens imposables en France d'après la législation interne » (BOI-ENR-DMTG-10-50-70 n° 70).

Cette apparente contradiction peut – à notre avis – être dissipée si l'on resitue ces deux affirmations dans leurs parties respectives : la seconde affirmation, selon laquelle le forfait se calcule sur les biens imposables « d'après la législation interne » (BOI-ENR-DMTG-10-50-70 n° 70) et qui semble – en apparence – faire fi des conventions fiscales –, se situe dans une partie intitulée « Détermination du taux effectif » et concerne donc uniquement la détermination de la cotisation de base.

La première affirmation, selon laquelle le forfait se calcule sur les biens « imposables en France » (BOI-ENR-DMTG-10-40-10-20 n° 90), se situe au contraire dans une partie plus générale sur les successions et l'évaluation des meubles. Comme nous l'avons vu, cette affirmation est immédiatement suivie d'un renvoi au BOI-ENR-DMTG-10-10-30 relatif à la territorialité des droits de succession et à l'incidence des conventions internationales. Il est donc possible d'en conclure, me semble-t-il, que, s'agissant de la masse effectivement taxable, le forfait se calcule sur les seuls biens imposables en France au sens des conventions fiscales.

Enfin, il convient de noter que la doctrine administrative a accepté, dans l'hypothèse où le défunt est non résident, mais possède des biens mobiliers et immobiliers taxables en France – en vertu de l'article 750 ter du CGI ou en vertu d'une convention fiscale – que le forfait n'est pas applicable à ces biens, dès lors que le défunt n'avait pas la jouissance d'une résidence en France (Rép. Bizet : AN 3-10-1979 p. 7699 n° 18041).

Liquidation du forfait mobilier au cas d'espèce

Au cas particulier, depuis la dénonciation de la convention fiscale entre la France et la Suisse, le forfait de 5 % se calcule sur les biens imposables d'après la législation interne, savoir les dispositions de l'article 750 ter du CGI. M. Devaux étant non résident, il convient ici encore de distinguer selon la résidence fiscale de ses héritiers. Il en découle que l'assiette du forfait mobilier ne sera pas la même pour ses trois héritiers :

– pour Suzanne et Simon, tous deux non résidents, le forfait mobilier se calculera uniquement sur les biens meubles et immeubles situés en France reçus par eux ;

– pour François, domicilié en France, le forfait mobilier se calculera sur sa part mondiale d'héritage.

	Assiette du forfait mobilier	Assiette	Forfait de 5 %
Suzanne	Part reçue sur les biens meubles et immeubles situés en France	1 343 750 € (5/8 × 2 150 000 €)	67 188 €
Simon	Part reçue sur les biens meubles et immeubles situés en France	403 125 € (3/16 × 2 150 000 €)	20 156 €
François	Part mondiale reçue	3 028 125 € (3/16 × 16 150 000 €)	151 406 €

L'inventaire dans un contexte international

Souvent, l'application du forfait mobilier sera génératrice d'un impôt élevé, soit parce que le défunt est résident, soit parce que l'héritier est résident, soit parce que le patrimoine taxable en France est important, soit encore en raison de l'application du taux effectif. Tel est le cas, en l'espèce, pour les héritiers Devaux. Dès lors, le recours à l'inventaire sera opportun.

77290 (suite) En droit interne, l'inventaire doit être dressé dans les formes prescrites par l'article 789 du Code civil et dans les cinq ans du décès (CGI art. 764, I-2°). Il doit donc être dressé par un notaire et porter sur tous les objets mobiliers, lesquels doivent être estimés article par article. Il doit être réalisé dans les lieux mêmes, en présence du notaire. Il doit enfin être clos et contenir la prestation de serment par les héritiers de n'avoir rien omis.

La réalisation d'un inventaire dans un contexte international a soulevé diverses questions. En l'état actuel des textes, le notaire français n'a pas compétence pour se déplacer à l'étranger aux fins de dresser un inventaire des meubles meublants se trouvant dans les résidences du défunt situées hors de France. Il est donc préconisé de faire établir ces inventaires par le professionnel localement compétent (Rapport du 115e Congrès des notaires de France : L'international, Bruxelles 2019, n° 3505, p. 965). À défaut de pouvoir recourir à un tel professionnel, il convient de soutenir que la France devra se contenter d'une déclaration détaillée et estimative des parties. En toute hypothèse, il est préconisé que l'acte de clôture de l'inventaire, contenant la prestation de serment, soit toujours reçu en France, par un notaire français.

Là encore, nous ne pouvons qu'inviter l'administration fiscale française à préciser sa doctrine, afin de sécuriser le règlement fiscal des successions internationales.

Au cas particulier, les héritiers Devaux ont pu procéder efficacement à une ouverture des opérations d'inventaire, dans les lieux de la propriété près de Montreux, devant le notaire français. Il sera procédé ensuite à une poursuite d'inventaire, dans les lieux de la maison de Montreux, devant le notaire suisse, avant de procéder à la clôture en France et à la prestation de serment entre les mains du notaire français.

L'opportunité d'une vente aux enchères des pièces et lingots d'or

Les dispositions susvisées de l'article 764 du CGI s'appliquent également pour déterminer la valeur des meubles corporels autres que les meubles meublants, à l'exception toutefois du forfait mobilier.

Les pièces et lingots d'or, cotés au marché libre de l'or à Paris, constituent un cas particulier et sont « imposés aux droits de mutation par décès d'après les cours pratiqués le jour de la transmission » (BOI-ENR-DMTG-10-40-10-20 n° 130).

Au cas d'espèce, on constate que depuis la date du décès (11 septembre 2022), le cours de l'or a fortement baissé. Il sera donc conseillé aux héritiers Devaux de procéder à une vente aux enchères publiques des pièces et lingots d'or de la succession, dans les deux ans du décès, dans les conditions prévues à l'article 764 du CGI. Ainsi, il sera possible de retenir, pour le calcul des droits de succession dus en France, non pas la valeur de l'or pour son cours au jour du décès, mais pour le prix obtenu lors de la vente aux enchères et de réduire ainsi les droits de succession dus en France.

L'attention du praticien sera ici attirée sur les frais et la fiscalité afférente à une telle vente.

En ce qui concerne la fiscalité, en principe, la vente de l'or rend exigible, pour les résidents français, une taxe forfaitaire calculée sur le prix de vente au taux de 11 % à laquelle s'ajoute 0,5 % de CRDS, soit une taxation globale forfaitaire de 11,5 % (CGI art. 150 VI), laquelle tient lieu d'impôt sur la plus-value. Toutefois, il est possible d'opter pour le régime d'imposition de droit commun des plus-values sur biens meubles (CGI art. 150 UA), à condition de pouvoir justifier de la date et du prix d'acquisition de cet or. Au cas particulier, l'inventaire permettant de justifier de la date et du prix d'acquisition, il sera opportun d'opter pour le régime de la plus-value. L'impôt sera donc égal à 0 €.

Il est facile de démontrer que les lingots hérités sont les mêmes que ceux cédés, les lingots étant numérotés. Tel n'est pas le cas des pièces de monnaie. Il sera donc conseillé aux héritiers Devaux de céder la totalité des pièces, pour bien montrer l'identité de leur nombre.

Les non-résidents sont exonérés de cette taxe.

En ce qui concerne les frais de la vente organisée par le commissaire-priseur français, il convient de savoir qu'il existe des frais à la charge du vendeur et des frais à la charge de l'acquéreur. À titre purement indicatif, il est possible de rencontrer des taux de frais vendeur faibles, voire nuls (ce point est important car en présence de frais à la charge du vendeur, ces frais ne sont pas déductibles), et des taux de frais acheteur de l'ordre de 8 à 12 %.

Au cas particulier, la vente de l'or en France permettra – eu égard à la baisse du cours – de réduire les droits de succession dus en France et ce, sans générer de frais ni de fiscalité.

Le cercle vicieux des crédits d'impôts

La France et la Suisse connaissent toutes deux, dans leur droit interne, un système de crédit d'impôt visant à éliminer, à tout le moins à limiter, la double imposition des successions internationales.

Côté français, nous avons vu que François Devaux, qui est imposé en France sur sa part mondiale d'héritage, est en droit de déduire de l'impôt dû en France au titre des biens situés en Suisse, le montant de l'impôt qu'il a déjà payé en Suisse au titre des mêmes biens (CGI art. 784 A).

Côté suisse, nous avons vu qu'eu égard à la résidence de feu M. Devaux, ses héritiers sont imposés, en Suisse, sur l'entière succession, exception faite des immeubles français. Afin d'éliminer la double imposition effective des meubles situés en France, les héritiers sont autorisés à déduire de l'actif taxable en Suisse, le montant de l'impôt qu'ils ont déjà payé en France au titre des meubles français. 77290 (suite)

Chacune des administrations fiscales française et suisse exige, pour accorder la déduction, que l'héritier lui fournisse, non seulement un justificatif du montant de l'impôt étranger, mais aussi un justificatif du paiement effectif de cet impôt.

Cette exigence de la preuve du paiement de l'impôt étranger engendre un cercle vicieux, l'administration française exigeant un justificatif émanant de l'administration suisse, laquelle exigeant un justificatif émanant de l'administration française.

La solution est pragmatique et suppose un échange entre le notaire et l'une des deux administrations concernées. Un tel échange est possible avec l'administration fiscale suisse. Il pourra conduire, par exemple, l'administration suisse à accepter de liquider son impôt sur présentation de la déclaration fiscale française de succession alors même que celle-ci serait encore à l'état de projet.

77300 CAS PRATIQUE

Mise en place d'une tutelle testamentaire dans un contexte international ; compétence des juridictions ; règlements Bruxelles II bis et II ter ; loi applicable à la validité en la forme ; convention de La Haye du 5 octobre 1961 ; loi applicable à la validité au fond ; convention de La Haye du 19 octobre 1996

Veuf, M. Dupont, de nationalité française, élève seul ses deux enfants âgés de 14 et 16 ans. Il réside à Hong Kong où il a fondé une entreprise d'import-export. Ne sachant pas très bien de quoi sera fait son avenir, il souhaite anticiper un éventuel décès prématuré et pourvoir au mieux à l'avenir de ses enfants. Il souhaiterait dans une telle hypothèse que sa sœur aînée (de nationalité française), qui réside en Belgique, ait la charge légale de ses enfants durant leur minorité, plutôt que ses beaux-parents qui, de nationalité chinoise, résident à Pékin ou ses propres parents, installés à Poitiers.

Solution

Anticiper la vulnérabilité dans un cadre interne En droit interne, l'anticipation de la vulnérabilité a beaucoup progressé. Le mandat de protection future en est une des meilleures illustrations. Il permet d'anticiper sa propre vulnérabilité comme celle de son enfant. Mais ce mandat de protection future pour autrui ne peut être déclenché qu'une fois l'enfant devenu majeur. En présence d'un enfant mineur, le droit français met en place un autre outil : la tutelle testamentaire. Elle est définie comme étant la possibilité, pour le dernier vivant des père et mère d'un mineur, de désigner un tuteur par testament ou par déclaration spéciale devant notaire (C. civ. art. 403). Cette désignation s'imposera au conseil de famille, à moins que l'intérêt du mineur commande de l'écarter. C'est là une mesure classique d'anticipation de la vulnérabilité.
Par conséquent, lorsqu'on souhaite protéger le patrimoine d'une personne sur une période à cheval sur sa minorité et sa majorité, il y a lieu d'articuler le mandat de protection future pour autrui avec la tutelle testamentaire (en ce sens, Rapport du 116e Congrès des notaires de France, Protéger, Paris 2020, n° 1051).

Anticiper la vulnérabilité dans un contexte international Ce qui peut sembler relativement simple dans un contexte interne peut s'avérer plus complexe dans un contexte international, pour de multiples raisons :
– parce qu'elle est une mesure d'anticipation de la vulnérabilité, la tutelle testamentaire entretient des liens évidents avec l'état des personnes. Parce qu'elle peut figurer dans un testament, elle n'est pas sans avoir des liens avec le droit successoral. En d'autres termes, la tutelle testamentaire pourrait poser un problème de qualification ;
– en outre, l'anticipation de l'incapacité ne sera pleinement efficace que si, au jour où l'acte est établi, on est en mesure de connaître tant le juge compétent pour constituer le conseil de famille chargé d'entériner la désignation faite par le défunt que la loi applicable. Partant, si la contractualisation du droit interne ne trouve pas de relais en droit international privé, la mise en place d'une tutelle testamentaire peut sembler risquée. Or les règles de droit international privé n'abandonnent qu'une place résiduelle à la volonté et ce sur le seul terrain des conflits de juridictions ;
– enfin, l'efficacité internationale de la tutelle testamentaire dépendra également des règles de conflits et des dispositions internes en vigueur dans les États en lien avec la situation.
En l'occurrence, l'internationalité de la situation tient tant à la résidence habituelle des enfants à Hong Kong qu'à celle en Belgique de l'éventuel tuteur testamentaire.
À l'échelle internationale, le praticien interrogé sur la pertinence d'une telle mesure doit donc envisager la question du point de vue de la juridiction compétente et de la loi applicable.

La tutelle testamentaire et les conflits de juridictions

La question de la compétence se pose-t-elle réellement ? A priori, la question du juge compétent ne se pose pas puisque la désignation faite par le défunt s'impose au conseil de famille. La tutelle testamentaire n'est pas une mesure judiciaire de protection. Le conseil de famille n'en demeure pas moins la clé de voûte du système. Or sa constitution est opérée, en présence d'un mineur, par le juge aux affaires familiales (JAF) chargé de la tutelle des mineurs (COJ art. L 213-3-1) et il fonctionne sous le contrôle de ce dernier. Plus encore à raison de la présence de ce dernier, les délibérations du conseil de famille sont des jugements qui peuvent donner lieu à des recours. En d'autres termes, la mise en place d'une tutelle testamentaire au sens du droit français suppose l'existence d'un conseil de famille institué par le JAF. C'est dire qu'on ne saurait totalement, dans un tel contexte, faire abstraction de la question des conflits de juridictions. **77300** (suite)

En vue de la constitution du conseil de famille, il convient donc de s'assurer de la compétence des juridictions françaises et ce conformément au règlement 2019/1111 du 25 juin 2019 relatif à la compétence, la reconnaissance et l'exécution des décisions en matière matrimoniale et en matière de responsabilité parentale, ainsi qu'à l'enlèvement international d'enfants, dit « Bruxelles II ter », applicable à toutes les actions introduites à compter du 1er août 2022 (pour une présentation détaillée de ce texte, voir S. Corneloup et T. Kruger, Le règlement 2019/1111UE, Bruxelles II : La protection des enfants gagne du ter(rain) : Rev. crit. DIP 2020 p. 215) et venu remplacer le règlement 2201/2003 du 27 novembre 2003 relatif à la compétence, la reconnaissance et l'exécution des décisions en matière matrimoniale et en matière de responsabilité parentale, dit « Bruxelles II bis ». La tutelle testamentaire étant une mesure de protection d'un mineur, elle entre en effet dans son champ d'application matériel.

En l'absence de manifestation de volonté En principe, sont compétentes les juridictions de l'État membre de la résidence habituelle de l'enfant (Règl. 2019/1111 art. 7).

En l'occurrence, les enfants mineurs de nationalité française résident à Hong Kong, les juridictions françaises ne sont donc a priori pas compétentes, à moins qu'après le décès de leur père, ils rentrent en France. Dans l'hypothèse où ils s'installeraient en Belgique, ce sont les juridictions belges qui seraient compétentes, à supposer bien évidemment que l'on puisse considérer qu'ils ont établi dans ce pays leur résidence habituelle au sens de la jurisprudence de la CJUE, puisqu'il s'agit là d'une notion qui doit faire l'objet d'une interprétation autonome et uniforme (voir notamment CJUE 2-4-2009 aff. 523/07).

En présence d'une manifestation de volonté L'article 10 du règlement Bruxelles II ter vient autoriser les accords d'élection de for. Il faut bien mesurer l'intérêt de ces clauses : connaître par avance le juge compétent, c'est aussi pouvoir anticiper la loi applicable. Une telle faculté est donc de nature à renforcer l'efficacité du projet d'anticipation, quoique la liberté des parties demeure encadrée. Il faudra ainsi être vigilant : l'introduire dans le testament qui contiendrait la désignation du tuteur serait totalement stérile puisque la convention d'élection de for doit être conclue par écrit, datée et signée par les parties concernées. Elle peut néanmoins l'être jusqu'à la saisine de la juridiction.

En l'espèce, soit le père de son vivant parvient à faire signer un accord d'élection de for par sa sœur aînée, ses beaux-parents et ses parents aux termes duquel ils s'engagent à saisir les juridictions françaises pour donner effet à la tutelle testamentaire – ils le peuvent en raison de la nationalité française des enfants –, soit l'accord intervient après le décès du père, l'accord étant là encore signé entre toutes les parties intéressées.

Compétence résiduelle On ajoutera que l'article 14 du règlement Bruxelles II ter permet à titre subsidiaire l'application des règles de compétence nationale lorsqu'aucune juridiction d'un État membre n'est compétente en vertu des articles 8 à 13.

À défaut d'accord, notamment des grands-parents chinois, la sœur de nationalité française pourrait se fonder sur l'article 14 du Code civil pour saisir les juridictions françaises.

Circulation des décisions Si la tutelle s'inscrit dans un contexte international, c'est aussi la circulation des délibérations du conseil de famille et des décisions du juge des tutelles qui doit retenir l'attention. Une délibération du conseil de famille autorisant le tuteur à vendre un bien à l'étranger pourra-t-elle circuler aisément ? La réponse ne peut être que positive, du moins à l'échelle de l'Union européenne. Le règlement Bruxelles II bis consacrait un principe de reconnaissance de plein droit et une procédure d'exequatur simplifiée. Le règlement Bruxelles II ter est venu quant à lui supprimer l'exequatur.

La sœur du père des enfants résidant en Belgique, la circulation des délibérations du conseil de famille et des décisions du juge des tutelles devrait s'opérer sans difficulté dans les États membres de l'Union européenne. En revanche, en Chine, la reconnaissance des décisions françaises ou belges, et notamment une autorisation de vente de l'entreprise du père, sera suspendue au respect des conditions posées par le droit chinois.

La tutelle testamentaire et la loi applicable

Sur le terrain de la loi applicable, c'est tant à la validité en la forme qu'à la validité au fond et au régime de la tutelle testamentaire qu'il convient de s'attacher.

77300 (suite)

Loi applicable à la validité en la forme de la tutelle testamentaire

La tutelle testamentaire peut être établie par testament ou par déclaration spéciale devant notaire (C. civ. art. 403, al. 2). Selon le formalisme emprunté, la règle de conflit applicable à la validité en la forme de l'acte ne sera pas la même.

Désignation du tuteur par testament Lorsque la désignation du tuteur figure dans un testament, la question de savoir si une telle désignation est valable suppose de mettre en œuvre la convention de La Haye du 5 octobre 1961 sur la loi applicable à la forme des dispositions testamentaires. En effet, celle-ci prévoit que « chaque État contractant peut se réserver d'exclure l'application de la présente convention aux clauses testamentaires qui, selon son droit, n'ont pas un caractère successoral » (Conv. La Haye 5-10-1961 art. 12). Or la France n'a pas fait cette réserve.

Il faut néanmoins bien s'entendre sur le champ d'application de ce texte : c'est la seule validité en la forme de la tutelle testamentaire qui est soumise à la Convention et aux rattachements alternatifs de l'article 1. C'est donc la loi désignée en application de cette disposition qui indiquera si la désignation peut être faite en n'importe quelle forme testamentaire ou doit à l'inverse emprunter le canal de l'authenticité. Évidemment, cela suppose de s'être assuré au préalable que le testament est lui-même valable conformément à ce texte, dont on rappellera que le règlement du 4 juillet 2012 sur les successions internationales réserve l'application (Règl. 650/2012 art. 75).

En l'espèce, M. Dupont est français. La désignation de sa sœur en qualité de tuteur testamentaire peut être faite dans l'une des formes testamentaires prévues par le droit français. Un testament olographe établi depuis Hong Kong pourrait suffire (C. civ. art. 970).

Attention : Si le testament est valable en la forme en France, le notaire devra toutefois en pratique s'interroger sur la reconnaissance de sa validité formelle dans l'État où le testament doit s'exécuter, du moins dans tous les États non parties à la convention de La Haye et au règlement du 4 juillet 2012. C'est ainsi que l'État de Floride ne reconnaît pas les testaments établis en la forme olographe quand bien même celle-ci serait parfaitement valide dans l'État où il a été établi.

Désignation du tuteur dans une forme autre que testamentaire Lorsque le tuteur est désigné dans un acte qui ne satisfait pas aux caractéristiques d'un testament, la question de la validité en la forme de la clause suppose de mobiliser l'adage « locus regit actum ». C'est donc la loi du lieu de rédaction de l'acte qui indiquera le formalisme à respecter pour que la désignation soit valable et qui précisera ainsi s'il existe une alternative à la forme testamentaire. Certes, on pourrait défendre l'idée que la forme notariale imposée par le législateur français s'explique pour des considérations substantielles, ce qui pourrait justifier d'appliquer à la validité en la forme de la clause la loi applicable à la validité au fond (S. Godechot-Patris, La mise à l'épreuve de la règle locus regit actum en droit international privé de la famille contemporain : Travaux du comité français de droit international privé, Pedone, à paraître). À cela il est possible de répliquer que la forme est toujours au service du fond et qu'à raisonner de la sorte, on risque de vider de son contenu la maxime locus regit actum. Sur cette question, force est de reconnaître que la jurisprudence est inexistante.

Si M. Dupont procède à cette désignation à Hong Kong, il convient de souligner qu'il y est d'usage de remplir un formulaire appelé « Appointment of Guardian under the Guardianship of Minors Ordinance » en présence de deux témoins et contenant l'accord du ou des tuteurs (lwb.gov.hk/files/download/download_forms/Appointment%20of%20Guardian_s__English.pdf). S'il procède à cette désignation en France, elle devra l'être en la forme authentique.

Loi applicable à la validité au fond de la tutelle testamentaire

Convention de La Haye du 19 octobre 1996 La tutelle testamentaire est une mesure de protection d'un mineur (la question de savoir si une personne est ou non mineure relève de la compétence de sa loi nationale). Sa validité et son régime doivent donc relever de la convention de La Haye du 19 octobre 1996 concernant la compétence, la loi applicable, la reconnaissance, l'exécution et la coopération en matière de responsabilité parentale et de mesures de protection des enfants, applicable en France depuis le 1er février 2011. Ce texte, applicable aux enfants de moins de 18 ans – par conséquent, si une personne a plus de 18 ans mais est mineure en application de sa loi nationale, le régime de la tutelle testamentaire relève de la convention de La Haye du 13 janvier 2000 sur la protection internationale des adultes –, ne laisse aucune place à l'autonomie de la volonté. Il prend néanmoins en considération le fait qu'il puisse en aller différemment au niveau interne en prévoyant une règle particulière en cas d'attribution ou d'extinction d'une responsabilité parentale par un accord ou un acte unilatéral sans intervention d'une autorité judiciaire ou administrative (Conv. La Haye 19-10-1996 art. 16). Cette disposition doit pouvoir s'appliquer à la tutelle testamentaire (rapprocher des solutions préconisées du temps où la convention de La Haye du 5 octobre 1961 concernant la compétence et la loi applicable en matière de protection des mineurs s'appliquait : la tutelle testamentaire avait alors été qualifiée de « rapport

77300 (suite)

d'autorité » (Rép. dr. intern. Dalloz, V° Mineur par Y. Lequette et S. Godechot-Patris, n° 39)), puisque la définition de la responsabilité parentale telle qu'elle figure à l'article 1, § 2 est suffisamment compréhensive pour l'englober. Ce texte prévoit en effet que « l'expression responsabilité parentale comprend l'autorité parentale ou tout autre rapport d'autorité analogue déterminant les droits, les pouvoirs et les obligations des parents, d'un tuteur ou autre représentant légal à l'égard de la personne ou des biens de l'enfant ». Aussi bien, la loi applicable à la tutelle testamentaire sera celle de l'État de la résidence habituelle de l'enfant au moment où l'accord ou l'acte unilatéral prend effet (Conv. La Haye 19-10-1996 art. 16, § 2).

Appréciation du critère de rattachement Dans une logique de proximité, le rattachement est pleinement satisfaisant. Il l'est moins en termes d'anticipation, puisqu'il suppose de se projeter dans l'avenir, hypothéquant les chances de validité d'un tel acte : l'État de la résidence de l'enfant pourrait avoir changé entre la date de l'établissement du testament et celle de la prise d'effet de la tutelle. C'est donc un point d'attention lorsque le projet d'anticipation est envisagé avec le notaire. Ce dernier doit alerter les parents sur les conséquences du changement de résidence de l'enfant dans le temps. C'est dire aussi que la planification d'une tutelle testamentaire doit être revue dès lors qu'un élément d'extranéité surgit.
En l'espèce, la détermination de la loi applicable dépendra du point de savoir si les enfants résident encore à Hong Kong au jour où la tutelle testamentaire prend effet ou sont rentrés en France (voire en Belgique, lieu de résidence de leur tante). Il est donc difficile de garantir l'efficacité de la mesure de protection envisagée.
La loi de la résidence habituelle de l'enfant au jour où l'acte prend effet sera applicable à la validité et au régime de la tutelle testamentaire. Il lui appartiendra notamment d'indiquer qui peut être choisi en qualité de tuteur. Ce sera à cette loi également de préciser si plusieurs personnes peuvent être désignées en qualité de tuteur et de définir les pouvoirs du tuteur ainsi que la possibilité pour le défunt de les moduler. C'est ainsi qu'aux États-Unis, par exemple, il est possible par testament ou par acte écrit de nommer un tuteur temporaire appelé « a standby-guardian ». Le tuteur temporaire est notamment nécessaire pour les enfants étrangers (non américains ou titulaires d'une « green card »), le temps qu'un tuteur du pays d'origine soit nommé afin de prendre en charge l'enfant.

Choix d'un tuteur résidant à l'étranger Demeure la question de savoir si le choix d'un tuteur résidant à l'étranger est à déconseiller. Lors du 116e Congrès des notaires de France, il avait été souligné qu'un tel choix pouvait être risqué et considéré comme contraire à l'intérêt de l'enfant à raison du déracinement géographique et de l'éloignement de la famille et des amis qu'il emportait. D'où la nécessité pour le parent de bien motiver sa décision (Rapport du 116e Congrès des Notaires de France, précité, n° 1028).
De plus, le changement de résidence de l'enfant qu'induit la désignation d'un tuteur habitant à l'étranger va emporter des conséquences sur le terrain de la loi applicable à la tutelle testamentaire. Certes, la Convention précise que la responsabilité parentale existant selon la loi de l'État de la résidence habituelle de l'enfant subsiste après le changement de cette résidence habituelle dans un autre État (Conv. La Haye 19-10-1996 art. 16, § 3). Mais elle ajoute que l'exercice de la responsabilité parentale est régi, en cas de changement de résidence habituelle, par la loi de la nouvelle résidence habituelle (Conv. La Haye 19-10-1996 art. 17). C'est dire que, si la qualité de tuteur ne sera pas remise en cause, ses pouvoirs, en revanche, seront définis pour l'avenir par la loi de la nouvelle résidence de l'enfant. En d'autres termes, le régime de la tutelle testamentaire sera soumis à cette nouvelle loi et les prérogatives du conseil de famille initialement constitué en France seront suspendues à la manière dont cette loi appréhendera la tutelle des mineurs. Un tel choix peut donc sembler hasardeux et doit être opéré en toute connaissance de cause. Il faut en outre garder à l'esprit que cette coordination des lois en cas de changement de résidence suppose que le tuteur réside dans un État ayant ratifié la convention de La Haye. Dans l'hypothèse inverse, le sort de la volonté du défunt est encore plus incertain. Aussi bien, lorsque le défunt choisira un tuteur résidant à l'étranger, le notaire devra être particulièrement vigilant.
Attention : Le choix d'un tuteur résidant à l'étranger ne doit être envisagé qu'avec une extrême prudence car la loi de la résidence initiale de l'enfant au mieux devra s'articuler avec la loi de sa nouvelle résidence ; au pire, risque d'être passée sous silence.
En l'espèce et à la lumière des éléments de fait, si les enfants s'installent dans un premier temps en France et ne rejoignent que dans un second temps la Belgique, pourrait se poser un problème d'articulation de la loi française et de la loi belge.

Choix d'un tuteur résidant en France Inversement, le choix d'un tuteur résidant en France lorsque le dernier des père ou mère réside à l'étranger peut également être source de difficultés. Certains tribunaux étrangers ne sont en effet pas favorables à la nomination d'un tuteur résidant à l'étranger. C'est le cas des États-Unis. Quand bien même le juge recherche l'intérêt de l'enfant, il ne sera pas favorable à ce qu'un mineur citoyen américain puisse quitter le pays si le tuteur nommé vit à l'étranger. Il est ainsi recommandé de nommer un tuteur temporaire résident aux

77300 (suite) États-Unis afin de faciliter la transition. Les questions d'immigration doivent également demeurer présentes à l'esprit. L'enfant mineur est bien souvent résident dans un État sous le même statut d'immigration que ses parents. Par exemple, aux Émirats arabes unis, dès lors que les autorités sont averties du décès des parents, leur visa d'immigration prend fin ; celui des enfants rattachés aussi, avec comme conséquence pour ces derniers l'impossibilité de sortir du pays le temps qu'un juge en ait autorisé le tuteur.

En l'espèce, la mise en place d'une tutelle testamentaire devra être faite en ayant à l'esprit les spécificités du droit chinois. Il n'est pas certain que celui-ci ne s'oppose pas au départ des enfants.

Conseil

On mesure ainsi la nécessité, dans un contexte international, de penser toute anticipation de l'incapacité de l'enfant, en tenant compte de l'hétérogénéité des règles de droit international privé mais aussi de droit interne pour éviter des situations de blocage et garantir la pérennité de la tutelle testamentaire et ce, dans l'intérêt de l'enfant.

CAS PRATIQUE

Succession franco-tunisienne ; loi applicable à la succession ; règlement Successions ; droit tunisien ; « legal opinion » ; loi discriminatoire ; ordre public international ; droit de prélèvement ; convention fiscale ; règles de territorialité de l'impôt ; CGI art. 750 ter ; fiscalité liée au dénouement d'un contrat d'assurance-vie par décès 77310

Introduction Il est difficile de faire l'impasse sur les questions de droit international privé dans nos dossiers. À lire le compte rendu de la conférence de presse immobilière nationale présentée par le Conseil supérieur du notariat le 15 décembre 2022, la part des acquéreurs étrangers en France a fortement augmenté en 2022.

Autant de personnes qui, à un moment donné de leur vie patrimoniale, revendront ou transmettront ce bien nouvellement acquis. Dans chacun de ces dossiers se cachent des éléments d'extranéité dont l'appréhension n'est pas une tâche aisée. Ils requièrent du notaire un effort de curiosité tant les sources des règles de droit international sont multiples. Ils forcent le notaire à sortir de sa zone de confort pour s'ouvrir aux droits étrangers. Enfin, ils demandent au notaire de l'analyse bien sûr mais aussi de l'agilité puisqu'il sera amené à mettre en œuvre des concepts à peine découverts tout en les adaptant au droit français et cela sans pour autant perdre de vue son devoir de conseil.

Les faits M. Sayid Kairouan, de nationalité tunisienne, divorcé en premières noces et non remarié, est décédé à Tunis en Tunisie, où il résidait depuis de très nombreuses années, le 5 février 2022. Il laisse pour lui succéder ses quatre enfants : Amal, résidente en France, Mohamed et Malika, résidents en Tunisie, et Ali, résident à Abou Dabi dans les Émirats arabes unis.

Le patrimoine de M. Kairouan est composé de la manière suivante :

En France	
999 parts de la SCI Amalika immatriculée au RCS de Paris	2 000 000 €
998 parts de la SCI Alihamed immatriculée au RCS de Paris	1 500 000 €
Un compte courant d'associé de la SCI Amalika	500 000 €
Meubles meublants	50 000 €
Un compte courant auprès de la Société Générale	500 000 €
En Tunisie	
Une villa à Tunis	5 000 000 €
Les actions d'une entreprise de production cinématographique	10 000 000 €
Total des biens	**19 550 000 €**

77310 (suite)

Au surplus, le défunt laisse : En France Une assurance-vie détenue auprès de Sogecap Clause bénéficiaire : « mes enfants en parts égales »	Primes versées après 70 ans : 1 500 000 €
Au Luxembourg Une assurance-vie détenue auprès de Sogelife Luxembourg Clause bénéficiaire : « mes enfants en parts égales »	Capital versé dont primes versées après 70 ans : 2 000 000 €

Habituellement, la liquidation d'une succession s'opère dans un ordre chronologique civil puis fiscal, la liquidation fiscale d'une succession s'opérant d'après les droits reçus par les héritiers et/ou légataires en vertu d'une législation donnée. Au cas présent, et pour de simples raisons de pédagogie liées aux développements qui suivent, il nous paraît plus opportun de rappeler préalablement les règles fiscales de liquidation d'une succession internationale liant la France et la Tunisie avant de discuter des règles civiles applicables aux faits d'espèce. La philosophie de ce cas pratique étant d'amener le lecteur-praticien à un devoir de conseil renforcé au moyen d'une étude comparative entre les systèmes juridiques impliqués sur le plan tant civil que fiscal.

Aspects fiscaux

Rappel des règles de territorialité française en matière de droits de mutation à titre gratuit

Comme la majorité des pays de l'OCDE, la France impose aux droits de mutation à titre gratuit les transmissions de patrimoine dont le fait générateur est le décès. L'article 750 ter du Code général des impôts pose clairement les trois situations dans lesquelles l'impôt français est impliqué.

1. Si le défunt avait son domicile fiscal en France au sens de l'article 4 B du CGI, c'est-à-dire celui retenu en matière d'impôt sur le revenu : dans cette hypothèse, l'ensemble du patrimoine mobilier et immobilier du défunt qu'il soit situé en France et/ou hors de France est taxable en France. L'assiette taxable inclut également les fonds publics, parts d'intérêts, les biens ou droits composant un trust de droit étranger et les produits qui sont capitalisés, les créances et généralement toutes les valeurs mobilières françaises ou étrangères de quelque nature qu'elles soient.
2. Si le défunt avait son domicile fiscal hors de France, une taxation en France est tout autant envisageable à raison des biens meubles et immeubles situés en France ou encore des parts d'intérêts, biens ou droits composant un trust et produits qui y sont capitalisés, créances et valeurs mobilières françaises. Par conséquent, quand bien même le défunt et ses héritiers sont tous non-résidents en France, ils restent assujettis aux droits de succession en France pour les biens qui y sont situés.
3. Enfin, lorsqu'un héritier ou un légataire est domicilié fiscalement en France, des droits de succession seront également dus en raison des biens meubles et immeubles situés en France ou hors de France et notamment des fonds publics, parts d'intérêts, biens ou droits composant un trust et produits qui y sont capitalisés, créances et généralement toutes les valeurs mobilières françaises ou étrangères de quelque nature qu'elles soient reçues par lui. Dans cette hypothèse, toutefois, la taxation ne joue que si l'héritier a eu son domicile fiscal en France pendant au moins six ans au cours des dix dernières années précédant celle au cours de laquelle il reçoit les biens (période qui peut ne pas être continue).

Ces règles ne s'appliquent toutefois que sous réserve des conventions fiscales bilatérales que la France a pu contracter. La France et la Tunisie ont conclu le 28 mai 1973 une convention tendant à éliminer les doubles impositions et à établir des règles d'assistance mutuelle administrative en matière fiscale, laquelle couvre notamment en son chapitre II les successions. La Convention s'applique aux personnes qui sont résidentes d'un État contractant (France ou Tunisie) ou de chacun des deux États et fait ainsi échec aux règles de l'article 750 ter du CGI.

Application de la convention fiscale France-Tunisie du 28 mai 1973

Les biens immobiliers et les meubles meublants sont imposables dans leur État de situation (Conv. art. 31 et 34, § 1).

Les créances de toute nature, dont celles en compte courant, sont imposables dans l'État dont le débiteur est le résident (Conv. art. 34, § 2).

L'article 34, paragraphe 2 prévoit également que les titres de sociétés de capitaux sont imposables dans l'État où se situe le siège social de la société, soit en Tunisie pour les actions d'une entreprise de production cinématographique tunisienne.

77310 (suite)

C'est l'article 35 qui s'applique s'agissant de l'imposition des parts d'une société de personnes. En effet, ces dispositions visent les autres biens (biens non mentionnés aux articles 31 à 34 qui concernent les biens immobiliers, les biens meubles compris dans l'actif d'un établissement stable, les biens meubles affectés à l'exercice d'une profession libérale et les autres biens meubles). Les parts de SCI sont des biens incorporels de nature mobilière même lorsqu'elles sont à prépondérance immobilière en France (Cass. ass. plén. 2-10-2015 n° 14-14.256 PBRI : RJF 12/15 n° 1066). L'article 35 conduit en conséquence à imposer les parts de SCI de droit français dans l'État de résidence du défunt, soit en Tunisie.

Pour l'héritier résident fiscal en France, et à condition qu'il l'ait été pendant au moins six ans au cours des dix dernières années (CGI art. 750 ter, 3°), les droits de succession dus sur les biens imposables en France en vertu de la Convention, à savoir les meubles meublants, les comptes bancaires et la créance en compte courant seront calculés en faisant application de la règle du taux effectif (Conv. art. 37), lequel prend en compte les biens imposables en Tunisie et au Luxembourg.

La déclaration de succession en France devra être déposée auprès du service des impôts des non-résidents à Noisy-le-Grand dans un délai d'un an à compter du décès (délai applicable lorsque le décès est survenu hors de France).

La Tunisie ayant également vocation à imposer la succession selon ses règles de droit interne, les héritiers devront se rapprocher d'un juriste ou fiscaliste de droit local pour effectuer toutes les formalités déclaratives.

Fiscalité des contrats d'assurance-vie

En droit français, la fiscalité liée au dénouement du contrat d'assurance-vie par décès diffère selon l'identité du bénéficiaire, la date de souscription du contrat (avant ou après le 20 novembre 1991), la date de versement des primes (avant ou après le 13 octobre 1998) et l'âge de l'assuré au moment du versement des primes (avant ou après l'âge de 70 ans). Selon le cas de figure, les sommes versées au bénéficiaire peuvent :

– être taxables aux droits de succession pour la fraction des primes versées après les 70 ans de l'assuré qui excède 30 500 € (CGI art. 757 B) ;

– faire l'objet d'un prélèvement spécifique au taux de 20 % sur la fraction du capital versé par bénéficiaire comprise entre 152 500 et 852 500 €, puis au taux de de 31,25 % sur la fraction du capital versé par bénéficiaire au-delà de 852 500 € (CGI art. 990 I).

Au cas d'espèce, le défunt avait souscrit et versé des primes sur les deux contrats d'assurance-vie en France et au Luxembourg après l'âge de 70 ans.

Dans un contexte international, les sommes relevant du champ d'application de l'article 757 B du CGI sont soumises aux droits de succession français dans les trois cas suivants :

– le défunt était résident fiscal en France au sens de l'article 4 B du CGI (CGI art. 750 ter, 1°), ce qui n'est pas le cas dans notre hypothèse ;

– le bénéficiaire est domicilié en France au jour du décès et l'a été pendant au moins six années au cours des dix dernières années précédant le décès (CGI art. 750 ter, 3°), ce qui est le cas pour le contrat souscrit auprès de Sogelife Luxembourg au profit d'Amal ;

– le contrat est considéré comme un bien français au sens de l'article 750 ter, 2° du CGI, ce qui est le cas dès lors que le siège ou l'établissement stable de la compagnie d'assurance-vie est en France au jour du décès ; il en est ainsi du contrat Sogecap.

Règlement civil de la succession

Détermination de la loi applicable

Règlement européen sur les successions M. Kairouan est décédé après le 17 août 2015, date d'entrée en vigueur du règlement européen sur les successions (Règl. UE 650/2012 du 4-7-2012), dont les règles sont donc applicables à notre hypothèse.

Saisi d'une succession internationale, la détermination de la loi applicable reste le premier réflexe du notaire puisque c'est bien la loi successorale qui va déterminer d'après un système juridique donné la dévolution, les droits des héritiers, leurs parts et selon quel système juridique la succession devra être liquidée et partagée (Règl. 650/2012 art. 23).

En l'absence de dispositions de dernières volontés et de choix expressément effectué (Règl. 650/2012 art. 22), la loi applicable par défaut à la succession est celle de la résidence habituelle du défunt au moment de son décès (Règl. 650/2012 art. 21). Bien que le règlement ne donne pas de définition de la résidence habituelle, les critères de durée et de régularité de la présence du défunt dans un État ainsi que les conditions et les raisons de sa présence sont à prendre en compte (Considérant 23). En l'espèce, il ne fait pas de doute que M. Kairouan avait sa résidence habituelle en Tunisie, de sorte que c'est la loi tunisienne qui est applicable.

Mécanisme du renvoi La Tunisie n'est pas partie au règlement Successions. Aussi, les règles de conflits de cet État tiers doivent être prises en compte. Elles peuvent renvoyer à la loi d'un État membre ou à la loi d'un autre État tiers qui appliquerait sa propre loi (Règl. 650/2012 art. 34).

77310 (suite)

Comment connaître les règles de conflits étrangères ?

Voici une première contrainte pour le notaire qui, juriste de droit français, n'a pas la connaissance du droit étranger, tant des règles de conflits que des règles de droit substantif. Les pistes de recherche sont multiples : interrogation des Cridons, ouvrages et revues spécialisés, encyclopédies juridiques, etc. Amené à la liquidation donnée d'une succession, il sera préférable pour le notaire de requérir un avis juridique (« legal opinion ») auprès d'un juriste de droit local.

À la différence d'un certificat de coutume, l'avis juridique est rédigé sur un point précis et rapporté au dossier. Toutefois, le notaire devra s'assurer des qualités professionnelles, de la spécialité, des compétences et de la réputation du rédacteur choisi, ainsi que de la souscription d'une assurance professionnelle par celui-ci (L'office du notaire en droit international privé, dir. E. Gallant, V. « Les missions du notaire en droit international privé » par J.-C. Rega, Dalloz 2022, coll. Thèmes & Commentaires, p. 15 s., spéc. p. 20). La recherche d'informations n'est pas toujours simple. En pratique, une collaboration s'effectuera naturellement avec les conseils des clients ; à défaut, il faudra se tourner vers des réseaux de spécialistes.

Contenu du droit tunisien

Dans notre cas d'espèce, le juriste local consulté nous précise ce qui suit :

« Les successions sont régies en Tunisie par l'article 54 du Code du droit international privé, promulgué par la loi 98-97 du 27 novembre 1998, qui dispose que « la succession est soumise à la loi interne de l'État dont le de cujus a la nationalité au moment du décès ou à la loi de l'État de son dernier domicile ou à la loi de l'État dans lequel il a laissé des biens... ».

2. La rédaction de l'article 54 susvisé peut laisser croire que le juge aurait la faculté de choisir entre 3 lois pour l'application de la règle successorale appropriée. L'utilisation du style « alternatif » (« ou ») pourrait être retenue pour accréditer cette idée. Une telle interprétation ne semble pas défendable. En effet, la règle de conflit instituée par l'article 54 ne donne pas réellement le choix au juge pour désigner discrétionnairement la règle de conflit qu'il juge appropriée. Le législateur a plutôt mis en place une cascade hiérarchique de rattachements qui se profile comme suit :

1) La loi nationale du défunt (la règle de principe) ;
2) La loi du dernier domicile (première règle de substitution) ;
3) La loi de la situation des bien laissés par le de cujus (deuxième règle subsidiaire).

Force est par ailleurs de constater que la rédaction de l'article 54 n'est pas tout à fait précise puisqu'elle renvoie principalement à la loi interne de l'État dont le de cujus a la nationalité.

Cela étant, les dispositions du Code du statut personnel tunisien s'appliqueront mutatis mutandis au partage de la succession de feu Kairouan et ce, quelles que soient la nationalité des héritiers et la situation des biens laissés en France.

Ainsi, il sera fait application des articles 85 et suivants du Code du statut personnel pour déterminer les héritiers légaux de feu Kairouan et définir les règles de répartition de l'héritage entre eux.

Dans notre cas, les héritiers légaux de feu Kairouan sont : Amal, Mohamed, Malika et Ali. La répartition de la succession devra observer les prescriptions du Code du statut personnel, qui attribuent aux garçons 2 parts et aux filles 1 part et ce, en application de la règle successorale consacrée par le Code du statut personnel tunisien : « l'héritier du sexe masculin a une part double de celle attribuée à un héritier de sexe féminin ». »

La règle de droit tunisien ainsi déterminée, se pose la question de sa compatibilité avec l'État du for.

Question de la compatibilité de la règle tunisienne avec le droit français

Principes fondamentaux européens Comme énoncé ci-dessus, la règle tunisienne prévoit une quotité héréditaire différente selon que l'héritier est un homme ou une femme. Cette différence entre les héritiers est uniquement basée sur le sexe de l'héritier.

Or, le droit français, subordonné au droit de l'Union européenne, considère les inégalités fondées sur le sexe comme discriminatoires. Le principe d'égalité ou l'interdiction générale de discrimination sont des principes fondamentaux consacrés par la convention européenne des droits de l'Homme (Protocole n° 12 art. 1), mais également par la charte des droits fondamentaux de l'Union européenne (art. 21).

Bien que le point n'ait pas été jugé à notre connaissance, il ne fait guère de doute que la règle de droit tunisien évoquée est du point de vue de l'État du for discriminatoire.

L'exception d'ordre public international Le diagnostic étant posé, la règle tunisienne est-elle pour autant applicable en tant que telle ? Comme tout autre règlement européen, celui sur les successions réserve la possibilité d'écarter l'application d'une disposition de la loi d'un État désignée « si cette application est manifestement incompatible avec l'ordre public du for » (Règl. 650/2012 art. 35).

L'ordre public international est un « mécanisme tout à la fois de défense de l'ordre juridique français, d'éviction des normes étrangères et de comparaison entre le droit français et le

77310 (suite)

droit étranger » (L. Perreau-Saussine, L'ordre public international : notion et conditions de mise en œuvre : JCP N 2018 n° 1248 § 2).

Nous comprenons que l'utilisation de cet article du règlement n'est pas systématique. Le préambule du règlement nous enseigne au considérant 58 qu'il s'agit tout d'abord d'une « possibilité » d'écarter certaines dispositions d'une loi étrangère. Au surplus, son utilisation est restreinte puisqu'elle est prévue dans « des circonstances exceptionnelles », lorsque l'application des dispositions de la loi étrangère serait « manifestement incompatible avec l'ordre public de l'État membre concerné ». Ainsi que le souligne Andrea Bonomi, « l'intervention de la clause suppose, dès lors, que l'application de la loi étrangère aboutisse à un résultat inacceptable et choquant au regard des principes et valeurs fondamentaux de l'ordre juridique de l'État du for, ainsi qu'aux vues de la conception de justice prévalant dans cet État » (A. Bonomi et P. Wautelet : Le droit européen des successions, V. art. 35 par A. Bonomi, Bruylant 2e éd. 2016, p. 575 n° 2).

La doctrine unanime s'accorde à penser que l'ordre public international a vocation à jouer en matière de succession pour défendre les valeurs fondamentales de l'ordre juridique français, dont le principe d'égalité (H. Péroz et E. Fongaro : Droit international privé patrimonial de la famille, LexisNexis 2e éd. 2017, n° 864).

L'incompatibilité avec l'ordre public n'est ni dogmatique ni politique mais l'appréciation de sa mise en œuvre interroge (S. Godechot Patris, Les difficultés de réception des institutions familiales du Maghreb : JCPN 2018 n° 1249 spéc. § 18), d'autant que le peu de jurisprudence n'aide pas. Mais alors comment apprécier l'incompatibilité avec l'ordre public ?

Appréciation in concreto L'incompatibilité avec l'ordre public devrait s'apprécier « in concreto » (Cass. 1e civ. 27-9-2017 nos 16-13.151 FS-PBRI et 16-17.198 FS-PBRI, en matière de réserve héréditaire) et son mécanisme mis en œuvre dès lors que l'application de la loi étrangère aboutit dans « des cas précis » à un résultat qui est jugé inacceptable. Ainsi que le souligne Hélène Péroz, « ce n'est pas la règle de droit qui est en soi contraire à l'ordre public, mais son application au cas d'espèce » (L'office du notaire en droit international privé, dir. E. Gallant, V. « Le notaire et l'ordre public international » par H. Péroz, Dalloz 2022, coll. Thèmes & Commentaires, p. 89 s., spéc. p. 94). C'est donc dans le résultat qu'il y a lieu de rechercher l'incompatibilité avec l'ordre public du for.

Si tous les enfants de M. Kairouan étaient des filles, la règle de droit tunisien resterait dans son principe incompatible avec l'ordre public international, mais dans son application directe, elle n'aboutirait pas à une inégalité entre les héritières filles. Il n'existerait donc plus d'argument précis aux fins d'écarter la règle de droit étranger. Dans notre cas, la situation est toutefois différente puisque le défunt laisse quatre enfants : deux filles et deux garçons. Les filles reçoivent chacune 16,66 % de la succession et les garçons chacun 33,33 %. La discrimination est caractérisée. Pour autant, et si tel est le résultat, l'intervention de l'ordre public international doit-il jouer systématiquement ?

L'appréciation in concreto implique l'existence de liens suffisants entre la situation et l'État du for. Si le notaire français est saisi du règlement d'une succession, cela signifie inévitablement que des liens existent avec la France. Pour autant, l'ordre public international pourrait-il s'apprécier différemment selon l'intensité des liens entre la situation et l'État du for ? La réponse est délicate et divise.

Un ordre public de proximité ? Pour une partie de la doctrine, seul l'ordre public de proximité devrait jouer, lequel permet une variation selon la situation et les liens entretenus avec la sphère juridique française (M. Grimaldi, Brèves réflexions sur l'ordre public et la réserve héréditaire : Defrénois 30-8-2012 n° DEF40563 p. 755 ; Droit européen des successions internationales. Le règlement du 4 juillet 2012, dir. G. Khairallah et M. Revillard, V. « La détermination de la loi applicable à la succession » par G. Khairallah, Defrénois 2013, p. 56). L'exception d'ordre public international ne devrait pas jouer dès lors que les héritiers n'ont pas de liens personnels avec l'État du for comme une nationalité étrangère et une résidence à l'étranger (G. Khairallah, précité, p. 57). Appliqué au cas présent, si tous les enfants de M. Kairouan, filles et garçons, étaient de nationalité tunisienne et résidents en Tunisie, l'intervention de l'ordre public international pourrait ne pas être relevée.

Pour une autre partie de la doctrine, les liens de proximité résulteraient davantage de circonstances relatives à la personne du défunt ou encore aux biens de sa succession comme leur lieu de situation (A. Bonomi, précité, p. 578-579 n° 7). Cette thèse nous semble toutefois pouvoir être infirmée. Certes, il est vrai que le seul critère de la situation des héritiers aurait pour conséquence de créer une inégalité entre eux, inégalité qui serait contraire à la Constitution et à l'ordre public français lui-même (G. Khairallah, précité, p. 158). S'agissant des biens, nous pensons également que le seul critère du lieu de leur situation reviendrait à mettre en œuvre systématiquement l'exception d'ordre public international dès lors que le défunt possède des biens en France, meubles ou immeubles. On s'éloignerait alors de l'appréciation in concreto recommandée par le règlement (Considérant 58) ; on s'approcherait même d'une forme obscure de prélèvement compensatoire sur les biens français.

Enfin, un auteur réfute le lien de proximité, considérant que dès lors qu'un tribunal français est compétent pour statuer sur tout ou partie d'une succession, ce même tribunal ne pourrait

77310 (suite) en effet appliquer une loi discriminatoire (Mémento Successions Libéralités 2023, dir. B. Vareille, V. « Loi applicable » par D. Lambert, éd. Francis Lefebvre, n° 69535).

Droit de prélèvement compensatoire Le droit de prélèvement compensatoire instauré par la loi 2021-1109 du 24 août 2021 pourrait-il être invoqué au regard des faits d'espèce (sur ce droit de prélèvement, voir déjà A. Devaux et Y. Guillard : Planification successorale franco-américaine à l'épreuve du droit de prélèvement : Tips and Tricks : SNH 16/22 inf. 15) ?
Pour rappel, l'article 913, alinéa 3 du Code civil prévoit la possibilité pour un enfant évincé de la succession de récupérer une part successorale sur les biens situés en France dès lors que :
– la loi successorale étrangère applicable ne permet aucun mécanisme réservataire protecteur des enfants ;
– le défunt ou l'un de ses enfants possède la nationalité d'un État membre de l'Union européenne ou possède sa résidence habituelle dans un des États membres au jour du décès ;
– le défunt possède des biens existants en France au jour du décès.
Si les deux dernières conditions sont ici remplies, qu'en est-il de la première ? Bien que l'objet de ce droit de prélèvement visât les pays de droit musulman, le but n'a pas été atteint puisque les droits musulmans, dont celui de la Tunisie, connaissent la réserve héréditaire (H. Péroz, Le droit de prélèvement compensatoire ou la mise à mal de la pratique des successions internationales : JCP N 2021 n° 805 ; J.-Cl. Notarial Répertoire, V. Législation comparée : Tunisie, fasc. 2 par K. Meziou, n° 95). Aussi les enfants de M. Kairouan n'ont pas la faculté d'invoquer ce droit de prélèvement – nouvelle formule.

Le notaire et la règle de conflit Compte tenu de l'ensemble des développements qui précèdent, il n'existe donc pas de réponse toute faite, ce qui peut laisser le notaire en charge de la succession dans un véritable embarras.
Quel est le rôle du notaire face à une succession internationale dont la loi étrangère applicable établit une inégalité entre les sexes ? Le notaire est-il tenu d'appliquer la règle de conflit ? La notion de règle de conflit appartient au droit international privé et la question de son application se pose dès lors que la situation présente un ou plusieurs éléments d'extranéité. Le premier contrôle du notaire est donc d'identifier la présence de cet ou de ces éléments. Une partie minoritaire de la doctrine estime que, comme le juge, le notaire bénéficierait d'une simple faculté d'appliquer la règle de conflit en présence de droits disponibles.
Très vite l'on se rend compte que ce courant ne tient pas. En effet, la règle de conflit fait partie d'un système juridique donné que le professionnel du droit qu'est le notaire doit mettre en œuvre. Sa qualité d'officier public l'oblige à respecter la règle de droit, en ce compris la règle de conflit, afin de dresser ses actes. Il ne peut donc s'y soustraire sauf à engager sa responsabilité (L'office du notaire en droit international privé, dir. E. Gallant, V. « Le notaire et la règle de conflits de lois » par H. Fulchiron, Dalloz 2022, coll. Thèmes & Commentaires, p. 43 s. ; J. Guillaumé, L'office du notaire en droit international privé : JDI 2020 doctr. 2).
Le notaire a ainsi l'obligation de rechercher la règle de conflit et d'en informer les parties. De même, il verrait sa responsabilité engagée s'il commettait une erreur de qualification en droit international privé, que l'on pourrait étendre à la méconnaissance ou à la non-recherche de la règle de conflit.
C'est la mise en œuvre de la règle de conflit qui amène le notaire à retenir une loi étrangère applicable à une succession en France et que viennent alors les difficultés.
Lorsque le contenu de la loi étrangère se révèle manifestement contraire à l'ordre public auquel il appartient, le notaire peut-il, de son propre chef, écarter cette loi ?
La réponse est simple : le notaire n'est pas un juge. De son propre chef, il ne peut pas écarter la loi étrangère applicable d'après la règle de conflit (H. Péroz, Le notaire et l'ordre public international, précité, p. 91-92 ; H. Fulchiron, Le notaire et la règle de conflits de lois, précité, n° 21 ; C. Nourissat, obs. sous CJUE 1-9-2021 aff. 387/20, OKR : Defrénois 24-2-2022 n° DEF206f1). Mais alors que faire ? Le notaire est-il désarmé ? S'il n'a pas le pouvoir de trancher puisqu'il n'est pas une juridiction, le notaire peut uniquement se retrancher derrière son devoir de conseil dont il ne faut pas oublier qu'il est source de responsabilité.
Il relève en effet de son devoir d'informer les parties, d'une part sur les règles de conflit comme on l'a vu, leur mise en œuvre et le résultat de cette mise en œuvre en France, tant sur le plan civil que fiscal, d'autre part, sur les conséquences que cette mise en œuvre pourrait avoir à l'étranger, notamment dans le cadre du partage mondial des biens successoraux.

Les parties et la règle de conflit Puisque le notaire ne dispose pas du pouvoir de sanction de la loi étrangère dans son application en France, les parties ont-elles quant à elles la faculté d'écarter la loi applicable ? Une réponse positive pourrait faire penser qu'il existe en droit international des successions une faculté de « forum shopping » ou d'« optio juris post mortem ». Ce n'est pas l'idée ici. Pour autant, la doctrine s'accorde sur le principe que les parties peuvent écarter une loi dès lors qu'elles ont la libre disposition de leurs droits, ce qui est le cas en droit patrimonial, un droit disponible étant un droit auquel on peut librement renoncer.
Les parties seraient ainsi libres d'appliquer la loi. Mais quelle loi retenir ? Ni la doctrine, ni la jurisprudence ne se prononcent. À lire les nombreuses références sur le sujet, on pourrait

77310 (suite)

hâtivement conclure que le choix est libre. Mais on s'éloignerait alors du règlement Successions dont les critères de rattachement par défaut ou en cas de choix de loi sont encadrés et liés soit à la nationalité, soit à la résidence habituelle ou par exception aux liens manifestement étroits avec un État. Un rattachement objectif semble donc nécessaire. Dans notre cas, si les parties décident d'écarter la loi tunisienne pour contrariété à l'ordre public international français, on ne voit pas d'autre loi de substitution que la loi française, loi de situation de biens appartenant au défunt, sauf peut-être à ce que le défunt possède des biens dans un autre État européen.
Qu'en est-il si les parties souhaitent appliquer une loi étrangère dont la mise en œuvre conduit à un résultat manifestement contraire à l'ordre public international ? Autrement dit, si les enfants de M. Kairouan souhaitent voir appliquer en France les règles issues du droit tunisien, le notaire français est-il lié par ce choix ?
Là encore, planent beaucoup d'incertitudes.
À la différence d'un juge, « le notaire est l'auteur de l'instrumentum et non pas du negotium qui est l'œuvre des parties » (H. Péroz, Le notaire et l'ordre public international, précité, p. 91). Cependant, le notaire a un rôle de conciliateur, il est le juge de l'amiable et débiteur d'un devoir de conseil. Parmi ses obligations tenant à sa qualité d'officier public, le notaire a l'obligation d'instrumenter lorsqu'il en est requis (Loi 25 ventôse an XI art. 3 ; Règl. national 2018 art. 3.2.3). Il lui est toutefois possible d'y échapper lorsqu'il dispose d'une raison légitime, telle une maladie. En revanche, le notaire ne pourrait pas refuser d'instrumenter au motif qu'il s'agirait d'appliquer une loi étrangère, fût-elle discriminatoire, en se retranchant derrière une clause de conscience. Pour autant, le notaire doit s'abstenir de recevoir un acte illicite et a même le « devoir de refuser de recevoir un acte si les parties lui demandent de dresser un acte destiné à contenir des clauses contraires aux lois » (Rép min. Just. : AN 29-1-1972 p. 249).
Le sujet souffre de schizophrénie notariale. Le notaire n'étant pas une juridiction, il ne lui appartient pas en l'espèce de juger que le contenu du droit tunisien est contraire à la loi française. S'il n'est pas justifié, son refus d'instrumenter peut être sanctionné. Or il n'existe pas à ce jour et à notre connaissance de jurisprudence clairement établie sur l'illégalité du contenu du droit successoral tunisien à l'aune de l'égalité successorale.

L'avenir En mars 2022 a été remis au garde des Sceaux, ministre de la justice, le projet de Code de droit international privé par le groupe de travail présidé par M. Jean-Pierre Ancel. Il y aurait beaucoup à écrire sur ce projet mais pour le présent cas pratique, le point qui nous intéresse se tient à l'article 84, lequel prévoit : « Il ne peut être donné effet aux dispositions d'une loi successorale étrangère qui instituent une dévolution légale discriminatoire en contrariété avec les engagements internationaux de la France et de la charte des droits fondamentaux de l'Union européenne ». Le verbe pouvoir étant conjugué au présent de l'indicatif, il indique une prescription, une vérité générale. On comprend alors que des dispositions considérées comme discriminatoires résultant d'une dévolution légale étrangère ne doivent pas être appliquées en France. Pour autant, le texte ne précise pas si la loi étrangère doit de fait être évincée intégralement ou s'il doit être préféré une dévolution différente, peut-être simplement égalitaire ou sous-entendue « à la française ».
Le même article poursuit : « Lorsqu'un acte établi ou une décision rendue dans un État tiers à l'Union européenne détermine les conditions de dévolution d'une succession internationale, par application d'une loi emportant une telle discrimination, la victime de cette discrimination peut prélever sur les biens situés en France au jour du décès, une part compensatoire à concurrence de ce dont elle a été privée ». La disposition a pour but de réécrire le droit de prélèvement compensatoire introduit le 1er novembre 2021, « marqué par un nationalisme étroit à rebours de l'évolution de notre droit international privé » (Rapport du groupe de travail sur le projet de Code de droit international privé, mars 2022, p. 49). Le texte conserve ainsi la faculté d'exercer un droit de prélèvement compensatoire, ce qui sous-entend la faculté aussi de ne pas priver d'effets en France un acte établi ou une décision rendue dans un État tiers consacrant une dévolution discriminatoire.

Conseil Dans l'attente d'une décision jurisprudentielle, qui serait fort souhaitable, ou d'une clarification du projet de Code de droit international privé, la prudence du notaire est donc de mise et son devoir de conseil renforcé. À notre sens, le notaire saisi d'une telle situation successorale devra, au moyen d'une reconnaissance de conseils donnés :
– exposer à ses clients la règle de conflit applicable au regard du règlement Successions ;
– rappeler les termes de la loi tunisienne, justifiés par la production de l'avis juridique tunisien ;
– exposer la position doctrinale unanime sur l'incompatibilité de la règle tunisienne au regard des textes européens et la possibilité d'invoquer les dispositions du règlement sur l'exception d'ordre public international ;
– détailler les conséquences civiles et fiscales selon que la loi retenue est tunisienne ou française ;
– enfin, préciser que le choix retenu requiert nécessairement l'unanimité entre les héritiers, lesquels doivent exprimer un choix libre et éclairé, mais aussi que celui-ci doit être efficace vis-à-vis des tiers.

77310 (suite)

Conséquences fiscales du choix opéré

Option 1 – Application droit civil français et calcul des droits de succession

Calcul des droits de succession pour les héritiers non-résidents en France

	Mohamed	Malika	Ali
Quote-part taxable selon la convention France-Tunisie ¼ chacun	262 500 €	262 500 €	262 500 €
Quote-part assurance-vie française après abattement de 30 500 € (appliqué au prorata des deux assurances-vie)	371 732 €	371 732 €	371 732 €
Part imposable	634 232 €	509 232 €	509 232 €
Abattement	100 000 €	100 000 €	100 000 €
Quote-part taxable	534 232 €	534 232 €	534 232 €
Droits	105 040 €	105 040 €	105 040 €

Calcul des droits de succession pour l'héritier résident en France

Quote-part taxable assurance-vie (1/4)	867 375 €
Quote-part taxable selon l'article 750 ter, 3° du CGI (25 % × 19 550 000 €)	4 887 500 €
Part imposable	5 754 875 €
Abattement	100 000 €
Part imposable après abattement	5 654 875 €
Droits théoriques	2 307 087 €
Calcul du taux effectif	40,08 %
Droits	452 854 €

Option 2 – Application droit civil tunisien et calcul des droits de succession

Calcul des droits de succession pour les héritiers non-résidents en France

	Mohamed	Malika	Ali
Quote-part taxable Assurance vie (1/4)	371 732 €	371 732 €	371 732 €
Quote-part taxable Biens taxables d'après la convention France-Tunisie	349 965 €	174 930 €	349 965 €
Total avant abattement	721 697 €	546 662 €	721 697 €
Abattement	100 000 €	100 000 €	100 000 €
Quote-part taxable	621 697 €	446 662 €	621 697 €
Droits	129 471 €	87 526 €	129 471 €

77310 (suite)

Calcul des droits de succession pour l'héritier résident en France

Quote-part taxable assurance-vie (1/4)	867 375 €
Quote-part taxable selon l'article 750 ter, 3° du CGI (16,66%)	3 257 030 €
Part imposable	4 124 405 €
Abattement	100 000 €
Part imposable après abattement	4 024 405 €
Droits théoriques	1 573 376,25 €
Calcul du taux effectif	38,14 %
Droits	397 535 €

Résumé comparatif

Résumé comparatif des droits de succession	Mohamed (résident en Tunisie)	Malika (résident en Tunisie)	Ali (résident à Abou Dabi)	Amal (résidente en France)	Total des droits
Droit français	105 040 €	105 040 €	105 040 €	452 854 €	767 974 €
Droit tunisien	129 471 €	87 526 €	129 471 €	397 535 €	744 003 €

77320 CAS PRATIQUE

Planification successorale franco-belge ; règles de territorialité de l'impôt ; donation de biens situés en Belgique par un résident belge à un résident français ; CGI art. 750 ter ; convention fiscale ; intérêt de réaliser une donation

En Belgique, les droits de donation sont sensiblement inférieurs aux droits de succession. Il est donc fréquent d'anticiper la transmission familiale. Cependant, lorsqu'un héritier est résident fiscal français, cette stratégie peut s'avérer contre-productive.
En effet, si la convention fiscale franco-belge confère un droit d'imposition exclusif à la Belgique sur la succession d'un résident belge (sauf biens en France), cette convention ne couvre pas les donations. Ainsi, la donation de biens situés en Belgique par un résident belge à un résident français est imposable dans les deux États. Dans ce cas, le résident français peut déduire en France les droits de mutation payés en Belgique, ce qui revient à supporter une imposition totale égale à celle prévue en France.
En résumé, la transmission par décès serait imposable aux droits de succession belges, alors que la donation est imposable globalement au taux applicable en France. Comme la tranche marginale d'imposition des successions en Belgique est seulement de 27 % contre 45 % en France, le résident français pourrait préférer hériter plutôt que recevoir une donation. Il convient également de tenir compte de la situation des éventuels autres enfants résidant hors de France. Seul un calcul permet de déterminer la meilleure solution.
Une personne, résidente belge (région flamande), souhaite donner à ses trois enfants les biens suivants :
– une quote-part d'une maison située à Bruges, transmise en pleine propriété à concurrence de 150 000 € par enfant et en nue-propriété à concurrence de 120 000 € par enfant ;
– des valeurs mobilières pour un montant de 1 500 000 €, soit 500 000 € par enfant.
Le solde du patrimoine, après la donation, est constitué d'un appartement à Anvers évalué 300 000 € et de valeurs mobilières pour 800 000 €, soit un total de 1 100 000 € ou 366 667 € par enfant.
Le donateur ne possède aucun patrimoine en France.
Comment cette donation est-elle taxée en Belgique et quelle est l'incidence fiscale de cette donation en France ? Quelle serait la fiscalité successorale en l'absence de donation ?

Solution

La convention fiscale franco-belge en date du 20 janvier 1959 s'applique uniquement aux droits de succession, mais pas aux donations. La convention prévoit que l'héritier d'un résident de Belgique domicilié en France est redevable de l'impôt sur les successions en Belgique pour les biens situés hors de France et en France pour les biens situés en France.
En conséquence, la succession d'un résident belge n'est pas taxable en France quand elle comprend seulement des biens situés en Belgique.

Taxation des donations en Belgique

En Belgique, les donations entre vifs de biens meubles ne sont pas taxées, mais elles sont réintégrées à la succession si le donateur décède dans un délai de trois ans (cinq ans en Wallonie) suivant la donation. Si elles sont déclarées spontanément, elles supportent une taxe de 3 % sans condition de délai.
Les donations de biens immeubles supportent un droit proportionnel au montant donné.
Barème des droits de donation pour l'immobilier en Flandres :

0 à 150 000 €	3 %
150 000 à 250 000 €	9 %
250 000 à 450 000 €	15 %
450 000 et plus	27 %

77320 (suite)

La base imposable est constituée de la juste valeur de marché, sans abattement pour réserve d'usufruit, donc sur la base de la pleine propriété.
Calculs des droits de donation dus en Belgique :
– sur l'immeuble : 150 000 € × 3 % = 4 500 € ;
– sur les valeurs mobilières : 500 000 € × 3 % = 15 000 €.
Total : 19 500 € par enfant, soit 58 500 € pour trois enfants

Taxation des donations en France

En France, le résident fiscal français sera également imposé. Par application de l'article 750 ter du CGI, la France impose les résidents fiscaux français, quelle que soit leur nationalité, sur le patrimoine mondial qu'ils recueillent par donation ou par succession.
En outre, le montant des droits de mutation à titre gratuit acquitté, le cas échéant, hors de France sur les biens meubles et immeubles situés hors de France est imputable sur l'impôt exigible en France.
Calculs des droits de donation dus en France par le résident français :
– valeur de l'immeuble en nue-propriété : 120 000 € ;
– valeurs mobilières : 500 000 €.
Montant taxable : 620 000 € – 100 000 € = 520 000 €
Droits dus : (520 000 € × 20 %) – 1 806 € = 102 194 €
Imputation des droits payés en Belgique : – 19 500 €
Solde dû en France = 82 694 €

Taxation de la succession en Belgique

Des droits de succession sont dus sur le patrimoine restant au décès du parent résident belge, à hauteur de 366 667 €.
Les successions supportent un impôt progressif, dont le barème en Flandres est le suivant :

0 à 50 000 €	3 %
50 000 à 250 000 €	9 %
250 000 € et plus	27 %

Calcul des droits :
50 000 € × 3 % = 1 500 €
200 000 € × 9 % = 18 000 €
116 667 € × 27 % = 31 500 €
Total : 51 000 € par enfant, soit 153 000 € au total

Résumé des droits

Au total, l'enfant résident français aura supporté au titre des droits :
– en Belgique : 70 500 € ;
– en France : 82 694 €.
Total = 153 194 €

	Par enfant	Total famille
Donation	19 500 €	58 500 €
Succession	51 000 €	153 000 €
Total fiscalité en Belgique	70 500 €	211 500 €
Total global avec fiscalité française	294 194 €	

Fiscalité successorale en l'absence de donation

Si le donateur n'effectuait pas de donation, son patrimoine d'un montant de 3 050 000 € reviendrait à ses trois enfants de la manière suivante : 3 050 000 / 3 = 1 016 667 €.
Calcul des droits :
50 000 € × 3 % = 1 500 €
200 000 € × 9 % = 18 000 €
776 667 € × 27 % = 207 000 €
Total : 226 500 € par enfant, soit 679 500 € au total

77320 (suite)

Comparaison – Intérêt de réaliser une donation et situation du résident français

	Droits par enfant en Belgique	Total droits en Belgique	Droits en France enfant résident français	Total global
Total des droits avec donation	70 500 €	211 500 €	82 694 €	294 194 €
Total des droits sans donation	226 500 €	67 500 €	0	679 500 €
Économie réalisée en Belgique en cas de donation	156 000 €/ enfant	468 000 €		

Économie globale 385 306 €

Bilan

La donation en Belgique permet de substituer une taxe de 3 % (dans la limite de la première tranche pour l'immobilier) à une imposition marginale future à 27 %, soit un gain de 24 points sur la future succession. En revanche, elle conduit l'héritier français à payer des droits de donation en France, alors qu'il en aurait été exonéré en cas de transmission par décès.

Pour lui, l'économie réalisée en Belgique s'élève à 156 000 € et le surcoût en France est de 82 694 €, soit un gain net de 73 306 €.

Pour que l'opération soit fiscalement intéressante pour lui, elle implique que l'impôt supplémentaire dû en France n'excède pas le gain réalisé en Belgique. Ce qui est le cas ici.

Ainsi, si le gain en Belgique est de 24 %, l'opération est favorable au résident français jusqu'à atteindre la tranche d'imposition à 30 %.

Il est donc important d'avoir une vision globale de l'opération et de l'intérêt de la famille. Si l'intérêt est moins important pour le résident fiscal français, la donation peut aboutir à une économie globale pour la fratrie ; et l'inégalité entre les enfants pourrait être gommée par la prise en charge des droits de donation par le donateur.

PARTIE 5

Dossiers

DOSSIER 1

RECHERCHE DES HÉRITIERS ET RÉVÉLATION DE SUCCESSION

SOMMAIRE

A. La recherche des héritiers

Le **notaire** chargé de régler une succession doit établir un acte de notoriété listant l'ensemble des héritiers. Il peut être conduit à faire appel à un généalogiste dans deux hypothèses principales : 78000
– il ne connaît aucun héritier. C'est notamment le cas s'il est informé par des voisins du défunt ou s'il est saisi par l'établissement de soins ou la maison de retraite où le défunt a terminé ses jours ou par les organismes de tutelle ou encore s'il a été désigné par le défunt pour régler la succession sans que ce dernier donne d'indications suffisamment précises pour localiser ses héritiers ;
– il a besoin de vérifier que les renseignements qui lui sont donnés sont fiables et complets. En effet, les livrets de famille font souvent défaut. Or, pour établir la dévolution successorale, le notaire ne peut se contenter de recueillir les déclarations des successibles qui se manifestent et des proches du défunt.

SAISINE DU GÉNÉALOGISTE

Mandat En **principe,** un généalogiste ne peut agir en recherche d'héritier sans être titulaire d'un mandat en ce sens (Loi 2006-728 du 23-6-2006 art. 36). 78005

Il en va toutefois autrement pour le cas des **successions vacantes ou en déshérence** (Loi 2006-728 du 23-6-2006 art. 36). Le généalogiste peut alors entamer des recherches à ses risques et périls et proposer, en cas de succès, un contrat de révélation de succession (voir n°s 78090 s.).

Auteur du mandat Le mandat peut être donné par toute personne qui a un **intérêt direct et légitime** à l'identification des héritiers ou au règlement de la succession (Loi 2006-728 du 23-6-2006 art. 36). 78010

Il s'agit notamment des créanciers (par exemple, un syndic de copropriété), des héritiers ou légataires du défunt, d'une collectivité territoriale, d'un administrateur judiciaire, d'une banque, d'une compagnie d'assurances ou d'une société de droits d'auteur. Il en va de même d'un agent immobilier dont les clients entendent acquérir un appartement dépendant d'une succession (Cass. 1e civ. 9-6-2022 n° 20-14.227 F-D). Il est admis qu'un notaire a un intérêt direct et légitime à recourir à un généalogiste successoral dès lors que (travaux parlementaires de la loi 2006-728 du 23-6-2006) :
– il a un lien avec le défunt ou la succession, notamment s'il est le notaire habituel du défunt ; s'il est détenteur d'un testament du défunt ; s'il a été saisi de la succession par un héritier ou un mandataire judiciaire à la protection des majeurs par la Chambre des notaires, ou s'il a été averti du décès par un créancier du défunt, le maire de la commune ou le propriétaire du logement du défunt ou son voisin ;
– ses propres recherches pour identifier tous les héritiers ou certains d'entre eux s'avèrent vaines ou incertaines.

Les mandataires judiciaires à la protection des majeurs peuvent délivrer un mandat de recherche des héritiers de la personne dont ils ont la charge à condition d'avoir reçu l'autorisation du juge des tutelles (C. civ. art. 420), étant précisé que le notaire chargé du règlement de la succession du majeur protégé peut délivrer un mandat de recherche s'il ne parvient pas à identifier les héritiers (CPC art. 1215).

78015 **Ne peuvent revendiquer un intérêt direct et légitime** les infirmières, les concierges, les sociétés de pompes funèbres ou les représentants d'un majeur en tutelle (travaux parlementaires de la loi 2006-728 du 23-6-2006).

MISSION

78020 Le notaire doit s'assurer qu'il n'écarte pas, par omission, un héritier de la succession. Lors du règlement de la succession, il doit établir, en sa qualité d'officier public, une dévolution exacte et complète. Il précise par écrit la **nature** de la mission du généalogiste : retrouver tout ou partie des héritiers, vérifier la dévolution ou localiser un ou plusieurs héritiers aux termes d'un mandat.

Le généalogiste choisi rend compte de l'avancée de ses recherches et difficultés. Il informe généralement le notaire lorsqu'il a « fixé une ligne », maternelle ou paternelle, avant de dresser un **tableau généalogique** certifié établissant la dévolution successorale accompagné des actes d'état civil correspondants.

Si un héritier présumé n'est pas identifié ou localisé, le généalogiste établit un **certificat de vaines recherches.**

Si l'un des héritiers manque, qu'il reste taisant ou qu'il n'ait pu être retrouvé, il convient d'entamer une procédure visant à le faire représenter (sommation d'avoir à prendre parti ; procédure en vue de la désignation d'un mandataire successoral).

MODÈLE

Mandat aux fins de recherche des héritiers

Cabinet (*nom du généalogiste*)
Adresse

Madame, Monsieur,

Notre étude est chargée du règlement de la succession de Monsieur/Madame (*nom du défunt(e)*), décédé(e) à (*lieu*), le (*date*).

Dans le cadre de l'article 36 de la loi du 23 juin 2006, je mandate le Cabinet de généalogie (*nom du cabinet*), ainsi que tous ses collaborateurs, à l'effet de :

– rechercher les héritiers du défunt, tant en France qu'à l'étranger,

– certifier la dévolution,

– obtenir tous documents, justificatifs, jugements, et actes d'état civil auprès de toutes administrations, nationales ou étrangères, en qualité de mandataire des personnes concernées comme agissant dans l'intérêt d'une personne habilitée par la loi à obtenir un tel document (Décret 2017-890 art. 30 et 32) étant dispensé d'indiquer la filiation desdites personnes en raison de l'impossibilité de les connaître (instruction NOR : JUSX9903625J 197-5 du 11-5-1999 : JO du 28-7-1999).

Veuillez agréer, ...

78025 En aucune façon le **notaire** ne peut se décharger de ce qui relève de sa compétence propre, c'est-à-dire l'établissement des différents actes nécessaires au règlement de la succession ainsi que la liquidation et le partage. Autrement dit, lui seul établit l'acte de notoriété listant les héritiers, l'inventaire mobilier de la succession avec l'évaluation des éléments d'actif et de passif, les attestations immobilières de propriété constatant les transferts de propriété, etc. Il prépare la déclaration de succession et la transmet au généalogiste qui la signe pour le compte des héritiers qu'il représente.

INVESTIGATIONS

78030 Pour reconstituer la généalogie d'une personne décédée, le professionnel doit chercher les descendants, ascendants et collatéraux du défunt, parfois jusqu'au 6e degré puisque les parents collatéraux ne succèdent pas au-delà (C. civ. art. 745). Il dispose de multiples sources matérielles et de ses capacités relationnelles pour mener son enquête généalogique.

78035 Pour **identifier les héritiers,** il s'appuie principalement sur les registres d'état civil (actes de naissance, mariage et décès conservés dans les mairies et les greffes des tribunaux judiciaires), ses fichiers privés, les fichiers de l'Insee, les archives des listes électorales, les recensements de population, les sources fiscales, les registres militaires, religieux ou hospitaliers, les dossiers des fonctionnaires ou ceux des naturalisations, les hypothèques, les cadastres, les actes notariés, les réseaux sociaux, etc. Selon le mode de conservation des documents administratifs, il se déplace ou consulte à distance les données numérisées.

Il bénéficie d'une dérogation nationale, délivrée conjointement par le Service interministériel des archives de France (Siaf) et le parquet de Paris (compétence nationale), lui permettant de consulter les actes d'état civil de moins de 75 ans et d'en obtenir une copie.

Une fois la dévolution successorale déterminée, le généalogiste doit **localiser** les héritiers, 78040
c'est-à-dire trouver leurs coordonnées puis les contacter. Commence alors l'enquête de terrain, pour rencontrer sur place les proches, interroger en cas de besoin les voisins, postiers, commerçants… et faire appel à leur mémoire afin de recueillir des souvenirs ou anecdotes susceptibles de mettre sur la voie de possibles héritiers (naissance cachée, déplacements temporaires, voyages). Avec la mobilité géographique et l'internationalisation des familles, le recours à des correspondants ou bureaux étrangers devient indispensable : plus d'un tiers des dossiers présentent un élément d'extranéité.

B. Révélation de succession

Le généalogiste qui découvre l'existence d'héritiers leur propose la signature d'un contrat de 78090
révélation de succession : en contrepartie de la révélation des droits dont ils n'auraient pas eu connaissance sans son intervention, il fixe le montant de sa rémunération (voir n°s 78185 s.), consistant généralement en un pourcentage sur l'actif recueilli.

Le contrat est soumis au droit général des contrats. La convention légalement formée tient lieu de loi à ceux qui l'ont passée (C. civ. art. 1103). Pour autant, lorsque la rémunération du généalogiste paraît excessive par rapport au service rendu à l'héritier, le juge du fond dispose de la faculté de réduire les honoraires de ce dernier.

> **Précisions** Ce contrat est souvent, mais pas nécessairement, suivi d'un **mandat de représentation** en vue du règlement de la succession. Ce mandat est envoyé 14 jours après le contrat de révélation pour respecter le délai de rétractation (voir n° 78100), sauf pour les héritiers hors UE.

CAPACITÉ ET POUVOIRS DES CONTRACTANTS

Les parties doivent être capables et disposer des pouvoirs nécessaires pour s'engager. C'est 78095
ainsi que le **tuteur agissant en représentation d'un mineur** ne peut signer un contrat de révélation de succession sans l'autorisation du juge des tutelles ou du conseil de famille ; en effet, ce contrat constitue un acte de disposition dès lors qu'il prévoit d'abandonner, pour prix de la prestation, une quotité de l'actif net de la succession dévolue au mineur (Cass. 1e civ. 10-3-1998 n° 95-22.111 : Bull. civ. I n° 102, jurisprudence qui reste d'actualité sous l'empire de la législation actuelle).

Le(s) parent(s) exerçant l'**administration légale** de son (leur) enfant mineur peut (peuvent) signer un contrat de révélation de succession, sans solliciter préalablement l'autorisation du juge des tutelles.

Concernant le régime des **majeurs protégés,** le tuteur ne peut signer le contrat de révélation pour le compte de l'héritier sous tutelle sans avoir obtenu, au préalable, l'autorisation du juge des contentieux de la protection.

Il en va autrement de l'héritier sous curatelle et de son curateur qui peuvent, ensemble, signer le contrat sans autorisation judiciaire préalable.

RÉGIME DE PROTECTION DES CONSOMMATEURS

Le contrat est soumis aux règles de protection des consommateurs (Rép. Pajon : AN 23-10-2000 78100
n° 50427).

Ainsi, lorsqu'il est adressé par courrier au domicile de l'héritier, il doit se conformer à la réglementation applicable aux **prestations de service à distance** (Cass. 1e civ. 29-10-2002 n° 00-15.729 : Bull. civ. I n° 256 statuant en application de l'ancien C. consom. art. L 121-16 s.). L'offre du contrat doit informer l'héritier principalement sur (C. consom. art. L 221-5 s., L 221-11 s. et R 221-1 s.) :

– l'identité et les coordonnées du généalogiste ;

– les caractéristiques essentielles du service et notamment le délai dans lequel la révélation sera effectuée, les limitations éventuelles de la responsabilité contractuelle et les conditions particulières du contrat ;

– le prix toutes taxes comprises du service et ses modalités de paiement ;
– son droit de rétractation durant 14 jours à compter de la signature du contrat (C. consom. art. L 221-18 s). Un formulaire de rétractation doit être joint. En cas de manquement à cette obligation d'information, le délai est prolongé, le cas échéant, jusqu'à 12 mois.

78105 Le généalogiste qui se rend au domicile d'un héritier pour lui proposer de conclure un contrat de révélation de succession doit respecter la réglementation du **démarchage à domicile** (C. consom. art. L 221-5 s. et L 221-8 s. ; Cass. crim. 30-10-1996 nº 95-83.541 : Bull. crim. nº 386). Il doit notamment lui remettre un contrat comportant toutes les informations précontractuelles requises (voir ci-dessus) ainsi qu'un formulaire type de rétractation. Le généalogiste ne peut recevoir aucun paiement ou contrepartie avant l'expiration d'un délai de sept jours à compter de la conclusion du contrat (C. consom. art. L 221-10).

> **Précisions** Les héritiers contestant l'exécution d'un contrat signé avec un généalogiste peuvent avant tout recours à une procédure judiciaire saisir le **médiateur** de la consommation de Généalogistes de France.

CONTENU DU CONTRAT

78110 Pour être valable, le contrat doit avoir un contenu réel (avant la réforme des contrats, il s'agissait de la « cause » du contrat). Autrement dit, les démarches entreprises par le généalogiste sont inutiles et le contrat de révélation de succession nul si les héritiers étaient connus et/ou facilement localisables.

Par exemple, l'**absence de contenu réel** a été reconnue dans les cas suivants :
– les héritiers avaient des relations familiales suivies avec le défunt, ils étaient connus de la compagnie qui gérait le contrat d'assurance-vie et du notaire chargé de la succession (Cass. 1e civ. 8-10-2008 nº 07-16.044) ;
– l'intéressée avait déjà connaissance de sa qualité d'héritière compte tenu des relations étroites qu'elle entretenait avec la défunte, aux obsèques de laquelle elle avait assisté, du lien de parenté qui les unissait et de l'absence d'héritier direct (Cass. 1e civ. 5-6-2008 nº 07-14.922 : BPAT 4/08 inf. 132) ;
– l'existence de la succession serait normalement venue à la connaissance de l'héritière, sœur du défunt, sans l'intervention du généalogiste (Cass. 1e civ. 20-1-2010 nº 08-20.459 : BPAT 2/10 inf. 106).

La **cause** n'est pas toujours dans la révélation de succession en dépit des termes du contrat. C'est ce qui a été jugé à propos d'une convention qui chargeait un généalogiste d'apporter les justifications utiles à la reconnaissance des droits de l'héritier cocontractant, de le représenter aux opérations de liquidation et de justifier de l'absence d'héritier dans la ligne paternelle. Relevant que le contractant avait connu le décès de son parent et sa qualité d'héritier sans l'intervention du généalogiste, les juges ont néanmoins validé le contrat en considérant qu'il n'était pas un contrat de révélation de succession et qu'il avait force de loi entre les parties (Cass. 1e civ. 26-11-1968 : Bull. civ. I nº 299). En l'espèce, la raison d'être du contrat n'était pas d'informer l'héritier de ses droits dans la succession, mais de réunir les pièces justifiant de sa qualité, de le représenter et de s'assurer qu'il était le seul successible.

EFFET DE LA NULLITÉ DU CONTRAT

78115 Lorsque la nullité d'un contrat de révélation de succession et de la procuration donnée afin de recueillir la succession a été prononcée, le généalogiste n'a pas à conserver les effets successoraux versés par le notaire en exécution de ce mandat et il doit les restituer à l'héritier, auquel ils sont dévolus par le seul effet de l'ouverture de la succession (Cass. 1e civ. 2-12-1997 nº 95-22.063 : Bull. civ. I nº 350).

FRAIS ET PASSIF SUCCESSORAL

78120 En principe, le généalogiste s'engage à faire l'**avance** des frais nécessaires à la liquidation de la succession. Il s'agit notamment des frais d'actes, des frais de recherche (consultation d'archives) et, le cas échéant, des frais de procédure en cas d'instance judiciaire. Il se les fait ensuite rembourser sur justificatifs ou en appliquant un forfait par héritier pour ses travaux de recherche.

En cas d'insuccès ou de dettes absorbant l'actif (notamment des créances dues à la direction départementale des affaires sanitaires et sociales), le généalogiste supporte **à titre définitif** l'ensemble des frais d'enquête et charges de ladite succession de manière à ce que l'héritier n'ait aucune somme à débourser.

À tout le moins, la commission des clauses abusives a recommandé que soient éliminées les clauses qui ont pour objet ou pour effet de permettre au professionnel de percevoir le remboursement de ses frais de recherches sans mentionner explicitement que ce remboursement s'ajoutera à sa rémunération, sans justifier le montant des frais déjà engagés et sans préciser la nature de ceux restant éventuellement à exposer (Recommandation 96-03 du 20-9-1996 : BOCCRF du 6-11-1996).

EXÉCUTION DE LA PRESTATION

Le généalogiste **informe les héritiers** de leurs droits dans la succession après l'expiration du délai de rétractation (voir nos 78100 s.). 78125

S'il a reçu mandat en ce sens, ce qui est très généralement le cas, il **les représente** dans la succession. Le mandat est soumis au droit commun (C. civ. art. 1984 s.).

Le généalogiste doit notamment :
– informer les héritiers qu'il représente des opérations d'inventaire, de règlement et de liquidation de la succession ;
– répondre sans délai à toute demande d'information des héritiers ;
– recueillir leur accord exprès quant aux mises en vente de biens meubles et/ou immeubles ;
– rendre des comptes précis, clairs et détaillés, de sa gestion ;
– établir les comptes dans un délai à fixer dans la convention (souvent trente jours) à réception des fonds du notaire.

Le mandat est révocable dans les conditions de droit commun. La commission des clauses abusives a d'ailleurs condamné toute clause du contrat tendant à présenter comme irrévocable le pouvoir donné au généalogiste de représenter l'héritier dans les opérations de règlement de la succession (Recommandation 96-03 du 20-9-1996 : BOCCRF du 6-11-1996).

Les généalogistes adhérents à Généalogistes de France se sont engagés à être garantis par une assurance en représentation des fonds reçus.

GESTION D'AFFAIRES

Pour être indemnisé de ses diligences, le généalogiste peut agir contre les héritiers qui n'ont pas signé de contrat de révélation de succession sur le fondement de la gestion d'affaires (C. civ. art. 1301 s.). 78130

Il doit alors **justifier de son utilité,** c'est-à-dire établir ses diligences et démontrer qu'il a été à l'origine de la révélation, ce que les juges du fond apprécient souverainement.

Ainsi, son intervention est utile lorsque le généalogiste :
– informe les héritiers de la succession. Le fait que les ayants droit n'entament des démarches qu'après avoir été contactés par lui permet de conclure que c'est bien ce dernier qui les a informés de la succession (Cass. 1e civ. 9-3-2011 no 09-17.087 F-D) ;
– écarte l'existence d'autres héritiers possibles dans les branches maternelle et paternelle, permettant ainsi à l'intéressée, qui avait connaissance du décès et de sa qualité d'héritière, de certifier de l'exclusivité de ses droits (Cass. 1e civ. 18-11-2020 no 19-10.965 F-PB : BPAT 1/21 inf. 41).

À l'inverse, lorsqu'il est établi que l'existence de la succession devait normalement parvenir à la connaissance de l'héritier sans l'intervention du généalogiste, la gestion d'affaires, faute d'utilité établie, ne peut pas être retenue (Cass. 1e civ. 31-1-1995 no 93-11.974 : Bull. civ. I no 59 ; Cass. 1e civ. 16-1-2007 no 05-19.832 F-PB : Bull. civ. I no 22).

> **Précisions** La **prescription** biennale de l'article L 218-2 du Code de la consommation ne s'applique pas à l'action du généalogiste contre l'héritier. La Cour de cassation la cantonne aux actions fondées sur l'exécution d'un contrat (Cass. 1e civ. 9-6-2017 no 16-21.247 F-PB : Sol. Not. 8-9/17 inf. 206). La gestion d'affaires étant un quasi-contrat, la prescription applicable est donc en principe celle de droit commun de cinq ans (C. civ. art. 2224).

Le gérant d'affaires dont l'action a été utile est **en droit d'obtenir** le remboursement de ses dépenses et l'indemnisation du dommage subi en raison de sa gestion (C. civ. art. 1301-2). 78135

Sont prises en compte les **dépenses spécifiques, utiles ou nécessaires** (Cass. 1e civ. 26-1-2022 no 20-12.062 F-D : SNH 8/22 inf. 12 ; Cass. 1e civ. 20-4-2022 no 20-22.648 F-D : Sol. Not. 18/22 inf. 4). Il s'agit notamment du temps consacré au dossier et des frais engagés pour lui, tels les frais de traduction ou de déplacement.

À l'inverse, n'entrent pas dans le calcul de l'indemnisation les dépenses et investissements relatifs à l'embauche de personnes qualifiées, l'achat de matériels (logiciels notamment) ou la souscription de l'assurance professionnelle, ces dépenses n'étant pas spécifiques à un dossier (Cass. 1e civ. 20-4-2022 no 20-22.648 F-D précité).

Le généalogiste doit **chiffrer ses demandes** en justifiant de ses démarches et de ses frais (pour un exemple, Cass. 1e civ. 30-1-2019 nº 17-23.194 F-D : BPAT 2/19 inf. 78) ; dans le même sens dans un cas où il était reproché au professionnel de n'avoir pas indiqué le nombre d'heures, d'investigations et de personnel affecté à la tâche et, plus largement, de n'avoir versé aucune pièce aux débats permettant de justifier précisément de ses débours et de son travail (Cass. 1e civ. 18-11-2020 nº 19-10.965 F-PB : BPAT 1/21 inf. 41 ; voir aussi Cass. 1e civ. 26-1-2022 nº 20-12.062 F-D : SNH 8/22 inf. 12).

On l'a vu, il ne s'agit pas d'une rémunération à proprement parler (Cass. 1e civ. 29-5-2019 nº 18-16.999 FS-PB : BPAT 4/19 inf. 150). Le généalogiste ne saurait donc se contenter de solliciter un pourcentage de l'actif successoral à recevoir par les héritiers : dans ce cas, la demande est indéterminée et elle ne permet pas aux juges de vérifier qu'elle correspond aux dépenses engagées.

C. Généalogiste

1. RÉMUNÉRATION

RÉMUNÉRATION PENDANT LA PHASE DE RECHERCHE

78180 **À défaut de mandat,** aucune rémunération, sous quelque forme que ce soit, et aucun remboursement de frais n'est dû.

Avec un mandat, le généalogiste n'a droit, au stade de la recherche, à aucune rémunération. Le notaire mandant n'est pas personnellement engagé envers le généalogiste. Pour les dossiers de vérification, il doit veiller au règlement de sa rémunération en provisionnant au besoin les sommes nécessaires sur le compte de la succession.

Tout commissionnement direct ou indirect ou rétrocession d'honoraires entre notaires et généalogistes est interdit (Convention III qui se réfère au règlement national et au décret 78-262 du 8-3-1978 fixant le tarif des notaires).

RÉMUNÉRATION LORS DE LA RÉVÉLATION

78185 Aucun tarif réglementé ne s'applique pour déterminer la rémunération du généalogiste mandaté par un notaire.

Le montant des honoraires et leurs modalités de paiement sont **librement convenus** entre le généalogiste et l'héritier. La commission des clauses abusives a recommandé l'élimination des clauses contractuelles laissant penser au « consommateur » que les bases de calcul de la rémunération du généalogiste sont impérativement fixées par la loi ou par une autorité et ne sauraient faire l'objet d'une libre négociation (Recommandation 96-03 du 20-9-1996 : BOCCRF du 6-11-1996).

78190 La rémunération peut être **forfaitaire,** notamment lorsque le notaire demande une vérification des éléments fournis par les héritiers connus. Elle est alors à la charge de l'ensemble des héritiers.

Elle peut aussi être **proportionnelle** en fonction de la quotité de la succession reçue. C'est la pratique la plus répandue pour les contrats de révélation de succession. Le pourcentage pratiqué est très variable selon les contrats. Il est fixé en fonction des liens de parenté, c'est-à-dire de plus en plus élevé selon le degré de parenté dans la mesure où les travaux de recherche sont plus longs et généralement plus complexes. En moyenne, il est de 33 % toute taxe comprise de l'actif successoral perçu, soit 10 % à 15 % de l'actif brut de la succession. Il est parfois dégressif en fonction de l'importance de la succession.

Le contrat peut prévoir d'intégrer l'assurance-vie souscrite au bénéfice des héritiers dans le calcul des honoraires. L'obligation qu'a l'assureur de rechercher les bénéficiaires du contrat d'assurance-vie ne rend pas une telle clause illégale (CA Nîmes 2-6-2022 nº 21/00673 : SNH 31/22 inf. 5, qui en l'espèce caractérise l'utilité de l'intervention du généalogiste).

Les organismes professionnels recommandent que le taux et la base de calcul des honoraires soient clairement indiqués dans le contrat. Selon la requête de la Direction générale de la concurrence, de la consommation et de la répression des fraudes (DGCCRF), ce taux doit être stipulé TVA comprise.

Sur la prise en charge des frais dans le cadre d'une révélation de succession, voir nº 78120.

Le prix est **réductible** si les honoraires convenus apparaissent manifestement excessifs au regard du service rendu (jurisprudence constante, par exemple Cass. 1e civ. 23-3-2011 n° 10-11.586 F-D ; Cass. 1e civ. 6-6-2012 n° 11-10.052 : BPAT 4/12 inf. 223). Peu importe que la rémunération prévue au contrat soit forfaitaire (Cass. 1e civ. 5-5-1998 n° 96-14.328 : Bull. civ. I n° 168 et, dans la même affaire Cass. 1e civ. 21-2-2006 n° 02-14.326 : Bull. civ. I n° 100 qui valide l'arrêt qui a réduit de moitié les honoraires au vu de la nature et de l'importance du service rendu). 78195

Le caractère disproportionné de la rémunération, dont la preuve incombe à l'héritier, s'apprécie notamment au regard de la durée des recherches, des difficultés particulières rencontrées et du champ géographique d'investigation.

2. RÈGLES PROFESSIONNELLES

La profession des généalogistes n'est **pas** une profession dite **réglementée** et ne le sera probablement pas dans un avenir proche, la Chancellerie ayant une position défavorable sur ce point (Rép. Masson : Sén. 20-6-2013 n° 5614 ; Rép. Valenrenberghe : Sén. 26-12-2019 n° 10514). 78230

Si les cabinets, études ou offices généalogiques ne sont pas soumis à un statut professionnel, leur activité obéit à des règles d'exercice définies par les organismes professionnels.

ORGANISMES PROFESSIONNELS

Les généalogistes se sont structurés au travers de plusieurs **syndicats** professionnels représentatifs : la Chambre des généalogistes successoraux de France créée en 1947, la Chambre syndicale des généalogistes et héraldistes de France fondée en 1980, devenue Sygène, la Chambre des généalogistes professionnels créée en 1997, la Chambre syndicale des généalogistes de France créée en 2016, la Compagnie européenne des généalogistes successoraux et la Chambre internationale des généalogistes professionnels. Ces six chambres sont membres de Généalogistes de France qui fédère 95 % des acteurs de la profession. 78235

Ces organismes ont mené des actions d'autorégulation qui ont abouti à l'établissement d'une Charte de déontologie (nos 78250 et 78260 s.).

> **Précisions** La Chambre syndicale des généalogistes et héraldistes de France, le Syndicat national des généalogistes et la Chambre des généalogistes professionnels ont créé, en décembre 2004, l'Union des syndicats de généalogistes professionnels rebaptisée Généalogistes de France en décembre 2013.
> **Généalogistes de France** fédère les acteurs de la profession à travers les deux spécialisations, généalogistes successoraux et généalogistes familiaux. Elle représente 1 000 membres actifs, 560 titulaires de cartes professionnelles et 150 entreprises. Elle déclare traiter annuellement 16 000 dossiers dans le cadre de successions pour établir les droits d'héritiers et 5 000 généalogies à des fins familiales ou historiques. Tous ses adhérents respectent les principes de la Charte déontologique de la profession.

QUALIFICATIONS

Aucun diplôme n'est exigé pour exercer la profession, ni aucune condition particulière de capacité ou de moralité. Il n'y a pas de cursus universitaire obligé. Il existe une licence professionnelle, « Activités juridiques spécialité généalogiste successoral », dispensée par l'université de Corte, en Corse, et un diplôme universitaire de « Généalogie et d'histoire des familles » délivré par l'université de Nîmes. 78240

L'exercice du métier exige, selon les fonctions, de solides connaissances dans certaines spécialités du droit ou en histoire avec des aptitudes à la recherche.

Les organismes professionnels cherchent à contrôler l'activité de leurs membres en fixant des règles précises.

> **Précisions** Tous les organismes professionnels délivrent une **carte professionnelle** aux salariés et dirigeants d'une entreprise de généalogie qui leur est affiliée. Ils garantissent ainsi que leurs adhérents ont les compétences pour exercer.

FONCTIONS

En termes d'organisation du travail, les généalogistes dissocient au sein de leurs structures deux fonctions différentes : recherches et règlements. 78245

Les **services de recherches** regroupent tous les collaborateurs qui se consacrent aux travaux de recherches d'héritiers. Ce sont plutôt des historiens qui acquièrent sur le terrain les techniques d'investigation propres au travail d'enquête généalogique. Ces missions exigent de fréquents déplacements en région et à l'étranger et une très grande disponibilité. Les chercheurs entrent en relation avec les héritiers, leur font signer des conventions d'honoraires (le contrat de révélation) et éventuellement des procurations destinées à représenter leurs intérêts. Ils transmettent ensuite les dossiers au service dit « du règlement ».

Le **service du règlement** a pour mission de représenter les héritiers auprès du notaire. Les collaborateurs en charge du règlement des dossiers (dits « les régleurs ») sont des juristes spécialisés en droit de la famille, plus particulièrement en droit des successions, et en fiscalité.

ÉTHIQUE PROFESSIONNELLE

78250 Les généalogistes affiliés s'engagent à respecter les obligations de la **Charte de déontologie** établie par Généalogistes de France et mise à jour, en dernier lieu en juin 2022. Elle est consultable sur leur site. Cette charte définit les bonnes pratiques à mettre en œuvre avec les héritiers, les notaires ou autres mandants et les services d'archives (pour l'essentiel de ces règles, voir n°s 78260 s.).

Généalogistes de France s'est en outre doté, lors de son assemblée générale du 28 juin 2022, d'un **code d'éthique,** interne à la profession.

En 2017, le Conseil supérieur du notariat (CSN) a unilatéralement dénoncé la convention de partenariat signée auparavant avec Généalogistes de France. Elle était destinée à servir de référence commune à la collaboration interprofessionnelle entre notaires et généalogistes et à renforcer leurs relations.

78255 Les généalogistes ne sont soumis à aucune restriction particulière en matière de **démarchage** et de publicité. Ils peuvent mener auprès des notaires toute action de communication propre à développer leur activité.

RESPONSABILITÉ ET OBLIGATIONS PROFESSIONNELLES

78260 Le généalogiste peut voir sa **responsabilité civile professionnelle** engagée. Ainsi par exemple, un légataire universel a obtenu l'indemnisation de son préjudice moral résultant du procès qu'un héritier réservataire a engagé contre lui, cet héritier ayant été omis dans la dévolution établie par le généalogiste (CA Paris 9-3-2022 n° 20/15455 : SNH 22/22 inf. 7).

Les généalogistes qui adhèrent à un organisme professionnel s'engage, pour couvrir ce risque, à souscrire une **assurance** de responsabilité civile et une garantie financière auprès de la compagnie d'assurances agréée par l'organisme.

Par ailleurs, ils doivent détenir un **compte de tiers** destiné uniquement à recevoir les fonds revenant aux héritiers : à ce jour, plus de 65 % des fonds détenus par les généalogistes sont déposés sur les comptes de tiers auprès de la Caisse des Dépôts et Consignations. À noter que les garanties souscrites par les adhérents de Généalogistes de France ont été renforcées. Ceux-ci doivent également accepter un **audit** annuel mené par un cabinet d'audit indépendant sur la représentation des fonds clients, sous peine d'exclusion.

Ils ont le devoir d'entretenir et de renouveler leurs connaissances, de participer aux actions de **formation continue.**

Ils doivent **user de tous les moyens** en leur possession et techniques de recherche pour parvenir à établir la dévolution successorale.

Si aucun texte de loi ne soumet les généalogistes à un devoir de **secret,** ils doivent respecter la charte professionnelle et le code d'éthique qui contiennent une obligation de secret professionnel (Rép. Abad : AN 7-6-2016 n° 75887). Ils doivent respecter les secrets touchant à l'intimité des personnes.

Les généalogistes **tiennent informés** les notaires et les héritiers de leurs démarches. Au moment de la révélation, l'acte de notoriété ou la déclaration de succession établis par le notaire contiennent les nom et adresse de l'ensemble des héritiers. L'envoi de ces documents à la clôture du dossier, lors du règlement, permet à chacun de comprendre le montant reçu.

> **Précisions** En pratique, le tableau généalogique transmis au notaire comporte les coordonnées des héritiers. Il peut être transmis aux autres héritiers, sans mention des adresses pour **préserver la confidentialité.** Le généalogiste sert alors parfois d'intermédiaire en faisant parvenir à tel membre de la famille le pli cacheté d'un cohéritier qui veut contacter les autres ou en demandant à l'intéressé l'autorisation de dévoiler ses coordonnées à ceux qui le souhaitent.

78265 Les généalogistes **s'interdisent** de pratiquer directement ou indirectement toutes opérations (découlant des successions dont ils ont la charge) dont ils pourraient tirer un avantage personnel distinct des honoraires qui leur sont dus.

DOSSIER 2

PROTECTION SOCIALE DU CONJOINT SURVIVANT ET DES ENFANTS

SOMMAIRE

DES GARANTIES RÉSULTANT DE DIFFÉRENTS RÉGIMES

Nous exposons ici les garanties minimales assurées par différents **régimes obligatoires** (de base ou complémentaires). 78800

Ces garanties peuvent être considérablement améliorées par la souscription de contrats de **prévoyance complémentaire** auprès d'une mutuelle, d'une société d'assurance ou d'une institution de retraite et de prévoyance. Ces contrats peuvent assurer au conjoint le versement d'un capital décès supplémentaire, d'une rente de conjoint, d'une rente d'éducation ou d'orphelin au profit des enfants à charge ou encore d'une retraite supplémentaire réversible.

A. Capitaux décès

Les régimes d'**assurances sociales des salariés et** des **non-salariés** comportent en principe une couverture contre le risque décès. Ainsi, lorsque le défunt exerçait une activité professionnelle, qu'il se trouvait en invalidité ou percevait des allocations de chômage, ses proches ont presque toujours droit à un, voire plusieurs, capitaux décès, plus rarement à une rente. Le **bénéficiaire de ces capitaux** n'est cependant pas toujours le conjoint survivant ni les enfants. 78805

1. COUVERTURE DÉCÈS DES SALARIÉS

CAPITAL DÉCÈS DU RÉGIME GÉNÉRAL DE SÉCURITÉ SOCIALE

Les ayants droit d'un salarié ou d'un ex-salarié (y compris agricole) peuvent prétendre au capital décès de la sécurité sociale à la **condition** suivante (CSS art. L 361-1 ; C. rur. art. L 742-3) : 78810
– moins de trois mois avant son décès, le défunt était salarié ou percevait une pension d'invalidité ou une rente accident du travail correspondant à un taux d'incapacité d'au moins 66,66 % ou l'un des revenus de l'assurance chômage ;
– ou, au moment de son décès, le défunt bénéficiait du maintien de ses droits à l'assurance maladie.

Le **montant** du capital décès est de 3 738 € pour les décès intervenant depuis le 1er avril 2023 (CSS art. D 361-1). Il est revalorisé chaque année, dans les mêmes conditions que les pensions d'invalidité.

La **demande** de capital décès doit être effectuée auprès de la caisse primaire d'assurance maladie de l'assuré décédé. Le formulaire est disponible sur ameli.fr.

Le capital décès est en principe exonéré de **droits de succession,** voir nos 44870 s.

BÉNÉFICIAIRES DU CAPITAL DÉCÈS

78815 Il ne s'agit pas nécessairement du conjoint survivant ou des enfants : dans le cadre du régime général, le capital décès est versé par **priorité** aux personnes qui étaient à la charge permanente, totale et effective de l'assuré – autrement dit sans ressources personnelles ou avec des ressources minimes – au moment de son décès (CSS art. L 361-4, al. 1). S'il y a plusieurs bénéficiaires prioritaires, le capital décès est versé suivant l'ordre de préférence suivant (CSS art. R 361-3) :
– au conjoint (même séparé de droit ou de fait) ou au partenaire de Pacs ;
– à défaut, aux enfants (qu'ils soient nés dans ou hors mariage ou adoptifs) ;
– à défaut, aux ascendants ;
– à défaut, à toute autre personne à charge totale, effective et permanente de l'assuré (conjoint divorcé, concubin, collatéral, cohabitant).

Un conjoint divorcé à charge (par exemple, dont le seul revenu était la pension alimentaire) peut ainsi supplanter le conjoint survivant disposant de ressources, à défaut d'enfant ou d'ascendant à charge du défunt.

S'il y a plusieurs bénéficiaires de même rang (par exemple plusieurs enfants), le capital décès est partagé entre eux.

78820 En l'**absence de bénéficiaire prioritaire,** c'est-à-dire si aucune priorité n'est invoquée dans le mois suivant le décès par une personne qui était à la charge du défunt, le capital est attribué dans l'ordre de préférence suivant (CSS art. L 361-4, al. 2 et R 361-5) :
– au conjoint survivant non séparé de droit ou de fait, ou au partenaire de Pacs ;
– à défaut, aux descendants ;
– à défaut, aux ascendants.

L'une ou l'autre de ces qualités suffit ; l'intéressé n'a pas à justifier qu'il était à la charge du défunt. Les bénéficiaires non prioritaires disposent d'un délai maximum de deux ans, à compter de la date du décès, pour demander le capital décès.

Le capital décès ne peut pas être attribué à un ascendant si l'assuré laisse un descendant, même si ce dernier a renoncé à la **succession** (Cass. soc. 7-3-1984 no 81-14.961 P).

SOMMES VERSÉES PAR LES RÉGIMES COMPLÉMENTAIRES DE PRÉVOYANCE

78825 **Le défunt était cadre ou assimilé cadre** Les entreprises sont tenues d'assurer à leurs cadres et assimilés une couverture complémentaire contre le risque décès (Accord national interprofessionnel relatif à la prévoyance des cadres du 17-11-2017).

Le **montant du capital décès** – qui s'ajoute à celui de la sécurité sociale – dépend du contrat souscrit par l'entreprise. Il n'est pas rare qu'il atteigne une fois et demie, voire deux fois la rémunération annuelle du cadre décédé. Il est parfois doublé en cas de décès simultanés ou rapprochés du cadre et du conjoint (règle du double effet). Le capital de base est souvent majoré en présence d'enfant à charge.

Les contrats prévoient parfois que le capital décès est assorti d'une **rente d'éducation** : les enfants perçoivent jusqu'à leur majorité ou la fin de leurs études une rente représentant un pourcentage du dernier salaire du défunt. L'option peut être laissée au choix du cadre entre un capital « pur » et un capital assorti d'une rente d'éducation. La seconde branche de l'alternative est d'autant plus intéressante que les enfants sont jeunes.

Certains contrats de prévoyance proposent également le versement d'une **rente de conjoint survivant.**

Le **versement** du capital décès complémentaire s'obtient sur demande. Le conjoint du salarié défunt devra se rapprocher du service du personnel de l'entreprise ou saisir directement l'organisme de prévoyance.

Si l'**entreprise n'a pas conclu de contrat d'assurance** avec un organisme assureur, elle doit verser aux ayants droit du cadre (ou assimilé) décédé une somme égale à trois fois le plafond annuel de la sécurité sociale en vigueur au moment du décès, soit 131 976 € pour un décès survenu en 2023. Le versement de cette somme est effectué en priorité au conjoint survivant non séparé de droit ou de fait, à défaut aux descendants et à défaut à la succession.

Le défunt n'était ni cadre ni assimilé cadre Une protection sociale complémentaire en cas de décès peut être prévue dans l'entreprise, soit par une convention ou un accord de branche soit par une norme interne à l'entreprise (accord collectif ou décision unilatérale de l'employeur principalement). 78830

Il convient d'interroger le service des ressources humaines de l'entreprise sur l'existence ou non de cette couverture complémentaire.

ATTENTION

Le capital ou la rente stipulés payables lors du décès de l'assuré à un bénéficiaire déterminé ou à ses héritiers ne font pas partie de la **succession** de l'assuré (C. ass. art. L 132-12). Sur le régime de ces sommes au regard des droits de succession, voir n°s 44870 s.

Allocations versées aux conjoints de chômeurs Lorsqu'un chômeur indemnisé décède, son **conjoint survivant** a droit à une indemnité spécifique, qui doit être demandée auprès de Pôle emploi (Règl. d'assurance chômage, art. 36). 78835

Le **montant** de l'indemnité est calculé sur la base de l'allocation journalière que percevait le défunt. Il est égal à 120 fois cette allocation journalière, ce qui correspond à environ quatre mois de prestations. Chaque enfant à charge ouvre droit à une majoration égale à 45 fois l'allocation journalière, soit un mois et demi d'allocations chômage.

Lorsque le défunt se trouvait encore en période de carence ou de différé d'indemnisation, l'allocation décès est calculée sur la base de l'allocation dont il aurait bénéficié.

EXEMPLE

Un demandeur d'emploi marié avec trois enfants à charge décède alors qu'il percevait une allocation chômage de 35 € par jour. Le capital décès versé à son veuf ou à sa veuve est de (120 × 35) + (3 × 45 × 35) = 8 925 €.

2. COUVERTURE DÉCÈS DES NON-SALARIÉS

INDUSTRIELS, COMMERÇANTS ET ARTISANS

Le régime de sécurité sociale des travailleurs indépendants, auquel sont affiliés les industriels, commerçants et artisans, verse un capital décès aux ayants droit aux conditions suivantes (CSS art. L 631-1 ; Règl. du régime d'assurance invalidité-décès des travailleurs indépendants art. 33 s. ; Arrêté SPRS2321713A du 1-8-2023 : JO 17). 78865

Si l'assuré était **en activité** au moment du décès, il devait :
– être affilié au régime vieillesse et invalidité-décès des travailleurs indépendants et être à jour de ses cotisations. Le droit à capital décès est également ouvert, sous conditions, en cas de dispense de cotisation ;
– et avoir cotisé au régime invalidité-décès au titre des trois dernières années civiles sur un revenu moyen d'au moins 10 % de la moyenne des valeurs annuelles du plafond de la sécurité sociale sur les trois années en cause (soit 4 208,80 € pour les années de 2021 à 2023). Si la personne a été affiliée moins de trois ans, est pris en compte le revenu d'activité au titre des années civiles existantes. Les revenus sur une période infra-annuelle sont pondérés et l'octroi de délais de paiement des cotisations est neutralisé ;
– lorsque le décès est la conséquence d'une maladie ou d'un accident, ne pas avoir exercé d'activité professionnelle relevant d'un régime autre que celui des travailleurs indépendants pendant la période comprise entre le début de la maladie ou l'accident et le décès ;
– ne pas bénéficier d'un avantage de vieillesse du régime des travailleurs indépendants ou d'un dispositif de solidarité (allocation de solidarité des personnes âgées ou allocation aux vieux travailleurs non salariés).

Le capital décès est également dû en cas de décès d'un bénéficiaire de la pension d'**invalidité** versée par le régime des travailleurs indépendants.

Si l'assuré était **retraité** au moment du décès, il devait :
– avoir eu une dernière activité professionnelle relevant du régime des travailleurs indépendants ;
– réunir au moins 20 ans (80 trimestres) d'assurance dans le régime d'assurance vieillesse des travailleurs indépendants.

Ouvre également droit au même capital, lorsqu'il survient en premier lieu, le décès du conjoint de l'assuré retraité lorsque ce conjoint est bénéficiaire lui-même de l'avantage vieillesse ou de la majoration pour conjoint à charge.

78867 Le capital est **versé** par priorité **aux personnes** qui, au jour du décès, étaient à la charge effective, totale et permanente de l'assuré (ressources personnelles inférieures au plafond de ressources de l'Aspa pour une personne seule, soit 11 533,02 € par an depuis le 1er janvier 2023).

Si aucune priorité n'est invoquée dans le délai d'un mois suivant le décès de l'assuré, le capital décès d'un assuré cotisant ou retraité est attribué :
- au conjoint non séparé de droit ou de fait ;
- à défaut, aux enfants à charge ;
- à défaut, aux autres descendants ;
- à défaut, aux ascendants.

S'il y a plusieurs bénéficiaires qui viennent au même rang, le capital est réparti entre eux par parts égales. Lorsqu'il n'y a aucun bénéficiaire, une commission spéciale peut attribuer des prestations, sur demande motivée, en faveur notamment de la ou des personnes ayant assumé les frais de dernière maladie ou d'obsèques de l'assuré.

La demande doit intervenir dans un **délai** de deux ans suivant la date du décès.

En cas de décès d'un assuré cotisant, le capital est **égal à** 20 % du plafond annuel de la sécurité sociale, soit 8 798,40 € en 2023. Il est de 8 % du plafond annuel de la sécurité sociale en cas de décès d'un assuré retraité (3 519,36 € en 2023).

Un capital décès supplémentaire de 5 % du plafond annuel de la sécurité sociale (2 199,60 € en 2023) par enfant peut être versé aux enfants à charge.

Le capital décès ne fait pas partie de l'**actif successoral** de l'assuré décédé. Sur les droits de succession, voir nos 44870 s.

PROFESSIONS LIBÉRALES

78870 Les membres des professions libérales cotisent pour la plupart à un régime d'assurance décès obligatoire, organisé par **sections professionnelles.** En cas de décès, leur conjoint a souvent droit à un capital décès et/ou une rente de conjoint survivant, et leurs enfants à une rente éducation. Le capital décès représente, selon le cas, un simple secours d'urgence ou une somme plus substantielle.

Pour percevoir ces prestations, il faut en faire la demande au régime d'assurance décès concerné.

PROFESSIONS AGRICOLES

78890 **Bénéficiaires et conditions** Depuis le **1er janvier 2022,** le bénéfice d'un capital décès est garanti aux ayants droit des chefs d'exploitation et d'entreprise agricole, des aides familiaux et des associés d'exploitation, ainsi qu'aux collaborateurs d'exploitation ou d'entreprise agricole, **à condition** que le défunt ait été en activité lors du décès et affilié au régime au moins un an (C. rur. art. L 732-9-1, al. 1). Les périodes d'arrêt de travail médicalement justifié sont comptabilisées dans la durée d'affiliation (C. rur. art. D 732-12-1).

Le **montant** du capital est de 3 738 € depuis le 1er avril 2023. Il est revalorisé chaque année, dans les mêmes conditions que les salaires servant de base au calcul des pensions (C. rur. art. D 732-12-2).

Il est **versé en priorité** aux personnes qui étaient, au jour du décès, à la charge effective, totale et permanente de l'assuré (C. rur. art. L 732-9-1, al. 2). En cas de **pluralité de bénéficiaires** du droit de priorité, le capital est versé par ordre de préférence au conjoint ou au partenaire d'un pacte civil de solidarité, aux enfants, aux ascendants et, à défaut, à toute personne qui était à la charge effective, totale et permanente au jour du décès (C. rur. art. D 732-12-3). Si **aucune priorité** n'est invoquée dans un délai de deux mois suivant la date de réception de l'information de la caisse des conditions d'attribution du capital, il est versé au conjoint survivant (non séparé de droit ou de fait), au partenaire de Pacs ou à défaut aux descendants ou, encore à défaut, aux ascendants (C. rur. art. L 732-9-1, al. 3 et D 732-12-3). S'il y a plusieurs personnes qui viennent au **même rang,** le capital est réparti entre eux par parts égales.

Le capital décès est incessible et insaisissable, sauf pour le paiement de dettes alimentaires ou le recouvrement de capital indûment versé à la suite d'une manœuvre frauduleuse ou d'une fausse déclaration (C. rur. art. L 732-9-1, al. 4).

78900 **Procédure** La caisse de la mutualité sociale agricole, informée du décès de l'assuré, **adresse, au plus tard** dans un délai de deux mois suivant celui du décès et **par tout moyen** conférant date certaine, aux ayants droit connus les **informations** relatives aux conditions d'attribution du capital décès (C. rur. art. D 732-12-4, al. 1). Lorsque le capital décès est ouvert aux **descendants mineurs,** la caisse informe leur représentant légal, ou, en cas de carence de ce dernier, le juge du tribunal judiciaire dans le ressort duquel est situé le domicile des intéressés qui désigne la personne ou l'établissement qui doit recevoir en dépôt, pour le compte des mineurs, les sommes qui leur reviennent (C. rur. art. D 732-12-4, al. 2).

Dans les deux ans suivant la réception des informations relatives aux conditions d'octroi du capital décès, les ayants droit **font connaître à la caisse** leur situation de bénéficiaire et lui communiquent, le cas échéant, toute information complémentaire sur toute autre personne ayant des liens avec l'assuré non salarié agricole défunt, qu'elle soit ou non, au jour du décès, à sa charge effective, totale et permanente (C. rur. art. D 732-12-4, al. 3).

À défaut de réponse dans le délai, le capital décès ne peut plus être alloué (C. rur. art. D 732-12-4, al. 5).

À réception des informations, la caisse dispose d'un **délai** de 15 jours **pour verser** le capital décès (C. rur. art. D 732-12-4, al. 6).

B. Rente d'ayant droit en cas d'accident et de maladie mortels du travail

En cas d'accident du travail et de maladie professionnelle mortels, le **conjoint survivant** a droit à une rente viagère, à **condition** que le mariage soit antérieur à l'accident ou, à défaut, qu'il ait duré au moins deux ans à la date du décès (conditions non exigées si le couple a eu au moins un enfant), sauf condamnation pour abandon de famille ou déchéance de l'autorité parentale (CSS art. L 434-8, L 434-9 et R 434-10 à R 434-14). **78920**

La rente est égale à 40 % du salaire annuel de la victime, **montant** porté à 60 % si le conjoint survivant a au moins 55 ans ou est atteint d'une incapacité de travail générale d'au moins 50 %.

Le **cumul** de la rente avec une pension personnelle de vieillesse ou d'invalidité est autorisé.

La rente du conjoint est **viagère.** Elle cesse en cas de **nouvelle union** (mariage, Pacs ou concubinage) ; la rente est alors remplacée par un capital égal à trois fois son montant annuel (sauf s'il y a des enfants, auquel cas le rachat est différé aussi longtemps que l'un d'eux bénéficie lui-même d'une rente d'orphelin). En cas de fin de la nouvelle union, la rente, le cas échéant diminuée du capital versé, est rétablie.

Le **partenaire de Pacs** et le simple **concubin** ont droit, comme le conjoint et sous les mêmes conditions, à la rente d'ayant droit.

L'**ex-conjoint** ou ex-partenaire de Pacs bénéficiant d'une pension alimentaire ou d'une aide financière peut également percevoir une rente égale au montant de cette aide, dans la limite de 20 % du salaire annuel du défunt (CSS art. L 434-8, al. 2 et R 434-10).

› Précisions Autrefois réservé à la famille des chefs d'exploitation et des cotisants de solidarité, le bénéfice d'une telle rente est étendu depuis le 1er janvier 2022, à tous les ayants droit des **non-salariés agricoles** en cas de décès faisant suite à un accident du travail ou à une maladie professionnelle (C. rur. art. L 752-7).

En cas d'accident du travail et de maladie professionnelle mortels d'un de leurs parents, les **enfants** dont la filiation, y compris adoptive, est légalement établie ont droit à une rente jusqu'à l'âge de 20 ans (CSS art. L 434-10 et R 434-15). Son montant est fixé à 25 % du salaire annuel pour un enfant, 50 % pour deux enfants et majoré de 20 % à partir du troisième. Les orphelins de leurs deux parents bénéficient d'un complément de rente égal à 30 %. **78925**

› Précisions **a.** Le **total des rentes allouées** à l'ensemble des ayants droit (conjoint, enfants et ascendants) ne peut pas dépasser 85 % du salaire annuel de base de la victime. Si ce montant est dépassé, chaque rente est réduite proportionnellement.

b. En cas d'accident du travail suivi de mort, la caisse primaire d'assurance maladie prend en charge les **frais funéraires** dans la limite de 1 833 € (soit 1/24e du montant du Pass 2023) ainsi que, sous condition, les frais de transport du corps au lieu de sépulture (CSS art. L 435-1 s.).

c. En cas d'**accident** du travail **non mortel,** la victime titulaire d'une rente d'incapacité permanente peut demander la conversion de la moitié au plus de cette rente en rente viagère réversible au profit de son conjoint, partenaire de Pacs ou concubin (CSS art. L 434-3 et R 434-6 s.).

C. Retraites de réversion

EN BREF

78975 Lorsqu'un assuré décède, les régimes de retraite prévoient sous certaines conditions le versement d'une partie de sa retraite, ou de celle à laquelle il aurait pu prétendre, à son **conjoint survivant** : c'est la pension de réversion. Ces droits sont ouverts aux veufs comme aux veuves, qu'ils soient en activité ou retraités.

Il est possible d'effectuer une **demande unique** en ligne de l'ensemble des pensions de réversion depuis le site info-retraite.fr.

1. PENSIONS DE RÉVERSION DES SALARIÉS

a. Pension de réversion du régime général

CONDITIONS D'OCTROI

78980 Le conjoint survivant peut recevoir la pension de réversion du régime de base quelle qu'ait été la **durée du mariage** avec son conjoint décédé et même s'il se remarie (ou s'est remarié) ou **vit en couple.**

Le versement de la pension de réversion est en revanche subordonné à une double condition d'âge et de ressources (CSS art. L 353-1, L 353-2, L 353-3 et R 353-4).

› Précisions a. Le conjoint survivant reconnu coupable d'un crime ou d'un délit constitutif de **violences conjugales envers l'époux défunt** encourt obligatoirement la peine complémentaire d'interdiction de recevoir la pension de réversion, sauf décision spécialement motivée (C. pén. art. 221-9-2 et 222-48-3 ; CSS art. L 161-22-3).

Plus précisément, les crimes et délits visés concernent les atteintes volontaires à la vie ou à l'intégrité de la personne ainsi que les viols et agressions sexuelles.

b. Le mariage doit avoir été **monogame** : le bénéfice de la pension de réversion est limité à **un seul conjoint survivant,** hors divorce. En cas de pluralité de conjoints, la pension est attribuée à la seule épouse dont le mariage était monogamique lors de sa célébration avant que son conjoint ne devienne polygame (CSS art. L 161-23-1 A). Par **exception,** la pension peut continuer à être partagée lorsque les époux sont ressortissants d'un État ayant conclu une convention internationale avec la France qui autorise un tel partage ou lorsque le mariage a été reconnu putatif.

En cas de **mariage polygame,** chacun des conjoints ou ex-conjoints (qui remplit les conditions d'éligibilité) a droit à une **fraction de la pension** de réversion égale au rapport entre la durée de mariage pendant laquelle chacun était le seul conjoint de l'assuré décédé et la somme des durées de mariage avec celui-ci de l'ensemble des conjoints ou anciens conjoints pouvant bénéficier d'une pension de réversion de son chef (CSS art. R 161-19-12, al. 1). La **pension de réversion restante** est répartie entre les conjoints ou ex-conjoints qui remplissent les conditions prévues par les régimes servant cette pension et dont le mariage était monogamique lorsqu'il a été contracté, s'il y en a, au prorata de la durée de leur mariage par rapport à la somme des durées de mariage de chacun d'entre eux (CSS art. R 161-19-12, al. 2).

En cas de **mariage polygame déclaré nul mais putatif** (C. civ. art. 201), le conjoint de bonne foi bénéficie d'une fraction de pension de réversion au prorata de la durée de son mariage par rapport à la somme des durées de chaque mariage. La réversion prend effet lorsque le jugement d'annulation intervient avant le décès de l'assuré, dans les conditions prévues par le régime dont il relève, ou lorsque ce jugement intervient après le décès de l'assuré, au premier jour du mois suivant celui du dépôt de la demande d'octroi ou de révision de la pension de réversion formée par le conjoint ou l'ancien conjoint dont le mariage a été annulé. Une copie du jugement d'annulation est adressée à l'appui de cette demande à l'organisme servant la pension de réversion (CSS art. R 161-19-12, al. 3).

Ces dispositions s'appliquent aux pensions de réversion attribuées **depuis le 25 août 2021** (Loi 2021-1109 du 24-8-2021 art 29, II : JO 25 ; Décret 2022-432 du 25-3-2022 : JO 27). Toutefois, lorsque cette attribution implique un nouveau partage des pensions de réversion ayant pris effet avant cette date, celles-ci demeurent révisées selon les dispositions en vigueur au moment de la prise d'effet (Décret art. 5).

Pour les situations antérieures, en cas de mariage d'un assuré, suivi d'un second mariage nul, mais déclaré putatif à l'égard de la seconde épouse, celle-ci a la qualité de conjoint survivant lui ouvrant droit au bénéfice de la pension de réversion au prorata temporis de la durée respective de chaque mariage, peu important que les durées de chacun se chevauchent (Cass. 2e civ. 21-10-2021 n° 20-17.462 F-B : RJS 1/22 n° 36).

c. Le **conjoint survivant invalide** d'un assuré ayant droit à une pension d'invalidité ou de retraite (le cas échéant, d'une seconde pension acquise en cumul emploi-retraite intégral, voir e) a droit à une pension de veuf ou de veuve, sous conditions, même s'il a moins de 55 ans (CSS art. L 342-1 s., R 342-1 s. et D 342-1 s.), sauf s'il a été reconnu coupable d'atteinte volontaire à la vie ou à l'intégrité, de viol ou d'agression sexuelle à l'encontre de l'époux défunt (CSS art. L 342-1-1 ; C. pén. art. 221-9-2 et 222-48-3). Elle est égale à 54 % de la pension à laquelle le défunt avait droit. Des majorations pour enfant à charge sont prévues. Elle n'est pas cumulable avec la pension de réversion au titre de la carrière du même assuré décédé ; seule la pension dont le montant est le plus élevé est servie (CSS art. L 342-1, al. 3).

d. Les dispositions relatives aux pensions de réversion des salariés sont applicables aux **salariés agricoles** (C. rur. art. L 742-3).

e. Depuis le 1er septembre 2023, la reprise ou la poursuite d'activité dans le cadre d'un **cumul emploi-retraite intégral,** à condition de respecter 6 mois de carence en cas de reprise chez le même employeur, permet d'acquérir une nouvelle pension de retraite, à partir des droits constitués depuis le 1er janvier 2023. Cette nouvelle pension ouvre droit à une pension de réversion dans les mêmes conditions que la première pension (CSS art. L 353-1, al. 1er).

Âge minimal Le conjoint survivant doit avoir **55 ans** (CSS art. D 353-3). S'il devient veuf ou veuve avant cet âge, le conjoint ne perd pas son droit mais sa pension ne lui sera versée que lorsqu'il aura 55 ans. 78985

Par exception, pour les **personnes devenues veuves avant le 1er janvier 2009** (ou dont le conjoint est disparu avant le 1er janvier 2008), l'âge requis pour toucher une pension de réversion est fixé à 51 ans (Loi 2008-1330 du 17-12-2008 art. 74 ; Décret 2008-1509 du 30-12-2008 art. 2-II).

Condition de ressources Les ressources personnelles du conjoint survivant, ou celles de son ménage s'il vit en couple, ne doivent pas dépasser un **plafond** annuel fixé, en 2023, à (CSS art. D 353-1-1) : 78990

– 23 441,60 € pour une personne seule (ce qui correspond à 2 080 fois le taux horaire du Smic au 1er janvier 2022) ;

– 37 506,56 € pour un couple, soit 1,6 fois le plafond précité.

Pour apprécier si les revenus du conjoint survivant (ou de son ménage) atteignent ou non le plafond de ressources, les caisses de retraite retiennent les ressources des trois mois civils antérieurs à la date d'effet de la pension et les comparent au quart du plafond annuel de ressources. Si elles excèdent ce montant, les caisses procèdent à un nouvel examen en comparant les ressources des 12 mois civils antérieurs à la date d'effet de la pension avec le plafond annuel : si celles-ci sont inférieures au plafond, le conjoint survivant a droit à la pension de réversion (CSS art. R 353-1).

Les **ressources** du conjoint survivant (et, le cas échéant, celles de son conjoint ou compagnon) **prises en compte** sont notamment les suivantes : 78995

– revenus professionnels, salariés et non-salariés, après application d'un abattement de 30 % lorsque le conjoint survivant a au moins 55 ans ;

– revenus de remplacement : allocations chômage, indemnités journalières de la sécurité sociale et rentes invalidité ;

– préretraites et retraites, de base et complémentaires ;

– revenus des biens mobiliers (comptes d'épargne, Sicav, valeurs mobilières, etc.) et immobiliers (résidence secondaire, notamment) appartenant en propre au conjoint survivant (ou à son nouveau ménage), forfaitairement évalués à 3 % de la valeur vénale des biens. À noter que les biens qui ont été donnés par le conjoint survivant moins de dix ans avant la date d'effet de la pension de réversion sont également censés produire un revenu fictif (pour les donations aux descendants, 3 % si la donation date de cinq ans ou moins et 1,5 % si elle date de plus de cinq ans et de moins de dix ans).

Ne sont en revanche **pas pris en compte** : 79000

– les revenus d'activité et de remplacement de l'assuré décédé ;

– le domicile principal et les bâtiments d'exploitation agricole. Ces biens ne produisent pas de revenu fictif ;

– les pensions de réversion servies par les régimes complémentaires obligatoires (de salariés et de non-salariés) ;

– la majoration pour enfants rattachée à la retraite personnelle de base du conjoint survivant et aux pensions de réversion servies par les régimes de base (à l'exclusion du régime des avocats) ;

– l'allocation veuvage ;

– les revenus des biens mobiliers ou immobiliers acquis du chef du conjoint décédé ou en raison de ce décès ainsi que ceux provenant de la communauté de biens avec le conjoint décédé ;

– certaines allocations à caractère social, notamment les prestations familiales.

CONSEIL

Pour apprécier le droit à pension de réversion d'un **ex-conjoint divorcé** (n° 79020), la pension alimentaire servie par le défunt est comptabilisée au titre de ses revenus bien que cette pension cesse avec le décès (Cass. 2e civ. 13-10-2011 n° 10-23.826 FS-PB : BPAT 1/12 inf. 12). L'inconvénient est écarté si la demande de réversion est présentée plus d'un an après le décès puisque les revenus pris en compte sont ceux des trois mois précédant la prise d'effet de la pension de réversion, c'est-à-dire, dans cette hypothèse, les trois mois précédant la demande (et non le décès comme c'est le cas si la demande est présentée dans l'année). Or, sur cette période, le service de la pension alimentaire aura cessé.

La solution est transposable à la prestation compensatoire. Si la rente est capitalisée, elle est censée produire un revenu de 3 % ; si elle est maintenue, elle est comptabilisée dans les revenus de l'ex-conjoint divorcé.

MONTANT DE LA PENSION DE RÉVERSION

79005 **Formule de calcul** La pension de réversion est égale à **54 % de la retraite de base** du conjoint décédé ou de celle à laquelle il aurait pu prétendre s'il est décédé avant de prendre sa retraite (CSS art. D 353-1). Le calcul est effectué sans tenir compte des éventuelles majorations dont le conjoint bénéficiait : majorations pour enfants à charge, pour tierce personne et/ou pour conjoint à charge ; en revanche, la surcote dont il bénéficiait est prise en compte.

Si l'**assuré** est **décédé avant d'avoir fait liquider ses droits à retraite,** la retraite à laquelle il aurait pu prétendre est calculée au taux de 50 %, même s'il n'avait pas le nombre de trimestres requis pour y avoir droit.

Quel que soit le montant de la retraite du défunt, le montant de la pension de réversion ne peut pas être inférieur à un **minimum.** Ce minimum est servi entier si l'assuré décédé justifiait de 60 trimestres d'assurance au régime général ; à défaut, il est réduit proportionnellement au nombre de trimestres manquants. Ce minimum, revalorisé en principe chaque année, est fixé à 3 701,38 € par an depuis le 1er janvier 2023.

La pension de réversion est au **maximum** de 11 877,84 € au 1er janvier 2023, majorations pour enfants non comprises.

79010 **Majorations pour enfants** Si le conjoint survivant remplit personnellement les conditions pour bénéficier de la **bonification** pour enfant (bonification accordée aux personnes qui ont eu ou élevé trois enfants), sa pension de réversion est majorée de 10 %.

S'y ajoute le cas échéant une **majoration forfaitaire** pour enfant à charge, soit 104,62 € par mois et par enfant depuis le 1er janvier 2023 (CSS art. L 353-5 ; Circ. Cnav 3 du 9-1-2023). Pour y prétendre, le conjoint survivant doit avoir moins que l'âge prévu pour une retraite personnelle à taux plein et ne pas percevoir de retraite personnelle d'un régime de base obligatoire. La majoration est maintenue lorsque le conjoint dépasse l'âge du taux plein (67 ans pour les personnes nées à partir de 1955), mais elle est supprimée lorsque le ou les enfants y donnant droit ne sont plus à charge ou lorsque le conjoint fait liquider un avantage de retraite personnel.

79015 **Majoration pour les bénéficiaires qui atteignent l'âge du taux plein** Lorsque le conjoint survivant atteint l'âge du taux plein, il peut bénéficier d'une majoration de sa pension de réversion. Pour y prétendre, **deux conditions** doivent être réunies :
– le conjoint survivant doit avoir fait liquider l'ensemble de ses pensions obligatoires, personnelles et de réversion, auprès des différents régimes de base et complémentaires français et étrangers ainsi que des organisations internationales auxquelles lui et son conjoint décédé ont été affiliés ;
– la somme des pensions servies par l'ensemble de ces régimes ne doit pas dépasser un plafond de ressources, fixé à 2 781,31 € par trimestre (927,10 € par mois) depuis le 1er janvier 2023 (Circ. Cnav 3 du 9-1-2023).

La majoration est égale à 11,1 % du montant de sa pension de réversion. Mais lorsque le montant de la majoration ajoutée à la somme des pensions de retraite personnelles et de réversion du conjoint survivant dépasse le plafond de ressources, la majoration est réduite à concurrence du dépassement.

EXEMPLE

Un conjoint survivant de 68 ans perçoit 870 € de pension de réversion et de pensions personnelles. Sa pension de réversion est de 560 € par mois. Comme il remplit les conditions d'âge et de ressources, il peut bénéficier d'une majoration de cette dernière de 11,1 %, soit 62,16 €. Ce qui donne un total de 932,16 € (870 + 62,16). Total qui dépasse le plafond de ressources de 5,06 € (932,16 – 927,10). La majoration est réduite d'autant et s'élève donc à 57,10 € (62,16 – 5,06).

Partage entre conjoint et ex-conjoint(s) En dehors des cas de **mariage polygame** soumis à des règles spécifiques (78980, b.), si le conjoint décédé avait déjà été marié, la pension de réversion est partagée entre le conjoint survivant et le ou les ex-conjoints divorcés, même remariés. La **répartition** est faite au prorata de la durée de chaque mariage (CSS art. L 353-3 et R 353-4). La proratisation s'impose même si le conjoint survivant ou l'ex-conjoint dispose de revenus trop importants pour avoir droit à la pension de réversion (Cass. 2e civ. 7-4-2011 n° 10-17.222 : RJS 6/11 n° 549). 79020

En revanche, la majoration pour enfant à charge reste entière pour chaque enfant même si la pension est partagée.

Lorsque le conjoint survivant et le ou les précédents conjoints divorcés ne réunissent pas tous les conditions d'attribution de la pension de réversion à la **même date,** leurs parts de pension sont déterminées lors de la liquidation des droits du premier qui en fait la demande. Elles sont ensuite liquidées au fur et à mesure que les intéressés justifient qu'ils remplissent les conditions requises. Si une pension est attribuée entière et qu'un second ayant droit se manifeste, la première pension est réduite à due proportion de la durée respective des mariages.

Lorsqu'**un des conjoints** – survivants ou divorcés – **meurt,** sa part augmente celle du ou des autres à compter du premier jour du mois suivant le décès.

Réduction pour dépassement du plafond de ressources Lorsque la **somme** des ressources du conjoint survivant (ou de son ménage) et de la pension de réversion (hors bonification pour enfants) dépasse le plafond de ressources mentionné n° 78990, la pension de réversion est réduite à concurrence du dépassement (CSS art. L 353-1). La majoration pour enfant à charge, le cas échéant, l'est également dans les mêmes proportions. 79025

EXEMPLE

Conjoint survivant de 56 ans, vivant seul et ayant eu trois enfants à charge. Il occupe un emploi lui procurant un revenu mensuel de 1 000 € et ses biens propres sont évalués à 500 € mensuels. La retraite de son conjoint décédé est de 1 450 € par mois.

Application de la condition de ressources :
– salaire abattu : 1 000 – 30 % = 700 €
– ressources personnelles sur les 3 derniers mois : (700 + 500) × 3 = 3 600 €
– plafond 23 441,60 / 4 = 5 860,40 €.

Les ressources étant inférieures au plafond, l'intéressé a droit à une pension de réversion.

Montant de la pension de réversion :
– droit à pension : 1 450 × 54 % = 783 € par mois
– total des ressources sur 3 mois : 3 600 + (783 × 3) = 5 949 €.

Le total excède le quart du plafond, la pension est donc réduite à due concurrence :
– dépassement : 5 949 – 5 860,40 = 88,60 € par mois
– pension de réversion réduite : 783 – (88,60 / 3) = 753,46 € par mois.

Montant mensuel avec la bonification pour enfant : 753,46 × 110 % = 828,81 €.

Révision en cas de variation des ressources Lorsque les ressources du conjoint survivant (ou de son ménage) augmentent ou diminuent après la liquidation de la pension de réversion, elle peut être révisée à la hausse ou à la baisse, voire suspendue. 79030

Toutefois, elle ne peut plus être révisée, ni à la baisse ni à la hausse (CSS art. R 353-1-1) :
– trois mois après la date à laquelle le conjoint survivant fait liquider ses propres droits à retraite (de base et complémentaire) ;
– ou, s'il ne peut pas prétendre à des retraites personnelles, à la date à laquelle il atteint l'âge minimal de la retraite.

Les titulaires de pension de réversion doivent déclarer aux caisses de retraite les modifications de leurs ressources, y compris lorsqu'elles résultent de la liquidation de leur propre pension de retraite (Cass. 2e civ. 21-9-2017 n° 16-21.423 F-D : BPAT 6/17 n° 218). Les caisses peuvent aussi effectuer, à tout moment, des contrôles en la matière.

Paiement de la pension de réversion La pension n'est pas versée automatiquement. La demande peut être effectuée **en ligne** (info-retraite.fr) ou via un **formulaire** qui doit être déposé : 79035
– si l'assuré décédé était déjà retraité, auprès de la caisse ayant liquidé sa pension (si le conjoint survivant est lui-même retraité, il peut déposer sa demande à la caisse qui lui verse sa pension) ;
– si l'assuré est décédé avant d'avoir fait liquider sa retraite, auprès de la caisse du lieu de résidence du conjoint survivant, sauf si celui-ci réside à l'étranger : elle est alors adressée à la caisse où le défunt a effectué son dernier versement.

Le **versement** de la pension de réversion est garanti à l'issue d'un délai maximal de quatre mois civils suivant le dépôt de la demande de liquidation dès lors que celle-ci est complète (Décret 2016-1175 du 30-8-2016 art. 1er : JO 31).

79040 Le **point de départ** de la pension, c'est-à-dire la date à partir de laquelle elle est due, est le premier jour du mois qui suit le décès de l'assuré, si la demande est faite dans le délai d'un an suivant le décès. Si elle est faite plus tardivement, elle prend effet le premier jour du mois qui suit la date de réception de la demande (CSS art. R 353-7).

En tout état de cause, le point de départ de la pension ne peut pas être antérieur au premier jour du mois qui suit le 55e anniversaire du conjoint survivant (sauf s'il est né le premier jour d'un mois, auquel cas la pension prend effet à cette date).

> **Précisions** En cas de **mariage posthume** plus d'un an après le décès, suivi d'une demande de pension de réversion, la pension est versée à compter du mois suivant le dépôt de la demande et non à compter du décès. Et ce, en dépit de l'effet rétroactif du mariage, qui est donc neutralisé (Cass. 2e civ. 12-11-2020 no 19-21.812 F-PBI : BPAT 1/21 inf. 6).

b. Pension de réversion du régime complémentaire

CONDITIONS D'OCTROI

79070 Principales différences de la pension de réversion du régime complémentaire Agirc-Arrco avec le régime de base : le **remariage** fait perdre le droit à pension de réversion, mais il n'y a aucune condition de **ressources** (Accord national interprofessionnel de retraite complémentaire du 17-11-2017, étendu et élargi par arrêté du 24-4-2018 : JO 28).

Les **bénéficiaires** d'une telle allocation sont le conjoint survivant, le ou les ex-conjoints divorcés et les orphelins des deux parents.

> **Précisions** **a.** Le régime Agirc-Arrco est issu de la **fusion** des anciens régimes **Agirc** (pour les cadres) et **Arrco** (pour tous les salariés) au 1er janvier 2019. Il reprend les droits acquis par les assurés dans les deux régimes. Les développements ci-dessous concernent les décès intervenant à compter du 1er janvier 2019. Pour les veuvages ayant débuté avant cette date, les règles Agirc et Arrco sont globalement similaires. Nous indiquons les quelques divergences notables.
> **b.** Les conditions relatives à l'absence de condamnation pour **violences conjugales** et au mariage **monogame** s'appliquent comme dans le régime général (voir no 78980).

79075 **Âge minimal** Le conjoint survivant d'un assuré doit avoir 55 ans pour pouvoir toucher la pension de réversion de l'Agirc-Arrco.

Le conjoint qui devient veuf ou veuve plus tôt ne perd pas son droit, mais sa pension ne lui sera versée que lorsqu'il aura atteint l'âge requis.

Par **exception,** le conjoint survivant peut percevoir la pension Agirc-Arrco, quel que soit son âge, s'il est invalide au décès de son conjoint (ou le devient ultérieurement) ou s'il a au moins deux enfants à sa charge à la date du décès.

La **définition des enfants à charge** est large ; il peut s'agir, par exemple, d'enfants d'un mariage précédent du conjoint survivant. Sont considérés comme étant à charge à la date du décès :
– les enfants de moins de 18 ans ;
– les enfants invalides, quel que soit leur âge, si leur invalidité a été constatée avant leur 21e anniversaire ;
– les enfants de plus de 18 ans et de moins de 25 ans lorsqu'ils sont étudiants, apprentis, demandeurs d'emploi à Pôle emploi mais non indemnisés.

> **Précisions** Pour les personnes devenues veuves **avant le 1er janvier 2019,** la condition d'âge est de 55 ans pour l'Arrco et 60 ans pour l'Agirc. Il est toutefois possible de percevoir la pension Agirc à partir de 55 ans si le conjoint survivant bénéficie de la pension de réversion de la sécurité sociale, ou dans le cas contraire, avec un coefficient d'abattement.

79080 **Non-remariage** À la date de sa demande, le conjoint survivant ne doit pas être remarié.

Le remariage après la liquidation de la pension met également fin à celle-ci, de façon définitive (l'intéressé acquiert des droits à une pension de réversion au titre de son nouveau conjoint). Un divorce ou un nouveau veuvage ne rétablit pas la pension.

Ni l'**union libre** ni le **Pacs** n'ont d'incidence sur le versement des pensions de réversion des régimes complémentaires.

MONTANT DES PENSIONS DE RÉVERSION AGIRC-ARRCO

Formule de calcul Les pensions de réversion servies par le régime complémentaire sont calculées sur la base de 60 % des **points acquis** par l'assuré décédé. **79090**

Pour obtenir le montant de la pension, il suffit de multiplier le nombre de points acquis par la valeur du point au jour de la liquidation.

Il n'est pas tenu compte des éventuels **coefficients** (notamment d'anticipation) qui ont été appliqués à la retraite de l'assuré. Toutefois, le nombre de points attribués au conjoint ne peut pas excéder celui de l'assuré décédé ; autrement dit, le conjoint survivant ne peut pas percevoir une pension de réversion plus élevée que la retraite que percevait son conjoint décédé.

EXEMPLE

Un assuré a acquis 4 000 points et fait liquider sa retraite à 63 ans avec un coefficient d'anticipation de 83 %. Sa retraite a été calculée sur la base de 3 320 points. À son décès, son conjoint survivant a droit à une pension de réversion de 2 400 points (4 000 × 60 %). Le nombre de points étant inférieur à celui qui a servi à déterminer la retraite du défunt, on n'applique pas le coefficient de minoration.

Supposons maintenant que le défunt ait fait liquider sa retraite à 58 ans avec un coefficient d'anticipation de 50 % : sa retraite a été calculée sur la base de 2 000 points. Dès lors, le nombre de points auquel pourrait prétendre le conjoint survivant est supérieur à celui de la retraite du conjoint décédé. La pension de réversion serait donc calculée sur la base de cette retraite (et non sur 2 400 points).

Majorations pour enfants Le conjoint survivant peut prétendre à la **majoration pour enfants nés ou élevés** si son conjoint décédé avait eu ou élevé au moins trois enfants, même s'ils n'ont aucun lien de parenté avec lui. **79095**

En revanche, le conjoint survivant ne peut bénéficier de la **majoration pour enfant à charge** que pour les enfants issus de son mariage avec son conjoint décédé, à condition qu'ils soient effectivement à sa charge.

PARTAGE ENTRE CONJOINT ET EX-CONJOINT(S)

Si l'assuré décédé avait déjà été marié, la pension de réversion doit être partagée entre le conjoint survivant et le ou les **ex-conjoints divorcés,** non remariés. Le montant de chaque allocation de réversion est fonction du rapport entre la durée respective de chaque mariage et la durée de l'ensemble des unions, en excluant le cas échéant les mariages conclus avec des ex-conjoints décédés ou remariés. La suppression d'une pension de réversion est sans effet sur celle des autres. **79100**

Par exception, les droits de l'ex-conjoint divorcé ne viennent pas réduire ceux du conjoint survivant marié avant le 13 janvier 1998 à un participant divorcé avant le 1er juillet 1980.

PAIEMENT DES PENSIONS

Le conjoint survivant doit faire une **demande** en ligne (agirc-arrco.fr) ou par courrier auprès de l'Agirc-Arrco. **79105**

Le **point de départ de la pension** est le suivant : **79110**

– si l'assuré était retraité, la pension prend effet le premier jour du trimestre civil qui suit le décès si le conjoint remplit les conditions pour la percevoir ; dans le cas contraire, elle est due à compter du premier jour du mois civil qui suit la date à laquelle les conditions sont remplies ;

– si l'assuré était en activité, la pension est due à compter du premier jour du mois civil qui suit le décès si le conjoint survivant a l'âge ou le nombre d'enfants requis ; dans le cas contraire, elle est due à compter du premier jour du mois civil qui suit la date à laquelle les conditions sont remplies.

Les pensions de réversion des régimes complémentaires sont, en principe, versées **mensuellement** d'avance.

2. PENSIONS DE RÉVERSION DES RÉGIMES DES NON-SALARIÉS

En cas de décès d'un assuré **artisan, industriel ou commerçant,** retraité ou non, le conjoint survivant peut prétendre à une pension de réversion. Celle-ci obéit, sous réserve de quelques **79120** particularités, aux mêmes règles que celle des salariés (CSS art. L 643-7, D 634-1 et D 634-14 ; voir nos 78980 s.).

Au titre du régime de retraite complémentaire obligatoire des artisans, industriels et commerçants, le conjoint survivant a droit au versement d'une pension de réversion égale à 60 % des droits de l'assuré et ce, sous certaines conditions, notamment d'âge (55 ans) et de ressources. Les ressources du conjoint survivant et, le cas échéant de son concubin, partenaire de Pacs ou nouveau conjoint, ne doivent pas excéder un plafond égal à deux fois le plafond annuel de la sécurité sociale, soit 87 984 € en 2023. Si le total des ressources et de la pension de réversion complémentaire dépasse le plafond de ressources, le montant de la pension de réversion complémentaire est diminué.

Il n'y a pas de condition de durée minimum de mariage ni de non-remariage.

Les veufs et veuves de **professionnels libéraux** peuvent également bénéficier de pensions de réversion versées, d'une part, par le régime de retraite de base des professions libérales dans les mêmes conditions que le régime général de la sécurité sociale (CSS art. L 643-7), d'autre part, par les régimes de retraite complémentaire, dans des conditions qui dépendent des règlements des sections professionnelles.

Enfin, les veufs et veuves des **non-salariés agricoles** bénéficient également d'une pension de réversion. Dans le régime de base, les règles sont globalement les mêmes que dans le régime général : la pension est attribuée au conjoint survivant d'au moins 55 ans sous condition de ressources (C. rur. art. L 732-41 s. et D 732-89 s.). Elle est égale à 54 % de la retraite forfaitaire et/ou de la retraite proportionnelle dont bénéficiait ou aurait dû bénéficier l'assuré, auxquelles peuvent s'ajouter des majorations. Dans le régime de retraite complémentaire obligatoire, la pension de réversion est ouverte au conjoint survivant âgé d'au moins 55 ans à condition d'avoir été marié au moins deux ans ou d'avoir eu au moins un enfant avec le défunt. Elle est égale à 54 % de la retraite complémentaire dont bénéficiait ou aurait dû bénéficier l'assuré à la date de son décès (C. rur. art. L 732-62 et D 732-152).

Signalons que les conditions relatives à l'absence de condamnation pour violences conjugales et au mariage monogame (voir no 78980) s'appliquent à tous les régimes légaux ou rendus légalement obligatoires.

Pour les décès survenus depuis le 1er janvier 2022, les conjoints survivants invalides d'un non-salarié agricole titulaire d'une pension d'invalidité, âgés de moins de 55 ans au jour du décès bénéficient d'une **pension d'invalidité de veuf ou veuve** (C. rur. art. L 732-8, al. 6).

> **Précisions** La **demande** de pension d'invalidité de veuf ou veuve d'un non-salarié agricole est faite sur un formulaire auprès de la caisse de MSA dont relève l'intéressé (C. rur. art. R 732-12-0-1). Son montant est égal à 54 % de la pension dont bénéficiait ou eût bénéficié le défunt, majoré de 10 % à partir de 3 enfants (C. rur. art. R 732-12-0-2).
> Cette pension est **cumulable** avec une rente pour accident du travail ou maladie professionnelle ou avec une pension d'invalidité de droit propre, dans la limite du seuil annuel (soit 2 028 Smic), au-delà elle est réduite à due concurrence. Elle est **suspendue** ou **supprimée** en cas de dépassement de plafonds de ressources dans les mêmes conditions que la pension d'invalidité (C. rur. art. R 732-5, R 732-6 et R 732-12-0-3). Elle est supprimée en cas de remariage. La personne dont la pension a été supprimée recouvre, en cas de divorce ou de nouveau veuvage, son droit à pension d'invalidité de veuve ou de veuf si elle n'a pas atteint 55 ans (C. rur. art. R 732-12-0-1). Elle est **versée à partir** (C. rur. art. R 732-12-0-4) : soit du premier jour du mois qui suit le décès du défunt titulaire de la pension d'invalidité principale au titre du régime des non-salariés agricoles si la demande est présentée dans le délai d'un an à compter du décès du défunt ; soit du premier jour du mois suivant la date de réception de la demande si celle-ci est adressée postérieurement au délai d'un an précité ; soit de la date à compter de laquelle la veuve ou le veuf est reconnu invalide si cette reconnaissance d'invalidité intervient postérieurement au décès du titulaire de la pension principale, quelle que soit la date du dépôt de la demande du conjoint survivant. Elle est **servie jusqu'à** la fin du mois au cours duquel le conjoint survivant atteint l'âge de 55 ans. Elle est **revalorisée** dans les mêmes conditions que les pensions d'invalidité. Elle est **payable** mensuellement à terme échu et est cessible et saisissable dans les mêmes conditions et limites que les salaires (C. rur. art. R 732-12-0-4).

D. Pensions d'orphelin

79130 Avant la réforme des retraites entrée en vigueur au 1er septembre 2023, seul le régime complémentaire prévoyait le versement d'une pension de réversion au profit des orphelins. Un dispositif similaire existe désormais aussi dans le régime général (Loi 2023-270 du 14-4-2023 art. 18, I-3° : JO 15 ; Décrets 2023-752 art. 3-3° et 2023-754 art. 2-4° du 10-8-2023 : JO 11)

1. PENSION D'ORPHELIN DU RÉGIME GÉNÉRAL

CONDITIONS D'OCTROI

La pension d'orphelin du régime général ne peut être versée qu'au titre des **décès, des disparitions et des absences des assurés à ce régime survenus depuis** le 1er septembre 2023 (Décrets 2023-752 art. 6, II-2° et 2023-754 art. 6, III). Elle peut être demandée si le défunt, le disparu ou l'absent est la **dernière personne** avec laquelle l'orphelin entretenait un **lien de filiation** (CSS art. R 358-1). **79135**

La pension d'orphelin du régime général est **versée** sur le compte de dépôt personnel de l'orphelin **jusqu'à l'âge** de (CSS art. L 358-4, L 358-5 et D 358-4) :

– 21 ans ;

– 25 ans (ou sans limite d'âge si l'orphelin souffre d'un **handicap** supérieur à 80 % avant 21 ans) sous conditions de **revenus** : les revenus d'activité afférents aux 12 mois précédant la date d'entrée en jouissance (ou la date d'effet de la révision) de la pension d'orphelin ne doivent pas excéder un plafond fixé calculé au 1er janvier et correspondant à 55 % du Smic brut horaire multiplié par 169 (soit le plafond de ressources des bénéficiaires de prestations familiales de moins de 21 ans : CSS art. R 512-2) multiplié par 12.

La pension d'orphelin **prend fin** lorsque la condition de revenus exigée n'est plus remplie, mais aussi en cas d'adoption plénière de l'orphelin ou lorsque le parent absent ou disparu reparaît au lieu de son domicile (CSS art. L 358-6).

MONTANT

Le montant de la pension correspond à 54 % de la pension principale dont bénéficiait ou aurait bénéficié **chaque parent** décédé, disparu ou absent au régime général (CSS art. L 358-1 et D 358-1). Même en cas de décès de l'assuré avant l'âge du taux plein, la pension est calculée sur la base du taux plein (CSS art. D 358-2). Un **montant minimal** de 100 € brut par mois, indexé sur l'inflation, est garanti par parent décédé (CSS art. L 358-3 et D 358-3). **79140**

La **somme des pensions** d'orphelin versées au titre d'un même parent décédé ne peut pas excéder la pension principale dont bénéficiait ou aurait bénéficié l'assuré au régime général.

En cas de **pluralité d'orphelins,** la pension est répartie à parts égales entre eux (CSS art. L 358-2).

DEMANDE

La demande de pension doit être faite par l'orphelin ou son représentant légal au moyen d'un **formulaire** défini par arrêté à paraître (CSS art. 358-2, I), accompagné le cas échéant, des **pièces** permettant de justifier de l'**incapacité** permanente avant 21 ans à fixer également par arrêté (CSS art. R 358-3). La **caisse compétente** est en principe celle chargée de la liquidation des droits à la retraite dans le ressort de laquelle se trouve la résidence du demandeur ou, en cas de résidence à l'étranger, la Cnav (CSS art. R 358-2, II-1°), ou en cas de résidence dans le Bas-Rhin, Haut-Rhin ou la Moselle, la Carsat Alsace-Moselle (CSS art. R 358-2, II et III). **79145**

2. PENSION D'ORPHELIN DU RÉGIME COMPLÉMENTAIRE

Les développements qui suivent concernent la pension d'orphelin prévue par le régime Agirc-Arcco pour les décès survenus **depuis le 1er janvier 2019.** **79150**

Les orphelins de moins de 21 ans ou invalides de **cadres décédés avant le 1er janvier 2019** peuvent bénéficier d'une pension de réversion de l'Agirc dont le montant s'élève à 30 % de la pension de retraite du défunt.

CONDITIONS D'OCTROI

Les orphelins de leurs deux parents, y compris adoptifs, ont droit à une pension de réversion si au moins un de leurs deux parents était **salarié** du privé. L'enfant doit être **âgé** de moins de 21 ans ou moins de 25 ans s'il est à charge de son dernier parent au moment du décès de celui-ci. Y ont également droit, sans condition d'âge, les enfants invalides si leur état a été constaté avant leur 21e anniversaire. **Chaque parent** salarié ouvre droit à une pension. **79152**

Le versement de la pension **cesse** au 21e ou 25e anniversaire de l'enfant. Pour les invalides, la pension est supprimée si l'état d'invalidité cesse ou en cas de perception d'une rente accident du travail ou d'une pension d'invalidité. Le service de la pension prend également fin en cas d'adoption plénière.

MONTANT ET DEMANDE

79155 Le **montant** de l'allocation est calculé sur la base de 50 % des droits du parent décédé. Il n'est pas tenu compte des éventuels coefficients de minoration. La majoration pour enfants nés ou élevés, le cas échéant, est réversible à 100 %.

La **demande** de pension peut être faite par l'orphelin lui-même ou son représentant légal auprès de la dernière caisse de chaque parent ou du Cicas.

E. Allocation veuvage du régime général

79160 Le **conjoint survivant sans ressources** et trop **jeune** pour percevoir la pension de réversion du régime général peut bénéficier d'une allocation veuvage qui vise à lui garantir temporairement un revenu minimal (CSS art. L 356-1 s. et D 356-1 s.).

Ni le partenaire de **Pacs** survivant ni le simple **concubin** survivant n'ont droit à cette allocation.

CONDITIONS D'OCTROI

79165 L'**assuré décédé** doit avoir été affilié à l'assurance vieillesse du régime général de la sécurité sociale pendant au moins trois mois, consécutifs ou non, au cours des douze mois ayant précédé celui du décès.

Le **conjoint survivant** doit :

– avoir perçu, au cours des trois mois civils précédant le décès du conjoint, des ressources personnelles trimestrielles inférieures à 2 485,12 € depuis le 1er janvier 2023 (soit 828,37 € par mois) ;
– avoir moins de 55 ans ;
– ne pas vivre en couple (remariage, Pacs ou union libre) ;
– résider en France, sauf si l'assuré décédé était expatrié et cotisait à l'assurance volontaire vieillesse.

L'allocation veuvage est supprimée dès que son bénéficiaire cesse de remplir l'une des conditions requises. En cas de modification de sa situation, il doit avertir l'organisme qui verse l'allocation, qui procède de son côté à des contrôles réguliers de la situation de l'allocataire.

DEMANDE D'ALLOCATION

79170 Elle doit intervenir dans un **délai** de deux ans à compter du premier jour du mois du décès.

La demande est faite sur un **formulaire** spécial et accompagnée des informations nécessaires relatives à l'âge, la situation de famille, les ressources et la résidence de l'intéressé. Elle est en principe **déposée** auprès :

– de la caisse d'assurance retraite et de santé au travail (Carsat) du dernier lieu de travail du conjoint décédé si ce dernier travaillait en province ;
– ou de la Caisse nationale d'assurance vieillesse (Cnav) si le défunt travaillait en région parisienne.

Une demande adressée à une autre caisse, par exemple celle du domicile du veuf ou de la veuve, est toutefois recevable.

MONTANT ET VERSEMENT

79175 L'allocation veuvage est versée **mensuellement** et à terme échu, pendant une **durée maximale** de deux ans (ou jusqu'aux 55 ans du conjoint survivant s'il avait 50 ans à la date du décès). Elle est versée **rétroactivement** à compter du premier jour du mois du décès sous réserve que le conjoint survivant remplisse les conditions, sinon à compter du premier jour du mois où ces conditions sont remplies (CSS art. D 356-6). Même en cas de demande hors délai, le versement rétroactif est possible (CE 13-3-2020 n° 430371 : RJS 7/20 n° 374).

Son **montant** est de 662,70 € par mois depuis le 1er janvier 2023. Si les ressources du conjoint, ajoutées à l'allocation, excèdent le plafond de ressources (n° 79165), l'allocation est réduite à due concurrence.

F. Remboursement des frais médicaux

CONJOINT SURVIVANT

79225 En principe, le conjoint survivant est affilié personnellement à l'**assurance maladie-maternité** et bénéficie du remboursement (CSS art. L 160-1, D 160-2 et R 111-3 s.). Le conjoint survivant continue donc à avoir des droits en propre après le décès, même s'il n'exerce pas d'activité professionnelle. Il bénéficie alors de cette protection universelle maladie (Puma) soit gratuitement, soit en acquittant une **cotisation** (CSS art. L 380-2 et D 380-1 s.). Celle-ci est due par les assurés n'ayant pas ou peu de revenu d'activité mais qui disposent de revenus du capital, dès lors qu'ils n'ont pas perçu de pension de retraite, de rente (notamment d'invalidité ou pour accident du travail) ou des allocations chômage dans l'année.

Plus précisément, cette cotisation subsidiaire d'assurance maladie est due lorsque :
– les revenus professionnels sont inférieurs à 20 % du plafond annuel de sécurité sociale (8 798,40 € en 2023) ;
– et les revenus du patrimoine et du capital dépassent 50 % de ce plafond (21 996 € en 2023).

Si le conjoint (ou partenaire de Pacs ou concubin) survivant bénéficiait du remboursement des frais médicaux par le régime de **prévoyance complémentaire** obligatoire du défunt, un mécanisme de maintien de droit est prévu. Il convient de se référer au contrat instituant la couverture complémentaire qui doit prévoir les modalités et les conditions tarifaires des nouveaux contrats par lesquels l'assureur maintient la couverture, à la demande des personnes couvertes du chef de l'assuré décédé, pendant au moins 12 mois à compter du décès (Loi 89-1009 du 31-12-1989 art. 4). L'assureur doit adresser une proposition de maintien de la couverture aux ayants droit du défunt dans les deux mois suivant le décès. Les intéressés doivent demander le maintien de la couverture dans les six mois suivant le décès, le nouveau contrat devant prévoir que la garantie prend effet, au plus tard, au lendemain de la demande. Les tarifs applicables sont plafonnés (Décret 90-769 du 30-8-1990).

ENFANTS

Les enfants **mineurs** d'un assuré décédé continuent à être ayants droit de leur parent survivant et ouvrent ainsi droit au remboursement des frais de santé. Bénéficient également de la qualité d'ayant droit d'un assuré social les pupilles de la Nation et les enfants recueillis (CSS art. L 160-2). **79230**

À leur **majorité** (ou dès 16 ans s'ils le demandent), ils sont affiliés personnellement au titre de la Puma (n° 79225).

Les enfants bénéficient du même maintien de droit du régime de **prévoyance complémentaire** que le conjoint survivant, voir n° 79225.

> **› Précisions** Si le remboursement de **frais de santé de l'assuré reste dû** à la date du décès, les héritiers ou le notaire chargé de la succession peuvent en demander le remboursement à la caisse primaire d'assurance maladie (CPAM) du défunt. Ils devront fournir la preuve de leur qualité d'héritier (voir nos 21900 s.). Des frais médicaux peuvent également être dus par l'organisme de prévoyance sociale complémentaire (mutuelle, institution de prévoyance ou société d'assurance).

G. Prestations familiales

La caisse d'allocations familiales (CAF) – entre autres organismes – verse aux personnes ayant des enfants à charge des prestations familiales. **79280**

Le décès n'entraîne aucune modification des **allocations familiales** à ceci près que la CAF doit être informée du changement d'allocataire si c'est le défunt qui percevait les allocations.

La perte de revenus résultant du décès peut justifier que le conjoint survivant bénéficie de certaines **prestations sous conditions de ressources** auxquelles il ne pouvait prétendre antérieurement (revenu de solidarité active majoré, par exemple).

Enfin, tout enfant orphelin de père et/ou de mère ouvre droit à l'**allocation de soutien familial,** sans que la personne qui en assume la charge effective et permanente ait à justifier de condition de ressources (CSS art. L 523-1 s.). L'allocation est égale à un pourcentage de la base mensuelle de calcul des prestations familiales, fixé depuis le 1er novembre 2022 à 42,2 % pour l'enfant privé d'un de ses parents, et 56,25 % si l'enfant est orphelin de ses deux parents (CSS art. R 523-7).

Il est attribué une allocation de soutien familial pour chaque enfant à charge.

DOSSIER 3

RÉCUPÉRATION DES AIDES SOCIALES AU DÉCÈS

SOMMAIRE

NOTION D'AIDE SOCIALE

L'aide sociale est un ensemble de prestations versées à des personnes en situation de besoin. 79800

Elle est **composée** d'une part d'aides versées aux personnes handicapées et/ou âgées pour compenser la perte d'autonomie (prestation de compensation du handicap ou allocation personnalisée d'autonomie, prise en charge des frais d'hébergement, aides à domicile etc.), d'autre part d'aides visant à maintenir un niveau de revenu minimal (allocation aux adultes handicapés et revenu de solidarité active). Des aides sociales peuvent également être octroyées par le département afin de compléter les aides prévues par la loi ou de créer de nouveaux droits (par exemple, portage des repas). Pour les connaître, il convient de se référer au règlement départemental d'aide sociale (disponible en général sur internet).

Ces aides sont **gérées** et **distribuées** par l'État, les collectivités territoriales (principalement les départements) et les organismes sociaux (caisses de retraite notamment).

Le droit à l'aide sociale est **subsidiaire** : il n'intervient qu'en dernier recours, lorsque la personne ne peut répondre à ses besoins ni par ses propres moyens ni par une autre forme de solidarité (notamment droits alimentaires familiaux). C'est cette subsidiarité qui justifie que les sommes soient récupérées sur les successions.

> **Précisions** D'**autres aides,** qui ne relèvent pas du régime des aides sociales, sont versées par les CAF (caisse d'allocations familiales), la MSA (mutualité sociale agricole) ou les CPAM (caisse primaire d'assurance maladie). Il s'agit principalement de l'allocation d'éducation de l'enfant handicapé (CSS art. L 541-1 s.), de la pension d'invalidité (CSS art. L 341-1 s.) et de la rente d'accident du travail (CSS art. L 434-2). Elles ne sont pas récupérables.

A. Étendue de la récupération des aides sociales

1. CAS DE RECOURS À LA RÉCUPÉRATION DES AIDES SOCIALES

SUCCESSION

Un recours en récupération peut être effectué sur la succession du bénéficiaire de certaines aides sociales. Il s'impose aux **héritiers.** Lorsqu'il y a plusieurs héritiers, la somme à rembourser est répartie entre eux en fonction de leur part successorale. Celui qui renonce à la succession échappe à la récupération. 79805

Le recours s'exerce sur l'**actif net successoral,** dans les limites exposées nos 79900 s. La récupération n'est donc pas exercée sur le patrimoine des héritiers eux-mêmes.

L'actif net successoral correspond à l'évaluation, au jour du décès, de l'ensemble des biens transmis par le défunt (immeubles, mobilier, bijoux, etc.), après déduction du passif de la succession (voir Circ. Cnav 107 du 25-10-1989 pour l'Aspa).

Entrent notamment dans le passif les frais de dernière maladie et les frais de séjour en maison de retraite non remboursés, les dettes au jour du décès et les frais funéraires. Pour ces derniers, une limite de 1 500 € est prévue par le CGI (CGI art. 775), limite reprise par la Cnav pour la récupération de l'Aspa (Circ. Cnav 1047 du 25-10-1989).

Toutefois, le Conseil d'État considère qu'aucune disposition législative ou réglementaire ne permet au département de limiter à un montant forfaitaire les frais d'obsèques : ils doivent être déduits en totalité de l'actif net successoral dès lors qu'ils sont réels et vérifiés et qu'ils n'ont pas un caractère excessif (CE 15-5-2002 n° 216992 ; CE 5-11-2004 n° 263314). À notre avis, cette jurisprudence s'applique uniquement aux aides visées par l'article L 132-8 du CASF.

Au cas particulier de l'**Aspa,** le capital de l'exploitation agricole et les bâtiments indissociables sont exclus de cet actif net (CSS art. L 815-13 et D 815-5). Sur la réintégration de libéralités dans l'actif successoral pour la récupération de l'Aspa, voir n° 79905.

> **Précisions** Les **frais d'amélioration** engagés par le fils de la bénéficiaire de l'aide sociale **sur un immeuble indivis** peuvent être déduits de l'actif net successoral, ces travaux ayant permis d'augmenter la valeur du bien à hauteur de la déduction opérée (CE 11-6-2007 n° 277305).

DONATION

79810 Un bénéficiaire de l'aide sociale pourrait chercher à s'appauvrir volontairement afin d'éviter le recours en récupération sur sa succession. Pour empêcher cet effet d'aubaine, un recours en récupération est possible contre les donations consenties par les bénéficiaires de certaines aides sociales (CASF art. L 132-8).

Sont **concernées** les donations intervenues postérieurement à la demande d'aide sociale mais aussi celles consenties dans les dix ans qui ont précédé la demande d'aide. Toutes les libéralités sont visées : don indirect, donation de la nue-propriété, donation déguisée, don manuel, donation en avancement d'hoirie, etc. Dans ce dernier cas, si le donateur décède moins de dix ans après la donation, le recours en récupération est fondé sur les dispositions relatives à la donation et non sur celles concernant la récupération sur succession (CE 28-7-2000 n° 211623).

En pratique, tout dépend de l'objectif de la donation. Si elle n'avait pas pour but un appauvrissement du donateur mais, au contraire, de permettre de le décharger de grosses réparations et des charges non locatives, le recours en récupération peut être rejeté (CE 17-5-1999 n° 188870).

LEGS

79815 Le recours peut également être effectué contre le légataire. Pour les légataires **universels ou à titre universel,** tenus aux dettes de la succession, les règles de la récupération sur succession s'appliquent (CE 4-2-2000 n° 187142).

Pour les légataires **particuliers,** ce sont celles de la donation.

ASSURANCE-VIE

79820 Dans la même logique d'évitement de l'appauvrissement volontaire que pour la donation, certaines aides peuvent faire l'objet de récupération auprès des **bénéficiaires** de contrat d'assurance-vie souscrits par la personne ayant bénéficié des aides sociales (CASF art. L 132-8).

L'action en récupération s'effectue aux **conditions** suivantes : elle ne peut être exercée qu'à titre subsidiaire et à concurrence de la fraction des primes versées après 70 ans. Si la récupération concerne plusieurs bénéficiaires, la récupération s'effectue au prorata des sommes versées à chacun d'eux.

La récupération peut également avoir lieu auprès des **héritiers, donataires** ou **légataires** du souscripteur du contrat d'assurance-vie. Il en est ainsi lorsque le contrat d'assurance-vie fait l'objet d'une **requalification** judiciaire en donation indirecte. Le montant de la récupération est alors limité au montant des primes versées par le souscripteur du contrat (CE 7-4-2016 n° 383342).

Pour décider de cette requalification, les juges regardent si, compte tenu des **circonstances** dans lesquelles il a été souscrit (souscripteur malade ou âgé par exemple), le contrat révèle une intention libérale de la part du souscripteur envers le bénéficiaire. Les juges prennent

en compte l'âge du souscripteur à la date de souscription des contrats d'assurance-vie, rapproché de leur durée, l'importance des primes versées par rapport à l'actif disponible de l'intéressé ainsi que l'utilité des contrats pour lui (CE 19-11-2004 n° 254797 : BPAT 2/05 n° 55 ; Cass. 1e civ. 3-3-2021 n° 19-21.420 F-D : BPAT 3/21 n° 133).
Sur les possibilités de récupération de l'Aspa sur l'assurance-vie, voir n° 79905.

ILLUSTRATIONS

Ont été **requalifiés en donation indirecte** les contrats d'assurance-vie :
– portant sur 15 000 € et souscrit, peu de temps avant son admission en maison de retraite, par une femme de 89 ans qui est décédée 5 ans plus tard (Cass. 1e civ. 13-3-2008 n° 05-15.306) ;
– dont la clause bénéficiaire a été modifiée alors que la titulaire des contrats était âgée de 80 ans et que les sommes investies représentaient l'essentiel de son patrimoine (CE 29-7-2020 n° 425329 : BPAT 5/20 n° 163).

2. AIDES SOCIALES RÉCUPÉRABLES OU NON

Le principe de la récupération des aides sociales dépend de la prestation ou de l'aide qui a été versée. Ainsi, certaines aides ne sont **pas récupérables,** ni sur les successions, ni sur les legs, ni sur les donations, ni sur l'assurance-vie. C'est le cas de : 79850
– l'allocation aux adultes handicapés (AAH), éventuellement complétée par la majoration pour la vie autonome ou, pour les personnes qui en bénéficiaient au 1er décembre 2019, par le complément de ressources (Circ. Cnaf 13 du 27-11-2010). Ces prestations sont versées par la CAF aux personnes adultes handicapées ;
– l'allocation personnalisée d'autonomie (APA), prestation versée par le département aux personnes de plus de 60 ans en situation de dépendance (CASF art. L 232-19) ;
– la prestation de compensation du handicap (PCH), versée par le département (CASF, art. L 245-7). Il en est de même pour l'allocation compensatrice pour tierce personne (ACTP), aide qui a été remplacée par la PCH mais qui est toujours versée aux bénéficiaires ayant opté en ce sens (Loi 2005-102 du 11-2-2005 art. 95) ;
– le revenu de solidarité active (RSA), versé par la CAF aux personnes disposant de peu ou pas de ressources (CASF art. L 262-49) ;
– l'allocation supplémentaire d'invalidité (ASI), versée par les caisses de retraite, destinée à compléter la pension d'invalidité. La possibilité de récupération est supprimée depuis le 1er janvier 2020, y compris pour les prestations versées antérieurement (CSS art. L 815-28 abrogé par loi 2019-1479 du 28-12-2019 art. 270).

À noter toutefois que ces prestations peuvent être récupérées, y compris auprès des héritiers, si elles ont été versées à tort (situations d'**indu**). Pour un exemple relatif à l'allocation personnalisée autonomie, voir CE 10-3-2010 n° 316750.

Les autres aides sociales sont **récupérables,** dans des conditions et limites indiquées ci-après.

> **Précisions** Les **aides sociales facultatives** versées par les départements ne peuvent faire l'objet d'une récupération sur succession que si les dispositions régissant ces aides au moment de leur versement et celles applicables au moment du décès le permettent (CE 5-2-2020 n° 422833 : BPAT 2/20 n° 67). Ainsi, si le règlement créant ces aides mentionne leur caractère récupérable, et qu'elles le sont toujours au jour du décès, le recours en récupération est possible.

B. Mise en œuvre de la récupération des aides sociales

1. MONTANT DE LA RÉCUPÉRATION DES AIDES SOCIALES

RÈGLE GÉNÉRALE

Les recours en récupération sont exercés, dans tous les cas, dans la **limite** du montant des prestations allouées au bénéficiaire de l'aide sociale. En cas de donation, le recours est exercé jusqu'à concurrence de la valeur des biens donnés par le bénéficiaire de l'aide sociale, déduction faite, le cas échéant, des plus-values résultant des impenses ou du travail du donataire. Précisons que ladite valeur des biens est appréciée au jour de l'introduction du recours. En cas de legs, le recours est exercé jusqu'à concurrence de la valeur des biens légués au jour de l'ouverture de la succession (CASF art. R 132-11). Sur les limites applicables à la récupération sur l'assurance-vie voir n° 79820. 79900

MONTANT DE LA RÉCUPÉRATION EN FONCTION DE LA NATURE DE L'AIDE

79905 **Allocation de solidarité aux personnes âgées (Aspa)** Cette allocation, destinée à compléter la pension de vieillesse des personnes ayant des ressources insuffisantes, peut être récupérée en tout ou en partie auprès des **héritiers** et **légataires,** mais uniquement dans les limites indiquées n° 79910.

Elle n'est en principe pas récupérable contre le **donataire.** Ni, à notre sens, sur les contrats d'**assurance-vie.** Toutefois, les organismes ont la faculté de réintégrer dans l'**actif successoral** les libéralités ou primes excessives consenties par l'allocataire postérieurement à la demande d'allocation dès lors qu'elles sont manifestement incompatibles avec les ressources déclarées par l'assuré et qu'elles ont pour but de faire obstacle au recouvrement sur succession (CSS art. D 815-6).

79910 L'Aspa est récupérable sur la **part de l'actif net successoral** qui dépasse (CSS art. L 815-13 modifié par loi 2023-270 du 14-4-2023 et D 815-6 modifié par décret 2023-754 du 10-8-2023) :

– 100 000 € en métropole, ce montant étant revalorisé chaque année en fonction de l'inflation ;

– 150 000 € dans les collectivités d'outre-mer jusqu'au 31 décembre 2029.

Ces seuils de 100 000 et 150 000 €, auparavant fixés à 39 000 et 100 000 €, s'appliquent pour les décès, les disparitions et absences survenus à partir du 1er septembre 2023 (Circ. Cnav 2023-18 du 11-9-2023). Ils étaient auparavant de 39 000 et 100 000 €.

Notons qu'ils s'appliquent également à la récupération de l'allocation supplémentaire relevant de l'article L 815-2 ancien du CSS.

Les sommes sont récupérées sur la fraction de l'actif net qui dépasse le seuil de recouvrement indiqué ci-dessus dans la **limite** d'un montant fixé chaque année. Celui-ci correspond au montant maximal récupérable pour chaque année au cours de laquelle l'assuré décédé a perçu l'allocation soit, depuis le 1er janvier 2023, 7 794,27 € par an pour une personne seule et 10 427,56 € pour un couple (Circ. Cnav 2023-3 du 9-1-2023). Si l'allocation a été servie seulement une partie de l'année, la limite est proportionnelle à la durée du service de l'allocation.

EXEMPLE

Un assuré décède en octobre 2023. Il avait perçu l'Aspa pendant trois années entières, 7 000 € la première année, 8 500 € la deuxième et 7 100 € la troisième, soit un total de 22 600 €. L'actif net successoral est de 110 000 €. L'application de la limite annuelle de récupération conduit aux montants suivants : 7 000 € pour la première année, 7 794,27 € pour la deuxième et 7 100 € pour la troisième, soit 21 894,27 €. Mais la récupération est limitée à la fraction de l'actif qui dépasse le seuil de recouvrement, soit 10 000 € (110 000 – 100 000). Le montant récupérable est donc de 10 000 €.

79915 Le **recouvrement** sur la part du conjoint survivant (ou du concubin ou du partenaire de Pacs survivant) peut être **différé** jusqu'à son décès. Il en est de même en ce qui concerne les héritiers qui, à la date du décès de l'allocataire, étaient à sa charge et (CSS art. D 815-7 modifié par décret 2023-436 du 3-6-2023) :

– avaient l'âge d'attribution automatique d'une pension à taux plein, soit 67 ans ;

– avaient 62 ans en cas d'inaptitude au travail reconnue par la caisse de retraite ou ayant un taux d'incapacité permanente d'au moins 50 % ;

– avaient au moins 65 ans et percevaient l'Aspa ;

– ou étaient atteints d'une invalidité réduisant d'au moins des deux tiers leur capacité de travail ou de gain.

L'héritier est considéré à la charge de l'allocataire s'il vit habituellement à son foyer et si ses ressources ne dépassent pas le plafond annuel de ressources applicable pour le droit à l'Aspa (personne seule) à la date du décès de l'allocataire (11 533,02 € depuis le 1er janvier 2023).

La situation des autres héritiers est appréciée au cas par cas par la commission de recours amiable (CRA) qui peut accorder un **échelonnement de paiement,** par exemple lorsque le bien issu de la succession est occupé par le conjoint survivant (Rép. Lherbier : Sén. 10-10-2019 n° 10817).

79920 **Aides à l'hébergement des personnes âgées** Les frais d'hébergement et de soins dans les établissements de type maison de retraite, long séjour, logement-foyer ou placement familial pris en charge par l'aide sociale sont récupérables auprès des héritiers et légataires sans aucun abattement et dès le premier euro. Il en est de même sur les donations et les contrats d'assurance-vie (CASF art. L 132-8).

Les personnes **handicapées âgées** peuvent être prises en charge au titre de l'aide sociale, soit en raison de leur handicap, soit en raison de leur âge, cette distinction ayant été jugée conforme à la Constitution (Cons. const. 21-10-2016 n° 2016-592 QPC).

Le régime d'**exemption** de recours en récupération applicable aux personnes handicapées (CASF art. L 344-5 ; voir n° 79930) est étendu aux personnes handicapées âgées hébergées dans des établissements d'hébergement pour personnes âgées dépendantes (Ehpad) ou des unités de soins de longue durée dans deux situations (CASF art. L 344-5-1) :
– lorsque ces personnes étaient précédemment hébergées dans un établissement dédié au handicap ;
– lorsque leur incapacité a été reconnue au moins égale à un pourcentage fixé par décret avant leurs 65 ans.

> **Précisions** Le département qui a **versé directement à l'établissement gestionnaire** la totalité des frais d'hébergement d'une personne âgée, sans déduction de sa participation, est en droit de récupérer les sommes versées sur la succession de la bénéficiaire (Cass. 2e civ, 7-7-2022 n° 21-13.527 F-B : BPAT 5/22 n° 344). En l'espèce, les juges ont retenu que l'article R 131-5 du Code de l'action sociale et des familles pose le principe général du versement direct au bénéficiaire de l'aide sociale mais n'interdit en aucune manière au département de choisir d'autres modalités, en particulier pour les frais de séjour des personnes hébergées dans les établissements adaptés. Une telle mesure peut s'avérer pleinement justifiée pour garantir la continuité de la prise en charge de personnes qui sont vulnérables et s'assurer de la bonne affectation de l'aide.

Autres aides sociales pour les personnes âgées Accordées sous différentes formes (prestations à domicile, aide médicale à domicile, aide-ménagère, prise en charge du forfait journalier hospitalier), elles sont récupérables sur les successions et legs universels et à titre universel sur la partie de l'actif net successoral supérieure à 46 000 €, et après application d'un abattement de 760 €. Elles sont récupérables sans abattement et dès le premier euro sur les legs particuliers, sur les donations et les contrats d'assurance-vie (CASF art. L 132-8, R 132-11 et R 132-12). **79925**

Aides à l'hébergement des personnes handicapées Les frais d'hébergement et de soins en établissement social ou médico-social sont en principe récupérables auprès des **héritiers** et des **légataires universels ou à titre universel** sans aucun abattement et dès le premier euro (CASF art. L 344-5 et L 344-5-1). Par **exception,** ces aides ne sont pas récupérables auprès des enfants, du conjoint, des parents ou de la personne ayant exercé la charge effective et constante de la personne handicapée. Une telle charge s'entend d'un engagement régulier et personnel de l'héritier auprès de la personne handicapée, placée en établissement, tant d'ordre matériel qu'affectif et moral (Cass. 2e civ. 26-1-2023 n° 21-18.653 F-B : BPAT 2/23 inf. 90). **79930**

À noter que ces cas d'exemption ont été jugés conformes à la Constitution (Cons. const. 21-10-2016 n° 2016-592 QPC).

Une difficulté peut survenir en présence d'**héritiers exonérés** de récupération et d'**autres non exonérés,** lorsque ces derniers renoncent à la succession. Le Conseil d'État a jugé, dans une affaire où les frères et sœurs avaient renoncé à leurs droits successoraux au profit de leur mère, que la récupération peut s'effectuer sur la part qui leur était dévolue (CE 8-4-2015 n° 370255). Il semble toutefois que la solution aurait été différente en cas de renonciation régie par les articles 804 à 808 du Code civil.

Ces sommes ne sont pas non plus récupérables auprès des **légataires particuliers,** des **donataires** et des bénéficiaires d'un contrat d'**assurance-vie.**

ATTENTION

Les **frères et sœurs** ne sont pas concernés par l'exemption du recours en récupération s'ils n'ont pas assuré la charge effective et constante de l'intéressé (Cons. const. 21-10-2016 n° 2016-592 QPC). En revanche, ils le sont dès lors que cette condition est remplie (Cass. soc. 26-1-2023 n° 21-18.653 F-B précité).

Quant aux **petits-enfants,** il ne peut être exercé de recours en récupération contre eux dans le cas où ils viennent à la succession en représentation de leur parent prédécédé (CE 27-6-2015 n° 266216). À défaut d'une telle représentation, la condition de prise en charge effective et constante s'applique.

Autres aides sociales pour les personnes handicapées Accordées sous différentes formes (prestations à domicile, aide médicale à domicile, aide-ménagère), elles sont en principe récupérables sur les **successions** et les **legs universels ou à titre universel,** mais seulement sur la partie de l'actif net successoral supérieure à 46 000 € et après application **79935**

d'un abattement de 760 € (CASF art. L 132-8 et R 132-12 ; CE 5-5-2000 nº 208264 ; CE 4-12-2002 nº 241042). Par **exception,** ces aides ne sont pas récupérables auprès des enfants, du conjoint, ou de la personne ayant exercé la charge effective et constante de la personne handicapée (CASF art. L 241-4). Sur la notion de charge effective et constante, voir nº 79930.

Les sommes sont récupérables sans abattement et dès le premier euro auprès des **légataires particuliers** et des **donataires** ainsi que des bénéficiaires d'un contrat d'**assurance-vie.**

RÉCUPÉRATION DE PLUSIEURS AIDES SOCIALES

79945 Des difficultés peuvent surgir en cas de concours de récupération de plusieurs aides, aucune **règle de priorité** n'étant fixée par la loi. Il convient d'appliquer les plafonds de récupération et, pour les aides récupérables sur les mêmes montants, effectuer une récupération au prorata des différentes créances, étant rappelé que la récupération ne peut jamais dépasser l'actif net successoral (voir nº 79805 ; Circ. Cnav. 89 du 25-10-1989).

EXEMPLES

Une personne décède en mars 2023 en laissant deux héritiers. L'actif net successoral est de 60 000 €. La Carsat souhaite récupérer 5 000 € au titre de l'Aspa ; le département 30 000 € au titre de l'hébergement en établissement et 15 000 € au titre des frais d'aide à domicile. La récupération s'effectuera comme suit :
– de 0 à 39 000 €, seuls les frais d'hébergement sont récupérables. 30 000 € seront donc versés au département et 9 000 € aux héritiers ;
– entre 39 000 et 46 000 €, l'Aspa est récupérable mais pas les frais d'aide à domicile. 5 000 € seront donc versés à la Carsat et 2 000 € aux héritiers ;
– de 46 000 à 60 000 €, les frais d'aide à domicile sont récupérables (avec un abattement de 760 €). Le département pourra récupérer 14 000 €.

L'actif net successoral de 60 000 € sera donc réparti comme suit : 11 000 € pour les héritiers, 5 000 € pour la Carsat et 44 000 € pour le département.

Si le décès intervient en octobre 2023 :
– le Carsat ne peut pas récupérer 5 000 € au titre de l'Aspa (actif net successoral inférieur à 100 000 €) ;
– 30 000 € sont versés au département au titre des frais d'hébergement ;
– de 46 000 à 60 000 €, les frais d'aide à domicile sont récupérés (avec un abattement de 760 €). Le département pourra récupérer 14 000 €.

L'actif net successoral de 60 000 € sera donc réparti comme suit : 16 000 € pour les héritiers et 44 000 € pour le département.

2. MODALITÉS DE RÉCUPÉRATION DES AIDES SOCIALES ET VOIES DE RECOURS

INFORMATION PRÉALABLE

79965 La question de l'information du bénéficiaire de l'aide sociale sur les possibilités et les modalités de récupération est discutée car une telle information peut conduire à ce que certaines personnes renoncent aux aides. Pour autant, une **obligation** d'information existe pour l'Aspa (CSS art. L 815-6). Concernant les autres aides, les textes ne mentionnent pas explicitement une obligation dans ce domaine, le Conseil d'État a même jugé qu'une telle obligation n'existait pas (CE 25-4-2001 nº 214252). Le règlement départemental d'aide sociale contient généralement des indications sur les possibilités et conditions de récupération.

DÉCISION DE RÉCUPÉRATION

79970 Les actions en récupération des aides sociales sont exercées par l'État, les départements ou les organismes qui ont attribué l'aide (caisse de retraite pour l'Aspa, par exemple).

La récupération n'est pas **systématique** : ainsi, pour les aides sociales allouées par le département, la décision est prise par le président du conseil départemental ou le préfet, qui décide du principe de la récupération et en fixe le montant (CASF art. R 132-11).

Certains départements recourent davantage à la récupération sur successions que d'autres. Le règlement départemental d'aide sociale peut à cet égard donner des précisions. L'autorité compétente peut décider d'aménager les modalités de la récupération et en reporter les effets dans le temps (par exemple, au décès du conjoint survivant, voir CE 25-4-2001 nº 214252 et voir nº 79910 pour l'Aspa).

Si une demande est présentée pour écarter la récupération, l'autorité compétente apprécie les éléments. Par exemple, le fait d'avoir fait preuve de dévouement pendant la maladie de son mari ne justifie pas à lui seul la non-récupération, en l'absence d'autres éléments sur la situation matérielle des héritiers (CE 30-3-2001 n° 208934 : décision rendue sous l'empire de l'ancien article 146 du Code de la famille et de l'aide sociale devenu l'article L 132-8 du Code de l'action sociale et des familles).

Le délai de **prescription** des actions en récupération est de cinq ans (C. civ. art. 2224). Il démarre au jour où l'autorité récupératrice a ou aurait dû avoir connaissance du décès pour les aides versées par l'État ou le département. Concernant l'Aspa, le point de départ de ce délai est l'enregistrement d'un écrit ou d'une déclaration mentionnant la date et le lieu du décès du défunt ainsi que le nom et l'adresse de l'un au moins des ayants droit (CSS art. L 815-13).

> **Précisions** Constitue une **cause interruptive de prescription** le courrier envoyé à la caisse, par les héritiers, indiquant qu'ils ne pourront rembourser les sommes demandées au titre de récupération sur succession qu'une fois la vente d'un bien dépendant de la succession réalisée. En effet, par ce courrier, les héritiers ont reconnu le principe de leur dette, ce qui interrompt la prescription en vertu de l'article 2240 du Code civil (Cass. 2e civ. 26-11-2020 n° 19-14.489 F-D : SNH 42/20 inf. 9).

INSCRIPTION D'UNE HYPOTHÈQUE EN VUE DES RECOURS EN RÉCUPÉRATION

Pour garantir les recours en récupération des aides par le **département ou l'État,** l'administration peut prendre une hypothèque sur les biens du bénéficiaire à condition que la valeur des **79975** biens soit au moins égale à 1 500 €. L'hypothèque prend rang au jour de son inscription. L'inscription de l'hypothèque est possible pour toutes les aides récupérables, à l'exception des prestations d'aide sociale à domicile et du forfait journalier hospitalier (CASF art. L 132-9 et R 132-14).

La mainlevée de l'hypothèque est donnée soit d'office, soit à la requête du débiteur par décision du préfet ou du conseil départemental. Elle intervient au vu des pièces justificatives soit du remboursement de la créance, soit d'une remise.

La récupération des sommes versées au titre de l'**Aspa** peut également être garantie par une hypothèque sur un immeuble appartenant à l'allocataire (CSS art. L 815-13 et R 815-46 s.). Celle-ci ne peut être prise que si la valeur des biens de l'allocataire est au moins égale à 100 000 € (150 000 € dans les collectivités d'outre-mer). La mainlevée de l'hypothèque intervient au vu des pièces justificatives soit du remboursement de la créance, soit d'une remise.

CONTESTATION DE LA DÉCISION DE RÉCUPÉRATION

Pour les **aides versées par le département,** le recours contentieux doit être précédé d'un **79980** recours administratif auprès de l'auteur de la décision. En cas d'échec de cette démarche, le tribunal judiciaire statue sur la contestation (C. org. jud. art. L 211-16 ; CASF art. L 134-2 et L 134-3).

Pour contester une décision de récupération de l'**Aspa,** le recours doit être porté devant la commission de recours amiable de la caisse de retraite ayant pris la décision. La décision de cette commission peut être contestée dans un délai de deux mois devant le tribunal judiciaire compétent (CSS art. R 142-1-A). Le jugement est ensuite susceptible de recours dans les conditions de droit commun.

3. RÉGIME FISCAL DE LA RÉCUPÉRATION DES AIDES SOCIALES

Seules les **dettes** qui existent au jour du décès sont **déductibles** de l'actif successoral taxable **80010** (CGI art. 768). Cette disposition interdit donc la déduction au passif des charges de succession qui sont par nature nées postérieurement au décès. La déduction des frais funéraires n'est admise que par une mesure de tolérance légale expresse prévue à l'article 775 du CGI.

En conséquence, la déduction au titre du passif successoral de la récupération des aides sociales n'est pas permise. La déduction de sommes soumises à récupération est toutefois admise à hauteur du montant effectivement reversé sur la part successorale de l'héritier ou du légataire qui a effectué ce reversement. Cette déduction n'est autorisée que si elle est **justifiée** par une attestation du comptable constatant le reversement ou de l'huissier en charge du recouvrement (BOI-ENR-DMTG-10-40-20-20 nos 160 à 190). Autrement dit, l'aide sociale reversée par un héritier ou un légataire ne peut pas figurer au passif de la succession. Elle peut toutefois être déduite de la part successorale taxable de l'héritier ou du légataire. En pratique, compte tenu du décalage entre le délai de dépôt de la déclaration de succession (dans les six mois du décès) et la récupération effective de l'aide (délai de prescription de cinq ans, voir n° 79970), une avance de trésorerie semble le plus souvent inévitable pour l'héritier ou le légataire.

Sur la question de la déductibilité fiscale en cas de récupération des aides sur l'**assurance-vie**, la doctrine administrative et les textes sont muets.

C. Tableau récapitulatif de la récupération des aides sociales

80060

Nature de l'aide	Recours contre le donataire	Recours contre le légataire particulier	Recours contre l'héritier, le légataire universel ou à titre universel	Recours contre le bénéficiaire d'un contrat d'assurance-vie
Allocation aux adultes handicapés (AAH)	non	non	non	non
Allocation compensatrice pour tierce personne (ACTP)	non	non	non	non
Prestation de compensation du handicap (PCH)	non	non	non	non
Frais d'hébergement des handicapés	non	non	oui, sauf contre les enfants, le conjoint, les parents ou la personne ayant exercé la charge effective de la personne	non
Frais d'hébergement des personnes âgées	oui	oui	oui	oui, de façon subsidiaire, à concurrence des primes versées après 70 ans
Allocation personnalisée d'autonomie (APA)	non	non	non	non
Allocation de solidarité aux personnes âgées (Aspa)	non, sauf réintégration dans l'actif net successoral des libéralités excessives	non, sauf réintégration dans l'actif net successoral des libéralités excessives	oui, si l'actif net successoral excède 100 000 € (150 000 € en outre-mer). Dans la limite d'un montant annuel	non, sauf réintégration dans l'actif net successoral des primes excessives
Allocation supplémentaire d'invalidité (ASI)	non	non	non	non
Aides à domicile (personnes âgées)	oui	oui	oui, si les aides versées excèdent 760 € et si l'actif net successoral est supérieur à 46 000 €	oui, de façon subsidiaire, à concurrence des primes versées après 70 ans

80060 (suite)

Nature de l'aide	Recours contre le donataire	Recours contre le légataire particulier	Recours contre l'héritier, le légataire universel ou à titre universel	Recours contre le bénéficiaire d'un contrat d'assurance-vie
Aides à domicile (personnes handicapées)	oui	oui	oui, sauf contre les enfants, le conjoint, ou la personne ayant exercé la charge effective de la personne ; en cas de recours, bénéfice des seuils de 46 000 € et 760 €	oui, de façon subsidiaire, à concurrence des primes versées après 70 ans
Prise en charge forfait journalier hospitalier	oui	oui	oui, si les aides versées excèdent 760 € et si l'actif net successoral est supérieur à 46 000 €	oui, de façon subsidiaire, à concurrence des primes versées après 70 ans
PSD[1]	oui	oui	oui, si les aides versées excèdent 760 € et si l'actif net successoral est supérieur à 46 000 €	oui, de façon subsidiaire, à concurrence des primes versées après 70 ans

1. Prestation spécifique dépendance : elle a été supprimée en 2002 et remplacée par l'APA.

DOSSIER 4 TRUSTS

SOMMAIRE

PRÉSENTATION DU TRUST

Le trust est un instrument juridique connu par certains **droits étrangers** et d'inspiration britannique, mais inconnu du droit civil français. Comme il a bien fallu, tout de même, tirer les conséquences de ce que des résidents de France pouvaient avoir constitué des trusts étrangers, ou en être bénéficiaires, le trust n'est pas, pour autant, ignoré de la **fiscalité française.** 80600

Le Code général des impôts définit le trust comme « l'**ensemble des relations juridiques** créées dans le droit d'un État autre que la France par une personne qui a la qualité de constituant, par acte entre vifs ou à cause de mort, en vue d'y placer des biens ou droits, sous le contrôle d'un administrateur, dans l'intérêt d'un ou de plusieurs bénéficiaires ou pour la réalisation d'un objectif déterminé » (CGI art. 792-0 bis).

De son côté, le Conseil d'État, dans un communiqué de presse annonçant la décision du 22 juillet 2016 de suspendre l'exécution du décret du 10 mai 2016 relatif au registre public des trusts (voir n° 81660), a introduit le sujet de la manière suivante : « Peu connu en droit français, le trust est un outil juridique usuel dans les systèmes de common law. Il permet à une personne appelée « constituant » de désigner un « administrateur » **en vue de gérer des biens** dédiés à un usage défini par le contrat créant le trust, qui institue un ou des bénéficiaires. C'est une formule notamment utilisée par certaines personnes pour financer des œuvres d'intérêt général ou régler les modalités de leur succession. »

> **Précisions** **a.** Le trust est connu dans le droit civil de nombreux pays de **tradition juridique anglaise** (Royaume-Uni, États-Unis, Canada, Australie, Nouvelle-Zélande, etc.), ainsi que de nombreux territoires dépendant du Royaume-Uni, tels que Jersey, Guernesey, les Bermudes, etc.
> **b.** En France, le mécanisme de la **fiducie** a été créé par une loi du 19 février 2007. Une fiducie n'est cependant pas un trust, notamment en raison de ce qu'elle n'emporte pas démembrement de propriété ; en outre, les fiducies françaises ne peuvent pas être utilisées à des fins de libéralité.
> **c.** Pour plus de précisions sur le traitement des trusts au regard du **droit international privé,** voir n°s 70065 s. et 70230.

LÉGISLATION FISCALE APPLICABLE AU TRUST

Le traitement fiscal des trusts est régi par l'article 14 de la loi 2011-900 du 29 juillet 2011 de finances rectificative pour 2011. Auparavant, le Code général des impôts ne posait pas de règles spécifiques, à l'exception d'un texte prévoyant l'assujettissement à l'impôt sur le 80605

revenu des produits des trusts (CGI art. 120, 9°). Depuis 2011, un dispositif fiscal assez complet a été mis en place, dans une double perspective :
– remédier à une forme d'**insécurité juridique** tenant à la difficulté de traiter, au regard des règles fiscales habituelles, un instrument juridique inconnu du droit civil français ;
– éviter que les trusts soient utilisés à des fins d'**évasion ou** de **fraude fiscale.**

La législation applicable en France est autonome et indépendante des caractéristiques proprement juridiques des trusts dans les droits étrangers sous lesquels ils ont été constitués.

SECTION 1

PRINCIPALES CARACTÉRISTIQUES DES TRUSTS

A. Notion

MÉCANISME DU TRUST

80710 Un trust n'a pas, en principe, de personnalité morale, à la différence d'une fondation constituée, par exemple, en Suisse ou au Liechtenstein. Contrairement à une fiducie de droit français, c'est une institution et non pas un contrat.

Le trust représente un démembrement de propriété reposant non pas sur une distinction entre nue-propriété et usufruit mais sur une distinction étrangère au droit civil français entre **propriété juridique** et **propriété économique.**

D'une façon générale, en droit étranger, le terme « trust » désigne la situation qui résulte d'un acte par lequel une personne, dénommée « constituant » (ou « settlor »), confie un bien quelconque à une autre personne dénommée « trustee » (ou « administrateur du trust », pour reprendre la terminologie employée par le Code général des impôts) à charge pour celle-ci de le gérer et d'en faire bénéficier une troisième, le « bénéficiaire », avant de le remettre à une quatrième, l'attributaire en capital. Le trust met en relation **trois ou quatre personnes** normalement distinctes, éventuellement davantage s'il y a plusieurs bénéficiaires, ou moins si, par exemple, le constituant est en même temps bénéficiaire ou si les bénéficiaires en revenus sont également attributaires en capital.

Le trust est généralement **créé par un acte** signé conjointement par le constituant et par le trustee et qui constitue la charte du trust (« deed of trust »). Le mode de transfert des biens au trust est cependant variable selon les circonstances et les législations applicables, car il peut s'agir d'une « donation » (« deed of gift ») ou d'un ajout à un trust préexistant (« deed of addition »). Il y a également des trusts « déclaratifs » par lesquels le trustee, qui est seul à apparaître à l'acte, déclare qu'il a reçu des biens ou droits « en trust » sans que le constituant intervienne.

> **Précisions** **a.** Le terme « trust » ne désigne pas une réalité juridique unique ; en effet, des **variantes** sont possibles selon les législations applicables même si elles sont d'inspiration voisine.
> **b.** Il arrive que des trusts soient considérés comme ayant la **personnalité morale** (cas des trusts constitués en Nouvelle-Zélande ou en Écosse, par exemple).

CONVENTION DE LA HAYE SUR LA LOI APPLICABLE AU TRUST ET À SA RECONNAISSANCE

80715 Le trust a fait l'objet d'une convention internationale, la convention de La Haye du 1er juillet 1985 sur la loi applicable au trust et à sa reconnaissance. Cette convention a été signée mais non ratifiée par la France ; elle n'est donc pas applicable dans notre pays. Il a toutefois été précisé que la question de sa **ratification** « fera l'objet d'une analyse précise dans les mois qui viennent » (Rép. Grosdidier : Sén. 5-5-2016 n° 16451 ; si cette analyse a été faite, elle n'a pas été rendue publique et cette convention n'a toujours pas été ratifiée). L'administration souhaite éviter, selon cette réponse, qu'une éventuelle ratification aboutisse « à une reconnaissance sans réserve, en France, de trusts de droit étranger qui ne seraient pas soumis aux mêmes règles – notamment de transparence, de lutte contre la fraude, l'évasion fiscale et le blanchiment – que celles imposées à la fiducie de droit français ».

B. Intervenants

CONSTITUANT DU TRUST

Le constituant (« settlor ») est le **véritable créateur** du trust, c'est-à-dire celui qui décide de remettre son bien, ou ses biens, à un trustee. Le transfert des biens en trust entraîne un transfert de propriété juridique ; lorsqu'il a mis un bien en trust, le constituant n'en est juridiquement plus propriétaire, la propriété ayant été transférée au trustee. 80765

En pratique, le constituant transfère souvent des biens à un trust préexistant qui a été créé par un prestataire spécialisé qui a mis en trust une somme symbolique lors de la création du trust et qui peut proposer ce trust à ses clients à des fins patrimoniales.

> **Précisions** Comme le constituant ne met des biens en trust que dans un but déterminé, il complète parfois les stipulations ordinaires des actes de trusts, généralement banales et stéréotypées, par une « **letter of wishes** » qui décrit ses volontés particulières.

TRUSTEE (« ADMINISTRATEUR DU TRUST »)

Le trustee est la personne à qui le bien est remis et qui en devient le **propriétaire légal.** Toutefois, son droit de propriété est limité par la propriété de « jouissance » dont dispose le bénéficiaire et par les stipulations de l'acte constitutif du trust. 80770

Le trustee a la **charge de gérer** les biens qui lui sont transmis **conformément aux instructions** qu'il a reçues ; il peut d'ailleurs être révoqué judiciairement lorsqu'il contrevient aux dispositions du trust (« breach of trust »). Il doit agir dans l'intérêt des bénéficiaires et ne doit pas tirer profit du trust, en dehors de sa propre rémunération.

Il peut être tentant, parfois, de regarder le trustee comme une sorte de **mandataire** ; la qualification de mandat devrait cependant être écartée, le plus souvent, étant donné que le trustee est le propriétaire des biens alors qu'un mandataire agit pour le compte de son mandant (le trustee d'un grantor trust, toutefois, est très proche d'un mandataire : voir n° 80835).

BÉNÉFICIAIRE DU TRUST

Il s'agit de la personne qui bénéficie des revenus versés par le trustee dans les conditions fixées par l'acte constitutif du trust et/ou des biens eux-mêmes, au terme du trust ou, le cas échéant, en cours de vie du trust, ou enfin en cas de dissolution anticipée. 80775

Le bénéficiaire du trust n'a pas la propriété juridique des biens mis en trust mais il en a une sorte de **propriété économique,** ou de jouissance. L'avantage dont il bénéficie peut prendre différentes formes, comme une rente viagère ou temporaire, un versement périodique ou épisodique de revenus, ou, s'il est attributaire en capital, la remise des biens eux-mêmes, en fonction des dispositions prises initialement par le constituant. Dans le cas le plus courant, celui des trusts discrétionnaires et irrévocables, le bénéficiaire n'a aucun droit à recevoir un avantage quelconque, le trustee ayant la faculté de décider s'il donne suite ou non aux souhaits que pourrait émettre le bénéficiaire (le trustee n'est tenu que par l'acte de trust et par les souhaits émis initialement par le constituant).

Il y a généralement **plusieurs bénéficiaires,** soit simultanément, soit successivement ; souvent, le constituant pose un ordre de succession des bénéficiaires, chacun devenant bénéficiaire au décès du précédent. Le constituant peut être également lui-même bénéficiaire.

> **Précisions** Le bénéficiaire n'est pas assimilable à un **usufruitier** des biens mis en trust, puisqu'il n'en jouit pas directement, qu'il n'a aucun droit sur eux et qu'il ne bénéficie en principe des revenus que si le trustee le décide (trusts discrétionnaires).

PROTECTOR

Il arrive souvent que l'acte de trust prévoie l'institution d'un protector chargé de nommer et de révoquer le trustee et de contrôler sa gestion. 80780

Il n'est d'ailleurs pas rare, dans les trusts intervivos (n° 80830), que ce protector soit, en réalité, contrôlé par le constituant qui retrouve ainsi, indirectement, le **contrôle** des biens mis en trust, dont il s'est pourtant juridiquement dessaisi ; tel est le cas, par exemple, si le protector est une société contrôlée par le constituant.

C. Éléments de typologie

TRUSTS INTERVIVOS OU TESTAMENTAIRES

80830 Le plus souvent, les trusts sont constitués du vivant du constituant (« trusts intervivos »). Ils peuvent être également constitués au décès du constituant (« trust testamentaire »).

TRUSTS RÉVOCABLES OU IRRÉVOCABLES

80835 Les trusts irrévocables sont des trusts définitifs, qui ne peuvent en principe prendre fin que lors de la survenance du terme (le trustee ou le protector ont toutefois, généralement, la possibilité de **mettre fin au trust** de façon anticipée). Lorsque le constituant conserve le droit de mettre fin au trust, à son gré ou sous certaines conditions, le trust est dit « révocable ». Il arrive également que les trusts intervivos soient révocables durant la vie du constituant et qu'ils deviennent irrévocables à son décès.

Toutes sortes de combinaisons sont possibles ; dans certains « **grantor trusts** », par exemple, le grantor (constituant) continue de contrôler la gestion des biens mis en trust et conserve le pouvoir de révoquer ou de modifier le trust mais pendant une certaine période seulement.

Les trusts révocables ne sont finalement qu'un **mode de gestion** de biens qui sont considérés comme appartenant toujours au constituant.

TRUSTS SIMPLES OU DISCRÉTIONNAIRES

80840 Dans les trusts simples, les revenus produits par les biens mis en trust doivent être distribués au fur et à mesure de leur réalisation. Dans les trusts complexes, ou discrétionnaires, le trustee a, au contraire, la **faculté de décider du sort des revenus** (réinvestissement ou distribution).

Le plus souvent, dans la gestion des fortunes privées, les trusts sont irrévocables et discrétionnaires.

D. Effets en France des trusts étrangers

VALIDITÉ DE PRINCIPE DES TRUSTS ÉTRANGERS

80890 S'il n'est pas possible de créer des trusts sous droit français, rien ne s'oppose à ce que des trusts constitués à l'étranger puissent produire des effets en France ; le principe de l'« **autonomie de la volonté** » permet, en effet, aux parties de soumettre leur acte à une loi connaissant le mécanisme du trust.

L'administration le reconnaît expressément lorsqu'elle souligne que la jurisprudence admet que les trusts institués à l'étranger, bien qu'ils ne constituent pas un élément du droit français, produisent des effets en France, dès lors qu'ils ont été constitués en respectant les lois en vigueur dans l'État de création et qu'ils ne comportent pas de dispositions contraires à l'ordre public français, en particulier à la réserve héréditaire (BOI-DJC-TRUST n° 1).

CONDITIONS DE VALIDITÉ DES TRUSTS ÉTRANGERS

80895 La validité en France d'un trust étranger suppose le respect de certaines conditions :

– il doit être **valablement constitué** à l'étranger ;

– il ne doit pas heurter l'**ordre public français** et, notamment, la réserve héréditaire.

TRUST ET DONATION INDIRECTE

80900 Il résulte de la jurisprudence de la Cour de cassation que, dans les circonstances les plus courantes, les effets en France d'un trust étranger peuvent être analysés à la lumière de la notion de donation indirecte ; le constituant est regardé comme ayant été animé d'une intention libérale et comme ayant réalisé une donation indirecte prenant effet à son décès par la réunion de tous ses éléments (Cass. 1e civ. 20-2-1996 n° 93-19.855 P : Bull. civ. I n° 93 ; JCP G 1996-II n° 22647), ou à un autre moment que le décès, comme l'a jugé ensuite la Cour de cassation.

Une donation peut, en effet, être caractérisée lorsque les biens sont remis aux bénéficiaires en cours de vie du trust ou lorsqu'il est mis fin au trust, la mise en trust de biens caractérisant une mutation à titre gratuit ayant pris effet au jour du décès du constituant et non au jour de la constitution du trust (Cass. com. 15-5-2007 n° 05-18.268 FS-PBIR : Bull. civ. IV n° 131 ; RJF 10/07 n° 1170 ; BPAT 4/07 inf. 116). Dans le même sens, la Cour de cassation a confirmé que, antérieurement à la loi du 29 juillet 2011, une personne physique domiciliée en France était bien redevable des droits de donation au taux de 60 % au titre de sommes qu'elle avait reçues par virement bancaire d'un trustee canadien, en conséquence d'un trust intervivos constitué par un constituant dont l'identité était demeurée inconnue, et qui représentaient une partie du corpus du trust (Cass. com. 6-11-2019 n° 17-26.985 F-D) ; dans cette affaire, la condition d'acceptation de la donation a été jugée satisfaite dès lors que le bénéficiaire avait encaissé les virements opérés à son profit par le trustee. Sur le traitement des transmissions en termes de donation et succession, voir également n° 81240.

SECTION 2 CHAMP D'APPLICATION DE LA LÉGISLATION FISCALE FRANÇAISE

TRUSTS VISÉS

Sont considérés comme des « trusts », pour l'application du Code général des impôts (CGI art. 792-0 bis, I-1), des **relations juridiques** qui répondent aux critères suivants : 81000

– elles doivent être régies par un autre droit que le droit français (ainsi, une fiducie française n'est pas un « trust » : voir n° 80600, Précisions, b) ;

– elles doivent avoir été créées, par acte entre vifs ou à cause de mort, par une personne qui a la qualité de constituant (voir n° 81010), en vue d'y placer des biens ou droits sous le contrôle d'un administrateur (le « trustee » : voir n° 80770), dans l'intérêt d'un ou de plusieurs bénéficiaires ou pour la réalisation d'un objectif déterminé.

Dès lors que ces conditions sont réunies, un trust est identifié, au moins aux fins de la fiscalité française. L'administration indique, en ce sens, que sont considérées comme des trusts toutes les relations juridiques répondant à la définition générale, quelles que soient leur appellation effective ou les **caractéristiques du trust** (révocable ou non, discrétionnaire ou non, etc.) ; les trusts dotés de la **personnalité morale** entrent dans les prévisions de la loi, alors même d'ailleurs qu'ils ne seraient pas appelés formellement « trusts » (BOI-DJC-TRUST n° 40 ; CAA Versailles 9-5-2023 n° 20VE02126, à propos d'une fondation allemande).

TRUSTS EXCLUS

Sont considérés par l'administration comme ne répondant pas à la définition des trusts au sens du n° 81000 (BOI-DJC-TRUST n° 60) : 81005

– les trusts **constitués par une entreprise** ou un groupe d'entreprises pour leur propre compte (cas, par exemple, des trusts créés par des sociétés et dédiés à la gestion des dispositifs d'épargne salariale ou d'actionnariat salarié) ; pour que cette exception soit applicable, le trust ne doit pas avoir été constitué par une personne physique (si le trust a été constitué par une personne physique agissant à titre professionnel ou par une personne morale, aucune personne physique ne doit y avoir placé des biens et droits au sens du n° 81010) ;

– la plupart des « **unit trusts** » qui sont, en réalité, des organismes de placement collectif en valeurs mobilières.

Ces trusts n'entrent, par conséquent, dans le champ d'application d'aucune des **dispositions fiscales françaises visant spécifiquement les trusts,** y compris les obligations déclaratives mentionnées n° 81630.

> **› Précisions** Les **autres règles posées par le Code général des impôts** sont bien entendu applicables aux trusts exclus ; par exemple, des personnes physiques qui disposeraient de parts ou de droits dans ces trusts restent passibles de l'impôt sur la fortune immobilière et des droits de mutation à titre gratuit dans les conditions de droit commun (l'exclusion ne vise que le régime spécifique aux trusts).

DÉFINITION « FISCALE » FRANÇAISE DU CONSTITUANT

Pour l'application des règles relatives aux droits de mutation à titre gratuit et à l'IFI, ainsi que pour le prélèvement (n° 81510), le constituant du trust est soit la **personne physique qui l'a** 81010

constitué, soit, lorsqu'il a été constitué par une personne physique agissant à titre professionnel ou par une personne morale, la personne physique **qui y a placé des biens et droits** (CGI art. 792-0 bis, I-2 ; BOI-DJC-TRUST nos 80 s., ajoutant que la personne physique peut avoir agi de manière directe ou indirecte).

Cette dernière précision vise notamment le cas où, alors que le trust a été constitué, par exemple, par un établissement financier qui y a placé un montant nominal, une personne physique y a ensuite placé des biens ou droits. Sont ainsi visés les cas où le constituant est en apparence une société alors que le **constituant réel** est une personne physique pour le compte de laquelle le constituant agit et qui n'est qu'une façade.

La formulation retenue permet également d'appréhender le trust dans les mêmes conditions lorsque son constituant est une personne physique agissant à titre professionnel, comme pourrait l'être, par exemple, un avocat, un conseiller en gestion de patrimoine ou un notaire.

L'administration estime que cette définition du constituant lui permet d'appréhender la réalité économique d'un trust sans qu'une **apparence juridique** puisse lui être opposée. En pratique, elle recherche le « véritable » constituant dans le cas où le constituant d'un trust, seul à apparaître dans l'acte de trust, est une personne morale (par exemple une société de gestion de patrimoine ou un établissement de crédit) ou une personne physique agissant à titre professionnel qui agit, en réalité, comme mandataire d'une personne physique du patrimoine de laquelle sont issus les biens placés dans le trust, directement ou indirectement par l'intermédiaire d'une ou plusieurs personnes morales (BOI-DJC-TRUST nº 90).

Afin d'imposer les mutations successives et de soumettre les biens ou droits placés en trust à l'impôt sur la fortune immobilière, la loi définit également un **constituant « fiscal » au décès du constituant initial,** le bénéficiaire réputé constituant (nº 81280).

› Précisions La **définition** du constituant ne **vaut** pas **pour** l'ensemble des dispositions du Code général des impôts mais seulement pour les droits de mutation à titre gratuit, l'IFI et le prélèvement ; en particulier, elle n'a pas d'impact sur les autres dispositifs éventuellement applicables aux entreprises ni sur l'impôt sur le revenu ou les modalités déclaratives.

SECTION 3

IMPOSITION DES SOMMES VERSÉES AUX BÉNÉFICIAIRES DES TRUSTS

PRODUITS « DISTRIBUÉS » PAR LES TRUSTS

81110 Une personne physique domiciliée en France qui reçoit des produits de trust est imposable sur ces sommes dans la **catégorie des revenus de capitaux mobiliers** (CGI art. 120, 9º). Depuis le 1er janvier 2018, ces revenus sont passibles du prélèvement forfaitaire unique au taux global de 30 % (en cas d'option globale pour le barème progressif de l'impôt sur le revenu, en lieu et place du prélèvement forfaitaire unique, l'abattement de 40 % n'est pas applicable).

La qualification de revenus de capitaux mobiliers est **indépendante de l'origine** des produits reçus par le trust et reversés par ce dernier (en fait, par le trustee pour le compte du trust), qui peuvent eux-mêmes être des revenus de valeurs mobilières, des revenus immobiliers, des plus-values ou autres ; sont également indifférentes les particularités du trust, par exemple, son caractère révocable ou non ou son caractère discrétionnaire ou non. Il n'est pas demandé à l'administration d'établir que les revenus distribués proviennent, en tout ou en partie, de valeurs mobilières étrangères ou de créances étrangères (BOI-RPPM-RCM-10-30-10-10 nº 130).

PRODUITS ACCUMULÉS AU SEIN DES TRUSTS

81115 Lorsque les produits accumulés au sein des trusts, et non distribués, bénéficient d'un régime fiscal privilégié (ce qui est souvent le cas étant donné les lieux de constitution des trusts), la question se pose de l'incidence de l'**article 123 bis du CGI.**

L'article 123 bis du CGI prévoit l'imposition en France, sous certaines conditions, des revenus accumulés dans des entités étrangères de gestion de portefeuille qui ne sont pas imposables ou qui sont assujetties localement à des impositions inférieures de 40 % ou plus à ce qu'elles devraient acquitter en France si elles y étaient domiciliées ou établies. Ce texte s'applique lorsqu'une personne physique domiciliée en France détient directement ou indirectement 10 % au moins des actions, parts, droits financiers ou droits de vote « dans une entité juridique – personne morale, organisme, **fiducie ou institution comparable** – établie ou constituée hors de France ».

Pour éviter le développement de débats contentieux sur la façon d'apprécier la **condition de détention de 10 %** alors que nul n'a réellement de « droits » dans les trusts et que ces derniers n'ont pas de capital, la loi prévoit, depuis le 1er janvier 2022 (revenus des trusts réalisés à compter de 2021), que la condition de détention de 10 % est **présumée satisfaite** par le constituant ou le bénéficiaire réputé constituant ; cette présomption peut être renversée, mais, afin de tenir compte des situations dans lesquelles le dessaisissement du constituant d'un trust irrévocable et discrétionnaire ne serait qu'apparent, la loi prévoit que la preuve contraire ne peut résulter uniquement du caractère irrévocable du trust et du pouvoir discrétionnaire de gestion de son administrateur (CGI art. 123 bis, 4 ter-a). L'administration estime que la mise en œuvre de cette présomption l'autorise à imposer la totalité des bénéfices ou revenus positifs du trust entre les mains du constituant ou bénéficiaire réputé constituant ; le contribuable peut toutefois établir, dans le cadre du débat oral et contradictoire, la proportion exacte des actions, parts ou droits qu'il détient dans l'entité, auquel cas il est imposable dans cette proportion (BOI-RPPM-RCM-10-30-20-20 n° 385).

Cette position n'est pas nouvelle, car l'administration a toujours soutenu que l'article 123 bis du CGI s'applique, notamment, aux droits dans les fiducies, trusts, ou institutions comparables, telles que certaines fondations de famille (BOI-RPPM-RCM-10-30-20-10 n° 230) ; la doctrine administrative précise que, en pratique, il appartient au contribuable de mentionner le nom ou la raison sociale du fiduciaire ou de la personne exerçant des fonctions comparables (trustee, ou administrateur du trust), ainsi que le pourcentage des droits détenus directement ou indirectement, afin de permettre la détermination du montant du revenu imposable en France (BOI-RPPM-RCM-10-30-20-40 n° 20).

Le principe de l'application de l'article 123 bis du CGI aux trusts a, dans le même sens, été affirmé par la cour administrative d'appel de Paris à propos de contribuables qui avaient transféré des actifs dans des trusts situés aux Bermudes (CAA Paris 24-6-2020 n° 19PA00458 : RJF 10/20 n° 791) ; cet arrêt, définitif, juge que ces dispositions, « interprétées à la lumière des travaux préparatoires de l'article 101 de la loi de finances pour 1999 dont elles sont issues, doivent être regardées comme incluant dans leur champ d'application les actions, parts, droits financiers ou droits de vote détenus dans les trusts au sens du droit anglo-saxon ». Cet arrêt se situe dans la ligne de la décision du Conseil d'État jugeant que, pour l'application de l'article 123 bis, la condition de détention de l'entité étrangère est satisfaite lorsque le contribuable exerce sur cette dernière un **contrôle,** même partagé, quelle que soit sa forme juridique et supérieur à 10 % seulement s'il est quantifiable (CE 10-3-2020 n° 427104 : RJF 6/20 n° 540). Ainsi, la circonstance que ni le bénéficiaire ni le constituant ne détiennent, à proprement parler, de « droits » dans un trust n'est pas un obstacle à l'application de l'article 123 bis. Cela étant, dans l'affaire jugée par la cour administrative d'appel de Paris, précitée, l'article 123 bis a été considéré comme inapplicable car, d'une part, il s'agissait de trusts irrévocables et discrétionnaires et, d'autre part, les trusts ne caractérisaient pas un montage artificiel dont le but serait de contourner la législation fiscale française (les trusts avaient été constitués alors que le contribuable n'était pas domicilié en France et répondaient à des objectifs patrimoniaux).

DISTRIBUTION DU CAPITAL DES TRUSTS

La **remise du « capital »** lui-même, à savoir la « distribution » au bénéficiaire de tout ou partie des biens mis en trust, n'entre pas, à notre avis, dans le champ de l'article 120, 9° du CGI ; en effet, une telle distribution, sous réserve que son origine soit justifiée, devrait s'analyser en termes de transmission à titre gratuit (n° 81240). Compte tenu de la jurisprudence de la Cour de cassation, seules les **distributions faites au constituant** (ou au bénéficiaire réputé constituant) devraient, en effet, être regardées comme des « produits distribués », sauf dans l'hypothèse où il s'agirait de la reprise de biens effectivement mis en trust et non pas de la distribution des produits réalisés par le trust. Les distributions faites à d'autres 81120 personnes relèvent plutôt d'une analyse en termes de donation indirecte, qu'elles soient faites alors que le constituant est en vie ou à son décès.

À titre indicatif, il a été jugé, sous l'empire de la législation antérieure à la loi du 29 juillet 2011, que des sommes provenant de transferts du capital d'un trust britannique et attribuées à une personne fiscalement domiciliée en France ne sauraient être regardées comme un revenu imposable en tant que produit de trust au sens de l'article 120, 9° du CGI ; ces sommes n'ont le caractère de revenu qu'en ce qui concerne la quote-part des **intérêts capitalisés des placements** qui ont été réalisés au profit du bénéficiaire (CAA Bordeaux 4e ch. 6-9-2012 n° 10BX01374 : RJF 12/12 n° 1123 ; arrêt définitif). De même, il a été jugé que seuls peuvent être considérés comme des « produits » d'un trust, soumis à l'impôt sur le revenu dans la catégorie des revenus de capitaux mobiliers au nom du bénéficiaire, les sommes correspondant aux fruits générés par le capital affecté au trust, à l'exclusion de celles résultant de transferts portant sur la propriété du capital lui-même (TA Cergy-Pontoise 21-5-2013 n° 1105647 : RJF 1/14 n° 33, à propos d'un trust canadien ; jugement définitif).

Cela étant, la transposition de ces solutions sous l'empire de la législation actuelle est incertaine étant donné que les « produits capitalisés » sont traités de la même façon que les biens ou droits mis en trust ; actuellement, ils devraient donc relever également des droits de mutation à titre gratuit, dans l'hypothèse où ils seraient attribués à une personne autre que le constituant, alors que les décisions précédentes les faisaient entrer dans le champ de l'impôt sur le revenu.

En ce sens, il a été jugé que les produits capitalisés sont, comme les droits et titres placés dans le trust, soumis aux droits de mutation lorsqu'ils sont transmis par donation ou succession alors que les revenus distribués entrent dans le champ de l'article 120, 9° du CGI et que seuls les **fruits générés par le capital affecté au trust** et distribués au bénéficiaire sont imposables à son nom en tant que revenus de capitaux mobiliers, et non les transferts portant sur la propriété de ce capital (CAA Paris 21-4-2023 n° 20PA02868, à propos d'une personne physique qui avait reçu, en 2012 et 2013, des sommes en provenance d'un trust américain) ; ces principes ont été réaffirmés dans une affaire concernant une personne physique qui avait reçu une distribution d'un trust néo-zélandais (CAA Paris 28-6-2023 n° 21PA04308).

INCIDENCES DES CONVENTIONS FISCALES INTERNATIONALES

81125 Les conventions fiscales n'abordent que rarement le cas particulier des produits de trusts.

En ce qui concerne les relations **franco-américaines,** une clarification avait été apportée par une note du 25 mars 1981 relative, notamment, au régime fiscal des produits de trusts dans le cadre de l'ancienne convention fiscale franco-américaine du 28 juillet 1967 (ancien BODGI 14 B-2-1981) ; l'administration avait précisé que cette note continuait de produire ses effets sous l'empire de la convention fiscale actuelle, du 31 août 1994, mais cette précision n'a pas été reprise au Bofip. Il était précisé qu'en ce qui concerne les trusts simples, les revenus versés par les trusts étaient considérés comme ayant le même caractère au niveau du bénéficiaire et au niveau du trust ; la même règle était prévue à l'égard des trusts complexes, la France accordant un crédit d'impôt en cas d'imposition aux États-Unis.

De son côté, la convention **franco-canadienne** du 2 mai 1975 modifiée prévoit, dans son article 21, que les revenus provenant d'un trust peuvent être soumis à une retenue à la source de 15 % qui constitue un crédit d'impôt en France.

En ce qui concerne, enfin, la convention **franco-britannique** du 19 juin 2008, l'administration indique que les revenus perçus par l'intermédiaire de trusts ne bénéficient pas de la convention fiscale (BOI-INT-CVB-GBR-10-20 n° 470).

> **Précisions** **a.** Une personne physique domiciliée en France qui avait perçu, de 2014 à 2017, des dividendes versés par une société **australienne** par l'intermédiaire d'un trust familial ne pouvait pas imputer de **crédit d'impôt en France** au titre de l'impôt acquitté par la société australienne, dès lors qu'il ne s'agissait pas d'un impôt auquel elle avait personnellement été soumise en Australie (CAA Toulouse 25-5-2022 n° 21TL00893 : RJF 2/23 n° 137).

b. Selon un avis non contentieux rendu par le Conseil d'État à la demande du gouvernement, les revenus de valeurs mobilières versés à un **trust américain** ne peuvent pas être regardés comme directement appréhendés par des citoyens américains résidents de France et doivent être traités au titre de l'impôt sur le revenu, dans la mesure où ils sont distribués, comme des revenus de valeurs mobilières émises hors de France (Avis CE Avis sect. finances 18-4-2023 n° 406825).

SECTION 4

TRUSTS ET DROITS DE MUTATION À TITRE GRATUIT

PRINCIPES

La fiscalité des transmissions réalisées par l'intermédiaire de trusts obéit à des règles spécifiques résultant de l'article 14 de la loi du 29 juillet 2011 (n° 80605). Ces dispositions s'appliquent aux donations consenties et aux décès intervenus depuis le 30 juillet 2011. **81230**

D'une façon générale, c'est un **raisonnement par transparence** qui prévaut. La loi ne pose pas en postulat que le constituant et/ou les bénéficiaires seraient titulaires dans les trusts de droits qu'il y aurait lieu d'imposer en tant que tels ; en revanche, elle appréhende les biens ou droits eux-mêmes, ceux qui ont été mis en trust, en considérant, en quelque sorte par transparence, qu'ils ne sont pas sortis du **patrimoine du constituant** quels que soient les termes et conditions de l'acte de trust (révocable ou non, discrétionnaire ou non, etc.).

RÈGLES DE TERRITORIALITÉ

L'article 750 ter du CGI, qui pose les principes de territorialité des droits de mutation à titre gratuit (nos 74310 s.), range les biens ou droits composant un trust et les produits qui y sont capitalisés : **81235**

– parmi les biens meubles et immeubles situés en France ou hors de France imposables lorsque le **donateur ou** le **défunt a son domicile fiscal en France** (CGI art. 750 ter, 1°) ;

– parmi les **biens meubles et immeubles** imposables s'ils sont **situés en France,** lorsque le donateur ou le défunt n'a pas son domicile fiscal en France (CGI art. 750 ter, 2°) ;

– parmi les biens meubles et immeubles, qu'ils soient situés en France ou hors de France, imposables lorsqu'ils sont reçus par l'héritier, le donataire, le légataire ou le **bénéficiaire d'un trust** qui **a son domicile fiscal en France,** à condition que le bénéficiaire du trust ait eu son domicile fiscal en France pendant au moins six années au cours des dix dernières années précédant celle au cours de laquelle il reçoit les biens (CGI art. 750 ter, 3°).

Il en résulte que les droits de mutation sont applicables en raison de la résidence fiscale en France du bénéficiaire d'un trust même s'il ne peut être juridiquement qualifié d'héritier, de donataire ou de légataire. Les règles d'imposition des actifs maintenus dans les trusts ou transmis peuvent donc s'appliquer même lorsque les modalités de transmission ne peuvent autoriser l'assimilation à une donation ou à une succession.

Ces règles s'appliquent, bien entendu, sous réserve des conventions fiscales (n° 81290).

TRANSMISSIONS QUALIFIÉES DE DONATION OU DE SUCCESSION

La transmission par donation ou succession de biens ou droits placés dans un trust ainsi que des produits qui y sont capitalisés est, pour la valeur vénale nette des biens, droits ou produits concernés à la date de la transmission, soumise aux **droits de mutation à titre gratuit** en fonction du lien de parenté existant entre le constituant et le bénéficiaire (CGI art. 792-0 bis, II-1). **81240**

Tel est le cas, en principe, lorsque les biens « sortent » du trust pour être attribués aux bénéficiaires soit en cours de vie du trust, soit lorsqu'il est mis fin au trust. En l'état de la jurisprudence de la Cour de cassation, il nous semble, en effet, que les cas où la transmission peut être qualifiée de donation ou de succession sont les suivants :

– lorsque les **biens « sortent » du trust** pour être attribués aux bénéficiaires (Cass. com. 15-5-2007 n° 05-18.268 : RJF 10/07 n° 1170 ; Cass. com. 18-11-2020 n° 18-14.242 ; Cass. com. 6-11-2019 n° 17-26.985) ;

– lorsque les **biens « restent » dans le trust** et qu'il n'est pas mis fin au trust au décès du **constituant,** si ce dernier **ne s'est pas,** dans les faits, **dessaisi des biens,** même si le trust est qualifié d'irrévocable et discrétionnaire (cette solution ressort de Cass. crim. 6-1-2021 n° 18-84.570 : Droit fiscal 2021 n° 7-8, comm. n° 152, jugeant que, même avant l'entrée en vigueur de la loi du 29 juillet 2011, lorsque le constituant d'un trust de droit étranger, fût-il, aux termes de l'acte de trust, qualifié de discrétionnaire, irrévocable et ne prenant pas fin à son décès, ne s'est pas irrévocablement et effectivement dessaisi des biens placés dans le trust, ses héritiers sont tenus de les déclarer lors de la succession, la méconnaissance de cette obligation déclarative étant susceptible de caractériser le délit de fraude fiscale).

Dans les autres cas, les droits de mutation sui generis sont en principe applicables (nos 81250 s.).

81245 Les **règles applicables** sont celles du droit commun. La perception des droits de succession est effectuée en ajoutant la valeur des biens, droits et produits placés en trust et reçus par le bénéficiaire lors du décès du constituant à celle des autres biens qu'il reçoit en tant qu'héritier du constituant et qui sont compris dans la déclaration de succession pour l'application des barèmes, abattements et réductions de droits.

Quant aux règles relatives au **rapport fiscal,** elles s'appliquent dans les conditions habituelles : le rapport fiscal des donations antérieures (réalisées hors trust) est applicable pour le calcul des droits dus en cas de mutation réalisée par l'intermédiaire d'un trust et les donations réalisées par l'intermédiaire d'un trust sont rapportables en cas de mutation ultérieure.

TRANSMISSIONS QUI NE PEUVENT ÊTRE QUALIFIÉES DE DONATION OU DE SUCCESSION

81250 Au décès du constituant, les biens, droits ou produits capitalisés placés dans un trust qui ne sont pas intégrés à la succession du constituant mais qui restent dans le trust sont soumis, en vertu de la loi, à des **droits de mutation par décès « sui generis »** (CGI art. 792-0 bis, II-2). Ces droits de mutation, dont le fait générateur est le décès du constituant et qui entrent dans le champ d'application de l'article 750 ter du CGI (nos 74310 s.), sont calculés à des tarifs variables selon que la part des biens, droits ou produits capitalisés qui est due à un bénéficiaire est ou non déterminée.

81255 Si, à la date du décès, la **part des biens,** droits ou produits capitalisés qui est due à un bénéficiaire est **déterminée,** cette part est soumise aux droits de mutation par décès selon le lien de parenté entre le constituant et le bénéficiaire. Selon l'administration, cette règle s'applique en cas de « transmission d'une part déterminée à un bénéficiaire identifié » (BOI-ENR-DMTG-30 n° 110) ; en utilisant cette expression, l'administration ne vise pas une transmission effective, qui supposerait que les biens quittent le trust, mais seulement le cas où un bien identifié est réputé attribué à un bénéficiaire identifié, même si le bien reste dans le trust.

Dans ce cas, les droits de mutation sont appliqués selon les règles de droit commun. La perception des droits de mutation par décès est effectuée en ajoutant la valeur des biens, droits et produits placés en trust et reçus par le bénéficiaire au décès du constituant à celle des autres biens compris dans la déclaration de succession pour l'application des barèmes, abattements et réductions de droits ; le rapport fiscal des donations est applicable aux donations de biens placés dans un trust pour le calcul de droits de mutation ultérieurs (symétriquement, le rapport fiscal est applicable au calcul des droits de mutation par décès portant sur des biens placés dans un trust).

81260 Si, à la date du décès, une part déterminée des biens, droits ou produits capitalisés est due **globalement** à des **descendants** du constituant (sans qu'il soit possible de la répartir entre eux mais sans que les actifs sortent du trust), cette part est soumise à des droits de mutation à titre gratuit par décès au taux de la dernière tranche du tableau I annexé à l'article 777 du CGI (tarif maximum des droits applicables en ligne directe, soit 45 %).

Dans ce cas, les droits de mutation à titre gratuit doivent être acquittés et versés au comptable public par l'administrateur du trust dans les délais de droit commun prévus à l'article 641 du CGI (n° 75505), à compter du décès du constituant.

81265 Dans les autres cas, si les biens restent dans le trust à la suite du décès du constituant **sans être attribués** ou pour la part des biens faisant l'objet d'une transmission non individuellement déterminée à des **bénéficiaires** qui ne sont **pas exclusivement des descendants** du constituant, les droits de mutation à titre gratuit par décès sont dus au taux de la dernière tranche du tableau III annexé à l'article 777 du CGI (tarif maximum des droits applicables en ligne collatérale et entre non-parents, soit 60 %).

Comme en cas d'attribution globale à des descendants du constituant (n° 81260), les droits de mutation à titre gratuit doivent être acquittés et versés au comptable public par l'administrateur du trust dans les délais de droit commun prévus à l'article 641 du CGI, à compter du décès du constituant.

EXEMPLE

81270 Pour illustrer les règles applicables, l'administration prend l'exemple d'un **constituant** non résident qui **décède** le 10 janvier 2012 et qui **avait constitué** en 2010 **trois trusts** dont les caractéristiques sont les suivantes (BOI-ENR-DMTG-30 n° 140) :

– trust A : trust révocable dont les bénéficiaires sont le constituant et l'un de ses deux enfants, fiscalement résident de France ;

– trust B : trust irrévocable dont les bénéficiaires sont les deux enfants du constituant, fiscalement résidents de France ;
– trust C : trust irrévocable dont les bénéficiaires sont pour moitié les petits-enfants du constituant vivants à la date du 1er janvier 2015 ; l'administrateur du trust a toute latitude quant à la disposition de l'autre moitié de l'actif du trust.

Le décès du constituant constitue le **fait générateur des taxations suivantes** :
– droits de mutation par décès sur l'actif net de succession qui comprend notamment l'actif net du trust A et l'actif net du trust B ;
– droits de mutation par décès sur l'actif net du trust C : au taux de 45 % pour la moitié de l'actif à la date du décès du constituant, le nombre de bénéficiaires n'étant pas déterminé (« petits-enfants vivants à la date du 1er janvier 2015 ») et au taux de 60 % pour le solde.

CAS DES ÉTATS ET TERRITOIRES NON COOPÉRATIFS ET DES TRUSTS CONSTITUÉS APRÈS LE 11 MAI 2011

Lorsque l'administrateur du trust est soumis à la loi d'un État ou territoire non coopératif au **81275**
sens de l'article 238-0 A du CGI ou lorsque le trust a été constitué après le 11 mai 2011 et que, au moment de la constitution du trust, le constituant était fiscalement domicilié en France, les droits de donation et les droits de mutation par décès sont dus au **taux applicable** à la dernière tranche du tableau III annexé à l'article 777 du CGI (tarif maximum des droits applicables en ligne collatérale et entre non-parents, soit 60 %).

Cette règle ne s'applique pas, cependant, lorsque la mutation peut être qualifiée de donation ou de succession au sens du nº 81240 (BOI-ENR-DMTG-30 nº 190).

> **Précisions** Les **États ou territoires non coopératifs** sont ceux qui ne pratiquent pas, ou pas complètement, l'échange d'informations à des fins fiscales. Il s'agit des États ou territoires suivants, à la date du 6 février 2023 : Anguilla, Bahamas, Fidji, Guam, îles Turques et Caïques, îles Vierges américaines, îles Vierges britanniques, Palaos, Panama, Samoa, Samoa américaines, Seychelles, Trinité-et-Tobago et Vanuatu (Arrêté du 3-2-2023 : JO 5 texte nº 5).

TRANSMISSIONS SUCCESSIVES

Au décès du constituant, le bénéficiaire d'un trust est traité par la loi comme un nouveau **81280**
constituant. Le **bénéficiaire** est, en effet, **réputé être un constituant** du trust pour l'application des règles relatives aux transmissions à titre gratuit, qu'elles soient ou non qualifiées de donation ou succession :
– si le constituant est décédé avant le 31 juillet 2011 ;
– ou à raison des biens, droits et produits capitalisés qui ont fait l'objet d'une transmission imposée en application des principes exposés nos 81240 et 81250 (CGI art. 792-0 bis, II-3).

Ainsi, si les biens et **droits restent dans le trust de génération en génération,** la taxation est opérée selon les mêmes modalités entre les bénéficiaires successifs : les droits sont dus au décès du constituant, le bénéficiaire est alors réputé constituant et les droits sont à nouveau exigibles à son décès (et ainsi de suite).

> **Précisions** Le bénéficiaire est réputé constituant du trust à raison des biens, droits et produits capitalisés qui ont fait l'objet d'une transmission y compris lorsqu'il n'y a pas eu imposition effective en application des **conventions internationales** (BOI-DJC-TRUST nº 100).

SORTIE ULTÉRIEURE DES BIENS RESTÉS DANS LE TRUST

Si les **attributaires** des biens sortis du trust sont les **bénéficiaires identifiés lors de la der-** **81285**
nière transmission avec une répartition entre eux des biens identique à celle opérée lors de la dernière transmission, la sortie (totale ou partielle) des biens du trust ne constitue pas une nouvelle mutation ; elle s'effectue donc en franchise de droits de mutation à titre gratuit (BOI-ENR-DMTG-30 nº 150).

En revanche, s'il n'y a **pas identité parfaite** entre les attributaires des droits ou biens sortis du trust et les bénéficiaires identifiés lors de la dernière transmission ou si la répartition des droits ou biens sortis du trust diffère de celle opérée lors de la dernière transmission, une taxation aux droits de donation doit être effectuée en considérant que le premier bénéficiaire a consenti une donation au profit du nouvel attributaire de ces droits ou biens (BOI précité nº 160).

En cas de dissolution du trust, l'imposition est effectuée selon les mêmes principes (BOI précité nº 180).

INCIDENCES DES CONVENTIONS FISCALES

81290 Les conventions fiscales internationales sont applicables, lorsqu'elles visent les droits de mutation à titre gratuit en général ou les droits de donation et de succession (BOI-ENR-DMTG-30 nº 40). Il y a donc lieu d'appliquer les règles de répartition des droits d'imposer qu'elles prévoient à l'égard des biens ou droits placés en trust de la même façon qu'à l'égard des biens ou droits détenus directement par le constituant (nºs 74815 s.).

SECTION 5 TRUSTS ET IMPÔT SUR LA FORTUNE IMMOBILIÈRE

ASSUJETTISSEMENT DU CONSTITUANT

81390 Les actifs immobiliers qui entrent dans le champ de l'IFI et qui sont placés dans un trust défini à l'article 792-0 bis du CGI (nº 81000) sont compris dans le patrimoine du constituant, ou dans celui du ou des bénéficiaires réputés constituants (au sens exposé nº 81280), pour leur valeur vénale nette au 1er janvier de l'année d'imposition (CGI art. 970). Il en va ainsi quels que soient la nature du trust et le contenu de l'acte de trust. Le constituant est assujetti à l'IFI **comme s'il détenait directement les actifs immobiliers,** en quelque sorte « par transparence » (la loi ne répute pas que le constituant disposerait dans le trust de « droits » qui seraient imposables mais prévoit l'imposition directe des biens qui constituent l'actif du trust).

Compte tenu de la jurisprudence constitutionnelle, les redevables ont cependant la possibilité d'éviter l'imposition en prouvant que les biens placés dans le trust ne leur confèrent aucune **capacité contributive,** résultant notamment des avantages directs ou indirects qu'ils en tirent (Cons. const. 15-12-2017 nº 2017-679 QPC : RJF 3/18 nº 293 ; décision rendue à propos de l'ancien ISF mais transposable à l'IFI) ; toutefois, cette exception n'a probablement pas de réelle portée pratique car, selon le Conseil constitutionnel, la capacité contributive doit être appréciée non seulement au regard des avantages directs, mais aussi des avantages indirects et la preuve ne peut résulter uniquement du caractère irrévocable du trust et du pouvoir discrétionnaire de gestion de son administrateur. Rappelant l'existence de cette réserve, la doctrine administrative souligne dans le même sens que la capacité contributive résulte notamment des avantages directs ou indirects, y compris de nature non pécuniaire, que le redevable est susceptible de tirer des actifs ou de leurs produits (BOI-PAT-IFI-20-20-30-20 nº 70).

S'il y a **plusieurs bénéficiaires réputés constituants** et si l'acte de trust (ou ses éventuelles stipulations complémentaires annexes) ne répartit pas expressément l'actif du trust, celui-ci doit, selon l'administration, être réputé réparti à parts égales entre chacun des bénéficiaires réputés constituants (BOI précité).

RÈGLES DE TERRITORIALITÉ

81395 Les règles de territorialité gouvernant l'IFI sont applicables à l'égard du constituant ou du bénéficiaire réputé constituant :
– s'il est fiscalement **domicilié en France,** tous les actifs immobiliers entrant dans le champ de l'IFI et placés dans un trust sont imposables en France quelle que soit leur localisation, en France ou hors de France ;
– s'il n'est pas fiscalement domicilié en France, les seuls actifs immobiliers entrant dans le champ de l'IFI et placés dans un trust qui sont imposables sont ceux qui sont **situés en France.**

CALCUL DE L'IFI

81400 L'IFI est établi dans les conditions de droit commun sur la base de la **valeur nette,** au 1er janvier de chaque année, des actifs immobiliers imposables (biens ou droits immobiliers et parts ou actions de sociétés et organismes à hauteur de la valeur représentative de biens ou droits immobiliers détenus directement ou indirectement par ces sociétés ou organismes, sauf exceptions), sous réserve des règles de territorialité (nº 81395). L'imposition est effectuée selon les mêmes règles que pour les biens détenus directement, notamment en ce qui concerne les actifs imposables, les règles d'évaluation et les exonérations (BOI-PAT-IFI-20-20-30-20 nº 60).

Le constituant peut bénéficier des régimes de faveur éventuellement applicables, notamment de celui qui est réservé aux **nouveaux résidents** de France par l'article 964 du CGI (exonération pendant cinq ans des actifs immobiliers situés hors de France et détenus par les personnes qui viennent de s'installer en France si certaines conditions sont remplies).

INCIDENCES DES CONVENTIONS FISCALES

Il y a lieu, le cas échéant, de faire application des conventions fiscales internationales, comme pour les biens détenus directement ; le dispositif prévu à l'article 970 du CGI entre en effet dans le champ des conventions fiscales relatives à l'impôt sur la fortune (BOI-PAT-IFI-20-20-30-20 nº 110). **81405**

TRUSTS « CARITATIFS »

La règle de l'assujettissement à l'IFI du constituant (ou bénéficiaire réputé constituant) ne s'applique pas aux trusts qui répondent aux conditions suivantes : **81410**
– il doit s'agir de trusts **irrévocables** ;
– les **bénéficiaires** du trust doivent tous, sans exception, relever de l'**article 795 du CGI** ou être des organismes de même nature relevant de l'article 795-0 A du même Code ;
– l'administrateur du trust doit être soumis à la loi d'un État ou territoire ayant conclu avec la France une **convention d'assistance administrative** en vue de lutter contre la fraude et l'évasion fiscales.

Si ces conditions sont remplies, les actifs immobiliers entrant dans le champ de l'IFI et placés dans ces trusts n'ont pas à être déclarés par le constituant.

> **Précisions** Sont également exonérés les actifs immobiliers placés dans des **trusts constitués en vue de gérer les droits à pension** acquis, au titre de leur activité professionnelle, par les bénéficiaires dans le cadre d'un régime de retraite mis en place par une entreprise ou un groupe d'entreprises (BOI-PAT-IFI-20-20-30-20 nº 50).

SECTION 6

PRÉLÈVEMENT SPÉCIFIQUE SUR LES TRUSTS

OBJET DU PRÉLÈVEMENT

L'article 990 J du CGI prévoit une imposition spécifique (« prélèvement ») dont l'objet est de **sanctionner le défaut de déclaration au titre de l'IFI** des actifs immobiliers placés dans un trust (BOI-PAT-IFI-20-20-30-20 nº 130). Ce prélèvement n'est pas exigible lorsque le constituant ou le bénéficiaire réputé constituant a correctement rempli ses obligations au titre de l'IFI (nº 81525). **81510**

Étant pénalisant par rapport à l'IFI (nº 81520), le prélèvement est un moyen d'inciter les contribuables à déclarer leur patrimoine régulièrement.

CHAMP D'APPLICATION DU PRÉLÈVEMENT

Le prélèvement concerne les constituants et les bénéficiaires réputés constituants (BOI-PAT-IFI-20-20-30-20 nº 150, confirmé par CE 11-12-2020 nº 442320 : RJF 3/21 nº 324). Il est dû : **81515**
– pour les **personnes** qui sont **fiscalement domiciliées en France,** à raison des actifs immobiliers placés dans un trust et entrant dans le champ de l'IFI, qu'ils soient situés en France ou hors de France ;
– pour les personnes qui ne sont **pas fiscalement domiciliées** en France, à raison des actifs immobiliers placés dans un trust et entrant dans le champ de l'IFI, s'ils sont situés en France.

Tous les **trusts** sont **concernés** à l'exception des trusts « caritatifs » et des trusts « de retraite » (nº 81410).

CARACTÉRISTIQUES DU PRÉLÈVEMENT

81520 Le prélèvement est assis sur la valeur vénale nette au 1er janvier de l'année d'imposition des actifs immobiliers composant le trust et entrant dans le champ d'application de l'IFI. Son **assiette** est plus large que celle de l'IFI car les exonérations applicables à l'IFI, notamment celles tenant à l'affectation des biens à l'activité professionnelle du redevable ou à la nature de certains biens (bois et forêts, notamment), ne sont pas applicables au prélèvement (BOI-PAT-IFI-20-20-30-20 nº 190). Il est calculé au **tarif** le plus élevé du barème de l'IFI, soit 1,5 %.

Bien que les **redevables** légaux soient les constituants ou les bénéficiaires réputés constituants, le véritable redevable est, en réalité, l'administrateur du trust ; c'est à lui qu'il incombe de déclarer la consistance et la valeur des actifs immobiliers placés dans le trust et d'acquitter le prélèvement lors du dépôt de la **déclaration** annuelle (nº 81645).

Le prélèvement est **assis et recouvré** selon les règles et sous les sanctions et garanties applicables aux droits de mutation par décès.

> **Précisions** **a.** L'administrateur du trust, le constituant et les bénéficiaires, autres que ceux qui ont satisfait à leurs obligations déclaratives propres, et leurs héritiers, sont **solidaires** pour le paiement du prélèvement. Cette solidarité concerne l'ensemble des bénéficiaires et non pas les seuls bénéficiaires réputés constituants (CE QPC 25-9-2017 nº 412024 : RJF 12/17 nº 1225).
> **b.** Selon l'administration, le prélèvement n'est pas couvert par les **conventions fiscales** (BOI-PAT-IFI-20-20-30-20 nº 130) ; en sens contraire, il a été jugé, mais cette solution devra être confirmée, que le prélèvement n'était pas exigible d'un administrateur de trust résident du Canada, au motif que le trust, dont le constituant était une personne physique domiciliée en France, devait être regardé comme une « personne » au sens de l'article 3 § 2 de la convention fiscale franco-canadienne du 2 mai 1975 et qu'il était composé de biens exclusivement imposables au Canada en application de l'article 22 § 6 de la convention selon lequel « les autres éléments de la fortune d'un résident d'un État contractant ne sont imposables que dans cet État » (CA Paris 6-2-2023 nº 21/10189 : RJF 7/23 nº 577).

NON-CUMUL DU PRÉLÈVEMENT AVEC L'IFI

81525 Le prélèvement n'est pas dû à raison des actifs immobiliers qui ont été :
– inclus dans le patrimoine assujetti à l'IFI du constituant ou d'un bénéficiaire réputé constituant et régulièrement déclarés à ce titre (**cas où le constituant ou le bénéficaire réputé constituant est redevable de l'IFI** compte tenu des seuils d'imposition) ;
– déclarés, en application de l'article 1649 AB du CGI (nº 81630), dans le patrimoine d'un constituant (ou d'un bénéficiaire réputé constituant) dans les cas où ce dernier n'est **pas redevable de l'IFI** compte tenu de la valeur nette taxable de son patrimoine, celui-ci incluant les actifs immobiliers placés dans le trust.

La non-déclaration des actifs immobiliers à l'IFI en raison d'une **exonération** ne les fait pas pour autant entrer dans le champ d'application du prélèvement ; il en va de même lorsque la non-déclaration résulte de l'application des **conventions fiscales** (BOI-PAT-IFI-20-20-30-20 nº 200). Ainsi, le prélèvement n'a vocation à s'appliquer que lorsque des actifs immobiliers placés en trust et effectivement taxables à l'IFI n'ont pas été régulièrement déclarés au titre de l'IFI.

En cas de **défaut de déclaration** aux fins de l'IFI, il résulte de la jurisprudence du Conseil d'État que les actifs immobiliers placés en trust peuvent être pris en compte pour déterminer si le constituant (ou le bénéficiaire réputé constituant) est assujetti à l'IFI, c'est-à-dire pour déterminer si le seuil d'imposition est atteint, mais ne peuvent pas être compris dans l'assiette de l'IFI (CE QPC 25-9-2017 nºs 412024 : RJF 12/17 nº 1225 et 412031 : RJF 12/17 nº 1223).

SECTION 7 OBLIGATIONS DÉCLARATIVES

ÉTENDUE DES OBLIGATIONS DÉCLARATIVES DES ADMINISTRATEURS DE TRUSTS

81630 Sont astreints à des obligations déclaratives (CGI art. 1649 AB) :
– l'administrateur d'un trust dont le **constituant** (ou un **bénéficiaire** réputé constituant), ou l'un au moins des bénéficiaires, a son **domicile fiscal en France** ou qui comprend un **bien ou un droit qui y est situé** (quel qu'il soit, même s'il ne s'agit pas d'un actif immobilier) ;

– l'administrateur d'un trust établi ou résidant en dehors de l'Union européenne lorsqu'il acquiert un **bien immobilier** ou entre en **relation d'affaires en France** au sens de l'article L 561-2-1 du Code monétaire et financier ;
– l'**administrateur** d'un trust qui a son **domicile fiscal en France,** indépendamment de la domiciliation du constituant ou des bénéficiaires ou du lieu de situation des biens (autrement dit, même si le trust n'a aucun lien avec la France à l'exception de son administrateur).

Deux types de déclarations sont à déposer dans ces circonstances :
– une « **déclaration événementielle** », au titre de la constitution, la modification ou l'extinction du trust ; le terme « modification » s'entend au sens large, incluant non seulement une modification des termes ou du mode de fonctionnement du trust, mais encore toute nouvelle mise en trust, ou toute sortie du trust, de biens ou droits et toute transmission ou attribution de biens, droits ou produits du trust ;
– une « **déclaration annuelle des valeurs** », faisant état de la valeur vénale au 1er janvier de l'année des biens, droits et produits capitalisés composant le trust.

DÉCLARATION ÉVÉNEMENTIELLE

Une déclaration événementielle doit être effectuée dans le mois qui suit la constitution, la modification ou l'extinction d'un trust ; cette déclaration doit contenir les informations suivantes (CGI ann. II art. 369) : **81640**

1° Identification du ou des **constituants** ou bénéficiaires réputés constituants : nom et prénom ou raison sociale, numéro Siren, adresse, date et lieu de naissance, nationalité et, s'il y a lieu, date et lieu de décès ;

2° Identification du ou des **bénéficiaires effectifs** : nom et prénom ou raison sociale, numéro Siren, adresse, date et lieu de naissance, nationalité et, s'il y a lieu, date et lieu de décès ; les bénéficiaires effectifs des trusts s'entendent de toutes les personnes physiques ayant la qualité d'administrateur, de constituant, de bénéficiaire et, le cas échéant, de protecteur, ainsi que de toute autre personne physique exerçant un contrôle effectif sur le trust ou exerçant des fonctions équivalentes ou similaires ;

3° Identification de l'**administrateur** du trust : nom et prénom ou dénomination sociale, numéro Siren, adresse, date et lieu de naissance ;

4° Identification du **trust** : dénomination et adresse ;

5° Contenu des **termes** du trust : contenu de l'acte de trust et des éventuelles stipulations complémentaires régissant son fonctionnement et, notamment, indication de sa révocabilité ou de son irrévocabilité, de son caractère discrétionnaire ou non et des règles régissant l'attribution des biens ou droits placés dans le trust, ainsi que de leurs produits ;

6° Nature et date de survenance de l'**événement** qui a généré l'obligation déclarative ;

7° Le cas échéant, **consistance,** appréciée au jour de l'événement mentionné au 6°, des biens ou droits placés dans le trust, et celle des biens, droits ou produits transmis, attribués ou sortis du trust du fait de cet événement ;

8° Pour chaque bien ou droit placé dans le trust mentionné dans la déclaration conformément au 7°, nom et prénom ou raison sociale, adresse, date et lieu de naissance et, s'il y a lieu, de décès, et nationalité des **personnes** les **plaçant dans le trust** ;

9° Pour chaque bien, droit ou produit transmis, attribué ou **sorti du trust** mentionné dans la déclaration conformément au 7°, nom et prénom ou la raison sociale, adresse, date et lieu de naissance, nationalité et, s'il y a lieu, date et lieu de décès des personnes auxquelles ce bien, droit ou produit est transmis, attribué ou sorti du trust.

La déclaration événementielle doit être remplie en français et en euros, au moyen du **formulaire** n° 2181 TRUST 1 (accessible en ligne sur le site impots.gouv.fr) ; elle doit être **déposée** à la recette des non-résidents (10 rue du Centre, 93465 Noisy-le-Grand Cedex) dans le mois qui suit la constitution, la modification ou l'extinction du trust concerné.

> **Précisions** **a.** Si le constituant et l'ensemble des bénéficiaires sont non-résidents et si les actifs du trust situés en France sont constitués exclusivement de **placements financiers,** sont tenus à l'obligation déclarative les administrateurs des trusts dans lesquels les placements financiers ont été placés lors de leur constitution ou lors de modifications ultérieures ; dans les autres cas (placements financiers provenant du remploi des revenus des biens ou droits composant le trust), les administrateurs des trusts ne sont tenus à l'obligation déclarative que lorsque le constituant ou l'un des bénéficiaires devient résident de France (BOI-DJC-TRUST n° 190).
> **b.** Sur la possibilité de déclarer un **portefeuille-titres** pour une valeur globale, voir n° 81645, Précisions.

DÉCLARATION ANNUELLE DES VALEURS

81645 L'administrateur d'un trust doit déposer chaque année une déclaration annuelle des valeurs contenant les informations suivantes (CGI ann. II art. 369 A) :

1° Identification du ou des **constituants** ou bénéficiaires réputés constituants : nom et prénom ou raison sociale, numéro Siren, adresse, date et lieu de naissance, nationalité et, s'il y a lieu, date et lieu de décès ;

2° Identification du ou des **bénéficiaires effectifs** (n° 81640) : nom et prénom ou raison sociale, numéro Siren, adresse, date et lieu de naissance, nationalité et, s'il y a lieu, date et lieu de décès ;

3° Identification de l'**administrateur** du trust : nom et prénom ou dénomination sociale, numéro Siren, adresse, date et lieu de naissance ;

4° Identification du **trust** : dénomination et adresse ;

5° Contenu des **termes** du trust : contenu de l'acte de trust et des éventuelles stipulations complémentaires régissant son fonctionnement et, notamment, indication de sa révocabilité ou de son irrévocabilité, de son caractère discrétionnaire ou non et des règles régissant l'attribution des biens ou droits placés dans le trust, ainsi que de leurs produits ; ces informations n'ont pas à être fournies si la déclaration événementielle (n° 81640) a précédemment été déposée ;

6° Si l'un au moins des constituants, bénéficiaires réputés constituants ou bénéficiaires effectifs a son domicile fiscal en France, **inventaire** détaillé des biens, droits et produits capitalisés situés en France ou hors de France et placés dans le trust, ainsi que leur valeur vénale au 1er janvier de l'année ;

7° Si aucun des constituants, bénéficiaires réputés constituants ou bénéficiaires effectifs n'a son domicile fiscal en France, inventaire détaillé des biens, droits et produits capitalisés situés en France et placés dans le trust, ainsi que leur valeur vénale au 1er janvier de l'année.

La déclaration annuelle des valeurs doit être effectuée au moyen du **formulaire** n° 2181 TRUST 2 (accessible en ligne sur le site impots.gouv.fr), qui doit être rempli en français. Elle doit être **déposée** par l'administrateur du trust auprès de la recette des non-résidents (10 rue du Centre, TSA 50014, 93465 Noisy-le-Grand Cedex) au plus tard le 15 juin de chaque année, accompagnée, le cas échéant, du paiement du prélèvement prévu à l'article 990 J du CGI.

> **Précisions** Pour la déclaration événementielle et la déclaration annuelle des valeurs, un **portefeuille-titres** peut être déclaré globalement sous réserve qu'un détail des valeurs mobilières soit joint (BOI-DJC-TRUST nos 300 et 310).

SANCTIONS EN CAS DE MANQUEMENTS AUX OBLIGATIONS DÉCLARATIVES

81650 Les infractions aux obligations déclaratives sont passibles d'une **amende fixe** de 20 000 € ; le constituant et les bénéficiaires réputés constituants qui entrent dans le champ du prélèvement (n° 81515) sont solidairement responsables avec l'administrateur du trust du paiement de cette amende (CGI art. 1754 V, 8 ; BOI-CF-INF-20-10-50 n° 80). Il a été jugé que les conventions fiscales ne font pas obstacle à l'application de l'amende (CAA Paris 12-5-2022 n° 20PA01898, à propos d'un trustee résident du Canada qui était administrateur de trois trusts dont le constituant ou l'un au moins des bénéficiaires était domicilié en France), et que l'amende pour défaut de déclaration d'un trust américain était exigible d'un contribuable domicilié en France (TA Amiens 8-6-2023 n° 2100724).

Les manquements sont également sanctionnés par l'application d'une **majoration de 80 %** calculée **sur les droits** dus en cas de rectification du fait des actifs immobiliers qui auraient dû être déclarés. Cette majoration ne peut être inférieure à l'amende fixe mais, lorsqu'elle est applicable, elle exclut toute autre majoration (CGI art. 1729-0 A).

DROIT DE REPRISE DE L'ADMINISTRATION EN CAS DE NON-RESPECT DES OBLIGATIONS DÉCLARATIVES

81655 En ce qui concerne l'**impôt sur le revenu,** le droit de reprise de l'administration s'exerce jusqu'à la fin de la dixième année qui suit celle au titre de laquelle l'imposition est due lorsque les obligations déclaratives prévues à l'article 1649 AB du CGI n'ont pas été respectées.

En ce qui concerne l'**IFI** et les **droits de mutation à titre gratuit,** l'administration peut de même exercer son droit de reprise jusqu'à l'expiration de la dixième année suivant celle du fait générateur de ces impôts ou droits quand ils sont assis sur des biens ou droits mentionnés à l'article 1649 AB du CGI, sauf si l'exigibilité des impôts ou droits relatifs aux biens ou droits correspondants a été suffisamment révélée dans le document enregistré ou présenté à la formalité.

REGISTRE DES TRUSTS

Un registre des trusts a été créé par la loi 2013-1117 du 6 décembre 2013 relative à la lutte contre la fraude fiscale et la grande délinquance économique et financière. Ce registre, qui est alimenté par les déclarations périodiques faites par les administrateurs de trusts, **recense** les trusts déclarés, le nom de l'administrateur, le nom du constituant, le nom des bénéficiaires et la date de constitution du trust. 81660

Initialement, il était prévu que ce registre soit public ; mais le dispositif a été invalidé sur ce point par le Conseil constitutionnel qui, saisi par le Conseil d'État (CE réf. 22-7-2016 n° 400913, ayant suspendu en référé l'exécution du décret du 10-5-2016 relatif au registre public des trusts : RJF 1/17 n° 70), a jugé que les **conditions d'accès** au registre public des trusts étaient contraires à la Constitution (Cons. const. QPC 21-10-2016 n° 2016-591 : RJF 1/17 n° 56).

Actuellement, les règles applicables au registre des trusts sont codifiées sous les articles 1649 AB, II du CGI, qui précise que les informations fournies par les administrateurs de trusts sont conservées dans un registre placé sous la responsabilité du ministre chargé du budget, et L 167, I du LPF, qui prévoit que ce registre, de même que celui des fiducies, est accessible sans restriction à **diverses autorités** dans le cadre de leur mission : autorités judiciaires, Tracfin, agents habilités de l'administration des finances publiques et des douanes, officiers habilités de police judiciaire, Autorité de contrôle prudentiel et de résolution, Autorité des marchés financiers, Conseil de l'Ordre du barreau, Chambres des notaires, Ordre des experts-comptables, etc. Les modalités de consultation du registre sont codifiées aux articles R* 167-1 et suivants du LPF, issus d'un décret du 27 août 2021 (Décret 2021-1127 du 27-8-2021 : JO 29 texte n° 9).

DOSSIER 5

RÔLE ET DEVOIRS DU NOTAIRE EN MATIÈRE DE SUCCESSION ET LIBÉRALITÉ

SOMMAIRE

PRÉSENTATION

La responsabilité du notaire qui intervient en matière de succession et de libéralité ne présente pas de particularisme propre. Exactement comme en matière de vente par exemple, ce sont donc avant tout les obligations d'un conseiller et d'un **rédacteur d'actes** que le notaire doit respecter lorsqu'il participe à la préparation, au règlement ou à la rédaction d'un acte dans le cadre d'une succession ou d'une libéralité. Sa mission consiste essentiellement à rédiger des **actes valables et efficaces,** qui soient conformes aux droits, à l'intérêt et la volonté des parties, mais également respectueux du droit positif et du droit des tiers. **82000**

La jurisprudence se montre particulièrement exigeante à l'égard du notaire, considérant par exemple que « sa profession le conduit à être le spécialiste des matières successorales et que, faute d'y satisfaire, il engage sa responsabilité » (Cass. 1e civ. 15-01-1991 no 89-10.409).

À l'égard des parties à un acte, le notaire est ainsi soumis à **deux types d'obligations** :

– obligation d'assurer la validité juridique de l'acte (en effectuant par exemple les formalités nécessaires) ;

– obligation de conseil (en informant par exemple les parties des risques inhérents à l'opération projetée).

Une seule et unique faute peut consacrer un manquement à ces deux obligations (Cass. 1e civ. 4-6-2007 no 05-21.189 F-PB : BPAT 4/07 inf. 113, 2e esp.).

Mais la mission du notaire ne se limite pas à la protection de l'intérêt des parties à l'acte qu'il rédige. Elle s'étend également à la protection des **droits des tiers.** En matière de succession, il est par exemple établi que le notaire ne saurait procéder aux opérations de liquidation-partage au mépris des droits d'un héritier (Cass. 1e civ. 25-3-2009 nº 07-20.774 F-PB : Bull. civ. I nº 70), d'un légataire (Cass. 1e civ. 20-2-2008 nº 06-14.704 FS-PB : BPAT 2/08 inf. 59) d'un coïndivisaire (Cass. 1e civ. 7-4-1992 nº 90-15.301) ou d'un créancier (Cass. 1e civ. 9-12-1997 nº 95-18.192 : Bull. civ. I nº 361).

SECTION 1 OBLIGATIONS NOTARIALES

A. Obligation de concourir à des actes légaux et utiles

PRINCIPES

82050 Les notaires sont soumis à des règlements qui déterminent les principes de **déontologie** et les règles professionnelles qui leur sont applicables. Le règlement national des notaires, approuvé par le garde des Sceaux, rappelle les principes essentiels qui doivent guider le comportement du notaire en toutes circonstances (Arrêté JUSC1812966A du 22-5-2018 : JO 25 texte nº 14). Il existe des **règlements particuliers** au niveau de chaque chambre départementale ou interdépartementale des notaires, ainsi que des règlements applicables aux notaires situés dans le ressort judiciaire d'une même cour d'appel. Ces règlements contiennent des règles permettant de combiner l'exigence de la désignation d'un notaire instrumentaire et le respect du principe du libre choix par chacun des contractants de son notaire.

Le notaire doit à sa clientèle sa conscience professionnelle, ses égards, l'impartialité, la probité et l'information la plus complète. L'**intérêt du client** prime toujours le sien. Il doit choisir les moyens les plus appropriés pour parvenir au résultat désiré par le client, en conformité avec la loi (Règlement national des notaires art. 3.2.1).

Le notaire consacre tout le temps nécessaire à l'exercice de ses fonctions et doit ses services et conseils à toute personne le requérant, avec une égale conscience et un constant souci d'impartialité (Règlement national des notaires art. 2).

S'il est en principe tenu de prêter son ministère lorsqu'il en est requis, il doit au contraire le refuser […] pour l'élaboration de conventions contraires à la loi, frauduleuses ou qu'il sait inefficaces ou inutiles (Règlement national des notaires art. 3.2.3).

APPLICATIONS EN MATIÈRE DE SUCCESSION OU DE LIBÉRALITÉ

82055 **Acte inutile** Le notaire qui rédige un acte inutile commet une faute. Ainsi, par exemple, dans le cadre du règlement d'une succession, constitue une faute le fait d'établir inutilement un **certificat de propriété** de parts sociales, dont le coût s'élève à la somme de 186 200 euros directement prélevée sur le compte de l'indivision successorale (Cass. 1e civ. 5-6-2019 nos 18-16.831 et 18-21.341 F-D : SNH 33/19 inf. 11). En l'espèce, le notaire avait établi un certificat de mutation des parts sociales d'une société désignant comme seule héritière la conjointe survivante du défunt pour le tout alors que les statuts de la société, mis à jour et déposés auprès du tribunal de commerce, la mentionnaient comme associée unique. La cour d'appel, confirmée par la Cour de cassation, en déduit qu'en l'absence de toute publicité nécessaire relativement à la modification de l'identité de l'associée unique d'une entreprise unipersonnelle à responsabilité limitée, le notaire avait commis une faute en établissant inutilement un certificat de propriété des parts sociales.

De même, rédige un acte inutile et commet une faute le notaire qui, dans l'espoir de réduire l'assiette de l'impôt de plus-value d'un immeuble dépendant d'une succession, établit une **déclaration de succession rectificative** postérieurement à la vente, alors même que la possibilité d'un remboursement des droits d'enregistrement par l'administration est totalement aléatoire (Cass. 1e civ. 30-5-2012 nº 11-17.756 F-D).

Opposition d'intérêts Le notaire ne saurait rédiger un **acte dans son seul intérêt**. 82057
Ainsi, engage sa responsabilité le notaire nommé en qualité de tuteur d'une personne à protéger, qui fait modifier la clause désignant les bénéficiaires de trois contrats d'assurance-vie et produit, après le décès du majeur protégé, un testament olographe et un codicille instituant ses propres enfants légataires universels (Cass. 1e civ. 15-6-2017 no 16-20.446 F-D : D. 2018 p. 1464). Le notaire peut alors être condamné à verser aux héritiers le montant total des sommes figurant sur les **contrats d'assurance-vie détournés,** quand bien même les enfants du notaire bénéficiaires des contrats d'assurance-vie n'ont pas été appelés à l'instance, dès lors que dans leurs conclusions, les héritiers ont demandé la condamnation du notaire à leur payer, à titre de dommages-intérêts, une somme équivalente à celle figurant sur les contrats d'assurance-vie, en réparation des fautes commises par lui en qualités de notaire et de tuteur (Cass. 1e civ. 9-11-2022 no 20-18.920 F-D).

B. Respect du secret professionnel

PRINCIPES

Le règlement national des notaires rappelle l'étendue du secret professionnel auquel le notaire est tenu non seulement envers sa clientèle mais également à l'égard des tiers (Règlement national des notaires art. 3.4 et art. 20). 82105

Ainsi, **envers la clientèle,** le secret professionnel du notaire est général et absolu. Confident nécessaire de ses clients, le notaire est tenu au secret professionnel dans les conditions prévues par le Code pénal (C. pén. art. 226-13) ou toutes autres dispositions législatives ou réglementaires. Ce secret couvre tout ce qui a été porté à la connaissance du notaire dans l'exercice de ses fonctions. Le notaire doit veiller à ce que tous ses collaborateurs soient instruits de cette obligation qui est aussi la leur et qu'ils la respectent (Règlement national des notaires art. 3.4).

S'agissant de l'obligation de conserver et de **délivrer des copies des actes authentiques,** rappelons que les notaires ne peuvent, sans l'ordonnance du président du tribunal judiciaire, délivrer expédition ni donner connaissance des actes à d'autres qu'aux personnes intéressées en nom direct, héritiers ou ayants droit, à peine de dommages-intérêts, d'une amende de 15 euros, et d'être, en cas de récidive, suspendus de leurs fonctions pendant trois mois (Loi du 25 ventôse an XI art. 23).

En outre, le notaire doit :
– n'accepter de **témoigner** sur ses clients ou affaires de son étude que dans les cas expressément prévus par la loi telle qu'elle est interprétée par la jurisprudence ;
– refuser de donner **communication des actes** déposés en son office sauf aux parties elles-mêmes, leurs héritiers ou ayants droit ou leurs mandataires, ou toute personne autorisée par la loi ou par décision judiciaire, qui auront à justifier de leur identité et de leur qualité (Loi du 25 Ventôse an XI art. 23) ;
– se faire assister lors de toute **perquisition** dans les locaux de son office par le Président de sa chambre ou son représentant. Le Président veille, avec le juge d'instruction, au respect du secret professionnel conformément à la loi (Règlement national des notaires art. 20).

Le secret professionnel est donc absolu mais s'efface toutefois devant une **autorisation** ou **réquisition judiciaire** ainsi qu'en certaines circonstances notamment au regard des obligations prévues en matière de lutte contre le blanchiment auxquelles ils sont soumis (C. mon. fin. art. L 561-2, 13o). À ce titre, les notaires sont en effet tenus à une obligation de déclaration de soupçon concernant les sommes inscrites dans leurs livres ou les opérations portant sur des sommes dont ils savent, soupçonnent ou ont de bonnes raisons de soupçonner qu'elles proviennent d'une infraction passible d'une peine privative de liberté supérieure à un an ou participent au financement du terrorisme (C. mon. fin. art. L 561-15 s.).

Mais, hors ces cas spécifiques, toute atteinte au secret professionnel est donc susceptible d'engager la responsabilité civile du notaire s'il en résulte un préjudice, voire même d'entraîner des sanctions pénales (C. pén. art. 226-13) et/ou disciplinaires.

Ainsi, le notaire est bien fondé à refuser de révéler à un commissaire de justice chargé de l'**exécution d'une décision de justice** l'adresse d'une des parties à l'acte qu'il a établi (Cass. 1e civ. 11-1-2023 no 20-23.679 FS-B), mais la levée de ce secret professionnel peut être ordonnée par le président du tribunal judiciaire (Cass. 1e civ. 11-1-2023 no 20-23.679 FS-B : SNH 13/23 inf. 12, obs. M. Latina et J.-F. Sagaut).

› Précisions **a.** Le **droit à la preuve** découlant de l'article 6 de la convention européenne des droits de l'Homme (droit à un procès équitable) ne peut faire échec à l'intangibilité du secret professionnel du notaire, lequel n'en est délié que par la loi, soit qu'elle impose la révélation du secret, soit qu'elle l'autorise (Cass. 1e civ. 4-6-2014 nº 12-21.244 : RJDA 10/14 nº 814, BPIM 4/14 inf. 292).

b. Le règlement 2016/679 du Parlement européen et du Conseil du 27 avril 2016 relatif à la protection des personnes physiques à l'égard du traitement des données à caractère personnel et à la libre circulation des données (Règlement général sur la protection des données – RGPD), entré en vigueur le 25 mai 2018, impose aux notaires, comme à tout professionnel, des obligations en matière de **protection des données à caractère personnel** des personnes physiques (Loi 2018-493 du 20-6-2018).

APPLICATIONS EN MATIÈRE DE SUCCESSION OU DE LIBÉRALITÉ

82110 Un notaire, fût-il choisi en commun par ceux qui ont sollicité son intervention, ne peut révéler à la demande d'une partie les propos recueillis de l'un d'entre eux lors d'une réunion commune. Ainsi, viole l'article 378 du Code pénal alors en vigueur (devenu C. pén. art. 226-13) la cour d'appel qui, pour statuer dans un litige successoral, se fonde sur une **attestation** délivrée par le notaire chargé du règlement de la succession en énonçant qu'il ne peut y avoir violation du secret professionnel, cette faute supposant une divulgation au profit des tiers (Cass. 1e civ. 13-11-1996 nº 94-17.088 P : Bull. civ. I nº 398).

En revanche, le secret professionnel ne peut être opposé au **mandataire légal** du client. Ainsi, par exemple, si un liquidateur a été désigné, celui-ci étant investi d'un mandat légal de représentation du débiteur dessaisi pour l'exercice des droits et actions de ce dernier concernant son patrimoine, le notaire n'est pas fondé à lui opposer le secret professionnel pour refuser de lui communiquer la consistance des droits détenus par le débiteur dans la succession de son père (Cass. com. 23-10-2019 nº 18-15.280 F-PB : D. 2019 p. 2086).

C. Obligation d'assurer la validité et l'efficacité des actes

1. AUTHENTICITÉ DE L'ACTE NOTARIÉ

PRINCIPES

82160 Le notaire est l'**officier public** établi pour recevoir tous les actes et contrats auxquels les parties doivent ou veulent faire donner le caractère d'authenticité attaché aux actes de l'autorité publique et pour en assurer la **date**, en conserver le **dépôt**, en **délivrer des copies** exécutoires et copies authentiques (Ord. 45-2590 du 2-11-1945 art. 1er).

L'État, en nommant le notaire, lui confère des prérogatives attachées aux actes de l'autorité publique : le pouvoir de conférer l'authenticité. Il doit accomplir cette mission avec loyauté et probité. Tous actes contraires à la loi lui sont interdits (Règlement national des notaires art. 2).

Rappelons que l'acte authentique est celui qui a été reçu, avec les solennités requises, par un officier public ayant compétence et qualité pour instrumenter. Il peut être dressé sur support électronique (C. civ. art. 1369).

82165 **Authenticité requise** En matière de **succession et de libéralité,** il est fréquent que l'authenticité soit requise. Ainsi, peut-on citer par exemple :
– les donations entre vifs (C. civ. art. 931 à 933) ;
– le pacte successoral ou la renonciation anticipée à l'action en réduction (C. civ. art. 929 à 930-5) ;
– les testaments authentique ou mystique et le dépôt de testament olographe (C. civ. art. 971 et 1007) ;
– l'inventaire (CPC art. 1330) ;
– le partage d'ascendants et le partage où sont intéressés des personnes protégées (C. civ. art. 1075 et 836) ;
– l'acte de notoriété (C. civ. art. 730 à 730-5) ;
– l'attestation de propriété immobilière ;
– l'affectation hypothécaire (C. civ. art. 2409) ;
– d'une façon générale, les actes soumis à publicité foncière. Rappelons que pour ces derniers, l'authenticité ne constitue pas nécessairement une condition de validité de l'acte, mais s'impose pour des raisons tenant aux règles de fonctionnement de la publicité foncière et donc d'opposabilité aux tiers (Décret 55-22 du 4-1-1955 art. 4).

Conditions de validité Certaines règles sont requises à peine de **nullité** de l'acte. Tel est le cas par exemple de l'obligation d'apposer la signature d'un second notaire ou de deux témoins (Loi du 25 ventôse an XI art. 9, 3° ; Décret 71-941 du 26-11-1971 art. 41 ; Cass. 1e civ. 2-6-1993 : Bull. civ. I n° 196 p. 136). Un notaire engage donc sa responsabilité, s'il reçoit seul un acte de partage alors que les parties ou l'une d'elles ne savent ou ne peuvent pas signer ou encore qui participe à la rédaction d'un acte de donation dont il est le bénéficiaire ou dont les parties sont ses parents ou alliés, en ligne directe, à tous les degrés, et en ligne collatérale jusqu'au degré d'oncle ou de neveu inclusivement. 82170

Les actes notariés sont également soumis à des **conditions de forme** que le notaire doit respecter. À défaut, sa responsabilité pourrait être engagée si les conditions de mise en œuvre sont réunies par ailleurs (voir nos 82500 s.).

Les règles de forme résultent pour l'essentiel des articles 7 à 22 du décret 71-941 du 26 novembre 1971 : apposition du sceau, sommes énoncées en lettres, date, lisibilité, absence de blanc, annexes, support papier ou électronique, etc. Il a toutefois été précisé et confirmé par plusieurs arrêts très importants, que l'acte qui ne comporte pas le sceau du notaire ne perd pas son caractère exécutoire car cette irrégularité ne relève pas des défauts de forme que l'article 1370 du Code civil, anciennement 1318, sanctionne par la perte du caractère authentique (Cass. 2e civ. 1-2-2018 n° 16-25.097 F-PB : SNH 7/18 inf. 1).

Risques La forme authentique, sans être imposée à peine de nullité, peut également être conseillée pour éviter un risque spécifique. Ainsi, par exemple, la forme authentique permet d'éviter que les avantages et libéralités résultant d'un contrat de société entre époux ne soient annulés au motif qu'ils constitueraient des **donations déguisées** (C. civ. art. 1832-1). 82172

Absence d'authenticité L'acte qui n'est pas authentique du fait de l'incompétence ou de l'incapacité de l'officier, ou par un défaut de forme, vaut comme **écrit sous signature privée,** s'il a été signé des parties (C. civ. art. 1370), à moins bien sûr qu'il ne s'agisse d'un des actes pour lequel l'authenticité est exigée à peine de nullité. Ainsi, par exemple, le testament qui s'avère être nul comme acte authentique, faute d'avoir été rédigé par le notaire sous la dictée du testateur, peut valoir comme testament international si les formalités prescrites par la Convention de Washington du 26 octobre 1973 ont été accomplies (Cass. 1e civ. 29-5-2019 n° 18-10.298 F-D). 82173

Étendue de la mission d'authentification Les notaires sont tenus professionnellement d'éclairer les parties, ils ne peuvent décliner le principe de leur responsabilité en alléguant qu'ils se sont bornés à donner la forme authentique aux déclarations reçues. Ils doivent donc **contrôler** et **vérifier** les indications essentielles qui leur sont données, afin d'assurer l'utilité et l'efficacité de l'acte qu'ils dressent même si leur mission était limitée à l'authentification de la convention. Ainsi, par exemple, le fait que le notaire ait donné la forme authentique à un acte sans avoir participé à la négociation préparatoire dudit acte ne le dispense pas d'attirer l'attention des parties sur les clauses qui recèlent un risque particulier, telle celle qui constitue un pacte sur succession future (Cass. 1e civ. 15-01-1991 n° 89-10.409). 82174

Acte rectificatif Lorsqu'un acte comporte une inexactitude, les **tiers** ne peuvent pas s'en prévaloir, s'il est établi que cette erreur résulte d'un excès de pouvoir du notaire. Un acte rectificatif peut donc s'avérer utile. Ainsi, par exemple, un tiers à un acte de notoriété ne peut se prévaloir de l'acceptation pure et simple d'une succession par les héritiers indiquée dans cet acte, si le notaire a pris soin de rédiger un « acte rectificatif » précisant que le mandat donné par les héritiers ne contenait aucune option quant à l'acceptation ou non de la succession, et que l'acceptation pure et simple de la succession est supprimée. En effet, cet acte rectificatif prouve que l'acceptation résultait d'un excès de pouvoir du mandataire (le notaire) et est donc opposable aux tiers (Cass. 1e civ. 7-10-2015 n° 14-23.165 F-D). 82175

APPLICATIONS EN MATIÈRE DE SUCCESSION OU DE LIBÉRALITÉ

L'authentification des actes constitue donc l'une des principales prérogatives du notaire. Dès lors, que ce soit dans le domaine des successions ou des libéralités, il doit respecter les règles nécessaires à l'authenticité des actes qu'il rédige. Cela implique en premier lieu de n'accepter d'authentifier que ce qui est authentique bien sûr, mais également de respecter les règles qui conditionnent la validité de l'acte authentique (signature, compétence etc.). 82176

82180 **Authenticité des informations stipulées dans un testament** Il a été jugé que constitue un **faux** et doit donc être annulé, le testament authentique qui stipule que le testateur a dicté ses dernières volontés au notaire, alors qu'il ne peut pas s'exprimer en raison d'une hémiplégie et d'une aphasie consécutives à un accident vasculaire cérébral. En recevant un tel acte, le notaire rédacteur manque, d'une part, à son obligation d'assurer l'efficacité juridique du testament authentique, d'autre part, à son obligation de conseil qui aurait dû le conduire à constater l'impossibilité d'établir un tel acte au regard de l'état de santé du testateur (Cass. 1e civ. 4-6-2007 nº 05-21.189 FP-B : BPAT 4/07 inf. 113, 2e esp.).

82185 **Respect des règles de compétence pour recueillir un testament** Le notaire jouit aujourd'hui d'une compétence nationale (Décret 71-942 du 26-11-1971 art. 8). Il lui est toutefois interdit de recevoir « à titre habituel » ses actes **en dehors de l'étude** (Décret 71-942 du 26-11-1971 art. 10). En effet, « pour la dignité et l'indépendance de ses fonctions, le notaire ne peut, sauf cas exceptionnel, accueillir sa clientèle et recevoir ses actes que dans son office, dans les locaux accessoires et dans un ou des bureaux annexes ou dans les locaux d'un confrère, au domicile, à la résidence ou au siège social de l'une des parties, dans les locaux d'une administration, d'une mairie, les tribunaux, les établissements hospitaliers ou les locaux des instances professionnelles » (Règlement national des notaires art. 12.1).

La question s'est donc posée de savoir si le notaire commet une faute en recueillant un testament authentique en présence de deux témoins dans une **brasserie**. La cour d'appel de Paris a répondu par la négative. Elle relève toutefois que l'acte est valable car il mentionne expressément le lieu de signature, le testateur sortait d'un institut où il était hospitalisé et pouvait privilégier « un lieu plus décontracté qu'une étude de notaire » et il n'était pas établi que ce lieu ait influé le contenu du testament (CA Paris 22-1-2019 nº 17/07881 : SNH 12/19 inf. 6).

CONSEIL

Le notaire a donc toujours intérêt à privilégier les lieux visés à l'article 12 du règlement national, ne serait-ce que pour éviter le risque de contentieux qui pourrait résulter d'un choix distinct.

82190 **Respect des règles d'acquisitions des biens** Les **mandataires** ne peuvent pas acquérir, par eux-mêmes ou par personnes interposées, les biens qu'ils sont chargés de vendre (C. civ. art. 1596). Le notaire qui rédigerait un acte en méconnaissance de cette obligation engagerait sa responsabilité. Ce n'est pas le cas pour le **clerc d'une étude** qui peut acquérir un bien dépendant d'une succession ouverte en l'étude où il travaille, dès lors que le notaire ne dispose pas d'un mandat de vendre le bien (Cass. 3e civ. 29-10-2015 nº 14-23.475 F-D). En effet, un mandat de vente ne peut pas être tacite et le **règlement d'une succession** par une étude notariale n'emporte pas pour elle mandat tacite de vendre les biens dépendant de cette succession.

Dès lors que la preuve n'est pas rapportée de l'existence d'un mandat confié au notaire ou d'un contrat d'entremise, l'interdiction prévue par l'article 1596 du Code civil ne s'applique donc pas à la vente d'un bien dépendant d'une succession gérée par l'Étude.

82195 **Respect des règles de validité des testaments olographes** Lorsqu'il dresse **procès-verbal du dépôt** d'un testament olographe ou mystique au rang de ses minutes, le notaire a pour seule obligation d'y relater, le cas échéant, l'ouverture de l'acte et d'y décrire l'état du testament, en précisant les circonstances de son dépôt, avant de prendre les mesures prescrites pour en assurer la conservation. Mais l'officier public n'a pas à se prononcer sur la validité de l'acte (Cass. 1e civ. 4-1-2005 nº 02-21.494 F-D).

Si le respect des règles nécessaires à l'authenticité des actes constitue l'une des obligations principales du notaire, il convient de préciser que les manquements en cette matière ne constituent pas la seule source de responsabilité notariale. En effet, sa responsabilité peut être engagée en dehors de toute mission d'authentification (rédaction d'un acte sous seing privé par exemple) ou alors même que l'acte authentique est valable mais n'est pas conforme à la volonté des parties (manquement au devoir de conseil par exemple).

2. CONNAISSANCE ET APPLICATION DU DROIT

OBLIGATION DE FORMATION

82215 Le notaire a le devoir de se tenir informé de l'évolution du droit, de l'économie et de la société. Il a l'obligation d'entretenir et de renouveler ses connaissances en participant aux **actions de formation** organisées notamment par ses instances professionnelles, conformément au décret 73-609 du 5 juillet 1973 et aux circulaires du Conseil supérieur du notariat

(Règlement national des notaires art. 1.2). À défaut de connaître le droit, il engage sa responsabilité (Cass. 1e civ. 18-2-2003 nº 00-16.447 FS-P : RJDA 11/03 nº 1039). C'est en matière fiscale que les manquements à cette obligation sont le plus souvent observés (voir nos 82370 s.).

CYBERCRIMINALITÉ

Le notaire doit faire face aux risques de cybercriminalité, l'obligeant à prendre les précautions nécessaires afin d'éviter les **fraudes aux droits de ses clients.** Ainsi par exemple, selon LSN Assurances, courtier du notariat, le nombre de fraudes aux RIB est passé d'une dizaine sur l'année 2020 à plus de 70 pour les huit premiers mois de l'année 2021 (SNH 28/21 inf. 20). **82220**

3. VÉRIFICATIONS ET DEVOIR DE CONSEIL

a. Étendue des vérifications et du devoir de conseil

Quelle que soit la nature de l'acte (authentique ou sous seing privé) à la rédaction duquel le notaire participe, il doit en assurer la validité en réalisant les vérifications et les formalités qui s'imposent. Mais le notaire ne saurait se contenter de procéder aux vérifications nécessaires à la validité de l'acte. Il doit également s'assurer que les parties à l'acte ont pris la mesure de leurs engagements et que ceux-ci sont adaptés à leur volonté afin d'assurer l'efficacité de l'acte. **82235**

Il est impossible de lister la totalité des démarches préalables qui s'imposent au notaire tant elles diffèrent selon la nature de l'acte et la situation factuelle du dossier. La section se limite à une analyse de la jurisprudence en matière de succession et de libéralité afin d'appréhender et d'illustrer l'étendue du rôle et des missions notariales en ces deux matières.

Rédiger des actes valables impose de procéder à de nombreuses vérifications, qui diffèrent selon l'acte rédigé. **En matière de succession et de libéralité**, l'essentiel des vérifications qui s'imposent aux notaires porte sur les personnes concernées d'une part (à savoir essentiellement les défunts, héritiers, légataires, donateurs, donataires et créanciers) et sur les biens et les droits transmis d'autre part.

VÉRIFICATIONS ESSENTIELLES

Identité et capacité des parties Le notaire doit, lorsqu'il reçoit un acte, vérifier l'**identité,** l'état, le domicile et la capacité des parties à l'acte (Décret 71-941 du 26-11-1971 art. 5). À noter qu'en toute circonstance le notaire est tenu de refuser de prêter son ministère pour l'établissement d'actes ou de conventions impliquant des personnes ne paraissant pas jouir de leur libre arbitre (Règlement national des notaires art. 3.2.3). Il appartient donc au notaire, tenu de s'assurer de la validité et de l'efficacité des actes reçus par lui, de vérifier la **capacité** de son client lorsque des circonstances particulières lui permettent de mettre en doute ses facultés mentales. Ainsi, des procurations aux missions contraires auraient dû alerter le notaire qui n'a pas approfondi la vérification de la capacité de son client (Cass. 1e civ. 8-7-2020 nº 19-17.097 F-D). **82240**

Les règles de publicité foncière imposent également au notaire de certifier l'identité des parties au vu d'un extrait d'acte de naissance de moins de six mois (Décret 55-22 du 4-1-1955 art. 5).

Une obligation stricte en matière de vérification de l'identité des parties pèse donc sur le notaire et tout manquement à cet égard peut être source de responsabilité disciplinaire, administrative (C. mon. fin. art. L 561-36-3) ou civile (C. civ. art. 1240). Ainsi, la jurisprudence considère que le notaire qui ne procède pas à la vérification de l'identité d'une partie commet une faute de nature à engager sa responsabilité (Cass. 1e civ. 6-2-1979 nº 77-15.232 : Bull. civ. I nº 45).

En cas d'**usurpation** d'identité, le notaire qui n'a pas procédé à la vérification de l'identité réelle des parties peut être condamné avec l'usurpateur à réparer le préjudice résultant de la nullité de l'acte (Cass. 1e civ. 9-5-1996 nº 94-11.800).

Lutte contre le blanchiment Les notaires sont assujettis aux obligations prévues en matière de lutte contre le blanchiment (C. mon. fin. art. L 561-2, 13º). À ce titre, ils **doivent s'assurer,** avant l'entrée en relation d'affaires, de l'identité de leur client et, le cas échéant, de celle du bénéficiaire effectif de l'opération (C. mon. fin. art. L 561-2-1, L 561-2-2 et L 561-5). Les **informations à recueillir** et les modalités de vérification de l'identité des parties ou des bénéficiaires effectifs sont très précisément fixées par les articles R 561-5 et R 561-5-1 du Code monétaire et financier. Ainsi, le notaire doit exiger pour une personne physique la présentation de l'original d'un document officiel en cours de validité comportant sa photographie. Le notaire doit obligatoirement en conserver une copie. Il ne peut donc plus se **82242**

contenter de collecter les date et lieu de délivrance du document, et les nom et qualité de l'autorité ou de la personne l'ayant délivré et authentifié. Les documents et informations doivent être conservés pendant cinq ans à compter de la clôture des comptes des clients ou de la cessation des relations avec eux (C. mon. fin. art. L 561-12).

ATTENTION

Le non-respect, par le notaire, de ses obligations relatives à la lutte contre le blanchiment de capitaux édictées par les articles L 561-1 et suivants du Code monétaire et financier est constitutif d'un **manquement disciplinaire** prévu à l'article 30 du règlement national des notaires (Cass. 1e civ. 22-5-2019 nº 18-12.101 F-PB : SNH 33/19 inf. 14).

82245 **Origine de propriété** Le notaire doit également vérifier la désignation, la propriété et l'origine de propriété des biens transmis ainsi que les charges dont ils peuvent être grevés (servitudes légales, conventionnelles ou administratives, droits de préemption, situation hypothécaire, charges de copropriété, travaux votés, vices et risques affectant le bien…).

S'agissant de la **propriété antérieure,** la jurisprudence considère que le notaire n'est pas tenu de remonter plus de 30 ans en arrière, ce qui correspond au délai maximal pour exercer une action réelle immobilière (C. civ. art. 2227). Ainsi, l'officier ministériel ne commet pas de faute à ne pas révéler l'existence d'une servitude conventionnelle créée en 1893, mais mentionnée durant les 30 dernières années dans plusieurs actes de mutation d'une parcelle voisine (Cass. 1e civ. 17-11-2011 nº 10-25.583 F-D : BPIM 1/12 inf. 87). Toutefois, des circonstances exceptionnelles peuvent conduire le notaire à engager des vérifications plus anciennes. C'est notamment le cas lorsque le vendeur a recueilli le bien par succession. Pour ce faire, le notaire doit s'adresser au service de la publicité foncière, voire au Centre départemental des archives (Décret 55-1350 du 4-1-55 art. 44-1).

b. Application en matière de succession ou de libéralité

VÉRIFICATIONS PORTANT SUR LES AYANTS DROIT

82250 **Recherche des ayants-droit** Le notaire requis pour procéder à la rédaction d'une donation, au règlement d'une succession ou à la vente d'un bien dépendant d'une succession qui ne procède pas aux recherches nécessaires à l'identification et la détermination des ayants droit (héritiers, légataires ou indivisaires par exemple) engage sa responsabilité.

Ainsi, le notaire qui procède à la **vente d'un bien dépendant d'une succession** et qui, en dépit des indications du cadastre, néglige de rechercher la totalité des ayants droit, commet une faute à l'égard du coïndivisaire dépossédé (Cass. 1e civ. 7-4-1992 nº 90-15.301).

82252 **Déclarations des parties** Le notaire doit également vérifier les déclarations des parties. La Cour de cassation considère en effet que « les **déclarations mensongères** des parties ne sauraient dégager les notaires de la responsabilité qu'ils encourent comme tenus de contrôler et de vérifier ces déclarations » (Cass. 1e civ. 11-3-1997 nº 94-21.810). Ainsi, dans cette affaire, sur les indications erronées de l'épouse du défunt, un notaire avait dressé un acte de notoriété indiquant qu'elle était la seule héritière. Son second mari et héritier avait par la suite vendu les immeubles successoraux, alors qu'en réalité, le premier mari avait trois neveux, qui étaient ses véritables héritiers, et qui ont demandé la restitution des immeubles vendus par celle qui n'était pas propriétaire. L'arrêt est intéressant à plus d'un titre puisqu'il rappelle l'obligation de vérification qui pèse sur le notaire, tenu de réparer le préjudice subi par les acquéreurs évincés. Mais l'arrêt précise encore que l'auteur de celui qui a fait de fausses déclarations (et non pas seulement celui qui les a faites) a également concouru à la réalisation du dommage. En l'espèce l'héritier de l'épouse qui a induit en erreur l'officier public peut donc être condamné solidairement avec le notaire à réparer le préjudice et il ne peut demander au notaire de le garantir des condamnations prononcées contre lui, alors même qu'il n'est pas le déclarant fautif. La Cour de cassation considère en effet que l'héritier de celui qui a commis des déclarations mensongères « ne peut se prévaloir d'une situation créée par la mauvaise foi de ses auteurs, pour demander la garantie du notaire rédacteur de l'acte litigieux » (Cass. 1e civ. 11-3-1997 nº 94-21.810). En conclusion, les acquéreurs évincés ayant acquis les biens d'un héritier qui ne l'était pas, ne sont pour rien dans la réalisation de leur préjudice. Ils peuvent donc obtenir la **condamnation solidaire du notaire** et de celui qui a commis les fausses déclarations ou de ces héritiers. En revanche, celui qui a commis les fausses déclarations, mais également ses héritiers, ne peuvent obtenir la garantie du notaire car ils ne peuvent se prévaloir de la situation créée par leur propre mauvaise foi ou celle de leur auteur (voir nºs 82600 s.).

Recel successoral Lorsque l'omission d'un héritier est consécutive à un recel successoral commis par certains des héritiers, ces derniers, receleurs, ne peuvent obtenir réparation du préjudice consécutif à cette omission. En effet, la sanction du recel, qui suppose l'intention frauduleuse de rompre l'égalité du partage, ne constitue pas, **pour celui qui le commet**, un préjudice ouvrant droit à réparation. Il en résulte que les cohéritiers qui ont dissimulé la seconde union de leur père, et par conséquent l'existence d'autres héritiers, ne peuvent engager la responsabilité du notaire qui n'a pas vérifié l'acte de naissance du défunt, ce qui lui aurait permis de découvrir la seconde union (Cass. 1e civ. 9-4-2014 n° 13-16.348 FS-PB : BPAT 3/14 inf. 128). Le notaire ne pourra cependant opposer ce moyen qu'aux héritiers receleurs. Les **héritiers victimes du recel** pourraient quant à eux agir en responsabilité du notaire afin d'obtenir réparation du préjudice qu'ils ont subi. 82253

Pour établir la dévolution successorale, le notaire peut en principe se contenter du **livret de famille** et des **déclarations** des témoins. Toutefois, ce principe disparaît lorsqu'il dispose d'éléments de nature à le faire douter de la véracité des énonciations dont il lui est demandé de faire état ; il doit donc procéder à des **vérifications complémentaires**. 82255

ILLUSTRATIONS

Si le notaire dispose du livret de famille mentionnant que la première union du défunt a été dissoute par divorce, il doit demander **copie du jugement de divorce.** Car même si l'existence d'un descendant n'est pas révélée par le livret de famille, l'examen du jugement de divorce, auquel ce document fait référence, aurait permis au notaire de la découvrir, ce dont il résulte que, disposant des éléments lui permettant de suspecter l'existence d'une descendance, il ne pouvait que douter de la véracité des déclarations des témoins. Dès lors, en s'abstenant d'effectuer les diligences qui s'imposaient, le notaire a commis une faute engageant sa responsabilité (Cass. 1e civ. 25-3-2009 n° 07-20.774 F-PB : Bull. civ. I n° 70).

En revanche, dès lors qu'il est établi que le notaire ne détenait aucun élément lui permettant de suspecter l'existence d'une descendance du défunt en dehors des affirmations de l'un des témoins qui contredisait ce qu'il avait lui-même rapporté dans un acte de notoriété antérieur, il ne saurait lui être imputé une faute. Il a été précisé également qu'il ne saurait être reproché au notaire instrumentaire de l'acte de ne pas avoir consulté le **fichier des dispositions des dernières volontés,** dès lors qu'il est établi qu'il n'aurait pu y trouver que les informations qu'il y avait lui-même portées, de sorte que sa consultation aurait été inopérante (Cass. 1e civ. 13-12-2005 n° 04-11.519 F-D).

De même, en présence d'une personne qui se prétend héritier, si le notaire ne dispose d'aucun élément suffisamment probant lui permettant d'établir la filiation entre le défunt et ce prétendu héritier, il ne commet aucune faute à liquider la succession en désignant le conjoint survivant comme seul et unique héritier. En l'espèce, celle qui se prétendait héritière justifiait de sa **filiation au moyen d'un acte de notoriété** dressé le 30 mai 2008 par un juge d'instance dans lequel trois témoins déclaraient qu'elle était née à Pékin en 1939 et que sa mère était la défunte. La Cour de cassation a considéré que le notaire n'avait commis aucune faute à ne pas en tenir compte car ce document n'était pas un acte de notoriété constatant une filiation par possession d'état au sens du Code civil (C. civ. art. 317). Car il a été établi sur le fondement de l'article 1er de la loi du 20 juin 1920 ayant pour objet de suppléer, par des actes de notoriété, à l'impossibilité de se procurer les copies des actes d'état civil dont les originaux ont été détruits ou sont disparus par suite de faits de guerre (Cass. 1e civ 12-6-2018 n° 17-19.825 FS-PB : SNH 22/18 inf. 6).

VÉRIFICATIONS PORTANT SUR L'ÉTENDUE DES DROITS

Une fois les vérifications faites sur les ayants droit, il convient également de procéder à des vérifications sur la nature et l'étendue des droits transmis, que ce soit par succession ou libéralité. 82260

Protection des ayants droit en matière de succession Commet une faute le notaire qui règle la succession d'un défunt au mépris des droits des bénéficiaires d'un **legs résiduel** (Cass. 1e civ. 14-4-2021 n° 19-21.290 F-D ; Cass. 1e civ. 20-2-2008 n° 06-14.704 FS-PB : BPAT 2/08 inf. 59) ou qui régularise une attestation de propriété après décès comportant des **erreurs sur la propriété** des biens conduisant à une répartition des propriétés non conforme à la réalité (Cass. 1e civ. 15-6-2004 n° 01-16.277). La jurisprudence considère même que la régularisation par le notaire d'une attestation de propriété erronée en connaissance de cause peut constituer un faux. C'est le cas du notaire qui certifie que des parcelles dépendent d'une succession alors qu'il sait que l'**action en revendication** du défunt a été jugée irrecevable à défaut de preuve de sa qualité de propriétaire (Cass. 3e civ. 12-11-2020 n° 18-19.077 FS-PBI). 82265

Le notaire doit aussi procéder à la vérification des droits à partir des **documents disponibles** en l'étude. Ainsi, le notaire manque à son devoir de prudence en acceptant de dresser un acte dont il ne pouvait ignorer, en l'état des informations dont il disposait, qu'il était de nature à remettre en cause la dévolution successorale des défunts et à affecter les droits de propriété d'un tiers (Cass. 1e civ. 28-6-2012 nº 11-17.347 précité).

S'agissant des vérifications à opérer, il convient par exemple, pour rédiger une **attestation immobilière,** de lever, au préalable, un état hypothécaire des biens et ainsi vérifier si ceux-ci ont fait l'objet d'un acte translatif de propriété, régulièrement publié (Cass. 1e civ. 28-6-2012 nº 11-17.347 F-D).

82266 Il peut donc être amené à faire appel, le cas échéant, à des **généalogistes** afin de retrouver les héritiers (Cass. crim. 31-1-2018 nº 17-80.049 F-D : D. 2018 p. 1361). S'agissant des honoraires dus à ces derniers, la Cour de cassation a précisé qu'ils n'ont droit qu'au remboursement des dépenses spécifiques, utiles ou nécessaires qu'ils ont exposées pour la recherche de l'héritier, ce qui exclut notamment les dépenses d'investissement en personnels et en matériels (Cass. 1e civ. 20-4-2022 nº 20-22.648 F-D).

82267 Le notaire en charge de la succession doit également interroger, sur mandat des héritiers, les fichiers disponibles tels que **Ficoba** et **Ficovie.** S'agissant des contrats d'assurance-vie, il doit s'enquérir clairement auprès de l'assureur de l'existence de contrats souscrits par le défunt assuré ainsi que des éventuelles primes versées après ses 70 ans. En effet, l'assureur n'est pas tenu de communiquer spontanément ces informations au notaire, qui doit donc les demander formellement, au risque de voir sa responsabilité engagée (Cass. 1e civ. 13-4-2023 nº 21-20.272 F-B).

82268 Une fois les documents requis analysés, si le notaire constate que les **droits réservataires d'un héritier** sont susceptibles d'être atteints par les libéralités effectuées par le défunt, le notaire informe chaque héritier concerné et connu, individuellement et, le cas échéant, avant tout partage, de son droit de demander la réduction des libéralités qui excèdent la quotité disponible (C. civ. art. 921, al. 3 ; disposition applicable aux successions ouvertes depuis le 1er novembre 2021 y compris si des libéralités ont été consenties par le défunt avant cette date). Voir nº 33440.

Pour l'**évaluation des biens,** le notaire n'est pas tenu en principe à procéder à la vérification personnelle de la valeur des biens. Toutefois, le notaire est tenu d'alerter les parties lorsqu'il dispose d'éléments lui permettant de déceler ou de suspecter que les biens en cause ont été manifestement sous-évalués. Ainsi, en présence de rapports d'expertise divergents quant à la valeur de l'actif successoral, le notaire doit agir avec prudence en procédant personnellement à une vérification de la valeur réelle du bien et en appelant l'attention de l'héritier sur les risques fiscaux d'une évaluation inexacte (Cass. 1e civ. 29-6-2004 nº 02-19.302 F-D). Mais pour condamner le notaire, les juges doivent constater qu'il disposait bien d'éléments lui permettant de déceler ou de suspecter une sous-évaluation manifeste des biens (Cass. 1e civ. 6-10-2021 nº 19-23.507 F-D nº 19-24.683).

82269 Dans le cadre d'une succession, le notaire doit vérifier l'**état actif et passif** de la succession. Ainsi, commet une faute le notaire qui, ayant dressé un acte de partage de succession, omet d'y inclure un des éléments de l'actif de succession. Dès lors, engage sa responsabilité le notaire qui omet d'inclure un fonds de commerce exploité par un locataire-gérant (Cass. 1e civ. 19-11-2009 nº 08-15.937 F-PB : RJDA 4/10 nº 328).

De la même manière, le notaire doit informer les héritiers de l'existence des dettes dont il a connaissance et des conséquences de son omission dans la déclaration de succession. Ainsi, le notaire qui omet de déclarer au titre du passif de la succession une dette résultant de la condamnation du défunt au comblement du passif de la liquidation judiciaire d'une société, doit réparer le préjudice subi par les héritiers (Cass. 1e civ. 25-6-2009 nº 08-14.951 F-D).

82270 **Protection du droit des tiers en matière de succession** La vérification précise des droits résultant de la succession ne vise évidemment pas seulement à informer les héritiers, mais également à protéger le droit des tiers, créanciers de la succession. En effet, en qualité d'officiers publics, les notaires sont responsables même envers les tiers de toute faute préjudiciable commise par eux dans l'exercice de leurs fonctions.

Ainsi, commet une faute le notaire séquestre qui, bien qu'informé par l'administrateur d'une succession de l'existence d'un passif, se dessaisit des fonds de la succession sans prendre les précautions nécessaires pour **assurer la garantie de ce passif,** contraignant l'administrateur à régler les causes d'une saisie-arrêt diligentée par un créancier de l'héritier (Cass. 1e civ. 9-12-1997 nº 95-18.192 : Bull. civ. I nº 361).

82271 L'obligation de protection des créanciers doit conduire le notaire, non seulement à prendre en compte la totalité des dettes de succession, mais également à établir un **partage** qui n'affecte pas leurs droits. Ainsi, s'il a été le rédacteur d'un acte de prêt avec garantie hypothécaire qu'il a eu la charge d'inscrire et de renouveler, le notaire commet une faute en authentifiant un acte de partage qui a pour effet de faire sortir les biens hypothéqués du patrimoine des cautions et de priver la banque de sa garantie, sans prendre la précaution de l'en informer préalablement. La Cour de cassation précise encore que la banque ne peut se voir reprocher d'avoir tardé à agir en justice, dès lors qu'elle était fondée à croire en la valeur de sa garantie, constituée par une hypothèque, jusqu'à sa date d'expiration (Cass. 1e civ. 22-11-1994 nº 92-16.157 D).

Si le notaire chargé des opérations de liquidation d'une succession a clôturé l'inventaire sans faire mention d'une dette de cette succession contractée envers une banque, alors qu'il avait **procédé à toutes les recherches** qui étaient de sa compétence et que l'épouse du défunt ne lui avait pas révélé l'existence de la dette, cette dernière a commis une faute emportant l'impossibilité pour le notaire de donner les conseils appropriés aux héritiers. Il est donc déchargé de toute responsabilité (Cass. 1e civ. 4-2-2003 nº 99-17.013 F-P : Bull. civ. I p. 30). **82272**

De même, si les inscriptions hypothécaires et la situation cadastrale des parcelles sont complexes, si l'usucapion sur l'une des trois parcelles était ignorée de tous et si les vérifications du notaire s'étaient avérées justes pour deux des trois parcelles concernées, les juges, constatant une situation qui rendait l'erreur invincible, peuvent en déduire qu'aucune faute ne peut être reprochée à l'officier public (Cass. 1e civ. 21-11-2000 nº 98-13.860 FS-PB : Bull. civ. I p. 194, décision prise dans le cadre d'une vente mais applicable en matière de succession).

En principe, lorsque la situation factuelle présente une **difficulté** ou une **contestation,** le notaire doit aviser tous les protagonistes et se garder de trancher lui-même la controverse. Ainsi, dès lors qu'il est établi que l'officier public a décidé lui-même de la question délicate de la prévalence d'un testament sur un autre, a omis d'aviser les bénéficiaires des legs particuliers du testament qu'il a unilatéralement écartés et a écrit et réitéré inexactement que le testament qu'il a retenu « confirmait » celui qu'il a écarté, il commet une faute et les légataires évincés peuvent être autorisés à pratiquer des saisies conservatoires sur les biens du notaire, dans l'attente d'une décision définitive (Cass. 1e civ. 3-2-1993 nº 88-17.774). **82273**

Si un notaire est informé de l'existence d'un testament instituant un tiers légataire universel, il ne peut volontairement ignorer le problème soulevé par l'existence de ce testament. S'il effectue néanmoins des actes de mutation au profit d'un tiers (en l'espèce dépôt d'une requête d'envoi en possession et déclaration de succession) en toute connaissance de la contestation de ce légataire évincé, il commet une faute. Même si la victime parvient finalement à recueillir son legs, le préjudice existe et résulte du fait de son impossibilité d'appréhender l'intégralité de son patrimoine, dès le décès (Cass. 1e civ. 6-7-2004 nº 01-11.835 F-D).

De même, si un legs ne peut être régularisé au motif qu'il a été fait à une personne inexistante (en l'espèce un musée dépourvu d'existence légale), les juges doivent rechercher si le notaire ne commet pas une faute en prenant l'initiative de délivrer ce legs à la commune dont dépend le musée (Cass. 1e civ. 3-7-2013 nº 12-19.146 F-D).

Désignation judiciaire Il convient également de préciser que le notaire n'est pas exonéré de sa responsabilité lorsqu'il a été **désigné** judiciairement pour **établir l'état liquidatif** et que son projet a été homologué par un juge. Dès lors qu'il est établi que des actes rectificatifs ont été nécessaires pour remédier à des erreurs qu'il a commises dans la rédaction des actes, dont certaines ont affecté les droits de l'un des héritiers, les juges du fond retiennent justement que le notaire a commis une faute professionnelle dans l'accomplissement de la mission qui lui avait été confiée qui a causé à la victime un préjudice dont elle peut souverainement apprécier le montant (Cass. 2e civ. 6-5-1998 nº 95-14.240). **82275**

Exécution d'une décision exécutoire L'exécution d'une décision de justice **ne constitue pas** une faute dès lors que la décision est exécutoire, peu importe qu'elle ne soit ni définitive ni contradictoire. Le notaire ne commet donc aucune faute à remettre les fonds au préjudice d'un tiers ou d'un ayant droit, dès lors qu'il le fait au profit du détenteur d'une décision exécutoire. Il n'en irait autrement que si le notaire détenait les fonds en vertu d'une **clause séquestre** qui lui imposerait par exemple de ne remettre les fonds qu'au vu d'une décision devenue définitive (Cass. 1e civ. 1-2-2005 nº 03-10.018 F-PB : RJDA 6/05 nº 686). **82280**

Protection des ayants droit en matière de libéralité Le notaire doit vérifier que le donateur a le droit de disposer des biens objets de la donation. Dès lors qu'il procède à cette vérification, il ne commet aucune faute à rédiger l'acte. Cette vérification nécessite parfois une analyse particulière de la situation. Ainsi, par exemple, lorsque des **époux communs en biens** sont **associés d'une SCI,** chacun étant titulaire de parts, le conjoint **82285**

associé survivant peut transmettre les titres du défunt sans recueillir l'accord de ses coïndivisaires car la qualité d'associé attachée à des parts sociales non négociables dépendant de l'indivision ne tombe pas dans l'indivision postcommunautaire, qui ne recueille que la valeur des parts. Le notaire ne commet donc aucune faute à rédiger l'acte de donation faite par l'épouse du défunt sans recueillir l'accord des coïndivisaires dès lors qu'il est établi que :
– l'épouse s'est vu reconnaître, en application de l'article 1832-2 du Code civil, la qualité d'associé pour la moitié des parts inscrites au nom de son époux ;
– l'acte de donation fait mention de ce que la donatrice reconnaît avoir été informée que la valeur des parts donnée dépend toujours de la communauté ayant existé entre elle et son époux décédé et de la succession de celui-ci, les comptes n'ayant pas été faits et le partage n'étant pas intervenu (Cass. 1e civ. 12-6-2014 no 13-16.309 FS-PBI : RJDA 10/14 no 755).

En revanche, le notaire qui procède à la vente d'une parcelle issue d'une **donation-partage** anticipée doit appeler à l'acte de vente les cohéritiers réservataires du vendeur et s'assurer ainsi de leur accord et de leur renonciation à l'exercice de l'action en revendication ou en réduction qu'ils tiennent de l'article 930 du Code civil (Cass. 1e civ. 9-6-2011 no 07-20.959 F-D : BPIM 4/11 inf. 314).

De même, le notaire est tenu de vérifier que le bien n'est pas grevé d'une **servitude.**

Toutefois, l'**inefficacité de l'acte** instrumenté par un officier public n'est susceptible d'entraîner sa responsabilité professionnelle que si elle est la conséquence d'une défaillance de celui-ci dans les investigations et contrôles que le devoir d'efficacité impose nécessairement. Dès lors, s'il est établi que l'acte constitutif d'une servitude non aedificandi n'apparaissait ni dans les titres que le notaire était tenu d'examiner pour vérifier l'origine de la propriété du donateur ni sur la fiche personnelle de ce dernier, les juges peuvent en déduire que le notaire ne disposait d'aucun indice lui permettant de douter de la véracité ou de la cohérence des renseignements ainsi recueillis, lesquels concordaient avec les déclarations du donateur, et n'avait commis aucune faute en s'abstenant de procéder à des investigations complémentaires (Cass. 1e civ. 6-2-2013 no 11-27.842 F-D). Dès lors que le notaire a procédé aux vérifications d'usage, c'est donc seulement s'il existe des éléments de nature à le faire douter, qu'il doit procéder à des recherches supplémentaires.

RÉALISATION DES FORMALITÉS REQUISES

82290 **Principes** Une fois les vérifications et formalités accomplies et l'information des parties effectuée, le notaire doit généralement réaliser des formalités telles que l'**enregistrement** de l'acte (CGI art. 1705, 1o), sa **publicité foncière** (Décret 55-22 du 4-1-1955 art. 32), les **insertions légales** ou la déclaration et le paiement de la plus-value éventuelle (CGI art. 150 U) (dans le domaine qui nous intéresse, la plus-value est susceptible d'être due en matière de partage ou de licitation par exemple).

La réalisation des formalités de publicité foncière dans les délais s'impose au notaire « indépendamment de la volonté des parties » (Décret 55-22 du 4-1-1955 art. 32). S'agissant des **impôts**, le notaire a l'obligation de demander aux parties le versement, concomitamment à la réception de l'acte, des impôts et frais générés par l'accomplissement des formalités.

82295 **Applications en matière de succession ou de libéralité** D'une manière très générale, la Cour de cassation considère qu'il incombe au notaire, tenu de s'assurer de l'efficacité de l'acte auquel il prête son concours, de procéder, sans même qu'il ait reçu mandat pour ce faire, aux formalités correspondantes dont le client se trouve alors déchargé (Cass. 1e civ. 6-10-2011 no 10-19.190 F-PBI : RJDA 1/12 no 38). Ainsi, tout notaire qui rédige un acte de notoriété, un inventaire, un certificat de propriété ou tout autre acte contenant la dévolution d'une succession doit procéder à la **publication de l'attestation notariée** notifiant toute transmission ou constitution par décès de droits réels immobiliers (Décret 55-1350 du 14-10-1955 art. 69, 4), même contre la volonté des héritiers qui l'ont saisi (Décret 55-22 du 4-1-1955 art. 32, al. 2).

En outre, tout notaire rédigeant un acte comportant pour les parties une « incidence quelconque » en matière de registre du commerce et des sociétés (**RCS**) doit procéder aux formalités correspondantes à peine d'une amende civile (15 à 750 € prononcée par le tribunal judiciaire) et sans préjudice de l'engagement de sa responsabilité (C. com. art. R 123-89). En cas de donation de parts sociales, le notaire doit donc conseiller aux parties de demander à la société de modifier ses statuts en conséquence. Tenu de s'assurer de l'efficacité de l'acte auquel il prête son concours, il incombe au notaire de publier l'acte aux greffes des tribunaux de commerce auprès desquels ces SCI sont immatriculées (Cass. 1e civ. 6-10-2011 no 10-19.190 F-PBI : RJDA 1/12 no 38).

De même, le notaire commet une faute en **publiant avec retard** des actes de donation soumis à publicité foncière. En effet, les notaires sont tenus de faire publier dans les trois mois de leur date tous actes dressés par eux et portant ou constatant, entre vifs, mutation ou constitution de droits réels immobiliers (Décret 55-22 du 4-1-1955 art. 28, 32 et 33). Il en résulte que si les juges du fond constatent que le notaire a apporté un retard anormal dans l'exécution de cette obligation, ils peuvent déduire de ces seules constatations l'existence d'une faute à la charge du notaire, peu importe les difficultés auxquelles il s'est heurté pour réunir les documents nécessaires à cette publication (Cass. 1e civ. 3-1-1991 no 89-14.433). 82300

Commet encore une faute le notaire qui ne dépose pas dans les délais impartis par la loi l'inventaire requis pour faire produire effet à la déclaration par laquelle les héritiers acceptent la succession à concurrence de l'actif net (Cass. 1e civ. 7-3-2018 no 17-14.632 F-D) ou qui, à la suite d'un partage de communauté et de succession, n'accomplit pas les formalités d'inscription des sûretés qui doivent garantir le paiement des soultes (Cass. 1e civ. 21-2-2006 no 04-15.651 F-PB : D. 2006 p. 1873).

De la même manière, le notaire chargé d'opérer le règlement d'une succession ne peut pas se contenter d'effectuer les diligences nécessaires au maintien provisoire de l'inscription du défunt. Il doit conseiller à l'épouse du défunt qui poursuit l'exploitation du fonds pour le compte de l'indivision successorale de **s'inscrire au registre du commerce.** À défaut, si le propriétaire des murs donne congé à l'indivision avec refus de renouvellement du bail en se prévalant de cette absence d'immatriculation, le notaire peut être déclaré entièrement responsable du préjudice subi résultant de la perte de l'indemnité d'éviction (Cass. 1e civ. 3-2-2011 no 09-71.197).

> **Précisions** Depuis le 1er janvier 2023, les **formalités relatives aux entreprises** doivent être déclarées au guichet unique électronique via un portail internet sécurisé (C. com. art. L 123-33 créé par loi 2019-486 du 22-5-2019 et R 123-2 issu du décret 2022-1014 du 19-7-2022). Ce guichet remplace les anciens centres de formalités des entreprises (CFE).

GESTION DES BIENS CONFORME À L'INTÉRÊT DES AYANTS DROIT

Si dans le cadre de l'opération à laquelle il prête son concours, le notaire vient à assurer une mission de gestion de biens, le notaire est tenu aux **obligations du mandataire.** Ainsi, le notaire qui gère des biens indivis doit s'assurer que les biens sont assurés et s'ils ne le sont pas, il doit souscrire une garantie et assurer le règlement des primes avec les fonds de la succession. À défaut, si l'immeuble est incendié alors que l'assurance de cet immeuble contre l'incendie a pris fin la veille du sinistre, faute de paiement de la prime dans les délais, les indivisaires peuvent obtenir du notaire réparation du préjudice résultant de ce défaut d'assurance (Cass. 1e civ. 14-1-2015 no 14-10.426 F-D). 82305

En revanche, s'agissant de la gestion des fonds, en principe, le notaire constitué **séquestre des fonds** a pour seule obligation de les déposer à la Caisse des dépôts et consignations, sauf mandat spécifique. Sa responsabilité ne peut donc être engagée pour un défaut de placement plus fructueux (Cass. 1e civ. 4-5-1999 no 97-11.490).

INFORMATION DES PARTIES

Information sur les risques Procéder aux vérifications portant sur les personnes et les droits concernés par l'opération et aux formalités que celle-ci requiert ne suffit pas. Le notaire doit également informer les parties (héritiers, légataires, donataires ou donateurs notamment) de l'étendue de leurs droits et des risques que recèle cette opération. En effet, les notaires sont les « conseils désintéressés des parties aussi bien que rédacteurs impartiaux de leurs volontés » (Rapport du Conseiller d'État Réal au corps législatif sur la loi du 25 ventôse an XI organisant le notariat). Il doit faire connaître aux parties toute l'étendue des obligations qu'elles contractent (Règlement national des notaires préambule) et doit à sa clientèle « l'information la plus complète » (Règlement national des notaires art. 3.2.1). 82310

Sur la preuve de l'information des parties voir nos 82510 s.

Le notaire doit informer du **risque d'annulation** de dispositions irrégulières ou illicites, comme du risque pour le bénéficiaire d'un legs de procéder à la vente du bien au mépris d'une assignation en nullité du testament publiée au service des hypothèques (Cass. 1e civ. 15-12-1999 no 97-16.444). De même, le notaire doit informer les parties du risque d'annulation du fait de la **prohibition des pactes sur succession future.** Constitue un pacte sur succession future la clause d'un contrat de vente d'immeuble selon laquelle tout règlement du prix, payable en plusieurs annuités, serait éteint et amorti et l'acquéreur entièrement libéré soit à 82311 l'expiration du terme convenu, soit encore au jour du décès du vendeur si ce décès survenait avant cette date, dès lors que les juges du fond ont constaté que le contrat n'avait pas un caractère aléatoire et que la clause litigieuse avait pour seul but de priver la succession du vendeur des annuités du prix de vente échues postérieurement au décès (Cass. 1e civ. 7-12-1983 : Bull. civ. I nº 290).

82312 **Information sur les droits légaux** Le notaire doit informer les héritiers des droits dont ils disposent par l'effet de la loi, tels que les **droits sur le logement** de l'époux, du partenaire ou du concubin du défunt. Toutefois, même si le notaire omet de faire application dans la déclaration de succession d'un droit que tient le survivant (en l'espèce il s'agissait du droit de mettre pendant neuf mois la nourriture, le logement et les frais de deuil à la charge de la communauté : ancien article 1481 du Code civil), dès lors que l'héritier n'apporte aucun justificatif permettant de chiffrer le préjudice, il doit être débouté de son action en responsabilité (Cass. 1e civ. 22-11-1994 nº 93-12.287). Cet arrêt illustre la nécessité, pour que la responsabilité civile professionnelle soit engagée, d'établir l'existence d'une faute, certes, mais également d'un préjudice en rapport causal avec cette faute (voir nº 82535).

82313 **Information sur les délais** Le notaire doit également informer les parties des délais auxquels ils sont soumis (pour les délais de nature fiscale, voir nos 82370 s.). Ainsi, par exemple, le notaire doit, au titre de son devoir de conseil, informer l'acceptant à concurrence de l'actif net de la nécessité de **déposer l'inventaire** dans le délai de deux mois à compter de la déclaration ou, à défaut, de solliciter du juge un délai supplémentaire au visa de l'article 790 du Code civil. À défaut, il engage sa responsabilité car même s'il n'a pas qualité pour solliciter une prorogation de délai, il manque à ses obligations professionnelles en n'informant pas ses clients de l'opportunité de procéder à une telle démarche (Cass. 1e civ. 9-10-2001 nº 98-16.209).

82314 **Information sur l'opportunité de l'opération** Le notaire doit informer le disposant que la donation est contraire aux **intérêts du bénéficiaire** en ce qu'elle le priverait d'une disposition plus favorable. Ainsi par exemple, alors qu'il rédige un acte de donation au profit d'un ami du donateur, portant sur la moitié en pleine propriété d'un bien lui appartenant en indivision avec la fille de ce donateur, le notaire doit informer ce dernier que la donation est contraire aux intérêts de sa fille, laquelle, en cas de vente, aurait bénéficié d'un droit de préemption en application de l'article 815-14 du Code civil. La cour d'appel ne peut donc pas rejeter l'action en responsabilité dirigée contre le notaire au motif que la décision de faire donation d'un bien à un ami, au détriment du donateur, relève d'un choix de ce dernier et qu'il n'appartient pas au notaire de s'immiscer dans les affaires de famille des parties (Cass. 1e civ. 3-5-2018 nº 16-20.419 FS-PB : SNH 17/18 inf. 1).

REDDITION DES COMPTES ET CONSERVATION DES ACTES

82320 Dès que les formalités consécutives à un acte sont accomplies, le notaire doit éditer le **relevé de compte** de son client en ce compris l'état détaillé des frais. Il l'adresse au client et, après apurement des comptes, lui remet les pièces lui revenant (Règlement national des notaires art. 21).

En principe, dès lors que le client demande la communication des pièces de reddition des comptes, les juges doivent enjoindre au notaire d'y satisfaire. (Cass. 1e civ. 4-3-2004 nº 99-18.224).

Le notaire assure également la conservation de ses minutes et archives conformément à la loi (Règlement national des notaires art. 3.2.2). En conséquence, il commet une faute s'il est dans l'impossibilité de restituer le testament qui lui avait été confié (Cass. 1e civ. 8-3-2012 nº 10-28.725 F-D).

> **Précisions** L'attribution des minutes entre notaires (droit de rédiger et de conserver la minute des actes) est régie par les règles visées aux articles 59 et suivants du Règlement national des notaires.

D. Obligations spécifiques en matière fiscale

82370 La matière fiscale mérite des développements distincts car les obligations notariales en cette matière sont nombreuses et illustrent la **sévérité du régime** de responsabilité du notaire, garant de la sécurité juridique.

D'une manière générale, le notaire doit connaître le droit applicable à l'opération à laquelle il prête son concours et en faire une exacte application. Mais le notaire, rédacteur d'acte, est également tenu d'informer et d'éclairer les parties, de manière complète et circonstanciée, sur la portée et les incidences fiscales de l'acte auquel il prête son concours.

En principe, le notaire ne peut recevoir un acte sans avoir été provisionné d'une somme suffisante pour couvrir les déboursés, droits, émoluments et honoraires (Règlement national des notaires art. 9.1).

1. APPLICATIONS EN MATIÈRE DE SUCCESSION

CONNAISSANCE DU DROIT

Le notaire doit connaître le droit applicable et, s'il existe une **incertitude**, il doit informer les clients de son existence et des risques qu'elle recèle. Ainsi, le notaire chargé de déposer une déclaration de succession ne saurait être exonéré de sa responsabilité aux seuls motifs qu'il existait un **vide juridique** et qu'il n'a fait que se conformer à une pratique. La Cour de cassation considère en effet que dès lors qu'il existe une incertitude juridique portant sur les modalités d'évaluation et donc d'imposition des successions de biens immobiliers sis en Corse, le notaire est soumis à une obligation d'information à l'égard de ses clients (Cass. 1e civ. 18-2-2003 n° 00-16.447 FS-P : RJDA 11/03 n° 1039). **82375**

En revanche, le notaire ne commet aucune faute si la déclaration de succession est conforme au droit civil et ne comporte aucune erreur au regard de la **position habituelle de l'administration fiscale** à la date à laquelle elle est établie car, dans ce cas, le risque d'un redressement ne pouvait être décelé. D'autre part, il ne saurait être reproché au notaire de n'avoir pas conseillé à ses clients d'exercer un recours dans les délais qui leur étaient impartis, dès lors qu'il n'est pas démontré qu'il a été averti en temps utile de la position défavorable adoptée par le service compétent (Cass. 1e civ. 25-5-2005 n° 03-20.712 FS-D).

INFORMATION DES PARTIES

Le notaire qui procède au partage des biens et à la déclaration de la succession doit informer les héritiers des **solutions fiscales régulières.** Ainsi, le notaire commet une faute s'il établit une déclaration de succession sous le bénéfice d'un abattement fiscal auquel l'héritier ne peut en réalité prétendre (Cass. 1e civ. 14-5-2009 n° 08-13.178 F-D). **82380**

De même, si le conjoint survivant **règle l'intégralité des droits de succession** y compris pour ses enfants, le notaire concourt à une donation déguisée en méconnaissance des dispositions fiscales et expose les héritiers du donateur au paiement du redressement et des intérêts de retard (Cass. 1e civ. 9-12-2010 n° 09-16.531 F-PBI : RJF 6/11 n° 719).

Le notaire manque également à son devoir de conseil et d'information à l'égard de sa cliente, conjointe survivante, bénéficiaire d'un legs consenti antérieurement au mariage, s'il ne l'informe pas de la possibilité qui lui est offerte de bénéficier du **cumul du legs** de la quotité disponible accordé par un testament, avec la vocation légale du conjoint survivant (Cass. 1e civ. 22-11-2017 n° 16-26.169 F-D).

En revanche, le notaire n'a pas à répondre des aléas financiers liés à la **conjoncture boursière** acceptés par ses clients, dès lors que les mesures propres à garantir la bonne exécution du montage choisi ont été prises. Ainsi, si les héritiers ont obtenu le paiement fractionné des droits de succession et ont offert en gage des titres en garantie du cautionnement bancaire fourni à l'administration fiscale, ils ne sauraient reprocher au notaire un manquement à son devoir de conseil en raison de la dépréciation de leur portefeuille (Cass. 1e civ. 8-12-2009 n° 08-16.495 FS-P : BRDA 1/10 inf. 14).

RESPECT DES DÉLAIS

Interrogé à propos de l'obligation des notaires de présenter aux héritiers la **déclaration de succession** dans les six mois du décès, le garde des Sceaux a indiqué qu'il s'agissait d'une obligation de moyen et non de résultat (Rép. Zumkeller 15-2-2022 n° 33080). En revanche, la jurisprudence ancienne et constante impose au notaire, au titre de son obligation de conseil, d'avertir les héritiers des **sanctions encourues** du fait de l'irrespect du délai fiscal de dépôt d'une déclaration de succession (Cass. 1e civ. 6-3-1984 n° 83-11.445). **82385**

Ainsi, si le **règlement de la succession** est **complexe** et ne permet pas au notaire de déposer la déclaration de succession dans les délais, il se doit d'attirer l'attention de ses clients sur la possibilité de souscrire une déclaration partielle et de verser un acompte sur les droits afin d'éviter le paiement de pénalités de retard (CA Limoges 18-12-2004 n° 02/01042). Manque donc à son devoir de conseil le notaire qui n'a pas personnellement averti son client des sanctions encourues en cas de dépôt tardif d'une déclaration de succession. L'obligation d'avertissement doit intervenir avant l'expiration du délai. L'information doit porter sur l'existence du délai, et sur l'intérêt de rassembler les sommes nécessaires et de procéder au versement d'un acompte pour éviter les pénalités (CA Paris 18-12-1989 : D. 1990 IR p. 17 ; CA Paris 10-10-2001 n° 00/19557). Cette obligation d'information s'impose alors même que le notaire ne disposerait pas des fonds (Cass. 1e civ. 14-6-2007 n° 06-16.379 F-D) ou aurait effectué des démarches pour l'obtention de prorogations de délais (Cass. 1e civ. 26-11-2002 n° 99-17.745 F-P : Bull. civ. I n° 286).

82390 Le notaire, seulement **requis après le délai légal** par l'héritier de délivrer un acte de notoriété, n'est pas tenu à une obligation de conseil sur la nécessité de déposer au plus tôt une déclaration de succession, dès lors qu'en l'espèce, il avait insisté sur l'urgence de déposer la déclaration, tout en effectuant plusieurs démarches pour obtenir les informations complémentaires nécessaires à ce dépôt (Cass. 1e civ. 14-10-2010 n° 09-14.446 F-D).

Les juges du fond peuvent également rejeter l'action en responsabilité et décider que le manquement commis par le notaire à son obligation de conseil n'est **pas la cause du préjudice** invoqué, dès lors qu'ils relèvent que le notaire n'a été informé officiellement de la qualité d'héritier des demandeurs à l'action en responsabilité que postérieurement à l'expiration du délai de six mois, imparti pour déposer la déclaration de succession (Cass. 1e civ. 4-3-2003 n° 99-18.224 ; CA Aix-en-Provence 15-11-2012 n° 11/19570 ; voir nos 82600 s.).

82395 **Preuve** C'est au notaire de **justifier** qu'il a personnellement informé son client des pénalités encourues au cas de non-respect d'un délai (Cass. 1e civ. 14-6-2007 n° 06-16.379 F-D ; voir nos 82510 s.). Ainsi, le notaire commet également un manquement à son devoir d'information en n'avisant pas le client du délai auquel est soumise une demande en restitution des droits, à la suite d'une surélévation des biens immobiliers portés sur la déclaration de succession (Cass. 1e civ. 13-11-2002 n° 99-14.679).

ATTENTION

Pour se ménager la preuve de l'accomplissement de son devoir d'information, le notaire doit adresser l'**avertissement à tous les héritiers** et procéder par courrier recommandé avec avis de réception ou par reconnaissance de conseil donné dans un acte écrit et signé de tous les héritiers, par exemple au moment de l'ouverture de la succession. Le raisonnement indiqué ci-dessus est transposable à tout délai qui s'imposerait aux clients dans le cadre d'une mission confiée au notaire.

2. APPLICATIONS EN MATIÈRE DE LIBÉRALITÉ

DONATIONS

82400 Dans le domaine des libéralités aussi, le notaire est tenu de connaître le droit applicable.

Ainsi, par exemple, les **donations de titres** consenties **avec réserve d'usufruit** ne sont exonérées que si les droits de vote de l'usufruitier sont statutairement limités aux décisions concernant l'affectation des bénéfices (CGI art. 787 B, i-al. 2). Cette condition n'est pas remplie lorsque la restriction des droits de vote de l'usufruitier n'est actée que dans un procès-verbal d'assemblée générale (Cass. 1e civ. 9-12-2020 n° 19-14.016 F-D ; CA Paris 6-3-2017 n° 14/08101 : RJF 7/17 n° 751). Le notaire doit connaître cette règle et donc s'assurer au jour de la donation que les statuts ont effectivement été modifiés et, si nécessaire, inviter les parties à les modifier avant la conclusion de l'engagement collectif de conservation. À défaut, sa responsabilité peut être mise en jeu s'il s'avère que la condition tenant à la limitation statutaire des pouvoirs de l'usufruitier n'est pas remplie, et ce, même s'il n'a pas participé à la modification des statuts (Cass. 1e civ. 9-12-2020 n° 19-14.016 F-D ; CA Paris 27-9-2017 n° 16/17223 : BPAT 6/17 inf. 236). Précisons que cette limitation concerne uniquement les droits attachés aux titres exonérés (BOI-ENR-DMTG-10-20-40-10 n° 300).

Le notaire doit ensuite attirer l'attention des parties sur les conséquences fiscales de l'acte qu'il rédige. Il doit pouvoir justifier qu'il a satisfait à cette obligation d'information et de conseil. Ainsi, par exemple, le notaire qui rédige un **acte de donation-partage** doit alerter les parties des risques de redressement fiscal que le montage recèle (Cass. com. 29-11-1994 n° 92-19.276 D : RJF 3/95 n° 363).

De même, le notaire qui connaissait le choix antérieur des donateurs en faveur du dispositif dit « Borloo neuf », doit informer ceux-ci que la conclusion de l'acte de la donation-partage est de nature à remettre en cause le bénéfice de cet avantage fiscal (Cass. 1e civ. 27-11-2019 n° 18-22.147 F-D).

Si un couple fait **donation entre vifs à titre de partage anticipé,** avec réserve d'usufruit, de la nue-propriété, d'une part, d'un bien immobilier à l'un de leurs fils, et, d'autre part, d'une somme en numéraire à leur autre fils, le notaire doit les informer que l'évaluation de la valeur du bien immobilier sera faite au jour de l'ouverture de la succession et risque de ce fait d'être réduite comme empiétant sur la réserve héréditaire du fils donataire de la somme d'argent en raison de la plus-value prise par le bien immobilier (Cass. 1e civ. 14-10-2009 nº 08-17.997).

Le notaire doit informer les parties de l'ensemble des incidences fiscales en vigueur à la date de l'acte qu'il instrumente en ayant une vision générale et non pas limitée au seul acte qu'il rédige et au seul instant où il le rédige. Ainsi, le notaire commet une faute en appliquant l'abattement classique des droits de mutation à titre gratuit alors que le recours au dispositif Monichon sur la première transmission aurait permis d'employer l'abattement de droit commun sur l'autre fraction du patrimoine successoral (Cass. 1e civ. 17-5-2023 nº 21-17.290 F-D : SNH 24/23 panorama).

Les parties à l'acte de donation ne peuvent pas reprocher au notaire un manquement au devoir de conseil si le préjudice invoqué ne résulte pas des conséquences fiscales de l'acte initial, mais découle de la **modification de la volonté des parties.** Ainsi, par exemple, si le notaire rédige un acte de donation entre vifs, en avancement d'hoirie, de la nue-propriété de parts sociales interdisant aux donataires d'aliéner ou de nantir les biens donnés, il ne saurait lui être reproché de n'avoir pas anticipé que, 11 années plus tard, les parties reviendraient sur cette interdiction d'aliéner, les obligeant à régulariser un second acte de donation-partage incorporant la première donation et à payer de nouveau des droits de mutation (Cass. 1e civ. 21-3-2018 nº 17-14.195 F-D). **82405**

En outre, en principe, le notaire n'est tenu d'informer les parties que du **régime le plus adapté** à la situation factuelle qui lui est soumise et **au moment** où il est appelé à intervenir. Ainsi, le notaire qui rédige une donation au dernier vivant pour des époux mariés sous le régime de la communauté légale ne peut voir sa responsabilité engagée pour ne leur avoir pas conseillé un changement de régime matrimonial en vue d'adopter celui de la communauté universelle, dès lors qu'au moment de la donation rien n'établissait que le régime de la communauté universelle fût le plus adapté à l'intérêt de la famille et à la situation des époux et alors même qu'au contraire la donation au dernier survivant apparaissait comme plus protectrice pour l'épouse et ménageait davantage l'avenir et la liberté de chacun des époux (Cass. 1e civ. 22-11-1994 nº 93-12.287).

CAS PARTICULIER DE LA DONATION DÉGUISÉE

Le notaire, d'une manière générale, ne doit pas concourir à un acte irrégulier. Dès lors, il ne saurait prêter son ministère à une opération qui recèle une donation déguisée. Le risque de concourir à une donation déguisée existe lorsque le notaire rédige **différents actes,** tels qu'une vente, mais également à chaque fois qu'un **paiement** intervient **pour le compte d'un tiers.** Ainsi, par exemple, recèle une donation déguisée l'opération par laquelle un des héritiers règle l'intégralité des droits de succession pour un autre (Cass. 1e civ. 9-12-2010 nº 09-16.531 F-PBI : RJF 6/11 nº 719). **82410**

Toutefois, la responsabilité du notaire ne sera engagée que s'il avait **connaissance** de l'existence de la donation ou tout au moins s'il existait des éléments de nature à l'en faire douter. Ainsi, le notaire n'a pas à informer les parties des risques de redressement en cas de financement de l'acquisition d'un bien immobilier au moyen d'un prêt qui dissimule en réalité une donation déguisée par un proche de l'acquéreur qui s'oblige au remboursement du prêt en qualité de codébiteur, dès lors qu'aucun élément n'est susceptible de démontrer que le notaire a été avisé de ce que le prix était en réalité payé par un tiers et qu'il se trouvait dans l'incapacité d'appréhender la situation d'insolvabilité de l'acquéreur (Cass. 1e civ. 7-12-1999 nº 97-16.535). Le notaire n'a donc pas à identifier les donations déguisées qui lui sont dissimulées.

> **Précisions** La mention, dans un acte de vente notarié, du **paiement du prix intervenu hors la vue** ou hors la comptabilité du notaire faisant foi jusqu'à preuve contraire, il incombe à celui qui la conteste de démontrer par tous moyens l'absence de paiement effectif (Cass. 1e civ. 3-4-2019 nº 18-18.679 F-D).

SECTION 2

RÉGIME ET SPÉCIFICITÉS DE L'ACTION EN RESPONSABILITÉ

A. Fondement de l'action en responsabilité

RESPONSABILITÉ EXTRACONTRACTUELLE

82460 Les obligations du notaire, qui ne tendent qu'à assurer l'efficacité de l'acte instrumenté par lui et qui ne constituent que le prolongement de sa **mission de rédacteur d'acte,** relèvent de sa responsabilité extracontractuelle (voir notamment Cass. 1e civ. 23-1-2008 no 06-17.489 FS-PB : D. 2008 p. 483 à propos d'une donation-partage et Cass. 1e civ. 2-7-2014 no 13-19.798 F-D à propos du règlement et de la liquidation d'une succession), y compris lorsque les demandes tendent à l'indemnisation de préjudices résultant de l'inexécution d'une mission de séquestre judiciaire confiée par un tribunal (Cass. 1e civ. 14-2-2018 no 16-20.278 F-PB : SNH 9/18 inf. 6). C'est donc très généralement sur le fondement de l'article 1240 du Code civil que l'action en responsabilité notariale devra être intentée.

RESPONSABILITÉ CONTRACTUELLE

82465 Il n'en va différemment que lorsque le notaire a expressément souscrit une **obligation contractuelle** qui ne découle pas de son statut, tel que l'engagement de procéder lui-même à une substitution de garantie (Cass. 1e civ. 12-4-2005 no 03-14.842 F-PB : RJDA 8-9/05 no 1057) ou à l'inscription d'une sûreté (Cass. 1e civ. 16-11-2016 no 15-25.416 F-D : BPIM 1/17 inf. 69) ou de tenir les comptes des parties à la suite d'actes qu'il a instrumentés (Cass. 1e civ. 22-11-2007 no 05-11.350 F-D : RJDA 3/08 no 340). Dans ce cas, relativement rare, il engage alors sa responsabilité contractuelle, sur le fondement des articles 1103 et suivants du Code civil.

B. Faute, préjudice et lien de causalité

MISE EN ŒUVRE DE LA RESPONSABILITÉ

82500 La nature extracontractuelle de la responsabilité notariale impose au demandeur à l'action de démontrer l'existence d'une faute du notaire en lien causal avec le préjudice subi par celui qui se dit victime. En effet, l'article 1240 du Code civil précise que :
- tout fait quelconque de l'homme (no 82505) ;
- qui cause à autrui un dommage (no 82535) ;
- oblige celui par la faute duquel il est arrivé à le réparer (nos 82540 s.).

L'action en responsabilité ne peut donc prospérer que si l'existence de ces trois éléments (faute, préjudice et lien de causalité entre faute et préjudice) est établie.

1. FAUTE

FAUTE SUSCEPTIBLE D'ENGAGER LA RESPONSABILITÉ

82505 **Tout manquement** du notaire à l'une de ses obligations est susceptible d'engager sa responsabilité. Les obligations sont nombreuses, variées et propres à chaque opération (voir nos 82050 s.). Le risque, pour un notaire, de commettre un manquement source de responsabilité civile est donc important.

S'agissant du **devoir d'information et de conseil,** seul le client du notaire peut fonder son action sur un manquement de cette nature. En effet, la Cour de cassation considère en des termes très clairs que « le notaire n'est pas tenu d'un devoir de conseil envers ceux qui restent tiers par rapport aux actes auxquels il intervient » (Cass. 1e civ. 28-3-2000 no 97-20.169 P : Bull. civ. I no 104).

CHARGE DE LA PREUVE DE LA FAUTE

Principe En application du droit commun, la charge de la preuve **repose sur** le demandeur à l'action en responsabilité (C. civ. art. 1353). 82510

Si ce principe d'ordre général s'applique à l'action en responsabilité notariale (voir par exemple pour la preuve de l'existence d'un préjudice (voir n° 82535) ou d'un lien de causalité entre la faute et le préjudice (voir n°s 82600 s.), il doit être **écarté** s'agissant de la preuve du manquement au devoir d'information et de conseil.

En effet, il est admis que celui qui est légalement ou contractuellement tenu d'une obligation particulière d'information doit rapporter la preuve de l'exécution de cette obligation (Cass. 1e civ. 25-2-1997 n° 94-19.685 PBR : Bull. civ. I n° 75). C'est donc au notaire qu'incombe la charge de la preuve de l'accomplissement de cette obligation particulière. Le demandeur doit seulement rapporter la preuve de l'existence d'une obligation de conseil dans le cas d'espèce qu'il soumet au contrôle de la juridiction.

Ainsi, c'est au **notaire** de prouver qu'il a personnellement averti ses clients des sanctions encourues en cas de dépôt tardif d'une déclaration de succession (Cass. 1e civ. 14-6-2007 n° 06-16.379 F-D ; Cass. com. 29-11-1994 n° 92-19.276 D : RJF 3/95 n° 363) ou du risque de réduction d'une donation en raison de ce que l'évaluation de la valeur des biens donnés (l'un immobilier, l'autre numéraire) sera faite au jour de l'ouverture de la succession (Cass. 1e civ. 14-10-2009 n° 08-17.997). En aucun cas le client du notaire ne peut donc être débouté de son action en responsabilité au seul motif par exemple qu'il ne rapporte pas la preuve d'un manquement du notaire à son devoir d'information sur l'état des forces de la succession (Cass. 1e civ. 8-12-2021 n° 20-20.284 F-D).

Si le notaire parvient à établir qu'il a rempli ses obligations, c'est alors au **demandeur** de rapporter la preuve que l'officier ministériel détenait les éléments ou les indices de nature à lui faire supposer l'existence du risque qu'il lui est reproché de n'avoir pas identifié (Cass. 3e civ. 8-2-2018 n° 15-28.524 F-D).

Moyens de preuve Pour le notaire, le moyen le plus efficace de prouver l'accomplissement de son devoir de conseil est de s'en ménager la preuve au moyen d'un **écrit** qui atteste qu'il a informé correctement son client (Cass. 1e civ. 23-3-1999 n° 97-11.711 ; Cass. 1e civ. 10-7-2002 n° 99-15.217 FS-D ; Cass. 1e civ. 5-7-2017 n° 16-13.630 F-D : BPIM 5/17 inf. 377). 82515

L'écrit doit être suffisamment clair (Cass. com. 9-4-2002 n° 99-11.066), complet (Cass. 1e civ. 10-7-1995 n° 93-13.672 : Bull. civ. I n° 312), adapté à la situation (Cass. 1e civ. 14-11-2001 n° 98-21.531 F-P : RJDA 6/02 n° 618 ; Cass. 1e civ. 15-1-1991 n° 89-10.891) et au client concerné (Cass. 1e civ. 8-2-2017 n° 15-29.083 : SNH 5/17 inf. 135). Le notaire ne saurait donc être exonéré de son devoir de conseil par une clause de pur style ou une information formelle, incomplète et inappropriée (Cass. 1e civ. 15-2-2005 n° 03-10.835 F-D : RJDA 6/05 n° 653). Par exemple, **en matière de donation,** les héritiers ne sauraient reprocher au notaire de ne pas les avoir alertés des risques à exercer une action en réduction, dès lors qu'il est établi que le notaire a adressé une lettre à chacun d'eux et qu'en réponse à cette lettre, ceux-ci ont déclaré confirmer leur choix de renoncer à l'action en réduction (Cass. 1e civ. 29-5-2019 n° 18-16.139 F-D : SNH 33/19 inf. 11).

En revanche, une lettre du notaire indiquant qu'il **se tient à la disposition** de la copartageante pour toute explication sur le projet de partage ne suffit pas à établir la preuve du conseil donné portant sur le fait que le montant de l'indemnité de réduction de 880 000 € dans l'acte de partage avait été fixé à 167 000 € dans les premiers actes de la succession (Cass. 1e civ. 9-11-2022 n° 21-11.810 F-D). Toutefois, même en l'absence d'un écrit, les **juges** peuvent parfaitement déduire de la situation factuelle que le devoir de conseil a été rempli. Ainsi, ils peuvent retenir que le défunt avait conscience, après la donation consentie à son fils, de ne pouvoir donner à son épouse un des appartements ayant fait l'objet de la donation et déduire de cette constatation que l'information avait été donnée au donateur. Ce faisant, les juges ne font qu'en déduire que la preuve du manquement à l'obligation de conseil du notaire n'est pas rapportée, sans inverser la charge de la preuve (Cass. 1e civ. 22-6-2004 n° 01-18.030).

2. PRÉJUDICE INDEMNISABLE

PRÉJUDICE CERTAIN ET ACTUEL

L'existence d'une faute commise par le notaire ne suffit pas à engager sa responsabilité. Il faut qu'il résulte de ce manquement un préjudice certain et actuel. Car la circonstance qu'un notaire a manqué à son devoir d'assurer l'efficacité de l'acte instrumenté n'implique pas nécessairement qu'il en résulte un préjudice (Cass. 1e civ. 20-3-2014 n° 13-12.287 F-PB : RJDA 7/14 n° 612). 82535

Ainsi, par exemple, même si dans le cadre du règlement d'une succession le notaire commet une erreur en adressant le **chèque** à une mauvaise personne, cette erreur doit être considérée comme n'ayant pas porté préjudice, dès lors que le délai de transmission, d'une semaine, n'était finalement pas anormal (Cass. 1e civ. 9-6-2011 nº 10-20.273 F-D).

De même, le notaire commet une faute s'il charge un avocat incompétent de requérir l'**envoi en possession.** Mais sa responsabilité n'est pas engagée s'il n'est pas établi que cette erreur a eu pour effet de retarder la vente du bien (Cass. 1e civ. 21-2-1995 nº 93-11.894).

82537 **Perte de chance** Un **préjudice seulement éventuel** peut être indemnisable s'il revêt les caractères de la perte de chance (Cass. 1e civ. 10-3-1964 nº 62-13.289 : Bull. civ. I nº 141 ; Cass. 3e civ. 15-3-2018 nº 17-11.850 F-D : SNH 12/18 inf. 5). Seule la disparition actuelle et certaine d'une éventualité favorable constitue une perte de chance réparable. Tel n'est pas le cas lorsque le requérant ne démontre pas que pleinement informé, il aurait refusé l'acte de partage successoral alors que le partage judiciaire présentait pour lui un aléa trop important (Cass. 1e civ. 11-1-2023 nº 21-18.247 F-D).

Le juge ne peut pas refuser d'indemniser un préjudice dont il constate l'existence en son principe en se fondant sur l'insuffisance des preuves qui lui sont fournies par les parties, ni refuser d'indemniser une perte de chance de ne pas subir un dommage, dont il constate l'existence, en se fondant sur le seul fait que le demandeur présente **seulement une demande en réparation intégrale** (Cass. 1e civ. 1-3-2023 nº 21-25.868 F-D). Dès lors que la preuve de l'existence d'un préjudice est rapportée, il doit donc arbitrer la question du montant de la réparation au regard de la perte de chance, quand bien même la perte de chance n'est pas demandée par la victime. En outre, le juge du fond ne saurait relever d'office le moyen tiré de l'existence d'un préjudice limité à la seule perte de chance, sans **inviter préalablement les parties** à présenter leurs observations (Cass. 1e civ. 1-3-2023 nº 21-21.951 F-D ; Cass. 1e civ. 1-3-2023 nº 21-19.643 F-D ; Cass. 3e civ. 14-12-2022 nº 21-17.764 et nº 21-19.299 F-D ; Cass. 1e civ. 29-6-2022 nº 21-15.709 F-D).

ÉTENDUE DE LA RÉPARATION

82540 **Réparation intégrale** Les principes posés à l'article 1240 du Code civil imposent une réparation **intégrale** du préjudice. Ainsi, la faute du notaire, qui n'a pas déposé dans les délais impartis par la loi l'inventaire requis pour faire produire effet à la déclaration par laquelle les héritiers acceptent la succession à concurrence de l'actif net, est à l'origine de l'entier préjudice subi par ces derniers, tenus des dettes du défunt. En conséquence, la cour d'appel ne peut limiter la condamnation à une partie seulement desdites dettes (Cass. 1e civ. 7-3-2018 nº 17-14.632 F-D).

En outre, la victime n'a pas à **limiter son préjudice** dans l'intérêt du responsable : ainsi, le notaire dont le défaut de conseil est à l'origine d'une rectification fiscale préjudiciable ne peut reprocher à ses clients investisseurs de ne pas avoir réduit leur préjudice financier en optant pour un autre dispositif de défiscalisation (Cass. 1e civ. 2-7-2014 nº 13-17.599 F-PB : RJDA 1/15 nº 6).

82545 **Réparation sans perte ni profit** Si la réparation doit être intégrale, elle ne saurait a contrario générer un **profit pour la victime.** Les dommages-intérêts alloués à une victime doivent donc réparer le préjudice subi, sans qu'il en résulte pour elle ni perte ni profit. C'est le principe d'une réparation intégrale, mais sans profit. Ce principe et son application génèrent un contentieux relativement important en matière de droits de succession ou de donation, la question portant sur l'évaluation du préjudice subi à raison du paiement de droits en cas de faute notariale.

82547 **Paiement d'un impôt** Le paiement d'un impôt qui était dû, et **qui aurait été payé** en l'absence de toute faute notariale, ne saurait constituer un préjudice indemnisable pour celui qui se prétend victime. En effet, un préjudice ne peut pas découler du paiement auquel un contribuable est légalement tenu.

Ainsi jugé que le paiement de l'impôt mis à la charge d'un contribuable à la suite d'une **rectification fiscale** ne constitue pas un dommage indemnisable sauf s'il est établi que, dûment informé ou conseillé, il n'aurait pas été exposé au paiement de l'impôt rappelé ou aurait acquitté un impôt moindre (Cass. 1e civ. 9-3-2022 nº 20-14.375 F-D). Même si le notaire a commis une faute à l'origine d'un redressement fiscal, les juges ne peuvent pas le condamner à réparation à hauteur des sommes réclamées par l'administration fiscale, sans rechercher, si, dûment conseillé, l'héritier aurait pu bénéficier d'un mode de transmission du patrimoine plus avantageux fiscalement (Cass. 1e civ. 14-5-2009 nº 08-13.178 F-D).

Néanmoins les juges doivent relever les motifs propres à établir qu'en l'absence de faute du notaire, son client n'aurait pas opté pour une **solution fiscalement plus avantageuse.** Tel n'est pas le cas de l'arrêt qui retient, d'une part, que, même si l'objectif de l'acte n'était pas de réduire l'assiette de son imposition à l'ISF, l'intéressée, qui ne fournit aucun élément sur sa situation fiscale globale et sur le montant précis de l'ISF qu'elle doit acquitter, ne prouve pas que la donation temporaire de l'usufruit qu'elle envisageait aurait pu entraîner une fiscalité plus avantageuse que l'avantage fiscal pluriannuel qui lui a été conféré par la donation définitive, d'autre part, que le paiement des droits d'enregistrement au titre de la donation définitive permettra à son fils d'être exonéré des droits de succession sur le bien en cause (Cass. 1e civ. 9-3-2022 nº 20-14.375 F-D).

Pour justifier d'un dommage de ce chef, le **plaignant doit donc établir** avec certitude que, dûment conseillé par le notaire, il n'aurait pas été exposé au paiement des droits litigieux ou l'aurait été à un niveau moindre (Cass. 1e civ. 4-11-2003 nº 00-21.044 F-D). Pour évaluer le préjudice, ils doivent donc prendre en compte l'incidence financière des solutions fiscales licitement envisageables (Cass. 1e civ. 9-12-2010 nº 09-16.531 F-PBI : RJF 6/11 nº 719). Ainsi, ils doivent même tenir compte de l'assujettissement à l'impôt de solidarité sur la fortune, les juges pouvant dès lors considérer que les héritiers ne justifient d'aucun préjudice autre que celui lié aux intérêts de retard et au préjudice moral subi (Cass. 1e civ. 10-9-2014 nº 13-16.485 F-D). De même, si le moyen est soulevé, les juges doivent rechercher si en raison de l'erreur de qualification du legs commise par le notaire, la victime n'avait pas bénéficié d'une économie d'impôt de nature à réduire son préjudice (Cass. 1e civ. 14-4-2021 nº 19-21.290 F-D).

Toutefois, les juges ne peuvent pas rejeter la demande en réparation du préjudice subi par les héritiers au seul motif que le paiement d'un impôt dû ne peut constituer un préjudice, tout en énonçant que le passif successoral avait pour effet de diminuer les droits de succession à payer et que l'omission de la dette du de cujus dans le passif de la déclaration de succession a eu pour conséquence directe une **majoration des droits de succession** que les héritières ont payés (Cass. 1e civ. 25-6-2009 nº 08-14.951 F-D).

Dette de restitution La restitution à laquelle un contractant est condamné à la suite **82550**
de l'**annulation d'un contrat** ne constitue pas par elle-même un préjudice indemnisable (Cass. 1e civ. 21-1-1997 nº 94-21.970 D ; Cass. 1e civ. 18-1-2005 nº 03-12.713 F-D ; Cass. 3e civ. 3-5-2018 nº 17-11.132 FS-PB : SNH 17/18 inf. 1).

En revanche, le notaire qui est **garant subsidiaire** de la restitution envers la seule partie qui en est créancière, en cas de défaillance avérée de celle qui en est débitrice, peut être condamné à en garantir la créance de restitution. Les juges doivent donc rechercher, si cela leur est demandé, si les débiteurs ne sont pas insolvables et si, par suite, le préjudice du créancier lié à l'absence de restitution ne doit pas être réparé par le notaire (Cass. 1e civ. 9-3-2022 nº 20-15.194 F-D).

En **matière de succession,** il résulte de ce principe que les héritiers ou les indivisaires qui obtiennent la condamnation de cohéritiers ou de coïndivisaires à leur restituer un actif successoral ou un bien indivis ne peuvent obtenir la même condamnation contre le notaire. Car en pareil cas, ils se verraient octroyer une double réparation. Ainsi, par exemple, la restitution entre indivisaires d'une somme au titre de la répartition du prix de vente d'un bien indivis ne constitue pas, en elle-même, un préjudice indemnisable (Cass. 1e civ. 1-3-2023 nº 21-24.047 F-D). De même, les juges ne peuvent pas condamner à la fois les héritiers collatéraux ayant reçu indûment l'actif de succession à le restituer aux héritiers réservataires et dans le même temps condamner le notaire à rembourser ces derniers à titre de dommages-intérêts. La Cour de cassation rappelle donc que le notaire ne peut pas être condamné au paiement d'une somme comprenant une partie de l'actif successoral devant faire l'objet d'une restitution, alors qu'une telle restitution ne constitue pas en elle-même un préjudice indemnisable. Le notaire peut seulement être **condamné à garantir la restitution,** à la mesure de l'insolvabilité des héritiers collatéraux tenus à cette restitution (Cass. 1e civ. 25-3-2009 nº 07-20.774 F-PB : Bull. civ. I nº 70).

HONORAIRES CONVENTIONNELS PAYÉS AU NOTAIRE

Dès lors que les juges du fond ont constaté l'existence d'une faute dans le défaut d'information sur le délai de demande de restitution des droits ainsi que des erreurs d'ordre juridique **82555**
sur les règles successorales, ils doivent rechercher s'il ne doit pas en résulter une **réduction ou une suppression des honoraires** conventionnels comme le demandaient les clients. Le paiement des honoraires conventionnels versés au notaire qui a commis une faute peut donc constituer un préjudice qui l'oblige à restitution (Cass. 1e civ. 13-11-2002 nº 99-14.679).

CHARGE DE LA PREUVE DE L'ÉTENDUE DU PRÉJUDICE

82560 Contrairement à la preuve de l'accomplissement du devoir de conseil, qui repose sur le notaire (nos 82510 s.), la preuve de l'existence d'un préjudice et de son étendue repose sur le **demandeur à l'action** en responsabilité, donc sur celui qui se prétend victime. Ainsi, même si le notaire commet une faute à ne pas informer le conjoint survivant d'un droit dont il dispose par l'effet de la loi, dès lors que l'héritier plaignant n'apporte aucun justificatif permettant de chiffrer le préjudice, il doit être débouté de son action en responsabilité car c'est sur lui que repose la charge de la preuve de l'existence et de l'étendue de son préjudice (Cass. 1e civ. 22-11-1994 no 93-12.287).

3. EXISTENCE D'UN LIEN ENTRE LA FAUTE ET LE PRÉJUDICE SUBI

LIEN DE CAUSALITÉ

82600 Même si le notaire a commis une faute, sa responsabilité ne sera pas engagée si cette faute n'est pas à l'**origine du préjudice** dont se prévaut la victime. Ainsi, par exemple s'il est établi que le notaire n'a été informé officiellement de la qualité d'héritier des demandeurs à l'action en responsabilité que postérieurement à l'expiration du délai de six mois, imparti pour déposer la déclaration de succession, il ne saurait lui être reproché un quelconque manquement à son devoir de conseil puisque le notaire est intervenu postérieurement à la naissance du préjudice qui aurait en tout état de cause existé même si le conseil avait été donné. L'action en responsabilité ne peut donc aboutir faute de lien de causalité entre le préjudice et la faute (Cass. 1e civ. 4-3-2003 no 99-18.224).

En revanche, l'existence d'un lien de causalité direct et certain entre l'absence d'information du notaire sur la possibilité, pour la conjointe survivante, de cumuler le legs et la quotité disponible et le préjudice subi par celle-ci est caractérisée dès lors qu'il est établi que dès que la conjointe survivante a eu connaissance du droit applicable, elle a tenté, sans succès, de revenir sur l'option par elle exercée pour bénéficier du cumul (Cass. 1e civ. 22-11-2017 no 16-26.169 F-D).

CONCOURS DE FAUTES DU NOTAIRE ET DE LA VICTIME

82605 **Partage de responsabilité** Lorsque la victime a concouru à la réalisation de son propre dommage, les juges peuvent opérer un partage de responsabilité les conduisant à n'accorder à la victime qu'une **indemnisation partielle,** voire à exonérer totalement le notaire, lorsque la victime (ou ses ayants droit) s'est rendue coupable d'une fraude (Cass. 1e civ. 11-3-1997 no 94-21.810 ; voir aussi pour d'autres exemples : Cass. 1e civ. 4-11-2011 no 10-19.942 F-PBI : RJDA 3/12 no 270 ; Cass. 3e civ. 25-5-2011 no 09-16.677 FS-D : RJDA 10/11 no 780 ; Cass. 1e civ. 6-1-1998 no 95-20.336 ; Cass. 1e civ. 1-7-2010 no 09-13.896 F-PBI : RJDA 11/10 no 1116).

Ainsi, la faute d'une banque, qui concourt à la réalisation de son propre dommage, emporte un partage de responsabilité avec le notaire (Cass. 1e civ. 1-7-2010 no 09-13.896 F-PBI : BPIM 4/10 inf. 339). Tel est le cas par exemple si elle omet de consulter un fichier bancaire répertoriant toutes les personnes dans l'incapacité de contracter un prêt bancaire, avant de consentir à l'emprunteur en liquidation judiciaire une offre de prêt (Cass. 1e civ. 5-4-2018 no 17-16.937 F-D : RJDA 7/18 no 563).

> **Précisions** S'agissant du **devoir de conseil,** il convient toutefois de préciser que, si l'étendue de l'information que le notaire doit donner à son client peut varier selon que ce dernier est ou non un professionnel avisé (Cass. 1e civ. 22-11-1994 no 92-16.157 D), les compétences ou connaissances personnelles du client (Cass. 1e civ. 29-6-2004 no 02-19.302 F-D) ou l'intervention d'autres professionnels à ses côtés (Cass. 1e civ. 27-11-2019 no 18-22.147 F-D) ne sauraient dispenser le notaire de son devoir de conseil qui n'a pas un caractère relatif.

CONCOURS DE FAUTES DU NOTAIRE ET D'UN TIERS

82610 **Condamnation in solidum** Lorsque la victime n'a commis aucune faute mais que son préjudice résulte de plusieurs manquements dont l'un seulement a été commis par le notaire, les juges peuvent opérer un partage de responsabilité entre les différents **coauteurs du dommage.** Ceux-ci seront condamnés in solidum à réparer l'entier préjudice subi par la victime qui pourra ainsi exécuter la condamnation pour le tout contre l'un quelconque des coauteurs.

En effet, la Cour de cassation considère que chacun des coauteurs d'un même dommage, conséquence de leurs fautes respectives, doit être condamné in solidum envers la victime à le réparer intégralement, chacune de ces fautes ayant concouru à le causer tout entier, sauf le recours entre eux pour déterminer leurs contributions définitives. Lorsque plusieurs personnes ont contribué à la réalisation d'un même dommage, les juges du fond doivent donc les condamner in solidum et ne sauraient conditionner l'action dirigée contre le notaire à la preuve de l'insolvabilité du coauteur.

ILLUSTRATIONS

Si la **perte de la propriété d'un fonds de commerce** résulte aussi bien de l'omission fautive du notaire que de la fraude commise par le locataire gérant, la responsabilité de l'un et de l'autre dans la réalisation du dommage subi par le propriétaire est pareillement engagée et ils doivent être condamnés in solidum. Les héritiers propriétaires ne peuvent donc pas être déboutés de leur demande en réparation dirigée contre le notaire au seul motif qu'ils ne justifient pas d'un préjudice certain, sauf à établir que le locataire gérant serait insolvable (Cass. 1e civ. 19-11-2009 nº 08-15.937 F-PB : RJDA 4/10 nº 328). En d'autres termes, les héritiers n'ont pas à établir l'insolvabilité des coauteurs du dommage pour obtenir la condamnation du notaire dès lors que la faute du notaire a contribué à la réalisation de l'entier dommage.

De même, le notaire qui, en qualité de tuteur, détourne des **contrats d'assurance-vie** au profit de ses propres enfants, peut être condamné à verser aux héritiers le montant total des sommes détournées, quand bien même les enfants du notaire bénéficiaires des contrats n'ont pas été appelés à l'instance, dès lors que les héritiers ont demandé la condamnation du notaire à leur payer une somme équivalente à celle figurant sur les contrats d'assurance-vie, en réparation des fautes par lui commises (Cass. 1e civ. 9-11-2022 nº 20-18.920 F-D).

De même, si l'**éviction d'un des ayants droit** (héritier ou coïndivisaire) est due au manquement à l'obligation de vérification du notaire, mais également à la fraude des coïdivisaires qui n'ont pas informé le notaire de l'existence de l'un des leurs, alors les juges du fond peuvent condamner le notaire in solidum avec les coïndivisaires à réparer l'entier préjudice subi par la victime. Sur la base de cette condamnation, la victime peut alors agir pour le tout indifféremment contre l'un ou l'autre des coauteurs du dommage (Cass. 1e civ. 7-4-1992 nº 90-15.301).

Absence de subsidiarité La responsabilité notariale n'est pas subsidiaire. La victime n'a pas à engager des **voies de droit préalablement** à son action en responsabilité contre le notaire responsable. Ainsi, l'annulation d'un testament établi au profit des enfants du notaire en charge de la succession du défunt ne constitue pas un préalable nécessaire à la recevabilité de l'action en responsabilité dirigée contre celui-ci (Cass. 1e civ. 15-6-2017 nº 16-20.446 F-D : D. 2018 p. 1464). 82615

Contribution à la dette S'agissant de la **répartition finale de la condamnation** entre les coauteurs du dommage, celle-ci est laissée à la libre appréciation des juges du fond. Ainsi, par exemple, le préjudice subi par l'indivisaire évincé a été à bon droit imputé à part égale à la négligence du notaire qui devait rechercher les ayants droit du défunt et aux autres coïndivisaires qui auraient dû l'informer de l'existence d'un coïndivisaire (Cass. 1e civ. 7-4-1992 nº 90-15.301 précité). 82620

Sur le plan procédural, il a été jugé que les condamnations de plusieurs coauteurs d'un même dommage ne sont **pas indivisibles.** Il en résulte que si un notaire et un avocat sont condamnés par la juridiction de première instance à payer à la victime la somme de 977 632 € à titre de dommages-intérêts et que cette somme est ramenée à 90 000 € par la cour d'appel, l'infirmation du jugement sur le seul appel de l'avocat ne peut pas profiter au notaire, qui avait constitué avocat en qualité d'intimé sans relever appel incident (CPC art. 323, 324 et 553 ; Cass. 1e civ. 14-11-2018 nº 17-20.946 F-D). Le notaire doit donc prendre soin de présenter une défense en cause d'appel.

> Précisions Le coauteur du dommage ne peut pas être appelé en **intervention forcée** pour la première fois en cause d'appel. Si un tiers a contribué à la réalisation du dommage, le notaire doit donc prendre soin de l'appeler en cause dès la première instance. En effet, il n'est pas possible d'appeler un tiers en intervention forcée devant la cour, sauf à prouver l'existence d'une évolution du litige (CPC art. 555). Ainsi, un avocat ne peut pas être appelé en intervention forcée pour la première fois en appel par le notaire, dès lors que celui-ci a eu connaissance de l'intervention de l'avocat au moins quatre ans avant d'être assigné en responsabilité civile professionnelle et indemnisation (Cass. 1e civ. 22-11-2017 nº 16-26.169 F-D). A contrario bien sûr, un notaire ne saurait être appelé en cause devant la cour d'appel, sauf évolution du litige.

Recours subrogatoire Celui qui aura payé l'entière condamnation disposera à son tour d'une action subrogatoire contre les autres coauteurs. La victime agira donc généralement contre l'auteur le plus solvable ou le mieux assuré et c'est alors celui-ci (ou son assureur) qui subira le **risque d'insolvabilité des coauteurs** du dommage. Ainsi, par exemple, si l'assureur 82625 du notaire verse une soulte dont le notaire a été condamné à garantir le paiement, il dispose d'un recours subrogatoire contre le véritable débiteur de la soulte. Toutefois, le montant du recours subrogatoire est limité au montant réellement payé par l'assureur qui, logiquement, ne peut réclamer plus qu'il n'a payé (Cass. 1e civ. 21-2-2006 nº 04-15.651 F-PB : D. 2006 p. 1873).

C. Régime procédural et spécificités de l'action

INFORMATION DU PRÉSIDENT DE CHAMBRE

82670 Tout notaire faisant l'objet d'une action civile liée à l'exercice de ses fonctions ou d'une action pénale pour des faits délictueux de toute nature doit, au plus tard dans un **délai** de quinze jours suivant l'assignation ou l'acte de poursuite, faire connaître au président de sa chambre, ainsi qu'au président de la caisse régionale de garantie, l'affaire qui donne lieu à litige (Règlement national des notaires art. 13).

DÉFENDEUR À L'ACTION

82675 Lorsque le notaire exerce dans le cadre d'une **société civile professionnelle** titulaire d'un office notarial, chaque associé de la société répond, sur l'ensemble de son patrimoine, des actes professionnels qu'il accomplit et la société est solidairement responsable avec lui des conséquences dommageables de ces actes (Ord. 2023-77 du 8-2-2023 art. 43). Il en résulte que l'action en responsabilité civile professionnelle d'un notaire peut indifféremment être dirigée contre la société ou le notaire associé concerné, ou encore contre les deux (Cass. 1e civ. 23-11-2004 nº 03-13.038 F-D : RJDA 2/05 nº 159). La société dans laquelle exerce le notaire au moment où il commet la faute est donc solidairement responsable des conséquences dommageables de ses actes, quels que soient les changements intervenus par la suite dans sa composition (Cass. 1e civ. 13-7-2016 nº 15-21.527 F-D).

En cas de **succession de notaires** dans un même dossier, lorsqu'un notaire a cessé d'exercer ses fonctions dans la société, celui qui prend sa succession ne répond que des fautes personnelles qu'il a commises dans la gestion du dossier en cours d'exécution qui lui a été transmis et n'est pas responsable du fait de son prédécesseur (Cass. 1e civ. 27-11-2008 nº 05-17.740 F-PB : RJDA 4/09 nº 363). Il faut donc assigner la société et/ou le notaire fautif ou, en cas de décès de ce dernier, ses héritiers.

COMPÉTENCE JURIDICTIONNELLE

82680 **Compétence matérielle** Le **juge judiciaire** est seul compétent pour se prononcer sur la responsabilité du notaire. Le tribunal compétent pour connaître d'une action en responsabilité civile du notaire est donc en principe le tribunal judiciaire si la demande est supérieure à 10 000 € et le tribunal de proximité si la demande est inférieure à ce montant. Toutefois, si la solution du litige dépend d'une question qui relève de la compétence exclusive de la juridiction administrative, alors le juge doit surseoir à statuer dans l'attente d'une décision prise par cette juridiction (Cass. 1e civ. 6-6-2018 nº 16-14.838 F-D : rendu sur la question du champ d'application de la dispense de taxe sur la valeur ajoutée).

Le **juge taxateur** n'a pas le pouvoir de connaître, même à titre incident, de la responsabilité du notaire au titre d'un éventuel manquement à son obligation d'information préalable sur les conditions de sa rémunération (Cass. 2e civ. 26-3-2015 nº 14-14.164 F-PB : Sol. Not. 6/15 inf. 131). En revanche, le juge compétent pour statuer sur la faute peut condamner le notaire à réparer le préjudice sous forme de restitution des honoraires conventionnels versés au notaire (Cass. 1e civ. 13-11-2002 nº 99-14.679).

82685 **Compétence territoriale** Le tribunal territorialement compétent est celui du **domicile** soit du notaire, soit de ses héritiers s'il est décédé, soit du lieu où le fait dommageable a été accompli, soit, s'il s'agit d'un appel en garantie de l'officier public, celui du lieu devant lequel la demande originaire est pendante.

CONCILIATION ET MÉDIATION

82690 **À peine d'irrecevabilité** que le juge peut prononcer d'office, la demande en justice doit être précédée, au choix des parties, d'une tentative de conciliation menée par un conciliateur de justice, d'une tentative de médiation ou d'une tentative de procédure participative, lorsqu'elle tend au paiement d'une somme n'excédant pas 5 000 € (CPC art. 750-1). Toute action en responsabilité inférieure à ce montant doit donc être précédée d'une tentative amiable de résolution du litige.

En revanche, la saisine préalable du conciliateur, prévue parfois dans les actes authentiques de vente, ne s'impose qu'aux parties à l'acte. Elle n'est donc pas une condition de recevabilité de l'**action directe** engagée par les parties contre le notaire, l'agent immobilier et l'assureur de ce dernier (Cass. 1e civ. 14-3-2018 n° 17-14.440 F-D).

> **Précisions** L'article L 612-1 du Code de la consommation prévoit que tout consommateur a le droit de recourir gratuitement à un **médiateur de la consommation** en vue de la résolution amiable d'un litige qui l'oppose à un professionnel. La profession notariale a lancé le 16 avril 2018 le site mediateur-notariat.notaires.fr, qui permet de saisir le médiateur du notariat.

PRESCRIPTION

La prescription applicable aux actions en responsabilité notariale est la **prescription de droit commun,** quinquennale (C. civ. art. 2224). Elle court à compter du jour où le titulaire du droit a connu ou aurait dû connaître les faits lui permettant d'exercer son action (C. civ. art. 2224). En d'autres termes, le délai de cinq ans court à compter de la date à laquelle le dommage se manifeste à la victime (Cass. 2e civ. 3-5-2018 n° 17-17.527 F-D : SNH 33/19 inf. 13). Pour que la prescription commence à courir, le dommage doit cependant s'être manifesté de façon certaine et non pas seulement hypothétique. Ainsi, le dommage subi par les parties à un acte de donation annulé ne se manifeste pas dès le jour où l'acte litigieux a été contesté par voie d'assignation ou de conclusions, mais seulement à compter de la décision passée en force de chose jugée prononçant la nullité de la donation (Cass. 1e civ. 20-4-2022 n° 20-22.988 F-D ; Cass. 1e civ. 20-10-2021 n° 19-19.409 F-D). **82695**

MOYENS DE FAIT ET DE DROIT

Les parties ne peuvent pas évoquer pour la première fois **devant la Cour de cassation** les moyens nouveaux et mélangés de fait. Ainsi, devant la Cour de cassation, la victime ne peut pas soulever le moyen tiré de l'existence d'une faute notariale (Cass. 1e civ. 5-4-2018 n° 17-12.768 F-D), pas plus que le notaire ne peut invoquer les moyens tirés de l'absence de lien causal entre la faute et le préjudice (Cass. 1e civ. 22-11-1994 n° 92-16.157 D) ou de l'existence d'un cas fortuit (Cass. 1e civ. 8-3-2012 n° 10-28.725 F-D). Ces moyens doivent donc être soulevés devant les juges du fond. **82700**

ASSURANCE ET GARANTIE DE LA RESPONSABILITÉ PROFESSIONNELLE

Les notaires ont l'**obligation** d'être titulaires d'une **assurance** de responsabilité civile professionnelle individuelle (Ord. 45-2590 du 2-11-1945 art. 6-2). **82705**

En outre, dans chaque ressort de cour d'appel, une **caisse commune** garantit leur responsabilité à l'égard de leur clientèle (Décret 55-604 du 20-5-1955 art. 11, al. 1). Cette garantie se substitue au notaire défaillant, chaque fois que le client peut justifier d'une créance exigible au titre de fonds et valeurs reçus par le notaire et non restitués ou de dommages et intérêts mis à sa charge à la suite d'une action en responsabilité.

En ce qui concerne l'**articulation de ces deux dispositifs** de garantie, il a été jugé que le client pouvait agir indifféremment contre la caisse de garantie (ou l'assureur de cette dernière) ou contre l'assureur du notaire (Cass. 1e civ. 22-6-1977 n° 74-14.644 : D. 1978 p. 485).

Mais dans l'un comme l'autre des cas, seule la responsabilité professionnelle étant garantie, le notaire doit avoir agi dans l'exercice normal de ses fonctions pour que la garantie soit acquise (Cass. 1e civ. 25-4-1974 n° 72-11.144 : Bull. civ. I n° 119).

PROCÉDURE ABUSIVE

Celui qui agit en justice de manière dilatoire ou abusive peut être condamné à une **amende civile** d'un maximum de 10 000 €, sans préjudice des dommages et intérêts qui seraient réclamés (CPC art. 32-1 pour la première instance, 559 pour l'appel et 628 pour la cassation). Le notaire peut donc obtenir une somme à titre de dommages-intérêts en cas de procédure abusive. **82710**

Ainsi, présente un caractère abusif l'appel formé par le demandeur à l'action en responsabilité contre le notaire alors qu'il avait été parfaitement éclairé par les premiers juges sur l'inanité de ses prétentions, manifestement dépourvues de tout fondement et de tout sérieux, et qu'il avait poursuivi la procédure dans le seul but de prolonger abusivement le procès et de nuire à la partie adverse. Le demandeur reprochait en l'espèce au notaire d'avoir fait échouer un projet de testament qui devait être établi en sa faveur, lui réclamant une somme de 483 000 € correspondant à la valeur de l'immeuble qui aurait dû prétendument lui être légué (Cass. 1e civ. 6-2-2013 n° 12-11.816 F-D).

Pour les abus en matière pénale, voir nos 82760 s.

SECTION 3 RESPONSABILITÉ PÉNALE

PRINCIPES

82760 Le notaire n'échappe évidemment pas aux dispositions de droit pénal. Sa responsabilité pénale ainsi que celle de la personne morale qu'il dirige peuvent donc être engagées en cas d'**infraction** (C. pén. art. 121-2). La qualité d'officier ministériel constitue même parfois une **circonstance aggravante**, l'exposant à des sanctions plus lourdes en raison de sa qualité.

EXEMPLE

Le faux et l'usage de faux sont punis en principe de trois ans d'emprisonnement et de 45 000 € d'amende (C. pén. art. 441-1) tandis que le faux commis dans une écriture publique ou authentique est puni de dix ans d'emprisonnement et de 150 000 € d'amende (C. pén. art. 441-4).

APPLICATIONS EN MATIÈRE DE SUCCESSION OU DE LIBÉRALITÉ

82762 **Complicité** Le notaire qui s'associe à une **fraude commise par son client** encourt bien sûr une condamnation pénale du chef de complicité. Le notaire peut donc être poursuivi du chef par exemple de complicité de fraude fiscale ou de blanchiment de fraude fiscale. À cet égard, la Cour de cassation a précisé qu'en matière de fraude fiscale commise dans le cadre d'une déclaration de succession, le délai de **prescription** de l'action publique court à compter, non pas de l'expiration du délai de six mois pour déposer la déclaration, mais à compter du dépôt de celle-ci, peu importe qu'elle ait été déposée postérieurement, dès lors qu'elle visait à l'établissement et au paiement des droits de mutation à la suite du décès (Cass. crim. 6-1-2021 n° 18-84.570 FS-PBI : D. 2021 p. 676).

82800 **Abus de faiblesse** Se rend coupable du délit d'abus de faiblesse celui qui, en sa qualité de notaire, en connaissance de cause, met en place un montage destiné à contourner les effets d'une mesure de protection prise au bénéfice de sa cliente pour conduire cette dernière à signer des actes de donation, qui sont gravement préjudiciables à la personne vulnérable et particulièrement favorables à un tiers, l'article 223-15-2 du Code pénal n'exigeant pas la démonstration de l'enrichissement de l'auteur de l'infraction d'abus de faiblesse (Cass. crim. 20-3-2019 n° 18-81.691 F-D : SNH 33/19 inf. 14).

82805 **Abus de confiance** De même, « en sa qualité de notaire et de juriste », le notaire ne saurait vendre un bien sans avoir effectué les recherches nécessaires et fait appel, le cas échéant, à des généalogistes afin de retrouver les héritiers (Cass. crim. 31-1-2018 n° 17-80.049 F-D : D. 2018 p. 1361, en l'espèce la copie manuscrite intégrale des Mémoires d'outre-tombe de François-René de Chateaubriand remis à l'Étude par l'auteur en 1836). Dans cette affaire, le notaire se comportant comme le propriétaire de l'ouvrage en le mettant en vente, a détourné le manuscrit au préjudice des héritiers des ayants droit de la société d'édition, véritable propriétaire, leur occasionnant, à défaut d'un préjudice financier, la vente n'ayant pas abouti, un préjudice moral dont il doit réparation. L'arrêt précise qu'un **dépositaire** ne peut acquérir par prescription et que l'absence de revendication de l'ouvrage pendant des décennies est indifférente. La mise en vente du manuscrit par le notaire dépositaire caractérise donc le détournement de fonds, valeurs ou biens quelconques qui lui avaient été remis et qu'il avait acceptés à charge de les rendre ou d'en faire un usage déterminé, et ce au préjudice de la succession Chateaubriand avec cette circonstance que les faits ont été commis par un officier public ou ministériel dans ou à l'occasion de ses fonctions, justifiant la condamnation à 25 000 euros d'amende et la confiscation des scellés.

82810 **Procédure pénale abusive** En cas de plainte téméraire et injustifiée, le notaire peut obtenir des **dommages et intérêts.** Ainsi, si un héritier dépose une plainte avec constitution de partie civile du chef de vol contre le notaire au motif qu'il aurait prélevé, sans son accord, des lingots, des pièces d'or et des pièces de collection et qu'une ordonnance de non-lieu est rendue, le notaire peut obtenir réparation du préjudice qui résulte de cette plainte hasardeuse. En effet, dès lors qu'il résulte de l'ordonnance de non-lieu que le notaire est à même, au contraire du plaignant, de justifier, documents officiels à l'appui, de chacune de ses opérations, les juges du fond peuvent en déduire que l'héritier a agi avec une témérité constitutive d'une faute et condamner celui-ci à payer au notaire des dommages-intérêts (Cass. 2e civ. 6-5-1998 n° 95-14.240).

SECTION 4

RESPONSABILITÉ DISCIPLINAIRE

DÉONTOLOGIE NOTARIALE

Le notaire peut voir sa responsabilité disciplinaire engagée et faire l'objet de poursuites de cette nature (Cass. 1e civ. 18-6-2014 n° 13-20.509). Ainsi, toute **contravention aux lois** et règlements, tout agissement contraire au Code de déontologie, y compris se rapportant à des faits commis en dehors de l'exercice de sa profession, et toute **infraction aux règles professionnelles** commise par un notaire peuvent être sanctionnés disciplinairement (Loi 2021-1729 du 22-12-2021 art. 32). 82820

Depuis le 1er juillet 2022, les notaires sont soumis à une déontologie et une discipline commune à tous les officiers ministériels : avocats au Conseil d'État et à la Cour de cassation, commissaires de justice, greffiers des tribunaux de commerce et notaires (Ord. 2022-544 du 13-4-2022 ; Décret 2022-900 du 17-6-2022).

> **Précisions** La profession va se doter d'un **Code de déontologie** en cours d'élaboration avec le concours d'un collège de déontologie installé par le Conseil supérieur du notariat ayant pour mission d'émettre des avis et des recommandations sur son application. Le décret 2022-545 du 13 avril 2022 définit l'organisation, les missions et le fonctionnement de ce collège. Le collège s'est doté également d'un règlement intérieur, précisant en particulier ses liens avec les services du Conseil supérieur du notariat et la Commission discipline et déontologie.
> Le Code de déontologie énoncera les principes et devoirs professionnels permettant le bon exercice des fonctions et s'appliquera en toutes circonstances aux notaires, dans leurs relations avec le public, les clients, les services publics, leurs confrères et les membres des autres professions.

PROCÉDURE DISCIPLINAIRE

Mesures de prévention L'action disciplinaire est exercée concurremment par le procureur de la République et la chambre régionale des notaires (Loi 2021-1729 du 22-12-2021 art. 34 ; Ord. 2022-545 art. 8). 82825

En cas de manquement d'un notaire à ses obligations, l'autorité habilitée peut, même d'office, **avant l'engagement éventuel** de poursuites disciplinaires prendre des mesures préventives (Loi 2021-1729 art. 35 ; Ord. 2022-545 art. 6) :
– demander des explications à ce professionnel et, le cas échéant, le convoquer ;
– lui adresser, à l'issue d'une procédure contradictoire, un rappel à l'ordre ou une injonction de mettre fin au manquement.
Elle peut assortir cette injonction d'une astreinte, destinée à obliger le professionnel à exécuter son obligation. Elle consiste généralement dans le paiement d'une somme d'argent par jour de retard.

Réclamation Toute réclamation à l'encontre d'un notaire doit donner lieu à un accusé de réception (CRPA art. L 112-3 ; Loi 2021-1729 du 22-12-2021 art. 36). 82830
Le notaire concerné est informé et invité à présenter ses observations.

Conciliation Lorsque la **nature de la réclamation** le permet, et sous réserve des réclamations abusives ou manifestement mal fondées, l'autorité convoque les parties en vue d'une conciliation, à laquelle prend part un membre au moins de la profession (Loi 2021-1729 art. 36). 82832

En cas d'échec de la conciliation, l'auteur de la réclamation peut saisir le procureur, ou directement les nouvelles juridictions disciplinaires.

Compétences juridictionnelles Des **chambres de discipline** composées d'un magistrat du siège de la cour d'appel et de deux membres de la profession sont instituées auprès de chaque conseil régional des notaires (Loi 2021-1729 du 22-12-2021 art. 38). 82835

Ces chambres rendent des jugements contre lesquels il est possible d'interjeter appel devant une cour nationale d'appel, qui est instituée auprès du Conseil supérieur du notariat.

Elle est composée de trois magistrats et de deux notaires.

Les arrêts rendus peuvent faire l'objet d'un **pourvoi** devant la Cour de cassation.

Auprès de chaque chambre de discipline, un service est créé pour réaliser des enquêtes sur les agissements reprochés au notaire et susceptibles de constituer une faute disciplinaire (Loi 2021-1729 art. 37 ; Ord. 2022-544 art. 10).

Le service d'enquête peut être saisi par la juridiction disciplinaire ou les autorités qui exercent l'action disciplinaire.

Le notaire est tenu de répondre aux convocations du service et de fournir tout document utile sans pouvoir opposer le secret professionnel.

Un décret en conseil d'État précisera sa composition et son fonctionnement notamment.

82840 **Sanctions** Outre les **peines** prononcées en matière de lutte contre le blanchiment (C. mon. fin. art. L 561-36-3), les peines disciplinaires sont (Ord. 2022-544 du 13-4-2022, art. 16) :
– l'avertissement ;
– le blâme ;
– l'interdiction d'exercer à titre temporaire pendant une durée maximale de dix ans (sursis possible) ;
– la destitution qui emporte interdiction d'exercice à titre définitif ;
– le retrait de l'honorariat.

Une peine d'**amende** pourra également être prononcée et dont le montant ne pourra excéder la plus élevée des deux sommes suivantes : 10 000 € ou 5 % du chiffre d'affaires HT de l'année en cours.

Le **cumul** des sanctions disciplinaire et pénale est possible. En effet, la sanction disciplinaire et une peine prononcée en application du Code pénal ne tendent pas à réprimer de mêmes faits qualifiés de manière identique, ne protègent pas les mêmes intérêts sociaux et aboutissent au prononcé de sanctions de nature différente, de sorte que leur application combinée ne méconnaît pas le principe de nécessité des peines énoncé à l'article 8 de la Déclaration des droits de l'Homme et du citoyen de 1789 (Cass. 1e civ. 11-4-2019 no 19-40.006).

DOSSIER 6

INCIDENCES DES PROCÉDURES COLLECTIVES SUR LES SUCCESSIONS

SOMMAIRE

PROCÉDURES COLLECTIVES ANALYSÉES

84000 L'épreuve du décès d'un membre de la famille se double parfois de celui d'une situation d'insolvabilité, qui affecte la personne décédée ou l'héritier. Du point de vue de la technique juridique, cette confrontation du droit des successions et du droit de l'insolvabilité est très imparfaitement réglée par la loi.

Les procédures collectives sont ici entendues au sens large en englobant tant celles des entreprises que celles des particuliers, appelées procédures de surendettement (respectivement C. com. art. L 610-1 s. et C. consom. art. L 711-1 s.).

84005 **Procédure de surendettement** Une procédure de surendettement est **ouverte à** toute personne physique dont le surendettement est de nature non professionnelle (C. consom. art. L 711-1). Elle n'est pas applicable :

– aux personnes relevant des procédures collectives du Code de commerce. Elle ne peut donc concerner que les personnes qui n'exercent pas une activité économique en leur nom propre, comme les salariés, les personnes sans emploi ou encore les dirigeants de personne morale ;

– au patrimoine d'une personne décédée car elle est personnelle et non transmissible (Cass. 2e civ. 31-3-2011 n° 10-12.922 F-D ; Cass. 2e civ. 16-11-2017 n° 16-21.698 F-D ; Cass. 2e civ. 1-2-2018 n° 17-10.036 F-D).

Autrement dit, l'ouverture d'une procédure de surendettement ne peut pas être demandée à l'égard du patrimoine du **défunt** et l'éventuelle procédure affectant le défunt cesse d'avoir effet, sans pour autant que les mesures définitivement adoptées soient remises en cause, comme un rééchelonnement ou un effacement partiel de dette. Les héritiers d'un auteur insolvable reçoivent alors une succession soumise aux seules règles de droit commun sans interférence avec le droit de l'insolvabilité.

En revanche, un **héritier** peut être soumis à une procédure de surendettement et nous verrons les conséquences qu'elle emporte (n° 85000).

84010 **Procédure collective commerciale** Les procédures collectives des entreprises **concernent** notamment toute personne physique exerçant une activité professionnelle. Plus précisément, elles s'appliquent « à toute personne exerçant une activité commerciale, artisanale ou une activité agricole définie à l'article L 311-1 du Code rural et de la pêche maritime et à toute autre personne physique exerçant une activité professionnelle indépendante, y compris une profession libérale soumise à un statut législatif ou réglementaire ou dont le titre est protégé, ainsi qu'à toute personne morale de droit privé » (C. com. art. L 620-2, L 631-2 et L 640-2 respectivement applicables aux procédures de sauvegarde, de redressement judiciaire et de liquidation judiciaire).

84012 **Procédures collectives et statut de l'entrepreneur individuel** Le traitement de l'insolvabilité des personnes physiques exerçant une activité économique en leur nom propre a été profondément modifié (Loi 2022-172 du 14-2-2022 en faveur de l'activité professionnelle indépendante).

Depuis l'entrée en vigueur de ce nouveau régime, le 15 mai 2022, tout entrepreneur individuel est à la tête de **deux patrimoines** (C. com. art. L 526-22, al. 2) :

– un patrimoine professionnel, constitué des « biens, droits, obligations et sûretés dont il est titulaire et qui sont utiles à son activité ou à ses activités professionnelles indépendantes » ;

– un patrimoine personnel, constitué des « éléments du patrimoine de l'entrepreneur individuel non compris dans le patrimoine professionnel ».

Le but étant de mettre le patrimoine professionnel à l'abri des dettes personnelles et réciproquement, il est dérogé aux articles 2284 et 2285 du Code civil qui permettent aux créanciers, bénéficiaires d'un **droit de gage** général, d'agir sur l'ensemble des biens du patrimoine de leur débiteur.

En effet, il est prévu que « l'entrepreneur individuel n'est tenu de remplir son engagement à l'égard de ses créanciers dont les droits sont nés à l'occasion de son exercice professionnel que sur son seul patrimoine professionnel » (C. com. art. L 526-22, al. 4). De la même manière, « seul le patrimoine personnel de l'entrepreneur individuel constitue le gage général des créanciers dont les droits ne sont pas nés à l'occasion de son exercice professionnel » (C. com. art. L 526-22, al. 6).

Néanmoins, certains créanciers ont pour gage les deux patrimoines de l'entrepreneur. Il en va ainsi dans les hypothèses suivantes :

– Les droits des créanciers sont nés avant le 15 mai 2022 ;

– Le débiteur peut renoncer au profit d'un créancier à la séparation de ses patrimoines (C. com. art. L 526-25) ;

– Les créanciers personnels ont, en cas d'insuffisance du patrimoine personnel, un droit de gage sur le patrimoine professionnel à hauteur du montant du bénéfice réalisé lors du dernier exercice clos (C. com. art. L 526-22, al. 6) ;

– Certaines créances fiscales, comme celles nées au titre de l'impôt sur le revenu, les prélèvements sociaux et la taxe foncière afférente à des immeubles professionnels, peuvent donner lieu à un droit de poursuite sur les deux patrimoines (LPF art. L 273 B, III auquel renvoie C. com. art. L 526-24, al. 2) ;

– Il en va de même pour certaines créances sociales (CSS art. L 133-4-7, al. 2 auquel renvoie C. com. art. L 526-24, al. 2).

Cela explique que les **difficultés économiques** de l'entrepreneur individuel soient **traitées séparément,** patrimoine par patrimoine. Ainsi, quand le tribunal compétent pour traiter des difficultés de l'entrepreneur individuel est saisi, il doit analyser les deux patrimoines (C. com. art. L 681-1, al. 2) : il apprécie à la fois : 1° Si les conditions d'ouverture d'une procédure collective commerciale (C. com. Livre VI Titres II à IV) sont réunies, en fonction de la situation du patrimoine professionnel de l'entrepreneur individuel ; 2° Si les conditions d'une procédure de surendettement (C. consom. art. L 711-1) sont réunies, en fonction de l'actif du patrimoine personnel et de l'ensemble des dettes exigibles ou à échoir dont le recouvrement peut être poursuivi sur cet actif. 84014

La règle est alors celle de la **dualité du traitement** de la défaillance lorsque les difficultés ne concernent que l'un des deux patrimoines :

– Si le patrimoine professionnel répond aux conditions prévues au livre VI du Code de commerce (n° 84050), le tribunal ouvre une procédure collective commerciale (C. com. art. L 681-2, I). Le traitement des difficultés afférentes au patrimoine professionnel s'opère alors selon les règles du droit des entreprises en difficulté (C. com. art. L 681-2, II). Il en résulte que seuls les créanciers ayant pour droit de gage le patrimoine professionnel sont attraits à la procédure collective, les créanciers personnels pouvant exercer leurs poursuites sur le patrimoine personnel in bonis ;

– Si le patrimoine personnel répond aux conditions d'ouverture du livre VII du Code de la consommation, le tribunal dit n'y avoir lieu à une procédure collective commerciale et renvoie l'affaire, avec l'accord du débiteur, devant la commission de surendettement (C. com. art. L 681-3). Le traitement des difficultés afférentes au patrimoine personnel s'opère alors selon les règles du droit du surendettement des particuliers.

Si les deux patrimoines font l'objet de difficultés, le principe est en revanche celui de **l'unicité de la procédure,** qui sera entièrement régie par le livre VI du Code de commerce (C. com. art. L 681-2, III, al. 1). Il reste que la procédure, certes unique, respecte la séparation des patrimoines (C. com. art. L 681-2, III, al. 2 et 3). 84016

Par **exception** la procédure collective ne s'applique qu'au patrimoine professionnel si, d'une part, l'entrepreneur a respecté la distinction de ses patrimoines et, d'autre part, le droit de gage des créanciers professionnels ne porte pas sur le patrimoine personnel de l'entrepreneur (C. com. art. L 681-2, IV). L'hypothèse sera sans doute rare, les créanciers fiscaux et sociaux ayant pour gage à la fois le patrimoine professionnel et le patrimoine personnel (n° 84012). Toutefois, si ces conditions sont remplies, la commission de surendettement pourra être saisie pour traiter les difficultés relatives au patrimoine personnel, mais le tribunal initialement saisi suivant les règles de compétence du livre VI du Code de commerce exercera les fonctions du juge des contentieux de la protection, qu'il peut déléguer au juge-commissaire.

Il faut enfin préciser que l'**extension de la procédure collective** peut conduire à remettre en cause la distinction des patrimoines de l'entrepreneur dans le cadre du traitement de ses difficultés. En effet, « un ou plusieurs autres patrimoines du débiteur peuvent être réunis au patrimoine visé par la procédure, en cas de confusion avec celui-ci. Il en va de même lorsque le débiteur a commis un manquement grave aux obligations prévues à l'article L 526-13 ou encore une fraude à l'égard d'un créancier titulaire d'un droit de gage général sur le patrimoine visé par la procédure » (C. com. art. L 621-2, al. 3). La procédure collective s'appliquera à l'entrepreneur individuel comme s'il n'avait qu'un seul patrimoine. 84018

SITUATIONS ANALYSÉES

S'agissant ici de s'intéresser aux interférences entre le droit des procédures collectives et le droit des successions, ce ne sont que les personnes physiques qui nous intéresseront. Il peut s'agir : 84020

– soit du **défunt** pour le cas où il exerçait encore, au moment de son décès, une activité économique indépendante. De manière imprécise et partielle, le Code civil fait référence à cette hypothèse au sujet de la succession vacante en disposant que « les pouvoirs du curateur s'exercent sous réserve des dispositions applicables à la succession d'une personne faisant l'objet d'une procédure de sauvegarde, de redressement ou de liquidation judiciaires » (C. civ. art. 810-6) ;

– soit des **héritiers.** Pour ces derniers, il est tout à fait envisageable qu'ils soient des personnes morales, ce qui, à ce sujet, ne change rien au fonctionnement des règles.

SECTION 1

DÉFUNT INSOLVABLE

A. Ouverture de la procédure collective commerciale

1. PROCÉDURE OUVERTE APRÈS LE DÉCÈS

FACULTÉ SOUS CONDITIONS

84030 Sous certaines conditions, il est possible d'ouvrir une procédure collective au patrimoine d'une personne après son décès.

Cependant, dans la mesure où une telle ouverture n'est imposée ni aux héritiers ni aux créanciers, la demande consiste avant tout en une stratégie dont il faut mesurer l'opportunité.

a. Conditions d'ouverture de la procédure collective

APPLICATION EXCEPTIONNELLE AU PATRIMOINE PROFESSIONNEL

84035 **En principe,** la séparation des patrimoines de l'entrepreneur individuel cesse au moment de son décès (K. Lafaurie, Les conséquences juridiques du décès de l'entrepreneur individuel après la loi du 14 février 2022 : SNH 21/22 inf. 12).

Cette règle s'applique **cependant** « sous réserve des articles L 631-3 et L 640-3 du présent code » (C. com. art. L 526-22, al. 8). Or ces textes, relatifs aux redressement et liquidation judiciaires, disposent que lorsqu'un entrepreneur « est décédé alors que le patrimoine engagé par l'activité ou les activités professionnelles était en situation de cessation des paiements, le tribunal peut être saisi ». Autrement dit, une procédure collective peut encore s'appliquer au patrimoine professionnel de la personne décédée.

DÉFUNT EN CESSATION DE PAIEMENT

84040 **Constatation de la cessation de paiement** Si une procédure collective peut s'appliquer au patrimoine professionnel d'une personne décédée, encore faut-il qu'au moment du décès, le patrimoine engagé par l'activité ou les activités professionnelles soit en situation de cessation des paiements (C. com. art. L 631-3, al. 2 et L 640-3, al. 2 respectivement pour les redressement et liquidation judiciaires).

Cet état est constitué lorsqu'une personne est « dans l'impossibilité de faire face au passif exigible avec son actif disponible » (C. com. art. L 631-1, al. 1).

84045 **Procédures applicables** Cette exigence conditionne les procédures applicables. Une procédure de sauvegarde est exclue puisqu'elle n'est possible qu'en l'absence de cessation des paiements (C. com. art. L 620-1). Pour l'ouverture d'un redressement judiciaire, il suffit d'apporter la démonstration de l'état de cessation des paiements. Pour l'ouverture d'une liquidation judiciaire, il faut établir en plus que la situation du débiteur est irrémédiablement compromise (C. com. art. L 641-1).

84050 **Origine de l'endettement** Les textes n'exigent pas que l'origine de l'endettement soit exclusivement ou en partie liée à l'activité économique de la personne décédée, ce qui est conforme à l'application du principe d'unité du patrimoine en droit des procédures collectives. En cela, les conditions d'ouverture d'une procédure collective à une personne décédée diffèrent de celles applicables à une personne retirée de la vie des affaires, où il est exigé que tout ou partie du passif provienne de l'activité qui a cessé (C. com. art. L 631-3, al. 1 et L 640-3, al. 1). Il suffit donc d'établir que le de cujus, au moment de son décès, exerçait une activité économique indépendante et était en cessation des paiements.

Cependant, il convient de rappeler qu'en principe, les difficultés s'apprécient patrimoine par patrimoine (n°s 84014 s.).

Ainsi, au décès d'un entrepreneur, le tribunal pourra ouvrir une procédure de redressement ou de liquidation judiciaire à l'égard du **patrimoine professionnel** s'il constate que ce patrimoine est en cessation des paiements, c'est-à-dire que son actif disponible est insuffisant pour faire face aux dettes exigibles à l'égard des personnes qui ont un droit de gage sur ce patrimoine professionnel (C. com. art. L 681-2, I, L 631-3, al. 1 et L 640-3, al. 1).

En revanche, si les difficultés concernent le **patrimoine personnel,** une procédure de surendettement ne devrait pas pouvoir être ouverte et les patrimoines personnels et professionnels seront réunis. En effet, l'exception à cette réunion en cas de décès n'est prévue que pour les procédures collectives commerciales (C. com. art. L 526-22, al. 8 ; nº 84035). Il incombera alors aux héritiers d'apprécier la situation patrimoniale de leur auteur de manière globale pour la mise en œuvre de l'option successorale.

Qu'en est-il en cas de difficultés affectant les **deux patrimoines** ? Pour rappel, du vivant de l'entrepreneur, si les conditions sont réunies pour ouvrir tant une procédure collective pour le patrimoine professionnel qu'une procédure de surendettement pour le patrimoine personnel, la procédure collective commerciale vise les éléments des deux patrimoines (C. com. art. L 681-2, III ; nº 84016).

Ce texte s'applique-t-il aussi à l'entrepreneur individuel décédé ? La question est assez délicate, dès lors que le maintien de la séparation des patrimoines en cas de décès n'est prévu qu'exceptionnellement, lorsqu'est ouverte une procédure de redressement ou de liquidation judiciaire (C. com. art. L 526-22, al. 8 ; nº 84035).

Or dans notre hypothèse (difficultés sur les deux patrimoines), il y aura bien la possibilité d'ouvrir une telle procédure. La conséquence est qu'il y aura inévitablement maintien de la séparation des patrimoines. De deux choses l'une :

– Il peut être retenu une conception restrictive de l'application du droit des entreprises en difficulté. L'unicité de la procédure pour les deux patrimoines (C. com. art. L 681-2, III ; nº 84050) est alors exclue, seul le patrimoine professionnel étant concerné par la procédure tandis que le patrimoine personnel est laissé en dehors ;

– Au contraire, il peut être considéré que l'article L 526-22, alinéa 8 prévoit une exception à la séparation des patrimoines en cas d'application de l'article L 631-3 ou L 640-3 du Code de commerce, sans qu'aucune restriction existe quant au patrimoine intégré à la procédure collective applicable post mortem. Dès lors que l'on se trouve dans le cadre de cette exception, la procédure collective doit pouvoir s'appliquer au patrimoine professionnel resté autonome, mais aussi au patrimoine personnel s'il connaît également des difficultés, conformément au principe d'unicité de la procédure prévue à l'article L 681-2, III du Code de commerce (nº 84016). Cette seconde interprétation présente l'avantage de simplifier le sort des héritiers qui verront la situation patrimoniale du de cujus traitée par un seul et même tribunal.

Cela étant, dans l'hypothèse visée par l'article L 681-2, IV (distinction des patrimoines professionnel et personnel strictement respectée, pas de droit de gage des créanciers dont les droits sont nés à l'occasion de l'activité professionnelle sur le patrimoine personnel), le livre VII du Code de la consommation doit s'appliquer au patrimoine personnel de l'entrepreneur individuel, ce qui ne semble pas possible si ce dernier est décédé, aucun texte n'admettant l'application des procédures de surendettement aux personnes décédées (nº 84005).

La cessation des paiements doit déjà être intervenue au **moment** du décès (C. com. art. L 631-3, al. 2 et L 640-3, al. 2). La procédure collective est donc exclue, même si le débiteur est décédé en laissant un passif supérieur à l'actif, dès lors qu'il a, de son vivant, satisfait à ses échéances (Cass. com. 27-6-1989 : Rev. proc. coll. 1991-2, p. 199, obs. J.-M. Calendini ; Cass. com. 15-12-1992 : Rev. proc. coll. 1993-2, p. 264, nº 3, obs. J.-M. Calendini). **84055**

Il faut insister sur le fait que le **patrimoine considéré** (patrimoine professionnel ou patrimoine unique en cas de réunion des deux patrimoines) pour apprécier la cessation des paiements est celui du défunt, qui conserve son autonomie. **84060**

En principe, suivant le système français de succession à la personne et la théorie de la continuation, le patrimoine du défunt ne conserve aucune individualité au-delà du décès. Néanmoins, le droit français admet classiquement certains tempéraments : ainsi, le patrimoine successoral ne se confond pas avec celui de l'héritier en cas d'acceptation de la succession à concurrence de l'actif net (C. civ. art. 791). La même autonomie se retrouve avec la procédure collective qui s'applique au patrimoine du défunt, alors même que celui-ci n'est plus, y compris lorsque les héritiers ont accepté purement et simplement la succession. Cela a conduit certains auteurs à parler de « procédure collective sans débiteur » (P. Le Cannu, D. Robine, Droit des entreprises en difficulté, précis Dalloz, 8e éd., 2020, nº 272). Il est néanmoins possible de soutenir que la personnalité juridique du défunt subsiste, à l'instar des personnes morales, pour les besoins du règlement de la succession et ici du fonctionnement de la procédure collective. Ce mécanisme permettrait d'expliquer le maintien des contrats auxquels reste partie le défunt et qui peuvent être inclus dans un plan de cession postérieur.

84065 Enfin, c'est bien **à l'égard de la personne décédée** que s'applique la procédure collective et non de l'indivision successorale (quand il y en a une), qui n'a pas la personnalité juridique (Cass. com. 21-6-2005 n° 04-13.850 FS-PBIR : RJDA 1/06 n° 57, D. 2005, 1848, obs. A. Lienhard). Ce sont donc les personnes investies de la saisine et non le gérant de l'indivision qui représenteront le débiteur décédé dans le cadre de la procédure collective (voir nos 84325 s.).

DEMANDE À L'INITIATIVE DES HÉRITIERS

84070 Le tribunal peut être saisi d'une demande d'ouverture d'une procédure collective par tout héritier du débiteur (C. com. art. L 631-3, al. 2 et L 640-3, al. 2).

Selon nous, la **notion d'« héritier »** vise toute personne investie de la saisine. Une partie de la doctrine est plus restrictive et considère que la qualité pour agir est réservée aux personnes ayant accepté purement et simplement la succession ou, à tout le moins, accepté à concurrence de l'actif net (en ce sens, D. Arteil, Redressement ou liquidation judiciaire du débiteur décédé : quel intérêt pour les héritiers ? Defrénois 2008 art. 38709 p. 145, n° 3 ; C. Saint-Alary-Houin, Décès du débiteur et procédure collective : Rev. proc. coll. janv. 2014 dossier 9 n° 24). Peu opportune, cette limitation ne semble pas pouvoir trouver un fondement solide dans les textes du Code civil. En disposant que « L'héritier qui renonce est censé n'avoir jamais été héritier », l'article 805 du Code civil laisse admettre la qualité d'héritier avant l'exercice de l'option. C'est pourquoi il nous semble que toute personne investie de la saisine peut demander l'ouverture d'une procédure collective.

84075 En cas de **pluralité d'héritiers,** il semble bien que la demande puisse émaner d'un seul d'entre eux, les textes régissant le redressement et la liquidation judiciaires visant « tout héritier » (C. com. art. L 631-3, al. 2 et L 640-3, al. 2). Dans ce cas, il est néanmoins certain qu'en vertu de l'effet réel de la procédure collective, elle s'appliquera au patrimoine successoral entier et non à la seule part revenant à l'héritier auteur de la saisine du tribunal (en ce sens, G. Ripert et R. Roblot, Traité de droit des affaires, tome 4 : Effets de commerce et entreprises en difficulté, par P. Delebecque, N. Binctin et L. Andreu : LGDJ, 18e éd., 2018, n° 458).

84080 Demander l'ouverture d'une procédure collective est une **simple faculté** et non une obligation pour les héritiers. Ce régime s'oppose à la règle de principe qui impose au débiteur de déclarer sa cessation des paiements au plus tard dans les 45 jours qui la suivent (C. com. art. L 631-4 et L 640-4).

84085 Par ailleurs, pour que l'usage de cette faculté par un héritier n'ait pas d'**incidence sur son option successorale,** l'intéressé sera prudent de solliciter l'autorisation du juge, bien qu'il semble qu'une telle demande d'ouverture d'une procédure collective ne constitue pas un acte d'acceptation tacite de la succession. En effet, même si l'on considère que la demande d'ouverture est un acte grave, elle peut, en tant qu'acte que requiert l'intérêt de la succession, être accomplie par le successible sans prendre le titre d'héritier avec une autorisation judiciaire (C. civ. art. 784, al. 2).

Aussi, les successibles peuvent accomplir seuls des actes conservatoires, sans que cela emporte acceptation implicite de la succession (C. civ. 784, al. 1 ; sur le débat antérieur à la loi du 23 juin 2006 F. Gasnier, L'organisation de la liquidation du passif successoral : Defrénois, coll. « Doctorat et Notariat », 2013, n° 328).

Mais à ce jour, aucune jurisprudence ne s'est prononcée sur la qualification de la demande d'ouverture d'une procédure collective.

84090 Le tribunal peut être saisi sans condition de **délai** (C. com. art. L 631-3, al. 2 et L 640-3, al. 2). L'héritier agissant doit néanmoins prouver la cessation des paiements du défunt, ce qui suppose d'agir assez vite.

DEMANDE À L'INITIATIVE DES CRÉANCIERS ET DU MINISTÈRE PUBLIC

84100 Tout **créancier** d'une personne décédée exerçant une activité commerciale, artisanale, agricole ou de professionnel indépendant peut assigner pour demander l'ouverture d'une procédure collective « quelle que soit la nature de sa créance » (C. com. art. L 631-3, al. 2 et L 640-3, al. 2).

Il doit néanmoins s'agir des créanciers du de cujus et non des héritiers. À ce sujet, les personnes dont la créance est née pour la gestion de la succession, dites « dettes successorales », devraient également pouvoir agir. Il est effectivement logique de considérer que ces créances sont rattachées au patrimoine successoral ; c'est même évident pour les frais afférents à la procédure collective.

Lorsque le **ministère public** prend l'initiative de la procédure, il saisit le tribunal par requête, en indiquant les faits de nature à la motiver (C. com. art. L 631-3, al. 2, L 640-3, al. 2 et R 631-4). Compte tenu de sa mission, qui est de défendre l'intérêt général, ces faits devraient, au premier chef, résider dans l'importance de l'entreprise, la présence de salariés dont l'emploi est menacé, etc. et non dans les intérêts individuels, des héritiers notamment. **84105**

Le président du tribunal, par les soins du greffier, fait convoquer les héritiers à l'audience dans le délai qu'il fixe (C. com. art. R 631-5 qui renvoie à R 631-4). S'il existe des héritiers dont l'adresse est inconnue, le président du tribunal judiciaire se saisissant d'office, ou saisi sur la requête du ministère public, de l'administrateur ou du mandataire judiciaire désigne un mandataire chargé de les représenter (C. com. art. R 631-5).

Que la demande émane d'un créancier ou du ministère public, le tribunal doit être saisi dans le **délai** d'un an à compter de la date du décès (C. com. art. L 631-3, al. 2 et L 640-3, al. 2). Ce délai a un caractère préfix (Cass. com. 2-7-1959 : Bull. civ. III n° 301). Il est donc insusceptible d'interruption et de suspension, y compris par le délai laissé aux héritiers pour opter (en ce sens, M. Menjucq, B. Saintourens, B. Soinne (dir.), Traité des procédures collectives, LexisNexis, 2020, n° 432). **84110**

En leur qualité de représentants du défunt, les **héritiers** doivent, selon nous, être appelés en la cause. La saisine leur donne, en effet, qualité pour défendre aux actions intentées contre leur auteur (Cass. 1e civ. 15-3-1988 n° 86-15.791 : RTD civ. 1988 p. 799, obs. J. Patarin – voir, à ce sujet, C. Lesca-D'Espalungue, La transmission héréditaire des actions en justice : PUF, coll. « Les grandes thèses du droit français », 1992, nos 393 s.). Les héritiers sont convoqués par le tribunal lorsque celui-ci est saisi sur requête du ministère public (voir nos 84105 s.). Ils doivent être destinataires de l'assignation lorsque la demande est formée par un créancier (comp., considérant que le jugement d'ouverture doit être signifié aux héritiers, par application de l'article 877 du Code civil : C. Saint-Alary-Houin, Décès du débiteur et procédure collective : Rev. proc. coll. janv. 2014, dossier 9, n° 24). **84115**

En l'absence d'héritier ayant une adresse connue, la procédure semble néanmoins pouvoir s'ouvrir, faute de texte en sens contraire. La nomination d'un mandataire, dans le cadre de la saisine à l'initiative du ministère public, ne s'impose pas ici faute de convocation des héritiers. Cela n'est pas sans poser des difficultés quant à l'exercice des pouvoirs relatifs à la gestion de l'entreprise dans le cadre de la procédure collective (voir nos 84325 s.).

Si un **curateur** a été nommé en raison de la **vacance de la succession**, celui-ci doit agir au nom du défunt et notamment exercer ses droits propres. Ainsi, il a été jugé que le directeur régional chargé de la direction nationale d'intervention domaniale, nommé aux fonctions de curateur, ne peut valablement prétendre que l'administration serait déchargée de sa mission de curatelle et de représentation de la succession au profit du liquidateur judiciaire (CA Paris 4-7-2000 : Juris-Data n° 122750, JCP E 2000 p. 1790).

Quoi qu'il en soit, il ne faut pas confondre cette situation avec celle où la procédure collective est ouverte à l'égard d'un héritier qui, à titre personnel, a repris l'exploitation (pour une illustration, Cass. com. 7-2-1989 n° 87-17.689 P : RTD civ. 1989 p. 790, note J. Patarin).

ATTENTION

La possibilité donnée aux créanciers et au ministère public de demander l'ouverture de la procédure collective doit inviter les héritiers, dans un tel contexte de difficultés, à tenir leur patrimoine séparé de celui du défunt pour éviter une extension de procédure collective pour **confusion des patrimoines** (C. com. art. L 621-2 applicable au redressement et à la liquidation judiciaires), notamment en l'absence d'inventaire des biens successoraux et en cas de confusion matérielle des biens successoraux avec ceux d'un héritier (en ce sens, F. Gasnier, L'organisation de la liquidation du passif successoral : Defrénois, coll. « Doctorat et Notariat », 2013, n° 341). Cette menace de l'ouverture de la procédure collective doit aussi peser dans la mise en œuvre de l'option successorale.

b. Opportunité de la procédure du point de vue des héritiers

RENONCIATION

Si l'héritier n'a pas encore accepté la succession, il faut d'abord évacuer l'hypothèse où le caractère déficitaire de la succession est évident. Dans ce cas il faut renoncer à la succession (C. civ. art. 804). **84140**

ACCEPTATION À CONCURRENCE DE L'ACTIF NET

Les avantages d'une acceptation à concurrence de l'actif net sur une procédure collective sont nombreux. **84145**

En dehors du cas de la renonciation, cette acceptation constitue le meilleur moyen pour échapper au risque d'être tenu du **passif du défunt** (en ce sens, C. Saint-Alary-Houin, Décès du débiteur et procédure collective, art. préc., n° 24). En effet, même si la question est discutée, l'ouverture d'une procédure collective ne garantit pas à l'héritier qui accepte la succession d'échapper aux poursuites des créanciers du défunt (n° 84155).

Surtout, l'acceptation à concurrence de l'actif net laisse la **maîtrise du patrimoine** successoral aux mains des héritiers. Ceux-ci gardent une liberté de gestion et la maîtrise des biens, même s'il s'agit d'une administration contrôlée puisqu'ils doivent déclarer les aliénations des biens successoraux auxquelles ils procèdent (C. civ. art. 800 et 793). Ainsi, les héritiers ont la faculté de conserver les biens successoraux en choisissant de désintéresser eux-mêmes les créanciers. Ils peuvent conserver les biens de l'entreprise pour poursuivre l'exploitation sans passer par la procédure collective.

Enfin, le **coût** de ce mode d'organisation est moindre que la procédure collective qui engendre des frais à la charge du débiteur, notamment le paiement des mandataires de justice.

84150 Même si l'acceptation à concurrence de l'actif net est suffisante pour la protection du patrimoine, elle peut se **combiner avec une procédure collective** pour bénéficier de la discipline collective et des mesures en faveur du redressement des entreprises (nos 84400 s.). L'héritier qui désire reprendre l'entreprise du défunt, à tout le moins la sauver, en faveur des salariés notamment, pourra, le cas échéant, obtenir un plan de redressement, avec notamment l'étalement des dettes par lequel il se caractérise.

Ces deux dispositifs n'ont rien d'incompatible, ayant des buts distincts : l'un organise le traitement des difficultés de l'entreprise du défunt, l'autre tient séparés les patrimoines du défunt et des héritiers. Dans la mesure, néanmoins, où les deux donnent lieu à un règlement particulier des dettes successorales, une conciliation de ces règles est nécessaire (n° 84300).

ACCEPTATION PURE ET SIMPLE

84155 Dans tous les cas, il faut **déconseiller** une acceptation pure et simple ou tout acte impliquant une confusion des patrimoines.

En effet, l'**ouverture de la procédure collective** emporte une séparation des patrimoines mais sans mettre l'héritier à l'abri des poursuites des créanciers. La solution est toutefois discutée.

Certains auteurs considèrent que cette séparation des patrimoines résultant de la procédure collective met les héritiers à l'abri des poursuites des créanciers (P. Le Cannu, D. Robine, Droit des entreprises en difficulté, op. cit., n° 272).

D'autres soutiennent, de manière plus convaincante, qu'elle exclut l'absorption du patrimoine des héritiers par la procédure collective, sans pour autant exonérer ces derniers de l'obligation ultra vires (L.-C. Henry, Successions et droit des entreprises en difficulté, in Entreprises en difficulté, dir. P. Roussel Galle, LexisNexis, coll. Droit 360°, 2012, p. 231, spéc. n° 567 ; D. Arteil, Redressement ou liquidation judiciaire du débiteur décédé : quel intérêt pour les héritiers ? art. préc., n° 12). Il ne restera alors à ces héritiers que la faculté de demander une décharge des dettes ignorées (C. civ. art. 786 ; voir nos 37160 s.).

Cette incertitude invite ainsi à demeurer **prudent,** malgré la séparation des patrimoines qu'a instaurée la loi du 14 février 2022.

D'une part, en l'absence de disposition contraire, l'option successorale demeure indivisible (C. civ. art. 769, al. 1), ce qui exclut la possibilité d'accepter la succession pour un seul des patrimoines.

D'autre part, même si l'ouverture d'une liquidation judiciaire permet d'éviter la réunion des patrimoines qu'entraîne en principe le décès (C. com. art. L 526-22, al. 8), il est possible de considérer que ce maintien de la séparation des patrimoines n'est que temporaire. Il s'en suit qu'à la clôture de la procédure collective affectant le patrimoine professionnel la réunion des patrimoines permet à tous les créanciers d'agir sur les biens qui constituaient le patrimoine personnel du de cujus (K. Lafaurie, Les conséquences juridiques du décès de l'entrepreneur individuel après la loi du 14 février 2022 : SNH 21/22 inf. 12, spéc. n° 18.).

c. Opportunité de la procédure du point de vue des créanciers

84160 L'ouverture d'une procédure collective apparaît classiquement comme la solution la plus protectrice des créanciers successoraux.

Ceux-ci ne subissent pas le risque du paiement suivant l'ordre des déclarations prévu en cas d'acceptation à concurrence de l'actif net ou de succession vacante (C. civ. art. 796 et 810-5, al. 2 qui renvoie à art. 796 ; voir nos 38260 s.). Ils bénéficient d'un **traitement collectif** plus égalitaire en ce qu'il interdit qu'un d'entre eux n'obtienne du débiteur un avantage particulier au détriment des autres. Ce traitement n'est toutefois pas totalement uniforme.

Une procédure collective permet la mise en jeu de **privilèges** accordés à certains créanciers qui ont, en conséquence, un intérêt particulier à son ouverture. Il s'agit notamment des créanciers postérieurs ou des salariés. Ces derniers bénéficient en outre d'une assurance contre le non-paiement des salaires, l'AGS (C. trav. art. L 3253-6 s.). Ils peuvent aussi avoir un meilleur espoir d'une cession de l'entreprise et donc du maintien de leur emploi si une procédure collective est ouverte.

Il peut être ajouté que cette procédure emportera un paiement souvent plus **rapide** pour les créanciers face à un débiteur qui exploitait une petite entreprise car une liquidation judiciaire simplifiée pourra être ouverte et elle dure en principe six mois au maximum (C. com. art. L 644-1 s.). 84165

Il est possible de se demander si le **statut de l'entrepreneur individuel** ne change pas la donne. La situation des créanciers semble en effet très différente à présent selon qu'une procédure collective est ouverte ou non à l'égard du débiteur décédé. 84170

En l'**absence de procédure collective,** les patrimoines professionnel et personnel de l'entrepreneur individuel sont réunis à son décès (C. com. art. L 526-22, al. 8). Cette règle est très favorable aux créanciers et rompt avec celle prévue pour l'EIRL, selon laquelle les créanciers conservent pour seul gage général celui qui était le leur au moment du décès (C. com. art. L 526-15, al. 1 ; voir A.-M. Leroyer, J.-F. Pillebout, EIRL et droit des régimes matrimoniaux et des successions, in F. Terré (dir.), L'entrepreneur individuel à responsabilité limitée : Lexis Nexis, coll. « Droit 360° », p. 113, spéc. n°s 306 s.). Cela dit, cette séparation patrimoniale peut constituer un avantage pour certains créanciers voulant éviter la concurrence avec ceux qui ont une créance importante mais dont le droit de gage ne porte pas sur le même patrimoine.

Or en cas d'**ouverture d'une procédure** de redressement ou de liquidation judiciaire, que les créanciers peuvent demander, la séparation des patrimoines demeure (C. com. art. L 526-22, al. 8, in fine). Est-ce à dire que les créanciers professionnels ne peuvent, dans cette hypothèse, contrairement à celle de l'absence d'ouverture d'une procédure collective, compter que sur le patrimoine professionnel ? Assurément, le temps de la procédure. Cependant, comme il a été expliqué précédemment, il peut être soutenu qu'à l'issue de la procédure collective, les créanciers qui n'ont pu être complètement désintéressés auront le droit d'exercer leurs poursuites sur le patrimoine personnel. En effet, en posant la règle de réunion des patrimoines au moment du décès de l'entrepreneur individuel, sous réserve de l'application des articles L 631-3 et L 640-3 du Code de commerce, l'article L 526-22, alinéa 8 ne semble exclure la réunion des patrimoines que de manière circonstanciée, pour le fonctionnement de la procédure collective (n° 84155). À l'issue de la procédure collective, la confusion des gages doit être admise. Cette solution éviterait de surcroît un traitement différencié peu justifiable entre créanciers, selon qu'une procédure collective est ou non ouverte.

2. PROCÉDURE OUVERTE AVANT LE DÉCÈS

POURSUITE DE LA PROCÉDURE

Les textes sont muets au sujet du décès du débiteur après l'ouverture de la procédure collective. 84200
Néanmoins, la jurisprudence admet que la procédure suit son cours ; **ainsi jugé** à propos :
– d'un débiteur décédé entre la demande d'ouverture par le créancier et le jugement d'ouverture (Cass. com. 13-11-2001 n° 98-22.457 : RJDA 3/02 n° 273) ;
– de la poursuite d'une liquidation judiciaire (Cass. com. 18-2-2003 n° 00-13.100 FS-P : D. 2003. 1620, note P.-M. Le Corre ; Cass. com. 21-6-2005 n° 04-13.850 FS-PBIR : RJDA 1/06 n° 57, D. 2005 p. 1848, obs. A. Lienhard).

Cette solution peut poser des difficultés au sujet de la sauvegarde et du redressement judiciaire au regard de l'objectif de sauvetage de l'entreprise de ces procédures.

La procédure collective se poursuit telle qu'elle a été ouverte, c'est-à-dire **à l'égard du patrimoine professionnel du débiteur décédé,** qui doit demeurer autonome. Il s'agit bien d'une procédure appliquée au défunt en représentation duquel viennent les héritiers et non d'une procédure contre l'indivision successorale qui n'a pas la personnalité juridique (Cass. com. 21-6-2005 n° 04-13.850 FS-PBIR : RJDA 1/06 n° 57, D. 2005, 1848, obs. A. Lienhard). Le but initial de la procédure collective, qui est de régler collectivement les dettes de l'entrepreneur avec son actif, doit pouvoir être poursuivi après le décès, ce qui explique la persistance de l'autonomie du patrimoine. 84205

84210 L'instance n'est pas, selon nous, interrompue par le décès. Aucune conséquence procédurale n'étant effectivement envisagée par les textes, il a pu être déduit que les **héritiers** n'avaient pas à être appelés à la cause (C. Saint-Alary-Houin, Décès du débiteur et procédure collective, art. préc., nº 15). Trois arguments à cela : l'héritier ne peut être considéré comme un tiers auquel s'appliqueraient les règles de l'intervention forcée (CPC art. 331 s.) ; la personnalité juridique du de cujus survivant à son décès pour les besoins du règlement de ses dettes (voir nº 84060), il n'y a pas de raison de considérer que le lien d'instance est affecté ; enfin, l'application des règles relatives à l'interruption d'instance (CPC art. 370 s.) pourrait conduire à ralentir la procédure.

Il n'en reste pas moins que des règles de représentation à l'instance du défunt par les héritiers, dans ce contexte particulier d'une procédure collective, seraient bienvenues.

Sans doute les difficultés sont-elles moindres en pratique dès lors que la majorité de ces procédures sont des liquidations judiciaires ; le débiteur est dans cette hypothèse représenté par le liquidateur dont la mission est maintenue après le décès (notamment Cass. com. 23-11-2004 nº 02-15.685 F-D).

MAINTIEN DE L'OPTION SUCCESSORALE

84215 Le notaire chargé de la succession est en principe **informé de la procédure** par la vérification de la situation du défunt au Bodacc.

Comme déjà indiqué, l'acceptation à concurrence de l'actif net ou la renonciation doivent être conseillées (nºs 84140 et 84145 s.). Si l'héritier, dans l'ignorance de la situation de son auteur, a accepté purement et simplement la succession, il sera normalement tenu ultra vires successionis.

Néanmoins, les dispositions du plan, et notamment les délais de paiement qui ont été décidés en faveur du débiteur par la suite décédé, bénéficient à l'héritier, continuateur de la personne du défunt (Cass. com. 4-1-2000 nº 96-12.981 : RTD com. 2001, p. 218, obs. C. Saint-Alary-Houin).

B. Effets de la procédure collective commerciale

INTERFÉRENCES DES MÉCANISMES

84300 L'ouverture de la procédure collective à l'encontre de leur auteur n'interdit pas aux héritiers d'exercer leur option.

En revanche, les conséquences normalement attachées à cet exercice s'en trouvent perturbées dès lors que parmi elles se trouve l'apurement du passif successoral, qui est lui-même l'objet de la procédure collective.

1. SITUATION DES HÉRITIERS

HÉRITIERS CONCERNÉS

84320 Ne sont pas concernés les héritiers qui ont **renoncé** à la succession.

Les autres, investis par la saisine de la gestion des biens successoraux pourront jouer un rôle dans l'organisation de la procédure collective. C'est donc le cas des **héritiers légaux** ainsi que, en l'absence d'héritier réservataire, du **légataire universel** s'il est institué par testament authentique ou si, institué par testament olographe ou mystique, le notaire constate que les conditions de sa saisine sont remplies (nºs 41180 s.).

HÉRITIERS CONTINUATEURS DE LA PERSONNE DU DÉFUNT

84325 Même avant qu'ils optent, les héritiers disposent de la **saisine** (C. civ. art. 724). Ils sont donc investis d'un pouvoir sur les biens successoraux (nºs 41400 s.).

Ensuite, **ceux qui acceptent** purement et simplement ou à concurrence de l'actif net de la succession sont considérés comme continuateurs de la personne du défunt. Ils se substituent au défunt dans le déroulement de la procédure collective pour exercer ses pouvoirs (L.-C. Henry, Successions et droit des entreprises en difficulté, art. préc., nº 591 ; J.-P. Sénéchal, Le décès du débiteur soumis à la procédure collective, art. préc., II. A.).

En cas de pluralité d'héritiers L'exercice de ces pouvoirs de gestion peut poser des difficultés, notamment en cas de pluralité d'héritiers. Deux possibilités s'ouvrent néanmoins. 84330

La première, certes coûteuse, est la nomination d'un **administrateur** (C. com. art. L 621-4, al. 4).

La seconde doit pouvoir résider dans la nomination d'un héritier en tant que **mandataire** pour gérer l'entreprise. Ce mandat peut être un mandat à effet posthume, rédigé par le défunt (C. civ. art. 812 ; n°s 42100 s.) ; un mandat successoral conventionnel lorsque les héritiers en prennent l'initiative et s'accordent sur ce point (C. civ. art. 813 ; n°s 42730 s.) ; ou un mandat successoral judiciaire, la demande pouvant être dans cette hypothèse formulée à l'initiative de toute personne intéressée comme un héritier, un créancier ou un salarié (C. civ. art. 813-1 ; n°s 42835 s.).

> **Précisions** La **nomination d'un administrateur** sera aussi la solution retenue en l'absence d'héritiers.
>
> En outre, elle est obligatoire lorsque l'entreprise compte au moins 20 salariés ou réalise au moins 3 000 000 € de chiffre d'affaires HT par an (C. com. art. L 621-4, al. 3, R 621-11 et L 631-9, al. 1), ce qui est rare en présence d'entreprises individuelles.

HÉRITIERS CRÉANCIERS DU DÉFUNT

Par ailleurs, en cas d'acceptation à concurrence de l'actif net, les héritiers n'en demeurent pas moins des personnes distinctes du défunt, qui peuvent **faire valoir leur créance** à l'égard de ce dernier. 84335

Ils conservent contre la succession les droits qu'ils **avaient antérieurement** sur les biens du défunt (C. civ. art. 791, 2°). Encore faut-il, depuis la loi du 14 février 2022, distinguer selon que la créance de ces héritiers est née ou non à l'occasion de l'activité professionnelle du de cujus. Dans le premier cas (l'héritier était par exemple salarié), le patrimoine débiteur sera le patrimoine professionnel (C. com. art. L 526-22, al. 4) ; dans le second cas, les poursuites s'exerceront sur les biens du patrimoine personnel (C. com. art. L 526-22, al. 6).

Ils peuvent aussi, selon nous, acquérir de **nouveaux droits** après l'exercice de leur option. Il nous semble ainsi que l'héritier peut faire valoir sa créance salariale née après le décès dans le cas où il était salarié de son auteur mis en redressement judiciaire et où il a continué, après le décès, de travailler pour l'entreprise dont la poursuite d'activité a été autorisée. Dans cette situation, une ancienne jurisprudence a, au contraire, considéré que l'héritier ne pouvait plus acquérir de nouveaux droits contre la succession du fait qu'il l'avait acceptée ; devenu employeur, il ne pouvait pas être son propre salarié (Cass. soc 14-10-1982 n° 80-41.207). Mais cette jurisprudence ne semble pas devoir perdurer (en ce sens, Rép. civ. Dalloz Succession : liquidation et règlement du passif héréditaire – Raymond Le Guidec, G. Chabot n° 154). La nouvelle solution prévue par l'article 791 du Code civil a assoupli cette jurisprudence en prévoyant que « L'acceptation à concurrence de l'actif net donne à l'héritier l'avantage [...] 2° De conserver contre celle-ci (la succession) tous les droits qu'il avait antérieurement sur les biens du défunt » (en ce sens, L.-C. Henry, Successions et droit des entreprises en difficulté, art. préc., n° 596). Les droits que tient l'héritier en vertu d'un contrat de travail conclu avant le décès doivent ainsi demeurer après la succession. Cela peut être utile en cas de poursuite d'activité, si l'héritier demeure salarié.

POUVOIRS DES HÉRITIERS

Actes accomplis avant l'ouverture de la procédure collective En principe, les actes conclus par les héritiers avant l'ouverture de la procédure collective sont valables s'ils ont été accomplis conformément aux règles de pouvoir prévues en matière successorale (règles de pouvoirs dans le cadre d'une indivision successorale et en cas d'acceptation à concurrence de l'actif net). 84340

Cependant, les actes d'appauvrissement ainsi conclus avant l'ouverture de la procédure collective peuvent être remis en cause à travers les nullités de la **période suspecte** (C. com. art. L 632-1 s. ; J.-P. Sénéchal, Le décès du débiteur soumis à la procédure collective, LPA 24-4-2003, p. 55, I. B.).

Cette période va de la date de la cessation des paiements, telle qu'elle a été fixée par le tribunal, au jugement d'ouverture (C. com. L 631-8 et L 632-1, I, al. 1). Les paiements pour dettes échues effectués et les actes à titre onéreux accomplis durant cette période peuvent être annulés si ceux qui ont traité avec le débiteur ont eu connaissance de la cessation des paiements (C. com. art. L 632-2).

Ainsi a été annulée une hypothèque qui avait été constituée sur un bien successoral entre le jour du décès du débiteur et l'ouverture de la procédure collective (CA Douai 24-12-1877, S. 1878. II, p. 260).

84345 **Redressement judiciaire** En redressement judiciaire, les pouvoirs des héritiers dépendent de la présence ou non d'un administrateur (C. com. art. L 631-12).

L'héritier investi des pouvoirs de gestion de l'entreprise est à l'initiative du **projet de plan** (C. com. art. L 626-2 par renvoi de L 631-19, al. 1). Toutefois, dans l'hypothèse, rare, où un administrateur est nommé, l'héritier concourra à l'élaboration du projet avec l'administrateur (C. com. art. L 631-19, al. 2).

84350 Pour ce qui est de la **reprise de l'entreprise** par l'héritier, elle ne pourra pas intervenir par le biais d'un plan de cession, l'achat des biens par l'héritier étant interdit. En effet, il est notamment prévu que ni le débiteur ni ses parents ou alliés jusqu'au deuxième degré inclusivement ne sont admis, directement ou par personne interposée, à présenter une offre (C. com. art. L 642-3 applicable au redressement judiciaire par renvoi de L 631-22). Pour que l'héritier puisse devenir propriétaire des biens de son auteur nécessaires à la poursuite de l'exploitation, il faut donc une acceptation de la succession puis, s'il existe des cohéritiers, un partage conduisant à l'attribution de l'entreprise, sachant que l'héritier qui a participé à l'exploitation de l'entreprise bénéficie d'une attribution préférentielle (C. civ. art. 831 ; n°s 60765 s.).

84355 **Liquidation judiciaire** En liquidation judiciaire, le débiteur est **dessaisi** de ses pouvoirs d'administration et de disposition, qui sont exercés par le liquidateur (C. com. art. L 641-9).

Il est alors logiquement décidé qu'en cas de décès du débiteur au cours de la liquidation judiciaire, le liquidateur continue d'agir en lieu et place de celui-ci (Cass. com. 23-11-2004 nº 02-15.685 F-D).

Par l'effet du dessaisissement de l'administration et de la disposition des biens successoraux, les héritiers sont assez passifs au stade de la liquidation judiciaire, l'essentiel des actes relatifs à ces biens étant accomplis par le liquidateur.

Depuis l'entrée en vigueur de la loi du 14 février 2022, le débiteur n'est dessaisi que « de l'administration et de la disposition de ses biens composant le patrimoine engagé par l'activité professionnelle » (C. com. art. L 641-9, I, al. 1). En conséquence, les héritiers saisis peuvent librement gérer les biens inclus dans le patrimoine personnel du de cujus.

84360 La seule règle particulière aux héritiers concerne ici la **cession isolée des actifs.** Le principe est l'interdiction, notamment pour les parents ou alliés jusqu'au deuxième degré du débiteur, d'acquérir les biens de ce dernier (C. com. art. L 642-3 et L 642-20). L'interdiction vise les cessions de gré à gré mais aussi les cessions intervenant aux enchères publiques (Cass. com. 3-2-2021 nº 19-20.616 FS-P : SNH 12/21 inf. 5). Une telle interdiction n'est néanmoins pas absolue dans ce cadre. Le juge-commissaire peut, sur requête du ministère public, y déroger et autoriser la cession (C. com. art. L 642-20, al. 1). Cette demande peut même émaner du débiteur – et donc de ses héritiers – pour les cessions d'actifs mobiliers de faible valeur nécessaires aux besoins de la vie courante et de biens faisant partie d'une exploitation agricole ainsi que pour la vente aux enchères publiques ou par adjudication amiable des autres actifs mobiliers (C. com. art. L 642-20, al. 2 et R. 642-39).

2. SITUATION DES CRÉANCIERS

DÉCLARATIONS DE CRÉANCES À EFFECTUER PAR LES CRÉANCIERS DU DÉFUNT

84400 La déclaration de créance est imposée aux créanciers aussi bien en droit des entreprises en difficulté (C. com. art. L 622-24 s.) qu'en droit des successions pour l'acceptation à concurrence de l'actif net (C. civ. art. 792) et la renonciation (C. civ. art. 809-3).

84405 Dans le cadre d'une procédure **d'acceptation à concurrence de l'actif net,** les créanciers qui ne déclarent pas leur créance dans les 15 mois suivant la publicité de l'option voient leur créance éteinte si elle n'est pas assortie d'une sûreté réelle (C. civ. art. 792).

En conséquence, en cas d'ouverture d'une **procédure collective au-delà de ce délai,** ils ne pourront pas déclarer leur créance dans ce cadre (en ce sens, L.-C. Henry, Successions et droit des entreprises en difficulté, art. préc., nº 583).

84410 Si la **procédure collective est ouverte avant** qu'intervienne l'acceptation à concurrence de l'actif net, il faut distinguer :

– Les créanciers dont les droits ne sont pas nés à l'occasion de l'exercice professionnel du de cujus n'ont pas pour gage le patrimoine professionnel (C. com. art. L 526-22, al. 6). En conséquence, ils n'ont pas à déclarer leur créance à la procédure collective si celle-ci n'appréhende que le patrimoine professionnel. Ils devront simplement déclarer leur créance dans le cadre de la procédure d'acceptation à concurrence de l'actif net ;

– Les créanciers dont les droits sont nés à l'occasion de l'exercice professionnel du de cujus doivent déclarer leur créance à la procédure collective. À défaut, ils ne pourront prétendre au versement des dividendes du plan, ni participer aux répartitions, leur créance devenant inopposable au débiteur (C. com. art. L 622-26, al. 2 applicable au redressement judiciaire par renvoi de L 631-14 et à la liquidation judiciaire par renvoi de L 641-3, al. 4). En ce qui concerne le patrimoine professionnel, appréhendé par la procédure collective, le système de déclaration de la procédure d'acceptation à concurrence de l'actif net doit être écarté par application de l'adage specialia generalibus derogant, car les règles sont antinomiques et ne peuvent fonctionner ensemble. La question de la déclaration dans le cadre de la procédure d'acceptation à concurrence de l'actif net ne s'arrête cependant pas là. Si l'on considère en effet que la séparation de patrimoine, maintenue durant la procédure collective, cesse à la clôture de cette dernière (n° 84155), le créancier professionnel non payé dans le cadre de la procédure collective pourrait prétendre se faire payer sur le patrimoine personnel. Encore faut-il qu'il ait, dans cette optique, déclaré sa créance conformément à l'article 792 du Code civil. Il faut pourtant reconnaître que l'articulation des deux systèmes sera très difficile à mettre en œuvre puisqu'il ne sera pas possible de payer le créancier professionnel, dans le cadre de la procédure d'acceptation à concurrence d'actif, tant que la procédure collective n'aura pas été clôturée.

ORDRE DE RÈGLEMENT DES CRÉANCIERS DU DÉFUNT

En ce qui concerne les créanciers ayant pour gage le patrimoine professionnel du de cujus, les deux mécanismes de déclaration ne peuvent **pas se cumuler.** Les règles du droit des successions postulent un paiement au prix de la course, suivant l'ordre des déclarations (C. civ. art. 796 et 797). Or, les règles du droit des entreprises en difficulté posent un principe d'interdiction des paiements à l'ouverture de la procédure (C. com. art. L 622-7) avec, en fin de procédure, un ordre de paiement particulier. **84415**

Cet impossible cumul doit conduire à l'application de la règle spéciale et donc à faire prévaloir le droit des procédures collectives (en ce sens, L.-C. Henry, Successions et droit des entreprises en difficulté, art. préc., n° 580). C'est bien ce qu'il semble ressortir des règles applicables aux successions vacantes, selon lesquelles « Les pouvoirs du curateur s'exercent sous réserve des dispositions applicables à la succession d'une personne faisant l'objet d'une procédure de sauvegarde, de redressement ou de liquidation judiciaires » (C. civ. art. 810-6 ; en ce sens, J. Leprovaux, Les successions vacantes et en déshérence : Dr. Fam. 2006, n° 12, étude 57, note 9).

SORT DES PAIEMENTS INTERVENUS AVANT L'OUVERTURE DE LA PROCÉDURE COLLECTIVE

Dans l'hypothèse où l'ouverture de la procédure collective intervient après le début du règlement des dettes dans le cadre d'une procédure d'acceptation à concurrence de l'actif net, les paiements intervenus ne doivent pas être remis en cause, sauf à appliquer les dispositions relatives aux nullités de la période suspecte. La mobilisation de ces dispositions est néanmoins discutable dès lors que l'ouverture d'une procédure collective à l'égard du patrimoine du défunt n'est pas obligatoire et que la procédure d'acceptation à concurrence de l'actif net a une vocation naturelle à traiter des situations d'insolvabilité. Il est, dès lors, difficile de considérer que les paiements intervenus dans ce cadre ont un caractère anormal. Il en va autrement des paiements reçus directement du défunt ou des héritiers après la cessation des paiements : leur annulation peut être obtenue s'il est prouvé que le créancier avait connaissance de l'état de cessation des paiements de l'entrepreneur décédé (C. com. art. L 631-2). **84420**

GAGE DES CRÉANCIERS DU DÉFUNT

Le **patrimoine professionnel du défunt,** dont l'ouverture ou la poursuite de la procédure collective a permis de maintenir l'autonomie, est le gage des créanciers du défunt dont les droits sont nés de l'exercice professionnel. Il ne sera pas ici question des autres créanciers, non soumis à la procédure collective. **84425**

Les biens professionnels du défunt sont, dès lors, appréhendés par le liquidateur, peu important que ces biens deviennent indivis à la suite du décès.

Peu importe également que la procédure collective soit ouverte avant ou après le décès du débiteur puisque les créanciers concernés ont, par définition, un droit antérieur à l'indivision successorale. Le liquidateur qui les représente peut, en conséquence, faire saisir directement les biens successoraux indivis (C. civ. art. 815-17, al. 1). Tout se passe comme si l'indivision était inopposable à la procédure collective ; le juge-commissaire peut autoriser la vente du bien et le liquidateur répartit le produit de la vente entre les créanciers du défunt (Cass. com. 18-2-2003 n° 00-13.100 FS-P : RJDA 7/03 n° 748, D. 2003. 1620, note P.-M. Le Corre). Un raisonnement quelque peu différent a été tenu pour des biens, anciennement communs, devenus indivis par l'effet du décès. Aux motifs que « l'indivision post-communautaire préexistait à la procédure collective », la Cour de cassation a considéré que « les créanciers de cette indivision pouvaient poursuivre la saisie et la vente du bien immobilier indivis en dehors de la procédure collective » (Cass. 2e civ. 20-10-2022 n° 21-10.150 F-D : Act. proc. coll. 2023, alerte 4, note J. Leprovaux, Defrénois 2023 n°17, p. 28 note A. Chamoulaud-Trapiers). Encore aurait-il fallu justifier cette exclusion du bien indivis de l'effet réel de la procédure par le fait que tous les créanciers du défunt n'ont pas ce bien dans leur droit de gage ce qui, au regard du large domaine de l'article 1413 du Code civil, n'est pas toujours acquis.

84427 Si l'on admet l'**application de la procédure collective aux deux patrimoines** du de cujus (n° 84016), il faudra alors respecter le gage de chacun des créanciers. Dans ce cas en effet, « Le tribunal traite, dans un même jugement, des dettes dont l'entrepreneur individuel est redevable sur ses patrimoines professionnel et personnel, en fonction du droit de gage de chaque créancier, sauf dispositions contraires » (C. com. art. L 681-2, III, al. 3).

La **résidence principale** du défunt demeurera, un temps, insaisissable par les créanciers professionnels qui auraient un droit de gage sur le patrimoine personnel (voir K. Lafaurie, Les conséquences juridiques du décès de l'entrepreneur individuel après la loi du 14 février 2022 : SNH 21/22 inf. 12, p. 15, spéc. n° 8). En effet, cette insaisissabilité survit au décès de l'entrepreneur individuel et ce, « jusqu'à la liquidation de la succession » (C. com. art. L 526-3, al. 3). Il est assez malheureux que le législateur ait choisi un terme aussi flou. En effet, il n'a pas d'assise légale. Cependant, l'application de la procédure collective au défunt a pour conséquence de maintenir l'autonomie du patrimoine successoral, quelle que soit l'option des héritiers. En conséquence, la liquidation du passif se retrouve au premier plan et précède nécessairement la détermination des droits des héritiers dans la succession. Autrement dit, la clôture de la procédure collective est un préalable à la liquidation de la succession, celle-ci ne pouvant pas être achevée antérieurement. Il s'en suit nécessairement que l'insaisissabilité de la résidence principale reste effective durant la procédure collective. Nous souscrivons donc à l'avis de l'un des rares auteurs qui s'est intéressé à la question et qui a, de la même manière, considéré que le bien échappe à la procédure collective et que la soustraction de la résidence principale résultant de son insaisissabilité est préservée jusqu'à la clôture de la procédure (D. Sahel, Les biens qui échappent à la procédure collective, thèse : LGDJ, coll. « Bibliothèque de droit des entreprises en difficulté », 2022, n° 322).

> **Précisions** En disposant que l'insaisissabilité produit ses effets « jusqu'à la liquidation de la succession », il faut bien évidemment comprendre qu'elle va jusqu'à la **clôture de la liquidation de la succession** (voir S. Piédelièvre : Rép. droit comm. Dalloz, v° « Insaisissabilité des immeubles non professionnels », n° 85). Telle est, de manière évidente, la volonté du législateur qui a modifié, à l'occasion de la loi 2015-990 du 6 août 2015, la solution. Auparavant, le décès de l'entrepreneur emportait « révocation de la déclaration » (C. com. art. L 526-3, anc. ; voir, à ce sujet, S. Ledan-Cabarroque, B. Saintourens, Déclaration notariée d'insaisissabilité : le décès du déclarant au cours de la liquidation judiciaire : JCP N 2012, n° 1016). Lors de l'élaboration de la loi de 2015, il a d'abord été envisagé de maintenir l'insaisissabilité dans les deux années suivant le décès. Mais un amendement gouvernemental a proposé, avec succès, d'allonger encore cette durée en la maintenant jusqu'à l'issue de la liquidation. La secrétaire d'État s'était ainsi exprimée : « L'amendement vise par ailleurs à supprimer la limitation des effets de l'insaisissabilité à deux ans, en cas de décès de l'entrepreneur, pour les besoins de la liquidation de la succession. En effet, la durée d'une succession peut excéder deux ans, et il n'y a pas de raison de faire tomber l'insaisissabilité dans ce cas particulier » (JO Sén. 6-5-2015, p. 4356).
>
> L'insaisissabilité de la résidence du débiteur décédé durant la procédure collective étant assurée par l'article L 526-3, al. 3, il faut en tirer toutes les **conséquences**, à présent bien connues : absence de dessaisissement et même la libre cession du bien par le débiteur, ici par l'héritier qui aurait accepté purement et simplement la succession, s'il n'est pas en indivision avec un autre (néanmoins, sur les incidences de l'option successorale sur le sort des dettes de la procédure, voir nos 84140 s. ; P.-M. Le Corre, L'intérêt collectif est-il l'intérêt de tous les créanciers ? : BJE mai 2016 p. 214 s. spéc. p. 216-217 ; K. Lafaurie, La vente d'immeuble d'une personne placée en procédure collective : SNH 42/22 inf. 12). Cette solution s'impose, même si la jurisprudence ne s'est pas prononcée précisément sur ce point, en raison du lien logique existant entre l'inclusion dans le gage commun et les règles restrictives de pouvoir.

84430 Les créanciers du défunt peuvent faire en sorte que le patrimoine de leur débiteur soit reconstitué d'**éléments qui l'ont irrégulièrement quitté** via des actions, conduites par le mandataire judiciaire ou le liquidateur, en nullité des actes accomplis durant la période suspecte (C. com. art. L 632-4 ; voir n° 84340). Sont notamment concernés tous les actes consentis par le défunt à titre gratuit translatifs de propriété mobilière ou immobilière, qui sont nuls de plein droit (C. com. art. L 632-1 I, 1°). Ainsi, les donations seront susceptibles d'être annulées alors que les legs ne seront exécutés qu'une fois les créanciers payés. Mieux, le tribunal peut annuler les actes gratuits qui ont été passés dans les six mois qui précèdent la cessation des paiements (C. com. art. L 632-1, II).

Ces sanctions ne peuvent cependant concerner que des biens qui ont quitté le patrimoine appréhendé par la procédure collective. Ainsi, dans l'hypothèse où la procédure n'affecte que le patrimoine professionnel, la donation d'un bien personnel, qui n'était pas utile à l'exercice de l'activité professionnelle, n'est pas concernée par les nullités de la période suspecte.

Sont hors du gage des créanciers, le **capital ou** la **rente d'assurance-vie,** stipulés payables lors du décès de l'assuré à un bénéficiaire déterminé ou à ses héritiers car ils ne font pas partie de la succession de l'assuré (C. ass. art. L 132-12). **84435**

Il est cependant soutenu de manière convaincante que le liquidateur, les héritiers ou l'administrateur peuvent exiger du bénéficiaire, éventuellement par la voie de saisie entre les mains de l'assureur, le report des **primes** payées par l'assuré si celles-ci étaient manifestement exagérées eu égard à ses facultés (C. ass. art. L 132-13, al. 2 et L 132-14 ; en ce sens, M. Menjucq, B. Saintourens, B. Soinne (dir.), Traité des procédures collectives, op. cit., n° 1992).

Doivent également être exclus du gage des créanciers les biens dont le défunt avait été donataire mais qui étaient grevés d'une **clause de retour,** dans la mesure où cette clause implique le transfert rétroactif de la propriété, au donateur, du bien donné en cas de prédécès du donataire (C. civ. art. 951). Dans un cas où le débiteur avait reçu une donation de ses parents avec clause de retour et était décédé pendant la procédure collective en laissant un de ses parents survivant, il a été jugé que le bien se retrouvait en indivision entre le parent survivant et les héritiers du donataire qui fait l'objet de la procédure collective. En conséquence, ce bien indivis ne peut être vendu par le liquidateur, les droits des créanciers qui ont constitué une hypothèque sur le bien étant subordonnés au sort du bien dans le partage, puisque l'hypothèque est indivisible (Cass. 1e civ. 10-7-2013 n° 12-20.885 F-PB : Sol. Not 10/13 inf. 240, Defrénois 30-4-2014 n° 115y3, note S. Cabrillac ; LEDEN oct. 2013, p. 5, note P. Rubellin). **84440**

Comme il a été indiqué (n° 84060), les biens des héritiers ne sont pas inclus dans la procédure collective, sauf extension de procédure en cas de confusion des patrimoines (C. com. art. L 621-2). Les créanciers pourront néanmoins poursuivre les héritiers qui auront accepté purement et simplement la succession (n° 84155). **84445**

CRÉANCIERS PERSONNELS DES HÉRITIERS

Les créanciers personnels des héritiers pourront demander d'être préférés à tout créancier du défunt sur les biens de l'héritier non recueillis au titre de la succession (C. civ. art. 878 ; sur le bénéfice de séparation des patrimoines, voir nos 54555 s.). **84450**

Par ailleurs, en cas d'extension de la procédure collective aux héritiers (voir n° 84115), les créanciers personnels de ces derniers devront, s'ils veulent participer aux répartitions, déclarer leurs créances. Ils n'auront cependant pas pour gage les biens de l'indivision et pourront simplement demander le partage des biens indivis (C. civ. art. 815-17, al. 2 et 3 ; L.-C. Henry, Successions et droit des entreprises en difficulté, art. préc., n° 587). En outre, ils ne seront donc payés qu'après les créanciers successoraux.

SECTION 2 HÉRITIER INSOLVABLE

Lorsqu'un héritier fait l'objet d'une procédure collective, la question essentielle est de savoir si les biens reçus par succession viennent s'ajouter au gage des créanciers participant à la procédure. Dans l'affirmative, cela devrait alors justifier une restriction des pouvoirs de l'héritier sur ces biens. **84600**

Contrairement à l'hypothèse du défunt insolvable auquel seule une procédure collective commerciale peut s'appliquer, il faut envisager les cas où l'héritier insolvable fait l'objet d'une procédure collective soit commerciale, soit civile.

I. HÉRITIER SOUMIS À UNE PROCÉDURE COLLECTIVE COMMERCIALE

PROCÉDURES CONCERNÉES

84610 Seules les procédures collectives commerciales qui ont un impact possible sur les biens successoraux sont **étudiées ici.** Il s'agit de celles qui restreignent les pouvoirs du débiteur sur ses biens et qui peuvent déboucher sur leur cession, à savoir les procédures de sauvegarde (C. com. art. L 620-1 s.), de redressement judiciaire (C. com. art. L 631-1 s.) et de liquidation judiciaire (C. com. art. L 640-1 s.).

Sont **exclues** les procédures dites « préventes » tels que le mandat ad hoc (C. com. art. L 611-3) et la conciliation (C. com. art. L 611-4 s.).

HYPOTHÈSES D'APPLICATION DE LA PROCÉDURE COLLECTIVE AUX BIENS SUCCESSORAUX

84615 Alors que le droit des entreprises en difficulté avait déjà exclu du champ de la procédure collective un certain nombre d'actes et biens en lien avec la succession dans laquelle le débiteur a la qualité d'héritier, la loi du 14 février 2022 accentue fortement cette marginalisation de la question successorale dans le cadre de la procédure collective. Dès lors en effet que la procédure collective n'appréhende en **principe** que le patrimoine professionnel du débiteur (C. com. art. L 681-2, II), le patrimoine personnel ne sera pas soumis à la procédure collective. Les actes et biens relatifs à la succession dans laquelle le débiteur est héritier, qui relèvent du patrimoine personnel de l'entrepreneur, ne seront donc pas soumis aux règles contraignantes du droit des entreprises en difficulté.

Par **exception,** la procédure collective appréhendera les biens successoraux dans deux hypothèses :

– en cas de réunion des patrimoines du débiteur, prononcée en cas de confusion de ses patrimoines (C. com. art. L 621-2, al. 3 ; n° 84018) ;

– en cas d'ouverture d'une procédure collective aux deux patrimoines en difficulté (n° 84016).

Ainsi, en principe, la qualité d'héritier du débiteur et ses conséquences devraient rester indifférentes au fonctionnement de la procédure, dans la mesure où il s'agit d'actes qui ne concernent pas le seul patrimoine appréhendé par la procédure collective, à savoir le patrimoine professionnel. Il faut cependant s'interroger sur le statut des actes et biens relatifs à la succession dans l'hypothèse où le droit des entreprises en difficulté s'applique aux deux patrimoines de l'entrepreneur individuel et appréhende donc les biens successoraux.

A. Exercice de l'option successorale

PRINCIPE

84620 L'option successorale est un acte de nature patrimoniale qui présente néanmoins une dimension personnelle. Cet acte ne relève pas du dessaisissement et peut être librement exercé par un débiteur en liquidation judiciaire (Cass. com. 3-5-2006 n° 04-10.115 FS-PBRI : RJDA 10/06 n° 1057 2e moyen, D. 2006 p. 2253, note F.-X. Lucas, Defrénois 30-12-2006 n° 38507-3 p. 1904, obs. D. Gibirila). Cette solution devra sans doute s'étendre aux autres options existant dans un contexte successoral, comme celle du conjoint survivant prévue à l'article 757 du Code civil (voir M. Bourassin, M. Pichard, Biens successoraux et liquidation judiciaire, in Mélanges A. Martin-Serf : Bruylant, 2022, p. 307, n° 29).

OPTION FRAUDULEUSE

84625 Les créanciers disposent de recours contre les options frauduleuses. Leur mandataire peut attaquer une renonciation sur le terrain de la **fraude paulienne** (C. civ. art. 779 ; nos 35125 s.). À ce sujet, la seule conscience du préjudice causé aux créanciers suffit, sans qu'il soit besoin de caractériser une intention frauduleuse (Cass. 1e civ. 12-2-2020 n° 19-10.044 F-D : Defrénois 2021 n° 3 p. 21, note F. Vauvillé ; Defrénois 2020 n° 27 p. 36, note B. Vareille), ce qui en pratique sera facile à établir.

Toutefois, cette action contre une renonciation frauduleuse s'exerce différemment selon que le décès est intervenu avant ou après l'ouverture de la procédure collective.

Si le **décès** survient **après l'ouverture de la procédure collective** contre l'héritier, les biens échus par succession ne peuvent pas être réalisés (C. com. art. L 641-9, IV ; voir n° 84880). Ces biens étant hors procédure, le liquidateur perd son intérêt à agir à accepter la succession sur le fondement de l'article 779 du Code civil (en ce sens P. Rubellin, Le liquidateur ne peut plus combattre la renonciation du débiteur à une succession bénéficiaire : BJE 2016, p. 10). L'action doit donc être exercée individuellement par les créanciers.

Au contraire, si la succession s'est ouverte **avant la procédure** collective, le liquidateur devrait pouvoir mettre en œuvre l'action paulienne spéciale de l'article 779 (pour une telle hypothèse, Cass. 1ᵉ civ. 22-1-2020 n° 19-12.492 : Defrénois 2 juill. 2020, p. 36, obs. B. Vareille). Il reste que le créancier autorisé à accepter la succession en lieu et place de son débiteur ne devient pas héritier du défunt ; son action est sans incidence sur l'option exercée par le renonçant, dont la part accroît à ses cohéritiers, qui sont tenus de payer les dettes successorales au prorata de leur part héréditaire (Cass. 1ᵉ civ. 14-11-2006 n° 03-30.230 F-PB, rendu en application du droit antérieur à la loi de 2006 mais transposable : LPA 26-6-2007, note G. Yildirim, RTD civ. 2007 p. 600, note M. Grimaldi). Autrement dit, le liquidateur ne verra pas l'actif successoral réintégrer le patrimoine soumis à la procédure collective mais pourra uniquement demander aux cohéritiers d'être payé sur l'actif revenant théoriquement à leur débiteur dans la limite des créances admises (M. Bourassin, M. Pichard, Biens successoraux et liquidation judiciaire, in Mélanges A. Martin-Serf : Bruylant, 2022, p. 307, n° 8).

B. Action en réduction et autres

Tout comme l'option successorale, l'action en **réduction** dont est titulaire le débiteur est exclue du dessaisissement : l'« héritier étant libre, en fonction de considérations, non seulement patrimoniales, mais aussi morales ou familiales, d'exercer ou non l'action en réduction pour préserver sa réserve, cette action est attachée à sa personne et, malgré son incidence patrimoniale, échappe, lorsqu'il est soumis à une procédure de liquidation judiciaire, au dessaisissement » (Cass. com. 2-3-2022 n° 20-20.173 FS-B : SNH 10/22 inf. 6, Act. proc. coll. 2022-6, alerte 75, note K. Lafaurie). Cette exclusion du dessaisissement semble impliquer l'absence d'exigence d'appel à la cause du liquidateur (rappr., au sujet de l'action en divorce, Cass. com. 16-1-2019 n° 17-16.334 FS-PB : SNH 6/19 inf. 6, Rev. proc. coll. mai 2020, comm. 83, note M.-P. Dumont ; 20-10-2021 n° 20-10.710 F-B : RJDA 1/22 n° 32, Act. proc. coll. janv. 2022, n° 1, janv. 2022, alerte 7, note J. Leprovaux). 84640

Il serait alors logique que la Cour de cassation exclue également du dessaisissement l'action en **rapport** (C. civ. art. 843 s.) ou encore l'action en **révocation d'une donation** pour cause d'ingratitude (C. civ. art. 957), voire l'action en révocation d'une donation pour cause d'inexécution des charges (C. civ. art. 953), lorsque ces dernières ont été stipulées en fonction de considérations personnelles (rappr., au sujet de l'action oblique, CA Bourges, 17 nov. 2004, n° 03/01495 : JurisData n° 2004-285189).

En revanche, l'action en **complément de part** (C. civ. art. 889 s.), qui n'est pas selon nous une action à caractère personnel, ne devrait pas recevoir une telle qualification.

C. Pouvoirs de l'héritier insolvable pour la gestion des biens successoraux

BIENS REÇUS EN PROPRIÉTÉ EXCLUSIVE

La question ne se pose que si la procédure collective s'applique aux deux patrimoines de l'entrepreneur individuel. Dans les autres cas, aucune restriction de pouvoirs ne s'applique au patrimoine personnel, de sorte que les biens reçus en héritage, qui se retrouvent dans ce patrimoine, sont librement gérés par le débiteur. 84660

Il n'y a pas de règles précises sur les pouvoirs de gestion des biens hérités en propriété exclusive par le débiteur. S'agissant de droits patrimoniaux, leur exercice fait l'objet des mêmes restrictions que tous les autres biens du débiteur en procédure collective.

Pour rappel, il faut distinguer :

– en cas de **sauvegarde,** le tribunal peut investir l'administrateur d'une mission de surveillance ou d'assistance ; dans ce second cas, la mission peut concerner des actes spécialement désignés ou être générale (C. com. art. L 622-1). En l'absence d'administrateur désigné, le débiteur conserve ses pouvoirs. Néanmoins, les actes de disposition étrangers à la gestion

courante, notamment, sont soumis à l'autorisation du juge-commissaire (C. com. art. L 622-7, II). C'est dire que le débiteur ne pourra pas dissiper l'actif successoral ;
– en cas de **redressement judiciaire,** le tribunal peut investir l'administrateur d'une mission d'assistance ou de représentation (C. com. art. L 631-12). Comme pour la sauvegarde, si le débiteur conserve ses pouvoirs en l'absence d'administrateur, il doit se faire autoriser par le juge-commissaire notamment pour les actes de disposition étrangers à la gestion courante (C. com. art. L 631-14 qui renvoie notamment à L 622-7) ;
– en cas de **liquidation judiciaire,** le débiteur est dessaisi, le liquidateur exerçant tous les droits et actions concernant le patrimoine du débiteur (C. com. art. L 641-9).

84665 Une particularité est à noter au sujet des libéralités avec clause d'inaliénabilité reçues par le débiteur. L'inaliénabilité d'un bien emporte son insaisissabilité (Cass. 1e civ. 9-10-1985 n° 85-13.306 ; Cass. civ. 1e 15-6-1994 n° 92-12.139 P). Les créanciers ont donc intérêt à obtenir la levée de l'inaliénabilité. Pourtant, seul le donataire ou légataire peut la demander en justice, si l'intérêt qui avait justifié la clause a disparu ou s'il advient qu'un intérêt plus important l'exige (C. civ. art. 900-1 ; n° 2215). Le liquidateur, lui, n'est pas autorisé à exercer une telle action car elle est attachée à la personne du débiteur, en raison des considérations morales et familiales auxquelles elle est subordonnée (Cass. com. 9-11-2004 n° 02-18.617 FS-PB : RJDA 3/05 n° 304, D. 2005, p. 295, obs. P.-M. Le Corre ; Cass. 1e civ. 4-7-2006 n° 04-12.350 FS-PB : RJDA 12/06 n° 1249, Rev. proc. col. 2006, p. 358, n° 5, obs. C. Lebel). Il lui est toutefois possible de demander au donateur une renonciation à cette inaliénabilité (Cass. 1e civ. 19-12-2018 n° 17-17.551 F-D : RJDA 4/19 n° 254, LEDEN févr. 2019 n° 112f4 p. 5, note K. Lafaurie).

BIENS REÇUS EN INDIVISION

84670 Les biens successoraux, y compris s'ils ont été transmis avant l'ouverture de la procédure collective, sont généralement hors du gage des créanciers de l'indivisaire insolvable. En effet, ces derniers sont, pour la plus grande partie, des créanciers personnels de l'héritier et non des créanciers de l'indivision (n°s 54660 s.).

Du fait de l'absence de l'application de l'effet réel de la procédure à ces biens indivis, leur gestion demeure libre. Les **actes relatifs aux biens indivis** ne sont donc pas, par eux-mêmes, soumis aux règles restrictives de pouvoir du droit des entreprise en difficulté.

Ainsi, les nullités de la période suspecte n'affectent pas les actes concernant des biens indivis qui n'étaient pas inclus dans le gage des créanciers (CA Aix-en-Provence 22-1-1999 : JCP E 1999, n° 51-52 p. 2043).

Il faut cependant souligner la relativité des conséquences de l'exclusion des biens indivis de l'effet réel de la procédure, au regard des restrictions qui demeurent quant à l'**exercice, par le débiteur, de ses droits** indivis. En principe, le dessaisissement du débiteur s'étend à l'exercice de ses droits dans l'indivision (Cass. com. 21-1-2013 n° 00-13.952 FS-D : RJDA 6/03 n° 625). Il devrait donc être considéré que le consentement à la cession du bien indivis constitue un acte de disposition qui doit être autorisé par le juge-commissaire.

Il pourrait en aller de même du partage. Pourtant, lorsque la succession est ouverte après l'ouverture de la procédure, le liquidateur ne peut, sans l'accord du débiteur, provoquer le partage (C. com. art. L 642-22, I ; voir n° 84895). Le partage semble donc relever des pouvoirs du débiteur. En effet, celui-ci accomplit les actes et exerce les droits et actions qui ne sont pas compris dans la mission du liquidateur (C. com. art. L 641-9, I, al. 3). Plus largement, certains soutiennent que l'ensemble des actes qui concernent les biens échus par succession relèvent des seuls pouvoirs du débiteur en raison de leur caractère personnel (voir L.-C. Henry, Successions et droit des entreprises en difficulté, art. préc., n° 607 ; comp. M. Bourassin, M. Pichard, Biens successoraux et liquidation judiciaire, in Mélanges A. Martin-Serf : Bruylant, 2022 p. 307 n° 31-32, qui admettent la libre gestion pour les biens indivis, dont les fruits accroissent à l'indivision, mais pas pour les biens hérités en propriété exclusive). Sur les pouvoirs de l'administrateur et du liquidateur, voir n°s 84345 s. et 84355 s.

Rien ne fait par ailleurs obstacle à l'action en partage des coïndivisaires, pas même la décision d'adoption du plan décidant de l'inaliénabilité temporaire du bien indivis (Cass. com. 10-2-2015 n° 13-24.659 FS-PB : BRDA 6/15 inf. 11).

D. Gage des créanciers de l'héritier insolvable

84800 Rappelons que l'entrepreneur est à la tête de deux patrimoines et que la procédure collective n'appréhende en principe que le patrimoine professionnel (n°s 84012 s.). Les biens reçus en héritage qui ne sont, généralement, pas utiles à l'activité professionnelle, font alors partie du patrimoine personnel du débiteur. Ces biens peuvent être saisis par les créanciers dont les droits sont nés en dehors de l'exercice professionnel (C. com. art. L 526-22, al. 6) ou certains créanciers fiscaux et sociaux (C. com. art. L 526-24, al. 2), sans que la discipline collective s'applique, puisqu'ils sont hors procédure.

Il n'en ira autrement qu'en cas de réunion des patrimoines du débiteur, prononcée en cas de confusion de ses patrimoines ou en cas d'application du droit des entreprises en difficulté aux deux patrimoines en difficulté (nos 84016 s.). Il faut alors s'interroger sur le sort des biens successoraux dans l'hypothèse où ils figurent dans un patrimoine appréhendé par la procédure collective.

1. SUCCESSION OUVERTE AVANT LA PROCÉDURE COLLECTIVE

a. Biens hérités en propriété exclusive

Il est ici question des biens attribués, avant l'ouverture de la procédure, à l'héritier à l'issue d'un partage, ou du jeu de l'option successorale lorsque l'héritier est seul. **84802**

Si l'héritier a **accepté purement et simplement** la succession, ces biens font l'objet de la saisie collective de la procédure sans obéir à un régime particulier.

Les biens successoraux doivent être répartis conformément aux règles de la procédure collective qui implique le respect, par les créanciers, de la discipline collective. Ceux-ci ne peuvent pas, individuellement, faire saisir les biens du débiteur en vertu de la règle de la paralysie des poursuites et ils doivent déclarer leur créance (C. com. art. L 622-21 et L 622-24 s.).

Il convient de rappeler que les créanciers du débiteur seront surclassés, sur les biens successoraux, par les éventuels créanciers successoraux qui bénéficient d'une hypothèque légale spéciale sur les immeubles successoraux (C. civ. art. 2402, 5°). Réciproquement, les créanciers de l'héritier bénéficient d'une hypothèque légale spéciale sur les immeubles personnels de l'héritier pour être préférés aux créanciers successoraux. Ces hypothèques légales doivent avoir été inscrites avant l'ouverture en raison de l'interdiction des inscriptions des sûretés pendant la procédure collective (C. com. art. L 622-30).

Au contraire, si l'héritier a opté pour **l'acceptation à concurrence de l'actif net,** une séparation hermétique s'opère entre les patrimoines de l'héritier et de son auteur (C. civ. art. 791, 1°). Les créanciers de l'héritier en procédure collective ne peuvent donc pas saisir les biens héréditaires tant que les créanciers successoraux n'ont pas été payés (C. civ. art. 798, al. 2). S'il subsiste néanmoins un actif net, il sera inclus dans le gage des créanciers de l'héritier en procédure collective, l'option ayant un effet rétroactif au jour de l'ouverture de la succession (C. civ. art. 776). **84805**

b. Biens indivis

DROITS DES CRÉANCIERS DE L'INDIVISION

Droit de poursuite avant tout partage Les créanciers de l'indivision sont autorisés à être payés par prélèvement sur l'actif indivis avant le partage et à poursuivre la saisie et la vente des biens indivis (C. civ. art. 815-17 ; nos 54450 s.). Ce droit de poursuite n'est pas affecté par l'ouverture d'une procédure collective contre l'un des indivisaires, cohéritier. **84820**

Il en a été jugé ainsi d'abord à propos de **créanciers hypothécaires** dont la sûreté avait été constituée sur les biens indivis par l'accord unanime de l'ensemble des indivisaires ; ceux-ci ont été autorisés à exécuter leur sûreté sur le bien indivis malgré la procédure collective ouverte contre l'un des indivisaires (Cass. 1e civ. 14-6-2000 n° 98-10.577 FS-P : RJDA 3/01 n° 385, D. 2000, AJ 318, obs. A. Lienhard ; Cass. com 19-12-2000 n° 97-17.728 FS-P : RJDA 3/01 n° 386, Defrénois 2001 p. 943, obs. P. Théry).

Puis, la solution a été généralisée à **tous les créanciers** de l'indivision (Cass. com. 18-2-2003 n° 00-11008 : D. 2003 p. 766, obs. A. Lienhard ; Rev. proc. col. 2003 p. 356 obs. M.-P. Dumont). A, par exemple, bénéficié de la possibilité d'agir sur le bien indivis pour exercer son recours la caution qui a payé au lieu et place des propriétaires indivis le prêt ayant servi à financer l'acquisition du bien indivis (CA Versailles 16-3-2023 n° 21/07706 : JurisData n° 2023-004107 ; Act. proc. coll. 2023, alerte 110, obs. K. Lafaurie).

Conséquences Parce que les biens indivis sont hors de la procédure affectant un héritier, la **déclaration de créance** des créanciers de l'indivision n'est pas nécessaire (Cass. 1e civ. 13-12-2005 n° 02-17.778 FS-PB : RJDA 5/06 n° 598, D. 2006 p. 302, obs. A. Lienhard ; Cass. com. nos 11-12.787 et 11-13.213 FS-PB : RJDA 5/12 n° 540, BJE mai 2012 n° 62 p. 137 note M. Sénéchal ; Cass. com. 2-6-2015 **84825**

n° 12-29.405 F-PB : RJDA 10/15 n° 680, BJE sept. 2015, p. 295 note S. Benilsi ; Cass. com. 26-6-2019 n° 17-26.154 : LEDEN sept. 2019 p. 4, note K. Lafaurie).

Ensuite, si des poursuites sur le bien indivis avaient déjà été engagées avant l'ouverture de la procédure, les procédures de distribution du prix en cours ne sont pas frappées de caducité et peuvent aller à leur terme en donnant lieu à l'attribution de l'entier prix de l'adjudication aux créanciers de l'indivision (Cass. 2e civ. 16-5-2013 n° 12-16.216 F-PB : Sol. Not. 8-9/13 n° 205, LEDEN juill. 2013, p. 5, note P. Rubellin ; Gaz. Pal. 13 juill. 2013, p. 29, L. Antonini-Cochin).

Par ailleurs, le droit de poursuite des créanciers de l'indivision n'est pas affecté par la mesure d'inaliénabilité du bien imposée par le tribunal dans le plan de redressement (Cass. com. 7-2-2012 nos 11-12.787 et 11-13.213 FS-PB : RJDA 5/12 n° 540).

Enfin, un créancier de l'indivision n'est pas tenu de saisir le juge-commissaire pour poursuivre la saisie immobilière du bien indivis (Cass. com. avis 7-2-2018 nos 16-26.378 et 17-11.424 : BJE mai 2018 p. 203, note F. Macorig-Venier ; Cass. 1e civ. 24-5-2018 nos 16-26.378 et 17-11.424 FS-PB : SNH 19/18 inf. 2, RJDA 8-9/18 n° 663).

Bien acquises aujourd'hui, ces **solutions** sont **discutables** si l'on veut bien admettre qu'en l'absence de personnalité juridique de l'indivision, les créanciers de l'indivision demeurent les créanciers de chacun des indivisaires, dont la dette se divise entre eux. En conséquence, la suspension des poursuites contre l'un des indivisaires qu'entraîne la procédure collective à l'égard de ce dernier devrait limiter le droit de poursuite de ces créanciers à la fraction de la dette incombant aux autres indivisaires. La dette commune aux indivisaires se divise effectivement entre eux, quand bien même le droit de gage des créanciers de l'indivision serait, quant à lui, indivisible (voir G. Wicker, L'entreprise indivise et les procédures collectives, in L'indivision – Journées nationales de l'Association Henri Capitant, Dalloz, 2005, p. 31, n° 27).

DROITS DES CRÉANCIERS PERSONNELS DE L'INDIVISAIRE EN PROCÉDURE COLLECTIVE

84830 Les biens successoraux indivis sont généralement hors du gage des créanciers de l'indivisaire insolvable car ces derniers sont, pour la plus grande partie, des créanciers personnels de l'héritier (au sens de créancier de la personne de l'indivisaire, quel que soit le patrimoine concerné) et non des créanciers de l'indivision. En effet, en majorité, ce ne sont pas des créanciers qui auraient pu agir sur les biens indivis avant la naissance de l'indivision, ni des créanciers dont la créance est née de la conservation ou de la gestion des biens indivis.

Or le gage commun, objet de la procédure collective, ne peut correspondre qu'aux biens qui sont dans le patrimoine du débiteur soumis à la procédure collective.

Il faut ajouter que le droit de l'indivision légale n'offre pas la possibilité de saisir la quote-part indivise (C. civ. art. 815-17 ; n° 54660).

Les biens indivis et la quote-part indivise sont donc hors procédure.

84835 **Demande en partage** Il reste que le liquidateur (mandataire judiciaire dans la sauvegarde et le redressement judiciaire), voire l'administrateur, peuvent provoquer le partage en mobilisant deux fondements possibles.

L'un ou l'autre peut agir en **représentation du débiteur** s'agissant de la demande en partage classique (C. civ. art. 815). C'est le cas lorsque ce dernier est dessaisi de la gestion de ses biens parce qu'il est soit en liquidation judiciaire, soit en redressement judiciaire avec un administrateur qui s'est vu attribuer une mission de représentation (C. com. art. L 641-9 et L 631-12). Le liquidateur ou l'administrateur exerce alors tous ses droits et actions à caractère patrimonial, ce qui lui donne qualité pour demander le partage en application de l'article 815 du Code civil (Cass. com. 3-12-2003 n° 01-01.390 FS-P : RJDA 4/04 n° 492, D. 2004 p. 141, obs. A. Lienhard ; Cass. 1e civ. 29-6-2011 n° 10-25.098 F-PBI : RJDA 11/11 n° 972 ; Cass. com. 1-10-2013 n° 12-20.567 : RJDA 4/14 n° 365). L'exercice de ce droit est possible même lorsque le passif a déjà été intégralement réglé (Cass. 1e civ. 29-6-2011, n° 10-25.098 F-PBI : RJDA 1/11 n° 972, D. 2011 p. 1970 obs. A. Lienhard). Cette demande de partage peut être utile au redressement afin de disposer de la part du débiteur dans la valeur d'un bien jusque-là indivis. Elle est également utile si la gestion de l'indivision – sur laquelle la procédure collective n'a pas de prise – n'est pas satisfaisante et conduit à un appauvrissement de l'actif indivis. Compte tenu du dessaisissement du débiteur, c'est aussi le liquidateur qui a pouvoir pour signer l'acte de partage (Cass. com. 13-1-2015 n° 13-12.590 F-PB : RJDA 4/15 n° 299).

84840 Par ailleurs, le liquidateur (ou le mandataire judiciaire) peut provoquer le partage en tant que représentant de l'intérêt collectif **des créanciers,** et ce sans avoir à obtenir préalablement l'autorisation du juge-commissaire (C. civ. art. 815-17, al. 3 ; Cass. com. 3-10-2006 n° 05-16.463 F-PB :

RJDA 6/07 n° 668, D. 2006, p. 2602, obs. A. Lienhard ; Gaz. Pal. 20 janv. 2007, p. 44, note F. Vauvillé ; Cass. com. 12 nov. 2008 n° 07-17.078 F-D : Rev. proc. col. 2/2009 p. 49, obs. C. Lisanti). En pratique, une telle action, dont les conditions sont plus restrictives (nos 54695 s.) que le droit discrétionnaire de l'indivisaire au partage, sera plus rare.

Limites La demande en partage peut être limitée par le droit commun de l'indivision. Le partage ne peut en effet être ordonné qu'après examen des demandes tendant au **maintien de l'indivision** et à l'**attribution préférentielle** (C. civ. art. 822 et 831-2 ; Cass. com. 20-9-2017 n° 16-14.295 F-PBI : SNH 5/17 inf. 1, BJE janv. 2018 p. 28, note S. Benilsi). Le liquidateur doit être appelé à la cause pour que l'attribution préférentielle soit opposable à la liquidation judiciaire (Cass. com. 7-4-2009 n° 08-16.510 F-D : Act. proc. col. 2009 nos 9 et 147, note P. Cagnoli, Gaz. Pal. 28-7-2009 p. 4, note L. Antonini-Cochin ; Rev. proc. col. 2010 n° 3 comm. 146, obs. M.-P. Dumont-Lefrand). 84845

Le jeu de l'action en partage exercée par le liquidateur (ou le mandataire judiciaire) sur le fondement de l'article 815-17 peut être empêché si les **coïndivisaires acquittent l'obligation** au nom et en l'acquit du débiteur (C. civ. art. 815-17, al. 3 ; pour une application à la procédure collective Cass. 1e civ. 26-9-2007 n° 06-12.987 F-D : RJPF 2008 n° 2 p. 19, note F. Vauvillé). À cette fin, les coïndivisaires doivent être informés exactement sur le montant actualisé de la dette du débiteur (Cass. 1e civ. 27-5-2010 n° 09-11.460 F-PBI : BPAT 4/10 inf. 239, Rev. proc. col. 2011 comm. 73 p. 71 note C. Lisanti ; Cass. com. 22-2-2017 nos 15-18.657 F-D et 15-18.658 F-D : APC 2017 n° 5 comm. 83, note J. Vallansan ; BJE mai 2017, p. 197, note P. Rubellin). Le juge ne peut donc ordonner le partage tant que les créances au passif de la liquidation judiciaire de l'indivisaire n'ont pas été définitivement admises par le tribunal de la procédure (Cass. 1e civ. 20-12-1993 n° 92-11.189 : D. 1994 p. 358 note F. Derrida et A. Honorat ; Cass. 1e civ. 9-7-2003 n° 00-21.747). 84850

Cette limitation ne vaut pas pour l'action en partage fondée sur l'article 815 (voir Cass. 1e civ. 26-9-2012 n° 11-16.246 F-PBI : RJDA 2/19 n° 173).

Une autre limite se trouve dans le **sursis au partage** que peut demander tout indivisaire, pour deux années au plus, si sa réalisation immédiate risque de porter atteinte à la valeur des biens indivis ou si l'un des indivisaires ne peut reprendre l'entreprise agricole, commerciale, industrielle, artisanale ou libérale dépendant de la succession qu'à l'expiration de ce délai ; ce sursis peut s'appliquer à l'ensemble des biens indivis ou à certains d'entre eux seulement (C. civ. art. 820 ; nos 58845 s.). 84855

L'existence d'une procédure collective ne peut justifier à elle seule, faute de règle en ce sens, d'écarter le jeu du sursis au partage, ce qui d'ailleurs peut être heureux lorsqu'est en cause une entreprise indivise. Il faut néanmoins compter sur un usage raisonnable, par les juges, de ce sursis, dans un tel contexte de difficultés. Un sursis a par exemple été refusé aux motifs qu'il n'était nullement justifié que la réalisation immédiate du bien risquerait de porter atteinte à la valeur du bien indivis, les juges soulignant, au contraire, que la liquidation judiciaire ayant été ouverte depuis plus de dix ans, le sursis à partage nuirait à l'intérêt collectif des créanciers (CA Lyon 14-3-2023 n° 20/06803 : JurisData n° 2023-003933, Act. proc. coll. 2023, alerte 101, obs. K. Lafaurie).

Enfin, en dehors du droit de l'indivision, la licitation est impossible si le bien indivis a fait l'objet d'une **déclaration notariée d'insaisissabilité** (Cass. com. 14-3-2018 n° 16-27.302 F-PBI : SNH 10/18 inf. 1, D. 2018. 1240, note A. Rabreau ; Cass. com. 10-7-2019 n° 18-16.867 F-PB : RJDA 11/19 n° 703, Defrénois 6-2-2020, p. 31, note F. Vauvillé). La solution vaut aussi pour les biens soumis à l'insaisissabilité légale de la résidence principale, même si l'article L 526-1 du Code de commerce qui prévoit une telle insaisissabilité de droit n'est pas applicable aux procédures collectives ouvertes avant l'entrée en vigueur de la loi 2015-990 du 6 août 2015 (Cass. com. 29-5-2019 n° 18-16.097 : LEDEN nov. 2019, p. 5, note P. Rubellin). 84860

Répartition du produit du partage S'agissant du résultat du partage obtenu par le liquidateur, ce dernier ne peut appréhender que la **quote-part** revenant à l'indivisaire faisant l'objet de la procédure collective. Commet donc une faute le notaire qui remet au liquidateur l'intégralité du prix de vente du bien indivis (Cass. com. 7-4-2009 n° 07-16.061 F-D : RJDA 10/09 n° 877). 84865

Par ailleurs, le produit de la licitation-partage d'un bien indivis demeure **affecté prioritairement** au paiement des créanciers de l'indivision dans la mesure où ceux-ci ont le droit d'être intégralement payés sur le prix de vente du bien indivis avant tout partage (Cass. com. 20-9-2005 nos 03-20.998 et 04-10.678 F-D : Lexbase Hebdo éd. Affaires, n° 187, obs. P.-M. Le Corre).

Seuls les créanciers personnels de l'indivisaire ayant déclaré leur créance pourront participer à ces répartitions. Il faut relever à ce sujet que la créance de l'indivision résultant de la jouissance privative par un indivisaire du bien indivis doit aussi donner lieu à une telle déclaration (voir pour une indivision postcommunautaire, mais la solution est transposable à l'indivision successorale : Cass. com. 10-2-2015 n° 13-24.659 FS-PB : RJDA 6/15 n° 443, Defrénois 2015 p.1292, obs. A. Chamoulaud-Trapiers). Néanmoins, pour rappel, le bien successoral étant généralement sans lien avec l'activité de l'héritier en difficulté, le produit de la licitation-partage ne sera compris que dans le patrimoine personnel de l'héritier. En conséquence, seuls les créanciers de la procédure ayant un droit de gage sur le patrimoine personnel seront intéressés.

2. SUCCESSION OUVERTE PENDANT LA PROCÉDURE COLLECTIVE

a. Droits des créanciers durant la procédure

BIENS HÉRITÉS EN PROPRIÉTÉ EXCLUSIVE : POUVOIRS DU LIQUIDATEUR

84880 Le liquidateur **ne peut pas,** sauf accord du débiteur, réaliser les biens ou droits acquis au titre d'une succession ouverte après l'ouverture ou le prononcé de la liquidation judiciaire (C. com. art. L 642-22, I applicable aux procédures collectives ouvertes depuis le 1er juillet 2014). Ce texte a pour objectif d'éviter que la procédure de liquidation soit ralentie par les difficultés inhérentes à la succession (Rapport sur l'ord. 2014-326 du 12-3-2014 : JO 14 p. 5243). Mais son champ d'application est limité.

BIENS HÉRITÉS EN PROPRIÉTÉ EXCLUSIVE : DROITS DES CRÉANCIERS

84885 **Hors liquidation judiciaire** L'exclusion des biens successoraux de la saisie collective de la procédure ne s'applique qu'à la liquidation judiciaire (en ce sens, F. Pérochon et alii, Entreprises en difficulté, LGDJ, 11e éd., 2022, n° 2108). Autrement dit, dans les procédures de redressement judiciaire et de sauvegarde, faute de disposition contraire, l'adoption du plan pourra se réaliser sous la condition de la vente de tels biens dont le produit permettra de payer les créanciers.

84890 **En cas de liquidation judiciaire** L'article L 642-22, I, qui exclut la réalisation des biens par le liquidateur, ne semble pas concerner les **liquidités**, qui n'ont pas à être « réalisées » (M. Bourassin, M. Pichard, Biens successoraux et liquidation judiciaire : Mélanges A. Martin-Serf : Bruylant 2022 p. 307 n° 39).

En outre, les créanciers conservent, en cas de liquidation judiciaire, le droit de **saisir** les biens successoraux mais ils devront agir hors procédure.

Le moment à compter duquel des poursuites individuelles sont susceptibles d'être exercées est néanmoins incertain.

La majorité des auteurs considère qu'elles peuvent l'être **durant la procédure** (notamment P. Le Cannu, D. Robine, Droit des entreprises en difficulté, op. cit. n° 1128 ; P. Pétel, Entreprises en difficulté : encore une réforme ! : JCP E 2014, 1223, spéc. n° 26).

Mais d'autres auteurs soutiennent que les poursuites individuelles ne peuvent s'exercer qu'**après la clôture** de la procédure de liquidation (P.-M. Le Corre, Droit et pratique des procédures collectives, Dalloz Action, 2020, n° 552.213 ; F. Pérochon et alii, op. cit., nos 2111 et 2112 ; D. Voinot, Les modifications intéressant la liquidation judiciaire issues de l'ordonnance du 12 mars 2014, Gaz. Pal. 6 avr. 2014, n° 96, p. 23, spéc. p. 30). Ils font notamment valoir deux arguments :

– L'article L 642-22, I excluant simplement la réalisation des biens acquis par succession, il ne peut être considéré que ces derniers sont hors procédure. Ils restent soumis aux règles de la procédure et à la suspension des poursuites (C. com. art. L 622-21 applicable à la liquidation judiciaire par renvoi de L 641-3) ;

– Par exception à l'absence de reprise des poursuites individuelles après la clôture d'une liquidation judiciaire pour insuffisance d'actif, les actions sur les biens acquis au titre d'une succession ouverte pendant la procédure sont expressément autorisées (C. com. art. L 643-11-I, 1° ; nos 84920 s.). En admettant que les poursuites reprennent après la clôture de la procédure, ce texte sous-entend qu'elles étaient impossibles pendant la procédure collective. Afin d'éviter toute distraction des biens successoraux qui rendrait vaine une telle reprise des poursuites, et en conformité avec cette idée selon laquelle l'article L 642-22, I ne place pas les biens successoraux hors procédure, il paraît essentiel que la règle du dessaisissement soit maintenue à leur sujet et que leur gestion relève de la compétence du liquidateur et non du débiteur (voir en ce sens, P.-M. Le Corre, Droit et pratiques des procédures collectives, op. cit., loc. cit. ; J. Vallansan, La situation de la personne physique en liquidation judiciaire s'améliore : Act. proc. col. 20145 n° 6 comm. 123).

BIENS INDIVIS : DROIT DES CRÉANCIERS DE L'HÉRITIER INSOLVABLE

Outre l'interdiction de réaliser les biens acquis au titre d'une succession ouverte après l'ouverture de la **liquidation judiciaire** (n° 84880), le liquidateur ne peut pas « provoquer le partage de l'indivision pouvant en résulter » (C. com. art. L 642-22, I). Les actions en application des articles 815 et 815-17, alinéa 3, autorisées pour une indivision antérieure à l'ouverture de la liquidation judiciaire, ne sont pas possibles dès lors que l'indivision résulte d'une succession postérieure à l'ouverture de la procédure collective. **84895**

Cette impossibilité de partager une indivision résultant d'une succession ouverte après la liquidation judiciaire connaît deux limites. **84900**

Tout d'abord, de manière évidente, le texte ne concernant que la procédure de liquidation judiciaire, il n'empêche pas le **mandataire judiciaire** d'obtenir un tel partage dans le cadre d'une sauvegarde ou du redressement judiciaire.

Ensuite, cette interdiction de provoquer le partage ne concerne que le liquidateur agissant dans l'intérêt collectif des créanciers personnels du débiteur. Le bien indivis, par lui-même hors procédure, peut toujours être saisi par les **créanciers de l'indivision,** notamment les créanciers successoraux (n° 84820).

b. Droits des créanciers après la procédure

En principe, la **reprise des poursuites individuelles** est impossible après la clôture de la liquidation pour insuffisance d'actif (C. com. art. L 643-11, I). **84920**

Il est toutefois fait exception à cette règle notamment pour les actions portant sur des biens acquis au titre d'une succession ouverte pendant la procédure de liquidation judiciaire (C. com. art. L 643-11, I 1°). Cette exception permet de « compenser » l'interdiction faite au liquidateur de saisir les biens successoraux durant la procédure collective (voir n° 84890).

C'est donc **individuellement** et après la clôture de la liquidation judiciaire que les créanciers pourront faire saisir les biens successoraux dont a hérité leur débiteur durant la procédure. Ce paiement, qui intervient ainsi en dehors de la procédure collective, n'est pas organisé et est donc au prix de la course.

Les créanciers qui auront procédé à une déclaration de créance ayant donné lieu à une **admission de la créance** pourront obtenir un titre exécutoire par ordonnance du tribunal tandis que les **autres créanciers,** y compris ceux qui avaient été négligents en oubliant de déclarer leur créance, pourront exercer leur droit de poursuite sur les biens hérités dans les conditions du droit commun (C. com. art. L 643-11, V).

3. SUCCESSION OUVERTE APRÈS LA PROCÉDURE COLLECTIVE

BIENS ÉCHUS APRÈS L'ADOPTION D'UN PLAN DE CONTINUATION

Une fois le plan de continuation adopté, la procédure collective est considérée comme clôturée et le débiteur in bonis. Ce dernier reprend la libre disposition de ses biens, sa seule obligation étant de respecter les termes du plan (C. com. art. L 626-9 s.). **84960**

On peut néanmoins penser qu'un **retour à meilleure fortune** du fait d'un important héritage justifierait de modifier les dispositions du plan par un raccourcissement des délais de paiement accordés au débiteur. En effet, une modification substantielle dans les objectifs ou les moyens du plan peut être décidée par le tribunal, ce dernier pouvant être saisi par le commissaire à l'exécution du plan lorsque la situation du débiteur permet une telle modification substantielle au profit des créanciers (C. com. art. L 631-19 pour le redressement judiciaire et qui renvoie à L 626-26). Cette disposition, ajoutée par l'ordonnance du 12 mars 2014, donne la possibilité aux créanciers de bénéficier du retour à meilleure fortune du débiteur sans insertion d'une clause en ce sens dans le plan (C. Lebel, L'ordonnance n° 2014-326 du 12 mars 2014 et les plans de sauvegarde et de redressement : Gaz. Pal. 8-4-2014 p. n° 174c4, II.B.). La question ne se posera que dans l'hypothèse où la procédure collective s'applique au patrimoine personnel de l'entrepreneur individuel en raison de l'existence de difficultés au sein des deux patrimoines (C. com. art. L 681-2, III, al. 1 ; n° 84016). Elle ne devrait pas se poser pour le débiteur qui s'est vu appliquer une procédure collective à l'ensemble de ses biens en raison d'une réunion de patrimoine (C. com. art. L 621-2, al. 3 ; n° 84018). En effet, la confusion des patrimoines cesse au moment de l'adoption du plan (Cass. com. 8-12-2021 n° 20-17.766 FS-B : RJDA 3/22 n° 158, Act. proc. coll. 2022-2, alerte 16, note K. Lafaurie). Il est donc difficile de considérer que le bien dont hérite le débiteur pendant l'exécution du plan participe des moyens du plan.

BIENS ÉCHUS APRÈS LA CLÔTURE DE LA LIQUIDATION JUDICIAIRE

84965 Contrairement au cas d'un plan de redressement, le retour à meilleure fortune du débiteur après la clôture de la liquidation judiciaire pour insuffisance d'actif **ne permet pas** d'obtenir le paiement du passif non apuré. En effet, une telle clôture empêche la reprise des poursuites des créanciers, sauf cas très particulier notamment de fraude (C. com. art. L 643-11). De ce point de vue, l'article L 643-13 du Code de commerce, qui permet une réouverture de la liquidation judiciaire s'« il apparaît que des actifs n'ont pas été réalisés ou que des actions dans l'intérêt des créanciers n'ont pas été engagées pendant le cours de la procédure », ne leur est d'aucun secours car seuls sont visés les biens et actions existant au cours de la procédure.

II. HÉRITIER SOUMIS À UNE PROCÉDURE COLLECTIVE CIVILE

A. Procédures de surendettement : repères

APPRÉCIATION DU SURENDETTEMENT

85000 Une procédure de surendettement est ouverte aux personnes physiques de bonne foi qui ne peuvent pas faire face à l'ensemble de leurs dettes exigibles et à échoir (nos 84005 s.).

Ce critère implique d'analyser l'ensemble des éléments d'actif et de passif du patrimoine de la personne insolvable ou, s'il s'agit d'un entrepreneur individuel, de son patrimoine non professionnel (C. com. art. L 681-1, al. 2, 2°). Dès lors, l'ouverture d'une succession, et plus particulièrement son acceptation pure et simple avant l'examen d'une demande de traitement d'une situation de surendettement, a une incidence sur l'appréciation de ce surendettement. Contrairement aux procédures collectives, en effet, l'évaluation de la situation du débiteur inclut les **actifs** qui ne sont **pas réalisables** immédiatement, ce qui emporte la prise en considération de tous les meubles et immeubles qui auraient été acquis par succession, y compris s'ils sont en indivision. Dans ce cas, il est tenu compte des quotes-parts indivises de biens puisqu'une demande en partage est toujours possible en vertu de l'article 815 du Code civil (Cass. 2e civ. 16-10-2003 n° 02-04.115 F-PB : Contrats, conc., consom. avr. 2005, chron. 1, p. 11, obs. S. Gjidara ; RTD com. 2004 p. 165, obs. G. Paisant).

ÉTAPES DE LA PROCÉDURE

85005 Le débiteur **saisit** la commission de surendettement des particuliers d'une demande tendant au traitement de sa situation de surendettement (C. consom. art. L 721-1).

La commission se prononce sur la **recevabilité** de la demande après avoir vérifié l'existence du surendettement (C. consom. art. L 722-1).

Puis la commission dresse l'**état du passif** du débiteur, le cas échéant en faisant publier un appel aux créanciers et en demandant au juge des contentieux de la protection de vérifier la validité des créances et titres (C. consom. art. L 723-1 s.).

Enfin, la commission **prescrit des mesures** de traitement de surendettement (C. consom. art. L 724-1). Celles-ci sont diverses et dépendent de la gravité des difficultés.

MESURES DE TRAITEMENT DU SURENDETTEMENT

85010 **Mesures autres que le rétablissement personnel** Si un paiement du passif est envisageable, la commission de surendettement peut :

– essayer de concilier les parties afin que soit adopté un **plan conventionnel** de redressement approuvé par le débiteur et ses principaux créanciers (C. consom. art. L 724-1, al. 1 et L 732-1 s.) ;

– mettre en place des **mesures imposées** consistant en des délais de paiement voire des effacements partiels de dettes (C. consom. art. L 733-1 s.).

85015 **Rétablissement personnel** Si la situation du débiteur est irrémédiablement compromise, c'est-à-dire qu'un paiement des dettes n'est pas envisageable, la commission peut imposer un rétablissement personnel, qui est :

– **sans liquidation judiciaire** si le débiteur ne possède que des biens meublants nécessaires à la vie courante et des biens non professionnels indispensables à l'exercice de son activité professionnelle, ou si l'actif n'est constitué que de biens dépourvus de valeur marchande ou dont les frais de vente seraient manifestement disproportionnés au regard de leur valeur vénale (C. consom. art. L 724-1, al. 2 et L 741-1 s.) ;

– **avec liquidation judiciaire** si des biens peuvent être vendus pour apurer le passif (C. consom. art. L 724-1, al. 2 et L 742-1 s. ; nos 85100 s.). S'agissant de traiter ici le sort des biens successoraux, nous nous attacherons à cette seule hypothèse puisque l'exclusion de la liquidation sous-tend l'absence de biens.

Dans les deux cas, la mesure se solde par l'effacement total des dettes (C. consom. art. L 741-2, L 741-6, L 741-7 et L 742-21).

Il convient de noter au sujet du choix entre le rétablissement personnel avec ou sans liquidation judiciaire que l'acquisition par succession de biens aura encore ici une incidence, y compris si les biens sont en indivision puisque, pour qu'il soit décidé d'un rétablissement personnel sans liquidation, le débiteur ne doit détenir aucune part indivise dans un immeuble (Cass. 2e civ. 5-1-2017 no 16-10.028 F-D).

B. Succession ouverte avant la clôture de la procédure de surendettement

1. DÉCISION DE RECEVABILITÉ AU TRAITEMENT DU SURENDETTEMENT

SUSPENSION DES POURSUITES DES CRÉANCIERS DE L'HÉRITIER

La décision de recevabilité emporte la paralysie des droits des créanciers, notamment les voies d'exécution (C. consom. art. L 722-2 s.). 85050

En principe, tous les biens du débiteur, y compris ceux dont celui-ci aurait hérité avant ou pendant la procédure, sont donc à l'abri des poursuites des créanciers.

Néanmoins, cette suspension ne s'applique pas de manière automatique au sujet de la saisie immobilière : si, à la date de recevabilité de la demande du débiteur, la vente forcée a déjà été ordonnée par un jugement, le report de la date d'adjudication ne peut résulter que d'une décision du juge chargé de la saisie immobilière, saisi à cette fin par la commission, pour causes graves et dûment justifiées (C. consom. art. L 722-4).

Cela dit, la suspension des poursuites n'est opposable qu'aux **créanciers** du débiteur. En cas des biens successoraux indivis, voir nos 85075 s.

LIMITATION DES POUVOIRS DU DÉBITEUR

La décision de recevabilité de la demande réduit les pouvoirs du débiteur sur son patrimoine. 85055

Il a notamment **interdiction de** (C. consom. art. L 722-5 ; sur cette mesure, V. Martineau-Bourgninaud, Procédures de surendettement des particuliers et rétablissement personnel : LGDJ, 2018 nos 438 s.) :

– payer ses dettes ;

– faire un acte de disposition étranger à la gestion normale du patrimoine. Ainsi, un débiteur ne peut vendre ses biens immeubles, y compris ceux dont il aurait hérité avant ou pendant le traitement de sa situation de surendettement.

L'acte accompli en violation de cette disposition peut être **annulé** par le juge des contentieux de la protection, à la demande de la commission, présentée pendant le délai d'un an à compter de la signature de l'acte (C. consom. art. L 761-2).

Il s'agit ici de préserver le gage des créanciers, une vente utile à la résolution des difficultés du débiteur pouvant être autorisée par le juge des contentieux de la protection (C. consom. art. L 722-5).

ATTENTION

La décision de recevabilité au traitement de surendettement n'est **pas publiée,** de sorte que le notaire ne peut qu'exiger des parties de déclarer à l'acte de vente qu'elles ne font pas l'objet d'une telle procédure.

2. PROCÉDURES AUTRES QUE LE RÉTABLISSEMENT PERSONNEL

VENTE AMIABLE DES BIENS HÉRITÉS EN PROPRIÉTÉ EXCLUSIVE

La suspension des **procédures d'exécution** découlant de la décision de recevabilité de la demande devrait permettre au débiteur de conserver les biens dont il a hérité en propriété 85070 exclusive. En effet, le plan conventionnel de redressement et, à défaut, les mesures imposées par la commission ont simplement pour objectif d'assister le débiteur dans le paiement de ses dettes sans réaliser ses biens (C. consom. art. L 732-1 s. et L 733-1 s.).

Néanmoins, tant ce plan que les mesures de la commission peuvent requérir l'accomplissement, par le **débiteur,** « d'actes propres à faciliter ou à garantir le paiement de la dette » (C. consom. art. L 732-2, al. 2 et L 733-7). Ils peuvent notamment exiger la vente amiable d'un bien du débiteur, et notamment d'un bien dont il aurait hérité avant l'ouverture de la procédure ou même jusqu'au jour où le plan est arrêté ; pour la vente d'immeubles (Cass. 1e civ. 27-2-1996 nº 94-04.055 ; Cass. 1e civ. 17-11-1998 nº 97-04.038 ; Cass. 1e civ. 15-1-2002 nº 00-04.079).

SAISIE ET PARTAGE DES BIENS INDIVIS

85075 La suspension des procédures d'exécution ne frappant que le débiteur, les **créanciers de l'indivision** ne doivent pas en être affectés, de sorte qu'ils peuvent saisir les biens indivis, comme c'est le cas en droit des entreprises en difficulté (voir nº 84820).

85080 Théoriquement, l'action en partage des **créanciers personnels** de l'indivisaire (C. civ. art. 815-17, al. 3) est possible, faute de suspension des actions en justice des créanciers. Encore faut-il qu'ils aient un intérêt à agir, ce qui n'est pas le cas tant que le débiteur paie ses dettes conformément à l'échéancier décidé par la commission.

De plus, le partage ne permettrait pas aux créanciers de saisir le bien attribué au débiteur, en raison de la suspension des voies d'exécution prévue.

3. RÉTABLISSEMENT PERSONNEL AVEC LIQUIDATION

ÉTAPES DE LA PROCÉDURE

85100 Sur saisine de la commission notamment, le juge des contentieux de la protection **ordonne l'ouverture d'une procédure** de rétablissement personnel avec liquidation judiciaire ; il désigne le cas échéant un mandataire (C. consom. art. L 742-1 s.).

Le juge ou le mandataire recense alors les créanciers qui produisent leur créance (C. consom. art. L 742-8 et L 742-10 s.). Il dresse un bilan de la situation économique et sociale du débiteur, vérifie les créances et évalue les éléments d'actif et de passif (C. consom. art. L 742-12).

Puis, le juge **prononce la liquidation** judiciaire et désigne un liquidateur qui peut être le mandataire (C. consom. art. L 742-14). Ce dernier vend les biens du débiteur. Enfin, il procède à la répartition du produit des actifs et désintéresse les créanciers suivant le rang des sûretés assortissant leurs créances (C. consom. art. L 742-16 et L 742-18).

RESTRICTION RENFORCÉE DES POUVOIRS DU DÉBITEUR

85105 À compter du jugement d'**ouverture d'une procédure** de rétablissement personnel avec liquidation, le débiteur ne peut plus aliéner ses biens sans l'accord préalable du juge ou du mandataire nommé le cas échéant (C. consom. art. L 742-4 et L 742-9).

DESSAISISSEMENT DU DÉBITEUR

85110 Avec le jugement qui **prononce la liquidation,** les droits et actions du débiteur sur son patrimoine personnel sont exercés pendant toute la durée de la liquidation par le liquidateur (C. consom. art. L 742-15). Il emporte donc de plein droit dessaisissement du débiteur de la disposition de ses biens.

Ce dessaisissement s'explique par la nécessité de figer totalement l'actif du patrimoine du débiteur, qu'il s'agit de réaliser afin d'apurer le passif. Inspirée du dessaisissement prévu dans le cadre de la liquidation judiciaire du droit des entreprises en difficulté, cette mesure peut être appliquée conformément aux règles légales et jurisprudentielles dégagées en la matière (Martineau-Bourgninaud, Procédures de surendettement des particuliers et rétablissement personnel, op. cit., nºs 931 s.).

ATTENTION

Un avis du jugement décidant de la liquidation est **publié** au Bodacc par le mandataire ou, à défaut de mandataire, par le greffe dans les 15 jours à compter de la réception du jugement par le mandataire ou, en l'absence de mandataire, à compter du jugement (C. consom. art. R 742-9). Ainsi, le notaire peut s'assurer de la non-violation des règles relatives au dessaisissement.

85115 **Patrimoine personnel** Par l'effet du dessaisissement, les droits et actions du débiteur sur son patrimoine personnel sont exercés pendant toute la durée de la liquidation par le liquidateur. Le débiteur ne peut donc plus accomplir d'**acte d'administration ou de disposition** sur les biens dont il aurait hérité en propriété exclusive.

N'échapperont à cet effet réel de la procédure de rétablissement de la liquidation que les biens successoraux qui auraient fait l'objet d'une déclaration d'insaisissabilité (V. Vigneau, G.-X. Bourin, C. Cardini, Droit du surendettement des particuliers, LexisNexis, 2e éd. 2012, no 514).

Biens indivis La similitude des dispositions du Code de la consommation et du Code de commerce invite à raisonner encore par analogie. En conséquence, les biens indivis devraient être considérés comme étant hors procédure, de sorte que la personne investie de la **gestion** de ces biens, y compris s'il s'agit du débiteur, ne devrait subir aucune restriction sur ses pouvoirs (no 84670). **85120**

Cela ne doit pas priver néanmoins le liquidateur d'exercer, au nom du débiteur, une **action en partage** de l'indivision, conformément à ce qui a déjà été décidé en droit des entreprises en difficulté (no 84835). **85125**

ACTES ATTACHÉS À LA PERSONNE DU DÉBITEUR

Le dessaisissement du débiteur n'est prévu que pour les droits et actions sur le patrimoine (C. consom. art. L 742-15). En conséquence, de manière certaine, les **droits extrapatrimoniaux** demeurent exercés par le débiteur. **85130**

Le texte n'est pas très précis s'agissant des **actes patrimoniaux exclusivement attachés à la personne.** Mais il faut, comme l'a fait la jurisprudence en droit des entreprises en difficulté, exclure le dessaisissement. Le débiteur doit donc pouvoir exercer seul l'option successorale (no 84620) et accepter seul la levée d'une inaliénabilité d'un bien (no 84665).

AUTORISATION DES CRÉANCIERS À ACCEPTER LA SUCCESSION

À la différence du droit des entreprises en difficulté, le liquidateur n'est pas investi d'une mission de représentation de l'intérêt collectif des créanciers. **85135**

Les créanciers ne sont donc pas privés de l'**exercice individuel** d'actions en justice contre le débiteur, même s'ils ne peuvent pas mettre en œuvre des mesures d'exécution. Ils sont notamment autorisés à exercer l'action paulienne qui n'est pas considérée comme une mesure d'exécution forcée (CA Toulouse, 1e ch., sect. 1, 23 janv. 2006, no 05/01426).

C'est donc individuellement qu'un créancier devra agir pour être autorisé à accepter la succession au lieu et place du débiteur s'il n'est pas satisfait de l'option successorale prise par ce dernier. S'appliquera donc ici l'article 779 du Code civil dans les conditions du droit commun (nos 35120 s.).

SUSPENSION DES POURSUITES DES CRÉANCIERS DE L'HÉRITIER INSOLVABLE

Biens reçus en propriété exclusive Qu'elle soit concomitante à la décision de recevabilité du débiteur ou qu'elle soit prise au cours de l'exécution de mesures de traitement de la situation de surendettement du débiteur, la décision d'**ouverture d'une procédure** de rétablissement personnel emporte également suspension des poursuites individuelles des créanciers (C. consom. art. L 742-7). **85140**

Les procédures de **saisies immobilières** qui auraient été engagées avant le jugement d'ouverture sont poursuivies, mais pour le compte du liquidateur (C. consom. art. L 742-17). Les biens successoraux ne peuvent donc pas être saisis individuellement par les créanciers.

Sort des biens indivis Le rétablissement personnel avec liquidation fonctionnant sur le modèle d'une procédure collective, les solutions retenues en droit des entreprises en difficulté peuvent être transposées. **85145**

Tout d'abord, les **créanciers de l'indivision** ne sont pas soumis à la suspension des poursuites. Le bien indivis étant « hors procédure », ils peuvent le saisir avant tout partage (C. civ. art. 815-17 ; voir la jurisprudence en droit des entreprises en difficulté, nos 84820 et 84825).

Les **créanciers personnels de l'indivisaire,** eux, ne sont pas autorisés à saisir les biens indivis en vertu du droit commun de l'indivision. **85150**

Ils pourraient théoriquement demander le partage (C. civ. art. 815-17, al. 3), cette action ne constituant pas une voie d'exécution. Il est néanmoins plus efficace qu'une telle action soit mise en œuvre par le liquidateur. Celui-ci n'ayant pas à proprement parler une mission de représentation de l'intérêt collectif, il n'a pas compétence pour mettre en œuvre l'article 815-17, alinéa 3, mais il peut, en tant que représentant du débiteur dessaisi, agir en partage sur le fondement de l'article 815 du Code civil (Martineau-Bourgninaud, Procédures de surendettement des particuliers et rétablissement personnel, op. cit., no 933). Ce partage permettra ainsi au liquidateur d'obtenir le paiement de la valeur de la quote-part du débiteur qui sera répartie entre les créanciers.

Comme en droit des entreprises en difficulté, le jeu de la procédure de surendettement ne permet pas d'écarter une éventuelle décision de sursis au partage (C. civ. art. 720).

VENTE DES BIENS DU DÉBITEUR PAR LE LIQUIDATEUR

85155 Le liquidateur dispose d'un **délai** de douze mois pour vendre les biens du débiteur à l'amiable ou, à défaut, organiser une vente forcée dans les conditions relatives aux procédures civiles d'exécution (C. consom. art. L 742-16).

Tous les biens du débiteur doivent être vendus, la clôture de la liquidation n'intervenant que lorsque le débiteur ne possède rien d'autre que (C. consom. art. L 742-21) :
– des biens meublants nécessaires à la vie courante ;
– des biens non professionnels indispensables à l'exercice de son activité professionnelle ;
– ou des biens dépourvus de valeur marchande ou dont les frais de vente seraient manifestement disproportionnés au regard de leur valeur vénale.

Cela signifie que seules ces trois catégories de biens sont **protégées.** De ce point de vue, le droit du surendettement se distingue du droit des entreprises en difficulté qui interdit au liquidateur, depuis 2014, de vendre les biens successoraux (n° 84880), les créanciers pouvant néanmoins reprendre individuellement leurs poursuites sur ces biens après la clôture de la liquidation judiciaire (n° 84920).

Cette absence d'exclusion de la vente des **biens successoraux reçus en propriété exclusive** de la mission du liquidateur dans le rétablissement personnel est de nature à ralentir la procédure.

S'agissant des biens indivis, voir n° 85150

ATTENTION

Seuls les créanciers qui auront **déclaré leur créance** pourront participer à la répartition du produit de la réalisation des biens successoraux (C. consom. art. L 742-10 s.). La solution s'oppose de ce point de vue à celle retenue en droit des entreprises en difficulté, où il est admis que les créanciers qui n'ont pas déclaré leur créance à l'occasion de la procédure de liquidation judiciaire peuvent exercer leurs poursuites sur les biens successoraux après la clôture de la procédure (n° 84920).

C. Succession ouverte après la clôture de la procédure de surendettement

PROCÉDURES AUTRES QUE LE RÉTABLISSEMENT PERSONNEL

85180 L'acquisition par succession d'un bien après l'arrêté du plan conventionnel ou des mesures imposées a-t-elle une incidence sur ces mesures ?

Il a été montré qu'une modification du plan de sauvegarde ou de redressement est envisageable dans une telle hypothèse (n° 84960). Ce n'est que de manière très indirecte que la possibilité de réviser le plan conventionnel est évoquée (C. consom. art. L 732-3). La jurisprudence a cependant pu considérer qu'une clause de retour à meilleure fortune est toujours sous-entendue, qu'il s'agisse du plan conventionnel (Cass. 2e civ. 16-10-2003 n° 02-04.142 F-D) ou des mesures imposées par la commission de surendettement (Cass. 1e civ. 9-2-1994 n° 92-04.090 : RTD com. 1994 p. 360, obs. G. Paisant ; pour une approbation de cette jurisprudence, V. Vigneau, G.-X. Bourin, C. Cardini, Droit du surendettement des particuliers, LexisNexis, 2e éd. 2012 n° 443). Le retour à meilleure fortune du débiteur permettrait ainsi, selon ces arrêts, de modifier les mesures favorables au débiteur, par exemple en réduisant les délais de paiement.

Cela étant, il est aujourd'hui possible de douter du maintien d'une telle solution après les nombreuses réformes qu'a connues le droit du surendettement des particuliers, en dehors du cadre conventionnel en tout cas. Le « rebond » du débiteur, la lutte contre les exclusions sociales ont effectivement conduit le législateur à mettre en place un régime d'ordre public ayant pour but de permettre à un débiteur, une fois la procédure de surendettement mise en œuvre, de se réinsérer dans la société. Alors que l'effacement des dettes a été instauré à cet effet, postérieurement d'ailleurs à l'arrêt précité de 1994, cette réserve du retour à meilleure fortune rendrait la sortie définitive de l'endettement encore plus difficile et incertaine (K. Lafaurie, La force obligatoire du contrat à l'épreuve des procédures d'insolvabilité, LGDJ, 2020, n° 356). Il faut d'ailleurs préciser que la seule possibilité donnée aux commissions et aux juges pour accompagner les mesures de traitement du surendettement qu'ils imposent consiste à requérir l'accomplissement, par le **débiteur,** « d'actes propres à faciliter ou à garantir le paiement de la dette » (C. consom. art. L 732-2, al. 2 et L 733-7). La clause de retour à meilleure fortune a un objet bien plus large puisqu'il s'agit, non pas de garantir le paiement de la dette telle qu'elle a été aménagée, mais de revenir sur cet aménagement.

RÉTABLISSEMENT PERSONNEL

L'acquisition d'un bien par succession après la clôture d'une procédure de rétablissement personnel doit assurément rester sans conséquences. En effet le rétablissement personnel, avec ou sans liquidation, emporte, à sa clôture, effacement de toutes les dettes du débiteur (C. consom. art. L 741-2 et L 742-22). Perdant leur droit de créance à l'égard du débiteur, les anciens créanciers ne peuvent donc plus poursuivre le débiteur, quand bien même ce dernier aurait acquis de nouveaux biens. Sans cela, le rebond économique du débiteur ne serait jamais envisageable. **85185**

DOSSIER 7

INVENTAIRE

SOMMAIRE

INVENTAIRE ET PRATIQUE NOTARIALE

L'inventaire tient une place à part dans la pratique notariale. Sa confection impose la **présence effective du notaire,** hors du lieu traditionnel de l'exercice de sa mission. Ce faisant, le professionnel s'éloigne de son domaine habituel de l'analyse juridique pure et des questions rédactionnelles qui l'accompagnent pour se confronter à une réalité tangible et exercer pleinement sa mission de témoin, telle que Flour l'avait admirablement décrite (J. Flour, Sur une notion nouvelle de l'authenticité : commentaire des articles 11 et 12 du décret n° 71-941 du 26 novembre 1971 : Defrénois 1972 art. 30159 n° 25). 86000

Peut-être pour cette raison, l'inventaire garde un certain parfum d'exotisme, voire d'obsolescence balzacienne pour des praticiens plus habitués à traiter des questions de financement qu'à se pencher sur le pur droit des particuliers. Ce qui expliquerait également pourquoi, au sein même de la profession, des voix se sont élevées en leur temps afin que le notaire fût déchargé de l'obligation de sa présence réelle aux opérations d'inventaire, au profit d'un clerc habilité. Il s'agissait là, à l'évidence, d'une grave erreur prouvant une méconnaissance inquiétante de la fonction notariale et de ses attributs.

Car si la **mission du notaire** est de protéger, l'inventaire constitue à n'en pas douter un des outils permettant d'assurer cette mission protectrice lorsque les circonstances l'exigent. L'inventaire consiste en effet, d'une part, à énumérer les qualités des parties et, d'autre part, à décrire les éléments d'actifs et passifs d'une masse de biens (Vocabulaire juridique, dir. G. Cornu, Association Henri Capitant, PUF, 14e éd., 2022, V° Inventaire).

Très logiquement, et en contemplation de cette fonction, sa réalisation obéit à certaines règles, comme c'est le cas également pour son achèvement.

A. Raisons de faire un inventaire

VARIÉTÉ DES SITUATIONS

Nombreuses sont les situations où le Code civil prescrit – de manière impérative ou non – l'inventaire. Ainsi est-il obligatoire lors de l'ouverture de la **tutelle** pour le patrimoine de la personne protégée (C. civ. art. 503). 86100

Symétriquement, la même obligation est réclamée dans le cadre du **mandat de protection future,** mesure de protection anticipatrice laissée à l'initiative privée, lors de la prise d'effet dudit mandat (C. civ. art. 486). Pierre angulaire qui, en établissant dès l'origine la consistance du patrimoine de la personne protégée, permet d'apprécier la gestion ultérieure du représentant, l'inventaire doit, en matière de mandat de protection future, subir une mise à jour périodique.

D'autres dispositions éparses prescrivent l'inventaire : pour le **conjoint commun en biens** à l'effet d'invoquer le bénéfice d'émolument (C. civ. art. 1483, al. 2), pour les époux soumis au régime de la **participation aux acquêts** lors de la dissolution du régime (C. civ. art. 1572, al. 4) et pour le curateur de la **succession vacante ou en déshérence** (C. civ. art. 809-2 et 811-1).

PRÉÉMINENCE DE L'INVENTAIRE SUCCESSORAL

C'est évidemment en matière successorale que l'inventaire trouve son terrain d'élection, et ce, pour trois raisons majeures. 86105

D'abord, parce que l'inventaire est obligatoire dès lors qu'**un ou plusieurs héritiers acceptent à concurrence de l'actif net** : « La déclaration [d'acceptation à concurrence de l'actif net] est accompagnée ou suivie de l'inventaire de la succession qui comporte une estimation, article par article, des éléments de l'actif et du passif. » (C. civ. art. 789). Sur l'exposé des règles sur ce point, voir n°s 37885 s.

Ensuite, en présence d'un **successeur usufruitier,** il est de l'intérêt du nu-propriétaire, pour la sauvegarde ultérieure de ses droits sur le mobilier et donc éviter toute difficulté relative à la preuve de la propriété en fin d'usufruit, de procéder à l'inventaire des biens soumis à l'usufruit ou à un droit d'usage et d'habitation (C. civ. art. 600, 626, 764, al. 4 et 1094-3). Il convient de relever à cet égard que le législateur n'a pas jugé opportun de retirer la protection de l'inventaire au bénéfice du nu-propriétaire face à un conjoint légataire de la quotité disponible spéciale en usufruit, nonobstant toute disposition contraire du disposant.

Enfin, l'éviction du forfait fiscal de 5 % applicable à l'**évaluation des meubles meublants** et calculé sur le montant de l'actif successoral brut suppose la confection d'un inventaire réalisé dans les formes prévues par l'article 789 du Code civil (CGI art. 764, I-2°). Sur cette question, voir également n° 48100.

PRÉSENCE D'UN MINEUR OU D'UN MAJEUR PROTÉGÉ

86110 La présence d'un mineur ou d'un majeur protégé au sein des successibles n'impose pas de facto la confection d'un inventaire (I. Cap, Pratique notariale de l'inventaire successoral : Nota-Bene, Cridon Sud-Ouest, décembre 2020, n° 253, fiche 1047), mais son utilité n'en reste pas moins avérée. D'une part, elle permet au juge ou au conseil de famille appelé à statuer sur l'**acceptation bénéficiaire** d'appréhender dans la mesure la plus exacte possible l'enjeu ou l'absence d'enjeu lié à l'existence du mobilier. D'autre part, il n'est pas douteux que l'inventaire constitue une **preuve de l'existence du mobilier,** véritable titre de propriété qui permettra ultérieurement, le cas échéant, d'en assurer la revendication, situation dans laquelle peut se trouver par exemple le nu-propriétaire au moment de l'extinction de l'usufruit.

INTÉRÊTS FISCAUX

86115 C'est largement amputer l'intérêt de l'inventaire que de le cantonner à l'unique fonction de mode probatoire permettant de combattre l'application du **forfait fiscal de 5 %** applicable aux meubles meublants.

Au surplus, sur ce terrain fiscal, l'inventaire recèle un autre attrait. En permettant d'établir la consistance du mobilier laissé par le défunt, il officialise ainsi par le biais de l'authenticité une date d'entrée des éléments le composant dans le patrimoine des héritiers. Or, en matière de **taxation de la plus-value** frappant les bijoux, les objets d'art, de collection et les antiquités, la connaissance de cette date permet de faire courir le délai de détention et l'application d'un abattement annuel, lequel aboutit à l'exonération complète de toute plus-value lorsque le bien est détenu depuis plus de 22 ans. À défaut d'option pour ce régime, ou par suite d'impossibilité de déterminer la date d'entrée dans le patrimoine du vendeur, la cession est frappée d'une taxe forfaitaire de 6 % ayant pour assiette le prix perçu, à laquelle est ajoutée la CRDS au taux de 0,5 % lorsque le vendeur ou l'exportateur est domicilié fiscalement en France (CGI art. 150 VI à 150 VM).

B. Confection de l'inventaire

PERSONNES HABILITÉES À DEMANDER UN INVENTAIRE

86200 L'inventaire constitue un **acte conservatoire.** À ce titre, il peut être requis par toute personne qui peut demander des mesures conservatoires. Il s'agit donc (CPC art. 1305 sur renvoi de l'art. 1328) :
– du conjoint ou du partenaire pacsé ;
– de tous ceux qui prétendent avoir une vocation successorale ;
– de l'exécuteur testamentaire ou du mandataire désigné pour l'administration de la succession ;
– du ministère public ;
– du propriétaire des lieux ;
– de tout créancier muni d'un titre exécutoire ou justifiant d'une créance apparaissant fondée dans son principe ;
– en cas d'absence du conjoint ou des héritiers, ou en présence d'un mineur non pourvu d'un représentant légal, des personnes qui demeuraient avec le défunt, du maire, du commissaire de police ou du commandant de la brigade de gendarmerie.

Deux constatations peuvent être faites. La première est que le **notaire** ne peut réaliser cet acte seul, sans être requis par les personnes énumérées ci-dessus. La seconde est que la qualité d'acte conservatoire qui lui est expressément reconnue par la loi s'oppose à ce que sa confection puisse s'analyser, à l'égard des **héritiers,** comme un acte d'acceptation tacite de la succession (C. civ. art. 784, al. 1). 86205

PERSONNES DEVANT ÊTRE CONVOQUÉES À L'INVENTAIRE

S'il est constant qu'un inventaire peut se tenir quand bien même tous les héritiers ne seraient pas présents ou représentés, encore faut-il que ceux-ci aient été régulièrement convoqués. Le Code de procédure civile détaille la **liste des personnes** qui doivent obligatoirement être convoquées (CPC art. 1329). Il s'agit : 86210

- du conjoint survivant ou du partenaire d'un Pacs ;
- de tous ceux qui prétendent avoir une vocation successorale ;
- de l'exécuteur testamentaire si le testament est connu ;
- du mandataire désigné pour l'administration de la succession.

Pour la validité de l'acte à intervenir, il importe donc d'appeler toutes les personnes qui doivent l'être. Si **certains** des **appelés** ne sont ensuite **ni présents ni représentés,** cela n'influera pas sur la validité de l'inventaire.

Certaines interrogations peuvent toutefois naître dans le silence des textes, mais le simple bon sens suffit à leur apporter des réponses.

Situation du légataire particulier de meubles Ainsi, le légataire particulier, qui n'est pas, sauf disposition testamentaire contraire, tenu du passif, n'a pas la **qualité d'héritier.** Lorsqu'il est légataire d'une somme d'argent, il s'apparente même à un créancier de la succession (C. Pérès et C. Vernières, Droit des successions, PUF, Thémis, 2018, n° 613). Ne faisant pas partie des personnes énumérées à l'article 1329 du Code de procédure civile, sa présence ne serait donc pas obligatoire. Mais il paraît évident que le notaire devra l'appeler à l'inventaire, dès lors que cet acte lui permettra d'assurer la **conservation de ses droits** : ce sera le cas si du mobilier se trouve compris dans l'objet de son legs. 86215

Présence effective des héritiers Le même bon sens conduira également à inviter dans la mesure du possible les héritiers à être effectivement présents à la séance d'inventaire. Dès lors qu'il s'agira d'établir la **consistance du patrimoine mobilier** laissé par le défunt, leur proximité affective supposée fait présumer qu'ils détiennent des informations permettant d'établir avec précision les actifs mobiliers dépendant de la succession. 86220

Si le **recours à la procuration,** sans forme particulière, n'est pas interdit (voir toutefois n° 86405 concernant la prestation de serment), la logique commanderait que le mandataire nommé dispose d'une certaine connaissance des biens laissés par le défunt afin de contribuer efficacement au bon déroulé de la séance (en ce sens, I. Cap, Pratique notariale de l'inventaire successoral : Nota-Bene, Cridon Sud-Ouest, décembre 2020, n° 253, fiche 1047), ainsi qu'à la vraisemblance des déclarations.

Cas des personnes protégées Comme tout acte juridique, l'inventaire suppose la capacité des parties. 86225

Un **mineur** se fera représenter par l'un ou l'autre des administrateurs légaux ou l'administrateur légal unique.

Une personne sous le régime de la **curatelle,** simple ou renforcée, peut agir seule.

Une personne sous **tutelle** sera représentée par son tuteur.

Une personne sous **habilitation familiale** générale de représentation sera représentée par la personne habilitée.

La personne sous habilitation familiale générale d'assistance interviendra elle-même (I. Cap, Pratique notariale de l'inventaire successoral : Nota-Bene, Cridon Sud-Ouest, décembre 2020, n° 253, fiche 1047).

En cas de **mandat de protection future,** ce sera uniquement le mandataire, les formules notariales mettant, dans le silence de la loi, cette tâche à la charge de celui-ci.

Convocation S'agissant du **délai,** la convocation doit être adressée par le requérant au plus tard dans les vingt jours qui précèdent la tenue de l'inventaire (CPC art. 1329). 86230

Aucune **forme** particulière n'est prescrite, mais, par précaution et afin de pouvoir justifier du respect du délai, la forme recommandée avec accusé de réception s'impose naturellement (en ce sens, I. Cap, Pratique notariale de l'inventaire successoral : Nota-Bene, Cridon Sud-Ouest, décembre 2020, n° 253, fiche 1047) ou mieux encore par acte extrajudiciaire.

En pratique, les convocations seront lancées par le notaire en charge de la succession, sur demande particulière d'un requérant.

OPÉRATIONS D'INVENTAIRE

86235 L'opération d'inventaire constitue un **procès-verbal,** c'est-à-dire un document écrit établi par une autorité compétente ou un organe qualifié après un accord, un désaccord, un fait délictueux ou une délibération, afin d'en constater l'existence ou la tenue et d'en conserver la trace (Vocabulaire juridique, dir. G. Cornu, Association Henri Capitant, PUF, 14e éd., 2022, V° Procès-verbal). Ce qui signifie que l'officier ministériel va décrire de manière chronologique les opérations auxquelles il participe, opérations qui s'écoulent en deux temps.

Le premier consiste à rappeler les conditions dans lesquelles il intervient, et d'une part à énumérer les personnes qui ont été convoquées, puis d'autre part à constater qui est effectivement présent ou représenté. Cette première partie, intitulée « **réquisition** » doit normalement être signée avant même de commencer les opérations d'inventaire proprement dites. Puis vient l'**inventaire** lui-même **et** la **prisée.** C'est alors le moment de recueillir les éventuels dires des parties sur la propriété des objets inventoriés, comme éventuellement de constater le départ inopiné d'un participant ou son refus de signature.

RÔLES RESPECTIFS DU NOTAIRE ET DU COMMISSAIRE DE JUSTICE

86240 Depuis la réforme du droit successoral du 23 juin 2006, l'inventaire peut être réalisé soit par un notaire, soit par un commissaire de justice (C. civ. art. 789, al. 2).

Il est permis de douter de l'apport de cette réforme et donc de son utilité. Un inventaire ne se résume pas, en effet, aux simples descriptions et prisées des meubles que le notaire trouve sur son chemin. Il comprend inévitablement et nécessairement des éléments juridiques, comme la dévolution successorale, les qualités des ayants droit, leurs dires éventuels, la situation du défunt par rapport au mobilier inventorié. Or, ces **constatations d'ordre juridique** ressortent de la compétence exclusive du notaire, car il n'est pas reconnu aux commissaires de justice de tirer les conséquences juridiques d'une situation de fait (en ce sens, M. Dagot, L'inventaire des meubles successoraux. Problèmes actuels : JCP N 1990 p. 401 ; 111e Congrès des notaires de France : La sécurité juridique, un défi authentique, Strasbourg 2015, 3e commission par D. Vincent et G. Bonnet, nos 3057 s.). Il appartient en outre au notaire de transcrire dans l'acte, en sa qualité de témoin, les déclarations des requérants relatives à la propriété du mobilier.

ATTENTION

Depuis le 1er juillet 2022, les professions d'**huissier de justice et** de **commissaire-priseur judiciaire** sont réunies au sein de celle, nouvelle, de **commissaire de justice** (Ord. 2016-728 du 2-6-2016). Ce mariage déroutant, à l'instar de celui de la carpe et du lapin, ne tient guère compte des missions respectives de chacun de ces officiers ministériels et par là même de la formation qu'ils ont reçue pour exercer efficacement leur profession. Le notaire devra par prudence se montrer moins rêveur que le législateur et aura tout intérêt à recourir aux services d'un professionnel ayant exercé en qualité de commissaire-priseur afin d'éviter les risques d'erreur dans la description et l'évaluation des biens.

86245 Ceci permet donc de préciser le rôle de chacun et de ramener à sa juste place la portée de la réforme opérée par la loi du 23 juin 2006 : l'habilitation des commissaires de justice se limite à la **seule prisée.** Pour remplir les fonctions conservatoires que la loi lui assigne, l'inventaire se nourrit obligatoirement d'une constatation par le notaire d'un état juridique lié à la dévolution (CPC art. 1330, al. 1) et des déductions qu'il en tire, ainsi que des déclarations des intervenants que l'officier ministériel consigne. La confection d'un inventaire conservatoire, au sens où la loi l'entend, ne peut que demeurer de sa compétence exclusive.

L'ensemble devant former un tout indissociable, les opérations étant réalisées de manière continue, il nous apparaît donc impossible que la prisée soit réalisée séparément par un commissaire de justice, puis annexée à un inventaire reçu ensuite par le notaire, sans que celui-ci ait été présent à cette prisée. Il s'agit donc véritablement d'un acte réalisé en **collaboration simultanée** entre deux professionnels, chacun se répartissant les tâches afin de lui permettre de remplir pleinement la fonction conservatoire que la loi lui assigne.

EXIGENCES FISCALES

86250 L'inventaire, même effectué à des fins fiscales, ne saurait en rien se soustraire à ces principes. En effet, il résulte clairement de la **doctrine de l'administration** que (BOI-ENR-DMTG 10-40-10-20 nos 50 s.) :

– d'une part, la **présence a minima du notaire** est nécessaire sur les lieux à inventorier lorsqu'il est chargé d'établir l'évaluation des meubles ;

– d'autre part, le renvoi fait à l'article 789 du Code civil convie à penser que, **lorsque la prisée n'est pas de la compétence du notaire,** elle ne saurait être effectuée que par un commissaire de justice (ex-huissier de justice ou ex-commissaire-priseur judiciaire). Un expert d'une société de ventes volontaires, apparues après la réforme mettant fin au monopole des commissaires-priseurs sur les ventes de meubles aux enchères publiques (Loi 2000-642 du 10-7-2000), ne saurait donc valablement se substituer au commissaire de justice.

Enfin, il est clairement indiqué, en dépit du visa de l'article 789 du Code civil, que l'inventaire doit être dressé par « un notaire ».

Pratique prudente du respect de ces exigences Du rapprochement de ces prescriptions, on peut donc en déduire que, sauf les cas où le notaire acceptera la responsabilité de priser lui-même les biens inventoriés, l'inventaire devra réunir les **compétences conjointes** du notaire et du commissaire de justice pour faire pièce à l'application du forfait mobilier de 5 %. Cette lecture de l'article 789 du Code civil qui impose la présence du notaire n'est pas exempte de reproche sur le seul plan juridique, mais la prudence commande au notaire et à ses clients de se plier à cette doctrine afin d'éviter un contentieux sur l'application du forfait. 86255

ATTENTION

Si la Cour de cassation a jugé qu'un **inventaire simplifié** peut servir de base légale à l'évaluation du mobilier (Cass. com. 30-11-2004 n° 02-12.183 FS-PB : RJF 4/05 n° 404), l'administration n'a jamais repris cet arrêt. Sa doctrine consiste simplement à préciser qu'un tel inventaire « peut » constituer une preuve contraire, ce qui signifie en réalité que l'appréciation reste uniquement au bon vouloir du contrôleur, qui est le juge au premier degré de l'imposition à établir. Le risque de contentieux est suffisamment important pour dissuader de prendre des libertés avec les prescriptions administratives.

Conséquences fiscales d'un inventaire incomplet Un inventaire incomplet ne permet pas d'évincer l'application du **forfait de 5 %.** Ce principe, posé en jurisprudence, est repris par la doctrine administrative (BOI-ENR-DMTG 10-40-10-20 n° 70). 86260

Ceci pose inévitablement la question du **moyen de s'assurer de l'exhaustivité** de l'inventaire. Ici encore, le simple bon sens apporte la réponse : il convient de se déplacer partout où le défunt vivait effectivement, que ce soit à titre principal ou secondaire, voire très occasionnellement. La situation juridique du défunt doit également éveiller l'attention : sa qualité d'usufruitier de biens immobiliers pourra faire présumer, en l'absence de location, un usage des biens et donc la présence de meubles. Dans le droit fil de cette idée, un immeuble appartenant en propre au conjoint survivant ne fait pas par nature présumer l'absence de biens meubles communs dans les lieux dispensant de la nécessité d'établir un inventaire. Enfin, le défunt a pu avoir la qualité de loueur en meublé, ce qui rend alors obligatoire la prisée des meubles mis à la disposition de l'occupant et compris dans le bail et, par voie de conséquence, dans la succession.

Indications des héritiers Les héritiers pourront la plupart du temps donner des précisions à ce titre et le **notaire devra veiller** à les informer des conditions d'opposabilité fiscale de l'inventaire du mobilier et recueillir leurs indications par écrit, afin de déterminer sur leurs instructions les lieux où se tiendront les séances successives et de consigner ces instructions par leurs déclarations dans l'inventaire. 86265

Cette précision en appelle une autre relative au **mobilier qui a pu être appréhendé** par les héritiers depuis le décès, **ou simplement déplacé** par eux à titre conservatoire dans un garde-meubles. Ici encore, ces biens devront être inventoriés dans les lieux où ils se trouvent sur la déclaration des héritiers recueillie par le notaire dans l'acte. À cet égard, la conservation des biens du défunt au domicile des héritiers peut apparaître comme un acte d'acceptation tacite de la succession, sauf s'il s'agissait pour eux, à titre conservatoire, de les soustraire à un danger imminent de vol ou de destruction (C. civ. art. 784, al. 1). Afin d'éviter les conséquences d'une acceptation tacite, il paraît prudent qu'il soit fait dans l'acte mention de leurs déclarations à ce sujet, notamment sur la motivation qui les a poussés à prendre ce mobilier en dépôt à leur domicile.

GARDIEN DES OBJETS INVENTORIÉS

Il importe de ne pas omettre de mentionner, pour des questions de responsabilités, le gardien des objets inventoriés. 86270

En présence d'un **successeur usufruitier,** sa désignation s'imposera naturellement.

Dans les **autres cas,** le choix se portera d'abord vers l'héritier qui réside sur place : à défaut d'accord, c'est le président du tribunal judiciaire qui tranchera selon la procédure accélérée au fond (CPC art. 1333 ; J.-Cl. Notarial Formulaire, V° Inventaire fasc. 200 par D. Montoux, n° 27).

C. Finalisation de l'inventaire

CLÔTURE DE L'INVENTAIRE

86400 L'inventaire s'achève avec la clôture, qui constate l'**achèvement de toutes les opérations et** la **prestation de serment.** En pratique, la clôture fait corps avec l'énumération, une fois les procès-verbaux d'inventaires effectués, des différents éléments d'actif et de passif composant la succession. Il convient de noter que la réunion des divers titres et papiers dans des cotes numérotées ainsi que leur paraphe n'est plus obligatoire.

Cet assouplissement ne saurait à notre sens aller jusqu'à l'**annexion pure et simple de la déclaration de succession,** suppléant l'énumération des forces et charges successorales. D'abord, cette façon de procéder dispenserait le notaire de procéder à l'analyse des titres et pièces, contrairement au vœu de la loi (CPC art. 1330, 4°). Ensuite, cette annexe ne saurait revêtir la liste qu'elle contient de l'authenticité (en ce sens, I. Cap, Pratique notariale de l'inventaire successoral : Nota-Bene, Cridon Sud-Ouest, décembre 2020, n° 253, fiche 1048). Enfin, il importe de rappeler que la Cour de cassation a déjà eu l'occasion de juger qu'on ne saurait tirer des conséquences civiles d'une déclaration qui demeure un document purement fiscal (Cass. 1e civ. 9-7-2014 n° 13-10.359 F-D).

86405 **Serment** S'agissant des **personnes tenues au serment,** la clôture contient la prestation de serment de tous ceux « qui ont été en possession des biens avant l'inventaire ou qui ont habité l'immeuble dans lequel sont lesdits biens » (CPC art. 1330, 5°). Cette formulation large et plutôt imprécise laisse un pouvoir d'appréciation au notaire, lequel par prudence aura tendance à exiger le serment de la part de tous les requérants.

Ce serment étant un **acte personnel,** il ne peut se déléguer au moyen d'une procuration : la comparution personnelle devant le notaire est donc inévitable. Pas davantage il ne saurait y avoir assistance. Ainsi, une personne protégée, majeure ou mineure, devra seule prêter serment, à condition cependant qu'elle saisisse la portée de son engagement : il revient au notaire rédacteur la difficile question d'apprécier cet état de fait.

86410 Lorsqu'**un des intervenants appelés** à la prestation de serment se trouve **dans l'impossibilité de se déplacer,** il existe deux façons de procéder :

– soit le notaire envoie le projet d'inventaire avant clôture, et la prestation de serment est ensuite recueillie chez un confrère géographiquement proche de la partie concernée, puis il est fait mention de cette prestation de serment dans la clôture qui suit ;

– soit de manière plus usuelle, l'inventaire est clos, toutes les prestations de serment sont recueillies et l'intervenant éloigné dépose son serment auprès d'un notaire de sa résidence.

Dans tous les cas, cette prestation de serment par acte séparé ne peut avoir lieu qu'au vu d'un projet d'acte ou d'une copie authentique de l'inventaire clôt, dont le déclarant affirme avoir pris connaissance.

EFFETS JURIDIQUES

86415 Le serment et la clôture d'inventaire produisent principalement deux effets juridiques :

– sur un **plan civil,** en cas d'omission volontaire d'un bien, ils permettent de réunir les éléments constitutifs d'un recel civil, qui se traduit par la perte de tous droits sur les biens ainsi divertis (J.-Cl. Notarial Formulaire, V° Inventaire fasc. 200 par D. Montoux, n° 23) ;

– sur un **plan fiscal,** la clôture dans les cinq années du décès est une condition d'opposabilité de l'inventaire pour écarter le forfait fiscal de 5 % (BOI-ENR-DMTG 10-40-10-20 n° 50).

ENREGISTREMENT

86420 Par suite de la suppression de l'article 848 du CGI (Loi 2019-1479 du 28-12-2019 art. 21), l'acte d'inventaire est désormais enregistré **sur état,** mais reste soumis à un **droit fixe** de 125 € qui frappe tous les actes innommés (CGI art. 680).

Annexe

Barèmes, abattements et réductions de droits antérieurs

SOMMAIRE

Sont rappelés dans la présente annexe les barèmes, abattements et réductions de droits antérieurs, applicables pour le calcul des droits de mutation à titre gratuit. 99000

BARÈMES ANTÉRIEURS

Barème des droits de donation et succession en ligne directe Le tableau I de l'article 777 du CGI fixe le tarif des droits applicables aux mutations à titre gratuit (successions et donations) en ligne directe. Il s'agit d'un barème dont le taux varie selon des tranches d'importance variable. En dernier lieu, ce tarif a été modifié par l'article 6 de la loi 2011-900 du 29 juillet 2011, lequel a relevé de cinq points les **taux d'imposition** des deux dernières tranches (majoration applicable aux successions ouvertes et donations consenties depuis le 31 juillet 2011). 99005

Une actualisation annuelle automatique des **tranches du tarif** (dans la même proportion que la limite supérieure de la première tranche du barème de l'impôt sur le revenu et arrondi à l'euro le plus proche) s'est appliquée de 2008 à 2012. Instaurée par l'article 9 de la loi 2007-1223 du 21 août 2007, cette revalorisation annuelle a été supprimée depuis 2013 par l'article 5 de la loi 2012-958 du 16 août 2012. En 2012, les tranches du tarif n'ont pas été actualisées en raison du gel du barème de l'impôt sur le revenu prévu par l'article 16 de la loi 2011-1978 du 28 décembre 2011 (les tranches en vigueur en 2012 sont donc restées identiques à celles de 2011).

Le barème applicable aux successions ouvertes et aux donations consenties **depuis le 31 juillet 2011** est reproduit au n° 50565.

Nous reproduisons ci-après les barèmes en vigueur avant cette date.

Du 1er janvier 2011 au 30 juillet 2011, le tarif des droits applicable était fixé comme suit : 99010

Fraction de part nette taxable	Tarif	Formule de calcul des droits[1] P = part nette taxable
N'excédant pas 8 072 €	5 %	P × 0,05
Comprise entre 8 072 € et 12 109 €	10 %	(P × 0,1) – 404 €
Comprise entre 12 109 € et 15 932 €	15 %	(P × 0,15) – 1 009 €
Comprise entre 15 932 € et 552 324 €	20 %	(P × 0,2) – 1 806 €
Comprise entre 552 324 € et 902 838 €	30 %	(P × 0,3) – 57 038 €
Comprise entre 902 838 € et 1 805 677 €	35 %	(P × 0,35) – 102 180 €
Au-delà de 1 805 677 €	40 %	(P × 0,4) – 192 464 €

1. Somme à soustraire arrondie par simplification à l'euro le plus proche.

99015 En **2010,** le tarif des droits applicable était fixé comme suit :

Fraction de part nette taxable	Tarif	Formule de calcul des droits[1] P = part nette taxable
N'excédant pas 7 953 €	5 %	P × 0,05
Comprise entre 7 953 € et 11 930 €	10 %	(P × 0,1) – 398 €
Comprise entre 11 930 € et 15 697 €	15 %	(P × 0,15) – 994 €
Comprise entre 15 697 € et 544 173 €	20 %	(P × 0,2) – 1 779 €
Comprise entre 544 173 € et 889 514 €	30 %	(P × 0,3) – 56 196 €
Comprise entre 889 514 € et 1 779 029 €	35 %	(P × 0,35) – 100 672 €
Au-delà de 1 779 029 €	40 %	(P × 0,4) – 189 623 €

1. Somme à soustraire arrondie par simplification à l'euro le plus proche.

99020 En **2009,** le tarif des droits applicable était fixé comme suit :

Fraction de part nette taxable	Tarif	Formule de calcul des droits[1] P = Part nette taxable
N'excédant pas 7 922 €	5 %	P × 0,05
Comprise entre 7 922 € et 11 883 €	10 %	(P × 0,1) – 396 €
Comprise entre 11 883 € et 15 636 €	15 %	(P × 0,15) – 990 €
Comprise entre 15 636 € et 542 043 €	20 %	(P × 0,2) – 1 772 €
Comprise entre 542 043 € et 886 032 €	30 %	(P × 0,3) – 55 976 €
Comprise entre 886 032 € et 1 772 064 €	35 %	(P × 0,35) – 100 278 €
Au-delà de 1 772 064 €	40 %	(P × 0,4) – 188 881 €

1. Somme à soustraire arrondie par simplification à l'euro le plus proche.

99025 En **2008,** le tarif des droits applicable était fixé comme suit :

Fraction de part nette taxable	Tarif	Formule de calcul des droits[1] P = Part nette taxable
N'excédant pas 7 699 €	5 %	P × 0,05
Comprise entre 7 699 € et 11 548 €	10 %	(P × 0,1) – 385 €
Comprise entre 11 548 € et 15 195 €	15 %	(P × 0,15) – 962 €
Comprise entre 15 195 € et 526 760 €	20 %	(P × 0,2) – 1 722 €
Comprise entre 526 760 € et 861 050 €	30 %	(P × 0,3) – 54 398 €
Comprise entre 861 050 € et 1 722 100 €	35 %	(P × 0,35) – 97 451 €
Au-delà de 1 722 100 €	40 %	(P × 0,4) – 183 556 €

1. Somme à soustraire arrondie par simplification à l'euro le plus proche.

99030 **Du 1er janvier 2002 au 31 décembre 2007,** le tarif des droits applicable était le suivant :

Fraction de part nette taxable	Tarif	Formule de calcul des droits[1] P = Part nette taxable
N'excédant pas 7 600 €	5 %	P × 0,05
Comprise entre 7 600 € et 11 400 €	10 %	(P × 0,1) – 380 €
Comprise entre 11 400 € et 15 000 €	15 %	(P × 0,15) – 950 €
Comprise entre 15 000 € et 520 000 €	20 %	(P × 0,2) – 1 700 €
Comprise entre 520 000 € et 850 000 €	30 %	(P × 0,3) – 53 700 €
Comprise entre 850 000 € et 1 700 000 €	35 %	(P × 0,35) – 96 200 €
Au-delà de 1 700 000 €	40 %	(P × 0,4) – 181 200 €

1. Somme à soustraire arrondie par simplification à l'euro le plus proche.

Barème des droits de donation et succession entre époux et partenaires de Pacs Le tarif des droits applicables aux donations entre époux ou entre partenaires liés par un Pacs est fixé par le tableau II de l'article 777 du CGI. Le barème applicable aux donations consenties **depuis le 31 juillet 2011** est reproduit au nº 5385. 99035

Nous reproduisons ci-après les barèmes en vigueur avant cette date.

> **Précisions** **a.** Avant l'alignement opéré par l'article 8 de la loi 2007-1223 du 21 août 2007 du régime des mutations entre partenaires de Pacs sur celui applicable entre époux, les **donations consenties** et les **successions ouvertes entre partenaires d'un Pacs avant le 22 août 2007** étaient soumises à un tarif spécifique prévu par l'article 777 bis du CGI (issu de l'article 5, I de la loi 99-944 du 15-11-1999). Ce tarif spécifique a été supprimé et remplacé, pour les donations, par le barème prévu par le tableau II de l'article 777 du CGI (jusqu'alors seulement applicable entre époux) et, pour les successions, par une exonération totale de droit.
> **b.** Le barème prévu par le tableau II de l'article 777 du CGI s'appliquait également au calcul des droits de succession dus par le conjoint survivant (désormais exonéré) pour les **successions entre époux ouvertes jusqu'au 21 août 2007.**

Du 1er janvier 2011 au 30 juillet 2011, le tarif des droits applicable aux donations entre époux ou entre partenaires liés par un Pacs était fixé comme suit : 99040

Fraction de part nette taxable	Tarif applicable	Formule de calcul des droits[1] P = part nette taxable
N'excédant pas 8 072 €	5 %	P × 0,05
Comprise entre 8 072 € et 15 932 €	10 %	(P × 0,1) – 404 €
Comprise entre 15 932 € et 31 865 €	15 %	(P × 0,15) – 1 200 €
Comprise entre 31 865 € et 552 324 €	20 %	(P × 0,2) – 2 793 €
Comprise entre 552 324 € et 902 838 €	30 %	(P × 0,3) – 58 026 €
Comprise entre 902 838 € et 1 805 677 €	35 %	(P × 0,35) – 103 168 €
Au-delà de 1 805 677 €	40 %	(P × 0,4) – 193 452 €

1. Somme à soustraire arrondie par simplification à l'euro le plus proche.

En **2010,** le tarif des droits applicable aux donations entre époux ou entre partenaires liés par un Pacs était fixé comme suit : 99045

Fraction de part nette taxable	Tarif applicable	Formule de calcul des droits[1] P = Part nette taxable
N'excédant pas 7 953 €	5 %	P × 0,05
Comprise entre 7 953 € et 15 697 €	10 %	(P × 0,1) – 398 €
Comprise entre 15 697 € et 31 395 €	15 %	(P × 0,15) – 1 183 €
Comprise entre 31 395 € et 544 173 €	20 %	(P × 0,2) – 2 752 €
Comprise entre 544 173 € et 889 514 €	30 %	(P × 0,3) – 57 170 €
Comprise entre 889 514 € et 1 779 029 €	35 %	(P × 0,35) – 101 645 €
Au-delà de 1 779 029 €	40 %	(P × 0,4) – 190 597 €

1. Somme à soustraire arrondie par simplification à l'euro le plus proche.

En **2009,** le tarif des droits applicable aux donations entre époux ou entre partenaires liés par un Pacs était fixé comme suit : 99050

Fraction de part nette taxable	Tarif applicable	Formule de calcul des droits[1] P = Part nette taxable
N'excédant pas 7 922 €	5 %	P × 0,05
Comprise entre 7 922 € et 15 636 €	10 %	(P × 0,1) – 396 €
Comprise entre 15 636 € et 31 272 €	15 %	(P × 0,15) – 1 178 €
Comprise entre 31 272 € et 542 043 €	20 %	(P × 0,2) – 2 742 €
Comprise entre 542 043 € et 886 032 €	30 %	(P × 0,3) – 56 946 €
Comprise entre 886 032 € et 1 772 064 €	35 %	(P × 0,35) – 101 247 €
Au-delà de 1 772 064 €	40 %	(P × 0,4) – 189 851 €

1. Somme à soustraire arrondie par simplification à l'euro le plus proche.

99055 En **2008,** le tarif des droits applicable aux donations entre époux ou entre partenaires liés par un Pacs était fixé comme suit :

Fraction de part nette taxable	Tarif applicable	Formule de calcul des droits[1] P = Part nette taxable
N'excédant pas 7 699 €	5 %	P × 0,05
Comprise entre 7 699 € et 15 195 €	10 %	(P × 0,1) – 385 €
Comprise entre 15 195 € et 30 390 €	15 %	(P × 0,15) – 1 145 €
Comprise entre 30 390 € et 526 760 €	20 %	(P × 0,2) – 2 664 €
Comprise entre 526 760 € et 861 050 €	30 %	(P × 0,3) – 55 340 €
Comprise entre 861 050 € et 1 722 100 €	35 %	(P × 0,35) – 98 393 €
Au-delà de 1 722 100 €	40 %	(P × 0,4) – 184 498 €

1. Somme à soustraire arrondie par simplification à l'euro le plus proche.

99060 **Du 1er janvier 2002 au 31 décembre 2007,** le tarif des droits applicable aux **donations entre époux** était le suivant. Ce tarif s'est également appliqué aux **successions entre époux du 1er janvier 2002 au 21 août 2007.**

Fraction de part nette taxable	Tarif applicable	Formule de calcul des droits[1] P = Part nette taxable
N'excédant pas 7 600 €	5 %	P × 0,05
Comprise entre 7 600 € et 15 000 €	10 %	(P × 0,1) – 380 €
Comprise entre 15 000 € et 30 000 €	15 %	(P × 0,15) – 1 130 €
Comprise entre 30 000 € et 520 000 €	20 %	(P × 0,2) – 2 630 €
Comprise entre 520 000 € et 850 000 €	30 %	(P × 0,3) – 54 630 €
Comprise entre 850 000 € et 1 700 000 €	35 %	(P × 0,35) – 97 130 €
Au-delà de 1 700 000 €	40 %	(P × 0,4) – 182 130 €

1. Somme à soustraire arrondie par simplification à l'euro le plus proche.

99065 **Du 1er janvier 2002 au 31 décembre 2007,** le tarif des droits applicable aux **donations entre partenaires d'un Pacs** était le suivant. Ce tarif s'est également appliqué aux **successions** entre partenaires d'un Pacs **du 1er janvier 2002 au 21 août 2007.**

Fraction de part nette taxable	Tarif applicable
N'excédant pas 15 000 €	40 %
Supérieure à 15 000 €	50 %

> **Précisions** Jusqu'au 31 décembre 2004, ces taux ne s'appliquaient aux **donations** que si, à la date du fait générateur des droits, les partenaires étaient liés depuis au moins deux ans par un pacte civil de solidarité (CGI art. 777 bis, dans sa rédaction alors en vigueur). Cette condition a été supprimée par l'article 8 de la loi 2004-1484 du 30 décembre 2004.

99070 Barème des droits de donation et succession entre frères et sœurs

Le tableau III de l'article 777 du CGI fixe le tarif des droits applicables aux mutations à titre gratuit (successions et donations) entre frères et sœurs.

Le barème applicable aux successions ouvertes et aux donations consenties **depuis le 1er janvier 2011** est reproduit au no 50570.

Nous reproduisons ci-après les barèmes en vigueur avant cette date.

99075 En **2010,** le tarif des droits applicable était fixé comme suit :

Fraction de part nette taxable	Tarif	Formule de calcul des droits[1] P = part nette taxable
N'excédant pas 24 069 €	35 %	P × 0,35
Supérieure à 24 069 €	45 %	(P × 0,45) – 2 407 €

1. Somme à soustraire arrondie par simplification à l'euro le plus proche.

En **2009,** le tarif des droits applicable était fixé comme suit : 99080

Fraction de part nette taxable	Tarif	Formule de calcul des droits[1] P = Part nette taxable
N'excédant pas 23 975 €	35 %	P × 0,35
Supérieure à 23 975 €	45 %	(P × 0,45) – 2 398 €

1. Somme à soustraire arrondie par simplification à l'euro le plus proche.

En **2008,** le tarif des droits applicable était fixé comme suit : 99085

Fraction de part nette taxable	Tarif	Formule de calcul des droits[1] P = Part nette taxable
N'excédant pas 23 299 €	35 %	P × 0,35
Supérieure à 23 299 €	45 %	(P × 0,45) – 2 330 €

1. Somme à soustraire arrondie par simplification à l'euro le plus proche.

Du 1er janvier 2002 au 31 décembre 2007, le tarif des droits applicable était le suivant : 99090

Fraction de part nette taxable	Tarif
N'excédant pas 23 000 €	35 %
Au-delà de 23 000 €	45 %

Barème des droits de donation et succession entre autres collatéraux et non-parents Le tarif applicable aux mutations à titre gratuit (successions et donations) entre, d'une part, parents jusqu'au 4e degré inclusivement et, d'autre part, parents au-delà du 4e degré et personnes non parentes, fixé par le tableau III de l'article 777 du CGI et présenté au no 50575, est inchangé depuis le 1er janvier 1969. 99095

MONTANTS ANTÉRIEURS DES ABATTEMENTS SUR L'ACTIF TAXABLE

Abattement en ligne directe Pour la perception des droits de succession ou de donation, il est effectué un abattement sur la part de chacun des ascendants ou de chacun des enfants vivants ou représentés par suite de prédécès ou de renonciation (CGI art. 779, I). 99100

Le montant de l'abattement en ligne directe est fixé de façon pérenne à 100 000 € (Loi 2012-958 du 16-8-2012 art. 5, I-C-1°). Il s'applique aux successions ouvertes et aux donations consenties **depuis le 17 août 2012.**

L'abattement était antérieurement de :
- 159 325 € en **2011** et **jusqu'au 16 août 2012** ;
- 156 974 € en **2010** ;
- 156 359 € en **2009** ;
- 151 950 € en **2008** ;
- 150 000 € **du 22 août 2007 au 31 décembre 2007** ;
- 50 000 € **du 1er janvier 2005 au 21 août 2007** ;
- 46 000 € **du 1er janvier 2002 au 31 décembre 2004.**

> **Précisions** Pour les **successions ouvertes du 1er janvier 2005 au 21 août 2007,** les **héritiers** en ligne directe bénéficiaient également d'un abattement global de 50 000 € sur l'actif net recueilli. Cet abattement était partagé entre eux et avec le **conjoint survivant** au prorata de leurs droits légaux dans la succession (CGI ex-art. 775 ter).

Abattement entre époux Pour la perception des droits de donation, il est effectué un abattement sur la part du conjoint du donateur (CGI art. 790 E). Le montant de cet abattement s'élève à 80 724 € **depuis le 1er janvier 2011.** 99105

L'abattement était antérieurement fixé à :
- 79 533 € en **2010** ;
- 79 222 € en **2009** ;
- 76 988 € en **2008** ;
- 76 000 € de **2002 à 2007.**

> **Précisions** **Jusqu'au 21 août 2007,** l'abattement s'appliquait également en matière de **droit de succession** sur la part du conjoint survivant. Pour les successions ouvertes depuis le 22 août 2007, l'abattement a été remplacé par une exonération totale de droit.

99110 **Abattement entre partenaires de Pacs** Pour la perception des droits de donation, il est effectué un abattement sur la part du partenaire lié au donateur par un pacte civil de solidarité (CGI art. 790 F). Le montant de cet abattement s'élève à 80 724 € **depuis le 1er janvier 2011.**

L'abattement était antérieurement fixé à :
- 79 533 € en **2010** ;
- 79 222 € en **2009** ;
- 76 988 € en **2008** ;
- 76 000 € **du 22 août 2007 au 31 décembre 2007** ;
- 57 000 € **du 1er janvier 2002 au 21 août 2007.**

> **Précisions** **a. Jusqu'au 21 août 2007,** l'abattement de 57 000 € s'appliquait également en matière de **succession** sur la part du partenaire survivant. Pour les successions ouvertes depuis le 22 août 2007, la part revenant au partenaire de Pacs survivant est exonérée de droit de succession.
> **b.** Pour les donations consenties **jusqu'au 31 décembre 2004,** le bénéfice de l'abattement était subordonné à la condition que les partenaires soient liés à la date du fait générateur des droits depuis au moins deux ans par un Pacs.

99115 **Abattement entre frères et sœurs** Pour la perception des droits relatifs aux successions ouvertes et aux donations consenties depuis le 1er janvier 2006, il est effectué un abattement sur la part de chacun des frères ou sœurs du défunt ou donateur (CGI art. 779, IV).

Cet abattement est fixé à 15 932 € **depuis le 1er janvier 2011.**

L'abattement était antérieurement de :
- 15 697 € en **2010** ;
- 15 636 € en **2009** ;
- 15 195 € en **2008** ;
- 15 000 € **du 22 août 2007 au 31 décembre 2007** ;
- 5 000 € **du 1er janvier 2006 au 21 août 2007.**

> **Précisions** Pour les **successions ouvertes jusqu'au 21 août 2007,** cet abattement n'était opéré qu'à défaut de l'abattement prévu à l'ancien article 788, II du CGI, avec lequel il ne se cumulait donc pas. En application de ce texte, un abattement spécifique pouvait être pratiqué sur la part de chaque frère et sœur du défunt, célibataire, veuf, divorcé ou séparé de corps, à la double condition :
> – qu'il soit, au moment de l'ouverture de la succession, âgé de plus de 50 ans ou atteint d'une infirmité le mettant dans l'impossibilité de subvenir par son travail aux nécessités de l'existence ;
> – qu'il ait été constamment domicilié avec le défunt pendant les cinq années ayant précédé le décès.
> Le montant de cet abattement était fixé à :
> – 57 000 € du 1er janvier 2005 au 21 août 2007 ;
> – 15 000 € du 1er janvier 2002 au 31 décembre 2004.

99120 **Abattement bénéficiant aux neveux et nièces** Pour la perception des droits relatifs aux successions ouvertes et aux donations consenties depuis le 22 août 2007, il est effectué un abattement sur la part de chacun des neveux et nièces du défunt ou donateur (CGI art. 779, V).

Cet abattement s'élève à 7 967 € **depuis le 1er janvier 2011.**

L'abattement était antérieurement de :
- 7 849 € en **2010** ;
- 7 818 € en **2009** ;
- 7 598 € en **2008** ;
- 7 500 € **du 22 août 2007 au 31 décembre 2007.**

> **Précisions** Du **1er janvier 2006 au 21 août 2007,** l'article 790 C du CGI prévoyait, pour les donations, un abattement de 5 000 € sur la part revenant à chacun des neveux et nièces du donateur.

99125 **Abattement en faveur des handicapés** Pour la perception des droits de mutation à titre gratuit, il est effectué un abattement sur la part de tout héritier, légataire ou donataire incapable de travailler dans des conditions normales de rentabilité, en raison d'une infirmité physique ou mentale, congénitale ou acquise (CGI art. 779, II).

Le montant de l'abattement s'élève à 159 325 € **depuis le 1er janvier 2011.**

L'abattement était antérieurement de :
– 156 974 € en **2010** ;
– 156 359 € en **2009** ;
– 151 950 € en **2008** ;
– 150 000 € **du 22 août 2007 au 31 décembre 2007** ;
– 50 000 € **du 1er janvier 2005 au 21 août 2007** ;
– 46 000 € **du 1er janvier 2002 au 31 décembre 2004.**

Abattement sur les donations consenties aux petits-enfants Pour la perception des droits de donation, il est effectué un abattement sur la part de chacun des petits-enfants (CGI art. 790 B). Le montant de cet abattement s'élève à 31 865 € **depuis le 1er janvier 2011.** Il était antérieurement de : 99130
– 31 395 € en **2010** ;
– 31 272 € en **2009** ;
– 30 390 € en **2008** ;
– 30 000 € de **2003 à 2007** ;
– 15 000 € en **2002.**

Abattement sur les donations consenties aux arrière-petits-enfants 99135
Pour la perception des droits de donation, il est effectué un abattement sur la part de chacun des arrière-petits-enfants du donateur (CGI art. 790 D). Ce dispositif s'applique aux donations consenties depuis le 1er janvier 2006.

Le montant de l'abattement s'élève à 5 310 € **depuis le 1er janvier 2011.**

Il était antérieurement de :
– 5 232 € en **2010** ;
– 5 212 € en **2009** ;
– 5 065 € en **2008** ;
– 5 000 € de **2006 à 2007.**

Abattement applicable pour le calcul des droits de succession à défaut d'autre abattement À défaut d'autre abattement, un abattement de 1 594 € s'applique pour le calcul des droits de succession sur chaque part successorale (CGI art. 788, IV). 99140

Ce montant est celui en vigueur **depuis le 1er janvier 2011.**

L'abattement était antérieurement de :
– 1 570 € en **2010** ;
– 1 564 € en **2009** ;
– 1 520 € en **2008** ;
– 1 500 € **du 1er janvier 2002 au 31 décembre 2007.**

RÉDUCTIONS DE DROITS ANTÉRIEURES

Ancienne réduction de droits pour charges de famille Aux termes de l'ancien article 780 du CGI, un héritier, donataire ou légataire ayant trois enfants ou plus, vivants ou représentés au jour de la donation ou au moment de l'ouverture de ses droits à la succession bénéficiait, sur les droits à sa charge, d'une réduction de 100 % ne pouvant, toutefois, excéder 305 € par enfant en sus du deuxième. Ce plafond était porté à 610 € pour les donations et successions en ligne directe et les donations entre époux ou partenaires liés par un pacte civil de solidarité. 99145

Cette réduction de droits pour charges de famille est **supprimée** pour les successions ouvertes et les donations effectuées **depuis le 1er janvier 2017.**

> **Précisions** Les plafonds étaient fixés à 305 € et 610 € **depuis le 1er janvier 2002.**
> Le plafond de 610 € s'est appliqué aux **donations entre partenaires d'un Pacs consenties à partir du 22 août 2007** (Loi 2007-1223 du 21-8-2007 art. 8, les successions entre partenaires d'un Pacs ouvertes depuis cette date étant exonérées). Pour les **donations et successions réalisées entre partenaires avant cette date,** le plafond de 305 € s'appliquait.
> Pour les successions ouvertes jusqu'au 21 août 2007, le plafond de 610 € s'appliquait également aux **droits de succession dus par le conjoint survivant** (les successions entre époux ouvertes depuis cette date étant exonérées).

Ancienne réduction de droits en fonction de l'âge du donateur Jusqu'au 30 juillet 2011, les donations bénéficiaient d'une réduction de droits dont le taux variait selon l'âge du donateur et la nature des biens donnés. 99150

Cette réduction est **supprimée** pour les donations consenties **depuis le 31 juillet 2011** (Loi 2011-900 du 29-7-2011 art. 8). Une réduction de 50 % est toutefois maintenue pour certaines donations d'entreprises (voir n°s 45735 s.).

99155 Les donations réalisées en **nue-propriété** bénéficiaient d'une réduction :
– de 35 % lorsque le donateur était âgé de moins de 70 ans ;
– de 10 % lorsque le donateur était âgé de 70 ans révolus et de moins de 80 ans.

Ces taux concernaient également les donations consenties avec réserve du droit d'usage ou d'habitation.

Pour les donations en **pleine propriété ou** en **usufruit**, le taux de la réduction de droits était fixé à :
– 50 % lorsque le donateur était âgé de moins de 70 ans ;
– 30 % lorsqu'il avait 70 ans révolus et moins de 80 ans.

Les donations consenties par des personnes âgées de 80 ans et plus ne bénéficiaient d'aucune réduction.

> Précisions a. Jusqu'au 31 décembre 2005, les **limites d'âge** étaient fixées à 65 ans et 75 ans.
b. Les taux de 35 et 10 % étaient applicables aux **donations en nue-propriété** consenties depuis le 1er janvier 2004 (Loi 2003-1311 du 30-12-2003 art. 19). **Jusqu'au 31 décembre 2003,** il n'y avait pas lieu de distinguer selon la nature des biens donnés : toutes les donations, y compris celles consenties en nue-propriété ou avec réserve du droit d'usage ou d'habitation, bénéficiaient des taux de 50 et 30 %.
c. Les **donations effectuées en pleine propriété du 25 septembre 2003 au 31 décembre 2005** ont bénéficié d'une réduction de droits de 50 %, quel que soit l'âge du donateur.
d. La **réduction de droits s'appliquait,** en dernier lieu, sur le montant des droits dus après application, le cas échéant, des abattements et autres réductions de droits. Elle s'appliquait ainsi après celle pour charges de famille prévue à l'ancien article 780 du CGI (n° 99145).

Liste des modèles

Vous trouverez ci-après la liste des modèles (clauses, actes, etc.) figurant dans l'ouvrage, classés dans l'ordre des chapitres. 99990
Les modèles proposés, qui sont donnés à titre indicatif, ne constituent qu'une aide à la rédaction. Ils doivent donc être adaptés à la situation particulière de chacun.
Les chiffres renvoient aux numéros de paragraphe.

99990 (suite)

Table alphabétique

Utilisation de la table
Les chiffres renvoient aux paragraphes. La mention « s. » signifie que l'étude de la question se prolonge sur le ou les numéros suivants.
Pour diriger les recherches, les références sont accompagnées, lorsque c'est utile, soit d'une mention explicite, soit d'une abréviation (voir page 25 pour le sens de ces abréviations).

A

D

F

G

H

I

J

M

P

Q

R

S

T

V

Certifié PEFC

Ce produit est issu de
forêts gérées
durablement et de
sources contrôlées

PEFC

PEFC/04-31-0658

www.pefc.de

893658 (I) - PrL 39 g - NC (LC)
Achevé d´imprimer en décembre 2023 sur les presses de C.H.BECK
Dépôt légal : décembre 2023
Imprimé en Allemagne

Composition réalisée par NORD COMPO